*Neu*

*Preiswert*

*Zuverlässig*

Dieses neue Taschenbuch ist ein ganz außergewöhnliches Wörterbuch. Sein Inhalt basiert auf den zweisprachigen Wörterbüchern des Verlages Langenscheidt — des bedeutendsten Verlages auf diesem Gebiet. Es enthält über 40 000 Stichwörter, gibt die Aussprache in beiden Teilen in Internationaler Lautschrift und besitzt besondere Anhänge für Eigennamen, Abkürzungen und Maße und Gewichte.

Neu und einzigartig ist die Fülle der grammatischen Informationen: Mehr als 15 000 deutsche Substantive und Verben haben Angaben zur Deklination und Konjugation. Über die unregelmäßigen Verben in beiden Sprachen gibt der Hauptteil und der Anhang zuverlässig Auskunft.

Dieses Wörterbuch ist somit ein modernes und handliches Nachschlagewerk für jeden, der in seinem Beruf, beim Lernen oder Lehren mit der englischen und deutschen Sprache zu tun hat.

# LANGENSCHEIDTS

# DEUTSCH-ENGLISCHES
# ENGLISCH-DEUTSCHES
## WÖRTERBUCH

### Beide Teile in einem Band

Bearbeitet und herausgegeben

von der

### LANGENSCHEIDT-REDAKTION

**POCKET BOOKS**

New York   London   Toronto   Sydney   Tokyo   Singapore

# LANGENSCHEIDT'S
# GERMAN-ENGLISH
# ENGLISH-GERMAN
## DICTIONARY

Two Volumes in One

Edited by
### THE LANGENSCHEIDT
### EDITORIAL STAFF

**POCKET BOOKS**

New York    London    Toronto    Sydney    Tokyo    Singapore

POCKET BOOKS, a division of Simon & Schuster Inc.
1230 Avenue of the Americas, New York, NY 10020

This Pocket Books edition may not be sold in Germany, Switzerland or Austria.

Copyright 1952, © 1969, 1970 by Langenscheidt KG, Berlin and Munich, Germany.

ISBN: 0-671-72720-6

First Pocket Books printing March 1953

37   36   35   34   33   32   31   30

POCKET and colophon are registered trademarks of Simon & Schuster Inc.

Printed in the U.S.A.

# Preface

For over 100 years Langenscheidt's bilingual dictionaries have been an essential tool of the language student. For several decades Langenscheidt's German-English dictionaries have been used in all walks of life as well as in schools.

However, languages are in a constant process of change. To bring you abreast of these changes Langenscheidt has compiled this entirely new dictionary. Many new words which have entered the German and English languages in the last few years have been included in the vocabulary: e.g., Mondfähre, Mehrwertsteuer, Einwegflasche, Antirakete; lunar probe, heart transplant, non-violence.

Langenscheidt's German-English Dictionary contains another new and long desired feature for the English-speaking user: it provides clear answers to questions of declension and conjugation in over 15,000 German noun and verb entries (see pp. 7 to 8).

The phonetic transcription of the German and English headwords follows the principles laid down by the International Phonetic Association (IPA).

In addition to the vocabulary this Dictionary contains special quick-reference sections of proper names — up-to-date with names like Wankel, Mössbauer, Henze —, abbreviations and weights and measures.

Designed for the widest possible variety of uses, this Dictionary, with its more than 40,000 entries in all, will be of great value to students, teachers, and tourists as well as in home and office libraries.

# Contents

Arrangement of the Dictionary and Guide for the User . . . . 7

Symbols and Abbreviations Used in This Dictionary . . . . 8

Guide to Pronunciation for the German-English Part . . . . 11

Erläuterung der phonetischen Umschrift im englisch-
   deutschen Teil . . . . . . . . . . . . . . . . . . . . . . 13

Numerals . . . . . . . . . . . . . . . . . . . . . . . . . 15

German-English Dictionary . . . . . . . . . . . . . . . . 17

English-German Dictionary . . . . . . . . . . . . . . . . 327

Alphabetical List of the German Irregular Verbs . . . . . . 573

Alphabetical List of the English Irregular Verbs . . . . . . 575

German Proper Names . . . . . . . . . . . . . . . . . . . 577

German Abbreviations . . . . . . . . . . . . . . . . . . . 581

American and British Proper Names . . . . . . . . . . . . 584

American and British Abbreviations . . . . . . . . . . . . 588

German Weights and Measures . . . . . . . . . . . . . . . 591

American and British Weights and Measures . . . . . . . . 592

# Arrangement of the Dictionary and Guide for the User

**1. Arrangement.** Strict alphabetical order has been maintained throughout this Dictionary The irregular plural forms of English nouns as well as the principal parts (infinitive, preterite, and past participle) of the irregular English and German verbs have also been given in their proper alphabetical order, e.g. *man - men; bite - bit - bitten; beißen - biß - gebissen.*

**2. Pronunciation.** Pronunciation is given in square brackets by means of the symbols of the International Phonetic Association No transcription of compounds is given if the parts appear as separate headwords. The German suffixes as given on page 12 are not transcribed unless they are parts of catchwords.

**3. Explanatory additions** have been printed in italics, e.g. *abstract Inhalt kurz zu fassen*, *Abbau pulling down (of structures)*, *abbauen pull down (structure); durchsichtig glass, etc.*: transparent.

**4. Subject Labels.** The field of knowledge from which a headword or some of its meanings are taken is, where possible indicated by figurative or abbreviated labels or by other labels written out in full A figurative or abbreviated label placed immediately after a headword applies to all translations An label preceding an individual translation refers to this only. In Part 1, any abbreviated label with a colon applies to all following translations An F placed before a German illustrative phrase or its English equivalent indicates that the phrase in question is colloquial usage. An F placed before a German phrase applies to that phrase and its translation(s Figurative labels have always, other labels sometimes, been placed between illustrative phrases and their translations.

**5. Translations** of similar meanings have been subdivided by commas, the various senses by semicolons.

**6. American spelling** has been given in the following ways: *theat|re, Am. -er, defen|ce, Am. -se; council(l)or, hono(u)r, judg(e)ment; plough, Am. plow.*

**7. Grammatical References in Part I.** Parts of speech (adjective, verb, etc.) have been indicated throughout Entries have been subdivided by Arabic numerals to distinguish the various parts of speech.

**I. Nouns.** The inflectional forms (*genitive singular nominative plural*) follow immediately after the indication of gender. No forms are given for compounds if the parts appear as separate headwords

The horizontal stroke replaces that part of the word which remains unchanged in the inflexion: *Affe m (-n/-n); Affäre f (-/-n).*

The sign ˝ indicates that an Umlaut appears in the inflected form in question: *Blatt n (-[e]s/˝er).*

**II. Verbs.** Verbs have been treated in the following ways:

a) *bändigen v/t. (ge-, h):* The past participle of this verb is formed by means of the prefix ge- and the auxiliary verb *haben: er hat gebändigt.*

b) *abfassen v/t. (sep., -ge-, h):* In conjugation the prefix *ab* must be separated from the primary verb *fassen: er faßt ab; er hat abgefaßt.*

c) *verderben v/s. (irr., no -ge-, sein): irr.* following the verb refers the reader to the list of irregular German verbs in the appendix (p. 573) for the principal parts of this particular verb: *es verdarb; es ist verdorben.*

d) *abfallen v/i. (irr. fallen, sep., -ge-, sein):* A reference such as *irr. fallen* indicates that the compound verb *abfallen* is conjugated exactly like the primary verb *fallen* as given in the list of irregular verbs: *er fiel ab; er ist abgefallen.*

e) *sieden v/t. and v/i. ([irr.,] ge-, h):* The square brackets indicate that *sieden* can be treated as a regular or irregular verb *er siedete or er sott; er hat gesiedet or er hat gesotten.*

**III. Prepositions.** Prepositions governing a headword are given in both languages The grammatical construction following a German preposition is indicated only if the preposition governs two different cases. If a German preposition applies to all translations it is given only with the first whereas its English equivalents are given after each translation: *schützen* ... protect (*gegen, vor dat.* against, from), defend (against, from), guard (against, from); shelter (from).

IV. **Subdivision.** Entries have been subdivided by Arabic numerals

a) to distinguish the various parts of speech: *laut 1. adj.* ...; *2. adv.* ...; *3. prp.* ...; *4. ♀ m* ...;

b) to distinguish between the transitive and intransitive meanings of a verb if these differ in their translations;

c) to show that in case of change of meaning a noun or verb may be differently inflected or conjugated: *Bau m 1.* (-[e]s/*no pl.*) ...; *2.* (-[e]s/-*ten*) ...; *3.* (-[e]s/-*e*) ...; *schwimmen v/i.* (*irr.,* ge-) *1.* (sein) ...; *2.* (h) ...

If grammatical indications come before the subdivision they refer to all translations following: *Alte* (-*n*/-*n*) *1. m* ...; *2. f* ...; *humpeln v/i.* (ge-) *1.* (sein) ...; *2.* (h) ...

8. **Grammatical References in Part II.** Parts of speech (adjective, verb, etc.) have been indicated only in cases of doubt. Entries have been subdivided by Arabic numerals to distinguish the various parts of speech.

a) (⁓*ally*) after an English adjective means that the adverb is formed by affixing ...ally: *automatic* (⁓*ally*) = automatically.

b) *irr.* following a verb refers the reader to the list of irregular English verbs in the appendix (p. 575) for the principal parts of this particular verb. A reference such as *irr. fall* indicates that the compound verb, e.g. *befall,* is conjugated exactly like the primary verb *fall.*

# Symbols and Abbreviations Used in This Dictionary

## 1. Symbols

The swung dash or tilde (⁓ ♀, ⁓ ♀) serves as a mark of repetition within an entry. The tilde in bold type (⁓) represents either the complete word at the beginning of the entry or the unchanged part of that word which is followed by a vertical line (|). The simple tilde (⁓) represents: a) the headword immediately preceding, which itself may contain a tilde in bold type; b) in phonetic transcription, any part of the preceding transcription that remains unchanged.

When the initial letter changes from small to capital or vice versa, the usual tilde is replaced by ♀ or ♀.

Examples: *abandon* [ə'bændən], ⁓*ment* [...nmənt = ə'bændənmənt]; *certificate,* ⁓*fication,* ⁓*fy,* ⁓*tude. Drama,* ⁓*tiker,* ♀*tisch; Haus|flur,* ⁓*frau; fassen: sich kurz* ⁓

☐ after an English adjective means that an adverb may be formed regularly from it by adding ...ly, or by changing ...le into ...ly, or ...y into ...ily; e.g.: *rich* ☐ = *richly; acceptable* ☐ = *acceptably; happy* ☐ = *happily.*

F *familiar,* familiär; *colloquial usage,* Umgangssprache.

P *low colloquialism,* populär, Sprache des Volkes.

V *vulgar,* vulgär.

† *archaic,* veraltet.

⚒ *rare, little used,* selten.

Ⓤ *scientific term,* wissenschaftlich.

♣ *botany,* Botanik.

⊕ *engineering,* Technik; *handicraft,* Handwerk.

⚒ *mining,* Bergbau.

✕ *military term,* militärisch.

⚓ *nautical term,* Schiffahrt.

✝ *commercial term,* Handelswesen.

⚏ *railway, railroad,* Eisenbahn.

✈ *aviation,* Flugwesen.

✉ *postal affairs,* Postwesen.

| | | | |
|---|---|---|---|
| ♪ | musical term, Musik. | ⚕ | mathematics, Mathematik. |
| ⚠ | architecture, Architektur. | ⚒ | farming, Landwirtschaft. |
| ⚡ | electrical engineering, Elektrotechnik. | ⚗ | chemistry, Chemie. |
| ⚖ | legal term, Rechtswissenschaft. | ⚕ | medicine, Medizin. |

## 2. Abbreviations

| | |
|---|---|
| a. | also, auch. |
| abbr. | abbreviation, Abkürzung. |
| acc. | accusative (case), Akkusativ. |
| adj. | adjective, Adjektiv. |
| adv. | adverb, Adverb. |
| allg. | commonly, allgemein. |
| Am. | American English, amerikanisches Englisch. |
| anat. | anatomy, Anatomie. |
| appr. | approximately, etwa. |
| art. | article, Artikel. |
| ast. | astronomy, Astronomie. |
| attr. | attributively, attributiv. |
| biol. | biology, Biologie. |
| Brt. | British English, britisches Englisch. |
| b.s. | bad sense, in schlechtem Sinne. |
| bsd. | especially, besonders. |
| cj. | conjunction, Konjunktion. |
| co. | comic(al), scherzhaft. |
| coll. | collectively, als Sammelwort. |
| comp. | comparative, Komparativ. |
| contp. | contemptuously, verächtlich. |
| dat. | dative (case), Dativ. |
| dem. | demonstrative, Demonstrativ... |
| ea. | one another, each other, einander. |
| eccl. | ecclesiastical, kirchlich. |
| e-e, e-e, e-s a(n), eine. |
| e-m, e-m, e-m to a(n), einem. |
| e-n, e-n, e-n a(n), einen. |
| engS. | more strictly taken, in engerem Sinne. |
| e-r, e-r, e-r of a(n), to a(n), einer. |
| e-s, e-s, e-s of a(n), eines. |
| esp. | especially, besonders. |
| et., et., et. something, etwas. |
| etc. | et cetera, and so on, und so weiter. |
| f | feminine, weiblich. |
| fig. | figuratively, bildlich. |
| frz. | French, französisch. |

| | |
|---|---|
| gen. | genitive (case), Genitiv. |
| geogr. | geography, Geographie. |
| geol. | geology, Geologie. |
| geom. | geometry, Geometrie. |
| ger. | gerund, Gerundium. |
| Ggs. | antonym, Gegensatz. |
| gr. | grammar, Grammatik. |
| h | have, haben. |
| hist. | history, Geschichte. |
| hunt. | hunting, Jagdwesen. |
| ichth. | ichthyology, Ichthyologie. |
| impers. | impersonal, unpersönlich. |
| indef. | indefinite, Indefinit... |
| inf. | infinitive (mood), Infinitiv. |
| int. | interjection, Interjektion. |
| interr. | interrogative, Interrogativ... |
| iro. | ironically, ironisch. |
| irr. | irregular, unregelmäßig. |
| j., j., j. someone, jemand. |
| j-m, j-m, j-m to s.o. jemandem. |
| j-n, j-n, j-n someone, jemanden. |
| j-s, j-s, j-s someone's, jemandes. |
| konkr. | concretely, konkret. |
| ling. | linguistics, Linguistik. |
| lit. | literary, nur in der Schriftsprache vorkommend. |
| m | masculine, männlich. |
| m-e, m-e, m-e my, meine. |
| m-r | of my, to my, meiner. |
| metall. | metallurgy, Metallurgie. |
| meteor. | meteorology, Meteorologie. |
| min. | mineralogy, Mineralogie. |
| mot. | motoring, Kraftfahrwesen. |
| mount. | mountaineering, Bergsteigerei. |
| mst | mostly, usually, meistens. |
| myth. | mythology, Mythologie. |
| n | neuter, sächlich. |
| nom. | nominative (case), Nominativ. |
| npr. | proper name, Eigenname. |
| od. | or, oder. |
| opt. | optics, Optik. |

| | |
|---|---|
| *orn.* | *ornithology,* Ornithologie. |
| *o.s.* | *oneself,* sich. |
| | |
| *P.,* | *person,* Person. |
| *p.* | *person,* Person. |
| *paint.* | *painting,* Malerei. |
| *parl.* | *parliamentary term,* parlamentarischer Ausdruck. |
| *pass.* | *passive voice,* Passiv. |
| *pers.* | *personal,* Personal... |
| *pharm.* | *pharmacy,* Pharmazie. |
| *phls.* | *philosophy,* Philosophie. |
| *phot.* | *photography,* Photographie. |
| *phys.* | *physics,* Physik. |
| *physiol.* | *physiology,* Physiologie. |
| *pl.* | *plural,* Plural. |
| *poet.* | *poetry,* Dichtung. |
| *pol.* | *politics,* Politik. |
| *poss.* | *possessive,* Possessiv... |
| *p.p.* | *past participle,* Partizip Perfekt. |
| *p.pr.* | *present participle,* Partizip Präsens. |
| *pred.* | *predicative,* prädikativ. |
| *prss.* | *present,* Präsens. |
| *pret.* | *preterit(e),* Präteritum. |
| *pron.* | *pronoun,* Pronomen. |
| *prov.* | *provincialism,* Provinzialismus. |
| *prp.* | *preposition,* Präposition. |
| *psych.* | *psychology,* Psychologie. |
| | |
| *refl.* | *reflexive,* reflexiv. |
| *rel.* | *relative,* Relativ... |
| *rhet.* | *rhetoric,* Rhetorik. |
| | |
| *S., S.* | *thing,* Sache. |
| *s.* | *see, refer to,* siehe. |
| *schott.* | *Scotch,* schottisch. |
| *s-e, s-e, s-e* | *his, one's,* seine. |
| *sep.* | *separable,* abtrennbar. |
| *sg.* | *singular,* Singular. |

| | |
|---|---|
| *sl.* | *slang,* Slang. |
| *s-m, s-m, s-m* | *to his, to one's,* seinem. |
| *s-n, s-n, s-n* | *his, one's,* seinen. |
| *s.o., s.o., s.o.* | *someone,* jemand(en). |
| *s-s, s-r, s-r* | *of his, of one's, to his, to one's,* seiner. |
| *s-s, s-s, s-s* | *of his, of one's,* seines. |
| *s.th., s.th., s.th.* | *something,* etwas. |
| *subj.* | *subjunctive (mood),* Konjunktiv. |
| *sup.* | *superlative,* Superlativ. |
| *surv.* | *surveying,* Landvermessung. |
| *tel.* | *telegraphy,* Telegraphie. |
| *teleph.* | *telephony,* Fernsprechwesen. |
| *thea.* | *theat\|re, Am. -er,* Theater. |
| *typ.* | *typography,* Typographie. |
| | |
| *u., u.* | *and,* und. |
| *univ.* | *university,* Hochschulwesen, Studentensprache. |
| | |
| *v/aux.* | *auxiliary verb,* Hilfsverb. |
| *vb.* | *verb,* Verb. |
| *vet.* | *veterinary medicine,* Veterinärmedizin. |
| *vgl.* | *confer,* vergleiche. |
| *v/i.* | *verb intransitive,* intransitives Verb. |
| *v/refl.* | *verb reflexive,* reflexives Verb. |
| *v/t.* | *verb transitive,* transitives Verb. |
| | |
| *weitS.* | *more widely taken,* in weiterem Sinne. |
| | |
| *z.B.* | *for example,* zum Beispiel. |
| *zo.* | *zoology,* Zoologie. |
| *zs.* | *together,* zusammen. |
| *Zssg(n).* | *compound word(s),* Zusammensetzung(en). |

# Guide to Pronunciation
# for the German-English Part

The length of vowels is indicated by [ː] following the vowel symbol, the stress by [ˈ] preceding the stressed syllable. The glottal stop [ˀ] is the forced stop between one word or syllable and a following one beginning with a vowel, as in *unentbehrlich* [unˀɛntˈbeːrliç].

## A. Vowels

[a] as in French *carte*: Mann [man].

[ɑː] as in *father*: Wagen [ˈvɑːgən].

[e] as in *bed*: Edikt [eˈdikt].

[eː] resembles the sound in *day*: Weg [veːk].

[ə] unstressed e as in *ago*: Bitte [ˈbitə].

[ɛ] as in *fair*: männlich [ˈmɛnliç], Geld [gɛlt].

[ɛː] same sound but long: zählen [ˈtsɛːlən].

[i] as in *it*: Wind [vint].

[iː] as in *meet*: hier [hiːr].

[ɔ] as in *long*: Ort [ɔrt].

[ɔː] same sound but long as in *draw*: Komfort [kɔmˈfɔːr].

[o] as in *molest*: Moral [moˈrɑːl].

[oː] resembles the English sound in *go* [gou] but without the [u]: Boot [boːt].

[øː] as in French *feu*. The sound may be acquired by saying [e] through closely rounded lips: schön [ʃøːn].

[ø] same sound but short: Ökonomie [økonoˈmiː].

[œ] as in French *neuf*. The sound resembles the English vowel in *her*. Lips, however, must be well rounded as for [ɔ]: öffnen [ˈœfnən].

[u] as in *book*: Mutter [ˈmutər].

[uː] as in *boot*: Uhr [uːr].

[y] almost like the French u as in *sur*. It may be acquired by saying [i] through fairly closely rounded lips: Glück [glyk].

[yː] same sound but long: führen [ˈfyːrən].

## B. Diphthongs

[aɪ] as in *like*: Mai [maɪ].

[au] as in *mouse*: Maus [maus].

[ɔʏ] as in *boy*: Beute [ˈbɔʏtə], Läufer [ˈlɔʏfər].

## C. Consonants

[b] as in *better*: besser [ˈbesər].

[d] as in *dance*: du [duː].

[f] as in *find*: finden [ˈfindən], Vater [ˈfɑːtər], Philosoph [filoˈzoːf].

[g] as in *gold*: Gold [gɔlt], Geld [gɛlt].

[ʒ] as in *measure*: Genie [ʒeˈniː], Journalist [ʒurnaˈlist].

[h] as in *house* but not aspirated: Haus [haus].

[ç] an approximation to this sound may be acquired by assuming the mouth-configuration for [i] and emitting a strong current of breath: Licht [liçt], Mönch [mœnç], lustig [ˈlustiç].

[x] as in Scotch *loch*. Whereas [ç] is pronounced at the front of the mouth, [x] is pronounced in the throat: Loch [lɔx].

[j] as in *year*: Ja [jɑː].

[k] as in *kick*: keck [kɛk], Tag [tɑːk], Chronist [kroˈnist], Café [kaˈfeː].

[l] as in *lump*. Pronounced like English initial "clear l": lassen [ˈlasən].

[m] as in *mouse*: Maus [maus].

[n] as in *not*: nein [naɪn].

[ŋ] as in *sing*, *drink*: singen [ˈziŋən], trinken [ˈtriŋkən].

[p] as in *pass*: Paß [pas], Weib [vaɪp], obgleich [ɔpˈglaɪç].

[r] as in *rot*. There are two pronunciations: the frontal or lingual r and the uvular r (the latter unknown in England): *rot* [roːt].

[s] as in *miss*. Unvoiced when final, doubled, or next a voiceless consonant: *Glas* [glɑːs], *Masse* ['masə], *Mast* [mast], *naß* [nas].

[z] as in *zero*. S voiced when initial in a word or syllable: *Sohn* [zoːn], *Rose* ['roːzə].

[ʃ] as in *ship*: *Schiff* [ʃif], *Charme* [ʃarm], *Spiel* [ʃpiːl], *Stein* [ʃtain].

[t] as in *sea*: *Tee* [teː], *Thron* [troːn], *Stadt* [ʃtat], *Bad* [bɑːt], *Findling* ['fintliŋ], *Wind* [vint].

[v] as in *vast*: *Vase* ['vaːzə], *Winter* ['vintər].

[ã, ɛ̃, õ] are nasalized vowels. Examples: *Ensemble* [ã'sãːbəl], *Terrain* [tɛ'rɛ̃ː], *Bonbon* [bõ'bõː].

# List of Suffixes

## often given without phonetic transcription

| | | | |
|---|---|---|---|
| -bar | [-bɑːr] | -ist | [-ist] |
| -chen | [-çən] | -keit | [-kart] |
| -d | [-t] | -lich | [-liç] |
| -de | [-də] | -ling | [-liŋ] |
| -ei | [-ai] | -losigkeit | [-loːziçkart] |
| -en | [-ən] | -nis | [-nis] |
| -end | [-ənt] | -sal | [-zaːl] |
| -er | [-ər] | -sam | [-zaːm] |
| -haft | [-haft] | -schaft | [-ʃaft] |
| -heit | [-hart] | -sieren | [-ziːrən] |
| -ie | [-iː] | -ste | [-stə] |
| -ieren | [-iːrən] | -tät | [-teːt] |
| -ig | [-iç] | -tum | [-tuːm] |
| -ik | [-ik] | -ung | [-uŋ] |
| -in | [-in] | -ungs- | [-uŋs-] |
| -isch | [-iʃ] | | |

# Erläuterung der phonetischen Umschrift im englisch-deutschen Teil

## A. Vokale und Diphthonge

[ɑ:] reines langes a, wie in Vater, kam, Schwan: *far* [fɑ:], *father* [ˈfɑːðə].

[ʌ] kommt im Deutschen nicht vor. Kurzes dunkles a, bei dem die Lippen nicht gerundet sind. Vorn und offen gebildet: *butter* [ˈbʌtə], *come* [kʌm], *colour* [ˈkʌlə], *blood* [blʌd], *flourish* [ˈflʌriʃ], *twopence* [ˈtʌpəns].

[æ] heller, ziemlich offenes, nicht zu kurzer Laut. Raum zwischen Zunge und Gaumen noch größer als bei ä in Ähre: *fat* [fæt], *man* [mæn].

[ɛə] nicht zu offenes halblanges ä; im Englischen nur vor r, das als ein dem ä nachhallendes ə erscheint: *bare* [bɛə], *pair* [pɛə], *there* [ðɛə].

[ai] Bestandteile: helles, zwischen ɑ: und æ liegendes a und schwächeres offenes i. Die Zunge hebt sich halbwegs zur i-Stellung: *I* [ai], *lie* [lai], *dry* [drai].

[au] Bestandteile: helles, zwischen ɑ: und æ liegendes a und schwächeres offenes u: *house* [haus], *now* [nau].

[ei] halboffenes e, nach i auslautend, indem die Zunge sich halbwegs zur i-Stellung hebt: *date* [deit], *play* [plei], *obey* [əˈbei].

[e] halboffenes kurzes e, etwas geschlossener als das e in Bett: *bed* [bed], *less* [les].

[ə] flüchtiger Gleitlaut, ähnlich dem deutschen flüchtig gesprochenen e in Gelage: *about* [əˈbaut], *butter* [ˈbʌtə], *nation* [ˈneiʃən], *connect* [kəˈnekt].

[i:] langes i wie in lieb, Bibel, aber etwas offener einsetzend als im Deutschen; wird in Südengland doppellautig gesprochen, indem sich die Zunge allmählich zur i-Stellung hebt: *scene* [si:n], *sea* [si:], *feet* [fi:t], *ceiling* [ˈsi:liŋ].

[i] kurzes offenes i wie in bin, mit: *big* [big], *city* [ˈsiti].

[iə] halboffenes langes i mit nachhallendem ə: *here* [hiə], *hear* [hiə], *inferior* [inˈfiəriə].

[ou] halboffenes langes o, in schwaches u auslautend; leise Rundung der Lippen, kein Heben der Zunge: *note* [nout], *boat* [bout], *below* [biˈlou].

[ɔ:] offener langer, zwischen a und o schwebender Laut: *fall* [fɔ:l], *nought* [nɔ:t], *or* [ɔ:], *before* [biˈfɔ:].

[ɔ] offener kurzer, zwischen a und o schwebender Laut, offener als das o in Motto: *god* [gɔd], *not* [nɔt], *wash* [wɔʃ], *hobby* [ˈhɔbi].

[ə:] im Deutschen fehlender Laut; offenes langes ö, etwa wie gedehnt gesprochenes ö in öffnen, Mörder; kein Vorstülpen oder Runden der Lippen, kein Heben der Zunge: *word* [wə:d], *girl* [gə:l], *learn* [lə:n], *murmur* [ˈmə:mə].

[ɔi] Bestandteile: offenes o und schwächeres offenes i. Die Zunge hebt sich halbwegs zur i-Stellung: *voice* [vɔis], *boy* [bɔi], *annoy* [əˈnɔi].

[u:] langes u wie in Buch, doch ohne Lippenrundung; vielfach diphthongisch als halboffenes langes u mit nachhallendem geschlossenen u: *fool* [fu:l], *shoe* [ʃu:], *you* [ju:], *rule* [ru:l], *canoe* [kəˈnu:].

[uə] halboffenes halblanges u mit nachhallendem ə: *poor* [puə], *sure* [ʃuə], *allure* [əˈljuə].

[u] flüchtiges u: *put* [put], *look* [luk], *full* [ful].

Die Länge eines Vokals wird durch [:] bezeichnet, z.B. *ask* [ɑ:sk], *astir* [əˈstə:].

Vereinzelt werden auch die folgenden französischen Nasallaute gebraucht: [ã] wie in frz. *blanc*, [õ] wie in frz. *bonbon* und [ɛ̃] wie in frz. *vin*.

## B. Konsonanten

[r] nur vor Vokalen gesprochen. Völlig verschieden vom deutschen Zungenspitzen- oder Zäpfchen-r. Die Zungenspitze bildet mit der oberen Zahnwulst eine Enge, durch die der Ausatmungsstrom mit Stimmton hindurchgetrieben wird, ohne den Laut zu rollen. Am Ende eines Wortes wird r nur bei Bindung mit dem Anlautvokal des folgenden Wortes gesprochen: *rose* [rouz], *pride* [praid], *there is* [ðɛərˈiz].

[ʒ] stimmhaftes sch, wie g in Genie, j in Journal: *azure* [ˈæʒə], *jazz* [dʒæz], *jeep* [dʒiːp], *large* [lɑːdʒ].

[ʃ] stimmloses sch, wie im Deutschen Schnee, rasch: *shake* [ʃeik], *washing* [ˈwɔʃiŋ], *lash* [læʃ].

[θ] im Deutschen nicht vorhandener stimmloser Lispellaut; durch Anlegen der Zunge an die oberen Schneiderzähne hervorgebracht: *thin* [θin], *path* [pɑːθ], *method* [ˈmeθəd].

[ð] derselbe Laut wie θ, nur stimmhaft, d.h. mit Stimmton: *there* [ðɛə], *breathe* [briːð], *father* [ˈfɑːðə].

[s] stimmloser Zischlaut, entsprechend dem deutschen ß in Spaß, reißen: *see* [siː], *hats* [hæts], *decide* [diˈsaid].

[z] stimmhaftes Zischlaut wie im Deutschen sausen: *zeal* [ziːl], *rise* [raiz], *horizon* [həˈraizn].

[ŋ] wird wie der deutsche Nasenlaut in fangen, singen gebildet: *ring* [riŋ], *singer* [ˈsiŋə].

[ŋk] derselbe Laut mit nachfolgendem k wie im Deutschen senken, Wink: *ink* [iŋk], *tinker* [ˈtiŋkə].

[w] flüchtiges, mit Lippe an Lippe gesprochenes w, aus der Mundstellung für uː gebildet: *will* [wil], *swear* [swɛə], *queen* [kwiːn].

[f] stimmloser Lippenlaut wie im Deutschen flott, Pfeife: *fat* [fæt], *tough* [tʌf], *affort* [ˈefət].

[v] stimmhafter Lippenlaut wie im Deutschen Vase, Ventil: *vein* [vein], *velvet* [ˈvelvit].

[j] flüchtiger zwischen j und i schwebender Laut: *onion* [ˈʌnjən], *yes* [jes], *filial* [ˈfiljəl].

Die Betonung der englischen Wörter wird durch das Zeichen [ˈ] vor der zu betonenden Silbe angegeben, z.B. *onion* [ˈʌnjən]. Sind zwei Silben eines Wortes mit Tonzeichen versehen, so sind beide gleichmäßig zu betonen, z.B. *unsound* [ˈʌnˈsaund].

Um Raum zu sparen, werden die Endung -ed* und das Plural-s** der englischen Stichwörter hier im Vorwort einmal mit Lautschrift gegeben, erscheinen dann aber im Wörterverzeichnis ohne Lautschrift, sofern keine Ausnahmen vorliegen.

\* [-d] nach Vokalen und stimmhaften Konsonanten; [-t] nach stimmlosen Konsonanten; [-id] nach auslautendem d und t.

\*\* [-z] nach Vokalen und stimmhaften Konsonanten; [-s] nach stimmlosen Konsonanten.

# Numerals

## Cardinal Numbers

| | |
|---|---|
| 0 null *nought, zero, cipher* | 51 einundfünfzig *fifty-one* |
| 1 eins *one* | 60 sechzig *sixty* |
| 2 zwei *two* | 61 einundsechzig *sixty-one* |
| 3 drei *three* | 70 siebzig *seventy* |
| 4 vier *four* | 71 einundsiebzig *seventy-one* |
| 5 fünf *five* | 80 achtzig *eighty* |
| 6 sechs *six* | 81 einundachtzig *eighty-one* |
| 7 sieben *seven* | 90 neunzig *ninety* |
| 8 acht *eight* | 91 einundneunzig *ninety-one* |
| 9 neun *nine* | 100 hundert *a or one hundred* |
| 10 zehn *ten* | 101 hundert(und)eins *a hundred and one* |
| 11 elf *eleven* | |
| 12 zwölf *twelve* | 200 zweihundert *two hundred* |
| 13 dreizehn *thirteen* | 300 dreihundert *three hundred* |
| 14 vierzehn *fourteen* | 572 fünfhundert(und)zweiundsiebzig *five hundred and seventy-two* |
| 15 fünfzehn *fifteen* | |
| 16 sechzehn *sixteen* | |
| 17 siebzehn *seventeen* | 1000 tausend *a or one thousand* |
| 18 achtzehn *eighteen* | 1972 neunzehnhundertzweiundsiebzig *nineteen hundred and seventy-two* |
| 19 neunzehn *nineteen* | |
| 20 zwanzig *twenty* | |
| 21 einundzwanzig *twenty-one* | 500 000 fünfhunderttausend *five hundred thousand* |
| 22 zweiundzwanzig *twenty-two* | |
| 23 dreiundzwanzig *twenty-three* | 1000 000 eine Million *a or one million* |
| 30 dreißig *thirty* | |
| 31 einunddreißig *thirty-one* | 2000 000 zwei Millionen *two million* |
| 40 vierzig *forty* | |
| 41 einundvierzig *forty-one* | 1000 000 000 eine Milliarde *a or one milliard (Am. billion)* |
| 50 fünfzig *fifty* | |

## Ordinal Numbers

| | |
|---|---|
| 1. erste *first (1st)* | 16. sechzehnte *sixteenth* |
| 2. zweite *second (2nd)* | 17. siebzehnte *seventeenth* |
| 3. dritte *third (3rd)* | 18. achtzehnte *eighteenth* |
| 4. vierte *fourth (4th)* | 19. neunzehnte *nineteenth* |
| 5. fünfte *fifth (5th), etc.* | 20. zwanzigste *twentieth* |
| 6. sechste *sixth* | 21. einundzwanzigste *twenty-first* |
| 7. siebente *seventh* | 22. zweiundzwanzigste *twenty-second* |
| 8. achte *eighth* | |
| 9. neunte *ninth* | 23. dreiundzwanzigste *twenty-third* |
| 10. zehnte *tenth* | |
| 11. elfte *eleventh* | 30. dreißigste *thirtieth* |
| 12. zwölfte *twelfth* | 31. einunddreißigste *thirty-first* |
| 13. dreizehnte *thirteenth* | 40. vierzigste *fortieth* |
| 14. vierzehnte *fourteenth* | 41. einundvierzigste *forty-first* |
| 15. fünfzehnte *fifteenth* | 50. fünfzigste *fiftieth* |

51. einundfünfzigste *fifty-first*
60. sechzigste *sixtieth*
61. einundsechzigste *sixty-first*
70. siebzigste *seventieth*
71. einundsiebzigste *seventy-first*
80. achtzigste *eightieth*
81. einundachtzigste *eighty-first*
90. neunzigste *ninetieth*
100. hundertste (*one*) *hundredth*
101. hundert(und)erste (*one*) *hundred and first*
200. zweihundertste *two hundredth*

300. dreihundertste *three hundredth*
572. fünfhundert(und)zweiund- siebzigste *five hundred and seventy-second*
1000. tausendste (*one*) *thousandth*
1970. neunzehnhundert(und)sieb- zigste *nineteen hundred and seventieth*
500000. fünfhunderttausendste *five hundred thousandth*
1000000. millionste (*one*) *millionth*
2000000. zweimillionste *two millionth*

# Fractional Numbers and other Numerical Values

$1/2$ halb *one* or *a half*
$1/2$ eine halbe Meile *half a mile*
$1 1/2$ anderthalb or eineinhalb *one and a half*
$2 1/2$ zweieinhalb *two and a half*
$1/3$ ein Drittel *one* or *a third*
$2/3$ zwei Drittel *two thirds*
$1/4$ ein Viertel *one fourth, one* or *a quarter*
$3/4$ drei Viertel *three fourths, three quarters*
$1 1/4$ ein und eine viertel Stunde *one hour and a quarter*
$1/5$ ein Fünftel *one* or *a fifth*
$3 4/5$ drei vier Fünftel *three and four fifths*
0,4 null Komma vier *point four* (.4)
2,5 zwei Komma fünf *two point five* (2.5)

einfach *single*
  zweifach *double, twofold*
  dreifach *threefold, treble, triple*
  vierfach *fourfold, quadruple*
  fünffach *fivefold, quintuple*

einmal *once*
  zweimal *twice*
  drei-, vier-, fünfmal *three or four* or *five times*
  zweimal soviel(e) *twice as much* or *many*

erstens, zweitens, drittens *first(ly), secondly, thirdly; in the first* or *second* or *third place*

$2 \times 3 = 6$ zwei mal drei ist sechs, zwei multipliziert mit drei ist sechs *twice three are* or *make six, two multiplied by three are* or *make six*

$7 + 8 = 15$ sieben plus acht ist fünf- zehn *seven plus eight are fifteen*

$10 - 3 = 7$ zehn minus drei ist sieben *ten minus three are seven*

$20 : 5 = 4$ zwanzig (dividiert) durch fünf ist vier *twenty divided by five make four*

## PART I

# GERMAN-ENGLISH
# DICTIONARY

**Aal** *ichth.* [ɑːl] *m* (-[e]s/-e) eel; '2-
**glatt** *adj.* (aa) slippery as an eel.
**Aas** [ɑːs] *n* 1. (-es/ᵌ-e) carrion,
carcass; 2. *fig.* (-es/Äser) beast;
'.geier *orn.* *m* vulture.
**ab** [ap] 1. *prp.* (*dat.*): ~ Brüssel from
Brussels onwards; ~ Fabrik, Lager
*etc.* ✝ ex works, warehouse, *etc.*;
2. *prp.* (*dat.*, F *acc.*): ~ erstem *or*
ersten März from March 1st, on
and after March 1st; 3. ✝ *prp.* (*gen.*)
less; ~ Unkosten less charges; 4. *adv.*
*time*: von jetzt ~ from now on, in
future; ~ und zu from time to time,
now and then; von da ~ from that
time forward; *space*: *thea.* exit, *pl.*
exeunt; von da ~ from there
(on).
**abänder|n** ['ap²-] *v/t.* (*sep.*, -ge-, h)
alter, modify; *parl.* amend; '2ung
*f* alteration, modification; *parl.*
amendment (*to bill, etc.*); '2ungs-
antrag *parl.* *m* amendment.
**abarbeiten** ['ap²-] *v/t.* (*sep.*, -ge-, h)
work off (*debt*); sich ~ drudge, toil.
**Abart** ['ap²-] *f* variety.
**'Abbau** *m* 1. (-[e]s/*no pl.*) pulling
down, demolition (*of structure*);
dismantling (*of machine, etc.*); dismissal, discharge (*of personnel*);
reduction (*of staff, prices, etc.*);
cut (*of prices, etc.*); 2. ⚙ (-[e]s/-e)
working, exploitation; '2en *v/t.*
(*sep.*, -ge-, h) pull *or* take down,
demolish (*structure*); dismantle
(*machine, etc.*); dismiss, discharge
(*personnel*); reduce (*staff, prices,
etc.*); cut (*prices, etc.*); ⚙ work,
exploit.
**'ab|beißen** *v/t.* (*irr.* beißen, *sep.*,
-ge-, h) bite off; '.bekommen *v/t.*
(*irr.* kommen, *sep.*, *no* -ge-, h) get
off; s-n Teil *or* et. ~ get one's share;
et. ~ be hurt, get hurt.
**abberuf|en** *v/t.* (*irr.* rufen, *sep.*, *no*
-ge-, h) recall; '2ung *f* recall.
**'ab|bestellen** *v/t.* (*sep.*, *no* -ge-, h)
countermand, cancel one's order
for (*goods, etc.*); cancel one's subscription to, discontinue (*newspaper, etc.*); '.biegen *v/i.* (*irr.* biegen, *sep.*, -ge-, sein) *p.* turn off;
*road*: turn off, bend; nach rechts
(links) ~ turn right (left); von e-r
Straße ~ turn off a road.
**'Abbild** *n* likeness; image; '2en
['.dən] *v/t.* (*sep.*, -ge-, h) figure,
represent; sie ist auf der ersten
Seite abgebildet her picture is on
the front page; ~ung ['.duŋ] *f*
picture, illustration.
**'abbinden** *v/t.* (*irr.* binden, *sep.*,

-ge-, h) untie, unbind, remove; ⚕
ligate, tie up.
**'Abbitte** *f* apology; ~ leisten *or* tun
make one's apology (bei j-m wegen
et. to s.o. for s.th.); '2n *v/t.* (*irr.*
bitten, *sep.*, -ge-, h): j-m et. ~
apologize to s.o. for s.th.
**'ab|blasen** *v/t.* (*irr.* blasen, *sep.*,
-ge-, h) blow off (*dust, etc.*); call
off (*strike, etc.*), cancel; ✗ break
off (*attack*); '.blättern *v/i.* (*sep.*,
-ge-, sein) paint, *etc.*: scale, peel
(off); ⚕ *skin*: desquamate; ♣ shed
the leaves; '.blenden (*sep.*, -ge-, h)
1. *v/t.* screen (*light*); *mot.* dim, dip
(*headlights*); 2. *v/i.* *mot.* dim *or* dip
the headlights; *phot.* stop down;
'.blitzen F *v/i.* (*sep.*, -ge-, sein)
meet with a rebuff; ~ lassen snub;
'.brausen (*sep.*, -ge-) 1. *v/refl.* (h)
have a shower(-bath), douche; 2. F
*v/i.* (sein) rush off; '.brechen (*irr.*
brechen, *sep.*, -ge-) 1. *v/t.* (h) break
off (*a. fig.*); pull down, demolish
(*building, etc.*); strike (*tent*); *fig.*
stop; das Lager ~ break up camp,
strike tents; 2. *v/i.* (sein) break off;
3. *fig.* *v/i.* (h) stop; '.bremsen *v/t.*
and *v/i.* (*sep.*, -ge-, h) slow down;
brake; '.brennen *tr.* brennen,
*sep.*, -ge-) 1. *v/t.* (h) burn down
(*building, etc.*); let *or* set off (*firework*); 2. *v/i.* (sein) burn away *or*
down; s. abgebrannt; '.bringen
*v/t.* (*irr.* bringen, *sep.*, -ge-, h) get
off; j-n ~ von argue s.o. out of;
dissuade s.o. from; '.bröckeln *v/i.*
(*sep.*, -ge-, sein) crumble (*a.* ✝).
**'Abbruch** *m* pulling down, demolition (*of building, etc.*); rupture (*of
relations*); breaking off (*of negotia-
tions, etc.*); *fig.* damage, injury; j-m
~ tun damage s.o.
**'ab|brühen** *v/t.* (*sep.*, -ge-, h)
scald; s. abgebrüht; '.bürsten *v/t.*
(*sep.*, -ge-, h) brush off (*dirt, etc.*);
brush (*coat, etc.*); '.büßen *v/t.*
(*sep.*, -ge-, h) expiate, atone for
(*sin, etc.*); serve (*sentence*). [bet.]
**Abc** [ɑːbeːˈtseː] *n* (-/-) ABC, alpha-
**'abdank|en** *v/i.* (*sep.*, -ge-, h) re-
sign; *ruler*: abdicate; '2ung *f* (-/-en)
resignation; abdication.
**'ab|decken** *v/t.* (*sep.*, -ge-, h) un-
cover; untile (*roof*); unroof (*building*); clear (*table*); cover; '.dichten
*v/t.* (*sep.*, -ge-, h) make tight; seal
up (*window, etc.*); ⊕ pack (*gland,
etc.*); '.dienen *v/t.* (*sep.*, -ge-, h):
s-e Zeit ~ ✗ serve one's time; '.~
drängen *v/t.* (*sep.*, -ge-, h) push
aside; '.drehen (*sep.*, -ge-, h)

1. v/t. twist off (wire); turn off (water, gas, etc.); ⚡ switch off (light); 2. ⚡, ⚓ v/i. change one's course; '~drosseln mot. v/t. (sep., -ge-, h) throttle.

'Abdruck m (-[e]s/-e) impression, print, mark; cast; '2en v/t. (sep., -ge-, h) print; publish (article).

'abdrücken (sep., -ge-, h) 1. v/t. fire (gun, etc.); F hug or squeeze affectionately; sich ~ leave an impression or a mark; 2. v/i. pull the trigger.

Abend ['aːbənt] m (-s/-e) evening; am ~ in the evening, at night; heute abend tonight; morgen (gestern) abend tomorrow (last) night; z. essen; '~anzug m evening dress; '~blatt n evening paper; '~brot n supper, dinner; '~dämmerung f (evening) twilight, dusk; '~essen n s. Abendbrot; '~gesellschaft f evening party; '~kasse thea. f box-office; '~kleid n evening dress or gown; '~land n (-[e]s/no pl.) the Occident; 2ländisch adj. ['~lɛndiʃ] western, occidental; '~mahl eccl. n (-[e]s/-e) the (Holy) Communion, the Lord's Supper; '~rot n evening or sunset glow.                 [evening.]

abends adv. ['aːbənts] in the
'Abend|schule f evening school, night-school; '~sonne f setting sun; '~toilette f evening dress; '~wind m evening breeze; '~zeitung f evening paper.

Abenteu|er ['aːbəntɔyər] n (-s/-) adventure; '2erlich adj. adventurous; fig.: strange; wild, fantastic; '~rer ['~tɔyrər] m (-s/-) adventurer.

aber ['aːbər] 1. adv. again; Tausende und ~ Tausende thousands upon thousands; 2. cj. but; oder ~ otherwise, (or) else; 3. int.: ~! now then!; ~, ~! come, come!; ~ nein! no!, on the contrary!; 4. 2 n (-s/-) but.

'Aber|glaube m superstition; 2-gläubisch adj. ['~ɡlɔybiʃ] superstitious.

aberkenn|en ['ap?-] v/t. (irr. kennen, sep., no -ge-, h); j-m et. ~ deprive s.o. of s.th. (a. ⚖); dispossess s.o. of s.th.; '2ung f (-/-en) deprivation (a. ⚖); dispossession.

aber|malig adj. ['aːbərmaːliç] repeated; '~mals adv. ['~s] again, once more.

ab|ernten ['ap?-] v/t. (sep., -ge-, h) reap, harvest; '~essen ['ap?-] (irr. essen, sep., -ge-, h) 1. v/t. clear (plate); 2. v/i. finish eating; '~fahren (irr. fahren, sep., -ge-) 1. v/i. (sein) leave (nach for), depart (for), start (for); set out or off (for); 2. v/t. (h) carry or cart away (load).

'Abfahrt f departure (nach for), start (for); setting out or off (for); skiing: downhill run; '~sbahnsteig

m departure platform; '~slauf m skiing: downhill race; '~signal n starting-signal; '~szeit f time of departure; ⚓ a. time of sailing.

'Abfall m defection (von from), falling away (from); esp. pol. secession (from); eccl. apostasy (from); often Abfälle pl. waste, refuse, rubbish, Am. a. garbage; ⊕ clippings pl., shavings pl.; at butcher's: offal; '~eimer m dust-bin, Am. ash can; '2en v/i. (irr. fallen, sep., -ge-, sein) leaves, etc.: fall (off); ground, etc.: slope (down); fig. fall away (von from); esp. pol. secede (from); eccl. apostatize (from); ~ gegen come off badly by comparison with, be inferior to; '~erzeugnis n waste product; by-product.

'abfällig adj. judgement, etc.: adverse, unfavo(u)rable; remark: disparaging, depreciatory.

'Abfallprodukt n by-product; waste product.

'ab|fangen v/t. (irr. fangen, sep., -ge-, h) catch; snatch (ball, etc.); intercept (letter, etc.); △, ⚒ prop; ✕ check (attack); '~färben v/i. (sep., -ge-, h): der Pullover färbt ab the colo(u)r of the pull-over runs (auf acc. on); ~ auf (acc.) influence, affect.

'abfass|en v/t. (sep., -ge-, h) compose, write, pen; catch (thief, etc.); '2ung f composition; wording.

'ab|faulen v/i. (sep., -ge-, sein) rot off; '~fegen v/t. (sep., -ge-, h) sweep off; '~feilen v/t. (sep., -ge-, h) file off.

abfertig|en ['apfɛrtigən] v/t. (sep., -ge-, h) dispatch (a. 📮); customs: clear; serve, attend to (customer); j-n kurz ~ snub s.o.; '2ung f (-/-en) dispatch; customs: clearance; schroffe ~ snub.               [(off), discharge.]

'abfeuern v/t. (sep., -ge-, h) fire]

'abfind|en v/t. (irr. finden, sep., -ge-, h) satisfy, pay off (creditor); compensate; sich mit et. ~ resign o.s. to s.th.; put up with s.th.; '2ung f (-/-en) settlement; satisfaction; compensation; '2ung(ssumme) f indemnity; compensation.

'ab|flachen v/t. and v/refl. (sep., -ge-, h) flatten; '~flauen v/i. (sep., -ge-, sein) wind, etc.: abate; interest, etc.: flag; ↑ business: slacken; '~fliegen v/i. (irr. fliegen, sep., -ge-, sein) leave by plane; ✈ take off, start; '~fließen v/i. (irr. fließen, sep., -ge-, sein) drain or flow off or away.               [parture.]

'Abflug ✈ m take-off, start, de-]

'Abfluß m flowing or draining off or away; discharge (a. 📮); drain (a. fig.); sink; outlet (of lake, etc.).

'abfordern v/t. (sep., -ge-, h): j-m et. ~ demand s.th. of or from s.o.

**Abfuhr** ['apfuːr] f (-/-en) removal; fig. rebuff.

**'abführ|en** (sep., -ge-, h) 1. v/t. lead off or away; march (prisoner) off; pay over (money) (an acc. to); 2. ♣ v/t. purge (the bowels), loosen the bowels; '~end ♣ adj. purgative, aperient, laxative; '2mittel ♣ n purgative, aperient, laxative.

**'abfüllen** v/t. (sep., -ge-, h) decant; in Flaschen ~ bottle; Bier in Fässer ~ rack casks with beer.

**'Abgabe** f sports: pass; casting (of one's vote); sale (of shares, etc.); mst ~n pl. taxes pl.; rates pl., Am. local taxes pl.; duties pl.; '2frei adj. tax-free; duty-free; '2npflichtig adj. taxable; dutiable; liable to tax or duty.

**'Abgang** m departure; start; thea. exit (a. fig.); retirement (from a job); loss, wastage; deficiency (in weight, etc.); ♣ miscarriage; nach ~ von der Schule after leaving school.

**'abgängig** adj. missing.

**'Abgangszeugnis** n (school-)leaving certificate, Am. a. diploma.

**'Abgas** n waste gas; esp. mot. exhaust gas [toil-worn, worn-out.]

**abgearbeitet** adj. ['apgəˈarbaitət.]

**'abgeben** v/t. (irr. geben, sep., -ge-, h) leave (bei, an dat. at); hand in (paper, etc.); deposit, leave (luggage); cast (one's vote); sports: pass (ball, etc.); sell, dispose of (goods); give off (heat, etc.); e-e Erklärung ~ make a statement; s-e Meinung ~ express one's opinion (über acc. on); j-m et. ~ von et. give s.o. some of s.th.; e-n guten Gelehrten ~ make a good scholar; sich ~ mit occupy o.s. with s.th.; sie gibt sich gern mit Kindern ab she loves to be among children.

**'abge|brannt** adj. burnt down; F fig. hard up, sl. broke; '~brüht fig. adj. ['~bryːt] hardened, callous; '~droschen adj. trite, hackneyed; '~feimt adj. ['~faimt] cunning, crafty; '~griffen adj. worn; book: well-thumbed; '~härtet adj. ['~hɛrtət] hardened (gegen to), inured (to); '~härmt adj. ['~hɛrmt] care-worn.

**'abgehen** (irr. gehen, sep., -ge-) 1. v/i. (sein) go off or away; leave, start, depart; letter, etc.: be dispatched; post: go; thea. make one's exit; side-road: branch off; goods: sell; button, etc.: come off; stain, etc.: come out; ♣ be discharged; (von e-m Amt) ~ give up a post; retire; von der Schule ~ leave school; ~ von digress from (main subject); deviate from (rule); alter, change (one's opinion); relinquish (plan, etc.); diese Eigenschaft geht ihm ab he lacks this quality; gut ~ end well, pass off well; hiervon geht or gehen

... ab ↑ less, minus; 2. v/t. (h) measure by steps; patrol.

**abge|hetzt** adj. ['apgəhɛtst] harassed; exhausted; run down; breathless, '~kartet F adj. ['~kartət]: ~e Sache prearranged affair, put-up job; '~legen adj. remote, distant; secluded; out-of-the-way; '~macht adj. ['~maxt]: ~! it's a bargain or deal!; '~magert adj. ['~maːgərt] emaciated; '~neigt adj. ['~naikt] disinclined (dat. for s.th.; zu tun to do), averse (to; from doing), unwilling (zu tun to do); ~nutzt adj. ['~nutst] worn-out.

**Abgeordnete** ['apgəˈɔrdnətə] m, f (-n/-n) deputy, delegate; in Germany: member of the Bundestag or Landtag, Brt. Member of Parliament, Am. Representative.

**'abgerissen** fig. adj. ragged; shabby; style, speech: abrupt, broken.

**'Abgesandte** m, f (-n/-n) envoy; emissary, ambassador.

**'abgeschieden** fig. adj. isolated, secluded; retired; '2heit f (-/-en) seclusion, retirement.

**'abgeschlossen** adj. flat: self-contained; training, etc.: complete.

**abgeschmackt** adj. ['apgəˈʃmakt] tasteless; tactless; '2heit f (-/-en) tastelessness; tactlessness.

**'abgesehen** adj.: ~ von apart from, Am. a. aside from.

**abge|spannt** fig. adj. ['apgəʃpant] exhausted, tired, run down; '~standen adj. stale, flat; '~storben adj. numb; dead; '~stumpft adj. ['~ʃtumpft] blunt(ed); fig. indifferent (gegen to); '~tragen adj. worn-out; threadbare, shabby.

**'abgewöhnen** v/t. (sep., -ge-, h): j-m et. ~ break or cure s.o. of s.th.; sich das Rauchen ~ give up smoking.

**abgezehrt** adj. ['apgətseːrt] emaciated, wasted.

**'abgießen** v/t. (irr. gießen, sep., -ge-, h) pour off; 🜄 decant; ⊕ cast.

**'Abglanz** m reflection (a. fig.).

**'abgleiten** v/i. (irr. gleiten, sep., -ge-, sein) slip off; slide off; glide [off.]

**'Abgott** m idol.

**abgöttisch** adv. ['apgœtiʃ]: j-n ~ lieben idolize or worship s.o.; dote (up)on s.o.

**'ab|grasen** v/t. (sep., -ge-, h) graze; fig. scour; '~grenzen v/t. (sep., -ge-, h) mark off, delimit; demarcate (a. fig.); fig. define.

**'Abgrund** m abyss; precipice; chasm, gulf; am Rande des ~s on the brink of disaster.

**'Abguß** m cast.

**'ab|hacken** v/t. (sep., -ge-, h) chop or cut off; '~haken fig. v/t. (sep., -ge-, h) tick or check off; '~halten v/t. (irr. halten, sep., -ge-, h) hold (meeting, examination, etc.); keep out (rain); j-n von der Arbeit ~ keep

s.o. from his work; *j-n davon* ~
et. *zu tun* keep *or* restrain s.o. from
doing s.th.; et. *von j-m* ~ keep s.th.
away from s.o.; '~**handeln** *v/t.*
(*sep.*, -ge-, h) discuss, treat; *j-m*
et. ~ bargain s.th. out of s.o.
**abhanden** *adv.* [ap'handən]: ~ **kommen** get lost.
'**Abhandlung** *f* treatise (*über acc.*
[up]on), dissertation ([up]on, concerning); essay.
'**Abhang** *m* slope, incline; declivity.
'**abhängen** 1. *v/t.* (*sep.*, -ge-, h) take
down (*picture, etc.*); ⚙ uncouple;
2. *v/i.* (*irr.* hängen, *sep.*, -ge-, h):
~ *von* depend (up)on.
**abhängig** *adj.* ['aphɛŋiç]: ~ *von* dependent (up)on; '2**keit** *f* (-/no *pl.*)
dependence (*von* [up]on).
**ab|härmen** ['aphɛrmən] *v/refl.*
(*sep.*, -ge-, h) pine away (*über acc.*
at); '~**härten** *v/t.* (*sep.*, -ge-, h)
harden (*gegen* to), inure (to); *sich*
~ harden o.s. (*gegen* to), inure o.s.
(to); '~**hauen** (*irr.* hauen, *sep.*,
-ge-) 1. *v/t.* (h) cut *or* chop off;
2. F *v/i.* (*sein*) be off; *hau ab!* *sl.*
beat it!, scram!; '~**häuten** *v/t.*
(*sep.*, -ge-, h) skin, flay; '~**heben**
(*irr.* heben, *sep.*, -ge-, h) 1. *v/t.* lift
or take off; *teleph.* lift (*receiver*);
(with)draw (*money*); *sich* ~ *von*
stand out against; *fig. a.* contrast
with; 2. *v/i.* cut (the cards); *teleph.*
lift the receiver; '~**heilen** *v/i.* (*sep.*,
-ge-, *sein*) heal (up); '~**helfen** *v/i.*
(*irr.* helfen, *sep.*, -ge-, h): *e-m Übel*
~ cure *or* redress an evil; *dem ist
nicht abzuhelfen* there is nothing to
be done about it; '~**hetzen** *v/refl.*
(*sep.*, -ge-, h) tire o.s. out; rush,
hurry.
'**Abhilfe** *f* remedy, redress, relief;
~ *schaffen* take remedial measures.
'**abhobeln** *v/t.* (*sep.*, -ge-, h) plane
(away, down).
**abhold** *adj.* ['aphɔlt] averse (*dat.*
to *s.th.*); ill-disposed (towards
*s.o.*).
'**ab|holen** *v/t.* (*sep.*, -ge-, h) fetch;
call for, come for; *j-n von der Bahn*
~ go to meet s.o. at the station;
'~**holzen** *v/t.* (*sep.*, -ge-, h) fell,
cut down (*trees*); deforest; '~**horchen** ⚙ *v/t.* (*sep.*, -ge-, h) aus-
cultate, sound; '~**hören** *v/t.* (*sep.*,
-ge-, h) listen in to, intercept (*telephone conversation*); *e-n Schüler* ~
hear a pupil's lesson.
**Abitur** [abi'tuːr] *n* (-s/⚙-e) school-
leaving examination (*qualifying for
university entrance*).
'**ab|jagen** *v/t.* (*sep.*, -ge-, h): *j-m* et.
~ recover s.th. from s.o.; '~**kanzeln**
F *v/t.* (*sep.*, -ge-, h) reprimand, F
tell *s.o.* off; '~**kaufen** *v/t.* (*sep.*,
-ge-, h): *j-m* et. ~ buy *or* purchase
s.th. from s.o.

**Abkehr** *fig.* ['apkeːr] *f* (-/no *pl.*)
estrangement (*von* from); withdrawal (from); '2**en** *v/t.* (*sep.*, -ge-,
h) sweep off; *sich* ~ *von* turn away
from; *fig.*: take no further interest
in; become estranged from; withdraw from.
'**ab|klingen** *v/i.* (*irr.* klingen, *sep.*,
-ge-, *sein*) fade away; *pain, etc.*: die
down; *pain, illness*: ease off; '~**klopfen** (*sep.*, -ge-, h) 1. *v/t.* knock (*dust,
etc.*) off; dust (*coat, etc.*); ⚙ sound,
percuss; 2. *v/i. conductor*: stop the
orchestra; '~**knicken** *v/t.* (*sep.*,
-ge-, h) snap *or* break off; bend
off; '~**knöpfen** *v/t.* (*sep.*, -ge-, h)
unbutton; F *j-m Geld* ~ get money
out of s.o.; '~**kochen** (*sep.*, -ge-, h)
1. *v/t.* boil; scald (*milk*); 2. *v/i.*
cook in the open air (*a.* ⚙); '~**kommandieren** ⚙ *v/t.* (*sep.*, no -ge-, h)
detach, detail; second (*officer*).
**Abkomme** ['apkɔmə] *m* (-n/-n)
descendant.
'**abkommen** 1. *v/i.* (*irr.* kommen,
*sep.*, -ge-, *sein*) come away, get
away *or* off; *von e-r Ansicht* ~ change
one's opinion; *von e-m Thema* ~
digress from a topic; *vom Wege* ~
lose one's way; 2. 2 *n* (-s/-) agreement.
**abkömm|lich** *adj.* ['apkœmliç] dis-
pensable; available; *er ist nicht* ~
he cannot be spared; 2**ling** ['~liŋ]
*m* (-s/-e) descendant.
'**ab|koppeln** *v/t.* (*sep.*, -ge-, h) un-
couple; '~**kratzen** (*sep.*, -ge-) 1. *v/t.*
(h) scrape off; 2. *sl. v/i.* (*sein*) kick
the bucket; '~**kühlen** *v/t.* (*sep.*,
-ge-, h) cool; refrigerate; *sich* ~ cool
down (*a. fig.*).
**Abkunft** ['apkunft] *f* (-/⚙-e) descent; origin, extraction; birth.
'**abkürz|en** *v/t.* (*sep.*, -ge-, h)
shorten; abbreviate (*word, story,
etc.*); *den Weg* ~ take a short cut;
'2**ung** *f* (-/-en) abridgement; abbreviation; short cut.
'**abladen** *v/t.* (*irr.* laden, *sep.*, -ge-, h)
unload; dump (*rubbish, etc.*).
'**Ablage** *f* place of deposit; filing
tray; files *pl.*; cloak-room.
'**ab|lagern** (*sep.*, -ge-) 1. *v/t.* (h)
season (*wood, wine*); age (*wine*);
*sich* ~ settle; be deposited; 2. *v/i.*
(*sein*) *wood, wine*: season; *wine*: age;
'~**lassen** (*irr.* lassen, *sep.*, -ge-, h)
1. *v/t.* let (liquid) run off; let
off (*steam*); drain (*pond, etc.*);
2. *v/i.* leave off (*von* et. [doing]
s.th.).
'**Ablauf** *m* running off; outlet, drain;
*sports*: start; *fig.* expiration, end;
*nach* ~ *von* at the end of; '2**en** (*irr.*
laufen, *sep.*, -ge-) 1. *v/i.* (*sein*) run
off; drain off; *period of time*: expire; ✝ *bill of exchange*: fall due;
*clock, etc.*: run down; *thread, film*:
unwind; *spool*: run out; *gut* ~ end

well; 2. v/t. (h) wear out (shoes); scour (region, etc.); sich die Beine ~ run one's legs off; s. Rang.

'Ableben n (-s) no pl.) death, decease (esp. 2a), 2t demise.

'ab|locken v/t. (sep., -ge-, h) lick (off); '_legen (sep., -ge-, h) 1. v/t. take off (garments); leave off (garments); give up, break o.s. of (habit); file (documents, letters, etc.); make (confession, vow), take (oath, examination); Zeugnis ~ bear witness (für to; von of); s Rechenschaft; 2. v/i. take off one's (hat and) coat.

'Ableger ♣ m (-s/-) layer, shoot.

'ablehn|en (sep., -ge-, h) 1. v/t. decline, refuse, reject (doctrine, candidate, etc.), turn down (proposal, etc.); 2. v/i. decline; dankend ~ decline with thanks; '_end adj. negative; '2ung f (-/-en) refusal; rejection.

'ableit|en v/t. (sep., -ge-, h) divert (river, etc.); drain off or away (water, etc.); gr.♭ ⅌; fig. derive (aus, von from); fig. infer (from); '2ung f diversion; drainage; gr.♭ ⅌ derivation (a. fig.).

'ab|lenken v/t. (sep., -ge-, h) turn aside; divert (suspicion, etc.) (von from); phys., etc.: deflect (rays, etc.); j-n von der Arbeit ~ distract s.o. from his work; '_lesen v/t. (irr. lesen, sep., -ge-, h) read (speech, etc.); read (off) (values from instruments); _leugnen v/t. (sep., -ge-, h) deny, disavow, disown.

'ablieferun v/t. (sep., -ge-, h) deliver; hand over; surrender; '2ung f delivery.

'ablöschen v/t. (sep., -ge-, h) blot (up) (ink); ⊕ temper (steel).

'ablös|en v/t (sep., -ge-, h) detach; take off; ✕, etc relieve; supersede (predecessor in office); discharge (debt); redeem (obligation); sich ~ come off; fig. alternate, take turns; '2ung f detachment; ✕, etc.: relief; fig supersession; discharge; redemption

'abmach|en v/t. (sep., -ge-, h) remove, detach, fig. settle, arrange (business, etc.), agree (up)on (price, etc.); '2ung f (-/-en) arrangement, settlement, agreement.

'abmager|n v/t. (sep., -ge-, sein) lose flesh; grow lean or thin; '2ung f (-/-en) emaciation.

'ab|mähen v/t. (sep., -ge-, h) mow (off); '_malen v/t. (sep., -ge-, h) copy.

'Abmarsch m start; ✕ marching off; '2ieren v/i (sep., no -ge-, sein) start; ✕ march off.

'abmeld|en v/t. (sep., -ge-, h): j-n von der Schule ~ give notice of the withdrawal of a pupil (from school); sich polizeilich ~ give notice to the police of one's departure (from

town, etc.); '2ung f notice of withdrawal; notice of departure.

'abmess|en v/t. (irr. messen, sep., -ge-, h) measure; '2ung f (-/-en) measurement

'ab|montieren v/t. (sep., no -ge-, h) disassemble, dismantle, strip (machinery), remove (tyre, etc.); '_mühen v/refl. (sep., -ge-, h) drudge, toil; '_nagen v/t. (sep., -ge-, h) gnaw off; pick (bone).

Abnahme ['apna:mə] f (-/♣-n) taking off, removal; ♣ amputation; ♦ taking delivery; ♦ purchase; ♦ sale; ⊕ acceptance (of machine, etc.); administering (of oath); decrease, diminution; loss (of weight).

'abnehm|en (irr. nehmen, sep., -ge-, h) 1. v/t. take off; remove; teleph. lift (receiver); ♣ amputate; gather (fruit); ⊕ accept (machine, etc.); j-m et. ~ take s.th. from s.o.; ♦ a. buy or purchase s.th. from s.o.; j-m zuviel ~ overcharge s.o.; 2. v/i. decrease, diminish, decline; lose weight; moon wane; storm: abate; days: grow shorter; '2er ♦ m (-s/-) buyer; customer, consumer.

'Abneigung f aversion (gegen to); disinclination (to); dislike (to, of, for); antipath (against, to).

abnorm adj. [ap'nɔrm] abnormal; anomalous, exceptional; 2i'tät f (-/-en) abnormality, anomaly.

'abnötigen v/t. (sep., -ge-, h): j-m et. ~ extort s.th. from s.o.

'ab|nutzen v/t. and v/refl. (sep., -ge-, h), '_nützen v/t. and v/refl. (sep., -ge-, h) wear out; '2nutzung f, '2nützung f (-/-en) wear (and tear).

Abonne|ment [abɔn(ə)'mã:] n (-s/-s) subscription (auf acc. to); _ent [..'nɛnt] m (-en/-en) subscriber; 2ieren [..'ni:rən] v/t. (no -ge-, h) subscribe to (newspaper); 2iert adj. [..'ni:rt] sein auf (acc.) take in (newspaper, etc.).

abordn|en ['ap'..] v/t. (sep., -ge-, h) depute, delegate, Am. a. deputize; '2ung f delegation, deputation.

Abort [a'bɔrt] m (-[e]s/-e) lavatory, toilet.

'ab|passen v/t. (sep., -ge-, h) fit, adjust; watch for, wait for (s.o., opportunity); waylay s.o.; '_pflücken v/t. (sep., -ge-, h) pick, pluck (off), gather, _plagen v/refl. (sep., -ge-, h) toil, _platzen v/i. (sep., -ge-, sein) burst off; fly off; '_prallen v/i. (sep., -ge-, sein) rebound, bounce (off), ricochet; '_putzen v/t. (sep., -ge-, h) clean (off, up); wipe off; polish; '_raten v/t. (irr. raten, sep., -ge-, h): j-m ~ von dissuade s.o. from, advise s.o. against; '_räumen v/t. (sep., -ge-, h) clear (away); '_reagieren v/t. (sep., no -ge-, h) work off (one's anger, etc.); sich ~ F a. let off steam.

'abrechn|en (*sep.*, -ge-, *h*) 1. *v/t.* deduct; settle (*account*); 2. *v/i.*: mit *j-m* ~ settle with s.o.; *fig.* settle (accounts) with s.o., F get even with s.o.; '2ung *f* settlement (of accounts); deduction, discount.

'Abrede *f*: in ~ stellen deny or question *s.th.*

'abreib|en *v/t.* (*irr. reiben, sep.*, -ge-, *h*) rub off; rub down (*body*); polish; '2ung *f* rub-down; F *fig.* beating.

'Abreise *f* departure (*nach* for); '2n *v/i.* (*sep.*, -ge-, *sein*) depart (*nach* for), leave (for), start (for), set out (for).

'abreiß|en (*irr. reißen, sep.*, -ge-) 1. *v/t.* (*h*) tear or pull off; pull down (*building*); *s.* abgerissen; 2. *v/i.* (*sein*) break off; *button, etc.*: come off; '2kalender *m* tear-off calendar.

'ab|richten *v/t.* (*sep.*, -ge-, *h*) train (*animal*), break (*horse*) (in); '~riegeln *v/t.* (*sep.*, -ge-, *h*) bolt, bar (*door*); block (*road*).

'Abriß *m* draft; summary, abstract; (*brief*) outlines *pl.*; brief survey.

'ab|rollen (*sep.*, -ge-) *v/t.* (*h*)· and *v/i.* (*sein*) unroll; uncoil; unwind, unreel; roll off; '~rücken (*sep.*, -ge-) 1. *v/t.* (*h*) move off or away (*von* from), remove; 2. ✕ *v/i.* (*sein*) march off, withdraw.

'Abruf *m* call; recall; *auf* ~ ✝ on call; '2en *v/t.* (*irr. rufen, sep.*, -ge-, *h*) call off (a. ✝), call away; recall; ✝ call out.

'ab|runden *v/t.* (*sep.*, -ge-, *h*) round (off); '~rupfen *v/t.* (*sep.*, -ge-, *h*) pluck off.

abrupt *adj.* [ap'rupt] abrupt.

'abrüst|en ✕ *v/i.* (*sep.*, -ge-, *h*) disarm; '2ung ✕ *f* disarmament.

'abrutschen *v/i.* (*sep.*, -ge-, *sein*) slip off, glide down; ✈ skid.

'Absage *f* cancellation; refusal; '2n (*sep.*, -ge-, *h*) 1. *v/t.* cancel, call off; refuse; recall (*invitation*); 2. *v/i. guest*: decline; *j-m* ~ cancel one's appointment with s.o.

'absägen *v/t.* (*sep.*, -ge-, *h*) saw off; F *fig.* sack *s.o.*

'Absatz *m* stop, pause; *typ.* paragraph; ✝ sale; heel (*of shoe*); landing (*of stairs*); '2fähig ✝ *adj.* saleable, marketable; '~markt ✝ *m* market, outlet; '~möglichkeit ✝ *f* opening, outlet.

'abschaben *v/t.* (*sep.*, -ge-, *h*) scrape off.

'abschaff|en *v/t.* (*sep.*, -ge-, *h*) abolish; abrogate (*law*); dismiss (*servants*); '2ung *f* (-/-en) abolition; abrogation; dismissal.

'ab|schälen *v/t.* (*sep.*, -ge-, *h*) peel (off), pare; bark (*tree*); '~schalten *v/t.* (*sep.*, -ge-, *h*) switch off, turn off or out; ⚡ disconnect.

'abschätz|en *v/t.* (*sep.*, -ge-, *h*) esti-

mate; value; assess; '2ung *f* valuation; estimate; assessment.

'Abschaum *m* (-[e]s/*no pl.*) scum; *fig. a.* dregs *pl.*

'Abscheu *m* (-[e]s/*no pl.*) horror (*vor dat.* of), abhorrence (of); loathing (of); disgust (for).

'abscheuern *v/t.* (*sep.*, -ge-, *h*) scour (off); wear out; chafe, abrade.

abscheulich *adj.* [ap'ʃɔylɪç] abominable, detestable, horrid; 2keit *f* (-/-en) detestableness; atrocity.

'ab|schicken *v/t.* (*sep.*, -ge-, *h*) send off, dispatch; ✉ post, esp. *Am.* mail; '~schieben *v/t.* (*irr. schieben, sep.*, -ge-, *h*) push or shove off.

Abschied ['apʃiːt] *m* (-[e]s/✳-e) departure; parting, leave-taking, farewell; dismissal, ✕ discharge; ~ nehmen take leave (*von* of), bid farewell (to); *j-m* den ~ geben dismiss s.o., ✕ discharge s.o.; *s-n* ~ nehmen resign, retire; '~sfeier *f* farewell party; '~sgesuch *n* resignation.

'ab|schießen *v/t.* (*irr. schieben, sep.*, -ge-, *h*) shoot off; shoot, discharge, fire (off) (*fire-arm*); launch (*rocket*); kill, shoot; (shoot or bring) down (*aircraft*); *s.* Vogel; '~schinden *v/refl.* (*irr. schinden, sep.*, -ge-, *h*) toil and moil, slave, drudge; '~schirmen *v/t.* (*sep.*, -ge-, *h*) shield (*gegen* from); screen (from), screen off (from); '~schlachten *v/t.* (*sep.*, -ge-, *h*) slaughter, butcher.

'Abschlag ✝ *m* reduction (*in price*); *auf* ~ on account; 2en ['~gən] *v/t.* (*irr. schlagen, sep.*, -ge-, *h*) knock off, beat off, strike off; cut off (*head*); refuse (*request*); repel (*attack*).

abschlägig *adj.* ['apʃlɛːgɪç] negative; ~e Antwort refusal, denial.

'Abschlagszahlung *f* payment on account; instal(l)ment.

'abschleifen *v/t.* (*irr. schleifen, sep.*, -ge-, *h*) grind off; *fig.* refine, polish.

'Abschlepp|dienst *mot. m* towing service, *Am. a.* wrecking service; '2en *v/t.* (*sep.*, -ge-, *h*) drag off; *mot.* tow off.

'abschließen (*irr. schließen, sep.*, -ge-, *h*) 1. *v/t.* lock (up); ⊕ seal (up); conclude (*letter, etc.*); settle (*account*); balance (*the books*); effect (*insurance*); contract (*loan*); *fig.* seclude, isolate; *e-n Handel* ~ strike a bargain; *sich* ~ seclude o.s.; 2. *v/i.* conclude; '~d 1. *adj.* concluding; final; 2. *adv.* in conclusion.

'Abschluß *m* settlement; conclusion; ⊕ seal; '~prüfung *f* final examination, finals *pl.*, *Am. a.* graduation; '~zeugnis *n* leaving certificate; diploma.

'ab|schmeicheln *v/t.* (*sep.*, -ge-, *h*): *j-m et.* ~ coax s.th. out of s.o.; '~schmelzen (*irr. schmelzen, sep.*,

-ge-) v/t. (h) and v/i. (sein) melt
(off); ⊕ fuse; '~schmieren ⊕ v/t.
(sep., -ge-, h) lubricate, grease; '~
schnallen v/t. (sep., -ge-, h) un-
buckle; take off (ski, etc.); '~
schneiden (irr. schneiden, sep.,
-ge-, h) 1. v/t. cut (off); slice off;
den Weg ~ take a short cut; j-m das
Wort ~ cut s.o. short; 2. v/i.: gut ~
come out or off well.

'Abschnitt m ↓ segment; † coupon; typ. section, paragraph; counterfoil, Am. a. stub (of cheque, etc.);
stage (of journey); phase (of development); period (of time).

'ab|schöpfen v/t. (sep., -ge-, h)
skim (off); '~schrauben v/t. (sep.,
-ge-, h) unscrew, screw off.

'abschrecken v/t. (sep., -ge-, h)
deter (von from); scare away; '~d
adj. deterrent; repulsive, forbid-
ding.

'abschreib|en (irr. schreiben, sep.,
-ge-, h) 1. v/t. copy; write off (debt,
etc.); plagiarize; in school: crib;
2. v/i. send a refusal; '2er m copy-
ist; plagiarist; '2ung † f (-/-en)
depreciation.

'abschreiten v/t. (irr. schreiten,
sep., -ge-, h) pace (off); e-e Ehren-
wache ~ inspect a guard of hono(u)r.

'Abschrift f copy, duplicate.

'abschürf|en v/t. (sep., -ge-, h)
graze, abrade (skin); '2ung f (-/-en)
abrasion.

'Abschuß m discharge (of fire-arm);
launching (of rocket); hunt. shooting; shooting down, downing (of
aircraft); '~rampe f launching
platform.

abschüssig adj. ['apʃysiç] sloping;
steep.

'ab|schütteln v/t. (sep., -ge-, h)
shake off (a. fig.); fig. get rid of;
'~schwächen v/t. (sep., -ge-, h)
weaken, lessen, diminish; '~schwei-
fen v/i. (sep., -ge-, sein) deviate; fig.
digress; '~schwenken v/i. (sep.,
-ge-, sein) swerve; ⋇ wheel;
'~schwören v/i. (irr. schwören,
sep., -ge-, h) abjure; forswear;
'~segeln v/i. (sep., -ge-, sein) set
sail, sail away.

abseh|bar adj. ['apzeːbaːr]: in ~er
Zeit in the not-too-distant future;
'~en (irr. sehen, sep., -ge-, h) 1. v/t.
(fore)see; j-m et. ~ learn s.th. by
observing s.o.; es abgesehen haben
auf (acc.) have an eye on, be aiming
at; 2. v/i.: ~ von refrain from; disregard.

abseits ['apzaɪts] 1. adv. aside,
apart; football, etc.: off side; 2. prp.
(gen.) aside from; off (the road).

'absend|en v/t. ([irr.] senden, sep.,
-ge-, h) send off, dispatch; ℗
post, esp. Am. mail; '2er ℗ m
sender.

'absengen v/t. (sep., -ge-, h) singe off.

'Absenker ⚘ m (-s/-) layer, shoot.

'absetz|en (sep., -ge-, h) 1. v/t. set
or put down, deposit; deduct (sum);
take off (hat); remove, dismiss
(official); depose, dethrone (king);
drop, put down (passenger); † sell
(goods); typ. set up (in type); thea.:
ein Stück ~ take off a play; 2. v/i.
break off, stop, pause; '2ung f
(-/-en) deposition; removal, dismissal.

'Absicht f (-/-en) intention, purpose,
design; '2lich 1. adj. intentional;
2. adv. on purpose.

'absitzen (irr. sitzen, sep., -ge-)
1. v/i. (sein) rider: dismount; 2. v/t.
(h) serve (sentence), F do (time).

absolut adj. [apzoˈluːt] absolute.

absolvieren [apzɔlˈviːrən] v/t. (no
-ge-, h) absolve; complete (studies);
get through, graduate from (school).

'absonder|n v/t. (sep., -ge-, h)
separate; ⚕ secrete; sich ~ withdraw; '2ung f (-/-en) separation; ⚕
secretion.

ab|sorbieren [apzɔrˈbiːrən] v/t. (no
-ge-, h) absorb; '~speisen fig. v/t.
(sep., -ge-, h) put s.o. off.

abspenstig adj. ['apʃpɛnstiç]: ~
machen entice away (von from).

'absperr|en v/t. (sep., -ge-, h) lock;
shut off; bar (way); block (road);
turn off (gas, etc.); '2hahn m stop-
cock.

'ab|spielen v/t. (sep., -ge-, h) play
(record, etc.); play back (tape recording); sich ~ happen, take place;
'~sprechen v/t. (irr. sprechen, sep.,
-ge-, h) deny; arrange, agree;
'~springen v/i. (irr. springen, sep.,
-ge-, sein) jump down or off; ⋇
jump, bale out, (Am. only) bail out;
rebound.

'Absprung m jump; sports: take-
off.

'abspülen v/t. (sep., -ge-, h) wash
up; rinse.

'abstamm|en v/i. (sep., -ge-, sein)
be descended; gr. be derived (both:
von from); '2ung f (-/-en) descent;
gr. derivation.

'Abstand m distance; interval; †
compensation, indemnification; ~
nehmen von desist from.

ab|statten ['apʃtatən] v/t. (sep.,
-ge-, h): e-n Besuch ~ pay a visit;
Dank ~ return or render thanks;
'~stauben v/t. (sep., -ge-, h) dust.

'abstech|en (irr. stechen, sep., -ge-,
h) 1. v/t. cut (sods); stick (pig, sheep,
etc.); stab (animal); 2. v/i. contrast
(von with); '2er m (-s/-) excursion,
trip; detour.

'ab|stecken v/t. (sep., -ge-, h) unpin,
undo; fit, pin (dress); surv. mark
out; '~stehen v/i. (irr. stehen, sep.,
-ge-, h) stand off; stick out, pro-
trude; s. abgestanden; '~steigen
v/i. (irr. steigen, sep., -ge-, sein)

descend; alight (von from) (carriage); get off, dismount (from)
(horse); put up (in dat. at) (hotel);
'~stellen v/t. (sep., -ge-, h) put
down; stop, turn off (gas, etc.);
park (car); fig. put an end to s.th.;
'~stempeln v/t. (sep., -ge-, h)
stamp; '~sterben v/i. (irr. sterben,
sep., -ge-, sein) die off; limb: mor-
tify.

**Abstieg** ['apʃtiːk] m (-[e]s/-e) descent; fig. decline.

'abstimm|en (sep., -ge-, h) 1. v/i.
vote; 2. v/t. tune in (radio); fig.:
harmonize; time; ✦ balance (books);
'2ung f voting; vote; tuning.

**Abstinenzler** [apsti'nɛntslər] m
(-s/-) teetotal(l)er.

'abstoppen (sep., -ge-, h) 1. v/t.
stop; slow down; sports: clock,
time; 2. v/i. stop.

'abstoßen v/t. (irr. stoßen, sep.,
-ge-, h) knock off; push off; clear
off (goods); fig. repel; sich die Hör-
ner ~ sow one's wild oats; '~d fig.
adj. repulsive.

abstrakt adj. [ap'strakt] abstract.

'ab|streichen v/t. (irr. streichen,
sep., -ge-, h) take or wipe off;
'~streifen v/t. (sep., -ge-, h) strip
off; take or pull off (glove, etc.);
slip off (dress); wipe (shoes); '~strei-
ten v/t. (irr. streiten, sep., -ge-, h)
contest, dispute; deny.

'Abstrich m deduction, cut; ✗ swab.

'ab|stufen v/t. (sep., -ge-, h) gradu-
ate; gradate; '~stumpfen (sep.,
-ge-) 1. v/t. (h) blunt; fig. dull (mind);
2. fig. v/i. (sein) become dull.

'Absturz m fall; ✈ crash.

'ab|stürzen v/i. (sep., -ge-, sein)
fall down; ✈ crash; '~suchen v/t.
(sep., -ge-, h) search (nach for);
scour or comb (area) (for).

absurd adj. [ap'zurt] absurd, preposterous.

**Abszeß** ✗ [aps'tɛs] m (Abszesses/
Abszesse) abscess.

**Abt** [apt] m (-[e]s/=e) abbot.

'abtakeln ✦ v/t. (sep., -ge-, h) unrig,
dismantle, strip.

**Abtei** [ap'taɪ] f (-/-en) abbey.

**Ab|'teil** ✤ n compartment; '2teilen
v/t. (sep., -ge-, h) divide; 🛆 partition off; ~'teilung f division;
~'teilung f department, ward (of
hospital); compartment; ✗ detachment; ~'teilungsleiter m head of a
department.

'abtelegraphieren v/i. (sep., no -ge-,
h) cancel a visit, etc. by telegram.

**Äbtissin** [ɛp'tɪsɪn] f (-/-nen) abbess.

'ab|töten v/t. (sep., -ge-, h) destroy,
kill (bacteria, etc.); '~tragen v/t.
(irr. tragen, sep., -ge-, h) carry off;
pull down (building); wear out
(garment); pay (debt).

abträglich adj. ['aptrɛːklɪç] injuri-
ous, detrimental.

'abtreib|en (irr. treiben, sep., -ge-)
1. v/t. (h) drive away or off; ein
Kind ~ procure abortion; 2. ✦,
✗ v/i. (sein) drift off; '2ung f
(-/-en) abortion.

'abtrennen v/t. (sep., -ge-, h) detach; separate; sever (limbs, etc.);
take (trimmings) off (dress).

'abtret|en (irr. treten, sep., -ge-)
1. v/t. (h) wear down (heels); wear
out (steps, etc.); fig. cede, transfer;
2. v/i. (sein) retire, withdraw;
resign; thea. make one's exit; '2er
m (-s/-) doormat; '2ung f (-/-en)
cession, transfer.

'ab|trocknen (sep., -ge-) 1. v/t. (h)
dry (up); wipe (dry); sich ~ dry
oneself, rub oneself down; 2. v/i.
(sein) dry up, become dry; '~trop-
fen v/i. (sep., -ge-, sein) liquid: drip;
dishes, vegetables: drain.

abtrünnig adj. ['aptrʏnɪç] unfaithful, disloyal; eccl. apostate; 2e f ['~gə]
m (-n/-n) deserter; eccl. apostate.

'ab|tun v/t. (irr. tun, sep., -ge-, h)
take off; settle (matter); fig.: dispose
of; dismiss; ~urteilen ['apˀ-] v/t.
(sep., -ge-, h) pass sentence on s.o.;
'~wägen v/t. (irr. wägen,) sep.,-ge-,
h) weigh (out), fig. consider care-
fully; '~wälzen v/t. (sep., -ge-, h)
roll away, fig. shift; '~wandeln
v/t. (sep., -ge-, h) vary, modify;
'~wandern v/i. (sep., -ge-, sein)
wander away; migrate (von from).

'Abwandlung f modification, variation.

'abwarten (sep., -ge-, h) 1. v/t. wait
for, await; s-e Zeit ~ bide one's
time; 2. v/i. wait.

abwärts adv. ['apvɛrts] down, down-
ward(s).

'abwaschen v/t. (irr. waschen, sep.,
-ge-, h) wash (off, away); bathe;
sponge off; wash up (dishes, etc.).

'abwechseln (sep., -ge-, h) 1. v/t.
vary; alternate; 2. v/i. vary; alternate; mit j-m ~ take turns; '~d adj.
alternate.

'Abwechs(e)lung f (-/-en) change;
alternation; variation; diversion;
zur ~ for a change.

**Abweg** m: auf ~e geraten go astray;
2ig adj. ['~gɪç] erroneous, wrong.

'Abwehr f defen|ce, Am. -se; ward-
ing off (of thrust, etc.); '~dienst ✗
m counter-espionage service; '2en
v/t. (sep., -ge-, h) ward off; avert;
repulse, repel; ward off (attack,
enemy).

'abweichen v/i. (irr. weichen, sep.,
-ge-, sein) deviate (von from),
swerve (from); differ (from); com-
pass-needle: deviate; '2ung f (-/-en)
deviation; difference; deflexion,
(Am. only) deflection.

'abweiden v/t. (sep., -ge-, h) graze.

'abweisen v/t. (irr. weisen, sep.,
-ge-, h) refuse, reject; repel (a. ✗);

rebuff; '~end adj. unfriendly, cool; 'Cung f refusal, rejection; repulse (a. ⚔); rebuff.

'ab|wenden v/t. ([irr. wenden,] sep., -ge-, h) turn away; avert (disaster, etc.); parry (thrust); sich ~ turn away (von from); '~werfen v/t. (irr. werfen, sep., -ge-, h) throw off; ⚔ drop (bombs); shed, cast (skin, etc.); shed (leaves); yield (profit).

'abwert|en v/t. (sep., -ge-, h) devaluate; 'Cung f devaluation.

abwesen|d adj. ['apve:zənt] absent; 'Cheit f (-/~ -en) absence.

'ab|wickeln v/t. (sep., -ge-, h) unwind, unreel, wind off; transact (business); '~wiegen v/t. (irr. wiegen, sep., -ge-, h) weigh (out) (goods); '~wischen v/t. (sep., -ge-, h) wipe (off); '~würgen v/t. (sep., -ge-, h) strangle, throttle, choke; mot. stall; '~zahlen v/t. (sep., -ge-, h) pay off; pay by instal(l)ments; '~zählen v/t. (sep., -ge-, h) count (out, over).

'Abzahlung f instal(l)ment, payment on account; '~sgeschäft n hire-purchase.

'abzapfen v/t. (sep., -ge-, h) tap, draw off.

'Abzehrung f (-/-en) wasting away, emaciation; ⚕ consumption.

'Abzeichen n badge; ⚔ marking.

'ab|zeichnen v/t. (sep., -ge-, h) copy, draw; mark off; initial; tick off; sich ~ gegen stand out against; '~ziehen (irr. ziehen, sep., -ge-) 1. v/t. (h) take off, remove; & subtract; strip (bed); bottle (wine); phot. print (film); typ. pull (proof); take out (key); das Fell ~ skin (animal); 2. v/i. (sein) go away; ⚔ march off; smoke: escape; thunderstorm, clouds: move on.

'Abzug m departure; ⚔ withdrawal, retreat; ⊕ drain; outlet; deduction (of sum); phot. print; typ. proof (-sheet).

abzüglich prp. (gen.) ['aptsy:kliç] less, minus, deducting.

'Abzugsrohr n waste-pipe.

abzweigen ['aptsvaigən] (sep., -ge-) 1. v/t. (h) branch; divert (money); sich ~ branch off; 2. v/i. (sein) branch off; 'Cung f (-/-en) branch; road-junction.

ach int. [ax] oh!, ah!, alas!; ~ so! oh, I see!

Achse ['aksə] f (-/-n) axis; ⊕: axle; shaft; axle(-tree) (of carriage); auf der ~ on the move.

Achsel ['aksəl] f (-/-n) shoulder; die ~n zucken shrug one's shoulders; '~höhle f armpit.

acht¹ [axt] 1. adj. eight; in ~ Tagen today week, this day week; vor ~ Tagen a week ago; 2. ⚤ f (-/-en) (figure) eight.

Acht² [~] f (-/no pl.) ban, outlawry; attention; außer acht lassen dis-

regard; sich in acht nehmen be careful; be on one's guard (vor j-m or et. against s.o. or s.th.); look out (for s.o. or s.th.).

'achtbar adj. respectable.

'achte adj. eighth; 21 ['~əl] n (-s/-) eighth (part).

'achten (ge-, h) 1. v/t. respect, esteem; regard; 2. v/i.: ~ auf (acc.) pay attention to; achte auf meine Worte mark or mind my words; darauf ~, daß see to it that, take care that.

ächten ['eçtən] v/t. (ge-, h) outlaw, proscribe; ban.

'Achter m (-s/-) rowing: eight.

achtfach adj. ['axtfax] eightfold.

'achtgeben v/i. (irr. geben, sep., -ge-, h) be careful; pay attention (auf acc. to); take care (of); gib acht! look or watch out!, be careful!

'achtlos adj. inattentive, careless, heedless.

Acht'stundentag m eight-hour day.

'Achtung f (-/no pl.) attention; respect, esteem, regard; ~! look out!, ⚔ attention!; ~ Stufe! mind the step!; 'Csvoll adj. respectful.

'achtzehn adj. eighteen; ~te adj. ['~tə] eighteenth.

achtzig ['axtsiç] eighty; '~ste adj. eightieth.

ächzen ['eçtsən] v/i. (ge-, h) groan, moan.

Acker ['akər] m (-s/~) field; '~bau m agriculture; farming; 'Cbautreibend adj. agricultural, farming; '~geräte n/pl. farm implements pl.; '~land n arable land; 'Cn v/t. and v/i. (ge-, h) plough, till, Am. plow.

add|ieren [a'di:rən] v/t. (no -ge-, h) add (up); Ction [adi'tsjo:n] f (-/-en) addition, adding up.

Adel ['a:dəl] m (-s/no pl.) nobility, aristocracy; '2ig adj. noble; 'Cn v/t. (ge-, h) ennoble (a. fig.); Brt. knight, raise to the peerage; '~stand m nobility; aristocracy; Brt. peerage.

Ader ['a:dər] f (-/-n) ⚘, wood, etc.: vein; anat.: vein; artery; zur ~ lassen bleed.

adieu int. [a'djø:] good-bye, farewell, adieu, F cheerio.

Adjektiv gr. ['atjekti:f] n (-s/-e) adjective.

Adler orn. ['a:dlər] m (-s/-) eagle; '~nase f aquiline nose.

adlig adj. ['a:dliç] noble; 2e ['~gə] m (-n/-n) nobleman, peer.

Admiral ⚓ [atmi'ra:l] m (-s/-e, ~e) admiral.

adopt|ieren [adɔp'ti:rən] v/t. (no -ge-, h) adopt; 2ivkind ['~'ti:f-] n adopted child.

Adressat [adrɛ'sa:t] m (-en/-en) addressee; consignee (of goods).

Adreßbuch [a'drɛs-] n directory.

**Adress|e** [a'drɛsə] f (-/-n) address; direction; per ~ care of (abbr. c/o); **2ieren** [~'siːrən] v/t. (no -ge-, h) address, direct; ↑ consign; falsch ~ misdirect.

**adrett** adj. [a'drɛt] smart, neat.

**Adverb** gr. [at'vɛrp] n (-s/-ien) adverb.

**Affäre** [a'fɛːrə] f (-/-n) (love) affair; matter, business, incident.

**Affe** zo. ['afə] m (-n/-n) ape; monkey.

**Affekt** [a'fɛkt] m (-[e]s/-e) emotion; passion; **2iert** adj. [~'tiːrt] affected.

**'affig** F adj. foppish; affected; silly.

**Afrikan|er** [afri'kaːnər] m (-s/-) African; **2isch** adj. African.

**After** anat. ['aftər] m (-s/-) anus.

**Agent** [a'gɛnt] m (-en/-en) agent; broker; pol. (secret) agent; **~ur** [~'tuːr] f (-/-en) agency.

**aggressiv** adj. [agrɛ'siːf] aggressive.

**Agio** ↑ ['aːʒio] n (-s/no pl.) agio, premium.

**Agitator** [agi'taːtɔr] m (-s/-en) agitator. [brooch.]

**Agraffe** [a'grafə] f (-/-n) clasp;]

**agrarisch** adj. [a'graːriʃ] agrarian.

**Ägypt|er** [ɛ'gyptər] m (-s/-) Egyptian; **2isch** adj. Egyptian.

**ah** int. [aː] ah!

**aha** int. [a'ha] aha!, I see!

**Ahle** ['aːlə] f (-/-n) awl, pricker; punch.

**Ahn** [aːn] m (-[e]s, -en/-en) ancestor; **~en** pl. a. forefathers pl.

**ähneln** ['ɛːnəln] v/i. (ge-, h) be like, resemble.

**ahnen** ['aːnən] v/t. (ge-, h) have a presentiment of or that; suspect; divine.

**ähnlich** adj. ['ɛːnliç] like, resembling; similar (dat. to); iro.: das sieht ihm ~ that's just like him; **2keit** f (-/-en) likeness, resemblance; similarity.

**Ahnung** ['aːnuŋ] f (-/-en) presentiment; foreboding; notion, idea; **'2slos** adj. unsuspecting; **'2svoll** adj. full of misgivings.

**Ahorn** ♣ ['aːhɔrn] m (-s/-e) maple (-tree).

**Ähre** ♣ ['ɛːrə] f (-/-n) ear, head; spike; **~n lesen** glean.

**Akadem|ie** [akade'miː] f (-/-n) academy, society; **~ker** [~'deːmikər] m (-s/-) university man, esp. m. university graduate; **2sch** adj. [~'deːmiʃ] academic.

**Akazie** ♣ [a'kaːtsjə] f (-/-n) acacia.

**akklimatisieren** [aklimati'ziːrən] v/t. and v/refl. (no -ge-, h) acclimatize, Am. acclimate.

**Akkord** [a'kɔrt] m (-[e]s/-e) ♪ chord; ↑: contract; agreement; composition; im ~ ↑ by the piece or job; **~arbeit** f piece-work; **~arbeiter** m piece-worker; **~lohn** m piece-wages pl.

**akkredit|ieren** [akredi'tiːrən] v/t. (no -ge-, h) accredit (bei to); **2iv** [~'tiːf] n (-s/-e) credentials pl.; ↑ letter of credit.

**Akku** F ⊕ ['aku] m (-s/-s), **~mulator** ⊕ [~mu'laːtɔr] m (-s/-en) accumulator, (storage-)battery.

**Akkusativ** gr. ['akuzatiːf] m (-s/-e) accusative (case). [acrobat.]

**Akrobat** [akro'baːt] m (-en/-en)]

**Akt** [akt] m (-[e]s/-e) act(ion), deed; thea. act; paint. nude.

**Akte** ['aktə] f (-/-n) document, deed; file; **~n** pl. records pl., papers pl.; deeds pl., documents pl.; files pl.; zu den ~n to be filed; zu den ~n legen file; **'~ndeckel** m folder; '**~nmappe** f, '**~ntasche** f portfolio; briefcase; '**~nzeichen** n reference or file number.

**Aktie** ↑ ['aktsjə] f (-/-n) share, Am. stock; **~n besitzen** hold shares, Am. hold stock; '**~nbesitz** m shareholdings pl., Am. stockholdings pl.; '**~ngesellschaft** f appr. joint-stock company, Am. (stock) corporation; '**~nkapital** n share-capital, Am. capital stock.

**Aktion** [ak'tsjoːn] f (-/-en) action; activity; pol., etc.: campaign, drive; ✗ operation; **~är** [~'nɛːr] m (-s/-e) shareholder, Am. stockholder.

**aktiv** adj. [ak'tiːf] active.

**Aktiv|a** ↑ [ak'tiːva] n/pl. assets pl.; **~posten** [~'tiːf-] m asset (a. fig.).

**aktuell** adj. [aktu'ɛl] current, present-day, up-to-date, topical.

**Akust|ik** [a'kustik] f (-/no pl.) acoustics sg., pl.; **2isch** adj. acoustic.

**akut** adj. [a'kuːt] acute.

**Akzent** [ak'tsɛnt] m (-[e]s/-e) accent; stress; **2uieren** [~u'iːrən] v/t. (no -ge-, h) accent(uate); stress.

**Akzept** ↑ [ak'tsɛpt] n (-[e]s/-e) acceptance; **~ant** [~'tant] m (-en/-en) acceptor; **2ieren** [~'tiːrən] v/t. (no -ge-, h) accept.

**Alarm** [a'larm] m (-[e]s/-e) alarm; **~ blasen** or **schlagen** ✗ sound or give the alarm; **~bereitschaft** f: in ~ sein stand by; **2ieren** [~'miːrən] v/t. (no -ge-, h) alarm.

**Alaun** 🜊 [a'laun] m (-[e]s/-e) alum.

**albern** adj. ['albərn] silly, foolish.

**Album** ['album] n (-s/Alben) album.

**Alge** ♣ ['algə] f (-/-n) alga, seaweed.

**Algebra** ⚗ ['algebra] f (-/no pl.) algebra.

**Alibi** 🜊 ['aːlibi] n (-s/-s) alibi.

**Alimente** 🜊 [ali'mɛntə] pl. alimony.

**Alkohol** ['alkohɔl] m (-s/-e) alcohol; '**2frei** adj. non-alcoholic, esp. Am. soft; **~es** Restaurant temperance restaurant; '**~iker** [~'hoːlikər] m (-s/-) alcoholic; **2isch** adj. [~'hoːliʃ] alcoholic; '**~schmuggler** m liquor-smuggler, Am. bootlegger; '**~ver-bot** n prohibition; '**~vergiftung** f alcoholic poisoning.

**all**[1] [al] **1.** *pron.* all; ~e everybody; ~es in ~em on the whole; vor ~em first of all; **2.** *adj.* all; every, each; any; ~e beide both of them; auf ~e Fälle in any case, at all events; ~e Tage every day; ~e zwei Minuten every two minutes.

**All**[2] [~] *n* (-s/no *pl.*) the universe.

'**alle** *F adj.* all gone; ~ werden come to an end; *supplies, etc.*: run out.

**Allee** [a'le:] *f* (-/-n) avenue; (tree-lined) walk.

**allein** [a'lam] **1.** *adj.* alone; single; unassisted; **2.** *adv.* alone; only; **3.** *cj.* yet, only, but, however; 2be-rechtigung *f* exclusive right; 2be-sitz *m* exclusive possession; 2herr-scher *m* absolute monarch, auto-crat; dictator; ~ig *adj.* only, ex-clusive, sole; 2sein *n* loneliness, solitariness, solitude; ~stehend *adj. p.*: alone in the world; single; *building, etc.*: isolated, detached; 2verkauf *m* exclusive sale; monop-oly; 2vertreter *m* sole representa-tive *or* agent; 2vertrieb *m* sole distributors *pl.*

**allemal** *adv.* ['ala'ma:l] always; ein für ~ once (and) for all.

'**allen'falls** *adv.* if need be; pos-sibly, perhaps; at best.

**allenthalben** † *adv.* ['alent'halbən] everywhere.

**aller**|'**best** *adj.* best ... of all, very best; ~dings *adv.* ['~'diŋs] indeed; to be sure; ~i certainly!, *Am. F* sure!; '~'erst **1.** *adj.* first ... of all, very first; foremost; **2.** *adv.*: zu ~ first of all.

**Allergie** *f* [aler'gi:] *f* (-/-n) allergy.

'**aller**|'**hand** *adj.* of all kinds *or* sorts; *F das ist ja* ~! *F I say!; sl.* that's the limit!; '2'heiligen *n* (-/no *pl.*) All Saints' Day; ~lei *adj.* ['~'lai] of all kinds *or* sorts; '2'lei *n* (-s/-s) medley; '~'letzt **1.** *adj.* last of all, very last; latest (*news, fashion, etc.*); **2.** *adv.*: zu ~ last of all; '~'liebst **1.** *adj.* dearest of all; (most) lovely; **2.** *adv.*: am ~en best of all; '~'meist **1.** *adj.* most; **2.** *adv.*: am ~en mostly; chiefly; '~'nächst *adj.* very next; '~'neu(e)st *adj.* the very latest; '2'seelen *n* (-/no *pl.*) All Souls' Day; '~'seits *adv.* on all sides; universally; '~'wenigst *adv.*: am ~en least of all. '**alle**|'**samt** *adv.* one and all, all together; '~'zeit *adv.* always, at all times, for ever.

'**all**|'**gegenwärtig** *adj.* omnipresent, ubiquitous; '~ge'mein **1.** *adj.* general; common; universal; **2.** *adv.*: im ~en in general, generally; '2ge-'meinheit *f* (-/no *pl.*) generality; universality; general public; 2'heil-mittel *n* panacea, cure-all (*both a. fig.*).

**Allianz** [ali'ants] *f* (-/-en) alliance.

**alli'ier**|**en** *v/refl.* (*no -ge-, h*) ally o.s. (*mit* to, with); 2te *m* (-n/-n) ally.

'**all**|'**jährlich 1.** *adj.* annual; **2.** *adv.* annually, every year; '2macht *f* (-/no *pl.*) omnipotence; ~'mächtig *adj.* omnipotent, almighty; ~'mäh-lich [~'mɛ:liç] **1.** *adj.* gradual; **2.** *adv.* gradually, by degrees.

**Allopathie** *f* [alopa'ti:] allopathy.

**all**|**seitig** *adj.* ['alzaitiç] universal; all-round; '2strom *f ₤ m* (-[e]s/no *pl.*) alternating current/direct cur-rent (*abbr.* A.C./D.C.); '2tag *m* workday; week-day; *fig.* everyday life, daily routine; ~'täglich *adj.* daily; *fig.* common, trivial; '2tags-leben *n* (-s/no *pl.*) everyday life; '~'wissend *adj.* omniscient; '2'wis-senheit *f* (-/no *pl.*) omniscience; '~'wöchentlich *adj.* weekly; '~zu *adv.* (much) too; '~zu'viel *adv.* too much.

**Alm** [alm] *f* (-/-en) Alpine pasture, alp.

**Almosen** ['almo:zən] *n* (-s/-) alms; ~ *pl.* alms *pl.*, charity.

**Alp**|**druck** ['alp-] *m* (-[e]s/~e), '~drücken *n* (-s/no *pl.*) night-mare.

**Alpen** ['alpən] *pl.* Alps *pl.*

**Alphabet** [alfa'be:t] *n* (-[e]s/-e) alphabet; 2isch *adj.* alphabetic(al). '**Alptraum** *m* nightmare.

**als** *cj.* [als] than; as, like; (in one's capacity) as; but, except; *temporal:* after, when; as; ~ ob as if, as though; so viel ~ as much as; er ist zu dumm, ~ daß er es verstehen könnte he is too stupid to under-stand it; ~'bald *adv.* immediately; ~'dann *adv.* then.

**also** ['alzo:] **1.** *adv.* thus, so; **2.** *cj.* therefore, so, consequently; na ~! there you are!

**alt**[1] *adj.* [alt] old; aged; ancient, antique; stale; second-hand.

**Alt**[2] *f* [~] *m* (-s/-e) alto, contralto.

**Altar** [al'ta:r] *m* (-[e]s/~e) altar.

**Alteisen** ['alt'?-] *n* scrap-iron.

'**Alte** (-n/-n) **1.** *m* old man; *F: der* ~ the governor; *hist.: die* ~n *pl.* the ancients *pl.*; **2.** *f* old woman.

'**Alter** *n* (-s/-) age; old age; seniority; er ist in meinem ~ he is my age; von mittlerem ~ middle-aged.

**älter** *adj.* ['ɛltər] older; senior; der ~e Bruder the elder brother.

**altern** ['altərn] *v/i.* (ge-, h, sein) grow old, age.

**Alternative** [altɛrna'ti:və] *f* (-/-n) alternative; keine ~ haben have no choice.

'**Alters**|**grenze** *f* age-limit; retire-ment age; '~heim *n* old people's home; '~rente *f* old-age pension; '2schwach *adj.* decrepit; senile; '~schwäche *f* decrepitude; '~ver-sorgung *f* old-age pension.

**Altertum** ['altərtu:m] *n* 1. (-s/*no pl.*) antiquity; 2. (-s/=er) *mst Altertümer pl.* antiquities *pl.*

**altertümlich** *adj.* ['altərty:mliç] ancient, antique, archaic.

**'Altertums|forscher** *m* arch(a)eologist; **'~kunde** *f* arch(a)eology.

**ältest** *adj.* ['ɛltəst] oldest; eldest (*sister, etc.*); earliest (*recollections*); **2e** *m* (-n/-n) elder; senior; *mein ~* my eldest (son).

**Altistin** ♪ [al'tistin] *f* (-/-nen) alto-singer, contralto-singer.

**'altklug** *adj.* precocious, forward.

**ältlich** *adj.* ['ɛltliç] elderly, oldish.

**'Alt|material** *n* junk, scrap; salvage; **'~meister** *m* doyen, dean, F Grand Old Man (*a. sports*); *sports:* ex-champion; **2modisch** *adj.* old-fashioned; **'~papier** *n* waste paper; **'~philologe** *m* classical philologist *or* scholar; **'~stadt** *f* old town *or* city; **'~warenhändler** *m* second-hand dealer; **'~weibersommer** *m* Indian summer; gossamer.

**Aluminium** 🜍 [alu'mi:njum] *n* (-s/*no pl.*) aluminium, *Am.* aluminum.

**am** *prp.* [am] = *an dem.*

**Amateur** [ama'tø:r] *m* (-s/-e) amateur.

**Amboß** ['ambɔs] *m* (Ambosses/Ambosse) anvil.

**ambulan|t** ♪ *adj.* [ambu'lant]: ~ *Behandelter* out-patient; **2z** [~ts] *f* (-/-en) ambulance.

**Ameise** *zo.* ['a:maizə] *f* (-/-n) ant; **'~nhaufen** *m* ant-hill.

**Amerikan|er** [ameri'ka:nər] *m* (-s/-), **~erin** *f* (-/-nen) American; **2isch** *adj.* American.

**Amme** ['amə] *f* (-/-n) (wet-)nurse.

**Amnestie** [amnɛs'ti:] *f* (-/-n) amnesty, general pardon.

**Amor** ['a:mɔr] *m* (-s/*no pl.*) Cupid.

**Amortis|ation** [amɔrtiza'tsjo:n] *f* (-/-en) amortization, redemption; **2ieren** [~'zi:rən] *v/t.* (*no* -ge-, *h*) amortize, redeem; pay off.

**Ampel** ['ampəl] *f* (-/-n) hanging lamp; traffic light.

**Amphibie** *zo.* [am'fi:bjə] *f* (-/-n) amphibian.

**Ampulle** [am'pulə] *f* (-/-n) ampoule.

**Amput|ation** *♪* [amputa'tsjo:n] *f* (-/-en) amputation; **2ieren** *♪* [~'ti:rən] *v/t.* (*no* -ge-, *h*) amputate; **~ierte** *m* (-n/-n) amputee.

**Amsel** *orn.* ['amzəl] *f* (-/-n) blackbird.

**Amt** [amt] *n* (-[e]s/=er) office; post; charge; office, board; official duty, function; (telephone) exchange; **2ieren** [~'ti:rən] *v/i.* (*no* -ge-, *h*) hold office; officiate; **2lich** *adj.* official; **'~mann** *m* district administrator; *hist.* bailiff.

**'Amts|arzt** *m* medical officer of health; **'~befugnis** *f* competence, authority; **'~bereich** *m*, **'~bezirk** *m* jurisdiction; **'~blatt** *n* gazette; **'~eid** *m* oath of office; **'~einführung** *f* inauguration; **'~führung** *f* administration; **'~geheimnis** *n* official secret; **'~gericht** *n* *appr.* district court; **'~geschäfte** *n/pl.* official duties *pl.*; **'~gewalt** *f* (official) authority; **'~handlung** *f* official act; **'~niederlegung** *f* (-/~-en) resignation; **'~richter** *m* *appr.* district court judge; **'~siegel** *n* official seal; **'~vorsteher** *m* head official.

**Amulett** [amu'lɛt] *n* (-[e]s/-e) amulet, charm.

**amüs|ant** *adj.* [amy'zant] amusing, entertaining; **~ieren** [~'zi:rən] *v/t.* (*no* -ge-, *h*) amuse, entertain; *sich* ~ amuse *or* enjoy o.s., have a good time.

**an** [an] 1. *prp.* (*dat.*) at; on, upon; in; against; to; by, near, close to; ~ *der Themse* on the Thames; ~ *der Wand* on *or* against the wall; *es ist* ~ *dir zu inf.* it is up to you to *inf.*; *am Leben* alive; *am 1. März* on March 1st; *am Morgen* in the morning; 2. *prp.* (*acc.*) to; on; on to; at; against; about; *bis* ~ *as far as*, up to; 3. *adv.* on; *von heute* ~ from this day forth, from today; *von nun or jetzt* ~ from now on.

**analog** *adj.* [ana'lo:k] analogous (*dat. or zu* to, with).

**Analphabet** [an(ʔ)alfa'be:t] *m* (-en/-en) illiterate (person).

**Analys|e** [ana'ly:zə] *f* (-/-n) analysis; **2ieren** [~'zi:rən] *v/t.* (*no* -ge-, *h*) analyse, *Am.* -ze.

**Anämie** *♪* [anɛ'mi:] *f* (-/-n) an(a)emia.

**Ananas** ['ananas] *f* (-/-, -se) pineapple.

**Anarchie** [anar'çi:] *f* (-/-n) anarchy.

**Anatom|ie** [anato'mi:] *f* (-/*no pl.*) anatomy; **2isch** *adj.* [~'to:miʃ] anatomical.

**'anbahnen** *v/t.* (*sep.*, -ge-, *h*) pave the way for, initiate; open up; *sich* ~ be opening up.

**'Anbau** *m* 1. ♪ (-[e]s/*no pl.*) cultivation; 2. 🜂 (-[e]s/-ten) outbuilding, annex, extension, addition; **2en** *v/t.* (*sep.*, -ge-, *h*) ♪ cultivate, grow; 🜂 add (*an acc.* to); **'~fläche** ♪ *f* arable land.

**'anbehalten** *v/t.* (*irr. halten, sep., no* -ge-, *h*) keep (*garment, etc.*) on.

**an'bei** *adv.* enclosed.

**'an|beißen** (*irr. beißen, sep.*, -ge-, *h*) 1. *v/t.* bite into; 2. *v/i. fish:* bite; **'~bellen** *v/t.* (*sep.*, -ge-, *h*) bark at; **~beraumen** ['~bəraumən] *v/t.* (*sep., no* -ge-, *h*) appoint, fix; **'~beten** *v/t.* (*sep.*, -ge-, *h*) adore, worship.

**'Anbetracht** *m*: *in* ~ considering, in consideration of.

'anbetteln v/t. (sep., -ge-, h) beg from, solicit alms of.

'Anbetung f (-/-en) worship, adoration; 2swürdig adj. adorable.

'an|bieten v/t. (irr. bieten, sep., -ge-, h) offer; '~binden v/t. (irr. binden, sep., -ge-, h) bind, tie (up); ~ an (dat., acc.) tie to; s. angebunden; '~blasen v/t. (irr. blasen, sep., -ge-, h) blow at or (up)on.

'Anblick m look; view; sight, aspect; 2en v/t. (sep., -ge-, h) look at; glance at; view; eye.

'an|blinzeln v/t. (sep., -ge-, h) wink at; '~brechen (irr. brechen, sep., -ge-) 1. v/t. (h) break into (provisions, etc.); open (bottle, etc.); 2. v/i. (sein) begin; day: break, dawn; '~brennen (irr. brennen, sep., -ge-) 1. v/t. (h) set on fire; light (cigar, etc.); 2. v/i. (sein) catch fire; burn; '~bringen v/t. (irr. bringen, sep., -ge-, h) bring; fix (an dat. to), attach (to); place; ✝ dispose of (goods); lodge (complaint); s. angebracht.

'Anbruch m (-[e]s/no pl.) beginning; break (of day).

'anbrüllen v/t. (sep., -ge-, h) roar at.

Andacht ['andaxt] f (-/-en) devotion(s pl.); prayers pl.

andächtig adj. ['andɛçtiç] devout.

'andauern v/i. (sep., -ge-, h) last, continue, go on.

'Andenken n (-s/-) memory, remembrance; keepsake, souvenir; zum ~ an (acc.) in memory of.

ander adj. ['andər] other; different; next; opposite; am ~en Tag (on) the next day; e-n Tag um den ~en every other day; ein ~er Freund another friend; nichts ~es nothing else.

andererseits adv. ['andərər'zaits] on the other hand.

ändern ['endərn] v/t. (ge-, h) alter; change; ich kann es nicht ~ I can't help it; sich ~ alter; change.

'andern|falls adv. otherwise, else.

anders adv. ['andərs] otherwise; differently (als from); else; j. ~ somebody else; ich kann nicht ~, ich muß weinen I cannot help crying; ~ werden change.

'ander'seits adv. s. andererseits.

'anders'wo adv. elsewhere.

anderthalb adj. ['andərt'halp] one and a half.

'Änderung f (-/-en) change, alteration.

ander|wärts adv. ['andər'verts] elsewhere; '~weitig 1. adj. other; 2. adv. otherwise.

'andeuten v/t. (sep., -ge-, h) indicate; hint; intimate; imply; suggest; 2ung f intimation; hint; suggestion.

'Andrang m rush; ✍ congestion.

andre adj. ['andrə] s. andere.

'andrehen v/t. (sep., -ge-, h) turn on (gas, etc.); ⚡ switch on (light).

'androh|en v/t. (sep., -ge-, h): j-m et. ~ threaten s.o. with s.th.; 2ung f threat.

aneignen ['an?-] v/refl. (sep., -ge-, h) appropriate; acquire; adopt; seize; usurp.

aneinander adv. [an?ai'nandər] together; ~geraten v/i. (irr. raten, sep., no -ge-, sein) clash (mit with).

anekeln ['an?-] v/t. (sep., -ge-, h) disgust, sicken.

Anerbieten ['an?-] n (-s/-) offer.

anerkannt adj. ['an?-] acknowledged, recognized.

anerkenn|en ['an?-] v/t. (irr. kennen, sep., no -ge-, h) acknowledge (als as), recognize; appreciate; own (child); hono(u)r (bill); 2ung f (-/-en) acknowledgment; recognition; appreciation.

'anfahr|en (irr. fahren, sep., -ge-) 1. v/i. (sein) start; ⚒ descend; angefahren kommen drive up; 2. v/t. (h) run into; carry, convey; j-n let fly at s.o.; '2t f approach; drive.

'Anfall ✍ m fit, attack; 2en (irr. fallen, sep., -ge-) 1. v/t. (h) attack; assail; 2. v/i. (sein) accumulate; money: accrue.

anfällig adj. ['anfeliç] susceptible (für to); prone to (diseases, etc.).

'Anfang m beginning, start, commencement; ~ Mai at the beginning of May, early in May; '2en v/t. and v/i. (irr. fangen, sep., -ge-, h) begin, start, commence.

Anfäng|er ['anfeŋər] m (-s/-) beginner; '2lich 1. adj. initial; 2. adv. in the beginning.

anfangs adv. ['anfaŋs] in the beginning; '2buchstabe m initial (letter); großer ~ capital letter; 2gründe ['~gryndə] m/pl. elements pl.

'anfassen v/t. (sep., -ge-, h) 1. v/t. seize; touch; handle; 2. v/i. lend a hand.

anfecht|bar adj. ['anfeçtba:r] contestable; '~en v/t. (irr. fechten, sep., -ge-, h) contest, dispute; ⚖ avoid (contract); '2ung f (-/-en) contestation; ⚖ avoidance; fig. temptation.

an|fertigen ['anfertigən] v/t. (sep., -ge-, h) make, manufacture; '~feuchten v/t. (sep., -ge-, h) moisten, wet, damp; '~feuern v/t. (sep., -ge-, h) fire, heat; sports: cheer; fig. encourage; '~flehen v/t. (sep., -ge-, h) implore; '~fliegen ✈ v/t. (irr. fliegen, sep., -ge-, h) approach, head for (airport, etc.); '2flug m ✈ approach (flight); fig. touch, tinge.

'anforder|n v/t. (sep., -ge-, h) demand; request; claim; 2ung f demand; request; claim.

'Anfrage f inquiry; '2n v/i. (sep., -ge-, h) ask (bei j-m s.o.); inquire (bei j-m nach et. of s.o. about s.th.).

**an|freunden** ['anfrɔʏndən] v/refl.
(sep., -ge-, h): sich ~ mit make
friends with; '~frieren v/i. (irr.
frieren, sep., -ge-, sein) freeze on
(an dat. or acc. to); '~fügen v/t.
(sep., -ge-, h) join, attach (an acc.
to); '~fühlen v/t. (sep., -ge-, h)
feel, touch; sich ~ feel.

**Anfuhr** ['anfuːr] f (-/-en) conveyance, carriage.

**'anführ|en** v/t. (sep., -ge-, h) lead;
allege; ✗ command; quote, cite
(authority, passage, etc.); dupe, fool,
trick; '2er m (ring)leader; '2ungs-
zeichen n/pl. quotation marks pl.,
inverted commas pl.

**'Angabe** f declaration; statement;
instruction; F fig. bragging, show-
ing off.

**'angeb|en** (irr. geben, sep., -ge-, h)
1. v/t. declare; state; specify; allege;
give (name, reason); ↑ quote (prices);
denounce, inform against; 2.
v/i. cards: deal first; F fig. brag,
show off, Am. blow; '2er m (-s/-)
informer; F braggart, Am. blow-
hard; '~lich adj. ['~pliç] supposed;
pretended, alleged.

**'angeboren** adj. innate, inborn; ✗
congenital.

**'Angebot** n offer (a. ↑); at auction
sals: bid; ↑ supply.

**'ange|bracht** adj. appropriate, suit-
able; well-timed; '~bunden adj.:
kurz ~ sein be short (gegen with).

**'angehen** (irr. gehen, sep., -ge-)
1. v/i. (sein) begin; meat, etc.: go
bad, go off; es geht an it will do;
2. v/t. (h): j-n ~ concern s.o.; das
geht dich nichts an that is no business of yours.

**'angehör|en** v/i. (sep., no -ge-, h)
belong to; '2ige ['~igə] m, f (-n/-n):
seine ~n pl. his relations pl.; die
nächsten ~n pl. the next of kin.

**Angeklagte** ⚖ ['angəklaːktə] m, f
(-n/-n) the accused; prisoner (at the
bar); defendant.

**Angel** ['aŋəl] f (-/-n) hinge; fishing-
tackle, fishing-rod.

**'angelegen** adj.: sich et. ~ sein lassen make s.th. one's business; '2-
heit f business, concern, affair,
matter.

**'Angel|gerät** n fishing-tackle; '2n
(ge-, h) 1. v/i. fish (nach for), angle
(for) (both a. fig.); ~ in fish (river,
etc.); 2. v/t. fish (trout); '~punkt
fig. m pivot.

**'Angel|sachse** m Anglo-Saxon; '2-
sächsisch adj. Anglo-Saxon.

**Angelschnur** f fishing-line.

**'ange|messen** adj. suitable, appro-
priate; reasonable; adequate; '~-
nehm adj. pleasant, agreeable,
pleasing; sehr ~! glad or pleased to
meet you; '~regt adj. ['~reːkt] stim-
ulated; discussion: animated, lively;
'~sehen adj. respected, esteemed.

**'Angesicht** n (-[e]s/-er, -e) face,
countenance; von ~ zu ~ face to
face; '2s prp. (gen.) in view of.

**angestammt** adj. ['angəʃtamt] hereditary, innate.

**Angestellte** ['angəʃteltə] m, f (-n/-n)
employee; die ~n pl. the staff.

**'ange|trunken** adj. tipsy; '~wandt
adj. ['~vant] applied; '~wiesen
adj.: ~ sein auf (acc.) be dependent
or thrown (up)on.

**'angewöhnen** v/t. (sep., -ge-, h):
j-m et. ~ accustom s.o. to s.th.; sich
et. ~ get into the habit of s.th.;
take to (smoking).

**'Angewohnheit** f custom, habit.

**Angina** ⚕ [an'giːna] f (-/Anginen)
angina; tonsillitis.

**'angleichen** v/t. (irr. gleichen, sep.,
-ge-, h) assimilate (an acc. to, with),
adjust (to); sich ~ an (acc.) assimilate to or with, adjust or adapt o.s.
to.

**Angler** ['aŋlər] m (-s/-) angler.

**'angliedern** v/t. (sep., -ge-, h) join;
annex; affiliate.

**Anglist** [an'glist] m (-en/-en) professor or student of English, An-
gli(ci)st.

**'angreif|en** v/t. (irr. greifen, sep.,
-ge-, h) touch; draw upon (capital,
provisions); attack; affect (health,
material); ≈ corrode; exhaust;
'2er m (-s/-) aggressor, assailant.

**'angrenzend** adj. adjacent; adjoining.

**'Angriff** m attack, assault; in ~ nehmen set about; '~skrieg m offensive
war; '2slustig adj. aggressive.

**Angst** [aŋst] f (-/⸚e) fear; anxiety;
anguish; ich habe ~ I am afraid (vor
dat. of); '~hase m coward.

**ängstigen** ['ɛŋstigən] v/t. (ge-, h)
frighten, alarm; sich ~ be afraid
(vor dat. of); be alarmed (um about).

**ängstlich** adj. ['ɛŋstliç] uneasy,
nervous; anxious; afraid; scrupulous; timid; '2keit f (-/no pl.) anxiety; scrupulousness; timidity.

**'an|haben** v/t. (irr. haben, sep., -ge-,
h) have (garment) on; das kann mir
nichts ~ that can't do me any harm;
'~haften v/i. (sep., -ge-, h) stick,
adhere (dat. to); '~haken v/t. (sep.,
-ge-, h) hook on; tick (off), Am.
check (off) (name, item).

**'anhalten** (irr. halten, sep., -ge-, h)
1. v/t. stop; j-n ~ zu et. keep s.o. to
s.th.; den Atem ~ hold one's breath;
2. v/i. continue, last; stop; um ein
Mädchen ~ propose to a girl; '~d
adj. continuous; persevering.

**'Anhaltspunkt** m clue.

**'Anhang** m appendix, supplement
(to book, etc.); followers pl., adher-
ents pl.

**'anhäng|en** (sep., -ge-, h) 1. v/t.
hang on; affix, attach, join; add;
couple (on) (coach, vehicle); 2. v/i.

*(irr. hängen)* adhere to; '²er *m* (-s/-) adherent, follower; pendant *(of necklace, etc.)*; label, tag; trailer *(behind car, etc.)*.

**anhänglich** *adj.* ['anhɛŋliç] devoted, attached; '²keit *f* (-/no *pl.*) devotion, attachment.

**Anhängsel** ['anhɛŋzəl] *n* (-s/-) appendage.

'**anhauchen** *v/t.* *(sep., -ge-, h)* breathe on; blow *(fingers)*.

'**anhäuf|en** *v/t.* *and v/refl.* *(sep., -ge-, h)* pile up, accumulate; '²ung *f* accumulation.

'**an|heben** *v/t.* *(irr. heben, sep., -ge-, h)* lift, raise; '**heften** *v/t.* *(sep., -ge-, h)* fasten *(an acc. to)*; stitch (to).

**an'heim|fallen** *v/i.* *(irr. fallen, sep., -ge-, sein)*: j-m ~ fall to s.o.; '**stellen** *v/t.* *(sep., -ge-, h)*: j-m et. ~ leave s.th. to s.o.

'**Anhieb** *m*: auf ~ at the first go.

'**Anhöhe** *f* rise, elevation, hill.

'**anhören** *v/t.* *(sep., -ge-, h)* listen to; sich ~ sound.

**Anilin** ['ani'li:n] *n* (-s/no *pl.*) anilin(e).

'**ankämpfen** *v/i.* *(sep., -ge-, h)*: ~ gegen struggle against.

'**Ankauf** *m* purchase.

**Anker** ['aŋkər] *m* (-s/-) anchor; vor ~ gehen cast anchor; '**kette** *f* cable; '²n *v/t. and v/i.* (ge-, h) anchor; '**uhr** *f* lever watch.

'**anketten** *v/t.* *(sep., -ge-, h)* chain *(an dat. or acc. to)*.

'**Anklage** *f* accusation, charge; *a.* indictment; '²n *v/t.* *(sep., -ge-, h)* accuse *(gen. or wegen of)*, charge (with); *a.* indict (for).

'**Ankläger** *m* accuser; öffentlicher ~ public prosecutor, *Am.* district attorney.

'**anklammern** *v/t.* *(sep., -ge-, h)* clip *s.th.* on; sich ~ cling *(an dat. or acc. to)*.

'**Anklang** *m*: ~ an *(acc.)* suggestion of; ~ finden meet with approval.

'**an|kleben** *v/t.* *(sep., -ge-, h)* stick on *(an dat. or acc. to)*; glue on (to); paste on (to); gum on (to); '**kleiden** *v/t.* *(sep., -ge-, h)* dress; sich ~ dress (o.s.); '**klopfen** *v/i.* *(sep., -ge-, h)* knock *(an acc. at)*; '**knipsen** *f v/t.* *(sep., -ge-, h)* turn or switch on; '**knüpfen** *(sep., -ge-, h)* 1. *v/t.* tie *(an dat. or acc. to)*; *fig.* begin; Verbindungen ~ form connexions or *(Am. only)* connections; 2. *v/i.* refer *(an acc. to)*; '**kommen** *v/i.* *(irr. kommen, sep., -ge-, sein)* arrive; ~ auf *(acc.)* depend (up)on; es darauf ~ lassen run the risk, risk it; darauf kommt es an that is the point; es kommt nicht darauf an it does not matter.

**Ankömmling** ['ankœmliŋ] *m* (-s/-e) new-comer, new arrival.

'**ankündig|en** *v/t.* *(sep., -ge-, h)* announce; advertise; '²ung *f* announcement; advertisement.

**Ankunft** ['ankunft] *f* (-/no *pl.*) arrival.

'**an|kurbeln** *v/t.* *(sep., -ge-, h)* mot. crank up; die Wirtschaft ~ F boost the economy; '**lächeln** *v/t.* *(sep., -ge-, h)*, '**lachen** *v/t.* *(sep., -ge-, h)* smile at.

'**Anlage** *f* construction; installation; ⊕ plant; grounds *pl.*, park; plan, arrangement, layout; enclosure *(to letter)*; ↑ investment; talent; predisposition, tendency; öffentliche ~n *pl.* public gardens *pl.*; '**kapital** ↑ *n* invested capital.

'**anlangen** *(sep., -ge-)* 1. *v/i.* *(sein)* arrive at; 2. *v/t.* *(h)* F touch; concern; was mich anlangt as far as I am concerned, (speaking) for myself.

**Anlaß** ['anlas] *m* (Anlasses/Anlässe) occasion; ohne allen ~ without any reason.

'**anlass|en** *v/t.* *(irr. lassen, sep., -ge-, h)* F leave or keep *(garments, etc.)* on; leave *(light, etc.)* on; ⊕ start, set going; sich gut ~ promise well; '²er *mot. m* (-s/-) starter.

**anläßlich** *prp.* *(gen.)* ['anlɛsliç] on the occasion of.

'**Anlauf** *m* start, run; '²en *(irr. laufen, sep., -ge-)* 1. *v/i.* *(sein)* run up; start; tarnish, (grow) dim; ~ gegen run against; 2. ♣ *v/t.* *(h)* call or touch at *(port)*.

'**an|legen** *(sep., -ge-, h)* 1. *v/t.* put *(an acc. to, against)*; lay out *(garden)*; invest *(money)*; level *(gun)*; put on *(garments)*; found *(town)*; ⌀ apply *(dressing)*; lay in *(provisions)*; Feuer ~ an *(acc.)* set fire to; 2. *v/i.* ♣: land; moor; ~ auf *(acc.)* aim at; '**lehnen** *v/t.* *(sep., -ge-, h)* lean *(an acc. against)*; leave or set *(door)* ajar; sich ~ an *(acc.)* lean against or on.

**Anleihe** ['anlaɪə] *f* (-/-n) loan.

'**anleit|en** *v/t.* *(sep., -ge-, h)* guide *(zu to)*; instruct *(in dat. in)*; '²ung *f* guidance, instruction; guide.

'**Anliegen** *n* (-s/-) desire, request.

'**an|locken** *v/t.* *(sep., -ge-, h)* allure, entice; decoy; '**machen** *v/t.* *(sep., -ge-, h)* fasten *(an acc. to)*, fix (to); make, light *(fire)*; ⌀ switch on *(light)*; dress *(salad)*; '**malen** *v/t.* *(sep., -ge-, h)* paint.

'**Anmarsch** *m* approach.

**anmaß|en** ['anmaːsən] *v/refl.* *(sep., -ge-, h)* arrogate *s.th.* to o.s.; assume *(right)*; presume; '**end** *adj.* arrogant; '²ung *f* (-/-en) arrogance, presumption.

'**anmeld|en** *v/t.* *(sep., -ge-, h)* announce, notify; sich ~ bei make an appointment with; '²ung *f* announcement, notification.

**anmerk|en** *v/t.* (*sep.*, *-ge-*, *h*) mark; note down; *j-m et.* ~ observe or perceive *s.th.* in *s.o.*; '**2ung** *f* (*-/-en*) remark; note; annotation; comment.

**anmessen** *v/t.* (*irr.* messen, *sep.*, *-ge-*, *h*): *j-m e-n Anzug* ~ measure *s.o.* for a suit; *s.* angemessen.

**Anmut** *f* (*-/no pl.*) grace, charm, loveliness; '**2ig** *adj.* charming, graceful, lovely.

**an|nageln** *v/t.* (*sep.*, *-ge-*, *h*) nail on (*an acc.* to); '**~nähen** *v/t.* (*sep.*, *-ge-*, *h*) sew on (*an acc.* to).

**annäher|nd** *adj.* ['annɛːrnt] approximate; '**2ung** *f* (*-/-en*) approach.

**Annahme** ['annaːmə] *f* (*-/-n*) acceptance; receiving-office; *fig.* assumption, supposition.

**annehm|bar** *adj.* acceptable; *price:* reasonable; '**~en** (*irr.* nehmen, *sep.*, *-ge-*, *h*) 1. *v/t.* accept, take; *fig.:* suppose, take it, *Am.* guess; assume; contract (*habit*); adopt (*child*); *parl.* pass (*bill*); *sich* (*gen.*) ~ attend to *s.th.*; befriend *s.o.*; 2. *v/i.* accept; '**2lichkeit** *f* (*-/-en*) amenity, agreeableness.

**Annexion** [anɛk'sjoːn] *f* (*-/-en*) annexation.

**Annonce** [a'nõːsə] *f* (*-/-n*) advertisement. [mous.]

**anonym** *adj.* [ano'nyːm] anony-

**anordn|en** ['an'-] *v/t.* (*sep.*, *-ge-*, *h*) order; arrange; direct; '**2ung** *f* arrangement; direction; order.

**anpacken** *v/t.* (*sep.*, *-ge-*, *h*) seize, grasp; *fig.* tackle.

**anpass|en** *v/t.* (*sep.*, *-ge-*, *h*) fit, adapt, suit; adjust; try *or* fit (*garment*) on; *sich* ~ adapt *o.s.* (*dat.* to); '**2ung** *f* (*-/-en*) adaptation; '**~ungsfähig** *adj.* adaptable.

**anpflanz|en** *v/t.* (*sep.*, *-ge-*, *h*) cultivate, plant; '**2ung** *f* cultivation; plantation.

**Anprall** ['anpral] *m* (*-[e]s/%-e*) impact; '**2en** *v/t.* (*sep.*, *-ge-*, *sein*) strike (*an acc.* against).

**anpreisen** *v/t.* (*irr.* preisen, *sep.*, *-ge-*, *h*) commend, praise; boost, push.

**Anprobe** *f* try-on, fitting.

**an|probieren** *v/t.* (*sep.*, *no -ge-*, *h*) try *or* fit on; '**~raten** *v/t.* (*irr.* raten, *sep.*, *-ge-*, *h*) advise; '**~rechnen** *v/t.* (*sep.*, *-ge-*, *h*) charge; *hoch* ~ value highly.

**Anrecht** *n* right, title, claim (*auf acc.* to).

**Anrede** *f* address; '**2n** *v/t.* (*sep.*, *-ge-*, *h*) address, speak to.

**anreg|en** *v/t.* (*sep.*, *-ge-*, *h*) stimulate; suggest; '**~end** *adj.* stimulative, stimulating; suggestive; '**2ung** *f* stimulation; suggestion.

**Anreiz** *m* incentive; '**2en** *v/t.* (*sep.*, *-ge-*, *h*) stimulate; incite.

**an|rennen** *v/i.* (*irr.* rennen, *sep.*, *-ge-*, *sein*): ~ *gegen* run against; *angerannt kommen* come running; '**~richten** *v/t.* (*sep.*, *-ge-*, *h*) prepare, dress (*food, salad*); cause, do (*damage*).

**anrüchig** *adj.* ['anryçiç] disreputable.

**anrücken** *v/i.* (*sep.*, *-ge-*, *sein*) approach.

**Anruf** *m* call (*a. teleph.*); '**2en** (*irr.* rufen, *sep.*, *-ge-*, *h*) call (*zum Zeugen* to witness); *teleph.* ring up, F phone, *Am.* call up; hail (*ship*); invoke (*God, etc.*); appeal to (*s.o.'s help*).

**anrühren** *v/t.* (*sep.*, *-ge-*, *h*) touch; mix.

**Ansage** *f* announcement; '**2n** *v/t.* (*sep.*, *-ge-*, *h*) announce; '**~r** *m* (*-s/-*) announcer; compère, *Am.* master of ceremonies.

**ansammeln** *v/t.* (*sep.*, *-ge-*, *h*) collect, gather; accumulate, amass; *sich* ~ collect, gather; accumulate.

**ansässig** *adj.* ['anzɛsiç] resident.

**Ansatz** *m* start.

**an|schaffen** *v/t.* (*sep.*, *-ge-*, *h*) procure, provide; purchase; *sich et.* ~ provide *or* supply *o.s.* with *s.th.*; '**~schalten** ⚡ *v/t.* (*sep.*, *-ge-*, *h*) connect; switch on (*light*).

**anschauen** *v/t.* (*sep.*, *-ge-*, *h*) look at, view; '**~lich** *adj.* clear, vivid; graphic.

**Anschauung** *f* (*-/-en*) view; perception; conception; intuition; contemplation; '**~smaterial** *n* illustrative material; '**~unterricht** ['anʃauʊŋs'-] *m* visual instruction, object-lessons *pl.*; '**~svermögen** *n* intuitive faculty.

**Anschein** *m* (*-[e]s/no pl.*) appearance; '**2end** *adj.* apparent, seeming.

**an|schicken** *v/refl.* (*sep.*, *-ge-*, *h*): *sich* ~ *et. zu tun* get ready for *s.th.*; prepare for *s.th.*; set about doing *s.th.*; '**~schirren** ['~ʃirən] *v/t.* (*sep.*, *-ge-*, *h*) harness.

**Anschlag** *m* ⊕ stop, catch; ♪ touch; notice; placard, poster, bill; estimate; calculation; plot; *e-n auf j-n verüben* make an attempt on *s.o.'s* life; '**~brett** ['~k-] *n* notice-board, *Am.* bulletin board; '**2en** ['~gən] (*irr.* schlagen, *sep.*, *-ge-*, *h*) 1. *v/t.* strike (*an dat. or acc.* against), knock (against); post up (*bill*); ♪ touch; level (*gun*); estimate, rate; 2. *v/i.* strike (*an acc.* against), knock (against); *dog:* bark; ♪ take (effect); *food:* agree (*bei* with); '**~säule** ['~k-] *f* advertising pillar; '**~zettel** ['~k-] *m* notice; placard, poster, bill.

**anschließen** *v/t.* (*irr.* schließen, *sep.*, *-ge-*, *h*) fix with a lock; join, attach, annex; ⊕, ⚡ connect; *sich j-m* ~ join *s.o.*; *sich e-r Meinung* ~

follow an opinion; **~d** adj. adjacent (an acc. to); subsequent (to).

**'Anschluß** m joining; ⚙, ⚡, teleph., gas, etc.: connexion; (Am. only) connection; **~ haben an** (acc.) ⚙, boat: connect with; ⚙ run in connexion with; **~ finden** make friends (an acc. with), F pal up (with); teleph.: **~ bekommen** get through; **'~dose** ⚡ f (wall) socket; **'~zug** ⚙ m connecting train, connexion.

**'an|schmiegen** v/refl. (sep.,-ge-, h): **sich ~ an** (acc.) nestle to; **'~schmieren** v/t. (sep., -ge-, h) (be)smear, grease; F fig. cheat; **'~schnallen** v/t. (sep., -ge-, h) buckle on; **bitte ~! ✈** fasten seat-belts, please!; **'~schnauzen** F v/t. (sep., -ge-, h) snap at, blow s.o. up, Am. a. bawl s.o. out; **'~schneiden** v/t. (irr. schneiden, sep., -ge-, h) cut; broach (subject).

**'Anschnitt** m first cut or slice.

**'an|schrauben** v/t. (sep., -ge-, h) screw on (an dat. or acc. to); **~ schreiben** v/t. (irr. schreiben, sep., -ge-, h) write down; sports, games: score; et. **~ lassen** have s.th. charged to one's account; buy s.th. on credit; **'~schreien** v/t. (irr. schreien, sep., -ge-, h) shout at.

**'Anschrift** f address.

**an|schuldigen** ['anʃuldigən] v/t. (sep., -ge-, h) accuse, incriminate; **'~schwärzen** v/t. (sep., -ge-, h) blacken; fig. a. defame.

**'anschwell|en** (irr. schwellen, sep., -ge-) 1. v/i. (sein) swell; increase, rise; 2. v/t. (h) swell; **'2ung** f swelling.

**anschwemm|en** ['anʃvɛmən] v/t. (sep., -ge-, h) wash ashore; geol. deposit (alluvium); **'2ung** f (-/-en) wash; geol. alluvial deposits pl., alluvium.

**'ansehen** 1. v/t. (irr. sehen, sep., -ge-, h) (take a) look at; view; regard, consider (als as); et. **mit ~** witness s.th.; **~ für** take for; man sieht ihm sein Alter nicht an he does not look his age; 2. 2 n (-s/no pl.) authority, prestige; respect; F appearance, aspect.

**ansehnlich** adj. ['anze:nlɪç] considerable; good-looking.

**'an|seilen** mount. v/t. and v/refl. (sep., -ge-, h) rope; **'~sengen** v/t. (sep., -ge-, h) singe; **'~setzen** (sep., -ge-, h) 1. v/t. put (an acc. to); add (to); fix, appoint (date); rate; fix, quote (prices); charge; put forth (leaves, etc.); put on (flesh); put (food) on (to boil); Rost **~** rust; 2. v/i. try; start; get ready.

**'Ansicht** f (-/-en) sight, view; fig. view, opinion; meiner **~ nach** in my opinion; zur **~ ✝** on approval; **'~s-(post)karte** f picture postcard; **'~ssache** f matter of opinion.

---

**'ansied|eln** v/t. and v/refl. (sep., -ge-, h) settle; **'2ler** m settler; **'2lung** f settlement.

**'Ansinnen** n (-s/-) request, demand.

**'anspann|en** v/t. (sep., -ge-, h) stretch; put or harness (horses, etc.) to the carriage, etc.; fig. strain, exert; **'2ung** fig. f strain, exertion.

**'anspeien** v/t. (irr. speien, sep., -ge-, h) spit (up)on or at.

**'anspiel|en** v/t. (sep., -ge-, h) cards: lead; sports: lead off; football: kick off; **~ auf** (acc.) allude to, hint at; **'2ung** f (-/-en) allusion, hint.

**'anspitzen** v/t. (sep., -ge-, h) point, sharpen.

**'Ansporn** m (-[e]s/⚡ -e) spur; **'2en** v/t. (sep., -ge-, h) spur s.o. on.

**'Ansprache** f address, speech; e-e **~ halten** deliver an address.

**'ansprechen** v/t. (irr. sprechen, sep., -ge-, h) speak to, address; appeal to; **'~d** adj. appealing.

**'an|springen** (irr. springen, sep., -ge-) 1. v/i. (sein) engine: start; 2. v/t. (h) jump (up)on, leap at; **'~spritzen** v/t. (sep., -ge-, h) splash (j-n mit et. s.th. on s.o.); (be-) sprinkle.

**'Anspruch** m claim (a. ⚖) (auf acc. to), pretension (to); ⚖ title (to); **~ haben auf** (acc.) be entitled to; in **~ nehmen** claim s.th.; Zeit in **~ nehmen** take up time; **'2slos** adj. unpretentious; unassuming; **'2svoll** adj. pretentious.

**'an|spülen** v/t. (sep., -ge-, h) s. anschwemmen; **'~stacheln** v/t. (sep., -ge-, h) goad (on).

**Anstalt** ['anʃtalt] f (-/-en) establishment, institution; **~en treffen zu** make arrangements for.

**'Anstand** m 1. (-[e]s/⚡ -e) hunt. stand; objection; 2. (-[e]s/⚡-e) good manners pl.; decency, propriety.

**anständig** adj. ['anʃtɛndɪç] decent; respectable; price: fair, handsome; **'2keit** f (-/⚡ -en) decency.

**'Anstands|gefühl** n sense of propriety; tact; **'2los** adv. unhesitatingly.

**'anstarren** v/t. (sep., -ge-, h) stare or gaze at.

**anstatt** prp. (gen.) and cj. [an'ʃtat] instead of.

**'anstaunen** v/t. (sep., -ge-, h) gaze at s.o. or s.th. in wonder.

**'ansteck|en** v/t. (sep., -ge-, h) pin on; put on (ring); ⚕ infect; set on fire; kindle (fire); light (candle, etc.); **'~end** adj. infectious; contagious; fig. a. catching; **'2ung** ⚕ f (-/-en) infection; contagion.

**'an|stehen** v/i. (irr. stehen, sep., -ge-, h) queue up (nach for), Am. stand in line (for); **'~steigen** v/i. (irr. steigen, sep., -ge-, sein) ground: rise, ascend; fig. increase.

**'anstell|en** v/t. (sep., -ge-, h) engage, employ, hire; make (ex-

*periments*); draw (*comparison*); turn on (*light*, etc.); manage; *sich ~* queue up (*nach* for), *Am.* line up (for); *sich dumm ~* set about s.th. stupidly; '*~ig adj.* handy, skil(l)ful; '*2ung f* place, position, job; employment.

**Anstieg** ['anʃtiːk] *m* (-[e]s/-e) ascent.

'**anstift|en** *v/t.* (*sep.*, -ge-, *h*) instigate; '*2er m* instigator; '*2ung f* instigation.

'**anstimmen** *v/t.* (*sep.*, -ge-, *h*) strike up (*tune*).

'**Anstoß** *m football*: kick-off; *fig.* impulse; offen|ce, *Am.* -se; *~ er-regen* give offence (*bei* to); *~ neh-men an* (*dat.*) take offence at; *~ geben zu* et. start s.th., initiate s.th.; '*2en* (*irr.* stoßen, *sep.*, -ge-) 1. *v/t.* (*h*) push, knock (*acc. or an* against); nudge; 2. *v/i.* (*sein*) knock (*an acc.* against); border (on, upon); adjoin; 3. *v/i.* (*h*): *mit der Zunge ~* lisp; *auf j-s Gesundheit ~* drink (to) s.o.'s health; '**2end** *adj.* adjoining.

**anstößig** *adj.* ['anʃtøːsɪç] shocking.

'**an|strahlen** *v/t.* (*sep.*, -ge-, *h*) illuminate; floodlight (*building, etc.*); *fig.* beam at s.o.; '*~streben* *v/t.* (*sep.*, -ge-, *h*) aim at, aspire to, strive for.

'**anstreich|en** *v/t.* (*irr.* streichen, *sep.*, -ge-, *h*) paint; whitewash; mark; underline (*mistake*); '*2er m* (-s/-) house-painter; decorator.

'**anstreng|en** ['anʃtrɛŋən] *v/t.* (*sep.*, -ge-, *h*) exert; try (*eyes*); fatigue; *Prozeß ~* bring an action (gegen *j-n* against s.o.); *sich ~* exert o.s.; '*~end adj.* strenuous; trying (*für* to); '*2ung f* (-/-en) exertion, strain, effort.

'**Anstrich** *m* paint, colo(u)r; coat (-ing); *fig.*: tinge; air.

'**Ansturm** *m* assault; onset; *~ auf* (*acc.*) rush for; **↑** run on (*bank*).

'**anstürmen** *v/i.* (*sep.*, -ge-, *sein*) storm, rush.

'**Anteil** *m* share, portion; *~ nehmen an* (*dat.*) take an interest in; sympathize with; '**~nahme** ['~naːmə] *f* (-/no *pl.*) sympathy; interest; '*~schein m* share-certificate.

**Antenne** [an'tɛnə] *f* (-/-n) aerial.

**Antialkoholiker** [antiˈalkoˈhoːlikər, '~] *m* (-s/-) teetotaller.

**antik** *adj.* [an'tiːk] antique.

**Antilope** *zo.* [anti'loːpə] *f* (-/-n) antelope.

**Antipathie** [antipa'tiː] *f* (-/-n) antipathy.

'**antippen** F *v/t.* (*sep.*, -ge-, *h*) tap.

**Antiquar** [anti'kvaːr] *m* (-s/-e) second-hand bookseller; *~iat n* (-[e]s/-e) second-hand bookshop; *2isch adj. and adv.* [~'kvaːrɪʃ] second-hand.

**Antiquitäten** [antikvi'tɛːtən] *f/pl.* antiques *pl.*

'**Anti-Rakete** *f* anti-ballistic missile.

**antiseptisch** *# adj.* [anti'zɛptɪʃ] antiseptic.

**Antlitz** ['antlɪts] *n* (-es/*%*, -e) face, countenance.

**Antrag** ['antraːk] *m* (-[e]s/-e) offer, proposal; application, request; *parl.* motion; *~ stellen auf* (*acc.*) make an application for; *parl.* put a motion for; '*~steller m* (-s/-) applicant; *parl.* mover; *##* petitioner.

'**an|treffen** *v/t.* (*irr.* treffen, *sep.*, -ge-, *h*) meet with, find; '*~treiben* (*irr.* treiben, *sep.*, -ge-) 1. *v/i.* (*sein*) drift ashore; 2. *v/t.* (*h*) drive (on); *fig.* impel; '*~treten* (*irr.* treten, *sep.*, -ge-) 1. *v/t.* (*h*) enter upon (*office*); take up (*position*); set out on (*journey*); enter upon take possession of (*inheritance*); 2. *v/i.* (*sein*) take one's place; **☓** fall in.

'**Antrieb** *m* motive, impulse; ⊕ drive, propulsion.

'**Antritt** *m* (-[e]s/*%*, -e) entrance (*into office*); taking up (*of position*); setting out (*on journey*); entering into possession (*of inheritance*).

'**antun** *v/t.* (*irr.* tun, *sep.*, -ge-, *h*): *j-m et. ~* do s.th. to s.o.; *sich et. ~* lay hands on o.s.

'**Antwort** *f* (-/-en) answer, reply (*auf acc.* to); '*2en* (ge-, *h*) 1. *v/i.* answer (*j-m* s.o.), reply (*j-m to* s.o.; *both: auf acc.* to); 2. *v/t.* answer (*auf acc.* to), reply (to); '*~schein m* (international) reply coupon.

'**an|vertrauen** *v/t.* (*sep.*, *no* -ge-, *h*): *j-m et. ~* (en)trust s.o. with s.th., entrust s.th. to s.o.; confide s.th. to s.o.; '*~wachsen* *v/i.* (*irr.* wachsen, *sep.*, -ge-, *sein*) take root; *fig.* increase; *~ an* (*acc.*) grow on to.

**Anwalt** ['anvalt] *m* (-[e]s/-e) lawyer; solicitor, *Am.* attorney; counsel; barrister, *Am.* counsel(l)or; *fig.* advocate.

'**Anwandlung** *f* fit; impulse.

'**Anwärter** *m* candidate, aspirant; expectant.

**Anwartschaft** ['anvartʃaft] *f* (-/-en) expectancy; candidacy; prospect (*auf acc.* of).

'**anweis|en** *v/t.* (*irr.* weisen, *sep.*, -ge-, *h*) assign; instruct; direct; *s. angewiesen*; '*2ung f* assignment; instruction; direction; **↑**: cheque, *Am.* check; draft; *s.* Postanweisung.

'**anwend|en** *v/t.* (*irr.* wenden,] *sep.*, -ge-, *h*) employ, use; apply (*auf acc.* to); *s. angewandt*; '*2ung f* application.

'**anwerben** *v/t.* (*irr.* werben, *sep.*, -ge-, *h*) **☓** enlist, enrol(l); engage.

'**Anwesen** *n* estate; property.

'**anwesen|d** *adj.* present; '*2heit f* (-/no *pl.*) presence.

'**Anzahl** *f* (-/no *pl.*) number; quantity.

'anzahl|en *v/t.* (*sep.*, -ge-, *h*) pay on account; pay a deposit; '2ung *f* (first) instal(l)ment; deposit.

'anzapfen *v/t.* (*sep.*, -ge-, *h*) tap.

'Anzeichen *n* symptom; sign.

Anzeige ['antsaɪgə] *f* (-/-n) notice, announcement; ↑ advice; advertisement; ⅊ information; '2n *v/t.* (*sep.*, -ge-, *h*) announce, notify; ↑ advise; advertise; indicate; ⊕ *instrument:* indicate, show; *thermometer:* read (*degrees*); *j-n* denounce s.o., inform against s.o.

'anziehen (*irr. ziehen*, *sep.*, -ge-, *h*) 1. *v/t.* draw, pull; draw (*rein*); tighten (*screw*); put on (*garment*); dress; *fig.* attract; 2. *v/i.* draw; *prices:* rise; '~d *adj.* attractive, interesting.

'Anziehung *f* attraction; '~kraft *f* attractive power; attraction.

'Anzug *m* 1. (-[e]s/¨e) dress; suit; 2. (-[e]s/*no pl.*): im ~ sein *storm:* be gathering; *danger:* be impending.

anzüglich *adj.* ['antsyːklɪç] personal; '2keit *f* (-/-en) personality.

'anzünden *v/t.* (*sep.*, -ge-, *h*) light, kindle; strike (*match*); set (*building*) on fire.

spathisch *adj.* [a'paːtɪʃ] apathetic.

Apfel ['apfəl] *m* (-s/¨) apple; '~mus *n* apple-sauce; '~sine [~'ziːnə] *f* (-/-n) orange; '~wein *m* cider.

Apostel [a'pɔstəl] *m* (-s/-) apostle.

Apostroph [apo'stroːf] *m* (-s/-e) apostrophe.

Apotheke [apo'teːkə] *f* (-/-n) chemist's shop, pharmacy, *Am.* drugstore; '~r *m* (-s/-) chemist, *Am.* druggist, pharmacist.

Apparat [apa'raːt] *m* (-[e]s/-e) apparatus; device; *teleph.:* am ~! speaking!; *teleph.:* am ~ bleiben hold the line.

Appell [a'pɛl] *m* (-s/-e) ✗: roll-call; inspection; parade; *fig.* appeal (*an acc.* to); 2ieren [~'liːrən] *v/i.* (*no* -ge-, *h*) appeal (*an acc.* to).

Appetit [ape'tiːt] *m* (-[e]s/-e) appetite; 2lich *adj.* appetizing, savo(u)ry, dainty.

Applaus [a'plaʊs] *m* (-es/✗ -e) applause.

Aprikose [apri'koːzə] *f* (-/-n) apricot.

April [a'prɪl] *m* (-[s]/-e) April.

Aquarell [akva'rɛl] *n* (-s/-e) water-colo(u)r (painting), aquarelle.

Aquarium [a'kvaːrɪum] *n* (-s/ *Aquarien*) aquarium.

Äquator [e'kvaːtɔr] *m* (-s/✗ -en) equator.

Ära ['ɛːra] *f* (-/✗ *Ären*) era.

Arab|er ['arabər] *m* (-s/-) Arab; 2isch *adj.* [a'raːbɪʃ] Arabian, Arab(ic).

Arbeit ['arbaɪt] *f* (-/-en) work; labo(u)r, toil; employment, job; task; paper; workmanship; *bei der* ~ at work; *sich an die* ~ *machen*, *an die* ~ *gehen* set to work; (*keine*) ~ *haben* be in (out of) work; *die* ~ *niederlegen* stop work, down tools; '2en (*ge-*, *h*) 1. *v/i.* work; labo(u)r, toil; 2. *v/t.* work; make.

'Arbeiter *m* (-s/-) worker; workman, labo(u)rer, hand; '~in *f* (-/-nen) female worker; working woman, workwoman; '~klasse *f* working class(es *pl.*); '~partei *f* Labo(u)r Party; '~schaft *f* (-/-en), '~stand *m* working class(es *pl.*), labo(u)r.

'Arbeit|geber *m* (-s/-), '~geberin *f* (-/-nen) employer; '~nehmer *m* (-s/-), '~nehmerin *f* (-/-nen) employee.

'arbeitsam *adj.* industrious.

'Arbeits|amt *n* labo(u)r exchange; '~anzug *m* overall; '~beschaffung *f* (-/-en) provision of work; '~bescheinigung *f* certificate of employment; '~einkommen *n* earned income; '2fähig *adj.* able to work; '~gericht *n* labo(u)r or industrial court; '~kleidung *f* working clothes *pl.*; '~kraft *f* working power; worker, hand; Arbeitskräfte *pl. a.* labo(u)r; '~leistung *f* efficiency; power (*of engine*); output (*of factory*); '~lohn *m* wages *pl.*, pay; '2los *adj.* out of work, unemployed; '~lose *m* (-n/-n): die ~n *pl.* the unemployed *pl.*; '~losenunterstützung *f* unemployment benefit; '~ beziehen F be on the dole; '~losigkeit *f* (-/*no pl.*) unemployment; '~markt *m* labo(u)r market; '~minister *m* Minister of Labour, *Am.* Secretary of Labor; '~nachweis(stelle *f*) *m* employment registry office, *Am.* labor registry office; '~niederlegung *f* (-/-en) strike, *Am.* F *a.* walkout; '~pause *f* break, intermission; '~platz *m* place of work; job; '~raum *m* workroom; '2scheu *adj.* work-shy; '~scheu *f* aversion to work; '~schutzgesetz *n* protective labo(u)r law; '~tag *m* working day, workday; '2unfähig *adj.* incapable of working; disabled; '~weise *f* practice, method of working; '~willige *m* (-n/-n) non-striker; '~zeit *f* working time; working hours *pl.*; '~zeug *n* tools *pl.*; '~zimmer *n* workroom; study.

Archäo|loge [arçɛo'loːgə] *m* (-n/-n) arch(a)eologist; '~logie [~o'giː] *f* (-/*no pl.*) arch(a)eology.

Arche ['arçə] *f* (-/-n) ark.

Architekt [arçi'tɛkt] *m* (-en/-en) architect; ~ur [~'tuːr] *f* (-/-en) architecture.

Archiv [ar'çiːf] *n* (-s/-e) archives *pl.*; record office.

Areal [are'aːl] *n* (-s/-e) area.

**Arena** [a'reːna] f (-/Arenen) arena; bullring; (circus-)ring.

**arg** adj. [ark] bad; wicked; gross.

**Ärger** ['ɛrgər] m (-s/no pl.) vexation, annoyance; anger; **'~lich** adj. vexed, F mad, angry (auf, über acc. at s.th., with s.o.); annoying, vexatious; **'2n** v/t. (ge-, h) annoy, vex, irritate, fret; bother; **sich ~** feel angry or vexed (über acc. at, about s.th.; with s.o.); **'~nis** n (-ses/-se) scandal, offen|ce, Am. -se.

**'Arg|list** f (-/no pl.) cunning, craft (-iness); **'2listig** adj. crafty, cunning; **'2los** adj. guileless; artless, unsuspecting; **~wohn** ['~voːn] m (-[e]s/no pl.) suspicion; **2wöhnen** ['~vøːnən] v/t. (ge-, h) suspect; **'2wöhnisch** adj. suspicious.

**Arie** ♪ ['aːrjə] f (-/-n) aria.

**Aristokrat** [aristo'kraːt] m (-en/-en), **~in** f (-/-nen) aristocrat; **~ie** [~kra-'tiː] f (-/-n) aristocracy.

**Arkade** [ar'kaːdə] f (-/-n) arcade.

**arm¹** adj. [arm] poor.

**Arm²** [~] m (-[e]s/-e) arm; branch (of river, etc.); F: j-n auf den ~ nehmen pull s.o.'s leg.

**Armaturenbrett** [arma'tuːrənbrɛt] n instrument board, dash-board.

**'Arm|band** n bracelet; **~banduhr** ['armbant~] f wrist watch; **'~bruch** m fracture of the arm.

**Armee** [ar'meː] f (-/-n) army.

**Ärmel** ['ɛrməl] m (-s/-) sleeve; **'~kanal** m the (English) Channel.

**'Armen|haus** n alms-house, Brt. a. workhouse; **~pflege** f poor relief; **~pfleger** m guardian of the poor; welfare officer; **~unterstützung** f poor relief.

**ärmlich** adj. ['ɛrmlic] s. armselig.

**'armselig** adj. poor; wretched; miserable, shabby; paltry.

**Armut** ['armuːt] f (-/no pl.) poverty.

**Aroma** [a'roːma] n (-s/Aromen, Aromata, -s) aroma, flavo(u)r; fragrance.

**Arrest** [a'rɛst] m (-es/-e) arrest; confinement; seizure (of goods); detention (of pupil, etc.); **~ bekommen** be kept in.

**Art** [aːrt] f (-/-en) kind, sort; ♀, zo. species; manner, way; nature; manners pl.; breed, race (of animals); auf die(se) ~ in this way; **'2en** v/i. (ge-, sein): **~ nach** take after. [artery.]

**Arterie** anat. [ar'teːrjə] f (-/-n)∫

**artig** adj. ['aːrtic] good, well-behaved; civil, polite; **'2keit** f (-/-en) good behavio(u)r; politeness; civility, a. civilities pl.

**Artikel** [ar'tiːkəl] m (-s/-) article; commodity.

**Artillerie** [artilə'riː] f (-/-n) artillery.

**Artist** [ar'tist] m (-en/-en), **~in** f (-/-nen) circus performer.

**Arznei** [arts'naɪ] f (-/-en) medicine, F physic; **~kunde** f (-/no pl.) pharmaceutics; **~mittel** n medicine, drug.

**Arzt** [aːrtst] m (-es/-e) doctor, medical man; physician.

**Ärztin** ['ɛːrtstin] f (-/-nen) woman or lady doctor.

**ärztlich** adj. ['ɛːrtstliç] medical.

**As** [as] n (-ses/-se) ace.

**Asche** ['aʃə] f (-/-n) ash(es pl.); **~bahn** f sports: cinder-track, mot. dirt-track; **'~becher** m ash-tray; **~nbrödel** ['~nbrøːdəl] n (-s/no pl.), **~nputtel** ['~nputəl] n i. (-s/no pl.) Cinderella; 2. (-s/-) drudge; **Ascher'mittwoch** m Ash Wednesday.

**'asch'grau** adj. ash-grey, ashy, Am. ash-gray.

**äsen** hunt. ['ɛːzən] v/i. (ge-, h) graze, browse.

**Asiat** [az'jaːt] m (-en/-en), **~in** f (-/-nen) Asiatic, Asian; **2isch** adj. Asiatic, Asian.

**Asket** [as'keːt] m (-en/-en) ascetic.

**Asphalt** [as'falt] m (-[e]s/-e) asphalt; **2ieren** [~'tiːrən] v/t. (no -ge-, h) asphalt.

**aß** [aːs] pret. of essen.

**Assistent** [asis'tɛnt] m (-en/-en), **~in** f (-/-nen) assistant.

**Ast** [ast] m (-es/-e) branch, bough; knot (in timber); **'~loch** n knot-hole.

**Astro|naut** [astro'naʊt] m (-en/-en) astronaut; **~nom** [~'noːm] m (-en/-en) astronomer.

**Asyl** [a'zyːl] n (-s/-e) asylum; fig. sanctuary.

**Atelier** [atəl'jeː] n (-s/-s) studio.

**Atem** ['aːtəm] m (-s/no pl.) breath; außer **~** out of breath; **'2los** adj. breathless; **'~not** ♂ f difficulty in breathing; **'~pause** f breathing-space; **'~zug** m breath, respiration.

**Äther** ['ɛːtər] m 1. (-s/no pl.) the ether; 2. ♂ (-s/-) ether; **2isch** adj. [ɛ'teːriʃ] ethereal, etheric.

**Athlet** [at'leːt] m (-en/-en), **~in** f (-/-nen) athlete; **'~ik** f (-/no pl.) athletics mst sg.; **2isch** adj. athletic.

**atlantisch** adj. [at'lantiʃ] Atlantic.

**Atlas** ['atlas] m 1. geogr. (-/no pl.) Atlas; 2. (-, -ses/-se, Atlanten) maps: atlas; 3. (-, -ses/-se) textiles: satin.

**atmen** ['aːtmən] v/i. and v/t. (ge-, h) breathe.

**Atmosphär|e** [atmo'sfɛːrə] f (-/-n) atmosphere; **2isch** adj. atmospheric.

**'Atmung** f (-/-en) breathing, respiration.

**Atom** [a'toːm] n (-s/-e) atom; **2ar** adj. [ato'maːr] atomic; **~bombe** f atomic bomb, atom-bomb, A-bomb; **~energie** f atomic or nuclear energy; **~forschung** f atomic or nuclear research; **~kern** m atomic nucleus; **~kraftwerk** n nuclear power station; ~meiler *m* atomic pile, nuclear reactor; ~physiker *m* atomic physicist; ~reaktor *m* nuclear reactor, atomic pile; ~versuch *m* atomic test; ~waffe *f* atomic *or* nuclear weapon; ~wissenschaftler *m* atomic scientist; ~zeitalter *n* atomic age.

**Attentat** [atɛn'taːt] *n* (-[e]s/-e) (attempted) assassination; *fig.* outrage; ~äter [‿ˌɛːtər] *m* (-s/-) assailant, assassin.

**Attest** [a'tɛst] *n* (-es/-e) certificate; **2ieren** [‿'tiːrən] *v/t.* (*no* -ge-) attest, certify.

**Attraktion** [atrak'tsjoːn] *f* (-/-en) attraction.

**Attrappe** [a'trapə] *f* (-/-n) dummy.

**Attribut** [atri'buːt] *n* (-[e]s/-e) attribute; *gr.* attributive.

**ätz|en** ['ɛtsən] *v/t.* (ge-, h) corrode; *⚕️* cauterize, etch (*metal plate*); ~end *adj.* corrosive, caustic (*a. fig.*); **2ung** *f* (-/-en) corrosion; *⚕️* cauterization, etching.

**au** *int.* [au] oh!; ouch!

**auch** *cj.* [aux] also, too, likewise; even; ~ *nicht* neither, nor; *wo* ~ (*immer*) wher(eso)ever; *ist es* ~ *wahr?* is it really true?

**Audienz** [audi'ɛnts] *f* (-/-en) audience, hearing.

**auf** [auf] 1. *prp.* (*dat.*) (up)on; in; at; of; by; ~ *dem Tisch* (up)on the table; ~ *dem Markt* in the market; ~ *der Universität* at the university; ~ *e-m Ball* at a ball; 2. *prp.* (*acc.*) on; in; at; to; towards (*a.* ~ *zu*); up; ~ *deutsch* in German; ~ *e-e Entfernung von* at a range of; ~ *die Post etc.* gehen go to the post-office, *etc.*; ~ *ein Pfund gehen 20 Schilling* 20 shillings go to a pound; *es geht* ~ *neun* it is getting on to nine; ~ ... *hin* on the strength of; 3. *adv.* up(wards); ~ *und ab gehen* walk up and down *or* to and fro; 4. *cj.*: ~ *daß* (in order) that; ~ *daß nicht* that not, lest; 5. *int.*: ~! up!

**auf|arbeiten** ['auf‿-] *v/t.* (*sep.*, -ge-, h) work off (*arrears of work*); furbish up; F do up (*garments*); ~atmen *fig.* ['auf‿-] *v/i.* (*sep.*, -ge-, h) breathe again.

'**Aufbau** *m* (-[e]s/*no pl.*) building up; construction (*of play, etc.*); F *esp. Am.* setup (*of organization*); *mot.* body (*of car, etc.*); **2en** *v/t.* (*sep.*, -ge-, h) erect, build up; construct.

'**auf|bauschen** *v/t.* (*sep.*, -ge-, h) puff out; *fig.* exaggerate; ~beißen *v/t.* (*irr.* beißen, *sep.*, -ge-, h) crack; ~bekommen *v/t.* (*irr.* kommen, *sep.*, *no* -ge-, h) get open (*door*); be given (*a task*); ~bessern *v/t.* (*sep.*, -ge-, h) raise (*salary*); '~bewahren *v/t.* (*sep.*, *no* -ge-, h) keep; preserve;

'~bieten *v/t.* (*irr.* bieten, *sep.*, h) summon; exert; ⚔️ raise; '~binden *v/t.* (*irr.* binden, *sep.*, -ge-, h) untie; '~bleiben *v/i.* (*irr.* bleiben, *sep.*, -ge-, sein) sit up; *door, etc.*: remain open; '~blenden (*sep.*, -ge-, h) 1. *mot. v/i.* turn up the headlights; 2. *v/t.* fade in (*scene*); '~blicken *v/i.* (*sep.*, -ge-, h) look up; raise one's eyes; '~blitzen *v/i.* (*sep.*, -ge-, h, sein) flash (up); '~blühen *v/i.* (*sep.*, -ge-, sein) bloom; flourish.

'**aufbrausen** *fig. v/i.* (*sep.*, -ge-, sein) fly into a passion; '~d *adj.* hot-tempered.

'**auf|brechen** (*irr.* brechen, *sep.*, -ge-) 1. *v/t.* (h) break open; force open; 2. *v/i.* (sein) burst open; set out (*nach fox*); '~bringen *v/t.* (*irr.* bringen, *sep.*, -ge-, h) raise (*money, troops*); capture (*ship*); rouse *or* irritate *s.o.*

'**Aufbruch** *m* departure, start.

'**auf|bügeln** *v/t.* (*sep.*, -ge-, h) iron; '~bürden *v/t.* (*sep.*, -ge-, h): *j-m et.* ~ impose s.th. on s.o.; '~decken *v/t.* (*sep.*, -ge-, h) uncover; spread (*cloth*); *fig.* disclose; '~drängen *v/t.* (*sep.*, -ge-, h) force, obtrude (*j-m* [up]on s.o.); '~drehen *v/t.* (*sep.*, -ge-, h) turn on (*gas, etc.*).

'**aufdringlich** *adj.* obtrusive.

'**Aufdruck** *m* (-[e]s/-e) imprint; surcharge.

'**aufdrücken** *v/t.* (*sep.*, -ge-, h) impress.

**aufeinander** *adv.* [auf‿ar'nandər] one after *or* upon another; **2folge** *f* succession; ~folgend *adj.* successive.

**Aufenthalt** ['aufɛnthalt] *m* (-[e]s/-e) stay; residence, delay; 🚂 stop; '~genehmigung *f* residence permit.

**auferlegen** ['auf‿ˀɛrleˌgən] *v/t.* (*sep.*, *no* -ge-, h) impose (*j-m* on s.o.).

**auferstehlen** ['auf‿ˀɛrˌʃteːən] *v/i.* (*irr.* stehen, *sep.*, *no* -ge-, sein) rise (from the dead); **2ung** *f* (-/-en) resurrection.

**auf|essen** ['auf‿-] *v/t.* (*irr.* essen, *sep.*, -ge-, h) eat up; '~fahren *v/i.* (*irr.* fahren, *sep.*, -ge-, sein) ascend; start up; *fig.* fly out; ⚓ run aground; *mot.* drive *or* run (*auf acc.* against, into).

'**Auffahrt** *f* ascent; driving up; approach; drive, *Am.* driveway; '~rampe *f* ramp.

'**auf|fallen** *v/i.* (*irr.* fallen, *sep.*, -ge-, sein) be conspicuous; *j-m* ~ strike s.o.; '~fallend *adj.*, '~fällig *adj.* striking, conspicuous, flashy.

'**auffangen** *v/t.* (*irr.* fangen, *sep.*, -ge-, h) catch (up); parry (*thrust*).

'**auffassen** *v/t.* (*sep.*, -ge-, h) conceive; comprehend; interpret; **2ung** *f* conception; interpretation; grasp.

'**auffinden** v/t. (irr. finden, sep., -ge-, h) find, trace, discover, locate.

'**aufforder|n** v/t. (sep., -ge-, h) ask, invite; call (up)on; esp. ɪ̃̃ summon; '**₂ung** f invitation; esp. ɪ̃̃ summons.

'**auffrischen** (sep., -ge-) 1. v/t. (h) freshen up, touch up; brush up (knowledge); revive; 2. v/i. (sein) wind: freshen.

'**aufführ|en** v/t. (sep., -ge-, h) thea. represent, perform, act; enumerate; enter (in list); einzeln ~ specify, Am. itemize; sich ~ behave; '**₂ung** f thea. performance; enumeration; entry; specification; conduct.

'**Aufgabe** f task; problem; school: homework; posting, Am. mailing (of letter); booking (of luggage), Am. checking (of baggage); resignation (from office); abandonment; giving up (business); es sich zur ~ machen make it one's business.

'**Aufgang** m ascent; ast. rising; staircase.

'**aufgeben** (irr. geben, sep., -ge-, h) 1. v/t. give up, abandon; resign from (office); insert (advertisement); post, Am. mail (letter); book (luggage), Am. check (baggage); hand in, send (telegram); ✦ give (order); set, Am. assign (homework); set (riddle); 2. v/i. give up or in.

'**Aufgebot** n public notice; ✕ levy; fig. array; banns pl. (of marriage).

'**aufgehen** v/i. (irr. gehen, sep., -ge-, sein) open; ⅍ leave no remainder; sewing: come apart; paste, star, curtain: rise; seed: come up; ~ in (dat.) be merged in; fig. be devoted to (work); in Flammen ~ go up in flames.

**aufgeklärt** adj. ['aufgəklɛːrt] enlightened; '**₂heit** f (-/no pl.) enlightenment.

'**Aufgeld** ✦ n agio, premium.

**aufge|legt** adj. ['aufgəleːkt] disposed (zu for); in the mood (zu inf. for ger., to inf.); gut (schlecht) ~ in a good (bad) humo(u)r; '**₂schlossen** fig. adj. open-minded; '**₂weckt** fig. adj. ['.vɛkt] bright.

'**auf|gießen** v/t. (irr. gießen, sep., -ge-, h) pour (on); make (tea); '**₂greifen** v/t. (irr. greifen, sep., -ge-, h) snatch up, fig. take up;

'**Aufguß** m infusion. [seize.]

'**auf|haben** (irr. haben, sep., -ge-, h) 1. v/t. have on (hat); have open (door); have to do (task); 2. F v/i.: das Geschäft hat auf the shop is open; '**₂haken** v/t. (sep., -ge-, h) unhook; '**₂halten** v/t. (irr. halten, sep., -ge-, h) keep open; stop, detain, delay; hold up (traffic); sich ~ stay; sich ~ bei dwell on; sich ~ mit spend one's time on; '**₂hängen** v/t. (irr. hängen, sep., -ge-, h) hang (up); ⊕ suspend.

'**aufheb|en** v/t. (irr. heben, sep., -ge-, h) lift (up), raise; pick up; raise (siege); keep, preserve; cancel, annul, abolish; break off (engagement); break up (meeting); sich ~ neutralize; die Tafel ~ rise from the table; gut aufgehoben sein be well looked after; viel Aufhebens machen make a fuss (von about); '**₂ung** f (-/-en) raising; abolition; annulment; breaking up.

'**auf|heitern** v/t. (sep., -ge-, h) cheer up; sich ~ weather: clear up; face: brighten; '**₂hellen** v/t. and v/refl. (sep., -ge-, h) brighten.

'**aufhetz|en** v/t. (sep., -ge-, h) incite, instigate s.o.; '**₂ung** f (-/-en) instigation, incitement.

'**auf|holen** (sep., -ge-, h) 1. v/t. make up (for); ✦ haul up; 2. v/i. gain (gegen on); pull up (to); '**₂hören** v/i. (sep., -ge-, h) cease, stop; Am. quit (all: zu tun doing); F: da hört (sich) doch alles auf! that's the limit!, Am. that beats everything!; '**₂kaufen** v/t. (sep., -ge-, h) buy up.

'**aufklär|en** v/t. (sep., -ge-, h) clear up; enlighten (über acc. on); ✕ reconnoit|re, Am. -er; sich ~ clear up; '**₂ung** f enlightenment; ✕ reconnaissance.

'**auf|kleben** v/t. (sep., -ge-, h) paste on, stick on, affix on; '**₂klinken** v/t. (sep., -ge-, h) unlatch; '**₂knöpfen** v/t. (sep., -ge-, h) unbutton.

'**aufkommen** 1. v/i. (irr. kommen, sep., -ge-, sein) rise; recover (from illness); come up; come into fashion or use; thought: arise; ~ für et. answer for s.th.; ~ gegen prevail against s.o.; 2. **₂** n (-s/no pl.) rise; recovery.

'**auf|krempeln** ['aufkrɛmpəln] v/t. (sep., -ge-, h) turn up, roll up; tuck up; '**₂lachen** v/i. (sep., -ge-, h) burst out laughing; '**₂laden** v/t. (irr. laden, sep., -ge-, h) load; ✦ charge.

'**Auflage** f edition (of book); circulation (of newspaper); ⊕ support.

'**auf|lassen** v/t. (irr. lassen, sep., -ge-, h) F leave open (door, etc.); F keep on (hat); ɪ̃̃ cede; '**₂lauern** v/i. (sep., -ge-, h): j-m ~ lie in wait for s.o.

'**Auflauf** m concourse; riot; dish: soufflé; '**₂en** v/i. (irr. laufen, sep., -ge-, sein) interest: accrue; ⚓ run aground.

'**auflegen** (sep., -ge-, h) 1. v/t. put on, lay on; apply (auf acc. to); print, publish (book); teleph. hang up; 2. teleph. v/i. ring off.

'**auflehn|en** v/t. (sep., -ge-, h) lean (on); sich ~ lean (on); fig. rebel, revolt (gegen against); '**₂ung** f (-/-en) rebellion.

'**auf|lesen** v/t. (irr. lesen, sep., -ge-, h) gather, pick up; '**\_leuchten** v/i. (sep., -ge-, h) flash (up); '**\_liegen** v/i. (irr. liegen, sep., -ge-, h) lie (auf dat. on).

'**auflös|bar** adj. (dis)soluble; '**\_en** v/t. (sep., -ge-, h) undo (knot); break up (meeting); dissolve (salt, etc.; marriage, business, Parliament, etc.); solve (Ar, riddle); disintegrate; fig. aufgelöst upset; '**2ung** f (dis-) solution; disintegration.

'**aufmach|en** v/t. (sep., -ge-, h) open; undo (dress, parcel); put up (umbrella); make up, get up; sich ~ wind: rise; set out (nach acc. for); make for; die Tür ~ answer the door; '**2ung** f (-/-en) make-up, get-up.

'**aufmarschieren** v/i. (sep., no -ge-, sein) form into line; ~ lassen ✕ deploy.

'**aufmerksam** adj. attentive (gegen to); j-n ~ machen auf (acc.) call s.o.'s attention to; '**2keit** f (-/-en) attention; token.

'**aufmuntern** v/t. (sep., -ge-, h) rouse; encourage; cheer up.

**Aufnahme** ['aufna:mə] f (-/-n) taking up (of work); reception; admission; phot.: taking; photograph, shot; shooting (of a film); '**2fähig** adj. capable of absorbing; mind: receptive (für of); '**\_gebühr** f admission fee; '**\_gerät** n phot. camera; recorder; '**\_prüfung** f entrance examination.

'**aufnehmen** v/t. (irr. nehmen, sep., -ge-, h) take up; pick up; take s.o. in; take down (dictation, etc.); take s.th. in (mentally); receive (guests); admit; raise, borrow (money); draw up, record, shoot (film); phot. take (picture); gut (übel) ~ take well (ill); es ~ mit be a match for.

**aufopfer|n** ['auf²-] v/t. (sep., -ge-, h) sacrifice; '**2ung** f sacrifice.

'**auf|passen** v/i. (sep., -ge-, h) attend (auf acc. to); watch; at school: be attentive; look out; ~ auf (acc.) take care of; '**\_platzen** v/i. (sep., -ge-, sein) burst (open); '**\_polieren** v/t. (sep., no -ge-, h) polish up; '**\_prallen** v/i. (sep., -ge-, sein): auf den Boden ~ strike the ground; '**\_pumpen** v/t. (sep., -ge-, h) blow up (tyre, etc.); '**\_raffen** v/t. (sep., -ge-, h) snatch up; sich ~ rouse o.s. (zu for); muster up one's energy; '**\_räumen** (sep., -ge-, h) 1. v/t. put in order; tidy (up), Am. straighten up; clear away; 2. v/i. tidy up; ~ mit do away with.

'**aufrecht** adj. and adv. upright (a. fig.), erect; '**\_erhalten** v/t. (irr. halten, sep., no -ge-, h) maintain, uphold; '**2erhaltung** f (-/no pl.) maintenance.

'**aufreg|en** v/t. (sep., -ge-, h) stir up,

excite; sich ~ get excited or upset (über acc. about); aufgeregt excited; upset; '**2ung** f excitement, agitation.

'**auf|reiben** v/t. (irr. reiben, sep., -ge-, h) chafe (skin, etc.); fig.: destroy; exhaust, wear s.o. out; '**\_reißen** (irr. reißen, sep., -ge-) 1. v/t. (h) rip or tear up or open; fling open (door); open (eyes) wide; 2. v/i. (sein) split open, burst.

'**aufreiz|en** v/t. (sep., -ge-, h) incite, stir up; '**\_end** adj. provocative; '**2ung** f instigation.

'**aufrichten** v/t. (sep., -ge-, h) set up, erect; sich ~ stand up; straighten; sit up (in bed).

'**aufrichtig** adj. sincere, candid; '**2keit** f sincerity, cando(u)r.

'**aufriegeln** v/t. (sep., -ge-, h) unbolt.

'**Aufriß** ⚠ m elevation.

'**aufrollen** v/t. and v/refl. (sep., -ge-, h) roll up; unroll.

**Aufruf** m call, summons; '**2en** v/t. (irr. rufen, sep., -ge-, h) call up; call on s.o.

**Aufruhr** ['aufru:r] m (-[e]s/-e) uproar, tumult; riot, rebellion.

'**aufrühr|en** v/t. (sep., -ge-, h) stir up; revive; fig. rake up; '**2er** m (-s/-) rebel; '**\_erisch** adj. rebellious.

'**Aufrüstung** ✕ f (re)armament.

'**auf|rütteln** v/t. (sep., -ge-, h) shake up; rouse; '**\_sagen** v/t. (sep., -ge-, h) say, repeat; recite.

**aufsässig** adj. ['aufzɛsiç] rebellious.

'**Aufsatz** m essay; composition; ⊕ top.

'**auf|saugen** v/t. (sep., -ge-, h) suck up; 🜊 absorb; '**\_scheuchen** v/t. (sep., -ge-, h) scare (away); disturb; rouse; '**\_scheuern** v/t. (sep., -ge-, h) scour; 🝆 chafe; '**\_schichten** v/t. (sep., -ge-, h) pile up; '**\_schieben** v/t. (irr. schieben, sep., -ge-, h) slide open; fig.: put off; defer, postpone; adjourn.

'**Aufschlag** m striking; impact; additional or extra charge; facing (on coat), lapel (of coat); cuff (on sleeve); turn-up (on trousers); tennis: service; **2en** ['-gən] (irr. schlagen, sep., -ge-) 1. v/t. (h) open; turn up (sleeve, etc.); take up (abode); pitch (tent); raise (prices); cut (one's knee) open; 2. v/i. (sein) strike, hit; ↑ rise, go up (in price); tennis: serve.

'**auf|schließen** v/t. (irr. schließen, sep., -ge-, h) unlock, open; '**\_schlitzen** v/t. (sep., -ge-, h) slit or rip open.

'**Aufschluß** fig. m information.

'**auf|schnallen** v/t. (sep., -ge-, h) unbuckle; '**\_schnappen** (sep., -ge-) 1. v/t. (h) snatch; fig. pick up; 2. v/i. (sein) snap open; '**\_schnei-**

den (*irr.* schneiden, *sep.*, -ge-, h)
1. *v/t.* cut open; cut up (*meat*);
2. *fig. v/i.* brag, boast.

**'Aufschnitt** *m* (slices *pl.* of) cold
meat, *Am.* cold cuts *pl.*

**'auf|schnüren** *v/t.* (*sep.*, -ge-, h)
untie; unlace; **'\_schrauben** *v/t.*
(*sep.*, -ge-, h) screw (*auf acc.* on);
unscrew; **'\_schrecken** *v/t.* (*sep.*-)
1. *v/t.* (h) startle; 2. *v/i.* (*irr.*
schrecken, *sein*) start (up).

**'Aufschrei** *m* shriek, scream; *fig.*
outcry.

**'auf|schreiben** *v/t.* (*irr.* schreiben,
*sep.*, -ge-, h) write down; **'\_**
schreien *v/i.* (*irr.* schreien, *sep.*,
-ge-, h) cry out, scream.

**'Aufschrift** *f* inscription; address,
direction (*on latter*); label.

**'Aufschub** *m* deferment; delay;
adjournment, respite.

**'auf|schürfen** *v/t.* (*sep.*, -ge-, h)
graze (*skin*); **\_schwingen** *v/refl.*
(*irr.* schwingen, *sep.*, -ge-, h) soar,
rise; *sich zu et.* \_ bring o.s. to do
s.th.

**'Aufschwung** *m fig.* rise, *Am.* up-
swing; ✦ boom.

**'aufsehen** 1. *v/i.* (*irr.* sehen, *sep.*,
-ge-, h) look up; 2. 2 *n* (-s/*no pl.*)
sensation; *\_erregen* cause a sensation; **'\_erregend** *adj.* sensational.

**'Aufseher** *m* overseer; inspector.

**'aufsetzen** (*sep.*, -ge-, h) 1. *v/t.* set
up; put on (*hat, countenance*); draw
up (*document*); *sich* \_ sit up; 2. ✕
*v/i.* touch down.

**'Aufsicht** *f* (-/-*en*) inspection, supervision; *store:* shopwalker, *Am.* floor-
walker; **'\_behörde** *f* board of control; **'\_rat** *m* board of directors.

**'auf|sitzen** *v/i.* (*irr.* sitzen, *sep.*,
-ge-, h) *rider:* mount; **'\_spannen**
*v/t.* (*sep.*, -ge-, h) stretch; put up
(*umbrella*); spread (*sails*); **'\_sparen**
*v/t.* (*sep.*, -ge-, h) save; *fig.* reserve;
**'\_speichern** *v/t.* (*sep.*, -ge-, h)
store up; **'\_sperren** *v/t.* (*sep.*, -ge-,
h) open wide; **'\_spielen** (*sep.*, -ge-,
h) 1. *v/t. and v/i.* strike up; 2. *v/refl.*
show off; *sich* \_ *als* set up for; **'\_**
spießen *v/t.* (*sep.*, -ge-, h) pierce;
*with horns:* gore; run through,
spear; **'\_springen** *v/i.* (*irr.* springen, *sep.*, -ge-, sein) jump up; *door:*
fly open; crack; *skin:* chap; **'\_spü-
ren** *v/t.* (*sep.*, -ge-, h) hunt up;
track down; **'\_stacheln** *fig. v/t.*
(*sep.*, -ge-, h) goad; incite, instigate;
**'\_stampfen** *v/i.* (*sep.*, -ge-, h)
stamp (one's foot).

**'Aufstand** *m* insurrection; rebellion;
uprising, revolt.

**aufständisch** *adj.* ['auf∫tendi∫] rebellious; **'2e** *m* (-*n*/-*n*) insurgent,
rebel.

**'auf|stapeln** *v/t.* (*sep.*, -ge-, h) pile
up; ✦ store (up); **'\_stechen** *v/t.*
(*irr.* stechen, *sep.*, -ge-, h) puncture,
prick open; ✗ lance; **'\_stecken** *v/t.*
(*sep.*, -ge-, h) pin up; put up (*hair*);
**'\_stehen** *v/i.* (*irr.* stehen, *sep.*, -ge-)
1. (*sein*) stand up; rise, get up; revolt; 2. F (h) stand open; **'\_steigen**
*v/i.* (*irr.* steigen, *sep.*, -ge-, sein) rise,
ascend; ✗ take off; *rider:* mount.

**'aufstell|en** *v/t.* (*sep.*, -ge-, h) set
up, put up; ✕ draw up; post (*sen-
tries*); make (*assertion*); set (*example*); erect (*column*); set (*trap*);
nominate (*candidate*); draw up
(*bill*); lay down (*rule*), make out
(*list*); set up, establish (*record*);
**'2ung** *f* putting up; drawing up;
erection; nomination; ✦ statement;
list.

**Aufstieg** ['auf∫ti:k] *m* (-[e]s/-e)
ascent, *Am. a.* ascension; *fig.* rise.

**'auf|stöbern** *fig. v/t.* (*sep.*, -ge-, h)
hunt up; **'\_stoßen** (*irr.* stoßen, *sep.*,
-ge-) 1. *v/t.* (h) push open; \_ *auf*
(*acc.*) knock against; 2. *v/i.* (h, sein)
*of food:* rise, repeat; belch; **'\_strei-
chen** *v/t.* (*irr.* streichen, *sep.*, -ge-,
h) spread (*butter*).

**'Aufstrich** *m* spread (*for bread*).

**'auf|stützen** *v/t.* (*sep.*, -ge-, h) prop
up, support *s.th.*, *sich* \_ *auf* (*acc.*)
lean on; **'\_suchen** *v/t.* (*sep.*, -ge-, h)
visit (*places*); go to see *s.o.*, look
*s.o.* up.

**'Auftakt** *m* ♪ upbeat; *fig.* prelude,
preliminaries *pl.*

**'auf|tauchen** *v/i.* (*sep.*, -ge-, sein)
emerge, appear, turn up; **'\_tauen**
(*sep.*, -ge-) 1. *v/t.* (h) thaw; 2. *v/i.*
(sein) thaw (*a. fig.*); **'\_teilen** *v/t.*
(*sep.*, -ge-, h) divide (up), share.

**Auftrag** ['auftra:k] *m* (-[e]s/-e)
commission; instruction; mission;
✗✗ mandate; ✦ order; **2en** ['\_gən]
*v/t.* (*irr.* tragen, *sep.*, -ge-, h) serve
(up) (*meal*); lay on (*paint*); wear
out (*dress*); *j-m et.* \_ charge *s.o.*
with *s.th.*, **\_geber** ['\_k-] *m* (-*s*/-)
employer; customer; principal; **\_**
erteilung [\_ks'ærtailuŋ] *f* (-/-*en*)
placing of an order.

**'auf|treffen** *v/i.* (*irr.* treffen, *sep.*,
-ge-, sein) strike, hit; **'\_treiben** *v/t.*
(*irr.* treiben, *sep.*, -ge-, h) hunt up;
raise (*money*); **'\_trennen** *v/t.* (*sep.*,
-ge-, h) rip; unstitch (*seam*).

**'auftreten** 1. *v/i.* (*irr.* treten, *sep.*,
-ge-, sein) tread; *thea., witness, etc.:*
appear (*als* as); behave, act; *difficulties:* arise; 2. 2 *n* (-s/*no pl.*) appearance; occurrence (*of events*);
behavio(u)r.

**'Auftrieb** *m phys. and fig.* buoyancy; ✗ lift; *fig.* impetus.

**'Auftritt** *m thea.* scene (*a. fig.*);
appearance (*of actor*).

**'auf|trampfen** *fig. v/i.* (*sep.*, -ge-, h)
put one's foot down; **'\_tun** *v/t.* (*irr.*
tun, *sep.*, -ge-, h) open; *sich* \_ open;
*chasm:* yawn; *society:* form; **'\_tür-
men** *v/t.* (*sep.*, -ge-, h) pile *or* heap

up; *sich ~ tower up*; *pile up*; *difficulties*: accumulate; '**~wachen** v/i. (*sep.*, *-ge-*, *sein*) awake, wake up; '**~wachsen** v/i. (*irr. wachsen, sep.*, *-ge-*, *sein*) grow up.

'**Aufwallung** f ebullition, surge.

**Aufwand** ['aufvant] m (*-[e]s/no pl.*) expense, expenditure (*an dat.* of); pomp; splendid *or* great display (*of words, etc.*).

'**aufwärmen** v/t. (*sep.*, *-ge-*, h) warm up.

'**Aufwarte|frau** f charwoman, *Am. a.* cleaning woman; '**2n** v/i. (*sep.*, *-ge-*, h) wait (up)on *s.o.*, attend on *s.o.*; wait (at table).

**aufwärts** adv. ['aufverts] upward(s).

'**Aufwartung** f attendance; visit; *j-m s-e ~ machen* pay one's respects to s.o., call on s.o.

'**aufwasch|en** v/t. (*irr. waschen, sep.*, *-ge-*, h) wash up; '**2wasser** n dish-water.

'**auf|wecken** v/t. (*sep.*, *-ge-*, h) awake(n), wake (up); '**~weichen** (*sep.*, *-ge-*) 1. v/t. (h) soften; soak; 2. v/i. (sein) soften, become soft; '**~weisen** v/t. (*irr. weisen, sep.*, *-ge-*, h) show, exhibit; produce; '**~wenden** v/t. ([*irr. wenden,*] *sep.*, *-ge-*, h) spend; *Mühe ~* take pains; '**~werfen** v/t. (*irr. werfen, sep.*, *-ge-*, h) raise (*a. question*).

'**aufwert|en** v/t. (*sep.*, *-ge-*, h) revalorize; revalue; '**2ung** f revalorization; revaluation.

'**aufwickeln** v/t. *and* v/refl. (*sep.*, *-ge-*, h) wind up, roll up.

**aufwiegel|n** ['aufvi:gəln] v/t. (*sep.*, *-ge-*, h) stir up, incite, instigate; '**2ung** f (*-/-en*) instigation.

'**aufwiegen** fig. v/t. (*irr. wiegen, sep.*, *-ge-*, h) make up for.

**Aufwiegler** m ['aufvi:glər] m (*-s/-*) agitator; instigator.

'**aufwirbeln** v/t. (*sep.*, *-ge-*) 1. v/t. (h) whirl up; raise (*dust*); fig. *viel Staub ~ create a sensation*; 2. v/i. (sein) whirl up.

'**aufwisch|en** v/t. (*sep.*, *-ge-*, h) wipe up; '**2lappen** m floor-cloth.

'**aufwühlen** v/t. (*sep.*, *-ge-*, h) turn up; fig. stir.

'**aufzähl|en** v/t. (*sep.*, *-ge-*, h) count up; fig. enumerate, *Am. a.* call off; specify, *Am.* itemize; '**2ung** f (*-/-en*) enumeration; specification.

'**auf|zäumen** v/t. (*sep.*, *-ge-*, h) bridle; '**~zehren** v/t. (*sep.*, *-ge-*, h) consume.

'**aufzeichn|en** v/t. (*sep.*, *-ge-*, h) draw; note down; record; '**2ung** f note; record.

'**auf|zeigen** v/t. (*sep.*, *-ge-*, h) show; demonstrate; point out (*mistakes, etc.*); disclose; '**~ziehen** (*irr. ziehen, sep.*, *-ge-*) 1. v/t. (h) draw *or* pull up; (pull) open; hoist (*flag*); bring up (*child*); mount (*picture*);

wind (up) (*clock, etc.*); *j-n ~* tease s.o., pull s.o.'s leg; *Saiten auf e-e Violine ~* string a violin; 2. v/i. (sein) **✕** draw up; storm: approach.

'**Aufzucht** f rearing, breeding.

'**Aufzug** m ⊕ hoist; lift, *Am.* elevator; *thea.* act; attire; show.

'**aufzwingen** v/t. (*irr. zwingen, sep.*, *-ge-*, h): *j-m et. ~* force s.th. upon s.o.

**Augapfel** ['auk?-] m eyeball.

**Auge** ['augə] n (*-s/-n*) eye; sight; ❦ bud; *in meinen ~n* in my view; *im ~ behalten* keep an eye on; keep in mind; *aus den ~n verlieren* lose sight of; *ein ~ zudrücken* turn a blind eye (*bei* to); *ins ~ fallen* strike the eye; *große ~n machen* open one's eyes wide; *unter vier ~n* face to face, privately; *kein ~ zutun* not to get a wink of sleep.

'**Augen|arzt** m oculist, eye-doctor; '**~blick** m moment, instant; '**2blicklich** 1. adj. instantaneous; momentary; present; 2. adv. instant(aneous)ly; at present; '**~braue** f eyebrow; '**~entzündung** ⚕ f inflammation of the eye; '**~heilkunde** f ophthalmology; '**~klinik** f ophthalmic hospital; '**~leiden** ⚕ n eye-complaint; '**~licht** n eyesight; '**~lid** n eyelid; '**~maß** n: *ein gutes ~* a sure eye; *nach dem ~* by eye; **~merk** ['~mɛrk] n (*-[e]s/no pl.*): *sein ~ richten auf* (*acc.*) turn one's attention to; have s.th. in view; '**~schein** m appearance; *in ~ nehmen* examine, view, inspect; '**2scheinlich** adj. evident; '**~wasser** n eyewash, eye-lotion; '**~wimper** f eyelash; '**~zeuge** m eyewitness.

**August** [au'gust] m (*-[e]s, - /-e*) August.

**Auktion** [auk'tsjo:n] f (*-/-en*) auction; **~ator** [~o'na:tɔr] m (*-s/-en*) auctioneer.

**Aula** ['aula] f (*-/Aulen, -s*) (assembly) hall, *Am.* auditorium.

**aus** [aus] 1. prp. (*dat.*) out of; from; of; by; for; in; **~** *Achtung* out of respect; *~ London kommen* come from London; *~ diesem Grunde* for this reason; *~ Ihrem Brief ersehe ich* I see from your letter; 2. adv. out; over; *die Schule ist ~* school is over; *F: von mir ~* for all I care; *auf et. ~ sein* be keen on s.th.; *es ist ~ mit ihm* it is all over with him; *das Spiel ist ~!* the game is up!; *er weiß weder ein noch ~* he is at his wit's end; *on instruments, etc.*: *an — ~* on — off.

**ausarbeit|en** ['aus?-] v/t. (*sep.*, *-ge-*, h) work out; elaborate; '**2ung** f (*-/-en*) working-out; elaboration; composition.

**aus|arten** ['aus?-] v/i. (*sep.*, *-ge-*, sein) degenerate; get out of hand; **~atmen** ['aus?-] (*sep.*, *-ge-*, h)

1. *v/i.* breathe out; 2. *v/t.* breathe out; exhale (*vapour, etc.*); '~baggern *v/t.* (*sep.*, -ge-, *h*) dredge (*river, etc.*); excavate (*ground*).

'Ausbau *m* (-[e]s/-ten) extension; completion; development; '2en *v/t.* (*sep.*, -ge-, *h*) develop; extend; finish, complete; ⊕ dismantle (*engine*).

'ausbedingen *v/t.* (*irr. bedingen, sep., no -ge-, h*) stipulate.

'ausbesser|n *v/t.* (*sep.*, -ge-, *h*) mend, repair, *Am.* F a. fix; '2ung *f* repair, mending.

'Ausbeut|e *f* (-/⸓-n) gain, profit; yield; ℞ output; '2en *v/t.* (*sep.*, -ge-, *h*) exploit; sweat (*workers*); ~ung *f* (-/-en) exploitation.

'ausbild|en *v/t.* (*sep.*, -ge-, *h*) form, develop; train; instruct, educate; ⚔ drill; '2ung *f* development; training; instruction; education; ⚔ drill.

'ausbitten *v/t.* (*irr. bitten, sep., -ge-, h*): sich et. ~ request s.th.; insist on s.th.

'ausbleiben 1. *v/i.* (*irr. bleiben, sep., -ge-, sein*) stay away, fail to appear; 2. 2 *n* (-s/*no pl.*) non-arrival, non-appearance; absence.

'Ausblick *m* outlook (*auf acc.* over, on), view (of), prospect (of); *fig.* outlook (on).

'aus|bohren *v/t.* (*sep.*, -ge-, *h*) bore, drill; '~brechen (*irr. brechen, sep., -ge-*) 1. *v/t.* (*h*) break out; vomit; 2. *v/i.* (*sein*) break out; *fig.* burst out (*laughing, etc.*).

'ausbreit|en *v/t.* (*sep.*, -ge-, *h*) spread (out); stretch (out) (*arms, wings*); display; sich ~ spread; '2ung *f* (-/⸓-en) spreading.

'ausbrennen *v/t.* (*irr. brennen, sep., -ge-*) 1. *v/t.* (*h*) burn out; 🌡 cauterize; 2. *v/i.* (*sein*) burn out.

'Ausbruch *m* outbreak; eruption (*of volcano*); escape (*from prison*); outburst (*of emotion*).

'aus|brüten *v/t.* (*sep.*, -ge-, *h*) hatch (*a. fig.*); '~bürgern *v/t.* (*sep.*, -ge-, *h*) denationalize, expatriate.

'Ausdauer *f* perseverance; '2nd *adj.* persevering; ♃ perennial.

'ausdehn|en *v/t.* and *v/refl.* (*sep.*, -ge-, *h*) extend (*auf acc.* to); expand; stretch; '2ung *f* expansion; extension; extent.

'aus|denken *v/t.* (*irr denken, sep., -ge-, h*) think *s.th.* out, *Am. a.* think *s.th.* up, contrive, devise, invent; imagine; '~dörren *v/t.* (*sep.*, -ge-, *h*) dry up; parch; '~drehen *v/t.* (*sep.*, -ge-, *h*) turn off (*radio, gas*); ♪ turn out, switch off (*light*).

'Ausdruck *m* 1. (-[e]s/*no pl.*) expression; 2. (-[e]s/⸗e) expression; term.

'ausdrück|en *v/t.* (*sep.*, -ge-, *h*) press, squeeze (out); stub out (*cig-*

*arette*); *fig.* express; '~lich *adj.* express, explicit.

'ausdrucks|los *adj.* inexpressive, expressionless; blank; '~voll *adj.* expressive; '2weise *f* mode of expression; style.

'Ausdünstung *f* (-/-en) exhalation; perspiration; odo(u)r, smell.

auseinander *adv.* [ausʔaⁱˈnandər] asunder, apart; separate(d); ~brin-gen *v/t.* (*irr. bringen, sep., -ge-, h*) separate, sever; ~gehen *v/i.* (*irr. gehen, sep., -ge-, sein*) meeting, crowd: break up; *opinions*: differ; *friends*: part; *crowd*: disperse; *roads*: diverge; ~nehmen *v/t.* (*irr. nehmen, sep. -ge-, h*) take apart *or* to pieces; ⊕ disassemble, dismantle; ~setzen *fig. v/t.* (*sep.*, -ge-, *h*) explain; sich mit j-m ~ ♦ compound with s.o.; argue with s.o.; have it out with s.o.; sich mit e-m Problem ~ get down to a problem; come to grips with a problem; 2setzung *f* (-/-en) explanation; discussion; settlement (*with creditors, etc.*); kriege-rische ~ armed conflict.

auserlesen *adj.* ['aus⸗] exquisite, choice; select(ed).

auserwählen ['aus⸗] *v/t.* (*sep.*, no -ge-, h) select, choose.

'ausfahr|en (*irr. fahren, sep., -ge-*) 1. *v/i.* (*sein*) drive out, go for a drive; ⚓ leave (*port*); 2. *v/t.* (*h*) take (*baby*) out (*in pram*); take *s.o.* for a drive; rut (*road*); ℞ lower (*undercarriage*); '2t *f* drive; excursion; way out, exit (*of garage, etc.*); gateway; departure.

'Ausfall *m* falling out; ♦: loss; deficit; '2en *v/i.* (*irr. fallen, sep., -ge-, sein*) fall out; not to take place; turn out, prove; ~ lassen drop; cancel; die Schule fällt aus there is no school; '2end *adj.* offensive, insulting.

'aus|fasern *v/i.* (*sep.*, -ge-, sein) ravel out, fray; '~fegen *v/t.* (*sep.*, -ge-, *h*) sweep (out).

ausfertig|en ['ausfɛrtɪgən] *v/t.* (*sep.*, -ge-, *h*) draw up (*document*); make out (*bill, etc.*); issue (*passport*); '2ung *f* (-/-en) drawing up; issue; draft; copy; in doppelter ~ in duplicate. [chen find out; discover.]

ausfindig *adj.* ['ausfɪndɪç]: ~ ma-]

'Ausflucht *f* (-/⸗e) excuse, evasion, shift, subterfuge.

'Ausflug *m* trip, excursion, outing.

Ausflügler ['ausflyːklər] *m* (-s/-) excursionist, tripper, tourist.

'Ausfluß *m* flowing out; discharge (*a. ♂*); outlet, outfall.

'aus|fragen *v/t.* (*sep.*, -ge-, *h*) interrogate, *Am. a.* quiz; sound; '~fran-sen *v/i.* (*sep.*, -ge-, h) fray.

Ausfuhr ♦ ['ausfuːr] *f* (-/-en) export(ation); '~artikel ♦ *m* export (article).

'ausführ|bar adj. practicable; ↑ exportable; ~en v/t. (sep., -ge-, h) execute, carry out, perform, Am. a. fill; ↑ export; explain; j-n ~ take s.o. out.

'Ausfuhr|genehmigung f export permit; '~handel m export trade.

'ausführlich 1. adj. detailed; comprehensive; circumstantial; 2. adv. in detail, at (some) length; '2keit f (-/no pl.) minuteness of detail; particularity; comprehensiveness; copiousness.

'Ausführung f execution, performance; workmanship; type, make; explanation; '~sbestimmungen ↑ f/pl. export regulations pl.

'Ausfuhr|verbot n embargo on exports; '~waren f/pl. exports pl.; '~zoll m export duty.

'ausfüllen v/t. (sep., -ge-, h) fill out or up; fill in, complete (form); Am. fill out (blank).

'Ausgabe f distribution; edition (of book); expense, expenditure; issue (of shares, etc.); issuing office.

'Ausgang m going out; exit; way out; outlet; end; result; '~skapital ↑ n original capital; '~spunkt m starting-point; '~stellung f starting-position.

'ausgeben v/t. (irr. geben, sep., -ge-, h) give out; spend (money); issue (shares, etc.); sich ~ für pass o.s. off for, pretend to be.

'ausge|beult adj. ['ausgəbɔylt] baggy; ~bombt adj. ['~bɔmpt] bombed out; ~dehnt adj. ['~de:nt] expansive, vast, extensive; ~dient adj. ['~di:nt] worn out; superannuated; retired, pensioned off; ~er Soldat ex-serviceman, veteran; '~fallen fig. adj. odd, queer, unusual.

'ausgehen v/i. (irr. gehen, sep., -ge-, sein) go out; take a walk; end; colour: fade; hair: fall out; money, provisions: run out; uns gehen die Vorräte aus we run out of provisions; darauf ~ aim at; gut etc. ~ turn out well, etc.; leer ~ come away empty-handed; von et. ~ start from s.th.

'ausge|lassen fig. adj. frolicsome, boisterous; '~nommen prp. 1. (acc.) except (for); 2. (nom.): Anwesende ~ present company excepted; ~prägt adj. ['~prɛːkt] marked, pronounced; ~rechnet fig. adv. ['~rɛçnət] just; ~ er he of all people; ~ heute today of all days; '~schlossen fig. adj. impossible.

'ausgestalten v/t. (sep., no -ge-, h) arrange (celebration); et. zu et. ~ develop or turn s.th. into s.th.

'ausge|sucht fig. adj. ['ausgəzuːxt] exquisite, choice; '~wachsen adj. full-grown; ~zeichnet fig. adj. ['~tsaiçnət] excellent.

'ausgiebig adj. ['ausgiːbiç] abundant, plentiful; meal: substantial.

'ausgießen v/t. (irr. gießen, sep., -ge-, h) pour out.

'Ausgleich ['ausglaiç] m (-[e]s/-e) compromise; compensation; ↑ settlement; sports: equalization (of score); tennis: deuce (score of 40 all); '2en v/t. (irr. gleichen, sep., -ge-, h) equalize; compensate (loss); ↑ balance.

'aus|gleiten v/i. (irr. gleiten, sep., -ge-, sein) slip, slide; '~graben v/t. (irr. graben, sep., -ge-, h) dig out or up (a. fig.); excavate; exhume (body).

'Ausguck ⊕ ['ausguk] m (-[e]s/-e) look-out.

'Ausguß m sink; '~eimer m slop-pail.

'aus|haken v/t. (sep., -ge-, h) unhook; '~halten (irr. halten, sep., -ge-, h) 1. v/t. endure, bear, stand; ♪ sustain (note); 2. v/t. hold out; last; ~händigen ['~hɛndigən] v/t. (sep., -ge-, h) deliver up, hand over, surrender.

'Aushang m notice, placard, poster.

'aushängen 1. v/t. (sep., -ge-, h) hang or put out; unhinge (door); 2. v/i. (irr. hängen, sep., -ge-, h) have been hung or put out; '2-schild n signboard.

aus|harren ['ausharən] v/i. (sep., -ge-, h) persevere; hold out; '~hauchen v/t. (sep., -ge-, h) breathe out, exhale; '~heben v/t. (irr. heben, sep., -ge-, h) dig (trench); unhinge (door); recruit, levy (soldiers); excavate (earth); rob (nest); clean out, raid (nest of criminals); '~helfen v/i. (irr. helfen, sep., -ge-, h) help out.

'Aushilf|e f (temporary) help or assistance; sie hat e-e ~ she has s.o. to help out; '2sweise adv. as a makeshift; temporarily.

'aushöhl|en v/t. (sep., -ge-, h) hollow out; '2ung f hollow.

'aus|holen (sep., -ge-, h) 1. v/t. raise one's hand (as if to strike); weit ~ go far back (in narrating s.th.); 2. v/t. sound, pump s.o.; '~horchen v/t. (sep., -ge-, h) sound, pump s.o.; '~hungern v/t. (sep., -ge-, h) starve (out); '~husten v/t. (sep., -ge-, h) cough up; '~kennen v/refl. (irr. kennen, sep., -ge-, h) know one's way (about place); be well versed, be at home (in subject); er kennt sich aus he knows what's what; '~kleiden v/t. (sep., -ge-, h) undress; ⊕ line, coat; sich ~ undress; '~klopfen v/t. (sep., -ge-, h) beat (out); dust (garment); knock out (pipe); '~klügeln ['~klyːgəln] v/t. (sep., -ge-, h) work s.th. out; contrive; puzzle s.th. out.

'auskommen 1. v/i. (irr. kommen, sep., -ge-, sein) get out; escape; ~

*mit* manage with *s.th.*; get on with *s.o.*; ~ *ohne* do without; *mit dem Geld* ~ make both ends meet; 2. 2 *n* (*-s/no pl.*) competence, competency.

'**auskundschaften** *v/t.* (*sep.*, *-ge-*, *h*) explore; ✗ reconnoit|re, *Am.* -*er*, scout.

**Auskunft** ['auskunft] *f* (*-/-e*) information; inquiry office, inquiries *pl.*, *Am.* information desk; '**~sstelle** *f* inquiry office, inquiries *pl.*, *Am.* information bureau.

'**aus|lachen** *v/t.* (*sep.*, *-ge-*, *h*) laugh at, deride; '**~laden** *v/t.* (*irr. laden, sep.*, *-ge-*, *h*) unload; discharge (*cargo from ship*); cancel *s.o.*'s invitation, put off (*guest*).

'**Auslage** *f* display, show (*of goods*); *in der* ~ in the (shop) window; **~n** *pl.* expenses *pl.*

'**Ausland** *n* (*-[e]s/no pl.*): *das* ~ foreign countries *pl.*; *ins* ~ *im* ~ abroad.

**Ausländ|er** ['auslɛndər] *m* (*-s/-*), '**~erin** *f* (*-/-nen*) foreigner; alien; '**2isch** *adj.* foreign; ♀, *zo.* exotic.

'**Auslandskorrespondent** *m* foreign correspondent.

'**aus|lass|en** *v/t.* (*irr. lassen, sep.*, *-ge-*, *h*) let out (*water*); melt (down) (*butter*); render down (*fat*); let out (*garment*); let down (*hem*); leave out, omit (*word*); cut *s.th.* out; miss *or* cut out (*meal*); miss (*dance*); *s-n Zorn an j-m* ~ vent one's anger on *s.o.*; *sich* ~ *über* (*acc.*) say *s.th.* about; express one's opinion about; '**2ung** *f* (*-/-en*) omission; remark, utterance; '**2ungszeichen** *gr. n* apostrophe.

'**aus|laufen** *v/i.* (*irr. laufen, sep.*, *-ge-*, *sein*) run *or* leak out (*aus et.* of *s.th.*); leak; end (*in s.th.*); *machine:* run down; ♠ (set) sail; '**~leeren** *v/t.* (*sep.*, *-ge-*, *h*) empty; ✗ evacuate (*bowels*).

'**ausleg|en** *v/t.* (*sep.*, *-ge-*, *h*) lay out; display (*goods*); explain, interpret; advance (*money*); '**2ung** *f* (*-/-en*) explanation, interpretation.

'**aus|leihen** *v/t.* (*irr. leihen, sep.*, *-ge-*, *h*) lend (out), *esp. Am.* loan; '**~lernen** *v/i.* (*sep.*, *-ge-*, *h*) finish one's apprenticeship; *man lernt nie aus* we live and learn.

'**Auslese** *f* choice, selection; *fig.* pick; '**2n** *v/t.* (*irr. lesen, sep.*, *-ge-*, *h*) pick out, select; finish reading (*book*).

'**ausliefer|n** *v/t.* (*sep.*, *-ge-*, *h*) hand *or* turn over, deliver (up); extradite (*criminal*); *ausgeliefert sein* (*dat.*) be at the mercy of; '**2ung** *f* delivery; extradition.

'**aus|liegen** *v/i.* (*irr. liegen, sep.*, *-ge-*, *h*) be displayed, be on show; '**~löschen** *v/t.* (*sep.*, *-ge-*, *h*) put out, switch off (*light*); extinguish (*fire*) (*a. fig.*); efface (*word*); wipe

out, erase; '**~losen** *v/t.* (*sep.*, *-ge-*, *h*) draw (lots) for.

'**auslös|en** *v/t.* (*sep.*, *-ge-*, *h*) ⊕ release; redeem, ransom (*prisoner*); redeem (*from pawn*); *fig.* cause, start; arouse (*applause*); '**2er** *m* (*-s/-*) ⊕ release, *esp. phot.* trigger.

'**aus|lüften** *v/t.* (*sep.*, *-ge-*, *h*) air, ventilate; '**~machen** *v/t.* (*sep.*, *-ge-*, *h*) make out, sight, spot; sum: amount to; constitute, make up; put out (*fire*); ∉ turn out, switch off (*light*); agree on, arrange; settle; *es macht nichts aus* it does not matter; *würde es Ihnen et.* ~ *wenn* ...? would you mind (*ger.*) ...?; '**~malen** *v/t.* (*sep.*, *-ge-*, *h*) paint; *sich et.* ~ picture *s.th.* to o.s., imagine *s.th.*

'**Ausmaß** *n* dimension(*s pl.*), measurement(*s pl.*); *fig.* extent.

**aus|mergeln** ['ausmɛrgəln] *v/t.* (*sep.*, *-ge-*, *h*) emaciate; exhaust; '**~merzen** ['~mɛrtsən] *v/t.* (*sep.*, *-ge-*, *h*) eliminate; eradicate; '**~messen** *v/t.* (*irr. messen, sep.*, *-ge-*, *h*) measure.

**Ausnahm|e** ['ausnaːmə] *f* (*-/-n*) exception; '**2sweise** *adv.* by way of exception; exceptionally.

'**ausnehmen** *v/t.* (*irr. nehmen, sep.*, *-ge-*, *h*) take out; draw (*fowl*); F fleece *s.o.*; *fig.* except, exempt; '**~d** 1. *adj.* exceptional; 2. *adv.* exceedingly.

'**aus|nutzen** *v/t.* (*sep.*, *-ge-*, *h*) utilize; take advantage of; *esp.* ✗, ✗ exploit; '**~packen** (*sep.*, *-ge-*, *h*) 1. *v/t.* unpack; 2. F *fig.* speak one's mind; '**~pfeifen** *thea. v/t.* (*irr. pfeifen, sep.*, *-ge-*, *h*) hiss; '**~plaudern** *v/t.* (*sep.*, *-ge-*, *h*) blab or let out; '**~polstern** *v/t.* (*sep.*, *-ge-*, *h*) stuff, pad; wad; '**~probieren** *v/t.* (*sep.*, *no -ge-*, *h*) try, test.

**Auspuff** *mot.* ['auspuf] *m* (*-[e]s/-e*) exhaust; '**~gas** *mot. n* exhaust gas; '**~rohr** *mot. n* exhaust-pipe; '**~topf** *mot. m* silencer, *Am.* muffler.

'**aus|putzen** *v/t.* (*sep.*, *-ge-*, *h*) clean; '**~quartieren** *v/t.* (*sep.*, *no -ge-*, *h*) dislodge; ✗ billet out; '**~radieren** *v/t.* (*sep.*, *no -ge-*, *h*) erase; '**~rangieren** *v/t.* (*sep.*, *no -ge-*, *h*) discard; '**~rauben** *v/t.* (*sep.*, *-ge-*, *h*) rob; ransack; '**~räumen** *v/t.* (*sep.*, *-ge-*, *h*) empty, clear (out); remove (*furniture*); '**~rechnen** *v/t.* (*sep.*, *-ge-*, *h*) calculate, compute; reckon (out), *Am.* figure out *or* up (*all a. fig.*).

'**Ausrede** *f* excuse, evasion, subterfuge; '**2n** (*sep.*, *-ge-*, *h*) 1. *v/i.* finish speaking; ~ *lassen* hear *s.o.* out; 2. *v/t.*: *j-m et.* ~ dissuade *s.o.* from *s.th.*

'**ausreichen** *v/i.* (*sep.*, *-ge-*, *h*) suffice; '**~d** *adj.* sufficient.

'**Ausreise** *f* departure; ♠ voyage out.

'ausreiß|en (irr. reißen, sep., -ge-) 1 .v/t. (h) pull or tear out; 2. v/i. (sein) run away; '2er m runaway.

aus|renken ['ausreŋkən] v/t. (sep., -ge-, h) dislocate; '₋richten v/t. (sep., -ge-, h) straighten; ⚔ dress; adjust; deliver (message); do, effect; accomplish; obtain; arrange (feast); richte ihr o-n Gruß von mir aus! remember me to her!; ₋rotten ['₋rɔtən] v/t. (sep., -ge-, h) root out; fig. extirpate, exterminate.

'Ausruf m cry; exclamation; '2en (irr. rufen, sep., -ge-, h) 1. v/i. cry out, exclaim; 2. v/t. proclaim; '₋ezeichen n exclamation mark, Am. a. exclamation point; '₋ung f (-/-en) proclamation; '₋ungszeichen n s. Ausrufezeichen. [-ge-, h) rest.]

'ausruhen v/i., v/t. and v/refl. (sep.,]

'ausrüst|en v/t. (sep., -ge-, h) fit out; equip; '2ung f outfit, equipment, fittings pl. [disseminate.]

'aussäen v/t. (sep., -ge-, h) sow; fig.]

'Aussage f statement; declaration; ⅌⅌ evidence; gr. predicate; '2n (sep., -ge-, h) 1. v/t. state, declare; ⅌ depose; 2. v/i. give evidence.

'Aussatz m ⚕ (-es/no pl.) leprosy.

'aus|saugen v/t. (sep., -ge-, h) suck (out); fig. exhaust (land); '₋schalten v/t. (sep., -ge-, h) eliminate; ∮ cut out, switch off, turn off or out (light).

Ausschank ['ausʃaŋk] m (-[e]s/⁼e) retail (of alcoholic drinks); public house, F pub.

Ausschau f (-/no pl.): ₋ halten nach be on the look-out for, watch for.

'ausscheid|en (irr. scheiden, sep., -ge-) 1. v/t. (h) separate; 𝆹 ꭓ physiol. eliminate; ⚕ secrete; 2. v/i. (sein) retire; withdraw; sports: drop out; '2ung f separation; elimination (a. sports); ⚕ secretion.

'aus|schiffen v/t. and v/refl. (sep., -ge-, h) disembark; '₋schimpfen v/t. (sep., -ge-, h) scold, tell s.o. off, berate; '₋schirren ['₋ʃirən] v/t. (sep., -ge-, h) unharness; '₋schlachten v/t. (sep., -ge-, h) cut up; cannibalize (car, etc.); fig. exploit, make the most of; '₋schlafen (irr. schlafen, sep., -ge-, h) 1. v/i. sleep one's fill; 2. v/t. sleep off (effects of drink, etc.).

'Ausschlag m ⚕ eruption, rash; deflexion (of pointer); den ₋ geben settle it; '2en ['₋gən] (irr. schlagen, sep., -ge-) 1. v/t. (h) knock or beat out; line; refuse, decline; 2. v/i. (h) horse: kick; pointer: deflect; 3. v/i. (h, sein) bud; 2gebend adj. ['₋k-] decisive.

'ausschließ|en v/t. (irr. schließen, sep., -ge-, h) shut or lock out; fig.: exclude; expel; sports: disqualify; '₋lich adj. exclusive.

'Ausschluß m exclusion; expulsion; sports: disqualification.

'ausschmücken v/t. (sep., -ge-, h) adorn, decorate; fig. embellish.

'Ausschnitt m cut; décolleté, (low) neck (of dress); cutting, Am. clipping (from newspaper); fig. part, section.

'ausschreib|en v/t. (irr. schreiben, sep., -ge-, h) write out; copy; write out (word) in full; make out (invoice); announce; advertise; '2ung f (-/-en) announcement; advertisement.

'ausschreit|en (irr. schreiten, sep., -ge-) 1. v/i. (sein) step out, take long strides; 2. v/t. (h) pace (room), measure by steps; '2ung f (-/-en) excess; ₋en pl. riots pl.

'Ausschuß m refuse, waste, rubbish; committee, board.

'aus|schütteln v/t. (sep., -ge-, h) shake out; '₋schütten v/t. (sep., -ge-, h) pour out; spill; ✝ distribute (dividend); j-m sein Herz ₋ pour out one's heart to s.o.; '₋schwärmen v/i. (sep., -ge-, sein) swarm out; ₋ (lassen) ⚔ extend, deploy.

'ausschweif|end adj. dissolute; '2ung f (-/-en) debauchery, excess.

'ausschwitzen v/t. (sep., -ge-, h) exude.

'aussehen 1. v/i. (irr. sehen, sep., -ge-, h) look; wie sieht er aus? what does he look like?; es sieht nach Regen aus it looks like rain; 2. 2 n (-s/ no pl.) look(s pl.), appearance.

außen adv. ['ausən] (on the) outside; von ₋ her from (the) outside; nach ₋ (hin) outward(s); '2aufnahme f film: outdoor shot; '2bordmotor m outboard motor.

'aussenden v/t. (irr. senden) sep., -ge-, h) send out.

'Außen|hafen m outport; '₋handel m foreign trade; '₋minister m foreign minister; Foreign Secretary, Am. Secretary of State; '₋ministerium n foreign ministry; Foreign Office, Am. State Department; '₋politik f foreign policy; '2politisch adj. of or referring to foreign affairs; '₋seite f outside, surface; '₋seiter m (-s/-) outsider; '₋stände ✝ ['₋ʃtɛndə] pl. outstanding debts pl., Am. accounts pl. receivable; '₋welt f outer or outside world.

außer ['ausər] 1. prp. (dat.) out of; beside(s), Am. aside from; except; ₋ sich sein be beside o.s. (vor Freude with joy); 2. cj.: ₋ daß except that; ₋ wenn unless; '₋dem cj. besides, moreover.

äußere ['ɔysərə] 1. adj. exterior, outer, external, outward; 2. 2 n (Äußer[e]n/no pl.) exterior, outside, outward appearance.

'außer|gewöhnlich adj. extra-

ordinary; exceptional; '**halb**
1. *prp.* (*gen.*) outside, out of; beyond; 2. *adv.* on the outside.

**äußerlich** *adj.* ['ɔʏsərlɪç] external, outward; '**2keit** *f* (-/-en) superficiality; formality.

**äußern** ['ɔʏsərn] *v/t.* (ge-, h) utter, express; advance; sich ~ *matter*: manifest itself; *p.* express o.s.

'**außer'ordentlich** *adj.* extraordinary.

**äußerst** ['ɔʏsərst] 1. *adj.* outermost; *fig.* utmost, extreme; 2. *adv.* extremely, highly.

**außerstande** *adj.* [ausər'ʃtandə] unable, not in a position.

'**Äußerung** *f* (-/-en) utterance, remark.

**aussetz|en** (sep., -ge-, h) 1. *v/t.* set *or* put out; lower (*boat*); promise (*reward*); settle (*pension*); bequeath; expose (*child*); expose (*dat.* to); et. ~ *an* (*dat.*) find fault with; 2. *v/i.* intermit; fail; *activity*: stop; suspend; *mot.* misfire; '**2ung** *f* (-/-en) exposure (*of child, to weather, etc.*) (*a.* ℔).

'**Aussicht** *f* (-/-en) view (*auf acc.* of); *fig.* prospect (of), chance (of); in ~ haben have in prospect; '**2slos** *adj.* hopeless, desperate; '**2sreich** *adj.* promising, full of promise.

**aussöhn|en** ['auszø:nən] *v/t.* (sep., -ge-, h) reconcile *s.o.* (mit to *s.th.*, with *s.o.*); sich ~ reconcile o.s. (to *s.th.*, with *s.o.*); '**2ung** *f* (-/-en) reconciliation.

'**aussondern** *v/t.* (sep., -ge-, h) single out; separate.

'**aus|spannen** (sep., -ge-, h) 1. *v/t.* stretch, extend; F *fig.* steal (*s.o.'s girl friend*); unharness (*draught animal*); 2. *fig.* *v/i.* (take a) rest, relax; '**spelen** *v/t. and v/i.* (*irr.* speien, sep., -ge-, h) spit out.

'**aussperr|en** *v/t.* (sep., -ge-, h) shut out; lock out (*workmen*); '**2ung** *f* (-/-en) lock-out.

'**aus|spielen** (sep., -ge-, h) 1. *v/t.* play (*card*); 2. *v/i.* at cards: lead; er hat ausgespielt he is done for; '**spionieren** *v/t.* (sep., no -ge-, h) spy out.                [cent; discussion.)

'**Aussprache** *f* pronunciation, ac-)

'**aussprechen** (*irr.* sprechen, sep., -ge-, h) 1. *v/t.* pronounce, express; sich ~ **für** (*gegen*) declare o.s. for (against); 2. *v/i.* finish speaking.

'**Ausspruch** *m* utterance; saying; remark.

'**aus|spucken** *v/i. and v/t.* (sep., -ge-, h) spit out; '**spülen** *v/t.* (sep., -ge-, h) rinse.

'**Ausstand** *m* strike, Am. F a. walkout; in den ~ treten go on strike, Am. F a. walk out.

**ausstatt|en** ['ausʃtatən] *v/t.* (sep., -ge-, h) fit out, equip; furnish; supply (*mit* with); give a dowry to

(*daughter*); get up (*book*); '**2ung** *f* (-/-en) outfit, equipment; furniture; supply; dowry; get-up (*of book*).

'**aus|stechen** *v/t.* (*irr.* stechen, sep., -ge-, h) cut out (*a. fig.*); put out (*eyes*); '**stehen** (*irr.* stehen, sep., -ge-, h) 1. *v/i.* *payments*: be outstanding; 2. *v/t.* endure, bear; '**steigen** *v/i.* (*irr.* steigen, sep., -ge-, sein) get out *or* off, alight.

'**ausstell|en** *v/t.* (sep., -ge-, h) exhibit; make out (*invoice*); issue (*document*); draw (*bill*); '**2er** *m* (-s/-) exhibitor; drawer; '**2ung** *f* exhibition, show; '**2ungsraum** *m* show-room.

'**aussterben** *v/i.* (*irr.* sterben, sep., -ge-, sein) die out; become extinct.

'**Aussteuer** *f* trousseau, dowry.

'**ausstopfen** *v/t.* (sep., -ge-, h) stuff; wad, pad.

'**ausstoß|en** *v/t.* (*irr.* stoßen, sep., -ge-, h) thrust out, eject; expel; utter (*cry*); heave (*sigh*); ⚔ cashier; '**2ung** *f* (-/-en) expulsion.

'**aus|strahlen** *v/t. and v/i.* (sep., -ge-, h) radiate; '**strecken** *v/t.* (sep., -ge-, h) stretch (out); '**streichen** *v/t.* (*irr.* streichen, sep., -ge-, h) strike out; smooth (down); '**streuen** *v/t.* (sep., -ge-, h) scatter; spread (*rumours*); '**strömen** (sep., -ge-, h) 1. *v/i.* (sein) stream out; gas, light: emanate; gas, steam: escape; 2. *v/t.* (h) pour (out); '**suchen** *v/t.* (sep., -ge-, h) choose, select.

'**Austausch** *m* exchange; '**2bar** *adj.* exchangeable; '**2en** *v/t.* (sep., -ge-, h) exchange.

'**austeil|en** *v/t.* (sep., -ge-, h) distribute; deal out (*blows*); '**2ung** *f* distribution.

**Auster** zo. ['austər] *f* (-/-n) oyster.

'**austragen** *v/t.* (*irr.* tragen, sep., -ge-, h) deliver (*letters, etc.*); hold (*contest*).

**Australi|er** [au'strɑːliər] *m* (-s/-) Australian; **2isch** *adj.* Australian.

'**austreib|en** *v/t.* (*irr.* treiben, sep., -ge-, h) drive out; expel; '**2ung** *f* (-/-en) expulsion.

'**aus|treten** (*irr.* treten, sep., -ge-) 1. *v/t.* (h) tread *or* stamp out; wear out (*shoes*); wear down (*steps*); 2. *v/i.* (sein) emerge, come out; river: overflow its banks; retire (aus from); F ease o.s.; ~ aus leave (*society, etc.*); '**trinken** (*irr.* trinken, sep., -ge-, h) 1. *v/t.* drink up; empty, drain; 2. *v/i.* finish drinking; '**2tritt** *m* leaving; retirement; '**trocknen** (sep., -ge-) 1. *v/t.* (h) dry up; drain (*land*); parch (*throat, earth*); 2. *v/i.* (sein) dry up.

**ausüb|en** ['aus?-] *v/t.* (sep., -ge-, h) exercise; practise, Am. -ce (*profession*); exert (*influence*); '**2ung** *f* practice; exercise.

'Ausverkauf ✝ m selling off or out
(of stock); sale; '2t ✝, thea. adj.
sold out; theatre notice: 'full house'.
'Auswahl f choice; selection; ✝
assortment.            [choose, select.]
'auswählen v/t. (sep., -ge-, h)]
'Auswander|er m emigrant; '2n
v/i. (sep.,-ge-, sein) emigrate; '~ung
f emigration.
auswärt|ig adj. ['ausvertiç] out-of-
town; non-resident; foreign; das
Auswärtige Amt s. Außenministerium; ~s adv. ['~s] outward(s); out
of doors; out of town; abroad; ~
essen dine out.
'auswechseln 1. v/t. (sep., -ge-, h)
exchange; change; replace; 2. 2 n
(-s/no pl.) exchange; replacement.
'Ausweg m way out (a. fig.); outlet;
fig. expedient.
'ausweichen v/i. (irr. weichen, sep.,
-ge-, sein) make way (for); fig.
evade, avoid; '~d adj. evasive.
Ausweis ['ausvaıs] m (-es/-e) (bank)
return; identity card, Am. identi-
fication (card); 2en ['~zən] v/t. (irr.
weisen, sep.,-ge-, h) turn out, expel;
evict; deport; show, prove; sich ~
prove one's identity; '~papiere
n/pl. identity papers pl.; '~ung
f expulsion; '~ungsbefehl
m expulsion order.
'ausweiten v/t. and v/refl. (sep.,
-ge-, h) widen, stretch, expand.
'auswendig 1. adj. outward, outside; 2. adv. outwardly, outside;
fig. by heart.
'aus|werfen v/t. (irr. werfen, sep.,
-ge-, h) throw out, cast; eject; ✝
expectorate; allow (sum of money);
'~werten v/t. (sep., -ge-, h) evaluate; analyze, interpret; utilize, exploit; '~wickeln v/t. (sep., -ge-, h)
unwrap; '~wiegen v/t. (irr. wiegen,
sep., -ge-, h) weigh out; '~wirken
v/refl. (sep., -ge-, h) take effect,
operate; sich ~ auf (acc.) affect;
'2wirkung f effect; '~wischen v/t.
(sep., -ge-, h) wipe out, efface;
'~wringen v/t. (irr. wringen, sep.,
-ge-, h) wring out.
'Auswuchs m excrescence, out-
growth (a. fig.), protuberance.
'Auswurf m ✝ expectoration; fig.
refuse, dregs pl.
'aus|zahlen v/t. (sep., -ge-, h) pay
out; pay s.o. off; '~zählen v/t.
(sep., -ge-, h) count out.

'Auszahlung f payment.
'Auszehrung f (-/-en) consumption.
'auszeichn|en v/t. (sep., -ge-, h)
mark (out); fig. distinguish (sich
o.s.); '2ung f marking; distinction;
hono(u)r; decoration.
'auszieh|en (irr. ziehen, sep., -ge-)
1. v/t. (h) draw out, extract; take
off (garment); sich ~ undress; 2. v/i.
(sein) set out; move (out), remove,
move house; '2platte f leaf (of table).
'Auszug m departure; ✕ marching
out; removal; extract, excerpt
(from book); summary; ✝ statement (of account).   [tic, genuine.]
authentisch adj. [au'tɛntıʃ] authen-]
Auto ['auto] n (-s/-s) (motor-)car,
Am. a. automobile; ~ fahren drive,
motor; '~bahn f motorway, autobahn; '~biographie f autobiog-
raphy; '~bus ['~bus] m (-ses/-se)
(motor-)bus; (motor) coach; '~bus-
haltestelle f bus stop; ~didakt
[~di'dakt] m (-en/-en) autodidact,
self-taught person; '~droschke f
taxi(-cab), Am. cab; '~fahrer m
motorist; ~'gramm n autograph;
~'grammjäger m autograph hunter; '~händler m car dealer; '~kino
n drive-in cinema; ~krat [~'kra:t]
m (-en/-en) autocrat; ~kratie [~a-
'ti:] f (-/-n) autocracy; ~mat
[~'ma:t] m (-en/-en) automaton;
slot-machine, vending machine;
~'matenrestaurant n self-service
restaurant, Am. automat; ~mation
⊕ [~ma'tsjo:n] f (-/no pl.) automation; 2'matisch adj. automatic;
'~mechaniker m car mechanic;
~mobil [~mo'bi:l] n (-s/-e) s. Auto;
2nom adj. [~'no:m] autonomous;
~nomie [~o'mi:] f (-/-n) autonomy.
Autor ['autor] m (-s/-en) author.
'Autoreparaturwerkstatt f car
repair shop, garage.    [thor(ess).]
Autorin [au'to:rın] f (-/-nen) au-]
autori|sieren [autori'zi:rən] v/t. (no
-ge-, h) authorize; ~tär adj. [~'tɛ:r]
authoritarian; 2'tät f (-/-en) authority.
'Auto|straße f motor-road; '~ver-
mietung f (-/-en) car hire service.
avisieren ✝ [avi'zi:rən] v/t. (no
-ge-, h) advise.
Axt [akst] f (-/-e) ax(e).
Azetylen 🜊 [atsety'le:n] n (-s/no
pl.) acetylene.    [2n adj. azure.]
Azur [a'tsu:r] m (-s/no pl.) azure;]

# B

Bach [bax] m (-[e]s/-e) brook, Am.
a. run.                    [port.]
Backbord 🜨 ['bak-] n (-[e]s/-e)]
Backe ['bakə] f (-/-n) cheek.
backen ['bakən] (irr., ge-, h) 1.

v/t. bake; fry; dry (fruit); 2. v/i.
bake; fry.
'Backen|bart m (side-)whiskers pl.,
Am. a. sideburns pl.; '~zahn m
molar (tooth), grinder.

**Bäcker** ['bɛkər] *m* (-s/-) baker; **~ei** [␣'raɪ] *f* (-/-en) baker's (shop), bakery.

**'Back|fisch** *m* fried fish; *fig.* girl in her teens, teenager, *Am. a.* bobby soxer; **'~obst** *n* dried fruit; **'~ofen** *m* oven; **'~pflaume** *f* prune; **'~pulver** *n* baking-powder; **'~stein** *m* brick; **'~ware** *f* baker's ware.

**Bad** [baːt] *n* (-[e]s/-er) bath; *in river, etc.*: *a.* bathe; *s.* Badeort; **ein ~ nehmen** take *or* have a bath.

**Bade|anstalt** ['baːdə°-] *f* (public swimming) baths *pl.*; **~anzug** *m* bathing-costume, bathing-suit; **'~hose** *f* (bathing-)drawers *pl.*, (bathing) trunks *pl.*; **'~kappe** *f* bathing-cap; **'~kur** *f* spa treatment; **~mantel** *m* bathing-gown, *Am.* bathrobe; **'~meister** *m* bath attendant; swimming-instructor; **'2n** (ge-, h) 1. *v/t.* bath (*baby, etc.*); bathe (*eyes, etc.*); 2. *v/i.* bath, tub; have *or* take a bath; *in river, etc.*: bathe; **~ gehen** go swimming; **'~ofen** *m* geyser, boiler, *Am. a.* water heater; **'~ort** *m* watering-place; spa; seaside resort; **'~salz** *n* bath-salt; **'~strand** *m* bathing-beach; **'~tuch** *n* bath-towel; **'~wanne** *f* bath-tub; **'~zimmer** *n* bathroom.

**Bagatelle** [baga'tɛlə] *f* (-/-n) trifle, trifling matter, bagatelle; **2i'sieren** *v/t.* (*no* -ge-, h) minimize (the importance of), *Am. a.* play down.

**Bagger** ['bagər] *m* (-s/-) excavator; dredge(r); **'2n** *v/i. and v/t.* (ge-, h) excavate; dredge.

**Bahn** [baːn] *f* (-/-en) course; path; ⏄ railway, *Am.* railroad; *mot.* lane; trajectory (*of bullet, etc.*); *ast.* orbit; *sports*: track, course, lane; *skating*: rink; *bowling*: alley; **'2brechend** *adj.* pioneer(ing), epoch-making; *art*: avant-gardist; **'~damm** *m* railway embankment, *Am.* railroad embankment; **'2en** *v/t.* (ge-, h) clear, open (up) (*way*); **den Weg ~** prepare *or* pave the way (*dat.* for); **sich e-n Weg ~** force *or* work *or* elbow one's way; **'~hof** *m* (railway-) station, *Am.* (railroad-)station; **'~linie** *f* railway-line, *Am.* railroad line; **'~steig** *m* platform; **'~steigkarte** *f* platform ticket; **'~übergang** *m* level crossing, *Am.* grade crossing.

**Bahre** ['baːrə] *f* (-/-n) stretcher, litter; bier.

**Bai** [baɪ] *f* (-/-en) bay; creek.

**Baisse** ✝ ['bɛːs(ə)] *f* (-/-n) depression (on the market); fall (in prices); **auf ~ spekulieren** ✝ bear, speculate for a fall, *Am.* sell short; **'~spekulant** *m* bear.

**Bajonett** ⚔ [bajo'nɛt] *n* (-[e]s/-e) bayonet; **das ~ aufpflanzen** fix the bayonet.

**Bake** ['baːkə] *f* (-/-n) ⚓ beacon; 🚧 warning-sign.

**Bakterie** [bak'teːrjə] *f* (-/-n) bacterium, microbe, germ.

**bald** *adv.* [balt] soon; shortly; before long; F almost, nearly; early; **so ~ als möglich** as soon as possible; **~ hier, ~ dort** now here, now there; **'~ig** *adj.* ['␣dɪç] speedy; **~e Antwort** ✝ early reply.

**Baldrian** ['baldriaːn] *m* (-s/-e) valerian.

**Balg** [balk] 1. *m* (-[e]s/-e) skin; body (*of doll*); bellows *pl.*; 2. F *m, n* (-[e]s/-er) brat, urchin; **2en** ['balgən] *v/refl.* (ge-, h) scuffle (*um* for), wrestle (for).

**Balken** ['balkən] *m* (-s/-) beam; rafter.

**Balkon** [bal'kõ; ␣'koːn] *m* (-s/-s; -s/-e) balcony; *thea.* dress circle, *Am.* balcony; **~tür** *f* French window.

**Ball** [bal] *m* (-[e]s/-e) ball; *geogr., ast. a.* globe; ball, dance; *auf dem ~* at the ball.

**Ballade** [ba'laːdə] *f* (-/-n) ballad.

**Ballast** ['balast] *m* (-es/╲-e) ballast; *fig.* burden, impediment; dead weight.

**'ballen**[1] *v/t.* (ge-, h) (form into a) ball; clench (*fist*); **sich ~** (form into a) ball; cluster.

**'Ballen**[2] *m* (-s/-) bale; *anat.* ball; **~ Papier** ten reams *pl.*

**Ballett** [ba'lɛt] *n* (-[e]s/-e) ballet; **~tänzer** [ba'lɛttɛntsər] *m* (-s/-) ballet-dancer.

**ball|förmig** *adj.* ['balfœrmɪç] ball-shaped, globular; **'2kleid** *n* ball-dress.

**Ballon** [ba'lõ; ␣'loːn] *m* (-s/-s; -s/-s, -e) balloon.

**'Ball|saal** *m* ball-room; **'~spiel** *n* ball-game, game of ball.

**Balsam** ['balzaːm] *m* (-s/-e) balsam, balm (*a. fig.*); **2ieren** [␣a'miːrən] *v/t.* (*no* -ge-, h) embalm.

**Balz** [balts] *f* (-/-en) mating season; display (*by cock-bird*).

**Bambus** ['bambus] *m* (-ses/-se) bamboo; **'~rohr** *n* bamboo, cane.

**banal** *adj.* [ba'naːl] commonplace, banal, trite; trivial; **2ität** [␣ali'tɛːt] *f* (-/-en) banality; commonplace; triviality.

**Banane** [ba'naːnə] *f* (-/-n) banana; **~nstecker** ⚡ *m* banana plug.

**Band** [bant] 1. *m* (-[e]s/-e) volume; 2. *n* (-[e]s/-er) band; ribbon; tape; *anat.* ligament; 3. *fig. n* (-[e]s/-e) bond, tie; 4. 2 *pres. of* binden.

**Bandage** [ban'daːʒə] *f* (-/-n) bandage; **2ieren** [␣a'ʒiːrən] *v/t.* (*no* -ge-, h) (apply a) bandage.

**Bande** ['bandə] *f* (-/-n) *billiards*: cushion; *fig.* gang, band.

**bändigen** ['bɛndigən] *v/t.* (ge-, h)

tame; break in (*horse*); subdue (*a. fig.*); *fig.* restrain, master.

**Bandit** [ban'di:t] *m* (*-en/-en*) bandit.

**'Band|maß** *n* tape measure; **'~säge** *f* band-saw; **'~scheibe** *anat. f* intervertebral disc; **'~wurm** *zo. m* tapeworm.

**bang** *adj.* [ban], **~e** *adj.* ['~ə] anxious (*um about*), uneasy (*about*), concerned (*for*); *mir ist ~* I am afraid (*vor dat.* of); *j-m bange machen* frighten *or* scare s.o.; **'~en** *v/i.* (*ge-, h*) be anxious *or* worried (*um about*).

**Bank** [baŋk] *f* 1. (*-/-e*) bench; *school:* desk; *F durch die ~ without exception, all through; auf die lange ~ schieben put off, postpone; shelve;* 2. **✝** (*-/-en*) bank; *Geld auf der ~* money in the bank; **'~anweisung** *f* cheque, *Am.* check; **'~ausweis** *m* bank return *or* statement; **'~beamte** *m* bank clerk *or* official; **'~einlage** *f* deposit.

**Bankett** [baŋ'kɛt] *n* (*-[e]s/-e*) banquet.

**'Bank|geheimnis** *n* banker's duty of secrecy; **'~geschäft ✝** *n* bank (*-ing*) transaction, banking operation; **'~haus** *n* bank(ing-house).

**Bankier** [baŋk'je:] *m* (*-s/-s*) banker.

**'Bank|konto** *n* bank(ing) account; **'~note** *f* (bank) note, *Am.* (bank) bill.

**bankrott** [baŋ'krɔt] 1. *adj.* bankrupt; 2. **2** *m* (*-[e]s/-e*) bankruptcy, insolvency, failure; *~ machen* fail, go *or* become bankrupt.

**'Bankwesen** *n* banking.

**Bann** [ban] *m* (*-[e]s/-e*) ban; *fig.* spell; *eccl.* excommunication; **'2en** *v/t.* (*ge-, h*) banish (*a. fig.*); exorcize (*devil*); avert (*danger*); *eccl.* excommunicate; spellbind.

**Banner** ['banər] *n* (*-s/-*) banner (*a. fig.*); standard; **'~träger** *m* standard-bearer.

**'Bann|fluch** *m* anathema; **'~meile** *f* precincts *pl.*; 🏛 area around government buildings within which processions and meetings are prohibited.

**bar²** [bɑːr] 1. *adj.:* e-r Sache *~* destitute *or* devoid of s.th.; *~es Geld* ready money, cash; *~er Unsinn* sheer nonsense; 2. *adv.: ~ bezahlen* pay in cash, pay money down.

**Bar²** [~] *f* (*-/-s*) bar; night-club.

**Bär** [bɛːr] *m* (*-en/-en*) bear; *j-m e-n ~en aufbinden* hoax s.o.

**Baracke** [ba'rakə] *f* (*-/-n*) barrack; **~nlager** *n* hutment.

**Barbar** [bar'bɑːr] *m* (*-en/-en*) barbarian; **~ei** [~'raɪ] *f* (*-/-en*) barbarism; barbarity; **2isch** [~'ba:riʃ] *adj.* barbarian; barbarous; *art, taste:* barbaric.

**'Bar|bestand** *m* cash in hand; **'~betrag** *m* amount in cash.

**'Bärenzwinger** *m* bear-pit.

**barfuß** *adj. and adv.* ['bɑːr-], **~füßig** *adj. and adv.* ['~fy:sɪç] barefoot.

**barg** [bark] *pret. of* bergen.

**'Bar|geld** *n* cash, ready money; **'2geldlos** *adj.* cashless; *~er Zahlungsverkehr* cashless money transfers *pl.*; **2häuptig** *adj. and adv.* ['~hɔʏptɪç] bare-headed, uncovered.

**Bariton** ♪ ['bɑːritɔn] *m* (*-s/-e*) baritone. [launch.\]

**Barkasse** ⚓ [bar'kasə] *f* (*-/-n*) ⎰

**barmherzig** *adj.* [barm'hɛrtsɪç] merciful, charitable; *der ~e Samariter* the good Samaritan; *2e Schwester* Sister of Mercy *or* Charity; *2keit f* (*-/-en*) mercy, charity.

**Barometer** [baro'-] *n* barometer.

**Baron** [ba'roːn] *m* (*-s/-e*) baron; **~in** *f* (*-/-nen*) baroness.

**Barre** ['barə] *f* (*-/-n*) bar.

**Barren** ['barən] *m* (*-s/-*) *metall.* bar, ingot, bullion; *gymnastics:* parallel bars *pl.*

**Barriere** [bar'je:rə] *f* (*-/-n*) barrier.

**Barrikade** [bari'ka:də] *f* (*-/-n*) barricade; *~n errichten* raise barricades.

**barsch** *adj.* [barʃ] rude, gruff, rough.

**'Bar|schaft** *f* (*-/-en*) ready money, cash; **'~scheck ✝** *m* open cheque, *Am.* open check.

**barst** [barst] *pret. of* bersten.

**Bart** [bɑːrt] *m* (*-[e]s/-e*) beard; bit (*of key*); *sich e-n ~ wachsen lassen* grow a beard.

**bärtig** *adj.* ['bɛːrtɪç] bearded.

**'bartlos** *adj.* beardless.

**'Barzahlung** *f* cash payment; *nur gegen ~ ✝* terms strictly cash.

**Basis** ['bɑːzɪs] *f* (*-/-Basen*) base; *fig.* basis.

**Baß** ♪ [bas] *m* (*Basses/Bässe*) bass; **'~geige** *f* bass-viol.

**Bassist** [ba'sɪst] *m* (*-en/-en*) bass (singer).

**Bast** [bast] *m* (*-es/-e*) bast; velvet (*on antlers*).

**Bastard** ['bastart] *m* (*-[e]s/-e*) bastard; half-breed; *zo.,* 🦗 hybrid.

**bast|eln** ['bastəln] (*ge-, h*) 1. *v/t.* build, F rig up; 2. *v/i.* build; **'2ler** *m* (*-s/-*) amateur craftsman, do-it-yourself man.

**bat** [bɑːt] *pret. of* bitten.

**Bataillon** [batal'joːn] *n* (*-s/-e*) battalion.

**Batist** [ba'tist] *m* (*-[e]s/-e*) cambric.

**Batterie** ⚔, ⚡ [batə'riː] *f* (*-/-n*) battery.

**Bau** [bau] *m* 1. (*-[e]s/no pl.*) building, construction; build, frame; 2. (*-[e]s/-ten*) building, edifice; 3. (*-[e]s/-e*) burrow, den (*a. fig.*), earth.

**'Bau|arbeiter** *m* workman in the building trade; **'~art** *f* architecture, style; method of construction; *mot.* type, model.

**Bauch** [baux] m (-[e]s/-e) anat. abdomen, belly; paunch; ship: bottom; **2ig** adj. big-bellied, bulgy; **'~landung** f belly landing; **'~red-ner** m ventriloquist; **'~schmerzen** m/pl., **'~weh** n (-s/no pl.) belly-ache, stomach-ache.

**bauen** ['bauən] (ge-, h) 1. v/t. build, construct; erect, raise; build, make (*nest*); make (*violin*, etc.); 2. v/i. build; ~ auf (*acc.*) trust (in); rely or count or depend on.

**Bauer** ['bauər] 1. m (-n, -s/-n) farmer, peasant, countryman; *chess*: pawn; 2. n, m (-s/-) (bird-)cage.

**Bäuerin** ['bɔʏərin] f (-/-nen) farmer's wife; peasant woman.

**Bauerlaubnis** ['bau?-] f building permit.

**bäuerlich** adj. ['bɔʏərliç] rural, rustic.

**Bauern|fänger** contp. ['bauərn-fɛŋər] m (-s/-) trickster, confidence man; **'~haus** n farm-house; **'~hof** m farm.

**'bau|fällig** adj. out of repair, dilapidated; **'2gerüst** n scaffold (-ing); **'2handwerker** m craftsman in the building trade; **'2herr** m owner; **'2holz** n timber, Am. lumber; **'2jahr** n year of construction; **~ 1969** 1969 model or make; **'2ka-sten** m box of bricks; **'2kunst** f architecture.

**'baulich** adj. architectural; structural; in gutem ~en Zustand in good repair.

**Baum** [baum] m (-[e]s/=e) tree.

**'Baumeister** m architect.

**baumeln** ['bauməln] v/i. (ge-, h) dangle, swing; mit den Beinen ~ dangle or swing one's legs.

**'Baum|schere** f (eine a pair of) pruning-shears pl.; **'~schule** f nursery (of young trees); **'~stamm** m trunk; **'2wolle** f cotton; **'2wol-len** adj. (made of) cotton.

**'Bau|plan** m architect's or building plan; **'~platz** m building plot or site, Am. location; **'~polizei** f Board of Surveyors.

**Bausch** [bauʃ] m (-es/-e, =e) pad, bolster; wad; in ~ und Bogen altogether, wholesale, in the lump; **'2en** v/t. (ge-, h) swell; sich ~ bulge, swell out, billow (out).

**'Bau|stein** m brick, building stone; building block; fig. element; **'~stelle** f building site; **'~stil** m (architectural) style; **'~stoff** m building material; **'~unternehmer** m building contractor; **'~zaun** m hoarding.

**Bay|er** ['baɪər] m (-n/-n) Bavarian; **'2(e)risch** adj. Bavarian.

**Bazill|enträger** ⚕ [ba'tsilən-] (germ-)carrier; **~us** [~us] m (-/Ba-zillen) bacillus, germ.

**beabsichtigen** [bə'apziçtigən] v/t.

(no -ge-, h) intend, mean, propose (zu tun to do, doing).

**be'acht|en** v/t. (no -ge-, h) pay attention to; notice; observe; **~ens-wert** adj. noteworthy, remarkable; **~lich** adj. remarkable; considerable; **2ung** f attention, consideration; notice; observance.

**Beamte** [bə'amtə] m (-n/-n) official, officer, Am. a. officeholder; functionary; Civil Servant.

**be'ängstigend** adj. alarming, disquieting.

**beanspruch|en** [bə'anʃpruxən] v/t. (no -ge-, h) claim, demand; require (efforts, time, space, etc.); ⊕ stress; **2ung** f (-/-en) claim; demand (gen. on); ⊕ stress, strain.

**beanstand|en** [bə'anʃtandən] v/t. (no -ge-, h) object to; **2ung** f (-/-en) objection (gen. to).

**beantragen** [bə'antraːgən] v/t. (no -ge-, h) apply for; ᵗᵗ̣ parl. move, make a motion; propose.

**be'antwort|en** v/t. (no -ge-, h) answer (a. fig.), reply to; **2ung** f (-/-en) answer, reply; in ~ (gen.) in answer or reply to.

**be'arbeit|en** v/t. (no -ge-, h) work; ᵉ till; dress (leather); hew (stone); process; ᵗᵗ̣ treat; ᵗᵗ̣ be in charge of (case); edit, revise (book); adapt (nach from); esp. ♪ arrange; J~n work on s.o.; batter s.o.; **2ung** f (-/-en) working; revision (of book); thea. adaptation; esp. ♪ arrangement; processing; ᵗᵗ̣ treatment.

**be'argwöhnen** v/t. (no -ge-, h) suspect, be suspicious of.

**beaufsichtig|en** [bə'aufziçtigən] v/t. (no -ge-, h) inspect, superintend, supervise, control; look after (child); **2ung** f (-/-en) inspection, supervision, control.

**be'auftrag|en** v/t. (no -ge-, h) commission (zu inf. to inf.), charge (mit with); **2te** [~ktə] m (-n/-n) commissioner; representative; deputy; proxy.

**be'bauen** v/t. (no -ge-, h) 🜨 build on; ᵉ cultivate.

**beben** ['beːbən] v/i. (ge-, h) shake (vor dat. with), tremble (with); shiver (with); earth: quake.

**Becher** ['beçər] m (-s/-) cup (a. fig.).

**Becken** ['bɛkən] n (-s/-) basin, Am. a. bowl; ♪ cymbal(s pl.); anat. pelvis.

**bedacht** adj. [bə'daxt]: ~ sein auf (acc.) look after, be concerned about, be careful or mindful of; darauf ~ sein zu inf. be anxious to inf.

**bedächtig** adj. [bə'dɛçtiç] deliberate.

**bedang** [bə'daŋ] pret. of bedingen.

**be'danken** v/refl. (no -ge-, h): sich bei j-m für et. ~ thank s.o. for s.th.

**Bedarf** [bə'darf] *m* (-[e]s/*no pl.*) need (*an dat.* of), want (of); ✝ demand (for), ～artikel [bə'darfs⁹-] *m/pl.* necessaries *pl.*, requisites *pl.*

**bedauerlich** *adj.* [bə'dauərliç] regrettable, deplorable.

**be'dauern 1.** *v/t.* (*no* -ge-, *h*) feel or be sorry for *s.o.*; pity *s.o.*; regret, deplore *s.th.*; **2.** 2 *n* (-s/*no pl.*) regret; pity; ～swert *adj.* pitiable, deplorable.

**be'deck|en** *v/t.* (*no* -ge-, *h*) cover; ✕ escort; ♣ convoy; ～t *adj.* sky: overcast; 2ung *f* cover(ing); ✕ escort; ♣ convoy.

**be'denken 1.** *v/t.* (*irr.* denken, *no* -ge-, *h*) consider; think *s.th.* over; j-n in s-m Testament ～ remember s.o. in one's will; **2.** 2 *n* (-s/-) consideration, objection; hesitation; scruple, ～los *adj.* unscrupulous.

**be'denklich** *adj.* doubtful; *character*: a. dubious, *situation, etc.*: dangerous, critical, delicate; risky.

**Be'denkzeit** *f* time for reflection; ich gebe dir e-e Stunde ～ I give you one hour to think it over.

**be'deut|en** *v/t.* (*no* -ge-, *h*) mean, signify, stand for; ～end *adj.* important, prominent; *sum, etc.* considerable; ～sam *adj.* significant.

**Be'deutung** *f* meaning, significance; importance; 2slos *adj.* insignificant; meaningless; 2svoll *adj.* significant; ～swandel *ling.* *m* semantic change

**be'dien|en** (*no* -ge-, *h*) **1.** *v/t.* serve; wait on; ⊕ operate, work (*machine*); ✕ serve (*gun*); answer (*telephone*); sich ～ at table help o.s.; **2.** *v/i.* serve; wait (at table); *cards*: follow suit; 2ung *f* (-/-en) service, *esp.* ✝ attendance; *in restaurant, etc.*: service; waiter, waitress; shop assistant(s *pl.*).

**beding|en** [bə'diŋən] *v/t.* ([*irr.*,] *no* -ge-, *h*) condition; stipulate; require; cause; imply; ～t *adj.* conditional (*durch* on); restricted; ～ sein durch be conditioned by; 2ung *f* (-/-en) condition; stipulation; ～en *pl.* ✝ terms *pl.*; ～ungslos *adj.* unconditional

**be'dräng|en** *v/t.* (*no* -ge-, *h*) press hard, beset; 2nis *f* (-/-se) distress.

**be'droh|en** *v/t.* (*no* -ge-, *h*) threaten; menace, ～lich *adj.* threatening; 2ung *f* threat, menace (*gen.* to).

**be'drück|en** *v/t.* (*no* -ge-, *h*) oppress; depress; deject; 2ung *f* (-/-en) oppression; depression; dejection.

**bedungen** [bə'duŋən] *p.p.* of bedingen.

**be'dürf|en** *v/i.* (*irr.* dürfen, *no* -ge-, *h*): e-r Sache ～ need or want or require s.th.; 2nis *n* (-ses/-se) need, want, requirement; sein ～ verrichten relieve o.s. or nature; 2nisan-

**stalt** [bə'dyrfnis⁹-] *f* public convenience, *Am.* comfort station; ～tig *adj.* needy, poor, indigent

**be'ehren** *v/t.* (*no* -ge-, *h*) hono(u)r, favo(u)r, ich beehre mich zu *inf.* I have the hono(u)r to *inf.*

**be'eilen** *v/refl.* (*no* -ge-, *h*) hasten, hurry, make haste, *Am.* F *a.* hustle.

**beeindrucken** [bə'amdrukən] *v/t.* (*no* -ge-, *h*) impress, make an impression on.

**beeinfluss|en** [bə'amflusən] *v/t.* (*no* -ge-, *h*) influence; affect; *parl.* lobby; 2ung *f* (-/-en) influence; *parl.* lobbying.

**beeinträchtig|en** [bə'amtreçtigən] *v/t.* (*no* -ge-, *h*) impair, injure, affect (adversely); 2ung *f* (-/-en) impairment (*gen.* of); injury (to).

**be'end|en** *v/t.* (*no* -ge-, *h*), ～igen [～igən] *v/t.* (*no* -ge-, *h*) (bring to an) end, finish, terminate; 2igung [～iguŋ] *f* (-/-en) ending, termination.

**beengt** *adj.* [bə'eŋkt] *space*: narrow, confined, cramped; sich ～ fühlen feel cramped (for room); feel oppressed or uneasy.

**be'erben** *v/t.* (*no* -ge-, *h*): j-n ～ be s.o.'s heir.

**beerdig|en** [bə'e:rdigən] *v/t.* (*no* -ge-, *h*) bury; 2ung *f* (-/-en) burial, funeral.

**Beere** ['be:rə] *f* (-/-n) berry.

**Beet** ♪ [be:t] *n* (-[e]s/-e) bed.

**befähig|en** [bə'fe:igən] *v/t.* (*no* -ge-, *h*) enable (zu *inf.* to *inf.*); qualify (für, zu for); ～t *adj.* [～çt] (cap)able; 2ung *f* (-/-en) qualification; capacity.

**befahl** [bə'fa:l] *pret.* of befehlen.

**befahr|bar** *adj.* [bə'fa:rbar] passable, practicable, trafficable; ♣ navigable; ～en *v/t.* (*irr.* fahren, *no* -ge-, *h*) drive or travel on; ♣ navigate (*river*).

**be'fallen** *v/t.* (*irr.* fallen, *no* -ge-, *h*) attack; befall; *disease*: a. strike; *fear*: seize.

**be'fangen** *adj.* embarrassed; self-conscious; prejudiced (*a.* ♭♭); ♭♭ bias(s)ed, 2heit *f* (-/-en) embarrassment, self-consciousness; ♭♭ bias, prejudice.

**be'fassen** *v/refl.* (*no* -ge-, *h*): sich ～ mit occupy o.s. with; engage in; attend to; deal with.

**Befehl** [bə'fe:l] *m* (-[e]s/-e) command (*über acc.* of); order; 2en (*irr.*, *no* -ge-, *h*) **1.** *v/t.* command; order; **2.** *v/i.* command; 2igen ✕ [～igən] *v/t.* (*no* -ge- *h*) command.

**Be'fehlshaber** *m* (-s/-) commander(-in-chief); 2isch *adj.* imperious.

**be'festig|en** *v/t.* (*no* -ge-, *h*) fasten (*an dat.* to), fix (to), attach (to); ✕ fortify; *fig.* strengthen; 2ung *f* (-/-en) fixing, fastening; ✕ fortification; *fig.* strengthening.

**be'feuchten** *v/t.* (*no* -ge-, *h*) moisten, damp; wet.

**be'finden 1.** *v/refl.* (*irr.* finden, *no* -ge-, *h*) be; 2. 2 *n* (-s/*no pl.*) (state of) health.

**be'flaggen** *v/t.* (*no* -ge-, *h*) flag.

**be'flecken** *v/t.* (*no* -ge-, *h*) spot, stain (*a. fig.*); *fig.* sully.

**beflissen** *adj.* [bə'flisən] studious; 2heit *f* (-/*no pl.*) studiousness, assiduity.

**befohlen** [bə'fo:lən] *p.p. of* befehlen.

**be'folg|en** *v/t.* (*no* -ge-, *h*) follow, take (*advice*); obey (*rule*); adhere to (*principle*); 2ung *f* (-/⅓-en) observance (of); adherence (to).

**be'förder|n** *v/t.* (*no* -ge-, *h*) convey, carry; haul (*goods*); transport; forward; ⚓ ship (*a.* ⚙); promote (to be) (*a.* ⚡); 2ung *f* conveyance, transport(ation), forwarding; promotion; 2ungsmittel *n* (means of) transport, *Am.* (means of) transportation.

**be'fragen** *v/t.* (*no* -ge-, *h*) question, interview; interrogate.

**be'frei|en** *v/t.* (*no* -ge-, *h*) (set) free (von from); liberate (*nation, mind, etc.*) (from); rescue (*captive*) (from); exempt *s.o.* (from); deliver *s.o.* (aus, von from); 2er *m* liberator; 2ung *f* (-/-en) liberation, deliverance; exemption.

**Befremden** [bə'frɛmdən] *n* (-s/*no pl.*) surprise.

**befreund|en** [bə'frɔʏndən] *v/refl.* (*no* -ge-, *h*): sich mit j-m ~ make friends with s.o.; sich mit et. ~ get used to s.th., reconcile o.s. to s.th.; ~et *adj.* friendly; on friendly terms; ~ sein be friends.

**befriedig|en** [bə'fri:digən] *v/t.* (*no* -ge-, *h*) satisfy; appease (*hunger*); meet (*expectations, demand*); pay off (*creditor*); ~end *adj.* satisfactory; 2ung *f* (-/-en) satisfaction.

**be'fristen** *v/t.* (*no* -ge-, *h*) set a time-limit.

**be'frucht|en** *v/t.* (*no* -ge-, *h*) fertilize; fructify; fecundate; impregnate; 2ung *f* (-/-en) fertilization; fructification; fecundation; impregnation.

**Befug|nis** [bə'fu:knis] *f* (-/-se) authority, warrant; *esp.* ⅓ competence; 2t *adj.* authorized; competent.

**be'fühlen** *v/t.* (*no* -ge-, *h*) feel; touch, handle, finger.

**Be'fund** *m* (-[e]s/-e) result; finding(s *pl.*); ⚕ diagnosis.

**be'fürcht|en** *v/t.* (*no* -ge-, *h*) fear, apprehend; suspect; 2ung *f* (-/-en) fear, apprehension, suspicion.

**befürworten** [bə'fy:rvɔrtən] *v/t.* (*no* -ge-, *h*) plead for, advocate.

**begab|t** *adj.* [bə'gɑ:pt] gifted, talented; 2ung [~buŋ] *f* (-/-en) gift, talent(s *pl.*).

**begann** [bə'gan] *pret. of* beginnen.

**be'geben** *v/t.* (*irr.* geben, *no* -ge-, *h*) ✝ negotiate (*bill of exchange*); sich ~ happen; sich ~ nach go to, make for; sich in Gefahr ~ expose o.s. to danger.

**begegn|en** [bə'ge:gnən] *v/i.* (*no* -ge-, sein) meet *s.o.* or *s.th.*, meet with; incident: happen to; anticipate, prevent; 2ung *f* (-/-en) meeting.

**be'gehen** *v/t.* (*irr.* gehen, *no* -ge-, *h*) walk (on); inspect; celebrate (*birthday, etc.*); commit (*crime*); make (*mistake*); ein Unrecht ~ do wrong.

**begehr|en** [bə'ge:rən] *v/t.* (*no* -ge-, *h*) demand, require; desire, crave (for); long for; ~lich *adj.* desirous, covetous.

**begeister|n** [bə'gaɪstərn] *v/t.* (*no* -ge-, *h*) inspire, fill with enthusiasm; sich ~ für feel enthusiastic about; 2ung *f* (-/*no pl.*) enthusiasm, inspiration.

**Be'gier** *f*, ~de [~də] *f* (-/-n) desire (nach for), appetite (for); concupiscence; 2ig *adj.* eager (nach for, auf *acc.* for; zu inf. to inf.), desirous (nach of; zu inf. to inf.), anxious (zu inf. to inf.).

**be'gießen** *v/t.* (*irr.* gießen, *no* -ge-, *h*) water; baste (*roasting meat*); F wet (*bargain*).

**Beginn** [bə'gin] *m* (-[e]s/*no pl.*) beginning, start, commencement; origin; 2en *v/t. and v/i.* (*irr. no* -ge-, *h*) begin, start, commence.

**beglaubig|en** [bə'glaʊbigən] *v/t.* (*no* -ge-, *h*) attest, certify; legalize, authenticate; 2ung *f* (-/-en) attestation, certification; legalization; 2ungsschreiben *n* credentials *pl.*

**be'gleichen** ✝ *v/t.* (*irr.* gleichen, *no* -ge-, *h*) pay, settle (*bill, debt*).

**be'gleit|en** *v/t.* (*no* -ge-, *h*) accompany (*a.* ♩ auf *dat.* on), escort; attend (*a. fig.*); see (*s.o. home, etc.*); 2er *m* (-s/-) companion, attendant; escort; ♩ accompanist; 2erscheinung *f* attendant symptom; 2schreiben *n* covering letter; 2ung *f* (-/-en) company; attendants *pl.*, retinue (of *sovereign, etc.*); *esp.* ✗ escort; ⚓, ✈ convoy; ♩ accompaniment.

**be'glückwünschen** *v/t.* (*no* -ge-, *h*) congratulate (zu on).

**begnadig|en** [bə'gnɑ:digən] *v/t.* (*no* -ge-, *h*) pardon; *pol.* amnesty; 2ung *f* (-/-en) pardon; *pol.* amnesty.

**begnügen** [bə'gny:gən] *v/refl.* (*no* -ge-, *h*): sich ~ mit content o.s. with, be satisfied with.

**begonnen** [bə'gɔnən] *p.p. of* beginnen.

**be'graben** *v/t.* (*irr.* graben, *no* -ge-, *h*) bury (*a. fig.*); inter.

**Begräbnis** [bə'grɛ:pnis] *n* (-ses/-se) burial; funeral, obsequies *pl.*

**begradigen** [bə'grɑːdigən] v/t. (no -ge-, h) straighten (road, frontier, etc.).

**be'greif|en** v/t. (irr. greifen, no -ge-, h) comprehend, understand; **~lich** adj. comprehensible.

**be'grenz|en** v/t. (no -ge-, h) bound, border; fig. limit; 2**theit** f (-/-en) limitation (of knowledge), narrowness (of mind), 2**ung** f (-/-en) boundary, bound, limit; limitation.

**Be'griff** m idea, notion, conception; comprehension, im ~ sein zu inf. be about or going to inf.

**be'gründ|en** v/t. (no -ge-, h) establish, found, give reasons for, substantiate (claim charge); 2**ung** f establishment, foundation; fig. substantiation (of claim or charge); reason.

**be'grüß|en** v/t. (no -ge-, h) greet, welcome, salute; 2**ung** f (-/-en) greeting, welcome; salutation.

**begünstig|en** [bə'gynstigən] v/t. (no -ge-, h) favo(u)r; encourage; patronize; 2**ung** f (-/-en) favo(u)r; encouragement, patronage.

**begutachten** [bə'guːt'-] v/t. (no -ge-, h) give an opinion on; examine; ~ lassen obtain expert opinion on, submit s.th. to an expert.

**begütert** adj. [bə'gyːtərt] wealthy, well-to-do

**be'haart** adj hairy.

**behäbig** adj. [bə'hɛːbiç] phlegmatic, comfort-loving; figure: portly.

**be'haftet** adj. afflicted (with disease, etc.).

**behag|en** [bə'hɑːgən] **1.** v/i. (no -ge-, h) please or suit s.o.; **2.** 2 n (-s/no pl.) comfort, ease; **~lich** adj. [-ˌk-] comfortable; cosy, snug.

**be'halten** v/t. (irr. halten, no -ge-, h) retain; keep (für sich to o.s.); remember.

**Behälter** [bə'hɛltər] m (-s/-) container, receptacle; box; for liquid: reservoir; for oil, etc.: tank.

**be'hand|eln** v/t. (no -ge-, h) treat; deal with (a subject); ⊕ process; ⚕ treat; dress (wound); 2**ung** f treatment, handling; ⊕ processing.

**be'hängen** v/t. (no -ge-, h) hang, drape (mit with); sich ~ mit cover or load o.s with (jewellery).

**beharr|en** [bə'harən] v/i. (no -ge-, h) persist (auf dat. in); **~lich** adj. persistent; 2**lichkeit** f (-/no pl.) persistence.

**be'hauen** v/t. (no -ge-, h) hew; trim (wood).

**behaupt|en** [bə'hauptən] v/t. (no -ge-, h) assert; maintain; 2**ung** f (-/-en) assertion; statement.

**Behausung** [bə'hauzuŋ] f (-/-en) habitation; lodging.

**Be'helf** m (-[e]s/-e) expedient, (make)shift; s. Notbehelf; 2**en** v/refl. (irr. helfen, no -ge-, h): sich ~ mit make shift with; sich ~ ohne do without; **~sheim** n temporary home.

**behend** adj. [bə'hɛnt], **~e** adj. [-ˌdə] nimble, agile; smart; 2**igkeit** f [-d-] f (-/no pl.) nimbleness, agility; smartness. [lodge, shelter.)

**be'herbergen** v/t. (no -ge-, h))

**be'herrsch|en** v/t. (no -ge-, h) rule (over), govern; command (situation, etc.); have command ot (language); sich ~ control o.s.; 2**er** m ruler (gen. over, of); 2**ung** f (-/-en) command, control.

**beherzigen** [bə'hɛrtsigən] v/t. (no -ge-, h) take to heart, (bear in) mind.

**be'hexen** v/t. (no -ge-, h) bewitch.

**be'hilflich** adj.: j-m ~ sein help s.o. (bei in).

**be'hindern** v/t. (no -ge-, h) hinder, hamper, impede; handicap; obstruct (a. traffic, etc.).

**Behörde** [bə'hœːrdə] f (-/-n) authority, mst authorities pl.; board; council.

**be'hüten** v/t. (no -ge-, h) guard, preserve (vor dat. from).

**behutsam** adj. [bə'huːtzɑm] cautious, careful; 2**keit** f (-/no pl.) caution.

**bei** prp. (dat.) [baɪ] address: ~ Schmidt care of (abbr. c/o) Schmidt; ~m Buchhändler at the bookseller's; ~ uns with us; ~ der Hand nehmen take by the hand; ich habe kein Geld ~ mir I have no money about or on me; ~ der Kirche near the church; ~ guter Gesundheit in good health; wie es ~ Schiller heißt as Schiller says; die Schlacht ~ Waterloo the Battle of Waterloo; ~ e-m Glase Wein over a glass of wine; ~ alledem for all that; Stunden nehmen ~ take lessons from or with; ~ günstigem Wetter weather permitting.

**'beibehalten** v/t. (irr. halten, sep., no -ge-, h) keep up, retain.

**'Beiblatt** n supplement (zu to).

**'beibringen** v/t. (irr. bringen, sep., -ge-, h) bring forward; produce (witness, etc.); j-m et. ~ impart (news, etc.) to s.o.; teach s.o. s.th.; inflict (defeat, wound, etc.) on s.o.

**Beichte** ['baɪçtə] f (-/-n) confession; 2**n** v/t. and v/i. (ge-, h) confess.

**beide** adj. ['baɪdə] both; nur wir ~ just the two of us; in ~n Fällen in either case.

**beider|lei** adj. ['baɪdərlaɪ] of both kinds; ~ Geschlechts of either sex; **~seitig** **1.** adj. on both sides; mutual; **2.** adv. mutually; **~seits** **1.** prp. on both sides (gen. of); **2.** adv. mutually.

**'Beifahrer** m (-s/-) (front-seat) passenger; assistant driver; motor racing: co-driver.

'**Beifall** m (-[e]s/no pl.) approbation; applause; cheers pl.
'**beifällig** adj. approving; favo(u)rable.
'**Beifallsruf** m acclaim; ~e pl. cheers pl.
'**beifügen** v/t. (sep., -ge-, h) add; enclose.
'**Beigeschmack** m (-[e]s/no pl.) slight flavo(u)r; smack (of) (a. fig.).
'**Beihilfe** f aid; allowance; for study: grant; for project: subsidy; ₤ aiding and abetting; j-m ~ leisten ₤ aid and abet s.o.
'**beikommen** v/i. (irr. kommen, sep., -ge-, sein) get at.
**Beil** [bail] n (-[e]s/-e) hatchet; chopper; cleaver; ax(e).
'**Beilage** f supplement (to newspaper); F trimming; pl. (of meal): vegetables pl.
**beiläufig** adj. ['bailɔyfiç] casual; incidental.
'**beileg|en** v/t. (sep., -ge-, h) add (dat. to); enclose; settle (dispute); '2ung f (-/-en) settlement.
**Beileid** ['bailait] n condolence; j-m sein ~ bezeigen condole with s.o. (zu on, upon).
'**beiliegen** v/i. (irr. liegen, sep., -ge-, h) be enclosed (dat. with).
'**beimessen** v/t. (irr. messen, sep., -ge-, h) attribute (dat. to), ascribe (to); attach (importance) (to).
'**beimisch|en** v/t. (sep., -ge-, h): e-r Sache et. ~ mix s.th. with s.th.; '2ung f (-/-en) admixture.
**Bein** [bain] n (-[e]s/-e) leg; bone.
'**beinah(e)** adv. almost, nearly.
'**Beiname** m appellation; nickname.
'**Beinbruch** m fracture of the leg.
**beiordnen** ['bai°-] v/t. (sep., -ge-, h) adjoin; co-ordinate (a. gr.).
'**beipflichten** v/i. (sep., -ge-, h) agree with s.o.; assent to s.th.
'**Beirat** m (-[e]s/-e) adviser, counsel(l)or; advisory board.
**be'irren** v/t. (no -ge-, h) confuse.
**beisammen** adv. ['baiˈzamən] together.
'**Beisein** n (presence of: im ~ (gen.) or von in the presence of s.o., in s.o.'s presence.
**bei'seite** adv. aside, apart; Spaß ~! joking apart!
'**beisetz|en** v/t. (sep., -ge-, h) bury, inter; '2ung f (-/-en) burial, funeral.
'**Beisitzer** ₤ m (-s/-) assessor; associate judge; member (of committee).
'**Beispiel** n example, instance; zum ~ for example or instance; '2haft adj. exemplary; '2los adj. unprecedented, unparalleled; unheard of.
**beißen** ['baisən] (irr., ge-, h) 1. v/t. bite; fleas, etc.: bite, sting; 2. v/i. bite (auf acc. on; in acc. into); fleas, etc.: bite, sting; smoke: bite, burn (in dat. in); pepper, etc.: bite,

burn (auf dat. on); '~d adj. biting, pungent (both a. fig.); pepper, etc.: hot.
'**Beistand** m assistance.
'**beistehen** v/i. (irr. stehen, sep., -ge-, h): j-m ~ stand by or assist or help s.o.
'**beisteuern** v/t. and v/i. (sep., -ge-, h) contribute (zu to).
**Beitrag** ['baitraːk] m (-[e]s/-e) contribution; share; subscription, Am. dues pl.; article (in newspaper, etc.).
'**bei|treten** v/i. (irr. treten, sep., -ge-, sein) join (political party, etc.); '2tritt m joining.
'**Beiwagen** m side-car (of motorcycle); trailer (of tram).
'**Beiwerk** n accessories pl.
'**beiwohnen** v/i. (sep., -ge-, h) assist or be present at, attend.
**bei'zeiten** adv. early; in good time.
**beizen** ['baitsən] v/t. (ge-, h) corrode; metall. pickle; bate (hides); stain (wood); 𝓼 cauterize; hunt. hawk.
**bejahen** [bəˈjaːən] v/t. (no -ge-, h) answer in the affirmative, affirm; ~d adj. affirmative.
**be'jahrt** adj. aged.
**Bejahung** f (-/-en) affirmation, affirmative answer; fig. acceptance.
**be'jammern** s. beklagen.
**be'kämpfen** v/t. (no -ge-, h) fight (against), combat; fig. oppose.
**bekannt** adj. [bəˈkant] known (dat. to); j-n mit j-m ~ machen introduce s.o. to s.o.; 2e m, f (-n/-n) acquaintance, mst friend; ~lich adv. as you know; '~machen v/t. (sep., -ge-, h) make known; '2machung f (-/-en) publication; public notice; '2schaft f (-/-en) acquaintance.
**be'kehr|en** v/t. (no -ge-, h) convert; 2te m, f (-n/-n) convert; '2ung f (-/-en) conversion (zu to).
**be'kenn|en** v/t. (irr. kennen, no -ge-, h) admit; confess; sich schuldig ~ ₤ plead guilty; sich ~ zu declare o.s. for; profess s.th.; 2tnis n (-ses/ -se) confession; creed.
**be'klagen** v/t. (no -ge-, h) lament, deplore; sich ~ complain (über acc. of, about); ~swert adj. deplorable, pitiable.
**Beklagte** [bəˈklaːktə] m, f (-n/-n) civil case: defendant, the accused.
**be'klatschen** v/t. (no -ge-, h) applaud, clap.
**be'kleben** v/t. (no -ge-, h) glue or stick s.th. on s.th.; mit Etiketten ~ label s.th.; mit Papier ~ paste s.th. up with paper; e-e Mauer mit Plakaten ~ paste (up) posters on a wall.
**bekleckern** F [bəˈklekərn] v/t. (no -ge-, h) stain (garment); sich ~ soil one's clothes.
**be'klecksen** v/t. (no -ge-, h) stain, daub; blot.

be'kleid|en v/t. (no -ge-, h) clothe, dress; hold, fill (office, etc.); ~ mit invest with; 2ung f clothing, clothes pl.

be'klemm|en v/t. (no -ge-, h) oppress; 2ung f (-/-en) oppression; anguish, anxiety.

be'kommen (irr. kommen, no -ge-) 1. v/t. (h) get, receive; obtain; get, catch (illness); have (baby); catch (train, etc.); Zähne ~ teethe, cut one's teeth; 2. v/i. (sein): j-m (gut) ~ agree with s.o.; j-m nicht or schlecht ~ disagree with s.o.

bekömmlich adj. [bə'kœmliç] wholesome (dat. to).

beköstig|en [bə'kœstigən] v/t. (no -ge-, h) board, feed; 2ung f (-/-en) board(ing).

be'kräftig|en v/t. (no -ge-, h) confirm; 2ung f (-/-en) confirmation.

be'kränzen v/t. (no -ge-, h) wreathe; festoon.

be'kritteln v/t. (no -ge-, h) carp at, criticize.

be'kümmern v/t. (no -ge-, h) afflict, grieve; trouble; s. kümmern.

be'laden v/t. (irr. laden, no -ge-, h) load; fig. burden.

Belag [bə'la:k] m (-[e]s/-e) covering; ⊕ coat(ing); surface (of road); foil (of mirror); ❖ fur (on tongue); (slices of) ham, etc. (on bread); filling (of roll).

Belager|er [bə'la:gərər] m (-s/-) besieger; 2n v/t. (no -ge-, h) besiege; beleaguer; ~ung f siege.

Belang [bə'laŋ] m (-[e]s/-e) importance; ~e pl. interests pl.; 2en v/t. (no -ge-, h) concern; ⅌ sue; 2los adj. unimportant; ~losigkeit f (-/-en) insignificance.

be'lasten v/t. (no -ge-, h) load; fig. burden; ⅌ incriminate; mortgage (estate, etc.); j-s Konto (mit e-r Summe) ~ ✝ charge or debit s.o.'s account (with a sum).

belästig|en [bə'lɛstigən] v/t. (no -ge-, h) molest; trouble, bother; 2ung f molestation; trouble.

Be'lastung f (-/-en) load (a. ∮, ⊕); fig. burden; ✝ debit; encumbrance; ⅌ incrimination; erbliche ~ hereditary taint; ~szeuge ⅌ m witness for the prosecution.

be'laufen v/refl. (irr. laufen, no -ge-, h): sich ~ auf (acc.) amount to.

be'lauschen v/t. (no -ge-, h) overhear, eavesdrop on s.o.

be'leb|en fig. v/t. (no -ge-, h) enliven, animate; stimulate; ~t adj. street: busy, crowded; stock exchange: brisk; conversation: lively, animated.

Beleg [bə'le:k] m (-[e]s/-e) proof; ⅌ (supporting) evidence; document; voucher; 2en [~gən] v/t. (no -ge-, h) cover; reserve (seat, etc.); prove, verify; univ. enrol(l) or register for,

Am. a. sign up for (course of lectures, term); ein Brötchen mit et. ~ put s.th. on a roll, fill a roll with s.th.; ~schaft f (-/-en) personnel, staff, labo(u)r force; ~stelle f reference; 2t adj. engaged, occupied; hotel, etc.: full; voice: thick, husky; tongue: coated, furred; ~es Brot (open) sandwich.

be'lehr|en v/t. (no -ge-, h) instruct, inform; sich ~ lassen take advice; ~end adj. instructive; 2ung f (-/-en) instruction; information; advice.

beleibt adj. [bə'laıpt] corpulent, stout, bulky, portly.

beleidig|en [bə'laıdigən] v/t. (no -ge-, h) offend (s.o.; ear, eye, etc.); insult; ~end adj. offensive; insulting; 2ung f (-/-en) offen|ce, Am. -se; insult.

be'lesen adj. well-read.

be'leucht|en v/t. (no -ge-, h) light (up), illuminate (a. fig.); fig. shed or throw light on; 2ung f (-/-en) light(ing); illumination; 2ungskörper m lighting appliance.

be'licht|en phot. v/t. (no -ge-, h) expose; 2ung phot. f exposure.

Be'lieben n (-s/no pl.) will, choice; nach ~ at will; es steht in Ihrem ~ I leave it to you; 2ig 1. adj. any; jeder ~e anyone; 2. adv. at pleasure; ~ viele as many as you like; 2t adj. [~pt] popular (bei with); ~theit f (-/no pl.) popularity.

be'liefer|n v/t. (no -ge-, h) supply, furnish (mit with); 2ung f (-/no pl.) supply.

bellen ['bɛlən] v/i. (ge-, h) bark.

belobigen [bə'lo:bigən] v/t. (no -ge-, h) commend, praise.

be'lohn|en v/t. (no -ge-, h) reward; recompense; 2ung f (-/-en) reward; recompense.

be'lügen v/t. (irr. lügen, no -ge-, h): j-n ~ lie to s.o.

belustig|en [bə'lustigən] v/t. (no -ge-, h) amuse, entertain; sich ~ amuse o.s.; 2ung f (-/-en) amusement, entertainment.

bemächtigen [bə'mɛçtigən] v/refl. (no -ge-, h): sich e-r Sache ~ take hold of s.th., seize s.th.; sich e-r Person ~ lay hands on s.o., seize s.o.

be'malen v/t. (no -ge-, h) cover with paint; paint; daub.

bemängeln [bə'mɛŋəln] v/t. (no -ge-, h) find fault with, cavil at.

be'mannen v/t. (no -ge-, h) man.

be'merk|bar adj. perceptible; ~en v/t. (no -ge-, h) notice, perceive; remark, mention; ~enswert adj. remarkable (wegen for); 2ung f (-/-en) remark.

bemitleiden [bə'mıtlaıdən] v/t. (no -ge-, h) pity, commiserate (with); ~swert adj. pitiable.

be'müh|en v/t. (no -ge-, h) trouble (j-n in or wegen et. s.o. about s.th.);

*sich ~* trouble o.s.; endeavo(u)r; *sich um e-e Stelle ~* apply for a position; 2ung *f* (*-/-en*) trouble; endeavo(u)r, effort.

be'nachbart *adj.* neighbo(u)ring; adjoining, adjacent (to).

benachrichtig|en [bə'naxriçtigən] *v/t.* (*no -ge-, h*) inform, notify; ✝ advise; 2ung *f* (*-/-en*) information; notification; ✝ advice.

benachteilig|en [bə'naxtailigən] *v/t.* (*no -ge-, h*) place *s.o.* at a disadvantage, discriminate against *s.o.*; handicap; *sich benachteiligt fühlen* feel handicapped *or* at a disadvantage; 2ung *f* (*-/-en*) disadvantage; discrimination; handicap.

be'nehmen 1. *v/refl.* (*irr.* nehmen, *no -ge-, h*) behave (o.s.); 2. 2 *n* (*-s/no pl.*) behavio(u)r, conduct.

be'neiden *v/t.* (*no -ge-, h*) envy (*j-n um et. s.o.* a.th.); *~swert adj.* enviable.

be'nennen *v/t.* (*irr.* nennen, *no -ge-, h*) name.                [rascal; urchin.]

Bengel ['bɛŋəl] *m* (*-s/-*) (little)

benommen *adj.* [bə'nɔmən] bemused, dazed, stunned; *~ sein* be in a daze.

be'nötigen *v/t.* (*no -ge-, h*) need, require, want.

be'nutz|en *v/t.* (*no -ge-, h*) use (*a. patent, etc.*); make use of; avail o.s. of (*opportunity*); take (*tram, etc.*); 2ung *f* use.

Benzin [bɛn'tsiːn] *n* (*-s/-e*) ⚗ benzine; *mot.* petrol, F juice; *Am.* gasoline, F gas; *~motor m* petrol engine, *Am.* gasoline engine; *~. Tank.*

beobacht|en [bə'oːbaxtən] *v/t.* (*no -ge-, h*) observe; watch; *polics:* shadow; 2er *m* (*-s/-*) observer; 2ung *f* (*-/-en*) observation.

beordern [bə'ɔrdərn] *v/t.* (*no -ge-, h*) order, command.

be'packen *v/t.* (*no -ge-, h*) load (*mit* with).                [(*mit* with).]

be'pflanzen *v/t.* (*no -ge-, h*) plant]

bequem *adj.* [bə'kveːm] convenient; comfortable; *p.:* easy-going, lazy; *~en v/refl.* (*no -ge-, h*): *sich ~ zu* condescend to; consent to; 2lichkeit *f* (*-/-en*) convenience; comfort, ease; indolence.

be'rat|en (*irr.* raten, *no -ge-, h*) 1. *v/t.* advise *s.o.*; consider, debate, discuss *s.th.*; *sich ~ confer (mit j-m with s.o.; über et.* on *or* about s.th.); 2. *v/i.* confer; *über et. ~ consider*, debate, discuss a.th., confer on *or* about s.th.; 2er *m* (*-s/-*) adviser, counsel(l)or; consultant; *~schlagen* (*no -ge-, h*) 1. *v/i. s.* beraten 2; 2. *v/refl.* confer (*mit j-m* with s.o.; *über et.* on *or* about s.th.); 2ung *f* (*-/-en*) advice; debate; consultation; conference; 2ungsstelle *f* advisory bureau.

be'raub|en *v/t.* (*no -ge-, h*) rob, deprive (*gen.* of); 2ung *f* (*-/-en*) robbery, deprivation.

be'rauschen *v/t.* (*no -ge-, h*) intoxicate (*a. fig.*).

be'rechn|en *v/t.* (*no -ge-, h*) calculate; ✝ charge (*zu* at); *~end adj.* calculating, selfish; 2ung *f* calculation.

berechtig|en [bə'rɛçtigən] *v/t.* (*no -ge-, h*) *j-n ~ zu* entitle s.o. to; authorize s.o. to; *~t adj.* (*-çt*) entitled (*zu* to); qualified (to); *claim:* legitimate; 2ung *f* (*-/-en*) title (*zu* to); authorization.

be'red|en *v/t.* (*no -ge-, h*) talk *s.th.* over; persuade *s.o.*; gossip about *s.o.*; 2samkeit [*~zaːmkait*] *f* (*-/no pl.*) eloquence; *~t adj.* [*~t*] eloquent (*a. fig.*).

Be'reich *m, n* (*-[e]s/-e*) area; reach; *fig.* scope, sphere; *science, etc.:* field, province; 2ern *v/t.* (*no -ge-, h*) enrich; *sich ~ enrich o.s.; ~erung f* (*-/-en*) enrichment.

be'reif|en *v/t.* (*no -ge-, h*) hoop (*barrel*); tyre, (*Am. only*) tire (*wheel*); 2ung *f* (*-/-en*) (set of) tyres *pl.*, (*Am. only*) (set of) tires *pl.*

be'reisen *v/t.* (*no -ge-, h*) tour (in), travel (over); *commercial traveller:* cover (*district*).

bereit *adj.* [bə'rait] ready, prepared; *~en v/t.* (*no -ge-, h*) prepare; give (*joy, trouble, etc.*); *~s adv.* already; 2schaft *f* (*-/-en*) readiness; *police:* squad; *~stellen v/t.* (*sep., -ge-, h*) place *s.th.* ready; provide; 2ung *f* (*-/-en*) preparation; *~willig adj.* ready, willing; 2willigkeit *f* (*-/no pl.*) readiness, willingness.

be'reuen *v/t.* (*no -ge-, h*) repent (of); regret, rue.

Berg [bɛrk] *m* (*-[e]s/-e*) mountain; hill; *~e pl. von* F heaps *pl.* of, piles *pl.* of; *über den ~ sein* be out of the wood, *Am.* be out of the woods; *über alle ~e* off and away; *die Haare standen ihm zu ~e* his hair stood on end; 2'ab *adv.* downhill (*a. fig.*); 2'an *adv. s.* bergauf; *~arbeiter m* miner; 2'auf *adv.* uphill (*a. fig.*); *~bahn* 🚞 *f* mountain railway; *~bau m* (*-[e]s/pl.*) mining.

bergen ['bɛrgən] *v/t.* (*irr., ge-, h*) save; rescue *s.o.*; ⚓ salvage, salve.

bergig *adj.* ['bɛrgiç] mountainous, hilly.

'Berg|kette *f* mountain chain *or* range; *~mann* 🗻 *m* (*-[e]s/Bergleute*) miner; *~predigt f* (*-/no pl.*) *the* Sermon on the Mount; *~recht n* mining laws *pl.*; *~rennen mot. n* mountain race; *~rücken m* ridge; *~rutsch m* landslide, landalip; *~spitze f* mountain peak; *~steiger m* (*-s/-*) mountaineer; *~sturz m s.* Bergrutsch.

'Bergung f (-/-en) ⚓ salvage; rescue; ~arbeiten ['berguŋs⁹-] f/pl. salvage operations pl.; rescue work.

'Bergwerk n mine; ~aktien ['berkvɛrks⁹-] f/pl. mining shares pl.

Bericht [bə'riçt] m (-[e]s/-e) report (über acc. on); account (of); 2en (no -ge-, h) 1. v/t. report; j-m et. ~ inform s.o. of s.th.; tell s.o. about s.th.; 2. v/i. report (über acc. on); journalist: a. cover (über et. s.th.); ~erstatter m (-s/-) reporter; correspondent; ~erstattung f reporting; report(s pl.).

berichtig|en [bə'riçtigən] v/t. (no -ge-, h) correct (s.o.; error, mistake, etc.); put right (mistake); emend (corrupt text); † settle (claim, debt, etc.); 2ung f (-/-en) correction; emendation; settlement.

be'riechen v/t. (irr. riechen, no -ge-, h) smell or sniff at.

Berliner [bɛr'li:nər] 1. m (-s/-) Berliner; 2. adj. (of) Berlin.

Bernstein ['bɛrnʃtam] m amber; schwarzer ~ jet.

bersten ['bɛrstən] v/i. (irr., ge-, sein) burst (fig. vor dat. with).

berüchtigt adj. [bə'ryçtiçt] notorious (wegen for), ill-famed.

berücksichtig|en [bə'rykziçtigən] v/t. (no -ge-, h) take s.th. into consideration, pay regard to s.th.; consider s.o.; 2ung f (-/-en) consideration; regard.

Beruf [bə'ru:f] m (-[e]s/-e) calling; profession; vocation; trade; occupation; 2en 1. v/t. (irr. rufen, no -ge-, h): j-n zu e-m Amt ~ appoint s.o. to an office; sich auf j-n ~ refer to s.o.; 2. adj. competent; qualified; 2lich adj. professional; vocational.

Be'rufs|ausbildung f vocational or professional training; ~beratung f vocational guidance; ~kleidung f work clothes pl.; ~krankheit f occupational disease; ~schule f vocational school; ~spieler m sports: professional (player); 2tätig adj. working; ~tätige [~gə] pl. working people pl.

Be'rufung f (-/-en) appointment (zu to); ⅞ appeal (bei dat. to); reference (auf acc. to); ~sgericht n court of appeal.

be'ruhen v/i. (no -ge-, h): ~ auf (dat.) rest or be based on; et. auf sich ~ lassen let a matter rest.

beruhig|en [bə'ru:igən] v/t. (no -ge-, h) quiet, calm; soothe; sich ~ calm down; 2ung f (-/-en) calming (down); soothing; comfort; 2ungsmittel ⚕ n sedative.

berühmt adj. [bə'ry:mt] famous (wegen for); celebrated; 2heit f (-/-en) fame, renown; famous or celebrated person, celebrity; person of note.

be'rühr|en v/t. (no -ge-, h) touch (a. fig.); touch (up)on (subject); 2ung f (-/-en) contact; touch; in ~ kommen mit come into contact with.

be'sag|en v/t. (no -ge-, h) say; mean, signify; ~t adj. [..kt] (afore-) said; above(-mentioned).

besänftigen [bə'zɛnftigən] v/t. (no -ge-, h) appease, calm, soothe.

Be'satz m (-es/⸗e) trimming; braid.

Be'satzung f ✕ occupation troops pl.; ✕ garrison; ⚓, ≾ crew; ~smacht ✕ f occupying power.

be'schädig|en v/t. (no -ge-, h) damage, injure; 2ung f damage, injury (gen. to).

be'schaffen 1. v/t. (no -ge-, h) procure; provide; raise (money); 2. adj.: gut (schlecht) ~ sein be in good (bad) condition or state; 2heit f (-/-en) state, condition; properties pl.

beschäftig|en [bə'ʃɛftigən] v/t. (no -ge-, h) employ, occupy; keep busy; sich ~ occupy or busy o.s.; 2ung f (-/-en) employment; occupation.

be'schäm|en v/t. (no -ge-, h) (put to) shame, make s.o. feel ashamed; ~end adj. shameful; humiliating; ~t adj. ashamed (über acc. of); 2ung f (-/-en) shame; humiliation.

beschatten [bə'ʃatən] v/t. (no-ge-, h) shade; fig. shadow s.o., Am. sl. tail s.o.

be'schau|en v/t. (no -ge-, h) look at, view; examine, inspect (goods, etc.); ~lich adj. contemplative, meditative.

Bescheid [bə'ʃaɪt] m (-[e]s/-e) answer; ⅞ decision; information (über acc. on, about); ~ geben let s.o. know; ~ bekommen be informed or notified; ~ hinterlassen leave word (bei with, at); ~ wissen be informed, know, F be in the know.

bescheiden adj. [bə'ʃaɪdən] modest, unassuming; 2heit f (-/no pl.) modesty.

bescheinig|en [bə'ʃaɪnigən] v/i. (no -ge-, h) certify, attest; den Empfang ~ acknowledge receipt; es wird hiermit bescheinigt, daß this is to certify that; 2ung f (-/-en) certification, attestation; certificate; receipt; acknowledgement.

be'schenken v/t. (no -ge-, h): j-n ~ make s.o. a present; j-n mit et. ~ present s.o. with s.th.; j-n reichlich ~ shower s.o. with gifts.

be'scher|en v/t. (no -ge-, h): j-n ~ give s.o. presents (esp. for Christmas); 2ung f (-/-en) presentation of gifts; F fig. mess.

be'schieß|en v/t. (irr. schießen, no -ge-, h) fire or shoot at or on; bombard (a. phys.), shell; 2ung f (-/-en) bombardment.

be'schimpf|en v/t. (no -ge-, h) abuse, insult; call s.o. names; 2ung f (-/-en) abuse; insult, affront.

be'schirmen v/t. (no -ge-, h) shelter, shield, guard, protect (vor dat. from); defend (against).

be'schlafen v/t. (irr. schlafen, no -ge-, h): et. ~ sleep on a matter, take counsel of one's pillow.

Be'schlag m ⊕ metal fitting(s pl.); furnishing(s pl.) (of door, etc.); shoe (of wheel, etc.); (horse)shoe; ⚓ seizure, confiscation; in ~ nehmen, mit ~ belegen seize; ⚓ seize, attach (real estate, salary, etc.); confiscate (goods, etc.); monopolize s.o.'s attention.

be'schlagen 1. v/t. (irr. schlagen, no -ge-, h) cover (mit with); ⊕ fit, mount; shoe (horse); hobnail (shoe); 2. v/i. (irr. schlagen, no -ge-, h) window, wall, etc.: steam up; mirror, etc.: cloud or film over; 3. adj. windows, etc.: steamed-up; fig. well versed (auf, in dat. in).

Beschlagnahme [bə'flaːknaːmə] f (-/-n) seizure, confiscation of contraband goods, etc.); ⚓ sequestration, distraint (of property); ⚔ requisition (of houses, etc.); embargo, detention (of ship); ⚓n v/t. (no -ge-, h) seize; attach (real estate); confiscate; ⚓ sequestrate, distrain upon (property); ⚔ requisition; ⚓ embargo.

beschleunig|en [bə'flɔʏnigən] v/t. (no -ge-, h) mot. accelerate; hasten, speed up; s-e Schritte ~ quicken one's steps; 2ung f (-/-en) acceleration.

be'schließen v/t. (irr. schließen, no -ge-, h) end, close, wind up; resolve, decide.

Be'schluß m decision, resolution, Am. a. resolve; ⚓ decree; 2fähig adj.: ~ sein form or have a quorum; ~fassung f (passing of a) resolution.

be'schmieren v/t. (no -ge-, h) (be)smear (with grease, etc.).

be'schmutzen v/t. (no -ge-, h) soil (a. fig.), dirty; bespatter.

be'schneiden v/t. (irr. schneiden, no -ge-, h) clip, cut; lop (tree); trim, clip (hair, hedge, etc.); dress (vine-stock, etc.); fig. cut down, curtail, F slash.

beschönig|en [bə'føːnigən] v/t. (no -ge-, h) gloss over, palliate; 2ung f (-/-en) gloss, palliation.

beschränk|en [bə'frɛŋkən] v/t. (no -ge-, h) confine, limit, restrict, Am. a. curb; sich ~ auf (acc.) confine o.s. to; ~t fig. adj. of limited intelligence; 2ung f (-/-en) limitation, restriction.

be'schreib|en v/t. (irr. schreiben, no -ge-, h) write on (piece of paper, etc.), cover with writing; describe, give a description of; 2ung f (-/-en) description; account.

be'schrift|en v/t. (no -ge-, h) in-scribe; letter; 2ung f (-/-en) in-scription; lettering.

beschuldig|en [bə'fuldigən] v/t. (no -ge-, h) accuse (gen. of [doing] s.th.), esp. ⚓ charge (with); 2te [..ktə] m,f (-n/-n) the accused; 2ung f (-/-en) accusation, charge.

Be'schuß m (Beschusses/no pl.) bombardment.

be'schütz|en v/t. (no -ge-, h) protect, shelter, guard (vor dat. from); 2er m (-s/-) protector; 2ung f (-/-en) protection.

be'schwatzen v/t. (no -ge-, h) talk s.o. into (doing) s.th., coax s.o. into (doing s.th.).

Beschwerde [bə'veːrdə] f (-/-n) trouble; ⚕ complaint; complaint (über acc. about); ⚓ objection (gegen to); ~buch n complaints book.

beschwer|en [bə'veːrən] v/t. (no -ge-, h) burden (a. fig.); weight (loose sheets, etc.); lie heavy on (stomach); weigh on (mind, etc.); sich ~ complain (über acc. about, of; bei to); ~lich adj. troublesome.

beschwichtigen [bə'viçtigən] v/t. (no -ge-, h) appease, calm (down), soothe.

be'schwindeln v/t. (no -ge-, h) tell a fib or lie; cheat, F diddle (um out of).

be'schwipst F adj. tipsy.

be'schwör|en v/t. (irr. schwören, no -ge-, h) take an oath on s.th.; implore or entreat s.o.; conjure (up), invoke (spirit); 2ung f (-/-en) conjuration.

be'seelen v/t. (no -ge-, h) animate, inspire.

be'sehen v/t. (irr. sehen, no -ge-, h) look at; inspect; sich et. ~ look at s.th.; inspect s.th.

beseitig|en [bə'zaitigən] v/t. (no -ge-, h) remove, do away with; 2ung f (-/-en) removal.

Besen ['beːzən] m (-s/-) broom; ~stiel m broomstick.

besessen· adj. [bə'zɛsən] obsessed, possessed (von by, with); wie ~ like mad; 2e m,f (-n/-n) demoniac.

be'setz|en v/t. (no -ge-, h) occupy (seat, table, etc.); fill (post, etc.); man (orchestra); thea. cast (play); ⚔ occupy; trim (dress, etc.); set (crown with jewels, etc.); ~t adj. engaged, occupied; seat: taken; F bus, etc.: full up; hotel: full; teleph. engaged, Am. busy; 2ung f (-/-en) thea. cast; ⚔ occupation.

besichtig|en [bə'ziçtigən] v/t. (no -ge-, h) view, look over; inspect (a. ⚔); visit; 2ung f (-/-en) sightseeing; visit (gen. to); inspection (a. ⚔).

be'siedel|n v/t. (no -ge-, h) colonize, settle; populate; 2ung f (-/-en) colonization, settlement.

**be'siegeln** *v/t.* (*no -ge-, h*) zeal (*a. fig.*).

**be'siegen** *v/t.* (*no -ge-, h*) conquer; defeat, beat (*a. sports*).

**be'sinn|en** *v/refl.* (*irr. sinnen, no -ge-, h*) reflect, consider; *sich ~ auf* (*acc.*) remember, think of; *~lich adj.* reflective, contemplative.

**Be'sinnung** *f* (*-/no pl.*) reflection; consideration; consciousness; (*wieder*) *zur ~ kommen* recover consciousness; *fig.* come to one's senses; *2alos adj.* unconscious.

**Be'sitz** *m* possession; *in ~ nehmen, ~ ergreifen von* take possession of; *2anzeigend gr. adj.* possessive; *2en v/t.* (*irr. sitzen, no -ge-, h*) possess; *~er m* (*-s/-*) possessor, owner, proprietor; *den ~ wechseln* change hands; *~ergreifung f* taking possession (*von of*), occupation; *~tum n* (*-s/-er*), *~ung f* (*-/-en*) possession; property; estate.

**be'sohlen** *v/t.* (*no -ge-, h*) sole.

**besold|en** [bə'zɔldən] *v/t.* (*no -ge-, h*) pay a salary to (*civil servant, etc.*); pay (*soldier*); *2ung f* (*-/-en*) pay; salary.

**besonder** *adj.* [bə'zɔndər] particular, special; peculiar; separate; *2heit f* (*-/-en*) particularity, peculiarity; *~s adv.* especially, particularly; chiefly, mainly; separately.

**besonnen** *adj.* [bə'zɔnən] sensible, considerate, level-headed; prudent; discreet; *2heit f* (*-/no pl.*) considerateness; prudence; discretion; presence of mind.

**be'sorg|en** *v/t.* (*no -ge-, h*) get (*j-m et. s.o. s.th.*), procure (*s.th. for s.o.*); do, manage; *2nis* (*~knis*) *f* (*-/-se*) apprehension, fear, anxiety, concern (*über acc. about, at*); *~niserregend adj.* alarming; *~t adj.* (*~kt*) uneasy (*um about*); worried (*about*), concerned (*about*); anxious (*um for, about*); *2ung f* (*-/-en*) procurement; management; errand; *~en machen* go shopping.

**be'sprech|en** *v/t.* (*irr. sprechen, no -ge-, h*) discuss, talk *s.th.* over; arrange; review (*book, etc.*); *sich ~ mit* confer with (*über acc. about*); *2ung f* (*-/-en*) discussion; review; conference.

**be'spritzen** *v/t.* (*no -ge-, h*) splash, (be)spatter.

**besser** ['bɛsər] 1. *adj.* better; superior; 2. *adv.* better; *~n v/t.* (*ge-, h*) (make) better, improve; reform; *sich ~* get or become better, improve, change for the better; mend one's ways; *2ung f* (*-/-en*) improvement; change for the better; reform (*of character*); *F* improvement, recovery; *gute ~!* I wish you a speedy recovery!

**best** [bɛst] 1. *adj.* best; *der erste ~e* (just) anybody; *~en Dank* thank

you very much; *sich von s-r ~en Seite zeigen* be on one's best behavio(u)r; 2. *adv.* best; *am ~en* best; *aufs ~e, ~ens* in the best way possible; *zum ~en geben* recite (*poem*), tell (*story*), oblige with (*song*); *j-n zum ~en haben or halten* make fun of s.o., F pull s.o.'s leg; *ich danke ~ens* I thank you very much!

**Be'stand** *m* (continued) existence; continuance; stock; ✝ stock-in-trade; ✝ cash in hand; *~ haben* be lasting, last.

**be'ständig** *adj.* constant, steady; lasting; continual; *weather:* settled; *2keit f* (*-/-en*) constancy, steadiness; continuance.

**Bestand|saufnahme** ✝ [bə-'ʃtants⁹-] *f* stock-taking, *Am.* inventory; *~teil m* component, constituent; element, ingredient; part.

**be'stärken** *v/t.* (*no -ge-, h*) confirm, strengthen, encourage (*in dat. in*).

**bestätig|en** [bə'ʃtɛːtɪgən] *v/t.* confirm (*a. ✝ verdict, ✝ order*); attest; verify (*statement, etc.*); ratify (*law, treaty*); ✝ acknowledge (*receipt*); *2ung f* (*-/-en*) confirmation; attestation; verification; ratification; acknowledgement.

**bestatt|en** [bə'ʃtatən] *v/t.* (*no -ge-, h*) bury, inter; *2ung f* (*-/-en*) burial, interment; funeral; *2ungsinstitut* [bə'ʃtatʊŋs⁹-] *n* undertakers *pl.*

**'Beste** 1. *n* (*-n/no pl.*) the best (thing); *zu deinem ~n* in your interest; *zum ~n der Armen* for the benefit of the poor; *das ~ daraus machen* make the best of it; 2. *m, f* (*-n/-n*): *er ist der ~ in s-r Klasse* he is the best in his class.

**Besteck** [bə'ʃtɛk] *n* (*-[e]s/-e*) ⚕ (case or set of) surgical instruments *pl.*; (single set of) knife, fork and spoon; (complete set of) cutlery, *Am. a.* flatware.

**be'stehen** 1. *v/t.* (*irr. stehen, no -ge-, h*) come off victorious in (*combat, etc.*); have (*adventure*); stand, undergo (well) (*test, trial*); pass (*test, examination*); 2. *v/i.* (*irr. stehen, no -ge-, h*) be, exist; continue, last; *auf* (*dat.*) insist (up)on; *~ aus* consist of; 3. *2 n* (*-s/no pl.*) existence; continuance; passing.

**be'stehlen** *v/t.* (*irr. stehlen, no -ge-, h*) steal from, rob.

**be'steig|en** *v/t.* (*irr. steigen, no -ge-, h*) climb (up) (*mountain, tree, etc.*); mount (*horse, bicycle, etc.*); ascend (*throne*); get into or on, board (*bus, train, plane*); *2ung f* ascent; accession (*to throne*).

**be'stell|en** *v/t.* (*no -ge-, h*) order; ✝ *a.* place an order for; subscribe to (*newspaper, etc.*); book, reserve (*room, seat, etc.*); make an appointment with s.o.; send for (*taxi, etc.*); cultivate, till (*soil, etc.*); give (*mes-*

*sage, greetings*); *j-n zu sich ~* send for s.o.; 2ung *f* order; subscription (to); booking, *esp. Am.* reservation; ♂ cultivation; message.

'besten'falls *adv.* at (the) best.

be'steuer|n *v/t.* (*no -ge-*, *h*) tax; 2ung *f* taxation.

best|i'alisch *adj.* [bɛst'jaːliʃ] bestial; brutal; inhuman; *weather, etc.*: F beastly; 2e ['ˌjə] *f* (*-/-n*) beast; *fig.* brute, beast, inhuman person.

be'stimmen (*no -ge-*, *h*) 1. *v/t.* determine, decide; fix (*date, place, price, etc.*); appoint (*date, time, place, etc.*); prescribe; define (*species, word, etc.*); *j-n für* or *zu et. ~* designate *or* intend s.o. for s.th.; 2. *v/i.*: *~ über* (*acc.*) dispose of.

be'stimmt 1. *adj. voice, manner, etc.*: decided, determined, firm; *time, etc.*: appointed, fixed; *point, number, etc.*: certain; *answer, etc.*: positive; *tone, answer, intention, idea*: definite (*a. gr.*); *~ nach* ⚓ ⚒ bound for; 2. *adv.* certainly, surely; 2heit *f* (*-/-en*) determination, firmness; certainty.

Be'stimmung *f* determination; destination (*of s.o. for the church, etc.*); designation, appointment (*of s.o. as successor, etc.*); definition; ⚒ provision (*in document*); (*amtliche*) *~en pl.* (official) regulations *pl.*; *~sort* [bə'ʃtimuŋsˀ-] *m* destination.

be'strafen *v/t.* (*no -ge-*, *h*) punish (*wegen, für* for; *mit* with); 2ung *f* (*-/-en*) punishment.

be'strahl|en *v/t.* (*no -ge-*, *h*) irradiate (*a.* ♀); 2ung *f* irradiation; ♂ ray treatment, radiotherapy.

Be'streb|en *n* (*-s/no pl.*), *~ung f* (*-/-en*) effort, endeavo(u)r.

be'streichen *v/t.* (*irr. streichen, no -ge-*, *h*) coat, cover; spread; *mit Butter ~* butter.

be'streiten *v/t.* (*irr. streiten, no -ge-*, *h*) contest, dispute, challenge (*point, right, etc.*); deny (*facts, guilt, etc.*); defray (*expenses, etc.*); fill (*programme*).

be'streuen *v/t.* (*no -ge-*, *h*) strew, sprinkle (*mit* with); *mit Mehl ~* flour; *mit Zucker ~* sugar.

be'stürmen *v/t.* (*no -ge-*, *h*) storm, assail (*a. fig.*); pester, plague (*s.o. with questions, etc.*).

be'stürz|t *adj.* dismayed, struck with consternation (*über acc.* at); 2ung *f* (*-/-en*) consternation, dismay.

Besuch [bə'zuːx] *m* (*-[e]s/-e*) visit (*gen., bei, in dat.* to); call (*bei* on; *in dat.* at); attendance (*gen.* at) (*lecture, church, etc.*); visitor(s *pl.*), company; 2en *v/t.* (*no -ge-*, *h*) visit; call on, go to see; attend (*school, etc.*); frequent; *~er m* visitor, caller; *~szeit f* visiting hours *pl.*

be'tasten *v/t.* (*no -ge-*, *h*) touch, feel, finger; ♂ palpate.

betätigen [bə'tɛːtigən] *v/t.* (*no -ge-*, *h*) ⊕ operate (*machine, etc.*); put on, apply (*braks*); *sich ~ als* act or work as; *sich politisch ~* dabble in politics.

betäub|en [bə'tɔʏbən] *v/t.* (*no -ge-*, *h*) stun (*a. fig.*), daze (*by blow, noise, etc.*); deafen (*by noise, etc.*); *slaughtering*: stun (*animal*); ♂ an(a)esthetize; 2ung *f* (*-/-en*) ♂ an(a)esthetization; ♂ an(a)esthesia; *fig.* stupefaction; 2ungsmittel ♂ *n* narcotic, an(a)esthetic.

beteilig|en [bə'tailigən] *v/t.* (*no -ge-*, *h*); *j-n ~* give s.o. a share (*an dat.* in); *sich ~* take part (*an dat., bei* in), participate (*a. ⚒*) (*in*); 2te [*~çtə*] *m, f* (*-n/-n*) person or party concerned; 2ung *f* (*-/-en*) participation (*a. ⚒, ⚒*), partnership; share, interest (*a. ⚒*).

beten ['beːtən] *v/i.* (*ge-, h*) pray (*um* for), say one's prayers; *at table:* say grace

be'teuer|n *v/t.* (*no -ge-*, *h*) protest (*one's innocence*); swear (*to s.th.*; *that*); 2ung *f* protestation; solemn declaration.

be'titeln *v/t.* (*no -ge-*, *h*) entitle (*book, etc.*); style (*s.o. 'baron', etc.*).

Beton ⊕ [be'tõ:; be'tɔn] *m* (*-s/-s; -s/-e*) concrete.

be'tonen *v/t.* (*no -ge-*, *h*) stress; *fig. a.* emphasize.

betonieren [betoˈniːrən] *v/t.* (*no -ge-*, *h*) concrete.

Be'tonung *f* (*-/-en*) stress; emphasis.

betör|en [bəˈtøːrən] *v/t.* (*no -ge-*, *h*) dazzle; infatuate, bewitch; 2ung *f* (*-/-en*) infatuation.

Betracht [bə'traxt] *m* (*-[e]s/no pl.*): *in ~ ziehen* take into consideration; (*nicht*) *in ~ kommen* (not to) come into question; 2en *v/t.* (*no -ge-*, *h*) view; contemplate; *fig. a.* consider.

beträchtlich *adj.* [bə'trɛçtliç] considerable.

Be'trachtung *f* (*-/-en*) view; contemplation; consideration.

Betrag [bə'traːk] *m* (*-[e]s/-e*) amount, sum; 2en [*~gən*] 1. *v/t.* (*irr. tragen, no -ge-*, *h*) amount to; 2. *v/refl.* (*irr. tragen, no -ge-*, *h*) behave (o.s.); 3. 2 *n* (*-s/no pl.*) behavio(u)r, conduct.

be'trauen *v/t.* (*no -ge-*, *h*): *j-n mit et. ~* entrust *or* charge s.o. with s.th.

be'trauern *v/t.* (*no -ge-*, *h*) mourn (for, over).

Betreff [bə'trɛf] *m* (*-[e]s/-e*) *at head of letter:* reference; 2en *v/t.* (*irr. treffen, no -ge-*, *h*) befall; refer to; concern; *was ... betrifft* as for, as to; 2end *adj.* concerning; *das ~e Geschäft* the business referred to or in question; 2s *prp.* (*gen.*) concerning; as to.

be'treiben 1. v/t. (irr. treiben, no -ge-, h) carry on (business, etc.); pursue (one's studies); operate (railway line, etc.); 2. 2 n (-s/no pl.): auf ~ von at or by s.o.'s instigation.

be'treten 1. v/t. (irr. treten, no -ge-, h) step on; enter (room, etc.); 2. adj. embarrassed, abashed.

betreu|en [bə'trɔʏən] v/t. (no -ge-, h) look after; attend to; care for; 2ung f (-/no pl.) care (gen. of, for).

Betrieb [bə'tri:p] m (-[e]s/-e) working, running, esp. Am. operation; business, firm, enterprise; plant, works sg.; workshop, Am. a. shop; fig. bustle; in ~ working; 2sam adj. active; industrious.

Be'triebs|anleitung f operating instructions pl.; ~ausflug m firm's outing; ~ferien pl. (firm's, works) holiday; ~führer m s. Betriebsleiter; ~kapital n working capital; ~kosten pl. working expenses pl., Am. operating costs pl. ~leiter m (works) manager, superintendent; ~leitung f management; ~material n working materials pl.; 66 rolling stock; ~rat m works council; 2sicher adj. safe to operate; foolproof; ~störung f breakdown; ~unfall m industrial accident, accident while at work.

be'trinken v/refl. (irr. trinken, no -ge-, h) get drunk.

betroffen adj. [bə'trɔfən] afflicted (von by), stricken (with); fig. disconcerted.

be'trüben v/t. (no -ge-, h) grieve, afflict.

Be'trug m cheat(ing); fraud (a. ʒ⅓); deceit.

be'trüg|en v/t. (irr. trügen, no -ge-, h) deceive; cheat (a. at games); defraud; F skin; 2er m (-s/-) cheat, deceiver, impostor, confidence man, swindler, trickster; 2erisch adj. deceitful, fraudulent.

be'trunken adj. drunken; pred. drunk; 2e m (-n/-n) drunk(en man).

Bett n [bɛt] n (-[e]s/-en) bed; ~bezug m plumeau case; ~decke f blanket; bedspread, coverlet.

Bettel|brief ['bɛtəl-] m begging letter; ~ei [~'laɪ] f (-/-en) begging, mendicancy; 2n v/i. (ge-, h) beg (um for); ~ gehen go begging; '~stab m: an den ~ bringen reduce to beggary.

'Bett|gestell n bedstead; 2lägerig adj. ['~lɛːgərɪç] bedridden, confined to bed, Am. a. bedfast; '~laken n sheet.

Bettler ['bɛtlər] m (-s/-) beggar, Am. sl. panhandler.

'Bett|überzug m plumeau case; ~uch ['bɛttuːx] n sheet; '~vorleger m bedside rug; '~wäsche f bedlinen; '~zeug n bedding.

be'tupfen v/t. (no -ge-, h) dab.

beug|en ['bɔʏgən] v/t. (ge-, h) bend, bow; fig. humble, break (pride); gr. inflect (word), decline (noun, adjective); sich ~ bend (vor dat. to), bow (to); '2ung f (-/-en) bending; gr. inflection, declension.

Beule ['bɔʏlə] f (-/-n) bump, swelling; boil; on metal, etc.: dent.

beunruhig|en [bə'ʊnruːɪgən] v/t. (no -ge-, h) disturb, trouble, disquiet, alarm; sich ~ über (acc.) be uneasy about, worry about; 2ung f (-/no pl.) disturbance; alarm; uneasiness.

beurkund|en [bə'uːrkʊndən] v/t. (no -ge-, h) attest, certify, authenticate; 2ung f (-/-en) attestation, certification, authentication.

beurlaub|en [bə'uːrlaʊbən] v/t. (no -ge-, h) give or grant s.o. leave (of absence); give s.o. time off; suspend (civil servant, etc.); 2ung f (-/-en) leave (of absence); suspension.

beurteil|en [bə'uːrtaɪlən] v/t. (no -ge-, h) judge (nach by); 2ung f (-/-en) judg(e)ment.

Beute ['bɔʏtə] f (-/no pl.) booty, spoil(s pl.); loot; prey; hunt. bag; fig. prey, victim (gen. to).

Beutel ['bɔʏtəl] m (-s/-) bag; purse; pouch.

'Beutezug m plundering expedition.

bevölker|n [bə'fœlkərn] v/t. (no -ge-, h) people, populate; 2ung f (-/-en) population.

bevollmächtig|en [bə'fɔlmɛçtɪgən] v/t. (no -ge-, h) authorize, empower; 2te [~ɡtə] m,f (-n/-n) authorized person or agent, deputy; pol. plenipotentiary; 2ung f (-/-en) authorization.

be'vor cj. before.

bevormund|en fig. [bə'foːrmʊndən] v/t. (no -ge-, h) patronize, keep in tutelage; 2ung fig. f (-/-en) patronizing, tutelage.

be'vorstehen v/i. (irr. stehen, sep., -ge-, h) be approaching, be near; crisis, etc.: be imminent; j-m ~ be in store for s.o., await s.o.; ~d adj. approaching; imminent.

bevorzug|en [bə'foːrtsuːgən] v/t. (no -ge-, h) prefer; favo(u)r; ʒ⅓ privilege; 2ung f (-/-en) preference.

be'wach|en v/t. (no -ge-, h) guard, watch; 2ung f (-/-en) guard; escort.

bewaffn|en [bə'vafnən] v/t. (no -ge-, h) arm; 2ung f (-/-en) armament; arms pl.

be'wahren v/t. (no -ge-, h) keep, preserve (mst fig.: secret, silence, etc.).

be'währen v/refl. (no -ge-, h) stand the test, prove a success; sich ~ als prove o.s. (as) (a good teacher, etc.); sich ~ in prove o.s. efficient in (one's profession, etc.); sich nicht ~ prove a failure.

be'wahrheiten *v/refl.* (*no* -ge-, *h*) prove (to be) true; *prophecy, etc.*: come true.

be'währt *adj. friend, etc.*: tried; *solicitor, etc.*: experienced; *friendship, etc.*: long-standing; *remedy, etc.*: proved, proven.

Be'währung *f* 2½ probation; *in Zeiten der* ~ in times of trial; *s. bewähren*; ~frist 2½ *f* probation.

bewaldet *adj.* [bə'valdət] wooded, woody, *Am. a.* timbered.

bewältigen [bə'vɛltigən] *v/t.* (*no* -ge-, *h*) overcome (*obstacle*); master (*difficulty*); accomplish (*task*).

be'wandert *adj.* (well) versed (*in dat.* in), proficient (in); *in e-m Fach gut* ~ *sein* have a thorough knowledge of a subject.

be'wässer|n *v/t.* (*no* -ge-, *h*) water (*garden, lawn, etc.*); irrigate (*land, etc.*); 2ung *f* (-/-en) watering; irrigation.

bewegen[1] [bə've:gən] *v/t.* (*irr.*, *no* -ge-, *h*): *j-n* ~ *zu* induce *or* get s.o. to.

beweg|en[2] [~] *v/t. and v/refl.* (*no* -ge-, *h*) move, stir; 2grund [~k-] *m* motive (*gen., für* for); ~lich *adj.* [~k-] movable; *p., mind, etc.*: agile, versatile; active; 2lichkeit [~k-] *f* (-/*no pl.*) mobility; agility, versatility; ~t *adj.* [~kt] *sea:* rough, heavy; *fig.* moved, touched; *voice:* choked, trembling; *life:* eventful; *times, etc.*: stirring, stormy; 2ung *f* (-/-en) movement; motion (*a. phys.*); *fig.* emotion; *in* ~ *setzen* set going *or* in motion; ~ungslos *adj.* motionless, immobile.

be'weinen *v/t.* (*no* -ge-, *h*) weep *or* cry over; lament (for, over).

Beweis [bə'vais] *m* (-es/-e) proof (*für* of); ~(*e pl.*) evidence (*esp.* 2½); 2en [~zən] *v/t.* (*irr. weisen, no* -ge-, *h*) prove; show (*interest, etc.*); ~führung *f* argumentation; ~grund *m* argument; ~material *n* evidence; ~stück *n* (piece of) evidence; 2½ exhibit.     [leave it at that.]

be'wenden *vb.*: *es dabei* ~ *lassen*]

be'werb|en *v/refl.* (*irr. werben, no* -ge-, *h*): *sich* ~ *um* apply for, *Am.* run for; stand for; compete for (*prize*); court (*woman*); 2er *m* (-s/-) applicant (um for); candidate; competitor; suitor; 2ung *f* application; candidature; competition; courtship; 2ungsschreiben *n* (letter of) application.

bewerkstelligen [bə'vɛrkʃtɛligən] *v/t.* (*no* -ge-, *h*) manage, effect, bring about.

be'wert|en *v/t.* (*no* -ge-, *h*) value (*auf acc.* at; *nach* by); 2ung *f* valuation.

bewillig|en [bə'viligən] *v/t.* (*no* -ge-, *h*) grant, allow; 2ung *f* (-/-en) grant, allowance.

be'wirken *v/t.* (*no* -ge-, *h*) cause; bring about, effect.

be'wirt|en *v/t.* (*no* -ge-, *h*) entertain; ~schaften *v/t.* (*no* -ge-, *h*) farm (*land*); ⚿ cultivate (*field*); manage (*farm, etc.*); ration (*food, etc.*); control (*foreign exchange, etc.*); 2ung *f* (-/-en) entertainment; hospitality.

bewog [bə'vo:k] *pret.* of bewegen[1]; ~en [bə'vo:gən] *p.p.* of bewegen[1].

be'wohn|en *v/t.* (*no* -ge-, *h*) inhabit, live in; occupy; 2er *m* (-s/-) inhabitant; occupant.

bewölk|en [bə'vœlkən] *v/refl.* (*no* -ge-, *h*) *sky:* cloud up *or* over; *brow:* cloud over, darken; ~t *adj. sky:* clouded, cloudy, overcast; *brow:* clouded, darkened; 2ung *f* (-/*no pl.*) clouds *pl.*

be'wunder|n *v/t.* (*no* -ge-, *h*) admire (*wegen* for); ~nswert *adj.* admirable; 2ung *f* (-/-en) admiration.

bewußt *adj.* [bə'vust] deliberate, intentional; *sich e-r Sache* ~ *sein* be conscious *or* aware of s.th.; *die* ~*e Sache* the matter in question; ~los *adj.* unconscious; 2sein *n* (-s/*no pl.*) consciousness.

be'zahl|en (*no* -ge-, *h*) 1. *v/t.* pay; pay for (*s.th. purchased*); pay off, settle (*debt*); 2. *v/i.* pay (*für* for); 2ung *f* payment; settlement.

be'zähmen *v/t.* (*no* -ge-, *h*) tame (*animal*); restrain (*one's anger, etc.*); *sich* ~ control *or* restrain o.s.

be'zauber|n *v/t.* (*no* -ge-, *h*) bewitch, enchant (*a. fig.*); *fig.* charm, fascinate; 2ung *f* (-/-en) enchantment, spell; fascination.

be'zeichn|en *v/t.* (*no* -ge-, *h*) mark; describe (*als* as), call; ~end *adj.* characteristic, typical (*für* of); 2ung *f* indication (*of direction, etc.*); mark, sign, symbol; name, designation, denomination.

be'zeugen *v/t.* (*no* -ge-, *h*) 2½ testify to, bear witness to (*both a. fig.*); attest.

be'zieh|en *v/t.* (*irr. ziehen, no* -ge-, *h*) cover (*upholstered furniture, etc.*); put cover on (*cushion, etc.*); move into (*flat, etc.*); enter (*university*); draw (*salary, pension, etc.*); get, be supplied with (*goods*); take in (*newspaper, etc.*); *sich* ~ *sky:* cloud over; *sich* ~ *auf* (*acc.*) refer to; 2er *m* (-s/-) subscriber (*gen.* to).

Be'ziehung *f* relation (*zu et.* to s.th.; *zu j-m* with s.o.); connexion, (*Am. only*) connection (*zu* with); *in dieser* ~ in this respect; 2sweise *adv.* respectively; *or* rather.

Bezirk [bə'tsirk] *m* (-[e]s/-e) district, *Am. a.* precinct; *s. Wahlbezirk.*

Bezogene ✝ [bə'tso:gənə] *m* (-n/-n) drawee.

Bezug [bə'tsu:k] *m* cover(ing), case; purchase (*of goods*); subscription *(to newspaper)*; in ~ auf *(acc.)* with regard *or* reference to, as to; ~ **nehmen auf** *(acc.)* refer to, make reference to.

**bezüglich** [bə'tsyklıç] 1. *adj.* relative, relating *(both: auf acc.* to); 2. *prp. (gen.)* regarding, concerning.

**Be'zugsbedingungen** † *f/pl.* terms *pl.* of delivery.

**be'zwecken** *v/t. (no -ge-, h)* aim at; ~ **mit** intend by.

**be'zweifeln** *v/t. (no -ge-, h)* doubt, question.

**be'zwing|en** *v/t. (irr. zwingen, no -ge-, h)* conquer *(fortress, mountain, etc.)*; overcome, master *(feeling, difficulty, etc.)*; sich ~ keep o.s. under control, restrain o.s.; **2ung** *f (-/-en)* conquest; mastering.

**Bibel** ['bi:bəl] *f (-/-n)* Bible.

**Biber** *zo.* ['bi:bər] *m (-s/-)* beaver.

**Bibliothek** [biblio'te:k] *f (-/-en)* library; ~**ar** [~e'ka:r] *m (-s/-e)* librarian.

**biblisch** *adj.* ['bi:blıʃ] biblical, scriptural; ~**e Geschichte** Scripture.

**bieder** *adj.* ['bi:dər] honest, upright, worthy *(a. iro.)*; simple-minded; '2**keit** *f (-/no pl.)* honesty, uprightness; simple-mindedness.

**bieg|en** ['bi:gən] *(irr. ge-)* 1. *v/t. (h)* bend; 2. *v/refl. (h)* bend; sich vor *Lachen* ~ double up with laughter; 3. *v/i. (sein)*: um e-e *Ecke* ~ turn (round) a corner; '~**sam** *adj.* ['bi:kza:m] *wire, etc.*: flexible; *body*: lithe, supple; pliant *(a. fig.)*; '2**samkeit** *f (-/no pl.)* flexibility; suppleness; pliability; '2**ung** *f (-/-en)* bend, wind *(of road, river)*; curve *(of road, arch)*.

**Biene** *zo.* ['bi:nə] *f (-/-n)* bee; '~**königin** *f* queen bee; '~**nkorb** *m* (bee)hive; '~**nschwarm** *m* swarm of bees; '~**nstock** *m* (bee)hive; '~**nzucht** *f* bee-keeping; '~**nzüchter** *m* bee-keeper.

**Bier** [bi:r] *n (-[e]s/-e)* beer; *helles* ~ pale beer, ale; *dunkles* ~ dark beer; stout, porter; ~ *vom Faß* beer on draught; '~**brauer** *m* brewer; '~**brauerei** *f* brewery; '~**garten** *m* beer-garden; '~**krug** *m* beer-mug, *Am.* stein.

**Biest** [bi:st] *n (-es/-er)* beast, brute.

**bieten** ['bi:tən] *(irr., ge-, h)* 1. *v/t.* offer; † *at auction sale*: bid; sich ~ *opportunity, etc.*: offer itself, arise, occur; 2. † *v/i. at auction sale*: bid.

**Bigamie** [biga'mi:] *f (-/-n)* bigamy.

**Bilanz** [bi'lants] *f (-/-en)* balance; balance-sheet, *Am. a.* statement; *fig.* result, outcome; *die* ~ *ziehen* strike a balance; *fig.* take stock *(of one's life, etc.)*.

**Bild** [bilt] *n (-[e]s/-er)* picture; image; illustration; portrait; *fig.* idea, notion; '~**bericht** *m press:* picture story.

**bilden** ['bildən] *v/t. (ge-, h)* form; shape; *fig.*: educate, train *(s.o., mind, etc.)*; develop *(mind, etc.)*; form, be, constitute *(obstacle, etc.)*; sich ~ form; *fig.* educate o.s., improve one's mind; sich *e-e Meinung* ~ form an opinion.

**Bilder|buch** ['bildər-] *n* picture-book; '~**galerie** *f* picture-gallery; '~**rätsel** *n* rebus.

'**Bild|fläche** *f*: F *auf der* ~ *erscheinen* appear on the scene; F *von der* ~ *verschwinden* disappear (from the scene); '~**funk** *m* radio picture transmission; television; '~**hauer** *m (-s/-)* sculptor; '~**hauerei** [~'raı] *f (-/-en)* sculpture; '2**lich** *adj.* pictorial; *word, etc.*: figurative; '~**nis** *n (-ses/-se)* portrait; '~**röhre** *f* picture *or* television tube; '~**säule** *f* statue; '~**schirm** *m* (television) screen; '2**schön** *adj.* most beautiful; '~**seite** *f* face, head *(of coin)*; '~**streifen** *m* picture *or* film strip; '~**telegraphie** *f (-/no pl.)* phototelegraphy.

'**Bildung** *f (-/-en)* forming, formation *(both a. gr.: of plural, etc.)*; constitution *(of committee, etc.)*; education; culture; (good) breeding. *[sg.]*: billiard-table.]

**Billard** ['biljart] *n (-s/-e)* billiards}

**billig** *adj.* ['bilıç] just, equitable; fair; *prices*: reasonable, moderate; *goods*: cheap, inexpensive; *recht und* ~ right and proper; ~**en** ['~gən] *v/t. (ge-, h)* approve of, *Am. a.* approbate; 2**keit** *f (-/no pl.)* justness, equity; fairness; reasonableness, moderateness; 2**ung** *f (-/gun)] f (-/~-en)* approval, sanction.

**Binde** ['bində] *f (-/-n)* band; tie; ♀ bandage; *(arm-)*sling; *s. Damenbinde;* '~**gewebe** *anat. n* connective tissue; '~**glied** *n* connecting link; '~**haut** *anat. f* conjunctiva; '~**hautentzündung** ♀ *f* conjunctivitis; '2**n** *(irr. ge-, h)* 1. *v/t.* bind, tie *(an acc.* to); bind *(book, etc.)*; make *(broom, wreath, etc.)*; knot *(tie)*; sich ~ bind *or* commit *or* engage o.s.; 2. *v/i.* bind; unite; ⊕ *cement, etc.*: set, harden; '~**strich** *m* hyphen; '~**wort** *gr. n (-[e]s/~er)* conjunction.

**Bindfaden** ['bint-] *m* string; packthread.

'**Bindung** *f (-/-en)* binding *(a. of ski)*; ♪ slur, tie, ligature; *fig.* commitment *(a. pol.)*; engagement; ~**en** *pl.* bonds *pl.*, ties *pl.*

**binnen** *prp. (dat., a. gen.)* ['binən] within; ~ *kurzem* before long.

'**Binnen|gewässer** *n* inland water; '~**hafen** *m* close port; '~**handel** *m* domestic *or* home trade, *Am.* domestic commerce; '~**land** *n* inland, interior; '~**verkehr** *m* inland traffic *or* transport.

**Binse** ♀ ['binzə] f (-/-n) rush; F: *in die ⁓n gehen* go to pot; '⁓**nwahrheit** f, '⁓**nweisheit** f truism.

**Biochemie** [bioçe'mi:] f (-/no pl.) biochemistry.

**Biograph|ie** [biogra'fi:] f (-/-n) biography; ⁓**isch** adj. [⁓'grafiʃ] biographic(al).

**Biolog|ie** [biolo'gi:] f (-/no pl.) biology; ⁓**isch** adj. [⁓'lo:giʃ] biological.

**Birke** ♀ ['birkə] f (-/-n) birch(-tree).

**Birne** ['birnə] f (-/-n) ♀ pear; é (electric) bulb; fig. sl. nob, Am. bean.

**bis** [bis] 1. prp. (acc.) space: to, as far as; time: till, until, by; *zwei ⁓ drei* two or three, two to three; *⁓ auf weiteres* until further orders, for the meantime; *⁓ vier zählen* count up to four; *alle ⁓ auf drei* all but or except three; 2. cj. till, until.

**Bisamratte** zo. ['bizam-] f musk-rat.

**Bischof** ['biʃɔf] m (-s/⁼e) bishop.

**bischöflich** adj. ['biʃøfliç] episcopal.

**bisher** adv. [bis'he:r] hitherto, up to now, so far; ⁓**ig** adj. until now; hitherto existing; former.

**Biß** [bis] 1. m (Bisses/Bisse) bite; 2. 2 pret. of **beißen**.

**bißchen** ['bisçən] 1. adj.: *ein ⁓* a little, a (little) bit of; 2. adv.: *ein ⁓* a little (bit).

**Bissen** ['bisən] m (-s/-) mouthful; morsel; bite.

'**bissig** adj. biting (a. fig.); remark: cutting; Achtung, *⁓er Hund!* beware of the dog!

**Bistum** ['bistum] n (-s/⁼er) bishopric, diocese.

**bisweilen** adv. [bis'vailən] sometimes, at times, now and then.

**Bitte** ['bitə] f (-/-n) request (um for); entreaty; *auf j-s ⁓* (hin) at s.o.'s request.

'**bitten** (irr., ge-, h) 1. v/t.: *j-n um et. ⁓* ask or beg s.o. for s.th.; *j-n um Entschuldigung ⁓* beg s.o.'s pardon; *dürfte ich Sie um Feuer ⁓?* may I trouble you for a light?; *bitte please; (wie) bitte?* (I beg your) pardon?; *bitte! offering s.th.:* (please,) help yourself, (please,) do take some or one; *danke (schön) — bitte (sehr)!* thank you — not at all, you're welcome, don't mention it, F that's all right; 2. v/i.: *um et. ⁓* ask or beg for s.th.

**bitter** adj. ['bitər] bitter (a. fig.); frost: sharp; '2**keit** f (-/-en) bitterness; fig. a. acrimony; '⁓**lich** adv. bitterly.

'**Bitt|gang** eccl. m procession; '⁓**schrift** f petition; '⁓**steller** m (-s/-) petitioner.

**bläh|en** ['blɛ:ən] (ge-, h) 1. v/t. inflate, distend, swell out; belly (out),

swell out (sails); *sich ⁓ sails:* belly (out), swell out; skirt: balloon out; 2. ♀ v/i. cause flatulence; '⁓**end** ♀ adj. flatulent; '2**ung** ♀ f (-/-en) flatulence, F wind.

**Blam|age** [bla'ma:ʒə] f (-/-n) disgrace, shame; 2**ieren** [⁓'mi:rən] v/t. (no -ge-, h) make a fool of s.o., disgrace; *sich ⁓* make a fool of o.s.

**blank** adj. [blaŋk] shining, shiny, bright; polished; F fig. broke.

**blanko** ♀ ['blaŋko] 1. adj. form, etc.: blank, not filled in; in blank; 2. adv.: *⁓ verkaufen stock exchange:* sell short; '2**scheck** m blank cheque, Am. blank check; '2**unterschrift** f blank signature; '2**vollmacht** f full power of attorney, carte blanche.

**Bläschen** ♀ ['blɛ:sçən] n (-s/-) vesicle, small blister.

**Blase** ['bla:zə] f (-/-n) bubble; blister (a. ♀); anat. bladder; bleb (in glass); ⊕ flaw; '⁓**balg** m (ein a pair of) bellows pl.; '2**n** (irr., ge-, h) 1. v/t. blow; blow, sound; play (wind-instrument); 2. v/i. blow.

'**Blas|instrument** ♪ ['bla:s-] n wind-instrument; '⁓**kapelle** f brass band.

**blaß** adj. [blas] pale (vor dat. with); *⁓ werden* turn pale; *keine blasse Ahnung* not the faintest idea.

**Blässe** ['blɛsə] f (-/no pl.) paleness.

**Blatt** [blat] n (-[e]s/⁼er) leaf (of book, ♀); petal (of flower); leaf, sheet (of paper); ♪ sheet; blade (of oar, saw, airscrew, etc.); sheet (of metal); cards: hand; (news)paper.

**Blattern** ♂ ['blatərn] pl. smallpox.

**blättern** ['blɛtərn] v/i. (ge-, h): *in e-m Buch ⁓* leaf through a book, thumb a book.

'**Blatternarb|e** f pock-mark; '2**ig** adj. pock-marked.

'**Blätterteig** m puff paste.

'**Blatt|gold** n gold-leaf, gold-foil; '⁓**laus** zo. f plant-louse; '⁓**pflanze** f foliage plant.

**blau** [blau] 1. adj. blue; F fig. drunk, tight, boozy; *⁓er Fleck bruise;* *⁓es Auge black eye; mit e-m ⁓en Auge davonkommen* get off cheaply; 2. 2 n (-s/no pl.) blue (colo[u]r); *Fahrt ins ⁓e* mystery tour. [blue.]

**bläuen** ['blɔyən] v/t. (ge-, h) (dye)|

'**blau|grau** adj. bluish grey; '2**jacke** ♀ f bluejacket, sailor.

'**bläulich** adj. bluish.

'**Blausäure** ♀ f (-/no pl.) hydrocyanic or prussic acid.

**Blech** [blɛç] n (-[e]s/-e) sheet metal; metal sheet, plate; F fig. balderdash, rubbish, Am. sl. a. baloney; '⁓**büchse** f tin, Am. can; '2**ern** adj. (of) tin; sound: brassy; sound, voice: tinny; '⁓**musik** f brass-band music; '⁓**waren** f/pl. tinware.

**Blei** [blai] 1. n (-[e]s/-e) lead; 2. F n, m (lead) pencil.

**bleiben** ['blaɪbən] *v/i.* (*irr.*, *ge-*, *sein*) remain, stay; be left; *ruhig ~* keep calm; *~ bei* keep to s.th., stick to s.th.; *bitte bleiben Sie am Apparat teleph.* hold the line, please; *~d adj.* lasting, permanent; *'~lassen v/t.* (*irr. lassen, sep., no -ge-, h*) leave s.th. alone; *laß das bleiben!* don't do it!; leave it alone!; stop that (*noise, etc.*)!

**bleich** *adj.* [blaɪç] pale (*vor dat.* with); *'~en* (*ge-*) 1. *v/t.* (*h*) make pale; bleach; blanch; 2. *v/i.* (*irr., sein*) bleach; lose colo(u)r, fade; *'~süchtig ∮ adj.* chlorotic, green-sick.

**bleiern** *adj.* (of) lead, leaden (*a. fig.*).

**'Blei|rohr** *n* lead pipe; *'~soldat m* tin soldier; *'~stift m* (lead) pencil; *'~stifthülse f* pencil cap; *'~stiftspitzer m* (*-s/-*) pencil-sharpener; *'~vergiftung f* lead-poisoning.

**Blend|e** ['blɛndə] *f* (*-/-n*) *phot.* diaphragm, stop; ⚒ blind or sham window; *'2en* (*ge-*) 1. *v/t.* blind; dazzle (*both a. fig.*); 2. *v/i.* light: dazzle the eyes; *~laterne* ['blɛnt-] *f* dark lantern.

**blich** [blɪç] *pret. of* bleichen 2.

**Blick** [blɪk] *m* (*-[e]s/-e*) glance, look; view (*auf acc.* of); *auf den ersten ~* at first sight; *ein böser ~* an evil or angry look; *'2en v/i.* (*ge-*, *h*) look, glance (*auf acc., nach* at); *'~fang m* eye-catcher.

**blieb** [bliːp] *pret. of* bleiben.

**blies** [bliːs] *pret. of* blasen.

**blind** *adj.* [blɪnt] blind (*a. fig.*: *gegen, für* to; *vor dat.* with); *metal:* dull, tarnished; *window:* opaque (*with age, dirt*); *mirror:* clouded, dull; *cartridge:* blank; *~er Alarm* false alarm; *~er Passagier* stowaway; *auf e-m Auge ~* blind in one eye.

**'Blinddarm** *anat. m* blind gut; appendix; *'~entzündung ∮ f* appendicitis.

**Blinde** ['blɪndə] (*-n/-n*) 1. *m* blind man; 2. *f* blind woman; *~anstalt* ['blɪndən?-] *f* institute for the blind; *'~nheim n* home for the blind; *'~nhund m* guide dog, *Am. a.* seeing-eye dog; *'~nschrift f* braille.

**'blind|fliegen ✈** (*irr. fliegen, sep.*, *-ge-*) *v/t.* (*h*) *and v/i.* (*sein*) fly blind or on instruments; *'2flug ✈ m* blind flying or flight; *'2gänger m ✕* blind shell, dud; *F fig.* washout; *'2heit f* (*-/no pl.*) blindness; *'~lings adv.* ['~lɪŋs] blindly; at random; *'2schleiche so. f* (*-/-n*) slow-worm, blind-worm; *'~schreiben v/t. and v/i. (irr. schreiben, sep., -ge-, h*) touch-type.

**blink|en** ['blɪŋkən] *v/i.* (*ge-*, *h*) star, light: twinkle; *metal, leather, glass, etc.*: shine; signal (with lamps),

---

flash; *'2er mot. m* (*-s/-*) flashing indicator; *'2feuer n* flashing light.

**blinzeln** ['blɪntsəln] *v/i.* (*ge-*, *h*) blink (*at light, etc.*); wink.

**Blitz** [blɪts] *m* (*-es/-e*) lightning; *'~ableiter m* (*-s/-*) lightning-conductor; *'2en v/i.* (*ge-*, *h*) flash; *es blitzt* it is lightening; *'~gespräch teleph. n* special priority call; *'~licht phot. n* flash-light; *'2schnell adv.* with lightning speed; *'~strahl m* flash of lightning.

**Block** [blɔk] *m* 1. (*-[e]s/-ə*) block; *slab* (*of cooking chocolate*); block, log (*of wood*); ingot (*of metal*); *parl., pol.* ⚛ bloc; 2. (*-[e]s/-e, -s*) block (*of houses*); pad, block (*of paper*); *'~ade ✕ ⚓ [~'kɑːdə] f* (*-/-n*) blockade; *'~adebrecher m* (*-s/-*) blockade-runner; *'~haus n* log cabin; *'2ieren [~'kiːrən] (no -ge-, h*) 1. *v/t.* block (up); lock (*wheel*); 2. *v/i.* brakes, etc.: jam.

**blöd** *adj.* [bløːt], *~e adj.* ['~də] imbecile; stupid, dull; silly; *'2heit f* (*-/-en*) imbecility; stupidity, dullness; silliness; *'2sinn m* imbecility; *rubbish, nonsense; '~sinnig adj.* imbecile; idiotic, stupid, foolish.

**blöken** ['bløːkən] *v/i.* (*ge-*, *h*) sheep, calf: bleat.

**blond** *adj.* [blɔnt] blond, fair (*-haired*).

**bloß** [bloːs] 1. *adj.* bare, naked; mere; *~e Worte* mere words; *mit dem ~en Auge wahrnehmbar* visible to the naked eye; 2. *adv.* only, merely, simply, just.

**Blöße** ['bløːsə] *f* (*-/-n*) bareness, nakedness; *fig.* weak point or spot; *sich e-e ~ geben* give o.s. away; lay o.s. open to attack; *keine ~ bieten* be invulnerable.

**'bloß|legen** *v/t.* (*sep., -ge-, h*) lay bare, expose; *'~stellen v/t.* (*sep., -ge-, h*) expose, compromise, unmask; *sich ~* compromise o.s.

**blühen** ['blyːən] *v/i.* (*ge-*, *h*) blossom, flower, bloom; *fig.* flourish, thrive, prosper; ⚛ boom.

**Blume** ['bluːmə] *f* (*-/-n*) flower; *wine:* bouquet; *beer:* froth.

**'Blumen|beet n* flower-bed; *'~blatt n* petal; *'~händler m* florist; *'~strauß m* bouquet or bunch of flowers; *'~topf m* flowerpot; *'~zucht f* floriculture.

**Bluse** ['bluːzə] *f* (*-/-n*) blouse.

**Blut** [bluːt] *n* (*-[e]s/no pl.*) blood; *~ vergießen* shed blood; *böses ~ machen* breed bad blood; *'~andrang ∮ m* congestion; *'2arm adj.* bloodless, ∮ an(a)emic; *'~armut ∮ f* an(a)emia; *'~bad n* carnage, massacre; *'~bank ∮ f* blood bank; *'~blase f* blood blister; *'~druck m* blood pressure; *'2dürstig adj.* ['~dyrstɪç] bloodthirsty.

**Blüte** ['blyːtə] *f* (*-/-n*) blossom,

bloom, flower; *esp. fig.* flower; prime, heyday (*of life*).

**Blutegel** ['bluːtˀeːgəl] *m* (-s/-) leech.

'**bluten** *v/i.* (ge-, *h*) bleed (*aus* from); *aus der Nase ~* bleed at the nose.

**Bluterguß** ♫ ['bluːtˀ-] *m* effusion of blood.

'**Blütezeit** *f* flowering period *or* time; *fig. a.* prime, heyday.

'**Blut|gefäß** *anat. n* blood-vessel; '**~gerinnsel** ♫ ['.gərinzəl] *n* (-s/-) clot of blood; '**~gruppe** *f* blood group; '**~hund** *zo. m* bloodhound. '**blutig** *adj.* bloody, blood-stained; *es ist mein ~er Ernst* I am dead serious; *~er Anfänger* mere beginner, F greenhorn.

**Blut|körperchen** ['bluːtkœrpərçən] *n* (-s/-) blood corpuscle; '**~kreislauf** *m* (blood) circulation; '**~lache** *f* pool of blood; '**2leer** *adj.*, '**2los** *adj.* bloodless; '**~probe** *f* blood test; '**~rache** *f* blood feud *or* revenge *or* vengeance, vendetta; '**2rot** *adj.* blood-red; crimson; 2rünstig *adj.* ['.rynstiç] bloodthirsty; bloody; '**~schande** *f* incest; '**~spender** *m* blood-donor; '2stillend *adj.* blood-sta(u)nching; '**~sturz** ♫ *m* h(a)emorrhage; '2verwandt *adj.* related by blood (*mit* to); '**~sverwandtschaft** *f* blood-relationship, consanguinity; '**~übertragung** *f* blood-transfusion; '**~ung** *f* (-/-en) bleeding, h(a)emorrhage; '2unterlaufen *adj.* eye: bloodshot; '**~vergießen** *n* bloodshed; '**~vergiftung** *f* blood-poisoning.

**Bö** [bøː] *f* (-/-en) gust, squall.

**Bock** [bɔk] *m* (-[e]s/*e*) *deer, hare, rabbit:* buck; he-goat, F billy-goat; *sheep:* ram; *gymnastics:* buck; e-n *~ schießen* commit a blunder, *sl.* commit a bloomer; *den ~ zum Gärtner machen* set the fox to keep the geese; '2en *v/i.* (ge-, *h*) *horse:* buck; *child:* sulk; *p.* be obstinate *or* refractory; *mot.* move jerkily, *Am.* F *a.* buck; '2ig *adj.* stubborn, obstinate, pigheaded; '**~sprung** *m* leap-frog; *gymnastics:* vault over the buck; *Bocksprünge machen* caper, cut capers.

**Boden** ['boːdən] *m* (-s/*e*) ground; ♂ soil; bottom; floor; loft; '**~kammer** *f* garret, attic; '2los *adj.* bottomless; *fig.* enormous; unheard-of; '**~personal** ✈ *n* ground personnel *or* staff, *Am.* ground crew; '**~reform** *f* land reform; '**~satz** *m* grounds *pl.*, sediment; '**~schätze** ['.ʃɛtsə] *m/pl.* mineral resources *pl.*; '2ständig *adj.* native, indigenous.

**bog** [boːk] *pret. of* biegen.

**Bogen** ['boːgən] *m* (-s/-, *~*) bow, bend, curve; ⚖ arc; ⚖ arch; *skiing:* turn; *skating:* curve; sheet (*of*

paper); '2förmig *adj.* arched; '**~gang** △ *m* arcade; '**~lampe** ⚡ *f* arc-lamp; '**~schütze** *m* archer, bowman.

**Bohle** ['boːlə] *f* (-/-n) thick plank, board.

**Bohne** ['boːnə] *f* (-/-n) bean; *grüne ~n pl.* French beans *pl.*, *Am.* string beans *pl.*; *weiße ~n pl.* haricot beans *pl.*; F *blaue ~n pl.* bullets *pl.*; '**~nstange** *f* beanpole (*a.* F *fig.*).

**bohnern** ['boːnərn] *v/t.* (ge-, *h*) polish (*floor, etc.*), (bees)wax (*floor*).

**bohr|en** ['boːrən] (ge-, *h*) **1.** *v/t.* bore, drill (*hole*); sink, bore (*well, shaft*); bore, cut, drive (*tunnel, etc.*); **2.** *v/i.* drill (*a. dentistry*); bore; '2er *m* (-s/-) borer, drill.

'**böig** *adj.* squally, gusty; ✈ bumpy.

**Boje** ['boːjə] *f* (-/-n) buoy.

**Bollwerk** ✕ ['bɔlvɛrk] *n* bastion, bulwark (*a. fig.*).

**Bolzen** ⊕ ['bɔltsən] *m* (-s/-) bolt.

**Bombard|ement** [bombardə'mãː] *n* (-s/-s) bombardment; bombing; shelling; 2ieren [.'diːrən] *v/t.* (no -ge-, *h*) bomb; shell; bombard (*a. fig.*).

**Bombe** ['bombə] *f* (-/-n) bomb; *fig.* bomb-shell; '2nsicher *adj.* bombproof; F *fig.* dead sure; '**~nschaden** *m* bomb damage; '**~r** ✕: ✈ *m* (-s/-) bomber.

**Bon** ✝ [bõː] *m* (-s/-s) coupon; voucher; credit note.

**Bonbon** [bõ'bõː] *m, n* (-s/-s) sweet (-meat), bon-bon, F goody, *Am.* candy.

**Bonze** F ['bontsə] *m* (-n/-n) bigwig, *Am. a.* big shot.

**Boot** [boːt] *n* (-[e]s/-e) boat; '**~shaus** *n* boat-house; '**~smann** *m* (-[e]s/*Bootsleute*) boatswain.

**Bord** [bɔrt] *n* (-[e]s/-e) **1.** *n* shelf; **2.** ♄, ✈ *m*: *an ~* on board, aboard (*ship, aircraft, etc.*); *über ~* overboard; *von ~ gehen* go ashore; '**~funker** ♄, ✈ *m* wireless *or* radio operator; '**~stein** *m* kerb, *Am.* curb.

**borgen** ['bɔrgən] *v/t.* (ge-, *h*) borrow (*von, bei from, of*); lend, *Am. a.* loan (*j-m et. s.th. to s.o.*).

**Borke** ['bɔrkə] *f* (-/-n) bark (*of tree*).

**borniert** *adj.* [bɔr'niːrt] narrow-minded, of restricted intelligence.

**Borsalbe** ['boːr-] *f* boracic ointment.

**Börse** ['bœrzə] *f* (-/-n) purse; ✝ stock exchange; stock-market; money-market; '**~nbericht** *m* market report; '2nfähig *adj.* stock: negotiable on the stock exchange; '**~nkurs** *m* quotation; '**~nmakler** *m* stock-broker; '**~nnotierung** *f* (official, stock exchange) quotation; '**~npapiere** *n/pl.* listed securities *pl.*; '**~nspekulant** *m* stock-jobber; '**~nzeitung** *f* financial newspaper.

**Borst|e** ['bɔrstə] *f* (-/-n) bristle (*of hog or brush, etc.*); **'2ig** *adj.* bristly.

**Borte** ['bɔrtə] *f* (-/-n) border (*of carpet, etc.*); braid, lace.

**'bösartig** *adj.* malicious, vicious; ⚕ malignant; **'2keit** *f* (-/-en) viciousness; ⚕ malignity.

**Böschung** ['bœʃuŋ] *f* (-/-en) slope; embankment (*of railway*); bank (*of river*).

**böse** ['bø:zə] **1.** *adj.* bad, evil, wicked; malevolent, spiteful; angry (*über acc.* at, about; *auf j-n* with s.o.); *er meint es nicht* ~ he means no harm; **2.** ⚄ *n* (-n/*no pl.*) evil; **2wicht** ['~vɪçt] *m* (-[e]s/-er, -e) villain, rascal.

**bos|haft** *adj.* ['bo:shaft] wicked; spiteful; malicious; **'2heit** *f* (-/-en) wickedness; malice; spite.

**'böswillig** *adj.* malevolent; ~*e Absicht* ⚖ malice prepense; ~*es Verlassen* ⚖ wilful desertion; **'2keit** *f* (-/-en) malevolence.

**bot** [bo:t] *pret. of* **bieten**.

**Botan|ik** [bo'ta:nik] *f* (-/*no pl.*) botany; **~iker** *m* (-s/-) botanist; **2isch** *adj.* botanical.

**Bote** ['bo:tə] *m* (-n/-n) messenger; **'~ngang** *m* errand; *Botengänge machen* run errands.

**'Botschaft** *f* (-/-en) message; *pol.* embassy; **'~er** *m* (-s/-) ambassador; *in British Commonwealth countries*: High Commissioner.

**Bottich** ['bɔtiç] *m* (-[e]s/-e) tub; wash-tub; *brewing*: tun, vat.

**Bouillon** [bu'ljõ:] *f* (-/-s) beef tea.

**Bowle** ['bo:lə] *f* (-/-n) vessel: bowl; *cold drink consisting of fruit, hock and champagne or soda-water*: *appr.* punch.

**box|en** ['bɔksən] **1.** *v/i.* (ge-, h) box; **2.** *v/t.* (ge-, h) punch s.o.; **3.** ⚄ *n* (-s/*no pl.*) boxing; pugilism; **'2er** *m* (-s/-) boxer; pugilist; **'2handschuh** *m* boxing-glove; **'2kampf** *m* boxing-match, bout, fight; **'2sport** *m* boxing.

**Boykott** [bɔy'kɔt] *m* (-[e]s/-e) boycott; **2ieren** [~'ti:rən] *v/t.* (*no* -ge-, h) boycott.

**brach** [braːx] **1.** *pret. of* **brechen**; **2.** ⚶ *adv.* fallow; uncultivated (*both a. fig.*).

**brachte** ['braxtə] *pret. of* **bringen**.

**Branche** ✝ ['brãːʃə] *f* (-/-n) line (*of business*), trade; branch.

**Brand** [brant] *m* (-[e]s/-e) burning, fire, blaze; ⚕ gangrene; ♀, ♌ blight, smut, mildew; **'~blase** *f* blister; **'~bombe** *f* incendiary bomb; **2en** ['~dən] *v/i.* (ge-, h) surge (*a. fig.*), break (*an acc., gegen* against); **'~fleck** *m* burn; **2ig** *adj.* ['~dɪç] ♀, ♌ blighted, smutted; ⚕ gangrenous; **'~mal** *n* brand; *fig.* stigma, blemish; **'2marken** *v/t.* (ge-, h) brand (*animal*); *fig.* brand

*or* stigmatize *s.o.*; **'~mauer** *f* fire(-proof) wall; **'~schaden** *m* damage caused by *or* loss suffered by fire; **'2schatzen** *v/t.* (ge-, h) lay (*town*) under contribution; sack, pillage; **'~stätte** *f*, **~stelle** *f* scene of fire; **'~stifter** *m* incendiary, *Am.* F *a.* firebug; **'~stiftung** *f* arson; **~ung** ['~duŋ] *f* (-/-en) surf, surge, breakers *pl.*; **'~wache** *f* fire-watch; **'~wunde** *f* burn; scald; **'~zeichen** *n* brand.

**brannte** ['brantə] *pret. of* **brennen**.

**Branntwein** ['brantvaɪn] *m* brandy, spirits *pl.*; whisk(e)y; gin; **'~brennerei** *f* distillery.

**braten** ['bra:tən] **1.** *v/t.* (*irr.*, ge-, h) *in oven*: roast; grill; *in frying-pan*: fry; bake (*apple*); *am Spieß* ~ roast on a spit, barbecue; **2.** *v/i.* (*irr.*, ge-, h) roast; grill; fry; *in der Sonne* ~ *p.* roast *or* grill in the sun; **3.** ⚄ *m* (-s/-) roast (meat); joint; **'2fett** *n* dripping; **'2soße** *f* gravy.

**'Brat|fisch** *m* fried fish; **'~hering** *m* grilled herring; **'~huhn** *n* roast chicken; **'~kartoffeln** *pl.* fried potatoes *pl.*; **'~ofen** *m* (kitchen) oven; **'~pfanne** *f* frying-pan, *Am. a.* skillet; **'~röhre** *f* *s.* Bratofen.

**Brauch** [braux] *m* (-[e]s/-e) custom, usage; use, habit; practice; **'2bar** *adj.* *p.*, *thing*: useful; *p.* capable, able; *thing*: serviceable; **2en** (h) **1.** *v/t.* (ge-) need, want; require; take (*time*); use; **2.** *v/aux.* (*no* -ge-): *du brauchst es nur zu sagen* you only have to say so; *er hätte nicht zu kommen* ~ he need not have come; **'~tum** *n* (-[e]s/-er) custom; tradition; folklore.

**Braue** ['brauə] *f* (-/-n) eyebrow.

**brau|en** ['brauən] *v/t.* (ge-, h) brew; **'2er** *m* (-s/-) brewer; **2erei** [~'raɪ] *f* (-/-en) brewery; **'2haus** *n* brewery.

**braun** *adj.* [braun] brown; *horse*: bay; ~ *werden* get a tan (*on one's skin*).

**Bräune** ['brɔynə] *f* (-/*no pl.*) brown colo(u)r; (sun) tan; **'2n** (ge-, h) **1.** *v/t.* make *or* dye brown; *sun*: tan; **2.** *v/i.* tan.

**'Braunkohle** *f* brown coal, lignite.

**'bräunlich** *adj.* brownish.

**Brause** ['brauzə] *f* (-/-n) rose, sprinkling-nozzle (*of watering can*); *s.* Brausebad; *s.* Brauselimonade; **'~bad** *n* shower(-bath); **'~limonade** *f* fizzy lemonade; **'2n** *v/i.* (ge-, h) *wind, water, etc.*: roar; rush; have a shower(-bath); **'~pulver** *n* effervescent powder.

**Braut** [braut] *f* (-/-e) fiancée; *on wedding-day*: bride; **'~führer** *m* best man.

**Bräutigam** ['brɔytigam] *m* (-s/-e) fiancé; *on wedding-day*: bridegroom, *Am. a.* groom.

**'Braut|jungfer** *f* bridesmaid; **'~**

kleid ≈ wedding-dress; '~kranz m
bridal wreath; '~leute pl., '~paar n
engaged couple; on wedding-day:
bride and bridegroom; '~schleier
m bridal veil.

brav adj. [braf] honest, upright;
good, well-behaved; brave.

bravo int. ['braːvo] bravo!, well
done!

Bravour [bra'vuːr] f (-/no pl.)
bravery, courage; brilliance.

Brecheisen ['brɛçʔ-] ≈ crowbar;
(burglar's) jemmy, Am. a. jimmy.

'brechen (irr., ge-) 1. v/t. (h)
break; pluck (flower); refract (ray,
etc.); fold (sheet of paper); quarry
(stone); vomit; die Ehe ~ commit
adultery; sich ~ break (one's leg,
etc.); opt. be refracted; 2. v/i. (h)
break; vomit; mit j-m ~ break with
s.o.; 3. v/i. (sein) break, get broken;
bones: break, fracture.

'Brech|mittel ≈ s emetic; F fig.
sickener; '~reiz ≈ nausea; '~stange
f crowbar; Am. a. pry; '~ung opt.
f (-/-en) refraction.

Brei [braɪ] m (-[e]s/-e) paste; pulp;
mash; pap (for babies); made of
oatmeal: porridge; (rice, etc.)
pudding; '2ig adj. pasty; pulpy;
pappy.

breit adj. [braɪt] broad, wide; zehn
Meter ~ ten metres wide; ~e Schich-
ten der Bevölkerung large sections
of or the bulk of the population;
'~beinig 1. adj. with legs wide
apart; 2. adv.: ~ gehen straddle.

Breite ['braɪtə] f (-/-n) breadth,
width; ast., geogr. latitude; 2n v/t.
(ge-, h) spread; '~ngrad m degree
of latitude; '~nkreis n parallel (of
latitude).

'breit|machen v/refl. (sep., -ge-, h)
spread o.s.; take up room; '~schla-
gen v/t. (irr. schlagen, sep., -ge-, h):
F j-n ~ persuade s.o.; F j-n zu et. ~
talk s.o. into (doing) s.th.; '2seite
⚓ f broadside.

Bremse ['brɛmzə] f (-/-n) zo. gadfly; horse-fly; ⊕ brake; '2n (ge-, h)
v/i. brake, put on the brakes; slow
down; 2. v/t. brake, put on the
brakes to; slow down; fig. curb.

'Brems|klotz ≈ brake-block; ⚙
wheel chock; '~pedal n brake pedal;
'~vorrichtung f brake-mechanism;
'~weg m braking distance.

brenn|bar adj. ['brɛnbaːr] combus-
tible, burnable; '2dauer f burning
time; '~en (irr., ge-, h) 1. v/t. burn;
distil(l) (brandy); roast (coffee);
bake (brick, etc.); 2. v/i. burn;
be ablaze, be on fire; wound, eye:
smart, burn; nettle: sting; vor
Ungeduld ~ burn with impatience;
F darauf ~ zu inf. be burning to
inf.; es brennt! fire!

'Brenn|er m (-s/-) p. distiller; fix-
ture: burner; '~essel ['brɛnnɛsəl] f

stinging nettle; '~glas ≈ burning
glass; '~holz n firewood; '~mate-
rial n fuel; '~öl ≈ lamp-oil;
fuel-oil; '~punkt ≈ focus, focal
point; in den ~ rücken bring into
focus (a. fig.); im ~ des Interesses
stehen be the focus of interest;
'~schere f curling-tongs pl.; '~spi-
ritus ≈ methylated spirit; '~stoff
m combustible; mot. fuel.

brenzlig ['brɛntsliç] 1. adj. burnt;
matter: dangerous; situation: precarious; ~er Geruch burnt smell,
smell of burning; 2. adv.: es riecht
~ it smells of burning.

Bresche ['brɛʃə] f (-/-n) breach (a.
fig.), gap; in die ~ springen help s.o.
out of a dilemma.

Brett [brɛt] ≈ (-[e]s/-er) board;
plank; shelf; spring-board; '~spiel
n game played on a board.

Brezel ['breːtsəl] f (-/-n) pretzel.

Brief [briːf] m (-[e]s/-e) letter; '~auf-
schrift f address (on a letter);
'~beschwerer ≈ (-s/-) paper-
weight; '~bogen ≈ sheet of notepaper; '~geheimnis ≈ secrecy of
correspondence; '~karte f correspondence card (with envelope);
'~kasten m letter-box; pillar-box;
Am. mailbox; '2lich adj. and adv.
by letter, in writing; '~marke f
(postage) stamp; '~markensamm-
lung f stamp-collection; '~öffner
m letter-opener; '~ordner ≈ letter-
file; '~papier ≈ notepaper; '~porto
n postage; '~post f mail, post;
'~tasche f wallet, Am. a. billfold;
'~taube f carrier pigeon, homing
pigeon, homer; '~träger ≈ postman, Am. mailman; '~umschlag
m envelope; '~waage f letter-
balance; '~wechsel m correspondence; '~zensur f postal censor-
ship.

briet [briːt] pret. of braten.

Brikett [bri'kɛt] n (-[e]s/-s) briquet
(-te).

Brillant [bril'jant] 1. m (-en/-en)
brilliant, cut diamond; 2. ♀ adj.
brilliant; '~ring m diamond ring.

Brille ['brilə] f (-/-n) (eine pair
of) glasses pl. or spectacles pl.;
goggles pl.; lavatory seat; '~nfutte-
ral n spectacle-case; '~nträger ≈
person who wears glasses.

bringen ['brɪŋən] v/t. (irr., ge-, h)
bring; take; see (s.o. home, etc.);
put (in order); make (sacrifice);
yield (interest); an den Mann ~
dispose of, get rid of; j-n dazu ~
et. zu tun make or get s.o. to do
s.th.; et. mit sich ~ involve s.th.;
j-n um et. ~ deprive s.o. of s.th.;
j-n zum Lachen ~ make s.o. laugh.

Brise ['briːzə] f (-/-n) breeze.

Brit|e ['britə] m (-n/-n) Briton, Am.
a. Britisher; die ~n pl. the British
pl.; '2isch adj. British.

**bröckeln** ['brœkəln] *v/i.* (ge-, h) crumble; become brittle.

**Brocken** ['brɔkən] 1. *m* (-s/-) piece; lump (*of earth or stone, etc.*); morsel (*of food*); F *ein harter ~ a* hard nut; 2. 2 *v/t.* (ge-, h): *Brot in die Suppe ~* break bread into soup.

**brodeln** ['bro:dəln] *v/i.* (ge-, h) bubble, simmer.

**Brombeer|e** ['brɔm-] *f* blackberry; '**~strauch** *m* blackberry bush.

**Bronch|ialkatarrh** *s̄* [brɔnçi'a:l-katar] *m* bronchial catarrh; '**~ien** *anat. f/pl.* bronchi(a) *pl.*; **~itis** *s̄* [~'çitis] *f* (-/ßronchitiden) bronchitis.

**Bronze** ['brɔ̃:sə] *f* (-/-n) bronze; '**~medaille** *f* bronze medal.

**Brosche** ['brɔʃə] *f* (-/-n) brooch.

**broschier|en** [brɔ'ʃi:rən] *v/t.* (no -ge-, h) sew, stitch (*book*); **~t** *adj. book:* paper-backed, paper-bound; *fabric:* figured.

**Broschüre** [brɔ'ʃy:rə] *f* (-/-n) booklet, brochure; pamphlet.

**Brot** [bro:t] *n* (-[e]s/-e) bread; loaf; *sein ~ verdienen* earn one's living; '**~aufstrich** *m* spread.

**Brötchen** ['brø:tçən] *n* (-s/-) roll.

'**Brot|korb** *m:* j-m den ~ höher hängen put s.o. on short allowance; '2los *fig. adj.* unemployed; unprofitable; '**~rinde** *f* crust; '**~schneidemaschine** *f* bread-cutter; '**~schnitte** *f* slice of bread; '**~studium** *n* utilitarian study; '**~teig** *m* bread dough.

**Bruch** [brux] *m* (-[e]s/-e) break(ing); breach; *s̄* fracture (*of bones*); *s̄* hernia; crack; fold (*in paper*); crease (*in cloth*); split (*in silk*); *A* fraction; breach (*of promise*); violation (*of oath, etc.*); violation, infringement (*of law, etc.*); '**~band** *s̄* *n* truss.

**brüchig** *adj.* ['bryçiç] fragile; brittle; *voice:* cracked.

'**Bruch|landung** *✈ f* crash-landing; '**~rechnung** *f* fractional arithmetic, F fractions *pl.*; '**~strich** *A* *m* fraction bar; '**~stück** *n* fragment (*a. fig.*); '**~teil** *m* fraction; *im ~ e-r Sekunde* in a split second; '**~zahl** *f* fraction(al) number.

**Brücke** ['brykə] *f* (-/-n) bridge; *carpet:* rug; *sports:* bridge; *e-e ~ schlagen über (acc.)* build *or* throw a bridge across, bridge (*river*); '**~nkopf** *✕ m* bridge-head; '**~npfeiler** *m* pier (*of bridge*).

**Bruder** ['bru:dər] *m* (-s/-) brother; *eccl.* (lay) brother, friar; '**~krieg** *m* fratricidal *or* civil war; '**~kuß** *m* fraternal kiss.

**brüderlich** ['bry:dərliç] 1. *adj.* brotherly, fraternal; 2. *adv.:* ~ *teilen* share and share alike; '2keit *f* (-/no *pl.*) brotherliness, fraternity.

**Brühe** ['bry:ə] *f* (-/-n) broth; stock;

beef tea; F dirty water; *drink:* F dishwater; '2heiß *adj.* scalding hot; '**~würfel** *m* beef cube.

**brüllen** ['brylən] *v/i.* (ge-, h) roar; bellow; *cattle:* low; *bull:* bellow; *vor Lachen ~* roar with laughter; *~des Gelächter* roar of laughter.

**brummen** ['brumən] *v/i.* (ge-, h) *p.* speak in a deep voice, mumble; growl (*a. fig.*); *insect:* buzz; *engine:* buzz, boom; *fig.* grumble, *Am.* F grouch; *mir brummt der Schädel* my head is buzzing; '2bär *fig. m* grumbler, growler, *Am.* F grouch; '2er *m* (-s/-) bluebottle; dung-beetle; '**~ig** *adj.* grumbling, *Am.* F grouchy.

**brünett** *adj.* [bry'nɛt] *woman:* brunette.

**Brunft** *hunt.* [brunft] *f* (-/-e) rut; '**~zeit** *f* rutting season.

**Brunnen** ['brunən] *m* (-s/-) well; spring; fountain (*a. fig.*); *e-n ~ graben* sink a well; '**~wasser** *n* pump-water, well-water.

**Brunst** [brunst] *f* (-/-e) *zo.* rut (*of male animal*), heat (*of female animal*); lust, sexual desire.

**brünstig** *adj.* ['brynstiç] *zo.* rutting, in heat; lustful.

**Brust** [brust] *f* (-/-e) chest, *anat.* thorax; breast; (woman's) breast(s *pl.*), bosom; *aus voller ~* at the top of one's voice, lustily; '**~bild** *n* half-length portrait.

**brüsten** ['brystən] *v/refl.* (ge-, h) boast, brag.

'**Brust|fell** *anat. n* pleura; '**~fell-entzündung** *s̄ f* pleurisy; '**~kasten** *m*, '**~korb** *m* chest, *anat.* thorax; '**~schwimmen** *n* (-s/no *pl.*) breast-stroke.

**Brüstung** ['brystuŋ] *f* (-/-en) balustrade, parapet.

'**Brustwarze** *anat. f* nipple.

**Brut** [bru:t] *f* (-/-en) brooding, sitting; brood; hatch; fry, spawn (*of fish*); *fig.* F brood, (bad) lot.

**brutal** *adj.* [bru'ta:l] brutal; 2ität [~ali'tɛ:t] *f* (-/-en) brutality.

**Brutapparat** *zo.* ['bru:t-] *m* incubator.

**brüten** ['bry:tən] *v/i.* (ge-, h) brood, sit (*on egg*); incubate; ~ *über* (*dat.*) brood over.

'**Brutkasten** *s̄ m* incubator.

**brutto** ✝ *adv.* ['bruto] gross; '2ge-wicht *n* gross weight; '2register-tonne *f* gross register ton; '2ver-dienst *m* gross earnings *pl.*

**Bube** ['bu:bə] *m* (-n/-n) boy, lad; knave, rogue; *cards:* knave, jack; '**~nstreich** *m*, '**~nstück** *n* boyish prank; knavish trick.

**Buch** [bu:x] *n* (-[e]s/-er) book; volume; '**~binder** *m* (book-)binder; '**~drucker** *m* printer; '**~druckerei** [~'raɪ] *f* printing; printing-office, *Am.* print shop.

Buche ♀ ['buːxə] f (-/-n) beech.

buchen ['buːxən] v/t. (ge-, h) book, reserve (*passage, flight, etc.*); book-keeping: book (*item, sum*), enter (*transaction*) in the books; et. als Erfolg ~ count s.th. as a success.

Bücher|abschluß ✝ ['byːçər-] m closing of or balancing of books; '~brett n bookshelf; ~ei [~'rai] f (-/-en) library; '~freund m book-lover, bibliophil(e); '~revisor ✝ m (-s/-en) auditor; accountant; '~schrank m bookcase; '~wurm m bookworm.

'Buch|fink orn. m chaffinch; '~hal-ter m (-s/-) book-keeper; '~hal-tung f book-keeping; '~handel m book-trade; '~händler m book-seller; '~handlung f bookshop, Am. bookstore.

Büchse ['byksə] f (-/-n) box, case; tin, Am. can; rifle; '~nfleisch n tinned meat, Am. canned meat; '~nöffner ['byksən-] m tin-opener, Am. can opener.

Buchstabe ['buːxʃtaːbə] m (-n/-n) letter, character; typ. type; 2ieren [~ə'biːrən] v/t. (no -ge-, h) spell.

buchstäblich ['buːxʃtɛːplɪç] 1. adj. literal; 2. adv. literally; word for word.

Bucht [buxt] f (-/-en) bay; bight; creek, inlet.

'Buchung f (-/-en) booking, reser-vation; book-keeping: entry.

Buckel ['bʊkəl] 1. m (-s/-) hump, hunch; humpback, hunchback; boss, stud, knob; 2. f (-/-n) boss, stud, knob.

'buckelig adj. s. bucklig.

bücken ['bʏkən] v/refl. (ge-, h) bend (down), stoop.

bucklig adj. ['bʊklɪç] humpbacked, hunchbacked.

Bückling ['bʏklɪŋ] m (-s/-e) bloater, red herring; fig. bow.

Bude ['buːdə] f (-/-n) stall, booth; hut, cabin, Am. shack; F: place; den; (student's, etc.) digs pl.

Budget [by'dʒeː] n (-s/-s) budget.

Büfett [by'feː; by'fɛt] n (-[e]s/-s; -[e]s/-e) sideboard, buffet; buffet, bar, Am. a. counter; kaltes ~ buffet supper or lunch.

Büffel ['bʏfəl] m (-s/-) zo. buffalo; F fig. lout, blockhead.

Bug [buːk] m (-[e]s/-e) ⚓ bow; ⚛ nose; fold; (sharp) crease.

Bügel ['byːgəl] m (-s/-) bow (of spectacles, etc.); handle (of handbag, etc.); coat-hanger; stirrup; '~brett n ironing-board; '~eisen n (flat-) iron; '~falte f crease; 2n v/t. (ge-, h) iron (shirt, etc.), press (suit, skirt, etc.).

Bühne ['byːnə] f (-/-n) platform (a. ⊕); scaffold; thea. stage; fig.: die ~ the stage; die politische ~ the politi-cal scene; ~nanweisungen ['byː-

nən?-] f/pl. stage directions pl.; '~nbild n scene(ry); décor; stage design; '~ndichter m playwright, dramatist; '~nlaufbahn f stage career; '~nstück n stage play.

buk [buːk] pret. of backen.

Bull|auge ⚓ ['bul-] n porthole, bull's eye; '~dogge zo. f bulldog.

Bulle ['bulə] 1. zo. m (-n/-n) bull; 2. eccl. f (-/-n) bull.

Bummel F ['buməl] m (-s/-) stroll; spree, pub-crawl, sl. binge; ~ei [~'lai] f (-/-en) dawdling; negli-gence; 2n v/i. (ge-) 1. (sein) stroll, saunter; pub-crawl; 2. (h) dawdle (on way, at work), waste time; '~streik m go-slow (strike), Am. slowdown; '~zug m slow train, Am. way train.

Bummler ['bumlər] m (-s/-) saun-terer, stroller; loafer, Am. F a. bum; dawdler.

Bund [bunt] 1. m (-[e]s/-e) pol. union, federation, confederacy; (waist-, neck-, wrist)band; 2. n (-[e]s/-e) bundle (of faggots); bundle, truss (of hay or straw); bunch (of radishes, etc.).

Bündel ['bʏndəl] n (-s/-) bundle, bunch; 2n v/t. (ge-, h) make into a bundle, bundle up.

Bundes|bahn ['bundəs-] f Federal Railway(s pl.); '~bank f Federal Bank; '~genosse m ally; '~ge-richtshof m Federal Supreme Court; '~kanzler m Federal Chan-cellor; '~ministerium n Federal Ministry; '~post f Federal Postal Administration; '~präsident m President of the Federal Republic; '~rat m Bundesrat, Upper House of German Parliament; '~republik f Federal Republic; '~staat m federal state; confederation; '~tag m Bundestag, Lower House of German Parliament.

bündig adj. ['bʏndɪç] style, speech: concise, to the point, terse.

Bündnis ['bʏntnɪs] n (-ses/-se) alliance; agreement.

Bunker ['bʊŋkər] m (-s/-) ⚔ coal, fuel, etc.: bunker; bin; air-raid shelter; ⚔ bunker, pill-box; ⚓ (submarine) pen.

bunt adj. [bunt] (multi-)colo(u)red, colo(u)rful; motley; bird, flower, etc.: variegated; bright, gay; fig. mixed, motley; full of variety; '2druck m colo(u)r-print(ing); '2stift m colo(u)red pencil, crayon.

Bürde ['byrdə] f (-/-n) burden (a. fig.: für j-n to s.o.), load.

Burg [burk] f (-/-en) castle; fortress; citadel (a. fig.).

Bürge ⚖ ['byrgə] m (-n/-n) guaran-tor, security, surety, bailsman; sponsor; 2n v/i. (ge-, h): für j-n ~ stand guarantee or surety or security for s.o., Am. a. bond s.o.; stand bail for s.o.; vouch or answer for s.o.; sponsor s.o.; für et. ~ stand security for s.th., guarantee s.th.; vouch or answer for s.th.

**Bürger** ['byrgər] m (-s/-) citizen; townsman; '~krieg m civil war.

'**bürgerlich** adj. civic, civil; ~e Küche plain cooking; Verlust der ~en Ehrenrechte loss of civil rights; Bürgerliches Gesetzbuch German Civil Code; '2e m (-n/-n) commoner.

'**Bürger|meister** m mayor; in Germany: a. burgomaster; in Scotland: provost; '~recht n civic rights pl.; citizenship; '~schaft f (-/-en) citizens pl.; '~steig m pavement, Am. sidewalk; '~wehr f militia.

**Bürgschaft** ['byrkʃaft] f (-/-en) security; bail; guarantee.

**Büro** [by'roː] n (-s/-s) office; ~angestellte m, f (-n/-n) clerk; ~arbeit f office-work; ~klammer f paper-clip; ~krat [~o'kraːt] m (-en/-en) bureaucrat; ~kratie [~o'kraːti] f (-/-n) bureaucracy; red tape; 2kratisch adj. [~o'kraːtiʃ] bureaucratic; ~stunden f/pl. office hours pl.; ~vorsteher m head or senior clerk.

**Bursch** [burʃ] m (-en/-en), ~e ['~ə] m (-n/-n) boy, lad, youth; F chap, Am. a. guy; ein übler ~ a bad lot, F a bad egg.

**burschikos** adj. [burʃi'koːs] free and easy; esp. girl: boyish, unaffected, hearty.

**Bürste** ['byrstə] f (-/-n) brush; '2n v/t. (ge-, h) brush.

**Busch** [buʃ] m (-es/-e) bush, shrub.

**Büschel** ['byʃəl] n (-s/-) bunch;

tuft, handful (of hair); wisp (of straw or hair).

'**Busch|holz** n brushwood, underwood; '2ig adj. hair, eyebrows, etc.: bushy, shaggy; covered with bushes or scrub, bushy; '~messer n bushknife; machete; '~neger m maroon; '~werk n bushes pl., shrubbery, Am. a. brush.

**Busen** ['buːzən] m (-s/-) bosom, breast (esp. of woman); fig. bosom, heart; geog. bay, gulf; '~freund m bosom friend.

**Bussard** orn. ['busart] m (-[e]s/-e) buzzard.

**Buße** ['buːsə] f (-/-n) atonement (for sins), penance; repentance; satisfaction; fine; ~ tun do penance.

**büßen** ['byːsən] (ge-, h) 1. v/t. expiate, atone for (sin, crime); er mußte es mit s-m Leben ~ he paid for it with his life; das sollst du mir ~! you'll pay for that!; 2. v/t. atone, pay (für for).

'**Büßer** m (-s/-) penitent.

'**buß|fertig** adj. penitent, repentant, contrite; 2fertigkeit f (-/no pl.) repentance, contrition; 2tag m day of repentance; Buß- und Bettag day of prayer and repentance.

**Büste** ['bystə] f (-/-n) bust; '~halter m (-s/-) brassière, F bra.

**Büttenpapier** ['bytən-] n handmade paper.

**Butter** ['butər] f (-/no pl.) butter; '~blume & f buttercup; '~brot n (slice or piece of) bread and butter; F: für ein ~ for a song; '~brotpapier n greaseproof paper; '~dose f butter-dish; '~faß n butter-churn; '~milch f buttermilk; '2n v/i. (ge-, h) churn.

# C

**Café** [ka'feː] n (-s/-s) café, coffeehouse.

**Cape** [keːp] n (-s/-s) cape.

**Cellist** ♪ [tʃe'list] m (-en/-en) violoncellist, ('cellist; '~o ♪ ['~o] n (-s/-s, Celli) violoncello, ('cello.

**Celsius** ['tsɛlzius]: 5 Grad ~ (abbr. 5° C) five degrees centigrade.

**Chaiselongue** [ʃɛz(ə)'lõː] f (-/-n, -s) chaise longue, lounge, couch.

**Champagner** [ʃam'panjər] m (-s/-) champagne.

**Champignon** ♀ ['ʃampinjõ] m (-s/-s) champignon, (common) mushroom.

**Chance** ['ʃɑ̃s(ə)] f (-/-n) chance; keine ~ haben not to stand a chance; sich eine ~ entgehen lassen miss a chance or an opportunity; die ~n sind gleich the chances or odds are even.

**Chaos** ['kaːɔs] n (-/no pl.) chaos.

**Charakter** [ka'raktər] m (-s/-e) character; nature; ~bild n character (sketch); ~darsteller thea. m character actor; ~fehler m fault in s.o.'s character; 2fest adj. of firm or strong character; 2isieren v/t. (no -ge-, h) characterize, describe (als acc. as); ~isierung f (-/-en), ~istik [~'ristik] f (-/-en) characterization; 2istisch adj. [~'ristiʃ] characteristic or typical (für of); 2lich adj. of or concerning (the) character; 2los adj. characterless, without (strength of) character, spineless; ~rolle thea. f character role; ~zug m characteristic, feature, trait.

**charmant** adj. [ʃar'mant] charming, winning; 2e [ʃarm] m (-s/no pl.) charm, grace.

Chassis [ʃa'si:] n (-/-) mot., radio: frame, chassis.

Chauffeur [ʃo'fø:r] m (-s/-e) chauffeur, driver.

Chaussee [ʃo'se:] f (-/-n) highway, (high) road.

Chauvinismus [ʃovi'nismus] m (-/ no pl.) jingoism, chauvinism.

Chef [ʃef] m (-s/-s head, chief; ✝ principal, ✝ boss, senior partner.

Chemie [çe'mi:] f (-/no pl.) chemistry; ˌiefasser ; chemical fib|re, Am. -er; ˌikalien ˌi'ka:ljən] f/pl. chemicals ; ˌiker ['çe:mikər] m (-s/-) (analytical chemist, 2isch adj. ['çe:miʃ] chemical.

Chiffr|e ['ʃifər] f (-/-n) number; cipher; in advertisement: box number; 2ieren [ʃi'fri:rən] v/t. (no -ge-, h) cipher, code (message, etc.); write in code or cipher.

Chines|e [çi'ne:zə] m (-n/-n) Chinese, comp. Chinaman; 2isch adj. Chinese.

Chinin ˌ2 [çi'ni:n] n (-s/no pl.) quinine.

Chirurg [çi'rurk] m (-en/-en) surgeon; ˌie [ˌ'gi:] f (-/-n) surgery; 2isch adj. [ˌgiʃ] surgical.

Chlor ˌ2 [klo:r] n (-s/no pl.) chlorine; '2en v/s. (ge-, h) chlorinate (water); 'ˌkalk ˌ2 m chloride of lime.

Chloroform ˌ2 [kloro'form] n (-/no pl.) chloroform; 2ieren ⚕ [ˌ'mi:rən] v/t. (no -ge-, h) chloroform.

Cholera ⚕ ['ko:lara] f (-/no pl.) cholera.

cholerisch adj. [ko'le:riʃ] choleric, irascible.

Chor [ko:r] m 1. △ a. n (-[e]s/-e, -e) chancel, choir; (organ-)loft; 2. (-[e]s/-e) in drama: chorus; singers: choir chorus; piece of music: chorus; ˌal [ko'ra:l] m (-s/-e) cho-

ral(e); hymn; 'ˌgesang m choral singing, chorus; 'ˌsänger m member of a choir; chorister.

Christ [krist] m (-en/-en) Christian; 'ˌbaum m Christmas-tree; 'ˌenheit f (-/no pl.): die ˌ Christendom; 'ˌentum n (-s/n- pl.\ Christianity; 'ˌkind n (-[e]s/no pl.) Christ-child, Infant Jesus. '2lich adj. Christian.

Chrom [kro:m] n (-s/no pl.) metal: chromium; pigment: chrome.

chromatisch ↓, opt. adj. [kro'ma:tiʃ] chromatic.

Chronik ['kro:nik] f (-/-en) chronicle.

chronisch adj. ['kro:niʃ] disease: chronic (a. fig.).

Chronist [kro'nist] m (-en/-en) chronicler.

chronologisch adj. [krono'lo:giʃ] chronological.

circa adv. ['tsirka] about, approximately.

Clique ['klikə] f (-/-n) clique, set, group, coterie; 'ˌnwirtschaft f (-/no pl. cliquism.

Conférencier [kõferã'sje:] m (-s/-s compère, Am. master of ceremonies.

Couch [kautʃ] f (-/-es) couch.

Coupé [ku'pe:] n (-s/-s) mot. coupé; ⚒ ⬛ compartment.

Couplet [ku'ple:] n (-s/-s) comic or music-hall song.

Coupon [ku'põ:] m (-s/-s) coupon; dividend-warrant; counterfoil.

Courtage ✦ [kur'ta:ʒə] f (-/-n) brokerage.

Cousin [ku'zɛ̃] m (-s/-s), ˌe [ˌɛ̃ːnə] f (-/-n) cousin.

Creme [kre:m, krɛm] f (-/-s) cream (a. fig.: only sg.).

Cut [kœt, kat] m (-s/-s), ˌaway ['kœtəve:, 'katəve:] m (-s/-s) cutaway (coat), morning coat.

# D

da [da:] 1. adv. space: there; ˌ wo where; hier und ˌ here and there; ˌ bin ich here I am; ˌ haben wir's! there we are!; von ˌ an from there; time: ˌ erst only then, not till then; von ˌ an from that time (on), since then; hier und ˌ now and then or again; 2. cj. time: as, when, while; nun, ˌ du es einmal gesagt hast now (that) you have mentioned it; causal: as, since, because; ˌ ich krank war, konnte ich nicht kommen as or since I was ill I couldn't come.

dabei adv. [da'baɪ, when emphatic: 'da:baɪ] near (at hand), by; about, going (zu inf. to inf.), on the point

(of ger.); besides; nevertheless, yet, for all that; was ist schon ˌ? what does it matter?; lassen wir es ˌ let's leave it at that; ˌ bleiben stick to one's point, persist in it.

da'bei|bleiben v/i. (irr. bleiben, sep., -ge-, sein) stay with it or them; ˌsein v/i. (irr. sein, sep., -ge-, sein) be present or there; ˌstehen v/i. (irr. stehen, sep., -ge-, h) stand by or near.

'dableiben v/i. (irr. bleiben, sep., -ge-, sein) stay, remain.

da capo adv. ['da:ka:po] at opera, etc.: encore.

Dach [dax] n (-[e]s/ˌer) roof; fig. shelter; 'ˌantenne f roof aerial;

'~decker m (-s/-) roofer; tiler; slater; '~fenster n skylight; dormer window; '~garten m roofgarden; '~gesellschaft ♥ f holding company; '~kammer f attic, garret; '~pappe f roofing felt; '~rinne f gutter, eaves pl.

**dachte** ['daxtə] pret. of **denken**.

**Dachs** zo. [daks] m (-es/-e) badger; '~bau m (-[e]s/-e) badger's earth.

**Dach|sparren** m rafter; '~stube f attic, garret; '~stuhl m roof framework; '~ziegel m (roofing) tile.

**dadurch** [da'durç, when emphatic: 'da:durç] 1. adv. for this reason, in this manner or way, thus; by it or that; 2. cj.: ~ daß owing to (the fact that), because; by ger.

**dafür** [da'fy:r, when emphatic: 'da:fy:r] for it or that; instead (of it); in return (for it), in exchange; ~ sein to be in favo(u)r of it; ~ sein zu inf. be for ger., be in favo(u)r of ger.; er kann nichts ~ it is not his fault; ~ sorgen, daß see to it that.

**Da'fürhalten** n (-s/no pl.): nach meinem ~ in my opinion.

**dagegen** [da'ge:gən, when emphatic: 'da:ge:gən] 1. adv. against it or that; in comparison with it, compared to it; ~ sein be against it, be opposed to it; ich habe nichts ~ I have no objection (to it); 2. cj. on the other hand, however.

**daheim** adv. [da'haim] at home.

**daher** [da'he:r, when emphatic: 'da:he:r] 1. adv. from there; prefixed to verbs of motion: along; fig. from this, hence; ~ kam es, daß thus it happened that; 2. cj. therefore; that is (the reason) why.

**dahin** adv. [da'hin, when emphatic: 'da:hin] there, to that place; gone, past; prefixed to verbs of motion: along; j-n ~ bringen, daß induce s.o. to inf.; m-e Meinung geht ~, daß my opinion is that.

**da'hingestellt** adj.: es ~ sein lassen (,ob) leave it undecided (whether).

**dahinter** adv. [da'hintər, when emphatic: 'da:hintər] behind it or that, at the back of it; es steckt nichts ~ there is nothing in it.

**da'hinterkommen** v/i. (irr. kommen, sep., -ge-, sein) find out about it.

**damal|ig** adj. ['da:ma:liç] then, of that time; der ~e Besitzer the then owner; '~s adv. then, at that time.

**Damast** [da'mast] m (-es/-e) damask.

**Dame** ['da:mə] f (-/-n) lady; dancing, etc.: partner; cards, chess: queen; s. Damespiel; '~brett n draught-board, Am. checkerboard.

'**Damen|binde** f (woman's) sanitary towel, Am. sanitary napkin; '~doppel n tennis: women's doubles pl.; '~einzel n tennis: women's

singles pl.; '~haft adj. ladylike; '~konfektion f ladies' ready-made clothes pl.; '~mannschaft f sports: women's team; '~schneider m ladies' tailor, dressmaker.

'**Damespiel** n (game of) draughts pl., Am. (game of) checkers pl.

**damit** 1. adv. [da'mit, when emphatic: 'da:mit] with it or that, therewith, herewith; by it or that; was will er ~ sagen? what does he mean by it?; wie steht es ~? how about it?; ~ einverstanden sein agree to it; 2. cj. (in order) that, in order to inf.; so (that); ~ nicht lest, (so as) to avoid that; for fear that (all with subjunctive).

**dämlich** F adj. ['dɛ:mliç] silly, asinine.

**Damm** [dam] m (-[e]s/~e) dam; dike, dyke; ⚓ embankment; embankment, Am. levee (of river); roadway; fig. barrier; '~bruch m bursting of a dam or dike.

**dämmer|ig** adj. ['dɛməriç] dusky; '2licht n twilight; '~n v/i. (ge-, h) dawn (a. fig.: F j-m on s.o.); grow dark or dusky; '2ung f (-/-en) twilight, dusk; in the morning: dawn.

**Dämon** ['dɛ:mɔn] m (-s/-en) demon; 2isch adj. [dɛ'mɔːniʃ] demoniac(al).

**Dampf** [dampf] m (-[e]s/~e) steam; vapo(u)r; '~bad n vapo(u)r-bath; '~boot n steamboat; '2en v/i. (ge-, h) steam.

**dämpfen** ['dɛmpfən] v/t. (ge-, h) deaden (pain, noise, force of blow); muffle (bell, drum, oar); damp (sound, oscillation, fig. enthusiasm); ♪ mute (stringed instrument); soften (colour, light); attenuate (wave); steam (cloth, food); stew (meat, fruit); fig. suppress, curb (emotion).

'**Dampfer** m (-s/-) steamer, steamship.

'**Dämpfer** m (-s/-) damper (a. ♪ of piano); ♪ mute (for violin, etc.).

'**Dampf|heizung** f steam-heating; '~kessel m (steam-)boiler; '~maschine f steam-engine; '~schiff n steamer, steamship; '~walze f steam-roller.

**danach** adv. [da'na:x, when emphatic: 'da:na:x] after it or that; afterwards; subsequently; accordingly; ich fragte ihn ~ I asked him about it; ihr er sieht ganz ~ aus he looks very much like it.

**Däne** ['dɛ:nə] m (-n/-n) Dane.

**daneben** adv. [da'ne:bən, when emphatic: 'da:ne:bən] next to it or that, beside it or that; besides, moreover; beside the mark.

**da'nebengehen** F v/i. (irr. gehen, sep., -ge-, sein) bullet, etc.: miss the target or mark; remark, etc.: miss one's effect, F misfire.

**daniederliegen** [da'ni:dər-] v/i.

(*irr.* liegen, *sep.*, *-ge-*, *h*) be laid up (*an das.* with); *trade:* be depressed.

**dänisch** *adj.* ['dɛːniʃ] Danish.

**Dank** [daŋk] 1. *m* (-[e]s/*no pl.*) thanks *pl.*, gratitude; reward; *j-m* ~ *sagen* thank s.o.; *Gott sei* ~*!* thank God!; 2. 2 *prp.* (*dat.*) owing *or* thanks to; **'2bar** *adj.* thankful, grateful (*j-m* to s.o.; *für* for); profitable; **'~barkeit** *f* (-/*no pl.*) gratitude; **'2en** *v/i.* (*ge-*, *h*) thank (*j-m für* et. s.o. for s.th.); *danke* (*schön*)*!* thank you (very much)!; *danke* thank you; *‖nein, danke* no, thank you; *nichts zu* ~ don't mention it; **'2enswert** *adj. thing:* one can be grateful for; *efforts, etc.:* kind; *task, etc.:* rewarding, worth-while; **'~gebet** *n* thanksgiving (prayer); **'~schreiben** *n* letter of thanks.

**dann** *adv.* [dan] then; ~ *und wann* (every) now and then.

**daran** *adv.* [da'ran, *when emphatic:* **'daːran**] at (*or* by, in, on, to) it *or* that; *sich* ~ *festhalten* hold on tight to it; ~ *festhalten* stick to it; *nahe* ~ *sein zu inf.* be on the point *or* verge of *ger.*

**da'rangehen** *v/i.* (*irr.* gehen, *sep.*, *-ge-*, *sein*) set to work; set about *ger.*

**darauf** *adv.* [da'rauf, *when emphatic:* **'daːrauf**] *space:* on (top of) it *or* that; *time:* thereupon, after it *or* that; *am Tage* ~ the day after, the next *or* following day; *zwei Jahre* ~ two years later; ~ *kommt es an* that's what matters; **~hin** *adv.* [darauf'hin, *when emphatic:* **'daːraufhin**] thereupon.

**daraus** *adv.* [da'raus, *when emphatic:* **'daːraus**] out of it *or* that, from it *or* that; ~ *folgt* hence it follows; *was ist* ~ *geworden?* what has become of it?; *ich mache mir nichts* ~ I don't care *or* mind (about it).

**darben** ['darbən] *v/i.* (ge-, *h*) suffer want; starve.

**darbiet|en** ['daːr-] *v/t.* (*irr.* bieten, *sep.*, *-ge-*, *h*) offer, present; perform; **'2ung** *f* (-/-en) *thea., etc.:* performance.

**'darbringen** *v/t.* (*irr.* bringen, *sep.*, *-ge-*, *h*) offer; make (*sacrifice*).

**darein** *adv.* [da'rain, *when emphatic:* **'daːrain**] into it *or* that, therein.

**da'rein|finden** *v/refl.* (*irr.* finden, *sep.*, *-ge-*, *h*) put up with it; **~mischen** *v/refl.* (*sep.*, *-ge-*, *h*) interfere (with it); **~reden** *v/i.* (*sep.*, *-ge-*, *h*) interrupt; *fig.* interfere.

**darin** *adv.* [da'rin, *when emphatic:* **'daːrin**] in it *or* that; therein; *es war nichts* ~ there was nothing in it *or* them.

**darleg|en** ['daːr-] *v/t.* (*sep.*, *-ge-*, *h*) lay open, expose, disclose; show; explain; demonstrate; point out; **'2ung** *f* (-/-en) exposition; explanation; statement.

**Darlehen** ['daːrleːən] *n* (-s/-) loan.

**Darm** [darm] *m* (-[e]s/-ë) gut, *anat.* intestine; (sausage-)skin; *Därme pl.* intestines *pl.*, bowels *pl.*

**'darstell|en** *v/t.* (*sep.*, *-ge-*, *h*) represent; show, depict; delineate; describe; *actor:* interpret (*character, part*), represent (*character*); *graphic arts:* graph, plot (*curve, etc.*); **'2er** *thea.* *m* (-s/-) interpreter (*of a part*); actor; **'2ung** *f* representation; *thea.* performance.

**'dartun** *v/t.* (*irr.* tun, *sep.*, *-ge-*, *h*) prove; demonstrate; set forth.

**darüber** *adv.* [da'ryːbər, *when emphatic:* **'daːryːbər**] over it *or* that; across it; in the meantime; ~ *werden Jahre vergehen* it will take years; *wir sind* ~ *hinweg* we got over it; *ein Buch* ~ *schreiben* write a book about it.

**darum** [da'rum, *when emphatic:* **'daːrum**] 1. *adv.* around it *or* that; *er kümmert sich nicht* ~ he does not care; *es handelt sich* ~ *zu inf.* the point is to *inf.*; 2. *cj.* therefore, for that reason; ~ *ist er nicht gekommen* that's (the reason) why he hasn't come.

**darunter** *adv.* [da'runtər, *when emphatic:* **'daːruntər**] under it *or* that; beneath it; among them; less; *zwei Jahre und* ~ two years and under; *was verstehst du* ~*?* what do you understand by it?

**das** [das] *s. der.*

**dasein** ['daː-] 1. *v/i.* (*irr.* sein, *sep.*, *-ge-*, *sein*) be there *or* present; exist; 2. 2 *n* (-s/*no pl.*) existence, life; being.

**daß** *cj.* [das] that; ~ *nicht* less; *es sei denn*, ~ unless; *ohne* ~ without *ger.*; *nicht* ~ *ich wüßte* not that I know of.

**'dastehen** *v/i.* (*irr.* stehen, *sep.*, *-ge-*, *h*) stand (there).

**Daten** ['daːtən] *pl.* data *pl.* (*a.* ⊕), facts *pl.*; particulars *pl.*; **'~verarbeitung** *f* (-/-en) data processing.

**datieren** [da'tiːrən] *v/t. and v/i.* (*no -ge-*, *h*) date. [(case).]

**Dativ** *gr.* ['daːtiːf] *m* (-s/-e) dative

**Dattel** ['datəl] *f* (-/-n) date.

**Datum** ['daːtum] *n* (-s/Daten) date.

**Dauer** ['dauər] *f* (-/*no pl.*) length, duration; continuance; *auf die* ~ in the long run; *für die* ~ *von* for a period *or* term of; *von* ~ *sein* last well; **'2haft** *adj.* peace, *etc.:* lasting; *material, etc.:* durable; *colour, dye:* fast; **'~karte** *f* season ticket, *Am.* commutation ticket; **'~lauf** *m* jog-trot; endurance-run; **'2n** *v/i.* (ge-, *h*) continue, last; take (*time*); **'~welle** *f* permanent wave, *F* perm.

Daumen ['daumən] m (-s/-) thumb; j-m den ~ halten keep one's fingers crossed (for s.o.); '~abdruck m (-[e]s/-e) thumb-print.

Daune ['daunə] f (-/-n): ~[n pl.] down; '~ndecke f eiderdown (quilt).

davon adv. [da'fɔn, when emphatic: 'daːfɔn] of it or that; thereof; from it or that; off, away; was habe ich ~? what do I get from it?; das kommt ~! it serves you right!

da'von|kommen v/i. (irr. kommen, sep., -ge-, sein) escape, get off; '~laufen v/i. (irr. laufen, sep., -ge-, sein) run away.

davor adv. [da'foːr, when emphatic: 'daːfoːr] space: before it or that, in front of it or that; er fürchtet sich ~ he is afraid of it.

dazu adv. [da'tsuː, when emphatic: 'daːtsuː] to it or that; for it or that; for that purpose; in addition to that; noch ~ at that; ~ gehört Zeit it requires time.

da'zu|gehörig adj. belonging to it; '~kommen v/i. (irr. kommen, sep., -ge-, sein) appear (on the scene); find time.

dazwischen adv. [da'tsvɪʃən] between (them), in between; ~kommen v/i. (irr. kommen, sep., -ge-, sein) thing: intervene, happen.

Debatt|e [de'batə] f (-/-n) debate; 2ieren [~'tiːrən] (no -ge-, h) 1. v/t. discuss; debate; 2. v/i. debate (über acc. on).

Debüt [de'byː] n (-s/-s) first appearance, début.

dechiffrieren [deʃi'friːrən] v/t. (no -ge-, h) decipher, decode.

Deck ⚓ [dɛk] n (-[e]s/-s, ⚓-e) deck; '~adresse f cover (address); '~bett n feather bed.

Decke ['dɛkə] f (-/-n) cover(ing); blanket; (travel[l]ing) rug; ceiling; '~l m (-s/-) lid, cover (of box or pot, etc.); lid (of piano); (book-)cover; '2n (ge-, h) 1. v/t. cover; den Tisch ~ lay the table; 2. v/i. paint: cover. 'Deck|mantel m cloak, mask, disguise; '~name m assumed name, pseudonym; '~ung f (-/-en) cover; security.

defekt [de'fɛkt] 1. adj. defective, faulty; 2. 2 m (-[e]s/-e) defect, fault.

defin|ieren [defi'niːrən] v/t. (no -ge-, h) define; 2ition [~i'tsjoːn] f (-/-en) definition; ~itiv adj. [~i'tiːf] definite; definitive.

Defizit † ['deːfitsit] n (-s/-e) deficit, deficiency.

Degen ['deːgən] m (-s/-) sword; fencing: épée.

degradieren [degra'diːrən] v/t. (no -ge-, h) degrade, Am. a. demote.

dehn|bar adj. ['deːnbaːr] extensible; elastic; metal: ductile; notion,

etc.: vague; '~en v/t. (ge-, h) extend; stretch; '2ung f (-/-en) extension; stretch(ing).

Deich [daɪç] m (-[e]s/-e) dike, dyke.

Deichsel ['daɪksəl] f (-/-n) pole, shaft.

dein poss. pron. [daɪn] your; der (die, das) ~e yours; ich bin ~ I am yours; die Deinen pl. your family; '~erseits adv. ['~ərzaɪts] for er on your part; '~esgleichen pron. your like, your (own) kind, F the like(s) of you.

Dekan eccl. and univ. [de'kaːn] m (-s/-e) dean.

Deklam|ation [deklama'tsjoːn] f (-/-en) declamation; reciting; 2ieren [~'miːrən] v/t. and v/i. (no -ge-, h) recite; declaim.

Deklin|ation gr. [deklina'tsjoːn] f (-/-en) declension; 2ieren gr. [~'niːrən] v/t. (no -ge-, h) decline.

Dekor|ateur [dekora'tøːs] m (-s/-e) decorator; window-dresser; thea. scene-painter; ~ation [~a'tsjoːn] f (-/-en) decoration; (window-)dressing; thea. scenery; 2ieren [~'riːrən] v/t. (no -ge-, h) decorate; dress (window).

Dekret [de'kreːt] n (-[e]s/-e) decree. delikat [deli'kaːt] delicate (a. fig.); delicious; fig. ticklish; 2esse [~a'tɛsə] f (-/-n) delicacy; dainty.

Delphin zo. [dɛl'fiːn] m (-s/-e) dolphin.

Dement|i [de'mɛnti] n (-s/-s) (formal) denial; 2ieren [~'tiːrən] v/t. (no -ge-, h) deny, give a (formal) denial of.

'dem|entsprechend adv., '~gemäß adv. correspondingly, accordingly; '~nach adv. therefore, hence; accordingly; '~nächst adv. soon, shortly, before long.

demobili'sier|en (no -ge-, h) 1. v/t. demobilize; disarm; 2. v/i. disarm; 2ung f (-/-en) demobilization.

Demokrat [demo'kraːt] m (-en/-en) democrat; ~ie [~a'tiː] f (-/-n) democracy; 2isch adj. [~'kraːtɪʃ] democratic.

demolieren [demo'liːrən] v/t. (no -ge-, h) demolish.

Demonstr|ation [demonstra'tsjoːn] f (-/-en) demonstration; 2ieren [~'striːrən] v/t. and v/i. (no -ge-, h) demonstrate.

Demont|age [demon'taːʒə] f (-/-n) disassembly; dismantling; 2ieren [~'tiːrən] v/t. (no -ge-, h) disassemble; dismantle.

Demut ['deːmuːt] f (-/no pl.) humility, humbleness.

demütig adj. ['deːmyːtiç] humble; '~en v/t. ['~gən] v/t. (ge-, h) humble, humiliate.

denk|bar adj. ['dɛŋkbaːr] 1. adj. conceivable; thinkable, imaginable; 2. adv.: ~ einfach most simple;

'...en (irr., ge-, h) 1. v/i. think; ~ an (acc.) think of; remember; ~ über (acc.) think about; j-m zu ~ geben set s.o. thinking; 2. v/t. think; sich et. ~ imagine or fancy s.th.; das habe ich mir gedacht I thought as much; '2mal *n* monument; memo-rial; '2schrift f memorandum; memoir; '2stein *m* memorial stone; '...würdig adj. memorable; '2zettel fig. *m* lesson.

denn [dɛn] 1. cj. for; mehr ~ je more than ever; 2. adv. then; es sei ~ daß unless, except; wieso ~? how so.

dennoch cj. ['dɛnɔx] yet, still, nevertheless; though.

Denunzi|ant [denun'tsjant] *m* (-en/-en) informer; ...iation [...'tsjonː] f (-/-en) denunciation; 2ieren [...'tsiːrən] v/t. (no -ge-, h) inform against, denounce.

Depesche [de'pɛʃə] f (-/-n) dis-patch; telegram, F wire; wireless.

deponieren [depo'niːrən] v/t. (no -ge-, h) deposit.

Deposit|en ✝ [depo'ziːtən] pl. de-posits pl.; ...bank f deposit bank.

der [deːr], die [diː], das [das] 1. art. the; 2. dem. pron. that, this; he, she, it; die `pl. these, those, they, them; 3. rel. pron. who, which, that. 'der'artig adj. such, of such a kind of this or that kind.

derb adj. [dɛrp] cloth: coarse, rough; shoes, etc.: stout, strong; ore, etc.: massive; p.: sturdy; rough; food: coarse; p., manners: rough, coarse; way of speaking: blunt, unrefined; jokes: crude; humour: broad.

der'gleichen adj. such, of that kind; used as a noun: the like, such a thing; und ~ and the like; nichts ~ nothing of the kind.

der- ['deːrjeːnigə], 'die-, 'dasjenige dem. pron. he who, she who, that which; diejenigen pl. those who, those which

der- [deːr'zɛlbə], die-, das'selbe dem. pron. the same; he, she, it.

Desert|eur [dezɛr'tøːr] *m* (-s/-e) deserter; 2ieren [...'tiːrən] v/i. (no -ge-, h) desert.

desgleichen [dɛs'glaiçən] 1. dem. pron. such a thing; 2. cj. likewise.

deshalb ['dɛshalp] 1. cj. for this or that reason; therefore; 2. adv.: ich tat es nur ~, weil I did it only be-cause.

desinfizieren [dɛs'ʔinfi'tsiːrən] v/t. (no -ge-, h) disinfect.

Despot [dɛs'poːt] *m* (-en/-en) des-pot; 2isch adj. despotic.

destillieren [dɛsti'liːrən] v/t. (no -ge-, h) distil.

desto ['dɛsto] (all, so much) the; ~ besser all the better; ~ er-staunter (all) the more astonished.

deswegen cj. and adv. ['dɛs'veːgən] s. deshalb.

---

Detail [de'tai] *n* (-s/-s) detail.

Detektiv [detɛk'tiːf] *m* (-s/-e) de-tective.

deuten ['dɔytən] (ge-, h) 1. v/t. interpret; read (stars, dream, etc.); 2. v/i.: ~ auf (acc.) point at. 'deutlich adj. clear, distinct, plain.

deutsch adj. [dɔytʃ] German; '2e *m*, f (-n/-n) German.

'Deutung f (-/-en) interpretation, explanation.

Devise [de'viːzə] f (-/-n) motto; ~n pl. ✝ foreign exchange or currency.

Dezember [de'tsɛmbər] *m* (-[s]/-) December.

dezent adj. [de'tsɛnt] attire, etc.: decent, modest; literature, etc.: de-cent; behaviour: decent, proper; music, colour: soft, restrained; light-ing, etc.: subdued.

Dezernat [detsɛr'naːt] *n* (-[e]s/-e) (administrative) department.

dezimal adj. [detsi'maːl] decimal; 2bruch *m* decimal fraction; 2stelle f decimal place.

dezi'mieren v/t. (no -ge-, h) deci-mate; fig. a. reduce (drastically).

Diadem [dia'deːm] *n* (-s/-e) diadem.

Diagnose [dia'gnoːzə] f (-/-n) diag-nosis.

diagonal adj. [diago'naːl] diagonal; 2e f (-/-n) diagonal.

Dialekt [dia'lɛkt] *m* (-[e]s/-e) dia-lect; 2isch adj. dialectal.

Dialog [dia'loːk] *m* (-[e]s/-e) dia-logue, Am. a. dialog.

Diamant [dia'mant] *m* (-en/-en) diamond.

Diät [di'ɛːt] f (-/no pl.) diet; diät leben live on a diet. [yourself.\] dich pers. pron. [diç] you; ~ (selbst\)

dicht [diçt] 1. adj. fog, rain, etc.: dense; fog, forest, hair: thick; eye-brows: bushy, thick; crowd: thick, dense; shoes, etc.: (water)tight; 2. adv.: ~ an (dat.) or bei close to. 'dichten[1] v/t. (ge-, h) make tight. 'dicht|en[2] (ge-, h) 1. v/t. compose, write; 2. v/i. compose or write poetry; 2er *m* (-s/-) poet; author; '...erisch adj. poetic(al); '2kunst f poetry.

'Dichtung[1] ⊕ f (-/-en) seal(ing).

'Dichtung[2] f (-/-en) poetry; fiction; poem, poetic work.

dick adj. [dik] wall, material, etc.: thick; book: thick, bulky; p. fat, stout; '2e f (-/-n) thickness; bulk-iness; p. fatness, stoutness; '...fellig adj. p. thick-skinned; '...flüssig adj. thick; viscid, viscous, syrupy; 2icht ['...içt] *n* (-[e]s/-e) thicket; '2kopf *m* stubborn person, F pig-headed person; ...leibig adj. ['...laibiç] cor-pulent; fig. bulky.

die [diː] s. der.

Dieb [diːp] *m* (-[e]s/-e) thief, Am. F a. crook; ...erei [diːbə'rai] f (-/-en) thieving, thievery.

**Diebes|bande** ['di:bəs-] f band of thieves; **'~gut** n stolen goods pl.

**dieb|isch** adj. ['di:bɪʃ] thievish; fig. malicious; **2stahl** ['di:p-] m (-[e]s/ ~e) theft, ½ʒ mst larceny.

**Diele** ['di:lə] f (-/-n) board, plank; hall, Am. a. hallway.

**dienen** ['di:nən] v/i. (ge-, h) serve (j-m s.o.; als as; zu for; dazu, zu inf. to inf.); womit kann ich ~? what can I do for you?

**'Diener** m (-s/-) (man-, domestic) servant; fig. bow (vor dat. to); **'~in** f (-/-nen) (woman-)servant, maid; **~schaft** f (-/-en) servants pl.

**'dienlich** adj. useful, convenient; expedient, suitable.

**Dienst** [di:nst] m (-es/-e) service; duty; employment; ~ haben be on duty; im (außer) ~ on (off) duty.

**Dienstag** ['di:nsta:k] m (-[e]s/-e) Tuesday.

**'Dienst|alter** n seniority, length of service; **'2bar** adj. subject (j-m to s.o.); subservient (to); **'~bote** m domestic (servant), Am. help; **'2eifrig** adj. (over-)eager (in one's duty); **'2frei** adj. off duty; ~er Tag day off; **'~herr** m master; employer; **'~leistung** f service; **'2lich** adj. official; **'~mädchen** n maid, Am. help; **'~mann** m (street-)porter; **'~stunden** f/pl. office hours pl.; **'2tauglich** adj. fit for service or duty; **2tuend** adj. ['~tu:ənt] on duty; **'2untauglich** adj. unfit for service or duty; **'~weg** m official channels pl.; **'~wohnung** f official residence.

**dies** [di:s], **~er** ['di:zər], **~e** ['di:zə], **~es** ['di:zəs] adj. and dem. pron. this; dieser pl. these; dieser Tage one of these days; used as a noun: this one; he, she, it; diese pl. they.

**Dieselmotor** ['di:zəl-] m Diesel engine.

**dies|jährig** adj. ['di:sjɛ:rɪç] of this year, this year's; **~mal** adv. this time; for (this) once; **~seits** ['~zaɪts] 1. adv. on this side; 2. prp. (gen.) on this side of.

**Dietrich** ['di:trɪç] m (-s/-e) skeleton key; picklock.

**Differenz** [dɪfə'rɛnts] f (-/-en) difference; disagreement.

**Diktat** [dik'ta:t] n (-[e]s/-e) dictation; nach ~ at or from dictation; **~or** [~ɔr] m (-s/-en) dictator; **2orisch** adj. [~a'to:rɪʃ] dictatorial; **~ur** [~a'tu:r] f (-/-en) dictatorship.

**dik'tieren** v/t. and v/i. (no -ge-, h) dictate.

**Dilettant** [dile'tant] m (-en/-en) dilettante, dabbler; amateur.

**Ding** [dɪŋ] n (-[e]s/-e) thing; guter ~e in good spirits; vor allen ~en first of all, above all.

**Diphtherie** ♒ [dɪfte'ri:] f (-/-n) diphtheria.

**Diplom** [di'plo:m] n (-[e]s/-e) diploma, certificate.

**Diplomat** [diplo'ma:t] m (-en/-en) diplomat; diplomatist; **~ie** [~a'ti:] f (-/no pl.) diplomacy; **2isch** adj. [~'ma:tɪʃ] diplomatic (a. fig.).

**dir** pers. pron. [di:r] (to) you.

**direkt** [di'rɛkt] 1. adj. direct; **~er Wagen 55** through carriage, Am. through car; 2. adv. direct(ly); **2ion** [~'tsjo:n] f (-/-en) direction; management; board of directors; **2or** [di'rɛktɔr] m (-s/-en) director; manager; headmaster, Am. principal; **2orin** [~'to:rɪn] f (-/-nen) headmistress, Am. principal; **2rice** [~'tri:s(ə)] f (-/-n) directress; manageress.

**Dirig|ent** ♪ [diri'gɛnt] m (-en/-en) conductor; **2ieren** ♪ [~'gi:rən] v/t. and v/i. (no -ge-, h) conduct.

**Dirne** ['dirnə] f (-/-n) prostitute.

**Disharmon|ie** ♪ [dɪsharmo'ni:] f (-/-n) disharmony, dissonance (both a. fig.); **2isch** adj. [~'mo:nɪʃ] discordant, dissonant.

**Diskont** ♦ [dis'kɔnt] m (-s/-e) discount; **2ieren** [~'ti:rən] v/t. (no -ge-, h) discount.

**diskret** adj. [dis'kre:t] discreet; **2ion** [~e'tsjo:n] f (-/no pl.) discretion.

**Disku|ssion** [disku'sjo:n] f (-/-en) discussion, debate; **2'tieren** (no -ge-, h) 1. v/t. discuss, debate; 2. v/i.: ~ über (acc.) have a discussion about, debate (up)on.

**dispo|nieren** [dispo'ni:rən] v/i. (no -ge-, h) make arrangements; plan ahead; dispose (über acc. of); **2ition** [~zi'tsjo:n] f (-/-en) disposition; arrangement; disposal.

**Distanz** [di'stants] f (-/-en) distance (a. fig.); **2ieren** [~'tsi:rən] v/refl. (no -ge-, h): sich ~ von dis(as)sociate o.s. from.

**Distel** ♀ ['distəl] f (-/-n) thistle.

**Distrikt** [di'strikt] m (-[e]s/-e) district; region; area.

**Disziplin** [distsi'pli:n] f (-/-en) discipline.

**Divid|ende** ♦ [divi'dɛndə] f (-/-n) dividend; **2ieren** [~'di:rən] v/t. (no -ge-, h) divide (durch by).

**Diwan** ['di:va:n] m (-s/-e) divan.

**doch** [dɔx] 1. cj. but, though; however, yet; 2. adv. in answer to negative question: yes; bist du noch nicht fertig? — ~! aren't you ready yet? — yes, I am; also ~! I knew it!, I was right after all!; komm ~ herein! do come in!; nicht ~! don't!

**Docht** [dɔxt] m (-[e]s/-e) wick.

**Dock** ♣ [dɔk] n (-[e]s/-s) dock.

**Dogge** zo. ['dɔgə] f (-/-n) Great Dane.

**Dohle** orn. ['do:lə] f (-/-n) (jack)daw.

**Doktor** ['dɔktɔr] m (-s/-en) doctor.

**Dokument** [doku'mɛnt] n (-[e]s/-e)

document; $\frac{x}{x}$ instrument; **～arfilm**
[**～'ta:r-**] *m* documentary (film).

**Dolch** [dɔlç] *m* (-[e]s/-e) dagger;
poniard; '**～stoß** *m* dagger-thrust.

**Dollar** ['dɔlar] *m* (-s/-s) dollar.

**dolmetsch|en** ['dɔlmetʃən] *v/i. and
v/t.* (ge-, h) interpret; '**～er** *m* (-s/-)
interpreter.

**Dom** [do:m] *m* (-[e]s/-e) cathedral.

**Domäne** [do'mɛ:nə] *f* (-/-n) domain
(a. fig.); province.

**Domino** ['do:mino] (-s/-s) 1. *m*
domino; 2. *n* (game of) dominoes
*pl.*

**Donner** ['dɔnər] *m* (-s/-) thunder;
'**2n** *v/i.* (ge-, h) thunder (a. fig.);
'**～schlag** *m* thunderclap (a. fig.);
'**～stag** *m* Thursday; '**～wetter** *n*
thunderstorm; F *fig.* telling off; F:
**～!** my word!, by Jove!; F *zum* **～!**
F confound it!, *sl.* damn it.

**Doppel** ['dɔpəl] *n* (-s/-) duplicate;
*tennis, etc.*: double, *Am.* doubles
*pl.*; '**～bett** *n* double bed; '**～decker**
*m* (-s/-) ✈ biplane; double-decker
(bus); '**～ehe** *f* bigamy; '**～gänger**
['**～gɛŋər**] *m* (-s/-) double; '**～punkt**
*m* colon; '**～sinn** *m* double meaning,
ambiguity; '2sinnig *adj.* ambiguous,
equivocal; '**～stecker** *ɇ m* two-way
adapter; '2t 1. *adj.* double; 2. *adv.*
doubly; twice; '**～zentner** *m* quintal; 2züngig *adj.* ['**～tsyŋiç**] two-
faced.

**Dorf** [dɔrf] *n* (-[e]s/**=**er) village; '**～be-
wohner** *m* villager.

**Dorn** [dɔrn] *m* 1. (-[e]s/-en) thorn
(a. fig.), prickle, spine; *j-m ein* **～** *im
Auge sein* be a thorn in s.o.'s flesh
or side; 2. (-[e]s/-e) tongue (of
buckle); spike (of running-shoe, etc.);
⊕ punch; '2ig *adj.* thorny (a. fig.).

**dörr|en** ['dœrən] *v/t.* (ge-, h) dry;
'2fleisch *n* dried meat; '2gemüse
*n* dried vegetables *pl.*; '2obst *n*
dried fruit.

**Dorsch** *ichth.* [dɔrʃ] *m* (-es/-e)
cod(fish).

**dort** *adv.* [dɔrt] there; over there;
'**～her** *adv.* from there; '**～hin** *adv.*
there, to that place; '**～ig** *adj.* there,
in or of that place.

**Dose** ['do:zə] *f* (-/-n) box; tin, *Am.*
can; **～nöffner** ['do:zən-] *m* (-s/-)
tin-opener, *Am.* can-opener.

**Dosis** ['do:zis] *f* (-/Dosen) dose (a.
fig.).

**dotieren** [do'ti:rən] *v/t.* (no -ge-, h)
endow.

**Dotter** ['dɔtər] *m, n* (-s/-) yolk.

**Dozent** [do'tsɛnt] *m* (-en/-en) (university) lecturer, *Am.* assistant
professor.

**Drache** ['draxə] *m* (-n/-n) dragon;
'**～n** *m* (-s/-) kite; *fig.* termagant,
shrew, battle-axe.

**Dragoner** [dra'go:nər] *m* (-s/-) ✕
dragoon (a. fig.).

**Draht** [dra:t] *m* (-[e]s/**=**e) wire; '2en

*v/t.* (ge-, h) telegraph, wire; '**～ge-
flecht** *n* (-[e]s/-e) wire netting;
'**～hindernis** ✕ *n* wire entanglement; '2ig *adj.* ɸ. wiry; '2los *adj.*
wireless; '**～seilbahn** *f* funicular
(railway); '**～stift** *m* wire tack;
'**～zieher** F *fig. m* (-s/-) wire-puller.

**drall** *adj.* [dral] girl, legs, etc.:
plump; *woman:* buxom.

**Drama** ['dra:ma] *n* (-s/Dramen)
drama; **～tiker** [dra'ma:tikər] *m*
(-s/-) dramatist; 2tisch *adj.* [dra-
'ma:tiʃ] dramatic.

**dran** F *adv.* [dran] *s.* daran; *er ist
gut* (übel) **～** he's well (badly) off;
*ich bin* **～** it's my turn.

**Drang** [draŋ] 1. *m* (-[e]s/⸉-e)
pressure, rush; *fig.* urge; 2. 2 *pret.*
of dringen.

**dräng|en** ['drɛŋən] (ge-, h) 1. *v/t.*
press (a. fig.), push; *fig.* urge;
*creditor:* dun; *sich* **～** crowd, throng;
2. *v/i.* press, be pressing or urgent.

**drangsalieren** [draŋza'li:rən] *v/t.*
(no -ge-, h) harass, vex, plague.

**drastisch** *adj.* ['drastiʃ] drastic.

**drauf** F *adv.* [drauf] *s.* darauf; **～** *und
dran sein zu inf.* be on the point of
ger.; 2gänger ['**～gɛŋər**] *m* (-s/-)
dare-devil, *Am. sl.* a. go-getter.

**draus** F *adv.* [draus] *s.* daraus.

**draußen** *adv.* ['drausən] outside;
out of doors; abroad; out at sea.

**drechs|eln** ['drɛksəln] *v/t.* (ge-, h)
turn (wood, etc.); 2ler ['**～slər**] *m*
(-s/-) turner.

**Dreck** F [drɛk] *m* (-[e]s/*no pl.*) dirt;
mud; filth (a. fig.); *fig.* trash; F **～**
*am Stecken haben* not to have a
clean slate; F *das geht dich einen* **～**
*an* that's none of your business;
'2ig *adj.* dirty; filthy.

**Dreh|bank** ['dre:-] *f* (-/⸗e) (turning-)
lathe; '2bar *adj.* revolving, rotating;
'**～bleistift** *m* propelling pencil;
'**～buch** *n* scenario, script; '**～bühne**
*thea. f* revolving stage; '2en *v/t.*
(ge-, h) turn; shoot (film); roll
(cigarette); *es dreht sich darum zu
inf.* it is a matter of ger.; *sich* **～**
turn; '**～kreuz** *n* turnstile; '**～orgel** *f*
barrel-organ; '**～punkt** *m* ⊕ centre
of rotation, *Am.* center of rotation,
pivot (a. fig.); '**～strom** *ɇ m* three-
phase current; '**～stuhl** *m* swivel-
chair; '**～tür** *f* revolving door; '**～ung**
*f* (-/-en) turn; rotation.

**drei** *adj.* [drai] three; '**～beinig** *adj.*
three-legged; '2eck *n* triangle;
'**～eckig** *adj.* triangular; **～erlei** *adj.*
['**～ərlai**] of three kinds or sorts;
'**～fach** *adj.* ['**～fax**] threefold, treble,
triple; '**～farbig** *adj.* three-col-
o(u)r(ed); '2fuß *m* tripod; '**～jährig**
*adj.* ['**～jɛ:riç**] three-year-old; trien-
nial; '**～mal** *adv.* three times; '**～ma-
lig** *adj.* done or repeated three
times; three; 2'meilenzone ɸ, **⛴**
*f* three-mile limit; '2rad *n* tricycle,

'**~seitig** adj. three-sided; trilateral; '**~silbig** adj. trisyllabic.

**dreißig** adj. ['draısıç] thirty; '**~ste** adj. thirtieth.

**dreist** adj. [draıst] bold, audacious; cheeky, saucy; '**2igkeit** f (-/-en) boldness, audacity; cheek, sauciness.

'**drei‖stimmig** ♪ adj. for or in three voices; '**~ßigig** adj. [ˈ..tsıgıç] three-day; '**~teilig** adj. in three parts, tripartite; '**~zehn(te)** adj. thirteen(th).

**dresch‖en** ['drɛʃən] v/t. and v/i. (irr., ge-, h) thresh; thrash; '**2flegel** m flail; '**2maschine** f threshing-machine.

**dressieren** [drɛˈsiːrən] v/t. (no -ge-, h) train; break in (horse).

**drillen** ✕ ♂ ['drılən] v/t. (ge-, h) drill.

**Drillinge** ['drılıŋə] m/pl. triplets pl.

**drin** F adv. [drın] s. darin.

**dringen** ['drıŋən] v/i. (irr., ge-) 1. (sein): ~ durch force one's way through s.th., penetrate or pierce s.th.; ~ aus break forth from s.th.; noise: come from; ~ in (acc.) penetrate into; in j-n ~ urge or press s.o.; an die Öffentlichkeit ~ get abroad; 2. (h): ~ auf (acc.) insist on, press for; '**~d** adj. urgent, pressing; suspicion: strong.

'**dringlich** adj. urgent, pressing; '**2keit** f (-/no pl.) urgency.

**drinnen** adv. ['drınən] inside; indoors.

**dritt‖e** adj. ['drıtə] third; '**2el** n (-s/-) third; '**~ens** adv. thirdly; '**~letzt** adj. last but two.

**Drog‖e** ['droːgə] f (-/-n) drug; **~erie** [drogəˈriː] f (-/-n) chemist's (shop), Am. drugstore; **~ist** [droˈgıst] m (-en/-en) (retail pharmaceutical) chemist.

**drohen** ['droːən] v/i. (ge-, h) threaten, menace.

**Drohne** ['droːnə] f (-/-n) zo. drone (a. fig.).

**dröhnen** ['drøːnən] v/i. (ge-, h) voice, etc.: resound; cannon, drum, etc.: roar; voice, cannon: boom.

**Drohung** ['droːʊŋ] f (-/-en) threat, menace.

**drollig** adj. ['drolıç] amusing, quaint, comical.

**Dromedar** zo. [droməˈdaːr] n (-s/-e) dromedary.

**drosch** [drɔʃ] pret. of dreschen.

**Droschke** ['drɔʃkə] f (-/-n) taxi (-cab), Am. a. cab, hack; '**~nkutscher** m cabman, driver, Am. a. hackman.

**Drossel** orn. ['drɔsəl] f (-/-n) thrush; '**2n** ⊕ v/t. (ge-, h) throttle.

**drüben** adv. ['dryːbən] over there, yonder.

**drüber** F adv. ['dryːbər] s. darüber.

**Druck** [druk] m 1. (-[e]s/-e) pres-

sure; squeeze (of hand, etc.); 2. typ. (-[e]s/-e) print(ing); '**~bogen** m printed sheet; '**~buchstabe** m block letter.

**drucken** ['drukən] v/t. (ge-, h) print; ~ lassen have s.th. printed, publish.

**drücken** ['drykən] (ge-, h) 1. v/t. press; squeeze (hand, etc.); force down (prices, wages, etc.); lower (record); press, push (button, etc.); F sich ~ vor (dat.) or von shirk (work, etc.); 2. v/i. shoe: pinch.

'**Drucker** m (-s/-) printer.

'**Drücker** m (-s/-) door-handle; trigger.

**Drucker‖ei** [drukəˈraı] f (-/-en) printing office, Am. printery, print shop; '**~schwärze** f printer's or printing-ink.

'**Druck‖fehler** m misprint; '**~fehlerverzeichnis** n errata pl.; '**2fertig** adj. ready for press; '**~kammer** f pressurized cabin; '**~knopf** m patent fastener, snap-fastener; ⊕ push-button; '**~luft** f compressed air; '**~pumpe** f pressure pump; '**~sache(n** pl.) ⚖ f printed matter, Am. a. second-class or third-class matter; '**~schrift** f block letters; publication; '**~taste** f press key.

**drum** F adv. ♂ [drum] s. darum.

**drunter** F adv. ['druntər] s. darunter.

**Drüse** anat. ['dryːzə] f (-/-n) gland.

**du** pers. pron. [duː] you.

**Dublette** [duˈblɛtə] f (-/-n) duplicate.

**ducken** ['dukən] v/refl. (ge-, h) duck, crouch; fig. cringe (vor dat. to, before).

**Dudelsack** ♪ ['duːdəl-] m bagpipes pl.

**Duell** [duˈɛl] n (-s/-e) duel; **2ieren** [duˈɛliːrən] v/refl. (no -ge-, h) (fight a) duel (mit with).

**Duett** ♪ [duˈɛt] n (-[e]s/-e) duet.

**Duft** [duft] m (-[e]s/-e) scent, fragrance, perfume; '**2en** v/i. (ge-, h) smell, have a scent, be fragrant; '**2end** adj. fragrant; '**2ig** adj. dainty, fragrant.

**duld‖en** ['duldən] (ge-, h) 1. v/t. bear, stand, endure, suffer (pain, grief, etc.); tolerate, put up with; 2. v/i. suffer; '**~sam** adj. ['..t-] tolerant; '**2samkeit** f (-/no pl.) tolerance; '**2ung** f (-/...) toleration; sufferance.

**dumm** adj. [dum] stupid, dull, Am. F dumb; '**2heit** f (-/-en) stupidity, dullness; stupid or foolish action; '**2kopf** m fool, blockhead, Am. sl. a. dumbbell.

**dumpf** adj. [dumpf] smell, air, etc.: musty, fusty; atmosphere: stuffy, heavy; sound, sensation, etc.: dull; '**~ig** adj. cellar, etc.: damp, musty.

**Düne** ['dyːnə] f (-/-n) dune, sand-hill.

**Dung** [duŋ] *m* (-[e]s/*no pl.*) dung, manure.

**düngen** ['dyŋən] *v/t.* (ge-, h) dung, manure; fertilize; **'2r** *m* (-s/-) *s.* Dung; fertilizer.

**dunkel** ['duŋkəl] **1.** *adj.* dark; dim; *fig.* obscure; *idea, etc.:* dim, faint, vague; **2.** **2** *n* (-s/*no pl.*) *s.* Dunkelheit.

**Dünkel** ['dyŋkəl] *m* (-s/*no pl.*) conceit, arrogance; **'2haft** *adj.* conceited, arrogant.

**'Dunkel|heit** *f* (-/*no pl.*) darkness (*a. fig.*); *fig.* obscurity; **'~kammer** *phot. f* dark-room; **'2n** *v/i.* (ge-, h) grow dark, darken.

**dünn** *adj.* [dyn] *paper, material, voice, etc.:* thin; *hair, population, etc.:* thin, sparse; *liquid:* thin, watery; *air:* rare(fied).

**Dunst** [dunst] *m* (-es/=e) vapo(u)r; haze, mist; fume.

**dünsten** ['dynstən] (ge-, h) **1.** *v/t.* steam (*fish, etc.*); stew (*fruit, etc.*); **2.** *v/i.* steam.

**'dunstig** *adj.* vaporous; hazy.

**Duplikat** [dupli'ka:t] *n* (-[e]s/-e) duplicate.

**Dur** *J* [du:r] *n* (-/-) major.

**durch** [durç] **1.** *prp.* (*acc.*) through; **2.** *adv.:* die ganze Nacht ~ all night long; ~ und ~ through and through; thoroughly.

**durcharbeiten** ['durç<sup>ʔ</sup>-] (sep., -ge-, h) **1.** *v/t.* study thoroughly; sich ~ *durch* work through (*book, etc.*); **2.** *v/i.* work without a break.

**durch'aus** *adv.* through and through; thoroughly; by all means; absolutely, quite; ~ nicht not at all, by no means.

**'durch|biegen** *v/t.* (irr. biegen, sep., -ge-, h) bend; deflect (*beam, etc.*); sich ~ beam, etc.: deflect, sag; **'~blättern** *v/t.* (sep., -ge-, h) glance or skim through (*book, etc.*), Am. thumb through, skim; **'2blick** *m:* ~ auf (*acc.*) view through to, vista over, view of; **'~blicken** *v/i.* (sep., -ge-, h) look through; ~ lassen, daß give to understand that.

**durch'bluten** *v/t.* (no -ge-, h) supply with blood; **'~bohren** *v/t.* (no -ge-, h) pierce; perforate; mit Blicken ~ look daggers at *s.o.*

**'durch|braten** *v/t.* (irr. braten, sep., -ge-, h) roast thoroughly; **~brechen** (irr. brechen) **1.** ['~brɛçən] *v/i.* (sep., -ge-, sein) break through or apart; **2.** ['~] *v/t.* (sep., -ge-, h) break apart or in two; **3.** [~'brɛçən] *v/t.* (no -ge-, h) break through, breach; run (*blockade*); crash (*sound barrier*); **'~brennen** *v/i.* (irr. brennen, sep., -ge-, sein) & *fuse:* blow; F *fig.* run away; *woman:* elope; **'~bringen** *v/t.* (irr. bringen, sep., -ge-, h) bring or get through; dissipate, squander (*money*); **'2bruch** *m* ⚔ break-

through; rupture; breach; *fig.* ultimate success.

**durch'denken** *v/t.* (irr. denken, no -ge-, h) think *s.th.* over thoroughly.

**'durch|drängen** *v/refl.* (sep., -ge-, h) force or push one's way through; **~dringen** (irr. dringen) **1.** ['~drɪŋən] *v/i.* (sep., -ge-, sein) penetrate (through); win acceptance (mit for) (*proposal*); **2.** [~'drɪŋən] *v/t.* (no -ge-, h) penetrate, pierce; *water, smell, etc.:* permeate.

**durcheinander** [durç<sup>ʔ</sup>ar'nandər] **1.** *adv.* in confusion or disorder; pell-mell; **2.** **2** *n* (-s/-) muddle, mess, confusion; **~bringen** *v/t.* (irr. bringen, sep., -ge-, h) confuse *s.o.*; *fig.* mix (*things*) up; **~werfen** *v/t.* (irr. werfen, sep., -ge-, h) throw into disorder; *fig.* mix up.

**durch|fahr|en** (irr. fahren) **1.** ['~fa:rən] *v/i.* (sep., -ge-, sein) go or pass or drive through; **2.** [~'fa:rən] *v/t.* (no -ge-, h) go or pass or travel or drive through; traverse (*tract of country, etc.*); **'2t** *f* passage (through); gate(way); ~ verboten! no thoroughfare!

**'Durchfall** *m* ⚕ diarrh(o)ea; F *fig.* failure, Am. a. flunk; **2en** (irr. fallen) **1.** ['~falən] *v/i.* (sep., -ge-, sein) fall through; fail, F get ploughed (*in examination*); *thea.* be a failure, *sl.* be a flop; ~ lassen reject, F plough; **2.** [~'falən] *v/t.* (no -ge-, h) fall or drop through (*space*).

**'durch|fechten** *v/t.* (irr. fechten, sep., -ge-, h) fight or see *s.th.* through; **'~finden** *v/refl.* (irr. finden, sep., -ge-, h) find one's way (through).

**durch|'flechten** *v/t.* (irr. flechten, no -ge-, h) interweave, intertwine; **~'forschen** *v/t.* (no -ge-, h) search through, investigate; explore (*region, etc.*).

**'Durchfuhr** ✝ *f* (-/-en) transit.

**durchführ|bar** *adj.* ['durçfy:rba:r] practicable, feasible, workable; **'~en** *v/t.* (sep., -ge-, h) lead or take through or across; *fig.* carry out or through; realize; **'2ungsbestimmung** *f* (implementing) regulation.

**'Durchgang** *m* passage; ✝ transit; *sports:* run; **'~verkehr** *m* through traffic; ✝ transit traffic; **'~zoll** *m* transit duty.

**'durchgebraten** *adj.* well done.

**'durchgehen** (irr. gehen, sep., -ge-) **1.** *v/i.* (sein) go or walk through; *bill:* pass, be carried; run away or off; abscond; *woman:* elope; *horse:* bolt; **2.** *v/t.* (sein) go through (*street, etc.*); **3.** *v/t.* (h, sein) go or look or read through (*work, book, etc.*); **'~d 1.** *adj.* continuous; ~er Zug through train; **2.** *adv.* generally; throughout.

**durch'geistigt** *adj.* spiritual.

**'durch|greifen** *v/i.* (irr. greifen,

*sep.*, -ge-, *h*) put one's hand through; *fig.* take drastic measures or steps; '~greifend *adj.* drastic; radical, sweeping; '~halten (*irr. halten, sep.*, -ge-, *h*) 1. *v/t.* keep up (*pace, etc.*); 2. *v/i.* hold out; '~hauen *v/t.* (*irr. hauen, sep.*, -ge-, *h*) cut *or* chop through; *fig.* give *s.o.* a good hiding; '~helfen *v/i.* (*irr. helfen, sep.*, -ge-, *h*) help through (*a. fig.*); '~kämpfen *v/t.* (*sep.*, -ge-, *h*) fight out; *sich* ~ fight one's way through; '~kneten *v/t.* (*sep.*, -ge-, *h*) knead *or* work thoroughly; '~kommen *v/i.* (*irr. kommen, sep.*, -ge-, *sein*) come *or* get *or* pass through; *sick person:* pull through; *in examination:* pass.

durch'kreuzen *v/t.* (*no* -ge-, *h*) cross, foil, thwart (*plan, etc.*).

Durch|laß ['durçlas] *m* (*Durchlasses/Durchlässe*) passage; '2lassen *v/t.* (*irr. lassen, sep.*, -ge-, *h*) let pass, allow to pass, let through; *Wasser* ~ leak; '2lässig *adj.* pervious (to), permeable (to); leaky.

durch|laufen (*irr. laufen*) 1. ['~laufən] *v/i.* (*sep.*, -ge-, *sein*) run *or* pass through; 2. ['~] *v/t.* (*sep.*, -ge-, *h*) wear out (*shoes, etc.*); 3. [.~'laufən] *v/t.* (*no* -ge-, *h*) pass through (*stages, departments, etc.*); *sports:* cover (*distance*).

durch'leben *v/t.* (*no* -ge-, *h*) go *or* live through.

'durchlesen *v/t.* (*irr. lesen, sep.*, -ge-, *h*) read through.

durchleuchten (*h*) 1. ['~brçtən] *v/i.* (*sep.*, -ge-) shine through; 2. [.~'brçtən] *v/t.* (*no* -ge-) *ℱ* X-ray; *fig.* investigate.

durchlöchern [durç'lœçərn] *v/t.* (*no* -ge-, *h*) perforate, make holes into *s.th.*

'durchmachen *v/t.* (*sep.*, -ge-, *h*) go through (*difficult times, etc.*); undergo (*suffering*).

'Durchmarsch *m* march(ing) through.

'Durchmesser *m* (-s/-) diameter.

durch'nässen *v/t.* (*no* -ge-, *h*) wet through, soak, drench.

'durch|nehmen *v/t.* (*irr. nehmen, sep.*, -ge-, *h*) go through *or* over (*subject*); '~pausen *v/t.* (*sep.*, -ge-, *h*) trace, calk (*design, etc.*).

durchqueren [durç'kve:rən] *v/t.* (*no* -ge-, *h*) cross, traverse.

'durch|rechnen *v/t.* (*sep.*, -ge-, *h*) (re)calculate, check; '2reise *f* journey *or* way through; '~reisen 1. ['~raizən] *v/i.* (*sep.*, -ge-, *sein*) travel *or* pass through; 2. [.~'raizən] *v/t.* (*no* -ge-, *h*) travel over *or* through *or* across; '2reisende *m*, *f* (-n/-n) person travel(l)ing through. *Am. a.* transient; (*through passenger*); '~reißen (*irr. reißen, sep.*, -ge-) 1. *v/i.* (*sein*) tear, break; 2. *v/t.* (*h*) tear

asunder, tear in two; ~schauen (*h*) 1. ['~ʃauən] *v/i.* and *v/t.* (*sep.*, -ge-) look through; 2. *fig.* [.~'ʃauən] *v/t.* (*no* -ge-) see through.

'durchscheinen *v/i.* (*irr. scheinen, sep.*, -ge-, *h*) shine through; '~d *adj.* translucent; transparent.

'durchscheuern *v/t.* (*sep.*, -ge-, *h*) rub through, ~schießen (*irr. schießen*) 1. ['~ʃi:sən] *v/i.* (*sep.*, -ge-, *h*) shoot through; 2. ['~] *v/t.* (*sep.*, -ge-, *sein*) *water:* shoot *or* race through; 3. [.~'ʃi:sən] *v/t.* (*no* -ge-, *h*) shoot *s.th.* through; *typ.:* space out (*lines*); interleave (*book*).

'Durchschlag *m* colander, strainer; carbon copy; 2en (*irr. schlagen*) 1. ['~ʃlaːgən] *v/i.* (*sep.*, -ge-, *h*) break *or* pass through; strain (*peas, etc.*); *sich* ~ get along, make one's way; 2. ['~] *v/i.* (*sep.*, -ge-, *h*) *typ.* come through; take *or* have effect; 3. [.~'ʃlaːgən] *v/t.* (*no* -ge-, *h*) pierce; *bullet:* penetrate; '2end *adj.* effective, telling; ~papier ['~k-] *n* copying paper.

durchschneiden *v/t.* (*irr. schneiden, h*) 1. ['~ʃnaidən] (*sep.*, -ge-) cut through; 2. [.~'ʃnaidən] (*no* -ge-) cut through, cut in two.

'Durchschnitt *m* cutting through; *⊕* section, profile; *A* intersection; *fig.* average; *im* ~ on an average; '2lich 1. *adj.* average; normal; 2. *adv.* on an average; normally; '~swert *m* average value.

'durch|sehen (*irr. sehen, sep.*, -ge-, *h*) 1. *v/i.* see *or* look through; 2. *v/t.* see *or* look through *s.th.*; look *s.th.* over, go over *s.th.*; '~seihen *v/t.* (*sep.*, -ge-, *h*) filter, strain; ~setzen *v/t.* (*h*) 1. ['~zetsən] (*sep.*, -ge-) put (*plan, etc.*) through; force through; *seinen Kopf* ~ have one's way; *sich* ~ opinion, *etc.*: gain acceptance; 2. [.~'zetsən] (*no* -ge-) intersperse.

'Durchsicht *f* looking through *or* over; examination; correction; *typ.* reading; '2ig *adj.* glass, water, *etc.*: transparent; *fig.* clear, lucid; '~igkeit *f* (-/no pl.) transparency; *fig.* clarity, lucidity.

'durch|sickern *v/i.* (*sep.*, -ge-, *sein*) seep *or* ooze through; *news, etc.*: leak out; ~sieben *v/t.* (*h*) 1. ['~zi:bən] (*sep.*, -ge-) sieve, sift; bolt (*flour*); 2. [.~'zi:bən] (*no* -ge-) riddle (*with bullets*); '~sprechen *v/t.* (*irr. sprechen, sep.*, -ge-, *h*) discuss, talk over; ~stechen *v/t.* (*irr. stechen, h*) 1. ['~ʃtɛçən] (*sep.*, -ge-) stick (*needle, etc.*) through *s.th.*; stick through *s.th.*; 2. [.~'ʃtɛçən] (*no* -ge-) pierce; cut through (*dikes, etc.*); '~stecken *v/t.* (*sep.*, -ge-, *h*) pass *or* stick through.

'Durchstich *m* cut(ting).

durch'stöbern *v/t.* (*no* -ge-, *h*) ransack (*room, pockets, etc.*); rummage through (*drawers, papers, etc.*).

**durchstreichen** *v/t. (irr. streichen, sep., -ge-, h)* strike *or* cross out, cancel.

**durch'streifen** *v/t. (no -ge-, h)* roam *or* wander through *or* over *or* across.

**durch'such|en** *v/t. (no -ge-, h)* search (*a. ɪ⁄ʒ*); 2ung *f (-/-en)* search.

**durchtrieben** *adj.* [durç'triːbən] cunning, artful; 2heit *f (-/no pl.)* cunning, artfulness.

**durch'wachen** *v/t. (no -ge-, h)* pass (*the night*) waking.

**durch'wachsen** *adj. bacon:* streaky.

**durchwandern 1.** ['durç,vandərn] *v/i. (sep., -ge-, sein)* walk *or* pass through; **2.** [͵vandərn] *v/t. (no -ge-, h)* walk *or* pass through (*place, area, etc.*).

**durch'weben** *v/t. (no -ge-, h)* interweave; *fig. a.* intersperse.

**durchweg** *adv.* ['durçvɛk] throughout, without exception.

**durch|weichen 1.** ['durç͵vaiçən] *v/i. (sep., -ge-, sein)* soak; **2.** [͵vaiçən] *v/t. (no -ge-, h)* soak, drench; '͵winden *v/refl. (irr. winden, sep., -ge-, h)* worm *or* thread one's way through; '͵wühlen (h) **1.** *fig.* ['͵vyːlən] *v/refl. (sep., -ge-)* work one's way through; **2.** [͵vyːlən] *v/t. (no -ge-)* rummage; '͵zählen *v/t. (sep., -ge-, h)* count; '͵ziehen (irr. ziehen) **1.** ['͵tsiːən] *v/i. (sep., -ge-, sein)* pass *or* go *or* come *or* march through; **2.** ['͵] *v/t. (sep., -ge-, h)* pull (*thread, etc.*) through; **3.** [͵tsiːən] *v/t. (no -ge-, h)* go *or* travel through; *scent, etc.:* fill, pervade (*room, etc.*).

**durch'zucken** *v/t. (no -ge-, h)* flash through.

**'Durchzug** *m* passage through; draught, *Am.* draft.

**'durchzwängen** *v/refl. (sep., -ge-, h)* squeeze o.s. through.

**dürfen** ['dyrfən] *(irr., h)* **1.** *v/i. (ge-):* ich darf *(nicht)* I am *(not)* allowed to; **2.** *v/aux. (no -ge-):* ich darf *inf.* I am permitted *or* allowed to *inf.*; I may *inf.*; du darfst nicht *inf.* you must not *inf.*; *iro.:* wenn ich bitten darf if you please.

**durfte** ['durftə] *pret. of* dürfen.

**dürftig** *adj.* ['dyrftiç] poor; scanty.

**dürr** *adj.* [dyr] *wood, leaves, etc.:* dry; *land:* barren, arid; *p.* gaunt, lean, skinny; '2e *f (-/-n)* dryness; barrenness; leanness.

**Durst** [durst] *m (-es/no pl.)* thirst (*nach for*); ͵ haben be thirsty.

**dürsten** ['dyrstən] *v/i. (ge-, h):* ͵ nach thirst for.

**'durstig** *adj.* thirsty (*nach for*).

**Dusche** ['duːʃə] *f (-/-n)* shower (-bath); 2n *v/refl. and v/i. (ge-, h)* have a shower(-bath).

**Düse** ['dyːzə] *f (-/-n)* ⊕ nozzle; ✈ jet; ͵nantrieb ['͵nˡ-] *m* jet propulsion; mit ͵ jet-propelled; '͵nflugzeug *n* jet(-propelled) aircraft, F jet; '͵njäger ✈ *m* jet fighter.

**düster** *adj.* ['dyːstər] dark, gloomy (*both a. fig.*); *light:* dim; *fig.:* sad; depressing; '2heit *f (-/no pl.)*, '2keit *f (-/no pl.)* gloom(iness).

**Dutzend** ['dutsənt] *n (-s/-e)* dozen; ein ͵ Eier a dozen eggs; ͵e von Leuten dozens of people; '2weise *adv.* by the dozen, in dozens.

**Dynam|ik** [dy'naːmik] *f (-/no pl.)* dynamics; 2isch *adj.* dynamic(al).

**Dynamit** [dyna'miːt] *n (-s/no pl.)* dynamite.

**Dynamo** [dy'naːmo] *m (-s/-s)*, ͵maschine *f* dynamo, generator.

**D-Zug** ['deːtsuːk] *m* express train.

---

# E

**Ebbe** ['ɛbə] *f (-/-n)* ebb(-tide); low tide; '2n *v/i. (ge-, sein)* ebb.

**eben** ['eːbən] **1.** *adj.* even; plain, level; ⅋ plane; zu ͵er Erde on the ground floor, *Am.* on the first floor; **2.** *adv.* exactly; just; ͵ erst just now; '2bild *n* image, likeness; '͵bürtig *adj.* ['͵byrtiç] of equal birth; *j-m* ͵ sein be a match for s.o., be s.o.'s equal; '͵da *adv.*, '͵daselbst *adv.* at the very (same) place, just there; *quoting books:* ibidem (*abbr.* ib., ibid.); '͵der, '͵die, '͵das *dem. pron.* '͵derselbe, '͵dieselbe, '͵dasselbe *dem. pron.* the very (same); '͵

**des'wegen** *adv.* for that very reason.

**Ebene** ['eːbənə] *f (-/-n)* plain; ⅋ plane; *fig.* level.

**'eben|erdig** *adj. and adv.* at street level; on the ground floor, *Am.* on the first floor; '͵falls *adv.* likewise; '2holz *n* ebony; '͵maß *n* symmetry; harmony; regularity (*of features*); '͵mäßig *adj.* symmetrical; harmonious; regular; '͵so *adv.* just so; just as ...; likewise; '͵sosehr *adv.*, '͵soviel *adv.* just as much; '͵sowenig *adv.* just as little *or* few (*pl.*), no more.

**Eber** zo. ['e:bər] m (-s/-) boar; '~esche ♀ f mountain-ash.

**ebnen** ['e:bnən] v/t. (ge-, h) level; fig. smooth.

**Echo** ['eço] n (-s/-s) echo.

**echt** adj. [eçt] genuine; true; pure; real; colour: fast; document: authentic; '2heit f (-/no pl.) genuineness; purity; reality; fastness; authenticity.

**Eck** [ɛk] n (-[e]s/-e) s. Ecke; '~ball m sports: corner-kick; '~e f (-/-n) corner; edge; '2ig adj. angular; fig. awkward; '~platz m corner-seat; '~stein m corner-stone; '~zahn m canine tooth.

**edel** adj. ['e:dəl] noble; min. precious; organs of the body: vital; '~denkend adj. noble-minded; '2mann m nobleman; '2mut m generosity; '2mütig adj. ['~my:tiç] noble-minded, generous; '2stein m precious stone; gem.

**Edikt** [e'dikt] n (-[e]s/-e) edict.

**Efeu** ♀ ['e:fɔy] m (-s/no pl.) ivy.

**Effekt** [ɛ'fɛkt] m (-[e]s/-e) effect; ~en pl. effects pl.; ✝: securities pl.; stocks pl.; ~handel m dealing in stocks; ~hascherei ['~haʃə'raɪ] f (-/-en) claptrap; 2iv adj. [~'ti:v] effective; 2uieren [~u'i:rən] v/t. (no -ge-, h) effect; execute, Am. a. fill; 2voll adj. effective, striking.

**egal** adj. [e'ga:l] equal; F all the same.

**Egge** ['ɛgə] f (-/-n) harrow; '2n v/t. (ge-, h) harrow.

**Egois|mus** [ego'ɪsmʊs] m (-/Egoismen) ego(t)ism; ~t m (-en/-en) ego(t)ist; 2tisch adj. selfish, ego(t)istic(al).

**ehe¹** cj. ['e:ə] before.

**Ehe²** [~] f (-/-n) marriage; matrimony; '~anbahnung f (-/-en) matrimonial agency; '~brecher m (-s/-) adulterer; '~brecherin f (-/-nen) adulteress; '2brecherisch adj. adulterous; '~bruch m adultery; '~frau f wife; '~gatte m, '~gattin f spouse; '~leute pl. married people pl.; '2lich adj. conjugal; child: legitimate; '~losigkeit f (-/no pl.) celibacy; single life.

**ehemalig** adj. ['e:əma:liç] former, ex-...; old; 2s adv. formerly.

**'Ehe|mann** m husband; '~paar n married couple.

**'eher** adv. sooner; rather; more likely; je ~, desto besser the sooner the better.

**'Ehering** m wedding ring.

**ehern** adj. ['e:ərn] brazen, of brass.

**'Ehe|scheidung** f divorce; '~schließung f (-/-en) (contraction of) marriage; '~stand m (-[e]s/no pl.) married state, matrimony; '~stifter m, '~stifterin f (-/-nen) matchmaker; '~vermittlung f s. Eheanbahnung; '~versprechen n promise of marriage; '~vertrag m marriage contract.

**Ehrabschneider** ['e:r'apʃnaɪdər] m (-s/-) slanderer.

**'ehrbar** adj. hono(u)rable, respectable; modest; '2keit f (-/no pl.) respectability; modesty.

**Ehre** ['e:rə] f (-/-n) hono(u)r; zu ~n (gen.) in hono(u)r of; '2n v/t. (ge-, h) hono(u)r; esteem.

**'ehren|amtlich** adj. honorary; '2bürger m honorary citizen; '2doktor m honorary doctor; '2erklärung f (full) apology; '2gast m guest of hono(u)r; '2gericht n court of hono(u)r; '~haft adj. hono(u)rable; '2kodex m code of hono(u)r; 2legion ['~legiɔn] f (-/no pl.) Legion of Hono(u)r; '2mann m man of hono(u)r; '2mitglied n honorary member; '2platz m place of hono(u)r; '2recht n: bürgerliche ~e pl. civil rights pl.; '2rettung f rehabilitation; '~rührig adj. defamatory; '2sache f affair of hono(u)r; point of hono(u)r; '2voll adj. hono(u)rable; '~wert adj. hono(u)rable; '2wort n (-[e]s/-e) word of hono(u)r.

**ehr|erbietig** adj. ['e:r'arbi:tiç] respectful; '2erbietung f (-/-en) reverence; '2furcht f (-/~en) respect; awe; '~furchtgebietend adj. awe-inspiring, awesome; '~fürchtig adj. ['~fyrçtiç] respectful; '2gefühl n (-[e]s/no pl.) sense of hono(u)r; '2geiz m ambition; '~geizig adj. ambitious.

**'ehrlich** adj. honest; commerce, game: fair; opinion: candid; ~ währt am längsten honesty is the best policy; '2keit f (-/no pl.) honesty; fairness.

**'ehrlos** adj. dishono(u)rable, infamous; '2igkeit f (-/-en) dishonesty, infamy.

**'ehr|sam** adj. s. ehrbar; '2ung f (-/-en) hono(u)r (conferred on s.o.); '~vergessen adj. dishono(u)rable, infamous; '2verlust m (-es/no pl.) loss of civil rights; '~würdig adj. venerable, reverend.

**ei¹** int. [aɪ] ah!, indeed!

**Ei²** [~] n (-[e]s/-er) egg; physiol. ovum.

**Eibe** ♀ ['aɪbə] f (-/-n) yew(-tree).

**Eiche** ♀ ['aɪçə] f (-/-n) oak(-tree); ~l ['~l] f (-/-n) ♀ acorn; cards: club; '~häher orn. ['~he:ər] m (-s/-) jay.

**eichen¹** ['aɪçən] v/t. (ge-, h) ga(u)ge.

**eichen²** adj. [~] oaken, of oak.

**Eich|hörnchen** zo. ['aɪçhœrnçən] n (-s/-) squirrel; '~maß n standard.

**Eid** [aɪt] m (-es/-e) oath; '2brüchig adj.: ~ werden break one's oath.

**Eidechse** zo. ['aɪdɛksə] f (-/-n) lizard.

**eidesstattlich** gth adj. ['aɪdəs-] in lieu of (an) oath; ~e Erklärung statutory declaration.

'eidlich 1. *adj.* sworn; 2. *adv.* on oath.

'Eidotter *m, n* yolk.

'Eier|kuchen *m* omelet(te), pancake; '~schale *f* egg-shell; '~stock *anat. m* ovary; '~uhr *f* egg-timer.

Eifer ['aɪfər] *m* (-*s/no pl.*) zeal; eagerness; ardo(u)r; '~er *m* (-*s/-*) zealot; '~sucht *f* (-/*no pl.*) jealousy; '2süchtig *adj.* jealous (*auf acc.* of).

eifrig *adj.* ['aɪfrɪç] zealous, eager; ardent.

eigen *adj.* ['aɪgən] own; particular; strange, odd; *in compounds:* ~owned; peculiar (*dat.* to); '2art *f* peculiarity; '~artig *adj.* peculiar; singular; 2brötler ['~brøːtlər] *m* (-*s/-*) odd *or* eccentric person, crank; '2gewicht *n* dead weight; '~händig *adj. and adv.* ['~hendɪç] with one's own hands; '2heim *n* house of one's own; homestead; '2heit *f* (-/-en) peculiarity; oddity; *of language:* idiom; '2liebe *f* self-love; '2lob *n* self-praise; '~mächtig *adj.* arbitrary; '2name *m* proper name; '~nützig *adj.* ['~nytsɪç] self-interested, selfish; '~s *adv.* expressly, specially; on purpose.

'Eigenschaft *f* (-/-en) quality (*of s.o.*); property (*of s.th.*); *in s~ r ~ als* in his capacity as; '~swort *gr. n* (-[e]s/-er) adjective.

'Eigensinn *m* (-[e]s/*no pl.*) obstinacy; '2ig *adj.* wil(l)ful, obstinate.

'eigentlich 1. *adj.* proper; actual; true, real; 2. *adv.* properly (speaking).

'Eigentum *n* (-*s/-*er) property.

Eigentüm|er ['aɪgəntyːmər] *m* (-*s/-*) owner, proprietor; '2lich *adj.* peculiar; odd; '~lichkeit *f* (-/-en) peculiarity.

'Eigentums|recht *n* ownership; copyright; '~wohnung *f* freehold flat.

'eigenwillig *adj.* self-willed; *fig.* individual.

eign|en ['aɪgnən] *v/refl.* (ge-, h): *sich ~ für* be suited for; '2ung *f* (-/-en) aptitude, suitability.

'Eil|bote ⚹ *m* express messenger; *durch ~n* by special delivery; '~brief ⚹ *m* express letter, *Am.* special delivery letter.

Eile ['aɪlə] *f* (-/*no pl.*) haste, speed; hurry; '2n *v/i.* (ge-, sein) hasten, make haste; hurry; *letter, affair:* be urgent; '2nds *adv.* ['~ts] quickly, speedily.

'Eil|fracht *f*, '~gut *n* express goods *pl., Am.* fast freight; '2ig *adj.* hasty, speedy; urgent; *es ~ haben* be in a hurry.

Eimer ['aɪmər] *m* (-*s/-*) bucket, pail.

ein [aɪn] 1. *adj.* one; 2. *indef. art.* a, an.

einander *adv.* [aɪ'nandər] one another; each other.

ein|arbeiten ['aɪn?-] *v/t.* (*sep.*, -ge-, h): *j-n ~ in* (*acc.*) make s.o. acquainted with; '~armig *adj.* ['aɪn?-] one-armed; '~äschern ['aɪn?ɛʃərn] *v/t.* (*sep.*, -ge-, h) burn to ashes; cremate (*dead body*); '2äscherung *f* (-/-en) cremation; '~atmen ['aɪn?-] *v/t.* (*sep.*, -ge-, h) breathe, inhale; '~äugig *adj.* ['aɪn?ɔʏgɪç] one-eyed.

'Einbahnstraße *f* one-way street.

'einbalsamieren *v/t.* (*sep.*, no -ge-, h) embalm.

'Einband *m* (-[e]s/-e) binding; cover.

'ein|bauen *v/t.* (*sep.*, -ge-, h) build in; install (*engine, etc.*); '~behalten *v/t.* (*irr.* halten, *sep.*, no -ge-, h) detain; '~berufen *v/t.* (*irr.* rufen, *sep.*, no -ge-, h) convene; ⚹ call up, *Am.* induct.

'einbett|en *v/t.* (*sep.*, -ge-, h) embed; '2zimmer *n* single(-bedded) room.

'einbild|en *v/refl.* (*sep.*, -ge-, h) fancy, imagine; '2ung *f* imagination, fancy; conceit.

'einbinden *v/t.* (*irr.* binden, *sep.*, -ge-, h) bind (*books*).

'Einblick *m* insight (*in acc.* into).

'einbrechen (*irr.* brechen, *sep.*, -ge-) 1. *v/t.* (h) break open; 2. *v/t.* (sein) break in; *of night, etc.*: set in; *~ in* (*acc.*) break into (*house*).

'Einbrecher *m* *at night:* burglar; *by day:* housebreaker.

'Einbruch *m* ✗ invasion; housebreaking, burglary; *bei ~ der Nacht* at nightfall; '~(s)diebstahl *m* house-breaking, burglary.

einbürger|n ['aɪnbyrgərn] *v/t.* (*sep.*, -ge-, h) naturalize; '2ung *f* (-/-en) naturalization.

'Ein|buße *f* loss; '2büßen *v/t.* (*sep.*, -ge-, h) lose, forfeit.

ein|dämmen ['aɪndɛmən] *v/t.* (*sep.*, -ge-, h) dam (up); embank (*river*); *fig.* check; '~deutig *adj.* unequivocal; clear, plain.

'eindring|en *v/i.* (*irr.* dringen, *sep.*, -ge-, sein) enter; penetrate; intrude; *~ in* (*acc.*) penetrate (into); force one's way into; invade (*country*); '~lich *adj.* urgent; 2ling ['~lɪŋ] *m* (-*s/-e*) intruder; invader.

'Eindruck *m* (-[e]s/-e) impression.

'ein|drücken *v/t.* (*sep.*, -ge-, h) press in; crush (in) (*hat*); break (*pane*); '~drucksvoll *adj.* impressive; '~engen ['aɪn?-] *v/t.* (*sep.*, -ge-, h) narrow; *fig.* limit.

ein|er¹ ['aɪnər], '~e, '~(e)s *indef. pron.* one.

Einer² [~] *m* (-*s/-*) ⚹ unit, digit; *rowing:* single sculler, skiff.

einerlei ['aɪnər'laɪ] 1. *adj.* of the same kind; immaterial; *es ist mir ~* it is all the same to me; 2. 2 *n* (-*s/no pl.*) sameness; monotony; humdrum (*of one's existence*).

**einerseits** adv. ['aınər'zaıts] on the one hand.

**einfach** adj. ['aınfax] simple; single; plain; meal: frugal; ticket: single, Am. one-way; **'2heit** f (-/no pl.) simplicity.

**einfädeln** ['aınfɛ:dəln] v/t. (sep., -ge-, h) thread; fig. start, set on foot; contrive.

**'Einfahrt** f entrance, entry.

**'Einfall** m ✗ invasion; idea, inspiration; **'2en** v/i. (irr. fallen, sep., -ge-, sein) fall in, collapse; break in (on a conversation), interrupt, cut short; chime in; ♪ join in; invade; j-m ~ occur to s.o.

**'Einfalt** f ['aınfalt] f (-/no pl.) simplicity; silliness; **2fältig** adj. ['~fɛltıç] simple; silly; **'~faltspinsel** m simpleton, Am. F sucker.

**'ein|farbig** adj. one-colo(u)red, uni-colo(u)red; plain; **'~fassen** v/t. (sep., -ge-, h) border; set (precious stones); **'2fassung** f border; setting; **'~fetten** v/t. (sep., -ge-, h) grease; oil; **'~finden** v/refl. (irr. finden, sep., -ge-, h) appear; arrive; **'~flechten** fig. v/t. (irr. flechten, sep., -ge-, h) put in, insert; **'~fließen** v/i. (irr. fließen, sep., -ge-, sein) flow in; ~ in (acc.) flow into; ~ lassen mention in passing; **'~flößen** v/t. (sep., -ge-, h) infuse.

**'Einfluß** m influx; fig. influence; **'2reich** adj. influential.

**ein|förmig** adj. ['aınfœrmıç] uniform; monotonous; **~frieden** ['~fri:dən] v/t. (sep., -ge-, h) fence, enclose; **2friedung** f (-/-en) enclosure; **~frieren** (irr. frieren, sep., -ge-) 1. v/i. (sein) freeze (in); 2. v/t. (h) freeze (food); **'~fügen** v/t. (sep., -ge-, h) put in; fig. insert; sich ~ fit in.

**Einfuhr** ✝ ['aınfu:r] f (-/-en) import(ation); **'~bestimmungen** f/pl. import regulations pl.

**'einführen** v/t. (sep., -ge-, h) ✝ import; introduce (s.o., custom); insert; initiate; install (s.o. in an office).

**'Einfuhrwaren** ✝ f/pl. imports pl.

**'Eingabe** f petition; application.

**'Eingang** m entrance; entry; arrival (of goods); noch ~ on receipt; **'~buch** ✝ n book of entries.

**'eingeben** v/t. (irr. geben, sep., -ge-, h) give, administer (medicine) (dat. to); prompt, suggest (to).

**'einge|bildet** adj. imaginary; conceited (auf acc. of); **'~boren** adj. native; **'2borene** m, f (-/-n) native.

**Eingebung** ['aıngebuŋ] f (-/-en) suggestion; inspiration.

**einge|denk** adj. ['aıngədɛŋk] mindful (gen. of); **'~fallen** adj. eyes, cheeks: sunken, hollow, emaciated; **~fleischt** fig. adj. ['~gəflaıʃt] in-

veterate; confirmed; **~er Junggeselle** confirmed bachelor.

**'eingehen** (irr. gehen, sep., -ge-) 1. v/i. (sein) mail, goods: come in, arrive; ♀, animal: die; cease (to exist); material: shrink; ~ auf (acc.) agree to; enter into; 2. v/t. (h, sein) enter into (relationship); contract (marriage); ein Risiko ~ run a risk, esp. Am. take a chance; e-n Vergleich ~ come to terms; Verbindlichkeiten ~ incur liabilities; e-e Wette ~ make a bet; eingegangene Gelder n/pl. receipts pl.; **'~d** adj. detailed; thorough; examination: close.

**Eingemachte** ['aıngəmaxtə] n (-n/ no pl.) preserves pl.; pickles pl.

**'eingemeinden** v/t. (sep., no -ge-, h) incorporate (dat. into).

**'einge|nommen** adj. partial (für to); prejudiced (gegen against); von sich ~ conceited; **'2sandt** ✎ n (-s/-s) letter to the editor; **'~schnappt** F fig. adj. ['~gəʃnapt] offended, touchy; **'~sessen** adj. long-established; **'2ständnis** n confession, avowal; **'~stehen** v/t. (irr. stehen, sep., no -ge-, h) confess, avow.

**Eingeweide** anat. ['aıngəvaıdə] pl. viscera pl.; intestines pl.; bowels pl.; esp. of animals: entrails pl.

**'einge|wöhnen** v/refl. (sep., no -ge-, h) accustom o.s. (in acc. to); acclimatize o.s., Am. acclimate o.s. (to); get used (to).

**eingewurzelt** adj. ['~gəvurtsəlt] deep-rooted, inveterate.

**'eingießen** v/t. (irr. gießen, sep., -ge-, h) pour in or out.

**eingleisig** adj. ['aınglaızıç] single-track.

**'ein|graben** v/t. (irr. graben, sep., -ge-, h) dig in; bury; engrave; sich ~ ✗ dig o.s. in, entrench o.s.; fig. engrave itself (on one's memory); **'~gravieren** v/t. (sep., no -ge-, h) engrave.

**'eingreifen** 1. v/i. (irr. greifen, sep., -ge-, h) intervene; ~ in (acc.) interfere with; encroach on (s.o.'s rights); in die Debatte ~ join in the debate; 2. ⊕ n (-s/no pl.) intervention.

**'Eingriff** m fig. encroachment; ℱ operation.

**'einhaken** v/t. (sep., -ge-, h) fasten; sich bei j-m ~ take s.o.'s arm.

**'Einhalt** m (-[e]s/no pl.): ~ gebieten (dat.) put a stop to; **'2en** fig. (irr. halten, sep., -ge-, h) 1. v/t. observe, keep; 2. v/i. stop, leave off (zu tun doing).

**'ein|hängen** ([irr. hängen] sep., -ge-, h) 1. v/t. hang in; hang up, replace (receiver); sich bei j-m ~ take s.o.'s arm, link arms with s.o.; 2. teleph. v/i. hang up; **'~heften** v/t. (sep., -ge-, h) sew or stitch in.

**'einheimisch** adj. native (in das.

to), indigenous (to) (a. ♀); ♂ endemic; *product*: home-grown; '2e *m*, *f* (-n/-n) native; resident.

'Einheit *f* (-/-en) unity; oneness; A, *phys.*, ⚔ unit; '2lich *adj.* uniform; '⁓spreis *m* standard price.

'einheizen (*sep.*, -ge-, h) 1. *v/i.* make a fire; 2. *v/t.* heat (*stove*).

einhellig *adj.* ['ainhɛlɪç] unanimous.

'einholen (*sep.*, -ge-, h) 1. *v/t.* catch up with, overtake; make up for (*lost time*); make (*inquiries*); take (*order*); seek (*advice*); ask for (*permission*); buy; 2. *v/i.*: ⁓ gehen go shopping.

'Einhorn *zo.* *n* unicorn.

'einhüllen *v/t.* (*sep.*, -ge-, h) wrap (up *or* in); envelop.

einig *adj.* ['amɪç] united; ⁓ sein agree; *nicht* ⁓ sein differ (*über acc.* about); ⁓e *indef. pron.* ['⁓gə] several; some; ⁓en ['⁓gən] *v/t.* (ge-, h) unite; *sich* ⁓ come to terms; ⁓ermaßen *adv.* ['⁓ɡərˈmaːsən] in some measure; somewhat; ⁓es *indef. pron.* ['⁓gəs] some(thing); '2-keit *f* (-/no *pl.*) unity; concord; 2ung ['⁓ɡ-] *f* (-/-en) union; agreement.

'ein|impfen ['aɪnˀ-] *v/t.* (*sep.*, -ge-, h) ♂ inoculate (a. *fig.*); '⁓jagen *v/t.* (*sep.*, -ge-, h): j-m Furcht ⁓ scare s.o.

einjährig *adj.* ['ainjɛːrɪç] one-year-old; *esp.* ♀ annual; *animal*: yearling.

'ein|kalkulieren *v/t.* (*sep.*, no -ge-, h) take into account, allow for; '⁓kassieren *v/t.* (*sep.*, no -ge-, h) cash; collect.

'Einkauf *m* purchase; Einkäufe machen *s.* einkaufen 2; '2en (*sep.*, -ge-, h) 1. *v/t.* buy, purchase; 2. *v/i.* make purchases, go shopping.

'Einkäufer *m* buyer.

'Einkaufs|netz *n* string bag; '⁓preis ⬆ *m* purchase price; '⁓tasche *f* shopping-bag.

'ein|kehren *v/i.* (*sep.*, -ge-, sein) put up *or* stop (*at an inn*); '⁓kerben *v/t.* (*sep.*, -ge-, h) notch; '⁓kerkern *v/t.* (*sep.*, -ge-, h) imprison; '⁓klagen *v/t.* (*sep.*, -ge-, h) sue for; '⁓klammern *v/t.* (*sep.*, -ge-, h) *typ.* bracket; put in brackets.

'Einklang *m* unison; harmony.

'ein|kleiden *v/t.* (*sep.*, -ge-, h) clothe; fit out; '⁓klemmen *v/t.* (*sep.*, -ge-, h) squeeze (in); jam; '⁓klinken (*sep.*, -ge-) 1. *v/t.* (h) latch; 2. *v/i.* (sein) latch; engage; '⁓knicken (*sep.*, -ge-) *v/t.* (h) *and* *v/i.* (sein) bend in, break; '⁓kochen (*sep.*, -ge-) 1. *v/t.* (h) preserve; 2. *v/i.* (sein) boil down *or* away.

'Einkommen *n* (-s/-) income, revenue; '⁓steuer *f* income-tax.

'einkreisen *v/t.* (*sep.*, -ge-, h) encircle.

Einkünfte ['ainkʏnftə] *pl.* income, revenue.

'einlad|en *v/t.* (*irr. laden*, *sep.*, -ge-, h) load (in) (*goods*); *fig.* invite; '2ung *f* invitation.

'Einlage *f* enclosure (*in letter*); ⬆ investment; deposit (*of money*); *gambling*: stake; inserted piece; ♂ arch-support; temporary filling (*of tooth*); '2rn ⬆ *v/t.* (*sep.*, -ge-, h) store (up).

Einlaß ['ainlas] *m* (Einlasses/Einlässe) admission, admittance.

'einlassen *v/t.* (*irr. lassen*, *sep.*, -ge-, h) let in, admit; ⁓ in (*acc.*) ⊕ imbed in; *sich* ⁓ in *or* auf (*both acc.*) engage in, enter into.

'ein|laufen *v/i.* (*irr. laufen*, *sep.*, -ge-, sein) come in, arrive; *ship*: enter; *material*: shrink; '⁓leben *v/refl.* (*sep.*, -ge-, h) accustom o.s. (in *acc.* to).

'einlege|n *v/t.* (*sep.*, -ge-, h) lay *or* put in; insert; ⊕ inlay; deposit (*money*); pickle; preserve (*fruit*); Berufung ⁓ lodge an appeal (*bei* to); Ehre ⁓ mit gain hono(u)r *or* credit by; '2sohle *f* insole, sock.

'einleit|en *v/t.* (*sep.*, -ge-, h) start; introduce; '⁓end *adj.* introductory; '2ung *f* introduction.

'ein|lenken *fig.* *v/i.* (*sep.*, -ge-, h) come round; '⁓leuchten *v/i.* (*sep.*, -ge-, h) be evident *or* obvious; '⁓liefern *v/t.* (*sep.*, -ge-, h) deliver (up); in *ein Krankenhaus* ⁓ take to a hospital; *Am.* hospitalize; '⁓lösen *v/t.* (*sep.*, -ge-, h) ransom (*prisoner*); redeem (*pledge*); ⬆ hono(u)r (*bill*); cash (*cheque*); ⬆ meet (*bill*); '⁓machen *v/t.* (*sep.*, -ge-, h) preserve (*fruit*); tin, *Am.* can.

'einmal *adv.* once; one day; auf ⁓ all at once; es war ⁓ once (upon a time) there was; *nicht* ⁓ not even; '2eins *n* (-/-) multiplication table; '⁓ig *adj.* single; unique.

'Einmarsch *m* marching in, entry; '2ieren *v/i.* (*sep.*, no -ge-, sein) march in, enter.

'ein|mengen *v/refl.* (*sep.*, -ge-, h), '⁓mischen *v/refl.* (*sep.*, -ge-, h) meddle, interfere (*in acc.* with), *esp. Am. sl.* butt in.

'Einmündung *f* junction (*of roads*); mouth (*of river*).

einmütig *adj.* ['ainmyːtɪç] unanimous; '2keit *f* (-/no *pl.*) unanimity.

Einnahme ['ainnaːmə] *f* (-/-n) ⚔ taking, capture; *mst* ⁓n *pl.* takings *pl.*, receipts *pl.*

'einnehmen *v/t.* (*irr. nehmen*, *sep.*, -ge-, h) take (*meal, position, ⚔*); ⬆ take (*money*); ⬆ earn, make (*money*); take up, occupy (*room*); *fig.* captivate; '⁓d *adj.* taking, engaging, captivating.

'einnicken *v/i.* (*sep.*, -ge-, sein) doze *or* drop off.

Einöde ['aın⁹-] f desert, solitude.

ein|ordnen ['aın⁹-] v/t. (sep., -ge-, h) arrange in proper order; classify; file (letters, etc.); '~packen v/t. (sep., -ge-, h) pack up; wrap up; '~pferchen v/t. (sep., -ge-, h) pen in; fig. crowd, cram; '~pflanzen v/t. (sep., -ge-, h) plant; fig. implant; '~pökeln v/t. (sep., -ge-, h) pickle, salt; '~prägen v/t. (sep., -ge-, h) imprint; impress; sich ~ imprint itself; commit s.th. to one's memory; '~quartieren v/t. (sep., no -ge-, h) quarter, billet; '~rahmen v/t. (sep., -ge-, h) frame; '~räumen fig. v/t. (sep., -ge-, h) grant, concede; '~rechnen v/t. (sep., -ge-, h) comprise, include; '~reden (sep., -ge-, h) 1. v/t.: j-m ~ persuade or talk s.o. into (doing) s.th.; 2. v/i.: auf j-n ~ talk insistently to s.o.; '~reichen v/t. (sep., -ge-, h) hand in, send in, present; '~reihen v/t. (sep., -ge-, h) insert (unter acc. in); class (with); place (among); sich ~ take one's place.

einreihig adj. ['aınraıç] jacket: single-breasted.

'Einreise f entry; '~erlaubnis f, '~genehmigung f entry permit.

'ein|reißen (irr. reißen, sep., -ge-) 1. v/t. (h) tear; pull down (building); 2. v/i. (sein) tear; abuse, etc.: spread; '~renken ['~rɛŋkən] v/t. (sep., -ge-, h) ⚕ set; fig. set right.

'einricht|en v/t. (sep., -ge-, h) establish; equip; arrange; set up (shop); furnish (flat); es ~ manage; sich ~ establish o.s., settle down; economize; sich ~ auf (acc.) prepare for; '2ung f establishment; arrangement, esp. Am. setup; equipment; furniture; fittings pl. (of shop); institution.

'ein|rollen v/t. (sep., -ge-, h) roll up or in; sich ~ roll up; curl up; '~rosten v/i. (sep., -ge-, sein) rust; screw, etc.: rust in; '~rücken (sep., -ge-) 1. v/i. (sein) enter, march in; ✗ join the army; 2. v/t. (h) insert (advertisement in a paper); typ. indent (line, word, etc.); '~rühren v/t. (sep., -ge-, h) stir (in).

eins adj. [aıns] one.

'einsam adj. lonely, solitary; '2keit f (-/~ -en) loneliness, solitude.

'einsammeln v/t. (sep., -ge-, h) gather; collect.

'Einsatz m inset; insertion (of piece of material); gambling: stake, pool; ♪ striking in, entry; employment; engagement (a. ✗); ✗ action, operation; unter ~ s-s Lebens at the risk of one's life.

'ein|saugen v/t. (sep., -ge-, h) suck in; fig. imbibe; '~schalten v/t. (sep., -ge-, h) insert; ∮ switch or turn on; den ersten Gang ~ mot. go into first or bottom gear; sich ~

intervene; '~schärfen v/t. (sep., -ge-, h) inculcate (dat. upon); '~schätzen v/t. (sep., -ge-, h) assess, appraise, estimate (auf acc. at); value (a. fig.); '~schenken v/t. (sep., -ge-, h) pour in or out; '~schicken v/t. (sep., -ge-, h) send in; '~schieben v/t. (irr. schieben, sep., -ge-, h) insert; '~schiffen v/t. and v/refl. (sep., -ge-, h) embark; '2schiffung f (-/-en) embarkation; '~schlafen v/i. (irr. schlafen, sep., -ge-, sein) fall asleep; '~schläfern ['~ʃlɛːfərn] v/t. (sep., -ge-, h) lull to sleep; ✍ narcotize.

'Einschlag m striking (of lightning); impact (of missile); fig. touch; '2en (irr. schlagen, sep., -ge-, h) 1. v/t. drive in (nail); break (in); smash (in); wrap up; take (road); tuck in (hem, etc.); enter upon (career); 2. v/i. shake hands; lightning, missile: strike; fig. be a success; nicht ~ fail; (wie e-e Bombe) ~ cause a sensation; auf j-n ~ belabour s.o.

einschlägig adj. ['aınʃlɛːgıç] relevant, pertinent.

'Einschlagpapier n wrapping-paper.

'ein|schleichen v/refl. (irr. schleichen, sep., -ge-, h) creep or sneak in; '~schleppen v/t. (sep., -ge-, h) ⚓ tow in; import (disease); '~schleusen fig. v/t. (sep., -ge-, h) channel or let in; '~schließen v/t. (irr. schließen, sep., -ge-, h) lock in or up; enclose; ✗ surround, encircle; fig. include; '~schließlich prp. (gen.) inclusive of; including, comprising; '~schmeicheln v/refl. (sep., -ge-, h) ingratiate o.s. (bei with); '~schmeichelnd adj. insinuating; '~schmuggeln v/t. (sep., -ge-, h) smuggle in; '~schnappen v/i. (sep., -ge-, sein) catch; fig. s. eingeschnappt; '~schneidend fig. adj. incisive, drastic.

'Einschnitt m cut, incision; notch.

'ein|schnüren v/t. (sep., -ge-, h) lace (up); '~schränken ['~ʃrɛŋkən] v/t. (sep., -ge-, h) restrict, confine; reduce (expenses); sich ~ economize; '2schränkung f (-/-en) restriction; reduction.

'Einschreibe|brief m registered letter; '2en v/t. (irr. schreiben, sep., -ge-, h) enter; book; enrol(l); ✗ enlist, enrol(l); ✆ register; ~ lassen have registered; sich ~ enter one's name.

'einschreiten 1. fig. v/i. (irr. schreiten, sep., -ge-, sein) step in, interpose, intervene; take action (gegen against); 2. 2 n (-s/no pl.) intervention.

'ein|schrumpfen v/i. (sep., -ge-, sein) shrink; '~schüchtern v/t. (sep., -ge-, h) intimidate; bully; '2schüchterung f (-/-en) intimidation; '~schulen v/t. (sep., -ge-, h) put to school.

'**Einschuß** m bullet-hole; ✝ invested capital.

'**ein|segnen** v/t. (sep., -ge-, h) consecrate; confirm (children); '**2segnung** f consecration; confirmation.

'**einsehen 1.** v/t. (irr. sehen, sep., -ge-, h) look into; fig.: see, comprehend; realize; **2. 2** n (-s/no pl.): ein ~ haben show consideration.

'**einseifen** v/t. (sep., -ge-, h) soap; lather (beard); F fig. humbug (s.o.). **einseitig** adj. ['anzartic] one-sided; ♂, pol., g̱ unilateral.

'**einsend|en** v/t. ([irr. senden], sep., -ge-, h) send in; '**2er** m (-s/-) sender; contributor (to a paper).

'**einsetz|en** (sep., -ge-, h) **1.** v/t. set or put in; stake (money); insert; institute; instal(l), appoint (s.o.); fig. use, employ; risk (one's life); sich ~ für stand up for; **2.** v/i. fever, flood, weather: set in; ♪ strike in; '**2ung** f (-/-en) insertion; appointment, installation.

'**Einsicht** f (-/-en) inspection; fig. insight, understanding; judiciousness; '**2ig** adj. judicious; sensible.

'**einsickern** v/i. (sep., -ge-, sein) soak in; infiltrate.

'**Einsiedler** m hermit.

**einsilbig** adj. ['anzilbic] monosyllabic; fig. taciturn; '**2keit** f (-/no pl.) taciturnity.

'**einsinken** v/i. (irr. sinken, sep., -ge-, sein) sink (in).

**Einspänn|er** ['amʃpɛnɐr] m (-s/-) one-horse carriage; '**2ig** adj. one-horse.

'**ein|sparen** v/t. (sep., -ge-, h) save, economize; '**~sperren** v/t. (sep., -ge-, h) imprison; lock up, confine; '**~springen** v/i. (irr. springen, sep., -ge-, sein) ⊕ catch; fig. step in, help out; für j-n ~ substitute for s.o.; '**~spritzen** v/t. (sep., -ge-, h) inject; '**2spritzung** f (-/-en) injection.

'**Einspruch** m objection, protest, veto; appeal; '**~srecht** n veto.

'**einspurig** adj. single-track.

**einst** adv. [amst] once; one or some day.

'**Einstand** m entry; tennis: deuce.

'**ein|stecken** v/t. (sep., -ge-, h) put in; pocket; plug in; '**~steigen** v/i. (irr. steigen, sep., -ge-, sein) get in; '~! 🚋 take your seats!, Am. all aboard!

'**einstell|en** v/t. (sep., -ge-, h) put in; ✖ enrol(l), enlist, Am. muster in; engage, employ, Am. a. hire; give up; stop, cease, Am. a. quit (payment, etc.); adjust (mechanism) (auf acc. to); tune in (radio) (to); opt. focus (on) (a. fig.); die Arbeit ~ cease working; strike, Am. a. walk out; sich ~ appear; sich ~ auf (acc.) be

prepared for; adapt o.s. to; '**2ung** f ✖ enlistment; engagement; adjustment; focus; (mental) attitude, mentality.

'**einstimm|en** ♪ v/i. (sep., -ge-, h) join in; '**2ig** adj. unanimous; '**2igkeit** f (-/no pl.) unanimity.

**einstöckig** adj. ['amʃtœkic] one-storied.

'**ein|streuen** fig. v/t. (sep., -ge-, h) intersperse; '**~studieren** v/t. (sep., no -ge-, h) study; thea. rehearse; '**~stürmen** v/i. (sep., -ge-, sein): auf j-n ~ rush at s.o.; '**2sturz** m falling in, collapse; '**~stürzen** v/i. (sep., -ge-, sein) fall in, collapse.

**einst|weilen** adv. ['amst'vailɐn] for the present; in the meantime; '~weilig adj. temporary.

'**ein|tauschen** v/t. (sep., -ge-, h) exchange (gegen for); '**~teilen** v/t. (sep., -ge-, h) divide (in acc. into); classify; '**~teilig** adj. one-piece; '**2teilung** f division; classification.

**eintönig** adj. ['amtøːnic] monotonous; '**2keit** f (-/no pl.) monotony.

'**Eintopf|gericht** n) m hot-pot; stew.

'**Eintracht** f (-/no pl.) harmony, concord.

**einträchtig** adj. ['amtrɛctic] harmonious.

'**ein|tragen** v/t. (irr. tragen, sep., -ge-, h) enter; register; bring in, yield (profit); sich ~ in (acc.) sign.

**einträglich** adj. ['amtrɛːklic] profitable.

'**Eintragung** f (-/-en) entry; registration.

'**ein|treffen** v/i. (irr. treffen, sep., -ge-, sein) arrive; happen; come true; '**~treiben** v/t. (irr. treiben, sep., -ge-, h) drive in or home; collect (debts, taxes); '**~treten** (irr. treten, sep., -ge-) **1.** v/i. (sein) enter; occur, happen, take place; ~ für stand up for; ~ in (acc.) enter into (rights); enter upon (possession); enter (room); join (the army, etc.); **2.** v/t. (h) kick in (door); sich et. ~ run s.th. into one's foot.

'**Eintritt** m entry, entrance; admittance; beginning, setting-in (of winter, etc.); ~ frei! admission free!; ~ verboten! no admittance!; '**~sgeld** n entrance or admission fee; sports: gate money; '**~skarte** f admission ticket.

'**ein|trocknen** v/i. (sep., -ge-, sein) dry (up); '**~trüben** v/refl. (sep., -ge-, h) become cloudy or overcast; '**~üben** ['am~] v/t. (sep., -ge-, h) practi[s]e, Am. -ce s.th.; train s.o.

**einver|leiben** ['amfɛrlaibɐn] v/t. ([sep.,] no -ge-, h) incorporate (dat. in); annex (to); F sich et. ~ eat or drink s.th.; '**2nehmen** n (-s/no pl.) agreement, understanding, in gutem ~ on friendly terms; '**~standen**

*adj.*: ~ *sein* agree; '2ständnis *n* agreement.

'Einwand *m* (-[e]s/=e) objection (*gegen* to).

'Einwander|er *m* immigrant; '2n *v/i.* (*sep.*, *-ge-*, *sein*) immigrate; '~ung *f* immigration.

'einwandfrei *adj.* unobjectionable; perfect; faultless; *alibi*: sound.

einwärts *adv.* ['aɪnvɛrts] inward(s).

'Einwegflasche *f* one-way bottle, non-return bottle.

'einweih|en *v/t.* (*sep.*, *-ge-*, *h*) *eccl.* consecrate; inaugurate; ~ *in* (*acc.*) initiate *s.o.* into; '~ung *f* (-/-en) consecration; inauguration; initiation.

'einwend|en *v/t.* ([*irr.* wenden,] *sep.*, *-ge-*, *h*) object; '2ung *f* objection.

'einwerfen (*irr.* werfen, *sep.*, *-ge-*, *h*) 1. *v/t.* throw in (*a. fig.*); smash, break (*window-pane*); post, *Am.* mail (*letter*); interject (*remark*); 2. *v/i.* football: throw in.

'einwickel|n *v/t.* (*sep.*, *-ge-*, *h*) wrap (up), envelop; '2papier *n* wrapping-paper.

einwillig|en ['aɪnvɪlɪgən] *v/i.* (*sep.*, *-ge-*, *h*) consent, agree (*in acc.* to); '2ung *f* (-/-en) consent, agreement.

'einwirk|en *v/i.* (*sep.*, *-ge-*, *h*): ~ *auf* (*acc.*) act (up)on; influence; effect; '2ung *f* influence; effect.

Einwohner ['aɪnvoːnər] *m* (-s/-), '~in *f* (-/-nen) inhabitant, resident.

'Einwurf *m* throwing in; football: throw-in; *fig.* objection; slit (*for letters, etc.*); slot (*for coins*).

'Einzahl *gr.* *f* (-/-en) singular (number); '2en *v/t.* (*sep.*, *-ge-*, *h*) pay in; '~ung *f* payment; deposit (*at bank*).

einzäunen ['aɪntsɔʏnən] *v/t.* (*sep.*, *-ge-*, *h*) fence in.

Einzel ['aɪntsəl] *n* (-s/-) tennis: single, *Am.* singles *pl.*; ~gänger ['~gɛŋər] *m* (-s/-) outsider; F lone wolf; '~handel † *m* retail trade; '~händler † *m* retailer, retail dealer; '~heit *f* (-/-en) detail, item; ~en *pl.* particulars *pl.*, details *pl.*; '2n 1. *adj.* single; particular; individual; separate; *of shoes, etc.*: odd; *im* ~en in detail; 2. *adv.*: ~ *angeben* or *aufführen* specify; *esp. Am.* itemize; '~ne *m* (-n/-n) *the* individual; '~verkauf *m* retail sale; '~wesen *n* individual.

'einziehen (*irr.* ziehen, *sep.*, *-ge-*) 1. *v/t.* (*h*) draw in; *esp.* ⊕ retract; ✕ call up, *Am.* draft, induct; ⚖ seize, confiscate; make (*inquiries*) (*über acc.* on, about); 2. *v/i.* (*sein*) enter; move in; *liquid*: soak in; ~ *in* (*acc.*) move into (*flat, etc.*).

einzig *adj.* ['aɪntsɪç] only; single; sole; unique; '~artig *adj.* unique, singular.

'Einzug *m* entry, entrance; moving in.

'einzwängen *v/t.* (*sep.*, *-ge-*, *h*) squeeze, jam.

Eis [aɪs] *n* (-es/*no pl.*) ice; ice-cream; '~bahn *f* skating-rink; '~bär *zo.* *m* polar bear; '~bein *n* pickled pork shank; '~berg *m* iceberg; '~decke *f* sheet of ice; '~diele *f* ice-cream parlo(u)r.

Eisen ['aɪzən] *n* (-s/-) iron.

'Eisenbahn *f* railway, *Am.* railroad; *mit der* ~ by rail, by train; '~er *m* (-s/-) railwayman; '~fahrt *f* railway journey; '~knotenpunkt *m* (railway) junction; '~unglück *n* railway accident; '~wagen *m* railway carriage, *Am.* railroad car; coach.

'Eisen|blech *n* sheet-iron; '~erz *n* iron-ore; '~gießerei *f* iron-foundry; '2haltig *adj.* ferruginous; '~hütte *f* ironworks *sg.*, *pl.*; '~waren *f/pl.* ironmongery, *esp. Am.* hardware; '~warenhändler *m* ironmonger, *esp. Am.* hardware dealer.

eisern *adj.* ['aɪzərn] iron, of iron.

'Eis|gang *m* breaking up of the ice; ice-drift; 2gekühlt *adj.* ['~gəkyːlt] iced; '2grau *adj.* hoary; '~hockey *n* ice-hockey; 2ig *adj.* ['aɪzɪç] icy; '2kalt *adj.* icy (cold); '~kunstlauf *m* figure-skating; '~lauf *m*, '~laufen *n* (-s/*no pl.*) skating; skate; '~läufer *m* skater; '~meer *n* polar sea; '~schnellauf *m* speed-skating; '~scholle *f* ice-floe; '~schrank *m* s. *Kühlschrank*; '~vogel *orn.* *m* kingfisher; '~zapfen *m* icicle; '~zeit *geol.* *f* ice-age.

eitel *adj.* ['aɪtəl] vain (*auf acc.* of); conceited; mere; '2keit *f* (-/-en) vanity.

Eiter ⚕ ['aɪtər] *m* (-s/*no pl.*) matter, pus; '~beule ⚕ *f* abscess; '2ig ⚕ *adj.* purulent; '2n ⚕ *v/i.* (*ge-*, *h*) fester, suppurate; '~ung ⚕ *f* (-/-en) suppuration.

eitrig ⚕ *adj.* ['aɪtrɪç] purulent.

'Eiweiß *n* (-es/-e) white of egg; ⚕ albumen; '2haltig ⚕ *adj.* albuminous.

'Eizelle *f* egg-cell, ovum.

Ekel ['eːkəl] 1. *m* (-s/*no pl.*) disgust (*vor dat.* at), loathing, aversion; ⚕ nausea; 2. F *n* (-s/-) nasty person; '2erregend *adj.* nauseating, sickening; '2haft *adj.*, '2ig *adj.* revolting; *fig.* disgusting; '2n *v/refl.* (*ge-*, *h*) sich ~ be nauseated (*vor dat.* at); *fig.* be or feel disgusted (at).

eklig *adj.* ['eːklɪç] s. ekelhaft.

elastisch *adj.* [e'lastɪʃ] elastic; 2zität [~tsi'tɛːt] *f* (-/*no pl.*) elasticity.

Elch *zo.* [ɛlç] *m* (-[e]s/-e) elk; moose.

Elefant *zo.* [ele'fant] *m* (-en/-en) elephant.

**elegan|t** adj. [ele'gant] elegant; smart; 2z [..ts] f (-/no pl.) elegance.
**elektrifizier|en** [elɛktrifi'tsiːrən] v/t. (no -ge-, h) electrify; 2ung f (-/-en) electrification.
**Elektri|ker** [e'lɛktrikər] m (-s/-) electrician; 2sch adj. electric(al); 2sieren [..'ziːrən] v/t. (no -ge-, h) electrify.
**Elektrizität** [elɛktritsi'tɛːt] f (-/no pl.) electricity; ~sgesellschaft f electricity supply company; ~s-werk n (electric) power station, power-house, Am. power plant.
**Elektrode** [elɛk'troːdə] f (-/-n) electrode.
**Elektro|gerät** [e'lɛktro-] n electric appliance; 2lyse [..'lyːzə] f (-/-n) electrolysis.
**Elektron** ƒ [e'lɛktrɔn] n (-s/-en) electron; ~engehirn [..'troːnən-] n electronic brain; ~ik [..'troːnik] f (-/no pl.) electronics sg.
**Elektro'technik** f electrical engineering; ~er m electrical engineer.
**Element** [ele'mɛnt] n (-[e]s/-e) element.
**elementar** adj. [elemen'taːr] elementary; 2schule elementary or primary school, Am. grade school.
**Elend** ['eːlɛnt] 1. n (-[e]s/no pl.) misery; need, distress; 2. 2 adj. miserable, wretched; needy, distressed; ~sviertel n slums pl.
**elf¹** [elf] 1. adj. eleven; 2. 2 f (-/-en) eleven (a. sports).
**Elf²** [..] m (-en/-en), ~e ['ɛlfə] f (-/-n) elf, fairy.
**'Elfenbein** n (-[e]s/~-e) ivory; 2ern adj. ivory.
**Elf'meter** m football: penalty kick; ~marke f penalty spot.
**'elfte** adj. eleventh.
**Elite** [e'liːtə] f (-/-n) élite.
**'Ellbogen** anat. m (-s/-) elbow.
**Elle** ['ɛlə] f (-/-n) yard; anat. ulna.
**Elster** ['ɛlstər] f (-/-n) magpie.
**elter|lich** adj. ['ɛltərliç] parental; '2n pl. parents pl.; '~nlos adj. parentless, orphaned; '2nteil m parent.                                  [(-/-n) enamel.]
**Email** [e'maːj] n (-s/-s), ~le [..] f)
**Emanzipation** [emantsipa'tsjoːn] f (-/-en) emancipation.
**Embargo** [ɛm'bargo] n (-s/-s) embargo.
**Embolie** ƒ [ɛmbo'liː] f (-/-n) embolism.
**Embryo** biol. ['ɛmbryo] m (-s/-s, -nen) embryo.
**Emigrant** [emi'grant] m (-en/-en) emigrant.
**empfahl** [ɛm'pfaːl] pret. of empfehlen.
**Empfang** [ɛm'pfaŋ] m (-[e]s/~e) reception (a. radio); receipt (of s.th.); nach or bei ~ on receipt; '2en v/t. (irr. fangen, no -ge-, h) receive; welcome; conceive (child).

**Empfänger** [ɛm'pfɛŋər] m (-s/-) receiver, recipient; payee (of money); addressee (of letter); ☞ consignee (of goods).
**em'pfänglich** adj. susceptible (für to); 2keit f (-/no pl.) susceptibility.
**Em'pfangs|dame** f receptionist; ~gerät n receiver, receiving set; ~schein m receipt; ~zimmer n reception-room.
**empfehl|en** [ɛm'pfeːlən] v/t. (irr., no -ge-, h) recommend; commend; ~ Sie mich (dat.) please remember me to; ~enswert adj. (re)commendable; 2ung f (-/-en) recommendation; compliments pl.
**empfinden** [ɛm'pfindən] v/t. (irr. finden, no -ge-, h) feel; perceive.
**empfindlich** adj. [ɛm'pfintliç] sensitive (a. phot., ⚙) (für, gegen to); prad. a. susceptible (gegen to); delicate; tender; p.: touchy, sensitive; cold: severe; pain, loss, etc.: grievous; pain: acute; 2keit f (-/-en) sensitivity; sensibility; touchiness; delicacy.
**empfindsam** adj. [ɛm'pfintzaːm] sensitive; sentimental; 2keit f (-/-en) sensitiveness; sentimentality.
**Empfindung** [ɛm'pfinduŋ] f (-/-en) perception; sensation; sentiment; 2slos adj. insensible; esp. fig. unfeeling; ~svermögen n faculty of perception.
**empfohlen** [ɛm'pfoːlən] p.p. of empfehlen.
**empor** adv. [ɛm'poːr] up, upwards.
**empören** [ɛm'pøːrən] v/t. (no -ge-, h) incense; shock; sich ~ revolt (a. fig.), rebel; grow furious (über acc. at); empört indignant, shocked (both: über acc. at).
**em'por|kommen** v/i. (irr. kommen, sep., -ge-, sein) rise (in the world); 2kömmling [..'kœmliŋ] m (-s/-e) upstart; ~ragen v/i. (sep., -ge-, h) tower, rise; ~steigen v/i. (irr. steigen, sep., -ge-, sein) rise, ascend.
**Em'pörung** f (-/-en) rebellion, revolt; indignation.
**emsig** adj. ['ɛmziç] busy, industrious, diligent; '2keit f (-/no pl.) busyness, industry, diligence.
**Ende** ['ɛndə] n (-s/-n) end; am ~ at or in the end; after all; eventually; zu ~ gehen end; expire; run short; '2n v/i. (ge-, h) end; cease, finish.
**end|gültig** adj. ['ɛntgyltiç] final, definitive; '~lich adv. finally, at last; ~los adj. ['..loːs] endless; '2punkt m final point; '2runde f sports: final; '2station 🚋 f terminus, Am. terminal; '2summe f (sum) total.
**Endung** ling. ['ɛnduŋ] f (-/-en) ending, termination.
**Endzweck** ['ɛnt-] m ultimate object.

Energie [enɛr'giː] f (-/-n) energy; 2los adj. lacking (in) energy.

e'nergisch adj. vigorous; energetic.

eng adj. [eŋ] narrow; clothes: tight; close; intimate; im ~eren Sinne strictly speaking.

engagieren [ãga'giːrən] v/t. (no -ge-, h) engage, Am. a. hire.

Enge ['eŋə] f (-/-n) narrowness; fig. straits pl.

Engel ['eŋəl] m (-s/-) angel.

'engherzig adj. ungenerous, petty.

Engländer ['eŋlɛndər] m (-s/-) Englishman; die ~ pl. the English pl.; '~in f (-/-nen) Englishwoman.

englisch adj. ['eŋliʃ] English; British.

'Engpaß m defile, narrow pass, Am. a. notch; fig. bottle-neck.

en gros † adv. [ã'groː] wholesale.

En'groshandel † m wholesale trade.

'engstirnig adj. narrow-minded.

Enkel ['eŋkəl] m (-s/-) grandchild; grandson; ~in f (-/-nen) granddaughter.

enorm adj. [e'nɔrm] enormous; F fig. tremendous.

Ensemble thea., ♪ [ã'sãːbəl] n (-s/-s) ensemble; company.

entart|en [ɛnt'aːrtən] v/i. (no -ge-, sein) degenerate; 2ung f (-/-en) degeneration.

entbehr|en [ɛnt'beːrən] v/t. (no -ge-, h) lack; miss, want; do without; ~lich adj. dispensable; superfluous; 2ung f (-/-en) want, privation.

ent'bind|en (irr. binden, no -ge-, h) 1. v/t. dispense, release (von from); deliver (of a child); 2. v/i. be confined; 2ung f dispensation, release; delivery; 2ungsheim n maternity hospital.

ent'blöß|en v/t. (no -ge-, h) bare, strip; uncover (head); ~t adj. bare.

ent'deck|en v/t. (no -ge-, h) discover; detect; disclose; ~er m (-s/-) discoverer; 2ung f discovery.

Ente ['ɛntə] f (-/-n) orn. duck; false report; F canard, hoax.

ent'ehr|en v/t. (no -ge-, h) dishono(u)r; 2ung f degradation; rape.

ent'eign|en v/t. (no -ge-, h) expropriate; dispossess; 2ung f expropriation; dispossession.

ent'erben v/t. (no -ge-, h) disinherit.

entern ['ɛntərn] v/t. (ge-, h) board, grapple (ship).

ent|'fachen v/t. (no -ge-, h) kindle, fig. a. rouse (passions); ~'fallen v/i. (irr. fallen, no -ge-, sein): j-m ~ escape s.o.; fig. slip s.o.'s memory; auf j-n ~ fall to s.o.'s share; s. wegfallen; ~'falten v/t. (no -ge-, h) unfold; fig.: develop; display; sich ~ unfold; fig. develop (zu into).

ent'fern|en v/t. (no -ge-, h) remove; sich ~ withdraw; ~t adj. distant, remote (both a. fig.); 2ung f (-/-en) removal; distance; range; 2ungsmesser phot. m (-s/-) range-finder.

ent'flamm|en (no -ge-) v/t. (h) and v/i. (sein) inflame; ~'fliehen v/i. (irr. fliehen, no -ge-, sein) flee, escape (aus or dat. from); ~'fremden v/t. (no -ge-, h) estrange, alienate (j-m from s.o.).

ent'führ|en v/t. (no -ge-, h) abduct, kidnap; run away with; 2er m abductor, kidnap(p)er; 2ung f abduction, kidnap(p)ing.

ent'gegen 1. prp. (dat.) in opposition to, contrary to; against; 2. adv. towards; ~gehen v/i. (irr. gehen, sep., -ge-, sein) go to meet; ~gesetzt adj. opposite; fig. contrary; ~halten v/t. (irr. halten, sep., -ge-, h) hold out; fig. object; ~kommen v/i. (irr. kommen, sep., -ge-, sein) come to meet; fig. meet s.o.('s wishes) halfway; 2kommen n (-s/no pl.) obligingness; ~kommend adj. obliging; ~nehmen v/t. (irr. nehmen, sep., -ge-, h) accept, receive; ~sehen v/i. (dat.) (irr. sehen, sep., -ge-, h) await; look forward to; ~setzen v/t. (sep., -ge-, h) oppose; ~stehen v/i. (irr. stehen, sep., -ge-, h) be opposed (dat. to); ~strecken v/t. (sep., -ge-, h) hold or stretch out (dat. to); ~treten v/i. (dat.) (irr. treten, sep., -ge-, sein) step up to s.o.; oppose; face (danger).

entgegn|en [ɛnt'geːgnən] v/i. (no -ge-, h) reply; return; retort; 2ung f (-/-en) reply; retort.

ent'gehen v/i. (irr. gehen, no -ge-, sein) escape.

entgeistert adj. [ɛnt'gaistərt] aghast, thunderstruck, flabbergasted.

Entgelt [ɛnt'gɛlt] n (-[e]s/no pl.) recompense; 2en v/t. (irr. gelten, no -ge-, h) atone or suffer or pay for.

entgleis|en [ɛnt'glaizən] v/i. (no -ge-, sein) run off the rails, be derailed; fig. (make a) slip; 2ung f (-/-en) derailment; fig. slip.

ent'gleiten v/i. (irr. gleiten, no -ge-, sein) slip (dat. from).

ent'halt|en v/t. (irr. halten, no -ge-, h) contain, hold, include; sich ~ (gen.) abstain or refrain from; ~sam adj. abstinent; 2samkeit f (-/no pl.) abstinence; 2ung f abstention.

ent'haupten v/t. (no -ge-, h) behead, decapitate.

ent'hüll|en v/t. (no -ge-, h) uncover; unveil; fig. reveal, disclose; 2ung f (-/-en) uncovering; unveiling; fig. revelation, disclosure.

Enthusias|mus [ɛntuzi'asmus] m (-/no pl.) enthusiasm; ~t m (-en/-en) enthusiast; film, sports: F fan; 2tisch adj. enthusiastic.

ent'kleiden v/t. and v/refl. (no -ge-, h) undress.

ent'kommen 1. v/i. (irr. kommen, no -ge-, sein) escape (j-m s.o.; aus from), get away or off; 2. 2 n (-s/no pl.) escape.

entkräft|en [ɛnt'krɛftən] v/t. (no -ge-, h) weaken, debilitate; fig. refute; 2ung f (-/-en) weakening; debility; fig. refutation.

ent'lad|en v/t. (irr. laden, no -ge-, h) unload; gun: discharge; explode; sich ~ esp. ∉ discharge; gun: go off; anger: vent itself; 2ung f unloading; esp. ∉ discharge; explosion.

ent'lang 1. prp. (dat.; acc.) along; 2. adv. along; er geht die Straße ~ he goes along the street.

ent'larven v/t. (no -ge-, h) unmask; fig. a. expose.

ent'lass|en v/t. (irr. lassen, no -ge-, h) dismiss, discharge; F give s.o. the sack, Am. a. fire; 2ung f (-/-en) dismissal, discharge; 2ungsgesuch n resignation.

ent'lasten v/t. (no -ge-, h) unburden; ½ exonerate, clear (from suspicion).

Ent'lastung f (-/-en) relief; discharge; exoneration; ~straße f by-pass (road), ~szeuge m witness for the defence, Am. -ee.

ent|'laufen v/i. (irr. laufen, no -ge-, sein) run away (dat. from); ~ledigen [~'le:diɡən] v/refl. (gen.) (no -ge-, h): rid o.s. of s.th., get rid of s.th.; acquit o.s. of (duty); execute (orders); ~leeren v/t. (no -ge-, h) empty. [of-the-way.]

ent'legen adj. remote, distant, out-

ent|'lehnen v/t. (no -ge-, h) borrow (dat. or aus from); ~'locken v/t. (no -ge-, h) draw, elicit (dat. from); ~'lohnen v/t. (no -ge-, h) pay (off); ~'lüften v/t. (no -ge-, h) ventilate; ~militarisieren [~milɪtari'zi:rən] v/t. (no -ge-, h) demilitarize; ~mutigen [~'mu:tɪɡən] v/t. (no -ge-, h) discourage; ~'nehmen v/t. (irr. nehmen, no -ge-, h) take (dat. from); ~ aus (with)draw from; fig. gather or learn from; ~'rätseln v/t. (no -ge-, h) unriddle; ~'reißen v/t. (irr. reißen, no -ge-, h) snatch away (dat. from); ~'richten v/t. (no -ge-, h) pay; ~'rinnen v/i. (irr. rinnen, no -ge-, sein) escape (dat. from); ~'rollen v/t. (no -ge-, h) unroll; ~'rücken v/t. (no -ge-, h) remove (dat. from), carry off or away; ~rückt adj. entranced; lost in thought.

ent'rüst|en v/t. (no -ge-, h) fill with indignation; sich ~ become angry or indignant (über acc. at s.th., with s.o.); ~et adj. indignant (über acc. at s.th., with s.o.); 2ung f indignation.

ent'sag|en v/i. (no -ge-, h) renounce, resign; 2ung f (-/-en) renunciation, resignation.

ent'schädig|en v/t. (no -ge-, h) indemnify, compensate; 2ung f indemnification, indemnity; compensation.

ent'scheid|en [irr. scheiden, no -ge-, h] 1. v/t. decide; sich ~ question, etc.: be decided; p.: decide (für for; gegen against; über acc. on); come to a decision; 2. v/i. decide; ~end adj. decisive; crucial; 2ung f decision.

entschieden adj. [ɛnt'ʃi:dən] decided; determined, resolute; 2heit f (-/no pl.) determination.

ent'schließen v/refl. (irr. schließen, no -ge-, h) resolve, decide, determine (zu on s.th.; zu inf. to inf.), make up one's mind (zu inf. to inf.).

ent'schlossen adj. resolute, determined; 2heit f (-/no pl.) resoluteness.

ent'schlüpfen v/i. (no -ge-, sein) escape, slip (dat. from).

Ent'schluß m resolution, resolve, decision, determination.

entschuldig|en [ɛnt'ʃuldɪɡən] v/t. (no -ge-, h) excuse; sich ~ apologize (bei to; für for); sich ~ lassen beg to be excused; 2ung f (-/-en) excuse; apology; ich bitte (Sie) um ~ I beg your pardon.

ent'senden v/t. (irr. senden, no -ge-, h) send off, dispatch; delegate, depute.

ent'setz|en 1. v/t. (no -ge-, h) dismiss (from a position); ✕ relieve; frighten; sich ~ be terrified or shocked (über acc. at); 2. 2 n (-/no pl.) horror, fright; ~lich adj. horrible, dreadful, terrible, shocking.

ent'sinnen v/refl. (gen.) (irr. sinnen, no -ge-, h) remember or recall s.o., s.th.

ent'spann|en v/t. (no -ge-, h) relax; unbend; sich ~ relax; political situation: ease; 2ung f relaxation; pol. détente.

ent'sprech|en v/i. (irr. sprechen, no -ge-, h) answer (description, etc.); correspond to; meet (demand); ~end adj. corresponding; appropriate; 2ung f (-/-en) equivalent.

ent'springen v/i. (irr. springen, no -ge-, sein) escape (dat. from); river: rise, Am. head; s. entstehen.

ent'stammen v/i. (no -ge-, sein) be descended from; come from or of, originate from.

ent'steh|en v/i. (irr. stehen, no -ge-, sein) arise, originate (both: aus from); 2ung f (-/-en) origin.

ent'stell|en v/t. (no -ge-, h) disfigure; deface, deform; distort; 2ung f disfigurement; distortion, misrepresentation.

ent'täusch|en v/t. (no -ge-, h) disappoint; 2ung f disappointment.

ent'thronen v/t. (no -ge-, h) dethrone.

entvölker|n [ɛnt'fœlkərn] v/t. (no

-ge-, h) depopulate; Qung f (-/-en) depopulation.

ent'wachsen v/i. (irr. wachsen, no -ge-, sein) outgrow.

entwaffn|en [ɛnt'vafnən] v/t. (no -ge-, h) disarm; Qung f (-/-en) disarmament.

ent'warnen v/t. (no -ge-, h) civil defence: sound the all-clear (signal).

ent'wässer|n v/t. (no -ge-, h) drain; Qung f (-/-en) drainage; ~ dehydration.

ent'weder cj.: ~ ... oder either ... or.

ent|'weichen v/i. (irr. weichen, no -ge-, sein) escape (aus from); ~'weihen v/t. (no -ge-, h) desecrate, profane; ~'wenden v/t. (no -ge-, h) pilfer, purloin (j-m et. s.th. from s.o.); ~'werfen v/t. (irr. werfen, no -ge-, h) draft, draw up (document); design; sketch, trace out, outline; plan.

ent'wert|en v/t. (no -ge-, h) depreciate, devaluate; cancel (stamp); Qung f depreciation, devaluation; cancellation.

ent'wickeln v/t. (no -ge-, h) develop (a. phot.); evolve; sich ~ develop.

Entwicklung [ɛnt'vikluŋ] f (-/-en) development; evolution; ~shilfe f development aid.

ent|'wirren v/t. (no -ge-, h) disentangle, unravel; ~'wischen v/i. (no -ge-, sein) slip away, escape (j-m [from] s.o.; aus from); j-m ~ give s.o. the slip; ~'wöhnen [~'vø:nən] v/t. (no -ge-, h) wean.

Ent'wurf m sketch; design; plan; draft.

ent|'wurzeln v/t. (no -ge-, h) uproot; ~'ziehen v/t. (irr. ziehen, no -ge-, h) deprive (j-m et. s.o. of s.th.); withdraw (dat. from); sich ~ avoid, elude; evade (responsibility); ~'ziffern v/t. (no -ge-, h) decipher, make out; tel. decode.

ent'zück|en 1. v/t. (no -ge-, h) charm, delight; 2. 2 n (-s/no pl.) delight, rapture(s pl.), transport(s pl.).

ent'zückend adj. delightful; charming.

Ent'zug m (-[e]s/no pl.) withdrawal; cancellation (of licence); deprivation.

entzünd|bar adj. [ɛnt'tsyntba:r] (in)flammable; ~en v/t. (no -ge-, h) inflame (a. 𝔰), kindle; sich ~ catch fire; 𝔰 become inflamed; Qung 𝔰 f inflammation.

ent'zwei adv. asunder, in two, to pieces; ~en v/t. (no -ge-, h) disunite, set at variance; sich ~ quarrel, fall out (both: mit with); ~gehen v/i. (irr. gehen, sep., -ge-, sein) break, go to pieces; Qung f (-/-en) disunion.

Enzian 𝔮 ['ɛntsja:n] m (-s/-e) gentian.

Enzyklopädie [ɛntsyklope'di:] f (-/-n) (en)cyclop(a)edia.

Epidemie 𝔰 [epide'mi:] f (-/-n) epidemic (disease).

Epilog [epi'lo:k] m (-s/-e) epilog(ue).

episch adj. ['e:piʃ] epic.

Episode [epi'zo:də] f (-/-n) episode.

Epoche [e'pɔxə] f (-/-n) epoch.

Epos ['e:pɔs] n (-/Epen) epic (poem).

er pers. pron. [e:r] he.

er'achten [ɛr'-] 1. v/t. (no -ge-, h) consider, think, deem; 2. 2 n (-s/no pl.) opinion; m-s ~s in my opinion.

er'barmen [ɛr'barmən] 1. v/refl. (gen.) (no -ge-, h) pity or commiserate s.o.; 2. 2 n (-s/no pl.) pity, compassion, commiseration; mercy; ~swert adj. pitiable.

er'bärmlich adj. [ɛr'bɛrmliç] pitiful, pitiable; miserable; behaviour: mean.

er'barmungslos adj. pitiless, merciless, remorseless.

er'bau|en v/t. (no -ge-, h) build (up), construct, raise; fig. edify; 2er m (-s/-) builder; constructor; ~lich adj. edifying; Qung fig. f (-/-en) edification, fig. uplift.

Erbe ['ɛrbə] 1. m (-n/-n) heir; 2. n (-s/no pl.) inheritance, heritage.

er'beben v/i. (no -ge-, sein) tremble, shake, quake.

'erben v/t. (no -ge-, h) inherit.

er'beuten v/t. (no -ge-, h) capture.

er'bieten v/refl. (irr. bieten, no -ge-, h) offer, volunteer.

'Erbin f (-/-nen) heiress.

er'bitten v/t. (irr. bitten, no -ge-, h) beg or ask for, request, solicit.

er'bitter|n v/t. (no -ge-, h) embitter, exasperate; Qung f (-/%. -en) bitterness, exasperation.

Erbkrankheit 𝔰 ['ɛrp-] f hereditary disease.

erblassen [ɛr'blasən] v/i. (no -ge-, sein) grow or turn pale, lose colo(u)r.

Erblasser ta ['ɛrplasər] m (-s/-) testator; '~in f (-/-nen) testatrix.

er'bleichen v/i. (no -ge-, sein) s. erblassen.

erblich adj. ['ɛrpliç] hereditary; 'Qkeit physiol. f (-/no pl.) heredity.

er'blicken v/t. (no -ge-, h) perceive, see; catch sight of.

erblind|en [ɛr'blindən] v/i. (no -ge-, sein) grow blind; Qung f (-/-en) loss of sight.

er'brechen 1. v/t. (irr. brechen, no -ge-, h) break or force open; vomit; sich ~ 𝔰 vomit; 2. 2 n (-s/no pl.) vomiting.

Erbschaft ['ɛrpʃaft] f (-/-en) inheritance, heritage.

Erbse 𝔮 ['ɛrpsə] f (-/-n) pea; '~nbrei m pease-pudding, Am. pea purée; '~nsuppe f pea-soup.

Erb|stück ['ɛrp-] n heirloom; '~sünde f original sin; '~teil n (portion of an) inheritance.

**Erd|arbeiter** ['ɛːrt-] *m* digger, navvy; **'~ball** *m* globe; **'~beben** *n* (-s/-) earthquake; **'~beere** ♀ *f* strawberry; **'~boden** *m* earth; ground, soil; **~e** ['ɛːrdə] *f* (-/~ -n) earth; ground; soil; world; **⁀en** ⨍ *v/t.* (ge-, h) earth, ground.

**er'denklich** *adj.* imaginable.

**Erdgeschoß** ['ɛːrt-] *n* ground-floor, *Am.* first floor.

**er'dicht|en** *v/t.* (no -ge-, h) invent, feign; **~et** *adj.* fictitious.

**erdig** *adj.* ['ɛːrdiç] earthy.

**Erd|karte** ['ɛːrt-] *f* map of the earth; **'~kreis** *m* earth, world; **'~kugel** *f* globe; **'~kunde** *f* geography; **'~leitung** ⨍ *f* earth-connexion, earth-wire, *Am.* ground wire; **'~nuß** *f* peanut; **'~öl** *n* mineral oil, petroleum.

**er'dolchen** *v/t.* (no -ge-, h) stab (with a dagger).

**Erdreich** ['ɛːrt-] *n* ground, earth.

**er'dreisten** *v/refl.* (no -ge-, h) dare, presume.

**er'drosseln** *v/t.* (no -ge-, h) strangle, throttle.

**er'drücken** *v/t.* (no -ge-, h) squeeze or crush to death; **~d** *fig. adj.* overwhelming.

**Erd|rutsch** ['ɛːrt-] *m* landslip; landslide (*a. pol.*); **'~schicht** *f* layer of earth, stratum; **'~teil** *m* part of the world; *geogr.* continent.

**er'dulden** *v/t.* (no -ge-, h) suffer, endure.

**er'eifern** *v/refl.* (no -ge-, h) get excited, fly into a passion.

**er'eignen** *v/refl.* (no -ge-, h) happen, come to pass, occur.

**Ereignis** [ɛr'aiknis] *n* (-ses/-se) event, occurrence; **⁀reich** *adj.* eventful.

**Eremit** [ere'miːt] *m* (-en/-en) hermit, anchorite.

**ererbt** *adj.* [ɛr'ɛrpt] inherited.

**er'fahr|en 1.** *v/t.* (irr. fahren, no -ge-, h) learn; hear; experience; **2.** *adj.* experienced, expert, skil(l)-ful; **⁀ung** *f* (-/-en) experience; practice; skill.

**er'fassen** *v/t.* (no -ge-, h) grasp (*a. fig.*), seize, catch; cover; register, record.

**er'find|en** *v/t.* (irr. finden, no -ge-, h) invent; **⁀er** *m* inventor; **~erisch** *adj.* inventive; **⁀ung** *f* (-/-en) invention.

**Erfolg** [ɛr'fɔlk] *m* (-[e]s/-e) success; result; **⁀en** [~gən] *v/i.* (no -ge-, sein) ensue, follow; happen; **⁀los** *adj.* [~k-] unsuccessful; vain; **⁀reich** *adj.* [~k-] successful.

**er'forder|lich** *adj.* necessary, required; **~n** *v/t.* (no -ge-, h) require, demand; **⁀nis** *n* (-ses/-se) requirement, demand, exigence, exigency.

**er'forsch|en** *v/t.* (no -ge-, h) inquire into, investigate; explore (*country*); **⁀er** *m* investigator; explorer; **⁀ung** *f* investigation; exploration.

**er'freu|en** *v/t.* (no -ge-, h) please; delight; gratify; rejoice; *sich e-r Sache* ~ enjoy s.th.; **~lich** *adj.* delightful, pleasing, pleasant, gratifying.

**er'frier|en** *v/i.* (irr. frieren, no -ge-, sein) freeze to death; **⁀ung** *f* (-/-en) frost-bite.

**er'frisch|en** *v/t.* (no -ge-, h) refresh; **⁀ung** *f* (-/-en) refreshment.

**er'froren** *adj. limb:* frost-bitten.

**er'füll|en** *v/t.* (no -ge-, h) fill; *fig.* fulfil(l); perform (*mission*); comply with (*s.o.'s wishes*); meet (*requirements*); **⁀ung** *f* fulfil(l)ment; performance; compliance; **⁀ungsort** ⨁, ⨯⨁ [ɛr'fʏlʊŋs⁊-] *m* place of performance (*of contract*).

**er'gänz|en** [ɛr'gɛntsən] *v/t.* (no -ge-, h) complete, complement; supplement; replenish (*stores, etc.*); **~end** *adj.* complementary, supplementary; **⁀ung** *f* (-/-en) completion; supplement; replenishment; *gr.* complement; **⁀ungsband** *m* (-[e]s/⨉e) supplementary volume.

**er'geben 1.** *v/t.* (irr. geben, no -ge-, h) yield, give; prove; *sich* ~ surrender; *difficulties:* arise; devote o.s. to *s.th.*; *sich* ~ *aus* result from; *sich* ~ *in* (acc.) resign o.s. to; **2.** *adj.* devoted (*dat.* to); **~st** *adv.* respectfully; **⁀heit** *f* (-/no pl.) devotion.

**Ergeb|nis** [ɛr'geːpnis] *n* (-ses/-se) result, outcome; *sports:* score; **⁀ung** [~bʊŋ] *f* (-/-en) resignation; ⨉ surrender.

**er'gehen** *v/i.* (irr. gehen, no -ge-, sein) be issued; ~ *lassen* issue, publish; *über sich* ~ *lassen* suffer, submit to; *wie ist es ihm ergangen?* how did he come off?; *sich* ~ *in* (dat.) indulge in.

**ergiebig** *adj.* [ɛr'giːbiç] productive, rich.

**er'gießen** *v/refl.* (irr. gießen, no -ge-, h) flow (*in acc.* into; *über acc.* over).

**er'götz|en 1.** *v/t.* (no -ge-, h) delight; *sich* ~ *an* (dat.) delight in; **2.** ⨉ *n* (-s/no pl.) delight; **~lich** *adj.* delightful.

**er'greif|en** *v/t.* (irr. greifen, no -ge-, h) seize; grasp; take (*possession, s.o.'s part, measures, etc.*); take to (*flight*); take up (*profession, pen, arms*); *fig.* move, affect, touch; **⁀ung** *f* (-/⨉ -en) seizure.

**Er'griffenheit** *f* (-/no pl.) emotion.

**er'gründen** *v/t.* (no -ge-, h) fathom; *fig.* penetrate, get to the bottom of.

**Er'guß** *m* outpouring; effusion.

**er'haben** *adj.* elevated; *fig.* exalted, sublime; ~ *sein über* (acc.) be above; **⁀heit** *f* (-/⨉ -en) elevation; *fig.* sublimity.

er'halt|en 1. v/t. (irr. halten, no -ge-, h) get; obtain; receive; preserve, keep; support, maintain; sich ~ von subsist on; 2. adj.: gut ~ in good repair or condition; 2ung f preservation; maintenance.

erhältlich adj. [ɛr'hɛltliç] obtainable.

er|'hängen v/t. (no -ge-, h) hang; ~'härten v/t. (no -ge-, h) harden; fig. confirm; ~'haschen v/t. (no -ge-, h) snatch, catch.

er'heb|en v/t. (irr. heben, no -ge-, h) lift, raise; elevate; exalt; levy, raise; collect (taxes, etc.); Klage ~ bring an action; sich ~ rise; question, etc.: arise; ~end fig. adj. elevating; ~lich adj. [~p~] considerable; 2ung f [~bun] f (-/-en) elevation; levy (of taxes); revolt; rising ground.

er|'heitern v/t. (no -ge-, h) cheer up, amuse; ~'hellen v/t. (no -ge-, h) light up; fig. clear up; ~'hitzen v/t. (no -ge-, h) heat; sich ~ get or grow hot; ~'hoffen v/t. (no -ge-, h) hope for.

er'höh|en v/t. (no -ge-, h) raise; increase; 2ung f (-/-en) elevation; rise (in prices, wages); advance (in prices); increase.

er'hol|en v/refl. (no -ge-, h) recover; (take a) rest, relax; 2ung f (-/-en) recovery; recreation; relaxation; 2ungsurlaub [ɛr'ho:luŋs~] m holiday, Am. vacation; recreation leave; ~~ convalescent leave, sickleave.                        [(request).\

er'hören v/t. (no-ge-, h) hear; grant!

erinner|n [ɛr'ɪnərn] v/t. (no -ge-, h): j-n ~ an (acc.) remind s.o. of; sich ~ (gen.), sich ~ an (acc.) remember s.o. or s.th., recollect s.th.; 2ung f (-/-en) remembrance; recollection; reminder; ~en pl. reminiscences pl.

er'kalten v/i. (no -ge-, sein) cool down (a. fig.), get cold.

erkält|en v/refl. (no -ge-, h): sich (sehr) ~ catch a (bad) cold; 2ung f (-/-en) cold.

er'kennen v/t. (irr. kennen, no -ge-, h) recognize (an dat. by); perceive, discern; realize.

er'kenntlich adj. perceptible; sich ~ zeigen show one's appreciation; 2keit f (-/-en) gratitude; appreciation.

Er'kenntnis 1. f perception; realization; 2. ⚕ n (-ses/-se) decision, sentence, finding.

Erker ['ɛrkər] m (-s/-) bay; '~fenster n bay-window.

er'klär|en v/t. (no -ge-, h) explain; account for; declare, state; sich ~ declare (für for; gegen against); ~lich adj. explainable, explicable; ~t adj. professed, declared; 2ung f explanation; declaration.

er'klingen v/i. (irr. klingen, no -ge-, sein) (re)sound, ring (out).

erkoren adj. [ɛr'ko:rən] (s)elect, chosen.

er'krank|en v/i. (no -ge-, sein) fall ill, be taken ill (an dat. of, with); become affected; 2ung f (-/-en) illness, sickness, falling ill.

er|'kühnen v/refl. (no -ge-, h) venture, presume, make bold (zu inf. to inf.); ~'kunden v/t. (no -ge-, h) explore; ✕ reconnoitre, Am. -er.

erkundig|en [ɛr'kundigən] v/refl. (no -ge-, h) inquire (über acc. after; nach after or for s.o.; about s.th.); 2ung f (-/-en) inquiry.

er|'lahmen fig. v/i. (no -ge-, sein) grow weary, tire; slacken; interest: wane, flag; ~'langen v/t. (no -ge-, h) obtain, get.

Er|laß [ɛr'las] m (Erlasses/Erlasse) dispensation, exemption; remission (of debt, penalty, etc.); edict, decree; 2'lassen v/t. (irr. lassen, no -ge-, h) remit (debt, penalty, etc.); dispense (j-m et. s.o. from s.th.); issue (decree); enact (law).

erlauben [ɛr'laubən] v/t. (no -ge-, h) allow, permit; sich et. ~ indulge in s.th.; sich ~ zu inf. ⚕ beg to inf.

Erlaubnis [ɛr'laupnis] f (-/no pl.) permission; authority; ~schein m permit.

er|'läutern v/t. (no -ge-, h) explain, illustrate; comment (up)on; 2ung f explanation, illustration; comment.

Erle ⚕ ['ɛrlə] f (-/-n) alder.

er'leb|en v/t. (no -ge-, h) (live to) see; experience; go through; 2nis [~pnis] n (-ses/-se) experience; adventure.

erledig|en [ɛr'le:digən] v/t. (no -ge-, h) dispatch; execute; settle (matter); ~t adj. [~çt] finished, settled; fig.: played out; F done for; F: du bist für mich ~ I am through with you; 2ung [~guŋ] f (-/*, -en) dispatch; settlement.

er|'leichtern v/t. (no -ge-, h) lighten (burden); fig.: make easy, facilitate; relieve; 2ung f (-/-en) ease; relief; facilitation; ~en pl. facilities pl.

er|'leiden v/t. (irr. leiden, no -ge-, h) suffer, endure; sustain (damage, loss); ~'lernen v/t. (no -ge-, h) learn, acquire.

er|'leuchten v/t. (no -ge-, h) illuminate; fig. enlighten; 2ung f (-/-en) illumination; fig. enlightenment.

er'liegen v/i. (irr. liegen, no -ge-, sein) succumb (dat. to).

erlogen adj. [ɛr'lo:gən] false, untrue.

Erlös [ɛr'lø:s] m (-es/-e) proceeds pl.

erlosch [ɛr'bɔʃ] pret. of erlöschen; ~en 1. p.p. of erlöschen; 2. adj. extinct.

er|'löschen v/i. (irr., no -ge-, sein) go out; fig. become extinct; contract: expire.

er'lös|en v/t. (no -ge-, h) redeem;

deliver; 2er *m* (-s/-) redeemer, deliverer; *eccl.* Redeemer, Saviour; 2ung *f* redemption; deliverance.

ermächtig|en [ɛr'mɛçtɪgən] *v/t.* (no -ge-, h) authorize; 2ung *f* (-/-en) authorization; authority; warrant.

er'mahn|en *v/t.* (no -ge-, h) admonish; 2ung *f* admonition.

er'mangel|n *v/i.* (no -ge-, h) be wanting (*gen.* in); 2ung *f* (-/no pl.): in ~ (*gen.*) in default of, for want of, failing.

er'mäßig|en *v/t.* (no -ge-, h) abate, reduce, cut (down); 2ung *f* (-/-en) abatement, reduction.

er'matt|en (no -ge-) 1. *v/t.* (h) fatigue, grow weary; *fig.* slacken; 2ung *f* (-/~ -en) fatigue, exhaustion.

er'mess|en 1. *v/t.* (*irr.* messen, no -ge-, h) judge; 2. 2 *n* (-s/no pl.) judg(e)ment; discretion.

er'mittel|n *v/t.* (no -ge-, h) ascertain, find out; *st* investigate; 2(e)lung [-(ə)luŋ] *f* (-/-en) ascertainment; inquiry; *st* investigation.

er'möglich|en *v/t.* (no -ge-, h) render or make possible.

er'mord|en *v/t.* (no -ge-, h) murder; assassinate; 2ung *f* (-/-en) murder; assassination.

er'müd|en (no -ge-) 1. *v/t.* (h) tire, fatigue; 2. *v/t.* (sein) tire, get tired or fatigued; 2ung *f* (-/~ -en) fatigue, tiredness.

er'munter|n *v/t.* (no -ge-, h) rouse, encourage; animate; 2ung *f* (-/-en) encouragement, animation.

ermutig|en [ɛr'muːtɪgən] *v/t.* (no -ge-, h) encourage; 2ung *f* (-/-en) encouragement.

er'nähr|en *v/t.* (no -ge-, h) nourish, feed; support; 2er *m* (-s/-) breadwinner, supporter; 2ung *f* (-/~ -en) nourishment; support; *physiol.* nutrition.

er'nenn|en *v/t.* (*irr.* nennen, no -ge-, h) nominate, appoint; 2ung *f* nomination, appointment.

er'neu|ern *v/t.* (no -ge-, h) renew, renovate; revive; 2erung *f* renewal, renovation; revival; *~t adv.* once more.

erniedrig|en [ɛr'niːdrɪgən] *v/t.* (no -ge-, h) degrade; humiliate, humble; 2ung *f* (-/-en) degradation; humiliation.

Ernst [ɛrnst] 1. *m* (-es/no pl.) seriousness; earnest(ness); gravity; im ~ in earnest; 2. 2 *adj.* — '2haft *adj.*, '2lich *adj.* serious, earnest; grave.

Ernte ['ɛrntə] *f* (-/-n) harvest; crop; ~dankfest *n* harvest festival; '2n *v/t.* (ge-, h) harvest, gather (in), reap (*a. fig.*).

er'nüchter|n *v/t.* (no -ge-, h) (make) sober; *fig.* disillusion; 2ung *f* (-/-en) sobering; *fig.* disillusionment.

Er'ober|er *m* (-s/-) conqueror; 2n *v/t.* (no -ge-, h) conquer; ~ung *f* (-/-en) conquest.

er'öffn|en *v/t.* (no -ge-, h) open; inaugurate; disclose (*j-m et.* s.th. to s.o.); notify; 2ung *f* opening; inauguration; disclosure.

erörter|n [ɛr'œrtərn] *v/t.* (no -ge-, h) discuss; 2ung *f* (-/-en) discussion.

Erpel *orn.* ['ɛrpəl] *m* (-s/-) drake.

erpicht *adj.* [ɛr'pɪçt]: ~ auf (*acc.*) bent or intent or set or keen on.

er'press|en *v/t.* (no -ge-, h) extort (von from); blackmail; 2er *m* (-s/-), 2erin *f* (-/-nen) extort(ion)er; blackmailer; 2ung *f* (-/-en) extortion; blackmail.

er'proben *v/t.* (no -ge-, h) try, test.

erquick|en [ɛr'kvɪkən] *v/t.* (no -ge-, h) refresh; 2ung *f* (-/-en) refreshment.

er|'raten *v/t.* (*irr.* raten, no -ge-, h) guess, find out; ~'rechnen *v/t.* (no -ge-, h) calculate, compute, work out.

erreg|bar *adj.* [ɛr'reːkbaːr] excitable; ~en [-gən] *v/t.* (no -ge-, h) excite; cause; 2er [-gər] *m* (-s/-) exciter (*a. £*); *£* germ, virus; 2ung [-guŋ] *f* excitation; excitement.

er'reich|bar *adj.* attainable; within reach or call; ~en *v/t.* (no -ge-, h) reach; *fig.* achieve, attain; catch (*train*); come up to (*certain standard*).

er'rett|en *v/t.* (no -ge-, h) rescue; 2ung *f* rescue.

er'richt|en *v/t.* (no -ge-, h) set up, erect; establish; 2ung *f* erection; establishment.

er|'ringen *v/t.* (*irr.* ringen, no -ge-, h) gain, obtain; achieve (*success*); ~'röten *v/i.* (no -ge-, sein) blush.

Errungenschaft [ɛr'ruŋənʃaft] *f* (-/-en) acquisition; achievement.

Er'satz *m* (-es/no pl.) replacement; substitute; compensation, amends *sg.*, damages *pl.*; indemnification; *s.* Ersatzmann, Ersatzmittel; ~ leisten make amends; ~mann *m* substitute; ~mine *f* refill (*for pencil*); ~mittel *n* substitute, surrogate; ~reifen *mot. m* spare tyre, (*Am. only*) spare tire; ~teil ⊕ *n, m* spare (part).

er'schaff|en *v/t.* (*irr.* schaffen, no -ge-, h) create; 2ung *f* (-/no pl.) creation.

er'schallen *v/i.* ([*irr.* schallen,] no -ge-, sein) (re)sound; ring.

er'schein|en 1. *v/i.* (*irr.* scheinen, no -ge-, sein) appear; 2. 2 *n* (-s/no pl.) appearance; 2ung *f* (-/-en) appearance; apparition; vision.

er|'schieß|en *v/t.* (*irr.* schießen, no -ge-, h) shoot (dead); ~'schlaffen *v/i.* (no -ge-, sein) tire; relax; *fig.* languish, slacken; ~'schlagen *v/t.* (*irr.* schlagen, no -ge-, h) kill, slay;

~'schließen v/t. (irr. schließen, no -ge-, h) open; open up (new market); develop (district).

er'schöpf|en v/t. (no -ge-, h) exhaust; 2ung f exhaustion.

erschrak [ɛr'ʃraːk] pret. of erschrecken 2.

er'schrecken 1. v/t. (no -ge-, h) frighten, scare; 2. v/i. (irr., no -ge-, sein) be frightened (über acc. at); ~d adj. alarming, startling.

erschrocken [ɛr'ʃrɔkən] 1. p.p. of erschrecken 2; 2. adj. frightened, terrified.

erschütter|n [ɛr'ʃytərn] v/t. (no -ge-, h) shake; fig. shock, move; 2ung f (-/-en) shock; fig. emotion; ℱ concussion; ⊕ percussion.

er'schweren v/t. (no -ge-, h) make more difficult; aggravate.

er'schwing|en v/t. (irr. schwingen, no -ge-, h) afford; ~lich adj. within s.o.'s means; prices: reasonable.

er|'sehen v/t. (irr. sehen, no -ge-, h) see, learn, gather (all: aus from); ~'sehnen v/t. (no -ge-, h) long for; ~'setzen v/t. (no -ge-, h) repair; make up for, compensate (for); replace; refund.

er'sichtlich adj. evident, obvious.

er'sinnen v/t. (irr. sinnen, no -ge-, h) contrive, devise.

er'spar|en v/t. (no -ge-, h) save; j-m et. ~ spare s.o. s.th.; 2nis f (-/-se) saving.

er'sprießlich adj. useful, beneficial.

erst [ɛːrst] 1. adj.: der (die, das) ~e the first; 2. adv. first; at first; only; not ... till or until.

er'starr|en v/i. (no -ge-, sein) stiffen; solidify; congeal; set; grow numb; fig. blood: run cold; ~t adj. benumbed; 2ung f (-/-en) numbness; solidification; congealment; setting.

erstatt|en [ɛr'ʃtatən] v/t. (no -ge-, h) restore; s. ersetzen; Bericht ~ (make a) report; 2ung f (-/-en) restitution.

'Erstaufführung f thea. first night or performance, premiere; film: a. first run.

er'staun|en 1. v/i. (no -ge-, sein) be astonished (über acc. at); 2. v/t. (no -ge-, h) astonish; 3. 2 n astonishment; in ~ setzen astonish; ~lich adj. astonishing, amazing.

er'stechen v/t. (irr. stechen, no -ge-, h) stab.

er'steig|en v/t. (irr. steigen, no -ge-, h) ascend, climb; 2ung f ascent.

erstens adv. ['eːrstəns] first, firstly.

er'stick|en (no -ge-) v/t. (h) and v/i. (sein) choke, suffocate; stifle; 2ung f (-/-en) suffocation; [rate, F A 1.]

'erstklassig adj. first-class, first-)

er'streben v/t. (no -ge-, h) strive after or for; ~swert adj. desirable.

er'strecken v/refl. (no -ge-, h) extend; sich ~ über (acc.) cover.

er'suchen 1. v/t. (no -ge-, h) request; 2. 2 n (-s/-) request.

er|'tappen v/t. (no -ge-, h) catch, surprise; s. frisch; ~'tönen v/i. (no -ge-, sein) (re)sound.

Ertrag [ɛr'traːk] m (-[e]s/~e) produce, yield; proceeds pl., returns pl.; ℛ output; 2en [~gən] v/t. (irr. tragen, no -ge-, h) bear, endure; suffer; stand.

erträglich adj. [ɛr'trɛːklɪç] tolerable.

er|'tränken v/t. (no -ge-, h) drown; ~'trinken v/i. (irr. trinken, no -ge-, sein) be drowned, drown; ~'übrigen [ɛr'yːbrɪgən] v/t. (no -ge-, h) save; spare (time); sich ~ be unnecessary; ~'wachen v/i. (no -ge-, sein) awake, wake up.

er'wachsen 1. v/i. (irr. wachsen, no -ge-, sein) arise (aus from); 2. adj. grown-up, adult; 2e m, f (-n/-n) grown-up, adult.

er'wäg|en v/t. (irr. wägen, no -ge-, h) consider, think s.th. over; 2ung f (-/-en) consideration.

er'wählen v/t. (no -ge-, h) choose, elect.

er'wähn|en v/t. (no -ge-, h) mention; 2ung f (-/-en) mention.

er'wärmen v/t. (no -ge-, h) warm, heat; sich ~ warm (up).

er'wart|en v/t. (no -ge-, h) await, wait for; fig. expect; 2ung f expectation.

er|'wecken v/t. (no -ge-, h) wake, rouse; fig. awake; cause (fear); arouse (suspicion); ~'wehren v/refl. (gen.) (no -ge-, h) keep or ward off; ~'weichen v/t. (no -ge-, h) soften; fig. move; ~'weisen v/t. (irr. weisen, no -ge-, h) prove; show (respect); render (service); do, pay (honour); do (favour).

er'weiter|n v/t. and v/refl. (no -ge-, h) expand, enlarge, extend, widen; 2ung f (-/-en) expansion, enlargement, extension.

Erwerb [ɛr'vɛrp] m (-[e]s/-e) acquisition; living; earnings pl.; business; 2en [~bən] v/t. (irr. werben, no -ge-, h) acquire; gain; earn.

erwerbs|los adj. [ɛr'vɛrpsloːs] unemployed; ~tätig adj. (gainfully) employed; ~unfähig adj. [ɛr-'vɛrps?-] incapable of earning one's living; 2zweig m line of business.

Erwerbung [ɛr'vɛrbʊŋ] f acquisition.

erwider|n [ɛr'viːdərn] v/t. (no -ge-, h) return; answer, reply; retort; 2ung f (-/-en) return; answer, reply.

er'wischen v/t. (no -ge-, h) catch, trap, get hold of.

er'wünscht adj. desired; desirable; welcome.

er'würgen v/t. (no -ge-, h) strangle, throttle.

**Erz** ⚒ [e:rts] *n* (-es/-e) ore; *poet.* brass.

**er'zähl|en** *v/t.* (*no* -ge-, *h*) tell; relate; narrate; **2er** *m*, **2erin** *f* (-/-nen) narrator; writer; **2ung** *f* narration; (short) story, narrative.

**'Erz|bischof** *eccl.* *m* archbishop; '**~bistum** *eccl.* *n* archbishopric; '**~engel** *eccl.* *m* archangel.

**er'zeug|en** *v/t.* (*no* -ge-, *h*) beget; produce; make, manufacture; **2er** *m* (-s/-) father (*of child*); ↑ producer; **2nis** *n* produce; production; ⊕ product; **2ung** *f* production.

**'Erz|feind** *m* arch-enemy; '**~herzog** *m* archduke; '**~herzogin** *f* archduchess; '**~herzogtum** *n* archduchy.

**er'zieh|en** *v/t.* (*irr.* ziehen, *no* -ge-, *h*) bring up, rear, raise; educate; **2r** *m* (-s/-) educator; teacher, tutor; **2rin** *f* (-/-nen) teacher; governess; **~risch** *adj.* educational, pedagogic (-al).

**Er'ziehung** *f* (-/-%, -en) upbringing; breeding; education; **~sanstalt** [er'tsi:uɳs°-] *f* reformatory, approved school; **~swesen** *n* (-s/*no pl.*) educational matters *pl. or* system.

**er'ziel|en** *v/t.* (*no* -ge-, *h*) obtain; realize (*price*); achieve (*success*); *sports:* score (*points, goal*); **~zürnen** *v/t.* (*no* -ge-, *h*) make angry, irritate, enrage; **~zwingen** *v/t.* (*irr.* zwingen, *no* -ge-, *h*) (en)force; compel; extort (von from).

**es** *pers. pron.* [ɛs] 1. *pers.:* it, he, she; *wo ist das Buch? —* **~** *ist auf dem Tisch* where is the book? — it is on the table; *das Mädchen blieb stehen, als* **~** *seine Mutter sah* the girl stopped when she saw her mother; 2. *impers.:* it; **~** *gibt* there is, there are; **~** *ist kalt* it is cold; **~** *klopft* there is a knock at the door.

**Esche** ⚘ ['ɛʃə] *f* (-/-n) ash(-tree).

**Esel** *zo.* ['e:zəl] *m* (-s/-) donkey; *esp. fig.* ass; **~ei** [~'laɪ] *f* (-/-en) stupidity, stupid thing, folly; '**~brücke** *f at school:* crib, *Am.* pony; '**~sohr** ['e:zəls°-] *n* dog's ear (*of book*).

**Eskorte** [ɛs'kɔrtə] *f* (-/-n) ✕ escort; ⊕ convoy.

**Espe** ⚘ ['ɛspə] *f* (-/-n) asp(en).

**'eßbar** *adj.* eatable, edible.

**Esse** ['ɛsə] *f* (-/-n) chimney.

**essen** ['ɛsən] 1. *v/i.* (*irr.,* ge-, *h*) eat; *zu Mittag* **~** (have) lunch; dine, have dinner; *zu Abend* **~** dine, have dinner; *esp. late at night:* sup, have supper; *auswärts* **~** eat or dine out; 2. *v/t.* (*irr.,* ge-, *h*) eat; *et. zu Mittag etc.* **~** have *a.th.* for lunch, *etc.*; 3. **2** *n* (-s/-) eating; food; meal; dish; *midday meal:* lunch, dinner; *evening meal:* dinner; *last meal of the day:* supper; '**2szeit** *f* lunch-time; dinner-time; supper-time.

**Essenz** [ɛ'sɛnts] *f* (-/-en) essence.

**Essig** ['ɛsɪç] *m* (-s/-e) vinegar; '**~gurke** *f* pickled cucumber, gherkin.

**'Eß|löffel** *m* soup-spoon; '**~nische** *f* dining alcove, *Am.* dinette; '**~tisch** *m* dining-table; '**~waren** *f/pl.* eatables *pl.*, victuals *pl.*, food; '**~zimmer** *n* dining-room.

**etablieren** [eta'bli:rən] *v/t.* (*no* -ge-, *h*) establish, set up.

**Etage** [e'ta:ʒə] *f* (-/-n) floor, stor(e)y; **~nwohnung** *f* flat, *Am. a.* apartment.

**Etappe** [e'tapə] *f* (-/-n) ✕ base; *fig.* stage, leg.

**Etat** [e'ta:] *m* (-s/-s) budget, *parl. the* Estimates *pl.*; **~sjahr** *n* fiscal year. [*or sg.*]

**Ethik** ['e:tɪk] *f* (-/-%, -en) ethics *pl.*]

**Etikett** [eti'kɛt] *n* (-[e]s/-e, -s) label, ticket; tag; *gummed: Am. a.* sticker; **~e** *f* (-/-n) etiquette; **2ieren** [~'ti:rən] *v/t.* (*no* -ge-, *h*) label.

**etliche** *indef. pron.* ['ɛtlɪçə] some, several.

**Etui** [e'tvi:] *n* (-s/-s) case.

**etwa** *adv.* ['ɛtva] perhaps, by chance; about, *Am. a.* around; **~ig** *adj.* ['~°ɪç] possible, eventual.

**etwas** ['ɛtvas] 1. *indef. pron.* something; anything; 2. *adj.* some; any; 3. *adv.* somewhat; **~** **2** *n* (-/-): *das gewisse* **~** that certain something.

**euch** *pers. pron.* [ɔyç] you; **~** (*selbst*) yourselves.

**euer** *poss. pron.* ['ɔyər] your; *der* (*die, das*) *eu(e)re* yours.

**Eule** *orn.* ['ɔylə] *f* (-/-n) owl; **~n** *nach Athen tragen* carry coals to Newcastle.

**euresgleichen** *pron.* ['ɔyrəs'glaɪçən] people like you, F the likes of you.

**Europä|er** [ɔyro'pɛːər] *m* (-s/-) European; **2isch** *adj.* European.

**Euter** ['ɔytər] *n* (-s/-) udder.

**evakuieren** [evaku'i:rən] *v/t.* (*no* -ge-, *h*) evacuate.

**evangeli|sch** *adj.* [evaɳ'ge:lɪʃ] evangelic(al); Protestant; Lutheran; **2um** [~jum] *n* (-s/*Evangelien*) gospel.

**eventuell** [eventu'ɛl] 1. *adj.* possible; 2. *adv.* possibly, perhaps.

**ewig** *adj.* ['e:vɪç] eternal; everlasting; perpetual; *auf* **~** for ever; '**2keit** *f* (-/-en) eternity; F: *seit e-r* **~** for ages.

**exakt** *adj.* [ɛ'ksakt] exact; **2heit** *f* (-/-en) exactitude, exactness; accuracy.

**Exam|en** [ɛ'ksa:mən] *n* (-s/-, *Examina*) examination, F exam; **2inieren** [~ami'ni:rən] *v/t.* (*no* -ge-, *h*) examine.

**Exekutive** [ɛksəku'ti:və] *f* (-/*no pl.*) executive power.

**Exempel** [ɛ'ksɛmpəl] *n* (-s/-) example, instance.

**Exemplar** [ɛksɛm'plɑːr] n (-s/-e) specimen; copy (of book).
**exerzier|en** ✕ [ɛksɛr'tsiːrən] v/i. and v/t. (no -ge-, h) drill; **2platz** ✕ m drill-ground, parade-ground.
**Exil** [ɛ'ksiːl] n (-s/-e) exile.
**Existenz** [ɛksis'tɛnts] f (-/-en) existence; living, livelihood; **~minimum** n subsistence minimum.
**exis'tieren** v/i. (no -ge-, h) exist; subsist.
**exotisch** adj. [ɛ'ksoːtiʃ] exotic.
**exped|ieren** [ɛkspe'diːrən] v/t. (no -ge-, h) dispatch; **2ition** [ɹ'tsjoːn] f (-/-en) dispatch, forwarding; expedition; ✝ dispatch or forwarding office.
**Experiment** [ɛksperi'mɛnt] n (-[e]s/-e) experiment; **2ieren** [ɹ'tiː-rən] v/i. (no -ge-, h) experiment.

**explo|dieren** [ɛksplo'diːrən] v/i. (no -ge-, sein) explode, burst; **2sion** [ɹ'sjoːn] f (-/-en) explosion; **~siv** adj. [ɹ'ziːf] explosive.
**Export** [ɛks'pɔrt] m (-[e]s/-e) export(ation); **2ieren** [ɹ'tiːrən] v/t. (no -ge-, h) export.
**extra** adj. ['ɛkstra] extra; special; **2blatt** n extra edition (of newspaper), Am. extra.
**Extrakt** [ɛks'trakt] m (-[e]s/-e) extract.
**Extrem** [ɛks'treːm] 1. n (-s/-e) extreme; 2. 2 adj. extreme.
**Exzellenz** [ɛkstse'lɛnts] f (-/-en) Excellency.
**exzentrisch** adj. [ɛks'tsɛntriʃ] eccentric.
**Exzeß** [ɛks'tsɛs] m (Exzesses/Exzesse) excess.

# F

**Fabel** ['fɑːbəl] f (-/-n) fable (a. fig.); plot (of story, book, etc.); **'2haft** adj. fabulous; marvellous; **'2n** v/i. (ge-, h) tell (tall) stories.
**Fabrik** [fa'briːk] f (-/-en) factory, works sg., pl., mill; **~ant** [ɹ'kant] m (-en/-en) factory-owner, mill-owner; manufacturer; **~arbeit** f factory work; s. Fabrikware; **~arbeiter** m factory worker or hand; **~at** [ɹ'kɑːt] n (-[e]s/-e) make; product; **~ations-fehler** [ɹ'tsjoːns-] m flaw; **~besitzer** m factory-owner; **~marke** f trade mark; **~stadt** f factory or industrial town; **~ware** f manufactured article; **~zeichen** n s. Fabrikmarke.
**Fach** [fax] n (-[e]s/⁼er) section, compartment, shelf (of bookcase, cupboard, etc.); pigeon-hole (in desk); drawer; fig. subject; s. Fachgebiet; **~arbeiter** m skilled worker; **~arzt** m specialist (für in); **~ausbildung** f professional training; **~ausdruck** m technical term.
**fächeln** ['fɛçəln] v/t. (ge-, h) fan s.o.
**Fächer** ['fɛçər] m (-s/-) fan; **2för-mig** adj. ['ɹfœrmiç] fan-shaped.
**'Fach|gebiet** n branch, field, province; **'~kenntnisse** f/pl. specialized knowledge; **'~kreis** m: in ~en among experts; **'2kundig** adj. competent, expert; **'~literatur** f specialized literature; **'~mann** m expert; **2männisch** adj. ['~mɛniʃ] expert; **'~schule** f technical school; **'~werk** ⚙ n framework.
**Fackel** ['fakəl] f (-/-n) torch; **'2n** F v/i. (ge-, h) hesitate, F shilly-shally; **'~zug** m torchlight procession.
**fad** adj. [fɑːt], **~e** adj. ['fɑːdə] food:

insipid, tasteless; stale; p. dull, boring.
**Faden** ['fɑːdən] m (-s/⁼) thread (a. fig.); fig.: an e-m ~ hängen hang by a thread; **~nudeln** f/pl. vermicelli pl.; **2scheinig** adj. ['~ʃaɪnɪç] threadbare; excuse, etc.: flimsy, thin.
**fähig** adj. ['fɛːɪç] capable (zu inf. of ger.; gen. of); able (to inf.); **2keit** f (-/-en) (cap)ability; talent, faculty.
**fahl** adj. [fɑːl] pale, pallid; colour: faded; complexion: leaden, livid.
**fahnd|en** ['fɑːndən] v/i. (ge-, h): nach j-m ~ search for s.o.; **2ung** f (-/-en) search.
**Fahne** ['fɑːnə] f (-/-n) flag; standard; banner; ♠, ✕, fig. colo(u)rs pl.; typ. galley-proof.
**'Fahnen|eid** m oath of allegiance; **'~flucht** f desertion; **'2flüchtig** adj.: ~ werden desert (the colo[u]rs); **'~stange** f flagstaff, Am. a. flagpole.
**'Fahr|bahn** f, **'~damm** m roadway.
**Fähre** ['fɛːrə] f (-/-n) ferry(-boat).
**fahren** ['fɑːrən] (irr., ge-) 1. v/i. (sein) driver, vehicle, etc.: drive, go, travel; cyclist: ride, cycle; ♠ sail; mot. motor; mit der Eisenbahn ~ go by train or rail; spazieren~ go for or take a drive; mit der Hand ~ über (acc.) pass one's hand over; ~ lassen let go or slip; gut (schlecht) ~ bei do or fare well (badly) at or with; er ist gut dabei gefahren he did very well out of it; 2. v/t. (h) carry, convey; drive (car, train, etc.); ride (bicycle, etc.).
**'Fahrer** m (-s/-) driver; **'~flucht** f (-/no pl.) hit-and-run offence, Am. hit-and-run offense.

'**Fahr|gast** m passenger; *in taxi:*
fare; **~geld** n fare; **~gelegenheit**
f transport facilities *pl.*; **~gestell** n
*mot.* chassis; ⚙ undercarriage,
landing gear; **~karte** f ticket;
**~kartenschalter** m booking-of-
fice, *Am.* ticket office; '**2lässig** *adj.*
careless, negligent; **~lässigkeit** f
(~/~-en) carelessness, negligence;
**~lehrer** *mot.* ⚙ driving instructor;
**~plan** m timetable, *Am.* ⚙ schedule; '**2planmäßig** **1.** *adj.* regular,
*Am.* scheduled; **2.** *adv.* on time,
*Am. a.* on schedule; **~preis** m fare;
**~rad** n bicycle, F bike; **~schein**
m ticket; **~schule** *mot.* f driving
school, school of motoring; **~stuhl**
m lift, *Am.* elevator; **~stuhlführer**
m lift-boy, lift-man, *Am.* elevator
operator; **~stunde** *mot.* f driving
lesson.

**Fahrt** [fa:rt] f (~/~-en) ride, drive;
journey; voyage, passage; trip; **~**
ins Blaue mystery tour; *in voller ~*
(*at*) full speed.

**Fährte** ['fɛ:rtə] f (~/~-n) track (*a. fig.*);
*auf der falschen ~ sein* be on the
wrong track.

'**Fahr|vorschrift** f rule of the road;
**~wasser** n ⚓ navigable water;
*fig.* track; **~weg** m roadway; **~zeug**
n vehicle; ⚓ vessel.

**Fakt|or** ['faktor] m (~-s/~-en) factor;
**~otum** [~'to:tum] n (~-s/~-s, *Faktoten*)
factotum; **~ur** f [~'tu:r] f (~/~-en),
**~ura** ⚙ [~'tu:ra] f (~/*Fakturen*)
invoice.

**Fakultät** *univ.* [fakul'tɛ:t] f (~/~-en)
faculty.

**Falke** *orn.* ['falkə] m (~-n/~-n) hawk,
falcon.

**Fall** [fal] m (~-[e]s/~e) fall (*of body,
stronghold, city, etc.*); *gr.*, 🔲, ⚚
case; gesetzt den ~ suppose; *auf
alle Fälle* at all events; *auf jeden ~*
in any case, at any rate; *auf keinen ~*
on no account, in no case.

**Falle** ['falə] f (~/~-n) trap (*a. fig.*);
pitfall (*a. fig.*); e-e ~ *stellen* set a
trap (*j-m for s.o.*).

**fallen** ['falən] **1.** *v/t.* (*irr.,* ge-, *sein*)
fall, drop; ✗ be killed in action;
*shot:* be heard; *flood water:* subside; *auf j-n ~ suspicion, etc.:* fall
on s.o.; ~ *lassen* drop (*plate, etc.*);
**2.** 2 n (~-s/*no pl.*) fall(ing).

**fällen** ['fɛlən] *v/t.* (ge-, h) fell, cut
down (*tree*); ✗ lower (*bayonet*); 🔲
pass (*judgement*), give (*decision*).

'**fallenlassen** *v/t.* (*irr. lassen, sep.,
no* -ge-, h) drop (*plan, claim, etc.*).

**fällig** *adj.* ['fɛliç] due; payable;
'**2keit** f (~/~-en) maturity; '**2keits-
termin** m date of maturity.

'**Fall|obst** n windfall; **~reep** ⚓
['~re:p] n (~-[e]s/~-e) gangway.

**falls** *cj.* [fals] if; in the event of *ger.*;
in case.

'**Fall|schirm** m parachute; '**~-**

**schirmspringer** m parachutist;
'**~strick** m snare; '**~tür** f trap door.

**falsch** [falʃ] **1.** *adj.* false; wrong;
*bank-note, etc.:* counterfeit; *money:*
base; *bill of exchange, etc.:* forged;
*p.* deceitful; **2.** *adv.:* ~ *gehen watch:*
go wrong; ~ *verbunden! teleph.*
sorry, wrong number.

**fälsch|en** ['fɛlʃən] *v/t.* (ge-, h) fal-
sify; forge, fake (*document, etc.*);
counterfeit (*bank-note, coin, etc.*);
fake (*calculations, etc.*); tamper
with (*financial account*); adulterate
(*food, wine*); '**2er** m (~-s/~) forger,
faker; adulterator.

'**Falsch|geld** n counterfeit *or* bad *or*
base money; '**~heit** f (~/~-en) false-
ness, falsity; duplicity, deceitful-
ness; '**~meldung** f false report;
'**~münzer** m (~-s/~) coiner; '**~mün-
zerwerkstatt** f coiner's den;
'**2spielen** *v/i.* (*sep.,* -ge-, h) cheat
(at cards); '**~spieler** m card-
sharper.

'**Fälschung** f (~/~-en) forgery; fal-
sification; fake; adulteration.

'**Falt|boot** n folding canoe,
*Am.* foldboat, faltboot; **~e** ['~ə] f
(~/~-n) fold; pleat (*in skirt, etc.*);
crease (*in trousers*); wrinkle (*on
face*); '**2en** *v/t.* (ge-, h) fold; clasp
or join (*one's hands*); '**2ig** *adj.*
folded; pleated; wrinkled.

**Falz** [falts] m (~-es/~-e) fold; rabbet
(*for woodworking, etc.*); bookbind-
ing: guard; '**2en** *v/t.* (ge-, h) fold;
rabbet.

**familiär** *adj.* [famil'jɛ:r] familiar;
informal.

**Familie** [fa'mi:ljə] f (~/~-n) family
(*a. zo.,* ♣).

**Fa'milien|angelegenheit** f family
affair; **~anschluß** m: ~ *haben* live
as one of the family; **~nachrichten**
f/pl. in *newspaper:* birth, marriage
and death announcements *pl.*;
**~name** m family name, surname,
*Am. a.* last name; **~stand** m marital
status.

**Fanati|ker** [fa'na:tikər] m (~-s/~)
fanatic; **2sch** *adj.* fanatic(al).

**Fanatismus** [fana'tismus] m (~/*no
pl.*) fanaticism.

**fand** [fant] *pret. of finden.*

**Fanfare** [fan'fa:rə] f (~/~-n) fanfare,
flourish (of trumpets).

**Fang** [faŋ] m (~-[e]s/~e) capture,
catch(ing); *hunt.* bag; '**2en** *v/t.* (*irr.*
ge-, h) catch (*animal, ball, thief,
etc.*); **~zahn** m fang (*of dog, wolf,
etc.*); tusk (*of boar*).

**Farb|band** ['farp-] n (typewriter)
ribbon; **~e** ['~bə] f (~/~-n) colo(u)r;
paint; dye; complexion; *cards:*
suit; **2echt** *adj.* ['farp?-] colo(u)r-
fast.

**färben** ['fɛrbən] *v/t.* (ge-, h) col-
o(u)r (*glass, food, etc.*); dye (*material,
hair, Easter eggs, etc.*); tint (*hair,*

*paper, glass*); stain (*wood, fabrics, glass, etc.*); sich ~ take on or assume a colo(u)r; sich rot ~ turn or go red.
'**farben|blind** *adj* colo(u)r-blind; '2druck *m* (-[e]s/-e) colo(u)r print; '~prächtig *adj.* splendidly colo(u)rful.

**Färber** ['fɛrbər] *m* (-s/-) dyer.

**Farb|fernsehen** ['farp-] *n* colo(u)r television, ~film *m* colo(u)r film; 2ig *adj.* [~biç] colo(u)red, *glass*: tinted, stained, *fig* colo(u)rful; 2los *adj.* ['~p-] colo(u)rless, *fig*: ~photographie *f* colo(u)r photography; '~stift *m* colo(u)red pencil; '~stoff *m* colo(u)ring matter; '~ton *m* tone, shade, tint.

**Färbung** ['fɛrbuŋ] *f* (-/-en) colo(u)ring (*a. fig.*); shade (*a. fig.*).

**Farnkraut** ♦ ['farnkraut] *n* fern.

**Fasan** *orn.* [fa'za:n] *m* (-[e]s/-e[n]) pheasant.

**Fasching** ['faʃiŋ] *m* (-s/-e, -s) carnival.

**Fasel|ei** [fazə'lai] *f* (-/-en) drivelling, waffling; twaddle; '2n *v/i.* (ge-, h) blather, F waffle.

**Faser** ['fa:zər] *f* (-/-n) anat., ♦, *fig.* fib|re, *Am.* -er; *cotton, wool, etc.*: staple; '2ig *adj.* fibrous; '2n *v/i.* (ge-, h) *wool*: shed fine hairs.

**Faß** [fas] *n* (Fasses/Fässer) cask, barrel; tub; vat; '~bier *n* draught beer.

**Fassade** △ [fa'sa:də] *f* (-/-n) façade, front (*a. fig.*); ~nkletterer *m* (-s/-) cat burglar.

**fassen** ['fasən] (ge-, h) 1. *v/t.* seize, take hold of; catch, apprehend (*criminal*); hold; *s. einfassen; fig.* grasp, understand; pluck up (*courage*); form (*plan*); make (*decision*); sich ~ compose o.s.; sich kurz ~ be brief; 2. *v/i.*: ~ nach reach for. [ceivable.]
**'faßlich** *adj.* comprehensible, con-\
**'Fassung** *f* (-/-en) setting (*of jewels*); ∉ socket; *fig.*: composure; draft (-ing); wording, version; die ~ verlieren lose one's self-control; aus der ~ bringen disconcert; '~skraft *f* (powers of) comprehension, mental capacity; '~svermögen *n* (holding) capacity; *fig. s. Fassungskraft.*

**fast** *adv.* [fast] almost, nearly; ~ nichts next to nothing; ~ nie hardly ever.

**fasten** ['fastən] *v/i.* (ge-, h) fast; abstain from food and drink; '2zeit *f* Lent.

'**Fast|nacht** *f* (-/no pl.) Shrovetide; carnival; '~tag *m* fast-day.

**fatal** *adj.* [fa'ta:l] *situation, etc.*: awkward; *business, etc.*: unfortunate; *mistake, etc.*: fatal.

**fauchen** ['fauxən] *v/i.* (ge-, h) *cat, etc.*: spit; F *p.* spit (*with anger*); *locomotive, etc.*: hiss.

**faul** *adj.* [faul] *fruit, etc.*: rotten, bad; *fish, meat*: putrid, bad; *fig.* lazy, indolent, idle; fishy; ~e Ausrede lame excuse; '~en *v/i.* (ge-, h) rot, go bad, putrefy.

**faulenze|n** ['faulentsən] *v/i.* (ge-, h) idle, laze, loaf; '2r *m* (-s/-) idler, sluggard, ' lazy-bones.

'**Faul|heit** *f* (-/no pl.) idleness, laziness, '2ig *adj.* putrid.

**Fäulnis** ['fɔylnis] *f* (-/no pl.) rottenness; putrefaction; decay.

'**Faul|pelz** *m s.* Faulenzer; '~tier *n* zo. sloth (*a. fig.*).

**Faust** [faust] *f* (-/=e) fist; auf eigene ~ on one's own initiative; '~handschuh *m* mitt(en); '~schlag *m* blow with the fist, punch, *Am.* F *a.* slug.

**Favorit** [favo'ri:t] *m* (-en/-en) favo(u)rite.

**Faxe** ['faksə] *f* (-/-n): ~n machen (play the) fool; ~n schneiden pull or make faces.

**Fazit** ['fa:tsit] *n* (-s/-e, -s) result, upshot; total; das ~ ziehen sum or total up.

**Februar** ['fe:brua:r] *m* (-[s]/-e) February.

**fecht|en** ['fɛçtən] *v/i.* (irr., ge-, h) fight; *fenc.* fence; '2er *m* (-s/-) fencer.

**Feder** ['fe:dər] *f* (-/-n) feather; (*ornamental*) plume; pen; ⊕ spring; '~bett *n* feather bed; '~busch *m* tuft of feathers; plume; '~gewicht *n* *boxing, etc.*: featherweight; '~halter *m* (-s/-) penholder; '~kiel *m* quill; '~kraft *f* elasticity, resilience; '~krieg *m* paper war; literary controversy; '2leicht *adj.* (as) light as a feather; '~lesen *n* (-s/no pl.): nicht viel ~s machen mit make short work of; '~messer *n* penknife; '2n *v/i.* (ge-, h) be elastic; '2nd *adj.* springy, elastic; '~strich *m* stroke of the pen; '~vieh *n* poultry; '~zeichnung *f* pen-and-ink drawing.

**Fee** [fe:] *f* (-/-n) fairy.

**Fegefeuer** ['fe:gə-] *n* purgatory.

**fegen** ['fe:gən] *v/t.* (ge-, h) sweep; clean.

**Fehde** ['fe:də] *f* (-/-n) feud; private war; in ~ liegen be at feud; F be at daggers drawn.

**Fehl** [fe:l] *m*: ohne ~ without fault or blemish; '~betrag *m* deficit, deficiency.

**fehlen** ['fe:lən] *v/i.* (ge-, h) be absent; be missing or lacking; do wrong; es fehlt ihm an (dat.) he lacks; was fehlt Ihnen? what is the matter with you?; weit gefehlt! far off the mark!

**Fehler** ['fe:lər] *m* (-s/-) mistake, error, F slip; fault; ⊕ defect, flaw; '2frei adj. '2los adj. faultless, perfect; ⊕ flawless; '2haft adj. faulty; defective; incorrect.

'**Fehl|geburt** *f* miscarriage, abor-

tion; '2gehen v/i. (irr. gehen, sep.,
-ge-, sein) go wrong; '~griff fig. m
mistake, blunder; '~schlag fig. m
failure; '2schlagen fig. v/i. (irr.
schlagen, sep., -ge-, sein) fail, miscarry; '~schuß m miss; '2treten
v/i. (irr. treten, sep., -ge-, sein)
make a false step; '~tritt m false
step; slip; fig. slip, fault; '~urteil
n error of judg(e)ment; '~zün-
dung mot. f misfire, backfire.

Feier ['faiər] f (-/-n) ceremony;
celebration; festival; festivity; '~
abend m finishing or closing time;
~ machen finish, F knock off; '2lich
adj. promise, oath, etc.: solemn;
act: ceremonial; ~lichkeit f (-/-en)
solemnity; ceremony; '2n (ge-, h)
1. v/t. hold (celebration); celebrate,
observe (feast, etc.); 2. v/i. celebrate; rest (from work), make
holiday; '~tag m holiday; festive
day.

feig adj. [faik] cowardly.
feige¹ adj. ['faigə] cowardly.
Feige² [~] f (-/-n) fig; '~nbaum &
m fig-tree; '~nblatt n fig-leaf.
Feigheit ['faikhait] f (-/no pl.)
cowardice, cowardliness; '~ling
['~kliŋ] m (-s/-e) coward.
feil adj. [fail] for sale, to be sold;
fig. venal; '~bieten v/t. (irr. bieten,
sep., -ge-, h) offer for sale.
Feile ['failə] f (-/-n) file; '2n (ge-, h)
1. v/t. file (a. fig.); fig. polish; 2. v/i.:
~ an (dat.) file (at); fig. polish (up).
feilschen ['failʃən] v/i. (ge-, h) bargain (um for), haggle (for, about),
Am. a. dicker (about).
fein adj. [fain] fine; material, etc.:
high-grade; wine, etc.: choice;
fabric, etc.: delicate, dainty; manners: polished; p. polite; distinction: subtle.

Feind [faint] m (-[e]s/-e) enemy (a.
⚔); '2lich adj. hostile, inimical;
~schaft f (-/-en) enmity; animosity,
hostility; '2selig adj. hostile (gegen
to); '~seligkeit f (-/-en) hostility;
malevolence.
'fein|fühlend adj., '~fühlig adj.
sensitive; '2gefühl n sensitiveness;
delicacy; '2gehalt m (monetary)
standard; '2heit f (-/-en) fineness;
delicacy, daintiness; politeness;
elegance; '2kost f high-class groceries pl., Am. delicatessen; '2me-
chanik f precision mechanics;
'2schmecker m (-s/-) gourmet,
epicure; '~sinnig adj. subtle.
feist adj. [faist] fat, stout.
Feld [felt] n (-[e]s/-er) field (a. ⚔,
⚔, sports); ground, soil; plain;
chess: square; △, ⊕ panel, compartment; ins ~ ziehen take the
field; '~arbeit f agricultural work;
'~bett n camp-bed; '~blume f
wild flower; '~dienst ⚔ m field
service; '~flasche f water-bottle;

'~frucht f fruit of the field; '~ge-
schrei n war-cry, battle-cry;
'~herr m general; '~kessel m
camp-kettle; '~lazarett ⚔ n field-
hospital; '~lerche orn. f skylark;
'~marschall m Field Marshal;
'2marschmäßig ⚔ adj. in full
marching order; '~maus zo. f field-
mouse; '~messer m (land) survey-
or; '~post ⚔ f army postal service;
'~schlacht ⚔ f battle; '~stecher m
(-s/-) (ein a pair of) field-glasses pl.;
'~stuhl m camp-stool; '~webel
['~ve:bəl] m (-s/-) sergeant; '~weg
m (field) path; '~zeichen ⚔ n
standard; '~zug m ⚔ campaign (a.
fig.), (military) expedition; Am. fig.
a. drive.

Felge ['felgə] f (-/-n) felloe (of
cart-wheel); rim (of car wheel, etc.).
Fell [fɛl] n (-[e]s/-e) skin, pelt, fur
(of dead animal); coat (of cat, etc.);
fleece (of sheep).
Fels [fɛls] m (-en/-en), '~en ['~zən]
m (-s/-) rock; '~block ['fɛls-] m
rock; boulder; 2ig adj. ['~zɪç] rocky.
Fenchel & ['fɛnçəl] m (-s/no pl.)
fennel.
Fenster ['fɛnstər] n (-s/-) window;
'~brett n window-sill; '~flügel m
casement (of casement window);
sash (of sash window); '~kreuz n
cross-bar(s pl.); '~laden m shutter;
'~rahmen m window-frame; '~rie-
gel m window-fastener; '~scheibe
f (window-)pane; '~sims m, n window-sill.
Ferien ['fe:rjən] pl. holiday(s pl.),
esp. Am. vacation; leave, Am. a.
furlough; parl. recess; ⚔ vacation,
recess; '~kolonie f children's
holiday camp.
Ferkel ['fɛrkəl] n (-s/-) young pig;
contp. p. pig.
fern [fɛrn] 1. adj. far (off), distant;
remote; 2. adv. far (away); von ~
from a distance.
'Fernamt teleph. n trunk exchange,
Am. long-distance exchange.
'fernbleiben 1. v/i. (irr. bleiben,
sep., -ge-, sein) remain or stay away
(dat. from); 2. 2 n (-s/no pl.) absence (from school, etc.); absentee-
ism (from work).
Fern|e ['fɛrnə] f (-/-n) distance;
remoteness; aus der ~ from or at a
distance; '2er 1. adj. farther; fig.:
further; future; 2. adv. further
(~more), in addition, also; ~ liefen ...
also ran ...; '~flug ⚔ m long-distance flight; '2gelenkt adj. ['~gə-
lɛŋkt] missile: guided; aircraft, etc.:
remote-control(l)ed; '~gespräch
teleph. n trunk call, Am. long-distance call; '2gesteuert adj. s. fern-
gelenkt; '2glas n binoculars pl.;
'2halten v/t. and v/refl. (irr. halten,
sep., -ge-, h) keep away (von from);
'~heizung f district heating; '~la-

ster F *mot. m* long-distance lorry,
*Am.* long haul truck; '~lenkung *f*
(-/-en) remote control; '2liegen
*v/i.* (*irr. liegen, sep., -ge-, h*): es
liegt mir fern zu *inf.* I am far from
*ger.*; '~rohr *n* telescope; '~schrei-
ber *m* teleprinter, *Am.* teletype-
writer; '~sehen 1. *n* (-s/no *pl.*)
television; 2. 2 *v/i.* (*irr. sehen, sep.,
-ge-, h*) watch television; '~seher
*m* television set; *p.* television viewer, televiewer; '~sehsendung *f*
television broadcast, telecast; '~-
sicht *f* visual range.

'Fernsprech|amt *n* telephone ex-
change, *Am. a.* central; '~anschluß
*m* telephone connection; '~er *m*
telephone; '~leitung *f* telephone
line; '~zelle *f* telephone box.

'fern|stehen *v/i.* (*irr. stehen, sep.,
-ge-, h*) have no real (point of)
contact (*dat.* with); '2steuerung *f*
*s. Fernlenkung*; '2unterricht *m*
correspondence course *or* tuition;
'2verkehr *m* long-distance traffic.

Ferse ['fɛrzə] *f* (-/-n) heel.

fertig *adj.* ['fɛrtiç] ready; *article,
etc.*: finished; *clothing*: ready-made;
mit et. .. werden get s.th. finished;
mit et. .. *sein* have finished s.th.;
'~bringen *v/t.* (*irr. bringen, sep.,
-ge-, h*) bring about; manage;
'2keit *f* (-/-en) dexterity; skill;
fluency (*in the spoken language*);
'~machen *v/t.* (*sep., -ge-, h*) finish,
complete; get *s.th.* ready; *fig.* finish,
settle *s.o.'s* hash; sich ~ get ready;
'2stellung *f* completion; '2waren
*f/pl.* finished goods *pl. or* products
*pl.*

fesch F *adj.* [feʃ] hat, dress, *etc.*:
smart, stylish, chic; dashing.

Fessel ['fɛsəl] *f* (-/-n) chain, fetter,
shackle; *vet.* fetlock; *fig.* bond,
fetter, tie; '~ballon *m* captive
balloon; '2n *v/t.* (ge-, h) chain,
fetter, shackle; *j-n ~* hold *or* arrest *s.o.'s* attention; fascinate *s.o.*

fest [fɛst] 1. *adj.* firm; solid; fixed;
fast; *principle*: firm, strong; *sleep*:
sound; *fabric*: close; 2. 2 *n* (-es/-e)
festival, celebration; holiday, *eccl.*
feast; '~binden *v/t.* (*irr. binden,
sep., -ge-, h*) fasten, tie (*an dat.* to);
'2essen *n* banquet, feast; '~fahren
*v/refl.* (*irr. fahren, sep., -ge-, h*)
get stuck; *fig.* reach a deadlock;
'2halle *f* (festival) hall; '~halten
(*irr. halten, sep., -ge-, h*) 1. *v/i.*
hold fast *or* tight; *~ an (dat.)* adhere
*or* keep to; 2. *v/t.* hold on to; hold
tight; sich ~ an (*dat.*) hold on
to; '~igen ['fɛstigən] *v/t.* (ge-, h)
consolidate (*one's position, etc.*);
strengthen (*friendship, etc.*); stabi-
lize (*currency*); 2igkeit ['~-] *f*
(-/no *pl.*) firmness; solidity; '2land
*n* mainland, continent; '~legen *v/t.*
(*sep., -ge-, h*) fix, set; sich auf et. ..

commit o.s. to s.th.; '~lich *adj.*:
meal, day, *etc.*: festive; *reception*
*etc.*: ceremonial; '2lichkeit *f* (-/-en)
festivity; festive character; '~ma-
chen (*sep., -ge-, h*) 1. *v/t.* fix,
fasten, attach (*an dat.* to); *&* moor;
2. *& v/i.* moor; put ashore; '2mahl
*n* banquet, feast; 2nahme ['~naɪ-
mə] *f* (-/-n) arrest; '~nehmen *v/t.*
(*irr. nehmen, sep., -ge-, h*) arrest,
take into custody; '2rede *f* speech
of the day; '~setzen *v/t.* (*sep., -ge-,
h*) fix, set; sich ~ dust, *etc.*: become
ingrained; *p.* settle (down); '2spiel
*n* festival; '~stehen *v/i.* (*irr. stehen,
sep., -ge-, h*) stand firm; *fact*: be
certain; '~stehend *adj.* fixed,
stationary; *fact*: established; '~stel-
len *v/t.* (*sep., -ge-, h*) establish
(*fact, identity, etc.*); ascertain, find
out (*fact, s.o.'s whereabouts, etc.*);
state; see, perceive (*fact, etc.*);
'2stellung *f* establishment; ascer-
tainment; statement; '2tag *m*
festive day; festival, holiday; *eccl.*
feast; '2ung X *f* (-/-en) fortress;
'2zug *m* festive procession.

fett [fɛt] 1. *adj.* fat; fleshy; *voice*:
oily; *land, etc.*: rich; 2. 2 *n* (-[e]s/-e)
fat; grease (*a. ⊕*); '2druck *typ. m*
bold type; '2fleck *m* grease-spot;
'~ig *adj.* hair, skin, *etc.*: greasy,
oily; *fingers, etc.*: greasy; *substance*:
fatty.

Fetzen ['fɛtsən] *m* (-s/-) shred; rag,
*Am. a.* frazzle; scrap (*of paper*); in ..
in rags.

feucht *adj.* [fɔyçt] *climate, air, etc.*:
damp, moist; *air, zone, etc.*: humid;
'2igkeit *f* (-/no *pl.*) moisture (*of
substance*); dampness (*of place, etc.*);
humidity (*of atmosphere, etc.*).

Feuer ['fɔyər] *n* (-s/-) fire; light;
*fig.* ardo(u)r; ~ fangen catch fire;
*fig.* fall for (*girl*); '~alarm *m* fire
alarm; '2beständig *adj.* fire-proof,
fire-resistant; '~bestattung *f* cre-
mation; '~eifer *m* ardo(u)r; '2fest
*adj. s.* feuerbeständig; '2gefähr-
lich *adj.* inflammable; '~haken *m*
poker; '~löscher *m* (-s/-) fire
extinguisher; '~melder *m* (-s/-)
fire-alarm; '2n (ge-, h) 1. *v/i.*
shoot, fire (*auf acc.* at, on); 2. F
*fig. v/t.* hurl; '~probe *fig. f* crucial
test; '2rot *adj.* fiery (red), (as) red
as fire; '~sbrunst *f* conflagration;
'~schiff *& n* lightship; '~schutz *m*
fire prevention; X covering fire;
'~sgefahr *f* danger *or* risk of fire;
'2speiend *adj.*: ~er Berg volcano;
'~spritze *f* fire engine; '~stein *m*
flint; '~versicherung *f* fire insurance (company); '~wache *f* fire
station, *Am. a.* firehouse; '~wehr *f*
fire-brigade, *Am. a.* fire department; '~wehrmann *m* fireman;
'~werk *n* (display of) fireworks *pl.*;
'~werkskörper *m* firework; '~-

zange f (e-e a pair of) firetongs pl.; '⁓zeug n lighter.

feurig adj. ['foyriç] fiery (a. fig.); fig. ardent.

Fiasko [fi'asko] n (-s/-s) (complete) failure, fiasco; sl. flop.

Fibel ['fi:bəl] f (-/-n) spelling-book, primer.

Fichte ♀ ['fiçtə] f (-/-n) spruce; '⁓nnadel f pine-needle.

fidel adj. [fi'de:l] cheerful, merry, jolly, Am. F a chipper.

Fieber ['fi:bər] n (-s/-) temperature, fever; ⁓ haben have or run a temperature; '⁓anfall m attack or bout of fever; '2haft adj. feverish (a. fig.); febrile; '2krank adj. ill with fever; '⁓mittel n febrifuge; '2n v/i. (ge-, h) have or run a temperature; ⁓ nach crave or long for; '⁓schauer m chill, shivers pl.; '⁓tabelle f temperature-chart, '⁓thermometer n clinical thermometer.

fiel [fi:l] pret. of fallen.

Figur [fi'gu:r] f (-/-en) figure; chess: chessman, piece.

figürlich adj. [fi'gy:rliç] meaning, etc.: figurative.

Filet [fi'le:] n (-s/-s) fillet (of beef, pork, etc.).

Filiale [fil'ja:lə] f (-/-n) branch.

Filigran(arbeit f) [fili'gra:n(?-)] n (-s/-e) filigree

Film [film] m (-[e]s/-e) film, thin coating (of oil, wax, etc.); phot. film; film, (moving) picture, Am. a. motion picture, F movie; e-n ⁓ einlegen phot. load a camera; '⁓atelier n film studio; '⁓aufnahme f filming, shooting (of a film); film (of sporting event, etc.); '2en (ge-, h) 1. v/t. film, shoot (scene, etc.); 2. v/i. film; make a film; '⁓gesellschaft f film company, Am. motion-picture company; '⁓kamera f film camera, Am. motion-picture camera; '⁓regisseur m film director; '⁓reklame f screen advertising; '⁓schauspieler m film or screen actor, Am. F movie actor; '⁓spule f (film) reel; '⁓streifen m film strip; '⁓theater n cinema, Am. motion-picture or F movie theater; '⁓verleih m (-[e]s/-e) film distributors pl.; '⁓vorführer m projectionist; '⁓vorstellung f cinema performance, Am. F movie performance.

Filter ['filtər] (-s/-) 1. m (coffee-, etc.) filter; 2. ⊕ n filter; '2n v/t. (ge-, h) filter (water, air, etc.); filtrate (water, impurities, etc.); strain (liquid); '⁓zigarette f filter-tipped cigarette.

Filz [filts] m (-es/-e) felt; fig. F skinflint; '2ig adj. felt-like; of felt; fig. F niggardly, stingy; '⁓laus f crab louse.

Finanz|amt [fi'nants?amt] n (inland) revenue office, office of the Inspector of Taxes; '⁓en f/pl. finances pl.; 2iell adj. [⁓'tsjel] financial; 2ieren [⁓'tsi:rən] v/t. (no -ge-, h) finance (scheme, etc.); sponsor (radio programme, etc.); '⁓lage f financial position; '⁓mann m financier; '⁓minister m minister of finance; Chancellor of the Exchequer, Am. Secretary of the Treasury; '⁓ministerium n ministry of finance; Exchequer, Am. Treasury Department, '⁓wesen n (-s/no pl.) finances pl., financial matters pl.

Findelkind ['findəl-] n foundling.

finden ['findən] (irr., ge-, h) 1. v/t. find; discover, come across; find, think, consider; wie ⁓ Sie ...? how do you like ...?; sich ⁓ thing: be found; 2. v/i.: ⁓ zu find one's way to.

'Finder m (-s/-) finder; '⁓lohn m finder's reward.

'findig adj. resourceful, ingenious.

Findling ['fintliŋ] m (-s/-e) foundling; geol. erratic block, boulder.

fing [fiŋ] pret. of fangen.

Finger ['fiŋər] m (-s/-) finger; sich die ⁓ verbrennen burn one's fingers; er rührte keinen ⁓ he lifted no finger; '⁓abdruck m fingerprint; '⁓fertigkeit f manual skill; '⁓hut m thimble; ♀ foxglove; '2n v/i. (ge-, h): ⁓ nach fumble for; '⁓spitze f finger-tip; '⁓spitzengefühl fig. n sure instinct; '⁓übung ♪ f finger exercise; '⁓zeig ['⁓tsaik] m (-[e]s/-e) hint, F pointer.

Fink orn. [fiŋk] m (-en/-en) finch.

finster adj. ['finstər] night, etc.: dark; shadows, wood, etc.: sombre; night, room, etc.: gloomy, murky; person, nature: sullen; thought, etc.: sinister, sombre, gloomy; '2nis f (-/no pl.) darkness, gloom.

Finte ['fintə] f (-/-n) feint; fig. a. ruse, trick.

Firma ♣ ['firma] f (-/Firmen) firm, business, company.

firmen eccl. ['firmən] v/t. (ge-, h) confirm.

'Firmen|inhaber m owner of a firm; '⁓wert m goodwill.

Firn [firn] m (-[e]s/-e) firn, névé.

First △ [first] m (-es/-e) ridge; '⁓ziegel m ridge tile.

Fisch [fiʃ] m (-es/-e) fish; '⁓dampfer m trawler; '2en v/t. and v/i. (ge-, h) fish; '⁓er m (-s/-) fisherman; '⁓erboot n fishing-boat; '⁓erdorf n fishing-village; '⁓erei f [⁓'rai] f (-/-en) fishery; fishing; '⁓fang m fishing; '⁓geruch m fishy smell; '⁓gräte f fish-bone; '⁓grätenmuster n herring-bone pattern; '⁓händler m fishmonger, Am. fish dealer; '2ig adj. fishy; '⁓laich m spawn; '⁓leim m fish-glue; '⁓mehl n fish-meal; '⁓schuppe f scale; '⁓tran m train-oil; '⁓vergiftung

&° f fish-poisoning; '~zucht f pisci-culture, fish-hatching; '~zug m catch, haul, draught (of fish).

fiskalisch adj. [fis'ka:lif] fiscal, governmental.

Fiskus ['fiskus] m (-/~, -se, Fisken) Exchequer, esp. Am. Treasury; government.

Fistel &° ['fistəl] f (-/-n) fistula; '~stimme f f falsetto.

Fittich ['fitiç] m (-[e]s/-e) poet. wing; j-n unter s-e ~e nehmen take s.o. under one's wing.

fix adj. [fiks] salary, price, etc.: fixed; quick, clever, smart; e-e ~e Idee an obsession; ein ~er Junge a smart fellow; 2ierbad phot. [fi-'ksi:rbat] n fixing bath; ~ieren [fi'ksi:rən] v/t. (no -ge-, h) fix (a. phot.); fix one's eyes (up)on, stare at s.o.; 2stern ast. m fixed star; 2um n (-s/Fixa) fixed or basic salary.

flach adj. [flax] roof, etc.: flat; ground, etc.: flat, level, even; water, plate, fig.: shallow; & plane.

Fläche ['fleçə] f (-/-n) surface, & a. plane; sheet (of water, snow, etc.); geom. area; tract, expanse (of land, etc.); '~inhalt & ['fleçən²-] m (surface) area; '~maß n square or surface measure.

'Flach|land n plain, flat country; '~rennen n turf: flat race.

Flachs & [flaks] m (-es/no pl.) flax.

flackern ['flakərn] v/i. (ge-, h) light, flame, eyes, etc.: flicker, wave; voice: quaver, shake.

Flagge ¤ ['flagə] f (-/-n) flag, colo(u)rs pl.; '2n v/i. (ge-, h) fly or hoist a flag; signal (with flags).

Flak ¤ [flak] f (-/-, -s) anti-aircraft gun; anti-aircraft artillery.

Flamme ['flamə] f (-/-n) flame; blaze; '~nmeer n sea of flames; '~nwerfer m (-s/-) flame-thrower.

Flanell [fla'nɛl] m (-s/-e) flannel; '~anzug m flannel suit; ~hose f flannel trousers pl., flannels pl.

Flank|e ['flaŋkə] f (-/-n) flank (a. △, ⊕, ✕, mount.); side; 2ieren [~'ki:rən] v/t. (no -ge-, h) flank.

Flasche ['flaʃə] f (-/-n) bottle; flask.

'Flaschen|bier n bottled beer; '~hals m neck of a bottle; '~öffner m (-s/-) bottle-opener; '~zug ⊕ m block and tackle.

flatter|haft adj. ['flatərhaft] girl, etc.: fickle, flighty; mind: fickle, volatile; '~n v/i. (ge-) 1. (h, sein) bird, butterfly, etc.: flutter (about); bird, bat, etc.: flit (about); 2. (h) hair, flag, garment, etc.: stream, fly; mot. wheel: shimmy, wobble; car steering: judder; 3. (sein): auf den Boden ~ flutter to the ground.

flau adj. [flau] weak, feeble, faint; sentiment, reaction, etc.: lukewarm;

drink: stale; colour: pale, dull; ♥ market, business, etc.: dull, slack; ~e Zeit slack period.

Flaum [flaum] m (-[e]s/no pl.) down, fluff; fuzz.

Flau|s [flaus] m (-es/-e), ~sch [~ʃ] m (-es/-e) tuft (of wool, etc.); napped coating.

Flausen F ['flauzən] f/pl. whims pl., fancies pl., (funny) ideas pl.; F fibs pl.; j-m ~ in den Kopf setzen put funny ideas into s.o.'s head; j-m ~ vormachen tell s.o. fibs.

Flaute ['flautə] f (-/-n) ⊕ dead calm; esp. ♥ dullness, slack period.

Flecht|e ['fleçtə] f (-/-n) braid, plait (of hair); ¾ lichen; ✻ herpes; '2en v/t. (irr. ge-, h) braid, plait (hair, ribbon, etc.); weave (basket, wreath, etc.); wreath (flowers); twist (rope, etc.); '~werk n wickerwork.

Fleck [flɛk] m (-[e]s/-e, -en) 1. mark (of dirt, grease, etc.; s.o.); spot (of grease, paint, etc.); smear (of oil, blood, etc.); stain (of wine, coffee, etc.); blot (of ink); place, spot; fig. blemish, spot, stain; 2. patch (of material); bootmaking: heel-piece; '~en m (-s/-) s. Fleck 1; small (market-)town, townlet; '~enwasser n spot or stain remover; '~fieber ✻ n (epidemic) typhus; '2ig adj. spotted; stained.

Fledermaus zo. ['fle:dər-] f bat.

Flegel ['fle:gəl] m (-s/-) flail; fig. lout, boor; ~ei [~'lai] f (-/-en) rude-ness; loutishness; '2haft adj. rude-ill-mannered; loutish; '~jahre pl. awkward age.

flehen ['fle:ən] 1. v/i. (ge-, h) en-treat, implore (zu j-m s.o.; um s.th.); 2. ♀ n (-s/no pl.) supplication; imploration, entreaty.

Fleisch [flaiʃ] n (-es/no pl.) flesh; meat; ♣ pulp; '~brühe f meat-broth; beef tea; '~er m (-s/-) butcher; ~erei [~'rai] f (-/-en) butcher's (shop), Am. butcher shop; '~extrakt m meat extract; '2fressend adj. carnivorous; '~hackmaschine f mincing machine, mincer, Am. meat grinder; '2ig adj. fleshy; ♣ pulpy; '~konserven f/pl. tinned or potted meat, Am. canned meat; '~kost f meat (food); '2lich adj. desires, etc.: carnal, fleshly; '2los adj. meatless; '~pastete f meat pie, Am. a. potpie; '~speise f meat dish; '~vergiftung f meat or ptomaine poisoning; '~ware f meat (product); '~wolf m s. Fleischhack-maschine.

Fleiß [flais] m (-es/no pl.) diligence, industry; '2ig adj. diligent, indus-trious, hard-working.

fletschen ['flɛtʃən] v/t. (ge-, h): die Zähne ~ animal: bare its teeth; ♣ bare one's teeth.

Flicken ['flikən] 1. m (-s/-) patch;

2. 2 v/t. (ge-, h) patch (*dress, tyre, etc.*); repair (*shoe, roof, etc.*); cobble (*shoe*).

'Flick|schneider m jobbing tailor; '~schuster m cobbler; '~werk n (-[e]s/no pl.) patchwork.

Flieder ♣ ['fliːdər] m (-s/-) lilac.

Fliege ['fliːgə] f (-/-n) zo. fly; bow-tie.

'fliegen 1. v/i. (irr., ge-, sein) fly; go by air; 2. v/t. (irr., ge-, h) fly, pilot (*aircraft, etc.*); convey (*goods, etc.*) by air; 3. 2 n (-s/no pl.) flying; ✈ a. aviation.

Fliegen|fänger ['fliːgənfɛŋər] m (-s/-) fly-paper; '~fenster n fly-screen; '~gewicht n *boxing, etc.*: flyweight; '~klappe f fly-flap, Am. fly swatter; '~pilz ♣ m fly agaric.

'Flieger m (-s/-) flyer; ✈ airman, aviator; pilot; F plane, bomber; *cycling*: sprinter; '~abwehr ✕ f anti-aircraft defen|ce, Am. -se; '~alarm ✕ m air-raid alarm or warning; '~bombe ✕ f aircraft bomb; '~offizier ✕ m air-force officer.

flieh|en ['fliːən] (irr., ge-) 1. v/i. (sein) flee (vor dat. from), run away; 2. v/t. (h) flee, avoid, keep away from; '2kraft phys. f centrifugal force. [(floor-)tile.]

Fliese ['fliːzə] f (-/-n) (wall-)tile;

Fließ|band ['fliːs-] n (-[e]s/ːer) conveyor-belt; assembly-line; '2en v/i. (irr., ge-, sein) river, traffic, etc.: flow; *tap-water, etc.*: run; '2end 1. adj. *water*: running; *traffic*: moving; *speech, etc.*: fluent; 2. adv.: ~ lesen (sprechen) read (speak) fluently; '~papier n blotting-paper.

Flimmer ['flimər] m (-s/-) glimmer, glitter; '2n v/i. (ge-, h) glimmer, glitter; *television, film*: flicker; es flimmert mir vor den Augen everything is dancing in front of my eyes.

flink adj. [fliŋk] quick, nimble, brisk.

Flinte ['flintə] f (-/-n) shotgun; die ~ ins Korn werfen throw up the sponge.

Flirt [flœrt] m (-es/-s) flirtation; '2en v/i. (ge-, h) flirt (mit with).

Flitter ['flitər] m (-s/-) tinsel (a. fig.), spangle; '~kram m cheap finery; '~wochen pl. honeymoon.

flitzen F ['flitsən] v/i. (ge-, sein) whisk, scamper; dash (off, etc.).

flocht [flɔxt] pret. of flechten.

Flock|e ['flɔkə] f (-/-n) flake (of *snow, soap, etc.*); flock (of *wool*); '2ig adj. fluffy, flaky.

flog [floːk] pret. of fliegen.

Floh¹ [floː] pret. of fliehen.

Floh² zo. [~] m (-[e]s/ːe) flea.

Flor [floːr] m (-s/-e) bloom, blossom; fig. bloom, prime; gauze; crêpe, crape.

Florett fenc. [flo'rɛt] n (-[e]s/-e) foil.

florieren [flo'riːrən] v/i. (no -ge-, h) business, etc.: flourish, prosper, thrive.

Floskel ['flɔskəl] f (-/-n) flourish; empty phrase.

floß¹ [flɔs] pret. of fließen.

Floß² [floːs] n (-es/ːe) raft, float.

Flosse ['flɔsə] f (-/-n) fin; flipper (of *penguin, etc.*).

flöß|en ['fløːsən] v/t. (ge-, h) raft, float (*timber, etc.*); '2er m (-s/-) rafter, raftsman.

Flöte ♪ ['fløːtə] f (-/-n) flute; '2n (ge-, h) 1. v/i. (play the) flute; 2. v/t. play on the flute.

flott adj. [flɔt] ♣ floating, afloat; *pace, etc.*: quick, brisk; *music, etc.*: gay, lively; *dress, etc.*: smart, stylish; *car, etc.*: sporty, racy; *dancer, etc.*: excellent.

Flotte ['flɔtə] f (-/-n) ♣ fleet; ✕ navy; '~nstützpunkt ✕ m naval base.

Flotille ♣ [flo'tiljə] f (-/-n) flotilla.

Flöz geol., ✕ [fløːts] n (-es/-e) seam; layer, stratum.

Fluch [fluːx] m (-[e]s/ːe) curse, malediction; *eccl.* anathema; curse, swear-word; '2en v/i. (ge-, h) swear, curse.

Flucht [fluxt] f (-/-en) flight (vor dat. from); escape (aus dat. from); line (of *windows, etc.*); suite (of *rooms*); flight (of *stairs*).

flücht|en ['flyçtən] (ge-) v/i. (sein) and v/refl. (h) flee (nach, zu to); run away; escape; '~ig adj. fugitive (a. fig.); *thought, etc.*: fleeting; *fame, etc.*: transient; *p.* careless, superficial; ♣ volatile; '2ling ['~liŋ] m (-s/-e) fugitive; pol. refugee; '2lingslager n refugee camp.

Flug [fluːk] m (-[e]s/ːe) flight; im ~(e) rapidly; quickly; '~abwehrrakete f anti-aircraft missile; '~bahn f trajectory (of *rocket, etc.*); ✈ flight path; '~ball m *tennis, etc.*: volley; '~blatt n handbill, leaflet, Am. a. flier; '~boot ✈ n flying-boat; '~dienst ✈ m air service.

Flügel ['flyːgəl] m (-s/-) wing (a. △, ✕, ✈); blade, vane (of *propeller, etc.*); s. Fensterflügel, Türflügel, Lungenflügel; sail (of *windmill, etc.*); ♪ grand piano; '~fenster △ n casement-window; '2lahm adj. broken-winged; '~mann ✕ m marker; flank man; '~tür △ f folding door.

Fluggast ['fluːk-] m (air) passenger.

flügge adj. ['flyːgə] fledged; ~ werden fledge; fig. begin to stand on one's own feet.

'Flug|hafen m airport; '~linie f ✈ air route; airline; '~platz m airfield, aerodrome, Am. a. airdrome; airport; '~sand geol. m wind-blown sand; '~schrift f pamphlet; '~sicherung f air traffic control; '~sport m sporting aviation; '~wesen n aviation, aeronautics.

**'Flugzeug** n aircraft, aeroplane, F plane, Am. a. airplane; '~bau m aircraft construction; '~führer m pilot; '~halle f hangar; '~rumpf m fuselage, body; '~träger m aircraft carrier, Am. sl. flattop; '~unglück n air crash or disaster.

**Flunder** ichth. ['flundər] f (-/-n) flounder.

**Flunker|ei** F [fluŋkə'rai] f (-/-en) petty lying, F fib(bing); '2n v/i. (ge-, h) F fib, tell fibs.

**fluoreszieren** [fluorɛs'tsi:rən] v/i. (no -ge-, h) fluoresce.

**Flur** [flu:r] 1. f (-/-en) field, meadow; poet. lea; 2. m (-[e]s/-e) (entrance-)hall.

**Fluß** [flus] m (Flusses/Flüsse) river, stream; flow(ing); fig. fluency, flux; 2'abwärts adv. downriver, downstream; 2'aufwärts adv. upriver, upstream; '~bett n river bed.

**flüssig** adj. ['flysiç] fluid, liquid; metal: molten, melted; † money, capital, etc.: available, in hand; style: fluent, flowing; '2keit f (-/-en) fluid, liquid; fluidity, liquidity; availability; fluency.

**'Fluß|lauf** m course of a river; '~mündung f mouth of a river; '~pferd zo. n hippopotamus; '~schiffahrt f river navigation or traffic.

**flüstern** ['flystərn] v/i. and v/t. (ge-, h) whisper.

**Flut** [flu:t] f (-/-en) flood; high tide, (flood-)tide; fig. flood, torrent, deluge; '2en (ge-) 1. v/i. (sein) water, crowd, etc.: flood, surge (über acc. over); 2. v/t. (h) flood (dock, etc.); '~welle f tidal wave.

**focht** [fɔxt] pret. of fechten.

**Fohlen** zo. ['fo:lən] 1. n (-s/-) foal; male: colt; female: filly; 2. 2 v/i. (ge-, h) foal.

**Folge** ['fɔlgə] f (-/-n) sequence, succession (of events); instalment, part (of radio series, etc.); consequence; result; series; set, suit; future; '~n pl. aftermath.

**'folgen** v/i. (dat.) (ge-, sein) follow; succeed (j-m s.o.; auf acc. to); follow, ensue (aus from); obey (j-m s.o.); '~dermaßen adv. ['~dərma:rsən] as follows; '~schwer adj. of grave consequence, grave.

**'folgerichtig** adj. logical; consistent.

**folger|n** ['fɔlgərn] v/t. (ge-, h) infer, conclude, deduce (aus from); '2ung f (-/-en) inference, conclusion, deduction.

**'folgewidrig** adj. illogical; inconsistent.

**folglich** cj. ['fɔlkliç] therefore, consequently.

**folgsam** adj. ['fɔlkza:m] obedient; '2keit f (-/no pl.) obedience.

**Folie** ['fo:liə] f (-/-n) foil.

**Folter** ['fɔltər] f (-/-n) torture; auf die ~ spannen put to the rack; fig. F a. keep on tenterhooks; '2n v/t. (ge-, h) torture, torment; '~qual f torture, fig. a. torment.

**Fonds** † [fõ:] m (-/-) fund (a. fig.); funds pl.

**Fontäne** [fɔn'tɛ:nə] f (-/-n) fountain.

**foppen** ['fɔpən] v/t. (ge-, h) tease, F pull s.o.'s leg; hoax, fool.

**forcieren** [fɔr'si:rən] v/t. (no -ge-, h) force (up).

**'Förder|band** n (-[e]s/-er) conveyor-belt; '2lich adj. conducive (dat. to), promotive (of); '~korb ⚒ m cage.

**fordern** ['fɔrdərn] v/t. (ge-, h) demand; claim (compensation, etc.); ask (price, etc.); challenge (to duel).

**fördern** ['fœrdərn] v/t. (ge-, h) further, advance, promote; ⚒ haul; raise (coal, etc.); zutage ~ reveal, bring to light.

**'Forderung** f (-/-en) demand; claim; charge; challenge.

**'Förderung** f (-/-en) furtherance, advancement, promotion; ⚒ haulage; output. (trout.)

**Forelle** ichth. [fo'rɛlə] f (-/-n)

**Form** [fɔrm] f (-/-en) form; figure, shape; model; ⊕ mo(u)ld; sports: form, condition; 2al adj. [~'ma:l] formal; '~alität [~ali'tɛ:t] f (-/-en) formality; '~at [~'ma:t] n (-[e]s/-e) size; von ~ of distinction; '~el [~'ɛ:l] f (-/-n) formula; 2ell adj. [~'mɛl] formal; '2en v/t. (ge-, h) form (object, character, etc.); shape, fashion (wood, metal, etc.); mo(u)ld (clay, character, etc.); '~enlehre gr. f accidence; '~fehler m informality; ✗ flaw; 2ieren [~'mi:rən] v/t. (no -ge-, h) form; draw up, line up; sich ~ line up.

**förmlich** adj. ['fœrmliç] formal; ceremonious; '2keit f (-/-en) formality; ceremoniousness.

**'formlos** adj. formless, shapeless; fig. informal.

**Formular** [fɔrmu'la:r] n (-s/-e) form, Am. a. blank.

**formu'lieren** v/t. (no -ge-, h) formulate (question, etc.); word, phrase (question, contract, etc.).

**forsch** adj. [fɔrʃ] vigorous, energetic; smart, dashing.

**forsch|en** ['fɔrʃən] v/i. (ge-, h): ~ nach (dat.) search for or after; ~ in (dat.) search (through); '2er m (-s/-) researcher, research worker.

**'Forschung** f (-/-en) research (work); '~sreise f (exploring) expedition; '~sreisende m explorer.

**Forst** [fɔrst] m (-es/-e[n]) forest; '~aufscher m (forest-)keeper, gamekeeper.

**Förster** ['fœrstər] m (-s/-) forester; ranger.

'Forst|haus n forester's house; '~revier n forest district; '~wesen n, '~wirtschaft f forestry.

Fort¹ ✗ [fo:r] n (-s/-s) fort.

fort² adv. [fort] away, gone; on; gone, lost; in e-m ~ continuously; und so ~ and so on or forth; s. a. weg.

'fort|bestehen v/i. (irr. stehen, sep., no -ge-, h) continue, persist; '~bewegen v/t. (sep., no -ge-, h) move (on, away); sich ~ move, walk; '2dauer f continuance; '~dauern v/i. (sep., -ge-, h) continue, last; '~fahren v/i. (irr. fahren, sep., -ge-) 1. (sein) depart, leave, drive off; 2. (h) continue, keep on (et. zu tun doing s.th.); '~führen v/t. (sep., -ge-, h) continue, carry on; '2gang m departure, leaving; continuance; '~gehen v/i. (irr. gehen, sep., -ge-, sein) go (away), leave; '~geschritten adj. advanced; '2kommen n (-s/no pl.) progress; '~laufend adj. consecutive, continuous; '~pflanzen v/t. (sep., -ge-, h) propagate; sich ~ biol. propagate, reproduce; phys., disease, rumour: be propagated; '2pflanzung f propagation; reproduction; '~reißen v/t. (irr. reißen, sep., -ge-, h) avalanche, etc.: sweep or carry away; '~schaffen v/t. (sep., -ge-, h) get or take away, remove; '~schreiten v/i. (irr. schreiten, sep., -ge-, sein) advance, proceed, progress; '~schreitend adj. progressive; '2schritt m progress; '~schrittlich adj. progressive; '~setzen v/t. (sep., -ge-, h) continue, pursue; '2setzung f (-/-en) continuation, pursuit; ~ folgt to be continued; '~während 1. adj. continual, continuous; perpetual; 2. adv. constantly, always.

Forum ['fo:rum] n (-s/Foren, Fora and -s) forum.

Foto... ['fo:to-] s. Photo...

Foyer [foa'je:] n (-s/-s) thea. foyer, Am. and parl. lobby; hotel: foyer, lounge.

Fracht [fraxt] f (-/-en) goods pl.; 💰 carriage, freight; ⚓, ✈ freight (-age); cargo; '~brief m 💰 consignment note, Am., ⚓ bill of lading; '~dampfer m cargo steamer, freighter; '~er m (-s/-) freighter; '2frei adj. carriage or freight paid; '~führer m carrier, Am. a. teamster; '~geld n carriage charges pl., 💰, ⚓, Am. freight; '~gut n goods pl., freight; '~stück n package.

Frack [frak] m (-[e]s/ᵈe, -s) dress coat, tail-coat, F tails; '~anzug m dress-suit.

Frag|e ['fra:gə] f (-/-n) question; gr., rhet. interrogation; problem, point; e-e ~ stellen ask a question; in ~ stellen question; '~ebogen m questionnaire; form; '2en (ge-, h)

1. v/t. ask; question; es fragt sich, ob it is doubtful whether; 2. v/i. ask; '~er m (-s/-) questioner; '~ewort gr. n (-[e]s/ᵈer) interrogative; '~ezeichen n question-mark, point of interrogation, Am. mst interrogation point; 2lich adj. ['fra:k-] doubtful, uncertain; in question; 2los adv. ['fra:k-] undoubtedly, unquestionably.

Fragment [frag'ment] n (-[e]s/-e) fragment.

fragwürdig adj. ['fra:k-] doubtful, dubious, questionable.

Fraktion parl. [frak'tsjo:n] f (-/-en) (parliamentary) group.

frank|ieren [fraŋ'ki:rən] v/t. (no -ge-, h) prepay, stamp; 2o adv. ['~o] free; post(age) paid; parcel: carriage paid.

Franse ['franzə] f (-/-n) fringe.

Franz|ose [fran'tso:zə] m (-n/-n) Frenchman; die ~n pl. the French pl.; ~ösin [~'zø:zin] f (-/-nen) Frenchwoman; 2ösisch adj. [~'tsø:ziʃ] French.

fräs|en ⊕ ['fre:zən] v/t. (ge-, h) mill; 2maschine ['fre:s-] f milling-machine.

Fraß [fra:s] 1. F m (-es/-e) sl. grub; 2. 2 pret. of fressen.

Fratze ['fratsə] f (-/-n) grimace, F face; ~n schneiden make grimaces.

Frau [frau] f (-/-en) woman; lady; wife; ~ ✗ Mrs X.

'Frauen|arzt m gyn(a)ecologist; '~klinik f hospital for women; '~rechte n/pl. women's rights pl.; '~stimmrecht pol. n women's suffrage; '~zimmer mst contp. n female, woman.

Fräulein ['frɔylain] n (-s/-, F -s) young lady; teacher; shop-assistant; waitress; ~ ✗ Miss X.

'fraulich adj. womanly.

frech adj. [freç] impudent, insolent, F saucy, cheeky, Am. F a. sassy, sl. fresh; lie, etc.: brazen; thief, etc.: bold, daring; '2heit f (-/-en) impudence, insolence; F sauciness, cheek; boldness.

frei adj. [frai] free (von from, of); position: vacant; field: open; parcel: carriage-paid; journalist, etc.: free-lance; liberal; candid, frank; licentious; ~ Haus ✝ franco domicile; '~er Tag day off; im Freien in the open air.

'Frei|bad n open-air bath; '~beuter ['~bɔytər] m (-s/-) freebooter; '2bleibend ✝ adj. price, etc.: subject to alteration; offer: conditional; '~brief m charter; fig. warrant; '~denker m (-s/-) freethinker.

Freier ['fraiər] m (-s/-) suitor.

'Frei|exemplar n free or presentation copy; '~frau f baroness; '~gabe f release; '2geben (irr. geben, sep., -ge-, h) 1. v/t. release; give (s.o. an hour, etc.) off; 2. v/i.: j-m ~ give s.o. time off; '2gebig adj. generous, liberal; '~gebigkeit f (-/-en) generosity, liberality; '~gepäck n free luggage; '2haben v/i. (irr. haben, sep., -ge-, h) have a holiday; have a day off; '~hafen m free port; '2halten v/t. (irr. halten, sep., -ge-, h) keep free or clear; in restaurant, etc.: treat; '~handel m free trade.

'Freiheit f (-/-en) liberty; freedom; dichterische ~ poetic licence, Am. poetic license.

'Frei|herr m baron; '~karte f free (thea. a. complimentary) ticket; '2lassen v/t. (irr. lassen, sep., -ge-, h) release, set free or at liberty; gegen Kaution ~ g⅛ release on bail; '~lassung f (-/-en) release; '~lauf m free-wheel.

'freilich adv. indeed, certainly, of course; admittedly.

'Frei|lichtbühne f open-air stage or theat(re, Am. -er; '2machen v/t. (sep., -ge-, h) ⊹ prepay, stamp (letter, etc.); sich ~ undress, take one's clothes off; '~marke f stamp; '~maurer m freemason; '~maurerei [~'rai] f (-/no pl.) freemasonry; '~mut m frankness; 2mütig adj. [~'my:tiç] frank; '2schaffend adj.: ~er Künstler free-lance artist; ~schärler ᵬ ['~ʃɛːrlər] m (-s/-) volunteer, irregular; '~schein m licen|ce, Am. -se; '2sinnig adj. liberal; '2sprechen v/t. (irr. sprechen, sep., -ge-, h) esp. eccl. absolve (von from); g⅛ acquit (of); release (apprentice) from his articles; '~sprechung f (-/-en) esp. eccl. absolution; release from articles; ~ '~spruch g⅛ m acquittal; '~staat pol. m free state; '2stehen v/i. (irr. stehen, sep., -ge-, h) house, etc.: stand empty; es steht Ihnen frei zu inf. you are free or at liberty to inf.; '2stellen v/t. (sep., -ge-, h): j-n ~ exempt s.o. (von from) (a. ⋈); j-m et. ~ leave s.th. open to s.o.; '~stoß m football: free kick; '~tag m Friday; '~tod m suicide; '2tragend ⊿ adj. cantilever; '~treppe f outdoor staircase; '2willig 1. adj. voluntary; 2. adv. a. of one's own free will; '~willige ['~vilige] m (-n/-n) volunteer; '~zeit f free or spare or leisure time; 2zügig adj. ['~tsy:giç] free to move; '~zügigkeit f (-/no pl.) freedom of movement.

fremd adj. [fremt] strange; foreign; alien; extraneous; '~artig adj. strange; exotic.

Fremde ['fremdə] 1. f (-/no pl.) distant or foreign parts; in der ~ far away from home, abroad; 2. m, f (-n/-n) stranger; foreigner; '~buch n visitors' book; '~führer m guide, cicerone; '~nheim n

boarding house; '~nindustrie ['fremdən⁹-] f tourist industry; '~nlegion ⋈ f Foreign Legion; '~nverkehr m tourism, tourist traffic; '~nzimmer n spare (bed-) room; tourism: room.

'Fremd|herrschaft f foreign rule; '~körper ᵬ m foreign body; 2ländisch adj. ['~lɛndiʃ] foreign, exotic; '~sprache f foreign language; '2sprachig adj., '2sprachlich adj. foreign-language; '~wort n (-[e]s/-er) foreign word.

Frequenz phys. [fre'kvɛnts] f (-/-en) frequency.

fressen ['fresən] 1. v/t. (irr., ge-, h) eat; beast of prey: devour; F p. devour, gorge; 2. v/i. (irr., ge-, h) eat; F p. gorge; 3. ᛩ n (-s/no pl.) feed, food.

'Freß|gier f voracity, gluttony; '~napf m feeding dish.

Freude ['frɔydə] f (-/-n) joy, gladness; delight; pleasure; ~ haben an (dat.) find or take pleasure in.

'Freuden|botschaft f glad tidings pl.; '~fest n happy occasion; '~feuer n bonfire; '~geschrei n shouts pl. of joy; '~tag m day of rejoicing, red-letter day; '~taumel m transports pl. of joy.

'freud|estrahlend adj. radiant with joy; '~ig adj. joyful; happy; ~es Ereignis happy event; '~los adj. ['frɔytloːs] joyless, cheerless.

freuen ['frɔyən] v/t. (ge-, h): es freut mich, daß I am glad or pleased (that); sich ~ über (acc.) be pleased about or with, be glad about; sich ~ auf (acc.) look forward to.

Freund [frɔynt] m (-es/-e) (boy-) friend; ~in ['~din] f (-/-nen) (girl-) friend; '2lich adj. friendly, kind, nice; cheerful, bright; climate: mild; '~lichkeit f (-/-en) friendliness, kindness; '~schaft f (-/-en) friendship; ~ schließen make friends (mit with); '2schaftlich adj. friendly.

Frevel ['freːfəl] m (-s/-) outrage (an dat., gegen on), crime (against); '2haft adj. wicked, outrageous; impious; '2n v/i. (ge-, h) commit a crime or outrage (gegen against).

Frevler ['freːflər] m (-s/-) evil-doer, offender; blasphemer.

Friede(n) ['friːdə(n)] m (Friedens/ Frieden) peace; im Frieden in peacetime; laß mich in Frieden! leave me alone!

'Friedens|bruch m violation of (the) peace; '~stifter m peacemaker; '~störer m (-s/-) disturber of the peace; '~verhandlungen f/pl. peace negotiations pl.; '~vertrag m peace treaty.

fried|fertig adj. ['friːt-] peaceable, peace-loving; '2hof m cemetery, graveyard; churchyard; '~lich adj.

a. **friedfertig;** peaceful; '**~liebend** adj. peace-loving.

**frieren** ['fri:rən] v/i. (irr., ge-) 1. (sein) liquid: freeze, become frozen; river, etc.: freeze (over, up); window-pane, etc.: freeze over; 2. (h) be or feel cold; mich friert or ich friere an den Füßen my feet are cold.

**Fries** △ [fri:s] m (-es/-e) frieze.

**frisch** [friʃ] 1. adj. food, flowers, etc.: fresh; egg: new-laid; linen, etc.: clean; auf ~er Tat ertappen catch red-handed; 2. adv.: ~ gestrichen! wet paint!, Am. fresh paint!; 2e ['~ə] f (-/no pl.) freshness.

**Friseu|r** [fri'zø:r] m (-s/-e) hairdresser; (men's) barber; ~se [~zə] f (-/-n) (woman) hairdresser.

**fri'sier|en** v/t. (no -ge-, h): j-n ~ do or dress s.o.'s hair; F: einen Wagen ~ mot. tune up or soup up or hot up a car; sich ~ do one's hair; 2kommode f dressing-table; 2salon m hairdressing saloon; 2tisch m s. Frisierkommode.

**Frist** [frist] f (-/-en) (fixed or limited) period of time; time allowed; term; ㆡ prescribed time; ㆡ, ✝ respite, grace; '2en v/t. (ge-, h): sein Dasein ~ scrape along, scrape a living.

**Frisur** [fri'zu:r] f (-/-en) hair-style, hair-do, coiffure.

**frivol** adj. [fri'vo:l] frivolous, flippant; 2ität [~oli'tɛ:t] f (-/-en) frivolity, flippancy.

**froh** adj. [fro:] joyful, glad; cheerful; happy; gay (a. colour).

**fröhlich** adj. ['frø:lɪç] gay, merry, cheerful, happy, Am. F a. chipper; '2keit f (-/% ~-en) gaiety, cheerfulness; merriment.

**froh|'locken** v/i. (no -ge-, h) shout for joy, be jubilant; exult (über acc. at, in); gloat (over); '2sinn m (-[e]s/no pl.) gaiety, cheerfulness.

**fromm** adj. [from] p. pious, religious; life, etc.: godly; prayer, etc.: devout; horse, etc.: docile; ~e Lüge white lie; ~er Wunsch wishful thinking, idle wish.

**Frömmelei** [frœmə'laɪ] f (-/-en) affected piety, bigotry.

'**Frömmigkeit** f (-/-en) piety, religiousness; godliness; devoutness.

**Fron** [fro:n] f (-/-en), '**~arbeit** f, '**~dienst** hist. m forced or compulsory labo(u)r or service; fig. drudgery.

**frönen** ['frø:nən] v/i. (dat.) (ge-, h) indulge in; be a slave to.

**Front** [front] f (-/-en) △ front, façade, face; ✕ front (line); line; pol., ✝, etc.: front.

**fror** [fro:r] pret. of frieren.

**Frosch** zo. [frɔʃ] m (-es/-e) frog; '**~perspektive** f worm's-eye view.

**Frost** [frɔst] m (-es/-e) frost; chill; '**~beule** f chilblain.

**frösteln** ['frœstəln] v/i. (ge-, h) feel chilly, shiver (with cold).

'**frostig** adj. frosty (a. fig.); fig. cold, frigid, icy.

'**Frost|salbe** ⚕ f chilblain ointment; '**~schaden** m frost damage; '**~schutzmittel** mot. n anti-freezing mixture; '**~wetter** n frosty weather.

**frottier|en** [fro'ti:rən] v/t. (no -ge-, h) rub; 2(hand)tuch n Turkish towel.

**Frucht** [fruxt] f (-/-e) ❀ fruit (a. fig.); corn; crop; fig. reward, result; '2bar adj. fruitful (esp. fig.); fertile (a. biol.); '~barkeit f (-/no pl.) fruitfulness; fertility; '2bringend adj. fruit-bearing; fig. fruitful; '2en fig. v/i. (ge-, h) be of use; '~knoten ❀ m ovary; '2los adj. fruitless; fig. a. ineffective.

**früh** [fry:] 1. adj. early; am ~en Morgen in the early morning; ~es Aufstehen early rising; ~e Anzeichen early symptoms; ~er former; 2. adv. in the morning; ~ aufstehen rise early; heute ~ this morning; morgen ~ tomorrow morning; ~er earlier; formerly, in former times; ~estens at the earliest; '2aufsteher m (-s/-) early riser, F early bird; '2e f (-/no pl.): in aller ~ very early in the morning; '2geburt f premature birth; premature baby or animal; '2gottesdienst m early service; '2jahr n, 2ling ['~lɪŋ] m (-s/-e) spring; '~morgens adv. early in the morning; '~reif fig. adj. precocious; '2sport m early morning exercises; '2stück n breakfast; '~stücken (ge-, h) 1. v/i. (have) breakfast; 2. v/t. have s.th. for breakfast; '2zug ⚊ m early train.

**Fuchs** [fuks] m (-es/-e) zo. fox (a. fig.); horse: sorrel.

**Füchsin** zo. ['fyksɪn] f (-/-nen) she-fox, vixen.

'**Fuchs|jagd** f fox-hunt(ing); '~pelz m fox-fur; '2rot adj. foxy-red, sorrel; '~schwanz m foxtail; ⊕ pad-saw; ❀ amarant(h); '2teufels-'wild F adj. mad with rage, F hopping mad.

**fuchteln** ['fuxtəln] v/i. (ge-, h): ~ mit (dat.) wave (one's hands) about.

**Fuder** ['fu:dər] n (-s/-) cart-load; tun (of wine).                    [♩ fugue.]

**Fuge** ['fu:gə] f (-/-n) ⊕ joint; seam;[

**füg|en** ['fy:gən] v/refl. (ge-, h) submit, give in, yield (dat., in acc. to); comply (with); '~sam adj. ['fy:k-] (com)pliant; manageable.

**fühl|bar** adj. ['fy:lba:r] tangible, palpable; fig. sensible, noticeable; '~en (ge-, h) 1. v/t. feel; be aware of; sich glücklich ~ feel happy; 2. v/i.: mit j-m ~ feel for or sympathize with s.o.; '2er m (-s/-) feeler

(a. fig.); '²ung f (-/-en) touch, contact (a. 🎯); ~ haben be in touch (mit with); ~ verlieren lose touch. **fuhr** [fuːr] pret. of fahren.

**Fuhre** ['fuːrə] f (-/-n) cart-load.

**führen** ['fyːrən] (ge-, h) 1. v/t. lead, guide (blind person, etc.); show (zu dat. to); wield (paint-brush, etc.); ✠ command (regiment, etc.); have, bear (title, etc.); carry on (conversation, etc.); conduct (campaign, etc.); ✝ run (shop, etc.); deal in (goods); lead (life); keep (diary, etc.); ⚡ try (case); wage (war) (mit, gegen against); ~ durch show round; sich ~ conduct o.s., behave (o.s.); 2. v/i. path, etc.: lead, run, go (nach, zu to); sports, etc.: (hold the) lead, be ahead; ~ zu lead to, result in; '~d adj. leading, prominent, Am. a. banner.

'**Führer** m (-s/-) leader (a. pol., sports); guide(-book); '~raum ✠ m cockpit; '~schein mot. m driving licence, Am. driver's license; '~sitz m mot. driver's seat, ✠ pilot's seat; '~stand ∰ m (driver's) cab.

'**Fuhr|geld** n, '~lohn m cartage, carriage; '~mann m (-[e]s/-er, Fuhrleute) carter, carrier, wag(g)oner; driver; '~park m fleet (of lorries), Am. fleet (of trucks).

'**Führung** f (-/-en) leadership; conduct, management; guidance; conduct, behavio(u)r; sports, etc.: lead; '~szeugnis n certificate of good conduct.

'**Fuhr|unternehmer** m carrier, haulage contractor, Am. a. trucker, teamster; '~werk n (horse-drawn) vehicle; cart, wag(g)on.

**Fülle** ['fylə] f (-/no pl.) fullness (a. fig.); corpulence, plumpness, stoutness; fig. wealth, abundance, profusion.

**füllen**² ['fylən] v/t. (ge-, h) fill (a. tooth); stuff (cushion, poultry, etc.).

**Füllen²** zo. [~] n (-s/-) foal; male: colt; female: filly.

'**Füll|er** F m (-s/-), '~feder(halter m) f fountain-pen; '~horn n horn of plenty; '~ung f (-/-en) filling; panel (of door, etc.).

**Fund** [funt] m (-[e]s/-e) finding, discovery; find.

**Fundament** [funda'mɛnt] n (-[e]s/-e) ⚛ foundation; fig. basis.

'**Fund|büro** n lost-property office; '~gegenstand m object found; '~grube fig. f rich source, mine.

**fünf** adj. [fynf] five; '²eck n pentagon; '~fach adj. ['~fax] fivefold, quintuple; '²kampf m sports: pentathlon; ²linge ['~liŋə] m/pl. quintuplets pl.; '~te adj. fifth; '²tel n (-s/-) fifth; '~tens adv. fifthly, in the fifth place; '~zehn(te) adj. fifteen(th); '~zig adj. ['~tsiç] fifty; '~zigste adj. fiftieth.

**fungieren** [fuŋ'giːrən] v/i. (no -ge-, h): ~ als officiate or act as.

**Funk** [funk] m (-s/no pl.) radio, wireless; '~anlage f radio or wireless installation or equipment; '~bastler m do-it-yourself radio ham; '~bild n photo-radiogram.

**Funke** ['funkə] m (-ns/-n) spark; fig. a. glimmer.

'**funkeln** v/i. (ge-, h) sparkle, glitter; star: twinkle, sparkle.

'**Funken**² esp. fig. m (-s/-) s. Funke.

'**funken**² v/t. (ge-, h) radio, wireless, broadcast.

'**Funk|er** m (-s/-) radio or wireless operator; '~gerät n radio (communication) set; '~spruch m radio or wireless message; '~station f radio or wireless station; '~stille f radio or wireless silence; '~streifenwagen m radio patrol car.

**Funktion** [funk'tsjoːn] f (-/-en) function; '~är [~tsjo'nɛːr] m (-s/-e) functionary, official; 2ieren [~o'niːrən] v/i. (no -ge-, h) function, work.

'**Funk|turm** m radio or wireless tower; '~verkehr m radio or wireless communication; '~wagen m radio car; '~wesen n (-s/no pl.) radio communication.

**für** prp. (acc.) [fyːr] for; in exchange or return for; in favo(u)r of; in s.o.'s place; Schritt ~ Schritt step by step; Tag ~ Tag day after day; ich ~ meine Person ... as for me, I ...; das Für und Wider the pros and cons pl.

'**Fürbitte** f intercession.

**Furche** ['furçə] f (-/-n) furrow (a. in face); rut; ⊕ groove; '²n v/t. (ge-, h) furrow (a. face); ⊕ groove.

**Furcht** [furçt] f (-/no pl.) fear, dread; aus ~ vor for fear of; '²bar adj. awful, terrible, dreadful.

**fürchten** ['fyrçtən] (ge-, h) 1. v/t. fear, dread; sich ~ vor (dat.) be afraid or scared of; 2. v/i.: ~ um fear for.

'**fürchterlich** adj. s. furchtbar.

'**furcht|los** adj. fearless; '²losigkeit f (-/no pl.) fearlessness; '~sam adj. timid, timorous; '²samkeit f (-/no pl.) timidity.

**Furie** fig. ['fuːrjə] f (-/-n) fury.

**Furnier** ⊕ [fur'niːr] n (-s/-e) veneer; 2en v/t. (no -ge-, h) veneer.

'**Für|sorge** f care; öffentliche ~ public welfare work; '~sorgeamt n welfare department; '~sorgeerziehung f corrective training for juvenile delinquents; '~sorger m (-s/-) social or welfare worker; '²sorglich adj. considerate, thoughtful, solicitous; '~sprache f intercession (für for, bei with); '~sprecher m intercessor.

**Fürst** [fyrst] m (-en/-en) prince; sovereign; '~enhaus n dynasty;

**'~enstand** *m* prince's rank; **'~en-tum** *n* (-*s*/-*er*) principality; **'Clich 1.** *adj.* princely (*a. fig.*), royal; *fig.* magnificent, sumptuous; **2.** *adv.*: ~ *leben* live like a lord *or* king; **'~lich-keiten** *f/pl.* royalties *pl.*

**Furt** [furt] *f* (-/-*en*) ford.

**Furunkel** *#* [fu'ruŋkəl] *m* (-*s*/-) boil, furuncle.

**'Fürwort** *gr. n* (-[*e*]*s*/*-er*) pronoun.

**Fusel** F ['fuːzəl] *m* (-*s*/-) low-quality spirits, F rotgut.

**Fusion** † [fu'zjoːn] *f* (-/-*en*) merger, amalgamation.

**Fuß** [fuːs] *m* (-*es*/*~e*) foot; *~ fassen* find a foothold; *fig.* become established; *auf gutem (schlechtem)* ~ *stehen mit* be on good (bad) terms with; *zu* ~ on foot; *zu* ~ *gehen* walk; *gut zu* ~ *sein* be a good walker; **'~abstreifer** *m* (-*s*/-) door-scraper, door-mat; **'~angel** *f* mantrap; **'~ball** *m* (association) football, F *and Am.* soccer; **'~ballspieler** *m* football player, footballer; **'~bank** *f* footstool; **'~bekleidung** *f* footwear, footgear; **'~boden** *m* floor (-ing); **'~bodenbelag** *m* floor covering; **'~bremse** *mot. f* foot-brake;

**'2en** *v/i.* (ge-, h): ~ *auf (dat.)* be based *or* founded on; **~gänger** ['~gεŋər] *m* (-*s*/-) pedestrian; **'~ge-lenk** *anat. n* ankle joint; **'~note** *f* footnote; **'~pfad** *m* footpath; **'~sack** *m* foot-muff; **'~sohle** *anat. f* sole of the foot; **'~soldat** ✕ *m* foot-soldier, infantryman; **'~spur** *f* foot-print; track; **'~stapfe** ['~ʃtapfə] *f* (-/-*n*) footprint, *fig. a.* footstep; **'~steig** *m* footpath; **'~tritt** *m* kick; **'~wanderung** *f* walking tour, hike; **'~weg** *m* footpath.

**Futter** ['futər] *n* **1.** (-*s*/*no pl.*) food, *sl.* grub, *Am.* F *a.* chow; feed, fodder; **2.** (-*s*/-) lining; △ casing.

**Futteral** [futə'raːl] *n* (-*s*/-*e*) case (*for spectacles, etc.*); cover (*of umbrella*); sheath (*of knife*).

**'Futtermittel** *n* feeding stuff.

**füttern** ['fytərn] *v/t.* (ge-, h) feed; line (*dress, etc.*); △ case.

**'Futter|napf** *m* feeding bowl *or* dish; **'~neid** *fig. m* (professional) jealousy; **'~stoff** *m* lining (material).

**'Fütterung** *f* (-/-*en*) feeding; lining; △ casing.

**Futur** *gr.* [fu'tuːr] *n* (-*s*/-*e*) future (tense).

# G

**gab** [gaːp] *pret. of geben.*

**Gabe** ['gaːbə] *f* (-/-*n*) gift, present; alms; donation; ✱ dose; talent.

**Gabel** ['gaːbəl] *f* (-/-*n*) fork; **'2n** *v/refl.* (ge-, h) fork, bifurcate; **'~ung** *f* (-/-*en*) bifurcation.

**gackern** ['gakərn] *v/i.* (ge-, h) cackle.

**gaffen** ['gafən] *v/i.* (ge-, h) gape; stare.

**Gage** ['gaːʒə] *f* (-/-*n*) salary, pay.

**gähnen** ['gεːnən] **1.** *v/i.* (ge-, h) yawn; **2.** 2 *n* (-*s*/*no pl.*) yawning.

**Gala** ['gala] *f* (-/*no pl.*) gala; *in* ~ in full dress.

**galant** *adj.* [ga'lant] gallant; courteous; **2erie** [~ə'riː] *f* (-/-*n*) gallantry, courtesy.

**Galeere** ⚓ [ga'leːrə] *f* (-/-*n*) galley.

**Galerie** [galə'riː] *f* (-/-*n*) gallery.

**Galgen** ['galgən] *m* (-*s*/-) gallows, gibbet; **'~frist** *f* respite; **'~ge-sicht** *n* gallows-look, hangdog look; **'~humor** *m* grim humo(u)r; **'~strick** *m*, **'~vogel** *m* gallows-bird, hangdog.

**Galle** *anat.* ['galə] *f* (-/-*n*) bile (*of person*); gall (*of animal*) (*a. fig.*); **'~nblase** *anat. f* gall-bladder; **'~n-leiden** ✱ *n* bilious complaint; **'~n-stein** ✱ *m* gall-stone, bile-stone.

**Gallert** ['galərt] *n* (-[*e*]*s*/-*e*), **~e** [ga'lεrtə] *f* (-/-*n*) gelatine, jelly.

**'gallig** *fig. adj.* bilious.

**Galopp** [ga'lɔp] *m* (-*s*/-*e*, -*e*) gallop; canter; **2ieren** [~'piːrən] *v/i.* (*no -ge-*, *sein*) gallop; canter.

**galt** [galt] *pret. of gelten.*

**galvani|sch** *adj.* [gal'vaːniʃ] galvanic; **~sieren** [~ani'-] *v/t.* (*no -ge-*, h) galvanize.

**Gang¹** [gaŋ] *m* (-[*e*]*s*/*~e*) walk; *s. Gangart*; *fig.* motion; running, working (*of machine*); errand; way; course (*of events, of a meal, etc.*); passage(-way); alley; corridor, gallery; *in vehicle, between seats*: gangway, *esp. Am.* aisle; 🎭 corridor, *Am.* aisle; *fencing*: pass; *anat.* duct; *mot.* gear; *erster (zweiter, dritter, vierter)* ~ low *or* bottom (second, third, top) gear; *in* ~ *bringen or setzen* set going *or* in motion, *Am.* operate; *in* ~ *kommen* get going, get started; *im* ~ *sein* be in motion; ⊕ be working *or* running; *fig.* be in progress; *in vollem* ~ in full swing.

**gang²** *adj.* [~]: ~ *und gäbe* customary, traditional.

**'Gang|art** *f* gait, walk (*of person*); pace (*of horse*); **'2bar** *adj.* road: practicable, passable; *money:* current; † *goods:* marketable; *s. gängig.*

**Gängelband** ['gεŋəl-] *n* leading-strings *pl.*; *am ~ führen* keep in leading-strings, lead by the nose.

**gängig** *adj.* ['gɛŋiç] *money:* current; ✝ *goods:* marketable; *~er Ausdruck* current word *or* phrase.

**Gans** *orn.* [gans] *f* (-/=e) goose.

**Gänse|blümchen** ♦ ['gɛnzəblymçən] *n* (-s/-) daisy; '**~braten** *m* roast goose; '**~feder** *f* goose-quill; '**~füßchen** ['~fy:sçən] *n/pl.* quotation marks *pl.*, inverted commas *pl.*; '**~haut** *f* goose-skin; *fig. a.* goose-flesh, *Am. a.* goose pimples *pl.*; '**~klein** *n* (-s/no *pl.*) (goose-)giblets *pl.*; '**~marsch** *m* single *or* Indian file; **~rich** *orn.* ['~riç] *m* (-s/-e) gander; '**~schmalz** *n* goose-grease.

**ganz** [gants] **1.** *adj.* all; entire, whole; complete, total, full; *den ~en Tag* all day (long); **2.** *adv.* quite; entirely, *etc.* (s. 1.); very; *~ Auge (Ohr)* all eyes (ears); *~ und gar* wholly, totally; *~ und gar nicht* not at all; *im ~en* on the whole, generally; in all; ✝ *in the lump;* '2e *n* (-n/no *pl.*) whole; totality; *aufs ~ gehen* go all out, *esp. Am. sl.* go the whole hog.

**gänzlich** *adj.* ['gɛntsliç] complete, total, entire.

'**Ganztagsbeschäftigung** *f* full-time job *or* employment.

**gar** [ga:r] **1.** *adj. food:* done; **2.** *adv.* quite, very; even; *~ nicht* not at all.

**Garage** [ga'ra:ʒə] *f* (-/-n) garage.

**Garantie** [garan'ti:] *f* (-/-n) guarantee, warranty, *z*✝ guaranty; 2ren *v/t.* (*no* -ge-, h) guarantee, warrant.

**Garbe** ['garbə] *f* (-/-n) sheaf.

**Garde** ['gardə] *f* (-/-n) guard.

**Garderobe** [gardə'ro:bə] *f* (-/-n) wardrobe; cloakroom, *Am.* checkroom; *thea.* dressing-room; **~nfrau** *f* cloak-room attendant, *Am.* hatcheck girl; **~nmarke** *f* check; **~nschrank** *m* wardrobe; **~nständer** *m* coat-stand, hat-stand, hall-stand.

**Garderobiere** [gardəro'bjɛ:rə] *f* (-/-n) *s.* Garderobenfrau; *thea.* wardrobe mistress.

**Gardine** [gar'di:nə] *f* (-/-n) curtain.

**gär|en** ['gɛ:rən] *v/i.* (*irr.*, ge-, h, *sein*) ferment; '2**mittel** *n* ferment.

**Garn** [garn] *n* (-[e]s/-e) yarn; thread; cotton; net; *j-m ins ~ gehen* fall into s.o.'s snare.

**Garnele** *zo.* [gar'ne:lə] *f* (-/-n) shrimp.

**garnieren** [gar'ni:rən] *v/t.* (*no* -ge-, h) trim; garnish (*esp. a dish*).

**Garnison** ⚔ [garni'zo:n] *f* (-/-en) garrison, post.

**Garnitur** [garni'tu:r] *f* (-/-en) trimming; ⊕ fittings *pl.*; set.

**garstig** *adj.* ['garstiç] nasty, bad; ugly.

'**Gärstoff** *m* ferment.

**Garten** ['gartən] *m* (-s/=) garden; '**~anlage** *f* gardens *pl.*, park; '**~ar-**

8*

**beit** *f* gardening; '**~bau** *m* horticulture; '**~erde** *f* (garden-)mo(u)ld; '**~fest** *n* garden-party, *Am. a.* lawn party; '**~geräte** *n/pl.* gardening-tools *pl.*; '**~stadt** *f* garden city.

**Gärtner** ['gɛrtnər] *m* (-s/-) gardener; **~ei** [~'rai] *f* (-/-en) gardening, horticulture; nursery; '**~in** *f* (-/-nen) gardener.

**Gärung** ['gɛ:ruŋ] *f* (-/-en) fermentation.

**Gas** [ga:s] *n* (-es/-e) gas; *~ geben mot.* open the throttle, *Am.* step on the gas; '**~anstalt** *f* gas-works, *Am. a.* gas plant; '**~behälter** *m* gasometer, *Am.* gas tank *or* container; '**~beleuchtung** *f* gaslight; '**~brenner** *m* gas-burner; '2**förmig** *adj.* ['~fœrmiç] gaseous; '**~hahn** *m* gas-tap; '**~herd** *m* gas-stove, *Am.* gas range; '**~leitung** *f* gas-mains *pl.*; '**~messer** *m* (-s/-) gas-meter; '**~ofen** *m* gas-oven; '**~pedal** *mot. n* accelerator (pedal), *Am.* gas pedal.

**Gasse** ['gasə] *f* (-/-n) lane, by-street, alley(-way); '**~nhauer** *m* (-s/-) street ballad, popular song; '**~njunge** *m* street arab.

**Gast** [gast] *m* (-es/=e) guest; visitor; customer (*of public house, etc.*); *thea.:* guest (artist); guest star; '**~arbeiter** *m* foreign worker; '**~bett** *n* spare bed.

**Gäste|buch** ['gɛstə-] *n* visitors' book; '**~zimmer** *n* guest-room; spare (bed)room; *s.* Gaststube.

'**gast|freundlich** *adj.* hospitable; '2**freundschaft** *f* hospitality; '2**geber** *m* (-s/-) host; '2**geberin** *f* (-/-nen) hostess; '2**haus** *n*, '2**hof** *m* restaurant; inn, hotel; '2**hörer** *univ. m* guest student, *Am. a.* auditor.

**gastieren** *thea.* [gas'ti:rən] *v/i.* (*no* -ge-, h) appear as a guest.

'**gast|lich** *adj.* hospitable; '2**mahl** *n* feast, banquet; '2**recht** *n* right of *or* to hospitality; '2**rolle** *thea. f* guest part; starring part *or* role; '2**spiel** *thea. n* guest appearance *or* performance; starring (performance); '2**stätte** *f* restaurant; '2**stube** *f* taproom; restaurant; '2**wirt** *m* innkeeper, landlord; '2**wirtin** *f* innkeeper, landlady; '2**wirtschaft** *f* inn, public house, restaurant; '2**zimmer** *n* *s.* Gästezimmer.

'**Gas|uhr** *f* gas-meter; '**~werk** *n* *s.* Gasanstalt.

**Gatte** ['gatə] *m* (-n/-n) husband; spouse, consort.

**Gatter** ['gatər] *n* (-s/-) lattice; railing, grating.

'**Gattin** *f* (-/-nen) wife; spouse, consort.

**Gattung** ['gatuŋ] *f* (-/-en) kind; sort; type; species; genus.

**gaukeln** ['gaukəln] *v/i.* (ge-, h) juggle; *birds, etc.:* flutter.

**Gaul** [gaul] *m* (-[e]s/-e) (old) nag.

**Gaumen** *anat.* ['gaumən] *m* (-s/-) palate.

**Gauner** ['gaunər] *m* (-s/-) scoundrel, swindler, sharper, *sl.* crook; ~ei [~'raɪ] *f* (-/-en) swindling, cheating, trickery.

**Gaze** ['gaːzə] *f* (-/-n) gauze.

**Gazelle** *zo.* [ga'tsɛlə] *f* (-/-n) gazelle.

**Geächtete** [gə'ɛçtətə] *m, f* (-n/-n) outlaw.

**Gebäck** [gə'bɛk] *n* (-[e]s/-e) baker's goods *pl.*; pastry; fancy cakes *pl.*
**ge'backen** *p.p. of* backen.

**Gebälk** [gə'bɛlk] *n* (-[e]s/no *pl.*) framework, timber-work; beams *pl.*

**gebar** [gə'baɪr] *pret. of* gebären.

**Gebärde** [gə'bɛːrdə] *f* (-/-n) gesture; **2n** *v/refl.* (no -ge-, h) conduct o.s., behave; ~nspiel *n* (-[e]s/no *pl.*) gesticulation; dumb show, pantomime; ~nsprache *f* language of gestures.

**Gebaren** [gə'baɪrən] *n* (-s/no *pl.*) conduct, deportment, behavio(u)r.

**gebären** [gə'bɛːrən] *v/t.* (irr., no -ge-, h) bear, bring forth (*a. fig.*); give birth to.

**Ge|bäude** [gə'bɔydə] *n* (-s/-) building, edifice, structure; ~bell [~'bɛl] *n* (-[e]s/no *pl.*) barking.

**geben** ['geːbən] *v/t.* (irr., ge-, h) give (*j-m et. s.o. s.th.*); present (*s.o. with s.th.*); put; yield *s.th.*; deal (*cards*); pledge (*one's word*); von sich ~ emit; utter (*words*); bring up, vomit (*food*); et. (*nichts*) ~ auf (*acc.*) set (no) great store by; sich geschlagen ~ give in; sich zufrieden ~ content o.s. (*mit* with); sich zu erkennen ~ make o.s. known; es gibt there is, there are; *was gibt es?* what is the matter?; *thea.*: gegeben werden be on.

**Gebet** [gə'beːt] *n* (-[e]s/-e) prayer.
**ge'beten** *p.p. of* bitten.

**Gebiet** [gə'biːt] *n* (-[e]s/-e) territory; district; region; area; *fig.*: field; province; sphere.

**ge'biet|en** (irr. bieten, no -ge-, h) 1. *v/t.* order, command; 2. *v/i.* rule; **2er** *m* (-s/-) master, lord, governor; **2erin** *f* (-/-nen) mistress; ~erisch *adj.* imperious; commanding.

**Gebilde** [gə'bildə] *n* (-s/-) form, shape; structure; **2t** *adj.* educated; cultured, cultivated.

**Gebirg|e** [gə'birgə] *n* (-s/-) mountains *pl.*; mountain chain *or* range; **2ig** *adj.* mountainous; ~sbewohner *m* mountaineer; ~szug *m* mountain range.

**Ge'biß** *n* (*Gebisses/Gebisse*) (set of) teeth; (set of) artificial *or* false teeth, denture; *harness*: bit.
**ge|'bissen** *p.p. of* beißen; ~'blasen *p.p. of* blasen; ~'blichen *p.p. of* bleichen 2; ~'blieben [~'bliːbən] *p.p. of* bleiben; ~blümt *adj.*

[~'blyːmt] *pattern, design*: flowered; *material*: sprigged; ~'bogen 1. *p.p. of* biegen; 2. *adj.* bent, curved; ~boren [~'boːrən] 1. *p.p. of* gebären; 2. *adj.* born; *ein ~er Deutscher* German by birth; *~e Schmidt* née Smith.

**ge'borgen** 1. *p.p. of* bergen; 2. *adj.* safe, sheltered; **2heit** *f* (-/no *pl.*) safety, security.

**geborsten** [gə'bɔrstən] *p.p. of* bersten.

**Ge'bot** *n* (-[e]s/-e) order; command; bid(ding), offer; *eccl.*: die Zehn ~e *pl.* the Ten Commandments *pl.*; **2en** *p.p. of* bieten.

**ge|'bracht** [gə'braxt] *p.p. of* bringen; ~brannt [~'brant] *p.p. of* brennen; ~'braten *p.p. of* braten.

**Ge'brauch** *m* 1. (-[e]s/no *pl.*) use; *#* application; 2. (-[e]s/~e) usage, practice; custom; **2en** *v/t.* (no -ge-, h) use, employ; **2t** *adj. clothes, etc.*: second-hand.

**gebräuchlich** *adj.* [gə'brɔyçlɪç] in use; usual, customary.

**Ge'brauchs|anweisung** *f* directions *pl.* or instructions *pl.* for use; ~artikel *m* commodity, necessary, requisite; personal article; **2fertig** *adj.* ready for use; *coffee, etc.*: instant; ~muster *n* sample; registered design.

**Ge'braucht|wagen** *mot. m* used car; ~waren *f/pl.* second-hand articles *pl.*

**Ge'brechen** *n* (-s/-) defect, infirmity; affliction.

**ge'brechlich** *adj.* fragile; *p.*: frail, weak; infirm; **2keit** *f* (-/-en) fragility; infirmity.

**gebrochen** [gə'brɔxən] *p.p. of* brechen.

**Ge|'brüder** [gə'bryːdər] *pl.* brothers *pl.*; ~brüll [~'bryl] *n* (-[e]s/no *pl.*) roaring; lowing (*of cattle*).

**Gebühr** [gə'byːr] *f* (-/-en) due; duty; charge; rate; fee; ~en *pl.* fee(s *pl.*), dues *pl.*; **2en** *v/i.* (no -ge-, h) be due (*dat.* to); sich ~ be proper *or* fitting; **2end** *adj.* due; becoming; proper; **2enfrei** *adj.* free of charge; **2enpflichtig** *adj.* liable to charges, chargeable.

**gebunden** [gə'bundən] 1. *p.p. of* binden; 2. *adj.* bound.

**Geburt** [gə'buɪrt] *f* (-/-en) birth; ~enkontrolle *f*, ~enregelung *f* birth-control; ~enziffer *f* birth-rate.

**gebürtig** *adj.* [gə'byrtɪç]: ~ aus a native of.

**Ge'burts|anzeige** *f* announcement of birth; ~fehler *m* congenital defect; ~helfer *m* obstetrician; ~hilfe *f* obstetrics, midwifery; ~jahr *n* year of birth; ~land *n* native country; ~ort *m* birth-place; ~schein *m* birth certificate; ~tag *m* birthday; ~urkunde f birth certificate.

Gebüsch [gə'byʃ] n (-es/-e) bushes pl., undergrowth, thicket.

gedacht [gə'daxt] p.p. of denken.

Gedächtnis [gə'dɛçtnis] n (-ses/-se) memory; remembrance, recollection; im ~ behalten keep in mind; zum ~ (gen.) in memory of; ~feier f commemoration.

Gedanke [gə'daŋkə] m (-ns/-n) thought; idea; in ~n (versunken or verloren) absorbed in thought; sich ~n machen über (acc.) worry about. Ge'danken|gang m train of thought; ~leser m, ~leserin f (-/-nen) thought-reader; 2los adj. thoughtless; ~strich m dash; 2voll adj. thoughtful, pensive.

Ge|därm [gə'dɛrm] n (-[e]s/-e) mst pl. entrails pl., bowels pl., intestines pl.; ~deck [..'dɛk] n (-[e]s/-e) cover; menu; ein ~ auflegen lay a place.

gedeihen [gə'daɪən] 1. v/i. (irr., no -ge-, sein) thrive, prosper; 2. 2 n (-s/no pl.) thriving, prosperity.

ge'denken 1. v/i. (gen.) (irr. denken, no -ge-, h) think of; remember, recollect; commemorate; mention; ~ zu inf. intend to inf.; 2. 2 n (-s/no pl.) memory, remembrance (an acc. of).

Ge'denk|feier f commemoration; ~stein m memorial stone; ~tafel f commemorative or memorial tablet.

Ge'dicht n (-[e]s/-e) poem.

gediegen adj. [gə'di:gən] solid; pure; 2heit f (-/no pl.) solidity; purity.

gedieh [gə'di:] pret. of gedeihen; ~en p.p. of gedeihen.

Gedränge [gə'drɛŋə] n (-s/no pl.) crowd, throng; 2t adj. crowded, packed, crammed; style: concise.

ge|droschen [gə'drɔʃən] p.p. of dreschen; ~drückt fig. adj. depressed; ~drungen [..'drʊŋən] 1. p.p. of dringen; 2. adj. compact, squat, stocky, thickset.

Geduld [gə'dʊlt] f (-/no pl.) patience; 2en [..dən] v/refl. (no -ge-, h) have patience; 2ig adj. [..dɪç] patient.

ge|dunsen adj. [gə'dʊnzən] bloated; ~durft [..'dʊrft] p.p. of dürfen 1; ~ehrt adj. [..'eɪrt] hono(u)red; correspondence: Sehr ~er Herr N.! Dear Sir, Dear Mr N.; ~eignet adj. [..'aɪgnət] fit (für, zu, als for s.th.); suitable (to, for); qualified (for).

Gefahr [gə'faːr] f (-/-en) danger, peril; risk; auf eigene ~ at one's own risk; ~ laufen zu inf. run the risk of ger.

gefährden [gə'fɛːrdən] v/t. (no -ge-, h) endanger; risk.

ge'fahren p.p. of fahren.

gefährlich adj. [gə'fɛːrlɪç] dangerous.

ge'fahrlos adj. without risk, safe.

Gefährt|e [gə'fɛːrtə] m (-en/-en), ~in f (-/-nen) companion, fellow.

Gefälle [gə'fɛlə] n (-s/-) fall, slope, incline, descent, gradient, esp. Am. a. grade; fall (of river, etc.).

Ge'fallen 1. m (-s/-) favo(u)r; 2. n (-s/no pl.): ~ finden an (dat.) take (a) pleasure in, take a fancy to or for; 3. 2 v/i. (irr. fallen, no -ge-, h) please (j-m s.o.); er gefällt mir I like him; sich et. ~ lassen put up with s.th.; 4. 2 p.p. of fallen.

gefällig adj. [gə'fɛlɪç] pleasing, agreeable; p.: complaisant, obliging; kind; 2keit f (-/~-en) complaisance, kindness; favo(u)r; ~st adv. (if you) please.

ge'fangen 1. p.p. of fangen; 2. adj. captive, imprisoned; 2e m (-n/-n), f (-n/-n) prisoner, captive; 2enlager n prison(ers') camp; 2nahme f (-/no pl.) capture; seizure, arrest; ~nehmen v/t. (irr. nehmen, sep., -ge-, h) take prisoner; fig. captivate; 2schaft f (-/no pl.) captivity, imprisonment; ~setzen v/t. (sep., -ge-, h) put in prison.

Gefängnis [gə'fɛŋnɪs] n (-ses/-se) prison, jail, gaol, Am. a. penitentiary; ~direktor m governor, warden; ~strafe f (sentence or term of) imprisonment; ~wärter m warder, gaoler, jailer, (prison) guard.

Gefäß [gə'fɛːs] n (-es/-e) vessel.

gefaßt adj. [gə'fast] composed; ~ auf (acc.) prepared for.

Ge|fecht [gə'fɛçt] n (-[e]s/-e) engagement; combat, fight; action; ~fieder [..'fiːdər] n (-s/-) plumage, feathers pl.

ge'fleckt adj. spotted; ~flochten [..'flɔxtən] p.p. of flechten; ~flogen [..'floːgən] p.p. of fliegen; ~flohen [..'floːən] p.p. of fliehen; ~flossen [..'flɔsən] p.p. of fließen.

Ge|flügel [gə'flyːgəl] n (-s/no pl.) fowl; poultry; ~flüster [..'flystər] n (-s/no pl.) whisper(ing).

gefochten [gə'fɔxtən] p.p. of fechten.

Ge'folg|e n (-s/no pl.) retinue, train, followers pl.; attendants pl.; ~schaft [..kʃaft] f (-/-en) followers pl.

gefräßig adj. [gə'frɛːsɪç] greedy, voracious; 2keit f (-/no pl.) greediness, gluttony, voracity.

ge'fressen p.p. of fressen.

ge'frier|en v/i. (irr. frieren, no -ge-, sein) congeal, freeze; 2fleisch n frozen meat; 2punkt m freezing-point; 2schutz(mittel n) m anti-freeze.

gefroren [gə'froːrən] p.p. of frieren; 2e n (-n/no pl.) ice-cream.

Gefüge [gə'fyːgə] n (-s/-) structure; texture.

ge'fügig *adj.* pliant; 2keit *f* (-/no *pl.*) pliancy.

Gefühl [gə'fy:l] *n* (-[e]s/-e) feeling; touch; sense (*für* of); sensation; 2los *adj.* unfeeling, insensible (gegen to); 2sbetont *adj.* emotional; 2voll *adj.* (full of) feeling; tender; sentimental.

ge|funden [gə'fundən] *p.p. of* finden; ~gangen [~'gaŋən] *p.p. of* gehen.

ge'geben *p.p. of* geben; ~enfalls *adv.* in that case; if necessary.

gegen *prp.* (*acc.*) ['ge:gən] space, time: towards; against, *g̈*: versus; about, *Am.* around; by; compared with; (in exchange) for; *remedy*: for; *freundlich sein* ~ be kind to (-wards); ~ *bar* for cash.

'Gegen|angriff *m* counter-attack; ~antrag *m* counter-motion; ~antwort *f* rejoinder; ~befehl *m* counter-order; ~beschuldigung *f* countercharge; ~besuch *m* return visit; ~bewegung *f* counter-movement; ~beweis *m* counter-evidence.

Gegend ['ge:gənt] *f* (-/-en) region; area.

'Gegen|dienst *m* return service, service in return; ~druck *m* counter-pressure; *fig.* reaction; 2ei'nander *adv.* against one another *or* each other; ~erklärung *f* counter-statement; ~forderung *f* counter-claim; ~frage *f* counter-question; ~geschenk *n* return present; ~gewicht *n* counterbalance, counterpoise; ~gift *☞ n* antidote; ~kandidat *m* rival candidate; ~klage *f* countercharge; ~leistung *f* return (service), equivalent; ~lichtaufnahme *phot.* ['ge:gənlıçt?-] *f* back-lighted shot; ~liebe *f* requited love; *keine* ~ *finden* meet with no sympathy *or* enthusiasm; ~maßnahme *f* counter-measure; ~mittel *n* remedy (gegen for), antidote (against, for); ~partei *f* opposite party; ~probe *f* check-test; ~satz *m* contrast; opposition; *im* ~ *zu* in contrast to *or* with, in opposition to; 2sätzlich *adj.* ['~zetslıç] contrary, opposite; ~seite *f* opposite side; 2seitig *adj.* mutual, reciprocal; ~seitigkeit *f* (-/no *pl.*): *auf* ~ *assurance*: mutual; *auf* ~ *beruhen* be mutual; ~spieler *m* opponent; antagonist; ~spionage *f* counter-espionage; ~stand *m* object; subject; topic; ~strömung *f* counter-current; ~stück *n* counterpart; match; ~teil *n* contrary, reverse; *im* ~ *on* the contrary; 2teilig *adj.* contrary, opposite; 2über 1. *adv.* opposite; 2. *prp.* (*dat.*) opposite (to); to (-wards); as against; face to face with; ~über *n* (-s/-) vis-à-vis;

2'überstehen *v/i.* (*irr. stehen, sep.,* -ge-, *h*) (*dat.*) be faced with, face; ~überstellung *esp. g̈: f* confrontation; ~vorschlag *m* counter-proposal; ~wart ['~vart] *f* (-/no *pl.*) presence; present time; *gr.* present tense; 2wärtig ['~vɛrtıç] 1. *adj.* present; actual; 2. *adv.* at present; ~wehr *f* defence; *Am.* ~e; resistance; ~wert *m* equivalent; ~wind *m* contrary wind, head wind; ~wirkung *f* counter-effect, reaction; 2zeichnen *v/t.* (*sep.,* -ge-, *h*) countersign; ~zug *m* counter-move (*a. fig.*); *☞* corresponding train.

ge|gessen [gə'gesən] *p.p. of* essen; ~glichen [~'glıçən] *p.p. of* gleichen; ~gliedert *adj.* articulate, jointed; ~glitten [~'glıtən] *p.p. of* gleiten; ~glommen [~'glɔmən] *p.p. of* glimmen.

Gegner ['ge:gnər] *m* (-s/-) adversary, opponent; ~schaft *f* (-/-en) opposition.

ge|golten [gə'gɔltən] *p.p. of* gelten; ~goren [~'go:rən] *p.p. of* gären; ~gossen [~'gɔsən] *p.p. of* gießen; ~graben *p.p. of* graben; ~griffen [~'grıfən] *p.p. of* greifen; ~habt [~'ha:pt] *p.p. of* haben.

Gehalt [gə'halt] 1. *m* (-[e]s/-e) contents *pl.*; capacity; merit; 2. *n* (-[e]s/-er) salary; 2en *p.p. of* halten; 2los *adj.* empty; ~empfänger [gə'halt?-] *m* salaried employee *or* worker; ~erhöhung [gə'halts?-] *f* rise (in salary), *Am.* raise; 2voll *adj.* rich; substantial; *wine*: racy.

gehangen [gə'haŋən] *p.p. of* hängen 1.

gehässig *adj.* [gə'hesıç] malicious, spiteful; 2keit *f* (-/-en) malice, spitefulness.

ge'hauen *p.p. of* hauen.

Ge|häuse [gə'hɔʏzə] *n* (-s/-) case, box; cabinet; shell; core (*of apple, etc.*); ~hege [~'he:gə] *n* (-s/-) enclosure.

geheim *adj.* [gə'haɪm] secret; 2-dienst *m* secret service.

Ge'heimnis *n* (-ses/-se) secret; mystery; ~krämer *m* mystery-monger; 2voll *adj.* mysterious.

Ge'heim|polizei *f* secret police; ~polizist *m* detective; plain-clothes man; ~schrift *f* cipher; *tel.* code.

ge'heißen *p.p. of* heißen.

gehen ['ge:ən] *v/i.* (*irr.,* ge-, *sein*) go; walk; leave; *machine*: go, work; *clock, watch*: go; *merchandise*: sell; *wind*: blow; *paste*: rise; *wie geht es Ihnen?* how are you (getting on)?; *das geht nicht* that won't do; *in sich* ~ repent; *wieviel Pfennige* ~ *auf e-e Mark?* how many pfennigs go to a mark?; *das Fenster geht nach Norden* the window faces *or* looks north; *es geht nichts über*

(*acc.*) there is nothing like; *wenn es nach mir ginge* if I had my way.
**Geheul** [gə'hɔʏl] *n* (-[e]s/*no* *pl.*) howling.
**Ge'hilf|e** *m* (-n/-n), ..in *f* (-/-nen) assistant; *fig.* helpmate.
**Ge'hirn** *n* (-[e]s/-e) brain(s *pl.*); ~ erschütterung ♣ *f* concussion (of the brain); ..schlag ♣ *m* cerebral apoplexy.
**gehoben** [gə'ho:bən] 1. *p.p. of* heben; 2. *adj.* speech, style: elevated; ..e *Stimmung* elated mood.
**Gehöft** [gə'hø:ft] *n* (-[e]s/-e) farm (-stead).
**geholfen** [gə'hɔlfən] *p.p. of* helfen.
**Gehölz** [gə'hœlts] *n* (-es/-e) wood, coppice, copse.
**Gehör** [gə'hø:r] *n* (-[e]s/*no* *pl.*) hearing; ear; *nach dem* ~ by ear; *j-m* ~ schenken lend an ear to s.o.; *sich* ~ *verschaffen* make o.s. heard.
**ge'horchen** *v/i.* (*no* -ge-, *h*) obey (*j-m* s.o.).
**ge'hör|en** *v/i.* (*no* -ge-, *h*) belong (*dat. or zu* to); *es gehört sich* it is proper *or* fit *or* right *or* suitable; *das gehört nicht hierher* that's not to the point; ..ig 1. *adj.* belonging (*dat. or zu* to); fit, proper, right; due; F good; 2. *adv.* duly; F thoroughly.
**gehorsam** [gə'ho:rza:m] 1. *adj.* obedient; 2. 2 *m* (-s/*no* *pl.*) obedience.
'**Geh|steig** *m*, '..weg *m* pavement, *Am.* sidewalk; '..werk ⊕ *n* clockwork, works *pl.*
**Geier** *orn.* ['gaɪər] *m* (-s/-) vulture.
**Geige** ♪ ['gaɪgə] *f* (-/-n) violin, F fiddle; (*auf der*) ~ *spielen* play (on) the violin; ..nbogen ♪ *m* (violin-)bow; ..nkasten ♪ *m* violin-case; '..r ♪ *m* (-s/-), '..rin ♪ *f* (-/-nen) violinist.
'**Geigerzähler** *phys.* *m* Geiger counter.
**geil** *adj.* [gaɪl] lascivious, wanton; luxuriant.
**Geisel** ['gaɪzəl] *f* (-/-n) hostage.
**Geiß** *zo.* [gaɪs] *f* (-/-en) (she-, nanny-)goat; '..blatt ♣ *n* (-[e]s/*no* *pl.*) honeysuckle, woodbine; '..bock *zo.* *m* he-goat, billy-goat.
**Geißel** ['gaɪsəl] *f* (-/-n) whip, lash; *fig.* scourge; '2n *v/t.* (ge-, *h*) whip, lash; *fig.* castigate.
**Geist** [gaɪst] *m* (-es/-er) spirit; mind, intellect; wit; ghost; sprite.
'**Geister|erscheinung** *f* apparition; '2haft *adj.* ghostly.
'**geistes|abwesend** *adj.* absent-minded; '2arbeiter *m* brain-worker, white-collar worker; '2-blitz *m* brain-wave, flash of genius; '2gabe *f* talent; '2gegenwart *f* presence of mind; '..gegenwärtig *adj.* alert; quick-witted; '..gestört *adj.* mentally disturbed; '..krank

*adj.* insane, mentally ill; '2krankheit *f* insanity, mental illness; '..schwach *adj.* feeble-minded, imbecile; '..verwandt *adj.* congenial; '2wissenschaften *f/pl.* *the* Arts *pl.*, *the* Humanities *pl.*; '2zustand *m* state of mind.
'**geistig** *adj.* intellectual, mental; spiritual; ..e *Getränke* n/pl. spirits *pl.*
'**geistlich** *adj.* spiritual; clerical; sacred; '2e *m* (-n/-n) clergyman; minister; '2keit *f* (-/*no* *pl.*) clergy.
'**geist|los** *adj.* spiritless; dull; stupid; '..reich *adj.*, '..voll *adj.* ingenious, spirited.
**Geiz** [gaɪts] *m* (-es/*no* *pl.*) avarice; '..hals *m* miser, niggard; '2ig *adj.* avaricious, stingy, mean.
**Gejammer** [gə'jamər] *n* (-s/*no* *pl.*) lamentation(s *pl.*), wailing.
**gekannt** [gə'kant] *p.p. of* kennen.
**Geklapper** [gə'klapər] *n* (-s/*no* *pl.*) rattling.
**Geklirr** [gə'klir] *n* (-[e]s/*no* *pl.*), ..e [..ə] *n* (-s/*no* *pl.*) clashing, clanking.
**ge|klungen** [..'kluŋən] *p.p. of* klingen; ..'kniffen *p.p. of* kneifen; ..'kommen *p.p. of* kommen; ..konnt [..'kɔnt] *p.p. of* können 1, 2.
**Ge|kreisch** [gə'kraɪʃ] *n* (-es/*no* *pl.*) screaming, screams *pl.*; shrieking; ..kritzel [..'krɪtsəl] *n* (-s/*no* *pl.*) scrawl(ing), scribbling, scribble.
**ge|krochen** [gə'krɔxən] *p.p. of* kriechen; ..künstelt *adj.* [..'kynstəlt] affected.
**Gelächter** [gə'lɛçtər] *n* (-s/-) laughter.
**ge'laden** *p.p. of* laden.
**Ge'lage** *n* (-s/-) feast; drinking-bout.
**Gelände** [gə'lɛndə] *n* (-s/-) ground; terrain; country; area; 2gängig *mot. adj.* cross-country; ..lauf *m* sports: cross-country race *or* run.
**Geländer** [gə'lɛndər] *n* (-s/-) railing, balustrade; banisters *pl.*
**ge'lang** *pret. of* gelingen.
**ge'langen** *v/i.* (*no* -ge-, sein): ~ *an* (*acc.*) *or* *in* (*acc.*) arrive at, get *or* come to; ~ *zu* attain (to), gain.
**ge'lassen** 1. *p.p. of* lassen; 2. *adj.* calm, composed.
**Gelatine** [ʒela'ti:nə] *f* (-/*no* *pl.*) gelatin(e).
**ge'laufen** *p.p. of* laufen; ..läufig *adj.* [..'lɔʏfɪç] current; fluent, easy; *tongue:* voluble; familiar; ..launt *adj.* [..'laʊnt] in a (*good, etc.*) humo(u)r *or* *Am.* mood.
**Geläut** [gə'lɔʏt] *n* (-[e]s/-e), ..e [..ə] *n* (-s/-) ringing (*of bells*); chimes *pl.* (*of church bells*).
**gelb** *adj.* [gɛlp] yellow; '..lich *adj.* yellowish; '2sucht ♣ *f* (-/*no* *pl.*) jaundice.
**Geld** [gɛlt] *n* (-[e]s/-er) money; im

~ schwimmen be rolling in money; zu ~ machen turn into cash; '~angelegenheit f money-matter; '~anlage f investment; '~ausgabe f expense; '~beutel m purse; '~entwertung f devaluation of the currency; '~erwerb m money-making; '~geber m (-s/-) financial backer, investor; '~geschäfte n/pl. money transactions pl.; '2gierig adj. greedy for money, avaricious; '~mittel n/pl. funds pl., resources pl.; '~schein m bank-note, Am. bill; '~schrank m strong-box, safe; '~sendung f remittance; '~strafe f fine; '~stück n coin; '~tasche f money-bag; notecase, Am. billfold; '~überhang m surplus money; '~umlauf m circulation of money; '~umsatz m turnover (of money); '~verlegenheit f pecuniary embarrassment; '~wechsel m exchange of money; '~wert m (-[e]s/no pl.) value of money, money value.

**Gelee** [ʒə'le:] n, m (-s/-s) jelly.

**ge'legen** 1. p.p. of liegen; 2. adj. situated, Am. a. located; convenient, opportune; 2heit f (-/-en) occasion; opportunity; chance; facility; bei ~ on occasion.

**Ge'legenheits|arbeit** f casual or odd job, Am. a. chore; ~arbeiter m casual labo(u)rer, odd-job man; ~kauf m bargain.

**ge'legentlich** 1. adj. occasional; 2. prp. (gen.) on the occasion of.

**ge'lehr|ig** adj. docile; 2igkeit f (-/no pl.) docility; 2samkeit f (-/no pl.) learning; ~t adj. [~t] learned; 2te [~ə] m (-n/-n) learned man, scholar.

**Geleise** [gə'laizə] n (-s/-) rut, track; 🚃 rails pl., line, esp. Am. tracks pl.

**Geleit** [gə'lait] n (-[e]s/-e) escort; attendance; j-m das ~ geben accompany s.o.; 2en v/t. (no -ge-, h) accompany, conduct; escort; ~zug ⚓ m convoy.

**Gelenk** anat., ⊕, ♀ [gə'lɛŋk] n (-[e]s/-e) joint; 2ig adj. pliable, supple.

**ge'lernt** adj. worker: skilled; trained; ~'lesen p.p. of lesen.

**Geliebte** [gə'li:ptə] (-n/-n) 1. m lover; 2. f mistress, sweetheart.

**geliehen** [gə'li:ən] p.p. of leihen.

**ge'linde** 1. adj. soft, smooth; gentle; 2. adv.: gelinde gesagt to put it mildly, to say the least.

**gelingen** [gə'liŋən] 1. v/i. (irr., no -ge-, sein) succeed; es gelingt mir zu inf. I succeed in ger.; 2. 2 n (-s/no pl.) success.

**ge'litten** p.p. of leiden.

**gellen** ['gɛlən] (ge-, h) 1. v/i. shrill; yell; of ears: ring, tingle; 2. v/t. shrill; yell; ~d adj. shrill, piercing.

**ge'loben** v/t. (no -ge-, h) vow, promise.

**Gelöbnis** [gə'lø:pnis] n (-ses/-se) promise, pledge; vow.

**ge'logen** p.p. of lügen.

**gelt|en** ['gɛltən] (irr., ge-, h) 1. v/t. be worth; 2. v/i. be of value; be valid; go; count; money: be current; maxim, etc.: hold (good or true); et. ~ have credit or influence; j-m ~ concern s.o.; ~ für or als pass for, be reputed or thought or supposed to be; ~ für apply to; ~ lassen let pass, allow; ~d machen maintain, assert; s-n Einfluß bei j-m ~d machen bring one's influence to bear on s.o.; das gilt nicht that is not fair; that does not count; es galt unser Leben our life was at stake; '2ung f (-/~ -en) validity; value; currency; authority (of person); zur ~ kommen tell; take effect; show; '2ungsbedürfnis n desire to show off. [ise; vow.]

**Gelübde** [gə'lypdə] n (-s/-) prom-

**gelungen** [gə'luŋən] 1. p.p. of gelingen; 2. adj. successful; amusing, funny; F: das ist ja ~! that beats everything!

**gemächlich** adj. comfortable, easy; 2keit f (-/no pl.) ease, comfort.

**Gemahl** [gə'ma:l] m (-[e]s/-e) consort; husband.

**ge'mahlen** p.p. of mahlen.

**Gemälde** [gə'mɛ:ldə] n (-s/-) painting, picture; ~galerie f picture-gallery.

**gemäß** prp. (dat.) [gə'mɛ:s] according to; ~igt adj. moderate; temperate (a. geogr.).

**gemein** adj. [gə'main] common; general; low, vulgar, mean, coarse; et. ~ haben mit have s.th. in common with.

**Gemeinde** [gə'maində] f (-/-n) community; parish; municipality; eccl. congregation; ~bezirk m district; municipality; ~rat m municipal council; ~steuer f rate, Am. local tax; ~vorstand m district council.

**ge'mein|gefährlich** adj. dangerous to the public; ~er Mensch public danger, Am. public enemy; 2heit f (-/-en) vulgarity; meanness; mean trick; ~nützig adj. of public utility; 2platz m commonplace; ~sam adj. common; joint; mutual; 2schaft f (-/-en) community; intercourse; ~schaftlich adj. s. gemeinsam; 2schaftsarbeit [gə'mainʃafts°-] f team-work; 2sinn m (-[e]s/no pl.) public spirit; ~verständlich adj. popular; 2wesen n community; 2wohl n public welfare.

**Ge'menge** n (-s/-) mixture.

**ge'messen** 1. p.p. of messen; 2. adj. measured; formal; grave.

**Gemetzel** [gə'mɛtsəl] n (-s/-) slaughter, massacre.

gemieden [gə'mi:dən] *p.p. of meiden.*
Gemisch [gə'miʃ] *n* (-es/-e) mixture; 🔧 compound, composition.
ge|mocht [gə'mɔxt] *p.p. of* mögen;
~molken [gə'mɔlkən] *p.p. of* melken.
Gemse *zo.* ['gɛmzə] *f* (-/-n) chamois.
Gemurmel [gə'murməl] *n* (-s/no
*pl.*) murmur(ing).
Gemüse [gə'my:zə] *n* (-s/-) vegeta-
ble(s *pl.*); greens *pl.*; ~anbau *m*
vegetable gardening, *Am.* truck
farming; ~garten *m* kitchen garden; ~händler *m* greengrocer.
gemußt [gə'must] *p.p. of* müssen 1.
Gemüt [gə'my:t] *n* (-[e]s/-er) mind;
feeling; soul; heart; disposition;
temper; ~lich *adj.* good-natured;
genial; comfortable, snug, cosy,
cozy; ~lichkeit *f* (-/no *pl.*) snug-
ness, cosiness; easy-going; genial
temper.
Ge'müts|art *f* disposition, nature,
temper, character; ~bewegung *f*
emotion; ~krank *adj.* emotionally
disturbed; melancholic; depressed;
~krankheit *f* mental disorder;
melancholy; ~ruhe *f* composure;
~verfassung *f*, ~zustand *m* state
of mind, humo(u)r.
ge'mütvoll *adj.* emotional; full of
feeling.
genannt [gə'nant] *p.p. of* nennen.
genas [gə'na:s] *pret. of* genesen.
genau *adj.* [gə'nau] exact, accurate;
precise; strict; es ~ nehmen (mit) be
particular (about); ~eres full particulars *pl.*; ~igkeit *f* (-/-en) accuracy, exactness; precision; strictness.
genehm *adj.* [gə'ne:m] agreeable,
convenient; ~igen [~igən] *v/t.* (no
-ge-, h) grant; approve (of); ~igung
*f* (-/-en) grant; approval; licen|ce,
*Am.* -se; permit; permission; consent.
geneigt *adj.* [gə'naikt] well disposed
(*j-m* towards s.o.); inclined (zu to).
General ✗ [genə'ra:l] *m* (-s/-e, -e)
general; ~bevollmächtigte *m* chief
representative *or* agent; ~direktor
*m* general manager, managing director; ~feldmarschall ✗ *m*
field-marshal; ~intendant *thea. m*
(artistic) director; ~konsul *m* con-
sul-general; ~konsulat *n* consu-
late-general; ~leutnant ✗ *m* lieu-
tenant-general; ~major ✗ *m*
major-general; ~probe *thea. f* dress
rehearsal; ~stab ✗ *m* general staff;
~stabskarte *f* ordnance (survey) map, *Am.* strategic map; ~
streik *m* general strike; ~ver-
sammlung *f* general meeting; ~
vertreter *m* general agent; ~voll-
macht *f* full power of attorney.
Generation [genərɑ'tsjoːn] *f* (-/-en)
generation.

generell *adj.* [genə'rɛl] general.
genes|en [gə'ne:zən] 1. *v/i.* (irr., no
-ge-, sein) recover (von from);
2. *p.p. of* 1; ~ende *m, f* (-n/-n)
convalescent; ~ung *f* (-/~, -en)
recovery.
genial *adj.* [gen'jɑ:l] highly gifted,
ingenious; ~ität [~ali'tɛːt] *f* (-/no
*pl.*) genius.
Genick [gə'nik] *n* (-[e]s/-e) nape (of
the neck), (back of the) neck.
Genie [ʒe'ni:] *n* (-s/-s) genius.
ge'nieren *v/t.* (no -ge-, h) trouble,
bother; *sich* ~ feel *or* be embarrassed *or* shy; be self-conscious.
genießen [gə'ni:sən] *v/t.* (irr., no
-ge-, h) enjoy; eat; drink; et. ~
take some food *or* refreshments;
*j-s* Vertrauen ~ be in s.o.'s confidence.
Genitiv *gr.* ['ge:nitiːf] *m* (-s/-e)
genitive (case); possessive (case).
ge|nommen [gə'nɔmən] *p.p. of*
nehmen; ~normt *adj.* standard-
ized; ~noß [~'nɔs] *pret. of* genießen.
Genoss|e [gə'nɔsə] *m* (-n/-n) com-
panion, mate; comrade (*a. pol.*);
~en *p.p. of* genießen; ~enschaft
*f* (-/-en) company, association;
co(-)operative (society); ~in *f*
(-/-nen) (female) companion; comrade (*a. pol.*).
genug *adj.* [gə'nuːk] enough, sufficient.
Genüg|e [gə'ny:gə] *f* (-/no *pl.*): zur
~ enough, sufficiently; ~en *v/i.* (no
-ge-, h) be enough, suffice; das
genügt that will do; *j-m* ~ satisfy
s.o.; ~end *adj.* sufficient; ~sam
*adj.* [~k-] easily satisfied; frugal;
~samkeit [~k-] *f* (-/no *pl.*) modesty; frugality.
Genugtuung [gə'nuːktuːuŋ] *f*(-/-en)
satisfaction.                    [gender.]
Genus *gr.* ['ge:nus] *n* (-/Genera)]
Genuß [gə'nus] *m* (Genusses/Ge-
nüsse) enjoyment; pleasure; use;
consumption; taking (of food); *fig.*
treat; ~mittel *n* semi-luxury; ~
sucht *f* (-/no *pl.*) thirst for pleasure;
~süchtig *adj.* pleasure-seeking.
Geo|graph [geo'graːf] *m* (-en/-en)
geographer; ~graphie [~a'fi:] *f*
(-/no *pl.*) geography; ~graphisch
*adj.* [~'graːfiʃ] geographic(al); ~
loge [~'lo:gə] *m* (-n/-n) geologist;
~logie [~lo'gi:] *f* (-/no *pl.*) geology;
~logisch *adj.* [~'lo:giʃ] geologic(al);
~metrie [~me'tri:] *f* (-/-n) geometry; ~metrisch *adj.* [~'me:triʃ]
geometric(al).
Gepäck [gə'pɛk] *n* (-[e]s/no *pl.*) luggage, ✗ *or Am.* baggage; ~annah-
me *f* luggage (registration) counter,
*Am.* baggage (registration) counter;
~aufbewahrung *f* (-/-en) left-lug-
gage office, *Am.* checkroom; ~aus-
gabe *f* luggage delivery office, *Am.*
baggage room; ~netz *n* luggage-

rack, *Am.* baggage rack; ~schein *m* luggage-ticket, *Am.* baggage check; ~träger *m* porter, *Am. a.* redcap; *on bicycle:* carrier; ~wagen *m* luggage van, *Am.* baggage car.

ge|pfiffen [gə'pfifən] *p.p. of* pfeifen; ~pflegt *adj.* [~'pfle:kt] *appearance:* well-groomed; *hands, garden, etc.:* well cared-for; *garden, etc.:* well-kept.

Gepflogenheit [gə'pflo:gənhaɪt] *f* (~/-en) habit; custom; usage.

Ge|plapper [gə'plapər] *n* (~s/*no pl.*) babbling, chattering; ~plauder [~'plaudər] *n* (~s/*no pl.*) chatting, small talk; ~polter [~'pɔltər] *n* (~s/*no pl.*) rumble; ~präge [~'prɛːgə] *n* (~s/-) impression; stamp (*a. fig.*).

ge|priesen [gə'priːzən] *p.p. of* preisen; ~quollen [~'kvɔlən] *p.p. of* quellen.

gerade [gə'raːdə] 1. *adj.* straight (*a. fig.*); *number, etc.:* even; direct; *bearing:* upright, erect; 2. *adv.* just; *or* schrieb ~ he was (just) writing; *nun* ~ now more than ever; ~ *an dem Tage* on that very day; 3. ♀ *f* (~/-n) ♠ straight line; straight(o*f race-course); linke, rechte) ~ boxing:* straight left (right); ~'aus *adv.* straight on *or* ahead; ~he'raus *adv.* frankly, ~nwegs *adv.* [~nveːks] directly; ~stehen *v/i.* (*irr.* stehen, *sep.,* ~ge~, *h*) stand erect; ~ *für* answer for *s.th.*; ~wegs *adv.* [~veːks] straight, directly; ~'zu *adv.* straight; almost; downright.

ge'rannt *p.p. of* rennen.

Gerassel [gə'rasəl] *n* (~s/*no pl.*) clanking, rattling.

Gerät [gə'rɛːt] *n* (~[e]s/-e) tool, implement, utensil; ⊕ gear; *teleph., radio:* set; apparatus; equipment; *elektrisches ~* electric(al) appliance.

ge'raten 1. *v/i.* (*irr.* raten, *no* ~ge~, *sein*) come *or* fall *or* get (*an acc.* by, upon; *auf acc.* on, upon; *in acc.* in, into); (*gut*) ~ succeed, turn out well; *in Brand* ~ catch fire; *ins Stocken* ~ come to a standstill; *in Vergessenheit* ~ fall *or* sink into oblivion; *in Zorn* ~ fly into a passion; 2. *p.p. of* raten.

Gerate'wohl *n:* *aufs* ~ at random.

geräumig *adj.* [gə'rɔɪmɪç] spacious.

Geräusch [gə'rɔɪʃ] *n* (~es/-e) noise; 2los *adj.* noiseless; 2voll *adj.* noisy.

gerb|en ['gɛrbən] *v/t.* (ge~, *h*) tan; '2er *m* (~s/-) tanner; 2erei [~'raɪ] *f* (~/-en) tannery.

ge'recht *adj.* just; righteous; ~ werden (*dat.*) do justice to; be fair to; meet; please *s.o.*; fulfil (*requirements*); 2igkeit *f* (~/*no pl.*) justice; righteousness; *j~m* ~ *widerfahren lassen* do to *s.o.* justice.

Ge'rede *n* (~s/*no pl.*) talk; gossip; rumo(u)r.

ge'reizt *adj.* irritable, irritated; 2heit *f* (~/*no pl.*) irritation.

ge'reuen *v/t.* (*no* ~ge~, *h*): *es gereut mich* I repent (of) it, I am sorry for it.

Gericht [gə'rɪçt] *n* (~[e]s/-e) dish, course; *s.* Gerichtshof; *mst rhet. and fig.* tribunal; 2lich *adj.* judicial, legal.

Ge'richts|barkeit *f* (~/-en) jurisdiction; ~bezirk *m* jurisdiction; ~diener *m* (court) usher; ~gebäude *n* court-house; ~hof *m* lawcourt, court of justice; ~kosten *pl.* (law-)costs *pl.*; ~saal *m* courtroom; ~schreiber *m* clerk (of the court); ~stand *m* (legal) domicile; venue; ~tag *m* court-day; ~verfahren *n* legal proceedings *pl.,* lawsuit; ~verhandlung *f* (court) hearing; trial; ~vollzieher *m* (~s/-) (court-)bailiff.

gerieben [gə'riːbən] *p.p. of* reiben.

gering *adj.* [gə'rɪŋ] little, small; trifling, slight; mean, low; poor; inferior; ~achten *v/t.* (*sep.,* ~ge~, *h*) think little of; disregard; ~er *adj.* inferior, less, minor; ~fügig *adj.* insignificant, trifling, slight; ~schätzen *v/t.* (*sep.,* ~ge~, *h*) *s.* geringachten; ~schätzig *adj.* disdainful, contemptuous, slighting; 2schätzung *f* (~/*no pl.*) disdain; disregard; ~st *adj.* least; *nicht im ~en* not in the least.

ge'rinnen *v/i.* (*irr.* rinnen, *no* ~ge~, *sein*) curdle (*a. fig.*); congeal; coagulate, clot.

Ge'rippe *n* (~s/-) skeleton (*a. fig.*); ⊕ framework.

ge|rissen [gə'rɪsən] 1. *p.p. of* reißen; 2. *fig. adj.* cunning, crafty, smart; ~ritten [~'rɪtən] *p.p. of* reiten.

germanis|ch *adj.* [gɛr'maːnɪʃ] Germanic, Teutonic; 2t [~'nɪst] *m* (~en/-en) Germanist, German scholar; student of German.

gern(e) *adv.* ['gɛrn(ə)] willingly, gladly; ~ *haben or mögen* be fond of, like; *er singt* ~ he is fond of singing, he likes to sing.

ge'rochen *p.p. of* riechen.

Geröll [gə'rœl] *n* (~[e]s/-e) boulders *pl.*

geronnen [gə'rɔnən] *p.p. of* rinnen.

Gerste ♀ ['gɛrstə] *f* (~/-n) barley; ~nkorn *n* barleycorn; ♣ sty(e).

Gerte ['gɛrtə] *f* (~/-n) switch, twig.

Geruch [gə'rux] *m* (~[e]s/-e) smell, odo(u)r; scent; *fig.* reputation; 2los *adj.* odo(u)rless, scentless; ~sinn *m* (~[e]s/*no pl.*) sense of smell.

Gerücht [gə'rʏçt] *n* (~[e]s/-e) rumo(u)r.

ge'ruchtilgend *adj.*: *~es Mittel* deodorant.

ge'rufen *p.p. of* rufen.

ge'ruhen *v/i.* (*no* ~ge~, *h*) deign, condescend, be pleased.

**Gerümpel** [gə'rympəl] *n* (-s/*no pl.*) lumber, junk.

**Gerundium** *gr.* [ge'rundjum] *n* (-s/Gerundien) gerund.

**gerungen** [gə'ruŋən] *p.p. of* ringen.

**Gerüst** [gə'ryst] *n* (-[e]s/-e) scaffold(ing); stage; trestle.

**ge'salzen** *p.p. of* salzen.

**gesamt** *adj.* [gə'zamt] whole, entire, total, all; **2ausgabe** *f* complete edition; **2betrag** *m* sum total; **~deutsch** *adj.* all-German.

**gesandt** [gə'zant] *p.p. of* senden; **2e** [ˌə] *m* (-n/-n) envoy; **2schaft** *f* (-/-en) legation.

**Ge'sang** *m* (-[e]s/-e) singing; song; **~buch** *eccl.* *n* hymn-book; **~lehrer** *m* singing-teacher; **~verein** *m* choral society, *Am.* glee club.

**Gesäß** *anat.* [gə'zɛːs] *n* (-es/-e) seat, buttocks *pl.*, posterior, F bottom, behind.

**ge'schaffen** *p.p. of* schaffen 1.

**Geschäft** [gə'ʃɛft] *n* (-[e]s/-e) business; transaction; affair; occupation; shop, *Am.* store; **2ig** *adj.* busy, active; **igkeit** *f* (-/*no pl.*) activity; **2lich 1.** *adj.* business ...; commercial; **2.** *adv.* on business.

**Ge'schäfts|bericht** *m* business report; **~brief** *m* business letter; **~frau** *f* business woman; **~freund** *m* business friend, correspondent; **~führer** *m* manager; **~haus** *n* business firm; office building; **~inhaber** *m* owner *or* holder of a business; shopkeeper; **~jahr** *n* financial *or* business year, *Am.* fiscal year; **~lage** *f* business situation; **~leute** *pl.* businessmen *pl.*; **~mann** *m* businessman; **2mäßig** *adj.* business-like; **~ordnung** *f* standing orders *pl.*; rules *pl.* (of procedure); **~papiere** *n/pl.* commercial papers *pl.*; **~partner** *m* (business) partner; **~räume** *m/pl.* business premises *pl.*; **~reise** *f* business trip; **~reisende** *m* commercial travel(l)er, *Am.* travel(l)ing salesman; **~schluß** *m* closing-time; *nach* ~ *a.* after business hours; **~stelle** *f* office; **~träger** *m* *pol.* chargé d'affaires; ↑ agent, representative; **2tüchtig** *adj.* efficient, smart; **~unternehmen** *n* business enterprise; **~verbindung** *f* business connexion *or* connection; **~viertel** *n* business cent|re, *Am.* -er; *Am.* downtown; shopping cent|re, *Am.* -er; **~zeit** *f* office hours *pl.*, business hours *pl.*; **~zimmer** *n* office, bureau; **~zweig** *m* branch (of business), line (of business).

**geschah** [gə'ʃaː] *pret. of* geschehen.

**geschehen** [gə'ʃeːən] **1.** *v/i.* (*irr.*, *no* -ge-, *sein*) happen, occur, take place; be done; *es geschieht ihm recht* it serves him right; **2.** *p.p. of*

1; **3. 2** *n* (-s/-) events *pl.*, happenings *pl.*

**gescheit** *adj.* [gə'ʃaɪt] clever, intelligent, bright.

**Geschenk** [gə'ʃɛŋk] *n* (-[e]s/-e) present, gift; **~packung** *f* gift-box.

**Geschicht|e** [gə'ʃɪçtə] *f* **1.** (-/-n) story; tale; *fig.* affair; **2.** (-/*no pl.*) history; **2lich** *adj.* historical; **~sforscher** *m*, **~sschreiber** *m* historian.

**Ge'schick** *n* **1.** (-[e]s/-e) fate; destiny; **2.** (-[e]s/*no pl.*) = **~lichkeit** *f* (-/-en) skill; dexterity; aptitude; **2t** *adj.* skil(l)ful; dexterous; apt; clever.

**ge'schieden** [gə'ʃiːdən] *p.p. of* scheiden; **~schienen** [ˌ'ʃiːnən] *p.p. of* scheinen.

**Geschirr** [gə'ʃɪr] *n* (-[e]s/-e) vessel; dishes *pl.*; china; earthenware, crockery; service; *horse:* harness.

**ge'schlafen** *p.p. of* schlafen; **~'schlagen** *p.p. of* schlagen.

**Ge'schlecht** *n* (-[e]s/-er) sex; kind, species; race; family; generation; *gr.* gender; **2lich** *adj.* sexual.

**Ge'schlechts|krankheit** *s⚥* *f* venereal disease; **~reife** *f* puberty; **~teile** *anat.* *n/pl.* genitals *pl.*; **~trieb** *m* sexual instinct *or* urge; **~verkehr** *m* (-[e]s/*no pl.*) sexual intercourse; **~wort** *gr.* *n* (-[e]s/-er) article.

**ge'schlichen** [gə'ʃlɪçən] *p.p. of* schleichen; **~schliffen** [ˌ'ʃlɪfən] **1.** *p.p. of* schleifen; **2.** *adj.* *jewel:* cut; *fig.* polished; **~schlossen** [ˌ'ʃlɔsən] **1.** *p.p. of* schließen; **2.** *adj.* *formation:* close; collective; *~e Gesellschaft* private party; **~schlungen** [ˌ'ʃluŋən] *p.p. of* schlingen.

**Geschmack** [gə'ʃmak] *m* (-[e]s/-e, *co.* -er) taste (*a. fig.*); flavo(u)r; ~ *finden an* (*dat.*) take a fancy to; **2los** *adj.* tasteless; *pred. fig.* in bad taste; **~(s)sache** *f* matter of taste; **2voll** *adj.* tasteful; *pred. fig.* in good taste.

**ge'schmeidig** *adj.* [gə'ʃmaɪdɪç] supple, pliant; **~schmissen** [ˌ'ʃmɪsən] *p.p. of* schmeißen; **~schmolzen** [ˌ'ʃmɔltsən] *p.p. of* schmelzen.

**Geschnatter** [gə'ʃnatər] *n* (-s/*no pl.*) cackling (*of geese*); chatter(ing) (*of girls*, *etc.*).

**ge'schnitten** [gə'ʃnɪtən] *p.p. of* schneiden; **~schoben** [ˌ'ʃoːbən] *p.p. of* schieben; **~scholten** [ˌ'ʃɔltən] *p.p. of* schelten.

**Geschöpf** [gə'ʃœpf] *n* (-[e]s/-e) creature.

**ge'schoren** *p.p. of* scheren.

**Geschoß** [gə'ʃɔs] *n* (Geschosses/Geschosse) projectile; missile; stor(e)y, floor.

**geschossen** [gə'ʃɔsən] *p.p. of* schießen.

Ge'schrei n (-[e]s/no pl.) cries pl.; shouting; fig. noise, fuss.

ge|schrieben [gə'ʃriːbən] p.p. of schreiben; ˷schrie(e)n [˷'ʃriː(ə)n] p.p. of schreien; ˷schritten [˷'ʃritən] p.p. of schreiten; ˷schunden [˷'ʃundən] p.p. of schinden.

Geschütz ✗ [gə'ʃyts] n (-es/-e) gun, cannon; ordnance.

Geschwader ✗ [gə'ʃvaːdər] n (-s/-) ⚓ squadron; ✈ wing, Am. group.

Geschwätz [gə'ʃvets] n (-es/no pl.) idle talk; gossip; 2ig adj. talkative.

geschweige cj. [gə'ʃvaɪgə]: ˷ (denn) not to mention; let alone, much less.

geschwiegen [gə'ʃviːgən] p.p. of schweigen.

geschwind adj. [gə'ʃvint] fast, quick, swift; 2igkeit [˷dɪçkaɪt] f (-/-en) quickness; speed, pace; phys. velocity; rate; mit e-r ˷ von ... at the rate of ...; 2igkeitsbegrenzung f speed limit.

Geschwister [gə'ʃvistər] n (-s/-): ˷ pl. brother(s pl.) and sister(s pl.).

ge|schwollen [gə'ʃvɔlən] 1. p.p. of schwellen; 2. adj. language: bombastic, pompous; ˷schwommen [˷'ʃvɔmən] p.p. of schwimmen.

geschworen [gə'ʃvoːrən] p.p. of schwören; 2e [˷ə] m, f (-n/-n) juror; die ˷n pl. the jury; 2engericht n jury.

Geschwulst ✚ [gə'ʃvulst] f (-/˷e) swelling; tumo(u)r.

ge|schwunden [gə'ʃvundən] p.p. of schwinden; ˷schwungen [˷'ʃvuŋən] p.p. of schwingen.

Geschwür ✚ [gə'ʃvyːr] n (-[e]s/-e) abscess, ulcer.

ge'sehen p.p. of sehen.

Gesell [gə'zɛl] m (-en/-en), ˷e [˷ə] m (-n/-n) companion, fellow; ⊕ journeyman; 2en v/refl. (no -ge-, h) associate, come together; sich zu j-m ˷ join s.o.; 2ig adj. social; sociable.

Ge'sellschaft f (-/-en) society; company (a. ✝); party; j-m ˷ leisten keep s.o. company; ˷er m (-s/-) companion; ✝ partner; ˷erin f (-/-nen) (lady) companion; ✝ partner; 2lich adj. social.

Ge'sellschafts|dame f (lady) companion; ˷reise f party tour; ˷spiel n party or round game; ˷tanz m ball-room dance.

gesessen [gə'zɛsən] p.p. of sitzen.

Gesetz [gə'zɛts] n (-es/-e) law; statute; ˷buch n code; statute-book; ˷entwurf m bill; ˷eskraft f legal force; ˷essammlung f code; 2gebend adj. legislative; ˷geber m (-s/-) legislator; ˷gebung f (-/-en) legislation; 2lich 1. adj. lawful, legal; 2. adv.: ˷ geschützt patented, registered; 2los adj. lawless; 2mäßig adj. legal; lawful.

ge'setzt 1. adj. sedate, staid; sober;

mature; 2. cj.: ˷ den Fall, (daß) ... suppose or supposing (that) ...

ge'setzwidrig adj. unlawful, illegal.

Ge'sicht n (-[e]s/-er) face; countenance; fig. character; zu ˷ bekommen catch sight or a glimpse of; set eyes on.

Ge'sichts|ausdruck m (facial) expression; ˷farbe f complexion; ˷kreis m horizon; ˷punkt m point of view, viewpoint, aspect, esp. Am. angle; ˷zug m mst Gesichtszüge pl. feature(s pl.), lineament(s pl.).

Ge'sims n ledge.

Gesinde [gə'zində] n (-s/-) (domestic) servants pl.; ˷l [˷l] n (-s/no pl.) rabble, mob.

ge'sinn|t adj. in compounds: ...-minded; wohl ˷ well disposed (j-m towards s.o.); 2ung f (-/-en) mind; conviction; sentiment(s pl.); opinions pl.

gesinnungs|los adj. [gə'zinuŋsloːs] unprincipled; ˷treu adj. loyal; 2wechsel m change of opinion; esp. pol. volte-face.

ge|sittet adj. [gə'zitət] civilized; well-bred, well-mannered; ˷'soffen p.p. of saufen; ˷sogen [˷'zoːgən] p.p. of saugen; ˷sonnen [˷'zɔnən] 1. p.p. of sinnen; 2. adj. minded, disposed; ˷sotten [˷'zɔtən] p.p. of sieden; ˷spalten p.p. of spalten.

Ge'spann n (-[e]s/-e) team, Am. a. span; oxen: yoke; fig. pair, couple.

ge'spannt adj. tense (a. fig.); rope: tight, taut; fig. intent; attention: close; relations: strained; ˷ sein auf (acc.) be anxious for; auf ˷em Fuß on bad terms; 2heit f (-/no pl.) tenseness, tension.

Gespenst [gə'ʃpɛnst] n (-es/-er) ghost, spect[re, Am. -er; 2isch adj. ghostly.

Ge'spiel|e m (-n/-n), ˷in f (-/-nen) playmate.

gespien [gə'ʃpiːn] p.p. of speien.

Gespinst [gə'ʃpinst] n (-es/-e) web, tissue (both a. fig.); spun yarn.

gesponnen [gə'ʃpɔnən] p.p. of spinnen.

Gespött [gə'ʃpœt] n (-[e]s/no pl.) mockery, derision, ridicule; zum ˷ der Leute werden become a laughing-stock.

Gespräch [gə'ʃprɛːç] n (-[e]s/-e) talk; conversation; teleph. call; dialogue; 2ig adj. talkative.

ge|sprochen [gə'ʃprɔxən] p.p. of sprechen; ˷sprossen p.p. of sprießen; ˷sprungen [˷'ʃpruŋən] p.p. of springen.

Gestalt [gə'ʃtalt] f (-/-en) form, figure, shape; stature; 2en v/t. and v/refl. (no -ge-, h) form, shape; ˷ung f (-/-en) formation; arrangement, organization.

gestanden [gə'ʃtandən] p.p. of stehen.

ge'ständ|ig *adj.*: ~ sein confess; 2nis [~t-] *n* (-ses/-e) confession.

Ge'stank *m* (-[e]s/*no pl.*) stench.

gestatten [gə'ʃtatən] *v/t.* (*no -ge-, h*) allow, permit.

Geste ['ɡɛstə] *f* (-/-n) gesture.

ge'stehen (*irr. stehen, no -ge-, h*) 1. *v/t.* confess, avow; 2. *v/i.* confess.

Ge|'stein *n* (-[e]s/-e) rock, stone; ~stell [~'ʃtɛl] *n* (-[e]s/-e) stand, rack, shelf; frame; trestle, horse.

gestern *adv.* ['ɡɛstərn] yesterday; ~ abend last night.

gestiegen [gə'ʃtiːɡən] *p.p. of* steigen.

Ge'stirn *n* (-[e]s/-e) star; *astr.* constellation; 2t *adj.* starry.

ge|stoben [gə'ʃtoːbən] *p.p. of* stieben; ~stochen [~'ʃtɔxən] *p.p. of* stechen; ~stohlen [~'ʃtoːlən] *p.p. of* stehlen; ~storben [~'ʃtɔrbən] *p.p. of* sterben; ~stoßen *p.p. of* stoßen; ~strichen [~'ʃtrɪçən] *p.p. of* streichen.

gestrig *adj.* ['ɡɛstrɪç] of yesterday, yesterday's ~

ge'stritten *p.p. of* streiten.

Gestrüpp [gə'ʃtrʏp] *n* (-[e]s/-e) brushwood; undergrowth.

gestunken [gə'ʃtuŋkən] *p.p. of* stinken.

Gestüt [gə'ʃtyːt] *n* (-[e]s/-e) stud farm; *horses kept for breeding, etc.*: stud.

Gesuch [gə'zuːx] *n* (-[e]s/-e) application, request; petition; 2t *adj.* wanted; sought-after; *politeness*: studied.

gesund *adj.* [gə'zunt] sound, healthy; salubrious; wholesome (*a. fig.*); ~er Menschenverstand common sense; ~en [~dən] *v/i.* (*no -ge-, sein*) recover.

Ge'sundheit *f* (-/*no pl.*) health (-iness); wholesomeness (*a. fig.*); *auf j-s ~* trinken drink (to) s.o.'s health; 2lich *adj.* sanitary; ~ geht es ihm gut he is in good health.

Ge'sundheits|amt *n* Public Health Department; ~pflege *f* hygiene; public health service; 2schädlich *adj.* injurious to health, unhealthy, unwholesome; ~wesen *n* Public Health; ~zustand *m* state of health, physical condition.

ge|sungen [gə'zuŋən] *p.p. of* singen; ~sunken [~'zuŋkən] *p.p. of* sinken; ~tan [~'taːn] *p.p. of* tun.

Getöse [gə'tøːzə] *n* (-s/*no pl.*) din, noise.

ge'tragen 1. *p.p. of* tragen; 2. *adj.* solemn.

Getränk [gə'trɛŋk] *n* (-[e]s/-e) drink, beverage.

ge'trauen *v/refl.* (*no -ge-, h*) dare, venture.

Getreide [gə'traɪdə] *n* (-s/-) corn, *esp. Am.* grain; cereals *pl.*; ~(an)bau *m* corn-growing, *esp. Am.* grain growing; ~pflanze *f* cereal plant;

~speicher *m* granary, grain silo, *Am.* elevator.

ge'treten *p.p. of* treten.

ge'treu(lich) *adj.* faithful, loyal; true.

Getriebe [gə'triːbə] *n* (-s/-) bustle; ⊕ gear(ing); ⊕ drive.

ge|trieben [gə'triːbən] *p.p. of* treiben; ~troffen [~'trɔfən] *p.p. of* treffen; ~trogen [~'troːɡən] *p.p. of* trügen.

ge'trost *adv.* confidently.

ge'trunken *p.p. of* trinken.

Ge|tue [gə'tuːə] *n* (-s/*no pl.*) fuss; ~tümmel [~'tʏməl] *n* (-s/-) turmoil; ~viert [~'fiːrt] *n* (-[e]s/-e) square.

Gewächs [gə'vɛks] *n* (-es/-e) growth (*a. ♀*); plant; vintage; ~haus *n* greenhouse, hothouse, conservatory.

ge|'wachsen 1. *p.p. of* wachsen; 2. *adj.*: *j-m* ~ sein be a match for s.o.; *e-r Sache* ~ sein be equal to s.th.; *sich der Lage* ~ zeigen rise to the occasion; ~wagt *adj.* [~'vaːkt] risky; bold; ~wählt *adj.* [~'vɛːlt] *style*: refined; ~wahr *adj.*: ~ werden (*acc. or gen.*) perceive s.th.; become aware of s.th.; ~ werden, *daß* become aware that.

Gewähr [gə'veːr] *f* (-/*no pl.*) guarantee, warrant, security; 2en *v/t.* (*no -ge-, h*) grant, allow; give, yield; afford; *j-n ~ lassen* let s.o. have his way; leave s.o. alone; 2leisten *v/t.* (*no -ge-, h*) guarantee.

Ge'wahrsam *m* (-s/-e) custody, safe keeping.

Ge'währsmann *m* informant, source.

Gewalt [gə'valt] *f* (-/-en) power; authority; control; force, violence; *höhere ~* act of God; *mit ~* by force; ~herrschaft *f* despotism, tyranny; 2ig *adj.* powerful, mighty; vehement; vast; ~maßnahme *f* violent measure; 2sam 1. *adj.* violent; 2. *adv. a.* forcibly; ~ öffnen force open; open by force; ~tat *f* act of violence; 2tätig *adj.* violent.

Gewand [gə'vant] *n* (-[e]s/-er) garment; robe; *esp. eccl.* vestment.

ge'wandt 1. *p.p. of* wenden 2; 2. *adj.* agile, nimble, dexterous, adroit; clever; 2heit *f* (-/*no pl.*) agility, nimbleness; adroitness, dexterity; cleverness.

ge'wann *pret. of* gewinnen.

Gewäsch F [gə'vɛʃ] *n* (-es/*no pl.*) twaddle, nonsense.

ge'waschen *p.p. of* waschen.

Gewässer [gə'vɛsər] *n* (-s/-) water(s *pl.*).

Gewebe [gə'veːbə] *n* (-s/-) tissue (*a. anat. and fig.*); fabric, web; texture.

Ge'wehr *n* gun; rifle; ~kolben *m* (rifle-)butt; ~lauf *m* (rifle-, gun-) barrel.

**Geweih** [gə'vaɪ] n (-[e]s/-e) horns pl., head, antlers pl.

**Gewerbe** [gə'vɛrbə] n (-s/-) trade, business; industry; ~freiheit f freedom of trade; ~schein m trade licen|ce, Am. -se; ~schule f technical school; ~steuer f trade tax; 2treibend adj. carrying on a business, engaged in trade; ~treibende m (-n/-n) tradesman.

**gewerb|lich** adj. [gə'vɛrplɪç] commercial, industrial; ~smäßig adj. professional.

**Ge'werkschaft** f (-/-en) trade(s) union, Am. labor union; ~ler m (-s/-) trade(s)-unionist; 2lich adj. trade-union; ~sbund m Trade Union Congress, Am. Federation of Labor.

**ge|wesen** [gə'veːzən] p.p. of sein; ~wichen [~'vɪçən] p.p. of weichen.

**Gewicht** [gə'vɪçt] n (-[e]s/-e) weight, Am. F a. heft; e-r Sache ~ beimessen attach importance to s.th.; ~ haben carry weight (bei dat. with); ~ legen auf et. lay stress on s.th.; ins ~ fallen be of great weight, count, matter; 2ig adj. weighty (a. fig.).

**ge|wiesen** [gə'viːzən] p.p. of weisen; ~willt adj. [~'vɪlt] willing.

**Ge|wimmel** [gə'vɪməl] n (-s/no pl.) swarm; throng; ~winde ⊕ [~'vɪn-də] n (-s/-) thread.

**Gewinn** [gə'vɪn] m (-[e]s/-e) gain; ↑ gains pl.; profit; lottery ticket: prize; game: winnings pl.; ~anteil m dividend; ~beteiligung f profit-sharing; 2bringend adj. profitable; 2en (irr., no -ge-, h) 1. v/t. win; gain; get; 2. v/i. win; gain; fig. improve; 2end adj. manner, smile: winning, engaging; ~er m (-s/-) winner.

**Ge'wirr** n (-[e]s/-e) tangle, entanglement; streets: maze; voices: confusion.

**gewiß** [gə'vɪs] 1. adj. certain; ein gewisser Herr N. a certain Mr. N., one Mr. N.; 2. adv.: ~! certainly!, to be sure!, Am. sure!

**Ge'wissen** n (-s/-) conscience; 2haft adj. conscientious; 2los adj. unscrupulous; ~sbisse m/pl. remorse, pangs pl. of conscience; ~frage f question of conscience.

**gewissermaßen** adv. [gəvɪsər-'maːsən] to a certain extent.

**Ge'wißheit** f (-/-en) certainty; certitude.

**Gewitter** [gə'vɪtər] n (-s/-) (thunder)storm; 2n v/i. (no -ge-, h): es gewittert there is a thunderstorm; ~regen m thunder-shower; ~wolke f thundercloud.

**ge|woben** [gə'voːbən] p.p. of weben; ~wogen 1. p.p. of wägen and wiegen[1]; 2. adj. (dat.) well or kindly disposed towards, favo(u)rably inclined towards.

**gewöhnen** [gə'vøːnən] v/t. (no -ge-, h) accustom, get used (an acc. to).

**Gewohnheit** [gə'voːnhaɪt] f (-/-en) habit; custom; 2smäßig adj. habitual.

**ge'wöhnlich** adj. common; ordinary; usual, customary; habitual; common, vulgar.

**ge'wohnt** adj. customary, habitual; (es) ~ sein zu inf. be accustomed or used to inf.

**Gewölbe** [gə'vœlbə] n (-s/-) vault.

**ge|wonnen** [gə'vɔnən] p.p. of gewinnen; ~worben [~'vɔrbən] p.p. of werben; ~worden [~'vɔrdən] p.p. of werden; ~worfen [~'vɔrfən] p.p. of werfen; ~wrungen [~'vrʊŋən] p.p. of wringen.

**Gewühl** [gə'vyːl] n (-[e]s/no pl.) bustle; milling crowd.

**gewunden** [gə'vʊndən] 1. p.p. of winden; 2. adj. twisted; winding.

**Gewürz** [gə'vʏrts] n (-es/-e) spice; condiment; ~nelke ⊕ f clove.

**ge'wußt** p.p. of wissen.

**Ge|'zeit** f: mst ~en pl. tide(s pl.); ~zeter n (-s/no pl.) (shrill) clamo(u)r.

**ge'ziert** adj. affected; ~zogen [~'tsoːgən] p.p. of ziehen.

**Gezwitscher** [gə'tsvɪtʃər] n (-s/no pl.) chirping, twitter(ing).

**gezwungen** [gə'tsvʊŋən] 1. p.p. of zwingen; 2. adj. forced, constrained.

**Gicht** ♀ [gɪçt] f (-/no pl.) gout; 2isch ♀ adj. gouty; ~knoten ♀ m gouty knot.

**Giebel** ['giːbəl] m (-s/-) gable(-end).

**Gier** [giːr] f (-/no pl.) greed(iness) (nach for); 2ig adj. greedy (nach for, of).

**'Gießbach** m torrent.

**gießen** ['giːsən] (irr., ge-, h) 1. v/t. pour; ⊕ cast, found; water (flowers); 2. v/i.: es gießt it is pouring (with rain); '2er m (-s/-) founder; 2erei [~'raɪ] f (-/-en) foundry; '2kanne f watering-can or -pot.

**Gift** [gɪft] n (-[e]s/-e) poison; venom (esp. of snakes) (a. fig.); malice, spite; 2ig adj. poisonous; venomous; malicious, spiteful; ~schlange f venomous or poisonous snake; ~zahn m poison-fang.

**Gigant** [gi'gant] m (-en/-en) giant.

**Gimpel** orn. ['gɪmpəl] m (-s/-) bullfinch.

**ging** [gɪŋ] pret. of gehen.

**Gipfel** ['gɪpfəl] m (-s/-) summit, top; peak; '~konferenz pol. f summit meeting or conference; '2n v/i. (ge-, h) culminate.

**Gips** [gɪps] m (-es/-e) min. gypsum; ⊕ plaster (of Paris); '~abdruck m, '~abguß m plaster cast; '2en v/t. (ge-, h) plaster; '~verband ♀ m plaster (of Paris) dressing.

**Giraffe** zo. [gi'rafə] f (-/-n) giraffe.

**girieren** † [ʒi'riːrən] v/t. (no -ge-, h) endorse, indorse (*bill of exchange*).

**Girlande** [gir'landə] f (-/-n) garland.

**Giro** † ['ʒiːro] n (-s/-s) endorsement, indorsement; **'~bank** f clearing-bank; **'~konto** n current account.

**girren** ['girən] v/i. (ge-, h) coo.

**Gischt** [giʃt] m (-es/~ -e) and f (-/~ -en) foam, froth; spray; spindrift.

**Gitarre** f [gi'tarə] f (-/-n) guitar.

**Gitter** ['gitər] n (-s/-) grating; lattice; trellis; railing; **'~bett** n crib; **'~fenster** n lattice-window.

**Glacéhandschuh** [gla'seː-] m kid glove.

**Glanz** [glants] m (-es/no pl.) brightness; lust|re, *Am.* -er; brilliancy; splendo(u)r.

**glänzen** ['glɛntsən] v/i. (ge-, h) glitter, shine; **'~d** adj. bright, brilliant; *fig.* splendid.

**'Glanz|leistung** f brilliant achievement or performance; **'~papier** n glazed paper; **'~punkt** m highlight; **'~zeit** f golden age, heyday.

**Glas** [glaːs] n (-es/~er) glass; **~er** ['~zər] m (-s/-) glazier.

**gläsern** adj. ['glɛːzərn] of glass; *fig.* glassy.

**'Glas|glocke** f (glass) shade or cover; globe; bell-glass; **'~hütte** f glassworks *g.*, *pl.*

**glasieren** [gla'ziːrən] v/t. (no -ge-, h) glaze; ice, frost (*cake*).

**glasig** adj. ['glaːzɪç] glassy, vitreous.

**'Glasscheibe** f pane of glass.

**Glasur** [gla'zuːr] f (-/-en) glaze, glazing; enamel; icing, frosting (on cakes).

**glatt** [glat] 1. adj. smooth (*a. fig.*); even; *lie, etc.*: flat, downright; *road, etc.*: slippery; 2. adv. smoothly; evenly; **~** anliegen fit closely or tightly; **~** rasiert clean-shaven; et. **~** ableugnen deny a.th. flatly.

**Glätte** ['glɛtə] f (-/-n) smoothness; *road, etc.*: slipperiness.

**'Glatteis** n glazed frost, icy glaze, *Am.* glaze; F: j-n aufs **~** führen lead s.o. up the garden path.

**'glätten** v/t. (ge-, h) smooth.

**Glatze** ['glatsə] f (-/-n) bald head.

**Glaube** ['glaubə] m (-ns/~ -n) faith, belief (*an acc.* in); **'2n** (ge-, h) 1. v/t. believe; think, suppose, *Am. a.* guess; 2. v/i. believe (j-m s.o.; an *acc.* in).

**'Glaubens|bekenntnis** n creed, profession or confession of faith; **'~lehre** f, **'~satz** m dogma, doctrine.

**glaubhaft** adj. ['glaup-] credible; plausible; authentic.

**gläubig** adj. ['glɔʏbɪç] believing, faithful; **2e** ['~gə] m, f (-n/-n)

**believer**; **2er** † ['~gər] m (-s/-) creditor.

**glaubwürdig** adj. ['glaup-] credible.

**gleich** [glaɪç] 1. adj. equal (*an dat.* in); the same; like; even, level; in **~er Weise** likewise; zur **~en Zeit** at the same time; es ist mir **~** it's all the same to me; das **~e** the same; as much; er ist nicht (mehr) der **~e** he is not the same man; 2. adv. alike, equally; immediately, presently, directly, at once; just; es ist **~** acht (Uhr) it is close on or nearly eight (o'clock); **~altrig** adj. ['~altric] (of) the same age; **~artig** adj. homogeneous; similar; uniform; **~bedeutend** adj. synonymous; equivalent (to); tantamount (*mit* to); **~berechtigt** adj. having equal rights; **~bleibend** adj. constant, steady; **'~en** v/i. (irr., ge-, h) equal; resemble.

**'gleich|falls** adv. also, likewise; **'~förmig** adj. ['~fœrmic] uniform; **'~gesinnt** adj. like-minded; **'2gewicht** n balance (*a. fig.*); equilibrium, equipoise; *pol.:* das **~** der Kräfte balance of power; **'~gültig** adj. indifferent (gegen to); es ist mir **~** I don't care; **~**, was du tust no matter what you do; **'2gültigkeit** f indifference; **'2heit** f (-/-en) equality; likeness; **'2klang** m unison; consonance, harmony; **'~kommen** v/i. (irr. kommen, sep., -ge-, sein): e-r Sache **~** amount to s.th.; j-m **~** equal s.o.; **'~laufend** adj. parallel; **'~lautend** adj. consonant; identical; **'~machen** v/t. (sep., -ge-, h) make equal (*dat.* to), equalize (to or with); **'2maß** n regularity; evenness; *fig.* equilibrium; **'~mäßig** adj. equal; regular; constant; even; **'2mut** m equanimity; **'~mütig** adj. even-tempered; calm; **'~namig** adj. ['~naːmiç] of the same name; **'2nis** n (-ses/-se) parable; *rhet.* simile; **'~sam** adv. as it were, so to speak; **'~schalten** v/t. (sep., -ge-, h) ⊕ synchronize; *pol.* co-ordinate, unify; **'~seitig** adj. equilateral; **'~setzen** v/t. (sep., -ge-, h) equate (*dat.* or *mit* with); **'~stehen** v/i. (irr. stehen, sep., -ge-, h) be equal; **'~stellen** v/t. (sep., -ge-, h) equalize, equate (*dat.* with); put s.o. on an equal footing (with); **'2stellung** f equalization, equation; **'2strom** f m direct current; **'2ung** Å f (-/-en) equation; **'~wertig** adj. equivalent, of the same value, of equal value; **'~zeitig** adj. simultaneous; synchronous; contemporary.

**Gleis** [glaɪs] n (-es/-e) s. Geleise.

**gleiten** ['glaɪtən] v/i. (irr., ge-, sein) glide, slide.

**'Gleit|flug** m gliding flight, glide, ✈ volplane; **'~schutzreifen** m

**non-skid** tyre, (*Am. only*) non-skid tire; '~schutz(vorrichtung *f*) *m* anti-skid device.

**Gletscher** ['glɛtʃər] *m* (-s/-) glacier; '~spalte *f* crevasse.

**glich** [gliç] *pret. of* gleichen.

**Glied** [gliːt] *n* (-[e]s/-er) *anat.* limb; member (*a. anat.*); link; ✗ rank, file; 2ern ['~dərn] *v/t.* (ge-, h) joint, articulate; arrange; divide (*in acc.* into); ~erung *f* (-/-en) articulation; arrangement; division; formation; ~maßen ['~tmɑːsən] *pl.* limbs *pl.*, extremities *pl.*

**glimmen** ['glimən] *v/i.* ([*irr.*,] ge-, h) *fig.*: smo(u)lder (*a. fig.*); glimmer; glow.

**glimpflich** ['glimpfliç] 1. *adj.* lenient, mild; 2. *adv.*: ~ davonkommen get off lightly.

**glitschig** *adj.* ['glitʃiç] slippery.

**glitt** [glit] *pret. of* gleiten.

**glitzern** ['glitsərn] *v/i.* (ge-, h) glitter, glisten.

**Globus** ['gloːbus] *m* (-, -ses/Globen, Globusse) globe.

**Glocke** ['glɔkə] *f* (-/-n) bell; shade; (glass) cover.

'**Glocken|schlag** *m* stroke of the clock; '~spiel *n* chime(s *pl.*); '~stuhl *m* bell-cage; '~turm *m* bell tower, belfry.

**Glöckner** ['glœknər] *m* (-s/-) bell-ringer.

**glomm** [glɔm] *pret. of* glimmen.

**Glorie** ['gloːriə] *f* (-/-n) glory; '~nschein *fig. m* halo, aureola.

**glorreich** *adj.* ['gloːr-] glorious.

**glotzen** F ['glɔtsən] *v/i.* (ge-, h) stare.

**Glück** [glyk] *n* (-[e]s/*no pl.*) fortune; good luck; happiness, bliss, felicity; prosperity; *auf gut* ~ on the off chance; ~ *haben* be lucky, succeed; *das* ~ *haben zu inf.* have the good fortune to *inf.*; *j-m* ~ *wünschen* congratulate s.o. (*zu* on); *viel* ~! good luck!; *zum* ~ fortunately; 2bringend *adj.* lucky.

**Glucke** *orn.* ['glukə] *f* (-/-n) sitting hen. [gen.]

'**glücken** *v/i.* (ge-, sein) s. gelin-]

**gluckern** ['glukərn] *v/i.* (ge-, h) water, etc.: gurgle.

'**glücklich** *adj.* fortunate; happy; lucky; '~er'weise *adv.* fortunately.

'**Glücksbringer** *m* (-s/-) mascot.

**glück'selig** *adj.* blissful, blessed, happy.

**glucksen** ['gluksən] *v/i.* (ge-, h) gurgle.

'**Glücks|fall** *m* lucky chance, stroke of (good) luck; '~göttin *f* Fortune; '~kind *n* lucky person; '~pfennig *m* lucky penny; '~pilz *m* lucky person; '~spiel *n* game of chance; *fig.* gamble; '~stern *m* lucky star; '~tag *m* happy *or* lucky day, red-letter day.

'**glück|strahlend** *adj.* radiant(ly happy); 2wunsch *m* congratulation, good wishes *pl.*; compliments *pl.*; ~ zum Geburtstag many happy returns (of the day).

**Glüh|birne** ✗ ['glyː-] *f* (electric-light) bulb; '2en *v/i.* (ge-, h) glow; '2end *adj.* glowing; *iron:* red-hot; *coal:* live; *fig.* ardent, fervid; '2(end)'heiß *adj.* burning hot; '~lampe *f* incandescent lamp; '~wein *m* mulled wine; '~würmchen *zo.* ['~vyrmçən] *n* (-s/-) glow-worm.

**Glut** [gluːt] *f* (-/-en) heat, glow (*a. fig.*); glowing fire, embers *pl.*; *fig.* ardo(u)r.

**Gnade** ['gnɑːdə] *f* (-/-n) grace; favo(u)r; mercy; clemency; pardon; ✗ quarter.

'**Gnaden|akt** *m* act of grace; '~brot *n* (-[e]s/*no pl.*) bread of charity; '~frist *f* reprieve; '~gesuch *n* petition for mercy.

**gnädig** *adj.* ['gnɛːdiç] gracious; merciful; *address:* 2e Frau Madam.

**Gnom** [gnoːm] *m* (-en/-en) gnome, goblin.

**Gobelin** [gobə'lɛ̃ː] *m* (-s/-s) Gobelin tapestry.

**Gold** [gɔlt] *n* (-[e]s/*no pl.*) gold; '~barren *m* gold bar, gold ingot, bullion; '~borte *f* gold lace; 2en *adj.* ['~dən] gold; *fig.* golden; '~feder *f* gold nib; '~fisch *m* goldfish; '2gelb *adj.* golden-(yellow); '~gräber ['~grɛːbər] *m* (-s/-) gold-digger; '~grube *f* gold-mine; '2haltig *adj.* gold-bearing, containing gold; 2ig *fig. adj.* ['~diç] sweet, lovely, *Am.* F a. cute; '~mine *f* gold-mine; '~münze *f* gold coin; '~schmied *m* goldsmith; '~schnitt *m* gilt edge; *mit* ~ gilt-edged; '~stück *n* gold coin; '~waage *f* gold-balance; '~währung *f* gold standard.

**Golf**[1] *geogr.* [gɔlf] *m* (-[e]s/-e) gulf.

**Golf**[2] [~] *n* (-s/*no pl.*) golf; '~platz *m* golf-course, (golf-)links *pl.*; '~schläger *m* golf-club; '~spiel *n* golf; '~spieler *m* golfer.

**Gondel** ['gɔndəl] *f* (-/-n) gondola; ✗ *mst* car.

**gönnen** ['gœnən] *v/t.* (ge-, h): *j-m et.* ~ allow *or* grant *or* not to grudge s.o. s.th.

'**Gönner** *m* (-s/-) patron; *Am.* a. sponsor; '2haft *adj.* patronizing.

**gor** [goːr] *pret. of* gären.

**Gorilla** *zo.* [go'rila] *m* (-s/-s) gorilla.

**goß** [gɔs] *pret. of* gießen.

**Gosse** ['gɔsə] *f* (-/-n) gutter (*a. fig.*).

**Gott** [gɔt] *m* (-es, ✗ -s/-er) God; god, deity; '2ergeben *adj.* resigned (to the will of God).

'**Gottes|dienst** *eccl. m* (divine) service; '2fürchtig *adj.* godfearing; '~haus *n* church, chapel; '~lästerer *m* (-s/-) blasphemer; '~lästerung *f* blasphemy.

'Gottheit *f* (-/-en) deity, divinity. Göttin ['gœtin] *f* (-/-nen) goddess. göttlich *adj.* ['gœtliç] divine. gott|'lob *int.* thank God *or* goodness!; '~los *adj.* godless; impious; *F fig. deed:* unholy, wicked; '²vertrauen *n* trust in God.

Götze ['gœtsə] *m* (-n/-n) idol; '~nbild *n* idol; '~ndienst *m* idolatry. Gouvern|ante [guvɛr'nantə] *f*(-/-n) governess; ~eur [~'nøːr] *m* (-s/-e) governor.

Grab [graːp] *n* (-[e]s/-er) grave, tomb, sepulch|re, *Am.* -er.

Graben ['graːbən] 1. *m* (-s/=) ditch; ✂ trench; 2. 2 *v/t.* (*irr.*, ge-, *h*) dig; *animal:* burrow.

Grab|gewölbe ['graːp-] *n* vault, tomb; '~mal *n* monument; tomb, sepulch|re, *Am.* -er; '~rede *f* funeral sermon; funeral oration *or* address; '~schrift *f* epitaph; '~stätte *f* burial-place; grave, tomb; '~stein *m* tombstone; gravestone.

Grad [graːt] *m* (-[e]s/-e) degree; grade, rank; 15 ~ *Kälte* 15 degrees below zero; '~einteilung *f* graduation; '~messer *m* (-s/-) graduated scale, graduator; *fig.* criterion; '~netz *n* map: grid.

Graf [graːf] *m* (-en/-en) *in Britain:* earl; count.

Gräfin ['grɛːfin] *f* (-/-nen) countess. 'Grafschaft *f* (-/-en) county.

Gram [graːm] *m* (-[e]s/no pl.) grief, sorrow; 2. 2 *adj.:* j-m ~ *sein* bear s.o. ill will *or* a grudge. grämen ['grɛːmən] *v/t.* (ge-, *h*) grieve; *sich* ~ grieve (*über acc.* at, for, over).

Gramm [gram] *n* (-s/-e) gramme, *Am.* gram.

Grammati|k [gra'matik] *f* (-/-en) grammar; ²sch *adj.* grammatical. Granat *min.* [gra'naːt] *m* (-[e]s/-e) garnet; ~e ✗ *f*(-/-n) shell; grenade; ~splitter ✗ *m* shell-splinter; ~trichter ✗ *m* shell-crater; ~werfer ✗ *m* (-s/-) mortar.

Granit *min.* [gra'niːt] *m* (-s/-e) granite.

Granne ♀ ['granə] *f* (-/-n) awn, beard.

Graphi|k ['graːfik] *f* (-/-en) graphic arts *pl.*; '²sch *adj.* graphic(al). Graphit *min.* [gra'fiːt] *m* (-s/-e) graphite.

Gras ♀ [graːs] *n* (-es/-er) grass; ²bewachsen *adj.* ['~bəvaksən] grass-grown, grassy; ²en ['~zən] *v/i.* (ge-, *h*) graze; '~halm *m* blade of grass; '~narbe *f* turf, sod; '~platz *m* grass-plot, green.

grassieren [gra'siːrən] *v/i.* (*no* -ge-, *h*) rage, prevail.

gräßlich *adj.* ['grɛsliç] horrible; hideous, atrocious.

Grassteppe ['graːs-] *f* prairie, savanna(h).

Grat [graːt] *m* (-[e]s/-e) edge, ridge. Gräte ['grɛːtə] *f* (-/-n) (fish-)bone. Gratifikation [gratifika'tsjoːn] *f* (-/-en) gratuity, bonus.

gratis *adv.* ['graːtis] gratis, free of charge.

Gratul|ant [gratu'lant] *m* (-en/-en) congratulator; ~ation [~tsjoːn] *f* (-/-en) congratulation; ²ieren [~'liːrən] *v/i.* (*no* -ge-, *h*) congratulate (*j-m zu et.* s.o. on s.th.); *j-m zum Geburtstag* ~ wish s.o. many happy returns (of the day).

grau *adj.* [grau] grey, *esp. Am.* gray. 'grauen¹ *v/i.* (ge-, *h*) *day:* dawn.

'grauen² 1. *v/i.* (ge-, *h*): *mir graut vor* (*dat.*) I shudder at, I dread; 2. 2 *n* (-s/*no pl.*) horror (*vor dat.* of); '~erregend *adj.*, '~haft *adj.*, '~voll *adj.* horrible; dreadful.

gräulich *adj.* ['grɔyliç] greyish, *esp. Am.* grayish.

Graupe ['graupə] *f* (-/-n) (peeled) barley, pot-barley; '~ln 1. *f/pl.* sleet; 2. 2 *v/i.* (ge-, *h*) sleet. 'grausam *adj.* cruel; '²keit *f* (-/-en) cruelty.

grausen ['grauzən] 1. *v/i.* (ge-, *h*) s. *grauen²* 1; 2. 2 *n* (-s/*no pl.*) horror (*vor dat.* of).

'grausig *adj.* horrible. [graver.]

Graveur [gra'vøːr] *m* (-s/-e) en-⟩ gravieren [gra'viːrən] *v/t.* (*no* -ge-, *h*) engrave; ~d *fig. adj.* aggravating. gravitätisch *adj.* [gravi'tɛːtiʃ] grave; dignified; solemn; stately.

Grazie ['graːtsjə] *f* (-/-n) grace(fulness).

graziös *adj.* [gra'tsjøːs] graceful. greifen ['graifən] (*irr.*, ge-, *h*) 1. *v/t.* seize, grasp, catch hold of; ♪ touch (*string*); 2. *v/i.*: *an den Hut* ~ touch one's hat; ~ *nach* grasp *or* snatch at; *um sich* ~ spread; *j-m unter die Arme* ~ give s.o. a helping hand; *zu strengen Mitteln* ~ resort to severe measures; *zu den Waffen* ~ take up arms.

Greis [grais] *m* (-es/-e) old man; ²enhaft *adj.* ['~zən-] senile (*a.* 🎭); ~in ['~zin] *f* (-/-nen) old woman. grell *adj.* [grɛl] *light:* glaring; *colour:* loud; *sound:* shrill.

Grenze ['grɛntsə] *f* (-/-n) limit; *territory:* boundary; *state:* frontier, borders *pl.*; *e-e* ~ *ziehen* draw the line; '²n *v/i.* (ge-, *h*): ~ *an* (*acc.*) border on (*a. fig.*); *fig.* verge on; '²nlos *adj.* boundless.

'Grenz|fall *m* border-line case; '~land *n* borderland; '~linie *f* boundary *or* border line; '~schutz *m* frontier *or* border protection; frontier *or* border guard; '~stein *m* boundary stone; '~übergang *m* frontier *or* border crossing(-point).

Greuel ['grɔyəl] *m* (-s/-) horror;

abomination; atrocity; '**tat** f atrocity.

**Griech|e** ['griːçə] m (-n/-n) Greek; '**2isch** adj. Greek; △, features: Grecian.

**griesgrämig** adj. ['griːsgrɛːmiç] morose, sullen.

**Grieß** [griːs] m (-es/-e) gravel (a. §²), grit; semolina; '**brei** m semolina pudding.

**Griff** [grif] 1. m (-[e]s/-e) grip, grasp, hold; ♪ touch; handle (of knife, etc.); hilt (of sword); 2. ⅔ pret. of **greifen**.

**Grille** ['grilə] f (-/-n) zo. cricket; fig. whim, fancy; '**2nhaft** adj. whimsical.

**Grimasse** [gri'masə] f (-/-n) grimace; **n schneiden** pull faces.

**Grimm** [grim] m (-[e]s/no pl.) fury, rage; '**2ig** adj. furious, fierce, grim.

**Grind** [grint] m (-[e]s/-e) scab, scurf.

**grinsen** ['grinzən] 1. v/i. (ge-, h) grin (über acc. at); sneer (at); 2. ⅔ n (-s/no pl.) grin; sneer.

**Grippe** ♪ ['gripə] f (-/-n) influenza, F flu(e), grippe.

**grob** adj. [grɔp] coarse; gross; rude; work, skin: rough; '**2heit** f (-/-en) coarseness; grossness; rudeness; **en** pl. rude things pl.

**grölen** F ['grøːlən] v/t. and v/i. (ge-, h) bawl.

**Groll** [grɔl] m (-[e]s/no pl.) grudge, ill will; '**2en** v/i. (ge-, h) thunder; rumble; j-m **bear s.o. ill will or a grudge.

**Gros¹** ♪ [grɔs] n (-ses/-se) gross.

**Gros²** [groː] n (-/-) main body.

**Groschen** ['grɔʃən] m (-s/-) penny.

**groß** adj. [groːs] great; large; big; figure: tall; huge; fig. great, grand; heat: intense; cold: severe; loss: heavy; **die 2en** pl. the grown-ups pl.; im **en** wholesale, on a large scale; im **en** (und) ganzen on the whole; **er Buchstabe** capital (letter); das **e Los** the first prize; ich bin kein **er Tänzer** I am not much of a dancer; '**artig** adj. great, grand, sublime; first-rate; '**2aufnahme** f film: close-up.

**Größe** ['grøːsə] f (-/-n) size; largeness; height, tallness; quantity (esp. 🦀); importance: greatness; p. celebrity; thea. star.

'**Großeltern** pl. grandparents pl.

'**großenteils** adv. to a large or great extent, largely.

'**Größenwahn** m megalomania.

'**Groß|grundbesitz** m large landed property; '**handel** ♦ m wholesale trade; '**handelspreis** ♦ m wholesale price; '**händler** ♦ m wholesale dealer, wholesaler; '**handlung** ♦ f wholesale business; '**herzog** m grand duke; '**industrielle** m big industrialist.

**Grossist** [grɔ'sist] m (-en/-en) s. **Großhändler**.

**groß|jährig** adj. ['groːsjɛːriç] of age; **werden** come of age; '**2jährigkeit** f (-/no pl.) majority, full (legal) age; '**2kaufmann** m wholesale merchant; '**2kraftwerk** ♀ n superpower station; '**2macht** f great power; '**2maul** n braggart; '**2mut** f (-/no pl.) generosity; '**mütig** adj. ['**myːtiç] magnanimous, generous; '**2mutter** f grandmother; '**2neffe** m great-nephew, grandnephew; '**2nichte** f great-niece, grand-niece; '**2onkel** m great-uncle, grand-uncle; '**2schreibung** f (-/-en) use of capital letters; capitalization; '**sprecherisch** adj. boastful; '**spurig** adj. arrogant; '**2stadt** f large town or city; '**städtisch** adj. of or in a large town or city; '**2tante** f great-aunt, grand-aunt.

**größtenteils** adv. ['grøːstəntaɪls] mostly, chiefly, mainly.

'**groß|tun** v/i. (irr. tun, sep-, -ge-, h) swagger, boast; sich mit et. **boast or brag of or about s.th.; '**2vater** m grandfather; '**2verdiener** m (-s/-) big earner; '**2wild** n big game; '**ziehen** v/t. (irr. ziehen, sep-, -ge-, h) bring up (child); rear, raise (child, animal); '**zügig** adj. ['**tsyːgiç] liberal; generous; broad-minded; planning: a. on a large scale.

**grotesk** adj. [gro'tɛsk] grotesque.

**Grotte** ['grɔtə] f (-/-n) grotto.

**grub** [gruːp] pret. of **graben**.

**Grübchen** ['gryːpçən] n (-s/-) dimple.

**Grube** ['gruːbə] f (-/-n) pit; ⅔ mine, pit.

**Grübel|ei** [gryːbə'laɪ] f (-/-en) brooding, musing, meditation; '**2n** v/i. (ge-, h) muse, meditate, ponder (all: über acc. on, over), Am. F a. mull (over).

'**Gruben|arbeiter** ⅔ m miner; '**gas** ⅔ n fire-damp; '**lampe** ⅔ f miner's lamp.

**Gruft** [gruft] f (-/=e) tomb, vault.

**grün** [gryːn] 1. adj. green; **er Hering** fresh herring; **er Junge** greenhorn; **und blau schlagen** beat s.o. black and blue; vom **en Tisch aus** armchair (strategy, etc.); 2. ⅔ n (-s/no pl.) green; verdure.

**Grund** [grunt] m (-[e]s/=e) ground; soil; bottom (a. fig.); land, estate; foundation; fig.: motive; reason; argument; von **auf thoroughly, fundamentally; '**ausbildung** f basic instruction; ⅹ basic (military) training; '**bedeutung** f basic or original meaning; '**bedingung** f basic or fundamental condition; '**begriff** m fundamental or basic idea; **e** pl. principles pl., rudiments pl.; '**besitz** m land(ed property); '~besitzer m landowner; '~buch n land register.

gründ|en ['gryndən] v/t. (ge-, h) establish; † promote; sich ~ auf (acc.) be based or founded on; '2er m (-s/-) founder; † promoter.

'grund|'falsch adj. fundamentally wrong; '2farbe f ground-colo(u)r; opt. primary colo(u)r; '2fläche f base; area (of room, etc.); '2gebühr f basic rate or fee; flat rate; '2gedanke m basic or fundamental idea; '2gesetz n fundamental law; ♣ appr. constitution; '2kapital † n capital (fund); '2lage f foundation, basis; '~legend adj. fundamental, basic.

gründlich adj. ['gryntliç] thorough; knowledge: profound.

'Grund|linie f base-line; '2los adj. bottomless; fig.: groundless; unfounded; '~mauer f foundation-wall. [Thursday.]

Grün'donnerstag eccl. m Maundy

'Grund|regel f fundamental rule; '~riß m △ ground-plan; outline; compendium; '~satz m principle; 2sätzlich ['~zetsliç] 1. adj. fundamental; 2. adv. in principle; on principle; '~schule f elementary or primary school; '~stein m △ foundation-stone; fig. corner-stone; '~steuer f land-tax; '~stock m basis, foundation; '~stoff m element; '~strich m down-stroke; '~stück n plot (of land); ♣ (real) estate; premises pl.; '~stücksmakler m real estate agent, Am. realtor; '~ton m ♪ keynote; ground shade.

'Gründung f (-/-en) foundation, establishment.

'grund|ver'schieden adj. entirely different; '2wasser geol. n (under-)ground water; '2zahl gr. f cardinal number; '2zug m main feature, characteristic.

'grünlich adj. greenish.

'Grün|schnabel fig. m greenhorn; whipper-snapper; '~span m (-[e]s/no pl.) verdigris.

grunzen ['gruntsən] v/i. and v/t. (ge-, h) grunt.

Grupp|e ['grupə] f (-/-n) group; ✕ section, Am. squad; 2ieren [~'pi:rən] v/t. (no -ge-, h) group, arrange in groups; sich ~ form groups.

Gruselgeschichte ['gru:zəl~] f tale of horror, spine-chilling story or tale, F creepy story or tale.

Gruß [gru:s] m (-es/=e) salutation; greeting; esp. ✕, ♣ salute; mst Grüße pl. regards pl.; respects pl., compliments pl.

grüßen ['gry:sən] v/t. (ge-, h) greet, esp. ✕ salute; hail; ~ Sie ihn von mir remember me to him; j-n ~ lassen send one's compliments or regards to s.o.

Grütze ['grytsə] f (-/-n) grits pl., groats pl.

guck|en ['gukən] v/i. (ge-, h) look; peep, peer; '2loch n peep- or spy-hole.

Guerilla ✕ [ge'ril(j)a] f (-/-s) guer(r)illa war.

gültig adj. ['gyltiç] valid; effective, in force; legal; coin: current; ticket: available; '2keit f (-/no pl.) validity; currency (of money); availability (of ticket).

Gummi ['gumi] n, m (-s/-s) gum; (india-)rubber; '~ball m rubber ball; '~band n elastic (band); rubber band; '~baum ♣ m gum-tree; (india-)rubber tree.

gum'mieren v/t. (no -ge-, h) gum.

'Gummi|handschuh m rubber glove; '~knüppel m truncheon, Am. club; '~schuhe m/pl. rubber shoes pl., Am. rubbers pl.; '~sohle f rubber sole; '~stiefel m wellington (boot), Am. rubber boot; '~zug m elastic; elastic webbing.

Gunst [gunst] f (-/no pl.) favo(u)r, goodwill; zu ~en (gen.) in favo(u)r of.

günst|ig adj. ['gynstiç] favo(u)rable; omen: propitious; im ~sten Fall at best; zu ~en Bedingungen † on easy terms; 2ling ['~liŋ] m (-s/-e) favo(u)rite.

Gurgel ['gurgəl] f (-/-n): j-m an die ~ springen leap or fly at s.o.'s throat; '2n v/i. (ge-, h) ♣ gargle; gurgle.

Gurke ['gurkə] f (-/-n) cucumber; pickled: gherkin.

gurren ['gurən] v/i. (ge-, h) coo.

Gurt [gurt] m (-[e]s/-e) girdle; harness: girth; strap; belt.

Gürtel ['gyrtəl] m (-s/-) belt; girdle; geogr. zone.

Guß [gus] m (Gusses/Güsse) ⊕ founding, casting; typ. fount, Am. font; rain: downpour, shower; '~eisen n cast iron; '2eisern adj. cast-iron; '~stahl m cast steel.

gut[1] [gu:t] 1. adj. good; ~e Worte fair words; ~es Wetter fine weather; ~er Dinge or ~en Mutes sein be of good cheer; ~e Miene zum bösen Spiel machen grin and bear it; ~ so! good!, well done!; ~ werden get well, heal; fig. turn out well; ganz ~ not bad; schon ~! never mind!, all right!; sei so ~ und ... (will you) be so kind as to inf.; auf ~ deutsch in plain German; j-m ~ sein love or like s.o.; 2. adv. well; ein ~ gehendes Geschäft a flourishing business; du hast ~ lachen it's easy or very well for you to laugh; es ~ haben be lucky; be well off.

Gut[2] [~] n (-[e]s/=er) possession, property; (landed) estate; † goods pl.

'Gut|achten n (-s/-) (expert) opin-
ion; '~achter m (-s/-) expert; con-
sultant; '2artig adj. good-natured;
⚓ benign; ~dünken ['~dyŋkən] n
(-s/no pl.): nach ~ at discretion or
pleasure.
Gute 1. n (-n/no pl.) the good; ~s
tun do good; 2. m, f (-n/-n): die
~n pl. the good pl.
Güte ['gy:tə] f (-/no pl.) goodness,
kindness; ↑ class, quality; in ~
amicably; F: meine ~! good gracious!; haben Sie die ~ zu inf. be
so kind as to inf.
'Güter|abfertigung f dispatch of
goods; ~ ~annahme f goods office, Am. freight office; '~bahnhof
m goods station, Am. freight depot
or yard; '~gemeinschaft ₰ f community of property; '~trennung ₰
f separation of property; '~verkehr
m goods traffic, Am. freight traffic;
'~wagen m (goods) wag(g)on, Am.
freight car; offener ~ (goods) truck;
geschlossener ~ (goods) van, Am.
boxcar; '~zug m goods train, Am.
freight train.
'gut|gelaunt adj. good-humo(u)red;
'~gläubig adj. acting or done in
good faith; t. leichtgläubig; '~ha-
ben v/t. (irr. haben, sep., -ge-, h)
have credit for (sum of money); '2-
haben ↑ n credit (balance); '~hei-
ßen v/t. (irr. heißen, sep., -ge-, h)

approve (of); '~herzig adj. good-
natured, kind-hearted.
'gütig adj. good, kind(ly).
'gütlich adv.: sich ~ einigen settle
s.th. amicably; sich ~ tun an (dat.)
regale o.s. on.
'gut|machen v/t. (sep., -ge-, h)
make up for, compensate, repair;
~mütig adj. ['~my:tiç] good-natured; '2mütigkeit f (-/⚓ -en)
good nature.
'Gutsbesitzer m landowner; owner
of an estate.
'Gut|schein m credit note, coupon;
voucher; '2schreiben v/t. (irr.
schreiben, sep., -ge-, h): j-m e-n
Betrag ~ put a sum to s.o.'s credit;
'~schrift ↑ f credit(ing).
'Guts|haus n farm-house; manor
house; '~herr m lord of the manor;
landowner; '~hof m farmyard;
estate, farm; '~verwalter m (landlord's) manager or steward.
'gutwillig adj. willing; obliging.
Gymnasi|albildung [gymna'zjɑːl-]
f classical education; '~ast [~ast] m
(-en/-en) appr. grammar-school boy;
~um [~'na:zjum] n (-s/Gymnasien)
appr. grammar-school.
Gymnasti|k [gym'nastik] f (-/no
pl.) gymnastics pl.; 2sch adj. gym-
nastic.
Gynäkologe ⚓ [gynɛko'lo:gə] m
(-n/-n) gyn(a)ecologist.

# H

Haar [haːr] n (-[e]s/-e) hair; sich die
~e kämmen comb one's hair; sich
die ~e schneiden lassen have one's
hair cut; aufs ~ to a hair; um ein ~
by a hair's breadth; '~ausfall m
loss of hair; '~bürste f hairbrush;
'2en v/i. and v/refl. (ge-, h) lose or
shed one's hairs; '~ebreite f: um ~
by a hair's breadth; '2fein adj. (as)
fine as a hair; fig. subtle; '~gefäß
anat. n capillary (vessel); '2genau
adj. exact to a hair; '2ig adj. hairy;
in compounds: ~~haired; '2klein
adv. to the last detail; '~klemme f
hair grip, Am. bobby pin; '~nadel f
hairpin; '~nadelkurve f hairpin
bend; '~netz n hair-net; '~öl n
hair-oil; '2scharf 1. adj. very sharp;
fig. very precise; 2. adv. by a hair's
breadth; '~schneidemaschine f
(e-e a pair of) (hair) clippers pl.;
'~schneider m barber, (men's)
hairdresser; '~schnitt m haircut;
'~schwund m loss of hair; '~spal-
te'rei f (-/-en) hair-splitting;
'2sträubend adj. hair-raising, hor-
rifying; '~tracht f hair-style,
coiffure; '~wäsche f hair-wash;

shampoo; '~wasser n hair-lotion;
'~wuchs m growth of the hair;
'~wuchsmittel n hair-restorer.
Habe ['ha:bə] f (-/no pl.) property;
belongings pl.
haben ['ha:bən] 1. v/t. (irr. ge-, h)
have; F fig.: sich ~ (make a) fuss;
etwas (nichts) auf sich ~ be of (no)
consequence; unter sich ~ be in
control of, command; zu ~ ↑ goods:
obtainable, to be had; da ~ wir's!
there we are!; 2. 2 ↑ n (-s/-) credit
(side).
Habgier ['ha:p-] f avarice, covetous-
ness; '2ig adj. avaricious, covet-
ous.
habhaft adj. ['ha:phaft]: ~ werden
(gen.) get hold of; catch, apprehend.
Habicht ['ha:biçt] m (-[e]s/-e)
(gos)hawk.
Hab|seligkeiten ['ha:p-] f/pl. prop-
erty, belongings pl.; '~sucht f s.
Habgier; '2süchtig adj. s. habgierig.
Hacke ['hakə] f (-/-n) ⚓ hoe, mat-
tock; (pick)axe; heel.
Hacken ['hakən] 1. m (-s/-) heel;
die ~ zusammenschlagen ✕ click
one's heels; 2. 2 v/t. (ge-, h) ⚓

hack (*soil*); mince (*meat*); chop (*wood*).

'**Hackfleisch** *n* minced meat, *Am.* ground meat.

**Häcksel** ['hɛksəl] *n*, *m* (-s/no *pl.*) chaff, chopped straw.

**Hader** ['haːdər] *m* (-s/no *pl.*) dispute, quarrel; discord; '2n *v/i.* (ge-, h) quarrel (*mit* with).

**Hafen** ['haːfən] *m* (-s/-) harbo(u)r; port; '~anlagen *f/pl.* docks *pl.*; '~arbeiter *m* docker, *Am. a.* longshoreman; '~damm *m* jetty; pier; '~stadt *f* seaport.

**Hafer** ['haːfər] *m* (-s/-) oats *pl.*; '~brei *m* (oatmeal) porridge; '~flocken *f/pl.* porridge oats *pl.*; '~grütze *f* groats *pl.*, grits *pl.*; '~schleim *m* gruel.

**Haft** *f ⚥* [haft] *f* (-/no *pl.*) custody; detention, confinement; '2bar *adj.* responsible, *⚥* liable (*für* for); '~befehl *m* warrant of arrest; '2en *v/i.* (ge-, h) stick, adhere (*an das.* to); ~ *für ⚥* answer for, be liable for. **Häftling** ['hɛftlɪŋ] *m* (-s/-e) prisoner. '**Haftpflicht** *f ⚥* liability; '2ig *adj.* liable (*für* for); '~versicherung *f* third-party insurance.

'**Haftung** *f* (-/-en) responsibility, *⚥* liability; *mit beschränkter ~* limited.

**Hagel** ['haːgəl] *m* (-s/-) hail; *fig. a.* shower, volley; '~korn *n* hailstone; '2n *v/i.* (ge-, h) hail (*a. fig.*); '~schauer *m* shower of hail, (brief) hailstorm.

**hager** *adj.* ['haːgər] lean, gaunt; scraggy, lank.

**Hahn** [haːn] *m* 1. *orn.* (-[e]s/=e) cock; rooster; 2. ⊕ (-[e]s/=e, -en) (stop)cock, tap, *Am. a.* faucet; '~enkampf *m* cock-fight; '~enschrei *m* cock-crow.

**Hai** *ichth.* [hai] *m* (-[e]s/-e), '~fisch *m* shark.

**Hain** *poet.* [hain] *m* (-[e]s/-e) grove, wood.

**häkel|n** ['hɛːkəln] *v/t. and v/i.* (ge-, h) crochet; '2nadel *f* crochet needle or hook.

**Haken** ['haːkən] 1. *m* (-s/-) hook (*a. boxing*); peg; *fig.* snag, catch; 2. 2 *v/i.* (ge-, h) get stuck, jam. '**hakig** *adj.* hooked.

**halb** [halp] 1. *adj.* half; *eine ~e Stunde* half an hour, a half-hour; *eine ~e Flasche Wein* a half-bottle of wine; *ein ~es Jahr* half a year; *~e Note ♩* minim, *Am. a.* half note; *~er Ton ♩* semitone, *Am. a.* half tone; 2. *adv.* half; ~ *voll* half full; ~ *soviel* half as much; *es schlug ~* it struck the half-hour.

'**halb|amtlich** *adj.* semi-official; '2bruder *m* half-brother; '2dunkel *n* semi-darkness; dusk, twilight; '~er *prp.* (*gen.*) ['halbər] on account of; for the sake of; '2fabri-

kat ⊕ *n* semi-finished product; '~gar *adj.* underdone, *Am. a.* rare; '2gott *m* demigod; '2heit *f* (-/-en) half-measure.

**halbieren** [hal'biːrən] *v/t.* (no -ge-, h) halve, divide in half; *⚥* bisect.

'**Halb|insel** *f* peninsula; '~jahr *n* half-year, six months *pl.*; '2jährig *adj.* ['~jeːrɪç] half-year, six months; of six months; '2jährlich 1. *adj.* half-yearly; 2. *adv. a.* twice a year; '~kreis *m* semicircle; '~kugel *f* hemisphere; '2laut 1. *adj.* low, subdued; 2. *adv.* in an undertone; '2mast *adv.* (at) half-mast, *Am. a.* (at) half-staff; '~messer ⚥ *m* (-s/-) radius; '~mond *m* half-moon, crescent; '2part *adv.*: ~ *machen* go halves, F go fifty-fifty; '~schuh *m* (low) shoe; '~schwester *f* half-sister; '~tagsbeschäftigung *f* part-time job *or* employment; '2tot *adj.* half-dead; '2wegs *adv.* ['~veːks] half-way; *fig.* to some extent, tolerably; '~welt *f* demi-monde; 2wüchsig *adj.* ['~vyːksɪç] adolescent, *Am. a.* teen-age; '~zeit *f* *sports*: half(-time).

**Halde** ['haldə] *f* (-/-n) slope; ⚒ dump.

**half** [half] *pret. of* helfen.

**Hälfte** ['helftə] *f* (-/-n) half, *⚥* moiety; *die ~ von* half of.

**Halfter** ['halftər] *m*, *n* (-s/-) halter.

**Halle** ['halə] *f* (-/-n) hall; *hotel*: lounge; *tennis*: covered court; ✈ hangar.

**hallen** ['halən] *v/i.* (ge-, h) (re)sound, ring, (re-)echo.

'**Hallen|bad** *n* indoor swimming-bath, *Am. a.* natatorium; '~sport *m* indoor sports *pl.*

**hallo** [ha'loː] 1. *int.* hallo!, hello!, hullo!; 2. 2 *fig. n* (-s/-s) hullabaloo.

**Halm** ♣ [halm] *m* (-[e]s/-e) blade; stem, stalk; straw.

**Hals** [hals] *m* (-es/=e) neck; throat; ~ *über Kopf* head over heels; *auf dem ~ haben* have on one's back, be saddled with; *sich den ~ verrenken* crane one's neck; '~abschneider *fig. m* extortioner, F shark; '~band *n* necklace; collar (*for dog, etc.*); '~entzündung ⚥ *f* sore throat; '~kette *f* necklace; string; chain; '~kragen *m* collar; '~schmerzen *m/pl.*: ~ *haben* have a sore throat; '2starrig *adj.* stubborn, obstinate; '~tuch *n* neckerchief; scarf; '~weite *f* neck size.

**Halt** [halt] *m* (-[e]s/-e) hold; foothold, handhold; support (*a. fig.*); *fig.*: stability; security, mainstay.

**halt** 1. *int.* stop!; ⚒ halt!; 2. F *adv.* just; *das ist ~ so* that's the way it is.

'**haltbar** *adj. material, etc.*: durable, lasting; *colour*: fast; *fig. theory, etc.*: tenable.

'**halten** (*irr.*, ge-, h) 1. *v/t.* hold (*fort,*

*position, water, etc.*); maintain (*position, level, etc.*); keep (*promise, order, animal, etc.*); make, deliver (*speech*); give, deliver (*lecture*); take in (*newspaper*); ~ für regard as, take to be; take for; es ~ mit side with; be fond of; kurz~ keep *s.o.* short; viel (wenig) ~ von think highly (little) of; sich ~ hold out; last; *food:* keep; sich gerade ~ hold *o.s.* straight; sich gut ~ in examination, etc.: do well; *p.* be well preserved; sich ~ an (*acc.*) adhere or keep to; 2. *v/i.* stop, halt; *ics:* bear; *rope, etc.:* stand the strain; ~ zu stick to or by; ~ auf (*acc.*) set store by, value; auf sich ~ pay attention to one's appearance; have self-respect.

'**Halte|punkt** *m* 66, *etc.:* wayside stop, halt; *shooting:* point of aim; *phys.* critical point; '~**r** *m* (*-s/-*) keeper; *a.* owner; *devices:* ... holder; '~**stelle** *f* stop; 66 station, stop; '~**signal** 66 *n* stop signal.

**halt|los** *adj.* ['haltlos] *p.* unsteady, unstable; *theory, etc.:* baseless, without foundation; '~**machen** *v/i.* (*sep., -ge-, h*) stop, halt; *vor nichts* ~ stick or stop; at nothing; '2**ung** *f* (*-/-en*) deportment, carriage; pose; *fig.* attitude (*gegenüber towards*); self-control; *stock exchange:* tone.

**hämisch** *adj.* ['hɛmiʃ] spiteful, malicious.

**Hammel** ['haməl] *m* (*-s/-, =*) wether; '~**fleisch** *n* mutton; '~**keule** *f* leg of mutton; '~**rippchen** *n* (*-s/-*) mutton chop.

**Hammer** ['hamər] *m* (*-s/=*) hammer; (*auctioneer's*) gavel; *unter den* ~ *kommen* come under the hammer.

**hämmern** ['hɛmərn] (*ge-, h*) 1. *v/t.* hammer; 2. *v/i.* hammer (*a. an dat.* at *door, etc.*); hammer away (*auf dat.* at *piano*); *heart, etc.:* throb (violently), pound.

**Hämorrhoiden** ♂ [hɛmorо'i:dən] *f/pl.* h(a)emorrhoids *pl.*, piles *pl.*

**Hampelmann** ['hampəlman] *m* jumping-jack; *fig.* (mere) puppet.

**Hamster** *zo.* ['hamstər] *m* (*-s/-*) hamster; '2**n** *v/t. and v/i.* (*ge-, h*) hoard.

**Hand** [hant] *f* (*-/=e*) hand; *j-m die* ~ *geben* shake hands with *s.o.; an* ~ (*gen.*) *or von* with the help *or* aid of; *aus erster* ~ first-hand, at first hand; *bei der* ~, *zur* ~ at hand; *~ und Fuß haben* be sound, hold water; *seine* ~ *im Spiele haben* have a finger in the pie; '~**arbeit** *f* manual labo(u)r *or* work; (handi)craft; needlework; '~**arbeiter** *m* manual labo(u)rer; '~**bibliothek** *f* reference library; '~**breit** 1. *f* (*-/-*) hand's breadth; 2. 2 *adj.* a hand's breadth across; '~**bremse** *mot. f* hand-brake; '~**buch** *n* manual, handbook.

**Hände|druck** ['hɛndə-] *m* (*-[e]s/=e*)

handshake; '~**klatschen** *n* (*-s/no pl.*) (hand-)clapping; applause.

**Handel** ['handəl] *m* 1. (*-s/no pl.*) commerce; trade; business; market; traffic; transaction, deal, bargain; 2. (*-s/-*): *Händel pl.* quarrels *pl.*, contention; '2**n** *v/i.* (*ge-, h*) act, take action; ♰ trade (*mit* with *s.o.,* in *goods*), deal (in *goods*); bargain (*um* for), haggle (*over*); ~ *von* treat of, deal with; *es handelt sich um* it concerns, it is a matter of.

'**Handels|abkommen** *n* trade agreement; '~**bank** *f* commercial bank; '2**einig** *adj.:* ~ *werden* come to terms; '~**genossenschaft** *f* traders' co-operative association; '~**gericht** *n* commercial court; '~**gesellschaft** *f* (trading) company; '~**haus** *n* business house, firm; '~**kammer** *f* Chamber of Commerce; '~**marine** *f* mercantile marine; '~**minister** *m* minister of commerce; President of the Board of Trade, *Am.* Secretary of Commerce; '~**ministerium** *n* ministry of commerce; Board of Trade, *Am.* Department of Commerce; '~**reisende** *m* commercial traveller, *Am.* traveling salesman, F drummer; '~**schiff** *n* merchantman; '~**schiffahrt** *f* merchant shipping; '~**schule** *f* commercial school; '~**stadt** *f* commercial town; '2**üblich** *adj.* customary in trade; '~**vertrag** *m* commercial treaty, trade agreement.

'**handeltreibend** *adj.* trading.

'**Hand|feger** *m* (*-s/-*) hand-brush; '~**fertigkeit** *f* manual skill; '2**fest** *adj.* sturdy, strong; *fig.* well-founded, sound; '~**feuerwaffen** *f/pl.* small arms *pl.*; '~**fläche** *f* flat of the hand, palm; '2**gearbeitet** *adj.* hand-made; '~**geld** *n* earnest money; ✕ bounty; '~**gelenk** *anat. n* wrist; '~**gemenge** *n* scuffle, mêlée; '~**gepäck** *n* hand luggage, *Am.* hand baggage; '~**granate** ✕ *f* hand-grenade; '2**greiflich** *adj.* violent; *fig.* tangible, palpable; ~ *werden* turn violent, *Am. a.* get tough; '~**griff** *m* grasp; handle, grip; *fig.* manipulation; '~**habe** *fig. f* handle; '2**haben** *v/t.* (*ge-, h*) handle, manage; operate (*machine, etc.*); administer (*law*); '~**karren** *m* hand-cart; '~**koffer** *m* suitcase, *Am. a.* valise; '~**kuß** *m* kiss on the hand; '~**langer** *m* (*-s/-*) hodman, handy man; *fig.* dog's-body, henchman.

**Händler** ['hɛndlər] *m* (*-s/-*) dealer, trader.

'**handlich** *adj.* handy; manageable.

**Handlung** ['handluŋ] *f* (*-/-en*) act, action; deed; *thea.* action, plot; ♰ shop, *Am.* store.

'**Handlungs|bevollmächtigte** *m* proxy; '~**gehilfe** *m* clerk; shop-

assistant, *Am.* salesclerk; '~reisen-
de *m s.* Handelsreisende; '~weise *f*
conduct; way of acting.

'Hand|rücken *m* back of the hand;
~schelle *f* handcuff, manacle;
'~schlag *m* handshake; '~schrei-
ben *n* autograph letter; '~schrift
*f* handwriting; manuscript; '2-
schriftlich 1. *adj.* hand-written;
2. *adv.* in one's own handwriting;
'~schuh *m* glove; '~streich ✕ *m*
surprise attack, coup de main; *im ~
nehmen* take by surprise; '~tasche
*f* handbag, *Am. a.* purse; '~tuch *n*
towel; '~voll *f* (-/-) handful; '~wa-
gen *m* hand-cart; '~werk *n*
(handi)craft, trade; '~werker *m*
(-s/-) (handi)craftsman, artisan,
workman; '~werkzeug *n* (kit of)
tools *pl.*; '~wurzel *anat. f* wrist;
'~zeichnung *f* drawing.

Hanf ♀ [hanf] *m* (-[e]s/*no pl.*) hemp.

Hang [haŋ] *m* (-[e]s/~e) slope,
incline, declivity; hillside; *fig.*
inclination, propensity (*zu* for; *zu
inf.* to *inf.*); tendency (to).

Hänge|boden ['hɛŋə-] *m* hanging-
loft; ~brücke ⚠ *f* suspension
bridge; '~lampe *f* hanging lamp;
'~matte *f* hammock.

hängen ['hɛŋən] 1. *v/i.* (*irr.*, ge-, h)
hang, be suspended; adhere, stick,
cling (*an dat.* to); ~ *an* (*dat.*) be
attached *or* devoted to; 2. *v/t.* (ge-,
h) hang, suspend; '~bleiben *v/i.*
(*irr.* bleiben, *sep.*, -ge-, sein) get
caught (up) (*an dat.* on, in); *fig.*
stick (in the memory).

hänseln ['hɛnzəln] *v/t.* (ge-, h)
tease (*wegen* about), F rag.

Hansestadt ['hanzə-] *f* Hanseatic
town.

Hanswurst ['hans'-] *m* (-es/-e, F ~e)
merry andrew; Punch; *fig. contp.*
clown, buffoon.

Hantel ['hantəl] *f* (-/-n) dumb-bell.

hantieren [han'ti:rən] *v/i.* (*no* -ge-,
h) be busy (*mit* with); work (*an dat.*
on).

Happen ['hapən] *m* (-s/-) morsel,
mouthful, bite; snack.

Harfe ♪ ['harfə] *f* (-/-n) harp.

Harke ♪ ['harkə] *f* (-/-n) rake; '2n
*v/t. and v/i.* (ge-, h) rake.

harmlos *adj.* ['harmlo:s] harmless,
innocuous; inoffensive.

Harmonie [harmo'ni:] *f* (-/-n)
harmony (*a.* ♪); 2ieren *v/i.* (*no*
-ge-, h) harmonize (*mit* with); *fig.
a.* be in tune (with); '~ika ♪ [~'mo:-
nika] *f* (-/-s, Harmoniken) accordion;
mouth-organ; 2isch *adj.* [~'mo:niʃ]
harmonious.

Harn [harn] *m* (-[e]s/-e) urine;
'~blase *anat. f* (urinary) bladder;
'2en *v/i.* (ge-, h) pass water, urinate.

Harnisch ['harniʃ] *m* (-es/-e)
armo(u)r; *in ~ geraten* be up in
arms (*über acc.* about).

'Harnröhre *anat. f* urethra.

Harpun|e [har'pu:nə] *f* (-/-n) har-
poon; 2ieren [~u'ni:rən] *v/t.* (*no*
-ge-, h) harpoon.

hart [hart] 1. *adj.* hard; *fig. a.*
harsh; heavy, severe; 2. *adv.* hard;
*~ arbeiten* work hard.

Härte ['hɛrtə] *f* (-/-n) hardness; *fig.
a.* hardship; severity; '2n (ge-, h)
1. *v/t.* harden (*metal*); temper (*steel*);
case-harden (*iron, steel*); 2. *v/i. and
v/refl.* harden, become *or* grow
hard; *steel*: temper.

'Hart|geld *n* coin(s *pl.*), specie;
'~gummi *m* hard rubber; ⚛ ebon-
ite, vulcanite; '2herzig *adj.* hard-
hearted; 2köpfig *adj.* ['~kœpfiç]
stubborn, headstrong; 2näckig *adj.*
['~nɛkiç] ▶. obstinate, obdurate;
*effort*: dogged, tenacious; ✖ *ail-
ment*: refractory. ·

Harz [harts] *n* (-es/-e) resin; ♪
rosin; *mot.* gum; '2ig *adj.* resinous.

Hasardspiel [ha'zart-] *n* game of
chance; *fig.* gamble.

haschen ['haʃən] (ge-, h) 1. *v/t.*
catch (hold of), snatch; *sich ~
children*: play tag; 2. *v/i.: ~ nach*
snatch at; *fig.* strain after (*effect*),
fish for (*compliments*).

Hase ['ha:zə] *m* (-n/-n) *zo.* hare; *ein
alter ~* an old hand, an old-timer.

Haselnuß ♀ ['ha:zəlnus] *f* hazel-
nut.

'Hasen|braten *m* roast hare; '~fuß
F *fig. m* coward, F funk; '~panier F
*n*: *das ~ ergreifen* take to one's
heels; '~scharte ✖ *f* hare-lip.

Haß [has] *m* (Hasses/*no pl.*) hatred.

'hassen *v/t.* (ge-, h) hate.

häßlich *adj.* ['hesliç] ugly; *fig. a.*
nasty, unpleasant.

Hast [hast] *f* (-/*no pl.*) hurry, haste;
rush; *in wilder ~* in frantic haste;
'2en *v/i.* (ge-, sein) hurry, hasten;
rush; '2ig *adj.* hasty, hurried.

hätscheln ['hɛ:tʃəln] *v/t.* (ge-, h)
caress, fondle, pet; pamper, coddle.

hatte ['hatə] *pret. of* haben.

Haube ['haubə] *f* (-/-n) bonnet (*a.
⊕, mot.*); cap; *orn.* crest, tuft; *mot.
Am. a.* hood.

Haubitze ✕ [hau'bitsə] *f* (-/-n)
howitzer.

Hauch [haux] *m* (-[e]s/⚛, -e) breath;
*fig.*: waft, whiff (*of perfume, etc.*);
touch, tinge (*of irony, etc.*); '2en
(ge-, h) 1. *v/i.* breathe; 2. *v/t.*
breathe, whisper; *gr.* aspirate.

Haue ['hauə] *f* (-/-n) ♪ hoe, mat-
tock; pick; F hiding, spanking; '2n
(*irr.*, ge-, h) 1. *v/t.* hew (*coal,
stone*); cut up (*meat*); chop (*wood*);
cut (*hole, steps, etc.*); beat (*child*);
*sich ~* (have a) fight; 2. *v/i.: ~ nach*
cut at, strike out at.

Haufen ['haufən] *m* (-s/-) heap, pile
(*both* F *a. fig.*); *fig.* crowd.

häufen ['hɔyfən] *v/t.* (ge-, h) heap

(up), pile (up); accumulate; *sich ~* pile up, accumulate; *fig.* become more frequent, increase.

'**häufig** *adj.* frequent; '**2keit** *f* (*-/no pl.*) frequency.

'**Häufung** *fig. f* (*-/-en*) increase, *fig.* accumulation.

**Haupt** [haupt] *n* (*-[e]s/ⁿer*) head; *fig.* chief, head, leader; '~altar *m* high altar; '~anschluß *teleph. m* subscriber's main station; '~bahnhof 📞 *m* main *or* central station; '~beruf *m* full-time occupation; '~buch ✝ *n* ledger; '~darsteller *thea. m* leading actor; '~fach *univ. n* main *or* principal subject, *Am. a.* major; '~film *m* feature (film); '~geschäft *m* main transaction; main shop; '~geschäftsstelle *f* head *or* central office; '~gewinn *m* first prize; '~grund *m* main reason; ~handelsartikel ✝ ['haupthandəls?-] *m* staple.

**Häuptling** ['hɔyptliŋ] *m* (*-s/-e*) chief(tain).

'**Haupt|linie** 📞 *f* main *or* trunk line; '~mann ✕ *m* (*-[e]s/Hauptleute*) captain; '~merkmal *n* characteristic feature; '~postamt *n* general post office, *Am.* main post office; '~punkt *m* main *or* cardinal point; '~quartier *n* headquarters *sg. or pl.*; '~rolle *thea. f* lead(ing part); '~sache *f* main thing *or* point; '2sächlich *adj.* main, chief, principal; '~satz *gr. m* main clause; '~stadt *f* capital; '2städtisch *adj.* metropolitan; '~straße *f* main street; major road; '~treffer *m* first prize, jackpot; '~verkehrsstraße *f* main road; arterial road; '~verkehrsstunden *f/pl.*, '~verkehrszeit *f* rush hour(s *pl.*), peak hour(s *pl.*); '~versammlung *f* general meeting; '~wort *gr. n* (*-[e]s/ⁿer*) substantive, noun.

**Haus** [haus] *n* (*-es/ⁿer*) house; building; home, family, household; dynasty; ✝ (business) house, firm; *parl.* House; *nach ~e* home; *zu ~e* at home, *F* in; '~angestellte *f* (*-n/-n*) (house-)maid; '~apotheke *f* (household) medicine-chest; '~arbeit *f* housework; '~arrest *m* house arrest; '~arzt *m* family doctor; '~aufgaben *f/pl.* homework, *F prep*; '2backen *fig. adj.* homely; '~bar *f* cocktail cabinet; '~bedarf *m* household requirements *pl.*; '~besitzer *m* house-owner; '~diener *m* (man-)servant; *hotel:* porter, boots *sg.*

**hausen** ['hauzən] *v/i.* (*ge-, h*) live; play *or* work havoc (*in a place*).

'**Haus|flur** *m* (entrance-)hall, *esp. Am.* hallway; '~frau *f* housewife; '~halt *m* household; '2halten *v/i.* (*irr. halten*, *sep.*, *-ge-*, *h*) be economical (*mit* with), economize (on);

'~hälterin ['~hɛltərin] *f* (*-/-nen*) housekeeper; '~halt(s)plan *parl. m* budget; '~haltung *f* housekeeping; household, family; '~haltwaren *f/pl.* household articles *pl.*; '~herr *m* master of the family; landlord.

**hausier|en** [hau'zi:rən] *v/i.* (*no -ge-, h*) hawk, peddle (*mit et. s.th.*); *~ gehen* be a hawker *or* pedlar; 2er *m* (*-s/-*) hawker, pedlar.

'**Haus|kleid** *n* house dress; '~knecht *m* boots; '~lehrer *m* private tutor.

**häuslich** ['hɔyslɪç] *adj.* domestic; domesticated; '2keit *f* (*-/no pl.*) domesticity; family life; home.

'**Haus|mädchen** *n* (house-)maid; '~mannskost *f* plain fare; '~meister *m* caretaker; janitor; '~mittel *n* popular medicine; '~ordnung *f* rules *pl.* of the house; '~rat *m* household effects *pl.*; '~recht *n* domestic authority; '~sammlung *f* house-to-house collection; '~schlüssel *m* latchkey; front-door key; '~schuh *m* slipper.

**Hauss|e** ✝ ['ho:s(ə)] *f* (*-/-n*) rise, boom; '~ier [ho'je:] *m* (*-s/-s*) speculator for a rise, bull.

'**Haus|stand** *m* household; *e-n gründen* set up house; '~suchung 🗝 *f* house search, domiciliary visit, *Am. a.* house check; '~tier *n* domestic animal; '~tür *f* front door; '~verwalter *m* steward; '~wirt *m* landlord; '~wirtin *f* (*-/-nen*) landlady.

**Haut** [haut] *f* (*-/ⁿe*) skin; hide; film; *bis auf die ~ to the skin; aus der ~ fahren* jump out of one's skin; *F e-e ehrliche ~* an honest soul; '~abschürfung ✂ *f* skin abrasion; '~arzt *m* dermatologist; '~ausschlag 📀 *m* rash; '2eng *adj.* garment: skin-tight; '~farbe *f* complexion.

**Hautgout** [o'gu] *m* (*-s/no pl.*) high taste.

**häutig** *adj.* ['hɔytiç] membranous; covered with skin.

'**Haut|krankheit** *f* skin disease; '~pflege *f* care of the skin; '~schere *f* (*e-e* a pair of) cuticle scissors *pl.*

**Havarie** ⚓ [hava'ri:] *f* (*-/-n*) average.

**H-Bombe** ✕ ['ha:-] *f* H-bomb.

**he** *int.* [he:] hi!, hi there!; I say!

**Hebamme** ['he:p?amə] *f* midwife.

**Hebe|baum** ['he:bə-] *m* lever (*for raising heavy objects*); '~bühne *mot. f* lifting ramp; '~eisen *n* crowbar; '~kran *m* lifting crane.

**Hebel** ⊕ ['he:bəl] *m* (*-s/-*) lever; '~arm *m* lever arm.

**heben** ['he:bən] *v/t.* (*irr.*, *ge-*, *h*) lift (*a. sports*), raise (*a. fig.*); heave (*heavy load*); hoist; recover (*treas-*

*ure*); raise (*sunken ship*); *fig.* promote, improve, increase; *sich ~* rise, go up.

**Hecht** *ichth.* [hɛçt] *m* (-[e]s/-e) pike.

**Heck** [hɛk] *n* (-[e]s/-e, -s) 🚢 stern; *mot.* rear; ✈ tail.

**Hecke** ['hɛkə] *f* (-/-n) 🦅 hedge; *zo.* brood, hatch; '2n *v/t. and v/i.* (ge-, h) breed, hatch; '~nrose ♣ *f* dog-rose. [hallo!\

**heda** *int.* ['he:daː] hi (there)!,\

**Heer** [he:r] *n* (-[e]s/-e) ⚔ army; *fig. a.* host; '~esdienst *m* military service; '~esmacht *f* military force(s *pl.*); '~eszug *m* military expedition; '~führer *m* general; '~lager *n* (army) camp; '~schar *f* army, host; '~straße *f* military road; highway; '~zug *m s. Heereszug.*

**Hefe** ['he:fə] *f* (-/-n) yeast; barm.

**Heft** [hɛft] *n* (-[e]s/-e) dagger, *etc.*: haft; *knife*: handle; *fig.* reins *pl.*; exercise book; *periodical, etc.*: issue, number.

'**heft|en** *v/t.* (ge-, h) fasten, fix (*an acc.* on to); affix, attach (to); pin on (to); tack, baste (*seam, etc.*); stitch, sew (*book*); '2faden *m* basting thread.

'**heftig** *adj. storm, anger, quarrel, etc.*: violent, fierce; *rain, etc.*: heavy; *pain, etc.*: severe; *speech, desire, etc.*: vehement, passionate; *p.* irascible; '2keit *f* (-/⸺-en) violence, fierceness; severity; vehemence; irascibility.

'**Heft|klammer** *f* paper-clip; '~pflaster *n* sticking plaster.

**hegen** ['he:gən] *v/t.* (ge-, h) preserve (*game*); nurse, tend (*plants*); have, entertain (*feelings*); harbo(u)r (*fears, suspicions, etc.*).

**Hehler** ⓖ ['he:lər] *m* (-s/-) receiver (of stolen goods); *ei* [~'rai] *f* (-/-en) receiving (of stolen goods).

**Heide** ['haidə] 1. *m* (-n/-n) heathen; 2. *f* (-/-n) heath(-land); — '~kraut ♣ *n* heather; '~land *n* heath(-land).

'**Heiden|geld** *F n* pots *pl.* of money; '~lärm *F m* hullabaloo; '~spaß *F m* capital fun; '~tum *n* (-s/*no pl.*) heathenism. [(-ish).\

**heidnisch** *adj.* ['haidniʃ] heathen\

**heikel** *adj.* ['haikəl] *p.* fastidious, particular; *problem, etc.*: delicate, awkward.

**heil** [hail] 1. *adj. p.* safe, unhurt; whole, sound; 2. 2 *n* (-[e]s/*no pl.*) welfare, benefit; *eccl.* salvation; 3. *int.* hail!

**Heiland** *eccl.* ['hailant] *m* (-[e]s/-e) Saviour, Redeemer.

'**Heil|anstalt** *f* sanatorium, *Am. a.* sanitarium; '~bad *n* medicinal bath; spa; '2bar *adj.* curable; '2en (ge-) 1. *v/t.* (h) cure, heal; *~ von* cure *s.o.* of; 2. *v/i.* (sein) heal (up); '~gehilfe *m* male nurse.

**heilig** *adj.* ['hailiç] holy; sacred; solemn; 2er Abend Christmas Eve; 2e [~'ɡə] *m, f* (-n/-n) saint; '~en ['~ɡən] *v/t.* (ge-, h) sanctify (*a. fig.*), hallow; '2keit *f* (-/*no pl.*) holiness; sacredness, sanctity; '~sprechen *v/t.* (*irr.* sprechen, *sep.,* -ge-, h) canonize; '2sprechung *f* (-/-en) canonization; '2tum *n* (-[e]s/⁺er) sanctuary; sacred relic; '~ung ['~ɡuŋ] *f* (-/-en) sanctification (*a. fig.*), hallowing.

'**Heil|kraft** *f* healing *or* curative power; '2kräftig *adj.* healing, curative; '~kunde *f* medical science; '2los *fig. adj.* confusion: utter, great; '~mittel *n* remedy, medicament; '~praktiker *m* non-medical practitioner; '~quelle *f* medicinal spring; '2sam *adj.* curative; *fig.* salutary. [Army.\

**Heilsarmee** ['hails⁺-] *f* Salvation\

'**Heil|ung** *f* (-/-en) cure, healing, successful treatment; '~verfahren *n* therapy.

**heim** [haim] 1. *adv.* home; 2. 2 *n* (-[e]s/-e) home; hostel; '2arbeit *f* homework, outwork.

**Heimat** ['haimaːt] *f* (-/⁺ -en) home; own country; native land; '~land *n* own country, native land; '2lich *adj.* native; '2los *adj.* homeless; '~ort *m* home town *or* village; '~vertriebene *m* expellee.

**Heimchen** *zo.* ['haimçən] *n* (-s/-) cricket.

'**heimisch** *adj. trade, industry, etc.*: home, local, domestic; ♣, *zo., etc.*: native, indigenous; *~ werden* settle down; become established; *sich ~ fühlen* feel at home.

**Heim|kehr** ['haimke:r] *f* (-/*no pl.*) return (home), homecoming; '2kehren *v/i.* (*sep.,* -ge-, sein), '2kommen *v/i.* (*irr.* kommen, *sep.,* -ge-, sein) return home.

'**heimlich** *adj. plan, feeling, etc.*: secret; *meeting, organization, etc.*: clandestine; *glance, movement, etc.*: stealthy, furtive.

'**Heim|reise** *f* homeward journey; '2suchen *v/t.* (*sep.,* -ge-, h) *disaster, etc.*: afflict, strike; *ghost*: haunt; *God*: visit, punish; '~tücke *f* underhand malice, treachery; '2tückisch *adj.* malicious, treacherous, insidious; '2wärts *adv.* ['~vɛrts] homeward(s); '~weg *m* way home; '~weh *n* homesickness, nostalgia; *~ haben* be homesick.

**Heirat** ['hairaːt] *f* (-/-en) marriage; '2en (ge-, h) 1. *v/t.* marry; 2. *v/i.* marry, get married.

'**Heirats|antrag** *m* offer *or* proposal of marriage; '2fähig *adj.* marriageable; '~kandidat *m* possible marriage partner; '~schwindler *m* marriage impostor; '~vermittler *m* matrimonial agent.

**heiser** adj. ['haɪzər] hoarse; husky; **'2keit** f (~/no pl.) hoarseness; huskiness.

**heiß** adj. [haɪs] hot; fig. a. passionate, ardent; *mir ist ~ I* am or feel hot.

**heißen** ['haɪsən] (irr., ge-, h) 1. v/t.: *e-n Lügner ~* call s.o. a liar; *willkommen ~* welcome; 2. v/i. be called; mean; *wie ~ Sie?* what is your name?; *was heißt das auf englisch?* what's that in English?

**heiter** adj. ['haɪtər] day, weather: bright; sky bright, clear; p., etc.: cheerful, gay; serene; **'2keit** f (~/no pl.) brightness; cheerfulness, gaiety; serenity.

**heiz|en** ['haɪtsən] (ge-, h) 1. v/t. heat (room, etc.); light (stove); fire (boiler); 2. v/i. stove, etc.: give out heat; turn on the heating; *mit Kohlen ~* burn coal; **'2er** m (-s/-) stoker, fireman; **'2kissen** n electric heating pad; **'2körper** m central heating: radiator; *f* heating element; **'2material** n fuel; **'2ung** f (~/-en) heating.

**Held** [hɛlt] m (-en/-en) hero. **'Helden|gedicht** n epic (poem); **'2haft** adj. heroic, valiant; **'~mut** m heroism. valo(u)r; **2mütig** adj. ['~myːtɪç] heroic; **'~tat** f heroic or valiant deed; **'~tod** m hero's death; **'~tum** n (-[e]s/no pl.) heroism.

**helfen** ['hɛlfən] v/i. (dat.) (irr., ge-, h) help, assist, aid; *~ gegen* be good for; *sich nicht zu ~ wissen* be helpless.

**'Helfer** m (-s/-) helper, assistant; **'~shelfer** m accomplice.

**hell** adj. [hɛl] sound, voice, light, etc.: clear; light, flame, etc.: bright; hair: fair; colour: light; als: pale; **'~blau** adj. light-blue; **'~blond** adj. very fair; **'~hörig** adj. p. quick of hearing; fig. perceptive; *Δ* poorly sound-proofed; **'2seher** m clairvoyant.

**Helm** [hɛlm] m (-[e]s/-e) *χ* helmet; *Δ* dome, cupola; *⚓* helm; **'~busch** m plume.

**Hemd** [hɛmt] n (-[e]s/-en) shirt; vest; **'~bluse** f shirt-blouse, Am. shirtwaist. [hemisphere.]

**Hemisphäre** [hemi'sfɛːrə] f (~/-n)

**hemm|en** ['hɛmən] v/t. (ge-, h) check, stop (movement, etc.); stem (stream, flow of liquid); hamper (free movement, activity); be a hindrance to; psych.: gehemmt sein be inhibited; **'2nis** n (-ses/-se) hindrance, impediment; **'2schuh** m slipper; fig. hindrance, F drag (für acc. on); **'2ung** f (~/-en) stoppage, check; psych.: inhibition.

**Hengst** zo. [hɛŋst] m (-es/-e) stallion.

**Henkel** ['hɛŋkəl] m (-s/-) handle, ear.

**Henker** ['hɛŋkər] m (-s/-) hangman, executioner; F: *zum ~!* hang it (all)!

**Henne** zo. ['hɛnə] f (~/-n) hen.

**her** adv. [heːr] here; hither; *es ist schon ein Jahr ~, daß ... or seit ...* it is a year since ...; *wie lange ist es ~, seit ...* how long is it since ...; *hinter (dat.) ~ sein* be after; *~ damit!* out with it!

**herab** adv. [hɛ'rap] down, downward; **~lassen** v/t. (irr. lassen, sep., -ge-, h) let down, lower; fig. sich *~* condescend; **~lassend** adj. condescending; **~setzen** v/t. (sep., -ge-, h) take down; fig. belittle, disparage s.o.; *✦* reduce, lower, cut (price, etc.); **2setzung** fig. f (~/-en) reduction; disparagement; **~steigen** v/i. (irr. steigen, sep., -ge-, sein) climb down, descend; **~würdigen** v/t. (sep., -ge-, h) degrade, belittle, abase.

**heran** adv. [hɛ'ran] close, near; up; *nur ~!* come on!; **~bilden** v/t. (sep., -ge-, h) train, educate (zu as s.th., to be s.th.); **~kommen** v/i. (irr. kommen, sep., -ge-, sein) come or draw near; approach; *~ an (acc.)* come up to s.o.; measure up to; **~wachsen** v/i. (irr. wachsen, sep., -ge-, sein) grow (up) (zu into).

**herauf** adv. [hɛ'rauf] up(wards), up here; upstairs; **~beschwören** v/t. (irr. schwören, sep., no -ge-, h) evoke, call up, conjure up (spirit, etc.); fig. a. bring about, provoke, give rise to (war, etc.); **~steigen** v/i. (irr. steigen, sep., -ge-, sein) climb up (here), ascend; **~ziehen** v/t. (irr. ziehen, sep., -ge-) 1. v/t. (h) pull or hitch up (trousers, etc.); 2. v/i. (sein) cloud, etc.: come up.

**heraus** adv. [hɛ'raus] out, out here; *zum Fenster ~* out of the window; *~ mit der Sprache!* speak out!; **~bekommen** v/t. (irr. kommen, sep., no -ge-, h) get out; get (money) back; fig. find out; **~bringen** v/t. (irr. bringen, sep., -ge-, h) bring or get out; thea. stage; **~finden** v/t. (irr. finden, sep., -ge-, h) find out; fig. a. discover; **2forderer** m (-s/-) challenger; **~fordern** v/t. (sep., -ge-, h) challenge (to a fight); provoke; **2forderung** f (~/-en) challenge; provocation; **~geben** v/t. (irr. geben, sep., -ge-, h) 1. v/t. surrender; hand over; restore; edit (periodical, etc.); publish (book, etc.); issue (regulations, etc.); 2. v/i. give change (auf acc. for); **2geber** m (-s/-) editor; publisher; **~kommen** v/i. (irr. kommen, sep., -ge-, sein) come out; fig. a. appear, be published; **~nehmen** v/t. (irr. nehmen, sep., -ge-, h) take out; sich viel *~* take liberties; **~putzen** v/t. (sep., -ge-, h) dress up; sich *~* dress (o.s.).

up; ~reden v/refl. (sep., -ge-, h) talk one's way out; ~stellen v/t. (sep., -ge-, h) put out; fig. emphasize, set forth; sich ~ emerge, turn out; ~strecken v/t. (sep., -ge-, h) stretch out; put out; ~streichen v/t. (irr. streichen, sep., -ge-, h) cross out, delete (word, etc.); fig. extol, praise; ~winden fig. v/refl. (irr. winden, sep., -ge-, h) extricate o.s. (aus from).

herb adj. [hɛrp] fruit, flavour, etc.: tart; wine, etc.: dry; features, etc.: austere; criticism, etc.: harsh; disappointment, etc.: bitter.

herbei adv. [har'baɪ] here; ~! come here!; ~eilen [har'baɪ-] v/i. (sep., -ge-, sein) come hurrying; ~führen fig. v/t. (sep., -ge-, h) cause, bring about, give rise to; ~schaffen v/t. (sep., -ge-, h) bring along; procure.

Herberge ['hɛrbɛrgə] f (-/-n) shelter, lodging; inn.

'Herbheit f (-/no pl.) tartness; dryness; fig.: austerity; harshness, bitterness.

Herbst [hɛrpst] m (-[e]s/-e) autumn, Am. a. fall.

Herd [hɛːrt] m (-[e]s/-e) hearth, fireplace; stove; fig. seat, focus.

Herde ['hɛːrdə] f (-/-n) herd (of cattle, pigs, etc.) (contp. a. fig.); flock (of sheep, geese, etc.).

herein adv. [hɛ'raɪn] in (here); ~! come in!; ~brechen fig. v/i. (irr. brechen, sep., -ge-, sein) night: fall; ~ über (acc.) misfortune, etc.: befall; ~fallen fig. v/i. (irr. fallen, sep., -ge-, sein) be taken in.

'her|fallen v/i. (irr. fallen, sep., -ge-, sein): ~ über (acc.) attack (a. fig.), fall upon; F fig. pull to pieces; '2gang m course of events, details pl.; '~geben v/t. (irr. geben, sep., -ge-, h) give up, part with, return; yield; sich ~ zu lend o.s. to; '~gebracht fig. adj. traditional; customary; '~halten (irr. halten, sep., -ge-, h) 1. v/t. hold out; 2. v/i.: ~ müssen be the one to pay or suffer (für for).

Hering ichth. ['hɛːrɪŋ] m (-s/-e) herring.

'her|kommen v/i. (irr. kommen, sep., -ge-, sein) come or get here; come or draw near; ~ von come from; fig. a. be due to, be caused by; '~kömmlich adj. ['~kœmlɪç] traditional; customary; 2kunft ['~kunft] f (-/no pl.) origin; birth, descent; '~leiten v/t. (sep., -ge-, h) lead here; fig. derive (von from); '2leitung f/ f derivation.

Herold ['hɛːrɔlt] m (-[e]s/-e) herald.

Herr [hɛr] m (-n, ⚓ -en/-en) lord, master; eccl. the Lord; gentleman; ~ Maier Mr Maier; mein ~ Sir; m-e ~en gentlemen; ~ der Situation master of the situation.

'Herren|bekleidung f men's cloth-

ing; '~einzel n tennis: men's singles pl.; '~haus n manor-house; 2-los adj. ['~lo:s] ownerless; '~reiter m sports: gentleman-jockey; '~schneider m men's tailor; '~zimmer n study; smoking-room.

herrichten ['hɛːr-] v/t. (sep., -ge-, h) arrange, prepare.

'herrisch adj. imperious, overbearing; voice, etc.: commanding, peremptory.

'herrlich adj. excellent, glorious, magnificent, splendid; '2keit f (-/-en) glory, splendo(u)r.

'Herrschaft f (-/-en) rule, dominion (über acc. of); fig. mastery; master and mistress; m-e ~en! ladies and gentlemen!; '2lich adj. belonging to a master or landlord; fig. high-class, elegant.

herrsch|en ['hɛrʃən] v/i. (ge-, h) rule (über acc. over); monarch: reign (over); govern; fig. prevail, be; '2er m (-s/-) ruler; sovereign, monarch; '2sucht f thirst for power; '~süchtig adj. thirsting for power; imperious.

'her|rühren v/i. (sep., -ge-, h): ~ von come from, originate with; ~sagen v/t. (sep., -ge-, h) recite; say (prayer); '~stammen v/i. (sep., -ge-, h): ~ von or aus be descended from; come from; be derived from; '~stellen v/t. (sep., -ge-, h) place here; ✝ make, manufacture, produce; '2stellung f (-/-en) manufacture, production.

herüber adv. [hɛ'ryːbər] over (here), across.

herum adv. [hɛ'rum] (a)round; about; ~führen v/t. (sep., -ge-, h) show (a)round; ~ in (dat.) show over; ~lungern v/i. (sep., -ge-, h) loaf or loiter or hang about; ~reichen v/t. (sep., -ge-, h) pass or hand round; ~sprechen v/refl. (irr. sprechen, sep., -ge-, h) get about, spread; ~treiben v/refl. (irr. treiben, sep., -ge-, h) F gad or knock about.

herunter adv. [hɛ'runtər] down (here); downstairs; von oben ~ down from above; ~bringen v/t. (irr. bringen, sep., -ge-, h) bring down; fig. a. lower, reduce; ~kommen v/i. (irr. kommen, sep., -ge-, sein) come down(stairs); fig.: come down in the world; deteriorate; ~machen v/t. (sep., -ge-, h) take down; turn (collar, etc.) down; fig. give s.o. a dressing-down; fig. pull to pieces; ~reißen v/t. (irr. reißen, sep., -ge-, h) pull or tear down; fig. pull to pieces; ~sein F fig. v/i. (irr. sein, sep., -ge-, sein) be low in health; ~wirtschaften v/t. (sep., -ge-, h) run down.

hervor adv. [hɛr'foːr] forth, out; ~bringen v/t. (irr. bringen, sep.,

-ge-, h) bring out, produce (a. fig.); yield (fruit); fig. utter (word); ~gehen v/i. (irr. gehen, sep., -ge-, sein) p. come (aus from); come off (victorious) (from); fact, etc.: emerge (from); be clear or apparent (from); ~heben fig. v/t. (irr. heben, sep., -ge-, h) stress, emphasize; give prominence to; ~holen v/t. (sep., -ge-, h) produce; ~ragen v/i. (sep., -ge-, h) project (über acc. over); fig. tower (above); ~ragend adj. projecting, prominent; fig. outstanding, excellent; ~rufen v/t. (irr. rufen, sep., -ge-, h) thea. call for; fig. arouse, evoke; ~stechend fig. adj. outstanding; striking; conspicuous.

**Herz** [herts] n (-ens/-en) anat. heart (a. fig.); cards: hearts pl.; fig. courage, spirit; sich ein ~ fassen take heart; mit ganzem ~en whole-heartedly; sich et. zu ~en nehmen take a.th. to heart; es nicht übers ~ bringen zu inf. not to have the heart to inf.; '~anfall m heart attack.

'**Herzens|brecher** m (-s/-) ladykiller; '~lust f: nach ~ to one's heart's content; '~wunsch m heart's desire.

'**herz|ergreifend** fig. adj. heartmoving; '2fehler ♂ m cardiac defect; '2gegend anat. f cardiac region; '~haft adj. hearty, good; '~ig adj. lovely, Am. a. cute; 2infarkt ♂ ['~?infarkt] m (-[e]s/-e) cardiac infarction; '2klopfen ♂ n (-s/no pl.) palpitation; '~krank adj. having heart trouble; '~lich 1. adj. heartfelt; cordial, hearty; ~es Beileid sincere sympathy; 2. adv.: ~ gern with pleasure; '~los adj. heartless; unfeeling.

**Herzog** ['hertsoːk] m (-[e]s/~e, -e) duke; '~in f (-/-nen) duchess; '~tum n (-[e]s/~er) dukedom; duchy.

'**Herz|schlag** m heartbeat; ♂ heart failure; '~schwäche ♂ f cardiac insufficiency; '~verpflanzung ♂ f heart transplant; '2zerreißend adj. heart-rending.

**Hetz|e** ['hetsə] f (-/-n) hurry, rush; instigation (gegen acc. against); baiting (of); '2en (ge-) 1. v/t. (h) course (hare); bait (bear, etc.); hound: hunt, chase (animal); fig. hurry, rush; sich ~ hurry, rush; e-n Hund auf j-n ~ set a dog at s.o.; 2. v/i. (h) fig.: cause discord; agitate (gegen against); 3. fig. ~ (sein) hurry, rush; '~er fig. m (-s/-) instigator; agitator; '2erisch adj. virulent, inflammatory; '~jagd f hunt(ing); fig.: virulent campaign; rush, hurry; '~presse f yellow press.

**Heu** [hɔʏ] n (-[e]s/no pl.) hay; '~boden m hayloft.

**Heuchel|ei** [hɔʏçə'laɪ] f (-/-en) hypocrisy; '2n (ge-, h) 1. v/t. sim-

ulate, feign, affect; 2. v/i. feign, dissemble; play the hypocrite.

'**Heuchler** m (-s/-) hypocrite; '2isch adj. hypocritical.

**heuer** ['hɔʏər] 1. adv. this year; 2. 2 ♀ f (-/-n) pay, wages pl.; '~n v/t. (ge-, h) hire; ♣ engage, sign on (crew), charter (ship).

**heulen** ['hɔʏlən] v/i. (ge-, h) wind, etc.: howl; storm, wind, etc.: roar; siren: wail; F p. howl, cry.

'**Heu|schnupfen** ♂ m hay-fever; '~schrecke zo. ['~ʃrɛkə] f (-/-n) grasshopper, locust.

**heut|e** adv. ['hɔʏtə] today; ~ abend this evening, tonight; ~ früh, ~ morgen this morning; ~ in acht Tagen today or this day week; vor acht Tagen a week ago today; '~ig adj. this day's, today's: present; ~zutage adv. ['hɔʏttsuˑtaːgə] nowadays, these days.

**Hexe** ['hɛksə] f (-/-n) witch, sorceress; fig.: hell-cat; hag; '2n v/i. (ge-, h) practice witchcraft; F fig. work miracles; '~nkessel fig. m inferno; '~nmeister m wizard, sorcerer; '~nschuß ♂ m lumbago; '~rei [~'raɪ] f (-/-en) witchcraft, sorcery, magic.

**Hieb** [hiːp] 1. m (-[e]s/-e) blow, stroke; lash, cut (of whip, etc.); a. punch (with fist); fenc. cut; ~e pl. hiding, thrashing; 2. 2 pret. of hauen.

**hielt** [hiːlt] pret. of halten.

**hier** adv. [hiːr] here; in this place; ~! present!; ~ entlang! this way!

**hier|an** adj. ['hiːr'an, when emphatic 'hiːran] at or by or in or on or to it or this; ~auf adv. ['hiːr'raʊf, when emphatic 'hiːraʊf] on it or this; after this or that, then; ~aus adv. ['hiːr'raʊs, when emphatic 'hiːraʊs] from or out of it or this; ~bei adv. ['hiːr'baɪ, when emphatic 'hiːrbaɪ] here; in this case, in connection with this; ~durch adv. ['hiːr'durç, when emphatic 'hiːrdurç] through here; by this, hereby; ~für adv. ['hiːr'fyːr, when emphatic 'hiːrfyːr] for it or this; ~her adv. ['hiːr'heːr, when emphatic 'hiːrheːr] here, hither; bis ~ as far as here; ~in adv. ['hiːr'rin, when emphatic 'hiːrin] in it or this; in here; ~mit adv. ['hiːr'mit, when emphatic 'hiːrmit] with it or this, herewith; ~nach adv. ['hiːr'naːx, when emphatic 'hiːrnaːx] after it or this; according to this; ~über adv. ['hiːr'ryːbər, when emphatic 'hiːryːbər] over it or this; over here; on this (subject); ~unter adv. ['hiːr'runtər, when emphatic 'hiːruntər] under it or this; among these; by this or that; ~von adv. ['hiːr'fɔn, when emphatic 'hiːrfɔn] of or from it or this; ~zu adv. ['hiːr'tsuː, when emphatic 'hiːrtsuː]

with it or this; (in addition) to this.

**hiesig** adj. ['hi:ziç] of or in this place or town, local.

**hieß** [hi:s] pret. of heißen.

**Hilfe** ['hilfə] f (-/-n) help; aid, assistance; succour; relief (für to); ~! help!; mit ~ von with the help or aid of; ~ruf m shout or cry for help.

**'hilf|los** adj. helpless; **'~reich** adj. helpful.

**'Hilfs|aktion** f relief measures pl.; **'~arbeiter** m unskilled worker or labo(u)rer; **'2bedürftig** adj. needy, indigent; **'~lehrer** m assistant teacher; **'~mittel** n aid; device; remedy; expedient; **'~motor** m: Fahrrad mit ~ motor-assisted bicycle; **'~quelle** f resource; **'~schule** f elementary school for backward children; **'~werk** n relief organization. [berry.]

**Himbeere** ○ ['himbe:rə] f rasp-]

**Himmel** ['himəl] m (-s/-) sky, heavens pl.; eccl., fig. heaven; **'~bett** n tester-bed; **'2blau** adj. sky-blue; **'~fahrt** eccl. f ascension (of Christ); Ascension-day; **'2schreiend** adj. crying.

**'Himmels|gegend** f region of the sky; cardinal point; **'~körper** m celestial body; **'~richtung** f point of the compass, cardinal point; direction; **'~strich** m region, climate zone.

**'himmlisch** adj. celestial, heavenly.

**hin** adv. [hin] there; gone, lost; ~ und her to and fro, Am. back and forth; ~ und wieder now and again or then; ~ und zurück there and back.

**hinab** adv. [hi'nap] down; **~steigen** v/i. (irr. steigen, sep., -ge-, sein) climb down, descend.

**hinarbeiten** ['hin²-] v/i. (sep., -ge-, h): ~ auf (acc.) work for or towards.

**hinauf** adv. [hi'nauf] up (there); upstairs; **~gehen** v/i. (irr. gehen, sep., -ge-, sein) go up(stairs); prices, wages, etc.: go up, rise; **~steigen** v/i. (irr. steigen, sep., -ge-, sein) climb up, ascend.

**hinaus** adv. [hi'naus] out; ~ mit euch! out with you!; auf (viele) Jahre ~ for (many) years (to come); **~gehen** v/i. (irr. gehen, sep., -ge-, sein) go or walk out; ~ über (acc.) go beyond, exceed; ~ auf (acc.) window, etc.: look out on, overlook; intention, etc.: drive or aim at; **~laufen** v/i. (irr. laufen, sep., -ge-, sein) run or rush out; ~ auf (acc.) come or amount to; **~schieben** fig. v/t. (irr. schieben, sep., -ge-, h) put off, postpone, defer; **~werfen** v/t. (irr. werfen, sep., -ge-, h) throw out (aus of); turn or throw or F chuck s.o. out.

**'Hin|blick** m: im ~ auf (acc.) in view of, with regard to; **'2bringen** v/t. (irr. bringen, sep., -ge-, h) take there; while away, pass (time).

**hinder|lich** adj. ['hindərliç] hindering, impeding; j-m ~ sein be in s.o.'s way; **'~n** v/t. (ge-, h) hinder, hamper (bei, in dat. in); ~ an (dat.) prevent from; **'2nis** n (-ses/-se) hindrance; sports: obstacle; turf, etc.: fence; **'2nisrennen** n obstacle-race.

**hin'durch** adv. through; all through, throughout; across.

**hinein** adv. [hi'nain] in; ~ mit dir! in you go!; **~gehen** v/i. (irr. gehen, sep., -ge-, sein) go in; ~ in (acc.) go into; in den Topf gehen ... hinein the pot holds or takes ...

**'Hin|fahrt** f journey or way there; **'2fallen** v/i. (irr. fallen, sep., -ge-, sein) fall (down); **'2fällig** adj. p. frail; regulation, etc.: invalid; ~ machen invalidate, render invalid.

**hing** [hiŋ] pret. of hängen 1.

**'Hin|gabe** f devotion (an acc. to); **'2geben** v/t. (irr. geben, sep., -ge-, h) give up or away; sich ~ (dat.) give o.s. to; devote o.s. to; **'2gebung** f (-/-en) devotion; **'2gehen** v/i. (irr. gehen, sep., -ge-, sein) go or walk there; go (zu to); path, etc.: lead there; lead (zu to a place); **'2halten** v/t. (irr. halten, sep., -ge-, h) hold out (object, etc.); put s.o. off.

**hinken** ['hiŋkən] v/i. (ge-) 1. (h) limp (auf dem rechten Fuß with one's right leg), have a limp; 2. (sein) limp (along).

**'hin|länglich** adj. sufficient, adequate; **'~legen** v/t. (sep., -ge-, h) lay or put down; sich ~ lie down; **'~nehmen** v/t. (irr. nehmen, sep., -ge-, h) accept, take; put up with; **'~raffen** v/t. (sep., -ge-, h) death, etc.: snatch s.o. away, carry s.o. off; **'~reichen** (sep., -ge-, h) 1. reach or stretch or hold out (dat. to); 2. v/i. suffice; **'~reißen** fig. v/t. (irr. reißen, sep., -ge-, h) carry away; enrapture, ravish; **'~reißend** adj. ravishing, captivating; **'~richten** v/t. (sep., -ge-, h) execute, put to death; **'2richtung** f execution; **'~setzen** v/t. (sep., -ge-, h) set or put down; sich ~ sit down; **'2sicht** f regard, respect; in ~ auf (acc.) = **'~sichtlich** prp. (gen.) with regard to, as to, concerning; **'~stellen** v/t. (sep., -ge-, h) place; put; put down; et. ~ als represent s.th. as; make s.th. appear (as).

**hintan|setzen** [hint'an-] v/t. (sep., -ge-, h) set aside; **2setzung** f (-/-en) setting aside; **~stellen** v/t. (sep., -ge-, h) set aside; **2stellung** f (-/-en) setting aside.

**hinten** adv. ['hintən] behind, at the

back; in the background; in the rear.

**hinter** prp. ['hintər] 1. (dat.) behind, Am. a. back of; ~ sich lassen outdistance; 2. (acc.) behind; '2bein n hind leg; 2bliebenen pl. [..'bli:bə-nən] the bereaved pl.; surviving dependants pl.; ~'bringen v/t. (irr. bringen, no -ge-, h): j-m et. ~ inform s.o. of s.th. (secretly); ~ei'nander adv. one after the other; in succession; '2gedanke m ulterior motive; ~'gehen v/i. (irr. gehen, no -ge-, h) deceive, F double-cross; 2'gehung f (-/-en) deception; '2grund m background (a. fig.); '2halt m ambush; ~hältig adj. ['..hɛltiç] insidious; underhand; '2haus n back or rear building; ~'her adv. behind; afterwards; '2hof m backyard; '2kopf m back of the head; ~'lassen v/t. (irr. lassen, no -ge-, h) leave (behind); 2'lassenschaft f (-/-en) property (left), estate; ~'legen v/i. (no -ge-, h) deposit, lodge (bei with); 2'legung f (-/-en) deposit(ion); '2list f deceit; craftiness; insidiousness; ~'listig adj. deceitful; crafty; insidious; '2mann m × rear-rank man; fig.: ✝ subsequent endorser; pol. backer; wire-puller; instigator; '2n F m (-s/-) backside, behind, bottom; '2rad n rear wheel; ~'rücks adv. ['..ryks] from behind; fig. behind his, etc. back; '2seite f back; '2teil n back (part); rear (part); F s. Hintern; ~'treiben v/t. (irr. treiben, no -ge-, h) thwart, frustrate; '2treppe f backstairs pl.; '2tür f back door; ~'ziehen ⚖ v/t. (irr. ziehen, no -ge-, h) evade (tax, duty, etc.); 2'ziehung f evasion.

**hinüber** adv. [hi'ny:bər] over (there); across.

**Hin- und 'Rückfahrt** f journey there and back, Am. round trip.

**hinunter** adv. [hi'nuntər] down (there); downstairs; ~schlucken v/t. (sep., -ge-, h) swallow (down); fig. swallow.

**'Hinweg¹** m way there or out.

**hinweg²** adv. [hin'vɛk] away, off; ~gehen v/i. (irr. gehen, sep., -ge-sein): ~ über (acc.) go or walk over or across; fig. pass over, ignore; ~kommen v/i. (irr. kommen, sep., -ge-, sein): ~ über (acc.) get over (a. fig.); ~sehen v/i. (irr. sehen, sep., -ge-, h): ~ über (acc.) see or look over; fig. overlook, shut one's eyes to; ~setzen v/refl. (sep., -ge-, h): sich ~ über (acc.) ignore, disregard, make light of.

**Hin|weis** ['hinvais] m (-es/-e) reference (auf acc. to); hint (at); indication (of); '2weisen (irr. weisen, sep., -ge-, h) 1. v/t.: j-n ~ auf (acc.) draw or call s.o.'s attention to; 2. v/i.: ~ auf (acc.) point at or to, indicate (a. fig.); fig.: point out; hint at; '2werfen v/t. (irr. werfen, sep., -ge-, h) throw down; fig.: dash off (sketch, etc.); say s.th. casually; '2wirken v/i. (sep., -ge-, h): ~ auf (acc.) work towards; use one's influence to; '2ziehen (irr. ziehen, sep., -ge-) 1. fig. v/t. (h) attract or draw there; sich ~ space: extend (bis zu to), stretch (to); time: drag on; 2. v/i. (sein) go or move there; '2zielen fig. v/i. (sep., -ge-, h): ~ auf (acc.) aim or drive at.

**hin'zu** adv. there; near; in addition; ~fügen v/t. (sep., -ge-, h) add (zu to) (a. fig.); 2'fügung f (-/-en) addition; ~kommen v/i. (irr. kommen, sep., -ge-, sein) come up (zu to); supervene; be added; es kommt (noch) hinzu, daß add to this that, (and) moreover; ~rechnen v/t. (sep., -ge-, h) add (zu to), include (in, among); ~setzen v/t. (sep., -ge-, h) s. hinzufügen; ~treten v/i. (irr. treten, sep., -ge-, sein) s. hinzukommen; join; ~ziehen v/t. (irr. ziehen, sep., -ge-, h) call in (doctor, etc.).

**Hirn** [hirn] n (-[e]s/-e) anat. brain; fig. brains pl., mind; '~gespinst n figment of the mind, chimera; '2los fig. adj. brainless, senseless; '~schale anat. f brain-pan, cranium; '~schlag ✝ m apoplexy; '2verbrannt adj. crazy, F crack-brained, cracky.

**Hirsch** zo. [hirʃ] m (-es/-e) species: deer; stag, hart; '~geweih n (stag's) antlers pl.; '~kuh f hind; '~leder n buckskin, deerskin.

**Hirse** ♀ ['hirzə] f (-/-n) millet.

**Hirt** [hirt] m (-en/-en), ~e ['..ə] m (-n/-n) herdsman; shepherd.

**hissen** ['hisən] v/t. (ge-, h) hoist, raise (flag); ⚓ a. trice up (sail).

**Histori|ker** [hi'sto:rikər] m (-s/-) historian; '2sch adj. historic(al).

**Hitz|e** ['hitsə] f (-/no pl.) heat; '2ebeständig adj. heat-resistant, heat-proof; '~ewelle f heat-wave, hot spell; '2ig adj. p. hot-tempered, hot-headed; discussion: heated; '~kopf m hothead; '~schlag ♂ m heat-stroke.

**hob** [ho:p] pret. of heben.

**Hobel** ⊕ ['ho:bəl] m (-s/-) plane; '~bank f carpenter's bench; '2n v/t. (ge-, h) plane.

**hoch** [ho:x] 1. adj. high; church spire, tree, etc.: tall; position, etc.: high, important; guest, etc.: distinguished; punishment, etc.: heavy, severe; age: great, old; hohe See open sea, high seas pl.; 2. adv.: ~ lebe ...! long live ...! 3. 2 n (-s/-s) cheer; toast; meteorology: high (-pressure area).

**'hoch|achten** v/t. (sep., -ge-, h) esteem highly; '2achtung f high

esteem or respect; '~achtungsvoll
1. adj. (most) respectful; 2. adv.
correspondence: yours faithfully or
sincerely, esp. Am. yours truly;
'2adel m greater or higher nobility;
'2amt eccl. ≈ high mass; '2antenne
f overhead aerial; '2bahn f elevated
or overhead railway, Am. elevated
railroad; '2betrieb m intense activity, rush; '2burg fig. f stronghold; '~deutsch adj. High or standard German; '2druck m high pressure (a. fig.); mit ~ arbeiten work at
high pressure; '2ebene f plateau,
tableland; '~fahrend adj. high-
handed, arrogant; '~fein adj.
superfine; '2form f: in ~ in top
form; '2frequenz ≠ f high frequency; '2gebirge n high mountains pl.; '2genuß m great enjoyment; '2glanz m high polish;
'2haus n multi-stor(e)y building,
skyscraper; '~herzig adj. noble-
minded; generous; '2herzigkeit f
(-/-en) noble-mindedness, generosity; '2konjunktur ↑ f boom,
business prosperity; '2land n
upland(s pl.), highlands pl.; '2mut
m arrogance, haughtiness; ~mütig
adj. ['~myːtɪç] arrogant, haughty;
~näsig F adj. ['~nɛːzɪç] stuck-up;
'2ofen ⊕ m blast-furnace; '~rot
adj. bright red; '2saison f peak
season, height of the season;
'~schätzen v/t. (sep., -ge-, h) esteem
highly; '2schule f university; academy; '2seefischerei f deep-sea
fishing; '2sommer m midsummer;
'2spannung ≠ f high tension or
voltage; '2sprung m sports: high
jump.

höchst [høːçst] 1. adj. highest; fig.
a.: supreme; extreme; 2. adv.
highly, most, extremely.

Hochstap|elei [hoːxʃtɑːpəˈlaɪ] f
(-/-en) swindling; '~ler m (-s/-)
confidence man, swindler.

höchstens adv. ['høːçstəns] at (the)
most, at best.

'Höchst|form f sports: top form;
'~geschwindigkeit f maximum
speed; speed limit; '~leistung f
sports: record (performance); ⊕
maximum output (of machine, etc.);
'~lohn m maximum wages pl.;
'~maß n maximum; '~preis m
maximum price.

'hoch|trabend fig. adj. high-flown;
pompous; '2verrat m high treason;
'2wald m high forest; '2wasser n
high tide or water; flood; '~wertig
adj. high-grade, high-class; '2wild
n big game; '2wohlgeboren m
(-s/-) Right Hono(u)rable.

Hochzeit ['hɔxtsaɪt] f (-/-en) wedding; marriage; '2lich adj. bridal,
nuptial; '~sgeschenk n wedding
present; '~sreise f honeymoon
(trip).

Hocke ['hɔkə] f (-/-n) gymnastics:
squat-vault; skiing: crouch; '2n
v/i. (ge-, h) squat, crouch; '~r m
(-s/-) stool.

Höcker ['hœkər] m (-s/-) surface,
etc.: bump; camel, etc.: hump; p.
hump, hunch; '2ig adj. animal:
humped; p. humpbacked, hunchbacked; surface, etc.: bumpy, rough,
uneven.

Hode anat. ['hoːdə] m (-n/-n), f
(-/-n), '~n anat. m (-s/-) testicle.

Hof [hoːf] m (-[e]s/-e) court(yard);
farm; king, etc.: court; ast. halo;
j-m den ~ machen court s.o.; '~da-
me f lady-in-waiting; '2fähig adj.
presentable at court.

Hoffart ['hɔfart] f (-/no pl.) arrogance, haughtiness; pride.

hoffen ['hɔfən] (ge-, h) 1. v/i. hope
(auf acc. for); trust (in); 2. v/t.:
das Beste ~ hope for the best; '~t-
lich adv. it is to be hoped that,
I hope, let's hope.

Hoffnung ['hɔfnʊŋ] f (-/-en) hope
(auf acc. for, of); in der ~ zu inf.
in the hope of ger., hoping to inf.;
s-e ~ setzen auf (acc.) pin one's
hopes on; '2slos adj. hopeless;
'2svoll adj. hopeful; promising.

'Hofhund m watch-dog.

höfisch adj. ['høːfɪʃ] courtly.

höflich adj. ['høːflɪç] polite, civil,
courteous (gegen to); '2keit f (-/-en)
politeness, civility, courtesy.

'Hofstaat m royal or princely household; suite, retinue.

Höhe ['høːə] f (-/-n) height; ≭, ∦,
ast., geogr. altitude; hill; peak;
amount (of bill, etc.); size (of sum,
fine, etc.); level (of price, etc.);
severity (of punishment, etc.); f
pitch; in gleicher ~ mit on a level
with; auf der ~ sein be up to the
mark; in die ~ up(wards).

Hoheit ['hoːhaɪt] f (-/-en) pol.
sovereignty; title: Highness; '~s-
gebiet n (sovereign) territory; '~s-
gewässer n/pl. territorial waters
pl.; '~szeichen n national emblem.

'Höhen|kurort m high-altitude
health resort; '~luft f mountain
air; '~sonne f mountain sun; ∗
ultra-violet lamp; '~steuer ≭ m
elevator; '~zug m mountain range.

'Höhepunkt m highest point; ast.,
fig. culmination, zenith; fig. a.:
climax; summit, peak.

hohl adj. [hoːl] hollow (a. fig.);
cheeks, etc.: sunken; hand: cupped;
sound: hollow, dull.

Höhle ['høːlə] f (-/-n) cave, cavern;
den, lair (of bear, lion, etc.) (both a.
fig.); hole, burrow (of fox, rabbit,
etc.); hollow; cavity.

'Hohl|maß n dry measure; '~raum
m hollow, cavity; '~spiegel m
concave mirror.

**Höhlung** ['hø:luŋ] *f* (-/-en) excavation; hollow, cavity.

'**Hohlweg** *m* defile.

**Hohn** [ho:n] *m* (-[e]s/no *pl.*) scorn, disdain; derision.

**höhnen** ['hø:nən] *v/i.* (ge-, h) sneer, jeer, mock, scoff (*über acc.* at).

'**Hohngelächter** *n* scornful *or* derisive laughter.

'**höhnisch** *adj.* scornful; sneering, derisive.

**Höker** ['hø:kər] *m* (-s/-) hawker, huckster; '**2n** *v/i.* (ge-, h) huckster, hawk about.

**holen** ['ho:lən] *v/t.* (ge-, h) fetch; go for; *a.* ~ *lassen* send for; draw (*breath*); *sich e-e Krankheit* ~ catch a disease; *sich bei j-m Rat* ~ seek s.o.'s advice.

**Holländer** ['hɔləndər] *f* (-/-, -n) Dutchman.

**Hölle** ['hœlə] *f* (-/-, -n) hell.

'**Höllen|angst** *f*: *e-e* ~ *haben* be in a mortal fright *or* F blue funk; '**~lärm** F *fig. m* infernal noise; '**~maschine** *f* infernal machine, time bomb; '**~pein** F *fig. f* torment of hell.

'**höllisch** *adj.* hellish, infernal (*both a. fig.*).

**holper|ig** *adj.* ['hɔlpəriç] *surface, road, etc.*: bumpy, rough, uneven; *vehicles, etc.*: jolty, jerky; *verse, style, etc.*: rough, jerky; '**~n** (ge-) 1. *v/i.* (sein) *vehicle*: jolt, bump; 2. *v/i.* (h) *vehicle*: jolt, bump; be jolty *or* bumpy.

**Holunder** ⚕ [hɔ'lundər] *m* (-s/-) elder.

**Holz** [hɔlts] *n* (-es/⁼er) wood; timber, *Am.* lumber; '**~bau** ⚒ *m* wooden structure; '**~bildhauer** *m* woodcarver; '**~blasinstrument** ♩ *n* woodwind instrument; '**~boden** *m* wood(en) floor; wood-loft.

**hölzern** *adj.* ['hœltsərn] wooden; *fig. a.* clumsy, awkward.

'**Holz|fäller** *m* (-s/-) woodcutter, woodman, *Am. a.* lumberjack, logger; '**~hacker** *m* (-s/-) woodchopper, woodcutter, *Am.* lumberjack; '**~händler** *m* wood *or* timber merchant, *Am.* lumberman; '**~haus** *n* wooden house, *Am.* frame house; '**2ig** *adj.* woody; '**~kohle** *f* charcoal; '**~platz** *m* wood *or* timber yard, *Am.* lumberyard; '**~schnitt** *m* woodcut, wood-engraving; '**~schnitzer** *m* wood-carver; '**~schuh** *m* wooden shoe, clog; '**~stoß** *m* pile *or* stack of wood; stake; '**~weg** *fig. m*: *auf dem* ~ *sein* be on the wrong track; '**~wolle** *f* wood-wool; fine wood shavings *pl.*, *Am. a.* excelsior.

**Homöopath** ♐ [homøo'pa:t] *m* (-en/-en) hom(o)eopath(ist); **~ie** [~a'ti:] *f* (-/no *pl.*) hom(o)eopathy; **2isch** *adj.* [~'pa:tiʃ] hom(o)eopathic.

**Honig** ['ho:niç] *m* (-s/-e) honey;

'**~kuchen** *m* honey-cake; gingerbread; '**2süß** *adj.* honey-sweet, honeyed (*a. fig.*); '**~wabe** *f* honeycomb.

**Honor|ar** [hono'ra:r] *n* (-s/-e) fee; royalties *pl.*; salary; **~atioren** [~a-'tsjo:rən] *pl.* notabilities *pl.*; **2ieren** [~'ri:rən] *v/t.* (no -ge-, h) fee, pay a fee to; ✝ hono(u)r, meet (*bill of exchange*).

**Hopfen** ['hɔpfən] *m* (-s/-) ♣ hop; *brewing*: hops *pl.*

**hops|a** *int.* ['hɔpsa] (wh)oops!; upsadaisy!; '**~en** F *v/i.* (ge-, sein) hop, jump.

**hörbar** *adj.* ['hø:rbar] audible.

**horch|en** ['hɔrçən] *v/i.* (ge-, h) listen (*auf acc.* to); eavesdrop; '**2er** *m* (-s/-) eavesdropper.

**Horde** ['hɔrdə] *f* (-/-n) horde, gang.

**hör|en** ['hø:rən] (ge-, h) 1. *v/t.* hear; listen (in) to (*radio*); attend (*lecture, etc.*); hear, learn; 2. *v/i.* hear (*von dat.* from); listen; ~ *auf* (*acc.*) listen to; *schwer* ~ be hard of hearing; ~ *Sie mal!* look here!; I say!; '**2er** *m* (-s/-) hearer; *radio*: listener(-in); *univ.* student; *teleph.* receiver; '**2erschaft** *f* (-/-en) audience; '**2gerät** *n* hearing aid; '**2ig** *adj.*: *j-m* ~ *sein* be enslaved to s.o.; '**2igkeit** *f* (-/no *pl.*) subjection.

**Horizont** [hori'tsɔnt] *m* (-[e]s/-e) horizon; skyline; *s-n* ~ *erweitern* broaden one's mind; *das geht über meinen* ~ that's beyond me; **2al** *adj.* [~'ta:l] horizontal.

**Hormon** [hɔr'mo:n] *n* (-s/-e) hormone.

**Horn** [hɔrn] *n* 1. (-[e]s/⁼er) horn (*of bull*); ♪, *mot., etc.*: horn; ✗ bugle; peak; 2. (-[e]s/-e) horn, horny matter; '**~haut** *f* horny skin; *anat.* cornea (*on eye*).

**Hornisse** *zo.* [hɔr'nisə] *f* (-/-n) hornet.

**Hornist** ♩ [hɔr'nist] *m* (-en/-en) horn-player; ✗ bugler.

**Horoskop** [horo'sko:p] *n* (-s/-e) horoscope; *j-m das* ~ *stellen* cast s.o.'s horoscope.

'**Hör|rohr** *n* ear-trumpet; ♪ stethoscope; '**~saal** *m* lecture-hall; '**~spiel** *n* radio play; '**~weite** *f*: *in* ~ within earshot.

**Hose** ['ho:zə] *f* (-/-n) (*e-e* a pair of) trousers *pl. or Am.* pants *pl.*; slacks *pl.*

'**Hosen|klappe** *f* flap; **~latz** ['~lats] *m* (-es/⁼e) flap; fly; '**~tasche** *f* trouser-pocket; '**~träger** *m*: (*ein Paar*) ~ *pl.* (a pair of) braces *pl. or Am.* suspenders *pl.*

**Hospital** [hɔspi'ta:l] *n* (-s/-e, -⁼er) hospital.

**Hostie** *eccl.* ['hɔstjə] *f* (-/-n) host, consecrated *or* holy wafer.

**Hotel** [ho'tɛl] *n* (-s/-s) hotel; **~besitzer** *m* hotel owner *or* proprietor;

~gewerbe n hotel industry; ~ier [..'je:] m (-s/-s) hotel-keeper.

Hub ⊕ [hu:p] m (-[e]s/=e) mot. stroke (of piston); lift (of valve, etc.); '~raum mot. m capacity.

hübsch adj. [hypʃ] pretty, nice; good-looking, handsome; attractive.

'Hubschrauber ✂ m (-s/-) helicopter.

Huf [hu:f] m (-[e]s/-e) hoof; '~eisen n horseshoe; '~schlag m hoof-beat; (horse's) kick; '~schmied m farrier.

Hüft|e anat. ['hyftə] f (-/-n) hip; esp. zo. haunch; '~gelenk n hip-joint; '~gürtel m girdle; suspender belt, Am. garter belt.

Hügel ['hy:gəl] m (-s/-) hill(ock); '2ig adj. hilly.

Huhn orn. [hu:n] n (-[e]s/=er) fowl, chicken; hen; junges ~ chicken.

Hähnchen ['hy:nçən] n (-s/-) chicken; ein ~ zu rupfen haben have a bone to pick (mit with).

Hühner|auge ✗ ['hy:nər-] n corn; '~ei n hen's egg; '~hof m poultry-yard, Am. chicken yard; '~hund zo. m pointer, setter; '~leiter f chicken-ladder.

Huld [hult] f (-/no pl.) grace, favo(u)r; 2igen ['~digən] v/i. (dat.) (ge-, h) pay homage to (sovereign, lady, etc.); indulge in (vice, etc.); '~igung f (-/-en) homage; '2reich adj., '2voll adj. gracious.

Hülle ['hylə] f (-/-n) cover(ing), wrapper; letter, balloon, etc.: envelope; book, etc.: jacket; umbrella, etc.: sheath; '2n v/t. (ge-, h) wrap, cover, envelope (a. fig.); sich in Schweigen ~ wrap o.s. in silence.

Hülse ['hylzə] f (-/-n) legume, pod (of leguminous plant); husk, hull (of rice, etc.); skin (of pea, etc.); ✗ case; '~nfrucht f legume(n); leguminous plant; '~nfrüchte f/pl. pulse.

human adj. [hu'ma:n] humane; 2i-tät [~ani'tɛ:t] f (-/no pl.) humanity.

Hummel zo. ['huməl] f (-/-n) bumble-bee.

Hummer zo. ['humər] m (-s/-) lobster.

Humor [hu'mo:r] m (-s/✗ -e) humo(u)r; '~ist [~o'rist] m (-en/-en) humorist; 2istisch adj. [~o'ristiʃ] humorous.

humpeln ['humpəln] v/i. (ge-) 1. (sein) hobble (along), limp (along); 2. (h) (have a) limp, walk with a limp.

Hund [hunt] m (-[e]s/-e) zo. dog; ✗ tub; ast. dog, canis; auf den ~ kommen go to the dogs.

'Hunde|hütte f dog-kennel, Am. a. doghouse; '~kuchen m dog-biscuit; '~leine f (dog-)lead or leash; '~peitsche f dog-whip.

hundert ['hundərt] 1. adj. a or one

hundred; 2. 2 n (-s/-e) hundred; fünf vom ~ five per cent; zu ~en by hundreds; '~fach adj., '~fältig adj. hundredfold; '2jahrfeier f centenary, Am. a. centennial; '~jährig adj. ['..jɛ:riç] centenary, a hundred years old; '~st adj. hundredth.

'Hunde|sperre f muzzling-order; '~steuer f dog tax.

Hündin zo. ['hyndin] f (-/-nen) bitch, she-dog; '2sch adj. doggish; fig. servile, cringing.

'hunds|ge'mein F adj. dirty, mean, scurvy; '~mise'rabel F adj. rotten, wretched, lousy; '2tage m/pl. dog-days pl.

Hüne ['hy:nə] m (-n/-n) giant.

Hunger ['huŋər] m (-s/no pl.) hunger (fig. nach for); ~ bekommen get hungry; ~ haben be or feel hungry; '~kur f starvation cure; '~leider F m (-s/-) starveling, poor devil; '~lohn m starvation wages pl.; '2n v/i. (ge-, h) hunger (fig. nach after, for); go without food; ~ lassen starve s.o.; '~snot f famine; '~streik m hunger-strike; '~tod m death from starvation; '~tuch fig. n: am ~ nagen have nothing to bite.

'hungrig adj. hungry (fig. nach for).

Hupe mot. ['hu:pə] f (-/-n) horn, hooter; klaxon; '2n v/i. (ge-, h) sound one's horn, hoot.

hüpfen ['hypfən] v/i. (ge-, sein) hip, skip; gambol, frisk (about).

Hürde ['hyrdə] f (-/-n) hurdle; fold, pen; '~nrennen n hurdle-race.

Hure ['hu:rə] f (-/-n) whore, prostitute.

hurtig adj. ['hurtiç] quick, swift; agile, nimble.

Husar ✗ [hu'za:r] m (-en/-en) hussar.

husch int. [huʃ] in or like a flash; shoo!; '~en v/i. (ge-, sein) slip, dart; small animal: scurry, scamper; bat, etc.: flit.

hüsteln ['hy:stəln] 1. v/i. (ge-, h) cough slightly; 2. 2 n (-s/no pl.) slight cough.

husten ['hu:stən] 1. v/i. (ge-, h) cough; 2. 2 m (-s/✗ -) cough.

Hut [hu:t] 1. m (-[e]s/=e) hat; den ~ abnehmen take off one's hat; ~ ab vor (dat.)! hats off to ...!; 2. f (-/no pl.) care, charge; guard; auf der ~ sein be on one's guard (vor dat. against).

hüte|n ['hy:tən] v/t. (ge-, h) guard, protect, keep watch over; keep (secret); tend (sheep, etc.); das Bett ~ be confined to (one's) bed; sich ~ vor (dat.) beware of; '2r m (-s/-) keeper, guardian; herdsman.

'Hut|futter n hat-lining; '~krempe f hat-brim; '~macher m (-s/-) hatter; '~nadel f hat-pin.

Hütte ['hytə] f (-/-n) hut; cottage, cabin; ⊕ metallurgical plant; mount.

refuge; '~nwesen ⊕ *n* metallurgy, metallurgical engineering.

Hyäne *zo.* [hy'ɛːnə] *f* (-/-n) hy(a)ena.

Hyazinthe ♀ [hya'tsintə] *f* (-/-n) hyacinth. [hydrant.\

Hydrant [hy'drant] *m* (-en/-en)\

Hydraulik *phys.* [hy'draulik] *f* (-/no *pl.*) hydraulics *pl.*; 2sch *adj.* hydraulic.

Hygiene [hy'gjeːnə] *f* (-/no *pl.*) hygiene; 2isch *adj.* hygienic(al).

Hymne ['hymnə] *f* (-/-n) hymn.

Hypnose [hyp'noːzə] *f* (-/-n) hypnosis; 2tisieren [~oti'ziːrən] *v/t.* and *v/i.* (no -ge-, h) hypnotize.

Hypochond|er [hypo'xɔndər] *m* (-s/-) hypochondriac; 2risch *adj.* hypochondriac.

Hypotenuse ⅍ [hypote'nuːzə] *f* (-/-n) hypotenuse.

Hypothek [hypo'teːk] *f* (-/-en) mortgage; e-e ~ *aufnehmen* raise a mortgage; 2arisch *adj.* [~e'kaːriʃ]: ~e *Belastung* mortgage.

Hypothe|se [hypo'teːzə] *f* (-/-n) hypothesis; 2tisch *adj.* hypothetical.

Hyster|ie *psych.* [hyste'riː] *f* (-/-n) hysteria; 2isch *psych. adj.* [~'teːriʃ] hysterical.

# I

ich [iç] 1. *pers. pron.* I; 2. 2 *n* (-[s]/-[s]) self; *psych. the* ego.

Ideal [ide'aːl] 1. *n* (-s/-e) ideal; 2. 2 *adj.* ideal; 2isieren [~ali'ziːrən] *v/t.* (no -ge-, h) idealize; ~ismus [~a'lismus] *m* (-/idealismen) idealism; ~ist [~a'list] *m* (-en/-en) idealist.

Idee [i'deː] *f* (-/-n) idea, notion.

identi|fizieren [identifi'tsiːrən] *v/t.* (no -ge-, h) identify; *sich* ~ identify *o.s.*; ~sch *adj.* [i'dentiʃ] identical; 2tät [~'tɛːt] *f* (-/no *pl.*) identity.

Ideolog|ie [ideolo'giː] *f* (-/-n) ideology; 2isch *adj.* [~'loːgiʃ] ideological.

Idiot [idi'oːt] *m* (-en/-en) idiot; ~ie [~o'tiː] *f* (-/-n) idiocy; 2isch *adj.* [~'oːtiʃ] idiotic.

Idol [i'doːl] *n* (-s/-e) idol.

Igel *zo.* ['iːgəl] *m* (-s/-) hedgehog.

Ignor|ant [igno'rant] *m* (-en/-en) ignorant person, ignoramus; ~anz [~ts] *f* (-/no *pl.*) ignorance; 2ieren *v/t.* (no -ge-, h) ignore, take no notice of.

ihm *pers. pron.* [iːm] *p.* (to) him; *thing*: (to) it.

ihn *pers. pron.* [iːn] *p.* him; *thing*: it.

ihnen *pers. pron.* [iːnən] *p.* (to) them; *Ihnen* *sg. and pl.* (to) you.

ihr [iːr] 1. *pers. pron.* (2nd *pl. nom.*) you; (3rd *sg. dat.*) (to) her; 2. *poss. pron.*: her; their; *Ihr sg. and pl.* your; *der (die, das)* ~e hers; theirs; *der (die, das) Ihre sg. and pl.* yours; ~erseits ['~ɐr'zaits] *adv.* on her part; on their part; *Ihrerseits sg. and pl.* on your part; ~esgleichen *pron.* (of) her or their kind, her or their equal; *Ihresgleichen sg.* (of) your kind, your equal; *pl.* (of) your kind, your equals; ~etwegen *adv.* for her or their sake, on her or their account; *Ihretwegen sg. or pl.* for your sake, on your account; '~et-'willen *adv.*: um ~ *s. ihretwegen*;

~ige *poss. pron.* ['~igə]: *der (die, das)* ~ hers; theirs; *der (die, das) Ihrige* yours.

illegitim *adj.* [ilegi'tiːm] illegitimate.

illusorisch *adj.* [iluzoː'riʃ] illusory, deceptive.

illustrieren [ilu'striːrən] *v/t.* (no -ge-, h) illustrate.

Iltis *zo.* ['iltis] *m* (-ses/-se) fitchew, polecat.

im *prp.* [im] = *in dem.*

imaginär *adj.* [imagi'nɛːr] imaginary.

Imbiß *m* light meal, snack; '~stube *f* snack bar.

Imker ['imkər] *m* (-s/-) bee-master, bee-keeper.

immatrikulieren [imatriku'liːrən] *v/t.* (no -ge-, h) matriculate, enrol(l); *sich* ~ *lassen* matriculate, enrol(l).

immer *adv.* ['imər] always; ~ *mehr* more and more; ~ *wieder* again or time and again; *für* ~ for ever, for good; '2grün ♀ *n* (-s/-e) evergreen; '~hin *adv.* still, yet; '~zu *adv.* always, continually.

Immobilien [imo'biːljən] *pl.* immovables *pl.*, real estate; ~händler *m* s. *Grundstücksmakler.*

immun *adj.* [i'muːn] immune (*gegen* against, from); 2tät [~uni'tɛːt] *f* (-/no *pl.*) immunity.

Imperativ *gr.* ['imperatiːf] *m* (-s/-e) imperative (mood).

Imperfekt *gr.* ['imperfekt] *n* (-s/-e) imperfect (tense), past tense.

Imperialis|mus [imperia'lismus] *m* (-/no *pl.*) imperialism; ~t *m* (-en/-en) imperialist; 2tisch *adj.* imperialistic.

impertinent *adj.* [imperti'nɛnt] impertinent, insolent.

impf|en ✍ ['impfən] *v/t.* (ge-, h) vaccinate; inoculate; '2schein *m* certificate of vaccination *or* inoculation; '2stoff ✍ *m* vaccine;

serum; '2ung f (-/-en) vaccination; inoculation.

imponieren [impo'niːrən] v/i. (no -ge-, h): j-m ~ impress s.o.

Import ✝ [im'pɔrt] m (-[e]s/-e) import(ation); ~eur ✝ [~'tøːr] m (-s/-e) importer; 2ieren [~'tiːrən] v/t. (no -ge-, h) import.

imposant adj. [impo'zant] imposing, impressive.

imprägnieren [imprɛ'gniːrən] v/t. (no -ge-, h) impregnate; (water-) proof (raincoat, etc.).

improvisieren [improvi'ziːrən] v/t. and v/i. (no -ge-, h) improvise.

Im'puls m (-es/-e) impuls; 2iv adj. [~'ziːf] impulsive. [be able.]

imstande adj. [im'ʃtandə]: ~ sein)

in prp. (dat.; acc.) [in] 1. place: in, at; within; into, in; with names of important towns: in, 🙰 at, of; with names of villages and less important towns: at; im Hause in the house, indoors, in; im ersten Stock on the first floor; ~ der Schule (im Theater) at school (the theat|re, Am. -er); ~ die Schule (~s Theater) to school (the theat|re, Am. -er); ~ England in England; waren Sie schon einmal in England? have you ever been to England?; 2. time: in, at, during; within; ~ drei Tagen (with)in three days; heute ~ vierzehn Tagen today fortnight; im Jahre 1960 in 1960; im Februar in February; im Frühling in (the) spring; ~ der Nacht at night; ~ letzter Zeit lately, of late, recently; 3. mode: ~ großer Eile in great haste; ~ Frieden leben live at peace; ~ Reichweite within reach; 4. condition, state: im Alter von fünfzehn Jahren at (the age of) fifteen; ~ Behandlung under treatment.

'Inbegriff m (quint)essence; embodiment, incarnation; paragon; '2en adj. included, inclusive (of).

'Inbrunst f (-/no pl.) ardo(u)r, fervo(u)r.

'inbrünstig adj. ardent, fervent.

in'dem cj. whilst, while; by (ger.); ~ er mich ansah, sagte er looking at me he said.

Inder ['indər] m (-s/-) Indian.

in'des(sen) 1. adv. meanwhile; 2. cj. while; however.

Indianer [in'djaːnər] m (-s/-) (American or Red) Indian.

Indikativ gr. ['indikatiːf] m (-s/-e) indicative (mood).

'indirekt adj. indirect.

indisch adj. ['indiʃ] Indian.

'indiskret adj. indiscreet; 2ion [~e'tsjoːn] f (-/-en) indiscretion.

indiskutabel adj. ['indiskutaːbəl] out of the question.

individu|ell adj. [individu'ɛl] individual; 2um [~'viːduum] n (-s/ Individuen) individual.

Indizienbeweis 🙰 [in'diːtsjən-] m circumstantial evidence.

Indoss|ament ✝ [indɔsa'mɛnt] n (-s/-e) endorsement, indorsement; 2ieren ✝ [~'siːrən] v/t. (no -ge-, h) indorse, endorse.

Industrialisierung [industriali'ziːruŋ] f (-/-en) industrialization.

Industrie [indus'triː] f (-/-n) industry; ~anlage f industrial plant; ~arbeiter m industrial worker; ~ausstellung f industrial exhibition; ~erzeugnis n industrial product; ~gebiet n industrial district or area; 2ll adj. [~i'ɛl] industrial; ~lle [~i'ɛlə] m (-n/-n) industrialist; ~staat m industrial country.

ineinander adv. [in'ar'nandər] into one another; ~greifen ⊕ v/i. (irr. greifen, sep., -ge-, h) gear into one another, interlock.

infam adj. [in'faːm] infamous.

Infanter|ie 💥 [infantə'riː] f (-/-n) infantry; ~ist 💥 m (-en/-en) infantryman.

Infektion 💥 [infek'tsjoːn] f (-/-en) infection; ~skrankheit 💥 f infectious disease.

Infinitiv gr. ['infinitiːf] m (-s/-e) infinitive (mood).

infizieren [infi'tsiːrən] v/t. (no -ge-, h) infect. [flation.]

Inflation [infla'tsjoːn] f (-/-en) in-)

in'folge prp. (gen.) in consequence of, owing or due to; ~'dessen adv. consequently.

Inform|ation [infɔrma'tsjoːn] f (-/-en) information; 2ieren [~'miːrən] v/t. (no -ge-, h) inform; falsch ~ misinform.

Ingenieur [inʒe'njøːr] m (-s/-e) engineer.

Ingwer ['iŋvər] m (-s/no pl.) ginger.

Inhaber ['inhaːbər] m (-s/-) owner, proprietor (of business or shop); occupant (of flat); keeper (of shop); holder (of office, share, etc.); bearer (of cheque, etc.).

'Inhalt m (-[e]s/-e) contents pl. (of bottle, book, etc.); tenor (of speech); geom. volume; capacity (of vessel).

'Inhalts|angabe f summary; 2los adj. empty, devoid of substance; '2reich adj. full of meaning; life: rich, full; ~verzeichnis n on parcel: list of contents; in book: table of contents.

Initiative [initsja'tiːvə] f (-/no pl.) initiative; die ~ ergreifen take the initiative.

Inkasso ✝ [in'kaso] n (-s/-s, Inkassi) collection.

'inkonsequen|t adj. inconsistent; 2z ['~ts] f (-/-en) inconsistency.

In'krafttreten n (-s/no pl.) coming into force, taking effect (of new law, etc.).

'Inland n (-[e]s/no pl.) home (country); inland.

**inländisch** *adj.* ['inlɛndiʃ] native; inland; home; domestic; *product*: home-made.

**Inlett** ['inlɛt] *n* (-[e]s/-e) bedtick.

**in'mitten** *prp.* (gen.) in the midst of, amid(st).

**'inne|haben** *v/t.* (*irr.* haben, *sep.*, -ge-, h) possess, hold (*office, record, etc.*); occupy (*flat*); **'~halten** *v/i.* (*irr.* halten, *sep.*, -ge-, h) stop, pause.

**innen** *adv.* ['inən] inside, within; indoors; *nach* ~ inwards.

**'Innen|architekt** *m* interior decorator; **'~ausstattung** *f* interior decoration, fittings *pl.*, furnishing; **'~minister** *m* minister of the interior; Home Secretary, *Am.* Secretary of the Interior; **'~ministerium** *n* ministry of the interior; Home Office, *Am.* Department of the Interior; **'~politik** *f* domestic policy; **'~seite** *f* inner side, inside; **~stadt** *f* city, *Am.* downtown.

**inner** *adj.* ['inər] interior; inner; *⚓*, *pol.* internal; **'2e** *n* (-n/no pl.) interior; *Minister(ium) des Innern s. Innenminister(ium)*; **2eien** [~'raiən] *f/pl.* offal(s *pl.*); **'~halb 1.** *prp.* (gen.) within; 2. *adv.* within, inside; **'~lich** *adv.* inwardly; *esp.* ⚓ internally.

**innig** *adj.* ['iniç] intimate, close; affectionate.

**Innung** ['inuŋ] *f* (-/-en) guild, corporation.

**inoffiziell** *adj.* ['in?-] unofficial.

**ins** *prp.* [ins] = *in das*.

**Insasse** ['inzasə] *m* (-n/-n) inmate; occupant, passenger (*of car*).

**'Inschrift** *f* inscription; legend (*on coin, etc.*).

**Insekt** *x o.* [in'zɛkt] *n* (-[e]s/-en) insect.

**Insel** ['inzəl] *f* (-/-n) island; **'~bewohner** *m* islander.

**Inser|at** [inzə'raːt] *n* (-[e]s/-e) advertisement, F ad; **2ieren** [~'riːrən] *v/t. and v/i.* (no -ge-, h) advertise.

**insge|heim** *adv.* secretly; **~'samt** *adv.* altogether.

**in'sofern** *cj.* so far; ~ *als* in so far as.

**insolvent** ✝ *adj.* ['inzɔlvɛnt] insolvent.

**Inspekt|ion** [inspɛk'tsjoːn] *f* (-/-en) inspection; **~or** [in'spɛktɔr] *m* (-s/-en) inspector; surveyor; overseer.

**inspirieren** [inspi'riːrən] *v/t.* (no -ge-, h) inspire.

**inspizieren** [inspi'tsiːrən] *v/t.* (no -ge-, h) inspect (*troops, etc.*); examine (*goods*); survey (*buildings*).

**Install|ateur** [instala'tøːr] *m* (-s/-e) plumber; (gas- *or* electrical) fitter; **2ieren** [~'liːrən] *v/t.* (no -ge-, h) install.

**instand** *adv.* [in'ʃtant]: ~ *halten* keep in good order; keep up; ⊕

maintain; ~ *setzen* repair; **2haltung** *f* maintenance; upkeep.

**'inständig** *adv.*: *j-n* ~ *bitten* implore *or* beseech s.o.

**Instanz** [in'stants] *f* (-/-en) authority; ⚖ instance; **~enweg** ⚖ *m* stages of appeal; *auf dem* ~ through the prescribed channels.

**Instinkt** [in'ʃtiŋkt] *m* (-[e]s/-e) instinct; **2iv** *adv.* [~'tiːf] instinctively.

**Institut** [insti'tuːt] *n* (-[e]s/-e) institute.

**Instrument** [instru'mɛnt] *n* (-[e]s/-e) instrument.

**inszenier|en** *esp. thea.* [instse'niːrən] *v/t.* (no -ge-, h) (put on the) stage; **2ung** *thea.* *f* (-/-en) staging, production.

**Integr|ation** [integra'tsjoːn] *f* (-/-en) integration; **2ieren** [~'griːrən] *v/t.* (no -ge-, h) integrate.

**intellektuell** *adj.* [intɛlɛktu'ɛl] intellectual, highbrow; **2e** *m* (-n/-n) intellectual, highbrow.

**intelligen|t** *adj.* [intɛli'gɛnt] intelligent; **2z** [~ts] *f* (-/-en) intelligence.

**Intendant** *thea.* [intɛn'dant] *m* (-en/-en) director.

**intensiv** *adj.* [intɛn'ziːf] intensive; intense.

**interess|ant** *adj.* [intɛrɛ'sant] interesting; **2e** [~'rɛsə] *n* (-s/-n) interest (*an dat., für* in); **2engebiet** [~'rɛsən-] *n* field of interest; **2engemeinschaft** [~'rɛsən-] *f* community of interests; combine, pool, trust; **2ent** [~'sɛnt] *m* (-en/-en) interested person *or* party; ✝ prospective buyer, *esp. Am.* prospect; **~ieren** [~'siːrən] *v/t.* (no -ge-, h) interest (*für* in); *sich* ~ *für* take an interest in.

**intern** *adj.* [in'tɛrn] internal; **2at** [~'naːt] *n* (-[e]s/-e) boardingschool.

**international** *adj.* [internatsjo'naːl] international.

**inter|'nieren** *v/t.* (no -ge-, h) intern; **2'nierung** *f* (-/-en) internment; **2'nist** ⚓ *m* (-en/-en) internal specialist, *Am.* internist.

**inter|pretieren** [intərpre'tiːrən] *v/t.* (no -ge-, h) interpret; **2punktion** [~puŋk'tsjoːn] *f* (-/-en) punctuation; **2vall** [~'val] *n* (-s/-e) interval; **~venieren** [~ve'niːrən] *v/i.* (no -ge-, h) intervene; **2'zonenhandel** *m* interzonal trade; **2'zonenverkehr** *m* interzonal traffic.

**intim** *adj.* [in'tiːm] intimate (*mit* with); **2ität** [~imi'tɛːt] *f* (-/-en) intimacy.

**'intoleran|t** *adj.* intolerant; **2z** ['~ts] *f* (-/-en) intolerance.

**intransitiv** *gr.* *adj.* ['intranzitiːf] intransitive.

**Intrig|e** [in'triːgə] *f* (-/-n) intrigue, scheme, plot; **2ieren** [~i'giːrən] *v/i.* (no -ge-, h) intrigue, scheme, plot.

**Invalid|e** [inva'liːdə] *m* (-n/-n) invalid; disabled person; **~enrente** *f* disability pension; **~ität** [~idi'tɛːt] *f* (-/no *pl.*) disablement, disability.

**Inventar** [inven'taːr] *n* (-s/-e) inventory, stock.

**Inventur** ✝ [inven'tuːr] *f* (-/-en) stock-taking. **~ machen** take stock.

**invest|ieren** ✝ [invɛs'tiːrən] *v/t.* (*no* -ge-, *h*) invest; **2ition** ✝ [~i'tsjoːn] *f* (-/-en) investment.

**inwie|fern** *cj.* to what extent; in what way *or* respect; **~weit** *cj.* how far, to what extent.

**in'zwischen** *adv.* in the meantime, meanwhile.

**Ion** *phys.* [i'oːn] *n* (-s/-en) ion.

**ird|en** *adj.* ['irdən] earthen; **~isch** *adj.* earthly; worldly; mortal.

**Ire** ['iːrə] *m* (-n/-n) Irishman; **die ~n** *pl.* the Irish *pl.*

**irgend** *adv.* ['irgənt] *in compounds*: some; any (*a. negative and in questions*); **wenn ich ~ kann** if I possibly can; **~ein(e)** *indef. pron. and adj.* some(one); any(one); **~'einer** *indef. pron. s.* irgend jemand; **~'ein(e)s** *indef. pron.* some; any; **~ etwas** *indef. pron.* something; anything; **~ jemand** *indef. pron.* someone; anyone; **~'wann** *adv.* some time (or other); **~'wie** *adv.* somehow; anyhow; **~'wo** *adv.* somewhere; anywhere; **~'woher** *adv.* from somewhere; from anywhere; **~'wohin** *adv.* somewhere; anywhere.

**'irisch** *adj.* Irish.

**Iron|ie** [iro'niː] *f* (-/-n) irony; **2isch** *adj.* [i'roːniʃ] ironic(al).

**irre** ['irə] 1. *adj.* confused; ⚕ insane; mad; 2. **2** *f* (-/no *pl.*): **in die ~ gehen** go astray; 3. **2** *m, f* (-n/-n) lunatic; mental patient; **wie ein ~r** like a madman; **'~führen** *v/t.* (*sep.*, -ge-, *h*) lead astray; *fig.* mislead; **'~gehen** *v/i.* (*irr.* gehen, *sep.*, -ge-, *sein*) go astray, stray; lose one's way; **'~machen** *v/t.* (*sep.*, -ge-, *h*) puzzle, bewilder; perplex; confuse;

**~n** 1. *v/i.* (ge-, *h*) err; wander; 2. *v/refl.* (ge-, *h*) be mistaken (*in dat.* in *s.o.*; about *s.th.*); be wrong.

**'Irren|anstalt** ⚕ *f* lunatic asylum, mental home *or* hospital; **~arzt** ⚕ *m* alienist, mental specialist; **'~haus** ⚕ *n s.* Irrenanstalt.

**'irrereden** *v/i.* (*sep.*, -ge-, *h*) rave.

**'Irr|fahrt** *f* wandering; Odyssey; **'~garten** *m* labyrinth, maze; **'~glaube** *m* erroneous belief; false doctrine, heterodoxy; heresy; **'2gläubig** *adj.* heterodox; heretical; **'2ig** *adj.* erroneous, mistaken, false, wrong.

**irritieren** [iri'tiːrən] *v/t.* (*no* -ge-, *h*) irritate, annoy; confuse.

**'Irr|lehre** *f* false doctrine, heterodoxy; heresy; **'~licht** *n* will-o'-the-wisp, jack-o'-lantern; **'~sinn** *m* insanity; madness; **'2sinnig** *adj.* insane; mad; *fig.*: fantastic; terrible; **'~sinnige** *m, f* (-n/-n) *s.* irre 3; **'~tum** *m* (-s/-ʒer) error, mistake; **im ~ sein** be mistaken; **2tümlich** ['~tyːmlɪç] 1. *adj.* erroneous; 2. *adv.* **~ 2tümlicherweise** *adv.* by mistake; mistakenly, erroneously; **~wisch** *m s.* Irrlicht; *p.* flibbertigibbet.

**Ischias** ⚕ ['iʃias] *f, F a.: n, m* (-/no *pl.*) sciatica.

**Islam** ['islam, is'laːm] *m* (-s/no *pl.*) Islam.

**Island|er** ['iːslɛndər] *m* (-s/-) Icelander; **2isch** *adj.* Icelandic.

**Isolator** ⚡ [izo'laːtɔr] *m* (-s/-en) insulator.

**Isolier|band** ⚡ [izo'liːr~] *n* insulating tape; **2en** *v/t.* (*no* -ge-, *h*) isolate; **~masse** ⚡ *f* insulating compound; **~schicht** ⚡ *f* insulating layer; **~ung** *f* (-/-en) isolation (*a.* ⚡); ⚕ quarantine; ⚡ insulation.

**Isotop** ⚛, *phys.* [izo'toːp] *n* (-s/-e) isotope.

**Israeli** [isra'eːli] *m* (-s/-s) Israeli.

**Italien|er** [ital'jeːnər] *m* (-s/-) Italian; **2isch** *adj.* Italian.

**I-Tüpfelchen** *fig.* ['iːtypfəlçən] *s* (-s/-): **bis aufs ~** to a T.

# J

**ja** [jaː] 1. *adv.* yes; ⚓, *parl.* aye, *Am. parl. a.* yea; **~ doch, ~ freilich** yes, indeed; to be sure; **da ist er ~!** well, there he is!; **ich sagte es Ihnen ~** I told you so; **tut es ~ nicht!** don't you dare do it!; **vergessen Sie es ~ nicht!** be sure not to forget it!; 2. *cj.*: **~ sogar, ~ selbst** nay (even); **wenn ~** if so; **er ist ~ mein Freund** why, he is my friend; 3. *int.*: **~, weißt du**

**denn nicht, daß** why, don't you know that.

**Jacht** ⚓ [jaxt] *f* (-/-en) yacht; **'~klub** *m* yacht-club.

**Jacke** ['jakə] *f* (-/-n) jacket.

**Jackett** [ʒa'kɛt] *n* (-s/-e, -s) jacket.

**Jagd** [jaːkt] *f* (-/-en) hunt(ing); *with a gun*: shoot(ing); chase; *s.* Jagdrevier; **auf (die) ~ gehen** go hunting *or* shooting, *Am. a.* be gunning; **~ machen auf** (*acc.*) hunt after *or* for;

'**~aufseher** *m* gamekeeper, *Am.* game warden; '**~bomber** ✕ *m* (*-s/-*) fighter-bomber; '**~büchse** *f* sporting rifle; '**~flinte** *f* sporting gun; fowling-piece; '**~flugzeug** ✕ *n* fighter (aircraft); '**~geschwader** ✕ *n* fighter wing, *Am.* fighter group; '**~gesellschaft** *f* hunting *or* shooting party; '**~haus** *n* shooting-box *or* -lodge, hunting-box *or* -lodge; '**~hund** *m* hound; '**~hütte** *f* shooting-box, hunting-box; '**~pächter** *m* game-tenant; '**~rennen** *n* steeplechase; '**~revier** *n* hunting-ground, shoot; '**~schein** *m* shooting licen|ce, *Am.* -se; '**~schloß** *n* hunting seat; '**~tasche** *f* game-bag.

**jagen** ['jɑːgən] (*ge-*, *h*) 1. *v/i.* go hunting *or* shooting, hunt; shoot; rush, dash; 2. *v/t.* hunt; chase; *aus dem Hause ~* turn *s.o.* out (of doors).

**Jäger** ['jeːgər] *m* (*-s/-*) hunter, huntsman, sportsman; ✕ rifleman; '**~latein** F *fig. n* huntsmen's yarn, tall stories *pl.* [jaguar.\]

**Jaguar** *zo.* ['jɑːguɑːr] *m* (*-s/-e*)|

**jäh** *adj.* [jeː] sudden, abrupt; precipitous, steep.

**Jahr** [jɑːr] *n* (*-[e]s/-e*) year; *ein halbes ~* half a year, six months *pl.*; *einmal im ~* once a year; *im ~e 1900* in 1900; *mit 18 ~en*, *im Alter von 18 ~en* at (the age of) eighteen; *letztes ~* last year; *das ganze ~ hindurch or über* all the year round; ℒ'**aus** *adv.*: *~, jahrein* year in, year out; year after year; '**~buch** *n* year-book, annual; '**~ein** *adv. s.* jahraus.

'**jahrelang** 1. *adv.* for years; 2. *adj.*: *~e Erfahrung* (many) years of experience.

**jähren** ['jeːrən] *v/refl.* (*ge-*, *h*): *es jährt sich heute, daß ...* it is a year ago today that ..., it is a year today since ...

'**Jahres|abonnement** *n* annual subscription (*to magazine*, *etc.*); *thea.* yearly season ticket; '**~abschluß** *m* annual statement of accounts; '**~anfang** *m* beginning of the year; *zum ~ die besten Wünsche!* best wishes for the New Year; '**~bericht** *m* annual report; '**~einkommen** *n* annual *or* yearly income; '**~ende** *n* end of the year; '**~gehalt** *n* annual salary; '**~tag** *m* anniversary; '**~wechsel** *m* turn of the year; '**~zahl** *f* date, year; '**~zeit** *f* season, time of the year.

'**Jahrgang** *m* volume, year (*of periodical*, *etc.*); *p.* age-group; *univ.*, *school:* year, class; *wine:* vintage.

**Jahr'hundert** *n* (*-s/-e*) century; *~*feier *f* centenary, *Am.* centennial; *~*wende *f* turn of the century.

**jährig** *adj.* ['jeːrɪç] one-year-old.

**jährlich** ['jeːrlɪç] 1. *adj.* annual, yearly; 2. *adv.* every year, yearly, once a year.

'**Jahr|markt** *m* fair; '**~tausend** *n* (*-s/-e*) millennium; '**~tausendfeier** *f* millenary; '**~zehnt** *n* (*-[e]s/-e*) decade.

'**Jähzorn** *m* violent (fit of) temper; irascibility; '**2ig** *adj.* hot-tempered; irascible.

**Jalousie** [ʒaluˈziː] *f* (*-/-n*) (Venetian) blind, *Am. a.* window shade.

**Jammer** ['jamər] *m* (*-s/no pl.*) lamentation; misery; *es ist ein ~* it is a pity.

**jämmerlich** *adj.* ['jɛmərlɪç] miserable, wretched; piteous; pitiable (*esp. contp.*).

**jammer|n** ['jamərn] *v/i.* (*ge-*, *h*) lament (*nach, um* for; *über acc.* over); moan; wail, whine; '**~schade** *adj.*: *es ist ~* it is a thousand pities, it is a great shame.

**Januar** ['januaːr] *m* (*-[s]/-e*) January.

**Japan|er** [jaˈpaːnər] *m* (*-s/-*) Japanese; *die ~ pl.* the Japanese *pl.*; **2isch** *adj.* Japanese.

**Jargon** [ʒarˈgõ] *m* (*-s/-s*) jargon, cant, slang.

**Jasmin** ♦ [jasˈmiːn] *m* (*-s/-e*) jasmin(e), jessamin(e).

'**Jastimme** *parl. f* aye, *Am. a.* yea.

**jäten** ['jɛːtən] *v/t.* (*ge-*, *h*) weed.

**Jauche** ['jauxə] *f* (*-/-n*) ♂ liquid manure; sewage.

**jauchzen** ['jauxtsən] *v/i.* (*ge-*, *h*) exult, rejoice, cheer; *vor Freude ~* shout for joy.

**jawohl** *adv.* [jaˈvoːl] yes; yes, indeed; yes, certainly; that's right; ✕, *etc.*: yes, Sir!

'**Jawort** *n* consent; *j-m das ~ geben* accept *s.o.*'s proposal (of marriage).

**je** [jeː] 1. *adv.* ever, at any time; always; *ohne ihn ~ gesehen zu haben* without ever having seen him; *seit eh und ~* since time immemorial, always; *distributive with numerals:* *~ zwei* two at a time, two each, two by two, by *or* in twos; *sie bekamen ~ zwei Äpfel* they received two apples each; *für ~ zehn Wörter* for every ten words; *in Schachteln mit or zu ~ zehn Stück* verpackt packed in boxes of ten; 2. *cj.*: *~ nach Größe* according to *or* depending on size; *~ nachdem* it depends; *~ nachdem, was er für richtig hält* according as he thinks fit; *~ nachdem, wie er sich fühlt* depending on how he feels; *~ mehr, desto besser* the more the better; *~ länger, ~ lieber* the longer the better; 3. *prp.*: *die Birnen kosten e-e Mark ~ Pfund* the pears cost one mark a pound; *s. pro.*

**jede|(r, ~s)** *indef. pron.* ['jeːdə(r, ~s)] every; any; *of a group:* each; *of two persons:* either; jeder, der whoever; *jeden zweiten Tag* every other day; '**~n'falls** *adv.* at all events, in any case; '~rmann *indef. pron.* everyone, everybody; '~r'zeit *adv.* always, at any time; '~s'mal *adv.* each *or* every time; ~ *wenn* whenever.

**jedoch** *cj.* [je'dɔx] however, yet, nevertheless.

'**jeher** *adv.*: *von or seit* ~ at all times, always, from time immemorial.

**jemals** *adv.* ['je:maːls] ever, at any time.

**jemand** *indef. pron.* ['je:mant] someone, somebody; *with questions and negations*: anyone, anybody.

**jene**(r, -s) *dem. pron.* ['je:nə(r, -s)] that (one); *jene pl.* those *pl.*

**jenseitig** *adj.* ['jɛnzaɪtiç] opposite.

'**jenseits** 1. *prp.* (*gen.*) on the other side of, beyond, across; 2. *adv.* on the other side, beyond; 3. 2 *n* (-/no *pl.*) *the* other *or* next world, *the* world to come, *the* beyond.

**jetzig** *adj.* ['jɛtsiç] present, existing; *prices, etc.*: current.

**jetzt** *adv.* [jɛtst] now, at present; *bis* ~ until now; so far; *eben* ~ just now; *erst* ~ only now; *für* ~ for the present; *gleich* ~ at once, right away; *noch* ~ even now; *von* ~ *an* from now on.

**jeweilig** *adj.* ['je:vaɪliç] respective; ~*s adv.* ['~s] respectively, at a time; from time to time (*esp. ♩*).

**Joch** [jɔx] *n* (-[e]s/-e) yoke; *in mountains*: col, pass, saddle; △ bay; '~bein *anat.* *n* cheek-bone.

**Jockei** ['dʒɔkɪ] *m* (-s/-s) jockey.

**Jod** ♫ [jo:t] *n* (-[e]s/no *pl.*) iodine.

**jodeln** ['jo:dəln] *v/i.* (ge-, h) yodel.

**Johanni** [jo'hani] *n* (-/no *pl.*), ~s [~s] *n* (-/no *pl.*) Midsummer day; ~**beere** *f* currant; *rote* ~ red currant; ~**stag** *m eccl.* St John's day; Midsummer day.

**johlen** ['jo:lən] *v/i.* (ge-, h) bawl, yell, howl.

**Jolle** ♣ ['jɔlə] *f* (-/-n) jolly-boat, yawl, dinghy.

**Jongl|eur** [ʒõ'glø:r] *m* (-s/-e) juggler; 2**ieren** *v/t.* and *v/i.* (no -ge-, h) juggle.

**Journal** [ʒur'naːl] *n* (-s/-e) journal; newspaper; magazine; diary; ♣ log-book, ~**ist** [~a'list] *m* (-en/-en) journalist, *Am. a.* newspaperman.

**Jubel** ['ju:bəl] *m* (-s/no *pl.*) jubilation, exultation, rejoicing; cheering; 2**n** *v/i.* (ge-, h) jubilate; exult, rejoice (*über acc.* at).

**Jubil|ar** [jubi'laːr] *m* (-s/-e) person celebrating his jubilee, *etc.*; ~**äum** [~ɛːum] *n* (-s/*Jubiläen*) jubilee.

**Juchten** ['juxtən] *m, n* (-s/no *pl.*), '~**leder** *n* Russia (leather).

**jucken** ['jukən] (ge-, h) 1. *v/i.* itch; 2. *v/t.* irritate, (make) itch; F *sich* ~ scratch (o.s.).

**Jude** ['ju:də] *m* (-n/-n) Jew; 2**n·feindlich** *adj.* anti-Semitic; ~**n**-

**tum** *n* (-s/no *pl.*) Judaism; '~**nver·folgung** *f* persecution of Jews, Jew-baiting; pogrom.

**Jüd|in** ['jy:dɪn] *f* (-/-nen) Jewess; 2**isch** *adj.* Jewish.

**Jugend** ['ju:gənt] *f* (-/no *pl.*) youth; '~**amt** *n* youth welfare department; '~**buch** *n* book for the young; '~**freund** *m* friend of one's youth; school-friend; '~**fürsorge** *f* youth welfare; '~**gericht** *n* juvenile court; '~**herberge** *f* youth hostel; '~**jahre** *n/pl.* early years, youth; '~**kriminalität** *f* juvenile delinquency; '2**lich** *adj.* youthful, juvenile, young; '~**liche** *m, f* (-n/-n) young person; juvenile; young man, youth; young girl; teen-ager; '~**liebe** *f* early *or* first love, calf-love, *Am. a.* puppy love; old sweetheart *or* flame; '~**schriften** *f/pl.* books for the young; '~**schutz** *m* protection of children and young people; '~**streich** *m* youthful prank; '~**werk** *n* early work (*of author*); *~ pl. a.* juvenilia *pl.*; '~**zeit** *f* (time *or* days of) youth.

**Jugoslav|e** [ju:go'slaːvə] *m* (-n/-en) Jugoslav, Yugoslav; 2**isch** *adj.* Jugoslav, Yugoslav.

**Juli** ['ju:li] *m* (-[s]/-s) July.

**jung** *adj.* [juŋ] young; youthful; *peas*: green; *beer, wine*: new; ~**es** *Gemüse* young *or* early vegetables *pl.*; F *fig.* young people, small fry.

'**Junge** 1. *m* (-n/-n) boy, youngster; lad; fellow, chap, *Am.* guy; *cards*: knave, jack; 2. *n* (-n/-n) young; puppy (*of dog*); kitten (*of cat*); calf (*of cow, elephant, etc.*); cub (*of beast of prey*); ~ *werfen* bring forth young; *ein* ~ a young one; 2**nhaft** *adj.* boyish; ~**nstreich** *m* boyish prank *or* trick.

**jünger** ['jyŋər] 1. *adj.* younger, junior; *er ist drei Jahre* ~ *als ich* he is my junior by three years, he is three years younger than I; 2. 2 *m* (-s/-) disciple.

**Jungfer** ['juŋfər] *f* (-/-n): *alte* ~ old maid *or* spinster.

'**Jungfern|fahrt** ♣ *f* maiden voyage *or* trip; '~**flug** ✈ *m* maiden flight; '~**rede** *f* maiden speech.

'**Jung|frau** *f* maid(en), virgin; 2**fräulich** *adj.* ['~frɔvliç] virginal; *fig.* virgin; '~**fräulichkeit** *f* (-/no *pl.*) virginity, maidenhood; '~**geselle** *m* bachelor; '~**gesellenstand** *m* bachelorhood; '~**gesellin** *f* (-/-nen) bachelor girl.

**Jüngling** ['jyŋlɪŋ] *m* (-s/-e) youth, young man.

**jüngst** [jyŋst] 1. *adj.* youngest; *time*: (most) recent, latest; *das* 2*e Gericht, der* 2*e Tag* Last Judg(e)ment, Day of Judg(e)ment; 2. *adv.* recently, lately.

'**jungverheiratet** *adj.* newly married; 2**en** *pl. the* newlyweds *pl.*

Juni ['juːni] m (-[s]/-s) June; '~käfer zo. m cockchafer, June-bug.

junior ['junjɔr] 1. adj. junior; 2. 2 m (-s/-en) junior (a. sports).

Jura ['juːra] n/pl.: ~ studieren read or study law.

Jurist [ju'rist] m (-en/-en) lawyer; law-student; 2isch adj. legal.

Jury [ʒy'riː] f (-/-s) jury.

justier|en ⊕ [jus'tiːrən] v/t. (no -ge-, h) adjust; 2ung ⊕ f (-/-en) adjustment.

Justiz [ju'stiːts] f (-/no pl.) (administration of) justice; ~beamte m judicial officer; ~gebäude n courthouse; ~inspektor m judicial officer; ~irrtum m judicial error; ~minister m minister of justice; Lord Chancellor, Am. Attorney General; ~ministerium n ministry of justice; Am. Department of Justice; ~mord m judicial murder.

Juwel [ju'veːl] m, n (-s/-en) jewel, gem; ~en pl. jewel(le)ry; ~ier [~ji:r] m (-s/-e) jewel(l)er.

Jux F [juks] m (-es/-e) (practical) joke, fun, spree, lark; prank.

# K

*(Compare also C and Z)*

Kabel ['kaːbəl] n (-s/-) cable.

Kabeljau *ichth.* ['kaːbəljau] m (-s/-e, -s) cod(fish).

'kabeln v/t. and v/i. (ge-, h) cable.

Kabine [ka'biːnə] f (-/-n) cabin; *at hairdresser's, etc.*: cubicle; cage (*of lift*).

Kabinett *pol.* [kabi'nɛt] n (-s/-e) cabinet, government.

Kabriolett [kabrio'lɛt] n (-s/-e) cabriolet, convertible.

Kachel ['kaxəl] f (-/-n) (Dutch or glazed) tile; '~ofen m tiled stove.

Kadaver [ka'daːvər] m (-s/-) carcass.

Kadett [ka'dɛt] m (-en/-en) cadet.

Käfer zo. ['kɛːfər] m (-s/-) beetle, chafer.

Kaffee ['kafe, ka'feː] m (-s/-s) coffee; (')~bohne ♀ f coffee-bean; (')~kanne f coffee-pot; (')~mühle f coffee-mill or -grinder; (')~satz m coffee-grounds pl.; (')~tasse f coffee-cup.

Käfig ['kɛːfiç] m (-s/-e) cage (a.fig.).

kahl adj. [kaːl] p. bald; *tree, etc.*: bare; *landscape, etc.*: barren, bleak; *rock, etc.*: naked; '2kopf m baldhead, baldpate; '~köpfig adj. ['~kœpfiç] bald(-headed).

Kahn [kaːn] m (-[e]s/=e) boat; riverbarge; ~ fahren go boating; '~fahren n (-s/no pl.) boating.

Kai [kai] m (-s/-e, -s) quay, wharf.

Kaiser ['kaizər] m (-s/-) emperor; '~krone f imperial crown; '2lich adj. imperial; '~reich n, '~tum n (-[e]s/=er) empire; '~würde f imperial status.

Kajüte ⊕ [ka'jyːtə] f (-/-n) cabin.

Kakao [ka'kaːo] m (-s/-s) cocoa; ♀ a. cacao.

Kakt|ee ♀ [kak'teː(ə)] f (-/-n), ~us ♀ [~us] m (-/Kakteen, F Kaktusse) cactus.

Kalauer ['kaːlauər] m (-s/-) stale joke; pun.

Kalb zo. [kalp] n (-[e]s/=er) calf; 2en ['~bən] v/i. (ge-, h) calve; '~fell n calfskin; '~fleisch n veal; '~leder n calf(-leather).

'Kalbs|braten m roast veal; '~keule f leg of veal; '~leder n s. *Kalbleder*; '~nierenbraten m loin of veal.

Kalender [ka'lɛndər] m (-s/-) calendar; almanac; ~block m dateblock; ~jahr n calendar year; ~uhr f calendar watch or clock.

Kali ⚗ ['kaːli] n (-s/-) potash.

Kaliber [ka'liːbər] n (-s/-) calib|re, *Am.* -er (a. fig.), bore (of firearm).

Kalk [kalk] m (-[e]s/-e) lime; geol. limestone; '~brenner m limeburner; '2en v/t. (ge-, h) whitewash (*wall, etc.*); ♂ lime (*field*); '2ig adj. limy; '~ofen m limekiln; '~stein m limestone; '~steinbruch m limestone quarry.

Kalorie [kalo'riː] f (-/-n) calorie.

kalt adj. [kalt] *climate, meal, sweat, etc.*: cold; p., manner, etc.: cold, chilly, frigid; *mir ist ~* I am cold; ~e Küche cold dishes pl. or meat, etc.; j-m die ~e Schulter geben s.o. the cold shoulder; ~blütig adj. ['~bly:tiç] cold-blooded (a. fig.).

Kälte ['kɛltə] f (-/no pl.) cold; chill; coldness, chilliness (*both a. fig.*); *vor ~ zittern* shiver with cold; *fünf Grad ~* five degrees below zero; '~grad m degree below zero; '~welle f cold spell.

'kalt|stellen fig. v/t. (sep., -ge-, h) shelve, reduce to impotence; '2welle f cold wave.

kam [kaːm] pret. of kommen.

Kamel zo. [ka'meːl] n (-[e]s/-e) camel; ~haar n textiles: camel hair.

Kamera phot. ['kaməra] f (-/-s) camera.

**Kamerad** [kamə'raːt] *m* (-en/-en) comrade; companion; mate, F pal, chum; **~schaft** *f* (-/-en) comradeship, companionship; **2schaftlich** *adj.* comradely, companionable.

**Kamille** ⚕ [ka'milə] *f* (-/-n) camomile; **~tee** *m* camomile tea.

**Kamin** [ka'miːn] *m* (-s/-e) chimney (*a. mount.*); fireplace, fireside; **~** sims *m*, *n* mantelpiece; **~vorleger** *m* hearth-rug; **~vorsetzer** *m* (-s/-) fender.

**Kamm** [kam] *m* (-[e]s/∗e) comb; crest (*of bird or wave*); crest, ridge (*of mountain*).

**kämmen** ['kɛmən] *v/t.* (ge-, h) comb; *sich (die Haare)* **~** comb one's hair.

**Kammer** ['kamər] *f* (-/-n) (small) room; closet; *pol.* chamber; board; ₰ division (*of court*); **~diener** *m* valet; **~frau** *f* lady's maid; **~gericht** ₰ *n* supreme court; **~herr** *m* chamberlain; **~jäger** *m* vermin exterminator; **~musik** *f* chamber music; **~zofe** *f* chambermaid.

**'Kamm|garn** *n* worsted (yarn); **~rad** ⊕ *n* cogwheel.

**Kampagne** [kam'panjə] *f* (-/-n) campaign.

**Kampf** [kampf] *m* (-[e]s/∗e) combat, fight (*a. fig.*); struggle (*a. fig.*); battle (*a. fig.*); *fig.* conflict; *sports:* contest, match; *boxing:* fight, bout; **~bahn** *f* *sports:* stadium, arena; **~begierde** *adj.* ready for battle.

**kämpfen** ['kɛmpfən] *v/i.* (ge-, h) fight (*gegen against; mit with; um for*) (*a. fig.*); struggle (*a. fig.*); *fig.* contend, wrestle (*mit with*).

**Kampfer** ['kampfər] *m* (-s/*no pl.*) camphor.

**Kämpfer** ['kɛmpfər] *m* (-s/-) fighter (*a. fig.*); ✗ combatant, warrior.

**'Kampf|flugzeug** *n* tactical aircraft; **~geist** *m* fighting spirit; **~platz** *m* battlefield; *fig.*, *sports:* arena; **~preis** *m* *sports:* prize; ✝ cut-throat price; **~richter** *m* referee, judge, umpire; **2unfähig** *adj.* disabled.

**kampieren** [kam'piːrən] *v/i.* (no -ge-, h) camp.

**Kanal** [ka'naːl] *m* (-s/∗e) canal; channel (*a.* ⊕, *fig.*); *geogr.* the Channel; sewer, drain; **~isation** [∼aliza'tsjoːn] *f* (-/-en) river: canalization; *town, etc.:* sewerage; drainage; **2isieren** [∼ali'ziːrən] *v/t.* (no -ge-, h) canalize; sewer.

**Kanarienvogel** *orn.* [ka'naːrjən-] *m* canary(-bird).

**Kandare** [kan'daːrə] *f* (-/-n) curb (-bit).

**Kandid|at** [kandi'daːt] *m* (-en/-en) candidate; applicant; **~atur** [∼a'tuːr] *f* (-/-en) candidature, candidacy; **2ieren** [∼di'ːrən] *v/i.* (no -ge-, h) be a candidate (*für* for);

**~** *für* apply for, stand for, *Am.* run for (*office, etc.*).

**Känguruh** *zo.* ['kɛŋguruː] *n* (-s/-s) kangaroo.

**Kaninchen** *zo.* [ka'niːnçən] *n* (-s/-) rabbit; **~bau** *m* rabbit-burrow.

**Kanister** [ka'nistər] *m* (-s/-) can.

**Kanne** ['kanə] *f* (-/-n) milk, *etc.:* jug; coffee, tea: pot; oil, milk: can; **~gießer** F *fig.* *m* political wiseacre.

**Kannibal|e** [kani'baːlə] *m* (-n/-en) cannibal; **2isch** *adj.* cannibal.

**kannte** ['kantə] *pret. of* kennen.

**Kanon** ♪ ['kaːnɔn] *m* (-s/-s) canon.

**Kanon|ade** ✗ [kano'naːdə] *f* (-/-n) cannonade; **~e** [∼'noːnə] *f* (-/-n) ✗ cannon, gun; F *fig.*: big shot; *esp. sports:* ace, crack.

**Ka'nonen|boot** ✗ *n* gunboat; **~donner** *m* boom of cannon; **~futter** *fig.* *n* cannon-fodder; **~kugel** *f* cannon-ball; **~rohr** *n* gun barrel.

**Kanonier** ✗ [kano'niːr] *m* (-s/-e) gunner.

**Kant|e** ['kantə] *f* (-/-n) edge; brim; **'~en** *m* (-s/-) end of loaf; **'2en** *v/t.* (ge-, h) square (*stone, etc.*); set on edge; tilt; edge (*skis*); **'2ig** *adj.* angular, edged; square(d).

**Kantine** [kan'tiːnə] *f* (-/-n) canteen.

**Kanu** ['kaːnu] *n* (-s/-s) canoe.

**Kanüle** ⚕ [ka'nyːlə] *f* (-/-n) tubule, cannula.

**Kanzel** ['kantsəl] *f* (-/-n) *eccl.* pulpit; ✈ cockpit; ✗ (gun-)turret; **~redner** *m* preacher.

**Kanzlei** [kants'lai] *f* (-/-en) office.

**'Kanzler** *m* (-s/-) chancellor.

**Kap** *geogr.* [kap] *n* (-s/-s) headland.

**Kapazität** [kapatsi'tɛːt] *f* (-/-en) capacity; *fig.* authority.

**Kapell|e** [ka'pɛlə] *f* (-/-n) *eccl.* chapel; ♪ band; **~meister** *m* bandleader, conductor.

**kaper|n** ⚓ ['kaːpərn] *v/t.* (ge-, h) capture, seize; **2schiff** *n* privateer.

**kapieren** F [ka'piːrən] *v/t.* (no -ge-, h) grasp, get.

**Kapital** [kapi'taːl] 1. *n* (-s/-e, -ien) capital, stock, funds *pl.*; **~** *und Zinsen* principal and interest; 2. ⚖ *adj.* capital; **~anlage** *f* investment; **~flucht** *f* flight of capital; **~gesellschaft** *f* joint-stock company; **2isieren** [∼ali'ziːrən] *v/t.* (no -ge-, h) capitalize; **~ismus** [∼a'lismus] *m* (-/no *pl.*) capitalism; **~ist** [∼a'list] *m* (-en/-en) capitalist; **~markt** [∼'taːl-] *m* capital market; **~verbrechen** *n* capital crime.

**Kapitän** [kapi'tɛːn] *m* (-s/-e) captain; **~** *zur* See naval captain; **~leutnant** *m* (senior) lieutenant.

**Kapitel** [ka'pitəl] *n* (-s/-) chapter (*a. fig.*).

**Kapitul|ation** ✗ [kapitula'tsjoːn] *f* (-/-en) capitulation, surrender; **2ieren** [∼'liːrən] *v/i.* (no -ge-, h) capitulate, surrender.

**Kaplan** *eccl.* [ka'plɑːn] *m* (-s/=e) chaplain.

**Kappe** ['kapə] *f* (-/-n) cap; hood (a. ⊕); bonnet; 'Ωn *v/t.* (ge-, h) cut (cable); lop, top (tree).

**Kapriole** [kapri'oːlə] *f* (-/-n) equitation: capriole; *fig.*: caper; prank.

**Kapsel** ['kapsəl] *f* (-/-n) case, box; ⚙, ♯, *anat.*, *etc.*: capsule.

**kaputt** *adj.* [ka'put] broken; *elevator*, *etc.*: out of order; *fruit*, *etc.*: spoilt; *p.*: ruined; tired out, **F** fagged out; _gehen *v/i.* (*irr. gehen, sep., -ge-, sein*) break, go to pieces; spoil.

**Kapuze** [ka'puːtsə] *f* (-/-n) hood; *eccl.* cowl.

**Karabiner** [kara'biːnər] *m* (-s/-) carbine.

**Karaffe** [ka'rafə] *f* (-/-n) carafe (*for wine or water*); decanter (*for liqueur, etc.*).

**Karambol|age** [karambo'lɑːʒə] *f* (-/-n) collision, crash; *billiards*: cannon, *Am. a.* carom; Ωieren *v/i.* (*no -ge-, sein*) cannon, *Am. a.* carom; **F** *fig.* collide.

**Karat** [ka'rɑːt] *n* (-[e]s/-e) carat.

**Karawane** [kara'vɑːnə] *f* (-/-n) caravan.

**Karbid** [kar'biːt] *n* (-[e]s/-e) carbide.

**Kardinal** *eccl.* [kardi'nɑːl] *m* (-s/=e) cardinal.

**Karfreitag** *eccl.* [kɑːr'-] *m* Good Friday.

**karg** *adj.* [kark] *soil*: meagre; *vegetation*: scant, sparse; *meal*: scanty, meagre, frugal; _en ['_gən] *v/i.* (ge-, h): ~ mit be sparing of.

**kärglich** *adj.* ['kɛrkliç] scanty, meagre; poor.

**kariert** *adj.* [ka'riːrt] check(ed), chequered, *Am.* checkered.

**Karik|atur** [karika'tuːr] *f* (-/-en) caricature, cartoon; Ωieren [_'kiːrən] *v/t.* (*no -ge-, h*) caricature, cartoon.

**karmesin** *adj.* [karme'ziːn] crimson.

**Karneval** ['karnəval] *m* (-s/-e, -s) Shrovetide, carnival.

**Karo** ['kɑːro] *n* (-s/-s) square, check; *cards*: diamonds *pl.*

**Karosserie** *mot.* [karosə'riː] *f* (-/-n) body.

**Karotte** ♚ [ka'rotə] *f* (-/-n) carrot.

**Karpfen** *ichth.* ['karpfən] *m* (-s/-) carp.

**Karre** ['karə] *f* (-/-n) cart; wheelbarrow.

**Karriere** [kar'jeːrə] *f* (-/-n) (successful) career.

**Karte** ['kartə] *f* (-/-n) card; postcard; map; chart; ticket; menu, bill of fare; list.

**Kartei** [kar'taɪ] *f* (-/-en) card-index; _karte *f* index-card, filing-card; _schrank *m* filing cabinet.

**Kartell** ♦ [kar'tɛl] *n* (-s/-e) cartel.
'**Karten|brief** *m* letter-card; '_haus *n* ♣ chart-house; *fig.* house of cards; '_legerin *f* (-/-nen) fortune-teller from the cards; '_spiel *n* card-playing; card-game.

**Kartoffel** [kar'tɔfəl] *f* (-/-n) potato, **F** spud; _brei *m* mashed potatoes *pl.*; _käfer *m* Colorado *or* potato beetle, *Am. a.* potato bug; _schalen *f/pl.* potato peelings *pl.*

**Karton** [kar'tõ, kar'tɔŋ] *m* (-s/-s, -e) cardboard, pasteboard; cardboard box, carton. [*(Kartei.)*]

**Kartothek** [karto'teːk] *f* (-/-en) *s.*]

**Karussell** [karu'sɛl] *n* (-s/-s, -e) roundabout, merry-go-round, *Am. a.* car(r)ousel.

**Karwoche** *eccl.* ['kɑːr-] *f* Holy *or* Passion Week.

**Käse** ['kɛːzə] *m* (-s/-) cheese.

**Kasern|e** [ka'zɛrnə] *f* (-/-n) barracks *pl.*; _enhof *m* barrack-yard *or* -square; Ωieren [_'niːrən] *v/t.* (*no -ge-, h*) quarter in barracks, barrack.

'**käsig** *adj.* cheesy; *complexion*: pale, pasty.

**Kasino** [ka'ziːno] *n* (-s/-s) casino, club(-house); (officers') mess.

**Kasperle** ['kaspərlə] *n*, *m* (-s/-) Punch; _theater *n* Punch and Judy show.

**Kasse** ['kasə] *f* (-/-n) cash-box; till (*in shop, etc.*); cash-desk, pay-desk (*in bank, etc.*); pay-office (*in firm*); *thea.*, *etc.*: box-office, booking-office; cash; *bei* ~ *in cash.*

'**Kassen|abschluß** ♯ *m* balancing of the cash (accounts); '_anweisung *f* disbursement voucher; '_bestand *m* cash in hand; '_bote *m* bank messenger; '_buch *n* cash book; '_erfolg *m* *thea.*, *etc.*: box-office success; '_patient,♯* *m* panel patient; '_schalter *m* *bank, etc.*: teller's counter.

**Kasserolle** [kasə'rɔlə] *f* (-/-n) stewpan, casserole.

**Kassette** [ka'sɛtə] *f* (-/-n) box (*for money, etc.*); casket (*for jewels, etc.*); slip-case (*for books*); *phot.* plateholder.

**kassiere|n** [ka'siːrən] (*no -ge-, h*) 1. *v/i.* waiter, *etc.*: take the money (für for); 2. *v/t.* take (*sum of money*); collect (*contributions, etc.*); annul; ♯ quash (*verdict*); Ωr *m* (-s/-) cashier; *bank*: a. teller; collector.

**Kastanie** ♚ [ka'stɑːnjə] *f* (-/-n) chestnut.

**Kasten** ['kastən] *m* (-s/=, ♣ -) box; chest (*for tools, etc.*); case (*for violin, etc.*); bin (*for bread, etc.*).

**Kasus** *gr.* ['kɑːsus] *m* (-/-) case.

**Katalog** [kata'loːk] *m* (-[e]s/-e) catalogue, *Am. a.* catalog; Ωisieren [_ogi'ziːrən] *v/t.* (*no -ge-, h*) catalogue, *Am. a.* catalog.

**Katarrh** ♯ [ka'tar] *m* (-s/-e) (common) cold, catarrh.

**katastroph|al** *adj.* [katastro'fa:l] catastrophic, disastrous; **2e** [‿'stro:fə] *f* (-/-n) catastrophe, disaster.

**Katechismus** *eccl.* [kate'çismus] *m* (-/Katechismen) catechism.

**Katego|rie** [katego'ri:] *f* (-/-n) category; **2risch** *adj.* [‿'go:riʃ] categorical.

**Kater** ['ka:tər] *m* (-s/-) *zo.* male cat, tom-cat; *fig. s.* Katzenjammer.

**Katheder** [ka'te:dər] *n, m* (-s/-) lecturing-desk. [cathedral.\]

**Kathedrale** [kate'dra:lə] *f* (-/-n)\]

**Katholi|k** [kato'li:k] *m* (-en/-en) (Roman) Catholic; **2sch** *adj.* [‿'to:liʃ] (Roman) Catholic.

**Kattun** [ka'tun] *m* (-s/-e) calico; cotton cloth or fabric; chintz.

**Katze** *zo.* ['katsə] *f* (-/-n) cat; '‿njammer F *fig. m* hangover, morning-after feeling.

**Kauderwelsch** ['kaudərvɛlʃ] *n* (-[s]/ no pl.) gibberish, F double Dutch; **2en** *v/i.* (ge-, h) gibber, F talk double Dutch.

**kauen** ['kauən] *v/t. and v/i.* (ge-, h) chew.

**kauern** ['kauərn] (ge-, h) 1. *v/i.* crouch; squat; 2. *v/refl.* crouch (down); squat (down); duck (down).

**Kauf** [kauf] *m* (-[e]s/-e) purchase; bargain, F good buy; acquisition; purchasing, buying; '‿brief *m* deed of purchase; **2en** *v/t.* (ge-, h) buy, purchase; acquire (by purchase); *sich et.* ‿ buy o.s. s.th., buy s.th. for o.s.

**Käufer** ['kɔyfər] *m* (-s/-) buyer, purchaser; customer.

**'Kauf|haus** *n* department store; '‿laden *m* shop, Am. a. store.

**käuflich** ['kɔyflɪç] 1. *adj.* for sale; purchasable; *fig.* open to bribery, bribable; venal; 2. *adv.:* ‿ erwerben (acquire by) purchase; ‿ überlassen transfer by way of sale.

**'Kauf|mann** *m* (-[e]s/Kaufleute) businessman; merchant; trader, dealer, shopkeeper; Am. a. storekeeper; **2männisch** *adj.* ['‿mɛnɪʃ] commercial, mercantile; '‿vertrag *m* contract of sale.

**'Kaugummi** *m* chewing-gum.

**kaum** *adv.* [kaum] hardly, scarcely, barely; ‿ glaublich hard to believe.

**'Kautabak** *m* chewing-tobacco.

**Kaution** [kau'tsjo:n] *f* (-/-en) security, surety; *ft* mst bail.

**Kautschuk** ['kautʃuk] *m* (-s/-e) caoutchouc, pure rubber.

**Kavalier** [kava'li:r] *m* (-s/-e) gentleman; beau, admirer.

**Kavallerie** *X* [kavalə'ri:] *f* (-/-n) cavalry, horse.

**Kaviar** ['ka:viar] *m* (-s/-e) caviar(e).

**keck** *adj.* [kɛk] bold; impudent, saucy, cheeky; '2heit *f* (-/-en) boldness; impudence, sauciness, cheekiness.

**Kegel** ['ke:gəl] *m* (-s/-) *games:* skittle, pin; *esp. A,* *&* cone; ‿ schieben *s.* kegeln; '‿bahn *f* skittle, alley, Am. bowling alley; **2förmig** *adj.* ['‿fœrmɪç] conic(al), coniform; tapering; '2n *v/i.* (ge-, h) play (at) skittles or ninepins, Am. bowl.

**Kegler** ['ke:glər] *m* (-s/-) skittle-player, Am. bowler.

**Kehl|e** ['ke:lə] *f* (-/-n) throat; '‿kopf *anat. m* larynx.

**Kehre** ['ke:rə] *f* (-/-n) (sharp) bend, turn; '2n *v/i.* (ge-, h) sweep, brush; turn (nach oben upwards); *j-m den Rücken ‿* turn one's back on s.o.

**Kehricht** ['ke:rɪçt] *m, n* (-[e]s/no pl.) sweepings *pl.*, rubbish.

**'Kehrseite** *f* wrong side, reverse; *esp. fig.* seamy side.

**'kehrtmachen** *v/i.* (sep., -ge-, h) turn on one's heel; *X* turn or face about.

**keifen** ['kaɪfən] *v/i.* (ge-, h) scold, chide.

**Keil** [kaɪl] *m* (-[e]s/-e) wedge; gore, gusset; '‿e F *f* (-/no pl.) thrashing, hiding; '‿er *zo. m* (-s/-) wild-boar; ‿erei F [‿'raɪ] *f* (-/-en) row, scrap; 2förmig *adj.* ['‿fœrmɪç] wedge-shaped, cuneiform; '‿kissen *n* wedge-shaped bolster; '‿schrift *f* cuneiform characters *pl.*

**Keim** [kaɪm] *m* (-[e]s/-e) *&, biol.* germ; *&:* seed-plant; shoot; sprout; *fig.* seeds *pl.*, germ, bud; '2en *v/i.* (ge-, h) seeds, etc.: germinate; seeds, plants, potatoes, etc.: sprout; *fig.* b(o)urgeon; '2frei *adj.* sterilized, sterile; '‿träger *s* *m* (germ-)carrier; '‿zelle *f* germ-cell.

**kein** *indef. pron.* [kaɪn] *as adj.:* ‿(e) no, not any; ‿ anderer als none other but; *as noun:* ‿er, ‿e, ‿es none, no one, nobody; ‿er von beiden neither (of the two); ‿er von uns none of us; '‿esfalls *adv.*, '‿eswegs *adv.* ['‿ve:ks] by no means, not at all; '‿mal *adv.* not once, not a single time.

**Keks** [ke:ks] *m, n* (-, -es/-, -e) biscuit, Am. cookie; cracker.

**Kelch** [kɛlç] *m* (-[e]s/-e) cup, goblet; *eccl.* chalice, communion-cup; *&* calyx.

**Kelle** ['kɛlə] *f* (-/-n) scoop; ladle; *tool:* trowel.

**Keller** ['kɛlər] *m* (-s/-) cellar; basement; ‿ei [‿'raɪ] *f* (-/-en) wine-vault; '‿geschoß *n* basement; '‿meister *m* cellarman.

**Kellner** ['kɛlnər] *m* (-s/-) waiter; '‿in *f* (-/-nen) waitress.

**Kelter** ['kɛltər] *f* (-/-n) winepress; '2n *v/t.* (ge-, h) press.

**kenn|en** ['kɛnən] *v/t.* (irr., ge-, h) know, be acquainted with; have knowledge of *s.th.*; '‿enlernen *v/t.* (sep., -ge-, h) get or come to know;

make s.o.'s acquaintance, meet s.o.; '2er m (-s/-) expert; connoisseur; '~tlich adj. recognizable (an dat. by); ~ machen mark; label; '2tnis f (-/-se) knowledge; ~ nehmen von take not(ic)e of; '2zeichen n mark, sign; mot. registration (number), Am. license number; fig. hallmark, criterion; '~zeichnen v/t. (ge-, h) mark, characterize.

kentern ♣ ['kentərn] v/i. (ge-, sein) capsize, keel over, turn turtle.

Kerbe ['kɛrbə] f (-/-n) notch, nick; slot; '2n v/t. (ge-, h) notch, nick, indent.

Kerker ['kɛrkər] m (-s/-) gaol, jail, prison; '~meister m gaoler, jailer.

Kerl F [kɛrl] m (-s, ♣ -e/-e, F -s) man; fellow, F chap, bloke, esp. Am. guy.

Kern [kɛrn] m (-[e]s/-e) kernel (of nut, etc.); stone, Am. pit (of cherry, etc.); pip (of orange, apple, etc.); core (of the earth); phys. nucleus; fig. core, heart, crux; Kern... s. a. Atom...; '~energie f nuclear energy; '~forschung f nuclear research; '~gehäuse n core; '2ge'sund adj. thoroughly healthy, F as sound as a bell; '2ig adj. full of pips; fig.: pithy; solid; '~punkt m central or crucial point; '~spaltung f nuclear fission.

Kerze ['kɛrtsə] f (-/-n) candle; '~licht n candle-light; '~nstärke f candle-power.

keß F adj. [kɛs] pert, jaunty; smart.

Kessel ['kɛsəl] m (-s/-) kettle; cauldron; boiler; hollow.

Kette ['kɛtə] f (-/-n) chain; range (of mountains, etc.); necklace; '2n v/t. (ge-, h) chain (an acc. to).

'Ketten|hund m watch-dog; '~raucher m chain-smoker; '~reaktion f chain reaction.

Ketzer ['kɛtsər] m (-s/-) heretic; '~ei [~'rai] f (-/-en) heresy; '2isch adj. heretical.

keuch|en ['kɔyçən] v/i. (ge-, h) pant, gasp; '2husten 𝔍 m (w)hooping cough.

Keule ['kɔylə] f (-/-n) club; leg (of mutton, pork, etc.).

keusch adj. [kɔyʃ] chaste, pure; '2heit f (-/no pl.) chastity, purity.

kichern ['kiçərn] v/i. (ge-, h) giggle, titter.

Kiebitz ['ki:bits] m (-es/-e) orn. pe(e)wit; F fig. kibitzer; '2en F fig. v/i. (ge-, h) kibitz.

Kiefer ['ki:fər] 1. anat. m (-s/-) jaw(-bone); 2. ♣ f (-/-n) pine.

Kiel [ki:l] m (-[e]s/-e) ♣ keel; quill; '~raum m bilge, hold; '~wasser n wake (a. fig.).

Kieme zo. ['ki:mə] f (-/-n) gill.

Kies [ki:s] m (-es/-e) gravel; sl. fig. dough; '~el ['~zəl] m (-s/-) pebble, flint; '~weg m gravel-walk.

Kilo ['ki:lo] n (-s/-[s]), '~gramm [kilo'gram] n kilogram(me); '~hertz [~'hɛrts] n (-/no pl.) kilocycle per second; '~meter m kilomet|re, Am. -er; '~watt n kilowatt.

Kimme ['kimə] f (-/-n) notch.

Kind [kint] n (-[e]s/-er) child; baby.

'Kinder|arzt m p(a)ediatrician; '~ei [~'rai] f (-/-en) childishness; childish trick; trifle; '~frau f nurse; '~fräulein n governess; '~funk m children's program(me); '~garten m kindergarten, nursery school; '~lähmung 𝔍 f infantile paralysis, polio(myelitis); '2leicht adj. very easy or simple, F as easy as winking or as ABC; '~lied n children's song; '2los adj. childless; '~mädchen n nurse(maid); '~spiel n children's game; ein ~ s. kinderleicht; '~stube f nursery; fig. manners pl., upbringing; '~wagen m perambulator, F pram, Am. baby carriage; '~zeit f childhood; '~zimmer n children's room.

'Kindes|alter n childhood, infancy; '~beine n/pl.: von ~ an from childhood, from a very early age; '~kind n grandchild.

'Kind|heit f (-/no pl.) childhood; '2isch adj. ['~diʃ] childish; '2lich adj. childlike.

Kinn anat. [kin] n (-[e]s/-e) chin; '~backe f, '~backen m (-s/-) jaw (-bone); '~haken m boxing: hook to the chin; uppercut; '~lade f jaw(-bone).

Kino ['ki:no] n (-s/-s) cinema, F the pictures pl., Am. motion-picture theater, F the movies pl.; ins ~ gehen go to the cinema or F pictures, Am. F go to the movies; '~besucher m cinema-goer, Am. F moviegoer; '~vorstellung f cinema-show, Am. motion-picture show.

Kippe F ['kipə] f (-/-n) stub, fag-end, Am. a. butt; auf der ~ stehen or sein hang in the balance; '2n (ge-) 1. v/i. (sein) tip (over), topple (over), tilt (over); 2. v/t. (h) tilt, tip over or up.

Kirche ['kirçə] f (-/-n) church.

'Kirchen|älteste m (-n/-n) churchwarden, elder; '~buch n parochial register; '~diener m sacristan, sexton; '~gemeinde f parish; '~jahr n ecclesiastical year; '~lied n hymn; '~musik f sacred music; '~schiff ♠ n nave; '~steuer f church-rate; '~stuhl m pew; '~vorsteher m churchwarden.

'Kirch|gang m church-going; '~gänger m ['~gɛŋər] m (-s/-) churchgoer; '~hof m churchyard; '2lich adj. ecclesiastical; '~spiel n parish; '~turm m steeple; '~weih f ['~vai] f (-/-en) parish fair.

Kirsche ['kirʃə] f (-/-n) cherry.

**Kissen** ['kisən] *n* (-s/-) cushion; pillow; bolster, pad.

**Kiste** ['kistə] *f* (-/-n) box, chest; crate.

**Kitsch** [kitʃ] *m* (-es/*no pl.*) trash, rubbish; **'2ig** *adj.* shoddy, trashy.

**Kitt** [kit] *m* (-[e]s/-e) cement; putty.

**Kittel** ['kitəl] *m* (-s/-) overall; smock, frock.

**'kitten** *v/t.* (ge-, h) cement; putt.

**kitz|eln** ['kitsəln] (ge-, h) 1. *v/t.* tickle; 2. *v/i.*: *meine Nase kitzelt* my nose is tickling; **'_lig** *adj.* ticklish (*a. fig.*).

**Kladde** ['kladə] *f* (-/-n) rough note-book, waste-book.

**klaffen** ['klafən] *v/i.* (ge-, h) gape, yawn.

**kläffen** ['klɛfən] *v/i.* (ge-, h) yap, yelp.

**klagbar** *gt adj.* ['kla:kba:r] *matter, etc.*: actionable; *debt, etc.*: suable.

**Klage** ['kla:gə] *f* (-/-n) complaint; lament; *gt* action, suit; **'2n** (ge-, h) 1. *v/i.* complain (*über acc.* of, about; *bei* to); lament; *gt* take legal action (*gegen* against); 2. *v/t.*: *j-m et. _* complain to s.o. of *or* about s.th.

**Kläger** *gt* ['klɛ:gər] *m* (-s/-) plaintiff; complainant.

**kläglich** *adj.* ['klɛ:kliç] pitiful, piteous, pitiable; *cries, etc.*: plaintive; *condition*: wretched, lamentable; *performance, result, etc.*: miserable, poor; *failure, etc.*: lamentable, miserable.

**klamm** [klam] 1. *adj. hands, etc.*: numb *or* stiff with cold, clammy; 2. *2 f* (-/-en) ravine, gorge, canyon.

**Klammer** ['klamər] *f* (-/-n) ⊕ clamp, cramp; (paper-)clip; *gr.*, *typ.*, *A* bracket, parenthesis; **'2n** (ge-, h) 1. *v/t.* clip together; *gt* close (*wound*) with clips; *sich _ an* (*acc.*) cling to (*a. fig.*); 2. *v/i. boxing*: clinch.

**Klang** [klaŋ] 1. *m* (-[e]s/-e) sound, tone (*of voice, instrument, etc.*); tone (*of radio, etc.*); clink (*of glasses, etc.*); ringing (*of bells, etc.*); timbre; 2. *2 pret. of klingen*; **'_fülle** *s f* sonority; **'2los** *adj.* toneless; **'2voll** *adj.* sonorous.

**Klappe** ['klapə] *f* (-/-n) flap; flap, drop leaf (*of table, etc.*); shoulder strap (*of uniform, etc.*); tailboard (*of lorry, etc.*); ⊕, *Q, anat.* valve; *s* key; F *fig.*: bed; trap; **'2n** (ge-, h) 1. *v/t.*: *nach oben _* tip up; *nach unten _* lower, put down; 2. *v/i.* clap, flap; *fig.* come off well, work out fine, *Am. sl. a.* click.

**Klapper** ['klapər] *f* (-/-n) rattle; **'2ig** *adj. vehicle, etc.*: rattly, ramshackle; *furniture*: rickety; *person, horse, etc.*: decrepit; **'_kasten** F *m* wretched piano; rattletrap; **'2n** *v/i.* (ge-, h) clatter, rattle (*mit et. s.th.*); *er klapperte vor Kälte mit den Zäh-*

*nen* his teeth were chattering with cold; **'_schlange** *zo. f* rattlesnake, *Am. a.* rattler.

**'Klapp|kamera** *phot. f* folding camera; **'_messer** *n* clasp-knife, jack-knife; **'_sitz** *m* tip-up *or* flap seat; **'_stuhl** *m* folding chair; **'_tisch** *m* folding table, *Am. a.* gate-leg(ged) table; **'_ult** ['klap-pult] *n* folding desk.

**Klaps** [klaps] *m* (-es/-e) smack, slap; **'2en** *v/t.* (ge-, h) smack, slap.

**klar** *adj.* [kla:r] clear; bright; transparent, limpid; pure; *fig.*: clear, distinct; plain; evident, obvious; *sich _ sein über* (*acc.*) be clear about; **_en Kopf bewahren** keep a clear head.

**klären** ['klɛ:rən] *v/t.* (ge-, h) clarify; *fig.* clarify, clear up, elucidate.

**'klar|legen** *v/t.* (sep-, -ge-, h), **'_stellen** *v/t.* (sep-, -ge-, h) clear up.

**'Klärung** *f* (-/-en) clarification; *fig. a.* elucidation.

**Klasse** ['klasə] *f* (-/-n) class, category; *school*: class, form, *Am. a.* grade; (social) class.

**'Klassen|arbeit** *f* (test) paper; **'2be-wußt** *adj.* class-conscious; **'_be-wußtsein** *n* class-consciousness; **'_buch** *n* class-book; **'_haß** *m* class-hatred; **'_kamerad** *m* classmate; **'_kampf** *m* class-war(fare); **'_zimmer** *n* classroom, schoolroom.

**klassifizier|en** [klasifi'tsi:rən] *v/t.* (*no* -ge-, h) classify; **2ung** *f* (-/-en) classification.

**Klass|iker** ['klasikər] *m* (-s/-) classic; **'2isch** *adj.* classic(al).

**klatsch** [klatʃ] 1. *int.* smack!, slap!; 2. *2 m* (-es/-e) smack, slap; F *fig.*: gossip; scandal; **2base** [ˈ-ba:zə] *f* (-/-n) gossip; **'2e** *f* (-/-n) fly-flap; **'_en** (ge-, h) 1. *v/t.* fling, hurl; *Beifall _* clap, applaud (*j-m* s.o.) 2. *v/i.* splash; applaud, clap; F *fig.* gossip; **'_haft** *adj.* gossiping, gossipy; **'2maul** F *n s. Klatschbase;* **'_naß** F *adj.* soaking wet.

**Klaue** ['klauə] *f* (-/-n) claw; paw; *fig.* clutch.

**Klause** ['klauzə] *f* (-/-n) hermitage; cell.

**Klausel** *gt* ['klauzəl] *f* (-/-n) clause; proviso; stipulation.

**Klaviatur** *s* [klavja'tu:r] *f* (-/-en) keyboard, keys *pl.*

**Klavier** [kla'vi:r] *n* (-s/-e) piano (-forte); **_konzert** *n* piano concert *or* recital; **_lehrer** *m* piano teacher; **_sessel** *m* music-stool; **_stimmer** *m* (-s/-) piano-tuner; **_stunde** *f* piano-lesson.

**kleb|en** ['kle:bən] (ge-, h) 1. *v/t.* glue, paste, stick; 2. *v/i.* stick, adhere (*an dat.* to); **'_end** *adj.* adhesive; **'2epflaster** *n* adhesive *or* sticking plaster; **'_rig** *adj.* adhesive, sticky; **'2stoff** *m* adhesive; glue.

**Klecks** [klɛks] *m* (-es/-e) blot (*of ink*); mark (*of dirt, grease, paint, etc.*); spot (*of grease, paint, etc.*); stain (*of wine, coffee, etc.*); '~en (ge-) 1. *v/i.* (h) make a mark *or* spot *or* stain; 2. *v/i.* (sein) ink, etc.: drip (down); 3. *v/t.* (h): et. auf et. ~ splash *or* spill s.th. on s.th.

**Klee** ♣ [kle:] *m* (-s/no *pl.*) clover, trefoil.

**Kleid** [klaɪt] *n* (-[e]s/-er) garment; dress, frock; gown; ~er *pl.* clothes *pl.*; 2en ['..dən] *v/t.* (ge-, h) dress, clothe; *sich* ~ dress (o.s.); j-n gut ~ suit *or* become s.o.

**Kleider|ablage** ['klaɪdər-] *f* cloakroom, *Am. a.* checkroom; '~bügel *m* coat-hanger; '~bürste *f* clothesbrush; '~haken *m* clothes-peg; '~schrank *m* wardrobe; '~ständer *m* hat and coat stand; '~stoff *m* dress material.

'**kleidsam** *adj.* becoming.

**Kleidung** ['klaɪduŋ] *f* (-/-en) clothes *pl.*, clothing; dress; '~sstück *n* piece *or* article of clothing; garment.

**Kleie** ['klaɪə] *f* (-/-n) bran.

**klein** [klaɪn] 1. *adj.* little (*only attr.*), small; *fig. a.* trifling, petty; 2. *adv.*: ~ schreiben write with a small (initial) letter; ~ anfangen start in a small *or* modest way; 3. *noun*: von ~ auf from an early age; '2auto *n* baby *or* small car; '2bahn *f* narrowga(u)ge railway; '2bildkamera *f* miniature camera; '2geld *n* (small) change; '~gläubig *adj.* of little faith; '2handel ♣ *m* retail trade; '2händler *m* retailer; '2heit *f* (-/no *pl.*) smallness, small size; '2holz *n* firewood, matchwood, kindling.

'**Kleinigkeit** *f* (-/-en) trifle, triviality; '~skrämer *m* pettifogger.

'**Klein|kind** *n* infant; '2laut *adj.* subdued; '2lich *adj.* paltry; pedantic, fussy; '~mut *m* pusillanimity; despondency; 2mütig *adj.* ['..mytiç] pusillanimous; despondent; '2schneiden *v/t.* (*irr. schneiden, sep.-, -ge-, h*) cut into small pieces; '~staat *m* small *or* minor state; '~stadt *f* small town; '~städter *m* small-town dweller, *Am. a.* smalltowner; '2städtisch *adj.* smalltown, provincial; '~vieh *n* small livestock.

**Kleister** ['klaɪstər] *m* (-s/-) paste; '2n *v/t.* (ge-, h) paste.

**Klemm|e** ['klɛmə] *f* (-/-n) ⊕ clamp; ∲ terminal; F *in der* ~ *sitzen* be in a cleft stick, F be in a jam; '2en *v/t.* (ge-, h) jam, squeeze, pinch; '~er *m* (-s/-) pince-nez; '~schraube ⊕ *f* set screw.

**Klempner** ['klɛmpnər] *m* (-s/-) tinman, tin-smith, *Am. a.* tinner; plumber.

**Klerus** ['kle:rus] *m* (-/no *pl.*) clergy.

**Klette** ['klɛtə] *f* (-/-n) ♣ bur(r); *fig. a.* leech.

**Kletter|er** ['klɛtərər] *m* (-s/-) climber; '2n *v/i.* (ge-, sein) climb, clamber (*auf e-n Baum* [up] a tree); '~pflanze *f* climber, creeper.

**Klient** [kli'ɛnt] *m* (-en/-en) client.

**Klima** ['kli:ma] *n* (-s/-s, -te) climate; *fig. a.* atmosphere; '~anlage *f* airconditioning plant; 2tisch *adj.* ['..'ma:tiʃ] climatic.

**klimpern** ['klɪmpərn] *v/i.* (ge-, h) jingle, chink (*mit* et. s.th.); F strum *or* tinkle away (*auf acc.* on, at *piano, guitar*).

**Klinge** ['kliŋə] *f* (-/-n) blade.

**Klingel** ['kliŋəl] *f* (-/-n) bell, handbell; '~knopf *m* bell-push; '2n *v/i.* (ge-, h) ring (the bell); doorbell, etc.: ring; es klingelt the doorbell is ringing; '~zug *m* bell-pull.

**klingen** ['kliŋən] *v/i.* (*irr., ge-, h*) sound; *bell, metal, etc.*: ring; *glasses, etc.*: clink; *musical instrument*: speak.

**Klinik** ['kli:nik] *f* (-/-en) nursing home; private hospital; clinic(al hospital); 2sch *adj.* clinical.

**Klinke** ['kliŋkə] *f* (-/-n) latch; (door-)handle.

**Klippe** ['klɪpə] *f* (-/-n) cliff; reef; crag; rock; *fig.* rock, hurdle.

**klirren** ['klirən] *v/i.* (ge-, h) *windowpane, chain, etc.*: rattle; *chain, swords, etc.*: clank, jangle; *keys, spurs, etc.*: jingle; *glasses, etc.*: clink, chink; *pots, etc.*: clatter; ~ *mit* rattle; jingle.

**Klistier** ∲ [kli'sti:r] *n* (-s/-e) enema.

**Kloake** [klo'a:kə] *f* (-/-n) sewer, cesspool (*a. fig.*).

**Klob|en** ['klo:bən] *m* (-s/-) ⊕ pulley, block; log; '2ig *adj.* clumsy (*a. fig.*).

**klopfen** ['klɔpfən] (ge-, h) 1. *v/i.* *heart, pulse*: beat, throb; knock (*at door, etc.*); tap (*on shoulder*); pat (*on cheek*); es klopft there's a knock at the door; 2. *v/t.* knock, drive (*nail, etc.*).

**Klöppel** ['klœpəl] *m* (-s/-) clapper (*of bell*); *lacemaking*: bobbin; beetle; '~spitze *f* pillow-lace, bonelace.

**Klops** [klɔps] *m* (-es/-e) meat ball.

**Klosett** [klo'zɛt] *n* (-s/-e, -s) lavatory, (water-)closet, W.C., toilet; '~papier *n* toilet-paper.

**Kloß** [klo:s] *m* (-es/-e) earth, clay, etc.: clod, lump; *cookery*: dumpling.

**Kloster** ['klo:stər] *n* (-s/-) cloister; monastery; convent, nunnery; '~bruder *m* friar; '~frau *f* nun; '~gelübde *n* monastic vow.

**Klotz** [klɔts] *m* (-es/-e) block, log (*a. fig.*).

**Klub** [klup] *m* (-s/-s) club; '~kamerad *m* clubmate; '~sessel *m* loungechair.

**Kluft** [kluft] *f* 1. (-/-e) gap (*a. fig.*),

crack; cleft; gulf, chasm (*both a.
fig.*); 2. F (-/-en) outfit, F togs *pl.*;
uniform.

**klug** *adj.* [klu:k] clever; wise, intelligent, sensible; prudent; shrewd;
cunning; **'2heit** *f* (-/*no pl.*) cleverness; intelligence; prudence;
shrewdness; good sense.

**Klump|en** ['klumpən] *m* (-s/-) lump
(*of earth, dough, etc.*); clod (*of
earth, etc.*); nugget (*of gold, etc.*);
heap; **'∼fuß** *m* club-foot; **'2ig** *adj.*
lumpy; cloddish.

**knabbern** ['knabərn] (ge-, h) 1. *v/t.*
nibble, gnaw; 2. *v/i.* nibble, gnaw
(*an dat.* at).

**Knabe** ['kna:bə] *m* (-n/-n) boy; lad;
F *alter ∼* F old chap.

**'Knaben|alter** *n* boyhood; **'∼chor**
*m* boys' choir; **'2haft** *adj.* boyish.

**Knack** [knak] *m* (-[e]s/-e) crack,
snap, click; **'2en** (ge-, h) 1. *v/i.*
*wood:* crack; *fire:* crackle; click;
2. *v/t.* crack (*nut, etc.*); F crack open
(*safe*); *e-e harte Nuß zu ∼ haben
have a hard nut to crack;* **∼s** [∼s] *m*
(-es/-e) s. Knack; F *fig.* defect; **'2sen**
*v/i.* (ge-, h) s. knacken 1.

**Knall** [knal] *m* (-[e]s/-e) crack, bang
(*of shot*); bang (*of explosion*); crack
(*of rifle or whip*); report (*of gun*);
detonation, explosion, report; **'∼-
bonbon**, *n* cracker; **'∼effekt** *fig. m*
sensation; **'2en** *v/i.* (ge-, h) *rifle,
whip:* crack; *fireworks, door, etc.:*
bang; *gun:* fire; *cork, etc.:* pop;
*explosive, etc.:* detonate.

**knapp** *adj.* [knap] *clothes:* tight,
close-fitting; *rations, etc.:* scanty,
scarce; *style, etc.:* concise; *lead,
victory, etc.:* narrow; *majority, etc.:*
bare; *mit ∼er Not entrinnen* have a
narrow escape; *∼ werden* run short;
**'2e ∼x** *m* (-n/-n) miner; **'∼halten**
*v/t.* (*irr. halten, sep.,* -ge-, h) keep
*s.o.* short; **'2heit** *f* (-/*no pl.*) scarcity, shortage; conciseness; **'∼-
schaft ∼x** *f* (-/-en) miners' society.

**Knarre** ['knarə] *f* (-/-n) rattle; F
rifle, gun; **'2n** *v/i.* (ge-, h) creak;
*voice:* grate.

**knattern** ['knatərn] *v/i.* (ge-, h)
crackle; *machine-gun, etc.:* rattle;
*mot.* roar.

**Knäuel** ['knɔʏəl] *m, n* (-s/-) clew,
ball; *fig.* bunch, cluster.

**Knauf** [knauf] *m* (-[e]s/∼e) knob;
pommel (*of sword*).

**Knauser** ['knauzər] *m* (-s/-) niggard,
miser, skinflint; **'∼ei** [∼'rai] *f* (-/-en)
niggardliness, miserliness; **'2ig** *adj.*
niggardly, stingy; **'2n** *v/i.* (ge-, h)
be stingy.

**Knebel** ['kne:bəl] *m* (-s/-) gag; **'2n**
*v/t.* (ge-, h) gag; *fig.* muzzle
(*press*).

**Knecht** [knɛçt] *m* (-[e]s/-e) servant;
farm-labo(u)rer, farm-hand; slave;
**'2en** *v/t.* (ge-, h) enslave; tyrannize;

subjugate; **'∼schaft** *f* (-/*no pl.*)
servitude, slavery.

**kneif|en** ['knaifən] (*irr.,* ge-, h)
1. *v/t.* pinch, nip; 2. *v/i.* pinch; F
*fig.* back out, *Am.* F a. crawfish;
**'2er** *m* (-s/-) pince-nez; **'2zange** *f*
(e-e a pair of) pincers *pl. or* nippers
*pl.*

**Kneipe** ['knaipə] *f* (-/-n) public
house, tavern, F pub, *Am. a.* saloon;
**'2n** *v/i.* (ge-, h) carouse, tipple, F
booze; **∼rei** *f* (-/-en) drinking-
bout, carousal.

**kneten** ['kne:tən] *v/t.* (ge-, h) knead
(*dough, etc.*); *s* a. massage (*limb,
etc.*).

**Knick** [knik] *m* (-[e]s/-e) wall, *etc.*:
crack; *paper, etc.*: fold, crease; *path,
etc.*: bend; **'2en** *v/t.* (ge-, h) fold,
crease; bend; break.

**Knicker** F ['knikər] *m* (-s/-) s.
Knauser.

**Knicks** [kniks] *m* (-es/-e) curts(e)y;
*e-n ∼ machen =* **'2en** *v/i.* (ge-, h)
(drop a) curts(e)y (*vor dat.* to).

**Knie** [kni:] *n* (-s/-) knee; **'2fällig**
*adv.* on one's knees; **'∼kehle** *anat.*
*f* hollow of the knee; **'2n** *v/i.* (ge-, h)
kneel, be on one's knees; **'∼scheibe**
*anat. f* knee-cap, knee-pan; **'∼-
strumpf** *m* knee-length sock.

**Kniff** [knif] 1. *m* (-[e]s/-e) crease,
fold; *fig.* trick, knack; 2. 2 *pret. of*
kneifen; **'2(e)lig** *adj.* [∼(ə)liç]
tricky; intricate.

**knipsen** ['knipsən] (ge-, h) 1. *v/t.*
clip, punch (*ticket, etc.*); F *phot.*
take a snapshot of, snap; 2. *v/i.* *phot.*
*v/i.* take snapshots.

**Knirps** [knirps] *m* (-es/-e) little man;
little chap, F nipper; **'2ig** *adj.* very
small.

**knirschen** ['knirʃən] *v/i.* (ge-, h)
*gravel, snow, etc.:* crunch, grind;
*teeth, etc.:* grate; *mit den Zähnen ∼*
grind *or* gnash one's teeth.

**knistern** ['knistərn] *v/i.* (ge-, h)
*woodfire, etc.:* crackle; *dry leaves,
silk, etc.:* rustle.

**knitter|frei** *adj.* ['knitər-] crease-
resistant; **'2n** *v/t. and v/i.* (ge-, h)
crease, wrinkle.

**Knoblauch ♃** ['kno:plaux] *m*
(-[e]s/*no pl.*) garlic.

**Knöchel** *anat.* ['knœçəl] *m* (-s/-)
knuckle; ankle.

**Knoch|en** *anat.* ['knɔxən] *m* (-s/-)
bone; **'∼enbruch** *m* fracture (of a
bone); **'2ig** *adj.* bony.

**Knödel** ['knø:dəl] *m* (-s/-) dumpling.

**Knolle ♃** ['knɔlə] *f* (-/-n) tuber;
bulb.

**Knopf** [knɔpf] *m* (-[e]s/∼e) button.

**knöpfen** ['knœpfən] *v/t.* (ge-, h)
button.

**'Knopfloch** *n* buttonhole.

**Knorpel** ['knɔrpəl] *m* (-s/-) cartilage, gristle.

**Knorr|en** ['knɔrən] *m* (-s/-) knot,

knag, gnarl; '2ig adj. gnarled, knotty.

Knospe ❦ ['knɔspə] f (-/-n) bud; '2n v/i. (ge-, h) (be in) bud.

Knot|en ['kno:tən] 1. m (-s/-) knot (a. fig., ⚓); 2. 2 v/t. (ge-, h) knot; '‚enpunkt m 🚂 junction; intersection; '2ig adj. knotty.

Knuff F [knuf] m (-[e]s/⁀e) poke, cuff, nudge; '2en F v/t. (ge-, h) poke, cuff, nudge.

knülle|n ['knylən] v/t. and v/i. (ge-, h) crease, crumple; '2r F m (-s/-) hit.

knüpfen ['knypfən] v/t. (ge-, h) make, tie (knot, etc.); make (net); knot (carpet, etc.); tie (shoe-lace, etc.); strike up (friendship, etc.); attach (condition, etc.) (an acc. to).

Knüppel ['knypəl] m (-s/-) cudgel.

knurren ['knurən] v/i. (ge-, h) growl, snarl; fig. grumble (über acc. at, over about); stomach: rumble.

knusp(e)rig adj. ['knusp(ə)riç] crisp, crunchy.

Knute ['knu:tə] f (-/-n) knout.

Knüttel ['knytəl] m (-s/-) cudgel.

Kobold ['ko:bɔlt] m (-[e]s/-e) (hob)goblin, imp.

Koch [kɔx] m (-[e]s/⁀e) cook; '‚buch n cookery-book, Am. cookbook; '2en (ge-, h) 1. v/t. boil (water, egg, fish, etc.); cook (meat, vegetables, etc.) (by boiling); make (coffee, tea, etc.); 2. v/i. water, etc.: boil (a. fig.); do the cooking; be a (good, etc.) cook; '‚er m (-s/-) cooker.

Köcher ['kœçər] m (-s/-) quiver.

'Koch|kiste f haybox; '‚löffel m wooden spoon; '‚nische f kitchenette; '‚salz n common salt; '‚topf m pot, saucepan.

Köder ['kø:dər] m (-s/-) bait (a. fig.); lure (a. fig.); '2n v/t. (ge-, h) bait; lure; fig. a. decoy.

Kodex ['ko:dɛks] m (-es, -/-e, Kodizes) code.

Koffer ['kɔfər] m (-s/-) (suit)case; trunk; '‚radio n portable radio (set).

Kognak ['kɔnjak] m (-s/-s, ⚭ -e) French brandy, cognac.

Kohl ❦ [ko:l] m (-[e]s/-e) cabbage.

Kohle ['ko:lə] f (-/-n) coal; charcoal; ⚡ carbon; wie auf (glühenden) ‚n sitzen be on tenterhooks.

'Kohlen|bergwerk n coal-mine, coal-pit, colliery; '‚eimer m coalscuttle; '‚händler m coal-merchant; '‚kasten m coal-box; '‚revier ⚒ n coal-district; '‚säure 🜍 f carbonic acid; '‚stoff 🜍 m carbon.

'Kohle|papier n carbon paper; '‚zeichnung f charcoal-drawing.

'Kohl|kopf ❦ m (head of) cabbage; '‚rübe ⚘ f Swedish turnip.

Koje ⚓ ['ko:jə] f (-/-n) berth, bunk.

Kokain [koka'i:n] n (-s/no pl.) cocaine, sl. coke, snow.

kokett adj. [ko'kɛt] coquettish; 2erie [‚ə'ri:] f (-/-n) coquetry, coquettishness; 2ieren [‚ti:rən] v/i. (no -ge-, h) coquet, flirt (mit with; a. fig.).

Kokosnuß ❦ ['ko:kɔs-] f coconut.

Koks [ko:ks] m (-es/-e) coke.

Kolben ['kɔlbən] m (-s/-) butt (of rifle); ⊕ piston; '‚stange f piston-rod.

Kolchose [kɔl'ço:zə] f (-/-n) collective farm, kolkhoz.

Kolleg univ. [kɔ'le:k] n (-s/-s, -ien) course of lectures; ‚e [‚gə] m (-n/-n) colleague; ‚ium [‚gjum] n (-s/Kollegien) council, board; teaching staff.

Kollekt|e eccl. [kɔ'lɛktə] f (-/-n) collection; ‚ion ✝ [‚tsjo:n] f (-/-en) collection, range.

Koller ['kɔlər] m (-s/-) vet. staggers pl.; F fig. rage, tantrum; '2n v/i. 1. (h) turkey-cock: gobble; pigeon: coo; bowels: rumble; vet. have the staggers; 2. (sein) ball, tears, etc.: roll.

kolli|dieren [kɔli'di:rən] v/i. (no -ge-, sein) collide; fig. clash; 2sion [‚'zjo:n] f (-/-en) collision; fig. clash, conflict.

Kölnischwasser ['kœlniʃ-] n eau-de-Cologne.

Kolonialwaren [kolo'nja:l-] f/pl. groceries pl.; ‚händler m grocer; ‚handlung f grocer's (shop), Am. grocery.

Kolon|ie [kolo'ni:] f (-/-n) colony; 2isieren [‚i'zi:rən] v/t. (no -ge-, h) colonize.

Kolonne [ko'lɔnə] f (-/-n) column; convoy; gang (of workers, etc.).

kolorieren [kolo'ri:rən] v/t. (no -ge-, h) colo(u)r.

Koloß [ko'lɔs] m (Kolosses/Kolosse) colossus; 2sal adj. [‚'sa:l] colossal, huge (both a. fig.).

Kombin|ation [kɔmbina'tsjo:n] f (-/-en) combination; overall; ✈ flying-suit; football, etc.: combined attack; 2ieren [‚'ni:rən] (no -ge-, h) 1. v/t. combine; 2. v/i. reason, deduce; football, etc.: combine, move.

Kombüse ⚓ [kɔm'by:zə] f (-/-n) galley, caboose.

Komet ast. [ko'me:t] m (-en/-en) comet.

Komfort [kɔm'fo:r] m (-s/no pl.) comfort; 2abel adj. [‚ɔr'ta:bəl] comfortable.

Komik ['ko:mik] f (-/no pl.) humo(u)r, fun(niness); '‚er m (-s/-) comic actor, comedian.

komisch adj. ['ko:miʃ] comic(al), funny; fig. funny, odd, queer.

Komitee [komi'te:] n (-s/-s) committee.

Kommand|ant ✠ [kɔman'dant] m (-en/-en), ~eur ✠ [.'døːr] m (-s/-e) commander, commanding officer; 2ieren [.'diːrən] (no -ge-, h) 1. v/i. order, command, be in command; 2. v/t. ✠ command, be in command of; order; ~itgesellschaft ✝ [.'dit-] f limited partnership; ~o [.'mando] n (-s/-s) ✠ command, order; order(s pl.), directive(s pl.); ✠ detachment; ~obrücke ⚓ f navigating bridge.

kommen ['kɔmən] v/i. (irr., ge-, sein) come; arrive; ~ lassen send for s.o., order s.th.; et. ~ sehen fore-see; an die Reihe ~ it is one's turn; ~ auf (acc.) think of, hit upon; re-member; zu dem Schluß ~, daß de-cide that; hinter et. ~ find s.th. out; um et. ~ lose s.th.; zu et. ~ come by s.th.; wieder zu sich ~ come round or to; wie ~ Sie dazu! how dare you!

Komment|ar [kɔmen'taːr] m (-s/-e) commentary, comment; ~ator [.~tɔr] m (-s/-en) commentator; 2ieren [.'tiːrən] v/t. (no -ge-, h) com-ment on.

Kommissar [kɔmi'saːr] m (-s/-e) commissioner; superintendent; pol. commissar.

Kommißbrot F [kɔ'mis-] n army or ration bread, Am. a. G.I. bread.

Kommission [kɔmi'sjoːn] f (-/-en) commission (a. ✝); committee; ~är ✝ [.~'nɛːr] m (-s/-e) commission agent.

Kommode [kɔ'moːdə] f (-/-n) chest of drawers, Am. bureau.

Kommunis|mus pol. [kɔmu'nis-mus] m (-/no pl.) communism; ~t m (-en/-en) communist; 2tisch adj. communist(ic).

Komöd|iant [kɔmø'djant] m (-en/-en) comedian; fig. play-actor; ~ie [.'møːdjə] f (-/-n) comedy; ~ spie-len play-act.

Kompagnon [kɔmpan'jõː] m (-s/-s) (business-)partner, associate.

Kompanie ✠ [kɔmpa'niː] f (-/-n) company.

Kompaß ['kɔmpas] m (Kompasses/Kompasse) compass.

kompetent adj. [kɔmpe'tent] com-petent.

komplett adj. [kɔm'plet] complete.

Komplex [kɔm'plɛks] m (-es/-e) complex (a. psych.); block (of houses).

Kompliment [kɔmpli'ment] n (-[e]s/-e) compliment.

Komplize [kɔm'pliːtsə] m (-n/-n) accomplice.

komplizier|en [kɔmpli'tsiːrən] v/t. (no -ge-, h) complicate; ~t adj. ma-chine, etc.: complicated; argument, situation, etc.: complex; ~er Bruch ✚ compound fracture.

Komplott [kɔm'plɔt] n (-[e]s/-e) plot, conspiracy.

kompo|nieren ♪ [kɔmpo'niːrən] v/t. and v/i. (no -ge-, h) compose; 2nist m (-en/-en) composer; 2si-tion [.~zi'tsjoːn] f (-/-en) composi-tion.

Kompott [kɔm'pɔt] n (-[e]s/-e) com-pote, stewed fruit, Am. a. sauce.

komprimieren [kɔmpri'miːrən] v/t. (no -ge-, h) compress.

Kompromi|ß [kɔmpro'mis] m (Kompromisses/Kompromisse) com-promise; 2ßlos adj. uncompromis-ing; 2ttieren [.'tiːrən] v/t. (no -ge-, h) compromise.

Kondens|ator [kɔnden'zaːtɔr] m (-s/-en) ⚡ capacitor, condenser (a. ⚗); 2ieren [.'ziːrən] v/t. (no -ge-, h) condense.

Kondens|milch [kɔn'dɛns-] f evap-orated milk; ~streifen ✈ m con-densation or vapo(u)r trail; ~was-ser n water of condensation.

Konditor [kɔn'diːtɔr] m (-s/-en) confectioner, pastry-cook; ~ei [.~i-to'raɪ] f (-/-en) confectionery, con-fectioner's (shop); ~eiwaren f/pl. confectionery.

Konfekt [kɔn'fɛkt] n (-[e]s/-e) sweets pl., sweetmeat, Am. a. soft candy; chocolates pl.

Konfektion [kɔnfɛk'tsjoːn] f (-/-en) (manufacture of) ready-made cloth-ing; ~anzug [kɔnfɛk'tsjoːns-?-] m ready-made suit; ~sgeschäft n ready-made clothes shop.

Konfer|enz [kɔnfe'rɛnts] f (-/-en) conference; 2ieren [.'riːrən] v/i. (no -ge-, h) confer (über acc. on).

Konfession [kɔnfe'sjoːn] f (-/-en) confession, creed; denomination; 2ell adj. [.~'nɛl] confessional, de-nominational; ~sschule [.~'sjoːns-] f denominational school.

Konfirm|and eccl. [kɔnfir'mant] m (-en/-en) candidate for confirma-tion, confirmee; ~ation [.~tsjoːn] f (-/-en) confirmation; 2ieren [.~'miːrən] v/t. (no -ge-, h) confirm.

konfiszieren ⚖ [kɔnfis'tsiːrən] v/t. (no -ge-, h) confiscate, seize.

Konfitüre [kɔnfi'tyːrə] f (-/-n) pre-serve(s pl.), (whole-fruit) jam.

Konflikt [kɔn'flikt] m (-[e]s/-e) con-flict.

konform adv. [kɔn'fɔrm]: ~ gehen mit agree or concur with.

konfrontieren [kɔnfrɔn'tiːrən] v/t. (no -ge-, h) confront (mit with).

konfus adj. [kɔn'fuːs] p., a. ideas: muddled; p. muddle-headed.

Kongreß [kɔn'grɛs] m (Kongresses/Kongresse) congress; Am. parl. Congress; ~halle f congress hall.

König ['køːniç] m (-s/-e) king; 2lich adj. ['.~k-] royal; regal; ~reich ['.~k-] n kingdom; ~swürde ['.~ks-] f royal dignity, kingship; '.~tum n (-s/~er) monarchy; kingship.

Konjug|ation gr. [kɔnjuga'tsjoːn] f

(-/-en); 2ieren [.'gi:rən] v/t. (no -ge-, h) conjugate.

Konjunkt|iv gr. ['kɔnjʊŋktiːf] m (-s/-e) subjunctive (mood); ~ur ✝ [.'tuːr] f (-/-en) trade or business cycle; economic or business situation.

konkret adj. [kɔn'kreːt] concrete.

Konkurrent [kɔnkʊ'rɛnt] m (-en/-en) competitor, rival.

Konkurrenz [kɔnkʊ'rɛnts] f (-/-en) competition; competitors pl., rivals pl.; sports: event; 2fähig adj. able to compete; competitive; ~geschäft n rival business or firm; ~kampf m competition.

konkur'rieren v/i. (no -ge-, h) compete (mit with; um for).

Konkurs ✝, ɡ̃ɫ [kɔn'kʊrs] m (-es/-e) bankruptcy, insolvency, failure; ~ anmelden file a petition in bankruptcy; in ~ gehen or geraten become insolvent, go bankrupt; ~erklärung ɡ̃ɫ f declaration of insolvency; ~masse ɡ̃ɫ f bankrupt's estate; ~verfahren ɡ̃ɫ n bankruptcy proceedings pl.; ~verwalter ɡ̃ɫ m trustee in bankruptcy; liquidator.

können ['kœnən] 1. v/i. (irr., ge-, h): ich kann nicht I can't, I am not able to; 2. v/t. (irr., ge-, h) know, understand; e-e Sprache ~ know a language, have command of a language; 3. v/aux. (irr., no -ge-, h) be able to inf., be capable of ger.; be allowed or permitted to inf.; es kann sein it may be; du kannst hingehen you may go there; er kann schwimmen he can swim, he knows how to swim; 4. 2 n (-s/no pl.) ability; skill; proficiency.

Konnossement ✝ [kɔnɔsə'mɛnt] n (-[e]s/-e) bill of lading.

konnte ['kɔntə] pret. of können.

konsequen|t adj. [kɔnze'kvɛnt] consistent; 2z [.ts] f (-/-en) consistency; consequence; die ~en ziehen do the only thing one can.

konservativ adj. [kɔnzɛrva'tiːf] conservative.

Konserven [kɔn'zɛrvən] f/pl. tinned or Am. canned foods pl.; ~büchse f, ~dose f tin, Am. can; ~fabrik f tinning factory, esp. Am. cannery.

konservieren [kɔnzɛr'viːrən] v/t. (no -ge-, h) preserve.

Konsonant gr. [kɔnzo'nant] m (-en/-en) consonant.

Konsortium ✝ [kɔn'zɔrtsjʊm] n (-s/Konsortien) syndicate.

konstruieren [kɔnstru'iːrən] v/t. (no -ge-, h) gr. construe; ⊕: construct; design.

Konstruk|teur ⊕ [kɔnstrʊk'tøːr] m (-s/-e) designer; ~tion ⊕ [.'tsjoːn] f (-/-en) construction; ~tionsfehler ⊕ m constructional defect.

Konsul pol. ['kɔnzʊl] m (-s/-n) con-

sul; ~at pol. [.'laːt] n (-[e]s/-e) consulate; 2'tieren v/t. (no -ge-, h) consult, seek s.o.'s advice.

Konsum [kɔn'zuːm] m 1. (-s/no pl.) consumption; 2. (-s/-s) co-operative shop, Am. co-operative store, F co-op; 3. (-s/no pl.) consumers co-operative society, F co-op; ~ent [.u'mɛnt] m (-en/-en) consumer; 2ieren [.u'miːrən] v/t. (no -ge-, h) consume; ~verein m s. Konsum 3.

Kontakt [kɔn'takt] m (-[e]s/-e) contact (a. ✈); in ~ stehen mit be in contact or touch with.

Kontinent ['kɔntinɛnt] m (-[e]s/-e) continent.

Kontingent [kɔntin'gɛnt] n (-[e]s/-e) ✕ contingent, quota (a. ✝).

Konto ✝ ['kɔnto] n (-s/Konten, Kontos, Konti) account; ~auszug ✝ m statement of account; ~korrentkonto ✝ [.ko'rɛnt-] s current account.

Kontor [kɔn'toːr] n (-s/-e) office; ~ist [.o'rist] m (-en/-en) clerk.

Kontrast [kɔn'trast] m (-es/-e) contrast.

Kontroll|e [kɔn'trɔlə] f (-/-n) control; supervision; check; 2ieren [.'liːrən] v/t. (no -ge-, h) control; supervise; check.

Kontroverse [kɔntro'vɛrzə] f (-/-n) controversy.

konventionell adj. [kɔnvɛntsjo'nɛl] conventional.

Konversation [kɔnvɛrza'tsjoːn] f (-/-en) conversation; ~slexikon n encyclop(a)edia.

Konzentr|ation [kɔntsɛntra'tsjoːn] f (-/-en) concentration; 2ieren [.'triːrən] v/t. (no -ge-, h) concentrate, focus (attention, etc.) (auf acc. on); sich ~ concentrate (auf acc. on).

Konzern ✝ [kɔn'tsɛrn] m (-s/-e) combine, group.

Konzert ♪ [kɔn'tsɛrt] n (-[e]s/-e) concert; recital; concerto; ~saal ♪ m concert-hall.

Konzession [kɔntsɛ'sjoːn] f (-/-en) concession; licen|ce, Am. -se; 2ieren [.o'niːrən] v/t. (no -ge-, h) license.

Kopf [kɔpf] m (-[e]s/-e) head; top; brains pl.; pipe: bowl; ein fähiger ~ a clever fellow; ~ hoch! chin up!; j-m über den ~ wachsen outgrow s.o.; fig. get beyond s.o.; ~arbeit f brain-work; ~bahnhof ㊉ m terminus, Am. terminal; ~bedeckung f headgear, headwear.

köpfen ['kœpfən] v/t. (ge-, h) behead, decapitate; football: head (ball).

'Kopf|ende n head; '~hörer m headphone, headset; '~kissen n pillow; '2los adj. headless; fig. confused; '~nicken n (-s/no pl.) nod; '~rechnen n (-s/no pl.) mental arithmetic; '~salat m cabbage-lettuce;

'~schmerzen m/pl. headache; '~sprung m header; '~tuch n scarf; 2°über adv. head first, headlong; '~weh n (-[e]s/-e) s. Kopfschmerzen; '~zerbrechen n (-s/no pl.): j-m ~ machen puzzle s.o.

Kopie [ko'pi:] f(-/-n) copy; duplicate; phot., film: print; ~rstift m indelible pencil.

Koppel ['kɔpəl] 1. f (-/-n) hounds: couple; horses: string; paddock; 2. ⚡ n (-s/-) belt; '2n v/t. (ge-, h) couple (a. ⊕, ♪).

Koralle [ko'ralə] f (-/-n) coral; ~nfischer m coral-fisher.

Korb [kɔrp] m (-[e]s/~e) basket; fig. refusal; Hahn im ~ cock of the walk; '~möbel n/pl. wicker furniture.

Kordel ['kɔrdəl] f (-/-n) string, twine; cord.

Korinthe [ko'rintə] f (-/-n) currant.

Kork [kɔrk] m (-[e]s/-e), '~en m (-s/-) cork; '~(en)zieher m (-s/-) corkscrew.

Korn [kɔrn] 1. n (-[e]s/~er) seed; grain; 2. n (-[e]s/-e) corn, cereals pl.; 3. n (-[e]s/~e) front sight; 4. F m (-[e]s/-) (German) corn whisky.

körnig adj. ['kœrniç] granular; in compounds: ...-grained.

Körper ['kœrpər] m (-s/-) body (a. phys., ♪); A: solid; '~bau m build, physique; 2behindert adj. ['~behindərt] (physically) disabled, handicapped; ~beschaffenheit f constitution, physique; '~fülle f corpulence; ~geruch m body-odo(u)r; '~größe f stature; '~kraft f physical strength; '2lich adj. physical; corporal; bodily; '~pflege f care of the body, hygiene; '~schaft f (-/-en) body (corporate), corporation; ~verletzung zɪ̃ f bodily harm, physical injury.

korrekt adj. [kɔ'rekt] correct; 2or [~ɔr] m (-s/-en) (proof-)reader; 2ur [~'tu:r] f (-/-en) correction; 2urbogen m proof-sheet.

Korrespond|ent [kɔrespɔn'dɛnt] m (-en/-en) correspondent; ~enz [~ts] f (-/-en) correspondence; 2ieren [~'di:rən] v/i. (no -ge-, h) correspond (mit with).

korrigieren [kɔri'gi:rən] v/t. (no -ge-, h) correct.

Korsett [kɔr'zet] n (-[e]s/-e, -s) corset, stays pl.

Kosename ['ko:zə-] m pet name.

Kosmetik [kɔs'me:tik] f (-/no pl.) beauty culture; ~erin f (-/-nen) beautician, cosmetician.

Kost [kɔst] f (-/no pl.) food, fare; board; diet; '2bar adj. present, etc.: costly, expensive; health, time, etc.: valuable; mineral, etc.: precious.

'kosten[1] v/t. (ge-, h) taste, try, sample.

'Kosten[2] 1. pl. cost(s pl.); expense(s pl.), charges pl.; auf ~ (gen.) at the expense of; 2. 2 v/t. (ge-, h) cost; take, require (time, etc.); '~anschlag m estimate, tender; '2frei 1. adj. free; 2. adv. free of charge; '2los s. kostenfrei.

Kost|gänger ['kɔstgɛnər] m (-s/-) boarder; '~geld n board-wages pl.

köstlich adj. ['kœstliç] delicious.

'Kost|probe f taste, sample (a. fig.); 2spielig adj. ['~ʃpi:liç] expensive, costly.

Kostüm [kɔs'ty:m] n (-s/-e) costume, dress; suit; ~fest n fancy-dress ball.

Kot [ko:t] m (-[e]s/no pl.) mud, mire; excrement.

Kotelett [kɔt(ə)'lɛt] n (-[e]s/-s, ⚡ -e) pork, veal, lamb: cutlet; pork, veal, mutton: chop; ~en pl. sidewhiskers pl., Am. a sideburns pl.

'Kot|flügel mot. m mudguard, Am. a. fender; '2ig adj. muddy, miry.

Krabbe zo. ['krabə] f (-/-n) shrimp; crab.

krabbeln ['krabəln] v/i. (ge-, sein) crawl.

Krach [krax] m (-[e]s/-e, -s) crack, crash (a. ♣); quarrel, sl. bust-up; F row; ~ machen kick up a row; '2en v/i. (ge-) 1. (h) thunder: crash; cannon: roar, thunder; 2. (sein) crash (a. ♣), smash.

krächzen ['krɛçtsən] v/t. and v/i. (ge-, h) croak.

Kraft [kraft] 1. f (-/~e) strength; force (a. ⚡); power (a. ♪, ⊕); energy; vigo(u)r; efficacy; in ~ sein (setzen, treten) be in (put into, come into) operation or force; außer ~ setzen repeal, abolish (law); 2. 2 prp. (gen.) by virtue of; '~anlage f ♪ power plant; '~brühe f beef tea; '~fahrer m driver, motorist; '~fahrzeug n motor vehicle.

kräftig adj. ['krɛftiç] strong (a. fig.), powerful; fig. nutritious, rich; ~en ['~gən] (ge-, h) 1. v/t. strengthen; 2. v/i. give strength.

'kraft|los adj. powerless; feeble; weak; '2probe f trial of strength; '2rad n motor cycle; '2stoff mot. m fuel; '~voll adj. powerful (a. fig.); '2wagen m motor vehicle; '2werk ♪ n power station.

Kragen ['kra:gən] m (-s/-) collar; '~knopf m collar-stud, Am. collar button.

Krähe orn. ['krɛ:ə] f (-/-n) crow; '2n v/i. (ge-, h) crow.

Kralle ['kralə] f (-/-n) claw (a. fig.); talon, clutch.

Kram [kra:m] m (-[e]s/no pl.) stuff, odds and ends pl.; fig. affairs pl., business.

Krämer ['krɛ:mər] m (-s/-) shopkeeper.

**Krampf** ✠ [krampf] *m* (-[e]s/⁓e) cramp; spasm, convulsion; '⁓ader ✠ *f* varicose vein; '2haft *adj.* ✠ spasmodic, convulsive; *laugh*: forced.

**Kran** ⊕ [krɑːn] *m* (-[e]s/⁓e, -e) crane.

**krank** *adj.* [krank] sick; *organ, etc.*: diseased; ⁓ sein *p.* be ill, *esp. Am.* be sick; *animal*: be sick or ill; ⁓ werden *p.* fall ill or *esp. Am.* sick; *animal*: fall sick; '2e *m, f* (-n/-n) sick person, patient, invalid.

**kränkeln** ['kreŋkəln] *v/i.* (ge-, h) be sickly, be in poor health.

**kranken** *fig. v/i.* (ge-, h) suffer (*an dat.* from).

**kränken** ['kreŋkən] *v/t.* (ge-, h) offend, injure; wound *or* hurt *s.o.'s* feelings; *sich* ⁓ feel hurt (*über acc.* at, about).

'**Kranken|bett** *n* sick-bed; '⁓geld *n* sick-benefit; '⁓haus *n* hospital; '⁓kasse *f* health insurance (fund); '⁓kost *f* invalid diet; '⁓lager *n s. Krankenbett*; '⁓pflege *f* nursing; '⁓pfleger *m* male nurse; '⁓schein *m* medical certificate; '⁓schwester *f* (sick-)nurse; '⁓versicherung *f* health *or* sickness insurance; '⁓wagen *m* ambulance; '⁓zimmer *n* sick-room.

'**krank|haft** *adj.* morbid, pathological; '2heit *f* (-/-en) illness, sickness; disease.

'**Krankheits|erreger** ✠ *m* pathogenic agent; '⁓erscheinung *f* symptom (*a. fig.*).

'**kränklich** *adj.* sickly, ailing.

'**Kränkung** *f* (-/-en) insult, offen|ce, *Am.* -se.

**Kranz** [krants] *m* (-es/⁓e) wreath; garland.

**Kränzchen** *fig.* ['krentsçən] *n* (-s/-) tea-party, F hen-party.

**kraß** *adj.* [kras] crass, gross.

**kratzen** ['kratsən] (ge-, h) 1. *v/i.* scratch; 2. *v/t.* scratch; *sich* ⁓ scratch (o.s.).

**kraulen** ['kraulən] (ge-, h) 1. *v/t.* (h) scratch gently; 2. *v/i.* (sein) *sports*: crawl.

**kraus** *adj.* [kraus] curly, curled; crisp; frizzy; *die Stirn* ⁓ *ziehen* knit one's brow; '2e *f* (-/-n) ruff(le), frill.

**kräuseln** ['krɔyzəln] *v/t.* (ge-, h) curl, crimp (*hair, etc.*); pucker (*lips*); *sich* ⁓ hair: curl; *waves, etc.*: ruffle; *smoke*: curl *or* wreath up.

**Kraut** [kraut] *n* 1. (-[e]s/⁓er) plant; herb; 2. (-[e]s/no *pl.*) tops *pl.*; cabbage; weed.

**Krawall** [kra'val] *m* (-[e]s/-e) riot; shindy, F row, *sl.* rumpus.

**Krawatte** [kra'vatə] *f* (-/-n) (neck-)tie.

**Kreatur** [krea'tuːr] *f* (-/-en) creature.

**Krebs** [kreːps] *m* (-es/-e) *zo.* crayfish, *Am. a.* crawfish; *ast.* Cancer, Crab; ✠ cancer; ⁓e *pl.* ✠ returns *pl.*

**Kredit** ✠ [kre'diːt] *m* (-[e]s/-e) credit; *auf* ⁓ on credit; 2fähig ✠ *adj.* credit-worthy.

**Kreide** ['kraidə] *f* (-/-n) chalk; *paint.* crayon.

**Kreis** [krais] *m* (-es/-e) circle (*a. fig.*); *ast.* orbit; ⚡ circuit; district, *Am.* county; *fig.*: sphere; field; range.

**kreischen** ['kraiʃən] (ge-, h) 1. *v/i.* screech, scream; squeal, shriek; *circular saw, etc.*: grate (on the ear); 2. *v/t.* shriek, screech (*insult, etc.*).

**Kreisel** ['kraizəl] *m* (-s/-) (whipping-)top; '⁓kompaß *m* gyro-compass.

**kreisen** ['kraizən] *v/i.* (ge-, h) (move in a) circle; revolve, rotate; ⭑ *bird*: circle; *bird*: wheel; *blood, money*: circulate.

**kreis|förmig** *adj.* ['kraisfœrmiç] circular; '2lauf *m physiol., money, etc.*: circulation; *business, trade*: cycle; '2laufstörungen ✠ *f/pl.* circulatory trouble; '⁓rund *adj.* circular; '2säge ⊕ *f* circular saw, *Am. a.* buzz saw; '2verkehr *m* roundabout (traffic).

**Krempe** ['krempə] *f* (-/-n) brim (*of hat*).

**Krempel** F ['krempəl] *m* (-s/no *pl.*) rubbish, stuff, lumber.

**krepieren** [kre'piːrən] *v/i.* (no -ge-, sein) *shell*: burst, explode; *sl.* kick the bucket, peg *or* snuff out; *animal*: die, perish.

**Krepp** [krep] *m* (-s/-s, -e) crêpe; crape; '⁓apier ['kreppapiːr] *n* crêpe paper; '⁓sohle *f* crêpe(-rubber) sole.

**Kreuz** [krɔyts] 1. *n* (-es/-e) cross (*a. fig.*); crucifix; *anat.* small of the back; ✠ sacral region; *cards*: club(s *pl.*); ♪ sharp; *zu* ⁓(*e*) *kriechen* eat humble pie; 2. 2 *adv.*: ⁓ *und quer* in all directions; criss-cross.

'**kreuzen** (ge-, h) 1. *v/t.* cross, fold (*arms, etc.*); ⭑, *zo.* cross(-breed), hybridize; *sich* ⁓ *roads*: cross, intersect; *plans, etc.*: clash; 2. ⚓ *v/i.* cruise.

'**Kreuzer** ⚓ *m* (-s/-) cruiser.

'**Kreuz|fahrer** *hist. m* crusader; '⁓fahrt *f hist.* crusade; ⚓ cruise; '⁓feuer *n* ✠ cross-fire (*a. fig.*); 2igen ['⁓igən] *v/t.* (ge-, h) crucify; '⁓igung ['⁓igʊŋ] *f* (-/-en) crucifixion; '⁓otter *zo. f* common viper; '⁓ritter *hist. m* knight of the Cross; '⁓schmerzen *m/pl.* back ache; '⁓spinne *zo. f* garden- *or* cross-spider; '⁓ung *f* (-/-en) ✠, *roads, etc.*: crossing, intersection; *roads*: cross-roads; ⭑, *zo.* cross-breeding, hybridization; '⁓verhör *g* ✠ *n* cross-examination; *ins* ⁓ *nehmen* cross-examine; '2weise *adv.* crosswise, crossways; '~worträtsel *n* crossword (puzzle); '~zug *hist. m* crusade.

kriech|en ['kri:çən] *v/i.* (*irr.*, *ge-*, *sein*) creep, crawl; *fig.* cringe (*vor dat.* to, before); '2er *contp. m* (*-s/-*) toady; 2erei *contp.* [~'raı] *f* (*-/-en*) toadyism.

Krieg [kri:k] *m* (*-[e]s/-e*) war; *im* ~ at war; *s.* führen.

kriegen F ['kri:gən] *v/t.* (*ge-*, *h*) catch, seize; get.

Krieg|er ['kri:gər] *m* (*-s/-*) warrior; '~erdenkmal *n* war memorial; '2erisch *adj.* warlike; militant; '2führend *adj.* belligerent; '~führung *f* warfare.

'Kriegs|beil *fig. n: das ~ begraben* bury the hatchet; 2beschädigt *adj.* ['~bəʃɛːdıçt] war-disabled; '~beschädigte *m* (*-n/-n*) disabled ex-serviceman; '~dienst ⚔ *m* war service; '~dienstverweigerer ⚔ *m* (*-s/-*) conscientious objector; '~erklärung *f* declaration of war; '~flotte *f* naval force; '~gefangene *m* prisoner of war; '~gefangenschaft ⚔ *f* captivity; '~gericht ⚔ *n* court martial; '~gewinnler *f* ['~gəvınlər] *m* (*-s/-*) war profiteer; '~hafen *m* naval port; '~kamerad *m* wartime comrade; '~list *f* stratagem; '~macht *f* military forces *pl.*; '~minister *hist. m* minister of war; '~minister *hist.*, Secretary of State for War, *Am.* Secretary of War; '~ministerium *hist. n* ministry of war; War Office, *Am.* War Department; '~rat *m* council of war; '~schauplatz ⚔ *m* theat|re *or Am.* -er of war; '~schiff *n* warship; '~schule *f* military academy; '~teilnehmer *m* combatant; ex-serviceman, *Am.* veteran; '~treiber *m* (*-s/-*) warmonger; '~verbrecher *m* war criminal; '~zug *m* (military) expedition, campaign.

Kriminal|beamte [krimi'na:l-] *m* criminal investigator, *Am.* plain-clothes man; '~film *m* crime film; thriller; '~polizei *f* criminal investigation department; '~roman *m* detective *or* crime novel, thriller, *sl.* whodun(n)it.

kriminell *adj.* [krimi'nɛl] criminal; 2e *m* (*-n/-n*) criminal.

Krippe ['krıpə] *f* (*-/-n*) crib, manger; crèche.

Krise ['kri:zə] *f* (*-/-n*) crisis.

Kristall [kris'tal] 1. *m* (*-s/-e*) crystal; 2. *n* (*-s/no pl.*) crystal(-glass); 2isieren [~i'zi:rən] *v/i. and v/refl.* (*no -ge-*, *h*) crystallize.

Kriti|k [kri'ti:k] *f* (*-/-en*) criticism; ♪, *thea.*, *etc.*: review, criticism; F *unter aller ~* beneath contempt; *üben an* (*dat.*) *s.* kritisieren; '~ker ['kri:tikər] *m* (*-s/-*) critic; *books*: re-

viewer; 2sch *adj.* ['kri:tıʃ] critical (*gegenüber of*); 2isieren [kriti'zi:rən] *v/t.* (*no -ge-*, *h*) criticize; review (*book*).

kritt|eln ['krıtəln] *v/t.* (*ge-*, *h*) find fault (*an das.* with), cavil (at); 2ler ['~lər] *m* (*-s/-*) fault-finder, caviller.

Kritzel|ei [krıtsə'laı] *f* (*-/-en*) scrawl(ing), scribble, scribbling; '2n *v/t. and v/i.* (*ge-*, *h*) scrawl, scribble.

kroch [krɔx] *pret. of* kriechen.

Krokodil *sa.* [kroko'di:l] *n* (*-s/-e*) crocodile.

Krone ['kro:nə] *f* (*-/-n*) crown; coronet (*of duke, earl, etc.*).

krönen ['krø:nən] *v/t.* (*ge-*, *h*) crown (*zum König king*) (*a. fig.*).

'Kron|leuchter *m* chandelier; lust|re, *Am.* -er; electrolier; '~prinz *m* crown prince; '~prinzessin *f* crown princess.

'Krönung *f* (*-/-en*) coronation, crowning. *fig.* climax, culmination.

'Kronzeuge *g* ☆ *m* chief witness; King's evidence, *Am.* State's evidence.

Kropf ⚕ [krɔpf] goit|re, *Am.* -er.

Kröte *zu.* ['krø:tə] *f* (*-/-n*) toad.

Krücke ['krykə] *f* (*-/-n*) crutch.

Krug [kru:k] *m* (*-[e]s/-e*) jug, pitcher; jar; mug; tankard.

Krume ['kru:mə] *f* (*-/-n*) crumb; ✓ topsoil.

Krümel ['kry:məl] *m* (*-s/-*) small crumb; '2n *v/t. and v/i.* (*ge-*, *h*) crumble.

krumm *adj.* [krum] *p.* bent, stooping; *limb, nose, etc.*: crooked; *spine*: curved; *deal, business, etc.*: crooked; '~beinig *adj.* bandy- *or* bow-legged.

krümmen ['krymən] *v/t.* (*ge-*, *h*) bend (*arm, back, etc.*); crook (*finger, etc.*); curve (*metal sheet, etc.*); *sich ~ person, snake, etc.*: writhe; *worm, etc.*: wriggle; *sich vor Schmerzen ~* writhe with pain; *sich vor Lachen ~* be convulsed with laughter.

'Krümmung *f* (*-/-en*) road, *etc.*: bend; *arch, road, etc.*: curve; *river, path, etc.*: turn, wind, meander; *earth's surface, spine, etc.*: curvature.

Krüppel ['krypəl] *m* (*-s/-*) cripple.

Kruste ['krustə] *f* (*-/-n*) crust.

Kübel ['ky:bəl] *m* (*-s/-*) tub; pail, bucket.

Kubik|meter [ku'bi:k-] *n, m* cubic met|re, *Am.* -er; ~wurzel & *f* cube root.

Küche ['kyçə] *f* (*-/-n*) kitchen; cuisine, cookery; *s. kalt.*

Kuchen ['ku:xən] *m* (*-s/-*) cake, flan; pastry.

'Küchen|gerät *n*, '~geschirr *n* kitchen utensils *pl.*; '~herd *m* (kitchen-)range; cooker, stove; '~schrank *m* kitchen cupboard *or* cabinet; '~zettel *m* bill of fare, menu.

Kuckuck *orn.* ['kukuk] *m* (-s/-e) cuckoo.

Kufe ['ku:fə] *f* (-/-n) ✠ skid; *sleigh, etc.*: runner.

Küfer ['ky:fər] *m* (-s/-) cooper; cellarman.

Kugel ['ku:gəl] *f* (-/-n) ball; ✗ bullet; A, *geogr.* sphere; *sports*: shot, weight; ℔förmig *adj.* ['~fœrmiç] spherical, ball-shaped, globular; '~gelenk ⊕, *anat.* ⋈ ball-and-socket joint; '~lager ⊕ *n* ball-bearing; '℔n (ge-) 1. *v/t.* (sein) *ball, etc.*: roll; 2. *v/t.* (h) roll (*ball, etc.*); *sich ~ children, etc.*: roll about; F double up (*vor* with *laughter*); '~schreiber *m* ball(-point)-pen; '~stoßen *n* (-s/no *pl.*) *sports*: putting the shot *or* weight.

Kuh *zo.* [ku:] *f* (-/ˢe) cow.

kühl *adj.* [ky:l] cool (*a. fig.*); 'Qanlage *f* cold-storage plant; '2e *f* (-/no *pl.*) cool(ness); '~en *v/t.* (ge-h) cool (*wine, wound, etc.*); chill (*wine, etc.*); '℔er *mot. m* (-s/-) radiator; '2raum *m* cold-storage chamber; '2schrank *m* refrigerator, F fridge.

kühn *adj.* [ky:n] bold (*a. fig.*), daring; audacious.

'Kuhstall *m* cow-house, byre, *Am. a.* cow barn.

Küken *orn.* ['ky:kən] *n* (-s/-) chick.

kulant ✟ *adj.* [ku'lant] firm, *etc.*: accommodating, obliging; *price, terms, etc.*: fair, easy.

Kulisse [ku'lisə] *f* (-/-n) *thea.* wing, side-scene; *fig.* front; *a. pl. a.* scenery; *hinter den ℔n* behind the scenes.

Kult [kult] *m* (-[e]s/-e) cult, worship.

kultivieren [kulti'vi:rən] *v/t.* (no -ge-, h) cultivate (*a. fig.*).

Kultur [kul'tu:r] *f* (-/-en) ♂ cultivation; *fig.*: culture; civilization; 2ell *adj.* [~u'rεl] cultural; '~film [~'tu:r-] *m* educational film; '~geschichte *f* history of civilization; '~volk *n* civilized people.

Kultus ['kultus] *m* (-/*Kulte*) *s. Kult*; '~minister *m* minister of education and cultural affairs; '~ministerium *n* ministry of education and cultural affairs.

Kummer ['kumər] *m* (-s/no *pl.*) grief, sorrow; trouble, worry.

kümmer|lich *adj.* ['kymərliç] *life, etc.*: miserable, wretched; *conditions, etc.*: pitiful, pitiable; *result, etc.*: poor; *resources*: scanty; '℔n *v/t.* (ge-, h): es kümmert mich I bother, I worry; *sich ~ um* look after, take care of; see to; meddle with.

'kummervoll *adj.* sorrowful.

Kump|an F [kum'pa:n] *m* (-s/-e) companion; F mate, chum, *Am.* F *a.*

buddy; '~el ['~pəl] *m* (-s/-, F -s) ⚒ pitman, collier; F work-mate; F *s. Kumpan.*

Kunde ['kundə] 1. *m* (-n/-n) customer, client; 2. *f* (-/no *pl.*) knowledge.

Kundgebung ['kunt-] *f* (-/-en) manifestation; *pol.* rally.

kündig|en ['kyndigən] (ge-, h) 1. *v/i.*: *~m* ~ give s.o. notice; 2. *v/t.* ✟ call in (*capital*); ✟ cancel (*contract*); *pol.* denounce (*treaty*); 'Qung *f* (-/-en) notice; ✟ calling in; ✟ cancellation; *pol.* denunciation.

'Kundschaft *f* (-/-en) customers *pl.*, clients *pl.*; custom, clientele; '~er ✗ *m* (-s/-) scout; spy.

künftig ['kynftiç] 1. *adj.* event, years, *etc.*: future; event, programme, *etc.*: coming; life, world, *etc.*: next; 2. *adv.* in future, from now on.

Kunst [kunst] *f* (-/ˢe) art; skill; '~akademie *f* academy of arts; '~ausstellung *f* art exhibition; '~druck *m* art print(ing); '~dünger *m* artificial manure, fertilizer; '2fertig *adj.* skilful, skilled; '~fertigkeit *f* artistic skill; '~gegenstand *m* objet d'art; '2gerecht *adj.* skilful; professional, expert; '~geschichte *f* history of art; '~gewerbe *n* arts and crafts *pl.*; applied arts *pl.*; '~glied *n* artificial limb; '~griff *m* trick, dodge; artifice, knack; '~händler *m* art-dealer; '~kenner *m* connoisseur of *or* in art; '~leder *n* imitation *or* artificial leather.

Künstler ['kynstlər] *m* (-s/-) artist; ♂, *thea.* performer; '2isch *adj.* artistic.

künstlich *adj.* ['kynstliç] eye, flower, light, *etc.*: artificial; teeth, hair, *etc.*: false; fibres, dyes, *etc.*: synthetic.

'Kunst|liebhaber *m* art-lover; '~maler *m* artist, painter; '~reiter *m* equestrian; circus-rider; '~schätze ['~ʃεtsə] *m/pl.* art treasures *pl.*; '~seide *f* artificial silk, rayon; '~stück *n* feat, trick, F stunt; '~tischler *m* cabinet-maker; '~verlag *m* art publishers *pl.*; '2voll *adj.* artistic, elaborate; '~werk *n* work of art.

kunterbunt F *fig. adj.* ['kuntər-] higgledy-piggledy.

Kupfer ['kupfər] *n* (-s/no *pl.*) copper; '~geld *n* copper coins *pl.*, F coppers *pl.*; '2n *adj.* (of) copper; '2rot *adj.* copper-colo(u)red; '~stich *m* copper-plate engraving.

Kupon [ku'põ:] *m* (-s/-s) *s. Coupon.*

Kuppe ['kupə] *f* (-/-n) rounded hilltop; nail: head.

Kuppel △ ['kupəl] *f* (-/-n) dome, cupola; '~ei ✟ [~'lai] *f* (-/-en) procuring; '2n (ge-, h) 1. *v/t. s. koppeln*; 2. *mot. v/i.* declutch.

Kuppl|er ['kuplər] *m* (-s/-) pimp, procurer; '~ung *f* (-/-en) ⊕ coupling (*a.* ✍); *mot.* clutch.

**Kur** [ku:r] *f* (-/-en) course of treatment, cure.

**Kür** [ky:r] *f* (-/-en) *sports*: s. **Kürlauf**; voluntary exercise.

**Kuratorium** [kura'to:rium] *n* (-s/ Kuratorien) board of trustees.

**Kurbel** ⊕ ['kurbəl] *f* (-/-n) crank, winch, handle; '⊆n (ge-, h) 1. *v/t.* shoot (*film*); *in die Höhe* ~ winch up (*load*, *etc.*); wind up (*car window*, *etc.*); 2. *v/i.* crank.

**Kürbis** ♣ ['kyrbis] *m* (-ses/-se) pumpkin.

'**Kur|gast** *m* visitor to *or* patient at a health resort *or* spa; '~**haus** *n* spa hotel.

**Kurier** [ku'ri:r] *m* (-s/-e) courier, express (messenger).

**kurieren** ⚕ [ku'ri:rən] *v/t.* (*no* -ge-, h) cure.

**kurios** *adj.* [kur'jo:s] curious, odd, strange, queer. [skating.)

'**Kürlauf** *m* sports: free (roller))

'**Kur|ort** *m* health resort; spa; '~pfuscher *m* quack (doctor); ~pfusche'rei *f* (-/-en) quackery.

**Kurs** [kurs] *m* (-es/-e) ✝ currency; ✝ rate, price; ⚓ *and fig.* course; course, class; '~bericht *m* market-report; '~buch ₲ *n* railway guide, *Am.* railroad guide.

**Kürschner** ['kyrʃnər] *m* (-s/-) furrier.

**kursieren** [kur'zi:rən] *v/i.* (*no* -ge-, h) *money*, *etc.*: circulate, be in circulation; *rumour*, *etc.*: circulate, be afloat, go about.

**Kursivschrift** *typ.* [kur'zi:f-] *f* italics *pl.*

**Kursus** ['kurzus] *m* (-/Kurse) course, class.

'**Kurs|verlust** ✝ *m* loss on the stock exchange; '~wert ✝ *m* market value; '~zettel ✝ *m* stock exchange list.

**Kurve** ['kurvə] *f* (-/-n) curve; *road*, *etc.*: a. bend, turn.

**kurz** [kurts] 1. *adj. space*: short; *time*, *etc.*: short, brief; ~ *und bündig* brief, concise; ~*e Hose* shorts *pl.*; *mit* ~*en Worten* with a few words; *den kürzeren ziehen* get the worst of it; 2. *adv.* in short; ~ *angebunden sein* be curt *or* sharp; ~ *und gut* in short, in a word; ~ *vor London* short of London; *sich* ~ *fassen* be brief *or* concise; *in* ~*em* before long, shortly; *vor* ~*em* a short time ago; *zu* ~ *kommen* come off badly, get a raw deal; *um es* ~ *zu sagen* to cut a long story short; '⊆arbeit ✝ *f* short-

time work; '⊆arbeiter ✝ *m* short-time worker; ~*atmig adj.* ['~ʔa:tmiç] short-winded.

**Kürze** ['kyrtsə] *f* (-/*no pl.*) shortness; brevity; *in* ~ shortly, before long; '⊆n *v/t.* (ge-, h) shorten (*dress*, *etc.*) (*um by*); abridge, condense (*book*, *etc.*); cut, reduce (*expenses*, *etc.*).

'**kurz|er|hand** *adv.* without hesitation; on the spot; '⊆film *m* short (film); '⊆form *f* shortened form; '~fristig *adj.* short-term; ✝ *bill*, *etc.*: short-dated; '⊆geschichte *f* (short) short story; ~lebig *adj.* ['~le:biç] short-lived; '⊆nachrichten *f/pl.* news summary.

**kürzlich** *adv.* ['kyrtsliç] lately, recently, not long ago.

'**Kurz|schluß** ⚡ *m* short circuit, F short; '~schrift *f* shorthand, stenography; '⊆sichtig *adj.* short-sighted, near-sighted; 2'um *adv.* in short, in a word.

'**Kürzung** *f* (-/-en) shortening (*of dress*, *etc.*); abridg(e)ment, condensation (*of book*, *etc.*); cut, reduction (*of expenses*, *etc.*).

'**Kurz|waren** *f/pl.* haberdashery, *Am.* dry goods *pl.*, notions *pl.*; '~weil *f* (-/*no pl.*) amusement, entertainment; '⊆weilig *adj.* amusing, entertaining; '~welle ⚡ *f* short wave; *radio*: short-wave band.

**Kusine** [ku'zi:nə] *f* (-/-n) s. **Cousine**.

**Kuß** [kus] *m* (Kusses/Küsse) kiss; '⊆echt *adj.* kiss-proof.

**küssen** ['kysən] *v/t. and v/i.* (ge-, h) kiss.

'**kußfest** *adj.* s. **kußecht**.

**Küste** ['kystə] *f* (-/-n) coast; shore.

'**Küsten|bewohner** *m* inhabitant of a coastal region; '~fischerei *f* inshore fishery *or* fishing; '~gebiet *n* coastal area *or* region; '~schiffahrt *f* coastal shipping.

**Küster** *eccl.* ['kystər] *m* (-s/-) verger, sexton, sacristan.

**Kutsch|bock** ['kutʃ-] *m* coach-box; '~e *f* (-/-n) carriage, coach; '~enschlag *m* carriage-door, coach-door; '~er *m* (-s/-) coachman; 2ieren [~'tʃi:rən] (*no* -ge-) 1. *v/t.* (h) drive *s.o.* in a coach; 2. *v/i.* (h) (drive a) coach; 3. *v/i.* (sein) (drive *or* ride in a) coach.

**Kutte** ['kutə] *f* (-/-n) cowl.

**Kutter** ⚓ ['kutər] *m* (-s/-) cutter.

**Kuvert** [ku'vɛrt, ku've:r] *n* (-[e]s/-ə, -s/-s) envelope; *at table*: cover.

**Kux** ⚒ [kuks] *m* (-es/-e) mining share.

# L

**Lab** zo. [lɑːp] n (-[e]s/-e) rennet.

**labil** adj. [la'biːl] unstable (a. ⊕, ♂²); phys., ♫ labile.

**Labor** [la'boːr] n (-s/-s, -e) s. Laboratorium; ┉ant [labo'rant] m (-en/-en) laboratory assistant; ┉atorium [labora'toːrjum] n (-s/ Laboratorien) laboratory; 2ieren [ˌo'riːrən] v/i. (no -ge-, h): ~ an (dat.) labo(u)r under, suffer from.

**Labyrinth** [laby'rint] n (-[e]s/-e) labyrinth, maze.

**Lache** ['laxə] f (-/-n) pool, puddle.

**lächeln** ['lɛçəln] 1. v/i. (ge-, h) smile (über acc. at); höhnisch ~ sneer (über acc. at); 2. 2 n (-s/no pl.) smile; höhnisches ~ sneer.

**lachen** ['laxən] 1. v/i. (ge-, h) laugh (über acc. at); 2. 2 n (-s/no pl.) laugh(ter).

**lächerlich** adj. ['lɛçərliç] ridiculous, laughable, ludicrous; absurd; derisory, scoffing; ~ machen ridicule; sich ~ machen make a fool of o.s.

**Lachs** ichth. [laks] m (-es/-e) salmon.

**Lack** [lak] m (-[e]s/-e) (gum-)lac; varnish; lacquer, enamel; 2ieren [la'kiːrən] v/t. (no -ge-, h) lacquer, varnish, enamel; ┉leder n patent leather; ┉schuhe m/pl. patent leather shoes pl., F patents pl.

**Lade|fähigkeit** ['laːdə-] f loading capacity; ┉fläche f loading area; ┉hemmung ✗ f jam, stoppage; ┉linie ♧ f load-line.

**laden**[1] ['laːdən] v/t. (irr., ge-, h) load; load (gun), charge (a. ⚡); freight, ship; ✠ cite, summon; invite, ask (guest).

**Laden**[2] [ˌˌ] m (-s/ˈ=) shop, Am. store; shutter; ┉besitzer m s. Ladeninhaber; ┉dieb m shop-lifter; ┉diebstahl m shop-lifting; ┉hüter m drug on the market; ┉inhaber m shopkeeper, Am. storekeeper; ┉kasse f till; ┉preis m selling-price, retail price; ┉schild n shopsign; ┉schluß m closing time; nach ~ after hours; ┉tisch m counter.

**'Lade|platz** m loading-place; '┉rampe f loading platform or ramp; '┉raum m loading space; ♧ hold; '┉schein ♧ m bill of lading.

**'Ladung** f (-/-en) loading; load, freight; ♧ cargo; ⚡ charge (a. of gun); ✠ summons.

**lag** [laːk] pret. of liegen.

**Lage** ['laːgə] f (-/-n) situation, position; site, location (of building); state, condition; attitude; geol. layer, stratum; round (of beer, etc.); in der ~ sein zu inf. be able to inf., be in a position to inf.; versetzen

Sie sich in meine ~ put yourself in my place.

**Lager** ['laːgər] n (-s/-) couch, bed; den, lair (of wild animals); geol. deposit; ⊕ bearing; warehouse, storehouse, depot; store, stock (✝ pl. a. Läger); ✗, etc.: camp, encampment; auf ~ ✝ on hand, in stock; '┉buch n stock-book; '┉feuer n camp-fire; '┉geld n storage; '┉haus n warehouse; 2n (ge-, h) 1. v/i. lie down, rest; ✗ (en)camp; ✝ be stored; 2. v/t. lay down; ✗ (en)camp; ✝ store, warehouse; sich ~ lie down, rest; '┉platz m ✝ depot; resting-place; ✗, etc.: camp-site; '┉raum m store-room; '┉ung f (-/-en) storage (of goods).

**Lagune** [la'guːnə] f (-/-n) lagoon.

**lahm** adj. [laːm] lame; ┉en v/i. (ge-, h) be lame.

**lähmen** ['lɛːmən] v/t. (ge-, h) (make) lame; paraly|se, Am. -ze (a. fig.).

**'lahmlegen** v/t. (sep., -ge-, h) paraly|se, Am. -ze; obstruct.

**'Lähmung** ♫ f (-/-en) paralysis.

**Laib** [laip] m (-[e]s/-e) loaf.

**Laich** [laiç] m (-[e]s/-e) spawn; 2en v/i. (ge-, h) spawn.

**Laie** ['laiə] m (-n/-n) layman; amateur; ┉bühne f amateur theat|re, Am. -er.

**Lakai** [la'kai] m (-en/-en) lackey (a. fig.), footman.

**Lake** ['laːkə] f (-/-n) brine, pickle.

**Laken** ['laːkən] n (-s/-) sheet.

**lallen** ['lalən] v/i. and v/t. (ge-, h) stammer; babble.

**Lamelle** [la'mɛlə] f (-/-n) lamella, lamina; ♧ gill (of mushrooms).

**lamentieren** [lamɛn'tiːrən] v/i. (no -ge-, h) lament (um for; über acc. over).

**Lamm** zo. [lam] n (-[e]s/ˈ=er) lamb; '┉fell n lambskin; '2fromm adj. (as) gentle or (as) meek as a lamb.

**Lampe** ['lampə] f (-/-n) lamp.

**'Lampen|fieber** n stage fright; '┉licht n lamplight; '┉schirm m lamp-shade.

**Lampion** [lã'pjoː] m, n (-s/-s) Chinese lantern.

**Land** [lant] n (-[e]s/ˈ=er, poet. -e) land; country; territory; ground, soil; an ~ gehen go ashore; auf dem ~e in the country; aufs ~ gehen go into the country; außer ~es gehen go abroad; zu ~e by land; '┉arbeiter m farm-hand; '┉besitz m landed property; ✠ real estate; '┉besitzer m landowner, landed proprietor; '┉bevölkerung f rural population.

**Lande|bahn** ✈ ['landə-] f runway; '┉deck ✈ n flight-deck.

**land'einwärts** adv. upcountry, inland.

**landen** ['landən] (ge-) 1. v/i. (sein) land; 2. v/t. (h) ♠ disembark (troups); ⚓ land, set down (troups).

**'Landenge** f neck of land, isthmus.

**Landeplatz** ⚓ ['lande-] m landing-field.

**Ländereien** [lendə'raɪən] pl. landed property, lands pl., estates pl.

**'Länderspiel** ['lendər-] n sports: international match.

**Landes|grenze** ['landəs-] f frontier, boundary; '~innere n interior, inland, upcountry; '~kirche f national church; Brt. Established Church; '~regierung f government; in Germany: Land government; '~sprache f native language, vernacular; '~üblich adj. customary; '~verrat m treason; '~verräter m traitor to his country; '~verteidigung f national defence, Am. -se.

**'Land|flucht** f rural exodus; '~friedensbruch ♘ m breach of the public peace; '~gericht n district court; '~gewinnung f (-/-en) reclamation of land; '~gut n country-seat, estate; '~haus n country-house, cottage; '~karte f map; '~kreis m rural district; 2läufig adj. ['~lɔyfiç] customary, current, common.

**ländlich** adj. ['lentliç] rural, rustic.

**'Land|maschinen** f/pl. agricultural or farm equipment; '~partie f picnic, outing, excursion into the country; '~plage iro. f nuisance; '~rat m (-[e]s/-e) appr. district president; '~ratte ♠ f landlubber; '~recht n common law; '~regen m persistent rain.

**'Landschaft** f (-/-en) province, district, region; countryside, scenery; esp. paint. landscape; 2lich adj. provincial; scenic (beauty, etc.).

**'Landsmann** m (-[e]s/Landsleute) (fellow-)countryman, compatriot; was sind Sie für ein ~? what's your native country?

**'Land|straße** f highway, high road; '~streicher m (-s/-) vagabond, tramp, Am. sl. hobo; '~streitkräfte f/pl. land forces pl., the Army; ground forces pl.; '~strich m tract of land, region; '~tag m Landtag, Land parliament.

**Landung** ['landuŋ] f (-/-en) ♠, ⚓ landing; disembarkation; arrival; '~sbrücke ♠ f floating: landing-stage; pier; '~ssteg m gangway, gang-plank.

**'Land|vermesser** m (-s/-) surveyor; '~vermessung f land-surveying; 2wärts adv. ['~verts] landward(s); '~weg m: auf dem ~e by land; '~wirt m farmer, agriculturist; '~wirtschaft f agriculture, farming; 2wirtschaftlich adj. agricultural; ~e Maschinen f/pl. & Landmaschinen; '~zunge f spit.

**lang** [laŋ] 1. adj. long; p. tall; er machte ein ~es Gesicht his face fell; 2. adv. long; e-e Woche ~ for a week; über kurz oder ~ sooner or later; ~(e) anhaltend continuous; ~(e) entbehrt long-missed; ~(e) ersehnt long-wished-for; das ist schon ~(e) her that was a long time ago; ~ und breit at (full or great) length; noch ~(e) nicht not for a long time yet; far from ger.; wie ~e lernen Sie schon Englisch? how long have you been learning English? '~atmig adj. ['~a:tmiç] long-winded; ~e adv. s. lang 2.

**Länge** ['lɛŋə] f (-/-n) length; tallness; geogr., ast. longitude; der ~ nach (at) full length, lengthwise.

**langen** ['laŋən] v/i. (ge-, h) suffice, be enough; ~ nach reach for.

**'Längen|grad** m degree of longitude; '~maß n linear measure.

**'länger** 1. adj. longer; ~e Zeit (for) some time; 2. adv. longer; ich kann es nicht ~ ertragen I cannot bear it any longer; je ~, je lieber the longer the better.

**'Langeweile** f (-, Langenweile/no pl.) boredom, tediousness, ennui.

**'lang|fristig** adj. long-term; '~jährig adj. of long standing; ~e Erfahrung (many) years of experience; '~lauf m skiing: cross-country run or race.

**'länglich** adj. longish, oblong.

**'Langmut** f (-/no pl.) patience, forbearance.

**längs** [lɛŋs] 1. prp. (gen., dat.) along(side of); ~ der Küste fahren ♠ (sail along the) coast; 2. adv. lengthwise; '2achse f longitudinal axis.

**'lang|sam** adj. slow; '2schläfer ['~ʃlɛfər] m (-s/-) late riser, lie-abed; '2spielplatte f long-playing record.

**längst** adv. [lɛŋst] long ago or since; ich weiß es ~ I have known it for a long time; '~ens adv. at the longest; at the latest; at the most.

**'lang|stielig** adj. long-handled; ♀ long-stemmed, long-stalked; '2streckenlauf m long-distance run or race; '2welle f (-, Langenwelle/no pl.) s. Langeweile; '~weilen v/t. (ge-, h) bore; sich ~ be bored; '~weilig adj. tedious, boring, dull; ~e Person bore; '2welle f ♀ long wave; radio: long wave band; ~wierig adj. ['~vi:riç] protracted, lengthy; ♀ lingering.

**Lanze** ['lantsə] f (-/-n) spear, lance.

**Lappalie** [la'pa:ljə] f (-/-n) trifle.

**Lapp|en** ['lapən] m (-s/-) patch; rag; duster; (dish- or floor-)cloth; anat., ♀ lobe; 2ig adj. flabby.

**läppisch** adj. ['lɛpiʃ] foolish, silly.

**Lärche** ♀ ['lɛrçə] *f* (-/-n) larch.

**Lärm** [lɛrm] *m* (-[e]s/*no pl.*) noise; din; ~ *schlagen* give the alarm; '2en *v/i* (ge-, h) make a noise; '2end *adj.* noisy.

**Larve** ['larfə] *f* (-/-n) mask; face (*often iro.*); *zo.* larva, grub.

**las** [lɑːs] *pret* of *lesen*.

**lasch** F *adj.* [laʃ] limp, lax.

**Lasche** ['laʃə] *f* (-/-n) strap; tongue (*of shoe*).

**lassen** ['lasən] (*irr.*, h) 1. *v/t.* (ge-) let; leave; *laß das!* don't!; *laß das Weinen!* stop crying!; *ich kann es nicht* ~ I cannot help (doing) it; *sein Leben* ~ *für* sacrifice one's life for; 2. *v/i.* (ge-): *von et.* ~ desist from s.th., renounce s.th.; do without s.th.; 3. *v/aux.* (*no ge-*) allow, permit, let; make, cause; *drucken* ~ *have s.th.* printed, *gehen* — let *s.o.* go; *ich habe ihn dieses Buch lesen* ~ I have made him read this book; *von sich hören* — send word; *er läßt sich nichts sagen* he won't take advice; *es läßt sich nicht leugnen* there is no denying (the fact).

**lässig** *adj* ['lɛsɪç] indolent, idle; sluggish; careless.

**Last** [last] *f* (-/-en) load; burden; weight; cargo, freight; *fig.* weight, charge, trouble; *zu* ~*en von* ♥ to the debit of; *j-m zur* ~ *fallen* be a burden to s.o.; *j-m et. zur* ~ *legen* lay s.th. at s.o.'s door or to a charge; '~auto *n s.* Lastkraftwagen.

**'lasten** *v/i.* (ge-, h): ~ *auf* (*dat.*) weigh or press (up)on; '2aufzug *m* goods lift, *Am.* freight elevator.

**Laster** ['lastər] *n* (-s/-) vice.

**Lästerer** ['lɛstərər] *m* (-s/-) slanderer, backbiter.

**'lasterhaft** *adj.* vicious; corrupt.

**Läster|maul** ['lɛstər-] *n s.* Lästerer; '2n *v/i.* (ge-, h) slander, calumniate, defame; abuse; '~ung *f* (-/-en) slander, calumny.

**lästig** *adj.* ['lɛstɪç] troublesome; annoying; uncomfortable, inconvenient.

**'Last|kahn** *m* barge, lighter; '~kraftwagen *m* lorry, *Am.* truck; '~schrift ♥ *f* debit; '~tier *n* pack animal; '~wagen *m s.* Lastkraftwagen.

**Latein** [la'taɪn] *n* (-s/*no pl.*) Latin; 2isch *adj.* Latin.

**Laterne** [la'tɛrnə] *f* (-/-n) lantern; street-lamp; '~pfahl *m* lamp-post.

**latschen** F ['lɑːtʃən] *v/i.* (ge-, sein) shuffle (along).

**Latte** ['latə] *f* (-/-n) pale; lath; *sports:* bar; '~nkiste *f* crate; '~nverschlag *m* latticed partition; '~nzaun *m* paling, *Am.* picket fence.

**Lätzchen** ['lɛtsçən] *n* (-s/-) bib, feeder.

**lau** *adj.* [lau] tepid, lukewarm (*a. fig.*).

**Laub** [laup] *n* (-[e]s/*no pl.*) foliage, leaves *pl.*; '~baum *m* deciduous tree.

**Laube** ['laubə] *f* (-/-n) arbo(u)r, bower; '~ngang *m* arcade.

**'Laub|frosch** *zo.* *m* tree-frog; '~säge *f* fret-saw.

**Lauch** ♀ [laux] *m* (-[e]s/-e) leek.

**Lauer** ['lauər] *f* (-/*no pl.*): *auf der* ~ *liegen or sein* lie in wait or ambush, be on the look-out; '2n *v/i.* (ge-, h) lurk (*auf acc.* for); ~ *auf* (*acc.*) watch for; '2nd *adj.* louring, lowering.

**Lauf** [lauf] *m* (-[e]s/-e) run(ning); *sports:* a. run, heat; race; current (*of water*); course; barrel (*of gun*); ♪ run; *im* ~ *der Zeit* in (the) course of time; '~bahn *f* career; '~bursche *m* errand-boy, office-boy; '~disziplin *f* sports: running event.

**'laufen** (*irr.*, ge-) 1. *v/i.* (sein) run; walk; flow, *time:* pass, go by, elapse; leak; *die Dinge* ~ *lassen* let things slide; *j-n* ~ *lassen* let s.o. go; 2. *v/t.* (sein, h) run; walk; '~d *adj.* running; current; regular; ~*en Monats* ♥ instant; *auf dem* ~*en sein* be up to date, be fully informed.

**Läufer** ['lɔyfər] *m* (-s/-) runner (*a. carpet*); *chess:* bishop; *football:* half-back.

**'Lauf|masche** *f* ladder, *Am. a.* run; '~paß F *m* sack, *sl.* walking papers *pl.*; '~planka ♣ *f* gang-board, gang-plank; '~schritt *m*: *im* ~ running; '~steg *m* footbridge; ♣ gangway.

**Lauge** ['laugə] *f* (-/-n) lye.

**Laun|e** ['launə] *f* (-/-n) humo(u)r; mood; temper; caprice, fancy, whim; *guter* ~ in (high) spirits; '2enhaft *adj.* capricious; '2isch *adj.* moody; wayward.

**Laus** *zo.* [laus] *f* (-/-e) louse; '~bub ['~bup] *m* (-en/-en) young scamp, F young devil, rascal.

**lausch|en** ['lauʃən] *v/i.* (ge-, h) listen; eavesdrop; '~ig *adj.* snug, cosy; peaceful.

**laut** [laut] 1. *adj.* loud (*a. fig.*); noisy; 2. *adv.* aloud, loud(ly); (*sprechen Sie*) ~*er!* speak up!, *Am.* louder!; 3. *prp.* (*gen., dat.*) according to; ♥ as per; 4. 2 *m* (-[e]s/-e) sound; '2e ♪ *f* (-/-n) lute; '2en *v/i.* (ge-, h) sound; *words, etc.:* run; read; ~ *auf* (*acc.*) *passport, etc.:* be issued to.

**läuten** ['lɔytən] (ge-, h) 1. *v/i.* ring; toll; *es läutet* the bell is ringing; 2. *v/t.* ring; toll.

**'lauter** *adj.* pure; clear; genuine; sincere; mere, nothing but, only.

**läuter|n** ['lɔytərn] *v/t.* (ge-, h) purify; ⊕ cleanse; refine; '2ung *f* (-/-en) purification; refining.

'laut|los *adj.* noiseless; mute; silent; *silence:* hushed; '2schrift *f* phonetic transcription; '2sprecher *m* loud-speaker; '2stärke *f* sound intensity; *radio:* (sound-)volume; 2stärkeregler ['~re:glər] *m* (-s/-) volume control.

'lauwarm *adj.* tepid, lukewarm.

Lava *geol.* ['la:va] *f* (-/Laven) lava.

Lavendel ♣ [la'vɛndəl] *m* (-s/-) lavender.

lavieren [la'vi:rən] *v/i.* (no -ge-, h, sein) ♣ tack (*a. fig.*).

Lawine ♣ [la'vi:nə] *f* (-/-n) avalanche.

lax *adj.* [laks] lax, loose; *morals: a.* easy.

Lazarett [latsa'rɛt] *n* (-[e]s/-e) (military) hospital.

leben[1] ['le:bən] (ge-, h) 1. *v/i.* live; be alive; ~ *Sie wohl!* good-bye!, farewell!; *j-n hochleben lassen* cheer *s.o.; at table:* drink *s.o.'s* health; *von et.* ~ live on *s.th.; hier lebt es sich gut* it is pleasant living here; 2. *v/t.* live (*one's life*).

Leben[2] [~] *n* (-s/-) life; stir, animation, bustle; *am ~ bleiben* remain alive, survive; *am ~ erhalten* keep alive; *ein neues ~ beginnen* turn over a new leaf; *ins ~ rufen* call into being; *sein ~ aufs Spiel setzen* risk one's life; *sein ~ lang* all one's life; *ums ~ kommen* lose one's life; *perish.*

lebendig *adj.* [le'bɛndiç] living; *pred.:* alive; quick; lively.

'Lebens|alter *n* age; '~anschauung *f* outlook on life; '~art *f* manners *pl.*, behavio(u)rs; '~auffassung *f* philosophy of life; '~bedingungen *f/pl.* living conditions *pl.*; '~beschreibung *f* life, biography; '~dauer *f* span of life; ⊕ durability; '2echt *adj.* true to life; '~erfahrung *f* experience of life; '2fähig *adj.* ⚕ *and fig.* viable; '~gefahr *f* danger of life; *~l* danger (of death)!; *unter ~* at the risk of one's life; '2gefährlich *adj.* dangerous (to life), perilous; '~gefährte *m* life's companion; '~größe *f* life-size; *in ~* at full length; '~kraft *f* vital power, vigo(u)r, vitality; '2länglich *adj.* for life, lifelong; '~lauf *m* course of life; personal record, curriculum vitae; '2lustig *adj.* gay, merry; '~mittel *pl.* food (-stuffs *pl.*), provisions *pl.*, groceries *pl.*; '2müde *adj.* weary *or* tired of life; '2notwendig *adj.* vital, essential; '~retter *m* life-saver, rescuer; '~standard *m* standard of living; '~unterhalt *m* livelihood; *s-n ~ verdienen* earn one's living; '~versicherung *f* life-insurance; '~wandel *m* life, (moral) conduct; '~weise *f* mode of living, habits *pl.*; *gesunde ~* regimen; '~weisheit *f* worldly wisdom; '2wichtig *adj.* vital, essential; *~e Organe pl.* vitals

*pl.*; '~zeichen *n* sign of life; '~zeit *f* lifetime; *auf ~* for life.

Leber *anat.* ['le:bər] *f* (-/-n) liver; '~fleck *m* mole; '2krank *adj.*, '2leidend *adj.* suffering from a liver-complaint; '~tran *m* cod-liver oil; '~wurst *f* liver-sausage, *Am.* liverwurst.

'Lebewesen *n* living being, creature.

Lebe'wohl *n* (-[e]s/-e, -s) farewell.

leb|haft *adj.* ['le:phaft] lively; vivid; spirited; *interest:* keen; *traffic:* busy; '2kuchen *m* gingerbread; '~los *adj.* lifeless; '2zeiten *pl.*: *zu s-n ~* in his lifetime.

lechzen ['lɛçtsən] *v/i.* (ge-, h): ~ *nach* languish *or* yearn *or* pant for.

Leck [lɛk] 1. *n* (-[e]s/-s) leak; 2. ⚓ *adj.* leaky; ~ *werden* ♣ spring a leak.

lecken ['lɛkən] (ge-, h) 1. *v/t.* lick; 2. *v/i.* lick; leak.

lecker *adj.* ['lɛkər] dainty; delicious; '2bissen *m* dainty, delicacy.

Leder ['le:dər] *n* (-s/-) leather; *in ~ gebunden* leather-bound; '2n *adj.* leathern, of leather.

ledig *adj.* ['le:diç] single, unmarried; *child:* illegitimate; '~lich *adv.* ['~k-] solely, merely.

Lee ♣ [le:] *f* (-/no *pl.*) lee (side).

leer [le:r] 1. *adj.* empty; vacant; void; vain; blank; 2. *adv.: ~ laufen* ⊕ idle; '2e *f* (-/no *pl.*) emptiness, void (*a. fig.*); *phys.* vacuum; '~en (*ge-*, h) empty; clear (out); pour out; '2gut *n* empties *pl.*; '2lauf *m* ⊕ idling; *mot.* neutral gear; *fig.* waste of energy; '~stehend *adj.* flat; empty, unoccupied, vacant.

legal *adj.* [le'ga:l] legal, lawful.

Legat [le'ga:t] 1. *m* (-en/-en) legate; 2. ✝✝ *n* (-[e]s/-e) legacy.

legen ['le:gən] (ge-, h) 1. *v/t.* lay; place, put; *sich ~ wind, etc.:* calm down, abate; cease; *Wert ~ auf* (*acc.*) attach importance to; 2. *v/i. hen:* lay.

Legende [le'gɛndə] *f* (-/-n) legend.

legieren [le'gi:rən] *v/t.* (no -ge-, h) ⊕ alloy; *cookery:* thicken (*mit* with).

Legislative [le:gisla'ti:va] *f* (-/-n) legislative body *or* power.

legitim *adj.* [legi'ti:m] legitimate; ~ieren [~i'mi:rən] *v/t.* (no -ge-, h) legitimate; authorize; *sich ~* prove one's identity.

Lehm [le:m] *m* (-[e]s/-e) loam; mud; '2ig *adj.* loamy.

Lehn|e ['le:nə] *f* (-/-n) support; arm, back (*of chair*); '2en (*ge-*, h) 1. *v/i.* lean (*an dat.* against); 2. *v/t.* lean, rest (*an acc.*, *gegen* against); *sich ~ an* (*acc.*) lean against; *sich ~ auf* (*acc.*) rest *or* support o.s. (up-) on; *sich aus dem Fenster ~* lean out of the window; '~sessel *m*, '~stuhl *m* armchair, easy chair.

**Lehrbuch** ['leːr-] *n* textbook.
**Lehre** ['leːrə] *f* (-/-n) rule, precept; doctrine; system; science; theory; lesson, warning; moral (*of fable*); instruction, tuition; ⊕ ga(u)ge; ⊕ pattern; *in der ~ sein* be apprenticed (*bei* to); *in die ~ geben* apprentice, article (*both: bei*, *zu* to); '**2n** *v/t.* (ge-, *h*) teach, instruct; show.
'**Lehrer** *m* (-s/-) teacher; master, instructor; '**~in** *f* (-/-nen) (lady) teacher; (school)mistress; '**~kollegium** *n* staff (of teachers).
'**Lehr|fach** *n* subject; '**~film** *m* instructional film; '**~gang** *m* course (of instruction); '**~geld** *n* premium; '**~herr** *m* master, *sl.* boss; '**~jahre** *n/pl.* (years *pl.* of) apprenticeship; '**~junge** *m* s. *Lehrling*; '**~körper** *m* teaching staff; *univ.* professoriate, faculty; '**~kraft** *f* teacher; professor; '**~ling** *m* (-s/-e) apprentice; '**~mädchen** *n* girl apprentice; '**~meister** *m* master; '**~methode** *f* method of teaching; '**~plan** *m* curriculum, syllabus; '**2reich** *adj.* instructive; '**~satz** *m* ♣ theorem; doctrine; *eccl.* dogma; '**~stoff** *m* subject-matter, subject(s *pl.*); '**~stuhl** *m* professorship; '**~vertrag** *m* articles *pl.* of apprenticeship, indenture(s *pl.*); '**~zeit** *f* apprenticeship.
**Leib** [laɪp] *m* (-[e]s/-er) body; belly, *anat.* abdomen; womb; *bei lebendigem ~* alive; *mit ~ und Seele* body and soul; *sich j-n vom ~e halten* keep s.o. at arm's length; '**~arzt** *m* physician in ordinary, personal physician; '**~chen** *n* (-s/-) bodice.
**Leibeigen|e** ['laɪp'aɪgənə] *m* (-n/-n) bond(s)man, serf; '**~schaft** *f* (-/*no pl.*) bondage, serfdom.
**Leibes|erziehung** ['laɪbəs-] *f* physical training; '**~frucht** *f* f(o)etus; '**~kraft** *f*: *aus Leibeskräften pl.* with all one's might; '**~übung** *f* bodily or physical exercise.
'**Leib|garde** *f* body-guard; '**~gericht** *n* favo(u)rite dish; '**2haftig** *adj.* [*~'haftiç*]: *der ~e Teufel* the devil incarnate; '**2lich** *adj.* bodily, corpor(e)al; '**~rente** *f* life-annuity; '**~schmerzen** *m/pl.* stomach-ache, belly-ache, ♣ colic; '**~wache** *f* body-guard; '**~wäsche** *f* underwear.
**Leiche** ['laɪçə] *f* (-/-n) (dead) body, corpse.
**Leichen|beschauer** ♣ ['laɪçənbəʃauər] *m* (-s/-) *appr.* coroner; '**~bestatter** *m* (-s/-) undertaker, *Am. a.* mortician; '**~bittermiene** F *f* woebegone look or countenance; '**2blaß** *adj.* deadly pale; '**~halle** *f* mortuary; '**~schau** *f* ♣ *appr.* (coroner's) inquest; '**~schauhaus** *n* morgue; '**~tuch** *n* (-[e]s/-er) shroud; '**~verbrennung** *f* cremation; '**~wagen** *m* hearse.

**Leichnam** ['laɪçnɑːm] *m* (-[e]s/-e) s. *Leiche*.
**leicht** [laɪçt] 1. *adj.* light; easy; slight; *tobacco:* mild; 2. *adv.:* *es ~ nehmen* take it easy; '**2athlet** *m* athlete; '**2athletik** *f* athletics *pl.*, *Am.* track and field events *pl.*; '**~fertig** *adj.* light(-minded); careless, frivolous, flippant; '**2fertigkeit** *f* levity; carelessness; frivolity, flippancy; '**2gewicht** *n* *boxing:* lightweight; '**~gläubig** *adj.* credulous; '**~hin** *adv.* lightly, casually; '**2igkeit** ['~iç-] *f* (-/-en) lightness; ease, facility; '**~lebig** *adj.* easy-going; '**2metall** *n* light metal; '**2sinn** *m* (-[e]s/*no pl.*) frivolity, levity; carelessness; '**~sinnig** *adj.* light-minded, frivolous, careless; '**~verdaulich** *adj.* easy to digest; '**~verständlich** *adj.* easy to understand.
**leid** [laɪt] 1. *adv.:* *es tut mir ~* I am sorry (*um* for), I regret; 2. **2** *n* (-[e]s/*no pl.*) injury, harm; wrong; grief, sorrow; '**~en** ['~dən] (*irr.*, ge-, *h*) 1. *v/i.* suffer (*an dat.* from); 2. *v/t.:* (*nicht*) ~ *können* (dis)like; '**2en** ['~dən] *n* (-s/-) suffering; ♣ complaint; '**~end** ♣ *adj.* ['~dənt] ailing.
'**Leidenschaft** *f* (-/-en) passion; '**2lich** *adj.* passionate; ardent; vehement; '**2slos** *adj.* dispassionate.
'**Leidens|gefährte** *m*, '**~gefährtin** *f* fellow-sufferer.
**leid|er** *adv.* ['laɪdər] unfortunately; *int.* alas!; ~ *muß ich inf.* I'm (so) sorry to *inf.*; *ich muß ~ gehen* I am afraid I have to go; '**~ig** *adj.* disagreeable; '**~lich** *adj.* ['laɪt-] tolerable; fairly well; **2tragende** ['laɪt-] *m*, *f* (-n/-n) mourner; *er ist der ~ dabei* he is the one who suffers for it; **2wesen** ['laɪt-] *n* (-s/*no pl.*): *zu meinem ~* to my regret.
**Leier** ♪ ['laɪər] *f* (-/-n) lyre; '**~kasten** *m* barrel-organ; '**~kastenmann** *m* organ-grinder.
**Leih|bibliothek** ['laɪ-] *f*, '**~bücherei** *f* lending or circulating library, *Am. a.* rental library; '**2en** *v/t.* (*irr.*, ge-, *h*) lend; borrow (*von* from); '**~gebühr** *f* lending fee(s *pl.*); '**~haus** *n* pawnshop, *Am. a.* loan office; '**2weise** *adv.* as a loan.
**Leim** [laɪm] *m* (-[e]s/-e) glue; F *aus dem ~ gehen* get out of joint; F: *auf den ~ gehen* fall for it, fall into the trap; '**2en** *v/t.* (ge-, *h*) glue; size.
**Lein** ♀ [laɪn] *m* (-[e]s/-e) flax.
**Leine** ['laɪnə] *f* (-/-n) line, cord; (dog-)lead, leash.
**leinen** ['laɪnən] 1. *adj.* (of) linen; 2. **2** *n* (-s/-) linen; *in ~ gebunden* cloth-bound; '**2schuh** *m* canvas shoe.
'**Lein|öl** *n* linseed-oil; '**~samen** *m* linseed; '**~wand** *f* (-/*no pl.*) linen (cloth); *paint.* canvas; *film:* screen.

**leise** *adj.* ['laɪzə] low, soft; gentle; slight, faint; ~ *stellen* turn down (*radio*).

**Leiste** ['laɪstə] *f* (-/-n) border, ledge; ⚕ fillet; *anat.* groin.

**leisten** ['laɪstən] 1. *v/t.* (ge-, h) do; perform; fulfil(l); take (*oath*); render (*service*); *ich kann mir das* ~ I can afford it; 2. ⚙ ⊕ *m* (-s/-) last; boot-tree, *Am. a.* shoetree; '2bruch ⚕ *m* inguinal hernia.

'**Leistung** *f* (-/-en) performance; achievement; work(manship); result(s *pl.*); ⊕ capacity; output (*of factory*); benefit (*of insurance company*); **Leisfähig** *adj.* productive; efficient, ⊕ *a.* powerful; '~fähigkeit *f* efficiency; ⊕ productivity; ⊕ capacity, producing-power.

**Leit|artikel** ['laɪt-] *m* leading article, leader, editorial; '~bild *n* image; example.

**leiten** ['laɪtən] *v/t.* (ge-, h) lead, guide; conduct (*a. phys., ♪*); *fig.* direct, run, manage, operate; preside over (*meeting*); '~d *adj.* leading; *~e Stellung* key position.

'**Leiter** 1. *m* (-s/-) leader; conductor (*a. phys., ♪*); guide; manager; 2. *f* (-/-n) ladder; '~in *f* (-/-nen) leader; conductress; guide; manageress; '~wagen *m* rack-wag(g)on.

'**Leit|faden** *m* manual, textbook, guide; '~motiv *♪ n* leit-motiv; '~spruch *m* motto; '~tier *n* leader; '~ung *f* (-/-en) lead(ing), conducting, guidance; management, direction, administration, *Am. a.* operation; *phys.* conduction; ⚡ lead; circuit; *tel.* line; mains *pl.* (*for gas, water, etc.*); pipeline; *die* ~ *ist besetzt teleph.* the line is engaged *or Am.* busy.

'**Leitungs|draht** *m* conducting wire, conductor; '~rohr *n* conduit(-pipe); main (*for gas, water, etc.*); '~wasser *n* (-s/=) tap water.

'**Leitwerk** ✈ *n* tail unit *or* group, empennage.

**Lekt|ion** [lɛk'tsjoːn] *f* (-/-en) lesson; ~or ['lɛktɔr] *m* (-s/-en) lecturer; reader; ~üre [~'tyːrə] *f* 1. (-/no *pl.*) reading; 2. (-/-n) books *pl.*

**Lende** *anat.* ['lɛndə] *f* (-/-n) loin(s *pl.*).

**lenk|bar** *adj.* ['lɛŋkbaːr] guidable, manageable, tractable; docile; ⊕ steerable, dirigible; '~en *v/t.* (ge-, h) direct, guide; turn; rule; govern; drive (*car*); ⚓ steer; *Aufmerksamkeit* ~ *auf* (*acc.*) draw attention to; '2rad *mot. n* steering wheel; '2säule *mot. f* steering column; '2stange *f* handle-bar (*of bicycle*); '2ung *mot. f* (-/-en) steering-gear.

**Lenz** [lɛnts] *m* (-es/-e) spring.

**Leopard** *zo.* ['leo'part] *m* (-en/-en) leopard.

**Lepra** ⚕ ['leːpra] *f* (-/no *pl.*) leprosy.

**Lerche** *orn.* ['lɛrçə] *f* (-/-n) lark.

**lern|begierig** *adj.* ['lɛrn-] eager to learn, studious; '~en *v/t. and v/i.* (ge-, h) learn; study.

**Lese** ['leːzə] *f* (-/-n) gathering; *Weinlese*; '~buch *n* reader; '~lampe *f* reading-lamp.

**lesen** ['leːzən] (*irr.,* ge-, h) 1. *v/t.* read; ♂ gather; *Messe* ~ *eccl.* say mass; 2. *v/i.* read; *univ.* (give a) lecture (*über acc.* on); '~swert *adj.* worth reading.

'**Leser** *m* (-s/-), '~in *f* (-/-nen) reader; ♂ gatherer; vintager; '2lich *adj.* legible; '~zuschrift *f* letter to the editor.

'**Lesezeichen** *n* book-mark.

'**Lesung** *parl. f* (-/-en) reading.

**letzt** *adj.* [lɛtst] last; final; ultimate; *~e Nachrichten pl.* latest news *pl.*; *~e Hand anlegen* put the finishing touches (*an acc.* to); *das ~e* the last thing; *der ~ere* the latter; *der* (*die, das*) *Letzte* the last (one); *zu guter Letzt* last but not least; finally; '~ens *adv.*, '~hin *adv.* lately, of late; '~lich *adv. s. letztens;* finally; ultimately.

**Leucht|e** ['lɔɪçtə] *f* (-/-n) (*fig.* shining) light, lamp (*a. fig.*), luminary (*a. fig., esp. p.*); '2en *v/t.* (ge-, h) (give) light, shine (forth); beam, gleam; '~en *n* (-s/no *pl.*) shining, light, luminosity; '2end *adj.* shining, bright; luminous; brilliant (*a. fig.*); '~er *m* (-s/-) candlestick; *s. Kronleuchter;* '~feuer *n* ♦, ✈, *etc.:* beacon(-light), flare (light); '~käfer *zo. m* glow-worm; '~kugel ✕ *f* Very light; flare; '~turm *m* lighthouse; '~ziffer *f* luminous figure.

**leugnen** ['lɔɪgnən] *v/t.* (ge-, h) deny; disavow; contest.

**Leukämie** ⚕ [lɔɪkɛ'miː] *f* (-/-n) leuk(a)emia.

**Leumund** ['lɔɪmʊnt] *m* (-[e]s/no *pl.*) reputation, repute; character; '~szeugnis *g% n* character reference.

**Leute** ['lɔɪtə] *pl.* people *pl.*; persons *pl.*; ✕, *pol.* men *pl.*; *workers:* hands *pl.*; F folks *pl.*; domestics *pl.*, servants *pl.*

**Leutnant** ✕ ['lɔɪtnant] *m* (-s/-s, ✈, -e) second lieutenant.

**leutselig** *adj.* ['lɔɪtzeːlɪç] affable.

**Lexikon** ['lɛksikɔn] *n* (-s/*Lexika, Lexiken*) dictionary; encyclop(a)edia.

**Libelle** *zo.* [li'bɛlə] *f* (-/-n) dragonfly.

**liberal** *adj.* [libe'raːl] liberal.

**Licht** [lɪçt] 1. *n* (-[e]s/-er) light; brightness; lamp; candle; *hunt.* eye; ~ *machen* ⚡ switch *or* turn on the light (s *pl.*); *das* ~ *der Welt erblicken* see the light, be born; 2. ⚙ *adj.* light, bright; clear; *~er Augenblick g% f* lucid interval; '~anlage *f*

lighting plant; '~bild *n* photo
(-graph); '~bildervortrag *m* slide
lecture; '~blick *fig. m* bright spot;
'~bogen *ƒ m* arc; '2durchlässig
*adj.* translucent; '2echt *adj.* fast
(to light), unfading; '2empfind-
lich *adj.* sensitive to light, *phot.*
sensitive; ~ machen sensitize.
'lichten *v/t.* (ge-, h) clear (*forest*);
den Anker ~ ⚓ weigh anchor; *sich* ~
*hair, crowd:* thin.
lichterloh *adv.* ['liçtər'lo:] blazing,
in full blaze.
'Licht|geschwindigkeit *ƒ* speed of
light; '~hof *m* glass-roofed court;
patio; halo (*a. phot.*); '~leitung *ƒ*
lighting mains *pl.*; '~maschine
*mot. ƒ* dynamo, generator; '~pause
*ƒ* blueprint; '~quelle *ƒ* light source,
source of light; '~reklame *ƒ* neon
sign; '~schacht *m* well; '~schalter
*m* (light) switch; '~schein *m* gleam
of light; '2scheu *adj.* shunning the
light; '~signal *n* light *or* luminous
signal; '~spieltheater *n s. Film-
theater, Kino;* '~strahl *m* ray *or*
beam of light (*a. fig.*); '2undurch-
lässig *adj.* opaque.
'Lichtung *ƒ* (-/-en) clearing, opening, glade.
'Lichtzelle *ƒ s. Photozelle.*
Lid [li:t] *n* (-[e]s/-er) eyelid.
lieb *adj.* [li:p] dear; nice, kind;
*child:* good; *in letters:* ~er Herr N.
dear Mr N.; ~er Himmel good
Heavens!, dear me!; es ist mir ~,
daß I am glad that; '2chen *n* (-s/-)
sweetheart.
Liebe ['li:bə] *ƒ* (-/no *pl.*) love (zu of,
for); aus ~ for love; aus ~ zu for the
love of; '2n (ge-, h) 1. *v/t.* love; be
in love with; be fond of, like; 2. *v/i.*
(be in) love; '~nde *m, ƒ* (-n/-n): die
~n *pl.* the lovers *pl.*
'liebens|wert *adj.* lovable; charm-
ing; '~würdig *adj.* lovable, amiable; *das ist sehr ~ von Ihnen* that is
very kind of you; '2würdigkeit *ƒ*
(-/-en) amiability, kindness.
'lieber 1. *adj.* dearer; 2. *adv.* rather,
sooner; ~ haben prefer, like better.
'Liebes|brief *m* love-letter; '~-
dienst *m* favo(u)r, kindness; good
turn; '~erklärung *ƒ: e-e ~ machen*
declare one's love; '~heirat *ƒ* love-
match; '~kummer *m* lover's grief;
'~paar *n* (courting) couple, lovers
*pl.*; '~verhältnis *n* love-affair.
'liebevoll *adj.* loving, affectionate.
lieb|gewinnen ['li:p-] *v/t.* (*irr.* ge-
winnen, sep., no -ge-, h) get *or* grow
fond of; '~haben *v/t.* (*irr. haben,
sep., ~-ge-, h)* love, be fond of; '2ha-
ber *m* (-s/-) lover; beau; *fig.* amateur;
2haber *fig.* [.~'ra:] *ƒ* (-/-en) hobby;
'2haberpreis *m* fancy price; '2ha-
berwert *m* sentimental value;
'~kosen *v/t.* (*no -ge-, h*) caress,
fondle; '2kosung *ƒ* (-/-en) caress;

'~lich *adj.* lovely, charming,
delightful.
Liebling ['li:pliŋ] *m* (-s/-e) darling;
favo(u)rite; *esp. animals:* pet; *esp.
form of address:* darling, *esp. Am.*
honey; '~beschäftigung *ƒ* fa-
vo(u)rite occupation, hobby.
lieb|los *adj.* ['li:p-] unkind; careless;
'2schaft *ƒ* (-/-en) (love-)affair;
'2ste *m, ƒ* (-n/-n) sweetheart; darling.
Lied [li:t] *n* (-[e]s/-er) song; tune.
liederlich *adj.* ['li:dərliç] slovenly,
disorderly; careless; loose, dissolute.
lief [li:f] *pret. of laufen.*
Lieferant [li:fə'rant] *m* (-en/-en)
supplier, purveyor; caterer.
Liefer|auto ['li:fər-] *n s. Liefer-
wagen;* '2bar *adj.* to be delivered;
available; '~bedingungen *ƒ/pl.*
terms *pl.* of delivery; '~frist *ƒ* term
of delivery; '2n *v/t.* (ge-, h) deliver;
*j-m et.* ~ furnish *or* supply s.o. with
s.th.; '~schein *m* delivery note;
'~ung *ƒ* (-/-en) delivery; supply;
consignment; instal(l)ment (*of book*);
'~ungsbedingungen *ƒ/pl. s. Liefer-
bedingungen;* '~wagen *m* delivery-
van, *Am.* delivery wagon.
Liege ['li:gə] *ƒ* (-/-en) couch; bed-
chair.
liegen ['li:gən] *v/i.* (*irr.,* ge-, h) lie;
*house, etc.:* be (situated); *room:*
face; *an wem liegt es?* whose fault
is it? *es liegt an or bei ihm zu inf.*
it is for him to *inf.; es liegt daran,
daß* the reason for it is that; *es liegt
mir daran zu inf.* I am anxious to
*inf.; es liegt mir nichts daran* it does
not matter *or* it is of no consequence
to me; '~bleiben *v/i.* (*irr. bleiben,
sep., ~-ge-, sein*) stay in bed; break
down (*on the road, a. mot., etc.*);
*work, etc.:* stand over; fall behind;
↑ *goods:* remain on hand; '~lassen
*v/t.* (*irr. lassen, sep., [-ge-,] h*) leave;
leave behind; leave alone; leave off
(*work*); *j-n links ~* ignore s.o., give
s.o. the cold shoulder; '2schaften
*ƒ/pl.* real estate.
'Liege|stuhl *m* deck-chair; '~wagen
🚋 *m* couchette coach.
lieh [li:] *pret. of leihen.*
ließ [li:s] *pret. of lassen.*
Lift [lift] *m* (-[e]s/-e, -s) lift, *Am.*
elevator.
Liga ['li:ga] *ƒ* (-/Ligen) league.
Likör [li'kø:r] *m* (-s/-e) liqueur,
cordial.
lila *adj.* ['li:la] lilac.
Lilie ⚘ ['li:ljə] *ƒ* (-/-n) lily.
Limonade [limo'na:də] *ƒ* (-/-n) soft
drink, fruit-juice; lemonade.
Limousine *mot.* [limu'zi:nə] *ƒ* (-/-n)
limousine, saloon car, *Am.* sedan.
lind *adj.* [lint] soft, gentle; mild.
Linde ⚘ ['lində] *ƒ* (-/-n) lime(-tree),
linden(-tree).

**linder|n** ['lindərn] v/t. (ge-, h) soften; mitigate; alleviate, soothe; allay, ease (pain); '2ung f (-/%-en) softening; mitigation; alleviation; easing.

**Lineal** [line'ɑ:l] n (-s/-e) ruler.

**Linie** ['li:njə] f (-/-n) line; '~npapier n ruled paper; '~nrichter m sports: lineman; '2ntreu pol. adj.: ~ sein follow the party line.

**lin(i)ieren** [li'ni:rən; lini'i:rən] v/t. (no -ge-, h) rule, line.

**link** adj. [link] left; ~e Seite left (-hand) side, left; of cloth: wrong side; '2e f (-/-n) the left (hand); pol. the Left (Wing); boxing: the left; '~isch adj. awkward, clumsy.

**links** adv. on or to the left; 2händer ['~hendər] m (-s/-) left-hander, Am. a. southpaw.

**Linse** ['linzə] f (-/-n) ❦ lentil; opt. lens.

**Lippe** ['lipə] f (-/-n) lip; '~nstift m lipstick.

**liquidieren** [likvi'di:rən] v/t. (no -ge-, h) liquidate (a. pol.); wind up (business company); charge (fee).

**lispeln** ['lispəln] v/i. and v/t. (ge-, h) lisp; whisper.

**List** [list] f (-/-en) cunning, craft; artifice, ruse, trick; stratagem.

**Liste** ['listə] f (-/-n) list, roll.

**listig** adj. cunning, crafty, sly.

**Liter** ['li:tər] n, m (-s/-) lit|re, Am. -er.

**literarisch** adj. [lite'rɑ:riʃ] literary.

**Literatur** [litera'tu:r] f (-/-en) literature; ~beilage f literary supplement (in newspaper); ~geschichte f history of literature; ~verzeichnis n bibliography.

**litt** [lit] pret. of leiden.

**Litze** ['litsə] f (-/-n) lace, cord, braid; ≰ strand(ed wire).

**Livree** [li'vre:] f (-/-s) livery.

**Lizenz** [li'tsɛnts] f (-/-en) licen|ce, Am. -se; ~inhaber m licensee.

**Lob** [lo:p] n (-[e]s/no pl.) praise; commendation; 2en ['lo:bən] v/t. (ge-, h) praise; 2enswert adj. ['lo:bəns-] praise-worthy, laudable; ~gesang ['lo:p-] m hymn, song of praise; ~hudelei [lo:phu:də'lai] f (-/-en) adulation, base flattery.

**löblich** adj. ['lø:plic] s. lobenswert.

**Lobrede** ['lo:p-] f eulogy, panegyric.

**Loch** [lox] n (-[e]s/=er) hole; 2en v/t. (ge-, h) perforate, pierce; punch (ticket, etc.); ~er m (-s/-) punch, perforator; '~karte f punch(ed) card.

**Locke** ['lɔkə] f (-/-n) curl, ringlet.

**'locken**[1] v/t. and v/refl. (ge-, h) curl.

**'locken**[2] v/t. (ge-, h) hunt.: bait; decoy (a. fig.); fig. allure, entice.

**'Locken|kopf** m curly head; ~wickler ['~viklər] m (-s/-) curler, roller.

**locker** adj. ['lɔkər] loose; slack; '~n v/t. (ge-, h) loosen; slacken; relax (grip); break up (soil); sich ~ loosen, (be)come loose; give way; fig. relax.

**'lockig** adj. curly.

**'Lock|mittel** n s. Köder; '~vogel m decoy (a. fig.); Am. a. stool pigeon (a. fig.).

**lodern** ['lo:dərn] v/i. (ge-, h) flare, blaze.

**Löffel** ['lœfəl] m (-s/-) spoon; ladle; '2n v/t. (ge-, h) spoon up; ladle out; '~voll m (-/-) spoonful.

**log** [lo:k] pret. of lügen.

**Loge** ['lo:ʒə] f (-/-n) thea. box; freemasonry: lodge; '~nschließer thea. m (-s/-) box-keeper.

**logieren** [lo'ʒi:rən] v/i. (no -ge-, h) lodge, stay, Am. a. room (all: bei with; in dat. at).

**logisch** adj. ['lo:giʃ] logical; '~erweise adv. logically.

**Lohn** [lo:n] m (-[e]s/=e) wages pl., pay(ment); hire; fig. reward; '~büro n pay-office; '~empfänger m wage-earner; '2en v/t. (ge-, h) compensate, reward; sich ~ pay; es lohnt sich zu inf. it is worth while ger., it pays to inf.; '2end adj. paying; advantageous; fig. rewarding; '~erhöhung f increase in wages, rise, Am. raise; '~forderung f demand for higher wages; '~steuer f tax on wages or salary; '~stopp m (-s/no pl.) wage freeze; '~tarif m wage rate; '~tüte f pay envelope.

**lokal** [lo'ka:l] 1. adj. local; 2. 2 n (-[e]s/-e) locality, place; restaurant; public house, F pub, F local, Am. saloon.

**Lokomotiv|e** [lokomo'ti:və] f (-/-n) (railway) engine, locomotive; '~führer ['~ti:f-] m engine-driver, Am. engineer.

**Lorbeer** ❦ ['lɔrbe:r] m (-s/-en) laurel, bay.

**Lore** ['lo:rə] f (-/-n) lorry, truck.

**Los**[1] [lo:s] n (-es/-e) lot; lottery ticket; fig. fate, destiny, lot; das Große ~ ziehen win the first prize, Am. sl. hit the jackpot; durchs ~ entscheiden decide by lot.

**los**[2] [~] 1. pred. adj. loose; free; was ist ~? what is the matter?, F what's up?, Am. F what's cooking?; ~ sein be rid of; 2. int.: ~! go (on or ahead)!

**losarbeiten** ['lo:s?-] v/i. (sep., -ge-, h) start work(ing).

**lösbar** adj. ['lø:sba:r] soluble, ≉ a. solvable.

**'los|binden** v/t. (irr. binden, sep., -ge-, h) untie, loosen; '~brechen (irr. brechen, sep., -ge-) 1. v/t. (h) break off; 2. v/i. (sein) break or burst out.

**Lösch|blatt** ['lœʃ-] n blotting-paper; '2en v/t. (ge-, h) extinguish, put out (fire, light); blot out (writing);

erase (*tape recording*); cancel (*debt*); quench (*thirst*); slake (*lime*); ⚓ unload; '⁓er *m* (-s/-) blotter; '⁓papier *n* blotting-paper.

lose *adj.* ['lo:zə] loose.

'Lösegeld *n* ransom.

losen ['lo:zən] *v/i.* (ge-, h) cast or draw lots (um for).

lösen ['lø:zən] *v/t.* (ge-, h) loosen, untie; buy, book (*ticket*); solve (*task, doubt, etc.*); break off (*engagement*); annul (*agreement, etc.*); '⁓ dissolve; *ein Schuß löste sich* the gun went off.

'los|fahren *v/i.* (*irr. fahren, sep.,* -ge-, sein) depart, drive off; '⁓gehen *v/i.* (*irr. gehen, sep.,* -ge-, sein) go or be off; come off, get loose; *gun:* go off; begin, start; F *auf j-n ⁓* fly at s.o.; '⁓haken *v/t.* (*sep.,* -ge-, h) unhook; '⁓kaufen *v/t.* (*sep.,* -ge-, h) ransom, redeem; '⁓ketten *v/t.* (*sep.,* -ge-, h) unchain; '⁓kommen *v/i.* (*irr. kommen, sep.,* -ge-, sein) get loose or free; '⁓lachen *v/i.* (*sep.,* -ge-, h) laugh out; '⁓lassen *v/t.* (*irr. lassen, sep.,* -ge-, h) let go; release.

löslich ♒ *adj.* ['lø:sliç] soluble.

'los|lösen *v/t.* (*sep.,* -ge-, h) loosen, detach; sever; '⁓machen *v/t.* (*sep.,* -ge-, h) unfasten, loosen; *sich ⁓* disengange (o.s.) (von from); '⁓reißen *v/t.* (*irr. reißen, sep.,* -ge-, h) tear off; *sich ⁓* break away, *esp. fig.* tear o.s. away (*both:* von from); '⁓sagen *v/refl.* (*sep.,* -ge-, h): *sich ⁓ von* renounce; '⁓schlagen (*irr. schlagen, sep.,* -ge-, h) 1. *v/t.* knock off; 2. *v/i.* open the attack; *auf j-n ⁓* attack s.o.; '⁓schnallen *v/t.* (*sep.,* -ge-, h) unbuckle; '⁓schrauben *v/t.* (*sep.,* -ge-, h) unscrew, screw off; '⁓sprechen *v/t.* (*irr. sprechen, sep.,* -ge-, h) absolve (von of, from); acquit (of); free (from, of); '⁓stürzen *v/i.* (*sep.,* -ge-, sein): *⁓ auf* (*acc.*) rush at.

Losung ['lo:zuŋ] *f* 1. (-/-en) ⚔ password, watchword; *fig.* slogan; 2. *hunt.* (-/no *pl.*) droppings *pl.,* dung.

Lösung ['lø:zuŋ] *f* (-/-en) solution; '⁓smittel *n* solvent.

'los|werden *v/t.* (*irr. werden, sep.,* -ge-, sein) get rid of, dispose of; '⁓ziehen *v/i.* (*irr. ziehen, sep.,* -ge-, sein) set out, take off, march away.

Lot [lo:t] *n* (-[e]s/-e) plumb(-line), plummet.

löten ['lø:tən] *v/t.* (ge-, h) solder.

Lotse ⚓ ['lo:tsə] *m* (-n/-n) pilot; '⁓n *v/t.* (ge-, h) ⚓ pilot (*a. fig.*).

Lotterie [lɔtə'ri:] *f* (-/-n) lottery; '⁓gewinn *m* prize; '⁓los *n* lottery ticket.

Lotto ['lɔto] *n* (-s/-s) numbers pool, lotto.

Löwe *zo.* ['lø:və] *m* (-n/-n) lion.

'Löwen|anteil F *m* lion's share; '⁓maul ♧ *n* (-[e]s/no *pl.*) snapdragon; '⁓zahn ♧ *m* (-[e]s/no *pl.*) dandelion.

'Löwin *zo. f* (-/-nen) lioness.

loyal *adj.* [loa'ja:l] loyal.

Luchs *zo.* [luks] *m* (-es/-e) lynx.

Lücke ['lykə] *f* (-/-n) gap; blank, void (*a. fig.*); '⁓nbüßer *m* stopgap; '⁓nhaft *adj.* full of gaps; *fig.* defective, incomplete; '⁓nlos *adj.* without a gap; *fig.*: unbroken; complete; *⁓er Beweis* close argument.

lud [lu:t] *pret.* of laden.

Luft [luft] *f* (-/-e) air; breeze; breath; *frische ⁓ schöpfen* take the air; *an die ⁓ gehen* go for an airing; *aus der ⁓ gegriffen* (totally) unfounded, fantastic; *es liegt et. in der ⁓* there is s.th. in the wind; *in die ⁓ fliegen* be blown up, explode; *in die ⁓ gehen* explode, *sl.* blow one's top; *in die ⁓ sprengen* blow up; F *j-n an die ⁓ setzen* turn s.o. out, *Am. sl.* give s.o. the air; *sich or ⁓-n Gefühlen ⁓ machen* give vent to one's feelings.

'Luft|alarm *m* air-raid alarm; '⁓angriff *m* air raid; '⁓aufnahme *f* aerial photograph; '⁓ballon *m* (air-)balloon; '⁓bild *n* aerial photograph, airview; '⁓blase *f* air-bubble; '⁓brücke *f* air-bridge; *for supplies, etc.*: air-lift.

Lüftchen ['lyftçən] *n* (-s/-) gentle breeze.

'luft|dicht *adj.* air-tight; '⁓druck *phys. m* (-[e]s/no *pl.*) atmospheric or air pressure; '⁓druckbremse ⊕ *f* air-brake; '⁓durchlässig *adj.* permeable to air.

lüften ['lyftən] (ge-, h) 1. *v/i.* air; 2. *v/t.* air; raise (*hat*); lift (*veil*); disclose (*secret*).

'Luft|fahrt *f* aviation, aeronautics; '⁓feuchtigkeit *f* atmospheric humidity; '⁓gekühlt ⊕ *adj.* air-cooled; '⁓hoheit *f* air sovereignty; '⁓ig *adj.* airy; breezy; flimsy; '⁓kissen *n* air-cushion; '⁓klappe *f* air-valve; '⁓korridor *m* air corridor; '⁓krankheit *f* airsickness; '⁓krieg *m* aerial warfare; '⁓kurort *m* climatic health resort; '⁓lande-truppen *f/pl.* airborne troops *pl.*; '⁓leer *adj.* void of air, evacuated; *⁓er Raum* vacuum; '⁓linie *f* air line, bee-line; '⁓loch *n* ✈ air-pocket; vent(-hole); '⁓post *f* air mail; '⁓pumpe *f* air-pump; '⁓raum *m* airspace; '⁓röhre *anat. f* windpipe, trachea; '⁓schacht *m* air-shaft; '⁓schaukel *f* swing-boat; '⁓schiff *n* airship; '⁓schloß *n* castle in the air or in Spain; '⁓schutz *m* air-raid protection; '⁓schutzkeller *m* air-raid shelter; '⁓sprünge ['⁓ʃpryŋə] *m/pl.*: *⁓ machen* cut capers *pl.*; gambol; '⁓stützpunkt ✕ *m* air base.

'**Lüftung** f (-/-en) airing; ventilation.

'**Luft|veränderung** f change of air; '~**verkehr** m air-traffic; '~**verkehrsgesellschaft** f air transport company, airway, Am. airline; '~**verteidigung** ✕ f air defen|ce, Am. -se; '~**waffe** ✕ f air force; '~**weg** m airway; auf dem ~ by air; '~**zug** m draught, Am. draft.

· **Lüge** ['ly:gə] f (-/-n) lie, falsehood; j-n ~n strafen give the lie to s.o.

'**lügen** v/i. (irr., ge-, h) (tell a) lie; '~**haft** adj. lying, mendacious; untrue, false.

**Lügner** ['ly:gnər] m (-s/-), '~**in** f (-/-nen) liar; '**2isch** adj. s. lügenhaft.

**Luke** ['lu:kə] f (-/-n) dormer- or garret-window; hatch.

**Lümmel** ['lyməl] m (-s/-) lout, boor; saucy fellow; '**2n** v/refl. (ge-, h) loll, lounge, sprawl.

**Lump** [lump] m (-en/-en) ragamuffin, beggar; cad, Am. sl. rat, heel; scoundrel.

'**Lumpen 1.** m (-s/-) rag; 2. 2 vb.: sich nicht ~ lassen come down handsomely; '~**pack** n rabble, riffraff; '~**sammler** m rag-picker.

'**lumpig** adj. ragged; fig.: shabby, paltry; mean.

**Lunge** ['luŋə] f (-/-n) anat. lungs pl.; of animals: a. lights pl.

'**Lungen|entzündung** ✗ f pneumonia; '~**flügel** anat. m lung; '**2krank** ✗ adj. suffering from consumption, consumptive; '~**kranke** ✗ m, f consumptive (patient); '~**krankheit** ✗ f lung-disease; '~**schwindsucht** ✗ f (pulmonary) consumption.

**lungern** ['luŋərn] v/i. (ge-, h) s. herumlungern.

**Lupe** ['lu:pə] f (-/-n) magnifying-glass; unter die ~ nehmen scrutinize, take a good look at.

**Lust** [lust] f (-/-e) pleasure, delight; desire; lust; ~ haben zu inf. have a mind to inf., feel like ger.; haben Sie ~ auszugehen? would you like to go out?

**lüstern** adj. ['lystərn] desirous (nach of), greedy (of, for); lewd, lascivious, lecherous.

'**lustig** adj. merry, gay; jolly, cheerful; amusing, funny; sich ~ machen über (acc.) make fun of; '**2keit** f (-/no pl.) gaiety, mirth; jollity, cheerfulness; fun.

**Lüstling** ['lystliŋ] m (-s/-e) voluptuary, libertine.

'**lust|los** adj. dull, spiritless; ✝ flat; '**2mord** m rape and murder; '**2spiel** n comedy.

**lutschen** ['lutʃən] v/i. and v/t. (ge-, h) suck.

**Luv** ⚓ [luːf] f (-/no pl.) luff, windward.

**luxuriös** adj. [luksu'rjø:s] luxurious.

**Luxus** ['luksus] m (-/no pl.) luxury (a. fig.); '~**artikel** m luxury; '~**ausgabe** f de luxe edition (of books); '~**ware** f luxury (article); fancy goods pl.

**Lymph|drüse** anat. ['lymf-] f lymphatic gland; '~**e** f (-/-n) lymph; ✗ vaccine; '~**gefäß** anat. n lymphatic vessel.

**lynchen** ['lynçən] v/t. (ge-, h) lynch.

**Lyrik** ['ly:rik] f (-/no pl.) lyric verses pl., lyrics pl.; '~**er** m (-s/-) lyric poet.

'**lyrisch** adj. lyric; lyrical (a. fig.).

# M

**Maat** ⚓ [maːt] m (-[e]s/-e[n]) (ship's) mate.

**Mache** F ['maxə] f (-/no pl.) make-believe, window-dressing, sl. eyewash; et. in der ~ haben have s.th. in hand.

**machen** ['maxən] (ge-, h) 1. v/t. make; do; produce, manufacture; give (appetite, etc.); sit for, undergo (examination); come or amount to; make (happy, etc.); was macht das (aus)? what does that matter?; das macht nichts! never mind!, that's (quite) all right!; da(gegen) kann man nichts ~ that cannot be helped; ich mache mir nichts daraus I don't care about it; mach, daß du fortkommst! off with you!; j-n ~ lassen, was er will let s.o. do as he pleases; sich ~ an (acc.) go or set

about; sich et. ~ lassen have s.th. made; 2. F v/i.: na, mach schon! hurry up!; '**2schaften** f/pl. machinations pl.

**Macht** [maxt] f (-/-e) power; might; authority; control (über acc. of); an der ~ pol. in power; '~**befugnis** f authority, power; '~**haber** pol. m (-s/-) ruler.

**mächtig** adj. ['mɛçtiç] powerful (a. fig.); mighty; immense, huge; ~ sein (gen.) be master of s.th.; have command of (language).

'**Macht|kampf** m struggle for power; '**2los** adj. powerless; '~**politik** f power politics sg., pl.; policy of the strong hand; '~**spruch** m authoritative decision; '**2voll** adj. powerful (a. fig.); '~**vollkommenheit** f authority; '~**wort** n (-[e]s/-e) word of command; *ein ~ sprechen* put one's foot down.

'**Machwerk** *n* concoction, F put-up job; *elendes ~* bungling work.

**Mädchen** ['mɛːtçən] *n* (-s/-) girl; maid(-servant); *~ für alles* maid of all work; *fig. a.* jack of all trades; '**Chaft** *adj.* girlish; '*~name m* girl's name; **malden name**; '*~schule f* girls' school.

**Made** *zo.* ['maːdə] *f* (-/-n) maggot, mite; *fruit:* worm.

**Mädel** ['mɛːdəl] *n* (-s/-, F -s) girl, lass(ie).

**madig** *adj.* ['maːdiç] maggoty, full of mites; *fruit:* wormeaten.

**Magazin** [maga'tsiːn] *n* (-s/-e) store, warehouse; ✗ *in rifle, periodical:* magazine.

**Magd** [maːkt] *f* (-/-⸗e) maid(-servant).

**Magen** ['maːgən] *m* (-s/=, a. -) stomach, F tummy; *animals:* maw; '*~beschwerden f/pl.* stomach *or* gastric trouble, indigestion; '*~bitter m* (-s/-) bitters *pl.*; '*~geschwür* ⚕ *n* gastric ulcer; '*~krampf m* stomach cramp; '*~krebs* ⚕ *m* stomach cancer; '*~leiden n* gastric complaint; '*~säure f* gastric acid.

**mager** *adj.* ['maːgər] meagre, *Am.* -er (*a. fig.*); ⌑., *animal, meat:* lean, *Am. a.* scrawny; '**2milch** *f* skim milk.

**Magie** [ma'giː] *f* (-/no *pl.*) magic; *~r* ['maːgjər] *m* (-s/-) magician.

**magisch** *adj.* ['maːgiʃ] magic(al).

**Magistrat** [magis'traːt] *m* (-[e]s/-e) municipal *or* town council.

**Magnet** [ma'gneːt] *m* (-[e]s, -en/ -e[n]) magnet (*a. fig.*); lodestone; **2isch** *adj.* magnetic; **2isieren** [~eti'ziːrən] *v/t.* (no -ge-, h) magnetize; '*~nadel f* (-/-n) magnetic needle.

**Mahagoni** [maha'goːni] *n* (-s/no *pl.*) mahogany (wood).

**mähen** ['mɛːən] *v/t.* (ge-, h) cut, mow, reap.

**Mahl** [maːl] *n* (-[e]s/-⸗er, -e) meal, repast.

'**mahlen** (*irr.*, ge-, h) 1. *v/t.* grind, mill; 2. *v/i. tyres:* spin.

'**Mahlzeit** *f s.* Mahl; F feed.

**Mähne** ['mɛːnə] *f* (-/-n) mane.

**mahn|en** ['maːnən] *v/t.* (ge-, h) remind, admonish (*both: an acc.* of); *j-n wegen e-r Schuld ~* press s.o. for payment, dun s.o.; '2mal *n* (-[e]s/-e) memorial; '2ung *f* (-/-en) admonition; ✝ reminder, dunning; '2zettel *m* reminder.

**Mai** [mai] *m* (-[e]s, -/-e) May; '*~baum m* maypole; *~glöckchen* ⚘ ['~glœkçən] *n* (-s/-) lily of the valley; '*~käfer zo. m* cockchafer, may-beetle, may-bug.

**Mais** ⚘ [mais] *m* (-es/-e) maize, Indian corn, *Am.* corn.

**Majestät** [majɛs'tɛːt] *f* (-/-en) majesty; 2**isch** *adj.* majestic; *~s-beleidigung f* lese-majesty.

**Major** ✗ [ma'joːr] *m* (-s/-e) major.

**Makel** ['maːkəl] *m* (-s/-) stain, spot; *fig. a.* blemish, fault; '2**los** *adj.* stainless, spotless; *fig. a.* unblemished, faultless, immaculate.

**mäkeln** F ['mɛːkəln] *v/t.* (ge-, h) find fault (*an dat.* with), carp (at), F pick (at).

**Makler** ✝ ['maːklər] *m* (-s/-) broker; '*~gebühr* ✝ *f* brokerage.

**Makulatur** ⊕ [makula'tuːr] *f* (-/-en) waste paper.

**Mal**[1] [maːl] *n* (-[e]s/-e, *⸗er*) mark, sign; *sports:* start(ing-point), goal; spot, stain; mole.

**Mal**[2] [~] **1.** *n* (-[e]s/-e) time; *für dieses ~* this time; *zum ersten ~e* for the first time; *mit e-m ~e* all at once, all of a sudden; **2.** 2 *adv.* times, multiplied by; *drei ~ fünf ist fünfzehn* three times five is *or* are fifteen; F *s. einmal.*

'**malen** *v/t.* (ge-, h) paint; portray.

'**Maler** *m* (-s/-) painter; artist; *~ei* [~'rai] *f* (-/-en) painting; '2**isch** *adj.* pictorial, painting; *fig.* picturesque.

'**Malkasten** *m* paint-box.

'**malnehmen** Ⓐ *v/t.* (*irr. nehmen, sep., -ge-, h*) multiply (*mit* by).

**Malz** [malts] *n* (-s/no *pl.*) malt; '*~bier n* malt beer.

**Mama** [ma'maː, F 'mamaː] *f* (-/-s) mamma, mammy, F ma, *Am.* F *a.* mummy, mom.

**man** *indef. pron.* [man] one, you, we; they, people; *~ sagte mir* I was told. [manager.]

**Manager** ['mɛnidʒər] *m* (-s/-)]

**manch** [manç], '*~er*, '*~e*, '*~es adj. and indef. pron.* many a; *~er* some, several; *~erlei adj.* ['~ər'lai] diverse, different; all sorts of, ... of several sorts; *auf ~e Art* in various ways; *used as a noun:* many *or* various things; '*~mal adv.* sometimes, at times.

**Mandant** ᵗᵌ [man'dant] *m* (-en/-en) client.

**Mandarine** ⚘ [manda'riːnə] *f* (-/-n) tangerine.

**Mandat** [man'daːt] *n* (-[e]s/-e) authorization; ᵗᵌ brief; *pol.* mandate; *parl.* seat.

**Mandel** ['mandəl] *f* (-/-n) ⚘ almond; *anat.* tonsil; '*~baum ⚘ m* almond-tree; '*~entzündung* ⚕ *f* tonsillitis.

**Manege** [ma'neːʒə] *f* (-/-n) (circus-) ring, manège.

**Mangel**[1] ['maŋəl] *m* **1.** (-s/no *pl.*) want, lack, deficiency; shortage; penury; *aus ~ an* for want of; *~ leiden an* (*dat.*) be in want of; **2.** (-s/=) defect, shortcoming.

**Mangel**[2] [~] *f* (-/-n) mangle; calender.

'mangelhaft *adj.* defective; deficient; unsatisfactory; '2igkeit *f* (-/no *pl.*) defectiveness; deficiency.

'mangeln[1] *v/i.* (ge-, h): es *mangelt an Brot* there is a lack *or* shortage of bread, bread is lacking *or* wanting; es *mangelt ihm an* (*dat.*) he is in need of *or* short of *or* wanting in, he wants *or* lacks.

'mangeln[2] *v/t.* (ge-, h) mangle (*clothes, etc.*); ⊕ calender (*cloth, paper*).

'mangels *prp.* (*gen.*) for lack *or* want of; *esp.* ⅔ in default of.

'Mangelware ⊕ *f* scarce commodity; goods *pl.* in short supply.

Manie [ma'ni:] *f* (-/-n) mania.

Manier [ma'ni:r] *f* (-/-en) manner; 2lich *adj.* well-behaved; polite, mannerly. [manifesto.]

Manifest [mani'fɛst] *n* (-es/-e)

Mann [man] *m* (-[e]s/=er) man; husband.

'mannbar *adj.* marriageable; '2keit *f* (-/no *pl.*) puberty, manhood.

Männchen ['mɛnçən] *n* (-s/-) little man; *zo.* male; *birds:* cock.

'Mannes|alter *n* virile age, manhood; '.kraft *f* virility.

mannig|fach *adj.* ['maniç-], '.faltig *adj.* manifold, various, diverse; '2faltigkeit *f* (-/no *pl.*) manifoldness, variety, diversity.

männlich *adj.* ['mɛnliç] male; *gr.* masculine; *fig.* manly; '2keit *f* (-/no *pl.*) manhood, virility.

'Mannschaft *f* (-/-en) (body of) men; ⚓ crew; *sports:* team, side; '.sführer *m sports:* captain; '.sgeist *m* (-es/no *pl.*) *sports:* team spirit.

Manöv|er [ma'nø:vər] *n* (-s/-) manœuvre, *Am.* maneuver; 2rieren [.'vri:rən] *v/i.* (no -ge-, h) manœuvre, *Am.* maneuver.

Mansarde [man'zardə] *f* (-/-n) attic, garret; .nfenster *n* dormer-window.

mansche|n F ['manʃən] (ge-, h) 1. *v/t.* mix, work; 2. *v/i.* dabble (*in dat.* in); 2rei F *f* (-/-en) mixing, F mess; dabbling.

Manschette [man'ʃɛtə] *f* (-/-n) cuff; .nknopf *m* cuff-link.

Mantel ['mantəl] *m* (-s/=) coat; overcoat, greatcoat; cloak, mantle (*both a. fig.*); ⊕ case, jacket; (outer) cover (*of tyre*).

Manuskript [manu'skript] *n* (-[e]s/-e) manuscript; *typ.* copy.

Mappe ['mapə] *f* (-/-n) portfolio, brief-case; folder; *s. a. Schreibmappe, Schulmappe.*

Märchen ['mɛːrçən] *n* (-s/-) fairytale; *fig.* (cock-and-bull) story, fib; '.buch *n* book of fairy-tales; '2haft *adj.* fabulous (*a. fig.*).

Marder *zo.* ['mardər] *m* (-s/-) marten.

Marine [ma'ri:nə] *f* (-/-n) marine; ✕ navy, naval forces *pl.*; .minister *m* minister of naval affairs; First Lord of the Admiralty, *Am.* Secretary of the Navy; .ministerium *n* ministry of naval affairs; *the* Admiralty, *Am.* Department of the Navy.

marinieren [mari'ni:rən] *v/t.* (no -ge-, h) pickle, marinade.

Marionette [mario'nɛtə] *f* (-/-n) puppet, marionette; .ntheater *n* puppet-show.

Mark [mark] 1. *f* (-/-) coin: mark; 2. *n* (-[e]s/no *pl.*) *anat.* marrow; ⚘ pith; *fig.* core.

markant *adj.* [mar'kant] characteristic; striking; (well-)marked.

Marke ['markə] *f* (-/-n) mark, sign, token; ✉, *etc.:* stamp; ⬆ brand, trade-mark; coupon; .nartikel ⬆ *m* branded *or* proprietary article.

mar'kier|en (no -ge-, h) 1. *v/t.* mark (*a. sports*); brand (*cattle, goods, etc.*); 2. F *fig. v/i.* put it on; 2ung *f* (-/-en) mark(ing).

'markig *adj.* marrowy; *fig.* pithy.

Markise [mar'ki:zə] *f* (-/-n) blind, (window-)awning.

'Markstein *m* boundary-stone, landmark (*a. fig.*).

Markt [markt] *m* (-[e]s/=e) ⬆ market; *s. Marktplatz;* fair; *auf den ~ bringen* ⬆ put on the market; '.flecken *m* small market-town; '.platz *m* market-place; '.schreier *m* (-s/-) quack; puffer.

Marmelade [marmə'la:də] *f* (-/-n) jam; marmalade (*made of oranges*).

Marmor ['marmor] *m* (-s/-e) marble; 2ieren [.o'ri:rən] *v/t.* (no -ge-, h) marble, vein, grain; 2n *adj.* ['.orn] (of) marble. [whim, caprice.]

Marotte [ma'rotə] *f* (-/-n) fancy,)

Marsch [marʃ] 1. *m* (-es/=e) march (*a. ♪*); 2. *f* (-/-en) marsh, fen.

Marschall ['marʃal] *m* (-s/=e) marshal.

'Marsch|befehl ✕ *m* marching orders *pl.*; 2ieren [.'ʃi:rən] *v/i.* (no -ge-, sein) march; '.land *n* marshy land.

Marter ['martər] *f* (-/-n) torment, torture; '2n *v/t.* (ge-, h) torment, torture; '.pfahl *m* stake.

Märtyrer ['mɛrtyrər] *m* (-s/-) martyr; '.tod *m* martyr's death; '.tum *n* (-s/no *pl.*) martyrdom.

Marxis|mus *pol.* [mar'ksismus] *m* (-/no *pl.*) Marxism; 2t *pol. m* (-en/-en) Marxian, Marxist; 2tisch *pol. adj.* Marxian, Marxist.

März [mɛrts] *m* (-[e]s/-e) March.

Marzipan [martsi'pa:n] *n*, ⚘ *m* (-s/-e) marzipan, marchpane.

Masche ['maʃə] *f* (-/-n) mesh; *knitting:* stitch; F *fig.* trick, line; '2nfest *adj.* ladder-proof, *Am.* runproof.

**Maschine** [ma'ʃiːnə] f (-/-n) machine; engine.

**maschinell** adj. [maʃi'nel] mechanical; ~e Bearbeitung machining.

**Ma'schinen|bau** m (-(e)s/no pl.) mechanical engineering; ~gewehr ✕ n machine-gun; 2mäßig adj. mechanical; automatic; ~pistole ✕ f sub-machine-gun; ~schaden m engine trouble; ~schlosser m (engine) fitter; ~schreiberin f (-/-nen) typist; ~schrift f typescript.

**Maschin|erie** [maʃinə'riː] f (-/-n) machinery; ~ist [~'nist] m (-en/-en) machinist.

**Masern** ✕ ['maːzərn] pl. measles pl.

**Mask|e** ['maskə] f (-/-n) mask (a. fig.); ~enball m fancy-dress or masked ball; ~erade [~'raːdə] f (-/-n) masquerade; 2ieren [~'kiːrən] v/t. (no -ge-, h) mask; sich ~ put on a mask; dress o.s. up (als as).

**Maß** [maːs] 1. n (-es/-e) measure; proportion; fig. moderation; ~e pl. und Gewichte pl. weights and measures pl.; ~e pl. room, etc.: measurements pl.; 2. f (-/-[e]) appr. quart (of beer); 3. 2 pret. of messen.

**Massage** [ma'saːʒə] f (-/-n) massage.

**'Maßanzug** m tailor-made or bespoke suit, Am. a. custom(-made) suit.

**Masse** ['masə] f (-/-n) mass; bulk; substance; multitude; crowd; ✕ assets pl., estate; die breite ~ the rank and file; F ⊕ ~ a lot of, F lots pl. or heaps pl. of.

**'Maßeinheit** f measuring unit.

**'Massen|flucht** f stampede; ~grab n common grave; ~güter † [~'gyːtər] n/pl. bulk goods pl.; '2haft adj. abundant; ~produktion † f mass production; '~versammlung f mass meeting, Am. a. rally; '2weise adv. in masses, in large numbers.

**Masseu|r** [ma'søːr] m (-s/-e) masseur; ~se [~zə] f (-/-n) masseuse.

**'maß|gebend** adj. standard; authoritative, decisive; board: competent; circles: influential, leading; '~halten v/i. (irr. halten, sep., -ge-, h) keep within limits, be moderate.

**mas'sieren** v/t. (no -ge-, h) massage, knead.

**'massig** adj. massy, bulky; solid.

**mäßig** adj. ['mɛːsiç] moderate; food, etc.: frugal; † price: moderate, reasonable; result, etc.: poor; ~en ['~gən] v/t. (ge-, h) moderate; sich ~ moderate or restrain o.s.; '2ung f (-/-en) moderation; restraint.

**massiv** [ma'siːf] 1. adj. massive, solid; 2. 2 geol. n (-s/-e) massif.

**'Maß|krug** m beer-mug, Am. a. stein; '2los adj. immoderate; boundless; exorbitant, excessive;

**extravagant**; ~nahme ['~naːmə] f (-/-n) measure, step, action; '2regeln v/t. (ge-, h) reprimand; inflict disciplinary punishment on; '~schneider m bespoke or Am. custom tailor; '~stab m measure, rule(r); maps, etc.: scale; fig. yardstick, standard; '2voll adj. moderate.

**Mast¹** ⚓ [mast] m (-es/-e[n]) mast.

**Mast²** ✕ [~] f (-/-en) fattening; mast, food; '~darm anat. m rectum.

**mästen** ['mɛstən] v/t. (ge-, h) fatten, feed; stuff (geese, etc.).

**'Mastkorb** ⚓ m mast-head, crows-nest.

**Material** [mater'jaːl] n (-s/-ien) material; substance; stock, stores pl.; fig.: material, information; evidence; ~ismus phls. [~'lismus] m (-/no pl.) materialism; ~ist [~'list] m (-en/-en) materialist; 2istisch adj. [~'listiʃ] materialistic.

**Materie** [ma'teːrjə] f (-/-n) matter (a. fig.), stuff; fig. subject; 2ll adj. [~er'jel] material.

**Mathemati|k** [matema'tiːk] f (-/no pl.) mathematics sg.; ~ker [~'maːtikər] m (-s/-) mathematician; 2sch adj. [~'maːtiʃ] mathematical.

**Matinee** thea. [mati'neː] f (-/-n) morning performance.

**Matratze** [ma'tratsə] f (-/-n) mattress.

**Matrone** [ma'troːnə] f (-/-n) matron; 2nhaft adj. matronly.

**Matrose** ⚓ [ma'troːzə] m (-n/-n) sailor, seaman.

**Matsch** [matʃ] m (-es/no pl.), ~e F ['~ə] f (-/no pl.) pulp, squash; mud, slush; '2ig adj. pulpy, squashy; muddy, slushy.

**matt** adj. [mat] faint, feeble; voice, etc.: faint; eye, colour, etc.: dim; colour, light, † stock exchange, style, etc.: dull; metal: tarnished; gold, etc.: dead, dull; chess: mated; ℰ bulb: non-glare; ~ geschliffen glass: ground, frosted, matted; ~ setzen at chess: (check)mate s.o.

**Matte** ['matə] f (-/-n) mat.

**'Mattigkeit** f (-/no pl.) exhaustion, feebleness; faintness.

**'Mattscheibe** f phot. focus(s)ing screen; television: screen.

**Mauer** ['mauər] f (-/-n) wall; ~blümchen fig. ['~blyːmçən] n (-s/-) wall-flower; '2n (ge-, h) 1. v/i. make a wall, lay bricks; 2. v/t. build (in stone or brick); '~stein m brick; '~werk n masonry, brickwork.

**Maul** [maul] n (-(e)s/="er) mouth; sl.: halt's ~! shut up!; '2en F v/i. (ge-, h) sulk, pout; '~esel zo. m mule, hinny; '~held F m braggart; '~korb m muzzle; '~schelle F f box on the ear; '~tier zo. n mule;

'~wurf zo. m mole; '~wurfshügel
m molehill.

Maurer ['maurər] m (-s/-) brick-
layer, mason; '~meister m master
mason; '~polier m bricklayers'
foreman.

Maus zo. [maus] f (-/-e) mouse;
~efalle [f'~z-] f mousetrap; 2en
['~zən] (ge-, h) 1. v/i. catch mice;
2. F v/t. pinch, pilfer, F swipe.

Mauser ['mauzər] f (-/no pl.)
mo(u)lt(ing); in der ~ sein be
mo(u)lting; '2n v/refl. (ge-, h)
mo(u)lt.

Maximum ['maksimum] n (-s/Ma-
xima) maximum.

Mayonnaise [majɔ'nɛːzə] f (-/-n)
mayonnaise.

Mechani|k [me'çaːnik] f 1. (-/no
pl.) mechanics mst sg.; 2. ⊕ (-/-en)
mechanism; '~ker m (-s/-) mechanic; 2sch adj. mechanical; 2sieren
[~ani'ziːrən] v/t. (no -ge-, h) mecha-
nize; ~smus ⊕ [~'smismus] m
(-/Mechanismen) mechanism; clock,
watch, etc.: works pl.

meckern ['mɛkərn] v/i. (ge-, h)
bleat; fig. grumble (über acc. over,
at, about), carp (at); nag (at); sl.
grouse, Am. sl. gripe.

Medaill|e [me'daljə] f (-/-n) medal;
~on [~'jɔ̃ː] n (-s/-s) medallion;
locket.

Medikament [medika'mɛnt] n
(-[e]s/-e) medicament, medicine.

Medizin [medi'tsiːn] f 1. (-/no pl.)
(science of) medicine; 2. (-/-en)
medicine, F physic; ~er m (-s/-)
medical man; medical student;
2isch adj. medical; medicinal.

Meer [meːr] n (-[e]s/-e) sea (a. fig.),
ocean; '~busen m gulf, bay; '~enge
f strait(s pl.); '~esspiegel m sea
level; '~rettich ♀ m horse-radish;
'~schweinchen zo. n guinea-pig.

Mehl [meːl] n (-[e]s/-e) flour; meal;
'~brei m pap; '2ig adj. floury,
mealy; farinaceous; '~speise f
sweet dish, pudding; '~suppe f
gruel.

mehr [meːr] 1. adj. more; er hat
~ Geld als ich he has (got) more
money than I; 2. adv. more; nicht
~ no more, no longer, not any
longer; ich habe nichts ~ I have
nothing left; '2arbeit f additional
work; overtime; '2ausgaben f/pl.
additional expenditure; '2betrag
m surplus; '~deutig adj. ambiguous; '2einnahme(n pl.) f additional receipts pl.; '~en v/t. (ge-, h)
augment, increase; sich ~ multiply,
grow; '~ere adj. and indef. pron.
several, some; '~fach 1. adj. manifold, repeated; 2. adv. repeatedly,
several times; '2gebot n higher bid;
'2heit f (-/-en) majority, plurality;
'2kosten pl. additional expense;
'~malig adj. repeated, reiterated;

~mals adv. ['~maːls] several times,
repeatedly; '~sprachig adj. poly-
glot; '~stimmig ♪ adj.: ~er Gesang part-song; '2verbrauch m
excess consumption; '2wertsteuer
↑ f (-/no pl.) value-added tax; '2-
zahl f majority; gr. plural (form);
die ~ (gen.) most of.

melden ['mɛldən] v/t. (irr., ge-, h)
avoid, shun, keep away from.

Meile ['mailə] f (-/-n) mile; '~n-
stein m milestone.

mein poss. pron. [main] my; der
(die, das) ~e my; die 2en pl. my
family, F my people or folks pl.;
ich habe das ~e getan I have done
all I can; ~e Damen und Herren!
Ladies and Gentlemen!

Meineid ♊ ['main?-] m perjury;
'2ig adj. perjured.

meinen ['mainən] v/t. (ge-, h)
think, believe, be of (the) opinion,
Am. a. reckon, guess; say; mean;
wie ~ Sie das? what do you mean
by that?; ~ Sie das ernst? do you
(really) mean it?; es gut ~ mean
well.

meinetwegen adv. ['mainət'-] for
my sake; on my behalf; because of
me, on my account; for all I care;
I don't mind or care.

'Meinung f (-/-en) opinion (über
acc., von about, of); die öffentliche
~ public opinion; meiner
~ nach in my opinion, to my mind;
j-m (gehörig) die ~ sagen give s.o.
a piece of one's mind; '~saustausch
['mainuŋs?-] m exchange of views
(über acc. on); '~sverschiedenheit
f difference of opinion (über acc.
on); disagreement.

Meise orn. ['maizə] f (-/-n) titmouse.

Meißel ['maisəl] m (-s/-) chisel; '2n
v/t. and v/i. (ge-, h) chisel; carve.

meist [maist] 1. adj. most; die ~en
Leute most people; die ~e Zeit most
of one's time; 2. adv.: s. meistens;
am ~en most (of all); 2bietende
['~biːtəndə] m (-n/-n) highest bid-
der; '~ens adv. ['~əns], '~enteils
adv. mostly, in most cases; usually.

Meister ['maistər] m (-s/-) master,
sl. boss; sports: champion; '2haft
1. adj. masterly; 2. adv. in a masterly manner or way; '2n v/t. (ge-,
h) master; '~schaft f 1. (-/no pl.)
mastery; 2. (-/-en) sports: cham-
pionship, title; '~stück n, '~werk n
masterpiece.

'Meistgebot n highest bid, best
offer.

Melancholi|e [melaŋko'liː] f (-/-n)
melancholy; 2isch adj. [~'koːliʃ]
melancholy; ~ sein F have the blues.

Melde|amt ['mɛldə-] n registration
office; '~liste f sports: list of entries; '2n v/t. (ge-, h) announce;
j-m et.: inform s.o. of s.th.; officially: notify s.th. to s.o.; j-n ~

enter s.o.'s name (für, zu for); sich ~ report o.s. (bei to); school, etc.: put up one's hand; answer the telephone; enter (one's name) (für, zu for examination, etc.); sich ~ zu apply for; sich auf ein Inserat ~ answer an advertisement.

'Meldung f (-/-en) information, advice; announcement; report; registration; application; sports: entry.

melke|n ['mɛlkən] v/t. ((irr.,] ge-, h) milk; '2r m (-s/-) milker.

Melod|ie ♪ [melo'di:] f (-/-n) melody; tune, air; 2isch adj. [.'lo:diʃ] melodious, tuneful.

Melone [me'lo:nə] f (-/-n) ⚘ melon; F bowler(-hat), Am. derby.

Membran [mɛm'brɑːn] f (-/-en), ~e f (-/-n) membrane; teleph. a. diaphragm.

Memme F ['mɛmə] f (-/-n) coward; poltroon.

Memoiren [memo'ɑːrən] pl. memoirs pl.

Menagerie [menaʒə'riː] f (-/-n) menagerie.

Menge ['mɛŋə] f (-/-n) quantity; amount; multitude; crowd; in großer ~ in abundance; persons, animals: in crowds; e-e ~ Geld plenty of money, F lots pl. of money; e-e ~ Bücher a great many books; '2n v/t. (ge-, h) mix, blend; sich ~ mix (unter acc. with), mingle (with); sich ~ in (acc.) meddle or interfere with.

Mensch [mɛnʃ] m (-en/-en) human being; man; person, individual; die ~en pl. people pl., the world, mankind; kein ~ nobody.

'Menschen|affe zo. m anthropoid ape; '~alter n generation, age; '~feind m misanthropist; '2feindlich adj. misanthropic; '~fresser m (-s/-) cannibal, man-eater; '~freund m philanthropist; '2-freundlich adj. philanthropic; '2-gedenken n (-s/no pl.): seit ~ from time immemorial, within the memory of man; '~geschlecht n human race, mankind; '~haß m misanthropy; '~kenner m judge of men or human nature; '~kenntnis f knowledge of human nature; f leben n human life; '2leer adj. deserted; '~liebe f philanthropy; '~menge f crowd (of people), throng; '2möglich adj. humanly possible; '~raub m kidnap(p)ing; '~rechte n/pl. human rights pl.; '2scheu adj. unsociable, shy; '~seele f: keine ~ not a living soul; '~verstand m human understanding; gesunder ~ common sense, F horse sense; '~würde f dignity of man.

'Menschheit f (-/no pl.) human race, mankind.

'menschlich adj. human; fig. hu-

mane; '2keit f (-/no pl.) human nature; humanity, humaneness.

Mentalität [mɛntali'tɛːt] f (-/-en) mentality.

merk|bar adj. ['mɛrkbɑːr] s. merklich; '2blatt n leaflet, instructional pamphlet; '2buch n notebook; '~en (ge-, h) v/i.: ~ auf (acc.) pay attention to, listen to; 2. v/t. notice, perceive; find out, discover; sich et. ~ remember s.th.; bear s.th. in mind; '~lich adj. noticeable, perceptible; '2mal n (-(e)s/-e) mark, sign; characteristic, feature.

'merkwürdig adj. noteworthy, remarkable; strange, odd, curious; ~erweise adv. ['.~gər] strange to say, strangely enough; '2keit f (-/-en) remarkableness; curiosity, peculiarity.

meßbar adj. ['mɛsbɑːr] measurable.

Messe ['mɛsə] f (-/-n) ✝ fair; eccl. mass; ⚓, ✈ mess.

messen ['mɛsən] v/t. (irr., ge-, h) measure; ⚓ sound; sich mit j-m ~ compete with s.o.; sich nicht mit j-m ~ können be no match for s.o.; gemessen an (dat.) measured against, compared with.

Messer ['mɛsər] n (-s/-) knife; 🗡 scalpel; bis aufs ~ to the knife; auf des ~s Schneide on a razor-edge or razor's edge; '~griff m knifehandle; '~held m stabber; '~klinge f knife-blade; '~schmied m cutler; '~schneide f knife-edge; '~stecher m (-s/-) stabber; '~stecherei [.~ʃtɛ-çə'raɪ] f (-/-en) knifing, knifebattle; '~stich m stab with a knife.

Messing ['mɛsiŋ] n (-s/no pl.) brass; '~blech n sheet-brass.

'Meß|instrument n measuring instrument; '~latte f surveyor's rod; '~tisch m surveyor's or plane table.

Metall [me'tal] n (-s/-e) metal; ~arbeiter m metal worker; 2en adj. (of) metal, metallic; ~geld n coin(s pl.), specie; ~glanz m metallic lust|re, Am. -er; 2haltig adj. metalliferous; ~industrie f metallurgical industry; ~waren f/pl. hardware.

Meteor ast. [mete'oːr] m (-s/-e) meteor; ~ologe [.oro'lo:gə] m (-n/-n) meteorologist; ~ologie [.orolo'giː] f (-/no pl.) meteorology.

Meter ['meːtər] n, m (-s/-) met|re, Am. -er; '~maß n tape-measure.

Method|e [me'toːdə] f (-/-n) method; ⊕ a. technique; 2isch adj. methodical. [metropolis.\]

Metropole [metro'poːlə] f (-/-n)\

Metzel|ei [mɛtsə'laɪ] f (-/-en) slaughter, massacre; '2n v/t. (ge-, h) butcher, slaughter, massacre.

Metzger ['mɛtsgər] m (-s/-) butcher; ~ei [.~'raɪ] f (-/-en) butcher's (shop).

Meuchel|mord ['mɔʏçəl-] m assassination; '~mörder m assassin.

**Meute** ['mɔytə] *f* (-/-n) pack of hounds; *fig.* gang; **~rei** [.'raɪ] *f* (-/-en) mutiny; **~rer** *m* (-s/-) mutineer; **'2risch** *adj.* mutinous; **'2rn** *v/i.* (ge-, h) mutiny (**gegen** against).

**mich** *pers. pron.* [miç] me; **~** (*selbst*) myself.

**mied** [mi:t] *pret. of* meiden.

**Mieder** ['mi:dər] *n* (-s/-) bodice; corset; **'~waren** *f/pl.* corsetry.

**Miene** ['mi:nə] *f* (-/-n) countenance, air; feature; **gute ~ zum bösen Spiel machen** grin and bear it; **~ machen zu** *inf.* offer *or* threaten to *inf.*

**mies** F *adj.* [mi:s] miserable, poor, out of sorts, seedy.

**Miet|e** ['mi:tə] *f* (-/-n) rent; hire; **zur ~ wohnen** live in lodgings, be a tenant; **'2en** *v/t.* (ge-, h) rent (*land, building, etc.*); hire (*horse, etc.*); (**take on**) lease (*land, etc.*); ⚓, ✈ charter; **'~er** *m* (-s/-) tenant; lodger, *Am. a.* roomer; ⅔ lessee; **'2frei** *adj.* rent-free; **'~shaus** *n* block of flats, *Am.* apartment house; **'~vertrag** *m* tenancy agreement; lease; **'~wohnung** *f* lodgings *pl.*, flat, *Am.* apartment.

**Migräne** ⚕ [mi'grɛ:nə] *f* (-/-n) migraine, megrim; sick headache.

**Mikrophon** [mikro'fo:n] *n* (-s/-e) microphone, F mike.

**Mikroskop** [mikro'sko:p] *n* (-s/-e) microscope; **2isch** *adj.* microscopic(al).

**Milbe** *zo.* ['milbə] *f* (-/-n) mite.

**Milch** [milç] *f* (-/no *pl.*) milk; milt, soft roe (*of fish*); **'~bar** *f* milk-bar; **'~bart** *fig. m* stripling; **'~brötchen** *n* (French) roll; **'~gesicht** *n* baby face; **'~glas** *n* frosted glass; **'2ig** *adj.* milky; **'~kanne** *f* milk-can; **'~kuh** *f* milk cow (*a. fig.*); **'~mädchen** F *n* milkmaid, dairymaid; **'~mann** F *m* milkman, dairyman; **'~pulver** *n* milk-powder; **'~reis** *m* rice-milk; **'~straße** *ast. f* Milky Way, Galaxy; **'~wirtschaft** *f* dairy-farm(ing); **'~zahn** *m* milk-tooth.

**mild** [milt] 1. *adj. weather, punishment, etc.*: mild; *air, weather, light, etc.*: soft; *wine, etc.*: mellow, smooth; *reprimand, etc.*: gentle; 2. *adv.*: et. **~ beurteilen** take a lenient view of s. th.

**milde** ['mildə] 1. *adj. s.* mild 1; 2. *adv.*: **~ gesagt** to put it mildly; 3. 2 *f* (-/no *pl.*) mildness; softness; smoothness; gentleness.

**milder|n** ['mildərn] *v/t.* (ge-, h) soften, mitigate; soothe, alleviate (*pain, etc.*); **~de Umstände** ⅔ extenuating circumstances; **'2ung** *f* (-/-en) softening, mitigation; alleviation.

**'mild|herzig** *adj.* charitable; **'2herzigkeit** *f* (-/no *pl.*) charitableness;

**'~tätig** *adj.* charitable; **'2tätigkeit** *f* charity.

**Milieu** [mil'jø:] *n* (-s/-s) surroundings *pl.*, environment; class, circles *pl.*; local colo(u)r.

**Militär** [mili'tɛ:r] 1. *n* (-s/no *pl.*) military, armed forces *pl.*; army; 2. *m* (-s/-s) military man, soldier; **~attaché** [.ata'fe:] *m* (-s/-s) military attaché; **~dienst** *m* military service; **2isch** *adj.* military; **~musik** *f* military music; **~regierung** *f* military government; **~zeit** *f* (-/no *pl.*) term of military service.

**Miliz** ⚔ [mi'li:ts] *f* (-/-en) militia; **~soldat** ⚔ *m* militiaman.

**Milliarde** [mil'jardə] *f* (-/-n) thousand millions, milliard, *Am.* billion.

**Millimeter** [mili'-] *n, m* millimet|re, *Am.* -er.

**Million** [mil'jo:n] *f* (-/-en) million; **~är** [.o'nɛ:r] *m* (-s/-e) millionaire.

**Milz** *anat.* [milts] *f* (-/-en) spleen, milt.

**minder** ['mindər] 1. *adv.* less; **nicht ~** no less, likewise; 2. *adj.* less(er); smaller; minor; inferior; **'~begabt** *adj.* less gifted; **~bemittelt** *adj.* ['.bəmitəlt] of moderate means; **'2betrag** *m* deficit, shortage; **'2einnahme** *f* shortfall in receipts; **'2gewicht** *n* short weight; **'2heit** *f* (-/-en) minority; **~jährig** *adj.* ['.jɛ:riç] under age, minor; **'2jährigkeit** *f* (-/no *pl.*) minority; **'~n** *v/t.* and *v/refl.* (ge-, h) diminish, lessen, decrease; **'2ung** *f* (-/-en) decrease, diminution; **'~wertig** *adj.* inferior, of inferior quality; **'2wertigkeit** *f* (-/no *pl.*) inferiority; † inferior quality; **'2wertigkeitskomplex** *m* inferiority complex.

**mindest** *adj.* ['mindəst] least; slightest; minimum; **nicht die ~e Aussicht** not the slightest chance; **nicht im ~en** not in the least, by no means; **zum ~en** at least; **'2alter** *n* minimum age; **'2anforderungen** *f/pl.* minumum requirements *pl.*; **'2betrag** *m* lowest amount; **'2einkommen** *n* minimum income; **'~ens** *adv.* at least; **'2gebot** *n* lowest bid; **'2lohn** *m* minimum wage; **'2maß** *n* minimum; **auf ein ~ herabsetzen** minimize; **'2preis** *m* minimum price.

**Mine** ['mi:nə] *f* (-/-n) ⚔, ⚓ ⚒ mine; *pencil*: lead; *ball-point-pen*: refill.

**Mineral** [minə'ra:l] *n* (-s/-e, -ien) mineral; **2isch** *adj.* mineral; **~ogie** [.alo'gi:] *f* (-/no *pl.*) mineralogy; **~wasser** *n* (-s/⁼) mineral water.

**Miniatur** [minia'tu:r] *f* (-/-en) miniature; **~gemälde** *n* miniature.

**Minirock** ['mini-] *m* miniskirt.

**Minister** [mi'nistər] *m* (-s/-) minister; Secretary (of State), *Am.* Secretary; ~ium [~'te:rjum] *n* (-s/Mi-nisterien) ministry; Office, *Am.* Department; ~präsident *m* prime minister, premier; *in Germany, etc.*: minister president; ~rat *m* (-[e]s/-e) cabinet council.

minus *adv.* ['mi:nus] minus, less, deducting.

Minute [mi'nu:tə] *f* (-/-n) minute; ~nzeiger *m* minute-hand.

mir *pers. pron.* [mi:r] (to) me.

Misch|ehe ['miʃʔ-] *f* mixed marriage; intermarriage; 2en *v/t.* (ge-, h) mix, mingle; blend (*coffee, tobacco, etc.*); alloy (*metal*); shuffle (*cards*); sich ~ in (*acc.*) interfere in; join in (*conversation*); sich ~ unter (*acc.*) mix *or* mingle with (*the crowd*); ~ling ['~liŋ] *m* (-s/-e) half-breed, half-caste; ♀, *zo.* hybrid; ~masch F ['~maʃ] *m* (-es/-e) hotchpotch, jumble; ~ung *f* (-/-en) mixture; blend; alloy.

miß|achten [mis'-] *v/t.* (no -ge-, h) disregard, ignore, neglect; slight, despise; 2achtung *f* disregard, neglect; ~behagen 1. *v/i.* (no -ge-, h) displease; 2. 2 *n* discomfort, uneasiness; 2bildung *f* malformation, deformity; ~billigen *v/t.* (no -ge-, h) disapprove (of); 2billigung *f* disapproval; 2brauch *m* abuse; misuse; ~brauchen *v/t.* (no -ge-, h) abuse; misuse; bräuchlich *adj.* ['~brɔyçliç] abusive; improper; ~deuten *v/t.* (no -ge-, h) misinterpret; 2deutung *f* misinterpretation.

missen ['misən] *v/t.* (ge-, h) miss; do without, dispense with.

'Miß|erfolg *m* failure; fiasco; '~ernte *f* bad harvest, crop failure.

Misse|tat ['misə-] *f* misdeed; crime; '~täter *m* evil-doer, offender; criminal.

miß|fallen *v/i.* (irr. fallen, no -ge-, h): j-m ~ displease s.o.; '2fallen *n* (-s/no pl.) displeasure, dislike; '~fällig 1. *adj.* displeasing; shocking; disparaging; 2. *adv.*: sich ~ äußern über (*acc.*) speak ill of; '2geburt *f* monster, freak (of nature), deformity; '2geschick *n* bad luck, misfortune; mishap; ~gestimmt *fig. adj.* ['~gəʃtimt] *s.* mißmutig; ~glücken *v/i.* (no -ge-, sein) fail; ~gönnen *v/t.* (no -ge-, h): j-m et. envy *or* grudge s.o. s.th.; '2griff *m* mistake, blunder; '2gunst *f* envy, jealousy; '~günstig *adj.* envious, jealous; '~handeln *v/t.* (no -ge-, h) ill-treat; maul, *sl.* manhandle; 2'handlung *f* ill-treatment; mauling, *sl.* manhandling; 疣 assault and battery; '2heirat *f* misalliance; '~hellig *adj.* dissonant, dissentient; '2helligkeit *f* (-/-en) dissonance, dissension, discord.

Mission [mis'jo:n] *f* (-/-en) mission

(*a. pol. and fig.*); ~ar [~o'na:r] *m* (-s/-e) missionary.

'Miß|klang *m* dissonance, discord (*both a. fig.*); '~kredit *fig. m* (-[e]s/no pl.) discredit; in ~ bringen bring discredit upon *s.o.*

miß|lang *pret. of* mißlingen; '~lich *adj.* awkward; unpleasant; '~liebig *adj.* ['~li:biç] unpopular; '~lingen [~'liŋən] *v/i.* (irr., no -ge-, sein) fail; 2'lingen *n* (-s/no pl.) failure; '2mut *m* ill humo(u)r; discontent; '~mutig *adj.* ill-humo(u)red; discontented; ~raten 1. *v/i.* (irr. raten, no -ge-, sein) fail; turn out badly; 2. *adj.* wayward; ill-bred; '2stand *m* nuisance; grievance; '2stimmung *f* ill humo(u)r; '2ton *m* (-[e]s/-e) dissonance, discord (*both a. fig.*); ~trauen *v/i.* (no -ge-, h): j-m ~ distrust *or* mistrust s.o.; '2trauen *n* (-s/no pl.) distrust, mistrust; '~trauisch *adj.* distrustful; suspicious; '2vergnügen *n* (-s/no pl.) displeasure; '~vergnügt *adj.* displeased; discontented; '2verhältnis *n* disproportion; incongruity; '2verständnis *n* misunderstanding; dissension; '~verstehen *v/t.* (irr. stehen, no -ge-, h) misunderstand, mistake (*intention, etc.*); '2wirtschaft *f* maladministration, mismanagement.

Mist [mist] *m* (-es/-e) dung, manure; dirt; F *fig.* trash, rubbish; '~beet *n* hotbed.

Mistel ♀ ['mistəl] *f* (-/-n) mistletoe.

'Mist|gabel *f* dung-fork; '~haufen *m* dung-hill.

mit [mit] 1. *prp.* (*dat.*) with; ~ 20 Jahren at (the age of) twenty; ~ e-m Schlage at a blow; ~ Gewalt by force; ~ der Bahn by train; 2. *adv.* also, too; ~ dabeisein be there too, be (one) of the party.

Mit|arbeiter ['mitʔ-] *m* co-worker; writing, art, *etc.*: collaborator; colleague; *newspaper, etc.*: contributor (*an dat.* to); '2benutzen *v/t.* (sep., no -ge-, h) use jointly *or* in common; '~besitzer *m* joint owner; '~bestimmungsrecht *n* right of co-determination; '~bewerber *m* competitor; '~bewohner *m* co-inhabitant, fellow-lodger; '2bringen *v/t.* (irr. bringen, sep., -ge-, h) bring along (with one); '~bringsel ['~briŋzəl] *n* (-s/-) little present; '~bürger *m* fellow-citizen; 2einander *adv.* [mitʔai'nandər] together, jointly; with each other, with one another; '~empfinden ['mitʔ-] *n* (-s/no pl.) sympathy; ~erbe ['mitʔ-] *m* co-heir; ~esser ['mitʔ-] *m* (-s/-) blackhead; '2fahren *v/i.* (irr. fahren, sep., -ge-, sein): mit j-m ~ drive *or* go with s.o.; j-n ~ lassen give s.o. a lift; '2fühlen v/i. (sep., -ge-, h) sympathize (mit with); '2geben v/t. (irr. geben, sep., -ge-, h) give along (dat. with); '~gefühl n sympathy; '2gehen v/i. (irr. gehen, sep., -ge-, sein): mit j-m ~ go with s.o.; '~gift f (-/-en) dowry, marriage portion.

'Mitglied n member; '~erversammlung f general meeting; '~erzahl f membership; '~sbeitrag m subscription; '~schaft f (-/no pl.) membership.

mit|'hin adv. consequently, therefore; 2inhaber ['mit?-] m copartner; '2kämpfer m fellowcombatant; '~kommen v/i. (irr. kommen, sep., -ge-, sein) come along (mit with); fig. be able to follow; '2läufer pol. m nominal member; contp. trimmer.

'Mitleid n (-[e]s/no pl.) compassion, pity; sympathy; aus ~ out of pity; ~ haben mit have or take pity on; '~enschaft f (-/no pl.): in ~ ziehen affect; implicate, involve; damage; '2ig adj. compassionate, pitiful; 2(s)los adj. ['~t-] pitiless, merciless; 2(s)voll adj. ['~t-] pitiful, compassionate.

'mit|machen (sep., -ge-, h) 1. v/i. make one of the party; 2. v/t. take part in, participate in; follow, go with (fashion); go through (hardships); '2mensch m fellow creature; '~nehmen v/t. (irr. nehmen, sep., -ge-, h) take along (with one); fig. exhaust, wear out; j-n (im Auto) ~ give s.o. a lift; '~nichten adv. [~'niçtən] by no means, not at all; '~rechnen v/t. (sep., -ge-, h) include (in the account); nicht ~ leave out of account; nicht mitgerechnet not counting; '~reden (sep., -ge-, h) 1. v/i. join in the conversation; 2. v/t.: ein Wort or Wörtchen mitzureden haben have a say (bei in); '~reißen v/t. (irr. reißen, sep., -ge-, h) tear or drag along; fig. sweep along.

'Mitschuld f complicity (an dat. in); '2ig adj. accessary (an dat. to crime); '~ige m accessary, accomplice.

'Mitschüler m schoolfellow.

'mitspiel|en (sep., -ge-, h) 1. v/i. play (bei with); sports: be on the team; thea. appear, star (in a play); join in a game; matter: be involved; j-m arg or übel ~ play s.o. a nasty trick; 2. fig. v/t. join in (game); '2er m partner.

'Mittag m midday, noon; heute 2 at noon today; zu ~ essen lunch, dine; '~essen n lunch(eon), dinner; '2s adv. at noon.

'Mittags|pause f lunch hour; '~ruhe f midday rest; '~schlaf m, '~schläfchen n after-dinner nap, siesta; '~stunde f noon; '~tisch

fig. m lunch, dinner; '~zeit f noontide; lunch-time, dinner-time.

Mitte ['mitə] f (-/-n) middle; cent|re, Am. -er; die goldene ~ the golden or happy mean; aus unserer ~ from among us; ~ Juli in the middle of July; ~ Dreißig in the middle of one's thirties.

'mitteil|en v/t. (sep., -ge-, h): j-m et. ~ communicate s.th. to s.o.; impart s.th. to s.o.; inform s.o. of s.th.; make s.th. known to s.o.; '~sam adj. communicative; '2ung f (-/-en) communication; information; communiqué.

Mittel ['mitəl] n (-s/-) means sg., way; remedy (gegen for); average; A~ mean; phys. medium; ~ pl. a. means pl., funds pl., money; ~ pl. und Wege ways and means pl.; '~alter n Middle Ages pl.; '2alterlich adj. medi(a)eval; '2bar adj. mediate, indirect; '~ding n: ein ~ zwischen ... und ... something between ... and ...; '~finger m middle finger; '~gebirge n highlands pl.; '2groß adj. of medium height; medium-sized; '~läufer m sports: centre half back, Am. center half back; '2los adj. without means, destitute; '2mäßig adj. middling; mediocre; '~mäßigkeit f (-/no pl.) mediocrity; '~punkt m cent|re, Am. -er; fig. a. focus; '2s prp. (gen.) by (means of), through; '~schule f intermediate school, Am. high school; '~mann m (-[e]s/-er, Mittelsleute) mediator, go-between; '~stand m middle classes pl.; '~stürmer m sports: centre forward, Am. center forward; '~weg fig. m middle course; '~wort n (-[e]s/-er) participle.

mitten adv. ['mitən]: ~ in or an or auf or unter (acc.; dat.) in the midst or middle of; ~ entzwei right in two; ~ im Winter in the depth of winter; ~ in der Nacht in the middle or dead of night; ~ ins Herz right into the heart; ~drin F adv. right in the middle; ~durch F adv. right through or across.

Mitter|nacht ['mitər-] f midnight; um ~ at midnight; 2nächtig adj. nächtlich ['~nɛçtiç], 2nächtlich adj. midnight.

Mittler ['mitlər] 1. m (-s/-) mediator, intercessor; 2. 2 adj. middle, central; average, medium; '2weile adv. meanwhile, (in the) meantime.

Mittwoch ['mitvɔx] m (-[e]s/-e) Wednesday; '2s adv. on Wednesday(s), every Wednesday.

mit|'unter adv. now and then, sometimes; '~verantwortlich adj. jointly responsible; '2welt f (-/no pl.): die ~ our, etc. contemporaries pl.

'mitwirk|en v/i. (sep., -ge-, h) co-operate (bei in), contribute (to), take part (in); '2ende m (-n/-n) thea. performer, actor, player (a. J); die ~ n of the cast; '2ung f (-/no pl.) co(-)operation, contribution.

'Mitwisser m (-s/-) confidant; ♣ accessary                    [rechnen.]

'mitzählen v/t. (sep., -ge-, h) s. mit-|

Mix|becher ['miks-] m (cocktail-) shaker; '2en v/t. (ge-, h) mix; ~tur [~'tu:r] f (-,-en) mixture.

Möbel ['mø:bəl] n (-s/-) piece of furniture; ~ pl. furniture; '~händ-ler m furniture-dealer; '~spedi-teur m furniture-remover; ~stück n piece of furniture; '~tischler m cabinet-maker, '~wagen m pan-technicon, Am. furniture truck.

mobil adj. [mo'bi:l] ⚔ mobile; F active, nimble; ~ machen ⚔ mobi-lize; 2iar [~il'ja:r] n (-s/-e) furni-ture; movables pl., ~isieren [~ili-'zi:rən] v/t. (no -ge-, h) ⚔ mobilize; ♦ realize (property, etc.); 2ma-chung ⚔ [mo'bi:lmaxuŋ] f (-/-en) mobilization

möblieren [mø'bli:rən] v/t. (no -ge-, h) furnish, möbliertes Zimmer furnished room, ' bed-sitter.

mochte [ mɔxtə] pret. of mögen.

Mode ['mo:də] f (-/-n) fashion, vogue; use, custom, die neueste ~ the latest fashion; in ~ in fashion or vogue; aus der ~ kommen grow or go out of fashion, die ~ bestimmen set the fashion, fancy goods pl., novelties pl.; '~far-be f fashionable colo(u)r.

Modell [mo'dɛl] n (-s/-e) ⊕, fashion, paint.: model; pattern, design; ⊕ mo(u)ld; j-m ~ stehen paint. pose for s.o.; ~eisenbahn f model rail-way; 2ieren [~'li:rən] v/t. (no -ge-, h) model, mo(u)ld, fashion.

'Moden|schau f dress parade, fashion-show; '~zeitung f fashion magazine.

Moder ['mo:dər] m (-s/no pl.) must, putrefaction; '~geruch m musty smell; '2ig adj. musty, putrid.

modern[1] ['mo:dərn] v/i. (ge-, h) putrefy, rot, decay.

modern[2] adj. [mo'dɛrn] modern; progressive; up-to-date; fashion-able; ~isieren [~i'zi:rən] v/t. (no -ge-, h) modernize, bring up to date.

'Mode|salon m fashion house; '~schmuck m costume jewel(le)ry; '~waren f/pl. fancy goods pl.; '~zeichner m fashion-designer.

modifizieren [modifi'tsi:rən] v/t. (no -ge-, h) modify.

modisch adj. ['mo:diʃ] fashionable, stylish.                            [liner.]

Modistin [mo'distin] f (-/-nen) mil-|

Mogel|ei F [mo:gə'lai] f (-/-en) cheat; '2n F v/i. (ge-, h) cheat.

mögen ['mø:gən] (irr., h) 1. v/i. (ge-) be willing; ich mag nicht I don't like to; 2. v/t. (ge-) want, wish; like, be fond of; nicht ~ dislike; not to be keen on (food, etc.); lieber ~ like better, prefer; 3. v/aux. (no -ge-) may, might; ich möchte wissen I should like to know; ich möchte lieber gehen I would rather go; das mag (wohl) sein that's (well) pos-sible; wo er auch sein mag wherever he may be, mag er sagen, was er will let him say what he likes.

möglich [ mø:kliç] 1. adj. possible; practicable, feasible, market, crim-inal, etc. potential, alle ~en all sorts of; alles ~e all sorts of things; sein ~stes tun do one's utmost or level best; nicht ~! you don't say (so)!; so bald etc. wie ~ 2. adv.: ~st bald etc. as soon, etc., as possible; '~erweise adv possibly, if pos-sible; perhaps; '2keit f (-/-en) pos-sibility, chance, nach ~ if possible.

Mohammedan|er [mohame'da:-nər] m (-s/-) Muslim, Moslem, Mohammedan, 2isch adj. Muslim, Moslem. Mohammedan.

Mohn [mo:n] m (-[e]s/-e) poppy.

Möhre ⊕ [ mø:rə] f (-/-n) carrot.

Mohrrübe ⊕ ['mo:r-] f carrot.

Molch z. [mɔlç] m (-[e]s/-e) sala-mander, newt

Mole ⚓ [ mo:lə] f (-/-n) mole, jetty.

molk [mɔlk] pret of melken.

Molkerei [mɔlkə'rai] f (-/-en) dairy; ~produkte n/pl. dairy products pl.

Moll ♪ [mɔl] n (-/-) minor (key).

mollig ' adj. ['mɔliç] snug, cosy; plump, rounded.

Moment [mo'mɛnt] (-[e]s/-e) 1. m moment, instant; im ~ at the moment, 2. n motive; fact(or); ⊕ momentum; ♦ impulse (a. fig.); 2an [~'ta:n] 1. adj. momentary; 2. adv. at the moment, for the time being; ~aufnahme phot. f snapshot, instantaneous photograph.

Monarch [mo'narç] m (-en/-en) monarch; ~ie [~'çi:] f (-/-en) mon-archy.

Monat ['mo:nat] m (-[e]s/-e) month; '2elang 1. adj. lasting for months; 2. adv. for months; '2lich 1. adj. monthly; 2. adv. monthly, a month.

Mönch [mœnç] m (-[e]s/-e) monk, friar.

'Mönchs|kloster n monastery; '~kutte f (monk's) frock; '~leben n monastic life; '~orden m monastic order; ~zelle f monk's cell.

Mond [mo:nt] m (-[e]s/-e) moon; hinter dem ~ leben be behind the times; '~fähre f lunar module; '~finsternis f lunar eclipse; '2hell adj. moonlit; '~schein m (-[e]s/no pl.) moonlight; '~sichel f crescent; '2süchtig adj. moonstruck.

Mono|log [mono'lo:k] m (-s/-e)

monologue, *Am. a.* monolog;
soliloquy; ~'pol ♱ *n* (-s/-e) monopoly; 2polisieren [..oli:zi:rən] *v/t.*
(no -ge-, *h*) monopolize; 2'ton *adj.*
monotonous; ~tonie [..to'ni:] *f*
(-/-n) monotony.

Monstrum ['mɔnstrum] *n* (-s/Monstren, Monstra) monster.

Montag ['mɔn-] *m* Monday; '2s
*adv.* on Monday(s), every Monday.

Montage ⊕ [mɔn'ta:ʒə] *f* (-/-n)
mounting, fitting; setting up; assemblage, assembly.

Montan|industrie [mɔn'ta:n-] *f*
coal and steel industries *pl.*; ~union
*f* European Coal and Steel Community.

Mont|eur [mɔn'tøːr] *m* (-s/-e) ⊕
fitter, assembler; *esp. mot.*, ⚒
mechanic; ~euranzug *m* overall;
2ieren [..'ti:rən] *v/t.* (no -ge-, *h*)
mount, fit; set up; assemble; ~ur
⚔ [..'tu:r] *f* (-/-en) regimentals *pl.*

Moor [mo:r] *n* (-[e]s/-e) bog; swamp;
'~bad *n* mud-bath; '2ig *adj.* boggy,
marshy.

Moos [mo:s] *n* (-es/-e) moss; '2ig
*adj.* mossy.

Moped *mot.* ['mo:pet] *n* (-s/-s)
moped.

Mops *zo.* [mɔps] *m* (-es/⁓e) pug;
'2en *v/t.* (ge-, *h*) F pilfer, pinch; *sl.:*
sich ~ be bored stiff.

Moral [mo'ra:l] *f* (-/⁓-en) morality; morals *pl.*; moral; ⚒ *etc.*:
morale; 2isch *adj.* moral; 2isieren
[..ali:'zi:rən] *v/i.* (no -ge-, *h*) moralize.

Morast [mo'rast] *m* (-es/-e, ⁓e)
slough, morass; *s. Moor*; mire, mud;
2ig *adj.* marshy, muddy, miry.

Mord [mɔrt] *m* (-[e]s/-e) murder
(*an dat.* of); e-n ~ begehen commit
murder; '~anschlag *m* murderous
assault; 2en ['..dən] *v/i.* (ge-, *h*)
commit murder(s).

Mörder ['mœrdər] *m* (-s/-) murderer; 2isch *adj.* murderous;
*climate, etc.*: deadly; ♱ *competition*:
cut-throat.

'Mord|gier *f* lust of murder, bloodthirstiness; '2gierig *adj.* bloodthirsty; '~kommission *f* homicide
squad; '~prozeß ⚖ *m* murder trial.

'Mords|angst F *f* blue funk, *sl.*
mortal fear; '~'glück F *n* stupendous
luck; '~kerl F *m* devil of a fellow;
'~spek'takel F *m* hullabaloo.

Morgen ['mɔrgən] 1. *m* (-s/-) morning; *measure:* acre; *am ~ s. morgens;*
2. ♀ *adv.* tomorrow; ~ früh (abend)
tomorrow morning (evening *or*
night); ~ in acht Tagen tomorrow
week; '~ausgabe *f* morning edition; '~blatt *n* morning paper;
'~dämmerung *f* dawn, daybreak;
'~gebet *n* morning prayer; '~gymnastik *f* morning exercises *pl.*;
'~land *n* (-[e]s/no *pl.*) Orient, East;

'~rock *m* peignoir, dressing-gown,
wrapper (*for woman*); '~röte *f*
dawn; '2s *adv.* in the morning; '~zeitung *f* morning paper.
'morgig *adj.* of tomorrow.

Morphium *pharm.* ['mɔrfium] *n*
(-s/no *pl.*) morphia, morphine.

morsch *adj.* [mɔrʃ] rotten, decayed;
brittle.

Mörser ['mœrzər] *m* (-s/-) mortar
(*a.* ⚔).

Mörtel ['mœrtəl] *m* (-s/-) mortar.

Mosaik [moza'i:k] *n* (-s/-en) mosaic;
'~fußboden *m* mosaic *or* tessellated
pavement.

Moschee [mɔ'ʃe:] *f* (-/-n) mosque.

Moschus ['mɔʃus] *m* (-/no *pl.*) musk.

Moskito *zo.* [mɔs'ki:to] *m* (-s/-s)
mosquito; ~netz *n* mosquito-net.

Moslem ['mɔslem] *m* (-s/-s) Muslim, Moslem.

Most [mɔst] *m* (-es/-e) must, grapejuice; *of apples:* cider; *of pears:*
perry.

Mostrich ['mɔstriç] *m* (-[e]s/no *pl.*)
mustard.

Motiv [mo'ti:f] *n* (-s/-e) motive,
reason; *paint.*, ♪ motif; 2ieren
[..i'vi:rən] *v/t.* (no -ge-, *h*) motivate.

Motor ['mo:tɔr] *m* (-s/-en) engine,
*esp.* ⚡ motor; '~boot *n* motor boat;
'~defekt *m* engine *or* ⚡ motor
trouble; '~haube *f* bonnet, *Am.*
hood; 2isieren [motori:'zi:rən] *v/t.*
(no -ge-, *h*) motorize; ~isierung
[motori:'zi:ruŋ] *f* (-/no *pl.*) motorization; '~rad *n* motor (bi)cycle;
'~radfahrer *m* motor cyclist; '~roller *m* (motor) scooter; '~sport *m*
motoring.

Motte *zo.* ['mɔtə] *f* (-/-n) moth.

'Motten|kugel *f* moth-ball; '2sicher *adj.* mothproof; '2zerfressen
*adj.* moth-eaten.

Motto ['mɔto] *n* (-s/-s) motto.

Möwe *orn.* ['mø:və] *f* (-/-n) sea-gull,
(sea-)mew.

Mücke *zo.* ['mykə] *f* (-/-n) midge,
gnat, mosquito; *aus e-r ~ en Elefanten machen* make a mountain
out of a molehill; '~nstich *m* gnatbite.

Mucker ['mukər] *m* (-s/-) bigot,
hypocrite.

müd|e *adj.* ['my:də] tired, weary;
e-r Sache ~ sein be weary *or* tired
of s.th.; '2igkeit *f* (-/no *pl.*) tiredness, weariness.

Muff [muf] *m* 1. (-[e]s/-e) muff;
2. (-[e]s/no *pl.*) mo(u)ldy *or* musty
smell; '~e ⊕ *f* (-/-n) sleeve, socket;
'2eln F *v/i.* (ge-, *h*) munch; mumble; '2ig *adj.* smell, *etc.*: musty,
fusty; *air:* close; *fig.* stuffy, sullen.

Mühe ['my:ə] *f* (-/-n) trouble, pains
*pl.*; (nicht) der ~ wert (not) worth
while; *j-m ~ machen* give s.o.
trouble; *sich ~ geben* take pains
(*mit* over, *with* s.th.); '2los *adj.*

effortless, easy; '2n v/refl. (ge-, h) take pains, work hard; '2voll adj. troublesome, hard; laborious.

Mühle ['my:lə] f (-/-n) mill.

'Müh|sal f (-/-e) toil, trouble; hardship; '2sam, '2selig 1. adj. toilsome, troublesome; difficult; 2. adv. laboriously; with difficulty.

Mulatte [mu'latə] m (-n/-n) mulatto.

Mulde ['muldə] f (-/-n) trough; depression, hollow.

Mull [mul] m (-[e]s/-e) mull.

Müll [myl] m (-[e]s/no pl.) dust, rubbish, refuse, Am. a. garbage; '_abfuhr f removal of refuse; '_eimer m dust-bin, Am. garbage can.

Müller ['mylər] m (-s/-) miller.

'Müll|fahrer m dust-man, Am. garbage collector; '_haufen m dust-heap; '_kasten m s. Mülleimer; '_kutscher m s. Müllfahrer; '_wa-gen m dust-cart, Am. garbage cart.

Multipli|kation Ą [multiplika-'tsjo:n] f (-/-en) multiplication; 2zieren Ą [_'tsi:rən] v/t. (no -ge-, h) multiply (mit by).

Mumie ['mu:mjə] f (-/-n) mummy.

Mumps Ş [mumps] m, F f (-/no pl.) mumps.

Mund [munt] m (-[e]s/=er) mouth; den _ halten hold one's tongue; den _ voll nehmen talk big; sich den _ verbrennen put one's foot in it; nicht auf den _ gefallen sein have a ready or glib tongue; j-m über den _ fahren cut s.o. short; '_art f dialect; '2örtlich adj. dialectal.

Mündel ['myndəl] m, n (-s/-), girl: a. f (-/-n) ward, pupil; '2sicher a.: _e Papiere n/pl. ♦ gilt-edged securities pl.

münden ['myndən] v/i. (ge-, h): _ in (acc.) river, etc.: fall or flow into; street, etc.: run into.

'mund|faul adj. too lazy to speak; '_gerecht adj. palatable (a. fig.); '2harmonika Ş f mouth-organ; '2höhle anat. f oral cavity.

mündig ą adj. ['myndiç] of age; _ werden come of age; '2keit f (-/no pl.) majority.

mündlich ['myntliç] 1. adj. oral, verbal; 2. adv. a. by word of mouth.

'Mund|pflege f oral hygiene; '_raub ₷₮ m theft of comestibles; '_stück n mouthpiece (of musical instrument, etc.); tip (of cigarette); '2tot adj.: _ machen silence or gag s.o.

'Mündung f (-/-en) mouth; a. estuary (of river); muzzle (of fire-arms).

'Mund|vorrat m provisions pl., victuals pl.; '_wasser n (-s/=) mouthwash, gargle; '_werk F fig. n: ein gutes _ haben have the gift of the gab.

Munition [muni'tsjo:n] f (-/-en) ammunition.

munkeln F ['munkəln] (ge-, h) 1. v/i. whisper; 2. v/t. whisper, rumo(u)r; man munkelt there is a rumo(u)r afloat.    [lively; merry.]

munter adj. ['muntər] awake; fig.:}

Münz|e ['myntsə] f (-/-n) coin; (small) change; medal; mint; für bare _ nehmen take at face value; j-m et. mit gleicher _ heimzahlen pay s.o. back in his own coin; '_ein-heit f (monetary) unit, standard of currency; '2en v/t. (ge-, h) coin, mint; gemünzt sein auf (acc.) be meant for, be aimed at; '_fern-sprecher teleph. m coin-box tele-phone; '_fuß m standard of (coin-age); '_wesen n monetary system.

mürbe adj. ['myrbə] tender; pastry, etc.: crisp, short; meat: well-cooked; material: brittle; F fig. worn-out, demoralized; F j-n _ machen break s.o.'s resistance; F _ werden give in.

Murmel ['murməl] f (-/-n) marble; '2n v/t. and v/i. (ge-, h) mumble, murmur, '_tier zo. n marmot.

murren ['murən] v/i. (ge-, h) grumble, F grouch (both: über acc. at, over, about).

mürrisch adj. ['myriʃ] surly, sullen.

Mus [mu:s] n (-es/-e) pap; stewed fruit.

Muschel ['muʃəl] f (-/-n) zo.: mussel; shell, conch; teleph. ear-piece.

Museum [mu'ze:um] n (-s/Museen) museum.

Musik [mu'zi:k] f (-/no pl.) music; '_alienhandlung [_i'ka:ljən-] f music-shop, 2alisch adj. [_i'ka:-liʃ] musical; _ant [_i'kant] m (-en/-en) musician; _automat m juke-box; _er ['mu:zikər] m (-s/-) musician; bandsman; _instru-ment n musical instrument; _leh-rer m music-master; _stunde f music-lesson; _truhe f radio-gram(ophone), Am. radio-phono-graph.

musizieren [muzi'tsi:rən] v/i. (no -ge-, h) make or have music.

Muskat ♀ [mus'ka:t] m (-[e]s/-e) nutmeg; _nuß ♀ f nutmeg.

Muskel ['muskəl] m (-s/-n) muscle; '_kater F m stiffness and soreness, Am. a. charley horse; '_kraft f muscular strength; '_zerrung ₷ f pulled muscle.

Muskul|atur [muskula'tu:r] f (-/-en) muscular system, muscles pl.; 2ös adj. [_'lø:s] muscular, brawny.

Muß [mus] n (-/no pl.) necessity; es ist ein _ it is a must.

Muße ['mu:sə] f (-/no pl.) leisure; spare time; mit _ at one's leisure.

Musselin [musə'li:n] m (-s/-e) muslin.

müssen ['mysən] (irr., h) 1. v/i. (ge-): ich muß I must; 2. v/aux. (no -ge-): ich muß I must, I have to;

I am obliged or compelled or forced to; I am bound to; *ich habe gehen ~* I had to go; *ich müßte (eigentlich) wissen* I ought to know.

**müßig** *adj.* ['my:sɪç] idle; superfluous; useless; **2gang** m idleness, laziness; **2gänger** ['~gɛŋər] m (-s/-) idler, loafer; lazy-bones.

**mußte** ['mustə] *pret. of müssen.*

**Muster** ['mustər] n (-s/-) model; example, paragon; design, pattern; specimen; sample; **~betrieb** m model factory or e² farm; '**~gatte** m model husband; '**2gültig**, '**2haft** 1. *adj.* model, exemplary, perfect; 2. *adv.*: *sich ~ benehmen* be on one's best behavio(u)r; '**~kollektion** ✠ f range of samples; '**2n** v/t. (ge-, h) examine; eye; ✗ inspect, review; figure, pattern *(fabric, etc.)*; '**~schutz** m protection of patterns and designs; '**~ung** f (-/-en) examination; ✗ review; pattern *(of fabric, etc.)*; '**~werk** n standard work.

**Mut** [mu:t] m (-[e]s/no pl.) courage; spirit; pluck; *~ fassen* pluck up courage, summon one's courage; *den ~ sinken lassen* lose courage or heart; *guten ~(e)s sein* be of good cheer; '**2ig** *adj.* courageous; plucky; '**2los** *adj.* discouraged; despondent; '**~losigkeit** f (-/no pl.) discouragement; despondency; '**2maßen** ['~ma:sən] v/t. (ge-, h) suppose, guess, surmise; '**2maßlich** *adj.* presumable; supposed; *heir*: presumptive; '**~maßung** f (-/-en) supposition, surmise; *bloße ~en pl.* guesswork.

**Mutter** ['mutər] f 1. (-/=) mother; 2. ⊕ (-/-n) nut; '**~brust** f mother's breast; '**~leib** m womb.

**mütterlich** *adj.* ['mytərlɪç] motherly; maternal; **~erseits** *adv.* ['~ər-'zaɪts] on or from one's mother's side; *uncle, etc.*: maternal.

'**Mutter|liebe** f motherly love; '**2los** *adj.* motherless; '**~mal** n birth-mark, mole; '**~milch** f mother's milk; '**~schaft** f (-/no pl.) maternity, motherhood; '**2seelen-al'lein** *adj.* all or utterly alone; **~söhnchen** ['~zø:nçən] n (-s/-) milksop, *sl.* sissy; '**~sprache** f mother tongue; '**~witz** m (-es/no pl.) mother wit.

'**Mutwill|e** m wantonness; mischievousness; '**2ig** *adj.* wanton; mischievous; wilful.

**Mütze** ['mytsə] f (-/-n) cap.

**Myrrhe** ['myrə] f (-/-n) myrrh.

**Myrte** ♀ ['myrtə] f (-/-n) myrtle.

**mysteri|ös** *adj.* [myster'jø:s] mysterious; **2um** [~'te:rjum] n (-s/ *Mysterien*) mystery.

**Mystifi|kation** [mystifika'tsjo:n] f (-/-en) mystification; **2zieren** [~'tsi:rən] v/t. (no -ge-, h) mystify.

**Mysti|k** ['mystik] f (-/no pl.) mysticism; '**2sch** *adj.* mystic(al).

**Myth|e** ['my:tə] f (-/-n) myth; '**2isch** *adj.* mythic; *esp. fig.* mythical; **~ologie** [mytolo'gi:] f (-/-n) mythology; **2ologisch** *adj.* [myto-'lo:gɪʃ] mythological; **~os** ['~ɔs] m (-/*Mythen*), **~us** ['~us] m (-/*Mythen*) myth.

# N

**na** *int.* [na] now!, then!, well!, *Am. a.* hey!

**Nabe** ['na:bə] f (-/-n) hub.

**Nabel** *anat.* ['na:bəl] m (-s/-) navel.

**nach** [na:x] 1. *prp. (dat.) direction, striving*: after; to(wards), for *(a. ~ ... hin or zu)*; *succession*: after; *time*: after, past; *manner, measure, example*: according to; *~ Gewicht* by weight; *~ deutschem Geld* in German money; *e-r ~ dem andern* one by one; *fünf Minuten ~ eins* five minutes past one; 2. *adv.* after; *~ und ~* little by little, gradually; *wie vor* now as before, still.

**nachahm|en** ['na:x'a:mən] v/t. (sep., -ge-, h) imitate, copy; counterfeit; '**~ens'wert** *adj.* worthy of imitation, exemplary; '**2er** m (-s/-) imitator; '**2ung** f (-/-en) imitation; copy; counterfeit, fake.

**Nachbar** ['na:xba:r] m (-n, -s/-n), '**~in** f (-/-nen) neighbo(u)r; '**~-schaft** f (-/-en) neighbo(u)rhood, vicinity.

'**Nachbehandlung** ♣ f after-treatment.

'**nachbestell|en** v/t. (sep., no -ge-, h) repeat one's order for *s.th.*; '**2ung** f repeat (order).

'**nachbeten** v/t. (sep., -ge-, h) echo.

'**Nachbildung** f copy, imitation; replica; dummy.

'**nachblicken** v/i. (sep., -ge-, h) look after.

**nachdem** *cj.* [na:x'de:m] after, when; *je ~* according as.

'**nachdenk|en** v/i. (irr. denken, sep., -ge-, h) think *(über acc.* over, about); reflect, meditate *(über acc.* on); '**2en** n (-s/no pl.) reflection, meditation; musing; '**~lich** *adj.* meditative, reflecting; pensive.

'**Nachdichtung** f free version.

'**Nachdruck** m 1. (-[e]s/no pl.) stress, emphasis; 2. *typ.* (-[e]s/-e) reprint; *unlawfully:* piracy, pirated edition; '2en *v/t.* (*sep.*, -ge-, h) reprint; *unlawfully:* pirate.

**nachdrücklich** ['naːxdryklɪç] 1. *adj.* emphatic, energetic; forcible; positive; 2. *adv.:* ~ betonen emphasize.

**nacheifern** ['naːx⁹-] *v/i.* (*sep.*, -ge-, h) emulate *s.o.*

**nacheinander** *adv.* [naːx⁹aɪˈnandər] one after another, successively; by *or* in turns.

**nachempfinden** ['naːx⁹-] *v/t.* (*irr.* empfinden, *sep.*, no -ge-, h) s. nachfühlen.

**nacherzähl|en** ['naːx⁹-] *v/t.* (*sep.*, no -ge-, h) repeat; retell; *dem Englischen nacherzählt* adapted from the English; '2ung ['naːx⁹-] *f* repetition; story retold, reproduction.

'**Nachfolge** *f* succession; '2n *v/i.* (*sep.*, -ge-, sein) follow *s.o.*; *j-m im Amt* ~ succeed s.o. in his office; '~r *m* (-s/-) follower; successor.

'**nachforsch|en** *v/i.* (*sep.*, -ge-, h) investigate, search for; '2ung *f* investigation, inquiry, search.

'**Nachfrage** *f* inquiry; ♦ demand; '2n *v/i.* (*sep.*, -ge-, h) inquire (*nach* after).

'**nach|fühlen** *v/t.* (*sep.*, -ge-, h): *es j-m* ~ feel *or* sympathize with s.o.; '~füllen *v/t.* (*sep.*, -ge-, h) fill up, refill; '~geben *v/i.* (*irr.* geben, *sep.*, -ge-, h) give way (*dat.* to); *fig.* give in, yield (*to*); '2gebühr *f* surcharge; '~gehen *v/i.* (*irr.* gehen, *sep.*, -ge-, sein) follow (*s.o.*, *business*, *trade*, *etc.*); pursue (*pleasure*); attend to (*business*); investigate *s.th.*; *watch*: be slow; '2geschmack *m* (-[e]s/*no pl.*) after-taste.

**nachgiebig** *adj.* ['naːxgiːbɪç] elastic, flexible; *fig. a.* yielding, compliant; '2keit *f* (-/-en) flexibility; compliance.

'**nachgrübeln** *v/i.* (*sep.*, -ge-, h) ponder, brood (*both: über acc.* over), muse (on).

**nachhaltig** *adj.* ['naːxhaltɪç] lasting, enduring.

**nach'her** *adv.* afterwards; then; *bis* ~*l* see you later!, so long!

'**Nachhilfe** *f* help, assistance; '~lehrer *m* coach, private tutor; '~unterricht *m* private lesson(s *pl.*), coaching.

'**nach|holen** *v/t.* (*sep.*, -ge-, h) make up for, make good; '2hut ⚔ *f* (-/-en) rear(-guard); *die* ~ *bilden* bring up the rear (*a. fig.*); '~jagen *v/i.* (*sep.*, -ge-, sein) chase *or* pursue *s.o.*; '~klingen *v/i.* (*irr.* klingen, *sep.*, -ge-, h) resound, echo.

'**Nachkomme** *m* (-n/-n) descendant; ~*n pl. esp.* ⚖ issue; '2n *v/i.* (*irr.* kommen, *sep.*, -ge-, sein) follow; come later; obey (*order*); meet (*liabilities*); '~nschaft *f* (-/-en) descendants *pl.*, *esp.* ⚖ issue.

'**Nachkriegs...** post-war.

**Nachlaß** ['naːxlas] *m* (*Nachlasses*/ *Nachlasse*, *Nachlässe*) ♦ reduction, discount; assets *pl.*, estate, inheritance (*of deceased*).

'**nachlassen** (*irr.* lassen, *sep.*, -ge-, h) 1. *v/t.* reduce (*price*); 2. *v/i.* deteriorate; slacken, relax; diminish; *pain*, *rain*, *etc.*: abate; *storm:* calm down; *strength:* wane; *interest:* flag.

'**nachlässig** *adj.* careless, negligent.

'**nach|laufen** *v/i.* (*irr.* laufen, *sep.*, -ge-, sein) run (*dat.* after); '~lesen *v/t.* (*irr.* lesen, *sep.*, -ge-, h) *in book:* look up; ✗ glean; '~liefern ♦ *v/t.* (*sep.*, -ge-, h) deliver subsequently; repeat delivery of; '~lösen *v/t.* (*sep.*, -ge-, h): *e-e Fahrkarte* ~ take a supplementary ticket; buy a ticket en route; '~machen *v/t.* (*sep.*, -ge-, h) imitate (*j-m et. s.o. in s.th.*); copy; counterfeit, forge; '~messen *v/t.* (*irr.* messen, *sep.*, -ge-, h) measure again.

'**Nachmittag** *m* afternoon; '2s *adv.* in the afternoon; '~svorstellung *thea. f* matinée.

**Nach|nahme** ['naːxnaːmə] *f* (-/-n) cash on delivery, *Am.* collect on delivery; *per* ~ schicken send C.O.D.; '~name *m* surname, last name; '~porto ⚖ *n* surcharge.

'**nach|prüfen** *v/t.* (*sep.*, -ge-, h) verify; check; '~rechnen *v/t.* (*sep.*, -ge-, h) reckon over again; check (*bill*).

'**Nachrede** *f:* *üble* ~ ⚖ defamation (*of character*); *oral:* slander; *written:* libel; '2n *v/t.* (*sep.*, -ge-, h): *j-m Übles* ~ slander s.o.

**Nachricht** ['naːxrɪçt] *f* (-/-en) news; message; report; information, notice; ~ geben s. benachrichtigen; '~enagentur *f* news agency; '~endienst *m* news service; ✗ intelligence service; '~ensprecher *m* newscaster; '~enwesen *n* (-s/*no pl.*) communications *pl.*

'**nachrücken** *v/i.* (*sep.*, -ge-, sein) move along.

'**Nach|ruf** *m* obituary (notice); '~ruhm *m* posthumous fame.

'**nachsagen** *v/t.* (*sep.*, -ge-, h) repeat; *man sagt ihm nach, daß he is* said to *inf.*

'**Nachsaison** *f* dead *or* off season.

'**nachschicken** *v/t.* (*sep.*, -ge-, h) s. nachsenden.

'**nachschlage|n** *v/t.* (*irr.* schlagen, *sep.*, -ge-, h) consult (*book*); look up (*word*); '2werk *n* reference-book.

'**Nach|schlüssel** *m* skeleton key; '~schrift *f* *in letter:* postscript; '~schub ✗ *m* supplies *pl.*; '~schubweg ✗ *m* supply line.

'**nach|sehen** (*irr.* sehen, *sep.*, -ge-, h) 1. *v/i.* look after; ~, *ob* (go and) see whether; 2. *v/t.* look after; examine, inspect; check; overhaul (*machine*); s. nachschlagen; j-m et. ~ indulge s.o. in s.th.; '~senden *v/t.* ([*irr. senden,*] *sep.*, -ge-, h) send after; send on, forward (*letter*) (j-m to s.o.).

'Nach|sicht *f* indulgence; '2ig *adj.*, '2svoll *adj.* indulgent, forbearing.

'Nachsilbe *gr. f* suffix.

'nach|sinnen *v/i.* (*irr. sinnen, sep.*, -ge-, h) muse, meditate (über *acc.* [up]on); '~sitzen *v/i.* (*irr. sitzen, sep.*, -ge-, h) *pupil:* be kept in.

'Nach|sommer *m* St. Martin's summer, *esp. Am.* Indian summer; '~speise *f* dessert; '~spiel *fig. n* sequel.

'nach|spionieren *v/i.* (*sep.*, no -ge-, h) spy (*dat.* on); '~sprechen *v/i.* and *v/t.* (*irr. sprechen, sep.*, -ge-, h) repeat; '~spülen *v/t.* (*sep.*, -ge-, h) rinse; '~spüren *v/i.* (*sep.*, -ge-, h) (*dat.*) track, trace.

nächst [nɛːçst] 1. *adj.* succession, time: next; distance, relation: nearest; 2. *prp.* (*dat.*) next to, next after; '2'beste *m, f, n* (-n/-n): der (die) ~ anyone; das ~ anything; er fragte den ~n he asked the next person he met.

'nachstehen *v/i.* (*irr. stehen, sep.*, -ge-, h): j-m in nichts ~ be in no way inferior to s.o.

'nachstell|en (*sep.*, -ge-, h) 1. *v/t.* place behind; put back (*watch*); ⊕ adjust (*screw, etc.*); 2. *v/i.*: j-m ~ be after s.o.; '2ung *fig. f* persecution.

'Nächstenliebe *f* charity.

'nächstens *adv.* shortly, (very) soon, before long.

'nach|streben *v/i.* (*sep.*, -ge-, h) s. nacheifern; '~suchen *v/i.* (*sep.*, -ge-, h): ~ um apply for, seek.

Nacht [naxt] *f* (-/=e) night; bei des ~ s nachts; '~arbeit *f* nightwork; '~asyl *n* night-shelter; '~ausgabe *f* night edition (*of newspaper*); '~dienst *m* night-duty.

'Nachteil *m* disadvantage, drawback; im ~ sein be at a disadvantage; '2ig *adj.* disadvantageous.

'Nacht|essen *n* supper; '~falter *zo. m* (-s/-) moth; '~gebet *n* evening prayer; '~geschirr *n* chamberpot; '~hemd *n* night-gown, *Am. a.* night robe; *for men:* nightshirt.

Nachtigall *orn.* ['naxtigal] *f* (-/-en) nightingale.

'Nachtisch *m* (-es/no *pl.*) sweet, dessert.

'Nachtlager *n* (a) lodging for the night; bed.

nächtlich *adj.* ['nɛçtliç] nightly, nocturnal.

'Nacht|lokal *n* night-club; '~mahl *n* supper; '~portier *m* night-porter; '~quartier *n* night-quarters *pl.*

Nachtrag ['naːxtraːk] *m* (-[e]s/=e) supplement; '2en *v/t.* (*irr. tragen, sep.*, -ge-, h) carry (j-m et. s.th. after s.o.); add; ↑ post up (*ledger*); j-m et. ~ bear s.o. a grudge; '2end *adj.* unforgiving, resentful.

nachträglich *adj.* ['naːxtrɛːkliç] additional; subsequent.

nachts *adv.* [naxts] at *or* by night.

'Nacht|schicht *f* night-shift; '2schlafend *adj.*: zu ~er Zeit in the middle of the night; '~schwärmer *fig. m* night-reveller; '~tisch *m* bedside table; '~topf *m* chamberpot; '~vorstellung *thea. f* night performance; '~wache *f* nightwatch; '~wächter *m* (night-)watchman; '~wandler *m* ['vandlər] *m* (-s/-) sleep-walker; '~zeug *n* night-things *pl.*

'nachwachsen *v/i.* (*irr. wachsen, sep.*, -ge-, sein) grow again.

'Nachwahl *parl. f* by-election.

Nachweis ['naːxvaɪs] *m* (-es/-e) proof, evidence; '2bar *adj.* demonstrable; traceable; '2en ['~zən] *v/t.* (*irr. weisen, sep.*, -ge-, h) point out, show; trace; prove; '2lich *adj. s. nachweisbar.*

'Nach|welt *f* posterity; '~wirkung *f* after-effect; consequences *pl.*; aftermath; '~wort *n* (-[e]s/-e) epilog(ue); '~wuchs *m* (-[e]s/no *pl.*) rising generation.

'nach|zahlen *v/t.* (*sep.*, -ge-, h) pay in addition; '~zählen *v/t.* (*sep.*, -ge-, h) count over (again), check; '2zahlung *f* additional payment.

Nachzügler ['naːxtsyːklər] *m* (-s/-) straggler, late-comer.

Nacken ['nakən] *m* (-s/-) nape (of the neck), neck.

nackt *adj.* [nakt] naked, nude; bare (*a. fig.*); *young birds:* unfledged; *truth:* plain.

Nadel ['naːdəl] *f* (-/-n) needle; pin; brooch; '~arbeit *f* needlework; '~baum ♀ *m* conifer(ous tree); '~stich *m* prick; stitch; *fig.* pinprick.

Nagel ['naːgəl] *m* (-s/=) *anat.*, ⊕ nail; *of wood:* peg; spike; stud; die Arbeit brennt mir auf den Nägeln it's a rush job; '~haut *f* cuticle; '~lack *m* nail varnish; '2n *v/t.* (ge-, h) nail (an *or* auf *acc.* to); '~necessaire ['~nesɛsɛːr] *n* (-s/-s) manicure-case; '2'neu F *adj.* bran(d)-new; '~pflege *f* manicure.

nage|n ['naːgən] (ge-, h) 1. *v/i.* gnaw; ~ an (*dat.*) gnaw at; pick (*bone*); 2. *v/t.* gnaw; '2tier *zo. n* rodent, gnawer.

nah *adj.* [naː] near, close (bei to); nearby; *danger:* imminent.

Näharbeit ['nɛːʔ-] *f* needlework, sewing.

'Nahaufnahme *f film:* close-up.

nahe *adj.* ['naːə] s. nah.

**Nähe** ['nɛːə] f (-/no pl.) nearness, proximity; vicinity; *in der ~* close by.

**'nahe|gehen** v/i. (irr. gehen, sep., -ge-, sein) (dat.) affect, grieve; '**~kommen** v/i. (irr. kommen, sep., -ge-, sein) (dat.) approach; get at (truth); '**~legen** v/t. (sep., -ge-, h) suggest; '**~liegen** v/i. (irr. liegen, sep., -ge-, h) suggest itself, be obvious.

**nahen** ['naːən] 1. v/i. (ge-, sein) approach; 2. v/refl. (ge-, h) approach (j-m s.o.).

**nähen** ['nɛːən] v/t. and v/i. (ge-, h) sew, stitch.

**näher** adj. ['nɛːər] nearer, closer; road: shorter; das Nähere (further) particulars pl. or details pl.

**'Näherin** f (-/-nen) seamstress.

**'nähern** v/t. (ge-, h) approach (dat. to); sich ~ approach (j-m s.o.).

**'nahe'zu** adv. nearly, almost.

**'Nähgarn** n (sewing-)cotton.

**'Nahkampf** ✗ m close combat.

**nahm** [naːm] pret. of nehmen.

**'Näh|maschine** f sewing-machine; '**~nadel** f (sewing-)needle.

**nähren** ['nɛːrən] v/t. (ge-, h) nourish (a. fig.), feed; nurse (child); sich ~ von live or feed on.

**nahrhaft** adj. ['naːrhaft] nutritious, nourishing.

**'Nahrung** f (-/no pl.) food, nourishment, nutriment.

**'Nahrungs|aufnahme** f intake of food; '**~mittel** n/pl. food(-stuff), victuals pl.

**'Nährwert** m nutritive value.

**Naht** [naːt] f (-/-e) seam; ✗ suture; **'Nahverkehr** m local traffic.

**'Nähzeug** n sewing-kit.

**naiv** adj. [na'iːf] naïve, naive, simple; ²ität [naivi'tɛːt] f (-/no pl.) naïveté, naivety, simplicity.

**Name** ['naːmə] m (-ns/-n) name; im ~n (gen.) on behalf of; dem ~n nach nominal(ly), in name only; dem ~n nach kennen know by name; die Dinge beim rechten ~n nennen call a spade a spade; darf ich um Ihren ~n bitten? may I ask your name?

**'namen|los** adj. nameless, anonymous; fig. unutterable; '**~s** 1. adv. named, by the name of, called; 2. prp. (gen.) in the name of.

**'Namens|tag** m name-day; '**~vetter** m namesake; '**~zug** m signature.

**namentlich** ['naːməntliç] 1. adj. nominal; 2. adv. by name; especially, in particular.

**'namhaft** adj. notable; considerable; ~ machen name.

**nämlich** ['nɛːmliç] 1. adj. the same; 2. adv. namely, that is (to say).

**nannte** ['nantə] pret. of nennen.

**Napf** [napf] m (-[e]s/-e) bowl, basin.

**Narb|e** ['narbə] f (-/-n) scar; ²ig adj. scarred; leather: grained.

**Narko|se** ✗ [nar'koːzə] f (-/-n) narcosis; ²tisieren [~oti'ziːrən] v/t. (no -ge-, h) narcotize.

**Narr** [nar] m (-en/-en) fool; jester; zum ~en halten — ²en v/t. (ge-, h) make a fool of, fool.

**'Narren|haus** F n madhouse; '**~kappe** f fool's-cap; '²sicher adj. foolproof.

**'Narrheit** f (-/-en) folly.

**Närrin** ['nɛrin] f (-/-nen) fool, foolish woman.

**'närrisch** adj. foolish, silly; odd.

**Narzisse** ♀ [nar'tsisə] f (-/-n) narcissus; gelbe ~ daffodil.

**nasal** adj. [na'zaːl] nasal; ~e Sprechweise twang.

**nasch|en** ['naʃən] (ge-, h) 1. v/i. nibble (an dat. at); gern ~ have a sweet tooth; 2. v/t. nibble; eat s.th. on the sly; ²erei [~ʃərai] f (-/-en) dainties pl., sweets pl.; '~haft adj. fond of dainties or sweets.

**Nase** ['naːzə] f (-/-n) nose; die ~ rümpfen turn up one's nose (über acc. at).

**näseln** ['nɛːzəln] v/i. (ge-, h) speak through the nose, nasalize; snuffle.

**'Nasen|bluten** n (-s/no pl.) nosebleeding; '**~loch** n nostril; '**~spitze** f tip of the nose.

**naseweis** adj. ['naːzəvais] pert, saucy.

**nasführen** ['naːs-] v/t. (ge-, h) fool, dupe.

**Nashorn** zo. ['naːs-] n rhinoceros.

**naß** adj. [nas] wet; damp, moist.

**Nässe** ['nɛsə] f (-/no pl.) wet(ness); moisture; ⚗ humidity; ²n (ge-, h) 1. v/t. wet; moisten; 2. ✗ v/i. discharge.

**'naßkalt** adj. damp and cold, raw.

**Nation** [na'tsjoːn] f (-/-en) nation.

**national** adj. [natsjo'naːl] national; ²hymne f national anthem; ²ismus [~a'lismus] m (-/Nationalismen) nationalism; ²ität [~ali'tɛːt] f (-/-en) nationality; ²mannschaft f national team.

**Natter** ['natər] f (-/-n) zo. adder, viper; fig. serpent.

**Natur** [na'tuːr] f 1. (-/no pl.) nature; 2. (-/-en) constitution; temper(ament), disposition, nature; von ~ by nature.

**Naturalien** [natu'raːljən] pl. natural produce sg.; in ~ in kind.

**naturalisieren** [naturali'ziːrən] v/t. (no -ge-, h) naturalize.

**Naturalismus** [natura'lismus] m (-/no pl.) naturalism.

**Naturanlage** [na'tuːr-] f (natural) disposition.

**Naturell** [natu'rɛl] n (-s/-e) natural disposition, nature, temper.

**Na'tur|ereignis** n, **~erscheinung** f phenomenon; **~forscher** m naturalist, scientist; 2gemäß *adj.* natural; ~geschichte *f* natural history; ~gesetz *n* law of nature, natural law; 2getreu *adj.* true to nature; life-like; ~kunde *f* (natural) science.

natürlich [na'ty:rliç] 1. *adj.* natural; genuine; innate; unaffected; 2. *adv.* naturally, of course.

Na'tur|produkte *n/pl.* natural products *pl.* or produce *sg.*; ~schutz *m* wild-life conservation; ~schutzgebiet *n*, ~schutzpark *m* national park, wild-life (p)reserve; ~trieb *m* instinct; ~wissenschaft *f* (natural) science; ~wissenschaftler *m* (natural) scientist.

Nebel ['ne:bəl] *m* (-s/-) fog; mist; haze; smoke; 2haft *fig. adj.* nebulous, hazy, dim; '~horn *n* fog-horn.

neben *prp.* (*dat.*; *acc.*) ['ne:bən] beside, by (the side of); near to; against, compared with; apart or *Am. a.* aside from, besides.

neben|'an *adv.* next door; close by; 2anschluß *teleph.* ['ne:bən?-] *m* extension(line); 2arbeit ['ne:bən?-] *f* extra work; 2ausgaben ['ne:bən?-] *f/pl.* incidental expenses *pl.*, extras *pl.*; 2ausgang ['ne:bən?-] *m* side-exit, side-door; 2bedeutung *f* secondary meaning, connotation; ~bei *adv.* by the way; besides; 2beruf *m* side-line; ~beruflich *adv.* as a side-line; in one's spare time; 2beschäftigung *f s.* Nebenberuf; 2buhler ['~bu:lər] *m* (-s/-) rival; ~ei'nander *adv.* side by side; ~ bestehen co-exist; 2eingang ['ne:bən?-] *m* side-entrance; 2einkünfte ['ne:bən?-] *pl.*, 2einnahmen ['ne:bən?-] *f/pl.* casual emoluments *pl.*, extra income; 2erscheinung ['ne:bən?-] *f* accompaniment; 2fach *n* subsidiary subject, *Am.* minor (subject); 2fluß *m* tributary (river); 2gebäude *n* annex(e); outhouse; 2geräusch *n* *radio:* atmospherics *pl.*, interference, jamming; 2gleis 🚂 *n* siding, side-track; 2handlung *thea. f* underplot; 2haus *n* adjoining house; ~her *adv.*, ~hin *adv.* by his or her side; *s.* nebenbei; 2kläger 🏛 *m* co-plaintiff; 2kosten *pl.* extras *pl.*; '2mann *m* person next to one; '2produkt *n* by-product; '2rolle *f* minor part (*a.* thea.); '2sache *f* minor matter, side issue; '~sächlich *adj.* subordinate, incidental; unimportant; '2satz *gr. m* subordinate clause; '~stehend *adj.* in the margin; '2stelle *f* branch; agency; *teleph.* extension; '2straße *f* by-street, by-road; '2strecke 🚂 *f* branch line; '2tisch *m* next table; '2tür *f* side-door; '2verdienst *m* incidental or extra earnings *pl.*; '2-zimmer *n* adjoining room.

'neblig *adj.* foggy, misty, hazy.

nebst *prp.* (*dat.*) [ne:pst] together with, besides; including.

neck|en ['nɛkən] *v/t.* (ge-, h) tease, banter, *sl.* kid; 2erei ['~'raɪ] *f* (-/-en) teasing, banter; '~isch *adj.* playful; droll, funny.

Neffe ['nɛfə] *m* (-n/-n) nephew.

negativ [nega'ti:f] 1. *adj.* negative; 2. 2 *n* (-s/-e) negative.

Neger ['ne:gər] *m* (-s/-) negro; '~in *f* (-/-nen) negress.

nehmen ['ne:mən] *v/t.* (irr., ge-, h) take; receive; charge (*money*); zu sich ~ take, have (*meal*); j-m et. ~ take s.th. from s.o.; ein Ende ~ come to an end; es sich nicht ~ lassen zu *inf.* insist upon *ger.*; streng genommen strictly speaking.

Neid [naɪt] *m* (-[e]s/*no pl.*) envy; 2en ['naɪdən] *v/t.* (ge-, h): j-m et. ~ envy s.o. s.th.; ~er ['~dər] *m* (-s/-) envious person; ~hammel F ['naɪt-] *m* dog in the manger; 2isch ['~dɪʃ] *adj.* envious (auf *acc.* of); 2los *adj.* ['naɪt-] ungrudging.

Neige ['naɪgə] *f* (-/-n) decline; *barrel:* dregs *pl.*; *glass:* heeltap; zur ~ gehen (be on the) decline; *ssp.* 🏛 run short; 2n (ge-, h) 1. *v/t.* and *v/refl.* bend, incline; 2. *v/i.*: er neigt zu Übertreibungen he is given to exaggeration.

'Neigung *f* (-/-en) inclination (*a. fig.*); slope, incline.

nein *adv.* [naɪn] no.

Nektar ['nɛktɑːr] *m* (-s/*no pl.*) nectar.

Nelke 🌺 ['nɛlkə] *f* (-/-n) carnation, pink; *spice:* clove.

nennen ['nɛnən] *v/t.* (irr., ge-, h) name; call; term; mention; nominate (*candidate*); *sports:* enter (für for); sich ... ~ be called ...; '~swert *adj.* worth mentioning.

'Nenn|er ♏ *m* (-s/-) denominator; '~ung *f* (-/-en) naming; mentioning; nomination (*of candidates*); *sports:* entry; '~wert *m* nominal or face value; zum ~ 🏛 at par.

Neon 🝆 ['ne:ɔn] *n* (-s/*no pl.*) neon; '~röhre *f* neon tube.

Nerv [nɛrf] *m* (-s/-en) nerve; j-m auf die ~en fallen or gehen get on s.o.'s nerves.

'Nerven|arzt *m* neurologist; '2aufreibend *adj.* trying; '~heilanstalt *f* mental hospital; '~kitzel *m* (-s/*no pl.*) thrill, sensation; '2krank *adj.* neurotic; '2leidend *adj.* neuropathic, neurotic; '~schwäche *f* nervous debility; '2stärkend *adj.* tonic; '~system *n* nervous system; '~zusammenbruch *m* nervous breakdown.

nerv|ig *adj.* ['nɛrviç] sinewy; ~ös *adj.* ['~'vø:s] nervous; 2osität [~ozi-'tɛːt] *f* (-/*no pl.*) nervousness.

Nerz *zo.* [nɛrts] *m* (-es/-e) mink.

**Nessel** ♀ ['nɛsəl] f (-/-n) nettle.

**Nest** [nɛst] n (-es/-er) nest; F fig. bed; F fig. hick or one-horse town.

**nett** adj. [nɛt] nice; neat, pretty, Am. a. cute; pleasant; kind.

**netto** ♦ adv. ['nɛto] net, clear.

**Netz** [nɛts] n (-es/-e) net; fig. network; '~anschluß ∮ m mains connection, power supply; '~haut anat. f retina; '~spannung ∮ f mains voltage.

**neu** adj. [nɔy] new; fresh; recent; modern; ~ere Sprachen modern languages; ~este Nachrichten latest news; von ~em anew, afresh; ein ~es Leben beginnen turn over a new leaf; was gibt es Neues? what is the news?, Am. what is new?

**'Neu|anschaffung** f (-/-en) recent acquisition; '2artig adj. novel; '~auflage typ. f, '~ausgabe typ. f new edition; reprint; '~bau m (-[e]s/-ten) new building; '2bearbeitet adj. revised; '~e m (-n/-n) new man; new-comer; novice; '2entdeckt adj. recently discovered.

**neuer|dings** adv. ['nɔyər'dɪŋs] of late, recently; '2er m (-s/-) innovator.

**Neuerscheinung** ['nɔyʔ-] f new book or publication.

**'Neuerung** f (-/-en) innovation.

**'neu|geboren** adj. new-born; '~gestalten v/t. (sep., -ge-, h) reorganize; '2gestaltung f reorganization; '2gier f, '2gierde ['~də] f (-/no pl.) curiosity, inquisitiveness; '2gierig adj. curious (auf acc. about, of), inquisitive, sl. nos(e)y; ich bin ~, ob I wonder where or if; '2heit f (-/-en) newness, freshness; novelty.

**'Nenigkeit** f (-/-en) (e-e a piece of) news.

**'Neu|jahr** n New Year('s Day); '~land n (-[e]s/no pl.): ~ erschließen break fresh ground (a. fig.); '2lich adv. the other day, recently; '~ling m (-s/-e) novice; contp. greenhorn; '2modisch adj. fashionable; '~mond m (-[e]s/no pl.) new moon.

**neun** adj. [nɔyn] nine; '~te adj. ninth; '2tel n (-s/-) ninth part; '~tens adv. ninthly; '~zehn adj. nineteen; '~zehnte adj. nineteenth; '~zig adj. ['~tsɪç] ninety; '~zigste adj. ninetieth.

**'Neu|philologe** m student or teacher of modern languages; '~regelung f reorganization, rearrangement.

**neutr|al** adj. [nɔy'traːl] neutral; 2alität [~ali'tɛːt] f (-/no pl.) neutrality; 2um gr. ['nɔytrum] n (-s/Neutra, Neutren) neuter.

**'neu|vermählt** adj. newly married; die 2en pl. the newly-weds pl.; '2wahl f new election; '~wertig adj. as good as new; '2zeit f (-/no pl.) modern times pl.

**nicht** adv. [nɪçt] not; auch ~ nor; ~ anziehend unattractive; ~ besser no better; ~ bevollmächtigt non-commissioned; ~ einlösbar ♦ inconvertible; ~ erscheinen fail to attend.

**'Nicht|achtung** f disregard; '2amtlich adj. unofficial; '~angriffspakt pol. m non-aggression pact; '~annahme f non-acceptance; '~befolgung f non-observance.

**Nichte** ['nɪçtə] f (-/-n) niece.

**'nichtig** adj. null, void; invalid; vain, futile; für ~ erklären declare null and void, annul; '2keit f (-/-en) g⅗ nullity; vanity, futility.

**'Nichtraucher** m non-smoker.

**nichts** [nɪçts] 1. indef. pron. nothing, naught, not anything; 2. 2 n (-/no pl.) nothing(ness); fig.: nonentity; void; '~ahnend adj. unsuspecting; '~destoweniger adv. nevertheless; '~nutzig adj. ['~nutsɪç] good-for-nothing, worthless; '~sagend adj. insignificant; 2tuer ['~tuːər] m (-s/-) idler; '2würdig adj. vile, base, infamous.

**'Nicht|vorhandensein** n absence; lack; '~wissen n ignorance.

**nick|en** ['nɪkən] v/i. (ge-, h) nod; bow; '2erchen F n (-s/-): ein ~ machen take a nap, have one's forty winks.

**nie** adv. [niː] never, at no time.

**nieder** ['niːdər] 1. adj. low; base, mean, vulgar; value, rank: inferior; 2. adv. down.

**'Nieder|gang** m decline; '2gedrückt adj. dejected, downcast; '2gehen v/i. (irr. gehen, sep., -ge-, sein) go down; ✗ descend; storm: break; '2geschlagen adj. dejected, downcast; '2hauen v/t. (irr. hauen, sep., -ge-, h) cut down; '2kommen v/i. (irr. kommen, sep., -ge-, sein) be confined; be delivered (mit of); '~kunft ['~kunft] f (-/⸚e) confinement, delivery; '~lage f defeat; ♦ warehouse; branch; '2lassen v/t. (irr. lassen, sep., -ge-, h) let down; sich ~ settle (down); bird: alight; sit down; establish o.s.; settle (in dat. at); '~lassung f (-/-en) establishment; settlement; branch, agency; '2legen v/t. (sep., -ge-, h) lay or put down; resign (position); retire from (business); abdicate; die Arbeit ~ (go on) strike, down tools, Am. F a. walk out; sich ~ lie down, go to bed; '2machen v/t. (sep., -ge-, h) cut down; massacre; '~schlag m ⚛ precipitate; sediment; precipitation (of rain, etc.); radioactive: fall-out; boxing: knockdown, knock-out; '2schlagen v/t. (irr. schlagen, sep., -ge-, h) knock down; boxing: a. floor; cast down (eyes); suppress; put down, crush (rebellion); g⅗ quash; sich ~

**⁁** precipitate; '²schmettern *fig. v/t.* (*sep.*, -ge-, *h*) crush; '²setzen *v/t.* (*sep.*, -ge-, *h*) set *or* put down; *sich ~* sit down; *birds*: perch, alight; '²strecken *v/t.* (*sep.*, -ge-, *h*) lay low, strike to the ground, floor; '²trächtig *adj.* base, mean; F beastly; **~ung** *f* (*-/-en*) lowlands *pl.*

**niedlich** *adj.* ['niːtliç] neat, nice, pretty, *Am. a.* cute.

**Niednagel** ['niːt-] *m* agnail, hangnail.

**niedrig** *adj.* ['niːdriç] low (*a. fig.*); moderate; *fig.* mean, base.

**niemals** *adv.* ['niːmaːls] never, at no time.

**niemand** *indef. pron.* ['niːmant] nobody, no one, none; '²sland *n* (*-[e]s/no pl.*) no man's land.

**Niere** ['niːrə] *f* (*-/-n*) kidney; **~braten** *m* loin of veal.

**nieseln** F ['niːzəln] *v/i.* (ge-, *h*) drizzle; '²regen F *m* drizzle.

**niesen** ['niːzən] *v/i.* (ge-, *h*) sneeze.

**Niet** ⊕ [niːt] *m* (*-[e]s/-e*) rivet; **~e** *f* (*-/-n*) lottery: blank; F *fig.* washout; '²en *v/t.* (ge-, *h*) rivet.

**Nilpferd** *zo.* ['niːl-] *n* hippopotamus.

**Nimbus** ['nimbus] *m* (*-/-se*) halo (*a. fig.*), nimbus.

**nimmer** *adv.* ['nimər] never; '**~mehr** *adv.* nevermore; '²satt *m* (-, -[e]s/-e) glutton; '²'wiedersehen F *n*: *auf ~* never to meet again; *er verschwand auf ~* he left for good. [*dat.* at).\]

**nippen** ['nipən] *v/i.* (ge-, *h*) sip (*an*)

**Nippes** ['nipəs] *pl.*, **~sachen** *pl.* (k)nick-(k)nacks *pl.*

**nirgends** *adv.* ['nirgənts], '**~(s)wo** *adv.* nowhere.

**Nische** ['niːʃə] *f* (*-/-n*) niche, recess.

**nisten** ['nistən] *v/i.* (ge-, *h*) nest.

**Niveau** [ni'voː] *n* (*-s/-s*) level; *fig. a.* standard.

**nivellieren** [nive'liːrən] *v/t.* (*no* -ge-, *h*) level, grade.

**Nixe** ['niksə] *f* (*-/-n*) water-nymph, mermaid.

**noch** [nɔx] 1. *adv.* still; yet; ~ *ein* another, one more; ~ *einmal* once more *or* again; ~ *etwas* something more; ~ *etwas?* anything else?; ~ *heute* this very day; ~ *immer* still; ~ *nicht* not yet; ~ *nie* never before; ~ *so* ever so; ~ *im 19. Jahrhundert* as late as the 19th century; *es wird* ~ *2 Jahre dauern* it will take two more *or* another two years; 2. *cj.*: *s. weder*, **~malig** *adj.* ['~maːliç] repeated; **~mals** *adv.* ['~maːls] once more *or* again.

**Nomade** [no'maːdə] *m* (*-n/-n*) nomad; '²isch *adj.* nomadic.

**Nominativ** *gr.* ['noːminatiːf] *m* (*-s/-e*) nominative (case).

**nominieren** [nomi'niːrən] *v/t.* (*no* -ge-, *h*) nominate.

**Nonne** ['nɔnə] *f* (*-/-n*) nun; '**~nkloster** *n* nunnery, convent.

**Nord** *geogr.* [nɔrt], **~en** ['~dən] *m* (*-s/no pl.*) north; '²isch *adj.* ['~diʃ] northern.

**nördlich** *adj.* ['nœrtliç] northern, northerly.

'**Nord|licht** *n* northern lights *pl.*; **~ost(en** *m*) north-east; '**~pol** *m* North Pole; **²wärts** *adv.* ['~verts] northward(s), north; **~'west(en** *m*) north-west.

**nörgeln** ['nœrgəln] *v/i.* (ge-, *h*) nag, carp (*an dat.* at); grumble; **²ler** ['~lər] *m* (*-s/-*) faultfinder, grumbler.

**Norm** [nɔrm] *f* (*-/-en*) standard; rule; norm.

**normal** *adj.* [nɔr'maːl] normal; regular; *measure, weight, time*: standard; **~isieren** [~ali'ziːrən] *v/refl.* (*no* -ge-, *h*) return to normal.

'**norm|en** *v/t.* (ge-, *h*), **~ieren** [~'miːrən] *v/t.* (*no* -ge-, *h*) standardize.

**Not** [noːt] *f* (*-/-e*) need, want; necessity; difficulty; trouble; misery; danger, emergency; distress (*a. ♣*); ~ *leiden* suffer privations; *in* ~ *geraten* become destitute, get into trouble; *in* ~ *sein* be in trouble; *zur* ~ *at a pinch*; *es tut not*, *daß* it is necessary that.

**Notar** [no'taːr] *m* (*-s/-e*) (public) notary.

'**Not|ausgang** *m* emergency exit; '**~behelf** *m* makeshift, expedient, stopgap; '**~bremse** *f* emergency brake; '**~brücke** *f* temporary bridge; '**~durft** ['~durft] *f* (*-/no pl.*): *s-e verrichten* relieve o.s.; '²dürftig *adj.* scanty, poor; temporary.

**Note** ['noːtə] *f* (*-/-n*) note (*a. ♪*); *pol.* note, memorandum; *school*: mark.

'**Noten|bank** ✝ *f* bank of issue; '**~schlüssel** ♪ *m* clef; '**~system** ♪ *n* staff.

'**Not|fall** *m* case of need, emergency; '²falls *adv.* if necessary; '²gedrungen *adv.* of necessity, needs.

**notieren** [no'tiːrən] *v/t.* (*no* -ge-, *h*) make a note of, note (down); ✝ quote; **²ung** ✝ *f* (*-/-en*) quotation.

**nötig** ['nøːtiç] necessary; ~ *haben* need; **~en** ['~gən] *v/t.* (ge-, *h*) force, oblige, compel; press, urge (*guest*); '**~enfalls** *adv.* if necessary; '²ung *f* (*-/-en*) compulsion; pressing; ¾ intimidation.

**Notiz** [no'tiːts] *f* (*-/-en*) notice, note, memorandum; ~ *nehmen von* take notice of; pay attention to; *keine* ~ *nehmen von* ignore; *sich* ~ *en machen* take notes; '**~block** *m* pad, *Am. a.* scratch pad; '**~buch** *n* notebook.

'**Not|lage** *f* distress; emergency; '²landen ⚓ *v/i.* (-ge-, *sein*) make a forced *or* emergency landing; '~landung ✕ *f* forced *or* emergency landing; '2leidend *adj.* needy, destitute; distressed; '~lösung *f* expedient; '~lüge *f* white lie.

notorisch *adj.* [no'to:riʃ] notorious.

'Not|ruf *teleph. m* emergency call; '~signal *n* emergency *or* distress signal; '~sitz *mot. m* dick(e)y(-seat), *Am. a.* rumble seat; '~stand *m* emergency; '~standsarbeiten *f/pl.* relief works *pl.*; '~standsgebiet *n* distressed area; '~standsgesetze *n/pl.* emergency laws *pl.*; '~verband *m* first-aid dressing; '~verordnung *f* emergency decree; '~wehr *f* self-defen|ce, *Am. -se*; '2wendig *adj.* necessary; '~wendigkeit *f* (-/-en) necessity; '~zucht *f* (-/no *pl.*) rape.

Novelle [no'vɛlə] *f* (-/-n) short story, novella; *parl.* amendment.

November [no'vɛmbər] *m* (-[s]/-) November.

Nu [nu:] *m* (-/no *pl.*): im ~ in no time.

Nuance [ny'ã:sə] *f* (-/-n) shade.

nüchtern *adj.* ['nyçtərn] empty, fasting, sober (*a. fig.*); matter-of-fact; *writings*: jejune; prosaic; cool; plain; '2heit *f* (-/no *pl.*) sobriety; *fig.* soberness.

Nudel ['nu:dəl] *f* (-/-n) noodle.

null [nul] 1. *adj.* null; nil; *tennis*: love; ~ *und nichtig* null and void; 2. 2 *f* (-/-en) nought, cipher (*a. fig.*); zero; '2punkt *m* zero.

numerieren [nume'ri:rən] *v/t.* (no -ge-, *h*) number; *numerierter Platz* reserved seat.

Nummer ['numər] *f* (-/-n) number

(*a. newspaper, thea.*); size (*of shoes, etc.*); *thea.* turn; *sports*: event; '~nschild *mot. n* number-plate.

nun [nu:n] 1. *adv.* now, at present; then; ~? well?; ~ *also* well then; 2. *int.* now then!; '~mehr *adv.* now.

nur *adv.* [nu:r] only (nothing) but; merely; ~ *noch* only.

Nuß [nus] *f* (-/*Nüsse*) nut; '~kern *m* kernel; '~knacker *m* (-s/-) nutcracker; '~schale *f* nutshell.

Nüstern ['ny:stərn] *f/pl.* nostrils *pl.*

nutz *adj.* [nuts] *s.* nütze; '2anwendung *f* practical application; '~bar *adj.* useful; '~bringend *adj.* profitable.

nütze *adj.* ['nytsə] useful; *zu nichts ~ sein* be of no use, be good for nothing.

Nutzen ['nutsən] 1. *m* (-s/-) use; profit, gain; advantage; utility; 2. 2 *v/i. and v/t.* (ge-, *h*) s. nützen.

nützen ['nytsən] (ge-, *h*) 1. *v/i.*: zu et. ~ be of use *or* useful for s.th.; *j-m* ~ serve s.o.; *es nützt nichts zu inf.* it is no use *ger.*; 2. *v/t.* use, make use of; put to account; avail o.s. of, seize (*opportunity*).

'Nutz|holz *n* timber; '~leistung *f* capacity.

nützlich *adj.* ['nytsliç] useful, of use; advantageous.

'nutz|los *adj.* useless; 2nießer ['~ni:sər] *m* (-s/-) usufructuary; '2nießung *f* (-/-en) usufruct.

'Nutzung *f* (-/-en) using; utilization.

Nylon ['nailon] *n* (-s/no *pl.*) nylon; ~strümpfe ['~ʃtrympfə] *m/pl.* nylons *pl.*, nylon stockings *pl.*

Nymphe ['nymfə] *f* (-/-n) nymph.

# O

o *int.* [o:] oh!, ah!; ~ *weh!* alas!, oh dear (me)!

Oase [o'a:zə] *f* (-/-n) oasis.

ob *cj.* [ɔp] whether, if; *als* ~ as if, as though.

Obacht ['o:baxt] *f* (-/no *pl.*): ~ *geben auf* (*acc.*) pay attention to, take care of, heed.

Obdach ['ɔpdax] *n* (-[e]s/no *pl.*) shelter, lodging; '2los *adj.* unsheltered, homeless; '~lose *m, f* (-n/-n) homeless person; '~losenasyl *n* casual ward.

Obdu|ktion 2 [ɔpduk'tsjo:n] *f* (-/-en) post-mortem (examination), autopsy; 2zieren 2 [~'tsi:rən] *v/t.* (no -ge-, *h*) perform an autopsy on.

oben *adv.* ['o:bən] above; *mountain*: at the top; *house*: upstairs; on the surface; *von* ~ from above; *von ~ bis unten* from top to bottom;

*von* ~ *herab behandeln* treat haughtily; '~an *adv.* at the top; '~auf *adv.* on the top; on the surface; ~drein *adv.* ['~'dram] into the bargain, at that; ~erwähnt *adj.* ['o:bən'ervε:nt], '~genannt *adj.* above-mentioned, aforesaid; '~hin *adv.* superficially, perfunctorily.

ober ['o:bər] 1. *adj.* upper, higher; *fig. a.* superior; 2. 2 *m* (-s/-) (head) waiter; *German cards*: queen.

Ober|arm ['o:bər?-] *m* upper arm; ~arzt ['o:bər?-] *m* head physician; ~aufseher ['o:bər?-] *m* superintendent; ~aufsicht ['o:bər?-] *f* superintendence; ~befehl ✕ *m* supreme command; ~befehlshaber ✕ *m* commander-in-chief; '~bekleidung *f* outer garments *pl.*, outer wear; '~bürgermeister *m* chief burgomaster; Lord Mayor;

'**~deck** ⚓ n upper deck; '**~fläche** f surface; **2flächlich** adj. ['~fleçliç] superficial; fig. a. shallow; '**2halb** prp. (gen.) above; '**~hand** fig. f: die ~ gewinnen über (acc.) get the upper hand of; '**~haupt** n head, chief; '**~haus** Brs. parl. n House of Lords; '**~hemd** n shirt; '**~herrschaft** f supremacy.

'**Oberin** f (-/-nen) eccl. Mother Superior; at hospital: matron.

**ober|irdisch** adj. ['o:bər'~] overground, above ground; ⚡ overhead; '**2kellner** m head waiter; '**2kiefer** anat. m upper jaw; '**2körper** m upper part of the body; '**2land** n upland; '**2lauf** m upper course (of river); '**2leder** n upper; '**2leitung** f chief management; ⚡ overhead wires pl.; '**2leutnant** ⚔ m (Am. first) lieutenant; '**2licht** n skylight; '**2lippe** f upper lip; '**2schenkel** m thigh; '**2schule** f secondary school, Am. a. high school.

'**oberst** 1. adj. uppermost, topmost, top; highest (a. fig.); fig. chief, principal; rank, etc.: supreme; 2. ⚔ m (-en, -s/-en, -e) colonel. '**Ober|staatsanwalt** ⚖ m chief public prosecutor; '**~stimme** ♪ f treble, soprano.

'**Oberstleutnant** ⚔ m lieutenant-colonel.

'**Ober|tasse** f cup; '**~wasser** fig. n: ~ bekommen get the upper hand.

**obgleich** cj. [ɔp'glaiç] (al)though.

'**Obhut** f (-/no pl.) care, guard; protection; custody; in (seine) ~ nehmen take care or charge of.

**obig** adj. ['o:biç] above(-mentioned), aforesaid.

**Objekt** [ɔp'jɛkt] n (-[e]s/-e) object (a. gr.); project; ✝ a. transaction.

**objektiv** [ɔpjɛk'ti:f] 1. adj. objective, impartial, detached; actual, practical; 2. ⚡ n (-s/-e) object-glass, objective; phot. lens; **2ität** [~ivi'tɛːt] f (-/no pl.) objectivity; impartiality.

**obligat** adj. [obli'gɑːt] obligatory; indispensable; inevitable; **2ion** ✝ [~a'tsjoːn] f (-/-en) bond, debenture; **~orisch** adj. [~a'toːriʃ] obligatory (für on), compulsory, mandatory.

'**Obmann** m chairman; ⚖ foreman (of jury); umpire; ✝ shop-steward, spokesman.

**Oboe** ♪ [o'boːə] f (-/-n) oboe, hautboy.

**Obrigkeit** ['oːbriçkait] f (-/-en) the authorities pl.; government; '**2lich** adj. magisterial, official; '**~sstaat** m authoritarian state.

**ob'schon** cj. (al)though.

**Observatorium** ast. [ɔpzɛrva'toːrjum] n (-s/Observatorien) observatory.

**Obst** [oːpst] n (-es/no pl.) fruit;

'**~bau** m fruit-culture, fruit-growing; '**~baum** m fruit-tree; '**~ernte** f fruit-gathering; fruit-crop; '**~garten** m orchard; '**~händler** m fruiterer, Am. fruitseller; '**~züchter** m fruiter, fruit-grower.

**obszön** adj. [ɔps'tsøːn] obscene, filthy.

**ob'wohl** cj. (al)though.

**Ochse** zo. ['ɔksə] m (-n/-n) ox; bullock; ~nfleisch n beef.

**öde** ['øːdə] 1. adj. deserted, desolate; waste; fig. dull, tedious; 2. ♀ f (-/-n) desert, solitude; fig. dullness, tedium.

**oder** cj. ['oːdər] or.

**Ofen** ['oːfən] m (-s/⸚) stove; oven; kiln; furnace; '**~heizung** f heating by stove; '**~rohr** n stove-pipe.

**offen** adj. ['ɔfən] open (a. fig.); position: vacant; hostility: overt; fig. frank, outspoken.

'**offen'bar** 1. adj. obvious, evident; apparent; 2. adv. a. it seems that; **~en** [ɔ'fən'~] v/t. (no -ge-, h) reveal, disclose; manifest; sich j-m ~ open one's heart to s.o.; **2ung** [ɔ'fən'~] f (-/-en) manifestation; revelation; **2ungseid** ⚖ [ɔfən'baːrungs'~] m oath of manifestation.

'**Offenheit** fig. f (-/no pl.) openness, frankness.

'**offen|herzig** adj. open-hearted, sincere; frank; '**~kundig** adj. public; notorious; '**~sichtlich** adj. manifest, evident, obvious.

**offensiv** adj. [ɔfɛn'ziːf] offensive; **2e** [~və] f (-/-n) offensive.

'**offenstehen** v/i. (irr. stehen, sep., -ge-, h) stand open; ✝ bill: be outstanding; fig. be open (j-m to s.o.); es steht ihm offen zu inf. he is free or at liberty to inf.

**öffentlich** ['œfəntliç] 1. adj. public; **~es Ärgernis** public nuisance; **~er Dienst** Civil Service; 2. adv. publicly, in public; ~ auftreten make a public appearance; '**2keit** f (-/no pl.) publicity; the public; in aller ~ in public.

**offerieren** [ɔfə'riːrən] v/t. (no -ge-, h) offer.

**Offerte** [ɔ'fɛrtə] f (-/-n) offer; tender.

**offiziell** adj. [ɔfi'tsjɛl] official.

**Offizier** ⚔ [ɔfi'tsiːr] m (-s/-e) (commissioned) officer; **~skorps** ⚔ [~skoːr] n (-/-) body of officers, the officers pl.; **~smesse** f ⚔ officers' mess; ⚓ a. wardroom.

**offiziös** adj. [ɔfi'tsjøːs] officious, semi-official.

**öffn|en** ['œfnən] v/t. (ge-, h) open; a. uncork (bottle); ⚕ dissect (body); sich ~ open; '**2er** m (-s/-) opener; '**2ung** f (-/-en) opening, aperture; '**2ungszeiten** f/pl. hours pl. of opening, business hours pl.

**oft** adv. [ɔft] often, frequently.

öfters adv. ['œftərs] s. oft.
'oftmal|ig adj. frequent, repeated; '~s adv. s. oft.
oh int. [o:] o(h)!
ohne ['o:nə] 1. prp. (acc.) without; 2. cj.: ~ daß, ~ zu inf. without ger.; ~'dies adv. anyhow, anyway; ~'gleichen adv. unequal(l)ed, matchless; ~'hin adv. s. ohnedies.
'Ohn|macht f (-/-en) powerlessness; impotence; ℱ faint, unconsciousness; in ~ fallen faint, swoon; ~machtsanfall ℱ ['o:nmaxts²-] m fainting fit, swoon; '2mächtig adj. powerless; impotent; ℱ unconscious; ~ werden faint, swoon.
Ohr [o:r] n (-[e]s/-en) ear; fig. a. hearing; ein ~ haben für have an ear for; ganz ~ sein be all ears; F j-n übers ~ hauen cheat s.o., sl. do s.o. (in the eye); bis über die ~en up to the ears or eyes.
Öhr [ør] n (-[e]s/-e) eye (of needle).
'Ohren|arzt m aurist, ear specialist; '2betäubend adj. deafening; '~leiden n ear-complaint; '~schmalz n ear-wax; '~schmaus m treat for the ears; '~schmerzen m/pl. earache; '~zeuge n ear-witness.
'Ohr|feige f box on the ear(s), slap in the face (a. fig.); '2feigen v/t. (ge-, h); j-n ~ box s.o.'s ear(s), slap s.o.'s face; '~läppchen ['~lɛpçən] n (-s/-) lobe of ear; '~ring m earring.
Ökonom|ie [økono'mi:] f (-/-n) economy; 2isch adj. [~'no:miʃ] economical.
Oktav [ɔk'ta:f] n (-s/-e) octavo; ~e ♪ [~və] f (-/-n) octave.
Oktober [ɔk'to:bər] m (-[s]/-) October.
Okul|ar opt. [oku'la:r] n (-s/-e) eyepiece, ocular; 2ieren ♂ v/t. (no -ge-, h) inoculate, graft.
Öl [ø:l] n (-[e]s/-e) oil; ~ ins Feuer gießen add fuel to the flames; ~ auf die Wogen gießen pour oil on the (troubled) waters; '~baum ♀ m olive-tree; '~berg eccl. m (-[e]s/no pl.) Mount of Olives; '2en v/t. (ge-, h) oil; ⊕ a. lubricate; '~farbe f oil-colo(u)r, oil-paint; '~gemälde n oil-painting; '~heizung f oil heating; '2ig adj. oily (a. fig.).
Oliv|e ♀ [o'li:və] f (-/-n) olive; ~enbaum ♀ m olive-tree; 2grün adj. olive(-green).
Öl|male'rei f oil-painting; '~quelle f oil-spring, gusher; oil-well; '~ung f (-/-en) oiling; ⊕ a. lubrication; Letzte ~ eccl. extreme unction.
Olympi|ade [olym'pia:də] f (-/-n) Olympiad; a. Olympic Games pl.; 2sch adj. [~'lympiʃ] Olympic; Olympische Spiele pl. Olympic Games pl.
'Ölzweig m olive-branch.
Omelett [ɔm(ə)'lɛt] n (-[e]s/-e, -s), ~e [~'lɛt] f (-/-n) omelet(te).

Om|en ['o:mən] n (-s/-, Omina) omen, augury; 2inös adj. [omi'nø:s] ominous.
Omnibus ['ɔmnibus] m (-ses/-se) (omni)bus; (motor-)coach; '~haltestelle f bus-stop.
Onkel ['ɔŋkəl] m (-s/-, F -s) uncle.
Oper ['o:pər] f (-/-n) ♪ opera; opera-house.
Operat|eur [opəra'tø:r] m (-s/-e) operator; ℱ surgeon; ℱ ion ℱ, ✂ [~'tsjo:n] f (-/-en) operation; ~ionssaal ℱ m operating room, Am. surgery; 2iv ♂ adj. [~'ti:f] operative.
Operette ♪ [opə'rɛtə] f (-/-n) operetta.
operieren [opə'ri:rən] (no -ge-, h) 1. v/t.: j-n ~ operate (up)on s.o. (wegen for); 2. ℱ, ✂ v/i. operate; sich ~ lassen ℱ undergo an operation.
'Opern|glas n, ~gucker F ['~gukər] m (-s/-) opera-glass(es pl.); '~haus n opera-house; '~sänger m opera-singer, operatic singer; '~text m libretto, book (of an opera).
Opfer ['ɔpfər] n (-s/-) sacrifice; offering; victim (a. fig.); ein ~ bringen make a sacrifice; j-m zum ~ fallen be victimized by s.o.; '~gabe f offering; '2n (ge-, h) 1. v/t. sacrifice; immolate; sich für et. ~ sacrifice o.s. for s.th.; 2. v/i. (make a) sacrifice (dat. to); '~stätte f place of sacrifice; '~tod m sacrifice of one's life; '~ung f (-/-en) sacrificing, sacrifice; immolation.
Opium ['o:pjum] n (-s/no pl.) opium.
opponieren [ɔpo'ni:rən] v/i. (no -ge-, h) be opposed (gegen to), resist.
Opposition [ɔpozi'tsjo:n] f (-/-en) opposition (a. parl.); ~sführer parl. m opposition leader; ~spartei parl. f opposition party.
Optik ['ɔptik] f (-/-, -en) optics; phot. lens system; fig. aspect; '~er m (-s/-) optician.
Optim|ismus [ɔpti'mismus] m (-/no pl.) optimism; ~ist m (-en/-en) optimist; 2istisch adj. optimistic.
'optisch adj. optic(al); ~e Täuschung optical illusion.
Orakel [o'ra:kəl] n (-s/-) oracle; 2haft adj. oracular; 2n v/i. (no -ge-, h) speak oracularly; ~spruch m oracle.
Orange [o'rã:ʒə] f (-/-n) orange; 2farben adj. orange(-colo[u]red); ~nbaum ♀ m orange-tree.
Oratorium ♪ [ora'to:rjum] n (-s/ Oratorien) oratorio.
Orchester [ɔr'kɛstər] n (-s/-) orchestra.
Orchidee ♀ [ɔrçi'de:ə] f (-/-n) orchid.

Orden ['ɔrdən] m (-s/-) order (a. eccl.); order, medal, decoration.

'Ordens|band n ribbon (of an order); '~bruder eccl. m brother, friar; '~gelübde eccl. n monastic vow; '~schwester eccl. f sister, nun; '~verleihung f conferring (of) an order.

ordentlich adj. ['ɔrdəntlɪç] tidy; orderly; proper; regular; respectable; good, sound; ~er Professor univ. professor in ordinary.

ordinär adj. [ɔrdi'nɛːr] common, vulgar, low.

ordn|en ['ɔrdnən] v/t. (ge-, h) put in order; arrange, fix (up); settle (a. ⚕ liabilities); '2er m (-s/-) at festival, etc.: steward; for papers, etc.: file.

'Ordnung f (-/-en) order; arrangement; system; rules pl., regulations pl.; class; in ~ bringen put in order.

'ordnungs|gemäß, '~mäßig 1. adj. orderly, regular; 2. adv. duly; '2ruf parl. m call to order; '2strafe f disciplinary penalty; fine; '~widrig adj. contrary to order, irregular; '2zahl f ordinal number.

Ordonnanz ⚔ [ɔrdɔ'nants] f (-/-en) orderly.

Organ [ɔr'gaːn] n (-s/-e) organ.

Organisat|ion [ɔrganiza'tsjoːn] f (-/-en) organization; '~onstalent n organizing ability; '~or [~'zaːtɔr] m (-s/-en) organizer; 2orisch adj. [~a'toːrɪʃ] organizational, organizing.

or'ganisch adj. organic.

organi'sieren v/t. (no -ge-, h) organize; sl. scrounge; (nicht) organisiert(er Arbeiter) (non-)unionist.

Organismus [ɔrga'nɪsmus] m (-/Organismen) organism; ⚕ a. system.

Organist ♪ [ɔrga'nɪst] m (-en/-en) organist.

Orgel ♪ ['ɔrgəl] f (-/-n) organ, Am. a. pipe organ; '~bauer m organbuilder; '~pfeife f organ-pipe; '~spieler ♪ m organist.

Orgie ['ɔrgjə] f (-/-n) orgy.

Oriental|e [orian'tuːlə] m (-n/-n) oriental; 2isch adj. oriental.

orientier|en [orian'tiːrən] v/t. (no -ge-, h) inform, instruct; sich ~ orient(ate) o.s. (a. fig.); inform o.s. (über acc. of); gut orientiert sein über (acc.) be well informed about, be familiar with; 2ung f (-/-en) orientation; fig. a. information; die ~ verlieren lose one's bearings.

Origin|al [origi'naːl] 1. n (-s/-e) original; 2. 2 adj. original; ~alität [~ali'tɛːt] f (-/-en) originality; 2ell adj. [~'nɛl] original; design, etc.: ingenious.

Orkan [ɔr'kaːn] m (-[e]s/-e) hurricane; typhoon; 2artig adj. storm: violent; applause: thunderous, frenzied.

Ornat [ɔr'naːt] m (-[e]s/-e) robe(s pl.), vestment.

Ort [ɔrt] m (-[e]s/-e) place; site; spot, point; locality; place, village, town; ~ der Handlung thea. scene (of action); an ~ und Stelle on the spot; höher(e)n ~(e)s at higher quarters; '2en v/t. (ge-, h) locate.

ortho|dox [ɔrto'dɔks] orthodox; 2graphie [~gra'fiː] f (-/-n) orthography; ~graphisch adj. [~'graː-fiʃ] orthographic(al), 2päde ⚕ [~'pɛːdə] m (-n/-n) orthop(a)edist; 2pädie ⚕ [~pɛ'diː] f (-/no pl.) orthop(a)edics, orthop(a)edy, ~pädisch adj. [~'pɛːdiʃ] orthop(a)edic.

örtlich adj. ['œrtlɪç] local; ⚕ a. topical; '2keit f (-/-en) locality.

'Orts|angabe f statement of place; '2ansässig adj. resident, local; ~ansässige ['~gə] m (-n/-n) resident; '~beschreibung f topography; '~besichtigung f local inspection.

'Ortschaft f (-/-en) place, village.

'Orts|gespräch teleph. n local call; '~kenntnis f knowledge of a place; '2kundig adj. familiar with the locality; '~name m place-name; '~verkehr m local traffic; '~zeit f local time.

Öse ['øːzə] f (-/-n) eye, loop; eyelet (of shoe).

Ost geogr. [ɔst] east; '~en m (-s/no pl.) east; the East; der Ferne (Nahe) ~ the Far (Near) East.

ostentativ adj. [ɔstenta'tiːf] ostentatious.

Oster|ei ['oːstər?-] n Easter egg; '~fest n Easter; '~hase m Easter bunny or rabbit; '~lamm n paschal lamb; '~n n (-/-) Easter.

Österreich|er ['øːstəraɪçər] m (-s/-) Austrian; 2isch adj. Austrian.

östlich ['œstlɪç] 1. adj. eastern; wind, etc.: easterly; 2. adv.: ~ von east of.

ost|wärts adv. ['ɔstverts] eastward(s); '2wind m east(erly) wind.

Otter zo. ['ɔtər] 1. m (-s/-) otter; 2. f (-/-n) adder, viper.

Ouvertüre ♪ [uver'tyːrə] f (-/-n) overture.

oval [o'vaːl] 1. adj. oval; 2. 2 n (-s/-e) oval.

Ovation [ova'tsjoːn] f (-/-en) ovation; j-m ~en bereiten give s.o. ovations.

Oxyd ⚗ [ɔ'ksyːt] n (-[e]s/-e) oxide; 2ieren [~y'diːrən] (no -ge-) 1. v/t. (h) oxidize; 2. v/i. (sein) oxidize.

Ozean ['oːtseaːn] m (-s/-e) ocean.

# P

**Paar** [paːr] **1.** *n* (-[e]s/-e) pair; couple; **2.** **2** *adj.*: ein ~ a few, some; j-m ein ~ Zeilen schreiben drop s.o. a few lines; **'2en** *v/t.* (ge-, h) pair, couple; mate (animals); sich ~ (form a) pair; animals: mate; fig. join, unite; **'~lauf** *m* sports: pair-skating; **'~läufer** *m* sports: pair-skater; **'2mal** *adv.*: ein ~ several or a few times; **'~ung** *f* (-/-en) coupling; mating, copulation; pair union; **'2weise** *adv.* in pairs or couples, by twos.

**Pacht** [paxt] *f* (-/-en) lease, tenure, tenancy; money payments: rent; **'2en** *v/t.* (ge-, h) (take on) lease, rent.

**Pächter** ['peçtər] *m* (-s/-), **'~in** *f* (-/-nen) lessee, lease-holder; tenant.

**'Pacht|ertrag** *m* rental; **'~geld** *n* rent; **'~gut** *n* farm; **'~vertrag** *m* lease; **'2weise** *adv.* on lease.

**Pack** [pak] **1.** *m* (-[e]s/-e, ~e) s. Packen; **2.** *n* (-[e]s/no pl.) rabble.

**Päckchen** ['pekçən] *n* (-s/-) small parcel, Am. a. package; ein ~ Zigaretten a pack(et) of cigarettes.

**packen**[1] ['pakən] (ge-, h) **1.** *v/t.* pack (up); seize, grip, grasp, clutch; collar; fig. grip, thrill; *F* pack dich! *F* clear out!, sl. beat it!; **2.** *v/i.* pack (up); **3.** **2** *n* (-s/no pl.) packing.

**Packen**[2] [~] *m* (-s/-) pack(et), parcel, bale.

**'Packer** *m* (-s/-) packer; **'~ei** [~'raɪ] *f* **1.** (-/-en) packing-room; **2.** (-/no pl.) packing.

**'Pack|esel** *fig. m* drudge; **'~material** *n* packing materials *pl.*; **'~papier** *n* packing-paper, brown paper; **'~pferd** *n* pack-horse; **'~ung** *f* (-/-en) pack(age), packet; **2** pack; e-e ~ Zigaretten a pack(et) of cigarettes; **'~wagen** *m* s. Gepäckwagen.

**Pädagog|e** [pɛda'goːgə] *m* (-n/-n) pedagog(ue), education(al)ist; **'~ik** *f* (-/no pl.) pedagogics, pedagogy; **2isch** *adj.* pedagogic(al).

**Paddel** ['padəl] *n* (-s/-) paddle; **'~boot** *n* canoe; **'2n** *v/i.* (ge-, h, sein) paddle, canoe.

**Page** ['paːʒə] *m* (-n/-n) page.

**pah** *int.* [paː] pah!, pooh!, pshaw!

**Paket** [pa'keːt] *n* (-[e]s/-e) parcel, packet, package; **~annahme** *tv f* parcel counter; **~karte** *tv f* dispatch-note; **~post** *f* parcel post; **~zustellung** *tv f* parcel delivery.

**Pakt** [pakt] *m* (-[e]s/-e) pact; agreement; treaty.

**Palast** [pa'last] *m* (-es/-e) palace.

**Palm|e** **4** ['palmə] *f* (-/-n) palm (-tree); **'~öl** *n* palm-oil; **~'sonntag** *eccl. m* Palm Sunday.

---

**panieren** [pa'niːrən] *v/t.* (no -ge-, h) crumb.

**Pani|k** ['paːnik] *f* (-/-en) panic; stampede; **'2sch** *adj.* panic; von ~em Schrecken erfaßt panic-stricken.

**Panne** ['panə] *f* (-/-n) breakdown, mot. a. engine trouble; tyres: puncture; fig. blunder.

**panschen** ['panʃən] (ge-, h) **1.** *v/i.* splash (about); **2.** *v/t.* adulterate (wine, etc.).

**Panther** zo. ['pantər] *m* (-s/-) panther.

**Pantine** [pan'tiːnə] *f* (-/-n) clog.

**Pantoffel** [pan'tɔfəl] *m* (-s/-n, F -) slipper; unter dem ~ stehen be henpecked; **~held** *F m* henpecked husband.

**pantschen** ['pantʃən] *v/i. and v/t.* (ge-, h) s. panschen.

**Panzer** ['pantsər] *m* (-s/-) armo(u)r; **✗** tank; zo. shell; **'~abwehr** **✗** *f* anti-tank defen/ce, Am. -se; **'~glas** *n* bullet-proof glass; **'~hemd** *n* coat of mail; **'~kreuzer** **✗** *m* armo(u)red cruiser; **'2n** *v/t.* (ge-, h) armo(u)r; **'~platte** *f* armo(u)r-plate; **'~schiff** **✗** *n* ironclad; **'~schrank** *m* safe; **'~ung** *f* (-/-en) armo(u)r-plating; **'~wagen** *m* armo(u)red car; **✗** tank.

**Papa** [pa'paː, F 'papa] *m* (-s/-s) papa, F pa, dad(dy), Am. a. pop.

**Papagei** *orn.* [papa'gaɪ] *m* (-[e]s, -en/-e[n]) parrot.

**Papier** [pa'piːr] *n* (-s/-e) paper; **~e** *pl.* papers *pl.*, documents *pl.*; papers *pl.*, identity card; ein Bogen ~ a sheet of paper; **2en** *adj.* (of) paper; fig. dull; **'~fabrik** *f* paper-mill; **'~geld** *n* (-[e]s/no pl.) paper-money; banknotes *pl.*, Am. bills *pl.*; **'~korb** *m* waste-paper-basket; **'~schnitzel** *F n* or *m/pl.* scraps *pl.* of paper; **'~tüte** *f* paper-bag; **'~waren** *f/pl.* stationery.

**'Papp|band** *m* (-[e]s/-e) paperback; **'~deckel** *m* pasteboard, cardboard.

**Pappe** ['papə] *f* (-/-n) pasteboard, cardboard.

**Pappel** **4** ['papəl] *f* (-/-n) poplar.

**päppeln** F ['pɛpəln] *v/t.* (ge-, h) feed (with pap).

**papp|en** F ['papən] (ge-, h) **1.** *v/t.* paste; **2.** *v/i.* stick; **'~ig** *adj.* sticky; **'2karton** *m*, **'2schachtel** *f* cardboard box, carton.

**Papst** [paːpst] *m* (-es/-e) pope.

**päpstlich** *adj.* ['pɛːpstliç] papal.

**'Papsttum** *n* (-s/no pl.) papacy.

**Parade** [pa'raːdə] *f* (-/-n) parade; **✗** review; fencing: parry.

**Paradies** [para'diːs] *n* (-es/-e) paradise; **2isch** *fig. adj.* [~'diːzɪʃ] heavenly, delightful.

**paradox** *adj.* [para'dɔks] paradoxical.

**Paragraph** [para'graːf] *m* (-en, -s/-en) article, section; paragraph; section-mark.

**parallel** *adj.* [para'leːl] parallel; 2e *f* (-/-n) parallel.

**Paralys|e** ℱ [para'lyːzə] *f* (-/-n) paralysis; 2ieren ℱ [⁓y'ziːrən] *v/t.* (no -ge-, h) paralyse.

**Parasit** [para'ziːt] *m* (-en/-en) parasite.

**Parenthese** [parɛn'teːzə] *f* (-/-n) parenthesis.

**Parforcejagd** [par'fɔrs-] *f* hunt (-ing) on horseback (with hounds), *after hares:* coursing.

**Parfüm** [par'fyːm] *n* (-s/-e, -s) perfume, scent; ⁓erie [⁓ymə'riː] *f* (-/-n) perfumery; 2ieren [⁓y'miːrən] *v/t.* (no -ge-, h) perfume, scent.

**pari** ✝ *adv.* ['paːri] par; **al** ⁓ at par.

**parieren** [pa'riːrən] (no -ge-, h) 1. *v/t. fencing:* parry (a. *fig.*); pull up (*horse*); 2. *v/i.* obey (j-m s.o.).

**Park** [park] *m* (-s/-s, -e) park; ⁓anlage *f* park; ⁓aufseher *m* park-keeper; '2en (ge-, h) 1. *v/i.* park; ⁓ verboten! no parking!; 2. *v/t.* park.

**Parkett** [par'kɛt] *n* (-[e]s/-e) parquet; *thea.* (orchestra) stalls *pl.*, *esp. Am.* orchestra *or* parquet.

**'Park|gebühr** *f* parking-fee; '⁓licht *n* parking light; '⁓platz *m* (car-) park, parking lot; '⁓uhr *mot. f* parking meter.

**Parlament** [parla'mɛnt] *n* (-[e]s/-e) parliament; 2arisch *adj.* [⁓'taːrifʃ] parliamentary.

**Parodie** [paro'diː] *f* (-/-n) parody; 2ren *v/t.* (no -ge-, h) parody.

**Parole** [pa'roːlə] *f* (-/-n) ✕ password, watchword; *fig.* slogan.

**Partei** [par'taɪ] *f* (-/-en) party (a. *pol.*); j-s ⁓ ergreifen take s.o.'s part, side with s.o.; ⁓apparat *pol. m* party machinery; ⁓gänger [⁓gɛŋər] *m* (-s/-) partisan; 2isch *adj.*, 2lich *adj.* partial (für to); prejudiced (gegen against); 2los *pol. adj.* independent; ⁓mitglied *pol. n* party member; ⁓programm *pol. n* platform; ⁓tag *pol. m* convention; ⁓zugehörigkeit *pol. f* party membership.

**Parterre** [par'tɛr] *n* (-s/-s) ground floor, *Am.* first floor; *thea.:* pit, *Am.* parterre, *Am.* parquet circle.

**Partie** [par'tiː] *f* (-/-n) ✝ parcel, lot; outing, excursion; *cards, etc.:* game; ♪ part; *marriage:* match.

**Partitur** [parti'tuːr] *f* (-/-en) score.

**Partizip** *gr.* [parti'tsiːp] *n* (-s/-ien) participle.

**Partner** ['partnər] *m* (-s/-), '⁓in *f* (-/-nen) partner; *film:* a. co-star; '⁓schaft *f* (-/-en) partnership.

**Parzelle** [par'tsɛlə] *f* (-/-n) plot, lot, allotment.

**Paß** [pas] *m* (Passes/Pässe) pass;

passage; *football, etc.:* pass; passport.

**Passage** [pa'saːʒə] *f* (-/-n) passage; arcade.

**Passagier** [pasa'ʒiːr] *m* (-s/-e) passenger, *in taxis:* a. fare; ⁓flugzeug *n* air liner.

**Passah** ['pasa] *n* (-s/no pl.), '⁓fest *n* Passover.

**Passant** [pa'sant] *m* (-en/-en), ⁓in *f* (-/-nen) passer-by.

**'Paßbild** *n* passport photo(graph).

**passen** ['pasən] (ge-, h) 1. *v/i.* fit (j-m s.o.); *auf acc. or für or zu et. s.th.):* suit (j-m s.o.), be convenient; *cards, football:* pass; ⁓ zu go with; match (with); 2. *v/refl.* be fit *or* proper; '⁓d *adj.* fit, suitable; convenient (für for).

**passier|bar** *adj.* [pa'siːrbaːr] passable, practicable; ⁓en — anmelden 1. *v/i.* (sein) happen; 2. *v/t.* (h) pass (over *or* through); 2schein *m* pass, permit.

**Passion** [pa'sjoːn] *f* (-/-en) passion; hobby; *eccl.* Passion.

**passiv** ['pasiːf] 1. *adj.* passive; 2. 2 *gr. n* (-s/✕ -e) passive (voice); 2a ✝ [pa'siːva] *pl.* liabilities *pl.*

**Paste** ['pastə] *f* (-/-n) paste.

**Pastell** [pa'stɛl] *n* (-[e]s/-e) pastel.

**Pastete** [pa'steːtə] *f* (-/-n) pie; ⁓bäcker *m* pastry-cook.

**Pate** ['paːtə] 1. *m* (-n/-n) godfather; godchild; 2. *f* (-/-n) godmother; ⁓nkind *n* godchild; '⁓nschaft *f* (-/-en) sponsorship.

**Patent** [pa'tɛnt] *n* (-[e]s/-e) patent; ✕ commission; ein ⁓ anmelden apply for a patent; ⁓amt *n* Patent Office; ⁓anwalt *m* patent agent; 2ieren [⁓'tiːrən] *v/t.* (no -ge-, h) patent; et. ⁓ lassen take out a patent for s.th.; ⁓inhaber *m* patentee; ⁓urkunde *f* letters patent.

**Patient** [pa'tsjɛnt] *m* (-en/-en), ⁓in *f* (-/-nen) patient.

**Patin** ['paːtin] *f* (-/-nen) godmother.

**Patriot** [patri'oːt] *m* (-en/-en), ⁓in *f* (-/-nen) patriot.

**Patron** [pa'troːn] *m* (-s/-e) patron, protector; *contp.* fellow, bloke, customer; ⁓at [⁓o'naːt] *n* (-[e]s/-e) patronage; ⁓e [pa'troːnə] *f* (-/-n) cartridge, *Am.* a. shell.

**Patrouill|e** [pa'truljə] *f* (-/-n) patrol; 2ieren ✕ [⁓'jiːrən] *v/i.* (no -ge-, h) patrol.

**Patsch|e** F *fig.* ['patʃə] *f* (-/no pl.): in der ⁓ sitzen be in a fix *or* scrape; '2en F (ge-) 1. *v/i.* (h, sein) splash; 2. *v/t.* (h) slap; '2naß *adj.* dripping wet, drenched.

**patzig** F *adj.* ['patsiç] snappish.

**Pauke** ♪ ['paʊkə] *f* (-/-n) kettledrum; 2n F *v/i. and v/t.* (ge-, h) *school:* cram.

**Pauschal|e** [paʊ'ʃaːlə] *f* (-/-n), ⁓summe *f* lump sum.

**Pause** ['pauzə] *f* (-/-n) pause, stop, interval; *school*: break, *Am.* recess; *thea.* interval, *Am.* intermission; *♪* rest; *drawing*· tracing; '2n *v/t.* (ge-, h) trace; '~nlos *adj.* uninterrupted, incessant; '~nzeichen *n wireless*: interval signal.

**pau'sieren** *v/i.* (no -ge-, h) pause.

**Pavian** *zo.* ['pa:via:n] *m* (-s/-e) baboon.

**Pavillon** ['paviljõ] *m* (-s/-s) pavilion.

**Pazifist** [patsi'fist] *m* (-en/-en) pacif(ic)ist.

**Pech** [pɛç] *n* 1. (-[e]s /-e) pitch; 2. F *fig.* (-[e]s/no *pl.*) bad luck; '~strähne F *f* run of bad luck; '~vogel F *m* unlucky fellow.

**pedantisch** *adj.* [pe'dantiʃ] pedantic; punctilious, meticulous.

**Pegel** ['pe:gəl] *m* (-s/-) water-ga(u)ge.

**peilen** ['pailən] *v/t.* (ge-, h) sound (*depth*); tak· the bearings of (*coast*).

**Pein** [pain] *f* (-/no *pl.*) torment, torture, anguish; 2igen ['·igən] *v/t.* (ge-, h) torment; ~iger ['·igər] *m* (-s/-) tormentor.

**'peinlich** *adj.* painful, embarrassing; particular, scrupulous, meticulous.

**Peitsche** ['paitʃə] *f* (-/-n) whip; '2n *v/t.* (ge-, h) whip; '~hieb *m* lash.

**Pelikan** *orn.* ['pe:lika:n] *m* (-s/-e) pelican.

**Pell|e** ['pɛlə] *f* (-/-n) skin, peel; '2en *v/t.* (ge-, h) skin, peel; '~kartoffeln *f/pl.* potatoes *pl.* (boiled) in their jackets *or* skins.

**Pelz** [pɛlts] *m* (-es/-e) fur; *garment*: mst furs *pl.*; '2gefüttert *adj.* fur-lined; '~händler *m* furrier; '~handschuh *m* furred glove; '2ig *adj.* furry; *♂ tongue*: furred; '~mantel *m* fur coat; '~stiefel *m* fur-lined boot; '~tiere *n/pl.* fur-covered animals *pl.*

**Pendel** ['pɛndəl] *n* (-s/-) pendulum; '2n *v/i.* (ge-, h) oscillate, swing; 🚋 shuttle, *Am.* commute; '~tür *f* swing-door; '~verkehr 🚋 *m* shuttle service.

**Pension** [pã'sjõ·, pen'zjo:n] *f* (-/-en) (old-age) pension, retired pay; board; boarding-house; ~är [~o-'nɛ:r] *m* (-s/-e) (old-age) pensioner; boarder; ~at [~o'na:t] *n* (-[e]s/-e) boarding-school; 2ieren [~o'ni:rən] *v/t.* (no -ge-, h) pension (off); *sich* ~ lassen retire; ~sgast *m* boarder.

**Pensum** ['pɛnzum] *n* (-s/Pensen, Pensa) task, lesson.

**perfekt** 1. *adj.* [per'fɛkt] perfect; *agreement*: settled; 2. 2 *gr.* ['~] *n* (-[e]s/-e) perfect (tense).

**Pergament** [perga'mɛnt] *n* (-[e]s/-e) parchment.

**Period|e** [per'jo:də] *f* (-/-n) period; *♂* periods *pl.*; 2isch *adj.* periodic (-al).

**Peripherie** [perife'ri:] *f* (-/-n) circumference; outskirts *pl.* (of *town*).

**Perle** ['pɛrlə] *f* (-/-n) pearl; *of glass*: bead; '2n *v/i.* (ge-, h) sparkle; '~nkette *f* pearl necklace; '~nschnur *f* string of pearls *or* beads.

**'Perl|muschel** *zo.* *f* pearl-oyster; '~mutt [~'mut] *n* (-s/no *pl.*), '~mutter *f* (-/no *pl.*) mother-of-pearl.

**Person** [per'zo:n] *f* (-/-en) person; *thea.* character.

**Personal** [perzo'na:l] *n* (-s/no *pl.*) staff, personnel; ~abteilung *f* personnel office; ~angaben *f/pl.* personal data *pl.*; ~ausweis *m* identity card; ~chef *m* personnel officer *or* manager *or* director; ~ien [~jən] *pl.* particulars *pl.*, personal data *pl.*; ~pronomen *gr.* *n* personal pronoun.

**Per'sonen|verzeichnis** *n* list of persons; *thea.* dramatis personae *pl.*; ~wagen *m* 🚋 (passenger-)carriage *or* *Am.* car, coach; *mot.* (motor-)car; ~zug 🚋 *m* passenger train.

**personifizieren** [perzonifi'tsi:rən] *v/t.* (no -ge-, h) personify.

**persönlich** *adj.* [per'zø:nliç] personal; *opinion, letter* *a.* private; 2keit *f* (-/-en) personality, personage.

**Perücke** [pe'rykə] *f* (-/-n) wig.

**Pest** *♯* [pɛst] *f* (-/no *pl.*) plague.

**Petersilie** *♀* [petər'zi:ljə] *f* (-/-n) parsley.

**Petroleum** [pe'tro:leum] *n* (-s/no *pl.*) petroleum; *for lighting, etc.*: paraffin, *esp. Am.* kerosene.

**Pfad** [pfa:t] *m* (-[e]s/-e) path, track; '~finder *m* boy scout; '~finderin *f* (-/-nen) girl guide, *Am.* girl scout.

**Pfahl** [pfa:l] *m* (-[e]s/⁀e) stake, pale, pile.

**Pfand** [pfant] *n* (-[e]s/⁀er) pledge; ♱ deposit, security; *real estate*: mortgage; *game*: forfeit; '~brief ♱ *m* debenture (bond).

**pfänden** ['pfɛndən] *v/t.* (ge-, h) seize *s.th.*; distrain upon *s.o.* *or* *s.th.*

**'Pfand|haus** *n* s. Leihhaus; '~leiher *m* (-s/-) pawnbroker; '~schein *m* pawn-ticket.

**'Pfändung** ♱ *f* (-/-en) seizure; distraint.

**Pfann|e** ['pfanə] *f* (-/-n) pan; '~kuchen *m* pancake.

**Pfarr|bezirk** ['pfar-] *m* parish; '~er *m* (-s/-) parson; *Church of England*: rector, vicar; *dissenters*: minister; '~gemeinde *f* parish; '~haus *n* parsonage; *Church of England*: rectory, vicarage; '~kirche *f* parish church; '~stelle *f* (church) living.

**Pfau** *orn.* [pfau] *m* (-[e]s/-en) peacock.

**Pfeffer** ['pfɛfər] *m* (-s/-) pepper; '~gurke *f* gherkin; '2ig *adj.* peppery; '~kuchen *m* gingerbread;

**~minze** ♣ ['~mɪntsə] *f* (-/*no pl.*) peppermint; '**~minzplätzchen** *n* peppermint; '**2n** *v/t.* (ge-, *h*) pepper; '**~streuer** *m* (-s/-) pepperbox, pepper-castor, pepper-caster.
**Pfeife** ['pfaɪfə] *f* (-/-*n*) whistle; ⚔ fife; pipe (*of organ, etc.*); (tobacco-) pipe; '**2n** (*irr.*, ge-, *h*) **1.** *v/i.* whistle (*dat.* to, for); *radio*: howl; pipe; **2.** *v/t.* whistle; pipe; '**~nkopf** *m* pipe-bowl.
**Pfeil** [pfaɪl] *m* (-[e]s/-e) arrow.
**Pfeiler** ['pfaɪlər] *m* (-s/-) pillar (*a. fig.*); pier (*of bridge, etc.*).
'**pfeil|'schnell** *adj.* (as) swift as an arrow; '**2spitze** *f* arrow-head.
**Pfennig** ['pfɛnɪç] *m* (-[e]s/-e) *coin*: pfennig; *fig.* penny, farthing.
**Pferch** [pfɛrç] *m* (-[e]s/-e) fold, pen; '**2en** *v/t.* (ge-, *h*) fold, pen; *fig.* cram.
**Pferd** *zo.* [pfe:rt] *n* (-[e]s/-e) horse; *zu* **~e** on horseback.
**Pferde|geschirr** ['pfe:rdə-] *n* harness; '**~koppel** *f* (-/-*n*) paddock, *Am. a.* corral; '**~rennen** *n* horse-race; '**~schwanz** *m* horse's tail; *hair-style*: pony-tail; '**~stall** *m* stable; '**~stärke** ⊕ *f* horsepower.
**pfiff**[1] [pfɪf] *pret. of pfeifen.*
**Pfiff**[2] *m* (-[e]s/-e) whistle; *fig.* trick; '**2ig** *adj.* cunning, artful.
**Pfingst|en** *eccl.* ['pfɪŋstən] *n* (-/-), '**~fest** *eccl. n* Whitsun(tide); '**~'montag** *eccl. m* Whit Monday; '**~rose** ♣ *f* peony; '**~'sonntag** *eccl. m* Whit Sunday.
**Pfirsich** ['pfɪrzɪç] *m* (-[e]s/-e) peach.
**Pflanz|e** ['pflantsə] *f* (-/-*n*) plant; '**2en** *v/t.* (ge-, *h*) plant, set; pot; '**~enfaser** *f* vegetable fib|re, *Am.* -er; '**~enfett** *n* vegetable fat; '**2enfressend** *adj.* herbivorous; '**~er** *m* (-s/-) planter; '**~ung** *f* (-/-en) plantation.
**Pflaster** ['pflastər] *n* (-s/-) ⚕ plaster; *road*: pavement; '**~er** *m* (-s/-) paver, pavio(u)r; '**2n** *v/t.* (ge-, *h*) ⚕ plaster; pave (*road*); '**~stein** *m* paving-stone; cobble.
**Pflaume** ['pflaumə] *f* (-/-*n*) plum; *dried*: prune.
**Pflege** ['pfle:gə] *f* (-/-*n*) care; ⚕ nursing; cultivation (*of art, garden, etc.*); ⊕ maintenance; *in* **~** *geben* put out (*child*) to nurse; *in* **~** *nehmen* take charge of; '**2bedürftig** *adj.* needing care; **~befohlene** ['~bəfo:lənə] *m, f* (-*n*/-*n*) charge; '**~eltern** *pl.* foster-parents *pl.*; '**~heim** ⚕ *n* nursing home; '**~kind** *n* foster-child; '**2n** (ge-, *h*) **1.** *v/t.* take care of; attend (to); foster (*child*); ⚕ nurse; maintain; cultivate (*art, garden*); **2.** *v/i.*: **~** *zu inf.* be accustomed *or* used *or* wont to *inf.*, be in the habit of *ger.*; *sie pflegte zu sagen* she used to say; '**~r** *m* (-s/-) fosterer; ⚕ male nurse; trustee; ⚖ guardian, curator; '**~rin** *f* (-/-*nen*) nurse.
**Pflicht** [pflɪçt] *f* (-/-*en*) duty (*gegen* to); obligation; '**2bewußt** *adj.* conscious of one's duty; '**2eifrig** *adj.* zealous; '**~erfüllung** *f* performance of one's duty; '**~fach** *n school, univ.*: compulsory subject; '**~gefühl** *n* sense of duty; '**2gemäß** *adj.* dutiful; '**2getreu** *adj.* dutiful, loyal; '**2schuldig** *adj.* in duty bound; '**2vergessen** *adj.* undutiful, disloyal; '**~verteidiger** ⚖ *m* assigned counsel.
**Pflock** [pflɔk] *m* (-[e]s/⸗e) plug, peg.
**pflücken** ['pflykən] *v/t.* (ge-, *h*) pick, gather, pluck.
**Pflug** [pflu:k] *m* (-[e]s/⸗e) plough, *Am.* plow.
**pflügen** ['pfly:gən] *v/t. and v/i.* (ge-, *h*) plough, *Am.* plow.
**Pforte** ['pfɔrtə] *f* (-/-*n*) gate, door.
**Pförtner** ['pfœrtnər] *m* (-s/-) gate-keeper, door-keeper, porter, janitor.
**Pfosten** ['pfɔstən] *m* (-s/-) post.
**Pfote** ['pfo:tə] *f* (-/-*n*) paw.
**Pfropf** [pfrɔpf] *m* (-[e]s/-e) *s. Pfropfen.*
'**Pfropfen 1.** *m* (-s/-) stopper; cork; plug; ⚕ clot (of blood); **2. 2** *v/t.* (ge-, *h*) stopper; cork; *fig.* cram; ⚘ graft.
**Pfründe** *eccl.* ['pfryndə] *f* (-/-*n*) prebend; benefice, (church) living.
**Pfuhl** [pfu:l] *m* (-[e]s/-e) pool, puddle; *fig.* sink, slough.
**pfui** *int.* [pfuɪ] fie!, for shame!
**Pfund** [pfunt] *n* (-[e]s/-e) pound; **2ig** F *adj.* ['~dɪç] great, *Am.* swell; '**2weise** *adv.* by the pound.
**pfusch|en** F ['pfuʃən] (ge-, *h*) **1.** *v/i.* bungle; **2.** *v/t.* bungle, botch; **2erei** F [~'raɪ] *f* (-/-*en*) bungle, botch.
**Pfütze** ['pfytsə] *f* (-/-*n*) puddle, pool.
**Phänomen** [fɛno'me:n] *n* (-s/-e) phenomenon; **2al** *adj.* [~e'nɑ:l] phenomenal.
**Phantasie** [fanta'zi:] *f* (-/-*n*) imagination, fancy; vision; ♪ fantasia; **2ren** (*no* -ge-, *h*) **1.** *v/i.* dream; ramble; ⚕ be delirious *or* raving; ♪ improvise; **2.** *v/t.* dream; ♪ improvise.
**Phantast** [fan'tast] *m* (-en/-en) visionary, dreamer; **2isch** *adj.* fantastic; F great, terrific.
**Phase** ['fɑ:zə] *f* (-/-*n*) phase (*a.* ⚡), stage.
**Philanthrop** [filan'tro:p] *m* (-en/-en) philanthropist.
**Philolog|e** [filo'lo:gə] *m* (-*n*/-*n*), **~in** *f* (-/-*nen*) philologist; **~ie** [~o'gi:] *f* (-/-*n*) philology.
**Philosoph** [filo'zo:f] *m* (-en/-en) philosopher; **~ie** [~o'fi:] *f* (-/-*n*) philosophy; **2ieren** [~o'fi:rən] *v/i.* (*no* -ge-, *h*) philosophize (*über acc.* on); **2isch** *adj.* [~'zo:fɪʃ] philosophical.

Phlegma ['flɛgma] n (-s/no pl.) phlegm; 2tisch adj. [ˌ'maːtiʃ] phlegmatic.

phonetisch adj. [fo'neːtiʃ] phonetic.

Phosphor ⚗ ['fɔsfɔr] m (-s/no pl.) phosphorus.

Photo F ['foːto] 1. n (-s/-s) photo; 2. m (-s/-s) = '~apparat m camera.

Photograph [foto'graːf] m (-en/-en) photographer; ~ie [ˌˌa'fiː] f 1. (-/-n) photograph, F: photo, picture; 2. (-/no pl.) as an art: photography; 2ieren [ˌˌa'fiːrən] (no -ge-, h) 1. v/t. photograph; take a picture of; sich ~ lassen have one's photo(graph) taken; 2. v/i. photograph; 2isch adj. [ˌˌ'graːfiʃ] photographic.

Photo|kopie f ['fotokopiː] f photostat; ~ko'piergerät n photostat; '~zelle f photoelectric cell.

Phrase ['fraːzə] f (-/-n) phrase.

Physik [fy'ziːk] f (-/no pl.) physics sg.; 2alisch adj. [ˌˌi'kaːliʃ] physical; ~er ['fyzikər] m (-s/-) physicist.

physisch adj. ['fyziʃ] physical.

Pian|ist [pia'nist] m (-en/-en) pianist; ~o [pi'aːno] n (-s/-s) piano.

Picke ⊕ ['pikə] f (-/-n) pick(axe).

Pickel ['pikəl] m (-s/-) ⚕ pimple; ⊕ pick(axe); ice-pick; 2ig adj. pimpled, pimply.

picken ['pikən] v/i. and v/t. (ge-, h) pick, peck.

picklig adj. ['pikliç] s. pickelig.

Picknick ['piknik] n (-s/-e, -s) picnic.

piekfein F adj. ['piːk'-] smart, tiptop, slap-up.

piep(s)en ['piːp(s)ən] v/i. (ge-, h) cheep, chirp, peep; squeak.

Pietät [pie'tɛːt] f (-/no pl.) reverence; piety; 2los adj. irreverent; 2voll adj. reverent.

Pik [piːk] 1. m (-s/-e, -s) peak; 2. F m (-s/-e): e-n ~ auf j-n haben bear s.o. a grudge; 3. n (-s/-s) cards: spade (s pl.).

pikant adj. [pi'kant] piquant, spicy (both a. fig.); das Pikante the piquancy.

Pike ['piːkə] f (-/-n) pike; von der ~ auf dienen rise from the ranks.

Pilger ['pilgər] m (-s/-) pilgrim; '~fahrt f pilgrimage; 2n v/i. (ge-, sein) go on or make a pilgrimage; wander.

Pille ['pilə] f (-/-n) pill.

Pilot [pi'loːt] m (-en/-en) pilot.

Pilz ⚘ [pilts] m (-es/-e) fungus, edible: mushroom, inedible: toadstool.

pimp(e)lig F adj. ['pimp(ə)liç] sickly; effeminate.

Pinguin orn. ['piŋguiːn] m (-s/-e) penguin.

Pinsel ['pinzəl] m (-s/-) brush; F fig. simpleton; 2n v/i. and v/t. (ge-, h) paint; daub; '~strich m stroke of the brush.

Pinzette [pin'tsɛtə] f (-/-n) (e-e a pair of) tweezers pl.

Pionier [pio'niːr] m (-s/-e) pioneer, Am. a. trail blazer; ⚒ engineer.

Pirat [pi'raːt] m (-en/-en) pirate.

Pirsch hunt. [pirʃ] f (-/no pl.) deerstalking, Am. a. still hunt.

Piste ['pistə] f (-/-n) skiing, etc.: course; ✈ runway.

Pistole [pis'toːlə] f (-/-n) pistol, Am. F a. gun, rod; ~ntasche f holster.

placieren [pla'siːrən] v/t. (no -ge-, h) place; sich ~ sports: be placed (second, etc.).

Plackerei F [plakə'raɪ] f (-/-en) drudgery.

plädieren [plɛ'diːrən] v/i. (no -ge-, h) plead (für for).

Plädoyer ⚖ [plɛdoa'jeː] n (-s/-s) pleading.

Plage ['plaːgə] f (-/-n) trouble, nuisance, F plague; torment; 2n v/t. (ge-, h) torment; trouble, bother; F plague; sich ~ toil, drudge.

Plagiat [plag'jaːt] n (-[e]s/-e) plagiarism; ein ~ begehen plagiarize.

Plakat [pla'kaːt] n (-[e]s/-e) poster, placard, bill; ~säule f advertisement pillar.

Plakette [pla'kɛtə] f (-/-n) plaque.

Plan [plaːn] m (-[e]s/-e) plan; design, intention; scheme.

Plane ['plaːnə] f (-/-n) awning, tilt.

'planen v/t. (ge-, h) plan; scheme.

Planet [pla'neːt] m (-en/-en) planet.

planieren ⊕ [pla'niːrən] v/t. (no -ge-, h) level.

Planke ['plaŋkə] f (-/-n) plank, board.

plänkeln ['plɛŋkəln] v/i. (ge-, h) skirmish (a. fig.).

'plan|los 1. adj. planless, aimless, desultory; 2. adv. at random; '~mäßig 1. adj. systematic, planned; 2. adv. as planned.

planschen ['planʃən] v/i. (ge-, h) splash, paddle.

Plantage [plan'taːʒə] f (-/-n) plantation.

Plapper|maul F ['plapər-] n chatterbox; 2n F v/i. (ge-, h) chatter, prattle, babble.

plärren F ['plɛrən] v/i. and v/t. (ge-, h) blubber; bawl.

Plasti|k [plastik] 1. f (-/no pl.) plastic art; 2. f (-/-en) sculpture; ⚙ plastic; 3. ⊕ n (-s/-s) plastic; 2sch adj. plastic; three-dimensional.

Platin [pla'tiːn] n (-s/no pl.) platinum.

plätschern ['plɛtʃərn] v/i. (ge-, h) dabble, splash; water: ripple, murmur.

platt adj. [plat] flat, level, even; fig. trivial, commonplace, trite; F fig. flabbergasted.

Plättbrett ['plɛt-] n ironing-board.

**Platte** ['platə] f (-/-n) plate; dish; sheet (of metal, etc.); flag, slab (of stone); mountain: ledge; top (of table); tray, salver; disc, record; F fig. bald pate; kalte ~ cold meat.

**plätten** ['plɛtən] v/t. (ge-, h) iron.

**'Platten|spieler** m record-player; **'~teller** m turn-table.

**'Platt|form** f platform; '~fuß m ⚓ flat-foot; F mot. flat; '~heit fig. f (-/-en) triviality; commonplace, platitude, Am. sl. a. bromide.

**Platz** [plats] m (-es/⸚e) place; spot, Am. a. point; room, space; site; seat; square; round: circus; sports: ground; tennis: court; ~ behalten remain seated; ~ machen make way or room (dat. for); ~ nehmen take a seat, sit down, Am. a. have a seat; ist hier noch ~? is this seat taken or engaged or occupied?; den dritten ~ belegen sports: be placed third, come in third; '~anweiserin f (-/-nen) usherette.

**Plätzchen** ['plɛtsçən] n (-s/-) snug place; spot; biscuit, Am. cookie.

**platzen** v/i. (ge-, sein) burst; explode; crack, split.

**'Platz|patrone** f blank cartridge; '~regen m downpour.

**Plauder|ei** [plaudə'rai] f (-/-en) chat; talk; small talk; '2n v/i. (ge-, h) (have) a chat (mit with), talk (to); chatter.

**plauz** int. [plauts] bang!

**Pleite** F ['plaitə] 1. f (-/-n) smash; fig. failure; 2. 2 F adj. (dead) broke, Am. sl. bust.

**Plissee** [pli'se:] n (-s/-s) pleating; '~rock m pleated skirt.

**Plomb|e** ['plɔmbə] f (-/-n) (lead) seal; stopping, filling (of tooth); 2ieren [~'bi:rən] v/t. (no -ge-, h) seal; stop, fill (tooth).

**plötzlich** adj. ['plœtsliç] sudden.

**plump** adj. [plump] clumsy; ~s int. plump, plop; '~sen v/i. (ge-, sein) plump, plop, flop.

**Plunder** F ['plundər] m (-s/no pl.) lumber, rubbish, junk.

**plündern** ['plyndərn] (ge-, h) 1. v/t. plunder, pillage, loot, sack; 2. v/i. plunder, loot.

**Plural** gr. ['plu:ra:l] m (-s/-e) plural (number).

**plus** adv. [plus] plus.

**Plusquamperfekt** gr. ['pluskvamperfɛkt] n (-s/-e) pluperfect (tense), past perfect.

**Pöbel** ['pø:bəl] m (-s/no pl.) mob, rabble; '2haft adj. low, vulgar.

**pochen** ['pɔxən] v/i. (ge-, h) knock, rap, tap; heart: beat, throb, thump; auf sein Recht ~ stand on one's rights.

**Pocke** ⚕ ['pɔkə] f (-/-n) pock; '~n pl. smallpox; '2nnarbig adj. pock-marked.

**Podest** [po'dɛst] n, m (-es/-e) pedestal (a. fig.).

**Podium** ['po:dium] n (-s/Podien) podium, platform, stage.

**Poesie** [poe'zi:] f (-/-n) poetry.

**Poet** [po'e:t] m (-en/-en) poet; 2isch adj. poetic(al).

**Pointe** [po'ɛ̃:tə] f (-/-n) point.

**Pokal** [po'ka:l] m (-s/-e) goblet; sports: cup; '~endspiel n sports: cup final; '~spiel n football: cup-tie.

**Pökel|fleisch** ['pø:kəl-] n salted meat; '2n v/t. (ge-, h) pickle, salt.

**Pol** [po:l] m (-s/-e) pole; ⚡ a. terminal; 2ar adj. [po'la:r] polar (a. ⚡).

**Pole** ['po:lə] m (-n/-n) Pole.

**Polemi|k** [po'le:mik] f (-/-en) polemic(s); 2sch adj. polemic (-al); 2sieren [~mi'zi:rən] v/i. (no -ge-, h) polemize.

**Police** [po'li:s(ə)] f (-/-n) policy.

**Polier** ⊕ [po'li:r] m (-s/-e) foreman; 2en v/t. (no -ge-, h) polish, burnish; furbish.

**Politi|k** [poli'ti:k] f (-/⸚-en) policy; politics sg., pl.; '~ker [po'li:tikər] m (-s/-) politician; statesman; 2sch adj. [po'li:tiʃ] political; 2sieren [~iti'zi:rən] v/i. (no -ge-, h) talk politics.

**Politur** [poli'tu:r] f (-/-en) polish; lustre, Am. -er, finish.

**Polizei** [poli'tsai] f (-/⸚no pl.) police; '~beamte m police officer; '~knüppel m truncheon, Am. club; '~kommissar m inspector; 2lich adj. (of or by the) police; '~präsident m president of police; Brt. Chief Constable, Am. Chief of Police; '~präsidium n police headquarters pl.; '~revier n police-station; police precinct; '~schutz m: unter ~ under police guard; '~streife f police patrol; police squad; '~stunde f (-/no pl.) closing-time; '~verordnung f police regulation (a pl.); '~wache f police-station.

**Polizist** [poli'tsist] m (-en/-en) policeman, constable, sl. bobby, cop; '~in f (-/-nen) policewoman.

**polnisch** adj. ['pɔlniʃ] Polish.

**Polster** ['pɔlstər] n (-s/-) pad; cushion; bolster; s. Polsterung; '~möbel n/pl. upholstered furniture; upholstery; '2n v/t. (ge-, h) upholster, stuff; pad, wad; '~sessel m, '~stuhl m upholstered chair; '~ung f (-/-en) padding, stuffing; upholstery.

**poltern** ['pɔltərn] v/i. (ge-, h) make a row; rumble; p. bluster.

**Polytechnikum** [poly'tɛçnikum] n (-s/Polytechnika, Polytechniken) polytechnic (school).

**Pommes frites** [pɔm'frit] pl. chips pl., Am. French fried potatoes pl.

**Pomp** [pɔmp] m (-[e]s/no pl.) pomp, splendo(u)r; '2haft adj., 2ös adj. [~'pø:s] pompous, splendid.

Pony ['poni] 1. *zo.* n (-s/-s) pony;
2. *m* (-s/-s) *hairstyle:* bang, fringe.
popul|är *adj.* [popu'lɛ:r] popular;
~arität [~ari'tɛ:t] *f* (-/*no pl.*)
popularity.
Por|e ['po:rə] *f* (-/-n) pore; 2ös *adj.*
[po'rø:s] porous; permeable.
Portemonnaie[portmɔ'nɛ:] *n* (-s/-s)
purse.
Portier [por'tje:] *m* (-s/-s) *s.* Pförtner.
Portion [por'tsjo:n] *f* (-/-en) portion, share; ⚔ ration; helping, serving; *zwei ~en Kaffee* coffee for two.
Porto ['porto] *n* (-s/-s, *Porti*) postage; 2frei *adj.* post-free; prepaid,
*esp. Am.* postpaid; 2pflichtig *adj.*
subject to postage.
Porträt [por'trɛ:, ~t] *n* (-s/-s;
-[e]s/-e) portrait, likeness; 2ieren
[~ɛ'ti:rən] *v/t.* (*no -ge-*, h) portray.
Portugies|e [portu'gi:zə] *m* (-n/-n)
Portuguese; *in pl.* the Portuguese *pl.*; 2isch *adj.* Portuguese.
Porzellan [portsɛ'la:n] *n* (-s/-e)
porcelain, china.
Posaune [po'zaunə] *f* (-/-n) 𝄞
trombone; *fig.* trumpet.
Pose ['po:zə] *f* (-/-n) pose, attitude;
*fig. a.* air.
Position [pozi'tsjo:n] *f* (-/-en)
position; social standing; ⚓ station.
positiv *adj.* ['po:ziti:f] positive.
Positur [pozi'tu:r] *f* (-/-en) posture;
*sich in ~ setzen* strike an attitude.
Posse *thea.* ['posə] *f* (-/-n) farce.
'Possen *m* (-s/-) trick, prank; '2haft
*adj.* farcical, comical; '~reißer *m*
(-s/-) buffoon, clown.
possessiv *gr. adj.* ['posesi:f] possessive.
pos'sierlich *adj.* droll, funny.
Post [post] *f* (-/-en) post, *Am.* mail;
mail, letters *pl.*; post office; *mit
der ersten ~* by the first delivery;
'~amt *n* post office; '~anschrift *f*
mailing address; '~anweisung *f*
postal order; '~beamte *m* post-
office clerk; '~bote *m* postman,
*Am.* mailman; '~dampfer *m*
packet-boat.
Posten ['postən] *m* (-s/-) post, place,
station; job; ⚔ sentry, sentinel;
item; entry; *goods:* lot, parcel.
'Postfach *n* post-office box.
pos'tieren *v/t.* (*no -ge-*, h) post,
station, place; *sich ~* station o.s.
'Post|karte *f* postcard, *with printed
postage stamp: Am. a.* postal card;
'~kutsche *f* stage-coach; '2lagernd
*adj.* to be (kept until) called for,
poste restante, *Am.* (in care of)
general delivery; '~leitzahl *f* post-
code; '~minister *m* minister of
post; *Brt. a.* Postmaster
General; '~paket *n* postal parcel;
'~schalter *m* (post-office) window;
'~scheck *m* postal cheque, *Am.*
postal check; '~schließfach *n*

post-office box; '~sparbuch *n*
post-office savings-book; '~stem-
pel *m* postmark; 2wendend *adv.*
by return of post; '~wertzeichen
*n* (postage) stamp; '~zug 🚂 *m*
mail-train.
Pracht [praxt] *f* (-/⚔ -en, =e) splen-
do(u)r, magnificence; luxury.
prächtig *adj.* ['prɛçtiç] splendid,
magnificent; gorgeous; grand.
'prachtvoll *adj. s.* prächtig.
Prädikat [predi'ka:t] *n* (-[e]s/-e) *gr.*
predicate; *school, etc.:* mark.
prägen ['prɛ:gən] *v/t.* (*ge-*, h)
stamp; coin (*word, coin*).
prahlen ['pra:lən] *v/i.* (*ge-*, h) brag,
boast (*mit* of); *~ mit* show off *s.th.*
'Prahler *m* (-s/-) boaster, braggart;
~ei [~'rai] *f* (-/-en) boasting,
bragging; '2isch *adj.* boastful;
ostentatious.
Prakti|kant [prakti'kant] *m* (-en/-en)
probationer; '~ker *m* (-s/-) practical man; expert; '~kum ['~kum] *n*
(-s/*Praktika*, *Praktiken*) practical
course; '2sch *adj.* practical, useful,
handy; ~*er Arzt* general practitioner;
2zieren *↗*, *↗⚕* [~'tsi:rən] *v/t.* (*no
-ge-*, h) practi|se, *Am.* -ce medicine
or the law. [prelate.]
Prälat *eccl.* [prɛ'la:t] *m* (-en/-en))
Praline [pra'li:nə] *f* (-/-n): ~*n pl.*
chocolates *pl.*
prall *adj.* [pral] tight; plump; *sun:*
blazing; '~en *v/i.* (*ge-*, *sein*) bounce
or bound (*auf acc.*, *gegen* against).
Prämi|e ['prɛ:mjə] *f* (-/-n) ✝
premium; prize; bonus; 2(i)eren
[prɛ'mi:rən, prɛmi'i:rən] *v/t.* (*no
-ge-*, h) award a prize to.
prang|en ['praŋən] *v/i.* (*ge-*, h)
shine, make a show; '2er *m* (-s/-)
pillory.
Pranke ['praŋkə] *f* (-/-n) paw.
pränumerando *adv.* [prɛnuma-
'rando] beforehand, in advance.
Präpa|rat [prɛpa'ra:t] *n* (-[e]s/-e)
preparation; *microscopy:* slide;
2'rieren *v/t.* (*no -ge-*, h) prepare.
Präposition *gr.* [prɛpozi'tsjo:n] *f*
(-/-en) preposition.
Prärie [prɛ'ri:] *f* (-/-n) prairie.
Präsens *gr.* ['prɛ:zɛns] *n* (-/*Präsen-
tia*, *Präsenzien*) present (tense).
Präsi|dent [prɛzi'dɛnt] *m* (-en/-en)
president; chairman; 2'dieren *v/i.*
(*no -ge-*, h) preside (*über acc.* over);
be in the chair; ~dium [~'zi:djum]
*n* (-s/*Präsidien*) presidency, chair.
prasseln ['prasəln] *v/i.* (*ge-*, h)
*fire:* crackle; *rain:* patter.
prassen ['prasən] *v/i.* (*ge-*, h) feast,
carouse.
Präteritum *gr.* [prɛ'te:ritum] *n*
(-s/*Präterita*) preterite (tense); past
tense.
Praxis ['praksis] *f* 1. (-/*no pl.*)
practice; 2. (-/*Praxen*) practice (*of
doctor or lawyer*).

**Präzedenzfall** [prætse'dents-] *m* precedent; ¡٢ا *a.* case-law.

**präzis** *adj.* [prɛ'tsiːs], **~e** *adj.* [**~**zə] precise.

**predigen** ['preːdigən] *v/i. and v/t.* (ge-, h) preach; **'2er** *m* (-s/-) preacher; clergyman; **2t** ['**~**diçt] *f* (-/-en) sermon (*a. fig.*); *fig.* lecture.

**Preis** [praɪs] *m* (-es/-e) price; cost; *competition:* prize; award; reward; praise; um jeden **~** at any price *or* cost; **'~ausschreiben** *n* (-s/-) competition.

**preisen** ['praɪzən] *v/t.* (*irr.*, ge-, h) praise.

**'Preis|erhöhung** *f* rise *or* increase in price(s); **'~gabe** *f* abandonment; revelation (*of secret*); **'2geben** *v/t.* (*irr.* geben, sep., -ge-, h) abandon; reveal, give away (*secret*); disclose, expose; **'2gekrönt** *adj.* prize-winning, prize (*novel, etc.*); **'~gericht** *n* jury; **'~lage** *f* range of prices; **'~liste** *f* price-list; **'~nachlaß** *m* price cut; discount; **'~richter** *m* judge, umpire; **'~schließen** *n* (-s/-) shooting competition; **'~stopp** *m* (-s/no pl.) price freeze; **'~träger** *m* prize-winner; **'2wert** *adj.*: **~** sein be a bargain.

**prellen** ['prɛlən] *v/t.* (ge-, h) *fig.* cheat, defraud (um of); sich et. **~** contuse *or* bruise s.th.; **'2ung** *s̷ f* (-/-en) contusion.

**Premier|e** *thea.* [prəm'jeːrə] *f* (-/-n) première, first night; **~minister** [**~**'jeː-] *m* prime minister.

**Presse** ['prɛsə] *f* **1.** (-/-n) ⊕, *typ.* press; squeezer; **2.** (-/no pl.) newspapers generally: the press; **'~amt** *n* public relations office; **'~freiheit** *f* freedom of the press; **'~meldung** *f* news item; **'2n** *v/t.* (ge-, h) press; squeeze; **'~photograph** *m* press-photographer; **'~vertreter** *m* reporter; public relations officer.

**Preßluft** ['prɛs-] *f* (-/no pl.) compressed air.

**Prestige** [prɛs'tiːʒə] *n* (-s/no pl.) prestige; **~** verlieren *a.* lose face.

**Preuße** ['prɔʏsə] *m* (-n/-n) Prussian; **'2isch** *adj.* Prussian.

**prickeln** ['prɪkəln] *v/i.* (ge-, h) prick(le), tickle; itch; *fingers:* tingle.

**Priem** [priːm] *m* (-[e]s/-e) quid.

**pries** [priːs] *pret. of* preisen.

**Priester** ['priːstər] *m* (-s/-) priest; **'~in** *f* (-/-nen) priestess; **'2lich** *adj.* priestly, sacerdotal; **'~rock** *m* cassock.

**prim|a** F *adj.* ['priːma] first-rate, F A 1; ✝ *a.* prime; F swell; **~är** *adj.* [pri'mɛːr] primary.

**Primel** 🌱 ['priːməl] *f* (-/-n) primrose.

**Prinz** [prɪnts] *m* (-en/-en) prince; **~essin** [**~**'tsɛsɪn] *f* (-/-nen) princess; **'~gemahl** *m* prince consort.

**Prinzip** [prɪn'tsiːp] *n* (-s/-ien)

principle; aus **~** on principle; im **~** in principle, basically.

**Priorität** [priori'tɛːt] *f* **1.** (-/-en) priority. **2.** (-/no pl.) *time:* priority.

**Prise** ['priːzə] *f* (-/-n) ⚓ prize; e-e **~** a pinch of (*salt, snuff*).

**Prisma** ['prɪsma] *n* (-s/Prismen) prism.

**Pritsche** ['prɪtʃə] *f* (-/-n) bat; plank-bed.

**privat** *adj.* [pri'vaːt] private; **2adresse** *f* home address; **2mann** *m* (-[e]s/Privatmänner, Privatleute) private person *or* gentleman; **2patient** *🖋 m* paying patient; **2person** *f* private person; **2schule** *f* private school.

**Privileg** [privi'leːk] *n* (-[e]s/-ien, -e) privilege.

**pro** *prp.* [proː] per; **~**Jahr per annum; **~** Kopf per head; **~** Stück a piece.

**Probe** ['proːbə] *f* (-/-n) experiment; trial, test; *metall.* assay; sample; specimen; proof; probation; check; *thea.* rehearsal; audition; auf **~** on probation, on trial; auf die **~** stellen (put to the) test; **'~abzug** *typ., phot. m* proof; **'~exemplar** *n* specimen copy; **'~fahrt** *f* ⚙ trial trip; *mot.* trial run; **'~flug** *m* test *or* trial flight; **'2n** *v/t.* (ge-, h) exercise; *thea.* rehearse; **'~nummer** *f* specimen copy *or* number; **'~seite** *typ. f* specimen page; **'~sendung** *f* goods on approval; **'2weise** *adv.* on trial; *p. a.* on probation; **'~zeit** *f* time of probation.

**probieren** [pro'biːrən] *v/t.* (no -ge-, h) try, test; taste (*food.*)

**Problem** [pro'bleːm] *n* (-s/-e) problem; **2atisch** *adj.* [**~**e'maːtɪʃ] problematic(al).

**Produkt** [pro'dukt] *n* (-[e]s/-e) product (*a. Å*); ♂ produce; result; **~ion** [**~**'tsjoːn] *f* (-/-en) production; output; **2iv** *adj.* [**~**'tiːf] productive.

**Produz|ent** [produ'tsɛnt] *m* (-en/-en) producer; **2ieren** [**~**'tsiːrən] *v/t.* (no -ge-, h) produce; sich **~** perform; *contp.* show off.

**professionell** *adj.* [profesio'nɛl] professional, by trade.

**Professor** [pro'fesor] *m* (-s/-en) professor; **~ur** [**~**'suːr] *f* (-/-en) professorship, chair.

**Profi** ['proːfi] *m* (-s/-s) *sports:* professional, F pro. [on tyre: tread.\]

**Profil** [pro'fiːl] *n* (-s/-e) profile;]

**Profit** [pro'fiːt] *m* (-[e]s/-e) profit; **2ieren** [**~**i'tiːrən] *v/i.* (no -ge-, h) profit (von by).

**Prognose** [pro'gnoːzə] *f* (-/-n) 🖋 prognosis; *meteor.* forecast.

**Programm** [pro'gram] *n* (-s/-e) program(me); *politisches* **~** political program(me), *Am.* platform.

**Projektion** [projɛk'tsjoːn] *f* (-/-en) projection; **~sapparat** [projɛk-'tsjoːnsʔ-] *m* projector.

**proklamieren** [prokla'mi:rən] *v/t.* (*no -ge-, h*) proclaim.

**Prokur|a** ✝ [pro'ku:ra] *f* (*-/-Prokuren*) procuration; **~ist** [..ku'rist] *m* (*-en/-en*) confidential clerk.

**Proletar|ier** [prole'ta:rjər] *m* (*-s/-*) proletarian; **2sch** *adj.* proletarian.

**Prolog** [pro'lo:k] *m* (*-[e]s/-e*) prolog(ue).

**prominen|t** *adj.* [promi'nent] prominent; **2z** [..ts] *f* (*-/no pl.*) notables *pl.*, celebrities *pl.*; high society.

**Promo|tion** *univ.* [promo'tsjo:n] *f* (*-/-en*) graduation; **2vieren** [..'vi:rən] *v/i.* (*no -ge-, h*) graduate (*an dat.* from), take one's degree.

**Pronomen** *gr.* [pro'no:men] *n* (*-s/-, Pronomina*) pronoun.

**Propeller** [pro'pelər] *m* (*-s/-*) ⊕, ✈ (screw-)propeller, screw; ✈ airscrew.

**Prophe|t** [pro'fe:t] *m* (*-en/-en*) prophet; **2tisch** *adj.* prophetic; **2zeien** [..'tsaɪən] *v/t.* (*no -ge-, h*) prophesy; predict, foretell; **~zeiung** *f* (*-/-en*) prophecy; prediction.

**Proportion** [proporˈtsjo:n] *f* (*-/-en*) proportion.

**Prosa** ['pro:za] *f* (*-/no pl.*) prose.

**prosit** *int.* ['pro:zit] your health!, here's to you!, cheers!

**Prospekt** [pro'spekt] *m* (*-[e]s/-e*) prospectus; brochure, leaflet, folder.

**prost** *int.* [pro:st] *s.* prosit.

**Prostituierte** [prostitu'i:rtə] *f* (*-n/-n*) prostitute.

**Protest** [pro'test] *m* (*-es/-e*) protest; **~ einlegen** *or* **erheben gegen** (enter a) protest against.

**Protestant** *eccl.* [protes'tant] *m* (*-en/-en*) Protestant; **2isch** *adj.* Protestant.

**protes'tieren** *v/i.* (*no -ge-, h*): **gegen et. ~** protest against s.th., object to s.th.

**Prothese** ✝ [pro'te:zə] *f* (*-/-n*) pro(s)thesis; *dentistry:* a. denture; artificial limb.

**Protokoll** [proto'kɔl] *n* (*-s/-e*) record, minutes *pl.* (*of meeting*); *diplomacy:* protocol; **das ~ aufnehmen** take down the minutes; **das ~ führen** keep the minutes; **zu ~ geben** *₂* depose, state in evidence; **zu ~ nehmen** take down, record; **2ieren** [..'li:rən] (*no -ge-, h*) **1.** *v/t.* record, take down (on record); **2.** *v/i.* keep the minutes.

**Protz** *contp.* [prɔts] *m* (*-en, -es/-e[n]*) braggart, F show-off; **2en** *v/i.* (*ge-, h*) show off (*mit dat.* with); **2ig** *adj.* ostentatious, showy.

**Proviant** *m* (*-s/✍-e*) provisions *pl.*, victuals *pl.*

**Provinz** [pro'vints] *f* (*-/-en*) province; *fig. the* provinces *pl.*; **2ial** *adj.* [..'tsja:l], **2iell** [..'tsjɛl] provincial.

**Provis|ion** ✝ [provi'zjo:n] *f* (*-/-en*) commission; **2orisch** *adj.* [..'zo:riʃ] provisional, temporary.

**provozieren** [provo'tsi:rən] *v/t.* (*no -ge-, h*) provoke.

**Prozent** [pro'tsent] *n* (*-[e]s/-e*) per cent; **~satz** *m* percentage; proportion; **2ual** *adj.* [..u'a:l] percental, percentage; **~er Anteil** percentage.

**Prozeß** [pro'tses] *m* (*Prozesses/Prozesse*) process; ₂₂: action, lawsuit; trial; (legal) proceedings *pl.*; **e-n ~ gewinnen** win one's case; **e-n ~ gegen j-n anstrengen** bring an action against s.o., sue s.o.; **j-m den ~ machen** try s.o., put s.o. on trial; **kurzen ~ machen mit** make short work of.

**prozessieren** [protse'si:rən] *v/i.* (*no -ge-, h*): **mit j-m ~** go to law against s.o., have the law of s.o.

**Prozession** [protse'sjo:n] *f* (*-/-en*) procession.

**prüde** *adj.* ['pry:də] prudish.

**prüf|en** ['pry:fən] *v/t.* (*ge-, h*) examine; try, test; quiz; check, verify; '**~end** *adj. look:* searching, scrutinizing; '**2er** *m* (*-s/-*) examiner; '**2ling** *m* (*-s/-e*) examinee; '**2stein** *fig. m* touchstone; '**2ung** *f* (*-/-en*) examination; *school, etc.*: a. F exam; test; quiz; verification, checking, check-up; **e-e ~ machen** go in for *or* sit for *or* take an examination.

'**Prüfungs|arbeit** *f*, '**~aufgabe** *f* examination-paper; '**~ausschuß** *m*, '**~kommission** *f* board of examiners.

**Prügel** ['pry:gəl] **1.** *m* (*-s/-*) cudgel, club, stick; **2** F *fig. pl.* beating, thrashing; **~ei** F [..'laɪ] *f* (*-/-en*) fight, row; '**~knabe** *m* scapegoat; '**2n** F *v/t.* (*ge-, h*) cudgel, flog; beat (up), thrash; *sich* **~** (have) a fight.

**Prunk** [prʊnk] *m* (*-[e]s/no pl.*) splendo(u)r; pomp, show; '**2en** *v/i.* (*ge-, h*) make a show (*mit* of), show off (*mit* et. s.th.); '**2voll** *adj.* splendid, gorgeous.

**Psalm** *eccl.* [psalm] *m* (*-s/-en*) psalm.

**Pseudonym** [psɔʏdo'ny:m] *n* (*-s/-e*) pseudonym.

**pst** *int.* [pst] hush!

**Psychi|ater** [psyçi'a:tər] *m* (*-s/-*) psychiatrist, alienist; **2sch** *adj.* ['psy:çiʃ] psychic(al).

**Psycho|analyse** [psyço'ana'ly:zə] *f* (*-/no pl.*) psychoanalysis; **~analytiker** [..tikər] *m* (*-s/-*) psychoanalist; **~loge** [..'lo:gə] *m* (*-n/-n*) psychologist; **~se** [..'ço:zə] *f* (*-/-n*) psychosis; panic.

**Pubertät** [puber'te:t] *f* (*-/no pl.*) puberty.

**Publikum** ['pu:blikum] *n* (*-s/no pl.*) *the* public; audience; spectators *pl.*, crowd; readers *pl.*

**publiz|ieren** [publi'tsi:rən] *v/t.* (*no*

-ge-, h) publish; 2ist m (-en/-en) publicist; journalist.

Pudding ['pudiŋ] m (-s/-e, -s) cream.

Pudel zo. ['pu:dəl] m (-s/-) poodle; '2'naß F adj. dripping wet, drenched.

Puder ['pu:dər] m (-s/-) powder; '‿dose f powder-box; compact; '2n v/t. (ge-, h) powder; sich ‿ powder o.s. or one's face; '‿quaste f powder-puff; '‿zucker m powdered sugar.

Puff F [puf] m (-[e]s/‿e, -e) poke, nudge; '2en (ge-, h) 1. F v/t. nudge; 2. v/i. pop; '‿er ⚙ m (-s/-) buffer.

Pullover [pu'lo:vər] m (-s/-) pullover, sweater.

Puls ♣ [puls] m (-es/-e) pulse; '‿ader anat. f artery; 2ieren [‿'zi:rən] v/i. (no -ge-, h) pulsate, throb; '‿schlag ♣ m pulsation.

Pult [pult] n (-[e]s/-e) desk.

Pulver ['pulfər] n (-s/-) powder; gunpowder; F fig. cash, sl. brass, dough; '2erig adj. powdery; 2erisieren [‿vəri'zi:rən] v/t. (no -ge-, h) pulverize; '2rig adj. '‿iriç] powdery.

Pump F [pump] m (-[e]s/-e): auf ‿ on tick; '‿e f (-/-n) pump; '2en (ge-, h) 1. v/i. pump; 2. v/t. pump; F fig.: give s.th. on tick; borrow (et. von j-m s.th. from s.o.).

Punkt [puŋkt] m (-[e]s/-e) point (a. fig.); dot; typ... gr. full stop, period; spot, place; fig. item; article, clause (of agreement); der springende ‿ the point; toter ‿ deadlock, dead end; wunder ‿ tender subject, sore point; ‿ zehn Uhr on the stroke of ten, at 10 (o'clock) sharp; in vielen ‿en on many points, in many respects; nach ‿en siegen sports: win on points; 2ieren [‿'ti:rən] v/t. (no -ge-, h) dot, point; ♣ puncture, tap; drawing, painting: stipple.

pünktlich adj. ['pyŋktliç] punctual; ‿ sein be on time; '2keit f (-/no pl.) punctuality.

Punsch [punʃ] m (-es/-e) punch.

Pupille anat. [pu'pilə] f (-/-n) pupil.

Puppe ['pupə] f (-/-n) doll (a. fig.); puppet (a. fig.); tailoring: dummy; zo. chrysalis, pupa; '‿nspiel n puppet-show; '‿nstube f doll's room; '‿nwagen m doll's pram, Am. doll carriage or buggy.

pur adj. [pu:r] pure, sheer.

Püree [py're:] n (-s/-s) purée, mash.

Purpur ['purpur] m (-s/no pl.) purple; 2farben adj., 2n adj., 2rot adj. purple.

Purzel|baum ['purtsəl-] m somersault; e-n ‿ schlagen turn a somersault; '2n v/i. (ge-, sein) tumble.

Puste F ['pu:stə] f (-/no pl.) breath; ihm ging die ‿ aus he got out of breath.

Pustel ♣ ['pustəl] f (-/-n) pustule, pimple.

pusten ['pu:stən] v/i. (ge-, h) puff, pant; blow.

Pute orn. ['pu:tə] f (-/-n) turkey (-hen); '‿r m m (-s/-) turkey (-cock); '2r'rot adj. (as) red as a turkey-cock.

Putsch [putʃ] m (-es/-e) putsch, insurrection; riot; '2en v/i. (ge-, h) revolt, riot.

Putz [puts] m (-es/-e) on garments: finery; ornaments pl.; trimming; ⚒ roughcast, plaster; '2en v/t. (ge-, h) clean, cleanse; polish, wipe; adorn; snuff (candle); polish, Am. shine (shoes); sich ‿ smarten or dress o.s. up; sich die Nase ‿ blow or wipe one's nose; sich die Zähne ‿ brush one's teeth; '‿frau f charwoman, Am. a. scrubwoman; '2ig adj. droll, funny; '‿lappen m cleaning rag; '‿zeug n cleaning utensils pl.

Pyjama [pi'dʒa:ma] m (-s/-s) (ein a suit of) pyjamas pl. or Am. a. pajamas pl.

Pyramide [pyra'mi:də] f (-/-n) pyramid (a. Å); ✗ stack (of rifles); 2nförmig adj. [‿nfœrmiç] pyramidal.

# Q

Quacksalber ['kvakzalbər] m (-s/-) quack (doctor); '‿ei F [‿'raɪ] f (-/-en) quackery; '2n v/i. (ge-, h) (play the) quack.

Quadrat [kva'dra:t] n (-[e]s/-e) square; 2 Fuß im ‿ 2 feet square; ins ‿ erheben square; 2isch adj. square; Å equation: quadratic; ‿meile f square mile; ‿meter n, m square met|re, Am. -er; '‿wurzel Å f square root; '‿zahl Å f square number.

quaken ['kva:kən] v/i. (ge-, h) duck: quack; frog: croak.

quäken ['kvε:kən] v/i. (ge-, h) squeak.

Quäker ['kvε:kər] m (-s/-) Quaker, member of the Society of Friends.

Qual [kva:l] f (-/-en) pain; torment; agony.

quälen ['kvε:lən] v/t. (ge-, h) torment (a. fig.); torture; agonize; fig. bother, pester; sich ‿ toil, drudge.

**Qualifikation** [kvalifika'tsjo:n] *f* (-/-en) qualification.

**qualifizieren** [kvalifi'tsi:rən] *v/t.* and *v/refl.* (*no* -ge-, *h*) qualify (*zu* for).

**Qualit|ät** [kvali'tɛ:t] *f* (-/-en) quality; **Qativ** [‿a'ti:f] **1.** *adj.* qualitative; **2.** *adv.* as to quality.

**Quali'täts|arbeit** *f* work of high quality; **‿stahl** *m* high-grade steel; **‿ware** *f* high-grade *or* quality goods *pl.*

**Qualm** [kvalm] *m* (-[e]s/*no pl.*) dense smoke; fumes *pl.*; vapo(u)r, steam; **'2en** (ge-, *h*) **1.** *v/i.* smoke, give out vapo(u)r *or* fumes; F *p.* smoke heavily; **2.** F *v/t.* puff (away) at (*cigar, pipe, etc.*); **'2ig** *adj.* smoky.

**'qualvoll** *adj.* very painful; *pain:* excruciating; *fig.* agonizing, harrowing.

**Quantit|ät** [kvanti'tɛ:t] *f* (-/-en) quantity; **Qativ** [‿a'ti:f] **1.** *adj.* quantitative; **2.** *adv.* as to quantity.

**Quantum** ['kvantum] *n* (-s/*Quanten*) quantity, amount; quantum (*a. phys.*).

**Quarantäne** [karan'tɛ:nə] *f* (-/-n) quarantine; *in* ‿ *legen* (put in) quarantine. [curd(s *pl.*).\
**Quark** [kvark] *m* (-[e]s/*no pl.*) ‹\
**Quartal** [kvar'ta:l] *n* (-s/-e) quarter (of a year); *univ.* term.

**Quartett** [kvar'tɛt] *n* (-[e]s/-e) ♪ quartet(te); *cards:* four.

**Quartier** [kvar'ti:r] *n* (-s/-e) accommodation; ✕ quarters *pl.*, billet.

**Quaste** ['kvastə] *f* (-/-n) tassel; (powder-)puff.

**Quatsch** F [kvatʃ] *m* (-es/*no pl.*) nonsense, fudge, *sl.* bosh, rot, *Am. sl. a.* baloney; **'2en** F *v/i.* (ge-, *h*) twaddle, blether, *sl.* talk rot; (have a) chat; **'‿kopf** F *m* twaddler.

**Quecksilber** ['kvɛk-] *n* mercury, quicksilver.

**Quelle** ['kvɛlə] *f* (-/-n) spring, source (*a. fig.*); *oil:* well; *fig.* fountain, origin; **'2n** *v/i.* (*irr.*, ge-, *sein*) gush, well; **‿nangabe** ['kvɛlən⁹-] *f*

mention of sources used; **'‿nforschung** *f* original research.

**Quengel|ei** F [kvɛŋə'laɪ] *f* (-/-en) grumbling, whining, nagging; **'2n** F *v/i.* (ge-, *h*) grumble, whine; nag.

**quer** *adv.* [kve:r] crossways, crosswise; F *fig.* wrong; F ‿ *gehen* go wrong; ‿ *über* (*acc.*) across.

**'Quer|e** *f* (-/*no pl.*): *der* ‿ *nach* crossways, crosswise; F *j-m in die* ‿ *kommen* cross s.o.'s path; *fig.* thwart s.o.'s plans; **'‿frage** *f* cross-question; **'‿kopf** *fig. m* wrongheaded fellow; **'2schießen** F *v/i.* (*irr.* schießen, *sep.*, -ge-, *h*) try to foil s.o.'s plans; **'‿schiff** ⌂ *n* transept; **'‿schläger** ✕ *m* ricochet; **'‿schnitt** *m* cross-section (*a. fig.*); **'‿straße** *f* cross-road; *zweite* ‿ *rechts* second turning to the right; **'‿treiber** *m* (-s/-) schemer; **‿trei-be'rei** *f* (-/-en) intriguing, machination.

**Querulant** [kveru'lant] *m* (-en/-en) querulous person, grumbler, *Am. sl. a.* griper.

**quetsch|en** ['kvɛtʃən] *v/t.* (ge-, *h*) squeeze; 𝔰 bruise, contuse; *sich den Finger* ‿ jam one's finger; **'2ung** 𝔰 *f* (-/-en), **'2wunde** 𝔰 *f* bruise, contusion.

**quick** *adj.* [kvik] lively, brisk.

**quieken** ['kvi:kən] *v/i.* (ge-, *h*) squeak, squeal.

**quietsch|en** ['kvi:tʃən] *v/i.* (ge-, *h*) squeak, squeal; *door-hinge, etc.*: creak, squeak; *brakes, etc.*: screech; **'‿ver'gnügt** F *adj.* (as) jolly as a sandboy.

**Quirl** [kvirl] *m* (-[e]s/-e) twirling-stick; **'2en** *v/t.* (ge-, *h*) twirl.

**quitt** *adj.* [kvit]: ‿ *sein mit j-m* be quits *or* even with s.o.; *jetzt sind wir* ‿ *that leaves us even*; **‿ieren** [‿'ti:rən] *v/t.* (*no* -ge-, *h*) receipt (*bill, etc.*); quit, abandon (*post, etc.*); **'2ung** *f* (-/-en) receipt; *fig.* answer; *gegen* ‿ *against receipt.*

**quoll** [kvɔl] *pret. of* quellen.

**Quot|e** ['kvo:tə] *f* (-/-n) quota, share, portion; **‿ient** ⅄ [kvo'tsjɛnt] *m* (-en/-en) quotient.

# R

**Rabatt** ✝ [ra'bat] *m* (-[e]s/-e) discount, rebate.

**Rabe** *orn.* ['ra:bə] *m* (-n/-n) raven; **'2n'schwarz** F *adj.* raven, jet-black.

**rabiat** *adj.* [ra'bja:t] rabid, violent.

**Rache** ['raxə] *f* (-/*no pl.*) revenge, vengeance; retaliation.

**Rachen** *anat.* ['raxən] *m* (-s/-) throat, pharynx; jaws *pl.*

**rächen** ['rɛçən] *v/t.* (ge-, *h*) avenge,

revenge; *sich* ‿ *an* (*dat.*) revenge o.s. *or* be revenged on.

**'Rachen|höhle** *anat. f* pharynx; **'‿katarrh** 𝔰 *m* cold in the throat.

**'rach|gierig** *adj.*, **'‿süchtig** *adj.* revengeful, vindictive.

**Rad** [ra:t] *n* (-[e]s/-er) wheel; (bi)cycle, F bike; (*ein*) ‿ *schlagen peacock:* spread its tail; *sports:* turn cart-wheels; *unter die Räder* kommen go to the dogs; '~achse f axle(-tree).

Rader ['ra:dɐr, ra'da:r] m, n (-s/-s) radar.

Radau F [ra'dau] m (-s/no pl.) row, racket, hubbub.

radebrechen ['ra:də-] v/t. (ge-, h) speak (language) badly, murder (language).

radeln ['ra:dəln] v/i. (ge-, sein) cycle, pedal, F bike.

Rädelsführer ['re:dəls-] m ringleader.

Räderwerk ⊕ ['re:dər-] n gearing.

'rad|fahren v/i. (irr. fahren, sep., -ge-, sein) cycle, (ride a) bicycle, pedal, F bike; '2fahrer m cyclist, Am. a. cycler or wheelman.

radier|en [ra'di:rən] v/t. (no -ge-, h) rub out, erase; ärt: etch; 2gummi m (india-)rubber, esp. Am. eraser; 2messer n eraser; 2ung f (-/-en) etching.

Radieschen ⚘ [ra'di:sçən] n (-s/-) (red) radish.

radikal adj. [radi'ka:l] radical.

Radio ['ra:djo] n (-s/-s) radio, wireless; im ~ on the radio, on the air; 2aktiv phys. adj. [radjoak'ti:f] radio(-)active; ~er Niederschlag fall-out; '~apparat m radio or wireless (set).

Radium ⚗ ['ra:djum] n (-s/no pl.) radium.

Radius ⚗ ['ra:djus] m (-/Radien) radius.

'Rad|kappe f hub cap; '~kranz m rim; '~rennbahn f cycling track; '~rennen n cycle race; '~sport m cycling; '~spur f rut, track.

raffen ['rafən] v/t. (ge-, h) snatch up; gather (dress).

raffiniert adj. [rafi'ni:rt] refined; fig. clever, cunning.

ragen ['ra:gən] v/i. (ge-, h) tower, loom.

Ragout [ra'gu:] n (-s/-s) ragout, stew, hash.

Rahe ⚓ ['ra:ə] f (-/-n) yard.

Rahm [ra:m] m (-[e]s/no pl.) cream.

Rahmen ['ra:mən] 1. m (-s/-) frame; fig.: frame, background, setting; scope; aus dem ~ fallen be out of place; 2. 2 v/t. (ge-, h) frame.

Rakete [ra'ke:tə] f (-/-n) rocket; e-e ~ abfeuern or starten launch a rocket; dreistufige ~ three-stage rocket; ~nantrieb [ra'ke:tən?-] m rocket propulsion; mit ~ rocket-propelled; ~nflugzeug n rocket (-propelled) plane; ~ntriebwerk n propulsion unit.

Ramm|bär ⊕ ['ram-] m, '~bock m, '~e f (-/-n) ram(mer); '2en v/t. (ge-, h) ram.

Rampe ['rampə] f (-/-n) ramp, ascent; '~nlicht n footlights pl.; fig. limelight.

Ramsch [ramʃ] m (-es/⚘ -e) junk,

14*

trash; im ~ kaufen buy in the lump; '~verkauf m jumble-sale; '~ware f job lot.

Rand [rant] m (-[e]s/~er) edge, brink (a. fig.); fig. verge; border; brim (of hat, cup, etc.); rim (of plate, etc.); margin (of book, etc.); lip (of wound); Ränder pl. under the eyes: rings pl., circles pl.; vor Freude außer ~ und Band geraten be beside o.s. with joy; er kommt damit nicht zu ~e he can't manage it; '~bemerkung f marginal note; fig. comment.

rang[1] [raŋ] pret. of ringen.

Rang[2] [~] m (-[e]s/~e) rank, order; ✕ rank; position; thea. tier; erster ~ thea. dress-circle, Am. first balcony; zweiter ~ thea. upper circle, Am. second balcony; ersten ~es first-class, first-rate; j-m den ~ ablaufen get the start or better of s.o.

Range ['raŋə] m (-n/-n), f (-/-n) rascal; romp.

rangieren [rɔ̃'ʒi:rən] (no -ge-, h) 1. 🛤 v/t. shunt, Am. a. switch; 2. fig. v/i. rank.

'Rang|liste f sports, etc.: ranking list; ✕ army-list, navy or air-force list; '~ordnung f order of precedence.

Ranke ⚘ ['raŋkə] f (-/-n) tendril; runner.

Ränke ['reŋkə] m/pl. intrigues pl.

'ranken v/refl. (ge-, h) creep, climb.

rann [ran] pret. of rinnen.

rannte ['rantə] pret. of rennen.

Ranzen ['rantsən] m (-s/-) knapsack; satchel.

ranzig adj. ['rantsiç] rancid, rank.

Rappe zo. ['rapə] m (-n/-n) black horse.

rar adj. [ra:r] rare, scarce.

Rarität [rari'tɛ:t] f (-/-en) rarity, curiosity, curio.

rasch adj. [raʃ] quick, swift, brisk; hasty; prompt.

rascheln ['raʃəln] v/i. (ge-, h) rustle.

rasen[1] ['ra:zən] v/i. (ge-, h) 1. (h) rage, storm; rave; 2. (sein) race, speed; '~d adj. raving; frenzied; speed: tearing; pains: agonizing; headache: splitting; j-n ~ machen drive s.o. mad.

Rasen[2] [~] m (-s/-) grass; lawn; turf; '~platz m lawn, grass-plot.

Raserei F [ra:zə'rai] f (-/-en) rage, fury; frenzy, madness; F mot. scorching; j-n zur ~ bringen drive s.o. mad.

Rasier|apparat [ra'zi:r-] m (safety) razor; 2en v/t. (no -ge-, h) shave; sich ~ (lassen get a) shave; ~klinge f razor-blade; ~messer n razor; ~pinsel m shaving-brush; ~seife f shaving-soap; ~wasser n aftershave lotion; ~zeug n shaving kit.

Rasse ['rasə] f (-/-n) race; zo. breed.

rasseln ['rasəln] v/i. (ge-, h) rattle.

'**Rassen|frage** f (-/no pl.) racial issue; '**~kampf** m race conflict; '**~problem** n racial issue; '**~schranke** f colo(u)r bar; '**~trennung** f (-/no pl.) racial segregation; '**~unruhen** f/pl. race riots pl.

'**rasserein** adj. thoroughbred, pure-bred.

'**rassig** adj. thoroughbred; fig. racy.

**Rast** [rast] f (-/-en) rest, repose; break, pause; '**~en** v/i. (ge-, h) rest, repose; '**~los** adj. restless; '**~platz** m resting-place; mot. picnic area.

**Rat** [raːt] m 1. (-[e]s/no pl.) advice, counsel; suggestion; fig. way out; zu **~e** ziehen consult; j-n um **~** fragen ask s.o.'s advice; 2. (-[e]s/**~e**) council, board; council(l)or, alderman.

**Rate** ['raːtə] f (-/-n) instal(l)ment (a. ✝); auf **~n** ✝ on hire-purchase.

'**raten** (irr., ge-, h) 1. v/i. advise, counsel (j-m zu inf. s.o. to inf.); 2. v/t. guess, divine.

'**raten|weise** adv. by instal(l)ments; '**²zahlung** ✝ f payment by instal(l)ments.

'**Rat|geber** m (-s/-) adviser, counsel(l)or; '**~haus** n town hall, Am. a. city hall.

**ratifizieren** [ratifiˈtsiːrən] v/t. (no -ge-, h) ratify.

**Ration** [raˈtsjoːn] f (-/-en) ration, allowance; 2**ell** adj. [**~**oˈnɛl] rational; efficient; economical; 2**ieren** [**~**oˈniːrən] v/t. (no -ge-, h) ration.

'**rat|los** adj. puzzled, perplexed, at a loss; '**~sam** adj. advisable; expedient; '**²schlag** m (piece of) advice, counsel.

**Rätsel** ['rɛːtsəl] n (-s/-) riddle, puzzle; enigma, mystery; '**²haft** adj. puzzling; enigmatic(al), mysterious.

**Ratte** zo. ['ratə] f (-/-n) rat.

**rattern** ['ratərn] v/i. (ge-, h, sein) rattle, clatter.

**Raub** [raup] m (-[e]s/no pl.) robbery; kidnap(p)ing; piracy (of intellectual property); booty, spoils pl.; '**~bau** m (-[e]s/no pl.): **~** treiben ⚔ exhaust the land; ⚔ rob a mine; **~** treiben mit undermine (one's health); 2**en** ['**~**bən] v/t. (ge-, h) rob, take by force, steal; kidnap; j-m et. **~** rob or deprive s.o. of s.th.

**Räuber** ['rɔybər] m (-s/-) robber; '**~bande** f gang of robbers; 2**isch** adj. rapacious, predatory.

'**Raub|fisch** ichth. m fish of prey; '**~gier** f rapacity; 2**gierig** adj. rapacious; '**~mord** m murder with robbery; '**~mörder** m murderer and robber; '**~tier** zo. n beast of prey; '**~überfall** m hold-up, armed robbery; '**~vogel** orn. m bird of prey; '**~zug** m raid.

**Rauch** [raux] m (-[e]s/no pl.) smoke; fume; 2**en** (ge-, h) 1. v/i. smoke;

fume; p. (have a) smoke; 2. v/t. smoke (cigarette); '**~er** m (-s/-) smoker; s. Raucherabteil.

**Räucheraal** ['rɔyçərʔ-] m smoked eel.

**Raucherabteil** 🚃 ['rauxər²-] n smoking-car(riage), smoking-compartment, smoker.

'**Räucher|hering** m red or smoked herring, kipper; '2**n** (ge-, h) 1. v/t. smoke, cure (meat, fish); 2. v/i. burn incense.

'**Rauch|fahne** f trail of smoke; '**~fang** m chimney, flue; '**~fleisch** n smoked meat; '2**ig** adj. smoky; '**~tabak** m tobacco; '**~waren** f/pl. tobacco products pl.; furs pl.; '**~zimmer** n smoking-room.

**Räude** ['rɔydə] f (-/-n) mange, scab; '2**ig** adj. mangy, scabby.

**Rauf|bold** contp. ['raufbɔlt] m (-[e]s/-e) brawler, rowdy, Am. sl. tough; 2**en** (ge-, h) 1. v/t. pluck, pull; sich die Haare **~** tear one's hair; 2. v/i. fight, scuffle; **~erei** [**~**əˈrai] f (-/-en) fight, scuffle.

**rauh** adj. [rau] rough; rugged; weather: inclement, raw; voice: hoarse; fig.: harsh; coarse, rude; F: in **~en** Mengen galore; '2**reif** m (-[e]s/no pl.) hoar-frost, poet. rime.

**Raum** [raum] m (-[e]s/**~e**) room, space; expanse; area; room; premises pl.; '**~anzug** m space suit.

**räumen** ['rɔymən] v/t. (ge-, h) remove, clear (away); leave, give up, esp. ⚔ evacuate; vacate (flat).

'**Raum|fahrt** f astronautics; '**~flug** m space flight; '**~inhalt** m volume, capacity; '**~kapsel** f capsule.

**räumlich** adj. ['rɔymliç] relating to space, of space, spatial.

'**Raum|meter** n, m cubic met|re, Am. -er; '**~schiff** n space craft or ship; '**~sonde** f space probe; '**~station** f space station.

'**Räumung** f (-/-en) clearing, removal; esp. ✝ clearance; vacating (of flat), by force: eviction; ⚔ evacuation (of town); '**~sverkauf** ✝ m clearance sale.

**raunen** ['raunən] (ge-, h) 1. v/i. whisper, murmur; 2. v/t. whisper, murmur; man raunt rumo(u)r has it.

**Raupe** zo. ['raupə] f (-/-n) caterpillar; '**~nschlepper** ⊕ m caterpillar tractor.

**raus** int. [raus] get out!, sl. beat it!, scram!

**Rausch** [rauʃ] m (-es/**~e**) intoxication, drunkenness; fig. frenzy, transport(s pl.); e-n **~** haben be drunk; '2**en** v/i. (ge-, h) 1. (h) leaves, rain, silk: rustle; water, wind: rush; surf: roar; applause: thunder; 2. (sein) movement: sweep; '**~gift** n narcotic (drug), F dope.

**räuspern** ['rɔyspərn] v/refl. (ge-, h) clear one's throat.

**Razzia** ['ratsja] f (-/Razzien) raid, round-up.

**reagieren** [rea'giːrən] v/i. (no -ge-, h) react (auf acc. [up]on; to); fig. and ⊕ a. respond (to).

**Reaktion** [reak'tsjoːn] f (-/-en) reaction (a. pol.); fig. a. response (auf acc. to); **är** [.o'nɛːr] **1.** m (-s/-e) reactionary; **2.** 2 adj. reactionary.

**Reaktor** phys. [re'aktor] m (-s/-en) (nuclear) reactor, atomic pile.

**real** adj. [re'aːl] real; concrete; **isieren** [reali'ziːrən] v/t. (no -ge-, h) realize; 2**ismus** [rea'lismus] m (-/no pl.) realism; **istisch** adj. [rea'listiʃ] realistic; 2**ität** [reali'tɛːt] f (-/-en) reality; 2**schule** f non-classical secondary school.

**Rebe** ♀ ['reːbə] f (-/-n) vine.

**Rebell** [re'bɛl] m (-en/-en) rebel; 2**ieren** [.li'rən] v/i. (no -ge-, h) rebel, revolt, rise; 2**isch** adj. rebellious.

**Reb|huhn** orn. ['reːp-] n partridge; **laus** zo. ['reːp-] f vine-fretter, phylloxera; **stock** ♀ ['reːp-] m vine.

**Rechen** ['rɛçən] m (-s/-) rake; grid.

**Rechen|aufgabe** ['rɛçən-] f sum, (arithmetical) problem; **fehler** m arithmetical error, miscalculation; **maschine** f calculating-machine; **schaft** f (-/no pl.): ~ ablegen give or render an account (über acc. of), account or answer (for); zur ~ ziehen call to account (wegen for); '**schieber** A m slide-rule.

**rechne|n** ['rɛçnən] (ge-, h) **1.** v/t. reckon, calculate; estimate; value; charge; ~ zu rank with or among(st); **2.** v/i. count; ~ auf (acc.) or mit count or reckon or rely (up)on; '**risch** adj. arithmetical.

'**Rechnung** f (-/-en) calculation, sum, reckoning; account, bill; invoice (of goods); in restaurant: bill, Am. check; score; auf ~ on account; ~ legen render an account (über acc. of); e-r Sache ~ tragen make allowance for s.th.; es geht auf meine ~ in restaurants: it is my treat, Am. F this is on me; '**sprüfer** m auditor.

**recht**[1] [rɛçt] **1.** adj. right; real; legitimate; right, correct; zur ~en Zeit in due time, at the right moment; ein ~er Narr a regular fool; mir ist es ~ I don't mind; ~ haben be right; j-m ~ geben agree with s.o.; **2.** adv. right(ly), well; very; rather; really; correctly; ganz ~! quite (so)!; es geschieht ihm ~ it serves him right; ~ gern gladly, with pleasure; ~ gut quite good or well; ich weiß nicht ~ I wonder.

**Recht**[2] [.] n (-[e]s/-e) right (auf

acc. to), title (to), claim (on), interest (in); privilege; power, authority; gg law; justice; ~ sprechen administer justice; mit ~ justly.

'**Rechte** f (-n/-n) right hand; boxing: right; pol. the Right.

**Rechteck** ['rɛçtʔ-] n (-[e]s/-e) rectangle; 2**ig** adj. rectangular.

**recht|fertigen** ['rɛçtfɛrtigən] v/t. (ge-, h) justify; defend, vindicate; '2**fertigung** f (-/-en) justification; vindication, defen|ce, Am. -se; '**gläubig** adj. orthodox; **haberisch** adj. ['.haːbəriʃ] dogmatic; '**lich** adj. legal, lawful, legitimate; honest, righteous; '**los** adj. without rights; outlawed; '2**losigkeit** f (-/no pl.) outlawry; '**mäßig** adj. legal, lawful, legitimate; '2**mäßigkeit** f (-/no pl.) legality, legitimacy.

**rechts** adv. [rɛçts] on or to the right (hand).

'**Rechts|anspruch** m legal right or claim (auf acc. on, to), title (to); '**anwalt** m lawyer, solicitor; barrister, Am. attorney (at law); '**außen** m (-/-) football: outside right; '**beistand** m legal adviser, counsel.

'**recht|schaffen 1.** adj. honest, righteous; **2.** adv. thoroughly, downright, F awfully; '2**schreibung** f (-/-en) orthography, spelling.

'**Rechts|fall** m case, cause; '**frage** f question of law; issue of law; '**gelehrte** m jurist, lawyer; '2**gültig** adj. s. rechtskräftig; '**kraft** f (-/no pl.) legal force or validity; '2**kräftig** adj. valid, legal; judgement: final; '**kurve** f right-hand bend; '**lage** f legal position or status; '**mittel** n legal remedy; '**nachfolger** m assign, assignee; '**person** f legal personality; '**pflege** f administration of justice, judicature.

'**Rechtsprechung** f (-/-en) jurisdiction.

'**Rechts|schutz** m legal protection; '**spruch** m legal decision; judg(e)ment; sentence; verdict (of jury); '**steuerung** mot. f (-/-en) right-hand drive; '**streit** m action, lawsuit; '**verfahren** n (legal) proceedings pl.; '**verkehr** mot. m right-hand traffic; '**verletzung** f infringement; '**vertreter** m s. Rechtsbeistand; '**weg** m: den ~ beschreiten take legal action, go to law; unter Ausschluß des ~es eliminating legal proceedings; '2**widrig** adj. illegal, unlawful; '**wissenschaft** f jurisprudence.

'**recht|wink(e)lig** adj. right-angled; '**zeitig 1.** adj. punctual; opportune; **2.** adv. in (due) time, punctually, Am. on time.

**Reck** [rɛk] n (-[e]s/-e) *sports*: horizontal bar.

**recken** ['rɛkən] v/t. (ge-, h) stretch; **sich ~** stretch o.s.

**Redakt|eur** [redak'tøːr] m (-s/-e) editor; **~ion** [~'tsjoːn] f (-/-en) editorship; editing, wording; editorial staff, editors pl.; editor's or editorial office; **2ionell** adj. [~tsjo'nɛl] editorial.

**Rede** ['reːdə] f (-/-n) speech; oration; language; talk, conversation; discourse; **direkte ~** gr. direct speech; **indirekte ~** gr. reported or indirect speech; **e-e ~ halten** make or deliver a speech; **zur ~ stellen** call to account (wegen for); **davon ist nicht die ~** that is not the point; **davon kann keine ~ sein** that's out of the question; **es ist nicht der ~ wert** it is not worth speaking of; **2gewandt** adj. eloquent; **~kunst** f rhetoric; **2n** (ge-, h) 1. v/t. speak; talk; 2. v/i. speak (mit to); talk (to), chat (with); discuss (über et. s.th.); **sie läßt nicht mit sich ~** she won't listen to reason.

**Redensart** ['reːdəns'ʔ-] f phrase, expression; idiom; proverb, saying.

**redigieren** [redi'giːrən] v/t. (no -ge-, h) edit; revise.

**redlich** ['reːtlɪç] 1. adj. honest, upright; sincere; 2. adv.: **sich ~ bemühen** take great pains.

**Redner** ['reːdnər] m (-s/-) speaker; orator; **~bühne** f platform; **2isch** adj. oratorical, rhetorical; **~pult** n speaker's desk.

**redselig** adj. ['reːtzeːlɪç] talkative.

**reduzieren** [redu'tsiːrən] v/t. (no -ge-, h) reduce (auf acc. to).

**Reede** & ['reːdə] f (-/-n) roads pl., roadstead; **~r** m (-s/-) shipowner; **~'rei** f (-/-en) shipping company or firm.

**reell** [re'ɛl] 1. adj. respectable, honest; business firm: solid; goods: good; offer: real; 2. adv. ~ bedient werden get good value for one's money.

**Refer|at** [refe'raːt] n (-[e]s/-e) report; lecture; paper; **ein ~ halten** esp. univ. read a paper; **~endar** [~ɛn'daːr] m (-s/-e) ꝛꝛ junior lawyer; at school: junior teacher; **~ent** [~'rɛnt] m (-en/-en) reporter, speaker; **~enz** [~'rɛnts] f (-/-en) reference; **2ieren** [~'riːrən] v/i. (no -ge-, h) report (über acc. [up]on); (give a) lecture (on); esp. univ. read a paper (on).

**reflektieren** [reflɛk'tiːrən] (no -ge-, h) 1. phys. v/t. reflect; 2. v/i. reflect (über acc. [up]on); **~ auf** (acc.) † think of buying; be interested in.

**Reflex** [re'flɛks] m (-es/-e) phys. reflection or reflexion; ꝛ reflex (action); **2iv** gr. adj. [~'ksiːf] reflexive.

**Reform** [re'fɔrm] f (-/-en) reform; **~er** m (-s/-) reformer; **2ieren** [~'miːrən] v/t. (no -ge-, h) reform.

**Refrain** [rə'frɛ̃ː] m (-s/-s) refrain, chorus, burden.

**Regal** [re'gaːl] n (-s/-e) shelf.

**rege** adj. ['reːgə] active, brisk, lively; busy.

**Regel** ['reːgəl] f (-/-n) rule; regulation; standard; physiol. menstruation, menses pl.; **in der ~** as a rule; **2los** adj. irregular; disorderly; **2mäßig** adj. regular; **2n** v/t. (ge-, h) regulate, control; arrange, settle; put in order; **2recht** adj. regular; **~ung** f (-/-en) regulation, control; arrangement, settlement; **2widrig** adj. contrary to the rules, irregular; abnormal; sports: foul.

**regen**[1] ['reːgən] v/t. and v/refl. (ge-, h) move, stir.

**Regen**[2] [~] m (-s/-) rain; **vom ~ in die Traufe kommen** jump out of the frying-pan into the fire, get from bad to worse; **2arm** adj. dry; **~bogen** m rainbow; **~bogenhaut** anat. f iris; **2dicht** adj. rain-proof; **~guß** m downpour; **~mantel** m waterproof, raincoat, mac(k)intosh, F mac; **2reich** adj. rainy; **~schauer** m shower (of rain); **~schirm** m umbrella; **~tag** m rainy day; **~tropfen** m raindrop; **~wasser** n rain-water; **~wetter** n rainy weather; **~wolke** f rain-cloud; **~wurm** zo. m earthworm, Am. a. angleworm; **~zeit** f rainy season.

**Regie** [re'ʒiː] f (-/-n) management; thea., film: direction; **unter der ~ von** directed by.

**regier|en** [re'giːrən] (no -ge-, h) 1. v/i. reign; 2. v/t. govern (a. gr.), rule; **2ung** f (-/-en) government, Am. administration; reign.

**Re'gierungs|antritt** m accession (to the throne); **~beamte** m government official; **2bt.** Civil Servant; **~bezirk** m administrative district; **~gebäude** n government offices pl.

**Regiment** [regi'mɛnt] n 1. (-[e]s/-e) government, rule; 2. ꭕ (-[e]s/-er) regiment.

**Regisseur** [reʒi'søːr] m (-s/-e) thea. stage manager, director; film: director.

**Regist|er** [re'gɪstər] n (-s/-) register (a. ♪), record; index; **~ratur** [~ra'tuːr] f (-/-en) registry; registration.

**registrier|en** [regis'triːrən] v/t. (no -ge-, h) register, record; **2kasse** f cash register.

**reglos** adj. ['reːkloːs] motionless.

**regne|n** ['reːgnən] v/i. (ge-, h) rain; **es regnet in Strömen** it is pouring with rain; **~risch** adj. rainy.

**Regreß** ꝛꝛ. † [re'grɛs] m (Regresses/Regresse) recourse; **2pflichtig** ꝛꝛ. † adj. liable to recourse.

**regulär** adj. [regu'lɛːr] regular.

**regulier|bar** adj. [regu'liːrbaːr] adjustable, controllable; **~en** v/t. (no -ge-, h) regulate, adjust; control.

**Regung** ['reːɡʊŋ] f (-/-en) movement, motion; emotion; impulse; **2slos** adj. motionless.

**Reh** zo. [reː] n (-[e]s/-e) deer, roe; female: doe.

**rehabilitieren** [rehabili'tiːrən] v/t. (no -ge-, h) rehabilitate.

**'Reh|bock** zo. m roebuck; **2braun** adj.; **2farben** adj. fawn-colo(u)red; **'~geiß** zo. f doe; **'~kalb** zo. n, **~kitz** zo. ['~kɪts] n (-es/-e) fawn.

**Reib|e** ['raɪbə] f (-/-n), **~eisen** ['raɪp~] n grater.

**reib|en** ['raɪbən] (irr., ge-, h) 1. v/i. rub (an das [up]on); 2. v/t. rub, grate; pulverize; wund ~ chafe, gall; **2erei** F fig. [~'raɪ] f (-/-en) (constant) friction; **'2ung** f (-/-en) friction; **'~ungslos** adj. frictionless; fig. smooth.

**reich¹** adj. [raɪç] rich (an dat. in); wealthy, ample, abundant, copious.

**Reich²** [~] n (-[e]s/-e) empire; kingdom (of animals, vegetables, minerals); poet., rhet., fig. realm.

**reichen** ['raɪçən] (ge-, h) 1. v/t. offer; serve (food); j-m et. ~ hand or pass s.th. to s.o.; sich die Hände ~ join hands; 2. v/i. reach; extend; suffice; das reicht! that will do!

**reich|haltig** adj. ['raɪçhaltɪç] rich; abundant, copious; **'~lich** 1. adj. ample, abundant, copious, plentiful; ~ Zeit plenty of time; 2. F adv. rather, fairly, F pretty, plenty; **'2tum** m (-s/-er) riches pl.; wealth (an dat. of).

**'Reichweite** f reach; ✗ range; in ~ within reach, near at hand.

**reif¹** adj. [raɪf] ripe, mature.

**Reif²** [~] m (-[e]s/no pl.) white or hoar-frost, poet. rime.

**'Reife** f (-/no pl.) ripeness, maturity.

**'reifen¹** v/i. (ge-) 1. (sein) ripen, mature; 2. (h): es hat gereift there is a white or hoar-frost.

**'Reifen²** m (-s/-) hoop; ring; tyre, (Am. only) tire; as ornament: circlet; ~ wechseln mot. change tyres; **'~panne** mot. f puncture, Am. a. blowout.

**'Reife|prüfung** f s. Abitur; **'~zeugnis** n s. Abschlußzeugnis.

**'reiflich** adj. mature, careful.

**Reihe** ['raɪə] f (-/-n) row; line; rank; series; number; thea. row, tier; der ~ nach by turns; ich bin an der ~ it is my turn.

**'Reihen|folge** f succession, sequence; alphabetische ~ alphabetical order; **'~haus** n terrace-house, Am. row house; **'2weise** adv. in rows.

**Reiher** orn. ['raɪər] m (-s/-) heron.

**Reim** [raɪm] m (-[e]s/-e) rhyme; **'2en** (ge-, h) 1. v/i. rhyme; 2. v/t. and v/refl. rhyme (auf acc. with).

**rein** adj. [raɪn] pure; clean; clear; **~e Wahrheit** plain truth; **'2ertrag** m net proceeds pl.; **'2fall** F m letdown; **'2gewicht** n net weight; **'2gewinn** m net profit; **'2heit** f (-/no pl.) purity; cleanness.

**'reinig|en** v/t. (ge-, h) clean(se); fig. purify; **'2ung** f (-/-en) clean(s)ing; fig. purification; cleaners pl.; chemische ~ dry cleaning; **'2ungsmittel** n detergent, cleanser.

**'rein|lich** adj. clean; cleanly; neat, tidy; **'2machefrau** f charwoman; **'~rassig** adj. pedigree, thoroughbred, esp. Am. purebred; **'2schrift** f fair copy.

**Reis¹** ♣ [raɪs] m (-es/-e) rice.

**Reis²** ♣ [~] n (-es/-er) twig, sprig.

**Reise** ['raɪzə] f (-/-n) journey, ⏚, ✈ voyage; travel; tour; trip; passage; **'~büro** n travel agency or bureau; **'~decke** f travel(l)ing-rug; **'2fertig** adj. ready to start; **'~führer** m guide(-book); **'~gepäck** n luggage, Am. baggage; **'~gesellschaft** f tourist party; **'~kosten** pl. travel(l)ing-expenses pl.; **'~leiter** m courier; **'2n** v/i. (ge-, sein) travel, journey; ~ nach go to; ins Ausland ~ go abroad; **'~nde** m, f (-n/-n) (↔ commercial) travel(l)er; in trains: passenger; for pleasure: tourist; **'~necessaire** ['~nesesɛːr] n (-s/-s) dressing-case; **'~paß** m passport; **'~scheck** m traveller's cheque, Am. traveler's check; **'~schreibmaschine** f portable typewriter; **'~tasche** f travel(l)ing-bag, Am. grip(sack).

**Reisig** ['raɪzɪç] n (-s/no pl.) brushwood.

**Reißbrett** ['raɪs~] n drawing-board.

**reißen** ['raɪsən] 1. v/t. (irr., ge-, h) tear; pull; an sich ~ seize; scratch o.s. (an dat. with); sich ~ um scramble for; 2. v/i. (irr., ge-, sein) break; burst; split; tear; mir riß die Geduld I lost (all) patience; 3. ♀ F ♂ n (-s/no pl.) rheumatism; **'~d** adj. rapid; animal: rapacious; pain: acute; **~en Absatz finden** sell like hot cakes.

**'Reiß|er** F m (-s/-) draw, box-office success; thriller; **'~feder** f drawing-pen; **'~leine** ✈ f rip-cord; **'~nagel** m s. Reißzwecke; **'~schiene** f (T-)square; **'~verschluß** m zipfastener, zipper, Am. a. slide fastener; **'~zeug** n drawing instruments pl.; **'~zwecke** f drawing-pin, Am. thumbtack.

**Reit|anzug** ['raɪt~] m riding-dress; **'~bahn** f riding-school, manège; riding-track; **'2en** (irr., ge-) 1. v/i. (sein) ride, go on horseback; 2. v/t. (h) ride; **'~er** m (-s/-) rider, horseman; ✗ police: trooper; filing: tab; **~erei** f (-/-en) cavalry; **'~erin** f (-/-nen) horsewoman; **'~gerte** f riding-whip; `~hose` f (riding-) breeches pl.; `~knecht` m groom; `~kunst` f horsemanship; `~lehrer` m riding master; `~peitsche` f riding-whip; `~pferd` zo. n riding-horse, saddle-horse; `~schule` f riding-school; `~stiefel` m/pl. riding-boots pl.; `~weg` m bridle-path.

**Reiz** [raɪts] m (-es/-e) irritation; charm, attraction; allurement; `2bar` adj. sensitive; irritable, excitable, Am. sore; `2en` (ge-, h) 1. v/t. irritate (a. 𝓈*); excite; provoke; nettle; stimulate, rouse; entice, (al)lure, tempt, charm, attract; 2. v/i. cards: bid; `2end` adj. charming, attractive; Am. cute; lovely; `2los` adj. unattractive; `~mittel` n stimulus; 𝓈* stimulant; `~ung` f (-/-en) irritation; provocation; `2voll` adj. charming, attractive.

**rekeln** F [ˈreːkəln] v/refl. (ge-, h) loll, lounge, sprawl.

**Reklamation** [reklamaˈtsjoːn] f (-/-en) claim; complaint, protest.

**Reklame** [reˈklaːmə] f (-/-n) advertising; advertisement, F ad; publicity; ~ machen advertise; ~ machen für et. advertise s.th.

**rekla'mieren** (no -ge-, h) 1. v/t. (re)claim; 2. v/i. complain (wegen about).

**Rekonvaleszen|t** [rekɔnvalɛsˈtsɛnt] m (-en/-en), `~tin` f (-/-nen) convalescent; `~z` [~ts] f (-/no pl.) convalescence.

**Rekord** [reˈkɔrt] m (-[e]s/-e) sports, etc.: record.

**Rekrut** ✕ [reˈkruːt] m (-en/-en) recruit; `2ieren` ✕ [~uˈtiːrən] v/t. (no -ge-, h) recruit.

**Rektor** [ˈrɛktɔr] m (-s/-en) headmaster, rector, Am. principal; univ. chancellor, rector, Am. president.

**relativ** adj. [relaˈtiːf] relative.

**Relief** [relˈjɛf] n (-s/-s, -e) relief.

**Religi|on** [reliˈgjoːn] f (-/-en) religion; 2ös adj. [~øːs] religious; pious, devout; `~osität` [~oziˈtɛːt] f (-/no pl.) religiousness; piety.

**Reling** ⊕ [ˈreːlɪŋ] f (-/-s, -e) rail.

**Reliquie** [reˈliːkviə] f (-/-n) relic.

**Ren** zo. [rɛn; reːn] n (-s/-s; -s/-e) reindeer.

**Renn|bahn** [ˈrɛn-] f racecourse, Am. race track, horse-racing: a. the turf; mot. speedway; `~boot` n racing boat, racer.

**rennen** [ˈrɛnən] 1. v/i. (irr., ge-, sein) run; race; 2. v/t. (irr., ge-, h): j-n zu Boden ~ run s.o. down; 3. 2 n (-s/-) run(ning); race; heat.

'**Renn|fahrer** m mot. racing driver, racer; racing cyclist; `~läufer` m ski racer; `~mannschaft` f racecrew; `~pferd` zo. n racehorse, racer; `~rad` n racing bicycle, racer; `~sport` m racing; horse-racing: a. the turf; `~stall` m racing stable;

---

`~strecke` f racecourse, Am. race track; mot. speedway; distance (to be run); `~wagen` m racing car, racer.

**renommiert** adj. [renɔˈmiːrt] famous, noted (wegen for).

**renovieren** [renoˈviːrən] v/t. (no -ge-, h) renovate, repair; redecorate (interior of house).

**rent|abel** adj. [rɛnˈtaːbəl] profitable, paying; `2e` f (-/-n) income, revenue; annuity; (old-age) pension; rent; `2enempfänger` [ˈrɛntən?-] m s. Rentner; rentier.

**Rentier** zo. [ˈrɛn-] n s. Ren.

**rentieren** [rɛnˈtiːrən] v/refl. (no -ge-, h) pay.

**Rentner** [ˈrɛntnər] m (-s/-) (old-age) pensioner.

**Reparatur** [reparaˈtuːr] f (-/-en) repair; `~werkstatt` f repair-shop; mot. a. garage, service station.

**repa'rieren** v/t. (no -ge-, h) repair, Am. F fix.

**Report|age** [repɔrˈtaːʒə] f (-/-n) reporting, commentary, coverage; `~er` [reˈpɔrtər] m (-s/-) reporter.

**Repräsent|ant** [reprɛzɛnˈtant] m (-en/-en) representative; `~antenhaus` Am. parl. n House of Representatives; 2ieren (no -ge-, h) 1. v/t. represent; 2. v/i. cut a fine figure.

**Repressalie** [reprɛˈsaːljə] f (-/-n) reprisal.

**reproduzieren** [reproduˈtsiːrən] v/t. (no -ge-, h) reproduce.

**Reptil** zo. [rɛpˈtiːl] n (-s/-ien, ✦ -e) reptile.

**Republik** [repuˈbliːk] f (-/-en) republic; `~aner` pol. [~iˈkaːnər] m (-s/-) republican; 2anisch adj. [~iˈkaːnɪʃ] republican.

**Reserve** [reˈzɛrvə] f (-/-n) reserve; `~rad` mot. n spare wheel.

**reser'vier|en** v/t. (no -ge-, h) reserve; ~ lassen book (seat, etc.); `~t` adj. reserved (a. fig.).

**Resid|enz** [reziˈdɛnts] f (-/-en) residence; 2ieren v/i. (no -ge-, h) reside.

**resignieren** [rezɪˈɡniːrən] v/i. (no -ge-, h) resign.

**Respekt** [reˈspɛkt] m (-[e]s/no pl.) respect; 2ieren [~ˈtiːrən] v/t. (no -ge-, h) respect; 2los adj. irreverent, disrespectful; 2voll adj. respectful.

**Ressort** [rɛˈsoːr] n (-s/-s) department; province.

**Rest** [rɛst] m (-es/-e, ✦ -er) rest, remainder; residue (a. 🜂); esp. ✦ remnant (of cloth); leftover (of food); das gab ihm den ~ that finished him (off).

**Restaurant** [rɛstoˈrãː] n (-s/-s) restaurant.

'**Rest|bestand** m remnant; `~betrag` m remainder, balance; 2lich adj. remaining; 2los adv. com-pletely; entirely; '~zahlung f payment of balance; final payment.

**Resultat** [rezul'ta:t] n (-[e]s/-e) result, outcome; *sports*: score.

**retten** ['retən] v/t. (ge-, h) save; deliver, rescue.

**Rettich** ❦ ['retiç] m (-s/-e) radish.

'**Rettung** f (-/-en) rescue; deliverance; escape.

'**Rettungs|boot** n lifeboat; '~gürtel m lifebelt; '2los adj. irretrievable, past help or hope, beyond recovery; '~mannschaft f rescue party; '~ring m life-buoy.

**Reu|e** ['rɔ:ə] f (-/no pl.) repentance (über acc. of), remorse (at); '2en v/t. (ge-, h): et. reut mich I repent (of) s.th.; '2evoll adj. repentant; 2(müt)ig adj. ['~(my:t)iç] repentant.

**Revanche** [re'vã:ʃ(ə)] f (-/-n) revenge; ~spiel n return match.

**revan'chieren** v/refl. (no -ge-, h) take or have one's revenge (an dat. on); return (für et. s.th.).

**Revers** 1. [re'vε:r] n, m (-/-) lapel (of coat); 2. [re'vεrs] m (-es/-e) declaration; ⚖ bond.

**revidieren** [revi'di:rən] v/t. (no -ge-, h) revise; check; ✝ audit.

**Revier** [re'vi:r] n (-s/-e) district, quarter; s. Jagdrevier.

**Revision** [revi'zjo:n] f (-/-en) revision (a. typ.); ✝ audit; ⚖ appeal; ~ einlegen ⚖ lodge an appeal.

**Revolt|e** [re'voltə] f (-/-en) revolt, uprising; 2ieren [~'ti:rən] v/i. (no -ge-, h) revolt, rise (in revolt).

**Revolution** [revolu'tsjo:n] f (-/-en) revolution; ~är [~o'nε:r] 1. m (-s/-e) revolutionary; 2. 2 adj. revolutionary.

**Revolver** [re'volvər] m (-s/-) revolver, Am. F a. gun.

**Revue** [rə'vy:] f (-/-n) review; thea. revue, (musical) show; ~ passieren lassen pass in review.

**Rezens|ent** [retsen'zent] m (-en/-en) critic, reviewer; 2ieren v/t. (no -ge-, h) review, criticize; ~ion [~'zjo:n] f (-/-en) review, critique.

**Rezept** [re'tsept] n (-[e]s/-e) ⚕ prescription; cooking: recipe (a. fig.).

**Rhabarber** ❦ [ra'barbər] m (-s/no pl.) rhubarb.

**rhetorisch** adj. [re'to:riʃ] rhetorical.

**rheumati|sch** ⚕ adj. [rɔy'ma:tiʃ] rheumatic; 2smus ⚕ [~a'tismus] m (-/Rheumatismen) rheumatism.

**rhythm|isch** adj. ['rytmiʃ] rhythmic(al); 2us ['~us] m (-/Rhythmen) rhythm.

**richten** ['riçtən] v/t. (ge-, h) set right, arrange, adjust; level, point (gun) (auf acc. at); direct (gegen at); ⚖ judge; execute; zugrunde ~ ruin, destroy; in die Höhe ~ raise, lift up; sich ~ nach conform to, act according to; take one's bearings from;

gr. agree with; depend on; price: be determined by; ich richte mich nach Ihnen I leave it to you.

'**Richter** m (-s/-) judge; '2lich adj. judicial; '~spruch m judg(e)ment, sentence.

'**richtig** 1. adj. right, correct, accurate; proper; true; just; ein ~er Londoner a regular cockney; 2. adv.: ~ gehen clock: go right; '2keit f (-/no pl.) correctness; accuracy; justness; '~stellen v/t. (sep., -ge-, h) put or set right, rectify.

'**Richt|linien** f/pl. (general) directions pl., rules pl.; '~preis ✝ m standard price; '~schnur f ⊕ plumb-line; fig. rule (of conduct), guiding principle.

'**Richtung** f (-/-en) direction; course, way; fig. line; ~sanzeiger mot. ['riçtuŋs-] m (-s/-) flashing indicator, trafficator; 2weisend adj. directive, leading, guiding.

'**Richtwaage** ⊕ f level.

**rieb** [ri:p] pret. of reiben.

**riechen** ['ri:çən] (irr., ge-, h) 1. v/i. smell (nach of; an dat. at); sniff (an dat. at); 2. v/t. smell; sniff.

**rief** [ri:f] pret. of rufen.

**riefeln** ⊕ ['ri:fəln] v/t. (ge-, h) flute, groove.

**Riegel** ['ri:gəl] m (-s/-) bar, bolt; bar, cake (of soap); bar (of chocolate).

**Riemen** ['ri:mən] m (-s/-) strap, thong; belt; ⚓ oar.

**Ries** [ri:s] n (-es/-e) ream.

**Riese** ['ri:zə] m (-n/-n) giant.

**rieseln** ['ri:zəln] v/i. (ge-, h) 1. (sein) small stream: purl, ripple; trickle; 2. (h): es rieselt it drizzles.

**ries|engroß** adj. ['ri:zən-], '~enhaft adj., '~ig adj. gigantic, huge; '2in f (-/-nen) giantess.

**riet** [ri:t] pret. of raten.

**Riff** [rif] n (-[e]s/-e) reef.

**Rille** ['rilə] f (-/-n) groove; ⊕ a. flute.

**Rimesse** ✝ [ri'mesə] f (-/-n) remittance.

**Rind** zo. [rint] n (-[e]s/-er) ox; cow; neat; ~er pl. (horned) cattle pl.; zwanzig ~er twenty head of cattle.

**Rinde** ['rində] f (-/-n) ❦ bark; rind (of fruit, bacon, cheese); crust (of bread).

'**Rinder|braten** m roast beef; '~herde f herd of cattle; '~hirt m cowherd, Am. cowboy.

'**Rind|fleisch** n beef; '~(s)leder n neat's-leather, cow-hide; '~vieh n (horned) cattle pl., neat pl.

**Ring** [riŋ] m (-[e]s/-e) ring; circle; link (of chain); ✝ ring, pool, trust, Am. F combine; '~bahn f circular railway.

**ringel|n** ['riŋəln] v/refl. (ge-, h) curl, coil; '2natter zo. f ring-snake.

**ring|en** ['riŋən] (*irr.*, ge-, h) 1. *v/i.* wrestle; struggle (*um* for); *nach Atem* ~ gasp (for breath); 2. *v/t.* wring (*hands, washing*); '2er *m* (-s/-) wrestler.

**ring|förmig** *adj.* ['riŋfœrmiç] annular, ring-like; '2kampf *m sports:* wrestling(-match); '2richter *m boxing:* referee.

**rings|um** [riŋs] around; '~he'rum *adv.*, '~'um *adv.*, '~um'her *adv.* round about, all (a)round.

**Rinn|e** ['rinə] *f* (-/-n) groove, channel; gutter (*of roof or street*); gully; '2en *v/i.* (*irr.*, ge-, *sein*) run, flow; drip; leak; '~sal [~zaːl] *n* (-[e]s/-e) watercourse, streamlet; '~stein *m* gutter; sink (*of kitchen unit*).

**Rippe** ['ripə] *f* (-/-n) rib; ▲ groin; bar (*of chocolate*); '2n *v/t.* (ge-, h) rib; '~nfell *anat.* *n* pleura; '~nfellentzündung ✂ *f* pleurisy; '~nstoß *m* dig in the ribs; nudge.

**Risiko** ['riːziko] *n* (-s/-s, Risiken) risk; *ein* ~ *eingehen* take a risk.

**risk|ant** *adj.* [ris'kant] risky; '~ieren *v/t.* (*no* -ge-, h) risk.

**Riß** [ris] 1. *m* (Risses/Risse) rent, tear; split (*a. fig.*); crack; *in skin:* chap; scratch; ⊕ draft, plan; *fig.* rupture. 2. *2 pret.* of reißen.

**rissig** *adj.* ['risiç] full of rents; *skin, etc.:* chappy; *~ werden* crack.

**Rist** [rist] *m* (-es/-e) instep; back of the hand; wrist.

**Ritt** [rit] 1. *m* (-[e]s/-e) ride; 2. 2 *pret.* of reiten.

**'Ritter** *m* (-s/-) knight; *zum* ~ *schlagen* knight; '~gut *n* manor; '2lich *adj.* knightly, chivalrous; '~lichkeit *f* (-/-en) gallantry, chivalry.

**rittlings** *adv.* ['ritliŋs] astride (*auf e-m Pferd* a horse).

**Ritz** [rits] *m* (-es/-e) crack, chink; scratch; '~e *f* (-/-n) crack, chink; fissure; '2en *v/t.* (ge-, h) scratch; cut.

**Rival|e** [ri'vaːlə] *m* (-n/-n), '~in *f* (-/-nen) rival; 2isieren [~ali'ziːrən] *v/i.* (*no* -ge-, h) rival (*mit j-m* s.o.); ~ität [~ali'tɛːt] *f* (-/-en) rivalry.

**Rizinusöl** ['riːtsinus?-] *n* (-[e]s/*no pl.*) castor oil.

**Robbe** *zo.* ['rɔbə] *f* (-/-n) seal.

**Robe** ['roːbə] *f* (-/-n) gown; robe.

**Roboter** ['rɔbɔtər] *m* (-s/-) robot.

**robust** *adj.* [ro'bust] robust, sturdy, vigorous.

**roch** [rɔx] *pret.* of riechen.

**röcheln** ['rœçəln] (ge-, h) 1. *v/i.* rattle; 2. *v/t.* gasp out (*words*).

**Rock** [rɔk] *m* (-[e]s/-e) skirt; coat, jacket; '~schoß *m* coat-tail.

**Rodel|bahn** ['roːdəl-] *f* toboggan-run; '2n *v/i.* (ge-, h, *sein*) toboggan, *Am. a.* coast; '~schlitten *m* sled(ge), toboggan.

**roden** ['roːdən] *v/t.* (ge-, h) clear (*land*); root up, stub (*roots*).

**Rogen** *ichth.* ['roːgən] *m* (-s/-) roe, spawn.

**Roggen** ♃ ['rɔgən] *m* (-s/-) rye.

**roh** *adj.* [roː] raw; *fig.*: rough, rude, cruel, brutal; *oil, metal:* crude; '2bau *m* (-[e]s/-ten) rough brickwork; '2eisen *n* pig-iron.

**Roheit** ['roːhaɪt] *f* (-/-en) rawness; roughness (*a. fig.*); *fig.*: rudeness; brutality.

**'Roh|ling** *m* (-s/-e) brute, ruffian; '~material *n* raw material; '~produkt *n* raw product.

**Rohr** [roːr] *n* (-[e]s/-e) tube, pipe; duct; ♃: reed; cane.

**Röhre** ['røːrə] *f* (-/-n) tube, pipe; duct; *radio:* valve, *Am.* (electron) tube.

**'Rohr|leger** *m* (-s/-) pipe fitter, plumber; '~leitung *f* plumbing; pipeline; '~post *f* pneumatic dispatch *or* tube; '~stock *m* cane; '~zucker *m* cane-sugar.

**'Rohstoff** *m* raw material.

**Rolladen** ['rɔlaːdən] *m* (-s/=, -) rolling shutter.

**'Rollbahn** ⚙ *f* taxiway, taxi-strip.

**Rolle** ['rɔlə] *f* (-/-n) roll; roller; coil (*of rope, etc.*); pulley; *beneath furniture:* cast[or, -er]; mangle; *thea.* part, role; *fig.* figure; ~ *Garn* reel of cotton, *Am.* spool of thread; *das spielt keine* ~ that doesn't matter, it makes no difference; *Geld spielt keine* ~ money (is) no object; *aus der* ~ *fallen* forget o.s.

**'rollen** (ge-) 1. *v/i.* (*sein*) roll; ⚙ taxi; 2. *v/t.* (h) roll; wheel; mangle (*laundry*).

**'Rollenbesetzung** *thea.* *f* cast.

**'Roller** *m* (-s/-) *children's toy:* scooter; *mot.* (motor) scooter.

**'Roll|feld** ⚙ *n* man(o)euvring area, *Am.* maneuvering area; '~film *phot.* *m* roll film; '~kragen *m* turtle neck; '~schrank *m* rollfronted cabinet; '~schuh *m* roller-skate; '~schuhbahn *f* roller-skating rink; '~stuhl *m* wheel chair; '~treppe *f* escalator; '~wagen *m* lorry, truck.

**Roman** [ro'maːn] *m* (-s/-e) novel, (work of) fiction; *novel of adventure and fig.*: romance; ~ist [~a'nist] *m* (-en/-en) Romance scholar *or* student; ~schriftsteller *m* novelist.

**Romanti|k** [ro'mantik] *f* (-/*no pl.*) romanticism; 2sch *adj.* romantic.

**Röm|er** ['røːmər] *m* (-s/-) Roman; '2isch *adj.* Roman.

**röntgen** ['rœntgən] *v/t.* (ge-, h) X-ray; '2aufnahme *f*, '2bild *n* X-ray; '2strahlen *m/pl.* X-rays *pl.*

**rosa** *adj.* ['roːza] pink.

**Rose** ['roːzə] *f* (-/-n) ♃ rose; ✂ erysipelas.

**'Rosen|kohl** ♃ *m* Brussels sprouts *pl.*; '~kranz *eccl.* *m* rosary; '2rot *adj.* rose-colo(u)red, rosy; '~stock ❦ *m* (-[e]s/=e) rose-bush.

'rosig *adj.* rosy (*a. fig.*), rose-colo(u)red, roseate.

Rosine [ro'zi:nə] *f* (-/-n) raisin.

Roß *zo.* [rɔs] *n* (*Rosses/Rosse*, F *Rösser*) horse, *poet.* steed; '~haar *n* horsehair.

Rost [rɔst] *m* 1. (-es/*no pl.*) rust; 2. (-es/-e) grate; gridiron; grill; '~braten *m* roast joint.

'rosten *v/i.* (ge-, *h*, sein) rust.

rösten ['rɛstən] *v/t.* (ge-, *h*) roast, grill; toast (*bread*); fry (*potatoes*).

'Rost|fleck *m* rust-stain; *in cloth*: iron-mo(u)ld; '2frei *adj.* rustless, rustproof; *esp. steel*: stainless; '2ig *adj.* rusty, corroded.

rot [ro:t] 1. *adj.* red; 2. 2 *n* (-s/-, F -s) red.

Rotationsmaschine *typ.* [rota-'tsjo:ns-] *f* rotary printing machine.

'rot|backig *adj.* ruddy; '~blond *adj.* sandy.

Röte ['rø:tə] *f* (-/*no pl.*) redness, red (colo[u]r); blush; '2n *v/t.* (ge-, *h*) redden; paint *or* dye red; *sich* ~ redden; flush, blush.

'rot|gelb *adj.* reddish yellow; '~glühend *adj.* red-hot; '2haut *f* redskin.

rotieren [ro'ti:rən] *v/i.* (*no* -ge-, *h*) rotate, revolve.

Rot|käppchen ['ro:tkɛpçən] *n* (-s/-) Little Red Riding Hood; '~kehlchen *orn.* *n* (-s/-) robin (redbreast).

rötlich *adj.* ['rø:tlɪç] reddish.

'Rot|stift *m* red crayon *or* pencil; '~tanne ❦ *f* spruce (fir).

Rotte ['rɔtə] *f* (-/-n) band, gang.

'Rot|wein *m* red wine; claret; '~wild *zo.* *n* red deer.

Rouleau [ru'lo:] *n* (-s/-s) *s.* Rollladen; blind, *Am.* (window) shade.

Route ['ru:tə] *f* (-/-n) route.

Routine [ru'ti:nə] *f* (-/*no pl.*) routine, practice.

Rübe ❦ ['ry:bə] *f* (-/-n) beet; weiße ~ (Swedish) turnip, *Am. a.* rutabaga; rote ~ red beet, beet(root); gelbe ~ carrot.

Rubin [ru'bi:n] *m* (-s/-e) ruby.

ruch|bar *adj.* ['ru:xba:r]: ~ werden become known, get about *or* abroad; '~los *adj.* wicked, profligate.

Ruck [ruk] *m* (-[e]s/-e) jerk, *Am.* F yank; jolt (*of vehicle*).

Rück|antwort ['ryk?-] *f* reply; Postkarte mit ~ reply postcard; mit bezahlter ~ telegram: reply paid; '2bezüglich *gr. adj.* reflexive; '~blick *m* retrospect(ive view) (*auf acc.* at); reminiscences *pl.*

rücken¹ ['rykən] (ge-) 1. *v/t.* (*h*) move, shift; 2. *v/i.* (sein) move; näher ~ near, approach.

Rücken² [~] *m* (-s/-) back; ridge (*of. mountain*); '~deckung *fig. f* backing, support; '~lehne *f* back

(*of chair, etc.*); '~mark *anat.* *n* spinal cord; '~schmerzen *m/pl.* pain in the back, back ache; '~schwimmen *n* (-s/*no pl.*) back-stroke swimming; '~wind *m* following *or* tail wind; '~wirbel *anat.* *m* dorsal vertebra.

Rück|erstattung ['ryk?-] *f* restitution; refund (*of money*), reimbursement (*of expenses*); '~fahrkarte *f* return (ticket), *Am. a.* round-trip ticket; '~fahrt *f* return journey *or* voyage; auf der ~ on the way back; '~fall *m* relapse; '2fällig *adj.*: ~ werden relapse; '~flug *m* return flight; '~frage *f* further inquiry; '~gabe *f* return, restitution; '~gang *fig. m* retrogression; ✝ recession, decline; '2gängig *adj.* retrograde; ~ machen cancel; '~grat *anat.* *n* (-[e]s/-e) spine, backbone (*both a. fig.*); '~halt *m* support; '2haltlos *adj.* unreserved, frank; '~hand *f* (-/*no pl.*) *tennis*: backhand (stroke); '~kauf *m* repurchase; '~kehr ['~ke:r] *f* (-/*no pl.*) return; '~kopp(e)lung *f* (-/-en) feedback; '~lage *f* reserve(s *pl.*); savings *pl.*; '2läufig *fig. adj.* ['~lɔyfɪç] retrograde; '~licht *mot. n* tail-light, tail-lamp, rear-light; '2lings *adv.* backwards; from behind; '~marsch *m* march back *or* home; retreat; '~porto ⊗ *n* return postage; '~reise *f* return journey, journey back *or* home.

'Rucksack *m* knapsack, rucksack.

'Rück|schlag *m* backstroke; *fig.* setback; '~schluß *m* conclusion, inference; '~schritt *fig. m* retrogression, set-back; *pol.* reaction; '~seite *f* back, reverse; *a.* tail (*of coin*); '~sendung *f* return; '~sicht *f* respect, regard, consideration (*auf j-n* for s.o.); '2sichtslos *adj.* inconsiderate (*gegen of*), regardless (*of*); ruthless, reckless; ~es Fahren *mot.* reckless driving; '2sichtsvoll *adj.* regardful (*gegen of*); considerate, thoughtful; '~sitz *mot. m* back-seat; '~spiegel *mot. m* rearview mirror; '~spiel *n sports*: return match; '~sprache *f* consultation; ~ nehmen mit consult (*lawyer*), consult with (*fellow workers*); nach ~ mit on consultation with; '~stand *m* arrears *pl.*; backlog; '🅰 residue; im ~ sein mit be in arrears *or* behind with; '2ständig *fig. adj.* old-fashioned, backward; ~e Miete arrears of rent; '~stoß *m* recoil; kick (*of gun*); '~strahler *m* (-s/-) rear reflector, cat's eye; '~tritt *m* withdrawal, retreat; resignation; '~trittbremse *f* back-pedal brake, *Am.* coaster brake; '~versicherung *f* reinsurance; 2wärts *adv.* ['~vɛrts] back, backward(s); '~wärtsgang *mot.* m reverse (gear); '~weg m way back, return.

'**ruckweise** *adv.* by jerks.

'**rück|wirkend** *adj.* reacting; *etc.*: retroactive, retrospective; '2~wirkung f reaction; '2zahlung f repayment; '2zug m retreat.

**Rüde** ['ry:də] 1. *zo.* m (-n/-n) male dog *or* fox *or* wolf; large hound; 2. 2 *adj.* rude, coarse, brutal.

**Rudel** ['ru:dəl] n (-s/-) troop; pack (*of wolves*); herd (*of deer*).

**Ruder** ['ru:dər] n (-s/-) oar; rudder (*a.* ⚓); helm; '~boot n row(ing)-boat; '~er m (-s/-) rower, oarsman; '~fahrt f row; '2n (*irr.*) 1. *v/i.* (h, sein) row; 2. *v/t.* (h) row; ~regatta [~regata] f (-/Ruderregatten) boat race, regatta; '~sport m rowing.

**Ruf** [ru:f] m (-[e]s/-e) call; cry, shout; summons, *univ.* call; reputation, repute; fame; standing, credit; '2en (*irr.*, ge-, h) 1. *v/i.* call; cry, shout; 2. *v/t.* call: ~ *lassen* send for.

'**Ruf|name** m Christian *or* first name; '~nummer f telephone number; '~weite f (-/no pl.): in ~ within call *or* earshot.

**Rüge** ['ry:gə] f (-/-) rebuke, censure, reprimand; '2n *v/t.* (ge-, h) rebuke, censure, blame.

**Ruhe** ['ru:ə] f (-/no pl.) rest, repose; sleep; quiet, calm; tranquillity; silence; peace; composure; *sich zur* ~ *setzen* retire; ~! quiet!, silence!; *immer mit der* ~! take it easy!; *lassen Sie mich in* ~! let me alone!; '2bedürftig *adj.*: ~ *sein* want *or* need rest; '~gehalt n pension; '2los *adj.* restless; '2n *v/i.* (ge-, h) rest, repose; sleep; *laß die Vergangenheit* ~! let bygones be bygones!; '~pause f pause; lull; '~platz m resting-place; '~stand m (-[e]s/no pl.) retirement; *im* ~ retired; *in den* ~ *treten* retire; *in den* ~ *versetzen* superannuate, pension off, retire; '~stätte f: *letzte* ~ last resting-place; '~störer m (-s/-) disturber of the peace, peacebreaker; '~störung f disturbance (of the peace), disorderly behavio(u)r, riot.

'**ruhig** *adj.* quiet; mind, water: tranquil, calm; silent; ⊕ smooth.

**Ruhm** [ru:m] m (-[e]s/no pl.) glory, fame, renown.

**rühm|en** ['ry:mən] *v/t.* (ge-, h) praise, glorify; *sich e-r Sache* ~ boast of s.th.; '~lich *adj.* glorious, laudable.

'**ruhm|los** *adj.* inglorious; '~reich *adj.* glorious.

**Ruhr** ⚕ [ru:r] f (-/no pl.) dysentery.

**Rühr|ei** ['ry:r'?-] n scrambled egg; '2en ['ry:-] (ge-, h) 1. *v/t.* stir, move; *fig.* touch, move, affect; *sich* ~ stir, move, bustle; 2. *v/i.*: *an et.* ~ touch s.th.; *wir wollen nicht daran* ~ let sleeping dogs lie; '2end

*adj.* touching, moving; '2ig *adj.* active, busy; enterprising; nimble; '2selig *adj.* sentimental; '~ung f (-/no pl.) emotion, feeling.

**Ruin** [ru'i:n] m (-s/no pl.) ruin; decay; ~e f (-/-n) ruin(s pl.); *fig.* ruin, wreck; 2ieren [rui'ni:rən] *v/t.* (no -ge-, h) ruin; destroy, wreck; spoil; *sich* ~ ruin o.s.

**rülpsen** ['rylpsən] *v/i.* (ge-, h) belch.

**Rumän|e** [ru'mɛːnə] m (-n/-n) Ro(u)manian; 2isch *adj.* Ro(u)manian.

**Rummel** F ['rumər] m (-s/no pl.) hurly-burly, row; bustle; revel; *in publicity:* F ballyhoo; '~platz m fun fair, amusement park.

**rumoren** [ru'mo:rən] *v/i.* (no -ge-, h) make a noise *or* row; *bowels:* rumble.

**Rumpel|kammer** F ['rumpəl-] f lumber-room; '2n F *v/i.* (ge-, h, sein) rumble.

**Rumpf** [rumpf] m (-[e]s/~e) *anat.* trunk, body; torso (*of statue*); ⚓ hull, frame, body; ✈ fuselage, body.

**rümpfen** ['rympfən] *v/t.* (ge-, h): *die Nase* ~ turn up one's nose, sniff (*über acc.* at).

**rund** [runt] 1. *adj.* round (*a. fig.*); circular; 2. *adv.* about; '2blick m panorama, view all (a)round; 2e ['rundə] f (-/-n) round; *sports:* lap; *boxing:* round, bout, patrol; beat (*of policeman*); *in der or die* ~ (a)round; ~en ['~dən] *v/refl.* (ge-, h) (grow) round; '2fahrt f drive round (*town, etc.*); *s.* Rundreise; '2flug m circuit (*über of*); '2frage f inquiry, poll.

'**Rundfunk** m broadcast(ing); broadcasting service; broadcasting company; radio, wireless; *im* ~ *over the* wireless, on the radio *or* air; '~anstalt f broadcasting company; '~ansager m (radio) announcer; '~gerät n radio *or* wireless set; '~gesellschaft f broadcasting company; '~hörer m listener(-in); ~ *pl. a.* (radio) audience; '~programm n broadcast *or* radio program(me); '~sender m broadcast transmitter; broadcasting *or* radio station; '~sendung f broadcast; '~sprecher m broadcaster, broadcast speaker, (radio) announcer; '~station f broadcasting *or* radio station; '~übertragung f radio transmission, broadcast(ing); broadcast (*of programme*).

'**Rund|gang** m tour, round, circuit; '~gesang m glee, catch; '2he'raus *adv.* in plain words, frankly, plainly; '2he'rum *adv.* round about, all (a)round; '2lich *adj.* round(ish); rotund, plump; '~reise f circular tour *or* trip, sight-seeing trip, *Am. a.* round trip; '~schau f panorama;

*newspaper*: review; '**.schreiben** *n* circular (letter); '**2.weg** *adv.* flatly, plainly.

**Runz|el** ['runtsəl] *f* (-/-n) wrinkle; '**2elig** *adj.* wrinkled; '**2eln** *v/t.* (ge-, *h*) wrinkle; *die Stirn ~* knit one's brows, frown; '**2ig** *adj.* wrinkled.

**Rüpel** ['ry:pəl] *m* (-s/-) boor, lout; '**2haft** *adj.* coarse, boorish, rude.

**rupfen** ['rupfən] *v/t.* (ge-, *h*) pull up *or* out, pick; pluck (*fowl*) (*a. fig.*).

**ruppig** *adj.* ['rupiç] ragged, shabby; *fig.* rude.

**Rüsche** ['ry:ʃə] *f* (-/-n) ruffle, frill.

**Ruß** [ru:s] *m* (-es/*no pl.*) soot.

**Russe** ['rusə] *m* (-n/-n) Russian.

**Rüssel** ['rysəl] *m* (-s/-) trunk (*of elefant*); snout (*of pig*).

'**ruß|en** *v/i.* (ge-, *h*) smoke; '**..ig** *adj.* sooty.

'**russisch** *adj.* Russian.

**rüsten** ['rystən]· (ge-, *h*) **1.** *v/t. and v/refl.* prepare, get ready (*zu* for); **2.** *esp.* ✕ *v/i.* arm.

**rüstig** *adj.* ['rystiç] vigorous, strong; '**2keit** *f* (-/*no pl.*) vigo(u)r.

'**Rüstung** *f* (-/-en) preparations *pl.*; ✕ arming, armament; armo(u)r; **..sindustrie** ['rystuŋs⁷-] *f* armament industry.

'**Rüstzeug** *n* (set of) tools *pl.*, implements *pl.*; *fig.* equipment.

**Rute** ['ru:tə] *f* (-/-n) rod; switch; *fox's tail*: brush.

**Rutsch** [rutʃ] *m* (-es/-e) (land)slide; F short trip; '**.bahn** *f*, '**.e** *f* (-/-n) slide, chute; '**2en** *v/i.* (ge-, *sein*) glide, slide; slip; *vehicle*: skid; '**2ig** *adj.* slippery.

**rütteln** ['rytəln] (ge-, *h*) **1.** *v/t.* shake, jog; jolt; **2.** *v/i.* shake, jog; *car*: jolt; *an der Tür ~* rattle at the door; *daran ist nicht zu ~* that's a fact.

# S

**Saal** [za:l] *m* (-[e]s/*Säle*) hall.

**Saat** [zaːt] *f* (-/-en) sowing; standing *or* growing crops *pl.*; seed (*a. fig.*); '**.feld** *n* cornfield; '**.gut** *n* (-[e]s/*no pl.*) seeds *pl.*; '**.kartoffel** *f* seed-potato.

**Sabbat** ['zabat] *m* (-s/-e) Sabbath.

**sabbern** F ['zabərn] *v/i.* (ge-, *h*) slaver, slobber, *Am. a.* drool; twaddle, *Am. sl. a.* drool.

**Säbel** ['zɛ:bəl] *m* (-s/-) sab|re, *Am.* -er; *mit dem ~ rasseln pol.* rattle the sabre; '**.beine** *n/pl.* bandy legs *pl.*; '**2beinig** *adj.* bandy-legged; '**.hieb** *m* sabre-cut; '**2n** F *fig. v/t.* (ge-, *h*) hack.

**Sabot|age** [zabo'taːʒə] *f* (-/-n) sabotage; **.eur** [..øːr] *m* (-s/-e) saboteur; **2ieren** *v/t.* (*no* -ge-, *h*) sabotage.

**Sach|bearbeiter** ['zax-] *m* (-s/-) official in charge; *social work*: case worker; '**.beschädigung** *f* damage to property; '**2dienlich** *adj.* relevant, pertinent; useful, helpful.

'**Sache** *f* (-/-n) thing; affair, matter, concern; ⚖ case; point; issue; *..n pl.* things *pl.*; *beschlossene ~* foregone conclusion; *e-e ~ für sich a* matter apart; (*nicht*) *zur ~ gehörig* (ir)relevant, *pred. a.* to (off) the point; *bei der ~ bleiben* stick to the point; *gemeinsame ~ machen mit* make common cause with.

'**sach|gemäß** *adj.* appropriate, proper; '**2kenntnis** *f* expert knowledge; '**.kundig** *adj. s.* sachverständig; '**2lage** *f* state of affairs, situation; '**.lich 1.** *adj.* relevant, pertinent, *pred. a.* to the point; matter-of-fact, business-like; un-bias(s)ed; objective; **2.** *adv.*: *~ einwandfrei od. richtig* factually correct.

**sächlich** *gr. adj.* ['zɛçliç] neuter.

'**Sachlichkeit** *f* (-/*no pl.*) objectivity; impartiality; matter-of-factness.

'**Sach|register** *n* (subject) index; '**.schaden** *m* damage to property.

**Sachse** ['zaksə] *m* (-n/-n) Saxon.

**sächsisch** *adj.* ['zɛksiʃ] Saxon.

**sacht** *adj.* [zaxt] soft, gentle; slow.

**Sach|verhalt** ['zaxfɛrhalt] *m* (-[e]s/ -e) facts *pl.* (of the case); '**2verständig** *adj.* expert; '**.verständige** *m* (-n/-n) expert, authority; ⚖ expert witness; '**.wert** *m* real value.

**Sack** [zak] *m* (-[e]s/-e) sack; bag; *mit ~ und Pack* with bag and baggage; '**.gasse** *f* blind alley, cul-de-sac, impasse (*a. fig.*), *Am. a.* dead end (*a. fig.*); *fig.* deadlock; '**.leinwand** *f* sackcloth.

**Sadis|mus** [za'dismus] *m* (-/*no pl.*) sadism; **..t** *m* (-en/-en) sadist; **2tisch** *adj.* sadistic.

**säen** ['zɛ:ən] *v/t. and v/i.* (ge-, *h*) sow (*a. fig.*).

**Saffian** ['zafja:n] *m* (-s/*no pl.*) morocco.

**Saft** [zaft] *m* (-[e]s/-e) juice (*of vegetables or fruits*); sap (*of plants*) (*a. fig.*); '**2ig** *adj.* fruits, etc.: juicy; meadow, etc.: lush; plants: sappy (*a. fig.*); joke, etc.: spicy, coarse; '**2los** *adj.* juiceless; sapless (*a. fig.*).

**Sage** ['za:gə] *f* (-/-n) legend, myth; *die ~ geht* the story goes.

**Säge** ['zɛːgə] f (-/-n) saw; '~blatt n saw-blade; '~bock m saw-horse, Am. a. sawbuck; '~fisch ichth. m sawfish; '~mehl n sawdust.

**sagen** ['zaːgən] (ge-, h) 1. v/t. say; j-m et. ~ tell s.o. s.th., say s.th. to s.o.; j-m ~ lassen, daß send s.o. word that; er läßt sich nichts ~ he will not listen to reason; das hat nichts zu ~ that doesn't matter; j-m gute Nacht ~ bid s.o. good night; 2. v/i. say; es ist nicht zu ~ it is incredible or fantastic; wenn ich so ~ darf if I may express myself in these terms; sage und schreibe believe it or not; no less than, as much as.

'**sägen** v/t. and v/i. (ge-, h) saw.

'**sagenhaft** adj. legendary, mythical; F fig. fabulous, incredible.

**Säge**|**späne** ['zɛːgəʃpɛːnə] m/pl. sawdust; '~werk n sawmill.

**sah** [zaː] pret. of sehen.

**Sahne** ['zaːnə] f (-/no pl.) cream.

**Saison** [zɛˈzõː] f (-/-s) season; 2bedingt adj. seasonal.

**Saite** ['zaɪtə] f (-/-n) string, chord (a. fig.), ~ninstrument ['zaɪtən?-] n stringed instrument.

**Sakko** ['zako] m, n (-s/-s) lounge coat; '~anzug m lounge suit.

**Sakristei** [zakrisˈtaɪ] f (-/-en) sacristy, vestry.

**Salat** [zaˈlaːt] m (-[e]s/-e) salad; ♀ lettuce.

**Salb**|**e** ['zalbə] f (-/-n) ointment; 2en v/t. (ge-, h) rub with ointment; anoint; '~ung f (-/-en) anointing, unction (a. fig.); 2ungsvoll fig. adj. unctuous.

**saldieren** † [zalˈdiːrən] v/t. (no -ge-, h) balance, settle.

**Saldo** † ['zaldo] m (-s/Salden, Saldos, Saldi) balance; den ~ ziehen strike the balance; '~vortrag † m balance carried down.

**Saline** [zaˈliːnə] f (-/-n) salt-pit, salt-works.

**Salmiak** ⚗ [zalˈmjak] m, n (-s/no pl.) sal-ammoniac, ammonium chloride; ~geist m (-es/no pl.) liquid ammonia.

**Salon** [zaˈlõː] m (-s/-s) drawing-room, Am. a. parlor; ⚓ saloon; 2fähig adj. presentable; ~löwe fig. m lady's man, carpet-knight; ~wagen ⚙ m salooncar, saloon carriage, Am. parlor car.

**Salpeter** ⚗ [zalˈpeːtər] m (-s/no pl.) saltpet|re Am. -er; nit|re, Am. -er.

**Salto** ['zalto] m (-s/-s, Salti) somersault; ~ mortale break-neck leap; e-n ~ schlagen turn a somersault.

**Salut** [zaˈluːt] m (-[e]s/-e) salute; ~ schießen fire a salute; 2ieren [~uˈtiːrən] v/i. (no -ge-, h) (stand at the) salute.

**Salve** ['zalvə] f (-/-n) volley; ⚓ broadside; salute.

**Salz** [zalts] n (-es/-e) salt; '~bergwerk n salt-mine; 2en v/t. ([irr.,] ge-, h) salt; '~faß n, ~fäßchen ['~fɛsçən] n (-s/-) salt-cellar; '~gurke f pickled cucumber; 2haltig adj. saline, saliferous; '~hering m pickled herring; 2ig adj. salt(y); s. salzhaltig; '~säure f hydrochloric or muriatic acid; '~wasser n (-s/≈) salt water, brine; '~werk n salt-works, saltern.

**Same** ['zaːmə] m (-ns/-n), '~n m (-s/-) ♀ seed (a. fig.); biol. sperm, semen; '~nkorn ♀ n grain of seed.

**Sammel**|**büchse** ['zaməl-] f collecting-box; '~lager n collecting point; refugees, etc.: assembly camp; 2n (ge-, h) 1. v/t. gather; collect (stamps, etc.); sich ~ gather; fig.: concentrate; compose o.s.; 2. v/i. collect money (für for) '~platz m meeting-place, place of appointment; ✕, ⚓ rendezvous.

**Sammi**|**er** ['zamlər] m (-s/-) collector; '~ung f 1. (-/-en) collection; 2. fig. (-/no pl.) composure; concentration.

**Samstag** ['zams-] m Saturday.

**samt**[1] [zamt] 1. adv.: ~ und sonders one and all; 2. prp. (dat.) together or along with.

**Samt**[2] [~] m (-[e]s/-e) velvet.

**sämtlich** ['zɛmtliç] 1. adj. all (together); complete; 2. adv. all (together or of them).

**Sanatorium** [zanaˈtoːrjum] n (-s/Sanatorien) sanatorium, Am. a. sanitarium.

**Sand** [zant] m (-[e]s/-e) sand; j-m ~ in die Augen streuen throw dust into s.o.'s eyes; im ~e verlaufen end in smoke, come to nothing.

**Sandale** [zanˈdaːlə] f (-/-n) sandal.

'**Sand**|**bahn** f sports: dirt-track; '~bank f sandbank; '~boden m sandy soil; '~grube f sand-pit; 2ig adj. ['~diç] sandy; '~korn n grain of sand; '~mann fig. m (-[e]s/no pl.) sandman, dustman; '~papier n sandpaper; '~sack m sand-bag; '~stein m sandstone.

**sandte** ['zant] pret. of senden.

'**Sand**|**torte** f Madeira cake; '~uhr f sand-glass; '~wüste f sandy desert.

**sanft** adj. [zanft] soft; gentle, mild; smooth; slope, death, etc.: easy; ~er Zwang non-violent coercion; mit ~er Stimme softly, gently; '~mütig adj. ['~myːtiç] gentle, mild; meek.

**sang** [zaŋ] pret. of singen.

**Sänger** ['zɛŋər] m (-s/-) singer.

**Sanguini**|**ker** [zaŋguˈiːnikər] m (-s/-) sanguine person; 2sch adj. sanguine.

**sanier**|**en** [zaˈniːrən] v/t. (no -ge-, h) improve the sanitary conditions of; esp. †: reorganize; 2ung f (-/-en) sanitation; esp. †: reorganization; readjustment.

sanitär adj. [zani'tɛːr] sanitary.

Sanität|er [zani'tɛːtər] m (-s/-)
ambulance man; ✕ medical orderly.

sank [zaŋk] pret. of sinken.

Sankt [zaŋkt] Saint, St.

sann [zan] pret. of sinnen.

Sard|elle ichth. [zar'delə] f (-/-n)
anchovy; ~ine ichth. [~iːnə] f (-/-n)
sardine.

Sarg [zark] m (-[e]s/~e) coffin, Am.
a. casket; '~deckel m coffin-lid.

Sarkas|mus [zar'kasmus] m (-/~
Sarkasmen) sarcasm; 2tisch adj.
[~tiʃ] sarcastic.

saß [zaːs] pret. of sitzen.

Satan ['zaːtan] m (-s/-e) Satan; fig.
devil; 2isch fig. adj. [za'taːniʃ]
satanic.

Satellit ast., pol. [zate'liːt] m (-en/-en)
satellite; ~enstaat pol. m satellite
state.

Satin [sa'tɛ̃ː] m (-s/-s) satin; sateen.

Satir|e [za'tiːrə] f (-/-n) satire;
~iker [~ikər] m (-s/-) satirist; 2isch
adj. satiric(al).

satt adj. [zat] satisfied, satiated,
full; colour: deep, rich; sich ~ essen
eat one's fill; ich bin ~ I have had
enough; F et. ~ haben be tired or
sick of s.th., sl. be fed up with s.th.

Sattel ['zatəl] m (-s/~) saddle; '~gurt
m girth; '2n v/t. (ge-, h) saddle.

'Sattheit f (-/no pl.) satiety, fullness; richness, intensity (of colours).

sättig|en ['zɛtigən] (ge-, h) 1. v/t.
satisfy, satiate; ↑, phys. saturate;
2. v/i. food: be substantial; 'Qung
f (-/-en) satiation; ↑, fig. satura-
tion.

Sattler ['zatlər] m (-s/-) saddler;
~ei [~'rai] f (-/-en) saddlery.

'sattsam adv. sufficiently.

Satz [zats] m (-es/~e) gr. sentence,
clause; phls. maxim; ♪ proposition,
theorem; ♪ movement; tennis, etc.:
set; typ. setting, composition;
sediment, dregs pl., grounds pl.;
rate (of prices, etc.); set (of stamps,
tools, etc.); leap, bound.

'Satzung f (-/-en) statute, by-law;
'2sgemäß adj. statutory.

'Satzzeichen gr. n punctuation
mark.

Sau [zau] f 1. (-/~e) zo. sow; fig.
contp. filthy swine; 2. hunt. (-/-en)
wild sow.

sauber adj. ['zaubər] clean; neat
(a. fig.), tidy; attitude: decent; iro.
fine, nice; '2keit f (-/no pl.) clean-
(li)ness; tidiness, neatness; decency
(of attitude).

säuber|n ['zɔybərn] v/t. (ge-, h)
clean(se); tidy, clean up (room,
etc.); clear (von of); purge (of, from)
(a. fig., pol.); '2ungsaktion pol. f
purge.

sauer ['zauər] 1. adj. sour (a. fig.),
acid (a. ↑); cucumber: pickled;
task, etc.: hard, painful; fig. morose,

surly; 2. adv.: ~ reagieren auf et.
take s.th. in bad part.

säuer|lich adj. ['zɔyrliç] sourish,
acidulous; '~n v/t. (ge-, h) (make)
sour, acidify (a. ↑); leaven (dough).

'Sauer|stoff ↑ m (-[e]s/no pl.)
oxygen; '~teig m leaven.

saufen ['zaufən] v/t. and v/i. (irr.,
ge-, h) animals: drink; F p. sl. soak,
lush.

Säufer F ['zɔyfər] m (-s/-) sot, sl.
soak.

saugen ['zaugən] ([irr.,] ge-, h)
1. v/i. suck (an et. s.th.); 2. v/t.
suck.

säuge|n ['zɔygən] v/t. (ge-, h)
suckle, nurse; '2tier n mammal.

Säugling ['zɔyklin] m (-s/-e) baby,
suckling; '~sheim n baby-farm,
baby-nursery.

'Saug|papier n absorbent paper;
'~pumpe f suction-pump; '~wir-
kung f suction-effect.

Säule ['zɔylə] f (-/-n) △, anat.
column (a. of smoke, mercury, etc.);
pillar, support (both a. fig.); '~n-
gang m colonnade; '~nhalle f pil-
lared hall; portico.

Saum [zaum] m (-[e]s/~e) seam,
hem; border, edge.

säum|en ['zɔymən] v/t. (ge-, h)
hem; border, edge; die Straßen ~
line the streets; '~ig adj. payer:
dilatory.

'Saum|pfad m mule-track; '~tier n
sumpter-mule.

Säure ['zɔyrə] f (-/-n) sourness;
sourness (a. 💧 of stomach); ↑ acid.

'Saure'gurkenzeit f silly or slack
season.

säuseln ['zɔyzəln] (ge-, h) 1. v/i.
leaves, wind: rustle, whisper; 2. v/t.
p. say airily, purr.

sausen ['zauzən] v/i. (ge-) 1. (sein)
F rush, dash; bullet, etc.: whiz(z),
whistle; 2. (h) wind: whistle, sough.

'Saustall m pigsty; F fig. a. horrid
mess.

Saxophon ♪ [zakso'foːn] n (-s/-e)
saxophone.

Schab|e ['ʃaːbə] f (-/-n) zo. cock-
roach; ⊕ s. Schabeisen; '~efleisch
n scraped meat; '~eisen ⊕ n scraper, shaving-tool; '~emesser ⊕ n
scraping-knife; '2en v/t. (ge-, h)
scrape (a. ⊕); grate, rasp; scratch;
'~er ⊕ m (-s/-) scraper.

Schabernack ['ʃaːbərnak] m (-[e]s/
-e) practical joke, hoax, prank.

schäbig adj. ['ʃɛːbiç] shabby (a. fig.),
F seedy, Am. F a. dowdy, tacky;
fig. mean.

Schablone [ʃa'bloːnə] f (-/-n) model,
pattern; stencil; fig.: routine;
cliché; 2nhaft adj., 2nmäßig adj.
according to pattern; fig.: mechanical; attr. a. routine.

Schach [ʃax] n (-s/-s) chess; ~!
check!; ~ und matt! checkmate!;

*in or im ~ halten* keep s.o. in check; '~brett n chessboard.

**schachern** ['ʃaxərn] v/i. (ge-, h) haggle (*um* about, over), chaffer (about, over), Am. a. dicker; ~ *mit* barter (away).

'**Schach|feld** n square; '~figur f chess-man, piece; *fig.* pawn; '2~matt adj. (check)mated; *fig.* tired out, worn out; '~spiel n game of chess. [a. pit.]

**Schacht** [ʃaxt] m (-[e]s/⸚e) shaft; ⚒)

**Schachtel** ['ʃaxtəl] f (-/-n) box; F *alte ~* old frump.

'**Schachzug** m move (at chess); *geschickter ~* clever move (a. *fig.*).

**schade** pred. adj. ['ʃaːdə]: *es ist ~* it is a pity; *wie ~!* what a pity!; *zu ~ für* too good for.

**Schädel** ['ʃɛːdəl] m (-s/-) skull, cranium; '~bruch ⚕ m fracture of the skull.

**schaden** ['ʃaːdən] 1. v/i. (ge-, h) damage, injure, harm, hurt (*j-m* s.o.); be detrimental (to s.o.); *das schadet nichts* it does not matter, never mind; 2. 2 m (-s/⸚) damage (*an dat.* to); injury, harm, infirmity; hurt; loss; '2ersatz m indemnification, compensation; damages pl.; *~ verlangen* claim damages; *~ leisten* pay damages; *auf ~ (ver)klagen ⚖* sue for damages; '2freude f malicious enjoyment of others' misfortunes, schadenfreude; '~froh adj. rejoicing over others' misfortunes.

**schadhaft** adj. ['ʃaːthaft] damaged; defective, faulty; *building, etc.*: dilapidated; *pipe, etc.*: leaking; *tooth, etc.*: decayed.

**schädig|en** ['ʃɛːdiɡən] v/t. (ge-, h) damage, impair, wrong, harm; '2ung f (-/-en) damage (*gen.* to), impairment (of); prejudice (to).

**schädli|ch** adj. ['ʃɛːtliç] harmful, injurious, noxious, detrimental, prejudicial; '2ng ['~ŋ] m (-s/-e) zo. pest; ♀ destructive weed; noxious person; ~*e* pl. ♂ a. vermin.

**schadlos** adj. ['ʃaːtloːs]: *sich ~ halten* recoup or idemnify o.s. (*für* for).

**Schaf** [ʃaːf] n (-[e]s/⸚e) zo. sheep; *fig.* simpleton; '~bock zo. m ram.

**Schäfer** ['ʃɛːfər] m (-s/-) shepherd; '~hund m sheep-dog; Alsatian (wolf-hound).

**Schaffell** ['ʃaːfˀ~] n sheepskin.

**schaffen** ['ʃafən] 1. v/t. (irr., ge-, h) create, produce; 2. v/t. (ge-, h) convey, carry, move; take, bring; cope with, manage; 3. v/i. (ge-, h) be busy, work.

**Schaffner** ['ʃafnər] m (-s/-) 👮 guard, Am. conductor; *tram, bus:* conductor.

'**Schafhirt** m shepherd.

**Schafott** [ʃa'fɔt] n (-[e]s/-e) scaffold.

'**Schaf|pelz** m sheepskin coat; '~stall m fold.

**Schaft** [ʃaft] m (-[e]s/⸚e) shaft (*of lance, column, etc.*); stick (*of flag*); stock (*of rifle*); shank (*of tool, key, etc.*); leg (*of boot*); '~stiefel m high boot; ~ pl. a. Wellingtons pl.

'**Schaf|wolle** f sheep's wool; '~zucht f sheep-breeding, sheep-farming.

**schäkern** ['ʃɛːkərn] v/i. (ge-, h) jest, joke; flirt.

**schal**¹ adj. [ʃaːl] insipid; stale; *fig.* a. flat.

**Schal**² [~] m (-s/-e, -s) scarf, muffler; comforter.

**Schale** ['ʃaːlə] f (-/-n) bowl; ⊕ scale (*of scales*); shell (*of eggs, nuts, etc.*); peel, skin (*of fruit*); shell, crust (*of tortoise*); paring, peeling; F: *sich in ~ werfen* doll o.s. up.

**schälen** ['ʃɛːlən] v/t. (ge-, h) remove the peel *or* skin from; pare, peel (*fruit, potatoes, etc.*); *sich ~ skin:* peel *or* come off.

**Schalk** [ʃalk] m (-[e]s/-e, ⸚e) rogue, wag; '2haft adj. roguish, waggish.

**Schall** [ʃal] m (-[e]s/-e, ⸚e) sound; '~dämpfer m sound absorber; *mot.* silencer, Am. muffler; silencer (*on fire-arms*); '2dicht adj. soundproof; '2en v/i. (ge-, h) ([irr.,] ge-, h) sound; ring, peal; '2end adj.: *~es Gelächter* roars pl. *or* a peal of laughter; '~mauer f sound barrier; '~platte f record, disc, disk; '~welle f sound-wave.

**schalt** [ʃalt] pret. of *schelten.*

'**Schaltbrett** ⚡ n switchboard.

**schalten** ['ʃaltən] (ge-, h) 1. v/i. ⚡ switch; *mot.* change *or* shift gears; direct, rule; 2. v/t. ⊕ actuate, operate, control.

'**Schalter** m (-s/-) 🚉, *theatre, etc.*: booking-office; 💰, *bank, etc.*: counter; ⚡ switch; ⊕, *mot.* controller.

'**Schalt|hebel** m *mot.* gear lever; ⊕, 🚂 control lever; ⚡ switch lever; '~jahr n leap-year; '~tafel ⚡ f switchboard, control panel; '~tag m intercalary day.

**Scham** [ʃaːm] f (-/no pl.) shame; bashfulness, modesty; *anat.* privy parts pl., genitals pl.

**schämen** ['ʃɛːmən] v/refl. (ge-, h) be or feel ashamed (*gen. or wegen* of).

'**Scham|gefühl** n sense of shame; '2haft adj. bashful, modest; '~haftigkeit f (-/no pl.) bashfulness, modesty; '2los adj. shameless; impudent; '~losigkeit f (-/-en) shamelessness; impudence; '2rot adj. blushing; *~ werden* blush; '~röte f blush; '~teile anat. m/pl. privy parts pl., genitals pl.

**Schande** ['ʃandə] f (-/⸚, -n) shame, disgrace.

**schänden** ['ʃɛndən] v/t. (ge-, h)

dishono(u)r, disgrace; desecrate, profane; rape, violate; disfigure.
**Schandfleck** *fig.* ['ʃant-] *m* blot, stain; eyesore.
**schändlich** *adj.* ['ʃɛntliç] shameful, disgraceful, infamous; '**2keit** *f* (-/-en) infamy.
'**Schandtat** *f* infamous act(ion).
'**Schändung** *f* (-/-en) dishono(u)ring; profanation, desecration; rape, violation; disfigurement.
**Schanze** ['ʃantsə] *f* (-/-n) ✕ entrenchment; ⚓ quarter-deck; *sports*: ski-jump; '**2n** *v/i.* (ge-, h) throw up entrenchments, entrench.
**Schar** [ʃɑːr] *f* (-/-en) troop, band; *geese, etc.*: flock; ⚘ ploughshare, *Am.* plowshare; '**2en** *v/t.* (ge-, h) assemble, collect; *sich ~ a.* flock (*um round*).
**scharf** [ʃarf] 1. *adj.* sharp; *edge*: keen; *voice, sound*: piercing, shrill; *smell, taste*: pungent; *pepper, etc.*: hot; *sight, hearing, intelligence, etc.*: keen; *answer, etc.*: cutting; ✕ *ammunition*: live; *~ sein auf (acc.)* be very keen on; 2. *adv.*: *~ ansehen* look sharply at; *~ reiten* ride hard; '**2blick** *fig. m* (-[e]s/*no pl.*) clear-sightedness.
**Schärfe** ['ʃɛrfə] *f* (-/-n) sharpness; keenness; pungency; '**2n** *v/t.* (ge-, h) put an edge on, sharpen; strengthen (*memory*); sharpen (*sight, hearing, etc.*).
'**Scharf|macher** *fig. m* (-s/-) firebrand, agitator; '**~richter** *m* executioner; '**~schütze** *m* ✕ sharpshooter, sniper; '**2sichtig** *adj.* sharp-sighted; *fig.* clear-sighted; '**~sinn** *m* (-[e]s/*no pl.*) sagacity; acumen; '**2sinnig** *adj.* sharp-witted, shrewd; sagacious.
**Scharlach** ['ʃarlax] *m* 1. (-s/-e) scarlet; 2. ⚕ (-s/*no pl.*) scarlet fever; '**2rot** *adj.* scarlet.
**Scharlatan** ['ʃarlatan] *m* (-s/-e) charlatan, quack (doctor); mountebank.
**Scharmützel** [ʃar'mytsəl] *n* (-s/-) skirmish.
**Scharnier** ⊕ [ʃar'niːr] *n* (-s/-e) hinge, joint.
**Schärpe** ['ʃɛrpə] *f* (-/-n) sash.
**scharren** ['ʃarən] (ge-, h) 1. *v/i.* scrape (*mit den Füßen* one's feet); *hen, etc.*: scratch; *horse*: paw; 2. *v/t. horse*: paw (*ground*).
**Schart|e** ['ʃartə] *f* (-/-n) notch, nick; *mountains*: gap, *Am.* notch; *e-e ~ auswetzen* repair a fault; wipe out a disgrace; '**2ig** *adj.* jagged, notchy.
**Schatten** ['ʃatən] *m* (-s/-) shadow (*a. fig.*); shade (*a. paint.*); '**~bild** *n* silhouette; '**2haft** *adj.* shadowy; '**~kabinett** *pol. n* shadow cabinet; '**~riß** *m* silhouette; '**~seite** *f* shady side; *fig.* seamy side.

**schattier|en** [ʃa'tiːrən] *v/t.* (*no -ge-, h*) shade, tint; **2ung** *f* (-/-en) shading; shade (*a. fig.*), tint.
'**schattig** *adj.* shady.
**Schatz** [ʃats] *m* (-es/⁎e) treasure; *fig.* sweetheart, darling; '**~amt** ⊹ *n* Exchequer, *Am.* Treasury (Department); '**~anweisung** ⊹ *f* Treasury Bond, *Am. a.* Treasury Note.
**schätzen** ['ʃɛtsən] *v/t.* (ge-, h) estimate; value (*auf acc.* at); price (at); rate; appreciate; esteem; *sich glücklich ~ zu inf.* be delighted to *inf.*; '**~swert** *adj.* estimable.
'**Schatz|kammer** *f* treasury; '**~meister** *m* treasurer.
'**Schätzung** *f* 1. (-/-en) estimate, valuation; rating; 2. (-/*no pl.*) appreciation, estimation; esteem.
'**Schatzwechsel** ⊹ *m* Treasury Bill.
**Schau** [ʃau] *f* (-/-en) inspection; show, exhibition; *zur ~ stellen* exhibit, display.
**Schauder** ['ʃaudər] *m* (-s/-) shudder(ing), shiver, tremor; *fig.* horror, terror; '**2haft** *adj.* horrible, dreadful; F *fig. a.* awful; '**2n** *v/i.* (ge-, h) shudder, shiver (*both: vor dat.* at).
**schauen** ['ʃauən] *v/i.* (ge-, h) look (*auf acc.* at).
**Schauer** ['ʃauər] *m* (-s/-) rain, *etc.*: shower (*a. fig.*); shudder(ing), shiver; attack, fit; thrill; '**2lich** *adj.* dreadful, horrible; '**2n** *v/i.* (ge-, h) *s. schaudern;* '**~roman** *m* penny dreadful, thriller.
**Schaufel** ['ʃaufəl] *f* (-/-n) shovel, dust-pan; '**2n** *v/t. and v/i.* (ge-, h) shovel.
'**Schaufenster** *n* shop window, *Am. a.* show-window; '**~bummel** *m*: *e-n ~ machen* go window-shopping; '**~dekoration** *f* window-dressing; '**~einbruch** *m* smash-and-grab raid.
**Schaukel** ['ʃaukəl] *f* (-/-n) swing; '**2n** (ge-, h) 1. *v/i.* swing; *ship, etc.*: rock; 2. *v/t.* rock (*baby, etc.*); '**~pferd** *n* rocking-horse; '**~stuhl** *m* rocking-chair, *Am. a.* rocker.
**Schaum** [ʃaum] *m* (-[e]s/⁎e) foam; *beer, etc.*: froth, head; *soap*: lather; '**~bad** *n* bubble bath.
**schäumen** ['ʃɔymən] *v/i.* (ge-, h) foam, froth; lather; *wine, etc.*: sparkle.
'**Schaum|gummi** *n, m* foam rubber; '**2ig** *adj.* foamy, frothy; '**~wein** *m* sparkling wine.
'**Schau|platz** *m* scene (of action), theat|re, *Am.* -er; '**~prozeß** ⚖ *m* show trial.
**schaurig** *adj.* ['ʃauriç] horrible, horrid.
'**Schau|spiel** *n* spectacle; *thea.* play; '**~spieler** *m* actor, player; '**~haus** *n* playhouse, theat|re, *Am.* -er; '**~spielkunst** *f* (-/*no pl.*) dra-

matic art, *the drama*; '~steller *m* (-s/-) showman.

**Scheck** † [ʃɛk] *m* (-s/-s) cheque, *Am.* check; '~buch *n*, '~heft *n* cheque-book, *Am.* checkbook.

'**scheckig** *adj.* spotted; *horse:* piebald.

**scheel** [ʃeːl] 1. *adj.* squint-eyed, cross-eyed; *fig.* jealous, envious; 2. *adv.:* *j-n ~ ansehen* look askance at s.o.

**Scheffel** ['ʃɛfəl] *m* (-s/-) bushel; '2n *v/t.* (ge-, *h*) amass (*money, etc.*).

**Scheibe** ['ʃaɪbə] *f* (-/-n) disk, disc (*a. of sun, moon*); *esp. ast.* orb; slice (*of bread, etc.*); pane (*of window*); *shooting:* target; '~nhonig *m* honey in combs; '~nwischer *mot. m* (-s/-) wind-screen wiper, *Am.* windshield wiper.

**Scheide** ['ʃaɪdə] *f* (-/-n) sword, *etc.:* sheath, scabbard; border, boundary; '~münze *f* small coin; '2n (*irr.*, ge-) 1. *v/t.* (*h*) separate; 🕮 analyse; 🕮 divorce; *sich ~ lassen von* 🕮 divorce (*one's husband or wife*); 2. *v/i.* (*sein*) depart; part (*von* with); *aus dem Dienst ~* retire from service; *aus dem Leben ~* depart from this life; '~wand *f* partition; '~weg *fig. m* cross-roads *sg.*

'**Scheidung** *f* (-/-en) separation; 🕮 divorce; '~grund 🕮 *m* ground for divorce; '~klage 🕮 *f* divorce-suit; *die ~ einreichen* file a petition for divorce.

**Schein** [ʃaɪn] *m* 1. (-[e]s/*no pl.*) shine; *sun, lamp, etc.:* light; *fire:* blaze; *fig.* appearance; 2. (-[e]s/-e) certificate; receipt; bill; (bank-)note; '2bar *adj.* seeming, apparent; '2en *v/i.* (*irr.*, ge-, *h*) shine; *fig.* seem, appear, look; '~grund *m* pretext, preten|ce, *Am.* -se; '2heilig *adj.* sanctimonious, hypocritical; '~tod 🕮 *m* suspended animation; '2tot *adj.* in a state of suspended animation; '~werfer *m* (-s/-) reflector, projector; 🔦, 🚗, 🔦 searchlight; *mot.* headlight; *thea.* spotlight.

**Scheit** [ʃaɪt] *n* (-[e]s/-e) log, billet.

**Scheitel** ['ʃaɪtəl] *m* (-s/-) crown or top of the head; *hair:* parting; summit, peak; *esp.* 🕮 vertex; '2n *v/t.* (ge-, *h*) part (*hair*).

**Scheiterhaufen** ['ʃaɪtər-] *m* (funeral) pile; stake.

'**scheitern** *v/i.* (ge-, *sein*) ⚓ run aground, be wrecked; *fig.* fail, miscarry.                                [box on the ear.\

**Scheile** ['ʃɛlə] *f* (-/-n) (little) bell;\
'**Schellfisch** *ichth. m* haddock.

**Schelm** [ʃɛlm] *m* (-[e]s/-e) rogue; '~enstreich *m* roguish trick; '2isch *adj.* roguish, arch.

**Schelte** ['ʃɛltə] *f* (-/-n) scolding; '2n (*irr.*, ge-, *h*) 1. *v/t.* scold, rebuke; 2. *v/i.* scold.

**Schema** ['ʃeːma] *n* (-s/-s, -ta, *Schemen*) scheme; model, pattern; arrangement; 2tisch *adj.* [ʃe'maːtiʃ] schematic.

**Schemel** ['ʃeːməl] *m* (-s/-) stool.

**Schemen** ['ʃeːmən] *m* (-s/-) phantom, shadow; '2haft *adj.* shadowy.

**Schenke** ['ʃɛŋkə] *f* (-/-n) public house, F pub; tavern, inn.

**Schenkel** ['ʃɛŋkəl] *m* (-s/-) *anat.* thigh; *anat.* shank; *triangle, etc.:* leg; 🕮 *angle:* side.

**schenken** ['ʃɛŋkən] *v/t.* (ge-, *h*) give; remit (*penalty, etc.*); *j-m et. ~* give s.o. s.th., present s.o. with s.th., make s.o. a present of s.th.

'**Schenkung** 🕮 *f* (-/-en) donation; '~surkunde 🕮 ['ʃɛŋkuŋs?-] *f* deed of gift.

**Scherbe** ['ʃɛrbə] *f* (-/-n), '~n *m* (-s/-) (broken) piece, fragment.

**Schere** ['ʃeːrə] *f* (-/-n) (e-e a pair of) scissors *pl.*; *zo.* crab, *etc.:* claw; '2n *v/t.* 1. (*irr.*, ge-, *h*) shear (*a. sheep*), clip; shave (*beard*); cut (*hair*); clip, prune (*hedge*); 2. (ge-, *h*): *sich um et. ~* trouble about s.th.; '~nschleifer *m* (-s/-) knife-grinder; '~rei [~'raɪ] *f* (-/-en) trouble, bother.

**Scherz** [ʃɛrts] *m* (-es/-e) jest, joke; *~ beiseite* joking apart; *im ~, zum ~* in jest or joke; *~ treiben mit* make fun of; '2en *v/i.* (ge-, *h*) jest, joke; '2haft *adj.* joking, sportive.

**scheu** [ʃɔy] 1. *adj.* shy, bashful, timid; *horse:* skittish; *~ machen* frighten; 2. 2 *f* (-/*no pl.*) shyness; timidity; aversion (*vor dat.* to).

**scheuchen** ['ʃɔyçən] *v/t.* (ge-, *h*) scare, frighten (away).

'**scheuen** (ge-, *h*) 1. *v/i.* shy (*vor dat.* at), take fright (at); 2. *v/t.* shun, avoid; fear; *sich ~ vor* (*dat.*) shy at, be afraid of.

**Scheuer|lappen** ['ʃɔyər-] *m* scouring-cloth, floor-cloth; '~leiste *f* skirting-board; '2n (ge-, *h*) 1. *v/t.* scour, scrub; chafe; 2. *v/i.* chafe.

'**Scheuklappe** *f* blinker, *Am. a.* blinder.

**Scheune** ['ʃɔynə] *f* (-/-n) barn.

**Scheusal** ['ʃɔyzaːl] *n* (-[e]s/-e) monster.

**scheußlich** *adj.* ['ʃɔyslɪç] hideous, atrocious (F *a. fig.*), abominable (F *a. fig.*); '2keit *f* 1. (-/*no pl.*) hideousness; 2. (-/-en) abomination; atrocity.

**Schi** [ʃiː] *m* (-s/-er) *etc. s. Ski, etc.*

**Schicht** [ʃɪçt] *f* (-/-en) layer; *geol.* stratum (*a. fig.*); *at work:* shift; (social) class, rank, walk of life; '2en *v/t.* (ge-, *h*) arrange or put in layers, pile up; classify; '2weise *adv.* in layers; *work:* in shifts.

**Schick** [ʃɪk] 1. *m* (-[e]s/*no pl.*) chic, elegance, style; 2. 2 *adj.* chic, stylish, fashionable.

**schicken** ['ʃɪkən] *v/t.* (ge-, *h*) send

(*nach*, *zu* to); remit (*money*); *nach j-m* ~ send for s.o.; *sich* ~ *für* become, suit, befit *s.o.*; *sich* ~ *in* put up with, resign o.s. to *s.th.*

'**schicklich** *adj.* becoming, proper, seemly; '2**keit** *f* (*-/no pl.*) propriety, seemliness.

'**Schicksal** *n* (*-[e]s/-e*) fate, destiny.

**Schiebe|dach** *mot.* ['ʃiːbə-] *n* sliding roof; '**~fenster** *n* sash-window; '2**n** (*irr.*, *ge-*, *h*) 1. *v/t.* push, shove; shift (*blame*) (*auf acc.* on to); F *fig. v/i.* profiteer; '**~r** *m* (*-s/-*) bolt (*of door*); ⊕ slide; *fig.* profiteer, black marketeer, *sl.* spiv; '**~tür** *f* sliding door.

'**Schiebung** *fig. f* (*-/-en*) black marketeering, profiteering; put-up job.

**schied** [ʃiːt] *pret. of* scheiden.

**Schieds|gericht** ['ʃiːts-] *n* court of arbitration, arbitration committee; '**~richter** *m* arbitrator; *tennis, etc.*: umpire; *football, etc.*: referee; '2**richterlich** *adj.* arbitral; '**~spruch** *m* award, arbitration.

**schief** [ʃiːf] 1. *adj.* sloping, slanting; oblique; *face, mouth*: wry; *fig.* false, wrong; **~e Ebene** $\Lambda$ inclined plane; 2. *adv.*: *j-n* ~ *ansehen* look askance at s.o.

**Schiefer** ['ʃiːfər] *m* (*-s/-*) slate; splinter; '**~stift** *m* slate-pencil; '**~tafel** *f* slate.

**~schiefgehen** *v/i.* (*irr. gehen, sep., -ge-, sein*) go wrong or awry.

**schielen** ['ʃiːlən] *v/i.* (*ge-*, *h*) squint, be cross-eyed; ~ *auf* (*acc.*) squint at; leer at

**schien** [ʃiːn] *pret. of* scheinen.

**Schienbein** ['ʃiːn-] *n* shin(-bone), tibia.

**Schiene** ['ʃiːnə] *f* (*-/-n*) $\overline{\mathbb{m}}$, *etc.*: rail; $\mathscr{F}$ splint; '2**n** $\mathscr{F}$ *v/t.* (*ge-*, *h*) splint.

**schießen** ['ʃiːsən] (*irr.*, *ge-*) 1. *v/t.* (*h*) shoot; *tot* ~ shoot dead; *ein Tor* ~ *score* (a goal); *Salut* ~ fire a salute; 2. *v/i.* (*h*): *auf j-n* ~ shoot or fire at; *gut* ~ be a good shot; 3. *v/i.* (*sein*) shoot, dart, rush.

'**Schieß|pulver** *n* gunpowder; '**~scharte** $\chi$ *f* loop-hole, embrasure; '**~scheibe** *f* target; '**~stand** *m* shooting-gallery or -range.

**Schiff** [ʃif] *n* (*-[e]s/-e*) ⚓ ship, vessel; ⛪ *church:* nave.

**Schiffahrt** ['ʃiffaːrt] *f* (*-/-en*) navigation.

'**schiff|bar** *adj.* navigable; '2**bau** *m* shipbuilding; '2**bauer** *m* (*-s/-*) shipbuilder; '2**bruch** *m* shipwreck (*a. fig.*); ~ *erleiden* be shipwrecked; *fig.* make or suffer shipwreck; '**~brüchig** *adj.* shipwrecked; '2**brücke** *f* pontoon-bridge; '2**en** *v/i.* (*ge-*, *sein*) navigate, sail; '2**er**

*m* (*-s/-*) sailor; boatman; navigator; skipper.

'**Schiffs|junge** *m* cabin-boy; '**~kapitän** *m* (sea-)captain; '**~ladung** *f* shipload; cargo; '**~makler** *m* shipbroker, **~mannschaft** *f* crew; '**~raum** *m* hold; tonnage; '**~werft** *f* shipyard, *esp.* $\chi$ dockyard, *Am. a.* navy yard

**Schikan|e** [ʃiˈkaːnə] *f* (*-/-n*) vexation, nasty trick; 2**ieren** [..kaˈniːrən] *v/t.* (*no -ge-*, *h*) vex, ride.

**Schild** [ʃilt] 1. $\chi$ *m* (*-[e]s/-er*) shield, buckler; 2. *n* (*-[e]s/-er*) shop, *etc.*: sign(board), facia; name-plate; *traffic* signpost; label; *cap:* peak; '**~drüse** *anat.* f thyroid gland.

'**Schilder|haus** $\chi$ *n* sentry-box; '**~maler** *m* sign-painter; '2**n** *v/t.* (*ge-*, *h*) describe, delineate; '**~ung** *f* (*-/-en*) description, delineation.

'**Schild|kröte** *zo.* f tortoise; turtle; '**~wache** $\chi$ *f* sentinel, sentry.

**Schilf** ⚘ [ʃilf] *n* (*-[e]s/-e*) reed; '2**ig** *adj.* reedy; '**~rohr** *n* reed.

**schillern** ['ʃilərn] *v/i.* (*ge-*, *h*) show changing colo(u)rs; be iridescent.

**Schimmel** ['ʃiməl] *m* 1. *zo.* (*-s/-*) white horse; 2. ⚘ (*-s/no pl.*) mo(u)ld, mildew; '2**ig** *adj.* mo(u)ldy, musty; '2**n** *v/i.* (*ge-*, *h*) become mo(u)ldy, *Am. a.* mo(u)ld.

**Schimmer** ['ʃimər] *m* (*-s/no pl.*) glimmer, gleam (*a. fig.*); '2**n** *v/i.* (*ge-*, *h*) glimmer, gleam.

**Schimpanse** *zo.* [ʃimˈpanzə] *m* (*-n/-n*) chimpanzee.

**Schimpf** [ʃimpf] *m* (*-[e]s/-e*) insult, disgrace, *mit* ~ *und Schande* ignominiously; '2**en** (*ge-*, *h*) 1. *v/i.* rail (*über acc.*, *auf acc.* at, against); 2. *v/t.* scold; *j-n e-n Lügner* ~ call s.o. a liar, '2**lich** *adj.* disgraceful (*für* to), ignominious (to); '**~name** *m* abusive name; '**~wort** *n* term of abuse; **~e** *pl a.* invectives *pl.*

**Schindel** ['ʃindəl] *f* (*-/-n*) shingle.

**schinden** ['ʃindən] *v/t.* (*irr.*, *ge-*, *h*) flay, skin (*rabbit, etc.*); sweat (*worker*); *sich* ~ drudge, slave, sweat.

'**Schinder** *m* (*-s/-*) knacker; *fig.* sweater, slave-driver; '**~ei** *fig.* [..ˈrai] *f* (*-/-en*) sweating; drudgery, grind.

**Schinken** ['ʃiŋkən] *m* (*-s/-*) ham.

**Schippe** ['ʃipə] *f* (*-/-n*) shovel; '2**n** *v/t.* (*ge-*, *h*) shovel.

**Schirm** [ʃirm] *m* (*-[e]s/-e*) umbrella; parasol, sunshade; *wind, television, etc.:* screen; *lamp:* shade; *cap:* peak, visor; '**~futteral** *n* umbrella-case; '**~herr** *m* protector; patron; '**~herrschaft** *f* protectorate; patronage; *unter der* ~ *von event:* under the auspices of; '**~mütze** *f* peaked cap; '**~ständer** *m* umbrella-stand.

**Schlacht** $\chi$ [ʃlaxt] *f* (*-/-en*) battle (*bei* of); '**~bank** *f* shambles; '2**en** *v/t.* (*ge-*, *h*) slaughter, butcher.

Schlächter ['ʃlɛçtər] m (-s/-) butcher.

'Schlacht|feld ✕ n battle-field; '~haus n, '~hof m slaughter-house, abattoir; '~kreuzer ♣ m battle-cruiser; '~plan m ✕ plan of action (a. fig.); '~schiff ♣ n battleship; '~vieh n slaughter cattle.

Schlack|e ['ʃlakə] f (-/-n) wood, coal: cinder; metall. dross (a. fig.), slag; geol. scoria; '2ig adj. drossy, slaggy; F weather: slushy.

Schlaf [ʃlaːf] m (-[e]s/no pl.) sleep; im ~(e) in one's sleep; e-n leichten (festen) ~ haben be a light (sound) sleeper; in tiefem ~e liegen be fast asleep; '~abteil ♣ n sleeping-compartment; '~anzug m (ein a pair of) pyjamas pl. or Am. pajamas pl.

Schläfchen ['ʃlɛːfçən] n (-s/-) doze, nap, F forty winks pl.; ein ~ machen take a nap, F have one's forty winks.

'Schlafdecke f blanket.

Schläfe ['ʃlɛːfə] f (-/-n) temple.

'schlafen v/i. (irr., ge-, h) sleep; ~ gehen, sich ~ legen go to bed.

schlaff adj. [ʃlaf] slack, loose; muscles, etc.: flabby, flaccid; plant, etc.: limp; discipline, morals, etc.: lax; '2heit f (-/no pl.) slackness; flabbiness; limpness; fig. laxity.

'Schlaf|gelegenheit f sleeping accommodation; '~kammer f bedroom; '~krankheit ♣ f sleeping-sickness; '~lied n lullaby; '2los adj. sleepless; '~losigkeit f (-/no pl.) sleeplessness, ♣ insomnia; '~mittel ♣ n soporific; '~mütze f nightcap; fig. sleepyhead.

schläfrig adj. ['ʃlɛːfriç] sleepy, drowsy; '2keit f (-/no pl.) sleepiness, drowsiness.

'Schlaf|rock m dressing-gown, Am. a. robe; '~saal m dormitory; '~sack m sleeping-bag; '~stelle f sleeping-place; night's lodging; '~tablette ♣ f sleeping-tablet; '2trunken adj. very drowsy; '~wagen ♣ m sleeping-car(riage), Am. a. sleeper; '~wandler ['~vandlər] m (-s/-) sleep-walker, somnambulist; '~zimmer n bedroom.

Schlag [ʃlaːk] m (-[e]s/⁀e) blow (a. fig.); stroke (of clock, piston) (a. tennis, etc.); slap (with palm of hand); punch (with fist); kick (of horse's hoof); ⚡ shock; beat (of heart or pulse); clap (of thunder); warbling (of bird); door (of carriage); ♣ apoplexy; fig. race, kind, sort; breed (esp. of animals); Schläge bekommen get a beating; ~ sechs Uhr on the stroke of six; '~ader anat. f artery; '~anfall ♣ m (stroke of) apoplexy, stroke; '2artig 1. adj. sudden, abrupt; 2. adv. all of a sudden; '~baum m turnpike.

schlagen ['ʃlaːgən] (irr., ge-, h)
1. v/t. strike, beat, hit; punch; slap;

beat, defeat; fell (trees); fight (battle); Alarm ~ sound the alarm; zu Boden ~ knock down; in den Wind ~ cast or fling to the winds; sich ~ (have a) fight; sich et. aus dem Kopf or Sinn ~ put s.th. out of one's mind, dismiss s.th. from one's mind; 2. v/i. strike, beat; heart, pulse: beat, throb; clock: strike; bird: warble; das schlägt nicht in mein Fach that is not in my line; um sich ~ lay about one; '~d fig. adj. striking.

Schlager ['ʃlaːgər] m (-s/-) ♪ song hit; thea. hit, draw, box-office success; book: best seller.

Schläger ['ʃlɛːgər] m (-s/-) rowdy, hooligan; cricket, etc.: batsman; horse: kicker; cricket, etc.: bat; golf: club; tennis, etc.: racket; hockey, etc.: stick; '~ei [~'raɪ] f (-/-en) tussle, fight.

'schlag|fertig fig. adj. quick at repartee; '~e Antwort repartee; '2fertigkeit fig. f (-/no pl.) quickness at repartee; '2instrument ♪ n percussion instrument; '2kraft f (-/no pl.) striking power (a. ✕); '2loch n pot-hole; '2mann m rowing: stroke; '2ring m knuckle-duster, Am. a. brass knuckles pl.; '2sahne f whipped cream; '2schatten m cast shadow; '2seite ♣ f list; ~ haben ♣ list; F fig. be half-seas-over; '2uhr f striking clock; '2werk n clock: striking mechanism; '2wort n catchword, slogan; '2zelle f headline; banner headline, Am. banner; '2zeug ♪ n in orchestra: percussion instruments pl.; in band: drums pl., percussion; '2zeuger ♪ m (-s/-) in orchestra: percussionist; in band: drummer.

schlaksig adj. ['ʃlaːkziç] gawky.

Schlamm [ʃlam] m (-[e]s/✕, -e, -e) mud, mire; '~bad n mud-bath; '2ig adj. muddy, miry.

Schlämmkreide ['ʃlɛm-] f (-/no pl.) whit(en)ing.

Schlamp|e ['ʃlampə] f (-/-n) slut, slattern; '2ig adj. slovenly, slip-shod.

schlang [ʃlaŋ] pret. of schlingen.

Schlange ['ʃlaŋə] f (-/-n) zo. snake, rhet. serpent (a. fig.); fig.: snake in the grass; queue, Am. a. line; ~ stehen queue up (um for), Am. line up (for).

schlängeln ['ʃlɛŋəln] v/refl. (ge-, h): sich ~ durch person: worm one's way or o.s. through; path, river, etc.: wind (one's way) through, meander through.

'Schlangenlinie f serpentine line.

schlank adj. [ʃlaŋk] slender, slim; '2heit f (-/no pl.) slenderness, slimness; '2heitskur f: e-e ~ machen slim.

schlapp F adj. [ʃlap] tired, exhausted,

worn out; '2e F f (-/-n) reverse, set-back; defeat; '_machen F-v/i. (sep., -ge-, h) break down, faint.

schlau adj. [ʃlau] sly, cunning; crafty, clever, F cute.

Schlauch [ʃlaux] m (-[e]s/ue) tube; hose; car, etc.: inner tube; '_boot n rubber dinghy, pneumatic boat.

Schlaufe ['ʃlaufə] f (-/-n) loop.

schlecht [ʃlɛçt] 1. adj. bad; wicked; poor; temper: ill; quality: inferior; _e Laune haben be in a bad temper; _e Aussichten poor prospects; _e Zeiten hard times; mir ist _ I feel sick; 2. adv. badly, ill; _erdings adv. ['_ɔr'diŋs] absolutely, downright, utterly; _gelaunt adj. ['_gəlaunt] ill-humo(u)red, in a bad temper; '_hin adv. plainly, simply; '2igkeit f (-/-en) badness; wickedness; _en pl. base acts pl., mean tricks pl.; '_machen v/t. (sep., -ge-, h) run down, backbite; _weg adv. ['_vɛk] plainly, simply.

schleich|en ['ʃlaiçən] v/i. (irr., ge-, sein) creep (a. fig.); sneak, steal; '2er m (-s/-) creeper; fig. sneak; '2handel m illicit trade, smuggling, contraband; '2händler m smuggler, contrabandist, black marketeer; '2weg m secret path.

Schleier ['ʃlaiər] m (-s/-) veil (a. fig.); mist: a. haze; den _ nehmen take the veil; '2haft fig. adj. mysterious, inexplicable.

Schleife ['ʃlaifə] f (-/-n) loop (a. ✗); slip-knot, bow; wreath: streamer; loop, horse-shoe bend.

'schleif|en 1. v/t. (irr., ge-, h) whet (knife, etc.); cut (glass, precious stones); polish (a. fig.); 2. v/t. (ge-, h) ⚔ slur; drag; trail; ✗ raze (fortress, etc.); 3. v/i. (ge-, h) drag, trail; '2stein m grindstone, whetstone.

Schleim [ʃlaim] m (-[e]s/-e) slime; ♫ mucus, phlegm; '_haut anat. f mucous membrane; '2ig adj. slimy (a. fig.); ♫ mucous.

schlemm|en ['ʃlɛmən] v/i. (ge-, h) feast, gormandize; '2er m (-s/-) glutton, gormandizer; 2erei f [_'rai] f (-/-en) feasting, gluttony.

schlen|dern ['ʃlɛndərn] v/i. (ge-, sein) stroll, saunter; 2drian ['_driːɑn] m (-[e]s/no pl.) jogtrot; beaten track.

schlenkern ['ʃlɛŋkərn] (ge-, h) 1. v/t. dangle, swing; 2. v/i.: mit den Armen _ swing one's arms.

Schlepp|dampfer ['ʃlɛp-] m steam tug, tug(boat); '_e f (-/-n) train (of woman's dress); '2en (ge-, h) 1. v/t. carry with difficulty, haul, Am. F a. tote; ⚓, ✗, mot. tow, haul; ❆ tug; † tout (customers); sich _ drag o.s.; 2. v/i. dress: drag, trail; '2end adj. speech: drawling; gait: shuffling; style: heavy; con-

versation, etc.: tedious; '_er ❆ m (-s/-) steam tug, tug(boat); '_tau n tow(ing)-rope; ins _ nehmen take in or on tow (a. fig.).

Schleuder ['ʃlɔydər] f (-/-n) sling, catapult (a. ✗), Am. a. slingshot; spin drier; '2n (ge-, h) 1. v/t. fling, hurl (a. fig.); sling, catapult (a. ✗); spin-dry (washing); 2. mot. v/i. skid; '_preis ❀ m ruinous or give-away price; zu _en dirt-cheap.

schleunig adj. ['ʃlɔyniç] prompt, speedy, quick.

Schleuse ['ʃlɔyzə] f (-/-n) lock, sluice; '2n v/t. (ge-, h) lock (boat) (up or down); fig. manœuvre, Am. maneuver

schlich [ʃliç] pret. of schleichen.

schlicht adj. [ʃliçt] plain, simple; modest, unpretentious; hair: smooth, sleek; '_en v/t. (ge-, h) settle, adjust; settle by arbitration; '2er fig. m (-s/-) mediator; arbitrator.

schlief [ʃliːf] pret. of schlafen.

schließ|en ['ʃliːsən] (irr., ge-, h) 1. v/t. shut, close; shut down (factory, etc.); shut up (shop); contract (marriage); conclude (treaty, speech, etc.); part close (debate); in die Arme _ clasp in one's arms; in sich _ comprise, include; Freundschaft _ make friends (mit with); 2. v/i. shut, close; school: break up; aus et. _ auf (acc.) infer or conclude s.th. from s.th., '2fach n post-office box, '_lich adv. finally, eventually; at last; after all.

Schliff [ʃlif, ~] m (-[e]s/-e) polish (a. fig.), precious stones, glass: cut; 2. 2 pret of schleifen 1.

schlimm [ʃlim] 1. adj. bad; evil, wicked, nasty, serious; F ♫ bad, sore; _er worse; am _sten, das 2ste the worst; es wird immer _er things are going from bad to worse; 2. adv.: daran sein be badly off; '_sten'falls adv. at (the) worst.

Schling|e ['ʃliŋə] f (-/-n) loop, sling (a. ♫); noose, coil (of wire or rope); hunt. snare (a. fig.); den Kopf in die _ stecken put one's head in the noose; '_el m (-s/-) rascal, naughty boy; '2en v/t. (irr., ge-, h) wind, twist; plait; die Arme _ um (acc.) fling one's arms round; sich um et. _ wind round; '_pflanze ♣ f creeper, climber.

Schlips [ʃlips] m (-es/-e) (neck)tie.

Schlitten ['ʃlitən] m (-s/-) sled(ge); sleigh, sports toboggan.

'Schlittschuh m skate; _ laufen skate, '_läufer m skater.

Schlitz [ʃlits] m (-es/-e) slit, slash; slot; '2en v/t. (ge-, h) slit, slash.

Schloß [ʃlɔs] 1. n (Schlosses/Schlösser) lock (of door, gun, etc.); castle, palace; ins _ fallen door: snap to;

*hinter ~ und Riegel* behind prison bars; 2. 2 *pret. of schließen.*

**Schlosser** ['ʃlɔsər] *m* (-*s*/-) locksmith; mechanic, fitter.

**Schlot** [ʃloːt] *m* (-[e]s/-e, *~e*) chimney; flue; ⚓, 🚂 funnel; '*~feger m* (-*s*/-) chimney-sweep(er).

**schlotter|ig** *adj.* ['ʃlɔtərɪç] shaky, tottery, loose; '*~n v/i.* (ge-, *h*) *garment:* hang loosely; *p.* shake, tremble (*both:* vor *dat.* with).

**Schlucht** [ʃluxt] *f* (-/-en) gorge, mountain cleft; ravine, *Am. a.* gulch.

**schluchzen** ['ʃluxtsən] *v/i.* (ge-, *h*) sob.

**Schluck** [ʃluk] *m* (-[e]s/-e, *~e*) draught, swallow; mouthful, sip; '*~auf m* (-*s*/*no pl.*) hiccup(s *pl.*).

**'schlucken** 1. *v/t. and v/i.* (ge-, *h*) swallow (*a. fig.*); 2. 2 *m* (-*s*/*no pl.*) hiccup(s *pl.*).

**schlug** [ʃluːk] *pret. of schlagen.*

**Schlummer** ['ʃlumər] *m* (-*s*/*no pl.*) slumber; '2n *v/i.* (ge-, *h*) slumber.

**Schlund** [ʃlunt] *m* (-[e]s/*~e*) *anat.* pharynx; *fig.* abyss, chasm, gulf.

**schlüpf|en** ['ʃlʏpfən] *v/i.* (ge-, *sein*) slip, slide; *in die Kleider ~* slip on one's clothes; *aus den Kleidern ~* slip out *or* slip off one's clothes; '2er *m* (-*s*/-) (*ein a pair of*) knickers *pl. or* drawers *pl. or* F panties *pl.*; briefs *pl.*

**2chlupfloch** ['ʃlupf-] *n* loop-hole.

**'schlüpfrig** *adj.* slippery; *fig.* lascivious.

**'Schlupfwinkel** *m* hiding-place.

**schlurfen** ['ʃlurfən] *v/i.* (ge-, *sein*) shuffle, drag one's feet.

**schlürfen** ['ʃlʏrfən] *v/t. and v/i.* (ge-, *h*) drink *or* eat noisily; sip.

**Schluß** [ʃlus] *m* (*Schlusses/Schlüsse*) close, end; conclusion; *parl.* closing (*of debate*).

**Schlüssel** ['ʃlʏsəl] *m* (-*s*/-) key (*zu of*; *fig.* to); 🎵 clef; *fig.*: code; quota; '*~bart m* key-bit; '*~bein anat. n* collar-bone, clavicle; '*~bund m, n* (-[e]s/-e) bunch of keys; '*~indu-strie fig. f* key industry; '*~loch n* keyhole; '*~ring m* key-ring.

**'Schluß|folgerung** *f* conclusion, inference; '*~formel f in letter:* complimentary close.

**schlüssig** *adj.* ['ʃlʏsɪç] *evidence:* conclusive; *sich ~ werden* make up one's mind (*über acc.* about).

**'Schluß|licht** *n* 🚂, *mot., etc.*: tail-light; *sports:* last runner; bottom club; '*~runde f sports:* final; '*~schein* 🕇 *m* contract-note.

**Schmach** [ʃmaːx] *f* (-/*no pl.*) disgrace; insult; humiliation.

**schmachten** ['ʃmaxtən] *v/i.* (ge-, *h*) languish (*nach* for), pine (for).

**schmächtig** *adj.* ['ʃmɛçtɪç] slender, slim; *ein ~er Junge a* (mere) slip of a boy.

**'schmachvoll** *adj.* disgraceful; humiliating.

**schmackhaft** *adj.* ['ʃmakhaft] palatable, savo(u)ry.

**schmäh|en** ['ʃmɛːən] *v/t.* (ge-, *h*) abuse, revile; decry, disparage; slander, defame; '*~lich adj.* ignominious, disgraceful; '2schrift *f* libel, lampoon; '2ung *f* (-/-en) abuse; slander, defamation.

**schmal** *adj.* [ʃmaːl] narrow; *figure:* slender, slim; *face:* thin; *fig.* poor, scanty.

**schmäler|n** ['ʃmɛːlərn] *v/t.* (ge-, *h*) curtail; impair; belittle; '2ung *f* (-/-en) curtailment; impairment; detraction.

**'Schmal|film** *phot. m* substandard film; '*~spur* 🚂 *f* narrow ga(u)ge; '*~spurbahn* 🚂 *f* narrow-ga(u)ge railway; '2spurig ☒ *adj.* narrow-ga(u)ge.

**Schmalz** [ʃmalts] *n* (-*es*/-e) grease; lard; '2ig *adj.* greasy; lardy; F *fig.* soppy, sentimental.

**schmarotz|en** [ʃmaˈrɔtsən] *v/i.* (*no* -ge-, *h*) sponge (*bei* on); 2er *m* (-*s*/-) 🌿, *zo.* parasite; *fig. a.* sponge.

**Schmarre** F ['ʃmarə] *f* (-/-n) slash, cut; scar.

**Schmatz** [ʃmats] *m* (-*es*/-e) smack, loud kiss; '2en *v/i.* (ge-, *h*) smack (*mit den Lippen* one's lips); eat noisily.

**Schmaus** [ʃmaus] *m* (-*es*/*~e*) feast, banquet; *fig.* treat; 2en ['~zən] *v/i.* (ge-, *h*) feast, banquet.

**schmecken** ['ʃmekən] (ge-, *h*) 1. *v/t.* taste, sample; 2. *v/i.*: *~ nach* taste *or* smack of (*both a. fig.*); *dieser Wein schmeckt mir* I like *or* enjoy this wine.

**Schmeichel|ei** [ʃmaɪçəˈlaɪ] *f* (-/-en) flattery; cajolery; '2haft *adj.* flattering; '2n *v/i.* (ge-, *h*): *j-m ~* flatter s.o.; cajole s.o.

**Schmeichler** ['ʃmaɪçlər] *m* (-*s*/-) flatterer; '2isch *adj.* flattering; cajoling.

**schmeiß|en** F ['ʃmaɪsən] (*irr.*, ge-, *h*) 1. *v/t.* throw, fling, hurl; slam, bang (*door*); 2. *v/i.*: *mit Geld um sich ~* squander one's money; '2fliege *zo. f* blowfly, bluebottle.

**Schmelz** [ʃmelts] *m* 1. (-*es*/-e) enamel; 2. *fig.* (-*es*/*no pl.*) bloom; *♪* sweetness, mellowness; '2en (*irr.*, ge-) 1. *v/i.* (*sein*) melt (*a. fig.*); liquefy; *fig.* melt away, dwindle; 2. *v/t.* (*h*) melt; smelt, fuse (*ore, etc.*); liquefy; *~erei* ['~raɪ] *f* (-/-en), '*~hütte f* foundry; *~ofen m* smelting furnace; '*~tiegel m* melting-pot, crucible.

**Schmerbauch** ['ʃmeːr-] *m* paunch, pot-belly, F corporation, *Am. sl. a.* bay window.

**Schmerz** [ʃmerts] *m* (-*es*/-en) pain (*a. fig.*); ache; *fig.* grief, sorrow;

'2en (ge-, h) 1. v/i. pain (a. fig.), hurt; ache; 2. v/t. pain (a. fig.); hurt; fig. grieve, afflict; '2haft adj. painful; '2lich adj. painful, grievous; '2lindernd adj. soothing; '2los adj. painless

Schmetter|ling zo. ['ʃmetərlɪŋ] m (-s/-e) butterfly; '2n (ge-, h) 1. v/t. dash (zu Boden to the ground); in Stücke to pieces); 2. v/i. crash; trumpet, etc.; bray, blare; bird: warble.

Schmied [ʃmiːt] m (-[e]s/-e) (black)smith; ~e ['ˌdə] f (-/-n) forge, smithy; ~eisen [ˌˈaɪ-] n wrought iron; ~ehammer m sledge-hammer); 2en [ˌdən] v/t (ge-, h) forge; make, devise, hatch (plans).

schmiegen [ˈʃmiːɡən] v/refl. (ge-, h) nestle (an a. to)

schmiegsam adj. [ˈʃmiːkzaːm] pliant, flexible, supple (a. fig.); '2keit f (-/no pl.) pliancy, flexibility; suppleness (a. fig.).

Schmier [ʃmiːr] f (-/-en) grease; thea. contp troop of strolling players, sl. penny gaf., '2en v/t. (ge-, h) smear; ⊕ grease, oil, lubricate; butter (bread); spread (butter, etc.); scrawl, scribble, painter daub; ~enkomödiant [ˌkomœdjant] m (-en/-en) strolling actor, barnstormer, sl. ham (actor), ~erei [ˌˈraɪ] f (-/-en) scrawl; paint daub; '2ig adj. greasy; dirty, fig. filthy; F smarmy; ~mittel ⊕ n lubricant.

Schminke [ˈʃmɪŋkə] f (-/-n) make-up (a. thea.), paint; rouge, thea. grease-paint; '2n v/t and v/refl. (ge-, h) paint, make up; rouge (o.s.); put on lipstick

Schmirgel [ˈʃmɪrɡəl] m (-s/no pl.) emery; '2n v/t. (ge-, h) (rub with) emery; ~papier n emery-paper.

Schmiß [ʃmɪs] 1. m (Schmisses/Schmisse) gash, cut; (duelling-)scar; 2. F m (Schmisses/no pl.) verve, go, Am. sl. a. pep; 3. 2 pret. of schmeißen.

schmoll|en [ˈʃmɔlən] v/i. (ge-, h) sulk, pout; '2winkel m sulking-corner.

schmolz [ʃmɔlts] pret. of schmelzen.

Schmor|braten [ˈʃmoːr-] m stewed meat; '2en v/t. and v/i. (ge-, h) stew (a. fig.).

Schmuck [ʃmuk] 1. m (-[e]s/~-e) ornament; decoration; jewel(le)ry, jewels pl.; 2. 2 adj. neat, smart, spruce, trim.

schmücken [ˈʃmykən] v/t. (ge-, h) adorn, trim; decorate.

'schmuck|los adj. unadorned; plain; '2sachen f pl. jewel(le)r., jewels pl.

Schmuggel [ˈʃmuɡəl] m (-s/no pl.), ~ei [ˌˈlaɪ] f (-/-en) smuggling; '2n v/t. and v/i. (ge-, h) smuggle; ~ware f contraband, smuggled goods pl.

Schmuggler [ˈʃmuɡlər] m (-s/-) smuggler.

schmunzeln [ˈʃmuntsəln] v/i. (ge-, h) smile amusedly

Schmutz [ʃmuts] m (-es/no pl.) dirt; filth; fig a smut; '2en v/i. (ge-, h) soil, get dirty, ~fink fig. m mudlark; ~fleck m smudge, stain; fig. blemish, '2ig adj. dirty; filthy; fig. a. mean, shabby

Schnabel [ˈʃnaːbəl] m (-s/~) bill, esp. bird of prey beak.

Schnalle [ˈʃnalə] f (-/-n) buckle; '2n v/t (ge-, h) buckle; strap.

schnalzen [ˈʃnaltsən] v/i. (ge-, h): mit den Fingern ~ snap one's fingers; mit der Zunge ~ click one's tongue.

schnappen [ˈʃnapən] (ge-, h) 1. v/i. lid, spring, etc. snap; lock. catch; nach et. ~ snap or snatch at; nach Luft ~ gasp for breath; 2. F v/t. catch, sl. nab (criminal).

'Schnapp|messer n flick-knife; '~schloß n spring-lock; '~schuß phot. m snapshot

Schnaps [ʃnaps] m (-es/~-e) strong liquor, Am~ hard liquor; brandy; ein (Glas) ~ a dram

schnarch|en [ˈʃnarxən] v/i. (ge-, h) snore; '2er m (-s/-) snorer.

schnarren [ˈʃnarən] v/i. (ge-, h) rattle; jar

schnattern [ˈʃnatərn] v/i. (ge-, h) cackle; fig a. chatter, gabble.

schnauben [ˈʃnaubən] (ge-, h) 1. v/i. snort; vor Wut ~ foam with rage; 2. v/t.. sich die Nase ~ blow one's nose.

schnaufen [ˈʃnaufən] v/i. (ge-, h) pant, puff, blow, wheeze.

Schnauz|bart [ˈʃnauts-] m m(o)ustache; ~e f (~-n) snout, muzzle; ⊕ nozzle, teapot, etc. spout; sl. fig. potato-trap; '2en v/i. (ge-, h) jaw.

Schnecke [ˈʃnekə] f (-/-n) snail; slug; ~nhaus n snail's shell; '~ntempo n im ~ at a snail's pace.

Schnee [ʃne] m (-s/no pl.) snow; '~ball m snowball, '~ballschlacht f pelting-match with snowballs, 2bedeckt adj. [~bədekt] snow-covered, mountain-top. snow-capped; '2blind adj. snow-blind; '~blindheit f snow-blindness; '~brille f (e-e a pair of) snow-goggles pl., '~fall m snow-fall; '~flocke f snow-flake, ~gestöber n (-s/-) snow-storm; ~glöckchen ⍧ [ˈ~ɡlœkçən] n (-s/-) snowdrop; ~grenze f snow-line; '~mann m snow man, ~pflug m snow-plough, Am. snowplow; '~schuh m snow-shoe; '~sturm m snow-storm, blizzard, ~wehe f (-/-n) snow-drift; '2weiß adj. snow-white.

Schneid F [ʃnaɪt] m (-[e]s/no pl.) pluck, dash, sl. guts pl.

Schneide [ˈʃnaɪdə] f (-/-n) edge; '~mühle f sawmill; '2n (irr., ge-, h)

1. *v/t.* cut; carve (*meat*); pare, clip (*finger-nails, etc.*); 2. *v/i.* cut.

'**Schneider** *m* (-s/-) tailor; **~ei** [...'rai] *f* 1. (-/no *pl.*) tailoring; dressmaking; 2. (-/-en) tailor's shop; dressmaker's shop; '**~in** *f* (-/-nen) dressmaker; '**~meister** *m* master tailor; '**2n** (*ge-, h*) 1. *v/i.* tailor; do tailoring; do dressmaking; 2. *v/t.* make, tailor.

'**Schneidezahn** *m* incisor.

'**schneidig** *fig. adj.* plucky; dashing, keen; smart, *Am. sl. a.* nifty.

**schneien** ['ʃnaɪən] *v/i.* (*ge-, h*) snow.

**schnell** [ʃnɛl] 1. *adj.* quick, fast; rapid, swift, speedy; *reply, etc.*: prompt; sudden; 2. *adv.*: **~ fahren** drive fast; **~ handeln** act promptly *or* without delay; (*mach*) **~!** be quick!, hurry up!

**Schnelläufer** ['ʃnɛlɔɪfər] *m* sprinter; speed skater.

'**schnell|en** (*ge-*) *v/t.* (*h*) *and v/i.* (*sein*) jerk; '**2feuer** ⚔ *n* rapid fire; '**2hefter** *m* (-s/-) folder.

'**Schnelligkeit** *f* (-/no *pl.*) quickness, fastness; rapidity; swiftness; promptness; speed, velocity.

'**Schnell|imbiß** *m* snack (bar); '**~imbißstube** *f* snack bar; '**~kraft** *f* (-/no *pl.*) elasticity; '**~verfahren** *n* summary proceeding; ⊕ high-speed process; '**~zug** ⑮ *m* fast train, express (train).

**schneuzen** ['ʃnɔɪtsən] *v/refl.* (*ge-, h*) blow one's nose.

**schniegeln** ['ʃniːɡəln] *v/refl.* (*ge-, h*) dress *or* smarten *or* spruce (o.s.) up.

**Schnipp|chen** ['ʃnɪpçən] *n*: *F* **j-m ein ~ schlagen** outwit *or* overreach s.o.; '**2isch** *adj.* pert, snappish, *Am. F a.* snippy.

**Schnitt** [ʃnɪt] 1. *m* (-[e]s/-e) cut; *dress, etc.*: cut, make, style; pattern; *book*: edge; ♉ (inter)section; *fig.*: average; *F* profit; 2. 2 *pret. of* schneiden; '**~blumen** *f/pl.* cut flowers *pl.*; '**~e** *f* (-/-n) slice; '**~er** *m* (-s/-) reaper, mower; '**~fläche** ♉ *f* section(al plane); '**2ig** *adj.* streamline(d); '**~muster** *n* pattern; '**~punkt** *m* (point of) intersection; '**~wunde** *f* cut, gash.

**Schnitzel** ['ʃnɪtsəl] 1. *n* (-s/-) schnitzel; 2. *F n, m* (-s/-) chip; *paper*: scrap; **~ pl.** ⊕ parings *pl.*, shavings *pl.*; *paper*: *a.* clippings *pl.*; '**2n** *v/t.* (*ge-, h*) chip, shred, whittle.

**schnitzen** ['ʃnɪtsən] *v/t.* (*ge-, h*) carve, cut (in wood).

'**Schnitzer** *m* (-s/-) carver; *F fig.* blunder, *Am. sl. a.* boner; '**~ei** [...'rai] *f* 1. (-/-en) carving, carved work; 2. (-/no *pl.*) carving.

**schnöde** *adj.* ['ʃnøːdə] contemptuous; disgraceful; base, vile; **~r Mammon** filthy lucre.

**Schnörkel** ['ʃnœrkəl] *m* (-s/-) flourish (*a. fig.*), scroll (*a. △*).

**schnorr|en** *F* ['ʃnɔrən] *v/t. and v/i.* (*ge-, h*) cadge; '**2er** *m* (-s/-) cadger.

**schnüffel|n** ['ʃnʏfəln] *v/i.* (*ge-, h*) sniff, nose (*both: an dat. at*); *fig.* nose about, *Am. F a.* snoop around; '**2ler** *fig. m* (-s/-) spy, *Am. F a.* snoop; *F* sleuth(-hound).

**Schnuller** ['ʃnʊlər] *m* (-s/-) dummy, comforter.

**Schnulze** *F* ['ʃnʊltsə] *f* (-/-n) sentimental song *or* film *or* play, *F* tear-jerker.

**Schnupf|en** ['ʃnʊpfən] 1. *m* (-s/-) cold, catarrh; 2. 2 *v/i.* (*ge-, h*) take snuff; '**~er** *m* (-s/-) snuff-taker; '**~tabak** *m* snuff.

**schnuppe** *F adj.* ['ʃnʊpə]: *das ist mir ~* I don't care (*F a damn*); '**2n** *v/i.* (*ge-, h*) sniff, nose (*both: an dat. at*).

**Schnur** [ʃnuːr] *f* (-/e, ↯ -en) cord; string, twine; line; ⚡ flex.

**Schnür|band** ['ʃnyːr-] *n* lace; '**~chen** ['...çən] *n* (-s/-): *wie am ~* like clockwork; '**2en** *v/t.* (*ge-, h*) lace (up); (*bind with*) cord, tie up.

'**schnurgerade** *adj.* dead straight.

**Schnur|bart** ['ʃnuːr-] *m* (*o.*)moustache; '**2en** (*ge-, h*) 1. *v/i. wheel etc.*: whir(r); *cat*: purr (*a. fig.*); *F fig.* cadge; 2. *F fig. o.of.* cadge.

**Schnür|senkel** ['ʃnyːrzɛŋkəl] *m* (-s/-) shoe-lace, shoe-string; '**~stiefel** *m* lace-boot.

**schnurstracks** *adv.* ['ʃnuːr'ʃtraks] direct, straight; on the spot, at once, *sl.* straight away.

**schob** [ʃoːp] *pret. of* schieben.

**Schober** ['ʃoːbər] *m* (-s/-) rick, stack.

**Schock** [ʃɔk] 1. *n* (-[e]s/-e) three-score; 2. ⚕ *m* (-[e]s/-s, ↯ -e) shock; **2ieren** [...'kiːrən] *v/t.* (no -ge-, *h*) shock, scandalize.

**Schokolade** [ʃokoˈlaːdə] *f* (-/-n) chocolate.

**scholl** [ʃɔl] *pret. of* schallen.

**Scholle** ['ʃɔlə] *f* (-/-n) clod (*of earth*), *poet.* glebe; floe (*of ice*); *ichth.* plaice.

**schon** *adv.* [ʃoːn] already; **~ lange** for a long time; **~ gut!** all right!; **~ der Gedanke** the very idea; **~ der Name** the bare name; **hast du ~ einmal ...?** have you ever ...?; **mußt du ~ gehen?** need you go yet?; **~ um 8 Uhr** as early as 8 o'clock.

**schön** [ʃøːn] 1. *adj.* beautiful; *man*: handsome (*a. fig.*); *weather*: fair, fine (*a. iro.*); *das ~e Geschlecht* the fair sex; *die ~en Künste* the fine arts; *~e Literatur* belles-lettres *pl.*; 2. *adv.*: **~ warm** nice and warm; *du hast mich ~ erschreckt* you gave me quite a start.

**schonen** ['ʃoːnən] *v/t.* (*ge-, h*) spare (*j-n s.o.*; *j-s Leben s.o.*'s life); take care of; husband (*strength, etc.*); sich ~ take care of o.s., look after o.s.

'Schönheit *f* 1. (-/*no pl.*) beauty; *of woman*: a. pulchritude; 2. (-/-en) beauty; beautiful woman, belle; '~spflege *f* beauty treatment.

'schöntun *v/i.* (*irr. tun, sep., ge-, h*) flatter (*j-m* s.o.); flirt (*dat.* with).

'Schonung *f* 1. (-/*no pl.*) mercy; sparing, forbearance; careful treatment; 2. (-/-en) tree-nursery; 'Qslos *adj.* unsparing, merciless, relentless.

Schopf [ʃɔpf] *m* (-[e]s/-e) tuft; *orn. a. crest.

schöpfen ['ʃœpfən] *v/t.* (ge-, h) scoop, ladle; draw (*water at well*); draw, take (*breath*); take (*courage*); neue Hoffnung ~ gather fresh hope; Verdacht ~ become suspicious.

'Schöpf|er *m* (-s/-) creator; '2e-risch *adj.* creative; '~ung *f* (-/-en) creation.

schor [ʃoːr] *pret.* of scheren.

Schorf [ʃɔrf] *m* (-[e]s/-e) scurf; scab, crust; '2ig *adj.* scurfy; scabby.

Schornstein ['ʃɔrn-] *m* chimney; ♄, ⚓ funnel; '~feger *m* (-s/-) chimney-sweep(er).

Schoß [ʃoːs] *m* (-es/ᵉe) lap; womb; *coat*: tail; 2. [ʃɔs] *pret.* of schießen.

Schote ['ʃoːtə] *f* (-/-n) pod, husk.

Schott|e ['ʃɔtə] *m* (-n/-n) Scot, Scotchman, Scotsman; die ~n *pl.* the Scotch *pl.*; '~er *m* (-s/-) gravel; (*road-*)metal; '2isch *adj.* Scotch, Scottish.

schräg [ʃrɛːk] 1. *adj.* oblique, slanting; sloping; 2. *adv.*: ~ gegenüber diagonally across (von from).

schrak [ʃraːk] *pret.* of schrecken 2.

Schramme ['ʃramə] *f* (-/-n) scratch; *skin*: a. abrasion; '2n *v/t.* (ge-, h) scratch; graze, abrade (*skin*).

Schrank [ʃraŋk] *m* (-[e]s/ᵉe) cupboard, *esp. Am.* closet; wardrobe.

'Schranke *f* (-/-n) barrier (*a. fig.*); ⚓ a. (railway-)gate; ᵍᵍ bar; ~n *pl. fig.* bounds *pl.*, limits *pl.*; '2nlos *fig. adj.* boundless; unbridled; '~n-wärter ᵍᵍ *m* gate-keeper.

'Schrankkoffer *m* wardrobe trunk.

Schraube ['ʃraubə] *f* (-/-n) ⊕ screw; ⚓ screw(-propeller); '2n *v/t.* (ge-, h) screw.

'Schrauben|dampfer ⚓ *m* screw (steamer); '~mutter ⊕ *f* nut; '~schlüssel ⊕ *m* spanner, wrench; '~zieher ⊕ *m* screwdriver.

Schraubstock ⊕ ['ʃraup-] *m* vice, *Am.* vise.

Schrebergarten ['ʃreːbər-] *m* allotment garden.

Schreck [ʃrɛk] *m* (-[e]s/-e) fright, terror; consternation; '~bild *n* bugbear; '~en *m* (-s/-) fright, terror; consternation; '2en (*ge-*) 1. *v/t.* (h) frighten, scare; 2. *v/i.* (*irr., sein*):

only in compounds; '~ensbotschaft *f* alarming *or* terrible news; '~ensherrschaft *f* reign of terror; '2haft *adj.* fearful, timid; '2lich *adj.* terrible, dreadful (*both a.* F *fig.*); '~schuß *m* scare shot; *fig.* warning shot.

Schrei [ʃrai] *m* (-[e]s/-e) cry; shout; scream.

schreiben ['ʃraibən] 1. *v/t. and v/i.* (*irr. ge-, h*) write (*j-m* to s.o.; über *acc.* on); mit der Maschine ~ type(write); 2. 2 *n* (-s/-) letter; spell; 3. 2 *n* (-s/-) letter.

'Schreiber *m* (-s/-) writer; secretary, clerk.

schreib|faul *adj.* ['ʃraip-] lazy in writing; '2feder *f* pen; '2fehler *m* mistake in writing *or* spelling, slip of the pen; '2heft *n* exercise-book; '2mappe *f* writing-case; '2maschine *f* typewriter; (*mit der*) ~ schreiben type(write); '2material *n* writing-materials *pl.*, stationery; '2papier *n* writing-paper; '2-schrift *typ. f* script; '2tisch *m* (writing-)desk; '2ung *f* (-/~bun) (-/-en) spelling; '2unterlage *f* desk pad; '2waren *f/pl.* writing-materials *pl.*, stationery; '2warenhändler *m* stationer; '2zeug *n* writing-materials *pl.*

'schreien (*irr., ge-, h*) 1. *v/t.* shout; scream; 2. *v/i.* cry (out) (vor *dat.* with *pain, etc.*; nach for *bread, etc.*); shout (vor with); scream (with); '~d *adj. colour*: loud; *injustice*: flagrant.

schreiten ['ʃraitən] *v/i.* (*irr., ge-, sein*) step, stride (über *acc.* across); *fig.* proceed (zu to).

schrie [ʃriː] *pret.* of schreien.

schrieb [ʃriːp] *pret.* of schreiben.

Schrift [ʃrift] *f* (-/-en) (hand-)writing, hand; *typ.* type; character, letter; writing; publication; die Heilige ~ the (Holy) Scriptures *pl.*; '~art *f* type; '2deutsch *adj.* literary German; '~führer *m* secretary; '~leiter *m* editor; '2lich 1. *adj.* written, in writing; 2. *adv.* in writing; '~satz *m* ᵍᵍ pleadings *pl.*; *typ.* composition, type-setting; '~setzer *m* compositor, type-setter; '~sprache *f* literary language; '~steller *m* (-s/-) author, writer; '~stück *n* piece of writing, paper, document; '~tum *n* (-s/*no pl.*) literature; '~wechsel *m* exchange of letters, correspondence; '~zeichen *n* character, letter.

schrill [ʃril] *adj.* shrill, piercing.

Schritt [ʃrit] 1. *m* (-[e]s/-e) step (*a. fig.*); pace (*a. fig.*); ~e unternehmen take steps; 2. 2 *pret.* of schreiten; '~macher *m* (-s/-) *sports*: pace-maker; '2weise 1. *adj.* gradual; 2. *adv. a.* step by step.

schroff *adj.* [ʃrɔf] rugged, jagged;

steep, precipitous; *fig.* harsh, gruff; ~er Widerspruch glaring contradiction.

schröpfen ['ʃrœpfən] *v/t.* (ge-, h) ♣ cup; *fig.* milk, fleece.

Schrot [ʃroːt] *m, n* (-[e]s/-e) crushed grain; small shot; '~brot *n* wholemeal bread; '~flinte *f* shotgun.

Schrott [ʃrɔt] *m* (-[e]s/-e) scrap (-iron *or* -metal).

schrubben ['ʃrubən] *v/t.* (ge-, h) scrub.

Schrulle ['ʃrulə] *f* (-/-n) whim, fad.

schrumpf|en ['ʃrumpfən] *v/i.* (ge-, sein) shrink (*a.* ⊕, ♣, *fig.*); '2ung *f* (-/-en) shrinking, shrinkage.

Schub [ʃuːp] *m* (-[e]s/-e) push, shove, *phys.*, ⊕ thrust; *bread, people, etc.:* batch; '~fach *n* drawer; '~karren *m* wheelbarrow; '~kasten *m* drawer; '~kraft *phys.*, ⊕ *f* thrust; '~lade *f* (-/-n) drawer.

Schubs F [ʃups] *m* (-es/-e) push; '2en F *v/t.* (ge-, h) push.

schüchtern *adj.* ['ʃyçtərn] shy, bashful, timid; *girl:* coy; '2heit *f* (-/*no pl.*) shyness, bashfulness, timidity; coyness (*of girl*).

schuf [ʃuːf] *pret.* of schaffen 1.

Schuft [ʃuft] *m* (-[e]s/-e) scoundrel, rascal; cad; '2en F *v/i.* (ge-, h) drudge, slave, plod; '2ig *adj.* scoundrelly, rascally; caddish.

Schuh [ʃuː] *m* (-[e]s/-e) shoe; *j-m et. in die ~ schieben* put the blame for s.th. on s.o.; *wissen, wo der ~ drückt* know where the shoe pinches; '~anzieher *m* (-s/-) shoehorn; '~band *n* shoe-lace *or* -string; '~creme *f* shoe-cream, shoe-polish; '~geschäft *n* shoe-shop; '~löffel *m* shoehorn; '~macher *m* (-s/-) shoemaker; '~putzer *m* (-s/-) shoeblack, *Am. a.* shoeshine; '~sohle *f* sole; '~spanner *m* (-s/-) shoetree; '~werk *n*, '~zeug F *n* foot-wear, boots and shoes *pl.*

Schul|amt *n* school-board; '~arbeit *f* homework; '~bank *f* (school-)desk; '~beispiel *n* test-case, typical example; '~besuch *m* (-[e]s/*no pl.*) attendance at school; '~bildung *f* education; *höhere ~* secondary education; '~buch *n* school-book.

Schuld [ʃult] *f* 1. (-/*no pl.*) guilt; fault, blame; *es ist s-e ~* it is his fault, he is to blame for it; 2. (-/-en) debt; *~en machen* contract *or* incur debts; '2bewußt *adj.* conscious of one's guilt; '2en ['~dən] *v/t.* (ge-, h): *j-m et. ~* owe s.o. s.th.; *j-m Dank ~* be indebted to s.o. (*für* for); '2haft *adj.* ['~thaft] culpable.

'Schuldiener *m* school attendant *or* porter.

schuldig *adj.* ['ʃuldiç] guilty (*e-r Sache* of s.th.); *respect, etc.:* due; *j-m et. ~ sein* owe s.o. s.th.; *Dank ~ sein* be indebted *to s.o.* (*für* for);

*für ~ befinden* ♣♣ find guilty; 2e ['~gə] *m, f* (-n/-n) guilty person; culprit; '2keit *f* (-/*no pl.*) duty, obligation.

'Schuldirektor *m* headmaster, *Am. a.* principal.

'schuld|los *adj.* guiltless, innocent; '2losigkeit *f* (-/*no pl.*) guiltlessness, innocence; '2ner ['~dnər] *m* (-s/-) debtor; '2schein *m* evidence of debt, certificate of indebtedness, IOU ( I owe you); '2verschreibung *f* bond, debt certificate.

Schule ['ʃuːlə] *f* (-/-n) school; *höhere ~* secondary school, *Am. a.* high school; *auf or in der ~* at school; *in die ~ gehen* go to school; '2n *v/t.* (ge-, h) train, school; *pol.* indoctrinate.

Schüler ['ʃyːlər] *m* (-s/-) schoolboy, pupil; *phls., etc.:* disciple; '~austausch *m* exchange of pupils; '~in *f* (-/-nen) schoolgirl.

'Schul|ferien *pl.* holidays *pl.*, vacation; '~fernsehen *n* educational TV; '~funk *m* educational broadcast; '~gebäude *n* school(house); '~geld *n* school fee(s *pl.*), tuition; '~hof *m* playground, *Am. a.* schoolyard; '~kamerad *m* schoolfellow; '~lehrer *m* schoolmaster, teacher; '~mappe *f* satchel; '2meistern *v/t.* (ge-, h) censure pedantically; '~ordnung *f* school regulations *pl.*; '2pflichtig *adj.* schoolable; '~rat *m* supervisor of schools, school inspector; '~schiff *n* training-ship; '~schluß *m* end of school; end of term; '~schwänzer *m* (-s/-) truant; '~stunde *f* lesson.

Schulter ['ʃultər] *f* (-/-n) shoulder; '~blatt *anat. n* shoulder-blade; '2n *v/t.* (ge-, h) shoulder.

'Schul|unterricht *m* school, lessons *pl.*; school instruction; '~versäumnis *f* (-/*no pl.*) absence from school; '~wesen *n* educational system; '~zeugnis *n* report.

schummeln F ['ʃuməln] *v/i.* (ge-, h) cheat, *Am.* F a. chisel.

Schund [ʃunt] 1. *m* (-[e]s/*no pl.*) trash, rubbish (*both a. fig.*); 2. 2 *pret.* of schinden; '~literatur *f* trashy literature; '~roman *m* trashy novel, *Am. a.* dime novel.

Schuppe ['ʃupə] *f* (-/-n) scale; *on pl. on head:* dandruff; '~en 1. *m* (-s/-) shed; *mot. garage;* ⊕ hangar; 2. 2 *v/t.* (ge-, h) scale (*fish*); *sich ~ skin:* scale off; '2ig *adj.* scaly.

'Schür|eisen ['ʃyːr?-] *n* poker; '2en *v/t.* (ge-, h) poke; stoke; *fig.* fan, foment.

schürfen ['ʃyrfən] (ge-, h) 1. ⚒ *v/i.* prospect (*nach* for); 2. *v/t.* ⚒ prospect for; *sich den Arm ~* graze one's arm.

Schurk|e ['ʃurkə] *m* (-n/-n) scoundrel, knave; '~erei [~'raɪ] *f* (-/-en) rascality, knavish trick; '2isch adj. scoundrelly, knavish.

Schürze ['fyrtsə] f (-/-n) apron; children: pinafore; '2n v/t. (ge-, h) tuck up (skirt); tie (knot); purse (lips); '˷njäger m skirt-chaser, Am. sl. wolf.

Schuß [fus] m (Schusses/Schüsse) shot (a. sports); ammunition: round; sound: report; charge; wine, etc.: dash (a. fig.); in ˷ sein be in full swing, be in full working order.

Schüssel ['fysəl] f (-/-n) basin (for water, etc.); bowl, dish, tureen (for soup, vegetables, etc.).

'Schuß|waffe f fire-arm; '˷weite f range; '˷wunde f gunshot wound.

Schuster ['fu:stər] m (-s/-) shoe-maker; '2n fig. v/i. (ge-, h) s. pfuschen.

Schutt [fut] m (-[e]s/no pl.) rubbish, refuse; rubble, debris.

Schüttel|frost 🗲 ['fytəl-] m shiver-ing-fit; '2n v/t. (ge-, h) shake; den Kopf ˷ shake one's head; j-m die Hand ˷ shake hands with s.o.

schütten ['fytən] (ge-, h) 1. v/t. pour; spill (auf acc. on); 2. v/i.: es schüttet it is pouring with rain.

Schutz [futs] m (-es/no pl.) protection (gegen, vor dat. against); defen|ce, Am. -se (against, from); shelter (from); safeguard; cover; '˷brille f (e-e a pair of) goggles pl.

Schütze ['fytsə] m (-n/-n) marksman, shot; ⚔ rifleman; '2n v/t. (ge-, h) protect (gegen, vor dat. against, from), defend (against, from), guard (against, from); shelter (from); safeguard (rights, etc.).

Schutzengel ['futs?-] m guardian angel.

'Schützen|graben ⚔ m trench; '˷könig m champion shot.

'Schutz|haft 🕭 f protective custody; '˷heilige m patron saint; '˷herr m patron, protector; '˷impfung 🗲 f protective inoculation; smallpox: vaccination.

Schützling ['fytslɪŋ] m (-s/-e) protégé, female: protégée.

'schutz|los adj. unprotected; defen|celess, Am. -seless; '2mann m (-[e]s/˷er, Schutzleute) policeman, (police) constable, sl. bobby, sl. cop; '2marke f trade mark, brand; '2-mittel n preservative; 🗲 prophylactic; '2patron m patron saint; '2umschlag m (dust-)jacket, wrapper; '˷zoll m protective duty.

Schwabe ['fva:bə] m (-n/-n) Swabian.

schwäbisch adj. ['fvɛ:bif] Swabian.

schwach adj. [fvax] resistance, team, knees (a. fig.), eyes, heart, voice, character, tea, gr. verb, ✝ demand, etc.: weak; person, etc.: infirm; person, recollection, etc.: feeble; sound, light, hope, idea, etc.: faint;

consolation, attendance, etc.: poor; light, recollection, etc.: dim; resemblance: remote; das ˷e Geschlecht the weaker sex; ˷e Seite weak point or side.

Schwäche ['fvɛçə] f (-/-n) weakness (a. fig.); infirmity; fig. foible; e-e ˷ haben für have a weakness for; '2n v/t. (ge-, h) weaken (a. fig.); impair (health).

'Schwach|heit f (-/-en) weakness; fig. a. frailty; '˷kopf m simpleton, soft(y); Am. F a. sap(head); 2köpfig adj. ['˷kœpfiç] weak-headed, soft, Am. sl. a. sappy.

schwäch|lich adj. ['fvɛçlɪç] weakly, feeble; delicate, frail; '2ling m (-s/-e) weakling (a. fig.).

'schwach|sinnig adj. weak- or feeble-minded; '2strom ⚡ m (-[e]s/no pl.) weak current.

Schwadron ⚔ [fva'dro:n] f (-/-en) squadron; 2ieren [˷o'ni:rən] v/i. (no -ge-, h) swagger, vapo(u)r.

Schwager ['fva:gər] m (-s/˷) brother-in-law.

Schwägerin ['fvɛ:gərɪn] f (-/-nen) sister-in-law. [swallow.]

Schwalbe orn. ['fvalbə] f (-/-n)]

Schwall [fval] m (-[e]s/-e) swell, flood; words: torrent.

Schwamm [fvam] 1. m (-[e]s/˷e) sponge; ⚕ fungus; ⚕ dry-rot; 2. 2 pret. of schwimmen; '2ig adj. spongy; face, etc.: bloated.

Schwan orn. [fva:n] m (-[e]s/˷e) swan.

schwand [fvant] pret. of schwinden.

schwang [fvaŋ] pret. of schwingen.

schwanger adj. ['fvaŋər] pregnant, with child, in the family way.

schwängern ['fvɛŋərn] v/t. (ge-, h) get with child, impregnate (a. fig.).

'Schwangerschaft f (-/-en) pregnancy.

schwanken ['fvaŋkən] v/i. (ge-) 1. (h) earth, etc.: shake, rock; ✝ prices: fluctuate; branches, etc.: sway; fig. waver, oscillate, vacillate; 2. (sein) stagger, totter.

Schwanz [fvants] m (-es/˷e) tail (a. ☿, ast.); fig. train.

schwänz|eln ['fvɛntsəln] v/i. (ge-, h) wag one's tail; fig. fawn (um [up]on); '˷en v/t. (ge-, h) cut (lecture, etc.); die Schule ˷ play truant, Am. a. play hooky.

Schwarm [fvarm] m (-[e]s/˷e) bees, etc.: swarm; birds: a. flight, flock; fish: school, schoal; birds, girls, etc.: bevy; F fig. fancy, craze; p.: idol, hero; flame.

schwärmen ['fvɛrmən] v/i. (ge-, h) bees, etc.: swarm; fig. revel; rave (von about, of), gush (over); ˷ für be wild about, adore s.o.

'Schwärmer m (-s/-) enthusiast; esp. eccl. fanatic; visionary; fireworks: cracker, squib; zo. hawkmoth; ~ei [~'raɪ] f (-/-en) enthusiasm (für for); idolization; ecstasy; esp. eccl. fanaticism; '2isch adj. enthusiastic; gushing, raving; adoring; esp. eccl. fanatic(al).

Schwarte ['ʃvartə] f (-/-n) bacon: rind; F fig. old book.

schwarz adj. [ʃvarts] black (a. fig.); dark; dirty; ~es Brett notice-board, Am. bulletin board; ~es Brot brown bread; ~er Mann bog(e)y; ~er Markt black market; ~ auf weiß in black and white; auf die ~e Liste setzen blacklist; '2arbeit f illicit work; '2brot n brown bread; '2e m, f (-n/-n) black.

Schwärze ['ʃvɛrtsə] f (-/no pl.): blackness (a. fig.); darkness; '2n v/t. (ge-, h) blacken.

'schwarz|fahren F v/i. (irr. fahren, sep., -ge-, sein) travel without a ticket; mot. drive without a licence; '2fahrer m fare-dodger; mot. person driving without a licence; '2fahrt f ride without a ticket; mot. drive without a licence; '2handel m illicit trade, black marketeering; '2händler m black marketeer; '2hörer m listener without a licence.

'schwärzlich adj. blackish.

'Schwarz|markt m black market; ~seher m pessimist; TV: viewer without a licence; ~sender m pirate broadcasting station; ~'weißfilm m black-and-white film.

schwatzen ['ʃvatsən] v/i. (ge-, h) chat; chatter, tattle.

schwätz|en ['ʃvɛtsən] v/i. (ge-, h) s. schwatzen; '2er m (-s/-) chatterbox; tattler, prattler; gossip.

'schwatzhaft adj. talkative, garrulous.

Schwebe fig. ['ʃve:bə] f (-/no pl.): in der ~ sein be in suspense; law, rule, etc.: be in abeyance; '~bahn f aerial railway or ropeway; '2n v/i. (ge-, h) be suspended; bird: hover (a. fig.); glide; fig. be pending (a. ſţ); in Gefahr ~ be in danger.

Schwed|e ['ʃve:də] m (-n/-n) Swede; '2isch adj. Swedish.

Schwefel ʔ ['ʃve:fəl] m (-s/no pl.) sulphur, Am. a. sulfur; '~säure ʔ f (-/no pl.) sulphuric acid, Am. a. sulfuric acid.

Schweif [ʃvaɪf] m (-[e]s/-e) tail (a. ast.); fig. train; '2en (ge-) 1. v/i. (sein) rove, ramble; 2. ⊕ v/t. (h) curve; scallop.

schweigen ['ʃvaɪgən] 1. v/i. (irr., ge-, h) be silent; 2. 2 n (-s/no pl.) silence; '~d adj. silent.

schweigsam adj. ['ʃvaɪkza:m] taciturn; '2keit f (-/no pl.) taciturnity.

Schwein [ʃvaɪn] n 1. (-[e]s/-e) zo. pig, hog, swine (all a. contp. fig.); 2. F (-[e]s/no pl.): ~ haben be lucky.

'Schweine|braten m roast pork; '~fleisch n pork; '~hund F contp. m swine; ~rei [~'raɪ] f (-/-en) mess; dirty trick; smut(ty story); '~stall m pigsty (a. fig.).

'schweinisch fig. adj. swinish; smutty.

'Schweinsleder n pigskin.

Schweiß [ʃvaɪs] m (-es/-e) sweat, perspiration; '2en ⊕ v/t. (ge-, h) weld; '~er ⊕ m (-s/-) welder; '~fuß m perspiring foot; '2ig adj. sweaty, damp with sweat.

Schweizer ['ʃvaɪtsər] m (-s/-) Swiss; on farm: dairyman.

schwelen ['ʃve:lən] v/i. (ge-, h) smo(u)lder (a. fig.).

schwelg|en ['ʃvɛlgən] v/i. (ge-, h) lead a luxurious life; revel; fig. revel (in dat. in); '2er m (-s/-) revel(l)er; epicure; 2erei [~'raɪ] f (-/-en) revel(ry), feasting; '~erisch adj. luxurious; revel(l)ing.

Schwell|e ['ʃvɛlə] f (-/-n) sill, threshold (a. fig.); ⚏ sleeper, Am. tie; '2en 1. v/i. (irr., ge-, sein) swell (out); 2. v/t. (ge-, h) swell; '~ung f (-/-en) swelling.

Schwemme ['ʃvɛmə] f (-/-n) watering-place; horse-pond; at tavern, etc.: taproom; ⚓ glut (of fruit, etc.).

Schwengel ['ʃvɛŋəl] m (-s/-) clapper (of bell); handle (of pump).

schwenk|en ['ʃvɛŋkən] (ge-) 1. v/t. (h) swing; wave (hat, etc.); brandish (stick, etc.); rinse (washing); 2. v/i. (sein) turn, wheel; '2ung f (-/-en) turn; fig. change of mind.

schwer [ʃve:r] 1. adj. heavy; problem, etc.: hard, difficult; illness, mistake, etc.: serious; punishment, etc.: severe; fault, etc.: grave; wine, cigar, etc.: strong; ~e Zeiten hard times; 2 Pfund ~ sein weigh two pounds; 2. adv.: ~ arbeiten work hard; ~ hören be hard of hearing; '2e f (-/no pl.) heaviness; phys. gravity (a. fig.); severity; '~fällig adj. heavy, slow; clumsy; '2gewicht n sports: heavy-weight; fig. main emphasis; '2gewichtler m (-s/-) sports: heavy-weight; '~hörig adj. hard of hearing; '2industrie f heavy industry; '2kraft phys. f (-/no pl.) gravity; '~lich adv. hardly, scarcely; '2mut f (-/no pl.) melancholy; '~mütig adj. [~my:tiç] melancholy; '2punkt m centre of gravity, Am. center of gravity; fig.: crucial point; emphasis.

Schwert [ʃve:rt] n (-[e]s/-er) sword.

'Schwer|verbrecher m felon; '2verdaulich adj. indigestible, heavy; '2verständlich adj. difficult or hard to understand; '2verwundet adj. seriously wounded; '2wiegend fig. adj. weighty, momentous.

Schwester ['ʃvestər] f (-/-n) sister; nurse.

schwieg [ʃviːk] pret. of schweigen.

Schwieger|eltern ['ʃviːgər-] pl. parents-in-law pl.; '~mutter f mother-in-law; '~sohn m son-in-law; '~tochter f daughter-in-law; '~vater m father-in-law.

Schwiel|e ['ʃviːlə] f (-/-n) callosity; '2ig adj. callous.

schwierig adj. ['ʃviːrɪç] difficult, hard; '2keit f (-/-en) difficulty, trouble.

Schwimm|bad ['ʃvɪm-] n swimming-bath, Am. swimming pool; '2en v/i. (irr., ge-) 1. (sein) swim; thing: float; ich bin über den Fluß geschwommen I swam across the river; in Geld ~ be rolling in money; 2. (h) swim; ich habe lange unter Wasser geschwommen I swam under water for a long time; '~gürtel m swimming-belt; lifebelt; '~haut f web; '~lehrer m swimming-instructor; '~weste f life-jacket.

Schwindel ['ʃvɪndəl] m (-s/no pl.) ﹩ vertigo, giddiness, dizziness; F fig.: swindle, humbug, sl. eyewash; cheat, fraud; '~anfall ﹩ m fit of dizziness; '2erregend adj. dizzy (a. fig.); '~firma ✝ f long firm, Am. wildcat firm; '2n v/i. (ge-, h) cheat, humbug, swindle.

schwinden ['ʃvɪndən] v/i. (irr., ge-, sein) dwindle, grow less; strength, colour, etc.: fade.

'Schwindl|er m (-s/-) swindler, cheat, humbug; liar; '2ig ﹩ adj. giddy, dizzy.

Schwind|sucht ﹩ ['ʃvɪnt-] f (-/no pl.) consumption; '2süchtig ﹩ adj. consumptive.

Schwing|e ['ʃvɪŋə] f (-/-n) wing, poet. pinion; swingle; '2en (irr., ge-, h) 1. v/t. swing; brandish (weapon); swingle (flax); 2. v/i. swing; ⊕ oscillate; sound, etc.: vibrate; '~ung f (-/-en) oscillation; vibration.

Schwips F [ʃvɪps] m (-es/-e): e-n ~ haben be tipsy, have had a drop too much.

schwirren ['ʃvɪrən] v/i. (ge-) 1. (sein) whir(r); arrow, etc.: whiz(z); insects: buzz; rumours, etc.: buzz, circulate; 2. (h): mir schwirrt der Kopf my head is buzzing.

'Schwitz|bad n sweating-bath, hot-air bath, vapo(u)r bath; '2en (ge-, h) 1. v/i. sweat, perspire; 2. F fig. v/t.: Blut und Wasser ~ be in great anxiety.

schwoll [ʃvɔl] pret. of schwellen.

schwor [ʃvoːr] pret. of schwören.

schwören ['ʃvøːrən] (irr., ge-, h) 1. v/t. swear; e-n Meineid ~ commit perjury; j-m Rache ~ vow vengeance against s.o.; 2. v/i. swear (bei by);

~ auf (acc.) have great belief in, F swear by.

schwül adj. [ʃvyːl] sultry, oppressively hot; '2e f (-/no pl.) sultriness.

Schwulst [ʃvʊlst] m (-es/-e) bombast.

schwülstig adj. ['ʃvʏlstɪç] bombastic, turgid.

Schwund [ʃvʊnt] m (-[e]s/no pl.) dwindling; wireless, etc.: fading; ﹩ atrophy.

Schwung [ʃvʊŋ] m (-[e]s/-e) swing; fig. verve, go; flight (of imagination); buoyancy; '2haft ✝ adj. flourishing, brisk; '~rad ⊕ n flywheel; watch, clock: balance-wheel; '2voll adj. full of energy or verve; attack, translation, etc.: spirited; style, etc.: racy.

Schwur [ʃvuːr] m (-[e]s/-e) oath; '~gericht ﹩ n England, Wales: appr. court of assize.

sechs [zɛks] 1. adj. six; 2. 2 f (-/-en) six; '2eck n (-[e]s/-e) hexagon; '~eckig adj. hexagonal; '~fach adj. sixfold, sextuple; '~mal adv. six times; '~monatig adj. lasting or of six months, six-months ...; '~monatlich 1. adj. six-monthly; 2. adv. every six months; '~stündig adj. ['ʃtʏndɪç] lasting or of six hours, six-hour ...; '2tagerennen n cycling: six-day race; '~tägig adj. ['ʃtɛːgɪç] lasting or of six days.

sechs|te adj. ['zɛkstə] sixth; '2tel n (-s/-) sixth (part); '~tens adv. sixthly, in the sixth place.

sech|zehn(te) adj. ['zɛç-] sixteen(th); '~zig adj. ['~tsɪç] sixty; '~zigste adj. sixtieth.

See [zeː] 1. m (-[e]s/-n) lake; 2. f (-/no pl.) sea; an die ~ gehen go to the seaside; in ~ gehen or stechen put to sea; auf ~ at sea; auf hoher ~ on the high seas; zur ~ gehen go to sea; 3. f (-/-n) sea, billow; '~bad n seaside resort; '~fahrer m sailor, navigator; '~fahrt f navigation; voyage; '2fest adj. seaworthy; ~ sein be a good sailor; '~gang m (motion of the) sea; '~hafen m seaport; '~handel ✝ m maritime trade; '~herrschaft f naval supremacy; '~hund zo. m seal; '2krank adj. seasick; '~krankheit f (-/no pl.) seasickness; '~krieg m naval war(fare).

Seele ['zeːlə] f (-/-n) soul (a. fig.); mit or von ganzer ~ with all one's heart.

'Seelen|größe f (-/no pl.) greatness of soul or mind; '~heil n salvation, spiritual welfare; '2los adj. soulless; '~qual f anguish of mind, (mental) agony; '~ruhe f peace of mind; coolness.

'seelisch adj. psychic(al), mental.

'Seelsorge f (-/no pl.) cure of souls;

ministerial work; '~r *m* (-s/-) pastor, minister.

'See|macht *f* naval power; '~mann *m* (-[e]s/-*Seeleute*) seaman, sailor; '~meile *f* nautical mile; '~not *f* (-/no *pl.*) distress (at sea); '~räuber *m* pirate; ~räuberei [..'raɪ] *f* (-/-en) piracy; '~recht *n* maritime law; '~reise *f* voyage; '~schiff *n* seagoing ship; '~schlacht *f* naval battle; '~schlange *f* sea serpent; '~sieg *m* naval victory; '~stadt *f* seaside town; '~streitkräfte *f/pl.* naval forces *pl.*; '2tüchtig *adj.* seaworthy; '~warte *f* naval observatory; '~weg *m* sea-route; *auf dem* ~ by sea; '~wesen *n* (-s/no *pl.*) maritime *or* naval affairs *pl.*

Segel ['zeːɡəl] *n* (-s/-) sail; *unter* ~ *gehen* set sail '~boot *n* sailing-boat, *Am.* sailboat; *sports:* yacht; '~fliegen *n* (-s/no *pl.*) gliding, soaring, '~flug *m* gliding flight, glide; '~flugzeug *n* glider; '2n (ge-) 1. *v/i.* (*h, sein*) sail; *sports:* yacht; 2. *v/t.* (*h*) sail; '~schiff *n* sailingship, sailing-vessel; '~sport *m* yachting; '~tuch *n* (-[e]s/-e) sailcloth, canvas.

Segen ['zeːɡən] *m* (-s/-) blessing (*a. fig.*), *esp. eccl.* benediction; '2sreich *adj.* blessed.

Segler ['zeːɡlər] *m* (-s/-) sailingvessel, sailing-ship; *fast, good, etc.* sailer; yachtsman.

segn|en ['zeːɡnən] *v/t.* (ge-, h) bless; '2ung *f* (-/-en) *s.* Segen.

sehen ['zeːən] (*irr.*, ge-, h) 1. *v/i.* see; *gut* ~ have good eyes; ~ *auf* (*acc.*) look at; be particular about; ~ *nach* look for; look after; 2. *v/t.* see; notice, watch, observe; '~swert *adj.* worth seeing; '2swürdigkeit *f* (-/-en) object of interest, curiosity; *~en pl.* sights *pl.* (*of a place*).

Seher ['zeːər] *m* (-s/-) seer, prophet; '~blick *m* (-[e]s/no *pl.*) prophetic vision; '~gabe *f* (-/no *pl.*) gift of prophecy.

'Seh|fehler *m* visual defect; '~kraft *f* vision, eyesight.

Sehne ['zeːnə] *f* (-/-n) *anat.* sinew, tendon; string (*of bow*); ≬ chord.

'sehnen *v/refl.* (ge-, h) long (*nach* for), yearn (for, after); *sich danach* ~ *zu inf.* be longing to *inf.*

'Sehnerv *anat. m* visual *or* optic nerve.

'sehnig *adj.* sinewy (*a. fig.*), stringy.

'sehn|lich *adj.* longing; ardent; passionate; '2sucht *f* longing, yearning; '~süchtig *adj.*, '~suchtsvoll *adj.* longing, yearning; *eyes, etc.:* a. wistful.

sehr *adv.* [zeːr] *before adj. and adv.:* very, most; *with vb.:* (very) much, greatly.

'Seh|rohr ⚓ *n* periscope; '~weite *f*

range of sight, visual range; *in* ~ within eyeshot *or* sight.

seicht *adj.* [zaɪçt] shallow; *fig. a.* superficial.

Seide ['zaɪdə] *f* (-/-n) silk.

'seiden *adj.* silk, silken (*a. fig.*); '2flor *m* silk gauze; '2glanz *m* silky lust|re, *Am.* -er; '2händler *m* mercer; '2papier *n* tissue(-paper); '2raupe *zo.* *f* silkworm; '2spinnerei *f* silk-spinning mill; '2stoff *m* silk cloth *or* fabric.

'seidig *adj.* silky.

Seife ['zaɪfə] *f* (-/-n) soap.

'Seifen|blase *f* soap-bubble; '~kistenrennen *n* soap-box derby; '~lauge *f* (soap-)suds *pl.*; '~pulver *n* soap-powder; '~schale *f* soapdish; '~schaum *m* lather.

'seifig *adj.* soapy.

seih|en ['zaɪən] *v/t.* (ge-, h) strain, filter; '2er *m* (-s/-) strainer, colander.

Seil [zaɪl] *n* (-[e]s/-e) rope; '~bahn *f* funicular *or* cable railway; '~er *m* (-s/-) rope-maker; '~tänzer *m* ropedancer.

sein[1] [zaɪn] 1. *v/i.* (*irr.*, ge-, sein) be; exist; 2. 2 *n* (-s/no *pl.*) being; existence.

sein[2] *poss. pron.* [~] his, her, its (*in accordance with gender of possessor*); *der* (*die, das*) ~ his, hers, its; ~ *Glück machen* make one's fortune; *die Seinen pl.* his family *or* people.

'seiner|seits *adv.* for his part; '~zeit *adv.* then, at that time; in those days.

'seines'gleichen *pron.* his equal(s *pl.*); *j-n wie* ~ *behandeln* treat s.o. as one's equal; *er hat nicht* ~ he has no equal; there is no one like him.

seit [zaɪt] 1. *prp.* (*dat.*): ~ *1945* since 1945; ~ *drei Wochen* for three weeks; 2. *cj.* since; *es ist ein Jahr her*, ~ *...* it is a year now since ...; '~dem [~'deːm] 1. *adv.* since *or* from that time, ever since; 2. *cj.* since.

Seite ['zaɪtə] *f* (-/-n) side (*a. fig.*); flank (*a.* ✕, ⚔); page (*of book*).

'Seiten|ansicht *f* profile, side-view; '~blick *m* side-glance; '~flügel ⚓ *m* wing; '~hieb *fig. m* innuendo, sarcastic remark; '2s *prp.* (*gen.*) on the part of; by; '~schiff ⚓ *n* church: aisle; '~sprung *fig. m* extra-marital adventure; '~straße *f* bystreet; '~stück *fig. n* counterpart (*zu* of); '~weg *m* by-way.

seit'her *adv.* since (then, that time).

'seit|lich *adj.* lateral; '~wärts *adv.* ['~vɛrts] sideways; aside.

Sekret|är [zekrɛ'tɛːr] *m* (-s/-e) secretary; bureau; ~ariat [~ari'aːt] *n* (-[e]s/-e) secretary's office; secretariat(e); ~ärin *f* (-/-nen) secretary.

**Sekt** [zɛkt] *m* (-[e]s/-e) champagne.

**Sekt|e** ['zɛktə] *f* (-/-n) sect; **~ierer** [~'tiːrər] *m* (-s/-) sectarian.

**Sektor** ['zɛktɔr] *m* (-s/-en) ♉, ✕, *pol.* sector; *fig.* field, branch.

**Sekunde** [ze'kundə] *f* (-/-n) second; **~nbruchteil** *m* split second; **~nzeiger** *m* second-hand.

**selb** *adj.* [zɛlp] same; **~er** F *pron.* ['~bər] *s. selbst 1.*

**selbst** [zɛlpst] 1. *pron.* self; personally; *ich* ~ I myself; *von* ~ *p.* of one's own accord; *thing:* by itself, automatically; 2. *adv.* even; 3. ♉ *n* (-/*no pl.*) (one's own) self; ego.

**selbständig** *adj.* ['zɛlpʃtɛndiç] independent; *sich* ~ *machen* set up for o.s.; **♉keit** *f* (-/*no pl.*) independence.

**'Selbst|anlasser** *mot. m* self-starter; **'~anschluß** *teleph. m* automatic connection; **'~bedienungsladen** *m* self-service shop; **'~beherrschung** *f* self-command, self-control; **'~bestimmung** *f* self-determination; **'~betrug** *m* self-deception; **'♉bewußt** *adj.* self-confident, self-reliant; **'~bewußtsein** *n* self-confidence, self-reliance; **'~binder** *m* (-s/-) tie; **'~erhaltung** *f* self-preservation; **'~erkenntnis** *f* self-knowledge; **'~erniedrigung** *f* self-abasement; **'♉gefällig** *adj.* (self-)complacent; **'♉gefälligkeit** *f* (-/*no pl.*) (self-)complacency; **'~gefühl** *n* (-[e]s/*no pl.*) self-reliance; **'♉gemacht** *adj.* ['~gəmaxt] home-made; **'♉gerecht** *adj.* self-righteous; **'~gespräch** *n* soliloquy, monolog(ue); **'♉herrlich** 1. *adj.* high-handed, autocratic(al); 2. *adv.* with a high hand; **'~hilfe** *f* self-help; **'~kostenpreis** ✝ *m* cost price; **'~laut** *gr. m* vowel; **'♉los** *adj.* unselfish, disinterested; **'~mord** *m* suicide; **'~mörder** *m* suicide; **'♉mörderisch** *adj.* suicidal; **'♉sicher** *adj.* self-confident, self-assured; **'~sucht** *f* (-/*no pl.*) selfishness, ego(t)ism; **'♉süchtig** *adj.* selfish, ego(t)istic(al); **'♉tätig** ⊕ *adj.* self-acting, automatic; **'~täuschung** *f* self-deception; **'~überwindung** *f* (-/*no pl.*) self-conquest; **'~unterricht** *m* self-instruction; **'~verleugnung** *f* self-denial; **'~versorger** *m* (-s/-) self-supporter; **'♉verständlich** 1. *adj.* self-evident, obvious; 2. *adv.* of course, naturally; **~!** *a.* by all means!; **'~verständlichkeit** *f* 1. (-/-en) matter of course; 2. (-/*no pl.*) matter-of-factness; **'~verteidigung** *f* self-defen|ce, *Am.* -se; **'~vertrauen** *n* self-confidence, self-reliance; **'~verwaltung** *f* self-government, autonomy; **'♉zufrieden** *adj.* self-satisfied; **'~zufriedenheit** *f* self-

satisfaction; **'~zweck** *m* (-[e]s/*no pl.*) end in itself.

**selig** *adj.* ['zeːliç] *eccl.* blessed; late, deceased; *fig.* blissful, overjoyed; **'♉keit** *fig. f* (-/-en) bliss, very great joy.

**Sellerie** ♃ ['zɛləriː] *m* (-s/-[s]), *f* (-/-) celery.

**selten** ['zɛltən] 1. *adj.* rare; scarce; 2. *adv.* rarely, seldom; **♉heit** *f* (-/-en) rarity, scarcity; rarity, curio(sity); **♉heitswert** *m* (-[e]s/*no pl.*) scarcity value.

**Selterswasser** ['zɛltərs-] *n* (-s/=) seltzer (water), soda-water.

**seltsam** *adj.* ['zɛltzaːm] strange, odd.

**Semester** *univ.* [ze'mɛstər] *n* (-s/-) term.

**Semikolon** *gr.* [zemi'koːlɔn] *n* (-s/-s, *Semikola*) semicolon.

**Seminar** [zemi'naːr] *n* (-s/-e) *univ.* seminar; seminary (*for priests*).

**Senat** [ze'naːt] *m* (-[e]s/-e) senate; *parl.* Senate.

**send|en** ['zɛndən] *v/t.* 1. (*irr.*,) ge-, *h*) send; forward; 2. (ge-, *h*) transmit; broadcast, *Am. a.* radio(broadcast); telecast; **'♉er** *m* (-s/-) transmitter; broadcasting station.

**'Sende|raum** *m* (broadcasting) studio; **'~zeichen** *n* interval signal. **'Sendung** *f* (-/-en) ✝ consignment, shipment; broadcast; telecast; *fig.* mission. ♀.)

**Senf** [zɛnf] *m* (-[e]s/-e) mustard (*a.*

**sengen** ['zɛŋən] *v/t.* (ge-, *h*) singe, scorch; **'~d** *adj. heat:* parching.

**senil** *adj.* [ze'niːl] senile; **♉ität** [~ili'tɛːt] *f* (-/*no pl.*) senility.

**senior** *adj.* ['zeːniɔr] senior.

**Senk|blei** ['zɛŋk-] *n* ♁ plumb, plummet; ♃ a sounding-lead; **'♉e** *geogr. f* (-/-n) depression, hollow; **'♉en** *v/t.* (ge-, *h*) lower; sink (*a. voice*); let down; bow (*head*); cut (*prices, etc.*); *sich* ~ *land, buildings, etc.:* sink, subside; *ceiling, etc.:* sag; **'~fuß** ♋ *m* flat-foot; **'~fußeinlage** *f* arch support; **'~grube** *f* cesspool; **'♉recht** *adj.* vertical, *esp.* ♉ perpendicular; **'~ung** *f* (-/-en) *geogr.* depression, hollow; lowering, reduction (*of prices*); ♋ sedimentation.

**Sensation** [zɛnza'tsjoːn] *f* (-/-en) sensation; **♉ell** *adj.* [~o'nɛl] sensational; **~slust** *f* (-/*no pl.*) sensationalism; **~spresse** *f* yellow press.

**Sense** ['zɛnzə] *f* (-/-n) scythe.

**sensi|bel** *adj.* [zɛn'ziːbəl] sensitive; **♉bilität** [~ibili'tɛːt] *f* (-/*no pl.*) sensitiveness.

**sentimental** *adj.* [zɛntimɛn'taːl] sentimental; **♉ität** [~ali'tɛːt] *f* (-/-en) sentimentality.

**September** [zɛp'tɛmbər] *m* (-[s]/-) September.

**Serenade** ♪ [zere'nɑːdə] *f* (-/-n) serenade.

**Serie** ['zeːrjə] *f* (-/-n) series; set; *billiards:* break; '**~nmäßig 1.** *adj.* standard; **2.** *adv.:* ~ herstellen produce in mass; '**~nproduktion** *f* mass production.

**seriös** *adj.* [ze'rjøːs] serious; trustworthy, reliable.

**Serum** ['zeːrum] *n* (-s/Seren, Sera) serum.

**Service**[1] [zœr'viːs] *n* (-s/-) service, set.

**Service**[2] ['zœːrvis] *m, n* (-/-s) service.

**servier|en** [zɛr'viːrən] *v/t.* (no -ge-, h) serve; **2wagen** *m* trolley(-table).

**Serviette** [zɛr'vjɛtə] *f* (-/-n) (table-)napkin.

**Sessel** ['zɛsəl] *m* (-s/-) armchair, easy chair; '**~lift** *m* chair-lift.

**seßhaft** *adj.* ['zɛshaft] settled, established; resident.

**Setzei** ['zɛtsʔ-] *n* fried egg.

'**setzen** (ge-) **1.** *v/t.* (h) set, place, put; *typ.* compose; ♂ plant; erect, raise (*monument*); stake (*money*) (*auf acc.* on); *sich* ~ sit down, take a seat; *bird:* perch; *foundations of house, sediment, etc.:* settle; **2.** *v/i.* (h): ~ *auf* (*acc.*) back (*horse, etc.*); **3.** *v/i.* (*sein*): ~ *über* (*acc.*) leap (*wall, etc.*); clear (*hurdle, etc.*); take (*ditch, etc.*).

'**Setzer** *m* (-s/-) compositor, type-setter; '**~ei** *typ.* [.~'raɪ] *f* (-/-en) composing-room.

**Seuche** ['zɔʏçə] *f* (-/-n) epidemic (disease).

**seufz|en** ['zɔʏftsən] *v/i.* (ge-, h) sigh; '**2er** *m* (-s/-) sigh.

**sexuell** *adj.* [zɛksu'ɛl] sexual.

**sezieren** [ze'tsiːrən] *v/t.* (no -ge-, h) dissect (*a. fig.*).

**sich** *refl. pron.* [ziç] oneself; *sg.* himself, herself, itself; *pl.* themselves; *sg.* yourself, *pl.* yourselves; each other, one another; *sie blickte* ~ *um* she looked about her.

**Sichel** ['ziçəl] *f* (-/-n) sickle; *s. Mondsichel.*

**sicher** ['ziçər] **1.** *adj.* secure (*vor dat.* from), safe (*from*); proof (*against*); *hand:* steady; certain, sure; positive; *aus ~er Quelle* from a reliable source; *e-r Sache* ~ *sein* be sure of s.th.; **2.** *adv. s. sicherlich; um* ~ *zu gehen* to be on the safe side, to make sure.

'**Sicherheit** *f* (-/-en) security; safety; surety, certainty; positiveness; assurance (*of manner*); *in* ~ *bringen* place in safety; '**~snadel** *f* safety-pin; '**~sschloß** *n* safety-lock.

'**sicher|lich** *adv.* surely, certainly; undoubtedly; *er wird* ~ *kommen* he is sure to come; '**~n** *v/t.* (ge-, h) secure (*a.* ✕, ⊕); guarantee (*a.* ✦); protect, safeguard; *sich et.* ~ secure

(*prize, seat, etc.*); '**~stellen** *v/t.* (*sep.,* -ge-, h) secure; '**2ung** *f* (-/-en) securing; safeguard(ing); ✦ security, guaranty; ⊕ safety device; ⚡ fuse.

**Sicht** [ziçt] *f* (-/no *pl.*) visibility; view; *in* ~ *kommen* come in(to) view or sight; *auf lange* ~ in the long run; *auf or bei* ~ ✦ at sight; '**2bar** *adj.* visible; '**2en** *v/t.* (ge-, h) ✦ sight; *fig.* sift; '**2lich** *adv.* visibly; '**~vermerk** *m* visé, visa (*on passport*).

**sickern** ['zikərn] *v/i.* (ge-, sein) trickle, ooze, seep.

**sie** *pers. pron.* [ziː] *nom.: sg.* she, *pl.* they; *acc.: sg.* her, *pl.* them; *Sie nom. and acc.: sg. and pl.* you.

**Sieb** [ziːp] *n* (-[e]s/-e) sieve; riddle (*for soil, gravel, etc.*).

**sieben**[1] ['ziːbən] *v/t.* (ge-, h) sieve, sift; riddle.

**sieben**[2] [..] **1.** *adj.* seven; **2.** ♀ *f* (-/-) (number) seven; *böse* ~ shrew, vixen; '**~fach** *adj.* sevenfold; '**~mal** *adv.* seven times; '**2sachen** *F f/pl.* belongings *pl.,* F traps *pl.;* '**~te** *adj.* seventh; '**2tel** *n* (-s/-) seventh (part); '**~tens** *adv.* seventhly, in the seventh place.

**sieb|zehn(te)** *adj.* ['ziːp-] seventeen(th); '**~zig** *adj.* ['..tsiç] seventy; '**~zigste** *adj.* seventieth.

**siech** *adj.* [ziːç] sickly; '**2tum** *m* (-s/no *pl.*) sickliness, lingering illness.

**Siedehitze** ['ziːdə-] *f* boiling-heat.

**siedeln** ['ziːdəln] *v/i.* (ge-, h) settle; *Am. a.* homestead.

**siede|n** ['ziːdən] *v/t. and v/i.* ([*irr.*] ge-, h) boil, simmer; '**2punkt** *m* boiling-point (*a. fig.*).

**Siedler** ['ziːdlər] *m* (-s/-) settler; *Am. a.* homesteader; '**~stelle** *f* settler's holding; *Am. a.* homestead.

'**Siedlung** *f* (-/-en) settlement; housing estate.

**Sieg** [ziːk] *m* (-[e]s/-e) victory (*über acc.* over); *sports:* a. win; *den* ~ *davontragen* win the day, be victorious.

**Siegel** ['ziːgəl] *n* (-s/-) seal (*a. fig.*); signet; '**~lack** *m* sealing-wax; '**2n** *v/t.* (ge-, h) seal; '**~ring** *m* signet-ring.

**sieg|en** ['ziːgən] *v/i.* (ge-, h) be victorious (*über acc.* over), conquer *s.o.; sports:* win; '**2er** *m* (-s/-) conqueror, *rhet.* victor; *sports:* winner.

**Siegeszeichen** ['ziːgəs-] *n* trophy.

'**siegreich** *adj.* victorious, triumphant.

**Signal** [zi'gnɑːl] *n* (-s/-e) signal; **2isieren** [..ali'ziːrən] *v/t.* (no -ge-, h) signal.

**Silbe** ['zilbə] *f* (-/-n) syllable; '**~ntrennung** *f* syllabi(fi)cation.

**Silber** ['zilbər] *n* (-s/no *pl.*) silver; *s. Tafelsilber;* '**2n** *adj.* (of) silver;

'~zeug F n silver plate, Am. a. silverware.

Silhouette [zilu'ɛtə] f (-/-n) silhouette; skyline.

Silvester [zil'vɛstər] n (-s/-), ~abend m new-year's eve.

simpel ['zimpəl] 1. adj. plain, simple; stupid, silly; 2. 2 m (-s/-) simpleton.

Sims [zims] m, n (-es/-e) ledge; sill (of window); mantelshelf (of fireplace); shelf; ⚒ cornice.

Simul|ant [zimu'lant] m (-en/-en) esp. ⚒, ⚓ malingerer; 2ieren (no -ge-, h) 1. v/t. sham, feign, simulate (illness, etc.); 2. v/i. sham, feign; esp. ⚒, ⚓ malinger.

Sinfonie ♩ [zinfo'ni:] f (-/-n) symphony.

sing|en ['ziŋən] v/t. and v/i. (irr., ge-, h) sing; vom Blatt ~ sing at sight; nach Noten ~ sing from music; 2sang F m (-[e]s/no pl.) singsong; 2spiel n musical comedy; 2stimme ♩ f vocal part.

Singular gr. ['ziŋgula:r] m (-s/-e) singular (number).

Singvogel m song-bird, songster.

sinken ['ziŋkən] v/i. (irr., ge-, sein) sink; ship: a. founder, go down; ↑ prices: fall, drop, go down; den Mut ~ lassen lose courage.

Sinn [zin] m (-[e]s/-e) sense; taste (für for); tendency; sense, meaning; von ~en sein be out of one's senses; im ~ haben have in mind; in gewissem ~e in a sense; '~bild n symbol, emblem; '2bildlich adj. symbolic(al), emblematic; '2en v/i. (irr., ge-, h): auf Rache ~ meditate revenge.

'Sinnen|lust f sensuality; '~mensch m sensualist; '~rausch m intoxication of the senses.

sinnentstellend adj. ['zin⁹-] garbling, distorting. [world.)

'Sinnenwelt f (-/no pl.) material)

'Sinnes|änderung f change of mind; '~art f disposition, mentality; '~organ n sense-organ; '~täuschung f illusion, hallucination.

'sinn|lich adj. sensual; material; '2lichkeit f (-/no pl.) sensuality; '~los adj. senseless, futile, useless; '2losigkeit f (-/-en) senselessness, futility, uselessness; '~reich adj. ingenious; '~verwandt adj. synonymous.

Sipp|e ['zipə] f (-/-n) tribe; (blood-) relations f.; family; '~schaft contp. f (-/-en) relations pl.; fig. clan, clique; die ganze ~ the whole lot.

Sirene [zi're:nə] f (-/-n) siren.

Sirup ['zi:rup] m (-s/-e) syrup, Am. sirup; treacle, molasses sg.

Sitte ['zitə] f (-/-n) custom; habit; usage; ~n pl. morals pl.; manners pl.

'Sitten|bild n, '~gemälde n genre (-painting); fig. picture of manners and morals; '~gesetz n moral law; '~lehre f ethics pl.; '2los adj. immoral; '~losigkeit f (-/-en) immorality; '~polizei f appr. vice squad; '~prediger m moralizer; '~richter fig. m censor, moralizer; '2streng adj. puritanic(al).

'sittlich adj. moral; '2keit f (-/no pl.) morality; '2keitsverbrechen n sexual crime.

'sittsam adj. modest; '2keit f (-/no pl.) modesty.

Situation [zitua'tsjo:n] f (-/-en) situation.

Sitz [zits] m (-es/-e) seat (a. fig.); fit (of dress, etc.).

'sitzen v/i. (irr., ge-, h) sit, be seated; dress, etc.: fit; blow, etc.: tell; F fig. do time; ~ bleiben remain seated, keep one's seat; '~bleiben v/i. (irr. bleiben, sep., -ge-, sein) girl at dance: F be a wallflower; girl: be left on the shelf; at school: not to get one's remove; ~ auf (dat.) be left with (goods) on one's hands; '~d adj.: ~e Tätigkeit sedentary work; '~lassen v/t. (irr. lassen, sep., [no] -ge-, h) leave s.o. in the lurch, let s.o. down; girl: jilt (lover); leave (girl) high and dry; auf sich ~ pocket (insult, etc.).

'Sitz|gelegenheit f seating accommodation, seat(s pl.); ~ bieten für seat; '~platz m seat; '~streik m sit-down or stay-in strike.

'Sitzung f (-/-en) sitting (a. parl., paint.); meeting, conference; '~speriode f session.

Skala ['ska:la] f (-/Skalen, Skalas) scale (a. ♩); dial (of radio set); fig. gamut; gleitende ~ sliding scale.

Skandal [skan'da:l] m (-s/-e) scandal; row, riot; 2ös adj. [~a'lø:s] scandalous.

Skelett [ske'lɛt] n (-[e]s/-e) skeleton.

Skep|sis ['skɛpsis] f (-/no pl.) scepticism, Am. a. skepticism, ~tiker ['~tikər] m (-s/-) sceptic, Am. a. skeptic; '2tisch adj. sceptical, Am. a. skeptical.

Ski [ʃi:] m (-s/-er, ⚒ -) ski; ~ laufen or fahren ski; '~fahrer m, '~läufer m skier; '~lift m ski-lift; '~sport m (-[e]s/no pl.) skiing.

Skizz|e ['skitsə] f (-/-n) sketch (a. fig.); 2ieren [~'tsi:rən] v/t. (no -ge-, h) sketch, outline (both a. fig.).

Sklav|e ['skla:və] m (-n/-n) slave (a. fig.); '~enhandel m slave-trade; '~enhändler m slave-trader; ~'rei f (-/-en) slavery; '2isch adj. slavish.

Skonto ↑ ['skonto] m, n (-s/-s, ⚒ Skonti) discount.

Skrupel ['skru:pəl] m (-s/-) scruple; '2los adj. unscrupulous.

Skulptur [skulp'tu:r] f (-/-en) sculpture.

**Slalom** ['slɑːlɔm] *m* (-s/-s) *skiing, etc.:* slalom.

**Slaw|e** ['slɑːvə] *m* (-n/-n) Slav; **'2isch** *adj.* Slav(onic).

**Smaragd** [sma'rakt] *m* (-[e]s/-e) emerald; **2grün** *adj.* emerald.

**Smoking** ['smoːkiŋ] *m* (-s/-s) dinner-jacket, *Am. a.* tuxedo, *F* tux.

**so** [zoː] 1. *adv.* so, thus; like this *or* that; as; ~ *ein* such a; ~ ... *wie* as ... as; *nicht* ~ ... *wie* not so ... as; ~ *oder* ~ by hook or by crook; 2. *cj.* so, therefore, consequently; ~ *daß* so that; **'~bald** *cj.* [zoː'-]: ~ (*als*) as soon as.

**Socke** ['zɔkə] *f* (-/-n) sock; **'~l** *m* (-s/-) ⚠ pedestal, socle; socket (*of lamp*); **'~n** *m* (-s/-) sock; **'~nhalter** *m/pl.* suspenders *pl.*, *Am.* garters *pl.*

**Sodawasser** ['zoːda-] *n* (-s/-) soda(-water).

**Sodbrennen** ⚕ ['zoːt-] *n* (-s/*no pl.*) heartburn.

**soeben** *adv.* [zoː'-] just (now).

**Sofa** ['zoːfa] *n* (-s/-s) sofa.

**sofern** *cj.* [zoː'-] if, provided that; ~ *nicht* unless.

**soff** [zɔf] *pret. of* saufen.

**sofort** *adv.* [zoː'-] at once, immediately, directly, right *or* straight away; **~ig** *adj.* immediate, prompt.

**Sog** [zoːk] 1. *m* (-[e]s/-e) suction; ⚓ wake (*a. fig.*), undertow; 2. ♀ *pret. of* saugen.

**so|gar** *adv.* [zoː'-] even; **~genannt** *adj.* ['zoː'-] so-called; **~gleich** *adv.* [zoː'-] *s.* sofort.

**Sohle** ['zoːlə] *f* (-/-n) sole; bottom (*of valley, etc.*); ⚒ floor.

**Sohn** [zoːn] *m* (-[e]s/-e) son.

**solange** *cj.* [zoː'-]: ~ (*als*) so *or* as long as. [such.]

**solch** *pron.* [zɔlç] such; *als* ~[r] as]

**Sold** ⚔ [zɔlt] *m* (-[e]s/-e) pay.

**Soldat** [zɔl'dɑːt] *m* (-en/-en) soldier; *der unbekannte* ~ the Unknown Warrior *or* Soldier.

**Söldner** ['zœldnər] *m* (-s/-) mercenary.

**Sole** ['zoːlə] *f* (-/-n) brine, salt water.

**solid** *adj.* [zoː'liːt] solid (*a. fig.*); *basis, etc.:* sound; ✝ firm, *etc.:* sound, solvent; *prices:* reasonable, fair; *p.* steady, staid, respectable.

**solidarisch** *adj.* [zoli'dɑːriʃ]: *sich* ~ *erklären mit* declare one's solidarity with.

**solide** *adj.* [zoː'liːdə] *s.* solid.

**Solist** [zoː'list] *m* (-en/-en) soloist.

**Soll** ✝ [zɔl] *n* (-[s]/-[s]) debit; (output) target.

**'sollen** (*h*) 1. *v/i.* (ge-): *ich sollte* (*eigentlich*) I ought to; 2. *v/aux.* (*irr., no* -ge-): *er soll* he shall; he is to; he is said to; *ich sollte* I should; *er sollte* (*eigentlich*) *zu Hause sein* he ought to be at home; *er sollte seinen Vater niemals wiedersehen* he was never to see his father again.

**Solo** ['zoːlo] *n* (-s/-s, *Soli*) solo.

**somit** *cj.* [zoː'-] thus; consequently.

**Sommer** ['zɔmər] *m* (-s/-) summer; **'~frische** *f* (-/-n) summer-holidays *pl.*; summer-resort; **'2lich** *adj.* summer-like, summer(l)y; **'~sprosse** *f* freckle; **'2sprossig** *adj.* freckled; **'~wohnung** *f* summer residence, *Am.* cottage, summer house; **'~zeit** *f* 1. (-/-en) *season:* summertime; 2. (*/no pl.*) summer time, *Am.* daylight-saving time.

**Sonate** ♪ [zoː'nɑːtə] *f* (-/-n) sonata.

**Sonde** ['zɔndə] *f* (-/-n) probe.

**Sonder|angebot** ['zɔndər-] *n* special offer; **'~ausgabe** *f* special (edition); **'2bar** *adj.* strange, odd; **'~beilage** *f* inset, supplement (*of newspaper*); **'~berichterstatter** *m* special correspondent; **'2lich** 1. *adj.* special, peculiar; 2. *adv.:* *nicht* ~ not particularly; **'~ling** *m* (-s/-e) crank, odd person; **'2n** 1. *cj.* but; *nicht nur*, ~ *auch* not only, but (also); 2. *v/t.* (ge-, h): *die Spreu vom Weizen* ~ sift the chaff from the wheat; **'~recht** *n* privilege; **'~zug** ⚏ *m* special (train).

**sondieren** [zɔn'diːrən] (*no* -ge-, h) 1. *v/t.* ⚕ probe (*a. fig.*); 2. *fig. v/i.* make tentative inquiries.

**Sonn|abend** ['zɔn-] *m* (-s/-e) Saturday; **'~e** *f* (-/-n) sun; **'2en** *v/t.* (ge-, h) (expose to the) sun; *sich* ~ sun o.s. (*a. fig. in dat.* in), bask in the sun.

**'Sonnen|aufgang** *m* sunrise; **'~bad** *n* sun-bath; **'~brand** *m* sunburn; **'~bräune** *f* sunburn, tan, *Am.* (sun) tan; **'~brille** *f* (-e + a pair of) sunglasses *pl.*; **'~finsternis** *f* solar eclipse; **'~fleck** *m* sun-spot; **'2klar** *fig. adj.* (as) clear as daylight; **'~licht** *n* (-[e]s/*no pl.*) sunlight; **'~schein** *m* (-[e]s/*no pl.*) sunshine; **'~schirm** *m* sunshade, parasol; **'~segel** *n* awning; **'~seite** *f* sunny side (*a. fig.*); **'~stich** ⚕ *m* sunstroke; **'~strahl** *m* sunbeam; **'~uhr** *f* sun-dial; **'~untergang** *m* sunset, sundown; **'2verbrannt** *adj.* sunburnt, tanned; **'~wende** *f* solstice.

**'sonnig** *adj.* sunny (*a. fig.*).

**'Sonntag** *m* Sunday.

**'Sonntags|anzug** *m* Sunday suit *or* best; **'~fahrer** *mot. contp. m* Sunday driver; **'~kind** *n* person born on a Sunday; *fig.* person born under a lucky star; **'~rückfahrkarte** ⚏ *f* week-end ticket; **'~ruhe** *f* Sunday rest; **'~staat** *F co. m* (-[e]s/*no pl.*) Sunday go-to-meeting clothes *pl.*

**sonor** *adj.* [zoː'noːr] sonorous.

**sonst** [zɔnst] 1. *adv.* otherwise, *with pron.* else; usually, normally; *wer* ~? who else?; *wie* ~ as usual, ~ *nichts* nothing else; 2. *cj.* otherwise, or else; **'~ig** *adj.* other; **'~wie** *adv.*

in some other way; '~wo adv.
elsewhere, somewhere else.
**Sopran** ♪ [zo'praːn] m (-s/-e)
soprano; **sopranist**; ~istin ♪
[~a'nistin] f (-/-nen) soprano,
sopranist.
**Sorge** ['zɔrgə] f (-/-n) care; sorrow;
uneasiness, anxiety; ~ tragen für
take care of; sich ~n machen um be
anxious or worried about; mach dir
keine ~n don't worry.
'**sorgen** (ge-, h) 1. v/i.: ~ für care
for, provide for; take care of,
attend to; dafür ~, daß take care
that; 2. v/refl.: sich ~ um be anxious
or worried about; '~frei adj., '~los
adj. carefree, free from care; '~voll
adj. full of cares; face: worried,
troubled.
**Sorg|falt** ['zɔrkfalt] f (-/no pl.)
care(fulness); 2fältig adj. ['~fɛltiç]
careful; '2lich adj. careful, anxious; '2los adj. carefree; thoughtless; negligent; careless; '2sam
adj. careful.
**Sorte** ['zɔrtə] f (-/-n) sort, kind,
species, Am. a. stripe; 2ieren
[~'tiːrən] v/t. (no -ge-, h) (as)sort;
arrange; ~iment [~i'mɛnt] n
(-[e]s/-e) assortment.
**Soße** ['zoːsə] f (-/-n) sauce; gravy.
**sott** [zɔt] pret. of sieden.
**Souffleurkasten** thea. [su'fløːr~] m
prompt-box; promter's box; ~euse
thea. [~'øːzə] f (-/-n) prompter;
2ieren thea. (no -ge-, h) 1. v/i.
prompt (j-m s.o.); 2. v/t. prompt.
**Souverän** [suvə'rɛːn] 1. m (-s/-e)
sovereign; 2. 2 adj. sovereign; fig.
superior; ~ität [~ɛni'tɛːt] f (-/no pl.)
sovereignty.
**so|viel** [zo'~] 1. cj. so or as far as; ~ ich
weiß so far as I know; 2. adv.:
doppelt ~ twice as much; '~weit
1. cj.: ~ es mich betrifft in so far as
it concerns me, so far as I am concerned; 2. adv.: ~ ganz gut not
bad (for a start); '~wieso adv.
[zovi'zoː] in any case, anyhow, anyway.
**Sowjet** [zɔ'vjɛt] m (-s/-s) Soviet;
2isch adj. Soviet.
**sowohl** cj. [zo'~]: ~ ... als (auch) ...
both ... and ..., ... as well as ...
**sozial** adj. [zo'tsjaːl] social; 2de-
mokrat m social democrat; ~isieren
[~ali'ziːrən] v/t. (no -ge-, h)
socialize; 2isierung [~ali'ziːruŋ] f
(-/-en) socialization; 2ist m [~a'list]
(-en/-en) socialist; ~istisch adj.
[~a'listiʃ] socialist.
**Sozius** ['zoːtsjus] m (-/-se) ♁
partner; mot. pillion-rider; '~sitz
mot. m pillion.
**sozusagen** adv. [zotsu'zaːgən] so to
speak, as it were.
**Spachtel** ['ʃpaxtəl] m (-s/-), f (-/-n)
spatula.
**spähe|n** ['ʃpɛːən] v/i. (ge-, h) look

out (nach for); peer; '2r m (-s/-)
look-out; ⚔ scout.
**Spalier** [ʃpa'liːr] n (-s/-e) trellis,
espalier; fig. lane; ~ bilden form a
lane.
**Spalt** [ʃpalt] m (-[e]s/-e) crack, split,
rift, crevice, fissure; '~e f (-/-n) s.
Spalt; typ. column; '2en v/t. ([irr.,]
ge-, h) split (a. fig. hairs), cleave
(block of wood, etc.); sich ~ split
(up); '~ung f (-/-en) splitting,
cleavage; fig. split; eccl. schism.
**Span** [ʃpaːn] m (-[e]s/"-e) chip,
shaving, splinter.
**Spange** ['ʃpaŋə] f (-/-n) clasp;
buckle; clip; slide (in hair); strap
(of shoes); bracelet.
**Span|ier** m ['ʃpaːnjər] m (-s/-) Span-
iard; '2isch adj. Spanish.
**Spann** [ʃpan] 1. m (-[e]s/-e) instep;
2. 2 prst. of spinnen; '~e f (-/-n)
span; ⚔, orn. spread (of wings); ♁
margin; '2en (ge-, h) 1. v/t. stretch
(rope, muscles, etc.); cock (rifle);
bend (bow, etc.); tighten (spring,
etc.); vor den Wagen ~ harness to
the carriage; s. gespannt; 2. v/i. be
(too) tight; '2end adj. exciting,
thrilling, gripping; '~kraft f (-/no
pl.) elasticity; fig. energy; '~ung f
(-/-en) tension (a. fig.); ∮ voltage;
⊕ strain, stress; ⚠ span; fig. close
attention.
**Spar|büchse** ['ʃpaːr~] f money-box;
'2en (ge-, h) 1. v/t. save (money,
strength, etc.); put by; 2. v/i. save;
economize, cut down expenses; ~
mit be chary of (praise, etc.); '~er
m (-s/-) saver.
**Spargel** ♁ ['ʃpargəl] m (-s/-)
asparagus.
'**Spar|kasse** f savings-bank; '~
konto n savings-account.
**spärlich** adj. ['ʃpɛːrliç] crop, dress,
etc.: scanty; population, etc.: sparse;
hair: thin.
**Sparren** ['ʃparən] m (-s/-) rafter,
spar.
'**sparsam** 1. adj. saving, economical
(mit of); 2. adv.: ~ leben lead a
frugal life, economize; ~ umgehen
mit use sparingly, be frugal of;
'2keit f (-/no pl.) economy, frugality.
**Spaß** [ʃpaːs] m (-es/"-e) joke, jest;
fun, lark; amusement; aus or im
or zum ~ in fun; ~ beiseite joking
apart; er hat nur ~ gemacht he
was only joking; '2en v/i. (ge-, h)
joke, jest, make fun; damit ist nicht
zu ~ that is no joking matter;
'2haft adj., '2ig adj. facetious,
waggish; funny; '~macher m
(-s/-), '~vogel m wag, joker.
**spät** [ʃpɛːt] 1. adj. late; advanced;
zu ~ too late; am ~en Nachmittag
late in the afternoon; wie ~ ist es?
what time is it?; 2. adv. late; er
kommt 5 Minuten zu ~ he is five

minutes late (zu for); ~ in der Nacht late at night.

**Spaten** ['ʃpɑːtən] m (-s/-) spade.

**'späte|r** 1. adj. later; 2. adv. later on; afterward(s); früher oder ~ sooner or later; **~stens** adv. ['..stəns] at the latest.

**Spatz** orn. [ʃpats] m (-en, -es/-en) sparrow.

**spazieren** [ʃpa'tsiːrən] v/i. (no -ge-, sein) walk, stroll; **~fahren** (irr. fahren, sep., -ge-) 1. v/i. (sein) go for a drive; 2. v/t. (h) take for a drive; take (baby) out (in pram); **~gehen** v/i. (irr. gehen, sep., -ge-, sein) go for a walk.

**Spa'zier|fahrt** f drive, ride; **~gang** m walk, stroll; **~n machen** go for a walk; **~gänger** [..gɛŋər] m (-s/-) walker, stroller; **~weg** m walk.

**Speck** [ʃpɛk] m (-[e]s/-e) bacon.

**Spedi|teur** [ʃpedi'tøːr] m (-s/-e) forwarding agent; (furniture) remover; **~tion** [..'tsjoːn] f (-/-en) forwarding agent or agency.

**Speer** [ʃpeːr] m (-[e]s/-e) spear; sports: javelin; **~werfen** n (-s/no pl.) javelin-throw(ing); **~werfer** m (-s/-) javelin-thrower.

**Speiche** ['ʃpaɪçə] f (-/-n) spoke.

**Speichel** ['ʃpaɪçəl] m (-s/no pl.) spit(tle), saliva; **~lecker** fig. m (-s/-) lickspittle, toady.

**Speicher** ['ʃpaɪçər] m (-s/-) granary; warehouse; garret, attic.

**speien** ['ʃpaɪən] (irr., ge-, h) 1. v/t. spit out (blood, etc.); volcano, etc.: belch (fire, etc.); 2. v/i. spit; vomit, be sick.

**Speise** ['ʃpaɪzə] f (-/-n) food, nourishment; meal; dish; **~eis** n icecream; **~kammer** f larder, pantry; **~karte** f bill of fare, menu; **~2n** (ge-, h) 1. v/i. a. essen 1; at restaurants: take one's meals; 2. v/t. feed; ⊕, ⨍ a. supply (mit with); **~nfolge** f menu; **~röhre** anat. f gullet, (oesophagus; **~saal** m dining-hall; **~schrank** m (meat-)safe; **~wagen** ⬛ m dining-car, diner; **~zimmer** n dining-room.

**Spektakel** F [ʃpɛk'tɑːkəl] m (-s/-) noise, din.

**Spekul|ant** [ʃpeku'lant] m (-en/-en) speculator; **~ation** [..a'tsjoːn] f (-/-en) speculation; ⬆ a. venture; **2ieren** [..'liːrən] v/i. (no -ge-, h) speculate (auf acc. on).

**Spelunke** [ʃpe'luŋkə] f (-/-n) den; drinking-den, Am. F a. dive.

**Spende** ['ʃpɛndə] f (-/-n) gift; alms pl.; contribution; **~2n** v/t. (ge-, h) give; donate (money to charity, blood, etc.); eccl. administer (sacraments); bestow (praise) (dat. on); **~~r** m (-s/-) giver; donor.

**spen'dieren** v/t. (no -ge-, h): j-m et. ~ treat s.o. to s.th., stand s.o. s.th.

**Sperling** orn. ['ʃpɛrliŋ] m (-s/-e) sparrow.

**Sperr|e** ['ʃpɛrə] f (-/-n) barrier; ⬛ barrier, Am. gate; toll-bar; ⊖ lock(ing device), detent; barricade; ⬆, ♠ embargo; ⭙ blockade; sports: suspension; **'2en** (ge-, h) 1. v/t. close; ⬆, ♠ embargo; cut off (gas supply, electricity, etc.); stop (cheque, etc.); sports: suspend; 2. v/i. jam, be stuck; **~holz** n plywood; **~konto** ⭑ n blocked account; **~kreis** ∮ m wave-trap; **~sitz** thea. m stalls pl., Am. orchestra; **~ung** f (-/-en) closing; stoppage (of cheque, etc.); ⬆, ♠ embargo; ⭙ blockade; **~zone** f prohibited area.

**Spesen** ['ʃpeːzən] pl. expenses pl., charges pl.

**Spezial|ausbildung** [ʃpe'tsjɑːl-²] f special training; **~fach** n special(i)ty; **~geschäft** ⬆ n one-line shop, Am. specialty store; **2isieren** [..ali'ziːrən] v/refl. (no -ge-, h) specialize (auf acc. in); **~ist** [..'list] m (-en/-en) specialist; **~ität** [..ali-'tɛːt] f (-/-en) special(i)ty.

**speziell** adj. [ʃpe'tsjɛl] specific, special, particular.

**spezifisch** adj. [ʃpe'tsiːfiʃ]: **~es Gewicht** specific gravity.

**Sphäre** ['sfɛːrə] f (-/-n) sphere (a. fig.).

**Spick|aal** ['ʃpik-] m smoked eel; **'2en** (ge-, h) 1. v/t. lard; fig. (inter-)lard (mit with); F: j-n ~ grease s.o.'s palm; 2. F fig. v/i. crib.

**spie** [ʃpiː] pret. of speien.

**Spiegel** ['ʃpiːgəl] m (-s/-) mirror (a. fig.), looking-glass; **~bild** n reflected image; **'2blank** adj. mirror-like; **~ei** ['ʃpiːgəl-²] n fried egg; **'2glatt** adj. water: glassy, unrippled; road, etc.: very slippery; **'2n** (ge-, h) 1. v/i. shine; 2. v/refl. be reflected; **~schrift** f mirror-writing.

**Spieg(e)lung** ['ʃpiːg(ə)luŋ] f (-/-en) reflection, reflexion; mirage.

**Spiel** [ʃpiːl] n (-[e]s/-e) play (a. fig.); game (a. fig.); match; ♪ playing; ein ~ Karten a pack of playing-cards, Am. a. deck; auf dem ~ stehen be at stake; aufs ~ setzen jeopardize, stake; **~art** ∮, zo. f variety; **~ball** m tennis: game ball; billiards: red ball; fig. plaything, sport; **'~bank** f (-/-en) gaming-house; **'2en** (ge-, h) 1. v/i. play; gamble; ~ mit play with; fig. a. toy with; 2. v/t. play (tennis, violin, etc.); thea. act, play (part); mit j-m Schach ~ play s.o. at chess; den Höflichen ~ do the polite; **'2end** fig. adv. easily; **'~er** m (-s/-) player; gambler; **~erei** f (-/-en) pastime; child's amusement; **~ergebnis** n sports: result, score; **~feld** n sports: (playing-)field; pitch; **'~film** m feature film or picture; '**~gefährte** *m* playfellow, playmate; '**~karte** *f* playing-card; '**~leiter** *m thea.* stage manager; *cinematography*: director; *sports*: referee; '**~marke** *f* counter, *sl.* chip; '**~plan** *m thea.*, *etc.*: program(me); repertory; '**~platz** *m* playground; '**~raum** *fig. m* play, scope; '**~regel** *f* rule (of the game); '**~sachen** *f/pl.* playthings *pl.*, toys *pl.*; '**~schuld** *f* gambling-debt; '**~schule** *f* infant-school, kindergarten; '**~tisch** *m* card-table; gambling-table; '**~uhr** *f* musical box, *Am.* music box; '**~verderber** *m* (-s/-) spoil-sport, killjoy, wet blanket; '**~waren** *f/pl.* playthings *pl.*, toys *pl.*; '**~zeit** *f thea.* season; *sports*: time of play; '**~zeug** *n* toy(s *pl.*), plaything(s *pl.*).

**Spieß** [ʃpiːs] *m* (-es/-e) spear, pike; spit; *den* ~ *umdrehen* turn the tables; '**~bürger** *m* bourgeois, Philistine, *Am. a.* Babbitt; '**²bürgerlich** *adj.* bourgeois, Philistine; '**~er** *m* (-s/-) *s.* Spießbürger; '**~geselle** *m* accomplice; '**~ruten** *f/pl.*: ~ *laufen* run the gauntlet (*a. fig.*).

**spinal** *adj.* [ʃpiˈnɑːl]: ~*e Kinderlähmung* ♯ infantile paralysis, poliomyelitis, F polio.

**Spinat** ♯ [ʃpiˈnɑːt] *m* (-[e]s/-e) spinach.

**Spind** [ʃpint] *n, m* (-[e]s/-e) wardrobe, cupboard; ⚒, *sports, etc.*: locker.

**Spindel** ['ʃpindəl] *f* (-/-n) spindle; '**²dürr** *adj.* (as) thin as a lath.

**Spinn|e** *zo.* ['ʃpinə] *f* (-/-n) spider; '**²en** (*irr.*, ge-, h) 1. *v/t.* spin (*a. fig.*); hatch (*plot, etc.*); 2. *v/i.* cat: purr; F *fig.* be crazy, *sl.* be nuts; '**~engewebe** *n* cobweb; '**~er** *m* (-s/-) spinner; F *fig.* silly; '**~e'rei** *f* (-/-en) spinning; spinning-mill; '**~maschine** *f* spinning-machine; '**~webe** *f* (-/-n) cobweb.

**Spion** [ʃpiˈoːn] *m* (-s/-e) spy, intelligencer; *fig.* judas; '**~age** [～oˈnɑːʒə] *f* (-/*no pl.*) espionage; **²ieren** [～oˈniːrən] *v/i.* (*no -ge-*, h) (play the) spy.

**Spiral|e** [ʃpiˈrɑːlə] *f* (-/-n) spiral (*a.* ♯), helix; **²förmig** *adj.* [～fœrmiç] spiral, helical.

**Spirituosen** [ʃpirituˈoːzən] *pl.* spirits *pl.*

**Spiritus** ['ʃpiːritus] *m* (-/-se) spirit, alcohol; '**~kocher** *m* (-s/-) spirit stove.

**Spital** [ʃpiˈtɑːl] *n* (-s/~er) hospital; alms-house; home for the aged.

**spitz** [ʃpits] 1. *adj.* pointed (*a. fig.*); ♯ *angle*: acute; *fig.* poignant; *e Zunge* sharp tongue; 2. *adv.*: ~ *zulaufen* taper (off); '**²bube** *m* thief; rogue, rascal (*both a. co.*); **²büberei** [～byˈbəˈraɪ] *f* (-/-en) roguery, ras-

cality (*both a. co.*); '**~bübisch** *adj.* ['～byːbiʃ] *eyes, smile, etc.*: roguish.

**Spitz|e** *f* (-/-n) point (*of pencil, weapon, jaw, etc.*); tip (*of nose, finger, etc.*); nib (*of tool, etc.*); spire; head (*of enterprise, etc.*); lace; *an der* ~ *liegen sports*: be in the lead; *j-m die* ~ *bieten* make head against *s.o.*; *auf die* ~ *treiben* carry to an extreme; '**~el** *m* (-s/-) (common) informer; '**²en** *v/t.* (ge-, h) point, sharpen; *den Mund* ~ purse (up) one's lips; *die Ohren* ~ prick up one's ears (*a. fig.*).

'**Spitzen|leistung** *f* top performance; ⊕ maximum capacity; '**~lohn** *m* top wages *pl.*

'**spitz|findig** *adj.* subtle, captious; '**²findigkeit** *f* (-/-en) subtlety, captiousness; '**²hacke** *f* pickax(e), pick; '**~ig** *adj.* pointed; *fig. a.* poignant; '**²marke** *typ. f* head(ing); '**²name** *m* nickname.

**Splitter** ['ʃplitər] *m* (-s/-) splinter, shiver; chip; '**²frei** *adj. glass*: shatterproof; '**²ig** *adj.* splintery; '**²n** *v/i.* (ge-, h, sein) splinter, shiver; '**²nackt** F *adj.* stark naked, *Am. a.* mother-naked; '**~partei** *pol. f* splinter party.

**spontan** *adj.* [ʃpɔnˈtɑːn] spontaneous.

**sporadisch** *adj.* [ʃpoˈrɑːdiʃ] sporadic.

**Sporn** [ʃpɔrn] *m* (-[e]s/Sporen) spur; *die Sporen geben* put *or* set spurs to (*horse*); *sich die Sporen verdienen* win one's spurs; '**²en** *v/t.* (ge-, h) spur.

**Sport** [ʃpɔrt] *m* (-[e]s/✗-e) sport; *fig.* hobby; ~ *treiben* go in for sports; '**~ausrüstung** *f* sports equipment; '**~geschäft** *n* sporting-goods shop; '**~kleidung** *f* sport clothes *pl.*, sportswear; '**~lehrer** *m* games-master; '**²lich** *adj.* sporting, sportsmanlike; *figure*: athletic; '**~nachrichten** *f/pl.* sports news *sg.*, *pl.*; '**~platz** *m* sports field; stadium.

**Spott** [ʃpɔt] *m* (-[e]s/*no pl.*) mockery; derision; scorn; (*s-n*) ~ *treiben mit* make sport of; '**²billig** F *adj.* dirt-cheap.

**Spötte|lei** [ʃpœtəˈlaɪ] *f* (-/-en) raillery, sneer, jeer; '**²ln** *v/i.* (ge-, h) sneer (*über acc.* at), jeer (*at*).

'**spotten** *v/i.* (ge-, h) mock (*über acc.* at); sneer (*at*); jeer (*at*); *jeder Beschreibung* ~ beggar description.

**Spötter** ['ʃpœtər] *m* (-s/-) mocker, scoffer; '**~ei** [～ˈraɪ] *f* (-/-en) mockery.

'**spöttisch** *adj.* mocking; sneering; ironical.

'**Spott|name** *m* nickname; '**~preis** *m* ridiculous price; *für e-n* ~ for a mere song; '**~schrift** *f* lampoon, satire.

**sprach** [ʃprɑːx] *pret. of sprechen.*

'**Sprache** *f* (-/-n) speech; language

(a. fig.); diction; zur ~ bringen bring up, broach; zur ~ kommen come up (for discussion).

'Sprach|eigentümlichkeit f idiom; '~fehler ♂ m impediment (in one's speech); '~führer m language guide; '~gebrauch m usage; '~gefühl n (-[e]s/no pl.) linguistic instinct; 2kundig adj. ['~kundiç] versed in languages; '~lehre f grammar; '~lehrer m teacher of languages; '2lich adj. linguistic, grammatical; '2los adj. speechless; '~rohr n speaking-trumpet, megaphone; fig.: mouthpiece; organ; '~schatz m vocabulary; '~störung ♂ f impediment (in one's speech); '~wissenschaft f philology, science of language; linguistics pl.; '~wissenschaftler m philologist; linguist; '2wissenschaftlich adj. philological; linguistic.

sprang [ʃpraŋ] pret. of springen.

Sprech|chor ['ʃprɛç-] m speaking chorus; '2en (irr., ge-, h) 1. v/t. speak (language, truth, etc.); ♂♂ pronounce (judgement); say (prayer); j-n zu ~ wünschen wish to see s.o.; j-n schuldig ~ ♂♂ pronounce s.o. guilty; F Bände ~ speak volumes (für for); 2. v/i. speak; talk (both: mit to, with; über acc., von of, about); er ist nicht zu ~ you cannot see him; '~er m (-s/-) speaker; radio: announcer; spokesman; '~fehler m slip of the tongue; '~stunde f consulting-hours pl.; '~übung f exercise in speaking; '~zimmer n consulting-room, surgery.

spreizen ['ʃpraitsən] v/t. (ge-, h) spread (out); a. straddle (legs); sich ~ pretend to be unwilling.

Spreng|bombe ✕ ['ʃprɛŋ-] f high-explosive bomb, demolition bomb; '~el eccl. m (-s/-) diocese, see; parish; '2en (ge-) 1. v/t. (h) sprinkle, water (road, lawn, etc.); blow up, blast (bridge, rocks, etc.); burst open (door, etc.); spring (mine, etc.); gambling: break (bank); break up (meeting, etc.); 2. v/i. (sein) gallop; '~stoff m explosive; '~ung f (-/-en) blowing-up, blasting; explosion; '~wagen m water(ing)-cart.

Sprenkel ['ʃprɛŋkəl] m (-s/-) speckle, spot; '2n v/t. (ge-, h) speckle, spot.

Spreu [ʃprɔy] f (-/no pl.) chaff; s. sondern 2.

Sprich|wort ['ʃpriç-] n (-[e]s/=er) proverb, adage; '2wörtlich adj. proverbial (a. fig.).

sprießen ['ʃpriːsən] v/i. (irr., ge-, sein) sprout; germinate.

Spring|brunnen ['ʃpriŋ-] m fountain; '2en v/i. (irr., ge-, sein) jump, leap; ball, etc.: bounce; swimming: dive; burst, crack, break; in die Augen ~ strike the eye; ~ über (acc.)

jump (over), leap, clear; '~er m (-s/-) jumper; swimming: diver; chess: knight; '~flut f spring tide.

Sprit [ʃprit] m (-[e]s/-e) spirit, alcohol; F mot. fuel, petrol, sl. juice, Am. gasoline, F gas.

Spritz|e ['ʃpritsə] f (-/-n) syringe (a. ♀), squirt; ⊕ fire-engine; j-m e-e ~ geben ♂ give s.o. an injection; '2en (ge-) 1. v/t. (h) sprinkle, water (road, lawn, etc.); splash (water, etc.) (über acc. on, over); 2. v/i. (h) splash; pen: splutter; 3. v/i. (sein) F fig. dash, flit; ~ aus blood, etc.: spurt or spout from (wound, etc.); '~er m (-s/-) splash; '~tour F f: e-e ~ machen go for a spin.

spröde adj. ['ʃprøːdə] glass, etc.: brittle; skin: chapped, chappy; esp. girl: prudish, prim, coy.

Sproß [ʃprɔs] 1. m (Sprosses/Sprosse) ♀ shoot, sprout, scion (a. fig.); fig. offspring; 2. 2 pret. of sprießen.

Sprosse ['ʃprɔsə] f (-/-n) rung, round, step.

Sprößling ['ʃprœslɪŋ] m (-s/-e) ♀ s. Sproß 1.; co. son.

Spruch [ʃprux] m (-[e]s/=e) saying; dictum; ♂♂ sentence; ♂♂ verdict; '~band n banner; '2reif adj. ripe for decision.

Sprudel ['ʃpruːdəl] m (-s/-) mineral water; '2n v/i. (ge-) 1. (h) bubble, effervesce; 2. (sein): ~ aus or von gush from.

sprüh|en ['ʃpryːən] (ge-) 1. v/t. (h) spray, sprinkle (liquid); throw off (sparks); Feuer ~ eyes: flash fire; 2. v/i. (h): ~ vor sparkle with (wit, etc.); es sprüht it is drizzling; 3. v/i. (sein) sparks: fly; '2regen m drizzle.

Sprung [ʃpruŋ] m (-[e]s/=e) jump, leap, bound; swimming: dive; crack, fissure; '~brett n sports: springboard; fig. stepping-stone; '~feder f spiral spring.

Spuck|e F ['ʃpukə] f (-/no pl.) spit(tle); '2en (ge-, h) 1. v/t. spit (out) (blood, etc.); 2. v/i. spit; engine: splutter; '~napf m spittoon, Am. a. cuspidor.

Spuk [ʃpuːk] m (-[e]s/=e) apparition, ghost, co. spook; F fig. noise; '2en v/i. (ge-, h): ~ in (dat.) haunt (a place); hier spukt es this place is haunted.

Spule ['ʃpuːlə] f (-/-n) spool, reel; bobbin; ⚡ coil; '2n v/t. (ge-, h) spool, reel.

spülen ['ʃpyːlən] (ge-, h) 1. v/t. rinse (clothes, mouth, cup, etc.); wash up (dishes, etc.); an Land ~ wash ashore; 2. v/i. flush the toilet.

Spund [ʃpunt] m (-[e]s/=e) bung; plug; '~loch n bunghole.

Spur [ʃpuːr] f (-/-en) trace (a. fig.); track (a. fig.); print (a. fig.); rut (of wheels); j-m auf der ~ sein be on s.o.'s track.

spür|en ['ʃpy:rən] v/t. (ge-, h) feel; sense; perceive; '2sinn m (-[e]s/no pl.) scent; fig. a. flair (für for).

Spurweite ⚙ f ga(u)ge.

sputen ['ʃpu:tən] v/refl. (ge-, h) make haste, hurry up.

Staat [ʃta:t] m 1. F (-[e]s/no pl.) pomp, state; finery; ~ machen mit make a parade of; 2. (-[e]s/-en) state; government; '~enbund m (-[e]s/-e) confederacy, confederation; '2enlos adj. stateless; '2lich adj. state; national; political; public.

'Staats|angehörige m, f (-n/-n) national, citizen, esp. Brt. subject; '~angehörigkeit f (-/no pl.) nationality, citizenship; '~anwalt ⅌ m public prosecutor, Am. prosecuting attorney; '~beamte m Civil Servant, Am. a. public servant; '~begräbnis n state or national funeral; '~besuch m official or state visit; '~bürger m citizen; '~bürgerkunde f (-/no pl.) civics ⸗g.; '~bürgerschaft f (-/-en) citizenship; '~dienst m Civil Service; '2eigen adj. state-owned; '~feind m public enemy; '2feindlich adj. subversive; '~gewalt f (-/no pl.) supreme power; '~haushalt m budget; '~hoheit f (-/no pl.) sovereignty; '~kasse f treasury, Brt. exchequer; '~klugheit f political wisdom; '~kunst f (-/no pl.) statesmanship; '~mann m statesman; 2männisch adj. ['~me-niʃ] statesmanlike; '~oberhaupt n head of (the) state; '~papiere n/pl. Government securities pl.; '~rat m Privy Council; '~recht n public law; '~schatz m s. Staatskasse; '~schulden f/pl. national debt; '~sekretär m under-secretary of state; '~streich m coup d'état; '~trauer f national mourning; '~vertrag m treaty; '~wesen n polity; '~wirtschaft f public sector of the economy; '~wissenschaft f political science; '~wohl n public weal.

Stab [ʃta:p] m (-[e]s/-e) staff (a. fig.); bar (of metal, wood); crosier, staff (of bishop); wand (of magician); relay-race, ⚡ conducting: baton; pole-vaulting: pole.

stabil adj. [ʃta'bi:l] stable (a. ✝); health: robust.

stabilisier|en [ʃtabili'zi:rən] v/t. (no -ge-, h) stabilize (a. ✝); 2ung f (-/-en) stabilization (a. ✝).

stach [ʃtax] pret. of stechen.

Stachel ['ʃtaxəl] m (-s/-n) prickle (of plants, hedgehog, etc.); sting (of bee, etc.); tongue (of buckle); spike (of sports shoe); fig.: sting; goad; '~beere ⚘ f gooseberry; '~draht m barbed wire; '2ig adj. prickly, thorny.

'stachlig adj. s. stachelig.

Stadi|on ['ʃta:djon] n (-s/Stadien) stadium; ~um ['~um] n (-s/Stadien) stage, phase.

Stadt [ʃtat] f (-/-e) town; city.

Städt|chen ['ʃtɛ:tçən] n (-s/-) small town; '~ebau m (-s/no pl.) town-planning; '~er m (-s/-) townsman; ~ pl. townspeople pl.

'Stadt|gebiet n urban area; '~ge-spräch n teleph. local call; fig. town talk, talk of the town; '~haus n town house.

städtisch adj. ['ʃtɛ:tiʃ] municipal.

'Stadt|plan m city map; plan (of a town); '~planung f town-planning; '~rand m outskirts pl. (of a town); '~rat m (-[e]s/-e) town council; town council(l)or; '~teil m, '~viertel n quarter.

Staffel ['ʃtafəl] f (-/-n) relay; relay-race; '~ei paint. [~'laɪ] f (-/-en) easel; '~lauf m relay-race; '2n v/t. (ge-, h) graduate (taxes, etc.); stagger (hours of work, etc.).

Stahl[1] [ʃta:l] m (-[e]s/-e, -e) steel.

stahl[2] [~] pret. of stehlen.

stählen ['ʃtɛ:lən] v/t. (ge-, h) ⊕ harden (a. fig.), temper.

'Stahl|feder f steel pen; steel spring; '~kammer f strong-room; '~stich m steel engraving.

stak [ʃta:k] pret. of stecken 2.

Stall [ʃtal] m (-[e]s/-e) stable (a. fig.); cow-house, cowshed; pigsty, Am. a. pigpen; shed; '~knecht m stableman; '~ung f (-/-en) stabling; ~en pl. stables pl.

Stamm [ʃtam] m (-[e]s/-e) ⚘ stem (a. gr.), trunk; fig.: race; stock; family; tribe; '~aktie ✝ f ordinary share, Am. common stock; '~baum m family or genealogical tree, pedigree (a. zo.); '~buch n album; book that contains the births, deaths, and marriages in a family; zo. studbook; '2eln ⸗en~ ⸗h⸗ 1. v/t. stammer (out); 2. v/i. stammer; '~eltern pl. ancestors pl., first parents pl.; '2en v/i. (ge-, sein): ~ von or aus come from (town, etc.), Am. a. hail from; date from (certain time); gr. be derived from; aus gutem Haus ~ be of good family; '~gast m regular customer or guest, F regular.

stämmig adj. ['ʃtɛmiç] stocky; thickset, squat(ty).

'Stamm|kapital ✝ n share capital, Am. capital stock; '~kneipe f one's favo(u)rite pub, local; '~kunde m regular customer, patron; '~tisch m table reserved for regular guests; '~utter f (-/-) ancestress; '~vater m ancestor; '2verwandt adj. cognate, kindred; pred. of the same race.

stampfen ['ʃtampfən] (ge-) 1. v/t. (h) mash (potatoes, etc.); aus dem Boden ~ conjure up; 2. v/i. (h) stamp (one's foot); horse: paw;

3. *v/i.* (sein): ~ *durch* plod through; ⚓ pitch through.

**Stand** [ʃtant] 1. *m* (-[e]s/ᴖe) stand (-ing), standing *or* upright position; footing, foothold; *t.* Standplatz; stall; *fig.*: level; state; station, rank, status; class; profession; reading (*of thermometer, etc.*); *ast.* position; *sports*: score; *auf den neuesten* ~ *bringen* bring up to date; *e-n schweren* ~ *haben* have a hard time (of it); 2. 2 *pret. of* stehen.

**Standarte** [ʃtanˈdartə] *f* (-/-n) standard, banner.

'**Standbild** *n* statue.

**Ständchen** [ˈʃtɛntçən] *n* (-s/-) serenade; *j-m ein* ~ *bringen* serenade s.o.

**Ständer** [ˈʃtɛndər] *m* (-s/-) stand; post, pillar, standard.

**Standes|amt** *n* registry (office), register office; '2amtlich *adj.*: ~ᴖ *Trauung* civil marriage; '~beamte *m* registrar; '~dünkel *m* pride of place; '2gemäß *adj.*, '2mäßig *adj.* in accordance with one's rank; '~person *f* person of rank *or* position; '~unterschied *m* social difference.

'**standhaft** *adj.* steadfast; firm; constant; ~ *bleiben* stand pat; resist temptation; '2igkeit *f* (-/no *pl.*) steadfastness; firmness.

'**standhalten** *v/i.* (irr. halten, sep., -ge-, h) hold one's ground; *j-m* or *e-r Sache* ~ resist s.o. or s.th.

**ständig** *adj.* [ˈʃtɛndɪç] permanent; constant; *income, etc.*: fixed.

'**Stand|ort** *m* position (*of ship, etc.*); ⚔ garrison, post; '~platz *m* stand; '~punkt *fig.* ᴖe point of view, standpoint, angle, *Am. a.* slant; '~quartier ⚔ *n* fixed quarters *pl.*; '~recht ⚔ *n* martial law; '~uhr *f* grandfather's clock.

**Stange** [ˈʃtaŋə] *f* (-/-n) pole; rod, bar (*of iron, etc.*); staff (*of flag*); *Anzug or Kleid von der* ~ *sl.* reach-me-down, *Am.* F hand-me-down.

**stank** [ʃtaŋk] *pret. of* stinken.

**Stänker|(er)** *contr.* [ˈʃtɛŋkər(ər)] *m* (-s/-) mischief-maker, quarrel(l)er; '2n F *v/i.* (ge-, h) make mischief.

**Stanniol** [ʃtaˈnjoːl] *n* (-s/-e) tin foil.

**Stanze** [ˈʃtantsə] *f* (-/-n) stanza; ⊕ punch, stamp, die; '2n ⊕ *v/t.* (ge-, h) punch, stamp.

**Stapel** [ˈʃtaːpəl] *m* (-s/-) pile, stack; ⚓ stocks *pl.*; *vom or von* ~ *lassen* ⚓ launch; *vom or von* ~ *laufen* ⚓ be launched; '~lauf ⚓ *m* launch; '2n *v/t.* (ge-, h) pile (up), stack; '~platz *m* dump; emporium.

**stapfen** [ˈʃtapfən] *v/i.* (ge-, sein) plod (*durch* through).

**Star** 1. [ʃtaːr] *m* (-[e]s/-e) *orn.* starling; ᴂ cataract; *j-m den* ~ *stechen* open s.o.'s eyes; 2. [staːr] *m* (-s/-s) *thea., etc.*: star.

**starb** [ʃtarp] *pret. of* sterben.

**stark** [ʃtark] 1. *adj.* strong (*a. fig.*); stout, corpulent; *fig.*: intense; large; ~*e Erkältung* bad cold; ~*er Raucher* heavy smoker; ~*e Seite* strong point, forte; 2. *adv.* very much; ~ *erkältet sein* have a bad cold; ~ *übertrieben* grossly exaggerated.

**Stärke** [ˈʃtɛrkə] *f* (-/-n) strength (*a. fig.*); stoutness, corpulence; *fig.*: intensity; largeness; strong point, forte; '2n *starch*; '2n *v/t.* (ge-, h) strengthen (*a. fig.*); starch (*linen, etc.*); *sich* ~ take some refreshment(s).

'**Starkstrom** ⚡ *m* heavy current.

'**Stärkung** *f* (-/-en) strengthening; *fig. a.* refreshment; '~smittel *n* restorative; ⚕ *a.* tonic.

**starr** [ʃtar] 1. *adj.* rigid (*a. fig.*), stiff; *gaze*: fixed; ~ *vor* (*dat.*) numb with (*cold, etc.*); transfixed with (*horror, etc.*); dumbfounded with (*amazement, etc.*); 2. *adv.*: *j-n* ~ *ansehen* stare at s.o.; '~en *v/i.* (ge-, h) stare (*auf acc.* at); *vor Schmutz* ~ be covered with dirt; '2heit *f* (-/no *pl.*) rigidity (*a. fig.*), stiffness; '2kopf *m* stubborn *or* obstinate fellow; '~köpfig *adj.* [ˈ~kœpfɪç] stubborn, obstinate; '2krampf ⚕ *m* (-[e]s/no *pl.*) tetanus; '2sinn *m* (-[e]s/no *pl.*) stubbornness, obstinacy; '~sinnig *adj.* stubborn, obstinate.

**Start** [ʃtart] *m* (-[e]s/-s, ᴖ-e) start (*a. fig.*); ✈ take-off; '~bahn ✈ *f* runway; '2bereit *adj.* ready to start; ✈ ready to take off; '2en (ge-) 1. *v/i.* (sein) start; ✈ take off; 2. *v/t.* (h) start; *fig. a.* launch; '~er *m* (-s/-) *sports*: starter; '~platz *m* starting-place.

**Station** [ʃtaˈtsjoːn] *f* (-/-en) station; ward (*of hospital*); (*gegen*) *freie* ~ board and lodging (found); ~ *machen* break one's journey; '~svorsteher ☷ *m* station-master, *Am. a.* station agent.

**Statist** [ʃtaˈtɪst] *m* (-en/-en) *thea.* supernumerary (actor), F super; *film*: extra; '~ik *f* (-/-en) statistics *pl.*, *sg.*; '~iker *m* (-s/-) statistician; 2isch *adj.* statistic(al).

**Stativ** [ʃtaˈtiːf] *n* (-s/-e) tripod.

**Statt** [ʃtat] 1. *f* (-/no *pl.*): *an Eides* ~ in lieu of an oath; *an Kindes* ~ *annehmen* adopt; 2. 2 *prp.* (*gen.*) instead of; ~ *zu inf.* instead of *ger.*; ~ *meiner* in my place.

**Stätte** [ˈʃtɛtə] *f* (-/-n) place, spot; scene (*of events*).

'**statt|finden** *v/i.* (irr. finden, sep., -ge-, h) take place, happen; '~haft *adj.* admissible, allowable; legal.

'**Statthalter** *m* (-s/-) governor.

'**stattlich** *adj.* stately; impressive; *sum of money, etc.*: considerable.

**Statue** [ˈʃtaːtuə] *f* (-/-n) statue.

**statuieren** [ʃtatuˈiːrən] *v/t.* (*no -ge-*

h): ein Exempel ~ make an example (an dat. of).

**Statur** [ʃta'tuːr] f (-/-en) stature, size.

**Statut** [ʃta'tuːt] n (-[e]s/-en) statute; ~en pl. regulations pl.; ✝ articles pl. of association.

**Staub** [ʃtaup] m (-[e]s/⊕ -e, ~e) dust; powder.

**Staubecken** ['ʃtauˀ-] n reservoir.

**stauben** ['ʃtaubən] v/i. (ge-, h) give off dust, make or raise a dust.

**stäuben** ['ʃtɔʏbən] (ge-, h) 1. v/t. dust; 2. v/i. spray.

'**Staub|faden** ♀ m filament; 2ig adj. ['~biç] dusty; ~sauger ['~p-] m (-s/-) vacuum cleaner; ~tuch ['~p-] n (-[e]s/~er) duster.

**stauchen** ⊕ ['ʃtauxən] v/t. (ge-, h) upset, jolt.

'**Staudamm** m dam.

**Staude** ♀ ['ʃtaudə] f (-/-n) perennial (plant); head (of lettuce).

**stau|en** ['ʃtauən] v/t. (ge-, h) dam (up) (river, etc.); ⊕ stow; sich ~ waters, etc.: be dammed (up); vehicles: be jammed; '2er ⊕ m (-s/-) stevedore.

**staunen** ['ʃtaunən] 1. v/i. (ge-, h) be astonished (über acc. at); 2. 2 n (-s/no pl.) astonishment; '~swert adj. astonishing. [temper.]

**Staupe** vet. ['ʃtaupə] f (-/-n) dis-)

'**Stau|see** m reservoir; '~ung f (-/-en) damming (up) (of water); stoppage; ♀ congestion (a. of traffic); jam; ⊕ stowage.

**stechen** ['ʃteçən] (irr., ge-, h) 1. v/t. prick; insect, etc.: sting; flea, mosquito, etc.: bite; card: take, trump (other card); ⊕ engrave (in or auf acc. on); cut (lawn, etc.); sich in den Finger ~ prick one's finger; 2. v/i. prick; stab (nach at); insect, etc.: sting; flea, mosquito, etc.: bite; sun: burn; j-m in die Augen ~ strike s.o.'s eye; '~d adj. pain, look, etc.: piercing; pain: stabbing.

**Steck|brief** ⅛ ['ʃtɛk-] m warrant of apprehension; '2brieflich ⅛ adv.: er wird ~ gesucht a warrant is out against him; '~dose ∮ f (wall) socket; '2en 1. v/t. (ge-, h) put; esp. ⊕ insert (in acc. into); F stick; pin (an acc. to, on); ⚮ set, plant; 2. v/i. (irr.,) ge-, h) be; stick, be stuck; tief in Schulden ~ be deeply in debt; '~en m (-s/-) stick; '2enbleiben v/i. (irr. bleiben, sep., -ge-, sein) get stuck; speaker, etc.: break down; '~enpferd n hobby-horse; fig. hobby; '~er ∮ m (-s/-) plug; '~kontakt ∮ m s. Steckdose; '~nadel f pin.

**Steg** [ʃteːk] m (-[e]s/-e) foot-bridge; ♀ landing-stage; '~reif m (-[e]s/-e): aus dem ~ extempore, offhand (both a. attr.); aus dem ~ sprechen extemporize, F ad-lib.

**stehen** ['ʃteːən] v/i. (irr., ge-, h) stand; be; be written; dress: suit, become (j-m s.o.); ~ vor be faced with; gut ~ mit be on good terms with; es kam ihm or ihn teuer zu ~ it cost him dearly; wie steht's mit ...? what about ...?; wie steht das Spiel? what's the score?; ~ bleiben remain standing; '~bleiben v/i. (irr. bleiben, sep., -ge-, sein) stand (still), stop; leave off reading, etc.; '~lassen v/t. (irr. lassen, sep., [no] -ge-, h) turn one's back (up)on; leave (meal) untouched; leave (behind), forget; leave alone.

'**Steher** m (-s/-) sports: stayer.

'**Steh|kragen** m stand-up collar; '~lampe f standard lamp; '~leiter f (e-e a pair of) steps pl., step-ladder.

**stehlen** ['ʃteːlən] (irr., ge-, h) 1. v/t. steal; j-m Geld ~ steal s.o.'s money; 2. v/i. steal.

'**Stehplatz** m standing-room; '~inhaber m Am. F standee; in bus, etc.: straphanger.

**steif** adj. [ʃtaif] stiff (a. fig.); numb (vor Kälte with cold); '~halten v/t. (irr. halten, sep. -ge-, h): F die Ohren ~ keep a stiff upper lip.

**Steig** [ʃtaik] m (-[e]s/-e) steep path; '~bügel m stirrup.

**steigen** ['ʃtaigən] 1. v/i. (irr., ge-, sein) flood, barometer, spirits, prices, etc.: rise; mists, etc.: ascend; blood, tension, etc.: mount; prices, etc.: increase; auf e-n Baum ~ climb a tree; 2. 2 n (-s/no pl.) rise; fig. a. increase.

**steigern** ['ʃtaigərn] v/t. (ge-, h) raise; increase; enhance; gr. compare.

'**Steigerung** f (-/-en) raising; increase; enhancement; gr. comparison; '~sstufe gr. f degree of comparison.

**Steigung** ['ʃtaigun] f (-/-en) rise, gradient, ascent, grade.

**steil** adj. [ʃtail] steep; precipitous.

**Stein** [ʃtain] m (-[e]s/-e) stone (a. ♀, ⚕), Am. F a. rock; s. Edel2; '2alt adj. (as) old as the hills; '~bruch m quarry (-[e]s/no pl.) lithography; 2. -[e]s/-e) lithograph; '~drucker m lithographer; 2ern adj. stone—, of stone; fig. stony; '~gut n (-[e]s/-e) crockery, stoneware, earthenware; '2ig adj. stony; '2igen ['~gən] v/t. (ge-, h) stone; '~igung f (~gun] f (-/-en) stoning; '~kohle f mineral coal, pit-coal; '~metz ['~mets] m (-en/-en) stonemason; '~obst n stone-fruit; '2reich F adj. immensely rich; '~salz n (-es/no pl.) rock-salt; '~setzer m (-s/-) pavio(u)r; '~wurf m throwing of a stone; fig. stone's throw; '~zeit f (-/no pl.) stone age.

**Steiß** [ʃtais] m (-es/-e) buttocks pl., rump; '~bein anat. n coccyx.

**Stelldichein** co. ['ʃtɛldiçʔam] n (-[s]/-[s]) meeting, appointment, rendezvous, Am. F a. date.

**Stelle** ['ʃtɛlə] f (-/-n) place; spot; point; employment, situation, post, place, F job; agency, authority; passage (of book, etc.); freie ~ vacancy; an deiner ~ in your place, if I were you; auf der ~ on the spot; zur ~ sein be present.

**'stellen** v/t. (ge-, h) put, place, set, stand; regulate (watch, etc.); set (watch, trap, task, etc.); stop (thief, etc.); hunt down (criminal); furnish, supply, provide; Bedingungen ~ make conditions; e-e Falle ~ a. lay a snare; sich ~ give o.s. up (to the police); stand, place o.s. (somewhere); sich krank ~ feign or pretend to be ill.

**'Stellen|angebot** n position offered, vacancy; **'~gesuch** n application for a post; **'2weise** adv. here and there, sporadically.

**'Stellung** f (-/-en) position, posture; position, situation, (place of) employment; position, rank, status; arrangement (a. gr.); × position; **~nehmen** give one's opinion (zu on), comment (upon); **~nahme** [~na:mə] f (-/-n) attitude (zu to[wards]); opinion (on); comment (on); **'2slos** adj. unemployed.

**'stellvertret|end** adj. vicarious, representative; acting, deputy; **~er** Vorsitzender vice-chairman, deputy chairman; **'2er** m representative, deputy; proxy; **'2ung** f representation; substitution; proxy.

**Stelz|bein** contp. ['ʃtɛlts-] n wooden leg; **~e** f (-/-n) stilt; **'2en** mst iro. v/i. (ge-, sein) stalk.

**stemmen** ['ʃtɛmən] v/t. (ge-, h) lift (weight); sich ~ press (gegen against); fig. resist or oppose s.th.

**Stempel** ['ʃtɛmpəl] m (-s/-) stamp; ⊕ piston; ♀ pistil; **'~geld** n the dole; **'~kissen** n ink-pad; **'~n** (ge-, h) 1. v/t. stamp; hallmark (gold, silver); 2. v/i. F: ~ gehen be on the dole.

**Stengel** ♀ ['ʃtɛŋəl] m (-s/-) stalk, stem.

**Steno** F ['ʃtɛno] f (-/no pl.) s. Stenographie; **'~gramm** n (-s/-e) stenograph; **~graph** [~'gra:f] m (-en/-en) stenographer; **~graphie** [~a'fi:] f (-/-n) stenography, shorthand; **2graphieren** [~a'fi:rən] (no -ge-, h) 1. v/t. take down in shorthand; 2. v/i. know shorthand; **~graphisch** [~'gra:fiʃ] 1. adj. shorthand, stenographic; 2. adv. in shorthand; **~typistin** [~ty'pistin] f (-/-nen) shorthand-typist.

**Stepp|decke** ['ʃtɛp-] f quilt, Am. a. comforter; **'2en** (ge-, h) 1. v/t. quilt; stitch; 2. v/i. tap-dance.

**Sterbe|bett** ['ʃtɛrbə-] n deathbed; **'~fall** m (case of) death; **'~kasse** f burial-fund.

**'sterben** 1. v/i. (irr., ge-, sein) die (a. fig.) (an dat. of); esp. ☂ decease; 2. 2 n (-s/no pl.): im ~ liegen be dying.

**sterblich** ['ʃtɛrpliç] 1. adj. mortal; 2. adv.: ~ verliebt sein be desperately in love (in acc. with); **'2keit** f (-/no pl.) mortality; **'2keitsziffer** f death-rate, mortality.

**stereotyp** adj. [ʃtereo'ty:p] typ. stereotyped (a. fig.); **~ieren** typ. [~y'pi:rən] v/t. (no -ge-, h) stereotype.

**steril** adj. [ʃte'ri:l] sterile; **~isieren** [~ili'zi:rən] v/t. (no -ge-, h) sterilize.

**Stern** [ʃtɛrn] m (-[e]s/-e) star (a. fig.); **'~bild** ast. n constellation; **'~deuter** m (-s/-) astrologer; **'~deutung** f astrology; **'~enbanner** n Star-Spangled Banner, Stars and Stripes pl., Old Glory; **'~fahrt** mot. f motor rally; **'~gucker** F m (-s/-) star-gazer; **'2hell** adj. starry, starlit; **'~himmel** m (-s/no pl.) starry sky; **'~kunde** f (-/no pl.) astronomy; **'~schnuppe** f (-/-n) shooting star; **'~warte** f observatory.

**stet** adj. [ʃte:t], **'~ig** adj. continual, constant; steady; **'2igkeit** f (-/no pl.) constancy, continuity; steadiness; **~s** adv. always; constantly.

**Steuer** ['ʃtɔʏər] 1. n (-s/-) ♠ helm, rudder, steering-wheel; 2. f (-/-n) tax; duty; rate, local tax; **'~amt** n s. Finanzamt; **'~beamte** m revenue officer; **'~berater** m tax adviser; **'~bord** ♠ n (-[e]s/-e) starboard; **'~erhebung** f levy of taxes; **'~erklärung** f tax-return; **'~ermäßigung** f tax allowance; **'2frei** adj. tax-free; goods: duty-free; **'~freiheit** f (-/no pl.) exemption from taxes; **'~hinterziehung** f tax-evasion; **'~jahr** n fiscal year; **'~klasse** f tax-bracket; **'~knüppel** ⅀ m control lever or stick; **'~mann** m (-[e]s/-er, Steuerleute) ♠ helmsman, steersman, Am. a. wheelsman; coxwain (a. rowing); **'2n** (ge-) 1. v/t. (h) ♠, ⅀ steer, navigate, pilot; ⊕ control; fig. direct, control; 2. v/i. (h) check s.th.; 3. v/i. (sein): ~ in (acc.) ♠ enter (harbour, etc.); ~ nach ♠ be bound for; **'2pflichtig** adj. taxable; goods: dutiable; **'~rad** n steering-wheel; **'~ruder** ♠ n helm, rudder; **'~satz** m rate of assessment; **'~ung** f (-/-en) ♠, ⅀ steering; ⊕, ⟋ control (a. fig.); ⊕ controls pl.; **'~veranlagung** f tax assessment; **'~zahler** m (-s/-) taxpayer; ratepayer.

**Steven** ♠ ['ʃte:vən] m (-s/-) stem; stern-post.

**Stich** [ʃtiç] m (-[e]s/-e) prick (of needle, etc.); sting (of insect, etc.);

stab (of knife, etc.); sewing: stitch; cards: trick; ⊕ engraving; ⚓ stab; ~ halten hold water; im ~ lassen abandon, desert, forsake.

Stichel|ei fig. [ʃtiçə'laɪ] f (-/-en) gibe, jeer; '2n fig. v/i. (ge-, h) gibe (gegen at), jeer (at).

'Stich|flamme f flash; '2haltig adj. valid, sound; ~ sein hold water; '~probe f random test or sample, Am. a. spot check; '~tag m fixed day; '~wahl f second ballot; '~wort n 1. typ. (-[e]s/~er) headword; 2. thea. (-[e]s/-e) cue; '~wunde f stab.

sticken ['ʃtikən] v/t. and v/i. (ge-, h) embroider.

'Stick|garn n embroidery floss; '~husten ⚕ m (w)hooping cough; '2ig adj. stuffy, close; '~stoff ⚗ m (-[e]s/no pl.) nitrogen.

stieben ['ʃtiːbən] v/i. (irr.) ge-, h, sein) sparks, etc.: fly about.

Stief... ['ʃtiːf-] step...

Stiefel... ['ʃtiːfəl] m (-s/-) boot; '~knecht m bootjack; '~schaft m leg of a boot.

'Stief|mutter f (-/⁺) stepmother; ~mütterchen ♣ ['~mytərçən] n (-s/-) pansy; '~vater m stepfather.

stieg [ʃtiːk] pret. of steigen.

Stiel [ʃtiːl] m (-[e]s/-e) handle; helve (of weapon, tool); haft (of axe); stick (of broom); ⚓ stalk.

Stier [ʃtiːr] 1. zo. m (-[e]s/-e) bull; 2. 2 adj. staring; '2en v/i. (ge-, h) stare (auf acc. at); '~kampf m bullfight.

stieß [ʃtiːs] pret. of stoßen.

Stift [ʃtift] 1. m (-[e]s/-e) pin; peg; tack; pencil, crayon; F fig.: youngster; apprentice; 2. n (-[e]s/-e, ~er) charitable institution; '2en v/t. (ge-, h) endow, give, Am. a. donate; found; fig. cause; make (mischief, peace); '~er m (-s/-) donor; founder; fig. author; '~ung f (-/-en) (charitable) endowment, donation; foundation.

Stil [ʃtiːl] m (-[e]s/-e) style (a. fig.); '2gerecht adj. stylish; 2isieren [ʃtili'ziːrən] v/t. (no -ge-, h) stylize; 2istisch adj. [ʃti'listiʃ] stylistic.

still adj. [ʃtil] still, quiet; silent; ♥ dull, slack; secret; ~! silence!; im ~en secretly; ~er Gesellschafter ♥ sleeping or silent partner; der 2e Ozean the Pacific (Ocean); '2e f (-/no pl.) stillness, quiet(ness); silence; in aller ~ quietly, silently; privately; 2eben paint. ['ʃtiːleːbən] n (-s/-) still life; ~legen ['ʃtiːleːgən] v/t. (sep., -ge-, h) shut down (factory, etc.); stop (traffic); '~en v/t. (ge-, h) soothe (pain); appease (appetite); quench (thirst); sta(u)nch (blood); nurse (baby); '~halten v/i. (irr. halten, sep., -ge-, h) keep still; ~legen ['ʃtiːliːgən] v/i.

(irr. liegen, sep., -ge-, h) factory, etc.: be shut down; traffic: be suspended; machines, etc.: be idle. stillos adj. ['ʃtiːloːs] without style. 'stillschweigen 1. v/i. (irr. schweigen, sep., -ge-, h) be silent; ~ zu et. ignore s.th.; 2. 2 n (-s/no pl.) silence; secrecy; ~ bewahren observe secrecy; et. mit ~ übergehen pass s.th. over in silence; '2d adj. silent; agreement, etc.: tacit.

'Still|stand m (-[e]s/no pl.) standstill; fig.: stagnation (a. ⚓); deadlock; '2stehen v/i. (irr. stehen, sep., -ge-, h) stop; be at a standstill; stillgestanden! ⚔ attention!

'Stil|möbel n/pl. period furniture; '2voll adj. stylish.

Stimm|band anat. ['ʃtim-] n (-[e]s/⁺er) vocal c(h)ord; '2berechtigt adj. entitled to vote; '~e f (-/-n) voice (a. ♪, fig.); vote; comment; ♪ part; '2en (ge-, h) 1. v/t. tune (piano, etc.); j-n fröhlich ~ put s.o. in a merry mood; 2. v/i. be true or right; sum, etc.: be correct; ~ für vote for; '~enmehrheit f majority or plurality of votes; '~enthaltung f abstention; '~enzählung f counting of votes; '~gabel ♪ f tuning-fork; '~recht n right to vote; pol. franchise; '~ung f (-/-en) ♪ tune; fig. mood, humo(u)r; '2ungsvoll adj. impressive; '~zettel m ballot, voting-paper.

stinken ['ʃtinkən] v/i. (irr., ge-, h) stink (nach of); F fig. be fishy.

Stipendium univ. [ʃti'pendjum] n (-s/Stipendien) scholarship; exhibition.

stippen ['ʃtipən] v/t. (ge-, h) dip, steep; '2visite f F f flying visit.

Stirn [ʃtirn] f (-/-en) forehead, brow; fig. face, cheek; j-m die ~ bieten make head against s.o.; '~runzeln; '~runzeln n (-s/no pl.) frown(ing).

stob [ʃtoːp] pret. of stieben.

stöbern F ['ʃtøːbərn] v/i. (ge-, h) rummage (about) (in dat. in).

stochern ['ʃtoxərn] v/i. (ge-, h): ~ in (dat.) poke (fire); pick (teeth).

Stock [ʃtɔk] m 1. (-[e]s/⁺e) stick; cane; ♪ baton; beehive; ♣ trunk; 2. (-[e]s/-) stor(e)y, floor; im ersten ~ on the first floor, Am. on the second floor; '2be'trunken F adj. dead drunk; '2'blind F adj. stone-blind; '2'dunkel F adj. pitch-dark.

Stöckelschuh ['ʃtœkəl-] m high-heeled shoe.

'stocken v/i. (ge-, h) stop; liquid: stagnate (a. fig.); speaker: break down; voice: falter; traffic: be blocked; ihm stockte das Blut his blood curdled.

'Stock|'engländer F m thorough or true-born Englishman; '2'finster F adj. pitch-dark; '~fleck m spot of mildew; '**2(fleck)ig** adj. foxy, mildewy; '**2'nüchtern** F adj. (as) sober as a judge; '**~schnupfen** ⚕ m chronic rhinitis; '**2'taub** F adj. stone-deaf; '**~ung** f (-/-en) stop (-page); stagnation (of liquid) (a. fig.); block (of traffic); '**~werk** n stor(e)y, floor.

**Stoff** [ʃtɔf] m (-[e]s/-e) matter, substance; material, fabric, textile; material, stuff, fig.: subject(-matter); food; '**2lich** adj. material.

**stöhnen** ['ʃtøːnən] v/i. (ge-, h) groan, moan.

**Stolle** ['ʃtɔlə] f (-/-n) loaf-shaped Christmas cake; '**~n** m (-s/-) s. Stolle; ⚒ tunnel, gallery (a. ⚒).

**stolpern** ['ʃtɔlpərn] v/i. (ge-, sein) stumble (über acc. over), trip (over) (both a. fig.).

**stolz** [ʃtɔlts] 1. adj. proud (auf acc. of) (a. fig.); haughty; 2. 2 m (-es/no pl.) pride (auf acc. in); haughtiness, **~ieren** [~'tsiːrən] v/i. (no -ge-, sein) strut, flaunt.

**stopfen** ['ʃtɔpfən] (ge-, h) 1. v/t. stuff; fill (pipe); cram (poultry, etc.); darn (sock, etc.); j-m den Mund ~ stop s.o.'s mouth; 2. ⚕ v/i. cause constipation.

'**Stopf|garn** n darning-yarn; '**~nadel** f darning-needle.

**Stoppel** ['ʃtɔpəl] f (-/-n) stubble; '**~bart** F m stubbly beard; '**2ig** adj. stubbly.

**stopp|en** ['ʃtɔpən] (ge-, h) 1. v/t. stop; time, F clock; 2. v/i. stop; '**2licht** mot. n stop-light; '**2uhr** f stop-watch.

**Stöpsel** ['ʃtœpsəl] m (-s/-) stopper, cork; plug (a. ⚡); F fig. whippersnapper; '**2n** v/t. (ge-, h) stopper, cork; plug (up).

**Storch** orn. [ʃtɔrç] m (-[e]s/-e) stork.

**stören** ['ʃtøːrən] (ge-, h) 1. v/t. disturb; trouble; radio: jam (reception); lassen Sie sich nicht ~! don't let me disturb you!; darf ich Sie kurz ~? may I trouble you for a minute?; 2. v/i. be intruding; be in the way; **2fried** ['~friːt] m (-[e]s/-e) troublemaker; intruder.

**störr|ig** adj. ['ʃtœrɪç], '**~isch** adj. stubborn, obstinate; a. horse: restive.

'**Störung** f (-/-en) disturbance; trouble (a. ⊕); breakdown; radio: jamming, interference.

**Stoß** [ʃtoːs] m (-es/-e) push, shove; thrust (a. fencing); kick; butt; shock; knock, strike; blow; swimming, billiards: stroke; jolt (of car, etc.); pile, stock, heap; '**~dämpfer** mot. m shock-absorber; '**2en** (irr., ge-) 1. v/t. (h) push, shove; thrust (weapon, etc.); kick; butt; knock, strike; pound (pepper, etc.); sich ~ an (dat.) strike or knock against; fig. take offence at; 2. v/i. (h) thrust

(nach at); kick (at); butt (at); goat, etc.: butt; car: jolt; ~ an (acc.) adjoin, border on; 3. v/i. (sein): F ~ auf (acc.) come across; meet with (opposition, etc.); ~ gegen or an (acc.) knock or strike against.

'**Stoß|seufzer** m ejaculation; '**~stange** mot. f bumper; '**2weise** adv. by jerks; by fits and starts; '**~zahn** m tusk.

**stottern** ['ʃtɔtərn] (ge-, h) 1. v/t. stutter (out); stammer; 2. v/i. stutter; stammer; F mot. conk (out).

**Straf|anstalt** ['ʃtraːfʔ-] f penal institution; prison; Am. penitentiary; '**~arbeit** f imposition, F impo(t); '**2bar** adj. punishable, penal; '**~e** f (-/-n) punishment; ⚖ ⚕, sports, fig. penalty; fine; bei ~ von on or under pain of; zur ~ as a punishment; '**2en** v/t. (ge-, h) punish.

**straff** adj. [ʃtraf] tight; rope: a. taut; fig. strict, rigid.

'**straf|fällig** adj. liable to prosecution; '**2gesetz** n penal law; '**2gesetzbuch** n penal code.

'**sträf|lich** adj. ['ʃtrɛːflɪç] culpable; reprehensible; inexcusable; **2ling** ['~lɪŋ] m (-s/-e) convict, Am. sl. a. lag.

'**straf|los** adj. unpunished; '**2losigkeit** f (-/no pl.) impunity; '**2porto** n surcharge; '**2predigt** f severe lecture; j-m e-e ~ halten lecture s.o. severely; '**2prozeß** m criminal action; '**2raum** m football: penalty area; '**2stoß** m football: penalty kick; '**2verfahren** n criminal proceedings pl.

**Strahl** [ʃtraːl] m (-[e]s/-en) ray (a. fig.); beam; flash (of lightning, etc.); jet (of water, etc.); '**2en** v/i. (ge-, h) radiate; shine (vor dat. with); fig. beam (vor dat. with), shine (with); '**~ung** f (-/-en) radiation, rays pl.

**Strähne** ['ʃtrɛːnə] f (-/-n) lock, strand (of hair); skein, hank (of yarn); fig. stretch.

**stramm** adj. [ʃtram] tight; rope: a. taut; stalwart; soldier: smart.

**strampeln** ['ʃtrampəln] v/i. (ge-, h) kick.

**Strand** [ʃtrant] m (-[e]s/-e, -e) beach; '**~anzug** m beach-suit; '**2en** ['~dən] v/i. (ge-, sein) ⚓ strand, run ashore; fig. fail, founder; '**~gut** n stranded goods pl.; fig. wreckage; '**~korb** m roofed wicker chair for use on the beach; '**~promenade** f ['~promənaːdə] f (-/-n) promenade, Am. boardwalk.

**Strang** [ʃtraŋ] m (-[e]s/-e) cord (a. anat.); rope; halter (for hanging s.o.); trace (of harness); ⛓ track; über die Stränge schlagen kick over the traces.

**Strapaz|e** [ʃtra'paːtsə] f (-/-n) fatigue; toil; **2ieren** [~a'tsiːrən] v/t.

*(no ~ge-, h)* fatigue, strain *(a. fig.);* wear out *(fabric, etc.);* 2ierfähig *adj.* [.ə'tsi:r-] long-lasting; 2iös *adj.* [.ə'tsjø:s] fatiguing.

Straße ['ʃtra:sə] *f (-/-n)* road, highway; street *(of town, etc.);* strait; auf der ~ on the road; in the street. 'Straßen|anzug *m* lounge-suit, *Am.* business suit; '~bahn *f* tram(way), tram-line, *Am.* street railway, streetcar line; *s.* Straßenbahnwagen; '~bahnhaltestelle *f* tram stop, *Am.* streetcar stop; '~bahnwagen *m* tram(-car), *Am.* streetcar; '~beleuchtung *f* street lighting; '~damm *m* roadway; '~händler *m* hawker; '~junge *m* street arab, *Am.* street Arab; '~kehrer *m (-s/-)* scavenger, street orderly; '~kreuzung *f* crossing, cross roads; '~reinigung *f* street-cleaning, scavenging; '~rennen *n* road-race.

strategisch *adj.* [ʃtra'te:giʃ] strategic(al).

sträuben ['ʃtrɔybən] *v/t.* (ge-, h) ruffle up *(its feathers, etc.);* sich ~ *hair:* stand on end; sich ~ gegen kick against or at.

Strauch [ʃtraux] *m (-[e]s/~er)* shrub; bush.

straucheln ['ʃtrauxəln] *v/i.* (ge-, sein) stumble *(über acc.* over, at), trip *(over) (both a. fig.).*

Strauß [ʃtraus] *m* 1. *orn. (-es/-e)* ostrich; 2. *(-es/~e)* bunch *(of flowers),* bouquet; strife, combat.

Strebe ['ʃtre:bə] *f (-/-n)* strut, support, brace.

'streben 1. *v/i.* (ge-, h): ~ nach strive for or after, aspire to or after; 2. 2 *n (-s/no pl.)* striving *(nach* for, after), aspiration *(for, after);* effort, endeavo(u)r.

'Streber *m (-s/-)* pusher, careerist; *at school: sl.* swot.

strebsam *adj.* ['ʃtre:pza:m] assiduous; ambitious; 2keit *f (-/no pl.)* assiduity; ambition.

Strecke ['ʃtrɛkə] *f (-/-n)* stretch; route; tract, extent; distance *(a. sports);* course; Ħ, *etc.:* section, line; *hunt.* bag; zur ~ bringen *hunt.* bag, hunt down *(a. fig.);* 2n *v/t.* (ge-, h) stretch, extend; dilute *(fluid);* sich ~ stretch *(o.s.);* die Waffen ~ lay down one's arms; *fig. a.* give in.

Streich [ʃtraiç] *m (-[e]s/-e)* stroke; blow; *fig.* trick, prank; *j-m ~ ~ spielen* play a trick on s.o.; 2eln ['~əln] *v/t.* (ge-, h) stroke; caress; pat; '2en *(irr.,* ge-) 1. *v/t.* (h) rub; spread *(butter, etc.);* paint; strike out, delete, cancel *(a. fig.);* strike, lower *(flag, sail);* 2. *v/i.* (sein) prowl *(um round);* 3. *v/i.* (h): mit der Hand über et. ~ pass one's hand over s.th.; '~holz *n* match; '~instrument ♪ *n* stringed instrument;

'~orchester *n* string band; '~riemen *m* strop.

Streif [ʃtraif] *m (-[e]s/-e) s.* Streifen; '~band *n (-[e]s/~er)* wrapper; '~e *f (-/-n)* patrol; patrolman; raid. 'streifen (ge-) 1. *v/t.* (h) stripe; streak; graze, touch lightly in passing, brush; touch (up)on *(subject);* 2. *v/i.* (sein): ~ durch rove, wander through; 3. *v/i.* (h): ~ an *(acc.)* graze, brush; *fig.* border *or* verge on; 4. 2 *m (-s/-)* strip; stripe; streak. 'streif|ig *adj.* striped; '2licht *n* sidelight; '2schuß Ħ *m* grazing shot; '2zug *m* ramble; Ħ raid.

Streik [ʃtraik] *m (-[e]s/-s)* strike, *Am. F a.* walkout; in den ~ treten go on strike, *Am. F a.* walk out; '~brecher *m (-s/-)* strike-breaker, blackleg, scab; '2en *v/i.* (ge-, h) (be on) strike; go on strike, *Am. F a.* walk out; '~ende *[' ~əndə] m, f (-n/-n)* striker; '~posten *m* picket.

Streit [ʃtrait] *m (-[e]s/-e)* quarrel; dispute; conflict; ₤ litigation; '2bar *adj.* pugnacious; '2en *v/i. and v/refl.* *(irr.,* ge-, h) quarrel *(mit* with; wegen for; über *acc.* about); '~frage *f* controversy, (point of) issue; '2ig *adj.* debatable, controversial; *j-m et. ~ machen* dispute s.o.'s right to s.th.; '~igkeiten *f/pl.* quarrels *pl.;* disputes *pl.;* '~kräfte Ħ ['~krɛftə] *f/pl.* (military *or* armed) forces *pl.;* '2lustig *adj.* pugnacious, aggressive; '2süchtig *adj.* quarrelsome; pugnacious.

streng [ʃtrɛŋ] 1. *adj.* severe; stern; strict; austere; *discipline, etc.:* rigorous; *weather, climate:* inclement; *examination:* stiff; 2. *adv.:* ~ vertraulich in strict confidence; '2e *f (-/no pl.) s.* streng 1: severity; sternness; strictness; austerity; rigo(u)r; inclemency; stiffness; '~genommen *adv.* strictly speaking; '~gläubig *adj.* orthodox.

Streu [ʃtrɔy] *f (-/-en)* litter; '2en *v/t.* (ge-, h) strew, scatter; '~zucker *m* castor sugar.

Strich [ʃtriç] 1. *m (-[e]s/-e)* stroke; line; dash; tract *(of land); j-m e-n ~ durch die Rechnung machen* queer s.o.'s plan; 2. 2 *pret. of* streichen; '~regen *m* local shower; '2weise *adv.* here and there.

Strick [ʃtrik] *m (-[e]s/-e)* cord; rope; halter, rope *(for hanging s.o.);* F *fig.* (young) rascal; '2en *v/t. and v/i.* (ge-, h) knit; '~garn *n* knitting-yarn; '~jacke *f* cardigan, jersey; '~leiter *f* rope-ladder; '~nadel *f* knitting-needle; '~waren *f/pl.* knitwear; '~zeug *n* knitting(-things *pl.*).

Striemen ['ʃtri:mən] *m (-s/-)* weal, wale.

Strippe F ['ʃtripə] *f (-/-n)* band; string; shoe-lace; *an der ~ hängen* be on the phone.

**stritt** [ʃtrit] *pret. of* streiten; '**~ig** *adj.* debatable, controversial; **~er** Punkt (point of) issue.

**Stroh** [ʃtroː] *n* (-[e]s/*no pl.*) straw; thatch; '**~dach** *n* thatch(ed roof); '**~halm** *m* straw; nach e-m ~ greifen catch at a straw; '**~hut** *m* straw hat; '**~mann** *m* man of straw; scarecrow; *fig.* dummy; '**~sack** *m* straw mattress; '**~witwe** F *f* grass widow.

**Strolch** [ʃtrɔlç] *m* (-[e]s/-e) scamp, F vagabond; '**2en** *v/i.* (ge-, sein): ~ durch rove.

**Strom** [ʃtroːm] *m* (-[e]s/-e) stream (*a. fig.*); (large) river; *∮* current (*a. fig.*); es regnet in Strömen it is pouring with rain; 2'ab(wärts) *adv.* down-stream; 2'auf(wärts) *adv.* up-stream.

**strömen** ['ʃtrøːmən] *v/i.* (ge-, sein) stream; flow, run; rain: pour; people: stream, pour (aus out of; in acc. into).

'**Strom|kreis** *∮ m* circuit; '**~linienform** *f* (-/*no pl.*) streamline shape; '**2linienförmig** *adj.* streamline(d); '**~schnelle** *f* (-/-n) rapid, Am. *a.* riffle; '**~sperre** *∮ f* stoppage of current.

'**Strömung** *f* (-/-en) current; *fig. a.* trend, tendency.

'**Stromzähler** *∮ m* electric meter.

**Strophe** ['ʃtroːfə] *f* (-/-n) stanza, verse.

**strotzen** ['ʃtrɔtsən] *v/i.* (ge-, h): ~ von abound in; teem with (blunders, etc.); burst with (health, etc.).

**Strudel** ['ʃtruːdəl] *m* (-s/-) eddy, whirlpool; *fig.* whirl; '**2n** *v/i.* (ge-, h) swirl, whirl. [ture.\

**Struktur** [ʃtruk'tuːr] *f* (-/-en) struc-\

**Strumpf** [ʃtrumpf] *m* (-[e]s/-e) stocking; '**~band** *n* (-[e]s/-er) garter; '**~halter** *m* (-s/-) suspender, Am. garter; '**~waren** *f/pl.* hosiery.

**struppig** *adj.* ['ʃtrupiç] hair: rough, shaggy; dog, etc.: shaggy.

**Stube** ['ʃtuːbə] *f* (-/-n) room.

'**Stuben|hocker** *fig. m* (-s/-) stay-at-home; '**~mädchen** *n* chambermaid; '**2rein** *adj.* house-trained.

**Stück** [ʃtyk] *n* (-[e]s/-e) piece (*a. ♪*); fragment; head (of cattle); lump (of sugar); thea. play; aus freien ~en of one's own accord; in ~e gehen or schlagen break to pieces; '**~arbeit** *f* piece-work; '**2weise** *adv.* piece by piece; (by) piecemeal; ✝ by the piece; '**~werk** *fig. n* patchwork.

**Student** [ʃtu'dɛnt] *m* (-en/-en), **~in** *f* (-/-nen) student, undergraduate.

**Studie** ['ʃtuːdjə] *f* (-/-n) study (über acc., zu of, in) (a. art, literature); paint, etc.: sketch; '**~nrat** *m* (-[e]s/-e) appr. secondary-school teacher; '**~nreise** *f* study trip.

**studier|en** [ʃtu'diːrən] (*no* -ge-, h) 1. *v/t.* study, read (law, etc.); 2. *v/i.*

study; be a student; 2**zimmer** *n* study.

**Studium** ['ʃtuːdjum] *n* (-s/Studien) study (*a. fig.*); studies *pl.*

**Stufe** ['ʃtuːfə] *f* (-/-n) step; *fig.*: degree; grade; stage.

'**Stufen|folge** *fig. f* gradation; '**~leiter** *f* step-ladder; *fig.* scale; '**2weise** 1. *adj.* gradual; 2. *adv.* gradually, by degrees.

**Stuhl** [ʃtuːl] *m* (-[e]s/-e) chair, seat; in a church: pew; weaving: loom; *♫ s.* Stuhlgang; '**~bein** *n* leg of a chair; '**~gang** *♫ m* (-[e]s/*no pl.*) stool; motion; '**~lehne** *f* back of a chair.

**stülpen** ['ʃtylpən] *v/t.* (ge-, h) put (über acc. over); clap (hat) (auf acc. on).

**stumm** *adj.* [ʃtum] dumb, mute; *fig. a.* silent; *gr.* silent, mute.

**Stummel** ['ʃtuməl] *m* (-s/-) stump, stub.

'**Stummfilm** *m* silent film.

**Stümper** F ['ʃtympər] *m* (-s/-) bungler; **~ei** F [~'raɪ] *f* (-/-en) bungling; bungle; '**2haft** *adj.* bungling; '**2n** F *v/i.* (ge-, h) bungle, botch.

**stumpf** [ʃtumpf] 1. *adj.* blunt; *♫* angle: obtuse; senses: dull, obtuse; apathetic; 2. 2 *m* (-[e]s/-e) stump, stub; mit ~ und Stiel root and branch; '**2sinn** *m* (-[e]s/*no pl.*) stupidity, dul(l)ness; '**~sinnig** *adj.* stupid, dull.

**Stunde** ['ʃtundə] *f* (-/-n) hour; lesson, Am. *a.* period; '**2n** *v/t.* (ge-, h) grant respite for.

'**Stunden|kilometer** *m* kilometre per hour, Am. kilometer per hour; '**2lang** 1. *adj.*: nach ~em Warten after hours of waiting; 2. *adv.* for hours (and hours); '**~lohn** *m* hourly wage; '**~plan** *m* timetable, Am. schedule; '**2weise** 1. *adj.*: ~ Beschäftigung part-time employment; 2. *adv.* by the hour; '**~zeiger** *m* hour-hand.

**stündlich** ['ʃtyntliç] 1. *adj.* hourly; 2. *adv.* hourly, every hour; at any hour.

'**Stundung** *f* (-/-en) respite.

**stur** F *adj.* [ʃtuːr] gaze: fixed, staring; *p.* pigheaded, mulish.

**Sturm** [ʃturm] *m* (-[e]s/-e) storm (*a. fig.*); ⚓ gale.

**stürm|en** ['ʃtyrmən] (ge-) 1. *v/t.* (h) ✕ storm (*a. fig.*); 2. *v/i.* (h) wind: storm, rage; es stürmt it is stormy weather; 3. *v/i.* (sein) rush; '**2er** *m* (-s/-) football, etc.: forward; '**~isch** *adj.* stormy; *fig.*: impetuous; tumultuous.

'**Sturm|schritt** ✕ *m* double-quick step; '**~trupp** ✕ *m* storming-party; '**~wind** *m* storm-wind.

**Sturz** [ʃturts] *m* (-es/-e) fall, tumble; overthrow (of government, etc.);

*fig.* ruin; † slump; '..bach *m* torrent.

**stürzen** ['ʃtyrtsən] (ge-) 1. *v/i.* (sein) (have a) fall, tumble; *fig.* rush, plunge (*in acc.* into); 2. *v/t.* (h) throw; overthrow (*government, etc.*); *fig.* plunge (*in acc.* into), precipitate (into); *j-n ins Unglück* ~ ruin s.o.; *sich in Schulden* ~ plunge into debt.

**'Sturz|flug** ✈ *m* (nose)dive; '.. helm *m* crash-helmet.

**Stute** *zo.* ['ʃtuːtə] *f* (-/-n) mare.

**Stütze** ['ʃtytsə] *f* (-/-n) support, prop, stay (*all a. fig.*).

**stutzen** ['ʃtutsən] (ge-, h) 1. *v/t.* cut (*hedge*); crop (*ears, tail, hair*); clip (*hedge, wing*); trim (*hair, beard, hedge*); dock (*tail*); lop (*tree*); 2. *v/i.* start (*bei* at); stop dead *or* short.

**'stützen** *v/t.* (ge-, h) support, prop, stay (*all a. fig.*); ~ *auf* (*acc.*) base *or* found on; *sich* ~ *auf* (*acc.*) lean on; *fig.* rely (up)on; *argument, etc.*: be based on.

**'Stutz|er** *m* (-s/-) dandy, fop, *Am. a.* dude; '2ig *adj.* suspicious; ~ *machen* make suspicious.

**'Stütz|pfeiler** 🏛 *m* abutment; '..punkt *m* *phys.* fulcrum; × base.

**Subjekt** [zup'jɛkt] *n* (-[e]s/-e) *gr.* subject; *contp.* individual; 2iv *adj.* [..'tiːf] subjective; ..ivität [..ivi'tɛːt] *f* (-/no pl.) subjectivity.

**Substantiv** *gr.* ['zupstantiːf] *n* (-s/-e) noun, substantive; 2isch *gr. adj.* ['..viʃ] substantival.

**Substanz** [zup'stants] *f* (-/-en) substance (*a. fig.*).

**subtra|hieren** 🔺 [zuptra'hiːrən] *v/t.* (no -ge-, h) subtract; 2ktion 🔺 [..k'tsjoːn] *f* (-/-en) subtraction.

**Such|dienst** ['zuːx-] *m* tracing service; '..e *f* (-/no pl.) search (*nach* for); *auf der* ~ *nach* in search of; '2en (ge-, h) 1. *v/t.* seek (*advice, etc.*); search for; look for; *Sie haben hier nichts zu* ~ you have no business to be here; 2. *v/i.*: ~ *nach* seek for *or* after; search for; look for; '..er *phot. m* (-s/-) view-finder.

**Sucht** [zuxt] *f* (-/-e) mania (*nach* for), rage (for), addiction (to).

**süchtig** *adj.* ['zyçtiç] having a mania (*nach* for); ~ *sein* be a drug addict; 2e ['..gə] *m, f* (-n/-n) drug addict *or* fiend.

**Süd** *geogr.* [zyːt], ..en ['..dən] *m* (-s/no pl.) south; ..früchte ['zyːtfryçtə] *f/pl.* fruits from the south; '2lich 1. *adj.* south(ern); southerly; 2. *adv.:* ~ *von* (to the) south of; ..*ost geogr.*, ..*osten m* (-s/no pl.) south-east; 2östlich *adj.* south-east(ern); '..pol *geogr. m* (-s/no pl.) South Pole; 2wärts *adv.* ['..vɛrts] southward(s); '..west *geogr.*, ..*westen m* (-s/no pl.) south-west;

2'westlich *adj.* south-west(ern); '..wind *m* south wind.

**süffig** F *adj.* ['zyfiç] palatable, tasty.

**suggerieren** [zuge'riːrən] *v/t.* (no -ge-, h) suggest.

**suggestiv** *adj.* [zuges'tiːf] suggestive.

**Sühne** ['zyːnə] *f* (-/-n) expiation, atonement; '2n *v/t.* (ge-, h) expiate, atone for.

**Sülze** ['zyltsə] *f* (-/-n) jellied meat.

**summ|arisch** *adj.* [zu'maːriʃ] summary (*a. ♯*); '2e *f* (-/-n) sum (*a. fig.*); (sum) total; amount.

**'summen** (ge-, h) 1. *v/i. bees, etc.:* buzz, hum; 2. *v/t.* hum (*song, etc.*).

**sum'mieren** *v/t.* (no -ge-, h) sum *or* add up; *sich* ~ run up.

**Sumpf** [zumpf] *m* (-[e]s/-e) swamp, bog, marsh; '2ig *adj.* swampy, boggy, marshy.

**Sünd|e** ['zyndə] *f* (-/-n) sin (*a. fig.*); '..enbock F *m* scapegoat; '..er *m* (-s/-) sinner; 2haft ['..t-] 1. *adj.* sinful; 2. *adv.:* F ~ *teuer* awfully expensive; 2ig ['..diç] *adj.* sinful; 2igen ['..digən] *v/i.* (ge-, h) (commit a) sin.

**Superlativ** ['zuːperlatiːf] *m* (-s/-e) *gr.* superlative degree; *in ..en sprechen* speak in superlatives.

**Suppe** ['zupə] *f* (-/-n) soup; broth. **'Suppen|löffel** *m* soup-spoon; '..schöpfer *m* soup ladle; '..schüssel *f* tureen; '..teller *m* soup-plate.

**surren** ['zurən] *v/i.* (ge-, h) whir(r); *insects:* buzz.

**Surrogat** [zuro'gaːt] *n* (-[e]s/-e) substitute.

**suspendieren** [zuspɛn'diːrən] *v/t.* (no -ge-, h) suspend.

**süß** *adj.* [zyːs] sweet (*a. fig.*); 2e *f* (-/no pl.) sweetness; '..en *v/t.* (ge-, h) sweeten; '2igkeiten *pl.* sweets *pl.*, sweetmeats *pl.*, *Am. a.* candy; '..lich *adj.* sweetish; mawkish (*a. fig.*); '2stoff *m* saccharin(e); '2wasser *n* (-s/-) fresh water.

**Symbol** [zym'boːl] *n* (-s/-e) symbol; ..ik *f* (-/no pl.) symbolism; 2isch *adj.* symbolic(al).

**Symmetr|ie** [zyme'triː] *f* (-/-n) symmetry; 2isch *adj.* [..'meːtriʃ] symmetric(al).

**Sympath|ie** [zympa'tiː] *f* (-/-n) liking; 2isch *adj.* [..'paːtiʃ] likable; *er ist mir* ~ I like him; 2isieren [..i'ziːrən] *v/i.* (no -ge-, h) sympathize (*mit* with).

**Symphonie** ♪ [zymfo'niː] *f* (-/-n) symphony; ..orchester *n* symphony orchestra.

**Symptom** [zymp'toːm] *n* (-s/-e) symptom; 2atisch *adj.* [..o'maːtiʃ] symptomatic (*für* of).

**Synagoge** [zyna'goːgə] *f* (-/-n) synagogue.

**synchronisieren** [zynkroni'ziːrən] *v/t.* (no -ge-, h) synchronize; dub.

**Syndik|at** [zyndi'ka:t] *n* (-[e]s/-e) syndicate; **~us** ['zyndikus] *m* (-/-se, *Syndizi*) syndic.
**Synkope** ♩ [zyn'ko:pə] *f* (-/-n) syncope.
**synonym** [zyno'ny:m] **1.** *adj.* synonymous; **2.** **2** *n* (-s/-e) synonym.
**Syntax** *gr.* ['zyntaks] *f* (-/-en) syntax.

**synthetisch** *adj.* [zyn'te:tiʃ] synthetic.
**System** [zys'te:m] *n* (-s/-e) system; scheme; **~atisch** *adj.* [~e'ma:tiʃ] systematic(al), methodic(al).
**Szene** ['stse:nə] *f* (-/-n) scene (*a. fig.*); *in ~ setzen* stage; **~rie** [stsenə'ri:] *f* (-/-n) scenery.

# T

**Tabak** ['ta:bak, 'tabak, ta'bak] *m* (-s/-e) tobacco; **(')~händler** *m* tobacconist; **(')~sbeutel** *m* tobacco-pouch; **(')~sdose** *f* snuff-box; **(')~waren** *pl.* tobacco products *pl.*, F smokes *pl.*
**tabellarisch** [tabe'la:riʃ] **1.** *adj.* tabular; **2.** *adv.* in tabular form.
**Tabelle** [ta'belə] *f* (-/-n) table; schedule.
**Tablett** [ta'blet] *n* (-[e]s/-e, -s) tray; *of metal:* salver; **~e** *pharm.* *f* (-/-n) tablet; lozenge.
**Tachometer** [taxo'-] *n*, *m* (-s/-) ⊕ tachometer; *mot. a.* speedometer.
**Tadel** ['ta:dəl] *m* (-s/-) blame; censure; reprimand, rebuke, reproof; reproach; *at school:* bad mark; **'~los** *adj.* faultless, blameless; excellent, blameless; **'~n** *v/t.* (ge-, h) blame (*wegen* for); censure; reprimand, rebuke, reprove; scold; find fault with.
**Tafel** ['ta:fəl] *f* (-/-n) table; plate (*a. book illustration*); slab; *on houses, etc.:* tablet, plaque; slate; blackboard; signboard, notice-board, *Am.* billboard; cake, bar (*of chocolate, etc.*); dinner-table; dinner; **2förmig** *adj.* ['~fœrmiç] tabular; **'~geschirr** *n* dinner-service, dinner-set; **'~land** *n* tableland, plateau; **'2n** *v/i.* (ge-, h) dine; feast, banquet; **'~service** *n s. Tafelgeschirr;* **'~silber** *n* silver plate, *Am.* silverware.
**Täf(e)lung** ['tɛ:f(ə)luŋ] *f* (-/-en) wainscot, panelling.
**Taft** [taft] *m* (-[e]s/-e) taffeta.
**Tag** [ta:k] *m* (-[e]s/-e) day; *officially:* a. date; *am or bei ~e* by day; *e-s ~es* one day; *den ganzen ~* all day long; *~ für ~* day by day; *über ~e* ⚒ aboveground; *unter ~e* ⚒ underground; *heute vor acht ~en* a week ago; *heute in acht (vierzehn) ~en* today *or* this day week (fortnight), a week (fortnight) today; *denkwürdiger or freudiger ~* red-letter day; *freier ~* day off; *guten ~!* how do you do?; good morning!; good afternoon!; F hallo!, hullo!, *Am.* hello!; *am hellichten ~e* in broad daylight; *es wird ~* it dawns; *an den*

*~ bringen (kommen)* bring (come) to light; *bis auf den heutigen ~* to this day; **2'aus** *adv.:* *~, tagein* day in, day out.
**Tage|blatt** ['ta:gə-] *n* daily (paper); **'~buch** *n* journal, diary.
**tagein** *adv.* [ta:k'ain] *s. tagaus.*
**tage|lang** *adv.* ['ta:gə-] day after day, for days together; **'2lohn** *m* day's *or* daily wages *pl.*; **2löhner** ['~lø:nər] *m* (-s/-) day-labo(u)rer; **'~n** *v/i.* (ge-, h) dawn; hold a meeting, meet, sit; ⅜ be in session; **'2reise** *f* day's journey.
**Tages|anbruch** ['ta:gəs³-] *m* daybreak, dawn; *bei ~* at daybreak *or* dawn; **'~befehl** ✠ *m* order of the day; **'~bericht** *m* daily report, bulletin; **'~einnahme** ↑ *f* receipts *pl. or* takings *pl.* of the day; **'~gespräch** *n* topic of the day; **'~kasse** *f* *thea.* box-office, booking-office; *s. Tageseinnahme;* **'~kurs** ↑ *m* current rate; *stock exchange:* quotation of the day; **'~licht** *n* daylight; **'~ordnung** *f* order of the day, agenda; *das ist an der ~* that is the order of the day, that is quite common; **'~presse** *f* daily press; **'~zeit** *f* time of day; daytime; *zu jeder ~* at any hour, at any time of the day; **'~zeitung** *f* daily (paper).
**tage|weise** *adv.* ['ta:gə-] by the day; **'2werk** *n* day's work; man-day.
**täglich** *adj.* ['tɛ:kliç] daily.
**tags** *adv.* [ta:ks]: *~ darauf* the following day, the day after; *~ zuvor* (on) the previous day, the day before.
**'Tagschicht** *f* day shift.
**tagsüber** *adv.* ['ta:ks³-] during the day, in the day-time.
**Tagung** ['ta:guŋ] *f* (-/-en) meeting.
**Taille** ['taljə] *f* (-/-n) waist; bodice (*of dress*).
**Takel** ⚓ ['ta:kəl] *n* (-s/-) tackle; **~age** ⚓ [taka'la:ʒə] *f* (-/-n) rigging, tackle; **'2n** ⚓ *v/t.* (ge-, h) rig (*ship*); **'~werk** ⚓ *n s. Takelage.*
**Takt** [takt] *m* **1.** (-[e]s/-e) ♩ time, measure; bar; *mot.* stroke; *den ~ halten* ♩ keep time; *den ~ schlagen* ♩ beat time; **2.** (-[e]s/*no pl.*) tact; **'2fest** *adj.* steady in keeping time;

*fig.* firm; '~ik ♀ *f* (-/-en) tactics *pl. and sg.* (*a. fig.*); '~iker *m* (-s/-) tactician; '⊇isch *adj.* tactical; '⊇los *adj.* tactless; '~stock *m* baton; '~strich ♪ *m* bar; '⊇voll *adj.* tactful.

**Tal** [taːl] *n* (-[e]s/ːer) valley, *poet. a.* dale; *enges ~* glen.

**Talar** [ta'laːr] *m* (-s/-e) ꜰꜰ, *eccl.*, *univ.* gown; ꜰꜰ robe.

**Talent** [ta'lɛnt] *n* (-[e]s/-e) talent, gift, aptitude, ability; ⊇iert *adj.* [~'tiːrt] talented, gifted.

**'Talfahrt** *f* downhill journey; ♄ passage downstream.

**Talg** [talk] *m* (-[e]s/-e) suet; *melted:* tallow; '~drüse *anat. f* sebaceous gland; ⊇ig *adj.* [~'gic] suety; tallowish, tallowy; '~licht *n* tallow candle.

**Talisman** ['taːlisman] *m* (-s/-e) talisman, (good-luck) charm.

**'Talsperre** *f* barrage, dam.

**Tampon** ꜰ [tǎ'põː, 'tampɔn] *m* (-s/-s) tampon, plug.

**Tang** ♀ [taŋ] *m* (-[e]s/-e) seaweed.

**Tank** [taŋk] *m* (-[e]s/-s, -e) tank; '⊇en *v/i.* (ge-, h) get (some) petrol, *Am.* get (some) gasoline; '~er *♁ m* (-s/-) tanker; '~stelle *f* petrol station, *Am.* gas *or* filling station; '~wagen *m mot.* tank truck, *Am. a.* gasoline truck, tank trailer; 螽 tank-car; '~wart ['~vart] *m* (-[e]s/-e) pump attendant.

**Tanne** ♀ ['tanə] *f* (-/-n) fir(-tree).

**Tannen|baum** *m* fir-tree; '~nadel *f* fir-needle; '~zapfen *m* fir-cone.

**Tante** ['tantə] *f* (-/-n) aunt.

**Tantieme** [tǎ'tjɛːmə] *f* (-/-n) royalty, percentage, share in profits.

**Tanz** [tants] *m* (-es/ːe) dance.

**tänzeln** ['tɛntsəln] *v/i.* (ge-, h, sein) dance, trip, frisk.

**'tanzen** (ge-) *v/i.* (h, sein) *and v/t.* (h) dance.

**Tänzer** ['tɛntsər] *m* (-s/-), '~in *f* (-/-nen) dancer; *thea.* ballet-dancer; partner.

**'Tanz|lehrer** *m* dancing-master; '~musik *f* dance-music; '~saal *m* dancing-room, ball-room, dance-hall; '~schule *f* dancing-school; '~stunde *f* dancing-lesson.

**Tapete** [ta'peːtə] *f* (-/-n) wallpaper, paper-hangings *pl.*

**tapezier|en** [tape'tsiːrən] *v/t.* (no -ge-, h) paper; ⊇er *m* (-s/-) paper-hanger; upholsterer.

**tapfer** *adj.* ['tapfər] brave; valiant, heroic; courageous; '⊇keit *f* (-/no *pl.*) bravery, valo(u)r; heroism; courage.

**tappen** ['tapən] *v/i.* (ge-, sein) grope (about), fumble.    [awkward.]

**täppisch** *adj.* ['tɛpiʃ] clumsy,]

**tapsen** F ['tapsən] *v/i.* (ge-, sein) walk clumsily.

**Tara** ♱ ['taːra] *f* (-/Taren) tare.

**Tarif** [ta'riːf] *m* (-s/-e) tariff, (table of) rates *pl.*, price-list; ⊇lich *adv.* according to tariff; '~lohn *m* standard wage(s *pl.*); '~vertrag *m* collective *or* wage agreement.

**tarn|en** ['tarnən] *v/t.* (ge-, h) camouflage; *esp. fig.* disguise; '⊇ung *f* (-/-en) camouflage.

**Tasche** ['taʃə] *f* (-/-n) pocket (*of garment*); (hand)bag; pouch; *s. Aktentasche, Schultasche.*

**'Taschen|buch** *n* pocket-book; '~dieb *m* pickpocket, *Am. sl.* dip; '~geld *n* pocket-money; *monthly:* allowance; '~lampe *f* (electric) torch, *esp. Am.* flashlight; '~messer *n* pocket-knife; '~spielerei *f* juggle(ry); '~tuch *n* (pocket) handkerchief; '~uhr *f* (pocket-)watch; '~wörterbuch *n* pocket dictionary.

**Tasse** ['tasə] *f* (-/-n) cup.

**Tastatur** [tasta'tuːr] *f* (-/-en) keyboard, keys *pl.*

**Tast|e** ['tastə] *f* (-/-n) key; ⊇en (ge-, h) 1. *v/i.* touch; grope (*nach* for, after), fumble (for); 2. *v/t.* touch, feel; *sich ~* feel *or* grope one's way; '~sinn *m* (-[e]s/no *pl.*) sense of touch.

**Tat** [taːt] 1. *f* (-/-en) action, act, deed; offen|ce, *Am.* -se, crime; *in der ~* indeed, in fact, as a matter of fact, really; *auf frischer ~ ertappen* catch *s.o.* red-handed; *zur ~ schreiten* proceed to action; *in die ~ umsetzen* implement, carry into effect; 2. 2 *pret. of* tun; '~bestand ꜰꜰ *m* facts *pl.* of the case; '⊇enlos *adj.* inactive, idle.

**Täter** ['tɛːtər] *m* (-s/-) perpetrator; offender, culprit.

**tätig** *adj.* ['tɛːtiç] active; busy; *~ sein bei* work at; *be employed with*; '~en ꜰ ['~gən] *v/t.* (ge-, h) effect, transact; conclude; '⊇keit *f* (-/-en) activity; occupation, business, job; profession.

**'Tat|kraft** *f* (-/no *pl.*) energy; enterprise; '⊇kräftig *adj.* energetic, active.

**tätlich** *adj.* ['tɛːtliç] violent; *~ werden gegen* assault; '⊇keiten *f/pl.* (acts *pl.* of) violence; ꜰꜰ assault (and battery).

**Tatort** ꜰꜰ ['taːtʔ~] *m* (-[e]s/-e) place *or* scene of a crime.

**tätowieren** [tɛto'viːrən] *v/t.* (no -ge-, h) tattoo.

**'Tat|sache** *f* (matter of) fact; '~sachenbericht *m* factual *or* documentary report, matter-of-fact account; '⊇sächlich *adj.* actual, real.    [(pat.)]

**tätscheln** ['tɛtʃəln] *v/t.* (ge-, h) pet,]

**Tatze** ['tatsə] *f* (-/-n) paw, claw.

**Tau**[1] [tau] *n* (-[e]s/-e) rope, cable.

**Tau**[2] [~] *m* (-[e]s/no *pl.*) dew.

**taub** *adj.* [taup] deaf (*fig.: gegen* to); *fingers, etc.:* benumbed, numb; *nut:*

deaf, empty; *rock*: dead; ~es Ei
addle egg; *auf e-m Ohr* ~ *sein* be
deaf of *or* in one ear.

**Taube** *orn.* ['taubə] *f* (-/-n) pigeon;
'~nschlag *m* pigeon-house.

'**Taub|heit** *f* (-/no pl.) deafness;
numbness; '2stumm *adj.* deaf and
dumb; '~stumme *m*, *f* (-n/-n) deaf
mute.

**tauch|en** ['tauxən] (ge-) 1. *v/t.*
(h) dip, plunge; 2. *v/i.* (h, sein) dive,
plunge; dip; *submarine*: submerge;
'2er *m* (-s/-) diver; '2sieder *m* (-s/-)
immersion heater.

**tauen** ['tauən] *v/i.* (ge-) 1. (h, sein):
*der Schnee or es taut* the snow *or*
it is thawing; *der Schnee ist von
den Dächern getaut* the snow has
melted off the roofs; 2. (h): *es taut*
dew is falling.

**Taufe** ['taufə] *f* (-/-n) baptism,
christening; '2n *v/t.* (ge-, h) baptize,
christen.

**Täufling** ['tɔyflɪŋ] *m* (-s/-e) child *or*
person to be baptized.

'**Tauf|name** *m* Christian name, *Am.
a.* given name; '~pate 1. *m* godfather; 2. *f* godmother; '~patin *f*
godmother; '~schein *m* certificate
of baptism.

**taug|en** ['taugən] *v/i.* (ge-, h) be
good, be fit, be of use (*all: zu* for);
(*zu*) *nichts* ~ be good for nothing,
be no good, be of no use; '2enichts
*m* (-, -es/-e) good-for-nothing, *Am.
sl.* dead beat; '~lich *adj.* ['tauk-]
good, fit, useful (*all: für, zu* for, to
*inf.*); able; ✗, ⚓ able-bodied.

**Taumel** ['tauməl] *m* (-s/no pl.)
giddiness; rapture, ecstasy; '2ig
*adj.* reeling; giddy; '2n *v/i.* (ge-,
sein) reel, stagger; be giddy.

**Tausch** [tauʃ] *m* (-es/-e) exchange;
barter; '2en *v/t.* (ge-, h) exchange;
barter (*gegen* for).

**täuschen** ['tɔyʃən] *v/t.* (ge-, h)
deceive, delude, mislead (on purpose); cheat; *sich* ~ deceive o.s.; be
mistaken; *sich* ~ *lassen* let o.s. be
deceived; '~d *adj.* deceptive, delu-
sive; *resemblance*: striking.

'**Tauschhandel** *m* barter.

'**Täuschung** *f* (-/-en) deception,
delusion.

**tausend** *adj.* ['tauzənt] a thousand;
'~fach *adj.* thousandfold; '2fuß zo.
*m*, 2füß(l)er zo. ['~fy:s(l)ər] *m*
(-s/-) millepede, milliped(e), *Am. a.*
wireworm; '~st *adj.* thousandth;
'2stel *n* (-s/-) thousandth (part).

'**Tau|tropfen** *m* dew-drop; '~wetter
*n* thaw.

**Taxameter** [taksa'-] *m* taximeter.

**Taxe** ['taksə] *f* (-/-n) rate; fee;
estimate; *s.* Taxi.

**Taxi** ['taksi] *n* (-[s]/-[s]) taxi(-cab),
cab, *Am. a.* hack.

**ta'xieren** *v/t.* (no -ge-, h) rate,
estimate; *officially*: value, appraise.

'**Taxistand** *m* cabstand.

**Technik** ['tɛçnik] *f* 1. (-/no pl.)
technology; engineering; 2. (-/-en)
skill, workmanship; technique,
practice; ♪ execution; '~er *m* (-s/-)
(technical) engineer; technician;
~um ['~um] *n* (-s/Technika, Tech-
niken) technical school.

'**technisch** *adj.* technical; '~e Hochschule school of technology.

**Tee** [te:] *m* (-s/-s) tea; '~büchse *f*
tea-caddy; '~gebäck *n* scones *pl.*,
biscuits *pl.*, *Am. a.* cookies *pl.*;
'~kanne *f* teapot; '~kessel *m* tea-
kettle; '~löffel *m* tea-spoon.

**Teer** [te:r] *m* (-[e]s/-e) tar; '2en *v/t.*
(ge-, h) tar.

'**Tee|rose** ♀ *f* tea-rose; '~sieb *n*
tea-strainer; '~tasse *f* teacup;
'~wärmer *m* (-s/-) tea-cosy.

**Teich** [taɪç] *m* (-[e]s/-e) pool,
pond.

**Teig** [taɪk] *m* (-[e]s/-e) dough, paste;
2ig *adj.* ['~gɪç] doughy, pasty;
'~waren *f/pl.* farinaceous food;
noodles *pl.*

**Teil** [taɪl] *m*, *n* (-[e]s/-e) part; portion, share; component; ⅌ party;
*zum* ~ partly, in part; *ich für mein*
~ ... for my part I ...; '2bar *adj.*
divisible; '~chen *n* (-s/-) particle;
'2en *v/t.* (ge-, h) divide; *fig.* share;
'2haben *v/i.* (*irr.* haben, sep-, -ge-,
h) participate, (have a) share (*both:
an dat.* in); '~haber *↑ m* (-s/-)
partner; ~nahme ['~na:mə] *f* (-/no
pl.) participation (*an dat.* in); *fig.*:
interest (in); sympathy (with);
2nahmslos *adj.* ['~na:mslo:s] indifferent, unconcerned; passive;
apathetic; '~nahmslosigkeit *f*
(-/no pl.) indifference; passiveness;
apathy; '2nehmen *v/i.* (*irr.* nehmen,
sep-, -ge-, h): ~ *an* (*dat.*) take part *or*
participate in; join in; be present
at, attend at; *fig.* sympathize with;
'~nehmer *m* (-s/-) participant;
member; *univ.*, *etc.*: student; con-
testant; *sports*: competitor; *teleph.*
subscriber; 2s *adv.* [~s] partly;
'~strecke *f* section; stage, leg; ⛟
fare stage; '~ung *f* (-/-en) division;
'2weise *adv.* partly, partially, in
part; '~zahlung *f* (payment by)
instal(l)ments.

**Teint** [tɛ̃] *m* (-s/-s) complexion.

**Tele|fon** [tele'fo:n] *n* (-s/-e) *etc. s.*
*Telephon, etc.*; ~graf [~'gra:f] *m*
(-en/-en) *etc. s. Telegraph, etc.*;
~gramm [~'gram] *n* (-s/-e) telegram, wire; *overseas*: cable(gram).

**Telegraph** [tele'gra:f] *m* (-en/-en)
telegraph; ~enamt [~'~?-] *n* telegraph office; 2ieren [~'fi:rən] *v/t.
and v/i.* (no -ge-, h) telegraph, wire;
*overseas*: cable; 2isch [~'gra:fɪʃ]
1. *adj.* telegraphic; 2. *adv.* by telegram, by wire; by cable; '~ist
[~'fɪst] *m* (-en/-en), ~istin *f* (-/-nen)

telegraph operator, telegrapher, telegraphist.

**Teleobjektiv** phot. ['te:le-] n telephoto lens.

**Telephon** [tele'fo:n] n (-s/-e) telephone, F phone; am ~ on the (tele)phone; ans ~ gehen answer the (tele)phone; ~ haben be on the (tele)phone; ~anschluß m telephone connexion or connection; ~buch n telephone directory; ~gespräch n (tele)phone call; conversation or chat over the (tele)phone; ~hörer m (telephone) receiver, handset; 2ieren [~o'ni:rən] v/i. (no -ge-, h) telephone, F phone; mit j-m ~ ring s.o. up, Am. call s.o. up; 2isch adv. [~'fo:niʃ] by (tele)phone, over the (tele)phone; ~ist [~o'nist] m (-en/-en), ~istin f (-/-nen) (telephone) operator, telephonist; ~vermittlung f s. Telephonzentrale; ~zelle f telephone kiosk or box, call-box, Am. telephone booth; ~zentrale f (telephone) exchange.

**Teleskop** opt. [tele'sko:p] n (-s/-e) telescope.

**Teller** ['tɛlər] m (-s/-) plate.

**Tempel** ['tempəl] m (-s/-) temple.

**Temperament** [tempəra'mɛnt] n (-[e]s/-e) temper(ament); fig. spirit(s pl.); 2los adj. spiritless; 2voll adj. (high-)spirited.

**Temperatur** [tempəra'tu:r] f (-/-en) temperature; j-s ~ messen take s.o.'s temperature.

**Tempo** ['tempo] n (-s/-s, Tempi) time; pace; speed; rate.

**Tendenz** [ten'dents] f (-/-en) tendency; trend; 2iös adj. [~'tsjø:s] tendentious.

**Tennis** ['tenis] n (-/no pl.) (lawn) tennis; ~ball m tennis-ball; ~platz m tennis-court; ~schläger m (tennis-)racket; ~spieler m tennis player; ~turnier n tennis tournament.

**Tenor** ♪ [te'no:r] m (-s/-e) tenor.

**Teppich** ['tɛpiç] m (-s/-e) carpet; ~kehrmaschine f carpet-sweeper.

**Termin** [tɛr'mi:n] m (-s/-e) appointed time or day; ⚖, ✝ date, term; sports: fixture; äußerster ~ final date, dead(-)line; ~geschäfte ✝ n/pl. futures pl.; ~kalender m appointment book or pad; ⚖ causelist, Am. calendar; ~liste ⚖ f causelist, Am. calendar.

**Terpentin** [tɛrpən'ti:n] n (-s/-e) turpentine.

**Terrain** [tɛ'rɛ̃] n (-s/-s) ground; plot; building site.

**Terrasse** [tɛ'rasə] f (-/-n) terrace; 2förmig adj. [~nfœrmiç] terraced, in terraces.

**Terrine** [tɛ'ri:nə] f (-/-n) tureen.

**Territorium** [tɛri'to:rjum] n (-s/Territorien) territory.

**Terror** ['tɛrɔr] m (-s/no pl.) terror; 2isieren [~ori'zi:rən] v/t. (no -ge-, h) terrorize.

**Terz** ♪ [tɛrts] f (-/-en) third; ~ett ♪ [~'tsɛt] n (-[e]s/-e) trio.

**Testament** [tɛsta'mɛnt] n (-[e]s/-e) (last) will, (often: last will and) testament; eccl. Testament, 2arisch [~'ta:riʃ] 1. adj. testamentary; 2. adv. by will; ~svollstrecker m (-s/-) executor; officially: administrator.

**testen** ['tɛstən] v/t. (ge-, h) test.

**teuer** adj. ['tɔyər] dear (a. fig.), expensive; wie ~ ist es? how much is it?

**Teufel** ['tɔyfəl] m (-s/-) devil; der ~ the Devil, Satan; zum ~! Dickens!, hang it!; wer zum ~? F who the devil or deuce?; der ~ ist los the fat's in the fire; scher dich zum ~! F go to hell!, go to blazes!; ~ei [~'lai] f (-/-en) devilment, mischief, devilry, Am. deviltry; ~skerl F m devil of a fellow.

'teuflisch adj. devilish, diabolic(al).

**Text** [tɛkst] m (-es/-e) text; words pl. (of song); book, libretto (of opera); ~buch n book; libretto.

**Textil|ien** [tɛks'ti:ljən] pl., ~waren pl. textile fabrics pl., textiles pl.

'textlich adv. concerning the text.

**Theater** [te'a:tər] n (-s/-) theat|re, Am. -er; stage; 2. F (-s/no pl.) playacting; ~besucher m playgoer; ~karte f theatre ticket; ~kasse f box-office; ~stück n play; ~vorstellung f theatrical performance; ~zettel m playbill.

**theatralisch** adj. [tea'tra:liʃ] theatrical, stagy.

**Theke** ['te:kə] f (-/-n) at inn: bar, Am. a. counter; at shop: counter.

**Thema** ['te:ma] n (-s/Themen, Themata) theme, subject; topic (of discussion).

**Theolog|e** [teo'lo:gə] m (-n/-n) theologian, divine; ~ie [~o'gi:] f (-/-n) theology.

**Theoret|iker** [teo're:tikər] m (-s/-) theorist; 2isch adj. theoretic(al).

**Theorie** [teo'ri:] f (-/-n) theory.

**Therapie** ⚕ [tera'pi:] f (-/-n) therapy. [spa.]

**Thermalbad** [tɛr'ma:l-] n thermal]

**Thermometer** [tɛrmo'-] n (-s/-) thermometer; ~stand m (thermometer) reading.

**Thermosflasche** ['tɛrmɔs-] f vacuum bottle or flask, thermos (flask).

**These** ['te:zə] f (-/-n) thesis.

**Thrombose** ⚕ [trɔm'bo:zə] f (-/-n) thrombosis.

**Thron** [tro:n] m (-[e]s/-e) throne; ~besteigung f accession to the throne; ~erbe m heir to the throne, heir apparent; ~folge f succession to the throne; ~folger m (-s/-) successor to the throne; ~rede parl. f Queen's or King's Speech.

**Thunfisch** *ichtk.* ['tu:n-] *m* tunny, tuna.

**Tick** F [tik] *m* (-[e]s/-s, -e) crotchet, fancy, kink; *e-n ~ haben* have a bee in one's bonnet.

**ticken** ['tikən] *v/i.* (ge-, h) tick.

**tief** [ti:f] 1. *adj.* deep (*a. fig.*); *fig.:* profound; low; *im ~sten Winter* in the dead *or* depth of winter; 2. *adv.:* *bis ~ in die Nacht* far into the night; *das läßt ~ blicken* that speaks volumes; *zu ~ singen* sing flat; 3. ♀ *meteor.* *n* (-[e]s/-s) depression, low(-pressure area); '2bau *m* civil *or* underground engineering; '2druckgebiet *meteor. n s.* Tief; '2e *f* (-/-n) depth (*a. fig.*); *fig.* profundity; '2ebene *f* low plain, lowland; '2enschärfe *phot. f* depth of focus; '2flug *m* low-level flight; '2gang ♠ *m* draught, *Am.* draft; *~gebeugt fig. adj.* ['~gəbɔykt] deeply afflicted, bowed down; *~gekühlt adj.* deep-frozen; '~greifend *adj.* fundamental, radical; '2land *n* lowland(s *pl.*); '~liegend *adj. eyes:* sunken; *fig.* deep-seated; '2schlag *m boxing:* low hit; '~schürfend *fig. adj.* profound; thorough; '2see *f* deep sea; '~sinnig *adj.* thoughtful, pensive; F melancholy; '2stand *m* (-[e]s/*no pl.*) low level.

**Tiegel** ['ti:gəl] *m* (-s/-) saucepan, stew-pan; ⊕ crucible.

**Tier** [ti:r] *n* (-[e]s/-e) animal; beast; brute; *großes ~ fig. sl.* bigwig, big bug, *Am.* big shot; '~arzt *m* veterinary (surgeon), F vet, *Am. a.* veterinarian; '~garten *m* zoological gardens *pl.*, zoo; '~heilkunde *f* veterinary medicine; '2isch *adj.* animal; *fig.* bestial, brutish, savage; '~kreis *ast. m* zodiac; ~quälerei [~kvɛːlə'rai] *f* (-/-en) cruelty to animals; '~reich *n* (-[e]s/*no pl.*) animal kingdom; '~schutzverein *m* Society for the Prevention of Cruelty to Animals.

**Tiger** *zo.* ['ti:gər] *m* (-s/-) tiger; '~in *zo. f* (-/-nen) tigress.

**tilg|en** ['tilgən] *v/t.* (ge-, h) extinguish; efface; wipe *or* blot out, erase; *fig.* obliterate, annul, cancel; discharge, pay (*debt*); redeem (*mortgage, etc.*); '2ung *f* (-/-en) extinction; extermination; cancel(l)ing; discharge, payment; redemption.

**Tinktur** [tiŋk'tu:r] *f* (-/-en) tincture. [*sitzen* F be in a scrape.\
**Tinte** ['tintə] *f* (-/-n) ink; *in der ~*\
'**Tinten|faß** *n* ink-pot, desk: inkwell; '~fisch *ichth. m* cuttle-fish; '~fleck *m,* '~klecks *m* (ink-)blot; '~stift *m* indelible pencil.

**Tip** [tip] *m* (-s/-s) hint, tip; '2pen (ge-, h) 1. *v/i.* F type; *fig.* guess; *j-m auf die Schulter ~* tap s.o. on his shoulder; 2. *v/t.* tip; foretell, predict; F type.

**Tiroler** [ti'ro:lər] 1. *m* (-s/-) Tyrolese; 2. *adj.* Tyrolese.

**Tisch** [tiʃ] *m* (-es/-e) table; *bei ~* at table; *den ~ decken* lay the table *or* cloth, set the table; *reinen ~ machen* make a clean sweep (*damit of it*); *zu ~ bitten* invite *or* ask to dinner *or* supper; *bitte zu ~!* dinner is ready!; '~decke *f* table-cloth; '2fertig *adj. food:* ready-prepared; '~gast *m* guest; '~gebet *n: das ~ sprechen* say grace; '~gesellschaft *f* dinner-party; '~gespräch *n* table-talk; '~lampe *f* table-lamp; desk lamp.

**Tischler** ['tiʃlər] *m* (-s/-) joiner; carpenter; cabinet-maker; ~ei [~'rai] *f* (-/-en) joinery; joiner's workshop.

'**Tisch|platte** *f* top (of a table), table top; leaf (*of extending table*); '~rede *f* toast, after-dinner speech; '~tennis *n* table tennis, ping-pong; '~tuch *n* table-cloth; '~zeit *f* dinner-time.

**Titan** [ti'ta:n] *m* (-en/-en) Titan; 2isch *adj.* titanic.

**Titel** ['ti:təl] *m* (-s/-) title; *e-n ~ (inne)haben sports:* hold a title; '~bild *n* frontispiece; cover picture (*of magazine, etc.*); '~blatt *n* title-page; cover (*of magazine*); '~halter *m* (-s/-) *sports:* title-holder; '~kampf *m boxing:* title fight; '~rolle *thea. f* title-role.

**titulieren** [titu'li:rən] *v/t.* (*no -ge-*, h) style, call, address as.

**Toast** [to:st] *m* (-es/-e, -s) toast (*a. fig.*).

**tob|en** ['to:bən] *v/i.* (ge-, h) rage, rave, storm, bluster; *children:* romp; 2sucht ≰ ['to:p-] *f* (-/*no pl.*) raving madness, frenzy; ~süchtig *adj.* ['to:p-] raving mad, frantic.

**Tochter** ['tɔxtər] *f* (-/-) daughter; '~gesellschaft ♦ *f* subsidiary company.

**Tod** [to:t] *m* (-[e]s/♣-e) death; g'z decease.

**Todes|angst** ['to:dəs?-] *f* mortal agony; *fig.* mortal fear; *Todesängste ausstehen* be scared to death, be frightened out of one's wits; '~anzeige *f* obituary (notice); '~fall *m* (case of death); *Todesfälle pl.* deaths *pl.*, ✕ casualties *pl.*; '~kampf *m* death throes *pl.*, mortal agony; '~strafe *f* capital punishment, death penalty; *bei ~ verboten* forbidden *or* under pain *or* penalty of death; '~ursache *f* cause of death; '~urteil *n* death *or* capital sentence, death-warrant.

'**Tod|feind** *m* deadly *or* mortal enemy; '2krank *adj.* dangerously ill.

**tödlich** *adj.* ['tø:tliç] deadly; fatal; *wound: a.* mortal.

'**tod|'müde** *adj.* dead tired; '~

'schick F *adj.* dashing, gorgeous; '~sicher F *adj.* cock-sure; '2sünde *f* deadly *or* mortal sin.

Toilette [toa'lɛtə] *f* (-/-n) dress(ing): toilet; lavatory, gentlemen's *or* ladies' room, *esp. Am.* toilet.

Toi'letten|artikel *m/pl.* toilet articles *pl.*, *Am.* a. toiletry; ~papier *n* toilet-paper; ~tisch *m* toilet (-table), dressing-table, *Am.* a. dresser.

toleran|t *adj.* [tole'rant] tolerant (gegen *of*); '2z [~ts] *f* 1. (-/*no pl.*) tolerance, toleration (*esp. eccl.*); 2. ⊕ (-/-en) tolerance, allowance.

toll [tɔl] 1. *adj.* (raving) mad, frantic; mad, crazy, wild (*all a. fig.*); fantastic; *noise, etc.*: frightful, F awful; *das ist ja* ~ F that's (just) great; 2. *adv.*: es ~ treiben carry on like mad; es zu ~ treiben go too far; '~en *v/i.* (ge-, h, sein) *children*: romp; '2haus *fig. n* bedlam; '2heit *f* (-/-en) madness; mad trick; '~kühn *adj.* foolhardy, rash; '2wut *vet. f* rabies.

Tolpatsch F ['tɔlpatʃ] *m* (-es/-e) awkward *or* clumsy fellow; '2ig F *f adj.* awkward, clumsy.

Tölpel F ['tœlpəl] *m* (-s/-) awkward *or* clumsy fellow; boob(y).

Tomate ❦ [to'maːtə] *f* (-/-n) tomato.

Ton¹ [toːn] *m* (-[e]s/-e) clay.

Ton² [~] *m* (-[e]s/~e) sound; ♪ tone (*a. of language*); ♪ *single*: note; accent, stress; *fig.* tone; *paint.* tone, tint, shade; *guter* ~ good form; *den* ~ *angeben* set the fashion; *zum guten* ~ *gehören* be the fashion; *große Töne reden* or F *spucken* F talk big, boast; '~abnehmer *m* pick-up; '2angebend *adj.* setting the fashion, leading; '~arm *m* pick-up arm (*of record-player*); '~art *f* ♪ key; '~band *n* recording tape; '~bandgerät *n* tape recorder.

tönen ['tøːnən] (ge-, h) 1. *v/i.* sound, ring; 2. *v/t.* tint, tone, shade.

tönern *adj.* ['tøːnərn] (of) clay, earthen.

'Ton|fall *m in speaking*: intonation, accent; '~film *m* sound film; '~lage *f* pitch; '~leiter *f* scale, gamut; '2los *adj.* soundless; *fig.* toneless; '~meister *m* sound engineer.

Tonne ['tɔnə] *f* (-/-n) *large*: tun; *smaller*: barrel, cask; ♣ *measure of weight*: ton.

Tonsilbe *gr. f* accented syllable.

Tonsur [tɔn'zuːr] *f* (-/-en) tonsure.

'Tönung *paint. f* (-/-en) tint, tinge, shade.

'Tonwaren *f/pl. s.* Töpferware.

Topf [tɔpf] *m* (-[e]s/⁀e) pot.

Töpfer ['tœpfər] *m* (-s/-) potter; stove-fitter; ~ei [~'rai] *f* (-/-en) pottery; '~ware *f* pottery, earthenware, crockery.

topp¹ *int.* [tɔp] done!, agreed!

Topp² ⚓ [~] *m* (-s/-e, -s) top, masthead.

Tor¹ [toːr] *n* (-[e]s/-e) gate; gateway (*a. fig.*); *football*: goal; *skiing*: gate.

Tor² [~] *m* (-en/-en) fool.

Torf [tɔrf] *m* (-[e]s/*no pl.*) peat.

Torheit ['toːrhart] *f* (-/-en) folly.

'Torhüter *m* gate-keeper; *sports*: goalkeeper.

töricht *adj.* ['tøːriçt] foolish, silly.

Törin ['tøːrin] *f* (-/-nen) fool(ish woman).

torkeln ['tɔrkəln] *v/i.* (ge-, h, sein) reel, stagger, totter.

'Tor|latte *f sports*: cross-bar; '~lauf *m skiing*: slalom; '~linie *f sports*: goal-line.

Tornister [tɔr'nistər] *m* (-s/-) knapsack; satchel.

torpedieren [tɔrpe'diːrən] *v/t.* (*no* -ge-, h) torpedo (*a. fig.*).

Torpedo [tɔr'peːdo] *m* (-s/-s) torpedo; ~boot *n* torpedo-boat.

'Tor|pfosten *m* gate-post; *sports*: goal-post; '~schuß *m* shot at the goal; '~schütze *m sports*: scorer.

Torte ['tɔrtə] *f* (-/-n) fancy cake, *Am.* layer cake; tart, *Am.* pie.

Tortur [tɔr'tuːr] *f* (-/-en) torture; *fig.* ordeal.

Tor|wart ['toːrvart] *m* (-[e]s/-e) *sports*: goalkeeper; '~weg *m* gateway.

tosen ['toːzən] *v/i.* (ge-, h, sein) roar, rage; '~d *adj. applause*: thunderous.

tot *adj.* [toːt] dead (*a. fig.*); deceased; ~er Punkt ⊕ dead cent|re, *Am.* -er; *fig.*: deadlock; fatigue; ~es Rennen *sports*: dead heat.

total *adj.* [to'taːl] total, complete.

'tot|arbeiten *v/refl.* (*sep.*, -ge-, h) work *o.s.* to death; '2e (-n/-n) 1. *m* dead man; (dead) body, corpse; *die* ~*n pl.* the dead *pl.*, the deceased *pl.* or departed *pl.*; ⚔ casualties *pl.*; 2. *f* dead woman.

töten ['tøːtən] *v/t.* (ge-, h) kill; destroy; murder; deaden (*nerve, etc.*).

'Toten|bett *n* deathbed; '2blaß *adj.* deadly *or* deathly pale; '~blässe *f* deadly paleness *or* pallor; '2bleich *adj. s.* totenblaß; '~gräber ['~grɛːbər] *m* (-s/-) grave-digger (*a. zo.*); '~hemd *n* shroud; '~kopf *m* death's-head (*a. zo.*); emblem of death: a. skull and cross-bones; '~liste *f* death-roll (*a.* ⚔), *esp.* ⚔ casualty list; '~maske *f* death-mask; '~messe *eccl. f* mass for the dead, requiem; '~schädel *m* death's-head, skull; '~schein *m* death certificate; '2still *adj.* (as) still as the grave; '~stille *f* dead(ly) silence, deathly stillness.

'tot|geboren *adj.* still-born; '2geburt *f* still birth; '~lachen *v/refl.* (*sep.*, -ge-, h) die of laughing.

**Toto** ['to:to] *m*, F *a. n* (-*s*/-*s*) football pools *pl.*

**'tot|schießen** *v/t.* (*irr. schießen, sep., -ge-, h*) shoot dead, kill; **'2schlag** $\mathfrak{r}^2$ *m* manslaughter, homicide; **'˷schlagen** *v/t.* (*irr. schlagen, sep., -ge-, h*) kill (*a. time*), slay; **'˷schweigen** *v/t.* (*irr. schweigen, sep., -ge-, h*) hush up; **'˷stechen** *v/t.* (*irr. stechen, sep., -ge-, h*) stab to death; **'˷stellen** *v/refl.* (*sep., -ge-, h*) feign death.

**'Tötung** *f* (-/-*en*) killing, slaying; $\mathfrak{r}^2$ homicide; *fahrlässige* ˷ $\mathfrak{r}^2$ manslaughter.

**Tour** [tur] *f* (-/-*en*) tour; excursion, trip; ⊕ turn, revolution; *auf* ˷*en kommen mot.* pick up speed; '˷en-wagen *mot. m* touring car.

**Tourist** [tu'rist] *m* (-*en*/-*en*), ˷*in f* (-/-*nen*) tourist.

**Tournee** [tur'ne:] *f* (-/-*s*, -*n*) tour.

**Trab** [tra:p] *m* (-[*e*]*s*/*no pl.*) trot.

**Trabant** [tra'bant] *m* (-*en*/-*en*) satellite.

**trab|en** ['tra:bən] *v/i.* (*ge-, h, sein*) trot; **2rennen** ['tra:p-] *n* trotting race.

**Tracht** [traxt] *f* (-/-*en*) dress, costume; uniform; fashion; load; *e-e* (*gehörige*) ˷ *Prügel* a (sound) thrashing; **'2en** *v/i.* (*ge-, h*): ˷ *nach et.* strive for; *j-m nach dem Leben* ˷ seek s.o.'s life.

**trächtig** *adj.* ['trɛçtiç] (big) with young, pregnant. [tradition.\]

**Tradition** [tradi'tsjo:n] *f* (-/-*en*)\

**traf** [tra:f] *pret. of* treffen.

**Trag|bahre** ['tra:k-] *f* stretcher, litter; **'2bar** *adj.* portable; *dress:* wearable; *fig.:* bearable; reasonable; ˷*e* [˷'-gə:] *f* (-/-*n*) hand-barrow; *s. Tragbahre.*

**träge** *adj.* ['trɛ:gə] lazy, indolent; *phys.* inert (*a. fig.*).

**tragen** ['tra:gən] (*irr., ge-, h*) 1. *v/t.* carry; bear (*costs, name, responsibility, etc.*); bear, endure; support; bear, yield (*fruit*, ↑ *interest, etc.*); wear (*dress, etc.*); *bei sich* ˷ have about one; *sich gut* ˷ *material:* wear well; *zur Schau* ˷ show off; 2. *v/i. tree:* bear, yield; *gun, voice:* carry; *ice:* bear.

**Träger** ['trɛ:gər] *m* (-*s*/-) carrier; porter (*of luggage*); holder, bearer (*of name, licence, etc.*); wearer (*of dress*); (shoulder-)strap (*of slip, etc.*); ⊕ support; △ girder.

**Trag|fähigkeit** ['tra:k-] *f* carrying or load capacity; ⊕ tonnage; '˷flä-che $\mathfrak{X}$ *f*, '˷flügel $\mathfrak{X}$ *m* wing, plane.

**Trägheit** ['trɛ:kʰart] *f* (-/*no pl.*) laziness, indolence; *phys.* inertia (*a. fig.*).

**tragisch** *adj.* ['tra:giʃ] tragic (*a. fig.*); *fig.* tragical.

**Tragödie** [tra'gø:djə] *f* (-/-*n*) tragedy.

**Trag|riemen** ['tra:k-] *m* (carrying) strap; sling (*of gun*); '˷tier *n* pack animal; '˷tüte *f* carrier-bag; '˷weite *f* range; *fig.* import(ance), consequences *pl.*; *von großer* ˷ of great moment.

**Train|er** ['trɛ:nər] *m* (-*s*/-) trainer; coach; **2ieren** [˷'ni:rən] (*no -ge-, h*) 1. *v/t.* train; coach; 2. *v/t.* train; '˷ing ['˷iŋ] *n* (-*s*/-*s*) training; '˷ings-anzug *m sports:* track suit.

**traktieren** [trak'ti:rən] *v/t.* (*no -ge-, h*) treat (badly).

**Traktor** ⊕ ['traktɔr] *m* (-*s*/-*en*) tractor.

**trällern** ['trɛlərn] *v/t. and v/i.* (*ge-, h*) troll.

**trampel|n** ['trampəln] *v/i.* (*ge-, h*) trample, stamp; '2pfad *m* beaten track.

**Tran** [tra:n] *m* (-[*e*]*s*/-*e*) train-oil, whale-oil.

**Träne** ['trɛ:nə] *f* (-/-*n*) tear; *in* ˷*n ausbrechen* burst into tears; '2n *v/i.* (*ge-, h*) water; '˷ngas *n* tear-gas.

**Trank** [traŋk] 1. *m* (-[*e*]*s*/-*e*) drink, beverage; $\mathfrak{F}$ potion; 2. 2 *pret. of* trinken.

**Tränke** ['trɛŋkə] *f* (-/-*n*) watering-place; '2n *v/t.* (*ge-, h*) water (*animals*); soak, impregnate (*material*).

**Trans|formator** $\mathfrak{F}$ [transfɔr'ma:-tɔr] *m* (-*s*/-*en*) transformer; ˷**fu-sion** $\mathfrak{F}$ [˷u'zjo:n] *f* (-/-*en*) transfusion.

**Transistorradio** [tran'zistɔr-] *n* transistor radio *or* set.

**transitiv** *gr. adj.* ['tranziti:f] transitive.

**transparent** [transpa'rɛnt] 1. *adj.* transparent; 2. 2 *n* (-[*e*]*s*/-*e*) transparency; *in political processions, etc.*: banner.

**transpirieren** [transpi'ri:rən] *v/i.* (*no -ge-, h*) perspire.

**Transplantation** $\mathfrak{F}$ [transplanta-'tsjo:n] *f* transplant (operation).

**Transport** [trans'pɔrt] *m* (-[*e*]*s*/-*e*) transport(ation), conveyance, carriage; **2abel** *adj.* [˷'ta:bəl] (trans-)portable; ˷*er m* (-*s*/-) ⊕, $\mathfrak{X}$ (troop-)transport; $\mathfrak{X}$ transport (aircraft *or* plane); **2fähig** *adj.* transportable, *sick person:* a. transferable; **2ieren** [˷'ti:rən] *v/t.* (*no -ge-, h*) transport, convey, carry; ˷**unternehmen** *n* carrier.

**Trapez** [tra'pe:ts] *n* (-*es*/-*e*) & trapezium, *Am.* trapezoid; *gymnastics:* trapeze.

**trappeln** ['trapəln] *v/i.* (*ge-, sein*) *horse:* clatter; *children, etc.:* patter.

**Trass|ant** ↑ [tra'sant] *m* (-*en*/-*en*) drawer; ˷**at** ↑ [˷'sa:t] *m* (-*en*/-*en*) drawee; '˷e f (-/-*n*) line; **2ieren** [˷'si:rən] *v/t.* (*no -ge-, h*) ⊕ lay *or* trace out; ˷ *auf* (*acc.*) ↑ draw on.

trat [tra:t] *pret. of* treten.

Tratte ♦ ['tratə] *f* (-/-n) draft.

Traube ['traubə] *f* (-/-n) bunch of grapes; grape; cluster; '~nsaft *m* grape-juice; '~nzucker *m* grape-sugar, glucose.

trauen ['trauən] (ge-, h) 1. *v/t.* marry; *sich ~ lassen* get married; 2. *v/i.* trust (*j-m s.o.*), confide (*dat. in*); *ich traute meinen Ohren nicht* I could not believe my ears.

Trauer ['trauər] *f* (-/no pl.) sorrow, affliction; *for dead person*: mourning; '~botschaft *f* sad news; '~fall *m* death; '~feier *f* funeral ceremonies *pl.*, obsequies *pl.*; '~flor *m* mourning-crape; '~geleit *n* funeral procession; '~gottesdienst *m* funeral service; '~kleid *n* mourning (-dress); '~marsch *m* funeral march; '2n *v/i.* (ge-, h) mourn (*um for*); be in mourning; '~spiel *n* tragedy; '~weide ♀ *f* weeping willow; '~zug *m* funeral procession.

Traufe ['traufə] *f* (-/-n) eaves *pl.*; gutter; *s. Regen²*.

träufeln ['trɔʏfəln] *v/t.* (ge-, h) drop, drip, trickle.

traulich *adj.* ['traulɪç] intimate; (cosy, snug.)

Traum [traum] *m* (-[e]s/=e) dream (*a. fig.*); reverie; *das fällt mir nicht im ~ ein!* I would not dream of (doing) it!; '~bild *n* vision; '~deuter *m* (-s/-) dream-reader.

träum|en ['trɔʏmən] *v/i. and v/t.* (ge-, h) dream; '2er *m* (-s/-) dreamer (*a. fig.*); '2erei *f* (-/-en) dreaming; *fig. a.* reverie (*a. ♪*); day-dream, musing; '~erisch *adj.* dreamy; musing.

traurig *adj.* ['traurɪç] sad (*über acc. at*), *Am.* F blue; wretched.

'Trau|ring *m* wedding-ring; '~schein *m* marriage certificate *or* lines *pl.*; '~ung *f* (-/-en) marriage, wedding; '~zeuge *m* witness to a marriage.

Trecker ⊕ ['trɛkər] *m* (-s/-) tractor.

Treff [trɛf] *n* (-s/-s) *cards*: club(s *pl.*).

treffen¹ ['trɛfən] (*irr.*, ge-) 1. *v/t.* (h) hit (*a. fig.*), strike; concern, *disadvantageously*: affect; meet; *nicht ~ miss*; *e-e Entscheidung ~* come to a decision; *Maßnahmen ~* take measures *or* steps; *Vorkehrungen ~* take precautions *or* measures; *sich ~* happen; meet; gather, assemble; *a.* have an appointment (*mit with*), F have a date (*with*); *das trifft sich gut!* that's lucky!, how fortunate!; *sich getroffen fühlen* feel hurt; *wen trifft die Schuld?* who is to blame?; *das Los traf ihn* the lot fell on him; *du bist gut getroffen paint., phot.* this is a good likeness of you; *vom Blitz getroffen* struck by lightning; 2. *v/t.* (h) hit; 3. *v/i.* (sein): *~ auf* (*acc.*) meet with; encounter (*a.* ⊗).

Treffen² [..] *n* (-s/-) meeting; rally; gathering; ⚔ encounter; '2d *adj. remark*: appropriate, to the point.

'Treff|er *m* (-s/-) hit (*a. fig.*); prize; '~punkt *m* meeting-place.

Treibeis ['traɪp-] *n* drift-ice.

treiben¹ ['traɪbən] (*irr.*, ge-) 1. *v/t.* (h) drive; ⊕ put in motion, propel; drift (*smoke, snow*); put forth (*leaves*); force (*plants*); *fig.* impel, urge, press (*j-n zu inf. s.o.* to *inf.*); carry on (*business, trade*); Musik (*Sport*) ~ go in for music (sports); *Sprachen ~* study languages; *es zu weit ~* go too far; *wenn er es weiterhin so treibt* if he carries *or* goes on like that; *was treibst du da?* what are you doing there?; 2. *v/i.* (*sein*) drive; float, drift; 3. *v/i.* (h) ❀ shoot; *dough*: ferment, work.

Treiben [..] *n* (-s/no pl.) driving; doings *pl.*, goings-on *pl.*; geschäftiges ~ bustle; '2d *adj.*: ~e Kraft driving force.

Treib|haus ['traɪp-] *n* hothouse; '~holz *n* drift-wood; '~jagd *f* battue; '~riemen *m* driving-belt; '~stoff *m* fuel; propellant, -ent (*of rocket*).

trenn|en ['trɛnən] *v/t.* (ge-, h) separate, sever; rip (*seam*); *teleph.*, ⚡ cut off, disconnect; isolate, segregate; *sich ~* separate (*von from*), part (*from or with s.o.*; *with s.th.*); '2schärfe *f radio*: selectivity; '2ung *f* (-/-en) separation; disconne|xion, -ction; segregation (*of races, etc.*); '2(ungs)wand *f* partition (wall). [(-bit.)]

Trense ['trɛnzə] *f* (-/-n) snaffle.

Treppe ['trɛpə] *f* (-/-n) staircase, stairway, (*e-e* a flight *or* pair of) stairs *pl.*; *zwei ~n hoch* on the second floor, *Am.* on the third floor.

'Treppen|absatz *m* landing; '~geländer *n* banisters *pl.*; '~haus *n* staircase; '~stufe *f* stair, step.

Tresor [tre'zo:r] *m* (-s/-e) safe; *bank*: strong-room, vault.

treten ['tre:tən] (*irr.*, ge-) 1. *v/i.* (h) tread, step (*j-n or j-m auf die Zehen* on *s.o.'s* toes); 2. *v/i.* (sein) tread, step (*j-m auf die Zehen* on *s.o.'s* toes); walk; *ins Haus ~* enter the house; *j-m unter die Augen ~* appear before *s.o.*, face *s.o.*; *j-m zu nahe ~* offend *s.o.*; *zu j-m ~* step *or* walk up to *s.o.*; *über die Ufer ~* overflow its banks; 3. *v/t.* (h) tread; kick; *mit Füßen ~* trample upon.

treu *adj.* [trɔʏ] faithful, loyal; '2bruch *m* breach of faith, perfidy; '2e *f* (-/no pl.) fidelity, faith(fulness), loyalty; 2händer ['~hɛndər] *m* (-s/-) trustee; '~herzig *adj.* guileless; ingenuous; simple-minded; '~los *adj.* faithless (*gegen* to), disloyal (to); perfidious.

**Tribüne** [tri'by:nə] *f* (-/-n) platform; *sports, etc.*: (grand) stand.

**Tribut** [tri'bu:t] *m* (-[e]s/-e) tribute.

**Trichter** ['trictər] *m* (-s/-) funnel; *made by bomb, shell, etc.*: crater; horn (*of wind instruments, etc.*).

**Trick** [trik] *m* (-s/-e, -s) trick; '~film *m* animation, animated cartoon.

**Trieb** [tri:p] 1. *m* (-[e]s/-e) ♀ sprout, (new) shoot; driving force; impulse; instinct; (sexual) urge; desire; 2. 2 *pret. of* treiben; '~feder *f* main-spring; *fig.* driving force, motive; '~kraft *f* motive power; *fig.* driving force, motive; '~wagen ♒ *m* rail-car, rail-motor; '~werk ⊕ *n* gear (drive), (driving) mechanism, transmission; engine.

**triefen** ['tri:fən] *v/i.* ([*irr.,*] ge-, h) drip (von with); *eye:* run.

**triftig** *adj.* ['triftic] valid.

**Trigonometrie** ∆ [trigonome'tri:] *f* (-/no pl.) trigonometry.

**Trikot** [tri'ko:] (-s/-s) 1. *m* stockinet; 2. *n* tights *pl.*; vest; '~agen [~o'ta:ʒən] *f/pl.* hosiery.

**Triller** ♪ ['trilər] *m* (-s/-) trill, shake, quaver; '2n ♪ *v/i. und v/t.* (ge-, h) trill, shake, quaver; *bird: a.* warble.

**trink|bar** *adj.* ['triŋkba:r] drinkable; '2becher *m* drinking-cup; '~en (*irr.*, ge-, h) 1. *v/t.* drink; take, have (*tea, etc.*); 2. *v/i.* drink; ~ auf (*acc.*) drink to, toast; '2er *m* (-s/-) drinker; drunkard; '2gelage *n* drinking-bout; '2geld *n* tip, gratuity; *j-m* e-e Mark ~ geben tip s.o. one mark; '2glas *n* drinking-glass; '2halle *f at spa:* pump-room; '2kur *f:* e-e ~ machen drink the waters; '2spruch *m* toast; '2wasser *n* (-s/no pl.) drinking-water.

**Trio** ['tri:o] *n* (-s/-s) trio (*a.* ♪).

**trippeln** ['tripəln] *v/i.* (ge-, sein) trip.

**Tritt** [trit] *m* (-[e]s/-e) tread, step; footprint; *noise:* footfall, (foot)step; kick; ⊕ treadle; *s.* Trittbrett, Trittleiter; *im* (*falschen*) ~ in (out of) step; ~ halten keep step; '~brett *n* step, footboard; *mot.* runningboard; '~leiter *f* stepladder, (e-e *a* pair *or* set of) steps *pl.*

**Triumph** [tri'umf] *m* (-[e]s/-e) triumph; '2al *adj.* [~'fa:l] triumphant; '~bogen *m* triumphal arch; '2ieren [~'fi:rən] *v/i.* (no -ge-, h) triumph (*über acc.* over).

**trocken** *adj.* ['trokən] dry (*a. fig.*); *soil, land:* arid; '2dock ♒ *n* dry dock; '2haube *f* (hood of) hairdrier; '2heit *f* (-/no pl.) dryness; drought, aridity; '~legen *v/t.* (*sep.*, -ge-, h) dry up; drain (*land*); change the napkins of, *Am.* change the diapers of (*baby*); '2obst *n* dried fruit.

**trocknen** ['troknən] (ge-) 1. *v/i.* (sein) dry; 2. *v/t.* (h) dry.

**Troddel** ['trodəl] *f* (-/-n) tassel.

**Trödel** F ['trø:dəl] *m* (-s/no pl.) second-hand articles *pl.*; lumber, *Am.* junk; rubbish; '2n F *fig. v/i.* (ge-, h) dawdle, loiter.

**Trödler** ['trø:dlər] *m* (-s/-) second-hand dealer, *Am.* junk dealer, junkman; *fig.* dawdler, loiterer.

**troff** [trof] *pret. of* triefen.

**Trog** [tro:k] *m* (-[e]s/-e) trough.

**trog²** [~] *pret. of* trügen.

**Trommel** ['troməl] *f* (-/-n) drum; ⊕ *a.* cylinder, barrel; '~fell *n* drumskin; *anat.* ear-drum; '2n *v/i. and v/t.* (ge-, h) drum.

**Trommler** ['tromlər] *m* (-s/-) drummer.

**Trompete** [trom'pe:tə] *f* (-/-n) trumpet; 2n *v/i. and v/t.* (no -ge-, h) trumpet; ~r *m* (-s/-) trumpeter.

**Tropen** ['tro:pən]: *die* ~ *pl.* the tropics *pl.*

**Tropf** F [tropf] *m* (-[e]s/-e) simpleton; *armer* ~ poor wretch.

**tröpfeln** ['trœpfəln] (ge-) 1. *v/i.* (h) drop, drip, trickle; *tap:* a. leak; *es tröpfelt rain:* a few drops are falling; 2. *v/i.* (sein): ~ *aus or von* trickle *or* drip from; 3. *v/t.* (h) drop, drip.

**tropfen¹** ['tropfən] (ge-) 1. *v/i.* (h) drop, drip, trickle; *tap:* a. leak; *candle:* gutter; 2. *v/i.* (sein): ~ *aus or von* trickle *or* drip from; 3. *v/t.* (h) drop, drip.

**Tropfen²** ['tropfən] *m* (-s/-) drop; *ein* ~ *auf den heißen Stein* a drop in the ocean *or* bucket; 2förmig *adj.* ['~fœrmiç] drop-shaped; '2weise *adv.* drop by drop, by drops.

**Trophäe** [tro'fɛ:ə] *f* (-/-n) trophy.

**tropisch** *adj.* ['tro:piʃ] tropical.

**Trosse** ['trosə] *f* (-/-n) cable; ♒ *a.* hawser.

**Trost** [tro:st] *m* (-es/no pl.) comfort, consolation; *das ist ein schlechter* ~ that is cold comfort; *du bist wohl nicht (recht) bei* ~! F you must be out of your mind!

**tröst|en** ['trø:stən] *v/t.* (ge-, h) console, comfort; *sich* ~ console o.s. (*mit* with); ~ *Sie sich!* be of good comfort!, cheer up!; '~lich *adj.* comforting.

**'trost|los** *adj.* disconsolate, inconsolable; *land, etc.*: desolate; *fig.* wretched; '2losigkeit *f* (-/no pl.) desolation; *fig.* wretchedness; '2preis *m* consolation prize, booby prize; '~reich *adj.* consolatory, comforting.

**Trott** [trot] *m* (-[e]s/-e) trot; F *fig.* jogtrot, routine; '~el F *m* (-s/-) idiot, fool, ninny; '2en *v/i.* (ge-, h) trot.

**trotz** [trots] 1. *prp.* (*gen.*) in spite of, despite; ~ *alledem* for all that; 2. 2 *m* (-es/no pl.) defiance; obstinacy; **dem** cj. ['.de:m] nevertheless; (al)though; **en** v/i. (ge-, h) (dat.) defy, dare; brave (danger); be obstinate; sulk; **ig** adj. defiant; obstinate; sulky.

trüb adj. [try:p], **e** adj. ['.bə] liquid: muddy, turbid, thick; mind, thinking: confused, muddy, turbid; eyes, etc.: dim, dull; weather: dull, cloudy, dreary (all a. fig.); experiences: sad.

Trubel ['tru:bəl] m (-s/no pl.) bustle.

trüben ['try:bən] v/t. (ge-, h) make thick or turbid or muddy; dim; darken; spoil (pleasures, etc.); blur (view); dull (mind); sich ~ liquid: become thick or turbid or muddy; dim, darken; relations: become strained.

Trüb|sal ['try:pza:l] f (-/**-e): ~ blasen mope, F be in the dumps, have the blues; '2selig adj. sad, gloomy, melancholy; wretched, miserable; dreary; '**sinn** m (-[e]s/ no pl.) melancholy, sadness, gloom; '2sinnig adj. melancholy, gloomy, sad; **ung** ['.buŋ] f (-/-en) liquid: muddiness, turbidity (both a. fig.); dimming, darkening.

Trüffel ● ['tryfəl] f (-/-n), F m (-s/-) truffle.

Trug¹ [tru:k] m (-[e]s/no pl.) deceit, fraud; delusion (of senses).

trug² [.] pret. of tragen.

'Trugbild n phantom; illusion.

trüg|en ['try:gən] (irr., ge-, h) 1. v/t. deceive; 2. v/i. be deceptive; '**erisch** adj. deceptive, delusive; treacherous.

'Trugschluß m fallacy, false conclusion.

Truhe ['tru:ə] f (-/-n) chest, trunk; radio, etc.: cabinet, console.

Trümmer ['trymər] pl. ruins pl.; rubble, debris; ●, ✕ wreckage; '**haufen** m heap of ruins or rubble.

Trumpf [trumpf] m (-[e]s/**e) cards: trump (card) (a. fig.); s-n ~ ausspielen play one's trump card.

Trunk [truŋk] m (-[e]s/**e) drink; draught; drinking; '2en adj. drunken; pred. drunk (a. fig. von, vor with); intoxicated; **enbold contp. ['.bɔlt] m (-[e]s/-e) drunkard, sot; '**enheit f (-/no pl.) drunkenness, intoxication; ~ am Steuer ❡ drunken driving, drunkenness at the wheel; '**sucht f alcoholism, dipsomania; '2süchtig adj. addicted to drink, given to drinking.

Trupp [trup] m (-s/-s) troop, band, gang; ✕ detachment.

'Truppe f (-/-n) ✕ troop, body; ✕ unit; thea. company, troupe; **n pl. ✕ troops pl., forces pl.; die **n pl. ✕ the (fighting) services pl., the armed forces pl.

'Truppen|gattung f arm, branch, division; '**schau f military review;

'**transporter ●, ✕ m (troop-) transport; '**übungsplatz m training area.

Truthahn orn. ['tru:t-] m turkey (-cock).

Tschech|e ['tʃɛçə] m (-n/-n), '**in f (-/-nen) Czech; '2isch adj. Czech.

Tube ['tu:bə] f (-/-n) tube.

tuberkul|ös ♬ adj. [tuberku'lø:s] tuberculous, tubercular; 2ose ♬ [.o:zə] f (-/-n) tuberculosis.

Tuch [tu:x] n 1. ~ (-[e]s/-e) cloth; fabric; 2. (-[e]s/**er) head covering: kerchief; shawl, scarf; round neck: neckerchief; duster; rag; '**fühlung f (-/no pl.) close touch.

tüchtig ['tyçtiç] 1. adj. able, fit; clever; proficient; efficient; excellent; good; thorough; 2. adv. vigorously; thoroughly; F awfully; '2keit f (-/no pl.) ability, fitness; cleverness; proficiency; efficiency; excellency.

'Tuchwaren f/pl. drapery, cloths pl.

Tück|e ['tykə] f (-/-n) malice, spite; '2isch adj. malicious, spiteful; treacherous.

tüfteln F ['tyftəln] v/i. (ge-, h) puzzle (an dat. over).

Tugend ['tu:gənt] f (-/-en) virtue; **bold ['.bɔlt] m (-[e]s/-e) paragon of virtue; '2haft adj. virtuous.

Tüll [tyl] m (-s/-e) tulle.

Tulpe ♣ ['tulpə] f (-/-n) tulip.

tummeln ['tuməln] v/refl. (ge-, h) children: romp; hurry; bestir o.s.; '2platz m playground; fig. arena.

Tümmler ['tymlər] m (-s/-) orn. tumbler; zo. porpoise.

Tumor ♬ ['tu:mɔr] m (-s/-en) tumo(u)r.

Tümpel ['tympəl] m (-s/-) pool.

Tumult [tu'mult] m (-[e]s/-e) tumult; riot, turmoil, uproar; row.

tun [tu:n] 1. v/t. (irr., ge-, h) do; make; put (to school, into the bag, etc.); dazu ~ add to it; contribute; ich kann nichts dazu ~ I cannot help it; es ist mir darum zu ~ I am anxious about (it); zu ~ haben have to do; be busy; es tut nichts it doesn't matter; 2. v/i. (irr., ge-, h) do; make; so ~ als ob make as if; pretend to inf.; das tut gut! that is a comfort!; that's good!; 3. 2 n (-s/no pl.) doings pl.; proceedings pl.; action; ~ und Treiben ways and doings pl.

Tünche ['tynçə] f (-/-n) whitewash (a. fig.); '2n v/t. (ge-, h) whitewash.

Tunichtgut ['tu:niçtgu:t] m (-, -[e]s/-e) ne'er-do-well, good-fornothing.

Tunke ['tuŋkə] f (-/-n) sauce; '2n v/t. (ge-, h) dip, steep.

tunlichst adv. ['tu:nliçst] if possible.

Tunnel ['tunəl] m (-s/-, -s) tunnel; subway.

**Tüpfel** ['typfəl] *m, n* (-s/-) dot, spot; '2n *v/t.* (ge-, h) dot, spot.

**tupfen** ['tupfən] 1. *v/t.* (ge-, h) dab; dot, spot; 2. 2 *m* (-s/-) dot, spot.

**Tür** [ty:r] *f* (-/-en) door; *mit der ~ ins Haus fallen* blurt (things) out; *j-n vor die ~ setzen* turn s.o. out; *vor der ~ stehen* be near *or* close at hand; *zwischen ~ und Angel in passing*; '**~angel** *f* (door-)hinge.

**Turbine** ⊕ [tur'bi:nə] *f* (-/-n) turbine; **~nflugzeug** *n* turbo-jet.

**Turbo-Prop-Flugzeug** ['turbo-prɔp-] *n* turbo-prop.

'**Tür**|**flügel** *m* leaf (of a door); '**~füllung** *f* (door-)panel; '**~griff** *m* door-handle.

**Türk|e** ['tyrkə] *m* (-n/-n) Turk; '**~in** *f* (-/-nen) Turk(ish woman); '**~is** *min.* [~'ki:s] *m* (-es/-e) turquoise; '2isch *adj.* Turkish.

'**Türklinke** *f* door-handle; latch.

**Turm** [turm] *m* (-[e]s/-e) tower; *a.* steeple (*of church*); *chess:* castle, rook.

**Türm|chen** ['tyrmçən] *n* (-s/-) turret; '2en (ge-) 1. *v/t.* (h) pile up; *sich* ~ tower; 2. F *v/i.* (sein) bolt, F skedaddle, *Am. sl. a.* skiddoo.

'**turm|hoch** *adv.*: *j-m* ~ *überlegen sein* stand head and shoulders above s.o.; '2spitze *f* spire; '2springen *n* (-s/no *pl.*) swimming: high diving; '2uhr *f* tower-clock, church-clock.

**turnen** ['turnən] 1. *v/i.* (ge-, h) do

**gymnastics**; 2. 2 *n* (-s/no *pl.*) gymnastics *pl.*

'**Turn|er** *m* (-s/-), '**~erin** *f* (-/-nen) gymnast; '**~gerät** *n* gymnastic apparatus; '**~halle** *f* gym(nasium); '**~hemd** *n* (gym-)shirt; '**~hose** *f* shorts *pl.*

**Turnier** [tur'ni:r] *n* (-s/-e) tournament.

'**Turn|lehrer** *m* gym master; '**~lehrerin** *f* gym mistress; '**~schuh** *m* gym-shoe; '**~stunde** *f* gym lesson; '**~unterricht** *m* instruction in gymnastics; '**~verein** *m* gymnastic *or* athletic club.

'**Tür**|**pfosten** *m* door-post; '**~rahmen** *m* door-case, door-frame; '**~schild** *n* door-plate.

**Tusche** ['tuʃə] *f* (-/-n) India(n) *or* Chinese ink; '2n [~ən] (h) whisper; '2n *v/t.* (ge-, h) draw in India(n) ink.

**Tüte** ['ty:tə] *f* (-/-n) paper-bag.

**tuten** ['tu:tən] *v/i.* (ge-, h) toot(le); *mot.* honk, blow one's horn.

**Typ** [ty:p] *m* (-s/-en) type; ⊕ *a.* model; '**~e** *f* (-/-n) *typ.* type; F *fig.* (queer) character.

**Typhus** ♂ ['ty:fus] *m* (-/no *pl.*) typhoid (fever).

'**typisch** *adj.* typical (*für* of).

**Tyrann** [ty'ran] *m* (-en/-en) tyrant; '**~ei** [~'nai] *f* (-/no *pl.*) tyranny; 2isch *adj.* [ty'raniʃ] tyrannical; 2isieren [~i'zi:rən] *v/t.* (no -ge-, h) tyrannize (over) s.o., oppress, bully.

# U

**U-Bahn** ['u:-] *f s.* Untergrundbahn.

**übel** ['y:bəl] 1. *adj.* evil, bad; *nicht* ~ not bad, pretty good; *mir ist* ~ I am *or* feel sick; 2. *adv.* ill; *~ gelaunt sein* be in a bad mood; *es gefällt mir nicht* ~ I rather like it; 3. 2 *n* (-s/-) evil; *s.* Übelstand; *das kleinere* ~ *wählen* choose the lesser evil; '**~gelaunt** *adj.* ill-humo(u)red; '2keit *f* (-/-en) sickness, nausea; '**~nehmen** *v/t.* (*irr. nehmen, sep.,* -ge-, h) take *s.th.* ill *or* amiss; '2stand *m* grievance; '2täter *m* evil-doer, wrongdoer.

'**übelwollen** 1. *v/i.* (*sep.,* -ge-, h): *j-m* ~ wish s.o. ill; be ill-disposed towards s.o.; 2. 2 *n* (-s/no *pl.*) ill will, malevolence; '**~d** *adj.* malevolent.

**üben** ['y:bən] (ge-, h) 1. *v/t.* exercise; practi|se, *Am. a.* -ce; *Geduld* ~ exercise patience; *Klavier* ~ practise the piano; 2. *v/i.* exercise; practi|se, *Am. a.* -ce.

**über** ['y:bər] 1. *prp.* (*dat.; acc.*) over, above; across (*river, etc.*); via,

by way of (*Munich, etc.*); *sprechen* ~ (*acc.*) talk about *or* of; ~ *Politik sprechen* talk politics; *nachdenken* ~ (*acc.*) think about *or* of; *ein Buch schreiben* ~ (*acc.*) write a book on; ~ *Nacht bleiben bei* stay overnight at; ~ *s-e Verhältnisse leben* live beyond one's income; ~ *kurz oder lang* sooner *or* later; 2. *adv.*: *die ganze Zeit* ~ all along; *j-m in et.* ~ *sein* excel s.o. in s.th.

**über'all** *adv.* everywhere, anywhere, *Am. a.* all over.

**über|'anstrengen** *v/t.* (no -ge-, h) overstrain; *sich* ~ overstrain o.s.; **~'arbeiten** *v/t.* (no -ge-, h) retouch (*painting, etc.*); revise (*book, etc.*); *sich* ~ overwork o.s.

**überaus** *adv.* ['y:bər?-] exceedingly, extremely.

'**überbelichten** *phot. v/t.* (no -ge-, h) over-expose.

**über'bieten** *v/t.* (*irr. bieten,* no -ge-, h) at auction: outbid; *fig.*: beat; surpass.

**Überbleibsel** ['y:bərblaipsəl] *n*

(-s/-) remnant, Am. F a. holdover; ~ pl. a. remains pl.

'Überblick fig. m survey, general view (both: über acc. of).

über|'blicken v/t. (no -ge-, h) overlook; fig. survey, have a general view of; ~'bringen v/t. (irr. bringen, no -ge-, h) deliver; 2'bringer m (-s/-) bearer; ~'brücken v/t. (no -ge-, h) bridge; fig. bridge over s.th.; ~'dachen v/t. (no -ge-, h) roof over; ~'dauern v/t. (no -ge-, h) outlast, outlive; ~'denken v/t. (irr. denken, no -ge-, h) think s.th. over.

über'dies adv. besides, moreover.

über'drehen v/t. (no -ge-, h) overwind (watch, etc.); strip (screw).

'Überdruck m 1. (-[e]s/-e) overprint; ⑳ a. surcharge; 2. ⊕ (-[e]s/~e) overpressure.

Über'druß ['y:bərdrus] m (Überdrusses/no pl.) satiety; bis zum ~ to satiety; 2drüssig adj. (gen.) ['~y-sic] disgusted with, weary or sick of.

Übereifer ['y:bər²-] m over-zeal; 2rig adj. ['y:bər²-] over-zealous.

über'eilen v/t. (no -ge-, h) precipitate, rush; sich ~ hurry too much; ~t adj. precipitate, rash.

übereinander adv. [y:bər²aɪ'nandər] one upon the other; ~schlagen v/t. (irr. schlagen, sep., -ge-, h) cross (one's legs).

über'ein|kommen v/i. (irr. kommen, sep., -ge-, sein) agree; 2kommen n (-s/-), 2kunft [~kunft] f (-/-e) agreement; ~stimmen v/i. (sep., -ge-, h) p. agree (mit with); thing: correspond (with, to); 2stimmung f agreement; correspondence; in ~ mit in agreement or accordance with.

über'fahren 1. [~'fa:rən] v/i. (irr. fahren, sep., -ge-, sein) cross; 2. [~'fa:rən] v/t. (irr. fahren, no -ge-, h) run over; disregard (traffic sign, etc.); 'Qfahrt f passage; crossing.

'Überfall m ⚔ surprise; ⚔ invasion (auf acc. of); ⚔ raid; hold-up; assault ([up]on).

über'fallen v/t. (irr. fallen, no -ge-, h) ⚔ surprise; ⚔ invade; ⚔ raid; hold up; assault.

'überfällig adj. overdue; '2fallkommando n flying squad, Am. riot squad.

über'fliegen v/t. (irr. fliegen, no -ge-, h) fly over or across; fig. glance over, skim (through); den Atlantik ~ fly (across) the Atlantic.

'überfließen v/i. (irr. fließen, sep., -ge-, sein) overflow.

über'flügeln v/t. (no -ge-, h) ⚔ outflank; fig. outstrip, surpass.

'Über|fluß m (Überflusses/no pl.) abundance (an dat. of); superfluity (of); ~ haben an (dat.) abound in;

'2flüssig adj. superfluous; redundant.

über'fluten v/t. (no -ge-, h) overflow, flood (a. fig.).

'Überfracht f excess freight.

über|'führen v/t. 1. ['~fy:rən] (sep., -ge-, h) convey (dead body); 2. [~'fy:rən] (h) s. 1.; ⚖ convict (gen. of); 2'führung f (-/-en) conveyance (of dead body); bridge, Am. overpass; ⚖ conviction (gen. of). [dat. of).]

'Überfülle f superabundance (an|

über|'füllen v/t. (no -ge-, h) overfill; cram; overcrowd; sich den Magen ~ glut o.s.; ~'füttern v/t. (no -ge-, h) overfeed.

'Übergabe f delivery; handing over; surrender (a. ⚔).

'Übergang m bridge; ⚊ crossing; fig. transition (a. ♪); esp. ⚊ devolution; ~sstadium n transition stage.

über|'geben v/t. (irr. geben, no -ge-, h) deliver up; hand over; surrender (a. ⚔); sich ~ vomit, be sick; ~gehen 1. ['~ge:ən] v/i. (irr. gehen, sep., -ge-, sein) pass over; work, duties: devolve (auf acc. [up]on); ~ in (acc.) pass into; ~ zu et. proceed to s.th.; 2. [~'ge:ən] v/t. (irr. gehen, no -ge-, h) pass over, ignore.

'Übergewicht n (-[e]s/no pl.) overweight; fig. a. preponderance (über acc. over).

über'gießen v/t. (irr. gießen, no -ge-, h): mit Wasser ~ pour water over s.th.; mit Fett ~ baste (roasting meat).

'über|greifen v/i. (irr. greifen, sep., -ge-, h): ~ auf (acc.) encroach (up-)on (s.o.'s rights); fire, epidemic, etc.: spread to; 2griff m encroachment (auf acc. [up]on), inroad (on); ~'haben F v/t. (irr. haben, sep., -ge-, h) have (coat, etc.) on; fig. have enough of, sl. be fed up with.

über'handnehmen v/i. (irr. nehmen, sep., -ge-, h) be rampant, grow or wax rife.

'überhängen 1. v/i. (irr. hängen, sep., -ge-, h) overhang; 2. v/t. (sep., -ge-, h) put (coat, etc.) round one's shoulders; sling (rifle) over one's shoulder.

über'häufen v/t. (no -ge-, h): ~ mit swamp with (letters, work, etc.); overwhelm with (inquiries, etc.).

über'haupt adv.: wer will denn ~ daß er kommt? who wants him to come anyhow?; wenn ~ if at all; ~ nicht not at all; ~ kein no ... whatever.

überheblich adj. [y:bər'he:plɪç] presumptuous, arrogant; 2keit f (-/~-en) presumption, arrogance.

über|'hitzen v/t. (no -ge-, h) overheat (a. ↑); ⊕ superheat; ~'holen v/t. (no -ge-, h) overtake (a. mot.);

*esp. sports*: outstrip (*a. fig.*); overhaul, *esp. Am. a.* service; ~'holt *adj.* outmoded; *pred. a.* out of date; ~'hören *v/t.* (*no* -ge-, *h*) fail to hear, miss; ignore.

'überirdisch *adj.* supernatural; unearthly.

'überkippen *v/i.* (*sep.*, -ge-, *sein*) *p.* overbalance, lose one's balance.

über'kleben *v/t.* (*no* -ge-, *h*) paste over.

'Überkleidung *f* outer garments *pl.*

'überklug *adj.* would-be wise, sapient.

'überkochen *v/i.* (*sep.*, -ge-, *sein*) boil over; F *leicht* ~ be very irritable.

über'kommen *v/t.* (*irr.* kommen, *no* -ge-, *h*): *Furcht* überkam ihn he was seized with fear; ~'laden *v/t.* (*irr.* laden, *no* -ge-, *h*) overload; overcharge (*battery, picture, etc.*).

'Überland|flug *m* cross-country flight; ~zentrale *f f* long-distance power-station.

über'lassen *v/t.* (*irr.* lassen, *no* -ge-, *h*): *j-m et.* ~ let s.o. have s.th.; *fig.* leave s.th. to s.o.; *j-n sich selbst* ~ leave s.o. to himself; *j-n s-m Schicksal* ~ leave *or* abandon s.o. to his fate; ~'lasten *v/t.* (*no* -ge-, *h*) overload; *fig.* overburden.

über'laufen 1. ['~laufən] *v/i.* (*irr.* laufen, *sep.*, -ge-, *sein*) run over; boil over; ⚔ desert (*zu* to); 2. [~'laufən] *v/t.* (*irr.* laufen, *no* -ge-, *h*): *es überlief mich kalt a* shudder passed over me; *überlaufen werden von doctor, etc.*: be besieged by (*patients, etc.*); 3. *adj.* [~'laufən] *place, profession, etc.*: overcrowded; '2läufer *m* ⚔ deserter; *pol.* renegade, turncoat.

.'überlaut *adj.* too loud.

über'leben (*no* -ge-, *h*) 1. *v/t.* survive, outlive; 2. *v/i.* survive; 2de *m, f* (-*n*/-*n*) survivor.

'überlebensgroß *adj.* bigger than life-size(d).

überlebt *adj.* [y:bər'le:pt] outmoded, disused, out of date.

'überlegen[1] F *v/t.* (*sep.*, -ge-, *h*) give (*child*) a spanking.

über'leg|en[2] 1. *v/t. and v/refl.* (*no* -ge-, *h*) consider, reflect upon, think about; *ich will es mir* ~ I will think it over; *es sich anders* ~ change one's mind; 2. *v/i.* (*no* -ge-, *h*): *er überlegt noch* he hasn't made up his mind yet; 3. *adj.* superior (*dat.* to; *an dat.* in); 2enheit *f* (-/*no pl.*) superiority; preponderance; ~t *adj.* [~kt] deliberate; prudent; 2ung [~guŋ] *f* (-/-*en*) consideration, reflection; *nach reiflicher* ~ after mature deliberation.

über'lesen *v/t.* (*irr.* lesen, *no* -ge-, *h*) read *s.th.* through quickly, run over *s.th.*; overlook.

über'liefer|n *v/t.* (*no* -ge-, *h*) hand down *or* on (*dat.* to); 2ung *f* tradition.

über'listen *v/t.* (*no* -ge-, *h*) outwit, F outsmart.

'Über|macht *f* (-/*no pl.*) superiority; *esp.* ⚔ superior forces *pl.*; *in der* ~ *sein* be superior in numbers; '2mächtig *adj.* superior.

über'|malen *v/t.* (*no* -ge-, *h*) paint out; ~'mannen *v/t.* (*no* -ge-, *h*) overpower, overcome, overwhelm (*all. a. fig.*).

'Über|maß *n* (-*es*/*no pl.*) excess (*an dat.* of); '2mäßig 1. *adj.* excessive; immoderate; 2. *adv.* excessively, *Am. a.* overly; ~ *trinken* drink to excess.

'Übermensch *m* superman; '2lich *adj.* superhuman.

über'mittel|n *v/t.* (*no* -ge-, *h*) transmit; convey; 2ung *f* (-/-*en*) transmission; conveyance.

'übermorgen *adv.* the day after tomorrow.

über'müd|et *adj.* overtired; 2ung *f* (-/~-*en*) overfatigue.

'Über|mut *m* wantonness; frolicsomeness; '2mütig *adj.* ['~my:tiç] wanton; frolicsome.

'übernächst *adj. the* next but one; ~e *Woche* the week after next.

über'nacht|en *v/i.* (*no* -ge-, *h*) stay overnight (*bei* at *a friend's* [*house*], with *friends*), spend the night (at, with); 2ung *f* (-/-*en*) spending the night; ~ *und Frühstück* bed and breakfast.

Übernahme ['y:bərna:mə] *f* (-/-*n*) *field of application s.* übernehmen 1: taking over; undertaking; assumption; adoption.

'übernatürlich *adj.* supernatural.

übernehmen *v/t.* 1. [~'ne:mən] (*irr.* nehmen, *no* -ge-, *h*) take over (*business, etc.*); undertake (*responsibility, etc.*); take (*lead, risk, etc.*); assume (*direction of business, office, etc.*); adopt (*idea, custom, etc.*); *sich* ~ overreach o.s.; 2. ⚔ ['~ne:mən] (*irr.* nehmen, *sep.*, -ge-, *h*) slope, shoulder (*arms*).

'über|ordnen *v/t.* (*sep.*, -ge-, *h*): *j-n j-m* ~ set s.o. over s.o.; '~parteilich *adj.* non-partisan; '2produktion *f* over-production.

über'prüf|en *v/t.* (*no* -ge-, *h*) reconsider; verify; check; review; screen *s.o.*; 2ung *f* reconsideration; checking; review.

über|'queren *v/t.* (*no* -ge-, *h*) cross; ~'ragen *v/t.* (*no* -ge-, *h*) tower above (*a. fig.*), overtop; *fig.* surpass.

überrasch|en [y:bər'raʃən] *v/t.* (*no* -ge-, *h*) surprise; catch (*bei* at, in); 2ung *f* (-/-*en*) surprise.

über'red|en *v/t.* (*no* -ge-, *h*) persuade (*zu inf.* to *inf.*, into *ger.*);

talk (into *ger.*); 2ung *f* (-/∿-en) persuasion.

**über'reich|en** *v/t.* (*no* -ge-, *h*) present; 2ung *f* (-/∿-en) presentation.

**über|'reizen** *v/t.* (*no* -ge-, *h*) overexcite; ∿'reizt *adj.* overstrung; ∿'rennen *v/t.* (*irr. rennen, no* -ge-, *h*) overrun.

**'Überrest** *m* remainder; ∿e *pl.* remains *pl.*; sterbliche ∿e *pl.* mortal remains *pl.*

**über'rump|eln** *v/t.* (*no* -ge-, *h*) (take by) surprise; 2(e)lung *f* (-/∿-en) surprise.

**über'rund|en** *v/t.* (*no* -ge-, *h*) sports: lap; *fig.* surpass; 2ung *f* (-/-en) lapping.

**übersät** *adj.* [y:bər'zɛ:t] studded, dotted.

**über'sättig|en** *v/t.* (*no* -ge-, *h*) surfeit (*a. fig.*); ∿ supersaturate; 2ung *f* (-/-en) surfeit (*a. fig.*); ∿ supersaturation.

**'Überschallgeschwindigkeit** *f* supersonic speed.

**über|'schatten** *v/t.* (*no* -ge-, *h*) overshadow (*a. fig.*); ∿'schätzen *v/t.* (*no* -ge-, *h*) overrate, overestimate.

**'Überschlag** *m gymnastics:* somersault; ⚡ loop; ⚡ flashover; *fig.* estimate, approximate calculation; 2en (*irr. schlagen*) 1. ['∿ʃla:gən] *v/t.* (*sep.*, -ge-, *h*) cross (*one's legs*); 2. ['∿ʃla:gən] *v/t.* (*sep.*, -ge-, *sein*) voices: become high-pitched; 3. [∿'ʃla:gən] *v/t.* (*no* -ge-, *h*) skip (*page, etc.*); make a rough estimate of (*cost, etc.*); sich ∿ fall head over heels; *car, etc.*: (be) turn(ed) over; ⚡ loop the loop; *voice:* become high-pitched; sich ∿ vor (*dat.*) outdo (*one's friendliness, etc.*); 4. *adj.* [∿'ʃla:gən] lukewarm, tepid.

**'überschnappen** *v/t.* (*sep.*, -ge-, *sein*) *voice:* become high-pitched; *F p.* go mad, turn crazy.

**über|'schneiden** *v/refl.* (*irr. schneiden, no* -ge-, *h*) overlap; intersect; ∿'schreiben *v/t.* (*irr. schreiben, no* -ge-, *h*) superscribe, entitle; make *s.th.* over (*dat.* to); ∿'schreiten *v/t.* (*irr. schreiten, no* -ge-, *h*) cross; transgress (*limit, bound*); infringe (*rule, etc.*); exceed (*speed limit, one's instructions, etc.*); sie hat die 40 bereits überschritten she is on the wrong side of 40.

**'Über|schrift** *f* heading, title; headline; ∿schuh *m* overshoe.

**'Über|schuß** *m* surplus, excess; profit; 2schüssig *adj.* ['∿ʃysiç] surplus, excess.

**über'schütten** *v/t.* (*no* -ge-, *h*): ∿ mit pour (*water, etc.*) on; *fig.*: overwhelm with (*inquiries, etc.*); shower (*gifts, etc.*) upon.

**überschwemm|en** [y:bər'ʃvɛmən]

*v/t.* (*no* -ge-, *h*) inundate, flood (*both a. fig.*); 2ung *f* (-/-en) inundation, flood(ing).

**überschwenglich** *adj.* ['y:bər-ʃvɛnliç] effusive, gushy.

**'Übersee:** nach ∿ gehen go overseas; '∿dampfer ⚓ *m* transoceanic steamer; '∿handel *m* (-s/*no pl.*) oversea(s) trade.

**über'sehen** *v/t.* (*irr. sehen, no* -ge-, *h*) survey; overlook (*printer's error, etc.*); *fig.* ignore, disregard.

**über'send|en** *v/t.* (*irr. senden,] no* -ge-, *h*) send, transmit; consign; 2ung *f* sending, transmission; ✝ consignment.

**'übersetzen¹** (*sep.*, -ge-) 1. *v/i.* (*sein*) cross; 2. *v/t.* (*h*) ferry.

**über'setz|en²** *v/t.* (*no* -ge-, *h*) translate (*in acc.* into), render (into); ⊕ gear; 2er *m* (-s/-) translator; 2ung *f* (-/-en) translation (*aus* from; *in acc.* into); rendering; ⊕ gear(ing), transmission.

**'Übersicht** *f* (-/-en) survey (*über acc.* of); summary; 2lich *adj.* clear(ly arranged).

**über|siedeln** ['y:bərzi:dəln] *v/i.* (*sep.*, -ge-, *sein*) and [∿'zi:dəln] *v/i.* (*no* -ge-, *sein*) remove (*nach* to); 2siedelung [∿'zi:dəluŋ] *f* (-/-en), 2siedlung ['∿zi:dluŋ, ∿'zi:dluŋ] *f* (-/-en) removal (*nach* to).

**'übersinnlich** *adj.* transcendental; *forces:* psychic.

**über'spann|en** *v/t.* (*no* -ge-, *h*) cover (*with* with); den Bogen ∿ go too far; ∿t *adj.* extravagant; *p.* eccentric; *claims, etc.*: exaggerated; 2theit *f* (-/∿-en) extravagance; eccentricity.

**über'spitzt** *adj.* oversubtle; exaggerated.

**überspringen** 1. ['∿ʃpriŋən] *v/i.* (*irr. springen, sep.*, -ge-, *sein*) ⚡ spark: jump; *in a speech, etc.*: ∿ von ... zu ... jump or skip from (*one subject* to (*another*); 2. [∿'ʃpriŋən] *v/t.* (*irr. springen, no* -ge-, *h*) jump, clear; skip (*page, etc.*); jump (*class*).

**überstehen** (*irr. stehen*) 1. ['∿ʃte:ən] *v/i.* (*sep.*, -ge-, *h*) jut (out *or* forth), project; 2. [∿'ʃte:ən] *v/t.* (*no* -ge-, *h*) survive (*misfortune, etc.*); weather (*crisis*); get over (*illness*).

**über|'steigen** *v/t.* (*irr. steigen, no* -ge-, *h*) climb over; *fig.* exceed; ∿'stimmen *v/t.* (*no* -ge-, *h*) outvote, vote down.

**'überstreifen** *v/t.* (*sep.*, -ge-, *h*) slip *s.th.* over.

**überströmen** 1. ['∿ʃtrø:mən] *v/i.* (*sep.*, -ge-, *sein*) overflow (*vor dat.* with); 2. [∿'ʃtrø:mən] *v/t.* (*no* -ge-, *h*) flood, inundate.

**'Überstunden** *f/pl.* overtime; ∿ machen work overtime.

**über'stürz|en** *v/t.* (*no* -ge-, *h*) rush, hurry (up *or* on); sich ∿ act rashly; *events*: follow in rapid succession; *t adj.* precipitate, rash; 2ung *f* (-/-*en*) precipitancy.

über|'teuern *v/t.* (*no* -ge-, *h*) overcharge; ~'tölpeln *v/t.* (*no* -ge-, *h*) dupe, take in; ~'tönen *v/t.* (*no* -ge-, *h*) drown.

Übertrag † ['y:bərtra:k] *m* (-[e]s/ -e) carrying forward; sum carried forward.

über'trag|bar *adj.* transferable; † negotiable; *&* communicable; ~en [~gən] 1. *v/t.* (*irr.* tragen, *no* -ge-, *h*) † carry forward; make over (*property*) (*auf acc.* to); *&* transfuse (*blood*); delegate (*rights, etc.*) (*dat.* to); render (*book, etc.*) (*in acc.* into); transcribe (*s.th. written in shorthand*); *&,* ⊕, *phys., radio*: transmit; *radio*: ~ a. broadcast; *im Fernsehen* ~ televise; *ihm wurde eine wichtige Mission* ~ he was charged with an important mission; 2. *adj.* figurative; 2ung [~gun] *f* (-/-*en*) *field of application* s. übertragen 1: carrying forward; making over; transfusion; delegation; rendering, free translation; transcription; transmission; broadcast; ~ *im Fernsehen* telecast.

über'treffen *v/t.* (*irr.* treffen, *no* -ge-, *h*) excel *s.o.* (*an dat.* in; *in dat.* in, at); surpass (*in*), exceed (*in*).

über'treib|en (*irr.* treiben, *no* -ge-, *h*) 1. *v/t.* overdo; exaggerate, overstate; 2. *v/i.* exaggerate, draw the long bow; 2ung *f* (-/-*en*) exaggeration, overstatement.

'übertreten[1] *v/i.* (*irr.* treten, *sep.,* -ge-, *sein*) *sports*: cross the take-off line; *fig.* go over (*zu* to); *zum Katholizismus* ~ turn Roman Catholic.

über'tret|en[2] *v/t.* (*irr.* treten, *no* -ge-, *h*) transgress, violate, infringe (*law, etc.*); *sich den Fuß* ~ sprain one's ankle; 2ung *f* (-/-*en*) transgression, violation, infringement.

'Übertritt *m* going over (*zu* to); *eccl.* conversion (to).

übervölker|n [y:bər'fœlkərn] *v/t.* (*no* -ge-, *h*) over-populate; 2ung *f* (-/-*en*) over-population.

über'vorteilen *v/t.* (*no* -ge-, *h*) overreach, F do.

über'wach|en *v/t.* (*no* -ge-, *h*) supervise, superintend; control; *police*: keep under surveillance, shadow; 2ung *f* (-/-*en*) supervision, superintendence; control; surveillance.

überwältigen [y:bər'vɛltigən] *v/t.* (*no* -ge-, *h*) overcome, overpower, overwhelm (*all a. fig.*); ~d *fig. adj.* overwhelming.

über'weis|en *v/t.* (*irr.* weisen, *no* -ge-, *h*) remit (*money*) (*dat.* or *an acc.* to); (*zur Entscheidung etc.*) ~ refer (to); 2ung *f* (-/-*en*) remittance;

reference (*an acc.* to); *parl.* devolution.

überwerfen (*irr.* werfen) 1. ['~vɛrfən] *v/t.* (*sep.,* -ge-, *h*) slip (*coat*) on; 2. [~'vɛrfən] *v/refl.* (*no* -ge-, *h*) fall out (*mit* with).

über|'wiegen (*irr.* wiegen, *no* -ge-, *h*) 1. *v/t.* outweigh; 2. *v/i.* preponderate; predominate; ~'wiegend *adj.* preponderant; predominant; ~ 'winden *v/t.* (*irr.* winden, *no* -ge-, *h*) overcome (*a. fig.*); subdue; *sich* ~ *zu inf.* bring o.s. to *inf.*; ~'wintern *v/i.* (*no* -ge-, *h*) (pass the) winter.

'Über|wurf *m* wrap; '~zahl *f* (-/~*en*) numerical superiority; *in der* ~ superior in numbers; 2zählig *adj.* ['~tsɛːliç] supernumerary; surplus.

über'zeug|en *v/t.* (*no* -ge-, *h*) convince (*von* of); satisfy (of); 2ung *f* (-/-*en*) conviction.

überziehe|n *v/t.* (*irr.* ziehen) 1. ['~tsiːən] (*sep.,* -ge-, *h*) put on; 2. [~'tsiːən] (*no* -ge-, *h*) cover; put clean sheets on (*bed*); † overdraw (*account*); *sich* ~ *sky*: become overcast; '2r *m* (-s/-) overcoat, topcoat.

'Überzug *m* cover; case, tick; ⊕ coat(ing); [ery; normal.]

üblich *adj.* ['y:pliç] usual, custom-]

U-Boot Φ, × ['u:-] *n* submarine, *in Germany: a.* U-boat.

übrig *adj.* ['y:briç] left, remaining; *die ~e Welt* the rest of the world; *die ~en pl.* the others *pl.,* the rest; *im ~en* for the rest; by the way; ~ *haben* have *s.th.* left; *keine Zeit* ~ *haben* have no time to spare; *etwas* ~ *haben für* care for, have a soft spot for; *ein ~es tun* go out of one's way; '~bleiben *v/i.* (*irr.* bleiben, *sep.,* -ge-, *sein*) be left; remain; *es blieb ihm nichts anderes übrig* he had no (other) alternative (*als* but); ~ens *adv.* ['~gəns] by the way; ~lassen ['~g-] *v/t.* (*irr.* lassen, *sep.,* -ge-, *h*) leave; *viel zu wünschen* ~ leave much to be desired.

'Übung *f* (-/-*en*) exercise; practice; drill; '~shang *m* *skiing*: nursery slope.

Ufer ['u:fər] *n* (-s/-) shore (*of sea, lake*); bank (*of river, etc.*).

Uhr [u:r] *f* (-/-*en*) clock; watch; *um vier* ~ at four o'clock; '~armband *n* (-[e]s/*~er*) watch-strap; '~feder *f* watch-spring; '~macher *m* (-s/-) watch-maker; '~werk *n* clockwork; watch-work; '~zeiger *m* hand (*of clock or watch*); '~zeigersinn *m* (-[e]s/*no pl.*): *im* ~ clockwise; *entgegen dem* ~ counter-clockwise.

Uhu *orn.* ['u:hu:] *m* (-s/-s) eagle-owl.

Ulk [ulk] *m* (-[e]s/-e) fun, lark; '2en *v/i.* (*ge-, h*) (sky)lark, joke; '2ig *adj.* funny.

Ulme ♀ ['ulmə] *f* (-/-n) elm.

Ultimatum [ulti'ma:tum] *n* (-s/*Ul-*

*timaten, -s)* ultimatum; *j-m ein ~ stellen* deliver an ultimatum to s.o.

**Ultimo** ✝ ['ultimo] *m (-s/-s)* last day of the month.

**Ultrakurzwelle** *phys.* [ultra'-] *f* ultra-short wave, very-high-frequency wave.

**um** [um] **1.** *prp. (acc.)* round, about; *~ vier Uhr* at four o'clock; *~ sein Leben laufen* run for one's life; *et. ~ einen Meter verfehlen* miss s.th. by a metre; *et. ~ zwei Mark verkaufen* sell s.th. at two marks; **2.** *prp. (gen.)*: *~ seinetwillen* for his sake; **3.** *cj.*: *~ so besser* all the better, so much the better; *~ so mehr (weniger)* all the more (less); *~ zu* (in order) to; **4.** *adv.*: *er drehte sich ~* he turned round.

**um|ändern** [um'?-] *v/t. (sep., -ge-, h)* change, alter; *~arbeiten* ['um'?-] *v/t. (sep., -ge-, h)* make over (*coat, etc.*); revise (*book, etc.*); *~ zu machen* into.

**um'arm|en** *v/t. (no -ge-, h)* hug, embrace; *sich ~* embrace; **2ung** *f (-/-en)* embrace, hug.

**'Umbau** *m (-[e]s/-e, -ten)* rebuilding; reconstruction; **'2en** *v/t. (sep., -ge-, h)* rebuild; reconstruct.

**'umbiegen** *v/t. (irr. biegen, sep., -ge-, h)* bend; turn up *or* down.

**'umbild|en** *v/t. (sep., -ge-, h)* remodel, reconstruct; reorganize, reform; reshuffle (*cabinet*); **'2ung** *f (-/-en)* remodel(l)ing, reconstruction; reorganization, *pol.* reshuffle.

**'um|binden** *v/t. (irr. binden, sep., -ge-, h)* put on (*apron, etc.*); *'~blättern (sep., -ge-, h)* **1.** *v/t.* turn over; **2.** *v/i.* turn over the page; *~brechen v/t. (irr. brechen)* **1.** ✍ ['~breçən] *(sep., -ge-, h)* dig, break up (*ground*); **2.** *typ.* [~'breçən] *(no -ge-, h)* make up; *'~bringen v/t. (irr. bringen, sep., -ge-, h)* kill; *sich ~* kill o.s.; **'2bruch** *m typ.* make-up; *fig.*: upheaval; radical change; *'~buchen v/t. (sep., -ge-, h)* ✝ transfer *or* switch to another account; book for another date; *'~disponieren v/i. (sep., no -ge-, h)* change one's plans.

**'umdreh|en** *v/t. (sep., -ge-, h)* turn; *s. Spieß; sich ~* turn round; **2ung** [um'-] *f (-/-en)* turn; *phys.*, ⊕ rotation, revolution.

**um|fahren** *(irr. fahren)* **1.** ['~fa:rən] *v/t. (sep., -ge-, h)* run down; **2.** [~'fa:rən] *v/i. (sep., -ge-, sein)* go a roundabout way; **3.** [~'fa:rən] *v/t. (no -ge-, h)* drive round; ♣ sail round; ♣ double (*cape*); *'~fallen v/i. (irr. fallen, sep., -ge-, sein)* fall; collapse; *tot ~* drop dead.

**'Umfang** *m (-[e]s/no pl.)* circumference, circuit; perimeter; girth (*of body, tree, etc.*); *fig.*: extent; volume; *in großem ~* on a large

scale; *'2reich adj.* extensive; voluminous; spacious.

**um'fassen** *v/t. (no -ge-, h)* clasp; embrace (*a. fig.*); ✗ envelop; *fig.* comprise, cover, comprehend; *~d adj.* comprehensive, extensive; sweeping, drastic.

**'umform|en** *v/t. (sep., -ge-, h)* remodel, recast, transform (*a. ✝*); ✍ convert; **'2er** *✝ m (-s/-)* transformer; converter.

**'Umfrage** *f* poll; *öffentliche ~* public opinion poll.

**'Umgang** *m* **1.** (-[e]s/=e) △ gallery, ambulatory; *eccl.* procession (*round the fields, etc.*); **2.** (-[e]s/no pl.) intercourse (*mit* with); company; *~ haben mit* associate with.

**umgänglich** *adj.* ['umgɛŋlɪç] sociable, companionable, affable.

**'Umgangs|formen** *f/pl.* manners *pl.*; *'~sprache f* colloquial usage; *in der deutschen ~* in colloquial German.

**um'garnen** *v/t. (no -ge-, h)* ensnare.

**um'geb|en** **1.** *v/t. (irr. geben, no -ge-, h)* surround; *mit e-r Mauer ~* wall in; **2.** *adj.* surrounded (*von* with, by) (*a. fig.*); **2ung** *f (-/-en)* environs *pl.* (*of town, etc.*); surroundings *pl.*, environment (*of place, person, etc.*).

**umgeh|en** *(irr. gehen)* **1.** ['~ge:ən] *v/i. (sep., -ge-, sein)* make a detour; rumour, *etc.*: go about, be afloat; *ghost*: walk; *~ mit* use s.th.; deal with s.o.; keep company with; *ein Gespenst soll im Schlosse ~* the castle is said to be haunted; **2.** [~'ge:ən] *(no -ge-, h)* go round; ✗ flank; bypass (*town, etc.*); *fig.* avoid, evade; circumvent, elude (*law, etc.*); *'~end adj.* immediate; **2ungsstraße** [um'ge:uŋs-] *f* bypass.

**umgekehrt** ['umgəke:rt] **1.** *adj.* reverse; inverse, inverted; *in ~er Reihenfolge* in reverse order; *im ~en Verhältnis zu* in inverse proportion to; **2.** *adv.* vice versa.

**'umgraben** *v/t. (irr. graben, sep., -ge-, h)* dig (up).

**um'grenzen** *v/t. (no -ge-, h)* encircle; enclose; *fig.* circumscribe, limit.

**'umgruppier|en** *v/t. (sep., no -ge-, h)* regroup; **'2ung** *f (-/-en)* regrouping.

**'um|haben** F *v/t. (irr. haben, sep., -ge-, h)* have (*coat, etc.*) on; **'2hang** *m* wrap; cape; *'~hängen v/t. (sep., -ge-, h)* rehang (*pictures*); sling (*rifle*) over one's shoulder; *sich den Mantel ~* put one's coat round one's shoulders; *'~hauen v/t. (irr. hauen, sep., -ge-, h)* fell, cut down; F: *die Nachricht hat mich umgehauen* I was bowled over by the news.

**um'her|blicken** *v/i.* (*sep.*, -*ge*-, *h*) look about (one); **~streifen** *v/i.* (*sep.*, -*ge*-, *sein*) rove.

**um'hinkönnen** *v/i.* (*irr. können, sep.*, -*ge*-, *h*): *ich kann nicht umhin, zu sagen* I cannot help saying.

**um'hüll|en** *v/t.* (*no* -*ge*-, *h*) wrap up (*mit* in), envelop (in); **2ung** *f* (-/-*en*) wrapping, wrapper, envelopment.

**Umkehr** ['umke:r] *f* (-/*no pl.*) return; **'2en** (*sep.*, -*ge*-) **1.** *v/i.* (*sein*) return, turn back; **2.** *v/t.* (*h*) turn out (*one's pocket, etc.*); invert (*a.* ♪); reverse (*a.* ⚡, ⚔); **'~ung** *f* (-/-*en*) reversal; inversion.

**'umkippen** (*sep.*, -*ge*-) **1.** *v/t.* (*h*) upset, tilt; **2.** *v/i.* (*sein*) upset, tilt (over); F faint.

**um'klammer|n** *v/t.* (*no* -*ge*-, *h*) clasp; *boxing*: clinch; **2ung** *f* (-/-*en*) clasp; *boxing*: clinch.

**'umkleid|en** *v/refl.* (*sep.*, -*ge*-, *h*) change (one's clothes); **'2eraum** *m* dressing-room.

**'umkommen** *v/i.* (*irr. kommen, sep.*, -*ge*-, *sein*) be killed (*bei* in), die (in), perish (in); *vor Langeweile* ~ die of boredom.

**'Umkreis** *m* (-*es*/*no pl.*) ⚔ circumscribed circle; *im* ~ *von* within a radius of.

**um'kreisen** *v/t.* (*no* -*ge*-, *h*) circle round.

**'um|krempeln** *v/t.* (*sep.*, -*ge*-, *h*) tuck up (*shirt-sleeves, etc.*); change (*plan, etc.*); (*völlig*) ~ turn *s.th.* inside out; **'~laden** *v/t.* (*irr. laden, sep.*, -*ge*-, *h*) reload; ✝, ⚓ trans-ship.

**'Umlauf** *m* circulation; *phys.*, ⊕ rotation; circular (letter); *in* ~ *setzen or bringen* circulate, put into circulation; *im* ~ *sein* circulate, be in circulation; *rumours*: *a.* be afloat; *außer* ~ *setzen* withdraw from circulation; **'~bahn** *f* orbit; **2en** (*irr. laufen*) **1.** ['~laufən] *v/t.* (*sep.*, -*ge*-, *h*) knock over; **2.** ['~laufən] *v/i.* (*sep.*, -*ge*-, *sein*) circulate; make a detour; **3.** [~'laufən] *v/t.* (*no* -*ge*-, *h*) run round.

**'Umlege|kragen** *m* turn-down collar; **'2n** *v/t.* (*sep.*, -*ge*-, *h*) lay down; ⊕ throw (*lever*); *storm, etc.*: beat down (*wheat, etc.*); re-lay (*cable, etc.*); put (*coat, etc.*) round one's shoulders; apportion (*costs, etc.*); *fig. sl.* do *s.o.* in.

**'umleit|en** *v/t.* (*sep.*, -*ge*-, *h*) divert; **'2ung** *f* diversion, detour.

**'umliegend** *adj.* surrounding; circumjacent.

**um'nacht|et** *adj.*: *geistig* ~ mentally deranged; **2ung** *f* (-/⁓-*en*): *geistige* ~ mental derangement.

**'um|packen** *v/t.* (*sep.*, -*ge*-, *h*) repack; **~pflanzen** *v/t.* **1.** ['~pflantsən] (*sep.*, -*ge*-, *h*) transplant; **2.** [~'pflantsən] (*no* -*ge*-, *h*): ~ *mit* plant *s.th.* round with; **'~pflügen** *v/t.* (*sep.*, -*ge*-, *h*) plough, *Am.* plow.

**um'rahmen** *v/t.* (*no* -*ge*-, *h*) frame; *musikalisch* ~ put into a musical setting.

**umrand|en** [um'randən] *v/t.* (*no* -*ge*-, *h*) edge, border; **2ung** *f* (-/-*en*) edge, border.

**um'ranken** *v/t.* (*no* -*ge*-, *h*) twine (*mit* with).

**'umrechn|en** *v/t.* (*sep.*, -*ge*-, *h*) convert (*in acc.* into); **'2ung** *f* (-/*no pl.*) conversion; **'2ungskurs** *m* rate of exchange.

**umreißen** *v/t.* (*irr. reißen*) **1.** ['~raisən] (*sep.*, -*ge*-, *h*) pull down; knock *s.o.* over; **2.** [~'raisən] (*no* -*ge*-, *h*) outline.

**um'ringen** *v/t.* (*no* -*ge*-, *h*) surround (*a. fig.*).

**'Um|riß** *m* outline (*a. fig.*), contour; **'2rühren** *v/t.* (*sep.*, -*ge*-, *h*) stir; **'2satteln** (*sep.*, -*ge*-, *h*) **1.** *v/t.* resaddle; **2.** F *fig. v/i.* change one's studies *or* occupation; ~ *von ... auf* (*acc.*) change from ... to ...; **'~satz** ✝ *m* turnover; sales *pl.*; return(s *pl.*); *stock exchange*: business done.

**'umschalt|en** (*sep.*, -*ge*-, *h*) **1.** *v/t.* ⊕ change over; ⚡ commutate; ⚡, ⊕ switch; **2.** ⚡, ⊕ *v/i.* switch over; **'2er** *m* ⊕ change-over switch; ⚡ commutator; **'2ung** *f* (-/-*en*) ⊕ change-over; ⚡ commutation.

**'Umschau** *f* (-/*no pl.*): ~ *halten nach* look out for, be on the look-out for; **'2en** *v/refl.* (*sep.*, -*ge*-, *h*) look round (*nach* for); look about (for) (*a. fig.*), look about one.

**'umschicht|en** *v/t.* (*sep.*, -*ge*-, *h*) pile afresh; *fig.* regroup (*a.* ✝); **'~ig** *adv.* by *or* in turns; **'2ung** *fig. f* (-/-*en*) regrouping; *soziale* **~en** *pl.* social upheavals *pl.*

**um'schiff|en** *v/t.* (*no* -*ge*-, *h*) circumnavigate; double (*cape*); **2ung** *f* (-/⁓-*en*) circumnavigation; doubling.

**'Umschlag** *m* envelope; cover, wrapper; jacket; turn-up, *Am. a.* cuff (*of trousers*); ⚕ compress; ⚕ poultice; trans-shipment (*of goods*); *fig.* change, turn; **'2en** (*irr. schlagen, sep.*, -*ge*-) **1.** *v/t.* (*h*) knock *s.o.* down; cut down, fell (*tree*); turn (*leaf*); turn up (*sleeves, etc.*); turn down (*collar*); trans-ship (*goods*); **2.** *v/i.* (*sein*) turn over, upset; ⚓ capsize, upset; *wine, etc.*: turn sour; *fig.* turn (*in acc.* into); **'~hafen** *m* port of trans-shipment.

**um|'schließen** *v/t.* (*irr. schließen, no* -*ge*-, *h*) embrace, surround (*a.* ⚔), enclose; ⚔ invest; **~'schlingen** *v/t.* (*irr. schlingen, no* -*ge*-, *h*) embrace.

**'um|schmeißen** F *v/t.* (*irr. schmeißen, sep.*, -*ge*-, *h*) *s. umstoßen*; **'~**

**schnallen** v/t. (sep., -ge-, h) buckle on.

**umschreib|en** v/t. (irr. schreiben) 1. ['~ʃraɪbən] (sep., -ge-, h) rewrite; transfer (property, etc.) (auf acc. to); 2. [~'ʃraɪbən] (no -ge-, h) ♣ circumscribe; paraphrase; **♀ung** f (-/-en) 1. ['~ʃraɪbuŋ] rewriting; transfer (auf acc. to); 2. [~'ʃraɪbuŋ] ♣ circumscription; paraphrase.

**'Umschrift** f circumscription; phonetics: transcription.

**'umschütten** v/t. (sep., -ge-, h) pour into another vessel; spill.

**'Um|schweife** pl.: ~ machen beat about the bush; ohne ~ pointblank; **'♀schwenken** fig. v/i. (sep., -ge-, sein) veer or turn round; **'~schwung** fig. m revolution; revulsion (of public feeling, etc.); change (in the weather, etc.); reversal (of opinion, etc.).

**um'seg|eln** v/t. (no -ge-, h) sail round; double (cape); circumnavigate (globe, world); **♀(e)lung** f (-/-en) sailing round (world, etc.); doubling; circumnavigation.

**'um|sehen** v/refl. (irr. sehen, sep., -ge-, h) look round (nach for); look about (for) (a. fig.), look about one; **'~sein** F v/i. (irr. sein, sep., -ge-, sein) time: be up; holidays, etc.: be over; **'~setzen** v/t. (sep., -ge-, h) transpose (a. ♪); ♂ transplant; ✝ turn over; spend (money) (in acc. on books, etc.); in die Tat ~ realize, convert into fact.

**'Umsicht** f (-/no pl.) circumspection; **'♀ig** adj. circumspect.

**um'sied|eln** (sep., -ge-) 1. v/t. (h) resettle; 2. v/i. (sein) (re)move (nach, in acc. to); **♀lung** f (-/~-en) resettlement; evacuation; removal.

**um'sonst** adv. gratis, free of charge; in vain; to no purpose; nicht ~ not without good reason.

**umspann|en** v/t. 1. ['~ʃpanən] (sep., -ge-, h) change (horses); ⚡ transform; 2. [~'ʃpanən] (no -ge-, h) span; fig. a. embrace; **'♀er** ⚡ m (-s/-) transformer.

**'umspringen** v/i. (irr. springen, sep., -ge-, sein) shift, veer (round); ~ mit treat badly, etc.

**'Umstand** m circumstance; fact, detail; unter diesen Umständen in or under the circumstances; unter keinen Umständen in or under no circumstances, on no account; unter Umständen possibly; ohne Umstände without ceremony; in anderen Umständen sein be in the family way.

**umständlich** adj. ['um'ʃtentliç] story, etc.: long-winded; method, etc.: roundabout; p. fussy; das ist (mir) viel zu ~ that is far too much trouble (for me); **'♀keit** f (-/~-en) long-windedness; fussiness.

**'Umstands|kleid** n maternity robe; **'~wort** gr. n (-[e]s/~er) adverb.

**'umstehend** 1. adj.: auf der ~en Seite overleaf; 2. adv. overleaf; **♀en** ['~dən] pl. the bystanders pl.

**'Umsteige|karte** f transfer; **♀n** v/i. (irr. steigen, sep., -ge-, sein) change (nach for); **♣ a.** change|trains (for).

**Umsteigkarte** ['um'ʃtaɪk-] f s. Umsteigekarte.

**umstell|en** v/t. 1. ['~ʃtelən] (sep., -ge-, h) transpose (a. gr.); shift (furniture) about or round; convert (currency, production) (auf acc. to); sich ~ change one's attitude; accommodate o.s. to new conditions; adapt o.s. (auf acc. to); 2. [~'ʃtelən] (no -ge-, h) surround; **♀ung** ['~ʃtelʊŋ] f transposition; fig.: conversion; adaptation; change.

**'um|stimmen** v/t. (sep., -ge-, h) ♪ tune to another pitch; j-n ~ change s.o.'s mind, bring s.o. round; **'~stoßen** v/t. (irr. stoßen, sep., -ge-, h) knock over; upset; fig. annul; ♣♣ overrule, reverse; upset (plan).

**um|'stricken** fig. v/t. (no -ge-, h) ensnare; **~stritten** adj. [~'ʃtrɪtən] disputed, contested; controversial.

**'Um|sturz** m subversion, overturn; **'♀stürzen** (sep., -ge-) 1. v/t. (h) upset, overturn (a. fig.); fig. subvert; 2. v/i. (sein) upset, overturn; fall down; **♀stürzlerisch** adj. ['~ʃtyrtslərɪʃ] subversive.

**'Umtausch** m (-es/~-e) exchange; ✝ conversion (of currency, etc.); **'♀en** v/t. (sep., -ge-, h) exchange (gegen for); ✝ convert.

**'umtun** F v/t. (irr. tun, sep., -ge-, h) put (coat, etc.) round one's shoulders; sich ~ nach look about for.

**'umwälz|en** v/t. (sep., -ge-, h) roll round; fig. revolutionize; **'~end** adj. revolutionary; **♀ung** fig. f (-/-en) revolution, upheaval.

**'umwand|eln** v/t. (sep., -ge-, h) transform (in acc. into); ⚡, ✝ convert (into); ♣♣ commute (into); **♀lung** f transformation; ⚡, ✝ conversion; ♣♣ commutation.

**'um|wechseln** v/t. (sep., -ge-, h) change; **'♀weg** m roundabout way or route; detour; auf ~en in a roundabout way; **'~wehen** v/t. (sep., -ge-, h) blow down or over; **'♀welt** f (-/~-en) environment; **'~wenden** 1. v/t. (sep., -ge-, h) turn over; 2. v/refl. ([irr. wenden,] sep., -ge-, h) look round (nach for).

**um'werben** v/t. (irr. werben, no -ge-, h) court, woo.

**'umwerfen** v/t. (irr. werfen, sep., -ge-, h) upset (a. fig.), overturn; sich e-n Mantel ~ throw a coat round one's shoulders.

**um|'wickeln** v/t. (no -ge-, h): et. mit Draht ~ wind wire round s.th.;

~wölken [~'vœlkən] v/refl. (no -ge-, h) cloud over (a. fig.); ~zäunen [~'tsɔrnən] v/t. (no -ge-, h) fence (in).

umziehen (irr. ziehen) 1. ['~tsiːən] v/i. (sep., -ge-, sein) (re)move (nach to); move house; 2. ['~tsiːən] v/refl. (sep., -ge-, h) change (one's clothes); 3. [~'tsiːən] v/refl. (no -ge-, h) cloud over.

umzingeln [um'tsiŋəln] v/t. (no -ge-, h) surround, encircle.

'Umzug m procession; move (nach to), removal (to); change of residence.

unab|änderlich adj. [un'ap'endərliç] unalterable; ~hängig ['~hɛŋiç] 1. adj. independent (von of); 2. adv.: ~ von irrespective of; '2hängigkeit f (-/no pl.) independence (von of); ~kömmlich adj. ['~kœmliç]: er ist im Moment ~ we cannot spare him at the moment, we cannot do without him at the moment; ~lässig adj. incessant, unremitting; ~sehbar adj. [~'zeːbaːr] incalculable; in ~er Ferne in a distant future; ~sichtlich adj. unintentional; inadvertent; ~wendbar adj. [~'ventbaːr] inevitable, inescapable.

unachtsam adj. ['un°-] careless, heedless; '2keit f (-/°-en) carelessness, heedlessness.

unähnlich adj. ['un°-] unlike, dissimilar (dat. to).

unan|fechtbar adj. [un°an'-] unimpeachable, unchallengeable, incontestable; ~gebracht adj. inappropriate; pred. a. out of place; ~gefochten 1. adj. undisputed, unchallenged; 2. adv. without any hindrance; ~gemessen adj. unsuitable; improper; inadequate; ~genehm adj. disagreeable, unpleasant; awkward; troublesome; ~nehmbar adj. unacceptable (für to); '2nehmlichkeit f (-/-en) unpleasantness; awkwardness; troublesomeness; ~en pl. trouble, inconvenience; ~sehnlich adj. unsightly; plain; '~ständig adj. indecent; obscene; '2ständigkeit f (-/-en) indecency; obscenity; '~tastbar adj. unimpeachable; inviolable.

unappetitlich adj. ['un°-] food, etc.: unappetizing; sight, etc.: distasteful, ugly.

Unart ['un°-] 1. f bad habit; 2. m (-[e]s/-e) naughty child; '2ig adj. naughty; '~igkeit f (-/-en) naughty behavio(u)r, naughtiness.

unauf|dringlich adj. ['un°auf-] unobtrusive; unostentatious; '~fällig adj. inconspicuous; unobtrusive; '~findbar adj. [~'fintbaːr] undiscoverable, untraceable; ~gefordert ['~gəfordərt] 1. adj. un-

asked; 2. adv. without being asked, of one's own accord; ~hörlich adj. incessant, continuous, uninterrupted; '~merksam adj. inattentive; '2merksamkeit f (-/-en) inattention, inattentiveness; '~richtig adj. insincere; '2richtigkeit f (-/-en) insincerity; ~schiebbar adj. [~'ʃiːpbaːr] urgent; ~ sein brook no delay.

unaus|bleiblich adj. [un°aus'blaipliç] inevitable; das war ~ that was bound to happen; ~führbar adj. impracticable; ~geglichen adj. ['~gəgliçən] unbalanced (a. ✝); ~löschlich adj. indelible; fig. a. inextinguishable; ~sprechlich adj. unutterable; unspeakable; inexpressible; ~stehlich adj. unbearable, insupportable.

'unbarmherzig adj. merciless, unmerciful; '2keit f (-/no pl.) mercilessness, unmercifulness.

unbe|absichtigt adj. ['unbə'apziçtiçt] unintentional, undesigned; '~achtet adj. unnoticed; ~anstandet adj. ['unbə°-] unopposed, not objected to; '~baut adj. ✍ untilled; land: undeveloped; '~dacht adj. inconsiderate; imprudent; '~denklich 1. adj. unobjectionable; 2. adv. without hesitation; '~deutend adj. insignificant; slight; '~dingt 1. adj. unconditional; obedience, etc.: implicit; 2. adv. by all means; under any circumstances; ~fahrbar adj. impracticable, impassable; ~fangen adj. unprejudiced, unbias(s)ed; ingenuous; unembarrassed; '~friedigend adj. unsatisfactory; '~friedigt adj. ['~çt] dissatisfied; disappointed; '~fugt adj. unauthorized; incompetent; '2fugte m (-n/-n) unauthorized person; ~ ist der Zutritt verboten! no trespassing!; '~gabt adj. untalented; ~greiflich adj. inconceivable, incomprehensible; '~grenzt adj. unlimited; boundless; '~gründet adj. unfounded; '2hagen n uneasiness; discomfort; '~haglich adj. uneasy; uncomfortable; ~heiligt adj. [~'heliçt] unmolested; '~herrscht adj. lacking self-control; '2herrschtheit f (-/no pl.) lack of self-control; '~hindert adj. unhindered, free; ~holfen adj. ['~bəholfən] clumsy, awkward; '2holfenheit f (-/no pl.) clumsiness, awkwardness; ~irrt adj. unswerving; '~kannt adj. unknown; ~e Größe ⚗ unknown quantity (a.fig.); '~kümmert adj. unconcerned (um, wegen about); careless (of, about); '~lebt adj. inanimate; street, etc.: unfrequented; ~lehrbar adj.: ~ sein take no advice; '~liebt adj. unpopular; sich ~ machen get o.s. disliked; '~mannt adj. unmanned;

'**merkt** adj. unnoticed; '**mittelt** adj. impecunious, without means; **nommen** adj. [**nɔmən**]: es bleibt ihm ~ zu inf. he is at liberty to inf.; '**nutzt** adj. unused; '**quem** adj. uncomfortable; inconvenient; '2**quemlichkeit** f lack of comfort; inconvenience; '**rechtigt** adj. unauthorized; unjustified; **schädet** prp. (gen.) [**ʃɑːdət**] without prejudice to; '**schädigt** adj. ['**çt**] uninjured, undamaged; '**scheiden** adj. immodest; **scholten** adj. ['**ʃɔltən**] blameless, irreproachable; '**schränkt** adj. unrestricted; absolute; **schreiblich** adj. [**ʃratpliç**] indescribable; **sehen** adv. unseen; without inspection; '**setzt** adj. unoccupied; vacant; '**siegbar** adj. [**zi:kbɑːr**] invincible; '**sonnen** adj. thoughtless, imprudent; rash; '2**sonnenheit** f (-/-en) thoughtlessness, rashness; '**ständig** adj. inconstant; unsteady; weather: changeable, unsettled (a. †); p. erratic; '2**ständigkeit** f (-/no pl.) inconstancy; changeability; **stätigt** adj. ['**çt**] unconfirmed; letter, etc.: unacknowledged; '**stechlich** adj. incorruptible, unbribable; 2'**stechlichkeit** f (-/no pl.) incorruptibility; '**stimmt** adj. indeterminate (a. ♫); indefinite (a. gr.); uncertain; feeling, etc.: vague; '2**stimmtheit** f (-/no pl.) indeterminateness, indetermination; indefiniteness; uncertainty; vagueness; **streitbar** adj. incontestable; indisputable; '**stritten** adj. uncontested, undisputed; '**teiligt** adj. unconcerned (an dat. in); indifferent; **trächtlich** adj. inconsiderable, insignificant. [flexible.]

**unbeugsam** adj. [un'bɔykzɑːm] in-]

'**unbe|wacht** adj. unwatched, unguarded (a. fig.); '**waffnet** adj. unarmed; eye: naked; **weglich** adj. immovable; motionless; '**wiesen** adj. unproven; '**wohnt** adj. uninhabited; unoccupied, vacant; '**wußt** adj. unconscious; **zähmbar** adj. indomitable.

'**Un|bilden** pl.: ~ der Witterung inclemency of the weather; '**bildung** f lack of education.

'**un|billig** adj. unfair; '**blutig** 1. adj. bloodless; 2. adv. without bloodshed.

**unbotmäßig** adj. ['unboːt-] insubordinate; '2**keit** f (-/-en) insubordination.

'**un|brauchbar** adj. useless; '**christlich** adj. unchristian.

**und** cj. [unt] and; F: na ~? so what?

'**Undank** m ingratitude; '2**bar** adj. ungrateful (gegen to); task, etc.: thankless; '**barkeit** f ingratitude, ungratefulness; fig. thanklessness.

un'**denkbar** adj. unthinkable; inconceivable; **denklich** adj.: seit ~en Zeiten from time immemorial; '**deutlich** adj. indistinct; speech: a. inarticulate; fig. vague, indistinct; '**deutsch** adj. un-German; **dicht** adj. leaky; '2**ding** n: es wäre ein ~, zu behaupten, daß ... it would be absurd to claim that ... '**unduldsam** adj. intolerant; '2**keit** f intolerance.

**undurch|'dringlich** adj. impenetrable; countenance: impassive; **'führbar** adj. impracticable; **lässig** adj. impervious, impermeable; **sichtig** adj. opaque; fig. mysterious.

**uneben** adj. ['un**-**] ground: uneven, broken; way, etc.: bumpy; '2**heit** f 1. (-/no pl.) unevenness; 2. (-/-en) bump.

**un|echt** adj. ['un**-**] jewellery, etc.: imitation; hair, teeth, etc.: false; money, jewellery, etc.: counterfeit; picture, etc.: fake; ♫ fraction: improper; **ehelich** adj. illegitimate. **Unehr|e** ['un**-**] f dishono(u)r; j-m ~ machen discredit s.o.; '2**enhaft** adj. dishono(u)rable; '2**lich** adj. dishonest; '**lichkeit** f dishonesty. **uneigennützig** adj. ['un**-**] disinterested, unselfish.

**uneinig** adj. ['un**-**]: ~ sein be at variance (mit with); disagree (über acc. on); '2**keit** f variance, disagreement.

**un|ein'nehmbar** adj. impregnable; **empfänglich** adj. insusceptible (für of, to).

**unempfindlich** adj. ['un**-**] insensitive (gegen to); '2**keit** f insensitiveness (gegen to).

**un'endlich** 1. adj. endless, infinite (both a. fig.); 2. adv. infinitely (a. fig.); ~ lang endless; ~ viel no end of (money, etc.); 2**keit** f (-/no pl.) endlessness, infinitude, infinity (all a. fig.).

**unent|behrlich** adj. [un**-**ɛnt'be:rliç] indispensable; **geltlich** 1. adj. gratuitous, gratis; 2. adv. gratis, free of charge; **rinnbar** adj. ineluctable; **schieden** 1. adj. undecided; ~ enden game: end in a draw or tie; 2. 2 n (-s/-) draw, tie; '**schlossen** adj. irresolute; '2**schlossenheit** f irresoluteness, irresolution; **schuldbar** adj. [**ʃultbɑːr**] inexcusable; **wegt** adv. [**ve:kt**] untiringly; continuously; **wirrbar** adj. inextricable.

**uner|bittlich** adj. [un**-**ɛr'bitliç] inexorable; fact: stubborn; '**fahren** adj. inexperienced; **findlich** adj. [**findliç**] incomprehensible; '**forschlich** adj. inscrutable; **freulich** adj. unpleasant; '**fullbar** adj. unrealizable; '**giebig** adj. unproductive (an dat. of); '**heb-**

lich *adj.* irrelevant (*für* to); inconsiderable; ~**hört** *adj.* 1. ['~hø:rt] unheard; 2. [~'hø:rt] unheard-of; outrageous; '~**kannt** *adj.* unrecognized; ~'**klärlich** *adj.* inexplicable; ~**läßlich** *adj.* [~'lɛsliç] indispensable (*für* to, for); ~**laubt** *adj.* ['~laupt] unauthorized; illegal, illicit; ~*e Handlung* ½ tort; ~**ledigt** *adj.* ['~le:diçt] unsettled (*a.* ✝); ~**meß-lich** *adj.* ['~mɛsliç] immeasurable, immense; ~**müdlich** *adj.* [~'my:t-liç] *p.* indefatigable, untiring; *efforts, etc.*: untiring, unremitting; ~**quicklich** *adj.* unpleasant, unedifying; ~'**reichbar** *adj.* inattainable; inaccessible; *pred. a.* above *or* beyond *or* out of reach; ~'**reicht** *adj.* unrival(l)ed, unequal(l)ed; ~**sättlich** *adj.* [~'zɛtliç] insatiable, insatiate; ~**schöpflich** *adj.* inexhaustible.

**unerschrocken** *adj.* ['un'~-] intrepid, fearless; '2**heit** *f* (-/*no pl.*) intrepidity, fearlessness.

**uner|schütterlich** *adj.* [un'ɛr'fy-tərliç] unshakable; ~'**schwinglich** *adj.* *price*: prohibitive; *pred. a.* above *or* beyond *or* out of reach (*für* of); ~'**setzlich** *adj.* irreplaceable; *loss, etc.*: irreparable; ~'**träg-lich** *adj.* intolerable, unbearable; '~**wartet** *adj.* unexpected; '~**wünscht** *adj.* undesirable, undesired.

'**unfähig** *adj.* incapable (*zu inf.* of *ger.*); unable (to *inf.*); inefficient; '2**keit** *f* incapability (*zu inf.* of *ger.*); inability (to *inf.*); inefficiency.

'**Unfall** *m* accident; *e-n* ~ *haben* meet with *or* have an accident; '~**station** *f* emergency ward; '~**versicherung** *f* accident insurance.

**un'faßlich** *adj.* incomprehensible, inconceivable; *das ist mir* ~ that is beyond me.

**un'fehlbar** 1. *adj.* infallible (*a. eccl.*); *decision, etc.*: unimpeachable; *instinct, etc.*: unfailing; 2. *adv.* without fail; inevitably; 2**keit** *f* (-/*no pl.*) infallibility.

'**un|fein** *adj.* indelicate; *pred. a.* lacking in refinement; '~**fern** *prp.* (*gen. or von*) not far from; '~**fertig** *adj.* unfinished; *fig. a.* half-baked; ~**flätig** *adj.* ['~flɛ:tiç] dirty, filthy.

'**unfolgsam** *adj.* disobedient; '2-**keit** *f* disobedience.

**un|förmig** *adj.* ['unfœrmiç] misshapen; shapeless; '~**frankiert** *adj.* unstamped; '~**frei** *adj.* not free; & unstamped; '~**freiwillig** *adj.* involuntary; *humour*: unconscious; '~**freundlich** *adj.* unfriendly (*zu* with), unkind (to); *climate, weather*: inclement; *room, day*: cheerless; '2**friede(n)** *m* discord.

'**unfruchtbar** *adj.* unfruitful; ster-

ile; '2**keit** *f* (-/*no pl.*) unfruitfulness; sterility.

**Unfug** ['unfu:k] *m* (-[e]s/*no pl.*) mischief.

**Ungar** ['ungar] *m* (-n/-n) Hungarian; '2**isch** *adj.* Hungarian.

'**ungastlich** *adj.* inhospitable.

**unge|achtet** *prp.* (*gen.*) ['ungə'ax-tət] regardless of; despite; ~**ahnt** *adj.* ['ungə'~] undreamt-of; unexpected; ~**bärdig** *adj.* ['~bɛːrdiç] unruly; '~**beten** *adj.* uninvited, unasked; ~*er Gast* intruder, *sl.* gatecrasher; '~**bildet** *adj.* uneducated; '~**bräuchlich** *adj.* unusual; ~**braucht** *adj.* unused; '~**bührlich** *adj.* improper, undue, unseemly; '~**bunden** *adj.* *book*: unbound; *fig.*: free; single; '~**deckt** *adj.* *table*: unlaid; *sports*, ✕, ✝: uncovered; *paper currency*: fiduciary.

'**Ungeduld** *f* impatience; '2**ig** *adj.* impatient.

'**ungeeignet** *adj.* unfit (*für* for *s.th.*, to do *s.th.*); *p. a.* unqualified; *moment*: inopportune.

**ungefähr** ['ungəfɛːr] 1. *adj.* approximate, rough; 2. *adv.* approximately, roughly, about, *Am.* F *a.* around; *von* ~ by chance; '~**det** *adj.* unendangered, safe; '~**lich** *adj.* harmless; *pred. a.* not dangerous.

'**unge|fällig** *adj.* disobliging; '~**halten** *adj.* displeased (*über acc.* at); '~**hemmt** 1. *adj.* unchecked; 2. *adv.* without restraint; '~**heu-chelt** *adj.* unfeigned.

**ungeheuer** ['ungəhɔʏər] 1. *adj.* vast, huge, enormous; 2. 2 *n* (-s/-) monster; ~**lich** *adj.* [~'hɔʏərliç] monstrous.

'**ungehobelt** *adj.* not planed; *fig.* uncouth, rough.

'**ungehörig** *adj.* undue, improper; '2**keit** *f* (-/⅔, -en) impropriety.

'**ungehorsam** 1. *adj.* disobedient; 2. 2 *m* disobedience.

'**ungekünstelt** *adj.* unaffected; '~**kürzt** *adj.* unabridged.

'**ungelegen** *adj.* inconvenient, inopportune; '2**heiten** *f/pl.* inconvenience; trouble; *j-m* ~ *machen* put s.o. to inconvenience.

'**unge|lenkig** *adj.* indocile; '~**lenk** *adj.* awkward, clumsy; '~**lernt** *adj.* unskilled; '~**mütlich** *adj.* uncomfortable; *room*: *a.* cheerless; *p.* nasty; '~**nannt** *adj.* unnamed; *p.* anonymous.

'**ungenau** *adj.* inaccurate, inexact; '2**igkeit** *f* inaccuracy, inexactness.

'**ungeniert** *adj.* free and easy, unceremonious; undisturbed.

'**unge|nießbar** *adj.* ['ungəni:sbaːr] uneatable; undrinkable; F *p.* unbearable, *pred. a.* in a bad humo(u)r; '~**nügend** *adj.* insufficient; '~**pflegt** *adj.* unkempt; '~**rade** *adj.* odd; '~**raten** *adj.* spoilt, undutiful.

'ungerecht *adj.* unjust (gegen to); '2igkeit *f* (-/-en) injustice.

'un|gern *adv.* unwillingly, grudgingly; reluctantly; '~geschehen *adj.*: ~ machen undo *s.th.*

'Ungeschick *n* (-[e]s/*no pl.*), '~lichkeit *f* awkwardness, clumsiness, maladroitness; '2t *adj.* awkward, clumsy, maladroit.

unge|schlacht *adj.* ['ungəʃlaxt] hulking; uncouth; '~schliffen *adj.* unpolished, rough (*both a. fig.*); '~schminkt *adj.* not made up; *fig.* unvarnished.

'ungesetzlich *adj.* illegal, unlawful, illicit; '2keit *f* (-/-en) illegality, unlawfulness.

'unge|sittet *adj.* uncivilized; unmannerly; '~stört *adj.* undisturbed, uninterrupted; straft 1. *adj.* unpunished; 2. *adv.* with impunity; ~ davonkommen get off *or* escape scot-free.

ungestüm ['ungəʃtyːm] 1. *adj.* impetuous; violent; 2. 2 *n* (-[e]s/*no pl.*) impetuosity; violence.

'unge|sund *adj. climate:* unhealthy; *appearance: a.* 'unwholesome; *food:* unwholesome; '~teilt *adj.* undivided (*a. fig.*); '~trübt *adj.* ['~tryːpt] untroubled; unmixed; 2tüm ['~tyːm] *n* (-[e]s/-e) monster; '~übt *adj.* ['~ʔyːpt] untrained; inexperienced; '~waschen *adj.* unwashed.

'ungewiß *adj.* uncertain; *j-n im ungewissen lassen* keep *s.o.* in suspense; '2heit *f* (-/%-en) uncertainty; suspense.

'unge|wöhnlich *adj.* unusual, uncommon; '~wohnt *adj.* unaccustomed; unusual; '~zählt *adj.* numberless, countless; 2ziefer ['~tsiːfər] *n* (-s/-) vermin; '~ziemend *adj.* improper, unseemly; '~zogen *adj.* ill-bred, rude, uncivil; *child:* naughty; '~zügelt *adj.* unbridled.

'ungezwungen *adj.* unaffected, easy; '2heit *f* (-/%-en) unaffectedness, ease, easiness.

'Unglaube(n) *m* unbelief, disbelief.

'ungläubig *adj.* incredulous, unbelieving (*a. eccl.*); '2e *m, f* unbeliever; infidel.

unglaub|lich *adj.* [un'glauplɪç] incredible; '~würdig *adj. p.* untrustworthy; *thing:* incredible; ~e Geschichte cock-and-bull story.

'ungleich 1. *adj.* unequal, different; uneven; unlike; 2. *adv.* (by) far, much; '~artig *adj.* heterogeneous; '2heit *f* difference, inequality; unevenness; unlikeness; '~mäßig *adj.* uneven; irregular.

'Unglück *n* (-[e]s/%-e) misfortune; bad *or* ill luck; accident; calamity, disaster; misery; '2lich *adj.* unfortunate, unlucky; unhappy; 2licher'weise *adv.* unfortunately,

unluckily; '2selig *adj.* unfortunate; disastrous.

'Unglücks|fall *m* misadventure; accident; '~rabe F *m* unlucky fellow.

'Un|gnade *f* (-/*no pl.*) disgrace, disfavo(u)r; *in ~ fallen bei* fall into disgrace with, incur *s.o.'s* disfavo(u)r; '2gnädig *adj.* ungracious, unkind.

'ungültig *adj.* invalid; *ticket:* not available; *money:* not current; gͭ (null and) void; '2keit *f* invalidity; gͭ *a.* voidness.

'Un|gunst *f* disfavo(u)r; inclemency (*of weather*); *zu meinen ~en* to my disadvantage; '2günstig *adj.* unfavo(u)rable; disadvantageous.

'un|gut *adj.*: ~es Gefühl misgiving; *nichts für ~!* no offen|ce, *Am.* ~se!; '~haltbar *adj. shot:* unstoppable; *theory, etc.:* untenable; '~handlich *adj.* unwieldy, bulky.

'Unheil *n* mischief; disaster, calamity; '2bar *adj.* incurable; '2voll *adj.* sinister, ominous.

'unheimlich 1. *adj.* uncanny (*a. fig.*), weird; sinister; F *fig.* tremendous, terrific; 2. F *fig. adv.*: ~ viel heaps of, an awful lot of.

'unhöflich *adj.* impolite, uncivil; '2keit *f* impoliteness, incivility.

Unhold ['unhɔlt] *m* (-[e]s/-e) fiend.

'un|hörbar *adj.* inaudible; '~hygienisch *adj.* unsanitary, insanitary.

Uni ['uni] *f* (-/-s) F varsity.

Uniform [uni'fɔrm] *f* (-/-en) uniform.

Unikum ['uːnikum] *n* (-s/*Unika, -s*) unique (thing); queer fellow.

uninteress|ant *adj.* ['un'?-] uninteresting, boring; '~iert *adj.* uninterested (*an dat.* in).

Universität [univɛrzi'tɛːt] *f* (-/-en) university.

Universum [uni'vɛrzum] *n* (-s/*no pl.*) universe.

Unke ['uŋkə] *f* (-/-n) *zo.* fire-bellied toad; F *fig.* croaker; '2n F *v/i.* (ge-, *h*) croak.

unkennt|lich *adj.* unrecognizable; '2lichkeit *f* (-/*no pl.*): bis zur ~ past all recognition; '2nis *f* (-/*no pl.*) ignorance.

'unklar *adj.* not clear; *meaning, etc.:* obscure; *answer, etc.:* vague; *im ~en sein* be in the dark (*über acc.* about); '2heit *f* want of clearness; vagueness; obscurity.

'unklug *adj.* imprudent, unwise.

'Unkosten *pl.* cost(s *pl.*), expenses *pl.*; *sich in (große) ~ stürzen* go to great expense.

'Unkraut *n* weed.

un|kündbar *adj.* ['unkyntbaːr] *loan, etc.:* irredeemable; *employment:* permanent; '~kundig *adj.* ['~kundɪç] ignorant (*gen.* of); '~längst *adv.* lately, recently, the other day; '**~lauter** *adj. competition:* unfair; '**~leidlich** *adj.* intolerable, insufferable; '**~leserlich** *adj.* illegible; **~leugbar** *adj.* ['~ɔʏkbaːr] undeniable; '**~logisch** *adj.* illogical; '**~lösbar** *adj.* unsolvable, insoluble. '**Unlust** *f* (-/*no pl.*) reluctance (*zu inf.* to *inf.*); '**2ig** *adj.* reluctant.

'**un|manierlich** *adj.* unmannerly; '**~männlich** *adj.* unmanly; **~maßgeblich** *adj.* ['~geˑplɪç]: *nach m-r ~en Meinung* in my humble opinion; '**~mäßig** *adj.* immoderate; intemperate; '**2menge** *f* enormous *or* vast quantity *or* number.

'**Unmensch** *m* monster, brute; '**2lich** *adj.* inhuman, brutal; '**~lichkeit** *f* inhumanity, brutality.

'**un|mißverständlich** *adj.* unmistakable; '**~mittelbar** *adj.* immediate, direct; '**~möbliert** *adj.* unfurnished; '**~modern** *adj.* unfashionable, outmoded.

'**unmöglich** *adj.* impossible; **2keit** *f* impossibility.

'**Unmoral** *f* immorality; '**2isch** *adj.* immoral.

'**unmündig** *adj.* under age.

'**un|musikalisch** *adj.* unmusical; '**2mut** *m* (-[e]s/*no pl.*) displeasure (*über acc.* at, over); '**~nachahmlich** *adj.* inimitable; '**~nachgiebig** *adj.* unyielding; '**~nachsichtig** *adj.* strict, severe; inexorable; '**~nahbar** *adj.* inaccessible, unapproachable; '**~natürlich** *adj.* unnatural; affected; '**~nötig** *adj.* unnecessary, needless; '**~nütz** *adj.* useless; **~ordentlich** *adj.* ['unˀ-] untidy; *room, etc.:* a. disorderly; **2ordnung** ['unˀ-] *f* disorder, mess.

'**unpartei|isch** *adj.* impartial, unbias(s)ed; '**2ische** *m* (-n/-n) referee; umpire; '**2lichkeit** *f* impartiality. '**un|passend** *adj.* unsuitable; improper; inappropriate; '**~passierbar** *adj.* impassable.

'**unpäßlich** *adj.* ['unpɛslɪç] indisposed, unwell; '**2keit** *f* (-/-en) indisposition.

'**un|persönlich** *adj.* impersonal (*a. gr.*); '**~politisch** *adj.* unpolitical; '**~praktisch** *adj.* unpractical, *Am. a.* impractical; '**2rat** *m* (-[e]s/*no pl.*) filth; rubbish; *~ wittern* smell a rat.

'**unrecht** 1. *adj.* wrong; *~ haben* be wrong; *j-m ~ tun* wrong s.o.; 2. **2** *n* (-[e]s/*no pl.*): *mit or zu ~* wrongly; *ihm ist ~ geschehen* he has been wronged; '**~mäßig** *adj.* unlawful; '**2mäßigkeit** *f* unlawfulness.

'**unreell** *adj.* dishonest; unfair.

'**unregelmäßig** *adj.* irregular (*a. gr.*); '**2keit** *f* (-/-en) irregularity.

'**unreif** *adj.* unripe, immature (*both a. fig.*); '**2e** *f* unripeness, immaturity (*both a. fig.*).

'**un|rein** *adj.* impure (*a. eccl.*); unclean (*a. fig.*); '**~reinlich** *adj.* uncleanly; **~rettbar** *adv.*: *~ verloren* irretrievably lost; '**~richtig** *adj.* incorrect, wrong.

'**Unruh** ['unruː] *f* (-/-en) balance (-wheel); '**~e** *f* (-/-n) restlessness, unrest (*a. pol.*); uneasiness; disquiet(ude); flurry; alarm; *~n pl.* disturbances *pl.*, riots *pl.*; '**2ig** *adj.* restless; uneasy; *sea:* rough, choppy. '**unrühmlich** *adj.* inglorious.

'**uns** *pers. pron.* [uns] *us*; *dat.:* a. to us; *~ (selbst)* ourselves, *after prp.:* us; *ein Freund von ~* a friend of ours.

'**un|sachgemäß** *adj.* inexpert; '**~sachlich** *adj.* not objective; personal; '**~säglich** *adj.* [~ˈzɛːklɪç] unspeakable; untold; '**~sanft** *adj.* ungentle; '**~sauber** *adj.* dirty; *fig. a.* unfair (*a. sports*); '**~schädlich** *adj.* innocuous, harmless; '**~scharf** *adj.* blurred; *pred. a.* out of focus; '**~schätzbar** *adj.* inestimable, invaluable; '**~scheinbar** *adj.* plain, *Am. a.* homely.

'**unschicklich** *adj.* improper, indecent; '**2keit** *f* (-/-en) impropriety, indecency.

'**unschlüssig** *adj.* ['unʃlʏsɪç] irresolute; '**2keit** *f* (-/*no pl.*) irresoluteness, irresolution.

'**un|schmackhaft** *adj.* insipid; unpalatable, unsavo(u)ry; '**~schön** *adj.* unlovely, unsightly; *fig.* unpleasant.

'**Unschuld** *f* (-/*no pl.*) innocence; '**2ig** *adj.* innocent (*an dat.* of).

'**unselbständig** *adj.* dependent (on others); '**2keit** *f* (lack of in)dependence.

'**unser** ['unzɐr] 1. *poss. pron.* our; *der (die, das) ~e* ours; *die ~en pl.* our relations *pl.*; 2. *pers. pron.* of us; *wir waren ~ drei* there were three of us.

'**unsicher** *adj.* unsteady; unsafe, insecure; uncertain; '**2heit** *f* unsteadiness; insecurity, unsafeness; uncertainty.

'**unsichtbar** *adj.* invisible.

'**Unsinn** *m* (-[e]s/*no pl.*) nonsense; '**2ig** *adj.* nonsensical.

'**Unsitte** *f* bad habit; abuse; '**2lich** *adj.* immoral; indecent (*a. gr.*); '**~lichkeit** *f* (-/-en) immorality.

'**un|solid(e)** *adj. p.* easy-going; *life:* dissipated; **✝** unreliable; '**~sozial** *adj.* unsocial, antisocial; '**~sportlich** *adj.* unsportsmanlike; unfair (*gegenüber* to).

'**unstatthaft** *adj.* inadmissible.

'**unsterblich** *adj.* immortal.

'**Un'sterblichkeit** *f* immortality.

'**un|stet** *adj.* unsteady; *character, life:* unsettled; '**2stimmigkeit** ['~ʃtɪmɪçkaɪt] *f* (-/-en) discrepancy; dissension; '**~sträflich** *adj.* blameless; '~streitig adj. incontestable; '~sympathisch adj. disagreeable; er ist mir ~ I don't like him; '~tätig adj. inactive; idle.

'untauglich adj. unfit (a. ⚔); unsuitable; '2keit f (-/no pl.) unfitness (a. ⚔).

un'teilbar adj. indivisible.

unten adv. ['untən] below; downstairs; von oben bis ~ from top to bottom.

unter ['untər] 1. prp. (dat.; acc.) below, under; among; ~ anderem among other things; ~ zehn Mark (for) less than ten marks; ~ Null below zero; ~ aller Kritik beneath contempt; ~ diesem Gesichtspunkt from this point of view; 2. adj. lower; inferior; die ~en Räume the downstair(s) rooms.

Unter|abteilung ['untər²-] f subdivision; ~arm ['untər²-] m forearm; '~bau m (-[e]s/-ten) ⚒ substructure (a. ⛏), foundation.

unter'|bieten v/t. (irr. bieten, no -ge-, h) underbid; ✝ undercut, undersell (competitor); lower (record); ~'binden v/t. (irr. binden, no -ge-, h) ⚕ ligature; fig. stop; ~'bleiben v/i. (irr. bleiben, no -ge-, sein) remain undone; not to take place.

unter'brech|en v/t. (irr. brechen, no -ge-, h) interrupt (a. ⚡); break, Am. a. stop over; ⚡ break (circuit); 2ung f (-/-en) interruption; break, Am. a. stopover.                    [mit.]

unter'breiten v/t. (no -ge-, h) sub-]

'unterbring|en v/t. (irr. bringen, sep., -ge-, h) place (a. ✝); accommodate, lodge; '2ung f (-/-en) accommodation; ✝ placement.

unterdessen adv. [untər'desən] (in the) meantime, meanwhile.

unter'drück|en v/t. (no -ge-, h) oppress (subjects, etc.); repress (revolt, sneeze, etc.); suppress (rising, truth, yawn, etc.); put down (rebellion, etc.); 2ung f (-/-en) oppression; repression; suppression; putting down.

unterernähr|t adj. ['untər²-] underfed, undernourished; '2ung f (-/no pl.) underfeeding, malnutrition.

Unter'führung f subway, Am. underpass.

'Untergang m (-[e]s/⚓ ⁓e) ast. setting; ⚓ sinking; fig. ruin.

Unter'gebene m (-n/-n) inferior, subordinate; contp. underling.

'untergehen v/i. (irr. gehen, sep., -ge-, sein) ast. set; ⚓ sink; founder; fig. be ruined.

untergeordnet adj. ['untərgə²ordnət] subordinate; importance: secondary.

'Untergewicht n (-[e]s/no pl.) underweight.

unter'graben fig. v/t. (irr. graben, no -ge-, h) undermine.

'Untergrund m (-[e]s/no pl.) subsoil; '~bahn f underground (railway), in London: tube; Am. subway; '~bewegung f underground movement.

'unterhalb prp. (gen.) below, underneath.

'Unterhalt m (-[e]s/no pl.) support, subsistence, livelihood; maintenance.

unter'halt|en v/t. (irr. halten, no -ge-, h) maintain; support; entertain, amuse; sich ~ converse (mit with; über acc. on, about); talk (with; on, about); sich gut ~ enjoy o.s.; 2ung f maintenance, upkeep; conversation, talk; entertainment.

'Unterhändler m negotiator; ⚔ Parlementaire.

'Unter|haus parl. n (-es/no pl.) House of Commons; '~hemd n vest, undershirt; '~holz n (-es/no pl.) underwood, brushwood; '~hose f (e-e a pair of) drawers pl., pants pl.; 2irdisch adj. subterranean, underground (both a. fig.).

unter'joch|en v/t. (no -ge-, h) subjugate, subdue; 2ung f (-/-en) subjugation.

'Unter|kiefer m lower jaw; '~kleid n slip; '~kleidung f underclothes pl., underclothing, underwear.

'unterkommen 1. v/i. (irr. kommen, sep., -ge-, sein) find accommodation; find employment; 2. 2 n (-s/⚓ ⁓) accommodation; employment, situation.

'unter|kriegen F v/t. (sep., -ge-, h) bring to heel; sich nicht ~ lassen not to knuckle down or under; 2kunft ['~kunft] f (-/⚓ ⁓e) accommodation, lodging; ⚔ quarters pl.; '2lage f base; ped; fig.: voucher; ~n pl. documents; data pl.

unter'lass|en v/t. (irr. lassen, no -ge-, h) omit (zu tun doing, to do); neglect (to do, doing); fail (to do); 2ung f (-/-en) omission; neglect; failure; 2ungssünde f sin of omission.

'unterlegen¹ v/t. (sep., -ge-, h) lay or put under; give (another meaning).

unter'legen² adj. inferior (dat. to); 2e m (-n/-n) loser; underdog; 2heit f (-/no pl.) inferiority.

'Unterleib m abdomen, belly.

unter'liegen v/i. (irr. liegen, no -ge-, sein) be overcome (dat. by); be defeated (by), sports: a. lose (to); fig.: be subject to; be liable to; es unterliegt keinem Zweifel, daß ... there is no doubt that ...

'Unter|lippe f lower lip; '~mieter m subtenant, lodger, Am. a. roomer.

unter'nehmen 1. v/t. (irr. nehmen, no -ge-, h) undertake; take (steps);

2. ♀ n (-s/-) enterprise; ♦ a. business; ✕ operation.

**unter'nehm|end** adj. enterprising; ♀er ♦ m (-s/-) entrepreneur; contractor; employer; ♀ung f (-/-en) enterprise, undertaking; ✕ operation; ~ungslustig adj. enterprising.

**'Unter|offizier** ✕ m non-commissioned officer; '♀ordnen v/t. (sep., -ge-, h) subordinate (dat. to); sich ~ submit (to).

**Unter'redung** f (-/-en) conversation, conference.

**Unterricht** ['untərriçt] m (-[e]s/⁕-e) instruction, lessons pl.

**unter'richt|en** v/t. (no -ge-, h): ~ in (dat.) instruct in, teach (English, etc.); ~ von inform s.o. of.

**'Unterrichts|ministerium** n ministry of education; '~stunde f lesson, (teaching) period; '~wesen n (-s/no pl.) education; teaching.

**'Unterrock** m slip.

**unter'sagen** v/t. (no -ge-, h) forbid (j-m et. s.o. to do s.th.).

**'Untersatz** m stand; saucer.

**unter'schätzen** v/t. (no -ge-, h) undervalue; underestimate, underrate.

**unter'scheid|en** v/t. and v/i. (irr. scheiden, no -ge-, h) distinguish (zwischen between; von from); sich ~ differ (von from); ♀ung f distinction.

**'Unterschenkel** m shank.

**'unterschieb|en** v/t. (irr. schieben, sep., -ge-, h) push under; fig.: attribute (dat. to); substitute (statt for); '♀ung f substitution.

**Unterschied** ['untərʃiːt] m (-[e]s/-e) difference; distinction; zum ~ von in distinction from or to; '♀lich adj. different; differential; variable, varying; '♀slos adj. indiscriminate; undiscriminating.

**unter'schlag|en** v/t. (irr. schlagen, no -ge-, h) embezzle; suppress (truth, etc.); ♀ung f (-/-en) embezzlement; suppression.

**'Unterschlupf** m (-[e]s/⁕-e, -e) shelter, refuge.

**unter'schreiben** v/t. and v/i. (irr. schreiben, no -ge-, h) sign.

**'Unterschrift** f signature.

**'Untersee|boot** ⚓, ✕ n s. U-Boot; '~kabel** n submarine cable.

**unter'setzt** adj. thick-set, squat.

**unterst** adj. ['untərst] lowest, undermost.

**'Unterstand** ✕ m shelter, dug-out.

**unter'stehen** (irr. stehen, no -ge-, h) 1. v/i. (dat.) be subordinate to; be subject to (law, etc.); 2. v/refl. dare; unterstéh dich! don't you dare!; ~stellen v/t. 1. ['ʃtɛlən] (sep., -ge-, h) put or place under; garage (car); sich ~ take shelter (vor dat. from); 2. [~'ʃtɛlən] (no -ge-, h) (pre)suppose, assume; impute (dat.

to); j-m ~ ✕ put (troops, etc.) under s.o.'s command; ♀'stellung f (-/-en) assumption, supposition; imputation; ~'streichen v/t. (irr. streichen, no -ge-, h) underline, underscore (both a. fig.).

**unter'stütz|en** v/t. (no -ge-, h) support; back up; ♀ung f (-/-en) support (a. ✕); assistance, aid; relief.

**unter'such|en** v/t. (no -ge-, h) examine (a. ⚕); inquire into, investigate (a. ⚕); explore; ⚕ try; analy|se, Am. -ze (a. ⚗); ♀ung f (-/-en) examination (a. ⚕); inquiry (gen. into), investigation (a. ⚕); exploration; analysis (a. ⚗).

**Unter'suchungs|gefangene** m prisoner on remand; ~gefängnis n remand prison; ~haft f detention on remand; ~richter m investigating judge.

**Untertan** ['untərtaːn] m (-s, -en/-en) subject.

**untertänig** adj. ['untərtɛːniç] submissive.

**'Unter|tasse** f saucer; '♀tauchen (sep., -ge-) 1. v/i. (sein) dive, dip; duck; fig. disappear; 2. v/t. (h) duck.

**'Unterteil** n, m lower part.

**unter'teil|en** v/t. (no -ge-, h) subdivide; ♀ung f subdivision.

**'Unter|titel** m subheading; subtitle; a. caption (of film); '~ton m undertone; '♀vermieten v/t. (no -ge-, h) sublet.

**unter'wander|n** pol. v/t. (no -ge-, h) infiltrate; ♀ung pol. f infiltration.

**'Unterwäsche** f s. Unterkleidung.

**unterwegs** adv. [untər'veːks] on the or one's way.

**unter'weis|en** v/t. (irr. weisen, no -ge-, h) instruct (in dat. in); ♀ung f instruction.

**'Unterwelt** f underworld (a. fig.).

**unter'werf|en** v/t. (irr. werfen, no -ge-, h) subdue (dat. to), subjugate (to); subject (to); submit (to); sich ~ submit (to); ♀ung f (-/-en) subjugation, subjection; submission (unter acc. to).

**unterworfen** adj. [untər'vɔrfən] subject (dat. to).

**unterwürfig** adj. [untər'vyrfiç] submissive; subservient; ♀keit f (-/no pl.) submissiveness; subservience.

**unter'zeichn|en** v/t. (no -ge-, h) sign; ♀er m signer, the undersigned; subscriber (gen. to); signatory (gen. to treaty); ♀erstaat m signatory state; ♀ete m, f (-n/-n) the undersigned; ♀ung f signature, signing.

**unterziehen** v/t. (irr. ziehen) 1. ['~tsiːən] (sep., -ge-, h) put on underneath; 2. [~'tsiːən] (no -ge-, h) subject (dat. to); sich e-r Operation ~ undergo an operation; sich e-r Prüfung ~ go in or sit for an examination; sich der Mühe ~ zu inf. take the trouble to inf.

'**Untiefe** f shallow, shoal.
'**Untier** n monster (a. fig.).
un|**tilgbar** adj. [un'tilkbaːr] indelible; ✝ government annuities: irredeemable; ~'**tragbar** adj. unbearable, intolerable; costs: prohibitive; ~'**trennbar** adj. inseparable.
'**untreu** adj. untrue (dat. to), disloyal (to); husband, wife: unfaithful (to); '**2e** f disloyalty; unfaithfulness, infidelity.
un|'**tröstlich** adj. inconsolable, disconsolate; ~'**trüglich** adj. [~'tryːkliç] infallible, unerring.
'**Untugend** f vice, bad habit.
unüber|**legt** adj. [un'ʔyːbər-] inconsiderate, thoughtless; '~**sichtlich** adj. badly arranged; difficult to survey; involved; mot. corner: blind; ~'**trefflich** adj. unsurpassable; ~**windlich** adj. [~'vintliç] invincible; fortress: impregnable; obstacle, etc.: insurmountable; difficulties, etc.: insuperable.
unum|**gänglich** adj. [un'ʔum'geŋliç] absolutely necessary; ~**schränkt** adj. [~'ʃreŋkt] absolute; ~**stößlich** adj. [~'ʃtøːsliç] irrefutable; incontestable; irrevocable; ~**wunden** adj. ['~vundən] frank, plain.
ununter|**brochen** adj. [un'ʔuntər-broxən] uninterrupted; incessant.
unver|'**änderlich** adj. unchangeable; invariable; ~'**antwortlich** adj. irresponsible; inexcusable; ~'**besserlich** adj. incorrigible; '~**bindlich** adj. not binding or obligatory; answer, etc.: non-committal; ~**blümt** adj. [~'blyːmt] plain, blunt; ~**bürgt** adj. [~'byrkt] unwarranted; news: unconfirmed; '~**dächtig** adj. unsuspected; '~**daulich** adj. indigestible (a. fig.); '~**dient** adj. undeserved; '~**dorben** adj. unspoiled, unspoilt; fig.: uncorrupted; pure, innocent; '~**drossen** adj. indefatigable, unflagging; '~**dünnt** adj. undiluted, Am. a. straight; ~'**einbar** adj. incompatible; '~**fälscht** adj. unadulterated; fig. genuine; ~**fänglich** adj. ['~feŋliç] not captious; ~**froren** adj. ['~froːrən] unabashed, impudent; '**2frorenheit** f (-/-en) impudence, F cheek; ~**gänglich** adj. imperishable; ~**geßlich** adj. unforgettable; ~'**gleichlich** adj. incomparable; ~'**hältnismäßig** adj. disproportionate; '~**heiratet** adj. unmarried, single; '~**hofft** adj. unhoped-for, unexpected; '~**hohlen** adj. unconcealed; '~**käuflich** adj. unsal(e)able; not for sale; '~**kennbar** adj. unmistakable; ~'**letzbar** adj. invulnerable; fig. a. invioiable; ~**meidlich** adj. [~'maitliç] inevitable; '~**mindert** adj. undiminished; '~**mittelt** adj. abrupt.

'**Unvermögen** n (-s/no pl.) inability; impotence; '**2d** adj. impecunious, without means.
'**unvermutet** adj. unexpected.
'**Unver|nunft** f unreasonableness, absurdity; '**2nünftig** adj. unreasonable; absurd; '**2richteterdinge** adv. without having achieved one's object.
'**unverschämt** adj. impudent, impertinent; '**2heit** f (-/-en) impudence, impertinence.
'**unver|schuldet** adj. not in debt; through no fault of mine, etc.; '~**sehens** adv. unawares, suddenly, all of a sudden; ~**sehrt** adj. ['~zeːrt] uninjured; ~'**söhnlich** adj. implacable, irreconcilable; '~**sorgt** adj. unprovided for; '**2stand** m injudiciousness; folly, stupidity; ~**ständig** adj. injudicious; foolish; ~**ständlich** adj. unintelligible; incomprehensible; das ist mir ~ that is beyond me; '~**sucht** adj.: nichts ~ lassen leave nothing undone; '~**träglich** adj. unsociable; quarrelsome; '~**wandt** adj. steadfast; ~**wundbar** adj. [~'vuntbaːr] invulnerable; ~**wüstlich** adj. [~'vyːstliç] indestructible; fig. irrepressible; ~**zagt** adj. ['~tsaːkt] intrepid, undaunted; ~'**zeihlich** adj. unpardonable; ~'**zinslich** adj. bearing no interest; non-interest-bearing; ~**züglich** adj. [~'tsyːkliç] immediate, instant.
'**unvollendet** adj. unfinished.
'**unvollkommen** adj. imperfect; '**2heit** f imperfection.
'**unvollständig** adj. incomplete; '**2keit** f (-/no pl.) incompleteness.
'**unvorbereitet** adj. unprepared; extempore.
'**unvoreingenommen** adj. unbias(s)ed, unprejudiced; '**2heit** f freedom from prejudice.
'**unvor|hergesehen** adj. unforeseen; ~'**schriftsmäßig** adj. irregular.
'**unvorsichtig** adj. incautious; imprudent; '**2keit** f incautiousness; imprudence.
unvor'**stellbar** adj. unimaginable; ~'**teilhaft** adj. unprofitable; dress, etc.: unbecoming.
'**unwahr** adj. untrue; '**2heit** f untruth.
'**unwahrscheinlich** adj. improbable, unlikely; '**2keit** f (-/-en) improbability, unlikelihood.
'**un|wegsam** adj. pathless, impassable; ~**weit** prp. (gen. or von) not far from; '**2wesen** n (-s/no pl.) nuisance; sein ~ treiben be up to one's tricks; '~**wesentlich** adj. unessential, immaterial (für to); '**2-wetter** n thunderstorm; '~**wichtig** adj. unimportant, insignificant.
**unwider|legbar** adj. [unvi:dər'le:k-

ba:r] irrefutable; ~'ruflich adj. irrevocable (a. ↑).

unwider'stehlich adj. irresistible; 2keit f (-/no pl.) irresistibility.

unwider'bringlich adj. irretrievable.

'Unwill|e m (-ns/no pl.), ~en m (-s/no pl.) indignation (über acc. at), displeasure (at, over); '2ig adj. indignant (über acc. at), displeased (at, with); unwilling; '2kürlich adj. involuntary.

'unwirklich adj. unreal.

'unwirksam adj. ineffective, inefficient; laws, rules, etc.: inoperative; ⚕ inactive; '2keit f (-/no pl.) ineffectiveness, inefficiency; ⚕ inactivity.

unwirsch adj. ['unvir∫] testy.

'unwirt|lich adj. inhospitable, desolate; '~schaftlich adj. uneconomic(al).

'unwissen|d adj. ignorant; '2heit f (-/no pl.) ignorance; '~tlich adj. unwitting, unknowing.

'unwohl adj. unwell, indisposed; '2sein n (-s/no pl.) indisposition.

'unwürdig adj. unworthy (gen. of).

un|zählig adj. [un'tsɛ:liç] innumerable; '2zart adj. indelicate.

Unze ['untsə] f (-/-n) ounce.

'Unzeit f: zur ~ inopportunely; '2gemäß adj. old-fashioned; inopportune; '2ig adj. untimely; unseasonable; fruit: unripe.

unzer|'brechlich adj. unbreakable; ~'reißbar adj. untearable; ~'störbar adj. indestructible; ~'trennlich adj. inseparable.

'un|ziemlich adj. unseemly; '2zucht f (-/no pl.) lewdness; ⚥ sexual offen[ce, Am.-se]; '~züchtig adj. lewd; obscene.

'unzufrieden adj. discontented (mit with), dissatisfied (with, at); '2heit f discontent, dissatisfaction.

'unzugänglich adj. inaccessible.

'unzulänglich adj. insufficient; '2keit f (-/-en) insufficiency; shortcoming.

'unzulässig adj. inadmissible; esp. ⚥ influence: undue.

'unzurechnungsfähig adj. irresponsible; '2keit f irresponsibility.

'unzu|reichend adj. insufficient; '~sammenhängend adj. incoherent; '~träglich adj. unwholesome; '~treffend adj. incorrect; inapplicable (auf acc. to).

'unzuverlässig adj. unreliable, untrustworthy; friend: a. uncertain; '2keit f unreliability, untrustworthiness.

'unzweckmäßig adj. inexpedient; '2keit f inexpediency.

'un|zweideutig adj. unequivocal; unambiguous; '~zweifelhaft 1. adj. undoubted, undubitable; 2. adv. doubtless.

üppig adj. ['ypiç] ⚘ luxuriant, exuberant, opulent; food: luxurious, opulent; figure: voluptuous; '2keit f (-/~,-en) luxuriance, luxuriancy, exuberance; voluptuousness.

ur|alt adj. ['uːr'alt] very old; (as) old as the hills; 2aufführung ['uːr°-] f world première.

Uran [u'raːn] n (-s/no pl.) uranium.

urbar adj. ['uːrbaːr] arable, cultivable; ~ machen reclaim; '2machung f (-/-en) reclamation.

'Ur|bevölkerung f aborigines pl.; '~bild n original, prototype; '2eigen adj. one's very own; '~enkel m great-grandson; '~großeltern pl. great-grandparents pl.; '~großmutter f great-grandmother; '~großvater m great-grandfather.

'Urheber m (-s/-) author; '~recht n copyright (an dat. in); '~schaft f (-/no pl.) authorship.

Urin [u'riːn] m (-s/-e) urine; 2ieren [~i'niːrən] v/i. (no -ge-, h) urinate.

'Urkund|e f document; deed; '~enfälschung f forgery of documents; '2lich adj. [~'tliç] documentary.

Urlaub ['uːrlaup] m (-[e]s/-e) leave (of absence) (a. ✗); holiday(s pl.), esp. Am. vacation; '~er [~'bər] m (-s/-) holiday-maker, esp. Am. vacationist, vacationer.

Urne ['urnə] f (-/-n) urn; ballot-box.

'ur|plötzlich 1. adj. very sudden, abrupt; 2. adv. all of a sudden; '2sache f cause; reason; keine ~! don't mention it, Am. a. you are welcome; '~sächlich adj. causal; '2schrift f original (text); '2sprung m origin, source; ~sprünglich adj. ['uːr∫pryŋliç] original; '2stoff m primary matter.

Urteil ['urtail] n (-s/-e) judg(e)-ment; ⚥ a. sentence; meinem ~ nach in my judg(e)ment; sich ein ~ bilden form a judg(e)ment (über acc. of, on); '2en v/i. (ge-, h) judge (über acc. of; nach by, from); '~kraft f (-/~,-e) discernment.

'Ur|text m original (text); '~wald m primeval or virgin forest; 2-wüchsig adj. ['~vy:ksiç] original; fig.: natural; rough; '~zeit f primitive times pl.

Utensilien [uten'ziːljən] pl. utensils pl.

Utop|ie [uto'piː] f (-/-n) Utopia; 2isch adj. [u'toːpi∫] Utopian, utopian.

# V

**Vagabund** [vaga'bunt] m (-en/-en) vagabond, vagrant, tramp, Am. hobo, F bum.

**Vakuum** ['vaːkuˀum] n (-s/Vakua, Vakuen) vacuum.

**Valuta** ✝ [va'luːta] f (-/Valuten) value; currency.

**Vanille** [va'niljə] f (-/no pl.) vanilla.

**variabel** adj. [vari'aːbəl] variable.

**Varia|nte** [vari'antə] f (-/-n) variant; **~tion** [~'tsjoːn] f (-/-en) variation.

**Varieté** [varie'teː] n (-s/-s), **~theater** n variety theatre, music-hall, Am. vaudeville theater.

**variieren** [vari'iːrən] v/i. and v/t. (no -ge-, h) vary.

**Vase** ['vaːzə] f (-/-n) vase.

**Vater** ['faːtər] m (-s/ⁿ) father; **'~land** n native country or land, mother country; **'~landsliebe** f patriotism.

**väterlich** adj. ['fɛːtərliç] fatherly, paternal.

**'Vater|schaft** f (-/no pl.) paternity, fatherhood; **'~unser** eccl. n (-s/-) Lord's Prayer.

**Vati** ['faːti] m (-s/-s) dad(dy).

**Veget|arier** [vege'taːrjər] m (-s/-) vegetarian; **2arisch** adj. vegetarian; **~ation** [~a'tsjoːn] f (-/-en) vegetation; **2ieren** [~'tiːrən] v/i. (no -ge-, h) vegetate.

**Veilchen** ♣ ['faɪlçən] n (-s/-) violet.

**Vene** anat. ['veːnə] f (-/-n) vein.

**Ventil** [ven'tiːl] n (-s/-e) valve (a. ♪); ♪ stop (of organ); fig. vent, outlet; **~ation** [~ila'tsjoːn] f (-/-en) ventilation; **~ator** [~i'laːtər] m (-s/-en) ventilator, fan.

**verab|folgen** [fer'ap~] v/t. (no -ge-, h) deliver; give; ♣ administer (medicine); **~reden** v/t. (no -ge-, h) agree upon, arrange; appoint, fix (time, place); sich ~ make an appointment, Am. F (have a) date; **2redung** f (-/-en) agreement; arrangement; appointment, Am. F date; **~reichen** v/t. (no -ge-, h) s. verabfolgen; **~scheuen** v/t. (no -ge-, h) abhor, detest, loathe; **~schieden** [~'ʃiːdən] v/t. (no -ge-, h) dismiss; retire (officer); ✂ discharge (troops); parl. pass (bill); sich ~ take leave (von of), say goodbye (to); **2schiedung** f (-/-en) dismissal; discharge; passing.

**ver|'achten** v/t. (no -ge-, h) despise; **~ächtlich** adj. [~'eçtliç] contemptuous; contemptible; **2'achtung** f contempt; **~allgemeinern** [~ˀalgə'maɪnərn] v/t. (no -ge-, h) generalize; **~altet** adj. antiquated, obsolete, out of date.

**Veranda** [ve'randa] f (-/Veranden) veranda(h), Am. a. porch.

**veränder|lich** adj. [fer'endərliç] changeable; variable (a. ♣, gr.); **~n** v/t. and v/refl. (no -ge-, h) alter, change; vary; **2ung** f change, alteration (in dat. in; an dat. to); variation.

**verängstigt** adj. [fer'aŋstiçt] intimidated, scared.

**ver|'anlag|en** v/t. (no -ge-, h) of taxation: assess; **~t** adj. [~kt] talented; **2ung** f [~gʊŋ] f (-/-en) assessment; fig. talent(s pl.); ⚕ predisposition.

**ver|'anlass|en** v/t. (no -ge-, h) cause, occasion; arrange; **2ung** f (-/-en) occasion, cause; auf m-e ~ at my request or suggestion.

**ver|'anschaulichen** v/t. (no -ge-, h) illustrate; **~'anschlagen** v/t. (no -ge-, h) rate, value, estimate (all: auf acc. at).

**ver|'anstalt|en** v/t. (no -ge-, h) arrange, organize; give (concert, ball, etc.); **2ung** f (-/-en) arrangement; event; sports: event, meeting, Am. meet.

**ver|'antwort|en** v/t. (no -ge-, h) take the responsibility for; account for; **~lich** adj. responsible; j-n machen für hold s.o. responsible for.

**Ver|'antwortung** f (-/-en) responsibility; die ~ tragen be responsible; zur ~ ziehen call to account; **2los** adj. irresponsible.

**ver|'arbeiten** v/t. (no -ge-, h) work up; ⊕ process, manufacture (both: zu into); digest (food) (a. fig.); **~'ärgern** v/t. (no -ge-, h) vex, annoy.

**ver|'arm|en** v/i. (no -ge-, sein) become poor; **~t** adj. impoverished.

**ver|'ausgaben** v/t. (no -ge-, h) spend (money); sich ~ run short of money; fig. spend o.s.; **~'äußern** v/t. (no -ge-, h) sell; alienate.

**Verb** gr. [verp] n (-s/-en) verb.

**Ver|'band** m (-[e]s/ⁿe) ♣ dressing, bandage; association, union; ✂ formation, unit; **~(s)kasten** m first-aid box; **~(s)zeug** n dressing (material).

**ver|'bann|en** v/t. (no -ge-, h) banish (a. fig.), exile; **2ung** f (-/-en) banishment, exile.

**ver|'barrikadieren** [ferbarika'diːrən] v/t. (no -ge-, h) barricade; block (street, etc.); **~'bergen** v/t. (irr. bergen, no -ge-, h) conceal, hide.

**ver|'besser|n** v/t. (no -ge-, h) improve; correct; **2ung** f improvement; correction.

**ver|'beug|en** v/refl. (no -ge-, h) bow (vor dat. to); **2ung** f bow.

**ver|'biegen** v/t. (irr. biegen, no

-ge-, h) bend, twist, distort; ~ 'bieten v/t. (irr. bieten, no -ge-, h) forbid, prohibit; ~'billigen v/t. (no -ge-, h) reduce in price, cheapen.

ver'bind|en v/t. (irr. binden, no -ge-, h) ℳ dress; tie (together); bind (up); link (mit to); join, unite, combine; connect (a. teleph.); teleph. put s.o. through (mit to); j-m die Augen ~ blindfold s.o.; sich ~ join, unite, combine (a. ♫); ich bin Ihnen sehr verbunden I am greatly obliged to you; falsch verbunden! teleph. wrong number!; ~lich adj. [~tliç] obligatory; obliging; 2lichkeit f (-/-en) obligation, liability; obligingness, civility.

Ver'bindung f union; alliance; combination; association (of ideas); connexion, (Am. only) connection (a. teleph., ☎, ⚡, ⊕); relation; communication (a. teleph.); ♫ compound; geschäftliche ~ business relations pl.; teleph.: ~ bekommen (haben) get (be) through; die ~ verlieren mit lose touch with; in ~ bleiben (treten) keep (get) in touch (mit with); sich in ~ setzen mit communicate with, esp. Am. contact s.o.; ~sstraße f communication road, feeder road; ~stür f communication door.

ver|bissen adj. [fer'bisən] dogged; crabbed; ~'bitten v/refl. (irr. bitten, no -ge-, h): das verbitte ich mir! I won't suffer or stand that!

ver'bitter|n v/t. (no -ge-, h) embitter; 2ung f (-/%-en) bitterness (of heart).

verblassen [fer'blasən] v/i. (no -ge-, sein) fade (a. fig.).

Verbleib [fer'blaip] m (-[e]s/no pl.) whereabouts sg., pl.; 2en [~bən] v/i. (irr. bleiben, no -ge-, sein) be left, remain.

ver'blend|en v/t. (no -ge-, h) △ face (wall, etc.); fig. blind, delude; 2ung f (-/%-en) △ facing; fig. blindness, delusion.            [faded.]

verblichen adj. [fer'bliçən] colour:]

ver'blüff|en [fer'blyfən] v/t. (no -ge-, h) amaze; perplex, puzzle; dumbfound; 2ung f (-/%-en) amazement, perplexity.

ver|'blühen v/i. (no -ge-, sein) fade, wither; ~'bluten v/i. (no -ge-, sein) bleed to death.

ver'borgen adj. hidden; secret; 2heit f (-/no pl.) concealment; secrecy.

Verbot [fer'bo:t] n (-[e]s/-e) prohibition; 2en adj. forbidden, prohibited; Rauchen ~ no smoking.

Ver'brauch m (-[e]s/%-e) consumption (an dat. of); 2en v/t. (no -ge-, h) consume, use up; wear out; ~er m (-s/-) consumer; 2t adj. air: stale; p. worn out.

ver'brechen 1. v/t. (irr. brechen, no -ge-, h) commit; was hat er verbrochen? what is his offen|ce, Am. -se?, what has he done?; 2. 2 n (-s/-) crime, offen|ce, Am. -se.

Ver'brecher m (-s/-) criminal; 2isch adj. criminal; ~tum n (-s/no pl.) criminality.

ver'breit|en v/t. (no -ge-, h) spread, diffuse; shed (light, warmth, happiness); sich ~ spread; sich ~ über (acc.) enlarge (up)on (theme); ~ern v/t. and v/refl. (no -ge-, h) widen, broaden; 2ung f (-/%-en) spread (-ing), diffusion.

ver'brenn|en (irr. brennen, no -ge-) 1. v/i. (sein) burn; 2. v/t. (h) burn (up); cremate (corpse); 2ung f (-/-en) burning, combustion; cremation (of corpse); wound: burn.

ver'bringen v/t. (irr. bringen, no -ge-, h) spend, pass.

verbrüder|n [fer'bry:dərn] v/refl. (no -ge-, h) fraternize; 2ung f (-/-en) fraternization.

ver|'brühen v/t. (no -ge-, h) scald; sich ~ scald o.s.; ~'buchen v/t. (no -ge-, h) book.

Verbum gr. ['vɛrbum] n (-s/Verba) verb.

verbünden [fer'byndən] v/refl. (no -ge-, h) ally o.s. (mit to, with).

Verbundenheit [fer'bundənhart] f (-/no pl.) bonds pl., ties pl.; solidarity; affection.

Ver'bündete m, f (-n/-n) ally, confederate; die ~n pl. the allies pl.

ver|'bürgen v/t. (no -ge-, h) guarantee, warrant; sich ~ für answer or vouch for; ~'büßen v/t. (no -ge-, h): e-e Strafe ~ serve a sentence, serve (one's) time.

Verdacht [fer'daxt] m (-[e]s/no pl.) suspicion; ~ haben suspect.

verdächtig adj. [fer'dɛçtiç] suspected (gen. of); pred. suspect; suspicious; ~en [~gən] v/t. (no -ge-, h) suspect s.o. (gen. of); cast suspicion on; 2ung [~gun] f (-/-en) suspicion; insinuation.

verdamm|en [fer'damən] v/t. (no -ge-, h) condemn, damn (a. eccl.); 2nis f (-/no pl.) damnation; ~t 1. adj. damned; F: ~! damn (it)!, confound it!; 2. F adv.: ~ kalt beastly cold; 2ung f (-/%-en) condemnation, damnation.

ver|'dampfen (no -ge-) v/t. (h) and v/i. (sein) evaporate; ~'danken v/t. (no -ge-, h): j-m et. ~ owe s.th. to s.o.

verdarb [fer'darp] pret. of verderben.

verdau|en [fer'dauən] v/t. (no -ge-, h) digest; ~lich adj. digestible; leicht ~ easy to digest, light; 2ung f (-/no pl.) digestion; 2ungsstörung f indigestion.

Ver'deck n (-[e]s/-e) ⚓ deck;

hood (*of carriage, car, etc.*); top (*of vehicle*); 2en v/t. (no -ge-, h) cover; conceal, hide.

ver'denken v/t. (irr. denken, no -ge-, h): ich kann es ihm nicht ~, daß I cannot blame him for ger.

Verderb [fɛr'dɛrp] m (-[e]s/no pl.) ruin; 2en [~bən] 1. v/i. (irr., no -ge-, sein) spoil (a. fig.); rot; meat, etc.: go bad; fig. perish; 2. v/t. (irr., no -ge-, h) spoil; fig. a.: corrupt; ruin; er will es mit niemandem ~ he tries to please everybody; sich den Magen ~ upset one's stomach; ~en [~bən] n (-s/no pl.) ruin; 2lich adj. [~plɪç] pernicious; food: perishable; ~nis [~pnɪs] f (-/~-se) corruption; depravity; 2t adj. [~pt] corrupted, depraved.

ver|'deutlichen v/t. (no -ge-, h) make plain or clear; ~'dichten v/t. (no -ge-, h) condense; sich ~ condense; suspicion: grow stronger; ~'dicken v/t. and v/refl. (no -ge-, h) thicken; ~'dienen v/t. (no -ge-, h) merit, deserve; earn (money).

Ver'dienst (-es/-e) 1. m gain, profit; earnings pl.; 2. n merit; es ist sein ~, daß it is owing to him that; 2voll adj. meritorious, deserving; ~spanne † f profit margin.

ver|'dient adj. p. of merit; (well-)deserved; sich ~ gemacht haben um deserve well of; ~'dolmetschen v/t. (no -ge-, h) interpret (a. fig.); ~'doppeln v/t. and v/refl. (no -ge-, h) double.

verdorben [fɛr'dɔrbən] 1. p.p. of verderben; 2. adj. meat: tainted; stomach: disordered, upset; fig. corrupt, depraved.

ver|'dorren [fɛr'dɔrən] v/i. (no -ge-, sein) wither (up); ~'drängen v/t. (no -ge-, h) push away, thrust aside; fig. displace; psych. repress; ~'drehen v/t. (no -ge-, h) distort, twist (both a. fig.); roll (eyes); fig. pervert; j-m den Kopf ~ turn s.o.'s head; ~'dreht F fig. adj. crazy; ~'dreifachen v/t. and v/refl. (no -ge-, h) triple.

verdrieß|en [fɛr'dri:sən] v/t. (irr., no -ge-, h) vex, annoy; ~lich adj. vexed, annoyed; sulky; thing: annoying.

ver|'droß [fɛr'drɔs] pret. of verdrießen; ~'drossen [~'drɔsən] 1. p.p. of verdrießen; 2. adj. sulky; listless.

ver'drucken typ. v/t. (no -ge-, h) misprint.

Verdruß [fɛr'drus] m (Verdrusses/~ Verdrusse) vexation, annoyance.

ver'dummen (no -ge-) 1. v/t. (h) make stupid; 2. v/i. (sein) become stupid.

ver'dunk|eln v/t. (no -ge-, h) darken, obscure (both a. fig.); black out (window); sich ~ darken;

2(e)lung f (-/~-en) darkening; obscuration; black-out; g's collusion.

ver|'dünnen v/t. (no -ge-, h) thin, dilute (liquid); ~'dunsten v/i. (no -ge-, sein) volatilize, evaporate; ~'dursten v/i. (no -ge-, sein) die of thirst; ~dutzt adj. [~'dutst] nonplussed.

ver'ed|eln v/t. (no -ge-, h) ennoble; refine; improve; ♀ graft; process (raw materials); 2(e)lung f (-/~-en) refinement; improvement; processing.

ver'ehr|en v/t. (no -ge-, h) revere, venerate; worship; admire, adore; 2er m (-s/-) worship(p)er; admirer, adorer; 2ung f (-/~-en) reverence, veneration; worship; adoration.

vereidigen [fɛr'aidigən] v/t. (no -ge-, h) swear (witness); at entrance into office: swear s.o. in.

Verein [fɛr'ain] m (-[e]s/-e) union; society, association; club.

ver'einbar adj. compatible (mit with), consistent (with); ~en v/t. (no -ge-, h) agree upon, arrange; 2ung f (-/-en) agreement, arrangement.

ver'einen v/t. (no -ge-, h) s. vereinigen.

ver'einfach|en v/t. (no -ge-, h) simplify; 2ung f (-/-en) simplification.

ver'einheitlichen v/t. (no -ge-, h) unify, standardize.

ver'einig|en v/t. (no -ge-, h) unite, join; associate; sich ~ unite, join; associate o.s.; 2ung f 1. (-/~-en) union; 2. (-/-en) union; society, association.

ver'ein|samen v/i. (no -ge-, sein) grow lonely or solitary; ~zelt adj. isolated; sporadic.

ver|'eiteln v/t. (no -ge-, h) frustrate; ~'ekeln v/t. (no -ge-, h): er hat mir das Essen verekelt he spoilt my appetite; ~'enden v/i. (no -ge-, sein) animals: die, perish; ~'enge(r)n [~'ɛŋə(r)n] v/t. and v/refl. (no -ge-, h) narrow.

ver'erb|en v/t. (no -ge-, h) leave, bequeath; biol. transmit; sich ~ be hereditary; sich ~ auf (acc.) descend (up)on; 2ung f (-/~-en) biol. transmission; physiol. heredity; 2ungslehre f genetics.

verewig|en [fɛr'e:vigən] v/t. (no -ge-, h) perpetuate; ~t adj. [~çt] deceased, late.

ver'fahren 1. v/i. (irr. fahren, no -ge-, sein) proceed; ~ mit deal with; 2. v/t. (irr. fahren, no -ge-, h) mismanage, muddle, bungle; sich ~ miss one's way; 3. 2 n (-s/-) procedure; proceeding(s pl. g's); ⊕ process.

Ver'fall m (-[e]s/no pl.) decay, decline; dilapidation (of house, etc.);

**forfeiture; expiration; maturity** (*of bill of exchange*); **2en 1.** *v/i.* (*irr. fallen, no -ge-, sein*) decay; *house:* dilapidate; *document, etc.:* expire; *pawn:* become forfeited; *right:* lapse; *bill of exchange:* fall due; *sick person:* waste away; ~ **auf** (*acc.*) hit upon (*idea, etc.*); ~ **in** (*acc.*) fall into; **j-m ~** become s.o.'s slave; **2.** *adj.* ruinous; addicted (*dat.* to *drugs, etc.*); **~serscheinung** [fer'fals?-] *f* symptom of decline; **~tag** *m* day of payment.

ver|'fälschen *v/t.* (*no -ge-, h*) falsify; adulterate (*wine, etc.*); **~fänglich** *adj.* [~'fɛŋliç] *question:* captious, insidious; risky; embarrassing; **~'färben** *v/refl.* (*no -ge-, h*) change colo(u)r.

ver|'fass|en *v/t.* (*no -ge-, h*) compose, write; **2er** *m* (*-s/-*) author. Ver'fassung *f* state, condition; *pol. constitution;* disposition (*of mind*); **2smäßig** *adj.* constitutional; **2swidrig** *adj.* unconstitutional.

ver|'faulen *v/i.* (*no -ge-, sein*) rot, decay; **~'fechten** *v/t.* (*irr. fechten, no -ge-, h*) defend, advocate.

ver'fehl|en *v/t.* (*no -ge-, h*) miss; **2ung** *f* (*-/-en*) offen|ce, *Am.* -se.

ver'feind|en [fer'faɪndən] *v/t.* (*no -ge-, h*) make enemies of; **sich ~ mit** make an enemy of; **~feinern** [~'faɪnərn] *v/t.* and *v/refl.* (*no -ge-, h*) refine; **~fertigen** [~'fɛrtɪɡən] *v/t.* (*no -ge-, h*) make, manufacture; compose.

ver'film|en *v/t.* (*no -ge-, h*) film, screen; **2ung** *f* (*-/-en*) film-version.

ver|'finstern *v/t.* (*no -ge-, h*) darken, obscure; **sich ~** darken, **~'flachen** (*no -ge-*) *v/i.* (*sein*) and *v/refl.* (*h*) (become) shallow (*a. fig.*); **~'flechten** *v/t.* (*irr. flechten, no -ge-, h*) interlace; *fig.* involve; **~'fliegen** (*irr. fliegen, no -ge-*) **1.** *v/i.* (*sein*) evaporate; *time:* fly; *fig.* vanish; **2.** *v/refl.* (*h*) *bird:* stray; **✶** lose one's bearings, get lost; **~'fließen** *v/i.* (*irr. fließen, no -ge-, sein*) *colours:* blend; *time:* elapse; **~flossen** *adj.* [~'flɔsən] *time:* past; **F ein ~er Freund** a late friend, an ex-friend.

ver'fluch|en *v/t.* (*no -ge-, h*) curse, *Am.* F cuss; **~t** *adj.* damned; **~!** damn (it)!, confound it!

ver|'flüchtigen [fer'flyçtɪɡən] *v/t.* (*no -ge-, h*) volatilize; **sich ~** evaporate (*a. fig.*); **F** *fig.* vanish; **~'flüssigen** [~'flysɪɡən] *v/t.* and *v/refl.* (*no -ge-, h*) liquefy.

ver'folg|en *v/t.* (*no -ge-, h*) pursue; persecute; follow (*tracks*); trace; *thoughts, dream:* haunt; *gerichtlich ~* prosecute; **2er** *m* (*-s/-*) pursuer; persecutor; **2ung** *f* (*-/-en*) pursuit; persecution; pursuance; gericht-

liche **~ prosecution; 2ungswahn** *m* persecution mania.

ver|'frachten [fer'fraxtən] *v/t.* (*no -ge-, h*) freight, *Am. a.* ship (*goods*); **✦** ship; **F j-n ~ in** (*acc.*) bundle s.o. in(to) (*train, etc.*); **~'froren** *adj.* chilled through; **~'früht** *adj.* premature.

ver'füg|bar *adj.* [fer'fy:kbaːr] available; **~en** [~ɡən] (*no -ge-, h*) **1.** *v/t.* decree, order; **2.** *v/i.:* ~ **über** (*acc.*) have at one's disposal; dispose of; **2ung** [~ɡuŋ] *f* (*-/-en*) decree, order; disposal; **j-m zur ~ stehen** (*stellen*) be (place) at s.o.'s disposal.

ver'führ|en *v/t.* (*no -ge-, h*) seduce; **2er** *m* (*-s/-*) seducer; **~erisch** *adj.* seductive; enticing, tempting; **2ung** *f* seduction.

vergangen *adj.* [fer'ɡaŋən] gone, past; **im ~en Jahr** last year; **2heit** *f* (*-/-en*) past; *gr.* past tense.

vergänglich *adj.* [fer'ɡɛŋliç] transient, transitory.

vergas|en [fer'ɡaːzən] *v/t.* (*no -ge-, h*) gasify; gas *s.o.*; **2er** *mot. m* (*-s/-*) carburet(t)or.

vergaß [fer'ɡaːs] *pret. of* vergessen.

ver'geb|en *v/t.* (*irr. geben, no -ge-, h*) give away (*an j-n to s.o.*); confer (on), bestow (on); place (*order*); forgive; **sich et. ~** compromise one's dignity; **~ens** *adv.* [~s] in vain; **~lich** [~pliç] **1.** *adj.* vain; **2.** *adv.* in vain; **2ung** [~buŋ] *f* (*-/❋-en*) bestowal, conferment (*both: an* acc. on); forgiveness, pardon.

vergegenwärtigen [ferɡe:ɡən'vɛrtiɡən] *v/t.* (*no -ge-, h*) represent; **sich et. ~** visualize s.th.

ver'gehen **1.** *v/i.* (*irr. gehen, no -ge-, sein*) pass (away); fade (away); ~ **vor** (*dat.*) die of; **2.** *v/refl.* (*irr. gehen, no -ge-, h*): **sich an j-m ~** assault s.o.; violate s.o.; **sich gegen das Gesetz ~** offend against or violate the law; **3. 2** *n* (*-s/-*) offen|ce, *Am.* -se.

ver'gelt|en *v/t.* (*irr. gelten, no -ge-, h*) repay, requite; reward; retaliate; **2ung** *f* (*-/-en*) requital; retaliation; retribution.

vergessen [fer'ɡesən] **1.** *v/t.* (*irr. no -ge-, h*) forget; leave; **2.** *p.p.* **of ↑; 2heit** *f* (*-/no pl.*): **in ~ geraten** sink *or* fall into oblivion.

vergeßlich *adj.* [fer'ɡesliç] forgetful.

vergeud|en [fer'ɡɔrdən] *v/t.* (*no -ge-, h*) dissipate, squander, waste (*time, money*); **2ung** *f* (*-/❋-en*) waste.

vergewaltig|en [ferɡə'valtiɡən] *v/t.* (*no -ge-, h*) violate; rape; **2ung** *f* (*-/-en*) violation; rape.

ver|gewissern [ferɡə'wisərn] *v/refl.* (*no -ge-, h*) make sure (**e-r Sache** of s.th.); ~'gießen v/t. (irr. gießen, no -ge-, h) shed (tears, blood); spill (liquid).

ver'gift|en v/t. (no -ge-, h) poison (a. fig.); sich ~ take poison; 2ung f (-/-en) poisoning.

Vergißmeinnicht ♀ [fɛr'gɪsmaɪn-nɪçt] n (-[e]s/-[e]) forget-me-not.

vergittern [fɛr'gɪtərn] v/t. (no -ge-, h) grate.

Vergleich [fɛr'glaɪç] m (-[e]s/-e) comparison; ₅₅: agreement; compromise, composition; 2bar adj. comparable (mit to); 2en v/t. (irr. gleichen, no -ge-, h) compare (mit with, to); sich ~ mit ₅₅ come to terms with; verglichen mit as against, compared to; 2sweise adv. comparatively.

vergnügen [fɛr'gny:gən] 1. v/t. (no -ge-, h) amuse; sich ~ enjoy o.s.; 2. 2 n (-s/-) pleasure, enjoyment; entertainment; ~ finden an (dat.) take pleasure in; viel ~! have a good time! [gay.]

vergnügt adj. [fɛr'gny:kt] merry,]

Ver'gnügung f (-/-en) pleasure, amusement, entertainment; ~s-reise f pleasure-trip, tour; 2s-süchtig adj. pleasure-seeking.

ver|golden [fɛr'gɔldən] v/t. (no -ge-, h) gild; ~göttern fig. [~'gœtərn] v/t. (no -ge-, h) idolize, adore; ~'graben v/t. (irr. graben, no -ge-, h) bury (a. fig.); sich ~ bury o.s.; ~'greifen v/refl. (irr. greifen, no -ge-, h) sprain (one's hand, etc.); sich ~ an (dat.) lay (violent) hands on, attack, assault; embezzle (money); encroach upon (s.o.'s property); ~griffen adj. [~'grɪfən] goods: sold out; book: out of print.

vergrößer|n [fɛr'grø:sərn] v/t. (no -ge-, h) enlarge (a. phot.); opt. magnify; sich ~ enlarge; 2ung f 1. (-/-en) phot. enlargement; opt. magnification; 2. (~/%-en) enlargement; increase; extension; 2ungs-glas n magnifying glass.

Vergünstigung [fɛr'gynstɪguŋ] f (-/-en) privilege.

vergüt|en [fɛr'gy:tən] v/t. (no -ge-, h) compensate (j-m et. s.o. for s.th.); reimburse (money spent); 2ung f (-/-en) compensation; reimbursement.

ver'haft|en v/t. (no -ge-, h) arrest; 2ung f (-/-en) arrest.

ver'halten 1. v/t. (irr. halten, no -ge-, h) keep back; catch or hold (one's breath); suppress, check; sich ~ thing: be; p. behave; sich ruhig ~ keep quiet; 2. 2 n (-s/no pl.) behavio(u)r, conduct.

Verhältnis [fɛr'hɛltnɪs] n (-ses/-se) proportion, rate; relation(s pl.) (zu with); F liaison, love-affair; F mistress; ~se pl. conditions pl., circumstances pl.; means pl.; 2mäßig

adv. in proportion; comparatively; ~wort gr. n (-[e]s/~er) preposition.

Ver'haltungsmaßregeln f/pl. instructions pl.

ver'hand|eln (no -ge-, h) 1. v/i. negotiate, treat (über acc., wegen for); ₅₅ try (über et. s.th.); 2. v/t. discuss; 2lung f negotiation; discussion; ₅₅ trial, proceedings pl.

ver'häng|en v/t. (no -ge-, h) cover (over), hang; inflict (punishment) (über acc. upon); 2nis n (-ses/-se) fate; ~nisvoll adj. fatal; disastrous.

ver'härmt adj. [fɛr'hɛrmt] careworn; ~harren [~'harən] v/i. (no -ge-, h, sein) persist (auf dat., bei, in dat. in), stick (to); ~'härten v/t. and v/refl. (no -ge-, h) harden; ~haßt adj. [~'hast] hated; hateful, odious; ~'hätscheln v/t. (no -ge-, h) coddle, pamper, spoil; ~'hauen v/t. (irr. hauen, no -ge-, h) thrash.

verheer|en [fɛr'he:rən] v/t. (no -ge-, h) devastate, ravage, lay waste; ~end fig. adj. disastrous. 2ung f (-/-en) devastation.

ver|hehlen [fɛr'he:lən] v/t. (no -ge-, h) s. verheimlichen; ~'heilen v/i. (no -ge-, sein) heal (up).

ver'heimlich|en v/t. (no -ge-, h) hide, conceal; 2ung f (-/%-en) concealment.

ver'heirat|en v/t. (no -ge-, h) marry (mit to); sich ~ marry; 2ung f (-/%-en) marriage.

ver'heiß|en v/t. (irr. heißen, no -ge-, h) promise; 2ung f (-/-en) promise; ~ungsvoll adj. promising.

ver'helfen v/i. (irr. helfen, no -ge-, h): j-m zu et. ~ help s.o. to s.th.

ver'herrlich|en v/t. (no -ge-, h) glorify; 2ung f (-/%-en) glorification.

ver|'hetzen v/t. (no -ge-, h) instigate; ~'hexen v/t. (no -ge-, h) bewitch.

ver'hinder|n v/t. (no -ge-, h) prevent; 2ung f (-/%-en) prevention.

ver'höhn|en v/t. (no -ge-, h) deride, mock (at); taunt; 2ung f (-/-en) derision, mockery.

Verhör ₅₅ [fɛr'hø:r] n (-[e]s/-e) interrogation, questioning (of prisoners, etc.); examination; 2en v/t. (no -ge-, h) examine, hear; interrogate; sich ~ hear it wrong.

ver|'hüllen v/t. (no -ge-, h) cover, veil; ~'hungern v/i. (no -ge-, sein) starve; ~'hüten v/t. (no -ge-, h) prevent.

ver'irr|en v/refl. (no -ge-, h) go astray, lose one's way; ~t adj.: ~es Schaf stray sheep; 2ung fig. f (-/-en) aberration; error.

ver'jagen v/t. (no -ge-, h) drive away.

verjähr|en ₅₅ [fɛr'jɛ:rən] v/i. (no -ge-, sein) become prescriptive;

2ung f (-/-en) limitation, (negative) prescription.

ver'jüngen [fɛr'jyŋən] v/t. (no -ge-, h) make young again, rejuvenate; reduce (scale); sich ~ grow young again, rejuvenate; taper off.

Ver'kauf m sale; 2en v/t. (no -ge-, h) sell; zu ~ for sale; sich gut ~ sell well.

Ver'käuf|er m seller; vendor; shop-assistant, salesman, Am. a. (sales-)clerk; ~erin f (-/-nen) seller; vendor; shop-assistant, saleswoman, shop girl, Am. a. (sales)clerk; 2lich adj. sal(e)able; for sale.

Ver'kaufs|automat m slot-machine, vending machine; ~schlager m best seller.

Verkehr [fɛr'keːr] m (-[e]s/%-e) traffic; transport(ation); communication; correspondence; ⊕, 🚢, 🚂, etc.: service; commerce, trade; intercourse (a. sexually); aus dem ~ ziehen withdraw from service; withdraw (money) from circulation; 2en (no -ge-, h) 1. v/t. convert (in acc. into), turn (into); 2. v/i. ship, bus, etc.: run, ply (zwischen dat. between); bei j-m ~ go to or visit s.o.'s house; ~ in (dat.) frequent (public house, etc.); ~ mit associate or mix with; have (sexual) intercourse with.

Ver'kehrs|ader f arterial road; ~ampel f traffic lights pl., traffic signal; ~büro n tourist bureau; ~flugzeug n air liner; ~insel f refuge, island; ~minister m minister of transport; ~mittel n (means of) conveyance or transport, Am. transportation; ~polizist m traffic policeman or constable, sl. traffic cop; 2reich adj. congested with traffic, busy; ~schild n traffic sign; ~schutzmann m s. Verkehrspolizist; ~stauung f, ~stockung f traffic block, traffic jam; ~störung f interruption of traffic; 🚂, etc.: breakdown; ~straße f thoroughfare; ~teilnehmer m road user; ~unfall m traffic accident; ~verein m tourist agency; ~verhältnisse pl. traffic conditions pl.; ~vorschrift f traffic regulation; ~wesen n (-s/no pl.) traffic; ~zeichen n traffic sign.

ver'kehrt adj. inverted, upside down; fig. wrong; ~'kennen v/t. (irr. kennen, no -ge-, h) mistake; misunderstand, misjudge.

Ver'kettung f (-/-en) concatenation (a. fig.).

ver'klagen ⚖ v/t. (no -ge-, h) sue (auf acc., wegen for); bring an action against s.o.; ~'kleben v/t. (no -ge-, h) paste s.th. up.

ver'kleid|en v/t. (no -ge-, h) disguise; ⊕: line; face; wainscot; encase; sich ~ disguise o.s.; 2ung f

(-/-en) disguise; ⊕: lining; facing; panel(l)ing, wainscot(t)ing.

ver'kleiner|n [fɛr'klaɪnərn] v/t. (no -ge-, h) make smaller, reduce, diminish; fig. belittle, derogate; 2ung f (-/-en) reduction, diminution; fig. derogation.

ver|'klingen v/i. (irr. klingen, no -ge-, sein) die away; ~'knöchern [~'knœçərn] (no -ge-) 1. v/t. (h) ossify; 2. v/i. (sein) ossify; fig. a. fossilize; ~'knoten v/t. (no -ge-, h) knot; ~'knüpfen v/t. (no -ge-, h) knot or tie (together); fig. connect, combine; ~'kohlen v/t. (no -ge-) 1. v/t. (h) carbonize; char; F: j-n ~ pull s.o.'s leg; 2. v/i. (sein) char; ~'kommen 1. v/i. (irr. kommen, no -ge-, sein) decay; p.: go downhill or to the dogs; become demoralized; 2. adj. decayed; depraved, corrupt; ~'korken v/t. (no -ge-, h) cork (up).

ver'körper|n v/t. (no -ge-, h) personify, embody; represent; esp. thea. impersonate; 2ung f (-/-en) personification, embodiment; impersonation.

ver|'krachen F v/refl. (no -ge-, h) fall out (mit with); ~'krampft adj. cramped; ~'kriechen v/refl. (irr. kriechen, no -ge-, h) hide; ~'krümmt adj. crooked; ~'krüppelt adj. [~'krypəlt] crippled; stunted; ~'krustet adj. [~'krustət] (en)crusted; caked; ~'kühlen v/refl. (no -ge-, h) catch (a) cold.

ver'kümmer|n v/i. (no -ge-, sein) ♧, ✳ become stunted; ✳ atrophy; fig. waste away; ~t adj. stunted; atrophied; rudimentary (a. biol.).

ver'künd|en [fɛr'kyndən] v/t. (no -ge-, h), ~igen v/t. (no -ge-, h) announce; publish, proclaim; pronounce (judgement); 2igung f, 2ung f (-/-en) announcement; proclamation; pronouncement.

ver|'kuppeln v/t. (no -ge-, h) ⊕ couple; fig. pander; ~'kürzen v/t. (no -ge-, h) shorten; abridge; beguile (time, etc.); ~'lachen v/t. (no -ge-, h) laugh at; ~'laden v/t. (irr. laden, no -ge-, h) load, ship; 🚂 entrain (esp. troops).

Ver'lag [fɛr'laːk] m (-[e]s/-e) publishing house, the publishers pl.; im ~ von published by.

ver'lagern v/t. (no -ge-, h) displace, shift; sich ~ shift.

Ver'lags|buchhändler m publisher; ~buchhandlung f publishing house; ~recht n copyright.

ver'langen 1. v/t. (no -ge-, h) demand; require; desire; 2. v/i. (no -ge-, h): ~ nach ask for; long for; 3. 2 n (-s/~) desire; longing (nach after); demand, request; auf ~ by request, ✝ on demand; auf ~ von at the request of, at s.o.'s request.

verlänger|n [fɛr'lɛŋərn] v/t. (no

-ge-, h) lengthen; prolong, extend; 2ung f (-/-en) lengthening; prolongation, extension.

ver'langsamen v/t. (no -ge-, h) slacken, slow down.

ver'lassen v/t. (irr. lassen, no -ge-, h) leave; forsake, abandon, desert; sich ~ auf (acc.) rely on; 2heit f (-/no pl.) abandonment; loneliness.

verläßlich adj. [fer'lɛsliç] reliable.

Ver'lauf m lapse, course (of time); progress, development (of matter); course (of disease, etc.); im ~ (gen.) or von in the course of; e-n schlimmen ~ nehmen take a bad turn; 2en (irr. laufen, no -ge-) 1. v/i. (sein) time: pass, elapse; matter: take its course; turn out, develop; road, etc.: run, extend; 2. v/refl. (h) lose one's way, go astray; crowd: disperse; water: subside.

ver'lauten v/i. (no -ge-, sein): ~ lassen give to understand, hint; wie verlautet as reported.

ver'leb|en v/t. (no -ge-, h) spend, pass; ~t adj. [~pt] worn out.

ver'leg|en 1. v/t. (no -ge-, h) mislay; transfer, shift, remove; ⊕ lay (cable, etc.); bar (road); put off, postpone; publish (book); sich ~ auf (acc.) apply o.s. to; 2. adj. embarrassed; at a loss (um for answer, etc.); 2enheit f (-/-, -en) embarrassment; difficulty; predicament; 2er m (-s/-) publisher; 2ung f (-/-en) transfer, removal; ⊕ laying; time: postponement.

ver'leiden v/t. (no -ge-, h) s. verekeln.

ver'leih|en v/t. (irr. leihen, no -ge-, h) lend, Am. a. loan; hire or let out; bestow (right, etc.) (j-m on s.o.); award (price); 2ung f (-/-en) lending, loan; bestowal.

ver'leiten v/t. (no -ge-, h) mislead; induce; seduce; ᵗᵗ suborn; ~'lernen v/t. (no -ge-, h) unlearn, forget; ~'lesen v/t. (irr. lesen, no -ge-, h) read out; call (names) over; pick (vegetables, etc.); sich ~ read wrong.

verletz|en [fer'lɛtsən] v/t. (no -ge-, h) hurt, injure; fig. a.: offend; violate; ~end adj. offensive; 2te [~tə] m, f (-n/-n) injured person; die ~n pl. the injured pl.; 2ung f (-/-en) hurt, injury, wound; fig. violation.

ver'leugn|en v/t. (no -ge-, h) deny; disown; renounce (belief, principle, etc.); sich ~ lassen have o.s. denied (vor j-m to s.o.); 2ung f (-/-en) denial; renunciation.

verleumd|en [fer'bɔymdən] v/t. (no -ge-, h) slander, defame; ~erisch adj. slanderous; 2ung f (-/-en) slander, defamation, in writing: libel.

ver'lieb|en v/refl. (no -ge-, h): sich ~ in (acc.) fall in love with; ~t adj.

[~pt] in love (in acc. with); amorous; 2heit f (-/~-en) amorousness.

verlieren [fer'li:rən] (irr., no -ge-, h) 1. v/t. lose; shed (leaves, etc.); sich ~ lose o.s.; disappear; 2. v/i. lose.

ver'lob|en v/t. (no -ge-, h) engage (mit to); sich ~ become engaged; 2te [~ptə] (-n/-n) 1. m fiancé; die ~n pl. the engaged couple sg.; 2. f fiancée; 2ung f (~bun) f (-/-en) engagement.

ver'lock|en v/t. (no -ge-, h) allure, entice; tempt; ~end adj. tempting; 2ung f (-/-en) allurement, enticement.

verlogen adj. [fer'lo:gən] mendacious; 2heit f (-/~-en) mendacity.

verlor [fer'lo:r] pret. of verlieren; ~en 1. p.p. of verlieren; 2. adj. lost; fig. forlorn; ~e Eier poached eggs; ~engehen v/i. (irr. gehen, sep., -ge-, sein) be lost.

ver'los|en v/t. (no -ge-, h) raffle; 2ung f (-/-en) lottery, raffle.

ver'löten v/t. (no -ge-, h) solder.

Ver'lust [fer'lust] m (-es/-e) loss; ~e pl. ✕ casualties pl.

ver'machen v/t. (no -ge-, h) bequeath, leave s.th. (dat. to).

Vermächtnis [fer'mɛçtnis] n (-ses/-se) will; legacy, bequest.

vermähl|en [fer'mɛ:lən] v/t. (no -ge-, h) marry (mit to); sich ~ (mit) marry (s.o.); 2ung f (-/-en) wedding, marriage.

ver'mehr|en v/t. (no -ge-, h) increase (um by), augment; multiply; add to; durch Zucht ~ propagate; breed; sich ~ increase, augment; multiply (a. biol.); propagate (itself), zo. breed; 2ung f (-/~-en) increase; addition (gen. to); propagation.

ver'meid|en v/t. (irr. meiden, no -ge-, h) avoid; 2ung f (-/~-en) avoidance.

ver|meintlich adj. [fer'maintliç] supposed; ~'mengen v/t. (no -ge-, h) mix, mingle, blend.

Vermerk [fer'mɛrk] m (-[e]s/-e) note, entry; 2en v/t. (no -ge-, h) note down, record.

ver'mess|en 1. v/t. (irr. messen, no -ge-, h) measure; survey (land); 2. adj. presumptuous; 2enheit f (-/~-en) presumption; 2ung f (-/-en) measurement; survey (of land).

ver'miete|n v/t. (no -ge-, h) let, esp. Am. rent; hire (out); zu ~ on or for hire; Haus zu ~ house to (be) let; 2r m landlord, ᵗᵗ lessor; letter, hirer.

ver'mindern v/t. (no -ge-, h) diminish, lessen; reduce, cut.

ver'misch|en v/t. (no -ge-, h) mix, mingle, blend; ~t adj. mixed; news, *etc.*: miscellaneous; 2ung *f* (-/‰ -en) mixture.

ver'mi|ssen *v/t. (no* -ge-, h) miss; ~Bt *adj.* [~'mist] missing; 2Bte *m, f* (-n/-n) missing person; die ~n *pl.* the missing *pl.*

vermitt|eln [fɛr'mitəln] *(no* -ge-, h) 1. *v/t.* mediate *(settlement, peace)*; procure, get; give *(impression, etc.)*; impart *(knowledge)* (*j-m* to s.o.); 2. *v/i.* mediate *(zwischen dat.* between); intercede *(bei* with, *für* for), intervene; 2ler *m* mediator; go-between; ✝ agent; 2lung *f* (-/-en) mediation; intercession, intervention; *teleph.* (telephone) exchange.

ver'modern *v/i. (no* -ge-, sein) mo(u)lder, decay, rot.

ver'mögen 1. *v/t.* (irr. mögen, *no* -ge-, h): ~ zu *inf.* be able to *inf.*; et. ~ bei *j-m* have influence with s.o.; 2. 2 *n* (-s/-) ability, power; property; fortune; means *pl.*; 2ʒ assets *pl.*; ~d *adj.* wealthy; *pred.* well off; 2sverhältnisse *pl.* pecuniary circumstances *pl.*

vermut|en [fɛr'muːtən] *v/t. (no* -ge-, h) suppose, presume, *Am. a.* guess; conjecture, surmise; ~lich 1. *adj.* presumable; 2. *adv.* presumably; I suppose; 2ung *f* (-/-en) supposition, presumption; conjecture, surmise.

vernachlässig|en [fɛr'nɑːxlɛsigən] *v/t. (no* -ge-, h) neglect; 2ung *f* (-/‰ -en) neglect(ing).

ver'narben *v/i. (no* -ge-, sein) cicatrize, scar over. [with.]

ver'narrt *adj.*: ~ *in (acc.)* infatuated}

ver'nehm|en *v/t.* (irr. nehmen, *no* -ge-, h) hear, learn; examine, interrogate; ~lich *adj.* audible, distinct; 2ung *ʒʒ f* (-/-en) interrogation, questioning; examination.

ver'neig|en *v/refl. (no* -ge-, h) bow (vor *dat.* to); 2ung *f* bow.

verneinen [fɛr'naınən] *(no* -ge-, h) 1. *v/t.* answer in the negative; deny; 2. *v/i.* answer in the negative; ~end *adj.* negative; 2ung *f* (-/-en) negation; denial; *gr.* negative.

vernicht|en [fɛr'niçtən] *v/t. (no* -ge-, h) annihilate; destroy; dash *(hopes)*; ~end *adj.* destructive *(a. fig.)*; *look:* withering; *criticism:* scathing; *defeat, reply:* crushing; 2ung *f* (-/‰ -en) annihilation; destruction.

ver|nickeln [fɛr'nikəln] *v/t. (no* -ge-, h) nickel(-plate); ~'nieten *v/t. (no* -ge-, h) rivet.

Vernunft [fɛr'nunft] *f* (-/no *pl.*) reason; ~ annehmen listen to or hear reason; *j-n zur* ~ bringen bring s.o. to reason or to his senses.

vernünftig *adj.* [fɛr'nynftiç] rational; reasonable; sensible.

ver'öden *(no* -ge-) 1. *v/t.* (h) make

desolate; 2. *v/i.* (sein) become desolate.

ver'öffentlich|en *v/t. (no* -ge-, h) publish; 2ung *f* (-/-en) publication.

ver'ordn|en *v/t. (no* -ge-, h) decree; order *(a. ʒʒ*); *ʒ* prescribe (*j-m* to or for s.o.); 2ung *f* decree, order; *ʒ* prescription.

ver'pachten *v/t. (no* -ge-, h) rent, ʒʒ lease *(building, land)*.

Ver'pächter *m* landlord, ʒʒ lessor.

ver'pack|en *v/t. (no* -ge-, h) pack (up); wrap up; 2ung *f* packing (material); wrapping.

ver|'passen *v/t. (no* -ge-, h) miss *(train, opportunity, etc.)*; ~patzen F [~'patsən] *v/t. (no* -ge-, h) s. verpfuschen; ~'pesten *v/t. (no* -ge-, h) *fumes:* contaminate *(the air)*; ~'pfänden *v/t. (no* -ge-, h) pawn, pledge *(a. fig.)*; mortgage.

ver'pflanz|en *v/t. (no* -ge-, h) transplant *(a. ʒ)*; 2ung *f* transplantation; *ʒ a.* transplant.

ver'pfleg|en *v/t. (no* -ge-, h) board; supply with food, victual; 2ung *f* (-/‰ -en) board; food-supply; provisions *pl.*

ver'pflicht|en *v/t. (no* -ge-, h) oblige; engage; 2ung *f* (-/-en) obligation, duty; ✝, ʒʒ liability; engagement, commitment.

ver'pfusch|en F *v/t. (no* -ge-, h) bungle, botch; make a mess of; ~t *adj. life:* ruined, wrecked.

ver|pönt *adj.* [fɛr'pøːnt] taboo; ~'prügeln F *v/t. (no* -ge-, h) thrash, flog, F wallop; ~'puffen *fig. v/i. (no* -ge-, sein) fizzle out.

Ver'putz △ *m* (-es/‰ -e) plaster; 2en △ *v/t. (no* -ge-, h) plaster.

ver|quicken [fɛr'kvikən] *v/t. (no* -ge-, h) mix up; ~'quollen *adj. wood:* warped; *face:* bloated; *eyes:* swollen; ~rammeln [~'raməln] *v/t. (no* -ge-, h) bar(ricade).

Verrat [fɛr'raːt] *m* (-[e]s/no *pl.*) betrayal *(an dat.* of); treachery (to); ʒʒ treason (to); 2en *v/t.* (irr. raten, *no* -ge-, h) betray, give s.o. away; give away *(secret)*; sich ~ betray o.s., give o.s. away.

Verräter [fɛr'rɛːtər] *m* (-s/-) traitor *(an dat.* to); 2isch *adj.* treacherous; *fig.* telltale.

ver'rechn|en *v/t. (no* -ge-, h) reckon up; charge; settle; set off *(mit* against); account for; ~ *mit* offset against; sich ~ miscalculate, make a mistake *(a. fig.)*; *fig.* be mistaken; sich um e-e Mark ~ be one mark out; 2ung *f* settlement; clearing; booking or charging *(to account)*; 2ungsscheck *m* collection-only cheque or *Am.* check.

ver'regnet *adj.* rainy, rain-spoilt.

ver'reis|en *v/i. (no* -ge-, sein) go on a journey; ~t *adj.* out of town; *(geschäftlich)* ~ away *(on business)*.

**verrenk|en** [fɛr'rɛŋkən] v/t. (no -ge-, h) 𝓈: wrench; dislocate, luxate; sich et. ~ 𝓈 dislocate or luxate s.th.; sich den Hals ~ crane one's neck; ℒung 𝓈 f (-/-en) dislocation, luxation.

**ver|'richten** v/t. (no -ge-, h) do, perform; execute; sein Gebet ~ say one's prayer(s); ~'riegeln v/t. (no -ge-, h) bolt, bar.

**verringer|n** [fɛr'riŋərn] v/t. (no -ge-, h) diminish, lessen; reduce, cut; sich ~ diminish, lessen; ℒung f (-/-en) diminution; reduction, cut.

**ver|'rosten** v/i. (no -ge-, sein) rust; ~rotten [~'rɔtən] v/i. (no -ge-, sein) rot.

**ver'rück|en** v/t. (no -ge-, h) displace, (re)move, shift; ~t adj. mad, crazy (both a. fig.: nach about); wie ~ like mad; j-n ~ machen drive s.o. mad; ℒte (-n/-n) 1. m lunatic, madman; 2. f lunatic, madwoman; ℒtheit f (-/-en) madness; foolish action; craze.

**Ver'ruf** m (-[e]s/no pl.): in ~ bringen bring discredit (up)on; in ~ kommen get into discredit; ℒen adj. ill-reputed, ill-famed.

**ver'rutschen** v/i. (no -ge-, sein) slip; ~t adj. not straight.

**Vers** [fɛrs] m (-es/-e) verse.

**ver'sagen** 1. v/t. (no -ge-, h) refuse, deny (j-m et. s.o. s.th.); sich et. ~ deny o.s. s.th.; 2. v/i. (no -ge-, h) fail, break down; gun: misfire; 3. ℒ n (-s/no pl.) failure. [ure.]

**Ver'sager** m (-s/-) misfire; p. fail-]

**ver'salzen** v/t. ([irr. salzen,] no -ge-, h) oversalt; F fig. spoil.

**ver'samm|eln** v/t. (no -ge-, h) assemble; sich ~ assemble, meet; ℒlung f assembly, meeting.

**Versand** [fɛr'zant] m (-[e]s/no pl.) dispatch, Am. a. shipment; mailing; ~ ins Ausland a. export(ation); ~abteilung f forwarding department; ~geschäft n, ~haus n mail-order business or firm or house.

**ver'säum|en** v/t. (no -ge-, h) neglect (one's duty, etc.); miss (opportunity, etc.); lose (time, etc.); ~ zu inf. fail or omit to inf.; ℒnis n (-ses/-se) neglect, omission, failure.

**ver|'schachern** F v/t. (no -ge-, h) barter (away); ~'schaffen v/t. (no -ge-, h) procure, get; sich ~ obtain, get; raise (money); sich Respekt ~ make o.s. respected; ~'schämt adj. bashful; ~'schanzen v/refl. (no -ge-, h) entrench o.s.; sich ~ hinter (dat.) (take) shelter behind; ~'schärfen v/t. (no -ge-, h) heighten, intensify; aggravate; sich ~ get worse; ~'scheiden v/i. (irr. scheiden, no -ge-, sein) pass away; ~'schenken v/t. (no -ge-, h) give s.th. away; make a present of; ~'scherzen v/t. and v/refl. (no

-ge-, h) forfeit; ~'scheuchen v/t. (no -ge-, h) frighten or scare away; fig. banish; ~'schicken v/t. (no -ge-, h) send (away), dispatch, forward.

**ver'schieb|en** v/t. (irr. schieben, no -ge-, h) displace, shift, (re)move; 🅖 shunt; put off, postpone; F fig. † sell underhand; sich ~ shift; ℒung f (shift(ing); postponement.

**verschieden** adj. [fɛr'ʃiːdən] different (von from); dissimilar, unlike; aus ~en Gründen for various or several reasons; Verschiedenes various things pl., esp. † sundries pl.; ~artig adj. of a different kind, various; ℒheit f (-/-en) difference; diversity, variety; ~tlich adv. repeatedly; at times.

**ver'schiff|en** v/t. (no -ge-, h) ship; ℒung f (-/⚓-en) shipment.

**ver|'schimmeln** v/i. (no -ge-, sein) get mo(u)ldy, Am. mo(u)ld; ~'schlafen 1. v/t. (irr. schlafen, no -ge-, h) miss by sleeping; sleep (afternoon, etc.) away; sleep off (headache, etc.); 2. v/i. (irr. schlafen, no -ge-, h) oversleep (o.s.); 3. adj. sleepy, drowsy.

**Ver'schlag** m shed; box; crate; ℒen [~gən] 1. v/t. (irr. schlagen, no -ge-, h) board up; nail up; es verschlug ihm die Sprache it dum(b)-founded him; 2. adj. cunning; eyes: a. shifty; ~enheit f (-/no pl.) cunning.

**verschlechter|n** [fɛr'ʃlɛçtərn] v/t. (no -ge-, h) deteriorate, make worse; sich ~ deteriorate, get worse; ℒung f (-/⚓-en) deterioration; change for the worse.

**ver'schleiern** v/t. (no -ge-, h) veil (a. fig.).

**Verschleiß** [fɛr'ʃlaɪs] m (-es/⚓ -e) wear (and tear); ℒen v/t. ([irr..,] no -ge-, h) wear out.

**ver|'schleppen** v/t. (no -ge-, h) carry off; pol. displace (person); abduct, kidnap; delay, protract; neglect (disease); ~'schleudern v/t. (no -ge-, h) dissipate, waste; † sell at a loss, sell dirt-cheap; ~'schließen v/t. (irr. schließen, no -ge-, h) shut, close; lock (door); lock up (house).

**verschlimmern** [fɛr'ʃlɪmərn] v/t. (no -ge-, h) make worse, aggravate; sich ~ get worse.

**ver'schling|en** v/t. (irr. schlingen, no -ge-, h) devour; wolf (down) (one's food); intertwine, entwine, interlace; sich ~ intertwine, entwine, interlace.

**verschli|ß** [fɛr'ʃlɪs] pret. of verschleißen; ~ssen [~sən] p.p. of verschleißen.

**verschlossen** adj. [fɛr'ʃlɔsən] closed, shut; fig. reserved; ℒheit f (-/no pl.) reserve.

ver'schlucken v/t. (no -ge-, h) swallow (up); sich ~ swallow the wrong way.

Ver'schluß m lock; clasp; lid; plug; stopper (of bottle); seal; fastener, fastening; phot. shutter; unter ~ under lock and key.

ver|'schmachten v/i. (no -ge-, sein) languish, pine away; vor Durst ~ die or be dying of thirst, be parched with thirst; ~'schmähen v/t. (no -ge-, h) disdain, scorn.

ver'schmelz|en (irr. schmelzen, no -ge-) v/t. (h) and v/i. (sein) melt, fuse (a. fig.); blend; fig.: amalgamate; merge (mit in, into); 2ung f (-/~-en) fusion; ✝ merger; fig. amalgamation.

ver|'schmerzen v/t. (no -ge-, h) get over (the loss of); ~'schmieren v/t. (no -ge-, h) smear (over); blur; ~schmitzt adj. [~'ʃmitst] cunning, roguish; arch; ~'schmutzen (no -ge-) 1. v/t. (h) soil, dirty; pollute (water); 2. v/i. (sein) get dirty; ~'schnaufen F v/i. and v/refl. (no -ge-, h) stop for breath; ~'schneiden v/t. (irr. schneiden, no -ge-, h) cut badly; blend (wine, etc.); geld, castrate; ~'schneit adj. covered with snow; mountains: a. snow-capped; roofs: a. snow-covered.

Ver'schnitt m (-[e]s/no pl.) blend.

ver'schnupf|en F fig. v/t. (no -ge-, h) nettle, pique; ~t ⚕ adj.: ~ sein have a cold.

ver|'schnüren v/t. (no -ge-, h) tie up, cord; ~schollen adj. [~'ʃɔlən] not heard of again; missing; ⚔ presumed dead; ~'schonen v/t. (no -ge-, h) spare; j-n mit et. ~ spare s.o. s.th.

verschöne|(r)n [fɛr'ʃøːnə(r)n] v/t. (no -ge-, h) embellish, beautify; 2rung f (-/-en) embellishment.

ver|schossen adj. [fɛr'ʃɔsən] colour: faded; F ~ sein in (acc.) be madly in love with; ~'schränken [~'ʃrɛŋkən] v/t. (no -ge-, h) cross, fold (one's arms).

ver'schreib|en v/t. (irr. schreiben, no -ge-, h) use up (in writing); ⚕ prescribe (j-m for s.o.); ⚖ assign (j-m to s.o.); sich ~ make a slip of the pen; sich e-r Sache ~ devote o.s. to s.th.; 2ung f (-/-en) assignment; prescription.

ver|schroben adj. [fɛr'ʃroːbən] eccentric, queer, odd; ~'schrotten v/t. (no -ge-, h) scrap; ~schüchtert adj. [~'ʃʏçtərt] intimidated.

ver'schulden 1. v/t. (no -ge-, h) be guilty of; be the cause of; 2. 2 n (-s/no pl.) fault.

ver|'schuldet adj. indebted, in debt; ~'schütten v/t. (no -ge-, h) spill (liquid); block (up) (road); bury s.o. alive; ~schwägert adj. [~'ʃvɛːgərt] related by marriage;

~'schweigen v/t. (irr. schweigen, no -ge-, h) conceal (j-m et. s.th. from s.o.).

verschwend|en [fɛr'ʃvɛndən] v/t. (no -ge-, h) waste, squander (an acc. on); lavish (on); 2er m (-s/-) spendthrift, prodigal; ~erisch adj. prodigal, lavish (both: mit of); wasteful; 2ung f (-/~-en) waste; extravagance.

verschwiegen adj. [fɛr'ʃviːgən] discreet; place: secret, secluded; 2heit f (-/no pl.) discretion; secrecy.

ver|'schwimmen v/i. (irr. schwimmen, no -ge-, sein) become indistinct or blurred; ~'schwinden v/i. (irr. schwinden, no -ge-, sein) disappear, vanish; F verschwinde! go away!; sl. beat it!; 2'schwinden n (-s/no pl.) disappearance; ~schwommen adj. [~'ʃvɔmən] vague (a. fig.); blurred; fig. woolly.

ver'schwör|en v/refl. (irr. schwören, no -ge-, h) conspire; 2er m (-s/-) conspirator; 2ung f (-/-en) conspiracy, plot.

ver'sehen 1. v/t. (irr. sehen, no -ge-, h) fill (an office); look after (house, etc.); mit et. ~ furnish or supply with; sich ~ make a mistake; ehe man sich's versieht all of a sudden; 2. 2 n (-s/-) oversight, mistake, slip; aus ~ = ~tlich adv. by mistake; inadvertently.

Versehrte [fɛr'zeːrtə] m (-n/-n) disabled person.

ver'send|en v/t. ([irr. senden,] no -ge-, h) send, dispatch, forward, Am. ship; by water: ship; ins Ausland ~ a. export; 2ung f (-/~-en) dispatch, shipment, forwarding.

ver|'sengen v/t. (no -ge-, h) singe, scorch; ~'senken v/t. (no -ge-, h) sink; sich ~ in (acc.) immerse o.s. in; ~sessen adj. [~'zɛsən]: ~ auf (acc.) bent on, mad after.

ver'setz|en v/t. (no -ge-, h) displace, remove; transfer (officer); at school: remove, move up, Am. promote; transplant (tree, etc.); pawn, pledge; F fig. stand (lover, etc.) up; ~ in (acc.) put or place into (situation, condition); j-m e-n Schlag ~ give or deal s.o. a blow; in Angst ~ frighten or terrify s.o.; in den Ruhestand ~ pension s.o. off, retire s.o.; versetzt werden be transferred; at school: go up; Sie sich in m-e Lage put or place yourself in my position; Wein mit Wasser ~ mix wine with water, add water to wine; et. ~ reply s.th.; 2ung f (-/-en) removal; transfer; at school: remove, Am. promotion.

ver'seuch|en v/t. (no -ge-, h) infect; contaminate; 2ung f (-/~-en) infection; contamination.

ver'sicher|n v/t. (no -ge-, h) assure

(a. one's life); protest, affirm; insure (one's property or life); sich ~
insure or assure o.s.; sich ~ (, daß)
make sure (that); 2te m, f (-n/-n)
insurant, the insured or assured,
policy-holder; 2ung f assurance,
affirmation; insurance; (life-)assur-
ance; insurance company.

**Ver'sicherungs|gesellschaft** f in-
surance company; ~police f, ~
schein m policy of assurance, insurance policy.

**ver'|sickern** v/i. (no -ge-, sein)
trickle away; ~'siegeln v/t. (no
-ge-, h) seal (up); ~'siegen v/i. (no
-ge-, sein) dry up, run dry; ~'silbern v/t. (no -ge-, h) silver; F fig.
realize, convert into cash; ~
'sinken v/i. (irr. sinken, no -ge-,
sein) sink; s. versunken; ~'sinn-
bildlichen v/t. (no -ge-, h) sym-
bolize.

**Version** [ver'zjo:n] f (-/-en) version.
**'Versmaß** n met|re, Am. -er.

**ver söhn|en** [fer'zø:nən] v/t. (no
-ge-, h) reconcile (mit to, with);
sich (wieder) ~ become reconciled;
~lich adj. conciliatory; 2ung f
(-/~-en) reconciliation.

**ver'sorg|en** v/t. (no -ge-, h) pro-
vide (mit with), supply (with);
take care of, look after; ~t adj. [-kt]
provided for; 2ung f (-/-en)
providing (mit with), supplying
(with); supply, provision.

**ver'spät|en** v/refl. (no -ge-, h) be
late; ~et adj. belated, late, Am.
tardy; 2ung f (-/-en) lateness, Am.
tardiness; ~ haben be late; mit 2
Stunden ~ two hours behind
schedule.

**ver'|speisen** v/t. (no -ge-, h) eat
(up); ~'sperren v/t. (no -ge-, h)
lock (up); bar, block (up), obstruct
(a. view); ~'spielen v/t. (no -ge-, h)
at cards, etc.: lose (money); ~'spielt
adj. playful; ~'spotten v/t. (no
-ge-, h) scoff at, mock (at), deride,
ridicule; ~'sprechen v/t. (irr.
sprechen, no -ge-, h) promise; sich
~ make a mistake in speaking; sich
viel ~ von expect much of; 2'sprechen n (-s/~-) promise; ~'sprühen v/t. (no -ge-, h) spray; ~'spüren v/t. (no -ge-, h) feel; perceive,
be conscious of.

**ver'staatlich|en** v/t. (no -ge-, h)
nationalize; 2ung f (-/~-en) na-
tionalization.

**Verstand** [fer'ʃtant] m (-[e]s/no pl.)
understanding; intelligence, intellect, brains pl.; mind, wits pl.;
reason; (common) sense.

**Verstandes|kraft** [fer'ʃtandəs-] f
intellectual power or faculty; 2-
mäßig adj. rational; intellectual;
~mensch m matter-of-fact person.

**verständ|ig** adj. [fer'ʃtendiç] intel-
ligent; reasonable, sensible; judi-

cious; ~igen [~gən] v/t. (no -ge-, h)
inform (von of), notify (of); sich
mit j-m ~ make o.s. understood to
s.o.; come to an understanding
with s.o.; 2igung [-guŋ] f (-/~-en)
information; understanding, agreement; teleph. communication; ~lich
adj. [~tliç] intelligible; understand-
able; j-m et. ~ machen make s.th.
clear to s.o.; sich ~ machen make
o.s. understood.

**Verständnis** [fer'ʃtentnis] n (-ses/~
-se) comprehension, understanding; insight; appreciation (für of);
~ haben für appreciate; 2los adj.
uncomprehending; look, etc.: blank;
unappreciative; 2voll adj. understanding; appreciative; sympathet-
ic; look: knowing.

**ver'stärk|en** v/t. (no -ge-, h)
strengthen, reinforce (a. ⊕, ⊗);
amplify (radio signals, etc.); intensify; 2er m (-s/-) in radio, etc.: am-
plifier; 2ung f (-/~-en) strengthening, reinforcement (a. ⊗); am-
plification; intensification.

**ver'stäub|en** v/i. (no -ge-, sein) get
dusty; ~t adj. [-pt] dusty.

**ver'stauch|en** ⚕ v/t. (no -ge-, h)
sprain; sich den Fuß ~ sprain one's
foot; 2ung f (-/-en) sprain.

**ver'stauen** v/t. (no -ge-, h) stow
away.

**Versteck** [fer'ʃtek] n (-[e]s/-e) hiding-place; for gangsters, etc.: Am.
F a. hide-out; ~ spielen play at
hide-and-seek; 2en v/t. (no -ge-, h)
hide, conceal; sich ~ hide.

**ver'stehen** v/t. (irr. stehen, no -ge-,
h) understand, see, F get; comprehend; realize; know (language); es
~ zu inf. know how to inf.; Spaß ~
take a joke; zu ~ geben intimate;
~ Sie? do you see?; ich ~! I see!;
verstanden? (do you) understand?,
F (do you) get me?; falsch ~ misunderstand; ~ Sie mich recht!
don't misunderstand me!; was ~
Sie unter (dat.)? what do you
mean or understand by ...?; er
versteht et. davon he knows a
thing or two about it; sich ~ understand one another; sich ~ auf (acc.)
know well, be an expert at or in;
sich mit j-m gut ~ get on well with
s.o.; es versteht sich von selbst it
goes without saying.

**ver'steifen** v/t. (no -ge-, h) ⊕
strut, brace; stiffen; sich ~ stiffen;
sich ~ auf (acc.) make a point of,
insist on.

**ver'steiger|n** v/t. (no -ge-, h) (sell
by or Am. at) auction; 2ung f (sale
by or Am. at) auction, auction-sale.

**ver'steinern** (no -ge-) v/t. (h) and
v/i. (sein) turn into stone, petrify
(both a. fig.).

**ver'stell|bar** adj. adjustable; ~en
v/t. (no -ge-, h) shift; adjust; dis-

arrange; bar, block (up), obstruct; disguise (*voice, etc.*); sich ~ play *or* act a part; dissemble, feign; 2ung *f* (-/%-en) disguise; dissimulation.

ver|'steuern *v/t.* (*no* -ge-, *h*) pay duty *or* tax on; **stiegen** *fig. adj.* [.'fti:gən] eccentric.

ver'stimm|en *v/t.* (*no* -ge-, *h*) put out of tune; *fig.* put out of humo(u)r; **t** *adj.* out of tune; *fig.* out of humo(u)r, F cross; 2ung *f* ill humo(u)r; disagreement; ill feeling.

ver'stockt *adj.* stubborn, obdurate; 2heit *f* (-/*no pl.*) obduracy.

verstohlen *adj.* [fer'fto:lən] furtive.

ver'stopf|en *v/t.* (*no* -ge-, *h*) stop (up); clog, block (up), obstruct; jam, block (*passage, street*); *§* constipate; 2ung *§ f* (-/%-en) constipation.

verstorben *adj.* [fer'ftorbən] late, deceased; 2e *m, f* (-*n*/-*n*) *the* deceased, Am. *§* *a.* decedent; die *~n pl.* the deceased *pl.*, the departed *pl.*

ver'stört *adj.* scared; distracted, bewildered; 2heit *f* (-/*no pl.*) distraction, bewilderment.

Ver'stoß *m* offen|ce, *Am.* -se; contravention (*gegen of law*); infringement (on *trade name, etc.*); blunder; 2en (*irr.* stoßen, *no* -ge-, *h*) 1. *v/t.* expel (*aus* from); repudiate, disown (*wife, child, etc.*); 2. *v/i.*: ~ gegen offend against; contravene (*law*); infringe (*rule, etc.*).

ver|'streichen (*irr.* streichen, *no* -ge-) 1. *v/i.* (sein) *time:* pass, elapse; expire; 2. *v/t.* (*h*) spread (*butter, etc.*); .'streuen *v/t.* (*no* -ge-, *h*) scatter.

verstümmel|n [fer'ftymln] *v/t.* (*no* -ge-, *h*) mutilate; garble (*text, etc.*); 2ung *f* (-/-en) mutilation.

ver'stummen *v/i.* (*no* -ge-, sein) grow silent *or* dumb.

Verstümmlung [fer'ftymluŋ] *f* (-/-/) mutilation.

Versuch [fer'zu:x] *m* (-[e]s/-e) attempt, trial; *phys., etc.:* experiment; e-n ~ machen mit give *s.o.* *or* *s.th.* a trial; try one's hand at *s.th.*, have a go at *s.th.*; 2en *v/t.* (*no* -ge-, *h*) try, attempt; taste; *j-n* ~ tempt *s.o.*; es ~ mit give *s.o.* *or* *s.th.* a trial.

Ver'suchs|anstalt *f* research institute; **kaninchen** *fig. n* guinea-pig; 2weise *adv.* by way of trial *or* (an) experiment; on trial; **zweck** *m:* zu ~en *pl.* for experimental purposes *pl.*

Ver'suchung *f* (-/-en) temptation; *j-n in* ~ bringen tempt *s.o.*; *in* ~ sein be tempted.

ver|'sündigen *v/refl.* (*no* -ge-, *h*) sin (*an dat.* against); **sunken** *fig. adj.* [.'zuŋkən]: ~ in (*acc.*) absorbed

*or* lost in; .'süßen *v/t.* (*no* -ge-, *h*) sweeten.

ver'tag|en *v/t.* (*no* -ge-, *h*) adjourn; *parl.* prorogue; sich ~ adjourn, *Am. a.* recess; 2ung *f* adjournment; *parl.* prorogation.

ver'tauschen *v/t.* (*no* -ge-, *h*) exchange (*mit* for).

verteidig|en [fer'taidigən] *v/t.* (*no* -ge-, *h*) defend; sich ~ defend o.s.; 2er *m* (-s/-) defender; *§§, fig.* advocate; *§§* counsel for the defen|ce, *Am.* -se, *Am.* attorney for the defendant *or* defense; *football:* fullback; 2ung *f* (-/%-en) defen|ce, *Am.* -se.

Ver'teidigungs|bündnis *n* defensive alliance; **minister** *m* minister of defence; *Brt.* Minister of Defence, *Am.* Secretary of Defense; **ministerium** *n* ministry of defence; *Brt.* Ministry of Defence, *Am.* Department of Defense.

ver'teil|en *v/t.* (*no* -ge-, *h*) distribute; spread (*colour, etc.*); 2er *m* (-s/-) distributor; 2ung *f* (-/%-en) distribution.

ver'teuern *v/t.* (*no* -ge-, *h*) raise *or* increase the price of.

ver'tief|en *v/t.* (*no* -ge-, *h*) deepen (*a. fig.*); sich ~ deepen; sich ~ in (*acc.*) plunge in(to); become absorbed in; 2ung *f* (-/-en) hollow, cavity; recess.

vertikal *adj.* [verti'ka:l] vertical.

ver'tilg|en *v/t.* (*no* -ge-, *h*) exterminate; F consume, eat (up) (*food*); 2ung *f* (-/%-en) extermination.

ver'tonen *♪ v/t.* (*no* -ge-, *h*) set to music.

Vertrag [fer'tra:k] *m* (-[e]s/-e) agreement, contract; *pol.* treaty; 2en [..gən] *v/t.* (*irr.* tragen, *no* -ge-, *h*) endure, bear, stand; diese Speise kann ich nicht ~ this food does not agree with me; sich ~ things: be compatible *or* consistent; colours: harmonize; *p.:* agree; get on with one another; sich wieder ~ be reconciled, make it up; 2lich [.klic] 1. *adj.* contractual, stipulated; 2. *adv.* as stipulated; ~ verpflichtet sein be bound by contract; sich ~ verpflichten contract (zu for *s.th.*; zu *inf.* to *inf.*).

verträglich *adj.* [fer'tra:klic] sociable.

Ver'trags|bruch *m* breach of contract; 2brüchig *adj.*: ~ werden commit a breach of contract; **entwurf** *m* draft agreement; **partner** *m* party to a contract.

ver'trauen 1. *v/i.* (*no* -ge-, *h*) trust (*j-m s.o.*); ~ auf (*acc.*) trust *or* confide in; 2. 2 *n* (-s/*no pl.*) confidence, trust; *im* ~ confidentially, between you and me; **erweckend** *adj.* inspiring confidence; promising.

Ver'trauens|bruch *m* breach *or*

betrayal of trust; ~frage *parl. f:*
die ~ stellen put the question of
confidence; ~mann *m* (-[e]s/=er,
Vertrauensleute) spokesman; shop-
steward; confidential agent; ~
sache *f: das ist ~ that is a matter
of confidence; ~stellung f position
of trust; 2voll *adj.* trustful, trusting; ~votum *parl. n* vote of confidence; 2würdig *adj.* trustworthy,
reliable.

ver'traulich *adj.* confidential, in
confidence; intimate, familiar; 2-
keit *f* (-/-en) confidence; intimacy,
familiarity.

ver'traut *adj.* intimate, familiar;
2e (-n/-n) 1. *m* confidant, intimate
friend; 2. *f* confidante, intimate
friend; 2heit *f* (-/~-en) familiarity.

ver'treib|en *v/t.* (*irr.* treiben, no
-ge-, h) drive away; expel (*aus
from*); turn out; † sell, distribute
(*goods*); *sich die Zeit ~* pass one's
time, kill time; 2ung *f* (-/~-en)
expulsion.

ver'tret|en *v/t.* (*irr.* treten, no -ge-,
h) represent (*s.o., firm, etc.*); substitute for *s.o.*; attend to, look after
(*s.o.'s interests*); hold (*view*); *parl.*
sit for (*borough*); answer for *s.th.*;
*j-s Sache ~ ## plead s.o.'s case or
cause*; *sich den Fuß ~* sprain one's
foot; F *sich die Beine ~* stretch
one's legs; 2er *m* (-s/-) representative; † *a.* agent; proxy, agent;
substitute, deputy; exponent; (sales)
representative; door-to-door salesman; commercial travel(l)er, *esp.
Am.* travel(l)ing salesman; 2ung *f*
(-/-en) representation (*a. pol.*); †
agency; *in office:* substitution; *in ~
by proxy; gen.:* acting for.

Vertrieb † [fer'tri:p] *m* (-[e]s/-e)
sale; distribution; ~ene [~bənə] *m,f*
(-n/-n) expellee.

ver'trocknen *v/i.* (no -ge-, sein)
dry up; ~'trödeln F *v/t.* (no -ge-, h)
dawdle away, waste (*time*); ~'trösten *v/t.* (no -ge-, h) put off; ~'tu-
schen F *v/t.* (no -ge-, h) hush up;
~'übeln *v/t.* (no -ge-, h) take *s.th.*
amiss; ~'üben *v/t.* (no -ge-, h) commit, perpetrate.

ver'unglück|en *v/i.* (no -ge-, sein)
meet with *or* have an accident; F
*fig.* fail, go wrong; *tödlich ~* be
killed in an accident; 2te *m,f* (-n/-n)
casualty.

verun|reinigen [fer'unraɪnɪgən]
*v/t.* (no -ge-, h) soil, dirty; defile;
contaminate (*air*); pollute (*water*);
~stalten [~ʃtaltən] *v/t.* (no -ge-, h)
disfigure.

ver'untreu|en *v/t.* (no -ge-, h) em-
bezzle; 2ung *f* (-/-en) embezzle-
ment.

ver'ursachen *v/t.* (no -ge-, h) cause.

ver'urteil|en *v/t.* (no -ge-, h) con-
demn (*zu to*) (*a. fig.*), sentence (*to*);

convict (*wegen of*); 2te *m, f* (-n/-n)
convict; 2ung *f* (-/-en) condemna-
tion (*a. fig.*), conviction.

ver|vielfältigen [fer'fi:lfɛltɪgən] *v/t.*
(no -ge-, h) manifold; ~vollkomm-
nen [~'fɔlkɔmnən] *v/t.* (no -ge-, h)
perfect; 2te m. ~ perfect o.s.

vervollständig|en[fer'fɔlʃtɛndɪgən]
*v/t.* (no -ge-, h) complete; 2ung *f*
(-/~-en) completion.

ver|'wachsen 1. *v/i.* (*irr.* wachsen,
no -ge-, sein): miteinander ~ grow
together; 2. *adj.* deformed; ##
humpbacked, hunchbacked; ~
'wackeln *phot. v/t.* (no -ge-, h)
blur.

ver'wahr|en *v/t.* (no -ge-, h) keep;
*sich ~ gegen* protest against; ~lost
*adj.* [~lo:st] *child, garden, etc.:*
uncared-for, neglected; degenerate;
2ung *f* keeping; charge; custody;
*fig.* protest; *j-m et. in ~ geben* give
*s.th. into s.o.'s charge; in ~ nehmen
take charge of.

verwaist *adj.* [fer'vaɪst] orphan(ed);
*fig.* deserted.

ver'walt|en *v/t.* (no -ge-, h) ad-
minister, manage; 2er *m* (-s/-) administrator, manager; steward (*of
estate*); 2ung *f* (-/-en) administration; management.

ver'wand|eln *v/t.* (no -ge-, h)
change, turn, transform; *sich ~
change* (*all: in acc. into*); 2lung *f*
(-/-en) change; transformation.

verwandt *adj.* [fer'vant] related
(*mit to*); *languages, tribes, etc.:*
kindred; *languages, sciences:* cognate (*with*); *pred.* akin (*to*) (*a. fig.*);
2e *m, f* (-n/-n) relative, relation;
2schaft *f* (-/-en) relationship; relations *pl.; geistige ~* congeniality.

ver'warn|en *v/t.* (no -ge-, h) cau-
tion; 2ung *f* caution.

ver'wässern *v/t.* (no -ge-, h) water
(down), dilute; *fig.* water down,
dilute.

ver'wechs|eln *v/t.* (no -ge-, h)
mistake (*mit for*); confound, mix
up, confuse (*all: with* *with*); 2(e)-
lung *f* (-/-en) mistake; confusion.

verwegen *adj.* [fer've:gən] daring,
bold, audacious; 2heit *f* (-/~-en)
boldness, audacity, daring.

ver|'wehren *v/t.* (no -ge-, h): *j-m
et. ~* (de)bar s.o. from (doing) s.th.;
*den Zutritt ~* deny *or* refuse admittance (*zu to*); ~weichlicht *adj.* effeminate, soft.

ver'weiger|n *v/t.* (no -ge-, h) deny,
refuse; disobey (*order*); 2ung *f*
denial, refusal.

ver'weilen *v/i.* (no -ge-, h) stay,
linger; *bei et. ~* dwell (up)on s.th.

Verweis [fer'vaɪs] *m* (-es/-e) reprimand; rebuke, reproof; reference
(*auf acc. to*); 2en [~zən] *v/t.* (*irr.*
weisen, no -ge-, h): *j-n des Landes ~
expel s.o. from Germany, etc.;*

*j-m et.* ~ reprimand s.o. for s.th.; *j-n* ~ *auf (acc.)* or *an (acc.)* refer s.o. to.

ver'welk|en *v/i.* (*no -ge-,* sein) fade, wither (up).

ver'wend|en *v/t.* ([*irr.* wenden,] *no -ge-,* h) employ, use; apply (*für* for); spend (*time, etc.*) (*auf acc.* on); *sich bei j-m* ~ *für* intercede with s.o. for; spend *f* (-/~ -en) use, employment; application; *keine* ~ *haben für* have no use for.

ver'werf|en *v/t.* (*irr.* werfen, *no -ge-,* h) reject; ₤₤ quash (*verdict*); ~lich *adj.* abominable.

ver'werten *v/t.* (*no -ge-,* h) turn to account, utilize.

verwes|en [fɛr'veːzən] *v/i.* (*no -ge-,* sein) rot, decay; spend *f* (-/~ -en) decay.

ver'wick|eln *v/t.* (*no -ge-,* h) entangle (*in acc.* in); *sich* ~ entangle o.s. (*in*) (*a. fig.*); ~elt *fig. adj.* complicated; spend(e)lung *f* (-/-en) entanglement; *fig. a.* complication.

ver'wilder|n *v/i.* (*no -ge-,* sein) run wild; ~t *adj.* garden, *etc.*: uncultivated, weed-grown; *fig.* wild, unruly.

ver'winden *v/t.* (*irr.* winden, *no -ge-,* h) get over *s.th.*

ver'wirklich|en *v/t.* (*no -ge-,* h) realize; *sich* ~ be realized, *esp. Am.* materialize; come true; spend *f* (-/~ -en) realization.

ver'wirr|en *v/t.* (*no -ge-,* h) entangle; *j-n* ~ confuse s.o.; embarrass s.o.; ~t *fig. adj.* confused; embarrassed; spend *fig. f* (-/-en) confusion.

ver'wischen *v/t.* (*no -ge-,* h) wipe or blot out; efface (*a. fig.*); blur, obscure; cover up (*one's tracks*).

ver'witter|n *geol. v/i.* (*no -ge-,* sein) weather; ~t *adj. geol.* weathered; weather-beaten (*a. fig.*).

ver'witwet *adj.* widowed.

verwöhn|en [fɛr'vøːnən] *v/t.* (*no -ge-,* h) spoil; ~t *adj.* fastidious, particular.

verworren *adj.* [fɛr'vɔrən] *ideas, etc.*: confused; *situation, plot*: intricate.

verwund|bar *adj.* [fɛr'vuntbaːr] vulnerable (*a. fig.*); ~en [~dən] *v/t.* (*no -ge-,* h) wound.

ver'wunder|lich *adj.* astonishing; spend *f* (-/~ -en) astonishment.

Ver'wund|ete ⚔ *m* (-n/-n) wounded (soldier), casualty; ~ung *f* (-/-en) wound, injury.

ver'wünsch|en *v/t.* (*no -ge-,* h) curse; spend *f* (-/-en) curse.

ver'wüst|en *v/t.* (*no -ge-,* h) lay waste, devastate, ravage (*a. fig.*); spend *f* (-/-en) devastation, ravage.

verzag|en [fɛr'tsaːgən] *v/i.* (*no -ge-,* h) despond (*an dat.* of); ~t *adj.* [~kt] despondent; spend *theit* [~kt-] *f* (-/*no pl.*) despondenc|e, -cy.

ver|'zählen *v/refl.* (*no -ge-,* h) miscount; ~zärteln [~'tsɛːrtəln] *v/t.* (*no -ge-,* h) coddle, pamper; ~'zaubern *v/t.* (*no -ge-,* h) bewitch, enchant, charm; ~'zehren *v/t.* (*no -ge-,* h) consume (*a. fig.*).

ver'zeichn|en *v/t.* (*no -ge-,* h) note down; record; list; *fig.* distort; ~ *können, zu* ~ *haben* score (*success, etc.*); ~et *paint. adj.* out of drawing; spend *n* (-ses/-se) list, catalog(ue); register; inventory; index (*of book*); table, schedule.

verzeih|en [fɛr'tsaɪən] (*irr., no -ge-,* h) **1.** *v/i.* pardon, forgive; ~ *Sie!* I beg your pardon!; excuse me!; sorry!; **2.** *v/t.* pardon, forgive (*j-m et. s.o. s.th.*); ~lich *adj.* pardonable, venial; spend *f* (-/*no pl.*) pardon; ~! I beg your pardon!, sorry!

ver'zerr|en *v/t.* (*no -ge-,* h) distort; *sich* ~ become distorted; spend *f* distortion.

ver'zetteln *v/t.* (*no -ge-,* h) enter on cards; *sich* ~ fritter away one's energies.

Verzicht [fɛr'tsɪçt] *m* (-[e]s/-e) renunciation (*auf acc.* of); spend *v/i.* (*no -ge-,* h) renounce (*auf et. s.th.*); do without (*s.th.*).

verzieh [fɛr'tsiː] *pret.* of verzeihen.

ver'ziehen¹ (*irr.* ziehen, *no -ge-*) **1.** *v/i.* (sein) (re)move (*nach* to); **2.** *v/t.* (h) spoil (*child*); distort; *das Gesicht* ~ make a wry face, screw up one's face, grimace; *ohne e-e Miene zu* ~ without betraying the least emotion; *sich* ~ *wood*: warp; *crowd, clouds*: disperse; *storm, clouds*: blow over; F disappear.

ver'ziehen² *p.p.* of verzeihen.

ver'zier|en *v/t.* (*no -ge-,* h) adorn, decorate; spend *f* (-/-en) decoration, ornament.

verzins|en [fɛr'tsɪnzən] *v/t.* (*no -ge-,* h) pay interest on; *sich* ~ yield interest; spend *f* (-/~ -en) interest.

ver'zöger|n *v/t.* (*no -ge-,* h) delay, retard; *sich* ~ be delayed; spend *f* (-/-en) delay, retardation.

ver'zollen *v/t.* (*no -ge-,* h) pay duty on; *haben Sie et. zu* ~? have you anything to declare?

verzück|t *adj.* [fɛr'tsʏkt] ecstatic, enraptured; spend *f* (-/~ -en) ecstasy, rapture; *in* ~ *geraten* go into ecstasies (*wegen over*).

Ver'zug *m* (-[e]s/*no pl.*) delay; ↑ default; *in* ~ *geraten* ↑ come in default; *im* ~ *sein* (be in) default.

ver'zweif|eln *v/i.* (*no -ge-,* h, sein) despair (*an dat.* of); *es ist zum Ver-zweifeln* it is enough to drive one mad; ~elt *adj.* hopeless; desperate; spend *lung* [~lʊŋ] *f* (-/*no pl.*) despair; *j-n zur* ~ *bringen* drive s.o. to despair.

verzweig|en [fɛr'tsvaɪgən] *v/refl.* (*no -ge-,* h) ramify; *trees*: branch (out); *road*: branch; *business firm, etc.*: branch out; ℒ**ung** *f* (*-/-en*) ramification; branching.

**verzwickt** *adj.* [fer'tsvikt] intricate, complicated.

**Veteran** [vete'ra:n] *m* (*-en/-en*) ✗ veteran (*a. fig.*), ex-serviceman.

**Veterinär** [veteri'nɛ:r] *m* (*-s/-e*) veterinary (surgeon), F vet.

**Veto** ['ve:to] *n* (*-s/-s*) veto; *ein ~ einlegen gegen* put a veto on, veto *s.th.*

**Vetter** ['fetər] *m* (*-s/-n*) cousin; '~**nwirtschaft** *f* (*-/no pl.*) nepotism.

**vibrieren** [vi'bri:rən] *v/i.* (*no -ge-, h*) vibrate.

**Vieh** [fi:] *n* (*-[e]s/no pl.*) livestock, cattle; animal, brute, beast; F *fig.* brute, beast; '~**bestand** *m* livestock; '~**händler** *m* cattle-dealer; '~**hof** *m* stockyard; ℒ**isch** *adj.* bestial, beastly, brutal; '~**wagen** ⃞ *m* stock-car; '~**weide** *f* pasture; '~**zucht** *f* stock-farming, cattle-breeding; '~**züchter** *m* stock-breeder, stock-farmer, cattle-breeder, *Am. a.* rancher.

**viel** [fi:l] 1. *adj.* much; ~*e pl.* many; a lot (of), lots of; plenty of (*cake, money, room, time, etc.*); *das ~e Geld* all that money; *seine ~en Geschäfte pl.* his numerous affairs *pl.*; *sehr ~e pl.* a great many *pl.*; *ziemlich ~ a good deal of; ziemlich ~e pl.* a good many *pl.*; *~ zuviel* far too much; *sehr ~ a great or good deal*; 2. *adv.* much; *~ besser* much or a good deal or a lot better; *et. ~ lieber tun* prefer to do *s.th.*

**viel|beschäftigt** *adj.* ['fi:lbəʃɛftiçt] very busy; '~**deutig** *adj.* ambiguous; ~**erlei** *adj.* ['~ər'lai] of many kinds, many kinds of; multifarious; ~**fach** ['~fax] 1. *adj.* multiple; 2. *adv.* in many cases, frequently; ~**fältig** *adj.* ['~fɛltiç] multiple, manifold, multifarious; '~**leicht** *adv.* perhaps, maybe; ~**mals** *adv.* ['~ma:ls]: *ich danke Ihnen ~* many thanks, thank you very much; *sie läßt (dich) ~ grüßen* she sends you her kind regards; *ich bitte ~ um Entschuldigung* I am very sorry, I do beg your pardon; '~**mehr** *cj.* rather; '~**sagend** *adj.* significant, suggestive; ~**seitig** *adj.* ['~zaitiç] many-sided, versatile; '~**versprechend** *adj.* (very) promising.

**vier** *adj.* [fi:r] four; *zu ~t* four of us or them; *auf allen ~en* on all fours; *unter ~ Augen* confidentially, privately; *um halb ~* at half past three; '~**beinig** *adj.* four-legged; ℒ**eck** *n* square, quadrangle; '~**eckig** *adj.* square, quadrangular; ~**erlei** *adj.* ['~ər'lai] of four different kinds, four kinds of; ~**fach** ['~fax] fourfold; ~*e Ausfertigung* four copies; ℒ**füßer** *zo.* ['~fy:sər] *m* (*-s/-*) quadruped; ~**füßig** *adj.* ['~fy:siç]

four-footed; *zo.* quadruped; ℒ**füßler** *zo.* ['~fy:slər] *m* (*-s/-*) quadruped; ~**händig** *adj.* ['~hendiç]: ~ *spielen* play a duet; ~**jährig** *adj.* ['~jɛ:riç] four-year-old, of four; ℒ**linge** ['~liŋə] *m/pl.* quadruplets *pl.*, F quads *pl.*; '~**mal** *adv.* four times; ~**schrötig** *adj.* ['~ʃrøtiç] square-built, thickset; ~**seitig** *adj.* ['~zaitiç] four-sided; ℛ quadrilateral; ℒ**sitzer** *esp. mot. m* (*-s/-*) four-seater; ~**stöckig** *adj.* ['~ʃtœkiç] four-storeyed, four-storied; ℒ**takt-motor** *mot. m* four-stroke engine; '~**te** *adj.* fourth; '~**teilen** *v/t.* (*ge-, h*) quarter.

**Viertel** ['firtəl] *n* (*-s/-*) fourth (part); quarter; ~ *fünf, (ein) ~ nach vier* a quarter past four; *drei ~ vier* a quarter to four; '~**jahr** *n* three months *pl.*, quarter (of a year); ℒ**jährlich**, ℒ'**jährlich** 1. *adj.* quarterly; 2. *adv.* every three months, quarterly; '~**note** ♩ *f* crotchet, *Am. a.* quarter note; '~**pfund** *n*, ~**pfund** *n* quarter of a pound; '~**stunde** *f* quarter of an hour, *Am.* quarter hour.

**vier|tens** *adv.* ['fi:rtəns] fourthly; ℒ'**vierteltakt** ♩ *m* common time.

**vierzehn** *adj.* ['firtse:n] fourteen; ~ *Tage pl.* a fortnight, *Am.* two weeks *pl.*; '~**te** *adj.* fourteenth.

**vierzig** *adj.* ['firtsiç] forty; '~**ste** *adj.* fortieth.

**Vikar** *eccl.* [vi'ka:r] *m* (*-s/-e*) curate; vicar.

**Villa** ['vila] *f* (*-/Villen*) villa.

**violett** *adj.* [vio'lɛt] violet.

**Violine** ♪ [vio'li:nə] *f* (*-/-n*) violin.

**Viper** *zo.* ['vi:pər] *f* (*-/-n*) viper.

**virtuos** *adj.* [virtu'o:s] masterly; ℒ**e** [~zə] *m* (*-n/-n*), ℒ**in** [~zin] *f* (*-/-nen*) virtuoso; ℒ**ität** [~ozi'tɛ:t] *f* (*-/no pl.*) virtuosity.

**Virus** ⚕ ['vi:rus] *n, m* (*-/Viren*) virus.

**Vision** [vi'zjo:n] *f* (*-/-en*) vision.

**Visitation** [vizita'tsjo:n] *f* (*-/-en*) search; inspection.

**Visite** ⚕ [vi'zi:tə] *f* (*-/-n*) visit; ~**nkarte** *f* visiting-card, *Am.* calling card.

**Visum** ['vi:zum] *n* (*-s/Visa, Visen*) visa, visé.

**Vitalität** [vitali'tɛ:t] *f* (*-/no pl.*) vitality.     [min.]

**Vitamin** [vita'mi:n] *n* (*-s/-e*) vita-]

**Vize|kanzler** ['fi:tsə-] *m* vice-chancellor; ~**könig** *m* viceroy; '~**konsul** *m* vice-consul; ~**präsident** *m* vice-president.

**Vogel** ['fo:gəl] *m* (*-s/⁓*) bird; F *e-n haben* have a bee in one's bonnet, *sl.* have bats in the belfry; *den ~ abschießen* carry off the prize, *Am. sl.* take the cake; '~**bauer** *n, m* (*-s/-*) bird-cage; '~**flinte** *f* fowling-piece; ℒ'**frei** *adj.* outlawed; '~**futter** *n* food for birds, bird-seed; '~**kunde**

*f* (-/*no pl.*) ornithology; '**～liebhaber** *m* bird-fancier; '**～nest** *n* bird's nest, bird-nest; '**～perspektive** *f* (-/*no pl.*), '**～schau** *f* (-/*no pl.*) bird's-eye view; '**～scheuche** *f* (-/-*n*) scarecrow (*a. fig.*); **～'StraußPolitik** *f* ostrich policy; **～ betreiben** hide one's head in the sand (like an ostrich); '**～warte** *f* ornithological station; '**～zug** *m* passage *or* migration of birds.

**Vokab|el** [vo'ka:bəl] *f* (-/-*n*) word; **～ular** [␣abu'la:r] *n* (-*s*/-*e*) vocabulary.

**Vokal** *ling.* [vo'ka:l] *m* (-*s*/-*e*) vowel.

**Volk** [fɔlk] *n* 1. (-[*e*]*s*/-*er*) people; nation; swarm (*of bees*); covey (*of partridges*); 2. (-[*e*]*s*/*no pl.*) populace, *the* common people; *contp. the* common *or* vulgar herd; *der Mann aus dem ～e* the man in the street *or Am.* on the street.

**Völker|bund** ['fœlkər-] *m* (-[*e*]*s*/*no pl.*) League of Nations; '**～kunde** *f* (-/*no pl.*) ethnology; '**～recht** *n* (-[*e*]*s*/*no pl.*) international law, law of nations; '**～wanderung** *f* age of national migrations.

'**Volks|abstimmung** *pol. f* plebiscite; '**～ausgabe** *f* popular edition (*of book*); '**～bücherei** *f* free *or* public library; '**～charakter** *m* national character; '**～dichter** *m* popular *or* national poet; '**～entscheid** *pol.* ['␣ɛntʃaɪt] *m* (-[*e*]*s*/-*e*) referendum; plebiscite; '**～fest** *n* fun fair, amusement park *or* grounds *pl.*; public merry-making; national festival; '**～gunst** *f* popularity; '**～herrschaft** *f* democracy; '**～hochschule** *f* adult education (courses *pl.*); '**～lied** *n* folk-song; '**～menge** *f* crowd (of people), multitude; '**～partei** *f* people's party; '**～republik** *f* people's republic; '**～schule** *f* elementary *or* primary school, *Am. a.* grade school; '**～schullehrer** *m* elementary *or* primary teacher, *Am.* grade teacher; '**～sprache** *f* vernacular; '**～stamm** *m* tribe, race; '**～stück** *thea. n* folk-play; '**～tanz** *m* folk-dance; '**～tracht** *f* national costume; **2tümlich** *adj.* ['␣ty:mlɪç] national; popular; '**～versammlung** *f* public meeting; '**～vertreter** *parl. m* deputy, representative; member of parliament; *Brt.* Member of Parliament, *Am.* Representative; '**～vertretung** *parl. f* representation of the people; parliament; '**～wirt** *m* (political) economist; '**～wirtschaft** *f* economics, political economy; **～wirtschaftler** ['␣tlər] *m* (-*s*/-) *s.* Volkswirt; '**～zählung** *f* census.

**voll** [fɔl] 1. *adj.* full; filled; whole, complete, entire; *figure, face:* full, round; *figure:* buxom; *～er Knospen* full of buds; *aus ～em Halse* at the top of one's voice; *aus ～em Herzen* from the bottom of one's heart; *in ～er Blüte* in full blossom; *in ～er Fahrt* at full speed; *mit ～en Händen* lavishly, liberally; *mit ～em Recht* with perfect right; *um das Unglück ～zumachen* to make things worse; 2. *adv.* fully, in full; *～ und ganz* fully, entirely; *j-n nicht für ～ ansehen or nehmen* have a poor opinion of s.o., think little of s.o.

'**voll|auf** *adv.*, **～'auf** *adv.* abundantly, amply, F plenty; '**～automatisch** *adj.* fully automatic; **2bad** *n* bath; **2bart** *m* beard; **2beschäftigung** *f* full employment; **2besitz** *m* full possession; **2blut(pferd)** *zo. n* thoroughbred (horse); '**～bringen** *v/t.* (*irr. bringen, no -ge-, h*) accomplish, achieve; perform; '**2dampf** *m* full steam; F: *mit ～ at or* in full blast; '**～enden** *v/t.* (*no -ge-, h*) finish, complete; '**～endet** *adj.* perfect; **～ends** *adv.* ['␣ɛnts] entirely, wholly, altogether; **2'endung** *f* (-/**%**-*en*) finishing, completion; *fig.* perfection.

**Völlerei** [fœlə'raɪ] *f* (-/**%**-*en*) gluttony.

**voll|'führen** *v/t.* (*no -ge-, h*) execute, carry out; '**～füllen** *v/t.* (*sep., -ge-, h*) fill (up); '**2gas** *mot. n:* ～ **geben** open the throttle; *mit ～* with the throttle full open; at full speed; **～gepfropft** *adj.* ['␣gəpfrɔpft] crammed, packed; '**～gießen** *v/t.* (*irr. gießen, sep., -ge-, h*) fill (up); '**2gummi** *n, m* solid rubber.

**völlig** *adj.* ['fœlɪç] entire, complete; *silence, calm, etc.:* dead.

**voll|jährig** *adj.* ['fɔljɛ:rɪç]: *～ sein* be of age; *～ werden* come of age; '**2jährigkeit** *f* (-/*no pl.*) majority; '**～kommen** *adj.* perfect; **2'kommenheit** *f* (-/**%**-*en*) perfection; '**2kornbrot** *n* whole-meal bread; '**～machen** *v/t.* (*sep., -ge-, h*) fill (up); F soil, dirty; *um das Unglück vollzumachen* to make things worse; '**2macht** *f* (-/-*en*) full power, authority; *t̵z̵* power of attorney; *～ haben* be authorized; '**2matrose** **⚓** *m* able-bodied seaman; '**2milch** *f* whole milk; '**2mond** *m* full moon; '**～packen** *v/t.* (*sep., -ge-, h*) stuff, cram; **2pension** *f* (-/-*en*) full board; '**～schenken** *v/t.* (*sep., -ge-, h*) fill (up); '**～schlank** *adj.* stout, corpulent; '**～ständig** *adj.* complete; '**～stopfen** *v/t.* (*sep., -ge-, h*) stuff, cram; *sich ～* stuff o.s.; *sich die Taschen ～* stuff one's pockets; **～'strecken** *v/t.* (*no -ge-, h*) execute; **2'streckung** *f* (-/-*en*) execution; '**～tönend** *adj.* sonorous, rich; '**2treffer** *m* direct hit; '**2versammlung** *f* plenary meeting *or* assembly; General Assembly (*of the United Nations*); '**～wertig** *adj.* equivalent, equal in value; full; '~zählig *adj.* complete; ~ziehen *v/t.* (*irr. ziehen, no -ge-, h*) execute; consummate (*marriage*); sich ~ take place; 2'ziehung *f* (-/~-en), 2'zug *m* (-[e]s/*no pl.*) execution.

Volontär [volon'tɛːr] *m* (-s/-e) unpaid assistant.

Volt *f* [volt] *n* (-, -[e]s/-) volt.

Volumen [vo'luːmən] *n* (-s/-, Volumina) volume.

vom *prp.* [fɔm] = von dem

von *prp.* (*dat.*) [fɔn] *space, time:* from; *instead of gen.:* of; *passive:* by; ~ Hamburg from Hamburg; ~ nun an from now on; ~ morgen an from tomorrow (on), beginning tomorrow; ein Freund ~ mir a friend of mine; die Einrichtung ~ Schulen the erection of schools; ~ dem or vom Apfel essen eat (some) of the apple; der Herzog ~ Edinburgh the Duke of Edinburgh; ein Gedicht ~ Schiller a poem by Schiller; ~ selbst by itself; ~ selbst, ~ sich aus by oneself; ~ drei Meter Länge three metres long; ein Betrag ~ 300 Mark a sum of 300 marks; e-e Stadt ~ 10 000 Einwohnern a town of 10,000 inhabitants; reden ~ talk of or about *s.th.*; speak on (*scientific subject*); ~ mir aus as far as I am concerned; I don't mind, for all I care; das ist nett ~ ihm that is nice of him; ich habe ~ ihm gehört I have heard of him; ~statten *adv.* [~'ʃtatən]: gut ~ gehen go well.

vor *prp.* (*dat.; acc.*) [foːr] *space:* in front of, before; *time:* before; ~ langer Zeit a long time ago; ~ einigen Tagen a few days ago; (*heute*) ~ acht Tagen a week ago (today); am Tage ~ (on) the day before, on the eve of; 5 Minuten ~ 12 five minutes to twelve, *Am.* five minutes of twelve; *fig.* at the eleventh hour; ~ der Tür stehen be imminent, be close at hand; e-m Hintergrund against a background; ~ Zeugen in the presence of witnesses; ~ allen Dingen above all; (*dicht*) ~ dem Untergang stehen be on the brink or verge of ruin; ~ Hunger sterben die of hunger; ~ Kälte zittern tremble with cold; schützen (verstecken) ~ protect (hide) from or against; ~ sich gehen take place, pass off; ~ sich hin lächeln smile to o.s.; sich fürchten ~ be afraid of, fear.

Vor|abend ['foːr'~-] *m* eve; '~ahnung *f* presentiment, foreboding.

voran *adv.* [fo'ran] at the head (*dat.* of), in front of, before; Kopf ~ head first; ~gehen *v/i.* (*irr. gehen, sep., -ge-, sein*) lead the way; precede; ~kommen *v/i.* (*irr. kommen, sep., -ge-, sein*) make progress; *fig.* get on (*in life*).

Voran|schlag ['foːr'an-] *m* (rough)

estimate; '~zeige *f* advance notice; *film:* trailer.

vorarbeite|n ['foːr'?-] *v/t. and v/i.* (*sep., -ge-, h*) work in advance; '2r *m* foreman.

voraus *adv.* [fo'raus] in front (*dat.* of), ahead (of); im ~ in advance, beforehand; ~bestellen *v/t.* (*sep., no -ge-, h*) *s.* vorbestellen; ~bezahlen *v/t.* (*sep., no -ge-, h*) pay in advance, prepay; ~gehen *v/i.* (*irr. gehen, sep., -ge-, sein*) go on before; *s.* vorangehen; 2sage *f* prediction; prophecy; forecast (*of weather*); ~sagen *v/t.* (*sep., -ge-, h*) foretell, predict; prophesy; forecast (*weather, etc.*); ~schicken *v/t.* (*sep., -ge-, h*) send on in advance; *fig.* mention beforehand, premise; ~sehen *v/t.* (*irr. sehen, sep., -ge-, h*) foresee; ~setzen *v/t.* (*sep., -ge-, h*) (pre)suppose, presume, assume; vorausgesetzt, daß provided that; 2setzung *f* (-/-en) (pre)supposition, assumption; prerequisite; 2sicht *f* foresight; aller ~ nach in all probability; ~sichtlich *adj.* presumable, probable, likely; 2zahlung *f* advance payment or instal(l)ment.

'Vor|bedacht 1. *m* (-[e]s/*no pl.*): mit ~ deliberately, on purpose; 2. 2 *adj.* premeditated; '~bedeutung *f* foreboding, omen, portent; '~bedingung *f* prerequisite.

Vorbehalt ['foːrbəhalt] *m* (-[e]s/-e) reservation, reserve; 2en 1. *v/t.* (*irr. halten, sep., no -ge-, h*): sich ~ reserve (*right, etc.*); 2. *adj.:* Änderungen ~ subject to change (without notice); '2los *adj.* unreserved, unconditional.

vorbei *adv.* [foːr'baɪ] *space:* along, by, past (*all: an dat. s.o., s.th.*); *time:* over, gone; 3 Uhr ~ past three (o'clock); ~fahren *v/i.* (*irr. fahren, sep., -ge-, sein*) drive past; ~gehen *v/i.* (*irr. gehen, sep., -ge-, sein*) pass, go by; *pain:* pass (off); *storm:* blow over; ~ an (*dat.*) pass; im Vorbeigehen in passing; ~kommen *v/i.* (*irr. kommen, sep., -ge-, sein*) pass by; F drop in; F ~ an (*dat.*) get past (*obstacle, etc.*); ~lassen *v/t.* (*irr. lassen, sep., -ge-, h*) let pass.

'Vorbemerkung *f* preliminary remark or note.

'vorbereit|en *v/t.* (*sep., no -ge-, h*) prepare (*für, auf acc.* for); '2ung *f* preparation (*für, auf acc.* for).

'Vorbesprechung *f* preliminary discussion or talk.

'vor|bestellen *v/t.* (*sep., no -ge-, h*) order in advance; book (*room, etc.*); '~bestraft *adj.* previously convicted.

'vorbeug|en *v/i.* (*sep., -ge-, h*) 1. *v/i.* prevent (e-r Sache *s.th.*); 2. *v/t.* and *v/refl.* bend forward; ~end *adj.* preventive; ⚕ *a.* prophylactic; **'₂ung** *f* prevention.

**'Vorbild** *n* model; pattern; example; prototype; **'₂lich** *adj.* exemplary; **₋ung** ['₋dun] *f* preparatory training.

**vor|bringen** *v/t. (irr.* bringen, *sep.,* -ge-, h) bring forward, produce; advance (*opinion*); ⅌ prefer (*charge*); utter, say, state; **'₋datieren** *v/t. (sep., no* -ge-, h) post-date.

**vorder** *adj.* ['fɔrdər] front, fore.

**'Vorder|achse** *f* front axle; **'₋ansicht** *f* front view; **'₋bein** *n* foreleg; **'₋fuß** *m* forefoot; **'₋grund** *m* foreground (*a. fig.*); **'₋haus** *n* front building; **'₋mann** *m* man in front (*of s.o.*); **'₋rad** *n* front wheel; **₋radantrieb** *mot.* ['fɔrdərra?-] *m* front-wheel drive; **'₋seite** *f* front (side); obverse (*of coin*); **'₋sitz** *m* front seat; **'₂st** *adj.* foremost; **'₋teil** *n, m* front (part); **'₋tür** *f* front door; **'₋zahn** *m* front tooth; **'₋zimmer** *n* front room.

**'vordrängen** *v/refl. (sep.,* -ge-, h) press *or* push forward.

**'vordring|en** *v/i. (irr.* dringen, *sep.,* -ge-, sein) advance; **'₋lich** *adj.* urgent. [blank.)

**'Vordruck** *m* (-[e]s/-e) form, *Am. a.*]

**vorellig** *adj.* ['fo:r?-] hasty, rash, precipitate; **₋e** Schlüsse ziehen jump to conclusions.

**voreingenommen** *adj.* ['fo:r?-] prejudiced, bias(s)ed; **'₂heit** *f* (-/no *pl.*) prejudice, bias.

**vor|enthalten** ['fo:r?-] *v/t. (irr.* halten, *sep., no* -ge-, h) keep back, withhold (*j-m et.* s.th. from s.o.); **₂entscheidung** ['fo:r?-] *f* preliminary decision; **'₋erst** *adv.* ['fo:r?-] for the present, for the time being.

**Vorfahr** ['fo:rfa:r] *m* (-en/-en) ancestor.

**'vorfahr|en** *v/i. (irr.* fahren, *sep.,* -ge-, sein) drive up; pass; den Wagen **₋** lassen order the car; **'₂t(srecht** *n) f* right of way, priority.

**'Vorfall** *m* incident, occurrence, event; **'₂en** *v/i. (irr.* fallen, *sep.,* -ge-, sein) happen, occur.

**'vorfinden** *v/t. (irr.* finden, *sep.,* -ge-, h) find.

**'Vorfreude** *f* anticipated joy.

**'vorführ|en** *v/t. (sep.,* -ge-, h) bring forward, produce; bring (*dat.* before); show, display, exhibit; demonstrate (*use of s.th.*); show, present (*film*); **'₂er** *m* projectionist (*in cinema theatre*); **'₂ung** *f* presentation, showing; ⊕ demonstration; ⅌ production (*of prisoner*); *thea., film:* performance.

**'Vor|gabe** *f sports:* handicap; *athletics:* stagger; *golf, etc.:* odds *pl.*; **'₋gang** *m* incident, occurrence, event; facts *pl.*; file, record(s *pl.*); *biol.,* ⊕ process; **₋gänger** ['₋gɛnər]

*m* (-s/-), **'₋gängerin** *f* (-/-nen) predecessor; **'₋garten** *m* front garden.

**'vorgeben** *v/t. (irr.* geben, *sep.,* -ge-, h) *sports:* give (*j-m s.o.*); *fig.* pretend, allege.

**'Vor|gebirge** *n* promontory, cape, headland; foot-hills *pl.*; **'₋gefühl** *n* presentiment, foreboding.

**'vorgehen 1.** *v/i. (irr.* gehen, *sep.,* -ge-, sein) ⅍ advance; F lead the way; go on before; *watch, clock:* be fast, gain (*fünf Minuten* five minutes); take precedence (*dat.* of, over), be more important (*than*); take action, act; proceed (*a.* ⅌ gegen against); go on, happen, take place; **2. ₂** *n* (-s/no *pl.*) action, proceeding.

**'Vor|geschmack** *m* (-[e]s/no *pl.*) foretaste; **₋gesetzte** ['₋gəzɛtstə] *m* (-n/-n) superior; *esp. Am.* F boss; **'₂gestern** *adv.* the day before yesterday; **'₂greifen** *v/i. (irr.* greifen, *sep.,* -ge-, h) anticipate (*j-m or e-r* Sache s.o. *or* s.th.).

**'vorhaben 1.** *v/t. (irr.* haben, *sep.,* -ge-, h) intend, mean; be going to do *s.th.*; nichts **₋** be at a loose end; haben Sie heute abend et. vor? have you anything on tonight? was hat er jetzt wieder vor? what is he up to now?; was hast du mit ihm vor? what are you going to do *with* him?; **2. ₂** *n* (-s/-) intention, purpose, ⅌ intent; plan; project.

**'Vorhalle** *f* vestibule, (entrance-) hall; lobby; porch.

**'vorhalt|en** (*irr.* halten, *sep.,* -ge-, h) **1.** *v/t.*: *j-m et.* **₋** hold s.th. before s.o.; *fig.* reproach s.o. with s.th.; **2.** *v/i.* last; **'₂ung** *f* remonstrance; *j-m* **₋en** machen remonstrate with s.o. (wegen on).

**vorhanden** *adj.* [for'handən] at hand, present; available (*a.* ✝); ✝ on hand, in stock; **₋** sein exist; **₂-**sein *n* presence, existence.

**'Vor|hang** *m* curtain; **'₋hänge-schloß** *n* padlock.

**'vorher** *adv.* before, previously; in advance, beforehand.

**vor'her|bestellen** *v/t. (sep., no* -ge-, h) *s.* vorbestellen; **₋bestimmen** *v/t. (sep., no* -ge-, h) determine beforehand, predetermine; **₋gehen** *v/i. (irr.* gehen, *sep.,* -ge-, sein) precede; **₋ig** *adj.* preceding, previous.

**'Vorherr|schaft** *f* predominance; **'₂schen** *v/i. (sep.,* -ge-, h) predominate, prevail; **'₂schend** *adj.* predominant, prevailing.

**Vor'her|sage** *f s.* Voraussage; **₂sa-gen** *v/t. (sep.,* -ge-, h) *s.* voraussagen; **₂sehen** *v/t. (irr.* sehen, *sep.,* -ge-, h) foresee; **₂wissen** *v/t. (sep.,* -ge-, h) know beforehand, foreknow.

'vor|hin adv., ˌ'hin adv. a short while ago, just now.
'Vor|hof m outer court, forecourt; anat. auricle (of heart); 'ˌhut ✕ f vanguard.
'vor|ig adj. last; ˌ'jährig adj. ['ˌjeːrɪç] of last year, last year's.
'Vor|kämpfer m champion, pioneer; 'ˌkehrung f (-/-en) precaution; ˌen treffen take precautions; 'ˌkenntnisse f/pl. preliminary or basic knowledge (in dat. of); mit guten ˌn in (dat.) well grounded in.
'vorkommen 1. v/i. (irr. kommen, sep., -ge-, sein) be found; occur, happen; es kommt mir vor it seems to me; 2. ⁀ n (-s/-) occurrence.
'Vor|kommnis n (-ses/-se) occurrence; event; 'ˌkriegszeit f prewar times pl.
'vorlad|en ⚖ v/t. (irr. laden, sep., -ge-, h) summon; '⁀ung ⚖ f summons.
'Vorlage f copy; pattern; parl. bill; presentation; production (of document); football: pass.
'vorlassen v/t. (irr. lassen, sep., -ge-, h) let s.o. pass, allow s.o. to pass; admit.
'Vorläuf|er m, 'ˌerin f (-/-nen) forerunner; '⁀ig 1. adj. provisional, temporary; 2. adv. provisionally, temporarily; for the present, for the time being.
'vorlaut adj. forward, pert.
'Vorleben n past (life), antecedents pl.
'vorlege|n v/t. (sep., -ge-, h) put (lock) on; produce (document); submit (plans, etc. for discussion, etc.); propose (plan, etc.); present (bill, etc.); j-m et. ˌ lay or place or put s.th. before s.o.; show s.o. s.th.; at table: help s.o. to s.th.; j-m e-e Frage ˌ put a question to s.o.; sich ˌ lean forward; '⁀r m (-s/-) rug.
'vorles|en v/t. (irr. lesen, sep., -ge-, h) read aloud; j-m et. ˌ read (out) s.th. to s.o.; '⁀ung f lecture (über acc. on; vor dat. to); e-e ˌ halten (give) a lecture.
'vorletzt adj. last but one; ˌe Nacht the night before last.
'Vorlieb|e f (-/no pl.) predilection, preference; ⁀nehmen [ˌ'liːp-] v/i. (irr. nehmen, sep., -ge-, h) be satisfied (mit with); ˌ mit dem, was da ist at meals: take pot luck.
'vorliegen v/i. (irr. liegen, sep., -ge-, h) lie before s.o.; be there, exist; da muß ein Irrtum ˌ there must be a mistake; was liegt gegen ihn vor? what is the charge against him?; 'ˌd adj. present, in question.
'vor|lügen v/t. (irr. lügen, sep., -ge-, h): j-m et. ˌ lie to s.o.; 'ˌmachen v/t. (sep., -ge-, h): j-m et. ˌ show s.o. how to do s.th.; fig. impose upon s.o.; sich (selbst) et. ˌ fool o.s.

'Vormacht f (-/✕ ˌe), 'ˌstellung f predominance; supremacy; hegemony.
'Vormarsch ✕ m advance.
'vormerken v/t. (sep., -ge-, h) note down, make a note of; reserve; sich ˌ lassen für put one's name down for.
'Vormittag m morning, forenoon; '⁀s adv. in the morning.
'Vormund m (-[e]s/-e, ˌer) guardian; 'ˌschaft f (-/-en) guardianship.
vorn adv. [fɔrn] in front; nach ˌ forward; von ˌ from the front; ich sah sie von ˌ I saw her face; von ˌ anfangen begin at the beginning; noch einmal von ˌ anfangen begin anew, make a new start.
'Vorname m Christian name, first name, Am. a. given name.
vornehm ['foːrneːm] 1. adj. of (superior) rank, distinguished; aristocratic; noble; fashioanble; ˌe Gesinnung high character; 2. adv.: ˌ tun give o.s. airs; 'ˌen v/t. (irr. nehmen, sep., -ge-, h) take s.th. in hand; deal with; make (changes, etc.); take up (book); F sich j-n ˌ take s.o. to task (wegen for, about); sich ˌ resolve (up)on s.th.; resolve (zu inf. to inf.), make up one's mind (to inf.); sich vorgenommen haben a. be determined (zu inf. to inf.); 'Ⓩheit f (-/no pl.) refinement; elegance; high-mindedness.
'vorn|herein adv., ˌhe'rein adv.: von ˌ from the first or start or beginning.
Vorort ['foːrˀ-] m -[e]s/-e) suburb; 'ˌ(s)verkehr m suburban traffic; 'ˌ(s)zug m local (train).
'Vor|posten m outpost (a. ✕); 'ˌrang m (-[e]s/no pl.) precedence (vor dat. of, over), priority (over); 'ˌrat m store, stock (an dat. of); Vorräte pl. a. provisions pl., supplies pl.; Ⓩrätig adj. ['ˌrɛːtɪç] available; † a. on hand, in stock; 'Ⓩrechnen v/t. (sep., -ge-, h) reckon up (j-m to s.o.); 'ˌrecht n privilege; 'ˌrede f preface, introduction; 'ˌredner m previous speaker; 'ˌrichtung ⊕ f contrivance, device; 'Ⓩrücken (sep., -ge-) 1. v/t. (h) move (chair, etc.) forward; 2. v/i. (sein) advance; 'ˌrunde f sports: preliminary round; 'Ⓩsagen v/i. (sep., -ge-, h): j-m ˌ prompt s.o.; 'ˌsaison f off or dead season; 'ˌsatz m intention, purpose, design; Ⓩsätzlich adj. ['ˌzɛtslɪç] intentional, deliberate; ˌer Mord ⚖ wil(l)ful murder; 'ˌschein m: zum ˌ bringen bring forward, produce; zum ˌ kommen appear, turn up; 'Ⓩschieben v/t. (irr. schieben, sep., -ge-, h) push s.th. forward; slip (bolt); s. vorschützen; 'Ⓩschießen

*v/t.* (*irr. schießen, sep., -ge-, h*) advance (*money*).

**'Vorschlag** *m* proposition, proposal; suggestion; offer; **2en** ['~gən] *v/t.* (*irr. schlagen, sep., -ge-, h*) propose; suggest; offer.

**'Vor|schlußrunde** *f sports:* semifinal; **'2schnell** *adj.* hasty, rash; **'2schreiben** *v/t.* (*irr. schreiben, sep., -ge-, h*): j-m et. ~ write s.th. out for s.o.; *fig.* prescribe.

**'Vorschrift** *f* direction, instruction; prescription (*esp. ℱ*); order (*a. ℱ*); regulation(s *pl.*); **'2smäßig** *adj.* according to regulations; ~e *Kleidung* regulation dress; **2swidrig** *adj. and adv.* contrary to regulations.

**'Vor|schub** *m:* ~ *leisten* (*dat.*) countenance (*fraud, etc.*); further, encourage; ꝛꝛ aid and abet; '~schule *f* preparatory school; '~schuß *m* advance; *for barrister:* retaining fee, retainer; **'2schützen** *v/t.* (*sep., -ge-, h*) pretend, plead (*sickness, etc. as excuse*); **'2schweben** *v/i.* (*sep., -ge-, h*): *mir schwebt et. vor* I have s.th. in mind.

**'vorseh|en** *v/t.* (*irr. sehen, sep., -ge-, h*) plan; design; ꝛꝛ provide; *sich* ~ take care, be careful; *sich* ~ *vor* (*dat.*) guard against; **2ung** *f* (*-/⸢⸣-en*) providence.

**'vorsetzen** *v/t.* (*sep., -ge-, h*) put forward; place *or* put *or* set before, offer.

**'Vorsicht** *f* caution; care; ~! caution!, danger!; look out!, be careful!; ~*, Glas!* Glass, with care!; ~ *Stufe!* mind the step!; **'2ig** *adj.* cautious; careful; ~! F steady!

**'vorsichts|halber** *adv.* as a precaution; **'2maßnahme** *f*, **'2maßregel** *f* precaution(ary measure); ~*n treffen* take precautions.

**'Vorsilbe** *gr. f* prefix.

**'vorsingen** *v/t.* (*irr. singen, sep., -ge-, h*): j-m et. ~ sing s.th. to s.o.

**'Vorsitz** *m* (*-es/no pl.*) chair, presidency; *den* ~ *führen or haben be* in the chair, preside (*bei* over; at); *den* ~ *übernehmen* take the chair; ~*ende* ['~əndə] (*-n/-n*) 1. *m* chairman, president; 2. *f* chairwoman.

**'Vorsorg|e** *f* (*-/no pl.*) provision, providence; precaution; ~ *treffen* make provision; **'2en** *v/i.* (*sep., -ge-, h*) provide; **2lich** ['~kliç] 1. *adj.* precautionary; 2. *adv.* as a precaution.

**'Vorspeise** *f* appetizer, hors d'œuvre.

**'vorspieg|eln** *v/t.* (*sep., -ge-, h*) pretend; *j-m* et. ~ delude s.o. (*with false hopes, etc.*); **'2(e)lung** *f* preten|ce, *Am.* -se.

**'Vorspiel** *n* prelude; **'2en** *v/t.* (*sep., -ge-, h*): j-m et. ~ play s.th. to s.o.

**'vor|sprechen** (*irr. sprechen, sep., -ge-, h*) 1. *v/t.* pronounce (*j-m et.*

s.th. *to or for* s.o.); 2. *v/i.* call (*bei on s.o.; at an office*); *thea.* audition; '~springen *v/i.* (*irr. springen, sep., -ge-, sein*) jump forward; project; **'2sprung** *m △* projection; *sports:* lead; *fig.* start, advantage (*vor dat.* of); **'2stadt** *f* suburb; '~städtisch *adj.* suburban; **'2stand** *m* board of directors, managing directors *pl.*

**'vorsteh|en** *v/i.* (*irr. stehen, sep., -ge-, h*) project, protrude; *fig.:* direct; manage (*both: e-r Sache* s.th.); **'2er** *m* director, manager; head, chief.

**'vorstell|en** *v/t.* (*sep., -ge-, h*) put forward; put (*clock*) on; introduce (*j-n j-m* s.o. *to* s.o.); mean, stand for; represent; *sich* ~ *bei* have an interview with; *sich et.* ~ imagine *or* fancy s.th.; **'2ung** *f* introduction, presentation; interview (*of applicant for post*); *thea.* performance; *fig.:* remonstrance; idea, conception; imagination; **'2ungsvermögen** *n* imagination.

**'Vor|stoß** ⚔ *m* thrust, advance; '~strafe *f* previous conviction; **'2strecken** *v/t.* (*sep., -ge-, h*) thrust out, stretch forward; advance (*money*); '~stufe *f* first step *or* stage; **'2täuschen** *v/t.* (*sep., -ge-, h*) feign, pretend.

**Vorteil** ['fɔrtaɪl] *m* advantage (*a. sports*); profit; *tennis:* (ad)vantage; **'2haft** *adj.* advantageous (*für* to), profitable (to).

**Vortrag** ['foːrtraːk] *m* (*-[e]s/⸗e*) performance, execution (*esp. ♪*); recitation (*of poem*); ♪ recital; lecture; report; ✝ balance carried forward; *e-n* ~ *halten* (give a) lecture (*über acc.* on); **2en** ['~gən] *v/t.* (*irr. tragen, sep., -ge-, h*) ✝ carry forward; report on; recite (*poem*); perform, *esp. ♪* execute; lecture on; state, express (*opinion*); ~*ende* ['~əndə] *m* (*-n/-n*) performer; lecturer; speaker.

**vor|trefflich** *adj.* (*foːr'trɛfliç*) excellent; '~treten *v/i.* (*irr. treten, sep., -ge-, sein*) step forward; take *fig.* project, protrude, stick out; **'2tritt** *m* (*-[e]s/no pl.*) precedence.

**vorüber** *adv.* [fo'ryːbər] *space:* by, past; *time:* gone by, over; ~*gehen* *v/i.* (*irr. gehen, sep., -ge-, sein*) pass, go by; ~*gehend* *adj.* passing; temporary; **2gehende** [~də] *m* (*-n/-n*) passer-by; ~*ziehen* *v/i.* (*irr. ziehen, sep., -ge-, sein*) march past, pass by; *storm:* blow over.

**Vor|übung** ['foːr?-] *f* preliminary practice; ~*untersuchung* ꝛꝛ ['foːr?-] *f* preliminary inquiry.

**Vorurteil** ['foːr?-] *n* prejudice; **'2slos** *adj.* unprejudiced, unbias(s)ed.

**'Vor|verkauf** *thea. m* booking in advance; *im* ~ bookable (*bei* at);

'**Qverlegen** v/t. (sep., no -ge-, h) advance; '**wand** m (-[e]s/-e) pretext, preten|ce, Am. -se.

**vorwärts** adv. ['fo:rverts] forward, onward, on; **l** go ahead!; '**kommen** v/i. (irr. kommen, sep., -ge-, sein) (make) progress; fig. make one's way, get on (in life).

**vorweg** adv. [for'vek] beforehand, **nehmen** v/t. (irr. nehmen, sep., -ge-, h) anticipate.

**vor|weisen** v/t. (irr. weisen, sep., -ge-, h) produce, show; '**werfen** v/t. (irr. werfen, sep., -ge-, h) throw or cast before; j-m et. ~ reproach s.o. with s.th.; '**wiegend** 1. adj. predominant, preponderant; 2. adv. predominantly, chiefly, mainly, mostly; '**witzig** adj. forward, pert; inquisitive.

'**Vorwort** n (-[e]s/-e) preface (by author); foreword.

'**Vorwurf** m reproach; subject (of drama, etc.); j-m e-n ~ or Vorwürfe machen reproach s.o. (wegen with); '**Qsvoll** adj. reproachful.

'**vor|zählen** v/t. (sep., -ge-, h) enumerate, count out (both: j-m to s.o.); '**Qzeichen** n omen; '**zeichnen** v/t. (sep., -ge-, h): j-m et. ~ draw or sketch s.th. for s.o.; show s.o. how to draw s.th.; fig. mark out, destine; '**zeigen** v/t. (sep., -ge-, h) produce, show.

'**Vorzeit** f antiquity; in literature often: times of old, days of yore; '**Qig** adj. premature.

'**vor|ziehen** v/t. (irr. ziehen, sep., -ge-, h) draw forth; draw (curtains); fig. prefer; '**Qzimmer** n antechamber, anteroom; waiting-room; '**Qzug** fig. m preference; advantage; merit; priority; '**züglich** adj. [~'tsy:kliç] excellent, superior, exquisite.

'**Vorzugs|aktie** f preference share or stock, Am. preferred stock; '**preis** m special price; '**Qweise** adv. preferably; chiefly.

**Votum** ['vo:tum] n (-s/Voten, Vota) vote.

**vulgär** adj. [vul'ge:r] vulgar.

**Vulkan** [vul'ka:n] m (-s/-e) volcano; **Qisch** adj. volcanic.

# W

**Waag|e** ['va:gə] f (-/-n) balance, (e-e a pair of) scales pl.; die ~ halten (dat.) counterbalance; '**Qerecht** adj., '**Qrecht** adj. ['va:k-] horizontal, level; '**schale** ['va:k-] f scale.

**Wabe** ['va:bə] f (-/-n) honeycomb.

**wach** adj. [vax] awake; hell~ wide awake; ~ werden awake, wake up; '**Qe** f (-/-n) watch; guard; guardhouse, guardroom; police-station; sentry, sentinel; ~ haben be on guard; ~ halten keep watch; '**ea** v/i. (ge-, h) (keep) watch (über acc. over); sit up (bei with); '**Qhund** m watch-dog.

**Wacholder** ♀ [va'xɔldər] m (-s/-) juniper.

'**wach|rufen** v/t. (irr. rufen, sep., -ge-, h) rouse, evoke; '**rütteln** v/t. (sep., -ge-, h) rouse (up); fig. rouse, shake up.

**Wachs** [vaks] n (-es/-e) wax.

'**wachsam** adj. watchful, vigilant; '**Qkeit** f (-/no pl.) watchfulness, vigilance.

**wachsen¹** ['vaksən] v/i. (irr., ge-, sein) grow; fig. increase.

**wachsen²** [~] v/t. (ge-, h) wax.

**wächsern** adj. ['veksərn] wax; fig. waxen, waxy.

'**Wachs|kerze** f, '**licht** n wax candle; '**tuch** n waxcloth, oilcloth.

**Wachstum** ['vakstu:m] n (-s/no pl.) growth; fig. increase.

**Wächte** mount. ['veçtə] f (-/-n) cornice.

**Wachtel** orn. ['vaxtəl] f (-/-n) quail.

**Wächter** ['veçtər] m (-s/-) watcher, guard(ian); watchman.

'**Wacht|meister** m sergeant; '**turm** m watch-tower.

**waekel|ig** adj. ['vakəliç] shaky (a. fig.), tottery; furniture, etc.: rickety; tooth, etc.: loose; '**Qkontakt** ≠ m loose connexion or (Am. only) connection; '**n** v/i. (ge-, h) shake; table, etc.: wobble; tooth, etc.: be loose; tail, etc.: wag; ~ mit wag s.th.

**wacker** adj. ['vakər] honest, upright; brave, gallant.

**wacklig** adj. ['vakliç] s. wackelig.

**Wade** ['va:də] f (-/-n) calf; '**nbein** anat. n fibula.

**Waffe** ['vafə] f (-/-n) weapon (a. fig.); **n** pl. a. arms pl.

**Waffel** ['vafəl] f (-/-n) waffle; wafer.

'**Waffen|fabrik** f armaments factory, Am. a. armory; '**gattung** f arm; '**gewalt** f (-/no pl.): mit ~ by force of arms; '**Qlos** adj. weaponless, unarmed; '**schein** m firearm certificate, Am. gun license; '**stillstand** m armistice (a. fig.), truce.

**Wage|hals** ['va:gəhals] m daredevil; '**Qhalsig** adj. daring, foolhardy; attr. a. daredevil; '**mut** m daring

**wagen**[1] ['va:gən] v/t. (ge-, h) venture; risk, dare; **sich ~** venture (*an acc.* [up]on).

**Wagen**[2] [~] m (-s/-, ~) carriage (*a.* ⚙); *Am.* ⚙ car; ⚙ coach; wag(g)on; cart; car; lorry, truck; van.

**wägen** ['ve:gən] v/t. ([irr.,] ge-, h) weigh (*a. fig.*).

'**Wagen|heber** m (-s/-) (lifting) jack; '**~park** m (-[e]s/no pl.) fleet of vehicles; '**~schmiere** f grease; '**~spur** f rut.

**Waggon** ⚙ [va'gõ:] m (-s/-s) (railway) carriage, *Am.* (railroad) car.

**wag|halsig** adj. ['va:khalsiç] s. **wagehalsig**; '**Snis** n (-ses/-se) venture, risk.

**Wahl** [va:l] f (-/-en) choice; alternative; selection; pol. election; **e-e ~ treffen** make a choice; **s-e ~ treffen** take one's choice; **ich hatte keine (andere) ~** I had no choice.

**wählbar** adj. ['ve:lba:r] eligible; '**2keit** f (-/no pl.) eligibility.

**wahl|berechtigt** adj. ['va:lbərəçtiçt] entitled to vote; '**2beteiligung** f percentage of voting, F turn-out; '**2bezirk** m constituency.

'**wählen** (ge-) **1.** v/t. choose; pol. elect; teleph. dial; **2.** v/i. choose, take one's choice; teleph. dial (the number).

'**Wahlergebnis** n election return.

'**Wähler** m (-s/-) elector, voter; '**2isch** adj. particular (*in dat.* in, about, as to); nice (about), fastidious, F choosy; '**~schaft** f (-/-en) constituency, electorate.

'**Wahl|fach** n optional subject, *Am. a.* elective; '**2fähig** adj. having a vote; eligible; '**~gang** m ballot; '**~kampf** m election campaign; '**~kreis** m constituency; '**~lokal** n polling station; '**2los** adj. indiscriminate; '**~recht** n (-[e]s/no pl.) franchise; '**~rede** f electoral speech.

'**Wahlscheibe** teleph. f dial.

'**Wahl|spruch** m device, motto; '**~stimme** f vote; '**~urne** f ballotbox; '**~versammlung** f electoral rally; '**~zelle** f polling-booth; '**~zettel** m ballot, voting-paper.

**Wahn** [va:n] m (-[e]s/no pl.) delusion, illusion; mania; '**~sinn** m (-[e]s/no pl.) insanity, madness (*both a. fig.*); '**2sinnig** adj. insane, mad (*vor dat.* with) (*both a. fig.*); **~sinnige** ['~gə] m (-n/-n) madman, lunatic; '**~vorstellung** f delusion, hallucination; '**~witz** m (-es/no pl.) madness, insanity; '**2witzig** adj. mad, insane.

**wahr** adj. [va:r] true; real; genuine; '**~en** v/t. (ge-, h) safeguard (*interests, etc.*); maintain (*one's dignity*); **den Schein ~** keep up *or* save appearances.

**währen** ['ve:rən] v/i. (ge-, h) last, continue.

'**während 1.** prp. (*gen.*) during; pending; **2.** cj. while, whilst; while, whereas.

'**wahrhaft** adv. really, truly, indeed; **~ig** [~'haftiç] **1.** adj. truthful, veracious; **2.** adv. really, truly, indeed.

'**Wahrheit** f (-/-en) truth; **in ~** in truth; **j-m die ~ sagen** give s.o. a piece of one's mind; '**2sgetreu** adj. true, faithful; '**~sliebe** f (-/no pl.) truthfulness, veracity; '**2sliebend** adj. truthful, veracious.

'**wahr|lich** adv. truly, really; '**~nehmbar** adj. perceivable, perceptible; '**~nehmen** v/t. (*irr.* **nehmen**, *sep.*, -ge-, h) perceive, notice, avail o.s. of (*opportunity*); safeguard (*interests*); '**2nehmung** f (-/-en) perception, observation; '**~sagen** v/i. (*sep.*, -ge-, h) tell *or* read fortunes; **sich ~ lassen** have one's fortune told; '**2sagerin** f (-/-nen) fortuneteller; '**~scheinlich 1.** adj. probable; likely; **2.** adv.: **ich werde ~ gehen** I am likely to go; '**2scheinlichkeit** f (-/⚲-en) probability, likelihood; **aller ~ nach** in all probability *or* likelihood.

'**Wahrung** f (-/no pl.) maintenance; safeguarding.

**Währung** ['ve:ruŋ] f (-/-en) currency; standard; '**~sreform** f currency *or* monetary reform.

'**Wahrzeichen** n landmark.

**Waise** ['vaizə] f (-/-n) orphan; '**~nhaus** n orphanage.

**Wal** zo. [va:l] m (-[e]s/-e) whale.

**Wald** [valt] m (-[e]s/⚲er) wood, forest; **brand** m forest fire; **2ig** adj. ['~diç] wooded, woody; **2reich** adj. ['~t-] rich in forests; **~ung** ['~duŋ] f (-/-en) forest.

**Walfänger** ['va:lfɛŋər] m (-s/-) whaler.

**walken** ['valkən] v/t. (ge-, h) full (*cloth*); mill (*cloth, leather*).

**Wall** [val] m (-[e]s/⚲e) ⚔ rampart (*a. fig.*); dam; mound.

**Wallach** ['valax] m (-[e]s/-e) gelding.

**wallen** ['valən] v/i. (ge-, h, sein) hair, articles of dress, etc.: flow; simmer; boil (*a. fig.*).

**wall|fahren** ['valfa:rən] v/i. (ge-, sein) (go on a) pilgrimage; '**2fahrer** m pilgrim; '**2fahrt** f pilgrimage; '**~fahrten** v/i. (ge-, sein) (go on a) pilgrimage.

'**Wallung** f (-/-en) ebullition; ⚕ congestion; (*Blut*) **in ~ bringen** make s.o.'s blood boil, enrage.

**Walnuß** ['val-] f walnut; '**~baum** ⚘ m walnut(-tree).

**Walroß** zo. ['val-] n walrus.

**walten** ['valtən] v/i. (ge-, h): **s-s Amtes ~** attend to one's duties; **Gnade ~ lassen** show mercy.

**Walze** ['valtsə] f (-/-n) roller, cylinder; ⊕ *a.* roll; ⊕, ♪ barrel; '⌃n *v/t.* (ge-, h) roll (*a.* ⊕).

**wälzen** ['vɛltsən] *v/t.* (ge-, h) roll; roll (*problem*) round in one's mind; shift (*blame*) (*auf acc.* [up]on); *sich* ⌃ roll; wallow (*in mud, etc.*); welter (*in blood, etc.*).

**Walzer** ♪ ['valtsər] *m* (-s/-) waltz.

**Wand** [vant] **1.** *f* (-/⸚e) wall; partition; **2.** 2 *pret. of* winden.

**Wandel** ['vandəl] *m* (-s/*no pl.*) change; '2bar *adj.* changeable; variable; '⸚gang *m*, '⸚halle *f* lobby; '⸚n (ge-) **1.** *v/i.* (sein) walk; **2.** *v/refl.* (h) change.

**Wander|er** ['vandərər] *m* (-s/-) wanderer; hiker; '⸚leben *n* (-s/*no pl.*) vagrant life; '2n *v/i.* (ge-, sein) wander; hike; '⸚niere ♂ *f* floating kidney; '⸚prediger *m* itinerant preacher; '⸚preis *m* challenge trophy; '⸚schaft *f* (-/*no pl.*) wanderings *pl.*; *auf* (*der*) ⸚ on the tramp; '⸚ung *f* (-/-en) walking-tour; hike.

**'Wand|gemälde** *n* mural (painting); '⸚kalender *m* wall-calendar; '⸚karte *f* wall-map.

**Wandlung** ['vandluŋ] *f* (-/-en) change, transformation; *eccl.* transubstantiation; ♂ redhibition.

**'Wand|schirm** *m* folding-screen; '⸚schrank *m* wall-cupboard; '⸚spiegel *m* wall-mirror; '⸚tafel *f* blackboard; '⸚teppich *m* tapestry; '⸚uhr *f* wall-clock.

**wandte** ['vantə] *pret. of* wenden **2.**

**Wange** ['vaŋə] *f* (-/-n) cheek.

**Wankel|mut** ['vaŋkəlmu:t] *m* fickleness, inconstancy; 2mütig *adj.* ['⸚my:tiç] fickle, inconstant.

**wanken** ['vaŋkən] *v/i.* (ge-, h, sein) totter, stagger (*a. fig.*); house, *etc.*: rock; *fig.* waver.

**wann** *adv.* [van] when; *s.* dann; *seit* ⸚? how long?, since when?

**Wanne** ['vanə] *f* (-/-n) tub; bath (-tub), F tub; '⸚bad *n* bath, F tub.

**Wanze** *zo.* ['vantsə] *f* (-/-n) bug, *Am. a.* bedbug.

**Wappen** ['vapən] *n* (-s/-) (coat of) arms *pl.*; '⸚kunde *f* (-/*no pl.*) heraldry; '⸚schild *m, n* escutcheon; '⸚tier *n* heraldic animal.

**wappnen** *fig.* ['vapnən] *v/refl.* (ge-, h): *sich* ⸚ *gegen* be prepared for; *sich mit Geduld* ⸚ have patience.

**war** [vɑːr] *pret. of* sein[1].

**warb** [varp] *pret. of* werben.

**Ware** ['vɑːrə] *f* (-/-n) commodity, article of trade; ⸚n *pl. a.* goods *pl.*, merchandise, wares *pl.*

**'Waren|aufzug** *m* hoist; '⸚bestand *m* stock (on hand); '⸚haus *n* department store; '⸚lager *n* stock; warehouse, *Am. a.* stock room; '⸚probe *f* sample; '⸚zeichen *n* trade mark.

**warf** [varf] *pret. of* werfen.

**warm** *adj.* [varm] warm (*a. fig.*); *meal:* hot; *schön* ⸚ nice and warm.

**Wärme** ['vɛrmə] *f* (-/⸚-n) warmth; *phys.* heat; '⸚grad *m* degree of heat; '2n *v/t.* (ge-, h) warm; *sich die Füße* ⸚ warm one's feet.

**'Wärm|flasche** *f* hot-water bottle. **'warmherzig** *adj.* warm-hearted.

**Warm|wasser|heizung** *f* hot-water heating; ⸚versorgung *f* hot-water supply.

**warn|en** ['varnən] *v/t.* (ge-, h) warn (*vor dat.* of, against), caution (against); '2signal *n* danger-signal (*a. fig.*); '2streik *m* token strike; '2ung *f* (-/-en) warning, caution; 2ungstafel ['varnuns-] *f* notice-board.

**Warte** *fig.* ['vartə] *f* (-/-n) point of view.

**warten** ['vartən] *v/i.* (ge-, h) wait (*auf acc.* for); be in store (for *s.o.*); *j-n* ⸚ *lassen* keep *s.o.* waiting.

**Wärter** ['vɛrtər] *m* (-s/-) attendant; keeper; (*male*) nurse.

**'Warte|saal** *m*, '⸚zimmer *n* waiting-room.

**Wartung** ⊕ ['vartuŋ] *f* (-/⸚-en) maintenance.

**warum** *adv.* [va'rum] why.

**Warze** ['vartsə] *f* (-/-n) wart; nipple.

**was** [vas] **1.** *interr. pron.* what; ⸚ *kostet das Buch?* how much is this book?; ⸚ *rennst du denn so* (*schnell*)? why are you running like this?; ⸚ *für* (*ein*) ...! what a(n) ...!; ⸚ *für ein* ...? what ...?; **2.** *rel. pron.* what; ⸚ (*auch immer*), *alles* ⸚ what(so)ever; ..., ⸚ *ihn völlig kalt ließ* ... which left him quite cold; **3.** F *indef. pron.* something; *ich will dir mal* ⸚ *sagen* I'll tell you what.

**wasch|bar** *adj.* ['vaʃbɑːr] washable; '2becken *n* wash-basin, *Am.* wash-bowl.

**Wäsche** ['vɛʃə] *f* (-/-n) wash(ing); laundry; linen (*a. fig.*); underwear; *in der* ⸚ *sein* be at the wash; *sie hat heute große* ⸚ she has a large wash today.

**waschecht** *adj.* ['vaʃ⸚-] washable; *colour:* a. fast; *fig.* dyed-in-the-wool.

**'Wäsche|klammer** *f* clothes-peg, clothes-pin; '⸚leine *f* clothes-line.

**'waschen** *v/t.* (*irr.*, ge-, h) wash; *sich* ⸚ (have a) wash; *sich das Haar or den Kopf* ⸚ wash or shampoo one's hair or head; *sich gut* ⸚ (*lassen*) wash well.

**Wäscher|ei** [vɛʃə'raɪ] *f* (-/-en) laundry; '⸚in *f* (-/-nen) washer-woman, laundress.

**'Wäscheschrank** *m* linen closet.

**'Wasch|frau** *f s.* Wäscherin; '⸚haus *n* wash-house; '⸚kessel *m* copper; '⸚korb *m* clothes-basket;

'∼küche f wash-house; '∼lappen m face-cloth, Am. washrag, wash-cloth; '∼maschine f washing machine, washer; '∼pulver n washing powder; '∼raum m lavatory, Am. a. washroom; '∼schüssel f wash-basin; '∼tag m wash(ing)-day; '∼ung f (-/-en) wash; ablution; '∼weib contp. n gossip; '∼wanne f wash-tub.

Wasser ['vasər] n (-s/-, ∼) water; ∼ lassen make water; zu ∼ und zu Land(e) by sea and land; '∼ball m 1. beach-ball; water-polo ball; 2. (-[e]s/no pl.) water-polo; '∼ballspiel n 1. (-[e]s/no pl.) water-polo; 2. water-polo match; '∼behälter m reservoir, water-tank; '∼blase ❉ f water-blister; '∼dampf m steam; '2dicht adj. waterproof; water-tight; '∼eimer m water-pail, bucket; '∼fall m waterfall, cascade; cataract; '∼farbe f water-colo(u)r; '∼flugzeug n waterplane, seaplane; '∼glas n 1. tumbler; 2. ⚗ (-s/no pl.) water-glass; '∼graben m ditch; '∼hahn m tap, Am. a. faucet; '∼hose f waterspout.

wässerig adj. ['vɛsəriç] watery; washy (a. fig.); j-m den Mund ∼ machen make s.o.'s mouth water. 'Wasser|kanne f water-jug, ewer; '∼kessel m kettle; '∼klosett n water-closet, W.C.; '∼kraft f water-power; '∼kraftwerk n hydroelectric power station or plant, water-power station; '∼krug m water-jug, ewer; '∼kur f water-cure, hydropathy; '∼lauf m water-course; '∼leitung f water-supply; '∼leitungsrohr n water-pipe; '∼mangel m shortage of water; '2n v/i. (ge-, h) alight on water; splash down. [(salted herring, etc.).\

wässern ['vɛsərn] v/t. (ge-, h) soak) 'Wasser|pflanze f aquatic plant; '∼rinne f gutter; '∼rohr n water-pipe; '∼schaden m damage caused by water; '∼scheide f watershed, Am. a. divide; '2scheu adj. afraid of water; '∼schlauch m water-hose; '∼spiegel m water-level; '∼sport m aquatic sports pl.; '∼spülung f (-/-en) flushing (system); '∼stand m water-level; '∼standsanzeiger ['vasərʃtants?-] m water-gauge; '∼stiefel m/pl. waders pl.; '∼stoff ⚗ m (-[e]s/no pl.) hydrogen; '∼stoffbombe f hydrogen bomb, H-bomb; '∼strahl m jet of water; '∼straße f waterway; '∼tier n aquatic animal; '∼verdrängung f (-/-en) displacement; '∼versorgung f water-supply; '∼waage f spirit-level, water-level; '∼weg m waterway; auf dem ∼ by water; '∼welle f water-wave; '∼werk n waterworks sg., pl.; '∼zeichen n watermark.

wäßrig adj. ['vɛsriç] s. wässerig.
waten ['vɑːtən] v/i. (ge-, sein) wade.
watscheln ['vɑːtʃəln] v/i. (ge-, sein, h) waddle.
Watt ⚡ [vat] n (-s/-) watt.
Watt|e ['vatə] f (-/-n) cotton-wool; surgical cotton; wadding; '∼ebausch m wad; 2ieren [∼'tiːrən] v/t. wad, pad.
weben ['veːbən] v/t. and v/i. ([irr.∼] ge-, h) weave.
'Weber m (-s/-) weaver; '∼ei [∼'raɪ] f 1. (-/no pl.) weaving; 2. (-/-en) weaving-mill.
Webstuhl ['veːpʃtuːl] m loom.
Wechsel ['vɛksəl] m (-s/-) change; allowance; ✝ bill (of exchange); hunt. runway; eigener ∼ ✝ promissory note; '∼beziehung f correlation; '∼fälle [' ∼fɛlə] pl. vicissitudes pl.; '∼fieber ❉ n (-s/no pl.) intermittent fever; malaria; '∼frist ✝ f usance; '∼geld n change; '∼kurs m rate of exchange; '∼makler ✝ m bill-broker; '2n v/t. (ge-, h) 1. v/t. change; vary; exchange (words, etc.); den Besitzer ∼ change hands; die Kleider ∼ change (one's clothes); 2. v/i. change; vary; alternate; '∼nehmer ✝ m (-s/-) payee; '2seitig adj. [' ∼zartiç] mutual, reciprocal; '∼strom ⚡ m alternating current; '∼stube f exchange office; '2weise adv. alternately, by or in turns; '∼wirkung f interaction.
wecke|n ['vɛkən] v/t. (ge-, h) wake (up), waken; arouse (a. fig.); '2r m (-s/-) alarm-clock.
wedeln ['veːdəln] v/i. (ge-, h): ∼ mit wag (tail).
weder cj. ['veːdər]: ∼ ... noch neither ... nor.
Weg[1] [veːk] m (-[e]s/-e) way (a. fig.); road (a. fig.); path; route; walk; auf halbem ∼ half-way; am ∼ by the roadside; aus dem ∼ gehen steer clear of (a. fig.); aus dem ∼ räumen remove (a. fig.); in die ∼e leiten set on foot, initiate.
weg[2] adv. [vɛk] away, off; gone; geh ∼! be off (with you)!; ∼ mit ihm! off with him!; Hände ∼! hands off!; F ich muß ∼ I must be off; F ganz ∼ sein be quite beside o.s.; '∼bleiben F v/i. (irr. bleiben, sep., -ge-, sein) stay away; be omitted; '∼bringen v/t. (irr. bringen, sep., -ge-, h) take away; a. remove (things).
wegen prp. (gen.) ['veːgən] because of, on account of, owing to.
weg|fahren v/i. (irr. fahren, sep., -ge-) 1. v/t. (h) remove; cart away; 2. v/i. (sein) leave; '∼fallen v/i. (irr. fallen, sep., -ge-, sein) be omitted; be abolished; '2gang m (-[e]s/no pl.) going away, departure; '∼gehen v/i. (irr. gehen, sep., -ge-, sein) go away or off; merchandise:

sell; '~haben F *v/t.* (*irr. haben, sep., -ge-, h*): e-n ~ be tight; have a screw loose; er hat noch nicht weg, wie man es machen muß he hasn't got the knack of it yet; '~jagen *v/t.* (*sep., -ge-, h*) drive away; '~kommen F *v/i.* (*irr. kommen, sep., -ge-, sein*) get away; be missing; gut (*schlecht*) ~ come off well (badly); mach, daß du wegkommst be off (with you)!; '~lassen *v/t.* (*irr. lassen, sep., -ge-, h*) let s.o. go; leave out, omit; '~laufen *v/i.* (*irr. laufen, sep., -ge-, sein*) run away; '~legen *v/t.* (*sep., -ge-, h*) put away; '~machen F *v/t.* (*sep., -ge-, h*) remove; *a.* take out (*stains*); '~müssen F *v/i.* (*irr. müssen 1, sep., -ge-, h*): ich muß weg I must be off; '2nahme ['~na:mə] *f* (*-/-n*) taking (away); '~nehmen *v/t.* (*irr. nehmen, sep., -ge-, h*) take up, occupy (*time, space*); j-m et. ~ take s.th. away from s.o.; '~raffen *fig. v/t.* (*sep., -ge-, h*) carry off.

Wegrand ['ve:k-] *m* wayside.

weg|räumen ['vɛk-] *v/t.* (*sep., -ge-, h*) clear away, remove; '~schaffen *v/t.* (*sep., -ge-, h*) remove; '~schikken *v/t.* (*sep., -ge-, h*) send away or off; '~sehen *v/i.* (*irr. sehen, sep., -ge-, h*) look away; ~ über (*acc.*) overlook, shut one's eyes to; '~setzen *v/t.* (*sep., -ge-, h*) put away; sich ~ über (*acc.*) disregard, ignore; '~streichen *v/t.* (*irr. streichen, sep., -ge-, h*) strike off or out; '~tun *v/t.* (*irr. tun, sep., -ge-, h*) put away or aside.

Wegweiser ['ve:kvaɪzɐ] *m* (*-s/-*) signpost, finger-post; *fig.* guide.

weg|wenden ['vɛk-] *v/t.* (*[irr. wenden,] sep., -ge-, h*) turn away, avert (*one's eyes*); sich ~ turn away; '~werfen *v/t.* (*irr. werfen, sep., -ge-, h*) throw away; '~werfend *adj.* disparaging; '~wischen *v/t.* (*sep., -ge-, h*) wipe off; '~ziehen (*irr. ziehen, sep., -ge-*) 1. *v/t.* (*h*) pull or draw away; 2. *v/i.* (*sein*) (re)move.

weh [ve:] 1. *adj.* sore; 2. *adv.*: ~ tun ache, hurt; j-m ~ tun pain or hurt s.o.; *fig. a.* grieve s.o.; sich ~ tun hurt o.s.; mir tut der Finger ~ my finger hurts.

Wehen[1] ☞ ['ve:ən] *f/pl.* labo(u)r, travail.

wehen[2] [~] (*ge-, h*) 1. *v/t.* blow; 2. *v/i.* blow; es weht ein starker Wind it is blowing hard.

weh|klagen *v/i.* (*ge-, h*) lament (um for, over); '~leidig *adj.* snivel(l)ing; *voice:* plaintive; '2mut *f* (*-/no pl.*) wistfulness; '~mütig *adj.* ['~my:tiç] wistful.

Wehr[1] [ve:r] 1. *f* (*-/-en*): sich zur ~ setzen offer resistance (gegen to), show fight; 2. *n* (*-[e]s/-e*) weir;

~dienst ✗ *m* military service; '2en *v/refl.* (*ge-, h*) defend o.s.; offer resistance (gegen to); '2fähig ✗ *adj.* able-bodied; '2los *adj.* defenceless, *Am.* defenseless; '~pflicht ✗ *f* (*-/no pl.*) compulsory military service, conscription; '2pflichtig ✗ *adj.* liable to military service.

Weib [vaɪp] *n* (*-[e]s/-er*) woman; wife; '~chen *zo. n* (*-s/-*) female.

Weiber|feind ['vaɪbɐ-] *m* womanhater; '~held *contp. m* ladies' man; '~volk F *n* (*-[e]s/no pl.*) womenfolk.

weib|isch *adj.* ['vaɪbɪʃ] womanish, effeminate; '~lich *adj.* ['~p-] female; *gr.* feminine; womanly, feminine.

weich *adj.* [vaɪç] soft (*a. fig.*); meat, etc.: tender; egg: soft-boiled; ~ werden soften; *fig.* relent.

Weiche[1] ☒ ['vaɪçə] *f* (*-/-n*) switch; ~n *pl.* points *pl.*

Weiche[2] *anat.* [~] *f* (*-/-n*) flank, side.

weichen[1] ['vaɪçən] *v/i.* (*irr. ge-, sein*) give way, yield (dat. to); nicht von der Stelle ~ not to budge an inch; j-m nicht von der Seite ~ stick to s.o.

weichen[2] [~] *v/i.* (*ge-, h, sein*) soak.

'Weichensteller ☒ *m* (*-s/-*) pointsman, switch-man.

'weich|herzig *adj.* soft-hearted, tender-hearted; '~lich *adj.* somewhat soft; *fig.* effeminate; '2ling ['~lɪŋ] *m* (*-s/-e*) weakling, milksop, molly(-coddle), *sl.* sissy; '2tier *n* mollusc.

Weide[1] ♀ ['vaɪdə] *f* (*-/-n*) willow.

Weide[2] ☞ [~] *f* (*-/-n*) pasture; auf der ~ out at grass; '~land *n* pasture(-land); '2n (*ge-, h*) 1. *v/t.* feed, pasture, graze; sich ~ an (*dat.*) gloat over; feast on; 2. *v/i.* pasture, graze.

'Weiden|korb *m* wicker basket, osier basket; '~rute *f* osier switch.

weidmännisch *hunt. adj.* ['vaɪtmɛnɪʃ] sportsmanlike.

weiger|n ['vaɪgɐn] *v/refl.* (*ge-, h*) refuse, decline; '2ung *f* (*-/-en*) refusal.

Weihe *eccl.* ['vaɪə] *f* (*-/-n*) consecration; ordination; '2n *eccl. v/t.* (*ge-, h*) consecrate; j-n zum Priester ~ ordain s.o. priest.

Weiher ['vaɪɐ] *m* (*-s/-*) pond.

'weihevoll *adj.* solemn.

Weihnachten ['vaɪnaxtən] *n* (*-s/no pl.*) Christmas, Xmas.

'Weihnachts|abend *m* Christmas eve; '~baum *m* Christmas-tree; '~ferien *pl.* Christmas holidays *pl.*; '~fest *n* Christmas; '~geschenk *n* Christmas present; '~gratifikation *f* Christmas bonus; '~karte *f* Christmas card; '~lied *n* carol, Christmas hymn; '~mann *m* Father Christmas, Santa Claus; '~markt *m* Christmas fair; '~zeit *f*

(-/no pl.) Christmas(-tide) (in Germany beginning on the first Advent Sunday).

'Weih|rauch eccl. m incense; '~wasser eccl. n (-s/no pl.) holy water.

weil cj. [vaɪl] because, since, as.

Weil|chen ['vaɪlçən] n (-s/-): ein ~ a little while, a spell; '~e f (-/no pl.): e-e ~ a while.

Wein [vaɪn] m (-[e]s/-e) wine; ♀ vine; wilder ~ ♀ Virginia creeper; '~bau m (-[e]s/no pl.) vine-growing, viticulture; '~beere f grape; '~berg m vineyard; '~blatt n vine-leaf.

wein|en ['vaɪnən] v/i. (ge-, h) weep (um, vor dat. for), cry (vor dat. for joy, etc., with hunger, etc.); '~erlich adj. tearful, lachrymose; whining.

'Wein|ernte f vintage; '~essig m vinegar; '~faß n wine-cask; '~flasche f wine-bottle; '~geist m (-[e]s/-e) spirit(s pl.) of wine; '~glas n wineglass; '~handlung f wine-merchant's shop; '~karte f wine-list; '~keller m wine-vault; '~kelter f winepress; '~kenner m connoisseur of or in wines.

'Weinkrampf ♂ m paroxysm of weeping.

'Wein|kühler m wine-cooler; '~lese f vintage; '~presse f winepress; '~ranke f vine-tendril; '~rebe f vine; '~rot adj. claret-colo(u)red; '~stock m vine; '~traube f grape, bunch of grapes.

weise[1] ['vaɪzə] 1. adj. wise; sage; 2. ♂ m (-n/-n) wise man, sage.

Weise[2] [~] f (-/-n) ♂ melody, tune; fig. manner, way; auf diese ~ in this way.

weisen ['vaɪzən] (irr., ge-, h) 1. v/t.: j-m die Tür ~ show s.o. the door; von der Schule ~ expel from school; von sich ~ reject (idea, etc.); deny (charge, etc.); 2. v/i.: ~ auf (acc.) point at or to.

Weis|heit ['vaɪshaɪt] f (-/⁀-en) wisdom; am Ende s-r ~ sein be at one's wit's end; '~heitszahn m wisdom-tooth; '⁀machen v/t. (sep., -ge-, h): j-m et. ~ make s.o. believe s.th.

weiß adj. [vaɪs] white; '⁀blech n tin(-plate); '⁀brot n white bread; '⁀e m (-n/-n) white (man); '~en v/t. (ge-, h) whitewash; '~glühend adj. white-hot, incandescent; '⁀kohl m white cabbage; '~lich adj. whitish; '⁀waren pl. linen goods pl.; '⁀wein m white wine.

Weisung ['vaɪzʊŋ] f (-/-en) direction, directive.

weit [vaɪt] 1. adj. distant (von from); world, garment: wide; area, etc.: vast; garment: loose; journey, way: long; conscience: elastic; 2. adv.: ~ entfernt far away; ~ entfernt von a. a long distance from; fig. far from;

~ und breit far and wide; ~ über sechzig (Jahre alt) well over sixty; bei ~em (by) far; von ~em from a distance.

weit|ab adv. ['vaɪt'-] far away (von from); '~aus adv. (by) far, much; '⁀blick m (-[e]s/no pl.) far-sightedness; '~blickend adj. far-sighted, far-seeing; '~en v/t. and v/refl. (ge-, h) widen.

'weiter 1. adj. particulars, etc.: further; charges, etc.: additional, extra; ~e fünf Wochen another five weeks; bis auf ~es until further notice; ohne ~es without any hesitation; off-hand; 2. adv. furthermore, moreover; ~! go on!; nichts ~ nothing more; und so ~ and so on; bis hierher und nicht ~ so far and no farther; '⁀e n (-n/no pl.) the rest; further details pl.

'weiter|befördern v/t. (sep., no -ge-, h) forward; '~bestehen v/i. (irr. stehen, sep., no -ge-, h) continue to exist, survive; '~bilden v/t. (sep., -ge-, h) give s.o. further education; sich ~ improve one's knowledge; continue one's education; '~geben v/t. (irr. geben, sep., -ge-, h) pass (dat., an acc. to); '~gehen v/i. (irr. gehen, sep., -ge-, sein) pass or move on, walk along; fig. continue, go on; '~hin adv. in (the) future; furthermore; et. ~ tun continue doing or to do s.th.; '~kommen v/i. (irr. kommen, sep., -ge-, sein) get on; '⁀können v/i. (irr. können, sep., -ge-, h) be able to go on; '~leben v/i. (sep., -ge-, h) live on, survive (a. fig.); '~machen v/t. and v/i. (sep., -ge-, h) carry on.

'weit|gehend adj. powers: large; support: generous; '~gereist adj. travel(l)ed; '~greifend adj. far-reaching; '~herzig adj. broad-minded; '~hin adv. far off; '~läufig ['~lɔʏfıç] 1. adj. house, etc.: spacious; story, etc.: detailed; relatives: distant; 2. adv.: ~ erzählen (tell in) detail; er ist ~ verwandt mit mir he is a distant relative of mine; '~reichend adj. far-reaching; '~schweifig adj. diffuse, prolix; '~sichtig adj. ♂ far-sighted; fig. a. far-seeing; '⁀sichtigkeit ♂ f (-/⁀-en) far-sightedness; '⁀sprung m (-[e]s/no pl.) long jump, Am. broad jump; '~tragend adj. ⨯ long-range; fig. far-reaching; '~verbreitet adj. widespread.

Weizen ♀ ['vaɪtsən] m (-s/-) wheat; '~brot n wheaten bread; '~mehl n wheaten flour.

welch [vɛlç] 1. interr. pron. what; which; ~er? which one?; ~er von beiden? which of the two?; 2. rel. pron. who, that; which, that; 3. F indef. pron.: es gibt ~e, die sagen, daß ... there are some who say that ...; *es sollen viele Ausländer hier sein, hast du schon ~e gesehen?* many foreigners are said to be here, have you seen any yet?

**welk** *adj.* [velk] faded, withered; *skin:* flabby, flaccid; '~en *v/i.* (ge-, sein) fade, wither.

**Wellblech** ['velbleç] *n* corrugated iron.

**Welle** ['velə] *f* (-/-n) wave (*a. fig.*); ⊕ shaft.

'**wellen** *v/t. and v/refl.* (ge-, h) wave; '2bereich ⊕ *m* wave-range; '~förmig *adj.* ['~fœrmiç] undulating, undulatory; '2länge ⊕ *f* wavelength; '2linie *f* wavy line; '2reiten *n* (-s/*no pl.*) surf-riding.

'**wellig** *adj.* wavy.

'**Wellpappe** *f* corrugated cardboard or paper.

**Welt** [velt] *f* (-/-en) world; *die ganze ~* the whole world, all the world; *auf der ~* in the world, *auf der ganzen ~* all over the world; *zur ~ bringen* give birth to, bring into the world.

'**Welt|all** *n* universe, cosmos; '~anschauung *f* Weltanschauung; '~ausstellung *f* world fair; '2bekannt *adj.* known all over the world; '2berühmt *adj.* world-famous; '~bürger *m* cosmopolite; '2erschütternd *adj.* world-shaking; '2fremd *adj.* wordly innocent; '~friede(n)m universal peace; '~geschichte *f* (-/*no pl.*) universal history; '2gewandt *adj.* knowing the ways of the world; '~handel ✝ *m* (-s/*no pl.*) world trade; '~karte *f* map of the world; '2klug *adj.* wordly-wise; '~krieg *m* world war; *der zweite ~* World War II; '~lage *f* international situation; '~lauf *m* course of the world; '2lich 1. *adj.* wordly; secular, temporal; 2. *adv.:* ~ *gesinnt* wordly-minded; '~literatur *f* world literature; '~macht *f* world-power; 2männisch *adj.* ['~meniʃ] man-of-the-world; '~markt *m* (-[e]s/*no pl.*) world market; '~meer *n* ocean; '~meister *m* world champion; '~meisterschaft *f* world championship; '~raum *m* (-[e]s/*no pl.*) (outer) space; '~reich *n* universal empire; *das Britische ~* the British Empire; '~reise *f* journey round the world; '~rekord *m* world record; '~ruf *m* (-[e]s/*no pl.*) world-wide reputation; '~schmerz *m* Weltschmerz; '~sprache *f* world *or* universal language; '~stadt *f* metropolis; '2weit *adj.* world-wide; '~wunder *n* wonder of the world.

**Wende** ['vendə] *f* (-/-n) turn (*a. swimming*); *fig. a.* turning-point; '~kreis *m geogr.* tropic; *mot.* turning-circle.

**Wendeltreppe** ['vendəl-] *f* winding

staircase, (e-e flight of) winding stairs *pl.*, spiral staircase.

'**Wende|marke** *f sports:* turning-point; '2n 1. *v/t.* (ge-, h) turn (*coat, etc.*); turn (*hay*) about; 2. *v/refl.* (*irr.,* ge-, h): *sich ~ an* (*acc.*) turn to; address o.s. to; apply to (*wegen for*); 3. *v/i.* (ge-, h) ⊕, *mot.* turn; *bitte ~! please turn over!*; '~punkt *m* turning-point.

'**wend|ig** *adj.* nimble, agile (*both a. fig.*); *mot.*; easily steerable; *mot.* flexible; '2ung *f* (-/-en) turn (*a. fig.*); ⚔ facing; *fig.*: change; expression; idiom.

**wenig** ['ve:niç] 1. *adj.* little; ~e *pl.* few *pl.*; ~er less; ~er *pl.* fewer; *ein klein ~ Geduld* a little bit of patience; *das ~e* the little; 2. *adv.* little; ~er less; ⚖ *a.* minus; *am ~sten* least (of all); '2keit *f* (-/-en): *meine ~* my humble self; ~stens *adv.* ['~stəns] at least.

**wenn** *cj.* [ven] when; if; ~ ... *nicht* if ... not, unless; ~ *auch* (al)though, even though; ~ *auch noch so* however; *und ~ nun* ...? what if ...?; *wie wäre es, ~ wir jetzt heimgingen?* what about going home now?

**wer** [ve:r] 1. *interr. pron.* who; which; ~ *von euch?* which of you?; 2. *rel. pron.* who; ~ *auch* (immer) who(so)ever; 3. F *indef. pron.* somebody; anybody; *ist schon ~ gekommen?* has anybody come yet?

**Werbe|abteilung** ['verbə-] *f* advertising *or* publicity department; '~film *m* advertising film.

'**werb|en** (*irr.,* ge-, h) 1. *v/t.* canvass (*votes, subscribers, etc.*); ⚔ recruit, enlist; 2. *v/i.:* ~ *für* advertise, *Am. a.* advertize; make propaganda for; canvass for; '2ung *f* (-/-en) advertising, publicity, propaganda; *Am. a.* advertizing; propaganda; canvassing; ⚔ enlistment, recruiting.

**Werdegang** ['verdə-] *m* career; ⊕ process of manufacture.

'**werden** 1. *v/i.* (*irr.,* ge-, sein) become, get; grow; turn (*pale, sour, etc.*); *was ist aus ihm geworden?* what has become of him?; *was will er (einmal) ~?* what is he going to be?; 2. ⚖ *n* (-s/*no pl.*): *noch im ~ sein* be in embryo.

**werfen** ['verfən] (*irr.,* ge-, h) 1. *v/t.* throw (*nach at*); *zo.* throw (*young*); cast (*shadow, glance, etc.*); *Falten ~* fall in folds; set badly; 2. *v/i.* throw; *zo.* litter; ~ *mit* throw (*auf acc., nach at*).

**Werft** ⚓ [verft] *f* (-/-en) shipyard, dockyard.

**Werk** [verk] *n* (-[e]s/-e) work; act; ⊕ works *pl.*; works *sg., pl.*, factory; *das ~ e-s Augenblicks* the work of a moment; *zu ~e gehen* proceed; '~bank ⊕ *f* work-bench; '~meister *m* foreman; '~statt ['~ʃtat] *f*

(-/-en) workshop; '~tag m workday; '2tätig adj. working; '~zeug n tool; implement; instrument.

Wermut ['ve:rmuːt] m (-[e]s/no pl.) ♀ wormwood; verm(o)uth.

wert [ve:rt] 1. adj. worth; worthy (gen. of); ~, getan zu werden worth doing; 2. 2 m (-[e]s/-e) value (a. A, ♬, phys., fig.); worth (a. fig.); Briefmarken im ~ von 2 Schilling 2 shillings' worth of stamps; großen ~ legen auf (acc.) set a high value (up)on.

'Wert|brief m money-letter; '2en v/t. (ge-, h) value; appraise; '~gegenstand m article of value; '2los adj. worthless, valueless; '~papiere n/pl. securities pl.; '~sachen pl. valuables pl.; '~ung f (-/-en) valuation; appraisal; sports: score; '2voll adj. valuable, precious.

Wesen ['ve:zən] n 1. (-s/no pl.) entity, essence; nature, character; viel ~s machen um make a fuss of; 2. (-s/-) being; creature; '2los adj. unreal; '2tlich adj. essential, substantial.

weshalb [ves'halp] 1. interr. pron. why; 2. cj. that's why.

Wespe zo. ['vespə] f (-/-n) wasp.

West geogr. [vest] west; '~en m (-s/no pl.) west; the West.

Weste ['vestə] f (-/-n) waistcoat, ✝ and Am. vest; e-e reine ~ haben have a clean slate.

'west|lich adj. west; westerly; western; '2wind m west(erly) wind.

Wett|bewerb ['vɛtbəvɛrp] m (-[e]s/-e) competition (a. ✝); '~büro n betting office; '~e f (-/-n) wager, bet; e-e ~ eingehen lay or make a bet; '~eifer m emulation, rivalry; '2eifern v/i. (ge-, h) vie (mit with; in dat. in; um for); '2en (ge-, h) 1. v/t. wager, bet; 2. v/i.: mit j-m um et. ~ wager or bet s.o. s.th.; ~ auf (acc.) wager or bet on, back.

Wetter[1] ['vetər] n (-s/-) weather.

Wetter[2] [~] m (-s/-) better.

'Wetter|bericht m weather-forecast; '2fest adj. weather-proof; '~karte f weather-chart; '~lage f weather-conditions pl.; '~leuchten n (-s/no pl.) sheet-lightning; '~vorhersage f (-/-n) weather-forecast; '~warte f weather-station.

'Wett|kampf m contest, competition; '~kämpfer m contestant; '~lauf m race; '~läufer m racer, runner; '2machen v/t. (sep., -ge-, h) make up for; '~rennen n race; '~rüsten n (-s/no pl.) armament race; '~spiel n match, game; '~streit m contest. [sharpen.]

wetzen ['vetsən] v/t. (ge-, h) whet; wich [viç] pret. of weichen[1].

Wichse ['viksə] f 1. (-/-n) blacking; polish; 2. F fig. (-/no pl.) thrashing; '2n v/t. (ge-, h) black; polish.

wichtig adj. ['viçtiç] important; sich ~ machen show off; '2keit f (-/♬ -en) importance; 2tuer ['~tuːər] m (-s/-) pompous fellow; '~tuerisch adj. pompous.

Wickel ['vikəl] m (-s/-) roll(er); ♬: compress; packing; '2n v/t. (ge-, h) wind; swaddle (baby); wrap.

Widder zo. ['vidər] m (-s/-) ram.

wider prp. (acc.) ['viːdər] against, contrary to; '~borstig adj. crossgrained; '~fahren v/i. (irr. fahren, no -ge-, sein) happen (dat. to); '2haken m barb; 2hall ['~hal] m (-[e]s/-e) echo, reverberation; fig. response; '~hallen v/i. (sep., -ge-, h) (re-)echo (von with), resound (with); '~legen v/t. (no -ge-, h) refute, disprove; '~lich adj. repugnant, repulsive; disgusting; '~natürlich adj. unnatural; '~rechtlich adj. illegal, unlawful; '2rede f contradiction; '2ruf m ♬ revocation; retraction; '2rufen v/t. (irr. rufen, no -ge-, h) revoke; retract (a. ♬); '~ruflich adj. revocable; 2sacher ['~zaxər] m (-s/-) adversary; '2schein m reflection; '~setzen v/refl. (no -ge-, h): sich e-r Sache ~ oppose or resist s.th.; '~setzlich adj. refractory; insubordinate; '~sinnig adj. absurd; '~spenstig adj. ['~penstiç] refractory; 2spenstigkeit f (-/♬ -en) refractoriness; '~spiegeln v/t. (sep., -ge-, h) reflect (a. fig.); sich ~ in (dat.) be reflected in; '~sprechen v/i. (irr. sprechen, no -ge-, h): j-m ~ contradict s.o.; '2spruch m contradiction; opposition; im ~ zu in contradiction to; '~sprüchlich adj. ['~pryːçliç] contradictory; '~spruchslos 1. adj. uncontradicted; 2. adv. without contradiction; '2stand m resistance (a. ♬); opposition; ~ leisten offer resistance (dat. to); auf heftigen ~ stoßen meet with stiff opposition; '~standsfähig adj. resistant (a. ⊕); '~stehen v/i. (irr. stehen, no -ge-, h) resist (e-r Sache s.th.); '~streben v/i. (no -ge-, h): es widerstrebt mir, dies zu tun I hate doing or to do that, I am reluctant to do that; '~strebend adv. reluctantly; '2streit m (-[e]s/♬ -e) antagonism; fig. conflict; '~wärtig adj. ['~vertiç] unpleasant, disagreeable; disgusting; '2wille m aversion (gegen to, for, from); dislike (to, of, for); disgust (at, for); reluctance, unwillingness; '~willig adj. reluctant, unwilling.

widm|en ['vitmən] v/t. (ge-, h) dedicate; '2ung f (-/-en) dedication.

widrig adj. ['viːdriç] adverse; ~enfalls adv. ['~gən'-] failing which, in default of which.

wie [vi:] 1. *adv.* how; ~ *alt ist er?* what is his age?; ~ *spät ist es?* what is the time?; 2. *cj.*: *ein Mann* ~ *er* a man such as he, a man like him; ~ *er dies hörte* hearing this; *ich hörte,* ~ *er es sagte* I heard him saying so.

**wieder** *adv.* ['vi:dər] again, anew; *immer* ~ again and again; 2'**aufbau** *m* (-[e]s/*no pl.*) reconstruction; rebuilding; ~'**aufbauen** *v/t.* (*sep.*, -ge-, h) reconstruct; ~'**aufleben** *v/i.* (*sep.*, -ge-, sein) revive; 2'**aufleben** *n* (-s/*no pl.*) revival; 2'**aufnahme** *f* resumption; ~'**aufnehmen** *v/t.* (*irr. nehmen, sep.*, -ge-, h) resume; '2**beginn** *m* recommencement; re-opening; '~**bekommen** *v/t.* (*irr. kommen, sep., no -ge-,* h) get back; '~**beleben** *v/t.* (*sep., no -ge-,* h) resurrect; '2**belebung** *f* (-/-en) revival; *fig. a.* resurrection; '2**belebungsversuch** *m* attempt at resuscitation; '~**bringen** *v/t.* (*irr. bringen, sep.*, -ge-, h) bring back; restore, give back; ~'**einsetzen** *v/t.* (*sep.*, -ge-, h) re-engage; '~**einstellen** *v/t.* (*sep.*, -ge-, h) re-engage; '2**ergreifung** *f* reseizure; '~**erkennen** *v/t.* (*irr. kennen, sep., no -ge-,* h) recognize (*an dat.* by); '~**erstatten** *v/t.* (*sep., no -ge-,* h) restore; reimburse, refund (*money*); '~**geben** *v/t.* (*irr. geben, sep.*, -ge-, h) give back, return; render, reproduce; '~**gutmachen** *v/t.* (*sep.*, -ge-, h) make up for; 2'**gutmachung** *f* (-/-en) reparation; '~**herstellen** *v/t.* (*sep.*, -ge-, h) restore; '~**holen** *v/t.* (h) 1. [~'ho:lən] (*no -ge-*) repeat; 2. ['~ho:lən] (*sep.*, -ge-) fetch back; 2'**holung** *f* (-/-en) repetition; '~**käuen** ['~kɔʏən] (*sep.*, -ge-, h) 1. *v/i.* ruminate, chew the cud; 2. F *fig. v/t.* repeat over and over; 2**kehr** ['~ke:r] *f* (-/*no pl.*) return; recurrence; '~**kehren** *v/i.* (*sep.*, -ge-, sein) return; recur; '~**kommen** *v/i.* (*irr. kommen, sep.*, -ge-, sein) come back; return; '~**sehen** *v/t. and v/refl.* (*irr. sehen, sep.*, -ge-, h) see *or* meet again; '2**sehen** *n* (-s/*no pl.*) meeting again; *auf* ~! good-bye!; '~**tun** *v/t.* (*irr. tun, sep.*, -ge-, h) do again, repeat; '~**um** *adv.* again, anew; '~**vereinigen** *v/t.* (*sep., no -ge-,* h) reunite; 2**vereinigung** *f* reunion; *pol.* reunification; '2**verheiratung** *f* remarriage; '2**verkäufer** *m* reseller; retailer; '2**wahl** *f* re-election; '~**wählen** *v/t.* (*sep.*, -ge-, h) re-elect; '2**zulassung** *f* readmission.

**Wiege** ['vi:gə] *f* (-/-n) cradle.

**wiegen**[1] ['vi:gən] *v/t. and v/i.* (*irr. ge-,* h) weigh.

**wiegen**[2] [~] *v/t.* (ge-, h) rock; *in Sicherheit* ~ rock in security, lull into (a false sense of) security.

'**Wiegenlied** *n* lullaby.

**wiehern** ['vi:ərn] *v/i.* (ge-, h) neigh.

**Wiener** ['vi:nər] *m* (-s/-) Viennese; '2**isch** *adj.* Viennese.

**wies** [vi:s] *pret. of* weisen.

**Wiese** ['vi:zə] *f* (-/-n) meadow.

**wie'so** *interr. pron.* why; why so.

**wie'viel** *adv.* how much; ~ *pl.* how many *pl.*; ~**te** *adv.* [~tə]: *den* ~**ten** *haben wir heute?* what's the date today?

**wild** [vilt] 1. *adj.* wild; savage; ~*es Fleisch* ❧ proud flesh; ~*e Ehe* concubinage; ~*er Streik* ↑ wildcat strike; 2. 2 *n* (-[e]s/*no pl.*) game. '**Wild**|**bach** *m* torrent; '~**bret** ['~brɛt] *n* (-s/*no pl.*) game; venison.

**Wilde** ['vildə] *m* (-n/-n) savage.

**Wilder**|**er** ['vildərər] *m* (-s/-) poacher; '2**n** *v/i.* (ge-, h) poach.

'**Wild**|**fleisch** *n* s. Wildbret; '2**fremd** *F adj.* quite strange; '~**hüter** *m* gamekeeper; '~**leder** *n* buckskin; '2**ledern** *adj.* buckskin; doeskin; '~**nis** *f* (-/-se) wilderness, wild (*a. fig.*); '~**schwein** *n* wildboar.

**Wille** ['vilə] *m* (-ns/❧-n) will; *s-n* ~ *n durchsetzen* have one's way; *gegen s-n* ~*n* against one's will; *j-m s-n* ~*n lassen* let s.o. have his (own) way; '2**nlos** *adj.* lacking will-power.

'**Willens**|**freiheit** *f* (-/*no pl.*) freedom of (the) will; '~**kraft** *f* (-/*no pl.*) will-power; '~**schwäche** *f* (-/*no pl.*) weak will; '2**stark** *adj.* strong-willed; '~**stärke** *f* (-/*no pl.*) strong will, will-power.

'**willig** *adj.* willing, ready; '~**kommen** *adj.* welcome; 2**kür** ['~ky:r] *f* (-/*no pl.*) arbitrariness; '~**kürlich** *adj.* arbitrary.

**wimmeln** ['viməln] *v/i.* (ge-, h) swarm (*von* with), teem (with).

**wimmern** ['vimərn] *v/i.* (ge-, h) whimper, whine.

**Wimpel** ['vimpəl] *m* (-s/-) pennant, pennon, streamer.

**Wimper** ['vimpər] *f* (-/-n) eyelash.

**Wind** [vint] *m* (-[e]s/-e) wind; '~**beutel** *m* cream-puff; F *fig.* windbag.

**Winde** ['vində] *f* (-/-n) windlass; reel.

**Windel** ['vindəl] *f* (-/-n) diaper, (baby's) napkin; ~*n pl. a.* swaddling-clothes *pl.*

'**winden** *v/t.* (*irr.*, ge-, h) wind; twist, twirl; make, bind (*wreath*); *sich* ~ *vor* (*dat.*) writhe with.

'**Wind**|**hose** *f* whirlwind, tornado; '~**hund** *m* greyhound; 2**ig** *adj.* ['~diç] windy; F *fig.* excuse: thin, lame; '~**mühle** *f* windmill; '~**pocken** ❧ *pl.* chicken-pox; '~**richtung** *f* direction of the wind; '~**rose** ⚓ *f* compass card; '~**schutzscheibe** *f* wind-screen, *Am.* windshield; '~**stärke** *f* wind veloc-

ity; '2still adj. calm; '∼stille f calm; '∼stoß m blast of wind, gust.
'Windung f (-/-en) winding, turn; bend (of way, etc.); coil (of snake, etc.).
Wink [viŋk] m (-[e]s/-e) sign; wave; wink; fig.: hint; tip.
Winkel ['viŋkəl] m (-s/-) ⅄ angle; corner, nook; '2ig adj. angular; street: crooked; '∼zug m subterfuge, trick, shift.
'winken v/i. (ge-, h) make a sign; beckon; mit dem Taschentuch ∼ wave one's handkerchief.
winklig adj. ['viŋkliç] s. winkelig.
winseln ['vinzəln] v/i. (ge-, h) whimper, whine.
Winter ['vintər] m (-s/-) winter; im ∼ in winter; '2lich adj. wintry; '∼schlaf m hibernation; '∼sport m winter sports pl.
Winzer ['vintsər] m (-s/-) vine-dresser; vine-grower; vintager.
winzig adj. ['vintsiç] tiny, diminutive.
Wipfel ['vipfəl] m (-s/-) top.
Wippe ['vipə] f (-/-n) seesaw; '2n v/i. (ge-, h) seesaw.
wir pers. pron. [vi:r] we; ∼ drei the three of us.
Wirbel ['virbəl] m (-s/-) whirl, swirl; eddy; flurry (of blows, etc.); anat. vertebra; '2ig adj. giddy, vertiginous; wild; '2n v/i. (ge-, h) whirl; drums: roll; '∼säule anat. f spinal or vertebral column; '∼sturm m cyclone, tornado, Am. a. twister; '∼tier n vertebrate; '∼wind m whirlwind (a. fig.).
wirk|en ['virkən] (ge-, h) 1. v/t. knit, weave; work (wonders); 2. v/i.: ∼ als act or function as; ∼ auf (acc.) produce an impression on; beruhigend ∼ have a soothing effect; '∼lich adj. real, actual; true, genuine; '2lichkeit f (-/-en) reality; in ∼ in reality; '∼sam adj. effective, efficacious; '2samkeit f (-/⅃-en) effectiveness, efficacy; '2ung f (-/-en) effect.
'Wirkungs|kreis m sphere or field of activity; '2los adj. ineffective, inefficacious; '∼losigkeit f (-/no pl.) ineffectiveness, inefficacy; '2voll adj. s. wirksam.
wirr adj. [vir] confused; speech: incoherent; hair: dishevel(l)ed; '2en pl. disorders pl.; troubles pl.; '2warr m (-s/no pl.) confusion, muddle.
Wirsingkohl ['virziŋ-] m (-[e]s/no pl.) savoy.
Wirt [virt] m (-[e]s/-e) host; landlord; innkeeper.
'Wirtschaft f (-/-en) housekeeping; economy; trade and industry; economics pl.; s. Wirtshaus; F mess; '2en v/i. (ge-, h) keep house; economize; F bustle (about); '∼erin

f (-/-nen) housekeeper; '2lich adj. economic; economical.
'Wirtschafts|geld n housekeeping money; '∼jahr n financial year; '∼krise f economic crisis; '∼politik f economic policy; '∼prüfer m (-s/-) chartered accountant, Am. certified public accountant.
'Wirtshaus n public house, F pub.
Wisch [viʃ] m (-es/-e) wisp (of straw, etc.); contp. scrap of paper; '2en v/t. (ge-, h) wipe.
wispern ['vispərn] v/t. and v/i. (ge-, h) whisper.
Wiß|begierde ['vis-] f (-/no pl.) thirst for knowledge; '2begierig adj. eager for knowledge.
wissen ['visən] 1. v/t. (irr., ge-, h) know; man kann nie ∼ you never know, you never can tell; 2. 2 n (-s/no pl.) knowledge; meines ∼s to my knowledge, as far as I know.
'Wissenschaft f (-/-en) science; knowledge; '∼ler m (-s/-) scholar; scientist; researcher; '2lich adj. scientific.
'Wissens|drang m (-[e]s/no pl.) urge or thirst for knowledge; '2wert adj. worth knowing.
'wissentlich adj. knowing, conscious.
wittern ['vitərn] v/t. (ge-, h) scent, smell; fig. a. suspect.
'Witterung f (-/⅃-en) weather; hunt. scent; '∼sverhältnisse ['∼sfer-heltnisə] pl. meteorological conditions pl. [m (-s/-) widower.\
Witwe ['vitvə] f (-/-n) widow; '∼r\
Witz [vits] m 1. (-es/no pl.) wit; 2. (-es/-e) joke; ∼e reißen crack jokes; '∼blatt n comic paper; '2ig adj. witty; funny.
wo [vo:] 1. adv. where?; 2. cj.: F ach ∼! nonsense!
wob [vo:p] pret. of weben.
wo'bei adv. at what?; at which; in doing so.
Woche ['vɔxə] f (-/-n) week; heute in e-r ∼ today week.
'Wochen|bett n childbed; '∼blatt n weekly (paper); '∼ende n week-end; '2lang 1. adj.: nach ∼em Warten after (many) weeks of waiting; 2. adv. for weeks; '∼lohn m weekly pay or wages pl.; '∼markt m weekly market; '∼schau f news-reel; '∼tag m week-day.
wöchentlich ['vœçəntliç] 1. adj. weekly; 2. adv. weekly, every week; einmal ∼ once a week.
Wöchnerin ['vœçnərin] f (-/-nen) woman in childbed.
wo'durch adv. by what?, how?; by which, whereby; '∼für adv. for what?, what ... for?; (in return) for which. [gen?\
wog [vo:k] pret. of wägen and wie-\
Woge ['vo:gə] f (-/-n) wave (a. fig.), billow; die ∼n glätten pour oil on

troubled waters; '2n v/i. (ge-, h) surge (a. fig.), billow; wheat: a. wave; heave.

wo|'her adv. from where?, where ... from?; ~ wissen Sie das? how do you (come to) know that?; ~'hin adv. where (... to)?

wohl [vo:l] 1. adv. well; sich nicht ~ fühlen be unwell; ~ oder übel willy-nilly; leben Sie ~! farewell!; er wird ~ reich sein he is rich, I suppose; 2. 2 n (-[e]s/no pl.): ~ und Wehe weal and woe; auf Ihr ~! your health!, here is to you!

'Wohl|befinden n well-being; good health; 2behagen n comfort, ease; 2behalten adv. safe; 2bekannt adj. well-known; '~ergehen n (-s/no pl.) welfare, prosperity; 2erzogen adj. ['~°ertso:gən] well-bred, well-behaved; '~fahrt f (-/no pl.) welfare; public assistance; '~gefallen n (-s/no pl.) pleasure; sein ~ haben an (dat.) take delight in; 2gemeint adj. well-meant, well-intentioned; 2gemut adj. ['~gə-mu:t] cheerful; 2genährt adj. well-fed; '~geruch m scent, perfume; 2gesinnt adj. well-disposed (j-m towards s.o.); 2habend adj. well-to-do; '2ig adj. comfortable; cosy, snug; '~klang m (-[e]s/no pl.) melodious sound, harmony; 2-klingend adj. melodious, harmonious; '~laut m s. Wohlklang; '~leben n (-s/no pl.) luxury; 2riechend adj. fragrant; 2schmeckend adj. savo(u)ry; '~sein n well-being; good health; '~stand m (-[e]s/no pl.) prosperity, wealth; '~tat f kindness, charity; fig. comfort, treat; '~täter m benefactor; '2tätig adj. charitable, beneficient; '~tä-tigkeit f charity; 2tuend adj. ['~tu:-ənt] pleasant, comfortable; 2tun v/i. (irr. tun, sep., -ge-, h) do good; '2verdient adj. well-deserved; p. of great merit; '~wollen n (-s/no pl.) goodwill; benevolence; favo(u)r; 2wollen v/i. (sep., -ge-, h) be well-disposed (j-m towards s.o.).

wohn|en ['vo:nən] v/i. (ge-, h) live (in dat. in, at; bei j-m with s.o.); reside (in, at; with); '2haus n dwelling-house; block of flats, Am. apartment house; '~haft adj. resident, living; '~lich adj. comfortable; cosy, snug; '2ort m dwelling-place, residence; esp. z½ domicile; '2sitz m residence; mit ~ in resident in or at; ohne festen ~ without fixed abode; '2ung f (-/-en) dwelling, habitation; flat, Am. apartment.

'Wohnungs|amt n housing office; '~not f housing shortage; '~pro-blem n housing problem.

'Wohn|wagen m caravan, trailer; '~zimmer n sitting-room, esp. Am. living room.

wölb|en ['vœlbən] v/t. (ge-, h) vault; arch; sich ~ arch; '2ung f (-/-en) vault, arch; curvature.

Wolf zo. [vɔlf] m (-[e]s/~e) wolf.

Wolke ['vɔlkə] f (-/-n) cloud.

'Wolken|bruch m cloud-burst; '~kratzer m (-s/-) skyscraper; '2los adj. cloudless.

'wolkig adj. cloudy, clouded.

Woll|decke ['vɔl-] f blanket; '~e f (-/-n) wool.

wollen¹ ['vɔlən] (h) 1. v/t. (ge-) wish, desire; want; lieber ~ prefer; nicht ~ refuse; er weiß, was er will he knows his mind; 2. v/i. (ge-): ich will schon, aber ... I want to, but ...; 3. v/aux. (no -ge-) be willing; intend, be going to; be about to; lieber ~ prefer; nicht ~ refuse; er hat nicht gehen ~ he refused to go.

wollen² adj. [~] wool(l)en; '~ig adj. wool(l)y; '2stoff m wool(l)en.

Wol|lust ['vɔlust] f (-/-e) voluptuousness; 2lüstig adj. ['~lystiç] voluptuous.

'Wollwaren pl. wool(l)en goods pl.

wo|'mit adv. with what?, what ... with?; with which; ~'möglich adv. perhaps, maybe.

Wonn|e ['vɔnə] f (-/-n) delight, bliss; '2ig adj. delightful, blissful.

wo|ran adv. [vo:'ran]: ~ denkst du? what are you thinking of?; ich weiß nicht, ~ ich mit ihm bin I don't know what to make of him; ~ liegt es, daß ...? how is it that ...?; ~'rauf adv. on what?, what ... on?; whereupon, after which; ~ wartest du? what are you waiting for?; ~'raus adv. from what?; what ... of?; from which; ~rin adv. [~'rin] in what?; in which.

Wort [vɔrt] n 1. (-[e]s/~er) word; er kann seine Wörter noch nicht he hasn't learnt his words yet; 2. (-[e]s/-e) word; term, expression; ums ~ bitten ask permission to speak; das ~ ergreifen begin to speak; parl. rise to speak, address the House, esp. Am. take the floor; das ~ führen be the spokesman; ~ halten keep one's word; 2brüchig adj.: er ist ~ geworden he has broken his word.

Wörter|buch ['vœrtər-] n dictionary; '~verzeichnis n vocabulary, list of words.

'Wort|führer m spokesman; 2ge-treu adj. literal; 2karg adj. taciturn; ~klauberei [~klaubə'rai] f (-/-en) word-splitting; '~laut m (-[e]s/no pl.) wording; text. [eral.] wörtlich adj. ['vœrtliç] verbal, lit-] 'Wort|schatz m (-es/no pl.) vocabulary; '~schwall m (-[e]s/no pl.) verbiage; '~spiel n pun (über acc., mit [up]on), play upon words; '~stellung gr. f word order, order of words; '~stamm ling. m stem; '~streit m, '~wechsel m dispute.

wo|rüber adv. [vo:'ry:bər] over or upon what?, what ... over or about or on?; over or upon which, about which; **~rum** adv. [.'rum] about what?, what ... about?; about or for which; ~ handelt es sich? what is it about?; **~runter** adv. [.'run-tər] under or among what?, what ... under?; under or among which; **~'von** adv. of or from what?, what ... from or of?; about what?, what ... about?; of or from which; **~'vor** adv. of what?, what ... of?; of which; **~'zu** adv. for what?, what ... for?; for which.

Wrack [vrak] n (-[e]s/-e, -s) ⊕ wreck (a. fig.).

wrang [vraŋ] pret. of wringen.

wring|en ['vriŋən] v/t. (irr., ge-, h) wring; '2maschine f wringing-machine.

Wucher ['vu:xər] m (-s/no pl.) usury; ~ treiben practise usury; '~er m (-s/-) usurer; '~gewinn m excess profit; '2isch adj. usurious; '2n v/i. (ge-, h) grow exuberantly; '~ung f (-/-en) ✿ exuberant growth; ✿ growth; '~zinsen m/pl. usurious interest.

Wuchs [vu:ks] 1. m (-es/=e) growth; figure, shape; stature; 2. 2 pret. of wachsen.

Wucht [vuxt] f (-/%-en) weight; force; '2ig adj. heavy.

Wühl|arbeit fig. ['vy:l-] f insidious agitation, subversive activity; '2en v/i. (ge-, h) dig; pig: root; fig. agitate; ~ in (dat.) rummage (about) in; '~er m (-s/-) agitator.

Wulst [vulst] m (-es/=e), f (-/=e) pad; bulge; △ roll-[mo[u]lding; ⊕ bead; '2ig adj. lips: thick.

wund [vunt] sore; ~e Stelle sore; ~er Punkt tender spot; 2e ['~də] f (-/-n) wound; alte ~n wieder auf-reißen reopen old sores.

Wunder ['vundər] n (-s/-) miracle; fig. a. wonder, marvel; ~ wirken pills, etc.: work marvels; kein ~, wenn man bedenkt ... no wonder, considering ...; '2bar adj. miracu-lous; fig. a. wonderful, marvel-(l)ous; '~kind n infant prodigy; '2lich adj. queer, odd; '2n v/t. (ge-, h) surprise, astonish; sich ~ be sur-prised or astonished (über acc. at); '2schön adj. very beautiful; '~tat f wonder, miracle; '~täter m won-der-worker; '2tätig adj. wonder-working; '2voll adj. wonderful; '~werk n marvel, wonder.

Wund|fieber ✿ n wound-fever; '~starrkrampf ✿ m tetanus.

Wunsch [vunʃ] m (-es/=e) wish, de-sire; request; auf ~ by or on re-quest; if desired; nach ~ as desired; mit den besten Wünschen zum Fest with the compliments of the season.

Wünschelrute ['vynʃəl-] f divin-ing-rod, dowsing-rod; **~gänger** ['~genər] m (-s/-) diviner, dowser.

wünschen ['vynʃən] v/t. (ge-, h) wish, desire; wie Sie ~ as you wish; was ~ Sie? what can I do for you?; '~swert adj. desirable.

'wunsch|gemäß adv. as requested or desired, according to one's wishes; '2zettel m list of wishes.

wurde ['vurdə] pret. of werden.

Würde ['vyrdə] f (-/-n) dignity; unter seiner ~ beneath one's dig-nity; '2los adj. undignified; '~n-träger m dignitary; '2voll adj. dignified; grave.

'würdig adj. worthy (gen. of); dig-nified; grave; ~en ['~gən] v/t. (ge-, h) appreciate, value; mention hono(u)rably; laud, praise; j-n keines Blickes ~ ignore s.o. com-pletely; '2ung f ['~gun] f (-/-en) ap-preciation, valuation.

Wurf [vurf] m (-[e]s/=e) throw, cast; zo. litter.

Würfel ['vyrfəl] m (-s/-) die; cube (a. A:); '~becher m dice-box; '2n v/i. (ge-, h) (play) dice; '~spiel n game of dice; '~zucker m lump sugar.     [tile.]

'Wurf|geschoß n missile, projec-]

würgen ['vyrgən] (ge-, h) v/t. choke, strangle; 2. v/i. choke; retch.

Wurm zo. [vurm] m (-[e]s/=er) worm; '2en v/t. F (ge-, h) vex; rankle (j-n in s.o.'s mind); '2-stichig adj. worm-eaten.

Wurst [vurst] f (-/=e) sausage; F das ist mir ganz ~ I don't care a rap.

Würstchen ['vyrstçən] n (-s/-) sau-sage; heißes ~ hot sausage, Am. hot dog.

Würze ['vyrtsə] f (-/-n) seasoning, flavo(u)r; spice, condiment; fig. salt.

Wurzel ['vurtsəl] f (-/-n) root (a. gr., A:); ~ schlagen strike or take root (a. fig.); '2n v/i. (ge-, h) (strike or take) root; ~ in (dat.) take one's root in, be rooted in.

'würz|en v/t. (ge-, h) spice, season, flavo(u)r; '~ig adj. spicy, well-seasoned, aromatic.

wusch [vu:ʃ] pret. of waschen.

wußte ['vustə] pret. of wissen.

Wust F [vu:st] m (-es/no pl.) tangled mass; rubbish; mess.

wüst adj. [vy:st] desert, waste; con-fused; wild, dissolute; rude; '2e f (-/-n) desert, waste; 2ling ['~liŋ] m (-s/-e) debauchee, libertine, rake.

Wut [vu:t] f (-/no pl.) rage, fury; in ~ in a rage; '~anfall m fit of rage.

wüten ['vy:tən] v/i. (ge-, h) rage (a. fig.); '~d adj. furious, enraged (über acc. at; auf acc. with), esp. Am. F a. mad (über acc., auf acc. at).

Wüterich ['vy:tərıç] m (-[e]s/-e) berserker; bloodthirsty man.

'wutschnaubend adj. foaming with rage.

# X, Y

**X-Beine** ['iks-] *n/pl.* knock-knees *pl.*; **'X-beinig** *adj.* knock-kneed.
**x-beliebig** *adj.* [iksbə'li:biç] any (... you please); *jede(r, -s)* ~e ... any ...
**x-mal** *adv.* ['iks-] many times, *sl.* umpteen times.

**X-Strahlen** ['iks-] *m/pl.* X-rays *pl.*
**x-te** *adj.* ['ikstə]: *zum* ~*n Male* for the umpteenth time.
**Xylophon** ♪ [ksylo'fo:n] *n* (-s/-e) xylophone.
**Yacht** ⚓ [jaxt] *f* (-/-en) yacht.

# Z

**Zacke** ['tsakə] *f* (-/-n) *s.* Zacken.
**'Zacken 1.** *m* (-s/-) (sharp) point; prong; tooth (*of comb, saw, rake*); jag (*of rock*); **2.** ⩔ *v/t.* (ge-, h) indent, notch; jag.
**'zackig** *adj.* indented, notched; *rock:* jagged; pointed; ⨉ F *fig.* smart.
**zaghaft** *adj.* ['tsa:khaft] timid; **'2igkeit** *f* (-/*no pl.*) timidity.
**zäh** *adj.* [tsɛ:] tough, tenacious (*both a. fig.*); *liquid:* viscid, viscous; *fig.* dogged; **'flüssig** *adj.* viscid, viscous, sticky; **'2igkeit** *f* (-/*no pl.*) toughness, tenacity (*both a. fig.*); viscosity; *fig.* doggedness.
**Zahl** [tsa:l] *f* (-/-en) number; figure, cipher; **'2bar** *adj.* payable.
**'zählbar** *adj.* countable.
**zahlen** ['tsa:lən] (ge-, h) **1.** *v/i.* pay; *at restaurant:* ~ (, bitte)! the bill, please!, *Am.* the check, please!; **2.** *v/t.* pay.
**zählen** ['tsɛ:lən] (ge-, h) **1.** *v/t.* count, number; ~ *zu* count *or* number among; **2.** *v/i.* count; ~ *auf* (*acc.*) count (up)on, rely (up)on.
**'Zahlen|lotto** *n s.* Lotto; **'2mäßig 1.** *adj.* numerical; **2.** *adv.:* *j-m* ~ *überlegen sein* outnumber s.o.
**'Zähler** *m* (-s/-) counter; ⚡ numerator; *for gas, etc.:* meter.
**'Zahl|karte** *f* money-order form (*for paying direct into the postal cheque account*); **'2los** *adj.* numberless, innumerable, countless; **'~meister** ⨉ *m* paymaster; **'2reich 1.** *adj.* numerous; **2.** *adv.* in great number; **'~tag** *m* pay-day; **'~ung** *f* (-/-en) payment.
**'Zählung** *f* (-/-en) counting.
**'Zahlungs|anweisung** *f* order to pay; **'~aufforderung** *f* request for payment; **'~bedingungen** *f/pl.* terms *pl.* of payment; **'~befehl** *m* order to pay; **'~einstellung** *f* suspension of payment; **2fähig** *adj.* solvent; **'~fähigkeit** *f* solvency; **'~frist** *f* term for payment; **'~mittel** *n* currency; *gesetzliches* ~ legal tender; **'~schwierigkeiten** *f/pl.* financial *or* pecuniary difficulties

*pl.*; **'~termin** *m* date of payment; **'2unfähig** *adj.* insolvent; **'~unfähigkeit** *f* insolvency.
**'Zahlwort** *gr. n* (-[e]s/-er) numeral.
**zahm** *adj.* [tsa:m] tame (*a. fig.*), domestic(ated).
**zähm|en** ['tsɛ:mən] *v/t.* (ge-, h) tame (*a. fig.*), domesticate; **'2ung** *f* (-/~-en) taming (*a. fig.*), domestication.
**Zahn** [tsa:n] *m* (-[e]s/-e) tooth; ⊕ tooth, cog; *Zähne bekommen* cut one's teeth; **'~arzt** *m* dentist, dental surgeon; **'~bürste** *f* toothbrush; **'~creme** *f* tooth-paste; **'2en** *v/i.* (ge-, h) teethe, cut one's teeth; **'~ersatz** *m* denture; **'~fäule** *f* ['~fɔylə] *f* (-/*no pl.*) dental caries; **'~fleisch** *n* gums *pl.*; **'~füllung** *f* filling, stopping; **'~geschwür** ⚕ *n* gumboil; **'~heilkunde** *f* dentistry; **'2los** *adj.* toothless; **'~lücke** *f* gap between the teeth; **'~pasta** [ˈ~pasta] *f* (-/Zahnpasten), **'~paste** *f* toothpaste; **'~rad** ⊕ *n* cog-wheel; **'~radbahn** *f* rack-railway; **'~schmerzen** *m/pl.* toothache; **'~stocher** *m* (-s/-) toothpick.
**Zange** ['tsaŋə] *f* (-/-n) (e-⚕ a pair of) tongs *pl.* or pliers *pl.* or pincers *pl.*; ⚕, *zo.* forceps *sg., pl.*
**Zank** [tsaŋk] *m* (-[e]s/*no pl.*) quarrel, F row; **'~apfel** *m* bone of contention; **'2en** (ge-, h) *v/i.* scold (*mit j-m* s.o.); **2.** *v/refl.* quarrel, wrangle.
**zänkisch** *adj.* ['tsɛŋkiʃ] quarrelsome.
**Zäpfchen** ['tsɛpfçən] *n* (-s/-) small peg; *anat.* uvula.
**Zapfen** ['tsapfən] **1.** *m* (-s/-) plug, peg, pin; bung (*of barrel*); pivot; ⚕ cone; **2.** ⩔ *v/t.* (ge-, h) tap; **'~streich** ⨉ *m* tattoo, retreat, *Am. a.* taps *pl.*
**'Zapf|hahn** *m* tap, *Am.* faucet; **'~säule** *mot. f* petrol pump.
**zappel|ig** *adj.* ['tsapəliç] fidgety; **'~n** *v/i.* (ge-, h) struggle; fidget.
**zart** *adj.* [tsa:rt] tender; soft; gentle; delicate; **'~fühlend** *adj.* delicate; **2gefühl** *n* (-[e]s/*no pl.*) delicacy (of feeling).

**zärtlich** adj. ['tsɛːrtliç] tender; fond, loving; '**2keit** f 1. (-/no pl.) tenderness; fondness; 2. (-/-en) caress.

**Zauber** ['tsaubər] m (-s/-) spell, charm, magic (all a. fig.); fig.: enchantment; glamo(u)r; **~ei** [.'raɪ] f (-/-en) magic, sorcery; witchcraft; conjuring; '**~er** m (-s/-) sorcerer, magician; conjurer; '**~flöte** f magic flute; '**~formel** f spell; '**2-haft** adj. magic(al); fig. enchanting; '**~in** f (-/-nen) sorceress, witch; fig. enchantress; '**~kraft** f magic power; '**~kunststück** n conjuring trick; '**2n** (ge-, h) 1. v/i. practise magic or witchcraft; do conjuring tricks; 2. v/t. conjure; '**~spruch** m spell; '**~stab** m (magic) wand; '**~wort** n (-[e]s/-e) magic word, spell.

**zaudern** ['tsaudərn] v/i. (ge-, h) hesitate; linger, delay.

**Zaum** [tsaʊm] m (-[e]s/=e) bridle; im ~ halten keep in check.

**zäumen** ['tsɔʏmən] v/t. (ge-, h) bridle.

'**Zaumzeug** n bridle.

**Zaun** [tsaʊn] m (-[e]s/=e) fence; '**~-gast** m deadhead; '**~könig** orn. m wren; '**~pfahl** m pale.

**Zebra** zo. ['tse:bra] n (-s/-s) zebra; '**~streifen** m zebra crossing.

**Zech**|**e** ['tsɛçə] f (-/-n) score, reckoning, bill; ⚒ mine; coal-pit, colliery; F die ~ bezahlen foot the bill, F stand treat; '**2en** v/i. (ge-, h) carouse, tipple; '**~gelage** n carousal, carouse; '**~preller** m (-s/-) bilk(er).

**Zeh** [tse:] m (-[e]s/-en), '**~e** f (-/-n) toe; '**~enspitze** f point or tip of the toe; auf ~n on tiptoe.

**zehn** [tse:n] adj. ten; '**2er** m (-s/-) ten; coin: F ten-pfennig piece; '**~fach** adj. [.'fax] tenfold; '**~jährig** adj. ['.jɛːriç] ten-year-old, of ten (years); '**2kampf** m sports: decathlon; '**~mal** adv. ten times; '**~te** ['.tə] 1. adj. tenth; 2. 2 † m (-n/-n) tithe; '**2tel** ['.təl] n (-s/-) tenth (part); '**~tens** adv. ['.təns] tenthly.

**zehren** ['tse:rən] v/i. (ge-, h) make thin; ~ von live on s.th.; fig. live off (the capital); ~ an prey (up)on (one's mind); undermine (one's health).

**Zeichen** ['tsaɪçən] n (-s/-) sign; token; mark; indication, symptom; signal; zum ~ (gen.) in sign of, as a sign of; '**~block** m drawing-block; '**~brett** n drawing-board; '**~lehrer** m drawing-master; '**~papier** n drawing-paper; '**~setzung** gr. f (-/no pl.) punctuation; '**~sprache** f sign-language; '**~stift** m pencil, crayon; '**~trickfilm** m animation, animated cartoon; '**~unterricht** m drawing-lessons pl.

**zeichn**|**en** ['tsaɪçnən] (ge-, h) 1. v/t.

draw (plan, etc.); design (pattern); mark; sign; subscribe (sum of money) (zu to); subscribe for (shares); 2. v/i. draw; sie zeichnet gut she draws well; '**2er** m (-s/-) draftsman, draughtsman; designer; subscriber (gen. for shares); '**2ung** f (-/-en) drawing; design; illustration; zo. marking (of skin, etc.); subscription.

**Zeige**|**finger** ['tsaɪgə-] m forefinger, index (finger); '**2n** (ge-, h) 1. v/t. show; point out; indicate; demonstrate; sich ~ appear; 2. v/i.: ~ auf (acc.) point at; ~ nach point to; '**~r** m (-s/-) hand (of clock, etc.); pointer (of dial, etc.); '**~stock** m pointer.

**Zeile** ['tsaɪlə] f (-/-n) line; row; j-m ein paar ~n schreiben drop s.o. a line or a few lines. [siskin.)

**Zeisig** orn. ['tsaɪzıç] m (-[e]s/-e)

**Zeit** [tsaɪt] f (-/-en) time; epoch, era, age; period, space (of time); term; freie ~ spare time; mit der ~ in the course of time; von ~ zu ~ from time to time; vor langer ~ long ago, a long time ago; zur ~ (gen.) in the time of; at (the) present; zu meiner ~ in my time; zu s-r ~ in due course (of time); das hat ~ there is plenty of time for that; es ist höchste ~ it is high time; j-m ~ lassen give s.o. time; laß dir ~! take your time!; sich die ~ vertreiben pass the time, kill time.

'**Zeit**|**abschnitt** m epoch, period; '**~alter** n age; '**~angabe** f exact date and hour; date; '**~aufnahme** phot. f time-exposure; '**~dauer** f length of time, period (of time); '**~enfolge** gr. f sequence of tenses; '**~geist** m (-es/no pl.) spirit of the time(s), zeitgeist; '**2gemäß** adj. modern, up-to-date; '**~genosse** m contemporary; '**2genössisch** adj. ['.gənœsɪʃ] contemporary; '**~ge-schichte** f contemporary history; '**~gewinn** m gain of time; '**2ig** 1. adj. early; 2. adv. on time; '**~-karte** f season-ticket, Am. commutation ticket; '**~lang** f: e-e ~ for some time, for a while; '**2lebens** adv. for life, all one's life; '**2lich** 1. adj. temporal; 2. adv. as to time; ~ zusammenfallen coincide; '**2los** adj. timeless; '**~lupe** phot. f slow motion; '**~lupenaufnahme** phot. f slow-motion picture; '**2nah** adj. current, up-to-date; '**~ordnung** f chronological order; '**~punkt** m moment; time; date; '**~rafferauf-nahme** phot. f time-lapse photography; '**2raubend** adj. time-consuming; pred. a. taking up much time; '**~raum** m space (of time); period; '**~rechnung** f chronology; era; '**~schrift** f journal, periodical, magazine; review; '**~tafel** f chronological table.

'Zeitung f (-/-en) (news)paper, journal.

'Zeitungs|abonnement n subscription to a paper; '~artikel m newspaper article; '~ausschnitt m (press or newspaper) cutting, (Am. only) (newspaper) clipping; ~kiosk ['~kɪɔsk] m (-[e]s/-e) news-stand; '~notiz f press item; '~papier n newsprint; '~verkäufer m news-vendor; news-boy, news-man; '~wesen n journalism, the press.

'Zeit|verlust m loss of time; '~verschwendung f waste of time; ~vertreib ['~fɛrtraɪp] m (-[e]s/-e) pastime; zum ~ to pass the time; 2weilig adj. ['~vaɪlɪç] temporary; 2weise adv. for a time; at times, occasionally; '~wort gr. n (-[e]s/~er) verb; '~zeichen n time-signal.

Zell|e ['tsɛlə] f (-/-n) cell; '~stoff m (-[e]s/-e) cellulose; ~ulose ⊕ [~u'lo:zə] f (-/-n) cellulose.

Zelt [tsɛlt] n (-[e]s/-e) tent; '2en v/i. (ge-, h) camp; '~leinwand f canvas; '~platz m camping-ground.

Zement [tse'mɛnt] m (-[e]s/-e) cement; 2ieren [~'ti:rən] v/t. (no -ge-, h) cement.

Zenit [tse'ni:t] m (-[e]s/no pl.) zenith (a. fig.).

zens|ieren [tsɛn'zi:rən] v/t. (no -ge-, h) censor (book, etc.); at school: mark, Am. a. grade; 2or ['~ɔr] m (-s/-en) censor; 2ur [~'zu:r] f 1. (-/no pl.) censorship; 2. (-/-en) at school: mark, Am. a. grade; (school) report, Am. report card.

Zentimeter [tsɛnti'-] n, m centi-met|re, Am. -er.

Zentner ['tsɛntnər] m (-s/-) (Brt. appr.) hundredweight.

zentral adj. [tsɛn'tra:l] central; 2e f (-/-n) central office; teleph. (telephone) exchange, Am. a. central; 2heizung f central heating.

Zentrum ['tsɛntrum] n (-s/Zentren) cent|re, Am. -er.

Zepter ['tsɛptər] n (-s/-) scept|re, Am. -er.

zer'beißen [tsɛr'-] v/t. (irr. beißen, no -ge-, h) bite to pieces; ~'bersten v/i. (irr. bersten, no -ge-, sein) burst asunder.

zer'brech|en (irr. brechen, no -ge-) 1. v/t. (h) break (to pieces); sich den Kopf ~ rack one's brains; 2. v/i. (sein) break; ~lich adj. breakable, fragile.

zer|'bröckeln v/t. (h) and v/i. (sein) (no -ge-) crumble; ~'drücken v/t. (no -ge-, h) crush; crease (dress).

Zeremon|ie [tseremo'ni:-, ~'mo:njə] f (-/-n) ceremony; 2iell adj. [~o'njɛl] ceremonial; ~iell [~o'njɛl] n (-s/-e) ceremonial.

zer'fahren adj. road: rutted; p.: flighty, giddy; scatter-brained; absent-minded.

Zer'fall m (-[e]s/no pl.) ruin, decay;

disintegration; 2en v/i. (irr. fallen, no -ge-, sein) fall to pieces, decay; disintegrate; in mehrere Teile ~ fall into several parts.

zer|'fetzen v/t. (no -ge-, h) tear in or to pieces; ~'fleischen v/t. (no -ge-, h) mangle; lacerate; ~'fließen v/i. (irr. fließen, no -ge-, sein) melt (away); ink, etc.: run; ~'fressen v/t. (irr. fressen, no -ge-, h) eat away; ⚗ corrode; ~'gehen v/i. (irr. gehen, no -ge-, sein) melt, dissolve; ~'gliedern v/t. (no -ge-, h) dismember; anat. dissect; fig. analy|se, Am. -ze; ~'hacken v/t. (no -ge-, h) cut (in)to pieces; mince; chop (up) (wood, meat); ~'kauen v/t. (no -ge-, h) chew; ~'kleinern v/t. (no -ge-, h) mince (meat); chop up (wood); grind.

zer'knirsch|t adj. contrite; 2ung f (-/⚗-en) contrition.

zer|'knittern v/t. (no -ge-, h) (c)rumple, wrinkle, crease; ~'knüllen v/t. (no -ge-, h) crumple up (sheet of paper); ~'kratzen v/t. (no -ge-, h) scratch; ~'krümeln v/t. (no -ge-, h) crumble; ~'lassen v/t. (irr. lassen, no -ge-, h) melt; ~'legen v/t. (no -ge-, h) take apart or to pieces; carve (joint); ⚗ gr., fig. analy|se, Am. -ze; ~'lumpt adj. ragged, tattered; ~'mahlen v/t. (irr. mahlen, no -ge-, h) grind; ~'malmen [~'malmən] v/t. (no -ge-, h) crush; crunch; ~'mürben v/t. (no -ge-, h) wear down or out; ~'platzen v/i. (no -ge-, sein) burst; explode; ~'quetschen v/t. (no -ge-, h) crush, squash; mash (esp. potatoes).

Zerrbild ['tsɛr-] n caricature.

zer|'reiben v/t. (irr. reiben, no -ge-, h) rub to powder, grind down, pulverize; ~'reißen (irr. reißen, no -ge-) 1. v/t. (h) tear, rip up; in Stücke ~ tear to pieces; 2. v/i. (sein) tear; rope, string: break.

zerren ['tsɛrən] (ge-, h) 1. v/t. tug, pull; drag; ⚕ strain; 2. v/i.: ~ an (dat.) pull at.

zer'rinnen v/i. (irr. rinnen, no -ge-, sein) melt away; fig. vanish.

'Zerrung ⚕ f (-/-en) strain.

zer|'rütten [tsɛr'rytən] v/t. (no -ge-, h) derange, unsettle; disorganize; ruin, shatter (one's health or nerves); wreck (marriage); ~'sägen v/t. (no -ge-, h) saw up; ~'schellen [~'ʃɛlən] v/i. (no -ge-, sein) be dashed or smashed; ⚓ be wrecked; ✈ crash; ~'schlagen 1. v/t. (irr. schlagen, no -ge-, h) break or smash (to pieces); sich ~ come to nothing; 2. adj. battered; fig. knocked up (tired); ~'schmettern v/t. (no -ge-, h) smash, dash, shatter; ~'schneiden v/t. (irr. schneiden, no -ge-, h) cut in two; cut up, cut to pieces.

zer'setz|en *v/t. and v/refl.* (*no -ge-, h*) decompose; **2ung** *f* (-/~ -en) decomposition.

zer'|spalten *v/t.* ([*irr.* spalten,] *no -ge-, h*) cleave, split; ~'splittern (*no -ge-*) 1. *v/t.* (*h*) split (up), splinter; fritter away (*one's energy, etc.*); 2. *v/i.* (*sein*) split (up), splinter; ~'sprengen *v/t.* (*no -ge-, h*) burst (asunder); disperse (*crowd*); ~'springen *v/i.* (*irr.* springen, *no -ge-, sein*) burst; *glass:* crack; mein Kopf zerspringt mir I've got a splitting headache; ~'stampfen *v/t.* (*no -ge-, h*) crush; pound.

zer'stäub|en *v/t.* (*no -ge-, h*) spray; **2er** *m* (-s/-) sprayer, atomizer.

zer'stör|en *v/t.* (*no -ge-, h*) destroy; **2er** *m* (-s/-) destroyer (*a.* ♣); **2ung** *f* destruction.

zer'streu|en *v/t.* (*no -ge-, h*) disperse, scatter; dissipate (*doubt, etc.*); *fig.* divert; sich ~ disperse, scatter; *fig.* amuse o.s.; ~t *fig. adj.* absent(-minded); **2theit** *f* (-/~ -en) absent-mindedness; **2ung** *f* 1. (-/ -en) dispersion; diversion, amusement; 2. *phys.* (-/*no pl.*) dispersion (*of light*).

zerstückeln [tsɛr'ʃtykəln] *v/t.* (*no -ge-, h*) cut up, cut (in)to pieces; dismember (*body, etc.*).

zer'|teilen *v/t. and v/refl.* (*no -ge-, h*) divide (*in acc.* into); ~'trennen *v/t.* (*no -ge-, h*) rip (up) (*dress*); ~'treten *v/t.* (*irr.* treten, *no -ge-, h*) tread down; crush; tread *or* stamp out (*fire*); ~'trümmern *v/t.* (*no -ge-, h*) smash.

Zerwürfnis [tsɛr'vyrfnis] *n* (-ses/ -se) dissension, discord.

Zettel ['tsetəl] *m* (-s/-) slip (of paper), scrap of paper; note; ticket; label, sticker; tag; *s.* Anschlagzettel; *s.* Theaterzettel; '~kartei *f*, '~kasten *m* card index.

Zeug [tsɔʏk] *n* (-[e]s/-e) stuff (*a. fig. contp.*), material; cloth; tools *pl.*; things *pl.*

Zeuge ['tsɔʏgə] *m* (-n/-n) witness; '2n (*ge-, h*) 1. *v/i.* witness; ⅊ give evidence; für (gegen, von) et. ~ testify for (against, of) s.th.; ~ von be evidence of, bespeak (*courage, etc.*); 2. *v/t.* beget.

'Zeugen|aussage ⅊ *f* testimony, evidence; '~bank *f* (-/~e) witness-box, *Am.* witness stand.

Zeugin ['tsɔʏgin] *f* (-/-nen) (female) witness.

Zeugnis ['tsɔʏknis] *n* (-ses/-se) ⅊ testimony, evidence; certificate; (school) report, *Am.* report card.

Zeugung ['tsɔʏguŋ] *f* (-/-en) procreation; '2sfähig *adj.* capable of begetting; '~skraft *f* generative power; 2sunfähig *adj.* ['tsɔʏ-guŋs?-] impotent.

Zick|lein *zo.* ['tsiklaɪn] *n* (-s/-) kid;

~zack ['~tsak] *m* (-[e]s/-e) zigzag; im ~ fahren etc. zigzag.

Ziege *zo.* ['tsiːgə] *f* (-/-n) (she-)goat, nanny(-goat).

Ziegel ['tsiːgəl] *m* (-s/-) brick; tile (*of roof*); '~dach *n* tiled roof; ~ei [~'laɪ] *f* (-/-en) brickworks *sg., pl.*, brickyard; '~stein *m* brick.

'Ziegen|bock *zo. m* he-goat; '~fell *n* goatskin; '~hirt *m* goatherd; '~leder *n* kid(-leather); '~peter ♂ *m* (-s/-) mumps.

Ziehbrunnen ['tsiː-] *m* draw-well.

ziehen ['tsiːən] (*irr.* ge-) 1. *v/t.* (*h*) pull, draw; draw (*line, weapon, lots, conclusion, etc.*); drag; ⅔ cultivate; *zo.* breed; take off (*hat*); dig (*ditch*); draw, extract (*tooth*); ♣ extract (*root of number*); Blasen ~ ♂ raise blisters; e-n Vergleich ~ draw *or* make a comparison; *j-n ins Vertrauen* ~ take s.o. into one's confidence; *in Erwägung* ~ take into consideration; *in die Länge* ~ draw out; *fig.* protract; *Nutzen* ~ *aus* derive profit *or* benefit from; *an sich* ~ draw to one; *Aufmerksamkeit etc. auf sich* ~ attract attention, *etc.*; *et. nach sich* ~ entail *or* involve s.th.; 2. *v/i.* (*h*) pull (*an dat.* at); *chimney, cigar, etc.:* draw; puff (*an e-r Zigarre* at a cigar); *tea:* infuse, draw; *play:* draw (*large audiences*); ✝ *goods:* draw (customers), take; *es zieht* there is a draught, *Am.* there is a draft; 3. *v/i.* (*sein*) move, go; march; (re)move (*nach* to); *birds:* migrate; 4. *v/refl.* (*h*) extend, stretch, run; *wood:* warp; *sich in die Länge* ~ drag on.

'Zieh|harmonika ♪ *f* accordion; '~ung *f* (-/-en) drawing (of lots).

Ziel [tsiːl] *n* (-[e]s/-e) aim (*a. fig.*); mark; *sports:* winning-post, goal (*a. fig.*); target; ✗ objective; destination (*of voyage*); *fig.* end, purpose, target, object(ive); term; *sein* ~ *erreichen* gain one's end(s *pl.*); *über das* ~ *hinausschießen* overshoot the mark; *zum* ~ *e führen* succeed, be successful; *sich zum* ~ *setzen zu inf.* aim at ger., *Am.* aim *to inf.*; '~band *n sports:* tape; '2-bewußt *adj.* purposeful; '2en *v/i.* (*ge-, h*) (take) aim (*auf acc.* at); '~fernrohr *n* telescopic sight; '2-los *adj.* aimless, purposeless; '~scheibe *f* target, butt; ~ *des Spottes* butt *or* target (of derision); '2-strebig *adj.* purposive.

ziemlich ['tsiːmlɪç] 1. *adj.* fair, tolerable, considerable; 2. *adv.* pretty, fairly, tolerably, rather; about.

Zier [tsiːr] *f* (-/*no pl.*), ~de ['~də] *f* (-/-n) ornament; *fig. a.* hono(u)r (*für* to); '2en *v/t.* (ge-, h) ornament, adorn; decorate; sich ~ be affected; *esp. of woman:* be prudish; refuse; '2lich adj. delicate; neat; graceful, elegant; '_lichkeit f (-/'_-en) delicacy; neatness; gracefulness, elegance; '_pflanze f ornamental plant.

**Ziffer** ['tsifər] f (-/-n) figure, digit; '_blatt n dial(-plate), face.

**Zigarette** [tsiga'retə] f (-/-n) cigaret(te); _nautomat [_n²-] m cigarette slot-machine; _netui [_n²-] n cigarette-case; _nspitze f cigarette-holder; _nstummel m stub, Am. a. butt.

**Zigarre** [tsi'garə] f (-/-n) cigar.

**Zigeuner** [tsi'gɔynər] m (-s/-), _in f (-/-nen) gipsy, gypsy.

**Zimmer** ['tsimər] n (-s/-) room; apartment; '_antenne f radio, etc.: indoor aerial, Am. a. indoor antenna; '_einrichtung f furniture; 'flucht f suite (of rooms); '_mädchen n chamber-maid; '_mann m (-[e]s/Zimmerleute) carpenter; '2n (ge-, h) 1. v/t. carpenter; fig. frame; 2. v/i. carpenter; '_pflanze f indoor plant; '_vermieterin f (-/-nen) landlady.

**zimperlich** adj. ['tsimpərliç] prim; prudish; affected.

**Zimt** [tsimt] m (-[e]s/-) cinnamon.

**Zink** [tsink] n (-[e]s/no pl.) zinc; '_blech n sheet zinc.

**Zinke** ['tsinkə] f (-/-n) prong; tooth (of comb or fork); '_n m (-s/-) s. Zinke.

**Zinn** [tsin] n (-[e]s/no pl.) tin.

**Zinne** ['tsinə] f (-/-n) △ pinnacle; ✕ battlement.

**Zinnober** [tsi'no:bər] m (-s/-) cinnabar; 2rot adj. vermilion.

**Zins** [tsins] m (-es/-en) rent; tribute; mst _en pl. interest; _en tragen yield or bear interest; '2bringend adj. bearing interest; '_eszins ['_zɛs-] m compound interest; '2-frei adj. rent-free; free of interest; '_fuß m, '_satz m rate of interest.

**Zipf|el** ['tsipfəl] m (-s/-) tip, point, end; corner (of handkerchief, etc.); lappet (of garment); '2elig adj. having points or ends; '_elmütze f jelly-bag cap; nightcap.

**Zirkel** ['tsirkəl] m (-s/-) circle (a. fig.); ♃ (ein a pair of) compasses pl. or dividers pl.

**zirkulieren** [tsirku'li:rən] v/i. (no -ge-, h) circulate.

**Zirkus** ['tsirkus] m (-/-se) circus.

**zirpen** ['tsirpən] v/i. (ge-, h) chirp, cheep.

**zisch|eln** ['tsiʃəln] v/t. and v/i. (ge-, h) whisper; '_en v/i. (ge-, h) hiss; whiz(z).

**ziselieren** [tsize'li:rən] v/t. (no -ge-, h) chase.

**Zit|at** [tsi'ta:t] n (-[e]s/-e) quotation; 2ieren [_'ti:rən] v/t. (no -ge-, h) summon; quote.

**Zitrone** [tsi'tro:nə] f (-/-n) lemon;

_nlimonade f lemonade; lemon squash; _npresse f lemon-squeezer; _nsaft m lemon juice.

**zittern** ['tsitərn] v/i. (ge-, h) tremble, shake (vor dat. with).

**zivil** [tsi'vi:l] 1. adj. civil; civilian; price: reasonable; 2. 2 n (-s/no pl.) civilians pl.; s. Zivilkleidung; 2bevölkerung f civilian population, civilians pl.; 2isation [_iliza'tsjo:n] f (-/'_-en) civilization; _isieren [_ili'zi:rən] v/t. (no -ge-, h) civilize; 2ist [_i'list] m (-en/-en) civilian; 2kleidung f civilian or plain clothes pl.

**Zofe** ['tso:fə] f (-/-n) lady's maid.

**zog** [tso:k] pret. of ziehen.

**zögern** ['tsø:gərn] 1. v/i. (ge-, h) hesitate; linger; delay; 2. 2 n (-s/no pl.) hesitation; delay.

**Zögling** ['tsø:klin] m (-s/-e) pupil.

**Zoll** [tsɔl] m 1. (-[e]s/-) inch; 2. (-[e]s/=e) customs pl., duty; the Customs pl.; '_abfertigung f customs clearance; '_amt n custom-house; '_beamte m customs officer; '_behörde f the Customs pl.; '_erklärung f customs declaration; '2frei adj. duty-free; '_kontrolle f customs examination; '2pflichtig adj. liable to duty; '_stock m foot-rule; '_tarif m tariff.

**Zone** ['tso:nə] f (-/-n) zone.

**Zoo** [tso:] m (-[s]/-s) zoo.

**Zoolog|ie** [tso?o'lo:gə] m (-n/-n) zoologist; _ie [_o'gi:] f (-/no pl.) zoology; 2isch adj. [_'lo:giʃ] zoological.

**Zopf** [tsɔpf] m (-[e]s/=e) plait, tress; pigtail; alter _ antiquated ways pl. or custom.

**Zorn** [tsɔrn] m (-[e]s/no pl.) anger; '2ig adj. angry (auf j-n with s.o.; auf et. at s.th.).

**Zote** ['tso:tə] f (-/-n) filthy or smutty joke, obscenity.

**Zott|el** ['tsɔtəl] f (-/-n) tuft (of hair); tassel; '2(e)lig adj. shaggy.

**zu** [tsu:] 1. prp. (dat.) direction: to, towards, up to; at, in; on; in addition to, along with; purpose: for; _ Beginn at the beginning or outset; _ Weihnachten at Christmas; zum ersten Mal for the first time; _ e-m _ Preise at a _ price; _ meinem Erstaunen to my surprise; _ Tausenden by thousands; _ Wasser by water; _ zweien by twos; zum Beispiel for example; 2. adv. too; direction: towards, to; F closed, shut; with inf.: to; ich habe _ arbeiten I have to work.

**'zubauen** v/t. (sep., -ge-, h) build up or in; block.

**Zubehör** ['tsu:bəhø:r] n, m (-[e]s/-e) appurtenances pl., fittings pl., Am. F fixings pl.; esp. ⊕ accessories pl.

**'zubereit|en** v/t. (sep., no -ge-, h) prepare; '2ung f preparation.

'zu|billigen v/t. (sep., -ge-, h) grant; '.binden v/t. (irr. binden, sep., -ge-, h) tie up; '.blinzeln v/i. (sep., -ge-, h) wink at s.o.; '.bringen v/t. (irr. bringen, sep., -ge-, h) pass, spend (time).

Zucht [tsuxt] f 1. (-/no pl.) discipline; breeding, rearing; rearing of bees, etc.: culture; ♀ cultivation; 2. (-/-en) breed, race; '.bulle zo. m bull (for breeding).

zücht|en ['tsyçtən] v/t. (ge-, h) breed (animals); grow, cultivate (plants); '2er m (-s/-) breeder (of animals); grower (of plants).

'Zucht|haus n penitentiary; punishment: penal servitude; '.häusler ['.hɔrslər] m (-s/-) convict; '.hengst zo. m stud-horse, stallion.

züchtig adj. ['tsyçtiç] chaste, modest; '.en ['.gən] v/t. (ge-, h) flog.

'zucht|los adj. undisciplined; '2losigkeit f (-/no-en) want of discipline; '2stute zo. f brood-mare.

zucken ['tsukən] v/i. (ge-, h) jerk; move convulsively, twitch (all: mit et. s.th.); with pain: wince; lightning: flash.

zücken ['tsykən] v/t. (ge-, h) draw (sword); F pull out (purse, pencil).

Zucker ['tsukər] m (-s/no pl.) sugar; '.dose f sugar-basin, Am. sugar bowl; '.erbse ♀ f green pea; '.guß m icing, frosting; '.hut m sugar-loaf; '2ig adj. sugary; '2krank adj. diabetic; '2n v/i. (ge-, h) sugar; '.rohr ♀ n sugar-cane; '.rübe ♀ f sugar-beet; '2süß adj. (as) sweet as sugar; '.wasser n sugared water; '.zange f (e-e a pair of) sugar-tongs pl.

zuckrig adj. ['tsukriç] sugary.

'Zuckung ♀ f (-/-en) convulsion.

'zudecken v/t. (sep., -ge-, h) cover (up).

zudem adv. [tsu'de:m] besides, moreover.

'zu|drehen v/t. (sep., -ge-, h) turn off (tap); j-m den Rücken ~ turn one's back on s.o.; '.dringlich adj. importunate, obtrusive; '.drücken v/t. (sep., -ge-, h) close, shut; '.erkennen v/t. (irr. kennen, sep., no -ge-, h) award (a. ᵗₓ), adjudge (dat. to) (a. ᵗₓ).

zuerst adv. [tsu'-] first (of all); at first; er kam ~ an he was the first to arrive.

'zufahr|en v/i. (irr. fahren, sep., -ge-, sein) drive on; ~ auf (acc.) drive to (-wards); fig. rush at s.o.; '2t f approach; drive, Am. driveway; '2tsstraße f approach (road).

'Zufall m chance, accident; durch ~ by chance, by accident; '2en v/i. (irr. fallen, sep., -ge-, sein) eyes: be closing (with sleep); door: shut (of) itself; j-m ~ fall to s.o.('s share).

'zufällig 1. adj. accidental; attr.

chance; casual; 2. adv. accidentally, by chance.

'zufassen v/i. (sep., -ge-, h) seize (hold of) s.th.; (mit) ~ lend or give a hand.

'Zuflucht f (-/⁊e) refuge, shelter, resort; s-e ~ nehmen zu have recourse to s.th., take refuge in s.th.

'Zufluß m afflux; influx (a. ✝); affluent, tributary (of river); ✝ supply.

'zuflüstern v/t. (sep., -ge-, h): j-m et. ~ whisper s.th. to s.o.

zufolge prp. (gen.; dat.) [tsu'fɔlgə] according to.

zufrieden adj. [tsu'-] content(ed), satisfied; 2heit f (-/no pl.) contentment, satisfaction; '.lassen v/t. (irr. lassen, sep., -ge-, h) let s.o. alone; '.stellen v/t. (sep., -ge-, h) satisfy; '.stellend adj. satisfactory.

'zu|frieren v/i. (irr. frieren, sep., -ge-, sein) freeze up or over; '.fügen v/t. (sep., -ge-, h) add; do, cause; inflict (wound, etc.) (j-m [up]on s.o.); 2fuhr ['.fu:r] f (-/-en) supply; supplies pl.; influx; '.führen v/t. (sep., -ge-, h) carry, lead, bring; ⊕ feed; supply (a. ⊕).

Zug [tsu:k] m (-[e]s/⁊e) draw(ing), pull(ing); ⊕ traction; ✗ expedition, campaign; procession; migration (of birds); drift (of clouds); range (of mountains); ⊕ train; feature; trait (of character); bent, tendency, trend; draught, Am. draft (of air); at chess: move; drinking: draught, Am. draft; at cigarette, etc.: puff.

'Zu|gabe f addition; extra; thea. encore; '.gang m entrance; access; approach; 2gänglich adj. ['.genliç] accessible (für to); '2geben v/t. (irr. geben, sep., -ge-, h) add; fig.: allow; confess; admit.

zugegen adj. [tsu'-] present (bei at.).

'zugehen v/i. (irr. gehen, sep., -ge-, sein) door, etc.: close, shut; p. move on, walk faster; happen; auf j-n ~ go up to s.o., move or walk towards s.o.

'Zugehörigkeit f (-/no pl.) membership (zu to) (society, etc.); belonging (to).

Zügel ['tsy:gəl] m (-s/-) rein; bridle (a. fig.); '2los adj. unbridled; fig.: unrestrained; licentious; '2n v/t. (ge-, h) rein (in); fig. bridle, check.

'Zuge|ständnis n concession; '2stehen v/t. (irr. stehen, sep., -ge-, h) concede.

'zugetan adj. attached (dat. to).

'Zugführer ⊞ m guard, Am. conductor. [-ge-, h) add.]

'zugießen v/t. (sep., -ge-, sep.]

zug|ig adj. ['tsu:giç] draughty, Am. drafty; 2kraft ['.-k-] f ⊕ traction; fig. attraction, draw, appeal; '.kräftig adj. ['.-k-]: ~ sein be a draw.

**zúgleich** adv. [tsu'-] at the same time; together.

'**Zug|luft** f (-/no pl.) draught, Am. draft; '**~maschine** f traction-engine, tractor; '**~pflaster** ℱ n blister.

'**zu|greifen** v/i. (irr. greifen, sep., -ge-, h) grasp or grab at s.th.; at table: help o.s.; lend a hand; '**2griff** m grip, clutch.

**zugrúnde** adv. [tsu'grundə]: ~ gehen perish; ~ richten ruin.

'**Zugtier** n draught animal, Am. draft animal.

**zu|gúnsten** prp. (gen.) [tsu'gunstən] in favo(u)r of; '**~gute** adv.: j-m et. ~ halten give s.o. credit for s.th.; ~ kommen be for the benefit (dat. of).

'**Zugvogel** m bird of passage.

'**zuhalten** v/t. (sep., halten, sep., -ge-, h) hold (door) to; sich die Ohren ~ stop one's ears. [home.]

**Zuhause** [tsu'hauzə] n (-/no pl.)]

'**zu|heilen** v/i. (sep., -ge-, sein) heal up, skin over; '**~hören** v/i. (sep., -ge-, h) listen (dat. to).

'**Zuhörer** m hearer, listener; ~ pl. audience; '**~schaft** f (-/~-en) audience.

'**zu|jubeln** v/i. (sep., -ge-, h) cheer; '**~kleben** v/t. (sep., -ge-, h) paste or glue up; gum (letter) down; '**~knallen** v/t. (sep., -ge-, h) bang, slam (door, etc.); '**~knöpfen** v/t. (sep., -ge-, h) button (up); '**~kommen** v/i. (irr. kommen, sep., -ge-, sein): auf j-n ~ come up to s.o.; j-m ~ be due to s.o.; j-m et. ~ lassen let s.o. have s.th.; send s.o. s.th.; '**~korken** v/t. (sep., -ge-, h) cork (up).

'**Zu|kunft** ['tsu:kunft] f (-/no pl.) future; gr. future (tense); '**2künftig** 1. adj. future; **~er** Vater father-to-be; 2. adv. in future.

'**zu|lächeln** v/i. (sep., -ge-, h) smile at or (up)on; '**2lage** f extra pay, increase; rise, Am. raise (in salary or wages); '**~langen** v/i. (sep., -ge-, h) at table: help o.s.; '**~lassen** v/t. (irr. lassen, sep., -ge-, h) leave (door) shut; keep closed; fig.: admit s.o.; license; allow, suffer; admit of (only one interpretation, etc.); '**~lässig** adj. admissible, allowable; '**2lassung** f (-/-en) admission; permission; licen|ce, Am. -se.

'**zulegen** v/t. (sep., -ge-, h) add; F sich et. ~ get o.s. s.th.

**zuleíde** adv. [tsu'laidə]: j-m et. ~ tun do s.o. harm, harm or hurt s.o.

'**zuleiten** v/t. (sep., -ge-, h) let in (water, etc.); conduct to; pass on to s.o.

**zu|létzt** adv. [tsu'-] finally, at last; er kam ~ an he was the last to arrive; '**~liebe** adv.: j-m ~ for s.o.'s sake.

**zum** prp. [tsum] = zu dem.

'**zumachen** v/t. (sep., -ge-, h) close, shut; button (up) (coat); fasten.

**zumal** cj. [tsu'-] especially, particularly. [up.]

'**zumauern** v/t. (sep., -ge-, h) wall]

**zumut|en** ['tsu:mu:tən] v/t. (sep., -ge-, h): j-m et. ~ expect s.th. of s.o.; sich zuviel ~ overtask o.s., overtax one's strength, etc.; '**2ung** f (-/-en) exacting demand, exaction; fig. impudence.

**zunächst** [tsu'-] 1. prp. (dat.) next to; 2. adv. first of all; for the present.

'**zu|nageln** v/t. (sep., -ge-, h) nail up; '**~nähen** v/t. (sep., -ge-, h) sew up; '**2nahme** ['_na:mə] f (-/-n) increase, growth; '**2name** m surname.

**zünden** ['tsyndən] v/i. (ge-, h) kindle; esp. mot. ignite; fig. arouse enthusiasm.

**Zünd|holz** ['tsynt-] n match; '**~kerze** mot. f spark(ing)-plug, Am. spark plug; '**~schlüssel** mot. m ignition key; '**~schnur** f fuse; '**~stoff** fig. m fuel; '**~ung** mot. ['_duŋ] f (-/-en) ignition.

'**zunehmen** v/i. (irr. nehmen, sep., -ge-, h) increase (an dat. in); grow; put on weight; moon: wax; days: grow longer.

'**zuneig|en** (sep., -ge-, h) 1. v/t. incline to(wards); 2. v/refl. incline to(wards); sich dem Ende ~ draw to a close; '**2ung** f (-/~-en) affection.

**Zunft** [tsunft] f (-/~e) guild, corporation.

**Zunge** ['tsuŋə] f (-/-n) tongue.

**züngeln** ['tsyŋəln] v/i. (ge-, h) play with its tongue; flame: lick.

'**zungen|fertig** adj. voluble; '**2fertigkeit** f (-/no pl.) volubility; '**2spitze** f tip of the tongue.

**zunichte** adv. [tsu'niçtə]: ~ machen or werden bring or come to nothing.

'**zunicken** v/i. (sep., -ge-, h) nod to.

**zu|nutze** adv. [tsu'nutsə]: sich et. ~ machen turn s.th. to account, utilize s.th.; '**~oberst** adv. at the top, uppermost.

**zupfen** ['tsupfən] (ge-, h) 1. v/t. pull, tug, twitch; 2. v/i. pull, tug, twitch (all: an dat. at).

**zur** prp. [tsu:r] = zu der.

'**zurechnungsfähig** adj. of sound mind; ℱℱ responsible; '**2keit** ℱℱ f (-/no pl.) responsibility.

**zurecht|finden** [tsu'-] v/refl. (irr. finden, sep., -ge-, h) find one's way; '**~kommen** v/i. (irr. kommen, sep., -ge-, sein) arrive in time; ~ (mit) get on (well) with; manage s.th.; '**~legen** v/t. (sep., -ge-, h) arrange; sich e-e Sache ~ think s.th. out; '**~machen** F v/t. (sep., -ge-, h) get ready, prepare, Am. F fix; adapt (für to, for purpose); sich ~ of *woman*: make (o.s.) up; ~weisen *v/t.* (irr. weisen, sep., -ge-, h) reprimand; 2weisung *f* reprimand.

'zu|reden *v/i.* (sep., -ge-, h): j-m ~ try to persuade s.o.; encourage s.o.; '~reiten *v/t.* (irr. reiten, sep., -ge-, h) break in; '~riegeln *v/t.* (sep., -ge-, h) bolt (up).

zürnen ['tsyrnən] *v/i.* (ge-, h) be angry (*j-m* with s.o.).

zurück *adv.* [tsu'ryk] back; backward(s); behind; ~behalten *v/t.* (irr. halten, sep., no -ge-, h) keep back, retain; ~bekommen *v/t.* (irr. kommen, sep., no -ge-, h) get back; ~bleiben *v/i.* (irr. bleiben, sep., -ge-, sein) remain or stay behind; fall behind, lag; ~blicken *v/i.* (sep., -ge-, h) look back; ~bringen *v/t.* (irr. bringen, sep., -ge-, h) bring back; ~datieren *v/t.* (sep., no -ge-, h) date back, antedate; ~drängen *v/t.* (sep., -ge-, h) push back; *fig.* repress; ~erobern *v/t.* (sep., no -ge-, h) reconquer; ~erstatten *v/t.* (sep., no -ge-, h) restore, return; refund (*expenses*); ~fahren (irr. fahren, sep., -ge-) 1. *v/i.* (sein) drive back; *fig.* start; 2. *v/t.* (h) drive back; ~fordern *v/t.* (sep., -ge-, h) reclaim; ~führen *v/t.* (sep., -ge-, h) lead back; ~ auf (acc.) reduce to (*rule, etc.*); refer to (*cause, etc.*); ~geben *v/t.* (irr. geben, sep., -ge-, h) give back, return, restore; ~gehen *v/i.* (irr. gehen, sep., -ge-, sein) go back; return; ~gezogen *adj.* retired; ~greifen *fig. v/i.* (irr. greifen, sep., -ge-, h): ~ auf (acc.) fall back (up)on; ~halten (irr. halten, sep., -ge-, h) 1. *v/t.* hold back; 2. *v/i.*: ~ mit keep back; ~haltend *adj.* reserved; 2haltung *f* (-/⁓-en) reserve; ~kehren *v/i.* (sep., -ge-, sein) return; ~kommen *v/i.* (irr. kommen, sep., -ge-, sein) come back; return (*fig. auf acc.* to); ~lassen *v/t.* (irr. lassen, sep., -ge-, h) leave (behind); ~legen *v/t.* (sep., -ge-, h) lay aside; cover (*distance, way*); ~nehmen *v/t.* (irr. nehmen, sep., -ge-, h) take back; withdraw, retract (*words, etc.*); ~prallen *v/i.* (sep., -ge-, sein) rebound; start; ~rufen *v/t.* (irr. rufen, sep., -ge-, h) call back; sich ins Gedächtnis ~recall; ~schicken *v/t.* (sep., -ge-, h) send back; ~schlagen (irr. schlagen, sep., -ge-, h) 1. *v/t.* drive (*ball*) back; repel (*enemy*); turn down (*blanket*); 2. *v/i.* strike back; ~schrecken *v/i.* (sep., -ge-, sein) 1. (irr. schrecken) shrink back (*vor dat.* from *spectacle, etc.*); 2. shrink (*vor dat.* from *work, etc.*); ~setzen *v/t.* (sep., -ge-, h) put back; *fig.* slight, neglect; ~stellen *v/t.* (sep., -ge-, h) put back (*a. clock*); *fig.* defer, postpone; ~strahlen *v/t.* (sep., -ge-, h) reflect;

~streifen *v/t.* (sep., -ge-, h) turn or tuck up (*sleeve*); ~treten *v/i.* (irr. treten, sep., -ge-, sein) step or stand back; *fig.*: recede; resign; withdraw; ~weichen *v/i.* (irr. weichen, sep., -ge-, sein) fall back; recede (*a. fig.*); ~weisen *v/t.* (irr. weisen, sep., -ge-, h) decline, reject; repel (*attack*); ~zahlen *v/t.* (sep., -ge-, h) pay back (*a. fig.*); ~ziehen (irr. ziehen, sep., -ge-) 1. *v/t.* (h) draw back; *fig.* withdraw; sich ~ retire, withdraw; × retreat; 2. *v/i.* (sein) move or march back.

'Zuruf *m* call; '2en *v/t.* (irr. rufen, sep., -ge-, h) call (out), shout (*j-m et. s.th.* to s.o.).

'Zusage *f* promise; assent; '2n (sep., -ge-, h) 1. *v/t.* promise; 2. *v/i.* promise to come; *j-m ~ food, etc.*: agree with s.o.; accept s.o.'s invitation; suit s.o.

zusammen *adv.* [tsu'zamən] together; at the same time; alles ~ (all) in all; ~ betragen amount to, total (up to); 2arbeit *f* (-/no pl.) co-operation; team-work; ~arbeiten *v/i.* (sep., -ge-, h) work together; co-operate; ~beißen *v/t.* (irr. beißen, sep., -ge-, h): die Zähne ~ set one's teeth; ~brechen *v/i.* (irr. brechen, sep., -ge-, sein) break down; collapse; 2bruch *m* breakdown; collapse; ~drücken *v/t.* (sep., -ge-, h) compress, press together; ~fahren *fig. v/i.* (irr. fahren, sep., -ge-, sein) start (*bei at; vor dat.* with); ~fallen *v/i.* (irr. fallen, sep., -ge-, sein) fall in, collapse; coincide; ~falten *v/t.* (sep., -ge-, h) fold up; ~fassen *v/t.* (sep., -ge-, h) summarize, sum up; 2fassung *f* (-/-en) summary; ~fügen *v/t.* (sep., -ge-, h) join (together); ~halten (irr. halten, sep., -ge-, h) 1. *v/t.* hold together; 2. *v/i.* hold together; *friends*: F stick together; 2hang *m* coherence, coherency, connection; context; ~hängen (sep., -ge-, h) 1. *v/i.* (irr. hängen) cohere; *fig.* be connected; 2. *v/t.* hang together; ~klappen *v/i.* (sep., -ge-, h) fold up; close (*clasp-knife*); ~kommen *v/i.* (irr. kommen, sep., -ge-, sein) meet; 2kunft [~kunft] *f* (-/⁓e) meeting; ~laufen *v/i.* (irr. laufen, sep., -ge-, sein) run or crowd together; × converge; *milk*: curdle; ~legen *v/t.* (sep., -ge-, h) lay together; fold up; club (*money*) (together); ~nehmen *fig. v/t.* (irr. nehmen, sep., -ge-, h) collect (*one's wits*); sich ~ be on one's good behavio(u)r; pull o.s. together; ~packen *v/t.* (sep., -ge-, h) pack up; ~passen *v/i.* (sep., -ge-, h) match, harmonize; ~rechnen *v/t.* (sep., -ge-, h) add up; ~reißen F *v/refl.* (irr. reißen, sep., -ge-, h) pull o.s. together; ~rollen *v/t. and v/refl. (sep., -ge-, h)* coil (up); **~rotten** *v/refl. (sep., -ge-, h)* band together; **~rücken** *(sep., -ge-)* 1. *v/t. (h)* move together; 2. *v/i. (sein)* close up; **~schlagen** *(irr. schlagen, sep., -ge-)* 1. *v/t. (h)* clap *(hands)* (together); F smash to pieces; beat *s.o.* up; 2. *v/i. (sein):* **~ über** *(dat.)* close over; **~schließen** *v/refl. (irr. schließen, sep., -ge-, h)* join; unite; **2schluß** *m* union; **~schrumpfen** *v/i. (sep., -ge-, sein)* shrivel (up), shrink; **~setzen** *v/t. (sep., -ge-, h)* put together; compose; compound *(a. 🔬, word);* ⊕ assemble; *sich ~ aus* consist of; **2setzung** *f (-/-en)* composition; compound; ⊕ assembly; **~stellen** *v/t. (sep., -ge-, h)* put together; compile; combine; **2stoß** *m* collision *(a. fig.);* ⚔ encounter; *fig.* clash; **~stoßen** *v/i. (irr. stoßen, sep., -ge-, sein)* collide *(a. fig.);* adjoin; *fig.* clash; **~ mit** knock *(heads, etc.)* together; **~stürzen** *v/i. (sep., -ge-, sein)* collapse; *house, etc.:* fall in; **~tragen** *v/t. (irr. tragen, sep., -ge-, h)* collect; compile *(notes);* **~treffen** *v/i. (irr. treffen, sep., -ge-, sein)* meet; coincide; **2treffen** *n (-s/no pl.)* meeting; encounter *(of enemies);* coincidence; **~treten** *v/i. (irr. treten, sep., -ge-, sein)* meet; *parl. a.* convene; **~wirken** *v/i. (sep., -ge-, h)* co-operate; **2wirken** *n (-s/no pl.)* co-operation; **~zählen** *v/t. (sep., -ge-, h)* add up, count up; **~ziehen** *v/t. (irr. ziehen, sep., -ge-, h)* draw together; contract; concentrate *(troops); sich ~* contract.

**'Zusatz** *m* addition; admixture, *metall.* alloy; supplement.

**zusätzlich** *adj.* ['tsu:zɛtslɪç] additional.

**'zuschau|en** *v/i. (sep., -ge-, h)* look on *(e-r Sache at s.th.); j-m ~* watch *s.o. (bei at, doing s.th.);* **2er** *m (-s/-)* spectator, looker-on, onlooker; **2erraum** *thea. m* auditorium.

**zuschicken** *v/t. (sep., -ge-, h)* send *(dat. to);* mail; consign *(goods).*

**'Zuschlag** *m* addition; extra charge; excess fare; 👤 surcharge; *at auction:* knocking down; **2en** ['~gən] *(irr. schlagen, sep., -ge-)* 1. *v/t. (h)* strike; 2. *v/i. (sein) door:* slam (to); 3. *v/t. (h)* bang, slam *(door)* (to); *at auction:* knock down *(dat. to).*

**'zu|schließen** *v/t. (irr. schließen, sep., -ge-, h)* lock (up); **'~schnallen** *v/t. (sep., -ge-, h)* buckle (up); **'~schnappen** *(sep., -ge-)* 1. *v/i. (h) dog:* snap; 2. *v/i. (sein) door:* snap to; **'~schneiden** *v/t. (irr. schneiden, sep., -ge-, h)* cut up; cut *(suit)* (to size); **2schnitt** *m (-[e]s/🔬 -e)* cut; style; **~schnüren** *v/t. (sep., -ge-, h)* lace up; cord up; **'~schrauben** *v/t.*

*(sep., -ge-, h)* screw up *or* tight; **'~schreiben** *v/t. (irr. schreiben, sep., -ge-, h): j-m et. ~* ascribe *or* attribute s.th. to s.o.; **2schrift** *f* letter.

**zuschulden** *adv.* [tsu'-]: *sich et. ~ kommen lassen* make o.s. guilty of s.th.

**'Zu|schuß** *m* allowance; subsidy, grant *(of government);* **2schütten** *v/t. (sep., -ge-, h)* fill up *(ditch);* F add; **2sehen** *v/i. (irr. sehen, sep., -ge-, h) s. zuschauen; ~ daß* see (to it) that; **2sehends** *adv.* ['~ts] visibly; **2senden** *v/t.* ([*irr. senden,*] *sep., -ge-, h) s. zuschicken;* **2setzen** *(sep., -ge-, h)* 1. *v/t.* add; lose *(money);* 2. *v/i.* lose money; *j-m ~* press *s.o.* hard.

**'zusicher|n** *v/t. (sep., -ge-, h): j-m et. ~* assure *s.o.* of s.th.; promise *s.o.* s.th.; **2ung** *f* promise, assurance.

**'zu|spielen** *v/t. (sep., -ge-, h) sports:* pass *(ball) (dat.* to) **'~spitzen** *v/t. (sep., -ge-, h)* point; *sich ~* taper (off); *fig.* come to a crisis; **2spruch** *m (-[e]s/no pl.)* encouragement; consolation; 🕇 custom; **2stand** *m* condition, state; *in gutem ~ house:* in good repair.

**zustande** *adv.* [tsu'ʃtandə]: **~ bringen** bring about; **~ kommen** come about; *nicht ~ kommen* not to come off.

**'zuständig** *adj.* competent; **2keit** *f (-/-en)* competence.

**zustatten** *adv.* [tsu'ʃtatən]: *j-m ~ kommen* be useful to s.o.

**'zustehen** *v/i. (irr. stehen, sep., -ge-, h)* be due *(dat. to).*

**'zustell|en** *v/t. (sep., -ge-, h)* deliver *(a.* 👤); ⚖ serve *(j-m on s.o.);* **2ung** *f* delivery; ⚖ service.

**'zustimm|en** *v/i. (sep., -ge-, h)* agree *(dat.:* to *s.th.;* with *s.o.);* consent *(to s.th.);* **2ung** *f* consent.

**'zustoßen** *fig. v/i. (irr. stoßen, sep., -ge-, sein): j-m ~* happen to s.o.

**zutage** *adv.* [tsu'ta:gə]: **~ treten** come to light.

**Zutaten** ['tsu:ta:tən] *f/pl.* ingredients *pl. (of food);* trimmings *pl. (of dress).* [fall to s.o.'s share.]

**zuteil** *adv.* [tsu'taɪl]: *j-m ~ werden*

**'zuteil|en** *v/t. (sep., -ge-, h)* allot, apportion; **2ung** *f* allotment, apportionment; ration.

**'zutragen** *v/refl. (irr. tragen, sep., -ge-, h)* happen.

**'zutrauen** 1. *v/t. (sep., -ge-, h): j-m et. ~* credit *s.o.* with s.th.; *sich zuviel ~* overrate o.s.; 2. **2** *n (-s/no pl.)* confidence *(zu* in).

**'zutraulich** *adj.* confiding, trustful, trusting; *animal:* friendly, tame.

**zutreffen** *v/i. (irr. treffen, sep., -ge-, h)* be right, be true; *~ auf (acc.)* be true of; **'~d** *adj.* right, correct; applicable.

'**zutrinken** v/i. (irr. trinken, sep., -ge-, h): j-m ~ drink to s.o.

'**Zutritt** m (-[e]s/no pl.) access; admission; ~ verboten! no admittance! [bottom.]

**zuunterst** adv. [tsu'-] right at the |

**zuverlässig** adj. ['tsu:fɛrlɛsiç] reliable; certain; '2keit f (-/no pl.) reliability; certainty.

**Zuversicht** ['tsu:fɛrziçt] f (-/no pl.) confidence; '2lich adj. confident.

**zuviel** adv. [tsu'-] too much; e-r ~ one too many.

**zuvor** adv. [tsu'-] before, previously; first; ~kommen v/i. (irr. kommen, sep., -ge-, sein): j-m ~ anticipate s.o.; e-r Sache ~ anticipate or prevent s.th.; ~kommend adj. obliging; courteous.

**Zuwachs** ['tsu:vaks] m (-es/no pl.) increase; '2en v/i. (irr. wachsen, sep., -ge-, sein) become overgrown; wound: close.

**zu|wege** [tsu've:gə]: ~ bringen bring about; ~weilen adv. sometimes.

'**zu|weisen** v/t. (irr. weisen, sep., -ge-, h) assign; '~wenden v/t. ([irr. wenden] sep., -ge-, h) (dat.) turn to(wards); fig.: give; bestow on; sich ~ (dat.) turn to(wards).

**zuwenig** adv. [tsu'-] too little.

'**zuwerfen** v/t. (irr. werfen, sep., -ge-, h) fill up (pit); slam (door) (to); j-m ~ throw (ball, etc.) to s.o.; cast (look) at s.o.

**zuwider** prp. (dat.) [tsu'-] contrary to, against; repugnant, distasteful; ~handeln v/i. (sep., -ge-, h) (dat.) act contrary or in opposition to; esp. ½ contravene; 2handlung ½ f contravention.

'**zu|winken** v/i. (sep., -ge-, h) (dat.) wave to; beckon to; '~zahlen v/t. (sep., -ge-, h) pay extra; '~zählen v/t. (sep., -ge-, h) add; '~ziehen (irr. ziehen, sep., -ge-) 1. v/t. (h) draw together; draw (curtains); consult (doctor, etc.); sich ~ incur (s.o.'s displeasure, etc.); ⚕ catch (disease); 2. v/i. (sein) move in; ~züglich prp. (gen.) ['~tsy:k-] plus.

**Zwang** [tsvaŋ] 1. m (-[e]s/⁸ₑ e) compulsion, coercion; constraint; ½ duress(e); force; sich ~ antun check or restrain o.s.; 2. 2 pret. of zwingen.

**zwängen** ['tsvɛŋən] v/t. (ge-, h) press, force.

'**zwanglos** fig. adj. free and easy, informal; '2igkeit f (-/-en) ease, informality.

'**Zwangs|arbeit** f hard labo(u)r; '~jacke f strait waistcoat or jacket; '~lage f embarrassing situation; 2läufig fig. adj. ['~lɔyf-] necessary; '~maßnahme f coercive measure; '~vollstreckung ½ f distraint, execution; '~vorstellung ⚕ f

obsession, hallucination; '2weise adv. by force; '~wirtschaft f (-/⁸ₑ -en) controlled economy.

**zwanzig** adj. ['tsvantsiç] twenty; ~ste adj. ['~stə] twentieth.

**zwar** cj. [tsva:r] indeed, it is true; und ~ and that, that is.

**Zweck** [tsvɛk] m (-[e]s/-e) aim, end, object, purpose; design; keinen ~ haben be of no use; s-n ~ erfüllen answer its purpose; zu dem ~ (gen.) for the purpose of; '2dienlich adj. serviceable, useful, expedient.

**Zwecke** ['tsvɛkə] f (-/-n) tack; drawing-pin, Am. thumbtack.

'**zweck|los** adj. aimless, purposeless; useless; '~mäßig adj. expedient, suitable; '2mäßigkeit f (-/no pl.) expediency.

**zwei** adj. [tsvaɪ] two; '~beinig adj. two-legged; '2bettzimmer n double (bedroom); '~deutig adj. ['~dɔy-tiç] ambiguous; suggestive; '~erlei adj. ['~ərlaɪ] of two kinds, two kinds of; '~fach adj. ['~fax] double, twofold.

**Zweifel** ['tsvaɪfəl] m (-s/-) doubt; '2haft adj. doubtful, dubious; '2los adj. doubtless; '2n v/i. (ge-, h) doubt (an e-r Sache s.th.; an j-m s.o.).

**Zweig** [tsvaɪk] m (-[e]s/-e) branch (a. fig.); kleiner ~ twig; '~geschäft n, '~niederlassung f, '~stelle f branch.

**zwei|jährig** adj. ['tsvaɪjɛːriç] two-year-old, of two (years); '2kampf m duel, single combat; '~mal adv. twice; '~malig adj. (twice) repeated; '~motorig adj. ['~motoːriç] two- or twin-engined; '~reihig adj. having two rows; suit: double-breasted; '~schneidig adj. double- or two-edged (both a. fig.); '~seitig adj. two-sided; contract, etc.: bilateral; fabric: reversible; '2sitzer esp. mot. m (-s/-) two-seater; '~sprachig adj. bilingual; '~stimmig adj. for two voices; '~stöckig adj. ['~stœkiç] two-stor[e]yed, -ied; '~stufig ⊕ adj. two-stage; '~stündig adj. ['~ʃtyndiç] of or lasting two hours, two-hour.

**zweit** adj. [tsvaɪt] second; ein ~er another; aus ~er Hand second-hand; zu ~ by twos; wir sind zu ~ there are two of us. [engine.]

'**Zweitaktmotor** mot. m two-stroke|

'**zweit'best** adj. second-best.

'**zweiteilig** adj. garment: two-piece.

'**zweitens** adv. ['tsvaɪtəns] secondly.

'**zweitklassig** adj. second-class, second-rate.

**Zwerchfell** anat. ['tsvɛrç-] n diaphragm.

**Zwerg** [tsvɛrk] m (-[e]s/-e) dwarf; 2enhaft adj. ['~gən-] dwarfish.

**Zwetsch(g)e** ['tsvɛtʃ(g)ə] f (-/-n) plum.

Zwick|el ['tsvikəl] m (-s/-) *sewing*: gusset; '2en v/t. and v/i. (ge-, h) pinch, nip; '_er m (-s/-) (*ein a pair of*) eye-glasses pl., pince-nez; '_mühle *fig.* f dilemma, quandary, fix.

Zwieback ['tsvi:bak] m (-[e]s/-e, -e) rusk, zwieback.

Zwiebel ['tsvi:bəl] f (-/-n) onion; bulb (*of flowers, etc.*).

Zwie|gespräch ['tsvi:-] n dialog(ue); '_licht n (-[e]s/*no pl.*) twilight; '_spalt m (-[e]s/-e, -e) disunion; conflict; 2spältig *adj.* ['_ʃpeltiç] disunited; *emotions*: conflicting; '_tracht f (-/*no pl.*) discord.

Zwilling|e ['tsviliŋə] m/pl. twins pl.; '_bruder m twin brother; '_sschwester f twin sister.

Zwinge ['tsviŋə] f (-/-n) ferrule (*of stick, etc.*); ⊕ clamp; '2n v/t. (*irr.*, ge-, h) compel, constrain; force; 2nd *adj.* forcible; *arguments*: cogent, compelling; imperative; '_r m (-s/-) outer court; kennel(s pl.); bear-pit.

zwinkern ['tsviŋkərn] v/i. (ge-, h) wink, blink.

Zwirn [tsvirn] m (-[e]s/-e) thread, cotton; '_sfaden m thread.

zwischen *prp. (dat.; acc.)* ['tsviʃən] between (*two*); among (*several*); '2bilanz ↑ f interim balance; '2deck ♣ n steerage; _'durch f *adv.* in between; for a change; '2ergebnis n provisional result; '2fall m incident; '2händler ↑ m middleman; '2landung ✈ f intermediate landing, stop, *Am. a.* stopover; (*Flug*) ohne _ non-stop (flight);

'2pause f interval, intermission; '2prüfung f intermediate examination; '2raum m space, interval; '2ruf m (loud) interruption; '2spiel n interlude; '_staatlich *adj.* international; *Am. between States*: interstate; '2station f intermediate station; '2stecker ⚡ m adapter; '2stück n intermediate piece, connexion, (*Am. only*) connection; '2stufe f intermediate stage; '2-wand f partition (wall); '2zeit f interval; in der _ in the meantime.

Zwist [tsvist] m (-es/-e), '_igkeit f (-/-en) discord, disunion; quarrel.

zwitschern ['tsvitʃərn] v/i. (ge-, h) twitter, chirp.

Zwitter ['tsvitər] m (-s/-) hermaphrodite.

zwölf *adj.* [tsvœlf] twelve; *um* _ (*Uhr*) at twelve (o'clock); (*um*) _ *Uhr mittags* (at) noon; (*um*) _ *Uhr nachts* (at) midnight; 2'fingerdarm *anat.* m duodenum; _te *adj.* ['_tə] twelfth.

Zyankali [tsyan'ka:li] n (-s/*no pl.*) potassium cyanide.

Zyklus ['tsy:klus, 'tsyk-] m (-/Zyklen) cycle; course, set (*of lectures, etc.*).

Zylind|er [tsi'lindər, tsy'-] m (-s/-) ♠, ⊕ cylinder; chimney (*of lamp*); top hat; 2risch *adj.* [_driʃ] cylindrical.

Zyni|ker ['tsy:nikər] m (-s/-) cynic; '2sch *adj.* cynical; _smus [tsy-'nismus] m (-/Zynismen) cynicism.

Zypresse ❦ [tsy'presə] f (-/-n) cypress.

Zyste ⚕ ['tsystə] f (-/-n) cyst.

# PART II

# ENGLISH-GERMAN
# DICTIONARY

# A

**a** [ei, ə] *Artikel:* ein(e); per, pro, je; *all of a size* alle gleich groß; *twice a week* zweimal wöchentlich.

**A 1** F [ei'wʌn] Ia, prima.

**aback** [ə'bæk] rückwärts; *taken ~ fig.* überrascht, verblüfft, bestürzt.

**abandon** [ə'bændən] auf-, preisgeben; verlassen; überlassen; **~ed** verworfen; **~ment** [~nmənt] Auf-, Preisgabe *f*; Unbeherrschtheit *f*.

**abase** [ə'beis] erniedrigen, demütigen; **~ment** [~smənt] Erniedrigung *f*.

**abash** [ə'bæʃ] beschämen, verlegen machen; **~ment** [~ʃmənt] Verlegenheit *f*.

**abate** [ə'beit] *v/t.* verringern; *Mißstand* abstellen; *v/i.* abnehmen, nachlassen; **~ment** [~tmənt] Verminderung *f*; Abschaffung *f*.

**abattoir** ['æbətwɑ:] Schlachthaus *n*.

**abb|ess** ['æbis] Äbtissin *f*; **~ey** ['æbi] Abtei *f*; **~ot** [~bət] Abt *m*.

**abbreviat|e** [ə'bri:vieit] (ab)kürzen; **~ion** [~vi'eiʃən] Abkürzung *f*.

**ABC** ['eibi:'si:] Abc *n*, Alphabet *n*.

**ABC weapons** *pl.* ABC-Waffen *f/pl.*

**abdicat|e** ['æbdikeit] entsagen (*dat.*); abdanken; **~ion** [æbdi-'keiʃən] Verzicht *m*; Abdankung *f*.

**abdomen** ['æbdəmen] Unterleib *m*, Bauch *m*.

**abduct** [æb'dʌkt] entführen.

**aberration** [æbə'reiʃən] Abweichung *f*; *fig.* Verirrung *f*.

**abet** [ə'bet] aufhetzen; anstiften; unterstützen; **~tor** [~tə] Anstifter *m*; (Helfers)Helfer *m*.

**abeyance** [ə'beiəns] Unentschiedenheit *f*; *in ~* ⚓ in der Schwebe.

**abhor** [əb'hɔ:] verabscheuen; **~rence** [əb'hɔrəns] Abscheu *m* (*of* vor *dat.*); **~rent** [~nt] zuwider (*to dat.*); abstoßend.

**abide** [ə'baid] [*irr.*] *v/i.* bleiben (*by* bei); *v/t.* erwarten; (v)ertragen.

**ability** [ə'biliti] Fähigkeit *f*.

**abject** ☐ ['æbdʒekt] verächtlich, gemein.

**abjure** [əb'dʒuə] abschwören; entsagen (*dat.*).

**able** ☐ ['eibl] fähig, geschickt; *be ~* imstande sein, können; **~-bodied** kräftig.

**abnegat|e** ['æbnigeit] ableugnen; verzichten auf (*acc.*); **~ion** [æbni-'geiʃən] Ableugnung *f*; Verzicht *m*.

**abnormal** ☐ [æb'nɔːməl] abnorm.

**aboard** [ə'bɔːd] ⚓ an Bord (*gen.*); *all ~!* *Am.* 🚂 *etc.* einsteigen!

**abode** [ə'boud] 1. *pret. u. p.p. von* abide; 2. Aufenthalt *m*; Wohnung *f*.

**aboli|sh** [ə'bɔliʃ] abschaffen, aufheben; **~tion** [æbə'liʃən] Abschaffung *f*, Aufhebung *f*; **~tionist** [~nist] Gegner *m* der Sklaverei.

**A-bomb** ['eibɔm] = *atomic bomb.*

**abomina|ble** ☐ [ə'bɔminəbl] abscheulich; **~te** [~neit] verabscheuen; **~tion** [əbɔmi'neiʃən] Abscheu *m*.

**aboriginal** ☐ [æbə'ridʒnəl] einheimisch; Ur...

**abortion** ⚕ [ə'bɔːʃən] Fehlgeburt *f*; Abtreibung *f*.

**abortive** ☐ [ə'bɔːtiv] vorzeitig; erfolglos, fehlgeschlagen; verkümmert.

**abound** [ə'baund] reichlich vorhanden sein; Überfluß haben (*in* an *dat.*).

**about** [ə'baut] 1. *prp.* um (...herum); bei; im Begriff; über (*acc.*); *I had no money ~ me* ich hatte kein Geld bei mir; *what are you ...?* was macht ihr da?; 2. *adv.* herum, umher; in der Nähe; etwa; ungefähr um, gegen; *bring ~* zustande bringen.

**above** [ə'bʌv] 1. *prp.* über; *fig.* erhaben über; *~ all* vor allem; *~ ground fig.* am Leben; 2. *adv.* oben; darüber; 3. *adj.* obig.

**abreact** [æbri'ækt] abreagieren.

**abreast** [ə'brest] nebeneinander.

**abridg|e** [ə'bridʒ] (ver)kürzen; **~(e)ment** [~dʒmənt] (Ver)Kürzung *f*; Auszug *m*.

**abroad** [ə'brɔːd] im (ins) Ausland; überall(hin); *there is a report ~* es geht das Gerücht; *all ~* ganz im Irrtum.

**abrogate** ['æbrougeit] aufheben.

**abrupt** ☐ [ə'brʌpt] jäh; *zs.*-hanglos; schroff.

**abscess** ⚕ ['æbsis] Geschwür *n*.

**abscond** [əb'skɔnd] sich davonmachen.

**absence** ['æbsəns] Abwesenheit *f*; Mangel *m*; *~ of mind* Zerstreutheit *f*.

**absent** 1. ☐ ['æbsənt] abwesend; nicht vorhanden; 2. [æb'sent]: *~ o.s.* fernbleiben; **~-minded** ☐ ['æbsənt'maindid] zerstreut, geistesabwesend.

**absolut|e** ☐ ['æbsəlu:t] absolut; unumschränkt; vollkommen; unvermischt; unbedingt; **~ion** [æbsə-'lu:ʃən] Lossprechung *f*.

**absolve** [əb'zɔlv] frei-, lossprechen.

**absorb** [əb'sɔːb] aufsaugen; *fig.* ganz in Anspruch nehmen.

**absorption** [əb'sɔːpʃən] Aufsaugung *f*; *fig.* Vertieftsein *n*.

**abstain** [əb'stein] sich enthalten.

abstemious □ [æb'stiːmjəs] enthaltsam; mäßig.

abstention [æb'stenʃən] Enthaltung f.

abstinen|ce ['æbstinəns] Enthaltsamkeit f; ~t □ [~nt] enthaltsam.

abstract 1. □ ['æbstrækt] abstrakt; 2. [~] Auszug m; gr. Abstraktum n; 3. [æb'strækt] abstrahieren; ablenken; entwenden; Inhalt kurz zs.-fassen; ~ed □ zerstreut; ~ion [~kʃən] Abstraktion f; (abstrakter) Begriff.

abstruse □ [æb'struːs] fig. dunkel, schwer verständlich; tiefgründig.

absurd □ [əb'səːd] absurd, sinnwidrig; lächerlich.

abundan|ce [ə'bʌndəns] Überfluß m; Fülle f; Überschwang m; ~t □ [~nt] reich(lich).

abus|e [ə'bjuːs] Mißbrauch m; Beschimpfung f; 2. [~uːz] mißbrauchen; beschimpfen; ~ive □ [~uːziv] schimpfend; Schimpf...

abut [ə'bʌt] (an)grenzen (upon an).

abyss [ə'bis] Abgrund m.

academic|(al [ækə'demik(əl)] akademisch; ~ian [əkædə'miʃən] Akademiemitglied n.

academy [ə'kædəmi] Akademie f.

accede [æk'siːd]: ~ to beitreten (dat.); Amt antreten; Thron besteigen.

accelerat|e [æk'seləreit] beschleunigen; fig. ankurbeln; ~or [ək'seləreitə] Gaspedal n.

accent 1. ['æksənt] Akzent m (a. gr.); 2. [æk'sent] v/t. akzentuieren, betonen; ~uate [~tjueit] akzentuieren, betonen.

accept [ək'sept] annehmen; † akzeptieren; hinnehmen; ~able □ [~təbl] annehmbar; ~ance [~əns] Annahme f; † Akzept n.

access ['ækses] Zugang m; ⁂ Anfall m; easy of ~ zugänglich; ~ road Zufahrtsstraße f; ~ary [æk'sesəri] Mitwisser(in), Mitschuldige(r m) f; ~ accessory 2; ~ible □ [~əbl] zugänglich; ~ion [~əfən] Antritt m (to gen.); Eintritt m (to in acc.); ~ to the throne Thronbesteigung f.

accessory [æk'sesəri] 1. □ zusätzlich; 2. Zubehörteil n.

accident ['æksidənt] Zufall m; Un(glücks)fall m; ~al □ [æksi'dentl] zufällig; nebensächlich.

acclaim [ə'kleim] j-m zujubeln.

acclamation [æklə'meiʃən] Zuruf m.

acclimatize [ə'klaimətaiz] akklimatisieren, eingewöhnen.

acclivity [ə'kliviti] Steigung f; Böschung f.

accommodat|e [ə'kɔmədeit] anpassen; unterbringen; Streit schlichten; versorgen; j-m aushelfen (with mit Geld); ~ion [~kɔmə'deiʃən] Anpassung f; Aushilfe f; Bequemlich-

keit f; Unterkunft f; Beilegung f; ~ seating ~ Sitzgelegenheit f; ~ train Am. Personenzug m.

accompani|ment [ə'kʌmpənimənt] Begleitung f; ~y [ə'kʌmpəni] begleiten; accompanied with verbunden mit.

accomplice [ə'kɔmplis] Komplice m.

accomplish [ə'kɔmpliʃ] vollenden; ausführen; ~ed vollendet, perfekt; ~ment [~mənt] Vollendung f; Ausführung f; Tat f, Leistung f; Talent n.

accord [ə'kɔːd] 1. Übereinstimmung f; with one ~ einstimmig; 2. v/i. übereinstimmen; v/t. gewähren; ~ance [~dəns] Übereinstimmung f; ~ant □ [~nt] übereinstimmend; ~ing [~diŋ]: ~ to gemäß (dat.); ~ingly [~nli] demgemäß.

accost [ə'kɔst] j-n bsd. auf der Straße ansprechen.

account [ə'kaunt] 1. Rechnung f; Berechnung f; † Konto n; Rechenschaft f; Bericht m; of no ~ ohne Bedeutung; on no ~ auf keinen Fall; on ~ of wegen; take into ~, take ~ of in Betracht ziehen, berücksichtigen; turn to ~ ausnutzen; keep ~s die Bücher führen; call to ~ zur Rechenschaft ziehen; give a good ~ of o.s. sich bewähren; make ~ of Wert auf et. (acc.) legen; 2. v/i.: ~ for Rechenschaft über et. (acc.) ablegen; (sich) erklären; be much ~ed of hoch geachtet sein; v/t. ansehen als; ~able □ [~təbl] verantwortlich; erklärlich; ~ant [~nt] Buchhalter m; chartered ~ Am. certified public ~ vereidigter Bücherrevisor; ~ing [~tiŋ] Buchführung f.

accredit [ə'kredit] beglaubigen.

accrue [ə'kruː] erwachsen (from aus).

accumulat|e [ə'kjumjuleit] (sich) (an)häufen; ansammeln; ~ion [əkjumju'leiʃən] Anhäufung f.

accura|cy ['ækjurəsi] Genauigkeit f; ~te □ [~rit] genau; richtig.

accurse|d [ə'kəːsid], ~t [~st] verflucht, verwünscht.

accus|ation [ækju(ː)'zeiʃən] Anklage f, Beschuldigung f; ~ative gr. [ə'kjuːzətiv] a. ~ case Akkusativ m; ~e [ə'kjuːz] anklagen, beschuldigen; ~er [~zə] Kläger(in).

accustom [ə'kʌstəm] gewöhnen (to an acc.); ~ed gewohnt, üblich; gewöhnt (to an acc., zu inf.).

ace [eis] As n (a. fig.); ~ in the hole Am. F fig. Trumpf m in Reserve; within an ~ um ein Haar.

acerbity [ə'səːbiti] Herbheit f.

acetic [ə'siːtik] essigsauer; ~ify [ə'setifai] säuern.

ache [eik] 1. schmerzen; sich sehnen (for nach; to do zu tun); 2. anhaltende Schmerzen m/pl.

**achieve** [ə'tʃiːv] ausführen; erreichen; **~ment** [~vmənt] Ausführung *f*; Leistung *f*.

**acid** ['æsid] 1. sauer; 2. Säure *f*; **~ity** [ə'siditi] Säure *f*.

**acknowledg|e** [ək'nɔlidʒ] anerkennen; zugeben; ✝ bestätigen; **~(e)ment** [~dʒmənt] Anerkennung *f*; Bestätigung *f*; Eingeständnis *n*.

**acme** ['ækmi] Gipfel *m*; ✚ Krisis *f*.

**acorn** ♀ ['eikɔːn] Eichel *f*.

**acoustics** [ə'kuːstiks] *pl.* Akustik *f*.

**acquaint** [ə'kweint] bekannt machen; *j~m* mitteilen; *be* **~ed** *with* kennen; **~ance** [~təns] Bekanntschaft *f*; Bekannte(r *m*) *f*.

**acquiesce** [ækwi'es] (*in*) hinnehmen (*acc.*); einwilligen (in *acc.*).

**acquire** [ə'kwaiə] erwerben; **~ment** [~əmənt] Fertigkeit *f*.

**acquisition** [ækwi'ziʃən] Erwerbung *f*; Errungenschaft *f*.

**acquit** [ə'kwit] freisprechen; *o.s. of Pflicht* erfüllen; *~ o.s. well* e-e Sache gut machen; **~tal** [~tl] Freisprechung *f*, Freispruch *m*; **~tance** [~təns] Tilgung *f*.

**acre** ['eikə] Morgen *m* (*4047 qm*).

**acrid** ['ækrid] scharf, beißend.

**across** [ə'krɔs] 1. *adv.* hin~, herüber; (quer) durch; drüben; überkreuz; 2. *prp.* (quer) über (*acc.*); jenseits (*gen.*); über (*dat.*); *come ~ run ~* stoßen auf (*acc.*).

**act** [ækt] 1. *v/i.* handeln; sich benehmen; wirken; funktionieren; *thea.* spielen; *v/t. thea.* spielen; 2. Handlung *f*, Tat *f*; *thea.* Akt *m*; Gesetz *n*; Beschluß *m*; Urkunde *f*, Vertrag *m*; **~ing** ['æktiŋ] 1. Handeln *n*; *thea.* Spiel(en) *n*; 2. tätig, amtierend.

**action** ['ækʃən] Handlung *f* (*a. thea.*); Tätigkeit *f*; Tat *f*; Wirkung *f*; Klage *f*, Prozeß *m*; Gang *m* (*Pferd etc.*); Gefecht *n*; Mechanismus *m*; *take ~* Schritte unternehmen.

**activ|e** □ ['æktiv] aktiv; tätig; rührig, wirksam; ✝ lebhaft; **~ity** [æk-'tiviti] Tätigkeit *f*; Betriebsamkeit *f*; *bsd.* ✝ Lebhaftigkeit *f*.

**act|or** ['æktə] Schauspieler *m*; **~ress** ['æktris] Schauspielerin *f*.

**actual** □ ['æktjuəl] wirklich, tatsächlich, eigentlich.

**actuate** ['æktjueit] in Gang bringen.

**acute** □ [ə'kjuːt] spitz; scharf(sinnig); brennend (*Frage etc.*); ✚ akut.

**ad** F [æd] = *advertisement*.

**adamant** *fig.* ['ædəmənt] unerbittlich.

**adapt** [ə'dæpt] anpassen (*to, for dat.*); *Text* bearbeiten (*from nach*); zurechtmachen; **~ation** [ædæp-'teiʃən] Anpassung *f*, Bearbeitung *f*.

**add** [æd] *v/t.* hinzufügen; addieren; *v/i.: ~ to* vermehren; hinzukommen zu.

**addict** ['ædikt] Süchtige(r *m*) *f*; **~ed** [ə'diktid] ergeben (*to dat.*); *~ to e-m Laster* verfallen.

**addition** [ə'diʃən] Hinzufügen *n*; Zusatz *m*; An-, Ausbau *m*; Addition *f*; *in ~* außerdem; *in ~ to* außer, zu; **~al** □ [~nl] zusätzlich.

**address** [ə'dres] 1. *Worte* richten (*to an acc.*); sprechen zu; 2. Adresse *f*; Ansprache *f*; Anstand *m*, Manieren *f|pl.*; *pay one's ~es to a lady* e-r Dame den Hof machen; **~ee** [ædre'siː] Adressat *m*, Empfänger *m*.

**adept** ['ædept] 1. erfahren; geschickt; 2. Eingeweihte(r *m*) *f*; Kenner *m*.

**adequa|cy** ['ædikwəsi] Angemessenheit *f*; **~te** □ [~kwit] angemessen.

**adhere** [əd'hiə] (*to*) haften (an *dat.*); *fig.* festhalten (an *dat.*); **~nce** [~rəns] Anhaften *n*, Festhalten *n*; **~nt** [~nt] Anhänger(in).

**adhesion** [əd'hiːʒən] = *adherence*; *fig.* Einwilligung *f*.

**adhesive** [əd'hiːsiv] 1. □ klebend; *~ plaster, ~ tape* Heftpflaster *n*; 2. Klebstoff *m*.

**adjacent** □ [ə'dʒeisənt] (*to*) anliegend (*dat.*); anstoßend (an *acc.*); benachbart.

**adjective** *gr.* ['ædʒiktiv] Adjektiv *n*, Eigenschaftswort *n*.

**adjoin** [ə'dʒɔin] angrenzen an (*acc.*).

**adjourn** [ə'dʒəːn] aufschieben; (*v/i.* sich) vertagen; **~ment** [~mənt] Aufschub *m*; Vertagung *f*.

**adjudge** [ə'dʒʌdʒ] zuerkennen; verurteilen.

**adjust** [ə'dʒʌst] in Ordnung bringen; anpassen; *Streit* schlichten; *Mechanismus u. fig.* einstellen (*to auf acc.*); **~ment** [~tmənt] Anordnung *f*; Einstellung *f*; Schlichtung *f*.

**administ|er** [əd'ministə] verwalten; spenden; ✝ verabfolgen; *~ justice* Recht sprechen; **~ration** [ədminis-'treiʃən] Verwaltung *f*; Regierung *f*; *bsd. Am.* Amtsperiode *f* e-s Präsidenten; **~rative** [əd'ministrətiv] Verwaltungs...; **~rator** [~reitə] Verwalter *m*.

**admir|able** □ ['ædmərəbl] bewundernswert; (vor)trefflich; **~ation** [ædmə'reiʃən] Bewunderung *f*; **~e** [əd'maiə] bewundern; verehren.

**admiss|ible** □ [əd'misəbl] zulässig; **~ion** [~iʃən] Zulassung *f*; F Eintritt(sgeld *n*) *m*; Eingeständnis *n*.

**admit** [əd'mit] *v/t.* (her)einlassen (*to, into* in *acc.*); eintreten lassen; zulassen (*to* zu); zugeben; **~tance** [~təns] Einlaß *m*, Zutritt *m*.

**admixture** [əd'mikstʃə] Beimischung *f*, Zusatz *m*.

**admon|ish** [əd'mɔniʃ] ermahnen; warnen (*of, against vor dat.*); **~ition** [ædmə'niʃən] Ermahnung *f*; Warnung *f*.

**ado** [ə'duː] Getue *n*; Lärm *m*; Mühe *f*.

**adolescen|ce** [ædou'lesn̩s] Adoleszenz *f*, Reifezeit *f*; ~t [~nt] 1. jugendlich, heranwachsend; 2. Jugendliche(r *m*) *f*.

**adopt** [ə'dɔpt] adoptieren; sich aneignen; ~ion [~pʃən] Annahme *f*.

**ador|able** [ə'dɔːrəbl] verehrungswürdig, ~ation [ædɔːˈreiʃən] Anbetung *f*; ~e [ə'dɔː] anbeten.

**adorn** [ə'dɔːn] schmücken, zieren; ~ment [~mənt] Schmuck *m*.

**adroit** [ə'drɔit] gewandt.

**adult** ['ædʌlt] 1. erwachsen; 2. Erwachsene(r *m*) *f*.

**adulter|ate** [ə'dʌltəreit] (ver)fälschen; ~er [~rə] Ehebrecher *m*; ~ess [~ris] Ehebrecherin *f*; ~ous [~rəs] ehebrecherisch; ~y [~ri] Ehebruch *m*.

**advance** [əd'vɑːns] 1. *v/i.* vorrücken, vorgehen; steigen; Fortschritte machen; *v/t.* vorrücken; vorbringen, vorausbezahlen; vorschießen; (be)fördern; *Preis* erhöhen; beschleunigen; 2. Vorrücken *n*; Fortschritt *m*; Angebot *n*; Vorschuß *m*; Erhöhung *f*; in ~ im voraus; ~d vor~, fortgeschritten; ~ in years im vorgerücktem Alter; ~ment [~mənt] Förderung *f*; Fortschritt *m*.

**advantage** [əd'vɑːntidʒ] Vorteil *m*; Überlegenheit *f*; Gewinn *m*; take ~ of ausnutzen; ~ous [ædvənˈteidʒəs] vorteilhaft.

**adventur|e** [əd'ventʃə] Abenteuer *n*, Wagnis *n*; Spekulation *f*; ~er [~rə] Abenteurer *m*; Spekulant *m*; ~ous [~rəs] abenteuerlich; wagemutig.

**adverb** *gr.* ['ædvəːb] Adverb *n*, Umstandswort *n*.

**advers|ary** ['ædvəsəri] Gegner *m*, Feind *m*; ~e [] ['ædvəːs] widrig; feindlich; ungünstig, nachteilig (to für); ~ity [əd'vəːsiti] Unglück *n*.

**advertis|e** ['ædvətaiz] ankündigen; inserieren; Reklame machen (für); ~ement [əd'vəːtismənt] Ankündigung *f*, Inserat *n*; Reklame *f*; ~ing ['ædvətaiziŋ] Reklame *f*, Werbung *f*; ~ agency Annoncenbüro *n*; ~ designer Reklamezeichner *m*; ~ film Reklamefilm *m*; screen ~ Filmreklame *f*.

**advice** [əd'vais] Rat(schlag) *m*; (*mst pl.*) Nachricht *f*, Meldung *f*; take medical ~ e-n Arzt zu Rate ziehen.

**advis|able** [] [əd'vaizəbl] ratsam; ~e [əd'vaiz] *v/t.* *j-n* beraten; *j-m* raten; † benachrichtigen, avisieren; *v/i.* (sich) beraten; ~er [~zə] Ratgeber(in).

**advocate** 1. ['ædvəkit] Anwalt *m*; Fürsprecher *m*; 2. [~keit] verteidigen, befürworten.

**aerial** ['ɛəriəl] 1. [] luftig; Luft...;

~ view Luftaufnahme *f*; 2. *Radio, Fernsehen*: Antenne *f*.

**aero|...** ['ɛərou] Luft...; ~cab *Am.* F ['ɛərəkæb] Lufttaxi *n* (*Hubschrauber als Zubringer*); ~drome [~ədroum] Flugplatz *m*; ~naut [~ɔːnɔːt] Luftschiffer *m*; ~nautics [ɛərəˈnɔːtiks] *pl.* Luftfahrt *f*; ~plane ['ɛərəplein] Flugzeug *n*; ~stat [ɛəroustæt] Luftballon *m*.

**aesthetic** [iːs'θetik] ästhetisch; ~s *sg.* Ästhetik *f*.

**afar** [ə'fɑː] fern, weit (weg).

**affable** [] ['æfəbl] leutselig.

**affair** [ə'fɛə] Geschäft *n*; Angelegenheit *f*; Sache *f*; F Ding *n*; Liebschaft *f*.

**affect** [ə'fekt] (ein- *od.* sich aus-) wirken auf (*acc.*); (be)rühren; *Gesundheit* angreifen; gern mögen; vortäuschen, nachahmen; ~ation [æfekˈteiʃən] Vorliebe *f*; Ziererei *f*; Verstellung *f*; ~ed [] gerührt; befallen (*von Krankheit*); angegriffen (*Augen etc.*); geziert, affektiert; ~ion [~kʃən] Gemütszustand *m*; (Zu)Neigung *f*; Erkrankung *f*; ~ionate [] [~ʃnit] liebevoll.

**affidavit** [æfi'deivit] *schriftliche beeidigte Erklärung*.

**affiliate** [ə'filieit] *als Mitglied* aufnehmen; angliedern; ~d company Tochtergesellschaft *f*.

**affinity** [ə'finiti] *fig.* (geistige) Verwandtschaft; ⚗ Affinität *f*.

**affirm** [ə'fəːm] bejahen; behaupten; bestätigen; ~ation [æfəːˈmeiʃən] Behauptung *f*; Bestätigung *f*; ~ative [ə'fəːmətiv] 1. [] bejahend; 2.: answer in the ~ bejahen.

**affix** [ə'fiks] (to) anheften (an *acc.*); befestigen (an *dat.*); *Siegel* aufdrücken (*dat.*); bei~, zufügen (*dat.*).

**afflict** [ə'flikt] betrüben; plagen; ~ion [~kʃən] Betrübnis *f*; Leiden *n*.

**affluen|ce** ['æfluəns] Überfluß *m*; Wohlstand *m*; ~t [~nt] 1. [] reich (-lich); ~ society Wohlstandsgesellschaft *f*; 2. Nebenfluß *m*.

**afford** [ə'fɔːd] liefern; erschwingen; I can ~ it ich kann es mir leisten.

**affront** [ə'frʌnt] 1. beleidigen; trotzen (*dat.*); 2. Beleidigung *f*.

**afield** [ə'fiːld] im Felde; (weit) weg.

**afloat** [ə'flout] ⚓ *u.* *fig.* flott; schwimmend; auf See; umlaufend; set ~ flottmachen; *fig.* in Umlauf setzen.

**afraid** [ə'freid] bange; be ~ of sich fürchten *od.* Angst haben vor (*dat.*).

**afresh** [ə'freʃ] von neuem.

**African** ['æfrikən] 1. afrikanisch; 2. Afrikaner(in); *Am. a.* Neger(in).

**after** ['ɑːftə] 1. *adv.* hinterher; nachher; ~ all schließlich (doch); 2. *prp.* nach; hinter (... her); ~ all schließlich (doch); 3. *cj.* nachdem; 4. *adj.* später; Nach...; ~crop Nachernte *f*; ~glow Abendrot *n*; ~math [~mæθ]

Nachwirkung(en *pl.*) *f*, Folgen *f/pl.*; **~noon** [~ə'nuːn] Nachmittag *m*; **~season** Nachsaison *f*; **~taste** Nachgeschmack *m*; **~thought** nachträglicher Einfall; **~wards** [~əwədz] nachher; später.

**again** [ə'gen] wieder(um); ferner; dagegen; **~ and ~**, *time and ~* immer wieder; *as much ~* noch einmal soviel.

**against** [ə'genst] gegen; *räumlich:* gegen; an, vor (*dat. od. acc.*); *fig.* in Erwartung (*gen.*), für; *as ~* verglichen mit.

**age** [eidʒ] 1. (Lebens)Alter *n*; Zeit (-alter *n*) *f*; Menschenalter *n*; (*old*) **~** Greisenalter *n*; *of ~* mündig; *over ~* zu alt; *under ~* unmündig; *wait for ~s* F e-e Ewigkeit warten; 2. alt werden *od.* machen; **~d** ['eidʒid] alt; [eidʒd]: **~** *twenty 20 Jahre alt.*

**agency** ['eidʒənsi] Tätigkeit *f*; Vermittlung *f*; Agentur *f*, Büro *n*.

**agenda** [ə'dʒendə] Tagesordnung *f*.

**agent** ['eidʒənt] Handelnde(r *m*) *f*; Agent *m*; wirkende Kraft, Agens *n*.

**age-worn** ['eidʒwɔːn] altersschwach.

**agglomerate** [ə'glɒməreit] (sich) zs.-ballen; (sich) (an)häufen.

**agglutinate** [ə'gluːtineit] zs.-, an-, verkleben.

**aggrandize** [ə'grændaiz] vergrößern; erhöhen.

**aggravate** ['ægrəveit] erschweren; verschlimmern; F ärgern.

**aggregate** 1. ['ægrigeit] (sich) anhäufen; vereinigen (*to* mit); sich belaufen auf (*acc.*); 2. □ [~git] gehäuft; gesamt; 3. [~] Anhäufung *f*; Aggregat *n*.

**aggres|sion** [ə'greʃən] Angriff *m*; **~or** [~esə] Angreifer *m*.

**aggrieve** [ə'griːv] kränken; schädigen.  [setzt.)

**aghast** [ə'gɑːst] entgeistert, ent-)

**agil|e** □ ['ædʒail] flink, behend; **~ity** [ə'dʒiliti] Behendigkeit *f*.

**agitat|e** ['ædʒiteit] *v/t.* bewegen, schütteln; *fig.* erregen; erörtern; *v/i.* agitieren; **~ion** [ædʒi'teiʃən] Bewegung *f*, Erschütterung *f*; Aufregung *f*; Agitation *f*; **~or** ['ædʒiteitə] Agitator *m*, Aufwiegler *m*.

**ago** [ə'gou]: *a year ~* vor e-m Jahr.

**agonize** ['ægənaiz] (sich) quälen.

**agony** ['ægəni] Qual *f*, Pein *f*; Ringen *n*; Todeskampf *m*.

**agree** [ə'griː] *v/i.* übereinstimmen; sich vertragen; einig werden (*on, upon über acc.*); übereinkommen, *~ to* zustimmen (*dat.*); einverstanden sein mit; **~able** □ [ə'griəbl] (*to*) angenehm (für); übereinstimmend (mit); **~ment** [ə'griːmənt] Übereinstimmung *f*; Vereinbarung *f*, Abkommen *n*; Vertrag *m*.

**agricultur|al** [ægri'kʌltʃərəl] land-

---

wirtschaftlich; **~e** ['ægrikʌltʃə] Landwirtschaft *f*; **~ist** [ægri'kʌltʃərist] Landwirt *m*.

**aground** ⚓ [ə'graund] gestrandet; *run ~* stranden, auflaufen.

**ague** ♂ ['eigjuː] Wechselfieber *n*; Schüttelfrost *m*.

**ahead** [ə'hed] vorwärts; voraus; vorn; *straight ~* geradeaus.

**aid** [eid] 1. helfen (*das.*; in bei *et.*); fördern; 2. Hilfe *f*, Unterstützung *f*.

**ail** [eil] *v/i.* kränkeln; *v/t.* schmerzen, web(e) tun (*dat.*); *what ~s him?* was fehlt ihm?; **~ing** ['eiliŋ] leidend; **~ment** ['eilmənt] Leiden *n*.

**aim** [eim] 1. *v/i.* zielen (*at auf acc.*); *~ at fig.* streben nach; *~ to do bsd. Am.* beabsichtigen *od.* versuchen zu tun, tun wollen; *v/t. ~ at Waffe etc.* richten auf *od.* gegen (*acc.*); 2. Ziel *n*; Absicht *f*; **~less** □ ['eimlis] ziellos.

**air**[1] [εə] 1. Luft *f*; Luftzug *m*; *by ~* auf dem Luftwege; *in the open ~* im Freien; *be in the ~ fig.* in der Luft liegen; *ungewiß sein*; *on the ~* im Rundfunk (*senden*); *be on (off) the ~* in (außer) Betrieb sein (*Sender*); *put on the ~* im Rundfunk senden; 2. (aus)lüften; *fig.* an die Öffentlichkeit bringen; erörtern.

**air**[2] [~] Miene *f*; Aussehen *n*; *give o.s. ~s* vornehm tun.

**air**[3] [~] Arie *f*, Weise *f*, Melodie *f*.

**air|-base** ✈ [~eibeis] Luftstützpunkt *m*; **~bed** Luftmatratze *f*; **~borne** ✈ in der Luft (*Flugzeug*); ✈ Luftlande...; **~brake** Druckluftbremse *f*; **~conditioned** mit Klimaanlage; **~craft** Flugzeug (-e *pl.*) *n*; **~field** ✈ Flugplatz *m*; **~force** ✈ Luftwaffe *f*; **~hostess** ✈ Stewardeß *f*; **~jacket** Schwimmweste *f*; **~lift** Luftbrücke *f*; **~liner** ✈ Verkehrsflugzeug *n*; **~mail** Luftpost *f*; **~man** ['~əmən] Flieger *m*; **~plane** *Am.* Flugzeug *n*; **~pocket** ✈ Luftloch *n*; **~port** ✈ Flughafen *m*; **~raid** ✈ Luftangriff *m*; **~raid precautions** *pl.* Luftschutz *m*; **~raid shelter** Luftschutzraum *m*; **~route** ✈ Luftweg *m*; **~tight** luftdicht; *~ case sl.* todsicherer Fall; **~tube** Luftschlauch *m*; **~umbrella** ✈ Luftsicherung *f*; **~way** ✈ Luftverkehrslinie *f*.

**airy** □ ['εəri] luftig; leicht(fertig).

**aisle** ⌂ [ail] Seitenschiff *n*; Gang *m*.

**ajar** [ə'dʒɑː] halb offen, angelehnt.

**akin** [ə'kin] verwandt (*to* mit).

**alacrity** [ə'lækriti] Munterkeit *f*; Bereitwilligkeit *f*, Eifer *m*.

**alarm** [ə'lɑːm] 1. Alarm(zeichen *n*) *m*; Angst *f*; 2. alarmieren; beunruhigen; **~clock** Wecker *m*.

**albuminous** [æl'bjuːminəs] eiweißartig, -haltig.

**alcohol** ['ælkəhɔl] Alkohol *m*; **~ic**

[ælkə'həlik] alkoholisch; ~ism ['æl-kəhɔlizəm] Alkoholvergiftung f.

alcove ['ælkouv] Nische f; Laube f.

alderman ['ɔːldəmən] Stadtrat m.

ale [eil] Ale n (Art engl. Bier).

alert [ə'ləːt] 1. ] wachsam; munter; 2. Alarm(bereitschaft f) m; on the ~ auf der Hut; in Alarmbereitschaft.

alibi ['ælibai] Alibi n; Am. F Entschuldigung f; Ausrede f.

alien ['eiljən] 1. fremd, ausländisch; 2. Ausländer(in); ~able [~nəbl] veräußerlich; ~ate [~neit] veräußern; fig. entfremden (from dat.); ~ist [~nist] Irrenarzt m, Psychiater m.

alight [ə'lait] 1. brennend; erhellt; 2. ab~, aussteigen; ⚔ niedergehen, landen; sich niederlassen.

align [ə'lain] (sich) ausrichten (with nach); surv. abstecken; ~ o.s. with sich anschließen an (acc.).

alike [ə'laik] 1. adj. gleich, ähnlich; 2. adv. gleich; ebenso.

aliment ['elimənt] Nahrung f; ~ary [æli'mentəri] nahrhaft; ~ canal Verdauungskanal m.

alimony ½ [æ'liməni] Unterhalt m.

alive [ə'laiv] lebendig; in Kraft, gültig; empfänglich (to für); lebhaft; belebt (with von).

all [ɔːl] 1. adj. all; ganz; jede(r, -s); for ~ that dessenungeachtet, trotzdem; 2. pron. alles; alle pl.; at ~ gar, überhaupt; not at ~ durchaus nicht; for ~ (that) I care meinetwegen; for ~ I know soviel ich weiß; 3. adv. ganz, völlig; ~ at once auf einmal; ~ the better desto besser; ~ but beinahe, fast; ~ in Am. F fertig, ganz erledigt; ~ right (alles) in Ordnung.

all-American [ɔːlə'merikən] rein amerikanisch; die ganzen USA vertretend.

allay [ə'lei] beruhigen; lindern.

allegation [æle'geiʃən] unerwiesene Behauptung f; ~e [ə'ledʒ] behaupten; ~ed angeblich.

allegiance [ə'liːdʒəns] Lehnspflicht f; (Untertanen)Treue f.

alleviate [ə'liːvieit] erleichtern, lindern.

alley ['æli] Allee f; Gäßchen n; Gang m; bsd. Am. schmale Zufahrtsstraße.

alliance [ə'laiəns] Bündnis n.

allocate ['æləkeit] zuteilen, anweisen; ~ion [ælə'keiʃən] Zuteilung f.

allot [ə'lɔt] zuweisen; ~ment [~t-mənt] Zuteilung f; Los n; Parzelle f.

allow [ə'lau] erlauben, bewilligen, gewähren; zugeben; ab~, anrechnen; vergüten; ~ for berücksichtigen; ~able □ [ə'lauəbl] erlaubt, zulässig; ~ance [~əns] Erlaubnis f; Bewilligung f; Taschengeld n; Zuschuß m; Vergütung f; Nachsicht f;

make ~ for s.th. et. in Betracht ziehen.

alloy 1. ['æloi] Legierung f; 2. [ə'lɔi] legieren; fig. verunedeln.

all-red ['ɔːl'red] rein britisch.

all-round ['ɔːl'raund] zu allem brauchbar; vielseitig.

all-star Am. ['ɔːl'staː] Sport u. thea.: aus den besten (Schau)Spielern bestehend.

allude [ə'luːd] anspielen (to auf acc.).

allure [ə'ljuə] (an-, ver)locken; ~ment [~əmənt] Verlockung f.

allusion [ə'luːʒən] Anspielung f.

ally 1. [ə'lai] (sich) vereinigen, verbünden (to, with mit); 2. ['ælai] Verbündete(r m) f, Bundesgenosse m; the Allies pl. die Alliierten pl.

almanac ['ɔːlmənæk] Almanach m.

almighty [ɔːl'maiti] 1. □ allmächtig; 2 2 Allmächtige(r) m.

almond ♛ ['aːmənd] Mandel f.

almoner ['aːmənə] Krankenhausfürsorger(in).

almost ['ɔːlmoust] fast, beinahe.

alms [aːmz] sg. u. pl. Almosen n; ~house ['aːmzhaus] Armenhaus n.

aloft [ə'lɔft] (hoch) (dr)oben.

alone [ə'loun] allein; let od. leave ~ in Ruhe od. bleiben lassen; let ~ ... abgesehen von ...

along [ə'lɔŋ] 1. adv. weiter, vorwärts, her; mit, bei (sich); all ~ die ganze Zeit; ~ with zu, mit; get ~ with you! F scher dich weg!; 2. prp. entlang, längs; ~side [~n'said] Seite an Seite; neben.

aloof [ə'luːf] fern; weitab; stand ~ abseits stehen.

aloud [ə'laud] laut; hörbar.

alp [ælp] Alp(e) f; 2s pl. Alpen pl.

already [ɔːl'redi] bereits, schon.

also ['ɔːlsou] auch; ferner.

altar ['ɔːltə] Altar m.

alter ['ɔːltə] (sich) (ver)ändern; abumändern; ~ation [ɔːltə'reiʃən] Änderung f (to an dat.).

alternate 1. ['ɔːltəneit] abwechseln (lassen); alternating current ⚡ Wechselstrom m; 2. □ [ɔːl'təːnit] abwechselnd; 3. [~] Am. Stellvertreter m; ~ion [ɔːltə'neiʃən] Abwechslung f; Wechsel m; ~ive [ɔːl'təːnətiv] 1. □ nur eine Wahl zwischen zwei Möglichkeiten lassend; 2. Alternative f; Wahl f; Möglichkeit f.

although [ɔːl'ðou] obgleich.

altitude ['æltitjuːd] Höhe f.

altogether [ɔːltə'geðə] im ganzen (genommen), alles in allem; gänzlich.

aluminium [ælju'minjəm] Aluminium n.

aluminum Am. [ə'luːminəm] = aluminium.

always ['ɔːlwəz] immer, stets.

am [æm; im Satz əm] 1. sg. pres. von be.

**amalgamate** [ə'mælgəmeit] amalgamieren; (sich) verschmelzen.

**amass** [ə'mæs] (an-, auf)häufen.

**amateur** ['æmətə:] Amateur *m*; Liebhaber *m*; Dilettant *m*.

**amaz|e** [ə'meiz] in Staunen setzen, verblüffen, **~ement** [~zmənt] Staunen *n*, Verblüffung *f*; **~ing** □ [~ziŋ] erstaunlich, verblüffend.

**ambassador** [æm'bæsədə] Botschafter *m*, Gesandte(r) *m*.

**amber** ['æmbə] Bernstein *m*.

**ambigu|ity** [æmbi'gju(:)iti] Zwei-, Vieldeutigkeit *f*; **~ous** □ [æm-'bigjuəs] zwei-, vieldeutig; doppelsinnig.

**ambitio|n** [æm'biʃən] Ehrgeiz *m*; Streben *n* (*of* nach); **~us** □ [~ʃəs] ehrgeizig; begierig (*of*, *for* nach).

**amble** ['æmbl] 1. Paßgang *m*; 2. im Paßgang gehen *od.* reiten; schlendern.

**ambulance** ['æmbjuləns] Feldlazarett *n*; Krankenwagen *m*; **~ station** Sanitätswache *f*, Unfallstation *f*.

**ambus|cade** [æmbəs'keid], **~h** ['æmbuʃ] 1. Hinterhalt *m*; *be od. lie in ambush for s.o.* j-m auflauern; 2. auflauern (*dat.*); überfallen.

**ameliorate** [ə'mi:ljəreit] *v/t.* verbessern; *v/i.* besser werden.

**amend** [ə'mend] (sich) (ver)bessern; berichtigen; *Gesetz* (ab)ändern; **~ment** [~dmənt] Besserung *f*; $\frac{t}{t}$ Berichtigung *f*; *parl.* Änderungsantrag *m*; *Am.* Zusatzartikel *m* zur Verfassung der USA; **~s** *sg.* (Schaden)Ersatz *m*.

**amenity** [ə'mi:niti] Annehmlichkeit *f*; Anmut *f*; *amenities pl.* angenehmes Wesen.

**American** [ə'merikən] 1. amerikanisch; **~ cloth** Wachstuch *n*; **~ plan** *Hotelzimmervermietung mit voller Verpflegung*; 2. Amerikaner(in); **~ism** [~nizəm] Amerikanismus *m*; **~ize** [~naiz] (sich) amerikanisieren.

**amiable** □ ['eimjəbl] liebenswürdig, freundlich.

**amicable** □ ['æmikəbl] freundschaftlich; gütlich.

**amid(st)** [ə'mid(st)] inmitten (*gen.*); (mitten) unter; mitten in (*dat.*).

**amiss** [ə'mis] verkehrt; übel; ungelegen; *take* **~** übelnehmen.

**amity** ['æmiti] Freundschaft *f*.

**ammonia** [ə'mounjə] Ammoniak *n*.

**ammunition** [æmju'niʃən] Munition *f*.

**amnesty** ['æmnesti] 1. Amnestie *f* (*Straferlaß*); 2. begnadigen.

**among(st)** [ə'mʌŋ(st)] (mitten) unter, zwischen. (*in acc.*)

**amorous** □ ['æmərəs] verliebt (*of*)

**amount** [ə'maunt] 1. (*to*) sich belaufen (auf *acc.*); hinauslaufen (auf *acc.*); 2. Betrag *m*, (Gesamt-)

Summe *f*; Menge *f*; Bedeutung *f*, Wert *m*.

**amour** [ə'muə] Liebschaft *f*; **~propre** Selbstachtung *f*; Eitelkeit *f*.

**ample** □ ['æmpl] weit, groß; geräumig; reichlich.

**ampli|fication** [æmplifi'keiʃən] Erweiterung *f*; *rhet.* weitere Ausführung *f*; *phys.* Verstärkung *f*; **~fier** ['æmplifaiə] *Radio:* Verstärker *m*; **~fy** [~fai] erweitern; verstärken; weiter ausführen; **~tude** [~itju:d] Umfang *m*, Weite *f*, Fülle *f*.

**amputate** ['æmpjuteit] amputieren.

**amuse** [ə'mju:z] amüsieren; unterhalten; belustigen; **~ment** [~zmənt] Unterhaltung *f*; Zeitvertreib *m*.

**an** [æn, ən] *Artikel:* ein(e).

**an(a)emia** [ə'ni:mjə] Blutarmut *f*.

**an(a)esthetic** [ænis'θetik] 1. betäubend, Narkose...; 2. Betäubungsmittel *n*.

**analog|ous** □ [ə'næləgəs] analog, ähnlich; **~y** [~dʒi] Ähnlichkeit *f*, Analogie *f*.

**analys|e** ['ænəlaiz] analysieren; zerlegen; **~is** [ə'næləsis] Analyse *f*.

**anarchy** ['ænəki] Anarchie *f*, Gesetzlosigkeit *f*; Zügellosigkeit *f*.

**anatom|ize** [ə'nætəmaiz] zergliedern; **~y** [~mi] Anatomie *f*; Zergliederung *f*, Analyse *f*.

**ancest|or** ['ænsistə] Vorfahr *m*, Ahn *m*; **~ral** [æn'sestrəl] angestammt; **~ress** ['ænsistris] Ahne *f*; **~ry** [~ri] Abstammung *f*; Ahnen *m/pl.*

**anchor** ['æŋkə] 1. Anker *m*; *at* **~** vor Anker; 2. (ver)ankern; **~age** [~əridʒ] Ankerplatz *m*.

**anchovy** ['æntʃəvi] Sardelle *f*.

**ancient** ['einʃənt] 1. alt, antik; uralt; 2. *the* **~s** *pl. hist.* die Alten, die antiken Klassiker.

**and** [ænd, ənd] und.

**anew** [ə'nju:] von neuem.

**angel** ['eindʒəl] Engel *m*; **~ic(al** □) [æn'dʒelik(əl)] engelgleich.

**anger** ['æŋgə] 1. Zorn *m*, Ärger *m* (*at* über *acc.*); 2. erzürnen, ärgern.

**angina** $\frac{s^8}{s}$ [æn'dʒainə] Angina *f*, Halsentzündung *f*.

**angle** ['æŋgl] 1. Winkel *m*; *fig.* Standpunkt *m*; 2. angeln (*for* nach).

**Anglican** ['æŋglikən] 1. anglikanisch; *Am. a.* englisch; 2. Anglikaner(in).

**Anglo-Saxon** ['æŋglou'sæksən] 1. Angelsachse *m*; 2. angelsächsisch.

**angry** ['æŋgri] zornig, böse (*a.* $\frac{s^8}{s}$) (*with s.o.*, *at s.th.* über, auf *acc.*).

**anguish** ['æŋgwiʃ] Pein *f*, (Seelen-)Qual *f*, Schmerz *m*.

**angular** □ ['æŋgjulə] winkelig; Winkel...; *fig.* eckig.

**animadver|sion** [ænimæd'və:ʃən]

Verweis *m*, Tadel *m*; ~t [,~ə:t] tadeln, kritisieren.

**animal** ['ænimǝl] 1. Tier *n*; 2. tierisch.

**animat|e** ['ænimeit] beleben; beseelen; aufmuntern; ~ion [æni-'meiʃǝn] Leben *n* (und Treiben *n*), Lebhaftigkeit *f*, Munterkeit *f*.

**animosity** [æni'mɔsiti] Feindseligkeit *f*.

**ankle** ['æŋkl] Fußknöchel *m*.

**annals** ['ænlz] *pl*. Jahrbücher *n/pl*.

**annex** 1. [ə'neks] anhängen; annektieren; 2. ['æneks] Anhang *m*; Anbau *m*; ~ation [ænek'seiʃǝn] Annexion *f*, Aneignung *f*; Einverleibung *f*.

**annihilate** [ə'naiǝleit] vernichten; ~ annul.

**anniversary** [æni'vǝ:sǝri] Jahrestag *m*; Jahresfeier *f*.

**annotat|e** ['ænouteit] mit Anmerkungen versehen; kommentieren; ~ion [ænou'teiʃǝn] Kommentieren *n*; Anmerkung *f*.

**announce** [ə'nauns] ankündigen; ansagen; ~ment [,~smǝnt] Ankündigung *f*; Ansage *f*; *Radio*: Durchsage *f*; Anzeige *f*; ~r [,~ǝ] *Radio*: Ansager *m*.

**annoy** [ə'nɔi] ärgern; belästigen; ~ance [ə'nɔiǝns] Störung *f*; Plage *f*; Ärgernis *n*.

**annual** ['ænjuǝl] 1. ☐ jährlich; Jahres...; 2. einjährige Pflanze; Jahrbuch *n*. [Rente *f*.)

**annuity** [ə'nju(:)iti] (Jahres-)) **annul** [ə'nʌl] für ungültig erklären, annullieren; ~ment [,~lmǝnt] Aufhebung *f*.

**anodyne** ✠ ['ænoudain] 1. schmerzstillend; 2. schmerzstillendes Mittel.

**anoint** [ə'nɔint] salben.

**anomalous** ☐ [ə'nɔmǝlǝs] anomal, unregelmäßig, regelwidrig.

**anonymous** ☐ [ə'nɔnimǝs] anonym, ungenannt.

**another** [ə'nʌðǝ] ein anderer; ein zweiter; noch ein.

**answer** ['ɑːnsǝ] 1. *v/t. et.* beantworten; *j-m* antworten; entsprechen (*dat.*); *Zweck* erfüllen; *dem Steuer* gehorchen; *e-r Vorladung* Folge leisten; ~ *the bell* od. *door* (die Haustür) aufmachen; *v/i.* antworten (*to s.o.* j-m; *to a question* auf e-e Frage); entsprechen (*to dat.*); Erfolg haben; sich lohnen; ~ *for* einstehen für; bürgen für; 2. Antwort *f* (*to auf acc.*); ~able ☐ [,~ǝrǝbl] verantwortlich.

**ant** [ænt] Ameise *f*.

**antagonis|m** [æn'tægǝnizǝm] Widerstreit *m*; Widerstand *m*; Feindschaft *f*; ~t [,~ist] Gegner(in).

**antagonize** [æn'tægǝnaiz] ankämpfen gegen; sich *j-n* zum Feind machen.

**antecedent** [ænti'siːdǝnt] 1. ☐ vor-

hergehend; früher (*to als*); 2. Vorhergehende(s) *n*.

**anterior** [æn'tiǝriǝ] vorhergehend; früher (*to als*); vorder.

**ante-room** ['æntirum] Vorzimmer *n*.

**anthem** ['ænθǝm] Hymne *f*.

**anti|...** ['ænti] Gegen...; gegen... eingestellt od. wirkend; ~aircraft Fliegerabwehr...; ~biotic [,~bai-'ɔtik] Antibiotikum *n*.

**antic** ['æntik] Posse *f*; ~s *pl*. Mätzchen *n/pl*.; (tolle) Sprünge *m/pl*.

**anticipat|e** [æn'tisipeit] vorwegnehmen; zuvorkommen (*dat.*); voraussehen, ahnen; erwarten; ~ion [æntisi'peiʃǝn] Vorwegnahme *f*; Zuvorkommen *n*; Voraussicht *f*; Erwartung *f*; *in* ~ im voraus.

**antidote** ['æntidout] Gegengift *n*.

**antipathy** [æn'tipǝθi] Abneigung *f*.

**antiqua|ry** ['æntikwǝri] Altertumsforscher *m*; Antiquitätensammler *m*, -händler *m*; ~ted [,~kweitid] veraltet, überlebt.

**antiqu|e** [æn'tiːk] 1. ☐ antik, alt (-modisch); 2. alter Kunstgegenstand; ~ity [æn'tikwiti] Altertum *n*; Vorzeit *f*.

**antiseptic** [ænti'septik] 1. antiseptisch; 2. antiseptisches Mittel.

**antlers** ['æntlǝz] *pl*. Geweih *n*.

**anvil** ['ænvil] Amboß *m*.

**anxiety** [æŋ'zaiǝti] Angst *f*; *fig.* Sorge *f* (*for um*); ✠ Beklemmung *f*.

**anxious** ☐ ['æŋkʃǝs] ängstlich, besorgt (*about um, wegen*); begierig, gespannt (*for auf acc.*); bemüht (*for um*).

**any** ['eni] *pron.* (irgend)einer; einige *pl*.; (irgend)welcher; (irgend) etwas; jeder (beliebige); *not* ~ keiner; 2. *adv.* irgend(wie); ~body (irgend) jemand; jeder; ~how irgendwie; jedenfalls; ~one ~ *anybody*; ~thing (irgend) etwas, alles; ~ *but* alles andere als; ~way ~ *anyhow*; ohnehin; ~where irgendwo(hin); überall.

**apart** [ə'pɑːt] einzeln; getrennt; für sich; beiseite; ~ *from* abgesehen von.

**apartheid** *pol.* [ə'pɑːtheit] Apartheid *f*, Rassentrennung(spolitik) *f*.

**apartment** [ə'pɑːtmǝnt] Zimmer *n*, *Am. a.* Wohnung *f*; ~s *pl*. Wohnung *f*; ~ *house Am.* Mietshaus *n*.

**apathetic** [æpǝ'θetik] apathisch, gleichgültig.

**ape** [eip] 1. Affe *m*; 2. nachäffen.

**aperient** [ə'piǝriǝnt] Abführmittel *n*.

**aperture** ['æpǝtjuǝ] Öffnung *f*.

**apiary** ['eipjǝri] Bienenhaus *n*.

**apiculture** ['eipikʌltʃǝ] Bienenzucht *f*.

**apiece** [ə'piːs] (für) das Stück; je.

**apish** ☐ ['eipiʃ] affig; äffisch.

**apologetic** [ǝpɔlǝ'dʒetik] (~ally) verteidigend; rechtfertigend; entschuldigend; ~ize [ə'pɔlǝdʒaiz] sich entschuldigen (*for* wegen; *to* bei); ~y [~dʒi] Entschuldigung *f*; Rechtfertigung *f*; F Notbehelf *m*.

apoplexy ['æpəpleksi] Schlag(anfall) *m*.

apostate [ə'postit] Abtrünnige(r*m*)*f*.

apostle [ə'posl] Apostel *m*.

apostroph|e [ə'postrəfi] Anrede *f*; Apostroph *m*; ~ize [~faiz] anreden, sich wenden an (*acc.*).

appal [ə'pɔːl] erschrecken.

apparatus [æpə'reitəs] Apparat *m*, Vorrichtung *f*; Gerät *n*.

apparel [ə'pærəl] 1. Kleidung *f*; 2. (be)kleiden.

appar|ent □ [ə'pærənt] anscheinend; offenbar; ~ition [æpə'riʃən] Erscheinung *f*; Gespenst *n*.

appeal [ə'piːl] 1. (*to*) ⚡ appellieren (an *acc.*); sich berufen (auf *e-n Zeugen*); sich wenden (an *acc.*); wirken (auf *acc.*); Anklang finden (bei); ~ *to the country parl.* Neuwahlen ausschreiben; 2. ⚡ Revision *f*, Berufung(sklage) *f*; ⚡ Rechtsmittel *n*; *fig.* Appell *m* (*to* an *acc.*); Wirkung *f*, Reiz *m*; ~ *for mercy* ⚡ Gnadengesuch *n*; ~ing □ [~liŋ] flehend; ansprechend.

appear [ə'piə] (er)scheinen; sich zeigen; öffentlich auftreten; ~ance [~rəns] Erscheinen *n*, Auftreten *n*; Äußere(s) *n*, Erscheinung *f*; Anschein *m*; ~s *pl.* äußerer Schein; *to* ~ *by all* ~s allem Anschein nach.

appease [ə'piːz] beruhigen; beschwichtigen; stillen; mildern; beilegen.

appellant [ə'pelənt] 1. appellierend; 2. Appellant(in), Berufungskläger (-in).

append [ə'pend] anhängen; hinzu, beifügen; ~age [~didʒ] Anhang *m*; Anhängsel *n*; Zubehör *n*, *m*; ~icitis [əpendi'saitis] Blinddarmentzündung *f*; ~ix [ə'pendiks] Anhang *m*; *a. vermiform* ~ ⚕ Wurmfortsatz *m*, Blinddarm *m*.

appertain [æpə'tein] gehören (*to* zu).

appetite ['æpitait] (*for*) Appetit *m* (auf *acc.*); *fig.* Verlangen *n* (nach).

appetizing ['æpitaiziŋ] appetitanregend.

applaud [ə'plɔːd] applaudieren, Beifall spenden; loben.

applause [ə'plɔːz] Applaus *m*, Beifall *m*.

apple ['æpl] Apfel *m*; ~cart Apfelkarren *m*; *upset s.o.'s* ~ F j-s Pläne über den Haufen werfen; ~pie gedeckter Apfelkuchen; *in* ~ *order* F in schönster Ordnung; ~sauce Apfelmus *n*; *Am. sl.* Schmus *m*, Quatsch *m*.

appliance [ə'plaiəns] Vorrichtung *f*; Gerät *n*; Mittel *n*.

applica|ble ['æplikəbl] anwendbar

(*to* auf *acc.*); ~nt [~ənt] Bittsteller (-in); Bewerber(in) (*for* um); ~tion [æpli'keiʃən] (*to*) Auf~, Anlegung *f* (auf *acc.*); Anwendung *f* (auf *acc.*); Bedeutung *f* (für); Gesuch *n* (*for* um); Bewerbung *f*.

apply [ə'plai] *v/t.* (*to*) (auf)legen (auf *acc.*); anwenden (auf *acc.*); verwenden (für); ~ *o.s. to* sich widmen (*dat.*); *v/i.* (*to*) passen, sich anwenden lassen (auf *acc.*); gelten (für); sich wenden (an *acc.*); (*for*) sich bewerben (um); nachsuchen (um).

appoint [ə'point] bestimmen; festsetzen; verabreden; ernennen (*s.o. governor* j-n zum ...); berufen (*to auf e-n Posten*); *well* ~ed gut eingerichtet; ~ment [~mənt] Bestimmung *f*; Stelldichein *n*; Verabredung *f*; Ernennung *f*, Berufung *f*; Stelle *f*; ~s *pl.* Ausstattung *f*, Einrichtung *f*.

apportion [ə'pɔːʃən] ver~, zuteilen; ~ment [~mənt] Verteilung *f*.

apprais|al [ə'preizl] Abschätzung *f*; ~e [ə'preiz] abschätzen, taxieren.

apprecia|ble □ [ə'priːʃəbl] (ab) schätzbar; merkbar; ~te [~ʃieit] *v/t.* schätzen; würdigen; dankbar sein für; *v/i.* im Werte steigen; ~tion [əpriːʃi'eiʃən] Schätzung *f*, Würdigung *f*; Verständnis *n* (*of* für); Einsicht *f*; Dankbarkeit *f*; Aufwertung *f*.

apprehen|d [æpri'hend] ergreifen; fassen, begreifen; befürchten; ~sion [~ʃən] Ergreifung *f*, Festnahme *f*; Fassungskraft *f*, Auffassung *f*; Besorgnis *f*; ~sive □ [~nsiv] schnell begreifend (*of acc.*); ängstlich; besorgt (*of*, *for* um, wegen; *that* daß).

apprentice [ə'prentis] 1. Lehrling *m*; 2. in die Lehre geben (*to dat.*); ~ship [~ʃip] Lehrzeit *f*; Lehre *f*.

approach [ə'prəutʃ] 1. *v/i.* näherkommen, sich nähern; *v/t.* sich nähern (*dat.*), herangehen *od.* herantreten an (*acc.*); 2. Annäherung *f*; *fig.* Herangehen *n*; Methode *f*; Zutritt *m*; Auffahrt *f*.

approbation [æprə'beiʃən] Billigung *f*, Beifall *m*.

appropriat|e 1. [ə'prouprieit] sich aneignen; verwenden; *parl.* bewilligen; 2. □ [~iit] (*to*) angemessen (*dat.*); passend (für); eigen (*dat.*); ~ion [əproupri'eiʃən] Aneignung *f*; Verwendung *f*.

approv|al [ə'pruːvəl] Billigung *f*, Beifall *m*; ~e [~uːv] billigen, anerkennen; (~ *o.s.* sich) erweisen als; ~ed □ bewährt.

approximate 1. [ə'prɔksimeit] sich nähern; 2. □ [~mit] annähernd; ungefähr; nahe.

apricot ['eiprikɔt] Aprikose *f*.

April ['eiprəl] April *m*.

**apron** ['eiprən] Schürze f; ~string Schürzenband n; be tied to one's wife's (mother's) ~s fig. unterm Pantoffel stehen (der Mutter am Rockzipfel hängen).

**apt** □ [æpt] geeignet, passend; begabt; ~ to geneigt zu; **~itude** ['æptitjuːd], **~ness** ['æptnis] Neigung f (to zu); Befähigung f.

**aquatic** [ə'kwætik] Wasserpflanze f; ~s pl. Wassersport m.

**aque|duct** ['ækwidʌkt] Aquädukt m, Wasserleitung f; **~ous** □ ['eikwiəs] wässerig.

**aquiline** ['ækwilain] Adler...; gebogen; ~ nose Adlernase f.

**Arab** ['ærəb] Araber(in); **~ic** [~bik] 1. arabisch; 2. Arabisch n.

**arable** ['ærəbl] pflügbar; Acker...

**arbit|er** ['aːbitə] Schiedsrichter m; fig. Gebieter m; **~rariness** [~trərinis] Willkür f; **~rary** □ [~trəri] willkürlich; eigenmächtig; **~rate** [~reit] entscheiden, schlichten; **~ration** [aːbi'treiʃən] Schiedsspruch m; Entscheidung f; **~rator** [̍aːbitreitə] Schiedsrichter m.

**arbo(u)r** ['aːbə] Laube f.

**arc** ast., Å etc. [aːk] (≠ Licht-) Bogen m; **~ade** [aː'keid] Arkade f; Bogen~, Laubengang m.

**arch¹** [aːtʃ] 1. Bogen m; Gewölbe n; 2. (sich) wölben; überwölben.

**arch²** [~] erst; schlimmst; Haupt...; Erz...

**arch³** □ [~] schelmisch.

**archaic** [aː'keiik] (~ally) veraltet.

**archangel** ['aːkeindʒəl] Erzengel m.

**archbishop** [aːtʃ'biʃəp] Erzbischof m.

**archer** ['aːtʃə] Bogenschütze m; **~y** [~əri] Bogenschießen n.

**architect** ['aːkitekt] Architekt m; Urheber(in), Schöpfer(in); **~onic** [aːkitek'tɔnik] (~ally) architektonisch; fig. aufbauend; **~ure** ['aːkitektʃə] Architektur f, Baukunst f.

**archives** ['aːkaivz] pl. Archiv n.

**archway** ['aːtʃwei] Bogengang m.

**arc|-lamp** ['aːklæmp], **~light** ≠ Bogenlampe f.

**arctic** ['aːktik] 1. arktisch, nördlich; Nord..., Polar...; 2. Am. wasserdichter Überschuh.

**arden|cy** ['aːdənsi] Hitze f, Glut f; Innigkeit f; **~t** □ [~nt] mst fig. heiß, glühend; fig. feurig; eifrig.

**ardo(u)r** ['aːdə] fig. Glut f; Eifer m.

**arduous** □ ['aːdjuəs] mühsam; zäh.

**are** [aː; im Satz ə] pres. pl. u. 2. sg. von be.

**area** ['ɛəri] Areal n; (Boden-) Fläche f; Flächenraum m; Gegend f; Gebiet n; Bereich m.

**Argentine** ['aːdʒəntain] 1. argentinisch; 2. Argentinier(in); the ~ Argentinien n.

**argue** ['aːgjuː] v/t. erörtern; beweisen; begründen; einwenden; ~

s.o. into j-n zu et. bereden; v/i. streiten; Einwendungen machen.

**argument** ['aːgjumənt] Beweis (-grund) m; Streit(frage f) m; Erörterung f; Thema n; **~ation** [aːgjumen'teiʃən] Beweisführung f.

**arid** ['ærid] dürr, trocken (a. fig.).

**arise** [ə'raiz] [irr.] sich erheben (a. fig.); ent-, erstehen (from aus); **~n** [ə'rizn] p.p von arise.

**aristocra|cy** [æris'tɔkrəsi] Aristokratie f (a. fig.), Adel m; **~t** ['æristəkræt] Aristokrat(in); **~tic** (al □) [æristə'krætik(əl)] aristokratisch.

**arithmetic** [ə'riθmətik] Rechnen n.

**ark** [aːk] Arche f.

**arm¹** [aːm] Arm m; Armlehne f; keep s.o. at ~'s length sich j-n vom Leibe halten; infant in ~s Säugling m.

**arm²** [~] 1. Waffe f (mst pl.); Waffengattung f; be (all) up in ~s in vollem Aufruhr sein; in Harnisch geraten; 2. (sich) (be)waffnen; (aus)rüsten; ⊕ armieren.

**armada** [aː'maːdə] Kriegsflotte f.

**arma|ment** ['aːməmənt] (Kriegsaus)Rüstung f; Kriegsmacht f; ~ race Wettrüsten n; **~ture** ['aːmətjuə] Rüstung f; ⚡, phys. Armatur f.

**armchair** ['aːm'tʃɛə] Lehnstuhl m, Sessel m.

**armistice** ['aːmistis] Waffenstillstand m (a. fig.).

**armo(u)r** ['aːmə] 1. ⚔ Rüstung f, Panzer m (a. fig., zo.); 2. panzern; **~ed car** Panzerwagen m; **~y** ['aːməri] Rüstkammer f (a. fig.); Am. Rüstungsbetrieb m, Waffenfabrik f.

**armpit** ['aːmpit] Achselhöhle f.

**army** ['aːmi] Heer n, Armee f; fig. Menge f; ~ chaplain Militärgeistliche(r) m.

**arose** [ə'rouz] pret. von arise.

**around** [ə'raund] 1. adv. rund (her)um; Am. F hier herum; 2. prp. um ... her(um); bsd. Am. F ungefähr, etwa (bei Zahlenangaben).

**arouse** [ə'rauz] aufwecken; fig. aufrütteln; erregen.

**arraign** [ə'rein] vor Gericht stellen, anklagen; fig. rügen.

**arrange** [ə'reindʒ] (an)ordnen, bsd. ♪ einrichten; festsetzen; Streit schlichten; vereinbaren; erledigen; **~ment** [~dʒmənt] Anordnung f; Disposition f; Übereinkommen n; Vorkehrung f; ♪ Arrangement n.

**array** [ə'rei] 1. (Schlacht)Ordnung f; fig. Aufgebot n; 2. ordnen, aufstellen; aufbieten; kleiden, putzen.

**arrear** [ə'riə] mst pl. Rückstand m, bsd. Schulden f/pl.

**arrest** [ə'rest] 1. Verhaftung f; Haft f; Beschlagnahme f; 2. verhaften; beschlagnahmen; anhalten, hemmen.

**arriv|al** [ə'raivəl] Ankunft f; Auftreten n; Ankömmling m; ~s pl. angekommene Personen *f/pl.*, Züge *m/pl.*, Schiffe *n/pl.*; ~e [ə'raiv] (an-)kommen, eintreffen; erscheinen; eintreten (*Ereignis*); ~ at erreichen (*acc.*).

arroga|nce ['ærəgəns] Anmaßung *f*; Überheblichkeit *f*; ~nt □ [~nt] anmaßend; überheblich; ~te ['ærougeit] sich *et.* anmaßen.

arrow ['ærou] Pfeil *m*; ~head Pfeilspitze *f*; ~y ['ærou] pfeilartig.

arsenal ['ɑːsinl] Zeughaus *n*.

arsenic ['ɑːsnik] Arsen(ik) *n*.

arson *zz* ['ɑːsn] Brandstiftung *f*.

art [ɑːt] Kunst *f*; *fig.* List *f*; Kniff *m*; ~s *pl.* Geisteswissenschaften *f/pl.*; *Faculty of* 2*s* philosophische Fakultät *f*.

arter|ial [ɑː'tiəriəl] Pulsader...; ~ road Hauptstraße *f*; ~y ['ɑːtəri] Arterie *f*, Pulsader *f*; *fig.* Verkehrsader *f*. [schmitzt.]

artful □ ['ɑːtful] schlau, ver-]

article ['ɑːtikl] Artikel *m*; *fig.* Punkt *m*; ~d to in der Lehre bei.

articulat|e 1. [ɑː'tikjuleit] deutlich (aus)sprechen; *Knochen* zs.-fügen; 2. □ [~lit] deutlich; gegliedert; ~ion [ɑːtikju'leiʃən] deutliche Aussprache; *anat.* Gelenkfügung *f*.

artific|e ['ɑːtifis] Kunstgriff *m*, List *f*; ~ial □ [ɑːti'fiʃəl] künstlich; Kunst...; ~ person *zz* juristische Person.

artillery [ɑː'tiləri] Artillerie *f*; ~man Artillerist *m*.

artisan [ɑːti'zæn] Handwerker *m*.

artist ['ɑːtist] Künstler(in); ~e [ɑː'tiːst] Artist(in); ~ic(al) □ [ɑː'tistik(əl)] künstlerisch; Kunst...

artless □ ['ɑːtlis] ungekünstelt, schlicht; arglos.

as [æz, əz] 1. *adv.* so; (ebenso) wie; (*in der Eigenschaft*) als; ~ big ~ so groß wie; ~ well ebensogut; auch; ~ well ~ sowohl...als auch; 2. *cj.* (so-)wie; ebenso; (*zu der Zeit*) als, während; da, weil, indem; sofern; ~ it were sozusagen; *such*...*to* derart, daß; ~ for, ~ to was (an)betrifft; ~ from von...an.

ascend [ə'send] *v/i.* (auf~, empor-hinauf)steigen; *zeitlich:* zurückgehen (*to bis zu*); *to* be~, ersteigen; hinaufsteigen; *Fluß etc.* hinauffahren, ~ancy, ~ency [~dənsi] Überlegenheit *f*, Einfluß *m*; Herrschaft *f*.

ascension [ə'senʃən] Aufsteigen *n* (*bsd. ast.*); *Am.* a. Aufstieg *m* (*e-s Ballons etc.*); 2 (*Day*) Himmelfahrt(stag *m*) *f*.

ascent [ə'sent] Aufstieg *m*; Besteigung *f*; Steigung *f*; Aufgang *m*.

ascertain [æsə'tein] ermitteln.

ascetic [ə'setik] (~ally) asketisch.

ascribe [ə'skraib] zuschreiben.

aseptic *gf* [æ'septik] 1. aseptisch; 2. aseptisches Mittel.

ash¹ [æʃ] & Esche *f*; Eschenholz *n*.

ash² (~), *mst. pl.* ~es ['æʃiz] Asche *f*; *Ash Wednesday* Aschermittwoch *m*.

ashamed [ə'ʃeimd] beschämt; *be* ~ *of sich e-r Sache od. j-s* schämen.

ash can *Am.* ['æʃkæn] = dust-bin.

ashen ['æʃn] Aschen...; aschfahl.

ashore [ə'ʃɔː] am *od.* ans Ufer *od.* Land; *run* ~ *be driven* ~ stranden.

ash|-pan ['æʃpæn] Asch(en)kasten *m*; ~tray Asch(en)becher *m*.

ashy ['æʃi] aschig; aschgrau.

Asiatic [eiʃi'ætik] 1. asiatisch; 2. Asiat(in).

aside [ə'said] 1. beiseite (*a. thea.*); abseits; seitwärts; ~ *from Am.* abgesehen von; 2. *thea.* Aparte *n*.)

ask [ɑːsk] *v/t.* fragen (*s.th. nach et.*); verlangen (*of, from s.o.* von j-m); bitten (*s.o.* [*for*] *s.th.* j. um et.; *that* darum, daß); erbitten; ~ (*s.o.*) *a question* (*j-m*) e-e Frage stellen; *v/i.*: ~ *for* bitten um, fragen nach; *he ~ed for* trouble er wollte es ja so haben; *to be had for the ~ing* umsonst zu haben.

askance [əs'kæns], askew [əs'kjuː] von der Seite, seitwärts; schief.

asleep [ə'sliːp] schlafend; in den Schlaf; eingeschlafen, *be* ~ schlafen; *fall* ~ einschlafen.

asparagus & [əs'pærəgəs] Spargel *m*.

aspect ['æspekt] Äußere *n*; Aussicht *f*, Lage *f*; Aspekt *m*, Seite *f*, Gesichtspunkt *m*.

asperity [æs'periti] Rauheit *f*; Unebenheit *f*; *fig.* Schroffheit *f*.

asphalt ['æsfælt] 1. Asphalt *m*; 2. asphaltieren.

aspic ['æspik] Aspik *m*, Sülze *f*.

aspir|ant [əs'paiərənt] Bewerber (-in); ~ate *ling.* ['æspəreit] aspirieren; ~ation [æspə'reiʃən] Aspiration *f*; Bestrebung *f*; ~e [əs'paiə] streben, trachten (*to, after, at* nach).

ass [æs] Esel *m*.

assail [ə'seil] angreifen, überfallen (*a. fig.*); befallen (*Zweifel etc.*); ~ant [~lənt] Angreifer(in).

assassin [ə'sæsin] (Meuchel)Mörder(in); ~ate [~neit] (meuchlings) ermorden; ~ation [əsæsi'neiʃən] Meuchelmord *m*.

assault [ə'sɔːlt] 1. Angriff *m* (*a. fig.*); 2. anfallen; *zz* tätlich angreifen *od.* beleidigen; *X* bestürmen (*a. fig.*).

assay [ə'sei] 1. (Erz~, Metall-)Probe *f*; 2. *v/t.* untersuchen; *v/i. Am.* Edelmetall enthalten.

assembl|age [ə'semblidʒ] (An-)Sammlung *f*; ⊕ Montage *f*; ~e [ə'sembl] (sich) versammeln; zs.-berufen; ⊕ montieren; ~y [~li] Versammlung *f*; Gesellschaft *f*; ⊕ Montage *f*; ~ line ⊕ Fließband *n*; ~ man *pol.* Abgeordnete(r) *m*.

**assent** [ə'sent] **1.** Zustimmung f; **2.** (to) zustimmen (dat.); billigen.

**assert** [ə'səːt] (sich) behaupten; **~ion** [ə'səːʃən] Behauptung f; Erklärung f; Geltendmachung f.

**assess** [ə'ses] besteuern; zur Steuer veranlagen (at mit); **~able** □ [~səbl] steuerpflichtig; **~ment** [~smənt] (Steuer)Veranlagung f; Steuer f.

**asset** ['æset] † Aktivposten m; fig. Gut n, Gewinn m; **~ pl.** Vermögen n; † Aktiva pl.; ⚖ Konkursmasse f.

**asseverate** [ə'sevəreit] beteuern.

**assiduous** □ [ə'sidjuəs] emsig, fleißig; aufmerksam.

**assign** [ə'sain] an-, zuweisen; bestimmen; zuschreiben; **~ation** [æsig'neiʃən] Verabredung f, Stelldichein n; = **~ment** [ə'sainmənt] An-, Zuweisung f; bsd. Am. Auftrag m; ⚖ Übertragung f.

**assimilat|e** [ə'simileit] (sich) angleichen (to, with dat.); **~ion** [əsimi'leiʃən] Assimilation f, Angleichung f.

**assist** [ə'sist] j-m beistehen, helfen; unterstützen; **~ance** [~təns] Beistand m; Hilfe f; **~ant** [~nt] **1.** behilflich; **2.** Assistent(in).

**assize** ⚖ [ə'saiz] (Schwur)Gerichtssitzung f; **~s pl.** periodisches Geschworenengericht.

**associa|te 1.** [ə'souʃieit] (sich) zugesellen (with dat.), (sich) vereinigen; Umgang haben (with mit); **2.** [~ʃiit] verbunden; **3.** [~] (Amts)Genosse m; Teilhaber m; **~tion** [əsousi'eiʃən] Vereinigung f, Verbindung f; Handels- etc. Gesellschaft f; Genossenschaft f; Verein m.

**assort** [ə'səːt] v/t. sortieren, zs.-stellen; v/i. passen (with zu); **~ment** [~mənt] Sortieren n; † Sortiment n, Auswahl f.

**assum|e** [ə'sjuːm] annehmen; vorgeben; übernehmen; **~ption** [ə'sʌmpʃən] Annahme f; Übernahme f; eccl. ♀ (Day) Mariä Himmelfahrt f.

**assur|ance** [ə'ʃuərəns] Zu-, Versicherung f; Zuversicht f; Sicherheit f, Gewißheit f; Selbstsicherheit f; Dreistigkeit f; **~e** [ə'ʃuə] (Leben ver)sichern; sicherstellen; **~ed 1.** (adv. **~edly** [~əridli]) sicher; dreist; **2.** Versicherte(r m) f.

**asthma** ['æsmə] Asthma n.

**astir** [ə'stəː] auf (den Beinen); in Bewegung, rege.

**astonish** [ə'stɔniʃ] in Erstaunen setzen; verwundern; befremden; be **~ed** erstaunt sein (at über acc.); **~ing** □ [~ʃiŋ] erstaunlich; **~ment** [~mənt] (Er)Staunen n; Verwunderung f.

**astound** [ə'staund] verblüffen.

**astray** [ə'strei] vom (rechten) Wege

ab (a. fig.); irre; go **~** sich verlaufen, fehlgehen.

**astride** [ə'straid] mit gespreizten Beinen; rittlings (of auf dat.).

**astringent** ⚕ [əs'trindʒənt] **1.** □ zs.-ziehend; **2.** zs.-ziehendes Mittel.

**astro|logy** [əs'trɔlədʒi] Astrologie f; **~naut** ['æstrənɔːt] Astronaut m, Raumfahrer m; **~nomer** [əs'trɔnəmə] Astronom m; **~nomy** [~mi] Astronomie f.

**astute** □ [əs'tjuːt] scharfsinnig; schlau; **~ness** [~tnis] Scharfsinn m.

**asunder** [ə'sʌndə] auseinander; entzwei.

**asylum** [ə'sailəm] Asyl n.

**at** [æt; unbetont ət] prp. an; auf; aus; bei; für; in; mit; nach; über; um; von; vor; zu; **~ school** in der Schule; **~ the age of** im Alter von.

**ate** [et] pret. von eat **1.**

**atheism** ['eiθiizm] Atheismus m.

**athlet|e** ['æθliːt] (bsd. Leicht-) Athlet m; **~ic(al** □) [æθ'letik(əl)] athletisch; **~ics pl.** (bsd. Leicht-) Athletik f.

**Atlantic** [ət'læntik] **1.** atlantisch; **2. a. ~ Ocean** Atlantik m.

**atmospher|e** ['ætməsfiə] Atmosphäre f (a. fig.); **~ic(al** □) [ætməs'ferik(əl)] atmosphärisch.

**atom** ⚛ ['ætəm] Atom n (a. fig.); **~ic** [ə'tɔmik] atomartig, Atom...; atomistisch; **~ age** Atomzeitalter n; **~ (a. atom) bomb** Atombombe f; **~ pile** Atomreaktor m; **~ic-powered** durch Atomkraft betrieben; **~ize** ['ætəmaiz] in Atome auflösen; atomisieren; **~izer** [~zə] Zerstäuber m.

**atone** [ə'toun]: **~ for** büßen für et., **~ment** [~nmənt] Buße f; Sühne f.

**atroci|ous** □ [ə'trouʃəs] scheußlich, gräßlich; grausam; **~ty** [ə'trɔsiti] Scheußlichkeit f, Gräßlichkeit f; Grausamkeit f.

**attach** [ə'tætʃ] v/t. (to) anheften (an, acc.), befestigen (an dat.); Wert, Wichtigkeit etc. beilegen (dat.); ⚖ j-n verhaften; st. beschlagnahmen; **~ o.s. to** sich anschließen an (acc.); **~ed:** **~ to** gehörig zu; j-m zugetan, ergeben; **~ment** [~mənt] Befestigung f; Bindung f (to, for an acc.); Anhänglichkeit f (an acc.), Neigung f (zu); Anhängsel n (to gen.); ⚖ Verhaftung f; Beschlagnahme f.

**attack** [ə'tæk] **1.** angreifen (a. fig.); befallen (Krankheit); Arbeit in Angriff nehmen; **2.** Angriff m; ⚔ Anfall m; Inangriffnahme f.

**attain** [ə'tein] v/t. Ziel erreichen; v/i. **~ to** gelangen zu; **~ment** [~nmənt] Erreichung f; fig. Aneignung f; **~s pl.** Kenntnisse f/pl.; Fertigkeiten f/pl.

**attempt** [ə'tempt] **1.** versuchen; **2.** Versuch m; Attentat n.

**attend** [ə'tend] v/t. begleiten; bedienen; pflegen; ℱ behandeln; *j-m* aufwarten; beiwohnen (*dat.*); *Vorlesung etc.* besuchen; *v/i.* achten, hören (*to auf acc.*); anwesend sein (*at bei*); ~ **to** erledigen; **~ance** [~dəns] Begleitung *f*; Aufwartung *f*; Pflege *f*; ℱ Behandlung *f*; Gefolge *n*; Anwesenheit *f* (*at bei*); Besuch *m* (*der Schule etc.*); Besucher(zahl *f*) *m/pl.*; Publikum *n*; **be in** ~ zu Diensten stehen; **~ant** [~nt] 1. begleitend (*on, upon acc.*); anwesend (*at bei*); 2. Diener(in); Begleiter(in); Wärter(in); Besucher(in) (*at gen.*); ⊕ Bedienungsmann *m*; ~ *pl.* Dienerschaft *f*.

**attention** [ə'tenʃən] Aufmerksamkeit *f* (*a. fig.*); ~! ✕ Achtung!; **~ive** □ [~ntiv] aufmerksam.

**attest** [ə'test] bezeugen; beglaubigen; *bsd.* ✕ vereidigen.

**attic** ['ætik] Dachstube *f*. [dung *f*.]

**attire** [ə'taiə] 1. kleiden; 2. Kleid-)

**attitude** ['ætitju:d] (Ein)Stellung *f*; Haltung *f*; *fig.* Stellungnahme *f*.

**attorney** [ə'tə:ni] Bevollmächtigte(r) *m*; *Am.* Rechtsanwalt *m*; **power of** ~ Vollmacht *f*; 2 **General** Generalstaats- *od.* Kronanwalt *m*, *Am.* Justizminister *m*.

**attract** [ə'trækt] anziehen, *Aufmerksamkeit* erregen; *fig.* reizen; **~ion** [~kʃən] Anziehung(skraft) *f*; *fig.* Reiz *m*; Zugartikel *m*; *thea.* Zugstück *n*; **~ive** □ [~ktiv] anziehend; reizvoll; zugkräftig; **~iveness** [~vnis] Reiz *m*.

**attribute** 1. [ə'tribju(:)t] beimessen, zuschreiben; zurückführen (*to auf acc.*); 2. ['ætribju:t] Attribut *n* (*a. gr.*), Eigenschaft *f*, Merkmal *n*.

**attune** [ə'tju:n] (ab)stimmen.

**auburn** ['ɔ:bən] kastanienbraun.

**auction** ['ɔ:kʃən] 1. Auktion *f*; **sell by** ~, **put up for** ~ versteigern; 2. *mst* ~ **off** versteigern; **~eer** [ɔ:kʃə'niə] Auktionator *m*.

**audacious** [ɔ:'deiʃəs] kühn; unverschämt; **~ty** [ɔ:'dæsiti] Kühnheit *f*; Unverschämtheit *f*.

**audible** □ ['ɔ:dəbl] hörbar; Hör...

**audience** ['ɔ:djəns] Publikum *n*, Zuhörerschaft *f*; Leserkreis *m*; Audienz *f*; Gehör *n*; **give** ~ **to** Gehör schenken (*dat.*).

**audit** ['ɔ:dit] 1. Rechnungsprüfung *f*; 2. *Rechnungen* prüfen; **~or** [~tə] Hörer *m*; Rechnungs-, Buchprüfer *m*; **~orium** [ɔ:di'tɔ:riəm] Hörsaal *m*; *Am.* Vortrags-, Konzertsaal *m*.

**auger** ⊕ ['ɔ:gə] *großer* Bohrer.

**aught** [ɔ:t] (irgend) etwas; **for** ~ **I care** meinetwegen; **for** ~ **I know** soviel ich weiß.

**augment** [ɔ:g'ment] vergrößern; **~ation** [ɔ:gmen'teiʃən] Vermehrung *f*, Vergrößerung *f*; Zusatz *m*.

**augur** ['ɔ:gə] 1. Augur *m*; 2. weissagen, voraussagen (*well Gutes, ill*

Übles); **~y** ['ɔ:gjuri] Prophezeiung *f*; An-, Vorzeichen *n*; Vorahnung *f*.

**August**[1] ['ɔ:gəst] *Monat* August *m*.

**august**[2] [ɔ:'gʌst] erhaben.

**aunt** [ɑ:nt] Tante *f*.

**auspice** ['ɔ:spis] Vorzeichen *n*; ~**s** *pl.* Auspizien *pl.*; Schirmherrschaft *f*; **~ious** □ [ɔ:s'piʃəs] günstig.

**austere** □ [ɔs'tiə] streng; herb; hart; einfach; **~ity** [ɔs'teriti] Strenge *f*; Härte *f*; Einfachheit *f*.

**Australian** [ɔs'treiljən] 1. australisch; 2. Australier(in).

**Austrian** ['ɔstriən] 1. österreichisch; 2. Österreicher(in).

**authentic** [ɔ:'θentik] (~**ally**) authentisch; zuverlässig; echt.

**author** ['ɔ:θə] Urheber(in); Autor (-in); Verfasser(in); **~itative** □ [ɔ:'θoritətiv] maßgebend; gebieterisch; zuverlässig; **~ity** [ɔ:'θoriti] Autorität *f*; (Amts)Gewalt *f*, Vollmacht *f*; Einfluß *m* (*over auf acc.*); Ansehen *n*; Glaubwürdigkeit *f*; Quelle *f*; Fachmann *m*; Behörde *f* (*mst pl.*); **on the** ~ **of** auf *j-s* Zeugnis hin; **~ize** [~θəraiz] *j-n* autorisieren, bevollmächtigen; *et.* gutheißen, **~ship** ['ɔ:θəʃip] Urheberschaft *f*.

**autocar** ['ɔ:touka:] Kraftwagen *m*.

**autocracy** [ɔ:'tɔkrəsi] Autokratie *f*; **~tic**(**al** □) [ɔ:tə'krætik(əl)] autokratisch, despotisch.

**autogiro** ⚒ ['ɔ:tou'dʒaiərou] Autogiro *n*, Tragschrauber *m*.

**autograph** ['ɔ:təgra:f] Autogramm *n*. [Restaurant *n*.]

**automat** ['ɔ:təmæt] Automaten-)

**automatic** [ɔ:tə'mætik] (~**ally**) 1. automatisch; ~ **machine** (Verkaufs)Automat *m*; 2. *Am.* Selbstladepistole *f*, -gewehr *n*; **~ion** [~'meiʃən] Automation *f*; **~on** *fig.* [ɔ:'tɔmətən] Roboter *m*.

**automobile** *bsd. Am.* ['ɔ:təməbi:l] Automobil *n*.

**autonomy** [ɔ:'tɔnəmi] Autonomie *f*.

**autumn** ['ɔ:təm] Herbst *m*; **~al** □ [ɔ:'tʌmnəl] herbstlich; Herbst...

**auxiliary** [ɔ:g'ziljəri] helfend; Hilfs...

**avail** [ə'veil] 1. nützen, helfen; **o.s. of** sich *e-r* S. bedienen; 2. Nutzen *m*; **of no** ~ nutzlos; **~able** □ [~əbl] benutzbar; verfügbar; *pred.* erhältlich, vorhanden; gültig.

**avalanche** ['ævəla:nʃ] Lawine *f*.

**avarice** ['ævəris] Geiz *m*; Habsucht *f*; **~ious** □ [ævə'riʃəs] geizig; habgierig.

**avenge** [ə'vendʒ] rächen; *et.* ahnden; **~r** [~dʒə] Rächer(in).

**avenue** ['ævinju:] Allee *f*; Prachtstraße *f*; *fig.* Weg *m*, Straße *f*.

**aver** [ə'və:] behaupten.

**average** ['ævəridʒ] 1. Durchschnitt *m*; ⚓ Haverie *f*; 2. □ durchschnittlich; Durchschnitts...; 3. durchschnittlich schätzen (*at* auf *acc.*); durchschnittlich betragen *od.* arbeiten *etc.*

avers|e □ [ə'vəːs] abgeneigt (*to*, *from dat.*); widerwillig; ~ion [ə'vəːʃən] Widerwille *m*.

avert [ə'vəːt] abwenden (*a. fig.*).

aviat|ion ✈ [eivi'eiʃən] Fliegen *n*; Flugwesen *n*; Luftfahrt *f*; ~or ['eivieitə] Flieger *m*.

avid □ ['ævid] gierig (*of* nach; *for* auf *acc.*).

avoid [ə'vɔid] (ver)meiden; *j-m* ausweichen; *t's* anfechten; ungültig machen; ~ance [~dəns] Vermeidung *f*.

avouch [ə'vautʃ] verbürgen, bestätigen; = avow.

avow [ə'vau] bekennen, (ein)gestehen; anerkennen; ~al [ə'vauəl] Bekenntnis *n*, (Ein)Geständnis *n*; ~edly [ə'vauidli] eingestandenermaßen.

await [ə'weit] erwarten (*a. fig.*).

awake [ə'weik] 1. wach, munter; *be* ~ *to* sich *e-r* S. bewußt sein; 2. [*irr.*] *v/t.* (*mst* ~n [~kən]) (er)wecken; *v/i.* erwachen; gewahr werden (*to* s.th. *et.*).

award [ə'wɔːd] 1. Urteil *n*, Spruch

*m*; Belohnung *f*; Preis *m*; 2. zuerkennen, *Orden etc.* verleihen.

aware [ə'wɛə]: *be* ~ wissen (*of* von *od. acc.*), sich bewußt sein (*of gen.*); *become* ~ *of et.* gewahr werden, merken.

away [ə'wei] (hin)weg; fort; immer weiter, darauflos; ~ *back Am.* F (schon) damals, weit zurück.

awe [ɔː] 1. Ehrfurcht *f*, Scheu *f* (*of* vor *dat.*); 2. (Ehr)Furcht einflößen (*dat.*).

awful □ ['ɔːful] ehrfurchtgebietend; furchtbar; F *fig.* schrecklich.

awhile [ə'wail] e-e Weile.

awkward □ ['ɔːkwəd] ungeschickt, unbeholfen; linkisch; unangenehm; dumm, ungünstig, unpraktisch.

awl [ɔːl] Ahle *f*, Pfriem *m*.

awning ['ɔːniŋ] Plane *f*; Markise *f*.

awoke [ə'wouk] *pret. u. p.p. von* awake 2.

awry [ə'rai] schief; *fig.* verkehrt.

ax(e) [æks] Axt *f*, Beil *n*.

axis ['æksis], *pl.* axes ['æksiz] Achse *f*.

axle ⊕ ['æksl] *a.* ~-tree (Rad-) Achse *f*, Welle *f*.

ay(e) [ai] Ja *n*; *parl.* Jastimme *f*; *the* ~s *have it* die Mehrheit ist dafür.

azure ['æʒə] azurn, azurblau.

# B

babble ['bæbl] 1. stammeln; (nach-) plappern; schwatzen; plätschern (*Bach*); 2. Geplapper *n*; Geschwätz *n*.

baboon *zo.* [bə'buːn] Pavian *m*.

baby ['beibi] 1. Säugling *m*, kleines Kind, Baby *n*; *Am. sl.* Süße *f* (*Mädchen*); 2. Baby...; Kinder...; klein; ~hood [~ihud] frühe Kindheit.

bachelor ['bætʃələ] Junggeselle *m*; *univ.* Bakkalaureus *m* (*Grad*).

back [bæk] 1. Rücken *m*; Rückseite *f*; Rücklehne *f*; Hinterende *n*; *Fußball*: Verteidiger *m*; 2. *adj.* Hinter..., Rück...; hinter; rückwärtig; entlegen; rückläufig; rückständig; 3. *adv.* zurück; 4. *v/t.* mit e-m Rücken versehen; unterstützen; hinten anstoßen an (*acc.*); zurückbewegen; wetten *od.* setzen auf (*acc.*); † indossieren; *v/i.* sich rückwärts bewegen, zurückgehen *od.* zurückfahren; ~ alley *Am.* finstere Seitengasse; ~bite ['bækbait] [*irr.* (*bite*)] verleumden; ~bone Rückgrat *n*; ~er ['bækə] Unterstützer (-in); † Indossierer *m*; Wetter(in); ~fire *mot.* Frühzündung *f*; ~ground Hintergrund *m*; ~ number alte Nummer (*e-r Zeitung*); ~

pedal rückwärtstreten (*Radfahren*); ~ing brake Rücktrittbremse *f*; ~side Hinter-, Rückseite *f*; ~slapper *Am.* [~slæpə] plump vertraulicher Mensch; ~slide [*irr.* (*slide*)] rückfällig werden; ~stairs Hintertreppe *f*; ~stop *Am.* Baseball: Gitter *n hinter* dem Fänger; *Schießstand:* Kugelfang *m*; ~stroke Rückenschwimmen *n*; ~talk *Am.* freche Antworten; ~track *Am.* F *fig.* e-n Rückzieher machen; ~ward ['bækwəd] 1. *adj.* Rück(wärts)...; langsam; zurückgeblieben, rückständig; zurückhaltend; 2. *adv.* (*a.* ~wards [~dz]) rückwärts, zurück; ~water Stauwasser *n*; ~woods *pl.* weit abgelegene Waldgebiete; *fig.* Provinz *f*; ~woodsman Hinterwäldler *m*.

bacon ['beikən] Speck *m*.

bacter|iologist [bæktiəri'ɔlədʒist] Bakteriologe *m*; ~ium [bæk'tiəriəm], *pl.* ~a [~iə] Bakterie *f*.

bad □ [bæd] schlecht, böse, schlimm; falsch (*Münze*); faul (*Schuld*); *he is* ~*ly off* er ist übel dran; ~ly wounded schwerverwundet; want ~ly F dringend brauchen; *be in* ~ *Am.* F in Ungnade bei.

bade [beid] *pret. von* bid 1.

**badge** [bædʒ] Ab-, Kennzeichen n.

**badger** ['bædʒə] 1. zo. Dachs m; 2. hetzen, plagen, quälen.

**badlands** Am. ['bædlændz] pl. Ödland n.

**badness** ['bædnis] schlechte Beschaffenheit; Schlechtigkeit f.

**baffle** ['bæfl] j-n verwirren; Plan etc. vereiteln, durchkreuzen.

**bag** [bæg] 1. Beutel m, Sack m; Tüte f; Tasche f; ~ and baggage mit Sack und Pack; 2. in e-n Beutel etc. tun, einsacken; hunt. zur Strecke bringen; (sich) bauschen.

**baggage** Am. ['bægidʒ] (Reise-) Gepäck n; ~ car Am. ⚙ Gepäckwagen m; ~ check Am. Gepäckschein m.

**bagpipe** ['bægpaip] Dudelsack m.

**bail** [beil] 1. Bürge m; Bürgschaft f; Kaution f; admit to ~ 🚫 gegen Bürgschaft freilassen; 2. bürgen für; ~ out j-n freibürgen; 🛫 mit dem Fallschirm abspringen.

**bailiff** ['beilif] Gerichtsdiener m; (Guts)Verwalter m; Amtmann m.

**bait** [beit] 1. Köder m; fig. Lockung f; 2. v/t. Falle etc. beködern; hunt. hetzen; fig. quälen; reizen; v/i. rasten, einkehren.

**bak|e** [beik] 1. backen; braten; Ziegel brennen; (aus)dörren; 2. Am. gesellige Zusammenkunft; ~er ['beikə] Bäcker m; ~ery ['~əri] Bäckerei f; ~ing-powder [,~kiŋpaudə] Backpulver n.

**balance** ['bæləns] 1. Waage f; Gleichgewicht n (a. fig.); Harmonie f; ✝ Bilanz f, Saldo m, Überschuß m; Restbetrag m; F Rest m; a. ~ wheel Unruh(e) f der Uhr; ~ of power pol. Kräftegleichgewicht n; ~ of trade (Außen-)Handelsbilanz f; 2. v/t. (ab-)er)wägen; im Gleichgewicht halten; ausgleichen; ✝ bilanzieren; saldieren; v/i. balancieren; sich ausgleichen.

**balcony** ['bælkəni] Balkon m.

**bald** [bɔːld] kahl; fig. nackt; dürftig.

**bale** ✝ [beil] Ballen m.

**baleful** □ ['beilful] verderblich; unheilvoll.

**balk** [bɔːk] 1. (Furchen)Rain m; Balken m; Hemmnis n; 2. v/t. (ver-)hindern; enttäuschen; vereiteln; v/i. stutzen, scheuen.

**ball**[1] [bɔːl] 1. Ball m; Kugel f; (Hand-, Fuß)Ballen m; Knäuel m, n; Kloß m; Sport: Wurf m; keep the ~ rolling das Gespräch in Gang halten; play ~ Am. F mitmachen; 2. (sich) (zs.-)ballen.

**ball**[2] [~] Ball m, Tanzgesellschaft f.

**ballad** ['bæləd] Ballade f; Lied n.

**ballast** ['bæləst] 1. Ballast m; ⚙ Schotter m, Bettung f; 2. mit Ballast beladen; ⚙ beschottern, betten.

**ball-bearing(s** pl.) ⊕ ['bɔːl-'beəriŋ(z)] Kugellager n.

**ballet** ['bælei] Ballett n.

**balloon** [bə'luːn] 1. Ballon m; 2. im Ballon aufsteigen; sich blähen; ~ist [,~nist] Ballonfahrer m.

**ballot** ['bælət] 1. Wahlzettel m; (geheime) Wahl; 2. (geheim) abstimmen; ~ for losen um; ~box Wahlurne f.

**ball(-point)** pen ['bɔːl(point)pen] Kugelschreiber m.

**ball-room** ['bɔːlrum] Ballsaal m.

**balm** [bɑːm] Balsam m; fig. Trost m.

**balmy** ] ['bɑːmi] balsamisch (a. fig.).

**baloney** Am. sl. [bə'louni] Quatsch m.

**balsam** ['bɔːlsəm] Balsam m.

**balustrade** [bæləs'treid] Balustrade f, Brüstung f; Geländer n.

**bamboo** [bæm'buː] Bambus m.

**bamboozle** F [bæm'buːzl] beschwindeln.

**ban** [bæn] 1. Bann m; Acht f; (amtliches) Verbot; 2. verbieten.

**banal** [bə'nɑːl] banal, abgedroschen.

**banana** [bə'nɑːnə] Banane f.

**band** [bænd] 1. Band n; Streifen m; Schar f; ♪ Kapelle f; 2. zs.-binden; ~ o.s. sich zs.-tun od. zs.-rotten.

**bandage** ['bændidʒ] 1. Binde f; Verband m; 2. bandagieren; verbinden.

**bandbox** ['bændbɔks] Hutschachtel f.

**bandit** ['bændit] Bandit m.

**band|-master** ['bændmɑːstə] Kapellmeister m; ~stand Musikpavillon m; ~-wagon Am. Wagen m mit Musikkapelle; jump on the ~ sich der erfolgversprechenden Sache anschließen.

**bandy** ['bændi] Worte etc. wechseln; ~-legged säbelbeinig.

**bane** [bein] Ruin m; ~ful □ ['beinful] verderblich.

**bang** [bæŋ] 1. Knall m; Ponyfrisur f; 2. dröhnend (zu)schlagen; ~up Am. sl [ˈbæŋʲʌp] Klasse, prima.

**banish** [ˈbæniʃ] verbannen; ~ment [,~ʃmənt] Verbannung f.

**banisters** ['bænistəz] pl. Treppengeländer n.

**bank** [bæŋk] 1. Damm m; Ufer n; (Spiel-, Sand-, Wolken- etc.)Bank f; ~ of issue Notenbank f; 2. v/t. eindämmen; ✝ Geld auf die Bank legen; 🛫 in die Kurve bringen; v/i. Bankgeschäfte machen; ein Bankkonto haben; 🛫 in die Kurve gehen; ~ on sich verlassen auf (acc.); ~bill ['bæŋkbil] Bankwechsel m; Am. s. banknote; ~er [,~kə] Bankier m; ~ing [,~kiŋ] Bankgeschäft f; Bankwesen n; attr. Bank...; ~note Banknote f; Kassenschein m; ~

rate Diskontsatz m; ~rupt [.krəpt]
1. Bankrotteur m; 2. bankrott;
3. bankrott machen; ~ruptcy
[.tsi] Bankrott m, Konkurs m.
banner ['bænə] Banner n; Fahne f.
banns [bænz] pl. Aufgebot n.
banquet ['bæŋkwit] 1. Festmahl n;
2. v/t. festlich bewirten; v/i. tafeln.
banter ['bæntə] necken, hänseln.
baptism ['bæptizəm] Taufe f.
baptist ['bæptist] Täufer m.
baptize [bæp'taiz] taufen.
bar [baː] 1. Stange f; Stab m;
Barren m; Riegel m; Schranke f;
Sandbank f; fig. Hindernis n; ✕
Spange f; ♪ Takt(strich) m; (Gerichts)Schranke f; fig. Urteil n;
Anwaltschaft f; Bar f im Hotel etc.;
2. verriegeln; (ver~, ab)sperren;
verwehren; einsperren; (ver)hin-
dern; ausschließen.
barb [baːb] Widerhaken m; ~ed
wire Stacheldraht m.
barbar|ian [baː'bɛəriən] 1. bar-
barisch; 2. Barbar(in); ~ous □
['baːbərəs] barbarisch; roh; grausam.
barbecue ['baːbikjuː] 1. großer
Bratrost; Am. Essen n (im Freien),
bei dem Tiere ganz gebraten
werden; 2. im ganzen braten.
barber ['baːbə] (Herren)Friseur m.
bare [bɛə] 1. nackt, bloß; kahl; bar,
leer; arm, entblößt; 2. entblößen;
~faced □ ['bɛəfeist] frech; ~foot,
~footed barfuß; ~headed bar-
häuptig; ~ly ['bɛəli] kaum.
bargain ['baːgin] 1. Geschäft n;
Handel m, Kauf m; vorteilhafter
Kauf; a (dead) ~ spottbillig; it's a~!
F abgemacht!; into the ~ obendrein;
2. handeln, übereinkommen.
barge [baːdʒ] Flußboot n, Lastkahn
m; Hausboot n; ~man ['baːdʒmən]
Kahnführer m.
bark¹ [baːk] 1. Borke f, Rinde f;
2. abrinden; Haut abschürfen.
bark² [.] 1. bellen; 2. Bellen n.
bar-keeper ['baːkiːpə] Barbesitzer
m; Barkellner m.
barley ['baːli] Gerste f; Graupe f.
barn [baːn] Scheune f; bsd. Am.
(Vieh)Stall m; ~storm Am. pol.
['baːnstoːm] herumreisen u. (Wahl-)
Reden halten.
barometer [bə'rɔmitə] Barometer n.
baron ['bærən] Baron m, Freiherr
m; ~ess [.nis] Baronin f.
barrack(s pl.) ['bærək(s)] (Miets-)
Kaserne f.
barrage ['bæraːʒ] Staudamm m.
barrel ['bærəl] 1. Faß n, Tonne f;
Gewehr- etc. Lauf m; ⊕ Trommel
f; Walze f; 2. in Fässer füllen;
~organ ♪ Drehorgel f.
barren □ ['bærən] unfruchtbar;
dürr, trocken; tot (Kapital).
barricade [bæri'keid] 1. Barrikade
f; 2. verbarrikadieren; sperren.

barrier ['bæriə] Schranke f (a. fig.);
Barriere f, Sperre f; Hindernis
n.
barrister ['bæristə] (plädierender)
Rechtsanwalt, Barrister m.
barrow¹ ['bærou] Trage f; Karre f.
barrow² [.] Hügelgrab n, Tumulus
m.
barter ['baːtə] 1. Tausch(handel)
m; 2. tauschen (for gegen); F
schachern.
base¹ □ [beis] gemein; unecht.
base² [.] 1. Basis f; Grundlage f;
Fundament n; Fuß m; ♫ Base f;
Stützpunkt m; 2. gründen, stützen.
base|ball ['beisbɔːl] Baseball m;
~born von niedriger Abkunft;
unehelich; ~less ['beislis] grundlos;
~ment ['beismənt] Fundament n;
Kellergeschoß n.
baseness ['beisnis] Gemeinheit f.
bashful □ ['bæʃful] schüchtern.
basic ['beisik] (~ally) grundlegend;
Grund...; ♫ basisch.
basin ['beisn] Becken n; Schüssel f;
Tal-, Wasser-, Hafenbecken n.
bas|is ['beisis], pl. ~es ['beisiːz]
Basis f; Grundlage f; ✕, ♫ Stützpunkt m.
bask [baːsk] sich sonnen (a. fig.).
basket ['baːskit] Korb m; ~ball
Korbball(spiel n) m; ~ dinner,
~ supper Am. Picknick n.
bass ♪ [beis] Baß m.
basso ♪ ['bæsou] Baß(sänger) m.
bastard ['bæstəd] 1. □ unehelich;
unecht; Bastard...; 2. Bastard m.
baste¹ [beist] Braten begießen;
durchprügeln.
baste² [.] lose nähen, (an)heften.
bat¹ [bæt] Fledermaus f; as blind
as a ~ stockblind.
bat² [.] Sport: 1. Schlagholz n;
Schläger m; 2. den Ball schlagen.
batch [bætʃ] Schub m Brote (a. fig.);
Stoß m Briefe etc. (a. fig.).
bate [beit] verringern; verhalten.
bath [baːθ] 1. Bad n; ♀ chair Rollstuhl m; 2. baden.
bathe [beið] baden.
bathing ['beiðiŋ] Baden n, Bad n;
attr. Bade...; ~suit Badeanzug m.
bath|robe Am. ['baːθroub] Bade-
mantel m; ~room Badezimmer n;
~sheet Badelaken n; ~towel
Badetuch n; ~tub Badewanne f.
batiste ✝ [bæ'tiːst] Batist m.
baton ['bætən] Stab m; Taktstock
m.
battalion ✕ [bə'tæljən] Bataillon n.
batten ['bætn] 1. Latte f; 2. sich
mästen.
batter ['bætə] 1. Sport: Schläger m;
Rührteig m; 2. heftig schlagen;
verbeulen; ~ down od. in Tür einschlagen; ~y Batterie f; Schlägerei f;
Batterie f; ⚡ Akku m; fig. Satz m;
assault and ~ ✕ tätlicher Angriff.
battle ['bætl] 1. Schlacht f (of bei);

2. streiten, kämpfen; ~ax(e)
Streitaxt f; ⚔ Xanthippe f; ~field
Schlachtfeld n; ~ments [⸗lmənts]
pl. Zinnen f/pl.; ~plane ⚔ Kriegs-
flugzeug n; ~ship ⚔ Schlacht-
schiff n.
Bavarian [bə'vɛəriən] 1. bay(e)-
risch; 2. Bayer(in).
bawdy ['bɔːdi] unzüchtig.
bawl [bɔːl] brüllen; johlen, grölen;
~ out auf~, losbrüllen.
bay¹ [bei] 1. rotbraun; 2. Braune(r)
m (Pferd).
bay² [⸗] Bai f, Bucht f; Erker m.
bay³ [⸗] Lorbeer m.
bay⁴ [⸗] 1. bellen, anschlagen;
2. stand at ~ sich verzweifelt
wehren; bring to ~ Wild etc. stellen.
bayonet ⚔ ['beiənit] 1. Bajonett n;
2. mit dem Bajonett niederstoßen.
bayou Am. ['baiu:] sumpfiger
Nebenarm.
bay window ['bei'windou] Erker-
fenster n; Am. sl. Vorbau m
(Bauch).
baza(a)r [bə'zaː] Basar m.
be [biː, bi] [irr.] 1. v/i. sein; there
is od. are es gibt; here you are again!
da haben wir's wieder!; ~ about beschäftigt sein mit; ~ at s.th. et.
vorhaben; ~ off aus sein; sich fortmachen; 2. v/aux.: ~ reading beim
Lesen sein, gerade lesen; I am to
inform you ich soll Ihnen mitteilen;
3. v/aux. mit p.p. zur Bildung des
Passivs: werden.
beach [biːtʃ] 1. Strand m; 2. ⚓ auf
den Strand setzen od. ziehen;
~comber ['biːtʃkoumə] fig. Nichtstuer m.
beacon ['biːkən] Blinklicht n;
Leuchtfeuer n, Leuchtturm m.
bead [biːd] Perle f; Tropfen m;
Visier-Korn n; ~s pl. a. Rosenkranz m.
beak [biːk] Schnabel m; Tülle f.
beaker ['biːkə] Becher(glas n) m.
beam [biːm] 1. Balken m; Waage-
balken m; Strahl m; Glanz m;
Radio: Richtstrahl m; 2. (aus-)
strahlen.
bean [biːn] Bohne f; Am. sl. Birne f
(Kopf); full of ~s F lebensprühend.
bear¹ [bɛə] Bär m; ⚹ sl. Baissier m.
bear² [⸗] [irr.] v/t. tragen; hervorbringen, gebären; Liebe etc. hegen;
~ertragen; ~ down überwältigen; ~
out unterstützen, bestätigen; v/i.
tragen; fruchtbar od. trächtig sein;
leiden, dulden; ~ up standhalten,
fest bleiben; ~ (up)on einwirken auf
(acc.); bring to ~ zur Anwendung
bringen, einwirken lassen, Druck
etc. ausüben.
beard [biəd] 1. Bart m; ⚹ Granne f;
2. v/t. ~ m entgegentreten, trotzen.
bearer ['bɛərə] Träger(in); Über-
bringer(in), Wechsel-Inhaber(in).
bearing ['bɛəriŋ] (Er)Tragen n;

Betragen n; Beziehung f; Richtung f.
beast [biːst] Vieh n, Tier n; Bestie
f; ~ly ['biːstli] viehisch; scheußlich.
beat [biːt] 1. [irr.] v/t. schlagen;
prügeln; besiegen, Am. F j-m zuvorkommen; übertreffen; Am. F
betrügen; ~ itl Am. sl. hau ab!;
~ the band Am. F wichtig od.
großartig sein; ~ a retreat den
Rückzug antreten; ~ one's way Am.
F sich durchschlagen; ~ up auf-
treiben; v/i. schlagen; ~ about the
bush wie die Katze um den heißen
Brei herumgehen; 2. Schlag m;
♪ Takt(schlag) m; Pulsschlag m;
Runde f, Revier n e-s Schutz-
mannes etc.; Am. sensationelle
Erstmeldung e-r Zeitung; 3. F baff,
verblüfft; ~en ['biːtn] p.p. von
beat 1; (aus)getreten (Weg).
beatitude [bi(ː)'ætitjuːd] (Glück-)
Seligkeit f.
beatnik ['biːtnik] Beatnik m, junger
Antikonformist und Bohemien.
beau [bou] Stutzer m; Anbeter m.
beautiful ['bjuːtəful] schön.
beautify ['bjuːtifai] verschönern.
beauty ['bjuːti] Schönheit f; Sleeping 2 Dornrös-chen n; ~ parlo(u)r,
~ shop Schönheitssalon m.
beaver ['biːvə] Biber m; Biberpelz m.
becalm [bi'kɑːm] beruhigen.
became [bi'keim] pret. von become.
because [bi'kɔz] weil; ~ of wegen.
beckon ['bekən] (j-m zu)winken.
become [bi'kʌm] [irr.] v/i. werden
(of aus); v/t. anstehen, ziemen
(dat.); sich schicken für; kleiden
(Hut etc.); ~ing [⸗miŋ] passend;
schicklich; kleidsam.
bed [bed] 1. Bett n; Lager n e-s
Tieres; ♂ Beet n; Unterlage f;
2. betten.
bed-clothes ['bedklouðz] pl. Bett-
wäsche f.
bedding ['bediŋ] Bettzeug n; Streu f.
bedevil [bi'devl] behexen; quälen.
bedlam ['bedləm] Tollhaus n.
bed|rid(den) ['bedrid(n)] bett-
lägerig; ~room Schlafzimmer n;
~spread Bett-, Tagesdecke f;
~stead Bettstelle f; ~time Schla-
fenszeit f.
bee [biː] zo. Biene f; Am. nachbar-
liches Treffen; Wettbewerb m;
have a ~ in one's bonnet F e-e fixe
Idee haben.
beech ⚹ [biːtʃ] Buche f; ~nut Buch-
ecker f.
beef [biːf] 1. Rindfleisch n; 2. Am.
F nörgeln; ~tea Fleischbrühe f;
~y ['biːfi] fleischig; kräftig.
bee|hive ['biːhaiv] Bienenkorb m,
-stock m; ~keeper Bienenzüchter
m; ~line kürzester Weg; make a
~ for Am. schnurstracks losgehen
auf (acc.).

**been** [biːn, bin] *p.p. von* be.

**beer** [biə] Bier *n*; *small* ~ Dünnbier *n*. [Bete *f*.]

**beet** ♣ [biːt] (Runkel)Rübe *f*,│

**beetle**¹ ['biːtl] Käfer *m*.

**beetle**² [~] 1. überhängend; buschig (*Brauen*); 2. *v/i.* überhängen.

**beetroot** ['biːtruːt] rote Rübe.

**befall** [bi'fɔːl] [*irr.* (fall)] *v/t.* zustoßen (*dat.*); *v/i.* sich ereignen.

**befit** [bi'fit] sich schicken für.

**before** [bi'fɔː] 1. *adv. Raum:* vorn; voran; *Zeit:* vorher, früher; schon (früher); 2. *cj.* bevor, ehe, bis; 3. *prp.* vor; ~**hand** vorher, zuvor; voraus (*with dat.*).

**befriend** [bi'frend] sich *j-m* freundlich erweisen.

**beg** [beg] *v/t. et.* erbetteln; erbitten (*of von*); *j-n* bitten; ~ *the question* um den Kern der Frage herumgehen; *v/i.* betteln; bitten; betteln gehen; sich gestatten.

**began** [bi'gæn] *pret. von* begin.

**beget** [bi'get] [*irr.* (get)] (er)zeugen.

**beggar** ['begə] 1. Bettler(in); F Kerl *m*; 2. zum Bettler machen; *fig.* übertreffen; *it* ~*s all description* es spottet jeder Beschreibung.

**begin** [bi'gin] [*irr.*] beginnen (*at* bei, *mit*); ~**ner** [~nə] Anfänger(in); ~**ning** [~niŋ] Beginn *m*, Anfang *m*.

**begone** [bi'gɔn] fort!, F pack dich!

**begot** [bi'gɔt] *pret. von* beget; ~**ten** [~tn] 1. *p.p. von* beget; 2. *adj.* erzeugt.

**begrudge** [bi'grʌdʒ] mißgönnen.

**beguile** [bi'gail] täuschen; betrügen (*of, out of* um); *Zeit* vertreiben.

**begun** [bi'gʌn] *p.p. von* begin.

**behalf** [bi'hɑːf]: *on od. in* ~ *of* im Namen von; um ... (*gen.*) willen.

**behav|e** [bi'heiv] sich benehmen; ~**io(u)r** [~vjə] Benehmen *n*, Betragen *n*.

**behead** [bi'hed] enthaupten.

**behind** [bi'haind] 1. *adv.* hinten, dahinter; zurück; 2. *prp.* hinter; ~**hand** zurück sein, im Rückstand.

**behold** [bi'hould] [*irr.* (hold)] 1. erblicken; 2. *siehe* (da)!; ~**en** [~dən] verpflichtet, verbunden.

**behoof** [bi'huːf]: *to* (*for, on*) (*the*) ~ *of* in *j-s* Interesse, um *j-s* willen.

**behoove** *Am.* [bi'huːv] = **behove**.

**behove** [bi'houv]: *it* ~*s s.o. to inf.* es ist *j-s* Pflicht, zu *inf.*

**being** ['biːiŋ] (Da)Sein *n*; Wesen *n*; *in* ~ lebend; wirklich (vorhanden).

**belabo(u)r** F [bi'leibə] verbleuen.

**belated** [bi'leitid] verspätet.

**belch** [beltʃ] 1. rülpsen; ausspeien; 2. Rülpsen *n*; Ausbruch *m*.

**beleaguer** [bi'liːgə] belagern.

**belfry** ['belfri] Glockenturm *m*, -stuhl *m*. [2. Belgier(in).]

**Belgian** ['beldʒən] 1. belgisch;│

**belie** [bi'lai] Lügen strafen.

**belief** [bi'liːf] Glaube *m* (*in an acc.*).

**believable** [bi'liːvəbl] glaubhaft.

**believe** [bi'liːv] glauben (*in an acc.*); ~**r** [~və] Gläubige(r *m*) *f*.

**belittle** *fig.* [bi'litl] verkleinern.

**bell** [bel] Glocke *f*; Klingel *f*; ~**boy** *Am.* ['belbɔi] Hotelpage *m*.

**belle** [bel] Schöne *f*, Schönheit *f*.

**belles-lettres** ['bel'letr] *pl.* Belletristik *f*, schöne Literatur.

**bellhop** *Am. sl.* ['belhɔp] Hotelpage *m*.

**bellied** ['belid] bauchig.

**belligerent** [bi'lidʒərənt] 1. kriegführend; 2. kriegführendes Land.

**bellow** ['belou] 1. brüllen; 2. Gebrüll *n*; ~**s** *pl.* Blasebalg *m*.

**belly** ['beli] 1. Bauch *m*; 2. (sich) bauchen; (an)schwellen.

**belong** [bi'lɔŋ] (an)gehören; ~ *to* gehören *dat. od.* zu; sich gehören für; *j-m* gebühren; ~**ings** [~giŋz] *pl.* Habseligkeiten *f/pl.*

**beloved** [bi'lʌvd] 1. geliebt; 2. Geliebte(r *m*) *f*.

**below** [bi'lou] 1. *adv.* unten; 2. *prp.* unter.

**belt** [belt] 1. Gürtel *m*; ✕ Koppel *n*; Zone *f*, Bezirk *m*; ⊕ Treibriemen *m*; 2. umgürten; ~ *out Am.* F herausschmettern, loslegen (*singen*).

**bemoan** [bi'moun] betrauern, beklagen.

**bench** [bentʃ] Bank *f*; Richterbank *f*; Gerichtshof *m*; Arbeitstisch *m*.

**bend** [bend] 1. Biegung *f*, Kurve *f*; ⚓ Seemannsknoten *m*; 2. [*irr.*] (sich) biegen; *Geist etc.* richten (*to, on auf acc.*); (sich) beugen; sich neigen (*to vor dat.*).

**beneath** [bi'niːθ] = **below**.

**benediction** [beni'dikʃn] Segen *m*.

**benefact|ion** [beni'fækʃn] Wohltat *f*; ~**or** ['benifæktə] Wohltäter *m*.

**beneficen|ce** [bi'nefisəns] Wohltätigkeit *f*; ~**t** [~t] [~nt] wohltätig.

**beneficial** [beni'fiʃəl] wohltuend; zuträglich; nützlich.

**benefit** ['benifit] 1. Wohltat *f*; Nutzen *m*, Vorteil *m*; Wohltätigkeitsveranstaltung *f*; (Wohlfahrts-) Unterstützung *f*; 2. nützen; begünstigen; Nutzen ziehen.

**benevolen|ce** [bi'nevələns] Wohlwollen *n*; ~**t** ⨆ [~nt] wohlwollend; gütig, mildherzig.

**benign** ⨆, [bi'nain] freundlich, gütig; zuträglich; ✚ gutartig.

**bent** [bent] 1. *pret. u. p.p. von* bend 2; ~ *on versessen auf* (*acc.*); 2. Hang *m*; Neigung *f*.

**benzene** ⨆ ['benzin] Benzol *n*.

**benzine** ⨆ ['benziːn] Benzin *n*.

**bequeath** [bi'kwiːð] vermachen.

**bequest** [bi'kwest] Vermächtnis *n*.

**bereave** [bi'riːv] [*irr.*] berauben.

**bereft** [bi'reft] *pret. u. p.p. von* bereave.

**beret** ['berei] Baskenmütze *f*.

**berry** ['beri] Beere f.

**berth** [bə:θ] 1. ⚓ Ankergrund m; Koje f; fig. (gute) Stelle; 2. vor Anker gehen.

**beseech** [bi'si:tʃ] [irr.] ersuchen; bitten; um et. bitten; flehen.

**beset** [bi'set] [irr. (set)] umgeben; bedrängen; verfolgen.

**beside** prp. [bi'said] neben; weitab von; ~ o.s. außer sich (with vor); ~ the point, ~ the question nicht zur Sache gehörig; ~s [~dz] 1. adv. außerdem; 2. prp. abgesehen von, außer.

**besiege** [bi'si:dʒ] belagern.

**besmear** [bi'smiə] beschmieren.

**besom** ['bizəm] (Reisig)Besen m.

**besought** [bi'sɔ:t] pret. u. p.p. von beseech.

**bespatter** [bi'spætə] (be)spritzen.

**bespeak** [bi'spi:k] [irr. (speak)] vorbestellen; verraten, (an)zeigen; bespoke tailor Maßschneider m.

**best** [best] 1. adj. best; höchst; größt, meist; ~ man Brautführer m; 2. adv. am besten, aufs beste; 3. Beste(r m, ~s n) f, Besten pl.; to the ~ of ... nach bestem ...; make the ~ of tun, was man kann, mit; at ~ im besten Falle.

**bestial** □ ['bestjəl] tierisch, viehisch.

**bestow** [bi'stou] geben, schenken, verleihen (on, upon dat.).

**bet** [bet] 1. Wette f; 2. [irr.] wetten; you ~ F sicherlich.

**betake** [bi'teik] [irr. (take)]: ~ o.s. to sich begeben nach; fig. s~e Zuflucht nehmen zu.

**bethink** [bi'θiŋk] [irr. (think)]: ~ o.s. sich besinnen (of auf acc.); ~ o.s. to inf. sich in den Kopf setzen zu inf.

**betimes** [bi'taimz] beizeiten.

**betray** [bi'trei] verraten (a. fig.); verleiten; ~er [~iə] Verräter(in).

**betrothal** [bi'trouðəl] Verlobung f.

**better** ['betə] 1. adj. besser; he is ~ es geht ihm besser; 2. Bessere(s) n; ~s pl. Höherstehenden pl., Vorgesetzten pl.; get the ~ of die Oberhand gewinnen über (acc.); überwinden; 3. adv. besser; mehr; so much the ~ desto besser; you had ~ go es wäre besser, wenn du gingest; 4. v/t. (ver)bessern; v/i. sich bessern; ~ment [~əmənt] Verbesserung f.

**between** [bi'twi:n] (a. betwixt [bi'twikst]) 1. adv. dazwischen; 2. prp. zwischen, unter.

**bevel** ['bevəl] schräg, schief.

**beverage** ['bevəridʒ] Getränk n.

**bevy** ['bevi] Schwarm m; Schar f.

**bewail** [bi'weil] be~, wehklagen.

**beware** [bi'wɛə] sich hüten (of vor).

**bewilder** [bi'wildə] irremachen; verwirren; bestürzt machen; ~ment [~əmənt] Verwirrung f; Bestürzung f.

**bewitch** [bi'witʃ] bezaubern, behexen.

**beyond** [bi'jɔnd] 1. adv. darüber hinaus; 2. prp. jenseits, über (... hinaus); mehr als; außer.

**bi...** [bai] zwei ...

**bias** ['baiəs] 1. adj. u. adv. schief, schräg; 2. Neigung f; Vorurteil n; 3. beeinflussen; ~sed befangen.

**bib** [bib] (Sabber)Lätzchen n.

**Bible** ['baibl] Bibel f.

**biblical** □ ['biblikəl] biblisch; Bibel...

**bibliography** [bibli'ɔgræf] Bibliographie f.

**bicarbonate** 🜔 [bai'ka:bənit] doppeltkohlensaures Natron.

**biceps** ['baiseps] Bizeps m.

**bicker** ['bikə] (sich) zanken; flakkern; plätschern; prasseln.

**bicycle** ['baisikl] 1. Fahrrad n; 2. radfahren, radeln.

**bid** [bid] 1. [irr.] gebieten, befehlen; (ent)bieten; Karten: reizen; ~ fair versprechen; ~ farewell Lebewohl sagen; 2. Gebot n, Angebot n; ~den ['bidn] p.p. von bid 1.

**bide** [baid] [irr.]: ~ one's time den rechten Augenblick abwarten.

**biennial** [bai'eniəl] zweijährig.

**bier** [biə] (Toten)Bahre f.

**big** [big] groß; erwachsen; schwanger; F wichtig(tuerisch); ~ business Großunternehmertum n; ~ shot F hohes Tier; ~ stick Am. Macht (-entfaltung) f; talk ~ den Mund vollnehmen.

**bigamy** ['bigəmi] Doppelehe f.

**bigot** ['bigət] Frömmler(in); blindes Anhänger; ~ry [~tri] Frömmelei f.

**bigwig** F ['bigwig] hohes Tier (P.).

**bike** F [baik] (Fahr)Rad n.

**bilateral** □ [bai'lætərəl] zweiseitig.

**bile** [bail] Galle f (a. fig.).

**bilious** □ ['biljəs] gallig (a. fig.).

**bill¹** [bil] Schnabel m; Spitze f.

**bill²** [~] 1. Gesetzentwurf m; Klage-Rechtsschrift f; a. ~ of exchange Wechsel m; Zettel m; Am. Banknote f; ~ of fare Speisekarte f; ~ of lading Seefrachtbrief m, Konnossement n; ~ of sale Kaufvertrag m; 2 of Rights englische Freiheitsurkunde (1689); Am. die ersten 10 Zusatzartikel zur Verfassung der USA; 2. (durch Anschlag) ankündigen.

**billboard** Am. ['bil'bɔ:d] Anschlagbrett n.

**billfold** Am. ['bilfould] Brieftasche f für Papiergeld.

**billiards** ['biljədz] pl. od. sg. Billiard(spiel) n.

**billion** ['biljən] Billion f; Am. Milliarde f.

**billow** ['bilou] 1. Woge f (a. fig.); 2. wogen; ~y [~oui] wogend.

**billy** Am. ['bili] (Gummi)Knüppel m.

**bin** [bin] Kasten *m*, Behälter *m*.

**bind** [baind] [*irr.*] *v/t.* (an-, ein-, um-, auf-, fest-, ver)binden; verpflichten; *Handel* abschließen; *Saum* einfassen; *v/i.* binden; **~er** ['baində] Binder *m*; Binde *f*; **~ing** [..diŋ] 1. bindend; 2. Binden *n*; Einband *m*; Einfassung *f*.

**binocular** [bi'nɔkjulə] *mst* **~s** *pl.* Feldstecher *m*, Fern~, Opernglas *n*.

**biography** [bai'ɔgrəfi] Biographie *f*.

**biology** [bai'ɔlədʒi] Biologie *f*.

**biped** *zo.* ['baiped] Zweifüßer *m*.

**birch** [bə:tʃ] 1. ♃ Birke *f*; (Birken-)Rute *f*; 2. mit der Rute züchtigen.

**bird** [bə:d] Vogel *m*; **~'s-eye** ['bə:dzai]: **~** view Vogelperspektive *f*.

**birth** [bə:θ] Geburt *f*; Ursprung *m*; Entstehung *f*; Herkunft *f*; bring to **~** entstehen lassen, veranlassen; give **~** to gebären, zur Welt bringen; **~ control** Geburtenregelung *f*; **~day** ['bə:θdei] Geburtstag *m*; **~place** Geburtsort *m*.

**biscuit** ['biskit] Zwieback *m*; Keks *m, n*; Biskuit *n* (*Porzellan*).

**bishop** ['biʃəp] Bischof *m*; Läufer *m im Schach*; **~ric** [~prik] Bistum *n*.

**bison** *zo.* ['baisn] Wisent *m*.

**bit** [bit] 1. Bißchen *n*, Stückchen *n*; Gebiß *n am Zaum*; *Schlüssel*-Bart *m*; a (*little*) **~** ein (kleines) bißchen; 2. zäumen; zügeln; 3. *pret. von* bite 2.

**bitch** [bitʃ] Hündin *f*; V Hure *f*.

**bite** [bait] 1. Beißen *n*; Biß *m*; Bissen *m*; ⊕ Fassen *n*; 2. [*irr.*] (an)beißen; brennen (*Pfeffer*); schneiden (*Kälte*); ⊕ fassen; *fig.* verletzen.

**bitten** ['bitn] *p.p. von* bite 2.

**bitter** ['bitə] 1. □ bitter; streng; *fig.* verbittert; 2. **~s** *pl.* Magenbitter *m*.

**biz** F [biz] Geschäft *n*.

**blab** F [blæb] (aus)schwatzen.

**black** [blæk] 1. □ schwarz; dunkel; finster; **~ eye** blaues Auge; 2. schwärzen; wichsen; **~ out** verdunkeln; 3. Schwarz *n*; Schwärze *f*; Schwarze(r *m*) *f* (*Neger*); **~amoor** ['blækəmuə] Neger *m*; **~berry** Brombeere *f*; **~bird** Amsel *f*; **~board** Wandtafel *f*; **~en** [~kən] *v/t.* schwärzen; *fig.* anschwärzen; *v/i.* schwarz werden; **~guard** ['blægɑ:d] 1. Lump *m*, Schuft *m*; 2. □ schuftig; **~head** ♯ Mitesser *m*; **~ing** [~kiŋ] Schuhwichse *f*; **~ish** [~iʃ] schwärzlich; **~jack** 1. *bsd. Am.* Totschläger *m* (*Instrument*); 2. niederknüppeln; **~leg** Betrüger *m*; **~letter** *typ.* Fraktur *f*; **~mail** 1. Erpressung *f*; 2. j-n erpressen; **~ market** schwarzer Markt; **~ness** [~knis] Schwärze *f*; **~out** Verdunkelung *f*; **~ pudding** Blutwurst *f*; **~smith** Grobschmied *m*.

**bladder** *anat.* ['blædə] Blase *f*.

**blade** [bleid] Blatt *n*, ♃ Halm *m*; *Säge-, Schulter-* etc. Blatt *n*; Propellerflügel *m*; Klinge *f*.

**blame** [bleim] 1. Tadel *m*; Schuld *f*; 2. tadeln; be to **~** for schuld sein an (*dat.*); **~ful** ['bleimful] tadelnswert; **~less** □ [~mlis] tadellos.

**blanch** [blɑ:ntʃ] bleichen; erbleichen (lassen); **~ over** beschönigen.

**bland** □ [blænd] mild, sanft.

**blank** [blæŋk] 1. □ blank; leer; unausgefüllt; unbeschrieben; ♦ Blanko...; verdutzt; **~ cartridge** ✗ Platzpatrone *f*; 2. Weiße *n*; Leere *f*; leerer Raum; Lücke *f*; unbeschriebenes Blatt, Formular *n*; Niete *f*.

**blanket** ['blæŋkit] 1. Wolldecke *f*; wet **~** *fig.* Dämpfer *m*; Spielverderber *m*; 2. (mit e-r Wolldecke) zudecken; 3. *Am.* umfassend, Gesamt...

**blare** [blɛə] schmettern; grölen.

**blasphem|e** [blæs'fi:m] lästern (*against* gp *acc.*); **~y** ['blæsfimi] Gotteslästerung *f*.

**blast** [blɑ:st] 1. Windstoß *m*; Ton *m e-s Blasinstruments*; ⊕ Gebläse (-luft *f*) *n*; Luftdruck *m e-r Explosion*; ♬ Meltau *m*; 2. (in die Luft) sprengen; zerstören (*a. fig.*); **~ (it)!** verdammt; **~furnace** ⊕ ['blɑ:stfə:nis] Hochofen *m*.

**blatant** □ ['bleitənt] lärmend.

**blather** *Am.* ['blæðə] schwatzen.

**blaze** [bleiz] 1. Flamme(n *pl.*) *f*; Feuer *n*; **~s** *pl. sl.* Teufel *m*, Hölle *f*; heller Schein; *fig.* Ausbruch *m*; go to **~s!** zum Teufel mit dir!; 2. *v/i.* brennen, flammen, lodern; leuchten; *v/t.* **~ abroad** ausposaunen; **~r** ['bleizə] Blazer *m*.

**blazon** ['bleizn] Wappen(kunde *f*)*n*.

**bleach** [bli:tʃ] bleichen; **~er** ['bli:tʃə] Bleicher(in); *mst* **~s** *pl. Am.* nichtüberdachte Zuschauerplätze.

**bleak** □ [bli:k] öde, kahl; rauh; *fig.* trüb, freudlos, finster.

**blear** [bliə] 1. trüb; 2. trüben; **~-eyed** ['bliəraid] triefäugig.

**bleat** [bli:t] 1. Blöken *n*; 2. blöken.

**bleb** [bleb] Bläs~chen *n*, Pustel *f*.

**bled** [bled] *pret. u. p.p. von* bleed.

**bleed** [bli:d] [*irr.*] *v/i.* bluten; *v/t.* zur Ader lassen; *fig.* schröpfen; **~ing** ['bli:diŋ] 1. Bluten *n*; Aderlaß *m*; 2. *sl.* verflixt.

**blemish** ['blemiʃ] 1. Fehler *m*; Makel *m*, Schande *f*; 2. verunstalten; brandmarken.

**blench** [blentʃ] *v/i.* zurückschrecken; *v/t.* die Augen schließen vor.

**blend** [blend] 1. [*irr.*] (sich) (ver-)mischen; *Wein etc.* verschneiden; 2. Mischung *f*; ♦ Verschnitt *m*.

**blent** [blent] *pret. u. p.p. von* blend 1.

**bless** [bles] segnen; preisen; be-

glücken; ~ mel herrje!; ~ed □
[*pret. u. p.p.* blest; *adj.* 'blesid]
glückselig; gesegnet; ~ing [,sin]
Segen *m.*

blew [blu:] *pret. von blow²* u. blow³ 1.

blight [blait] 1. ♀ Mehltau *m*; *fig.*
Gifthauch *m*; 2. vernichten.

blind □ [blaind] 1. blind (*fig.* to
gegen); geheim; nicht erkennbar;
~ alley Sackgasse *f*; ~ly *fig.* blindlings; 2. Blende *f*; Fenster-Vor-
hang *m*, Jalousie *f*; *Am.* Versteck
*n*; Vorwand *m*; 3. blenden; ver-
blenden (*to* gegen); abblenden;
~fold ['blaindfould] 1. blindlings;
2. *j-m* die Augen verbinden;
~worm Blindschleiche *f*.

blink [blink] 1. Blinzeln *n*; Schimmer *m*; 2. *v/i.* blinzeln; blinken;
schimmern; ~ *absichtlich* übersehen; ~er ['blinkə] Scheuklappe *f*.

bliss [blis] Seligkeit *f*, Wonne *f*.

blister ['blistə] 1. Blase *f* (*auf der
Haut, im Lack*); Zugpflaster *n*;
2. Blasen bekommen *od.* ziehen
(*auf dat.*).

blithe □ *mst poet.* [blaið] lustig.

blizzard ['blizəd] Schneesturm *m.*

bloat [blout] aufblasen; aufschwel-
len; ~er ['bloutə] Bückling *m.*

block [bbk] 1. (*Häuser-, Schreib-
etc.*)Block *m*; Klotz *m*; Druckstock
*m*; Verstopfung *f*, Stockung *f*;
2. formen; verhindern; ~ *in* entwerfen, skizzieren; *mst* ~ *up* (ab-, ver-)
sperren; blockieren.

blockade [bb'keid] 1. Blockade *f*;
2. blockieren.

block|head ['bbkhed] Dummkopf
*m*; ~ letters Druckschrift *f*.

blond(e *f*) [blond] 1. blond;
2. Blondine *f.*

blood [blʌd] Blut *n*; *fig.* Blut *n*;
Abstammung *f*; *in cold* ~ kalten
Blutes, kaltblütig; ~curdling
['blʌdkə:dlin] haarsträubend; ~
horse Vollblutpferd *n*; ~shed Blut-
vergießen *n*; ~shot blutunterlaufen;
~thirsty blutdürstig; ~vessel
Blutgefäß *n*; ~y □ ['blʌdi] blutig;
blutdürstig.

bloom [blu:m] 1. Blüte *f*; Reif *m auf
Früchten*; *fig.* Schmelz *m*; 2. (er-)
blühen (*a. fig.*).

blossom ['blɔsəm] 1. Blüte *f*;
2. blühen.

blot [blɔt] 1. Klecks *m*; *fig.* Makel *m*;
2. *v/t.* beklecksen, beflecken; (ab-)
löschen; ausstreichen; *v/i.* klecksen.

blotch [blɔtʃ] Pustel *f*; Fleck *m.*

blotter ['blɔtə] Löscher *m*; *Am.*
Protokollbuch *n.* [Löschpapier *n.*]

blotting-paper ['blɔtinpeipə]

blouse [blauz] Bluse *f.*

blow¹ [blou] Schlag *m*, Stoß *m.*

blow² [~] [*irr.*] blühen.

blow³ [~] 1. [*irr.*] *v/i.* blasen; wehen;
schnaufen; ~ *up* in die Luft fliegen;
*v/t.* (weg- *etc.*)blasen; wehen; ♂

durchbrennen; ~ one's nose sich die
Nase putzen; ~ *up* sprengen;
2. Blasen *n*, Wehen *n*; ~er ['blouə]
Bläser *m.*

blown [bloun] *p.p. von blow²* und
blow³ 1.

blow|-out *mot.* ['blouaut] Reifen-
panne *f*; ~pipe Gebläsebrenner *m.*

bludgeon ['blʌdʒən] Knüppel *m.*

blue [blu:] 1. □ blau; *F* trüb,
schwermütig; 2. Blau *n*; 3. blau
färben; bläuen; ~bird ['blu:bə:d]
amerikanische Singdrossel; ~ laws
*Am.* strenge (puritanische) Gesetze;
~s [blu:z] *pl.* Trübsinn *m*; ♪
Blues *m.*

bluff [blʌf] 1. □ schroff; steil; derb;
2. Steilufer *n*; Irreführung *f*;
3. bluffen, irreführen.

bluish ['blu(:)iʃ] bläulich.

blunder ['blʌndə] 1. Fehler *m*,
Schnitzer *m*; 2. e-n Fehler machen;
stolpern; stümpern; verpfuschen.

blunt [blʌnt] 1. □ stumpf (*a. fig.*);
plump, grob, derb; 2. abstumpfen.

blur [blə:] 1. Fleck(en) *m*; *fig.* Ver-
schwommenheit *f*; 2. *v/t.* beflecken;
verwischen; *Sinn* trüben.

blush [blʌʃ] 1. Schamröte *f*; Erröten *n*; flüchtiger Blick; 2. erröten; (sich) röten.

bluster ['blʌstə] 1. Brausen *n*, Getöse *n*; Prahlerei *f*; 2. brausen;
prahlen.

boar [bɔ:] Eber *m*; *hunt.* Keiler *m.*

board [bɔ:d] 1. (Anschlag)Brett *n*;
Konferenztisch *m*; Ausschuß *m*;
Gremium *n*; Behörde *f*; Verpflegung *f*; Pappe *f*; on ~ a train *Am.*
in e-m Zug; 2 of Trade Handels-
ministerium *n*; 2. *v/t.* dielen, verschalen; beköstigen; an Bord gehen; ⊕ entern; *bsd. Am.* einsteigen
in (*ein Fahr- od. Flugzeug*); *v/i.* in
Kost sein; ~er ['bɔ:də] Kost-
gänger(in); Internatsschüler(in);
~ing-house ['bɔ:diŋhaus] Pension
*f*; ~ing-school ['bɔ:diŋsku:l] In-
ternatsschule *f*; ~walk *bsd. Am.*
Strandpromenade *f.*

boast [boust] 1. Prahlerei *f*; 2. (*of,
about*) sich rühmen (*gen.*), prahlen
(mit); ~ful □ ['boustful] prahlerisch.

boat [bout] Boot *n*; Schiff *n*; ~ing
['boutiŋ] Bootfahrt *f.*

bob [bɔb] 1. Quaste *f*; Ruck *m*;
Knicks *m*; Schopf *m*; *sl.* Schilling
*m*; 2. *v/t.* Haar stutzen; ~bed hair
Bubikopf *m*; *v/i.* springen, tanzen;
knicksen.

bobbin ['bɔbin] Spule *f* (*a. ⚡*).

bobble *Am.* F ['bɔbl] Fehler *m.*

bobby *sl.* ['bɔbi] Schupo *m*, Polizist
*m.*

bobsleigh ['bɔbslei] Bob(sleigh) *m*
(*Rennschlitten*).

bode¹ [boud] prophezeien.

bode² [~] *pret. von* bide.

**bodice** ['bɔdis] Mieder n; Taille f.

**bodily** ['bɔdili] körperlich.

**body** ['bɔdi] Körper m, Leib m; Leichnam m; Körperschaft f; Hauptteil m; mot. Karosserie f; ✕ Truppenkörper m; ~guard Leibwache f.

**Boer** ['bouə] Bure m; attr. Buren...

**bog** [bɔg] 1. Sumpf m, Moor n; 2. im Schlamm versenken.

**boggie** ['bɔgl] stutzen; pfuschen.

**bogus** ['bougəs] falsch; Schwindel...

**boil** [bɔil] 1. kochen, sieden; (sich) kondensieren; 2. Sieden n; Beule f, Geschwür n; ~er ['bɔilə] (Dampf-) Kessel m.

**boisterous** ☐ ['bɔistərəs] ungestüm; heftig, laut; lärmend.

**bold** ☐ [bould] kühn; keck, dreist; steil; typ. fett; make ~ sich erkühnen; ~ness ['bouldnis] Kühnheit f; Keckheit f, Dreistigkeit f.

**bolster** ['boulstə] 1. Kopfkeil m; Unterlage f; 2. polstern; (unter-) stützen.

**bolt** [boult] 1. Bolzen m; Riegel m; Blitz(strahl) m; Ausreißen n; 2. adv. ~ upright kerzengerade; 3. v/t. verriegeln; F hinunterschlingen; sieben; v/t. eilen; durchgehen (Pferd) Am. pol. abtrünnig werden; ~er ['boultə] Ausreißer(in).

**bomb** [bɔm] 1. Bombe f; 2. mit Bomben belegen.

**bombard** [bɔm'bɑːd] bombardieren.

**bombastic** [bɔm'bæstik] schwülstig.

**bomb-proof** ['bɔmpruːf] bombensicher.

**bond** [bɔnd] Band n; Fessel f; Bündnis n; Schuldschein m; ✝ Obligation f; in ~ ✝ unter Zollverschluß; ~age ['bɔndidʒ] Hörigkeit f; Knechtschaft f; ~(d)man [~d(ə)mən] Leibeigene(r) m.

**bone** [boun] 1. Knochen m; Gräte f; ~s pl. a. Gebeine n/pl.; ~ of contention Zankapfel m; make no ~s about F nicht lange fackeln mit; 2. die Knochen auslösen (aus); aus-, entgräten.

**bonfire** ['bɔnfaiə] Freudenfeuer n.

**bonnet** ['bɔnit] Haube f, Schute(nhut m) f; ⊕ (Motor)Haube f.

**bonus** ✝ ['bounəs] Prämie f; Gratifikation f; Zulage f.

**bony** ['bouni] knöchern; knochig.

**boob** Am. [buːb] Dummkopf m.

**booby** ['buːbi] Tölpel m.

**book** [buk] 1. Buch n; Heft n; Liste f; Block m; 2. buchen; eintragen; Fahrkarte etc. lösen; ~en Platz etc. bestellen; Gepäck aufgeben; ~ burner Am. F ['bukbɜːnə] intoleranter Mensch; ~case Bücherschrank m; ~ing-clerk ['bukiŋklɑːk] Schalterbeamt|e(r) m, -in f; ~ing-office ['bukiŋɔfis] Fahrkartenausgabe f, -schalter m; thea.

**Kasse** f; ~ish ☐ [~iʃ] gelehrt; ~keeping Buchführung f; ~let ['buklit] Büchlein n; Broschüre f; ~seller Buchhändler m.

**boom**[1] [buːm] 1. ✝ Aufschwung m, Hochkonjunktur f, Hausse f; Reklamerummel m; 2. in die Höhe treiben od. gehen; für et. Reklame machen.

**boom**[2] [~] brummen; dröhnen.

**boon**[1] [buːn] Segen m, Wohltat f.

**boon**[2] [~] freundlich, munter.

**boor** fig. [buə] Bauer m, Lümmel m; ~ish ☐ ['buəriʃ] bäuerisch, lümmel-, flegelhaft.

**boost** [buːst] heben; verstärken (a. ≰); Reklame machen.

**boot**[1] [buːt] to ~ obendrein.

**boot**[2] [~] Stiefel m; Kofferraum m; ~black Am. ['buːtblæk] = shoeblack; ~ee ['buːti] Damen-Halbstiefel m.

**booth** [buːð] (Markt- etc.)Bude f; Wahlzelle f; Am. Fernsprechzelle f.

**boot|lace** ['buːtleis] Schnürsenkel m; ~legger Am. [~legə] Alkoholschmuggler m.

**booty** ['buːti] Beute f, Raub m.

**border** ['bɔːdə] 1. Rand m, Saum m; Grenze f; Einfassung f; Rabatte f; 2. einfassen; grenzen (upon an acc.).

**bore**[1] [bɔː] 1. Bohrloch n; Kaliber n; fig. langweiliger Mensch; Plage f; 2. bohren; langweilen; belästigen.

**bore**[2] [~] pret. von bear[2].

**born** [bɔːn] p.p. von bear[2] gebären.

**borne** [bɔːn] p.p. von bear[2] tragen.

**borough** ['bʌrə] Stadt(teil m) f; Am. a. Wahlbezirk m von New York City; municipal ~ Stadtgemeinde f.

**borrow** ['bɔrou] borgen, entleihen.

**bosom** ['buzəm] Busen m; fig. Schoß m.

**boss** F [bɔs] 1. Boss m, Chef m; bsd. Am. pol. (Partei)Bonze m; 2. leiten; ~y Am. F ['bɔsi] tyrannisch, herrisch.

**botany** ['bɔtəni] Botanik f.

**botch** [bɔtʃ] 1. Flicken m; Flickwerk n; 2. flicken; verpfuschen.

**both** [bouθ] beide(s); ~ ... and sowohl ... als (auch).

**bother** F ['bɔðə] 1. Plage f; 2. (sich) plagen, (sich) quälen.

**bottle** ['bɔtl] 1. Flasche f; 2. auf Flaschen ziehen.

**bottom** ['bɔtəm] 1. Boden m, Grund m; Grundfläche f, Fuß m, Ende n; F Hintern m; fig. Wesen n, Kern m; at the ~ ganz unten; fig. im Grunde; 2. grundlegend, Grund...

**bough** [bau] Ast m, Zweig m.

**bought** [bɔːt] pret. u. p.p von buy.

**boulder** ['bouldə] Geröllblock m.

**bounce** [bauns] 1. Sprung m, Rückprall m; F Aufschneiderei f; Auftrieb m; 2. (auf)springen; F aufschneiden; ~r ['baunsə] F Mordskerl m; Am. sl. Rausschmeißer m.

**bound¹** [baund] 1. *pret. u. p.p von*
*bind*; 2. *adj.* verpflichtet; bestimmt,
unterwegs (*for* nach).

**bound²** [~] 1. Grenze *f*, Schranke *f*;
2. begrenzen; beschränken.

**bound³** [~] 1. Sprung *m*; 2. (hoch-)
springen; an-, abprallen.

**boundary** ['baundəri] Grenze *f*.

**boundless** □ ['baundlis] grenzenlos.

**bount|eous** □ ['bauntiəs], **~iful** □
[~iful] freigebig; reichlich.

**bounty** ['baunti] Freigebigkeit *f*;
Spende *f*; ✝ Prämie *f*.

**bouquet** ['bukei] Bukett *n*, Strauß
*m*; Blume *f des Weines*.

**bout** [baut] *Fecht*-Gang *m*; *Tanz*-
Tour *f*; 𝔰 Anfall *m*; Kraftprobe *f*.

**bow¹** [bau] 1. Verbeugung *f*; 2. *v/i.*
sich (ver)beugen; *v/t.* biegen; beugen.

**bow²** ⊕ [~] Bug *m*.

**bow³** [bou] 1. Bogen *m*; Schleife *f*;
2. geigen.

**bowdlerize** ['baudləraiz] *Text* von
anstößigen Stellen reinigen.

**bowels** ['bauəlz] *pl.* Eingeweide *n*;
*das Innere*; *fig.* Herz *n*.

**bower** ['bauə] Laube *f*.

**bowl¹** [boul] Schale *f*, Schüssel *f*;
*Pfeifen*-Kopf *m*.

**bowl²** [~] 1. Kugel *f*; **~s** *pl.* Bowling
*n*; 2. *v/t.* Ball etc. werfen; *v/i.*
rollen; kegeln.

**box¹** [bɔks] Buchsbaum *m*; Büchse
*f*, Schachtel *f*, Kasten *m*; Koffer *m*;
⊕ Gehäuse *n*; *thea.* Loge *f*; *Ab-*
*teilung f*; 2. in Kästen *etc.* tun.

**box²** [~] 1. boxen; 2.: **~** *on the ear*
Ohrfeige *f*.

**Boxing-Day** ['bɔksiŋdei] zweiter
Weihnachtsfeiertag.

**box|-keeper** ['bɔkski:pə] Logen-
schließer(in); **~-office** Theater-
kasse *f*.

**boy** [bɔi] Junge *m*, junger Mann;
Bursche *m* (*a. Diener*); **~-friend**
Freund *m*; **~** *scout* Pfadfinder *m*;
**~hood** ['bɔihud] Knabenalter *n*;
**~ish** □ ['bɔiiʃ] knabenhaft; kindisch.

**brace** [breis] 1. ⊕ Strebe *f*; Stütz-
balken *m*; Klammer *f*; Paar *n*
(*Wild, Geflügel*); **~s** *pl.* Hosenträger
*m/pl.*; 2. absteifen; verankern;
(an)spannen; *fig.* stärken.

**bracelet** ['breislit] Armband *n*.

**bracket** ['brækit] 1. △ Konsole *f*;
Winkelstütze *f*; *typ.* Klammer *f*;
*Leuchter*-Arm *m*; *lower income* **~**
niedrige Einkommensstufe; 2. ein-
klammern; *fig.* gleichstellen.

**brackish** ['brækiʃ] brackig, salzig.

**brag** [bræg] 1. Prahlerei *f*; 2. prahlen. [2. □ prahlerisch.)

**braggart** ['brægət] 1. Prahler *m*;)

**braid** [breid] 1. *Haar*-Flechte *f*;
Borte *f*; Tresse *f*; 2. flechten; mit
Borte besetzen.

**brain** [brein] 1. Gehirn *n*; Kopf *m*

(*fig. mst* **~s** = *Verstand*); 2. *j-m* den
Schädel einschlagen; **~-pan** ['brein-
pæn] Hirnschale *f*; **~(s)** trust *Am.*
[~n(z)trʌst] Expertenrat *m* (*mst*
*pol.*); **~-wave** F Geistesblitz *m*.

**brake** [breik] 1. ⊕ Bremse *f*;
2. bremsen; **~(s)man** 🚋 ['breik(s)-
mən] Bremser *m*; *Am.* Schaffner *m*.

**bramble** ['bræmbl] Brombeer-
strauch *m*.

**bran** [bræn] Kleie *f*.

**branch** [brɑ:ntʃ] 1. Zweig *m*; Fach
*n*; Linie *f des Stammbaumes*;
Zweigstelle *f*; 2. sich ver-, abzweigen.

**brand** [brænd] 1. (Feuer)Brand *m*;
Brandmal *n*; Marke *f*; Sorte *f*;
2. einbrennen; brandmarken.

**brandish** ['brændiʃ] schwingen.

**bran(d)-new** ['bræn(d)'nju:] nagel-
neu.

**brandy** ['brændi] Kognak *m*; Wein-
brand *m*.

**brass** [brɑ:s] Messing *n*; F Unverschämtheit *f*; **~ band** Blechblas-
kapelle *f*; **~ knuckles** *pl. Am.* Schlag-
ring *m*.

**brassière** ['bræsiə] Büstenhalter *m*.

**brave** [breiv] 1. tapfer; prächtig;
2. trotzen; mutig begegnen (*dat.*);
**~ry** ['breivəri] Tapferkeit *f*;
Pracht *f*.

**brawl** [brɔ:l] 1. Krakeel *m*, Krawall
*m*; 2. krakeelen, Krawall machen.

**brawny** ['brɔ:ni] muskulös.

**bray¹** [brei] 1. Eselsschrei *m*;
2. schreien; schmettern; dröhnen.

**bray²** [~] (zer)stoßen, zerreiben.

**brazen** □ ['breizn] bronzen; metallisch; *a.* **~-faced** unverschämt.

**Brazilian** [brə'ziljən] 1. brasilia-
nisch; 2. Brasilianer(in).

**breach** [bri:tʃ] 1. Bruch *m*; *fig.* Verletzung *f*; ✕ Bresche *f*; 2. e-e
Bresche schlagen in (*acc.*).

**bread** [bred] Brot *n*; *know which*
*side one's* **~** *is buttered* s-n Vorteil
(er)kennen.

**breadth** [bredθ] Breite *f*, Weite *f*;
Größe *f des Geistes*; *Tuch*-Bahn *f*.

**break** [breik] 1. Bruch *m*; Lücke *f*;
Pause *f*; Absatz *m*; 🕂 *Am.* (Preis-)
Rückgang *m*; *Tages*-Anbruch *m*;
*a bad* **~** F e-e Dummheit; Pech *n*;
*a lucky* **~** Glück *n*; 2. [*irr.*] *v/t.*
(zer)brechen; unterbrechen; übertreten; *Tier* abrichten; *Bank* sprengen; *Brief* erbrechen; *Tür* aufbrechen; abbrechen; *Vorrat* an-
brechen; *Nachricht* schonend mitteilen; ruinieren; **~** *up* zerbrechen
auflösen; *v/i.* (zer)brechen; aus-,
los-, an-, auf-, hervorbrechen;
umschlagen (*Wetter*); **~** *away* sich
losreißen; **~** *down* zs.-brechen;
steckenbleiben; versagen; **~able**
['breikəbl] zerbrechlich; **~age**
[~kidʒ] (*a.* ✝ *Waren*)Bruch *m*; **~**-
down Zs.-bruch *m*; Maschinen-

schaden m; mot. Panne f; ~fast
['brekfəst] 1. Frühstück n; 2. früh-
stücken; ~up ['breik'ap] Verfall
m; Auflösung f; Schulschluß m;
~water ['~kwɔːtə] Wellenbrecher
m.

breast [brest] Brust f; Busen m;
Herz n; make a clean ~ of s.th. et.
offen gestehen; ~stroke ['brest-
strouk] Brustschwimmen n.

breath [breθ] Atem(zug) m; Hauch
m; waste one's ~ s-e Worte verschwenden; ~e [briːð] v/i. atmen;
fig. leben; v/t. (aus-, ein)atmen;
hauchen; flüstern; ~less □ ['breθ-
lis] atemlos.

bred [bred] pret. u. p.p. von
breed 2.

breeches ['britʃiz] pl. Knie-, Reit-
hosen f/pl.

breed [briːd] 1. Zucht f; Rasse f;
Herkunft f; Am. Mischling m bsd.
weiß-indianisch; 2. [irr.] v/t. erzeugen; auf-, erziehen; züchten; v/i.
sich fortpflanzen; ~er ['briːdə] Er-
zeuger(in); Züchter(in); ~ing [~diŋ]
Erziehung f; Bildung f; (Tier-)
Zucht f.

breez|e [briːz] Brise f; ~y ['briːzi]
windig, luftig; frisch, flott.

brethren ['breðrin] pl. Brüder m/pl.

brevity ['breviti] Kürze f.

brew [bruː] 1. v/t. u. v/i. brauen;
zubereiten; fig. anzetteln; 2. Gebräu n; ~ery ['bruəri] Brauerei f.

briar ['braiə] = brier.

brib|e [braib] 1. Bestechung(sgeld
n, -geschenk n) f; 2. bestechen;
~ery ['braibəri] Bestechung f.

brick [brik] 1. Ziegel(stein) m; drop
a ~ sl. ins Fettnäpfchen treten;
2. mauern; ~layer ['brikleiə] Maurer m; ~works sg. Ziegelei f.

bridal □ ['braidl] bräutlich; Braut-
...; ~ procession Brautzug m.

bride [braid] Braut f, Neuvermählte
f; ~groom ['braidgrum] Bräutigam
m, Neuvermählte(r) m; ~smaid
[~zmeid] Brautjungfer f.

bridge [bridʒ] 1. Brücke f; 2. e-e
Brücke schlagen über (acc.); fig.
überbrücken.

bridle ['braidl] 1. Zaum m; Zügel
m; 2. v/t. (auf)zäumen; zügeln; v/i.
a. ~ up den Kopf zurückwerfen;
~path, ~road Reitweg m.

brief [briːf] 1. □ kurz, bündig; 2. g's
schriftliche Instruktion; hold a ~
for einstehen für; ~case ['briːf-
keis] Aktenmappe f.

brier ɴ ['braiə] Dorn-, Hagebutten-
strauch m, wilde Rose.

brigade ✗ [bri'geid] Brigade f.

bright □ [brait] hell, glänzend, klar;
lebhaft; gescheit; ~en ['braitn] v/t.
auf-, erhellen; polieren; aufheitern;
v/i. sich aufhellen; ~ness [~nis]
Helligkeit f; Glanz m; Klarheit f;
Heiterkeit f; Aufgewecktheit f.

brillian|ce, ~cy ['briljəns, ~si]
Glanz m; ~t [~nt] 1. □ glänzend;
prächtig; 2. Brillant m.

brim [brim] 1. Rand m; Krempe f;
2. bis zum Rande füllen od. voll
sein; ~full, ~ful ['brim'ful] ganz
voll; ~stone † ['brimstən] Schwefel
m.

brindle(d) ['brindl(d)] scheckig.

brine [brain] Salzwasser n, Sole f.

bring [briŋ] [irr.] bringen; j. veranlassen; Klage erheben; Grund etc.
vorbringen; ~ about, ~ to pass zustande bringen; ~ down Preis herabsetzen; ~ forth hervorbringen; gebären; ~ home to f. überzeugen; ~
round wieder zu sich bringen; ~ up
auf-, erziehen.

brink [briŋk] Rand m.

brisk □ [brisk] lebhaft, munter;
frisch; flink; belebend.

bristl|e ['brisl] 1. Borste f; 2. (sich)
sträuben; hochfahren, zornig werden; ~ with fig. starren von; ~ed,
~y [~li] gesträubt; struppig.

British ['britiʃ] britisch; the ~ pl. die
Briten pl.; ~er bsd. Am. [~ə] Ein-
wohner(in) Großbritanniens.

brittle ['britl] zerbrechlich, spröde.

broach [broutʃ] Faß anzapfen; vorbringen; Thema anschneiden.

broad □ [brɔːd] breit; weit; hell
(Tag); deutlich (Wink etc.); derb
(Witz); allgemein; weitherzig, liberal; ~cast ['brɔːdkɑːst] 1. weitverbreitet; 2. [irr. (cast)] weit verbreiten; Radio: senden; 3. Rundfunk
(-sendung f) m; ~cloth feiner
Wollstoff; ~minded großzügig.

brocade † [brə'keid] Brokat m.

broil [brɔil] 1. Lärm m, Streit m;
2. auf dem Rost braten; fig.
schmoren.

broke [brouk] 1. pret. von break 2;
2. sl. pleite, ohne e-n Pfennig; ~n
['broukən] 1. p.p. von break 2; 2.
~ health zerrüttete Gesundheit.

broker ['broukə] Altwarenhändler
m; Zwangsversteigerer m; Makler
m.

bronc(h)o Am. ['brɔŋkou] (halb-)
wildes Pferd; ~buster [~oubastə]
Zureiter m.

bronze [brɔnz] 1. Bronze f; 2. bronzen, Bronze...; 3. bronzieren.

brooch [broutʃ] Brosche f; Spange f.

brood [bruːd] 1. Brut f; attr.
Zucht...; 2. brüten (a. fig.); ~er
Am. ['bruːdə] Brutkasten m.

brook [bruk] Bach m.

broom [brum] Besen m; ~stick
['brumstik] Besenstiel m.

broth [brɔθ] Fleischbrühe f.

brothel ['brɔθl] Bordell n.

brother ['braðə] Bruder m; ~(s) and
sister(s) Geschwister pl.; ~hood
[~hud] Bruderschaft f; ~-in-law
[~ərinlɔː] Schwager m; ~ly [~əli]
brüderlich.

**brought** [brɔːt] *pret. u. p.p.* von
bring.

**brow** [brau] (Augen)Braue *f*; Stirn
*f*; Rand *m* e-s *Steilhanges*; ~beat
['braubiːt] [*irr.* (*beat*)] einschüchtern; tyrannisieren.

**brown** [braun] 1. braun; 2. Braun *n*;
3. (sich) bräunen.

**browse** [brauz] 1. Grasen *n*; *fig.*
Schmökern *n*; 2. grasen, weiden;
*fig.* schmökern.

**bruise** [bruːz] 1. Quetschung *f*;
2. (zer)quetschen.

**brunt** [brʌnt] Hauptstoß *m*, (volle)
Wucht; *das* Schwerste.

**brush** [brʌʃ] 1. Bürste *f*; Pinsel *m*;
*Fuchs*-Rute *f*; Scharmützel *n*; Unterholz *n*; 2. *v/t.* (ab-, aus)bürsten;
streifen; *j.* abbürsten; ~ up wieder
aufbürsten, *fig.* auffrischen; ~ off
bürsten; (davon)stürzen; ~ against
*s.o. j.* streifen; ~wood ['brʌʃwud]
Gestrüpp *n*, Unterholz *n*.

**brusque** ☐ [brusk] brüsk, barsch.

**Brussels sprouts** ♀ ['brʌsl'sprauts]
*pl.* Rosenkohl *m*.

**brut|al** ☐ ['bruːtl] viehisch; roh,
gemein; ~ality [bruːˈtæliti] Bruta-
lität *f*, Roheit *f*; ~e [bruːt] 1. tierisch; unvernünftig; gefühllos;
2. Vieh *n*; F Untier *n*, Scheusal *n*.

**bubble** ['bʌbl] 1. Blase *f*; Schwindel
*m*; 2. sieden; sprudeln.

**buccaneer** [bʌkəˈniə] Seeräuber *m*.

**buck** [bʌk] 1. *zo.* Bock *m*; Stutzer *m*;
*Am. sl.* Dollar *m*; 2. *v/i.* bocken;
~ for *Am.* sich bemühen um; ~ up
F sich zs.-reißen; *v/t. Am.* F sich
stemmen gegen; *Am.* F die Oberhand gewinnen wollen über *et.*

**bucket** ['bʌkit] Eimer *m*, Kübel *m*.

**buckle** ['bʌkl] 1. Schnalle *f*; 2. *v/t.*
(an-, auf-, um-, zu)schnallen; *v/i.*
⊕ sich (ver)biegen; ~ to a task sich
ernsthaft an eine Aufgabe machen.

**buck|shot** *hunt.* ['bʌkʃɔt] Rehposten
*m*; ~skin Wildleder *n*.

**bud** [bʌd] 1. Knospe *f*; *fig.* Keim *m*;
2. *v/t.* ♀ veredeln; *v/i.* knospen.

**buddy** *Am.* F ['bʌdi] Kamerad *m*.

**budge** [bʌdʒ] (sich) bewegen.

**budget** ['bʌdʒit] Vorrat *m*; Staats-
haushalt *m*; *draft.* Haushaltsplan *m*.

**buff** [bʌf] 1. Ochsenleder *n*; Leder-
farbe *f*; 2. lederfarben.

**buffalo** *zo.* ['bʌfəlou] Büffel *m*.

**buffer** ⊕ ['bʌfə] Puffer *m*; Prellbock
*m*.

**buffet**[1] ['bʌfit] 1. Puff *m*, Stoß *m*,
Schlag *m*; 2. puffen, schlagen;
kämpfen.

**buffet**[2] [~] Büfett *n*; Anrichte *f*.

**buffet**[3] ['bufei] Büfett *n*, Theke *f*;
Tisch *m* mit Speisen u. Getränken;
Erfrischungsraum *m*.

**buffoon** [bʌˈfuːn] Possenreißer *m*.

**bug** [bʌg] Wanze *f*; *Am.* Insekt *n*,
Käfer *m*; *Am. sl.* Defekt *m*, Fehler
*m*; big ~ *sl.* hohes Tier.

**bugle** ['bjuːgl] Wald-, Signalhorn *n*.

**build** [bild] 1. [*irr.*] bauen; errichten; 2. Bauart *f*; Schnitt *m*; ~er
['bildə] Erbauer *m*, Baumeister *m*;
~ing [~diŋ] Erbauen *n*; Bau *m*, Gebäude *n*; *attr.* Bau...

**built** [bilt] *pret. u. p.p.* von build 1.

**bulb** [bʌlb] ♀ Zwiebel *f*, Knolle *f*;
(Glüh)Birne *f*.

**bulge** [bʌldʒ] 1. (Aus)Bauchung *f*;
Anschwellung *f*; 2. sich (aus)bau-
chen; (an)schwellen; hervorquel-
len.

**bulk** [bʌlk] Umfang *m*; Masse *f*;
Hauptteil *m*; ♦ Ladung *f*; in ~ lose;
in großer Menge; ~y ['bʌlki] um-
fangreich; unhandlich; ♦ sperrig.

**bull**[1] [bul] 1. Bulle *m*, Stier *m*; ♦ *pl.*
Haussier *m*; 2. ♦ *die Kurse* trei-
ben.

**bull**[2] [~] *päpstliche* Bulle.

**bulldog** ['buldɔg] Bulldogge *f*.

**bulldoze** *Am.* F ['buldouz] terrorisieren; ~r ⊕ [~zə] Bulldozer *m*,
Planierraupe *f*.

**bullet** ['bulit] Kugel *f*, Geschoß *n*.

**bulletin** ['bulitin] Tagesbericht *m*;
~ board *Am.* Schwarzes Brett.

**bullion** ['buljən] Gold-, Silberbar-
ren *m*; Gold-, Silberlitze *f*.

**bully** ['buli] 1. Maulheld *m* Tyrann
*m*; 2. prahlerisch; *Am.* F prima;
3. einschüchtern; tyrannisieren.

**bulwark** *mst fig.* ['bulwək] Bollwerk
*n*.

**bum** *Am.* F [bʌm] 1. Nichtstuer
*m*, Vagabund *m*; 2. *v/t.* nassauern.

**bumble-bee** ['bʌmblbiː] Hummel *f*.

**bump** [bʌmp] 1. Schlag *m*; Beule *f*;
*fig.* Sinn *m* (of für); 2. (zs.-)stoßen;
holpern; *Rudern:* überholen.

**bumper** ['bʌmpə] volles Glas
(*Wein*); F *et.* Riesiges; *mot.* Stoß-
stange *f*; ~ crop Rekordernte *f*; ~
house *thea.* volles Haus.

**bun** [bʌn] Rosinenbrötchen *n*;
*Haar*-Knoten *m*.

**bunch** [bʌntʃ] 1. Bund *n*; Büschel *n*;
Haufen *m*; ~ of grapes Weintraube
*f*; 2. (zs.-)bündeln; bauschen.

**bundle** ['bʌndl] 1. Bündel *n*, Bund
*n*; 2. *v/t. a.* ~ up (zs.-)bündeln.

**bung** [bʌŋ] Spund *m*.

**bungalow** ['bʌŋgəlou] Bungalow *m*
(*einstöckiges Haus*).

**bungle** ['bʌŋgl] 1. Pfuscherei *f*;
2. (ver)pfuschen.

**bunion** ♀ ['bʌnjən] entzündeter
Fußballen.

**bunk**[1] *Am. sl.* [bʌŋk] Quatsch *m*.

**bunk**[2] [~] Schlafkoje *f*.

**bunny** ['bʌni] Kaninchen *n*.

**buoy** ♦ [bɔi] 1. Boje *f*; 2. *Fahrwas-
ser* betonnen; *mst ~ up fig.* aufrechterhalten; ~ant ☐ ['bɔiənt]
schwimmfähig; hebend; spannkräftig; *fig.* heiter.

**burden** ['bəːdn] 1. Last *f*; Bürde *f*;
♦ Ladung *f*; ♦ Tragfähigkeit *f*;

**2.** beladen; belasten; **~some** [~n-səm] lästig; drückend.

**bureau** [bjuə'rou] Büro *n*, Geschäftszimmer *n*; Schreibpult *n*; *Am.* Kommode *f*; **~cracy** [~'rɔkrəsi] Bürokratie *f*.

**burg** *Am.* F [bə:g] Stadt *f*.

**burgess** ['bə:dʒis] Bürger *m*.

**burglar** ['bə:glə] Einbrecher *m*; **~y** [~əri] Einbruch(sdiebstahl) *m*.

**burial** ['berial] Begräbnis *n*.

**burlesque** [bə:'lesk] **1.** possenhaft; **2.** Burleske *f*, Posse *f*; **3.** parodieren.

**burly** ['bə:li] stämmig, kräftig.

**burn** [bə:n] **1.** Brandwunde *f*; Brandmal *n*; **2.** [*irr.*] (ver-, an-) brennen; **~er** ['bə:nə] Brenner *m*.

**burnish** ['bə:niʃ] polieren, glätten.

**burnt** [bə:nt] *pret. u. p.p. von* burn 2.

**burrow** ['bʌrou] **1.** Höhle *f*, Bau *m*; **2.** (sich ein-, ver)graben.

**burst** [bə:st] **1.** Bersten *n*; Krach *m*; Riß *m*; Ausbruch *m*; **2.** [*irr.*] *v/i.* bersten, platzen; zerspringen; explodieren; **~** *from* sich losreißen von; **~** *forth,* **~** *out* hervorbrechen; **~** *into tears* in Tränen ausbrechen; *v/t.* (zer)sprengen.

**bury** ['beri] be-, vergraben; beerdigen; verbergen.

**bus** F [bʌs] (Omni)Bus *m*; **~** *boy Am.* Kellnergehilfe *m*.

**bush** [buʃ] Busch *m*; Gebüsch *n*.

**bushel** ['buʃl] Scheffel *m* (36,37 *Liter*).

**bushy** ['buʃi] buschig.

**business** ['biznis] Geschäft *n*; Beschäftigung *f*; Beruf *m*; Angelegenheit *f*; Aufgabe *f*; † Handel *m*; **~** *of the day* Tagesordnung *f*; *on* **~** geschäftlich; *have no* **~** *to inf.* nicht befugt sein zu *inf.*; *mind one's own* **~** sich um s-e eigenen Angelegenheiten kümmern; **~** *hours pl.* Geschäftszeit *f*; **~-like** geschäftsmäßig; sachlich; **~man** Geschäftsmann *m*; **~** *tour,* **~** *trip* Geschäftsreise *f*.

**bust¹** [bʌst] Büste *f*.

**bust²** *Am.* F [~] Bankrott *m*.

**bustle** ['bʌsl] **1.** Geschäftigkeit *f*; geschäftiges Treiben *n*; **2.** *v/i.* (umher)wirtschaften; hasten; *v/t.* hetzen, jagen.

**busy** □ ['bizi] **1.** beschäftigt; geschäftig; fleißig (*at* bei, an *dat.*); lebhaft; *Am. teleph.* besetzt; **2.** (*mst* **~** *o.s.* sich) beschäftigen (*with, in, at, about, ger.* mit).

**but** [bʌt, bət] **1.** *cj.* aber, jedoch, sondern; *a.* **~** *that* wenn nicht; indessen; **2.** *prp.* außer; *the last* **~** *one* der vorletzte; *the next* **~** *one* der übernächste; **~** *for* wenn nicht ... gewesen wäre; ohne; **3.** *nach Negation:* der (die *od.* das) nicht; *there is*

*no one* **~** *knows* es gibt niemand, der nicht wüßte; **4.** *adv.* nur; **~** *just* soeben, eben erst; **~** *now* erst jetzt; *all* **~** fast, nahe daran; *nothing* **~** nur; *I cannot* **~** *inf.* ich kann nur *inf.*

**butcher** ['butʃə] **1.** Schlächter *m*, Fleischer *m*, Metzger *m*; *fig.* Mörder *m*; **2.** (*fig.* ab-, hin)schlachten; **~y** [~əri] Schlächterei *f*; Schlachthaus *n*.

**butler** ['bʌtlə] Butler *m*; Kellermeister *m*.

**butt** [bʌt] **1.** Stoß *m*; *a.* **~** *end* (dickes) Ende *e-s Baumes etc.*; Stummel *m*, Kippe *f*; Gewehr-Kolben *m*; Schießstand *m*; (End)Ziel *n*; *fig.* Zielscheibe *f*; **2.** (mit dem Kopf) stoßen.

**butter** ['bʌtə] **1.** Butter *f*; F Schmeichelei *f*; **2.** mit Butter bestreichen; **~cup** Butterblume *f*; **~fingered** tolpatschig; **~fly** Schmetterling *m*; **~y** [~əri] **1.** butter(art)ig; Butter...; **2.** Speisekammer *f*.

**buttocks** ['bʌtəks] *pl.* Gesäß *n*.

**button** ['bʌtn] **1.** Knopf *m*; Knospe *f*; **2.** an-, zuknöpfen.

**buttress** ['bʌtris] **1.** Strebepfeiler *m*; *fig.* Stütze *f*; **2.** (unter)stützen.

**buxom** ['bʌksəm] drall, stramm.

**buy** [bai] [*irr.*] *v/t.* (an-, ein)kaufen (*from* bei); **~er** ['baiə] (Ein)Käufer (-in).

**buzz** [bʌz] **1.** Gesumm *n*; Geflüster *n*; **~** *saw Am.* Kreissäge *f*; **2.** *v/i.* summen; surren; **~** *about* herumschwirren, herumeilen.

**buzzard** ['bʌzəd] Bussard *m*.

**by** [bai] **1.** *prp. Raum:* bei; an, neben; *Richtung:* durch; über; an (*dat.*) entlang *od.* vorbei; *Zeit:* an; bei; spätestens bis, bis zu; *Urheber, Ursache:* von, durch (*bsd. beim pass.*); *Mittel, Werkzeug:* durch, mit; *Art u. Weise:* bei; *Schwur:* bei; *Maß:* um, bei; *Richtschnur:* gemäß, bei; **~** *the dozen* dutzendweise; **~** *o.s.* allein; **~** *land* zu Lande; **~** *rail per* Bahn; *day* **~** *day* Tag für Tag; **~** *twos* zu zweien; **2.** *adv.* dabei; vorbei; beiseite; **~** *and* **~** nächstens, bald; nach und nach; **~** *the* **~** nebenbei bemerkt; **~** *and large Am.* im großen und ganzen; **3.** *adj.* Neben...; Seiten...; **~-election** ['baiilekʃən] Nachwahl *f*; **~-gone** vergangen; **~-law** Ortsstatut *n*; **~** *pl.* Satzung *f*, Statuten *n/pl.*; **~-line** *Am.* Verfasserangabe *f zu e-m Artikel*; **~-name** Bei-, Spitzname *m*; **~-pass** Umgehungsstraße *f*; **~-path** Seitenpfad *m*; **~-product** Nebenprodukt *n*; **~-road** Seitenweg *m*; **~-stander** Zuschauer *m*; **~-street** Neben-, Seitenstraße *f*; **~-way** Seitenweg *m*; **~-word** Sprichwort *n*; Inbegriff *m*; *be a* **~** *for* sprichwörtlich bekannt sein wegen.

# C

cab [kæb] Droschke *f*, Mietwagen *m*, Taxi *n*; 🚗 Führerstand *m*.

cabbage ♧ ['kæbidʒ] Kohl *m*.

cabin ['kæbin] 1. Hütte *f*; ⚓ Kabine *f*, Kajüte *f*; Kammer *f*; 2. einpferchen; ~boy Schiffsjunge *m*; ~ cruiser ⚓ Kabinenkreuzer *m*.

cabinet ['kæbinit] Kabinett *n*, Ministerrat *m*; Schrank *m*, Vitrine *f*; (Radio)Gehäuse *n*; ~ council Kabinettssitzung *f*; ~maker Kunsttischler *m*.

cable ['keibl] 1. Kabel *n*; ⚓ Ankertau *n*; 2. *tel.* kabeln; ~car Kabine *f*, Gondel *f*; Drahtseilbahn *f*; ~gram [‿græm] Kabeltelegramm *n*.

cabman ['kæbmən] Droschkenkutscher *m*, Taxifahrer *m*.

caboose [kə'buːs] ⚓ Kombüse *f*; *Am.* 🚂 Eisenbahnerwagen *m am Güterzug.*

cab-stand ['kæbstænd] Taxi-, Droschkenstand *m*.

cacao ♧ [kə'kɑːou] Kakaobaum *m*, ~bohne *f*.

cackle ['kækl] 1. Gegacker *n*, Geschnatter *n*; 2. gackern, schnattern.

cad F [kæd] Proiet *m*; Kerl *m*.

cadaverous ☐ [kə'dævərəs] leichenhaft; leichenblaß.

cadence ♪ ['keidəns] Kadenz *f*; Tonfall *m*; Rhythmus *m*.

cadet [kə'det] Kadett *m*.

café ['kæfei] Café *n*.

cafeteria *bsd. Am.* [kæfi'tiəriə] Restaurant *n* mit Selbstbedienung.

cage [keidʒ] 1. Käfig *m*; Kriegsgefangenenlager *n*; ⚒ Förderkorb *m*; 2. einsperren.

cagey ☐ *bsd. Am.* F ['keidʒi] gerissen, raffiniert.

cajole [kə'dʒoul] *j-m* schmeicheln; *j-n* beschwatzen.

cake [keik] 1. Kuchen *m*; Tafel *f* Schokolade, Riegel *m* Seife *etc.*; 2. zs.-backen.

calami|tous ☐ [kə'læmitəs] elend; katastrophal; ~ty [‿ti] Elend *n*, Unglück *n*; Katastrophe *f*.

calcify ['kælsifai] (sich) verkalken.

calculat|e ['kælkjuleit] *v/t.* kalkulieren; be~, aus~, errechnen; *v/i.* rechnen (on, upon auf *acc.*); *Am.* F vermuten; ~ion [kælkju'leiʃən] Kalkulation *f*, Berechnung *f*; Voranschlag *m*; Überlegung *f*.

caldron ['kɔːldrən] Kessel *m*.

calendar ['kælində] 1. Kalender *m*; Liste *f*; 2. registrieren.

calf [kɑːf], *pl.* calves [kɑːvz] Kalb *n*; Wade *f*; *a.* ~leather ['kɑːfleðə] Kalbleder *n*; ~skin Kalbfell *n*.

calibre ☐ ['kælibə] Kaliber *n*.

calico † ['kælikou] Kaliko *m*.

call [kɔːl] 1. Ruf *m*; *teleph.* Anruf *m*,

Gespräch *n*; *fig.* Berufung *f* (to in *ein Amt*; auf *e-n Lehrstuhl*); Aufruf *m*; Aufforderung *f*; Signal *n*; Forderung *f*; Besuch *m*; Nachfrage *f* (for nach); Kündigung *f v. Geldern*; on ~ ✝ auf Abruf; 2. *v/t.* (herbei-) rufen; (an)rufen; (ein)berufen; *Am. Baseball: Spiel* abbrechen; *fig.* berufen (to in *ein Amt*); nennen; wecken; *Aufmerksamkeit* lenken (to auf *acc.*); be ~ed heißen; ~ *s.o. names* j. beschimpfen, beleidigen; ~ down *bsd. Am.* F anpfeifen; ~ in *Geld* kündigen; ~ over *Namen* verlesen; ~ up aufrufen; *teleph.* anrufen; *v/i.* rufen; *teleph.* anrufen; vorsprechen (at an *e-m Ort*; on *s.o.* bei j-m); ~ at a port *e-n* Hafen anlaufen; ~ for rufen nach; *et.* fordern; abholen; to be (left till) ~ed for postlagernd; ~ on sich an j. wenden (for wegen); j. berufen, auffordern (to *inf.* zu); ~box ['kɔːlbɔks] Fernsprechzelle *f*; ~er ['kɔːlə] *teleph.* Anrufer(in); Besucher(in).

calling ['kɔːliŋ] Rufen *n*; Berufung *f*; Beruf *m*; ~ card *Am.* Visitenkarte *f*.

call-office ['kɔːlɔfis] Fernsprechstelle *f*.

callous ☐ ['kæləs] schwielig; *fig.* dickfellig; herzlos.

callow ['kælou] nackt (*ungefiedert*); *fig.* unerfahren.

calm [kɑːm] 1. ☐ still, ruhig; 2. (Wind)Stille *f*, Ruhe *f*; 3. (~ down sich) beruhigen; besänftigen.

calori|c *phys.* [kə'lɔrik] Wärme *f*; ~e *phys.* ['kæləri] Wärmeeinheit *f*.

calumn|iate [kə'lʌmnieit] verleumden; ~iation [kəlʌmni'eiʃən], ~y ['kæləmni] Verleumdung *f*.

calve [kɑːv] kalben; ~s [kɑːvz] *pl. von calf.*

cambric † ['keimbrik] Batist *m*.

came [keim] *pret. von* come.

camel *zo.*, ⚓ ['kæməl] Kamel *n*.

camera ['kæmərə] Kamera *f*; in ~ *g's* unter Ausschluß der Öffentlichkeit.

camomile ♧ ['kæməmail] Kamille *f*.

camouflage ✗ ['kæmuflɑːʒ] 1. Tarnung *f*; 2. tarnen.

camp [kæmp] 1. Lager *n*; ✗ Feldlager *n*; ~ bed Feldbett *n*; 2. lagern; ~ out zelten.

campaign [kæm'pein] 1. Feldzug *m*; 2. *e-n* Feldzug mitmachen *od.* führen.

camphor ['kæmfə] Kampfer *m*.

campus *Am.* ['kæmpəs] Universitätsgelände *n*.

can[1] [kæn] [*irr.*] *v/aux.* können, fähig sein zu; dürfen.

can[2] [‿] 1. Kanne *f*; *Am.* Büchse *f*; 2. *Am.* in Büchsen konservieren.

**Canadian** [kə'neidjən] 1. kanadisch; 2. Kanadier(in).

**canal** [kə'næl] Kanal *m* (*a. ⚓*).

**canard** [kæ'nɑːd] (Zeitungs)Ente *f.*

**canary** [kə'neəri] Kanarienvogel *m.*

**cancel** ['kænsəl] (durch)streichen; entwerten; absagen; *a.* ~ *out fig.* aufheben; *be* ~*led* ausfallen.

**cancer** *ast.*, *⚕* ['kænsə] Krebs *m*; ~**ous** [~ərəs] krebsartig.

**candid** □ ['kændid] aufrichtig; offen.

**candidate** ['kændidit] Kandidat *m* (*for* für), Bewerber *m* (*for* um).

**candied** ['kændid] kandiert.

**candle** ['kændl] Licht *n*, Kerze *f*; *burn the* ~ *at both ends* mit s-n Kräften Raubbau treiben; ~**stick** Leuchter *m.*

**cando(u)r** ['kændə] Aufrichtigkeit *f.*

**candy** ['kændi] 1. Kandis(zucker) *m*; *Am.* Süßigkeiten *f/pl.*; 2. *v/t.* kandieren.

**cane** [kein] 1. ⚘ Rohr *n*; (Rohr-) Stock *m*; 2. prügeln.

**canine** ['keinain] Hunde...

**canker** ['kæŋkə] *⚕* Mundkrebs *m*; ⚘ Brand *m.*

**canned** *Am.* [kænd] Büchsen...

**cannery** *Am.* ['kænəri] Konservenfabrik *f.*

**cannibal** ['kænibəl] Kannibale *m.*

**cannon** ['kænən] Kanone *f.*

**cannot** ['kænət] nicht können *etc.*; *s. can²*.

**canoe** [kə'nuː] Kanu *n*; Paddelboot *n.*

**canon** ['kænən] Kanon *m*; Regel *f*; Richtschnur *f*; ~**ize** [~naiz] heiligsprechen.

**canopy** ['kænəpi] Baldachin *m*; *fig.* Dach *n*; ⚓ Überdachung *f.*

**cant¹** [kænt] 1. Schrägung *f*; Stoß *m*; 2. kippen; kanten.

**cant²** [~] 1. Zunftsprache *f*; Gewäsch *n*; scheinheiliges Gerede; 2. zunftmäßig *od.* scheinheilig reden.

**can't** F [kɑːnt] = *cannot.*

**cantankerous** F □ [kən'tæŋkərəs] zänkisch, mürrisch.

**canteen** [kæn'tiːn] ✕ Feldflasche *f*; Kantine *f*; ✕ Kochgeschirr *n*; Besteckkasten *m.*

**canton** 1. ['kæntən] Bezirk *m*; 2. ✕ [kən'tuːn] (sich) einquartieren.

**canvas** ['kænvəs] Segeltuch *n*; Zelt (-e *pl.*) *n*; Zeltbahn *f*; Segel *n/pl.*; *paint.* Leinwand *f*; Gemälde *n.*

**canvass** [~] 1. (Stimmen)Werbung *f*; *Am. a.* Wahlnachprüfung *f*; 2. *v/t.* erörtern; *v/i.* (Stimmen, *a.* Kunden) werben.

**caoutchouc** ['kautʃuk] Kautschuk *m.*

**cap** [kæp] 1. Kappe *f*; Mütze *f*; Haube *f*; ⊕ Aufsatz *m*; Zündhütchen *n*; *set one's* ~ *at* sich e-n Mann

---

angeln (*Frau*); 2. mit e-r Kappe *etc.* bedecken; *fig.* krönen; F übertreffen; die Mütze abnehmen.

**capability** [keipə'biliti] Fähigkeit *f*; ~**le** □ ['keipəbl] fähig (*of* zu).

**capacious** □ [kə'peiʃəs] geräumig; ~**ty** [kə'pæsiti] Inhalt *m*; Aufnahmefähigkeit *f*; *geistige* (*od.* ⊕ Leistungs)Fähigkeit *f* (*for ger.* zu *inf.*); Stellung *f*; *in my* ~ *as* in meiner Eigenschaft als.

**cape¹** [keip] Kap *n*, Vorgebirge *n.*

**cape²** [~] Cape *n*, Umhang *m.*

**caper** ['keipə] 1. Kapriole *f*, Luftsprung *m*; *cut* ~*s* = 2. Kapriolen *od.* Sprünge machen.

**capital** ['kæpitl] 1. □ Kapital...; todeswürdig, Todes...; hauptsächlich, Haupt...; vortrefflich; ~ *crime* Kapitalverbrechen *n*; ~ *punishment* Todesstrafe *f*; 2. Hauptstadt *f*; Kapital *n*; *mst* ~ *letter* Großbuchstabe *m*; ~**ism** [~təlizm] Kapitalismus *m*; ~**ize** [kə'pitəlaiz] kapitalisieren.

**capitulate** [kə'pitjuleit] kapitulieren (*to vor dat.*).

**caprice** [kə'priːs] Laune *f*; ~**ious** □ [~iʃəs] kapriziös, launisch.

**Capricorn** *ast.* ['kæprikɔːn] Steinbock *m.*

**capsize** [kæp'saiz] *v/i.* kentern; *v/t.* zum Kentern bringen.

**capsule** ['kæpsjuːl] Kapsel *f.*

**captain** ['kæptin] Führer *m*; Feldherr *m*; ⚓ Kapitän *m*; ✕ Hauptmann *m.*

**caption** ['kæpʃən] 1. Überschrift *f*; Titel *m*; *Film*: Untertitel *m*; 2. *v/t. Am.* mit Überschrift *etc.* versehen.

**captious** □ ['kæpʃəs] spitzfindig.

**captivate** ['kæptiveit] *fig.* gefangennehmen, fesseln; ~**e** ['kæptiv] 1. gefangen, gefesselt; 2. Gefangene(r *m*) *f*; ~**ity** [kæp'tiviti] Gefangenschaft *f.*

**capture** ['kæptʃə] 1. Eroberung *f*; Gefangennahme *f*; 2. (ein)fangen; erobern; erbeuten; ⚓ kapern.

**car** [kɑː] Auto *n*; (Eisenbahn-, Straßenbahn)Wagen *m*; Ballonkorb *m*; *Luftschiff*-Gondel *f*; Kabine *f* e-s *Aufzugs.*

**caramel** ['kærəmel] Karamel *m*; Karamelle *f.*

**caravan** ['kærəvæn] Karawane *f*; Wohnwagen *m.*

**caraway** ⚘ ['kærəwei] Kümmel *m.*

**carbine** [kɑː'bain] Karabiner *m.*

**carbohydrate** *🜚* [kɑːbou'haidreit] Kohle(n)hydrat *n.*

**carbon** ['kɑːbən] *🜚* Kohlenstoff *m*; ~ *copy Brief*-Durchschlag *m*; ~ *paper* Kohlepapier *n.*

**carburet(t)or** *mot.* ['kɑːbjuretə] Vergaser *m.*

**car|case, *mst* ~cass** ['kɑːkəs] (Tier-) Kadaver *m*; *Fleischerei*: Rumpf *m.*

**card** [kɑːd] Karte *f*; *have a* ~ *up*

one's sleeve et. in petto haben;
~board ['ka:dbɔːd] Kartonpapier
n; Pappe f; ~ box Pappkarton m.
cardigan ['ka:digən] Wolljacke f.
cardinal □ ['ka:dinl] 1. Haupt...;
hochrot; ~ number Grundzahl f; 2.
Kardinal m.
card-index ['ka:dindeks] Kartei f.
card-sharper ['ka:dʃa:pə] Falsch-
spieler m.
care [kɛə] 1. Sorge f; Sorgfalt f,
Obhut f, Pflege f; medical ~ ärzt-
liche Behandlung; ~ of (abbr. c/o) ...
per Adresse, bei ...; take ~ of
acht(geb)en auf (acc.); with ~! Vorsicht!; 2. Lust haben (to inf. zu);
~ for sorgen für; sich kümmern um;
sich etwas machen aus; I don't ~!
F meinetwegen!; I couldn't ~ less F
es ist mir völlig egal; well ~d-for
gepflegt.        [bahn f; 2. rasen.\
career [kə'riə] 1. Karriere f; Lauf-)
carefree ['kɛəfri:] sorgenfrei.
careful □ ['kɛəful] besorgt (for um),
achtsam (of auf acc.); vorsichtig;
sorgfältig; ~ness [~nis] Sorgsam-
keit f; Vorsicht f; Sorgfalt f.
careless □ ['kɛəlis] sorglos; nachlässig; unachtsam; leichtsinnig;
~ness [~nis] Sorglosigkeit f; Nachlässigkeit f.
caress [kə'res] 1. Liebkosung f;
2. liebkosen; fig. schmeicheln.
caretaker ['kɛəteikə] Wärter(in);
(Haus)Verwalter(in).
care-worn ['kɛəwɔːn] abgehärmt.
carfare Am. ['ka:fɛə] Fahrgeld n.
cargo ⚓ ['ka:gou] Ladung f.
caricature [kærikə'tjuə] 1. Karikatur f; 2. karikieren.
carmine ['ka:main] Karmin(rot) m.
carn|al □ ['ka:nl] fleischlich; sinn-
lich; ~ation [ka:'neiʃən] 1. Fleisch-
ton m; ♣ Nelke f; 2. blaßrot.
carnival ['ka:nivəl] Karneval m.
carnivorous [ka:'nivərəs] fleisch-
fressend.
carol ['kærəl] 1. Weihnachtslied n;
2. Weihnachtslieder singen.
carous|e [kə'rauz] 1. a. ~al [~əl]
(Trink)Gelage n; 2. zechen.
carp [ka:p] Karpfen m.
carpent|er ['ka:pintə] Zimmer-
mann m; ~ry [~tri] Zimmerhand-
werk n; Zimmermannsarbeit f.
carpet ['ka:pit] 1. Teppich m;
bring on the ~ aufs Tapet bringen;
2. mit e-m Teppich belegen; ~bag
Reisetasche f; ~bagger [~bægə]
politischer Abenteurer.
carriage ['kæridʒ] Beförderung f,
Transport m; Fracht f; Wagen m;
Fuhr-, Frachtlohn m; Haltung f;
Benehmen n; ~drive Anfahrt f
(vor e-m Hause); ~free, ~paid
frachtfrei; ~way Fahrbahn f.
carrier ['kæriə] Fuhrmann m;
Spediteur m; Träger m; Gepäckträger m; ~pigeon Brieftaube f.

carrion ['kæriən] Aas n; attr. Aas...
carrot ['kærət] Mohrrübe f.
carry ['kæri] 1. v/t. wohin bringen,
führen, tragen (a. v/i.), fahren, befördern; (bei sich) haben; Ansicht
durchsetzen; Gewinn, Preis davontragen; Zahlen übertragen; Ernte,
Zinsen tragen; Mauer etc. weiter-
führen; Benehmen fortsetzen; Antrag, Kandidaten durchbringen; ✗
erobern; be carried angenommen
werden (Antrag); durchkommen
(Kandidat); ~ the day den Sieg
davontragen; ~ forward od. over ✝
übertragen; ~ on fortsetzen, weiter-
führen; Geschäft etc. betreiben; ~
out od. through durchführen; 2.
Trag-, Schußweite f.
cart [ka:t] 1. Karren m; Wagen m;
put the ~ before the horse fig. das
Pferd beim Schwanz aufzäumen;
2. karren, fahren; ~age ['ka:tidʒ]
Fahren n; Fuhrlohn m.
carter ['ka:tə] Fuhrmann m.
cartilage ['ka:tilidʒ] Knorpel m.
carton ['ka:tən] Karton m.
cartoon [ka:'tu:n] paint. Karton m;
⊕ Musterzeichnung f; Karikatur f;
Zeichentrickfilm m; ~ist [~nist]
Karikaturist m.
cartridge ['ka:tridʒ] Patrone f;
~paper Zeichenpapier n.
cart-wheel ['ka:twi:l] Wagenrad n;
Am. Silberdollar m; turn ~s rad-
schlagen.
carve [ka:v] Fleisch vorschneiden,
zerlegen; schnitzen; meißeln; ~r
['ka:və] (Bild)Schnitzer m; Vor-
schneider m; Vorlegemesser n.
carving ['ka:viŋ] Schnitzerei f.
cascade [kæs'keid] Wasserfall m.
case¹ [keis] m Behälter m; Kiste f;
Etui n; Gehäuse n; Schachtel f;
Fach n; typ. Setzkasten m; 2. (ein-)
stecken; ver-, umkleiden.
case² [~] Fall m (a. gr., ♣, ♂); gr.
Kasus m; ♣ a. Kranke(r m) f; Am.
F komischer Kauz; ⚙ Schriftsatz
m; Hauptargument n; Sache f, Angelegenheit f.
case-harden ⊕ ['keisha:dn] hart-
gießen; ~ed fig. hartgesotten.
case-history ['keishistəri] Vor-
geschichte f; Krankengeschichte f.
casement ['keismənt] Fensterflügel
m; ~ window Flügelfenster n.
cash [kæʃ] 1. Bargeld n, Kasse f;
~ down, for ~ gegen bar; ~ on delivery Lieferung f gegen bar; (per)
Nachnahme f; ~ register Registrierkasse f; 2. einkassieren, einlösen; ~book ['kæʃbuk] Kassa-
buch f; ~ier [kæ'fiə] Kassierer(in).
casing ['keisiŋ] Überzug m, Gehäuse n; Futteral n; ⚓ Verkleidung f.
cask [ka:sk] Faß n.
casket ['ka:skit] Kassette f; Am.
Sarg m.

casserole ['kæsəroul] Kasserolle f.
cassock eccl. ['kæsək] Soutane f.
cast [kaːst] 1. Wurf m; ⊕ Guß (-form f) m; Abguß m, Abdruck m; Schattierung f, Anflug m; Form f, Art f; ⚓ Auswerfen n von Senkblei etc.; thea. (Rollen)Besetzung f; 2. [irr.] v/t. (ab-, aus-, hin-, um-, weg)werfen; zo. Haut etc. abwerfen; Zähne etc. verlieren; verwerfen; gestalten; ⊕ gießen; a. ~ up aus-, zs.-rechnen; thea. Rolle besetzen; Rolle übertragen (to dat.); be ~ in a lawsuit ⚖ e-n Prozeß verlieren; ~ lots losen (for um); ~ in one's lot with s.o. j-s Los teilen; be ~ down niedergeschlagen sein; v/i. sich gießen lassen; ⊕ sich (ver)werfen; ~ about for sinnen auf (acc.); sich st. überlegen.
castanet ['kæstə'net] Kastagnette f.
castaway ['kaːstəwei] 1. verworfen, ⚓ schiffbrüchig; 2. Verworfene(r m) f; Schiffbrüchige(r m) f.
caste [kaːst] Kaste f (a. fig.).
castigate ['kæstigeit] züchtigen; fig. geißeln.
cast iron ['kaːst'aiən] Gußeisen n; cast-iron gußeisern.
castle ['kaːsl] Burg f, Schloß n; Schach: Turm m.
castor¹ ['kaːstə]: ~ oil Rizinusöl n.
castor² ['kaːstə] Laufrolle f unter Möbeln; (Salz-, Zucker- etc.) Streuer m.
castrate [kæs'treit] kastrieren.
cast steel ['kaːststiːl] Gußstahl m; cast-steel aus Gußstahl.
casual ☐ ['kæʒjuəl] zufällig; gelegentlich; F lässig; ~ty [~lti] Unfall m; ⚔ Verlust m.
cat [kæt] Katze f; ~ burglar Fassadenkletterer m.
catalo|gue, Am. ~g ['kætələg] 1. Katalog m; Am. univ. Vorlesungsverzeichnis n; 2. katalogisieren.
catapult ['kætəpʌlt] Schleuder f; ✈ Katapult m, n.
cataract ['kætərækt] Katarakt m, Wasserfall m; ✗ grauer Star.
catarrh [kə'taː] Katarrh m; Schnupfen m.
catastrophe [kə'tæstrəfi] Katastrophe f.
catch [kætʃ] 1. Fang m; Beute f, fig. Vorteil m; ♪ Rundgesang m; Kniff m; ⊕ Haken m, Griff m, Klinke f; 2. [irr.] v/t. fassen, F kriegen; fangen, ergreifen; ertappen; Blick etc. auffangen; Zug etc. erreichen; bekommen; sich Krankheit zuziehen, holen; fig. erfassen; ~ (a) cold sich erkälten; ~ s.o.'s eye j-m ins Auge fallen; ~ up auffangen; F j. unterbrechen; einholen; 3. v/i. sich verfangen, hängenbleiben; fassen, einschnappen (Schloß etc.); ~ on F Anklang finden; Am. F kapieren; ~ up with ⁵, einholen; ~all ['kætʃɔːl] Am.

Platz m od. Behälter m für alles mögliche (a. fig. u. attr.); ~er [~ə] Fänger(in); ~ing [~ʃiŋ] packend; ansteckend; ~line Schlagzeile f; ~word Schlagwort n; Stichwort n.
catechism ['kætikizəm] Katechismus m.
categor|ical ☐ [kæti'gɔrikəl] kategorisch; ~y ['kætigəri] Kategorie f.
cater ['keitə]: ~ for Lebensmittel liefern für; fig. sorgen für; ~ing [~əriŋ] Verpflegung f.
caterpillar ['kætəpilə] zo. Raupe f; ⊕ Raupe(nschlepper m) f.
catgut ['kætgʌt] Darmsaite f.
cathedral [kə'θiːdrəl] Dom m, Kathedrale f.
Catholic ['kæθəlik] 1. katholisch; 2. Katholik(in).
catkin ♀ ['kætkin] Kätzchen n.
cattish fig. ['kætiʃ] falsch.
cattle ['kætl] Vieh n; ~breeding Viehzucht f; ~plague vet. Rinderpest f; [catch 2.]
caught [kɔːt] pret. u. p.p. von ca(u)ldron ['kɔːldrən] Kessel m.
cauliflower ♀ ['kɔliflauə] Blumenkohl m.
caulk ⚓ [kɔːk] kalfatern (abdichten).
caus|al ☐ ['kɔːzəl] ursächlich; ~e [kɔːz] 1. Ursache f, Grund m; ⚖ Klage(grund m) f; Prozeß m; Angelegenheit f, Sache f; 2. verursachen, veranlassen; ~less ☐ ['kɔːzlis] grundlos.
causeway ['kɔːzwei] Damm m.
caustic ☐ ['kɔːstik] (~ally) ätzend; fig. beißend, scharf.
caution ['kɔːʃən] 1. Vorsicht f; Warnung f; Verwarnung f; ~ money Kaution f; 2. warnen; verwarnen.
cautious ☐ ['kɔːʃəs] behutsam, vorsichtig; ~ness [~nis] Behutsamkeit f, Vorsicht f.
cavalry ⚔ ['kævəlri] Reiterei f.
cave [keiv] 1. Höhle f; 2. v/i. ~ in einstürzen; klein beigeben.
cavern ['kævən] Höhle f; ~ous fig. [~nəs] hohl.
cavil ['kævil] 1. Krittelei f; 2. kritteln (at, about an dat.).
cavity ['kæviti] Höhle f; Loch n.
cavort Am. F [kə'vɔːt] sich aufbäumen, umherspringen.
caw [kɔː] 1. krächzen; 2. Krächzen n.
cayuse Am. F ['kaijuːs] kleines (Indianer)Pferd.
cease [siːs] v/i. (from) aufhören (mit), ablassen (von); v/t. aufhören mit; ~less ☐ ['siːslis] unaufhörlich.
cede [siːd] abtreten, überlassen.
ceiling ['siːliŋ] Zimmer-Decke f; fig. Höchstgrenze f; ~ price Höchstpreis m.
celebrat|e ['selibreit] feiern; ~ed gefeiert, berühmt (for wegen); ~ion [seli'breiʃən] Feier f.

**celebrity** [si'lebriti] Berühmtheit f.

**celerity** [si'leriti] Geschwindigkeit f.

**celery** ♦ ['seləri] Sellerie m, f.

**celestial** ⌐ [si'lestjəl] himmlisch.

**celibacy** ['selibəsi] Ehelosigkeit f.

**cell** [sel] allg. Zelle f; ⚡ Element n.

**cellar** ['selə] Keller m.

**cement** [si'ment] 1. Zement m; Kitt m; 2. zementieren; (ver)kitten.

**cemetery** ['semitri] Friedhof m.

**censor** ['sensə] 1. Zensor m; 2. zensieren; ~ious ⌐ [sen'sɔːriəs] kritisch; kritt(e)lig; ~ship ['sensəʃip] Zensur f; Zensoramt n.

**censure** ['senʃə] 1. Tadel m; Verweis m; 2. tadeln.

**census** ['sensəs] Volkszählung f.

**cent** [sent] Hundert n; Am. Cent m = ¹/₁₀₀ Dollar; per ~ Prozent n.

**centenary** [sen'tiːnəri] Hundertjahrfeier f.

**centennial** [sen'tenjəl] 1. hundertjährig; 2. hundertjähriges Jubiläum.

**centi|grade** ['sentigreid]: 10 degrees ~ 10 Grad Celsius; ~metre, Am. ~meter Zentimeter n, m; ~pede zo. [~ipiːd] Hundertfüßer m.

**central** ['sentrəl] zentral; ~ heating Zentralheizung f; ~ office, ⚡ ~ station Zentrale f; ~ize [~laiz] zentralisieren.

**cent|re,** Am. ~er ['sentə] 1. Zentrum n, Mittelpunkt m; 2. zentral; 3. (sich) konzentrieren; zentralisieren; zentrieren.

**century** ['sentʃuri] Jahrhundert n.

**cereal** ['siəriəl] 1. Getreide...; 2. Getreide(pflanze f) n; Hafer-, Weizenflocken f/pl.; Corn-flakes pl.

**cerebral** anat. ['seribrəl] Gehirn...

**ceremon|ial** [seri'mounjəl] 1. ⌐ a. ~ious [~jəs] zeremoniell; förmlich; 2. Zeremoniell n; ~y ['serimɐni] Zeremonie f; Feierlichkeit f; Förmlichkeit(en pl.) f.

**certain** ['sɜːtn] sicher, gewiß; zuverlässig; bestimmt; gewisse(r, ~s); ~ty [~nti] Sicherheit f, Gewißheit f; Zuverlässigkeit f.

**certi|ficate** 1. [sə'tifikit] Zeugnis n, Schein m; ~ of birth Geburtsurkunde f; medical ~ ärztliches Attest; 2. [~keit] bescheinigen; ~fication [sɜːtifi'keiʃən] Bescheinigung f; ~fy ['sɜːtifai] et. bescheinigen; bezeugen; ~tude [~itjuːd] Gewißheit f.

**cessation** [se'seiʃən] Aufhören n.

**cession** ['seʃən] Abtretung f.

**cesspool** ['sespuːl] Senkgrube f.

**chafe** [tʃeif] v/t. reiben; wundreiben; erzürnen; v/i. sich scheuern; sich wundreiben; toben.

**chaff** [tʃɑːf] 1. Spreu f; Häcksel n; F Neckerei f; 2. zu Häcksel schneiden; F necken.

**chaffer** ['tʃæfə] feilschen.

**chaffinch** ['tʃæfintʃ] Buchfink m.

**chagrin** ['ʃægrin] 1. Ärger m; 2. ärgern.

**chain** [tʃein] 1. Kette f; fig. Fessel f; ~ store bsd. Am. Kettenladen m, Zweiggeschäft n; 2. (an)ketten; fig. fesseln.

**chair** [tʃeə] Stuhl m; Lehrstuhl m; Vorsitz m; be in the ~ den Vorsitz führen; ~man ['tʃeəmən] Vorsitzende(r) m; Präsident m.

**chalice** ['tʃælis] Kelch m.

**chalk** [tʃɔːk] 1. Kreide f; 2. mit Kreide (be)zeichnen; mst ~ up ankreiden; ~ out entwerfen.

**challenge** ['tʃælindʒ] 1. Herausforderung f; ⚔ Anruf m; bsd. ⁛₵ Ablehnung f; 2. herausfordern; anrufen; ablehnen; anzweifeln.

**chamber** ['tʃeimbə] parl., zo., ♦, ⊕, Am. Kammer f; ~s pl. Geschäftsräume m/pl.; ~maid Zimmermädchen n.

**chamois** ['ʃæmwɑː] 1. Gemse f; a. ~-leather [oft a. 'ʃæmileðə] Wildleder n; 2. chamois (gelbbraun).

**champagne** [ʃæm'pein] Champagner m.

**champion** ['tʃæmpjən] 1. Vorkämpfer m, Verfechter m; Verteidiger m; Sport: Meister m; 2. verteidigen; kämpfen für; fig. stützen; 3. großartig; ~ship Meisterschaft f.

**chance** [tʃɑːns] 1. Zufall m; Schicksal n; Glück(sfall m) n; Chance f; Aussicht f (of auf acc.); (günstige) Gelegenheit; Möglichkeit f; by ~ zufällig; take a ~, take one's ~ es darauf ankommen lassen; 2. zufällig; gelegentlich; 3. v/i. geschehen; sich ereignen; ~ upon stoßen auf (acc.); v/t. F wagen.

**chancellor** ['tʃɑːnsələ] Kanzler m.

**chancery** ['tʃɑːnsəri] Kanzleigericht n; fig. in ~ in der Klemme.

**chandelier** [ʃændi'liə] Lüster m.

**chandler** ['tʃɑːndlə] Krämer m.

**change** [tʃeindʒ] 1. Veränderung f, Wechsel m, Abwechs(e)lung f; Tausch m; Wechselgeld n; Kleingeld n; 2. v/t. (ver)ändern; (aus)wechseln, (aus-, ver)tauschen (for gegen); ~ trains umsteigen; v/i. sich ändern, wechseln: sich umziehen; ~able ['tʃeindʒəbl] veränderlich; ~less [~dʒlis] unveränderlich; ~ling [~liŋ] Wechselbalg m; ~ over Umstellung f.

**channel** ['tʃænl] 1. Kanal m; Flußbett n; Rinne f; fig. Weg m; 2. furchen; aushöhlen.

**chant** [tʃɑːnt] 1. (Kirchen)Gesang m; fig. Singsang m; 2. singen.

**chaos** ['keiɔs] Chaos n.

**chap¹** [tʃæp] 1. Riß m, Sprung m; 2. rissig machen od. werden.

**chap²** F [~] Bursche m, Kerl m, Junge m.

**chap²** [..] Kinnbacken *m*; ..s *pl.* Maul *n*; ⊕ Backen *f/pl.*

**chapel** ['tʃæpəl] Kapelle *f*; Gottesdienst *m.*

**chaplain** ['tʃæplin] Kaplan *m.*

**chapter** ['tʃæptə] Kapitel *n*; *Am.* Orts-, Untergruppe *f* e-r Vereinigung.

**char** [tʃɑː] verkohlen.

**character** ['kæriktə] Charakter *m*; Merkmal *n*; Schrift(zeichen *n*) *f*; Sinnesart *f*; Persönlichkeit *f*; Original *n*; *thea., Roman:* Person *f*; Rang *m*, Würde *f*; (*bsd. guter*) Ruf; Zeugnis *n*; .istic [kæriktə'ristik] **1.** (.ally) charakteristisch (*of* für); **2.** Kennzeichen *n*; .ize ['kæriktəraiz] charakterisieren.

**charcoal** ['tʃɑːkoul] Holzkohle *f.*

**charge** [tʃɑːdʒ] **1.** Ladung *f*; *fig.* Last *f* (*on* für); Verwahrung *f*, Obhut *f*; Schützling *m*; Mündel *m*, *f*, *n*; Amt *n*, Stelle *f*; Auftrag *m*; Befehl *m*; Angriff *m*; Ermahnung *f*; Beschuldigung *f*, Anklage *f*; Preis *m*, Forderung *f*; ..s *pl.* † Kosten *pl.*; *be in* .. *of* et. in Verwahrung haben; *mit* et. beauftragt sein; *für* et. sorgen; **2.** *v/t.* laden; beladen, belasten; beauftragen; *j-m* et. einschärfen, befehlen; ermahnen; beschuldigen, anklagen (*with gen.*); zuschreiben (*on, upon dat.*); fordern, verlangen; an-, berechnen, in Rechnung stellen (*to dat.*); angreifen (*a. v/i.*); behaupten.

**chariot** *poet. od. hist.* ['tʃæriət] Streit-, Triumphwagen *m.*

**charitable** □ ['tʃæritəbl] mild(tätig), wohltätig.

**charity** ['tʃæriti] Nächstenliebe *f*; Wohltätigkeit *f*; Güte *f*; Nachsicht *f*; milde Gabe.

**charlatan** ['ʃɑːlətən] Marktschreier *m.*

**charm** [tʃɑːm] **1.** Zauber *m*; *fig.* Reiz *m*; **2.** bezaubern; *fig.* entzücken; .ing □ ['tʃɑːmin] bezaubernd.

**chart** [tʃɑːt] **1.** ♣ Seekarte *f*; Tabelle *f*; **2.** auf e-r Karte einzeichnen.

**charter** ['tʃɑːtə] **1.** Urkunde *f*, Freibrief *m*; Patent *n*; Frachtvertrag *m*; **2.** privilegieren; ♣, ✈ chartern, mieten.

**charwoman** ['tʃɑːwumən] Putz-, Reinemachefrau *f.*

**chary** □ ['tʃɛəri] vorsichtig.

**chase** [tʃeis] **1.** Jagd *f*; Verfolgung *f*; gejagtes Wild; **2.** jagen, hetzen; Jagd machen auf (*acc.*).

**chasm** ['kæzəm] Kluft *f* (*a. fig.*); Lücke *f.*

**chaste** □ [tʃeist] rein, keusch, unschuldig; schlicht (*Stil*).

**chastise** [tʃæs'taiz] züchtigen.

**chastity** ['tʃæstiti] Keuschheit *f.*

**chat** [tʃæt] **1.** Geplauder *n*, Plauderei *f*; **2.** plaudern.

**chattels** ['tʃætlz] *pl. mst* goods and .. Hab *n* und Gut *n*; Vermögen *n.*

**chatter** ['tʃætə] **1.** plappern; schnattern; klappern; **2.** Geplapper *n*; .box *f* Plaudertasche *f*; .er [.ərə] Schwätzer(in).

**chatty** ['tʃæti] gesprächig.

**chauffeur** ['ʃoufə] Chauffeur *m.*

**chaw** *sl.* [tʃɔː] kauen; .. up *Am. mst fig.* fix und fertig machen.

**cheap** □ [tʃiːp] billig; *fig.* gemein; .en ['tʃiːpən] (sich) verbilligen; *fig.* herabsetzen.

**cheat** [tʃiːt] **1.** Betrug *m*, Schwindel *m*; Betrüger(in); **2.** betrügen.

**check** [tʃek] **1.** Schach(stellung *f*) *n*; Hemmnis *n* (*on* für); Zwang *m*, Aufsicht *f*; Kontrolle *f* (*on gen.*); Kontrollmarke *f*; *Am.* (Gepäck-)Schein *m*; *Am.* † = cheque; *Am.* Rechnung *f* im Restaurant; karierter Stoff; **2.** *v/t.* an-, innehalten; *Am.* e-n Scheck ausstellen; .. in *Am.* (in e-m Hotel) absteigen; .. out *Am.* das Hotel verlassen (*nach Bezahlung der Rechnung*); *v/t.* hemmen; kontrollieren; nachprüfen; *Kleider* in der Garderobe abgeben; *Am. Gepäck* aufgeben; .er ['tʃekə] Aufsichtsbeamte(r) *m*; ..s *pl. Am.* Damespiel *n*; .ing-room [.kiŋrum] *Am.* Gepäckaufbewahrung *f*; .mate **1.** Schachmatt *n*; **2.** matt setzen; ..up *Am.* scharfe Kontrolle.

**cheek** [tʃiːk] Backe *f*, Wange *f*; Unverschämtheit *f*; **cheeky** F ['tʃiːki] frech.

**cheer** [tʃiə] **1.** Stimmung *f*, Fröhlichkeit *f*; Hoch(ruf *m* *n*); Beifall(sruf) *m*; Speisen *f/pl.*, Mahl *n*; *three* ..s! dreimal hoch!; **2.** *v/t. a.* .. up aufheitern; mit Beifall begrüßen; *a.* .. on anspornen; *v/i.* hoch rufen; jauchzen; *a.* .. up Mut fassen; .ful □ ['tʃiəful] heiter; .io F [.əri'ou] mach's gut!, tschüs!; prosit!; .less [.əlis] freudlos; .y □ [.əri] heiter, froh.

**cheese** [tʃiːz] Käse *m.*

**chef** [ʃef] Küchenchef *m.*

**chemical** ['kemikəl] **1.** □ chemisch; **2.** ..s *pl.* Chemikalien *pl.*

**chemise** [ʃi'miːz] (Frauen)Hemd *n.*

**chemist** ['kemist] Chemiker(in); Apotheker *m*; Drogist *m*; .ry [.tri] Chemie *f.*

**cheque** † [tʃek] Scheck *m*; crossed .. Verrechnungsscheck *m.*

**chequer** ['tʃekə] **1.** *mst* ..s *pl.* Karomuster *n*; **2.** karieren; .ed gewürfelt; *fig.* bunt.

**cherish** ['tʃeriʃ] hegen, pflegen.

**cherry** ['tʃeri] Kirsche *f.*

**chess** [tʃes] Schach(spiel) *n*; .board ['tʃesbɔːd] Schachbrett *n*; .man Schachfigur *f.*

**chest** [tʃest] Kiste *f*, Lade *f*; *anat.* Brustkasten *m*; .. of drawers Kommode *f.*

**chestnut** ['tʃesnʌt] 1. ⚘ Kastanie f; F alter Witz; 2. kastanienbraun.

**chevy** F ['tʃevi] 1. Hetzjagd f; Barlaufspiel n; 2. hetzen, jagen.

**chew** [tʃuː] kauen; sinnen; ~ the fact od. rag Am. sl. die Sache durchkauen; ~ing-gum ['tʃuː(ː)iŋgəm] Kaugummi m.

**chicane** [ʃi'kein] 1. Schikane f; 2. schikanieren.

**chicken** ['tʃikin] Hühnchen n, Küken n; ~-hearted furchtsam, feige; ~-pox ⚕ [~npoks] Windpocken f/pl.

**chid** [tʃid] pret. u. p.p. von chide; ~den ['tʃidn] p.p. von chide.

**chide** lit. [tʃaid] [irr.] schelten.

**chief** [tʃiːf] 1. □ oberst; Ober...; Haupt...; hauptsächlich; ~ clerk Bürovorsteher m; 2. Oberhaupt n, Chef m; Häuptling m; ...-in-~ Ober...; ~tain ['tʃiːftən] Häuptling m.

**chilblain** ['tʃiːlblein] Frostbeule f.

**child** [tʃaild] Kind n; from a ~ von Kindheit an; with ~ schwanger; ~birth ['tʃaildbəːθ] Niederkunft f; ~hood [~dhud] Kindheit f; ~ish □ [~diʃ] kindlich; kindisch; ~like kindlich; ~ren ['tʃildrən] pl. v. child.

**chill** [tʃil] 1. eisig, frostig; 2. Frost m, Kälte f; ⚕ Fieberfrost m; Erkältung f; 3. v/t. erkalten lassen; abkühlen; v/i. erkalten; erstarren; ~y ['tʃili] kalt, frostig.

**chime** [tʃaim] 1. Glockenspiel n; Geläut n; fig. Einklang m; 2. läuten; fig. harmonieren, übereinstimmen.

**chimney** ['tʃimni] Schornstein m; Rauchfang m; Lampen-Zylinder m; ~-sweep(er) Schornsteinfeger m.

**chin** [tʃin] 1. Kinn n; take it on the ~ Am. F es standhaft ertragen; 2.: ~ o.s. Am. e-n Klimmzug machen.

**china** ['tʃainə] Porzellan n.

**Chinese** ['tʃai'niːz] 1. chinesisch; 2. Chinese(n pl. m), Chinesin f.

**chink** [tʃiŋk] Ritz m, Spalt m.

**chip** [tʃip] 1. Schnitzel n, Stückchen n; Span m; Glas- etc. Splitter m; Spielmarke f; have a ~ on one's shoulder Am. F aggressiv sein; ~s pl. Pommes frites pl.; 2. v/t. schnitzeln; an-, abschlagen; v/i. abbröckeln; ~munck ['tʃipmʌk], ~munk [~ʌŋk] nordamerikanisches gestreiftes Eichhörnchen.

**chirp** [tʃəːp] 1. zirpen; zwitschern; 2. Gezirp n.

**chisel** ['tʃizl] 1. Meißel m; 2. meißeln; sl. (be)mogeln.

**chit-chat** ['tʃittʃæt] Geplauder n.

**chivalr|ous** □ ['ʃivəlrəs] ritterlich; ~y [~ri] Ritterschaft f, Rittertum n; Ritterlichkeit f.

**chive** ⚘ [tʃaiv] Schnittlauch m.

**chlor|ine** ['klɔːriːn] Chlor n; ~o-form ['klɔrəfɔːm] 1. Chloroform n; 2. chloroformieren.

**chocolate** ['tʃɔkəlit] Schokolade f.

**choice** [tʃɔis] 1. Wahl f; Auswahl f; 2. □ auserlesen, vorzüglich.

**choir** ['kwaiə] Chor m.

**choke** [tʃouk] 1. v/t. (er)würgen, (a. v/i.) ersticken; ⚙ (ab)drosseln; (ver)stopfen; mst ~ down hinunterwürgen; 2. Erstickungsanfall m; ⊕ Würgung f; mot. Choke m, Starterklappe f.

**choose** [tʃuːz] [irr.] (aus)wählen; ~ to inf. vorziehen zu inf.

**chop** [tʃɔp] 1. Hieb m; Kotelett n; ~s pl. Maul n, Rachen m; ⊕ Backen f/pl.; 2. v/t. hauen, hacken; zerhacken; austauschen; v/i. wechseln; ~per ['tʃɔpə] Hackmesser n; ~py [~pi] unstet; unruhig (See); böig (Wind).

**choral** □ ['kɔːrəl] chormäßig; Chor...; ~(e) ♪ [kɔ'rɑːl] Choral m.

**chord** [kɔːd] Saite f; Akkord m.

**chore** Am. [tʃɔː] Hausarbeit f (mst pl.).

**chorus** ['kɔːrəs] 1. Chor m; Kehrreim m; 2. im Chor singen od. sprechen.

**chose** [tʃouz] pret. von choose; ~n ['tʃouzn] p.p. von choose.

**chow** Am. sl. [tʃau] Essen n.

**Christ** [kraist] Christus m.

**christen** ['krisn] taufen; ~ing [~niŋ] Taufe f; attr. Tauf...

**Christian** ['kristjən] 1. □ christlich; ~ name Vor-, Taufname m; 2. Christ(in); ~ity [kristi'æniti] Christentum n.

**Christmas** ['krisməs] Weihnachten n.

**chromium** ['kroumjəm] Chrom n (Metall); ~-plated verchromt.

**chronic** ['krɔnik] (~ally) chronisch (mst ⚕), dauernd; sl. ekelhaft; ~le [~kl] 1. Chronik f; 2. aufzeichnen.

**chronolog|ical** □ [krɔnə'bdʒikəl] chronologisch; ~y [krə'nɔlədʒi] Zeitrechnung f; Zeitfolge f.

**chubby** F ['tʃʌbi] rundlich; pausbäckig; plump (a. fig.).

**chuck[1** [tʃʌk] 1. Glucken n; my ~! mein Täubchen!; 2. glucken.

**chuck[2** F [~] 1. schmeißen; 2. (Hinaus)Wurf m.

**chuckle** ['tʃʌkl] kichern, glucksen.

**chum** F [tʃʌm] 1. (Stuben)Kamerad m; 2. zs.-wohnen.

**chump** F [tʃʌmp] Holzklotz m.

**chunk** F [tʃʌnk] Klotz m.

**church** [tʃəːtʃ] Kirche f; attr. Kirch(en)...; ~ service Gottesdienst m; ~warden ['tʃəːtʃ'wɔːdn] Kirchenvorsteher m; ~yard Kirchhof m.

**churl** [tʃəːl] Grobian m; Flegel m; ~ish □ ['tʃəːliʃ] grob, flegelhaft.

**churn** [tʃəːn] 1. Butterfaß n; 2. buttern; aufwühlen.

**chute** [ʃuːt] Stromschnelle f; Gleit-, Rutschbahn f; Fallschirm m.

cider ['saidə] Apfelmost m.

cigar [si'gɑː] Zigarre f.

cigarette [sigə'ret] Zigarette f; ~case Zigarettenetui n.

cigar-holder [si'gɑːhouldə] Zigarrenspitze f.

cilia ['siliə] pl. (Augen)Wimpern f/pl.

cinch Am. sl. [sintʃ] sichere Sache.

cincture ['siŋktʃə] Gürtel m, Gurt m.

cinder ['sində] Schlacke f; ~s pl. Asche f; ℒella [sində'relə] Aschenbrödel n; ~path Sport: Aschenbahn f.

cine-camera ['sini'kæmərə] Filmkamera f.

cinema ['sinəmə] Kino n; Film m.

cinnamon ['sinəmən] Zimt m.

cipher ['saifə] 1. Ziffer f; Null f (a. fig.); Geheimschrift f, Chiffre f; 2. chiffrieren; (aus)rechnen.

circle ['səːkl] 1. Kreis m; Bekanntenetc. Kreis m; Kreislauf m; thea. Rang m; Ring m; 2. (um)kreisen.

circuit ['səːkit] Kreislauf m; ℓ Stromkreis m; Rundreise f; Gerichtsbezirk m; ℒ Rundflug m; short ~ ℓ Kurzschluß m; ~ous □ [sə(ː)'kjuːitəs] weitschweifig; Um...

circular ['səːkjulə] 1. ☐ kreisförmig; Kreis...; ~ letter Rundschreiben n; ~ note ✦ Kreditbrief m; 2. Rundschreiben n; Laufzettel m.

circulat|e ['səːkjuleit] v/i. umlaufen, zirkulieren; v/t. in Umlauf setzen; ~ing [~tiŋ]. ~library Leihbücherei f; ~ion [səːkju'leiʃən] Zirkulation f, Kreislauf m; ℱ Umlauf m; Verbreitung f; Zeitungs-Auflage f.

circum|... ['səːkəm] (her)um; ~ference se'kamfərəns] (Kreis-) Umfang m; Peripherie f; ℒjacent [səːkəm'dʒeisənt] ~nliegend; ~locution [~mlə'kjuːʃən] Umständlichkeit f; Weitschweifigkeit f; ~navigate [~m'nævigeit] umschiffen; ~scribe [~əːkəmskraib] ℱ umschreiben; fig. begrenzen; ~spect □ [~spekt] um~, vorsichtig; ~stance [~stəns] Umstand m (~s pl. a. Verhältnisse n/pl.); Einzelheit f; Umständlichkeit f; ~stantial [səːkəm'stænʃəl] umständlich, ~ evidence ⅔ Indizienbeweis m; ~vent [~m'vent] überlisten; vereiteln.

circus ['səːkəs] Zirkus m; (runder) Platz.

cistern ['sistən] Wasserbehälter m.

cit|ation [sai'teiʃən] Vorladung f; Anführung f, Zitat n; Am. öffentliche Ehrung; ~e [sait] ⅔ vorladen; anführen; zitieren.

citizen ['sitizn] (Staats)Bürger(in) Städter(in); ~ship [~ʃip] Bürgerrecht n, Staatsangehörigkeit f.

citron ['sitrən] Zitrone f.

city ['siti] 1. Stadt f; the 2 die City, das Geschäftsviertel; 2. städtisch, Stadt...; 2 article Börsen-, Handelsbericht m; ~ editor Am. Lokalredakteur m; ~ hall Am. Rathaus n; ~ manager Am. Oberstadtdirektor m.

civic ['sivik] (staats)bürgerlich; städtisch; ~s sg. Staatsbürgerkunde f.

civil ['sivl] bürgerlich, Bürger...; zivil; ⅔ zivilrechtlich; höflich; 2 Servant Verwaltungsbeamte(r) m; ~in f; 2 Service Staatsdienst m; ~ian [si'viljən] Zivilist m; ~ity [~liti] Höflichkeit f; ~ization [sivilai'zeiʃən] Zivilisation f, Kultur f; ~ize ['sivilaiz] zivilisieren.

clad [klæd] 1. pret. u. p.p. von clothe; 2. adj. gekleidet.

claim [kleim] 1. Anspruch m; Anrecht n (to auf acc.); Forderung f; Am. Parzelle f; 2. beanspruchen; fordern; sich berufen auf (acc.); ~ to be sich ausgeben für; ~ant ['kleimənt] Beanspruchende(r m f); ⅔ Kläger m.

clairvoyant(e) [klɛə'vɔiənt] Hellseher(in).

clamber ['klæmbə] klettern.

clammy □ ['klæmi] feuchtkalt, klamm.

clamo(u)r ['klæmə] 1. Geschrei n, Lärm m; 2. schreien (for nach).

clamp ⅓ [klæmp] 1. Klammer f; 2. verklammern; befestigen.

clan [klæn] ~ lan m, Sippe f (a. fig.).

clandestine [klæn'destin] heimlich; geheim...

clang [klæŋ] 1. Klang m, Geklirr n; 2. schallen; klirren (lassen).

clank [klæŋk] 1. Gerassel n, Geklirr n; 2. rasseln, klirren (mit).

clap [klæp] 1. Klatschen n; Schlag m, Klaps m; 2. schlagen (mit) klatschen; ~board Am. ['klæpbɔːd] Schaltbrett n; ~trap Effekthascherei f.

claret ['klærət] roter Bordeaux; allg. Rotwein m; Weinrot n; sl. Blut n.

clarify ['klærifai] v/t. (ab)klären; fig. klären; v/i. sich klären.

clarity ['klæriti] Klarheit f.

clash [klæʃ] 1. Geklirr n; Zs.-stoß m; Widerstreit m; 2. klirren (mit); zs.-stoßen.

clasp [klɑːsp] 1. Haken m, Klammer f; Schnalle f; Spange f; fig. Umklammerung f; Umarmung f; 2. v/t. an~, zuhaken; fig. umklammern; umfassen; v/i. festhalten; ~knife ['klɑːsp'naif] Taschenmesser n.

class [klɑːs] 1. Klasse f; Stand m; (Unterrichts)Stunde f; Kurs m; Am. univ. Jahrgang m; 2. (in Klassen) einteilen, einordnen.

classic ['klæsik] Klassiker m; ~s

*pl.* die alten Sprachen; ~(al □)
[..k(ə)l] klassisch.
classi|fication [klæsifi'keiʃən] Klas-
sifizierung *f*, Einteilung *f*; ~fy
['klæsifai] klassifizieren, einstufen.
clatter ['klætə] 1. Geklapper *n*;
2. klappern (mit); *fig.* schwatzen.
clause [klɔːz] Klausel *f*, Bestimmung
*f*; *gr.* (Neben)Satz *m*.
claw [klɔː] 1. Klaue *f*, Kralle *f*,
Pfote *f*; *Krebs*-Schere *f*; 2. (zer-)
kratzen; (um)krallen.
clay [klei] Ton *m*; *fig.* Erde *f*.
clean [kliːn] 1. *adj.* □ rein; sauber;
2. *adv.* rein, völlig; 3. reinigen (*of*
*von*); sich waschen lassen (*Stoff*
*etc.*); ~ *up* aufräumen; ~er ['kliːnə]
Reiniger *m*; *mst* ~s *pl.* (chemische)
Reinigung; ~ing [~niŋ] Reinigung
*f*; ~liness ['klenlinis] Reinlichkeit
*f*; ~ly 1. *adv.* ['kliːnli] rein; sauber;
2. *adj.* ['klenli] reinlich; ~se [klenz]
reinigen; säubern.
clear [kliə] 1. □ klar; hell, rein;
*fig.* rein (*from von*); frei (*of von*);
ganz, voll; ✝ rein, netto; 2. *v/t.*
er-, aufhellen; (auf)klären; reinigen (*of*, *from von*); *Wald* lichten,
roden; wegräumen (*a. ~ away od.*
*off*); *Hindernis* nehmen; *Rechnung*
bezahlen; ✝ (aus)klarieren, ver-
zollen; ✝✝ freisprechen; befreien;
rechtfertigen (*from von*); *v/i. a. ~*
*up* sich aufhellen; sich verziehen;
~ance [′kliərəns] Aufklärung *f*;
Freilegung *f*; Räumung *f*; ✝ Abrechnung *f*; ⊕, ✝ Verzollung *f*;
~ing [~riŋ] Aufklärung *f*; Lichtung
*f*, Rodung *f*; ✝ Ab~, Verrechnung
*f*; ☷ *House* Ab~, Verrechnungs-
stelle *f*.
cleave[1] [kliːv] [*irr.*] (sich) spalten;
*Wasser*, *Luft* (zer)teilen.
cleave[2] [~] *fig.* festhalten (*to an dat.*);
treu bleiben (*dat.*).
cleaver ['kliːvə] Hackmesser *n*.
clef ♪ [klef] Schlüssel *m*.
cleft [kleft] 1. Spalte *f*; Sprung *m*,
Riß *m*; 2. *pret. u. p.p. von cleave[1]*.
clemen|cy ['klemənsi] Milde *f*; ~t
□ [~nt] mild.
clench [klentʃ] *Lippen etc.* fest zs.-
pressen; *Zähne* zs.-beißen; *Faust*
ballen; festhalten.
clergy ['klɔːdʒi] Geistlichkeit *f*;
~man Geistliche(r) *m*.
clerical ['klerikəl] 1. □ geistlich;
Schreib(er)...; 2. Geistliche(r) *m*.
clerk [klɑːk] Schreiber(in); Büro-
angestellte(r *m*) *f*; Sekretär(in); ✝
kaufmännische(r) Angestellte(r);
*Am.* Verkäufer(in); Küster *m*.
clever □ ['klevə] gescheit; geschickt.
clew [kluː] Knäuel *m*, *n*; = *clue*.
click [klik] 1. Knacken *n*; ⊕ Sperr-
haken *m*, ~klinke *f*; 2. knacken; zu~
einschnappen; klappen.
client ['klaiənt] Klient(in); Kund|e

*m*, ~in *f*; ~ele [kliːã:n'teil] Kundschaft *f*.
cliff [klif] Klippe *f*; Felsen *m*.
climate ['klaimit] Klima *n*.
climax ['klaimæks] 1. *rhet.* Steigerung *f*; Gipfel *m*, Höhepunkt *m*;
2. (sich) steigern.
climb [klaim] (er)klettern, (er-)
klimmen, (er)steigen, ~er ['klaimə]
Kletterer *m*, Bergsteiger(in); *fig.*
Streber(in); ♣ Kletterpflanze *f*;
~ing [~miŋ] Klettern *n*; *attr.*
Kletter...
clinch [klintʃ] 1. ⊕ Vernietung *f*;
Festhalten *n*; *Boxen:* Umklammerung *f*; 2. *v/t.* vernieten; festmachen; *s. clench*; *v/i.* festhalten.
cling [kliŋ] [*irr.*] (*to*) festhalten (an
*dat.*), sich klammern (an *acc.*);
sich (an)schmiegen (an *acc.*); *j-m*
anhängen.
clinic ['klinik] Klinik *f*; klinisches
Praktikum; ~al □ [~kəl] klinisch.
clink [kliŋk] 1. Geklirr *n*; 2. klingen,
klirren (lassen); klimpern mit; ~er
['kliŋkə] Klinker(stein) *m*.
clip[1] [klip] 1. Schur *f*; *at one ~ Am.*
F auf einmal; 2. ab~, aus~, beschneiden; *Schafe etc.* scheren.
clip[2] [~] Klammer *f*; Spange *f*.
clipp|er ['klipə] (*a. pair of*) ~s *pl.*
Haarschneide-, Schermaschine *f*;
Klipper *m*; ☷ Schnellsegler *m*;
✈ Verkehrsflugzeug *n*; ~ings [~piŋz]
*pl.* Abfälle *m/pl.*; Zeitungs- *etc.*
Ausschnitte *m/pl.*
cloak [klouk] 1. Mantel *m*; 2. *fig.* bemänteln, verhüllen; ~room
['kloukrum] Garderobe(nraum *f*) *f*;
Toilette *f*; ☷ Gepäckabgabe *f*.
clock [klɔk] *Schlag-*, *Wand-Uhr f*;
~wise ['klɔkwaiz] im Uhrzeiger-
sinn; ~work Uhrwerk *n*; *like ~*
wie am Schnürchen.
clod [klɔd] Erdklumpen *m*; *a. ~*
hopper (Bauern)Tölpel *m*.
clog [klɔg] 1. Klotz *m*; Holzschuh *m*,
Pantine *f*; 2. belasten; hemmen;
(sich) verstopfen.
cloister ['klɔistə] Kreuzgang *m*;
Kloster *n*.
close 1. □ [klous] geschlossen; verborgen; verschwiegen; knapp, eng;
begrenzt; nah, eng; bündig; dicht;
gedrängt; schwül; knickerig; genau; fest (*Griff*); ~ *by*, ~ *to* dicht
bei; ~ *fight*, ~ *quarters pl.* Hand-
gemenge *n*, Nahkampf *m*; ~(ed)
*season*, ~ *time hunt.* Schonzeit *f*;
*sail ~ to the wind fig.* sich hart an der
Grenze des Erlaubten bewegen;
2. [klouz] Schluß *m*; Abschluß *m*;
[klous] Einfriedung *f*; Hof *m*; 3.
[klouz] *v/t.* (ab~, ein~, ver~, zu-)
schließen; beschließen; *v/i.* (sich)
schließen; abschließen; *hand*gemein werden); ~ *in* hereinbrechen
(*Nacht*); kürzer werden (*Tage*); ~
*on* (*prp.*) sich schließen um, um-

fassen; ~ness ['klousnis] Genauigkeit f, Geschlossenheit f.

closet ['klɔzit] 1. Kabinett n;
(Wand)Schrank m; = water-~;
2.: be ~ed with mit j-m e-e geheime
Beratung haben.          [nahme f.]

close-up ['klousʌp] Film: Großauf-)

closure ['klouʒə] Verschluß m; parl.
(Antrag m auf) Schluß m e-r Debatte.

clot [klɔt] 1. Klümpchen n; 2. zu
Klümpchen gerinnen (lassen).

cloth [klɔθ] Stoff m, Tuch n; Tisch-
tuch n; Kleidung f, Amts-Tracht f;
the ~ der geistliche Stand; lay the
~ den Tisch decken; ~binding
Leineneinband m; ~bound in Leinen gebunden.

clothe [klouð] [irr.] (an-, be)kleiden;
einkleiden.

clothes [klouðz] pl. Kleider n/pl.;
Kleidung f; Anzug m; Wäsche f;
~basket ['klouðzbɑːskit] Wäsche-
korb m; ~line Wäscheleine f; ~
peg Kleiderhaken m; Wäsche-
klammer f; ~pin bsd. Am. Wäsche-
klammer f; ~press Kleider-,
Wäscheschrank m.

clothier ['klouðiə] Tuch-, Kleider-
händler m.

clothing ['klouðiŋ] Kleidung f.

cloud [klaud] 1. Wolke f (a. fig.);
Trübung f; Schatten m; 2. (sich)
be-, umwölken (a. fig.); ~burst
['klaudbɜːst] Wolkenbruch m; ~less
□ [~dlis] wolkenlos; ~y □ [~di]
wolkig; Wolken...; trüb; unklar.

clout [klaut] Lappen m; F Kopf-
nuß f.

clove¹ [klouv] (Gewürz)Nelke f.

clove² [~] pret. von cleave¹; ~n
['klouvn] 1. p.p. von cleave¹; 2. adj.
gespalten.

clover ⊕ ['klouvə] Klee m.

clown [klaun] Hanswurst m; Tölpel
m; ~ish □ ['klauniʃ] bäurisch;
plump; clownhaft.

cloy [klɔi] übersättigen, überladen.

club [klʌb] 1. Keule f; (Gummi-)
Knüppel m; Klub m; ~s pl. Karten:
Kreuz n; 2. v/t. mit e-r Keule
schlagen; v/i. sich zs.-tun; ~foot
['klʌbfut] Klumpfuß m.

clue [kluː] Anhaltspunkt m, Finger-
zeig m.

clump [klʌmp] 1. Klumpen m;
Baum-Gruppe f; 2. trampeln; zs.-
drängen.

clumsy □ ['klʌmzi] unbeholfen, ungeschickt; plump.

clung [klʌŋ] pret. u. p.p. von cling.

cluster ['klʌstə] 1. Traube f;
Büschel n; Haufen m; 2. büschel-
weise wachsen; (sich) zs.-drängen.

clutch [klʌtʃ] 1. Griff m; ⊕ Kupplung f; Klaue f; 2. (er)greifen.

clutter ['klʌtə] 1. Wirrwarr m;
2. durch-ea.-rennen; durch-ea.-
bringen.

coach [koutʃ] 1. Kutsche f; ⚡
Wagen m; Reisebus m; Einpauker
m; Trainer m; 2. in e-r Kutsche
fahren; (ein)pauken; trainieren;
~man ['koutʃmən] Kutscher m.

coagulate [kou'ægjuleit] gerinnen
(lassen).

coal [koul] 1. (Stein)Kohle f; carry
~s to Newcastle Eulen nach Athen
tragen; 2. ⚓ (be)kohlen.

coalesce [kouə'les] zs.-wachsen;
sich vereinigen.

coalition [kouə'liʃən] Verbindung f;
Bund m, Koalition f.

coal-pit ['koulpit] Kohlengrube f.

coarse [kɔːs] grob; ungeschliffen.

coast [koust] 1. Küste f; bsd. Am.
Rodelbahn f; 2. die Küste entlangfahren; im Freilauf fahren; rodeln;
~er ['koustə] Am. Rodelschlitten;
⚓ Küstenfahrer m.

coat [kout] 1. Jackett n, Jacke f,
Rock m; Mantel m; Pelz m, Gefieder n; Überzug m; ~ of arms
Wappen(schild m, n) n; 2. überziehen; ~nstreichen; ~hanger
['kouthæŋə] Kleiderbügel m; ~ing
['koutiŋ] Überzug m; Anstrich m;
Mantelstoff m.

coax [kouks] schmeicheln (dat.); beschwatzen (into zu).

cob [kɔb] kleines starkes Pferd;
Schwan m; Am. Maiskolben m.

cobbler ['kɔblə] Schuhmacher m;
Stümper m.

cobweb ['kɔbweb] Spinn(en)ge-
webe n.

cock [kɔk] 1. Hahn m; Anführer m;
Heuhaufen m; 2. a. ~ up aufrichten;
Gewehrhahn spannen.

cockade [kɔ'keid] Kokarde f.

cockatoo [kɔkə'tuː] Kakadu m.

cockboat ⚓ ['kɔkbout] Jolle f.

cockchafer ['kɔktʃeifə] Maikäfer m.

cock|-eyed sl. ['kɔkeid] schieläugig;
Am. blau (betrunken); ~horse
Steckenpferd n.

cockney ['kɔkni] waschechter Londoner.

cockpit ['kɔkpit] Kampfplatz m für
Hähne; ⚓ Raumdeck n; ✈ Führer-
raum m, Kanzel f.

cockroach zo. ['kɔkroutʃ] Schabe f.

cock|sure F ['kɔk'ʃuə] absolut
sicher; überheblich; ~tail Cocktail
m; ~y □ F ['kɔki] selbstbewußt;
frech.

coco ['koukou] Kokospalme f.

cocoa ['koukou] Kakao m.

coco-nut ['koukənʌt] Kokosnuß f.

cocoon [kə'kuːn] Seiden-Kokon m.

cod [kɔd] Kabeljau m.

coddle ['kɔdl] verhätscheln.

code [koud] 1. Gesetzbuch n; Kodex
m; Telegramm-, Signal-Schlüssel m;
2. chiffrieren.

codger F ['kɔdʒə] komischer Kauz.

cod-liver ['kɔdlivə]: ~ oil Lebertran
m.

co-ed *Am.* F ['kou'ed] Schülerin *f* e-r Koedukationsschule, *allg.* Studentin *f.*

coerce [kou'ə:s] (er)zwingen; ~ion [kou'ə:ʃən] Zwang *m.*

coeval □ [kou'i:vəl] gleichzeitig; gleichalt(e)rig.

coexist ['kouig'zist] gleichzeitig bestehen.

coffee ['kɔfi] Kaffee *m*; ~pot Kaffeekanne *f*; ~-room Speisesaal *m* e-s Hotels; ~-set Kaffeeservice *n.*

coffer ['kɔfə] (Geld)Kasten *m.*

coffin ['kɔfin] Sarg *m.*

cogent □ ['koudʒənt] zwingend.

cogitate ['kɔdʒiteit] *v/i.* nachdenken; *v/t.* (er)sinnen.

cognate ['kɔgneit] verwandt.

cognition [kɔg'niʃən] Erkenntnis *f.*

cognizable ['kɔgnizəbl] erkennbar.

coheir ['kou'ɛə] Miterbe *m.*

coheren|ce [kou'hiərəns] Zs.-hang *m*; ~t □ [~nt] zs.-hängend.

cohesi|on [kou'hi:ʒən] Kohäsion *f*; ~ve [~'hi:siv] (fest) zs.-hängend.

coiff|eur [kwa:'fə:] Friseur *m*; ~ure [~'fjuə] Frisur *f.*

coil [kɔil] 1. *a.* ~ *up* aufwickeln; (sich) zs.-rollen; 2. Rolle *f*, Spirale *f*; Wicklung *f*; ∉ Spule *f*; Windung *f*; ⊕ (Rohr)Schlange *f.*

coin [kɔin] 1. Münze *f*; 2. prägen (*a. fig.*); münzen; ~age ['kɔinidʒ] Prägung *f*; Geld *n*, Münze *f.*

coincide [kouin'said] zs.-treffen; übereinstimmen; ~nce [kou'insidəns] Zs.-treffen *n*; *fig.* Übereinstimmung *f.*

coke [kouk] Koks *m* (*a. sl.* = Kokain); *Am.* F Coca-Cola *n, f.*

cold [kould] 1. □ kalt; 2. Kälte *f*, Frost *m*; Erkältung *f*; ~ness ['kouldnis] Kälte *f.*

coleslaw *Am.* ['koulslɔ:] Krautsalat *m.*

colic ♂ ['kɔlik] Kolik *f.*

collaborat|e [kə'læbəreit] zs.-arbeiten; ~ion [kəlæbə'reiʃən] Zs.-, Mitarbeit *f*; *in* ~ gemeinsam.

collapse [kə'læps] 1. zs.-, einfallen; zs.-brechen; 2. Zs.-bruch *m*; ~ible [~səbl] zs.-klappbar.

collar ['kɔlə] 1. Kragen *m*; Halsband *n*; Kum(me)t *n*; ⊕ Lager *n*; 2. beim Kragen packen; *Fleisch* zs.-rollen; ~bone Schlüsselbein *n*; ~stud Kragenknopf *m.*

collate [kɔ'leit] *Texte* vergleichen.

collateral [kɔ'lætərəl] 1. □ parallel laufend; Seiten..., Neben...; indirekt; 2. Seitenverwandte(r *m*) *f.*

colleague ['kɔli:g] Kollege *m*, -in *f.*

collect 1. *eccl.* ['kɔlekt] Kollekte *f*; 2. *v/t.* [kə'lekt] (ein)sammeln; *Gedanken etc.* sammeln; einkassieren; abholen; *v/i.* sich (ver)sammeln; ~ed *fig.* gefaßt; ~ion [~kʃən] Sammlung *f*; Einziehung *f*; ~ive □ [~ktiv] gesammelt; Sammel...; ~

bargaining Tarifverhandlungen *f/pl.*; ~ively [~vli] insgesamt; zs.-fassend; ~or [~tə] Sammler *m*; Steuereinnehmer *m*; ⊕ Fahrkartenabnehmer *m*; ∉ Stromabnehmer *m.*

college ['kɔlidʒ] College *n* (*Teil e-r Universität*); höhere Schule *od.* Lehranstalt *f*; Hochschule *f*; Akademie *f*; Kollegium *n.*

collide [kə'laid] zs.-stoßen.

collie ['kɔli] Collie *m*, schottischer Schäferhund.

collier ['kɔliə] Bergmann *m*; ♣ Kohlenschiff *n*; ~y ['kɔljəri] Kohlengrube *f.*

collision [kə'liʒən] Zs.-stoß *m.*

colloquial □ [kə'loukwiəl] umgangssprachlich, familiär.

colloquy ['kɔləkwi] Gespräch *n.*

colon *typ.* ['koulən] Doppelpunkt *m.*

colonel ⚔ ['kə:nl] Oberst *m.*

coloni|al [kə'lounjəl] Kolonial...; ~alism *pol.* [~lizəm] Kolonialismus *m*; ~ze ['kɔlənaiz] kolonisieren; (sich) ansiedeln; besiedeln.

colony ['kɔləni] Kolonie *f*; Siedlung *f.*

colossal □ [kə'lɔsl] kolossal.

colo(u)r ['kʌlə] 1. Farbe *f*; *fig.* Färbung *f*; Anschein *m*; Vorwand *m*; ~s *pl.* ⚔ Fahne *f*, Flagge *f*; 2. *v/t.* färben; anstreichen; *fig.* beschönigen; *v/i.* sich (ver)färben; erröten; ~bar Rassenschranke *f*; ~ed gefärbt, farbig; ~ man Farbige(r) *m*; ~ful [~ful] farbenreich, -freudig; lebhaft; ~ing [~riŋ] Färbung *f*; Farbton *m*; *fig.* Beschönigung *f*; ~less □ [~lis] farblos; ~ line *bsd. Am.* Rassenschranke *f.*

colt [koult] Hengstfüllen *n*; *fig.* Neuling *m.*

column ['kɔləm] Säule *f*; *typ.* Spalte *f*; ⚔ Kolonne *f*; ~ist *Am.* [~mnist] Kolumnist *m.*

comb [koum] 1. Kamm *m*; ⊕ Hechel *f*; 2. *v/t.* kämmen; striegeln; *Flachs* hecheln.

combat ['kɔmbət] 1. Kampf *m*; single ~ Zweikampf *m*; 2. (be-) kämpfen; ~ant [~tənt] Kämpfer *m.*

combin|ation [kɔmbi'neiʃən] Verbindung *f*; *mst* ~s *pl.* Hemdhose *f*; ~e [kəm'bain] (sich) verbinden, vereinigen.

combust|ible [kəm'bʌstəbl] 1. brennbar; 2. ~s *pl.* Brennmaterial *n*; *mot.* Betriebsstoff *m*; ~ion [~tʃən] Verbrennung *f.*

come [kʌm] [*irr.*] kommen; to ~ künftig, kommend; ~ about sich zutragen; ~ across auf *j.* od. et. stoßen; ~ at erreichen; ~ by vorbeikommen; zu et. kommen; ~ down herunterkommen (*a. fig.*); *Am.* F erkranken (with an dat.); ~ for abholen; ~ off davonkommen; losgehen (*Knopf*), ausfallen (*Haare etc.*); stattfinden;

**~ round** vorbeikommen (*bsd. zu Besuch*); wiederkehren; F zu sich kommen; *fig.* einlenken; **~ to** adv. dazukommen; & beidrehen; *prp.* betragen;... *up to* entsprechen (*dat.*); es *j-m* gleichtun; *Stand, Maß* erreichen; **~back** ['kʌmbæk] Wiederkehr f, Comeback n; *Am. sl.* schlagfertige Antwort.

**comedian** [kə'mi:djən] Schauspieler(in); Komiker(in); Lustspieldichter m.

**comedy** ['kɔmidi] Lustspiel n.

**comeliness** ['kʌmlinis] Anmut f.

**comfort** ['kʌmfət] 1. Bequemlichkeit f; Behaglichkeit f; Trost m; *fig.* Beistand m; Erquickung f; 2. trösten; erquicken; beleben; **~able** ☐ [..təbl] behaglich; bequem; tröstlich; **~er** [..tə] Tröster m; *fig.* wollenes Halstuch; Schnuller m; *Am.* Steppdecke f; **~less** ☐ [..tlis] unbehaglich; trostlos; **~ station** *Am.* Bedürfnisanstalt f.

**comic(al** ☐) ['kɔmik(əl)] komisch; lustig, drollig.

**coming** ['kʌmiŋ] 1. kommend; künftig; 2. Kommen n.

**comma** ['kɔmə] Komma n.

**command** [kə'mɑ:nd] 1. Herrschaft f, Beherrschung f (*a. fig.*); Befehl m; ✕ Kommando n; *be (have) at* ~ zur Verfügung stehen (haben); 2. befehlen; ✕ kommandieren; verfügen über (*acc.*); beherrschen; **~er** [..də] Kommandeur m, Befehlshaber m; & Fregattenkapitän m; **~er-in-chief** [..rin-'tʃi:f] Oberbefehlshaber m; **~ment** [..dmənt] Gebot n.

**commemorat|e** [kə'meməreit] gedenken (*gen.*), feiern; **~ion** [kəme-mə'reiʃən] Gedächtnisfeier f.

**commence** [kə'mens] anfangen, beginnen; **~ment** [..smənt] Anfang m. [loben; anvertrauen.]

**commend** [kə'mend] empfehlen;)

**commensurable** ☐ [kə'menʃərəbl] vergleichbar (*with, to* mit).

**comment** ['kɔment] 1. Kommentar m; Erläuterung f; An—, Bemerkung f; 2. (*upon*) erläutern (*acc.*); sich auslassen (über *acc.*); **~ary** ['kɔmən-təri] Kommentar m; **~ator** ['kɔmenteitə] Kommentator m; *Radio:* Berichterstatter m.

**commerce** ['kɔmə(:)s] Handel m; Verkehr m; **~ial** ☐ [kə'mə:ʃəl] 1. kaufmännisch; Handels..., Geschäfts...; gewerbsmäßig; ~ *traveller* Handlungsreisende(r) m; 2. *bsd. Am. Radio, Fernsehen:* kommerzielle (Werbe)Sendung.

**commiseration** [kəmizə'reiʃən] Mitleid n (*for* mit).

**commissary** ['kɔmisəri] Kommissar m; ✕ Intendanturbeamte(r) m.

**commission** [kə'miʃən] 1. Auftrag m; Übertragung f *von Macht etc.*;

Begehung f *e-s Verbrechens*; Provision f; Kommission f; (*Offiziers~*) Patent n; 2. beauftragen; bevollmächtigen; ✕ bestallen; & in Dienst stellen; **~er** [..ʃnə] Bevollmächtigte(r m) f; Kommissar m.

**commit** [kə'mit] anvertrauen; übergeben, überweisen; *Tat* begehen; bloßstellen; ~ (*o.s. sich*) verpflichten; ~ (*to prison*) in Untersuchungshaft nehmen; **~ment** [..tmənt], **~tal** [..tl] Überweisung f; Verpflichtung f; Verübung f; **~tee** [..ti] Ausschuß m, Komitee n.

**commodity** [kə'mɔditi] Ware f (*mst pl.*), Gebrauchsartikel m.

**common** ['kɔmən] 1. ☐ (all)gemein; gewöhnlich; gemeinschaftlich; öffentlich; gemein (*niedrig*); 2 *Council* Gemeinderat m; 2. Gemeindewiese f; *in* ~ gemeinsam; *in* ~ *with fig.* genau wie; **~er** [..nə] Bürger m, Gemeine(r) m; Mitglied n des Unterhauses; **~ law** Gewohnheitsrecht n; 2 *Market* Gemeinsamer Markt; **~place** 1. Gemeinplatz m; 2. gewöhnlich; F abgedroschen; **~s** pl. das gemeine Volk; Gemeinschaftsverpflegung f; (*mst House of*) 2 Unterhaus n; **~ sense** gesunder Menschenverstand; **~wealth** [..nwelθ] Gemeinwesen n, Staat m; *bsd.* Republik f; *the British* 2 das Commonwealth.

**commotion** [kə'mouʃən] Erschütterung f; Aufruhr m; Aufregung f.

**communal** ☐ ['kɔmjunl] gemeinschaftlich; Gemeinde...

**commune** 1. [kə'mju:n] sich vertraulich besprechen; 2. ['kɔmju:n] Gemeinde f.

**communicat|e** [kə'mju:nikeit] v/t. mitteilen; v/i. das Abendmahl nehmen, kommunizieren; in Verbindung stehen; **~ion** [kəmju:ni'kei-ʃən] Mitteilung f; Verbindung f; **~ive** [kə'mju:nikətiv] gesprächig.

**communion** [kə'mju:njən] Gemeinschaft f; *eccl.* Kommunion f, Abendmahl n.

**communis|m** ['kɔmjunizəm] Kommunismus m; **~t** [..ist] 1. Kommunist(in); 2. kommunistisch.

**community** [kə'mju:niti] Gemeinschaft f; Gemeinde f; Staat m.

**commut|ation** [kɔmju(:)'teiʃən] Vertauschung f; Umwandlung f; Ablösung f; Strafmilderung f; ~ *ticket Am.* Zeitkarte f; **~e** [kə'mju:t] ablösen; *Strafe (mildernd)* umwandeln; *Am.* pendeln *im Arbeitsverkehr.*

**compact** 1. ['kɔmpækt] Vertrag m; 2. [kəm'pækt] *adj.* dicht, fest; knapp, bündig; v/t. fest verbinden.

**companion** [kəm'pænjən] Gefährt|e m, -in f; Gesellschafter(in); **~able** [..nəbl] gesellig; **~ship** [..nʃip] Gesellschaft f.

**company** ['kʌmpəni] Gesellschaft f; Kompanie f; Handelsgesellschaft f; Genossenschaft f; ⚓ Mannschaft f; *thea.* Truppe f; *have* ~ Gäste haben; *keep* ~ *with* verkehren mit.

**compar|able** □ ['kɔmpərəbl] vergleichbar; **~ative** [kəm'pærətiv] 1. □ vergleichend; verhältnismäßig; 2. *a.* ~ *degree gr.* Komparativ m; ~*e* [~'pɛə] 1.: *beyond* ~, *without* ~ *past* ~ unvergleichlich; 2. *v/t.* vergleichen; gleichstellen (*to* mit); *v/i.* sich vergleichen (lassen); ~*ison* [~'pærisn] Vergleich(ung f) m.

**compartment** [kəm'pɑːtmənt] Abteilung f; ⚓ Fach n; ﹢ Abteil m.

**compass** ['kʌmpəs] 1. Bereich m; ♪ Umfang m; Kompaß m; *oft pair of* ~*es pl.* Zirkel m; 2. herumgehen um; einschließen; erreichen; planen.

**compassion** [kəm'pæʃən] Mitleid n; ~*ate* [~nit] mitleidig.

**compatible** □ [kəm'pætəbl] vereinbar, verträglich; schicklich.

**compatriot** [kəm'pætriət] Landsmann m.

**compel** [kəm'pel] (er)zwingen.

**compensat|e** ['kɔmpenseit] *j-n* entschädigen; *et.* ersetzen; ausgleichen; ~*ion* [kɔmpen'seiʃn] Ersatz m; Ausgleich(ung f) m; Entschädigung f; *Am.* Vergütung f (*Gehalt*).

**compère** ['kɔmpɛə] 1. Conférencier m; 2. ansagen (bei).

**compete** [kəm'piːt] sich mitbewerben (*for* um); konkurrieren.

**competen|ce, ~cy** ['kɔmpitəns, ~si] Befugnis f, Zuständigkeit f; Auskommen n; ~*t* □ [~nt] hinreichend; (leistungs)fähig; fachkundig; berechtigt; zuständig.

**competit|ion** [kɔmpi'tiʃn] Mitbewerbung f; Wettbewerb m; ♱ Konkurrenz f; ~*ive* [kəm'petitiv] wetteifernd; ~*or* [~tə] Mitbewerber(-in); Konkurrent(in).

**compile** [kəm'pail] zs.-tragen, zs.-stellen (*from* aus); sammeln.

**complacen|ce, ~cy** [kəm'pleisns, ~si] Selbstzufriedenheit f.

**complain** [kəm'plein] (sich be-) klagen; ~*ant* [~nənt] Kläger(in); ~*t* [~nt] Klage f, Beschwerde f; ⚕ Leiden n.

**complaisan|ce** [kəm'pleizəns] Gefälligkeit f; Entgegenkommen n; ~*t* □ [~nt] gefällig; entgegenkommend.

**complement** 1. ['kɔmplimənt] Ergänzung f; volle Anzahl; 2. [~ment] ergänzen.

**complet|e** [kəm'pliːt] 1. □ vollständig, ganz; vollkommen; 2. vervollständigen; vervollkommnen; abschließen; ~*ion* [~'iːʃn] Vervollständigung f; Abschluß m; Erfüllung f.

**complex** ['kɔmpleks] 1. □ zs.-gesetzt; *fig.* kompliziert; 2. Gesamtheit f, Komplex m; ~*ion* [~'plekʃən] Aussehen n; Charakter m, Zug m; Gesichtsfarbe f, Teint m; ~*ity* [~ksiti] Kompliziertheit f.

**complian|ce** [kəm'plaiəns] Einwilligung f; Einverständnis n; *in* ~ *with* gemäß; ~*t* □ [~nt] gefällig.

**complicate** ['kɔmplikeit] komplizieren, erschweren.

**complicity** [kəm'plisiti] Mitschuld f (*in an das.*).

**compliment** 1. ['kɔmplimənt] Kompliment n; Schmeichelei f; Gruß m; 2. [~ment] *v/t.* (*on*) beglückwünschen (zu); *j-m* Komplimente machen (über *acc.*); ~*ary* [kɔmpli'mentəri] höflich.

**comply** [kəm'plai] sich fügen; nachkommen, entsprechen (*with das.*).

**component** [kəm'pounənt] 1. Bestandteil m; 2. zs.-setzend.

**compos|e** [kəm'pouz] zs.-setzen; komponieren, verfassen; ordnen; beruhigen; *typ.* setzen; ~*ed* □ ruhig, gesetzt; ~*er* [~zə] Komponist(in); Verfasser(in); ~*ition* [kɔmpə'ziʃn] Zs.-setzung f; Abfassung f; Komposition f; (Schrift-) Satz m; Aufsatz m; ✝ Vergleich m; ~*t* ['kɔmpɔst] Kompost m; ~*ure* [kəm'pouʒə] Fassung f, Gemütsruhe f.

**compound** 1. ['kɔmpaund] zs.-gesetzt; ~ *interest* Zinseszinsen m/pl.; 2. Zs.-setzung f, Verbindung f; 3. [kəm'paund] *v/t.* zs.-setzen; *Streit* beilegen; *v/i.* sich einigen.

**comprehend** [kɔmpri'hend] umfassen; begreifen, verstehen.

**comprehen|sible** □ [kɔmpri'hensəbl] verständlich; ~*sion* [~ʃən] Verständnis n; Fassungskraft f; Umfang m; ~*sive* □ [~siv] umfassend.

**compress** [kəm'pres] zs.-drücken; ~*ed air* Druckluft f; ~*ion* [~ʃən] *phys.* Verdichtung f; ⊕ Druck m.

**comprise** [kəm'praiz] in sich fassen, einschließen, enthalten.

**compromise** ['kɔmprəmaiz] 1. Kompromiß m, n; 2. *v/t. Streit* beilegen; bloßstellen; *v/i.* e-n Kompromiß schließen.

**compuls|ion** [kəm'pʌlʃən] Zwang m; ~*ory* [~səri] obligatorisch; Zwangs...; Pflicht...

**compunction** [kəm'pʌŋkʃən] Gewissensbisse m/pl.; Reue f; Bedenken n.

**comput|ation** [kɔmpjuː'teiʃən] (Be)Rechnung f; ~*e* [kəm'pjuːt] (be-, er)rechnen; schätzen; ~*er* [~tə] Computer m.

**comrade** ['kɔmrid] Kamerad m.

**con**[1] *abbr.* [kɔn] = *contra.*

con² *Am. sl.* [~] 1.: ~ man = confidence man; 2. 'reinlegen (*betrügen*).

conceal [kən'siːl] verbergen; *fig.* verhehlen, verheimlichen, verschweigen.

concede [kən'siːd] zugestehen; einräumen; gewähren, nachgeben.

conceit [kən'siːt] Einbildung *f*; spitzfindiger Gedanke; übertriebenes sprachliches Bild; ~ed □ eingebildet (of auf *acc.*).

conceiv|able □ [kən'siːvəbl] denkbar; begreiflich; ~e [kən'siːv] *v/i.* empfangen (*schwanger werden*); sich denken (of *acc.*); *v/t.* Kind empfangen; sich denken; aussinnen.

concentrate ['kɔnsentreit] (sich) zs.-ziehen, (sich) konzentrieren.

conception [kən'sepʃən] Begreifen *n*; Vorstellung *f*, Begriff *m*, Idee *f*; *biol.* Empfängnis *f*.

concern [kən'səːn] 1. Angelegenheit *f*; Interesse *n*; Sorge *f*; Beziehung *f* (with zu); ↑ Geschäft *n*, (industrielles) Unternehmen; 2. betreffen, angehen, interessieren; ~ *o.s. about od. for* sich kümmern um; be ~ed in Betracht kommen; ~ed □ interessiert, beteiligt (*in* an *dat.*); bekümmert; ~ing *prp.* [.niŋ] betreffend, über, wegen, hinsichtlich.

concert 1. ['kɔnsət] Konzert *n*; 2. [.sə(ː)t] Einverständnis *n*; 3. [kən'səːt] sich einigen, verabreden; ~ed gemeinsam; ♪ mehrstimmig.

concession [kən'seʃən] Zugeständnis *n*; Erlaubnis *f*. [räumend.]

concessive □ [kən'sesiv] ein-]

conciliat|e [kən'silieit] aus-, versöhnen; ausgleichen; ~or [.tə] Vermittler *m*; ~ory [.ətəri] versöhnlich, vermittelnd.

concise □ [kən'sais] kurz, bündig, knapp; ~ness [.snis] Kürze *f*.

conclude [kən'kluːd] schließen, beschließen; abschließen; folgern; sich entscheiden; to be ~d Schluß folgt.

conclusi|on [kən'kluːʒən] Schluß *m*, Ende *n*; Abschluß *m*; Folgerung *f*; Beschluß *m*; ~ve [.luːsiv] schlüssig; endgültig.

concoct [kən'kɔkt] zs.-brauen; *fig.* aussinnen; ~ion [.kʃən] Gebräu *n*; *fig.* Erfindung *f*.

concord ['kɔŋkɔːd] Eintracht *f*; Übereinstimmung *f* (a. *gr.*); ♪ Harmonie *f*; ~ant □ [kən'kɔːdənt] übereinstimmend; einstimmig; ♪ harmonisch.

concourse ['kɔŋkɔːs] Zusammen-, Auflauf *m*; Menge *f*; *Am.* Bahnhofs-, Schalterhalle *f*.

concrete 1. ['kɔnkriːt] konkret; Beton...; 2. [.] Beton *m*; 3. [kən'kriːt] zu e-r Masse verbinden; ['kɔnkriːt] betonieren.

concur [kən'kəː] zs.-treffen, zs.-wirken; übereinstimmen; ~rence [.'kʌrəns] Zusammentreffen *n*; Übereinstimmung *f*; Mitwirkung *f*.

concussion [kən'kʌʃən]: ~ of the brain Gehirnerschütterung *f*.

condemn [kən'dem] verdammen; verurteilen; verwerfen; *Kranke* aufgeben; beschlagnahmen; ~ation [kɔndem'neiʃən] Verurteilung *f*; Verdammung *f*; Verwerfung *f*.

condens|ation [kɔnden'seiʃən] Verdichtung *f*; ~e [kən'dens] (sich) verdichten; ⊕ kondensieren; zs.-drängen; ~er [.sə] ⊕ Kondensator *m*.

condescen|d [kɔndi'send] sich herablassen; geruhen; ~sion [.nʃən] Herablassung *f*.

condiment ['kɔndimənt] Würze *f*.

condition [kən'diʃən] 1. Zustand *m*, Stand *m*; Stellung *f*, Bedingung *f*; ~s *pl.* Verhältnisse *n/pl.*; 2. bedingen; in e-n bestimmten Zustand bringen; ~al □ [.nl] bedingt (on, upon durch); Bedingungs...; ~ clause *gr.* Bedingungssatz *m*; ~ mood *gr.* Konditional *m*.

condol|e [kən'doul] kondolieren (with *dat.*); ~ence [.ləns] Beileid *n*.

conduc|e [kən'djuːs] führen, dienen; ~ive [.siv] dienlich, förderlich.

conduct 1. ['kɔndʌkt] Führung *f*; Verhalten *n*, Betragen *n*; 2. [kən'dʌkt] führen; ♪ dirigieren; ~ion [.kʃən] Leitung *f*; ~or [.ktə] Führer *m*; Leiter *m*; Schaffner *m*; ♪ Dirigent *m*; ≰ Blitzableiter *m*.

conduit ['kɔndit] (Leitungs-) Röhre *f*.

cone [koun] Kegel *m*; ♀ Zapfen *m*.

confabulation [kənfæbju'leiʃən] Plauderei *f*.

confection [kən'fekʃən] Konfekt *n*; ~er [.nə] Konditor *m*; ~ery [.əri] Konfekt *n*; Konditorei *f*; *bsd. Am.* Süßwarengeschäft *n*.

confedera|cy [kən'fedərəsi] Bündnis *n*; the ≈ *bsd. Am.* die 11 Südstaaten *bei der Sezession 1860—61*; ~te 1. [.rit] verbündet; 2. [.] Bundesgenosse *m*; 3. [.reit] (sich) verbünden; ~tion [kɔnfedə'reiʃən] Bund *m*, Bündnis *n*; the ≈ *bsd. Am.* die Staatenkonföderation *f* von 1781—1789.

confer [kən'fəː] *v/t.* übertragen, verleihen; *v/i.* sich besprechen; ~ence ['kɔnfərəns] Konferenz *f*.

confess [kən'fes] bekennen, gestehen; beichten; ~ion [.feʃən] Geständnis *n*; Bekenntnis *n*; Beichte *f*; ~ional [.nl] Beichtstuhl *m*; ~or [.esə] Bekenner *m*; Beichtvater *m*.

confide [kən'faid] *v/t.* anvertrauen; *v/i.* vertrauen (*in* auf *acc.*); ~nce ['kɔnfidəns] Vertrauen *n*; Zuversicht *f*; ~nce man Schwindler *m*;

Hochstapler *m*; ~nce trick Bauernfängerei *f*; ~nt □ [~nt] vertrauend; zuversichtlich; ~ntial □ [konfi-'denʃəl] vertraulich.

confine [kən'fain] begrenzen; beschränken; einsperren; *be ~d* niederkommen *(of* mit*)*; *be ~d to bed* das Bett hüten müssen; ~ment [~nmənt] Haft *f*; Beschränkung *f*; Entbindung *f*.

confirm [kən'fəːm] (be)kräftigen; bestätigen; konfirmieren; firmen; ~ation [konfə'meiʃən] Bestätigung *f*; *eccl.* Konfirmation *f*; *eccl.* Firmung *f*.

confiscat|e ['konfiskeit] beschlagnahmen; ~ion [konfis'keiʃən] Beschlagnahme *f*. [ßer Brand.⟩
conflagration [konflə'greiʃən] gro-⟩
conflict 1. ['konflikt] Konflikt *m*; 2. [kən'flikt] im Konflikt stehen.
conflu|ence ['konfluəns], ~x [~laks] Zs.-fluß *m*; Auflauf *m*; ~ent [~luənt] 1. zs.-fließend, zs.-laufend; 2. Zu-, Nebenfluß *m*.
conform [kən'fɔːm] (sich) anpassen; ~able □ [~məbl] (to) übereinstimmend (mit); entsprechend *(dat.)*; nachgiebig (gegen); ~ity [~miti] Übereinstimmung *f*.
confound [kən'faund] vermengen; verwechseln; *j-n* verwirren; *~ it!* F verdammt!; ~ed □ F verdammt.
confront [kən'frʌnt] gegenüberstellen; entgegentreten *(dat.)*.
confus|e [kən'fjuːz] verwechseln; verwirren; ~ion [~ʒən] Verwirrung *f*; Verwechs(e)lung *f*.
confut|ation [konfjuː'teiʃən] Widerlegung *f*; ~e [kən'fjuːt] widerlegen.
congeal [kən'dʒiːl] erstarren (lassen); gerinnen (lassen).
congenial □ [kən'dʒiːnjəl] (geistes-) verwandt *(with dat.)*; zusagend.
congenital [kən'dʒenitl] angeboren.
congestion [kən'dʒestʃən] (Blut-) Andrang *m*; Stauung *f*; *traffic ~* Verkehrsstockung *f*.
conglomeration [kənglomə'reiʃən] Anhäufung *f*; Konglomerat *n*.
congratulat|e [kən'grætjuleit] beglückwünschen; *j-m* gratulieren; ~ion [kəngrætju'leiʃən] Glückwunsch *m*.
congregat|e ['kongrigeit] (sich) (ver)sammeln; ~ion [kongri'geiʃən] Versammlung *f*; *eccl.* Gemeinde *f*.
congress ['kongres] Kongreß *m*; ♀ Kongreß *m, gesetzgebende Körperschaft der USA*; ♀man, ♀woman *Am. pol.* Mitglied *n* des Repräsentantenhauses.
congruous □ ['kongruəs] angemessen *(to* für*)*; übereinstimmend; folgerichtig.
conifer ['kounifə] Nadelholzbaum *m*.
conjecture [kən'dʒektʃə] 1. Mutmaßung *f*; 2. mutmaßen.

conjoin [kən'dʒɔin] (sich) verbinden; ~t ['kondʒɔint] verbunden.
conjugal □ ['kondʒugəl] ehelich.
conjugat|e *gr.* ['kondʒugeit] konjugieren, beugen; ~ion *gr.* [kondʒu-'geiʃən] Konjugation *f*, Beugung *f*.
conjunction [kən'dʒʌŋkʃən] Verbindung *f*; Zs.-treffen *n*; *gr.* Konjunktion *f*.
conjunctivitis [kəndʒʌŋkti'vaitis] Bindehautentzündung *f*.
conjure[1] [kən'dʒuə] beschwören, inständig bitten.
conjur|e[2] ['kʌndʒə] *v/t.* beschwören; *et. wohin* zaubern; *v/i.* zaubern; ~er [~ərə] Zauber|er *m*, -in *f*; Taschenspieler(in); ~ing-trick [~riŋtrik] Zauberkunststück *n*; ~or [~rə] = conjurer.
connect [kə'nekt] (sich) verbinden; ∮ schalten; ~ed □ verbunden; zs.-hängend *(Rede etc.)*; *be ~ with* in Verbindung stehen mit *j-m*; ~ion [~kʃən] = connexion.
connexion [kə'nekʃən] Verbindung *f*; ∮ Schaltung *f*; Anschluß *m* *(a.* ⇄*, ✈)*; Zs.-hang *m*; Verwandtschaft *f*.
connive [kə'naiv]: ~ *at* ein Auge zudrücken bei.
connoisseur [koni'səː] Kenner(in).
connubial □ [kə'njuːbjəl] ehelich.
conquer ['koŋkə] erobern; (be)siegen; ~or [~ərə] Eroberer *m*; Sieger *m*.
conquest ['koŋkwest] Eroberung *f*; Errungenschaft *f*; Sieg *m*.
conscience ['konʃəns] Gewissen *n*.
conscientious □ [konʃi'enʃəs] gewissenhaft; Gewissens...; ~ *objector* Kriegsdienstverweigerer *m* aus Überzeugung; ~ness [~nis] Gewissenhaftigkeit *f*.
conscious □ ['konʃəs] bewußt; *be ~ of sich* bewußt sein *(gen.)*; ~ness [~snis] Bewußtsein *n*.
conscript ['konskript] Wehrpflichtige(r) *m*; ~ion ⚔ [kən'skripʃən] Einberufung *f*.
consecrat|e ['konsikreit] weihen, einsegnen; heiligen; widmen; ~ion [konsi'kreiʃən] Weihung *f*, Einsegnung *f*; Heiligung *f*.
consecutive □ [kən'sekjutiv] aufea.-folgend; fortlaufend.
consent [kən'sent] 1. Zustimmung *f*; 2. einwilligen, zustimmen *(dat.)*.
consequen|ce ['konsikwəns] (to) Folge *f*, Konsequenz *f* (für); (Wirkung *f*, Einfluß *m* (auf *acc.*); Bedeutung *f* (für); ~t [~nt] 1. folgend; 2. Folge(rung) *f*; ~tial □ [konsi-'kwenʃəl] sich ergebend *(on* aus*)*; folgerichtig; wichtigtuerisch; ~tly ['konsikwəntli] folglich, daher.
conserv|ation [konsə(ː)'veiʃən] Erhaltung *f*; ~ative [kən'səːvətiv] 1. erhaltend *(of acc.)*; konservativ; vorsichtig; 2. Konservative(r) *m*;

**~atory** [kən'sɜːvətri] Treib-, Gewächshaus *n*; ♪ Konservatorium *n*; **~e** [kən'sɜːv] erhalten.

**consider** [kən'sidə] *v/t.* betrachten; erwägen; überlegen; in Betracht ziehen; berücksichtigen; meinen, glauben; *v/i.* überlegen; *all things* **~ed** wenn man alles in Betracht zieht; **~able** □ [~ərəbl] ansehnlich, beträchtlich; **~ably** [~li] bedeutend, ziemlich, (sehr) viel; **~ate** □ [~rit] rücksichtsvoll; **~ation** [kənsidə'reiʃən] Betrachtung *f*; Erwägung *f*, Überlegung *f*; Rücksicht *f*; Wichtigkeit *f*; Entschädigung *f*; Entgelt *n*; *be under* ~ erwogen werden; in Betracht kommen; *on no* ~ unter keinen Umständen; **~ing** □ [kən'sidəriŋ] 1. *prp.* in Anbetracht (*gen.*); 2. F *adv.* den Umständen entsprechend.

**consign** [kən'sain] übergeben, überliefern; anvertrauen; ✝ konsignieren; **~ment** ✝ [~mənt] Übersendung *f*; Konsignation *f*.

**consist** [kən'sist] bestehen (*of* aus); in Einklang stehen (*with* mit); **~ence**, **~ency** [~təns, ~si] Festigkeit(sgrad *m*) *f*; Übereinstimmung *f*; Konsequenz *f*; **~ent** [~nt] fest; übereinstimmend, vereinbar (*with* mit); konsequent.

**consol|ation** [kənsə'leiʃən] Trost *m*; **~e** [kən'soul] trösten.

**consolidate** [kən'sɔlideit] festigen; *fig.* vereinigen; zs.-legen.

**consonan|ce** ['kɔnsənəns] Konsonanz *f*; Übereinstimmung *f*; **~t** [~nt] 1. □ übereinstimmend; 2. *gr.* Konsonant *m*, Mitlaut *m*.

**consort** ['kɔnsɔːt] Gemahl(in); ⚓ Geleitschiff *n*.

**conspicuous** □ [kən'spikjuəs] sichtbar; auffallend; hervorragend; *make o.s.* ~ sich auffällig benehmen.

**conspir|acy** [kən'spirəsi] Verschwörung *f*; **~ator** [~ətə] Verschwörer *m*; **~e** [~'spaiə] sich verschwören.

**constab|le** ['kʌnstəbl] Polizist *m*; Schutzmann *m*; **~ulary** [kən'stæbjuləri] Polizei(truppe) *f*.

**constan|cy** ['kɔnstənsi] Standhaftigkeit *f*; Beständigkeit *f*; **~t** □ [~nt] beständig, fest; unveränderlich; treu.

**consternation** [kɔnstə(ː)'neiʃən] Bestürzung *f*.

**constipation** ⚕ [kɔnsti'peiʃən] Verstopfung *f*.

**constituen|cy** [kən'stitjuənsi] Wählerschaft *f*; Wahlkreis *m*; **~t** [~nt] 1. wesentlich; Grund..., Bestand...; konstituierend; 2. wesentlicher Bestandteil; Wähler *m*.

**constitut|e** ['kɔnstitjuːt] ein-, errichten; ernennen; bilden, ausmachen; **~ion** [kɔnsti'tjuːʃən] Ein-, Errichtung *f*; Bildung *f*; Körper-

**bau** *m*; Verfassung *f*; **~ional** □ [~nl] konstitutionell; natürlich; verfassungsmäßig.

**constrain** [kən'strein] zwingen; *et.* erzwingen; **~t** [~nt] Zwang *m*.

**constrict** [kən'strikt] zs.-ziehen; **~ion** [~kʃən] Zs.-ziehung *f*.

**constringent** [kən'strindʒənt] zs.-ziehend.

**construct** [kən'strʌkt] bauen, errichten; *fig.* bilden; **~ion** [~kʃən] Konstruktion *f*; Bau *m*; Auslegung *f*; **~ive** [~ktiv] aufbauend, schöpferisch, konstruktiv, positiv; Bau...; **~or** [~tə] Erbauer *m*, Konstrukteur *m*.

**construe** [kən'struː] *gr.* konstruieren; auslegen, auffassen; übersetzen.

**consul** ['kɔnsəl] Konsul *m*; **~-general** Generalkonsul *m*; **~ate** [~sjulit] Konsulat *n* (*a. Gebäude*).

**consult** [kən'sʌlt] *v/t.* konsultieren, um Rat fragen; in *e-m Buch* nachschlagen; *v/i.* sich beraten; **~ation** [kɔnsəl'teiʃən] Konsultation *f*, Beratung *f*; Rücksprache *f*; ~ *hour* Sprechstunde *f*; **~ative** [kən'sʌltətiv] beratend.

**consume** [kən'sjuːm] *v/t.* verzehren; verbrauchen; vergeuden; **~r** [~mə] Verbraucher *m*; Abnehmer *m*.

**consummate** 1. □ [kən'sʌmit] vollendet; 2. ['kɔnsəmeit] vollenden.

**consumpti|on** [kən'sʌmpʃən] Verbrauch *m*; ⚕ Schwindsucht *f*; **~ve** □ [~ptiv] verzehrend; ⚕ schwindsüchtig.

**contact** 1. ['kɔntækt] Berührung *f*; Kontakt *m*; ~ *lenses pl.* Haft-, Kontaktschalen *f*|*pl.*; 2. [kən'tækt] Fühlung nehmen mit.

**contagi|on** ⚕ [kən'teidʒən] Ansteckung *f*; Verseuchung *f*; Seuche *f*; **~ous** □ [~əs] ansteckend.

**contain** [kən'tein] (ent)halten, (um-)fassen; ~ *o.s.* an sich halten; **~er** [~nə] Behälter *m*; Großbehälter *m* (*im Frachtverkehr*).

**contaminat|e** [kən'tæmineit] verunreinigen; *fig.* anstecken, vergiften; verseuchen; **~ion** [kəntæmi'neiʃən] Verunreinigung *f*; (radioaktive) Verseuchung.

**contemplat|e** *fig.* ['kɔntempleit] betrachten; beabsichtigen; **~ion** [kɔntəm'pleiʃən] Betrachtung *f*; Nachsinnen *n*; **~ive** □ ['kɔntempleitiv] nachdenklich; [kən'templətiv] beschaulich.

**contempora|neous** □ [kəntempə'reinjəs] gleichzeitig; **~ry** [kən'tempərəri] 1. zeitgenössisch; gleichzeitig; 2. Zeitgenosse *m*, -in *f*.

**contempt** [kən'tempt] Verachtung *f*; **~ible** □ [~əbl] verachtenswert; **~uous** [~tjuəs] geringschätzig (*of* gegen); verächtlich.

contend [kən'tend] v/i. streiten, ringen (for um); v/t. behaupten.

content [kən'tent] 1. zufrieden; 2. befriedigen; ~ o.s. sich begnügen; 3. Zufriedenheit f; to one's heart's ~ nach Herzenslust; ['kɔntent] Umfang m; Gehalt m; ~s pl. stofflicher Inhalt; ~ed □ [kən'tentid] zufrieden; genügsam.

contention [kən'tenʃən] (Wort-) Streit m; Wetteifer m.

contentment [kən'tentmənt] Zufriedenheit f, Genügsamkeit f.

contest 1. [kɔntest] Streit m; Wettkampf m; 2. [kən'test] (be)streiten; anfechten; um et. streiten. [m.]

context ['kɔntekst] Zusammenhang]

contiguous □ [kən'tigjuəs] anstoßend (to an acc.); benachbart.

continent ['kɔntinənt] 1. □ enthaltsam; mäßig; 2. Kontinent m, Erdteil m; Festland n; ~al [kɔnti'nentl] 1. □ kontinental; Kontinental..; 2. Kontinentaleuropäer(in).

contingen|cy [kən'tindʒənsi] Zufälligkeit f; Zufall m; Möglichkeit f; ~t [~nt] 1. □ zufällig; möglich (to bei); 2. ⚔ Kontingent n.

continu|al □ [kən'tinjuəl] fortwährend, unaufhörlich; ~ance [~əns] (Fort)Dauer f; ~ation [kəntinju'eiʃən] Fortsetzung f; Fortdauer f; ~ school Fortbildungsschule f; ~e [kən'tinju(:)] v/t. fortsetzen; beibehalten; to be ~d Fortsetzung folgt; v/i. fortdauern; fortfahren; ~ity [kɔnti'nju(:)iti] Kontinuität f; Film: Drehbuch n; Radio: verbindende Worte; ~ girl Skriptgirl n; ~ous □ [kən'tinjuəs] ununterbrochen.

contort [kən'tɔːt] verdrehen; verzerren; ~ion [~'ɔːʃən] Verdrehung f; Verzerrung f.

contour ['kɔntuə] Umriß m.

contra ['kɔntrə] wider.

contraband ['kɔntrəbænd] Schmuggelware f; Schleichhandel m; attr. Schmuggel...

contraceptive [kɔntrə'septiv] 1. empfängnisverhütend; 2. empfängnisverhütendes Mittel.

contract 1. [kən'trækt] v/t. zs.-ziehen; sich et. zuziehen; Schulden machen; Heirat etc. (ab)schließen; v/i. einschrumpfen; e-n Vertrag schließen; sich verpflichten; 2. ['kɔntrækt] Kontrakt m, Vertrag m; ~ion [kən'trækʃən] Zs.-ziehung f; gr. Kurzform f; ~or [~'ktə] Unternehmer m; Lieferant m.

contradict [kɔntrə'dikt] widersprechen (dat.); ~ion [~'kʃən] Widerspruch m; ~ory [~'ktəri] (sich) widersprechend.

contrar|iety [kɔntrə'raiəti] Widerspruch m; Widrigkeit f; ~y ['kɔntrəri] 1. entgegengesetzt; widrig; ~ to zuwider (dat.); gegen; 2. Gegenteil n; on the ~ im Gegenteil.

contrast 1. ['kɔntrɑːst] Gegensatz m; 2. [kən'trɑːst] v/t. gegenüberstellen; vergleichen; v/i. sich unterscheiden, abstechen (with von).

contribu|te [kən'tribju(:)t] beitragen, beisteuern; ~ion [kɔntri'bjuːʃən] Beitrag m; ~or [kən'tribjutə] Beitragende(r m) f; Mitarbeiter(in an e-r Zeitung; ~ory [~əri] beitragend.

contrit|e □ ['kɔntrait] reuevoll; ~ion [kən'triʃən] Zerknirschung f.

contriv|ance [kən'traivəns] Erfindung f; Plan m; Vorrichtung f; Kunstgriff m; Scharfsinn m; ~e [kən'traiv] v/t. ersinnen; planen; zuwegebringen; v/i. es fertig bringen (to inf. zu inf.); ~er [~ə] Erfinder(in).

control [kən'troul] 1. Kontrolle f, Aufsicht f; Befehl m; Zwang m; Gewalt f; Zwangswirtschaft f; Kontrollvorrichtung f; Steuerung f; ~ board ⚡ Schaltbrett n; 2. einschränken; kontrollieren; beaufsichtigen, überwachen; beherrschen; (nach)prüfen; bewirtschaften; regeln; ⚔ steuern (a. fig. dat.); ~ler [~ə] Kontrolleur m, Aufseher m; Leiter m; Rechnungsprüfer m.

controver|sial □ [kɔntrə'vəːʃəl] umstritten; streitsüchtig; ~sy ['kɔntrəvəːsi] Streit(frage f) m; ~t [~'əːt] bestreiten.

contumacious □ [kɔntju(:)'meiʃəs] widerspenstig; ⚖ ungehorsam.

contumely ['kɔntju(:)mli] Beschimpfung f; Schmach f.

contuse [kən'tjuːz] quetschen.

convalesce [kɔnvə'les] genesen; ~nce [~əns] Genesung f; ~nt [~ənt] 1. □ genesend; 2. Genesende(r m) f.

convene [kən'viːn] v/i. sich versammeln; zs.-rufen; ⚖ vorladen.

convenien|ce [kən'viːnjəns] Bequemlichkeit f; Angemessenheit f; Vorteil m; Klosett n; at your earliest ~ möglichst bald; ~t □ [~nt] bequem; passend; brauchbar.

convent ['kɔnvənt] (Nonnen)Kloster n; ~ion [kən'venʃən] Versammlung f; Konvention f, Übereinkommen n, Vertrag m; Herkommen n; ~ional [~nl] vertraglich; herkömmlich, konventionell.

converge [kən'vəːdʒ] konvergieren, zs.-laufen (lassen).

convers|ant [kən'vəːsənt] vertraut; ~ation [kɔnvə'seiʃən] Gespräch n, Unterhaltung f; ~ational [~nl] Unterhaltungs...; umgangssprachlich; ~e 1. □ ['kɔnvəːs] umgekehrt; 2. [kən'vəːs] sich unterhalten; ~ion [~'əːʃən] Um-, Verwandlung f; ⊕, ⚙ Umformung f; eccl. Bekehrung f; pol. Meinungswechsel m, Übertritt m; ✝ Konvertierung f; Umstellung f e-r Währung etc.

**convert 1.** ['kɔnvəːt] Bekehrte(r *m*) *f*, Konvertit *m*; **2.** [kən'vəːt] (sich) um-, verwandeln; ⊕, ⚡ umformen; *eccl.* bekehren; ✝ konvertieren; *Währung etc.* umstellen; ~er ⊕, ⚡ [~tə] Umformer *m*; ~ible **1.** □ [~təbl] um-, verwandelbar; ✝ konvertierbar; **2.** *mot.* Kabrio(lett) *n*.

**convey** [kən'vei] befördern, bringen, schaffen; übermitteln; mitteilen; ausdrücken; übertragen; ~ance [~'eiəns] Beförderung *f*; ✝ Spedition *f*; Übermittlung *f*; Verkehrsmittel *n*; Fuhrwerk *n*; Übertragung *f*; ~er, ~or ⊕ [~eiə] *a*. ~ belt Förderband *n*.

**convict 1.** ['kɔnvikt] Sträfling *m*; **2.** [kən'vikt] *j-n* überführen; ~ion [~k∫ən] 🕀 Überführung *f*; Überzeugung *f* (of von).

**convince** [kən'vins] überzeugen.

**convivial** □ [kən'viviəl] festlich; gesellig.

**convocation** [kɔnvə'kei∫ən] Einberufung *f*; Versammlung *f*.

**convoke** [kən'vouk] einberufen.

**convoy** ['kɔnvɔi] **1.** Geleit *n*; Geleitzug *m*; (Geleit)Schutz *m*; **2.** geleiten.

**convuls|ion** [kən'vʌl∫ən] Zuckung *f*, Krampf *m*; ~ive □ [~lsiv] krampfhaft, -artig, konvulsiv.

**coo** [kuː] girren, gurren.

**cook** [kuk] **1.** Koch *m*; Köchin *f*; **2.** kochen; *Bericht etc.* frisieren; ~book *Am.* ['kukbuk] Kochbuch *n*; ~ery ['kukəri] Kochen *n*; Kochkunst *f*; ~ie *Am.* ['kuki] Plätzchen *n*; ~ing [~iŋ] Küche *f* (*Kochweise*); ~y *Am.* ['kuki] = *cookie*.

**cool** [kuːl] **1.** □ kühl; *fig.* kaltblütig, gelassen; unverfroren; **2.** Kühle *f*; **3.** (sich) abkühlen. **coolness** ['kuːlnis] Kühle *f* (*a. fig.*); Kaltblütigkeit *f*.

**coon** *Am.* F [kuːn] *zo.* Waschbär *m*; Neger *m*; (schlauer) Bursche.

**coop** [kuːp] **1.** Hühnerkorb *m*; **2.** ~ *up od. in* einsperren.

**co-op** F [kou'ɔp] = *co-operative* (*store*).

**cooper** ['kuːpə] Böttcher *m*, Küfer *m*.

**co(-)operat|e** [kou'ɔpəreit] mitwirken; zs.-arbeiten; ~ion [kou,ɔpə-'rei∫ən] Mitwirkung *f*; Zs.-arbeit *f*; ~ive [kou'ɔpərətiv] zs.-wirkend; ~ *society* Konsumverein *m*; ~ *store* Konsum(vereinsladen) *m*; ~or [~reitə] Mitarbeiter *m*.

**co-ordinat|e 1.** □ [kou'ɔːdnit] gleichgeordnet; **2.** [~dineit] koordinieren, gleichordnen; auf-ea. einstellen; ~ion [kou,ɔːdi'nei∫ən] Gleichordnung *f*, -schaltung *f*.

**copartner** ['kou'pɑːtnə] Teilhaber *m*.

**cope** [koup] ~ *with* sich messen mit, fertig werden mit.

**copious** □ ['koupjəs] reich(lich); weitschweifig; ~ness [~snis] Fülle *f*.

**copper¹** ['kɔpə] **1.** Kupfer *n*; Kupfermünze *f*; **2.** kupfern; Kupfer...

**copper²** *sl.* [~] Polyp *m* (*Polizist*).

**coppice, copse** ['kɔpis, kɔps] Unterholz *n*, Dickicht *n*.

**copy** ['kɔpi] **1.** Kopie *f*; Nachbildung *f*; Abschrift *f*; Durchschlag *m*; Muster *n*; Exemplar *n* *e-s Buches*; Zeitungs-Nummer *f*; druckfertiges Manuskript; *fair od. clean* ~ Reinschrift *f*; **2.** kopieren; abschreiben; nachbilden, nachmachen; ~book Schreibheft *n*; ~ing [~iiŋ] Kopier...; ~ist [~ist] Abschreiber *m*; Nachahmer *m*; ~right Verlagsrecht *n*, Copyright *n*.

**coral** ['kɔrəl] Koralle *f*.

**cord** [kɔːd] **1.** Schnur *f*, Strick *m*; *anat.* Strang *m*; **2.** (zu)schnüren, binden; ~ed ['kɔːdid] gerippt.

**cordial** ['kɔːdjəl] **1.** □ herzlich; herzstärkend; **2.** (Magen)Likör *m*; ~ity [kɔːdi'æliti] Herzlichkeit *f*.

**cordon** ['kɔːdn] **1.** Postenkette *f*; **2.** ~ *off* abriegeln, absperren.

**corduroy** ['kɔːdərɔi] Kord *m*; ~s *pl.* Kordhosen *f*/*pl.*; ~ *road* Knüppeldamm *m*.

**core** [kɔː] **1.** Kerngehäuse *n*; *fig.* Herz *n*; Kern *m*; **2.** entkernen.

**cork** [kɔːk] **1.** Kork *m*; **2.** (ver)korken; ~ing *Am.* F [~kiŋ] fabelhaft, prima; ~jacket Schwimmweste *f*; ~screw Kork(en)zieher *m*.

**corn** [kɔːn] **1.** Korn *n*; Getreide *n*; *a. Indian* ~ *Am.* Mais *m*; ⚒ Hühnerauge *n*; **2.** einpökeln.

**corner** ['kɔːnə] **1.** Ecke *f*, Winkel *m*; Kurve *f*; *fig.* Enge *f*; ✝ *Aufkäufer*-Ring *m*; **2.** Eck...; **3.** in die Ecke (*fig.* Enge) treiben; ✝ aufkaufen; ~ed ...eckig.

**cornet** ♪ ['kɔːnit] (kleines) Horn.

**cornice** 🔺 ['kɔːnis] Gesims *n*.

**corn|-juice** *Am. sl.* ['kɔːndʒuːs] Maisschnaps *m*; ~ *pone* *Am.* ['kɔːnpoun] Maisbrot *n*; ~stalk ['kɔːnstɔːk] Maisstengel *m*; *Am.* Maisstengel *m*; ~starch *Am.* Maisstärke *f*.

**coron|ation** [kɔrə'nei∫ən] Krönung *f*; ~er ['kɔrənə] Leichenbeschauer *m*; ~et [~nit] Adelskrone *f*.

**corpor|al** ['kɔːpərəl] **1.** □ körperlich; **2.** ⚔ Korporal *m*; ~ation [kɔːpə'rei∫ən] Körperschaft *f*, Innung *f*, Zunft *f*; Stadtverwaltung *f*; *Am.* Aktiengesellschaft *f*.

**corpse** [kɔːps] Leichnam *m*.

**corpulen|ce, ~cy** ['kɔːpjuləns, ~si] Beleibtheit *f*; ~t [~nt] beleibt.

**corral** *Am.* [kɔː'rɑːl] **1.** Einzäunung *f*; **2.** zs.-pferchen, einsperren.

**correct** [kə'rekt] **1.** *adj.* □ korrekt, richtig; **2.** *v/t.* korrigieren; zurechtweisen; strafen; ~ion [~k∫ən] Berichtigung *f*; Verweis *m*; Strafe *f*;

Korrektur *f*; *house of ~* Besserungsanstalt *f*.
correlate ['kɔrileit] in Wechselbe-
ziehung stehen *od.* bringen.
correspond [kɔris'pɔnd] entsprechen (*with, to dat.*); korrespondie-
ren; **~ence** [~dəns] Übereinstimmung *f*; Briefwechsel *m*; **~ent** [~nt]
1. □ entsprechend; 2. Briefschrei-
ber(in); Korrespondent(in).
corridor ['kɔridɔ:] Korridor *m*;
Gang *m*; **~ train** D-Zug *m*.
corrigible □ ['kɔridʒəbl] verbesser-
lich; zu verbessern(d).
corroborate [kə'rɔbəreit] stärken;
bestätigen.
corro|de [kə'roud] zerfressen; weg-
ätzen; **~sion** [~'ʒən] Ätzen *n*,
Zerfressen *n*; ⊕ Korrosion *f*; Rost
*m*; **~sive** [~'ousiv] 1. □ zerfressend,
ätzend; 2. Ätzmittel *n*.
corrugate ['kɔrugeit] runzeln; ⊕
riefen; **~d iron** Wellblech *n*.
corrupt [kə'rʌpt] 1. □ verdorben;
verderbt; bestechlich; 2. *v/t.* verderben; bestechen; anstecken; *v/i.*
(ver)faulen, verderben; **~ible** □
[~əbl] verderblich; bestechlich;
**~ion** [~pʃən] Verderbnis *f*, Verdor-
benheit *f*; Fäulnis *f*; Bestechung *f*.
corsage [kɔ:'sɑ:ʒ] Taille *f*, Mieder
*n*; *Am.* Ansteckblume(n *pl.*) *f*.
corset ['kɔ:sit] Korsett *n*.
coruscate ['kɔrəskeit] funkeln.
co-signatory ['kou'signətəri] 1. mit-
unterzeichnend; 2. Mitunterzeich-
ner *m*.
cosmetic [kɔz'metik] 1. kosme-
tisch; 2. Schönheitsmittel *n*; Kosmetik *f*; **~ian** [kɔzme'tiʃən] Kos-
metiker(in).
cosmonaut ['kɔzmənɔ:t] Kosmo-
naut *m*, Weltraumfahrer *m*.
cosmopolit|an [kɔzmə'pɔlitən], **~e**
[kɔz'mɔpəlait] 1. kosmopolitisch;
2. Weltbürger(in).
cost [kɔst] 1. Preis *m*; Kosten *pl.*;
Schaden *m*; *first od. prime ~* An-
schaffungskosten *pl.*; 2. [*irr.*] kosten.
costl|iness ['kɔstlinis] Kostbarkeit
*f*; **~y** ['kɔstli] kostbar; kostspielig.
costume ['kɔstjum] Kostüm *n*;
Kleidung *f*; Tracht *f*.
cosy ['kouzi] 1. □ behaglich, gemütlich; 2. = *tea-cosy*.
cot [kɔt] Feldbett *n*; ⚓ Hängematte
*f* mit Rahmen, Koje *f*; Kinderbett *n*.
cottage ['kɔtidʒ] Hütte *f*; kleines
Landhaus, Sommerhaus *n*; **~ cheese**
*Am.* Quark(käse) *m*; **~ piano** Piani-
no *n*; **~r** [~dʒə] Häusler *m*; Hütten-
bewohner *m*; *Am.* Sommergast *m*.
cotton ['kɔtn] 1. Baumwolle *f*; ⊕
Kattun *m*; *Näh*-Garn *n*; 2. baum-
wollen; Baumwoll...; **~ wool** Watte
*f*; 3. *F* sich vertragen; sich anschließen; **~wood** ⚓ **~s** amerikanische Pappel.

couch [kautʃ] 1. Lager *n*; Couch *f*,
Sofa *n*, Liege *f*; Schicht *f*; 2. *v/t.*
*Meinung etc.* ausdrücken; *Schriftsatz etc.* abfassen; ⚕ *Star* stechen;
*v/i.* sich (nieder)legen; versteckt
liegen; kauern.
cough [kɔf] 1. Husten *m*; 2. husten.
could [kud] *pret. von can¹*.
coulee *Am.* ['ku:li] (trockenes)
Bachbett.
council ['kaunsl] Rat(sversammlung
*f*) *m*; **~(l)or** [~silə] Ratsmitglied *n*,
Stadtrat *m*.
counsel ['kaunsəl] 1. Beratung *f*;
Rat(schlag) *m*; *g̃ᵗᵃ* Anwalt *m*; **~ for
the defense** Verteidiger *m*; **~ for the
prosecution** Anklagevertreter *m*;
2. *j-n* beraten; *j-m* raten; **~(l)or**
[~silə] Ratgeber(in); Anwalt *m*;
*Am.* Rechtsbeistand *m*.
count¹ [kaunt] 1. Rechnung *f*;
Zahl *f*; *g̃ᵗᵃ* Anklagepunkt *m*; 2. *v/t.*
zählen; rechnen; dazurechnen; *fig.*
halten für; *v/i.* zählen; rechnen;
gelten (*for little* wenig).
count² [~] *nichtbritischer* Graf.
count-down ['kauntdaun] Count-
down *m*, *n*, Startzählung *f* (*beim
Raketenstart*).
countenance ['kauntinəns] 1. Gesicht *n*; Fassung *f*; Unterstützung
*f*; 2. begünstigen, unterstützen.
counter¹ ['kauntə] Zähler *m*, Zähl-
apparat *m*; Spielmarke *f*; Zahl-
pfennig *m*; Ladentisch *m*; Schalter
*m*.
counter² [~] 1. entgegen, zuwider
(*to dat.*); Gegen...; 2. Gegenschlag
*m*; 3. Gegenmaßnahmen treffen.
counteract [kauntə'rækt] zuwider-
handeln (*dat.*).
counterbalance ['kauntəbæləns]
Gegengewicht *n*; 2. [kauntə'bæləns]
aufwiegen; ⚓ ausgleichen.
counter-espionage ['kauntər'espiə-
nɑ:ʒ] Spionageabwehr *f*.
counterfeit ['kauntəfit] 1. □ nachgemacht; falsch, unecht; 2. Nach-
ahmung *f*; Fälschung *f*; Falschgeld *n*; 3. nachmachen; fälschen;
heucheln.
counterfoil ['kauntəfɔil] Kontrollabschnitt *m*.
countermand [kauntə'mɑ:nd]
1. Gegenbefehl *m*; Widerruf *m*;
2. widerrufen; abbestellen.
counter-move *fig.* ['kauntəmu:v]
Gegenzug *m*, -maßnahme *f*.
counterpane ['kauntəpein] Bett-
decke *f*.
counterpart ['kauntəpɑ:t] Gegen-
stück *n*.
counterpoise ['kauntəpɔiz] 1. Gegengewicht *n*; 2. das Gleichgewicht
halten (*das.*) (*a. fig.*), ausbalancie-
ren.
countersign ['kauntəsain] 1. Ge-
genzeichen *n*; ⚔ Losung(swort *n*)
*f*; 2. gegenzeichnen.

**countervail** ['kauntəveil] aufwiegen.

**countess** ['kauntis] Gräfin f.

**counting-house** ['kauntinhaus] Kontor n.

**countless** ['kauntlis] zahllos.

**countrified** ['kantrifaid] ländlich; bäurisch.

**country** ['kantri] 1. Land n; Gegend f; Heimatland n; 2. Land(s)..., ländlich; **~man** Landmann m (Bauer); Landsmann m; **~side** Gegend f; Land(bevölkerung f) n.

**county** ['kaunti] Grafschaft f, Kreis m; **~ seat** Am. = **~ town** Kreisstadt f.

**coup** [ku:] Schlag m, Streich m.

**couple** ['kapl] 1. Paar n; Koppel f; 2. (ver)koppeln; ⊕ kuppeln; (sich) paaren; **~r** [~lə] Radio: Koppler m.

**coupling** ['kaplin] Kupplung f; Radio: Kopplung f; attr. Kupplungs...

**coupon** ['ku:pon] Abschnitt m.

**courage** ['karidʒ] Mut m, **~ous** □ [kə'reidʒəs] mutig, beherzt.

**courier** ['kuriə] Kurier m, Eilbote m; Reiseführer m.

**course** [kɔ:s] 1. Lauf m, Gang m; Weg m; ⊕, fig. Kurs m; Rennbahn f; Gang m (Speisen); Kursus m; univ. Vorlesung f; Ordnung f, Folge f; of **~** selbstverständlich; 2. v/t. hetzen; jagen; v/i. rennen.

**court** [kɔ:t] 1. Hof m; Hofgesellschaft f; Gericht(shof m) n; General 2 Am. gesetzgebende Versammlung; pay (one's) **~** to j-m den Hof machen; 2. j-m den Hof machen; werben um; **~day** ['kɔ:tdei] Gerichtstag m; **~eous** □ ['kɔ:tjəs] höflich; **~esy** ['kɔ:tisi] Höflichkeit f; Gefälligkeit f; **~house** ['kɔ:t-haus] Gerichtsgebäude n; Am. a. Amtshaus n e-s Kreises; **~ier** ['kɔ:tjə] Höfling m; **~ly** ['kɔ:tli] höfisch; höflich; **~martial** ⚔ Kriegs-, Militärgericht n; **~martial** ⚔ ['kɔ:t'ma:ʃəl] vor ein Kriegs- od. Militärgericht stellen; **~ room** Gerichtssaal m; **~ship** ['kɔ:tʃip] Werbung f; **~yard** Hof m.

**cousin** ['kazn] Vetter m; Base f.

**cove** [kouv] 1. Bucht f; fig. Obdach n.

**covenant** ['kavinənt] 1. ⚖ Vertrag m; Bund m; 2. v/t. geloben; v/i. übereinkommen.

**cover** ['kavə] 1. Decke f; Deckel m; Umschlag m; Hülle f; Deckung f; Schutz m; Dickicht n; Deckmantel m; Decke f, Mantel m (Bereifung); 2. (be-, zu)decken; einschlagen; einwickeln; verbergen, verdecken; schützen; Weg zurücklegen; ✝ decken; mit e-r Schußwaffe zielen nach; ⚔ Gelände bestreichen; umfassen; fig. erfassen; Zeitung: berichten über (acc.); **~age** [~ridʒ] Berichterstattung f (of über acc.); **~ing** [~rin] Decke f; Bett-Bezug m; Überzug m; Bekleidung f; Bedachung f.

**covert** 1. □ ['kavət] heimlich, versteckt; 2. ['kavə] Schutz m; Versteck m; Dickicht n.

**covet** ['kavit] begehren; **~ous** □ [~təs] (be)gierig; habsüchtig.

**cow¹** [kau] Kuh f.

**cow²** [~] einschüchtern, ducken.

**coward** ['kauəd] 1. □ feig; 2. Feigling m; **~ice** [~dis] Feigheit f; **~ly** [~dli] feig(e).

**cowboy** ['kauboi] Cowboy m (berittener Rinderhirt); **~catcher** Am. ⊕ Schienenräumer m.

**cower** ['kauə] kauern; sich ducken.

**cowherd** ['kauhə:d] Kuhhirt m; **~hide** 1. Rind(s)leder n; 2. peitschen; **~house** Kuhstall m.

**cowl** [kaul] Mönchskutte f; Kapuze f; Schornsteinkappe f.

**cowman** ['kaumən] Melker m; Am. Viehzüchter m; **~puncher** Am. F ['kaupantʃə] Rinderhirt m; **~shed** Kuhstall m; **~slip** ⚘ Schlüsselblume f; Am. Sumpfdotterblume f.

**coxcomb** ['kɔkskoum] Geck m.

**coxswain** ['kɔkswein, ⚓ mst 'kɔksn] Bootsführer m; Steuermann m.

**coy** □ [kɔi] schüchtern; spröde.

**crab** [kræb] Krabbe f, Taschenkrebs m; ⊕ Winde f; F Querkopf m.

**crab-louse** ['kræblaus] Filzlaus f.

**crack** [kræk] 1. Krach m; Riß m, Sprung m; F derber Schlag; Versuch m; Witz m; 2. F erstklassig; 3. v/t. (zer)sprengen; knallen mit et.; (auf)knacken; **~** a joke e-n Witz reißen; v/i. platzen, springen; knallen; umschlagen (Stimme); **~ed** geborsten; F verdreht; **~er** [~ krækə] Knallbonbon m, n; Schwärmer m; Am. Keks m (ungesüßt); **~le** [~kl] knattern, knistern; **~up** Zs.-stoß m; ✈ Bruchlandung f.

**cradle** ['kreidl] 1. Wiege f; Kindheit f (a. fig.); 2. (ein)wiegen.

**craft** [kra:ft] Handwerk n, Gewerbe n; Schiff(e pl.) n; Gerissenheit f; **~sman** ['kra:ftsmən] (Kunst)Handwerker m; **~y** □ ['kra:fti] gerissen, raffiniert.

**crag** [kræg] Klippe f, Felsspitze f.

**cram** [kræm] (voll)stopfen; nudeln; mästen; F (ein)pauken.

**cramp** [kræmp] 1. Krampf m; ⊕ Klammer f; fig. Fessel f; 2. verkrampfen; einengen, hemmen.

**cranberry** ['krænbəri] Preiselbeere f.

**crane** [krein] 1. Kranich m; ⊕ Kran m; 2. (den Hals) recken; **~fly** zo. ['kreinflai] Schnake f.

**crank** [krænk] 1. Kurbel f; Schwengel m; Wortspiel n; Schrulle f; komischer Kauz; fixe Idee; 2. (an-)kurbeln; **~shaft** ⊕ ['krænkʃa:ft]

Kurbelwelle *f*; ~y [~ki] wacklig; launisch; verschroben.

**cranny** ['kræni] Riß *m*, Ritze *f*.

**crape** [kreip] Krepp *m*, Flor *m*.

**craps** Am. [kræps] *pl.* Würfelspiel.

**crash** [kræʃ] 1. Krach *m* (*a.* ✈); ✈ Absturz *m*; 2. *v/i.* krachen; einstürzen; ✈ abstürzen; *mot.* zs.-stoßen; fahren, fliegen, stürzen (*into in, auf acc.*); *v/t.* zerschmettern; 3. *Am.* F blitzschnell ausgeführt; ~helmet ['kræʃhelmit] Sturzhelm *m*; ~landing Bruchlandung *f*.

**crate** [kreit] Lattenkiste *f*.

**crater** ['kreitə] Krater *m*; Trichter *m*.

**crave** [kreiv] *v/t.* dringend bitten *od.* flehen um; *v/i.* sich sehnen.

**craven** ['kreivən] feig.

**crawfish** ['krɔːfiʃ] 1. Krebs *m*; 2. *Am.* F sich drücken.

**crawl** [krɔːl] 1. Kriechen *n*; 2. kriechen; schleichen; wimmeln; kribbeln; *Schwimmen*: kraulen; *it makes one's flesh* ~ man bekommt e-e Gänsehaut davon.

**crayfish** ['kreifiʃ] Flußkrebs *m*.

**crayon** ['kreiən] Zeichenstift *m*, *bsd.* Pastellstift *m*; Pastell(gemälde *n*).

**craz|e** [kreiz] Verrücktheit *f*; F Fimmel *m*; *be the* ~ Mode sein; ~y ['kreizi] baufällig; verrückt (*for, about* nach).

**creak** [kriːk] knarren.

**cream** [kriːm] 1. Rahm *m*, Sahne *f*; Creme *f*; Auslese *f*; *das Beste*; 2. den Rahm abschöpfen; ~ery ['kriːməri] Molkerei *f*; Milchgeschäft *n*; ~y [~mi] sahnig.

**crease** [kriːs] 1. (Bügel)Falte *f*; 2. (sich) kniffen, (sich) falten.

**creat|e** [kri(ː)'eit] (er)schaffen; *thea.* e-e Rolle gestalten; verursachen; erzeugen; ernennen; ~ion [~'eiʃən] Schöpfung *f*; Ernennung *f*; ~ive [~'eitiv] schöpferisch; ~or [~tə] Schöpfer *m*; ~ure ['kriːtʃə] Geschöpf *n*; Kreatur *f*.

**creden|ce** ['kriːdəns] Glaube *m*, ~tials [kri'denʃəlz] *pl.* Beglaubigungsschreiben *n*; Unterlagen *f/pl.*

**credible** ☐ ['kredəbl] glaubwürdig; glaubhaft.

**credit** ['kredit] 1. Glaube(n) *m*; Ruf *m*, Ansehen *n*; Guthaben *n*; ✝ Kredit *m*; ✝ Kredit *m*; Einfluß *m*; Verdienst *n*, Ehre *f*; *Am. Schule*: (Anrechnungs)Punkt *m*; 2. *j-m* glauben; *j-m* trauen; ✝ gutschreiben; ~ *s.o. with s.th.* j-m et. zutrauen; ~able ☐ [~təbl] achtbar; ehrenvoll (*to* für); ~or [~tə] Gläubiger *m*.

**credulous** ☐ ['kredjuləs] leichtgläubig.

**creed** [kriːd] Glaubensbekenntnis *n*.

**creek** [kriːk] Bucht *f*; *Am.* Bach *m*.

**creel** [kriːl] Fischkorb *m*.

**creep** [kriːp] [*irr.*] kriechen; *fig.* (sich ein)schleichen; kribbeln; *it makes my flesh* ~ ich bekomme e-e Gänsehaut davon; ~er ['kriːpə] Kriecher(in); Kletterpflanze *f*.

**cremator|ium** [kremə'tɔːriəm], *bsd. Am.* ~y ['kremətəri] Krematorium *n*.

**crept** [krept] *pret. u. p.p. von* creep.

**crescent** ['kresnt] 1. zunehmend; halbmondförmig; 2. Halbmond *m*; ♀ *City Am.* New Orleans.

**cress** ♣ [kres] Kresse *f*.

**crest** [krest] *Hahnen-, Berg-* etc. Kamm *m*; Mähne *f*; Federbusch *m*; *Heraldik: family* ~ Familienwappen *n*; ~fallen ['krestfɔːlən] niedergeschlagen.

**crevasse** [kri'væs] (Gletscher)Spalte *f*; *Am.* Deichbruch *m*.

**crevice** ['krevis] Riß *m*, Spalte *f*.

**crew**[1] [kruː] Schar *f*; ⏚, ✈ Mannschaft *f*.

**crew**[2] [~] *pret. von* crow 2.

**crib** [krib] 1. Krippe *f*; Kinderbett (-stelle *f*) *n*; F *Schule*: Klatsche *f*; *bsd. Am.* Behälter *m*; 2. einsperren; F mausen; F abschreiben.

**crick** [krik] Krampf *m*; ~ *in the neck* steifer Hals.

**cricket** ['krikit] *zo.* Grille *f*; *Sport*: Kricket *n*; *not* ~ F nicht fair.

**crime** [kraim] Verbrechen *n*.

**criminal** ['kriminl] 1. verbrecherisch; Kriminal..., Straf...; 2. Verbrecher(in); ~ity [krimi'næliti] Strafbarkeit *f*; Verbrechertum *n*.

**crimp** [krimp] kräuseln.

**crimson** ['krimzn] karmesin(rot).

**cringe** [krindʒ] sich ducken.

**crinkle** ['kriŋkl] 1. Windung *f*; Falte *f*; 2. (sich) winden; (sich) kräuseln.

**cripple** ['kripl] 1. Krüppel *m*; Lahme(r *m*) *f*; 2. verkrüppeln; *fig.* lähmen.

**cris|is** ['kraisis], *pl.* ~es [~saiz] Krisis *f*, Krise *f*, Wende-, Höhepunkt *m*.

**crisp** [krisp] 1. kraus; knusperig; frisch; klar; steif; 2. (sich) kräuseln; knusperig machen od. werden; 3. ~s *pl.*, *a. potato* ~s *pl.* Kartoffelchips *pl.*

**criss-cross** ['kriskrɔs] 1. Kreuzzeichen *n*; 2. (durch)kreuzen.

**criteri|on** [krai'tiəriən], *pl.* ~a [~riə] Kennzeichen *n*, Prüfstein *m*.

**criti|c** ['kritik] Kritiker(in); ~cal ☐ [~kəl] kritisch; bedenklich; ~cism [~isizəm] Kritik *f* (*of* an *dat.*); ~cize [~saiz] kritisieren; beurteilen; tadeln; ~que [kri'tiːk] kritischer Essay; *die* Kritik.

**croak** [krouk] krächzen; quaken.

**crochet** ['krouʃei] 1. Häkelei *f*; 2. häkeln.

**crock** [krɔk] irdener Topf; ~ery ['krɔkəri] Töpferware f.

**crocodile** zo. ['krɔkədail] Krokodil n.

**crone** F [kroun] altes Weib.

**crony** F ['krouni] alter Freund.

**crook** [kruk] 1. Krümmung f; Haken m; Hirtenstab m; sl. Gauner m; 2. (sich) krümmen; (sich) (ver)biegen; ~ed ['krukid] krumm; bucklig; unehrlich; [krukt] Krück...

**croon** [kruːn] schmalzig singen; summen; ~er ['kruːnə] Schnulzensänger m.

**crop** [krɔp] 1. Kropf m; Peitschenstiel m; Reitpeitsche f; Ernte f; kurzer Haarschnitt; 2. (ab-, be-) schneiden; (ab)ernten; Acker bebauen; ~ up fig. auftauchen.

**cross** [krɔs] 1. Kreuz n (a. fig. Leiden); Kreuzung f; 2. □ sich kreuzend; quer (liegend, laufend etc.); ärgerlich, verdrießlich; entgegengesetzt; Kreuz..., Quer...; 3. v/t. kreuzen; durchstreichen; fig. durchkreuzen; überqueren; in den Weg kommen (dat.); ~ o.s. sich bekreuzigen; keep one's fingers ~ed den Daumen halten; v/i. sich kreuzen; ~bar ['krɔsbɑː] Fußball: Torlatte f; ~breed (Rassen)Kreuzung f; ~country querfeldein; ~examination Kreuzverhör n; ~eyed schieläugig; ~ing [~siŋ] Kreuzung f; Übergang m; ~fahrt f; ~road Querstraße f; ~roads pl. od. sg. Kreuzweg m; ~section Querschnitt m; ~wise kreuzweise; ~word (puzzle) Kreuzworträtsel n.

**crotchet** ['krɔtʃit] Haken m; ♪ Viertelnote f; wunderlicher Einfall.

**crouch** [krautʃ] 1. sich ducken; 2. Hockstellung f.

**crow** [krou] 1. Krähe f; Krähen n; eat ~ Am. F zu Kreuze kriechen; 2. [irr.] krähen; triumphieren; ~bar ['krouba:] Brecheisen n.

**crowd** [kraud] 1. Haufen m, Menge f; Gedränge n; F Bande f; 2. (sich) drängen; (über)füllen; wimmeln.

**crown** [kraun] 1. Krone f; Kranz m; Gipfel m; Scheitel m; 2. krönen; Zahn überkronen; to ~ all zu guter Letzt, zu allem Überfluß.

**cruci|al** □ ['kruːʃəl] entscheidend; kritisch; ~ble ['kruːsibl] Schmelztiegel m; ~fixion [kruːsi'fikʃən] Kreuzigung f; ~fy ['kruːsifai] kreuzigen.

**crude** □ [kruːd] roh; unfertig; unreif; unfein; grob; Roh...; grell.

**cruel** □ ['kruəl] grausam; hart; fig. blutig; ~ty [~lti] Grausamkeit f.

**cruet** ['kruː(ː)it] (Essig-, Öl)Fläschchen n.

**cruise** ♣ [kruːz] 1. Kreuzfahrt f, Seereise f; 2. kreuzen; ~r ['kruːzə]

♣ Kreuzer m; Jacht f; Am. Funkstreifenwagen m.

**crumb** [krʌm] 1. Krume f; Brocken m; 2. panieren; zerkrümeln; ~le ['krʌmbl] (zer)bröckeln; fig. zugrunde gehen.

**crumple** ['krʌmpl] v/t. zerknittern; fig. vernichten; v/i. (sich) knüllen.

**crunch** [krʌntʃ] (zer)kauen; zermalmen; knirschen.

**crusade** [kruː'seid] Kreuzzug m (a. fig.); ~r [~də] Kreuzfahrer m.

**crush** [krʌʃ] 1. Druck m; Gedränge n; (Frucht)Saft m; Am. sl. Schwarm m; have a ~ on s.o. in j-n verliebt od. verschossen sein; 2. v/t. (zer-aus)quetschen; zermalmen; fig. vernichten; v/i. sich drängen; ~barrier ['krʌʃbæriə] Absperrgitter n.

**crust** [krʌst] 1. Kruste f; Rinde f; Am. sl. Frechheit f; 2. (sich) be-überkrusten, verharschen; ~y □ ['krʌsti] krustig; fig. mürrisch.

**crutch** [krʌtʃ] Krücke f.

**cry** [krai] 1. Schrei m; Geschrei n; Ruf m; Weinen n; Gebell n; 2. schreien; (aus)rufen; weinen; ~ for verlangen nach.

**crypt** [kript] Gruft f; ~ic ['kriptik] verborgen, geheim.

**crystal** ['kristl] Kristall m, n; Am. Uhrglas n; ~line [~təlain] kristallen; ~lize [~aiz] kristallisieren.

**cub** [kʌb] 1. Junge(s) n; Flegel m; Anfänger m; 2. (Junge) werfen.

**cub|e** ♣ [kjuːb] Würfel m; Kubikzahl f; ~ root Kubikwurzel f; ~ic(al □) ['kjuːbik(əl)] würfelförmig; kubisch; Kubik...

**cuckoo** ['kuku] Kuckuck m.

**cucumber** ['kjuːkʌmbə] Gurke f; as cool as a ~ fig. eiskalt, gelassen.

**cud** [kʌd] wiedergekäutes Futter; chew the ~ wiederkäuen; fig. überlegen.

**cuddle** ['kʌdl] v/t. (ver)hätscheln.

**cudgel** ['kʌdʒəl] 1. Knüttel m; 2. (ver)prügeln.

**cue** [kjuː] Billard-Queue n; Stichwort n; Wink m.

**cuff** [kʌf] 1. Manschette f; Handschelle f; (Ärmel-, Am. a. Hosen-) Aufschlag m; Faust-Schlag m; 2. puffen, schlagen.

**cuisine** [kwi(ː)'ziːn] Küche f (Art zu kochen).

**culminate** ['kʌlmineit] gipfeln.

**culpable** □ ['kʌlpəbl] strafbar.

**culprit** ['kʌlprit] Angeklagte(r m) f; Schuldige(r m) f, Missetäter(in).

**cultivat|e** ['kʌltiveit] kultivieren; an-, bebauen; ausbilden; pflegen; ~ion [kʌlti'veiʃən] (An-, Acker)Bau m; Ausbildung f; Pflege f; Zucht f; ~or ['kʌltiveitə] Landwirt m; Züchter m; ♪ Kultivator m (Maschine).

**cultural** □ ['kʌltʃərəl] kulturell.
**culture** ['kʌltʃə] Kultur f; Pflege f; Zucht f; ~d kultiviert.
**cumber** ['kʌmbə] überladen; belasten; ~ersome [~əsəm], ~rous □ [~brəs] lästig; schwerfällig.
**cumulative** □ ['kjuːmjulətiv] (an-, auf)häufend; Zusatz...
**cunning** ['kʌniŋ] 1. □ schlau, listig; geschickt; Am. reizend; 2. List f, Schlauheit f; Geschicklichkeit f.
**cup** [kʌp] Becher m, Schale f, Tasse f; Kelch m; Sport: Pokal m; ~board ['kʌbəd] (Speise- etc.)Schrank m.
**cupidity** □ [kjuː'piditi] Habgier f.
**cupola** ['kjuːpələ] Kuppel f.
**cur** [kəː] Köter m, Schurke m, Halunke m.
**curable** ['kjuərəbl] heilbar.
**curate** ['kjuərit] Hilfsgeistliche(r) m.
**curb** [kəːb] 1. Kinnkette f; Kandare f (a. fig.); a. ~stone ['kəːbstoun] Bordschwelle f; 2. an die Kandare nehmen (a. fig.); fig. zügeln; ~market Am. Börse: Freiverkehr m; ~roof Mansardendach n.
**curd** [kəːd] 1. Quark m; 2. (mst ~le ['kəːdl]) gerinnen (lassen).
**cure** [kjuə] 1. Kur f; Heilmittel n; Seelsorge f; Pfarre f; 2. heilen; pökeln; räuchern; trocknen.
**curfew** ['kəːfjuː] Abendglocke f; pol. Ausgehverbot n; ~bell Abendglocke f.
**curio** ['kjuəriou] Rarität f; ~sity [kjuəri'ɔsiti] Neugier f; Rarität f; ~us □ ['kjuəriəs] neugierig; genau; seltsam, merkwürdig.
**curl** [kəːl] 1. Locke f; 2. (sich) kräuseln; (sich) locken; (sich) ringeln; ~y ['kəːli] gekräuselt; lockig.
**currant** ['kʌrənt] Johannisbeere f; a. dried ~ Korinthe f.
**curren|cy** ['kʌrənsi] Umlauf m; ↑ Lauffrist f; Kurs m, Währung f; ~t [~nt] 1. □ umlaufend; ↑ kursierend (Geld); allgemein (bekannt); laufend (Jahr etc.); 2. Strom m (a. ∮); Strömung f (a. fig.); Luft-Zug m.
**curricul|um** [kə'rikjuləm], pl. ~a [~lə] Lehr-, Stundenplan m; ~um vitae [~əm'vaitiː] Lebenslauf m.
**curry**[1] ['kʌri] Curry m, n.
**curry**[2] [~] Leder zurichten; Pferd striegeln.
**curse** [kəːs] 1. Fluch m; 2. (ver)fluchen; strafen; ~d □ ['kəːsid] verflucht.
**curt** □ [kəːt] kurz; knapp; barsch.
**curtail** [kəː'teil] beschneiden; fig. beschränken; kürzen (of um).
**curtain** ['kəːtn] 1. Vorhang m; Gardine f; 2. verhängen, verschleiern; ~lecture F Gardinenpredigt f.
**curts(e)y** ['kəːtsi] 1. Knicks m; m; 2. knicksen (to vor).

**curvature** ['kəːvətʃə] (Ver)Krümmung f.
**curve** [kəːv] 1. Kurve f; Krümmung f; 2. (sich) krümmen; (sich) biegen.
**cushion** ['kuʃən] 1. Kissen n; Polster n; Billard-Bande f; 2. polstern.
**cuss** Am. F [kʌs] 1. Nichtsnutz m; 2. fluchen.
**custody** ['kʌstədi] Haft f; (Ob)Hut f.
**custom** ['kʌstəm] Gewohnheit f, Brauch m; Sitte f; Kundschaft f; ~s pl. Zoll m; ~ary □ [~məri] gewöhnlich, üblich; ~er [~mə] Kund|e m, -in f; F Bursche m; ~house Zollamt n; ~made Am. maßgearbeitet.
**cut** [kʌt] 1. Schnitt m; Hieb m; Stich m; (Schnitt)Wunde f; Einschnitt m; Graben m; Kürzung f; Ausschnitt m; Wegabkürzung f (mst short~..); Holz-Schnitt m; Kupfer-Stich m; Schliff m; Schnitte f, Scheibe f; Karten-Abheben n; Küche: cold ~s pl. Aufschnitt m; give s.o. the ~ (direct) F j. schneiden; 2. [irr.] v/t. schneiden; schnitzen; gravieren; ab-, an-, auf-, aus-, be-, durch-, zer-, zuschneiden; Edelstein etc. schleifen; Karten abheben; f. beim Begegnen schneiden; ~ teeth zahnen; ~ short f. unterbrechen; ~ back einschränken; ~ down fällen; ~ mähen; beschneiden; Preis drücken; ~ out ausschneiden; Am. Vieh aussondern aus der Herde; fig. j. ausstechen; ∉ ausschalten; be ~ out for das Zeug zu e-r S. haben; v/i. ~ in sich einschieben; 3. adj. geschnitten etc., s. cut 2.
**cute** □ F [kjuːt] schlau; Am. reizend.
**cuticle** ['kjuːtikl] Oberhaut f; ~ scissors pl. Hautschere f.
**cutlery** ['kʌtləri] Messerschmiedearbeit f; Stahlwaren f/pl.; Bestecke n/pl.
**cutlet** ['kʌtlit] Kotelett n; Schnitzel n.
**cut|-off** Am. ['kʌtɔːf] Abkürzung f (Straße, Weg); ~out mot. Auspuffklappe f; ∉ Sicherung f; Ausschalter m; Am. Ausschneidebogen m, -bild n; ~purse Taschendieb m; ~ter [~tə] Schneidende(r m) f; Schnitzer m; Zuschneider(in); Film: Cutter m; ⊕ Schneidezeug n, ~maschine f; ♣ Kutter m; Am. leichter Schlitten; ~throat Halsabschneider m; Meuchelmörder m; ~ting ['kʌtiŋ] 1. □ schneidend; scharf; ∉ Schneid..., Fräs...; 2. Schneiden n; ⚙ etc. Einschnitt m; ♣ Steckling m; Zeitungs-Ausschnitt m; ~s pl. Schnipsel m, n/pl.; ⊕ Späne m/pl.
**cycl|e** ['saikl] 1. Zyklus m; Kreis (-lauf) m; Periode f; ⊕ Arbeitsgang

*m;* Fahrrad *n;* 2. radfahren; ~ist [~list] Radfahrer(in).

cyclone ['saikloun] Wirbelsturm *m.*

cylinder ['silində] Zylinder *m,* Walze *f;* ⊕ Trommel *f.*

cymbal ♪ ['simbəl] Becken *n.*

cynic ['sinik] 1. *a.* ~al □ [~kəl] zynisch; 2. Zyniker *m.*

cypress ♠ ['saipris] Zypresse *f.*

cyst ♠ [sist] Blase *f;* Sackgeschwulst *f;* ~itis ♠ [sis'taitis] Blasenentzündung *f.*

Czech [tʃek] 1. Tscheche *m,* -in *f;* 2. tschechisch.

Czechoslovak ['tʃekou'slouvæk] 1. Tschechoslowake *m,* -in *f;* 2. tschechoslowakisch.

# D

dab [dæb] 1. Klaps *m;* Tupf(en) *m,* Klecks *m;* 2. klapsen; (be)tupfen.

dabble ['dæbl] bespritzen; plätschern; (hinein)pfuschen.

dad F [dæd], ~dy F ['dædi] Papa *m.*

daddy-longlegs F *zo.* ['dædi'lɔŋlegz] Schnake *f; Am.* Weberknecht *m.*

daffodil ♠ ['dæfədil] gelbe Narzisse.

daft F [da:ft] blöde, doof.

dagger ['dægə] Dolch *m;* be at ~s drawn *fig.* auf Kriegsfuß stehen.

dago *Am. sl.* ['deigou] *contp.* für *Spanier, Portugiese, mst Italiener.*

daily ['deili] 1. täglich; 2. Tageszeitung *f.*

dainty ['deinti] 1. □ lecker; zart, fein; wählerisch; 2. Leckerei *f.*

dairy ['dɛəri] Molkerei *f,* Milchwirtschaft *f;* Milchgeschäft *n;* ~cattle Milchvieh *n;* ~man Milchhändler *m.*

daisy ♠ ['deizi] Gänseblümchen *n.*

dale [deil] Tal *n.*

dalliance ['dæliəns] Trödelei *f;* Liebelei *f;* ~y ['dæli] vertrödeln; schäkern.

dam [dæm] 1. Mutter *f von Tieren;* Deich *m,* Damm *m;* 2. (ab)dämmen.

damage ['dæmidʒ] 1. Schaden *m;* ~s *pl.* ⟨⟨ Schadenersatz *m;* 2. (be)schädigen.

damask ['dæməsk] Damast *m.*

dame [deim] Dame *f; sl.* Weib *n.*

damn [dæm] verdammen; verurteilen; ~ation [dæm'neiʃən] Verdammung *f.*

damp [dæmp] 1. feucht, dunstig; 2. Feuchtigkeit *f,* Dunst *m;* Gedrücktheit *f;* 3. *a.* ~en ['dæmpən] anfeuchten; dämpfen; niederdrücken; ~er [~pə] Dämpfer *m.*

dance [da:ns] 1. Tanz *m;* Ball *m;* 2. tanzen (lassen); ~er ['da:nsə] Tänzer(in); ~ing [~siŋ] Tanzen *n; attr.* Tanz ... [zahn *m.*]

dandelion ♠ ['dændilaiən] Löwen-]

dandle *sl.* ['dændl] wiegen, schaukeln.

dandruff ['dændrəf] (Kopf)Schuppen *f/pl.*

dandy ['dændi] 1. Stutzer *m;* F erstklassige Sache; 2. *Am.* F prima.

Dane [dein] Däne *m,* -in *f.*

danger ['deindʒə] Gefahr *f;* ~ous □ [~dʒrəs] gefährlich; ~signal ⟨⟨ Notsignal *n.*

dangle ['dæŋgl] baumeln (lassen); schlenkern (mit); *fig.* schwanken.

Danish ['deiniʃ] dänisch.

dank [dæŋk] dunstig, feucht.

Danubian [dæ'nju:bjən] Donau...

dapper ⟨⟩ F ['dæpə] nett; behend.

dapple ['dæpl] sprenkeln; ~d scheckig; ~grey Apfelschimmel *m.*

dare [dɛə] *v/i.* es wagen; *v/t. et.* wagen; *j-n* herausfordern; *j-m* trotzen; ~devil ['dɛədevl] Draufgänger *m;* ~ing [~dəriŋ] 1. verwegen; 2. Verwegenheit *f.*

dark [da:k] 1. □ dunkel; brünett; schwerverständlich; geheim(nisvoll); ruh(selig); 2. Dunkel(heit *f*) *n; before* (*after*) ~ vor (nach) Einbruch der Dunkelheit; 2 Ages *pl.* das frühe Mittelalter; ~en ['da:kən] (sich) (ver)dunkeln; (sich) verfinstern; ~ness ['da:knis] Dunkelheit *f,* Finsternis *f;* ~y F ['da:ki] Schwarze(r *m*) *f.*

darling ['da:liŋ] 1. Liebling *m;* 2. Lieblings...; geliebt.

darn [da:n] stopfen; ausbessern.

dart [da:t] 1. Wurfspieß *m;* Wurfpfeil *m;* Sprung *m,* Satz *m;* ~s *pl.* Wurfpfeilspiel *n;* 2. *v/t.* schleudern; *v/i. fig.* schießen, (sich) stürzen.

dash [dæʃ] 1. Schlag *m,* (Zs.-)Stoß *m;* Klatschen *n;* Schwung *m;* Ansturm *m; fig.* Anflug *m;* Prise *f;* Schuß *m Rum etc.; Feder-*Strich *m;* Gedankenstrich *m;* 2. *v/t.* schlagen, werfen, schleudern; zerschmettern; vernichten; (be)spritzen; vermengen; verwirren; *v/i.* stoßen, schlagen; stürzen; stürmen; jagen; ~board *mot.* ['dæʃbɔ:d] Armaturenbrett *n;* ~ing ⟩ ['dæʃiŋ] schneidig, forsch; flott, F fesch.

dastardly ['dæstədli] heimtückisch; feig.

data ['deitə] *pl., Am. a. sg.* Angaben

**date** [deit] 1. ♀ Dattel *f*; Datum *n*; Zeit *f*; Termin *m*; *Am.* F Verabredung *f*; Freund(in); *out of ~* veraltet, unmodern; *up to ~* zeitgemäß, modern; *auf dem laufenden*; 2. datieren; *Am.* F sich verabreden.

**dative** *gr.* ['deitiv] *a.* ~ *case* Dativ *m*.

**daub** [dɔːb] (be)schmieren; (be-) klecksen.

**daughter** ['dɔːtə] Tochter *f*; ~*in-law* [~inlɔː] Schwiegertochter *f*.

**daunt** [dɔːnt] entmutigen; ~*less* ['dɔːntlis] furchtlos, unerschrocken.

**daw** *orn.* [dɔː] Dohle *f*.

**dawdle** F ['dɔːdl] (ver)trödeln.

**dawn** [dɔːn] 1. Dämmerung *f*; *fig.* Morgenrot *n*; 2. dämmern, tagen; *it ~ed upon him fig.* es wurde ihm langsam klar.

**day** [dei] Tag *m*; *oft ~s pl.* (Lebens-) Zeit *f*; ~ *off dienst-freier Tag*; *carry od. win the ~* den Sieg davontragen; *the other ~* neulich; *this ~ week* heute in einer Woche; *heute vor einer Woche*; *let's call it a ~* machen wir Schluß für heute; ~*break* ['deibreik] Tagesanbruch *m*; ~*labo(u)rer* Tagelöhner *m*; ~*star* Morgenstern *m*.

**daze** [deiz] blenden; betäuben.

**dazzle** ['dæzl] blenden; ⚓ tarnen.

**dead** [ded] 1. tot; unempfindlich (*to* für); matt (*Farbe etc.*); blind (*Fenster etc.*); erloschen (*Feuer*); schal (*Getränk*); tief (*Schlaf*); ♱ tot (*Kapital etc.*); ~ *bargain* Spottpreis *m*; ~ *letter* unzustellbarer Brief; ~ *loss* Totalverlust *m*; *a* ~ *shot* ein Meisterschütze; ~ *wall* blinde Mauer; ~ *wood* Reisig *n*; *Am.* Plunder *m*; 2. *adv.* gänzlich, völlig, total; durchaus; genau, (haar)scharf; ~ *against* gerade od. ganz und gar (ent)gegen; 3. *the* ~ der Tote; die Toten *pl.*; Totenstille *f*; *in the* ~ *of winter* im tiefsten Winter; *in the* ~ *of night* mitten in der Nacht; ~*en* ['dedn] abstumpfen; dämpfen; (ab)schwächen; ~*end Sackgasse f (a. fig.)*; ~*line Am.* Sperrlinie *f im Gefängnis*; Schlußtermin *m*; Stichtag *m*; ~*lock Stockung f; fig.* toter Punkt; ~*ly* [~li] tödlich.

**deaf** □ [def] taub; ~*en* ['defn] taub machen; betäuben.

**deal** [diːl] 1. Teil *m*; Menge *f*; Kartengeben *n*; F Geschäft *n*; Abmachung *f*; *a good* ~ ziemlich viel; *a great* ~ sehr viel; 2. [*irr.*] *v/t.* (aus-, ver-, zu)teilen; *Karten* geben; *(in Schlag)* versetzen; *v/i.* handeln (*in mit ~r Ware*); verfahren; verkehren; ~ *with* sich befassen mit, behandeln; ~*er* ['diːlə] Händler *m*; Kartengeber *m*; ~*ing* ['diːliŋ] *mst*

~*s pl.* Handlungsweise *f*; Verfahren *n*; Verkehr *m*; ~*t* [delt] *pret. u p.p. von deal* 2.

**dean** [diːn] Dekan *m*.

**dear** [diə] 1. □ teuer; lieb; 2. Liebling *m*; herziges Geschöpf; 3. *o(h)* ~*!*, ~ *me!* F du liebe Zeit!; *ach herje!*

**death** [deθ] Tod *m*; Todesfall *m*; ~*bed* ['deθbed] Sterbebett *n*; ~*duty Erbschaftssteuer f*; ~*less* ['deθlis] unsterblich; ~*ly* [~li] tödlich; ~*rate Sterblichkeitsziffer f*; ~*warrant Todesurteil n*.

**debar** [di'bɑː] ausschließen; hindern.

**debarkation** [diːbɑː'keiʃən] Ausschiffung *f*.

**debase** [di'beis] verschlechtern; erniedrigen; verfälschen.

**debat|able** □ [di'beitəbl] strittig; umstritten; ~*e* [di'beit] 1. Debatte *f*; 2. debattieren; erörtern; überlegen.

**debauch** [di'bɔːtʃ] 1. Ausschweifung *f*; 2. verderben; verführen.

**debilitate** [di'biliteit] schwächen.

**debit** ♱ ['debit] 1. Debet *n*, Schuld *f*; 2. *j-n* belasten; debitieren.

**debris** ['debriː] Trümmer *pl.*

**debt** [det] Schuld *f*; ~*or* ['detə] Schuldner(in).

**debunk** ['diː'bʌŋk] den Nimbus nehmen (*dat.*).

**début** [di'beiuː] Debüt *n*.

**decade** ['dekeid] Jahrzehnt *n*.

**decadence** ['dekədəns] Verfall *m*.

**decamp** [di'kæmp] aufbrechen; ausreißen; ~*ment* [~pmənt] Aufbruch *m*.

**decant** [di'kænt] abgießen; umfüllen; ~*er* [~tə] Karaffe *f*.

**decapitate** [di'kæpiteit] enthaupten; *Am.* F *fig.* absägen (*entlassen*).

**decay** [di'kei] 1. Verfall *m*; Fäulnis *f*; 2. verfallen; (ver)faulen.

**decease** *bsd.* ♱♱ [di'siːs] 1. Ableben *n*; 2. sterben.

**deceit** [di'siːt] Täuschung *f*; Betrug *m*; ~*ful* □ [~tful] (be)trügerisch.

**deceive** [di'siːv] betrügen; täuschen; verleiten; ~*r* [~və] Betrüger(in).

**December** [di'sembə] Dezember *m*.

**decen|cy** ['diːsnsi] Anstand *m*; ~*t* □ [~nt] anständig; F annehmbar, nett.

**deception** [di'sepʃən] Täuschung *f*.

**decide** [di'said] (sich) entscheiden; bestimmen; ~*d* □ entschieden; bestimmt; entschlossen.

**decimal** ['desiml] Dezimalbruch *m*; *attr.* Dezimal...

**decipher** [di'saifə] entziffern.

**decis|ion** [di'siʒən] Entscheidung *f*; ♱♱ Urteil *n*; Entschluß *m*; Entschlossenheit *f*; ~*ve* □ [di'saisiv] entscheidend; entschieden.

**deck** [dek] 1. ♪ Deck *n*; *Am.* Pack *m* Spielkarten; on ~ *Am.* F da(bei), bereit; 2. *rhet.* schmücken; **~chair** ['dek'tʃɛə] Liegestuhl *m*.

**declaim** [di'kleim] vortragen; (sich er)eifern.

**declar|able** [di'klɛərəbl] steuer-, zollpflichtig, **~ation** [deklə'reiʃən] Erklärung *f*; *Zoll-*Deklaration *f*; **~e** [di'klɛə] (sich) erklären; behaupten; deklarieren.

**declension** [di'klenʃən] Abfall *m* (*Neigung*); Verfall *m*; *gr.* Deklination *f*.

**declin|ation** [dekli'neiʃən] Neigung *f*; Abweichung *f*; **~e** [di'klain] 1. Abnahme *f*; Niedergang *m*; Verfall *m*; 2. *v/t.* neigen, biegen; *gr.* deklinieren; ablehnen; *v/i.* sich neigen; abnehmen; verfallen.

**declivity** [di'kliviti] Abhang *m*.

**declutch** *mot.* ['di:'klʌtʃ] auskuppeln.

**decode** *tel.* ['di:'koud] entschlüsseln.

**decompose** [di:kəm'pouz] zerlegen; (sich) zersetzen; verwesen.

**decontrol** ['di:kən'troul] *Waren, Handel* freigeben.

**decorat|e** ['dekəreit] (ver)zieren; schmücken; **~ion** [dekə'reiʃən] Verzierung *f*; Schmuck *m*; Orden(sauszeichnung *f*) *m*; ♀ *Day Am.* Heldengedenktag *m*; **~ive** ['dekərətiv] dekorativ; Zier…; **~or** [~reitə] Dekorateur *m*, Maler *m*.

**decor|ous** ⊐ ['dekərəs] anständig; **~um** [di'kɔ:rəm] Anstand *m*.

**decoy** [di'kɔi] 1. Lockvogel *m* (*a. fig.*); Köder *m*; 2. ködern; locken.

**decrease** 1. ['di:kri:s] Abnahme *f*; 2. [di:'kri:s] (sich) vermindern.

**decree** [di'kri:] 1. Dekret *n*, Verordnung *f*, Erlaß *m*; *tʃ* Entscheid *m*; 2. beschließen; verordnen, verfügen.

**decrepit** [di'krepit] altersschwach.

**decry** [di'krai] in Verruf bringen.

**dedicat|e** ['dedikeit] widmen; **~ion** [dedi'keiʃən] Widmung *f*.

**deduce** [di'dju:s] ableiten; folgern.

**deduct** [di'dʌkt] abziehen; **~ion** [~kʃən] Abzug *m*; † Rabatt *m*; Schlußfolgerung *f*.

**deed** [di:d] 1. Tat *f*; Heldentat *f*; Urkunde *f*; 2. *Am.* urkundlich übertragen (*to* auf *acc.*).

**deem** [di:m] *v/t.* halten für; *v/i.* denken, urteilen (*of* über *acc.*).

**deep** [di:p] 1. ⊐ tief; gründlich; schlau; vertieft; dunkel (*a. fig.*); verborgen; 2. Tiefe *f*; *poet.* Meer *n*; **~en** ['di:pən] (sich) vertiefen; (sich) verstärken; **~freeze** *f* 1. tiefkühlen; 2. Tiefkühlfach *n*, **~truhe** *f*; **~ness** ['di:pnis] Tiefe *f*.

**deer** [diə] Rotwild *n*; Hirsch *m*.

**deface** [di'feis] entstellen; unkenntlich machen; ausstreichen.

**defalcation** [di:fæl'keiʃən] Unterschlagung *f*.

**defam|ation** [defə'meiʃən] Verleumdung *f*; **~e** [di'feim] verleumden; verunglimpfen.

**default** [di'fɔ:lt] 1. Nichterscheinen *n vor Gericht*; Säumigkeit *f*; Verzug *m*; *in ~ of which* widrigenfalls; 2. *s-n etc.* Verbindlichkeiten nicht nachkommen.

**defeat** [di'fi:t] 1. Niederlage *f*; Besiegung *f*; Vereitelung *f*; 2. ✗ besiegen; vereiteln; vernichten.

**defect** [di'fekt] Mangel *m*; Fehler *m*; **~ive** [~tiv] mangelhaft; unvollständig; fehlerhaft.

**defen|ce**, *Am.* **~se** [di'fens] Verteidigung *f*; Schutzmaßnahme *f*; *witness for the ~* Entlastungszeuge *m*; **~celess**, *Am.* **~seless** [~slis] schutzlos, wehrlos.

**defend** [di'fend] verteidigen; schützen (*from* vor *dat.*); **~ant** [~dənt] Angeklagte(r *m*) *f*; Beklagte(r *m*) *f*; **~er** [~də] Verteidiger(in).

**defensive** [di'fensiv] Defensive *f*; *attr.* Verteidigungs…

**defer** [di'fə:] auf-, verschieben; *Am.* ✗ zurückstellen; sich fügen; nachgeben; *payment* on **~red** *terms* Ratenzahlung *f*; **~ence** ['defərəns] Ehrerbietung *f*; Nachgiebigkeit *f*; **~ential** [defə'renʃəl] ehrerbietig.

**defian|ce** [di'faiəns] Herausforderung *f*; ʃ*rotz* *m*; **~t** [~] trotzig; herausfordernd; trotzig.

**deficien|cy** [di'fiʃənsi] Unzulänglichkeit *f*; Mangel *m*; = *deficit*; **~t** [~] mangelhaft; unzureichend.

**deficit** ['defisit] Fehlbetrag *m*.

**defile** 1. ['di:fail] Engpaß *m*; 2. [di'fail] *v/i.* vorbeiziehen; *v/t.* beflecken; schänden.

**defin|e** [di'fain] definieren; erklären; genau bestimmen; **~ite** ⊐ ['definit] bestimmt; deutlich; genau; **~ition** [defi'niʃən] (Begriffs-)Bestimmung *f*; Erklärung *f*; **~itive** ⊐ [di'finitiv] bestimmt; entscheidend; endgültig.

**deflect** [di'flekt] ablenken; abweichen.

**deform** [di'fɔ:m] entstellen, verunstalten; verwachsen; **~ity** [~miti] Unförmigkeit *f*; Mißgestalt *f*.

**defraud** [di'frɔ:d] betrügen (*of* um).

**defray** [di'frei] *Kosten* bestreiten.

**defroster** *mot.* [di:'frɔstə] Entfroster *m*.

**deft** ⊐ [deft] gewandt, flink.

**defunct** [di'fʌŋkt] verstorben.

**defy** [di'fai] herausfordern; trotzen.

**degenerate** 1. [di'dʒenəreit] entarten; 2. ⌡ [~rit] entartet.

**degrad|ation** [degrə'deiʃən] Absetzung *f*; **~e** [di'greid] *v/t.* absetzen; erniedrigen; demütigen.

**degree** [di'gri:] Grad *m*; *fig.* Stufe *f*,

Schritt *m*; Rang *m*, Stand *m*; *by* ~*s* allmählich; *in no* ~ in keiner Weise; *in some* ~ einigermaßen; *take one's* ~ sein Abschlußexamen machen.

**dehydrated** [diː'haidreitid] Trokken...

**deify** ['diːifai] vergöttern; vergöttlichen.

**deign** [dein] geruhen; gewähren.

**deity** ['diːiti] Gottheit *f*.

**deject** [di'dʒekt] entmutigen; ~ed □ niedergeschlagen; ~ion [~k.ʃən] Niedergeschlagenheit *f*.

**delay** [di'lei] 1. Aufschub *m*; Verzögerung *f*; 2. *v/t.* aufschieben; verzögern; *v/i.* zögern; trödeln.

**delega|te** 1. ['deligeit] abordnen; übertragen; 2. [~git] Abgeordnete(r *m*) *f*; ~**tion** [deli'geiʃən] Abordnung *f*; *Am. parl. die* Kongreßabgeordneten *m/pl. e-s Staates.*

**deliberat|e** 1. [di'libəreit] *v/t.* überlegen, erwägen; *v/i.* nachdenken, beraten; 2. □ [~rit] bedachtsam; wohlüberlegt; vorsätzlich; ~**ion** [diːlibə'reiʃən] Überlegung *f*; Beratung *f*; Bedächtigkeit *f*.

**delica|cy** ['delikəsi] Wohlgeschmack *m*; Leckerbissen *m*; Zartheit *f*; Schwächlichkeit *f*; Feinfühligkeit *f*; ~**te** [~kit] schmackhaft; lecker; zart; fein; schwach; heikel; empfindlich; feinfühlig; wählerisch; ~**tessen** [delikə'tesn] Feinkost(geschäft *n*) *f*.

**delicious** [di'liʃəs] köstlich.

**delight** [di'lait] 1. Lust *f*, Freude *f*, Wonne *f*; 2. entzücken; (sich) erfreuen (*in an dat.*); ~ *to inf.* Freude daran finden, zu *inf.*; ~**ful** □ [~tful] entzückend. [schildern.]

**delineate** [di'linieit] entwerfen;]

**delinquen|cy** [di'liŋkwənsi] Vergehen *n*; Kriminalität *f*; Pflichtvergessenheit *f*; ~**t** [~nt] 1. straffällig; pflichtvergessen; 2. Verbrecher(in).

**deliri|ous** □ [di'liriəs] wahnsinnig; ~**um** [~iəm] Fieberwahn *m*.

**deliver** [di'livə] befreien; übersus-, abliefern; *Botschaft* ausrichten; äußern; *Rede etc.* vortragen, halten; ✗ entbinden; *Schlag* führen; werfen; ~**ance** [~ərəns] Befreiung *f*; (*Meinungs*)Äußerung *f*; ~**er** [~rə] Befreier(in); Überbringer(in); ✗ [~ri] ✗ Entbindung *f*; (Ab)Lieferung *f*; ☆ Zustellung *f*; Übergabe *f*; Vortrag *m*; Wurf *m*; *special* ~ Lieferung *f* durch Eilboten; ~**y-truck**, ~**y-van** Lieferwagen *m*.

**dell** [del] kleines Tal.

**delude** [di'luːd] täuschen; verleiten.

**deluge** ['deljuːdʒ] 1. Überschwemmung *f*; 2. überschwemmen.

**delus|ion** [di'luːʒən] Täuschung *f*, Verblendung *f*; Wahn *m*; ~**ive** □ [~uːsiv] (be)trügerisch; täuschend.

**demand** [di'mɑːnd] 1. Verlangen *n*; Forderung *f*; Bedarf *m*; ✝ Nachfrage *f*; ⚖ Rechtsanspruch *m*; 2. verlangen, fordern; fragen (nach).

**demean** [di'miːn]: ~ *o.s.* sich benehmen; sich erniedrigen; ~**o(u)r** [~nə] Benehmen *n*.

**demented** [di'mentid] wahnsinnig.

**demerit** [diː'merit] Fehler *m*.

**demesne** [di'mein] Besitz *m*.

**demi...** ['demi] Halb..., halb...

**demijohn** ['demidʒɔn] große Korbflasche, Glasballon *m*.

**demilitarize** ['diː'militəraiz] entmilitarisieren.

**demise** [di'maiz] 1. Ableben *n*; 2. vermachen.

**demobilize** [diː'moubilaiz] demobilisieren.

**democra|cy** [di'mɔkrəsi] Demokratie *f*; ~**t** ['deməkræt] Demokrat(in); ~**tic** [demə'krætik(əl)] demokratisch.

**demolish** [di'mɔliʃ] nieder-, abreißen; zerstören.

**demon** ['diːmən] Dämon *m*; Teufel *m*.

**demonstrat|e** ['demənstreit] anschaulich darstellen; beweisen; demonstrieren; ~**ion** [demən'treiʃən] Demonstration *f*; anschauliche Darstellung *f*; Beweis *m*; (Gefühls-) Äußerung *f*; ~**ive** □ [di'mɔnstrativ] überzeugend; beweisend; ausdrucksvoll; auffällig, überschwenglich.

**demote** [diː'mout] degradieren.

**demur** [di'məː] 1. Einwendung *f*; 2. Einwendungen erheben.

**demure** □ [di'mjuə] ernst; prüde.

**den** [den] Höhle *f*; Grube *f*; *sl.* Bude *f*.

**denial** [di'naiəl] Leugnen *n*; Verneinung *f*; abschlägige Antwort.

**denizen** ['denizn] Bewohner *m*.

**denominat|e** [di'nɔmineit] (be-) nennen; ~**ion** [dinɔmi'neiʃən] Benennung *f*; Klasse *f*; Sekte *f*, Konfession *f*.

**denote** [di'nout] bezeichnen; bedeuten.

**denounce** [di'nauns] anzeigen; brandmarken; *Vertrag* kündigen.

**dens|e** □ [dens] dicht, dick (*Nebel*); beschränkt; ~**ity** ['densiti] Dichte *f*; Dichtigkeit *f*.

**dent** [dent] 1. Kerbe *f*; Beule *f*; 2. ~ *ver*, einbeulen.

**dent|al** ['dentl] Zahn...; ~ *surgeon* Zahnarzt *m*; ~**ist** [~tist] Zahnarzt *m*.

**denunciat|ion** [dinʌnsi'eiʃən] Anzeige *f*; Kündigung *f*; ~**or** [di'nʌnsieitə] Denunziant *m*.

**deny** [di'nai] verleugnen; verweigern, abschlagen; *j-n* abweisen.

**depart** [di'pɑːt] *v/i.* abreisen, abfahren; abstehen, (ab)weichen;

verscheiden; **~ment** [ˌtmənt] Abteilung f; Bezirk m; ✝ Branche f; Am. Ministerium n; State 2 Am. Außenministerium n; ~ store Warenhaus n; ~ure [ˌtʃə] Abreise f, ⚓, ⚒ Abfahrt f; Abweichung f.

**depend** [di'pend]: ~ (up)on abhängen von; angewiesen sein auf (acc.); sich verlassen auf (acc.); it ~s F es kommt (ganz) darauf an; **~able** [ˌdəbl] zuverlässig; **~ant** [ˌnt] Abhängige(r m) f; Angehörige(r m) f; **~ence** [ˌdəns] Abhängigkeit f; Vertrauen n; **~ency** [ˌsi] Schutzgebiet n; **~ent** [ˌnt] 1. □ (on) abhängig (von); angewiesen (auf acc.); 2. Am. = dependant.

**depict** [di'pikt] darstellen; schildern.

**deplete** [di'pliːt] (ent)leeren; fig. erschöpfen.

**deplor|able** □ [di'plɔːrəbl] beklagenswert; kläglich; jämmerlich; **~e** [di'plɔː] beklagen, bedauern.

**deponent** ⚖ [di'pounənt] vereidigter Zeuge.

**depopulate** [diː'pɔpjuleit] (sich) [entvölkern.]

**deport** [di'pɔːt] Ausländer abschieben; verbannen; ~ o.s. sich benehmen; **~ment** [ˌtmənt] Benehmen n.

**depose** [di'pouz] absetzen; ⚖ (eidlich) aussagen.

**deposit** [di'pɔzit] 1. Ablagerung f; Lager n; ✝ Depot n; Bank-Einlage f; Pfand n; Hinterlegung f; 2. (nieder-, ab~, hin)legen; Geld einlegen, einzahlen; hinterlegen; (sich) ablagern, lagern, niederschlagen; Niederschlag m; Ablagerung f; eidliche Zeugenaussage; Absetzung f; **~or** [di'pɔzitə] Hinterleger m, Einzahler m; Kontoinhaber m.

**depot** ['depou] Depot n; Lagerhaus n; Am. Bahnhof m.

**deprave** [di'preiv] sittlich verderben.

**deprecate** ['deprikeit] ablehnen.

**depreciate** [di'priːʃieit] herabsetzen; geringschätzen; entwerten.

**depredation** [depri'deiʃən] Plünderung f.

**depress** [di'pres] niederdrücken; Preise etc. senken, drücken; bedrücken; **~ed** fig. niedergeschlagen; **~ion** [ˌeʃən] Senkung f; Niedergeschlagenheit f; ✝ Flaute f, Wirtschaftskrise f; ⚓ Schwäche f; Sinken n.

**deprive** [di'praiv] berauben; entziehen; ausschließen (of von).

**depth** [depθ] Tiefe f; attr. Tiefen...

**deput|ation** [depju(ː)'teiʃən] Abordnung f; **~e** [di'pjuːt] abordnen; **~y** ['depjuti] Abgeordnete(r m) f; Stellvertreter m, Beauftragte(r) m.

**derail** ⚓ [di'reil] v/i. entgleisen; v/t. zum Entgleisen bringen.

**derange** [di'reindʒ] in Unordnung bringen; stören; zerrütten; (mentally) ~d geistesgestört; a ~d stomach eine Magenverstimmung.

**derelict** ['derilikt] 1. verlassen; bsd. Am. nachlässig; 2. herrenloses Gut; Wrack n; **~ion** [deri'likʃən] Verlassen n; Vernachlässigung f.

**deri|de** [di'raid] verlachen, verspotten; **~sion** [di'riʒən] Verspottung f; **~sive** □ [di'raisiv] spöttisch.

**deriv|ation** [deri'veiʃən] Ableitung f; Herkunft f; **~e** [di'raiv] herleiten; Nutzen etc. ziehen (from aus).

**derogat|e** ['derəgeit] schmälern (from acc.); **~ion** [derə'geiʃən] Beeinträchtigung f; Herabwürdigung f; **~ory** □ [di'rɔgətəri] (to) nachteilig (dat., für); herabwürdigend.

**derrick** ['derik] ⊕ Drehkran m; ⚓ Ladebaum m; ⚒ Bohrturm m.

**descend** [di'send] (her-, hin)absteigen, herabkommen; sinken; ⚓ niedergehen; ~ (up)on herfallen über (acc.); einfallen in (acc.); (ab)stammen; **~ant** [ˌdənt] Nachkomme m.

**descent** [di'sent] Herabsteigen n; Abstieg m; Sinken n; Gefälle n; feindlicher Einfall; Landung f; Abstammung f; Abhang m.

**describe** [di'skraib] beschreiben.

**description** [dis'kripʃən] Beschreibung f, Schilderung f; F Art f.

**descry** [dis'krai] wahrnehmen.

**desecrate** ['desikreit] entweihen.

**desegregate** Am. [di:'segrigeit] die Rassentrennung aufheben in (dat.).

**desert**[1] ['dezət] 1. verlassen; wüst, öde; Wüsten...; 2. Wüste f.

**desert**[2] [di'zəːt] v/t. verlassen; v/i. ausreißen; desertieren.

**desert**[3] [di'zəːt] Verdienst n.

**desert|er** [di'zəːtə] Fahnenflüchtige(r) m; **~ion** [ˌʃən] Verlassen n; Fahnenflucht f.

**deserve** [di'zəːv] verdienen; sich verdient machen (of um); **~ing** [ˌviŋ] würdig (of gen.); verdienstvoll.

**design** [di'zain] 1. Plan m; Entwurf m; Vorhaben n, Absicht f; Zeichnung f, Muster n; 2. ersinnen, zeichnen, entwerfen; planen; bestimmen.

**designat|e** ['dezigneit] bezeichnen; ernennnen, bestimmen; **~ion** [dezig'neiʃən] Bezeichnung f; Bestimmung f, Ernennung f.

**designer** [di'zainə] (Muster)Zeichner(in); Konstrukteur m.

**desir|able** □ [di'zaiərəbl] wünschenswert; angenehm; **~e** [di'zaiə] 1. Wunsch m; Verlangen n; 2. verlangen, wünschen; **~ous** □ [ˌrəs] begierig.

**desist** [di'zist] abstehen, ablassen.

**desk** [desk] Pult n; Schreibtisch m.

**desolat|e** 1. ['desəleit] verwüsten; 2. □ [ˌlit] einsam; verlassen; öde; **~ion** [desə'leiʃən] Verwüstung f; Einöde f; Verlassenheit f.

**despair** [dis'pɛə] 1. Verzweiflung f;

2. verzweifeln (*of* an *dat.*); ~ing
□ [~əriŋ] verzweifelt.
**despatch** [dis'pætʃ] = *dispatch.*
**desperat|e** *adj.* □ ['desparit] ver-
zweifelt; hoffnungslos; F schrecklich; ~ion [despə'reiʃən] Verzweiflung *f*; Raserei *f.*
**despicable** □ ['despikəbl] verächtlich.
**despise** [dis'paiz] verachten.
**despite** [dis'pait] 1. Verachtung *f*;
Trotz *m*; Bosheit *f*; in ~ of zum
Trotz, trotz; 2. *prp. a.* ~ of trotz.
**despoil** [dis'pɔil] berauben (*of gen.*).
**despond** [dis'pɔnd] verzagen, verzweifeln; ~ency [~dənsi] Verzagt-
heit *f*; ~ent □ [~nt] verzagt.
**despot** ['despɔt] Despot *m*, Tyrann
*m*; ~ism [~pətizəm] Despotismus
*m.*
**dessert** [di'zə:t] Nachtisch *m*, Dessert *n*; *Am.* Süßspeise *f.*
**destin|ation** [desti'neiʃən] Be-
stimmung(sort *m*) *f*; ~e ['destin]
bestimmen; ~y [~ni] Schicksal *n.*
**destitute** □ ['destitju:t] mittellos,
notleidend; entblößt (*of* von).
**destroy** [dis'trɔi] zerstören, vernichten; töten; unschädlich machen; ~er [~ɔiə] Zerstörer(in).
**destruct|ion** [dis'trakʃən] Zerstö-
rung *f*; Tötung *f*; ~ive □ [~ktiv]
zerstörend; vernichtend (*of, to*
*acc.*); ~or [~tə] (Müll)Verbren-
nungsofen *m.*
**desultory** □ ['desəltəri] unstet;
planlos; oberflächlich.
**detach** [di'tætʃ] losmachen, (ab-)
lösen; absondern; ✕ (ab)komman-
dieren; ~ed einzeln (stehend); unbeeinflußt; ~ment [~ʃmənt] Los-
lösung *f*; Trennung *f*; ✕ Abteilung *f.*
**detail** ['di:teil] 1. Einzelheit *f*; ein-
gehende Darstellung *f*; ✕ Kom-
mando *n*; in ~ ausführlich; 2. genau
schildern; ✕ abkommandieren.
**detain** [di'tein] zurück-, auf-, abhalten; *j-n* in Haft behalten.
**detect** [di'tekt] entdecken; (auf-)
finden; ~ion [~kʃən] Entdeckung *f*;
~ive [~ktiv] Detektiv *m*; ~ story, ~
novel Kriminalroman *m.*
**detention** [di'tenʃən] Vorenthal-
tung *f*; Zurück-, Abhaltung *f*;
Haft *f*.                      (von).
**deter** [di'tə:] abschrecken (*from*)
**detergent** [di'tə:dʒənt] 1. reini-
gend; 2. Reinigungsmittel *n.*
**deteriorat|e** [di'tiəriəreit] (sich)
verschlechtern; entarten; ~ion
[ditiəriə'reiʃən] Verschlechterung *f.*
**determin|ation** [ditə:mi'neiʃən]
Bestimmung *f*; Entschlossenheit *f*;
Entscheidung *f*; Entschluß *m*; ~e
[di'tə:min] *v/t.* bestimmen; entscheiden; veranlassen; *Strafe* festsetzen; beendigen; *v/i.* sich entschließen; ~ed entschlossen.

**deterrent** [di'terənt] 1. abschrek-
kend; 2. Abschreckungsmittel *n*;
*nuclear* ~ *pol.* atomare Abschrek-
kung.
**detest** [di'test] verabscheuen; ~able
□ [~təbl] abscheulich; ~ation [di:-
tes'teiʃən] Abscheu *m.*
**dethrone** [di'θroun] entthronen.
**detonate** ['detouneit] explodieren
(lassen).
**detour, détour** ['deituə] 1. Umweg *m*; Umleitung *f*; 2. e-n Umweg machen.
**detract** [di'trækt]: ~ *from s.th.* et.
beeinträchtigen, schmälern; ~ion
[~kʃən] Verleumdung *f*; Herabset-
zung *f.*
**detriment** ['detriment] Schaden *m.*
**deuce** [dju:s] Zwei *f* im *Spiel*;
*Tennis*: Einstand *m*; F Teufel *m*;
the ~! zum Teufel!
**devalu|ation** [di:vælju'eiʃən] Ab-
wertung *f*; ~e ['di:'vælju:] abwer-
ten.
**devastat|e** ['devəsteit] verwüsten;
~ion [devəs'teiʃən] Verwüstung *f.*
**develop** [di'veləp] (sich) entwickeln;
(sich) entfalten; (sich) erweitern;
*Gelände* erschließen; ausbauen;
*Am.* (sich) zeigen; ~ment [~pmənt]
Entwicklung *f*, Entfaltung *f*; Erweiterung *f*; Ausbau *m.*
**deviat|e** ['di:vieit] abweichen; ~ion
[di:vi'eiʃən] Abweichung *f.*
**device** [di'vais] Plan *m*; Kniff *m*;
Erfindung *f*; Vorrichtung *f*; Muster *n*; Wahlspruch *m*; *leave s.o. to*
*his own* ~ *s* j. sich selbst überlassen.
**devil** ['devl] 1. Teufel *m* (*a. fig.*);
⚖ Hilfsanwalt *m*; Laufbursche *m*;
2. *v/t. Gericht* stark pfeffern; *Am.*
plagen, quälen; ~ish □ [~liʃ] teuflisch; ~ry [~l(t)ri] Teufelei *f.*
**devious** □ ['di:viəs] abwegig.
**devise** [di'vaiz] 1. ⚖ Vermachen *n*;
Vermächtnis *n*; 2. ersinnen; ⚖ vermachen.
**devoid** [di'vɔid] ~ *of* bar (*gen.*), ohne.
**devot|e** [di'vout] weihen, widmen;
~ed ⚖ ergeben; zärtlich; ~ion
[~ouʃən] Ergebenheit *f*; Hingebung
*f*; Frömmigkeit *f*; ~s *pl.* Andacht *f.*
**devour** [di'vauə] verschlingen.
**devout** □ [di'vaut] andächtig,
fromm; innig.
**dew** [dju:] 1. Tau *m*; 2. tauen; ~y
['dju:i] betaut; taufrisch.
**dexter|ity** [deks'teriti] Gewandtheit
*f*; ~ous □ ['dekstərəs] gewandt.
**diabolic(al** □) [daiə'bɔlik(əl)] teuflisch.
**diagnose** ['daiəgnouz] diagnosti-
zieren, erkennen.
**diagram** ['daiəgræm] graphische
Darstellung; Schema *n*, Plan *m.*
**dial** ['daiəl] 1. Sonnenuhr *f*; Zifferblatt *n*; *teleph.* Wähl(er)scheibe *f*;
*Radio*: Skala *f*; 2. *teleph.* wählen.
**dialect** ['daiəlekt] Mundart *f.*

dialo|gue, *Am. a.* ~g ['daɪəlɔg] Dialog *m*, Gespräch *n*.

dial-tone *teleph.* ['daɪəltoun] Amtszeichen *n*.

diameter [daɪ'æmɪtə] Durchmesser *m*.

diamond ['daɪəmənd] Diamant *m*; Rhombus *m*; *Am. Baseball:* Spielfeld *n*; *Karten:* Karo *n*.

diaper ['daɪəpə] 1. Windel *f*; 2. *Am. Baby* trockenlegen, wickeln.

diaphragm ['daɪəfræm] Zwerchfell *n*; *opt.* Blende *f*; *teleph.* Membran(e) *f*.

diarrh(o)ea ♂ [daɪə'rɪə] Durchfall *m*.

diary ['daɪərɪ] Tagebuch *n*.

dice [daɪs] 1. *pl. von die*¹; 2. würfeln; ~box ['daɪsbɔks] Würfelbecher *m*.

dick *Am. sl.* [dɪk] Detektiv *m*.

dicker *Am.* F ['dɪkə] (ver)schachern.

dick(e)y ['dɪkɪ] 1. *sl.* schlecht, schlimm; 2. F Notsitz *m*; Hemdenbrust *f*; *a.* ~bird Piepvögelchen *n*.

dictate 1. ['dɪkteɪt] Diktat *n*, Vorschrift *f*; Gebot *n*; 2. [dɪk'teɪt] diktieren; *fig.* vorschreiben; ~ion [.ʃən] Diktat *m*; Vorschrift *f*; ~orship [.eɪtəʃɪp] Diktatur *f*.

diction ['dɪkʃən] Ausdruck(sweise *f*) *m*, Stil *m*; ~ary [.nrɪ] Wörterbuch *n*.

did [dɪd] *pret. von* do.

die¹ [daɪ] sterben, umkommen; untergehen; absterben; F schmachten; ~ away ersterben; verhallen (*Ton*); sich verlieren (*Farbe*); verlöschen (*Licht*); ~ down hinsiechen; (dahin)schwinden; erlöschen.

die² [.], *pl.* dice [daɪs] Würfel *m*; *pl.* dies [daɪz] ⊕ Preßform *f*; *Münz*-Stempel *m*; *lower* ~ Matrize *f*.

die-hard ['daɪhɑːd] Reaktionär *m*.

diet ['daɪət] 1. Diät *f*; Nahrung *f*, Kost *f*; Landtag *m*; 2. *v/t.* Diät vorschreiben; beköstigen; *v/i.* diät leben.

differ ['dɪfə] sich unterscheiden; anderer Meinung sein (with, from als); abweichen; ~ence ['dɪfrəns] Unterschied *m*; A, ✚ Differenz *f*; Meinungsverschiedenheit *f*; ~ent □ [.nt] verschieden; anders, andere(r, -s) (from als); ~entiate [dɪfə'renʃɪeɪt] (sich) unterscheiden.

difficult □ ['dɪfɪkəlt] schwierig; ~y [.tɪ] Schwierigkeit *f*.

diffiden|ce ['dɪfɪdəns] Schüchternheit *f*; ~t □ [.nt] schüchtern.

diffus|e 1. *fig.* [dɪ'fjuːz] verbreiten; 2. □ [.uːs] weitverbreitet, zerstreut (*bsd. Licht*); weitschweifig; ~ion [.uːʒən] Verbreitung *f*.

dig [dɪg] 1. [*irr.*] (um-, aus)graben; wühlen (*in* in *dat.*); 2. (Aus)Grabung(sstelle) *f*; ~s *pl.* F Bude *f*, Einzelzimmer *n*; F Stoß *m*, Puff *m*.

digest 1. [dɪ'dʒest] *v/t.* ordnen; verdauen (*a. fig.* — *überdenken*); *verwinden*); *v/i.* verdaut werden; 2. ['daɪdʒest] Abriß *m*; Auslese *f*, Auswahl *f*; ⅞ Gesetzsammlung *f*; ~ible [dɪ'dʒestəbl] verdaulich; ~ion [.tʃən] Verdauung *f*; ~ive [.tɪv] Verdauungsmittel *n*.

digg|er ['dɪgə] (*bsd.* Gold)Gräber *m*; *sl.* Australier *m*; ~ings F ['dɪgɪnz] *pl.* Bude *f* (*Wohnung*); *Am.* Goldmine(n *pl.*) *f*.

dignif|ied □ ['dɪgnɪfaɪd] würdevoll; würdig; ~y [.faɪ] Würde verleihen (*dat.*); (be)ehren; *fig.* adeln.

dignit|ary ['dɪgnɪtərɪ] Würdenträger *m*; ~y [.tɪ] Würde *f*.

digress [daɪ'gres] abschweifen.

dike [daɪk] 1. Deich *m*; Damm *m*; Graben *m*; 2. eindeichen; eindämmen. [(lassen).]

dilapidate [dɪ'læpɪdeɪt] verfallen

dilat|e [daɪ'leɪt] (sich) ausdehnen; *Augen* weit öffnen; ~ory □ ['dɪlətərɪ] aufschiebend; saumselig.

diligen|ce ['dɪlɪdʒəns] Fleiß *m*; ~t □ [.nt] fleißig, emsig.

dilute [daɪ'ljuːt] 1. verdünnen; verwässern; 2. verdünnt.

dim [dɪm] 1. □ trüb; dunkel; matt; 2. (sich) verdunkeln; abblenden; (sich) trüben; matt werden.

dime *Am.* [daɪm] Zehncentstück *n*.

dimension [dɪ'menʃən] Abmessung *f*; ~s *pl. a.* Ausmaß *n*.

dimin|ish [dɪ'mɪnɪʃ] (sich) vermindern; abnehmen; ~ution [dɪmɪ'njuːʃən] Verminderung *f*; Abnahme *f*; ~utive □ [dɪ'mɪnjutɪv] winzig.

dimple ['dɪmpl] 1. Grübchen *n*; 2. Grübchen bekommen.

din [dɪn] Getöse *n*, Lärm *m*.

dine [daɪn] (zu Mittag) speisen; bewirten; ~r ['daɪnə] Speisende(r *m*) *f*; (Mittags)Gast *m*; ⚅ *bsd. Am.* Speisewagen *m*; *Am.* Restaurant *n*.

dingle ['dɪŋgl] Waldschlucht *f*.

dingy ['dɪndʒɪ] schmutzig.

dining|-car ⚅ ['daɪnɪŋkɑː] Speisewagen *m*; ~room Speisezimmer *n*.

dinner ['dɪnə] (Mittag-, Abend-) Essen *n*; Festessen *n*; ~jacket Smoking *m*; ~pail *Am.* Essenträger *m* (*Gerät*); ~party Tischgesellschaft *f*; ~service, ~set Tafelgeschirr *n*.

dint [dɪnt] 1. Beule *f*; by ~ of kraft, vermöge (*gen.*); 2. ver-, einbeulen.

dip [dɪp] 1. *v/t.* (ein)tauchen; senken; schöpfen; abblenden; *v/i.* (unter)tauchen, untersinken; sich neigen; sich senken; 2. Eintauchen *n*; F kurzes Bad; Senkung *f*, Neigung *f*. [*rie f*.]

diphtheria ♂ [dɪf'θɪərɪə] Diphthe-

diploma [dɪ'pləumə] Diplom *n*; ~cy [.əsɪ] Diplomatie *f*; ~tic(al □) [dɪplə'mætɪk(əl)] diplomatisch; ~tist [dɪ'pləumətɪst] Diplomat(in).

dipper ['dɪpə] Schöpfkelle *f*; *Am. Great od. Big* ☯ *ast.* der Große Bär.

**dire** ['daiə] gräßlich, schrecklich.

**direct** [di'rekt] 1. ☐ direkt; gerade; unmittelbar; offen, aufrichtig; deutlich; ~ current ⚡ Gleichstrom *m*; ~ train durchgehender Zug; 2. *adv.* geradeswegs; ~ ~ly 3. richten; lenken, steuern; leiten; anordnen; *j-n* (an)weisen; *Brief* adressieren; ~ion [~k∫ən] Richtung *f*; Gegend *f*; Leitung *f*; Anordnung *f*; Adresse *f*; Vorstand *m*; ~ion-finder [~nfaində] *Radio:* (Funk)Peiler *m*; Peil-(funk)empfänger *m*; ~ion-indicator *mot.* Fahrtrichtungsanzeiger *m*; ⚡ Kursweiser *m*; ~ive [~ktiv] richtungweisend; leitend; ~ly [~tli] 1. *adv.* sofort; 2. *cj.* sobald, als.

**director** [di'rektə] Direktor *m*; *Film:* Regisseur *m*; *board of* ~s Aufsichtsrat *m*; ~ate [~ərit] Direktion *f*; ~y [~ri] Adreßbuch *n*; *telephone* ~ Telephonbuch *n*.

**dirge** [də:dʒ] Klage(lied *n*) *f*.

**dirigible** ['diridʒəbl] 1. lenkbar; 2. lenkbares Luftschiff.

**dirt** [də:t] Schmutz *m*; (lockere) Erde; ~*cheap* ⨀ ['də:t't∫i:p] spottbillig; ~y ['də:ti] 1. ☐ schmutzig (*a. fig.*); 2. beschmutzen; besudeln.

**disability** [disə'biliti] Unfähigkeit *f*.

**disable** [dis'eibl] (dienst-, kampf-)unfähig machen; ~d dienstkampfunfähig; körperbehindert; kriegsbeschädigt.

**disabuse** [disə'bju:z] e-s Besseren belehren (*of* über *acc.*).

**disadvantage** [disəd'va:ntidʒ] Nachteil *m*; Schaden *m*; ~ous [disædvɑ:n'teidʒəs] nachteilig, ungünstig.

**disagree** [disə'gri:] nicht übereinstimmen; uneinig sein; nicht bekommen (*with s.o.* j-m); ~able [~riəbl] unangenehm; ~ment [~rimənt] Verschiedenheit *f*; Unstimmigkeit *f*; Meinungsverschiedenheit *f*.

**disappear** [disə'piə] verschwinden; ~ance [~rəns] Verschwinden *n*.

**disappoint** [disə'point] enttäuschen; vereiteln; *j-n* im Stich lassen; ~ment [~tmənt] Enttäuschung *f*; Vereitelung *f*.　　　　[(Mißbilligung *f*.)]

**disapprobation** [disæprou'bei∫ən])

**disapprov|al** [disə'pru:vəl] Mißbilligung *f*; ~e ['disə'pru:v] mißbilligen (*of et.*).

**disarm** [dis'ɑ:m] *v/t.* entwaffnen (*a. fig.*); *v/i.* abrüsten; ~ament [~məmənt] Entwaffnung *f*; Abrüstung *f*.

**disarrange** ['disə'reindʒ] in Unordnung bringen, verwirren.

**disarray** ['disə'rei] 1. Unordnung *f*; 2. in Unordnung bringen.

**disast|er** [di'zɑ:stə] Unglück(sfall *m*) *n*, Katastrophe *f*; ~rous ☐ [~trəs] unheilvoll; katastrophal.

**disband** [dis'bænd] entlassen; auflösen.

**disbelieve** ['disbi'li:v] nicht glauben.

**disburse** [dis'bə:s] auszahlen.

**disc** [disk] = *disk*.

**discard** 1. [dis'kɑ:d] *Karten, Kleid etc.* ablegen; entlassen; 2. ['diskɑ:d] *Karten:* Abwerfen *n*; *bsd. Am.* Abfall(haufen) *m*.

**discern** [di'sə:n] unterscheiden; erkennen; beurteilen; ~ing ☐ [~niŋ] kritisch, scharfsichtig; ~ment [~nmənt] Einsicht *f*; Scharfsinn *m*.

**discharge** [dis't∫a:dʒ] 1. *v/t.* entab-, ausladen; entlasten, entbinden; abfeuern; *Flüssigkeit* absondern; *Amt* versehen; *Pflicht etc.* erfüllen; *Zorn etc.* auslassen (*on* an *dat.*); *Schuld* tilgen; quittieren; *Wechsel* einlösen; entlassen; freisprechen; *v/i.* sich entladen; eitern; 2. Entladung *f*; Abfeuern *n*; Ausströmen *n*; Ausfluß *m*, Eiter(ung *f*) *n*; Entlassung *f*; Entlastung *f*; Bezahlung *f*; Quittung *f*; Erfüllung *f* e-r Pflicht.

**disciple** [di'saipl] Schüler *m*; Jünger *m*.

**discipline** ['disiplin] 1. Disziplin *f*, Zucht *f*; Erziehung *f*; Züchtigung *f*; 2. erziehen; schulen; bestrafen.

**disclaim** [dis'kleim] (ab)leugnen; ablehnen; verzichten auf (*acc.*).

**disclose** [dis'klouz] aufdecken; erschließen, offenbaren, enthüllen.

**discolo(u)r** [dis'kʌlə] (sich) verfärben.

**discomfiture** [dis'kʌmfit∫ə] Niederlage *f*; Verwirrung *f*; Vereitelung *f*.

**discomfort** [dis'kʌmfət] 1. Unbehagen *n*; 2. *j-m* Unbehagen verursachen.

**discompose** [diskəm'pouz] beunruhigen.

**disconcert** [diskən'sə:t] außer Fassung bringen; vereiteln.

**disconnect** ['diskə'nekt] trennen (*a. ⚡*); ⨁ auskuppeln; ⚡ ab-, ausschalten; ~ed ☐ zusammenhanglos.

**disconsolate** ☐ [dis'kɔnsəlit] trostlos.

**discontent** ['diskən'tent] Unzufriedenheit *f*; ~ed ☐ mißvergnügt, unzufrieden.

**discontinue** ['diskən'tinju(:)] aufgeben, aufhören mit; unterbrechen.

**discord** ['diskɔ:d], ~ance [dis'kɔ:dəns] Uneinigkeit *f*; ♪ Mißklang *m*.

**discount** ['diskaunt] 1. ♦ Diskont *m*; Abzug *m*, Rabatt *m*; 2. ♦ diskontieren; abrechnen; *fig.* absehen von; *Nachricht* mit Vorsicht aufnehmen; beeinträchtigen; ~enance [~inəns] mißbilligen; entmutigen.

**discourage** [dis'kʌridʒ] entmutigen;

abschrecken; **ment** [ˌˈdʒmənt] Entmutigung *f*; Schwierigkeit *f*.
**discourse** [dis'kɔːs] 1. Rede *f*; Abhandlung *f*; Predigt *f*; 2. reden, sprechen; e-n Vortrag halten.
**discourte|ous** □ [dis'kɔːtjəs] unhöflich; **~sy** [ˌˈtiəi] Unhöflichkeit *f*.
**discover** [dis'kʌvə] entdecken; ausfindig machen; **~y** [ˌˈəri] Entdeckung *f*.
**discredit** [dis'kredit] 1. schlechter Ruf; Unglaubwürdigkeit *f*; 2. nicht glauben; in Mißkredit bringen.
**discreet** □ [dis'kriːt] besonnen, vorsichtig; klug; verschwiegen.
**discrepancy** [dis'krepənsi] Widerspruch *m*; Unstimmigkeit *f*.
**discretion** [dis'kreʃən] Besonnenheit *f*, Klugheit *f*; Takt *m*; Verschwiegenheit *f*; Belieben *n*; age (*od. years*) of ~ Strafmündigkeit *f* (*14 Jahre*); surrender at ~ sich auf Gnade und Ungnade ergeben.
**discriminat|e** [dis'krimineit] unterscheiden; ~ against benachteiligen; **~ing** □ [ˌˈtiŋ] unterscheidend; scharfsinnig; urteilsfähig; **~ion** [diskrimi'neiʃən] Unterscheidung *f*; unterschiedliche (*bsd.* nachteilige) Behandlung; Urteilskraft *f*.
**discuss** [dis'kʌs] erörtern, besprechen; **~ion** [ˌˈkʌ ʃən] Erörterung *f*.
**disdain** [dis'dein] 1. Verachtung *f*; 2. geringschätzen, verachten; verschmähen.
**disease** [di'ziːz] Krankheit *f*; **~d** krank.
**disembark** ['disim'baːk] *v/t.* ausschiffen; *v/i.* landen, an Land gehen.
**disengage** ['disin'geidʒ] (sich) freimachen, (sich) lösen; ⊕ loskuppeln.
**disentangle** ['disin'tæŋgl] entwirren; *fig.* freimachen (*from* von).
**disfavo(u)r** ['dis'feivə] 1. Mißfallen *n*, Ungnade *f*; 2. nicht mögen.
**disfigure** [dis'figə] entstellen.
**disgorge** [dis'gɔːdʒ] ausspeien.
**disgrace** [dis'greis] 1. Ungnade *f*; Schande *f*; 2. in Ungnade fallen lassen; *j-n* entehren; **~ful** □ [ˌˈsful] schimpflich.
**disguise** [dis'gaiz] 1. verkleiden; *Stimme* verstellen; verhehlen; 2. Verkleidung *f*; Verstellung *f*; Maske *f*.
**disgust** [dis'gʌst] 1. Ekel *m*; 2. anekeln; **~ing** □ [ˌˈtiŋ] ekelhaft.
**dish** [diʃ] 1. Schüssel *f*, Platte *f*; Gericht *n* (*Speise*); the ~es das Geschirr; 2. anrichten; *mst* ~ up auftischen; **~cloth** ['diʃklɔθ] Geschirrspültuch *n*.
**dishearten** [dis'haːtn] entmutigen.
**dishevel(l)ed** [di'ʃevəld] zerzaust.
**dishonest** □ [dis'ɔnist] unehrlich, unredlich; **~y** [ˌˈti] Unredlichkeit *f*.
**dishono(u)r** [dis'ɔnə] 1. Unehre *f*,

Schande *f*; 2. entehren; schänden; *Wechsel* nicht honorieren; **~able** □ [ˌˈərəbl] entehrend; ehrlos.
**dish|-pan** *Am.* ['diʃpæn] Spülschüssel *f*; **~rag** = dish-cloth; **~water** Spülwasser *n*.
**disillusion** [disi'luːʒən] 1. Ernüchterung *f*, Enttäuschung *f*; 2. ernüchtern, enttäuschen.
**disinclined** ['disin'klaind] abgeneigt.
**disinfect** [disin'fekt] desinfizieren; **~ant** [ˌˈtənt] Desinfektionsmittel *n*.
**disintegrate** [dis'intigreit] (sich) auflösen; (sich) zersetzen.
**disinterested** □ [dis'intristid] uneigennützig, selbstlos.
**disk** [disk] Scheibe *f*; Platte *f*; Schallplatte *f*; **~ brake** *mot.* Scheibenbremse *f*; **~ jockey** Ansager *m* e-r Schallplattensendung.
**dislike** [dis'laik] 1. Abneigung *f*; Widerwille *m*; 2. nicht mögen.
**dislocate** ['disləkeit] aus den Fugen bringen; verrenken; verlagern.
**dislodge** [dis'lɔdʒ] vertreiben, verjagen; umquartieren.
**disloyal** □ [dis'lɔiəl] treulos.
**dismal** □ ['dizməl] trüb(selig); öde; trostlos, elend.
**dismantl|e** [dis'mæntl] abbrechen, niederreißen; ♣ abtakeln; ⊕ demontieren; **~ing** [ˌˈliŋ] Demontage *f*.
**dismay** [dis'mei] 1. Schrecken *m*; Bestürzung *f*; 2. *v/t.* erschrecken.
**dismember** [dis'membə] zerstükkeln.
**dismiss** [dis'mis] *v/t.* entlassen, wegschicken; ablehnen; *Thema etc.* fallen lassen; ⁊⁊ abweisen; **~al** [ˌˈsəl] Entlassung *f*; Aufgabe *f*; ⁊⁊ Abweichung *f*.
**dismount** ['dis'maunt] *v/t.* aus dem Sattel werfen; demontieren; ⊕ aus-ea.-nehmen; *v/i.* absteigen.
**disobedien|ce** [disə'biːdjəns] Ungehorsam *m*; **~t** □ [ˌˈnt] ungehorsam.
**disobey** ['disə'bei] ungehorsam sein.
**disoblige** ['disə'blaidʒ] ungefällig sein gegen; kränken.
**disorder** [dis'ɔːdə] 1. Unordnung *f*; Aufruhr *m*; ⚕ Störung *f*; 2. in Unordnung bringen; stören; zerrütten; **~ly** [ˌˈəli] unordentlich; ordnungswidrig; unruhig; aufrührerisch.
**disorganize** [dis'ɔːgənaiz] zerrütten.
**disown** [dis'oun] nicht anerkennen, verleugnen; ablehnen.
**disparage** [dis'pæridʒ] verächtlich machen, herabsetzen.
**disparity** [dis'pæriti] Ungleichheit *f*.
**dispassionate** □ [dis'pæʃnit] leidenschaftslos; unparteiisch.

dispatch [dis'pætʃ] 1. (schnelle) Erledigung; (schnelle) Absendung; Abfertigung f; Eile f; Depesche f; 2. (schnell) abmachen, erledigen (a. fig. = töten); abfertigen; (eilig) absenden.

dispel [dis'pel] vertreiben, zerstreuen.

dispensa|ble [dis'pensəbl] entbehrlich; ~ry [~əri] Apotheke f; ~tion [dispen'seiʃən] Austeilung f; Befreiung f (with von); göttliche Fügung.

dispense [dis'pens] v/t. austeilen; Gesetze handhaben; Arzneien anfertigen und ausgeben; befreien.

disperse [dis'pə:s] (sich) zerstreuen; auseinandergehen.

dispirit [di'spirit] entmutigen.

displace [dis'pleis] verschieben; absetzen; ersetzen; verdrängen.

display [dis'plei] 1. Entfaltung f; Aufwand m; Schaustellung f; Schaufenster-Auslage f; 2. entfalten; zur Schau stellen; zeigen.

displeas|e [dis'pli:z] j-m mißfallen; ~ed ungehalten; ~ure [~'leʒə] Mißfallen n; Verdruß m.

dispos|al [dis'pouzəl] Anordnung f; Verfügung(srecht n) f; Beseitigung f; Veräußerung f; Übergabe f; ~e [~'ouz] v/t. (an)ordnen, einrichten; geneigt machen, veranlassen; v/i. ~ of verfügen über (acc.); erledigen; verwenden; veräußern; unterbringen; beseitigen; ~ed geneigt; ...gesinnt; ~ition [dispə'ziʃən] Disposition f; Anordnung f; Neigung f; Sinnesart f; Verfügung f.

dispossess [dispə'zes] (of) vertreiben (aus od. von); berauben (gen.).

dispraise [dis'preiz] tadeln.

disproof [dis'pru:f] Widerlegung f.

disproportionate □ [disprə'pɔ:ʃnit] unverhältnismäßig.

disprove [dis'pru:v] widerlegen.

dispute [dis'pju:t] 1. Streit(igkeit f) m; Rechtsstreit m; beyond (all) ~ past ~ zweifellos; 2. (be)streiten.

disqualify [dis'kwɔlifai] unfähig od. untauglich machen; für untauglich erklären.

disquiet [dis'kwaiət] beunruhigen.

disregard ['disri'ga:d] 1. Nicht(be)achtung f; 2. unbeachtet lassen.

disreput|able □ [dis'repjutəbl] schimpflich; verrufen; ~e ['disri'pju:t] übler Ruf; Schande f.

disrespect ['disris'pekt] Nichtachtung f; Respektlosigkeit f; ~ful □ [~tful] respektlos; unhöflich.

disroot [dis'ru:t] entwurzeln.

disrupt [dis'rʌpt] zerreißen; spalten.

dissatis|faction ['dissætis'fækʃən] Unzufriedenheit f; ~factory [~ktəri] unbefriedigend; ~fy ['dis'sætisfai] nicht befriedigen; j-m mißfallen.

25*

dissect [di'sekt] zerlegen; zergliedern.

dissemble [di'sembl] v/t. verhehlen; v/i. sich verstellen, heucheln.

dissen|sion [di'senʃən] Zwietracht f, Streit m, Uneinigkeit f; ~t [~nt] 1. abweichende Meinung; Nichtzugehörigkeit f zur Staatskirche; 2. andrer Meinung sein (from als).

dissimilar □ ['di'similə] (to) unähnlich (dat.); verschieden (von).

dissimulation [disimju'leiʃən] Verstellung f, Heuchelei f.

dissipat|e ['disipeit] (sich) zerstreuen; verschwenden; ~ion [disi'peiʃən] Zerstreuung f; Verschwendung f; ausschweifendes Leben.

dissociate [di'souʃieit] trennen; ~ o.s. sich distanzieren, abrücken.

dissoluble [di'sɔljubl] (auf)lösbar.

dissolut|e □ ['disəlu:t] liederlich, ausschweifend; ~ion [disə'lu:ʃən] Auflösung f; Zerstörung f; Tod m.

dissolve [di'zɔlv] v/t. (auf)lösen; schmelzen; v/i. sich auflösen; vergehen.

dissonant ['disonənt] ♪ mißtönend; abweichend; uneinig.

dissuade [di'sweid] j-m abraten.

distan|ce ['distəns] 1. Abstand m, Entfernung f; Ferne f; Strecke f; Zurückhaltung f; at a ~ von weitem; in e-r gewissen Entfernung; weit weg; keep s.o. at a ~ j-m gegenüber reserviert sein; 2. hinter sich lassen; ~t □ [~nt] entfernt; fern; zurückhaltend; Fern...; ~ control Fernsteuerung f.

distaste [dis'teist] Widerwille m; Abneigung f; ~ful [~ful] widerwärtig; ärgerlich.

distemper [dis'tempə] Krankheit f (bsd. von Tieren); (Hunde)Staupe f.

distend [dis'tend] (sich) ausdehnen; (auf)blähen; (sich) weiten.

distil [dis'til] herabtröpfeln (lassen); ☞ destillieren; ~lery [~ləri] Branntweinbrennerei f.

distinct □ [dis'tiŋkt] verschieden; getrennt; deutlich, klar; ~ion [~kʃən] Unterscheidung f; Unterschied m; Auszeichnung f; Rang m; ~ive □ [~ktiv] unterscheidend; apart; kennzeichnend, bezeichnend.

distinguish [dis'tiŋgwiʃ] unterscheiden; auszeichnen; ~ed berühmt, ausgezeichnet; vornehm.

distort [dis'tɔ:t] verdrehen; verzerren.

distract [dis'trækt] ablenken, zerstreuen; beunruhigen; verwirren; verrückt machen; ~ion [~kʃən] Zerstreutheit f; Verwirrung f; Wahnsinn m; Zerstreuung f.

distraught [dis'trɔ:t] verwirrt, bestürzt.

distress [dis'tres] 1. Qual f; Elend n, Not f; Erschöpfung f; 2. in Not bringen; quälen; erschöpfen; ~ed in Not befindlich; bekümmert; ~ area Notstandsgebiet n.

**distribut|e** [dis'tribju(:)t] verteilen; einteilen; verbreiten; ~ion [distri-'bju:ʃən] Verteilung f; Film-Verleih m; Verbreitung f; Einteilung f.

**district** ['distrikt] Bezirk m; Gegend f.

**distrust** [dis'trʌst] 1. Mißtrauen n; 2. mißtrauen (dat.); ~ful □ [~tful] mißtrauisch; ~ (of o.s.) schüchtern.

**disturb** [dis'tə:b] beunruhigen; stören; ~ance [~bəns] Störung f; Unruhe f; Aufruhr m; ~ of the peace ɢɮ öffentliche Ruhestörung; ~er [~bə] Störenfried m, Unruhestifter m.

**disunite** ['disju:'nait] (sich) trennen.

**disuse** ['dis'ju:z] nicht mehr gebrauchen.

**ditch** [ditʃ] Graben m.

**ditto** ['ditou] dito, desgleichen.

**divan** [di'væn] Diwan m; ~-bed [oft 'daivænbed] Bettcouch f, Liege f.

**dive** [daiv] 1. (unter)tauchen; vom Sprungbrett springen; e-n Sturzflug machen; eindringen in (acc.); 2. Schwimmen: Springen n; (Kopf-)Sprung m; Sturzflug m; Kellerlokal n; Am. F Kaschemme f; ~r ['daivə] Taucher m.

**diverge** [dai'və:dʒ] aus-ea.-laufen; abweichen; ~nce [~dʒəns] Abweichung f; ~nt □ [~nt] (von-ea.-)abweichend.

**divers** ['daivə(:)z] mehrere.

**divers|e** □ [dai'və:s] verschieden; mannigfaltig; ~ion [~ə:ʃən] Ablenkung f; Zeitvertreib m; ~ity [~ə:siti] Verschiedenheit f; Mannigfaltigkeit f.

**divert** [dai'və:t] ablenken; j-n zerstreuen; unterhalten; Verkehr umleiten.

**divest** [dai'vest] entkleiden (a. fig.).

**divid|e** [di'vaid] 1. v/t. teilen; trennen; einteilen; Ⱥ dividieren (by durch); v/i. sich teilen; zerfallen; Ⱥ aufgehen; sich trennen od. auflösen; 2. Wasserscheide f; ~end ['dividend] Dividende f.

**divine** [di'vain] 1. □ göttlich; ~ service Gottesdienst m; 2. Geistliche(r) m; 3. weissagen; ahnen.

**diving** ['daiviŋ] Kunstspringen n; attr. Taucher...

**divinity** [di'viniti] Gottheit f; Göttlichkeit f; Theologie f.

**divis|ible** □ [di'vizəbl] teilbar; ~ion [~iʒən] Teilung f; Trennung f; Abteilung f; ✕, Ⱥ Division f.

**divorce** [di'və:s] 1. (Ehe)Scheidung f; 2. Ehe scheiden; sich scheiden lassen.

**divulge** [dai'vʌldʒ] ausplaudern; verbreiten; bekanntmachen.

**dixie** ✕ sl. ['diksi] Kochgeschirr n;

Feldkessel m; 2 Am. die Südstaaten pl.; 2crat Am. pol. opponierender Südstaatendemokrat.

**dizz|iness** ['dizinis] Schwindel m; ~y □ ['dizi] schwind(e)lig.

**do** [du:] [irr.] v/t. tun; machen; (zu)bereiten; Rolle, Stück spielen; ~ London sl. London besichtigen; have done reading fertig sein mit Lesen; ~ in F um die Ecke bringen; ~ into übersetzen in; ~ over überstreifen, -ziehen; ~ up instand setzen; einpacken; v/i. tun; handeln; sich benehmen; sich befinden; genügen; that will ~ das genügt; how ~ you ~? guten Tag!, Wie geht's?; ~ well s-e Sache gut machen; gute Geschäfte machen; ~ away with weg-, abschaffen; I could ~ with ... ich könnte ... brauchen od. vertragen; ~ without fertig werden ohne; ~ be quick beeile dich doch; ~ you like London? — I ~ gefällt Ihnen London? — Ja.

**docil|e** ['dousail] gelehrig; fügsam; ~ity [dou'siliti] Gelehrigkeit f.

**dock**[1] [dɔk] stutzen; fig. kürzen.

**dock**[3] [~] 1. ⚓ Dock n; ~s pl. bsd. Am. Kai m, Pier m; ɢɮ Anklagebank f; 2. ⚓ docken.

**dockyard** ['dɔkjɑ:d] Werft f.

**doctor** ['dɔktə] 1. Doktor m; Arzt m; 2. F verarzten; F fig. (ver)fälschen.

**doctrine** ['dɔktrin] Lehre f; Dogma n.

**document** 1. ['dɔkjumənt] Urkunde f; 2. [~ment] beurkunden.

**dodge** [dɔdʒ] 1. Seitensprung m; Kniff m, Winkelzug m; 2. fig. irreführen; ausweichen; Winkelzüge machen; ~r ['dɔdʒə] Schieber(in); Am. Hand-, Reklamezettel m; Am. Maisbrot n, -kuchen m.

**doe** [dou] Hirschkuh f; Reh n; Häsin f.

**dog** [dɔg] 1. Hund m; Haken m, Klammer f; 2. nachspüren (dat.).

**dogged** □ ['dɔgid] verbissen.

**dogma** ['dɔgmə] Dogma n; Glaubenslehre f; ~tic(al □) [dɔg'mætik(əl)] dogmatisch; bestimmt; ~tism ['dɔgmətizəm] Selbstherrlichkeit f.

**dog's-ear** F ['dɔgziə] Eselsohr n im Buch.

**dog-tired** F ['dɔg'taiəd] hundemüde.

**doings** ['du(:)iŋz] pl. Dinge n/pl.; Begebenheiten f/pl.; Treiben n; Betragen n.

**dole** [doul] 1. Spende f; F Erwerbslosenunterstützung f; 2. verteilen.

**doleful** □ ['doulful] trübselig.

**doll** [dɔl] Puppe f.

**dollar** ['dɔlə] Dollar m.

**dolly** ['dɔli] Püppchen n.

**dolorous** ['dɔlərəs] schmerzhaft; traurig.

**dolphin** ['dɔlfin] Delphin m.

**dolt** [doult] Tölpel m.

**domain** [də'mein] Domäne f; fig. Gebiet n; Bereich m.

**dome** [doum] Kuppel f; ⊕ Haube f; ~d gewölbt.

**Domesday Book** ['du:mzdei'buk] Reichsgrundbuch n Englands.

**domestic** [də'mestik] 1. (~ally) häuslich; inländisch; einheimisch; zahm; ~ animal Haustier n; 2. Dienstbote m; ~s pl. Haushaltsartikel m/pl.; ~ate [~keit] zähmen.

**domicile** ['dɔmisail] Wohnsitz m; ~d wohnhaft.

**domin|ant** ['dɔminənt] (vor)herrschend; ~ate [~eit] (be)herrschen; ~ation [dɔmi'neiʃən] Herrschaft f; ~eer [~'niə] (despotisch) herrschen; ~eering □ [~əriŋ] herrisch, tyrannisch; überheblich.

**dominion** [də'minjən] Herrschaft f; Gebiet n; 2 Dominion n (im Brt. Commonwealth).

**don** [dɔn] anziehen; Hut aufsetzen.

**donat|e** Am. [dou'neit] schenken; stiften; ~ion [~'eiʃən] Schenkung f.

**done** [dʌn] 1. p.p. von do; 2. adj. abgemacht; fertig; gar gekocht.

**donkey** ['dɔŋki] zo. Esel m; attr. Hilfs...

**donor** ['dounə] (⚕ Blut)Spender m.

**doom** [du:m] 1. Schicksal n, Verhängnis n; 2. verurteilen, verdammen.

**door** [dɔ:] Tür f, Tor n; next ~ nebenan; ~-handle ['dɔ:hændl] Türgriff m; ~-keeper, Am. ~man Pförtner m; Portier m; ~-way Türöffnung f; Torweg m; ~-yard Am. Vorhof m, Vorgarten m.

**dope** [doup] 1. Schmiere f; bsd. ✈ Lack m; Aufputschmittel n; Rauschgift n; Am. sl. Geheimtip m; 2. lackieren; sl. betäuben; aufpulvern; Am. sl. herauskriegen.

**dormant** mst fig. ['dɔ:mənt] schlafend, ruhend; unbenutzt; † tot.

**dormer(-window)** ['dɔ:mə('windou)] Dachfenster n.

**dormitory** ['dɔ:mitri] Schlafsaal m; bsd. Am. Studenten(wohn)heim n.

**dose** [dous] 1. Dosis f, Portion f; 2. j-m e-e Medizin geben.

**dot** [dɔt] 1. Punkt m, Fleck m; 2. punktieren, tüpfeln; fig. verstreuen.

**dot|e** [dout]: ~ (up)on vernarrt sein in (acc.); ~ing ['doutiŋ] vernarrt.

**double** □ ['dʌbl] 1. doppelt; zu zweien; gekrümmt; zweideutig; 2. Doppelte(s) n; Doppelgänger(in); Tennis: Doppel(spiel) n; 3. v/t. verdoppeln; a. ~ up zs.-legen; et. umfahren, umsegeln; ~d up zs.-gekrümmt; v/i. sich verdoppeln; a. ~ back e-n Haken schlagen (Hase); ~-breasted zweireihig (Jackett); ~-cross et. Partner betrügen; ~-dealing Doppelzüngigkeit f; ~-edged zweischneidig; ~-entry doppelte Buchführung;

~-feature Am. Doppelprogramm n im Kino; ~-header Am. Baseball: Doppelspiel n; ~-park Am. verboten in zweiter Reihe parken.

**doubt** [daut] 1. v/i. zweifeln; v/t. bezweifeln; mißtrauen (dat.); 2. Zweifel m; no ~ ohne Zweifel; ~ful □ ['dautful] zweifelhaft; ~fulness [~nis] Zweifelhaftigkeit f; ~less ['dautlis] ohne Zweifel.

**douche** [du:ʃ] 1. Dusche f; Irrigator m; 2. duschen; spülen.

**dough** [dou] Teig m; ~boy Am. F ['douboi] Landser m; ~nut Schmalzgebackenes.

**dove** [dʌv] Taube f; fig. Täubchen n.

**dowel** ⊕ ['dauəl] Dübel m.

**down¹** [daun] Daune f; Flaum m; Düne f; ~s pl. Höhenrücken m.

**down²** [~] 1. adv. nieder; her-, hinunter, ab; abwärts; unten; be ~ upon F über j-n herfallen; 2. prp. herab, hinab, her-, hinunter; ~ the river flußabwärts; 3. adj. nach unten gerichtet; ~ platform Abfahrtsbahnsteig m (London); ~ train Zug m von London (fort); 4. v/t. niederwerfen; herunterholen; ~cast ['daunka:st] niedergeschlagen; ~easter Am. Neuengländer m bsd. von Maine; ~fall Fall m, Sturz m; Verfall m; fig. Untergang m; ~hearted niedergeschlagen; ~hill bergab; ~pour Regenguß m; ~right 1. adv. geradezu, durchaus; völlig; 2. adj. ehrlich; plump (Benehmen); richtig, glatt (Lüge etc.); ~stairs die Treppe hinunter, (nach) unten; ~stream stromabwärts; ~town bsd. Am. Hauptgeschäftsviertel n; ~ward(s) ['daunwəd(z)] abwärts (gerichtet).

**downy** ['dauni] flaumig; sl. gerissen.

**dowry** ['dauəri] Mitgift f (a. fig.).

**doze** [douz] 1. dösen; 2. Schläfchen n.

**dozen** ['dʌzn] Dutzend n.

**drab** [dræb] gelblichgrau; eintönig.

**draft** [dra:ft] 1. Entwurf m; † Tratte f; Abhebung f; ✕ (Sonder-)Kommando n; Einberufung f; ~draught; 2. entwerfen; aufsetzen; ✕ abkommandieren; Am. einziehen; ~ee Am. ✕ [~'fi:] Dienstpflichtige(r) m; ~sman ['dra:ftsmən] (technischer) Zeichner; Verfasser m, Entwerfer m.

**drag** [dræg] 1. Schleppnetz n; Schleife f für Lasten; Egge f; 2. v/t. schleppen, ziehen; v/i. (sich)schleppen, schleifen; (mit e-m Schleppnetz) fischen. [Libelle f.]

**dragon** ['drægən] Drache m; ~fly)

**drain** [drein] 1. Abfluß(graben m, -rohr n) m; F Schluck m; 2. v/t. entwässern; Glas leeren; a. ~ off abziehen; verzehren; v/i. ablaufen; ~age ['dreinidʒ] Abfluß m; Entwässerung(sanlage) f.

**drake** [dreik] Enterich *m*.

**dram** [dræm] Schluck *m*; *fig.* Schnaps *m*.

**drama** ['drɑːmə] Drama *n*; ~tic [drə'mætik] (~ally) dramatisch; ~tist ['dræmətist] Dramatiker *m*; ~tize [~taiz] dramatisieren.

**drank** [dræŋk] *pret. von* drink 2.

**drape** [dreip] 1. drapieren; in Falten legen; 2. *mst* ~s *pl.* Vorhänge *m/pl.*; ~ry ['dreipəri] Tuchhandel *m*; Tuchwaren *f/pl.*; Faltenwurf *m*.

**drastic** ['dræstik] (~ally) drastisch.

**draught** [drɑːft] Zug *m* (*Ziehen*; *Fischzug*; *Zugluft*; *Schluck*); **⏚** Tiefgang *m*; ~s *pl.* Damespiel *n*; *t. draft*; ~beer Faßbier *n*; ~horse ['drɑːfthɔːs] Zugpferd *n*; ~sman [~smən] Damestein *m*; = *draftsman*; ~y [~ti] zugig.

**draw** [drɔː] 1. (*irr.*) ziehen; an~, auf~, ein~, zuziehen; (sich) zuziehen; in die Länge ziehen; dehnen; herauslocken, herauslocken; entnehmen; *Geld* abheben; anlocken, anziehen; abzapfen; ausfischen; *Geflügel* ausnehmen; zeichnen; entwerfen; *Urkunde* abfassen; unentschieden spielen; *Luft* schöpfen; ~ near heranrücken; ~ out in die Länge ziehen; ⚓ up ab~, verfassen; ~ (up)on **⁂** (~en Wechsel) ziehen auf (*acc.*); *fig.* in Anspruch nehmen; 2. Zug *m* (*Ziehen*; *Lotterie*: Ziehung *f*; Los *n*; *Sport*: unentschiedenes Spiel; F Zugstück *n*, ~artikel *m*); ~back ['drɔːbæk] Nachteil *m*; Hindernis *n*; **⁑** Rückzoll *m*; *Am.* Rückzahlung *f*; ~er ['drɔːə] Ziehende(*r* *m*) *f*; Zeichner *m*; **⁑** Aussteller *m*; Trassant *m*; [drɔː] Schublade *f*; (*a pair of*) ~s *pl.* (eine) Unterhose; (ein) Schlüpfer *m*; *mst* chest of ~s Kommode *f*.

**drawing** ['drɔːiŋ] Ziehen *n*; Zeichnen *n*; Zeichnung *f*; ~account Girokonto *n*; ~board Reißbrett *n*; ~room Gesellschaftszimmer *n*.

**drawn** [drɔːn] 1. *p.p. von* draw 1; 2. *adj.* unentschieden; verzerrt.

**dread** [dred] 1. Furcht *f*; Schrecken *m*; 2. (sich) fürchten; ~ful □ ['dredful] schrecklich; furchtbar.

**dream** [driːm] 1. Traum *m*; 2. (*irr.*) träumen; ~er ['driːmə] Träumer (-in) *m*; ~t [dremt] *pret. u. p.p. von* dream 2; ~y □ ['driːmi] träumerisch; verträumt.

**dreary** □ ['driəri] traurig; öde.

**dredge** [dredʒ] 1. Schleppnetz *n*; Bagger(maschine *f*) *m*; 2. (aus-) baggern.

**dregs** [dregz] *pl.* Bodensatz *m*, Hefe *f*.

**drench** [drentʃ] 1. (Regen)Guß *m*; 2. durchnässen; *fig.* baden.

**dress** [dres] 1. Anzug *m*; Kleidung *f*; Kleid *n*; 2. an~, ein~, zurichten; ✗ (sich) richten; zurechtmachen;

(sich) ankleiden; putzen; **⁂** verbinden; frisieren; ~circle *thea.* ['dresˈsəːkl] erster Rang; ~er [~sə] Anrichte *f*; *Am.* Frisiertoilette *f*.

**dressing** ['dresiŋ] An~, Zurichten *n*; Ankleiden *n*; Verband *m*; Appretur *f*; *Küche*: Soße *f*; Füllung *f*; ~s *pl.* **⁂** Verbandzeug *n*; ~down Standpauke *f*; ~gown Morgenrock *m*; ~table Frisiertisch *m*.

**dress|maker** ['dresmeikə] Schneiderin *f*; ~parade Modenschau *f*.

**drew** ['druː] *pret. von* draw 1.

**dribble** ['dribl] tröpfeln, träufeln (lassen); geifern; *Fußball*: dribbeln.

**dried** [draid] getrocknet; Dörr...

**drift** [drift] 1. (Dahin)Treiben *n*; *fig.* Lauf *m*; *fig.* Hang *m*; Zweck *m*; (Schnee~, Sand)Wehe *f*; 2. *v/t.* (zs.-)treiben, (zs.-)wehen; *v/i.* (dahin)treiben; sich anhäufen.

**drill** [dril] 1. Drillbohrer *m*; Furche *f*; ✄ Drill-, Sämaschine *f*; ✗ Exerzieren *n* (*a. fig.*); 2. bohren; ✗ (ein)exerzieren (*a. fig.*).

**drink** [driŋk] 1. Trunk *m*; (geistiges) Getränk *n*; 2. (*irr.*) trinken.

**drip** [drip] 1. Tröpfeln *n*; Traufe *f*; 2. tröpfeln (lassen); triefen; ~dry shirt ['dripˈdrai ʃəːt] bügelfreies Hemd; ~ping [~piŋ] Bratenfett *n*.

**drive** [draiv] 1. (Spazier)Fahrt *f*; Auffahrt *f*, Fahrweg *m*; ⊕ Antrieb *m*; *fig.* (Auf)Trieb *m*; Drang *m*; Unternehmen *n*, Feldzug *m*; *Am.* Sammelaktion *f*; 2. (*irr.*) *v/t.* (an-, ein)treiben; *Geschäft* betreiben; fahren; lenken; zwingen; vertreiben; *v/i.* treiben; fahren; ~at hinzielen auf.

**drive-in** *Am.* ['draiv'in] 1. *mst attr.* Auto...; ~ cinema Autokino *n*; 2. Autokino *n*; Autorestaurant *n*.

**drivel** ['drivl] 1. geifern; faseln; 2. Geifer *m*; Faselei *f*.

**driven** ['drivn] *p.p. von* drive 2.

**driver** ['draivə] Treiber *m*; *mot.* Fahrer *m*, Chauffeur *m*; 🚂 Führer *m*.

**driving| licence** ['draiviŋ laisns] Führerschein *m*; ~ school Fahrschule *f*.

**drizzle** ['drizl] 1. Sprühregen *m*; 2. sprühen, nieseln.

**drone** [droun] 1. *zo.* Drohne *f*; *fig.* Faulenzer *m*; 2. summen; dröhnen.

**droop** [druːp] *v/t.* sinken lassen; *v/i.* schlaff niederhängen; den Kopf hängen lassen; (ver)welken; schwinden.

**drop** [drɔp] 1. Tropfen *m*; Fruchtbonbon *m*, *n*; Fall *m*; Falltür *f*; *thea.* Vorhang *m*; get (have) the ~ on *Am.* F zuvorkommen; 2. *v/t.* tropfen (lassen); niederlassen; fallen lassen; *Brief* einwerfen; *Fahrgast* absetzen; senken; ~ s.o. a few lines *pl.* j-m ein paar Zeilen schrei ben; v/i. tropfen; (herab)fallen; um-, hinsinken; _in unerwartet kommen.

**dropsy** ℱ ['drɔpsi] Wassersucht f.

**drought** [draut], **drouth** [drauθ] Trockenheit f, Dürre f.

**drove** [drouv] 1. Trift f Rinder; Herde f (a. fig.); 2. pret. von drive 2.

**drown** [draun] v/t. ertränken; überschwemmen; fig. übertäuben; übertönen; v/i. ertrinken.

**drows|e** [drauz] schlummern, schläfrig sein od. machen; _y ['drauzi] schläfrig; einschläfernd.

**drudge** [drʌdʒ] 1. fig. Sklave m, Packesel m, Kuli m; 2. sich (ab-) placken.

**drug** [drʌg] 1. Droge f, Arzneiware f; Rauschgift n; unverkäufliche Ware; 2. mit (schädlichen) Zutaten versetzen; Arznei od. Rauschgift geben (dat.) od. nehmen; _gist ['drʌgist] Drogist m; Apotheker m; _store Am. Drugstore m.

**drum** [drʌm] 1. Trommel f; Trommelfell n; 2. trommeln; _mer ['drʌmə] Trommler m; bsd. Am. F Vertreter m.

**drunk** [drʌŋk] 1. p.p. von drink 2; 2. adj. (be)trunken; get _ sich betrinken; _ard ['drʌŋkəd] Trinker m, Säufer m; _en adj. [_kən] (be-) trunken.

**dry** [drai] 1. □ trocken; herb (Wein); F durstig; F antialkoholisch; _goods pl. Am. F Kurzwaren f/pl.; 2. Am. F Alkoholgegner m; 3. trocknen; dörren; _ up austrocknen; verdunsten; _clean ['drai'kli:n] chemisch reinigen; _nurse Kinderfrau f.

**dual** □ ['dju(:)əl] doppelt; Doppel...

**dubious** □ ['dju:bjəs] zweifelhaft.

**duchess** ['dʌtʃis] Herzogin f.

**duck** [dʌk] 1. zo. Ente f; Am. sl. Kerl m; Verbeugung f; Ducken n; (Segel)Leinen n; F Liebling m; 2. (unter)tauchen; (sich) ducken; Am. j-m ausweichen.

**duckling** ['dʌkliŋ] Entchen n.

**dude** Am. [dju:d] Geck m; _ ranch Am. Vergnügungsfarm f.

**dudgeon** ['dʌdʒən] Groll m.

**due** [dju:] 1. schuldig; gebührend; gehörig; fällig; in _ time zur rechten Zeit; be _ to j-m gebühren; herrühren od. kommen von; be _ to inf. sollen, müssen; Am. im Begriff sein zu; 2. adv. ⊕ gerade; genau; 3. Schuldigkeit f; Recht n, Anspruch m; Lohn m; mst _s pl. Abgabe(n pl.) f, Gebühr(en pl.) f; Beitrag m. 2. sich duellieren.|

**duel** ['dju(:)əl] 1. Zweikampf m;|

**dug** [dʌg] pret. u. p.p. von dig 1.

**duke** [dju:k] Herzog m; _dom ['dju:kdəm] Herzogtum n; Herzogswürde f.

**dull** [dʌl] 1. □ dumm; träge;

schwerfällig; stumpf(sinnig); matt (Auge etc.); schwach (Gehör); langweilig; teilnahmslos; dumpf; trüb; ✝ flau; 2. stumpf machen; fig. abstumpfen; (sich) trüben; _ness ['dʌlnis] Stumpfsinn m; Dummheit f; Schwerfälligkeit f; Mattheit f; Langweiligkeit f; Teilnahmslosigkeit f; Trübheit f; Flauheit f.

**duly** adv. ['dju:li] gehörig; richtig.

**dumb** □ [dʌm] stumm; sprachlos; Am. F doof, blöd; _founded [dʌm'faundid] sprachlos; _waiter ['dʌm'weitə] Drehtisch m; Am. Speisenaufzug m.

**dummy** ['dʌmi] Attrappe f; Schein m, Schwindel m; fig. Strohmann m; Statist m; attr. Schein...; Schwindel...

**dump** [dʌmp] 1. v/t. auskippen; Schutt etc. abladen; Waren zu Schleuderpreisen ausführen; v/i. hinplumpsen; 2. Klumpen m, Plumps m; Schuttabladestelle f; ✕ Munitionslager n; _ing ✝ ['dʌmpiŋ] Schleuderausfuhr f; _s pl.: (down) in the _ F niedergeschlagen.

**dun** [dʌn] mahnen, drängen.

**dunce** [dʌns] Dummkopf m.

**dune** [dju:n] Düne f.

**dung** [dʌŋ] 1. Dung m; 2. düngen.

**dungeon** ['dʌndʒən] Kerker m.

**dunk** Am. F [dʌŋk] (ein)tunken.

**dupe** [dju:p] anführen, täuschen.

**duplex** ⊕ ['dju:pleks] attr. Doppel...; Am. Zweifamilienhaus n.

**duplic|ate** 1. ['dju:plikit] doppelt; 2. [_] Duplikat n; 3. [_keit] doppelt ausfertigen; _ity [dju(:)'plisiti] Doppelzüngigkeit f.

**dura|ble** ['djuərəbl] dauerhaft; _tion [djuə'reiʃən] Dauer f.

**duress(e)** [djuə'res] Zwang m.

**during** prp. ['djuəriŋ] während.

**dusk** [dʌsk] Halbdunkel n, Dämmerung f; _y □ ['dʌski] dämmerig, düster (a. fig.); schwärzlich.

**dust** [dʌst] 1. Staub m; 2. abstauben; bestreuen; _bin ['dʌstbin] Mülleimer m; _ bowl Am. Sandstaubu. Dürregebiet n im Westen der USA; _cart Müllwagen m; _er [_tə] Staublappen m, _wedel m; Am. Staubmantel m; _jacket Am. Schutzumschlag m e-s Buches; _man Müllabfuhrmann m; _y □ [_ti] staubig.

**Dutch** [dʌtʃ] 1. holländisch; _ treat Am. F getrennte Rechnung; 2. Holländisch n; the _ die Holländer pl.

**duty** ['dju:ti] Pflicht f; Ehrerbietung f; Abgabe f, Zoll m; Dienst m; off _ dienstfrei; _free zollfrei.

**dwarf** [dwɔ:f] 1. Zwerg m; 2. in der Entwicklung hindern; verkleinern.

**dwell** [dwel] [irr.] wohnen; verweilen (on, upon bei); _ (up)on bestehen auf (acc.); _ing ['dweliŋ] Wohnung f.

**dwelt** [dwelt] *pret. u. p.p. von* dwell.
**dwindle** ['dwindl] (dahin)schwinden, abnehmen; (herab)sinken.
**dye** [dai] 1. Farbe *f*; *of deepest ~ fig.* schlimmster Art; 2. färben.
**dying** ['daiiŋ] 1. □ sterbend; Sterbe...; 2. Sterben *n*.

**dynam|ic** [dai'næmik] dynamisch, kraftgeladen; ~ics [~ks] *mst sg.* Dynamik *f*; ~ite ['dainəmait] 1. Dynamit *n*; 2. mit Dynamit sprengen.
**dysentery** ['disntri] Ruhr *f*.
**dyspepsia** [dis'pepsiə] Verdauungsstörung *f*.

# E

**each** [i:tʃ] jede(r, -s); ~ *other* einander, sich.
**eager** □ ['i:gə] (be)gierig; eifrig; ~ness ['i:gənis] Begierde *f*; Eifer *m*.
**eagle** ['i:gl] Adler *m*; *Am.* Zehndollarstück *n*; ~eyed scharfsichtig.
**ear** [iə] Ohr *n*; Öhr *n*, Henkel *m*; *keep on ~ to the ground bsd. Am.* aufpassen, was die Leute sagen *od.* denken; ~drum ['iədrəm] Trommelfell *n*.
**earl** [ə:l] *englischer* Graf.
**early** ['ə:li] früh; Früh...; Anfangs...; *erst*; bald(ig); *as ~ as* schon in (*das.*). [nen.]
**ear-mark** ['iəma:k] (kenn)zeich-}
**earn** [ə:n] verdienen, einbringen.
**earnest** ['ə:nist] 1. □ ernst(lich, -haft); ernstgemeint; 2. Ernst *m*.
**earnings** ['ə:niŋz] Einkommen *n*.
**ear|piece** *teleph.* ['iəpis] Hörmuschel *f*; ~shot Hörweite *f*.
**earth** [ə:θ] 1. Erde *f*; Land *n*; 2. *v/t. ⚡* erden; ~en ['ə:θən] irden; ~enware [~nwɛə] 1. Töpferware *f*; Steingut *n*; 2. irden; ~ing ⚡ ['ə:θiŋ] Erdung *f*; ~ly ['ə:θli] irdisch; ~quake Erdbeben *n*; ~worm Regenwurm *m*.
**ease** [i:z] 1. Bequemlichkeit *f*, Behagen *n*; Ruhe *f*; Ungezwungenheit *f*; Leichtigkeit *f*; *at ~* bequem, behaglich; 2. *v/t.* erleichtern, lindern; bequem(er) machen; *v/t.* sich entspannen (*Lage*).
**easel** ['i:zl] Staffelei *f*.
**easiness** ['izinis] = ease 1.
**east** [i:st] 1. Ost(en *m*); Orient *m*; *the 2 Am.* die Oststaaten *der USA*; 2. Ost...; östlich; ostwärts.
**Easter** ['i:stə] Ostern *n*; *attr.* Oster...
**easter|ly** ['i:stəli] östlich; Ost...; nach Osten; ~n [~ən] = easterly; orientalisch; ~ner [~nə] Ostländer (-in); Orientale *m*, -in *f*; 2 *Am.* Oststaatler(in).
**eastward(s)** ['i:stwəd(z)] ostwärts.
**easy** ['i:zi] □ leicht; bequem; frei von Schmerzen; ruhig; willig; ungezwungen; *in ~ circumstances* wohlhabend; *on ~ street Am.* in guten Verhältnissen; *take it ~!* immer mit der Ruhe!; ~ *chair* Klubsessel *m*; ~-going *fig.* bequem.

**eat** [i:t] 1. [*irr.*] essen; (zer)fressen; 2. ~ *pl. Am. sl.* Essen *n*, Eßwaren *f/pl.*; ~ables ['i:təblz] *pl.* Eßwaren *f/pl.*; ~en ['i:tn] *p.p. von* eat 1.
**eaves** [i:vz] *pl.* Dachrinne *f*, Traufe *f*; ~drop ['i:vzdrop] (er)lauschen; horchen.
**ebb** [eb] 1. Ebbe *f*; *fig.* Abnahme *f*; Verfall *m*; 2. verebben; *fig.* abnehmen, sinken; ~tide ['eb'taid] Ebbe *f*.
**ebony** ['ebəni] Ebenholz *n*.
**ebullition** [ebə'liʃən] Überschäumen *n*; Aufbrausen *n*.
**eccentric** [ik'sentrik] 1. exzentrisch; *fig.* überspannt; 2. Sonderling *m*.
**ecclesiastic** [ikli:zi'æstik] Geistliche(r) *m*; ~al □ [~kəl] geistlich, kirchlich.
**echo** ['ekou] 1. Echo *n*; 2. widerhallen; *fig.* echoen, nachsprechen.
**eclipse** [i'klips] 1. Finsternis *f*; 2. (sich) verfinstern, verdunkeln.
**econom|ic(al** □) [i:kə'nɔmik(əl)] haushälterisch; wirtschaftlich; Wirtschafts...; ~ics [~ks] *sg.* Volkswirtschaft(slehre) *f*; ~ist [i(:)'kɔnəmist] Volkswirt *m*; ~ize [~maiz] sparsam wirtschaften (mit); ~y [~mi] Wirtschaft *f*; Wirtschaftlichkeit *f*; Einsparung *f*; *political ~* Volkswirtschaft(slehre) *f*.
**ecsta|sy** ['ekstəsi] Ekstase *f*, Verzückung *f*; ~tic [eks'tætik] (~ally) verzückt.
**eddy** ['edi] 1. Wirbel *m*; 2. wirbeln.
**edge** [edʒ] 1. Schneide *f*; Schärfe *f*; Rand *m*; Kante *f*; Tisch-Ecke *f*; *be on ~* nervös sein; *have the ~ on s.o. bsd. Am.* F j-m über sein; 2. schärfen; (um)säumen; (sich) drängen; ~ways, ~wise ['edʒweiz, 'edʒwaiz] seitwärts; von der Seite.
**edging** ['edʒiŋ] Einfassung *f*; Rand; **edgy** ['edʒi] scharf; F nervös. [*m*.]
**edible** ['edibl] eßbar.
**edict** ['i:dikt] Edikt *n*.
**edifice** ['edifis] Gebäude *n*.
**edifying** □ ['edifaiiŋ] erbaulich.
**edit** ['edit] *Text* herausgeben, redigieren; *Zeitung* als Herausgeber leiten; ~ion [i'diʃən] *Buch*-Ausgabe *f*; Auflage *f*; ~or ['editə] Herausgeber *m*; Redakteur *m*; ~orial

**editorship** [ˈediˈtɔːriəl] Leitartikel *m*; *attr.* Redaktions...; **~orship** [ˈeditəˈʃip] Schriftleitung *f*, Redaktion *f*.

**educat|e** [ˈedju(ː)keit] erziehen; unterrichten; **~ion** [edjuː)ˈkeiʃən] Erziehung *f*; (Aus)Bildung *f*; Erziehungs-, Schulwesen *n*; Ministry of 2 Unterrichtsministerium *n*; **~ional** □ [~nl] erzieherisch; Erziehungs...; Bildungs...; **~or** [ˈedjukeitə] Erzieher *m*.

**eel** [iːl] Aal *m*.

**efface** [iˈfeis] auslöschen; *fig.* tilgen.

**effect** [iˈfekt] 1. Wirkung *f*; Folge *f*; ⊕ Leistung *f*; **~s** *pl.* Effekten *pl.*; Habseligkeiten *f/pl.*; be of ~ Wirkung haben; take ~ in Kraft treten; in ~ in der Tat; to the ~ des Inhalts; 2. bewirken, ausführen; **~ive** □ [~tiv] wirkend; wirksam; eindrucksvoll; wirklich vorhanden; ⊕ nutzbar; ~ date Tag *m* des Inkrafttretens; **~ual** □ [~tjuəl] wirksam, kräftig.

**effeminate** □ [iˈfeminit] verweichlicht; weibisch.

**effervesce** [efəˈves] (auf)brausen; **~nt** [~ənt] sprudelnd, schäumend.

**effete** [eˈfiːt] verbraucht; entkräftet.

**efficacy** [ˈefikəsi] Wirksamkeit *f*, Kraft *f*.

**efficien|cy** [iˈfiʃənsi] Leistung(sfähigkeit) *f*; ~ expert *Am.* Rationalisierungsfachmann *m*; **~t** □ [~nt] wirksam; leistungsfähig; tüchtig.

**efflorescence** [əflɔːˈresns] Blütezeit *f*; 🜘 Beschlag *m*.

**effluence** [ˈefluəns] Ausfluß *m*.

**effort** [ˈefət] Anstrengung *f*, Bemühung *f* (at um); Mühe *f*.

**effrontery** [eˈfrʌntəri] Frechheit *f*.

**effulgent** □ [eˈfʌldʒənt] glänzend.

**effus|ion** [iˈfjuːʒən] Erguß *m*; **~ive** □ [~siv] überschwenglich.

**egg¹** [eg] *mst* ~ on aufreizen.

**egg²** [~] Ei *n*; put all one's ~s in one basket alles auf eine Karte setzen; as sure as ~s is ~s F todsicher; **~-cup** [ˈegkʌp] Eierbecher *m*; **~head** *Am. sl.* Intellektuelle(r) *m*.

**egotism** [ˈegoutizəm] Selbstgefälligkeit *f*.

**egregious** *iro.* □ [iˈgriːdʒəs] ungeheuer.

**egress** [ˈiːgres] Ausgang *m*; Ausweg *m*.

**Egyptian** [iˈdʒipʃən] 1. ägyptisch; 2. Ägypter(in).

**eider** [ˈaidə]: ~ down Eiderdaunen *f/pl.*; Daunendecke *f*.

**eight** [eit] 1. acht; 2. Acht *f*; behind the ~ ball *Am.* in der (die) Klemme; **~een** [ˈeiˈtiːn] achtzehn; **~eenth** [~nθ] achtzehnt; **~fold** [ˈeitfould] achtfach; **~h** [eitθ] 1. achte(r, -s); 2. Achtel *n*; **~hly** [ˈeitθli] achtens; **~ieth** [ˈeitiiθ] achtzigste(r, -s); **~y** [ˈeiti] achtzig.

**either** [ˈaiðə] 1. *adj. u. pron.* einer von beiden; beide; 2. *cj.* ~ ... or entweder ... oder; *not* (...) ~ auch nicht.

**ejaculate** [iˈdʒækjuleit] *Worte, Flüssigkeit* ausstoßen.

**eject** [i(ː)ˈdʒekt] ausstoßen; vertreiben, ausweisen; entsetzen (*e-s Amtes*).

**eke** [iːk]: ~ out ergänzen; verlängern; sich *mit st.* durchhelfen.

**el** *Am.* F [el] = elevated railroad.

**elaborat|e** 1. □ [iˈlæbərit] sorgfältig ausgearbeitet; kompliziert; 2. [~reit] sorgfältig ausarbeiten; **~eness** [~ritnis], **~ion** [ilæbəˈreiʃən] sorgfältige Ausarbeitung.

**elapse** [iˈlæps] verfließen, verstreichen.

**elastic** [iˈlæstik] 1. (~ally) dehnbar; spannkräftig; 2. Gummiband *n*; **~ity** [elæsˈtisiti] Elastizität *f*, Dehnbarkeit *f*; Spannkraft *f*.

**elate** [iˈleit] (er)heben, ermutigen, froh erregen; stolz machen; **~d** in gehobener Stimmung, freudig erregt (*at über acc.*; *with durch*).

**elbow** [ˈelbou] 1. Ellbogen *m*; Biegung *f*; ⊕ Knie *n*; *at one's* ~ nahe, bei der Hand; *out of* ~s *fig.* heruntergekommen; 2. mit dem Ellbogen (weg)stoßen; ~ out verdrängen; **~grease** F Armschmalz *n* (*Kraftanstrengung*).

**elder** [ˈeldə] 1. älter; 2. der, die Ältere; (Kirchen)Älteste(r) *m*; ♀ Holunder *m*; **~ly** [~li] ältlich.

**eldest** [ˈeldist] älteste(r, -s).

**elect** [iˈlekt] 1. (aus)gewählt; 2. (aus)er)wählen; **~ion** [~kʃən] Wahl *f*; **~ive** [~ktiv] 1. □ wählend; gewählt; Wahl...; *Am.* fakultativ; 2. *Am.* Wahlfach *n*; **~or** [~tə] Wähler *m*; *Am.* Wahlmann *m*; Kurfürst *m*; **~oral** [~ərəl] Wahl..., Wähler...; **~ college** *Am.* Wahlmänner *m/pl.*; **~orate** [~rit] Wähler(schaft *f*) *m/pl.*

**electric|(al** □) [iˈlektrik(əl)] elektrisch; Elektro...; *fig.* faszinierend; **~al engineer** Elektrotechniker *m*; **~ blue** stahlblau; **~ chair** elektrischer Stuhl; **~ian** [ilekˈtriʃən] Elektriker *m*; **~ity** [~isiti] Elektrizität *f*.

**electri|fy** [iˈlektrifai], **~ze** [~raiz] elektrifizieren; elektrisieren.

**electro|cute** [iˈlektrəkjut] auf dem elektrischen Stuhl hinrichten; durch elektrischen Strom töten; **~metallurgy** Elektrometallurgie *f*.

**electron** [iˈlektrɔn] Elektron *n*; **~-ray tube** magisches Auge.

**electro|plate** [iˈlektroupleit] galvanisch versilbern; **~type** galvanischer Druck; Galvano *n*.

**elegan|ce** [ˈeligəns] Eleganz *f*; Anmut *f*; **~t** □ [~nt] elegant; geschmackvoll; *Am.* erstklassig.

**element** [ˈelimənt] Element *n*; Urstoff *m*; (Grund)Bestandteil *m*; **~s** *pl.* Anfangsgründe *m/pl.*; **~al** □

[eli'mentl] elementar; wesentlich; ~ary [~təri] 1. □ elementar; Anfangs...; ~ school Volks-, Grundschule f; 2. elementaries pl. Anfangsgründe m/pl.

elephant ['elifənt] Elefant m.

elevat|e ['eliveit] erhöhen; fig. erheben; ~ed erhaben; ~ (railroad) Am. Hochbahn f; ~ion [eli'veiʃən] Erhebung f, Erhöhung f; Höhe f; Erhabenheit f; ~or ⊕ ['eliveitə] Aufzug m; Am. Fahrstuhl m; ⚓ Höhenruder n; (grain) ~ Am. Getreidespeicher m.

eleven [i'levn] 1. elf; 2. Elf f; ~th [~nθ] elfte(r, -s).

elf [elf] Elf(e f) m, Kobold m; Zwerg m.

elicit [i'lisit] hervorlocken, herausholen.

eligible □ ['elidʒəbl] geeignet, annehmbar; passend.

eliminat|e [i'limineit] aussondern, ausscheiden; ausmerzen; ~ion [ilimi'neiʃən] Aussonderung f; Ausscheidung f.

élite [ei'li:t] Elite f; Auslese f.

elk zo. [elk] Elch m.

ellipse Å [i'lips] Ellipse f.

elm ♣ [elm] Ulme f, Rüster f.

elocution [elə'kju:ʃən] Vortrag(skunst, -sweise f) m.

elongate ['i:lɒŋgeit] verlängern.

elope [i'loup] entlaufen, durchgehen.

eloquen|ce ['eləkwəns] Beredsamkeit f; ~t □ [~nt] beredt.

else [els] sonst, andere(r, -s), weiter; ~where ['els'wεə] anderswo(hin).

elucidat|e [i'lu:sideit] erläutern; ~ion [ilu:si'deiʃən] Aufklärung f.

elude [i'lu:d] geschickt umgehen; ausweichen, sich entziehen (dat.).

elus|ive [i'lu:siv] schwer faßbar; ~ory [~səri] trügerisch.

emaciate [i'meiʃieit] abzehren, ausmergeln.

emanat|e ['eməneit] ausströmen; ausgehen (from von); ~ion [emə-'neiʃən] Ausströmen n; fig. Ausstrahlung f.

emancipat|e [i'mænsipeit] emanzipieren, befreien; ~ion [imænsi-'peiʃən] Emanzipation f; Befreiung f.

embalm [im'ba:m] (ein)balsamieren; be ~ed in fortleben (dat.).

embankment [im'bæŋkmənt] Eindämmung f; Deich m; (Bahn-) Damm m; Uferstraße f, Kai m.

embargo [em'ba:gou] (Hafen-, Handels)Sperre f, Beschlagnahme f.

embark [im'ba:k] (sich) einschiffen (for nach); Geld anlegen; sich einlassen (in, on, upon in, auf acc.).

embarrass [im'bærəs] (be)hindern; verwirren; in (Geld)Verlegenheit bringen; verwickeln; ~ing □ [~siŋ]

unangenehm; unbequem; ~ment [~smənt] (Geld)Verlegenheit f; Schwierigkeit f.

embassy ['embəsi] Botschaft f; Gesandtschaft f.

embed [im'bed] (ein)betten, lagern.

embellish [im'beliʃ] verschönern; ausschmücken. [Asche.]

embers ['embəz] pl. glühende]

embezzle [im'bezl] unterschlagen; ~ment [~mənt] Unterschlagung f.

embitter [im'bitə] verbittern.

emblazon [im'bleizən] mit e-m Wappenbild bemalen; fig. verherrlichen.

emblem ['embləm] Sinnbild n; Wahrzeichen n.

embody [im'bɔdi] verkörpern; vereinigen; einverleiben (in dat.).

embolden [im'bouldən] ermutigen.

embolism ♫ ['embəlizəm] Embolie f.

embosom [im'buzəm] ins Herz schließen; ~ed with umgeben von.

emboss [im'bɔs] bossieren; mit dem Hammer treiben.

embrace [im'breis] 1. (sich) umarmen; umfassen; Beruf etc. ergreifen; Angebot annehmen; 2. Umarmung f.

embroider [im'brɔidə] sticken; ausschmücken; ~y [~əri] Stickerei f.

embroil [im'brɔil] (in Streit) verwickeln; verwirren.

emendation [i:men'deiʃən] Verbesserung f.

emerald ['emərəld] Smaragd m.

emerge [i'mə:dʒ] auftauchen; hervorgehen; sich erheben; sich zeigen; ~ncy [~dʒənsi] unerwartetes Ereignis; Notfall m; attr. Not...; ~ brake Notbremse f; ~ call Notruf m; ~ exit Notausgang m; ~ man Sport: Ersatzmann m; ~nt [~nt] auftauchend, entstehend; ~ countries Entwicklungsländer n/pl.

emersion [i(:)'mə:ʃən] Auftauchen n.

emigra|nt ['emigrənt] 1. auswandernd; 2. Auswanderer m; ~te [~reit] auswandern; ~tion [emi-'greiʃən] Auswanderung f.

eminen|ce ['eminəns] (An)Höhe f; Auszeichnung f; hohe Stellung; Eminenz f (Titel); ~t □ [~nt] fig. ausgezeichnet, hervorragend; ~tly [~tli] ganz besonders.

emissary ['emisəri] Emissär m.

emit [i'mit] von sich geben; aussenden; ausströmen; ✦ ausgeben.

emolument [i'mɔljumənt] Vergütung f; ~s pl. Einkünfte pl.

emotion [i'mouʃən] (Gemüts)Bewegung f; Gefühl(sregung f) n; Rührung f; ~al □ [~nl] gefühlsmäßig; gefühlvoll, gefühlsbetont; ~less [~nlis] gefühllos, kühl.

emperor ['empərə] Kaiser m.

**empha|sis** ['emfəsis] Nachdruck *m*; ~**size** [~saiz] nachdrücklich betonen; ~**tic** [im'fætik] (~*ally*) nachdrücklich; ausgesprochen.

**empire** ['empaiə] (Kaiser)Reich *n*; Herrschaft *f*; *the British* ⚺ das britische Weltreich.

**empirical** □ [em'pirikəl] erfahrungsgemäß.

**employ** [im'plɔi] 1. beschäftigen, anstellen; an~, verwenden, gebrauchen; 2. Beschäftigung *f*; *in the* ~ *of* angestellt bei; ~**ee** [emplɔi'iː] Angestellte(r *m*) *f*; Arbeitnehmer(in); ~**er** [im'plɔiə] Arbeitgeber *m*; ♱ Auftraggeber *m*; ~**ment** [~imənt] Beschäftigung *f*; Arbeit *f*; ~ *agency* Stellenvermittlungsbüro *n*; ⚺ *Exchange* Arbeitsamt *n*.

**empower** [im'pauə] ermächtigen; befähigen.

**empress** ['empris] Kaiserin *f*.

**empt|iness** ['emptinis] Leere *f*; Hohlheit *f*; ~**y** □ ['empti] 1. leer; *fig.* hohl; 2. (sich) (aus-, ent)leeren.

**emul|ate** ['emjuleit] wetteifern mit; nacheifern, es gleichtun (*dat.*); ~**ation** [emju'leiʃən] Wetteifer *m*.

**enable** [i'neibl] befähigen, es *j-m* ermöglichen; ermächtigen.

**enact** [i'nækt] verfügen, verordnen; *Gesetz* erlassen; *thea.* spielen.

**enamel** [i'næməl] 1. Email(le *f*) *n*, (Zahn)Schmelz *m*; Glasur *f*; Lack *m*; 2. emaillieren; glasieren.

**enamo(u)r** [i'næmə] verliebt machen; ~*ed of* verliebt in.

**encamp** ⚔ [in'kæmp] (sich) lagern.

**encase** [in'keis] einschließen.

**enchain** [in'tʃein] anketten; fesseln.

**enchant** [in'tʃɑːnt] bezaubern; ~**ment** [~mənt] Bezauberung *f*; Zauber *m*; ~**ress** [~tris] Zauberin *f*.

**encircle** [in'sɜːkl] einkreisen.

**enclos|e** [in'klouz] einzäunen; einschließen; beifügen; ~**ure** [~ʒə] Einzäunung *f*; eingehegtes Grundstück; Bei~, Anlage *f zu e-m Brief*.

**encompass** [in'kʌmpəs] umgeben.

**encore** *thea.* [ɔŋ'kɔː] 1. um e-e Zugabe bitten; 2. Zugabe *f*.

**encounter** [in'kauntə] 1. Begegnung *f*; Gefecht *n*; 2. begegnen (*dat.*); *auf Schwierigkeiten etc.* stoßen; mit *j-m* zu.-stoßen.

**encourage** [in'kʌridʒ] ermutigen; fördern; ~**ment** [~dʒmənt] Ermutigung *f*; Unterstützung *f*.

**encroach** [in'kroutʃ] (*on, upon*) eingreifen, eindringen (*in acc.*); beschränken (*acc.*); mißbrauchen (*acc.*); ~**ment** [~mənt] Ein-, Übergriff *m*.

**encumb|er** [in'kʌmbə] belasten; (be)hindern; ~**rance** [~brəns] Last *f*; *fig.* Hindernis *n*; Schuldenlast *f*; *without* ~ ohne (Familien)Anhang.

**encyclop(a)edia** [ensaiklou'piːdjə]
Enzyklopädie *f*, Konversationslexikon *n*.

**end** [end] 1. Ende *n*; Ziel *n*, Zweck *m*; *no* ~ *of* unendlich viel(e), unzählige; *in the* ~ am Ende, auf die Dauer; *on* ~ aufrecht; *stand on* ~ zu Berge stehen; *to no* ~ vergebens; *go off the deep* ~ *fig.* in die Luft gehen; *make both* ~*s meet* gerade auskommen; 2. enden, beend(ig)en.

**endanger** [in'deindʒə] gefährden.

**endear** [in'diə] teuer machen; ~**ment** [~mənt] Liebkosung *f*, Zärtlichkeit *f*.

**endeavo(u)r** [in'devə] 1. Bestreben *n*, Bemühung *f*; 2. sich bemühen.

**end|ing** ['endiŋ] Ende *n*; Schluß *m*; *gr.* Endung *f*; ~**less** □ ['endlis] endlos, unendlich; ⊕ ohne Ende.

**endorse** [in'dɔːs] ♱ indossieren; *et.* vermerken (*on auf der Rückseite e-r Urkunde*); gutheißen; ~**ment** [~smənt] Aufschrift *f*; ♱ Indossament *n*.

**endow** [in'dau] ausstatten; ~**ment** [~aumənt] Ausstattung *f*; Stiftung *f*.

**endue** *fig.* [in'djuː] (be)kleiden.

**endur|ance** [in'djuərəns] (Aus-) Dauer *f*; Ertragen *n*; ~**e** [in'djuə] (aus)dauern; ertragen.

**enema** ♣ ['enimə] Klistier(spritze *f*) *n*.

**enemy** ['enimi] 1. Feind *m*; *the* ⚺ *der Teufel*; 2. feindlich.

**energ|etic** [enə'dʒetik] (~*ally*) energisch; ~**y** ['enədʒi] Energie *f*.

**enervate** ['enəveit] entnerven.

**enfeeble** [in'fiːbl] schwächen.

**enfold** [in'fould] einhüllen; umfassen.

**enforce** [in'fɔːs] erzwingen; aufzwingen (*upon dat.*); bestehen auf (*dat.*); durchführen; ~**ment** [~mənt] Erzwingung *f*; Geltendmachung *f*; Durchführung *f*.

**enfranchise** [in'fræntʃaiz] *das Wahlrecht verleihen* (*dat.*); *Sklaven* befreien.

**engage** [in'geidʒ] *v/t.* anstellen; verpflichten; mieten; in Anspruch nehmen; ✕ angreifen; *be* ~*d* verloben sein (*to mit*); beschäftigt sein (*in mit*); besetzt sein; ~ *the clutch* einkuppeln; *v/i.* sich verpflichten, versprechen, garantieren; sich beschäftigen (*in mit*); ✕ angreifen; ⊕ greifen (*Zahnräder*); ~**ment** [~dʒmənt] Verpflichtung *f*; Verlobung *f*; Verabredung *f*; Beschäftigung *f*; ✕ Gefecht *n*; Einrücken *n e-s Ganges etc.*

**engaging** □ [in'geidʒiŋ] einnehmend.

**engender** *fig.* [in'dʒendə] erzeugen.

**engine** ['endʒin] Maschine *f*, Motor *m*; 🚂 Lokomotive *f*; ~**driver** Lokomotivführer *m*.

**engineer** [endʒi'niə] 1. Ingenieur *m*,

Techniker *m*; Maschinist *m*; *Am.* Lokomotivführer *m*; ⚔ Pionier *m*; 2. Ingenieur sein; bauen; ~ing [~əriŋ] 1. Maschinenbau *m*; Ingenieurwesen *n*; 2. technisch; Ingenieur...

English ['inglif] 1. englisch; 2. Englisch *n*; the ~ *pl.* die Engländer *pl.*; in plain ~ *fig.* unverblümt; ~man Engländer *m*.

engrav|e [in'greiv] gravieren, stechen; *fig.* einprägen; ~er [~və] Graveur *m*; ~ing [~viŋ] (Kupfer-, Stahl)Stich *m*; Holzschnitt *m*.

engross [in'grous] an sich ziehen; ganz in Anspruch nehmen.

engulf *fig.* [in'gʌlf] verschlingen.

enhance [in'hɑːns] erhöhen.

enigma [i'nigmə] Rätsel *n*; ~tic(al ☐) [enig'mætik(əl)] rätselhaft.

enjoin [in'dʒɔin] auferlegen (on *j-m*).

enjoy [in'dʒɔi] sich erfreuen an (*dat.*); genießen; did you ~ it? hat es Ihnen gefallen?; ~ o.s. sich amüsieren; ~ my dinner es schmeckt mir; ~able [~əbl] genußreich, erfreulich; ~ment [~imənt] Genuß *m*, Freude *f*.

enlarge [in'lɑːdʒ] (sich) erweitern, ausdehnen; vergrößern; ~ment [~dʒmənt] Erweiterung *f*; Vergrößerung *f*.

enlighten [in'laitn] *fig.* erleuchten; *j-n* aufklären; ~ment [~nmənt] Aufklärung *f*.

enlist [in'list] *v/t.* ⚔ anwerben; gewinnen; ~ed men *pl. Am.* ⚔ Unteroffiziere *pl.* und Mannschaften *pl.*; *v/i.* sich freiwillig melden.

enliven [in'laivn] beleben.

enmity ['enmiti] Feindschaft *f*.

ennoble [i'noubl] adeln; veredeln.

enorm|ity [i'nɔːmiti] Ungeheuerlichkeit *f*; ~ous ☐ [~məs] ungeheuer.

enough [i'nʌf] genug.

enquire [in'kwaiə] = inquire.

enrage [in'reidʒ] wütend machen; ~d wütend (at über *acc.*).

earapture [in'ræptʃə] entzücken.

enrich [in'ritʃ] be~, anreichern.

enrol(l) [in'roul] *in* e-e Liste eintragen; ⚔ anwerben; aufnehmen; ~ment [~Imənt] Eintragung *f*; bsd. ⚔ Anwerbung *f*, Einstellung *f*; Aufnahme *f*; Verzeichnis *n*; Schüler-, Studenten-, Teilnehmerzahl *f*.

ensign ['ensain] Fahne *f*; Flagge *f*; Abzeichen *n*; ⚓ *Am.* ['ensn] Leutnant *m* zur See.

enslave [in'sleiv] versklaven; ~ment [~vmənt] Versklavung *f*.

ensnare *fig.* [in'snɛə] verführen.

ensue [in'sjuː] folgen, sich ergeben.

ensure [in'ʃuə] sichern.

entail [in'teil] 1. zur Folge haben; als unveräußerliches Gut vererben; 2. (Übertragung *f* als) unveräußerliches Gut.

entangle [in'tæŋgl] verwickeln; ~ment [~Imənt] Verwicklung *f*; ⚔ Draht-Verhau *m*.

enter ['entə] *v/t.* (ein)treten in (*acc.*); betreten; einsteigen, einfahren *etc.* in (*acc.*); eindringen in (*acc.*); eintragen, † buchen; *Protest* einbringen; aufnehmen; melden; ~ s.o. at school *j-n* zur Schule anmelden; *v/i.* eintreten; sich einschreiben; *Sport*: sich melden; aufgenommen werden; ~ into *fig.* eingehen auf (*acc.*); ~ (up)on *Amt etc.* antreten; sich einlassen auf (*acc.*).

enterpris|e ['entəpraiz] Unternehmen *n*; Unternehmungslust *f*; ~ing [~ziŋ] unternehmungslustig.

entertain [entə'tein] unterhalten; bewirten; in Erwägung ziehen; *Meinung etc.* hegen; ~er [~ə] Gastgeber *m*; Unterhaltungskünstler *m*; ~ment [~mənt] Unterhaltung *f*; Bewirtung *f*; Fest *n*, Gesellschaft *f*.

enthral(l) *fig.* [in'θrɔːl] bezaubern.

enthrone [in'θroun] auf den Thron setzen.

enthusias|m [in'θjuːziæzm] Begeisterung *f*; ~t [~æst] Schwärmer (-in); ~tic [inθjuːzi'æstik] (~ally) begeistert (at, about von).

entice [in'tais] (ver)locken; ~ment [~smənt] Verlockung *f*, Reiz *m*.

entire ☐ [in'taiə] ganz; vollständig; ungeteilt; ~ly [~li] völlig, lediglich; ~ty [~ti] Gesamtheit *f*.

entitle [in'taitl] betiteln; berechtigen.

entity ['entiti] Wesen *n*; Dasein *n*.

entrails ['entreilz] *pl.* Eingeweide *n/pl.*; Innere(s) *n*.

entrance ['entrəns] Ein~, Zutritt *m*; Einfahrt *f*, Eingang *m*; Einlaß *m*.

entrap [in'træp] (ein)fangen; verleiten.

entreat [in'triːt] bitten, ersuchen; *et.* erbitten; ~y [~ti] Bitte *f*, Gesuch *n*.

entrench ⚔ [in'trentʃ] (mit od. in Gräben) verschanzen.

entrust [in'trʌst] anvertrauen (s. th. to s.o. *j-m et.*); betrauen.

entry ['entri] Eintritt *m*; Eingang *m*; ⚖ Besitzantritt *m* (on, upon gen.); Eintragung *f*; *Sport*: Meldung *f*; ~ permit Einreisegenehmigung *f*; book-keeping by double (single) ~ doppelte (einfache) Buchführung.

enumerate [i'njuːməreit] aufzählen.

enunciate [i'nʌnsieit] verkünden; *Lehrsatz* aufstellen; aussprechen.

envelop [in'veləp] einhüllen; einwickeln; umgeben; ⚔ einkreisen; ~e ['enviloup] Briefumschlag *m*; ~ment [in'veləpmənt] Umhüllung *f*.

envi|able ☐ ['enviəbl] beneidenswert; ~ous ☐ [~iəs] neidisch.

environ [in'vaiərən] umgeben; ~ment [~nmənt] Umgebung *f e-r Person*; ~s [~'envirənz] *pl.* Umgebung *f e-r Stadt*.

envisage [in'vizidʒ] sich *et.* vorstellen.

envoy ['envoi] Gesandte(r) *m*; Bote *m*.

envy ['envi] 1. Neid *m*; 2. beneiden.

epic ['epik] 1. episch; 2. Epos *n*.

epicure ['epikjuə] Feinschmecker *m*.

epidemic [epi'demik] 1. (~ally) seuchenartig; ~ *disease* = 2. Seuche *f*.

epidermis [epi'dəːmis] Oberhaut *f*.

epilepsy ♀ ['epilepsi] Epilepsie *f*.

epilogue ['epilɔg] Nachwort *f*.

episcopa|cy [i'piskəpəsi] bischöfliche Verfassung; ~l [~əl] bischöflich; ~te [~pit] Bischofswürde *f*; Bistum *n*.

epist|le [i'pisl] Epistel *f*; ~olary [~stələri] brieflich; Brief...

epitaph ['epitɑːf] Grabschrift *f*.

epitome [i'pitəmi] Auszug *m*, Abriß *m*.

epoch ['iːpɔk] Epoche *f*.

equable ['ekwəbl] gleichförmig, gleichmäßig; *fig.* gleichmütig.

equal ['iːkwəl] 1. □ gleich, gleichmäßig; ~ *to fig.* gewachsen (*dat.*); 2. Gleiche(r *m*) *f*; 3. gleichen (*dat.*); ~ity [iː(ː)'kwɔliti] Gleichheit *f*; ~ization [iːkwəlai'zeiʃən] Gleichstellung *f*; Ausgleich *m*; ~ize [iːkwəlaiz] gleichmachen, gleichstellen; ausgleichen.

equanimity [iːkwə'nimiti] Gleichmut *m*.

equat|ion [i'kweiʃən] Ausgleich *m*; ♣ Gleichung *f*; ~or [~eitə] Äquator *m*.

equestrian [i'kwestriən] Reiter *m*.

equilibrium [iːkwi'libriəm] Gleichgewicht *n*; Ausgleich *m*.

equip [i'kwip] ausrüsten; ~ment [~pmənt] Ausrüstung *f*; Einrichtung *f*.

equipoise ['ekwipoiz] Gleichgewicht *n*; Gegengewicht *n*.

equity ['ekwiti] Billigkeit *f*; equities *pl.* ♣ Aktien *f*/*pl.*

equivalent [i'kwivələnt] 1. gleichwertig; gleichbedeutend (*to* mit); 2. Äquivalent *n*, Gegenwert *m*.

equivoca|l □ [i'kwivəkəl] zweideutig, zweifelhaft; ~te [~keit] zweideutig reden.

era ['iərə] Zeitrechnung *f*; -alter *n*.

eradicate [i'rædikeit] ausrotten.

eras|e [i'reiz] ausradieren, ausstreichen; auslöschen; ~er [~zə] Radiergummi *m*; ~ure [i'reiʒə] Ausradieren *n*; radierte Stelle.

ere [ɛə] 1. *cj.* ehe, bevor; 2. *prp.* vor.

erect [i'rekt] 1. □ aufrecht; 2. aufrichten; Denkmal etc. errichten; aufstellen; ~ion [~kʃən] Auf-, Errichtung *f*; Gebäude *n*.

eremite ['erimait] Einsiedler *m*.

ermine *zo.* ['əːmin] Hermelin *n*.

erosion [i'rouʒən] Zerfressen *n*; Auswaschung *f*.

erotic [i'rɔtik] 1. erotisch; 2 erotisches Gedicht; ~ism [~isizəm] Erotik *f*.

err [əː] (sich) irren; fehlen, sündigen.

errand ['erənd] Botengang *m*, Auftrag *m*; ~boy Laufbursche *m*.

errant □ ['erənt] (umher)irrend.

errat|ic [i'rætik] (~ally) wandernd; unberechenbar; ~um [e'rɑːtəm], *pl.* ~a [~ə] Druckfehler *m*.

erroneous □ [i'rounjəs] irrig.

error ['erə] Irrtum *m*, Fehler *m*; ~s excepted Irrtümer vorbehalten.

erudit|e □ ['eru(ː)dait] gelehrt; ~ion [eru(ː)'diʃən] Gelehrsamkeit *f*.

erupt [i'rʌpt] ausbrechen (*Vulkan*); durchbrechen (*Zähne*); ~ion [~pʃən] *Vulkan-*Ausbruch *m*; ♣ Hautausschlag *m*.

escala|tion [eskə'leiʃən] Eskalation *f* (*stufenweise Steigerung*); ~or ['eskəleitə] Rolltreppe *f*.

escap|ade [eskə'peid] toller Streich; ~e [is'keip] 1. entschlüpfen, entgehen; entkommen, entrinnen; entweichen; *j-m* entfallen; 2. Entrinnen *n*; Entweichen *n*; Flucht *f*.

eschew [is'tʃuː] (ver)meiden.

escort 1. ['eskɔːt] Eskorte *f*; Geleit *n*; 2. [is'kɔːt] eskortieren, geleiten.

escutcheon [is'kʌtʃən] Wappenschild *m*, *n*; Namensschild *n*.

especial [is'peʃəl] besonder; vorzüglich; ~ly [~li] besonders.

espionage [espiə'nɑːʒ] Spionage *f*.

espresso [es'presou] Espresso *m* (*Kaffee*); ~ bar, ~ café Espressobar *f*.

espy [is'pai] erspähen.

esquire [is'kwaiə] Landedelmann *m*, Gutsbesitzer *m*; *auf Briefen: John Smith Esq. Herrn J. S.*

essay 1. [e'sei] versuchen; probieren; 2. ['esei] Versuch *m*; Aufsatz *m*, kurze Abhandlung, Essay *m*, *n*.

essen|ce ['esns] Wesen *n e-r Sache*; Extrakt *m*; Essenz *f*; ~tial [i'senʃəl] 1. □ (*to für*) wesentlich; wichtig; 2. Wesentliche(s) *n*.

establish [is'tæbliʃ] festsetzen; errichten, gründen; einrichten; einsetzen; ~ *o.s.* sich niederlassen; 2ed Church Staatskirche *f*; ~ment [~ʃmənt] Festsetzung *f*; Gründung *f*; Er-, Einrichtung *f*; (*bsd. großer*) Haushalt; Anstalt *f*; Firma *f*.

estate [is'teit] Grundstück *n*; Grundbesitz *m*, Gut *n*; Besitz *m*; (*Konkurs-*)Masse *f*; Nachlaß *m*; Stand *m*; real ~ Liegenschaften *pl.*; housing ~ Wohnsiedlung *f*; ~ agent Grundstücksmakler *m*; ~ car Kombiwagen *m*; ~ duty Nachlaßsteuer *f*.

esteem [is'tiːm] 1. Achtung *f*, Ansehen n (with bei); 2. (hoch)achten, (hoch)schätzen; erachten für.

**estimable** ['estimabl] schätzenswert.

**estimat|e 1.** ['estimeit] (ab)schätzen; veranschlagen; 2. [..mit] Schätzung f; (Vor)Anschlag m; ..ion [esti'meiʃən] Schätzung f; Meinung f; Achtung f.

**estrange** [is'treindʒ] entfremden.

**estuary** ['estjuəri] (den Gezeiten ausgesetzte) weite Flußmündung.

**etch** [etʃ] ätzen, radieren.

**etern|al** □ [i(:)'tə:nl] immerwährend, ewig; ..ity [..niti] Ewigkeit f.

**ether** ['i:θə] Äther m; ..eal □ [i(:)'θiəriəl] ätherisch (a. fig.).

**ethic|al** □ ['eθikəl] sittlich, ethisch; ..s [..ks] pl. Sittenlehre f, Ethik f.

**etiquette** [eti'ket] Etikette f.

**etymology** [eti'mɔlədʒi] Etymologie f, Wortableitung f.

**Eucharist** ['ju:kərist] Abendmahl n.

**euphemism** ['ju:fimizəm] beschönigender Ausdruck.

**European** [juərə'pi(:)ən] 1. europäisch; 2. Europäer(in).

**evacuate** [i'vækjueit] entleeren; evakuieren; Land etc. räumen.

**evade** [i'veid] (geschickt) ausweichen (dat.); umgehen.

**evaluate** [i'væljueit] zahlenmäßig bestimmen, auswerten; berechnen.

**evanescent** [i:və'nesnt] (ver)schwindend.   [evangelisch.]

**evangelic|al** □) [i:væn'dʒelik(ə)l])

**evaporat|e** [i'væpəreit] verdunsten, verdampfen (lassen); ..ion [ivæpə'reiʃən] Verdunstung f, Verdampfung f.

**evasi|on** [i'veiʒən] Umgehung f; Ausflucht f; ..ve □ [i'veisiv] ausweichend; be .. ausweichen.

**eve** [i:v] Vorabend m; Vortag m; on the .. of unmittelbar vor (dat.), am Vorabend (gen.).

**even** ['i:vən] 1. adj. □ eben, gleich; gleichmäßig; ausgeglichen; glatt; gerade (Zahl); unparteiisch; get .. with s.o. fig. mit j-m abrechnen; 2. adv. selbst, sogar, auch; not .. nicht einmal; .. though, .. if wenn auch; 3. ebnen, glätten; gleichstellen; ..handed unparteiisch.

**evening** ['i:vniŋ] Abend m; .. dress Gesellschaftsanzug m; Frack m, Smoking m; Abendkleid n.

**evenness** ['i:vənnis] Ebenheit f; Geradheit f; Gleichmäßigkeit f; Unparteilichkeit f; Seelenruhe f.

**evensong** ['i:vənsɔŋ] Abendgottesdienst m.

**event** [i'vent] Ereignis n; Vorfall m; fig. Ausgang m; sportliche Veranstaltung; athletic ..s pl. Leichtathletikwettkämpfe m/pl.; at all ..s auf alle Fälle; in the .. of im Falle (gen.); ..ful [..tful] ereignisreich.

**eventual** □ [i'ventjuəl] etwaig, möglich; schließlich; ..ly am Ende; im Laufe der Zeit; gegebenenfalls.

**ever** ['evə] je, jemals; immer; .. so noch so (sehr); as soon as .. I can sobald ich nur irgend kann; .. after, .. since von der Zeit an; .. and anon von Zeit zu Zeit; for .. für immer, auf ewig; Briefschluß: yours .. stets Dein ...; ..glade Am. Sumpfgegend f; ..green 1. immergrün; 2. immergrüne Pflanze; ..lasting □ [evə-'la:stiŋ] ewig; dauerhaft; ..more ['evə'mɔ:] immerfort.

**every** ['evri] jede(r, -s); alle(s); .. now and then dann und wann; .. one of them jeder von ihnen; .. other day einen Tag um den anderen, jeden zweiten Tag; ..body jeder (-mann); ..day Alltags...; ..one jeder(mann); ..thing alles; ..where überall.

**evict** [i(:)'vikt] exmittieren; ausweisen.

**eviden|ce** ['evidəns] 1. Beweis(material n) m; ₤₤ Zeugnis n; Zeuge m; in .. als Beweis; deutlich sichtbar; 2. beweisen; ..t □ [..nt] augenscheinlich, offenbar, klar.

**evil** ['i:vl] 1. □ übel, schlimm, böse; the ♀ One der Böse (Teufel); 2. Übel n, Böse(s) n; ..-minded ['i:vl'maindid] übelgesinnt, boshaft.

**evince** [i'vins] zeigen, bekunden.

**evoke** [i'vouk] (herauf)beschwören.

**evolution** [i:və'lu:ʃən] Entwicklung f; ✕ Entfaltung f; e-r Formation.

**evolve** [i'vɔlv] (sich) entwickeln.

**ewe** [ju:] Mutterschaf n.

**ex** [eks] prp. ✝ ab Fabrik etc.; Börse: ohne; aus.

**ex-...** [..] ehemalig, früher.

**exact** [ig'zækt] 1. □ genau; pünktlich; 2. Zahlung eintreiben; fordern; ..ing [..tiŋ] streng, genau; ..itude [..itju:d], ..ness [..tnis] Genauigkeit f; Pünktlichkeit f.

**exaggerate** [ig'zædʒəreit] übertreiben.

**exalt** [ig'zɔ:lt] erhöhen, erheben; verherrlichen; ..ation [egzɔ:l'teiʃən] Erhöhung f, Erhebung f; Höhe f; Verzückung f.

**exam** Schul-sl. [ig'zæm] Examen n.

**examin|ation** [igzæmi'neiʃən] Examen n, Prüfung f; Untersuchung f; Vernehmung f; ..e [ig'zæmin] untersuchen; prüfen; verhören.

**example** [ig'za:mpl] Beispiel n; Vorbild n, Muster n; for .. zum Beispiel.

**exasperate** [ig'za:spəreit] erbittern; ärgern; verschlimmern.

**excavate** ['ekskəveit] ausgraben, ausheben, ausschachten.

**exceed** [ik'si:d] überschreiten; übertreffen; zu weit gehen; ..ing □ [..diŋ] übermäßig; ..ingly [..ŋli] außerordentlich, überaus.

excel [ik'sel] v/t. übertreffen; v/i. sich auszeichnen; **~lence** ['eksələns] Vortrefflichkeit f; hervorragende Leistung; Vorzug m; **~lency** [~si] Exzellenz f; **~lent** □ [~nt] vortrefflich.

except [ik'sept] 1. ausnehmen; et. einwenden; 2. prp. ausgenommen, außer; ~ for abgesehen von; **~ing** prp. [~tin] ausgenommen; **~ion** [~pʃən] Ausnahme f; Einwendung f (to gegen); by way of ~ ausnahmsweise; take ~ to Anstoß nehmen an (dat.); **~ional** [~nl] außergewöhnlich; **~ionally** [~nəli] un-, außergewöhnlich.

excerpt ['eksə:pt] Auszug m.

excess [ik'ses] Übermaß n; Überschuß m; Ausschweifung f; attr. Mehr...; ~ fare Zuschlag m; ~ luggage Übergewicht n (Gepäck); ~ postage Nachgebühr f; **~ive** □ [~siv] übermäßig, übertrieben.

exchange [iks'tʃeindʒ] 1. (aus-, ein-, um)tauschen (for gegen); wechseln; 2. (Aus-, Um)Tausch m; (bsd. Geld)Wechsel m; a. bill of ~ Wechsel m; a. 2 Börse f; Fernsprechamt n; foreign ~s pl.) Devisen f/pl.; (rate of) ~ Wechselkurs m.

exchequer [iks'tʃekə] Schatzamt n; Staatskasse f; Chancellor of the 2 (britische) Schatzkanzler, Finanzminister m.

excise¹ [ek'saiz] indirekte Steuer; Verbrauchssteuer f.

excise² [~] (her)ausschneiden.

excit|able [ik'saitəbl] reizbar; **~e** [ik'sait] er-, anregen; reizen; **~ement** [~tmənt] Auf-, Erregung f; Reizung f; **~ing** [~tin] erregend.

exclaim [iks'kleim] ausrufen; eifern.

exclamation [eksklə'meiʃən] Ausruf(ung f) m; ~s pl. Geschrei n; note of ~, point of ~ mark Ausrufezeichen n.

exclude [iks'klu:d] ausschließen.

exclus|ion [iks'klu:ʒən] Ausschließung f, Ausschluß m; **~ve** □ [~iusiv] ausschließlich; sich abschließend; ~ of abgesehen von, ohne.

excommunicat|e [eksko'mju:nikeit] exkommunizieren; **~ion** [~eks-kəmju:ni'keiʃən] Kirchenbann m.

excrement ['ekskrimənt] Kot m.

excrete [eks'kri:t] ausscheiden.

excruciat|e [iks'kru:ʃieit] martern; **~ing** □ [~tin] qualvoll.

exculpate ['ekskʌlpeit] entschuldigen; rechtfertigen; freisprechen (from von).

excursion [iks'kə:ʃən] Ausflug m; Abstecher m.

excursive □ [eks'kə:siv] abschweifend.

excus|able □ [iks'kju:zəbl] entschuldbar; **~e** 1. [iks'kju:z] entschuldigen; ~ s.o. s.th. j-m et. erlassen; 2. [~u:s] Entschuldigung f.

exeat ['eksiæt] Schule etc.: Urlaub m.

execra|ble □ ['eksikrəbl] abscheulich; **~te** ['eksikreit] verwünschen.

execut|e ['eksikju:t] ausführen; vollziehen; ♪ vortragen; hinrichten; Testament vollstrecken; **~ion** [eksi-'kju:ʃən] Ausführung f; Vollziehung f; (Zwangs)Vollstreckung f; Hinrichtung f; ♪ Vortrag m; put od. carry a plan into ~ e-n Plan ausführen od. verwirklichen; **~ioner** [~ʃnə] Scharfrichter m; **~ive** [ig-'zekjutiv] 1. □ vollziehend; ~ committee Vorstand m; 2. vollziehende Gewalt; Am. Staats-Präsident m; ✝ Geschäftsführer m; **~or** [~tə] (Testaments)Vollstrecker m.

exemplary [ig'zempləri] vorbildlich.

exemplify [ig'zemplifai] durch Beispiele belegen; veranschaulichen.

exempt [ig'zempt] 1. befreit, frei; 2. ausnehmen, befreien.

exercise ['eksəsaiz] 1. Übung f; Ausübung f; Schule: Übungsarbeit f; Leibesübung f; take ~ sich Bewegung machen; Am. ~s pl. Feierlichkeit(en pl.) f; ✕ Manöver n; 2. üben; ausüben; (sich) Bewegung machen; exerzieren.

exert [ig'zə:t] Einfluß etc. ausüben; ~ o.s. sich anstrengen od. bemühen; **~ion** [~ʃən] Ausübung f etc.

exhale [eks'heil] ausdünsten, ausatmen; aushauchen; Gefühlen Luft machen.

exhaust [ig'zɔ:st] 1. erschöpfen; entleeren; auspumpen; 2. ⊕ Abgas n, Abdampf m; Auspuff m; ~ box Auspufftopf m; ~ pipe Auspuffrohr n; **~ed** erschöpft (a. fig.); vergriffen (Auflage); **~ion** [~tʃən] Erschöpfung f; **~ive** □ [~tiv] erschöpfend.

exhibit [ig'zibit] 1. ausstellen; zeigen, darlegen; aufweisen; 2. Ausstellungsstück n; Beweisstück n; **~ion** [eksi'biʃən] Ausstellung f; Darlegung f; Zurschaustellung f; Stipendium n.

exhilarate [ig'ziləreit] erheitern.

exhort [ig'zɔ:t] ermahnen.

exigen|ce, -cy ['eksidʒəns, ~si] dringende Not; Erfordernis n; **~t** [~nt] dringlich; anspruchsvoll.

exile ['eksail] 1. Verbannung f, Exil n; Verbannte(r m) f; 2. verbannen.

exist [ig'zist] existieren, vorhanden sein; leben; **~ence** [~təns] Existenz f, Dasein n; Vorhandensein n; Leben n; in ~ = **~ent** [~nt] vorhanden.

exit ['eksit] 1. Abgang m; Tod m; Ausgang m; 2. thea. (geht) ab.

exodus ['eksədəs] Auszug m.

exonerate [ig'zɔnəreit] fig. entla-

sten, entbinden, befreien; rechtfertigen.
**exorbitant** □ [ig'zɔːbitənt] maßlos,
übermäßig.
**exorci|se, ~ze** ['eksɔːsaiz] *Geister*
beschwören, austreiben (*from* aus);
befreien (*of* von).
**exotic** [eg'zɔtik] ausländisch, exotisch; fremdländlich.
**expan|d** [iks'pænd] (sich) ausbrei-
ten; (sich) ausdehnen; (sich) erweitern; *Abkürzungen* (voll) ausschreiben; freundlich *od.* heiter
werden; **~se** [~ns], **~sion** [~nʃən]
Ausdehnung *f*; Weite *f*; Breite *f*;
**~sive** □ [~nsiv] ausdehnungsfähig;
ausgedehnt, weit; *fig.* mitteilsam.
**expatiate** [eks'peiʃieit] sich weitläufig auslassen (*on* über *acc.*).
**expatriate** [eks'pætrieid] ausbür-
gern.
**expect** [iks'pekt] erwarten; F annehmen; *be ~ing* ein Kind erwar-
ten; **~ant** [~tənt] **1.** erwartend (*of*
*acc.*); *~ mother* werdende Mutter;
**2.** Anwärter *m*; **~ation** [ekspek-
'teiʃən] Erwartung *f*; Aussicht *f*.
**expectorate** [eks'pektəreit] *Schleim
etc.* aushusten, auswerfen.
**expedi|ent** [iks'piːdjənt] **1.** □
zweckmäßig; berechnend; **2.** Mittel *n*; (Not)Behelf *m*; **~tion** [ekspi-
'diʃən] Eile *f*; ✕ Feldzug *m*; (For-
schungs)Reise *f*; **~tious** □ [~ʃəs]
schnell, eilig, flink.
**expel** [iks'pel] (hin)ausstoßen; vertreiben, verjagen; ausschließen.
**expen|d** [iks'pend] *Geld* ausgeben;
aufwenden; verbrauchen; **~diture**
[~ditʃə] Ausgabe *f*; Aufwand *m*;
**~se** [iks'pens] Ausgabe *f*; Kosten
*pl.*; **~s** *pl.* Unkosten *pl.*; Auslagen
*f/pl.*; *at the ~ of* auf Kosten (*gen.*);
*at any ~* um jeden Preis; *go to the
~ of* Geld ausgeben für; **~se account**
Spesenrechnung *f*; **~sive** □ [~siv]
kostspielig, teuer.
**experience** [iks'piəriəns] **1.** Erfahrung *f*; Erlebnis *n*; **2.** erfahren, erleben; **~d** erfahren.
**experiment 1.** [iks'perimənt] Versuch *m*; **2.** [~mənt] experimentie-
ren; **~al** □ [eksperi'mentl] Versuchs...; erfahrungsmäßig.
**expert** ['ekspəːt] **1.** □ [*pred.* eks-
'pəːt] erfahren, geschickt; fach-
männisch; **2.** Fachmann *m*; Sach-
verständige(r *m*) *f*.
**expiate** ['ekspieit] büßen, sühnen.
**expir|ation** [ekspai'reiʃən] Ausat-
mung *f*; Ablauf *m*, Ende *n*; **~e**
[iks'paiə] ausatmen; verscheiden;
ablaufen; ✝ verfallen; erlöschen.
**explain** [iks'plein] erklären, erläutern; *Gründe* auseinandersetzen; **~**
*away* wegdiskutieren.
**explanat|ion** [eksplə'neiʃən] Erklä-
rung *f*; Erläuterung *f*; **~ory** □
[iks'plænətəri] erklärend.

explicable ['eksplikəbl] erklärlich.
**explicit** □ [iks'plisit] deutlich.
**explode** [iks'ploud] explodieren (lassen); ausbrechen; platzen (*with*
vor).
**exploit 1.** ['eksplɔit] Heldentat *f*;
**2.** [iks'plɔit] ausbeuten; **~ation**
[eksplɔi'teiʃən] Ausbeutung *f*.
**explor|ation** [eksplɔː'reiʃən] Er-
forschung *f*; **~e** [iks'plɔː] erforschen; **~er** [~ːrə] (Er)Forscher *m*;
Forschungsreisende(r) *m*.
**explosi|on** [iks'plouʒən] Explosion
*f*; Ausbruch *m*; **~ve** [~ousiv] **1.** □
explosiv; **2.** Sprengstoff *m*.
**exponent** [eks'pounənt] Exponent
*m*; Vertreter *m*.
**export 1.** [eks'pɔːt] ausführen;
**2.** ['ekspɔːt] Ausfuhr(artikel *m*) *f*;
**~ation** [ekspɔː'teiʃən] Ausfuhr *f*.
**expos|e** [iks'pouz] aussetzen; *phot.*
belichten; ausstellen; entlarven;
bloßstellen; **~ition** [ekspə'ziʃən]
Ausstellung *f*; Erklärung *f*.
**expostulate** [iks'pɔstjuleit] protestieren; *~ with* j-m Vorhaltungen
machen.
**exposure** [iks'pouʒə] Aussetzen *n*;
Ausgesetztsein *n*; Aufdeckung *f*;
Enthüllung *f*, Entlarvung *f*; *phot.*
Belichtung *f*; Bild *n*; Lage *f* *e-s
Hauses*; *~ meter* Belichtungsmesser
*m*. [(legen.)]
**expound** [iks'paund] erklären, aus-)
**express** [iks'pres] **1.** □ ausdrücklich, deutlich; Expreß..., Eil...;
*~ company Am.* Transportfirma *f*;
*~ highway* Schnellverkehrsstraße *f*;
**2.** Eilbote *m*; *a. ~ train* Schnellzug
*m*; *by ~* — **3.** *adv.* durch Eilboten;
als Eilgut; **4.** äußern, ausdrücken;
auspressen; **~ion** [~ʃən] Ausdruck
*m*; **~ive** [~siv] ausdrückend (*of*
*acc.*); ausdrucksvoll; **~ly** [~li] ausdrücklich, eigens; **~way** *Am.* Autobahn *f*. [eignen.]
**expropriate** [eks'prouprieit] ent-)
**expuls|ion** [iks'pʌlʃən] Vertreibung
*f*; **~ve** [~siv] (aus)treibend.
**expunge** [eks'pʌndʒ] streichen.
**expurgate** ['ekspəːgeit] säubern.
**exquisite** ⨆ ['ekskwizit] auserlesen,
vorzüglich; fein; heftig, scharf.
**extant** [eks'tænt] (noch) vorhanden.
**extempor|aneous** □ [ekstempə-
'reinjəs], **~ary** [iks'tempərəri], **~e**
[eks'tempəri] aus dem Stegreif
(vorgetragen).
**extend** [iks'tend] *v/t.* ausdehnen;
ausstrecken; erweitern; verlängern;
*Gunst etc.* erweisen; ✕ (aus)schwär-
men lassen; *v/i.* sich erstrecken.
**extens|ion** [iks'tenʃən] Ausdehnung
*f*; Erweiterung *f*; Verlängerung *f*;
Aus-, Anbau *m*; *teleph.* Nebenan-
schluß *m*; *~ cord* ⨍ Verlängerungs-
schnur *f*; *University* ⨍ Volkshochschule *f*; **~ve** □ [~nsiv] ausgedehnt,
umfassend.

**extent** [iks'tent] Ausdehnung f, Weite f, Größe f, Umfang m; Grad m; to the ~ of bis zum Betrage von; to some ~ einigermaßen.

**extenuate** [eks'tenjueit] abschwächen, mildern, beschönigen.

**exterior** [eks'tiəriə] 1. äußerlich; Außen...; außerhalb; 2. Äußere(s) n; Film: Außenaufnahme f.

**exterminate** [eks'tə:mineit] ausrotten, vertilgen.

**external** [eks'tə:nl] 1. □ äußere(r, -s), äußerlich; Außen...; 2. ~s pl. Äußere(s) n; fig. Äußerlichkeiten f/pl.

**extinct** [iks'tiŋkt] erloschen; ausgestorben.

**extinguish** [iks'tiŋgwiʃ] (aus)löschen; vernichten.

**extirpate** ['eksto:peit] ausrotten; ~ Organ etc. entfernen.

**extol** [iks'tol] erheben, preisen.

**extort** [iks'tɔ:t] erpressen; abnötigen (from dat.); ~ion [~ɔ:ʃən] Erpressung f.

**extra** ['ekstrə] 1. Extra...; außer...; Neben...; Sonder...; ~ pay Zulage f; 2. adv. besonders; außerdem; 3. et. Zusätzliches; Zuschlag m; Extrablatt n; thea., Film: Statist(in).

**extract** 1. ['ekstrækt] Auszug m; 2. [iks'trækt] (heraus)ziehen; herausiocken; ab-, herleiten; ~ion [~k/ən] (Heraus)Ziehen n; Herkunft f.

**extradit|e** ['ekstrədait] Verbrecher ausliefern (lassen); ~ion [ekstrə'diʃən] Auslieferung f.

**extraordinary** □ [iks'trɔ:dnri]

außerordentlich; Extra...; ungewöhnlich; envoy ~ außerordentlicher Gesandter.

**extra student** ['ekstrə'stju:dənt] Gasthörer(in).

**extravagan|ce** [iks'trævigəns] Übertriebenheit f; Überspanntheit f; Verschwendung f, Extravaganz f; ~t □ [~nt] übertrieben, überspannt; verschwenderisch; extravagant.

**extrem|e** [iks'tri:m] 1. □ äußerst, größt, höchst; sehr streng; außergewöhnlich; 2. Äußerste(s) n; Extrem n; höchster Grad; ~ity [~remiti] Äußerste(s) n; höchste Not; äußerste Maßnahme; extremities pl. Gliedmaßen pl.

**extricate** ['ekstrikeit] herauswinden, herausziehen; befreien; ~ entwickeln.

**extrude** [eks'tru:d] ausstoßen.

**exuberan|ce** [ig'zju:bərəns] Überfluß m; Überschwenglichkeit f; ~t □ [~nt] reichlich; üppig; überschwenglich.

**exult** [ig'zʌlt] frohlocken.

**eye** [ai] 1. Auge n; Blick m; Öhr n; Öse f; up to the ~s in work bis über die Ohren in Arbeit; with an ~ to mit Rücksicht auf (acc.); mit der Absicht zu; 2. ansehen; mustern; ~ball ['aibɔ:l] Augapfel m; ~brow Augenbraue f; ~d ...äugig; ~glass Augenglas n; (a pair of) ~s pl. (ein) Kneifer; (e-e) Brille; ~lash Augenwimper f; ~lid Augenlid n; ~sight Augen(licht n) pl.; Sehkraft f; ~witness Augenzeug|e m, ~in f.

---

# F

**fable** ['feibl] Fabel f; Mythen pl., Legenden pl.; Lüge f.

**fabric** ['fæbrik] Bau m, Gebäude n; Struktur f; Gewebe n, Stoff m; ~ate [~keit] fabrizieren (mst fig. = erdichten, fälschen).

**fabulous** □ ['fæbjuləs] legendär; sagen-, fabelhaft.

**façade** ⚠ [fə'sɑ:d] Fassade f.

**face** [feis] 1. Gesicht n; Anblick m; fig. Stirn f, Unverschämtheit f; (Ober)Fläche f; Vorderseite f; Zifferblatt n; ~ to ~ with Auge in Auge mit; save one's ~ das Gesicht wahren; on the ~ of it auf den ersten Blick; set one's ~ against sich gegen et. stemmen; 2. v/t. ansehen; gegenüberstehen (dat.); (hinaus)gehen auf (acc.); die Stirn bieten (dat.); einfassen; △ bekleiden; v/i. ~ about sich umdrehen; ~cloth ['feisklɔθ] Waschlappen m.

**facetious** □ [fə'si:ʃəs] witzig.

**facil|e** ['fæsail] leicht; gewandt; ~itate [fə'siliteit] erleichtern; ~ity [~ti] Leichtigkeit f; Gewandtheit f; mst facilities pl. Erleichterung(en pl.) f, Möglichkeit(en pl.) f, Gelegenheit(en pl.) f.

**facing** ['feisiŋ] ⊕ Verkleidung f; ~s pl. Schneiderei: Besatz m.

**fact** [fækt] Tatsache f; Wirklichkeit f; Wahrheit f; Tat f. [keit f.]

**faction** ['fækʃən] Partei f; Uneinig-]

**factitious** □ [fæk'tiʃəs] künstlich.

**factor** ['fæktə] fig. Umstand m, Moment n, Faktor m; Agent m; Verwalter m; ~y [~əri] Fabrik f.

**faculty** ['fækəlti] Fähigkeit f; Kraft f; fig. Gabe f; univ. Fakultät f.

**fad** F fig. [fæd] Steckenpferd n.

**fade** [feid] (ver)welken (lassen), verblassen; schwinden; Radio: ~ in einblenden.

**fag** F [fæg] *v/i.* sich placken; *v/t.* erschöpfen, mürbe machen.

**fail** [feil] 1. *v/i.* versagen, mißlingen, fehlschlagen; versäumen; versiegen; nachlassen; Bankrott machen; durchfallen (*Kandidat*); he ~ed to do es mißlang ihm zu tun; he cannot ~ to er muß (einfach); *v/t.* im Stich lassen, verlassen; versäumen; 2. *without* ~, unfehlbar; ~ing ['feilɪŋ] Fehler m, Schwäche f; ~ure [~ljə] Fehlen n; Ausbleiben n; Fehlschlag m; Mißerfolg m; Verfall m; Versäumnis n; Bankrott m; Versager m (P.).

**faint** [feint] 1. ☐ schwach, matt; 2. schwach werden; in Ohnmacht fallen (*with vor*); 3. Ohnmacht f; ~hearted ☐ ['feint'hɑːtid] verzagt.

**fair¹** [feə] 1. *adj.* gerecht, ehrlich, anständig, fair; ordentlich; schön (*Wetter*), günstig (*Wind*); reichlich; blond; hellhäutig; freundlich; sauber, in Reinschrift; schön (*Frau*); 2. *adv.* gerecht, ehrlich, anständig, fair; in Reinschrift; direkt.

**fair²** [~] (Jahr)Markt m, Messe f.

**fair|ly** ['feəli] ziemlich; völlig; ~ness ['feənis] Schönheit f; Blondheit f; Gerechtigkeit f; Redlichkeit f; Billigkeit f; ~way ♦ Fahrwasser n.

**fairy** ['feəri] Fee f; Zauberin f; Elf(e f) m; 2land Feen-, Märchenland n; ~tale Märchen n.

**faith** [feiθ] Glaube m; Vertrauen n; Treue f; ~ful ☐ ['feiθful] treu; ehrlich; yours ~ Ihr ergebener; ~less ☐ ['feiθlis] treulos; ungläubig.

**fake** *sl.* [feik] 1. Schwindel m; Fälschung f; Schwindler m; 2. a. ~ up fälschen.

**falcon** ['fɔːlkən] Falke m.

**fall** [fɔːl] 1. Fall(en n) m; Sturz m; Verfall m; Einsturz m; Am. Herbst m; Sinken n der Preise etc.; Fällen n; Wasserfall m (mst pl.); Senkung f, Abhang m; 2. [irr.] fallen; ab~, einfallen; sinken; sich legen (*Wind*); in e-n Zustand verfallen; ~ back zurückweichen; ~ back (up)on zurückkommen auf; ~ ill od. sick krank werden; ~ in love with sich verlieben in (*acc.*); ~ out sich entzweien; sich zutragen; ~ short knapp werden (*of an dat.*); ~ short of zurückbleiben hinter (*dat.*); ~ to sich machen an (*acc.*).

**fallacious** ☐ [fə'leiʃəs] trügerisch.

**fallacy** ['fæləsi] Täuschung f.

**fallen** ['fɔːlən] *p.p. von* fall 2.

**fall guy** Am. *sl.* ['fɔːl'gai] der Lackierte, der Dumme.

**fallible** ☐ ['fæləbl] fehlbar.

**falling** ['fɔːliŋ] Fallen n; ~ sickness

**Fallsucht** f; ~ star Sternschnuppe f.

**fallow** ['fæləu] *zo.* falb; ☞ brach (-liegend).

**false** ☐ [fɔːls] falsch; ~hood ['fɔːlshud], ~ness [~nis] Falschheit f.

**falsi|fication** ['fɔːlsifi'keiʃən] (Ver-) Fälschung f; ~fy ['fɔːlsifai] (ver-) fälschen; ~ty [~iti] Falschheit f.

**falter** ['fɔːltə] schwanken; stocken (*Stimme*); stammeln; *fig.* zaudern.

**fame** [feim] Ruf m, Ruhm m; ~d [~md] berühmt (for wegen).

**familiar** [fə'miljə] 1. ☐ vertraut; gewohnt; familiär; 2. Vertraute(r m) f; ~ity [fəmili'æriti] Vertrautheit f; (plumpe) Vertraulichkeit; ~ize [fə'miljəraiz] vertraut machen.

**family** ['fæmili] 1. Familie f; 2. Familien..., Haus...; in the ~ way in anderen Umständen; ~ allowance Kinderzulage f; ~ tree Stammbaum m.

**fami|ne** ['fæmin] Hungersnot f; Mangel m (*of an dat.*); ~sh [~iʃ] (aus-, ver)hungern.

**famous** ☐ ['feiməs] berühmt.

**fan¹** [fæn] 1. Fächer m; Ventilator m; 2. (an)fächeln; an~, *fig.* entfachen.

**fan²** F [~] *Sport- etc.* Fanatiker m, Liebhaber m; *Radio:* Bastler m; ...narr m, ...fex m.

**fanatic** [fə'nætik] 1. a. ~al ☐ [~kəl] fanatisch; 2. Fanatiker(in).

**fanciful** ☐ ['fænsiful] phantastisch.

**fancy** ['fænsi] 1. Phantasie f; Einbildung(skraft) f; Schrulle f; Vorliebe f; Liebhaberei f; 2. Phantasie...; Liebhaber...; Luxus...; Mode...; ~ ball Maskenball m; ~ goods pl. Modewaren f/pl.; 3. sich einbilden; Gefallen finden an (*dat.*); just ~! denken Sie nur!; ~work feine Handarbeit, Stickerei f.

**fang** [fæŋ] Fangzahn m; Giftzahn m.

**fantas|tic** [fæn'tæstik] (~ally) phantastisch; ~y ['fæntəsi] Phantasie f.

**far** [fɑː] 1. *adj.* fern, entfernt; weit; 2. *adv.* fern; weit; (sehr) viel; as ~ as bis; in so ~ as insofern als; ~away ['fɑːrəwei] weit entfernt.

**fare** [feə] 1. Fahrgeld n; Fahrgast m; Verpflegung f, Kost f; 2. *gut* leben; he ~d well es (er)ging ihm gut; ~well ['feə'wel] 1. lebe(n Sie) wohl!; 2. Abschied m, Lebewohl n.

**far-fetched** *fig.* ['fɑː'fetʃt] weit hergeholt, gesucht; ~ gone F fertig (*todkrank, betrunken etc.*).

**farm** [fɑːm] 1. Bauernhof m, -gut n, Gehöft n, Farm f; Züchterei f; chicken ~ Hühnerfarm f; 2. (ver-) pachten; Land bewirtschaften; ~er ['fɑːmə] Landwirt m; Pächter m; ~hand Landarbeiter(in); ~house Bauern-, Gutshaus n; ~ing ['fɑːmiŋ]

1. Acker...; landwirtschaftlich; 2. Landwirtschaft f; ~stead Gehöft n; ~yard Wirtschaftshof m e-s Bauernguts.

far-off ['fɑːf] entfernt, fern; ~sighted fig. weitblickend.

farthe|r ['fɑːðə] comp. von far, ~st ['fɑːðist] sup. von far.

fascinat|e ['fæsineit] bezaubern; ~ion [fæsi'neiʃən] Zauber m, Reiz m.

fashion ['fæʃən] Mode f; Art f; feine Lebensart; Form f; Schnitt m; in (out of) ~ (un)modern; 2. gestalten; Kleid machen; ~able □ ['fæʃnəbl] modern, elegant.

fast¹ [fɑːst] schnell; fest; treu; waschecht; flott; be ~ vorgehen (Uhr).

fast² [~] 1. Fasten f; 2. fasten.

fasten ['fɑːsn] v/t. befestigen; anheften; fest (zu)machen; zubinden; Augen etc. heften (on, upon auf acc.); v/i. schließen (Tür); ~ upon fig. sich klammern an (acc.); ~er [~ə] Verschluß m; Klammer f.

fastidious □ [fæs'tidiəs] anspruchsvoll, heikel, wählerisch, verwöhnt.

fat [fæt] 1. □ fett; dick; fettig; 2. Fett n; 3. fett machen od. werden; mästen.

fatal □ ['feitl] verhängnisvoll (to für); Schicksals...; tödlich; ~ity [fə'tæliti] Verhängnis n; Unglücks-, Todesfall m; Todesopfer n.

fate [feit] Schicksal n; Verhängnis n.

father ['fɑːðə] 1. Vater m; 2. der Urheber sein von; ~hood [~hud] Vaterschaft f; ~-in-law [~ərinlɔː] Schwiegervater m; ~less [~lis] vaterlos; ~ly [~li] väterlich.

fathom ['fæðəm] 1. Klafter f (Maß); ♣ Faden m; 2. ♣ loten; fig. ergründen; ~less [~mlis] unergründlich.

fatigue [fə'tiːg] 1. Ermüdung f; Strapaze f; 2. ermüden; strapazieren.

fat|ness ['fætnis] Fettigkeit f; Fettheit f; ~ten [~tn] fett machen od. werden; mästen; Boden düngen.

fatuous □ ['fætjuəs] albern.

faucet Am. ['fɔːsit] (Zapf)Hahn m.

fault [fɔːlt] Fehler m; Defekt m; Schuld f; find ~ with et. auszusetzen haben an (dat.); be at ~ auf falscher Fährte sein; ~finder ['fɔːltfaində] Nörgler m; ~less □ [~tlis] fehlerfrei, tadellos; ~y □ [~ti] mangelhaft.

favo(u)r ['feivə] 1. Gunst(bezeigung) f; Gefallen m; Begünstigung f; in ~ of zugunsten von od. gen.; do s.o. a ~ j-m e-n Gefallen tun; 2. begünstigen; beehren; ~able □ [~ərəbl] günstig; ~ite [~rit] Günstling m; Liebling m; Sport: Favorit m; attr. Lieblings...

fawn¹ [fɔːn] 1. zo. (Dam)Kitz n; Rehbraun n; 2. (Kitze) setzen.

fawn² [~] schwänzeln (Hund); kriechen (upon vor).

faze bsd. Am. F [feiz] durcheinanderbringen.

fear [fiə] 1. Furcht f (of vor dat.); Befürchtung f; Angst f; 2. (be-)fürchten; sich fürchten vor (dat.); ~ful □ ['fiəful] furchtsam; furchtbar; ~less □ ['fiəlis] furchtlos.

feasible □ ['fiːzəbl] ausführbar.

feast [fiːst] 1. Fest n; Feiertag m; Festmahl n, Schmaus m; 2. v/t. festlich bewirten; v/i. sich ergötzen; schmausen; [stück n.]

feat [fiːt] (Helden)Tat f; Kunst-]

feather ['feðə] 1. Feder f; a. ~s Gefieder n; show the white ~ F sich feige zeigen; in high ~ in gehobener Stimmung; 2. mit Federn schmücken; ~-bed 1. Feder-Unterbett n; 2. verwöhnen; ~-brained, ~-headed unbesonnen; albern; ~ed be~, gefiedert; ~y [~əri] feder(art)ig.

feature ['fiːtʃə] 1. (Gesichts-, Grund-, Haupt-, Charakter)Zug m; (charakteristisches) Merkmal n; Radio: Feature n; Am. Bericht m, Artikel m; ~s pl. Gesicht n; Charakter m; 2. kennzeichnen; sich auszeichnen durch; groß aufziehen; Film: in der Hauptrolle zeigen; ~ film Haupt-, Spielfilm m.

February ['februəri] Februar m.

fecund ['fiːkənd] fruchtbar.

fed [fed] pret. u. p.p. von feed 2.

federa|l [ 'fedərəl] Bundes...; ~lize [~laiz] (sich) verbünden; ~tion [fedə'reiʃən] Staatenbund m; Vereinigung f; Verband m.

fee [fiː] 1. Gebühr f; Honorar n; Trinkgeld n; 2. bezahlen.

feeble □ ['fiːbl] schwach.

feed [fiːd] 1. Futter n; Nahrung f; Fütterung f; ⊕ Zuführung f, Speisung f; 2. [irr.] v/t. füttern; speisen (a. ⊕), nähren; weiden; Material etc. zuführen; be fed up with et. od. j-n satt haben; well fed wohlgenährt; v/i. (fr)essen; sich nähren; ~er ['fiːdə] Fütterer m; Am. Viehmäster m; Esser(in); ~er road Zubringer(straße f) m; ~ing-bottle ['fiːdiŋbɔtl] Saugflasche f.

feel [fiːl] 1. [irr.] (sich) fühlen; befühlen; empfinden; sich anfühlen; I ~ like doing ich möchte am liebsten tun; 2. Gefühl n; Empfindung f; ~er ['fiːlə] Fühler m; ~ing ['fiːliŋ] 1. □ (mit)fühlend; gefühlvoll; 2. Gefühl n; Meinung f.

feet [fiːt] pl. von foot 1.

feign [fein] heucheln; vorgeben.

feint [feint] Verstellung f; Finte f.

felicit|ate [fi'lisiteit] beglückwünschen; ~ous □ [~təs] glücklich; ~y [~ti] Glück(seligkeit f) n.

fell [fel] 1. pret. von fall 2; 2. niederschlagen; fällen.

felloe ['felou] (Rad)Felge f.

fellow ['felou] Gefährt|e m, -in f, Kamerad(in); Gleiche(r, -s); Gegenstück n; univ. Fellow m, Mitglied n ~s College; Bursche m, Mensch m; attr. Mit...; old ~ F alter Junge; the ~ of a glove der andere Handschuh; ~countryman Landsmann m; ~ship [~ouʃip] Gemeinschaft f; Kameradschaft f; Mitgliedschaft f.

felly ['feli] (Rad)Felge f.

felon ['felən] Verbrecher m; ~y [~ni] Kapitalverbrechen n.

felt¹ [felt] pret. u. p.p. von feel 1.

felt² [~] 1. Filz m; 2. (be)filzen.

female ['fiːmeil] 1. weiblich; 2. Weib n; zo. Weibchen n.

feminine □ ['feminin] weiblich; weibisch.

fen [fen] Fenn n, Moor n; Marsch f.

fence [fens] 1. Zaun m; Fechtkunst f; sl. Hehier(nest n) m; sit on the ~ abwarten; 2. v/t. a. ~ in ein-, umzäunen; schützen; v/i. fechten; sl. hehlen.

fencing ['fensiŋ] Einfriedung f; Fechten n; attr. Fecht...

fend [fend]: ~ off abwehren; ~er ['fendə] Schutzvorrichtung f; Schutzblech n; Kamingitter n, ~vorsetzer m; Stoßfänger m.

fennel ♦ ['fenl] Fenchel m.

ferment 1. ['fəːment] Ferment n; Gärung f; 2. [fə(ː)'ment] gären (lassen); ~ation [fəːmen'teiʃən] Gärung f.

fern [fəːn] Farn(kraut n) m.

feroci|ous □ [fə'rouʃəs] wild; grausam; ~ty [fə'rɔsiti] Wildheit f.

ferret ['ferit] 1. zo. Frettchen n; fig. Spürhund m; 2. (umher)stöbern; ~ out aufstöbern.

ferry ['feri] 1. Fähre f; 2. übersetzen; ~boat Fährboot n, Fähre f; ~man Fährmann m.

fertil|e □ ['fəːtail] fruchtbar; reich (of, in an dat.); ~ity [fəː'tiliti] Fruchtbarkeit f (a. fig.); ~ize ['fəːtilaiz] fruchtbar machen; befruchten; düngen; ~izer [~zə] Düngemittel n.

ferven|cy ['fəːvənsi] Glut f; Inbrunst f; ~t □ [~nt] heiß; inbrünstig, glühend; leidenschaftlich.

fervo(u)r ['fəːvə] Glut f; Inbrunst f.

festal □ ['festl] festlich.

fester ['festə] eitern; verfaulen.

festiv|al ['festəvəl] Fest n; Feier f; Festspiele n/pl.; ~e □ [~tiv] festlich; ~ity [fes'tiviti] Festlichkeit f.

festoon [fes'tuːn] Girlande f.

fetch [fetʃ] holen; Preis erzielen; Seufzer ausstoßen; ~ing □ F ['fetʃiŋ] reizend.

fetid □ ['fetid] stinkend.

fetter ['fetə] 1. Fessel f; 2. fesseln.

feud [fjuːd] Fehde f; Leh(e)n n;

~al □ ['fjuːdl] lehnbar; Lehns...; ~alism [~dəlizəm] Lehnswesen n.

fever ['fiːvə] Fieber n; ~ish □ [~əriʃ] fieb(e)rig; fig. fieberhaft.

few [fjuː] wenige; a ~ ein paar; quite a ~ a good ~ e-e ganze Menge.

fiancé [fi'ãːnsei] Verlobte(r) m; ~e [~] Verlobte f.

fiat ['faiæt] Befehl m; ~ money Am. Papiergeld n (ohne Deckung).

fib F [fib] 1. Flunkerei f, Schwindelei f; 2. schwindeln, flunkern.

fib|re, Am. ~er ['faibə] Faser f; Charakter m; ~rous □ ['faibrəs] faserig.

fickle ['fikl] wankelmütig; unbeständig; ~ness [~nis] Wankelmut m.

fiction ['fikʃən] Erfindung f; Roman~, Unterhaltungsliteratur f; ~al □ [~nl] erdichtet; Roman...

fictitious □ [fik'tiʃəs] erfunden.

fiddle F ['fidl] 1. Geige f, Fiedel f; 2. fiedeln; tändeln; ~r [~lə] Geiger (-in); ~stick Fiedelbogen m; ~s! fig. dummes Zeug!

fidelity [fi'deliti] Treue f; Genauigkeit f.

fidget F ['fidʒit] 1. nervöse Unruhe; 2. nervös machen od. sein; ~y [~tji] nervös machen od. sein; ~ti].

fie [fai] pfui! [kribbelig.]

field [fiːld] Feld n; (Spiel)Platz m; Arbeitsfeld n; Gebiet n; Bereich m; hold the ~ das Feld behaupten; ~day ['fiːlddei] ✕ Felddienstübung f; Parade f; fig. großer Tag; Am. (Schul)Sportfest n; Am. Exkursionstag m; ~ events pl. Sport: Sprung- u. Wurfwettkämpfe m/pl.; ~glass(es pl.) Feldstecher m; ~officer Stabsoffizier m; ~sports pl. Jagen n u. Fischen n.

fiend [fiːnd] böser Feind, Teufel m; ~ish □ ['fiːndiʃ] teuflisch, boshaft.

fierce □ [fiəs] wild; grimmig; ~ness ['fiəsnis] Wildheit f; Grimm m.

fiery □ ['faiəri] feurig; hitzig.

fif|teen ['fif'tiːn] fünfzehn; ~teenth [~nθ] fünfzehnte(r, -s); ~th [fifθ] 1. fünfte(r, -s); 2. Fünftel n; ~thly ['fifθli] fünftens; ~tieth ['fiftiiθ] fünfzigste(r, -s); ~ty [~ti] fünfzig; ~ty-fifty F halb und halb.

fig [fig] Feige f; F Zustand m.

fight [fait] 1. Kampf m; Kampflust f; show ~ sich zur Wehr setzen; 2. [irr.] v/t. bekämpfen; erkämpfen; v/i. kämpfen, sich schlagen; ~er ['faitə] Kämpfer m, Streiter m; ✕ Jagdflugzeug n; ~ing ['faitiŋ] Kampf m.

figurative □ ['figjurətiv] bildlich.

figure ['figə] 1. Figur f; Gestalt f; Ziffer f; Preis m; be good at ~ gut im Rechnen sein; 2. v/t. abbilden; darstellen; sich et. vorstellen; beziffern; ~ up od. out berechnen; v/i. erscheinen; e-e Rolle spielen (as) als); ~ on *Am. et.* überdenken; ~skating [~əskeitiŋ] Eiskunstlauf *m.*

filament ['filəmənt] Faden *m,* Faser *f;* ♦ Staubfaden *m; ∉* Glüh~, Heizfaden *m.*

filbert ♦ ['filbə(:)t] Haselnuß *f.*

filch [filtʃ] stibitzen *(from dat.).*

file¹ [fail] 1. Akte *f,* Ordner *m;* Ablage *f;* Reihe *f;* ✗ Rotte *f; on ~* bei den Akten; 2. *v/t.* aufreihen; *Briefe etc.* einordnen; ablegen; einreichen; *v/i.* hinter-ea. marschieren.

file² [~] 1. Feile *f;* 2. feilen.

filial □ ['filjəl] kindlich, Kindes...

filibuster ['filibastə] 1. *Am.* Obstruktion(spolitiker *m*) *f;* 2. *Am.* Obstruktion treiben.

fill [fil] 1. (sich) füllen; an-, aus-, erfüllen; *Am. Auftrag* ausführen; *~ in Formular* ausfüllen; 2. Fülle *f,* Genüge *f;* Füllung *f.*

fillet ['filit] Haarband *n;* Lendenbraten *m;* Roulade *f; bsd.* △ Band *n.*

filling ['filiŋ] Füllung *f; ~ station Am.* Tankstelle *f.*

fillip ['filip] Nasenstüber *m.*

filly ['fili] (Stuten)Füllen *n; fig.* wilde Hummel.

film [film] 1. Häutchen *n;* Membran(e) *f;* Film *m;* Trübung *f des Auges;* Nebelschleier *m; take od. shoot a ~* en Film drehen; 2. (sich) verschleiern; (ver)filmen.

filter ['filtə] 1. Filter *m;* 2. filtern.

filth [filθ] Schmutz *m; ~y* □ ['filθi] schmutzig; *fig.* unflätig.

filtrate ['filtreit] filtrieren.

fin [fin] Flosse *f (a. sl. ~* Hand).

final ['fainl] 1. □ letzte(r, -s); endlich; schließlich; End...; endgültig; 2. Schlußprüfung *f; Sport:* Schlußrunde *f,* Endspiel *n.*

financ|e [fai'næns] 1. Finanzwesen *n; ~s pl.* Finanzen *pl.;* 2. *v/t.* finanzieren; *v/i.* Geldgeschäfte machen; ~ial □ [~nʃəl] finanziell; ~ier [~nsiə] Finanzmann *m;* Geldgeber *m.*

finch *orn.* [fintʃ] Fink *m.*

find [faind] 1. *[irr.]* finden; (an-) treffen; auf-, herausfinden; *schuldig etc.* befinden; beschaffen; versorgen; *all found* freie Station; 2. Fund *m; ~ings* ['faindiŋz] *pl.* Befund *m;* Urteil *n.*

fine¹ □ [fain] 1. schön; fein; verfeinert; rein; spitz, dünn, scharf; geziert; vornehm; 2. *adv.* gut, bestens.

fine² [~] 1. Geldstrafe *f;* 2. zu e-r Geldstrafe verurteilen.

fineness ['fainnis] Fein~, Zart~, Schönheit *f,* Eleganz *f;* Genauigkeit *f.*

finery ['fainəri] Glanz *m;* Putz *m;* Staat *m.*

finger ['fiŋgə] 1. Finger *m;* 2. betasten, (herum)fingern an *(dat.);*

~language Zeichensprache *f;* ~nail Fingernagel *m;* ~print Fingerabdruck *m.*

fini|cal □ ['finikəl], ~cking [~kiŋ], ~kin [~in] geziert; wählerisch.

finish ['finiʃ] 1. *v/t.* beenden, vollenden; fertigstellen; abschließen; vervollkommnen; erledigen; *v/i.* enden; 2. Vollendung *f,* letzter Schliff *(a. fig.);* Schluß *m.*

finite □ ['fainait] endlich, begrenzt.

fink *Am. sl.* [fiŋk] Streikbrecher *m.*

Finn [fin] Finn|e *m,* -in *f;* ~ish ['finiʃ] finnisch.

fir [fə:] (Weiß)Tanne *f;* Fichte *f;* ~cone ['fə:koun] Tannenzapfen *m.*

fire ['faiə] 1. Feuer *n; on ~* in Brand, in Flammen; 2. *v/t.* an-, entzünden; *fig.* anfeuern; abfeuern; *Ziegel etc.* brennen; F 'rausschmeißen *(entlassen);* heizen; *v/i.* Feuer fangen *(a. fig.);* feuern; ~alarm ['faiərəla:m] Feuermelder *m;* ~brigade Feuerwehr *f;* ~bug *Am.* F Brandstifter *m;* ~cracker Frosch *m (Feuerwerkskörper);* ~ department *Am.* Feuerwehr *f;* ~engine ['faiərendʒin] (Feuer)Spritze *f;* ~escape [~riskeip] Rettungsgerät *n;* Nottreppe *f;* ~extinguisher [~rikstiŋwiʃə] Feuerlöscher *m;* ~man Feuerwehrmann *m;* Heizer *m;* ~place Herd *m;* Kamin *m;* ~proof feuerfest; ~screen Ofenschirm *m;* ~side Herd *m;* Kamin *m;* ~station Feuerwache *f;* ~wood Brennholz *n;* ~works *pl.* Feuerwerk *n.*

firing ['faiəriŋ] Heizung *f;* Feuerung *f.*

firm [fə:m] 1. □ fest; derb; standhaft; 2. Firma *f;* ~ness ['fə:mnis] Festigkeit *f.*

first [fə:st] 1. *adj.* erste(r, -s); beste(r, -s); 2. *adv.* erstens; zuerst; *~ of all* an erster Stelle; zu allererst; 3. Erste(r, -s); *~ of exchange* ♦ Primawechsel *m; at ~* zuerst, anfangs; *from the ~* von Anfang an; ~born ['fə:stbɔ:n] erstgeboren; *~ class* 1. Klasse *(e-s Verkehrsmittels);* ~class erstklassig; ~ly [~tli] erstlich; erstens; ~ name Vorname *m;* Beiname *m;* ~papers *Am.* vorläufige Einbürgerungspapiere; ~rate ersten Ranges; erstklassig.

firth [fə:θ] Förde *f;* (Flut)Mündung *f.*

fish [fiʃ] 1. Fisch(e *pl.*) *m;* F Kerl *m;* 2. fischen, angeln; haschen; ~bone ['fiʃboun] Gräte *f.*

fisher ['fiʃə], ~man Fischer *m;* ~y [~əri] Fischerei *f.*

fishing ['fiʃiŋ] Fischen *n;* ~line Angelschnur *f;* ~tackle Angelgerät *n.* [händler *m.*]

fishmonger ['fiʃmʌŋgə] Fisch-]

fiss|ion ℧ ['fiʃən] Spaltung *f;* ~ure ['fiʃə] Spalt *m;* Riß *m.*

**fist** [fist] Faust *f*; F Klaue *f*; **~cuffs** ['fistikʌfs] *pl.* Faustschläge *m/pl.*

**fit**[1] [fit] 1. □ geeignet, passend; tauglich; *Sport:* in (guter) Form; bereit; 2. *v/t.* passen für *od. dat.*; anpassen, passend machen; befähigen; geeignet machen (*for,* to für, zu); *a. ~ on* anprobieren; ausstatten; **~ out** ausrüsten; **~ up** einrichten; montieren; *v/i.* passen; sich schicken; sitzen (*Kleid*); 3. Sitz *m* (*Kleid*).

**fit**[2] [.] Anfall *m*; ✍ Ausbruch *m*; Anwandlung *f*; *by ~s and starts* ruckweise; *give s.o. a ~* j-n hochbringen; j-m e-n Schock versetzen. **fit|ful** □ ['fitful] ruckartig; *fig.* unstet; **~ness** ['fitnis] Schicklichkeit *f*; Tauglichkeit *f*; **~ter** ['fitə] Monteur *m*; Installateur *m*; **~ting** ['fitiŋ] 1. passend; 2. Montage *f*; Anprobe *f*; **~s** *pl.* Einrichtung *f*; Armaturen *f/pl.*

**five** [faiv] fünf; 2. Fünf *f*.

**fix** [fiks] 1. *v/t.* befestigen, anheften; fixieren; *Augen etc.* heften, richten; fesseln; aufstellen; bestimmen, festsetzen; *bsd. Am.* richten, *Bett etc.* machen; **~** *o.s.* sich niederlassen; **~ up** in Ordnung bringen, arrangieren; *v/i.* fest werden; **~** sich entschließen für; 2. F Klemme *f*; *Am.* Zustand *m*; **~ed** fest; bestimmt; starr; **~ing** ['fiksiŋ] Befestigen *n*; Instandsetzen *n*; Fixieren *n*; Aufstellen *n*, Montieren *n*; Besatz *m*, Versteifung *f*; *Am.* **~s** *pl.* Zubehör *n*, Extraausrüstung *f*; **~ture** [.stʃə] fest angebrachtes Zubehörteil, feste Anlage; Inventarstück *n*; *lighting ~* Beleuchtungskörper *m*.

**fizz** [fiz] 1. zischen, sprudeln; 2. Zischen *n*; F Schampus *m* (*Sekt*).

**flabbergast** F ['flæbəgaːst] verblüffen; *be ~ed* baff *od.* platt sein.

**flabby** □ ['flæbi] schlaff, schlapp.

**flag** [flæg] 1. Flagge *f*; Fahne *f*; Fliese *f*; Schwertlilie *f*; 2. beflaggen; durch Flaggen signalisieren; mit Fliesen belegen; ermatten, mutlos werden; **~day** ['flægdei] Opfertag *m*; *Flag Day Am.* Tag des Sternenbanners (*14. Juni*).

**flagitious** □ [flə'dʒiʃəs] schändlich.

**flagrant** □ ['fleigrənt] abscheulich; berüchtigt; offenkundig.

**flag|staff** ['flægstaːf] Fahnenstange *f*; **~stone** Fliese *f*.

**flair** [flɛə] Spürsinn *m*, feine Nase.

**flake** [fleik] 1. Flocke *f*; Schicht *f*; 2. (sich) flocken; abblättern.

**flame** [fleim] 1. Flamme *f*, Feuer *n*; *fig.* Hitze *f*; 2. flammen, lodern.

**flank** [flæŋk] 1. Flanke *f*; Weiche *f* *der Tiere*; 2. flankieren.

**flannel** ['flænl] Flanell *m*; Waschlappen *m*; **~s** *pl.* Flanellhose *f*.

**flap** [flæp] 1. (Ohr)Läppchen *n*;

Rockschoß *m*; *Hut*-Krempe *f*; Klappe *f*; Klaps *m*; (Flügel)Schlag *m*; 2. *v/t.* klatschen(d schlagen); *v/i.* lose herabhängen; flattern.

**flare** [flɛə] 1. flackern; sich nach außen erweitern, sich bauschen; **~ up** aufflammen; *fig.* aufbrausen; 2. flackerndes Licht; Lichtsignal *n*.

**flash** [flæʃ] 1. aufgedonnert; unecht; Gauner...; 2. Blitz *m*; *fig.* Aufblitzen *n*; *bsd. Am. Zeitung:* kurze Meldung; *in a ~* im Nu; *~ of wit* Geistesblitz *m*; 3. (auf)blitzen; auflodern (lassen); *Blick etc.* werfen; flitzen; funken, telegraphieren; *it ~ed on me* mir kam plötzlich der Gedanke; **~back** ['flæʃbæk] *Film:* Rückblende *f*; **~light** *phot.* Blitzlicht *n*; Blinklicht *n*; Taschenlampe *f*; **~y** □ [.ʃi] auffallend.

**flask** [flaːsk] Taschen-, Reiseflasche *f*.

**flat** [flæt] 1. □ flach, platt; schal; ♪ flau; klar; glatt; ♪ um e-n halben Ton erniedrigt; **~** *price* Einheitspreis *m*; 2. *adv.* glatt; völlig; *fall ~* danebengehen; *sing ~* zu tief singen; 3. Fläche *f*, Ebene *f*; Flachland *n*; Untiefe *f*; (Miet)Wohnung *f*; ♪ B *n*; F Simpel *m*; *mot. sl.* Plattfuß *m*; **~foot** ['flætfut] Plattfuß *m*; *Am. sl.* Polyp *m* (*Polizist*); **~footed** plattfüßig; *Am.* F *fig.* stur, eisern; **~iron** Plätteisen *n*; **~ness** [.tnis] Flachheit *f*; Plattheit *f*; ♪ Flauheit *f*; **~ten** [.tn] (sich) ab-, verflachen.

**flatter** ['flætə] schmeicheln (*dat.*); **~er** [.ərə] Schmeichler(in); **~y** [.ri] Schmeichelei *f*.

**flavo(u)r** ['fleivə] 1. Geschmack *m*; Aroma *n*; Blume *f* (*Wein*); *fig.* Beigeschmack *m*; Würze *f*; 2. würzen; **~less** [.əlis] geschmacklos, fad.

**flaw** [flɔː] 1. Sprung *m*, Riß *m*; Fehler *m*; ♻ Bö *f*; 2. zerbrechen; beschädigen; **~less** □ ['flɔːlis] fehlerlos.

**flax** ♣ [flæks] Flachs *m*, Lein *m*.

**flay** [flei] die Haut abziehen (*dat.*).

**flea** [fliː] Floh *m*.

**fled** [fled] *pret. u. p.p. von* flee.

**fledg|e** [fledʒ] *v/i.* flügge werden; *v/t.* befiedern; **~(e)ling** ['fledʒliŋ] Küken *n* (*a. fig.*); Grünschnabel *m*.

**flee** [fliː] (*irr.*) fliehen; meiden.

**fleec|e** [fliːs] 1. Vlies *n*; 2. scheren; prellen; **~y** ['fliːsi] wollig.

**fleer** [fliə] höhnen (*at über acc.*).

**fleet** [fliːt] 1. □ schnell; 2. Flotte *f*; 2 *Street* die (Londoner) Presse.

**flesh** [fleʃ] 1. *lebendiges* Fleisch; *fig.* Fleisch(eslust *f*) *n*; 2. *hunt.* Blut kosten lassen; **~ly** ['fleʃli] fleischlich; irdisch; **~y** [.ʃi] fleischig; fett.

**flew** [fluː] *pret. von* fly 2.

**flexib|ility** [fleksə'biliti] Biegsamkeit *f*; **~le** □ ['fleksəbl] flexibel, biegsam; *fig.* anpassungsfähig.

**flick** [flik] schnippen; schnellen.

**flicker** ['flikə] 1. flackern; flattern; flimmern; 2. Flackern n, Flimmern n; Flattern n; Am. Buntspecht m.
**flier** ['flaiə] - flyer.
**flight** [flait] Flucht f; Flug m (a. fig.); Schwarm m; ⚔, ⚓ Kette f; (~ of stairs ⌈Treppen⌉)Flucht f; put to ~ in die Flucht schlagen; ~y □ ['flaiti] flüchtig; leichtsinnig.
**flimsy** ['flimzi] dünn, locker; schwach; fig. fadenscheinig.
**flinch** [flintʃ] zurückweichen; zukken.
**fling** [fliŋ] 1. Wurf m; Schlag m; have one's ~ sich austoben; 2. [irr.] v/i. eilen; ausschlagen (Pferd); fig. toben; v/t. werfen, schleudern; ~ o.s. sich stürzen; ~ open aufreißen.
**flint** [flint] Kiesel m; Feuerstein m.
**flip** [flip] 1. Klaps m; Ruck m; 2. schnippen; klapsen; (umher)flitzen.
**flippan|cy** ['flipənsi] Leichtfertigkeit f; ~t [~ənt] leichtfertig; vorlaut.
**flirt** [flə:t] 1. Kokette f; Weiberheld m; 2. flirten, kokettieren; ~ flip 2; ~ation [~'teiʃən] Flirt m.
**flit** [flit] flitzen; wandern; umziehen.
**flivver** Am. sl. ['flivə] 1. Nuckelpinne f (billiges Auto); 2. mißlingen.
**float** [flout] 1. Schwimmer m; Floß n; Plattformwagen m; 2. v/t. überfluten; flößen; tragen (Wasser); ⚓ flott machen, fig in Gang bringen; ✝ gründen, verbreiten; v/i. schwimmen, treiben; schweben; umlaufen.
**flock** [flɔk] 1. Herde f (a. fig.); Schar f; 2. sich scharen; zusammenströmen.
**floe** [flou] (treibende) Eisscholle.
**flog** [flɔg] peitschen; prügeln.
**flood** [flʌd] 1. a. ~-tide Flut f; Überschwemmung f; 2. überfluten, überschwemmen; ~gate ['flʌdgeit] Schleusentor n; ~light ⚡ Flutlicht n.
**floor** [flɔ:] 1. Fußboden m; Stock (-werk n) m; ✝ Tenne f; ~ leader Am. Fraktionsvorsitzende(r) m; ~ show Nachtklubvorstellung f; take the ~ das Wort ergreifen; 2. dielen; zu Boden schlagen; verblüffen; ~cloth ['flɔ:klɔθ] Putzlappen m; ~ing ['flɔ:riŋ] Dielung f; Fußboden m; ~lamp Stehlampe f; ~walker Am. ['flɔ:wɔ:kə] - shopwalker.
**flop** [flɔp] 1. schlagen; flattern; (hin)plumpsen (lassen); Am. versagen; 2. Plumps m; Versager m; ~house Am. sl. Penne f.
**florid** ['flɔrid] blühend.
**florin** ['flɔrin] Zweischillingstück n.
**florist** ['flɔrist] Blumenhändler m.
**floss** [flɔs] Florettseide f.
**flounce[1]** [flauns] Volant m.
**flounce[2]** [~] stürzen; zappeln.

**flounder[1]** ichth. ['flaundə] Flunder f.
**flounder[2]** [~] sich (ab)mühen.
**flour** ['flauə] (feines) Mehl.
**flourish** ['flʌriʃ] 1. Schnörkel m; Schwingen n; ♪ Tusch m; 2. v/i. blühen, gedeihen; v/t. schwingen.
**flout** [flaut] (ver)spotten.
**flow** [flou] 1. Fluß m; Flut f; 2. fließen, fluten; wallen.
**flower** ['flauə] 1. Blume f; Blüte f (a. fig.); Zierde f; 2. blühen; ~pot Blumentopf m; ~y [~əri] blumig.
**flown** [floun] p.p. von fly 2.
**flubdub** Am. sl. ['flʌbdʌb] Geschwätz n.
**fluctuat|e** ['flʌktjueit] schwanken; ~ion [~'eiʃən] Schwankung f.
**flu(e)** F [flu:] - influenza.
**flue** [flu:] Kaminrohr n; Heizrohr n.
**fluen|cy** fig. ['flu(:)ənsi] Fluß m; ~t [~nt] fließend, geläufig (Rede).
**fluff** [flʌf] 1. Flaum m; Flocke f; fig. Schnitzer m; 2. Kissen aufschütteln; Federn aufplustern (Vogel); ~y ['flʌfi] flaumig; flockig.
**fluid** ['flu(:)id] 1. flüssig; 2. Flüssigkeit f.
**flung** [flʌŋ] pret. u. p.p. von fling 2.
**flunk** Am. F fig. [flʌŋk] durchfallen (lassen).
**flunk(e)y** ['flʌŋki] Lakai m.
**fluorescent** [fluə'resnt] fluoreszierend.
**flurry** ['flʌri] Nervosität f; Bö f; Am. a. (Regen)Schauer m; Schneegestöber n.
**flush** [flʌʃ] 1. ⊕ in gleicher Ebene; reichlich; (über)voll; 2. Erröten n; Übermut m; Fülle f; Wachstum n; fig. Blüte f; Spülung f; Karten: Flöte f; 3. über-, durchfluten; (aus)spülen; strömen; sprießen (lassen); erröten (machen); übermütig machen; aufjagen.
**fluster** ['flʌstə] 1. Aufregung f; 2. v/t. aufregen.
**flute** [flu:t] 1. ♪ Flöte f; Falte f; 2. (auf der) Flöte spielen; riefeln; fälteln.
**flutter** ['flʌtə] 1. Geflatter n; Erregung f; F Spekulation f; 2. v/t. aufregen; ~ flattern.
**flux** [flʌks] fig. Fluß m; ⚕ Ausfluß m.
**fly** [flai] 1. zo. Fliege f; Flug m; Am. Baseball hochgeschlagener Ball; Droschke f; 2. [irr.] (a. fig.) fliegen (lassen); entfliehen Zeit; ⚔ führen; Flagge hissen; fliehen; ⚔ überfliegen; ~ at herfallen über; ~ into a passion od. rage in Zorn geraten.
**flyer** ['flaiə] Flieger m; Renner m; take a ~ Am. F Vermögen riskieren.
**fly-flap** ['flaiflæp] Fliegenklatsche f.
**flying** ['flaiiŋ] fliegend; Flug...; ~ squad Überfallkommando n.
**fly|-over** ['flaiouvə] (Straßen)Überführung f; ~weight Boxen: Flie-

gengewicht n; ~wheel Schwung-
rad n.

**foal** [foul] 1. Fohlen n; 2. fohlen.

**foam** [foum] 1. Schaum m; 2.
schäumen; ~y ['foumi] schaumig.

**focus** ['foukəs] 1. Brennpunkt m;
2. (sich) im Brennpunkt vereinigen;
opt. einstellen (a. fig.); konzentrieren.

**fodder** ['fɔdə] (Trocken)Futter n.

**foe** poet. [fou] Feind m, Gegner m.

**fog** [fɔg] 1. (dichter) Nebel; fig. Um-
nebelung f; phot. Schleier m; 2. mst
fig. umnebeln; phot. verschleiern.

**fogey** F ['fougi]: old ~ komischer
alter Kauz.

**foggy** □ ['fɔgi] neb(e)lig; fig. nebelhaft.

**fogy** Am. ['fougi] = fogey.

**foible** fig. ['fɔibl] Schwäche f.

**foil¹** [fɔil] Folie f; Hintergrund m.

**foil²** [~] 1. vereiteln; 2. Florett n.

**fold¹** [fould] 1. Schafhürde f; fig.
Herde f; 2. einpferchen.

**fold²** [~] 1. Falte f; Falz m; 2. ...fach,
...fältig; 3. v/t. falten; falzen; Arms
kreuzen; ~ (up) einwickeln; v/i.
sich falten; Am. F ersagen; ~er
['fouldə] Mappe f, Schnellhefter m;
Faltprospekt m.

**folding** ['fouldiŋ] zs.-legbar;
Klapp...; ~bed Feldbett n; ~boat
Faltboot n; ~door(s pl.) Flügeltür
f; ~screen spanische Wand;
~seat Klappsitz m.

**foliage** ['fouliidʒ] Laub(werk) n.

**folk** [fouk] pl. Leute pl.; ~s pl. Leute
pl. (F a. Angehörige); ~lore ['fouk-
lɔː] Volkskunde f; Volkssagen f/pl.;
~song Volkslied n.

**follow** ['fɔlou] folgen (dat.); folgen
auf (acc.); be~, verfolgen; j-m Beruf etc. nachgehen; ~er [~ouə]
Nachfolger(in); Verfolger(in); An-
hänger(in); ~ing [~ouiŋ] Anhänger-
schaft f, Gefolge n.

**folly** ['fɔli] Torheit f; Narrheit f.

**foment** [fou'ment] j-m warme Um-
schläge machen; Unruhe stiften.

**fond** □ [fɔnd] zärtlich; vernarrt (of
in acc.); be~ of gern haben, lieben;
~le ['fɔndl] liebkosen; streicheln;
(ver)hätscheln; ~ness [~dnis] Zärtlichkeit f; Vorliebe f.

**font** [fɔnt] Taufstein m; Am. Quelle
f.

**food** [fuːd] Speise f, Nahrung f;
Futter n; Lebensmittel n/pl.; ~
stuff ['fuːdstʌf] Nahrungsmittel n.

**fool** [fuːl] 1. Narr m, Tor m; Hanswurst m; make a ~ of s.o. j-n zum
Narren halten; make a ~ of o.s. sich
lächerlich machen; 2. Am. F nä-
risch, dumm; 3. v/t. narren; prellen (out of um et.); ~ away F vertrödeln; v/i. albern; (herum)spie-
len; ~ (a)round bsd. Am. Zeit vertrödeln.

**fool|ery** ['fuːləri] Torheit f; ~hardy

□ ['fuːlhɑːdi] tollkühn; ~ish □
['fuːliʃ] töricht; ~ishness [~ʃnis]
Torheit f; ~proof kinderleicht.

**foot** [fut] 1. pl. **feet** [fiːt] Fuß m
(a. Maß); Fußende n; ✕ Infanterie
f; on ~ zu Fuß; im Gange, in Gang;
2. v/t. mst ~ up addieren; ~ the bill
F die Rechnung bezahlen; v/i. ~ it
zu Fuß gehen; ~board ['futbɔːd]
Trittbrett n; ~boy Page m; ~fall
Tritt m, Schritt m; ~gear Schuh-
werk n; ~hold fester Stand; fig.
Halt m.

**footing** ['futiŋ] Halt m, Stand m;
Grundlage f, Basis f; Stellung f;
fester Fuß; Verhältnis n; ✕ Zustand m; Endsumme f; be on a
friendly ~ with s.o. ein gutes Verhältnis zu j-m haben; lose one's ~
ausgleiten.

**foot|lights** thea. ['futlaits] pl. Ram-
penlicht(er pl.) n; Bühne f; ~man
Diener m; ~passenger Fußgänger
(-in); ~path Fußpfad m; ~print
Fußtapfe f, -spur f; ~sore fuß-
krank; ~step Fußtapfe f, Spur f;
~stool Fußbank f; ~wear = footgear.

**fop** [fɔp] Geck m, Fatzke m.

**for** [fɔː, fɔr, fə] 1. prp. mst für; Zweck,
Ziel, Richtung: zu; nach; warten,
hoffen etc. auf (acc.); sich sehnen etc.
nach; Grund, Anlaß: aus, vor (dat.),
wegen; Zeitdauer: ~ three days drei
Tage (lang); seit drei Tagen; Entfernung: I walked ~ a mile ich ging
eine Meile (weit); Austausch: (an-)
statt; in der Eigenschaft als; I ~ one
ich zum Beispiel; ~ sure sicher!; gewiß!; 2. cj. denn.

**forage** ['fɔridʒ] 1. Futter n; 2. (nach
Futter) suchen.

**foray** ['fɔrei] räuberischer Einfall.

**forbear¹** [fɔː'bɛə] [irr. (bear)] v/t.
unterlassen; v/i. sich enthalten
(from gen.); Geduld haben.

**forbear²** ['fɔːbɛə] Vorfahr m.

**forbid** [fə'bid] [irr. (bid)] verbieten;
hindern; ~ding □ [~diŋ] absto-
ßend.

**force** [fɔːs] 1. mst Kraft f, Gewalt f;
Nachdruck m; Zwang m; Heer n;
Streitmacht f; the ~ die Polizei;
armed ~s pl. Streitkräfte f/pl.;
come (put) in ~ in Kraft treten
(setzen); 2. zwingen, nötigen; erzwingen; aufzwingen; Gewalt antun (dat.); beschleunigen; aufbrechen; künstlich reif machen; ~ open
aufbrechen; ~d: ~ landing Notlan-
dung f; ~ loan Zwangsanleihe f; ~
march Eilmarsch m; ~ful □ ['fɔːs-
ful] kräftig; eindringlich.

**forceps** ✍ ['fɔːseps] Zange f.

**forcible** □ ['fɔːsəbl] gewaltsam;
Zwangs...; eindringlich; wirksam.

**ford** [fɔːd] 1. Furt f; 2. durchwaten.

**fore** [fɔː] 1. adv. vorn; 2. Vorderteil
m, n; bring (come) to the ~ zum

Vorschein bringen (kommen); 3. *adj.* vorder; Vorder...; ~**bode** [fɔː'boud] vorhersagen; ahnen; ~**boding** [~diŋ] (böses) Vorzeichen; Ahnung *f*; ~**cast** ['fɔːkɑːst] 1. Vorhersage *f*; 2. [*irr.* (cast)] vorhersehen; voraussagen; ~**father** Vorfahr *m*; ~**finger** Zeigefinger *m*; ~**foot** Vorderfuß *m*; ~**go** [fɔː'gou] [*irr.* (go)] vorangehen; ~**gone** [fɔː'gɔn, *adj.* 'fɔːgɔn] von vornherein feststehend; ~ **conclusion** Selbstverständlichkeit *f*; ~**ground** Vordergrund *m*; ~**head** ['fɔrid] Stirn *f*.

**foreign** ['fɔrin] fremd; ausländisch; auswärtig; ~**er** [~nə] Ausländer(in), Fremde(r *m*) *f*; 2 **Office** Außenministerium *n*; ~ **policy** Außenpolitik *f*; ~ **trade** Außenhandel *m*.

**fore|knowledge** Vorherwissen *n*; ~**leg** ['fɔːleg] Vorderbein *n*; ~**lock** Stirnhaar *n*; *fig.* Schopf *m*; ~**man** *m* Obmann *m*; Vorarbeiter *m*, (Werk)Meister *m*; ℞ Steiger *m*; ~**most** vorderst, erst; ~**name** Vorname *m*; ~**noon** Vormittag *m*; ~**runner** Vorläufer *m*, Vorbote *m*; ~**see** [fɔː'siː] [*irr.* (see)] vorhersehen; ~**shadow** ankündigen; ~**sight** ['fɔːsait] Voraussicht *f*; Vorsorge *f*.

**forest** ['fɔrist] 1. Wald *m* (*a. fig.*), Forst *m*; 2. aufforsten.

**forestall** [fɔː'stɔːl] *et.* vereiteln; *j-m* zuvorkommen.

**forest|er** ['fɔristə] Förster *m*; Waldarbeiter *m*; ~**ry** [~ri] Forstwirtschaft *f*; Waldgebiet *n*.

**fore|taste** ['fɔːteist] Vorgeschmack *m*; ~**tell** [fɔː'tel] [*irr.* (tell)] vorhersagen; vorbedeuten; ~**thought** ['fɔːθɔːt] Vorbedacht *m*; ~**woman** Aufseherin *f*; Vorarbeiterin *f*; ~**word** Vorwort *n*.

**forfeit** ['fɔːfit] 1. Verwirkung *f*; Strafe *f*; Pfand *n*; 2. verwirken; einbüßen; ~**able** [~əbl] verwirkbar.

**forge**[1] [fɔːdʒ] *mst.* ~ **ahead** sich vor(wärts)arbeiten.

**forge**[2] [~] 1. Schmiede *f*; 2. schmieden (*fig. ersinnen*); fälschen; ~**ry** ['fɔːdʒəri] Fälschung *f*.

**forget** [fə'get] [*irr.*] vergessen; ~**ful** □ [~ful] vergeßlich; ~**me-not** ♀ Vergißmeinnicht *n*.

**forgiv|e** [fə'giv] [*irr.* (give)] vergeben, verzeihen; *Schuld* erlassen; ~**eness** [~vnis] Verzeihung *f*; ~**ing** □ [~viŋ] versöhnlich; nachsichtig.

**forgo** [fɔː'gou] [*irr.* (go)] verzichten auf (*acc.*); aufgeben.

**forgot** [fə'gɔt] *pret. von* forget; ~**ten** [~tn] *p.p. von* forget.

**fork** [fɔːk] 1. Gabel *f*; 2. (sich) gabeln; ~**lift** ['fɔːklift] Gabelstapler *m*.

**forlorn** [fə'lɔːn] verloren, verlassen.

**form** [fɔːm] 1. Form *f*; Gestalt *f*; Formalität *f*; Formular *n*; (Schul-) Bank *f*; *Schul-*Klasse *f*; Kondition

*f*; geistige Verfassung; 2. (sich) formen, (sich) bilden, gestalten; ✗ (sich) aufstellen.

**formal** □ ['fɔːməl] förmlich; formell; äußerlich; ~**ity** [fɔː'mæliti] Förmlichkeit *f*, Formalität *f*.

**formati|on** [fɔː'meiʃən] Bildung *f*; ~**ve** ['fɔːmətiv] bildend; gestaltend; ~ **years** *pl.* Entwicklungsjahre *n/pl.*

**former** ['fɔːmə] vorig, früher; ehemalig, vergangen; erstere(r, ~s) jene(r, ~s) ~**ly** [~əli] ehemals, früher.

**formidable** □ ['fɔːmidəbl] furchtbar, schrecklich; ungeheuer.

**formula** ['fɔːmjulə] Formel *f*; ✗ Rezept *n*; ~**te** [~leit] formulieren.

**forsake** [fə'seik] [*irr.*] aufgeben; verlassen; ~**n** [~kən] *p.p. von* forsake.

**forsook** [fə'suk] *pret. von* forsake.

**forsooth** *iro.* [fə'suːθ] wahrlich.

**forswear** [fɔː'swɛə] [*irr.* (swear)] abschwören; [werk *m* *f*.]

**fort** ✗ [fɔːt] Fort *n*, Festung[s=]

**forth** [fɔːθ] vor(wärts), voran; heraus, hinaus, hervor; weiter, fort(an); ~**coming** [fɔːθ'kʌmiŋ] erscheinend; bereit; bevorstehend; F entgegenkommend; ~**with** ['fɔːθ'wiθ] sogleich.

**fortieth** ['fɔːtiiθ] 1. vierzigste(r, ~s); Vierzigstel *n*.

**forti|fication** [fɔːtifi'keiʃən] Befestigung *f*; ~**fy** ['fɔːtifai] ✗ befestigen; *fig.* (ver)stärken; ~**tude** [~itjuːd] Seelenstärke *f*; Tapferkeit *f*.

**fortnight** ['fɔːtnait] vierzehn Tage.

**fortress** ['fɔːtris] Festung *f*.

**fortuitous** □ [fɔː'tjuː(:)itəs] zufällig.

**fortunate** ['fɔːtʃnit] glücklich; ~**ly** [~tli] glücklicherweise.

**fortune** ['fɔːtʃən] Glück *n*; Schicksal *n*; Zufall *m*; Vermögen *n*; ~**teller** Wahrsager(in).

**forty** ['fɔːti] 1. vierzig; ~**niner** *Am.* *kalifornischer Goldsucher von 1849*; ~ **winks** *pl.* F Nickerchen *n*; 2. Vierzig *f*.

**forward** ['fɔːwəd] 1. *adj.* vorder; bereit(willig); fortschrittlich; vorwitzig, keck; 2. *adv.* vor(wärts); 3. *Fußball:* Stürmer *m*; 4. (be)fördern; (ab~, ver)senden.

**forwarding-agent** ['fɔːwədiŋeidʒənt] Spediteur *m*.

**foster** ['fɔstə] 1. *fig.* nähren, pflegen; ~ **up** aufziehen; 2. Pflege...

**fought** [fɔːt] *pret. u. p.p. von* fight 2.

**foul** [faul] 1. □ widerwärtig; schmutzig (*a. fig.*); unehrlich; regelwidrig; übelriechend; faul, verdorben; widrig; schlecht (*Wetter*) *fall* ~ *of* mit *dem Gesetz* in Konflikt kommen; 2. Zs.~stoß *m*; *Sport:* regelwidriges Spiel; *through fair and* ~ durch dick und dünn; 3. beverschmutzen; (sich) verwickeln.

**found** [faund] 1. *pret. u. p.p. von* find 1; 2. (be)gründen; stiften; ⊕ gießen.

**foundation** [faun'deiʃən] Gründung *f*; Stiftung *f*; Fundament *n*.

**founder** ['faundə] 1. (Be)Gründer (-in), Stifter(in); Gießer *m*; 2. *v/i.* scheitern; lahmen.

**foundling** ['faundliŋ] Findling *m*.

**foundry** ⊕ ['faundri] Gießerei *f*.

**fountain** ['fauntin] Quelle *f*; Springbrunnen *m*; ~**pen** Füllfederhalter *m*.

**four** [fɔː] 1. vier; 2. Vier *f*; *Sport*: Vierer *m*; ~**flusher** *Am. sl.* ['fɔː-'flaʃə] Hochstapler *m*; ~**square** viereckig; *fig.* unerschütterlich; ~**stroke** *mot.* Viertakt...; ~**teen** ['fɔː'tiːn] vierzehn; ~**teenth** [~nθ] vierzehnte(r, -s); ~**th** [fɔːθ] 1. vierte(r, -s); 2. Viertel *n*; ~**thly** ['fɔːθli] viertens.

**fowl** [faul] Geflügel *n*; Huhn *n*; Vogel *m*; ~**ing-piece** ['fauliŋpiːs] Vogelflinte *f*.

**fox** [fɔks] 1. Fuchs *m*; 2. überlisten; ~**glove** ♀ ['fɔksglʌv] Fingerhut *m*; ~**y** ['fɔksi] fuchsartig; schlau.

**fraction** ['frækʃən] Bruch(teil) *m*.

**fracture** ['fræktʃə] 1. (*bsd.* Knochen)Bruch *m*; 2. brechen.

**fragile** ['frædʒail] zerbrechlich.

**fragment** ['frægmənt] Bruchstück *n*.

**fragran|ce** ['freigrəns] Wohlgeruch *m*, Duft *m*; ~**t** □ [~nt] wohlriechend.

**frail** □ [freil] ♂~, zerbrechlich; schwach; ~**ty** *fig.* ['freilti] Schwäche *f*.

**frame** [freim] 1. Rahmen *m*; Gerippe *n*; Gerüst *n*; (Brillen)Gestell *n*; Körper *m*; (An)Ordnung *f*; *phot.* (Einzel)Bild *n*; ♂~ Frühbeetkasten *m*; ~ **of mind** Gemütsverfassung *f*; 2. bilden, formen, bauen; entwerfen; (ein)rahmen; sich entwickeln; ~**house** ['freimhaus] Holzhaus *n*; ~**up** *bsd. Am.* F abgekartetes Spiel; ~**work** ⊕ Gerippe *n*; Rahmen *m*; *fig.* Bau *m*.

**franchise** ⚖ ['fræntʃaiz] Wahlrecht *n*; Bürgerrecht *n*; *bsd. Am.* Konzession *f*.

**frank** [fræŋk] 1. □ frei(mütig), offen; 2. *Brief* maschinell frankieren.

**frankfurter** ['fræŋkfətə] Frankfurter Würstchen.

**frankness** ['fræŋknis] Offenheit *f*.

**frantic** ['fræntik] (~ally) wahnsinnig.

**fratern|al** □ [frə'təːnl] brüderlich; ~**ity** [~niti] Brüderlichkeit *f*; Brüderschaft *f*; *Am. univ.* Verbindung *f*.

**fraud** [frɔːd] Betrug *m*; F Schwindel *m*; ~**ulent** □ ['frɔːdjulənt] betrügerisch.

**fray** [frei] 1. (sich) abnutzen; (sich) durchscheuern; 2. Schlägerei *f*.

**frazzle** *bsd. Am.* F ['fræzl] 1. Fetzen *m/pl.*; 2. zerfetzen.

**freak** [friːk] Einfall *m*, Laune *f*.

**freckle** ['frekl] Sommersprosse *f*.

**free** [friː] 1. □ *allg.* frei; freigebig (of mit); freiwillig; **he is ~ to** *inf.* es steht ihm frei, zu *inf.*; **~ and easy** zwanglos; sorglos; **make ~** sich Freiheiten erlauben; **set ~** freilassen; 2. befreien; freilassen, *et.* freimachen; ~**booter** ['friːbuːtə] Freibeuter *m*; ~**dom** ['friːdəm] Freiheit *f*; freie Benutzung; Offenheit *f*; Zwanglosigkeit *f*; (plumpe) Vertraulichkeit; ~ **of a city** (Ehren-)Bürgerrecht *n*; ~**holder** Grundeigentümer *m*; ~**man** freier Mann; Vollbürger *m*; ~**mason** Freimaurer *m*; ~**wheel** Freilauf *m*.

**freez|e** [friːz] [*irr.*] *v/i.* (ge)frieren; erstarren; *v/t.* gefrieren lassen; ~**er** ['friːzə] Eismaschine *f*; Gefriermaschine *f*; Gefriertruhe *f*; ~**ing** □ [~ziŋ] eisig; ~ **point** Gefrierpunkt *m*.

**freight** [freit] 1. Fracht(geld *n*) *f*; *attr. Am.* Güter...; 2. be-, verfrachten; ~**car** *Am.* 🚃 ['freitkɑː] Güterwagen *m*; ~ **train** *Am.* Güterzug *m*.

**French** [frentʃ] 1. französisch; **take ~ leave** heimlich weggehen; ~ **window** Balkon-, Verandatür *f*; 2. Französisch *n*; **the ~** *pl.* die Franzosen *pl.*; ~**man** ['frentʃmən] Franzose *m*.

**frenz|ied** ['frenzid] wahnsinnig; ~**y** [~zi] Wahnsinn *m*.

**frequen|cy** ['friːkwənsi] Häufigkeit *f*; ∮ Frequenz *f*; ~**t** 1. □ [~nt] häufig; 2. [fri'kwent] (oft) besuchen.

**fresh** □ [freʃ] frisch; neu; unerfahren; *Am.* F frech; ~ **water** Süßwasser *n*; ~**en** ['freʃn] frisch machen *od.* werden; ~**et** [~ʃit] Hochwasser *n*; *fig.* Flut *f*; ~**man** *univ.* Student *m* im ersten Jahr; ~**ness** [~ʃnis] Frische *f*; Neuheit *f*; Unerfahrenheit *f*; ~**water** Süßwasser...; ~ **college** *Am.* drittrangiges College.

**fret** [fret] 1. Aufregung *f*; Ärger *m*; ♪ Bund *m*, Griffleiste *f*; 2. zerfressen; (sich) ärgern; (sich) grämen; ~ **away**, ~ **out** aufreiben.

**fretful** ☐ ['fretful] ärgerlich.

**fret-saw** ['fretsɔː] Laubsäge *f*.

**fretwork** ['fretwəːk] (geschnitztes) Gitterwerk; Laubsägearbeit *f*.

**friar** ['fraiə] Mönch *m*.

**friction** ['frikʃən] Reibung *f* (a. *fig.*).

**Friday** ['fraidi] Freitag *m*.

**fridge** F [fridʒ] Kühlschrank *m*.

**friend** [frend] Freund(in); Bekannte(r *m*) *f*; ~**ly** ['frendli] freund(schaft)lich; ~**ship** [~dʃip] Freundschaft *f*.

**frigate** ♣ ['frigit] Fregatte *f*.

**frig(e)** F [fridʒ] = **fridge**.

**fright** [frait] Schreck(en) *m*; *fig.* Vogelscheuche *f*; ~en ['fraitn] erschrecken; *sl.* ~ed *at* od. *of* bange vor (*dat.*); ~ful □ [~tful] schrecklich.

**frigid** ['fridʒid] kalt, frostig.

**frill** [fril] Krause *f*, Rüsche *f*.

**fringe** [frindʒ] 1. Franse *f*; Rand *m*; *a.* ~s *pl.* Ponyfrisur *f*; 2. mit Fransen besetzen.

**frippery** ['fripəri] Flitterkram *m*.

**Frisian** ['friziən] friesisch.

**frisk** [frisk] 1. Luftsprung *m*; 2. hüpfen; *sl. nach Waffen etc.* durchsuchen; ~y □ ['friski] munter.

**fritter** ['fritə] 1. Pfannkuchen *m*, Krapfen *m*; 2. ~ *away* verzetteln.

**frivol|ity** [fri'vɔliti] Frivolität *f*, Leichtfertigkeit *f*; ~ous □ ['frivələs] nichtig; leichtfertig.

**frizzle** ['frizl] *a.* ~ *up* (sich) kräuseln; *Küche:* brutzeln.

**fro** [frou]: *to and* ~ hin und her.

**frock** [frɔk] Kutte *f*; *Frauen*-Kleid *n*; Kittel *m*; Gehrock *m*.

**frog** [frɔg] Frosch *m*.

**frolic** ['frɔlik] 1. Fröhlichkeit *f*; Scherz *m*; 2. scherzen, spaßen; ~some □ [~ksəm] lustig, fröhlich.

**from** [frɔm; frəm] von; aus, von ... her; von ... (an); aus, vor, wegen; nach, gemäß; *defend* ~ schützen vor (*dat.*); ~ *amidst* mitten aus.

**front** [frʌnt] 1. Stirn *f*; Vorderseite *f*; ✕ Front *f*; Hemdbrust *f*; Strandpromenade *f*; Kühnheit *f*, Frechheit *f*; *in* ~ vorn; *in* ~ *of* räumlich vor; 2. Vorder...; 3. *a.* ~ *on*, ~ *towards* die Front haben nach; gegenüberstehen, gegenübertreten (*dat.*); ~al ['frʌntl] Stirn..., Front...; Vorder...; ~ *door* Haustür *f*; ~ier [~tjə] Grenze *f*, *bsd. Am. hist.* Grenze *zum* Wilden Westen; *attr.* Grenz...; ~iersman [~zmən] Grenzbewohner *m*; *fig.* Pionier *m*; ~ispiece [~tispis] ⌂ Vorderseite *f*; *typ.* Titelbild *n*; ~ *man fig.* Aushängeschild *n*; ~page *Zeitung:* Titelseite *f*; ~wheel drive *mot.* Vorderradantrieb *m*.

**frost** [frɔst] 1. Frost *m*; *a.* hoar~ *white* ~ Reif *m*; 2. (mit Zucker) bestreuen; glasieren; mattieren; ~ed glass Milchglas *n*; ~bite ⚕ ['frɔstbait] Erfrierung *f*; ~y □ [~ti] frostig; bereift.

**froth** [frɔθ] 1. Schaum *m*; 2. schäumen; zu Schaum schlagen; ~y □ ['frɔθi] schaumig; *fig.* seicht.

**frown** [fraun] 1. Stirnrunzeln *n*; finsterer Blick; 2. *v/i.* die Stirn runzeln; finster blicken.

**frow|sty** □ ['frausti], ~zy ['frauzi] moderig; schlampig.

**froze** [frouz] *pret. von* freeze; ~n ['frouzn] 1. *p.p. von* freeze; 2. *adj.* (eis)kalt; (ein)gefroren.

**frugal** □ ['fru:gəl] mäßig; sparsam.

**fruit** [fru:t] 1. Frucht *f*; Früchte *pl.*; Obst *n*; 2. Frucht tragen; ~erer ['fru:tərə] Obsthändler *m*; ~ful □ [~tful] fruchtbar; ~less □ [~tlis] unfruchtbar.

**frustrat|e** [frʌs'treit] vereiteln; enttäuschen; ~ion [~'eiʃən] Vereitelung *f*; Enttäuschung *f*.

**fry** [frai] 1. Gebratene(s) *n*; Fischbrut *f*; 2. braten, backen; ~ing-pan ['fraiiŋpæn] Bratpfanne *f*.

**fuchsia** ♀ ['fju:ʃə] Fuchsie *f*.

**fudge** [fʌdʒ] 1. F zurechtpfuschen; 2. Unsinn *m*; Weichkaramelle *f*.

**fuel** [fjuəl] 1. Brennmaterial *n*; Betriebs~ *mot.* Kraftstoff *m*; 2. *mot.* tanken.

**fugitive** ['fju:dʒitiv] 1. flüchtig (*a. fig.*); 2. Flüchtling *m*.

**fulfil(l)** [ful'fil] erfüllen; vollziehen; ~ment [~lmənt] Erfüllung *f*.

**full** [ful] 1. □ *allg.* voll; Voll...; vollständig, völlig; reichlich; ausführlich; *of* ~ *age* volljährig; 2. *adv.* völlig, ganz; genau; 3. Ganze(s) *n*; Höhepunkt *m*; *in* ~ völlig; ausführlich; *to the* ~ vollständig; ~blooded ['ful'blʌdid] vollblütig; kräftig; reinrassig; ~dress ['fuldres] Gesellschaftsanzug *m*; ~dress ['fuldres] formell, Gala...; *Am.* ausführlich; ~fledged ['ful'fledʒd] flügge; voll ausgewachsen; ~stop Punkt *m*.

**ful(l)ness** ['fulnis] Fülle *f*.

**full-time** ['fultaim] vollbeschäftigt; Voll...

**fulminate** fig. ['fʌlmineit] wettern.

**fumble** ['fʌmbl] tasten; fummeln.

**fume** [fju:m] 1. Dunst *m*, Dampf *m*; 2. rauchen; aufgebracht sein.

**fumigate** ['fju:migeit] ausräuchern, desinfizieren.

**fun** [fʌn] Scherz *m*, Spaß *m*; *make* ~ *of* sich lustig machen über (*acc.*).

**function** ['fʌŋkʃən] 1. Funktion *f*; Beruf *m*; Tätigkeit *f*; Aufgabe *f*; Feierlichkeit *f*; 2. funktionieren; ~ary [~nəri] Beamte(r) *m*; Funktionär *m*.

**fund** [fʌnd] 1. Fonds *m*; ~s *pl.* Staatspapiere *n/pl.*; Geld(mittel *n/pl.*) *n*; Vorrat *m*; 2. *Schuld* fundieren; *Geld* anlegen.

**fundamental** □ [fʌndə'mentl] 1. grundlegend; Grund...; 2. ~s *pl.* Grundlage *f*, ~züge *m/pl.*, ~begriffe *m/pl.*

**funer|al** ['fju:nərəl] Beerdigung *f*; *attr.* Trauer..., Begräbnis...; ~eal □ [fju:(')niəriəl] traurig, düster.

**fun-fair** ['fʌnfɛə] Rummelplatz *m*.

**funicular** [fju:(')nikjulə] 1. Seil...; 2. *a.* ~ *railway* (Draht)Seilbahn *f*.

**funnel** ['fʌnl] Trichter *m*; Rauchfang *m*; ⚒, 🚢 Schornstein *m*.

**funnies** *Am.* ['fʌniz] *pl.* Comics *pl.* (primitive Bildserien).

**funny** □ ['fʌni] spaßig, komisch.

fur [fəː] 1. Pelz m; Belag m der Zunge; Kesselstein m; ~s pl. Pelzwaren pl.; 2. mit Pelz besetzen od. füttern.

furbish ['fəːbiʃ] putzen, polieren.

furious ] ['fjuəriə] wütend; wild.

furl [fəːl] zs.-rollen; zs.-klappen.

furlough ✕ ['fəːlou] Urlaub m.

furnace ['fəːnis] Schmelz-, Hochofen m; (Heiz)Kessel m; Feuerung f.

furnish ['fəːniʃ] versehen (with mit); et. liefern; möblieren; ausstatten.

furniture ['fəːnitʃə] Möbel pl., Einrichtung f; Ausstattung f; sectional ~ Anbaumöbel pl.

furrier ['fʌriə] Kürschner m.

furrow ['fʌrou] 1. Furche f; 2. furchen.

further ['fəːðə] 1. adj. u. adv. ferner, weiter; 2. fördern; ~ance [~ərəns] Förderung f; ~more [~ə'mɔː] ferner, überdies; ~most [~əmoust] weitest.

furthest ['fəːðist] = furthermost.

furtive □ ['fəːtiv] verstohlen.

fury ['fjuəri] Raserei f, Wut f; Furie f.

fuse [fjuːz] 1. (ver)schmelzen; ⚡ durchbrennen; ausgehen (Licht); ✕ mit Zünder versehen; 2. ⚡ (Schmelz)Sicherung f; ✕ Zünder m.

fuselage ['fjuːziləːʒ] (Flugzeug-) Rumpf m.

fusion ['fjuːʒən] Schmelzen n; Verschmelzung f, Fusion f; ~ bomb ✕ Wasserstoffbombe f.

fuss F [fʌs] 1. Lärm m; Wesen n, Getue n; 2. viel Aufhebens machen (about um, von); (sich) aufregen.

fusty ['fʌsti] muffig; fig. verstaubt.

futile ['fjuːtail] nutzlos, nichtig.

future ['fjuːtʃə] 1. (zu)künftig; 2. Zukunft f; gr. Futur n, Zukunft f; ~s pl. ✝ Termingeschäfte n/pl.

fuzz [fʌz] 1. feiner Flaum; Fussel f; 2. fusseln, (zer)fasern.

# G

gab F [gæb] Geschwätz n; the gift of the ~ ein gutes Mundwerk.

gabardine ['gæbədiːn] Gabardine m (Wollstoff).

gabble ['gæbl] 1. Geschnatter n, Geschwätz n; 2. schnattern, schwatzen.

gaberdine ['gæbədiːn] Kaftan m; = gabardine.

gable ['geibl] Giebel m.

gad F [gæd]: ~ about sich herumtreiben.

gadfly zo. ['gædflai] Bremse f.

gadget sl. ['gædʒit] Dings n, Apparat m; Kniff m, Pfiff m.

gag [gæg] 1. Knebel m; Witz m; 2. knebeln; pol. mundtot machen.

gage¹ [geidʒ] Pfand n.

gage² [~] = gauge.

gaiety ['geiəti] Fröhlichkeit f.

gaily ['geili] adv. von gay.

gain [gein] 1. Gewinn m; Vorteil m; 2. v/t. gewinnen; erreichen; bekommen; v/i. vorgehen (Uhr); ~ in zunehmen an (acc.); ~ful □ ['geinful] einträglich.

gait [geit] Gang(art f) m; Schritt m.

gaiter ['geitə] Gamasche f.

gal Am. sl. [gæl] Mädel n.

gale [geil] Sturm m; steife Brise.

gall [gɔːl] 1. Galle f; ✚ Wolf m; Pein f; bsd. Am. sl. Frechheit f; 2. wundreiben; ärgern.

gallant ['gælənt] 1. □ stattlich; tapfer; galant, höflich; 2. Kavalier m; 3. galant sein; ~ry [~tri] Tapferkeit f; Galanterie f.

gallery ['gæləri] Galerie f; Empore f.

galley ['gæli] ⚓ Galeere f; ⚓ Kombüse f; ~-proof Korrekturfahne f.

gallon ['gælən] Gallone f (4,54 Liter, Am. 3,78 Liter).

gallop ['gæləp] 1. Galopp m; 2. galoppieren (lassen).

gallows ['gælouz] sg. Galgen m.

galore [gə'lɔː] in Menge.

gamble ['gæmbl] (um Geld) spielen; 2. F Glücksspiel n; ~r [~lə] Spieler(in).

gambol ['gæmbəl] 1. Luftsprung m; 2. (fröhlich) hüpfen, tanzen.

game [geim] 1. Spiel n; Scherz m; Wild n; 2. F entschlossen; furchtlos; 3. spielen; ~keeper ['geimkiːpə] Wildhüter m; ~-licence Jagdschein m; ~ster ['geimstə] Spieler(in).

gander ['gændə] Gänserich m.

gang [gæŋ] 1. Trupp m; Bande f; 2. ~ up sich zs.-rotten od. zs.-tun; ~-board ⚓ ['gæŋbɔːd] Laufplanke f.

gangster Am. ['gæŋstə] Gangster m.

gangway ['gæŋwei] (Durch)Gang m; ⚓ Fallreep n; ⚓ Laufplanke f.

gaol [dʒeil], ~-bird ['dʒeilbəːd], ~er ['dʒeilə] s. jail etc.

gap [gæp] Lücke f; Kluft f; Spalte f.

gape [geip] gähnen; klaffen; gaffen.

garage ['gæraːʒ] 1. Garage f; Autowerkstatt f; 2. Auto einstellen.

garb [gaːb] Gewand n, Tracht f.

garbage ['gaːbidʒ] Abfall m;

Schund *m*; ~ can *Am.* Mülltonne *f*; ~ pail Mülleimer *m*.

**garden** ['gɑːdn] 1. Garten *m*; 2. Gartenbau treiben; ~er [~nə] Gärtner(in); ~ing [~niŋ] Gartenarbeit *f*.

**gargle** ['gɑːgl] 1. gurgeln; 2. Gurgelwasser *n*.

**garish** □ ['gɛəriʃ] grell, auffallend.

**garland** ['gɑːlənd] Girlande *f*.

**garlic** ♦ ['gɑːlik] Knoblauch *m*.

**garment** ['gɑːmənt] Gewand *n*.

**garnish** ['gɑːniʃ] garnieren; zieren.

**garret** ['gærət] Dachstube *f*.

**garrison** ⚔ ['gærisn] 1. Besatzung *f*; Garnison *f*; 2. mit e-r Besatzung belegen.                          [haft.

**garrulous** □ ['gærʊləs] schwatz-

**garter** ['gɑːtə] Strumpfband *n*; *Am.* Socken-, Strumpfhalter *m*.

**gas** [gæs] 1. Gas *n*; *Am.* = gasoline; 2. *v/t.* vergasen; *v/i.* F faseln; ~eous ['geizjəs] gasförmig.

**gash** [gæʃ] 1. klaffende Wunde; Hieb *m*; Riß *m*; 2. tief (ein)schneiden in (*acc.*).

**gas|-light** ['gæslait] Gasbeleuchtung *f*; ~meter Gasuhr *f*; ~o-lene, ~oline *Am. mot.* ['gæsəliːn] Benzin *n*.

**gasp** [gɑːsp] 1. Keuchen *n*; 2. keuchen; nach Luft schnappen.

**gas|sed** [gæst] gasvergiftet; ~stove ['gæs'stouv] Gasofen *m*, -herd *m*; ~works ['gæswɔks] *sg.* Gaswerk *n*, -anstalt *f*.

**gat** *Am. sl.* [gæt] Revolver *m*.

**gate** [geit] Tor *n*; Pforte *f*; Sperre *f*; ~man 🚂 ['geitmən] Schrankenwärter *m*; ~way Tor(weg *m*) *n*, Einfahrt *f*.

**gather** ['gæðə] 1. *v/t.* (ein-, ver)sammeln; ernten; pflücken; schließen (*from* aus); zs.-ziehen; kräuseln; ~ speed schneller werden; *v/i.* sich (ver)sammeln; sich vergrößern; *⚕ u. fig.* reifen; 2. Falte *f*; ~ing [~əriŋ] Versammlung *f*; Zs.-kunft *f*.

**gaudy** □ ['gɔːdi] grell; protzig.

**gauge** [geidʒ] 1. (Normal)Maß *n*; Maßstab *m*; ⊕ Lehre *f*; 🚂 Spurweite *f*; Meßgerät *n*; 2. eichen; (aus)messen; *fig.* abschätzen.

**gaunt** □ [gɔːnt] hager; finster.

**gauntlet** ['gɔːntlit] *fig.* Fehdehandschuh *m*; *run the* ~ Spießruten laufen.

**gauze** [gɔːz] Gaze *f*.

**gave** [geiv] *pret. von* give.

**gavel** *Am.* ['gævl] Hammer *m des Versammlungsleiters od. Auktionators*.

**gawk** F [gɔːk] Tölpel *m*; ~y [gɔː'ki] tölpisch.

**gay** □ [gei] lustig, heiter; bunt, lebhaft, glänzend.

**gaze** [geiz] 1. starrer *od.* aufmerksamer Blick; 2. starren.

**gazette** [gə'zet] 1. Amtsblatt *n*; 2. amtlich bekanntgeben.

**gear** [giə] 1. ⊕ Getriebe *n*; *mot.* Gang *m*; Mechanismus *m*; Gerät *n*; in ~ mit eingelegtem Gang; in Betrieb; *out of* ~ im Leerlauf; außer Betrieb; *landing* ~ ✈ Fahrgestell *n*; *steering* ~ ⚓ Ruderanlage *f*; *mot.* Lenkung *f*; 2. einschalten; ⊕ greifen; ~ing ['giəriŋ] (Zahnrad-) Getriebe *n*; Übersetzung *f*; ~lever, *bsd. Am.* ~shift Schalthebel *m*.

**gee** [dʒiː] 1. *Kindersprache*: Hotteh‌ü *n* (*Pferd*); 2. *Fuhrmannsruf*: hü! hott!; *Am.* nanu!, so was!

**geese** [giːs] *pl. von* goose.

**gem** [dʒem] Edelstein *m*; Gemme *f*; *fig.* Glanzstück *n*.

**gender** *gr.* ['dʒendə] Genus *n*, Geschlecht *n*.

**general** ['dʒenərəl] 1. □ allgemein; gewöhnlich; Haupt..., General...; ~ *election* allgemeine Wahlen; 2. ✕ General *m*; Feldherr *m*; ~ity [dʒenə'ræliti] Allgemeinheit *f*; die große Masse; ~ize ['dʒenərəlaiz] verallgemeinern; ~ly [~li] im allgemeinen, überhaupt; gewöhnlich.

**generat|e** ['dʒenəreit] erzeugen; ~ion [dʒenə'reiʃən] (Er)Zeugung *f*; Generation *f*; Menschenalter *n*; ~or ['dʒenəreitə] Erzeuger *m*; ⊕ Generator *m*; *bsd. Am. mot.* Lichtmaschine *f*.

**gener|osity** [dʒenə'rɔsiti] Großmut *f*; Großzügigkeit *f*; ~ous □ ['dʒenərəs] großmütig, großzügig.

**genial** □ ['dʒiːnjəl] freundlich; anregend; gemütlich (*Person*); heiter.

**genitive** *gr.* ['dʒenitiv] *a.* ~ *case* Genitiv *m*.

**genius** ['dʒiːnjəs] Geist *m*; Genie *n*.

**gent** F [dʒent] Herr *m*.

**genteel** □ [dʒen'tiːl] vornehm; elegant.

**gentile** ['dʒentail] 1. heidnisch, nichtjüdisch; 2. Heid|e *m*, -in *f*.

**gentle** □ ['dʒentl] sanft, mild; zahm; leise, sacht; vornehm; ~man Herr *m*; Gentleman *m*; ~manlike, ~manly [~li] gebildet; vornehm; ~ness [~nis] Sanftheit *f*; Milde *f*, Güte *f*, Sanftmut *f*.

**gentry** ['dʒentri] niederer Adel; gebildete Stände *m/pl.*

**genuine** □ ['dʒenjuin] echt; aufrichtig.

**geography** [dʒi'ɔgrəfi] Geographie *f*.

**geology** [dʒi'ɔlədʒi] Geologie *f*.

**geometry** [dʒi'ɔmitri] Geometrie *f*.

**germ** [dʒəːm] 1. Keim *m*; 2. keimen.

**German**[1] ['dʒəːmən] 1. deutsch; 2. Deutsche(r *m*) *f*; Deutsch *n*.

**german**[2] [~] *brother* ~ leiblicher Bruder; ~ *e* [dʒəː'mein] (*to*) verwandt (mit); entsprechend (*dat.*).

**germinate** ['dʒəːmineit] keimen.

**gesticulat|e** [dʒes'tikjuleit] gestikulieren; **~ion** [dʒestikju'leiʃən] Gebärdenspiel n.

**gesture** ['dʒestʃə] Geste f, Gebärde f.

**get** [get] [irr.] v/t. erhalten, bekommen, F kriegen; besorgen; holen; bringen; erwerben; verdienen; ergreifen, fassen; (veran)lassen; mit adv. mst bringen, machen; have got haben; ~ one's hair cut sich das Haar schneiden lassen; ~ by heart auswendig lernen; v/i. gelangen, geraten, kommen; gehen; werden; ~ ready sich fertig machen; ~ about auf den Beinen sein; ~ abroad bekannt werden; ~ ahead vorwärtskommen; ~ at (heran-)kommen an ... (acc.); zu et. kommen; ~ away wegkommen; sich fortmachen; ~ in einsteigen; ~ on with s.o. mit j-m auskommen; ~ out aussteigen; ~ to hear (know, learn) erfahren; ~ up aufstehen; **~-up** ['getʌp] Aufmachung f; Am. F Unternehmungsgeist m.

**ghastly** ['gɑːstli] gräßlich; schrecklich; (toten)bleich; gespenstisch.

**gherkin** ['gəːkin] Gewürzgurke f.

**ghost** [goust] Geist m, Gespenst n; fig. Spur f; **~like** ['goustlaik], **~ly** [~li] geisterhaft.

**giant** ['dʒaiənt] 1. riesig; 2. Riese m.

**gibber** ['dʒibə] kauderwelschen; **~ish** ['gibəriʃ] Kauderwelsch n.

**gibbet** ['dʒibit] 1. Galgen m; 2. hängen.

**gibe** [dʒaib] verspotten, aufziehen.

**giblets** ['dʒiblits] pl. Gänseklein n.

**gidd|iness** ['gidinis] ⚕ Schwindel m; Unbeständigkeit f; Leichtsinn m; **~y** □ ['gidi] schwind(e)lig; leichtfertig; unbeständig; albern.

**gift** [gift] Gabe f; Geschenk n; Talent n; **~ed** ['giftid] begabt.

**gigantic** [dʒai'gæntik] (~ally) riesenhaft, riesig, gigantisch.

**giggle** ['gigl] 1. kichern; 2. Gekicher n.

**gild** [gild] [irr.] vergolden; verschönen; **~ed youth** Jeunesse f dorée.

**gill** [gil] ichth. Kieme f; ⚘ Lamelle f.

**gilt** [gilt] 1. pret. u. p.p. von gild; 2. Vergoldung f.

**gimmick** Am. sl. ['gimik] Trick m.

**gin** [dʒin] Gin m (Wacholderschnaps); Schlinge f; ⊕ Entkörnungsmaschine f.

**ginger** ['dʒindʒə] 1. Ingwer m; Lebhaftigkeit f; 2. ~ up in Schwung bringen; 3. hellrot, rötlich-gelb; **~bread** Pfefferkuchen m; **~ly** [~əli] zimperlich; sachte.

**gipsy** ['dʒipsi] Zigeuner(in).

**gird** [gəːd] sticheln; [irr.] (um)gürten; umgeben.

**girder** ⊕ ['gəːdə] Tragbalken m.

**girdle** ['gəːdl] 1. Gürtel m; Hüfthalter m, ~gürtel m; 2. umgürten.

**girl** [gəːl] Mädchen n; ≌ Guide ['gəːlgaid] Pfadfinderin f; **~hood** ['gəːlhud] Mädchenzeit f; Mädchenjahre n/pl.; **~ish** □ ['gəːliʃ] mädchenhaft; **~y** Am. F ['gəːli] mit spärlich bekleideten Mädchen (Magazin, Varieté etc.).

**girt** [gəːt] pret. u. p.p. von gird.

**girth** [gəːθ] (Sattel)Gurt m; Umfang m.

**gist** [dʒist] das Wesentliche.

**give** [giv] [irr.] v/t. geben; abübergeben; her-, hingeben; überlassen; zum besten geben; schenken; gewähren; von sich geben; ergeben; ~ birth to zur Welt bringen; ~ away verschenken; F verraten; ~ forth von sich geben; herausgeben; ~ in einreichen; ~ up Geschäft etc. aufgeben; j-n ausliefern; v/i. mst ~ in nachgeben; weichen; ~ into, ~ (up)on hinausgehen auf (acc.) (Fenster etc.); ~ out aufhören; versagen; ~ and take [givən'teik] (Meinungs)Austausch m; Kompromiß m, n; ~away Preisgabe f; ~ show od. program bsd. Am. Radio, Fernsehen: öffentliches Preisraten; **~n** ['givn] 1. p.p. von give; 2. ~ to ergeben (dat.).

**glacia|l** □ ['gleisjəl] eisig; Eis...; Gletscher...; **~er** ['glæsjə] Gletscher m.

**glad** □ [glæd] froh, erfreut; erfreulich; **~ly** gern; **~den** ['glædn] erfreuen.

**glade** [gleid] Lichtung f; Am. sumpfige Niederung.

**gladness** ['glædnis] Freude f.

**glair** [glɛə] Eiweiß n.

**glamo|rous** ['glæmərəs] bezaubernd; **~(u)r** ['glæmə] 1. Zauber m, Glanz m, Reiz m; 2. bezaubern.

**glance** [glɑːns] 1. Schimmer m, Blitz m; flüchtiger Blick; 2. hinwegleiten; mst ~ off abprallen; blitzen; glänzen; ~ at flüchtig ansehen; anspielen auf (acc.).

**gland** anat. [glænd] Drüse f.

**glare** [glɛə] 1. grelles Licht; wilder, starrer Blick; 2. grell leuchten; wild blicken; (at an)starren.

**glass** [glɑːs] 1. Glas n; Spiegel m; Opern-, Fernglas n; Barometer n; (a pair of) ~es pl. (eine) Brille; 2. gläsern; Glas...; 3. verglasen; **~case** ['glɑːskeis] Vitrine f; Schaukasten m; **~house** Treibhaus n; ⚔ sl. Bau m; **~y** [~si] gläsern; glasig.

**glaz|e** [gleiz] 1. Glasur f; 2. v/t. verglasen; glasieren; polieren; v/i. trüb(e) od. glasig werden (Auge); **~ier** ['gleizjə] Glaser m.

**gleam** [gliːm] 1. Schimmer m, Schein m; 2. schimmern.

**glean** [gliːn] v/t. sammeln; v/i. Ähren lesen.

**glee** [gliː] Fröhlichkeit f; mehrstimmiges Lied; ~ club Gesangverein m.

**glen** [glen] Bergschlucht f.

**glib** □ [glib] glatt, zungenfertig.

**glid|e** [glaid] 1. Gleiten n; ✈ Gleitflug m; 2. (dahin)gleiten (lassen); e-n Gleitflug machen; ~er ['glaidə] Segelflugzeug n.

**glimmer** ['glimə] 1. Schimmer m; min. Glimmer m; 2. schimmern.

**glimpse** [glimps] 1. flüchtiger Blick (of auf acc.); Schimmer m; flüchtiger Eindruck; 2. flüchtig (er)blicken.

**glint** [glint] 1. blitzen, glitzern; 2. Lichtschein m.

**glisten** ['glisn], **glitter** ['glitə] glitzern, glänzen.

**gloat** [glout]: ~ (up)on od. over sich weiden an (dat.).

**globe** [gloub] (Erd)Kugel f; Globus m.

**gloom** [gluːm], ~iness ['gluːminis] Düsterkeit f, Dunkelheit f; Schwermut f; ~y □ ['gluːmi] dunkel, düster; schwermütig; verdrießlich.

**glori|fy** ['glɔːrifai] verherrlichen; ~ous □ [~iəs] herrlich, glorreich.

**glory** ['glɔːri] 1. Ruhm m; Herrlichkeit f, Pracht f; Glorienschein m; 2. frohlocken; stolz sein.

**gloss** [glɔs] 1. Glosse f, Bemerkung f; Glanz m; 2. Glossen machen (zu); Glanz geben (dat.); ~ over beschönigen.

**glossary** ['glɔsəri] Wörterverzeichnis n.

**glossy** □ ['glɔsi] glänzend, blank.

**glove** [glʌv] Handschuh m.

**glow** [glou] 1. Glühen n; Glut f; 2. glühen.

**glower** ['glauə] finster blicken.

**glow-worm** ['glouwəːm] Glühwürmchen n.

**glucose** ['gluːkous] Traubenzucker m.

**glue** [gluː] 1. Leim m; 2. leimen.

**glum** □ [glʌm] mürrisch.

**glut** [glʌt] überfüllen.

**glutinous** □ ['gluːtinəs] klebrig.

**glutton** ['glʌtn] Unersättliche(r m) f; Vielfraß m; ~ous □ [~əs] gefräßig; ~y [~ni] Gefräßigkeit f.

**G-man** Am. F ['dʒiːmæn] FBI-Agent m.

**gnarl** [naːl] Knorren m, Ast m.

**gnash** [næʃ] knirschen (mit).

**gnat** [næt] (Stech)Mücke f.

**gnaw** [nɔː] (zer)nagen; (zer)fressen.

**gnome** [noum] Erdgeist m, Gnom m.

**go** [gou] 1. irr. allg. gehen, fahren; vergehen (Zeit); werden; führen (to nach); sich wenden (to an); funktionieren, arbeiten; passen; kaputtgehen; let ~ loslassen; ~

shares teilen; ~ to od. and see besuchen; ~ at losgehen auf (acc.); ~ between vermitteln (zwischen); ~ by sich richten nach; ~ for gehen nach, holen; ~ for a walk, etc. einen Spaziergang etc. machen; ~ in for an examination e-e Prüfung machen; ~ on weitergehen; fortfahren; ~ through durchgehen; durchmachen; ~ without sich behelfen ohne; 2. F Mode f; Schwung m, Schneid m; on the ~ auf den Beinen; im Gange; it is no ~ es geht nicht; in one ~ auf Anhieb; have a ~ at es versuchen mit.

**goad** [goud] 1. Stachelstock m; fig. Ansporn m; 2. fig. anstacheln.

**go-ahead** F ['gouəhed] 1. zielstrebig; unternehmungslustig; 2. bsd. Am. F Erlaubnis f zum Weitermachen.

**goal** [goul] Mal n; Ziel n; Fußball: Tor n; ~-keeper ['goulkiːpə] Torwart m.

**goat** [gout] Ziege f, Geiß f.

**gob** [gɔb] V Schleimklumpen m; F Maul n; Am. F Blaujacke f (Matrose).

**gobble** ['gɔbl] gierig verschlingen; ~dygook Am. sl. [~ldiguk] Amts-, Berufsjargon m; Geschwafel n; ~r [~lə] Vielfraß m; Truthahn m.

**go-between** ['goubitwiːn] Vermittler(in).

**goblet** ['gɔblit] Kelchglas n; Pokal m.

**goblin** ['gɔblin] Kobold m, Gnom m.

**god**, eccl. 2 [gɔd] Gott m; fig. Abgott m; ~child ['gɔdtʃaild] Patenkind n; ~dess [~dis] Göttin f; ~father Pate m; ~head Gottheit f; ~less [~dlis] gottlos; ~like gottähnlich; göttlich; ~ly [~dli] gottesfürchtig; fromm; ~mother Patin f.

**go-getter** Am. sl. ['gou'getə] Draufgänger m.

**goggle** ['gɔgl] 1. glotzen; 2. ~s pl. Schutzbrille f.

**going** ['gouiŋ] 1. gehend; im Gange (befindlich); be ~ to inf. im Begriff sein zu inf.; ~ gleich tun wollen od. werden; 2. Gehen n; Vorwärtskommen n; Straßenzustand m; Geschwindigkeit f, Leistung f; ~s-on F [~z'ɔn] pl. Treiben n.

**gold** [gould] 1. Gold n; 2. golden; ~-digger Am. ['goulddigə] Goldgräber m; ~en mst fig. [~dən] golden, goldgelb; ~finch zo. Stieglitz m; ~smith Goldschmied m.

**golf** [gɔlf] 1. Golf(spiel) n; 2. Golf spielen; ~-course ['gɔlfkɔːs], ~links pl. Golfplatz m.

**gondola** ['gɔndələ] Gondel f.

**gone** [gɔn] 1. p.p. von go 1; 2. adj. fort; F futsch; vergangen; tot; F hoffnungslos.

**good** [gud] 1. allg. gut; artig; gütig;

**✝** zahlungsfähig; gründlich; ~ *at* geschickt in (*dat.*); 2. Gute(s) *n*; Wohl *n*, Beste(s) *n*; ~s *pl.* Waren *f/pl.*; Güter *n/pl.*; *that's no* ~ das nützt nichts; *for* ~ für immer; **~by(e)** 1. [gud'bai] Lebewohl *n*; 2. ['gud'bai] (auf) Wiedersehen!; ♀ **Friday** Karfreitag *m*; **~ly** ['gudli] anmutig, hübsch; *fig.* ansehnlich; **~natured** gutmütig; **~ness** [~nis] Güte *f*; *das Beste; thank* ~! Gott sei Dank!; **~will** Wohlwollen *n*; ✝ Kundschaft *f*; ✝ Firmenwert *m*.

**goody** [gudi] Bonbon *m*, *n*.

**goon** *Am. sl.* [guːn] bestellter Schläger *bsd. für Streik*, Dummkopf *m*.

**goose** [guːs], *pl.* **geese** [giːs] Gans *f* (*a. fig.*); Bügeleisen *n*.

**gooseberry** ['guzbəri] Stachelbeere *f*.

**goose|-flesh** ['guːsfleʃ], *Am.* **~pimples** *pl. fig.* Gänsehaut *f*.

**gopher** *bsd. Am.* ['goufə] Erdeichhörnchen *n*.

**gore** [gɔː] 1. (geronnenes) Blut; *Schneiderei*: Keil *m*; 2. durchbohren, aufspießen.

**gorge** [gɔːdʒ] 1. Kehle *f*, Schlund *m*; enge (Fels)Schlucht; 2. (ver-)schlingen; (sich) vollstopfen.

**gorgeous** □ ['gɔːdʒəs] prächtig.

**gory** □ ['gɔːri] blutig.

**gospel** [gospəl] Evangelium *n*.

**gossip** ['gosip] 1. Geschwätz *n*; Klatschbase *f*; 2. schwatzen.

**got** [got] *pret. u. p.p. von* get.

**Gothic** ['goθik] gotisch; *fig.* barbarisch.

**gotten** *Am.* ['gotn] *p.p. von* get.

**gouge** [gaudʒ] 1. ⊕ Hohlmeißel *m*; 2. ausmeißeln; *Am.* F betrügen.

**gourd** ♀ [guəd] Kürbis *m*.

**gout** ♣ [gaut] Gicht *f*.

**govern** ['gʌvən] *v/t.* regieren, beherrschen; lenken, leiten; *v/i.* herrschen; **~ess** [~nis] Erzieherin *f*; **~ment** ['gʌvnmənt] Regierung(sform) *f*; Leitung *f*; Herrschaft *f* (*of* über *acc.*); Ministerium *n*; Statthalterschaft *f*; *attr.* Staats...; **~mental** [gʌvən'mentl] Regierungs...; **~or** ['gʌvənə] Gouverneur *m*; Direktor *m*, Präsident *m*; F Alte(r) *m* (*Vater, Chef*).

**gown** [gaun] 1. (Frauen)Kleid *n*; Robe *f*, Talar *m*; 2. kleiden.

**grab** F [græb] 1. grapsen; an sich reißen, packen; 2. plötzlicher Griff; ⊕ Greifer *m*; **~bag** *bsd. Am.* Glückstopf *m*.

**grace** [greis] 1. Gnade *f*; Gunst *f*; (Gnaden)Frist *f*; Grazie *f*, Anmut *f*; Anstand *m*; Zier(de) *f*; Reiz *m*; Tischgebet *n*; *Your* ♀ Euer Gnaden; 2. zieren, schmücken; begünstigen, auszeichnen; **~ful** □ ['greisful] anmutig; **~fulness** [~nis] Anmut *f*.

**gracious** □ ['greiʃəs] gnädig.

**gradation** [grə'deiʃən] Abstufung *f*.

**grade** [greid] 1. Grad *m*, Rang *m*; Stufe *f*; Qualität *f*; *bsd. Am.* — gradient; *Am. Schule*: Klasse *f*, Note *f*; *make the* ~ *Am.* Erfolg haben; ~ *crossing bsd. Am.* schienengleicher Bahnübergang; **~(d)** *school bsd. Am.* Grundschule *f*; 2. abstufen; einstufen; ⊕ planieren.

**gradient** ☞ *etc.* ['greidjənt] Steigung *f*.

**gradua|l** □ ['grædjuəl] stufenweise, allmählich; **~te** 1. [~ueit] graduieren; (sich) abstufen; die Abschlußprüfung machen; promovieren; 2. *univ.* [~uit] Graduierte(r *m*) *f*; **~tion** [grædju'eiʃən] Gradeinteilung *f*; Abschlußprüfung *f*; Promotion *f*.

**graft** [grɑːft] 1. ♂ Pfropfreis *n*; *Am.* Schiebung *f*; 2. ♂ pfropfen; ♣ verpflanzen; *Am. fig.* schieben.

**grain** [grein] (Samen)Korn *n*; Getreide *n*; Gefüge *n*; *fig.* Natur *f*; Gran *n* (*Gewicht*).

**gram** [græm] — gramme.

**gramma|r** [græmə] Grammatik *f*; **~r-school** höhere Schule, Gymnasium *n*; *Am. a.* Mittelschule *f*; **~tical** □ [grə'mætikəl] grammati(kali)sch.

**gramme** [græm] Gramm *n*.

**granary** ['grænəri] Kornspeicher *m*.

**grand** □ [grænd] 1. *fig.* großartig; erhaben; groß; Groß..., Haupt...; ♀ *Old Party Am.* Republikanische Partei; ~ *stand Sport* Haupt(Haupt-)Tribüne *f*; 2. ♪ *a.* ~ *piano* Flügel *m*; *Am. sl.* tausend Dollar *pl.*; **~child** ['græntʃaild] Enkel(in); **~eur** [~dʒə] Größe *f*, Hoheit *f*; Erhabenheit *f*; **~father** Großvater *m*.

**grandiose** □ ['grændious] großartig.

**grand|mother** ['grænmʌðə] Großmutter *f*; **~parents** [~npeərənts] *pl.* Großeltern *pl.*

**grange** [greindʒ] Gehöft *n*; Gut *n*; *Am. Name für Farmerorganisation f.*

**granny** F ['græni] Oma *f*.

**grant** [grɑːnt] 1. Gewährung *f*; Unterstützung *f*; Stipendium *n*; 2. gewähren, bewilligen; verleihen; zugestehen; ♣ übertragen; *take for* ~ed als selbstverständlich annehmen.

**granul|ate** ['grænjuleit] (sich) körnen; **~e** [~juːl] Körnchen *n*.

**grape** [greip] Weinbeere *f*, -traube *f*; **~fruit** ♀ ['greipfruːt] Pampelmuse *f*.

**graph** [græf] graphische Darstellung; **~ic** [~al □] ['græfik(əl)] graphisch; anschaulich; *graphic arts pl.* Graphik *f*; **~ite** *min.* [~fait] Graphit *m*.

**grapple** ['græpl] entern; packen; ringen.

grasp [grɑːsp] 1. Griff m; Bereich m; Beherrschung f; Fassungskraft f; 2. (er)greifen, packen; begreifen.

grass [grɑːs] Gras n; Rasen m; send to ~ auf die Weide schicken; ~hopper ['grɑːshɒpə] Heuschrecke f; ~-roots pl. Am. pol. die landwirtschaftlichen Bezirke, die Landbevölkerung; ~widow(er) F Strohwitwe(r m) f; ~y [~si] grasig; Gras...

grate [greit] 1. (Kamin)Gitter n; (Feuer)Rost m; 2. (zer)reiben; mit et. knirschen; fig. verletzen.

grateful □ ['greitful] dankbar.

grater ['greitə] Reibeisen n.

grati|fication [grætifi'keiʃən] Befriedigung f; Freude f; ~fy ['grætifai] erfreuen; befriedigen.

grating ['greitiŋ] 1. □ schrill; unangenehm; 2. Gitter(werk) n.

gratitude ['grætitjuːd] Dankbarkeit f.

gratuit|ous □ [grə'tju(ː)itəs] unentgeltlich; freiwillig; ~y [~ti] Abfindung f; Gratifikation f; Trinkgeld n.

grave [greiv] 1. □ ernst; (ge)wichtig; gemessen; 2. Grab n; 3. [irr.] mst fig. (ein)graben; ~digger ['greivdigə] Totengräber m.

gravel ['grævəl] 1. Kies m; ♀ Harngrieß m; 2. mit Kies bedecken.

graven ['greivən] p.p. von grave 3.

graveyard ['greivjɑːd] Kirchhof m.

gravitation [grævi'teiʃən] Schwerkraft f; fig. Hang m.

gravity ['græviti] Schwere f; Wichtigkeit f; Ernst m; Schwerkraft f.

gravy ['greivi] Fleischsaft m, Bratensoße f.

gray bsd. Am. [grei] grau.

graze [greiz] (ab)weiden; (ab)grasen; streifen, schrammen.

grease 1. [griːs] Fett n; Schmiere f; 2. [griːz] (be)schmieren.

greasy □ ['griːzi] fettig; schmierig.

great □ ['greit] allg. groß; Groß...; F großartig; ~coat ['greit'kout] Überzieher m; ~grandchild Urenkel(in); ~grandfather Urgroßvater m; ~ly [~li] sehr; ~ness [~nis] Größe f; Stärke f.

greed [griːd] Gier f; ~y □ ['griːdi] (be)gierig (of, for nach); habgierig.

Greek [griːk] 1. griechisch; 2. Grieche m, -in f; Griechisch n.

green [griːn] 1. □ grün (a. fig.); frisch (Fisch etc.); neu; Grün...; 2. Grün n; Rasen m; Wiese f; ~s pl. frisches Gemüse; ~back Am. ['griːnbæk] Dollarnote f; ~grocer Gemüsehändler(in); ~grocery Gemüsehandlung f; ~horn Grünschnabel m; ~house Gewächshaus n; ~ish [~niʃ] grünlich; ~sickness Bleichsucht f.

greet [griːt] (be)grüßen; ~ing ['griːtiŋ] Begrüßung f; Gruß m.

grenade ⚔ [gri'neid] Granate f.

grew [gruː] pret. von grow.

grey [grei] 1. □ grau; 2. Grau n; 3. grau machen od. werden; ~hound ['greihaund] Windhund m.

grid [grid] Gitter n; ⚡ Netz n; Am. Fußball: Spielfeld n; ~iron ['gridaiən] (Brat)Rost m.

grief [griːf] Gram m, Kummer m; come to ~ zu Schaden kommen.

griev|ance ['griːvəns] Beschwerde f; Mißstand m; ~e [griːv] kränken; (sich) grämen; ~ous □ ['griːvəs] kränkend, schmerzlich; schlimm.

grill [gril] 1. grillen; braten (a. fig.); 2. Bratrost m, Grill m; gegrilltes Fleisch; a. ~room Grillroom m.

grim □ [grim] grimmig; schrecklich.

grimace [gri'meis] 1. Fratze f, Grimasse f; 2. Grimassen schneiden.

grim|e [graim] Schmutz m; Ruß m; ~y □ ['graimi] schmutzig; rußig.

grin [grin] 1. Grinsen n; 2. grinsen.

grind [graind] 1. [irr.] (zer)reiben; mahlen; schleifen; Leierkasten etc. drehen; fig. schinden; mit den Zähnen knirschen; 2. Schinderei f; ~stone ['graindstoun] Schleif-, Mühlstein m.

grip [grip] 1. packen, fassen (a. fig.); 2. Griff m; Gewalt f; Herrschaft f; Am. = gripsack.

gripe [graip] Griff m; ~s pl. Kolik f; bsd. Am. Beschwerden f/pl.

gripsack Am. ['gripsæk] Handtasche f, ~köfferchen n.

grisly ['grizli] gräßlich, schrecklich.

gristle ['grisl] Knorpel m.

grit [grit] 1. Kies m; Sand(stein) m; fig. Mut m; 2. knirschen (mit).

grizzly ['grizli] 1. grau; 2. Graubär m.

groan [groun] seufzen, stöhnen.

grocer ['grousə] Lebensmittelhändler m; ~ies [~riz] pl. Lebensmittel n/pl.; ~y [~ri] Lebensmittelgeschäft n.

groceteria Am. [grousi'tiəriə] Selbstbedienungsladen m.

groggy ['grɔgi] taumelig; wackelig.

groin anat. [grɔin] Leistengegend f.

groom [grum] 1. Reit-, Stallknecht m; Bräutigam m; 2. pflegen; Am. pol. Kandidaten lancieren.

groove [gruːv] 1. Rinne f, Nut f; fig. Gewohnheit f; 2. nuten, falzen.

grope [group] (be)tasten, tappen.

gross [grous] 1. □ dick; grob; derb; ♱ Brutto...; 2. Gros n (12 Dutzend); in the ~ im ganzen.

grotto ['grɔtou] Grotte f.

grouch Am. F [grautʃ] 1. quengeln, meckern; 2. Griesgram m; schlechte Laune; ~y ['grautʃi] quenglig.

**ground¹** [graund] 1. *pret. u. p.p. von* grind 1; 2. ~ glass Mattglas *n*.

**ground²** [graund] 1. *mst* Grund *m*; Boden *m*; Gebiet *n*; *Spiel- etc.* Platz *m*; *Beweg- etc.* Grund *m*; ♀ Erde *f*; ~s *pl.* Grundstück *n*, Park(s *pl.*) *m*, Gärten *m/pl.*; *Kaffee*-Satz *m*; on the ~(s) of auf Grund (*gen.*); stand od. hold od. keep one's ~ sich behaupten; 2. niederlegen; (be)gründen; *j-m* die Anfangsgründe beibringen; ♀ erden; ~ floor ['graund'fbɔ] Erdgeschoß *n*; ~hog [‚dhɔg] *bsd. Am.* Murmeltier *n*; ~less □ [‚dlis] grundlos; ~staff ⚔ Bodenpersonal *n*; ~work Grundlage *f*.

**group** [gruːp] 1. Gruppe *f*; 2. (sich) gruppieren.

**grove** [grouv] Hain *m*; Gehölz *n*.

**grovel** *mst fig.* ['grɔvl] kriechen.

**grow** [grou] [irr.] v/i. wachsen; werden; v/t. ♀ anpflanzen, anbauen; ~er ['grouə] Bauer *m*, Züchter *m*.

**growl** [graul] knurren, brummen; ~er ['graulə] *fig.* Brummbär *m*; *Am. sl.* Bierkrug *m*.

**grow|n** [groun] 1. *p.p. von* grow; 2. *adj.* erwachsen; ~n-up ['grounʌp] 1. erwachsen; 2. Erwachsene(r *m*) *f*; ~th [grouθ] Wachstum *n*; (An)Wachsen *n*; Entwicklung *f*; Wuchs *m*; Gewächs *n*, Erzeugnis *n*.

**grub** [grʌb] 1. Raupe *f*, Larve *f*, Made *f*; *contp.* Prolet *m*; 2. graben; sich abmühen; ~by ['grʌbi] schmierig.

**grudge** [grʌdʒ] 1. Groll *m*; 2. mißgönnen; ungern geben od. tun *etc.*

**gruel** [gruəl] Haferschleim *m*.

**gruff** □ [grʌf] grob, schroff, barsch.

**grumble** ['grʌmbl] murren; (g)rollen; ~r *fig.* [‚lə] Brummbär *m*.

**grunt** [grʌnt] grunzen.

**guarant|ee** [gærən'tiː] 1. Bürge *m*; ~ guaranty; 2. bürgen für; ~or [‚'tɔː] Bürge *m*; ~y ['gærənti] Bürgschaft *f*, Garantie *f*; Gewähr *f*.

**guard** [gaːd] 1. Wacht *f*; ⚔ Wache *f*; Wächter *m*, Wärter *m*; 🚂 Schaffner *m*; Schutz(vorrichtung *f*) *m*; 2s *pl.* Garde *f*; be on (off) one's ~ (nicht) auf der Hut sein; 2. v/t. bewachen, (be)schützen (from vor *dat.*); v/i. sich hüten (against vor *dat.*); ~ian ['gaːdjən] Hüter *m*, Wächter *m*; 🕮 Vormund *m*; *attr.* Schutz...; ~ianship [‚nʃip] Obhut *f*; Vormundschaft *f*.

**guess** [ges] 1. Vermutung *f*; 2. vermuten; (er)raten; *Am.* denken.

**guest** [gest] Gast *m*; ~house ['gesthaus] (Hotel)Pension *f*, Fremdenheim *n*; ~room Gast-, Fremdenzimmer *n*.

**guffaw** [gʌ'fɔː] schallendes Gelächter.

**guidance** ['gaidəns] Führung *f*; (An)Leitung *f*.

**guide** [gaid] 1. Führer *m*; ⊕ Führung *f*; *attr.* Führungs...; 2. leiten; führen; lenken; ~book ['gaidbuk] Reiseführer *m*; ~post Wegweiser *m*.

**guild** [gild] Gilde *f*, Innung *f*; 2hall ['gild'hɔːl] Rathaus *n* (*London*).

**guile** [gail] Arglist *f*; ~ful □ ['gailful] arglistig; ~less □ ['gaillis] arglos.

**guilt** [gilt] Schuld *f*; Strafbarkeit *f*; ~less □ ['giltlis] schuldlos; unkundig; ~y □ [‚ti] schuldig; strafbar.

**guinea** ['gini] Guinee *f* (*21 Schilling*); ~pig Meerschweinchen *n*.

**guise** [gaiz] Erscheinung *f*, Gestalt *f*; Maske *f*.

**guitar** ♪ [gi'taː] Gitarre *f*.

**gulch** *Am.* [gʌlʃ] tiefe Schlucht.

**gulf** [gʌlf] Meerbusen *m*, Golf *m*; Abgrund *m*; Strudel *m*.

**gull** [gʌl] 1. Möwe *f*; Tölpel *m*; 2. übertölpeln; verleiten (*into* zu).

**gullet** ['gʌlit] Speiseröhre *f*; Gurgel *f*.

**gulp** [gʌlp] Schluck *m*; Schlucken *n*.

**gum** [gʌm] 1. *a.* ~s *pl.* Zahnfleisch *n*; Gummi *n*; Klebstoff *m*; ~s *pl. Am.* Gummischuhe *m/pl.*; 2. gummieren; zukleben.

**gun** [gʌn] 1. Gewehr *n*; Flinte *f*; Geschütz *n*, Kanone *f*; *Am.* Revolver *m*; big ~ F *fig.* hohes Tier; 2. *Am.* auf die Jagd gehen; ~boat ['gʌnbout] Kanonenboot *n*; ~licence Waffenschein *m*; ~man *Am.* Gangster *m*; ~ner ⚔ ⚓ ['gʌnə] Kanonier *m*; ~powder Schießpulver *n*; ~smith Büchsenmacher *m*.

**gurgle** ['gəːgl] gluckern, gurgeln.

**gush** [gʌʃ] 1. Guß *m*; *fig.* Erguß *m*; 2. (sich) ergießen, schießen (from aus); *fig.* schwärmen; ~er [‚ʃə] *fig.* Schwärmer(in); Ölquelle *f*.

**gust** [gʌst] Windstoß *m*, Bö *f*.

**gut** [gʌt] Darm *m*; ♪ Darmsaite *f*; ~s *pl.* Eingeweide *n/pl.*; das Innere; *fig.* Mut *m*.

**gutter** ['gʌtə] Dachrinne *f*; Gosse *f* (*a. fig.*), Rinnstein *m*.

**guy** [gai] 1. Halteseil *n*; F Vogelscheuche *f*; *Am.* F Kerl *m*; 2. verulken.

**guzzle** ['gʌzl] saufen; fressen.

**gymnas|ium** [dʒim'neizjəm] Turnhalle *f*, ~platz *m*; ~tics [‚'næstiks] *pl.* Turnen *n*; Gymnastik *f*.

**gypsy** *bsd. Am.* ['dʒipsi] = gipsy.

**gyrate** [dʒaiə'reit] kreisen; wirbeln.

**gyroplane** ['dʒaiərəplein] Hubschrauber *m*.

# H

**haberdasher** ['hæbədæʃə] Kurzwarenhändler m; Am. Herrenartikelhändler m; **~y** [~əri] Kurzwaren (-geschäft n) f/pl.; Am. Herrenartikel m/pl.

**habit** ['hæbit] 1. (An)Gewohnheit f; Verfassung f; Kleid(ung f) n; fall od. get into bad **~s** schlechte Gewohnheiten annehmen; 2. (an-) kleiden; **~able** [~təbl] bewohnbar; **~ation** [hæbi'teiʃən] Wohnung f.

**habitual** ] [hə'bitjuəl] gewohnt, gewöhnlich; Gewohnheits...

**hack** [hæk] 1. Hieb m; Einkerbung f; Miet-, Arbeitspferd n (a. fig.); a. **~** writer literarischer Lohnschreiber m; 2. (zer)hacken.

**hackneyed** fig. ['hæknid] abgedroschen.

**had** [hæd] pret. u. p.p. von have.

**haddock** ['hædək] Schellfisch m.

**h(a)emorrhage** ['hemərid3] Blutsturz m.

**hag** [hæg] (mst fig. alte) Hexe.

**haggard** □ ['hægəd] verstört; hager.

**haggle** ['hægl] feilschen, schachern.

**hail** [heil] 1. Hagel m; Anruf m; 2. (nieder)hageln (lassen); anrufen; (be)grüßen; **~** from stammen aus; **~stone** ['heilstoun] Hagelkorn n; **~storm** Hagelschauer m.

**hair** [hɛə] Haar n; **~breadth** ['hɛəbredθ] Haaresbreite f; **~cut** Haarschnitt m; **~do** Am. Frisur f; **~dresser** (bsd. Damen)Friseur m; **~drier** [~draiə] Trockenhaube f; Fön m; **~less** ['hɛəlis] ohne Haare, kahl; **~pin** Haarnadel f; **~raising** ['hɛəreizin] haarsträubend; **~splitting** Haarspalterei f; **~y** ['hɛəri] haarig.

**hale** [heil] gesund, frisch, rüstig.

**half** [haːf] 1. pl. halves [haːvz] Hälfte f; by halves nur halb; go halves halbpart machen, teilen 2. halb; **~** a crown eine halbe Krone; **~back** ['haːf'bæk] Fußball: Läufer m; **~breed** ['haːf-briːd] Halbblut n; **~caste** Halbblut n; **~hearted** ] ['haːf'haːtid] lustlos, lau; **~length** Brustbild n; **~penny** ['heipni] halber Penny; **~time** ['haːf'taim] Sport: Halbzeit f; **~way** halbwegs; **~witted** einfältig, idiotisch.

**halibut** ichth. ['hælibət] Heilbutt m.

**hall** [hɔːl] Halle f; Saal m; Vorraum m; Flur m; Diele f; Herren-, Gutshaus n; univ. Speisesaal m; **~** of residence Studentenwohnheim n.

**halloo** [hə'luː] (hallo) rufen.

**hallow** ['hælou] heiligen, weihen; ʃmas [~oumæs] Allerheiligenfest n.

**halo** ['heilou] ast. Hof m; Heiligenschein m.

**halt** [hɔːlt] 1. Halt(estelle f) m; Stillstand m; 2. (an)halten; mst fig. hinken; schwanken.

**halter** ['hɔːltə] Halfter f; Strick m.

**halve** [haːv] halbieren; **~s** [haːvz] pl. von half 1.

**ham** [hæm] Schenkel m; Schinken m.

**hamburger** Am. ['hæmbəːgə] Frikadelle f; mit Frikadelle belegtes Brötchen.

**hamlet** ['hæmlit] Weiler m.

**hammer** ['hæmə] 1. Hammer m; 2. (be)hämmern.

**hammock** ['hæmək] Hängematte f.

**hamper** ['hæmpə] 1. Geschenk-, Eßkorb m; 2. verstricken, behindern.

**hamster** zo. ['hæmstə] Hamster m.

**hand** [hænd] 1. Hand f (a. fig.); Handschrift f; Handbreite f; (Uhr)Zeiger m; Mann m, Arbeiter m; Karten: Blatt n; at **~** bei der Hand; nahe bevorstehend; at first **~** aus erster Hand; a good (poor) **~** at (un)geschickt in (dat.); **~** and glove ein Herz und eine Seele; change **~s** den Besitzer wechseln; lend a **~** (mit) anfassen; off **~** aus dem Handgelenk od. Stegreif; on **~** ↑ vorrätig, auf Lager; bsd. Am. zur Stelle, bereit; on one's **~s** auf dem Halse; on the one **~** einerseits; on the other **~** andererseits; **~** to **~** Mann gegen Mann; come to **~** sich bieten; einlaufen (Briefe); 2. reichen; **~** about herumreichen; **~** down vererben; **~** in einhändigen; einreichen; **~** over aushändigen; **~bag** ['hændbæg] Handtasche f; **~bill** Hand-, Reklamezettel m; **~brake** ⊕ Handbremse f; **~cuff** Handfessel f; **~ful** [~dful] Handvoll f; F Plage f; **~glass** Handspiegel m; Leselupe f.

**handicap** ['hændikæp] 1. Handikap n; Vorgaberennen n, Vorgabespiel n; (Extra)Belastung f; 2. (extra) belasten; beeinträchtigen.

**handi|craft** ['hændikraːft] Handwerk n; Handfertigkeit f; **~craftsman** Handwerker m; **~work** Handarbeit f; Werk n.

**handkerchief** ['hæŋkətʃi(ː)f] Taschentuch n; Halstuch n.

**handle** ['hændl] 1. Griff m; Stiel m; Henkel m; Pumpen- etc. Schwengel m; fig. Handhabe f; fly off the **~** F platzen vor Wut; 2. anfassen; handhaben; behandeln; **~bar** Lenkstange f **~s** Fahrrades.

**hand|-luggage** ['hændlʌgid3] Handgepäck n; **~made** handgearbeitet; **~me-downs** Am. F pl. Fertigkleidung f; getragene Kleider pl.; **~rail** Geländer n; **~shake** Hände-

druck m; ~some □ ['hænsəm] ansehnlich; hübsch; anständig; ~
work Handarbeit f; ~writing
Handschrift f; ~y □ ['hændi] geschickt; handlich; zur Hand.

hang [hæŋ] 1. [irr.] v/t. hängen;
auf~, einhängen; verhängen; (pret.
u. p.p. m/s ~ed) (er)hängen lassen;
lassen; Tapeten ankleben; v/i. hängen; schweben; sich neigen; ~
about (Am. around) herumlungern;
sich an j-n hängen; ~ back sich
zurückhalten; ~ on sich klammern
an (acc.); fig. hängen an (dat.);
2. Hang m; Fall m o-r Gardine etc.;
F Wesen n; F fig. Kniff m; Dreh m.

hangar ['hæŋə] Flugzeughalle f.
hang-dog ['hæŋdɔg] Armesünder...
hanger ['hæŋə] Aufhänger m;
Hirschfänger m; ~on fig. [.ər'ɔn]
Klette f.

hanging ['hæŋiŋ] 1. Hänge...; 2. ~s
pl. Behang m; Tapeten f/pl.
hangman ['hæŋmən] Henker m.
hang-nail ☞ ['hæŋneil] Niednagel
m.
hang-over sl. ['hæŋouvə] Katzenjammer m, Kater m.
hanker ['hæŋkə] sich sehnen.

hap|hazard ['hæp'hæzəd] 1. Zu-
fall m; at ~ aufs Geratewohl; 2. zufällig; ~less □ ['hæplis] unglücklich.

happen ['hæpən] sich ereignen, geschehen; he ~ed to be at home er
war zufällig zu Hause; ~ (up)on
zufällig treffen auf (acc.); ~ in Am.
F hereinschneien; ~ing ['hæpniŋ]
Ereignis n.

happi|ly ['hæpili] glücklicherweise;
~ness [.inis] Glück(seligkeit f) n.
happy □ ['hæpi] allg. glücklich;
beglückt; erfreut; erfreulich; geschickt; treffend; F angeheitert;
~go-lucky F unbekümmert.

harangue [hə'ræŋ] 1. Ansprache f,
Rede f; 2. v/t. feierlich anreden.
harass ['hærəs] belästigen, quälen.
harbo(u)r ['hɑːbə] 1. Hafen m;
Zufluchtsort m; 2. (be)herbergen;
Rache etc. hegen; ankern; ~age
[.əridʒ] Herberge f; Zuflucht f.
hard [hɑːd] 1. adj. allg. hart;
schwer; mühselig; streng; aus-
dauernd; fleißig; heftig; Am. stark
(Spirituosen); ~ of hearing schwer-
hörig; 2. adv. stark; tüchtig; mit
Mühe; ~ by nahe bei; ~ up in Not;
~boiled ['hɑːd'bɔild] hartgesotten; Am. gerissen; ~ cash Bargeld
n; klingende Münze; ~en ['hɑːdn]
härten; hart machen od. werden;
(sich) abhärten; fig. (sich) verhärten; ~ sich festigen (Preise); ~
headed nüchtern denkend; ~
hearted □ hartherzig; ~ihood
['hɑːdihud] Kühnheit f; ~iness
[.inis] Widerstandsfähigkeit f,
Härte f; ~ly ['hɑːdli] kaum; streng;

mit Mühe; ~ness ['hɑːdnis] Härte
f; Schwierigkeit f; Not f; ~pan
Am. harter Boden, fig. Grundlage f;
~ship ['hɑːdʃip] Bedrängnis f, Not
f; Härte f; ~ware Eisenwaren
f/pl.; ~y □ ['hɑːdi] kühn; widerstandsfähig, hart; abgehärtet; win-
terfest (Pflanze).

hare [hɛə] Hase m; ~bell ☞ ['hɛəbel]
Glockenblume f; ~brained zer-
fahren; ~lip anat. ['hɛə'lip] Hasen-
scharte f.

hark [hɑːk] horchen (to auf acc.).

harlot ['hɑːlət] Hure f.

harm [hɑːm] 1. Schaden m; Unrecht n, Böse(s) n; 2. beschädigen,
verletzen; schaden, Leid zufügen
(dat.); ~ful □ ['hɑːmful] schädlich;
~less □ ['hɑːmlis] harmlos, unschädlich.

harmon|ic [hɑː'mɔnik] (~ally), ~
ious □ [hɑː'mounjəs] harmonisch;
~ize ['hɑːmənaiz] v/t. in Einklang
bringen; v/i. harmonieren; ~y [.ni]
Harmonie f.

harness ['hɑːnis] 1. Harnisch m;
Zug~Geschirr n; die ~ in den
Sielen sterben; 2. anschirren; bändigen; Wasserkraft nutzbar machen.

harp [hɑːp] 1. Harfe f; 2. Harfe
spielen; ~ (up)on herumreiten auf
(dat.). [2. harpunieren.]
harpoon [hɑː'puːn] 1. Harpune f;
harrow ['hærou] 1. Egge f;
2. eggen; fig. quälen, martern.
harry ['hæri] plündern; quälen.
harsh □ [hɑːʃ] rauh; herb; grell;
streng; schroff; barsch.
hart zo. [hɑːt] Hirsch m.
harvest ['hɑːvist] 1. Ernte(zeit) f;
Ertrag m; 2. ernten; einbringen.

has [hæz] 3. sg. pres. von have.
hash [hæʃ] 1. gehacktes Fleisch;
Am. F Essen n, Fraß m; fig. Mischmasch m; 2. (zer)hacken.
hast|e [heist] Eile f; Hast f; make ~
(sich be)eilen; ~en ['heisn] (sich
be)eilen; j-n antreiben; et. beschleunigen; ~y □ ['heisti] (vor-)
eilig; hastig; hitzig, heftig.

hat [hæt] Hut m.

hatch [hætʃ] 1. Brut f, Hecke f; ⏚,
⚓ Luke f; serving ~ Durchreiche f;
2. (aus)brüten (a. fig.).
hatchet ['hætʃit] Beil n.
hatchway ⚓ ['hætʃwei] Luke f.
hat|e [heit] 1. Haß m; 2. hassen;
~eful □ ['heitful] verhaßt; abscheulich; ~red ['heitrid] Haß m.

haught|iness ['hɔːtinis] Stolz m;
Hochmut m; ~y □ ['hɔːti] stolz;
hochmütig.

haul [hɔːl] 1. Ziehen n; (Fisch-)
Zug m; Am. Transport(weg) m;
2. ziehen; schleppen; transportieren; ⚓ fördern; ⚓ abdrehen; ~
down one's flag die Flagge streichen; fig. sich geschlagen geben.

**haunch** [hɔːntʃ] Hüfte *f*; Keule *f* von Wild.

**haunt** [hɔːnt] 1. Aufenthaltsort *m*; Schlupfwinkel *m*; 2. oft besuchen; heimsuchen; verfolgen; spuken in (*dat.*).

**have** [hæv] [*irr.*] *v/t.* haben; bekommen; *Mahlzeit* einnehmen; lassen; ~ to do tun müssen; *I* ~ *my hair cut* ich lasse mir das Haar schneiden; *he will* ~ *it that ...* er behauptet, daß ...; *I had better go* es wäre besser, wenn ich ginge; *I had rather go* ich möchte lieber gehen; ~ *about one* bei *od.* an sich haben; ~ *on* anhaben; ~ *it out with* sich auseinandersetzen mit; *v/aux.* haben; *bei v/i.* oft sein; ~ *come* gekommen sein.

**haven** [ˈheiv*n*] Hafen *m* (*a. fig.*).

**havoc** [ˈhævək] Verwüstung *f*; *make* ~ *of, play* ~ *with* od. *among* verwüsten; übel zurichten.

**haw** ♀ [hɔː] Hagebutte *f*.

**Hawaiian** [haːˈwaiiən] 1. hawaiisch; 2. Hawaiier(in).

**hawk** [hɔːk] 1. Habicht *m*; Falke *m*; 2. sich räuspern; hausieren mit.

**hawthorn** [ˈhɔːθɔːn] Weißdorn *m*.

**hay** [hei] 1. Heu *n*; 2. heuen; ~**cock** [ˈheikɔk] Heuhaufen *m*; ~**fever** Heuschnupfen *m*; ~**loft** Heuboden *m*; ~**maker** *bsd. Am.* K.o.-Schlag *m*; ~**rick** - **haycock**; ~**seed** *bsd. Am.* F Bauerntölpel *m*; ~**stack** = **haycock**.

**hazard** [ˈhæzəd] 1. Zufall *m*; Gefahr *f*, Wagnis *n*; Hasard(spiel) *n*; 2. wagen; ~**ous** □ [~dəs] gewagt.

**haze** [heiz] 1. Dunst *m*; 2. ⊕ *u. Am.* schinden; F schurigeln.

**hazel** [ˈheizl] 1. ♀ Hasel(staude) *f*; 2. nußbraun; ~**nut** Haselnuß *f*.

**hazy** □ [ˈheizi] dunstig; *fig.* unklar.

**H-bomb** ⚔ [ˈeitsˌbɔm] H-Bombe *f*, Wasserstoffbombe *f*.

**he** [hiː] 1. er; ~ *who* derjenige, welcher; 2. Mann *m*; *zo.* Männchen *n*; 3. *adj. in Zsgn* männlich, ...männchen *n*; ~**goat** Ziegenbock *m*.

**head** [hed] 1. *allg.* Kopf *m* (*a. fig.*); Haupt *n* (*a. fig.*); *nach Zahlwort:* Mann *n* (*a. pl.*); Stück *n* (*a. pl.*); Leiter(in); Chef *m*; Kopfende *n* *e-s Bettes etc.*; Kopfseite *f* *e-r Münze*; Gipfel *m*; Quelle *f*; *Schiffs*-Vorderteil *n*; Hauptpunkt *m*, Abschnitt *m*; Überschrift *f*; *come to a* ~ eitern (*Geschwür*); *fig.* sich zuspitzen, zur Entscheidung kommen; *get it into one's* ~ *that* ... es sich in den Kopf setzen, daß; ~ *over heels* Hals über Kopf; 2. erst; Ober...; Haupt...; 3. *v/t.* (an)führen; an der Spitze von *et.* stehen; vorausgehen (*dat.*); mit *e-r* Überschrift versehen; ~ *off* ablenken; *v/i.* zusteuern (*for auf acc.*); *Am.* entspringen (*Fluß*); ~**ache** [ˈhedeik] Kopfweh *n*; ~**dress** Kopfputz *m*; Frisur *f*; ~**gear** Kopfbedeckung *f*; Zaumzeug *n*; ~**ing** [ˈhediŋ] Brief-, Titelkopf *m*, Rubrik *f*; Überschrift *f*, Titel *m*; *Sport:* Kopfball *m*; ~**land** [ˈhedlənd] Vorgebirge *n*; ~**light** *mot.* Scheinwerfer(licht *n*) *m*; ~**line** Überschrift *f*; Schlagzeile *f*; ~*s pl. Radio:* das Wichtigste in Kürze; ~**long** 1. *adj.* ungestüm; 2. *adv.* kopfüber; ~**master** Direktor *m* *e-r Schule*; ~**phone** *Radio:* Kopfhörer *m*; ~**quarters** *pl.* ⚔ Hauptquartier *n*; Zentral(stelle *f*); ~**strong** halsstarrig; ~**waters** *pl.* Quellgebiet *n*; ~**way** Fortschritt(e *pl.*) *m*; *make* ~ vorwärtskommen; ~**word** Stichwort *n* *e-s Wörterbuchs*; ~**y** □ [ˈhedi] ungestüm; voreilig; zu Kopfe steigend.

**heal** [hiːl] heilen; ~ *up* zuheilen.

**health** [helθ] Gesundheit *f*; ~**ful** □ [ˈhelθful] gesund; heilsam; ~**resort** Kurort *m*; ~**y** □ [ˈhelθi] gesund.

**heap** [hiːp] 1. Haufe(n) *m*; 2. *a.* ~ *up* (auf)häufen; überhäufen.

**hear** [hiə] [*irr.*] hören; erfahren; anhören, *j-m* zuhören; erhören; *Zeugen* verhören; *Lektion* abhören; ~**d** [hɔːd] *pret. u. p.p. von* **hear**; ~**er** [ˈhiərə] (Zu)Hörer(in); ~**ing** [~riŋ] Gehör *n*; Audienz *f*; *tʰ* Verhör *n*; Hörweite *f*; ~**say** Hörensagen *n*.

**hearse** [hɔːs] Leichenwagen *m*.

**heart** [hɑːt] *allg.* Herz *n* (*a. fig.*); Innere(s) *n*; Kern *m*; *fig.* Schatz *m*; *by* ~ auswendig; *out of* ~ mutlos; *lay to* ~ sich zu Herzen nehmen; *lose* ~ den Mut verlieren; *take* ~ sich ein Herz fassen; ~**ache** [ˈhɑːteik] Kummer *m*; ~**break** Herzeleid *n*; ~**breaking** □ [~kiŋ] herzzerbrechend; ~**broken** gebrochenen Herzens; ~**burn** Sodbrennen *n*; ~**en** [ˈhɑːtn] ermutigen; ~**failure** *s* Herzversagen *n*; ~**felt** innig, tief empfunden.

**hearth** [hɑːθ] Herd *m* (*a. fig.*).

**heart|less** □ [ˈhɑːtlis] herzlos; ~**rending** [ˈhɑːtrendiŋ] herzzerreißend; ~**transplant** Herzverpflanzung *f*; ~**y** [ˈhɑːti] □ herzlich; aufrichtig; gesund; herzhaft.

**heat** [hiːt] 1. *allg.* Hitze *f*; Wärme *f*; Eifer *m*; *Sport:* Gang *m*, einzelner Lauf; *zo.* Läufigkeit *f*; 2. heizen; (sich) erhitzen (*a. fig.*); ~**er** ⊕ [ˈhiːtə] Erhitzer *m*; Ofen *m*.

**heath** [hiːθ] Heide *f*; ♀ Heidekraut *n*.

**heathen** [ˈhiːðən] 1. Heid|e *m*, -in *f*; 2. heidnisch.

**heather** ♀ [ˈheðə] Heide(kraut *n*) *f*.

**heat|ing** [ˈhiːtiŋ] Heizung *f*; *attr.* Heiz...; ~**lightning** *Am.* Wetterleuchten *n*.

**heave** [hiːv] 1. Heben *n*; Übelkeit *f*;

**2.** [*irr.*] *v/t.* heben; schwellen; *Seufzer* ausstoßen; *Anker* lichten; *v/i.* sich heben, wogen, schwellen.

**heaven** ['hevn] Himmel *m*; **~ly** [˜nli] himmlisch.

**heaviness** ['hevinis] Schwere *f*, Druck *m*; Schwerfälligkeit *f*; Schwermut *f*.

**heavy** □ ['hevi] *allg.* schwer; schwermütig; schwerfällig; trüb; drückend; heftig (*Regen etc.*); unwegsam (*Straße*); Schwer...; **~ current** *≠* Starkstrom *m*; **~handed** ungeschickt; **~hearted** niedergeschlagen; **~weight** *Boxen:* Schwergewicht *n*.

**heckle** ['hekl] durch Zwischenfragen in die Enge treiben.

**hectic** *≠* ['hektik] hektisch (*auszehrend*); *sl.* fieberhaft erregt).

**hedge** [hedʒ] **1.** Hecke *f*; **2.** *v/t.* einhegen, einzäunen; umgeben; **~ up** sperren; *v/i.* sich decken; sich nicht festlegen; **~hog** *zo.* ['hedʒhog] Igel *m*; *Am.* Stachelschwein *n*; **~row** Hecke *f*.

**heed** [hiːd] **1.** Beachtung *f*, Aufmerksamkeit *f*; **take ~ of**, **give ~d. pay ~ to** achtgeben auf (*acc.*), beachten; **2.** beachten, achten auf (*acc.*); **~less** □ ['hiːdlis] unachtsam; unbekümmert (*of* um).

**heel** [hiːl] **1.** Ferse *f*; Absatz *m*; *Am. sl.* Lump *m*; **head over ~s** Hals über Kopf; **down at ~** mit schiefen Absätzen; *fig.* abgerissen; schlampig; **2.** mit e-m Absatz versehen; **~ed** *Am. F* finanzstark; **~er** *Am. sl. pol.* ['hiːlə] Befehlsempfänger *m*.

**heft** [heft] Gewicht *n*; *Am. F* Hauptteil *m*.

**heifer** ['hefə] Färse *f* (*junge Kuh*).

**height** [hait] Höhe *f*; Höhepunkt *m*; **~en** [˜haitn] erhöhen; vergrößern.

**heinous** □ ['heinəs] abscheulich.

**heir** [ɛə] Erbe *m*; **~ apparent** rechtmäßiger Erbe; **~ess** ['ɛəris] Erbin *f*; **~loom** ['ɛəluːm] Erbstück *n*.

**held** [held] *pret. u. p.p. von* **hold 2.**

**helibus** *Am. F* ['helibʌs] Lufttaxi *n*.

**helicopter** *≠* ['helikoptə] Hubschrauber *m*.

**hell** [hel] Hölle *f*; *attr.* Höllen...; **what the ~...?** *F* was zum Teufel ...?; **~ raise** ~, Krach machen; **~bent** ['helbent] *Am. sl.* unweigerlich entschlossen; **~ish** □ ['heliʃ] höllisch.

**hello** ['heˈlou] hallo!

**helm** *⊕* [helm] (*Steuer*)Ruder *n*.

**helmet** ['helmit] Helm *m*.

**helmsman** *⊕* ['helmzmən] Steuermann *m*.

**help** [help] **1.** *allg.* Hilfe *f*; (Hilfs-) Mittel *n*; (Dienst)Mädchen *n*; **2.** *v/t.* (ab)helfen (*dat.*); unterlassen; *bei Tisch* geben, reichen;

**~ o.s.** sich bedienen, zulangen; **I could not ~ laughing** ich konnte nicht umhin zu lachen; *v/i.* helfen, dienen; **~er** ['helpə] Helfer(in), Gehilf|e *m*, -in *f*; **~ful** □ ['~pful] hilfreich; nützlich; **~ing** [˜piŋ] Portion *f*; **~less** □ ['~plis] hilflos; **~lessness** [˜nis] Hilflosigkeit *f*; **~mate**, **~meet** Gehilf|e *m*, -in *f*; Gattin *f*.

**helter-skelter** ['heltə'skeltə] holterdiepolter.

**helve** [helv] Stiel *m*, Griff *m*.

**Helvetian** [hel'viːʃən] Helvetier (-in); *attr.* Schweizer...

**hem** [hem] **1.** Saum *m*; **2.** *v/t.* säumen; **~ in** einschließen; *v/i.* sich räuspern.

**hemisphere** ['hemisfiə] Halbkugel *f*.

**hem-line** ['hemlain] *Kleid:* Saum *m*.

**hemlock** *♀* ['hemlok] Schierling *m*; **~-tree** Schierlingstanne *f*.

**hemp** [hemp] Hanf *m*.

**hemstitch** ['hemstitʃ] Hohlsaum *m*.

**hen** [hen] Henne *f*; *Vogel*-Weibchen *n*.

**hence** [hens] weg; hieraus; daher; von jetzt an; *a year* ~ heute übers Jahr; **~forth** ['hens'foːθ], **~forward** [˜'oːwəd] von nun an.

**hen|-coop** ['henkuːp] Hühnerstall *m*; **~pecked** unter dem Pantoffel (stehend).

**hep** *Am. sl.* [hep]: **to be ~ to** kennen; **~cat** *Am. sl.* ['hepkæt] Eingeweihte(r *m*) *f*; Jazzfanatiker(in).

**her** [həː, hə] sie; ihr; ihr(e).

**herald** ['herəld] **1.** Herold *m*; **2.** (sich) ankündigen; **~ in** einführen; **~ry** [˜dri] Wappenkunde *f*, Heraldik *f*.

**herb** [həːb] Kraut *n*; **~age** ['həːbidʒ] Gras *n*; Weide *f*; **~ivorous** [həːˈbivərəs] pflanzenfressend.

**herd** [həːd] **1.** Herde *f* (*a. fig.*); **2.** *v/t. Vieh* hüten; *v/i. a.* ~ **together** in e-r Herde leben; zs.-hausen; **~er** ['həːdə], **~sman** ['həːdzmən] Hirt *m*.

**here** [hiə] hier; hierher; **~'s to ...!** auf das Wohl von ...!

**here|after** [hiər'ɑːftə] **1.** künftig; **2.** Zukunft *f*; **~by** ['hiə'bai] hierdurch.

**hereditary** [hi'reditəri] erblich; Erb...; **~y** [˜ti] Erblichkeit *f*.

**here|in** ['hiər'in] hierin; **~of** [hiər'ov] hiervon.

**heresy** ['herəsi] Ketzerei *f*.

**heretic** ['herətik] Ketzer(in).

**here|tofore** ['hiətu'foː] bis jetzt; ehemals; **~upon** ['hiərə'pon] hierauf; **~with** hiermit.

**heritage** ['heritidʒ] Erbschaft *f*.

**hermit** ['həːmit] Einsiedler *m*.

**hero** ['hiərou] Held *m*; **~ic(al** □) [hi'rouik(əl)] heroisch; heldenhaft;

Helden...; ~ine ['herouin] Heldin f; ~ism [~izəm] Heldenmut m, -tum n.

**heron** zo. ['herən] Reiher m.

**herring** ichth. ['heriŋ] Hering m.

**hers** [hə:z] der (die, das) ihrige; ihr.

**herself** [hə:'self] (sie, ihr, sich) selbst; sich; of ~ von selbst; by ~ allein.

**hesitat|e** ['heziteit] zögern, unschlüssig sein; Bedenken tragen; ~ion [hezi'teiʃən] Zögern n; Unschlüssigkeit f; Bedenken n.

**hew** [hju:] [irr.] hauen, hacken; ~n [hju:n] p.p. von hew.

**hey** [hei] ei!; hei!; he!, heda!

**heyday** ['heidei] 1. heisa!; oho!; 2. fig. Höhepunkt m, Blüte f.

**hi** [hai] he!, heda!; hallo!

**hicc|ough, ~up** ['hikʌp] 1 Schlucken m; 2. schlucken; den Schlucken haben.

**hid** [hid] pret. u. p.p. von hide 2; ~den ['hidn] p.p. von hide 2.

**hide** [haid] 1. Haut f; 2. [irr.] (sich) verbergen, verstecken; ~and-seek ['haidənd'si:k] Versteckspiel n.

**hidebound** fig. ['haidbaund] engherzig.

**hideous** ] ['hidiəs] scheußlich.

**hiding** ['haidiŋ] F Tracht f Prügel; Verbergen n; ~place Versteck n.

**hi-fi** Am. ['hai'fai] = high-fidelity.

**high** [hai] 1. adj. □ allg. hoch; vornehm; gut, edel (Charakter); stolz; hochtrabend; angegangen (Fleisch); extrem; stark; üppig, flott (Leben); Hoch...; Ober...; with a ~ hand arrogant, anmaßend; in ~ spirits in gehobener Stimmung, guter Laune; ~ life die vornehme Welt; ~ time höchste Zeit; ~ words heftige Worte; 2. meteor. Hoch n; bsd. Am. für Zssgen wie high school, etc.; 3. adv. hoch; sehr, mächtig; ~ball Am. ['haibɔ:l] Whisky m mit Soda; ~bred vornehm erzogen; ~brow F 1. Intellektuelle(r m) f; 2. betont intellektuell; ~class erstklassig; ~fidelity mit höchster Wiedergabetreue, Hi-Fi; ~grade hochwertig; ~handed anmaßend; ~land ['hailənd] Hochland n; ~lights pl. fig. Höhepunkte m/pl.; ~ly ['haili] hoch; sehr; speak ~ of s.o. j-n loben; ~minded hochherzig; ~ness ['hainis] Höhe f; fig. Hoheit f; ~pitched schrill (Ton); steil (Dach); ~power: ~ station Großkraftwerk n; ~road Landstraße f; ~ school höhere Schule; ~strung überempfindlich; ~ tea frühes Abendessen mit Tee u. Fleisch etc.; ~water Hochwasser n; ~way Landstraße f; fig. Weg m; ~ code Straßenverkehrsordnung f; ~wayman Straßenräuber m.

**hike** F [haik] 1. wandern; 2. Wanderung f; bsd. Am. F Erhöhung f (Preis etc.); ~r ['haikə] Wanderer m.

**hilarious** □ [hi'lɛəriəs] ausgelassen.

**hill** [hil] Hügel m, Berg m; ~billy Am. F ['hilbili] Hinterwäldler m; ~ock ['hilək] kleiner Hügel; ~side ['hil'said] Hang m; ~y ['hili] hügelig.

**hilt** [hilt] Griff m (bsd. am Degen).

**him** [him] ihn; ihm; den, dem(jenigen); ~self [him'self] (er, ihm, ihn, sich) selbst; sich; of ~ von selbst; by ~ allein.

**hind¹** zo. [haind] Hirschkuh f.

**hind²** [~] Hinter...; ~er 1. ['haində] hintere(r, -s); Hinter...; 2. ['hində] v/t. hindern (from an dat.); hemmen; ~most ['haindmoust] hinterst, letzt.

**hindrance** ['hindrəns] Hindernis n.

**hinge** [hindʒ] 1. Türangel f; Scharnier n; fig. Angelpunkt m; 2. ~ upon fig. abhängen von.

**hint** [hint] 1. Wink m; Anspielung f; 2. andeuten; anspielen (at auf acc.).

**hinterland** ['hintəlænd] Hinterland n. [butte f.)

**hip** [hip] anat. Hüfte f; & Hage-)

**hippopotamus** zo. [hipə'potəməs] Flußpferd n.

**hire** ['haiə] 1. Miete f; Entgelt m, n, Lohn m; 2. mieten; j-n anstellen; ~ out vermieten.

**his** [hiz] sein(e); der (die, das) seinige.

**hiss** [his] v/i. zischen; zischeln; v/t. a. ~ off auszischen, auspfeifen.

**histor|ian** [his'tɔ:riən] Historiker m; ~ic(al □) [his'tɔrik(əl)] historisch, geschichtlich; Geschichts...; ~y ['histəri] Geschichte f.

**hit** [hit] 1. Schlag m, Stoß m; fig. (Seiten)Hieb m; (Glücks)Treffer m; thea., ♪ Schlager m; 2. [irr.] schlagen, stoßen; treffen; auf et. stoßen; 1m. F eintreffen in (dat.); ~ s.o. a blow j-m e-n Schlag versetzen; ~ it off with ~ sich vertragen mit; ~ upon zufällig) kommen od. stoßen od. verfallen auf (acc.).

**hitch** [hitʃ] 1. Ruck m; & Knoten m; fig. Haken m, Hindernis n; 2 rükken; (sich) festmachen, festhaken; hängenbleiben; ruckeln; ~hike F ['hitʃhaik] per Anhalter fahren.

**hither** lit. ['hiðə] hierher; ~to bisher.

**hive** [haiv] 1. Bienenstock m; Bienenschwarm m; fig. Schwarm m; 2. ~ up aufspeichern; zs.-wohnen.

**hoard** [hɔ:d] 1. Vorrat m, Schatz m; 2. a. ~ up aufhäufen; horten.

**hoarfrost** ['hɔ:'frɔst] (Rauh)Reif m.

**hoarse** □ ['hɔ:s] heiser, rauh.

**hoary** ['hɔ:ri] (alters)grau.

**hoax** [houks] 1. Täuschung f; Falschmeldung f; 2. foppen.

**hob** [hɔb] = hobgoblin; raise ~ bsd. Am. F Krach schlagen.

**hobble** ['hɔbl] 1. Hinken *n*, Humpeln *n*; F Klemme *f*, Patsche *f*; 2. *v/i.* humpeln, hinken (*a. fig.*); *v/t.* an den Füßen fesseln.

**hobby** ['hɔbi] *fig.* Steckenpferd *n*, Hobby *n*; ~horse Steckenpferd *n*; Schaukelpferd *n*.

**hobgoblin** ['hɔbgɔblin] Kobold *m*.

**hobo** *Am. sl.* ['houbou] Landstreicher *m*.

**hock**[1] [hɔk] Rheinwein *m*.

**hock**[2] *zo.* [~] Sprunggelenk *n*.

**hod** [hɔd] Mörteltrog *m*.

**hoe** ~ [hou] 1. Hacke *f*; 2. hacken.

**hog** [hɔg] 1. Schwein *n* (*a. fig.*); 2. *Mähne* stutzen; *mot.* drauflos rasen; ~gish □ ['hɔgiʃ] schweinisch; gefräßig.

**hoist** [hɔist] 1. Aufzug *m*; 2. hochziehen, hissen.

**hokum** *sl.* ['houkəm] Mätzchen *n/pl.*; Kitsch *m*; Humbug *m*.

**hold** [hould] 1. Halten *n*; Halt *m*, Griff *m*; Gewalt *f*, Einfluß *m*; ✠ Lade~, Frachtraum *m*; *catch* (*od. get, lay, take, seize*) ~ *of* erfassen, ergreifen; sich ancignen; *keep* ~ *of* festhalten; 2. [*irr.*] *v/t. allg.* halten; fest~, aufhalten; enthalten; *fig.* behalten; *Versammlung etc.* abhalten; (inne)haben; *Ansicht* vertreten; *Gedanken etc.* hegen; halten für; glauben; behaupten; ~ *one's ground*, ~ *one's own* sich behaupten; ~ *the line teleph.* am Apparat bleiben; ~ *on et.* (an *z-m* Platz fest)halten; ~ *over* aufschieben; ~ *up* aufrecht halten; (unter)stützen; aufhalten; (räuberisch) überfallen; *v/i.* (fest)halten; gelten; sich bewähren; standhalten; ~ *forth* Reden halten; ~ *good od. true* gelten; sich bestätigen; ~ *off* sich fernhalten; ~ *on* ausharren; fortdauern; sich festhalten; *teleph.* am Apparat bleiben; ~ *to* festhalten an (*dat.*); ~ *up* sich (aufrecht) halten; ~er ['houldə] Pächter *m*; Halter *m* (*Gerät*); Inhaber(in) (*bsd.* ✝); ~ing Halten *n*; Halt *m*; Pachtgut *n*; Besitz *m*; ~ *company* Dachgesellschaft *f*; ~over *Am.* Rest *m*; ~up Raubüberfall *m*; Stauung *f*, Stockung *f*.

**hole** [houl] 1. Loch *n*; Höhle *f*; F *fig.* Klemme *f*; *pick* ~s *in* bekritteln; 2. aushöhlen; durchlöchern.

**holiday** ['hɔlədi] Feiertag *m*; freier Tag; ~s *pl.* Ferien *pl.*, Urlaub *m*; ~maker Urlauber(in).

**holler** *Am.* F ['hɔlə] laut rufen.

**hollow** ['hɔlou] 1. □ hohl; leer; falsch; 2. Höhle *f*, (Aus)Höhlung *f*; *Land*-Senke *f*; 3. aushöhlen.

**holly** ♀ ['hɔli] Stechpalme *f*.

**bolster** ['houlstə] Pistolentasche *f*.

**holy** ['houli] heilig; ♀ *Thursday* Gründonnerstag *m*; ~ *water* Weihwasser *n*; ♀ *Week* Karwoche *f*.

**homage** ['hɔmidʒ] Huldigung *f*; *do od. pay od. render* ~ huldigen (*to dat.*).

**home** [houm] 1. Heim *n*; Haus *n*, Wohnung *f*; Heimat *f*; Mal *n*; *at* ~ zu Hause; 2. *adj.* (ein)heimisch, inländisch; wirkungsvoll; tüchtig (*Schlag etc.*); ♀ *Office* Innenministerium *n*; ~ *rule* Selbstregierung *f*; ♀ *Secretary* Innenminister *m*; ~ *trade* Binnenhandel *m*; 3. *adv.* heim, nach Hause; an die richtige Stelle; gründlich; *hit od. strike* ~ den rechten Fleck treffen; ♀ *Counties die* Grafschaften um London; ~ *economics Am.* Hauswirtschaftslehre *f*; ~felt ['houmfelt] tief empfunden; ~less ['houmlis] heimatlos; ~like anheimelnd, gemütlich; ~ly [~li] anheimelnd, häuslich; *fig.* hausbacken; schlicht; anspruchslos; reizlos; ~made selbstgemacht; Hausmacher...; ~sickness Heimweh *n*; ~stead Anwesen *n*; ~ *team Sport*: Gastgeber *m/pl.*; ~ward(s) ['houmwəd(z)] heimwärts (gerichtet); Heim...; ~work Hausaufgabe(n *pl.*) *f*, Schularbeiten *f/pl.*

**homicide** ['hɔmisaid] Totschlag *m*; Mord *m*; Totschläger(in).

**homogeneous** □ [hɔmə'dʒiːnjəs] homogen, gleichartig.

**hone** ⊕ [houn] 1. Abziehstein *m*; 2. *Rasiermesser* abziehen.

**honest** □ ['ɔnist] ehrlich, rechtschaffen; aufrichtig; echt; ~y [~ti] Ehrlichkeit *f*, Rechtschaffenheit *f*; Aufrichtigkeit *f*.

**honey** ['hʌni] Honig *m*; *fig.* Liebling *m*; ~comb [~koum] (Honig-) Wabe *f*; ~ed od ['hʌnid] honigsüß; ~moon 1. Flitterwochen *f/pl.*; 2. die Flitterwochen verleben.

**honk** *mot.* [hɔŋk] hupen, tuten.

**honky-tonk** *Am. sl.* ['hɔŋkitɔŋk] Spelunke *f*.

**honorary** ['ɔnərəri] Ehren...; ehrenamtlich.

**hono(u)r** ['ɔnə] 1. Ehre *f*; Achtung *f*; Würde *f*; *fig.* Zierde *f*; *Your* ♀ *Euer Gnaden*; 2. (be)ehren; ✝ honorieren; ~able □ ['ɔnərəbl] ehrenvoll; redlich; ehrbar; ehrenwert.

**hood** [hud] 1. Kapuze *f*; *mot.* Verdeck *n*; *Am.* (Motor)Haube *f*; ⊕ Kappe *f*; 2. mit e-r Kappe *etc.* bekleiden; ein~, verhüllen.

**hoodlum** *Am.* F ['huːdləm] Strolch *m*.

**hoodoo** *bsd. Am.* ['huːduː] Unglücksbringer *m*; Pech *n* (*Unglück*).

**hoodwink** ['hudwiŋk] täuschen.

**hooey** *Am. sl.* ['huːi] Quatsch *m*.

**hoof** [huːf] Huf *m*; Klaue *f*.

**hook** [huk] 1. (*bsd.* Angel)Haken *m*; Sichel *f*; *by* ~ *or by crook* so oder so;

2. (sich) (zu-, fest)haken; angeln
(*a. fig.*); ~y ['huki] 1. hakig; 2.: *play
~ Am. sl.* (die Schule) schwänzen.

**hoop** [hu:p] 1. *Faß- etc.* Reif(en)
*m*; ⊕ Ring *m*; 2. *Fässer* binden.

**hooping-cough** ♫ ['hu:piŋkɔf]
Keuchhusten *m*.

**hoot** [hu:t] 1. Geschrei *n*; 2. *v/i.*
heulen; johlen; *mot.* hupen; *v/t.*
auspfeifen, auszischen.

**Hoover** ['hu:və] 1. Staubsauger *m*;
2. (mit e-m Staubsauger) saugen.

**hop** [hɔp] 1. ♀ Hopfen *m*; Sprung
*m*; F Tanzerei *f*; 2. hüpfen, springen (über *acc.*).

**hope** [houp] 1. Hoffnung *f*; 2. hoffen (*for* auf *acc.*); ~ *in* vertrauen auf
(*acc.*); ~ful □ ['houpful] hoffnungs-
voll; ~less □ ['houplis] hoffnungslos; verzweifelt.

**horde** [hɔ:d] Horde *f*.

**horizon** [hə'raizn] Horizont *m*.

**horn** [hɔ:n] Horn *m*; Schalltrichter
*m*; *mot.* Hupe *f*; ~s *pl.* Geweih *n*;
~ *of plenty* Füllhorn *n*.

**hornet** *zo.* ['hɔ:nit] Hornisse *f*.

**horn|swoggle** *Am. sl.* ['hɔ:nswɔgl]
*j-n* 'reinlegen; ~y ['hɔ:ni] hornig;
schwielig.

**horr|ible** □ ['hɔrəbl] entsetzlich;
scheußlich; ~id □ ['hɔrid] gräßlich, abscheulich; schrecklich; ~ify
[~ifai] erschrecken; entsetzen; ~or
['hɔrə] Entsetzen *n*, Schauder *m*;
Schrecken *m*; Greuel *m*.

**horse** [hɔ:s] *zo.* Pferd *n*; Reiterei *f*;
Bock *m*, Gestell *n*; ~back ['hɔ:s-
bæk]: *on* ~ zu Pferde; ~hair Roß-
haar *n*; ~laugh F wieherndes
Lachen; ~man Reiter *m*; ~man-
ship [~ʃip] Reitkunst *f*; ~ opera
*Am. drittklassiger* Wildwestfilm;
~power Pferdestärke *f*; ~radish
Meerrettich *m*; ~shoe Hufeisen *n*.

**horticulture** ['hɔ:tikʌltʃə] Gartenbau *m*.

**hose** [houz] Schlauch *m*; Strumpf-
hose *f*; *coll.* Strümpfe *m/pl.*

**hosiery** ['houʒəri] Strumpfwaren *f/pl.*

**hospitable** □ ['hɔspitəbl] gastfrei.

**hospital** ['hɔspitl] Krankenhaus *n*;
✠ Lazarett *n*; ~ity [~'tæliti]
Gastfreundschaft *f*, Gastlichkeit *f*.

**host** [houst] Wirt *m*; Gastgeber *m*;
Gastwirt *m*; *fig.* Heer *n*; Schwarm
*m*; *eccl.* Hostie *f*.

**hostage** ['hɔstidʒ] Geisel *m*, *f*.

**hostel** ['hɔstəl] Herberge *f*; *univ.*
Studenten(wohn)heim *n*.

**hostess** ['houstis] Wirtin *f*; Gast-
geberin *f*; ~ *air* ~

**hostil|e** ['hɔstail] feindlich (ge-
sinnt); ~ity [hɔs'tiliti] Feindseligkeit *f* (*to* gegen).

**hot** [hɔt] heiß; scharf; beißend;
hitzig, heftig; eifrig; warm (*Speise,
Fährte*); *Am. sl.* falsch (*Scheck*);
gestohlen; radioaktiv; ~bed ['hɔt-
bed] Mistbeet *n*; *fig.* Brutstätte *f*.

**hotchpotch** ['hɔtʃpɔtʃ] Mischmasch
*m*; Gemüsesuppe *f*. [chen.]

**hot dog** F ['hɔt 'dɔg] heißes Würst-

**hotel** [hou'tel] Hotel *n*.

**hot|head** ['hɔthed] Hitzkopf *m*;
~house Treibhaus *n*; ~pot Irish
Stew *n*; ~ rod *Am. sl. mot.* frisiertes
altes Auto; ~spur Hitzkopf *m*.

**hound** [haund] 1. Jagd-, Spürhund
*m*; *fig.* Hund *m*; 2. jagen, hetzen

**hour** ['auə] Stunde *f*; Zeit *f*, Uhr *f*;
~ly ['auəli] stündlich.

**house** 1. [haus] *allg.* Haus *n*; *the* ♀
das Unterhaus; die Börse; 2. [hauz]
*v/t.* unterbringen; *v/i.* hausen;
~agent ['hauseidʒənt] Häuser-
makler *m*; ~breaker ['hausbreikə]
Abbrucharbeiter *m*; ~hold Haushalt *m*; *attr.* Haushalts...; Haus...;
~holder Hausherr *m*; ~keeper
Haushälterin *f*; ~keeping Haus-
haltung *f*; ~maid Hausmädchen
*n*; ~warming ['hauswɔ:miŋ] Ein-
zugsfeier *f*; ~wife ['hauswaif]
Hausfrau *f*; ['hazif] Nähtäschchen
*n*; ~wifery ['hauswifəri] Haushal-
tung *f*; ~work Haus(halts)arbeit *f/pl.*

**housing** ['hauziŋ] Unterbringung *f*;
Wohnung *f*; ~ estate Wohnsiedlung *f*.

**hove** [houv] *pret. u. p.p. von* heave 2.

**hovel** ['hɔvəl] Schuppen *m*; Hütte *f*.

**hover** ['hɔvə] schweben; lungern;
*fig.* schwanken; ~craft Luftkissen-
fahrzeug *n*.

**how** [hau] wie; ~ *do you do? Begrü-
ßungsformel bei der Vorstellung*;
~ *about* ...? wie steht's mit ...?
~ever [hau'evə] 1. *adv.* wie auch
(immer); wenn auch noch so ...;
2. *cj.* jedoch.

**howl** [haul] 1. heulen, brüllen;
2. Geheul *n*; ~er ['haulə] Heuler
*m*; *sl.* grober Fehler.

**hub** [hʌb] (Rad)Nabe *f*; *fig.* Mittel-,
Angelpunkt *m*.

**hubbub** ['hʌbʌb] Tumult *m*,
Lärm *m*.

**hub(by)** F ['hʌb(i)] (Ehe)Mann *m*.

**huckleberry** ♀ ['hʌklberi] amerikanische Heidelbeere.

**huckster** ['hʌkstə] Hausierer(in).

**huddle** ['hʌdl] 1. *a.* ~ *together* (sich)
zs.-drängen, zs.-pressen; ~ (*o.s.*) *up*
sich zs.-kauern; 2. Gewirr *n*, Wirrwarr *m*. [*cry* Zetergeschrei *n*.]

**hue** [hju:] Farbe *f*; Hetze *f*; ~ *and*

**huff** [hʌf] 1. üble Laune; 2. *v/t.*
grob anfahren; beleidigen; *v/i.*
wütend werden; schmollen.

**hug** [hʌg] 1. Umarmung *f*; 2. an
sich drücken, umarmen; *fig.* festhalten an (*dat.*); sich dicht am
*Weg etc.* halten.

**huge** □ [hju:dʒ] ungeheuer, riesig;
~ness ['hju:dʒnis] ungeheure
Größe.

**hulk** *fig.* [hʌlk] Klotz *m*.

**hull** [hʌl] 1. ⚓ Schale *f*; Hülse *f*; ⚓ Rumpf *m*; 2. enthülsen; schälen.

**hullabaloo** [hʌləbə'lu:] Lärm *m*.

**hullo** ['hʌ'lou] hallo (*bsd. teleph.*).

**hum** [hʌm] summen; brumme(l)n; *make things ~* F Schwung in die Sache bringen.

**human** ['hju:mən] 1. ⃞ menschlich; *~ly* nach menschlichem Ermessen; 2. F Mensch *m*; *~e* [hju(:)'mein] human, menschenfreundlich; *~itarian* [hju(:)mæni'teəriən] 1. Menschenfreund *m*; 2. menschenfreundlich; *~ity* [hju(:)'mæniti] menschliche Natur; Menschheit *f*; Humanität *f*; *~kind* ['hju:mən'kaind] Menschengeschlecht *n*.

**humble** ['hʌmbl] 1. ⃞ demütig; bescheiden; 2. erniedrigen; demütigen.

**humble-bee** ['hʌmblbi:] Hummel *f*.

**humbleness** ['hʌmblnis] Demut *f*.

**humbug** ['hʌmbʌg] 1. (be)schwindeln; 2. Schwindel *m*.

**humdinger** *Am. sl.* [hʌm'diŋə] Mordskerl *m*, *~sache f*.

**humdrum** ['hʌmdrʌm] eintönig.

**humid** ['hju:mid] feucht, naß; *~ity* [hju(:)'miditi] Feuchtigkeit *f*.

**humiliat|e** [hju(:)'milieit] erniedrigen, demütigen; *~ion* [hju(:)mili'eiʃən] Erniedrigung *f*, Demütigung *f*.

**humility** [hju(:)'militi] Demut *f*.

**humming** ['hʌmiŋ] mächtig, gewaltig; *~bird* zo. Kolibri *m*.

**humorous** ['hju:mərəs] humoristisch, humorvoll; spaßig.

**humo(u)r** ['hju:mə] 1. Laune *f*, Stimmung *f*; Humor *m*; *das* Spaßige; ⚕ *hist.* Körpersaft *m*; *out of ~* schlecht gelaunt; 2. *j-m* s-n Willen lassen; eingehen auf (*acc.*).

**hump** [hʌmp] 1. Höcker *m*, Buckel *m*; 2. krümmen; ärgern, verdrießen; *~ o.s. Am sl.* sich dranhalten; *~back* ['hʌmpbæk] · hunchback.

**hunch** [hʌntʃ] 1. Höcker *m*; großes Stück; *Am.* F Ahnung *f*; 2. *a. ~ out, ~ up* krümmen; *~back* ['hʌntʃbæk] Bucklige(r *m*) *f*.

**hundred** ['hʌndrəd] 1. hundert; 2. Hundert *n*; *~th* [~dθ] 1. hundertste; 2. Hundertstel *n*; *~weight* *englischer* Zentner (*50,8 kg*).

**hung** [hʌŋ] 1. *pret. u. p.p. von* hang 1; 2. *adj.* abgehangen (*Fleisch*).

**Hungarian** [hʌŋ'georian] 1. ungarisch; 2. Ungar(in); Ungarisch *n*.

**hunger** ['hʌŋgə] 1. Hunger *m* (*a. fig.*; *for* nach); 2. *v/i.* hungern (*for, after* nach); *v/t.* durch Hunger zwingen (*into* zu).

**hungry** ⃞ ['hʌŋgri] hungrig.

**hunk** F [hʌŋk] dickes Stück.

**hunt** [hʌnt] 1. Jagd *f* (*for* nach); Jagd(revier *n*) *f*; Jagd(gesellschaft) *f*; 2. jagen; *Revier* bejagen; hetzen; *~ out od. up* aufspüren; *~ for, ~ after*

**Jagd machen auf** (*acc.*); *~er* ['hʌntə] Jäger *m*; Jagdpferd *n*; *~ing* [~tiŋ] Jagen *n*; Verfolgung *f*; *attr.* Jagd...; *~ing-ground* Jagdrevier *n*; *~sman* [~tsmən] Jäger *m*; Rüdemann *m* (*Meutenführer*).

**hurdle** ['hə:dl] Hürde *f* (*a. fig.*); *~r* [~lə] Hürdenläufer(in); *~race* Hürdenrennen *n*.

**hurl** [hə:l] 1. Schleudern *n*; 2. schleudern; *Worte* ausstoßen.

**hurricane** ['hʌrikən] Orkan *m*.

**hurried** ⃞ ['hʌrid] eilig; übereilt.

**hurry** ['hʌri] 1. (große) Eile, Hast *f*; *be in a ~* es eilig haben; *not ... in a ~* F nicht so bald, nicht so leicht; 2. *v/t.* (an)treiben; drängen; *et.* beschleunigen; eilig schicken *od.* bringen; *v/i.* eilen, hasten; *~ up* sich beeilen.

**hurt** [hə:t] 1. Verletzung *f*; Schaden *m*; 2. [*irr.*] verletzen (*a. fig.*); weh tun (*dat.*); schaden (*dat.*).

**husband** ['hʌzbənd] 1. (Ehe)Mann *m*; 2. haushalten mit; verwalten; *~man* Landwirt *m*; *~ry* [~dri] Landwirtschaft *f*, Ackerbau *m*.

**hush** [hʌʃ] 1. still!; 2. Stille *f*; 3. *v/t.* zum Schweigen bringen; beruhigen; *Stimme* dämpfen; *~ up* vertuschen; *v/i.* still sein; *~money* ['hʌʃmʌni] Schweigegeld *n*.

**husk** [hʌsk] 1. ⚓ Hülse *f*, Schote *f*; Schale *f* (*a. fig.*); 2. enthülsen; *~y* ['hʌski] 1. ⃞ hülsig; trocken; heiser; F stramm, stämmig; 2. F stämmiger Kerl.

**hussy** ['hʌsi] Flittchen *n*; Range *f*.

**hustle** ['hʌsl] 1. *v/t.* (an)rempeln; stoßen; drängen; *v/i.* sich drängen; eilen; *bsd. Am.* mit Hochdruck arbeiten; 2. Hochbetrieb *m*; Rührigkeit *f*; *~ and bustle* Gedränge und Gehetze *n*.

**hut** [hʌt] Hütte *f*; ✗ Baracke *f*.

**hutch** [hʌtʃ] Kasten *m*; *bsd.* Kaninchen-Stall *m* (*a. fig.*); Trog *m*.

**hyacinth** ⚜ ['haiəsinθ] Hyazinthe *f*.

**hyaena** zo. [hai'i:nə] Hyäne *f*.

**hybrid** ⃥ ['haibrid] Bastard *m*, Mischling *m*; Kreuzung *f*; *attr.* Bastard...; Zwitter...; *~ize* [~daiz] kreuzen.

**hydrant** ['haidrənt] Hydrant *m*.

**hydro...** ⃥ [~haidrou] Wasser...; *~carbon* Kohlenwasserstoff *m*; *~chloric acid* [~rə'klɔrikæsid] Salzsäure *f*; *~gen* [~ridʒən] Wasserstoff *m*; *~gen bomb* Wasserstoffbombe *f*; *~graphy* [hai'drɔgrəfi] Wasserheilkunde *f*, Wasserkur *f*; *~phobia* [haidrə'foubjə] Wasserscheu *f*; ⚡ Tollwut *f*; *~plane* ['haidrouplein] Wasserflugzeug *n*; (Motor)Gleitboot *n*, Rennboot *n*.

**hyena** zo. [hai'i:nə] Hyäne *f*.

**hygiene** ['haidʒi:n] Hygiene *f*.

**hymn** [him] 1. Hymne *f*; Lobgesang *m*; Kirchenlied *n*; 2. preisen.

**hyphen** ['haifən] 1. Bindestrich *m*; 2. mit Bindestrich schreiben *od.* verbinden; **~ated** [,~neitid] mit Bindestrich geschrieben; **~** *Americans pl.* Halb-Amerikaner *m/pl.* (*z. B. German-Americans*). [ren.]
**hypnotize** ['hipnətaiz] hypnotisie-]
**hypo|chondriac** [haipou'kondriæk] Hypochonder *m*; **~crisy** [hi'pɔ-

krəsi] Heuchelei *f*; **~crite** ['hipokrit] Heuchler(in); Scheinheilige(r *m*) *f*; **~critical** □ [hipə'kritikəl] heuchlerisch; **~thesis** [hai'poθisis] Hypothese *f*.
**hyster|ia** ♂ [his'tiəriə] Hysterie *f*; **~ical** □ [,~'terikəl] hysterisch; **~ics** [,~ks] *pl.* hysterischer Anfall; *go into* **~** hysterisch werden.

# I

**I** [ai] ich.
**ice** [ais] 1. Eis *n*; 2. gefrieren lassen; *a.* **~ up** vereisen; *Kuchen* mit Zukkerguß überziehen; in Eis kühlen; **~age** [~eidʒ] Eiszeit *f*; **~berg** ['aisbəːg] Eisberg *m* (*a. fig.*); **~bound** eingefroren; **~box** Eisschrank *m*; *Am. a.* Kühlschrank *m*; **~cream** Speiseeis *n*; **~floe** Eisscholle *f*.
**icicle** ['aisikl] Eiszapfen *m*.
**icing** ['aisiŋ] Zuckerguß *m*; Vereisung *f*.
**icy** □ ['aisi] eisig (*a. fig.*); vereist.
**idea** [ai'diə] Idee *f*; Begriff *m*; Vorstellung *f*; Gedanke *m*; Meinung *f*; Ahnung *f*; Plan *m*; **~l** [,~l] 1. □ ideell; eingebildet; ideal; 2. Ideal *n*.
**identi|cal** □ [ai'dentikəl] identisch, gleich(bedeutend); **~fication** [aidentifi'keiʃən] Identifizierung *f*; Ausweis *m*; **~fy** [ai'dentifai] identifizieren; ausweisen; erkennen; **~ty** [,~iti] Identität *f*; Persönlichkeit *f*; Eigenart *f*; **~** *card* Personalausweis *m*, Kennkarte *f*; **~** *disk* ⚔ Erkennungsmarke *f*.
**ideological** □ [aidiə'lɔdʒikəl] ideologisch.
**idiom** ['idiəm] Idiom *n*; Mundart *f*; Redewendung *f*.
**idiot** ['idiət] Idiot(in), Schwachsinnige(r *m*) *f*; **~ic** [idi'ɔtik] (,~ally) blödsinnig.
**idle** ['aidl] 1. □ müßig, untätig; träg, faul; unnütz; nichtig; **~** *hours pl.* Mußestunden *f/pl.*; 2. *v/t. mst* **~** *away* vertrödeln; *v/i.* faulenzen; ⊕ leer laufen; **~ness** ['aidlnis] Muße *f*; Trägheit *f*; Nichtigkeit *f*; **~r** ['aidlə] Müßiggänger(in).
**idol** ['aidl] Idol *n*, Götzenbild *n*; *fig.* Abgott *m*; **~atrous** □ [ai'dolatrəs] abgöttisch; **~atry** [,~ri] Abgötterei *f*; Verehrung *f*; **~ize** ['aidəlaiz] vergöttern.
**dyl(l)** ['idil] Idyll(e *f*) *n*.
**if** [if] 1. wenn, falls; ob; 2. Wenn *n*; **~fy** *Am.* F ['ifi] zweifelhaft.
**ignite** [ig'nait] (sich) entzünden; zünden; **~ion** [ig'niʃən] ♂ Entzündung *f*; *mot.* Zündung *f*.

**ignoble** □ [ig'noubl] unedel; niedrig, gemein.
**ignominious** □ [ignə'miniəs] schändlich, schimpflich.
**ignor|ance** ['ignərəns] Unwissenheit *f*; **~ant** [,~nt] unwissend; unkundig; **~e** [ig'nɔː] ignorieren, nicht beachten; ♂♂ verwerfen.
**ill** [il] 1. *adj. u. adv.* übel, böse; schlimm, schlecht; krank; *adv.* kaum; *fall* **~** *be taken* **~** krank werden; 2. Übel *n*; Üble(s) *n*, Böse(s) *n*.
**ill|-advised** □ ['iləd'vaizd] schlecht beraten; unbesonnen, unklug; **~bred** ungebildet, ungezogen; **~** *breeding* schlechtes Benehmen.
**illegal** □ [i'liːgəl] ungesetzlich.
**illegible** □ [i'ledʒəbl] unleserlich.
**illegitimate** □ [ili'dʒitimit] illegitim; unrechtmäßig; unehelich.
**ill|-favo(u)red** ['il'feivəd] häßlich; **~humo(u)red** übellaunig.
**illiberal** □ [i'libərəl] engstirnig; intolerant; knauserig.
**illicit** □ [i'lisit] unerlaubt.
**illiterate** □ [i'litərit] 1. ungelehrt, ungebildet; 2. Analphabet(in).
**ill|-judged** ['il'dʒʌdʒd] unklug, unvernünftig; **~mannered** ungezogen; mit schlechten Umgangsformen; **~natured** □ boshaft, bösartig.
**illness** ['ilnis] Krankheit *f*.
**illogical** □ [i'lɔdʒikəl] unlogisch.
**ill|-starred** ['il'staːd] unglücklich; **~tempered** schlecht gelaunt; **~timed** ungelegen; **~treat** mißhandeln.
**illuminat|e** [i'ljuːmineit] be-, erleuchten (*a. fig.*); erläutern; aufklären; **~ing** [,~tiŋ] Leucht...; *fig.* aufschlußreich; **~ion** [iljuːmi'neiʃən] Er-, Beleuchtung *f*; Erläuterung *f*; Aufklärung *f*.
**ill-use** [il'juːz] mißhandeln.
**illus|ion** [i'luːʒən] Illusion *f*, Täuschung *f*; **~ive** [i'luːsiv], **~ory** [,~səri] illusorisch, täuschend.
**illustrat|e** [i'ləstreit] illustrieren; erläutern; bebildern; **~ion** ['iləstreiʃən] Erläuterung *f*; Illustration *f*; **~ive** □ ['iləstreitiv] erläuternd.

**illustrious** □ [i'lʌstriəs] berühmt.
**ill will** ['il'wil] Feindschaft *f.*
**image** ['imidʒ] Bild *n;* Standbild *n;* Ebenbild *n;* Vorstellung *f;* ~ry [~dʒəri] Bilder *n/pl.;* Bildersprache *f,* Metaphorik *f.*
**imagin|able** [i'mædʒinəbl] denkbar; ~ary [~əri] eingebildet; ~ation [imædʒi'neiʃən] Einbildung(skraft) *f;* ~ative [i'mædʒinətiv] ideen-, einfallsreich; ~e [i'mædʒin] sich *et.* einbilden *od.* vorstellen *od.* denken.
**imbecile** │ ['imbisi:l] 1. geistesschwach; 2. Schwachsinnige(r *m*) *f.*
**imbibe** [im'baib] einsaugen; *fig.* sich zu eigen machen.
**imbue** [im'bju:] (durch)tränken; tief färben; *fig.* erfüllen.
**imitat|e** ['imiteit] nachahmen; imitieren; ~ion [imi'teiʃən] 1. Nachahmung *f;* 2. künstlich, Kunst...
**immaculate** │ [i'mækjulit] unbefleckt, rein; fehlerlos.
**immaterial** │ [imə'tiəriəl] unkörperlich; unwesentlich (*to* für).
**immature** [imə'tjuə] unreif.
**immeasurable** □ [i'meʒərəbl] unermeßlich.
**immediate** ꟼ [i'mi:djət] unmittelbar; unverzüglich, sofortig; *ly* [~tli] 1. *adv.* sofort; 2. *cj.* gleich nachdem.
**immense** □ [i'mens] ungeheuer.
**immerse** [i'mə:s] (ein-, unter)tauchen; *fig.* ~ *o.s.* in sich versenken *od.* vertiefen in (*acc.*).
**immigra|nt** ['imigrənt] Einwanderer(in); ~te [~greit] *v/i.* einwandern; *v/t.* ansiedeln (*into* in *dat.*); ~tion [imi'greiʃən] Einwanderung *f.*
**imminent** │ ['iminənt] bevorstehend, drohend.
**immobile** [i'moubail] unbeweglich.
**immoderate** ꟼ [i'mɔdərit] maßlos.
**immodest** ꟼ [i'mɔdist] unbescheiden; unanständig.
**immoral** │ [i'mɔrəl] unmoralisch.
**immortal** [i'mɔ:tl] 1. ꟼ unsterblich; 2. Unsterbliche(r *m*) *f;* *ity* [imɔ:'tæliti] Unsterblichkeit *f.*
**immovable** [i'mu:vəbl] 1. □ unbeweglich; unerschütterlich; 2. ~s *pl.* Immobilien *pl.*
**immun|e** *ⵏ u. fig.* [i'mju:n] immun, gefeit (*from* gegen); ~ity [~niti] Immunität *f,* Freiheit *f* (*from* von); Unempfänglichkeit *f* (für).
**immutable** □ [i'mju:təbl] unveränderlich.
**imp** [imp] Teufelchen *n;* Schelm *m.*
**impact** ['impækt] (Ze.-)Stoß *m;* Anprall *m;* Einwirkung *f.*
**impair** [im'pɛə] schwächen; (ver-) mindern; beeinträchtigen.
**impart** [im'pɑːt] verleihen; weitergeben.
**impartial** [im'pɑːʃəl] unparteiisch; ~ity ['impɑːʃi'æliti] Unparteilichkeit *f,* Objektivität *f.*

**impassable** □ [im'pɑːsəbl] ungangbar, unpassierbar.
**impassible** │ [im'pæsibl] unempfindlich; gefühllos (*to* gegen).
**impassioned** [im'pæʃənd] leidenschaftlich.
**impassive** │ [im'pæsiv] unempfindlich; teilnahmslos; heiter.
**impatien|ce** [im'peiʃəns] Ungeduld *f;* ~t │ [~ət] ungeduldig.
**impeach** [im'piːtʃ] anklagen (*of, with gen.*); anfechten, anzweifeln.
**impeccable** │ [im'pekəbl] sündlos; makellos, einwandfrei.
**impede** [im'piːd] (ver)hindern.
**impediment** [im'pedimənt] Hindernis *n.*
**impel** [im'pel] (an)treiben.
**impend** [im'pend] hängen, schweben; bevorstehen, drohen.
**impenetrable** │ [im'penitrəbl] undurchdringlich; *fig.* unergründlich; *fig.* unzugänglich (*to dat.*).
**impenitent** │ [im'penitənt] unbußfertig, verstockt.
**imperative** [im'perətiv] 1. □ notwendig, dringend, unbedingt erforderlich; befehlend; gebieterisch; *gr.* imperativisch; 2. Befehl *m; a.* ~ *mood gr.* Imperativ *m,* Befehlsform *f.* [unmerklich.│]
**imperceptible** □ [impə'septəbl]│
**imperfect** [im'pə:fikt] 1. │ unvollkommen; unvollendet; 2. *a.* ~ *tense gr.* Imperfekt *n.*
**imperial** │ [im'piəriəl] kaiserlich; Reichs...; majestätisch; großartig; ~ism [~izəm] Imperialismus *m,* Weltmachtpolitik *f.*
**imperil** [im'peril] gefährden.
**imperious** │ [im'piəriəs] gebieterisch, anmaßend; dringend.
**imperishable** │ [im'periʃəbl] unvergänglich.
**impermeable** │ [im'pə:mjəbl] undurchdringlich, undurchlässig.
**impersonal** □ [im'pə:snl] unpersönlich.
**impersonate** [im'pə:səneit] verkörpern; *thea.* darstellen.
**impertinen|ce** [im'pə:tinəns] Unverschämtheit *f;* Nebensächlichkeit *f;* ~t │ [~nt] unverschämt; ungehörig; nebensächlich.
**imperturbable** │ [impə(:)'tə:bəbl] unerschütterlich.
**impervious** │ [im'pə:vjəs] unzugänglich (*to* für); undurchlässig.
**impetu|ous** ꟼ [im'petjuəs] ungestüm, heftig; ~s *f* ['impitəs] Antrieb *m.*
**impiety** [im'paiəti] Gottlosigkeit *f.*
**impinge** [im'pindʒ] *v/i.* (ver)stoßen (*on, upon, against* gegen).
**impious** │ ['impiəs] gottlos; pietätlos; frevelhaft.
**implacable** │ [im'plækəbl] unversöhnlich, unerbittlich.
**implant** [im'plɑːnt] einpflanzen.

implement 1. ['implimənt] Werkzeug n; Gerät n; 2. [„iment] ausführen.

implicat|e ['implikeit] verwickeln; in sich schließen; „ion [impli'keiʃən] Verwick(e)lung f; Folgerung f.

implicit □ [im'plisit] mit eingeschlossen; blind (Glaube etc.).

implore [im'plɔ:] (an-, er)flehen.

imply [im'plai] mit einbegreifen, enthalten; bedeuten; andeuten.

impolite □ [impə'lait] unhöflich.

impolitic □ [im'politik] unklug.

import 1. ['impɔ:t] Bedeutung f; Wichtigkeit f; Einfuhr f; „s pl. Einfuhrwaren f/pl.; 2. [im'pɔ:t] einführen; bedeuten; „ance [„təns] Wichtigkeit f; „ant □ [„nt] wichtig; wichtigtuerisch; „ation [impɔ:-'teiʃən] Einfuhr(waren f/pl.) f.

importun|ate □ [im'pɔ:tjunit] lästig; zudringlich; „e [im'pɔ:tju:n] dringend bitten; belästigen.

impos|e [im'pouz] v/t. auf(er)legen, aufbürden (on, upon dat.); v/i. „ upon j-n imponieren; j-n täuschen; „ition [impə'ziʃən] Auf(er)legung f; Steuer f; Strafarbeit f; Betrügerei f.

impossib|ility [imposə'biliti] Unmöglichkeit f; „le □ [im'posəbl] unmöglich.

impost|or [im'postə] Betrüger m; „ure [„tʃə] Betrug m.

impoten|ce ['impətəns] Unfähigkeit f; Machtlosigkeit f; „t [„nt] unvermögend, machtlos, schwach.

impoverish [im'povəriʃ] arm machen; Boden auslaugen.

impracticable □ [im'præktikəbl] undurchführbar; unwegsam.

impractical [im'præktikəl] unpraktisch; theoretisch; unnütz.

imprecate ['imprikeit] Böses herabwünschen (upon auf acc.).

impregn|able □ [im'pregnəbl] uneinnehmbar; unüberwindlich; „ate ['impregneit] schwängern; ⚥ sättigen; ⊕ imprägnieren.

impress 1. ['impres] (Ab-, Ein-)Druck m; fig. Stempel m; 2. [im-'pres] eindrücken, prägen; Kraft etc. übertragen; Gedanken etc. einprägen (on dat.); j-n beeindrucken; j-n mit et. erfüllen; „ion [„eʃən] Eindruck m; typ. Abdruck m; Abzug m; Auflage f; be under the „ that den Eindruck haben, daß; „ive □ [„esiv] eindrucksvoll.

imprint 1. [im'print] aufdrücken, prägen; fig. einprägen (on, in dat.); 2. ['imprint] Eindruck m; Stempel m (a. fig.); typ. Druckvermerk m.

imprison [im'prizn] inhaftieren; „ment [„nmənt] Haft f; Gefängnis (-strafe f) n.

improbable □ [im'probəbl] unwahrscheinlich.

improper □ [im'propə] ungeeignet, unpassend; falsch; unanständig.

impropriety [imprə'praiəti] Ungehörigkeit f; Unanständigkeit f.

improve [im'pru:v] v/t. verbessern; veredeln; aus-, benutzen; v/i. sich (ver)bessern; „ upon vervollkommnen; „ment [„vmənt] Verbesserung f, Vervollkommnung f; Fortschritt m (on, upon gegenüber dat.).

improvise ['imprəvaiz] improvisieren.

imprudent □ [im'pru:dənt] unklug.

impuden|ce ['impjudəns] Unverschämtheit f, Frechheit f; „t □ [„nt] unverschämt, frech.

impuls|e ['impʌls], „ion [im'pʌlʃən] Impuls m, (An)Stoß m; fig. (An)Trieb m; „ive □ [„lsiv] (an-)treibend; fig. impulsiv; rasch (handelnd).

impunity [im'pju:niti] Straflosigkeit f; with „ ungestraft.

impure □ [im'pjuə] unrein (a. fig.); unkeusch.

imput|ation [impju(:)'teiʃən] Beschuldigung f; „e [im'pju:t] zurechnen, beimessen; zur Last legen.

in [in] 1. prp. allg. in (dat.); engS.: („ the morning, „ number, „ itself, professor „ the university) an (dat.); („ the street, „ English) auf (dat.); („ this manner) auf (acc.); (coat „ velvet) aus; („ Shakespeare, „ the daytime, „ crossing the road) bei; (engaged „ reading, „ a word) mit; („ my opinion) nach; (rejoice „ s.th.) über (acc.); („ the circumstances, „ the reign of, „ ten) unter (dat.); (cry out „ alarm) vor (dat.); (grouped „ tens, speak „ reply, „ excuse, „ honour of) zu; „ 1949 im Jahre 1949; „ that ... insofern als, weil; 2. adv. drin(nen); herein; hinein; be „ for et. zu erwarten haben; e-s Prüfung etc. vor sich haben; F be well „ with sich gut mit j-m stehen; 3. adj. hereinkommend; Innen...

inability [inə'biliti] Unfähigkeit f.

inaccessible □ [inæk'sesibl] unzugänglich. [unrichtig.]

inaccurate □ [in'ækjurit] ungenau;

inactiv|e □ [in'æktiv] untätig, ⚥ lustlos; ⚥ unwirksam; „ity [inæk-'tiviti] Untätig-, Lustlosigkeit f.

inadequate □ [in'ædikwit] unangemessen; unzulänglich.

inadmissible □ [inəd'misəbl] unzulässig.

inadvertent □ [inəd'və:tənt] unachtsam; unbeabsichtigt, versehentlich.

inalienable □ [in'eiljənəbl] unveräußerlich.

inane □ [i'nein] fig. leer; albern.

inanimate □ [in'ænimit] leblos; fig. unbelebt; geistlos, langweilig.

inapproachable [inə'proutʃəbl] unnahbar, unzugänglich.

inappropriate □ [inə'proupriit] unangebracht, unpassend.

inapt □ [in'æpt] ungeeignet, untauglich; ungeschickt; unpassend.

inarticulate □ [ina:'tikjulit] undeutlich; schwer zu verstehen(d); undeutlich sprechend.

inasmuch [inəz'mʌtʃ]: ~ as insofern als. [merksam.]

inattentive □ [inə'tentiv] unauf-)

inaudible ] [in'ɔ:dəbl] unhörbar.

inaugura|l [i'nɔ:gjurəl] Antrittsrede f; attr. Antritts...; ~te [~reit] (feierlich) einführen, einweihen; beginnen; ~tion [inɔ:gju'reiʃən] Einführung f, Einweihung f; 2 Day Am. Amtseinführung f des neugewählten Präsidenten der USA.

inborn [in'bɔ:n] angeboren.

incalculable ] [in'kælkjuləbl] unberechenbar; unzählig.

incandescent [inkən'desnt] weiß glühend; Glüh...

incapa|ble ] [in'keipəbl] unfähig, ungeeignet (of zu); ~citate [inkə'pæsiteit] unfähig machen; ~city [~ti] Unfähigkeit f.

incarnate [in'kɑ:nit] Fleisch geworden; fig. verkörpert.

incautious □ [in'kɔ:ʃəs] unvorsichtig.

incendiary [in'sendjəri] 1. brandstifterisch; fig. aufwieglerisch; 2. Brandstifter m; Aufwiegler m.

incense¹ ['insens] Weihrauch m.

incense² [in'sens] in Wut bringen.

incentive [in'sentiv] Antrieb m.

incessant : [in'sesnt] unaufhörlich.

incest [insest] Blutschande f.

inch [intʃ] Zoll m (2,54 cm); fig. ein bißchen; by ~es allmählich; every ~ ganz (u. gar).

inciden|ce ['insidəns] Vorkommen n; Wirkung f; ~t [~nt] 1. (to) vorkommend (bei), eigen (dat.); 2. Zu-, Vor-, Zwischenfall m; Nebenumstand m; ~tal ] [insi'dentl] zufällig, gelegentlich; Neben...; be ~ to gehören zu; ly nebenbei.

incinerate [in'sinəreit] einäschern; Müll verbrennen.

incis|e [in'saiz] einschneiden; ~ion [in'siʒən] Einschnitt m; ~ive □ [in'saisiv] (ein)schneidend, scharf; ~or [~aizə] Schneidezahn m.

incite [in'sait] anspornen, anregen; anstiften; ~ment [~tmənt] Anregung f; Ansporn m; Anstiftung f.

inclement [in'klemənt] rauh.

inclin|ation [inkli'neiʃən] Neigung f (a. fig.); ~e [in'klain] 1. v/i. sich neigen (a. fig.); ~ to fig. zu et. neigen; v/t. neigen; geneigt machen; 2. Neigung f, Abhang m.

inclos|e [in'klouz], ~ure [~ouʒə] s. enclose, enclosure.

inclu|de [in'klu:d] einschließen; enthalten; ~sive □ [~u:siv] einschließlich; alles einbegriffen; be ~ of einschließen; ~ terms pl. Pauschalpreis m.

incoheren|ce, ~cy [inkou'hiərəns, ~si] Zs.-hangslosigkeit f; Inkonsequenz f; ~t □ [~nt] unzs.-hängend; inkonsequent.

income ['inkəm] Einkommen n; ~-tax Einkommensteuer f.

incommode [inkə'moud] belästigen.

incommunica|do bsd. Am. [inkəmju:ni'kɑ:dou] ohne Verbindung mit der Außenwelt; ~tive □ [inkə'mju:nikətiv] nicht mitteilsam, verschlossen.

incomparable □ [in'kɔmpərəbl] unvergleichlich.

incompatible □ [inkəm'pætibl] unvereinbar; unverträglich.

incompetent [in'kɔmpitənt] unfähig; unzuständig, unbefugt.

incomplete □ [inkəm'pli:t] unvollständig; unvollkommen.

incomprehensible □ [inkəmpri'hensəbl] unbegreiflich.

inconceivable ] [inkən'si:vəbl] unbegreiflich, unfaßbar.

incongruous □ [in'kɔŋgruəs] nicht übereinstimmend; unpassend.

inconsequent □ [in'kɔnsikwənt] inkonsequent, folgewidrig; ~ial [inkɔnsi'kwenʃəl] unbedeutend; = inconsequent.

inconsidera|ble □ [inkən'sidərəbl] unbedeutend; ~te □ [~rit] unüberlegt; rücksichtslos.

inconsisten|cy [inkən'sistənsi] Unvereinbarkeit f; Inkonsequenz f; ~t □ [~nt] unvereinbar; widerspruchsvoll; inkonsequent.

inconsolable □ [inkən'souləbl] untröstlich.

inconstant □ [in'kɔnstənt] unbeständig; veränderlich.

incontinent □ [in'kɔntinənt] unmäßig; ausschweifend.

inconvenien|ce [inkən'vi:njəns] 1. Unbequemlichkeit f; Unannehmlichkeit f; 2. belästigen; ~t □ [~nt] unbequem; ungelegen; lästig.

incorporate 1. [in'kɔ:pəreit] einverleiben (into dat.); (sich) vereinigen; als Mitglied aufnehmen; g½ als Körperschaft eintragen; 2. [~rit] einverleibt; vereinigt; ~ed (amtlich) eingetragen; ~ion [inkɔ:pə'reiʃən] Einverleibung f; Verbindung f. [fehlerhaft; ungehörig.]

incorrect □ [inkə'rekt] unrichtig;)

incorrigible □ [in'kɔridʒəbl] unverbesserlich.

increas|e 1. [in'kri:s] v/i. zunehmen; sich vergrößern od. vermehren; v/t. vermehren, vergrößern; erhöhen; 2. ['inkri:s] Zunahme f; Vergrößerung f; Zuwachs m; ~ingly [in'kri:siŋli] zunehmend; immer (mit folgendem comp.); ~ difficult immer schwieriger.

incredible □ [in'kredəbl] unglaublich.

**incredul|ity** [inkri'dju:liti] Un-
glaube *m*; **~ous** □ [in'kredjuləs]
ungläubig, skeptisch.

**incriminate** [in'krimineit] beschuldigen; belasten.

**incrustation** [inkrʌs'teiʃən] Ver-
krustung *f*; Kruste *f*; ⊕ Belag *m*.

**incub|ate** ['inkjubeit] (aus)brüten;
**~ator** [~tə] Brutapparat *m*.

**inculcate** ['inkʌlkeit] einschärfen
(*upon dat.*).

**incumbent** [in'kʌmbənt] obliegend;
*be* ~ *on s.o.* j-m obliegen.

**incur** [in'kə:] sich *st.* zuziehen; geraten in (*acc.*); *Verpflichtung* eingehen; *Verlust* erleiden.

**incurable** [in'kjuərəbl] 1. □ unheilbar; 2. Unheilbare(r *m*) *f*.

**incurious** □ [in'kjuəriəs] gleichgültig, uninteressiert.

**incursion** [in'kə:ʃən] *feindlicher
Einfall.*

**indebted** [in'detid] verschuldet; *fig.*
(zu Dank) verpflichtet.

**indecen|cy** [in'di:snsi] Unanstän-
digkeit *f*; **~t** □ [~nt] unanständig.

**indecis|ion** [indi'siʒən] Unent-
schlossenheit *f*; **~ve** □ [~'saisiv]
nicht entscheidend; unbestimmt.

**indecorous** □ [in'dekərəs] unpassend; ungehörig.

**indeed** [in'di:d] 1. *adv.* in der Tat,
tatsächlich; wirklich; allerdings;
2. *int.* so?; nicht möglich!

**indefatigable** □ [indi'fætigəbl] unermüdlich.

**indefensible** □ [indi'fensəbl] un-
haltbar.

**indefinite** □ [in'definit] unbestimmt; unbeschränkt; ungenau.

**indelible** □ [in'delibl] untilgbar.

**indelicate** [in'delikit] unfein; taktlos.

**indemni|fy** [in'demnifai] sicher-
stellen; j-m Straflosigkeit zusichern;
entschädigen; **~ty** [~ti] Sicher-
stellung *f*; Straflosigkeit *f*; Entschädigung *f*.

**indent** 1. [in'dent] einkerben, aus-
zacken; eindrücken; ⚹ *Vertrag* mit
Doppel ausfertigen; ~ *upon s.o.
for s.th.* ⚹ et. bei j-m bestellen;
2. ['indent] Kerbe *f*; Vertiefung *f*;
⚹ Auslandsauftrag *m*; = *indenture*;
**~ation** [inden'teiʃən] Einkerbung *f*;
Einschnitt *m*; **~ure** [in'dentʃə]
1. Vertrag *m*; Lehrbrief *m*; 2. vertraglich verpflichten.

**independen|ce** [indi'pendəns] Un-
abhängigkeit *f*; Selbständigkeit *f*;
Auskommen *n*; 2 *Day Am.* Un-
abhängigkeitstag *m* (4. Juli); **~t** □
[~nt] unabhängig; selbständig.

**indescribable** □ [indis'kraibəbl]
unbeschreiblich.

**indestructible** □ [indis'trʌktəbl]
unzerstörbar.

**indeterminate** □ [indi'tə:minit]
unbestimmt.

**index** ['indeks] 1. (An)Zeiger *m*;
Anzeichen *n*; Zeigefinger *m*; Index
*m*; (Inhalts-, Namen-, Sach)Ver-
zeichnis *n*; 2. *Buch* mit e-m Index
versehen.

**Indian** ['indjən] 1. indisch; india-
nisch; 2. Inder(in) *f*; *a. Red ~* India-
ner(in) *f*; ~ *corn* Mais *m*; ~ *file: in ~*
im Gänsemarsch; ~ *pudding Am.*
Maismehlpudding *m*; ~ *summer*
Altweiber-, Nachsommer *m*.

**Indiarubber** ['indjə'rʌbə] Radiergummi *m*.

**indicat|e** ['indikeit] (an)zeigen; hin-
weisen auf (*acc.*); andeuten; **~ion**
[indi'keiʃən] Anzeige *f*; Anzeichen
*n*; Andeutung *f*; **~ive** [in'dikativ]
*a.* ~ *mood gr.* Indikativ *m*; **~or**
['indikeitə] Anzeiger *m* (*a.* ⊕); *mot.*
Blinker *m.*

**indict** [in'dait] anklagen (*for wegen*);
**~ment** [~tmənt] Anklage *f.*

**indifferen|ce** [in'difrəns] Gleich-
gültigkeit *f*; **~t** □ [~nt] gleichgültig
(*to gegen*); unparteiisch; (nur)
mäßig; unwesentlich; unbedeutend.

**indigenous** [in'didʒinəs] eingeboren, einheimisch.

**indigent** □ ['indidʒənt] arm.

**indigest|ible** □ [indi'dʒestəbl] un-
verdaulich; **~ion** [~'tʃən] Verdauungsstörung *f*, Magenverstimmung *f.*

**indign|ant** □ [in'dignənt] entrü-
stet, empört, ungehalten; **~ation**
[indig'neiʃən] Entrüstung *f*; **~ity**
[in'digniti] Beleidigung *f.*

**indirect** □ [indi'rekt] indirekt; nicht
direkt; *gr. a.* abhängig.

**indiscre|et** □ [indis'kri:t] unbeson-
nen; unachtsam; indiskret; **~tion**
[~'reʃən] Unachtsamkeit *f*; Unbesonnenheit *f*; Indiskretion *f.*

**indiscriminate** □ [indis'kriminit]
unterschieds-, wahllos.

**indispensable** □ [indis'pensəbl]
unentbehrlich, unerläßlich.

**indispos|ed** [indis'pouzd] unpäß-
lich; abgeneigt; **~ition** [indispə-
'ziʃən] Abneigung *f* (*to gegen*); Un-
päßlichkeit *f.*

**indisputable** □ [indis'pju:təbl] unbestreitbar, unstreitig.

**indistinct** □ [indis'tiŋkt] undeutlich; unklar.

**indistinguishable** □ [indis'tiŋ-
gwiʃəbl] nicht zu unterscheiden(d).

**indite** [in'dait] ab-, verfassen.

**individual** [indi'vidjuəl] 1. □ persönlich, individuell; besondere(r,
-s); einzeln; Einzel...; 2. Individuum *n*; **~ism** [~lizəm] Individualis-
mus *m*; **~ist** [~ist] Individualist *m*; **~-
ity** [individju'æliti] Individuali-
tät *f.*

**indivisible** □ [indi'vizəbl] unteil-
bar.

**indolen|ce** ['indələns] Trägheit *f*;

**~t** □ [~nt] indolent, träge, lässig; ♣ schmerzlos.

**indomitable** □ [in'dɔmitəbl] unbezähmbar.

**indoor** ['indɔː] im Hause (befindlich); Haus..., Zimmer..., Sport: Hallen...; **~s** ['in'dɔːz] zu Hause; im od. ins Haus.

**indorse** [in'dɔːs] = endorse etc.

**induce** [in'djuːs] veranlassen; **~ment** [~smənt] Anlaß m, Antrieb m.

**induct** [in'dʌkt] einführen; **~ion** [~kʃən] Einführung f, Einsetzung f in Amt, Pfründe; ⚡ Induktion f.

**indulge** [in'dʌldʒ] nachsichtig sein gegen j-n; j-m nachgeben; **~** with j-n erfreuen mit; **~** (o.s.) in s.th. sich et. gönnen; sich e-r S. hin- od. ergeben; **~nce** [~dʒəns] Nachsicht f; Nachgiebigkeit f; Sichgehenlassen n; Vergünstigung f; **~nt** □ [~nt] nachsichtig.

**industri|al** □ [in'dʌstriəl] gewerbetreibend, gewerblich; industriell; Gewerbe..., Industrie...; **~** area Industriebezirk m; **~ estate** Industriegebiet n e-r Stadt; **~ school** Gewerbeschule f; **~alist** [~list] Industrielle(r) m; **~alize** [~laiz] industrialisieren; **~ous** □ [~əs] fleißig.

**industry** ['indəstri] Fleiß m; Gewerbe n; Industrie f.

**inebriate** 1. [i'niːbrieit] betrunken machen; 2. [~iit] Trunkenbold m.

**ineffable** □ [in'efəbl] unaussprechlich.

**ineffect|ive** [ini'fektiv], **~ual** □ [~tjuəl] unwirksam, fruchtlos.

**inefficient** □ [ini'fiʃənt] wirkungslos; (leistungs)unfähig.

**inelegant** □ [in'eligənt] unelegant, geschmacklos.

**ineligible** □ [in'elidʒəbl] nicht wählbar; ungeeignet; bsd. ✕ untauglich.

**inept** □ [i'nept] unpassend; albern.

**inequality** [ini(ː)'kwɔliti] Ungleichheit f; Ungleichmäßigkeit f; Unebenheit f.

**inequitable** [in'ekwitəbl] unbillig.

**inert** □ [i'nəːt] träge, **~ia** [i'nəːʃə], **~ness** [i'nəːtnis] Trägheit f.

**inescapable** [inis'keipəbl] unentrinnbar.

**inessential** ['ini'senʃəl] unwesentlich (to für).

**inestimable** □ [in'estiməbl] unschätzbar.

**inevitab|le** □ [in'evitəbl] unvermeidlich; **~ly** [~li] unweigerlich.

**inexact** □ [inig'zækt] ungenau.

**inexcusable** □ [iniks'kjuːzəbl] unentschuldbar.

**inexhaustible** □ [inig'zɔːstəbl] unerschöpflich; unermüdlich.

**inexorable** □ [in'eksərəbl] unerbittlich.

**inexpedient** □ [iniks'piːdjənt] unzweckmäßig, unpassend.

**inexpensive** □ [iniks'pensiv] nicht teuer, billig, preiswert.

**inexperience** [iniks'piəriəns] Unerfahrenheit f; **~d** [~st] unerfahren.

**inexpert** □ [ineks'pəːt] unerfahren.

**inexplicable** □ [in'eksplikəbl] unerklärlich.

**inexpressi|ble** □ [iniks'presəbl] unaussprechlich; **~ve** [~siv] ausdruckslos.

**inextinguishable** □ [iniks'tiŋgwiʃəbl] unauslöschlich.

**inextricable** □ [in'ekstrikəbl] unentwirrbar.

**infallible** □ [in'fæləbl] unfehlbar.

**infam|ous** □ ['infəməs] ehrlos; schändlich; verrufen; **~y** [~mi] Ehrlosigkeit f; Schande f; Niedertracht f.

**infan|cy** ['infənsi] Kindheit f; ♣ Minderjährigkeit f; **~t** [~nt] Säugling m; (kleines) Kind; Minderjährige(r m) f.

**infanti|le** ['infəntail], **~ne** [~ain] kindlich; Kindes..., Kinder...; kindisch.

**infantry** ✕ ['infəntri] Infanterie f.

**infatuate** [in'fætjueit] betören; **~d** vernarrt (with in acc.).

**infect** [in'fekt] anstecken (a. fig.); infizieren, verseuchen, verpesten; **~ion** [~kʃən] Ansteckung f; **~ious** □ [~əs], **~ive** [~ktiv] ansteckend; Ansteckungs...

**infer** [in'fəː] folgern, schließen; **~ence** ['infərəns] Folgerung f.

**inferior** [in'fiəriə] 1. untere(r, -s); minderwertig; **~** to niedriger od. geringer als; untergeordnet (dat.); unterlegen (dat.); 2. Geringere(r m) f; Untergebene(r m) f; **~ity** [infiəri'ɔriti] geringerer Wert od. Stand; Unterlegenheit f; Minderwertigkeit f.

**infern|al** □ [in'fəːnl] höllisch; **~o** [~nou] Inferno n, Hölle f.

**infertile** [in'fəːtail] unfruchtbar.

**infest** [in'fest] heimsuchen; verseuchen; fig. überschwemmen.

**infidelity** [infi'deliti] Unglaube m; Untreue f (to gegen).

**infiltrate** ['infiltreit] v/t. durchdringen; v/i. durchsickern, eindringen.

**infinite** □ ['infinit] unendlich.

**infinitive** [in'finitiv] a. **~ mood** gr. Infinitiv m, Nennform f.

**infinity** [in'finiti] Unendlichkeit f.

**infirm** □ [in'fəːm] kraftlos, schwach; **~ary** [~məri] Krankenhaus n; **~ity** [~miti] Schwäche f (a. fig.); Gebrechen n.

**inflame** [in'fleim] entflammen (mst fig.); (sich) entzünden (a. fig. u. ♣).

**inflamma|ble** □ [in'flæməbl] entzündlich; feuergefährlich; **~tion** [inflə'meiʃən] Entzündung f; **~tory**

[in'flæmətəri] entzündlich; *fig.* aufrührerisch; hetzerisch; Hetz...

inflat|e [in'fleit] aufblasen, aufblähen (*a. fig.*); ~ion [~'eiʃən] Aufblähung *f*; † Inflation *f*; *fig.* Aufgeblasenheit *f*.

inflect [in'flekt] biegen; *gr.* flektieren, beugen.

inflexi|ble □ [in'fleksəbl] unbiegsam; *fig.* unbeugsam; ~on [~kʃən] Biegung *f*; *gr.* Flexion *f*, Beugung *f*; Modulation *f*.

inflict [in'flikt] auferlegen; zufügen; *Hieb* versetzen; *Strafe* verhängen; ~ion [~kʃən] Auferlegung *f*; Zufügung *f*; Plage *f*.

influen|ce ['influəns] 1. Einfluß *m*; 2. beeinflussen; ~tial □ [influ-'enʃəl] einflußreich.

influenza ♂ [influ'enzə] Grippe *f*.

influx ['inflʌks] Einströmen *n*; *fig.* Zufluß *m*, (Zu)Strom *m*.

inform [in'fɔːm] *v/t.* benachrichtigen, unterrichten (*of* von); *v/i.* anzeigen (*against s.o.* j.); ~al □ [~ml] formlos, zwanglos; ~ality [infɔː-'mæliti] Formlosigkeit *f*; Formfehler *m*; ~ation [infə'meiʃən] Auskunft *f*; Nachricht *f*, Information *f*; ~ative [in'fɔːmətiv] informatorisch; lehrreich; mitteilsam; ~er [in'fɔːmə] Denunziant *m*; Spitzel *m*.

infrequent [in'friːkwənt] selten.

infringe [in'frindʒ] *a.* ~ *upon Vertrag etc.* verletzen; übertreten.

infuriate [in'fjuərieit] wütend machen.

infuse [in'fjuːz] einflößen; aufgießen.

ingen|ious □ [in'dʒiːnjəs] geistsinnreich; erfinderisch; raffiniert; genial; ~uity [indʒi'nju(ː)iti] Genialität *f*; ~uous □ [in'dʒenjuəs] freimütig; unbefangen, naiv.

ingot ['iŋgət] *Gold- etc.* Barren *m*.

ingratiate [in'greiʃieit] ~ *o.s.* sich beliebt machen (*with* bei); ~tude [~rætitjuːd] Undankbarkeit *f*.

ingredient [in'griːdjənt] Bestandteil *m*.

ingrowing ['ingrouiŋ] nach innen wachsend; eingewachsen.

inhabit [in'hæbit] bewohnen; ~able [~əbl] bewohnbar; ~ant [~ənt] Bewohner(in), Einwohner(in).

inhal|ation [inhə'leiʃən] Einatmung *f*; ~e [in'heil] einatmen.

inherent □ [in'hiərənt] anhaftend; innewohnend, angeboren (*in dat.*).

inherit [in'herit] (er)erben; ~ance [~təns] Erbteil *n*, Erbe *n*; Erbschaft *f*; *biol.* Vererbung *f*.

inhibit [in'hibit] (ver)hindern; verbieten; zurückhalten; ~ion [inhi-'biʃən] Hemmung *f*; Verbot *n*.

inhospitable □ [in'hɔspitəbl] ungastlich, unwirtlich.

inhuman □ [in'hjuːmən] unmenschlich.

inimical □ [i'nimikəl] feindlich; schädlich.

inimitable □ [i'nimitəbl] unnachahmlich.

iniquity [i'nikwiti] Ungerechtigkeit *f*; Schlechtigkeit *f*.

initial [i'niʃəl] 1. □ Anfangs...; anfänglich; 2. Anfangsbuchstabe *m*; ~e 1. [~ʃiːt] Eingeweihte(r *m*) *f*; 2. [~ʃieit] beginnen; anbahnen; einführen, einweihen; ~tion [iniʃi-'eiʃən] Einleitung *f*; Einführung *f*, Einweihung *f*; ~ fee *bsd. Am.* Aufnahmegebühr *f* (*Vereinigung*); ~tive [i'niʃiətiv] Initiative *f*; einleitender Schritt; Entschlußkraft *f*; Unternehmungsgeist *m*; Volksbegehren *n*; ~tor [~ʃieitə] Initiator *m*, Urheber *m*.

inject [in'dʒekt] einspritzen; ~ion [~kʃən] Injektion *f*, Spritze *f*.

injudicious □ [indʒu(ː)'diʃəs] unverständig, unklug, unüberlegt.

injunction [in'dʒʌŋkʃən] gerichtliche Verfügung; ausdrücklicher Befehl.

injur|e ['indʒə] (be)schädigen; schaden (*dat.*); verletzen; beleidigen; ~ious [in'dʒuəriəs] schädlich, ungerecht; beleidigend; ~y ['indʒəri] Unrecht *n*; Schaden *m*; Verletzung *f*; Beleidigung *f*.

injustice [in'dʒʌstis] Ungerechtigkeit *f*; Unrecht *n*.

ink [iŋk] 1. Tinte *f*; *mst printer's* ~ Druckerschwärze *f*; *attr.* Tinten...; 2. (mit Tinte) schwärzen; beklecksen.

inkling ['iŋkliŋ] Andeutung *f*; dunkle *od.* leise Ahnung.

ink|pot ['iŋkpɔt] Tintenfaß *n*; ~stand Schreibzeug *n*; ~y ['iŋki] tintig; Tinten...; tintenschwarz.

inland 1. ['inlənd] inländisch; Binnen...; 2. [~] Landesinnere(s) *n*, Binnenland *n*; 3. [in'lænd] landeinwärts.

inlay 1. ['in'lei] (*irr. lay*) einlegen; 2. ['inlei] Einlage *f*; Einlegearbeit *f*.

inlet ['inlet] Bucht *f*; Einlaß *m*.

inmate ['inmeit] Insass|e *m*, -in *f*; Hausgenoss|e *m*, -in *f*.

inmost ['inmoust] innerst.

inn [in] Gasthof *m*, Wirtshaus *n*.

innate □ [i'neit] angeboren.

inner ['inə] inner, inwendig; geheim; ~most innerst; geheimst.

innervate ['inəːveit] Nervenkraft geben (*dat.*); kräftigen.

innings ['iniŋz] *Sport:* Dransein *n*.

innkeeper ['inkiːpə] Gastwirt(in).

innocen|ce ['inəsns] Unschuld *f*; Harmlosigkeit *f*; Einfalt *f*; ~t [~nt] 1. □ unschuldig; harmlos; 2. Unschuldige(r *m*) *f*; Einfältige(r *m*) *f*.

innocuous □ [i'nɔkjuəs] harmlos.

innovation [inou'veiʃən] Neuerung *f*.

innoxious □ [i'nɔkʃəs] unschädlich.

**innuendo** [inju(:)'endou] Andeutung *f*.

**innumerable** ☐ [i'nju:mərəbl] unzählbar, unzählig.

**inoccupation** ['inɔkju'peiʃən] Beschäftigungslosigkeit *f*.

**inoculate** [i'nɔkjuleit] (ein)impfen.

**inoffensive** [inə'fensiv] harmlos.

**inofficial** [inə'fiʃəl] inoffiziell.

**inoperative** [in'ɔpərətiv] unwirksam.

**inopportune** ☐ [in'ɔpətju:n] unangebracht, zur Unzeit.

**inordinate** ☐ [i'nɔ:dinit] unmäßig.

**in-patient** ['inpeiʃənt] Krankenhauspatient *m*, stationärer Patient.

**inquest** ᵗʰ ['inkwest] Untersuchung *f*; coroner's ~ Leichenschau *f*.

**inquir|e** [in'kwaiə] fragen, sich erkundigen (of bei *j-m*); ~ into untersuchen; ~ing ☐ [~riŋ] forschend; ~y [~ri] Erkundigung *f*, Nachfrage *f*; Untersuchung *f*; Ermittlung *f*.

**inquisit|ion** [inkwi'ziʃən] Untersuchung *f*; ~ive ☐ [in'kwizitiv] neugierig; wißbegierig.

**inroad** ['inroud] *feindlicher* Einfall; Ein-, Übergriff *m*.

**insan|e** ☐ [in'sein] wahnsinnig; ~ity [in'sæniti] Wahnsinn *m*.

**insatia|ble** ☐ [in'seiʃəbl], ~te [~ʃiit] unersättlich (of nach).

**inscribe** [in'skraib] ein-, auf-, beschreiben; beschriften; *fig.* einprägen (*in*, on dat.); *Buch* widmen.

**inscription** [in'skripʃən] In-, Aufschrift *f*; ♀ Eintragung *f*.

**inscrutable** ☐ [in'skru:təbl] unerforschlich, unergründlich.

**insect** ['insekt] Insekt *n*; ~icide [in'sektisaid] Insektengift *n*.

**insecure** ☐ [insi'kjuə] unsicher.

**insens|ate** [in'senseit] gefühllos; unvernünftig; ~ible ☐ [~səbl] unempfindlich; bewußtlos; unmerklich; gleichgültig; ~itive [~sitiv] unempfindlich.

**inseparable** ☐ [in'sepərəbl] untrennbar; unzertrennlich.

**insert** 1. [in'sə:t] einsetzen, einschalten, einfügen; (hinein)stecken; *Münze* einwerfen; inserieren; 2. ['insə:t] Bei-, Einlage *f*; ~ion [in'sə:ʃən] Einsetzung *f*, Einfügung *f*, Eintragung *f*; Einwurf *m* e-r *Münze*; Anzeige *f*, Inserat *n*.

**inshore** ⚓ ['in'ʃɔ:] an *od.* nahe der Küste (befindlich); Küsten...

**inside** [in'said] 1. Innenseite *f*; Innere(s) *n*; turn ~ out umkrempeln; auf den Kopf stellen; 2. *adj.* inner, inwendig; Innen...; 3. *adv.* im Innern; 4. *prp.* innerhalb.

**insidious** ☐ [in'sidiəs] heimtückisch.

**insight** ['insait] Einsicht *f*, Einblick *m*.

**insignia** [in'signiə] *pl.* Abzeichen *n/pl.*, Insignien *pl.*

**insignificant** [insig'nifikənt] bedeutungslos; unbedeutend.

**insincere** ☐ [insin'siə] unaufrichtig.

**insinuat|e** [in'sinjueit] unbemerkt hineinbringen; zu verstehen geben; andeuten; ~ion [insinju'eiʃən] Einschmeichelung *f*; Anspielung *f*, Andeutung *f*; Wink *m*.

**insipid** [in'sipid] geschmacklos, fad.

**insist** [in'sist]: ~ (up)on bestehen auf (*dat.*); dringen auf (acc.); ~ence [~təns] Bestehen *n*; Beharrlichkeit *f*; Drängen *n*; ~ent ☐ [~nt] beharrlich; eindringlich.

**insolent** ☐ ['insələnt] unverschämt.

**insoluble** ☐ [in'sɔljubl] unlöslich.

**insolvent** [in'sɔlvənt] zahlungsunfähig. [keit *f*.)

**insomnia** [in'sɔmniə] Schlaflosigkeit)

**insomuch** [insou'mʌtʃ]: ~ that dermaßen *od.* so sehr, daß.

**inspect** [in'spekt] untersuchen, prüfen, nachsehen; ~ion [~kʃən] Prüfung *f*, Untersuchung *f*; Inspektion *f*; ~or [~ktə] Aufsichtsbeamte(r) *m*.

**inspir|ation** [inspə'reiʃən] Einatmung *f*; Eingebung *f*; Begeisterung *f*; ~e [in'spaiə] einatmen; *fig.* eingeben, erfüllen; *j-n* begeistern.

**install** [in'stɔ:l] einsetzen; (sich) niederlassen; ⊕ installieren; ~ation [instə'leiʃən] Einsetzung *f*; ⊕ Installation *f*, Einrichtung *f*; ⚡ etc. Anlage *f*.

**instal(l)ment** [in'stɔ:lmənt] Rate *f*; Teil-, Ratenzahlung *f*; (Teil)Lieferung *f*; Fortsetzung *f*.

**instance** ['instəns] Ersuchen *n*; Beispiel *n*; (besonderer) Fall; ᵗʰ Instanz *f*; for ~ zum Beispiel.

**instant** ☐ ['instənt] 1. dringend; sofortig; on the 10th ~ am 10. dieses Monats; 2. Augenblick *m*; ~aneous ☐ [instən'teinjəs] augenblicklich; Moment...; ~ly ['instəntli] sogleich.

**instead** [in'sted] dafür; ~ of anstatt.

**instep** ['instep] Spann *m*.

**instigat|e** ['instigeit] anstiften; aufhetzen; ~or [~tə] Anstifter *m*, Hetzer *m*.

**instil(l)** [in'stil] einträufeln; *fig.* einflößen (*into* dat.).

**instinct** ['instiŋkt] Instinkt *m*; ~ive ☐ [in'stiŋktiv] instinktiv.

**institut|e** ['institjut] 1. Institut *n*; 2. einsetzen, stiften, einrichten; anverordnen; ~ion [insti'tju:ʃən] Einsetzung *f*, Einrichtung *f*; An-, Verordnung *f*; Satzung *f*; Institut(ion *f*) *n*; Gesellschaft *f*; Anstalt *f*; ~ional [~nl] Instituts..., Anstalts...

**instruct** [in'strʌkt] unterrichten; belehren; *j-m* anweisen; ~ion [~kʃən] Vorschrift *f*; Unterweisung *f*; Anweisung *f*; ~ive ☐ [~ktiv] lehrreich; ~or [~tə] Lehrer *m*; Ausbilder *m*; *Am. univ.* Dozent *m*.

**instrument** ['instrumənt] Instrument *n*, Werkzeug *n* (*a. fig.*); z˘z Urkunde *f*; ~al □ [instru'mentl] als Werkzeug dienend; dienlich; ʃ Instrumental...; ~ality [instrumen-'tæliti] Mitwirkung *f*, Mittel *n*.

insubordinat|e [insə'bɔːdnit] auf-sässig; ~ion ['insəbɔːdi'neiʃən] Auf-lehnung *f*.

insubstantial [insəb'stænʃəl] un-wirklich; gebrechlich.

insufferable □ [in'sʌfərəbl] uner-träglich, unausstehlich.

insufficient □ [insə'fiʃənt] unzu-länglich, ungenügend.

insula|r □ ['insjulə] Insel...; *fig.* engstirnig; ~te [~leit] isolieren; ~tion [insju'leiʃən] Isolierung *f*.

insult 1. ['insʌlt] Beleidigung *f*; 2. [in'sʌlt] beleidigen.

insupportable □ [insə'pɔːtəbl] un-erträglich, unausstehlich.

insur|ance [in'ʃuərəns] Versiche-rung *f*; *attr.* Versicherungs...; ~ance policy Versicherungspolice *f*, ~schein *m*; ~e [in'ʃuə] versichern.

insurgent [in'səːdʒənt] 1. aufrühre-risch; 2. Aufrührer *m*.

insurmountable □ [insə(ː)'maun-təbl] unübersteigbar, *fig.* unüber-windlich.

insurrection [insə'rekʃən] Aufstand *m*, Empörung *f*.

intact [in'tækt] unberührt; unver-sehrt.

intangible □ [in'tændʒəbl] unfühl-bar; unfaßbar; unantastbar.

integ|ral □ ['intigrəl] ganz, voll-ständig; wesentlich; ~rate [~reit] ergänzen; zs.-tun; einfügen; ~rity [in'tegriti] Vollständigkeit *f*; Red-lichkeit *f*, Integrität *f*.

intellect ['intilekt] Verstand *m*; *konkr. die* Intelligenz; ~ual [inti-'lektjuəl] 1. □ intellektuell; Ver-standes...; geistig; verständig; 2. In-tellektuelle(r *m*) *f*.

intelligence [in'telidʒəns] Intelli-genz *f*; Verstand *m*; Verständnis *n*; Nachricht *f*, Auskunft *f*; ~ depart-ment Nachrichtendienst *m*.

intelligent □ [in'telidʒənt] intelli-gent; klug; ~ible □ [~dʒəbl] ver-ständlich (to für).

intempera|nce [in'tempərəns] Un-mäßigkeit *f*; Trunksucht *f*; ~te □ [~rit] unmäßig; zügellos; unbe-herrscht; trunksüchtig.

intend [in'tend] beabsichtigen, wol-len; ~ for bestimmen für *od.* zu; ~ed 1. absichtlich; beabsichtigt, *a.* zukünftig; 2. F Verlobte(r *m*) *f*.

intense □ [in'tens] intensiv; ange-strengt; heftig; kräftig (*Farbe*).

intensify [in'tensifai] (sich) ver-stärken *od.* steigern.

intensity [in'tensiti] Intensität *f*.

intent [in'tent] 1. □ gespannt; be-dacht; beschäftigt (on mit); 2. Ab-sicht *f*; Vorhaben *n*; to all ~s and

purposes in jeder Hinsicht; ~ion [~nʃən] Absicht *f*; Zweck *m*; ~ional □ [~nl] absichtlich; ~ness [~ntnis] gespannte Aufmerksamkeit; Eifer *m*.

inter [in'təː] beerdigen, begraben.

inter... ['intə(ː)] zwischen; Zwi-schen...; gegenseitig, einander.

interact [intər'ækt] sich gegenseitig beeinflussen.

intercede [intə(ː)'siːd] vermitteln.

intercept [intə(ː)'sept] ab-, auf-fangen; abhören; aufhalten; unter-brechen; ~ion [~pʃən] Ab-, Auf-fangen *n*; Ab-, Mithören *n*; Unter-brechung *f*; Aufhalten *n*.

intercess|ion [intə'seʃən] Fürbitte *f*; ~or [~ese] Fürsprecher *m*.

interchange 1. [intə(ː)'tʃeindʒ] *v/t.* austauschen, auswechseln; *v/i.* ab-wechseln; 2. ['intə(ː)'tʃeindʒ] Aus-tausch *m*; Abwechs(e)lung *f*.

intercourse ['intə(ː)kɔːs] Verkehr *m*.

interdict 1. [intə(ː)'dikt] untersagen, verbieten (*s.th. to s.o.*; *s.th.; s.o. from doing* j-m zu tun); 2. ['intə(ː)-dikt], *bsd.* [intə(ː)'dikʃən] Verbot *n*; Interdikt *n*.

interest ['intrist] 1. Interesse *n*; Anziehungskraft *f*; Bedeutung *f*; Nutzen *m*; † Anteil *m*, Beteiligung *f*, Kapital *n*; Zins(en *pl.*) *m*; ~s *pl.* Interessenten *m/pl.*, Kreise *m/pl.*; take an ~ in sich interessieren für; return a blow with ~ noch heftiger zurückschlagen; banking ~s *pl.* Bankkreise *m/pl.*; 2. *allg.* interes-sieren (*in* für *et.*); ~ing [~tiŋ] interessant.

interfere [intə'fiə] sich einmischen (*with in acc.*); vermitteln; (ea.) stören; ~nce [~rəns] Einmischung *f*; Beeinträchtigung *f*; Störung *f*.

interim ['intərim] 1. Zwischenzeit *f*; 2. vorläufig; Interims...

interior [in'tiəriə] 1. □ inner; inner-lich; Innen...; ~ decorator Innen-architekt *m*; Maler *m*, Tapezierer *m*; 2. Innere(s) *n*; Interieur *n*; *pol.* innere Angelegenheiten; Depart-ment of the 2 *Am.* Innenministe-rium *n*.

interjection [intə(ː)'dʒekʃən] Aus-ruf *m*.

interlace [intə(ː)'leis] *v/t.* durch-flechten, -weben; *v/i.* sich kreuzen.

interlock [intə(ː)'lɔk] in-ea.-greifen; in-ea.-schlingen; in-ea.-haken.

interlocut|ion [intə(ː)lou'kjuːʃən] Unterredung *f*; ~or [~ə(ː)'lɔkjutə] Gesprächspartner *m*.

interlope [intə(ː)'loup] sich ein-drängen; ~r ['intə(ː)loupə] Ein-dringling *m*.

interlude ['intə(ː)luːd] Zwischen-spiel *n*; Zwischenzeit *f*; ~s of bright weather zeitweilig schön.

intermarriage [intə(ː)'mæridʒ] Mischehe *f*.

**intermeddle** [intə(:)'medl] sich einmischen (*with, in* in *acc.*).

**intermedia|ry** [intə(:)'mi:djəri] **1.** — *intermediate*; vermittelnd; **2.** Vermittler *m*; **~te** □ [~ət] in der Mitte liegend; Mittel..., Zwischen...; **~range ballistic missile** Mittelstreckenrakete *f*; **~ school** *Am.* Mittelschule *f*.

**interment** [in'tə:mənt] Beerdigung *f*.

**interminable** □ [in'tə:minəbl] endlos, unendlich.

**intermingle** [intə(:)'miŋgl] (sich) vermischen.

**intermission** [intə(:)'miʃən] Aussetzen *n*, Unterbrechung *f*; Pause *f*.

**intermit** [intə(:)'mit] unterbrechen, aussetzen; **~tent** □ [~tənt] aussetzend; **~ fever** ♂ Wechselfieber *n*.

**intermix** [intə(:)'miks] (sich) vermischen.

**intern**[1] [in'tə:n] internieren.

**intern**[2] ['in'tə:n] Assistenzarzt *m*.

**internal** □ [in'tə:nl] inner(lich); inländisch.

**international** □ [intə(:)'næʃənl] international; **~ law** Völkerrecht *n*.

**interphone** ['intəfoun] Haustelephon *n*; *Am.* ♀ Bordsprechanlage *f*.

**interpolate** [in'tə:pouleit] einschieben.

**interpose** [intə(:)'pouz] *v/t.* Veto einlegen; *Wort* einwerfen; *v/i.* dazwischentreten; vermitteln.

**interpret** [in'tə:prit] auslegen, erklären, interpretieren; (ver)dolmetschen; darstellen; **~ation** [intə:pri'teiʃən] Auslegung *f*; Darstellung *f*; **~er** [in'tə:pritə] Ausleger (-in); Dolmetscher(in); Interpret (-in).

**interrogat|e** [in'terəgeit] (be-, aus-) fragen; verhören; **~ion** [intərə'geiʃən] (Be-, Aus)Fragen *n*, Verhör(en) *n*; Frage *f*; note *od.* mark *od.* point of **~** Fragezeichen *n*; **~ive** □ [intə'rɔgətiv] fragend; Frage...

**interrupt** [intə'rʌpt] unterbrechen; **~ion** [~pʃən] Unterbrechung *f*.

**intersect** [intə(:)'sekt] (sich) schneiden; **~ion** [~kʃən] Durchschnitt *m*; Schnittpunkt *m*; Straßen- etc. Kreuzung *f*.

**intersperse** [intə(:)'spə:s] einstreuen; untermengen, durchsetzen.

**interstate** *Am.* [intə(:)'steit] zwischenstaatlich.

**intertwine** [intə(:)'twain] verflechten.

**interval** ['intəvəl] Zwischenraum *m*; Pause *f*; (Zeit)Abstand *m*.

**interven|e** [intə(:)'vi:n] dazwischenkommen; sich einmischen; einschreiten; dazwischenliegen; **~tion** [~'venʃən] Dazwischenkommen *n*; Einmischung *f*; Vermitt(e)lung *f*.

**interview** ['intəvju:] **1.** Zusammenkunft *f*, Unterredung *f*; Interview *n*; **2.** interviewen.

**intestine** [in'testin] **1.** inner; **2.** Darm *m*; **~s** *pl.* Eingeweide *n/pl.*

**intima|cy** ['intiməsi] Intimität *f*, Vertraulichkeit *f*; **~te 1.** [~meit] bekanntgeben; zu verstehen geben; **2.** □ [~mit] intim; **3.** [~] Vertraute(r *m*) *f*; **~tion** [inti'meiʃən] Andeutung *f*, Wink *m*; Ankündigung *f*.

**intimidate** [in'timideit] einschüchtern.

**into** *prp.* ['intu, *vor Konsonant* 'intə] in (*acc.*), in ... hinein.

**intolera|ble** □ [in'tɔlərəbl] unerträglich; **~nt** □ [~ənt] unduldsam, intolerant.

**intonation** [intou'neiʃən] Anstimmen *n*; gr. Intonation *f*, Tonfall *m*.

**intoxica|nt** [in'tɔksikənt] **1.** berauschend; **2.** berauschendes Getränk; **~te** [~keit] berauschen (a. *fig.*); **~tion** [intɔksi'keiʃən] Rausch *m* (a. *fig.*).

**intractable** □ [in'træktəbl] unlenksam, störrisch; schwer zu bändigen(d).

**intransitive** □ gr. [in'trænsitiv] intransitiv.

**intrastate** *Am.* [intrə'steit] innerstaatlich.

**intrench** [in'trentʃ] = *entrench*.

**intrepid** [in'trepid] unerschrocken.

**intricate** □ ['intrikit] verwickelt.

**intrigue** [in'tri:g] **1.** Ränkespiel *n*, Intrige *f*; (Liebes)Verhältnis *n*; **2.** *v/i.* Ränke schmieden, intrigieren; ein (Liebes)Verhältnis haben; *v/t.* neugierig machen; **~r** [~gə] Intrigant(in).

**intrinsic**(**al** □) [in'trinsik(əl)] inner(lich); wirklich, wahr.

**introduc|e** [intrə'dju:s] einführen (a. *fig.*); bekannt machen (to mit), vorstellen (to *j-m*); einleiten; **~tion** [~'dʌkʃən] Hinführung *f*; Einleitung *f*; Vorstellung *f*; letter of **~** Empfehlungsschreiben *n*; **~tory** [~ktəri] einleitend, einführend.

**introspection** [introu'spekʃən] Selbstprüfung *f*; Selbstbetrachtung *f*.

**introvert 1.** [introu'və:t] einwärtskehren; 2. *psych.* ['introuvə:t] nach innen gekehrter Mensch.

**intru|de** [in'tru:d] hineinzwängen; (sich) ein- *od.* aufdrängen; **~der** [~də] Eindringling *m*; **~sion** [~:ʒən] Eindringen *n*; Auf-, Zudringlichkeit *f*; **~sive** □ [~:siv] zudringlich.

**intrust** [in'trʌst] = *entrust*.

**intuition** [intju:'iʃən] unmittelbare Erkenntnis, Intuition *f*.

**inundate** ['inʌndeit] überschwemmen.

**inure** [i'njuə] gewöhnen (to an *acc.*).

**invade** [in'veid] eindringen in, einfallen in (acc.); fig. befallen; ~r [~də] Angreifer m; Eindringling m.

invalid¹ ['invəli:d] 1. dienstunfähig; kränklich; 2. Invalide m.

invalid² [in'vælid] (rechts)ungültig; ~ate [~deit] entkräften; g's ungültig machen. [schätzbar.]

invaluable □ [in'væljuəbl] un-

invariab|le □ [in'veəriəbl] unveränderlich; ~ly [~li] ausnahmslos.

invasion [in'veiʒən] Einfall m, Angriff m, Invasion f; Eingriff m; ~ Anfall m.

invective [in'vektiv] Schmähung f, Schimpfrede f, Schimpfwort n.

inveigh [in'vei] schimpfen (against über, auf acc.).

inveigle [in'vi:gl] verleiten.

invent [in'vent] erfinden; ~ion [~nʃən] Erfindung(sgabe) f; ~ive □ [~ntiv] erfinderisch; ~or [~tə] Erfinder(in); ~ory ['invəntri] 1. Inventar n; Inventur f; 2. inventarisieren.

invers|e □ ['in'və:s] umgekehrt; ~ion [in'və:ʃən] Umkehrung f; gr. Inversion f.

invert [in'və:t] umkehren; umstellen; ~ed commas pl. Anführungszeichen n/pl.

invest [in'vest] investieren, anlegen; bekleiden; ausstatten; umgeben (with von); ✕ belagern.

investigat|e [in'vestigeit] erforschen; untersuchen; nachforschen; ~ion [investi'geiʃən] Erforschung f; Untersuchung f; Nachforschung f; ~or [in'vestigeitə] Untersuchende(r m) f.

invest|ment ✝ [in'vestmənt] Kapitalanlage f; Investition f; ~or [~tə] Geldgeber m.

inveterate [in'vetərit] eingewurzelt.

invidious □ [in'vidiəs] verhaßt; gehässig; beneidenswert.

invigorate [in'vigəreit] kräftigen.

invincible □ [in'vinsəbl] unbesiegbar; unüberwindlich.

inviola|ble □ [in'vaiələbl] unverletzlich; ~te [~lit] unverletzt.

invisible [in'vizəbl] unsichtbar.

invit|ation [invi'teiʃən] Einladung f, Aufforderung f; ~e [in'vait] einladen; auffordern; (an)locken.

invoice ✝ ['invɔis] Faktura f, Warenrechnung f.

invoke [in'vouk] anrufen; zu Hilfe rufen (acc.); sich berufen auf (acc.); Geist heraufbeschwören.

involuntary □ [in'vɔləntəri] unfreiwillig; unwillkürlich.

involve [in'vɔlv] verwickeln, hineinziehen; in sich schließen, enthalten; mit sich bringen; ~ment [~vmənt] Verwicklung f; (bsd. Geld)Schwierigkeit f.

invulnerable □ [in'vʌlnərəbl] unverwundbar; fig. unanfechtbar.

inward ['inwəd] 1. □ inner(lich); 2. adv. mst ~s einwärts; nach innen; 3. ~s pl. Eingeweide n/pl.

iodine ['aiədi:n] Jod n.

IOU ['aiou'ju:] (= I owe you) Schuldschein m.

irascible □ [i'ræsibl] jähzornig.

irate [ai'reit] zornig, wütend.

iridescent [iri'desnt] schillernd.

iris ['aiəris] anat. Regenbogenhaut f, Iris f; ♀ Schwertlilie f.

Irish ['aiəriʃ] 1. irisch; 2. Irisch n; the ~ pl. die Iren pl.; ~man Ire m.

irksome ['ə:ksəm] lästig, ermüdend.

iron ['aiən] 1. Eisen n; a. flat~ Bügeleisen n; ~s pl. Fesseln f/pl.; strike while the ~ is hot fig. das Eisen schmieden, solange es heiß ist; 2. eisern (a. fig.); Eisen...; 3. bügeln; in Eisen legen; ~bound eisenbeschlagen; felsig; unbeugsam; ~clad 1. gepanzert; 2. Panzerschiff n; ~curtain pol. eiserner Vorhang; ~hearted fig. hartherzig.

ironic(al □) [ai'rɔnik(əl)] ironisch, spöttisch.

iron|ing ['aiəniŋ] Plätten n, Bügeln n; attr. Plätt..., Bügel...; ~ lung ♀ eiserne Lunge; ~monger Eisenhändler m; ~mongery [~əri] Eisenwaren f/pl.; ~mo(u)ld Rostfleck m; ~work schmiedeeiserne Arbeit; ~works mst sg. Eisenhütte f.

irony¹ ['aiəni] eisenartig, -haltig.

irony² ['aiərəni] Ironie f.

irradiant [i'reidjənt] strahlend (with vor Freude etc.).

irradiate [i'reidieit] bestrahlen (a. ♂); fig. aufklären; strahlen lassen.

irrational [i'ræʃənl] unvernünftig.

irreclaimable □ [iri'kleiməbl] unverbesserlich.

irrecognizable □ [i'rekəgnaizəbl] nicht (wieder)erkennbar.

irreconcilable □ [i'rekənsailəbl] unversöhnlich; unvereinbar.

irrecoverable □ [iri'kʌvərəbl] unersetzlich; unwiederbringlich.

irredeemable □ [iri'di:məbl] unkündbar; nicht einlösbar; unersetzlich.

irrefutable □ [i'refjutəbl] unwiderleglich, unwiderlegbar.

irregular □ [i'regjulə] unregelmäßig, regelwidrig; ungleichmäßig.

irrelevant □ [i'relivənt] nicht zur Sache gehörig; unzutreffend; unerheblich, belanglos (to für).

irreligious □ [iri'lidʒəs] gottlos.

irremediable □ [iri'mi:djəbl] unheilbar; unersetzlich.

irremovable □ [iri'mu:vəbl] nicht entfernbar; unabsetzbar.

irreparable □ [i'repərəbl] nicht wieder gutzumachen(d).

irreplaceable □ [iri'pleisəbl] unersetzlich.

irrepressible □ [iri'presəbl] ununterdrückbar; unbezähmbar.

**irreproachable** □ [iri'prout∫əbl] einwandfrei, untadelig.

**irresistible** □ [iri'zistəbl] unwiderstehlich.

**irresolute** □ [i'rezəlu:t] unentschlossen.

**irrespective** □ [iris'pektiv] (*of*) rücksichtslos (gegen); ohne Rücksicht (auf *acc.*); unabhängig (von).

**irresponsible** □ [iris'pɔnsəbl] unverantwortlich; verantwortungslos.

**irretrievable** □ [iri'tri:vəbl] unwiederbringlich, unersetzlich; nicht wieder gutzumachen(d).

**irreverent** □ [i'revərənt] respektlos, ehrfurchtslos.

**irrevocable** □ [i'revəkəbl] unwiderruflich; unabänderlich, endgültig.

**irrigate** ['irigeit] bewässern.

**irrita|ble** □ ['iritəbl] reizbar; **~nt** [~ənt] Reizmittel *n*; **~te** [~teit] reizen; ärgern; **~ting** □ [~tiŋ] aufreizend; ärgerlich (*Sache*); **~tion** [iri'tei∫ən] Reizung *f*; Gereiztheit *f*, Ärger *m*.

**irrupt|ion** [i'rʌp∫ən] Einbruch *m* (*mst fig.*); **~ive** [~ptiv] (her)einbrechend.

**is** [iz] *3. sg. pres. von be.*

**island** ['ailənd] Insel *f*; Verkehrsinsel *f*; **~er** [~də] Inselbewohner(in).

**isle** [ail] Insel *f*; **~t** ['ailit] Inselchen *n.*

**isolat|e** ['aisəleit] absondern; isolieren; **~ed** abgeschieden; **~ion** [aisə'lei∫ən] Isolierung *f*, Absonderung *f*; **~ ward** ⚕ Isolierstation *f*; **~ionist** *Am. pol.* [~∫nist] Isolationist *m.*

**issue** ['isju:, *Am.* 'i∫u:] 1. Heraus-

kommen *n*, Herausfließen *n*; Abfluß *m*; Ausgang *m*; Nachkommen (~schaft *f*) *m/pl.*; *fig.* Ausgang *m*, Ergebnis *n*; Streitfrage *f*; Ausgabe *f v. Material etc.*, Erlaß *m v. Befehlen*; Ausgabe *f*, Exemplar *n*; Nummer *f s-r Zeitung*; **~ in law** Rechtsfrage *f*; be at **~** uneinig sein; *point* at **~** strittiger Punkt; 2. *v/i.* herauskommen; herkommen, entspringen; endigen (*in in acc.*); *v/t.* von sich geben; *Material etc.* ausgeben; *Befehl* erteilen; *Buch* herausgeben.

**isthmus** ['isməs] Landenge *f.*

**it** [it] 1. es; *nach prp.* da... (*z.B. by* **~** dadurch; *for* **~** dafür); 2. das gewisse Etwas.

**Italian** [i'tæljən] 1. italienisch; 2. Italiener(in); Italienisch *n.*

**italics** *typ.* [i'tæliks] Kursivschrift *f.*

**itch** [it∫] 1. ⚕ Krätze *f*; Jucken *n*; Verlangen *n*; 2. jucken; be **~ing** to *inf.* darauf brennen, zu *inf.*; have an **~ing** palm raffgierig sein; **~ing** ['it∫iŋ] Jucken *n*; *fig.* Gelüste *n.*

**item** ['aitem] 1. desgleichen; 2. Einzelheit *f*, Punkt *m*; Posten *m*; (Zeitungs)Artikel *m*; **~ize** [~maiz] einzeln angeben *od.* aufführen.

**iterate** ['itəreit] wiederholen.

**itiner|ant** □ [i'tinərənt] reisend; umherziehend; Reise...; **~ary** [ai-'tinərəri] Reiseroute *f*; ~plan *m*; Reisebericht *m*; *attr.* Reise...

**its** [its] sein(e); dessen, deren.

**itself** [it'self] (es, sich) selbst; sich; *of* **~** von selbst; *in* **~** in sich, an sich; *by* **~** für sich allein, besonders.

**ivory** ['aivəri] Elfenbein *n.*

**ivy** ⚘ ['aivi] Efeu *m.*

# J

**jab** F [dʒæb] 1. stechen; stoßen; 2. Stich *m*, Stoß *m.*

**jabber** ['dʒæbə] plappern.

**jack** [dʒæk] 1. Hebevorrichtung *f*, *bsd.* Wagenheber *m*; Malkugel *f beim Bowlspiel*; ⚓ Gösch *f*, kleine Flagge; *Karten*: Bube *m*; 2. *a.* **~ up** aufbocken. [Handlanger *m.*]

**jackal** ['dʒækɔ:l] *zo.* Schakal *m*; *fig.*)

**jack|ass** ['dʒækæs] Esel *m* (*a. fig.*); **~boots** Reitstiefel *m/pl.*; hohe Wasserstiefel *m/pl.*; **~daw** *orn.* Dohle *f.*

**jacket** ['dʒækit] Jacke *f*; ⊕ Mantel *m*; Schutzumschlag *m s-s Buches.*

**jack|-knife** ['dʒæknaif] (großes) Klappmesser *n*; 2 of all trades Hansdampf in allen Gassen; 2 of all work Faktotum *n*; **~pot** *Poker*: Einsatz *m*; hit the **~** *Am.* F großes Glück haben.

**jade** [dʒeid] (Schind)Mähre *f*, Klepper *m*; *contp.* Frauenzimmer *n.*

**jag** [dʒæg] Zacken *m*; *sl.* Sauferei *f*; **~ged** ['dʒægid] zackig; gekerbt; *bsd. Am. sl.* voll (*betrunken*).

**jaguar** *zo.* ['dʒægjuə] Jaguar *m.*

**jail** [dʒeil] 1. Kerker *m*; 2. einkerkern; **~bird** ['dʒeilbə:d] F Knastbruder *m*; Galgenvogel *m*; **~er** ['dʒeilə] Kerkermeister *m.*

**jalop(p)y** *bsd. Am.* F *mot.* [dʒə-'lɔpi] Kiste *f.*

**jam¹** [dʒæm] Marmelade *f.*

**jam²** [~] 1. Gedränge *n*; ⊕ Hemmung *f*; *Radio*: Störung *f*; traffic **~** Verkehrsstockung *f*; be in a **~** *sl.* in der Klemme sein; 2. (sich) (fest-, ver)klemmen; pressen, quetschen; versperren; *Radio*: stören; **~ the brakes** mit aller Kraft bremsen.

**jamboree** [dʒæmbə'ri:] (*bsd.* Pfadfinder)Treffen *n*; *sl.* Vergnügen *n*, Fez *m.*

**jangle** ['dʒæŋgl] schrillen (lassen); laut streiten, keifen.

**janitor** ['dʒænitə] Portier m.

**January** ['dʒænjuəri] Januar m.

**Japanese** [dʒæpə'ni:z] 1. japanisch; 2. Japaner(in); Japanisch n; the ~ pl. die Japaner pl.

**jar** [dʒɑ:] 1. Krug m; Topf m; Glas n; Knarren n, Mißton m; Streit m; mißliche Lage; 2. knarren; unangenehm berühren; erzittern (lassen); streiten.

**jaundice** ♪ ['dʒɔ:ndis] Gelbsucht f; ~d [~st] ♪ gelbsüchtig; fig. neidisch.

**jaunt** [dʒɔ:nt] 1. Ausflug m, Spritztour f; 2. e-n Ausflug machen; ~y □ [dʒɔ:nti] munter; flott.

**javelin** ['dʒævlin] Wurfspeer m.

**jaw** [dʒɔ:] Kinnbacken m, Kiefer m; ~s pl. Rachen m; Maul n; Schlund m; ⊕ Backen f/pl.; ~bone ['dʒɔ:boun] Kieferknochen m.

**jay** orn. [dʒei] Eichelhäher m; ~walker Am. F ['dʒeiwɔ:kə] achtlos die Straße überquerender Fußgänger.

**jazz** [dʒæz] 1. Jazz m; 2. F grell.

**jealous** □ ['dʒeləs] eifersüchtig; besorgt (of um); neidisch; ~y [~si] Eifersucht f; Neid m.

**jeans** [dʒi:nz] pl. Jeans pl., Niet(en)hose f.

**jeep** [dʒi:p] Jeep m.

**jeer** [dʒiə] 1. Spott m, Spötterei f; 2. spotten (at über acc.); (ver)höhnen.

**jejune** □ [dʒi'dʒu:n] nüchtern, fad.

**jelly** ['dʒeli] 1. Gallert(e f) n; Gelee n; 2. gelieren; ~fish zo. Qualle f.

**jeopardize** ['dʒepədaiz] gefährden.

**jerk** [dʒə:k] 1. Ruck m; (Muskel-)Krampf m; 2. rucken od. zerren (an dat.); schnellen; schleudern; ~water Am. ['dʒə:kwɔ:tə] 1. ⚓ Nebenbahn f; 2. F klein, unbedeutend; ~y ['dʒə:ki] 1. □ ruckartig; holperig; 2. Am. luftgetrocknetes Rindfleisch.

**jersey** ['dʒə:zi] Wollpullover m; wollenes Unterhemd.

**jest** [dʒest] 1. Spaß m; 2. scherzen; ~er ['dʒestə] Spaßmacher m.

**jet** [dʒet] 1. (Wasser-, Gas)Strahl m; Strahlrohr n; ⊕ Düse f; Düsenflugzeug n; Düsenmotor m; 2. hervorsprudeln; ~-propelled ['dʒetprəpeld] mit Düsenantrieb.

**jetty** ⚓ ['dʒeti] Mole f; Pier m.

**Jew** [dʒu:] Jude m; attr. Juden...

**jewel** ['dʒu:əl] Juwel m, n; ~(l)er [~lə] Juwelier m; ~(le)ry [~lri] Juwelen pl., Schmuck m.

**Jew|ess** ['dʒu(:)is] Jüdin f; ~ish ['dʒu(:)iʃ] jüdisch.

**jib** ⚓ [dʒib] Klüver m.

**jibe** Am. F [dʒaib] zustimmen.

**jiffy** F ['dʒifi] Augenblick m.

**jig-saw** ['dʒigsɔ:] Laubsägemaschine f; ~ puzzle Zusammensetzspiel n.

**jilt** [dʒilt] 1. Kokette f; 2. Liebhaber versetzen.

**Jim** [dʒim]: ~ Crow Am. Neger m; Am. Rassentrennung f.

**jingle** ['dʒiŋgl] 1. Geklingel ,n; 2. klingeln, klimpern (mit).

**jitney** Am. sl. ['dʒitni] 5-Cent-Stück n; billiger Omnibus.

**jive** Am. sl. [dʒaiv] heiße Jazzmusik; Jazzjargon m.

**job** [dʒɔb] 1. (Stück n) Arbeit f; Sache f, Aufgabe f; Beruf m; Stellung f; by the ~ stückweise; im Akkord; ~ lot F Ramschware f; ~ work Akkordarbeit f; 2. v/t. Pferd etc. (ver)mieten; ✝ vermitteln; v/i. im Akkord arbeiten; Maklergeschäfte machen; ~ber ['dʒɔbə] Akkordarbeiter m; Makler m; Schieber m.

**jockey** ['dʒɔki] 1. Jockei m; 2. prellen.

**jocose** □ [dʒə'kous] scherzhaft, spaßig.

**jocular** □ ['dʒɔkjulə] lustig; spaßig.

**jocund** □ ['dʒɔkənd] lustig, fröhlich.

**jog** [dʒɔg] 1. Stoß(en n) m; Rütteln n; Trott m; 2. v/t. (an)stoßen, (auf)rütteln; v/i. mst ~ along, ~ on dahintrotten, dahinschlendern.

**John** [dʒɔn]: ~ Bull John Bull (der Engländer); ~ Hancock Am. F Friedrich Wilhelm m (Unterschrift).

**join** [dʒɔin] 1. v/t. verbinden, zu-fügen (to mit); sich vereinigen mit, sich gesellen zu; eintreten in (acc.); ~ battle den Kampf beginnen; ~ hands die Hände falten; sich die Hände reichen (a. fig.); v/i. sich verbinden, sich vereinigen; ~ in mitmachen bei; ~ up Soldat werden; 2. Verbindung(sstelle) f; ~er ['dʒɔinə] Tischler m; ~y [~əri] Tischlerhandwerk n; Tischlerarbeit f.

**joint** [dʒɔint] 1. Verbindung(sstelle) f; Scharnier n; anat. Gelenk n; ♀ Knoten m; Braten m; Am. sl. Spelunke f; put out of ~ verrenken; 2. □ gemeinsam; Mit...; ~ heir Miterbe m; ~ stock ✝ Aktienkapital n; 3. zs.-fügen; zerlegen; ~ed ['dʒɔintid] gegliedert; Glieder...; ~stock ✝ Aktien...; ~ company Aktiengesellschaft f.

**jok|e** [dʒouk] 1. Scherz m, Spaß m; practical ~ Streich m; 2. v/i. scherzen; schäkern; v/t. necken (about mit); ~er ['dʒoukə] Spaßvogel m; Karten: Joker m; Am. versteckte Klausel; ~y ['dʒouki] spaßig.

**jolly** ['dʒɔli] lustig, fidel; F nett.

**jolt** [dʒoult] 1. stoßen, rütteln; holpern; 2. Stoß m; Rütteln n.

**Jonathan** ['dʒɔnəθən]: Brother ~ der Amerikaner.

**josh** *Am. sl.* [dʒɔʃ] 1. Ulk *m*; 2. aufziehen, auf die Schippe nehmen.

**jostle** [ˈdʒɔsəl] 1. anrennen; zs.-stoßen; 2. Stoß *m*; Zs.-Stoß *m*.

**jot** [dʒɔt] 1. Jota *n*, Pünktchen *n*; 2. ~ down notieren.

**journal** [ˈdʒəːnl] Journal *n*; Tagebuch *n*; Tageszeitung *f*; Zeitschrift *f*; ⊕ Wellenzapfen *m*; ~ism [ˈdʒəːnəlizəm] Journalismus *m*.

**journey** [ˈdʒəːni] 1. Reise *f*; Fahrt *f*; 2. reisen; ~man Geselle *m*.

**jovial** □ [ˈdʒouvjəl] heiter; gemütlich.

**joy** [dʒɔi] Freude *f*; Fröhlichkeit *f*; ~ful □ [ˈdʒɔiful] freudig; erfreut; fröhlich; ~less □ [ˈdʒɔilis] freudlos; unerfreulich; ~ous □ [ˈdʒɔiəs] freudig, fröhlich.

**jubil|ant** [ˈdʒuːbilənt] jubilierend, frohlockend; ~ate [~leit] jubeln; ~ee [~liː] Jubiläum *n*.

**judge** [dʒʌdʒ] 1. Richter *m*; Schiedsrichter *m*; Beurteiler(in), Kenner(in); 2. *v/i.* urteilen (*of* über *acc.*); *v/t.* richten; aburteilen; beurteilen (*by* nach); ansehen als.

**judg(e)ment** [ˈdʒʌdʒmənt] Urteil *n*; Urteilsspruch *m*; Urteilskraft *f*; Einsicht *f*; Meinung *f*; göttliches (Straf)Gericht; *Day of* ~, Q Day Jüngstes Gericht.

**judicature** [ˈdʒuːdikətʃə] Gerichtshof *m*; Rechtspflege *f*.

**judicial** □ [dʒuː(ː)ˈdiʃəl] gerichtlich; Gerichts...; kritisch; unparteiisch.

**judicious** □ [dʒuː(ː)ˈdiʃəs] verständig, klug; ~ness [~nis] Einsicht *f*.

**jug** [dʒʌg] Krug *m*, Kanne *f*.

**juggle** [ˈdʒʌgl] 1. Trick *m*; Schwindel *m*; 2. jonglieren (*a. fig.*); verfälschen; betrügen; ~r [~lə] Jongleur *m*; Taschenspieler(in).

**Jugoslav** [ˈjuːgouˈslaːv] 1. Jugoslaw|e *m*, -in *f*; 2. jugoslawisch.

**juic|e** [dʒuːs] Saft *m*; *sl. mot.* Sprit *m*, Gas *n*; ~y □ [ˈdʒuːsi] saftig; F interessant. [sikautomat *m.*]

**juke-box** *Am.* F [ˈdʒuːkbɔks] Musik]

**julep** [ˈdʒuːlep] süßes (Arznei)Getränk; *bsd. Am.* alkoholisches Eisgetränk.

**July** [dʒuː(ː)ˈlai] Juli *m*.

**jumble** [ˈdʒʌmbl] 1. Durcheinander *n*; 2. *v/t.* durch-ea.-werfen; ~sale Wohltätigkeitsbasar *m*.

**jump** [dʒʌmp] 1. Sprung *m*; ~s *pl.*

nervöses Zs.-fahren; *high (long)* ~ Hoch- (Weit)Sprung *m*; *get (have) the* ~ *on Am.* F zuvorkommen; 2. *v/i.* (auf)springen; ~ *at* sich stürzen auf (*acc.*); ~ *to conclusions* übereilte Schlüsse ziehen; *v/t.* hinwegspringen über (*acc.*); überspringen; springen lassen; ~er [ˈdʒʌmpə] Springer *m*; Jumper *m*; ~y [~pi] nervös.

**junct|ion** [ˈdʒʌŋkʃən] Verbindung *f*; Kreuzung *f*; ⑥ Knotenpunkt *m*; ~ure [~ktʃə] Verbindungspunkt *m*, -stelle *f*; (kritischer) Zeitpunkt; *at this* ~ bei diesem Stand der Dinge.

**June** [dʒuːn] Juni *m*.

**jungle** [ˈdʒʌŋgl] Dschungel *m, n, f*.

**junior** [ˈdʒuːnjə] 1. jünger (*to* als); *Am. univ.* der Unterstufe (angehörend); ~ *high school Am.* Oberschule *f* mit Klassen 7, 8, 9; 2. Jüngere(r *m*) *f*; *Am.* (Ober)Schüler *m od.* Student *m* im 3. Jahr; F Kleine(r) *m*.

**junk** [dʒʌŋk] ⊕ Dschunke *f*; Plunder *m*, alter Kram.

**junket** [ˈdʒʌŋkit] Quarkspeise *f*; *Am.* Party *f*; Vergnügungsfahrt *f*.

**juris|diction** [dʒuərisˈdikʃən] Rechtsprechung *f*; Gerichtsbarkeit *f*; Gerichtsbezirk *m*; ~prudence [dʒuərispruːdəns] Rechtswissenschaft *f*.

**juror** [ˈdʒuərə] Geschworene(r) *m*.

**jury** [ˈdʒuəri] *die* Geschworenen *pl.*; Jury *f*, Preisgericht *n*; ~man Geschworene(r) *m*.

**just** □ [dʒʌst] 1. *adj.* gerecht; rechtschaffen; 2. *adv.* richtig; genau; (so)eben; nur; ~ *now* eben *od.* gerade jetzt.

**justice** [ˈdʒʌstis] Gerechtigkeit *f*; Richter *m*; Recht *n*; Rechtsverfahren *n*; *court of* ~ Gericht(shof *m*) *n*.

**justification** [dʒʌstifiˈkeiʃən] Rechtfertigung *f*.

**justify** [ˈdʒʌstifai] rechtfertigen.

**justly** [ˈdʒʌstli] mit Recht.

**justness** [ˈdʒʌstnis] Gerechtigkeit *f*, Billigkeit *f*; Rechtmäßigkeit *f*; Richtigkeit *f*.

**jut** [dʒʌt] *a.* ~ *out* hervorragen.

**juvenile** [ˈdʒuːvinail] 1. jung, jugendlich; Jugend...; 2. junger Mensch.

# K

kale [keil] (bsd. Kraus-, Grün)Kohl m; Am. sl. Moos n (Geld).

kangaroo [kæŋgə'ru:] Känguruh n.

keel ⚓ [ki:l] 1. Kiel m; 2. ~ over kieloben legen od. liegen; umschlagen.

keen □ [ki:n] scharf (a. fig.); eifrig, heftig; stark, groß (Appetit etc.); ~ on F scharf od. erpicht auf acc.; be ~ on hunting ein leidenschaftlicher Jäger sein; ~edged ['ki:nedʒd] scharfgeschliffen; ~ness ['ki:nnis] Schärfe f; Heftigkeit f; Scharfsinn m.

keep [ki:p] 1. (Lebens)Unterhalt m; for ~ F für immer; 2. [irr.] v/t. allg. halten; behalten; unterhalten; (er-)halten; einhalten; (ab)halten; Buch, Wars etc. führen; Bett etc. hüten; fest~, aufhalten; (bei)behalten; (auf)bewahren; ~ s.o. company j-m Gesellschaft leisten; ~ company with verkehren mit; ~ one's temper sich beherrschen; ~ time richtig gehen (Uhr); ♩, ✗ Takt, Schritt halten; ~ s.o. waiting j-n warten lassen; ~ away fernhalten; ~ s.th. from s.o. j-m et. vorenthalten; ~ in zurückhalten; Schüler nachsitzen lassen; ~ on Kleid anbehalten, Hut aufbehalten; ~ up aufrechterhalten; (Mut) bewahren; in Ordnung halten; hindern, zu Bett zu gehen; aufbleiben lassen; ~ it up (es) durchhalten; v/i. sich halten, bleiben; F sich aufhalten; ~ doing immer wieder tun; ~ away sich fernhalten; ~ from sich enthalten (gen.); ~ off sich fernhalten; ~ on talking fortfahren zu sprechen; ~ to sich halten an (acc.); ~ up sich aufrecht halten; sich aufrechterhalten; ~ up with Schritt halten mit; ~ up with the Joneses es den Nachbarn gleichtun.

keep|er ['ki:pə] Wärter m, Wächter m, Aufseher m; Verwalter m; Inhaber m; ~ing ['ki:piŋ] Verwahrung f; Obhut f; Gewahrsam m, n; Unterhalt m; be in (out of) ~ with ... (nicht) übereinstimmen mit ...; ~sake ['ki:pseik] Andenken n.

keg [keg] Fäßchen n.

kennel ['kenl] Gosse f, Rinnstein m; Hundehütte f, ~zwinger m.

kept [kept] pret. u. p.p. von keep 2.

kerb [kə:b], ~stone ['kə:bstoun] = curb etc.

kerchief ['kə:tʃif] (Kopf)Tuch n.

kernel ['kə:nl] Kern m (a. fig.); Hafer-, Mais- etc. Korn n.

kettle ['ketl] Kessel m; ~drum ♩ Kesselpauke f.

key [ki:] 1. Schlüssel m (a. fig.); ⚖ Schlußstein m; ⊕ Keil m; Schraubenschlüssel m; Klavier- etc. Taste f; ♪ Taste f, Druck-

knopf m; ♩ Tonart f; fig. Ton m; 2. ~ up ♩ stimmen; erhöhen; fig. in erhöhte Spannung versetzen; ~board ['ki:bo:d] Klaviatur f, Tastatur f; ~hole Schlüsselloch n; ~man Schlüsselfigur f; ~ money Ablösung f (für e-s Wohnung); ~note ♪ Grundton m; ~stone Schlußstein m; fig. Grundlage f.

kibitzer Am. F ['kibitsə] Kiebitz m, Besserwisser m.

kick [kik] 1. (Fuß)Tritt m; Stoß m; Schwung m; F Nervenkitzel m; get a ~ out of F Spaß finden an (dat.); 2. v/t. (mit dem Fuß) stoßen od. treten; Fußball: schießen; ~ out F hinauswerfen; v/i. (hinten) ausschlagen; stoßen (Gewehr); sich auflehnen; ~ in with Am. sl. Geld 'reinbuttern; ~ off Fußball: anstoßen; ~back bsd. Am. F ['kikbæk] Rückzahlung f; ~er ['kikə] Fußballspieler m.

kid [kid] 1. Zicklein n; sl. Kind n; Ziegenleder n; 2. sl. foppen; ~dy sl. ['kidi] Kind n; ~ glove Glacéhandschuh m (a. fig.); ~glove sanft, zart.

kidnap ['kidnæp] entführen; ~(p)er [~pə] Kindesentführer m, Kidnapper m.

kidney ['kidni] anat. Niere f; F Art f; ~ bean ♧ weiße Bohne.

kill [kil] 1. töten (a. fig.); fig. vernichten; parl. zu Fall bringen; ~ off abschlachten; ~ time die Zeit totschlagen; 2. Tötung f; Jagdbeute f; ~er ['kilə] Totschläger m; ~ing ['kiliŋ] 1. □ mörderisch; F komisch; 2. Am. F finanzieller Volltreffer.

kiln [kiln] Brenn-, Darrofen m.

kilo|gram(me) ['kiləgræm] Kilogramm n; ~metre, Am. ~meter Kilometer m.

kilt [kilt] Kilt m, Schottenrock m.

kin [kin] (Bluts)Verwandtschaft f.

kind [kaind] 1. □ gütig, freundlich; 2. Art f, Gattung f, Geschlecht n; Art und Weise f; pay in ~ in Naturalien zahlen; fig. mit gleicher Münze heimzahlen.

kindergarten ['kindəga:tn] Kindergarten m.

kind-hearted ['kaind'ha:tid] gütig.

kindle ['kindl] anzünden; (sich) entzünden (a. fig.).

kindling ['kindliŋ] Kleinholz n.

kind|ly ['kaindli] freundlich, günstig; ~ness ['~dnis] Güte f, Freundlichkeit f; Gefälligkeit f.

kindred ['kindrid] 1. verwandt, gleichartig, 2. Verwandtschaft f.

king [kiŋ] König m (a. fig. u. Schach, Kartenspiel); ~dom ['kiŋdəm] Königreich n; bsd. ♧, zo. Reich n, Gebiet n; eccl. Reich n Gottes; ~like ['kiŋlaik], ~ly [~li] königlich; ~size F ['kiŋsaiz] überlang, übergroß.

kink [kiŋk] Schlinge f, Knoten m; fig. Schrulle f, Fimmel m.

kin|ship ['kinʃip] Verwandtschaft f; ~sman ['kinzmən] Verwandte(r) m.

kipper ['kipə] Räucherhering m Bückling m; sl. Kerl m.

kiss [kis] 1. Kuß m; 2. (sich) küssen.

kit [kit] Ausrüstung f (a. ⚔ u. Sport); Handwerkszeug n, Werkzeug n; ~bag ['kitbæg] ✗ Tornister m; Seesack m; Reisetasche f.

kitchen ['kitʃin] Küche f; ~ette [kitʃi'net] Kochnische f; ~garden ['kitʃin'ga:dn] Gemüsegarten m.

kite [kait] Papier-Drachen m.

kitten ['kitn] Kätzchen n.

Klan Am. [klæn] Ku-Klux-Klan m; ~sman ['klænzmən] Mitglied n des Ku-Klux-Klan.

knack [næk] Kniff m, Dreh m; Geschicklichkeit f. [Rucksack m.]

knapsack ['næpsæk] Tornister m;]

knave [neiv] Schurke m; Kartenspiel: Bube m; ~ry ['neivəri] Gaunerei f.

knead [ni:d] kneten; massieren.

knee [ni:] Knie n; ⊕ Kniestück n; ~cap ['ni:kæp] Kniescheibe f; ~-deep bis an die Knie (reichend); ~joint Kniegelenk n; ~l [ni:l] {irr.} knien (to vor dat.).

knell [nel] Totenglocke f.

knelt [nelt] pret. u. p.p. von kneel.

knew [nju:] pret. von know.

knicker|bockers ['nikəbɔkəz] pl. Knickerbocker pl., Kniehosen f/pl.; ~s F ['nikəz] pl. Schlüpfer m; ~ knickerbockers.

knick-knack ['niknæk] Spielerei f; Nippsache f.

knife [naif] 1. pl. knives [naivz] Messer n; 2. schneiden; (er)stechen.

knight [nait] 1. Ritter m; Springer m im Schach; 2. zum Ritter schlagen; ~errant ['nait'erənt] fahrender Ritter; ~hood ['naithud] Rittertum n; Ritterschaft f; ~ly ['naitli] ritterlich.

knit [nit] {irr.} stricken; (ver)knüp-

fen; (sich) eng verbinden; ~ the brows die Stirn runzeln; ~ting ['nitiŋ] Stricken n; Strickzeug n; attr. Strick..:

knives [naivz] pl. von knife 1.

knob [nɔb] Knopf m; Buckel m; Brocken m.

knock [nɔk] 1. Schlag m; Anklopfen n; mot. Klopfen n; 2. v/i. klopfen; pochen; stoßen; schlagen; ~ about F sich herumtreiben; v/t. klopfen, stoßen, schlagen; Am. sl. bekritteln, schlechtmachen; ~ about herumstoßen, übel zurichten; ~ down niederschlagen; ✲uktion: zuschlagen; ⊕ aus-ea.-nehmen; be ~ed down überfahren werden; ~ off aufhören mit; F zs.-hauen (schnell erledigen); Summe abziehen; ~ out Boxen k.o. ~chlagen; ~er ['nɔkə] Klopfende(r) m; ✝ürklopfer m; Am. sl. Kritikaster m; ~kneed ['nɔkni:d] x-beinig; fig. hinkend; ~out Boxen Knockout m, K.o. m; sl. tolle Sache od. Person.

knoll[1] [noul] kleiner Erdhügel.

knoll[2] [~] (bsd. zu Grabe) läuten.

knot [nɔt] 1. Knoten m, Knorren m; Seemeile f; Schleife f, Band n (a. fig.); Schwierigkeit f; 2. (ver)knoten, (ver)knüpfen (a. fig.); Stirn runzeln; verwickeln; ~ty ['nɔti] knotig; knorrig; fig. verwickelt.

know [nou] {irr.} wissen; (er)kennen; erfahren; ~ French Französisch können; come to ~ erfahren; get to ~ kennenlernen; ~ one's business, ~ the ropes,.. a thing or two, ~ what's what sich auskennen, Erfahrung haben; you .. (am Ende des Satzes) nämlich; ~ing ['nouiŋ] erfahren; klug; schlau; verständnisvoll; wissentlich; ~ledge ['nɔlidʒ] Kenntnis(se pl.) f; Wissen n; to my ~ meines Wissens; ~n [noun] p.p. von know; come to be ~ bekannt werden; make ~ bekanntmachen.

knuckle ['nʌkl] 1. Knöchel m; 2. ~ down, ~ under ~achgeben.

Kremlin ['kremlin] der Kreml.

Ku-Klux-Klan Am. ['kju:klʌks-'klæn] Geheimbund in den USA.

# L

label ['leibl] 1. Zettel m, Etikett n; Aufschrift f; Schildchen n; Bezeichnung f; 2. etikettieren, beschriften; fig. abstempeln (as als).

laboratory [lə'bɔrətəri] Laboratorium n; ~ assistant Laborant(in).

laborious [lə'bɔ:riəs] mühsam; arbeitsam; schwerfällig (Stil).

labo(u)r ['leibə] 1. Arbeit f; Mühe

f; (Geburts)Wehen f/pl.; Arbeiter m/pl.; Ministry of ♀ Arbeitsministerium n; hard ~ Zwangsarbeit f; 2. Arbeiter...; Arbeits...; 3. v/i. arbeiten; sich abmühen; ~ under leiden unter (dat.), zu kämpfen haben mit; v/t. ausarbeiten; ~ed schwerfällig (Stil); mühsam (Atem etc.); ~er [~ərə] ungelernter Arbeiter; ♀ Exchange Arbeitsamt n; Labour

**Party** *pol.* Labour Party *f*; labor union *Am.* Gewerkschaft *f.*

**lace** [leis] 1. Spitze *f*; Borte *f*; Schnur *f*; 2. (zu)schnüren; mit Spitze *etc.* besetzen; *Schnur* durch-, einziehen; ~ (*into*) s.o. j-n verprügeln.

**lacerate** ['læsəreit] zerreißen; *fig.* quälen.

**lack** [læk] 1. Fehlen *n*, Mangel *m*; 2. *v/t.* ermangeln (*gen.*); he ~s money es fehlt ihm an Geld; *v/i.* be ~ing fehlen, mangeln; ~lustre ['lækləstə] glanzlos, matt.

**laconic** [lə'kɔnik] (~ally) lakonisch, wortkarg, kurz und prägnant.

**lacquer** ['lækə] 1. Lack *m*; 2. lackieren.

**lad** [læd] Bursche *m*, Junge *m.*

**ladder** ['lædə] Leiter *f*; Laufmasche *f*; ~proof maschenfest (*Strumpf etc.*).

**laden** ['leidn] beladen.

**lading** ['leidiŋ] Ladung *f*, Fracht *f.*

**ladle** ['leidl] 1. Schöpflöffel *m*, Kelle *f*; 2. ~ out Suppe austeilen.

**lady** ['leidi] Dame *f*; Lady *f*; Herrin *f*; ~doctor Ärztin *f*; ~bird Marienkäfer *m*; ~like damenhaft; ~love Geliebte *f*; ~ship [.ʃip] ~ her die gnädige Frau; Your ○ gnädige Frau, Euer Gnaden.

**lag** [læg] 1. zögern; a. ~ behind zurückbleiben; 2. Verzögerung *f.*

**lager** (beer) ['lɑːgə(biə)] Lagerbier *n.*

**laggard** ['lægəd] Nachzügler *m.*

**lagoon** [lə'guːn] Lagune *f.*

**laid** [leid] *pret. u. p.p. von* lay² 2; ~ up bettlägerig (with mit, wegen).

**lain** [lein] *p.p. von* lie² 2.

**lair** [lɛə] Lager *n* ~ *a. wilden Tieres.*

**laity** ['leiiti] Laien *m/pl.*

**lake** [leik] See *m*; rote Pigmentfarbe.

**lamb** [læm] 1. Lamm *n*; 2. lammen.

**lambent** ['læmbənt] leckend; züngelnd (*Flamme*); funkelnd.

**lamb|kin** ['læmkin] Lämmchen *n*; ~like lammfromm.

**lame** [leim] 1. □ lahm (*a. fig.* = *mangelhaft*); 2. lähmen.

**lament** [lə'ment] 1. Wehklage *f*; 2. (be)klagen; trauern; ~able □ ['læməntəbl] beklagenswert; kläglich; ~ation [læmən'teiʃən] Wehklage *f.*

**lamp** [læmp] Lampe *f*; *fig.* Leuchte *f.*

**lampoon** [læm'puːn] 1. Schmähschrift *f*; 2. schmähen.

**lamp-post** ['læmppoust] Laternenpfahl *m.*

**lampshade** ['læmpʃeid] Lampenschirm *m.*

**lance** [lɑːns] 1. Lanze *f*; Speer *m*; 2. ♂ aufschneiden; ~corporal ✠ ['lɑːns'kɔːpərəl] Gefreite(r) *m.*

**land** [lænd] 1. Land *n*; Grundstück *n*; by ~ auf dem Landweg; ~s *pl.*

Ländereien *f/pl.*; 2. landen; ♁ löschen; *Preis* gewinnen; ~agent ['lændeidʒənt] Grundstücksmakler *m*; Gutsverwalter *m*; ~ed grundbesitzend; Land...; Grund...; ~holder Grundbesitzer(in).

**landing** ['lændiŋ] Landung *f*; Treppenabsatz *m*; Anlegestelle *f*; ~field ✈ Landebahn *f*; ~gear Fahrgestell *n*; ~stage Landungsbrücke *f.*

**land|lady** ['lænleidi] Vermieterin *f*, Wirtin *f*; ~lord [.lɔːd] Vermieter *m*; Wirt *m*; Haus-, Grundbesitzer *m*; ~lubber ♧ *contp.* Landratte *f*; ~mark Grenz-, Markstein *m* (*a. fig.*); Wahrzeichen *n*; ~owner Grundbesitzer(in); ~scape ['lænskeip] Landschaft *f*; ~slide Erdrutsch *m* (*a. pol.*); a Democratic ~ ein Erdrutsch zugunsten der Demokraten; ~slip *konkr.* Erdrutsch *m.*

**lane** [lein] Feldweg *m*; Gasse *f*; Spalier *n*; *mot.* Fahrbahn *f*, Spur *f.*

**language** ['læŋgwidʒ] Sprache *f*; strong ~ Kraftausdrücke *m/pl.*

**languid** □ ['læŋgwid] matt; träg.

**languish** ['læŋgwiʃ] matt werden; schmachten; dahinsiechen.

**languor** ['læŋgə] Mattigkeit *f*; Schmachten *n*; Stille *f.*

**lank** □ [læŋk] schmächtig, dünn; schlicht; ~y □ ['læŋki] schlaksig.

**lantern** ['læntən] Laterne *f*; ~slide Dia(positiv) *n*, Lichtbild *n.*

**lap** [læp] 1. Schoß *m*; ⊕ Vorstoß *m*; Runde *f*; 2. über-ea.-legen; (ein)hüllen; (auf)lecken; schlürfen; plätschern gegen (*Wellen*).

**lapel** [lə'pel] Aufschlag *m am Rock.*

**lapse** [læps] 1. Verlauf *m der Zeit*; Verfallen *n*; Versehen *n*; 2. (ver)fallen; verfließen; fehlen.

**larceny** □ ['lɑːsni] Diebstahl *m.*

**larch** ♧ [lɑːtʃ] Lärche *f.*

**lard** [lɑːd] 1. (Schweine)Schmalz *n*; 2. spicken (*a. fig.*); ~er ['lɑːdə] Speisekammer *f.*

**large** □ [lɑːdʒ] groß; weit; reichlich; weitherzig; flott; Groß...; at ~ auf freiem Fuß; ausführlich; als Ganzes; ~ly ['lɑːdʒli] zum großen Teil, weitgehend; ~minded weitherzig; ~ness Größe *f*; Weite *f*; ~sized groß(formatig).

**lariat** *Am.* ['læriət] Lasso *n, m.*

**lark** [lɑːk] *orn.* Lerche *f*; *fig.* Streich *m.*

**larkspur** ♧ ['lɑːkspəː] Rittersporn *m.*

**larva** *zo.* ['lɑːvə] Larve *f*, Puppe *f.*

**larynx** *anat.* ['læriŋks] Kehlkopf *m.*

**lascivious** □ [lə'siviəs] lüstern.

**lash** [læʃ] 1. Peitsche(nschnur) *f*; Hieb *m*; Wimper *f*; 2. peitschen; *fig.* geißeln; schlagen; anbinden.

**lass, ~ie** [læs, 'læsi] Mädchen *n.*

**lassitude** ['læsitjuːd] Mattigkeit *f*, Abgespanntheit *f*; Desinteresse *n.*

**last¹** [lɑːst] 1. *adj.* letzt; vorig; äußerst; geringst; ~ *but one* vorletzt; ~ *night* gestern abend; 2. Letzte(r *m*, -*n n*) *f*; Ende *n*; *at* ~ zuletzt, endlich; 3. *adv.* zuletzt; ~, *but not least* nicht zuletzt.

**last²** [~] dauern; halten (*Farbe*); ausreichen; ausdauern.

**last³** [~] (Schuhmacher)Leisten *m*.

**lasting** □ ['lɑːstiŋ] dauerhaft; beständig.

**lastly** ['lɑːstli] zuletzt, schließlich.

**latch** [lætʃ] 1. Klinke *f*, Drücker *m*; Druckschloß *n*; 2. ein-, zuklinken.

**late** [leit] spät; (kürzlich)verstorben; ehemalig; jüngst; *at* (*the*) ~*st* spätestens; *as* ~ *as noch* (*in dat.*); *of* ~ letzthin; ~ *on* später; *be* ~ (zu) spät kommen; ~**ly** ['leitli] kürzlich.

**latent** ['leitənt] verborgen, latent; gebunden (*Wärme etc.*).

**lateral** □ ['lætərəl] seitlich; Seiten...

**lath** [lɑːθ] 1. Latte *f*; 2. belatten.

**lathe** ⊕ [leið] Drehbank *f*; Lade *f*.

**lather** ['lɑːðə] 1. (Seifen)Schaum *m*; 2. *v/t.* einseifen; *v/i.* schäumen.

**Latin** ['lætin] 1. lateinisch; 2. Latein *n*.

**latitude** ['lætitjuːd] Breite *f*; *fig.* Umfang *m*, Weite *f*; Spielraum *m*.

**latter** ['lætə] neuer; *der* (*die*, *das*) letztere; ~**ly** [~əli] neuerdings.

**lattice** ['lætis] *a.* ~**work** Gitter *n*.

**laud** [lɔːd] loben, preisen; ~**able** □ ['lɔːdəbl] lobenswert, löblich.

**laugh** [lɑːf] 1. Gelächter *n*, Lachen *n*; 2. lachen; ~ *at j-n* auslachen; *he* ~*s best who* ~*s last* wer zuletzt lacht, lacht am besten; ~**able** □ ['lɑːfəbl] lächerlich; ~**ter** ['lɑːftə] Gelächter *n*, Lachen *n*.

**launch** [lɔːntʃ] 1. ⊕ Stapellauf *m*; Barkasse *f*; 2. vom Stapel laufen lassen; *Boot* aussetzen; schleudern (*a. fig.*); *Schläge* versetzen; *Rakete* starten, abschießen; *fig.* in Gang bringen; ~**ing-pad** ['lɔːntʃiŋpæd] (Raketen)Abschußrampe *f*.

**launderette** [lɔːndə'ret] Selbstbedienungswaschsalon *m*.

**laund|ress** ['lɔːndris] Wäscherin *f*; ~**ry** [~ri] Waschanstalt *f*; Wäsche *f*.

**laurel** ♀ ['lɔrəl] Lorbeer *m* (*a. fig.*).

**lavatory** ['lævətəri] Waschraum *m*; Toilette *f*; *public* ~ Bedürfnisanstalt *f*.

**lavender** ♀ ['lævində] Lavendel *m*.

**lavish** ['læviʃ] 1. □ freigebig, verschwenderisch; 2. verschwenden.

**law** [lɔː] Gesetz *n*; (Spiel)Regel *f*; Recht(swissenschaft *f*) *n*; Gericht(sverfahren) *n*; *go to* ~ vor Gericht gehen; *lay down the* ~ den Ton angeben; ~**abiding** ['lɔːbaidiŋ] friedlich; ~**court** Gericht(shof *m*) *n*; ~**ful** □ ['lɔːful] gesetzlich; gültig; ~**less** □ ['lɔːlis] gesetzlos; ungesetzlich; zügellos.

**lawn** [lɔːn] Rasen(platz) *m*; Batist *m*.

**law|suit** ['lɔːsjuːt] Prozeß *m*; ~**yer** ['lɔːjə] Jurist *m*; (Rechts)Anwalt *m*.

**lax** □ [læks] locker; schlaff (*a. fig.*); lasch; ~**ative** ♂ ['læksətiv] 1. abführend; 2. Abführmittel *n*.

**lay¹** [lei] *pret. von* lie² 2.

**lay²** [~] weltlich; Laien...

**lay³** [~] 1. Lage *f*, Richtung *f*; 2. [*irr.*] *v/t.* legen; umlegen; *Plan etc.* ersinnen; stellen, setzen; *Tisch* decken; lindern; besänftigen; auferlegen; *Summe* wetten; ~ *before s.o. j-m* vorlegen; ~ *in* einlagern, sich eindecken mit; ~ *low* niederwerfen; ~ *open* darlegen; ~ *out* auslegen; *Garten etc.* anlegen; ~ *up* *Vorräte* hinlegen, sammeln; *be laid up* ans Bett gefesselt sein; ~ *with* belegen mit; *v/i.* (Eier) legen; *a.* ~ *a wager* wetten.

**lay-by** ['leibai] Park-, Rastplatz *m* *an e-r Fernstraße*.

**layer** ['leiə] Lage *f*, Schicht *f*.

**layman** ['leimən] Laie *m*.

**lay|off** ['leiɔf] Arbeitsunterbrechung *f*; ~**out** Anlage *f*; Plan *m*.

**lazy** ['leizi] faul.

**lead¹** [led] Blei *n*; ⊕ Lot *n*, Senkblei *n*; *typ.* Durchschuß *m*.

**lead²** [liːd] 1. Führung *f*; Leitung *f*; Beispiel *n*; *thea.* Hauptrolle *f*; *Kartenspiel* Vorhand *f*; ≠ Leitung *f*; *Hunde*-Leine *f*; 2. [*irr.*] *v/t.* (an-)führen, leiten; bewegen (*zu zu*); *Karte* ausspielen; ~ *on* (ver)locken; *v/i.* vorangehen; ~ *off* den Anfang machen; ~ *up to* überleiten zu.

**leaden** ['ledn] bleiern (*a. fig.*); Blei...

**leader** ['liːdə] (An)Führer(in), Leiter(in); Erste(r) *m*; Leitartikel *m*; ~**ship** [~ʃip] Führerschaft *f*.

**leading** ['liːdiŋ] 1. leitend; Leit...; Haupt...; 2. Leitung *f*, Führung *f*.

**leaf** [liːf], *pl.* **leaves** [liːvz] Blatt *n*; *Tür- etc.* Flügel *m*; *Tisch*-Platte *f*; ~**let** ['liːflit] Blättchen *n*; Flug-, Merkblatt *n*; ~**y** ['liːfi] belaubt.

**league** [liːg] 1. Liga *f* (*a. hist. u. Sport*); Bund *m*; *mst poet.* Meile *f*; 2. (sich) verbünden.

**leak** [liːk] 1. Leck *n*; 2. leck sein; tropfen; ~ *out* durchsickern; ~**age** ['liːkidʒ] Lecken *n*; ♀ Leckage *f*; Verlust *m* (*a. fig.*), Schwund *m*; Durchsickern *n*; ~**y** ['liːki] leck; undicht.

**lean** [liːn] 1. [*irr.*] (sich) (an)lehnen; (sich) stützen; (sich) (hin)neigen; 2. mager; 3. mageres Fleisch.

**leant** [lent] *pret. u. p.p. von* lean 1.

**leap** [liːp] 1. Sprung *m*; 2. [*irr.*] (über)springen; ~**t** [lept] *pret. u. p.p. von* leap 2; ~**year** ['liːpjɔː] Schaltjahr *n*.

**learn** [ləːn] [*irr.*] lernen; erfahren, hören; ~ *from* ersehen aus; ~**ed** ['ləːnid] gelehrt; ~**er** ['ləːnə] Anfänger(in); ~ing ['lɔːniŋ] Lernen n; Gelehrsamkeit f; ~t [lɔːnt] pret. u. p.p. von learn.

lease [liːs] 1. Verpachtung f, Vermietung f; Pacht f, Miete f; Pacht-, Mietvertrag m; 2. (ver-)pachten, (ver)mieten.

leash [liːʃ] 1. Koppelleine f; Koppel f (3 Hunde etc.); 2. koppeln.

least [liːst] 1. adj. kleinst, geringst; wenigst, mindest; 2. adv. a. ~ of all am wenigsten; at ~ wenigstens; 3. das Mindeste, das Wenigste; to say the ~ gelinde gesagt.

leather ['leðə] 1. Leder n (fig.Haut); 2. a. ~n ledern; Leder...

leave [liːv] 1. Erlaubnis f; a. ~ of absence Urlaub m; Abschied m; 2. [irr.] v/t. (ver)lassen; zurück-, hinterlassen; übriglassen; überlassen; ~ off aufhören (mit); Kleid ablegen; v/i. ablassen; weggehen, abreisen (for nach).

leaven ['levn] Sauerteig m; Hefe f.

leaves [liːvz] pl. von leaf; Laub n.

leavings ['liːviŋz] pl. Überbleibsel n/pl.

lecherous ['letʃərəs] wollüstig.

lecture ['lektʃə] 1. Vorlesung f, Vortrag m; Strafpredigt f; 2. v/i. Vorlesungen od. Vorträge halten; v/t. abkanzeln; ~r [~ərə] Vortragende(r m) f; univ. Dozent(in).

led [led] pret. u. p.p. von lead² 2.

ledge [ledʒ] Leiste f; Sims m, n; Riff n.

ledger † ['ledʒə] Hauptbuch n.

leech zo. [liːtʃ] Blutegel m; fig. Schmarotzer m.

leek ♣ [liːk] Lauch m, Porree m.

leer [liə] 1. (lüsterner od. finsterer) Seitenblick; 2. schielen (at nach).

lees [liːz] pl. Bodensatz m, Hefe f.

lee|ward ♣ ['liːwəd] leewärts; ~way ['liːwei] ♣ Abtrift f; make up ~ fig. Versäumtes nachholen.

left¹ [left] pret. u. p.p. von leave 2.

left² [~] 1. link(s); 2. Linke f; ~-handed □ ['left'hændid] linkshändig; linkisch.

left|-luggage office ['left'lʌgidʒ-ɔfis] Gepäckaufbewahrung(sstelle) f; ~overs pl. Speisereste m/pl.

leg [leg] Bein n; Keule f; (Stiefel-) Schaft m; ⚡ Schenkel m; pull s.o.'s ~ j-n auf den Arm nehmen (hänseln).

legacy ['legəsi] Vermächtnis n.

legal □ ['liːgəl] gesetzlich; rechtsgültig; juristisch; Rechts...; ~ize [~laiz] rechtskräftig machen; beurkunden.

legation [li'geiʃən] Gesandtschaft f.

legend ['ledʒənd] Legende f; ~ary [~dəri] legendär, sagenhaft.

leggings ['legiŋz] pl. Gamaschen f/pl.

legible ['ledʒəbl] leserlich.

legionary ['liːdʒənəri] Legionär m.

legislat|ion [ledʒis'leiʃən] Gesetz-

gebung f; ~ive ['ledʒislətiv] gesetzgebend; ~or [~leitə] Gesetzgeber m.

legitima|cy [li'dʒitiməsi] Rechtmäßigkeit f; ~te 1. [~mit] legitimieren; 2. [~mit] rechtmäßig.

leisure ['leʒə] Muße f; at your ~ wenn es Ihnen paßt; ~ly [~əli] gemächlich.

lemon ['lemən] Zitrone f; ~ade [lemə'neid] Limonade f; ~ squash Zitronenwasser n.

lend [lend] [irr.] (ver-, aus)leihen; Hilfe leisten, gewähren.

length [leŋθ] Länge f; Strecke f; (Zeit)Dauer f; at ~ endlich, zuletzt; go all ~s aufs Ganze gehen; ~en ['leŋðən] (sich) verlängern, (sich) ausdehnen; ~wise [~θwaiz] der Länge nach; ~y □ [~θi] sehr lang.

lenient □ ['liːnjənt] mild, nachsichtig.

lens opt. [lenz] Linse f.

lent¹ [lent] pret. u. p.p. von lend.

Lent² [~] Fasten pl., Fastenzeit f.

leopard ['lepəd] Leopard m.

lepr|osy ⚕ ['leprəsi] Aussatz m, Lepra f; ~ous [~əs] aussätzig.

less [les] 1. adj. u. adv. kleiner, geringer; weniger; 2. prp. minus.

lessen ['lesn] v/t. vermindern, schmälern; v/i. abnehmen.

lesser ['lesə] kleiner; geringer.

lesson ['lesn] Lektion f; Aufgabe f; (Unterrichts)Stunde f; Lehre f; ~s pl. Unterricht m.

lest [lest] damit nicht, daß nicht.

let [let] [irr.] lassen; vermieten, verpachten; ~ alone in Ruhe lassen; geschweige denn; ~ down j-n im Stich lassen; ~ go loslassen; ~ into einweihen in (acc.); ~ off abschießen; j-n laufen lassen; ~ out hinauslassen; ausplaudern; vermieten; ~ up aufhören.

lethal □ ['liːθəl] tödlich; Todes...

lethargy ['leθədʒi] Lethargie f.

letter ['letə] 1. Buchstabe m; Type f; Brief m; ~s pl. Literatur f, Wissenschaft f; attr. Brief...; to the ~ buchstäblich; 2. beschriften, betiteln; ~-box Briefkasten m; ~-card Kartenbrief m; ~-carrier Am. Briefträger m; ~-case Brieftasche f; ~-cover Briefumschlag m; ~ed (literarisch) gebildet; ~-file Briefordner m; ~ing [~əriŋ] Beschriftung f; ~-press Kopierpresse f.

lettuce ♣ ['letis] Lattich m, Salat m.

leuk(a)emia ⚕ [ljuːˈkiːmiə] Leukämie f.

levee¹ ['levi] Morgenempfang m.

levee² Am. [~] Uferdamm m.

level ['levl] 1. waag(e)recht, eben; gleich; ausgeglichen; my ~ best mein möglichstes; ~ crossing 🚂 schienengleicher Übergang; 2. ebene Fläche; (gleiche) Höhe, Niveau n, Stand m; fig. Maßstab m; Wasserwaage f; sea ~ Meeresspiegel m; on the ~ F offen, aufrichtig; 3. v/t. gleichmachen, ebnen; fig. anpassen; richten, zielen mit; ~ up erhöhen; v/i. ~ at, against zielen auf (acc.); ~headed vernünftig, nüchtern.

lever ['liːvə] Hebel m; Hebestange f; ~age [~ridʒ] Hebelkraft f.

levity ['leviti] Leichtfertigkeit f.

levy ['levi] 1. Erhebung f von Steuern; ⚔ Aushebung f; Aufgebot n; 2. Steuern erheben; ⚔ ausheben.

lewd □ [luːd] liederlich, unzüchtig.

liability [laiə'biliti] Verantwortlichkeit f; ⚖ Haftpflicht f; Verpflichtung f; fig. Hang m; liabilities pl. Verbindlichkeiten f/pl., ⚹ Passiva pl.

liable □ ['laiəbl] verantwortlich; haftpflichtig; verpflichtet; ausgesetzt (to dat.); be ~ to neigen zu.

liar ['laiə] Lügner(in).

libel ['laibəl] 1. Schmähschrift f; Verleumdung f; 2. schmähen; verunglimpfen.

liberal ['libərəl] 1. □ liberal (a. pol.); freigebig; reichlich; freisinnig; 2. Liberale(r) m; ~ity [~'ræliti] Freigebigkeit f; Freisinnigkeit f.

liberat|e ['libəreit] befreien; freilassen; ~ion [libə'reiʃən] Befreiung f; ~or ['libəreitə] Befreier m.

libertine ['libə(ː)tain] Wüstling m.

liberty ['libəti] Freiheit f; take liberties sich Freiheiten erlauben; be at ~ frei sein.

librar|ian [lai'brɛəriən] Bibliothekar(in); ~y ['laibrəri] Bibliothek f.

lice [lais] pl. von louse.

licen|ce, Am. ~se ['laisəns] 1. Lizenz f; Erlaubnis f; Konzession f; Freiheit f; Zügellosigkeit f; driving ~ Führerschein m; 2. lizenzieren, berechtigen; et. genehmigen; ~see [laisən'siː] Lizenznehmer m.

licentious □ [lai'senʃəs] unzüchtig; ausschweifend.

lichen ⚹, ⚹ ['laikən] Flechte f.

lick [lik] 1. Lecken n; Salzlecke f; F Schlag m; 2. (be)lecken; F verdreschen; übertreffen; ~ the dust im Staub kriechen; fallen; geschlagen werden; ~ into shape zurechtstutzen.

licorice ['likəris] Lakritze f.

lid [lid] Deckel m; (Augen)Lid n.

lie¹ [lai] 1. Lüge f; give s.o. the ~ j-n Lügen strafen; 2. lügen.

lie² [~] 1. Lage f; 2. [irr.] liegen; ~by still-, brachliegen; ~ down sich niederlegen; ~ in wait for j-m auflauern; let sleeping dogs ~ fig. daran rühren wir lieber nicht; ~down [lai'daun] Nickerchen n; ~in: have a ~ sich gründlich ausschlafen.

lien ⚖ ['liən] Pfandrecht n.

lieu [ljuː]: in ~ of (an)statt.

lieutenant [lef'tenənt; ⚓ le'tenənt; Am. luː'tenənt] Leutnant m; Statthalter m; ~-commander ⚓ Korvettenkapitän m.

life [laif], pl. lives [laivz] Leben n; Menschenleben n; Lebensbeschreibung f; for ~ auf Lebenszeit; for one's ~ for dear ~ ums (liebe) Leben; to the ~ naturgetreu; ~ sentence lebenslängliche Zuchthausstrafe; ~ assurance Lebensversicherung f; ~belt ['laifbelt] Rettungsgürtel m; ~boat Rettungsboot n; ~guard Leibwache f; Badewärter m am Strand; ~ insurance Lebensversicherung f; ~jacket ⚓ Schwimmweste f; ~less □ ['laiflis] leblos; matt (a. fig.); ~like lebenswahr; ~long lebenslänglich; ~-preserver Am. ['laifprizə:və] Schwimmgürtel m; Totschläger m (Stock mit Bleikopf); ~time Lebenszeit f.

lift [lift] 1. Heben n; phys., ⚙ Auftrieb m; fig. Erhebung f; Fahrstuhl m; give s.o. a ~ j-m helfen; j-n (im Auto) mitnehmen; 2. v/t. (auf)heben; erheben; beseitigen; sl. klauen, stehlen; v/i. sich heben.

ligature ['ligətʃuə] Binde f; ⚕ Verband m.

light¹ [lait] 1. Licht n (a. fig.); Fenster n; Aspekt m, Gesichtspunkt m; Feuer n; Glanz m; fig. Leuchte f; ~s pl. Fähigkeiten f/pl.; will you give me a ~ darf ich Sie um Feuer bitten; put a ~ to anzünden; 2. licht, hell; blond; 3. [irr.] v/t. oft ~ up be~, erleuchten; anzünden; v/i. mst ~ up aufleuchten; ~ out Am. sl. schnell losziehen, abhauen.

light² [~] 1. adj. □ u. adv. leicht (a. fig.); ~ current ⚡ Schwachstrom m; make ~ of et. leicht nehmen; 2. ~ (up)on stoßen od. fallen auf (acc.), geraten an (acc.); sich niederlassen auf (dat.).

lighten ['laitn] blitzen; (sich) erhellen; leichter machen; (sich) erleichtern.

lighter ['laitə] Anzünder m; (Taschen)Feuerzeug n; ⚓ L(e)ichter m.

light|-headed ['lait'hedid] wirr im Kopf, irr; ~-hearted □ [~'haːtid] leichtherzig; fröhlich; ~house ['laithaus] Leuchtturm m.

lighting ['laitiŋ] Beleuchtung f; Anzünden n.

light|-minded ['lait'maindid] leichtsinnig; ~ness ['laitnis] Leichtigkeit f; Leichtsinn m.

lightning ['laitniŋ] Blitz m; ~ bug Am. zo. Leuchtkäfer m; ~-conductor, ~-rod ⚡ Blitzableiter m.

light-weight ['laitweit] Sport: Leichtgewicht n.

like [laik] 1. gleich; ähnlich; wie; such ~ dergleichen; feel ~ F sich aufgelegt fühlen zu *et.*; ~ that so; *what is he* ~? wie sieht er aus?; wie ist er?; 2. Gleiche *m*, *f*, *n*; ~s *pl.* Neigungen *f/pl.*; *his* ~ seinesgleichen; *the* ~ der~, desgleichen; 3. mögen, gern haben; *how do you* ~ *London?* wie gefällt Ihnen L.?; *I should* ~ *to know* ich möchte wissen.

like|lihood ['laiklihud] Wahrscheinlichkeit *f*; ~ly ['laikli] wahrscheinlich; geeignet; *he is* ~ *to die* er wird wahrscheinlich sterben.

like|n ['laikən] vergleichen (to mit); ~ness ['laiknis] Ähnlichkeit *f*; (Ab-) Bild *n*; Gestalt *f*; ~wise ['laikwaiz] gleich~, ebenfalls.

liking ['laikiŋ] (for) Neigung *f* (für, zu), Gefallen *n* (an *dat.*).

lilac ['lailək] 1. lila; 2. ♀ Flieder *m*.

lily ♀ ['lili] Lilie *f*; ~ *of the valley* Maiglöckchen *n*; ~white schneeweiß.

limb [lim] *Körper*-Glied *n*; Ast *m*.

limber ['limbə] 1. biegsam, geschmeidig; 2.: ~ *up* (sich) lockern.

lime [laim] Kalk *m*; Vogelleim *m*; ♀ Limone *f*; ♀ Linde *f*; ~light ['laimlait] Kalklicht *n*; *thea.* Scheinwerfer(licht *n*) *m*; *fig.* Mittelpunkt *m* des öffentlichen Interesses.

limit ['limit] 1. Grenze *f*; *in (off)* ~s Zutritt gestattet (verboten) (to für); *that is the* ~! F das ist der Gipfel!; das ist (doch) die Höhe!; *go the* ~ *Am.* F bis zum Äußersten gehen; 2. begrenzen; beschränken (to auf *acc.*); ~ation [limi'teiʃən] Begrenzung *f*, Beschränkung *f*; *fig.* Grenze *f*; 출고 Verjährung *f*; ~ed: ~ (liability) *company* Gesellschaft *f* mit beschränkter Haftung; ~ *in time* befristet; ~less □ [~tlis] grenzenlos.

limp [limp] 1. hinken; 2. Hinken *n*; 3. schlaff; weich.

limpid □ ['limpid] klar, durchsichtig.

line [lain] 1. Linie *f*; Reihe *f*, Zeile *f*; Vers *m*; Strich *m*; Falte *f*, Furche *f*; (*Menschen*)Schlange *f*; Folge *f*; Verkehrsgesellschaft *f*; Eisenbahnlinie *f*; Strecke *f*; *tel.* Leitung *f*; Branche *f*; Fach *n*; Leine *f*; Schnur *f*; Äquator *m*; Richtung *f*; ⚔ Linie(ntruppe) *f*; Front *f*; ~s *pl.* Richtlinien *f/pl.*; Grundlage *f*; ~ *of conduct* Lebensweise *f*; *hard* ~s *pl.* hartes Los, Pech *n*; *in* ~ *with* in Übereinstimmung mit; *stand in* ~ Schlange stehen; *draw the* ~ *fig.* nicht mehr mitmachen); *hold the* ~ *teleph.* am Apparat bleiben; 2. *v/t.* linieren; aufstellen; *Weg etc.* säumen, einfassen; *Kleid* füttern; ~ *out* entwerfen; *v/i.* ~ *up* sich auf-, anstellen.

line|age ['liniidʒ] Abstammung *f*; Familie *f*; Stammbaum *m*; ~l □ [~jəl] gerade, direkt (*Nachkomme*

*etc.*); ~ment [~əmənt] (Gesichts-) Zug *m*; ~r ['liniə] geradlinig.

linen ['linin] 1. Leinen *n*, Leinwand *f*; Wäsche *f*; 2. leinen; ~closet, ~cupboard Wäscheschrank *m*; ~draper [~ndreipə] Weißwarenhändler *m*, Wäschegeschäft *n*.

liner ['lainə] Linienschiff *n*, Passagierdampfer *m*; Verkehrsflugzeug *n*.

linger ['liŋgə] zögern; (ver)weilen; sich aufhalten; sich hinziehen; dahinsiechen; ~ *at*, ~ *about* sich herumdrücken an *od.* bei (*dat.*).

lingerie ['lɛ̃ːʒəriː] Damenunterwäsche *f*. [Einreibemittel *n*.]

liniment ♂ ['linimənt] Liniment *n*,

lining ['lainiŋ] *Kleider- etc.* Futter *n*; Besatz *m*; ⊕ Verkleidung *f*.

link [liŋk] 1. *Ketten*-Glied *n*, Gelenk *n*; Manschettenknopf *m*; *fig.* Bindeglied *n*; 2. (sich) verbinden.

links [liŋks] *pl.* Dünen *f/pl.*; *a.* golf-~ Golf(spiel)platz *m*.

linseed ['linsiːd] Leinsame(n) *m*; ~ *oil* Leinöl *n*.

lion ['laiən] Löwe *m*; *fig.* Größe *f*, Berühmtheit *f*; ~ess [~nis] Löwin *f*.

lip [lip] Lippe *f*; Rand *m*; *sl.* Unverschämtheit *f*; ~stick ['lipstik] Lippenstift *m*.

liquefy ['likwifai] schmelzen.

liquid ['likwid] 1. flüssig; † liquid; klar (*Luft etc.*); 2. Flüssigkeit *f*.

liquidat|e ['likwideit] ♦ liquidieren; bezahlen; ~ion [likwi'deiʃən] Abwicklung *f*, Liquidation *f*.

liquor ['likə] Flüssigkeit *f*; Alkohol *m*, alkoholisches Getränk.

liquorice ['likəris] Lakritze *f*.

lisp [lisp] 1. Lispeln *n*; 2. lispeln.

list [list] 1. Liste *f*, Verzeichnis *n*; Leiste *f*; Webkante *f*; 2. (in e-e Liste) eintragen; verzeichnen.

listen ['lisn] (to) lauschen, horchen (auf *acc.*); anhören (*acc.*), zuhören (*dat.*); hören (auf *acc.*); ~ *in teleph.*, *Radio:* (mit)hören (to *acc.*); ~er [~nə] Zuhörer(in) *f*; *a.* ~in (Rundfunk)Hörer(in).

listless ['listlis] gleichgültig; lustlos.

lists [lists] *pl.* Schranken *f/pl.*

lit [lit] *pret. u. p.p. von light*[1] 3.

literal □ ['litərəl] buchstäblich; am Buchstaben klebend; wörtlich.

litera|ry □ ['litərəri] literarisch; Literatur...; Schrift...; ~ture [~ritʃə] Literatur *f*.

lithe [laið] geschmeidig, wendig.

lithography [li'θɔgrəfi] Lithographie *f*, Steindruck *m*.

litigation [liti'geiʃən] Prozeß *m*.

lit|re, *Am.* ~er ['liːtə] Liter *n*, *m*.

litter ['litə] 1. Sänfte *f*; Tragbahre *f*; Streu *f*; Abfall *m*; Unordnung *f*; Wurf *m* *junger Tiere*; 2. ~ *down* mit Streu versehen; ~ *up* in Unordnung bringen; *junge* werfen; ~basket, ~bin Abfallkorb *m*.

**little** ['litl] 1. *adj.* klein; gering(fügig); wenig; *a ~* one ein Kleines (*Kind*); 2. *adv.* wenig; 3. Kleinigkeit *f*; *a ~* ein bißchen; *~ by ~* nach und nach; *not a ~* nicht wenig.

**live** 1. [liv] *allg.* leben; wohnen; *~ to see* erleben; *~ s.th. down* et. durch guten Lebenswandel vergessen machen; *~ through* durchmachen, durchstehen, überleben; *~ up to s-m Ruf* gerecht werden, *s-n Grundsätzen* gemäß leben; *Versprechen* halten; 2. [laiv] lebendig; richtig; aktuell; glühend; ✕ scharf (*Munition*); ⚡ stromführend; *Radio:* Direkt..., Original...; **~lihood** ['laivlihud] Unterhalt *m*; **~liness** [~inis] Lebhaftigkeit *f*; **~ly** ['laivli] lebhaft; lebendig; aufregend; schnell, bewegt.

**liver** *anat.* ['livə] Leber *f*.

**livery** ['livəri] Livree *f*; (Amts-)Tracht *f*; *at ~* in Futter (*stehen etc.*).

**live|s** [laivz] *pl. von* life; **~stock** ['laivstɔk] Vieh(bestand *m*) *n*.

**livid** ['livid] bläulich; fahl; ✕ wild.

**living** ['livin] 1. ▢ lebend(ig); *the ~ image of* das genaue Ebenbild *gen.*; 2. Leben *n*; Lebensweise *f*; Lebensunterhalt *m*; *eccl.* Pfründe *f*; **~-room** Wohnzimmer *n*.

**lizard** *zo.* ['lizəd] Eidechse *f*.

**load** [loud] 1. Last *f*; Ladung *f*; 2. (be)laden; *fig.* überhäufen; überladen; **~ing** ['loudin] Laden *n*; Ladung *f*, Fracht *f*; *attr.* Lade...

**loaf** [louf] 1. *pl.* **loaves** [louvz] Brot-Laib *m*; (Zucker)Hut *m*; 2. herumlungern.

**loafer** ['loufə] Bummler *m*.

**loam** [loum] Lehm *m*, Ackerkrume *f*.

**loan** [loun] 1. Anleihe *f*, Darlehen *n*; Leihen *n*; Leihgabe *f*; *on ~* leihweise; 2. *bsd. Am.* ausleihen.

**loath** ▢ [louθ] abgeneigt; **~e** [louð] sich ekeln vor (*dat.*); verabscheuen; **~ing** ['louðin] Ekel *m*; **~some** ▢ ['loudsəm] ekelhaft; verhaßt.

**loaves** [louvz] *pl. von* loaf 1.

**lobby** ['lɔbi] 1. Vorhalle *f*; *parl.* Wandelgang *m*; *thea.* Foyer *n*; 2. *parl. s-n* Einfluß geltend machen.

**lobe** *anat.*, ⚕ [loub] Lappen *m*.

**lobster** ['lɔbstə] Hummer *m*.

**local** ▢ ['loukəl] 1. örtlich; Orts...; lokal; *~ government* Gemeindeverwaltung *f*; 2. *Zeitung:* Lokalnachricht *f*; ⚕ *a. ~ train* Vorortzug *m*; F Wirtshaus *n* (am Ort); **~ity** [lou'kæliti] Örtlichkeit *f*; Lage *f*; **~ize** [loukəlaiz] lokalisieren.

**locat|e** [lou'keit] *v/t.* versetzen, verlegen, unterbringen; ausfindig machen; *Am.* an~, festlegen; *be ~d* gelegen sein; wohnen; *v/i.* sich niederlassen; **~ion** [~'eiʃən] Lage *f*; Niederlassung *f*; *Am.* Anweisung *f* von Land; angewiesenes Land; Ort

*m*; *Film:* Gelände *n* für Außenaufnahmen.

**loch** *schott.* [lɔk] See *m*; Bucht *f*.

**lock** [lɔk] 1. Tür-, Gewehr- etc. Schloß *n*; Schleuse(nkammer) *f*; ⊕ Sperrvorrichtung *f*; Stauung *f*; Locke *f*; Wollflocke *f*; 2. (ver-) schließen (*a. fig.*), absperren; sich verschließen lassen; ⊕ blockieren, sperren; greifen; umschließen; *~ s.o. in* j-n einsperren; *~ up* wegschließen; abschließen; einsperren; *Geld* fest anlegen.

**lock|er** ['lɔkə] Schrank *m*, Kasten *m*; *~et* ['lɔkit] Medaillon *n*; **~out** Aussperrung *f von Arbeitern*; **~smith** Schlosser *m*; **~up** 1. Haftzelle *f*; † zinslose Kapitalanlage; 2. verschließbar.

**loco** *Am. sl.* ['loukou] verrückt.

**locomot|ion** [loukə'mouʃən] Fortbewegung(sfähigkeit) *f*; **~ive** ['loukəmoutiv] 1. sich fortbewegend; beweglich; 2. *a. ~ engine* Lokomotive *f*.

**locust** ['loukəst] *zo.* Heuschrecke *f*; ⚕ unechte Akazie.

**lode|star** ['loudsta:] Leitstern *m* (*a. fig.*); **~stone** Magnet(eisenstein) *m*.

**lodg|e** [lɔdʒ] 1. Häus-chen *n*; (Forst-, Park-, Pförtner)Haus *n*; Portierloge *f*; *Freimaurer*-Loge *f*; 2. *v/t.* beherbergen, aufnehmen; *Geld* hinterlegen; *Klage* einreichen; *Hieb* versetzen; *v/i.* (*bsd.* zur Miete) wohnen; logieren; **~er** ['lɔdʒə] (Unter)Mieter(in); **~ing** ['lɔdʒin] Unterkunft *f*; **~s** *pl.* möbliertes Zimmer; Wohnung *f*.

**loft** [lɔft] (Dach)Boden *m*; Empore *f*; **~y** ▢ ['lɔfti] hoch; erhaben; stolz.

**log** [lɔg] Klotz *m*; Block *m*; gefällter Baumstamm; ⚓ Log *n*; **~cabin** ['lɔgkæbin] Blockhaus *n*; **~gerhead** ['lɔgəhed]: *be at ~s* sich in den Haaren liegen; **~house**, **~hut** Blockhaus *n*.

**logic** ['lɔdʒik] Logik *f*; **~al** ▢ [~kəl] logisch.

**logroll** *bsd. Am. pol.* ['lɔgroul] (sich gegenseitig) in die Hände arbeiten.

**loin** [lɔin] Lende(nstück *n*) *f*.

**loiter** ['lɔitə] trödeln, schlendern.

**loll** [lɔl] (sich) strecken; (sich) rekeln; *~ about* herumlungern.

**lone|liness** ['lounlinis] Einsamkeit *f*; **~ly** ['lounli], **~some** ▢ ['lounsəm] einsam.

**long**[1] [lɔŋ] 1. Länge *f*; *before ~* binnen kurzem; *for ~* lange; *take ~* lange brauchen *od.* dauern; 2. *adj.* lang; langfristig; langsam; *in the ~ run* am Ende; *auf die Dauer*; *be ~* lange dauern *od.* brauchen; 3. *adv.* lang(e); *so ~!* bis dann! (*auf Wiedersehen*); (*no) ~er* (nicht) länger *od.* mehr.

long² [~] sich sehnen (for nach).

long|-distance['bŋ'distəns]Fern..., Weit...; ~evity [lɔn'dʒevitɪ] Langlebigkeit f; langes Leben; ~hand ['lɔŋhænd] Langschrift f.

longing ['lɔŋiŋ] 1. □ sehnsüchtig; 2. Sehnsucht f; Verlangen n.

longitude geogr. ['lɔndʒitju:d] Länge f.

long|-shore-man ['lɔŋʃɔ:mən] Hafenarbeiter m; ~sighted['lɔŋ'saitid] weitsichtig; ~standing seit langer Zeit bestehend, alt; ~suffering 1. langmütig; 2. Langmut f; ~term ['lɔŋtə:m] langfristig; ~winded □ ['lɔŋ'windid] langatmig.

look [luk] 1. Blick m; Anblick m; oft ~s pl. Aussehen n; have a ~ at s.th. sich et. ansehen; i don't like the ~ of it es gefällt mir nicht; 2. v/i. sehen, blicken (at, on auf acc., nach); zusehen, daß od. wie...; nachsehen, wer etc. ...; krank etc. aussehen; nach e-r Richtung liegen; ~ after sehen nach, sich kümmern um; versorgen, nachsehen, nachblicken (dat.); ~ at ansehen; ~ for erwarten; suchen; ~ forward to sich freuen auf (acc.); ~ in als Besucher hereinschauen (on bei); ~ into prüfen; erforschen; ~ on zuschauen (dat.); betrachten (as als); liegen zu, gehen auf (acc.) (Fenster); ~ out vorsehen; ~ (up)on fig. ansehen (as als); v/t. ~ disdain verächtlich blicken; ~ over et. durchsehen; j-n mustern; ~ up et. nachschlagen.

looker-on ['lukər'ɔn] Zuschauer(in).

looking-glass ['lukiŋglɑːs] Spiegel m.

look-out ['luk'aut] Ausguck m, Ausblick m, Aussicht f (a. fig.); that is my ~ F das ist meine Sache.

loom [lu:m] 1. Webstuhl m; 2. undeutlich zu sehen sein, sich abzeichnen.

loop [lu:p] 1. Schlinge f, Schleife f, Öse f; 2. v/t. in Schleifen legen; schlingen; v/i. e-e Schleife machen; sich winden; ~hole ['lu:phoul] Guck-, Schlupfloch n; ⚔ Schießscharte f.

loose [lu:s] 1. □ allg. lose, locker; schlaff; weit; frei; un-zs.-hängend; ungenau; liederlich; 2. lösen; aufbinden; lockern; ~n ['lu:sn] (sich) lösen, (sich) lockern.

loot [lu:t] 1. plündern; 2. Beute f.

lop [lɔp] Baum beschneiden; stutzen; schlaff herunterhängen (lassen); ~sided ['lɔp'saidid] schief; einseitig.

loquacious □ [lou'kweiʃəs] geschwätzig.

lord [lɔ:d] Herr m; Gebieter m; Magnat m; Lord m; the ♀ der Herr (Gott); my ~ [mi'lɔ:d] Mylord, Euer Gnaden; the ♀'s Prayer das Vaterunser; the ♀'s Supper das

Abendmahl; ~ly ['lɔ:dli] vornehm, edel; großartig; hochmütig; ~ship ['lɔ:dʃip] Lordschaft f (Titel).

lore [lɔ:] Lehre f, Kunde f.

lorry ['lɔri] Last(kraft)wagen m, LKW m; 🚃 Lore f.

lose [lu:z] [irr.] v/t. verlieren; vergeuden; verpassen; abnehmen; ~ o.s. sich verirren; v/i. verlieren; nachgehen (Uhr).

loss [lɔs] Verlust m; Schaden m; at a ~ in Verlegenheit; außerstande.

lost [lɔst] pret. u. p.p. von lose; be ~ verlorengehen; verschwunden sein; fig. versunken sein; ~property office Fundbüro n.

lot [lɔt] Los n (a. fig.); Anteil m; Partie f; Posten m; F Menge f; Parzelle f; Am. Film: Ateliergelände n; a ~ of people F eine Menge Leute; draw ~s losen; fall to s.o.'s ~ j-m zufallen.

loth □ [louθ] s. loath.

lotion ['louʃən] (Haut)Wasser n.

lottery ['lɔtəri] Lotterie f.

loud □ [laud] laut (a. adv.); fig. schreiend, grell; ~speaker ['laud'spi:kə] Lautsprecher m.

lounge [laundʒ] 1. sich rekeln; faulenzen; 2. Bummel m; Wohnzimmer n, ~diele f; Gesellschaftsraum m e-s Hotels; thea. Foyer n; Chaiselongue f; ~chair ['laundʒ'tʃeə] Klubsessel m; ~suit Straßenanzug m.

lour ['lauə] finster blicken od. aussehen; die Stirn runzeln.

lous|e [laus], pl. lice [lais] Laus f; ~y ['lauzi] verlaust; lausig; Leuse...

lout [laut] Tölpel m, Lümmel m.

lovable □ ['lʌvəbl] liebenswürdig, liebenswert.

love [lʌv] 1. Liebe f (of, a. for, to, towards zu); Liebschaft f; Angebetete f; Liebling m (als Anrede); liebe Grüße m/pl.; Sport: nichts,null; attr. Liebes...; give od. send one's ~ to s.o. j-n freundlichst grüßen (lassen); in ~ with verliebt in (acc.); fall in ~ with sich verlieben in (acc.); make ~ to werben um; 2. lieben; gern haben; ~ to do gern tun; ~affair ['lʌvəfeə] Liebschaft f; ~ly ['lʌvli] lieblich; entzückend; reizend; ~r ['lʌvə] Liebhaber m; fig. Verehrer(in), Liebhaber(in).

loving □ ['lʌviŋ] liebevoll.

low¹ [lou] 1. niedrig; tief; gering; leise; fig. niedergeschlagen; schwach; gemein; ~est bid Mindestgebot n; 2. meteor. Tief(druckgebiet) n; bsd. Am. Tiefstand m, -punkt m.

low² [~] brüllen, muhen (Rind).

low-brow F ['loubrau] 1. geistig anspruchslos, spießig; 2. Spießer m, Banause m.

lower¹ ['louə] 1. niedriger; tiefer; geringer; leiser; untere(r, -s); Unter...; 2. *v/t.* nieder-, herunterlassen; senken; erniedrigen; abschwächen; *Preis etc.* herabsetzen; *v/i.* fallen, sinken.

**lower²** ['lauə] *s. lour.*

**low|land** ['loulənd] Tiefland *n;* **~liness** ['loulinis] Demut *f;* **~ly** ['louli] demütig; bescheiden; **~necked** (tief) ausgeschnitten *(Kleid);* **~spirited** niedergeschlagen. [Treue *f.*]

**loyal** □ ['lɔiəl] treu; **~ty** [.lti]

**lozenge** ['bzindʒ] Pastille *f.*

**lubber** ['lʌbə] Tölpel *m,* Stoffel *m.*

**lubric|ant** ['lubrikənt] Schmiermittel *n;* **~ate** [.keit] schmieren; **~ation** [lubri'keiʃən] Schmieren *n,* ⊕ Ölung *f.*

**lucid** □ ['lusid] leuchtend, klar.

**luck** [lʌk] Glück(sfall *m*) *n;* Geschick *n; good* **~** Glück *n; bad* **~,** *hard* **~** *ill* **~** Unglück *n,* Pech *n; worse* **~** unglücklicherweise; **~ily** ['lʌkili] glücklicherweise, zum Glück; **~y** □ ['lʌki] glücklich; *Glücks...; be* **~** Glück haben.

**lucr|ative** □ ['lukrətiv] einträglich; **~e** ['lukə] Gewinn(sucht *f*) *m.*

**ludicrous** □ ['ludikrəs] lächerlich.

**lug** [lʌg] zerren, schleppen.

**luge** [luːʒ] 1. Rodelschlitten *m;* 2. rodeln.

**luggage** ['lʌgidʒ] Gepäck *n;* **~carrier** Gepäckträger *m am Fahrrad;* **~office** ⊕ Gepäckschalter *m;* **~rack** Gepäcknetz *n;* **~ticket** Gepäckschein *m.*

**lugubrious** □ [luː'gjuːbriəs] traurig.

**lukewarm** ['lukwɔːm] lau *(a. fig.).*

**lull** [lʌl] 1. einlullen; (sich) beruhigen; 2. (Wind)Stille *f;* Ruhepause *f.*

**lullaby** ['lʌləbai] Wiegenlied *n.*

**lumbago** ⊕ [lʌm'beigou] Hexenschuß *m.*

**lumber** ['lʌmbə] 1. Bau-, Nutzholz *n;* Gerümpel *n;* 2. *v/t. a.* **~** *up* vollstopfen; *v/i.* rumpeln, poltern; sich (dahin)schleppen; **~er** [.ərə], **~jack**, **~man** Holzfäller *m,* -arbeiter *m;* **~mill** Sägewerk *n;* **~room** Rumpelkammer *f;* **~yard** Holzplatz *m,* -lager *n.*

**lumin|ary** ['luminəri] Himmelskörper *m;* Leuchtkörper *m; fig.* Leuchte *f;* **~ous** □ [.nəs] leuchtend; Licht...; Leucht...; *fig.* lichtvoll.

**lump** [lʌmp] 1. Klumpen *m; fig.* Klotz *m;* Beule *f;* Stück *n Zucker etc.; in the* **~** in Bausch und Bogen; **~** *sugar* Würfelzucker *m;* **~** *sum*

Pauschalsumme *f;* 2. *v/t.* zs.-werfen, zs.-fassen; *v/i.* Klumpen bilden; **~ish** ['lʌmpiʃ] schwerfällig; **~y** □ [.pi] klumpig.

**lunacy** ['luːnəsi] Wahnsinn *m.*

**lunar** ['luːnə] Mond...

**lunatic** ['luːnətik] 1. irr-, wahnsinnig; 2. Irre(r *m*) *f;* Wahnsinnige(r *m*) *f;* Geistesgestörte(r *m*) *f;* **~** *asylum* Irrenhaus *n,* -anstalt *f.*

**lunch** [lʌntʃ], **~eon** [.ən], [.lʌntʃən] 1. Lunch *m,* Mittagessen *n;* zweites Frühstück; 2. zu Mittag essen; *j-m* ein Mittagessen geben; **~hour** Mittagszeit *f,* -pause *f.*

**lung** *anat.* [lʌŋ] Lunge(nflügel *m*) *f; the* **~s** *pl.* die Lunge.

**lunge** [lʌndʒ] 1. *Fechten:* Ausfall *m;* 2. *v/i.* ausfallen *(at gegen);* (dahin-) stürmen; *v/t.* stoßen.

**lupin(e)** ♀ ['luːpin] Lupine *f.*

**lurch** [ləːtʃ] 1. taumeln, torkeln; 2.: *leave in the* **~** im Stich lassen.

**lure** [ljuə] 1. Köder *m; fig.* Lockung *f;* 2. ködern, (an)locken.

**lurid** □ ['ljuərid] unheimlich; erschreckend, schockierend; düster, finster.

**lurk** [ləːk] lauern; versteckt liegen.

**luscious** □ ['lʌʃəs] köstlich; üppig; süß(lich), widerlich.

**lust** [lʌst] (sinnliche) Begierde *f; fig.* Gier *f,* Sucht *f.*

**lust|re**, *Am.* **~er** ['lʌstə] Glanz *m;* Kronleuchter *m;* **~rous** □ [.trəs] glänzend.

**lusty** □ ['lʌsti] rüstig; *fig.* lebhaft, kräftig.

**lute¹** ♪ [luːt] Laute *f.*

**lute²** [.] 1. Kitt *m;* 2. (ver)kitten.

**Lutheran** ['luːθərən] lutherisch.

**luxate** ⚕ ['lʌkseit] verrenken.

**luxur|iant** □ [lʌg'zjuəriənt] üppig; **~ious** □ [.ʃəs] luxuriös, üppig; **~y** ['lʌkʃəri] Luxus *m,* Üppigkeit *f;* Luxusartikel *m;* Genußmittel *n.*

**lyceum** [lai'siəm] Vortragsraum *m; bsd. Am.* Volkshochschule *f.*

**lye** [lai] Lauge *f.*

**lying** ['laiiŋ] 1. *p.pr. von lie¹* 2 *u. lie³* 2; 2. *adj.* lügnerisch; **~in** [.ŋ'in] Wochenbett *n;* **~** *hospital* Entbindungsheim *n.*

**lymph** ⚕ [limf] Lymphe *f.*

**lynch** [lintʃ] lynchen; **~law** ['lintʃlɔː] Lynchjustiz *f.*

**lynx** *zo.* [liŋks] Luchs *m.*

**lyric** ['lirik] 1. lyrisch; 2. lyrisches Gedicht *n,* **~s** *pl.* (Lied)Text *m (bsd. e-s Musicals);* Lyrik *f;* **~al** □ [.kəl] lyrisch, gefühlvoll; schwärmerisch, begeistert.

# M

ma'am [mæm] Majestät f (Anrede
für die Königin); Hoheit f (Anrede
für Prinzessinnen); F [məm] gnä'
Frau f (von Dienstboten verwendete
Anrede).

macaroni [mækə'rouni] Makkaroni
pl.

macaroon [mækə'ru:n] Makrone
f.

machin|ation [mæki'neiʃən] An-
schlag m; ~s pl. Ränke pl.; ~e
[mə'ʃi:n] 1. Maschine f; Mechanismus m (a. fig.); 2. maschinell herstellen od. (be)arbeiten; ~e-made
maschinell hergestellt; ~ery [~nəri]
Maschinen f/pl.; Maschinerie f;
~ist [~nist] Maschinist m; Ma-
schinennäherin f.

mackerel ichth. ['mækrəl] Makrele
f.

mackinow Am. ['mækinɔ:] Stutzer
m (Kleidungsstück).

mackintosh ['mækintɔʃ] Regenmantel m.

mad □ [mæd] wahnsinnig; toll
(-wütig); fig. wild; F wütend; go ~
verrückt werden; drive ~ verrückt
machen.

madam ['mædəm] gnädige Frau,
gnädiges Fräulein (Anrede).

mad|cap ['mædkæp] 1. toll; 2. Toll-
kopf m; Wildfang m; ~den ['mædn]
toll od. rasend machen.

made [meid] pret. u. p.p. von
make 1.

made-up ['meid'ʌp] zurechtgemacht; erfunden; fertig; ~ clothes
pl. Konfektion f.

mad|house ['mædhaus] Irrenhaus
n; ~man Wahnsinnige(r) m; ~ness
['mædnis] Wahnsinn m; (Toll)Wut
f.

magazine [mægə'zi:n] Magazin n;
(Munitions)Lager n; Zeitschrift f.

maggot zo. ['mægət] Made f.

magic ['mædʒik] 1. a. ~al □ [~kəl]
magisch; Zauber...; 2. Zauberei f;
fig. Zauber m; ~ian [mə'dʒiʃən]
Zauberer m.

magistra|cy ['mædʒistrəsi] Rich-
teramt n; die Richter m/pl.; ~te
[~rit] (Polizei-, Friedens)Richter m.

magnanimous □ [mæg'næniməs]
großmütig.

magnet ['mægnit] Magnet m; ~ic
[mæg'netik] (~ally) magnetisch.

magni|ficence [mæg'nifisns] Pracht
f, Herrlichkeit f; ~ficent [~nt]
prächtig, herrlich; ~fy ['mægnifai]
vergrößern; ~tude [~itju:d] Größe
f, Wichtigkeit f.

magpie orn. ['mægpai] Elster f.

mahogany [mə'hɔgəni] Mahagoni
(-holz) n.

maid [meid] lit. Mädchen n;
(Dienst)Mädchen n; old ~ alte

Jungfer; ~ of all work Mädchen n
für alles; ~ of honour Ehren-, Hof-
dame f.

maiden ['meidn] 1. ~ maid;
2. jungfräulich; unverheiratet; fig.
Jungfern..., Erstlings...; ~ name
Mädchenname m e-r Frau; ~head
Jungfräulichkeit f; ~hood [~hud]
Mädchenjahre n/pl.; ~ly [~nli]
jungfräulich, mädchenhaft.

mail¹ [meil] (Ketten)Panzer m.

mail² [~] 1. Post(dienst m) f;
Post(sendung) f; 2. Am. mit der
Post schicken, aufgeben; ~able
Am. ['meiləbl] postversandfähig;
~bag Briefträger-, Posttasche f;
Postsack m; ~box bsd. Am. Briefkasten m; ~ carrier Am. Briefträger m; ~man Am. Briefträger m;
~order firm, bsd. Am. ~order
house (Post)Versandgeschäft n.

maim [meim] verstümmeln.

main [mein] 1. Haupt..., hauptsächlich; by ~ force mit voller
Kraft; 2. Hauptrohr n, -leitung f;
~s pl. ∮ (Strom)Netz n; in the ~ in
der Hauptsache, im wesentlichen;
~land ['meinlənd] Festland n; ~ly
[~li] hauptsächlich; ~spring Uhr-
feder f; fig. Haupttriebfeder f;
~stay ⚓ Großtag n; fig. Haupt-
stütze f ♀ Street Am. Hauptstraße
f; ♀ Streeter Am. Kleinstadt-
bewohner m.

maintain [men'tein] (aufrecht)er-
halten; beibehalten; (unter)stützen;
unterhalten; behaupten.

maintenance ['meintinəns] Erhaltung f; Unterhalt m; ⊕ Wartung f.

maize ♀ [meiz] Mais m.

majest|ic [mə'dʒestik] (~ally) ma-
jestätisch; ~y ['mædʒisti] Majestät
f; Würde f, Hoheit f.

major ['meidʒə] 1. größer; wich-
tig(er); mündig; ♪ Dur n; ~ key
Dur-Tonart f; ~ league Am. Baseball: Oberliga f; 2. ✕ Major m;
Mündige(r m) f; Am. univ. Haupt-
fach n; ~general ✕ Generalmajor
m; ~ity [mə'dʒɔriti] Mehrheit f;
Mündigkeit f; Majorsrang m.

make [meik] 1. [irr.] v/t. allg. machen; verfertigen, fabrizieren; bilden; (aus)machen; ergeben; (veran)lassen; gewinnen, verdienen;
sich erweisen als, abgeben; Regel
etc. aufstellen; Frieden etc. schließen; e-e Rede halten; ~ good wieder
gutmachen; wahr machen; do you ~
one of us? machen Sie mit?; ~ port
♣ den Hafen anlaufen; ~ way vorwärtskommen; ~ into verarbeiten
zu; ~ out ausfindig machen; erkennen; verstehen; entziffern; Rechnung etc. ausstellen; ~ over übertragen; ~ up ergänzen; vervoll-

29*

**ständigen; zs.-stellen; bilden, aus-machen;** *Streit* **beilegen; zurecht-machen, schminken; ~ ~ up for** (*v/i.*)**; ~ up one's mind sich ent-schließen;** *v/i.* **sich begeben; gehen; ~ away with beseitigen;** *Geld* **vertun; ~ for zugehen auf** (*acc.*)**; sich aufmachen nach; ~ off sich fortmachen; ~ up sich zurecht-machen; sich schminken; ~ up for nach., aufholen; für** *et.* **entschädi-gen; 2. Mach-, Bauart** *f***; Bau** *m des Körpers***; Form** *f***; Fabrikat** *n***, Er-zeugnis** *n***; ~believe ['meikbili:v] Schein** *m***, Vorwand** *m***, Verstellung** *f***; ~r ['meikə] Hersteller** *m***; **2 Schöpfer** *m* **(*Gott*); ~shift 1. Not-behelf** *m***; 2. behelfsmäßig; ~-up** *typ.* **Umbruch** *m***;** *fig.* **Charakter** *m***; Schminke** *f***, Make-up** *n.*

**maladjustment ['mælə'dʒʌstmənt] mangelhafte Anpassung.**

**maladministration ['mælədmi-nis'treiʃən] schlechte Verwaltung.**

**malady ['mælədi] Krankheit** *f.*

**malcontent ['mælkəntent] 1. un-zufrieden; 2. Unzufriedene(r)** *m.*

**male [meil] 1. männlich; 2. Mann** *m***;** *zo.* **Männchen** *n.*

**malediction [mæli'dikʃən] Fluch** *m.*

**malefactor ['mælifæktə] Übeltäter** *m.*

**malevolence [mə'levələns] Bös-willigkeit** *f***; ~t [~t □ [~nt] böswillig.**

**malice ['mælis] Bosheit** *f***; Groll** *m.*

**malicious [mə'liʃəs] boshaft; böswillig; ~ness [~nis] Bosheit** *f.*

**malign [mə'lain] 1. □ schädlich; 2. verleumden; ~ant □ [mə-'lignənt] böswillig; ~ bösartig; ~ity [~niti] Bosheit** *f***; Schaden-freude** *f***;** *bsd.* *§* **Bösartigkeit** *f.*

**malleable ['mæliəbl] hämmerbar;** *fig.* **geschmeidig.**

**mallet ['mælit] Schlegel** *m.*

**malnutrition ['mælnju(:)'triʃən] Unterernährung** *f.*

**malodorous □ [mæ'loudərəs] übel-riechend.**

**malpractice ['mæl'præktis] Übel-tat** *f***;** *§* **falsche Behandlung.**

**malt [mɔ:lt] Malz** *n.*

**maltreat [mæl'tri:t] schlecht be-handeln; mißhandeln.**

**mam(m)a [mə'mɑ:] Mama** *f.*

**mammal ['mæməl] Säugetier** *n.*

**mammoth ['mæməθ] riesig.**

**mammy F ['mæmi] Mami** *f***;** *Am.* **farbiges Kindermädchen.**

**man [mæn,** *in Zssgn* **...mən] 1.** *pl.* **men [men] Mann** *m***; Mensch(en** *pl.***)** *m***; Menschheit** *f***; Diener** *m***;** *Schach:* **Figur** *f***; Damestein** *m***; 2. männlich; 3. ✕ ⚓ bemannen; ~ o.s. sich ermannen.**

**manage ['mænidʒ]** *v/t.* **handhaben; verwalten, leiten;** *Menschen, Tiere* **lenken; mit** *j-m* **fertig werden;** *et.*

**fertigbringen; ~ to** *inf.* **es fertig-bringen, zu** *inf.***;** *v/i.* **die Aufsicht haben, die Geschäfte führen; aus-kommen; F es schaffen; ~able □ [~dʒəbl] handlich; lenksam; ~ment [~dʒmənt] Verwaltung** *f***, Leitung** *f***; Direktion** *f***, Geschäftsführung** *f***; geschickte Behandlung; ~r [~dʒə] Leiter** *m***, Direktor** *m***; Regisseur** *m***; Manager** *m***; ~ress [~əres] Leiterin** *f***, Direktorin** *f.*

**managing ['mænidʒiŋ] geschäfts-führend; Betriebs...;** *~ clerk* **Ge-schäftsführer** *m***, Prokurist** *m.*

**mandate ['mændeit] Mandat** *n***; Befehl** *m***; Auftrag** *m***; Vollmacht** *f***; ~ory [~dətəri] befehlend.**

**mane [mein] Mähne** *f.*

**maneuver [mə'nu:və] =** *ma-noeuvre.*

**manful □ ['mænful] mannhaft.**

**mange** *vet.* **[meindʒ] Räude** *f.*

**manger ['meindʒə] Krippe** *f.*

**mangle ['mæŋgl] 1. Wringmaschine** *f***; Wäschemangel** *f***; 2. mangeln; wringen; zerstückeln;** *fig.* **ver-stümmeln.**

**mangy ['meindʒi] räudig;** *fig.* **schäbig.**

**manhood ['mænhud] Mannesalter** *n***; Männlichkeit** *f***; die Männer** *m/pl.*

**mania ['meinjə] Wahnsinn** *m***; Sucht** *f***, Manie** *f***; ~c ['meiniæk] 1. Wahnsinnige(r** *m***)** *f***; 2. wahnsin-nig.**

**manicure ['mænikjuə] 1. Maniküre** *f***; 2. maniküren.**

**manifest ['mænifest] 1. □ offenbar; 2. ⚓ Ladungsverzeichnis** *n***; 3.** *v/t.* **offenbaren; kundtun; ~ation [mænifes'teiʃən] Offenbarung** *f***; Kundgebung** *f***; ~o [mæni'festou] Manifest** *n.*

**manifold □ ['mænifould] 1. man-nigfaltig; 2. vervielfältigen.**

**manipulate [mə'nipjuleit] (ge-schickt) handhaben; ~ion [mə-nipju'leiʃən] Handhabung** *f***, Behand-lung** *f***, Verfahren** *n***; Kniff** *m.*

**mankind [mæn'kaind] die Mensch-heit; ['mænkaind] die Männer** *pl.***; ~ly ['mænli] männlich; mannhaft.**

**manner ['mænə] Art** *f***, Weise** *f***; Stil(art** *f***)** *m***; Manier** *f***; ~s** *pl.* **Ma-nieren** *f/pl.***, Sitten** *f/pl.***; in a ~ gewissermaßen; ~ed [~əd] ...gear-tet; gekünstelt; ~ly [~əli] manier-lich, gesittet.**

**manoeuvre,** *Am.* *a.* **maneuver [mə'nu:və] 1. Manöver** *n* **(*a.* *fig.*); 2. manövrieren (lassen).**

**man-of-war ⚓ ['mænəv'wɔ:] Kriegsschiff** *n.*

**manor ['mænə] Rittergut** *n***; lord of the ~ Gutsherr** *m***; ~-house Herr-schaftshaus** *n***, Herrensitz** *m***; Schloß** *n.*

**manpower ['mænpauə] Men-schenpotential** *n***; Arbeitskräfte** *f/pl.*

**man-servant** ['mænsə:vənt] Diener m.

**mansion** ['mænʃən] (herrschaftliches) Wohnhaus.

**manslaughter** g♯ ['mænslɔːtə] Totschlag m, fahrlässige Tötung.

**mantel|piece** ['mæntlpiːs], **~shelf** Kaminsims m, -platte f.

**mantle** ['mæntl] 1. Mantel m; fig. Hülle f; Glühstrumpf m; 2. v/t. verhüllen; v/i. sich röten (Gesicht).

**manual** ['mænjuəl] 1. □ Hand...; mit der Hand (gemacht); 2. Handbuch n. [brik f.]

**manufactory** [mænju'fæktəri] Fa-
**manufactur|e** [mænju'fæktʃə] 1. Fabrikation f; Fabrikat n; 2. fabrizieren; verarbeiten; **~er** [~ərə] Fabrikant m; **~ing** [~riŋ] Fabrik...; Gewerbe...; Industrie...

**manure** [mə'njuə] 1. Dünger m; 2. düngen.

**manuscript** ['mænjuskript] Manuskript n; Handschrift f.

**many** ['meni] 1. viele; ~ a manche(r, -s); be one too ~ for s.o. j-m überlegen sein; 2. Menge f; a good ~ a great ~ ziemlich viele, sehr viele.

**map** [mæp] 1. (Land)Karte f; 2. aufzeichnen; ~ out planen; einteilen.

**maple** ♀ ['meipl] Ahorn m.

**mar** [maː] schädigen; verderben.

**maraud** [mə'rɔːd] plündern.

**marble** ['maːbl] 1. Marmor m; Murmel f (zum Spiel); 2. marmorn.

**March**[1] [maːtʃ] März m.

**march**[2] [~] 1. Marsch m; Fortschritt m; Gang m der Ereignisse etc.; 2. marschieren (lassen); fig. vorwärtsschreiten.

**marchioness** ['maːʃənis] Marquise f.

**mare** [meə] Stute f; ~'s nest fig. Schwindel m; (Zeitungs)Ente f.

**marg|arine** [maːdʒə'riːn], a. **~e** F [maːdʒ] Margarine f.

**margin** ['maːdʒin] Rand m; Grenze f; Spielraum m; Verdienst-, Gewinn-, Handelsspanne f; **~al** □ [~nl] am Rande (befindlich); Rand...; **~ note** Randbemerkung f.

**marine** [mə'riːn] Marineinfanterist m; Marine f; paint. Seestück n; attr. See...; Marine...; Schiffs...; **~r** ['mærinə] Seemann m.

**marital** □ ['mæritl] ehelich, Ehe...

**maritime** ['mæritaim] an der See liegend od. lebend; See...; Küsten...; Schiffahrt(s)...

**mark**[1] [maːk] Mark f (Geldstück).

**mark**[2] [~] 1. Marke f, Merkmal n, Zeichen n; ♦ Preiszettel m; Fabrik-, Schutzmarke f; (Körper)Mal n; Norm f; Schule: Zensur f, Note f; Punkt m; Sport: Startlinie f; Ziel n; a man of ~ ein Mann von Bedeutung; fig. up to the ~ auf der Höhe;

beside the ~, wide of the ~ den Kern der Sache verfehlend; unrichtig; 2. v/t. (be)zeichnen, markieren; Sport: anschreiben; kennzeichnen; be(ob)achten; sich et. merken; ~ off abtrennen; ~ out bezeichnen; abstecken; ~ time auf der Stelle treten; v/i. achtgeben; **~ed** □ auffallend; merklich; ausgeprägt.

**market** ['maːkit] 1. Markt(platz) m; Handel m; ♦ Absatz m; in the ~ auf dem Markt; play the ~ Am. sl. an der Börse spekulieren; 2. v/t. auf den Markt bringen, verkaufen; v/i. einkaufen gehen; **~able** □ [~təbl] marktfähig, -gängig; **~ing** [~tiŋ] ♦ Marketing n, Absatzpolitik f; Marktbesuch m.

**marksman** ['maːksmən] (guter) Schütze.

**marmalade** ['maːməleid] Orangenmarmelade f.

**maroon** [mə'ruːn] 1. kastanienbraun; 2. auf e-r einsamen Insel aussetzen; 3. Leuchtrakete f.

**marquee** [maː'kiː] (großes) Zelt.

**marquis** ['maːkwis] Marquis m.

**marriage** ['mæridʒ] Heirat f, Ehe (-stand m) f; Hochzeit f; civil ~ standesamtliche Trauung; **~able** [~dʒəbl] heiratsfähig; **~ articles** pl. Ehevertrag m; **~ lines** pl. Trauschein m; **~ portion** Mitgift f.

**married** ['mærid] verheiratet; ehelich; Ehe...; ~ couple Ehepaar n.

**marrow** ['mærou] Mark n; fig. Kern m, Beste(s) n; **~y** [~oui] markig.

**marry** ['mæri] v/t. (ver)heiraten; eccl. trauen; v/i. (sich ver)heiraten.

**marsh** [maːʃ] Sumpf m, Morast m.

**marshal** ['maːʃəl] 1. Marschall m; hist. Hofmarschall m; Zeremonienmeister m; Am. Bezirkspolizeichef m; Leiter m der Feuerwehr; 2. ordnen; führen; zs.-stellen.

**marshy** ['maːʃi] sumpfig.

**mart** [maːt] Markt m; Auktionsraum m.

**marten** zo. ['maːtin] Marder m.

**martial** □ ['maːʃəl] kriegerisch; Kriegs...; ~ law Stand-, Kriegsrecht n.

**martyr** ['maːtə] 1. Märtyrer(in) (to gen.); 2. (zu Tode) martern.

**marvel** ['maːvel] 1. Wunder n; 2. sich wundern; **~lous** □ ['maːviləs] wunderbar, erstaunlich.

**mascot** ['mæskət] Maskottchen n.

**masculine** ['maːskjulin] männlich.

**mash** [mæʃ] 1. Gemisch n; Maische f; Mengfutter n; 2. mischen; zerdrücken; (ein)maischen; **~ed potatoes** pl. Kartoffelbrei m.

**mask** [maːsk] 1. Maske f; 2. maskieren; fig. verbergen; tarnen; **~ed**: ~ ball Maskenball m.

**mason** ['meisn] Steinmetz m; Maurer m; Freimaurer m; **~ry** [~nri] Mauerwerk n.

**masque** [mɑːsk] Maskenspiel *n*.

**masquerade** [mæskə'reid] 1. Maskenball *m*; Verkleidung *f*; 2. *fig.* sich maskieren.

**mass** [mæs] 1. *eccl.* Messe *f*; Masse *f*; Menge *f*; ~ *meeting* Massenversammlung *f*; 2. (sich) (an)sammeln.

**massacre** ['mæsəkə] 1. Blutbad *n*; 2. niedermetzeln.

**massage** ['mæsɑːʒ] 1. Massage *f*; 2. massieren.

**massif** ['mæsiːf] (Gebirgs)Massiv *n*.

**massive** ['mæsiv] massiv; schwer.

**mast** ⚓ [mɑːst] Mast *m*.

**master** ['mɑːstə] 1. Meister *m*; Herr *m* (*a. fig.*); Gebieter *m*; Lehrer *m*; Kapitän *m* *e-s Handelsschiffs*; *Anrede*: (junger) Herr; *univ.* Rektor *m* *e-s College*; ♀ *of Arts* Magister *m* Artium; ♀ *of Ceremonies* Conférencier *m*; 2. Meister...; *fig.* führend; 8. Herr sein *od.* werden über (*acc.*); *Sprache etc.* meistern, beherrschen; ~**builder** Baumeister *m*; ~**ful** □ [~sful] herrisch; meisterhaft; ~**key** Hauptschlüssel *f*; ~**ly** [~li] meisterhaft; ~**piece** Meisterstück *n*; ~**ship** [~əʃip] Meisterschaft *f*; Herrschaft *f*; Lehramt *n*; ~**y** [~əri] Herrschaft *f*; Vorrang *m*; Oberhand *f*; Meisterschaft *f*; Beherrschung *f*.

**masticate** ['mæstikeit] kauen.

**mastiff** ['mæstif] englische Dogge.

**mat** [mæt] 1. Matte *f*; Deckchen *n*; Unterlage *f*; 2. *fig.* bedecken; (sich) verflechten; 3. mattiert, matt.

**match**[1] [mætʃ] Streichholz *n*.

**match**[2] [~] 1. Gleiche(r *m*, -s *n*) *f*; Partie *f*; Wettspiel *n*, -kampf *m*; Heirat *f*; *be a ~ for j-m* gewachsen sein; *meet one's ~* s-n Meister finden; 2. *v/t.* anpassen; passen zu; et. Passendes finden *od.* geben zu; es aufnehmen mit; verheiraten; *well ~ed* zs.-passend; *v/i.* zs.-passen; *to ~* dazu passend; ~**less** □ ['mætʃlis] unvergleichlich, ohnegleichen; ~**maker** Ehestifter(in).

**mate**[1] [meit] *Schach*: matt (setzen).

**mate**[2] [~] 1. Gefährt|e *m*, -in *f*; Kamerad(in); Gatt|e *m*, -in *f*; Männchen *n*, Weibchen *n* *von Tieren*; Gehilf|e *m*, -in *f*; ⚓ Maat *m*; 2. (sich) verheiraten; (sich) paaren.

**material** □ [mə'tiəriəl] 1. materiell; körperlich; materialistisch; wesentlich; 2. Material *n*, Stoff *m*; Werkstoff *m*; *writing ~s pl.* Schreibmaterial(ien *pl.*) *n*.

**matern**|**al** □ [mə'təːnl] mütterlich; Mutter...; mütterlicherseits; ~**ity** [~niti] Mutterschaft *f*; Mütterlichkeit *f*; *mst ~ hospital* Entbindungsanstalt *f*.

**mathematic**|**ian** [mæθimə'tiʃən] Mathematiker *m*; ~**s** [~'mætiks] *mst sg.* Mathematik *f*.

**matriculate** [mə'trikjuleit] (sich) immatrikulieren (lassen).

**matrimon**|**ial** □ [mætri'mounjəl] ehelich; Ehe...; ~**y** ['mætriməni] Ehe(stand *m*) *f*.

**matrix** ['meitriks] Matrize *f*.

**matron** ['meitrən] Matrone *f*; Hausmutter *f*; Oberin *f*.

**matter** ['mætə] 1. Materie *f*, Stoff *m*; ♂ Eiter *m*; Gegenstand *m*; Ursache *f*; Sache *f*; Angelegenheit *f*, Geschäft *n*; *printed ~* Drucksache *f*; *what's the ~?* was gibt es?; *what's the ~ with you?* was fehlt Ihnen?; *no ~* es hat nichts zu sagen; *no ~ who* gleichgültig wer; ~ *of course* Selbstverständlichkeit *f*; *for that ~*, *for the ~ of that* was dies betrifft; ~ *of fact* Tatsache *f*; 2. von Bedeutung sein; *it does not ~* es macht nichts; ~**-of-fact** tatsächlich; sachlich.

**mattress** ['mætris] Matratze *f*.

**matur**|**e** [mə'tjuə] 1. □ reif; reiflich; ✝ fällig; 2. reifen; zur Reife bringen; ✝ fällig werden; ~**ity** [~riti] Reife *f*; ✝ Fälligkeit *f*.

**maudlin** □ ['mɔːdlin] rührselig.

**maul** [mɔːl] beschädigen; *fig.* heruntermachen; roh umgehen mit.

**Maundy Thursday** *eccl.* ['mɔːndi 'θəːzdi] Gründonnerstag *m*.

**mauve** [mouv] 1. Malvenfarbe *f*; 2. hellviolett.

**maw** [mɔː] *Tier*-Magen *m*; Rachen *m*.

**mawkish** □ ['mɔːkiʃ] rührselig, sentimental.

**maxim** ['mæksim] Grundsatz *m*; ~**um** [~məm] Höchstmaß *n*, -stand *m*, -betrag *m*; *attr.* Höchst...

**May**[1] [mei] Mai *m*.

**may**[2] [~] (*irr.*) mag, kann, darf.

**maybe** *Am.* ['meibiː] vielleicht.

**may**|**-beetle** *zo.* ['meibiːtl], ~**-bug** Maikäfer *m*.

**May Day** ['meidei] der 1. Mai.

**mayor** [mɛə] Bürgermeister *m*.

**maypole** ['meipoul] Maibaum *m*.

**maz**|**e** [meiz] Irrgarten *m*, Labyrinth *n*; *fig.* Wirrnis *f*; *in a ~* = ~**ed** [meizd] bestürzt, verwirrt; ~**y** □ ['meizi] labyrinthisch; wirr.

**me** [miː, mi] mich; mir; F ich.

**mead** [miːd] Met *m*; *poet.* = *meadow*.

**meadow** ['medou] Wiese *f*.

**meag**|**re**, *Am.* ~**er** □ ['miːgə] mager, dürr; dürftig.

**meal** [miːl] Mahl(zeit *f*) *n*; Mehl *n*.

**mean**[1] □ [miːn] gemein, niedrig, gering; armselig; knauserig.

**mean**[2] [~] 1. mittler, mittelmäßig; Durchschnitts...; *in the ~ time* inzwischen; 2. Mitte *f*; ~*s pl.* (Geld-)Mittel *n*/*pl.*; (*a. sg.*) Mittel *n*; *by all ~s* jedenfalls; *by no ~s* keineswegs; *by ~s of* mittels (*gen.*).

**mean**[3] [~] (*irr.*) meinen; beabsich-

tigen; bestimmen; bedeuten; ~
well (ill) es gut (schlecht) meinen.
**meaning** ['mi:niŋ] 1. ☐ bedeut-
sam; 2. Sinn m, Bedeutung f; ~less
[~lis] bedeutungslos; sinnlos.
**meant** [ment] pret. u. p.p. von
mean².
**mean|time** ['mi:n'taim], ~while
mittlerweile, inzwischen.
**measles** ✠ ['mi:zlz] sg. Masern pl.
**measure** ['meʒə] 1. Maß n; ♪ Takt
m; Maßregel f; ~ of capacity Hohl-
maß n; beyond ~ über alle Maßen;
in a great ~ großenteils; made to ~
nach Maß gemacht; 2. (ab-, aus-,
ver)messen; j-m Maß nehmen; ~ up
Am. heranreichen; ~less ☐ [~lis]
unermeßlich; ~ment [~mənt]
Messung f; Maß n.
**meat** [mi:t] Fleisch n; fig. Gehalt m;
~ tea frühes Abendessen mit Tee;
~y ['mi:ti] fleischig; fig. gehaltvoll.
**mechanic** [mi'kænik] Handwerker
m; Mechaniker m; ~al [~kəl]
mechanisch; Maschinen...; ~ian
[mekə'niʃən] Mechaniker m; ~s
[mi'kæniks] mst sg. Mechanik f.
**mechan|ism** ['mekənizəm] Me-
chanismus m; ~ize [~naiz] mecha-
nisieren; ✠ motorisieren.
**medal** ['medl] Medaille f; Orden
m.
**meddle** ['medl] sich einmischen
(with, in in acc.); ~some [~səm]
zu-, aufdringlich.
**mediaeval** ☐ [medi'i:vəl] mittelal-
terlich.
**media|l** ] ['mi:djəl], ~n [~ən]
Mittel..., in der Mitte (befindlich).
**mediat|e** ['mi:dieit] vermitteln;
~ion [mu:di'eiʃən] Vermittlung f;
~or ['mi:dieitə] Vermittler m.
**medical** ['medikəl] medizinisch,
ärztlich; ~ certificate Kranken-
schein m, Attest m; ~ evidence ärzt-
liches Gutachten; ~ man Arzt m,
Mediziner m; ~ supervision ärzt-
liche Aufsicht.
**medicate** ['medikeit] medizinisch
behandeln; mit Arzneistoff versehen; ~d bath medizinisches Bad.
**medicin|al** ] [me'disinl] medizi-
nisch; heilend, heilsam; ~e ['med-
sin] Medizin f.
**medieval** ☐ [medi'i:vəl] = mediaeval.
**mediocre** ['mi:dioukə] mittelmäßig.
**meditat|e** ['mediteit] v/i. nachden-
ken, überlegen; v/t. sinnen auf
(acc.); erwägen; ~ion [medi'teiʃən]
Nachdenken n; innere Betrachtung;
~ive ] ['meditətiv] nachdenklich,
meditativ.
**Mediterranean** [meditə'reinjən]
Mittelmeer n; attr. Mittelmeer...
**medium** ['mi:djəm] 1. Mitte f;
Mittel n; Vermittlung f; Medium
n; Lebens-Element n; 2. mittler;
Mittel..., Durchschnitts...

**medley** ['medli] Gemisch n; ♪ Pot-
pourri n.
**meek** ] [mi:k] sanft-, demütig;
~ness ['mi:knis] Sanft-, Demut f.
**meerschaum** ['miəʃəm] Meer-
schaum(pfeife f) m.
**meet**[1] [mi:t] passend; schicklich.
**meet**[2] [~] [irr.] v/t. treffen; begegnen (dat.); abholen; stoßen auf
den Gegner; Wunsch etc. befriedigen; ~r Verpflichtung nachkommen; Am. j-m vorgestellt werden;
go to ~ s.o. j-m entgegengehen; v/i.
sich treffen; zs.-stoßen; sich versammeln; ~ with stoßen auf (acc.);
erleiden; ~ing ['mi:tiŋ] Begegnung
f; (Zs.-)Treffen n, Versammlung f;
Tagung f.
**melancholy** ['melənkəli] 1. Schwermut f; 2. melancholisch.
**meliorate** ['mi:ljəreit] (sich) verbessern.
**mellow** ['melou] 1. ☐ mürbe; reif;
weich; mild; 2. reifen (lassen);
weich machen od. werden; (sich)
mildern.
**melo|dious** ☐ [mi'loudjəs] melo-
disch; ~dramatic [meloudrə-
'mætik] melodramatisch; ~dy
['melədi] Melodie f; Lied n.
**melon** ♀ ['melən] Melone f.
**melt** [melt] (zer)schmelzen; fig. zer-
fließen; ~ iefühl erweichen.
**member** ['membə] (Mit)Glied n;
parl. Abgeordnete(r m) f; ~ship
[~ʃip] Mitgliedschaft f; Mitgliederzahl f.
**membrane** ['membrein] Mem-
bran(e) f, Häutchen n. [n.]
**memento** [mi'mentou] Andenken[n]
**memo** ['mi:mou] = memorandum.
**memoir** ['memwa:] Denkschrift f;
~s pl. Memoiren pl.
**memorable** ☐ ['memərəbl] denk-
würdig.
**memorandum** [memə'rændəm]
Notiz f; pol. Note f; Schriftsatz m.
**memorial** [mi'mɔ:riəl] Denkmal n;
Gedenkzeichen n; Denkschrift f,
Eingabe f; attr. Gedächtnis..., Gedenk...
**memorize** ['meməraiz] auswendig
lernen, memorieren.
**memory** ['meməri] Gedächtnis n;
Erinnerung f; Andenken n; commit
to ~ dem Gedächtnis einprägen;
in ~ of zum Andenken an (acc.).
**men** [men] pl. von man 1; Mannschaft f.
**menace** ['menəs] 1. (be)drohen;
2. Gefahr f; Drohung f.
**mend** [mend] 1. v/t. (ver)bessern;
ausbessern, flicken; besser machen;
~ one's ways sich bessern; v/i. sich
bessern; 2. Flicken m; on the ~ auf
dem Wege der Besserung.
**mendacious** ☐ [men'deiʃəs] lügnerisch, verlogen.
**mendicant** ['mendikənt] 1. bet-

telnd; Bettel...; 2. Bettler m; Bettel-
mönch m.
**menial** conp. ['mi:njəl] 1. ☐ knech-
tisch; niedrig; 2. Knecht m; Lakai m.
**meningitis** ﬡ [menin'dʒaitis] Hirn-
hautentzündung f, Meningitis f.
**mental** ☐ ['mentl] geistig; Geistes..., ~ arithmetic Kopfrechnen n;
~ity [men'tæliti] Mentalität f.
**mention** ['menʃən] 1. Erwähnung f;
2. erwähnen; don't ~ it! bitte!
**menu** ['menju] Speisenfolge f,
Menü n; Speisekarte f.
**mercantile** ['mə:kəntail] kaufmännisch; Handels...
**mercenary** ['mə:sinəri] 1. ☐ feil,
käuflich; gedungen; gewinnsüch-
tig; 2. ✗ Söldner m.
**mercer** ['mə:sə] Seidenwaren-,
Stoffhändler m.
**merchandise** ['mə:tʃəndaiz] Wa-
re(n pl.) f.
**merchant** ['mə:tʃənt] 1. Kaufmann
m; Am. (Klein)Händler m; 2. Handels..., Kaufmanns...; law ~ Han-
delsrecht n; ~man Handelsschiff n.
**merci|ful** ☐ ['mə:siful] barmher-
zig; ~less [~ilis] unbarmherzig.
**mercury** ['mə:kjuri] Quecksilber n.
**mercy** ['mə:si] Barmherzigkeit f;
Gnade f; be at s.o.'s ~ in j-s Gewalt sein.
**mere** ☐ [miə] rein, lauter; bloß;
~ly ['miəli] bloß, lediglich, allein.
**meretricious** ☐ [meri'triʃəs] aufdringlich; kitschig.
**merge** [mə:dʒ] verschmelzen (in
mit); ~r ['mə:dʒə] Verschmelzung f.
**meridian** [mə'ridiən] geogr. Meridian m; fig. Gipfel m; astr. Mittags...
**merit** ['merit] 1. Verdienst n; Wert
m; Vorzug m; bsd. ﬩ ~s pl. Haupt-
punkte m/pl., Wesen n ~ Sache;
make a ~ of als Verdienst ansehen;
2. fig. verdienen; ~orious ☐
[meri'tɔːriəs] verdienstvoll.
**mermaid** ['mə:meid] Nixe f.
**merriment** ['merimənt] Lustigkeit
f; Belustigung f.
**merry** ☐ ['meri] lustig, fröhlich;
make ~ lustig sein; ~ andrew
Hanswurst m; ~-go-round Karussell n; ~-making ['meikiŋ] Lustbarkeit f.
**mesh** [meʃ] 1. Masche f; fig. oft ~es
pl. Netz n; be in ~ ⊕ (in-ea.-)grei-
fen; 2. in e-m Netz fangen.
**mess¹** [mes] 1. Unordnung f;
Schmutz m, F Schweinerei f; F Patsche f; make a ~ of verpfuschen; 2.
v/t. in Unordnung bringen; verpfuschen; v/i. ~ about F herummurksen.
**mess²** [~] Kasino n, Messe f.
**message** ['mesidʒ] Botschaft f; go
on a ~ ~ e Besorgung machen.
**messenger** ['mesindʒə] Bote m.
**Messieurs**, mst **Messrs.** ['mesəz]
(die) Herren m/pl.; Firma f.

**met** [met] pret. u. p.p. von meet².
**metal** ['metl] 1. Metall n; Schotter
m; 2. beschottern; ~lic [mi'tælik]
(~ally) metallisch; Metall...; ~lurgy
[me'tælədʒi] Hüttenkunde f.
**metamorphose** [metə'mɔːfouz] verwandeln, umgestalten.
**metaphor** ['metəfə] Metapher f.
**meteor** ['mi:tjə] Meteor m (a. fig.);
~ology [mi:tjə'rɔlədʒi] Meteorolo-
gie f, Wetterkunde f.
**meter** ['mi:tə] Messer m, Zähler m;
Am. = metre.
**methinks** † [mi'θiŋks] mich dünkt.
**method** ['meθəd] Methode f; Art
u. Weise f; Verfahren n; Ordnung
f, System n; ~ic(al) ☐ [mi'θɔ-
dik(əl)] methodisch.
**methought** [mi'θɔːt] pret. von
methinks.
**meticulous** ☐ [mi'tikjuləs] peinlich
genau.
**met|re**, Am. ~er ['mi:tə] Meter n,
m; Versmaß n.
**metric** ['metrik] (~ally) metrisch;
~ system Dezimalsystem n.
**metropolis** [mi'trɔpəlis] Hauptstadt f, Metropole f; ~tan [metrə-
'pɔlitən] hauptstädtisch.
**mettle** ['metl] Feuereifer m, Mut m;
be on one's ~ sein Bestes tun.
**mews** [mju:z] Stallung f; daraus
entstandene Garagen f/pl. od. Wohn-
häuser n/pl.
**Mexican** ['meksikən] 1. mexika-
nisch; 2. Mexikaner(in).
**miaow** [mi(:)'au] miauen; mauzen.
**mice** [mais] pl. von mouse.
**Michaelmas** ['miklməs] Michaelis
(-tag m) n (29. September).
**micro...** ['maikrou] klein..., Klein...
**micro|phone** ['maikrəfoun] Mikro-
phon n; ~scope Mikroskop n.
**mid** [mid] mittler; Mitt(el)...; in ~
air mitten in der Luft; in ~ winter
mitten im Winter; ~day ['middei]
1. Mittag m; 2. mittägig; Mittags...
**middle** ['midl] 1. Mitte f; Hüften
f/pl.; 2. mittler; Mittel...; ♀ Ages
pl. Mittelalter n; ~aged von mittlerem Alter; ~class Mittelstands-
...; ~ class(es pl.) Mittelstand m;
~man Mittelsmann m; ~ name
zweiter Vorname m; ~sized mittel-
groß; ~weight Boxen: Mittelge-
wicht n.
**middling** ['midliŋ] mittelmäßig;
leidlich; Mittel...
**middy** F ['midi] = midshipman.
**midge** [midʒ] Mücke f; ~t ['midʒit]
Zwerg m, Knirps m.
**mid|land** ['midlənd] 1. binnenlän-
disch; 2. the 2s pl. Mittelengland n;
~most mittelste(r, -s); ~night
Mitternacht f; ~riff ['midrif]
Zwerchfell n; ~shipman Leutnant
m zur See; Am. Oberfähnrich m
zur See; ~st [midst] Mitte f; in the
~ of inmitten (gen.); ~summer

Sommersonnenwende *f*; Hoch-
sommer *m*; ~way 1. halber Weg;
*Am.* Schaubudenstraße *f*; 2. *adj.*
in der Mitte befindlich; 3. *adv.* auf
halbem Wege; ~wifery ['midwifəri] Geburtshilfe
*f*; ~winter Wintersonnenwende *f*;
Mitte *f* des Winters.

mien [mi:n] Miene *f*.

might [mait] 1. Macht *f*, Gewalt *f*,
Kraft *f*; with ~ and main mit aller
Gewalt; 2. *pret. von* may²; ~y □
['maiti] mächtig, gewaltig.

migrat|e [mai'greit] (aus)wandern;
~ion [.ei∫ən] Wanderung *f*; ~ory
['maigrətəri] wandernd; Zug...

mild □ [maild] mild, sanft; gelind.

mildew ♀ ['mildju:] Mehltau *m*.

mildness ['maildnis] Milde *f*.

mile [mail] Meile *f* (1609.33 m).

mil(e)age ['mailidʒ] Laufzeit *f in
Meilen*, Meilenstand *m e-s Autos*;
Kilometergeld *n*.

milestone ['mailstoun] Meilenstein
*m*.

milit|ary ['militəri] 1. □ militä-
risch; Kriegs...; ☿ Government
Militärregierung *f*; 2. *das* Militär;
~ia [mi'li∫ə] Land-, Bürgerwehr *f*.

milk [milk] 1. Milch *f*; *it's no use
crying over spilt ~* geschehen ist geschehen; 2. *v/t.* melken; *v/i.* Milch
geben; ~maid ['milkmeid] Melke-
rin *f*; Milchmädchen *n*; ~man
Milchmann *m*; ~powder Milch-
pulver *n*; ~shake Milchmischge-
tränk*n*; ~sop Weichling*m*; ~y ['mil-
ki] milchig; Milch...; ☿ Way Milch-
straße *f*.

mill¹ [mil] 1. Mühle *f*; Fabrik *f*,
Spinnerei *f*; 2. mahlen; ⊕ fräsen;
*Geld prägen*; ☿ Münze rändeln.

mill² *Am.* [.] ¹/₁₀₀₀ Dollar *m*.

millepede *zo.* ['milipi:d] Tausend-
füß(l)er *m*.

miller ['milə] Müller *m*; ⊕ Fräs-
maschine *f*.

millet ♀ ['milit] Hirse *f*.

milliner ['milinə] Putzmacherin *f*,
Modistin *f*; ~y [.əri] Putz-, Mode-
waren(geschäft *n*) *pl*.

million ['miljən] Million *f*; ~aire
[miljə'nɛə]    Millionär(in);    ~th
['miljənθ]  1.  millionste(r,  -s);
2. Millionstel *n*.

mill|-pond ['milpond] Mühlteich
*m*; ~stone Mühlstein *m*.

milt [milt] Milch *f der Fische*.

mimic ['mimik]  1.  mimisch;
Schein...; 2. Mime *m*; 3. nachahmen, nachäffen; ~ry [.kri] Nach-
ahmung *f*; *zo.* Angleichung *f*.

mince [mins] 1. *v/t.* zerhacken; *he
does not ~ matters* er nimmt kein
Blatt vor den Mund; *v/i.* sich zieren; 2. *a.* ~d *meat* Hackfleisch *n*;
~meat ['minsmi:t] *e-e* Torten-
füllung; ~pie Torte *f* aus *mince-
meat*; ~r [.sə] Fleischwolf *m*.

mincing-machine ['minsiŋməʃi:n]
= *mincer*.

mind [maind] 1. Sinn *m*, Gemüt *n*;
Geist *m*, Verstand *m*; Meinung *f*;
Absicht *f*; Neigung *f*, Lust *f*; Gedächtnis *n*; Sorge *f*; *to my ~* meiner
Ansicht nach; *out of one's ~* not
*in one's right ~* von Sinnen; *change
one's ~* sich anders besinnen; *bear
s.th. in ~* (immer) an et. denken;
*have (half) a ~ to* (beinahe) Lust
haben zu; *have s.th. on one's ~* et.
auf dem Herzen haben; *make up
one's ~* sich entschließen; 2. merken
*od.* achten auf (*acc.*); sich kümmern
um; etwas (einzuwenden) haben
gegen; *~! gib acht!*; *never ~!* macht
nichts!; ~ *the step!* Achtung,
Stufe!; *I don't ~* (*it*) ich habe nichts
dagegen; *do you ~ if I smoke?* stört
es Sie, wenn ich rauche?; *would
you ~ taking off your hat!* würden
Sie bitte den Hut abnehmen?; ~
*your own business!* kümmern Sie
sich um Ihre Angelegenheiten!;
~ful □ ['maindful] (*of*) eingedenk
(*gen.*); achtsam (auf *acc.*).

mine¹ [main] 1. der (die, das) mei-
nige; mein; 2. die Mein(ig)en
*pl*.

mine² [.] 1. Bergwerk *n*, Grube *f*;
*fig.* Fundgrube *f*; ✕ Mine *f*; 2. *v/i.*
graben, minieren; *v/t.* graben;
⚒ fördern; ✕ unterminieren; ✕
verminen; ~r ['mainə] Bergmann *m*.

mineral ['minərəl] 1. Mineral *n*; ~s
*pl.* Mineralwasser *n*; 2. mineralisch.

mingle ['miŋgl] (ver)mischen; sich
mischen *od.* mengen (*with* unter).

miniature ['minjət∫ə] 1. Miniatur
(-gemälde *n*) *f*; 2. in Miniatur;
Miniatur...; Klein...; ~ *camera*
Kleinbildkamera *f*.

minikin ['minikin] 1. winzig; geziert; 2. Knirps *m*.

minim|ize ['minimaiz] möglichst
klein machen; *fig.* verringern; ~um
[.məm] Minimum *n*; Mindestmaß
*n*; Mindestbetrag *m*; *attr.* Mindest...

mining ['mainiŋ] Bergbau *m*; *attr.*
Berg(bau)...; Gruben...

minion ['minjən] Günstling *m*; *fig.*
Lakai *m*.

miniskirt ['miniskə:t] Minirock *m*.

minister ['ministə] 1. Diener *m*;
*fig.* Werkzeug *n*; Geistliche(r) *m*;
Minister *m*; Gesandte(r) *m*; 2. *v/t.*
darreichen; *v/i.* dienen; Gottesdienst halten.

ministry ['ministri] geistliches Amt;
Ministerium *n*; Regierung *f*.

mink *zo.* [miŋk] Nerz *m*.

minor ['mainə] 1. kleiner, geringer,
weniger bedeutend; ♪ Moll *n*; A ~
A-moll *n*; 2. Minderjährige(r *m*) *f*;
*Am. univ.* Nebenfach *n*; ~ity
[mai'nɔriti] Minderheit *f*; Un-
mündigkeit *f*.

minster ['minstə] Münster *n*.

minstrel ['minstrəl] Minnesänger m; ~s pl. Negersänger m/pl.

mint [mint] 1. ♀ Minze f; Münze f; fig. Goldgrube f; a ~ of money e-e Menge Geld; 2. münzen, prägen.

minuet ♪ [minju'et] Menuett n.

minus ['mainəs] 1. prp. weniger; F ohne; 2. adj. negativ.

minute 1. ⌐ [mai'nju:t] sehr klein, winzig; unbedeutend; sehr genau; 2. ['minit] Minute f; Augenblick m; ~s pl. Protokoll n; ~ness [mai-'nju:tnis] Kleinheit f; Genauigkeit f.

mirac|le ['mirəkl] Wunder n; ~ulous □ [mi'rækjuləs] wunderbar.

mirage ['mira:ʒ] Luftspiegelung f.

mire ['maiə] 1. Sumpf m; Kot m, Schlamm m; 2. mit Schlamm od. Schmutz bedecken.

mirror ['mirə] 1. Spiegel m; 2. (wider)spiegeln (a. fig.).

mirth [mə:θ] Fröhlichkeit f; ~ful □ ['mə:θful] fröhlich; ~less □ ['mə:θ-lis] freudlos.

miry ['maiəri] kotig.

mis... [mis] miß..., übel, falsch.

misadventure ['misəd'ventʃə] Mißgeschick n, Unfall m.

misanthrop|e ['mizənθroup], ~ist [mi'zænθrəpist] Menschenfeind m.

misapply ['misə'plai] falsch anwenden.                    [mißverstehen.]

misapprehend ['misæpri'hend]

misappropriate ['misə'prouprieit] unterschlagen, veruntreuen.

misbehave ['misbi'heiv] sich schlecht benehmen.

misbelief ['misbi'li:f] Irrglaube m.

miscalculate ['mis'kælkjuleit] falsch (be)rechnen.

miscarr|iage [mis'kærid3] Mißlingen n; Verlust m v. Briefen; Fehlgeburt f; ~ of justice Fehlspruch m; ~y [~ri] mißlingen; verlorengehen (Brief); fehlgebären.

miscellan|eous ] [misi'leinjəs] ge~, vermischt; vielseitig; ~y [mi-'seləni] Gemisch n; Sammelband m.

mischief ['mistʃif] Schaden m, Unfug m; Mutwille m, Übermut m; ~maker Unheilstifter(in).

mischievous ] ['mistʃivəs] schädlich; boshaft, mutwillig.

misconceive ['miskən'si:v] falsch auffassen od. verstehen.

misconduct 1. [mis'kɔndəkt] schlechtes Benehmen; Ehebruch m; schlechte Verwaltung; 2. ['miskən-'dʌkt] schlecht verwalten; ~ o.s. sich schlecht benehmen; e-n Fehltritt begehen.

misconstrue ['miskən'stru:] mißdeuten.

miscreant ['miskriənt] Schurke m.

misdeed ['mis'di:d] Missetat f.

misdemeano(u)r ₴₮ [misdi'mi:nə] Vergehen n.

misdirect ['misdi'rekt] irreleiten; an die falsche Adresse richten.

misdoing ['misdu(:)iŋ] Vergehen n (mst pl.).

mise en scène thea. ['mi:zã:n'sein] Inszenierung f.

miser ['maizə] Geizhals m.

miserable ] ['mizərəbl] elend; unglücklich, erbärmlich.

miserly ['maizəli] geizig, filzig.

misery ['mizəri] Elend n, Not f.

misfit ['misfit] schlecht passendes Stück (Kleid, Stiefel etc.); Einzelgänger m, Eigenbrötler m.

misfortune [mis'fɔ:tʃən] Unglück(sfall m) n; Mißgeschick n.

misgiving [mis'giviŋ] böse Ahnung, Befürchtung f.

misguide ['mis'gaid] irreleiten.

mishap ['mishæp] Unfall m; mot. Panne f.

misinform ['misin'fɔ:m] falsch unterrichten.                    [deuten.]

misinterpret ['misin'tə:prit] miß-]

mislay [mis'lei] [irr. (lay)] verlegen.

mislead [mis'li:d] [irr. (lead)] irreführen; verleiten.

mismanage ['mis'mænid3] schlecht verwalten.

misplace ['mis'pleis] falsch stellen, verstellen; verlegen; falsch anbringen.

misprint 1. [mis'print] verdrucken; 2. ['mis'print] Druckfehler m.

misread ['mis'ri:d] [irr. (read)] falsch lesen od. deuten.

misrepresent ['misrepri'zent]falsch darstellen, verdrehen.

miss[1] [mis] mst ♀ Fräulein n.

miss[2] [~] 1. Verlust m; Fehlschuß m, -stoß m, -wurf m; 2. v/t. (ver-)missen; verpassen; verfehlen; auslassen; übersehen; überhören; v/i. fehlen (nicht treffen); fehlgehen.

misshapen ['mis'ʃeipən] verunstaltet; mißgestaltet.

missile ['misail] (Wurf)Geschoß n; Rakete f.

missing ['misiŋ] fehlend; ⚔ vermißt; be ~ fehlen; vermißt werden.

mission ['miʃən] Sendung f; Auftrag m; Berufung f, Lebensziel n; Gesandtschaft f; eccl., pol. Mission f; ~ary ['miʃnəri] Missionar m; attr. Missions...

missive ['misiv] Sendschreiben n.

mis-spell ['mis'spel] [irr. (spell)] falsch buchstabieren od. schreiben.

mis-spend ['mis'spend] [irr. (spend)] falsch verwenden; vergeuden.

mist [mist] 1. Nebel m; 2. (um)nebeln; sich trüben; beschlagen.

mistake [mis'teik] 1. [irr. (take)] sich irren in (dat.), verkennen; mißverstehen; verwechseln (for mit); be ~n sich irren; 2. Irrtum m; Versehen n; Fehler m; ~n □ [~kən] irrig, falsch (verstanden).

mister ['mistə] Herr m (abbr. Mr.).

mistletoe ⚘ ['misltou] Mistel f.

mistress ['mistris] Herrin f; Hausfrau f; Lehrerin f; Geliebte f; Meisterin f.

mistrust ['mis'trʌst] 1. mißtrauen (dat.); 2. Mißtrauen n; ~ful □ [.tful] mißtrauisch.

misty □ ['misti] neb(e)lig; unklar.

misunderstand ['misʌndə'stænd] [irr. (stand)] mißverstehen; ~ing [.diŋ] Mißverständnis n.

misus|age [mis'juːzidʒ] Mißbrauch m; Mißhandlung f; ~e 1. ['mis'juːz] mißbrauchen, mißhandeln; 2. [.uːs] Mißbrauch m.

mite [mait] zo. Milbe f; Heller m; fig. Scherflein n; Knirps m.

mitigate ['mitigeit] mildern, lindern (a. fig.).

mit|re, Am. ~er ['maitə] Bischofsmütze f.

mitt [mit] mst Baseball-Handschuh m; F Boxhandschuh m; = mitten.

mitten ['mitn] Fausthandschuh m; Halbhandschuh m (ohne Finger); Am. sl. Tatze f (Hand).

mix [miks] (sich) (ver)mischen; verkehren (with mit); ~ed gemischt; fig. zweifelhaft; ~ up durch-ea.bringen; be ~ed up with in e-e S. verwickelt sein; ~ture ['mikstʃə] Mischung f.

moan [moun] 1. Stöhnen n; 2. stöhnen.

moat [mout] Burg-, Stadtgraben m.

mob [mɔb] 1. Pöbel m; 2. anpöbeln.

mobil|e ['moubail] beweglich; ✗ mobil; ~ization ✗ [moubilai'zeiʃən] Mobilmachung f; ~ize ✗ ['moubilaiz] mobil machen.

moccasin ['mɔkəsin] weiches Leder; Mokassin m (Schuh).

mock [mɔk] 1. Spott m; 2. Schein...; falsch, nachgemacht; 3. v/t. verspotten; nachmachen; täuschen; v/i. spotten (at über acc.); ~ery ['mɔkəri] Spötterei f, Gespött n; Äfferei f.

mocking-bird orn. ['mɔkiŋbəːd] Spottdrossel f.

mode [moud] Art und Weise f; (Erscheinungs)Form f; Sitte f; Mode f.

model ['mɔdl] 1. Modell n; Muster n; fig. Vorbild n; Vorführdame f; attr. Muster...; 2. modellieren; (ab)formen; fig. modeln, bilden.

moderat|e 1. □ ['mɔdərit] (mittel-)mäßig; 2. [.reit] (sich) mäßigen; ~ion [mɔdə'reiʃən] Mäßigung f; Mäßigkeit f.

modern ['mɔdən] modern, neu; ~ize [.ə(ː)naiz] (sich) modernisieren.

modest □ ['mɔdist] bescheiden; anständig; ~y [.ti] Bescheidenheit f.

modi|fication [mɔdifi'keiʃən] Ab-

Veränderung f; Einschränkung f; ~fy ['mɔdifai] (ab)ändern; mildern.

mods [mɔdz] pl. Halbstarke m/pl.

modulate ['mɔdjuleit] modulieren.

moiety ['mɔieti] Hälfte f; Teil m.

moist [mɔist] feucht, naß; ~en ['mɔisn] be-, anfeuchten; ~ure ['mɔistʃə] Feuchtigkeit f.

molar ['moulə] Backenzahn m.

molasses [mə'læsiz] Melasse f; Sirup m.

mole¹ zo. [moul] Maulwurf m.

mole² [.] Muttermal n.

mole³ [.] Mole f, Hafendamm m.

molecule ['mɔlikjuːl] Molekül n.

molehill ['moulhil] Maulwurfshügel m; make a mountain out of a ~ aus e-r Mücke e-n Elefanten machen.

molest [mou'lest] belästigen.

mollify ['mɔlifai] besänftigen.

mollycoddle ['mɔlikɔdl] 1. Weichling m, Muttersöhnchen n; 2. verzärteln.

molten ['moultən] geschmolzen.

moment ['moumənt] Augenblick m; Bedeutung f; ~ momentum; ~ary □ [.təri] augenblicklich; vorübergehend; ~ous [mou'mentəs] (ge)wichtig, bedeutend; ~um phys. [.təm] Moment n; Triebkraft f.

monarch ['mɔnək] Monarch(in) f; ~y [.ki] Monarchie f.

monastery ['mɔnəstəri] (Mönchs-)Kloster n.

Monday ['mʌndi] Montag m.

monetary ['mʌnitəri] Geld...

money ['mʌni] Geld n; ready ~ Bargeld n; ~-box Sparbüchse f; ~-changer [.tʃeindʒə] (Geld-)Wechsler m; ~-order Postanweisung f.

monger ['mʌŋgə] ...händler m, ...krämer m.

mongrel ['mʌŋgrəl] Mischling m, Bastard m; attr. Bastard...

monitor ['mɔnitə] ⊕ Monitor m; (Klassen)Ordner m.

monk [mʌŋk] Mönch m.

monkey ['mʌŋki] 1. zo. Affe m (a. fig.); ⊕ Rammblock m; put s.o.'s ~ up F j-n auf die Palme bringen; ~ business Am. sl. fauler Zauber; 2. F (herum)albern (with herumzungsen an (dat.)); ~-wrench ⊕ Engländer m (Schraubenschlüssel); throw a ~ in s.th. Am. sl. et. über den Haufen werfen.

monkish ['mʌŋkiʃ] mönchisch.

mono|... ['mɔnou] ein(fach)...; ~cle ['mɔnɔkl] Monokel n; ~gamy [mɔ'nɔgəmi] Einehe f; ~logue, Am. a. ~log ['mɔnəlɔg] Monolog m; ~polist [mə'nɔpəlist] Monopolist m; ~polize [.laiz] monopolisieren; fig. an sich reißen; ~poly [.li] Monopol n (of auf acc.); ~tonous [.ʌtnəs] monoton, eintönig; ~tony [.ni] Monotonie f.

**monsoon** [mɔn'suːn] Monsun *m*.

**monster** ['mɔnstə] Ungeheuer *n* (*a. fig.*); Monstrum *n*; *attr.* Riesen...

**monstro|sity** [mɔns'trɔsiti] Ungeheuer(lichkeit *f*) *n*; **~us** □ ['mɔnstrəs] ungeheuer(lich); gräßlich.

**month** [mʌnθ] Monat *m*; *this day* ~ heute in e-m Monat; **~ly** ['mʌnθli] 1. monatlich; Monats...; 2. Monatsschrift *f*.

**monument** ['mɔnjumənt] Denkmal *n*; **~al** □ [mɔnju'mentl] monumental; Gedenk...; großartig.

**mood** [muːd] Stimmung *f*, Laune *f*; **~y** □ ['muːdi] launisch; schwermütig; übellaunig.

**moon** [muːn] 1. Mond *m*; *once in a blue ~* F alle Jubeljahre einmal; 2. *mst ~ about* F herumdösen; **~light** ['muːnlait] Mondlicht *n*, **~schein** *m*; **~lit** mondhell; **~struck** mondsüchtig.

**Moor**[1] [muə] Maure *m*; Mohr *m*.

**moor**[2] [**~**] Ödland *n*, Heideland *n*.

**moor**[3] ⚓ [**~**] (sich) vertäuen; **~ings** ⚓ ['muəriŋz] *pl.* Vertäuungen *f/pl.*

**moose** *zo.* [muːz] *a.* **~deer** *amerikanischer* Elch.

**moot** [muːt]: **~ point** Streitpunkt *m*.

**mop** [mɔp] 1. Mop *m*; (Haar)Wust *m*; 2. auf-, abwischen.

**mope** [moup] den Kopf hängen lassen.

**moral** ['mɔrəl] 1. □ Moral...; moralisch; 2. Moral *f*; Nutzanwendung *f*; **~s** *pl.* Sitten *f/pl.*; **~e** [mɔ'rɑːl] *bsd.* ✕ Moral *f*, Haltung *f*; **~ity** [mə'ræliti] Moralität *f*; Sittlichkeit *f*, Moral *f*; **~ize** ['mɔrəlaiz] moralisieren.

**morass** [mə'ræs] Morast *m*, Sumpf *m*.

**morbid** □ ['mɔːbid] krankhaft.

**more** [mɔː] mehr; *once* ~ noch einmal, wieder; *so much od. all the* ~ um *so* mehr; *no* ~ nicht mehr.

**morel** ♣ [mɔ'rel] Morchel *f*.

**moreover** [mɔː'rouvə] überdies, weiter, ferner.

**morgue** [mɔːg] Leichenschauhaus *n*; Archiv *n*.

**moribund** ['mɔribʌnd] im Sterben (liegend), dem Tode geweiht.

**morning** ['mɔːniŋ] Morgen *m*; Vormittag *m*; *tomorrow* ~ morgen früh; **~ dress** Tagesgesellschaftsanzug *m*. [*m* *f*.]

**moron** ['mɔːrɔn] Schwachsinnige(r)/

**morose** □ [mə'rous] mürrisch.

**morph|ia** ['mɔːfjə], **~ine** ['mɔːfiːn] Morphium *n*.

**morsel** ['mɔːsəl] Bissen *m*; Stückchen *n*, das bißchen *n*.

**mortal** ['mɔːtl] 1. □ sterblich; tödlich; Tod(es)...; 2. Sterbliche(r *m*) *f*; **~ity** [mɔː'tæliti] Sterblichkeit *f*.

**mortar** ['mɔːtə] Mörser *m*; Mörtel *m*.

**mortgag|e** ['mɔːgidʒ] 1. Pfandgut *n*; Hypothek *f*; 2. verpfänden; **~ee** [mɔːgə'dʒiː] Hypothekengläubiger *m*; **~er** ['mɔːgidʒə], **~or** [mɔːgə'dʒɔː] Hypothekenschuldner *m*.

**mortician** *Am.* [mɔː'tiʃən] Leichenbestatter *m*.

**morti|fication** [mɔːtifi'keiʃən] Kasteiung *f*; Kränkung *f*; **~fy** ['mɔːtifai] kasteien; kränken.

**morti|se, ~ce** ⊕ ['mɔːtis] Zapfenloch *n*.

**mortuary** ['mɔːtjuəri] Leichenhalle *f*.

**mosaic** [mə'zeiik] Mosaik *n*.

**mosque** [mɔsk] Moschee *f*.

**mosquito** *zo.* [məs'kiːtou] Moskito *m*. [moosig.]

**moss** [mɔs] Moos *n*; **~y** ['mɔsi]/

**most** [moust] 1. *adj.* □ meist; 2. *adv.* meist, am meisten; höchst; 3. *das* meiste; die meisten; Höchste(s) *n*; *at (the)* ~ höchstens; *make the* ~ *of* möglichst ausnutzen; **~ly** ['moustli] meistens.

**moth** [mɔθ] Motte *f*; **~eaten** ['mɔθiːtn] mottenzerfressen.

**mother** ['mʌðə] 1. Mutter *f*; 2. bemuttern; **~ country** Vaterland *n*; Mutterland *n*; **~hood** [**~**hud] Mutterschaft *f*; **~in-law** [**~**rinlɔː] Schwiegermutter *f*; **~ly** [**~**li] mütterlich; **~of-pearl** [**~**rəv'pəːl] Perlmutter *f*; **~tongue** Muttersprache *f*.

**motif** [mou'tiːf] (Leit)Motiv *n*.

**motion** ['mouʃən] 1. Bewegung *f*; Gang *m* (*a.* ⊕); *parl.* Antrag *m*; 2. *v/t.* durch Gebärden auffordern *od.* andeuten; *v/i.* winken; **~less** [**~**nlis] bewegungslos; **~ picture** Film *m*.

**motivate** ['moutiveit] motivieren, begründen.

**motive** ['moutiv] 1. bewegend; 2. Motiv *n*, Beweggrund *m*; 3. veranlassen; **~less** [**~**vlis] grundlos.

**motley** ['mɔtli] (bunt)scheckig.

**motor** ['moutə] 1. Motor *m*; treibende Kraft; Automobil *n*; ✍ Muskel *m*; 2. motorisch, bewegend; Motor...; Kraft...; Auto...; 3. (im) Auto fahren; **~assisted** [**~**rə'sistid] mit Hilfsmotor; **~bicycle**, **~bike** ~ *motor cycle*; **~boat** Motorboot *n*; **~bus** Autobus *m*; **~cade** *Am.* [**~**əkeid] Autokolonne *f*; **~car** Auto(mobil) *n*; **~coach** Reisebus *m*; **~cycle** Motorrad *n*; **~ing** [**~**əriŋ] Autofahren *n*; **~ist** [**~**rist] Kraftfahrer(in) *f*; **~ize** [**~**raiz] motorisieren; **~launch** Motorbarkasse *f*; **~road**, **~way** Autobahn *f*.

**mottled** ['mɔtld] gefleckt.

**mo(u)ld** [mould] 1. Gartenerde *f*; Schimmel *m*, Moder *m*; (Guß-)Form *f* (*a. fig.*); Abdruck *m*; Art *f*; 2. formen, gießen (*on, upon* nach).

mo(u)lder ['mouldə] zerfallen.
mo(u)lding △ ['mouldiŋ] Fries m.
mo(u)ldy ['mouldi] schimm(e)lig, dumpfig, mod(e)rig.
mo(u)lt [moult] (fig. sich) mausern.
mound [maund] Erdhügel m, -wall m.
mount [maunt] 1. Berg m; Reitpferd n; 2. v/i. (empor)steigen; aufsteigen (Reiter); v/t. be-, ersteigen; beritten machen; montieren; aufziehen, aufkleben; Edelstein fassen.
mountain ['mauntin] 1. Berg m; ~s pl. Gebirge n; 2. Berg..., Gebirgs...; ~eer [maunti'niə] Bergbewohner(in); Bergsteiger(in); ~ous ['mauntinəs] bergig, gebirgig.
mountebank ['mauntibæŋk]Marktschreier m, Scharlatan m.
mourn [mɔːn] (be)trauern; ~er ['mɔːnə] Leidtragende(r m) f; ~ful □ ['mɔːnful] Trauer...; traurig; ~ing ['mɔːniŋ] Trauer f; attr. Trauer... [Maus f.]
mouse [maus], pl. mice [mais]
moustache [məs'tɑːʃ] Schnurrbart m.
mouth [mauθ], pl. ~s [mauðz]Mund m; Maul n; Mündung f; Öffnung f; ~ful □ ['mauθful] Mundvoll m; ~organ Mundharmonika f; ~piece Mundstück n; fig. Sprachrohr n.
move [muːv] 1. v/t. allg. bewegen; in Bewegung setzen; (weg)rücken; (an)treiben; Leidenschaft erregen; seelisch rühren; beantragen; ~ heaven and earth Himmel und Hölle in Bewegung setzen; v/i. sich (fort)bewegen; sich rühren; Schach: ziehen; (um)ziehen (Mieter); ~ for s.th. et. beantragen; ~ in einziehen; ~ on weitergehen; ~ out ausziehen; 2. Bewegung f; Schach: Zug m; fig. Schritt m; on the ~ in Bewegung; make a ~ die Tafel aufheben; ~ment ['muːvmənt] Bewegung f; ♪ Tempo n; ♪ Satz m; ⊕ (Geh-)Werk n.
movies F ['muːviz] pl. Kino n.
moving □ ['muːviŋ] bewegend; beweglich; ~ staircase Rolltreppe f.
mow [mou] (irr.)mähen; ~er['mouə] Mäher(in); Mähmaschine f; ~ing machine ['mouiŋməʃiːn] Mähmaschine f; ~n [moun] p.p. von mow.
much [mʌtʃ] 1. adj. viel; 2. adv. sehr; viel; bei weitem; fast; ~ as I would like so gern ich möchte; I thought as ~ das dachte ich mir; make ~ of viel Wesens machen von; I am not ~ of a dancer ich bin kein großer Tänzer.
muck [mʌk] Mist m (F a. fig.); ~rake ['mʌkreik] 1. Mistgabel f; = ~r; 2. im Schmutz wühlen; ~raker [ˌʌk] Am. Korruptionsschnüffler m.
mucus ['mjuːkəs] (Nasen)Schleim m.

mud [mʌd] Schlamm m; Kot m; ~dle ['mʌdl] 1. v/t. verwirren; a. ~ up, ~ together durcheinanderbringen; F benebeln; v/i. stümpern; ~ through F sich durchwursteln; 2. Wirrwarr m; F Wurstelei f; ~dy ['mʌdi] schlammig; trüb; ~guard Kotflügel m.
muff [mʌf] Muff m.
muffin ['mʌfin] Muffin n (heißes Teegebäck).
muffle ['mʌfl] oft ~ up ein-, umhüllen, umwickeln; Stimme etc. dämpfen; ~r [ˌlə] Halstuch n; Boxhandschuh m; mot. Auspufftopf m.
mug [mʌg] Krug m; Becher m.
muggy ['mʌgi] schwül.
mugwump Am. iro. ['mʌgwʌmp] großes Tier (Person); pol. Unabhängige(r) m.
mulatto [mju(ː)'lætou] Mulatt|e m, -in f.
mulberry ['mʌlbəri] Maulbeere f.
mule [mjuːl] Maultier n, -esel m; störrischer Mensch; ~teer [mjuːli'tiə] Maultiertreiber m.
mull¹ [mʌl] Mull m.
mull² [ˌ]: ~ over überdenken.
mulled [mʌld]: ~ wine Glühwein m.
mulligan Am. F ['mʌligən] Eintopf m aus Resten.
mullion ['mʌliən] Fensterpfosten m.
multi|farious [ˌmʌlti'fɛəriəs] mannigfaltig; ~form ['mʌltifɔːm] vielförmig; ~ple [~pl] 1. vielfach; 2. Vielfache(s) n; ~plication [mʌltipli'keiʃən] Vervielfältigung f, Vermehrung f; Multiplikation f; ~compound (simple) ~ Großes (Kleines) Einmaleins; ~ table Einmaleins n; ~plicity [ˌi'plisiti] Vielfalt f; ~ply ['mʌltiplai] (sich) vervielfältigen; multiplizieren; ~tude ['ˌitjuːd] Vielheit f, Menge f; ~tudinous [mʌlti'tjuːdinəs] zahlreich.
mum [mʌm] still.
mumble ['mʌmbl] murmeln, nuscheln; mummeln (mühsam essen).
mummery contp. ['mʌməri] Mummenschanz m.
mummify ['mʌmifai] mumifizieren.
mummy¹ ['mʌmi] Mumie f.
mummy² F [ˌ] Mami f, Mutti f.
mumps ♯ [mʌmps] sg. Ziegenpeter m, Mumps m.
munch [mʌntʃ] mit vollen Backen (fr)essen, mampfen.
mundane [mʌn'dein] weltlich.
municipal □ [mju(ː)'nisipəl] städtisch, Gemeinde..., Stadt...; ~ity [mju(ː)nisi'pæliti] Stadtbezirk m; Stadtverwaltung f.
munificen|ce [mju(ː)'nifisns] Freigebigkeit f; ~t □ [ˌnt] freigebig.
munitions [mju(ː)'niʃənz] pl. Munition f.
mural ['mjuərəl] Mauer...
murder ['mɔːdə] 1. Mord m; 2. (er-)

morden; *fig.* verhunzen; ~er [~ərə] Mörder *m*; ~ess [~ris] Mörderin *f*; ~ous □ [~rəs] mörderisch.

murky □ ['mə:ki] dunkel, finster.

murmur ['mə:mə] 1. Gemurmel *n*; Murren *n*; 2. murmeln; murren.

murrain ['mʌrin] Viehseuche *f*.

musc|le ['mʌsl] 1. Muskel *m*; 2. ~ *in Am. sl.* sich rücksichtslos eindrängen; ~le-bound mit Muskelkater; be ~ Muskelkater haben; ~ular ['mʌskjulə] Muskel...; muskulös.

Muse¹ [mju:z] Muse *f*.

muse² [~] (nach)sinnen, grübeln.

museum [mju:(')ziəm] Museum *n*.

mush [mʌʃ] Brei *m*, Mus *n*; *Am.* Polenta *f*, Maisbrei *m*.

mushroom ['mʌʃrum] 1. Pilz *m*, *bsd.* Champignon *m*; 2. rasch wachsen; ~ up in die Höhe schießen.

music ['mju:zik] Musik *f*; Musikstück *n*; Noten *f/pl.*; set to ~ vertonen; ~al [~kəl] musikalisch; Musik...; wohlklingend; ~ box Spieldose *f*; ~ box *Am.* Spieldose *f*; ~-hall Varieté(theater) *n*; ~ian [mju:(')ziʃən] Musiker(in); ~stand Notenständer *m*; ~stool Klavierstuhl *m*.

musk [mʌsk] Moschus *m*, Bisam *m*; ~-deer *zo.* ['mʌsk'diə] Moschustier *n*.

musket ['mʌskit] Muskete *f*.

musk-rat *zo.* ['mʌskræt] Bisamratte *f*.

muslin ['mʌzlin] Musselin *m*.

musquash ['mʌskwɔʃ] Bisamratte *f*; Bisampelz *m*.

muss *bsd. Am.* F [mʌs] Durcheinander *n*.

mussel ['mʌsl] (Mies)Muschel *f*.

must¹ [mʌst] 1. muß(te); darf; durfte; *I* ~ *not* ich darf nicht; 2. Muß *n*.

must² [~] Schimmel *m*, Moder *m*.

must³ [~] Most *m*.

mustach|e *Am.* [məs'tæʃ], ~io *Am.* [məs'tɑ:ʃou] = moustache.

mustard ['mʌstəd] Senf *m*.

muster ['mʌstə] 1. ✕ Musterung *f*; *fig.* Heerschau *f*; 2. ✕ mustern; aufbieten, aufbringen.

musty ['mʌsti] mod(e)rig, muffig.

muta|ble ⌐ ['mju:təbl] veränderlich; wankelmütig; ~tion [mju:(')-'teiʃən] Veränderung *f*.

mute [mju:t] 1. □ stumm; 2. Stumme(r *m*) *f*; Statist(in); 3. dämpfen.

mutilate ['mju:tileit] verstümmeln.

mutin|eer [mju:ti'niə] Meuterer *m*; ~ous □ ['mju:tinəs] meuterisch; ~y [~ni] 1. Meuterei *f*; 2. meutern.

mutter ['mʌtə] 1. Gemurmel *n*; Gemurre *n*; 2. murmeln; murren.

mutton ['mʌtn] Hammelfleisch *n*; leg of ~ Hammelkeule *f*; ~ chop Hammelkotelett *n*.

mutual ⌐ ['mju:tjuəl] gegenseitig; gemeinsam.

muzzle ['mʌzl] 1. Maul *n*, Schnauze *f*; Mündung *f* e-r *Feuerwaffe*; Maulkorb *m*; e-n Maulkorb anlegen (*dat.*); *fig.* den Mund stopfen (*dat.*).

my [mai] mein(e).

myrrh ⚘ [mə:] Myrrhe *f*.

myrtle ⚘ ['mə:tl] Myrte *f*.

myself [mai'self] (ich) selbst; mir; mich; *by* ~ allein.

myster|ious □ [mis'tiəriəs] geheimnisvoll, mysteriös; ~y ['mistəri] Mysterium *n*; Geheimnis *n*; Rätsel *n*.

mystic ['mistik] 1. *a.* ~al □ [~kəl] mystisch, geheimnisvoll; 2. Mystiker *m*; ~fy [~fai] mystifizieren, täuschen.

myth [miθ] Mythe *f*, Mythos *m*, Sage *f*.

# N

nab *sl.* [næb] schnappen, erwischen.

nacre ['neikə] Perlmutter *f*.

nadir ['neidiə] *ast.* Nadir *m* (*Fußpunkt*); *fig.* tiefster Stand.

nag [næg] 1. F Klepper *m*; 2. *v/i.* nörgeln, quengeln; *v/t.* bekritteln.

nail [neil] 1. (Finger-, Zehen)Nagel *m*; ⊕ Nagel *m*; *zo.* Kralle *f*, Klaue *f*; 2. (an-, fest)nageln; *Augen etc.* heften (*to auf acc.*); ~scissors ['neilsizəz] *pl.* Nagelschere *f*; ~varnish Nagellack *m*.

naïve □ [nɑːˈiːv], naive □ [neiv] naiv; ungekünstelt.

naked □ ['neikid] nackt, bloß; kahl; *fig.* unverhüllt; *poet.* schutzlos;

~ness [~dnis] Nacktheit *f*, Blöße *f*; Kahlheit *f*; Schutzlosigkeit *f*; *fig.* Unverhülltheit *f*.

name [neim] 1. Name *m*; Ruf *m*; *of* od. *by the* ~ *of* ... namens ...; *call s.o.* ~s j-n beschimpfen; 2. (be-)nennen; erwähnen; ernennen; ~less □ ['neimlis] namenlos; unbekannt; ~ly [~li] nämlich; ~plate Namens-, Tür-, Firmenschild *n*; ~sake ['neimseik] Namensvetter *m*.

nanny ['næni] Kindermädchen *n*; ~goat Ziege *f*.

nap [næp] 1. *Tuch-*Noppe *f*; Schläfchen *n*; *have* od. *take a* ~ ein Nickerchen machen; 2. schlummern.

nape [neip] *mst* ~ *of the neck* Genick *n.*

nap|kin ['næpkin] Serviette *f;* Windel *f; mst sanitary* ~ *Am.* Monatsbinde *f;* ~py F ['næpi] Windel *f.*

narcosis ♂ [nɑːˈkousis] Narkose *f.*

narcotic [nɑːˈkɔtik] 1. (~*ally*) narkotisch; 2. Betäubungsmittel *n.*

narrat|e [næˈreit] erzählen; ~ion [~ˈeiʃən] Erzählung *f;* ~ive ['nærətiv] 1. □ erzählend; 2. Erzählung *f;* ~or [næˈreitə] Erzähler *m.*

narrow ['nærou] 1. eng, schmal; beschränkt; knapp (*Mehrheit, Entkommen*); engherzig; 2. ~s *pl.* Engpaß *m;* Meerenge *f;* 3. (sich) verengen; beschränken; einengen; (*Maschen* abnehmen; ~-chested schmalbrüstig; ~-minded □ engherzig; ~ness [~ounis] Enge *f;* Beschränktheit *f* (*a. fig.*); Engherzigkeit *f.*

nary *Am.* F ['nɛəri] kein.

nasal □ ['neizəl] nasal; Nasen...

nasty □ ['nɑːsti] schmutzig; garstig; eklig, widerlich; häßlich; unflätig; ungemütlich.

natal ['neitl] Geburts...

nation ['neiʃən] Nation *f,* Volk *n.*

national ['næʃənl] 1. □ national; Volks..., Staats...; 2. Staatsangehörige(r *m*) *f;* ~ity [næʃəˈnæliti] Nationalität *f;* ~ize ['næʃnəlaiz] naturalisieren, einbürgern; verstaatlichen.

nation-wide ['neiʃənwaid] die ganze Nation umfassend.

native ['neitiv] 1. □ angeboren; heimatlich, Heimat...; eingeboren; einheimisch; ~ *language* Muttersprache *f;* 2. Eingeborene(r *m*) *f;* ~-born (im Lande) geboren, einheimisch.

nativity [nəˈtiviti] Geburt *f.*

natter F ['nætə] plaudern.

natural □ ['nætʃrəl] natürlich; *engS.*: angeboren; ungezwungen; unehelich (*Kind*); ~ *science* Naturwissenschaft *f;* ~ist [~list] Naturalist *m;* Naturforscher *m;* Tierhändler *m;* ~ize [~laiz] einbürgern; ~ness [~lnis] Natürlichkeit *f.*

nature ['neitʃə] Natur *f.*

naught [nɔːt] Null *f;* set *at* ~ für nichts achten; ~y □ ['nɔːti] unartig.

nause|a ['nɔːsjə] Übelkeit *f;* Ekel *m;* ~ate ['nɔːsieit] *v/t.* Ekel empfinden; *v/t.* verabscheuen; *be* ~*d* sich ekeln; ~ous □ ['nɔːsjəs] ekelhaft.

nautical ['nɔːtikəl] nautisch; See...

naval ⚓ ['neivəl] See..., Marine...; ~ *base* Flottenstützpunkt *m.*

nave¹ △ [neiv] (Kirchen)Schiff *n.*

nave² [~] *Rad-*Nabe *f.*

navel ['neivəl] Nabel *m;* Mitte *f.*

naviga|ble □ ['nævigəbl] schiffbar; fahrbar; lenkbar; ~te [~geit] *v/i.* schiffen, fahren; *v/t. See etc.* befahren; steuern; ~tion [nævi'geiʃən]

Schiffahrt *f;* Navigation *f;* ~tor ['nævigeitə] Seefahrer *m.*

navy ['neivi] (Kriegs)Marine *f.*

nay † [nei] nein; nein vielmehr.

near [niə] 1. *adj.* nahe; gerade (*Weg*); nahe verwandt; verwandt; vertraut; genau; knapp; knauserig; ~ *at hand* dicht dabei; 2. *adv.* nahe; 3. *prp.* nahe (*dat.*), nahe bei *od.* an; 4. sich nähern (*dat.*); ~by ['niəbai] in der Nähe (gelegen); nah; ~ly ['niəli] nahe; fast, beinahe; genau; ~ness ['niənis] Nähe *f;* ~-sighted kurzsichtig.

neat □ [niːt] nett; niedlich; geschickt; ordentlich; sauber; rein; ~ness ['niːtnis] Nettigkeit *f;* Sauberkeit *f;* Zierlichkeit *f.*

nebulous □ ['nebjuləs] neblig.

necess|ary □ ['nesisəri] 1. notwendig; unvermeidlich; 2. *mst necessaries pl.* Bedürfnisse *n/pl.;* ~itate [ni'sesiteit] *et.* erfordern; zwingen; ~ity [~ti] Notwendigkeit *f;* Zwang *m;* Not *f.*

neck [nek] 1. (*a. Flaschen*)Hals *m;* Nacken *m,* Genick *n;* Ausschnitt *m* (*Kleid*); ~ *and* ~ Kopf an Kopf; ~ *or nothing* F alles oder nichts; 2. *sl.* sich abknutschen; ~band ['nekbænd] Halsbund *m;* ~erchief ['nekətʃif] Halstuch *n;* ~lace ['neklis], ~let [~lit] Halskette *f;* ~tie Krawatte *f.*

necromancy ['nekroumænsi] Zauberei *f.*

née [nei] *bei Frauennamen:* geborene.

need [niːd] 1. Not *f;* Notwendigkeit *f;* Bedürfnis *n;* Mangel *m,* Bedarf *m; be od. stand in* ~ *of* brauchen; 2. nötig haben, brauchen; bedürfen (*gen.*); müssen; ~ful ['niːdful] notwendig.

needle ['niːdl] 1. Nadel *f;* Zeiger *m;* 2. nähen; *bsd. Am.* irritieren; anstacheln.

needless □ ['niːdlis] unnötig.

needle|woman ['niːdlwumən] Näherin *f;* ~work Handarbeit *f.*

needy □ ['niːdi] bedürftig, arm.

nefarious □ [ni'fɛəriəs] schändlich.

negate [ni'geit] verneinen; ~ion [~eiʃən] Verneinung *f;* Nichts *n;* ~ive ['negətiv] 1. □ negativ; verneinend; 2. Verneinung *f;* *phot.* Negativ *n;* 3. ablehnen.

neglect [ni'glekt] 1. Vernachlässigung *f;* Nachlässigkeit *f;* 2. vernachlässigen; ~ful □ [~tful] nachlässig.

negligen|ce ['neglidʒəns] Nachlässigkeit *f;* ~t □ [~nt] nachlässig.

negligible ['neglidʒəbl] nebensächlich; unbedeutend.

negotia|te [ni'gouʃieit] verhandeln (über *acc.*); zustande bringen; bewältigen; *Wechsel* begeben; ~tion [nigouʃi'eiʃən] Begebung *f e-s Wechsels etc.;* Ver-, Unterhandlung *f;* Bewältigung *f;* ~tor [ni'goufieitə] Unterhändler *m.*

negr|ess ['ni:gris] Negerin *f;* ~o [~rou], *pl.* ~oes Neger *m.*

neigh [nei] 1. Wiehern *n;* 2. wiehern.

neighbo(u)r ['neibə] Nachbar(in); Nächste(r *m*) *f;* ~hood [~əhud] Nachbarschaft *f;* ~ing [~əriŋ] benachbart; ~ly [~əli] nachbarlich, freundlich; ~ship [~əfip] Nachbarschaft *f.*

neither ['naiðə] 1. keiner (von beiden); 2. ... ... nor ... weder ... noch ...; *not* ... ~ auch nicht.

nephew ['nevju(:)] Neffe *m.*

nerve [nə:v] 1. Nerv *m;* Sehne *f; Blatt*-Rippe *f;* Kraft *f,* Mut *m;* Dreistigkeit *f; get on one's ~s* e-m auf die Nerven gehen; 2. kräftigen; ermutigen; ~less □ ['nə:vlis] kraftlos.

nervous □ ['nə:vəs] Nerven...; nervig, kräftig; nervös; ~ness [~nis] Nervigkeit *f;* Nervosität *f.*

nest [nest] 1. Nest *n* (*a. fig.*); 2. nisten; ~le ['nesl] *v/i.* (sich ein)nisten; sich (an)schmiegen; *v/t.* schmiegen.

net¹ [net] 1. Netz *n;* 2. mit e-m Netz fangen *od.* umgeben.

net² [~] 1. netto; Rein...; 2. netto einbringen.

nether ['neðə] nieder; Unter...

nettle ['netl] 1. ♀ Nessel *f;* 2. ärgern.

network ['netwə:k] (Straßen-, Kanal- *etc.*)Netz *n;* Sendergruppe *f.*

neurosis ♂ [njuə'rousis] Neurose *f.*

neuter ['nju:tə] 1. geschlechtslos; 2. geschlechtsloses Tier; *gr.* Neutrum *n.*

neutral ['nju:trəl] 1. neutral; unparteiisch; 2. Neutrale(r *m*) *f;* Null(punkt *m*) *f;* Leerlauf(stellung *f*) *m;* ~ity [nju(:)'træliti] Neutralität *f;* ~ize ['nju:trəlaiz] neutralisieren.

neutron *phys.* ['nju:trɔn] Neutron *n.*

never ['nevə] nie(mals); gar nicht; ~more [~ə'mɔ:] nie wieder; ~theless [nevəðə'les] nichtsdestoweniger.

new [nju] neu; frisch; unerfahren; ~comer ['nju:'kʌmə] Ankömmling *m;* ~ly ['nju:li] neulich; neu.

news [nju:z] *mst. sg.* Neuigkeit(en *pl.*) *f,* Nachricht(en *pl.*) *f;* ~agent ['nju:zeidʒənt] Zeitungshändler *m;* ~boy Zeitungsausträger *m;* ~butcher *Am. sl.* Zeitungsverkäufer *m;* ~cast *Radio:* Nachrichten *f|pl.;* ~monger Neuigkeitskrämer *m;* ~paper Zeitung *f; attr.* Zeitungs...; ~print Zeitungspapier *n;* ~reel *Film:* Wochenschau *f;* ~room Lesezimmer *n; Am. Zeitung:* Nachrichtenredaktion *f;* ~stall, *Am.* ~stand Zeitungskiosk *m.*

new year ['nju:'jə:] *das* neue Jahr; New Year's Day Neujahr(stag *m*) *n; New Year's Eve* Silvester *n.*

next [nekst] 1. *adj.* nächst; *~ but one der* übernächste; ~ door to *fig.* beinahe; *~ to* nächst (*dat.*); 2. *adv.* zunächst, gleich darauf; nächstens.

nibble ['nibl] *v/t.* knabbern an (*dat.*); *v/i.* ~ *at* nagen *od.* knabbern an (*dat.*); (herum)kritteln an (*dat.*).

nice □ [nais] fein; wählerisch; peinlich (genau); heikel; nett; niedlich; hübsch; ~ly ['naisli] F (sehr) gut; ~ty ['naisiti] Feinheit *f;* Genauigkeit *f;* Spitzfindigkeit *f.*

niche [nitʃ] Nische *f.*

nick [nik] 1. Kerbe *f; in the ~ of time* gerade zur rechten Zeit; 2. (ein)kerben; *sl. j-n* schnappen.

nickel ['nikl] 1. *min.* Nickel *m* (*Am. a. Fünfcentstück*); 2. vernickeln.

nick-nack ['niknæk] = knickknack.

nickname ['nikneim] 1. Spitzname *m;* 2. e-n Spitznamen geben (*dat.*).

niece [ni:s] Nichte *f.*

nifty *Am. sl.* ['nifti] elegant; stinkend.

niggard ['nigəd] Geizhals *m;* ~ly [~dli] geizig, knauserig; karg.

nigger F *mst contp.* ['nigə] Nigger *m* (*Neger*); ~ *in the woodpile Am. sl. der* Haken an der Sache.

night [nait] Nacht *f;* Abend *m; by ~ in the ~, at ~* nachts; ~cap ['nait-kæp] Nachtmütze *f;* Nachttrunk *m;* ~club Nachtlokal *n;* ~dress (Damen)Nachthemd *n;* ~fall Einbruch *m* der Nacht; ~gown = night-dress; ~ingale *orn.*['naitiŋgeil] Nachtigall *f;* ~ly ['naitli] nächtlich; jede Nacht; ~mare Alptraum *m;* ~shirt (Herren)Nachthemd *n;* ~spot *Am.* Nachtlokal *n;* ~y ['naiti] F(Damen-od.Kinder)Nachthemd *n.*

nil [nil] *bsd. Sport:* nichts, null.

nimble □ ['nimbl] flink, behend.

nimbus ['nimbəs] Nimbus *m,* Heiligenschein *m;* Regenwolke *f.*

nine [nain] 1. neun; 2. Neun *f;* ~pins ['nainpinz] *pl.* Kegel(spiel *n*) *m|pl.;* ~teen ['nain'ti:n] neunzehn; ~ty ['nainti] neunzig.

ninny F ['nini] Dummkopf *m.*

ninth [nainθ] 1. neunte(r, -s); 2. Neuntel *n;* ~ly ['nainθli] neuntens.

nip [nip] 1. Kniff *m;* scharfer Frost; Schlückchen *n;* 2. zwicken; schneiden (*Kälte*); *sl.* flitzen; nippen; ~ *in the bud* im Keime ersticken.

nipper ['nipə] Krebsschere *f;* (*a pair of*) ~s *pl.* (eine) (Kneif)Zange.

nipple ['nipl] Brustwarze *f.*

Nisei *Am.* ['ni:'sei] (*a. pl.*) Japaner *m, geboren in den USA.*

nit|re, *Am.* ~er ♂ ['naitə] Salpeter *m.*

nitrogen ['naitridʒən] Stickstoff *m.*

no [nou] 1. *adj.* kein; in ~ time im Nu; ~ one keiner; 2. *adv.* nein; nicht; 3. Nein *n.*

mobility [nou'biliti] Adel *m* (*a. fig.*).

noble ['noubl] 1. □ adlig; edel, vornehm; vortrefflich; 2. Adlige(r *m*) *f*; ~man Adlige(r) *m*; ~-minded edelmütig; ~ness [ˌlnis] Adel *m*; Würde *f*.

nobody ['noubədi] niemand.

nocturnal [nɔk'tə:nl] Nacht...

nod [nɔd] 1. nicken; schlafen; (sich) neigen; ~ding acquaintance oberflächliche Bekanntschaft; 2. Nicken *n*; Wink *m*.

node [noud] Knoten *m* (*a. ♀ u. ast.*); ♀ Oberbein *n*.

noise [nɔiz] 1. Lärm *m*; Geräusch *n*; Geschrei *n*; big ~ *bsd. Am.* F großes Tier (*Person*); 2. ~ abroad ausschreien; ~less □ ['nɔizlis] geräuschlos.

noisome ['nɔisəm] schädlich; widerlich.

noisy □ ['nɔizi] geräuschvoll, lärmend; aufdringlich (*Farbe*).

nomin|al □ ['nɔminl] nominell; (nur) dem Namen nach (vorhanden); namentlich; ~ value Nennwert *m*; ~ate [ˌneit] ernennen; zur Wahl vorschlagen; ~ation [nɔmi'neiʃən] Ernennung *f*; Vorschlagsrecht *n*.

nominative ['nɔminətiv] *a.* ~ case *gr.* Nominativ *m*.

non [nɔn] *in Zsgn*: nicht, un..., Nicht...

nonage ['nounidʒ] Minderjährigkeit *f*.

non-alcoholic ['nɔnælkə'hɔlik] alkoholfrei.

nonce [nɔns]: for the ~ nur für diesen Fall.

non-commissioned ['nɔnkə'miʃənd] nicht bevollmächtigt; ~ officer ✗ Unteroffizier *m*.

non-committal ['nɔnkə'mitl] unverbindlich.

non-compliance ['nɔnkəm'plaiəns] Zuwiderhandlung *f*, Verstoß *m*.

non-conductor ['nɔnkəndʌktə] Nichtleiter *m*.

nonconformist ['nɔnkən'fɔːmist] Dissident(in), Freikirchler(in).

nondescript ['nɔndiskript] unbestimmbar; schwer zu beschreiben(d).

none [nʌn] 1. keine(r, -s); nichts; 2. keineswegs, gar nicht; ~ the less nichtsdestoweniger.

nonentity [nɔ'nentiti] Nichtsein *n*; Unding *n*; Nichts *n*; *fig.* Null *f*.

non-existence ['nɔnig'zistəns] Nicht(da)sein *n*.

non-fiction ['nɔn'fikʃən] Sachbücher *n/pl.*

nonpareil ['nɔnpərəl] Unvergleichliche(r *m*, -s *n*) *f*.

non-party ['nɔn'pɑːti] parteilos.

non-performance ['nɔnpə'fɔːməns] Nichterfüllung *f*.

nonplus ['nɔn'plʌs] 1. Verlegenheit *f*; 2. in Verlegenheit bringen.

non-resident ['nɔn'rezidənt] nicht im Haus *od.* am Ort wohnend.

nonsens|e ['nɔnsəns] Unsinn *m*; ~ical □ [nɔn'sensikəl] unsinnig.

non-skid ['nɔn'skid] rutschfest.

non-smoker ['nɔn'smoukə] Nichtraucher *m*.

non-stop ⓕ, ✈ ['nɔn'stɔp] durchgehend; Ohnehalt...

non-union ['nɔn'juːnjən] nicht organisiert (*Arbeiter*).

non-violence ['nɔn'vaiələns] (Politik *f der*) Gewaltlosigkeit *f*.

noodle ['nuːdl] Nudel *f*.

nook [nuk] Ecke *f*, Winkel *m*.

noon ['nuːn] Mittag *m*; *attr.* Mittags...; ~day ['nuːndei], ~tide, ~time = noon.

noose [nuːs] 1. Schlinge *f*; 2. (mit der Schlinge) fangen; schlingen.

nope *Am.* F [noup] nein.

nor [nɔː] noch; auch nicht.

norm [nɔːm] Norm *f*, Regel *f*; Muster *n*; Maßstab *m*; ~al □ ['nɔːməl] normal; ~alize [ˌlaiz] normalisieren; normen.

north [nɔːθ] 1. Nord(en *m*); 2. nördlich; Nord...; ~east ['nɔːθ'iːst] 1. Nordost *m*; 2. *a.* ~eastern [ˌtən] nordöstlich; ~erly ['nɔːðəli], ~ern [ˌən] nördlich; Nord...; ~erner [ˌnə] Nordländer *m*; *Am.* ♀ Nordstaatler(in); ~ward(s) ['nɔːθwəd(z)] *adv.* nördlich; nordwärts; ~west ['nɔːθ'west] 1. Nordwest *m*; 2. *a.* ~western [ˌtən] nordwestlich.

Norwegian [nɔː'wiːdʒən] 1. norwegisch; 2. Norweger(in); Norwegisch *n*.

nose [nouz] 1. Nase *f*; Spitze *f*; Schnauze *f*; 2. *v/s.* riechen; ~ one's way vorsichtig fahren; *v/i.* schnüffeln; ~dive ✈ ['nouzdaiv] Sturzflug *m*; ~gay ['nouzgei] Blumenstrauß *m*.

nostalgia [nɔs'tældʒiə] Heimweh *n*, Sehnsucht *f*.

nostril ['nɔstril] Nasenloch *n*, Nüster *f*.

nostrum ['nɔstrəm] Geheimmittel *n*; Patentlösung *f*.

nosy F ['nouzi] neugierig.

not [nɔt] nicht.

notable ['noutəbl] 1. □ bemerkenswert; 2. angesehene Person.

notary ['noutəri] *oft* ~ public öffentlicher Notar *m*. [*f.*]

notation [nou'teiʃən] Bezeichnung*f*.

notch [nɔtʃ] 1. Kerbe *f*, Einschnitt *m*; Scharte *f*; *Am.* Engpaß *m*, Hohlweg *m*; 2. einkerben.

note [nout] 1. Zeichen *n*; Notiz *f*; Anmerkung *f*; Briefchen *n*; (*bsd.* Schuld)Schein *m*; Note *f*; Ton *m*; Ruf *m*; Beachtung *f*; take ~s sich

Notizen machen; 2. be(ob)achten; besonders erwähnen; a. ~ down notieren; mit Anmerkungen versehen; ~book ['noutbuk] Notizbuch n; ~d bekannt; berüchtigt; ~paper Briefpapier n; ~worthy beachtenswert.

**nothing** ['nʌθiŋ] 1. nichts; 2. Nichts n; Null f; for ~ umsonst; good for ~ untauglich; bring (come) to ~ zunichte machen (werden).

**notice** ['noutis] 1. Notiz f; Nachricht f, Bekanntmachung f; Kündigung f; Warnung f; Beachtung f; at short ~ kurzfristig; give ~ that bekanntgeben, daß; give a week's ~ acht Tage vorher kündigen; take ~ of Notiz nehmen von; without ~ fristlos; 2. bemerken; be(ob)achten; ~able □ [~əbl] wahrnehmbar; bemerkenswert.

**noti|fication** [noutifi'keiʃən] Anzeige f; Meldung f; Bekanntmachung f; ~fy ['noutifai] et. anzeigen, melden; bekanntmachen.

**notion** ['nouʃən] Begriff m, Vorstellung f; Absicht f; ~s pl. Am. Kurzwaren f/pl.

**notorious** □ [nou'tɔːriəs] all-, weltbekannt; notorisch; berüchtigt.

**notwithstanding** prp. [notwið'stændiŋ] ungeachtet, trotz (gen.).

**nought** [nɔːt] Null f, Nichts n.

**noun** gr. [naun] Hauptwort n.

**nourish** ['nʌriʃ] (er)nähren; fig. hegen; ~ing [~iŋ] nahrhaft; ~ment [~ʃmənt] Nahrung(smittel n) f.

**novel** ['nɔvəl] 1. neu; ungewöhnlich; 2. Roman m; ~ist [~list] Romanschriftsteller(in), Romancier m; ~ty [~ti] Neuheit f.

**November** [nou'vembə] November m.

**novice** ['nɔvis] Neuling m; eccl. Novize m, f.

**now** [nau] 1. nun, jetzt; eben; just ~ soeben; ~ and again od. then dann u. wann; 2. cj. ~ that nun da.

**nowadays** ['nauədeiz] heutzutage.

**nowhere** ['nouwεə] nirgends.

**noxious** □ ['nɔkʃəs] schädlich.

**nozzle** ['nɔzl] ⊕ Düse f; Tülle f.

**nuance** [nju(ː)'ãːns] Nuance f, Schattierung f.

**nub** [nʌb] Knubbe(n m) f; Am. F springender Punkt in e-r Sache.

**nucle|ar** ['njukliə] Kern...; ~ reactor Kernreaktor m; ~ research (Atom-) Kernforschung f; ~us [~iəs] Kern m.

**nude** [njuːd] 1. nackt; 2. paint. Akt m.

**nudge** F [nʌdʒ] 1. j-n heimlich anstoßen; 2. Rippenstoß m.

**nugget** ['nʌgit] (bsd. Gold)Klumpen m.

**nuisance** ['njuːsns] Mißstand m;

Argernis n; Unfug m; fig. Plage f; what a ~! wie ärgerlich!; make o.s. od. be a ~ lästig fallen.

**null** [nʌl] nichtig; nichtssagend; ~ and void null u. nichtig; ~ify ['nʌlifai] zunichte machen; aufheben, ungültig machen; ~ity [~iti] Nichtigkeit f, Ungültigkeit f.

**numb** [nʌm] 1. starr; taub (empfindungslos); 2. starr od. taub machen; ~ed erstarrt.

**number** ['nʌmbə] 1. Nummer f; (An)Zahl f; Heft n, Lieferung f, Nummer f e-s Werkes; without ~ zahllos; in ~ an der Zahl; 2. zählen; numerieren; ~less [~lis] zahllos; ~plate mot. Nummernschild n.

**numera|l** ['njuːmərəl] 1. Zahl...; 2. Ziffer f; ~tion [njuːmə'reiʃən] Zählung f; Numerierung f.

**numerical** □ [nju(ː)'merikəl] zahlenmäßig; Zahl...

**numerous** □ ['njuːmərəs] zahlreich.

**numskull** F ['nʌmskʌl] Dummkopf m.

**nun** [nʌn] Nonne f; orn. Blaumeise f.

**nunnery** ['nʌnəri] Nonnenkloster n.

**nuptial** ['nʌpʃəl] 1. Hochzeits..., Ehe...; 2. ~s pl. Hochzeit f.

**nurse** [nəːs] 1. Kindermädchen n, Säuglingsschwester f; a. wet-Amme f; (Kranken)Pflegerin f, (Kranken)Schwester f; at ~ in Pflege; put out to ~ in Pflege geben; 2. stillen, nähren; großziehen; pflegen; hätscheln; ~ling ['nəːsliŋ] Säugling m; Pflegling m; ~maid ['nəːsmeid] Kindermädchen n; ~ry ['nəːsri] Kinderzimmer n; ✡ Pflanzschule f; ~ rhymes pl. Kinderlieder n/pl., ~-reime n/pl.; ~ school Kindergarten m; ~ slopes pl. Ski: Idiotenhügel m/pl.

**nursing** ['nəːsiŋ] Stillen n; (Kranken)Pflege f; ~ bottle Saugflasche f; ~ home Privatklinik f.

**nursling** ['nəːsliŋ] = nurseling.

**nurture** ['nəːtʃə] 1. Pflege f; Erziehung f; 2. aufziehen; nähren.

**nut** [nʌt] Nuß f; ⊕ (Schrauben-) Mutter f; sl. verrückter Kerl; ~s pl. Nußkohle f; ~cracker ['nʌtkrækə] Nußknacker m; ~meg ['nʌtmeg] Muskatnuß f.

**nutriment** ['njutrimənt] Nahrung f.

**nutri|tion** [nju(ː)'triʃən] Ernährung f; Nahrung f; ~tious [~əs], ~tive □ ['njutritiv] nahrhaft; Ernährungs...

**nut|shell** ['nʌtʃel] Nußschale f; in a ~ in aller Kürze; ~ty ['nʌti] nußreich; nußartig; sl. verrückt.

**nylon** ['nailən] Nylon n; ~s pl. Nylonstrümpfe m/pl.

**nymph** [nimf] Nymphe f.

# O

**o** [ou] 1. oh!; ach!; 2. (*in Telefon-nummern*) Null *f*.

**oaf** [ouf] Dummkopf *m*; Tölpel *m*.

**oak** [ouk] Eiche *f*.

**oar** [ɔː] 1. Ruder *n*; 2. rudern; **~sman** [ˈɔːmən] Ruderer *m*.

**oas|is** [ouˈeisis], *pl.* **~es** [ouˈeisiz] Oase *f* (*a. fig.*).

**oat** [out] *mst* **~s** *pl.* Hafer *m*; *feel one's* **~s** *Am.* F groß in Form sein; sich wichtig vorkommen; *sow one's wild* **~s** sich austoben.

**oath** [ouθ], *pl.* **~s** [ouðz] Eid *m*; Schwur *m*; Fluch *m*; *take* (*make, swear*) *an* **~** e-n Eid leisten, schwören.

**oatmeal** [ˈoutmiːl] Haferflocken *f/pl.*

**obdurate** □ [ˈɔbdjurit] verstockt.

**obedien|ce** [əˈbiːdjəns] Gehorsam *m*; **~t** □ [**~**nt] gehorsam.

**obeisance** [ouˈbeisəns] Ehrerbietung *f*; Verbeugung *f*; *do* **~** huldigen.

**obesity** [ouˈbiːsiti] Fettleibigkeit *f*.

**obey** [əˈbei] gehorchen (*dat.*); *Befehl etc.* befolgen, Folge leisten (*dat.*).

**obituary** [əˈbitjuəri] Totenliste *f*; Todesanzeige *f*; Nachruf *m*; *attr.* Todes..., Toten...

**object** 1. [ˈɔbdʒikt] Gegenstand *m*; Ziel *n*, *fig.* Zweck *m*; Objekt *n* (*a. gr.*); 2. [əbˈdʒekt] *v/t.* einwenden (*to gegen*); *v/i. et.* dagegen haben (*to ger.* daß).

**objection** [əbˈdʒekʃən] Einwand *m*; **~able** □ [**~**nəbl] nicht einwandfrei; unangenehm.

**objective** [əbˈdʒektiv] 1. □ objektiv, sachlich; 2. ✗ Ziel *n*.

**object-lens** *opt.* [ˈɔbdʒiktlenz] Objektiv *n*.

**obligat|ion** [ɔbliˈgeiʃən] Verpflichtung *f*; † Schuldverschreibung *f*; *be under* (*an*) **~** *to s.o.* j-m zu Dank verpflichtet sein; *be under* **~** *to inf.* die Verpflichtung haben, zu *inf.*; **~ory** □ [əˈbligətəri] verpflichtend; verbindlich.

**oblig|e** [əˈblaidʒ] (*zu Dank*) verpflichten; nötigen; **~** *s.o.* j-m e-n Gefallen tun; *much* **~d** sehr verbunden; danke bestens; **~ing** □ [**~**dʒiŋ] verbindlich, hilfsbereit, gefällig.

**oblique** □ [əˈbliːk] schief, schräg.

**obliterate** [əˈblitəreit] auslöschen, tilgen (*a. fig.*); *Schrift* ausstreichen; *Briefmarken* entwerten.

**oblivi|on** [əˈbliviən] Vergessen(heit *f*) *n*; **~ous** □ [**~**iəs] vergeßlich.

**oblong** [ˈɔblɔŋ] länglich; rechteckig.

**obnoxious** □ [əbˈnɔkʃəs] anstößig; widerwärtig, verhaßt.

**obscene** □ [ɔbˈsiːn] unanständig.

**obscur|e** [əbˈskjuə] 1. □ dunkel (*a. fig.*); unbekannt; 2. verdunkeln; **~ity** [**~**əriti] Dunkelheit *f* (*a. fig.*); Unbekanntheit *f*; Niedrigkeit *f der Geburt*.

**obsequies** [ˈɔbsikwiz] *pl.* Leichenbegängnis *n*, Trauerfeier *f*.

**obsequious** □ [əbˈsiːkwiəs] unterwürfig (*to gegen*).

**observ|able** □ [əbˈzəːvəbl] bemerkbar; bemerkenswert; **~ance** [**~**əns] Befolgung *f*; Brauch *m*; **~ant** □ [**~**nt] beobachtend; achtsam; **~ation** [ɔbzə(ː)ˈveiʃən] Beobachtung *f*; Bemerkung *f*; *attr.* Beobachtungs...; Aussichts...; **~atory** [əbˈzəːvətri] Sternwarte *f*; **~e** [əbˈzəːv] *v/t.* be(ob)achten; *scht*(geb)en auf (*acc.*); bemerken; *v/i.* sich äußern.

**obsess** [əbˈses] heimsuchen, quälen; **~ed** *by od. with* besessen von; **~ion** [**~**eʃən] Besessenheit *f*.

**obsolete** [ˈɔbsəlit] veraltet.

**obstacle** [ˈɔbstəkl] Hindernis *n*.

**obstina|cy** [ˈɔbstinəsi] Hartnäckigkeit *f*; **~te** □ [**~**nit] halsstarrig; eigensinnig; hartnäckig.

**obstruct** [əbˈstrʌkt] verstopfen, versperren; hindern; **~ion** [**~**kʃən] Verstopfung *f*; Hemmung *f*; Hindernis *n*; **~ive** □ [**~**ktiv] hinderlich.

**obtain** [əbˈtein] *v/t.* erlangen, erhalten, erreichen, bekommen; *v/i.* sich erhalten (haben); **~able** † [**~**nəbl] erhältlich.

**obtru|de** [əbˈtruːd] (sich) aufdrängen (*on das.*); **~sive** □ [**~**usiv] aufdringlich. [schwerfällig.]

**obtuse** □ [əbˈtjuːs] stumpf(sinnig);}

**obviate** [ˈɔbvieit] vorbeugen (*dat.*).

**obvious** □ [ˈɔbviəs] offensichtlich, augenfällig, einleuchtend.

**occasion** [əˈkeiʒən] 1. Gelegenheit *f*; Anlaß *m*; Veranlassung *f*; F (*festliches*) Ereignis; *on the* **~** *of* anläßlich (*gen.*); 2. veranlassen; **~al** □ [**~**nl] gelegentlich; Gelegenheits...

**occident** [ˈɔksidənt] Westen *m*; Okzident *m*, Abendland *n*; **~al** □ [ɔksiˈdentl] abendländisch, westlich.

**occult** □ [ɔˈkʌlt] geheim, verborgen; magisch, okkult.

**occup|ant** [ˈɔkjupənt] Besitzergreifer(in); Bewohner(in); **~ation** [ɔkjuˈpeiʃən] Besitz(ergreifung *f*) *m*; ✗ Besetzung *f*; Beruf *m*; Beschäftigung *f*; **~y** [ˈɔkjupai] einnehmen, in Besitz nehmen, ✗ besetzen; besitzen; innehaben; in Anspruch nehmen; beschäftigen.

**occur** [əˈkəː] vorkommen; sich ereignen; *it* **~red** *to me* es fiel mir ein; **~rence** [əˈkʌrəns] Vorkommen *n*; Vorfall *m*, Ereignis *n*.

ocean ['oʊʃən] Ozean m, Meer n.
o'clock [ə'klɔk] Uhr (bei Zeitangaben); five ~ fünf Uhr.
October [ak'toʊbə] Oktober m.
ocular □ ['ɔkjulə] Augen...; ~ist [~list] Augenarzt m.
odd □ [ɔd] ungerade (Zahl); einzeln; und einige od. etwas darüber; überzählig; gelegentlich; sonderbar, merkwürdig, ~ity ['ɔditi] Seltsamkeit f; ~s [~ɔdz] oft sg. (Gewinn)Chancen f/pl.; Wahrscheinlichkeit f; Vorteil m; Vorgabe f, Handikap n; Verschiedenheit f; Unterschied m; Streit m; be at ~ with s.o. mit j-m im Streit sein; nicht übereinstimmen mit j-m; ~ and ends Reste m/pl.; Krimskrams m.
ode [oʊd] Ode f (Gedicht).
odious □ ['oʊdjəs] verhaßt; ekelhaft.
odo(u)r ['oʊdə] Geruch m; Duft m.
of prp. [ɔv, əv] allg. von; Ort: bei (the battle ~ Quebec); um (cheat s.o. ~ s.th.); aus (~ charity); vor (dat.) (afraid ~); auf (acc.) (proud ~); über (acc.) (ashamed ~); nach (smell ~ roses; desirous ~); an (acc.) (think ~ s.th.); nimble ~ foot leichtfüßig.
off [ɔf, of] 1. adv. weg; ab; herunter; aus (vorbei); Zeit: hin (3 months ~); ~ and on ab und an; hin und her; be ~ fort sein, weg sein; engS.: (weg)gehen; zu sein (Hahn etc.); aus sein; well etc. ~ gut etc. daran; 2. prp. von ... (weg, ab, herunter); frei von, ohne; unweit(gen.), neben; ⊕ auf der Höhe von; 3. adj. entfernt(er); abseitsliegend; Neben...; arbeits~, dienstfrei; † ~ shade Fehlfarbe f; 4. int. weg!, fort!, raus!
offal ['ɔfəl] Abfall m; Schund m; ~s pl. Fleischerei: Innereien f/pl.
offen|ce, Am. ~se [ə'fens] Angriff m; Beleidigung f, Kränkung f; Ärgernis n, Anstoß m; Vergehen n.
offend [ə'fend] v/t. beleidigen, verletzen; ärgern; v/i. sich vergehen; ~er [~də] Übel-, Missetäter(in); Straffällige(r m n) f; first ~ noch nicht Vorbestrafte(r m) f.
offensive [ə'fensiv] 1. □ beleidigend; anstößig; ekelhaft; Offensiv..., Angriffs...; 2. Offensive f.
offer ['ɔfə] 1. Angebot n, Anerbieten n; ~ of marriage Heiratsantrag m; 2. v/t. anbieten; Preis, Möglichkeit etc. bieten; Gebet, Opfer darbringen; versuchen; zeigen; Widerstand leisten; v/i. sich bieten; ~ing ['ɔfəriŋ] Opfer n; Anerbieten n, Angebot n.
off-hand ['ɔf'hænd] aus dem Handgelenk od. Stegreif, unvorbereitet; ungezwungen, frei.
office ['ɔfis] Büro n; Geschäftsstelle

f; Ministerium n; Amt n, Pflicht f; ~s pl. Hilfe f; booking-~ Schalter m; box-~ (Theater- etc.)Kasse f; Divine 2 Gottesdienst m; ~r [~ə] Beamt|e(r) m, -in f; ✕ Offizier m.
official [ə'fiʃəl] 1. □ offiziell, amtlich; Amts...; 2. Beamte(r) m.
officiate [ə'fiʃieit] amtieren.
officious □ [ə'fiʃəs] aufdringlich, übereifrig; offiziös, halbamtlich.
off|-licence ['ɔ:flaisəns] Schankrecht n über die Straße; ~print Sonderdruck m; ~set ausgleichen; ~shoot Sproß m; Ausläufer m; ~side ['ɔf'said] Sport: abseits; ~spring ['ɔfspriŋ] Nachkomme(nschaft f) m; Ergebnis n.
often ['ɔ:fn] oft(mals), häufig.
ogle ['oʊgl] liebäugeln (mit).
ogre ['oʊgə] Menschenfresser m.
oh [oʊ] oh!; ach!
oil [ɔil] 1. Öl n; Erdöl n, Petroleum n; 2. ölen; (a. fig.) schmieren; ~cloth ['ɔilklɔθ] Wachstuch n; ~skin Ölleinwand f; ~s pl. Ölzeug n; ~y □ ['ɔili] ölig (a. fig.); fettig; schmierig (a. fig.).
ointment ['ɔintmənt] Salbe f.
O.K., okay F ['oʊ'kei] 1. richtig, stimmt!; gut, in Ordnung; 2. annehmen, gutheißen.
old [oʊld] alt; altbekannt; althergebracht; erfahren; ~ age (das) Alter; days of ~ alte Zeiten f/pl.; ~-age ['oʊldeidʒ] Alters...; ~-fashioned ['oʊld'fæʃənd] altmodisch; altväterlich; 2 Glory Sternenbanner n; ~ish ['oʊldiʃ] ältlich.
olfactory anat. [ɔl'fæktəri] Geruchs...
olive ['ɔliv] ♀ Olive f; Olivgrün n.
Olympic Games [oʊ'limpik 'geimz] Olympische Spiele pl.
ominous □ ['ɔminəs] unheilvoll.
omission [oʊ'miʃən] Unterlassung f; Auslassung f.
omit [oʊ'mit] unterlassen; auslassen.
omnipoten|ce [ɔm'nipotəns] Allmacht f; ~t □ [~nt] allmächtig.
omniscient [ɔm'nisiənt] allwissend.
on [ɔn] 1. prp. mst auf; engS.: an (~ the wall, ~ the Thames); auf ... (los), nach ... (hin)(march ~London); auf ... (hin) (~ his authority); Zeit: an (~ the 1st of April); (gleich), nach, bei (~ his arrival); über (acc.) (talk ~ a subject); nach (~ this model); get ~ a train bsd. Am. in e-n Zug einsteigen; ~ hearing it als ich etc. es hörte; 2. adv. darauf; auf (keep one's hat ~), an (have a coat ~); voraus, vorwärts; weiter (and so ~); be ~ im Gange sein; auf sein (Hahn etc.); an sein (Licht etc.); 3. int. drauf, ran!
once [wʌns] 1. adv. einmal; einst (-mals); at ~ (so)gleich, sofort; zu-

gleich; ~ *for all* ein für allemal; ~ *in a while* dann und wann; *this* ~ dieses eine Mal; 2. *cj. a.* ~ *that* sobald.

**one** [wʌn] 1. ein; einzig; eine(r), ein; eins; man; ~ *day* eines Tages; 2. Eine(r) *m*; Eins *f*; *the little* ~s *pl.* die Kleinen *pl.*; ~ *another* einander; *at* ~ einig; ~ *by* ~ einzeln; *I for* ~ ich für meinen Teil.

**onerous** □ ['ɔnərəs] lästig.

**one|self** [wʌn'self] (man) selbst, sich; ~**sided** □ ['wʌn'saidid] einseitig; ~**way** ['wʌnwei]: ~ *street* Einbahnstraße *f*.

**onion** ['ʌnjən] Zwiebel *f*.

**onlooker** ['ɔnlukə] Zuschauer(in).

**only** ['ounli] 1. *adj.* einzig; 2. *adv.* nur; bloß; erst; ~ *yesterday* erst gestern; 3. *cj.* ~ (*that*) nur daß.

**onrush** ['ɔnrʌʃ] Ansturm *m*.

**onset** ['ɔnset], **onslaught** ['ɔnslɔːt] Angriff *m*; *bsd. fig.* Anfall *m*; Anfang *m*.

**onward** ['ɔnwəd] 1. *adj.* fortschreitend; 2. *a.* ~*s adv.* vorwärts, weiter.

**ooze** [uːz] 1. Schlamm *m*; 2. *v/i.* (durch)sickern; ~ *away* schwinden; *v/t.* ausströmen, ausschwitzen.

**opaque** □ [ou'peik] undurchsichtig.

**open** ['oupən] 1. □ *allg.* offen; geöffnet; auf; frei (*Feld etc.*); öffentlich; offenstehend, unentschieden; aufrichtig; zugänglich (*to das.*); aufgeschlossen (*to gegenüber*); mild (*Wetter*); 2. *in the* ~ (*air*) im Freien; *come out into the* ~ *fig.* an die Öffentlichkeit treten; 3. *v/t.* öffnen; eröffnen (*a. fig.*); *v/i.* (sich) öffnen; anfangen; ~ *into* führen in (*acc.*) (*Tür etc.*); ~ *on to* hinausgehen auf (*acc.*) (*Fenster etc.*); ~ *out* sich ausbreiten; ~**air** ['oupn'ɛə] im Freien (stattfindend), Freilicht..., Frei(luft)...; ~**armed** ['oupn'ɑːmd] herzlich, warm; ~**er** ['oupnə] (Er-) Öffner(in); (Dosen)Öffner *m*; ~**eyed** ['oupn'aid] wach; mit offenen Augen; aufmerksam; ~**handed** ['oupn'hændid] freigebig, großzügig; ~**hearted** ['oupn'hɑːtid] offen(herzig), aufrichtig; ~**ing** ['oupniŋ] (Er)Öffnung *f*; Gelegenheit *f*; *attr.* Eröffnungs...; ~**minded** *fig.* ['oupn'maindid] aufgeschlossen. ~ (*pl.*) Opernglas *n.*)

**opera** ['ɔpərə] Oper *f*; ~**glass(es)**

**operate** ['ɔpəreit] *v/t. #* operieren; *bsd. Am.* in Gang bringen; *Maschine* bedienen; *Unternehmen* leiten; *v/i.* (ein)wirken; sich auswirken; arbeiten; ↑, ⚔, ⚒ operieren; ~**ion** [ɔpə-'reiʃən] Wirkung *f*; Tätigkeit *f*; ⚔, ⚒, ↑ Operation *f*; *be in* ~ in Betrieb sein; in Kraft sein; ~**ive** ['ɔpərətiv] 1. □ wirksam, tätig; praktisch; ⚒ operativ; 2. Arbeiter *m*; ~**or** [~reitə] Operateur *m*; Telephonist(in); ⊕ Maschinist *m*.

---

**opin|e** [ou'pain] meinen; ~**ion** [ə'pinjən] Meinung *f*; Ansicht *f*; Stellungnahme *f*; Gutachten *n*; *in my* ~ meines Erachtens.

**opponent** [ə'pounənt] Gegner *m*.

**opportun|e** □ ['ɔpətjuːn] passend; rechtzeitig; günstig; ~**ity** [ɔpə'tjuː-niti] (günstige) Gelegenheit.

**oppos|e** [ə'pouz] entgegen-, gegenüberstellen; bekämpfen; ~**ed** entgegengesetzt; *be* ~ *to* gegen ... sein; ~**ite** ['ɔpəzit] 1. □ gegenüberliegend; entgegengesetzt; 2. *prp. u. adv.* gegenüber; 3. Gegenteil *n*; ~**ition** [ɔpə'ziʃən] Gegenüberstehen *n*; Widerstand *m*; Gegensatz *m*; Widerspruch *m*, -streit *m*; ↑ Konkurrenz *f*; Opposition *f*.

**oppress** [ə'pres] be-, unterdrücken; ~**ion** [~ʃən] Unterdrückung *f*; Druck *m*; Bedrängnis *f*; Bedrücktheit *f*; ~**ive** □ [~esiv] (be)drückend; gewaltsam.

**optic** ['ɔptik] Augen..., Seh...; ~**al** □ [~kəl] optisch; ~**ian** [ɔp'tiʃən] Optiker *m*.

**optimism** ['ɔptimizəm] Optimismus *m*.

**option** ['ɔpʃən] Wahl(freiheit) *f*; ↑ Vorkaufsrecht *n*, Option *f*; ~**al** □ [~nl] freigestellt, wahlfrei.

**opulence** ['ɔpjuləns] Reichtum *m*.

**or** [ɔː] oder; ~ *else* sonst, wo nicht.

**oracular** □ [ɔ'rækjulə] orakelhaft.

**oral** □ ['ɔːrəl] mündlich; Mund...

**orange** ['ɔrindʒ] 1. Orange(farbe) *f*; Apfelsine *f*; 2. orangefarben; ~**ade** ['ɔrindʒ'eid] Orangenlimonade *f*.

**orat|ion** [ɔː'reiʃən] Rede *f*; ~**or** ['ɔrətə] Redner *m*; ~**ory** [~ri] Redekunst *f*, Rhetorik *f*; Kapelle *f*.

**orb** [ɔːb] Ball *m*; *fig.* Himmelskörper *m*; *poet.* Augapfel *m*; ~**it** ['ɔːbit] 1. Planetenbahn *f*; Kreis-, Umlaufbahn *f*; Auge(nhöhle *f*) *n*; 2. sich in e-r Umlaufbahn bewegen.

**orchard** ['ɔːtʃəd] Obstgarten *m*.

**orchestra** ♪ ['ɔːkistrə] Orchester *n*.

**orchid** ♀ ['ɔːkid] Orchidee *f*.

**ordain** [ɔː'dein] an-, verordnen; bestimmen; *Priester* ordinieren.

**ordeal** *fig.* [ɔː'diːl] schwere Prüfung.

**order** ['ɔːdə] 1. Ordnung *f*; Anordnung *f*; Befehl *m*; Regel *f*; ↑ Auftrag *m*; Zahlungsanweisung *f*; Klasse *f*, Rang *m*; Orden *m* (*a. eccl.*); *take* (*holy*) ~*s* in den geistlichen Stand treten; *in* ~ *to inf.* um zu *inf.*; *in* ~ *that* damit; *make to* ~ auf Bestellung anfertigen; *standing* ~*s pl. parl.* Geschäftsordnung *f*; 2. (an)ordnen; befehlen; ↑ bestellen; *j-n* beordern; ~**ly** ['ɔːdəli] 1. ordentlich; ruhig; regelmäßig; 2. ⚔ Ordonnanz *f*; ⚔ Bursche *m*; Krankenpfleger *m*.

**ordinal** ['ɔːdinl] 1. Ordnungs...; 2. *a.* ~ *number* Ordnungszahl *f*.

**ordinance** ['ɔːdinəns] Verordnung *f*.

**ordinary** □ ['ɔːdnri] gewöhnlich.
**ordnance** ✗ ⚙ ['ɔːdnəns] Artillerie f, Geschütze n/pl.; Feldzeugwesen n.
**ordure** ['ɔːdjuə] Kot m, Schmutz m.
**ore** [ɔː] Erz n.
**organ** ['ɔːgən] ♪ Orgel f; Organ n; **~grinder** [~graində] Leierkastenmann m; **~ic** [ɔː'gænik] (~ally) organisch; **~ization** [ɔːgənai'zeiʃən] Organisation f; **~ize** ['ɔːgənaiz] organisieren; **~izer** [~ə] Organisator(in).
**orgy** ['ɔːdʒi] Ausschweifung f.
**orient** ['ɔːriənt] 1. Osten m; Orient m, Morgenland n; 2. orientieren; **~al** [ɔːri'entl] 1. östlich; orientalisch; 2. Oriental|e m, -in f; **~ate** ['ɔːrienteit] orientieren.
**orifice** ['ɔrifis] Mündung f; Öffnung f.
**origin** ['ɔridʒin] Ursprung m; Anfang m; Herkunft f.
**original** [ə'ridʒinl] 1. □ ursprünglich; originell; Original...; ✝ Stamm...; 2. Original n; **~ity** [əridʒi'næliti] Originalität f; **~ly** [ə'ridʒnəli] originell; ursprünglich; zuerst, anfangs, anfänglich.
**originat|e** [ə'ridʒineit] v/t. hervorbringen, schaffen; v/i. entstehen; **~or** [~tə] Urheber m.
**ornament** 1. ['ɔːnəmənt] Verzierung f; fig. Zierde f; 2. [~ment] verzieren; schmücken; **~al** □ [ɔːnə'mentl] zierend; schmückend.
**ornate** □ [ɔː'neit] reich verziert; überladen.
**orphan** ['ɔːfən] 1. Waise f; 2. a. **~ed** verwaist; **~age** [~nidʒ] Waisenhaus n.
**orthodox** □ ['ɔːθədɔks] rechtgläubig; üblich; anerkannt.
**oscillate** ['ɔsileit] schwingen; fig. schwanken.
**osier** ⚙ ['ouʒə] Korbweide f.
**osprey** orn. ['ɔsprei] Fischadler m.
**ossify** ['ɔsifai] verknöchern.
**ostensible** □ [ɔs'tensəbl] angeblich.
**ostentati|on** [ɔsten'teiʃən] Zurschaustellung f; Protzerei f; **~us** □ [~əs] prahlend, prahlerisch.
**ostler** ['ɔslə] Stallknecht m.
**ostracize** ['ɔstrəsaiz] verbannen; ächten.
**ostrich** orn. ['ɔstritʃ] Strauß m.
**other** ['ʌðə] andere(r, -s); the **~** day neulich; the **~** morning neulich morgens; every **~** day einen Tag um den anderen, jeden zweiten Tag; **~wise** ['ʌðəwaiz] anders; sonst.
**otter** zo. ['ɔtə] Otter(pelz) m.
**ought** [ɔːt] sollte; you **~** to have done it Sie hätten es tun sollen.
**ounce** [auns] Unze f (= 28,35 g).
**our** ['auə] unser; **~s** ['auəz] der (die, das) unsrige; unsere(r, -s) pred. unser; **~selves** [auə'selvz] wir selbst; uns (selbst).

**oust** [aust] verdrängen, vertreiben, hinauswerfen; **~** Amtes entheben.
**out** [aut] 1. adv. aus; hinaus, heraus; draußen; außerhalb; (bis) zu Ende; be **~** with böse sein mit; **~** and **~** durch und durch; **~** and about wieder auf den Beinen; way **~** Ausgang m; 2. break. F Ausweg m; the **~s** pl. parl. die Opposition; 3. ✝ übernormal, Über... (Größe); 4. prp. **~** of aus, aus ... heraus; außerhalb; außer; aus, von.
**out|balance** [aut'bæləns] schwerer wiegen als; **~bid** [~'bid] [irr. (bid)] überbieten; **~board** ['autbɔːd] Außenbord...; **~break** [~breik] Ausbruch m; **~building** [~bildiŋ] Nebengebäude n; **~burst** [~bəːst] Ausbruch m; **~cast** [~kaːst] 1. ausgestoßen; 2. Ausgestoßene(r m) f; **~come** [~kʌm] Ergebnis n; **~cry** [~krai] Aufschrei m, Schrei m der Entrüstung; **~dated** [aut'deitid] zeitlich überholt; **~distance** [~'distəns] überholen; **~do** [~'duː] [irr. (do)] übertreffen; **~door** adj. ['autdɔː], **~doors** adv. [~'dɔː] Außen...; draußen, außer dem Hause; im Freien.
**outer** ['autə] äußer; Außen...; **~most** [~moust] äußerst.
**out|fit** ['autfit] Ausrüstung f, Ausstattung f; Am. Haufen m, Trupp m, (Arbeits)Gruppe f; **~going** [~gouiŋ] 1. weg-, abgehend; 2. Ausgehen n; **~s** pl. Ausgaben f/pl.; **~grow** [aut'grou] [irr. (grow)] herauswachsen aus; hinauswachsen über (acc.); **~house** ['authaus] Nebengebäude n; Am. Außenabort m.
**outing** ['autiŋ] Ausflug m, Tour f.
**out|last** [aut'laːst] überdauern; **~law** ['autlɔː] 1. Geächtete(r m) f; 2. ächten; **~lay** [~lei] Geld-Auslage(n pl.) f; **~let** [~let] Auslaß m; Ausgang m; Abfluß m; **~line** [~lain] 1. Umriß m; Überblick m; Skizze f; 2. umreißen; skizzieren; **~live** [aut'liv] überleben; **~look** ['autluk] Ausblick m (a. fig.); Auffassung f; **~lying** [~laiiŋ] entlegen; **~match** [aut'mætʃ] weit übertreffen; **~number** [~nʌmbə] an Zahl übertreffen; **~patient** ✚ ['autpeiʃənt] ambulanter Patient; **~post** [~poust] Vorposten m; **~pouring** [~pɔːriŋ] Erguß m (a. fig.); **~put** [~put] Produktion f, Ertrag m.
**outrage** ['autreidʒ] 1. Gewalttätigkeit f; Attentat n; Beleidigung f; 2. gröblich verletzen; Gewalt antun (dat.); **~ous** [aut'reidʒəs] abscheulich; empörend; gewalttätig.
**out|reach** [aut'riːtʃ] weiter reichen als; **~right** [adj. 'autrait, adv. aut'rait] gerade heraus; völlig; **~run** [~'rʌn] [irr. (run)] schneller laufen als; hinausgehen über (acc.); **~set**

['autset] Anfang m; Aufbruch m; ~shine [aut'ʃain] [irr. (shine)] überstrahlen; ~side ['aut'said] 1. Außenseite f; fig. Außerste(s) n; at the ~ höchstens; 2. Außen...; außenstehend; äußerst (Preis); 3. (nach) (dr)außen; 4. prp. außerhalb; ~sider [⸜də] Außenseiter(in), -stehende(r m) f; ~size [⸜saiz] Übergröße f; ~skirts [⸜skə:ts] pl. Außenbezirke m/pl., (Stadt)Rand m; ~smart Am. F [aut'smɑ:t] übervorteilen; ~spoken [⸜'spoukən] freimütig; ~spread ['aut'spred] ausgestreckt, ausgebreitet; ~standing [aut'stændiŋ] hervorragend (a. fig.); ausstehend (Schuld); offenstehend (Frage); ~stretched ['autstretʃt] = outspread; ~strip [aut'strip] überholen (a. fig.).

outward ['autwəd] 1. äußer(lich); nach (dr)außen gerichtet; 2. adv. mst ~s auswärts, nach (dr)außen; ~ly [⸜dli] äußerlich; an der Oberfläche.

out|weigh [aut'wei] überwiegen; ~wit [⸜'wit] überlisten; ~worn ['autwo:n] erschöpft; fig. abgegriffen; überholt.

oval ['ouvl] 1. oval; 2. Oval n.

oven ['ʌvn] Backofen m.

over ['ouvə] 1. adv. über; hin-, herüber; drüben; vorbei; übermäßig; darüber; von Anfang bis zu Ende; noch einmal; ~ and above noch, zusätzlich zu; ~ (all) ~ again noch einmal (von vorn); ~ against gegenüber (dat.); all ~ ganz und gar; ~ and ~ again immer wieder; read ~ durchlesen; 2. prp. über; all ~ the town durch die ganze od. in der ganzen Stadt.

over|act ['ouvər'ækt] übertreiben; ~all [⸜ro:l] 1. Arbeitsanzug m, ~kittel m; Kittel(schürze f) m; 2. gesamt, Gesamt...; ~awe [ouvər'o:] einschüchtern; ~balance [ouvə-'bæləns] 1. Übergewicht n; 2. umkippen; überwiegen; ~bearing □ [⸜'beəriŋ] anmaßend; ~board ⸜ ['ouvəbo:d] über Bord; ~cast [⸜'kɑ:st] bewölkt; ~charge [⸜-'tʃɑ:dʒ] 1. überladen; überfordern; 2. Überladung f; Überforderung f; ~coat [⸜'kout] Mantel m; ~come [ouvə'kʌm][irr.(come)] überwinden; überwältigen; ~crowd [⸜'kraud] überfüllen; ~do [⸜'du:] [irr. (do)] zu viel tun; übertreiben; zu sehr kochen; überanstrengen; ~draw ['ouvə'dro:] [irr. (draw)] übertreiben; ✝ Konto überziehen; ~dress [⸜'dres] (sich) übertrieben anziehen; ~due [⸜'dju:] (über)fällig; ~eat [⸜'i:t] [irr. (eat)]: ~ o.s. sich überessen; ~flow 1. [ouvə'flou] [irr. (flow)] v/t. überfluten; v/i. überfließen; 2. ['ouvəflou] Überschwemmung f; Überfüllung f; ~grow

[⸜'grou] [irr. (grow)] v/t. überwuchern; v/i. zu sehr wachsen; ~hang 1. [⸜'hæŋ] [irr. (hang)] v/t. über (acc.) hängen; v/i. überhängen; 2. [⸜'hæŋ] Überhang m; ~haul [ouvə'ho:l] überholen; ~head 1. adv. ['ouvə'hed] (dr)oben; 2. adj. [⸜'hed] Ober...; ⸜ allgemein (Unkosten); 3. ~ pl. ✝ allgemeine Unkosten pl.; ~hear [ouvə'hiə] [irr. (hear)] belauschen; ~joyed [⸜'dʒoid] überglücklich; ~lap [⸜'læp] v/t. übergreifen auf (acc.); überschneiden; v/i. ineinandergreifen, überlappen; ~lay [⸜'lei] [irr. (lay)] belegen; ⊕ überlagern; ~leaf ['ouvə'li:f] umseitig; ~load [⸜'loud] überladen; ~look [ouvə'luk] übersehen; beaufsichtigen; ~master [⸜'mɑ:stə] überwältigen; ~much ['ouvə'mʌtʃ] zu viel; ~night [⸜'nait] 1. am Vorabend; über Nacht; 2. Nacht...; nächtlich; Übernachtungs...; ~pay [⸜'pei] [irr. (pay)] zu viel bezahlen für; ~peopled [ouvə'pi:pld] übervölkert; ~plus ['ouvəplʌs] Überschuß m; ~power [ouvə'pauə] überwältigen; ~rate [⸜'reit] überschätzen; ~reach [ouvə'ri:tʃ] übervorteilen; ~ o.s. sich übernehmen; ~ride fig. [⸜'raid] [irr. (ride)] sich hinwegsetzen über (acc.); umstoßen; ~rule [⸜'ru:l] überstimmen; ₰ verwerfen; ~run [⸜'rʌn] [irr. (run)] überrennen; überziehen; überlaufen; bedecken; ~sea ['ouvə'si:] 1. a. ~s überseeisch; Übersee...; 2. ~s in od. nach Übersee; ~see [⸜'si:] [irr (see)] beaufsichtigen; ~seer [⸜'siə] Aufseher m; ~shadow [ouvə'ʃedou] überschatten; ~sight ['ouvəsait] Versehen n; ~sleep [⸜ sli:p] [irr. (sleep)] verschlafen; ~state [⸜ steit] übertreiben; ~statement [⸜tmənt] Übertreibung f; ~strain 1. [⸜'strein] (sich) überanstrengen; fig. übertreiben; 2. [⸜'strein] Überanstrengung f.

overt ['ouvə:t] offen(kundig).

over|take [ouvə'teik] [irr. (take)] einholen; j-n überraschen; ~tax ['ouvə'tæks] zu hoch besteuern; fig. überschätzen; übermäßig in Anspruch nehmen; ~throw 1. Am. [⸜-'θrou] [irr. (throw)] (um)stürzen (a. fig.); vernichten; 2. ['ouvəθrou] Sturz m; Vernichtung f; ~time [⸜taim] Überstunden f/pl.

overture ['ouvətjuə] ♪ Ouvertüre f; Vorspiel n; Vorschlag m, Antrag m.

over|turn [ouvə'tə:n] (um)stürzen; ~value ['ouvə'vælju:] zu hoch einschätzen; ~weening [ouvə'wi:niŋ] eingebildet; ~weight ['ouvəweit] Übergewicht n; ~whelm [ouvə'welm] überschütten (a. fig.); überwältigen; ~work ['ouvə'wə:k] 1.

Überarbeitung f; 2. [irr. (work)] sich überarbeiten; **~wrought** [~'rɔːt] überarbeitet; überreizt.

**owe** [ou] Geld, Dank etc. schulden, schuldig sein; verdanken.

**owing** ['ouiŋ] schuldig; **~ to** infolge.

**owl** orn. [aul] Eule f.

**own** [oun] 1. eigen; richtig; einzig, innig geliebt; 2. my **~** mein Eigentum; a house of one's **~** ein eigenes Haus; hold one's **~** standhalten;

3. besitzen; zugeben; anerkennen; sich bekennen (to zu).

**owner** ['ounə] Eigentümer(in); **~ship** ['ounəʃip] Eigentum(srecht) n.

**ox** [ɔks], pl. **oxen** ['ɔksən] Ochse m; Rind n.

**oxid|ation** ⚗ [ɔksi'deiʃən] Oxydation f, Oxydierung f; **~e** ['ɔksaid] Oxyd n; **~ize** ['ɔksidaiz] oxydieren.

**oxygen** ⚗ ['ɔksidʒən] Sauerstoff m.

**oyster** ['ɔistə] Auster f.

**ozone** ⚗ ['ouzoun] Ozon n.

# P

**pace** [peis] 1. Schritt m; Gang m; Tempo n; 2. v/t. abschreiten; v/i. (einher)schreiten; (im) Paß gehen.

**pacific** [pə'sifik] (~ally) friedlich; the 2 (Ocean) der Pazifik, der Pazifische od. Stille Ozean; **~ation** [pæsifi'keiʃən] Beruhigung f.

**pacify** ['pæsifai] beruhigen.

**pack** [pæk] 1. Pack(en) m; Paket n; Ballen m; Spiel n Karten; Meute f; Rotte f, Bande f; Packung f; 2. v/t. oft **~ up** (zs.-, ver-, ein)packen; a. **~ off** fortjagen; Am. F (bei sich) tragen (als Gepäck etc.); bepacken, vollstopfen; ⊕ dichten; v/i. oft **~ up** packen; sich packen (lassen); **~age** ['pækidʒ] Pack m, Ballen m; bsd. Am. Paket n; Packung f; Frachtstück n; **~er** ['pækə] Packer(in); Am. Konservenfabrikant m; **~et** ['pækit] Paket n; Päckchen n; a. **~-boat** Postschiff n.

**packing** ['pækiŋ] Packen n; Verpackung f; **~ house** Am. (bsd. Fleisch)Konservenfabrik f.

**packthread** ['pækθred] Bindfaden m.

**pact** [pækt] Vertrag m, Pakt m.

**pad** [pæd] 1. Polster n; Sport: Beinschutz m; Schreibblock m; Stempelkissen n; (Abschuß)Rampe f; 2. (aus)polstern; **~ding** ['pædiŋ] Polsterung f; fig. Lückenbüßer m.

**paddle** ['pædl] 1. Paddel(ruder) n; ⊕ (Rad)Schaufel f; 2. paddeln; planschen; **~-wheel** Schaufelrad n.

**paddock** ['pædək] (Pferde)Koppel f; Sport: Sattelplatz m.

**padlock** ['pædlɔk] Vorhängeschloß n.

**pagan** ['peigən] 1. heidnisch; 2. Heid|e m, -in f.

**page¹** [peidʒ] 1. Buch-Seite f; fig. Buch n; 2. paginieren.

**page²** [peidʒ] 1. (Hotel)Page m; Am. Amtsdiener m; 2. Am. (durch e-n Pagen) holen lassen.

**pageant** ['pædʒənt] historisches Festspiel; festlicher Umzug.

**paid** [peid] prst. u. p.p. von **pay** 2.

**pail** [peil] Eimer m.

**pain** [pein] 1. Pein f, Schmerz m; Strafe f; **~s** pl. Leiden n/pl.; Mühe f; on od. under **~** of death bei Todesstrafe; be in **~** leiden; take **~s** sich Mühe geben; 2. j-m weh tun; **~ful** □ ['peinful] schmerzhaft, schmerzlich; peinlich; mühevoll; **~less** □ ['peinlis] schmerzlos; **~staking** ['p~zteikiŋ] fleißig.

**paint** [peint] 1. Farbe f; Schminke f; Anstrich m; 2. (be)malen; anstreichen; (sich) schminken; **~-brush** ['peintbrʌʃ] Malerpinsel m; **~er** [~tə] Maler(in); **~ing** [~tiŋ] Malen n; Malerei f; Gemälde n.

**pair** [pɛə] 1. Paar n; a **~** of scissors eine Schere; 2. (sich) paaren; zs.-passen; a. **~ off** paarweise weggehen.

**pal** sl. [pæl] Kumpel m, Kamerad m.

**palace** ['pælis] Palast m.

**palatable** □ ['pælətəbl] schmackhaft. [schmack m (a. fig.).]

**palate** ['pælit] Gaumen m; Ge-]

**pale¹** [peil] 1. □ blaß, bleich; fahl; **~ ale** helles Bier; 2. (er)bleichen.

**pale²** [~] Pfahl m; fig. Grenzen f/pl.

**paleness** ['peilnis] Blässe f.

**palisade** [pæli'seid] 1. Palisade f; Staket n; **~s** pl. Am. Steilufer n; 2. umpfählen.

**pall** [pɔːl] schal werden; **~ (up)on** j-n langweilen.

**pallet** ['pælit] Strohsack m.

**palliat|e** ['pælieit] bemänteln; lindern; **~ive** [~iətiv] Linderungsmittel n.

**pall|id** □ ['pælid] blaß; **~idness** [~dnis], **~or** ['pælə] Blässe f.

**palm** [pɑːm] 1. Handfläche f; ⚘ Palme f; 2. in der Hand verbergen; **~ s.th. off upon s.o.** j-m et. andrehen; **~-tree** ['pɑːmtri] Palme f.

**palpable** □ ['pælpəbl] fühlbar; fig. handgreiflich, klar, eindeutig.

**palpitat|e** ['pælpiteit] klopfen (Herz); **~ion** [pælpi'teiʃən] Herzklopfen n.

palsy ['po:lzi] 1. Lähmung f; fig. Ohnmacht f; 2. fig. lähmen.

palter ['po:ltə] sein Spiel treiben.

paltry □ ['po:ltri] erbärmlich.

pamper ['pæmpə] verzärteln.

pamphlet ['pæmflit] Flugschrift f.

pan [pæn] Pfanne f; Tiegel m.

pan... [..] all..., gesamt...; pan..., Pan...

panacea [pænə'siə] Allheilmittel n.

pancake ['pænkeik] Pfannkuchen m; ~ landing ⚓ Bumslandung f.

pandemonium fig. [pændi'mounjəm] Hölle(nlärm m) f.

pander ['pændə] 1. Vorschub leisten (to dat.); kuppeln; 2. Kuppler m.

pane [pein] (Fenster)Scheibe f.

panegyric [pæni'dʒirik] Lobrede f.

panel ['pænl] 1. ⚒ Fach n; Tür-Füllung f; ⚖ Geschworenen(liste f) m/pl.; Diskussionsteilnehmer m/pl.; Kassenarztliste f; 2. täfeln.

pang [pæŋ] plötzlicher Schmerz, Weh n; fig. Angst f, Qual f.

panhandle ['pænhændl] 1. Pfannenstiel m; Am. schmaler Fortsatz e-s Staatsgebiets; 2. Am. F betteln.

panic ['pænik] 1. panisch; 2. Panik f.

pansy ♀ ['pænzi] Stiefmütterchen n.

pant [pænt] nach Luft schnappen; keuchen; klopfen (Herz); lechzen (for, after nach).

panther zo. ['pænθə] Panther m.

panties F ['pæntiz] (Damen)Schlüpfer m; (Kinder)Hös-chen n.

pantry ['pæntri] Vorratskammer f.

pants [pænts] pl. Hose f; † lange) pap [pæp] Brei m. [Unterhose.)

papa [pə'pa:] Papa m.

papal □ ['peipəl] päpstlich.

paper ['peipə] 1. Papier n; Zeitung f; Prüfungsaufgabe f; Vortrag m, Aufsatz m; ~s pl. (Ausweis)Papiere n/pl.; 2. tapezieren; ~back Taschenbuch n, Paperback m; ~bag Tüte f; ~clip Büroklammer f; ~fastener Musterklammer f; ~hanger Tapezierer m; ~mill Papierfabrik f; ~weight Briefbeschwerer m.

pappy ['pæpi] breiig.

par [pa:] † Nennwert m, Pari n; at ~ zum Nennwert; be on a ~ with gleich od. ebenbürtig sein (dat.).

parable ['pærəbl] Gleichnis n.

parachute ['pærəʃut] Fallschirm m; ~ist [~tist] Fallschirmspringer(in).

parade [pə'reid] 1. ✗ (Truppen-)Parade f; Zurschaustellung f; Promenade f; (Um)Zug m; programme ~ Radio: Programmvorschau f; make a ~ of et. zur Schau stellen; 2. ✗ antreten (lassen); ✗ vorbeimarschieren (lassen); ✗ zur Schau stellen; ~ground ✗ Exerzier-, Paradeplatz m.

paradise ['pærədais] Paradies n.

paragon ['pærəgən] Vorbild n; Muster n.

paragraph ['pærəgra:f] Absatz m; Paragraph(zeichen n) m; kurze Zeitungsnotiz.

parallel ['pærəlel] 1. parallel; 2. Parallele f (a. fig.); Gegenstück n; Vergleich m; without (a) ~ ohnegleichen; 3. vergleichen; entsprechen; gleichen; parallel laufen (mit).

paraly|se ['pærəlaiz] lähmen; fig. unwirksam machen; ~sis ✗ [pə'rælisis] Paralyse f, Lähmung f.

paramount ['pærəmaunt] oberst, höchst, hervorragend; größer, höher stehend (to als).

parapet ['pærəpit] ✗ Brustwehr f; Brüstung f; Geländer n.

paraphernalia [pærəfə'neiljə] pl. Ausrüstung f; Zubehör n, m.

parasite ['pærəsait] Schmarotzer m.

parasol [pærə'sɔl] Sonnenschirm m.

paratroops ['pærətrups] Luftlandetruppen f/pl.

parboil ['pa:bɔil] ankochen.

parcel ['pa:sl] 1. Paket n; Parzelle f; 2. ~ out aus~, aufteilen.

parch [pa:tʃ] rösten, (aus)dörren.

parchment ['pa:tʃmənt] Pergament n.

pard Am. sl. [pa:d] Partner m.

pardon ['pa:dn] 1. Verzeihung f; ✗ Begnadigung f; 2. verzeihen; f. begnadigen; ~able □ [~nəbl] verzeihlich.

pare [pɛə] (be)schneiden (a. fig.); schälen.

parent ['pɛərənt] Vater m, Mutter f; fig. Ursache f; ~s pl. Eltern pl.; ~age [~tidʒ] Herkunft f; ~al [pə'rentl] elterlich.

parenthe|sis [pə'renθisis], pl. ~ses [~siz] Einschaltung f; typ. (runde) Klammer.

paring ['pɛəriŋ] Schälen n, Abschneiden n; ~s pl. Schalen f/pl.; Schnipsel m/pl.

parish ['pæriʃ] 1. Kirchspiel n, Gemeinde f; 2. Pfarr...; Gemeinde...; ~ council Gemeinderat m; ~ioner [pə'riʃənə] Pfarrkind n, Gemeindemitglied n.

parity ['pæriti] Gleichheit f.

park [pa:k] 1. Park m, Anlagen f/pl.; Naturschutzgebiet n; mst car~ Parkplatz m; 2. mot. parken; ~ing mot. ['pa:kiŋ] Parken n; ~ing lot Parkplatz m; ~ing meter Parkuhr f.

parlance ['pa:ləns] Ausdrucksweise f.

parley ['pa:li] 1. Unterhandlung f; 2. unterhandeln; sich besprechen.

parliament ['pa:ləmənt] Parlament n; ~arian [pa:ləmen'tɛəriən] Parlamentarier(in); ~ary □ [pa:lə'mentəri] parlamentarisch; Parlaments...

**parlo(u)r** ['pɑːlə] Wohnzimmer *n*; Empfangs-, Sprechzimmer *n*; *beauty ~ bsd. Am.* Schönheitssalon *m*; *~ car &c Am.* Salonwagen *m*; *~maid* Stubenmädchen *n*.

**parochial** □ [pə'roukjəl] Pfarr...; Gemeinde...; *fig.* engstirnig, beschränkt.

**parole** [pə'roul] **1.** *✠* mündlich; **2.** *✕* Parole *f*; Ehrenwort *n*; *put on ~* — **3.** *✠ bsd. Am.* bedingt freilassen.

**parquet** ['pɑːkei] Parkett(fußboden *m*) *n*; *Am. thea.* Parkett *n*.

**parrot** ['pærət] **1.** *orn.* Papagei *m* (*a. fig.*); **2.** (nach)plappern.

**parry** ['pæri] abwehren, parieren.

**parsimonious** □ [pɑːsi'mounjəs] sparsam, karg; knauserig.

**parsley** ♣ ['pɑːsli] Petersilie *f*.

**parson** ['pɑːsn] Pfarrer *m*; *~age* [*~nidʒ*] Pfarrei *f*; Pfarrhaus *n*.

**part** [pɑːt] **1.** Teil *m*; Anteil *m*; Partei *f*; *thea., fig.* Rolle *f*; *♪ Einzel-*Stimme *f*; Gegend *f*; *a man of ~s* ein fähiger Mensch; *take ~ in s.th.* an e-r Sache teilnehmen; *take in good* (*bad*) *~* gut (übel) aufnehmen; *for my* (*own*) *~* meinerseits; *in ~* teilweise; *on the ~ of* von seiten (*gen.*); *on my ~* meinerseits; **2.** *adv.* teils; **3.** *v/t.* (ab-, ein-, zer)teilen; *Haar* scheiteln; *~ company* sich trennen (*with von*); *v/i.* sich trennen (*with von*); scheiden.

**partake** [pɑː'teik] [*irr.* (*take*)] teilnehmen, teilhaben; *~ of Mahlzeit* einnehmen; grenzen an (*acc.*).

**partial** □ ['pɑːfəl] Teil...; teilweise; partiell; parteiisch; eingenommen (*to von, für*); *~ity* [pɑːfi'æliti] Parteilichkeit *f*; Vorliebe *f*.

**participant** [pɑː'tisipənt] Teilnehmer(in); *~ate* [*~peit*] teilnehmen; *~ation* [pɑːtisi'peifən] Teilnahme *f*.

**participle** *gr.* ['pɑːtisipl] Partizip *n*, Mittelwort *n*.

**particle** ['pɑːtikl] Teilchen *n*.

**particular** [pə'tikjulə] **1.** □ *mst* besonder; einzeln; Sonder...; genau; eigen; wählerisch; **2.** Einzelheit *f*; Umstand *m*; *in ~* insbesondere; *~ity* [pətikju'læriti] Besonderheit *f*; Ausführlichkeit *f*; Eigenheit *f*; *~ly* [pə'tikjuləli] besonders.

**parting** ['pɑːtiŋ] **1.** Trennung *f*; Teilung *f*; Abschied *m*; *Haar*-Scheitel *m*; *~ of the ways bsd. fig.* Scheideweg *m*; **2.** Abschieds...

**partisan** [pɑːti'zæn] Parteigänger (-in); *✕* Partisan *m*; *attr.* Partei...

**partition** [pɑː'tifən] **1.** Teilung *f*; Scheidewand *f*; Verschlag *m*, Fach *n*; **2.** *mst ~ off* (ab)teilen.

**partly** ['pɑːtli] teilweise, zum Teil.

**partner** ['pɑːtnə] **1.** Partner(in); **2.** (sich) zs.-tun mit, zs.-arbeiten mit; *~ship* [*~əfip*] Teilhaber-, Part-

nerschaft *f*; *✝* Handelsgesellschaft *f*.

**part-owner** ['pɑːtounə] Miteigentümer(in).

**partridge** *orn.* ['pɑːtridʒ] Rebhuhn *n*.

**part-time** ['pɑːtaim] **1.** *adj.* Teilzeit..., Halbtags...; **2.** *adv.* halbtags.

**party** ['pɑːti] Partei *f*; *✕* Trupp *m*, Kommando *n*; Party *f*, Gesellschaft *f*; Beteiligte(r) *m*; *co.* Type *f*, Individuum *n*; *~ line pol.* Parteilinie *f*, -direktive *f*.

**pass** [pɑːs] **1.** Paß *m*, Ausweis *m*; Passierschein *m*; Bestehen *n e-s Examens*; *univ.* gewöhnlicher Grad; (kritische) Lage; *Fußball*: Paß *m*; Bestreichung *f*, Strich *m*; (Gebirgs-) Paß *m*, Durchgang *m*; *Karten*: Passen *n*; *free ~* Freikarte *f*; **2.** *v/i.* passieren, geschehen; hingenommen werden; *Karten*: passen; (vorbei)gehen, (vorbei)kommen, (vorbei)fahren; vergehen (*Zeit*); sich verwandeln; angenommen werden (*Banknoten*); bekannt sein; vergehen; aussterben; *a. ~ away* vergehen; durchkommen (*Gesetz; Prüfling*); *~ for* gelten als; *~ off* vonstatten gehen; *~ out F* ohnmächtig werden; *come to ~* geschehen; *bring to ~* bewirken; *v/t.* vorbeigehen *od.* vorbeikommen *od.* vorbeifahren an (*dat.*); passieren; kommen *od.* fahren durch; verbringen; reichen, geben; *Bemerkung* machen, von sich geben; *Banknoten* in Umlauf bringen; *Gesetz* durchbringen, annehmen; *Prüfling* durchkommen lassen; *Prüfung* bestehen; (hinaus-) gehen über (*acc.*); *Urteil* abgeben; *Meinung* äußern; bewegen; streichen mit; *Ball* zuspielen; *Treppen* vorbeimarschieren lassen; *~able* □ ['pɑːsəbl] passierbar; gangbar, gültig (*Geld*); leidlich.

**passage** ['pæsidʒ] Durchgang *m*, Durchfahrt *f*; Überfahrt *f*; Durchreise *f*; Korridor *m*, Gang *m*; Weg *m*; Annahme *f e-s Gesetzes*; *♪* Passage *f*; *Text*-Stelle *f*; *bird of ~* Zugvogel *m*.

**passbook** ♣ ['pɑːsbuk] Sparbuch *n*.

**passenger** ['pæsindʒə] Passagier *m*, Fahr-, Fluggast *m*, Reisende(r *m*) *f*.

**passer-by** ['pɑːsə'bai] Vorübergehende(r *m*) *f*, Passant(in).

**passion** ['pæfən] Leidenschaft *f*; (Gefühls)Ausbruch *m*; Zorn *m*; *♀ eccl.* Passion *f*; *be in a ~* zornig sein; *in ~ ♀* im Affekt; *♀ Week eccl.* Karwoche *f*; *~ate* □ [*~nit*] leidenschaftlich.

**passive** □ ['pæsiv] passiv (*a. gr.*); teilnahmslos; untätig.

**passport** ['pɑːspɔːt] (Reise)Paß *m*.

**password** *✕* ['pɑːswəːd] Losung *f*.

**past** [pɑːst] **1.** *adj.* vergangen; *gr.* Vergangenheits...; früher; *for some*

time ~ zeit einiger Zeit; ~ tense *gr.*
Vergangenheit *f*; 2. *adv.* vorbei;
3. *prp.* nach, über; über ... (*acc.*)
hinaus; an ... (*das.*) vorbei; half ~
two halb drei; ~ endurance uner-
träglich; ~ hope hoffnungslos;
4. Vergangenheit *f* (*a. gr.*).
paste [peist] 1. Teig *m*; Kleister *m*;
Paste *f*; 2. (be)kleben; ~board
['peistbɔːd] Pappe *f*; *attr.* Papp...
pastel [pæs'tel] Pastell(bild) *n*.
pasteurize ['pæstəraiz] pasteurisie-
ren, keimfrei machen.
pastime ['paːstaim] Zeitvertreib *m*.
pastor ['paːstə] Pastor *m*; Seel-
sorger *m*; ~al □ [~ərəl] Hirten...;
pastoral.
pastry ['peistri] Tortengebäck *n*,
Konditorwaren *f/pl.*; Pasteten *f/pl.*;
~cook Pastetenbäcker *m*, Konditor *m*.
pasture ['paːstʃə] 1. *Vieh-*Weide *f*;
Futter *n*; 2. (ab)weiden.
pat [pæt] 1. Klaps *m*; Portion *f*
*Butter*; 2. tätscheln; klopfen; 3. gelegen, gerade recht; bereit.
patch [pætʃ] 1. Fleck *m*; Flicken *m*;
Stück *n* Land; *&* Pflaster *n*; 2. flik-
ken; ~work ['pætʃwəːk] Flickwerk
*n*.
pate F [peit] Schädel *m*.
patent ['peitənt, *Am.* 'pætənt] 1. offenkundig; patentiert; Patent...;
*letters* ~ ['pætənt] *pl.* Freibrief *m*;
~ *leather* Lackleder *n*; 2. Patent *n*;
Privileg *n*, Freibrief *m*; ~ *agent*
Patentanwalt *m*; 3. patentieren;
~ee [peitən'tiː] Patentinhaber *m*.
patern|al □ [pə'təːnl] väterlich;
~ity [~niti] Vaterschaft *f*.
path [paːθ], *pl.* ~s [paːðz] Pfad *m*;
Weg *m*.
pathetic [pə'θetik] (~ally) pathe-
tisch; rührend, ergreifend.
pathos ['peiθɔs] Pathos *n*.
patien|ce ['peiʃəns] Geduld *f*; Aus-
dauer *f*; Patience *f* (*Kartenspiel*);
~t [~nt] 1. □ geduldig; 2. Pa-
tient(in).
patio *Am.* ['pætiou] Innenhof *m*,
Patio *m*.
patrimony ['pætriməni] väterliches
Erbteil.
patriot ['peitriot] Patriot(in).
patrol ✕ [pə'troul] 1. Patrouille *f*,
Streife *f*; ~ *wagon Am.* Polizei-
gefangenenwagen *m*; 2. (ab)pa-
trouillieren; ~man [~mən] pa-
trouillierender Polizist; Pannen-
helfer *m* *e-s Automobilclubs*.
patron ['peitrən] (Schutz)Patron *m*;
Gönner *m*; Kunde *m*; ~age ['pætrə-
nidʒ] Gönnerschaft *f*; Kundschaft *f*;
Schutz *m*; ~ize [~naiz] beschützen;
begünstigen; Kunde sein *bei*; gön-
nerhaft behandeln.
patter ['pætə] *v/t.* platschen; trappeln; *v/t.* (her)plappern.
pattern ['pætən] 1. Muster *n* (*a.*

*fig.*); Modell *n*; 2. formen (*after*, on
nach).
paunch ['pɔːntʃ] Wanst *m*.
pauper ['pɔːpə] Fürsorgeempfän-
ger(in); ~ize [~əraiz] arm machen.
pause [pɔːz] 1. Pause *f*; 2. pausie-
ren.
pave [peiv] pflastern; *fig.* Weg bahnen; ~ment ['peivmənt] Bürgersteig *m*, Gehweg *m*; Pflaster *n*.
paw [pɔː] 1. Pfote *f*, Tatze *f*; 2. scharren; F befingern; rauh behandeln.
pawn [pɔːn] 1. Bauer *m im Schach*;
Pfand *n*; *in od. at* ~ verpfändet; 2.
verpfänden; ~broker ['pɔːnbroukə]
Pfandleiher *m*; ~shop Leihhaus *n*.
pay [pei] 1. (Be)Zahlung *f*; Sold *m*,
Lohn *m*; 2. [*irr.*] *v/t.* (be)zahlen;
(be)lohnen; sich lohnen für; *Ehre
etc.* erweisen; *Besuch* abstatten; ~
*attention od. heed to* schtgeben auf
(*acc.*); ~ *down* bar bezahlen; ~ *off j-n*
bezahlen u. entlassen; *j-n* voll
auszahlen; *v/t.* zahlen; sich lohnen;
~ *for* (für) *et.* bezahlen; ~able
['peiəbl] zahlbar; fällig; ~day
Zahltag *m*; ~ee † [pei'iː] Zahlungs-
empfänger *m*; ~ing ['peiŋ] loh-
nend; ~master Zahlmeister *m*;
~ment ['peimənt] (Be)Zahlung *f*;
Lohn *m*, Sold *m*; ~off Abrechnung
*f* (*a. fig.*); *Am.* F Höhepunkt *m*;
~roll Lohnliste *f*.
pea ♀ [piː] Erbse *f*.
peace [piːs] Frieden *m*, Ruhe *f*; *at* ~
friedlich; ~able □ ['piːsəbl] fried-
liebend, friedlich; ~ful □ ['piːsful]
friedlich; ~maker Friedensstif-
ter(in).
peach ♀ [piːtʃ] Pfirsich(baum) *m*.
pea|cock *orn.* ['piːkɔk] Pfau(hahn)
*m*; ~hen *orn.* ['piːhen] Pfauhenne *f*.
peak [piːk] Spitze *f*; Gipfel *m*;
*Mützen-*Schirm *m*; *attr.* Spitzen...,
Höchst...; ~ed [piːkt] spitz.
peal [piːl] 1. Geläut *n*; Glockenspiel *n*; Dröhnen *n*; ~ *of laughter*
dröhnendes Gelächter; 2. erschallen (lassen); laut verkünden; dröhnen.
peanut ['piːnʌt] Erdnuß *f*.
pear ♀ [pɛə] Birne *f*.
pearl [pəːl] 1. Perle *f* (*a. fig.*); *attr.*
Perl(en...; 2. tropfen, perlen; ~y
['pəːli] perlenartig.
peasant ['pezənt] 1. Bauer *m*;
2. bäuerlich; ~ry [~ri] Landvolk *n*.
peat [piːt] Torf *m*.
pebble ['pebl] Kiesel(stein) *m*.
peck [pek] 1. Viertelscheffel *m*
(9,087 *Liter*); *fig.* Menge *f*; 2. pik-
ken, hacken (*at* nach).
peculate ['pekjuleit] unterschlagen.
peculiar □ [pi'kjuljə] eigen(tümlich); besonder; seltsam; ~ity
[pikjuli'æriti] Eigenheit *f*; Eigentümlichkeit *f*.
pecuniary [pi'kjuːmjəri] Geld...
pedagog|ics [pedə'gɔdʒiks] *mst sg.*

Pädagogik f; ~ue ['pedagog] Pädagoge m; Lehrer m.

pedal ['pedl] 1. Pedal n; 2. Fuß...; 3. Radfahren: fahren, treten.

pedantic [pi'dæntik] (~ally) pedantisch.

peddle ['pedl] hausieren (mit); ~r Am. [~lə] = pedlar.

pedestal ['pedistl] Sockel m (a. fig.).

pedestrian [pi'destriən] 1. zu Fuß; nüchtern; 2. Fußgänger(in); ~ crossing Fußgängerübergang m.

pedigree ['pedigri:] Stammbaum m.

pedlar ['pedlə] Hausierer m.

peek [pi:k] 1. spähen, gucken, lugen; 2. flüchtiger Blick.

peel [pi:l] 1. Schale f; Rinde f; 2. a. ~ off v/t. (ab)schälen; Kleid abstreifen; v/i. sich (ab)schälen.

peep [pi:p] 1. verstohlener Blick; Piepen n; 2. (verstohlen) gucken; a. ~ out (hervor)gucken (a. fig.); piepen; ~hole ['pi:phoul] Guckloch n.

peer [piə] 1. spähen, lugen; ~ at angucken; 2. Gleiche(r m) f; Pair m; ~less ['piəlis] unvergleichlich.

peevish □ ['pi:vif] verdrießlich.

peg [peg] 1. Stöpsel m, Dübel m, Pflock m; Kleider-Haken m; ♩ Wirbel m; Wäsche-Klammer f; fig. Aufhänger m; take s.o. down a ~ or two j-n demütigen; 2. festpflöcken; Grenze abstecken; ~ away od. along F darauflosarbeiten; ~top ['pegtɔp] Kreisel m.

pelican orn. ['pelikən] Pelikan m.

pellet ['pelit] Kügelchen n; Pille f; Schrotkorn n.

pell-mell ['pel'mel] durcheinander.

pelt [pelt] 1. Fell n; ♩ rohe Haut; 2. v/t. bewerfen; v/i. niederprasseln.

pelvis anat. ['pelvis] Becken n.

pen [pen] 1. (Schreib)Feder f; Hürde f; 2. schreiben; [irr.] einpferchen.

penal □ ['pi:nl] Straf...; strafbar; ~ code Strafgesetzbuch n; ~ servitude Zuchthausstrafe f; ~ize ['pi:nəlaiz] bestrafen; ~ty ['penlti] Strafe f; Sport: Strafpunkt m; ~ area Fußball: Strafraum m; ~ kick Fußball: Freistoß m.

penance ['penəns] Buße f.

pence [pens] pl. von penny.

pencil ['pensl] 1. Bleistift m; 2. zeichnen; (mit Bleistift) anzeichnen od. anstreichen; Augenbrauen nachziehen; ~sharpener Bleistiftspitzer m.

pendant ['pendənt] Anhänger m.

pending ['pendiŋ] 1. g⁑ schwebend; 2. prp. während; bis zu.

pendulum ['pendjuləm] Pendel n.

penetra|ble □ ['penitrəbl] durchdringbar; ~te [~reit] durchdringen; ergründen; eindringen (in acc.); vordringen (to bis zu); ~tion [peni-

'treifən] Durch-, Eindringen n; Scharfsinn m; ~tive □ ['penitrətiv] durchdringend (a. fig.); eindringlich; scharfsinnig.

pen-friend ['penfrend] Brieffreund (-in).

penguin orn. ['peŋgwin] Pinguin m.

penholder ['penhouldə] Federhalter m.

peninsula [pi'ninsjulə] Halbinsel f.

peniten|ce ['penitəns] Buße f, Reue f; ~t 1. □ reuig, bußfertig; 2. Büßer(in); ~tiary [peni'tenfəri] Besserungsanstalt f; Am. Zuchthaus n.

pen|knife ['pennaif] Taschenmesser n; ~man Schönschreiber m; Schriftsteller m; ~name Schriftstellername m, Pseudonym n.

pennant ♧ ['penənt] Wimpel m.

penniless □ ['penilis] ohne Geld.

penny ['peni] pl. mst pence [pens] (englischer) Penny ($^1\!/_{12}$ Schilling); Am. Cent m; Kleinigkeit f; ~weight englisches Pennygewicht ($1^1\!/_2$ Gramm).

pension ['penfən] 1. Pension f, Ruhegehalt n; 2. oft ~ off pensionieren; ~ary [~nəri, ~nə] Pensionär(in).

pensive □ ['pensiv] gedankenvoll.

pent [pent] pret. u. p.p. von pen 2; ~up aufgestaut (Zorn etc.).

Pentecost ['pentikɔst] Pfingsten n.

penthouse ['penthaus] Schutzdach n; Dachwohnung f auf e-m Hochhaus.

penu|rious □ [pi'njuəriəs] geizig; ~ry ['penjuri] Armut f; Mangel m.

people ['pi:pl] 1. Volk n, Nation f; coll. die Leute pl.; man; 2. bevölkern.

pepper ['pepə] 1. Pfeffer m; 2. pfeffern; ~mint ♧ Pfefferminze f; ~y □ [~əri] pfefferig; fig. hitzig.

per [pə:] per, durch, für; laut; je.

perambulat|e [pə'ræmbjuleit] (durch)wandern; bereisen; ~or ['præmbjuleitə] Kinderwagen m.

perceive [pə'si:v] (be)merken, wahrnehmen; empfinden; erkennen.

per cent [pə'sent] Prozent n.

percentage [pə'sentidʒ] Prozentsatz m; Prozente n/pl.; fig. Teil m.

percept|ible □ [pə'septəbl] wahrnehmbar; ~ion [~pfən] Wahrnehmung(svermögen n) f; Erkenntnis f; Auffassung(skraft) f.

perch [pə:tf] 1. ichth. Barsch m; Rute f (5,029 m); (Sitz)Stange f für Vögel; 2. (sich) setzen; sitzen.

perchance [pə'tfɑ:ns] zufällig; vielleicht.

percolate ['pə:kəleit] durchtropfen, durchsickern (lassen); sickern.

percussion [pə:'kʌfən] Schlag m; Erschütterung f; ♬ Abklopfen n.

perdition [pə:'difən] Verderben n.

peregrination [perigri'neifən] Wanderschaft f; Wanderung f.

peremptory □ [pə'remptəri] bestimmt; zwingend; rechthaberisch.

perennial □ [pə'renjəl] dauernd; immerwährend; ♀ perennierend.

perfect 1. ['pəːfikt] □ vollkommen; vollendet; gänzlich, völlig; 2. [..] a. ~ tense gr. Perfekt n; 3. [pə-'fekt] vervollkommnen; vollenden; ~ion [..kʃən] Vollendung f; Vollkommenheit f; fig. Gipfel m.

perfidious □ [pəː'fidiəs] treulos (to gegen), verräterisch.

perfidy ['pəːfidi] Treulosigkeit f.

perforate ['pəːfəreit] durchlöchern.

perforce [pə'fɔːs] notgedrungen.

perform [pə'fɔːm] verrichten; ausführen; tun; Pflicht etc. erfüllen; thea., ♪ aufführen, spielen, vortragen (a. v/i.); ~ance [..məns] Verrichtung f; thea. Aufführung f; Vortrag m; Leistung f; ~er [..mə] Vortragende(r m) f.

perfume 1. ['pəːfjuːm] Wohlgeruch m; Parfüm n; 2. [pə'fjuːm] parfümieren; ~ry [..məri] Parfümerie(n pl.) f.

perfunctory □ [pə'fʌŋktəri] mechanisch; oberflächlich.

perhaps [pə'hæps, præps] vielleicht.

peril ['peril] 1. Gefahr f; 2. gefährden; ~ous □ [..ləs] gefährlich.

period ['piəriəd] Periode f; Zeitraum m; gr. Punkt m; langer Satz; (Unterrichts)Stunde f; mst ~s pl. ♪ Periode f; ~ic [..ik [..ɔdik] periodisch; ~ical [..kəl] 1. □ periodisch; 2. Zeitschrift f.

perish ['periʃ] umkommen, zugrunde gehen; ~able □ [..ʃəbl] vergänglich; leicht verderblich; ~ing □ [..ʃiŋ] vernichtend, tödlich.

periwig ['periwig] Perücke f.

perjure ['pəːdʒə]: ~ o.s. falsch schwören; ~y [..əri] Meineid m.

perk F [pəːk] v/i. mst ~ up selbstbewußt auftreten; sich wieder erholen; v/t. recken; ~ o.s. (up) sich putzen.

perky □ ['pəːki] keck, dreist; flott.

perm F [pəːm] 1. Dauerwelle f; 2. j-m Dauerwellen machen.

permanen|ce ['pəːmənəns] Dauer f; ~t □ [..nt] dauernd, ständig; dauerhaft; Dauer...; ~ wave Dauerwelle f.

permea|ble □ ['pəːmjəbl] durchlässig; ~te ['pəːmieit] durchdringen; eindringen.

permissi|ble □ [pə'misəbl] zulässig; ~on [..ʃən] Erlaubnis f.

permit 1. [pə'mit] erlauben, gestatten; 2. ['pəːmit] Erlaubnis f, Genehmigung f; Passierschein m.

pernicious □ [pəː'niʃəs] verderblich; ♪ bösartig.

perpendicular □ [pəːpən'dikjulə] senkrecht; aufrecht; steil.

perpetrate ['pəːpitreit] verüben.

perpetu|al □ [pə'petjuəl] fort-

während, ewig; ~ate [..ueit] verewigen.

perplex [pə'pleks] verwirren; ~ity [..siti] Verwirrung f.

perquisites ['pəːkwizits] pl. Nebeneinkünfte pl.

persecut|e ['pəːsikjuːt] verfolgen; ~ion [pəːsi'kjuːʃən] Verfolgung f; ~or ['pəːsikjuːtə] Verfolger m.

persever|ance [pəːsi'viərəns] Beharrlichkeit f, Ausdauer f; ~e [pəːsi'viə] beharren; ~ing □ [pəːsi'viəriŋ] beharrlich; ausdauernd.

persist [pə'sist] beharren (in auf dat.); ~ence, ~ency [..təns, ..si] Beharrlichkeit f; ~ent □ [..nt] beharrlich.

person ['pəːsn] Person f (a. gr.); Persönlichkeit f; thea. Rolle f; ~age [..nidʒ] Persönlichkeit f; thea. Charakter m; ~al □ [..nl] persönlich (a. gr.); attr. Personal...; Privat...; eigen; ~ality [pəːsə'næliti] Persönlichkeit f; personalities pl. persönliche Bemerkungen f/pl.; ~ate ['pəːsəneit] darstellen; sich ausgeben für; ~ify [pəː'sɔnifai] verkörpern; ~nel [pəːsə'nel] Personal n.

perspective [pə'spektiv] Perspektive f; Ausblick m, Fernsicht f.

perspex ['pəːspeks] Plexiglas n.

perspicuous □ [pə'spikjuəs] klar.

perspir|ation [pəːspə'reiʃən] Schwitzen n; Schweiß m; ~e [pə-'spaiə] (aus)schwitzen.

persuad|e [pə'sweid] überreden; überzeugen; ~sion [..ʒən] Überredung f; Überzeugung f; Glaube m; ~sive □ [..siv] überredend, überzeugend. (weis.)

pert □ [pəːt] keck, vorlaut, nasepertain [pəː'tein] (to) gehören (dat. od. zu); betreffen (acc.).

pertinacious □ [pəːti'neiʃəs] hartnäckig, zäh.

pertinent □ ['pəːtinənt] sachdienlich, ~gemäß; zur Sache gehörig.

perturb [pə'təːb] beunruhigen; stören.

perus|al [pə'ruːzəl] sorgfältige Durchsicht; ~e [..uːz] durchlesen; prüfen.

pervade [pəː'veid] durchdringen.

pervers|e □ [pə'vəːs] verkehrt; pervers; eigensinnig; vertrackt (Sache); ~ion [..ʃən] Verdrehung f; Abkehr f; ~ity [..siti] Verkehrtheit f; ♪ Perversität f; Eigensinn m.

pervert 1. [pə'vəːt] verdrehen; verführen; 2. ['pəːvəːt] perverser Mensch.

pessimism ['pesimizəm] Pessimismus m.

pest [pest] Pest f; Plage f; Schädling m; ~er ['pestə] belästigen.

pesti|ferous □ [pes'tifərəs] krankheiterregend; ~lence ['pestiləns] Seuche f, bsd. Pest f; ~lent [..nt] gefährlich; co. verdammt; ~lential

□ [pesti'lenʃəl] pestartig; verderbenbringend.

pet [pet] 1. üble Laune; zahmes Tier; Liebling m; 2. Lieblings...; ~ dog Schoßhund m; ~ name Kosename m; 3. (ver)hätscheln; knutschen.

petal ♀ ['petl] Blütenblatt n.

petition [pi'tiʃən] 1. Bitte f; Bittschrift f, Eingabe f; 2. bitten, ersuchen; e-e Eingabe machen.

petrify ['petrifai] versteinern.

petrol mot. ['petrəl] Benzin n; ~ station Tankstelle f.

petticoat ['petikout] Unterrock m.

pettish □ ['petiʃ] launisch.

petty □ ['peti] klein, geringfügig.

petulant ['petjulənt] gereizt.

pew [pju:] Kirchensitz m, -bank f.

pewter ['pju:tə] Zinn(gefäße n/pl.) n.

phantasm ['fæntæzəm] Trugbild n.

phantom ['fæntəm] Phantom n, Trugbild n; Gespenst n.

Pharisee ['færisi:] Pharisäer m.

pharmacy ['fɑ:məsi] Pharmazie f; Apotheke f.    [Phasen.]

phase [feiz] Phase f; ~d [feizd] in]

pheasant orn. ['feznt] Fasan m.

phenomen|on [fi'nɔminən], pl. ~a [~nə] Phänomen n, Erscheinung f.

phial ['faiəl] Phiole f, Fläschchen n.

philander [fi'lændə] flirten.

philanthropist [fi'lænθrəpist] Menschenfreund(in).

philolog|ist [fi'blədʒist] Philolog|e m, -in f; ~y [~dʒi] Philologie f.

philosoph|er [fi'lɔsəfə] Philosoph m; ~ize [~faiz] philosophieren; ~y [~fi] Philosophie f.

phlegm [flem] Schleim m; Phlegma n.

phone F [foun] s. telephone.

phonetics [fou'netiks] pl. Phonetik f, Lautbildungslehre f.

phon(e)y Am. sl. ['founi] 1. Fälschung f; Schwindler m; 2. unecht.

phosphorus ['fɔsfərəs] Phosphor m.

photograph ['foutəgrɑ:f] 1. Photographie f (Bild); 2. photographieren; ~er [fə'tɔgrəfə] Photograph (-in); ~y [~fi] Photographie f.

phrase [freiz] 1. (Rede)Wendung f, Redensart f, Ausdruck m; 2. ausdrücken.

physic|al □ ['fizikəl] physisch; körperlich; physikalisch; ~ education, ~ training Leibeserziehung f, ~ian [fi'ziʃən] Arzt m; ~ist ['fizisist] Physiker m; ~s [~iks] sg. Physik f.

physique [fi'zi:k] Körperbau m.

piano ['pjænou] Klavier n.

piazza [pi'ætsə] Piazza f, (Markt-) Platz m; Am. große Veranda.

pick [pik] Auswahl f; = pickaxe; 2. auf-, wegnehmen; pflücken; (herum)stochern; in der Nase bohren; abnagen; Schloß knacken; Streit suchen; auswählen; (auf-) picken; bestehlen; ~ out auswählen;

heraussuchen; ~ up aufreißen, aufbrechen; aufnehmen, auflesen; sich e-e Fremdsprache aneignen; erfassen; (im Auto) mitnehmen, abholen; Täter ergreifen; gesund werden; ~-a-back ['pikəbæk] huckepack; ~axe Spitzhacke f.

picket ['pikit] 1. Pfahl m; ⚔ Feldwache f; Streikposten m; 2. einpfählen; an e-n Pfahl binden; mit Streikposten besetzen.

pickling ['pikiŋ] Picken n, Pflücken n; Abfall m; mst ~s pl. Nebengewinn m.

pickle ['pikl] 1. Pökel m; Eingepökelte(s) n, Pickles pl.; F mißliche Lage; 2. (ein)pökeln; ~d herring Salzhering m.

pick|lock ['piklɔk] Dietrich m; ~pocket Taschendieb m; ~up Ansteigen n; Tonabnehmer m; Kleinlieferwagen m; sl. Straßenbekanntschaft f.

picnic ['piknik] Picknick n.

pictorial [pik'tɔ:riəl] 1. □ malerisch; illustriert; 2. Illustrierte f.

picture ['piktʃə] 1. Bild n, Gemälde n; et. Bildschönes; ~s pl. F Kino n; attr. Bilder...; put s.o. in the ~ j. ins Bild setzen, j. informieren; 2. (aus-) malen; sich et. ausmalen; ~postcard Ansichtskarte f; ~sque [piktʃə'resk] malerisch.

pie [pai] Pastete f; Obsttorte f.

piebald ['paibɔ:ld] (bunt)scheckig.

piece [pi:s] 1. Stück n; Geschütz n; Gewehr n; Teil n e-s Services; Schach- etc. Figur f; a ~ of advice ein Rat; a ~ of news e-e Neuigkeit; of a ~ gleichmäßig; give s.o. a ~ of one's mind j-m gründlich die Meinung sagen; take to ~s zerlegen; 2. a. ~ up flicken, ausbessern; ~ together zs.-stellen, -setzen, -stücken, -flicken; ~ out ausfüllen; ~meal ['pi:smi:l] stückweise; ~work Akkordarbeit f.

pieplant Am. ['paiplɑ:nt] Rhabarber m.

pier [piə] Pfeiler m; Wellenbrecher m; Pier m, f, Hafendamm m, Mole f, Landungsbrücke f.

pierce [piəs] durchbohren; durchdringen; eindringen (in acc.).

piety ['paiəti] Frömmigkeit f; Pietät f.

pig [pig] Ferkel n; Schwein n.

pigeon ['pidʒin] Taube f; ~hole 1. Fach n; 2. in ein Fach legen.

pig|headed ['pig'hedid] dickköpfig; ~iron ['pigaiən] Roheisen n; ~skin Schweinsleder n; ~sty Schweinestall m; ~tail (Haar)Zopf m.

pike [paik] ⚔ Pike f; Spitze f; ichth. Hecht m; Schlagbaum m; gebührenpflichtige Straße.

pile [pail] 1. (Scheiter)Haufen m; Stoß m (Holz); großes Gebäude; ⚡ Batterie f; Pfahl m; Haar n;

Noppe f; ~s pl. ⚓ Hämorrhoiden f|pl.; (atomic) ~ phys. Atommeiler m, Reaktor m; 2. oft ~ up, ~ on auf-, anhäufen, aufschichten.

pilfer ['pilfə] mausen, stibitzen.

pilgrim ['pilgrim] Pilger m; ~age [~midʒ] Pilgerfahrt f.

pill [pil] Pille f.

pillage ['pilidʒ] 1. Plünderung f; 2. plündern.

pillar ['pilə] Pfeiler m, Ständer m; Säule f; ~-box Briefkasten m.

pillion mot. ['piljən] Soziussitz m.

pillory ['piləri] 1. Pranger m; 2. an den Pranger stellen; anprangern.

pillow ['pilou] (Kopf)Kissen n; ~-case, ~-slip (Kissen)Bezug m.

pilot ['pailət] 1. 🛩 Pilot m; 🚢 Lotse m; fig. Führer m; 2. lotsen, steuern; ~-balloon Versuchsballon m.

pimp [pimp] 1. Kuppler(in); 2. kuppeln.

pin [pin] 1. (Steck-, Krawatten-, Hut- etc.)Nadel f; Reißnagel m; Pflock m; ♪ Wirbel m; Kegel m; 2. (an)heften; befestigen; fig. festnageln.

pinafore ['pinəfɔ:] Schürze f.

pincers ['pinsəz] pl. Kneifzange f.

pinch [pintʃ] 1. Kniff m; Prise f (Tabak etc.); Druck m, Not f; 2. o/s. kneifen, zwicken; F klauen; v/i. drücken; in Not sein; knausern.

pinch-hit Am. ['pintʃhit] einspringen (for für).

pincushion ['pinkuʃin] Nadelkissen n.

pine [pain] 1. ♣ Kiefer f, Föhre f; 2. sich abhärmen; sich sehnen, schmachten; ~apple ♦ ['painæpl] Ananas f; ~cone Kiefernzapfen m.

pinion ['pinjən] 1. Flügel(spitze f) m; Schwungfeder f; ⊕ Ritzel n (Antriebsrad); 2. die Flügel beschneiden (dat.); fig. fesseln.

pink [piŋk] 1. ♣ Nelke f; Rosa n; fig. Gipfel m; 2. rosa(farben).

pin-money ['pinmani] Nadelgeld n.

pinnacle ['pinəkl] 🏛 Zinne f, Spitztürmchen n; (Berg)Spitze f; fig. Gipfel m.

pint [paint] Pinte f (0,57 od. Am. 0,47 Liter).

pioneer [paiə'niə] 1. Pionier m (a. ✕); 2. den Weg bahnen (für).

pious ['paiəs] fromm, religiös; pflichtgetreu.

pip [pip] vet. Pips m; sl. miese Laune; Obstkern m; Auge n auf Würfeln etc.; ✕ Stern m (Rangabzeichen).

pipe [paip] 1. Rohr n, Röhre f; Pfeife f (a. ♪); Flöte f; Lied n e-s Vogels; Luftröhre f; Pipe f (Weinfaß = 477,3 Liter); 2. pfeifen; quieken; ~layer ['paipleiə] Rohrleger m; Am. pol. Drahtzieher m;

~line Ölleitung f, Pipeline f; ~r ['paipə] Pfeifer m.

piping ['paipiŋ] 1. pfeifend; schrill (Stimme); ~ hot siedend heiß; 2. Rohrnetz n; Schneiderei: Paspel f.

piquant □ ['pikənt] pikant.

pique [pi:k] 1. Groll m; 2. f-n reizen; ~ o.s. on sich brüsten mit.

piracy ['paiərəsi] Seeräuberei f; Raubdruck m von Büchern; ~te [~rit] 1. Seeräuber(schiff n) m; Raubdrucker m; 2. unerlaubt nachdrucken.

pistol ['pistl] Pistole f.

piston ⊕ ['pistən] Kolben m; ~-rod Kolbenstange f; ~-stroke Kolbenhub m.

pit [pit] 1. Grube f (a. ♘, anat.); 🚜 Miete f; thea. Parterre n; Pockennarbe f; (Tier)Falle f; Am. Börse: Maklerstand m; Am. Obst-Stein m; 2. 🚜 einmieten; mit Narben bedecken.

pitch [pitʃ] 1. Pech n; Stand(platz) m; Tonhöhe f; Grad m, Stufe f; Steigung f, Neigung f; Wurf m; ⊕ Stampfen n; 2. v/t. werfen; schleudern; Zelt etc. aufschlagen; ♪ stimmen (a. fig.); ~ too high fig. Ziel etc. zu hoch stecken; v/i. 🚢 (sich) lagern; fallen; ⊕ stampfen; ~ into F herfallen über (acc.).

pitcher ['pitʃə] Krug m.

pitchfork ['pitʃfɔ:k] Heu-, Mistgabel f; ♪ Stimmgabel f.

piteous □ ['pitiəs] kläglich.

pitfall ['pitfɔ:l] Fallgrube f, Falle f.

pith [piθ] Mark n; fig. Kern m; Kraft f; ~y □ ['piθi] markig, kernig.

pitiable □ ['pitiəbl] erbärmlich.

pitiful □ ['pitiful] mitleidig; erbärmlich, jämmerlich (a. contp.).

pitiless □ ['pitilis] unbarmherzig.

pittance ['pitəns] Hungerlohn m.

pity ['piti] 1. Mitleid n (on mit); it is a ~ es ist schade; 2. bemitleiden.

pivot ['pivət] 1. ⊕ Zapfen m; (Tür-) Angel f; fig. Drehpunkt m; 2. sich drehen (on, upon um). [verrückt.]

pixilated Am. F ['piksileitid] leicht

placable □ ['plækəbl] versöhnlich.

placard ['plæka:d] 1. Plakat n; 2. anschlagen; mit e-m Plakat bekleben.

place [pleis] 1. Platz m; Ort m; Stadt f; Stelle f; Stätte f; Stellung f; Aufgabe f; Anwesen n, Haus n, Wohnung f; ~ of delivery ✝ Erfüllungsort m; give ~ to f-m Platz machen; in ~ of an Stelle (gen.); out of ~ fehl am Platz; 2. stellen, legen, setzen; f-n anstellen; Auftrag erteilen; I can't place him fig. ich weiß nicht, wo ich ihn hintun soll (identifizieren).

placid □ ['plæsid] sanft; ruhig.

plagiarism ['pleidʒjərizm] Plagiat n; ~ize [~raiz] abschreiben.

**plague** [pleig] 1. Plage *f*; Seuche *f*; Pest *f*; 2. plagen, quälen.

**plaice** *ichth.* [pleis] Scholle *f*.

**plaid** [plæd] *schottisches* Plaid.

**plain** [plein] 1. □ flach, eben; klar; deutlich; rein; einfach, schlicht; unscheinbar; offen, ehrlich; einfarbig; 2. *adv.* klar, deutlich; 3. Ebene *f*, Fläche *f*; *bsd. Am.* Prärie *f*; ~clothes man ['plein-klouðz mæn] Geheimpolizist *m*; ~ dealing ehrliche Handlungsweise; ~dealing ehrlich.

**plainsman** ['pleinzmən] Flachlandbewohner *m*; *Am.* Präriebewohner *m*.

**plaint|iff** *gt* ['pleintif] Kläger(in); ~ive □ [~iv] traurig, klagend.

**plait** [plæt, *Am.* pleit] 1. Haar- *etc.* Flechte *f*; Zopf *m*; 2. flechten.

**plan** [plæn] 1. Plan *m*; 2. e-n Plan machen von *od.* zu, *fig.* planen.

**plane** [plein] 1. flach, eben; 2. Ebene *f*, Fläche *f*; *✕* Tragfläche *f*; Flugzeug *n*; *fig.* Stufe *f*; ⊕ Hobel *m*; 3. ebnen; (ab)hobeln; *✕* fliegen.

**plank** [plæŋk] 1. Planke *f*, Bohle *f*, Diele *f*; *Am. pol.* Programmpunkt *m*; 2. dielen; verschalen; ~ down *sl.*, *Am.* F Geld auf den Tisch legen.

**plant** [plɑ:nt] 1. Pflanze *f*; ⊕ Anlage *f*; Fabrik *f*; 2. (an-, ein)pflanzen (*a. fig.*); (auf)stellen; anlegen; *Schlag* verpassen; bepflanzen; besiedeln; ~ation [plæn'teiʃən] Pflanzung *f* (*a. fig.*); Plantage *f*; Besiedelung *f*; ~er ['plɑ:ntə] Pflanzer *m*.

**plaque** [plɑ:k] Platte *f*; Gedenktafel *f*.

**plash** [plæʃ] platschen.

**plaster** ['plɑ:stə] 1. *pharm.* Pflaster *n*; ⊕ Putz *m*; *mst* ~ *of Paris* Gips *m*, Stuck *m*; 2. bepflastern; verputzen.

**plastic** ['plæstik] 1. (~ally) plastisch; Plastik...; 2. *oft* ~s *pl.* Plastik(material) *n*, Kunststoff *m*.

**plat** [plæt] *s.* plait; *s.* plot 1.

**plate** [pleit] 1. *allg.* Platte *f*; Bild-Tafel *f*; Schild *n*; Kupfer-Stich *m*; Tafelsilber *n*; Teller *m*; *Am.* Baseball: (Schlag)Mal *n*; ⊕ Grobblech *n*; 2. plattieren; *✕* ⊕ panzern.

**platform** ['plætfɔːm] Plattform *f*; *geogr.* Hochebene *f*, ⊕ Bahnsteig *m*; *Am. bsd.* Plattform *f* *am Wagenende*; Rednerbühne *f*; *pol.* Parteiprogramm *n*; *bsd. Am. pol.* Aktionsprogramm *n* *im Wahlkampf*.

**platinum** *min.* ['plætinəm] Platin *n*.

**platitude** *fig.* ['plætitju:d] Plattheit *f*.

**platoon** *✕* [plə'tuːn] Zug *m*.

**plat(t)en** ['plætən] (Schreibmaschinen)Walze *f*.

**platter** ['plætə] (Servier)Platte *f*.

**plaudit** ['plɔːdit] Beifall *m*.

**plausible** □ ['plɔːzəbl] glaubhaft.

**play** [plei] 1. Spiel *n*; Schauspiel *n*; ⊕ Spiel *n*, Gang *m*; Spielraum *m*; 2. spielen; ⊕ laufen; ~ upon einwirken auf (*acc.*); ~ off *fig.* ausspielen (*against* gegen); ~ed out erledigt; ~bill ['pleibil] Theaterzettel *m*; ~book *thea.* Textbuch *n*; ~boy Playboy *m*; ~er ['pleiə] (Schau)Spieler(in); ~piano elektrisches Klavier; ~fellow Spielgefährt|e *m*, -in *f*; ~ful □ [~ful] spielerisch, scherzhaft; ~goer ['pleigouə] Theaterbesucher(in); ~ground Spielplatz *m*; Schulhof *m*; ~house Schauspielhaus *n*; *Am.* Miniaturhaus *n* *für Kinder*; ~mate *s.* playfellow; ~thing Spielzeug *n*; ~wright Bühnenautor *m*, Dramatiker *m*.

**plea** [pliː] *gt* Einspruch *m*; Ausrede *f*; Gesuch *n*; on the ~ of *od.* that unter dem Vorwand (*gen.*) *od.* daß.

**plead** [pliːd] *v/i.* plädieren; ~ for für j-n sprechen; sich einsetzen für; ~ guilty sich schuldig bekennen; *v/t.* *Sache* vertreten; als Beweis anführen; ~er ['pliːdə] Verteidiger *m*; ~ing *gt* [~diŋ] Schriftsatz *m*.

**pleasant** □ ['pleznt] angenehm; erfreulich; ~ry [~tri] Scherz *m*, Spaß *m*.

**please** [pliːz] *v/i.* gefallen; belieben; if you ~ *iro.* stellen Sie sich vor; ~ come in! bitte, treten Sie ein! *v/t.* j-m gefallen, angenehm sein; befriedigen; ~ yourself tun Sie, was Ihnen gefällt; be ~d to do *etc.* gerne tun; be ~d with Vergnügen haben an (*dat.*); ~d erfreut; zufrieden.

**pleasing** □ ['pliːziŋ] angenehm.

**pleasure** ['pleʒə] Vergnügen *n*, Freude *f*; Belieben *n*; *attr.* Vergnügungs...; at ~ nach Belieben; ~ground (Vergnügungs)Park *m*.

**pleat** [pliːt] 1. (Plissee)Falte *f*; 2. fälteln, plissieren.

**pledge** [pledʒ] 1. Pfand *n*; Zutrinken *n*; Gelöbnis *n*; 2. verpfänden; j-m zutrinken; he ~d himself *ev* gelobte.

**plenary** ['pliːnəri] Voll...

**plenipotentiary** [plenipo'tenʃəri] Bevollmächtigte(r *m*) *f*; [reichlich.]

**plenteous** □ *poet.* ['plentjəs] voll.

**plentiful** □ ['plentiful] reichlich.

**plenty** ['plenti] 1. Fülle *f*, Überfluß *m*; ~ of reichlich, viel; 2. F reichlich.

**pliable** □ ['plaiəbl] biegsam; *fig.* geschmeidig, nachgiebig.

**pliancy** ['plaiənsi] Biegsamkeit *f*.

**pliers** ['plaiəz] *pl.* (a *pair of* ~ *pl.* eine) (Draht-, Kombi)Zange *f*.

**plight** [plait] 1. Ehre, Wort verpfänden; verloben; 2. Gelöbnis *n*; Zustand *m*, (Not)Lage *f*.

**plod** [plɔd] *a.* ~ along, ~ on sich dahinschleppen; sich plagen, schuften.

plot [plɔt] 1. Platz m; Parzelle f; Plan m; Komplott n, Anschlag m; Intrige f; Handlung f e-s Dramas etc.; 2. v/t. aufzeichnen; planen, anzetteln; v/i. intrigieren.

plough, Am. mst. plow [plau] 1. Pflug m; 2. pflügen; (a. fig.) furchen; ~man ['plaumən] Pflüger m; ~share ['plauʃeə] Pflugschar f.

pluck [plʌk] 1. Mut m, Schneid m, f; Innerein f/pl.; Zug m, Ruck m; 2. pflücken; Vogel rupfen (a. fig.); reißen; ~ at zerren an; ~ up courage Mut fassen; ~y F □ ['plʌki] mutig.

plug [plʌg] 1. Pflock m; Dübel m; Stöpsel m; ⚡ Stecker m; Zahn-Plombe f; Priem m (Tabak); Am. Radio: Reklamehinweis m; alter Gaul; ~ socket Steckdose f; 2. v/t. zu-, verstopfen; Zahn plombieren; stöpseln; Am. F im Rundfunk etc. Reklame machen für et.

plum [plʌm] Pflaume f; Rosine f (a. fig.).

plumage ['plu:midʒ] Gefieder n.

plumb [plʌm] 1. lotrecht; gerade; richtig; 2. (Blei)Lot n; 3. v/t. lotrecht machen; loten; sondieren (a. fig.); F Wasser- od. Gasleitungen legen in; v/i. F als Rohrleger arbeiten; ~er ['plʌmə] Klempner m, Installateur m; ~ing [~miŋ] Klempnerarbeit f; Rohrleitungen f/pl.

plume [plu:m] 1. Feder f; Federbusch m; 2. mit Federn schmücken; die Federn putzen; ~ o.s. on sich brüsten mit.

plummet ['plʌmit] Senkblei n.

plump [plʌmp] 1. adj. drall, prall, mollig; F □ glatt (Absage etc.); 2.(hin)plumpsen (lassen); 3. Plumps m; 4. F adv. geradeswegs.

plum pudding ['plʌm'pudiŋ] Plumpudding m.

plunder ['plʌndə] 1. Plünderung f; Raub m, Beute f; 2. plündern.

plunge [plʌndʒ] 1. (Unter)Tauchen n; (Kopf)Sprung m; Sturz m; make od. take the ~ den entscheidenden Schritt tun; 2. (unter-)tauchen; (sich) stürzen (into in acc.); Schwert etc. stoßen; ⚓ stampfen.

plunk [plʌŋk] v/t. Saite zupfen; et. hinplumpsen lassen, hinwerfen; v/i. (hin)plumpsen, fallen.

pluperfect gr. ['plu:'pə:fikt] Plusquamperfekt n.

plural gr. ['pluərəl] Plural m, Mehrzahl f; ~ity [pluə'ræliti] Vielheit f, Mehrheit f; Mehrzahl f.

plus [plʌs] 1. prp. plus; 2. adj. positiv; 3. Plus n; Mehr n.

plush [plʌʃ] Plüsch m.

ply [plai] 1. Lage f Tuch etc.; Strähne f; fig. Neigung f; 2. v/t. fleißig anwenden; j-m zusetzen, j-n überhäufen; v/i. regelmäßig fahren; ~wood ['plaiwud] Sperrholz n.

pneumatic [nju(:)'mætik] 1. (~ally) Luft...; pneumatisch; 2. Luftreifen m.

pneumonia ⚕ [nju(:)'mounjə] Lungenentzündung f.

poach [poutʃ] wildern; Erde zertreten; ~ed eggs pl. verlorene Eier n/pl.

poacher ['poutʃə] Wilddieb m.

pock ⚕ [pɔk] Pocke f, Blatter f.

pocket ['pɔkit] 1. Tasche f; ⚡ Luft-Loch n; 2. einstecken (a. fig.); Am. pol. Gesetzesvorlage nicht unterschreiben; Gefühl unterdrücken; 3. Taschen...; ~book Notizbuch n; Brieftasche f; Am. Geldbeutel m; Taschenbuch n.

pod ♀ [pɔd] Hülse f, Schale f, Schote f.

poem ['pouim] Gedicht n.

poet ['pouit] Dichter m; ~ess [~tis] Dichterin f; ~ic(al □) [pou'etik(əl)] dichterisch; ~ics [~ks] sg. Poetik f; ~ry ['pouitri] Dichtkunst f; Dichtung f, coll. Dichtungen f/pl.

poignan|cy ['pɔinənsi] Schärfe f; ~t [~nt] scharf; fig. eindringlich.

point [pɔint] 1. Spitze f; Pointe f; Landspitze f; gr. ⚡ ♃; phys. etc. Punkt m; Fleck m, Stelle f; ⚓ Kompaßstrich m; Auge n auf Karten etc.; Grad m; (springender) Punkt; Zweck m; fig. Eigenschaft f; ~ pl. ⚒ Weichen f/pl.; ~ of view Stand-, Gesichtspunkt m; the ~ is that ... die Sache ist die, daß ...; make a ~ of s.th. auf et. bestehen; in ~ of Hinsicht auf (acc.); off od. beside the ~ nicht zur Sache (gehörig); on the ~ of ger. im Begriff zu inf.; win on ~ nach Punkten siegen; to the ~ zur Sache (gehörig); 2. v/t. (zu)spitzen; oft ~ out zeigen, hinweisen auf (acc.); punktieren; ~ et. Waffe etc. richten auf (acc.); off ~ at weisen auf (acc.); ~ to nach e-r Richtung weisen; ~ed □ ['pɔintid] spitz(ig), Spitz...; fig. scharf; ~er [~tə] Zeiger m; Zeigestock m; Hühnerhund m; ~less [~tlis]stumpf; witzlos; zwecklos.

poise [pɔiz] 1. Gleichgewicht n; Haltung f; 2. v/t. im Gleichgewicht erhalten; Kopf etc. tragen, halten; v/i. schweben.

poison ['pɔizn] 1. Gift n; 2. vergiften; ~ous □ [~nəs] giftig (a. fig.).

poke [pouk] 1. Stoß m, Puff m; 2. v/t. stoßen; schüren; Nase etc. in et. stecken; ~ fun at sich über j-n lustig machen; v/i. stoßen; stochern.

poker ['poukə] Feuerhaken m.

poky ['pouki] eng; schäbig; erbärmlich. [m.]

polar ['poulə] polar; ~ bear Eisbär]

Pole[1] [poul] Pole m, Polin f.

pole[2] [~] Pol m; Stange f, Mast m; Deichsel f; (Sprung)Stab m.

**polecat** zo. ['poulkæt] Iltis m; Am. Skunk m.

**polemic** [po'lemik], a. ~al □ [~kəl] polemisch; feindselig.

**pole-star** ['poulstɑː] Polarstern m; fig. Leitstern m.

**police** [pə'liːs] 1. Polizei f; 2. überwachen; ~man Polizist m; ~office Polizeipräsidium n; ~officer Polizeibeamte(r) m, Polizist m; ~station Polizeiwache f.

**policy** ['polisi] Politik f; (Welt-) Klugheit f; Police f; Am. Zahlenlotto n.

**polio(myelitis)** ['pouliou(maiə'laitis)] spinale Kinderlähmung.

**Polish¹** ['pouliʃ] polnisch.

**polish²** ['poliʃ] 1. Politur f; fig. Schliff m; 2. polieren; fig. verfeinern.

**polite** □ [pə'lait] artig, höflich; fein; ~ness [~tnis] Höflichkeit f.

**politic** □ ['politik] politisch; schlau; ~al □ [pə'litikəl] politisch; staatlich; Staats...; ~ian [poli'tiʃən] Politiker m; ~s ['politiks] oft sg. Staatswissenschaft f, Politik f.

**polka** ['polkə] Polka f; ~ dot Am. Punktmuster n auf Stoff.

**poll** [poul] 1. Wählerliste f; Stimmenzahlung f; Wahl f; Stimmenzahl f; Umfrage f; co. Kopf m; 2. v/t. Stimmen erhalten; v/i. wählen; ~book ['poulbuk] Wählerliste f.

**pollen** ♦ ['polin] Blütenstaub m.

**polling-district** ['poulindistrikt] Wahlbezirk m.

**poll-tax** ['poultæks] Kopfsteuer f.

**pollute** [pə'luːt] beschmutzen, beflecken; entweihen.

**polyp|(e)** zo. ['polip], ~us ♯ [~pəs] Polyp m.

**pommel** ['pʌml] 1. Degen-, Sattel-Knopf m; 2. knuffen, schlagen.

**pomp** [pomp] Pomp m, Gepränge n.

**pompous** □ ['pompəs] prunkvoll; hochtrabend; pompös.

**pond** [pond] Teich m, Weiher m.

**ponder** ['pondə] v/t. erwägen; v/i. nachdenken; ~able [~ərəbl] wägbar; ~ous □ [~rəs] schwer(fällig).

**pontiff** ['pontif] Hohepriester m; Papst m.

**pontoon** ⚓ [pon'tuːn] Ponton m; ~bridge Schiffsbrücke f.

**pony** ['pouni] Pony n, Pferdchen n.

**poodle** ['puːdl] Pudel m.

**pool** [puːl] 1. Teich m; Pfütze f, Lache f; ⚓ (Schwimm)Becken n; (Spiel)Einsatz m; † Ring m, Kartell n; ~ room Am. Billardspielhalle f; Wettannahmestelle f; 2. † zu e-m Ring vereinigen; Gelder zs.-werfen.

**poop** ⚓ [puːp] Heck n; Achterhütte f.

**poor** □ [puə] arm(selig); dürftig; schlecht; ~house ['puəhaus] Armenhaus n; ~law ♯ Armenrecht

n; ~ly [~li] 1. adj. unpäßlich; 2. adv. dürftig; ~ness ['puənis] Armut f.

**pop¹** [pop] 1. Knall m; † Sprudel m; † Schampus m; 2. v/t. knallen lassen; Am. Mais rösten; schnell wohin tun, stecken; v/i. puffen, knallen; mit adv. huschen; ~ in hereinplatzen.

**pop²** F [~] 1. populär, beliebt; 2. Schlager m; volkstümliche Musik.

**pop³** Am. F [~] Papa m, alter Herr.

**popcorn** Am. ['popkɔːn] Puffmais m.

**pope** [poup] Papst m.

**poplar** ♦ ['poplə] Pappel f.

**poppy** ♦ ['popi] Mohn m; ~cock Am. F Quatsch m.

**popu|lace** ['popjuləs] Pöbel m; ~lar □ [~lə] Volks...; volkstümlich, populär; ~larity [popju'læriti] Popularität f.

**populat|e** ['popjuleit] bevölkern; ~ion [popju'leiʃən] Bevölkerung f.

**populous** □ ['popjuləs] volkreich.

**porcelain** ['pɔːslin] Porzellan n.

**porch** [pɔːtʃ] Vorhalle f, Portal n; Am. Veranda f.

**porcupine** zo. ['pɔːkjupain] Stachelschwein n.

**pore** [pɔː] 1. Pore f; 2. fig. brüten.

**pork** [pɔːk] Schweinefleisch n; ~barrel Am. sl. ['pɔːkbærəl] politisch berechnete Geldzuwendung der Regierung; ~y F ['pɔːki] 1. fett, dick; 2. Am. = porcupine.

**porous** □ ['pɔːrəs] porös.

**porpoise** ichth. ['pɔːpəs] Tümmler m.

**porridge** ['poridʒ] Haferbrei m.

**port** [pɔːt] 1. Hafen m; ⚓ (Pfort-, Lade)Luke f; ⚓ Backbord n; Portwein m; 2. ⚓ das Ruder nach der Backbordseite umlegen.

**portable** ['pɔːtəbl] transportabel.

**portal** ['pɔːtl] Portal n, Tor n.

**portend** [pɔː'tend] vorbedeuten.

**portent** ['pɔːtent] (bsd. üble) Vorbedeutung; Wunder n; ~ous □ [pɔː'tentəs] unheilvoll; wunderbar.

**porter** ['pɔːtə] Pförtner m; (Gepäck)Träger m; Porterbier n.

**portion** ['pɔːʃən] 1. (An)Teil m; Portion f Essen; Erbteil n; Aussteuer f; fig. Los n; 2. teilen; ausstatten.

**portly** ['pɔːtli] stattlich.

**portmanteau** [pɔːt'mæntou] Handkoffer m. ~[nis m.]

**portrait** ['pɔːtrit] Porträt n, Bild-]

**portray** [pɔː'trei] (ab)malen, porträtieren; schildern; ~al [~ʃəl] Porträtieren n; Schilderung f.

**pose** [pouz] 1. Pose f; 2. (sich) in Positur setzen; F sich hinstellen (as als); Frage aufwerfen.

**posh** sl. [poʃ] schick, erstklassig.

**position** [pə'ziʃən] Lage f, Stellung f (a. fig.); Stand m; fig. Standpunkt m.

**positive** ['pozitiv] 1. □ bestimmt, ausdrücklich; feststehend, sicher; unbedingt; positiv; überzeugt; rechthaberisch; 2. *das Bestimmte*; *gr.* Positiv *m.*; *phot.* Positiv *n.*

**possess** [pə'zes] besitzen; beherrschen; *fig.* erfüllen; ~ *o.s. of et.* in Besitz nehmen; ~ed besessen; ~ion [~eʃən] Besitz *m*; *fig.* Besessenheit *f*; ~ive *gr.* [~esiv] 1. □ besitzanzeigend; ~ *case* Genitiv *m*; 2. Possessivpronomen *n*, besitzanzeigendes Fürwort; Genitiv *m*; ~or [~ə] Besitzer *m.*

**possib|ility** [posə'biliti] Möglichkeit *f*; ~le ['posəbl] möglich; ~ly [~li] möglicherweise, vielleicht; *if I* ~ *can* wenn ich irgend kann.

**post** [poust] 1. Pfosten *m*; Posten *m*; Stelle *f*, Amt *n*; Post *f*; ~ *exchange Am.* ✕ Einkaufsstelle *f*; 2. *v/t. Plakat etc.* anschlagen; postieren; eintragen; zur Post geben; per Post senden; ~ *up j-n* informieren; *v/i.* (dahin)eilen.

**postage** ['poustidʒ] Porto *n*; ~ *stamp* Briefmarke *f.*

**postal** □ ['poustəl] 1. postalisch; Post...; ~ *order* Postanweisung *f*; 2. *a.* ~ *card Am.* Postkarte *f.*

**postcard** ['poustkɑːd] Postkarte *f.*

**poster** ['poustə] Plakat *n*, Anschlag *m.*

**posterior** [pos'tiəriə] 1. □ später (*to* als); hinter; 2. Hinterteil *n.*

**posterity** [pos'teriti] Nachwelt *f*; Nachkommenschaft *f.*

**post-free** ['poust'fri:] portofrei.

**post-graduate** ['poust'grædjuit] 1. nach beendigter Studienzeit; 2. Doktorand *m.*

**post-haste** ['poust'heist] eilig(st).

**posthumous** □ ['postjuməs] nachgeboren; hinterlassen.

**post|man** ['poustmən] Briefträger *m*; ~mark 1. Poststempel *m*; 2. abstempeln; ~master Postamtsvorsteher *m.*

**post-mortem** ['poust'mɔːtem] 1. nach dem Tode; 2. Leichenschau *f.*

**post|(-)office** ['poustɔfis] Postamt *n*; ~ *box* Post(schließ)fach *n*; ~*paid* frankiert.

**postpone** [poust'poun] ver-, aufschieben; ~ment [~mənt] Aufschub *m.* [tum *n.*]

**postscript** ['pousskript] Postskrip-]

**postulate** 1. ['postjulit] Forderung *f*; 2. [~leit] fordern; (als gegeben) voraussetzen.

**posture** ['postʃə] 1. Stellung *f*, Haltung *f des Körpers*; 2. (sich) zurechtstellen; posieren.

**post-war** ['poust'wɔː] Nachkriegs...

**posy** ['pouzi] Blumenstrauß *m.*

**pot** [pot] 1. Topf *m*; Kanne *f*; Tiegel *m*; 2. in e-n Topf tun; einlegen.

**potation** [pou'teiʃən] *mst* ~*spl.* Trinken *n*, Zecherei *f*; Trunk *m.*

**potato** [pə'teitou], *pl.* ~es Kartoffel *f.*

**pot-belly** ['potbeli] Schmerbauch *m.*

**poten|cy** ['poutənsi] Macht *f*; Stärke *f*; ~t [~nt] mächtig; stark; ~tial [po'tenʃəl] 1. potentiell; möglich; 2. Leistungsfähigkeit *f.*

**pother** ['poðə] Aufregung *f.*

**pot|-herb** ['pothɑːb] Küchenkraut *n*; ~house Kneipe *f.*

**potion** ['pouʃən] (Arznei)Trank *m.*

**potter**[1] ['potə]: *about* herumwerkeln.

**potter**[2] ['potə] Töpfer *m*; ~y [~ri] Töpferei *f*; Töpferware(n *pl.*) *f.*

**pouch** [pautʃ] 1. Tasche *f*; Beutel *m*; 2. einstecken; (sich) beuteln.

**poulterer** ['poultərə] Geflügelhändler *m.*

**poultice** ꭍ ['poultis] Packung *f.*

**poultry** ['poultri] Geflügel *n.*

**pounce** [pauns] 1. Stoß *m*, Sprung *m*; 2. sich stürzen (*on, upon* auf *acc.*).

**pound** [paund] 1. Pfund *n*; ~ (*sterling*) Pfund *n* Sterling (*abbr.* £ — *20 shillings*); Pfandstall *m*; Tierasyl *n*; 2. (zer)stoßen; stampfen; schlagen.

**pounder** ['paundə] ...pfünder *m.*

**pour** [pɔː] *v/t.* gießen, schütten; ~ *out Getränk* eingießen; *v/i.* sich ergießen, strömen; *it never rains but it* ~*s fig.* ein Unglück kommt selten allein.

**pout** [paut] 1. Schmollen *n*; 2. *v/t. Lippen* aufwerfen; *v/i.* schmollen.

**poverty** ['povəti] Armut *f.*

**powder** ['paudə] 1. Pulver *n*; Puder *m*; 2. pulverisieren; (sich) pudern; bestreuen; ~box Puderdose *f.*

**power** ['pauə] Kraft *f*; Macht *f*, Gewalt *f*; *ꝺꝺ* Vollmacht *f*; *ꝺꝺ* Potenz *f*; *in* ~ an der Macht, im Amt; ~current Starkstrom *m*; ~ful □ ['pauəful] mächtig; kräftig; wirksam; ~less ['pauəlis] macht-, kraftlos; ~plant *f.* *power-station*; politics *oft ꭍg.* Machtpolitik *f*; ~station Kraftwerk *n.*

**powwow** ['pauwau] Medizinmann *m*; *Am.* F Versammlung *f.*

**practica|ble** □ ['præktikəbl] ausführbar; gangbar (*Weg*); brauchbar; ~l □ [~əl] praktisch; tatsächlich; eigentlich; sachlich; ~ *joke* Schabernack *m*; ~lly [~li] so gut wie.

**practice** ['præktis] 1. Praxis *f*; Übung *f*; Gewohnheit *f*; Brauch *m*; Praktik *f*; *put into* ~ in die Praxis umsetzen; 2. *Am.* = *practise.*

**practise** [~] *v/t.* in die Praxis umsetzen; ausüben; betreiben; üben; *v/i.* (sich) üben; praktizieren; ~ *upon j-s Schwäche* ausnutzen; ~d geübt (P.).

**practitioner** [præk'tiʃnə] *a. general* ~ praktischer Arzt; Rechtsanwalt *m.*

**prairie** *Am.* [p'prɛəri] Grasebene *f;* Prärie *f;* ~**-schooner** *Am.* Planwagen *m.*

**praise** [preiz] 1. Preis *m,* Lob *n;* 2. loben, preisen.

**praiseworthy** □ ['preizwə:ði] lobenswert.

**pram** F [præm] Kinderwagen *m.*

**prance** [prɑːns] sich bäumen; paradieren; einherstolzieren.

**prank** [præŋk] Possen *m,* Streich *m.*

**prate** [preit] 1. Geschwätz *n;* 2. schwatzen, plappern.

**prattle** ['prætl] *s. prate.*

**pray** [prei] beten; (er)bitten; bitte!

**prayer** [prɛə] Gebet *n;* Bitte *f;* oft ~**s** *pl.* Andacht *f;* Lord's ~ Vaterunser *n;* ~**-book** ['prɛəbuk] Gebetbuch *n.*

**pre...** [priː; pri] vor(her)...; Vor...; früher.

**preach** [priːtʃ] predigen; ~**er** ['priːtʃə] Prediger(in).

**preamble** [priː'æmbl] Einleitung *f.*

**precarious** □ [pri'kɛəriəs] unsicher.

**precaution** [pri'kɔːʃən] Vorsicht(smaßregel) *f;* ~**ary** [ˌ.ʃnəri] vorbeugend.

**precede** [priː(ː)'siːd] voraus-, vorangehen (*dat.*); ~**nce,** ~**ncy** [ˌ.dəns, ~si] Vortritt *m,* Vorrang *m;* ~**nt** ['president] Präzedenzfall *m.*

**precept** ['priːsept] Vorschrift *f,* Regel *f;* ~**or** [pri'septə] Lehrer *m.*

**precinct** ['priːsiŋkt] Bezirk *m, bsd. Am.* Wahlbezirk *m,* ~**kreis** *m;* ~**s** *pl.* Umgebung *f;* Bereich *m;* Grenze *f;* *pedestrian* ~ Fußgängerzone *f.*

**precious** ['preʃəs] 1. □ kostbar; edel; F arg, gewaltig, schön; 2. F *adv.* recht, äußerst.

**precipi|ce** ['presipis] Abgrund *m;* ~**tate** 1. [pri'sipiteit] (hinab)stürzen; ~ fällen; überstürzen; 2. □ [ˌ.tit] übereilt, hastig; 3. [ˌ.] ~ Niederschlag *m;* ~**tation** [prisipi'teiʃən] Sturz *m;* Überstürzung *f,* Hast *f;* ~ Niederschlag(en *n*) *m;* ~**tous** □ [pri'sipitəs] steil, jäh.

**précis** [pri'siː] gedrängte Übersicht, Za-~fassung *f.*

**precis|e** □ [pri'sais] genau; ~**ion** [ˌ.'siʒən] Genauigkeit *f;* Präzision *f.*

**preclude** [pri'kluːd] ausschließen; vorbeugen (*dat.*); *j-n* hindern.

**precocious** □ [pri'kouʃəs] frühreif; altklug.

**preconceive** ['priːkən'siːv] vorher ausdenken; ~**d** vorgefaßt (*Meinung*).

**preconception** ['priːkən'sepʃən] vorgefaßte Meinung. [*m.*]

**precursor** [priː(ː)'kəːsə] Vorläufer]

**predatory** ['predətəri] räuberisch.

**predecessor** ['priːdisesə] Vorgänger *m.*

**predestin|ate** [pri(ː)'destineit]

**vorherbestimmen;** ~**ed** [ˌ.nd] auserkoren.

**predetermine** ['priːdi'təːmin] vorher festsetzen; vorherbestimmen.

**predicament** [pri'dikəmənt] (mißliche) Lage.

**predicate** 1. ['predikeit] aussagen; 2. *gr.* [ˌ.kit] Prädikat *n,* Satzaussage *f.*

**predict** [pri'dikt] vorhersagen; ~**ion** [ˌ.kʃən] Prophezeiung *f.*

**predilection** [priːdi'lekʃən] Vorliebe *f.*

**predispos|e** ['priːdis'pouz] vorher geneigt *od.* empfänglich machen (to für); ~**ition** [ˌ.spə'ziʃən] Geneigtheit *f; bsd.* ⚕ Anfälligkeit *f* (to für).

**predomina|nce** [pri'dominəns] Vorherrschaft *f;* Übergewicht *n;* Vormacht(stellung) *f;* ~**nt** □ [ˌ.nt] vorherrschend; ~**te** [ˌ.neit] die Oberhand haben; vorherrschen.

**pre-eminent** □ [priː(ː)'eminənt] hervorragend.

**pre-emption** [priː(ː)'empʃən] Vorkauf(srecht *n*) *m.*

**pre-exist** ['priːig'zist] vorher dasein.

**prefabricate** ['priː'fæbrikeit] vorfabrizieren.

**preface** ['prefis] 1. Vorrede *f,* Vorwort *n,* Einleitung *f;* 2. einleiten.

**prefect** ['priːfekt] Präfekt *m; Schule:* Vertrauensschüler *m,* Klassensprecher *m.*

**prefer** [pri'fəː] vorziehen; *Gesuch etc.* vorbringen; *Klage* einreichen; befördern; ~**able** □ ['prefərəbl] (to vorzuziehen(d) (*dat.*); vorzüglicher (als); ~**ably** [ˌ.li] vorzugsweise; besser; ~**ence** [ˌ.rəns] Vorliebe *f;* Vorzug *m;* ~**ential** □ [prefə'renʃəl] bevorzugt; Vorzugs-...; ~**ment** [pri'fəːmənt] Beförderung *f.*

**prefix** ['priːfiks] Präfix *n,* Vorsilbe *f.*

**pregnan|cy** ['pregnənsi] Schwangerschaft *f; fig.* Fruchtbarkeit *f;* Bedeutungsreichtum *m;* ~**t** □ [ˌ.nt] schwanger; *fig.* fruchtbar, inhaltsvoll.

**prejud|ge** ['priː'dʒʌdʒ] vorher (ver-)urteilen; ~**ice** ['predʒudis] 1. Voreingenommenheit *f;* Vorurteil *n;* Schaden *m;* 2. voreinnehmen; benachteiligen; *to* ~ S. Abbruch tun; ~**d** (vor)eingenommen; ~**icial** □ [predʒu'diʃəl] nachteilig.

**prelate** ['prelit] Prälat *m.*

**preliminary** [pri'liminəri] 1. □ vorläufig; einleitend; Vor...; 2. Einleitung *f.*

**prelude** *f* ['preljuːd] Vorspiel *n.*

**premature** □ [premə'tjuə] *fig.* frühreif; vorzeitig; vorschnell.

**premeditat|e** [priː(ː)'mediteit] vorher überlegen; ~**ion** [priː(ː)medi'teiʃən] Vorbedacht *m.*

**premier** ['premjə] **1.** erst; **2.** Premierminister *m*.

**premises** ['premisiz] *pl.* (Gebäude *pl.* mit) Grundstück *n*, Anwesen *n*; Lokal *n*.

**premium** ['prîmjəm] Prämie *f*; Anzahlung *f*; ✝ Agio *n*; Versicherungsprämie *f*; Lehrgeld *n*; *at a* ~ über pari; sehr gesucht.

**premonition** [prîmə'niʃən] Warnung *f*; (Vor)Ahnung *f*.

**preoccupied** [pri(:)'ɔkjupaid] in Gedanken verloren; ~*y* [~paj] vorher in Besitz nehmen; ausschließlich beschäftigen; in Anspruch nehmen.

**prep** F [prep] = *preparation, preparatory school*.

**preparation** [prepə'reiʃən] Vorbereitung *f*; Zubereitung *f*; ~ory □ [pri'pærətəri] vorbereitend; ~ (*school*) Vorschule *f*.

**prepare** [pri'pɛə] *v/t.* vorbereiten; zurechtmachen; (zu)bereiten; (aus-) rüsten; *v/i.* sich vorbereiten; sich anschicken; ~*d* □ bereit.

**prepay** ['prîː'pei] [*irr.* (*pay*)] vorausbezahlen; frankieren.

**preponderance** [pri'pɔndərəns] Übergewicht *n*; ~*ant* □ [~nt] überwiegend; ~*ate* [~reit] überwiegen.

**preposition** *gr.* [prepə'ziʃən] Präposition *f*, Verhältniswort *n*.

**prepossess** [prîːpə'zes] günstig stimmen; ~*ing* □ [~siŋ] einnehmend.

**preposterous** [pri'pɔstərəs] widersinnig, albern; grotesk.

**prerequisite** ['prîː'rekwizit] Vorbedingung *f*, Voraussetzung *f*.

**prerogative** [pri'rɔgətiv] Vorrecht *n*.

**presage** ['presidʒ] **1.** Vorbedeutung *f*; Ahnung *f*; **2.** vorbedeuten; ahnen; prophezeien.

**prescribe** [pris'kraib] vorschreiben; ✗ verschreiben.

**prescription** [pris'kripʃən] Vorschrift *f*, Verordnung *f*; ✗ Rezept *n*.

**presence** ['prezns] Gegenwart *f*; Anwesenheit *f*; Erscheinung *f*; ~ *of mind* Geistesgegenwart *f*.

**present**[1] ['preznt] **1.** □ gegenwärtig; anwesend, vorhanden; jetzig; laufend (*Jahr etc.*); vorliegend (*Fall etc.*); ~ *tense gr.* Präsens *n*; **2.** Gegenwart *f*, *gr. a.* Präsens *n*; Geschenk *n*; *at* ~ jetzt; *for the* ~ einstweilen.

**present**[2] [pri'zent] präsentieren; (dar)bieten; (vor)zeigen; *j-n* vorstellen; vorschlagen; (über)reichen; (be)schenken.

**presentation** [prezen'teiʃən] Darstellung *f*, Vorstellung *f*; Ein-, Überreichung *f*; Schenkung *f*; Vorzeigen *n*, Vorlage *f*.

**presentiment** [pri'zentimənt] Vorgefühl *n*, Ahnung *f*.

**presently** ['prezntli] sogleich, bald (darauf), alsbald; *Am.* zur Zeit.

**preservation** [prezə(:)'veiʃən] Bewahrung *f*, Erhaltung *f*; ~*ve* [pri'zəːvativ] **1.** bewahrend; **2.** Schutz-, Konservierungsmittel *n*.

**preserve** [pri'zəːv] **1.** bewahren, behüten; erhalten; einmachen; *Wild* hegen; **2.** *hunt.* Gehege *n* (*a. fig.*); *mst* ~*s pl.* Eingemachte(s) *n*. ~ [ren (before bei).]

**preside** [pri'zaid] den Vorsitz führen; **presidency** [pri'prezidənsi] Vorsitz *m*; Präsidentschaft *f*; ~*t* [~nt] Präsident *m*, Vorsitzende(r) *m*; *Am.* ✝ Direktor *m*.

**press** [pres] **1.** Druck *m der Hand*; (Wein- *etc.*)Presse *f*; *die Presse* (*Zeitungen*); Druckerei *f*; Verlag *m*; Druck(en *n*) *m*; *a. printing*—Druckerpresse *f*; Menge *f*; *fig.* Druck *m*, Last *f*, Andrang *m*; Schrank *m*; **2.** *v/t.* (aus)pressen; drücken; lasten auf (*dat.*); (be)drängen; dringen auf (*acc.*); aufdrängen (*on dat.*); bügeln; *be* ~*ed for time* es eilig haben; *v/i.* drücken; (sich) drängen; ~ *for* sich eifrig bemühen um; ~ *on* weitereilen; ~ (*up*)*on* eindringen auf (*acc.*); ~ *agency* Nachrichtenbüro *n*; ~ *agent* Reklameagent *m*; ~ *button* Druckknopf *m*; ~*ing* ['presiŋ] dringend; ~*ure* ['preʃə] Druck *m* (*a. fig.*); Drang(sal *f*) *m*.

**prestige** [pres'tîːʒ] Prestige *n*.

**presumable** □ [pri'zjuːməbl] vermutlich; ~*e* [pri'zjuːm] *v/t.* annehmen; vermuten; voraussetzen; *v/i.* vermuten; sich erdreisten; anmaßend sein; ~ (*up*)*on* pochen auf (*acc.*); ausnutzen, mißbrauchen.

**presumption** [pri'zʌmpʃən] Mutmaßung *f*; Wahrscheinlichkeit *f*; Anmaßung *f*; ~*ive* □ [~ptiv] mutmaßlich; ~*uous* □ [~tjuəs] überheblich; vermessen.

**presuppose** [priːsə'pouz] voraussetzen; ~*ition* [priːsʌpə'ziʃən] Voraussetzung *f*.

**pretence**, *Am.* ~*se* [pri'tens] Vortäuschung *f*; Vorwand *m*; Schein *m*, Verstellung *f*.

**pretend** [pri'tend] vorgeben; vortäuschen; heucheln; Anspruch erheben (*to auf acc.*); ~*ed* □ angeblich.

**pretension** [pri'tenʃən] Anspruch *m* (*to auf acc.*); Anmaßung *f*.

**preterit(e)** *gr.* ['pretərit] Präteritum *n*, Vergangenheitsform *f*.

**pretext** ['prîːtekst] Vorwand *m*.

**pretty** ['priti] **1.** □ hübsch, niedlich; nett; **2.** *adv.* ziemlich.

**prevail** [pri'veil] die Oberhand haben *od.* gewinnen; (vor)herrschen; maßgebend *od.* ausschlaggebend sein; ~ (*up*)*on s.o.* j-n dazu bewegen, *et.* zu tun; ~*ing* □ [~liŋ] (vor)herrschend.

**prevalent** □ ['prevələnt] vorherrschend, weit verbreitet.

**prevaricate** [pri'værikeit] Ausflüchte machen.

**prevent** [pri'vent] verhüten, *s-r S.* vorbeugen; *j-n* hindern; *~lon* [~n-jən] Verhinderung *f;* Verhütung *f;* *~ive* [~ntiv] 1. □ vorbeugend; 2. Schutzmittel *n.*

**preview** ['pri:'vju:] Vorschau *f;* Vorbesichtigung *f.*

**previous** □ ['pri:vjəs] vorhergehend; voreilig; Vor...; ~ to vor *(dat.);* ~ly [~li] vorher, früher.

**pre-war** ['pri:'wɔ:] Vorkriegs...

**prey** [prei] 1. Raub *m,* Beute *f; beast of* ~ Raubtier *n;* bird of ~ Raubvogel *m;* be a ~ to geplagt werden von; 2. ~ (up)on rauben, plündern; fressen; *fig.* nagen an *(dat.).*

**price** [prais] 1. Preis *m;* Lohn *m;* 2. *Waren* auszeichnen; die Preise festsetzen für; abschätzen; *~less* ['praislis] unschätzbar; unbezahlbar.

**prick** [prik] 1. Stich *m;* Stachel *m (a. fig.);* 2. *v/t.* (durch)stechen; *fig.* peinigen; *a.* ~ out *Muster* punktieren; ~ up one's ears die Ohren spitzen; *v/i.* stechen; *~le* ['prikl] Stachel *m,* Dorn *m;* *~ly* [~li] stachelig.

**pride** [praid] 1. Stolz *m;* Hochmut *m;* take ~ in stolz sein auf *(acc.);* 2. ~ *o.s.* sich brüsten (on, upon mit).

**priest** [pri:st] Priester *m.*

**prig** [prig] Tugendbold *m,* selbstgerechter Mensch; Pedant *m.*

**prim** □ [prim] steif; zimperlich.

**primacy** ['praiməsi] Vorrang *m;* *~rily* [~rili] in erster Linie; *~ry* □ [~ri] 1. ursprünglich; hauptsächlich; Ur..., Anfangs..., Haupt...; Elementar...; höchst; *f, #* Primär...; 2. *a.* ~ meeting *Am.* Wahlversammlung *f;* *~ry school* Elementar-, Grundschule *f.*

**prime** [praim] 1. □ erst; wichtigst; Haupt...; vorzüglich(st); ~ cost † Selbstkosten *pl.;* ~ minister Ministerpräsident *m;* ~ number Primzahl *f;* 2. *fig.* Blüte(zeit) *f;* Beste(s) *n;* höchste Vollkommenheit; 3. *v/t.* vorbereiten; *Pumpe* anlassen; instruieren; † vollaufen lassen *(betrunken machen);* *paint.* grundieren.

**primer** ['praimə] Fibel *f,* Elementarbuch *n.* [lich; Ur...]

**primeval** [prai'mi:vəl] uranfäng-

**primitive** ['primitiv] 1. □ erst, ursprünglich; Stamm...; primitiv; 2. *gr.* Stammwort *n.*

**primrose** ['primrouz] Primel *f.*

**prince** [prins] Fürst *m;* Prinz *m;* *~ss* [prin'ses, vor npr. 'prinses] Fürstin *f;* Prinzessin *f.*

**principal** ['prinsəpəl] 1. □ erst, hauptsächlich(st); Haupt...; ~ *parts pl. gr.* Stammformen *f/pl. des vb.;*

2. Hauptperson *f;* Vorsteher *m; bsd. Am.* (Schul)Direktor *m,* Rektor *m;* † Chef *m;* *~* Hauptschuldige(r) *m;* † Kapital *n;* *~ity* [prinsi'pæliti] Fürstentum *n.*

**principle** ['prinsəpl] Prinzip *n;* Grund(satz) *m;* Ursprung *m;* on ~ grundsätzlich, aus Prinzip.

**print** [print] 1. Druck *m;* (Finger-etc.)Abdruck *m;* bedruckter Kattun, Druckstoff *m;* Stich *m; phot.* Abzug *m; Am.* Zeitungsdrucksache *f;* out of ~ vergriffen; 2. (ab-, auf-, be)drucken; *phot.* kopieren; *fig.* einprägen (on *das.);* in Druckbuchstaben schreiben; *~er* ['printə] (Buch)Drucker *m.*

**printing** ['printiŋ] Druck *m;* Drucken *n; phot.* Abziehen *n,* Kopieren *n;* *~ink* Druckerschwärze *f;* *~office* (Buch)Druckerei *f;* *~press* Druckerpresse *f.*

**prior** ['praiə] 1. früher, älter (to als); 2. *adv.* ~ to vor *(dat.);* 3. *eccl.* Prior *m;* *~ity* [prai'ɔriti] Priorität *f;* Vorrang *m;* Vorfahrtsrecht *n.*

**prism** ['prizəm] Prisma *n.*

**prison** ['prizn] Gefängnis *n;* *~er* [~nə] Gefangene(r *m) f,* Häftling *m;* take *s.o.* ~ j-n gefangennehmen.

**privacy** ['praivəsi] Zurückgezogenheit *f;* Geheimhaltung *f.*

**private** ['praivit] 1. □ privat; Privat...; persönlich; vertraulich; geheim; 2. ✗ (gewöhnlicher) Soldat; in ~ privatim; im geheimen.

**privation** [prai'veifən] Mangel *m,* Entbehrung *f.*

**privilege** ['privilidʒ] 1. Privileg *n;* Vorrecht *n;* 2. bevorrechten.

**privy** ['privi] 1. □ ~ to eingeweiht in *(acc.);* ♀ Council Staatsrat *m;* ♀ Councillor Geheimer Rat; ♀ Seal Geheimsiegel *n;* 2. ♀♀ Mitinteressent *m* (to an *dat.);* Abort *m.*

**prize** [praiz] 1. Preis *m,* Prämie *f;* ♠ Beute *f;* (Lotterie)Gewinn *m;* 2. preisgekrönt, Preis...; 3. (hoch)schätzen; aufbrechen *(öffnen);* ~ fighter ['praizfaitə] Berufsboxer *m.*

**pro** [prou] für.

**probability** [probə'biliti] Wahrscheinlichkeit *f;* *~le* □ ['probəbl] wahrscheinlich.

**probation** [prə'beifən] Probe *f,* Probezeit *f;* ♀♀ Bewährungsfrist *f;* *~ officer* Bewährungshelfer *m.*

**probe** [proub] 1. ✗ Sonde *f; fig.* Untersuchung *f; lunar* ~ Mondsonde *f;* 2. *a.* ~ into sondieren; untersuchen.

**probity** ['proubiti] Redlichkeit *f.*

**problem** ['probləm] Problem *n;* Å Aufgabe *f;* *~atic(al)* □ [probli'mætik(əl)] problematisch, zweifelhaft. [*n;* Handlungsweise *f.*]

**procedure** [prə'si:dʒə] Verfahren

**proceed** [prə'si:d] weitergehen; fortfahren; vor sich gehen; vorgehen; *univ.* promovieren; ~ *from* von *od.* aus *et.* kommen; ausgehen von; ~ *to* zu *et.* übergehen; ~ing [~diŋ] Vorgehen *n*; Handlung *f*; ~s *pl.* ☆ Verfahren *n*; Verhandlungen *f/pl.*, (Tätigkeits)Bericht *m*; ~s ['prousidz] *pl.* Ertrag *m*, Gewinn *m*.

**process** ['prouses] 1. Fortschreiten *n*, Fortgang *m*; Vorgang *m*; Verlauf *m* *der Zeit*; Prozeß *m*, Verfahren *n*; *in* ~ im Gange; *in* ~ *of construction* im Bau (befindlich); 2. gerichtlich belangen; ⊕ bearbeiten; ~ion [prə'seʃən] Prozession *f*.

**proclaim** [prə'kleim] proklamieren; erklären; ausrufen.

**proclamation** [prɔklə'meiʃən] Proklamation *f*; Bekanntmachung *f*; Erklärung *f*.

**proclivity** [prə'kliviti] Neigung *f*.

**procrastinate** [prou'kræstineit] zaudern.

**procreate** ['proukrieit] (er)zeugen.

**procuration** [prɔkjuə'reiʃən] Vollmacht *f*; ✝ Prokura *f*; ~or ['prɔkjuəreitə] Bevollmächtigte(r) *m*.

**procure** [prə'kjuə] *v/t.* be-, verschaffen; *v/i.* Kuppelei treiben.

**prod** [prɔd] 1. Stich *m*; Stoß *m*; *fig.* Ansporn *m*; 2. stechen; stoßen; *fig.* anstacheln.

**prodigal** ['prɔdigəl] 1. □ verschwenderisch; *the* ~ *son* der verlorene Sohn; 2. Verschwender(in).

**prodigious** [prə'didʒəs] erstaunlich, ungeheuer; ~y ['prɔdidʒi] Wunder *n* (*a. fig.*); Ungeheuer *n*; *oft infant* ~ Wunderkind *n*.

**produce** 1. [prə'djuːs] vorbringen, vorführen, vorlegen; beibringen; hervorbringen; produzieren, erzeugen; *Zinsen etc.* (ein)bringen; ⚭ verlängern; *Film etc.* herausbringen; 2. ['prɔdjuːs] (Natur)Erzeugnis(se *pl.*) *n*, Produkt *n*; Ertrag *m*; ~r [prə'djuːsə] Erzeuger *m*, Hersteller *m*; *Film:* Produzent *m*; *thea.* Regisseur *m*.

**product** ['prɔdəkt] Produkt *n*, Erzeugnis *n*; ~ion [prə'dakʃən] Hervorbringung *f*; Vorlegung *f*, Beibringung *f*; Produktion *f*, Erzeugung *f*; *thea.* Herausbringen *n*; Erzeugnis *n*; ~ive □ [~'daktiv] schöpferisch; produktiv, erzeugend; ertragreich; fruchtbar; ~iveness [~vnis], ~ivity [prɔdʌk'tiviti] Produktivität *f*.

**prof** *Am.* F [prɔf] Professor *m*.

**profan|ation** [prɔfə'neiʃən] Entweihung *f*; ~e [~'fein] 1. □ profan; weltlich; uneingeweiht; gottlos; 2. entweihen; ~ity [~'fæniti] Gottlosigkeit *f*; Fluchen *n*.

**profess** [prə'fes] (sich) bekennen (zu); erklären; *Reue etc.* bekunden; *Beruf* ausüben; lehren; ~ed □ erklärt; angeblich; Berufs...; ~ion

[~eʃən] Bekenntnis *n*; Erklärung *f*; Beruf *m*; ~ional [~nl] 1. □ Berufs...; Amts...; berufsmäßig; freiberuflich; ~ *men* Akademiker *m/pl.*; 2. Fachmann *m*; *Sport:* Berufsspieler *m*; Berufskünstler *m*; ~or [~ə] Professor *m*.

**proffer** ['prɔfə] 1. anbieten; 2. Anerbieten *n*.

**proficien|cy** [prə'fiʃənsi] Tüchtigkeit *f*; ~t [~nt] 1. □ tüchtig; bewandert; 2. Meister *m*.

**profile** ['proufail] Profil *n*.

**profit** ['prɔfit] 1. Vorteil *m*, Nutzen *m*, Gewinn *m*; 2. *v/t. j-m* Nutzen bringen; *v/i.* ~ *by* Nutzen ziehen aus; ausnutzen; ~able □ [~əbl] nützlich, vorteilhaft, einträglich; ~eer [prɔfi'tiə] 1. Schiebergeschäfte machen; 2. Profitmacher *m*, Schieber *m*; ~-sharing ['prɔfitʃɛəriŋ] Gewinnbeteiligung *f*.

**profligate** ['prɔfligit] 1. □ liederlich; 2. liederlicher Mensch.

**profound** □ [prə'faund] tief; tiefgründig; gründlich; *fig.* dunkel.

**profundity** [prə'fʌnditi] Tiefe *f*.

**profus|e** □ [prə'fjuːs] verschwenderisch; übermäßig, überreich; ~ion *fig.* [~'ʒən] Überfluß *m*.

**progen|itor** [prou'dʒenitə] Vorfahr *m*, Ahn *m*; ~y ['prɔdʒini] Nachkommen(schaft *f*) *m/pl.*; Brut *f*.

**prognos|is** ✗ [prɔg'nousis], *pl.* ~es [~siːz] Prognose *f*.

**prognostication** [prɔgnɔsti'keiʃən] Vorhersage *f*.

**program(me)** ['prougræm] Programm *n*.

**progress** 1. ['prougres] Fortschritt(e *pl.*) *m*; Vorrücken *n* (*a.* ⚔); Fortgang *m*; *in* ~ im Gang; 2. [prə'gres] fortschreiten; ~ion [prə'greʃən] Fortschreiten *n*; ⚔ Reihe *f*; ~ive [~'gresiv] 1. □ fortschreitend; fortschrittlich; 2. *pol.* Fortschrittler *m*.

**prohibit** [prə'hibit] verbieten; verhindern; ~ion [proui'biʃən] Verbot *n*; Prohibition *f*; ~ionist [~ʃnist] *bsd. Am.* Prohibitionist *m*; ~ive □ [prə'hibitiv] verbietend; *Sperr...*; unerschwinglich.

**project** 1. ['prɔdʒekt] Projekt *n*; Vorhaben *n*, Plan *m*; 2. [prə'dʒekt] *v/t.* planen; (ent)werfen; ⚭ projizieren; *v/i.* vorspringen; ~ile ['prɔdʒiktail] Projektil *n*, Geschoß *n*; ~ion [prə'dʒekʃən] Werfen *n*; Entwurf *m*; Vorsprung *n*; ⚭, *ast.*, *phot.* Projektion *f*; ~or [~ktə] ✝ Gründer *m*; *opt.* Projektor *m*.

**proletarian** [prouli'tɛəriən] 1. proletarisch; 2. Proletarier(in).

**prolific** [prə'lifik] (~ally) fruchtbar.

**prolix** □ ['prouliks] weitschweifig.

**prolo|gue** *Am. a.* ~g ['proulɔg] Prolog *m*.

**prolong** [prə'lɔŋ] verlängern.

**promenade** [promi'na:d] 1. Promenade *f*; 2. promenieren.

**prominent** □ ['prominent] hervorragend (*a. fig.*); *fig.* prominent.

**promiscuous** □ [prə'miskjuəs] unordentlich, verworren; gemeinsam; unterschiedslos.

**promis|e** ['promis] 1. Versprechen *n*; *fig.* Aussicht *f*; 2. versprechen; **~ing** [.siŋ] vielversprechend; **~sory** [.səri] versprechend; **~ note** ✝ Eigenwechsel *m*.

**promontory** ['promentri] Vorgebirge *n*.

**promot|e** [prə'mout] *et.* fördern; *j-n* befördern; *bsd. Am. Schule*: versetzen; *parl.* unterstützen; ✝ gründen; *bsd. Am. Verkauf durch Werbung* steigern; **~ion** [.ou∫ən] Förderung *f*; Beförderung *f*; ✝ Gründung *f*.

**prompt** [prompt] 1. □ schnell; bereit(willig); sofortig; pünktlich; 2. *j-n* veranlassen; *Gedanken* eingeben; *j-m* vorsagen, soufflieren; **~er** ['promptə] Souffleu|r *m*, -se *f*; **~ness** [.tnis] Schnelligkeit *f*; Bereitschaft *f*.

**promulgate** ['proməlgeit] verkünden, verbreiten.

**prone** □ [proun] mit dem Gesicht nach unten (liegend); hingestreckt; **~ to** *fig.* geneigt *od.* neigend zu.

**prong** [prɔŋ] Zinke *f*; Spitze *f*.

**pronoun** *gr.* ['prounaun] Pronomen *n*, Fürwort *n*.

**pronounce** [prə'nauns] aussprechen; verkünden; erklären (für).

**pronto** *Am.* F ['prontou] sofort.

**pronunciation** [prənʌnsi'ei∫ən] Aussprache *f*.

**proof** [pru:f] 1. Beweis *m*; Probe *f*, Versuch *m*; *typ.* Korrekturbogen *m*; *typ., phot.* Probeabzug *m*; 2. fest; *in Zusgn*: ...fest, ...dicht, ...sicher; **~-reader** *typ.* ['pru:fri:də] Korrektor *m*.

**prop** [prop] 1. Stütze *f* (*a. fig.*); 2. *a.* **~ up** (unter)stützen.

**propaga|te** ['propəgeit] (sich) fortpflanzen; verbreiten; **~tion** [propə'gei∫ən] Fortpflanzung *f*; Verbreitung *f*.

**propel** [prə'pel] (vorwärts-, an-) treiben; **~ler** [.lə] Propeller *m*, (*Schiffs-, Luft*)Schraube *f*.

**propensity** [prə'pensiti] Neigung *f*.

**proper** □ ['propə] eigen(tümlich); eigentlich; passend, richtig; anständig; **~ty** [.əti] Eigentum *n*, Besitz *m*; Vermögen *n*; Eigenschaft *f*.

**prophe|cy** ['profisi] Prophezeiung *f*; **~sy** [.sai] prophezeien.

**prophet** ['profit] Prophet *m*.

**propi|tiate** [prə'pi∫ieit] günstig stimmen, versöhnen; **~tious** □ [.∫əs] gnädig; günstig.

**proportion** [prə'po:∫ən] 1. Verhältnis *n*; Gleichmaß *n*; (An)Teil *m*;

**~s** *pl.* (Aus)Maße *n/pl.*; 2. in ein Verhältnis bringen; **~al** □ [.nl] im Verhältnis (*to* zu); **~ate** □ [.∫nit] angemessen.

**propos|al** [prə'pouzl] Vorschlag *m*, (*a. Heirats*)Antrag *m*; Angebot *n*; Plan *m*; **~e** [.ouz] *v/t.* vorschlagen; **~ a** Toast ausbringen auf (*acc.*); **~ to o.s.** sich vornehmen; *v/i.* beabsichtigen; anhalten (*to um*); **~ition** [propə'zi∫ən] Vorschlag *m*, Antrag *m*; Behauptung *f*; Problem *n*.

**propound** [prə'paund] *Frage etc.* vorlegen; vorschlagen.

**propriet|ary** [prə'praiətri] Eigentümer..., Eigentums..., Besitz(er)...; gesetzlich geschützt (*bsd. Arzneimittel*); **~or** [.tə] Eigentümer *m*; **~y** [.ti] Richtigkeit *f*; Schicklichkeit *f*; *the proprieties pl.* die Anstandsformen *f/pl.* [m.]

**propulsion** ⊕ [prə'pʌl∫ən] Antrieb]

**prorate** *Am.* [prou'reit] anteilmäßig verteilen.

**prosaic** [prou'zeiik] (**~ally**) *fig.* prosaisch (*nüchtern, trocken*).

**proscribe** [prous'kraib] ächten.

**proscription** [prous'krip∫ən] Achtung *f*; Acht *f*; Verbannung *f*.

**prose** [prouz] 1. Prosa *f*; 2. prosaisch.

**prosecut|e** ['prosikju:t] (*a. gerichtlich*) verfolgen; *Gewerbe etc.* betreiben; verklagen; **~ion** [prosi'kju:∫ən] Verfolgung *f*; *Plans etc.*; Betreiben *n* *e-s Gewerbes etc.*; gerichtliche Verfolgung; *g: fa* ['prosikju:tə] Kläger *m*; Anklagevertreter *m*; *public* **~** Staatsanwalt *m*.

**prospect** 1. ['prospekt] Aussicht *f* (*a. fig.*); Anblick *m*; ✝ Interessent *m*; 2. [prəs'pekt] **⚒** schürfen; bohren (*for nach Öl*); **~ive** □ [.tiv] vorausblickend; voraussichtlich; **~us** [.təs] (*Werbe*)Prospekt *m*.

**prosper** ['prospə] *v/i.* Erfolg haben, gedeihen, blühen; *v/t.* begünstigen, segnen; **~ity** [prəs'periti] Gedeihen *n*; Wohlstand *m*; Glück *n*; *fig.* Blüte *f*; **~ous** □ ['prosperəs] glücklich, gedeihlich; *fig.* blühend; günstig.

**prostitute** ['prostitju:t] 1. Dirne *f*; 2. zur Dirne machen; (der Schande) preisgeben, feilbieten (*a. fig.*).

**prostrat|e** 1. ['prostreit] hingestreckt; erschöpft; daniederliegend; demütig; gebrochen; 2. [pros'treit] niederwerfen; *fig.* niederschmettern; entkräften; **~ion** [.ei∫ən] Niederwerfung *f*; Fußfall *m*; *fig.* Demütigung *f*; Entkräftung *f*.

**prosy** *fig.* ['prouzi] prosaisch: langweilig.

**protagonist** [prou'tægənist] *thea.* Hauptfigur *f*; *fig.* Vorkämpfer(in).

**protect** [prə'tekt] (be)schützen; **~ion** [.k∫ən] Schutz *m*; ✝ Wirtschaftsschutz *m*, Schutzzoll *m*; **~ive**

[ˌktiv] schützend; Schutz...; ~ duty
Schutzzoll m; ~or [ˌtə] (Be)Schüt-
zer m; Schutz-, Schirmherr m;
~orate [ˌərit] Protektorat n.
protest 1. ['proutest] Protest m;
Einspruch m; 2. [prə'test] beteuern; protestieren; reklamieren.
Protestant ['prɒtistənt] 1. prote-
stantisch; 2. Protestant(in).
protestation [proutes'teiʃən] Be-
teuerung f; Verwahrung f.
protocol ['proutəkɔl] 1. Protokoll n;
2. protokollieren.
prototype ['proutətaip] Urbild n;
Prototyp m, Modell n.
protract [prə'trækt] in die Länge
ziehen, hinziehen.
protru|de [prə'truːd] (sich) (her-)
vorstrecken; (her)vorstehen, (her-)
vortreten (lassen); ~sion [ˌuːʒən]
Vorstecken n; (Her)Vorstehen n,
(Her)Vortreten n.
protuberance [prə'tjuːbərəns] Hervortreten n; Auswuchs m, Höcker
m.
proud □ [praud] stolz (of auf acc.).
prove [pruːv] v/t. be-, er-, nachweisen; prüfen; erleben, erfahren;
v/i. sich herausstellen od. erweisen
(als); ausfallen; ~n ['pruːvən] er-
wiesen; bewährt.
provenance ['prɒvinəns] Herkunft f.
provender ['prɒvinə] Futter n.
proverb ['prɒvəb] Sprichwort n.
provide [prə'vaid] v/t. besorgen,
beschaffen, liefern; bereitstellen;
versehen, versorgen; ꜰꜰ vorsehen,
festsetzen; v/i. (vor)sorgen; ~d
(that) vorausgesetzt, daß; sofern.
providen|ce ['prɒvidəns] Vorsehung
f; Voraussicht f; Vorsorge f; ~t □
[ˌnt] vorausblickend; vorsorglich;
haushälterisch; ~tial [prɒvi'den-
ʃəl] durch die göttliche Vorsehung
bewirkt; glücklich.
provider [prə'vaidə] Ernährer m
der Familie; Lieferant m.
provinc|e ['prɒvins] Provinz f; fig.
Gebiet n; Aufgabe f; ~ial [prə'vin-
ʃəl] 1. provinziell; kleinstädtisch;
2. Provinzbewohner(in).
provision [prə'viʒən] Beschaffung f;
Vorsorge f; ꜰꜰ Bestimmung f; Vorkehrung f, Maßnahme f; Vorrat m;
~s pl. Proviant m, Lebensmittel
pl.; ~al □ [ˌnl] provisorisch.
proviso [prə'vaizou] Vorbehalt m.
provocat|ion [prɒvə'keiʃən] Her-
ausforderung f; ~ive [prə'vɔkətiv]
herausfordernd; (auf)reizend.
provoke [prə'vouk] auf-, anreizen;
herausfordern.
provost ['prɒvəst] Leiter m e-s
College; schott. Bürgermeister m;
✕ [prə'vou]: ~ marshal Kommandeur m der Militärpolizei.
prow ⚓ [prau] Bug m, Vorschiff
n.
prowess ['prauis] Tapferkeit f.

prowl [praul] 1. v/i. umherstreifen;
v/t. durchstreifen; 2. Umherstreifen n; ~ car Am. ['praulkɑː] Strei-
fenwagen m der Polizei.
proximity [prɔk'simiti] Nähe f.
proxy ['prɔksi] Stellvertreter m;
Stellvertretung f; Vollmacht f;
by ~ in Vertretung.
prude [pruːd] Prüde f, Spröde f;
Zimperliese f.
pruden|ce ['pruːdəns] Klugheit f,
Vorsicht f; ~t □ [ˌnt] klug, vorsichtig.
prud|ery ['pruːdəri] Prüderie f,
Sprödigkeit f; Zimperlichkeit f;
~ish □ [ˌdiʃ] prüde, zimperlich,
spröde.
prune [pruːn] 1. Backpflaume f;
2. ✄ beschneiden (a. fig.); a. ~
away, ~ off wegschneiden.
prurient ['pruəriənt] geil, lüstern.
pry [prai] 1. neugierig gucken; ~
into s-e Nase stecken in (acc.); ~
open aufbrechen; ~ up hochheben;
2. Hebel(bewegung f) m.
psalm [sɑːm] Psalm m.
pseudo|... ['psjuːdou] Pseudo...,
falsch; ~nym [ˌdənim] Deckname
m.
psychiatr|ist [sai'kaiətrist] Psychia-
ter m (Nervenarzt); ~y [ˌri] Psychia-
trie f.
psychic(al □) ['saikik(əl)] psy-
chisch, seelisch.
psycholog|ical □ [saikə'lɔdʒikəl]
psychologisch; ~ist [sai'kɔlədʒist]
Psycholog m, -in f; ~y [ˌdʒi]
Psychologie f (Seelenkunde).
pub F [pʌb] Kneipe f, Wirtschaft f.
puberty ['pjuːbəti] Pubertät f.
public ['pʌblik] 1. □ öffentlich;
staatlich, Staats...; allbekannt; ~
spirit Gemeinsinn m; 2. Publikum
n; Öffentlichkeit f; ~an [pʌbli'kei]
Gastwirt m; ~ation [pʌbli'keiʃən]
Bekanntmachung f; Veröffentli-
chung f; Verlagswerk n; monthly ~
Monatsschrift f; ~ house Wirtshaus n; ~ity [pʌb'lisiti] Öffentlichkeit f; Propaganda f, Reklame f,
Werbung f; ~ library Volksbüche-
rei f; ~ relations pl. Verhältnis n
zur Öffentlichkeit; Public Relations
pl.; ~ school Public School f, In-
ternatsschule f.
publish ['pʌbliʃ] bekanntmachen,
veröffentlichen; Buch etc. herausgeben, verlegen; ~ing house Verlag
m; ~er [ˌʃə] Herausgeber m, Verleger m; ~s pl. Verlag(sanstalt f) m.
pucker ['pʌkə] 1. Falte f; 2. falten;
Falten werfen; runzeln.
pudding ['pudiŋ] Pudding m; Süßspeise f; Auflauf m; Wurst f;
black ~ Blutwurst f.
puddle ['pʌdl] Pfütze f.
pudent ['pjuːdənt] verschämt.
puerile □ ['pjuərail] kindisch.
puff [pʌf] 1. Hauch m; Zug m beim

*Rauchen*; (Dampf-, Rauch)Wölkchen *n*; Puderquaste *f*; (aufdringliche) Reklame; 2. *v/t.* (auf)blasen, pusten; paffen; anpreisen; ~ *out* sich (auf)blähen; ~ *up Preise* hochtreiben; ~*ed up fig.* aufgeblasen; ~*ed eyes* geschwollene Augen; *v/i.* paffen; pusten; ~**-paste** ['pʌfpeist] Blätterteig *m*; ~**y** ['pʌfi] böig; kurzatmig; geschwollen; dick; bauschig.

**pug** [pʌg], ~**dog** ['pʌgdɔg] Mops *m*.

**pugnacious** [pʌg'neiʃəs] kämpferisch; kampflustig; streitsüchtig.

**pug-nose** ['pʌgnouz] Stupsnase *f*.

**puissant** ['pju(:)isnt] mächtig.

**puke** [pju:k] (sich) erbrechen.

**pull** [pul] 1. Zug *m*; Ruck *m*; *typ.* Abzug *m*; Ruderpartie *f*; Griff *m*; Vorteil *m*; 2. ziehen; zerren; reißen; zupfen; pflücken; rudern; ~ *about* hin- u. herzerren; ~ *down* niederreißen; ~ *in* einfahren (*Zug*); ~ *off* zustande bringen; *Preis* erringen; ~ *out herous-*, hinausfahren; ausscheren; ~ *round* wiederherstellen; ~ *through j-n* durchbringen; ~ *o.s. together* sich zs.-nehmen; ~ *up Wagen* anhalten; halten; ~ *up with*, ~ *up to* einholen.

**pulley** ⊕ ['puli] Rolle *f*; Flaschenzug *m*; Riemenscheibe *f*.

**pull|-over** ['pulouvə] Pullover *m*; ~**-up** Halteplatz *m*, Raststätte *f*.

**pulp** [pʌlp] Brei *m*; *Frucht-, Zahn-Mark n*; ⊕ Papierbrei *m*; *a.* ~ *magazine Am.* Schundillustrierte *f*.

**pulpit** ['pulpit] Kanzel *f*.

**pulpy** ['pʌlpi] breiig; fleischig.

**puls|ate** ['pʌl'seit] pulsieren; schlagen; ~**e** [pʌls] Puls(schlag) *m*.

**pulverize** ['pʌlvəraiz] *v/t.* pulverisieren; *v/i.* zu Staub werden.

**pumice** ['pʌmis] Bimsstein *m*.

**pump** [pʌmp] 1. Pumpe *f*; Pumps *m*; 2. pumpen; F *j-n* aushorchen.

**pumpkin** ♀ ['pʌmpkin] Kürbis *m*.

**pun** [pʌn] 1. Wortspiel *n*; 2. ein Wortspiel machen.

**Punch**[1] [pʌntʃ] Kasperle *n*, *m*.

**punch**[2] [..] 1. ⊕ Punze(n *m*) *f*, Locheisen *n*, Locher *m*; Lochzange *f*; (Faust)Schlag *m*; Punsch *m*; 2. punzen, durchbohren; lochen; knuffen, puffen; *Am.* Vieh treiben, hüten.

**puncher** ['pʌntʃə] Locheisen *n*; Locher *m*; F Schläger *m*; *Am.* Cowboy *m*.

**punctilious** [pʌŋk'tiliəs] peinlich (genau), spitzfindig; förmlich.

**punctual** [ ['pʌŋktjuəl] pünktlich; ~**ity** [pʌŋktju'æliti] Pünktlichkeit *f*.

**punctuat|e** ['pʌŋktjueit] (inter-) punktieren; *fig.* unterbrechen; ~**ion** *gr.* [pʌŋktju'eiʃən] Interpunktion *f*.

**puncture** ['pʌŋktʃə] 1. Punktur *f*, Stich *m*; Reifenpanne *f*; 2. (durch-) stechen; platzen (*Luftreifen*).

**pungen|cy** ['pʌndʒənsi] Schärfe *f*; ~**t** [..nt] stechend, beißend, scharf.

**punish** ['pʌniʃ] (be)strafen; ~**able** □ [..ʃəbl] strafbar; ~**ment** [..ʃmənt] Strafe *f*, Bestrafung *f*.

**punk** *Am.* [pʌŋk] Zunderholz *n*; Zündmasse *f*; F *fig.* Mist *m*, Käse *m*.

**puny** □ ['pju:ni] winzig; schwächlich.

**pupa** *zo.* ['pju:pə] Puppe *f*.

**pupil** ['pju:pl] *anat.* Pupille *f*; Schüler(in); Mündel *m*, *n*.

**puppet** ['pʌpit] Marionette*f* (*a. fig.*); ~**show** Puppenspiel *n*.

**pup(py)** ['pʌp, 'pʌpi] Welpe *m*, junger Hund; *fig.* Laffe *m*, Schnösel *m*.

**purchase** ['pə:tʃəs] 1. (An-, Ein-) Kauf *m*; Erwerb(ung *f*) *m*; Anschaffung *f*; ⊕ Hebevorrichtung *f*; *fig.* Ansatzpunkt *m*; *make* ~ Einkäufe machen; 2. kaufen; *fig.* erkaufen; anschaffen; ⊕ aufwinden; ~**r** [..ə] Käufer(in).

**pure** □ ['pjuə] *allg.* rein; *engS.*: lauter; echt; gediegen; theoretisch; ~**-bred** *Am.* ['pjuəbred] reinrassig.

**purgat|ive** ♀ ['pə:gətiv] 1. abführend; 2. Abführmittel *n*; ~**ory** [..təri] Fegefeuer *n*.

**purge** [pə:dʒ] 1. ♀ Abführmittel *n*; *pol.* Säuberung *f*; 2. *mst fig.* reinigen; *pol.* säubern; ♀ abführen.

**purify** [ 'pjuərifai] reinigen; läutern.

**Puritan** ['pjuəritən] 1. Puritaner (-in); 2. puritanisch.

**purity** [ 'pjuəriti] Reinheit *f* (*a. fig.*).

**purl** [pə:l] murmeln (*Bach*).

**purlieus** ['pə:lju:z] *pl.* Umgebung*f*.

**purloin** [pə:'lɔin] entwenden.

**purple** ['pə:pl] 1. purpurn, purpurrot; 2. Purpur *m*; 3. (sich) purpurn färben.

**purport** ['pə:pət] 1. Sinn *m*; Inhalt *m*; 2. besagen; beabsichtigen; vorgeben.

**purpose** ['pə:pəs] 1. Vorsatz *m*; Absicht *f*, Zweck *m*; Entschlußkraft *f*; *for the* ~ *of ger.* um zu *inf.*; *on* ~ absichtlich; *to the* ~ zweckdienlich; *to no* ~ vergebens; 2. vorhaben, bezwecken; ~**ful** □ [..sful] zweckmäßig; absichtlich; zielbewußt; ~**less** □ [..slis] zwecklos; ziellos; ~**ly** [..li] vorsätzlich.

**purr** [pə:] schnurren (*Katze*).

**purse** [pə:s] 1. Börse *f*, Geldbeutel *m*; Geld(preis *m n*) *public* ~ Staatssäckel *m*; 2. *oft* ~ *up Mund* spitzen; *Stirn* runzeln; *Augen* zs.-kneifen.

**pursuan|ce** [pə'sju(:)əns] Verfolgung *f*; *in* ~ *of* zufolge (*dat.*); ~**t** □ [..nt] ~ *to* zufolge, gemäß, entsprechend (*dat.*).

**pursu|e** [pə'sju:] verfolgen (*a. fig.*); streben nach; *e-m Beruf etc.* nachgehen; fortsetzen, fortfahren; ~**er**

[„ju(:)ə] Verfolger(in); „it [„ju:t] Verfolgung f; mst ~s pl. Beschäftigung f.

**purvey** [pə'vei] *Lebensmittel* liefern; „or [„eiə] Lieferant m.

**pus** [pʌs] Eiter m.

**push** [puʃ] 1. (An-, Vor)Stoß m; Schub m; Druck m; Notfall m; Energie f; Unternehmungsgeist m; Elan m; 2. stoßen; schieben; drängen; *Knopf* drücken; (an)treiben; a. ~ through durchführen; *Anspruch etc.* durchdrücken; ~ s.th. on s.o. j-m et. aufdrängen; ~ one's way sich durch- od. vordrängen; ~ along, ~ on, ~ forward weitermachen, -gehen, -fahren *etc.*; ~button f ['puʃbʌtn] Druckknopf m; „over Am. *fig.* Kinderspiel n; leicht zu beeinflussender Mensch.

**pusillanimous** □ [pju:si'læniməs] kleinmütig.

**puss** [pus] Kätzchen n, Katze f (a. *fig.* = *Mädchen*); „y ['pusi] a. „cat Mieze f, Kätzchen n; „yfoot Am. F leisetreten, sich zurückhalten.

**put** [put] (*irr.*) *v/t.* setzen, legen, stellen, stecken, tun, machen; *Frage* stellen, vorlegen; werfen; ausdrücken, sagen; ~ *about Gerüchts etc.* verbreiten; ⊕ wenden; ~ *across* sl. drehen, schaukeln; ~ *back* zurückstellen; ~ *by Geld* zurücklegen; ~ *down* niederlegen, -setzen, -werfen; aussteigen lassen; notieren; zuschreiben (*to dat.*); unterdrücken; ~ *forth Kräfte* aufbieten; *Knospen etc.* treiben; ~ *forward Meinung etc.* vorbringen; ~ *o.s. forward* sich hervortun; ~ *in* hinein-, hereinst(r)ecken; *Anspruch* erheben; *Gesuch* einreichen; *Urkunde* vorlegen; anstellen; ~ *off* auf-, verschieben; vertrösten; abbringen; hindern; *Kleid* ablegen; ~ *on Kleid* anziehen, *Hut* aufsetzen; *fig.* annehmen; an-, einschalten;

vergrößern; ~ *on airs* sich aufspielen; ~ *on weight* zunehmen; ~ *out* ausmachen, (aus)löschen; verrenken; (her)ausstrecken; verwirren; *j-m* Ungelegenheiten bereiten; *Kraft* aufbieten; *Geld* ausleihen; ~ *right* in Ordnung bringen; ~ *through teleph.* verbinden (*to* mit); ~ *to* hinzufügen; ~ *to death* hinrichten; ~ *to the rack od. torture* auf die Folter spannen; ~ *up* aufstellen *etc.*; errichten, bauen; *Waren* anbieten; *Mieta* erhöhen; ver-, wegpacken; *Widerstand* leisten; *Kampf* liefern; *Gäste* unterbringen; *Bekanntmachung* anschlagen; *v/i.* ~ *off*, ~ *out*, ~ *to sea* ⊕ auslaufen; ~ *in* ⊕ einlaufen; ~ *up at* einkehren od. absteigen in (*dat.*); ~ *up for* sich bewerben um; ~ *up with* sich gefallen lassen; sich abfinden mit.

**putrefy** ['pju:trifai] (ver)faulen.

**putrid** □ ['pju:trid] faul, verdorben; sl. scheußlich, saumäßig; „ity [pju:'triditi] Fäulnis f.

**putty** ['pʌti] 1. Kitt m; 2. kitten.

**puzzle** ['pʌzl] 1. schwierige Aufgabe, Rätsel n; Verwirrung f; Geduldspiel n; 2. v/t. irremachen; *j-m* Kopfzerbrechen machen; ~ *out* austüfteln; v/i. sich den Kopf zerbrechen; „headed konfus.

**pygm(a)ean** [pig'mi:ən] zwerghaft; „y ['pigmi] Zwerg m; attr. zwerghaft.

**pyjamas** [pə'dʒɑːməz] pl. Schlafanzug m.

**pyramid** ['pirəmid] Pyramide f; „al □ [pi'ræmidl] pyramidal.

**pyre** ['paiə] Scheiterhaufen m.

**pyrotechnic(al** □) [pairou'teknik(əl)] pyrotechnisch, Feuerwerks...; „s pl. Feuerwerk n (a. *fig.*).

**Pythagorean** [paiθægə'ri(:)ən] 1. pythagoreisch; 2. Pythagoreer m.

**pyx** *eccl.* [piks] Monstranz f.

# Q

**quack** [kwæk] 1. Quaken n; Scharlatan m; Quacksalber m, Kurpfuscher m; Marktschreier m; 2. quacksalberisch; 3. quaken; quacksalbern (an *dat.*); „ery ['kwækəri] Quacksalberei f.

**quadrangle** ['kwɔdræŋgl] Viereck n; Innenhof m s-s College.

**quadrennial** □ [kwɔ'dreniəl] vierjährig; vierjährlich.

**quadru|ped** ['kwɔdruped] Vierfüßer m; „ple □ [„pl] 1. □ vierfach; 2. (sich) vervierfachen; „plets [„lits] pl. Vierlinge m/pl.

**quagmire** ['kwægmaiə] Sumpf (-land n) m, Moor n.

**quail**[1] *orn.* [kweil] Wachtel f.

**quail**[2] [„] verzagen; beben.

**quaint** □ [kweint] anheimelnd, malerisch; putzig; seltsam.

**quake** [kweik] 1. beben, zittern (*with*, *for* vor *dat.*); 2. Erdbeben n. **Quaker** ['kweikə] Quäker m.

**quali|fication** [kwɔlifi'keiʃən] (erforderliche) Befähigung; Einschränkung f; *gr.* nähere Bestimmung; „fy ['kwɔlifai] v/t. befähigen; (be-) nennen; *gr.* näher bestimmen; ein-

schränken, mäßigen; mildern; v/i.
seine Befähigung nachweisen; **.ty**
[..itl] Eigenschaft f, Beschaffenheit
f; † Qualität f; vornehmer Stand.

**qualm** [kwɔːm] plötzliche Übelkeit;
Zweifel m; Bedenken n.

**quandary** ['kwɔndəri] verzwickte
Lage, Verlegenheit f.

**quantity** ['kwɔntiti] Quantität f,
Menge f; großer Teil.

**quantum** ['kwɔntəm] Menge f,
Größe f, Quantum n; Anteil m.

**quarantine** ['kwɔrəntiːn] 1. Quarantäne f; 2. unter Quarantäne
stellen.

**quarrel** ['kwɔrəl] 1. Zank m, Streit
m; 2. (sich) zanken, streiten; **.-
some** (..[.]səm] zänkisch; streitsüchtig.

**quarry** ['kwɔri] 1. Steinbruch m;
fig. Fundgrube f; (Jagd)Beute f;
2. Steine brechen; fig. stöbern.

**quart** [kwɔːt] Quart n (1,136 l).

**quarter** ['kwɔːtə] 1. Viertel n, vierter Teil; bsd. Viertelstunde f; Vier-
teljahr n, Quartal n; Viertelzentner
m; Am. 25 Cent; Keule f, Viertel n
e-s geschlachteten Tieres; Stadtvier-
tel n; (Himmels)Richtung f, Gegend f; ☆ Gnade f, Pardon m; ~
pl. Quartier n (a. ☆), Unterkunft f;
fig. Kreise m/pl.; live in close ..s
beengt wohnen; at close ..s dicht
aufeinander; come to close ..s hand-
gemein werden; 2. vierteln, vier-
teilen; beherbergen; ☓ einquartieren; **.-back** Am. Sport: Abwehr-
spieler m; **.-day** Quartalstag m;
**.-deck** Achterdeck n; **.-ly** [..əli]
1. vierteljährlich; 2. Vierteljahres-
schrift f; **.-master** ☓ Quartiermei-
ster m. [n.]

**quartet(te)** ♪ [kwɔːˈtet] Quartett

**quarto** ['kwɔːtou] Quart(format) n.

**quash** ☆ [kwɔʃ] aufheben, verwerfen; unterdrücken.

**quasi** ['kwɑːzi(ː)] gleichsam, sozusagen; Quasi..., Schein...

**quaver** ['kweivə] 1. Zittern n; ♪
Triller m; 2. mit zitternder Stimme
sprechen od. singen; trillern.

**quay** [kiː] Kai m; Uferstraße f.

**queasy** ['kwiːzi] empfindlich
(Magen, Gewissen); heikel, mäkelig; ekelhaft.

**queen** [kwiːn] Königin f; ~ bee
Bienenkönigin f; **.-like** ['kwiːnlaik],
**.-ly** [..li] wie eine Königin, königlich.

**queer** [kwiə] sonderbar, seltsam;
wunderlich; komisch; homo-
sexuell.

**quench** [kwentʃ] fig. Durst etc. löschen, stillen; kühlen; Aufruhr
unterdrücken.

**querulous** □ ['kweruləs] quengelig,
mürrisch, verdrossen.

**query** ['kwiəri] 1. Frage(zeichen n)
f; 2. (be)fragen; (be-, an)zweifeln.

**quest** [kwest] 1. Suche(n n) f, Nach-
forschen n; 2. suchen, forschen.

**question** ['kwestʃən] 1. Frage f;
Problem n; Untersuchung f; Streitfrage f; Zweifel m; Sache f, Angelegenheit f; beyond (all) ~ ohne
Frage; in ~ fraglich; call in ~ anzweifeln; that is out of the ~ das
steht außer od. kommt nicht in
Frage; 2. befragen; bezweifeln;
**.-able** □ [..nəbl] fraglich; fragwürdig; **.-er** [..nə] Fragende(r m) f;
**.-mark** Fragezeichen n; **.-naire**
[kwestiəˈnɛə] Fragebogen m.

**queue** [kjuː] 1. Reihe f v. Personen
etc., Schlange f; Zopf m; 2. mit ~
up (in e-r Reihe) anstehen, Schlange
stehen.

**quibble** ['kwibl] 1. Wortspiel n;
Spitzfindigkeit f; Ausflucht f; 2. fig.
ausweichen; witzeln.

**quick** [kwik] 1. schnell, rasch; voreilig; lebhaft; gescheit; beweglich;
lebendig; scharf (Gehör etc.); 2. lebendes Fleisch; the ~ die Leben-
den; to the ~ (bis) ins Fleisch; fig.
(bis) ins Herz, tief; cut s.o. to the ~
j-n aufs empfindlichste kränken; **.-en**
['kwikən] v/t. beleben; beschleunigen; v/i. auflehen; sich regen; **.-ly**
[..kli] schnell, rasch; **.-ness** [..kis]
Lebhaftigkeit f; Schnelligkeit f;
Voreiligkeit f; Schärfe f des Ver-
standes etc.; **.-sand** Triebsand m;
**.-set** ☆ Setzling m, bsd. Hagedorn
m; a. ~ hedge lebende Hecke;
**.-sighted** scharfsichtig; **.-silver** min.
Quecksilber n; **.-witted** schlag-
fertig.

**quid¹** [kwid] Priem m (Kautabak).

**quid²** sl. [..] Pfund n Sterling.

**quiescen|ce** [kwaiˈesns] Ruhe f,
Stille f; **.-t** □ [..nt] ruhend; pej.
ruhig, still.

**quiet** ['kwaiət] 1. □ ruhig, still;
2. Ruhe f; on the ~ (sl. on the q.t.)
unter der Hand, im stillen; 3. a. ~
down (sich) beruhigen; **.-ness**
[..tnis], **.-ude** ['kwaiitjuːd] Ruhe f,
Stille f.

**quill** [kwil] 1. Federkiel m; fig. Feder f; Stachel m des Igels etc.;
2. rund fälteln; **.-ing** ['kwiliŋ]
Rüsche f, Krause f; **.-pen** Gänse-
feder f zum Schreiben.

**quilt** [kwilt] 1. Steppdecke f;
2. steppen; wattieren.

**quince** ♀ [kwins] Quitte f.

**quinine** pharm. [kwiˈniːn, Am.
'kwainain] Chinin n.

**quinquennial** □ [kwinˈkweniəl]
fünfjährig; fünfjährlich.

**quinsy** ☆ ['kwinzi] Mandelentzündung f.

**quintal** ['kwintl] (Doppel)Zentner
m.

**quintessence** [kwinˈtesns] Quint-
essenz f, Kern m, Inbegriff m.

**quintuple** ['kwintjupl] 1. □ fünf-

fach; 2. (sich) verfünffachen; ~ts
[.lits] pl. Fünflinge m/pl.

quip [kwip] Stich(elei f) m; Witz
(-wort n) m; Spitzfindigkeit f.

quirk [kwɔːk] Spitzfindigkeit f;
Witz(elei f) m; Kniff m; Schnörkel
m; Eigentümlichkeit f; △ Hohlkehle f.

quisling ['kwizliŋ] Quisling m, Kollaborateur m.

quit [kwit] 1. v/t. verlassen; aufgeben; Am. aufhören (mit); vergelten;
Schuld tilgen; v/i. aufhören; ausziehen (Mieter); give notice to ~
kündigen; 2. quitt; frei, los.

quite [kwait] ganz, gänzlich; recht;
durchaus; ~ a hero ein wirklicher
Held; ~ (so)!, ~ that! ganz recht;
~ the thing F große Mode.

quittance ['kwitəns] Quittung f.

quitter Am. F ['kwitə] Drückeberger m.

quiver¹ ['kwivə] zittern, beben.

quiver² [.] Köcher m.

quiz [kwiz] 1. Prüfung f, Test m;
Quiz n; belustigter Blick; 2. (aus-)
fragen; prüfen; necken, foppen;
anstarren, beäugen; ~zical □
['kwizikəl] spöttisch; komisch.

quoit [kɔit] Wurfring m; ~s pl.
Wurfringspiel n.

Quonset Am. ['kwɔnsit] a. ~ hut
Wellblechbaracke f.

quorum parl. ['kwɔːrəm] beschlußfähige Mitgliederzahl.

quota ['kwoutə] Quote f, Anteil m,
Kontingent n.

quotation [kwou'teiʃən] Anführung
f, Zitat n; ✝ Preisnotierung f;
Kostenvoranschlag m; ~marks pl.
Anführungszeichen n/pl.

quote [kwout] anführen, zitieren;
✝ berechnen, notieren (at mit).

quotient ₳ ['kwouʃənt] Quotient
m.

quoth † [kwouθ] ~ I sagte ich; ~
he sagte er.

quotidian [kwɔ'tidiən] (all)täglich.

# R

rabbi ['ræbai] Rabbiner m.

rabbit ['ræbit] Kaninchen n.

rabble ['ræbl] Pöbel(haufen) m.

rabid □ ['ræbid] tollwütig (Tier);
fig. wild, wütend.

rabies vet. ['reibiːz] Tollwut f.

raccoon zo. ['rə'kuːn] = racoon.

race [reis] 1. Geschlecht n, Stamm
m; Rasse f, Schlag m; Lauf m (a.
fig.); Wettrennen n; Strömung f;
~s pl. Pferderennen n; 2. rennen,
rasen; um die Wette laufen (mit);
⊕ leer laufen; ~-course ['reiskɔːs]
Rennbahn f; ~-strecke f; ~-horse
Rennpferd n; ~r ['reisə] Rennpferd n; Rennboot n; Rennwagen.

racial ['reiʃəl] Rassen... [m.]

racing ['reisiŋ] Rennsport m; attr.
Renn...

rack [ræk] 1. Gestell n; Kleiderständer m; Gepäcknetz n; Raufe f;
Futtergestell n; Folter(bank) f;
go to ~ and ruin völlig zugrunde
gehen; 2. strecken; foltern, quälen
(a. fig.); ~ one's brains sich den
Kopf zermartern.

racket ['rækit] 1. Tennis-Schläger m;
Lärm m; Trubel m; Am. F Schwindel(geschäft n) m; Strapaze f;
2. lärmen; sich amüsieren; ~eer
Am. [ræki'tiə] Erpresser m; ~eering
Am. [.əriŋ] Erpresserwesen n; ~y
['rækiti] ausgelassen.

racoon zo. ['rə'kuːn] Waschbär m.

racy □ ['reisi] kraftvoll, lebendig;
stark; würzig; urwüchsig.

radar ['reidə] Radar(gerät) n.

radiance, ~cy ['reidjəns, ~si]

Strahlen n; ~t □ [~nt] strahlend,
leuchtend.

radiate ['reidieit] (aus)strahlen;
strahlenförmig ausgehen; ~ion [reidi'eiʃən] (Aus)Strahlung f; ~or
['reidieitə] Heizkörper m; mot.
Kühler m.

radical ['rædikəl] 1. □ Wurzel...,
Grund...; gründlich; eingewurzelt;
pol. radikal; 2. gr. Radikale(r m) f.

radio ['reidiou] 1. Radio n; Funk
(-spruch) m; ~ drama, ~ play Hörspiel n; ~ set Radiogerät n; 2. funken; ~-active radioaktiv; ~graph
[~ougraːf] 1. Röntgenbild n; 2. ein
Röntgenbild machen von; ~-telegram Funktelegramm n; ~-therapy Strahlen-, Röntgentherapie f.

radish ♀ ['rædiʃ] Rettich m; (red) ~
Radieschen n.

radius ['reidjəs] Radius m.

raffle ['ræfl] 1. Tombola f, Verlosung f; 2. verlosen.

raft [raːft] 1. Floß n; 2. flößen; ~er
['raːftə] ⊕ (Dach)Sparren m.

rag¹ [ræg] Lumpen m; Fetzen m;
Lappen m.

rag² sl. [.] 1. Unfug m; Radau m;
2. Unfug treiben (mit); j-n aufziehen; j-n beschimpfen; herumtollen, Radau machen.

ragamuffin ['rægəmʌfin] Lumpenkerl m; Gassenjunge m.

rage [reidʒ] 1. Wut f, Zorn m,
Raserei f; Sucht f, Gier f (for
nach); Manie f; Ekstase f; it is all
the ~ es ist allgemein Mode;
2. wüten, rasen.

**rag-fair** ['rægfɛə] Trödelmarkt m.

**ragged** □ ['rægid] rauh; zottig; zackig; zerlumpt.

**ragman** ['rægmən] Lumpensammler m.

**raid** [reid] 1. (feindlicher) Überfall, Streifzug m; (Luft)Angriff m; Razzia f; 2. einbrechen in (acc.); überfallen.

**rail¹** [reil] schimpfen.

**rail²** [‿] 1. Geländer n; Stange f; ⚙ Schiene f; off the ‿s entgleist; fig. in Unordnung; by ‿ per Bahn; 2. a. ‿ in, ‿ off mit e-m Geländer umgeben.

**railing** ['reiliŋ] a. ‿s pl. Geländer n; Staket n.

**raillery** ['reiləri] Spötterei f.

**railroad** Am. ['reilroud] Eisenbahn f. [‿man Eisenbahner m.]

**railway** ['reilwei] Eisenbahn f;]

**rain** [rein] 1. Regen m; 2. regnen; ‿bow ['reinbou] Regenbogen m; ‿coat Regenmantel m; ‿fall Regenmenge f; ‿proof 1. regendicht; 2. Regenmantel m; ‿y □ ['reini] regnerisch; Regen...; a ‿ day fig. Notzeiten f/pl.

**raise** [reiz] oft ‿ up heben; (oft fig.) erheben; errichten; erhöhen (a. fig.); Geld etc. aufbringen; Anleihe aufnehmen; verursachen; fig. erwecken; anstiften; züchten; ziehen; Belagerung etc. aufheben.

**raisin** ['reizn] Rosine f.

**rake** [reik] 1. Rechen m, Harke f; Wüstling m; Lebemann m; 2. v/t (zu-)harken; zu-scharren; fig. (durch)stöbern; ‿off Am. sl. ['reikɔf] Schwindelprofit m.

**rakish** □ ['reikiʃ] schnittig; liederlich; ausschweifend; verwegen; salopp.

**rally** ['ræli] 1. Sammeln, Treffen n; Am. Massenversammlung f; Erholung f; mot. Rallye f; 2. (sich ver)sammeln; sich erholen; necken.

**ram** [ræm] 1. zo., ast. Widder m; ⊕, ⚓ Ramme f; 2. (fest)rammen; ⚓ rammen.

**ramble** ['ræmbl] 1. Streifzug m; 2. umherstreifen; abschweifen; ‿r [‿ə] Wanderer m; ⚘ Kletterrose f; ‿ing [‿liŋ] weitläufig.

**ramify** ['ræmifai] (sich) verzweigen.

**ramp** [ræmp] Rampe f; ‿ant □ ['ræmpənt] wuchernd; fig. zügellos.

**rampart** ['ræmpɑːt] Wall m.

**ramshackle** ['ræmʃækl] wack(e)lig.

**ran** [ræn] pret. von run 1.

**ranch** [rɑːntʃ, Am. ræntʃ] Ranch f, Viehfarm f; ‿er ['rɑːntʃə, Am. 'ræntʃə], ‿man Rancher m, Viehzüchter m; Farmer m.

**rancid** □ ['rænsid] ranzig.

**ranco(u)r** ['ræŋkə] Groll m, Haß m.

**random** ['rændəm] 1. at ‿ aufs Geratewohl, blindlings; 2. ziellos, wahllos; zufällig.

**rang** [ræŋ] pret. von ring 2.

**range** [reindʒ] 1. Reihe f; (Berg-) Kette f; ↑ Kollektion f, Sortiment n; Herd m; Raum m; Umfang m, Bereich m; Reichweite f; Schußweite f; (ausgedehnte) Fläche; Schießstand m; 2. v/t (ein)reihen, ordnen; Gebiet etc. durchstreifen; ⚓ längs et. fahren; v/i. in e-r Reihe od. Linie stehen; (umher-) streifen; sich erstrecken, reichen; ‿r ['reindʒə] Förster m; Aufseher m e-s Parks; Am. Förster m; ⚔ Nahkampfspezialist m.

**rank** [ræŋk] 1. Reihe f, Linie f; ⚔ Glied n; Klasse f; Rang m, Stand m; the ‿ pl., the ‿ and file die Mannschaften f/pl.; fig. die große Masse; 2. v/t. (ein)reihen, (ein-) ordnen; v/i. sich reihen, sich ordnen; gehören (with zu); e-e Stelle einnehmen (above über dat.); ‿ as gelten als; 3. üppig; ranzig; stinkend.

**rankle** fig. ['ræŋkl] nagen.

**ransack** ['rænsæk] durchwühlen, durchstöbern, durchsuchen; ausrauben.

**ransom** ['rænsəm] 1. Lösegeld n; Auslösung f; 2. loskaufen; erlösen.

**rant** [rænt] 1. Schwulst m; 2. Phrasen dreschen; mit Pathos vortragen.

**rap** [ræp] 1. Klaps m; Klopfen n; fig. Heller m; 2. schlagen, klopfen.

**rapaci|ous** □ [rə'peiʃəs] raubgierig; ‿ty [rə'pæsiti] Raubgier f.

**rape** [reip] 1. Raub m; Entführung f; Notzucht f, Vergewaltigung f; ⚘ Raps m; 2. rauben; vergewaltigen.

**rapid** ['ræpid] 1. □ schnell, reißend, rapid(e); steil; 2. ‿s pl. Stromschnelle(n pl.) f; ‿ity [rə'piditi] Schnelligkeit f.

**rapprochement** pol. [ræ'prɔʃmɑːŋ] Wiederannäherung f.

**rapt** [ræpt] entzückt; versunken; ‿ure ['ræptʃə] Entzücken n; go into ‿s in Entzücken geraten.

**rare** □ [rɛə] selten; phys. dünn.

**rarebit** ['rɛəbit] Welsh ‿ geröstete Käseschnitte.

**rarefy** ['rɛərifai] (sich) verdünnen.

**rarity** ['rɛəriti] Seltenheit f; Dünnheit f.

**rascal** ['rɑːskəl] Schuft m; co. Gauner m; ‿ity [rɑːs'kæliti] Schurkerei f; ‿ly ['rɑːskəli] schuftig; erbärmlich.

**rash¹** □ [ræʃ] hastig, vorschnell; übereilt; unbesonnen; waghalsig.

**rash²** ✠ [‿] Hautausschlag m.

**rasher** ['ræʃə] Speckschnitte f.

**rasp** [rɑːsp] 1. Raspel f; 2. raspeln; j-m weh(e) tun; kratzen; irritieren.

**raspberry** ['rɑːzbəri] Himbeere f.

**rat** [ræt] zo. Ratte f; pol. Überläufer m; smell a ‿ Lunte od. den Braten riechen; ‿s! Quatsch!

**rate** [reit] 1. Verhältnis n, Maß n,

Satz m; Rate f; Preis m, Gebühr f;
Taxe f; (Gemeinde)Abgabe f,
Steuer f; Grad m, Rang m; bsd. ⚓
Klasse f; Geschwindigkeit f; at
any ~ auf jeden Fall; ~ of exchange
(Umrechnungs)Kurs m; ~ of interest
Zinsfuß m; 2. (ein)schätzen; be-
steuern; ~ among rechnen, zählen
zu (das..)) ausschelten.

rather ['rɑːðə] eher, lieber; vielmehr; besser gesagt; ziemlich; ~! F
und ob!; I had od. would ~ do ich
möchte lieber tun.

ratify ['rætifai] ratifizieren.

rating ['reitiŋ] Schätzung f; Steuer-
satz m; ⚓ Dienstgrad m; ⚓ (Segel-)
Klasse f; Matrose m; Schelte(n
n) f.

ratio ⅌ etc. ['reiʃiou] Verhältnis n.

ration ['ræʃən] 1. Ration f, Zuteilung f; 2. rationieren.

rational □ ['ræʃənl] vernunftge-
mäß; vernünftig, (a. ⅌) rational;
~ity [ræʃə'næliti] Vernunft(mäßigkeit) f; ~ize ['ræʃnəlaiz] rationali-
sieren; wirtschaftlich gestalten.

rat race ['ræt 'reis] sinnlose Hetze;
rücksichtsloses Aufstiegsstreben.

ratten ['rætn] sabotieren.

rattle ['rætl] 1. Genassel n; Geklapper n; Geplapper n; Klapper f;
(Todes)Röcheln n; 2. rasseln (mit);
klappern; plappern; röcheln; ~ off
herunterrasseln; ~brain, ~pate
Hohl-, Wirrkopf m; ~snake Klap-
perschlange f; ~trap fig. Klapper-
kasten m (Fahrzeug).

rattling ['rætliŋ] 1. adj. rasselnd;
fig. scharf (Tempo); 2. adv. sehr,
äußerst.

raucous □ ['rɔːkəs] heiser, rauh.

ravage ['rævidʒ] 1. Verwüstung f;
2. verwüsten; plündern.

rave [reiv] rasen, toben; schwärmen
(about, of von).

ravel ['rævəl] v/t. verwickeln; ~
(out) auftrennen; fig. entwirren;
v/i. a. ~ out ausfasern, aufgehen.

raven orn. ['reivn] Rabe m.

ravening ['rævniŋ], ~ous □
['rævinəs] gefräßig; heißhungrig;
raubgierig.

ravine [rə'viːn] Hohlweg m;
Schlucht f.

ravings ['reiviŋz] pl. Delirien n/pl.

ravish ['ræviʃ] entzücken; vergewaltigen; rauben; ~ing □ [~iŋ]
hinreißend, entzückend; ~ment
[~mənt] Schändung f; Entzücken
n.

raw □ [rɔː] roh; Roh...; wund; rauh
(Wetter); ungeübt, unerfahren;
~boned ['rɔːbound] knochig, hager; ~hide Rohleder n.

ray [rei] Strahl m; fig. Schimmer m.

rayon ['reiɔn] Kunstseide f.

raze [reiz] Haus etc. abreißen;
Festung schleifen; tilgen.

razor ['reizə] Rasiermesser n; Ra-

sierapparat m; ~blade Rasier-
klinge f; ~edge fig. des Messers
Schneide f, kritische Lage.

razz Am. sl. [ræz] aufziehen.

re... [riː] wieder...; zurück...; neu...;
um...

reach [riːtʃ] 1. Ausstrecken n; Griff
m; Reichweite f; Fassungskraft f;
Horizont m; Flußstrecke f; beyond
~ out of ~ unerreichbar; within
easy ~ leicht erreichbar; 2. v/t.
reichen; langen, greifen; sich erstrecken; v/i. (hin-, her)reichen,
(hin-, her)langen; ausstrecken; erreichen.

react [riː'ækt] reagieren (to auf
acc.); (ein)wirken (on, upon auf
acc.); sich auflehnen (against gegen).

reaction [riː'ækʃən] Reaktion f
(a. pol.); ~ary [~ʃnəri] 1. reaktionär;
2. Reaktionär(in).

reactor phys. [riː'æktə] Reaktor m.

read 1. [riːd] [irr.] lesen; deuten;
(an)zeigen (Thermometer); studieren; sich aus etc. lesen; lauten; ~ to
s.o. j-m vorlesen; 2. [red] pret. u.
p.p. von 1; 3. [~] adj. belesen; ~able
□ ['riːdəbl] lesbar; leserlich; lesenswert; ~er ['riːdə] (Vor)Leser(in);
typ. Korrektor m; Lektor m; univ.
Dozent m; Lesebuch n.

readi|ly ['redili] adv. gleich, leicht;
gern; ~ness [~nis] Bereitschaft f;
Bereitwilligkeit f; Schnelligkeit f.

reading ['riːdiŋ] Lesen n; Lesung f
(a. parl.); Stand m des Thermome-
ters; Belesenheit f; Lektüre f; Lesart f; Auffassung f; attr. Lese-.

readjust ['riːə'dʒʌst] wieder in Ordnung bringen; wieder anpassen;
~ment [~mənt] Wiederanpassung
f; Neuordnung f.

ready □ ['redi] bereit, fertig; be-
reitwillig; im Begriff (to do zu
tun); schnell; gewandt; leicht; zur
Hand; ⅌ bar; ~ for use gebrauchs-
fertig; make od. get ~ (sich) fertig
machen; ~made fertig, Konfek-
tions...

reagent ⅌ [riː'eidʒənt] Reagens n.

real □ [riəl] wirklich, tatsächlich,
real; echt; ~ estate Grundbesitz m,
Immobilien pl.; ~ism ['riəlizm]
Realismus m; ~istic [riə'listik]
(~ally) realistisch; sachlich; wirk-
lichkeitsnah; ~ity [riː'æliti] Wirklichkeit f; ~ization [riəlai'zeiʃən]
Verwirklichung f; Erkenntnis f;
⅌ Realisierung f; ~ize ['riəlaiz]
sich klarmachen; erkennen; ver-
wirklichen; realisieren, zu Geld
machen; ~ly [~li] wirklich, in der
Tat.

realm [relm] Königreich n; Reich n.

realt|or Am. ['riəltə] Grundstücks-
makler m; ~y ⅌ [~ti] Grundeigen-
tum n.

reap [riːp] Korn schneiden; Feld

mähen; *fig.* ernten; ~er ['riːpə] Schnitter(in); Mähmaschine *f.*

reappear ['riːə'piə] wieder erscheinen.

rear [riə] 1. *v/t.* auf-, großziehen; züchten; *v/i.* sich aufrichten; 2. Rück-, Hinterseite *f*; *mot.*, ⚓ Heck *n*; ⚓ Nachhut *f*; at the ~ of, in (the) ~ of hinter (*dat.*) 3. Hinter..., Nach...; ~ wheel drive Hinterradantrieb *m*; ~admiral ⚓ ['riə'ædmərəl] Konteradmiral *m*; ~guard ⚓ Nachhut *f*; ~lamp *mot.* Schlußlicht *n.*

rearm ['riː'ɑːm] (wieder)aufrüsten; ~ament [~'ɑːmənt] Aufrüstung *f.*

rearmost ['riəmoust] hinterst.

rearward ['riəwəd] 1. *adj.* rückwärtig; 2. *adv. a.* ~s rückwärts.

reason ['riːzn] 1. Vernunft *f*; Verstand *m*; Recht *n*, Billigkeit *f*; Ursache *f*, Grund *m*; by ~ of wegen; for this ~ aus diesem Grund; listen to ~ Vernunft annehmen; it stands to ~ that es leuchtet ein, daß; 2. *v/i.* vernünftig denken; schließen; urteilen; argumentieren; *v/t. a.* ~ out durchdenken; ~ away (out of) disputieren; ~ s.o. into (out of) s.th. j-m et. ein- (aus)reden; ~able □ [~nəbl] vernünftig; billig; angemessen; keidlich.

reassure [riːə'ʃuə] wieder versichern; (wieder) beruhigen.

rebate ['riːbeit] ✝ Rabatt *m*, Abzug *m*; Rückzahlung *f.*

rebel 1. ['rebl] Rebell *m*; Aufrührer *m*; 2. [~] rebellisch; 3. [ri'bel] sich auflehnen; ~lion [~ljən] Empörung *f*; ~lious [~ljəs] ~ rebel 2.

rebirth ['riː'bəːθ] Wiedergeburt *f.*

rebound [ri'baund] 1. zurückprallen; 2. Rückprall *m*, Rückschlag *m.*

rebuff [ri'bʌf] 1. Zurück-, Abweisung *f*; 2. zurück-, abweisen.

rebuild ['riː'bild] [*irr.* (build)] wieder (auf)bauen.

rebuke [ri'bjuːk] 1. Tadel *m*; 2. tadeln.

rebut [ri'bʌt] zurückweisen.

recall [ri'kɔːl] 1. Zurückrufung *f*; Abberufung *f*; ✗ Widerruf *m*; beyond ~ past ~ unwiderruflich; 2. zurückrufen; ab(be)rufen; (sich) erinnern an (*acc.*); widerrufen; ✝ Kapital kündigen.

recapitulate [riːkə'pitjuleit] kurz wiederholen, zu-fassen.

recapture ['riː'kæptʃə] wieder (gefangen)nehmen; ✗ zurückerobern.

recast ['riː'kɑːst] [*irr.* (cast)] ⊕ umgießen; umformen, neu gestalten.

recede [riː'siːd] zurücktreten.

receipt [ri'siːt] 1. Empfang *m*; Eingang *m* v. *Waren*; Quittung *f*; (Koch)Rezept *n*; ~s *pl.* Einnahmen *f*|*pl.*; 2. quittieren.

receiv|able [ri'siːvəbl] annehmbar; ✝ noch zu fordern(d), ausstehend; ~e [ri'siːv] empfangen; erhalten; bekommen; aufnehmen; annehmen; anerkennen; ✝ed anerkannt; ~er [~və] Empfänger *m*; *teleph.* Hörer *m*; Hehler *m*; *Steuer- etc.* Einnehmer *m*; *official ~* ✝t Masseverwalter *m.*

recent □ ['riːsnt] neu; frisch; modern; ~ events *pl.* die jüngsten Ereignisse *n*|*pl.*; ~ly [~tli] neulich, vor kurzem.

receptacle [ri'septəkl] Behälter *m.*

reception [ri'sepʃən] Aufnahme *f* (*a. fig.*), (*a.* Radio)Empfang *m*; Annahme *f*; ~ist [~nist] Empfangsdame *f*; ~-herr *m*; ~-room Empfangszimmer *n.*

receptive □ [ri'septiv] empfänglich, aufnahmefähig (of für).

recess [ri'ses] Pause *f*; *bsd. parl.* Ferien *pl.*; (entlegener) Winkel; Nische *f*; ~es *pl. fig.* Tiefe(n *pl.*) *f*; ~ion [~ʃən] Zurückziehen *n*, Zurücktreten *n*; ✝ Konjunkturrückgang *m*, rückläufige Bewegung.

recipe ['resipi] Rezept *n.*

recipient [ri'sipiənt] Empfänger(in).

reciproc|al □ [ri'siprəkəl] wechselgegenseitig; ~ate [~keit] *v/i.* sich erkenntlich zeigen; ✈ sich hin- und herbewegen; *v/t.* Glückwünsche etc. erwidern; ~ity [resi'prɒsiti] Gegenseitigkeit *f.*

recit|al [ri'saitl] Bericht *m*; Erzählung *f*; ♪ (Solo)Vortrag *m*, Konzert *n*; ~ation [resi'teiʃən] Hersagen *n*; Vortrag *m*; ~e [ri'sait] vortragen; aufsagen; berichten.

reckless □ ['reklis] unbekümmert; rücksichtslos; leichtsinnig.

reckon ['rekən] *v/t.* rechnen; *a.* ~ for, ~ as schätzen als, halten für; ~ up zu-zählen; *v/i.* rechnen; denken, vermuten; ~ (up)on sich verlassen auf (*acc.*); ~ing [~kniŋ] Rechnen *n*; (Ab-, Be)Rechnung *f.*

reclaim [ri'kleim] wiedergewinnen; j-n bessern; zivilisieren; urbar machen.

recline [ri'klain] (sich) (zurück-) lehnen; ~ upon *fig.* sich stützen auf.

recluse [ri'kluːs] Einsiedler(in).

recogni|tion [rekəg'niʃən] Anerkennung *f*; Wiedererkennen *n*; ~ze ['rekəgnaiz] anerkennen; (wieder-) erkennen.

recoil [ri'kɔil] 1. zurückprallen; 2. Rückstoß *m*, -lauf *m.*

recollect¹ [rekə'lekt] sich erinnern an (*acc.*).

re-collect² ['riːkə'lekt] wieder sammeln; ~ *o.s.* sich fassen.

recollection [rekə'lekʃən] Erinnerung *f* (of an *acc.*); Gedächtnis *n.*

recommend [rekə'mend] empfehlen; ~ation [rekəmen'deiʃən] Empfehlung *f*; Vorschlag *m.*

recompense ['rekəmpens] 1. Belohnung *f*, Vergeltung *f*; Ersatz *m*;

2. belohnen, vergelten; entschädigen; ersetzen.

**reconcile** ['rekənsail] aus-, versöhnen; in Einklang bringen; schlichten; **~iation** [rekənsili'eiʃən] Ver-, Aussöhnung f.

**recondition** ['riːkən'diʃən] wieder herrichten; ⊕ überholen.

**reconn|aissance** ⚔ [ri'kɔnisəns] Aufklärung f, Erkundung f; fig. Übersicht f; **~oitre**, Am. **~oiter** [rekə'nɔitə] erkunden, auskundschaften.

**reconsider** ['riːkən'sidə] wieder erwägen; nochmals überlegen.

**reconstitute** ['riː'kɔnstitjuːt] wiederherstellen.

**reconstruct** ['riːkəns'trʌkt] wiederaufbauen; **~ion** [~kʃən] Wiederaufbau m, Wiederherstellung f.

**reconvert** ['riːkən'vəːt] umstellen.

**record** 1. ['rekɔːd] Aufzeichnung f; 🕇🕇 Protokoll n; schriftlicher Bericht; Ruf m, Leumund m; Wiedergabe f; Schallplatte f; Sport: Rekord m; place on ~ schriftlich niederlegen; ⊕ Office Staatsarchiv n; off the ~ Am. inoffiziell; 2. [ri'kɔːd] auf-, verzeichnen; auf Schallplatte etc. aufnehmen; **~er** [~də] Registrator m; Stadtrichter m; Aufnahmegerät n, bsd. Tonbandgerät n; ♪ Blockflöte f; **~ing** [~diŋ] Radio: Aufzeichnung f, Aufnahme f; **~player** Plattenspieler m.

**recount** [ri'kaunt] erzählen.

**recoup** [ri'kuːp] j-n entschädigen (for für); et. wieder einbringen.

**recourse** [ri'kɔːs] Zuflucht f; have ~ to s-e Zuflucht nehmen zu.

**recover** [ri'kʌvə] v/t. wiedererlangen, wiederfinden; wieder einbringen, wiedergutmachen; Schulden etc. eintreiben; be ~ed wiederhergestellt sein; v/i. sich erholen; genesen; **~y** [~əri] Wiedererlangung f; Wiederherstellung f; Genesung f; Erholung f.

**recreat|e** ['rekrieit] v/t. erfrischen; v/i. a. ~ o.s. sich erholen; **~ion** [rekri'eiʃən] Erholung(spause) f.

**recrimination** [rikrimi'neiʃən] Gegenbeschuldigung f; Gegenklage f.

**recruit** [ri'kruːt] 1. Rekrut m; fig. Neuling m; 2. erneuern, ergänzen; Truppe rekrutieren; ⚔ Rekruten ausheben; sich erholen.

**rectangle** ⚛ ['rektæŋgl] Rechteck n.

**recti|fy** ['rektifai] berichtigen; verbessern; f, Radio: gleichrichten; **~tude** [~titjuːd] Geradheit f.

**rector** ['rektə] Pfarrer m; Rektor m; **~y** [~əri] Pfarre(i) f; Pfarrhaus n.

**recumbent** □ [ri'kʌmbənt] liegend.

**recuperate** [ri'kjuːpəreit] wiederherstellen; sich erholen.

**recur** [ri'kəː] zurück-, wiederkehren (to zu), zurückkommen (to auf acc.); ~ to j-m wieder einfallen; **~rence** [ri'kʌrəns] Wieder-, Rückkehr f; **~rent** □ [~nt] wiederkehrend.

**red** [red] 1. rot; ~ heat Rotglut f; ~ herring Bückling m; ~ tape Amtsschimmel m; 2. Rot n; (bsd. pol.) Rote(r m) f; be in the ~ Am. F in Schulden stecken.

**red|breast** ['redbrest] a. robin ~ Rotkehlchen n; **~cap** Militärpolizist m; Am. Gepäckträger m; **~den** ['redn] (sich) röten; erröten; **~dish** ['rediʃ] rötlich.

**redecorate** ['riː'dekəreit] Zimmer renovieren (lassen).

**redeem** [ri'diːm] zurück-, loskaufen; ablösen; Versprechen einlösen; büßen; entschädigen für; erlösen; **2er** eccl. [~mə] Erlöser m, Heiland m.

**redemption** [ri'dempʃən] Rückkauf m; Auslösung f; Erlösung f.

**red|-handed** ['red'hændid]: catch od. take s.o. ~ j-n auf frischer Tat ertappen; **~head** Rotschopf m; Hitzkopf m; **~headed** rothaarig; **~hot** rotglühend; fig. hitzig; 2 Indian Indianer(in); **~letter day** Festtag m; fig. Freuden-, Glückstag m; **~ness** ['rednis] Röte f.

**redolent** ['redoulənt] duftend.

**redouble** [ri'dʌbl] (sich) verdoppeln.

**redoubt** ⚔ [ri'daut] Redoute f; **~able** rhet. [~təbl] fürchterlich.

**redound** [ri'daund]: ~ to beitragen od. gereichen zu od. führen zu.

**redress** [ri'dres] 1. Abhilfe f; Wiedergutmachung f; 🕇🕇 Entschädigung f; 2. abhelfen (dat.); wiedergutmachen.

**red|-tapism** ['red'teipizəm] Bürokratismus m; **~tapist** [~ist] Bürokrat m.

**reduc|e** [ri'djuːs] fig. zurückführen, bringen (to auf, in acc., zu); verwandeln (to in acc.); verringern, vermindern; einschränken; Preise herabsetzen; (be)zwingen; ⚔, 🕇 reduzieren; 💉 einrenken; ~ to writing schriftlich niederlegen; **~tion** [ri'dʌkʃən] Reduktion f; Verwandlung f; Herabsetzung f, (Preis)Nachlaß m, Rabatt m; Verminderung f; Verkleinerung f; 💉 Einrenkung f.

**redundant** □ [ri'dʌndənt] überflüssig; übermäßig; weitschweifig.

**reed** [riːd] Schilfrohr n; Rohrflöte f.

**re-education** ['riːedju(ː)'keiʃən] Umschulung f, Umerziehung f.

**reef** [riːf] (Felsen)Riff n; ⚓ Reff n.

**reefer** ['riːfə] Seemannsjacke f; Am. sl. Marihuana-Zigarette f.

**reek** [riːk] 1. Rauch m, Dampf m; Dunst m; 2. rauchen, dampfen (with von); unangenehm riechen.

**reel** [riːl] 1. Haspel f (Garn, Film)Rolle f, Spule f; 2. v/t. haspeln; wickeln, spulen; v/i. wirbeln; schwanken; taumeln.

**re-elect** ['riː'lekt] wiederwählen.

**re-enter** [riː'entə] wieder eintreten (in *acc.*).

**re-establish** ['riːis'tæbliʃ] wiederherstellen.

**refection** [ri'fekʃən] Erfrischung *f.*

**refer** [ri'fəː]: ~ *to* ver-, überweisen an (*acc.*); sich beziehen auf (*acc.*); erwähnen (*acc.*); zuordnen (*dat.*); befragen (*acc.*), nachschlagen in (*dat.*); zurückführen auf (*acc.*), zuschreiben (*dat.*); ~**ee** [refə'riː] Schiedsrichter *m*; *Boxen:* Ringrichter *m*; ~**ence** ['refrəns] Referenz *f*, Empfehlung *f*, Zeugnis *n*; Verweisung *f*; Bezugnahme *f*; Anspielung *f*; Beziehung *f*; Auskunft (-geber *m*) *f*; *in od. with* ~ *to in betreff* (*gen.*), *in bezug auf* (*acc.*); ~ *book* Nachschlagewerk *n*; ~ *library* Handbibliothek *f*; ~ *number* Aktenzeichen *n*; *make* ~ *to et.* erwähnen.

**referendum** [refə'rendəm] Volksentscheid *m.*

**refill** 1. ['riːfil] Nachfüllung *f*; Ersatzfüllung *f*; 2. ['riː'fil] (sich) wieder füllen, auffüllen.

**refine** [ri'fain] (sich) verfeinern *od.* veredeln; ⊕ raffinieren; (sich) läutern (*a. fig.*); klügeln; ~ (*up)on et.* verfeinern, verbessern; ~**ment** [~mənt] Verfeinerung *f*, Vered(e)lung *f*; Läuterung *f*; Feinheit *f*, Bildung *f*; Spitzfindigkeit *f*; ~**ry** [~nəri] ⊕ Raffinerie *f*; *metall.* (Eisen)Hütte *f.*

**refit** ⊕ ['riː'fit] *v/t.* ausbessern; neu ausrüsten; *v/i.* ausgebessert werden.

**reflect** [ri'flekt] *v/t.* zurückwerfen, reflektieren; zurückstrahlen, widerspiegeln (*a. fig.*); zum Ausdruck bringen; *v/i.* ~ (*up)on* nachdenken über (*acc.*); sich abfällig äußern über (*acc.*); ein schlechtes Licht werfen auf (*acc.*); ~**ion** [~k'ʃən] Zurückstrahlung *f*, Widerspiegelung *f*; Reflex *m*; Spiegelbild *n*; Überlegung *f*; Gedanke *m*; abfällige Bemerkung; Makel *m*; ~**ive** □ [~ktiv] zurückstrahlend; nachdenklich.

**reflex** ['riːfleks] 1. Reflex...; 2. Widerschein *m*, Reflex *m* (*a. physiol.*).

**reflexive** □ [ri'fleksiv] zurückwirkend; *gr.* reflexiv, rückbezüglich.

**reforest** ['riː'fɔrist] aufforsten.

**reform**[1] [ri'fɔːm] 1. Verbesserung *f*, Reform *f*; 2. verbessern, reformieren; (sich) bessern.

**re-form** ['riː'fɔːm] (sich) neu bilden; ✕ sich wieder formieren.

**reformation** [refə'meiʃən] Umgestaltung *f*; Besserung *f*; *eccl.* ♀ Reformation *f*; ~**atory** [ri'fɔːmətəri] 1. bessernd; 2. Besserungsanstalt *f*; ~**er** [ri'fɔːmə] *eccl.* Reformator *m*; *bsd. pol.* Reformer *m.*

**refract|ion** [ri'frækʃən] Strahlenbrechung *f*; ~**ory** □ [~ktəri] widerspenstig; hartnäckig; ⊕ feuerfest.

**refrain** [ri'frein] 1. sich enthalten (*from gen.*), unterlassen (*from acc.*); 2. Kehrreim *m*, Refrain *m.*

**refresh** [ri'freʃ] (sich) erfrischen; auffrischen; ~**ment** [~mənt] Erfrischung *f* (*a. Getränk etc.*).

**refrigerat|e** [ri'fridʒəreit] kühlen; ~**or** [~tə] Kühlschrank *m*, -raum *m*; ~ *car* Kühlwagen *m.*

**refuel** ['riː'fjuəl] tanken.

**refuge** ['refjuːdʒ] Zuflucht(sstätte) *f*; *a. fig.*~ Verkehrsinsel *f*; ~**e** [refju(ː)'dʒiː] Flüchtling *m*; ~ *camp* Flüchtlingslager *n.*

**refulgent** □ [ri'fʌldʒənt] strahlend.

**refund** [riː'fʌnd] zurückzahlen.

**refurbish** [riː'fəːbiʃ] aufpolieren.

**refusal** [ri'fjuːzəl] abschlägige Antwort; (Ver)Weigerung *f*; Vorkaufsrecht *n* (*of auf acc.*).

**refuse**[1] [ri'fjuːz] *v/t.* verweigern; abweisen, ablehnen; scheuen vor (*dat.*); *v/i.* sich weigern; scheuen (*Pferd*). [fall *m*, Müll *m.*]

**refuse**[2] ['refjuːs] Ausschuß *m*; Ab-]

**refute** [ri'fjuːt] widerlegen.

**regain** [ri'gein] wiedergewinnen.

**regal** □ ['riːgəl] königlich; Königs...

**regale** [ri'geil] *v/t.* festlich bewirten; *v/i.* schwelgen (*on in dat.*).

**regard** [ri'gɑːd] 1. *fester* Blick; (Hoch)Achtung *f*, Rücksicht *f*; Beziehung *f*; *with* ~ *to im Hinblick auf* (*acc.*); *kind* ~*s* herzliche Grüße; 2. ansehen; (be)achten; betrachten; betreffen; *as* ~*s ... was ... anbetrifft*; ~**ing** [~diŋ] hinsichtlich (*gen.*); ~**less** □ [~dlis]: ~ *of* ohne Rücksicht auf (*acc.*).

**regenerate** 1. [ri'dʒenəreit] (sich) erneuern; (sich) regenerieren; (sich) neu bilden; 2. [~rit] wiedergeboren.

**regent** ['riːdʒənt] 1. herrschend; 2. Regent *m.*

**regiment** ✕ ['redʒimənt] 1. Regiment *n*; 2. [~ment] organisieren; ~**als** ✕ [redʒi'mentls] *pl.* Uniform *f.*

**region** ['riːdʒən] Gegend *f*, Gebiet *n*; *fig.* Bereich *m*; ~**al** □ [~nl] örtlich; Orts...

**register** ['redʒistə] 1. Register *n*, Verzeichnis *n*; ⊕ Schieber *m*, Ventil *n*; ♪ Register *n*; Zählwerk *n*; *cash* ~ Registrierkasse *f*; 2. registrieren *od.* eintragen (lassen); (an)zeigen, auf- verzeichnen; *Postsache* einschreiben (lassen); *Gepäck* aufgeben; sich *polizeilich* melden.

**registr|ar** [redʒis'trɑː] Registrator *m*; Standesbeamte(r) *m*; ~**ation** [~'reiʃən] Eintragung *f*; ~ *fee* Anmeldegebühr *f*; ~**y** ['redʒistri] Eintragung *f*; Registratur *f*; Register *n*; ~ *office* Standesamt *n.*

**regress**, ~**ion** ['riːgres, ri'greʃən] Rückkehr *f*; *fig.* Rückgang *m.*

regret [ri'gret] 1. Bedauern n;
Schmerz m; 2. bedauern; Verlust
beklagen; ~ful □ [~ful] bedauernd;
~fully [~li] mit Bedauern; ~table
□ [~təbl] bedauerlich.

regular □ ['regjulə] regelmäßig;
regelrecht, richtig; ordentlich;
pünktlich; ✕ regulär; ~ity [regju-
'læriti] Regelmäßigkeit f; Richtigkeit f, Ordnung f.

regulat|e ['regjuleit] regeln, ordnen;
regulieren; ~ion [regju'leiʃən]
1. Regulierung f; Vorschrift f, Bestimmung f; 2. vorschriftsmäßig.

rehash fig. ['riː'hæʃ] 1. wieder durchkauen od. aufwärmen; 2. Aufguß m.

rehears|al [ri'həːsəl] thea., ♪ Probe
f; Wiederholung f; ~e [ri'həːs] thea.
proben; wiederholen; aufsagen.

reign [rein] 1. Regierung f; fig.
Herrschaft f; 2. herrschen, regieren.

reimburse [riːim'bəːs] j-n entschädigen; Kosten wiedererstatten.

rein [rein] 1. Zügel m; 2. zügeln.

reindeer zo. ['reindiə] Ren(tier) n.

reinforce [riːin'fɔːs] verstärken;
~ment [~smənt] Verstärkung f.

reinstate ['riːin'steit] wieder einsetzen; wieder instand setzen.

reinsure ['riːin'ʃuə] rückversichern.

reiterate [riː'itəreit] (dauernd) wiederholen.

reject [ri'dʒekt] ver~, wegwerfen;
ablehnen, ausschlagen; zurückweisen; ~ion [~kʃən] Verwerfung f;
Ablehnung f; Zurückweisung f.

rejoic|e [ri'dʒɔis] v/t. erfreuen; v/i.
sich freuen (at, in über acc.); ~ing
[~iŋ] 1. □ freudig; 2. oft ~s pl.
Freude(nfest n) f.

rejoin ['riː'dʒɔin] (sich) wieder vereinigen (mit); wieder zurückkehren
zu; [ri'dʒɔin] erwidern.

rejuvenate [ri'dʒuːvineit] verjün-
gen.                    [entzünden.]

rekindle ['riː'kindl] (sich) wieder]

relapse [ri'læps] 1. Rückfall m;
2. zurückfallen, rückfällig werden.

relate [ri'leit] v/t. erzählen; in Beziehung bringen; v/i. sich beziehen (to auf acc.); ~d verwandt (to
mit).

relation [ri'leiʃən] Erzählung f;
Beziehung f; Verhältnis n; Verwandtschaft f; Verwandte(r m) f;
in ~ to in bezug auf (acc.); ~ship
[~ʃip] Verwandtschaft f; Beziehung f.

relative ['relətiv] 1. □ bezüglich
(to gen.); gr. relativ; verhältnis-
mäßig; entsprechend; 2. gr. Rela-
tivpronomen n; Verwandte(r m) f.

relax [ri'læks] (sich) lockern, mildern; nachlassen (in dat.); (sich)
entspannen, ausspannen; milder
werden; ~ation [riːlæk'seiʃən] Lok-
kerung f; Nachlassen n; Entspannung f, Erholung f.

relay[1] 1. [ri'lei] frisches Gespann;
Ablösung f; ['riː'lei] ⚡ Relais n;
Radio: Übertragung f; 2. [~] Radio:
übertragen.

re-lay[2] ['riː'lei] Kabel etc. neu verlegen.

relay-race ['riːleireis] Sport: Staf-
fellauf m.

release [ri'liːs] 1. Freilassung f; fig.
Befreiung f; Freigabe f; Film: oft
first ~ Uraufführung f; ⊕, phot.
Auslöser m; 2. freilassen; erlösen;
freigeben; Recht aufgeben, übertragen; Film uraufführen; ⊕ auslösen.

relegate ['religeit] verbannen; ver-
weisen (to an acc.).

relent [ri'lent] sich erweichen lassen; ~less □ [~tlis] unbarmherzig.

relevant ['relivənt] sachdienlich;
zutreffend; wichtig, erheblich.

reliab|ility [riliə'biliti] Zuverläs-
sigkeit f; ~le □ [ri'laiəbl] zuverlässig.

reliance [ri'laiəns] Ver~, Zutrauen
n; Verlaß m.

relic ['relik] Überrest m; Reliquie f;
~t [~kt] Witwe f.

relief [ri'liːf] Erleichterung f; (an-
genehme) Unterbrechung; Unterstützung f; ✕ Ablösung f; ✕ Ent-
satz m; Hilfe f; △ etc. Relief n; ~
works pl. Notstandsarbeiten f/pl.

relieve [ri'liːv] erleichtern; mildern,
lindern; Arme etc. unterstützen;
ablösen; ✕ entsetzen; g-e (ab)hel-
fen (dat.); befreien; hervortreten
lassen; (angenehm) unterbrechen.

religion [ri'lidʒən] Religion f;
Ordensleben n; fig. Ehrensache f.

religious □ [ri'lidʒəs] Religions...;
religiös; eccl. Ordens...; gewissenhaft.

relinquish [ri'liŋkwiʃ] aufgeben;
verzichten auf (acc.); loslassen.

relish ['reliʃ] 1. (Bei)Geschmack m;
Würze f; Genuß m; 2. gern essen;
Geschmack finden an (dat.);
schmackhaft machen.

reluctan|ce [ri'lʌktəns] Widerstre-
ben n; bsd. phys. Widerstand m;
~t □ [~nt] widerstrebend, widerwillig.

rely [ri'lai]: ~ (up)on sich verlassen
(auf acc.), bauen auf (acc.).

remain [ri'mein] 1. (ver)bleiben;
übrigbleiben; 2. ~s pl. Überbleibsel n/pl., Überreste m/pl.; sterbliche
Reste m/pl.; ~der [~də] Rest m.

remand [ri'maːnd] 1. (ₜₜ in die
Untersuchungshaft) zurückschik-
ken; 2. (Zurücksendung f in die)
Untersuchungshaft f; prisoner on ~
Untersuchungsgefangene(r m) f;
~ home Jugendstrafanstalt f.

remark [ri'maːk] 1. Beachtung f;
Bemerkung f; 2. v/t. bemerken;
v/i. sich äußern; ~able □ [~kəbl]
bemerkenswert; merkwürdig.

**remedy** ['remidi] **1.** (Heil-, Hilfs-, Gegen-, Rechts)Mittel *n*; (Ab-)Hilfe *f*; **2.** heilen; abhelfen (*dat.*).

**rememb|er** [ri'membə] sich erinnern an (*acc.*); denken an (*acc.*); beherzigen; ~ *me to her* grüße sie von mir; ~*rance* [~brəns] Erinnerung *f*; Gedächtnis *n*; Andenken *n*; ~*s pl.* Empfehlungen *f/pl.*, Grüße *m/pl.*

**remind** [ri'maind] erinnern (*of* an *acc.*); ~*er* [~də] Mahnung *f*.

**reminiscen|ce** [remi'nisns] Erinnerung *f*; ~*t* □ [~nt] (sich) erinnernd.

**remiss** □ [ri'mis] schlaff, (nach-)lässig; ~*ion* [~iʃən] *Sünden*-Vergebung *f*; Erlassung *f v. Strafe etc.*; Nachlassen *n*.

**remit** [ri'mit] *Sünden* vergeben; *Schuld etc.* erlassen; nachlassen in (*dat.*); überweisen; ~*tance* [~təns] (Geld)Sendung *f*; ♥ Rimesse *f*.

**remnant** ['remnənt] (Über)Rest *m*.

**remodel** [ri:'mɔdl] umbilden.

**remonstra|nce** [ri'mɔnstrəns] Vorstellung *f*, Einwendung *f*; ~*te* [~treit] Vorstellungen machen (*on* über *acc.*; *with s.o.* j-m); einwenden.

**remorse** [ri'mɔːs] Gewissensbisse *m/pl.*; ~*less* □ [~lis] hart(herzig).

**remote** □ [ri'mout] entfernt, entlegen; ~*ness* [~tnis] Entfernung *f*.

**remov|al** [ri'muːvəl] Entfernen *n*; Beseitigung *f*; Umzug *m*; Entlassung *f*; ~ *van Möbelwagen m*; ~*e* [~uːv] *1. v/t.* entfernen; wegräumen, wegrücken; beseitigen; entlassen; *v/i.* (aus-, um-, ver)ziehen; *2.* Entfernung *f*; Grad *m*; *Schule*: Versetzung *f*; Abteilung *f* o-*r Klasse*; ~*er* [~və] (Möbel)Spediteur *m*.

**remunerat|e** [ri'mjuːnəreit] (be-)lohnen; entschädigen; ~*ive* □ [~rətiv] lohnend.

**Renaissance** [rə'neisəns] Renaissance *f*.

**renascen|ce** [ri'næsns] Wiedergeburt *f*; Renaissance *f*; ~*t* [~nt] wieder wachsend.

**rend** [rend] (*irr.*) (zer)reißen.

**render** ['rendə] wieder-, zurückgeben; *Dienst etc.* leisten; *Ehre etc.* erweisen; *Dank* abstatten; übersetzen; ♪ vortragen; darstellen, interpretieren; *Grund* angeben; ♥ *Rechnung* überreichen; übergeben; machen (*zu*); *Fett* auslassen; ~*ing* [~əriŋ] Wiedergabe *f*; Interpretation *f*; Übersetzung *f*, Wiedergabe *f*; ⚓ Rohbewurf *m*.

**rendition** [ren'diʃən] Wiedergabe *f*.

**renegade** ['renigeid] Abtrünnige(r *m*) *f*.

**renew** [ri'njuː] erneuern; ~*al* [~u(:)əl] Erneuerung *f*.

**renounce** [ri'nauns] entsagen (*dat.*); verzichten auf (*acc.*); verleugnen.

**renovate** ['renouveit] erneuern.

**renown** [ri'naun] Ruhm *m*, Ansehen *n*; ~*ed* [~nd] berühmt, namhaft.

**rent**[1] [rent] *1. pret. u. p.p. von rend*; *2.* Riß *m*; Spalte *f*.

**rent**[2] [~] *1.* Miete *f*; Pacht *f*; *2.* (ver)mieten, (ver)pachten; ~*al* ['rentl] (Einkommen *n* aus) Miete *f od.* Pacht *f*.

**renunciation** [rinʌnsi'eiʃən] Entsagung *f*; Verzicht *m* (*of auf acc.*).

**repair**[1] [ri'peə] *1.* Ausbesserung *f*, Reparatur *f*; ~*s pl.* Instandsetzungsarbeiten *f/pl.*; ~ *shop* Reparaturwerkstatt *f*; *in good* ~ in gutem (baulichen) Zustand, gut erhalten; *out of* ~ baufällig; *2.* reparieren, ausbessern; erneuern; wiedergutmachen.

**repair**[2] [~]: ~ *to* sich begeben nach.

**reparation** [repə'reiʃən] Ersatz *m*; Entschädigung *f*; *make* ~*s pol.* Reparationen leisten.

**repartee** [repɑː'tiː] schlagfertige Antwort; Schlagfertigkeit *f*.

**repast** [ri'pɑːst] Mahl(zeit *f*) *n*.

**repay** [riː'pei] (*irr.* (*pay*)) *et.* zurückzahlen; *fig.* erwidern; *et.* vergelten; *j-n* entschädigen; ~*ment* [~eimənt] Rückzahlung *f*.

**repeal** [ri'piːl] *1.* Aufhebung *f von Gesetzen*; *2.* aufheben, widerrufen.

**repeat** [ri'piːt] *1.* (sich) wiederholen; aufsagen; nachliefern; aufstoßen (*Essen*); *2.* Wiederholung *f*; *oft* ~ *order* Nachbestellung *f*; ♪ Wiederholungszeichen *n*.

**repel** [ri'pel] zurückstoßen, zurücktreiben, zurückweisen; *fig.* abstoßen.

**repent** [ri'pent] bereuen; ~*ance* [~təns] Reue *f*; ~*ant* [~nt] reuig.

**repercussion** [riːpəˈkʌʃən] Rückprall *m*; *fig.* Rückwirkung *f*.

**repertory** ['repətəri] *thea.* Repertoire *n*; *fig.* Fundgrube *f*.

**repetition** [repi'tiʃən] Wiederholung *f*; Aufsagen *n*; Nachbildung *f*.

**replace** [ri'pleis] wieder hinstellen *od.* einsetzen; ersetzen; *an j-s* Stelle treten; ~*ment* [~smənt] Ersatz *m*.

**replant** ['riː'plɑːnt] umpflanzen.

**replenish** [ri'pleniʃ] wieder auffüllen; ~*ment* [~ʃmənt] Auffüllung *f*; Ergänzung *f*.

**replete** [ri'pliːt] angefüllt, voll.

**replica** ['replikə] Nachbildung *f*.

**reply** [ri'plai] *1.* antworten, erwidern (*to auf acc.*); *2.* Erwiderung *f*.

**report** [ri'pɔːt] *1.* Bericht *m*; Gerücht *n*; *guter* Ruf; Knall *m*; *school* ~ (Schul)Zeugnis *n*; *2.* berichten (*über acc.*); (sich) melden; anzeigen; ~*er* [~tə] Berichterstatter(in).

**repose** [ri'pouz] *1. allg.* Ruhe *f*; *2. v/t.* ausruhen; (aus)ruhen lassen; ~ *trust etc. in* Vertrauen *etc.* setzen

suf (acc.); o/i. a. ~ o.s. (sich) ausruhen; ruhen; beruhen (on auf
dat.); ~itory [ri'pozitori] Verwah-
rungsort m; Warenlager n; fig.
Fundgrube f.

reprehend [repri'hend] tadeln.

represent [repri'zent] darstellen;
verkörpern; thea. aufführen; schildern; bezeichnen (as als); vertreten; ~ation [reprizen'teifən] Darstellung f; thea. Aufführung f; Vorstellung f; Vertretung f; ~ative □
[repri'zentativ] 1. dar-, vorstellend
(of acc.); vorbildlich; (stell)vertre-
tend; parl. repräsentativ; typisch;
2. Vertreter(in); House of ~s Am.
parl. Repräsentantenhaus n.

repress [ri'pres] unterdrücken;
~ion [~eʃən] Unterdrückung f.

reprieve [ri'priːv] 1. (Gnaden)Frist
f; Aufschub m; 2. j-m Aufschub od.
eine Gnadenfrist gewähren.

reprimand ['reprimaːnd] 1. Verweis m; 2. j-m e-n Verweis geben.

reprisal [ri'praizəl] Repressalie f.

reproach [ri'proutʃ] 1. Vorwurf m;
Schande f; 2. vorwerfen (s.o. with
s.th. j-m et.); Vorwürfe machen;
~ful □ [~sful] vorwurfsvoll.

reprobate ['reproubeit] 1. verkom-
men, verderbt; 2. verkommenes
Subjekt; 3. mißbilligen; verdammen.

reproduc|e [riːprə'djuːs] wieder-
erzeugen; (sich) fortpflanzen; wiedergeben, reproduzieren; ~tion
[~'dakʃən] Wiedererzeugung f;
Fortpflanzung f; Reproduktion f.

reproof [ri'pruːf] Vorwurf m, Tadel m.

reprov|al [ri'pruːvəl] Tadel m,
Rüge f; ~e [~uːv] tadeln, rügen.

reptile zo. ['reptail] Reptil n.

republic [ri'pʌblik] Republik f; ~an
[~kən] 1. republikanisch; 2. Repu-
blikaner(in).

repudiate [ri'pjuːdieit] nicht anerkennen; ab-, zurückweisen.

repugnan|ce [ri'pʌgnəns] Abnei-
gung f, Widerwille m; ~t □ [~nt]
abstoßend; widerwärtig.

repuls|e [ri'pʌls] 1. Zurück-, Ab-
weisung f; 2. zurück-, abweisen;
~ive □ [~siv] abstoßend; widerwärtig.

reput|able □ ['repjutəbl] achtbar;
ehrbar, anständig; ~ation [repju(ː)-
'teiʃən] (bsd. gutes) Ruf, Ansehen
n; ~e [ri'pjuːt] 1. Ruf m; 2. halten
für; ~ed vermeintlich; angeblich.

request [ri'kwest] 1. Gesuch n,
Bitte f; Ersuchen n; † Nachfrage f;
by ~, on ~ auf Wunsch; in (great)
(sehr) gesucht, begehrt; ~ stop Be-
darfshaltestelle f; 2. um et. bitten
od. ersuchen; j-n bitten; et. erbitten.

require [ri'kwaiə] verlangen, fordern; brauchen, erfordern; ~d er-

forderlich; ~ment [~əmənt] (An-)
Forderung f; Erfordernis n.

requisit|e ['rekwizit] 1. erforder-
lich; 2. Erfordernis n; Bedarfs-,
Gebrauchsartikel m; toilet ~s pl.
Toilettenartikel m/pl.; ~ion [rekwi-
'ziʃən] 1. Anforderung f; ✕ Requisition f; 2. anfordern; ✕ requirie-
ren.

requital [ri'kwaitl] Vergeltung f.

requite [ri'kwait] j-m et. vergelten.

rescind [ri'sind] aufheben.

rescission [ri'siʒn] Aufhebung f.

rescue ['reskjuː] 1. Rettung f; (ge-
waltsame) Befreiung; 2. retten;
(gewaltsam) befreien.

research [ri'səːtʃ] Forschung f;
Untersuchung f; Nachforschung f;
~er [~ə] Forscher m.

resembl|ance [ri'zembləns] Ähn-
lichkeit f (to mit); ~e [ri'zembl]
gleichen, ähnlich sein (dat.).

resent [ri'zent] übelnehmen; ~ful
□ [~sful] übelnehmerisch; ärgerlich; ~ment [~tmənt] Ärger m;
Groll m.

reservation [rezə'veiʃən] Vorbehalt
m; Am. Indianerreservation f; Vor-
bestellung f von Zimmern etc.

reserve [ri'zəːv] 1. Vorrat m; ✝
Rücklage f; Reserve f (a. fig., ✕);
Zurückhaltung f, Verschlossenheit
f; Vorsicht f; Vorbehalt m; Sport:
Ersatzmann m; 2. aufbewahren,
aufsparen; vorbehalten; zurücklegen; Platz etc. reservieren; ~d □
fig. zurückhaltend, reserviert.

reservoir ['rezəvwaː] Behälter m
für Wasser etc.; Sammel-, Staubek-
ken n; fig. Reservoir n.

reside [ri'zaid] wohnen; (orts)an-
sässig sein; ~ in innewohnen (dat.);
~nce ['rezidəns] Wohnen n; Orts-
ansässigkeit f; (Wohn)Sitz m; Re-
sidenz f; ~ permit Aufenthaltsge-
nehmigung f; ~nt [~nt] 1. wohnhaft; ortsansässig; 2. Ortsansässi-
ge(r m) f, Einwohner(in).

residu|al [ri'zidjuəl] übrigbleibend;
~e ['rezidjuː] Rest m; Rückstand m;
✝ Reinnachlaß m.

resign [ri'zain] o/t. aufgeben; Amt
niederlegen; überlassen; ~ o.s. to
sich ergeben in (acc.), sich abfinden
mit; o/i. zurücktreten; ~ation [re-
zig'neiʃən] Rücktritt m; Ergebung
f; Entlassungsgesuch n; ~ed □ ergeben, resigniert.

resilien|ce [ri'ziliəns] Elastizität f;
~t [~nt] elastisch, fig. spannkräftig.

resin ['rezin] 1. Harz n; 2. harzen.

resist [ri'zist] widerstehen (dat.);
sich widersetzen (dat.); ~ance
[~təns] Widerstand m; attr. Widerstands...; line of least ~ Weg m des
geringsten Widerstands; ~ant [~nt]
widerstehend; widerstandsfähig.

resolut|e □ ['rezəluːt] entschlossen;
~ion [rezə'luːʃən] (Auf)Lösung f;

Entschluß m; Entschlossenheit f; Resolution f.

**resolve** [ri'zɔlv] 1. v/t. auflösen; *fig.* lösen; *Zweifel etc.* beheben; entscheiden; v/i. a. ~ o.s. sich auflösen; beschließen; ~ (up)on sich entschließen zu; 2. Entschluß m; Am. Beschluß m. ~d □ entschlossen.

**resonan|ce** ['reznəns] Resonanz f; ~t □ [~nt] nach~, widerhallend.

**resort** [ri'zɔːt] 1. Zuflucht f; Besuch m; Aufenthalt(sort) m; Erholungsort m; health ~ Kurort m; seaside ~ Seebad n; summer ~ Sommerfrische f; 2. ~ to oft besuchen; seine Zuflucht nehmen zu. (sen.).

**resound** [ri'zaund] widerhallen (las-).

**resource** [ri'sɔːs] *natürlicher* Reichtum; Hilfsquelle f, ~mittel n; Zuflucht f; Findigkeit f; Zeitvertreib m, Entspannung f; ~ful □ [~sful] findig.

**respect** [ris'pekt] 1. Rücksicht f (to, of auf acc.); Beziehung f; Achtung f; ~s pl. Empfehlungen f/pl.; 2. v/t. (hoch)achten; Rücksicht nehmen auf (acc.); betreffen; ~able □ [~təbl] achtbar; ansehnlich; anständig; bd. ✝ solid; ~ful □ [~tful] ehrerbietig; yours ~ly hochachtungsvoll; ~ing [~tin] hinsichtlich (gen.); ~ive □ [~iv] jeweilig; we went to our ~ places wir gingen jeder an seinen Platz; ~ively [~vli] beziehungsweise; je.

**respirat|ion** [respə'reiʃən] Atmen n; Atmung m; ~or ['resporeitə] Atemfilter m; ⚕ Atemgerät n; Gasmaske f.

**respire** [ris'paiə] atmen; aufatmen.

**respite** ['respait] Frist f; Stundung f.

**resplendent** □ [ris'plendənt] glänzend.

**respond** [ris'pɔnd] antworten, erwidern; ~ to reagieren auf (acc.).

**response** [ris'pɔns] Antwort f, Erwiderung f; *fig.* Reaktion f.

**responsi|bility** [risponsə'biliti] Verantwortlichkeit f; Verantwortung f; ✝ Zahlungsfähigkeit f; ~ble [ris-'ponsəbl] verantwortlich; verantwortungsvoll; ✝ zahlungsfähig.

**rest** [rest] 1. Rest m; Ruhe f; Rast f; Schlaf m; fig. Tod m; Stütze f; Pause f; 2. v/i. ruhen; rasten; schlafen; (sich) lehnen, sich stützen (on auf acc.); ~ (up)on fig. beruhen auf (dat.); in a ~n Zustand bleiben; v/t. (aus)ruhen lassen; stützen.

**restaurant** ['restərɔ̃n, ~rɔnt] Gaststätte f.

**rest-cure** ⚕ ['restkjuə] Liegekur f.

**restful** ['restful] ruhig, geruhsam.

**resting-place** ['restinpleis] Ruheplatz m, ~stätte f.

**restitution** [resti'tjuːʃən] Wiederherstellung f; Rückerstattung f.

**restive** □ ['restiv] widerspenstig.

**restless** ['restlis] ruhelos; rastlos; unruhig; ~ness [~nis] Ruhelosigkeit f; Rastlosigkeit f; Unruhe f.

**restorat|ion** [restə'reiʃən] Wiederherstellung f; Wiedereinsetzung f; Rekonstruktion f, Nachbildung f; ~ive [ris'tɔrətiv] 1. stärkend; 2. Stärkungsmittel n.

**restore** [ris'tɔː] wiederherstellen; wiedereinsetzen (to in acc.); wiedergeben; ~ to health wieder gesund machen.

**restrain** [ris'trein] zurückhalten (from von); in Schranken halten; unterdrücken; einsperren; ~t [~nt] Zurückhaltung f; Beschränkung f, Zwang m; Zwangshaft f.

**restrict** [ris'trikt] be~, einschränken; ~ion [~kʃən] Be~, Einschränkung f; Vorbehalt m.

**result** [ri'zʌlt] 1. Ergebnis n, Folge f, Resultat n; 2. folgen, sich ergeben (from aus); ~ in hinauslaufen auf (acc.), zur Folge haben.

**resum|e** [ri'zjuːm] wiedernehmen, -erlangen; wiederaufnehmen; zs.-fassen; ~ption [ri'zampʃən] Zurücknahme f; Wiederaufnahme f.

**resurgent** [ri'səːdʒənt] sich wiedererhebend, wieder aufkommend.

**resurrection** [rezə'rekʃən] Wiederaufleben n; ⚕ eccl. (Wieder)Auferstehung f.

**resuscitate** [ri'sʌsiteit] wiedererwecken, wiederbeleben.

**retail** 1. ['riːteil] Einzelhandel m; by ~ im Einzelverkauf; 2. [~] Einzelhandels...; Detail...; 3. [riː'teil] im kleinen verkaufen; ~er [~lə] Einzelhändler(in).

**retain** [ri'tein] behalten (a. *fig.*); zurück-, festhalten; beibehalten; *Anwalt* nehmen.

**retaliat|e** [ri'tælieit] v/t. Unrecht vergelten; v/i. sich rächen; ~ion [ritæli'eiʃən] Vergeltung f.

**retard** [ri'tɑːd] verzögern; aufhalten; verspäten.

**retention** [ri'tenʃən] Zurück-, Behalten n; Beibehaltung f.

**reticent** ['retisənt] verschwiegen; schweigsam; zurückhaltend.

**retinue** ['retinjuː] Gefolge n.

**retir|e** [ri'taiə] v/t. zurückziehen; pensionieren; v/i. sich zurückziehen; zurück-, abtreten; in den Ruhestand treten; ~ed □ zurückgezogen; im Ruhestand (lebend); entlegen; ~ pay Pension f; ~ement [~əmənt] Sichzurückziehen n; Ausg. Rücktritt m; Ruhestand m; Zurückgezogenheit f; ~ing [~əriŋ] zurückhaltend; schüchtern; ~ pension Ruhegehalt n.

**retort** [ri'tɔːt] 1. Erwiderung f; 🝭 Retorte f; 2. erwidern.

**retouch** [ˈriːˈtʌtʃ] et. überarbeiten; *phot.* retuschieren.

**retrace** [ri'treis] zurückverfolgen; ~ one's steps zurückgehen.

**retract** [ri'trækt] (sich) zurückziehen; ⊕ einziehen; widerrufen.

**retread** ['ri:tred] 1. *Reifen* runderneuern; 2. runderneuerter Reifen.

**retreat** [ri'tri:t] 1. Rückzug *m*; Zurückgezogenheit *f*; Zuflucht(sort *m*) *f*; ✗ Zapfenstreich *m*; *beat a ~ fig.* es aufgeben; 2. sich zurückziehen; *fig.* zurücktreten.

**retrench** [ri'trentʃ] (sich) einschränken; kürzen; *Wort etc.* streichen; ✗ verschanzen.

**retribution** [retri'bju:ʃən] Vergeltung *f*.

**retrieve** [ri'tri:v] wiederbekommen; wiederherstellen; wiedergutmachen; *hunt.* apportieren.

**retro**|... ['retrou] (zu)rück...; ~active [retrou'æktiv] rückwirkend; ~grade ['retrougreid] 1. rückläufig; 2. zurückgehen; ~gression [retrou'greʃən] Rück-, Niedergang *m*; ~spect ['retrouspekt] Rückblick *m*; ~spective □ [retrou'spektiv] zurückblickend; rückwirkend.

**retry** ✗ ['ri:'trai] *Prozeß* wiederaufnehmen.

**return** [ri'tə:n] 1. Rückkehr *f*; Wiederkehr *f*; *parl.* Wiederwahl *f*; *oft* ~s *pl.* ✝ Gewinn *m*, Ertrag *m*; Umsatz *m*; ✗ Rückfall *m*; Rückgabe *f*, Rückzahlung *f*; Vergeltung *f*; Erwiderung *f*; Gegenleistung *f*; Dank *m*; *amtlicher* Bericht; Wahlergebnis *n*; Steuererklärung *f*; F Rückfahrkarte *f*; *attr.* Rück...; *many happy* ~s *of the day* herzliche Glückwünsche zum Geburtstag; *in* ~ dafür; *als* Ersatz (*for* für); *by* ~ (*of post*) postwendend; ~ *ticket* Rückfahrkarte *f*; 2. *v/i.* zurückkehren; wiederkehren; *v/t.* zurückgeben; zurücktun; zurückzahlen; zurücksenden; *Dank* abstatten; erwidern; berichten, angeben; *parl.* wählen; *Gewinn* abwerfen.

**reunification** *pol.* ['ri:ju:nifi'keiʃən] Wiedervereinigung *f*.

**reunion** ['ri:'ju:njən] Wiedervereinigung *f*; Treffen *n*, Zs.-kunft *f*.

**reval**|**orization** ✝ [ri:vælərai'zei-ʃən] Aufwertung *f*; ~**uation** [~lju-'eiʃən] Neubewertung *f*.

**revamp** ⊕ ['ri:'væmp] vorschuhen; *Am.* F aufmöbeln; erneuern.

**reveal** [ri'vi:l] enthüllen; offenbaren; ~**ing** [~liŋ] aufschlußreich.

**revel** ['revl] 1. Lustbarkeit *f*; Gelage *n*; 2. ausgelassen sein; schwelgen; zechen.

**revelation** [revi'leiʃən] Enthüllung *f*; Offenbarung *f*.

**revel**|**(l)er** ['revlə] Feiernde(r *m*) *f*; Zecher *m*; ~**ry** [~lri] Gelage *n*; Lustbarkeit *f*, Rummel *m*; Orgie *f*.

**revenge** [ri'vendʒ] 1. Rache *f*;

*Sport:* Revanche *f*; 2. rächen; ~**ful** □ [~dʒful] rachsüchtig; ~**r** [~dʒə] Rächer(in).

**revenue** ['revinju:] Einkommen *n*; ~s *pl.* Einkünfte *pl.*; ~ *board*, ~ *office* Finanzamt *n*.

**reverberate** [ri'və:bəreit] zurückwerfen; zurückstrahlen; widerhallen.

**revere** [ri'viə] (ver)ehren; ~**nce** ['revərəns] 1. Verehrung *f*; Ehrfurcht *f*; 2. (ver)ehren; ~**nd** [~nd] 1. ehrwürdig; 2. Geistliche(r) *m*.

**reverent**(**ial**) □ ['revərənt, revə-'renʃəl] ehrerbietig, ehrfurchtsvoll.

**reverie** ['revəri] Träumerei *f*.

**revers**|**al** [ri'və:səl] Umkehrung *f*; Umschwung *m*; ✗ Umstoßung *f*; ⊕ Umsteuerung *f*; ~**e** [~ə:s] 1. Gegenteil *n*; Kehrseite *f*; Rückschlag *m*; 2. □ umgekehrt; Rück(wärts)...; ~ (*gear*) *mot.* Rückwärtsgang *m*; ~ *side* linke *Stoff*-Seite; 3. umkehren, umdrehen; *Urteil* umstoßen; ⊕ umsteuern; ~**ion** [~ə:ʃən] Umkehrung *f*; Rückkehr *f*; ✗ Heimfall *m*; *biol.* Rückartung *f*.

**revert** [ri'və:t] um~, zurückkehren; *biol.* zurückkarten; *Blick* wenden.

**review** [ri'vju:] 1. Nachprüfung *f*; ✗ Revision *f*; ✗, ♣ Parade *f*; Rückblick *m*; Überblick *m*; Rezension *f*; Zeitschrift *f*; *pass s.th. in* ~ *et.* Revue passieren lassen; 2. (über-, nach)prüfen; zurückblicken *auf* (*acc.*); überblicken; ✗, ♣ besichtigen; rezensieren; ~**er** [~ju:və] Rezensent *m*. [fen.]

**revile** [ri'vail] schmähen, beschimp-]

**revis**|**e** [ri'vaiz] überarbeiten, durchsehen, revidieren; ~**ion** [ri'viʒən] Revision *f*; Überarbeitung *f*.

**reviv**|**al** [ri'vaivəl] Wiederbelebung *f*; Wiederaufleben *n*, Wiederaufblühen *n*; Erneuerung *f*; *fig.* Erweckung *f*; ~**e** [~aiv] wiederbeleben; wieder aufleben (lassen); erneuern; wieder aufblühen.

**revocation** [revə'keiʃən] Widerruf *m*; Aufhebung *f*.

**revoke** [ri'vouk] *v/t.* widerrufen; *v/i. Karten:* nicht bedienen.

**revolt** [ri'voult] 1. Revolte *f*, Empörung *f*, Aufruhr *m*; 2. *v/i.* sich empören; abfallen; *v/t. fig.* abstoßen.

**revolution** [revə'lu:ʃən] Umwälzung *f*, Umdrehung *f*; *pol.* Revolution *f*; ~**ary** [~ʃnəri] 1. revolutionär; 2. *a.* ~**ist** [~ʃnist] Revolutionär(in); ~**ize** [~ʃnaiz] aufwiegeln; umgestalten.

**revolv**|**e** [ri'volv] *v/i.* sich drehen (*about, round um*); *v/t.* umdrehen; *fig.* erwägen; ~**ing** [~viŋ] sich drehend; Dreh...

**revue** *thea.* [ri'vju:] Revue *f*; Kabarett *n*.

**revulsion** [ri'vʌlʃən] *fig.* Umschwung *m*; ✗ Ableitung *f*.

**reward** [ri'wɔːd] 1. Belohnung *f*; Vergeltung *f*; 2. belohnen; vergelten.

**rewrite** ['riː'rait] [*irr.* (*write*)] neu (*od.* um)schreiben.

**rhapsody** ['ræpsədi] Rhapsodie *f*; *fig.* Schwärmerei *f*; Wortschwall *m*.

**rhetoric** ['retərik] Rhetorik *f*.

**rheumatism** ♂ ['ruːmətizəm] Rheumatismus *m*.

**rhubarb** ♣ ['ruːbaːb] Rhabarber *m*.

**rhyme** [raim] 1. Reim *m* (*to* auf *acc.*); Vers *m*; *without ~ or reason* ohne Sinn u. Verstand; 2. (sich) reimen.

**rhythm** ['riðəm] Rhythmus *m*; **~ic**(**al** □) ['riðmik(əl)] rhythmisch.

**Rialto** *Am.* [ri'æltou] Theaterviertel *n & Stadt, bsd. in New York.*

**rib** [rib] 1. Rippe *f*; 2. rippen; *sl.* aufziehen, necken.

**ribald** ['ribəld] lästerlich; unflätig; **~ry** [ˌdri] Zoten *f/pl.*; derbe Späße *m/pl.*

**ribbon** ['ribən] Band *n*; Streifen *m*; **~s** *pl.* Fetzen *m/pl.*; Zügel *m/pl.*; **~ building, ~ development** Reihenbau *m*.

**rice** [rais] Reis *m*.

**rich** [ritʃ] reich (*in an dat.*); reichlich; prächtig, kostbar; ergiebig, fruchtbar; voll (*Ton*); schwer (*Speise, Wein, Duft*); satt (*Farbe*); **~es** ['ritʃiz] *pl.* Reichtum *m*, Reichtümer *m/pl.*; **~ness** [ˌʃnis] Reichtum *m*; Fülle *f*.

**rick** ♂ [rik] (Heu)Schober *m*.

**rickets** ♂ ['rikits] *sg. od. pl.* Rachitis *f*; **~y** [ˌti] rachitisch; wack(e)lig (*Möbel*).

**rid** [rid] [*irr.*] befreien, frei machen (*of* von); *get ~ of* loswerden.

**ridden** ['ridn] 1. *p.p. von ride* 2; 2. *in Zssgn* bedrückt *od.* geplagt von ...

**riddle** ['ridl] 1. Rätsel *n*; grobes Sieb; 2. sieben; durchlöchern.

**ride** [raid] 1. Ritt *m*; Fahrt *f*; Reitweg *m*; 2. [*irr.*] *v/i.* reiten; rittlings sitzen; fahren; treiben; schweben; liegen; *v/t. Pferd etc.* reiten; *Land* durchreiten; **~r** ['raidə] Reiter(in) *f*; Fahrende(r *m*) *f*.

**ridge** [ridʒ] 1. (Gebirgs)Kamm *m*, Grat *m*; ♂ First *m*; ♣ Rain *m*; 2. (sich) furchen.

**ridicule** ['ridikjuːl] 1. Hohn *m*, Spott *m*; 2. lächerlich machen; **~ous** □ [ri'dikjuləs] lächerlich.

**riding** ['raidiŋ] Reiten *n*; *attr.* Reit... [**~ with** voll von.]

**rife** □ [raif] häufig; vorherrschend;

**riff-raff** ['rifræf] Gesindel *n*.

**rifle** ['raifl] 1. Gewehr *n*; 2. (aus-)plündern; **~man** ⚔ Schütze *m*.

**rift** [rift] Riß *m*, Sprung *m*; Spalte *f*.

**rig¹** [rig] 1. *Markt etc.* manipulieren; 2. Schwindelmanöver *n*.

**rig²** [ˌ] 1. ♣ Takelung *f*; F Aufma-

chung *f*; 2. auftakeln; **~ s.o. out** j-n versorgen *od.* ausrüsten; j-n herausputzen *od.* herrichten; **~ging** ♣ ['rigiŋ] Takelage *f*.

**right** [rait] 1. □ recht; richtig; recht (*Ggs. left*); *be ~* recht haben; *all ~!* alles in Ordnung!; ganz recht!; *put od. set ~* in Ordnung bringen; berichtigen; 2. *adv.* recht, richtig; gerade; direkt; ganz (und gar); *~ away* sogleich; *~ on* geradeaus; 3. Recht *n*; Rechte *f*, rechte Seite *od.* Hand; *the ~s and wrongs* der wahre Sachverhalt; *by ~ of* auf Grund (*gen.*); *on od. to the ~,* rechts; *~ of way* Wegerecht *n*; Vorfahrt(s-recht *n*) *f*; 4. *f-m* Recht verschaffen *et.* in Ordnung bringen; ♣ (sich) aufrichten; **~-down** ['rait'daun] regelrecht, ausgemacht; wirklich; **~eous** □ ['raitʃəs] rechtschaffen; **~ful** □ ['raitful] recht(mäßig); gerecht.

**rigid** □ ['ridʒid] starr; *fig. a.* streng, hart; **~ity** [ri'dʒiditi] Starrheit *f*; Strenge *f*, Härte *f*.

**rigmarole** ['rigməroul] Geschwätz *n*.

**rigor** ♂ ['raigɔː] Fieberfrost *m*.

**rigo(u)r** ['rigə] Strenge *f*, Härte *f*.

**rigorous** □ ['rigərəs] streng, rigoros.

**rim** [rim] 1. Felge *f*; Radkranz *m*; Rand *m*; 2. rändern; einfassen.

**rime** [raim] Reim *m*; Rauhreif *m*.

**rind** [raind] Rinde *f*, Schale *f*; *Speck-*Schwarte *f*.

**ring¹** [riŋ] 1. Klang *m*; Geläut(e) *n*; Klingeln *n*; Rufzeichen *n*; Anruf *m*; *give s.o. a ~* j-n anrufen; 2. [*irr.*] läuten; klingen (lassen); erschallen (*with* von); **~ again** widerhallen; **~ off** *teleph.* das Gespräch beenden; **~ the bell** klingeln; **~ s.o. up** j-n *od.* bei j-m anrufen.

**ring²** [ˌ] 1. Ring *m*; Kreis *m*; 2. beringen; *mst ~ in, ~ round, ~ about* umringen; **~leader** ['riŋliːdə] Rädelsführer *m*; **~let** [ˌlit] (Ringel)Locke *f*.

**rink** [riŋk] Eisbahn *f*; Rollschuhbahn *f*.

**rinse** [rins] *oft* **~ out** (aus)spülen.

**riot** ['raiət] 1. Tumult *m*; Aufruhr *m*; Orgie *f* (*a. fig.*); *run ~* durchgehen; (sich aus)toben; 2. ~ Krawall machen, im Aufruhr sein; toben; schwelgen; **~er** [ˌtə] Aufrührer(in); Randalierer *m*; **~ous** □ [ˌtəs] aufrührerisch; lärmend; liederlich (*Leben*).

**rip** [rip] 1. Riß *m*; 2. (auf)trennen; (auf-, zer)reißen; (dahin)sausen.

**ripe** □ [raip] reif; **~n** ['raipən] reifen; **~ness** ['raipnis] Reife *f*.

**ripple** ['ripl] 1. kleine Welle; Kräuselung *f*; Geriesel *n*; 2. (sich) kräuseln; rieseln.

**rise** [raiz] 1. (An-, Auf)Steigen *n*;

Anschwellen n; (Preis-, Gehalts-) Erhöhung f; fig. Aufstieg m; Steigung f; Anhöhe f; Ursprung m; take (one's) ~ entstehen; entspringen; 2. [irr.] sich erheben, aufstehen; die Sitzung schließen; steigen; aufsteigen (a. fig.); auferstehen; aufgehen (Sonne, Samen); anschwellen; sich empören; entspringen (Fluß); ~ to sich er Lage gewachsen zeigen; ~n ['rizn] p.p. von rise 2; ~r ['raizə]: early ~ Frühaufsteher(in).

rising ['raiziŋ] 1. (Auf)Steigen n; Steigung f; ast. Aufgang m; Aufstand m; 2. heranwachsend (Generation).

risk [risk] 1. Gefahr f, Wagnis n; ↑ Risiko n; run the ~ Gefahr laufen; 2. wagen, riskieren; ~y □ ['riski] gefährlich, gewagt.

rit|e [rait] Ritus m, Brauch m; ~ual ['ritjuəl] 1. rituell; 2. Ritual n.

rival ['raivəl] 1. Nebenbuhler(in); Rivale m; 2. rivalisierend; ↑ Konkurrenz...; 3. wetteifern (mit); ~ry [~lri] Rivalität f; Wetteifer m.

rive [raiv] [irr.] (sich) spalten; ~n ['rivn] p.p. von rive.

river ['rivə] Fluß m; Strom m (a. fig.); ~side 1. Flußufer n; 2. am Wasser (gelegen).

rivet ['rivit] 1. ⊕ Niet(e f) m; 2. (ver)nieten; fig. heften (to an acc.; on, upon auf acc.); fesseln.

rivulet ['rivjulit] Bach m, Flüßchen n.

road [roud] Straße f (a. fig.), Weg m; Am. ~ railroad; mst ~s pl. ⊕ Reede f; ~stead ⊕ ['roudsted] Reede f; ~ster [~tə] Roadster m, offener Sportwagen; ~way Fahrbahn f.

roam [roum] v/i. umherstreifen, wandern; v/t. durchstreifen.

roar [rɔː] 1. brüllen; brausen, tosen, donnern; 2. Gebrüll n; Brausen n; Krachen n, Getöse n; brüllendes Gelächter.

roast [roust] 1. rösten, braten; 2. geröstet; gebraten; ~ meat Braten m.

rob [rɔb] (be)rauben; ~ber ['rɔbə] Räuber m; ~bery [~əri] Raub (-überfall) m; Räuberei f.

robe [roub] (Amts)Robe f, Talar m; (Staats)Kleid n; Am. Morgenrock m.

robin orn. ['rɔbin] Rotkehlchen n.

robust □ [rə'bʌst] robust, kräftig.

rock [rɔk] 1. Felsen m; Klippe f; Gestein n; Zuckerstange f; ~ crystal Bergkristall m; 2. schaukeln; (ein)wiegen.

rocker ['rɔkə] Kufe f; Am. Schaukelstuhl m; Rocker m, Halbstarke(r) m.

rocket ['rɔkit] Rakete f; attr. Ra-

keten...; ~powered mit Raketenantrieb; ~ry [~tri] Raketentechnik f.

rocking-chair ['rɔkiŋtʃɛə] Schaukelstuhl m.

rocky ['rɔki] felsig; Felsen...

rod [rɔd] Rute f; Stab m; ⊕ Stange f; Meßrute f (5½ yards); Am. sl. Pistole f.

rode [roud] pret. von ride 2.

rodent ['roudənt] Nagetier n.

rodeo Am. [rou'deiou] Rodeo m; Zusammentreiben n; Cowboyturnier n.

roe[1] [rou] Reh n.

roe[2] ichth. [~] a. hard ~ Rogen m; soft ~ Milch f.

rogu|e [roug] Schurke m; Schelm m; ~ish ['rougiʃ] schurkisch; schelmisch.

roister ['rɔistə] krakeelen.

role, rôle thea. [roul] Rolle f (a. fig.).

roll [roul] 1. Rolle f; ⊕ Walze f; Brötchen n, Semmel f; Verzeichnis n; Urkunde f; ⅔ (Donner)Rollen n; (Trommel)Wirbel m; ⅔ Schlingern n; 2. v/t. rollen; wälzen; walzen; Zigarette drehen; ~ up zusammenrollen; einwickeln; v/i. rollen; sich wälzen; wirbeln (Trommel); ⅔ schlingern; ~call ⅔ ['roulkɔːl] Appell m; ~er ['roulə] Rolle f, Walze f; Sturzwelle f; ~ coaster Am. Achterbahn f; ~ skate Rollschuh m.

rolliking ['rɔlikiŋ] übermütig.

rolling ['rouliŋ] rollend; Roll..., Walz...; ~ mill ⊕ Walzwerk n.

Roman ['roumən] 1. römisch; 2. Römer(in); mst ⅔ typ. Antiqua f.

romance[1] [rə'mæns] 1. (Ritter-, Vers)Roman m; Abenteuer-, Liebesroman m; Romanze f (a. fig.); fig. Märchen n; Romantik f; 2. fig. aufschneiden.

Romance[3] ling. [~]: ~ languages romanische Sprachen f/pl.

romancer [rə'mænsə] Romanschreiber(in); Aufschneider(in).

Romanesque [roumə'nesk] 1. romanisch; 2. romanischer Baustil.

romantic [rə'mæntik] (~ally) romantisch; ~ism [~isizəm] Romantik f; ~ist [~ist] Romantiker(in).

romp [rɔmp] 1. Range f; Wildfang m; Balgerei f; 2. sich balgen, toben; ~er(s) ['rɔmpə(z)] Spielanzug m.

rood [ruːd] Kruzifix n; Viertelmorgen m (10,117 Ar).

roof [ruːf] 1. Dach n; ~ of the mouth Gaumen m; 2. a. ~ over überdachen; ~ing ['ruːfiŋ] Bedachung f; 2. Dach...; ~ felt Dachpappe f.

rook [ruk] 1. Schach: Turm m; fig. Gauner m; orn. Saatkrähe f; 2. betrügen.

room [rum] 1. Raum m; Platz m; Zimmer n; Möglichkeit f; ~s pl. Wohnung f; in my ~ an meiner Stelle; 2. Am. wohnen; ~er ['rumə] bsd. Am. Untermieter(in); ~ing-house ['ruminhaus] bsd. Am. Miets-, Logierhaus n; ~mate Stubenkamerad m; ~y □ ['rumi] geräumig.

roost [ru:st] 1. Schlafplatz m e-s Vogels; Hühnerstange f; Hühnerstall m; 2. sich (zum Schlaf) niederhocken; fig. übernachten; ~er ['ru:stə] Haushahn m.

root [ru:t] 1. Wurzel f; 2. (ein)wurzeln; (auf)wühlen; ~ for Am. sl. Stimmung machen für; ~ out ausrotten; ~ out od. up ausgraben; ~ed ['ru:tid] eingewurzelt; ~er Am. sl. ['ru:tə] Fanatiker m für et.

rope [roup] 1. Tau n, Seil n; Strick m; Schnur f Perlen etc.; be at the end of one's ~ F mit s-m Latein zu Ende sein; know the ~s sich auskennen; 2. mit e-m Seil befestigen od. (mst ~ in od. off od. out) absperren; anseilen; ~way ['roupwei] Seilbahn f.

ropy ['roupi] klebrig, zähflüssig.

rosary eccl. ['rouzəri] Rosenkranz m.

rose[1] [rouz] & Rose f; (Gießkannen)Brause f; Rosenrot n.

rose[2] [~] pret. von rise 2.

rosebud ['rouzbʌd] Rosenknospe f; Am. hübsches Mädchen; Debütantin f.

rosin ['rozin] (Geigen)Harz n.

rostrum ['rostrəm] Rednertribüne f.

rosy □ ['rouzi] rosig.

rot [rot] 1. Fäulnis f; sl. Quatsch m; 2. v/t. faulen lassen; Quatsch machen mit j-m; v/i. verfaulen, vermodern.

rota|ry ['routəri] drehend; Rotations...; ~te [rou'teit] (sich) drehen, (ab)wechseln; ~tion [~'eifən] Umdrehung f; Kreislauf m; Abwechs(e)lung f; ~tory ['routətəri] s. rotary; abwechselnd.

rote [rout]: by ~ auswendig.

rotten □ ['rotn] verfault, faul(ig); mod(e)rig; morsch (alle a. fig.); sl. saumäßig, dreckig.

rotund □ [rou'tʌnd] rund; voll (Stimme); hochtrabend.

rouge [ru:ʒ] 1. Rouge n; Silberputzmittel n; 2. Rouge auflegen (auf acc.).

rough [rʌf] 1. □ rauh; roh; grob; fig. ungehobelt; ungefähr (Schätzung); ~ and ready grob (gearbeitet); Not..., Behelfs...; ~ copy roher Entwurf; 2. Rauhe n, Grobe n; Lümmel m; 3. (an-, auf)rauhen; ~ it sich mühsam durchschlagen; ~cast ['rʌfka:st] 1. ⊕ Rohputz m; 2. unfertig; 3. ⊕ roh verputzen; roh entwerfen; ~en ['rʌfən] rauh machen od. werden; ~neck Am. sl. Rabauke m; ~ness [~nis] Rauheit f; Roheit f; Grobheit f; ~shod: ride ~ over rücksichtslos behandeln.

round [raund] 1. □ rund; voll (Stimme etc.); flott (Gangart); abgerundet (Stil); unverblümt; ~ game Gesellschaftsspiel n; ~ trip Rundreise f; 2. adv. rund-, ringsum(her); a. ~ about in der Runde; all ~ ringsum; fig. ohne Unterschied; all the year ~ das ganze Jahr hindurch; 3. prp. um ... herum; 4. Rund n, Kreis m; Runde f; Kreislauf m; (Leiter)Sprosse f; Rundgesang m; Lach- etc. Salve f; 100 ~s ✕ 100 Schuß; 5. v/t. runden; herumgehen od. herumfahren um; ~ off abrunden; ~ up einkreisen; v/i. sich runden; sich umdrehen; ~ about ['raundəbaut] 1. umschweifig; 2. Umweg m; Karussell n; Kreisverkehr m; ~ish [~diʃ] rundlich; ~up Einkreisung f; Razzia f.

rous|e [rauz] v/t. wecken; ermuntern; aufjagen; (auf)reizen; ~ o.s. sich aufraffen; v/i. aufwachen; ~ing ['rauzin] brausend (Beifall etc.).

roustabout Am. ['raustəbaut] ungelernter (mst Hafen)Arbeiter.

rout [raut] 1. Rotte f; wilde Flucht; a. put to ~ vernichtend schlagen; 2. aufwühlen.

route [ru:t, ✕ a. raut] Weg m; ✕ Marschroute f.

routine [ru:'ti:n] 1. Routine f; 2. üblich; Routine...

rove [rouv] umherstreifen, umherwandern.

row[1] [rou] 1. Reihe f; Ruderfahrt f; 2. rudern.

row[2] F [rau] 1. Spektakel m; Krach m; Schlägerei f; 2. ausschimpfen.

row-boat ['roubout] Ruderboot n.

rower ['rouə] Ruder|er m, -in f.

royal □ ['roiəl] königlich; prächtig; ~ty [~lti] Königtum n, ~reich n; Königswürde f; königliche Persönlichkeit; Tantieme f.

rub [rʌb] 1. Reiben n; Schwierigkeit f; fig. Stichelei f; Unannehmlichkeit f; 2. v/t. reiben; (ab)wischen; (wund)scheuern; schleifen; ~ down abreiben; ~ in einreiben; fig. betonen; ~ off abreiben; ~ out auslöschen; ~ up auffrischen; verreiben; v/i. sich reiben; fig. ~ along od. on od. through sich durchschlagen.

rubber ['rʌbə] 1. Gummi n, m; Radiergummi m; Masseur m; Wischtuch n; Whist: Robber m; ~s pl. Am. Gummischuhe m/pl.; 2. Gummi...; ~ check Am. sl. geplatzter Scheck; ~neck Am. sl. 1. Gaffer(in); 2. sich den Hals verrenken; mithören; ~ stamp Gummistempel m; Am. F fig. Nachbeter m; ~stamp automatisch gutheißen.

rubbish ['rʌbiʃ] Schutt m; Abfall m; Kehricht m; fig. Schund m; Unsinn m.

rubble ['rʌbl] Schutt m.

**rube** *Am.sl.* [ru:b] Bauern|lümmel *m.*

**ruby** ['ru:bi] Rubin(rot *n*) *m.*

**rucksack** ['ruksæk] Rucksack *m.*

**rudder** ['rʌdə] ♣ (Steuer)Ruder *n*; ✕ Seitenruder *n.*

**rudd|iness** ['rʌdinis] Röte *f*; ~y ['rʌdi] rot; rotbäckig.

**rude** □ [ru:d] unhöflich; unanständig; heftig, unsanft; ungebildet; einfach, kunstlos; robust; roh.

**rudiment** *biol.* ['ru:dimənt] Ansatz *m*; ~s *pl.* Anfangsgründe *m/pl.*

**rueful** □ ['ru:ful] reuig; traurig.

**ruff** [rʌf] Halskrause *f.*

**ruffian** ['rʌfjən] Rohling *m*; Raufbold *m*; Schurke *m.*

**ruffle** ['rʌfl] 1. Krause *f*, Rüsche *f*; Kräuseln *n*; *fig.* Unruhe *f*; 2. kräuseln; zerdrücken; zerknüllen; *fig.* aus der Ruhe bringen; stören.

**rug** [rʌg] (Reise-, Woll)Decke *f*; Vorleger *m*, Brücke *f*; ~ged ['rʌgid] rauh *(a. fig.)*; uneben; gefurcht.

**ruin** [ruin] 1. Ruin *m*, Zs.-bruch *m*; Untergang *m*; mst ~s *pl.* Ruine(n *pl.*) *f*, Trümmer *pl.*; 2. ruinieren; zugrunde richten; zerstören; verderben; ~ous □ ['ruinəs] ruinenhaft; verfallen; verderblich, ruinös.

**rul|e** [ru:l] 1. Regel *f*; Vorschrift *f*; Ordnung *f*; Satzung *f*; Herrschaft *f*; Lineal *n*; *as a* ~ in der Regel; ~(s) of the road Straßenverkehrsordnung *f*; 2. *v/t.* regeln; leiten; beherrschen; verfügen; liniieren; ~ out ausschließen; *v/i.* herrschen; ~er ['ru:lə] Herrscher(in) *f*; Lineal *n.*

**rum** [rʌm] Rum *m*; *Am.* Alkohol *m.*

**Rumanian** [ru(:)'meinjən] 1. rumänisch; 2. Rumän|e *m*, -in *f*; Rumänisch *n.*

**rumble** ['rʌmbl] 1. Rumpeln *n*; *a.* ~ seat *Am. mot.* Notsitz *m*; *Am.* F Fehde *f* zwischen Gangsterbanden; 2. rumpeln, rasseln; grollen (*Donner*).

**rumina|nt** ['ru:minənt] 1. wiederkäuend; 2. Wiederkäuer *m*; ~te [~neit] wiederkäuen; *fig.* nachsinnen.

**rummage** ['rʌmidʒ] 1. Durchsuchung *f*; Ramsch *m*, Restwaren *f/pl.*; 2. *v/t.* durchsuchen, durchstöbern, durchwühlen; *v/i.* wühlen.

**rumo(u)r** ['ru:mə] 1. Gerücht *n*; 2. (als Gerücht) verbreiten; *it is ~ed* es geht das Gerücht. [*m.*]

**rump** *anat.* [rʌmp] Steiß *m*; Rumpf

**rumple** ['rʌmpl] zerknittern; zerren, (zer)zausen.

**rum-runner** *Am.* ['rʌmrʌnə] Alkoholschmuggler *m.*

**run** [rʌn] 1. [*irr.*] *v/i. allg.* laufen; rennen (*Mensch, Tier*); eilen; zerlaufen (*Farbe etc.*); umgehen (*Gerücht etc.*); lauten (*Text*); gehen (*Melodie*); ✝ sich stellen (*Preis*); ~ across s.o. j-m in die Arme laufen;

~ away davonlaufen; ~ down ablaufen (*Uhr etc.*); *fig.* herunterkommen; ~ dry aus~, vertrocknen; ~ for *parl.* kandidieren für; ~ into geraten in (*acc.*); werden zu; j-m in die Arme laufen; ~ low zur Neige gehen; ~ mad verrückt werden; ~ off weglaufen; ~ on fortfahren; ~ out, ~ short zu Ende gehen; ~ through durchmachen; durchlesen; ~ to sich belaufen auf (*acc.*); sich entwickeln zu; ~ up to sich belaufen auf (*acc.*); *v/t. Strecke* durchlaufen; *Weg* einschlagen; laufen lassen; *Hand etc.* gleiten lassen; stecken, stoßen; transportieren; *Flut* ergießen; *Geschäft* betreiben, leiten; *hunt.* verfolgen, hetzen; um die Wette rennen mit; schmuggeln; heften; ~ the blockade die Blockade brechen; ~ down umrennen; zur Strecke bringen; *fig.* schlecht machen; herunterwirtschaften; be ~ down abgearbeitet sein; ~ errands Botengänge machen; ~ in *mot.* einfahren; F *Verbrecher* einbuchten; ~ off ablaufen lassen; ~ out hinausjagen; ~ over überfahren; *Text* überfliegen; ~ s.o. through j-n durchbohren; ~ up *Preis*, *Neubau etc.* emportreiben; *Rechnung etc.* auflaufen lassen; 2. Laufen *n*, Rennen *n*, Lauf *m*; Verlauf *m*; Fahrt *f e-s Schiffes*; Reihe *f*; Folge *f*; Serie *f*; Reise *f*, Ausflug *m*; ✝ Andrang *m*; Ansturm *m*; *Am.* Bach *m*; *Am.* Laufmasche *f*; *Vieh-*Trift *f*; freie Benutzung *f*; Art *f*, Schlag *m*; the common ~ die große Masse; have a ~ of 20 nights *thea.* 20mal nacheinander gegeben werden; in the long ~ auf die Dauer, am Ende; in the short ~ fürs nächste.

**run|about** *mot.* ['rʌnəbaut] kleiner (Sport)Wagen; ~away Ausreißer *m.*

**rune** [ru:n] Rune *f.*

**rung**[1] [rʌŋ] *p.p. von* ring 2.

**rung**[2] [~] (Leiter)Sprosse *f* (*a. fig.*).

**run-in** ['rʌn'in] *Sport:* Einlauf *m*; *Am.* F Krach *m*, Zs.-stoß *m* (*Streit*).

**run|let** ['rʌnlit], ~nel ['rʌnl] Rinnsal *n*; Rinnstein *m.*

**runner** ['rʌnə] Läufer *m*; Bote *m*; (Schlitten)Kufe *f*; ✕ Schieber *m am Schirm*; ❀ Ausläufer *m*; ~up [~r'ʌp] *Sport:* Zweitbeste(r *m*) *f*, Zweite(r *m*) *f.*

**running** ['rʌniŋ] 1. laufend; two days ~ zwei Tage nacheinander; ~ hand Kurrentschrift *f*; 2. Rennen *n*; ~-board Trittbrett *n.*

**runt** [rʌnt] *zo.* Zwergrind *n*; *fig.* Zwerg *m*; *attr.* Zwerg...

**runway** ['rʌnwei] ✕ Rollbahn *f*; *hunt.* Wechsel *m*; Holzrutsche *f*; ~ watching Ansitzjagd *f.*

**rupture** ['rʌptʃə] 1. Bruch *m* (*a. ✐*); 2. brechen; sprengen.

**rural** □ ['ruərəl] ländlich; Land...

ruse [ruːz] List *f*, Kniff *m*.

rush [rʌʃ] 1. ♀ Binse *f*; Jagen *n*, Hetzen *n*, Stürmen *n*; (An)Sturm *m*; Andrang *m*; ↑ stürmische Nachfrage; ~ *hour*(*s pl.*) Hauptverkehrszeit *f*; 2. *v/i.* stürzen, jagen, hetzen, stürmen; ~ *at* sich stürzen auf (*acc.*); ~ *into print* ae. überstürzt veröffentlichen; *v/t.* jagen, hetzen; drängen; ✕ *u. fig.* stürmen; *sl.* neppen.

russet ['rʌsit] braunrot; grob.

Russian ['rʌʃən] 1. russisch; 2. Russ|e *m*, -in *f*; Russisch *n*.

rust [rʌst] 1. Rost *m*; 2. (ver-, ein-) rosten (lassen) (*a. fig.*).

rustic ['rʌstik] 1. (~*ally*) ländlich; bäurisch; Bauern...; 2. Bauer *m*.

rustle ['rʌsl] 1. rascheln (mit *od.* in *dat.*); rauschen; *Am.* F sich ranhalten; *Vieh* stehlen; 2. Rascheln *n*.

rust|less ['rʌstlis] rostfrei; ~y [~ti] rostig; eingerostet (*a. fig.*); verschossen (*Stoff*); rostfarben.

rut [rʌt] Wagenspur *f*; *bsd. fig.* ausgefahrenes Geleise; *hunt.* Brunst *f*, Brunft *f*.

ruthless ['ruːθlis] unbarmherzig; rücksichts-, skrupellos.

rutted ['rʌtid] ausgefahren (*Weg*).

rutty ['rʌti] ausgefahren (*Weg*).

rye ♀ [rai] Roggen *m*.

# S

sable ['seibl] Zobel(pelz) *m*; Schwarz *n*. [2. sabotieren.]

sabotage ['sæbətɑːʒ] 1. Sabotage *f*;]

sabre ['seibə] Säbel *m*.

sack [sæk] 1. Plünderung *f*; Sack *m*; *Am.* Tüte *f*; Sackkleid *n*; Sakko *m*, *n*; *give* (*get*) *the* ~ F entlassen (werden); den Laufpaß geben (bekommen); 2. plündern; einsacken; F rausschmeißen; *f* ~ den Laufpaß geben; ~cloth ['sækklɔθ], ~ing ['sækiŋ] Sackleinwand *f*.

sacrament *eccl.* ['sækrəmənt] Sakrament *n*.

sacred □ ['seikrid] heilig; geistlich.

sacrifice ['sækrifais] 1. Opfer *n*; *at a* ~ ↑ mit Verlust; 2. opfern; ↑ mit Verlust verkaufen.

sacrilege ['sækrilidʒ] Kirchenraub *m*, -schändung *f*; Sakrileg *n*; ~ious □ [sækri'lidʒəs] frevelhaft.

sad □ [sæd] traurig; jämmerlich, kläglich; schlimm, arg; dunkel.

sadden ['sædn] (sich) betrüben.

saddle ['sædl] 1. Sattel *m*; 2. satteln; *fig.* belasten; ~r [~lə] Sattler *m*.

sadism ['sædizəm] Sadismus *m*.

sadness ['sædnis] Traurigkeit *f*, Trauer *f*, Schwermut *f*.

safe [seif] 1. □ *allg.* sicher; unversehrt; zuverlässig; 2. Safe *m*, *n*, Geldschrank *m*; Speiseschrank *m*; ~blower *Am.* ['seifblouə] Geldschrankknacker *m*; ~ conduct freies Geleit; Geleitbrief *m*; ~guard 1. Schutz *m*; 2. sichern, schützen.

safety ['seifti] Sicherheit *f*; ~belt *mot.* Sicherheitsgurt *m*; ~ island Verkehrsinsel *f*; ~lock Sicherheitsschloß *n*; ~pin Sicherheitsnadel *f*; ~ razor Rasierapparat *m*.

saffron ['sæfrən] Safran(gelb *n*) *m*.

sag [sæg] durchsacken; ⊕ durchhängen; ♬ (ab)sacken (*a. fig.*).

sagaci|ous □ [sə'geiʃəs] scharfsinnig; ~ty [sə'gæsiti] Scharfsinn *m*.

sage [seidʒ] 1. □ klug, weise; 2. Weise(r) *m*; ♀ Salbei *m*, *f*.

said [sed] *pres. u. p.p. von say* v.

sail [seil] 1. Segel *n*; Fahrt *f*; Windmühlenflügel *m*; (Segel-) Schiff(e *pl.*) *n*; *set* ~ in See stechen; 2. *v/i.* (ab)segeln, fahren; *fig.* schweben; *v/t.* befahren; *Schiff* führen; ~boat *Am.* ['seilbout] Segelboot *n*; ~er ['seilə] Segler *m* (*Schiff*); ~ing-ship ['seiliŋʃip], ~ing-vessel [~ŋvesl] Segelschiff *n*; ~or ['seilə] Seemann *m*, Matrose *m*; *be a good* (*bad*) ~ (nicht) seefest sein; ~plane Segelflugzeug *n*.

saint [seint] 1. Heilige(r) *m*) *f*; [*vor npr. snt*] Sankt...; 2. heiligsprechen; ~ly ['seintli] *adj.* heilig, fromm.

saith † *od. poet.* [seθ] *3. sg. pres. von say* v.

sake [seik]: *for the* ~ *of* um ... (*gen.*) willen; *for my* ~ meinetwegen; *for God's* ~ um Gottes willen.

salad ['sæləd] Salat *m*.

salary ['sæləri] 1. Besoldung *f*; Gehalt *n*; 2. besolden; ~earner [~ənə] Gehaltsempfänger(in).

sale [seil] (Aus)Verkauf *m*; Absatz *m*; Auktion *f*; *for* ~, *on* ~ zum Verkauf, zu verkaufen, verkäuflich.

sal(e)able ['seiləbl] verkäuflich.

sales|man ['seilzmən] Verkäufer *m*; ~woman Verkäuferin *f*.

salient □ ['seiliənt] vorspringend; *fig.* hervorragend, hervortretend; Haupt...

saline ['seilain] salzig; Salz...

saliva [sə'laivə] Speichel *m*.

sallow ['sælou] blaß; gelblich.

sally ['sæli] 1. ✕ Ausbruch *m*; witziger Einfall *m*; 2. *a.* ~ *out* ausbrechen; ~ *forth*, ~ *out* sich aufmachen.

salmon *ichth.* ['sæmən] Lachs *m*, Salm *m*.

saloon [sə'lu:n] Salon *m*; (Gesellschafts)Saal *m*; erste Klasse *auf Schiffen; Am.* Kneipe *f*.

salt [sɔ:lt] 1. Salz *n*; *fig.* Würze *f*; *old* ~ alter Seebär; 2. salzig; gesalzen; Salz...; Pökel...; 3. (ein)salzen; pökeln; ~cellar ['sɔ:ltselə] Salzfäßchen *n*; ~petre, *Am.* ~peter [‚tpitrə] Salpeter *m*; ~water Salzwasser...; ~y [‚ti] salzig.

salubrious □ [sə'lu:briəs], salutary [‚f 'sæljutəri] heilsam, gesund.

salut|ation [sælju(:)'teiʃən] Gruß *m*, Begrüßung *f*; Anrede *f*; ~e [sə'lu:t] 1. Gruß *m*; *co.* Kuß *m*; ✕ Salut *m*; 2. (be)grüßen; ✕ salutieren.

salvage ['sælvidʒ] 1. Bergung(sgut *n*) *f*; Bergegeld *n*; 2. bergen.

salvation [sæl'veiʃən] Erlösung *f*; (Seelen)Heil *n*; *fig.* Rettung *f*; ✚ *Army* Heilsarmee *f*.

salve¹ [sælv] retten, bergen.

salve² [sɑːv] 1. Salbe *f*; *fig.* Balsam *m*; 2. *mst fig.* (ein)salben; beruhigen.

salvo ['sælvou] Vorbehalt *m*; ✕ Salve *f* (*fig.* Beifall).

same [seim]: the ~ der-, die-, dasselbe; all the ~ trotzdem; *it is all the* ~ *to me es ist mir* (ganz) gleich.

samp *Am.* [sæmp] grobgemahlener Mais.

sample ['sɑːmpl] 1. Probe *f*, Muster *n*; 2. bemustern; (aus)probieren.

sanatorium [sænə'tɔːriəm] (*bsd.* Lungen)Sanatorium *n*; Luftkurort *m*.

sanct|ify ['sæŋktifai] heiligen; weihen; ~imonious □ [sæŋkti'mounjəs] scheinheilig; ~ion ['sæŋkʃən] 1. Sanktion *f*; Bestätigung *f*; Genehmigung *f*; Zwangsmaßnahme *f*; 2. bestätigen, genehmigen; ~ity [‚ktiti] Heiligkeit *f*; ~uary [‚tjuəri] Heiligtum *n*; *das* Allerheiligste; Asyl *n*, Freistätte *f*.

sand [sænd] 1. Sand *m*; ~s *pl.* Sand(massen *f/pl.*) *m*; Sandwüste *f*; Sandbank *f*; 2. mit Sand bestreuen.

sandal ['sændl] Sandale *f*.

sand|-glass ['sændglɑːs] Sanduhr*f*; ~hill Sanddüne *f*; ~piper *orn.* Flußuferläufer *m*.

sandwich ['sænwidʒ] 1. Sandwich *n*; 2. *a.* ~ *in* einlegen, einklemmen.

sandy ['sændi] sandig; sandfarben.

sane [sein] geistig gesund; vernünftig (*Antwort etc.*).

sang [sæŋ] *pret. von* sing.

sanguin|ary □ ['sæŋgwinəri] blutdürstig; blutig; ~e [‚win] leichtblütig; zuversichtlich; vollblütig.

sanitarium *Am.* [sæni'tɛəriəm] = sanatorium.

sanitary □ ['sænitəri] Gesundheits...; gesundheitlich; ⊕ *Sani-tär...; ~ towel* Damenbinde *f*.

sanit|ation [sæni'teiʃən] Gesund-

heitspflege *f*; sanitäre Einrichtung; ~y ['sæniti] gesunder Verstand.

sank [sæŋk] *pret. von* sink 1.

**Santa Claus** [sæntə'klɔːz] Nikolaus *m*.

sap [sæp] 1. ♀ Saft *m*; *fig.* Lebenskraft *f*; ✕ Sappe *f*; 2. untergraben (*a. fig.*); *sl.* büffeln; ~less ['sæplis] saft-, kraftlos; ~ling [‚liŋ] junger Baum; *fig.* Grünschnabel *m*.

sapphire *min.* ['sæfaiə] Saphir *m*.

sappy ['sæpi] saftig; *fig.* kraftvoll.

sarcasm ['sɑːkæzəm] bitterer Spott.

sardine *ichth.* [sɑː'diːn] Sardine *f*.

sash [sæʃ] Schärpe *f*; Fensterrahmen *m*. [befenster *n*.]

sash-window ['sæʃwindou] Schie-]

sat [sæt] *pret. u. p.p. von* sit.

**Satan** ['seitən] Satan *m*.

satchel ['sætʃəl] Schulmappe *f*.

sate [seit] (über)sättigen.

sateen [sæ'tiːn] Satin *m*.

satellite ['sætəlait] Satellit(enstaat) *m*.

satiate ['seiʃieit] (über)sättigen.

satin ['sætin] Seidensatin *m*.

satir|e ['sætaiə] Satire *f*; ~ist ['sætərist] Satiriker *m*; ~ize [‚raiz] verspotten.

satisfaction [sætis'fækʃən] Befriedigung *f*; Genugtuung *f*; Zufriedenheit *f*; Sühne *f*; Gewißheit *f*.

satisfactory □ [sætis'fæktəri] befriedigend, zufriedenstellend.

satisfy ['sætisfai] befriedigen; genügen (*dat.*); zufriedenstellen; überzeugen; *Zweifel* beheben.

saturate [‚ u. fig.* ['sætʃəreit] sättigen.

**Saturday** ['sætədi] Sonnabend *m*, Samstag *m*.

saturnine ['sætənain] düster, finster.

sauce [sɔːs] 1. (*oft kalte*) Soße; *Am.* Kompott *n*; *fig.* Würze *f*; F Frechheit *f*; 2. würzen; F frech werden zu *j-m*; ~boat ['sɔːsbout] Soßenschüssel *f*; ~pan Kochtopf *m*; Kasserolle *f*; ~r [‚sə] Unter-tasse *f*.

saucy □ F ['sɔːsi] frech; dreist.

saunter ['sɔːntə] 1. Schlendern *n*; Bummel *m*; 2. (umher)schlendern; bummeln.

sausage ['sɔsidʒ] Wurst *f*.

savage ['sævidʒ] 1. □ wild; roh, grausam; 2. Wilde(r *m*) *f*; *fig.* Barbar *m*; ~ry [‚dʒəri] Wildheit *f*; Barbarei *f*.

savant ['sævənt] Gelehrte(r) *m*.

save [seiv] 1. retten; erlösen; bewahren; (er)sparen; schonen; 2. *rhet. prp. u. aj.* außer; ~ *for* bis auf (*acc.*); ~ *that* nur daß.

saver ['seivə] Retter(in); Sparer(in).

saving ['seiviŋ] 1. □ sparsam; 2. Rettung *f*; ~s *pl.* Ersparnisse *f/pl.*

savings|-bank ['seiviŋzbæŋk] Sparkasse *f*; ~deposit Spareinlage *f*.

**savio(u)r** ['seivjə] Retter m; *Saviour eccl.* Heiland m.

**savo(u)r** ['seivə] 1. Geschmack m; *fig.* Beigeschmack m; 2. *fig.* schmecken, riechen (of nach).

**savo(u)ry¹** □ ['seivəri] schmackhaft; appetitlich; pikant.

**savo(u)ry²** ♀ [‿] Bohnenkraut n.

**saw¹** [sɔː] *pret. von* see.

**saw²** [‿] Spruch m.

**saw³** [‿] 1. *[irr.]* sägen; 2. Säge f; ‿dust ['sɔːdʌst] Sägespäne m/pl.; ‿mill Sägewerk m; ‿n [sɔːn] *p.p. von* saw³ 1.

**Saxon** ['sæksn] 1. sächsisch; *ling.* oft germanisch; 2. Sachse m, Sächsin f.

**say** [sei] 1. *[irr.]* sagen; hersagen; berichten; ~ grace das Tischgebet sprechen; *that is to* ~ das heißt; *you don't* ~ sol was Sie nicht sagen! *I* ~ sag(en Sie) mal; ich muß schon sagen; *he is said to be ...* er soll ... sein; *no sooner said than done* gesagt, getan; 2. Rede f, Wort n; *it is my* ~ *now* jetzt ist die Reihe zu reden an mir; *have a* ed. *some* (no) ~ *in s.th.* et. (nichts) zu sagen haben bei et.; ‿ing ['seiiŋ] Rede f; Redensart f; Ausspruch m; *it goes without* ~ es versteht sich von selbst.

**scab** [skæb] m, ♀ Schorf m; *vet.* Räude f; *sl.* Streikbrecher m.

**scabbard** ['skæbəd] *Säbel-*Scheide f.

**scabrous** ['skeibrəs] heikel.

**scaffold** ['skæfəld] (Bau)Gerüst n; Schafott n; ‿ing [‿diŋ] (Bau)Gerüst n.

**scald** [skɔːld] 1. Verbrühung f; 2. verbrühen; *Milch* abkochen.

**scale¹** [skeil] 1. Schuppe f; Kesselstein m; ♂ Zahnstein m; Waagschale f; *(a pair of)* ‿s *pl.* (eine) Waage; 2. (sich) abschuppen, ablösen; ⊕ *Kesselstein* abklopfen; ♂ *Zähne* vom Zahnstein reinigen; wiegen.

**scale²** [‿] 1. Stufenleiter f; ♪ Tonleiter f; Skala f; Maßstab m; *fig.* Ausmaß n; 2. ersteigen; ~ *up* (*down*) maßstabsgetreu vergrößern (verkleinern).

**scallop** ['skɔləp] 1. *zo.* Kammuschel f; ⊕ Langette f; 2. ausbogen.

**scalp** [skælp] 1. Kopfhaut f; Skalp m; 2. skalpieren.

**scaly** ['skeili] schuppig; voll Kesselstein.

**scamp** [skæmp] 1. Taugenichts m; 2. pfuschen; ‿er ['skæmpə] 1. (umher)tollen; hetzen; 2. Hetzjagd f.

**scan** [skæn] *Verse* skandieren; absuchen; *fig.* überfliegen.

**scandal** ['skændl] Skandal m; Ärgernis n; Schande f; Klatsch m; ‿ize [‿dəlaiz] Anstoß erregen bei j-m; ‿ous [‿ɔləs] skandalös, anstößig; schimpflich; klatschhaft.

**Scandinavian** [skændi'neivjən]

1. skandinavisch; 2. Skandinavier (-in).

**scant** *lit.* [skænt] 1. knapp, kärglich; 2. knausern mit, sparen an (*dat.*); ‿y □ ['skænti] knapp, spärlich, kärglich, dürftig.

**scape|goat** ['skeipgout] Sündenbock m; ‿grace [‿greis] Taugenichts m.

**scar** [skɑː] 1. Narbe f; *fig.* (Schand-)Fleck m, Makel m; Klippe f; 2. *v/t.* schrammen; *v/i.* vernarben.

**scarce** [skɛəs] knapp; rar; selten; ‿ly ['skɛəsli] kaum; ‿ity [‿siti] Mangel m; Knappheit f; Teuerung f.

**scare** [skɛə] 1. er‿, aufschrecken; verscheuchen; ‿d verstört; ängstlich; 2. Panik f; ‿crow ['skɛəkrou] Vogelscheuche f (a. *fig.*); ‿head (-ing) Riesenschlagzeile f.

**scarf** [skɑːf], *pl.* ‿s, scarves [‿s, skɑːvz] Schal m; Hals-, Kopftuch n; Krawatte f; ⚒ Schärpe f.

**scarlet** ['skɑːlit] 1. Scharlach(rot n) m; 2. scharlachrot; ~ *fever* ♂ Scharlach m; ~ *runner* ♀ Feuerbohne f.

**scarred** [skɑːd] narbig.

**scarves** [skɑːvz] *pl. von* scarf.

**scathing** *fig.* ['skeiðiŋ] vernichtend.

**scatter** ['skætə] (sich) zerstreuen; aus-, verstreuen; (sich) verbreiten.

**scavenger** ['skævindʒə] Straßenkehrer m.

**scenario** [si'nɑːriou] *Film:* Drehbuch n.

**scene** [siːn] Szene f; Bühne(nbild n) f; Schauplatz m; ‿s *pl.* Kulissen f/pl.; ‿ry ['siːnəri] Szenerie f; Bühnenausstattung f; Landschaft f.

**scent** [sent] 1. (Wohl)Geruch m; Duft m; Parfüm n; *hunt.* Witterung(svermögen n) f; Fährte f; 2. wittern; parfümieren; ‿less ['sentlis] geruchlos.

**sceptic** ['skeptik] Skeptiker(in); ‿al □ [‿kəl] skeptisch.

**scept|re,** *Am.* ‿er ['septə] Zepter n.

**schedule** ['ʃedjuːl, *Am.* 'skedʒuːl] 1. Verzeichnis n; Tabelle f; *Am.* Fahrplan m; *on* ~ fahrplanmäßig; 2. auf-, verzeichnen; festsetzen.

**scheme** [skiːm] 1. Schema n; Zusammenstellung f; Plan m; 2. *v/t.* planen; *v/i.* Pläne machen; Ränke schmieden.

**schism** ['sizəm] (Kirchen)Spaltung f.

**scholar** ['skɔlə] Gelehrte(r) m; *univ.* Stipendiat m; † Schüler(in); ‿ly *adj.* [‿əli] gelehrt; ‿ship [‿əʃip] Gelehrsamkeit f; Wissenschaftlichkeit f; *univ.* Stipendium n.

**scholastic** [skɔ'læstik] 1. (‿ally) *phls.* scholastisch; schulmäßig; Schul...; 2. *phls.* Scholastiker m.

**school** [skuːl] 1. Schwarm m; Schule f (a. *fig.*); *univ.* Fakultät f;

Disziplin f; Hochschule f; at ~ auf od. in der Schule; 2. schulen, erziehen; ~boy ['sku:lbɔi] Schüler m; ~fellow Mitschüler(in); ~girl Schülerin f; ~ing [.liŋ] (Schul-)Ausbildung f; ~master Lehrer m (bsd. e-r höheren Schule); ~mate Mitschüler(in); ~mistress Lehrerin f (bsd. e-r höheren Schule); ~ teacher (bsd. Volksschul)Lehrer (-in).

schooner ['sku:nə] ♧ Schoner m; Am. großes Bierglas; ~ prairieschooner.

science ['saiəns] Wissenschaft f; Naturwissenschaft(en pl.) f; Technik f.

scientific [saiən'tifik] (~ally) (engS. natur)wissenschaftlich; kunstgerecht.

scientist ['saiəntist] (bsd. Natur-)Wissenschaftler m.

scintillate ['sintileit] funkeln.

scion ['saiən] Sproß m, Sprößling m.

scissors ['sizəz] pl. (a pair of ~ pl. eine) Schere.

scoff [skɔf] 1. Spott m; 2. spotten.

scold [skould] 1. zänkisches Weib; 2. (aus)schelten, schimpfen.

scon(e) [skɔn] weiches Teegebäck.

scoop [sku:p] 1. Schaufel f, Schippe f; Schöpflöffel m, ~kelle f; F Coup m, gutes Geschäft; F Exklusivmeldung f; 2. (aus)schaufeln; einscheffeln.

scooter ['sku:tə] (Kinder)Roller m; Motorroller m.

scope [skoup] Bereich m; geistiger Gesichtskreis; Spielraum m.

scorch [skɔːtʃ] v/t. versengen, verbrennen; v/i. F (dahin)rasen.

score [skɔː] 1. Kerbe f; Zeche f, Rechnung f; 20 Stück; Sport: Punktzahl f; (Tor)Stand m; Grund m; ♪ Partitur f; ~s of viele; four ~ achtzig; run up ~s Schulden machen; on the ~ of wegen (gen.); 2. (ein)kerben; anschreiben; Sport: (Punkte) machen; Fußball: ein Tor schießen; gewinnen; instrumentieren; Am. F scharfe Kritik üben an (dat.).

scorn [skɔːn] 1. Verachtung f; Spott m; 2. verachten; verschmähen; ~ful □ ['skɔːnful] verächtlich.

Scotch [skɔtʃ] 1.schottisch; 2.Schottisch n; the ~ die Schotten pl.; ~man ['skɔtʃmən] Schotte m.

scot-free ['skɔt'friː] straflos.

Scots [skɔts] ... ~man ['skɔtsmən] = Scotch(man).

scoundrel ['skaundrəl] Schurke m.

scour ['skauə] v/t. scheuern; reinigen; durchstreifen, absuchen; v/i. eilen.

scourge [skəːdʒ] 1. Geißel f; 2. geißeln.

scout [skaut] 1. Späher m, Kundschafter m; ♧ Aufklärungsfahrzeug

n; ✈ Aufklärer m; mot. Mitglied n der Straßenwacht; (Boy) ♫ Pfadfinder m; ~ party ✈ Spähtrupp m; 2. (aus)kundschaften, spähen; verächtlich zurückweisen.

scowl [skaul] 1. finsteres Gesicht; 2. finster blicken.

scrabble ['skræbl] (be)kritzeln; scharren, krabbeln.

scrag fig. [skræg] Gerippe n (dürrer Mensch etc.).

scramble ['skræmbl] 1. klettern; sich balgen (for um); ~d eggs pl. Rührei n; 2. Kletterei f; Balgerei f.

scrap [skræp] 1. Stückchen n; (Zeitungs)Ausschnitt m, Bild n zum Einkleben; Altmaterial n; Schrott m; ~s pl. Reste m/pl.; 2. ausrangieren; verschrotten; ~book ['skræpbuk] Sammelalbum n.

scrap|e [skreip] 1. Kratzen n, Scharren n; Kratzfuß m; Not f, Klemme f; 2. schrap(p)en; (ab-)schaben; (ab)kratzen; scharren; (entlang)streifen; ~er ['skreipə] Kratzeisen n.

scrap|-heap ['skræphi:p] Abfall-, Schrotthaufen m; ~-iron Alteisen n, Schrott m.

scratch [skrætʃ] 1. Schramme f; Sport: Startlinie f; 2. ~ gewürfelt; Zufalls...; Sport: ohne Vorgabe; 3. (zer)kratzen; (zer)schrammen; parl. u. Sport: streichen; ~ out ausstreichen.

scrawl [skrɔːl] 1. kritzeln; 2. Gekritzel n.

scrawny Am. F ['skrɔːni] dürr.

scream [skriːm] 1. Schrei m; Gekreisch n; he is a ~ F er ist zum Schreien komisch; 2. schreien, kreischen.

screech [skriːtʃ] s. scream; ~owl orn. ['skriːtʃaul] Käuzchen n.

screen [skriːn] 1. Wand-, Ofen-, Schutzschirm m; fig. Schleier m; (Film)Leinwand f; der Film; Sandsieb n; (Fliegen)Gitter n; 2. (ab-)schirmen; (be)schützen; ✕ tarnen; auf der Leinwand zeigen; verfilmen; (durch)sieben; ~ play Drehbuch n; Fernsehfilm m.

screw [skruː] 1. Schraube f; ⚓ Propeller m; 2. (fest)schrauben; fig. bedrängen; ver~, umdrehen; ~ up festschrauben; ~ up one's courage Mut fassen; ~ball Am. sl. ['skruː-bɔːl] komischer Kauz; ~driver Schraubenzieher m; ~jack Wagenheber m; ~propeller Schiffs-, Flugzeugschraube f.

scribble ['skribl] 1. Gekritzel n; 2. kritzeln. [skimp etc.]

scrimp [skrimp], ~y ['skrimpi] ―]

scrip † [skrip] Interimsschein(e pl.) m.

script [skript] Schrift f; Schreibschrift f; Manuskript n; Film: Drehbuch n.

**Scripture** ['skriptʃə] *mst* the Holy ~s *pl.* die Heilige Schrift.

**scroll** [skroul] Schriftrolle *f*, Liste*f*; ⌂ Schnecke *f*; Schnörkel *m*.

**scrub** [skrʌb] 1. Gestrüpp *n*; Zwerg *m*; *Am. Sport*: zweite (Spieler-) Garnitur; 2. schrubben, scheuern.

**scrubby** ['skrʌbi] struppig; schäbig.

**scruple** ['skru:pl] 1. Skrupel *m*, Zweifel *m*, Bedenken *n*; 2. Bedenken haben; ~ulous □ [~pjuləs] (allzu) bedenklich; gewissenhaft; ängstlich.

**scrutin|ize** ['skru:tinaiz] (genau) prüfen; ~y [~ni] forschender Blick; genaue (*bed.* Wahl)Prüfung.

**scud** [skʌd] 1. (Dahin)Jagen *n*; (dahintreibende) Wolkenfetzen *m/pl.*; Bö *f*; 2. eilen, jagen; gleiten.

**scuff** [skʌf] schlürfen, schlorren.

**scuffle** ['skʌfl] 1. Balgerei *f*, Rauferei *f*; 2. sich balgen, raufen.

**scull** ⚓ [skʌl] 1. kurzes Ruder *n*; 2. rudern, skullen.

**scullery** ['skʌləri] Spülküche *f*.

**sculptor** ['skʌlptə] Bildhauer *m*.

**sculpture** ['skʌlptʃə] 1. Plastik *f*; Bildhauerkunst *f*, Skulptur *f*; 2. (heraus)meißeln, formen.

**scum** *fig.* [skʌm] (Ab)Schaum *m*.

**scurf** [skə:f] (Haut)Schuppen *f/pl.*

**scurrilous** ['skʌriləs] gemein.

**scurry** ['skʌri] hasten, rennen.

**scurvy**[1] ⚕ ['skə:vi] Skorbut *m*.

**scurvy**[2] □ [~] (hunds)gemein.

**scuttle** ['skʌtl] 1. Kohlenbehälter *m*; 2. eilen; *fig.* sich drücken.

**scythe** ⚒ [saið] Sense *f*.

**sea** [si:] See *f*, Meer *n* (*a. fig.*); hohe Welle; *at* ~ *auf* See; *fig.* ratlos; ~board ['si:bɔ:d] Küste(ngebiet *n*) *f*; ~coast Küste *f*; ~faring ['si:fɛəriŋ] seefahrend; ~food eßbare Seefische *m/pl.*; Meeresfrüchte *pl.*; ~going Hochsee...; ~gull (See)Möwe *f*.

**seal**[1] [si:l] 1. *zo.* Seehund *m*, Robbe *f*; Siegel *n*; Stempel *m*; Bestätigung *f*; 2. versiegeln; *fig.* besiegeln; ~ up (fest) verschließen; ⊕ abdichten.

**sea-level** ['si:levl] Meeresspiegel *m*.

**sealing-wax** ['si:liŋwæks] Siegellack *m*.

**seam** [si:m] 1. Saum *m*; (*a.* ⊕) Naht *f*; ⊕ Fuge *f*; *geol.* Flöz *n*; Narbe *f*; 2. schrammen; furchen.

**seaman** ['si:mən] Seemann *m*, Matrose *m*.

**seamstress** ['semstris] Näherin *f*.

**sea|-plane** ['si:plein] Wasserflugzeug *n*; ~power Seemacht *f*.

**sear** [siə] 1. dürr, welk; 2. austrocknen, versengen; ⚕ brennen; *fig.* verhärten.

**search** [sə:tʃ] 1. Suchen *n*, Forschen *n*; Unter-, Durchsuchung *f*; *in* ~ *of* auf der Suche nach; 2. *v/t.* durchuntersuchen; ⚕ sondieren; erfor-

schen; durchdringen; *v/i.* suchen, forschen (for nach); ~ *into* ergründen; ~ing □ ['sə:tʃiŋ] forschend, prüfend; eingehend (*Prüfung etc.*); ~light (Such)Scheinwerfer *m*; ~warrant *gt* Haussuchungsbefehl *m*.

**sea|-shore** ['si:ʃɔ:] Seeküste *f*; ~sick seekrank; ~side Strand *m*, Küste *f*; ~ *place*, ~ *resort* Seebad *n*; *go to the* ~ an die See gehen.

**season** ['si:zn] 1. Jahreszeit *f*; (rechte) Zeit; Saison *f*; *für* ~ticket; *cherries are in* ~ jetzt ist Kirschenzeit; *out of* ~ zur Unzeit; *with the compliments of the* ~ mit den besten Wünschen zum Fest; 2. *v/t.* reifen (lassen); würzen; abhärten (to gegen); *v/i.* ablagern; ~able □ [~nəbl] zeitgemäß; rechtzeitig; ~al □ ['si:zənl] Saison...; periodisch; ~ing ['si:zniŋ] Würze *f*; ~ticket ⚓ Zeitkarte *f*; *thea.* Abonnement *n*.

**seat** [si:t] 1. Sitz *m* (*a. fig.*); Sessel *m*, Stuhl *m*, Bank *f*; (Sitz)Platz *m*; Landsitz *m*; Gesäß *n*; Schauplatz *m*; 2. (hin)setzen; einsetzen in (*acc.*); fassen, Sitzplätze haben für; ~ed sitzend; ...sitzig; *be* ~ed sitzen; sich setzen; ~belt ⚞ ['si:tbelt] Sicherheitsgurt *m*.

**sea|-urchin** *zo.* ['si:ə:tʃin] Seeigel *m*; ~ward ['si:wəd] 1. *adj.* seewärts gerichtet; 2. *adv. a.* ~s seewärts; ~weed ♠ (See)Tang *m*; ~worthy seetüchtig.

**secede** [si:si:d] sich trennen.

**secession** [si:seʃən] Lossagung *f*; Abfall *m*; ~ist [~nist] Abtrünnige(r *m*) *f*.

**seclu|de** [si:klu:d] abschließen, absondern; ~ded einsam; zurückgezogen; abgelegen; ~sion [~uʒən] Abgeschlossen-, Abgeschiedenheit *f*.

**second** ['sekənd] 1. □ zweite(r, -s); nächste(r, -s); geringer (*to* als); *on* ~ *thoughts* bei genauerer Überlegung; 2. Zweite(r, -s); Sekundant *m*; Beistand *m*; Sekunde *f*; ~s *pl.* Waren *pl.* zweiter Wahl; 3. sekundieren (*dat.*); unterstützen; ~ary □ [~dəri] sekundär; untergeordnet; Neben...; Hilfs...; Sekundär...; ~ary school höhere Schule; weiterführende Schule; ~hand aus zweiter Hand; gebraucht; antiquarisch; ~ly [~dli] zweitens; ~rate zweiten Ranges; zweitklassig.

**secre|cy** ['si:krisi] Heimlichkeit *f*; Verschwiegenheit *f*; ~t [~it] 1. □ geheim; Geheim...; verschwiegen; verborgen; 2. Geheimnis *n*; *in* ~ insgeheim; *be in the* ~s *be taken into the* ~ eingeweiht sein.

**secretary** ['sekrətri] Schriftführer *m*; Sekretär(in) *f*; 2 *of State* Staatssekretär m, Minister m; Am. Außenminister m.

secret|e [si'kri:t] verbergen; absondern; ~ion [~ʃən] Absonderung f; ~ive [~ktiv] fig. verschlossen; geheimtuerisch.

section ['sekʃən] ⚔ Sektion f; (Durch)Schnitt m; Teil m; Abschnitt m, Paragraph m; typ. Absatz m; Abteilung f; Gruppe f.

secular □ ['sekjulə] weltlich.

secur|e [si'kjuə] 1. □ sicher; 2. (sich et.) sichern; schützen; festmachen; ~ity [~riti] Sicherheit f; Sorglosigkeit f; Gewißheit f; Schutz m; Kaution f; securities pl. Wertpapiere n/pl.

sedan [si'dæn] Limousine f; a. ~chair Sänfte f.

sedate □ [si'deit] gesetzt; ruhig.

sedative mst ⚕ ['sedətiv] 1. beruhigend; 2. Beruhigungsmittel n.

sedentary □ ['sedntəri] sitzend; seßhaft.

sediment ['sedimənt] (Boden)Satz m; geol. Ablagerung f.

sediti|on [si'diʃən] Aufruhr m; ~ous □ [~ʃəs] aufrührerisch.

seduc|e [si'dju:s] verführen; ~tion [si'dakʃən] Verführung f; ~tive □ [~ktiv] verführerisch.

sedulous □ ['sedjuləs] emsig.

see¹ [si:] (irr.) v/i. sehen; fig. einsehen; I ~ ich verstehe; ~ about s.th. sich um et. kümmern; ~ through s.o. od. s.th. j-n od. et. durchschauen; ~ to achten auf (acc.); v/t. sehen; beobachten; einsehen; sorgen (daß et. geschieht); besuchen; Arzt aufsuchen; ~ s.o. home j-n nach Hause begleiten; ~ off Besuch etc. wegbringen; ~ out Besuch hinausbegleiten; et. zu Ende erleben; ~ s.th. through et. durchhalten; ~ s.o. through j-m durchhelfen; live to ~ erleben.

see² [~] (erz)bischöflicher Stuhl.

seed [si:d] 1. Same(n) m, Saat(gut n) f; (Obst)Kern m; Keim m (a. fig.); go od. run to ~ in Samen schießen; fig. herunterkommen; 2. v/t. (be-)säen; entkernen; v/i. in Samen schießen; ~less ['si:dlis] kernlos (Obst); ~ling ♂ [~liŋ] Sämling m; ~y ['si:di] schäbig; F elend.

seek [si:k] (irr.) suchen (nach); begehren; trachten nach.

seem [si:m] (er)scheinen; ~ing □ ['si:miŋ] anscheinend; scheinbar; ~ly ['si:mli] schicklich.

seen [si:n] p.p. von see¹.

seep [si:p] durchsickern, tropfen.

seer ['si:(ə)] Seher(in), Prophet(in).

seesaw ['si:sɔ:] 1. Wippen f, Wippe f, Wippschaukel f; 2. wippen; fig. schwanken.

seethe [si:ð] sieden, kochen.

segment ['segmənt] Abschnitt m.

segregat|e ['segrigeit] absondern,

trennen; ~ion [segri'geiʃən] Absonderung f; Rassentrennung f.

seiz|e [si:z] ergreifen, fassen; mit Beschlag belegen; fig. erfassen; a. ~ upon sich e-r S. od. j-s bemächtigen; ~ure ['si:ʒə] Ergreifung f; ⚖ Beschlagnahme f; ⚕ plötzlicher Anfall.

seldom adv. ['seldəm] selten.

select [si'lekt] 1. auswählen, auslesen, aussuchen; 2. auserwählt; erlesen; exklusiv; ~ion [~kʃən] Auswahl f, Auslese f; ~man Am. Stadtrat m in den Neuenglandstaaten.

self [self] 1. pl. selves [selvz] Selbst n, Ich n; Persönlichkeit f; 2. pron. selbst; ✝ od. F ~ myself etc.; 3. adj. ♀ einfarbig; ~-centered ['self-'sentəd] egozentrisch; ~-command Selbstbeherrschung f; ~-conceit Eigendünkel m; ~-conceited dünkelhaft; ~-confidence Selbstvertrauen n; ~-conscious befangen, gehemmt; ~-contained (in sich) abgeschlossen; fig. verschlossen; ~-control Selbstbeherrschung f; ~-defence, Am. ~-defense Selbstverteidigung f; in ~ in (der) Notwehr; ~-denial Selbstverleugnung f; ~-employed selbständig (Handwerker etc.); ~-evident selbstverständlich; ~-government Selbstverwaltung f, Autonomie f; ~-indulgent bequem; zügellos; ~-interest Eigennutz m; ~ish □ [~fiʃ] selbstsüchtig; ~-possession Selbstbeherrschung f; ~-reliant [~fri-'laiənt] selbstsicher; ~-righteous selbstgerecht; ~-seeking [~f'si:kiŋ] eigennützig; ~-willed eigenwillig.

sell [sel] (irr.) v/t. verkaufen (a. fig.); Am. aufschwatzen; v/i. handeln; gehen (Ware); ~ off, ~ out ausverkaufen; ~er ['selə] Verkäufer m; good etc. ~ ✝ gut etc. gehende Ware.

selves [selvz] pl. von self 1.

semblance ['sembləns] Anschein m; Gestalt f.

semi|... ['semi] halb...; Halb...; ~colon Strichpunkt m; ~-detached house Doppelhaus(hälfte f) n; ~-final Sport: Vorschlußrunde f.

seminary ['seminəri] (Priester)Seminar n; fig. Schule f.

sempstress ['sempstris] Näherin f.

senate ['senit] Senat m.

senator ['senətə] Senator m.

send [send] (irr.) senden, schicken; (mit adj. od. p.prt.) machen; ~ for kommen lassen, holen (lassen); ~ forth aussenden; veröffentlichen; ~ in einsenden; einreichen; ~ up in die Höhe treiben; ~ word mitteilen.

senile ['si:nail] greisenhaft, senil; ~ity [si'niliti] Greisenalter n.

senior ['si:njə] 1. älter; dienstälter; Ober...; ~ partner ✝ Chef m; 2. Ältere(r) m; Dienstältere(r) m;

Senior *m*; *he is my ~ by a year* er ist ein Jahr älter als ich; ~ity [si:ni-'oriti] höheres Alter *od.* Dienstalter.

sensation [sen'sei∫ən] (Sinnes-) Empfindung *f*, Gefühl *n*; Eindruck *m*; Sensation *f*; ~al [~nl] Empfindungs...; sensationell.

sense [sens] 1. *allg.* Sinn *m* (*of* für); Empfindung *f*, Gefühl *n*; Verstand *m*; Bedeutung *f*; Ansicht *f*; *in* (*out of*) *one's* ~*s* bei (von) Sinnen; *bring s.o. to his* ~ j-n zur Vernunft bringen; *make* a ~ Sinn haben (*S.*); *talk* ~ vernünftig reden; 2. spüren.

senseless ['senslis] sinnlos; bewußtlos; gefühllos; ~ness [~snis] Sinnlosigkeit *f*; Bewußt-, Gefühllosigkeit *f*.

sensibility [sensi'biliti] Sensibilität *f*, Empfindungsvermögen *n*; Empfindlichkeit *f*; sensibilities *pl.* Empfindsamkeit *f*, Zartgefühl *n*.

sensible □ ['sensəbl] verständig, vernünftig; empfänglich (*of* für); fühlbar; *be* ~ *of sich* a-r *S.* bewußt sein; *et.* empfinden.

sensitive □ ['sensitiv] empfindlich (*to* für); Empfindungs...; feinfühlig; ~ness [~vnis], ~ity [sensi-'tiviti] Empfindlichkeit *f* (*to* für).

sensual □ ['sensjuəl] sinnlich.

sensuous □ ['sensjuəs] sinnlich; Sinnes...; sinnenfreudig.

sent [sent] *pret. u. p.p. von* send.

sentence ['sentəns] 1. *ɟʅʒ* Urteil *n*; *gr.* Satz *m*; *serve one's* ~ *s-e* Strafe absitzen; 2. verurteilen.

sententious □ [sen'ten∫əs] sentenziös; salbungsvoll; salbaderisch.

sentient ['sen∫ənt] empfindend.

sentiment ['sentimənt] (seelische) Empfindung, Gefühl *n*; Meinung *f*; *a.* sentimentality ; ~al □ [senti'mentl] empfindsam; sentimental; ~ality [~ælity] Sentimentalität *f*.

sentinel ['sentinl], ~ry ✕ [~tri] Schildwache *f*, Posten *m*.

separa|ble □ ['sepərəbl] trennbar; ~te 1. □ ['seprit] (ab)getrennt, gesondert, besonder, separat, für sich; 2. ['sepəreit] (sich) trennen; (sich) absondern; (sich) scheiden; ~tion [sepə'rei∫ən] Trennung *f*, Scheidung *f*.

sepsis ✗ ['sepsis] Sepsis *f*, Blutvergiftung *f*. [*m*.\

September [səp'tembə] September(

septic ✗ ['septik] septisch.

sepul|chral [si'pʌlkrəl] Grab...; *fig.* düster; ~chre, *Am.* ~cher ['sepəlkə] Grab(stätte *f*) *n*; ~ture [~lt∫ə] Begräbnis *n*.

sequel ['si:kwəl] Folge *f*; Nachspiel *n*; (Roman)Fortsetzung *f*.

sequen|ce ['si:kwəns] Aufeinander-, Reihenfolge *f*; *Film:* Szene *f*; ~ *of tenses gr.* Zeitenfolge *f*; ~t [~nt] aufeinanderfolgend.

sequestrate [si'kwestreit] *Eigentum* einziehen; beschlagnahmen.

serenade [seri'neid] 1. ♪ Serenade *f*, Ständchen *n*; 2. *j-m* ein Ständchen bringen.

seren|e □ [si'ri:n] klar, heiter; ruhig; ~ity [si'reniti] Heiterkeit *f*; Ruhe *f*.

serf [sə:f] Leibeigene(r *m*) *f*, Hörige(r *m*) *f*; *fig.* Sklave *m*.

sergeant ['sɑ:dʒənt] ✕ Feldwebel *m*, Wachtmeister *m*; (Polizei)Wachtmeister *m*.

serial □ ['siəriəl] 1. fortlaufend, reihenweise, Serien...; Fortsetzungs...; 2. Fortsetzungsroman *m*.

series ['siəri:z] *sg. u. pl.* Reihe *f*; Serie *f*; Folge *f*; *biol.* Gruppe *f*.

serious □ ['siəriəs] *allg.* ernst; ernsthaft, ernstlich; *be* ~ es im Ernst meinen; ~ness [~snis] Ernst (-haftigkeit *f*) *m*.

sermon ['sə:mən] (*iro.* Straf)Predigt *f*.

serpent ['sə:pənt] Schlange *f*; ~ine [~tain] schlangengleich, -förmig; Serpentinen...

serum ['siərəm] Serum *n*.

servant ['sə:vənt] Diener(in); *a.* domestic ~ Dienstbote *m*, Bedienstete(r *m*) *f*; Dienstmädchen *n*.

serve [sə:v] 1. *v/t.* dienen (*dat.*); *Zeit* abdienen; bedienen; *Speisen* reichen; *Speisen* auftragen; behandeln; nützen, dienlich sein (*dat.*); *Zweck* erfüllen; *Tennis:* angeben; (*it*) ~*s him right* (das) geschieht ihm recht; ~ *s. sentence*; ~ *out et.* austeilen; *v/i.* dienen (*a.* ✕; *as, for* als, zu); bedienen; nützen, zweckmäßig sein; ~ *at table* servieren; 2. *Tennis:* Aufschlag *m*.

service ['sə:vis] 1. Dienst *m*; Bedienung *f*; Gefälligkeit *f*; *a. divine* ~ Gottesdienst *m*; Betrieb *m*; Verkehr *m*; Nutzen *m*; Gang *m von Speisen*; Service *n*; *ɟʅʒ* Zustellung *f*; *Tennis:* Aufschlag *m*; *be at s.o.'s* ~ j-m zu Diensten stehen; 2. ⊕ warten, pflegen; ~able □ [~səbl] dienlich, nützlich; benutzbar; strapazierfähig; ~ station Tankstelle *f*; Werkstatt *f*.

servil|e □ ['sə:vail] sklavisch (*a. fig.*); unterwürfig; kriecherisch; ~ity [sə:'viliti] Unterwürfigkeit *f*; Kriecherei *f*.

serving ['sə:viŋ] Portion *f*.

servitude ['sə:vitju:d] Knechtschaft *f*; Sklaverei *f*.

session ['se∫ən] (*a.* Gerichts)Sitzung *f*; *be in* ~ tagen.

set [set] 1. (*irr.*) *v/t.* setzen; stellen; legen; zurechtstellen, (ein)richten, ordnen; *Aufgabe, Wecker* stellen; *Messer* abziehen; *Edelstein* fassen; festsetzen; erstarren lassen; *Haar* legen; *ɟʅʒ Knochenbruch* einrichten; ~ *s.o. laughing* j-n zum Lachen bringen; ~ an example ein Beispiel geben; ~ sail Segel setzen; ~ one's teeth die Zähne za.-beißen; ~ aside beiseite stellen od. legen; fig. verwerfen; ~ at ease beruhigen; ~ at rest beruhigen; Frage entscheiden; ~ store by Wert legen auf (acc.); ~ forth darlegen; ~ off hervorheben; anrechnen; ~ up auf-, er-, einrichten; aufstellen; j-n etablieren; v/i. ast. untergehen; gerinnen, fest werden; laufen (Flut etc.); sitzen (Kleid etc.); ~ about s.th. sich an et. machen; ~ about s.o. F über j-n herfallen; ~ forth aufbrechen; ~ off aufbrechen; ~ (up)on anfangen; angreifen; ~ out aufbrechen; ~ to sich daran machen; ~ up sich niederlassen; ~ up for sich aufspielen als; 2. fest; starr; festgesetzt, bestimmt; vorgeschrieben; ~ (up)on versessen auf (acc.); ~ with besetzt mit; Barometer: ~ fair beständig; hard ~ in großer Not; ~ speech wohlüberlegte Rede; 3. Reihe f, Folge f, Serie f, Sammlung f, Satz m; Garnitur f; Service n; Radio-Gerät n; ✝ Kollektion f; Gesellschaft f; Sippschaft f; ♂ Setzling m; Tennis: Satz m; Neigung f; Richtung f; Sitz m o-s Kleides etc.; poet. Untergang m der Sonne; thea. Bühnenausstattung f.

set|-back ['setbæk] fig. Rückschlag m; ~down fig. Dämpfer m; ~off Kontrast m; fig. Ausgleich m.

settee [se'ti:] kleines Sofa.

setting ['setiŋ] Setzen n; Einrichten n; Fassung f o-s Edelsteins; Lage f; Schauplatz m; Umgebung f; thea. Ausstattung f; fig. Umrahmung f; ♪ Komposition f (Sonnen- etc.) Untergang m; ⊕ Einstellung f.

settle ['setl] 1. Sitzbank f; 2. v/t. (fest)setzen; Kind etc. versorgen, ausstatten; j-n etablieren; regeln; Geschäft abschließen, abmachen, erledigen; Frage entscheiden; Rechnung begleichen; ordnen; beruhigen; Streit beilegen; Rente aussetzen; ansiedeln; Land besiedeln; v/i. sich senken (Haus); oft ~ down sich niederlassen; a. ~ in sich einrichten; sich legen (Wut etc.); beständig werden (Wetter); sich entschließen; ~ down to sich widmen (dat.); ~d fest; beständig; auf Rechnungen: bezahlt; ~ment [~mənt] Erledigung f; Übereinkunft f; (Be)Siedlung f; ⚖ (Eigentums)Übertragung f; ~r [~lə] Siedler m.

set|-to F ['set'tu:] Kampf m; Schlägerei f; ~up F Aufbau m; Am. sl. abgekartete Sache.

seven ['sevn] 1. sieben; 2. Sieben f; ~teen(th) [~n'ti:n(θ)] siebzehn (-te[r, -s]); ~th [~nθ] 1. □ sieb(en)te(r, -s); 2. Sieb(en)tel n; ~thly

[~θli] sieb(en)tens; ~tieth [~ntiiθ] siebzigste(r, -s); ~ty [~ti] 1. siebzig; 2. Siebzig f.

sever ['sevə] (sich) trennen; (auf-) lösen; zerreißen.

several □ ['sevrəl] mehrere, verschiedene; einige; einzeln; besonder; getrennt; ~ly [~li] besonders, einzeln.

severance ['sevərəns] Trennung f.

sever|e □ [si'viə] streng; rauh (Wetter); hart (Winter); scharf (Tadel); ernst (Mühe); heftig (Schmerz etc.); schlimm, schwer (Unfall etc.); ~ity [si'veriti] Strenge f, Härte f; Schwere f; Ernst m.

sew [sou] (irr.) nähen; heften.

sewage ['sju:idʒ] Abwasser n.

sewer[1] ['souə] Näherin f.

sewer[2] ['sjuə] Abwasserkanal m; ~age [~əridʒ] Kanalisation f.

sew|ing ['souiŋ] Nähen n; Näherei f; attr. Näh...; ~n [soun] p.p. von sew.

sex [seks] Geschlecht n.

sexton ['sekstən] Küster m, Totengräber m.

sexual □ ['seksjuəl] geschlechtlich; Geschlechts...; sexuell; Sexual...

shabby □ ['ʃæbi] schäbig; gemein.

shack Am. [ʃæk] Hütte f, Bude f.

shackle ['ʃækl] 1. Fessel f (fig. mst pl.); 2. fesseln.

shade [ʃeid] 1. Schatten m, Dunkel n (a. fig.); Lampen- etc. Schirm m; Schattierung f; Am. Rouleau n; fig. Spur f, Kleinigkeit f; 2. beschatten; verdunkeln (a. fig.); abschirmen; schattieren; schattieren; ~ away, ~ off allmählich übergehen (lassen) (into in acc.).

shadow ['ʃædou] 1. Schatten m (a. fig.); Phantom n; Spur f, Kleinigkeit f; 2. beschatten; mst ~ forth od. out) andeuten; versinnbildlichen; j-n beschatten, überwachen; ~y [~oui] schattig, dunkel; schattenhaft; wesenlos.

shady □ ['ʃeidi] schattenspendend; schattig; dunkel; F zweifelhaft.

shaft [ʃɑ:ft] Schaft m; Stiel m; Pfeil m (a. fig.); poet. Strahl m; ⊕ Welle f; Deichsel f; ⚒ Schacht m.

shaggy □ ['ʃægi] zottig.

shake [ʃeik] 1. (irr.) v/t. schütteln, rütteln; erschüttern; ~ down herunterschütteln; Stroh etc. hinschütten; ~ hands sich die Hände geben od. schütteln; ~ up Bett aufschütteln; fig. aufrütteln; v/i. zittern, beben, wackeln, wanken (with vor dat.); ♪ trillern; 2. Schütteln n, Erschütterung f; Beben n; ♪ Triller m; ~down ['ʃeik'daun] 1. Notlager n; Am. sl. Erpressung f; 2. adj.: ~ cruise ⚓ Probefahrt f; ~hands pl. Händedruck m; ~n ['ʃeikən] 1. p.p. von shake 1; 2. adj. erschüttert.

33*

**shaky** □ ['ʃeiki] wack(e)lig (a. fig.); (sch)wankend; zitternd, zitterig.

**shall** [ʃæl] [irr.] v/aux. soll; werde.

**shallow** ['ʃælou] 1. seicht; flach; fig. oberflächlich; 2. Untiefe f; 3. (sich) verflachen.

**sham** [ʃæm] 1. falsch; Schein...; 2. Trug m; Täuschung f; Schwindler(in) m; 3. v/t. vortäuschen; v/i. sich verstellen; simulieren; ~ ill (-ness) sich krank stellen.

**shamble** ['ʃæmbl] watscheln; ~s pl. od. sg. Schlachthaus m; fig. Schlachtfeld n.

**shame** [ʃeim] 1. Scham f; Schande f; for ~!, ~ on you! pfui!, schäm dich!; put to ~ beschämen; 2. beschämen; j-m Schande machen; ~faced □ ['ʃeimfeist] schamhaft, schüchtern; ~ful □ [.ful] schändlich, beschämend; ~less □ ['ʃeimlis] schamlos.

**shampoo** [ʃæm'puː] 1. Shampoo n; Haarwäsche f; 2. Haare waschen.

**shamrock** ['ʃæmrɔk] Kleeblatt n.

**shank** [ʃæŋk] (Unter)Schenkel m; ⚓ Stiel m; (⚓ Anker)Schaft m.

**shanty** ['ʃænti] Hütte f, Bude f.

**shape** [ʃeip] 1. Gestalt f, Form f (a. fig.); Art f; 2. v/t. gestalten, formen, bilden; anpassen (to dat.); v/i. sich entwickeln; ~d ...förmig; ~less □ ['ʃeiplis] formlos; ~ly [.li] wohlgestaltet.

**share** [ʃɛə] 1. (An)Teil m; Beitrag m; ⚓ Aktie f; ⚒ Kux m; have a ~ in teilhaben an (dat.); go ~s teilen; 2. v/t. teilen; v/i. teilhaben (in an dat.); ~cropper Am. ['ʃɛəkrɔpə] kleiner Farmpächter; ~holder † Aktionär(in).

**shark** [ʃaːk] ichth. Hai(fisch) m; Gauner m; Am. sl. Kanone f (Experte).

**sharp** [ʃaːp] 1. □ allg. scharf (a. fig.); spitz; schneidend, stechend; schrill; hitzig; schnell; pfiffig, schlau, gerissen; C ~ ♪ Cis n; 2. adv. ♪ zu hoch; F pünktlich; look ~! (mach) schnell!; 3. ♪ Kreuz n; durch ein Kreuz erhöhte Note; F Gauner m; ~en ['ʃaːpən] (ver-)schärfen; spitzen; ~ener ['ʃaːpnə] Messer-Schärfes m; Bleistift-Spitzes m; ~er ['ʃaːpə] Gauner m; ~ness ['ʃaːpnis] Schärfe f (a. fig.); ~set ['ʃaːp'set] hungrig; erpicht; ~sighted scharfsichtig; ~witted scharfsinnig.

**shatter** ['ʃætə] zerschmettern, zerschlagen; Nerven etc. zerrütten.

**shave** [ʃeiv] 1. [irr.] (sich) rasieren; (ab)schälen; haarscharf vorbeigehen od. vorbeifahren od. vorbeikommen an (dat.); 2. Rasieren n, Rasur f; have a ~ sich rasieren (lassen); a close ~ ein Entkommen mit knapper Not; ~n ['ʃeivn] p.p. von shave 1.

**shaving** ['ʃeivin] 1. Rasieren n; ~s pl. (bsd. Hobel)Späne m/pl.; 2. Rasier...

**shawl** [ʃɔːl] Schal m, Kopftuch n.

**she** [ʃiː] 1. sie; 2. Sie f; zo. Weibchen n; 3. adj. in Zsgn: weiblich, ...weibchen n; ...dog Hündin f.

**sheaf** [ʃiːf], pl. **sheaves** [ʃiːvz] Garbe f; Bündel n.

**shear** [ʃiə] 1. [irr.] scheren; fig. rupfen; 2. ~s pl. große Schere.

**sheath** [ʃiːθ] Scheide f; ~e [ʃiːð] (in die Scheide) stecken; einhüllen; ⊕ bekleiden, beschlagen.

**sheaves** [ʃiːvz] pl. von sheaf.

**shebang** Am. sl. [ʃə'bæŋ] Bude f, Laden m.

**shed**[1] [ʃed] [irr.] aus-, vergießen; verbreiten; Blätter etc. abwerfen.

**shed**[2] [.] Schuppen m; Stall m.

**sheen** [ʃiːn] Glanz m (bsd. Stoff).

**sheep** [ʃiːp] Schaf(e pl.) n; Schafleder n; ~cot ['ʃiːpkɔt] = sheepfold; ~dog Schäferhund m; ~fold Schafhürde f; ~ish □ ['ʃiːpiʃ] blöd(e), einfältig; ~man Am. Schafzüchter m; ~skin Schaffell n; Schafledes n; F Diplom n.

**sheer** [ʃiə] rein; glatt; Am. hauchdünn; steil; senkrecht; direkt.

**sheet** [ʃiːt] Bett-, Leintuch n, Laken n; (Glas- etc.)Platte f; ⊕ ...blech n; Blatt n, Bogen m Papier; weite Fläche (Wasser etc.); ⚓ Schot(e) f; the rain came down in ~s es regnete in Strömen; ~ iron Eisenblech n; ~ lightning ['ʃiːtlaitnin] Wetterleuchten n.

**shelf** [ʃelf], pl. **shelves** [ʃelvz] Brett n, Regal n, Fach n; Riff n; on the ~ fig. ausrangiert.

**shell** [ʃel] 1. Schale f, Hülse f, Muschel f; Gehäuse n; Gerippe n e-s Hauses; ✕ Granate f; 2. schälen, enthülsen; ✕ bombardieren; ~fire ['ʃelfaiə] Granatfeuer n; ~fish zo. Schaltier n; ~proof bombensicher.

**shelter** ['ʃeltə] 1. Schuppen m; Schutz-, Obdach n; fig. Schutz m, Schirm m; 2. v/t. (be)schützen; (be)schirmen; Zuflucht gewähren (dat.); v/i. a. take ~ Schutz suchen.

**shelve** [ʃelv] mit Brettern od. Regalen versehen; auf ein Brett stellen; fig. zu den Akten legen; fig. beiseite legen; sich allmählich neigen.

**shelves** [ʃelvz] pl. von shelf.

**shenanigan** Am. F [ʃi'nænigən] Gaunerei f; Humbug m.

**shepherd** ['ʃepəd] 1. Schäfer m, Hirt m; 2. (be)hüten; leiten.

**sherbet** ['ʃəːbət] Brauselimonade f; (Art) (Speise)Eis n.

**shield** [ʃiːld] 1. (Schutz)Schild m; Wappenschild m, n; 2. (be)schirmen (from vor dat., gegen).

**shift** [ʃift] 1. Veränderung f, Ver-

schiebung f, Wechsel m; Notbehelf
m; List f, Kniff m; Ausflucht f;
(Arbeits)Schicht f; make ~ es möglich machen (to inf. zu inf.); sich behelfen; sich durchschlagen; 2. v/t.
(ver-, weg)schieben; (ab)wechseln;
verändern; Platz, Szene verlegen,
verlagern; v/i. wechseln; sich verlagern; sich behelfen; ~ for o.s.
sich selbst helfen; ~less □ ['ʃiftlis]
hilflos; faul; ~y □ [~ti] fig. gerissen; unzuverlässig.

**shilling** ['ʃiliŋ] englischer Schilling

**shin** [ʃin] 1. a. ~bone Schienbein n;
2. ~ up hinaufklettern.

**shine** [ʃain] 1. Schein m; Glanz m;
2. [irr.] v/i. scheinen; leuchten; fig.
glänzen, strahlen; v/t. blank putzen.

**shingle** ['ʃiŋgl] Schindel f; Am. F
(Aushänge)Schild n; Strandkiesel
m/pl.; ~ pl. & Gürtelrose f.

**shiny** □ ['ʃaini] blank, glänzend.

**ship** [ʃip] 1. Schiff n; Am. F Flugzeug n; 2. an Bord nehmen od.
bringen; verschiffen, versenden;
& heuern; ~board ['ʃipbɔːd]: on
~ & an Bord; ~ment ['ʃipmənt]
Verschiffung f; Versand m; Schiffs-
ladung f; ~owner Reeder m; ~
ping ['ʃipiŋ] Verschiffung f; Schiffe
n/pl., Flotte f; attr. Schiffs...; Ver-
schiffungs..., Verlade...; ~wreck 1.
Schiffbruch m; 2. scheitern (lassen); ~wrecked schiffbrüchig;
~yard Schiffswerft f.        [schaft f]

**shire** ['ʃaiə, in Zssgn ...ʃə] Graf-]

**shirk** [ʃəːk] sich drücken (um et.);
~er ['ʃəːkə] Drückeberger m.

**shirt** [ʃəːt] Herrenhemd n; ~ ~-
waist Am. Hemdbluse f; ~sleeve
['ʃəːtsliːv] 1. Hemdsärmel m;
2. hemdsärmelig; informell; ~-
diplomacy bsd. Am. offene Diplomatie.

**shiver** ['ʃivə] 1. Splitter m; Schauer
m; 2. zersplittern; schau(d)ern;
(er)zittern; frösteln; ~y [~ri] frö-
stelnd.

**shoal** [ʃoul] 1. Schwarm m, Schar f;
Untiefe f; 2. flacher werden;
3. seicht.

**shock** [ʃɔk] 1. Garbenhaufen m;
(Haar)Schopf m; Stoß m; Anstoß
m; Erschütterung f, Schlag m; &
(Nerven)Schock m; 2. fig. verletzen; empören, Anstoß erregen bei;
erschüttern; ~ing □ ['ʃɔkiŋ] anstößig; empörend; haarsträubend.

**shod** [ʃɔd] pret. u. p.p. von shoe 2.

**shoddy** ['ʃɔdi] 1. Reißwolle f; fig.
Schund m; Am. Protz m; 2. falsch;
minderwertig; Am. protzig.

**shoe** [ʃuː] 1. Schuh m; Hufeisen n;
2. [irr.] beschuhen; beschlagen;
~black ['ʃuːblæk] Schuhputzer m;
~blacking Schuhwichse f; ~horn
Schuhanzieher m; ~lace Schnürsenkel m; ~maker Schuhmacher
m; ~string Schnürsenkel m.

**shone** [ʃɔn] pret. u. p.p. von shine 2.

**shook** [ʃuk] pret. von shake 1.

**shoot** [ʃuːt] 1. fig. Schuß m; &
Schößling m; 2. [irr.] v/t. (ab-)
schießen; erschießen; werfen, stoßen; Film aufnehmen, drehen; fig.
unter ~r Brücke etc. hindurch-
schießen, über et. hinwegschießen;
& treiben; & (ein)spritzen; v/i.
schießen; stechen (Schmerz); da-
herschießen; stürzen; a. ~ forth &
ausschlagen; ~ ahead vorwärts-
schießen; ~er ['ʃuːtə] Schütze m.

**shooting** ['ʃuːtiŋ] 1. Schießen n;
Schießerei f; Jagd f; Film: Dreh-
arbeiten f/pl.; 2. stechend
(Schmerz); ~-gallery Schießstand
m, ~bude f; ~-range Schießplatz m;
~-star Sternschnuppe f.

**shop** [ʃɔp] 1. Laden m, Geschäft n;
Werkstatt f, Betrieb m; talk ~ fach-
simpeln; 2. mst go ~ping einkaufen
gehen; ~assistant ['ʃɔpəsistənt]
Verkäufer(in); ~keeper Laden-
inhaber(in); ~lifter ['ʃɔplɪftə] La-
dendieb m; ~man Ladengehilfe m;
~per ['ʃɔpə] Käufer(in); ~ping
['ʃɔpiŋ] Einkaufen n; attr. Ein-
kaufs...; ~ centre Einkaufszentrum
n; ~steward Betriebsrat m;
~walker ['ʃɔpwɔːkə] Aufsichtsherr
m, ~dame f; ~window Schaufenster n.

**shore** [ʃɔː] 1. Küste f, Ufer n;
Strand m; Stütze f; on ~ an Land;
2. ~ up abstützen.

**shorn** [ʃɔːn] p.p. von shear 1.

**short** [ʃɔːt] 1. adj. kurz (a. fig.); klein;
knapp; mürbe (Gebäck); wortkarg;
in ~ kurz(um); ~ of knapp an (dat.);
2. adv. ~ of abgesehen von; come
od. fall ~ of et. nicht erreichen;
cut ~ plötzlich unterbrechen; run
~ (of) ausgehen (Vorräte); stop ~ of
zurückschrecken vor (dat.); ~age
['ʃɔːtidʒ] Fehlbetrag m; Gewichts-
verlust m; Knappheit f; ~coming
Unzulänglichkeit f; Fehler m;
Mangel m; ~ cut Abkürzungsweg
m; ~dated & auf kurze Sicht;
~en ['ʃɔːtn] v/t. ab-, verkürzen;
v/i. kürzer werden; ~ening [~niŋ]
Backfett n; ~hand Kurzschrift f;
~ typist Stenotypistin f; ~ly [~li]
adv. kurz; bald; ~ness [~nis]
Kürze f; Mangel m; ~sighted
kurzsichtig; ~term kurzfristig;
~winded kurzatmig.

**shot** [ʃɔt] 1. pret. u. p.p. von shoot 2;
2. Schuß m; Geschoß n, Kugel f;
Schrot(korn) n; Schußweite f;
Schütze m; Sport: Stoß m, Schlag
m, Wurf m; phot., Film: Aufnahme
f; & Spritze f; have a ~ at et. versuchen; not by a long ~ F noch
lange nicht; big ~ F großes Tier;
~gun ['ʃɔtgʌn] Schrotflinte f; ~
marriage Am. F Mußheirat f.

**should** [ʃud, ʃəd] pret. von shall.

**shoulder** ['ʃouldə] 1. Schulter *f* (*a. v. Tieren*; *fig. Vorsprung*); Achsel *f*; 2. auf die Schulter *od. fig.* auf sich nehmen; ⚒ schultern; drängen; **~blade** *anat.* Schulterblatt *n*; **~ strap** Träger *m* *am Kleid*; ⚒ Schulter-, Achselstück *n*.

**shout** [ʃaut] 1. lauter Schrei *od.* Ruf; Geschrei *n*; 2. laut schreien.

**shove** [ʃʌv] 1. Schub *m*, Stoß *m*; 2. schieben, stoßen.

**shovel** ['ʃʌvl] 1. Schaufel *f*; 2. schaufeln.

**show** [ʃou] 1. [*irr.*] *v/t.* zeigen; ausstellen; erweisen; beweisen; **~ in** hereinführen; **~ off** zur Geltung bringen; **~ out** hinausgeleiten; **~ round** herumführen; **~ up** hinaufführen; entlarven; *v/i. a.* **~ up** sich zeigen; zu sehen sein; **~ off** angeben, prahlen, sich aufspielen; 2. Schau(stellung) *f*; Ausstellung *f*; Auf-, Vorführung *f*; Anschein *m*; **on ~** zu besichtigen; **~ business** ['ʃoubiznis] Unterhaltungsindustrie *f*; Schaugeschäft *n*; **~case** Schaukasten *m*, Vitrine *f*; **~down** Aufdecken *n* der Karten (*bsd. Am. a. fig.*); *fig.* Kraftprobe *f*.

**shower** ['ʃauə] 1. (Regen)Schauer *m*; Dusche *f*; *fig.* Fülle *f*; 2. *v/t.* herabschütten (*a. fig.*); überschütten; *v/i.* sich ergießen; **~y** ['ʃauəri] regnerisch.

**show|n** [ʃoun] *p.p. von* show 1; **~room** ['ʃourum] Ausstellungsraum *m*; **~window** Schaufenster *n*; **~y** □ ['ʃoui] prächtig; protzig.

**shrank** [ʃræŋk] *pret. von* shrink.

**shred** [ʃred] 1. Stückchen *n*; Schnitz(el *n*) *m*; Fetzen *m* (*a. fig.*); 2. [*irr.*] (zer)schnitzeln; zerfetzen.

**shrew** [ʃru:] zänkisches Weib.

**shrewd** □ [ʃru:d] scharfsinnig, schlau.

**shriek** [ʃri:k] 1. (Angst)Schrei *m*; Gekreisch *n*; 2. kreischen, schreien.

**shrill** [ʃril] 1. □ schrill, gellend; 2. schrillen, gellen; schreien.

**shrimp** [ʃrimp] *zo.* Krabbe *f*; *fig.* Knirps *m*. [*m.*]

**shrine** [ʃrain] Schrein *m*; Altar

**shrink** [ʃriŋk] [*irr.*] (ein-, zusammen-)schrumpfen (lassen); einlaufen; sich zurückziehen; zurückschrecken (**from**, *at vor dat.*); **~age** ['ʃriŋkidʒ] Einlaufen *n*, Zusammenschrumpfen *n*; Schrumpfung *f*; *fig.* Verminderung *f*.

**shrivel** ['ʃrivl] einschrumpfen (lassen).

**shroud** [ʃraud] 1. Leichentuch *n*; *fig.* Gewand *n*; 2. in ein Leichentuch einhüllen; *fig.* hüllen.

**Shrove|tide** ['ʃrouvtaid] Fastnachtszeit *f*; **~ Tuesday** Fastnachtsdienstag *m*.

**shrub** [ʃrʌb] Strauch *m*; Busch *m*; **~bery** ['ʃrʌbəri] Gebüsch *n*.

**shrug** [ʃrʌg] 1. (die Achseln) zucken; 2. Achselzucken *n*.

**shrunk** [ʃrʌŋk] *p.p. von* shrink; **~en** ['ʃrʌŋkən] *adj.* (ein)geschrumpft.

**shuck** *bsd. Am.* [ʃʌk] 1. Hülse *f*, Schote *f*; **~s!** F Quatsch!; 2. enthülsen.

**shudder** ['ʃʌdə] 1. schaudern; (er-)beben; 2. Schauder *m*.

**shuffle** ['ʃʌfl] 1. schieben; *Karten:* mischen; schlurfen; Ausflüchte machen; **~ off** von sich schieben; abstreifen; 2. Schieben *n*; Mischen *n*; Schlurfen *n*; Ausflucht *f*; Schiebung *f*.

**shun** [ʃʌn] (ver)meiden.

**shunt** [ʃʌnt] 1. ⚒ Rangieren *n*; 🚂 Weiche *f*; ⚡ Nebenschluß *m*; 2. ⚒ rangieren; ⚡ nebenschließen; *fig.* verschieben.

**shut** [ʃʌt] [*irr.*] (sich) schließen; zumachen; **~ down** *Betrieb* schließen; **~ up** ein-, verschließen; einsperren; **~ up!** F halt den Mund!; **~ter** ['ʃʌtə] Fensterladen *m*; *phot.* Verschluß *m*.

**shuttle** ['ʃʌtl] 1. ⊕ Schiffchen *n*; Pendelverkehr *m*; 2. pendeln.

**shy** [ʃai] 1. □ scheu; schüchtern; 2. (zurück)scheuen (*at vor dat.*).

**shyness** ['ʃainis] Schüchternheit *f*; Scheu *f*.

**shyster** *sl., bsd. Am.* ['ʃaistə] gerissener Kerl; Winkeladvokat *m*.

**Siberian** [sai'biəriən] 1. sibirisch; 2. Sibirier(in).

**sick** [sik] krank (*of an dat.*; *with vor dat.*); übel; überdrüssig; **be ~ for** sich sehnen nach; **be ~ of** genug haben von; **go ~**, **~ report** sich krank melden; **~-benefit** ['sikbenifit] Krankengeld *n*; **~en** ['sikn] *v/i.* krank werden; kränkeln; **~ at** sich ekeln vor (*dat.*); *v/t.* krank machen; anekeln.

**sickle** ['sikl] Sichel *f*.

**sick|-leave** ['sikli:v] Krankheitsurlaub *m*; **~ly** [,li] kränklich; schwächlich; bleich, blaß; ungesund (*Klima*); ekelhaft; matt (*Lächeln*); **~ness** ['siknis] Krankheit *f*; Übelkeit *f*.

**side** [said] 1. *allg.* Seite *f*; **~ by ~** Seite an Seite; **take ~ with** Partei ergreifen für; 2. Seiten...; Neben...; 3. Partei ergreifen (**with** für); **~board** ['saidbɔ:d] Anrichte(tisch *m*) *f*, Sideboard *n*; **~-car** *mot.* Beiwagen *m*; **~d** ...seitig; **~-light** Streiflicht *n*; **~long** 1. *adv.* seitwärts; 2. *adj.* seitlich; Seiten...; **~-stroke** Seitenschwimmen *n*; **~-track** 1. 🚂 Nebengleis *n*; 2. auf ein Nebengleis schieben; *bsd. Am. fig.* aufschieben; beiseite schieben; **~walk** *bsd. Am.* Bürgersteig *m*; **~ward** (s) [,wəd(z)], **~ways** seitlich; seitwärts.

**siding** 🚂 ['saidiŋ] Nebengleis *n*.

**sidle** ['saidl] seitwärts gehen.

**siege** [si:dʒ] Belagerung f; *lay ~ to* belagern.

**sieve** [siv] 1. Sieb n; 2. (durch-)sieben.

**sift** [sift] sieben; *fig.* sichten; prüfen.

**sigh** [sai] 1. Seufzer m; 2. seufzen; sich sehnen (*after, for* nach).

**sight** [sait] 1. Sehvermögen n, Sehkraft f; *fig.* Auge n; Anblick m; Visier n; Sicht f; *~s pl.* Sehenswürdigkeiten f/pl.; *at ~, a. ~ on ~* beim Anblick; *♪ vom Blatt*; *♱ nach* Sicht; *catch ~ of* erblicken, zu Gesicht bekommen; *lose ~ of* aus den Augen verlieren; *within ~* in Sicht; *know by ~* vom Sehen kennen; 2. sichten; (an)visieren; *~ed* ['saitid] ...sichtig; *~ly* ['saitli] ansehnlich, stattlich; *~seeing* ['saitsi:iŋ] Besichtigung f von Sehenswürdigkeiten; *~seer* Tourist(in).

**sign** [sain] 1. Zeichen n; Wink m; Schild n; *in ~ of* zum Zeichen (*gen.*); 2. v/i. winken, Zeichen geben; v/t. (unter)zeichnen, unterschreiben.

**signal** ['signl] 1. Signal n; Zeichen n; 2. □ bemerkenswert, außerordentlich; 3. signalisieren; *~ize* [~nəlaiz] auszeichnen; *~ signal* 3.

**signat|ory** ['signətəri] 1. Unterzeichner m; 2. unterzeichnend; *~ powers pl.* Signatarmächte f/pl.; *~ure* [~nitʃə] Signatur f; Unterschrift f; *~ tune Radio:* Kennmelodie f.

**sign|board** ['sainbɔ:d] (Aushänge-)Schild n; *~er* ['sainə] Unterzeichner(in).

**signet** ['signit] Siegel n.

**signific|ance** [sig'nifikəns] Bedeutung f; *~ant* [~nt] bedeutsam; bezeichnend (*of* für); *~ation* [signifi'keiʃən] Bedeutung f.

**signify** 'signifai] bezeichnen, andeuten; kundgeben, bedeuten.

**signpost** ['sainpou..t] Wegweiser m.

**silence** ['sailəns] 1. □ Still)Schweigen n; Stille f, Ruhe f; *♩ Ruhe!* put od. *reduce to ~* 2. zum Schweigen bringen; *~r* [~ə] ⊕ Schalldämpfer m; *mot.* Auspufftopf m.

**silent** ['sailənt] still; schweigend; schweigsam; stumm; *~ partner ♱* stiller Teilhaber.

**silk** [silk] Seide f; *attr.* Seiden...; *~en* □ ['silkən] seiden; *~stocking Am.* vornehm; *~worm* Seidenraupe f; *~y* [~ki] seid(enart)ig.

**sill** [sil] Schwelle f; Fensterbrett n.

**silly** □ ['sili] albern, töricht.

**silt** [silt] 1. Schlamm m; 2. mst *~ up* verschlammen.

**silver** ['silvə] 1. Silber n; 2. silbern; Silber...; 3. versilbern; silberig od. silberweiß werden (lassen); *~ware Am.* Tafelsilber n; *~y* [~əri] silberglänzend; silberhell.

**similar** □ ['similə] ähnlich, gleich; *~ity* [simi'læriti] Ähnlichkeit f.

**simile** ['simili] Gleichnis n.

**similitude** [si'militju:d] Gestalt f; Ebenbild n; Gleichnis n.

**simmer** ['simə] sieden od. brodeln (lassen); *fig.* kochen, gären (*Gefühl, Aufstand*); *~ down* ruhig(er) werden.

**simper** ['simpə] 1. einfältiges Lächeln; 2. einfältig lächeln.

**simple** □ ['simpl] einfach; schlicht; einfältig; arglos; *~-hearted*, *~-minded* arglos, naiv; *~ton* [~ltən] Einfaltspinsel m.

**simpli|city** [sim'plisiti] Einfachheit f; Klarheit f; Schlichtheit f; Einfalt f; *~fication* [simplifi'keiʃən] Vereinfachung f; *~fy* ['simplifai] vereinfachen.

**simply** ['simpli] einfach; bloß.

**simulat**|e ['simjuleit] vortäuschen; (er)heucheln; sich tarnen als.

**simultaneous** □ [siməl'teinjəs] gleichzeitig.

**sin** [sin] 1. Sünde f; 2. sündigen.

**since** [sins] 1. prp. seit; 2. adv. seitdem; 3. cj. seit(dem); da (ja).

**sincer**|e □ [sin'siə] aufrichtig; *Yours ~ly* Ihr ergebener; *~ity* [~'seriti] Aufrichtigkeit f.

**sinew** ['sinju:] Sehne f; *fig. mst. ~s pl.* Nerven(kraft f) m/pl.; Seele f; *~y* [~ju(:)i] sehnig; nervig, stark.

**sinful** □ ['sinful] sündig, sündhaft, böse.

**sing** [siŋ] (*irr.* singen; besingen; *~ to s.o.* j-m vorsingen.

**singe** [sindʒ] (ver)sengen.

**singer** ['siŋə] Sänger(in).

**singing** ['siŋiŋ] Gesang m, Singen n; *~ bird* Singvoge m.

**single** [~ŋgl] 1. □ einzig; einzeln; Einzel...; einzig; einzeln; unverheiratet; *book-keeping by ~ entry* einfache Buchführung; *~ file* Gänsemarsch m; *♁ ~fache Fahrkarte*; *mst ~s g. Tennis:* Einze- n; 3. *~ out* auswähle.. aussuchen; *~-breasted* einreihig *Jacke etc.*); *~-engined* ✈ einmotorig; *~-handed* eigenhändig, allein; *~-hearted* □, *~-minded* □ aufrichtig; zielstrebig; *~t* [~lit] Unterhemd n; *~-track* eingleisig.

**singular** ['siŋgjulə] 1. □ einzigartig; eigenartig; sonderbar; 2. *a. ~ number ♩* Singular m, Einzahl f; *~ity* [siŋgju'læriti] Einzigartigkeit f; Sonderbarkeit f.

**sinister** □ 'sinistə] unheilvoll; böse.

**sink** [siŋk] 1. (*irr.* v/i. sinken; nieder-, unter-, versinken; sich senken; eindringen; erliegen; v/t. (ver)senken; *Brunnen* bohren; *Geld* festlegen; *Namen etc.* aufgeben; 2. Ausguß m; *~ing* ['siŋkiŋ] (Ver-)Sinken n; Versenken n; ♱ Schwäche(gefühl n) f; Senkung f; ♱

Tilgung *f*; ~ fund (Schulden)Tilgungsfonds *m*.

**sinless** ['sinlis] sündenlos, -frei.

**sinner** ['sinə] Sünder(in).

**sinuous** □ ['sinjuəs] gewunden.

**sip** [sip] 1. Schlückchen *n*; 2. schlürfen; nippen; langsam trinken.

**sir** [sə] Herr *m*; 2 Sir (*Titel*).

**sire** ['saiə] *mst poet.* Vater *m*; Vorfahr *m*; *zo.* Vater(tier *n*) *m*.

**siren** ['saiərin] Sirene *f*.

**sirloin** ['sə:lɔin] Lendenstück *n*.

**sissy** *Am.* ['sisi] Weichling *m*.

**sister** ['sistə] (*a.* Ordens-, Ober-) Schwester *f*; ~hood [~hud] Schwesternschaft *f*; ~-in-law [~ərinlɔ:] Schwägerin *f*; ~ly [~əli] schwesterlich.

**sit** [sit] (*irr.*) *v/i.* sitzen; Sitzung halten, tagen; *fig.* liegen; ~ down sich setzen; ~ up aufrecht sitzen; aufbleiben; *v/t.* setzen; sitzen auf (*dat.*).

**site** [sait] Lage *f*; (Bau)Platz *m*.

**sitting** ['sitiŋ] Sitzung *f*; ~-room Wohnzimmer *n*.

**situate|d** ['sitjueitid] gelegen; be ~ liegen, gelegen sein; ~ion [sitju'eiʃən] Lage *f*; Stellung *f*.

**six** [siks] 1. sechs; 2. Sechs *f*; ~teen ['siks'ti:n] sechzehn; ~teenth [~'ti:nθ] sechzehnte(r, -s); ~th [siksθ] 1. sechste(r, -s); 2. Sechstel *n*; ~thly ['siksθli] sechstens; ~tieth [~tiiθ] sechzigste(r, -s); ~ty [~ti] 1. sechzig; 2. Sechzig *f*.

**size** [saiz] 1. Größe *f*; Format *n*; 2. nach der Größe ordnen; ~ up F *j-n* abschätzen; ~d von ... Größe.

**siz(e)able** □ ['saizəbl] ziemlich groß.

**sizzle** ['sizl] zischen, knistern, brutzeln; *sizzling hot* glühend heiß.

**skat|e** [skeit] 1. Schlittschuh *m*; *roller*~ Rollschuh *m*; 2. Schlittschuh, Rollschuh laufen; ~er ['skeitə] Schlittschuh-, Rollschuhläufer(in).

**skedaddle** F [ski'dædl] abhauen.

**skeesicks** *Am.* F ['ski:ziks] Nichtsnutz *m*.

**skein** [skein] Strähne *f*, Docke *f*.

**skeleton** ['skelitn] Skelett *n*; Gerippe *n*; Gestell *n*; *attr.* Skelett...; ✕ Stamm...; ~ key Nachschlüssel *m*.

**skeptic** ['skeptik] *s.* sceptic.

**sketch** [sketʃ] 1. Skizze *f*; Entwurf *m*; Umriß *m*; 2. skizzieren, entwerfen.

**ski** [ski:] 1. *pl. a.* ski Schi *m*, Ski *m*; 2. Schi *od.* Ski laufen.

**skid** [skid] 1. Hemmschuh *m*, Bremsklotz *m*; ✕ (Gleit)Kufe *f*; Rutschen *n*; *mot.* Schleudern *n*; 2. *v/t.* hemmen; *v/i.* (aus)rutschen.

**skiddoo** *Am.* ['ski'du:] abhauen.

**ski|er** ['ski:ə] Schi-, Skiläufer(in); ~ing ['ski:iŋ] Schi-, Skilauf(en *n*) *m*.

**skilful** □ ['skilful] geschickt; kundig.

**skill** [skil] Geschicklichkeit *f*, Fertigkeit *f*; ~ed [skild] geschickt; gelernt; ~ worker Facharbeiter *m*.

**skillful** *Am.* ['skilful] *s.* skilful.

**skim** [skim] 1. abschöpfe*n*; abrahmen; dahingleiten über (*acc.*); *Buch* überfliegen; ~ through durchblättern; 2. ~ milk Magermilch *f*.

**skimp** [skimp] *j-n* knapp halten; sparen (*mit et.*); ~y □ ['skimpi] knapp, dürftig.

**skin** [skin] 1. Haut *f*; Fell *n*; Schale *f*; 2. *v/t.* (ent)häuten; abbalgen; schälen; ~ off F abstreifen; *v/i. a.* ~ over zuheilen; ~-deep ['skin'di:p] (nur) oberflächlich; ~flint Knicker *m*; ~ny [~ni] mager.

**skip** [skip] 1. Sprung *m*; 2. *v/i.* hüpfen, springen; seilhüpfen; *v/t.* überspringen.

**skipper** ['skipə] ⊕ Schiffer *m*; ⊕, ✕, *Sport*: Kapitän *m*.

**skirmish** ['skə:miʃ] 1. ✕ Scharmützel *n*; 2. plänkeln.

**skirt** [skə:t] 1. (Damen)Rock *m*; (Rock)Schoß *m*; *oft* ~*s pl.* Rand *m*, Saum *m*; 2. umsäumen; (sich) entlangziehen (an *dat.*); entlangfahren; ~ing-board ['skə:tiŋbɔ:d] Scheuerleiste *f*.

**skit** [skit] Stichelei *f*; Satire *f*; ~tish □ ['skitiʃ] ungebärdig.

**skittle** ['skitl] Kegel *m*; *play* (*at*) ~s Kegel schieben; ~-alley Kegelbahn *f*. [Gemeinheit *f*.]

**skulduggery** *Am.* F [skʌl'dʌgəri]

**skulk** [skʌlk] schleichen; sich verstecken; lauern; sich drücken; ~er ['skʌlkə] Drückeberger *m*.

**skull** [skʌl] Schädel *m*.

**sky** [skai] *oft* skies *pl.* Himmel *m*; ~lark ['skailɑ:k] 1. *orn.* Feldlerche *f*; 2. Ulk treiben; ~light Oberlicht *n*; Dachfenster *n*; ~line Horizont *m*; Silhouette *f*; ~rocket F emporschnellen; ~scraper Wolkenkratzer *m*; ~ward(s) ['skaiwəd(z)] himmelwärts.

**slab** [slæb] Platte *f*; Scheibe *f*; Fliese *f*.

**slack** [slæk] 1. schlaff; locker; (nach)lässig; † flau; 2. ⊕ Lose *n* (*loses Tauende*); † Flaute *f*; Kohlengrus *m*; 3. = slacken; ~s pl. Hose *f*.

**slacken** ['slækən] schlaff machen *od.* werden; verringern; nachlassen; (sich) lockern; (sich) entspannen; (sich) verlangsamen; ~s pl. (lange) Hose.

**slag** [slæg] Schlacke *f*.

**slain** [slein] *p.p. von* slay.

**slake** [sleik] *Durst, Kalk* löschen; *fig.* stillen.

**slam** [slæm] 1. Zuschlagen *n*; Knall *m*; 2. *Tür etc.* zuschlagen, zuknallen; *st. auf den Tisch etc.* knallen.

**slander** ['slɑ:ndə] 1. Verleumdung *f*; 2. verleumden; ~ous □ [~ərəs] verleumderisch.

slang [slæŋ] 1. Slang m; Berufs-
sprache f; lässige Umgangssprache;
2. j-n wüst beschimpfen.

slant [slɑːnt] 1. schräge Fläche;
Abhang m; Neigung f; Am. Standpunkt m; 2. schräg legen od. liegen; sich neigen; ~ing adj., □
['slɑːntiŋ], ~wise adv. [~twaiz]
schief, schräg.

slap [slæp] 1. Klaps m, Schlag m;
2. klapsen; schlagen; klatschen;
~jack Am. ['slæpdʒæk] Art Pfannkuchen m; ~stick (Narren)Prit-
sche f; a. ~ comedy thea. Posse f,
Burleske f.

slash [slæʃ] 1. Hieb m; Schnitt m;
Schlitz m; 2. (auf)schlitzen; schlagen, hauen; verreißen (Kritiker).

slate [sleit] 1. Schiefer m; Schiefer-
tafel f; bsd. Am. Kandidatenliste f;
2. mit Schiefer decken; heftig kritisieren; Am. F für e-n Posten vorschlagen; ~pencil ['sleit'pensl]
Griffel m.

slattern ['slætə(ː)n] Schlampe f.

slaughter ['slɔːtə] 1. Schlachten n;
Gemetzel n; 2. schlachten; niedermetzeln; ~house Schlachthaus n.

Slav [slɑːv] 1. Slaw|e m, -in f;
2. slawisch.

slave [sleiv] 1. Sklav|e m, -in f (a.
fig.); 2. F sich plagen, schuften.

slaver ['slævə] 1. Geifer m, Sabber
m; 2. (be)geifern, F (be)sabbern.

slav|ery ['sleivəri] Sklaverei f; F
Plackerei f; ~ish □ [~viʃ] sklavisch.

slay rhet. [slei] [irr.] erschlagen;
töten.

sled [sled] = sledge 1.

sledge¹ [sledʒ] 1. Schlitten m;
2. Schlitten fahren.

sledge² [~] a. ~hammer Schmiede-
hammer m.

sleek [sliːk] 1. □ glatt, geschmeidig;
2. glätten; ~ness ['sliːknis] Glätte f.

sleep [sliːp] 1. [irr.] v/i. schlafen; ~
(up)on od. over st. beschlafen; v/t.
j-n für die Nacht unterbringen; ~
away Zeit verschlafen; 2. Schlaf m;
go to ~ einschlafen; ~er ['sliːpə]
Schläfer(in); ⚙ Schwelle f; Schlafwagen m; ~ing [~piŋ] schlafend;
Schlaf...; ⚙ing Beauty Dorn-
röschen n; ~ing-car(riage) ⚙
Schlafwagen m; ~ing partner ⚻
stiller Teilhaber; ~less □ [~plis]
schlaflos; ~walker Schlafwandl-
er(in); ~y □ [~pi] schläfrig; verschlafen.

sleet [sliːt] 1. Graupelregen m;
2. graupeln; ~y [~'sliːti] graupe-
lig.

sleeve [sliːv] Ärmel m; ⊕ Muffe f;
~link ['sliːvliŋk] Manschettenknopf m.

sleigh [slei] 1. (bsd. Pferde)Schlitten
m; 2. (im) Schlitten fahren.

sleight [slait] ~of-hand Taschen-
spielerei f; Kunststück n.

slender □ ['slendə] schlank;
schmächtig; schwach; dürftig.

slept [slept] prt. u. p.p. von sleep 1.

sleuth [sluːθ] ~hound ['sluːθ-
haund] Blut-, Spürhund m (a. fig.).

slew [sluː] prt. von slay.

slice [slais] 1. Schnitte f, Scheibe f,
Stück n; Teil m, n; 2. (in) Schei-
ben schneiden; aufschneiden.

slick F [slik] 1. adj. glatt; fig. raffiniert; 2. adv. direkt; 3. a. ~ paper
Am. sl. vornehme Zeitschrift; ~er
Am. F [~'slikə] Regenmantel m; gerissener Kerl.

slid [slid] prt. u. p.p. von slide 1.

slide [slaid] 1. [irr.] gleiten (lassen);
rutschen; schlittern; ausgleiten;
geraten (into in acc.); let things ~
die Dinge laufen lassen; 2. Gleiten
n; Rutsche f; ⊕ Schieber m; Dia-
positiv n; a. land~ Erdrutsch m;
~rule ['slaidruːl] Rechenschieber
m.

slight [slait] 1. □ schmächtig;
schwach; gering, unbedeutend;
2. Geringschätzung f; 3. geringschätzig behandeln; unbeachtet
lassen.

slim [slim] 1. □ schlank; dünn;
schmächtig; dürftig; sl. schlau, gerissen; 2. e-e Schlankheitskur machen.

slim|e [slaim] Schlamm m; Schleim
m; ~y □ ['slaimi] schlammig; schlei-
mig.

sling [sliŋ] 1. Schleuder f; Trag-
riemen m; ⚔ Schlinge f, Binde f;
Wurf m; 2. [irr.] schleudern; auf-
umhängen; a. ~ up hochziehen.

slink [sliŋk] [irr.] schleichen.

slip [slip] 1. [irr.] v/i. schlüpfen,
gleiten, rutschen; ausgleiten; aus-
rutschen; oft ~ away entschlüpfen;
sich versehen; v/t. schlüpfen od.
gleiten lassen; loslassen; entschlüpf-
en, entgleiten (dat.); ~ in Bemerkung
dazwischenwerfen; ~ into hinein-
stecken od. hineinschieben in (acc.);
~ on (off) Kleid über-, (ab)streifen;
have ~ped s.o.'s memory j-m ent-
fallen sein; 2. (Aus)Gleiten n; Fehltritt m (a. fig.); Versehen n; (Flüch-
tigkeits)Fehler m; Verstoß m; Streifen m; Zettel m; Unterkleid n; a.
~way ⚓ Helling f; (Kissen)Über-
zug m; ~ pl. Badehose f; give s.o.
the ~ j-m entwischen; ~per ['slipə]
Pantoffel m, Hausschuh m; ~pery
□ [~əri] schlüpfrig; ~shod [~ʃɔd]
schlampig, nachlässig; ~t [slipt]
prt. u. p.p. von slip 1.

slit [slit] 1. Schlitz m; Spalte f;
2. [irr.] (auf-, zer)schlitzen.

sliver ['slivə] Splitter m.

slobber ['slɔbə] 1. Sabber m; Ge-
sabber n; 2. F (be)sabbern.

slogan ['slougən] Schlagwort n,
Losung f; (Werbe)Slogan m.

sloop ⚓ [sluːp] Schaluppe f.

**slop** [slɔp] 1. Pfütze *f*; ~s *pl.* Spül-, Schmutzwasser *n*; Krankenspeise *f*; 2. *v/t.* verschütten; *v/i.* überlaufen.

**slope** [sloup] 1. (Ab)Hang *m*; Neigung *f*; 2. schräg legen; ⊕ abschrägen; abfallen; schräg verlaufen; (sich) neigen.

**sloppy** ['slɔpi] naß, schmutzig; schlampig; F labb(e)rig; rührselig.

**slops** [slɔps] *pl.* billige Konfektionskleidung; ♣ Kleidung *f* u. Bettzeug *n*.

**slot** [slɔt] Schlitz *m*.

**sloth** [slouθ] Faulheit *f*; *zo.* Faultier *n*.

**slot-machine** ['slɔtməʃiːn] (Warenod. Spiel)Automat *m*.

**slouch** [slautʃ] 1. faul herumhängen; F herumlatschen; 2. schlaffe Haltung; ~ hat Schlapphut *m*.

**slough**¹ [slau] Sumpf(loch *n*) *m*.

**slough**² [slʌf] *Haus* abwerfen.

**sloven** ['slʌvn] unordentlicher Mensch; F Schlampe *f*; ~ly [~nli] liederlich.

**slow** [slou] 1. □ langsam (*of in dat.*); schwerfällig; lässig; be ~ nachgehen (*Uhr*); 2. *adv.* langsam; 3. *oft* ~ down *od.* up *od.* off *v/t.* verlangsamen; *v/i.* langsam(er) werden *od.* gehen *od.* fahren; ~coach ['sloukoutʃ] Langweiler *m*; altmodischer Mensch; ~motion picture Zeitlupenaufnahme *f*; ~worm *zo.* Blindschleiche *f*.

**sludge** [slʌdʒ] Schlamm *m*; Matsch *m*.

**slug** [slʌg] 1. Stück *n* Rohmetall; *zo.* Wegschnecke *f*; *Am.* F (Faust-)Schlag *m*; 2. *Am.* F hauen.

**sluggard** ['slʌgəd] Faulenzer(in); ~ish [~giʃ] träge, faul.

**sluice** [sluːs] 1. Schleuse *f*; 2. ausströmen (lassen); ausspülen; waschen.

**slum** [slʌm] schmutzige Gasse; ~s *pl.* Elendsviertel *n*, Slums *pl.*

**slumber** ['slʌmbə] 1. *a.* ~s *pl.* Schlummer *m*; 2. schlummern.

**slump** [slʌmp] *Börse:* 1. fallen, stürzen; 2. (Kurs-, Preis)Sturz *m*.

**slung** [slʌŋ] *pret. u. p.p. von* sling 2.

**slunk** [slʌŋk] *pret. u. p.p. von* slink.

**slur** [sləː] 1. Fleck *m*; *fig.* Tadel *m*; ♪ Bindebogen *m*; 2. *v/t.* oft ~ over übergehen; ♪ *Töne* binden.

**slush** [slʌʃ] Schlamm *m*; Matsch *m*; F Kitsch *m*.

**slut** [slʌt] F Schlampe *f*; Nutte *f*.

**sly** □ [slai] schlau, verschmitzt; hinterlistig; on the ~ heimlich.

**smack** [smæk] 1. (Bei)Geschmack *m*; Prise *f* *Salz etc.*; *fig.* Spur *f*; Schmatz *m*; Sching *m*, Klatsch *m*, Klaps *m*; 2. schmecken (*of nach*); e-n Beigeschmack haben; klatschen, knallen (mit); schmatzen (mit); j-m e-n Klaps geben.

**small** [smɔːl] 1. *allg.* klein; unbedeutend; *fig.* kleinlich; niedrig; wenig; feel ~ look ~ sich gedemütigt fühlen; the ~ hours die frühen Morgenstunden *f/pl.*; in a ~ way bescheiden; 2. dünner Teil; ~ ⌀ *ad.* F Leibwäsche *f*; ~ of the back *anat.* Kreuz *n*; ~arms ['smɔːlɑːmz] *m/pl.* Handfeuerwaffen *f/pl.*; ~ change Kleingeld *n*; *fig.* triviale Bemerkungen *f/pl.*; ~ish [~liʃ] ziemlich klein; ~pox ⚕ [~pɔks] Pocken *f/pl.*; ~ talk Plauderei *f*; ~time *Am.* F unbedeutend.

**smart** [smɑːt] 1. □ scharf; gewandt; geschickt; gescheit; gerissen; schmuck, elegant, adrett; forsch; ~ aleck *Am.* F Neunmalkluge(r) *m*; 2. Schmerz *m*; 3. schmerzen; leiden; ~money ['smɑːtmʌni] Schmerzensgeld *n*; ~ness [~tnis] Klugheit *f*; Schärfe *f*; Gewandtheit *f*; Gerissenheit *f*; Eleganz *f*.

**smash** [smæʃ] 1. *v/t.* zertrümmern; *fig.* vernichten; (zer)schmettern; *v/i.* zerschellen; zs.-stoßen; *fig.* zs.-brechen; 2. Zerschmettern *n*; Krach *m*; Zs.-bruch *m* (*a.* ↑); *Tennis:* Schmetterball *m*; ~up ['smæʃʌp] Zs.-stoß *m*; Zs.-bruch *m*.

**smattering** ['smætəriŋ] oberflächliche Kenntnis.

**smear** [smiə] 1. (be)schmieren; *fig.* beschmutzen; 2. Schmiere *f*; Fleck *m*.

**smell** [smel] 1. Geruch *m*; 2. [*irr.*] riechen (*of nach et.*); *a.* ~ at riechen an (*dat.*); ~y [~li] übelriechend.

**smelt**¹ [smelt] *pret. u. p.p. von* smell 2.

**smelt**² [~] schmelzen.

**smile** [smail] 1. Lächeln *n*; 2. lächeln.

**smirch** [sməːtʃ] besudeln.

**smirk** [sməːk] grinsen.

**smite** [smait] [*irr.*] schlagen; heimsuchen; *schwer* treffen; quälen.

**smith** [smiθ] Schmied *m*.

**smithereens** ['smiðə'riːnz] *pl.* Stücke *n/pl.*, Splitter *m/pl*, Fetzen *m/pl.*

**smithy** ['smiði] Schmiede *f*.

**smitten** ['smitn] 1. *p.p. von* smite; 2. *adj.* ergriffen; betroffen; *fig.* hingerissen (*with von*).

**smock** [smɔk] 1. fälteln; 2. Kittel *m*; ~frock ['smɔk'frɔk] Bauernkittel *m*.

**smog** [smɔg] Smog *m*, Gemisch *n* von Nebel und Rauch.

**smoke** [smouk] 1. Rauch *m*; have a ~ (eine) rauchen; 2. rauchen; dampfen; (aus)räuchern; ~dried ['smoukdraid] geräuchert; ~r [~kə] Raucher *m*; ♠ F Raucherwagen *m*, ~abteil *n*; ~stack *m*, ♣ Schornstein *m*.

**smoking** ['smoukiŋ] Rauchen *n*; *attr.* Rauch(er)...; ~compartment ♠ Raucherabteil *n*.

smoky □ ['smouki] rauchig; ver-
räuchert.                [der.]

smolder *Am.* ['smouldə] = smoul-

smooth [smu:ð] 1. □ glatt; *fig.*
fließend; mild; schmeichlerisch;
2. glätten; ebnen (*a. fig.*); plätten;
mildern; *a.* ~ over, ~ away *fig.*
wegräumen; ~ness ['smu:ðnis]
Glätte *f.*

smote [smout] *pret. von* smite.

smother ['smʌðə] ersticken.

smoulder ['smouldə] schwelen.

smudge [smʌdʒ] 1. (be)schmutzen;
(be)schmieren; 2. Schmutzfleck *m.*

smug [smʌg] selbstzufrieden.

smuggle ['smʌgl] schmuggeln; ~r
[~lə] Schmuggler(in).

smut [smʌt] Schmutz *m;* Ruß(fleck)
*m;* Zoten *f/pl.;* 2. beschmutzen.

smutty □ ['smʌti] schmutzig.

snack [snæk] Imbiß *m;* ~bar
['snækbɑː], ~counter Snackbar *f,*
Imbißstube *f.*

snaffle ['snæfl] Trense *f.*

snag [snæg] (Ast-, Zahn)Stumpf *m;*
*fig.* Haken *m; Am.* Baumstumpf *m*
(*bsd. unter Wasser*).

snail *zo.* [sneil] Schnecke *f.*

snake *zo.* [sneik] Schlange *f.*

snap [snæp] 1. Schnappen *n,* Biß *m;*
Knack(s) *m;* Knall *m; fig.* Schwung
*m,* Schmiß *m;* Schnappschloß *n;*
*phot.* Schnappschuß *m; cold* ~
Kältewelle *f;* 2. *v/t.* schnappen (*at*
nach); zuschnappen (*Schloß*); krachen; knacken; (zer)brechen;
knallen; schnauzen; ~ *at s.o.* j-n an-
schnauzen; ~ *into it! Am. sl.* mach
schnell!, Tempo!; ~ *out of it! Am.
sl.* hör auf damit!; komm, komm!;
*v/t.* (er)schnappen; (zu)schnappen
lassen; *phot.* knipsen; zerbrechen; ~
*out* Wort hervorstoßen; ~ *up* weg-
schnappen; ~fastener ['snæpfɑːs-
nə] Druckknopf *m;* ~pish □ [~piʃ]
bissig; schnippisch; ~py [~pi] bissig; F flott; ~shot Schnappschuß *m,*
Photo *m,* Momentaufnahme *f.*

snare [snɛə] 1. Schlinge *f;* 2. fangen; *fig.* umgarnen.

snarl [snɑːl] 1. knurren; murren;
2. Knurren *n;* Gewirr *n.*

snatch [snætʃ] 1. schneller Griff;
Ruck *m;* Stückchen *n;* 2. schnappen; ergreifen; an sich reißen; nehmen; ~ *at* greifen nach.

sneak [sniːk] 1. *v/i.* schleichen; F
petzen; *v/t.* F stibitzen; 2. Schlei-
cher *m;* F Petzer *m;* ~ers ['sniːkəz]
*pl.* F leichte Segeltuchschuhe *m/pl.*

sneer [sniə] 1. Hohnlächeln *n;*
Spott *m;* 2. hohnlächeln; spotten;
spötteln.

sneeze [sniːz] 1. niesen; 2. Niesen *n.*

snicker ['snikə] kichern; wiehern.

sniff [snif] schnüffeln, schnuppern;
riechen; die Nase rümpfen.

snigger ['snigə] kichern.

snip [snip] 1. Schnitt *m;* Schnipsel

*m, n;* 2. schnippeln, schnipseln;
knipsen.

snipe [snaip] 1. *orn.* (Sumpf-)
Schnepfe *f;* 2. ✕ aus dem Hinter-
halt (ab)schießen; ~r ✕ ['snaipə]
Scharf-, Heckenschütze *m.*

snivel ['snivl] schniefen; schluchzen;
plärren.

snob [snob] Großtuer *m;* Snob *m;*
~bish □ ['snobiʃ] snobistisch.

snoop *Am.* [snuːp] 1. *fig.* (herum-)
schnüffeln; 2. Schnüffler(in).

snooze F [snuːz] 1. Schläfchen *n;*
2. dösen.

snore [snɔː] schnarchen.

snort [snɔːt] schnauben, schneufen.

snout [snaut] Schnauze *f;* Rüssel *m.*

snow [snou] 1. Schnee *m;* 2. (be-)
schneien; *be* ~*ed under fig.* erdrückt
werden; ~bound ['snoubaund]
eingeschneit; ~capped, ~clad,
~covered schneebedeckt; ~drift
Schneewehe *f;* ~drop ❀ Schnee-
glöckchen *n;* ~y □ ['snoui] schneeig;
schneebedeckt; verschneit; schneeweiß.

snub [snʌb] 1. schelten, anfahren;
2. Verweis *m;* ~nosed ['snʌbnouzd]
stupsnasig.

snuff [snʌf] 1. Schnuppe *f* e-r
*Kerze;* Schnupftabak *m;* 2. *a. take*
schnupfen; *Licht* putzen; ~le
['snʌfl] schnüffeln; näseln.

snug □ [snʌg] geborgen; behaglich;
eng anliegend; ~gle ['snʌgl] (sich)
schmiegen *od.* kuscheln (*to an acc.*).

so [sou] *so;* deshalb; also; *I hope* ~
ich hoffe es; *are you tired?* ~ *I am*
bist du müde? ja; *you are tired,* ~
*am I* du bist müde, ich auch; ~ *far*
bisher.

soak [souk] *v/t.* einweichen; durchnässen; (durch)tränken; auf~, einsaugen; *v/i.* weichen; durchsickern.

soap [soup] 1. Seife *f; soft* ~ Schmier-
seife *f;* 2. (ein)seifen; ~box ['soup-
boks] Seifenkiste *f;* improvisierte
Rednertribüne; ~y □ ['soupi] seifig;
*fig.* unterwürfig.

soar [sɔː] sich erheben, sich auf-
schwingen; schweben; ✈ segel-
fliegen.

sob [sob] 1. Schluchzen *n;* 2. schluchzen.

sober ['soubə] 1. □ nüchtern;
2. (sich) ernüchtern; ~ness [~nis],
sobriety [sou'braiəti] Nüchtern-
heit *f.*

so-called ['sou'kɔːld] sogenannt.

soccer F ['sokə] (Verbands)Fußball
*m (Spiel).*

sociable ['souʃəbl] 1. □ gesellig;
gemütlich; 2. geselliges Beisammensein.

social ['souʃəl] 1. □ gesellschaftlich;
gesellig; sozial(istisch), Sozial...; ~
*insurance* Sozialversicherung *f;* ~
*services pl.* Sozialeinrichtungen
*f/pl.;* 2. geselliges Beisammensein;

..ism [..lizəm] Sozialismus m; ..ist [..ist] 1. Sozialist(in); 2. a. ..istic [sousə'listik] (..ally) sozialistisch; ..ize ['souʃəlaiz] sozialisieren; verstaatlichen.

society [sə'saiəti] Gesellschaft f; Verein m, Klub m.

sociology [sousi'ɔlədʒi] Sozialwissenschaft f.

sock [sɔk] Socke f; Einlegesohle f.

socket ['sɔkit] (Augen-, Zahn)Höhle f; (Gelenk)Pfanne f; ⊕ Muffe f; ⧸ Fassung f; ⧸ Steckdose f.

sod [sɔd] 1. Grasnarbe f; Rasen (-stück n) m; 2. mit Rasen bedecken.

soda ['soudə] Soda f, n; ..fountain Siphon m; Am. Erfrischungshalle f, Eisdiele f.

sodden ['sɔdn] durchweicht; teigig.

soft [sɔft] 1. □ allg. weich; eng S.: mild; sanft; sacht, leise; zart, zärtlich; weichlich; ⧸ einfältig; ~ drink F alkoholfreies Getränk; 2. adv. weich; 3. F Trottel m; ..en ['sɔfn] weich machen; (sich) erweichen; mildern; ..headed schwachsinnig; ..hearted gutmütig.

soggy ['sɔgi] durchnäßt; feucht.

soil [sɔil] 1. Boden m, Erde f; Fleck m; Schmutz m; 2. (be)schmutzen; beflecken.

sojourn ['sɔdʒən] 1. Aufenthalt m; 2. sich aufhalten.

solace ['sɔləs] 1. Trost m; 2. trösten.

solar ['soulə] Sonnen...

sold [sould] pret. u. p.p. von sell.

solder ['sɔldə] 1. Lot n; 2. löten.

soldier ['souldʒə] Soldat m; ..like, ..ly [..li] soldatisch; ..y [..ri] Militär n.

sole¹ □ [soul] alleinig, einzig; ~agent Alleinvertreter m.

sole² [..] 1. Sohle f; 2. besohlen.

solemn □ ['sɔləm] feierlich; ernst; ..ity [sə'lemniti] Feierlichkeit f; Steifheit f; ..ize ['sɔləmnaiz] feiern; feierlich vollziehen.

solicit [sə'lisit] (dringend) bitten; ansprechen, belästigen; ..ation [səlisi'teiʃən] dringende Bitte; ..or [sə'lisitə] ⅍ Anwalt m; Am. Agent m, Werber m; ..ous □ [..təs] besorgt; ~ of begierig nach; ~ to inf. bestrebt zu inf.; ..ude [..tjuːd] Sorge f, Besorgnis f; Bemühung f.

solid ['sɔlid] 1. □ fest; dauerhaft, haltbar; derb; massiv; ⅍ körperlich, Raum...; fig. gediegen; solid; triftig; solidarisch; a ~ hour e-e volle Stunde; 2. (fester) Körper; ..arity [sɔli'dæriti] Solidarität f; ..ify [sə'lidifai] (sich) verdichten; ..ity [..iti] Solidität f; Gediegenheit f.

soliloquy [sə'liləkwi] Selbstgespräch n, Monolog m.

solit|ary □ ['sɔlitəri] einsam; einzeln; einsiedlerisch; ..ude [..tjuːd]

Einsamkeit f; Verlassenheit f; Öde f.

solo ['soulou] Solo n; ⧸ Alleinflug m; ..ist ['..ouist] Solist(in).

solu|ble ['sɔljubl] löslich; (auf)lösbar; ..tion [sə'luːʃən] (Auf)Lösung f; ⊕ Gummilösung f.

solve [sɔlv] lösen; ..nt ['sɔlvənt] 1. (auf)lösend; ⧸ zahlungsfähig; 2. Lösungsmittel n.

sombre, Am. ..er □ ['sɔmbə] düster.

some [sʌm, səm] irgendein; etwas; einige, manche pl.; Am. F prima; ~ 20 miles etwa 20 Meilen; in ~ degree, to ~ extent einigermaßen; ..body ['sʌmbɔdi] jemand; ~ day eines Tages; ..how irgendwie; ~ or other so oder so; ..one jemand.

somersault ['sʌməsɔːlt] Salto m; Rolle f, Purzelbaum m; turn a ~ e-n Purzelbaum schlagen.

some|thing ['sʌmθiŋ] (irgend) etwas; ~ like so etwas wie, so ungefähr; ..time 1. einmal, dereinst; 2. ehemalig; ..times manchmal; ..what etwas, ziemlich; ..where irgendwo(hin).

somniferous □ [sɔm'nifərəs] einschläfernd.

son [sʌn] Sohn m.

song [sɔŋ] Gesang m; Lied n; Gedicht n; for a mere od. an old ~ für e-n Pappenstiel; ..bird ['sɔŋbəːd] Singvogel m; ..ster ['sɔŋstə] Singvogel m; Sänger m.

sonic ['sɔnik] Schall...

son-in-law ['sʌninlɔː] Schwiegersohn m.

sonnet ['sɔnit] Sonett n.

sonorous □ [sə'nɔːrəs] klangvoll.

soon [suːn] bald; früh; gern; as ~ od. so ~ as sobald als od. wie; ..er ['suːnə] eher; früher; lieber; no ~ ... than kaum ... als; no ~ said than done gesagt, getan.

soot [sut] 1. Ruß m; 2. verrußen.

sooth [suːθ]: in ~ in Wahrheit, fürwahr; ..e [suːð] beruhigen; mildern; ..sayer ['suːθseiə] Wahrsager(in).

sooty ['suti] rußig.

sop [sɔp] 1. eingeweichter Brocken; fig. Bestechung f; 2. eintunken.

sophist|icate [sə'fistikeit] verdrehen; verfälschen; ..icated kultiviert, raffiniert; intellektuell; blasiert; hochentwickelt, kompliziert; ..ry ['sɔfistri] Spitzfindigkeit f.

sophomore Am. ['sɔfəmɔː] Student m im zweiten Jahr.

soporific [sɔpə'rifik] 1. (..ally) einschläfernd; 2. Schlafmittel n.

sorcer|er ['sɔːsərə] Zauberer m; ..ess [..ris] Zauberin f; Hexe f; ..y [..ri] Zauberei f.

sordid □ ['sɔːdid] schmutzig, schäbig (bsd. fig.).

sore [sɔː] 1. □ schlimm, entzündet;

**wund; weh; empfindlich;** ~ **throat** Halsweh *m*; 2. wunde Stelle; ~**head** *Am.* F ['sɔːhed] 1. mürrischer Mensch; 2. enttäuscht.

**sorrel** ['sɔrəl] 1. rötlichbraun (*bsd. Pferd*); 2. Fuchs *m* (*Pferd*).

**sorrow** ['sɔrou] 1. Sorge *f*; Kummer *m*, Leid *n*; Trauer *f*; 2. trauern; sich grämen; ~**ful** □ ['sɔrəful] traurig, betrübt; elend.

**sorry** □ ['sɔri] betrübt, bekümmert; traurig; (*I am*) (so) ~*I* es tut mir (sehr) leid; Verzeihung!; *I am* ~ *for him* er tut mir leid; *we are* ~ *to say* wir müssen leider sagen.

**sort** [sɔːt] 1. Sorte *f*, Art *f*; *what* ~ *of* was für; *of a* ~, *of a* F so was wie; ~ *of* F gewissermaßen; *out of* ~*s* F unpäßlich; verdrießlich; 2. sortieren; ~ *out* (aus)sondern.

**sot** [sɔt] Trunkenbold *m*.

**sough** [sau] 1. Sausen *n*; 2. rauschen.

**sought** [sɔːt] *pret. u. p.p. von* seek.

**soul** [soul] Seele *f* (*a. fig.*).

**sound** [saund] 1. □ *allg.* gesund; ganz; vernünftig; gründlich; fest; ↑ sicher; ⅌ gültig; 2. Ton *m*, Schall *m*, Laut *m*, Klang *m*; ⅌ Sonde *f*; Meerenge *f*; Fischblase *f*; 3. (er)tönen, (er)klingen; erschallen (lassen); sich *gut etc.* anhören; sondieren; ⅌ loten; ⅌ abhorchen; ~**film** ⅌ ['saundfilm] Tonfilm *m*; ~**ing** ⅌ [~diŋ] Lotung *f*; ~*s pl.* lotbare Wassertiefe; ~**less** □ [~dlis] lautlos; ~**ness** [~dnis] Gesundheit *f*; ~**proof** schalldicht; ~**track** *Film:* Tonspur *f*; ~**wave** Schallwelle *f*.

**soup¹** [surp] Suppe *f*.

**soup²** *Am. sl. mot.* [~] 1. Stärke *f*; 2. ~ *up* Motor frisieren.

**sour** ['sauə] 1. □ sauer; *fig.* bitter; mürrisch; 2. *v/t.* säuern; *fig.* vererbittern; *v/i.* sauer (*fig.* bitter) werden.

**source** [sɔːs] Quelle *f*; Ursprung *m*.

**sour|ish** □ ['sauəriʃ] säuerlich; ~**ness** ['sauənis] Säure *f*; *fig.* Bitterkeit *f*.

**souse** [saus] eintauchen; (mit Wasser) begießen; *Fisch etc.* einlegen, einpökeln.

**south** [sauθ] 1. Süd(en *m*); 2. Süd...; südlich; ~**east** ['sauθ'iːst] 1. Südosten *m*; 2. *a.* ~**eastern** [sauθˈintən] südöstlich.

**souther|ly** ['sʌðəli], ~**n** [~ən] südlich; südlich; *Süd...*; ~**er** [~nə] Südländer(in), *Am.* Südstaatler(in).

**southernmost** ['sʌðənmoust] südlichst.

**southpaw** *Am.* ['sauθpɔː] *Baseball:* Linkshänder *m*.

**southward(s)** *adv.* ['sauθwəd(z)] südwärts, nach Süden.

**south|-west** ['sauθ'west] 1. Südwesten *m*; 2. südwestlich; ~**wester** [sauθˈwestə] Südwestwind

*m*; ⅌ Südwester *m*; ~**westerly**, ~**western** südwestlich.

**souvenir** ['suːvəniə] Andenken *n*.

**sovereign** ['sɔvrin] 1. □ höchst; unübertrefflich; uneingeschränkt; 2. Herrscher(in); Sovereign *m* (*20-Schilling-Stück*); ~**ty** [~rənti] Oberherrschaft *f*, Landeshoheit *f*.

**soviet** ['souviet] Sowjet *m*; *attr.* Sowjet...

**sow¹** [sau] *zo.* Sau *f*, (Mutter-) Schwein *n*; ⅌ Sau *f*, Massel *f*.

**sow²** [sou] [*irr.*] (aus)säen, ausstreuen; besäen; ~**n** [soun] *p.p. von* sow².

**spa** [spɑː] Heilbad *n*; Kurort *m*.

**space** [speis] 1. (Welt)Raum *m*; Zwischenraum *m*; Zeitraum *m*; 2. *typ.* sperren; ~**craft** ['speiskrɑːft], ~**ship** Raumschiff *n*; ~**suit** Raumanzug *m*.

**spacious** □ ['speiʃəs] geräumig; weit, umfassend.

**spade** [speid] Spaten *m*; *Kartenspiel:* Pik *n*.

**span¹** [spæn] 1. Spanne *f*; Spannweite *f*; *Am.* Gespann *n*; 2. (um-, über)spannen; (aus)messen.

**span²** [~] *pret. von* spin 1.

**spangle** ['spæŋgl] 1. Flitter *m*; 2. (mit Flitter) besetzen; *fig.* übersäen.

**Spaniard** ['spænjəd] Spanier(in).

**Spanish** ['spæniʃ] 1. spanisch; 2. Spanisch *n*.

**spank** F [spæŋk] 1. verhauen; 2. Klaps *m*; ~**ing** ['spæŋkiŋ] 1. □ schnell, scharf; 2. F Haue *f*, Tracht *f* Prügel.

**spanner** ⊕ ['spænə] Schraubenschlüssel *m*.

**spar** [spɑː] 1. ⅌ Spiere *f*; ⅌ Holm *m*; 2. boxen; *fig.* sich streiten.

**spare** [spɛə] 1. □ spärlich, sparsam; mager; überzählig; überschüssig; Ersatz...; Reserve...; ~ *hours* Mußestunden *f/pl.*; ~ *room* Gastzimmer *n*; ~ *time* Freizeit *f*; 2. ⊕ Ersatzteil *m*, *n*; 3. (ver)schonen; erübrigen; entbehren; (übrig)haben für; (er)sparen; sparen mit.

**sparing** □ ['spɛəriŋ] sparsam.

**spark** [spɑːk] 1. Funke(n) *m*; *fig.* flotter Kerl; Galan *m*; 2. Funken sprühen; ~**(ing)-plug** *mot.* ['spɑːk-(iŋ)plʌg] Zündkerze *f*.

**sparkle** ['spɑːkl] 1. Funke(n) *m*; Funkeln *n*; *fig.* sprühendes Wesen; 2. funkeln; blitzen; schäumen; *sparkling wine* Schaumwein *m*.

**sparrow** *orn.* ['spærou] Sperling *m*, Spatz *m*; ~**hawk** *orn.* Sperber *m*.

**sparse** □ [spɑːs] spärlich, dünn.

**spasm** ⅌ ['spæzəm] Krampf *m*; ~**odic(al** □) [spæzˈmɔdik(əl)] krampfhaft, ~**artig**; *fig.* sprunghaft.

**spat¹** [spæt] (Schuh)Gamasche *f*.

**spat²** [~] *pret. u. p.p. von* spit² 2.

**spatter** ['spætə] (be)spritzen.

spawn [spɔːn] 1. Laich m; fig. contp. Brut f; 2. laichen; fig. aushecken.

speak [spiːk] [irr.] v/i. sprechen; reden; ~ out, ~ up laut sprechen; offen reden; ~ to j-n od. mit j-m sprechen; v/t. (aus)sprechen; äußern; ~-easy Am. sl. ['spiːkiːzi] Flüsterkneipe f (ohne Konzession); ~er [~kə] Sprecher(in), Redner(in); parl. Vorsitzende(r) m; ~ing-trumpet [~kiŋtrʌmpit] Sprachrohr n.

spear [spiə] 1. Speer m, Spieß m; Lanze f; 2. (auf)spießen.

special ['speʃəl] 1. □ besonder; Sonder...; speziell; Spezial...; 2. Hilfspolizist m; Sonderausgabe f; Sonderzug m; Am. Sonderangebot n; Am. (Tages)Spezialität f; ~ist [~list] Spezialist m; ~ity [speʃiˈæliti] Besonderheit f; Spezialfach n; † Spezialität f; ~ize ['speʃəlaiz] besonders anführen; (sich) spezialisieren; ~ty [~lti] = speciality.

specie ['spiːʃi] Metall-, Hartgeld n; ~s [~iːz] pl. u. sg. Art f, Spezies f.

specific [spiˈsifik] (~ally) spezifisch; besonder; bestimmt; ~fy ['spesifai] spezifizieren, einzeln angeben; ~men [~imin] Probe f, Exemplar n.

specious □ ['spiːʃəs] blendend, bestechend; trügerisch; Schein...

speck [spek] 1. Fleck m; Stückchen n; 2. flecken; ~le ['spekl] 1. Fleckchen n; 2. flecken, sprenkeln.

spectacle ['spektəkl] Schauspiel n; Anblick m; (a pair of) ~s pl. (eine) Brille.

spectacular [spekˈtækjulə] 1. □ eindrucksvoll; auffallend, spektakulär; 2. Am. F Galarevue f.

spectator [spekˈteitə] Zuschauer m.

spectral □ ['spektrəl] gespenstisch; ~re, Am. ~er [~tə] Gespenst n.

speculate ['spekjuleit] grübeln, nachsinnen; † spekulieren; ~ion [spekjuˈleiʃən] theoretische Betrachtung; Grübelei f; † Spekulation f; ~ive □ ['spekjulətiv] grüblerisch; theoretisch; † spekulierend; ~or [~leitə] Denker m; † Spekulant m.

sped [sped] pret. u. p.p. von speed 2.

speech [spiːtʃ] Sprache f; Rede f, Ansprache f; make a ~ e-e Rede halten; ~-day ['spiːtʃdei] Schule: (Jahres)Schlußfeier f; ~less [~lis] sprachlos.

speed [spiːd] 1. Geschwindigkeit f; Schnelligkeit f; Eile f; ⊕ Drehzahl f; 2. [irr.] v/i. schnell fahren, rasen; ~ up (pret. u. p.p. ~ed) die Geschwindigkeit erhöhen; v/t. j-m Glück verleihen; befördern; ~ up (pret. u. p.p. ~ed) beschleunigen; ~-limit ['spiːdlimit] Geschwindigkeitsbegrenzung f; ~ometer mot.

spi'domi'ta] Geschwindigkeitsmesser m, Tachometer n; ~way Motorradrennbahn f; bsd. Am. Schnellstraße f; ~y □ [~di] schnell.

spell [spel] 1. (Arbeits)Zeit f, ⊕ Schicht f; Weilchen n; Zauber (-spruch) m; 2. abwechseln mit j-m; [irr.] buchstabieren; richtig schreiben; bedeuten; ~binder Am. ['spelbaində] fesselnder Redner; ~bound fig. (fest)gebannt; ~er bsd. Am. [~lə] Fibel f; ~ing [~liŋ] Rechtschreibung f; ~ing-book Fibel f.

spelt [spelt] pret. u. p.p. von spell 2.

spend [spend] [irr.] verwenden; (Geld) ausgeben; verbrauchen; verschwenden; verbringen; ~ o.s. sich erschöpfen; ~thrift ['spendθrift] Verschwender m.

spent [spent] 1. pret. u. p.p. von spend; 2. adj. erschöpft, matt.

sperm [spəːm] Same(n) m.

sphere [sfiə] Kugel f; Erd-, Himmelskugel f; fig. Sphäre f; (Wirkungs)Kreis m; Bereich m; fig. Gebiet n; ~ical □ ['sferikəl] sphärisch; kugelförmig.

spice [spais] 1. Gewürz(e pl.) n; fig. Würze f; Anflug m; 2. würzen.

spick and span ['spikən'spæn] frisch u. sauber; schmuck; funkelnagelneu.

spicy □ ['spaisi] würzig; pikant.

spider zo. ['spaidə] Spinne f.

spiel Am. sl. [spiːl] Gequassel n.

spigot ['spigət] (Faß)Zapfen m.

spike [spaik] 1. Stift m; Spitze f; Dorn m; Stachel m; Sport: Laufdorn m; mot. Spike m; ♣ Ähre f; 2. festnageln; mit eisernen Stacheln versehen.

spill [spil] 1. [irr.] v/t. verschütten; vergießen; F Reiter etc. abwerfen; schleudern; v/i. überlaufen; 2. F Sturz m.

spilt [spilt] pret. u. p.p. von spill 1; cry over ~ milk über et. jammern, was doch nicht zu ändern ist.

spin [spin] 1. [irr.] spinnen (a. fig.); wirbeln; sich drehen; Münze hochwerfen; sich et. ausdenken; erzählen; ~ along trudeln; ~ out in die Länge ziehen; 2. Drehung f; Spritztour f; ✈ Trudeln n.

spinach ♣ ['spinidʒ] Spinat m.

spinal anat. ['spainl] Rückgrat...; ~ column Wirbelsäule f; ~ cord, ~ marrow Rückenmark n.

spindle ['spindl] Spindel f.

spin-drier ['spindraiə] Wäscheschleuder f.

spine [spain] anat. Rückgrat n; Dorn m; (Gebirgs)Grat m; (Buch-) Rücken m.

spinning|-mill ['spiniŋmil] Spinnerei f; ~wheel Spinnrad n.

**spinster** ['spinstə] unverheiratete Frau; (alte) Jungfer.

**spiny** ['spaini] dornig.

**spiral** ['spaiərəl] 1. □ spiralig; ~ staircase Wendeltreppe f; 2. Spirale f; fig. Wirbel m.

**spire** ['spaiə] Turm-, Berg- etc. Spitze f; Kirchturm(spitze f) m.

**spirit** ['spirit] 1. allg. Geist m; Sinn m; Temperament n, Leben n; Mut m; Gesinnung f; Spiritus m; Sprit m, Benzin n; ~s pl. Spirituosen pl.; high (low) ~s pl. gehobene (gedrückte) Stimmung f; ~ away od. off wegzaubern; ~ed □ geistvoll; temperamentvoll; mutig; ~less □ [~tlis] geistlos; temperamentlos; mutlos.

**spiritual** □ ['spiritjuəl] geistig; geistlich; geistvoll; ~ism [~lizəm] Spiritismus m.

**spirituous** ['spiritjuəs] alkoholisch.

**spirt** [spə:t] (hervor)spritzen.

**spit**[1] [spit] 1. Bratspieß m; Landzunge f; 2. aufspießen.

**spit**[2] [~] 1. Speichel m; F Ebenbild n; 2. [irr.] (aus)spucken; fauchen; sprühen (sein regnen).

**spite** [spait] 1. Bosheit f; Groll m; in ~ of trotz (gen.); 2. ärgern; kränken; ~ful □ ['spaitful] boshaft, gehässig.

**spitfire** ['spitfaiə] Hitzkopf m.

**spittle** ['spitl] Speichel m, Spucke f.

**spittoon** [spi'tu:n] Spucknapf m.

**splash** [splæʃ] 1. Spritzfleck m; P(l)atschen n; 2. (be)spritzen; p(l)atschen; planschen; (hin)klecksen.

**splay** [splei] 1. Ausschrägung f; 2. auswärts gebogen; 3. v/t. ausschrägen; v/i. ausgeschrägt sein; ~foot ['spleifut] Spreizfuß m.

**spleen** [spli:n] anat. Milz f; üble Laune, Ärger m.

**splendid** □ ['splendid] glänzend, prächtig, herrlich; ~o(u)r [~də] Glanz m, Pracht f, Herrlichkeit f.

**splice** [splais] (ver)spleißen.

**splint** [splint] 1. Schiene f; 2. schienen; ~er ['splintə] 1. Splitter m; 2. (zer)splittern.

**split** [split] 1. Spalt m, Riß m; fig. Spaltung f; 2. gespalten; 3. [irr.] v/t. (zer)spalten; zerreißen; (sich) et. teilen; ~ hairs Haarspalterei treiben; ~ one's sides with laughter sich totlachen; v/i. sich spalten; platzen; ~ting ['splitiŋ] heftig, rasend (Kopfschmerz).

**splutter** ['splʌtə] s. sputter.

**spoil** [spoil] 1. oft ~s pl. Beute f, Raub m; fig. Ausbeute f; Schutt m; ~s pl. pol. bad. Am. Futterkrippe f; 2. [irr.] (be)rauben; plündern; verderben; verwöhnen; Kind verziehen; ~sman Am. pol. ['spoilzmən] Postenjäger m; ~sport Spielver-

derber(in); ~s system Am. pol. Futterkrippensystem n.

**spoilt** [spoilt] pret. u. p.p. von spoil 2.

**spoke** [spouk] 1. pret. von speak; 2. Speiche f; (Leiter)Sprosse f; ~n ['spoukən] p.p. von speak; ~sman [~ksmən] Wortführer m.

**sponge** [spʌndʒ] 1. Schwamm m; 2. v/t. mit e-m Schwamm (ab)wischen; ~ up aufsaugen; v/i. schmarotzen; ~cake ['spʌndʒ'keik] Biskuitkuchen m; ~r F fig. [~dʒə] Schmarotzer(in) m.

**spongy** ['spʌndʒi] schwammig.

**sponsor** ['spɔnsə] 1. Pate m; Bürge m; Förderer m; Auftraggeber m für Werbesendungen; 2. Pate stehen bei; fördern; ~ship [~ʃip] Paten-, Gönnerschaft f.

**spontaneity** [spɔntə'ni:iti] Freiwilligkeit f; eigener Antrieb; ~ous □ [spɔn'teinjəs] freiwillig, von selbst (entstanden); Selbst...; spontan; unwillkürlich; unvermittelt.

**spook** [spu:k] Spuk m; ~y ['spu:ki] geisterhaft, Spuk...

**spool** [spu:l] 1. Spule f; 2. spulen.

**spoon** [spu:n] 1. Löffel m; 2. löffeln; ~ful ['spu:nful] Löffelvoll m.

**sporadic** [spə'rædik] (~ally) sporadisch, verstreut.

**spore** ♀ [spɔ:] Spore f, Keimkorn n.

**sport** [spɔ:t] 1. Sport m; Spiel n; fig. Spielball m; Scherz m; sl. feiner Kerl; ~s pl. allg. Sport m; Sportfest n; 2. v/i. sich belustigen; spielen; v/t. F protzen mit; ~ive □ ['spɔ:tiv] lustig; scherzhaft; ~sman [~tsmən] Sportler m.

**spot** [spɔt] 1. allg. Fleck m; Tupfen m; Makel m; Stelle f; ♂ Leberfleck m; ♂ Pickel m; Tropfen m; a ~ of F etwas; on the ~ auf der Stelle; sofort; 2. (be)flecken; ausfindig machen; erkennen; ~less □ ['spɔtlis] fleckenlos; ~light Am. Scheinwerfer(-licht n) m; ~ter [~tə] Beobachter m; Am. Kontrolleur m; ~ty [~ti] fleckig.

**spouse** [spauz] Gatte m; Gattin f.

**spout** [spaut] 1. Tülle f; Strahlrohr n; (Wasser)Strahl m; 2. (aus)spritzen; F salbadern.

**sprain** ♂ [sprein] 1. Verstauchung f; 2. verstauchen.

**sprang** [spræŋ] pret. von spring 2.

**sprat** ichth. [spræt] Sprotte f.

**sprawl** [sprɔ:l] sich rekeln, ausgestreckt daliegen; ♀ wuchern.

**spray** [sprei] 1. zerstäubte Flüssigkeit; Sprühregen m; Gischt m; Spray m, n; ~er sprayer; 2. zerstäuben; et. besprühen; ~er ['spreiə] Zerstäuber m.

**spread** [spred] 1. [irr.] v/t. a. ~ out ausbreiten; (aus)dehnen; verbreiten; belegen; Butter etc. aufstreichen; Brot etc. bestreichen; ~ the *table* den Tisch decken; *v/i.* sich aus- *od.* verbreiten; 2. Aus-, Verbreitung *f*; Spannweite *f*; Fläche *f*; *Am. Bett-* etc. Decke *f*; *Brot*-Aufstrich *m*; F Festschmaus *m*.

**spree** F [spri:] Spaß *m*, Jux *m*; Zechgelage *n*; Orgie *f*; *Kauf-* etc. Welle *f*.

**sprig** [sprig] Sproß *m*, Reis *n* (*a. fig.*); ⊕ Zwecke *f*, Stift *m*.

**sprightly** ['spraitli] lebhaft, munter.

**spring** [spriŋ] 1. Sprung *m*, Satz *m*; (Sprung)Feder *f*; Federkraft *f*, Elastizität *f*; Triebfeder *f*; Quelle *f*; *fig.* Ursprung *m*; Frühling *m*; 2. [*irr.*] *v/t.* springen lassen; (zer-) sprengen; *Wild* aufjagen; ~ *a leak* ♦ leck werden; ~ *a surprise on s.o.* j-n überraschen; *v/i.* springen; entspringen; ♦ sprießen; ~ *up* aufkommen (*Ideen* etc.); ~**board** ['spriŋbɔːd] Sprungbrett *n*; ~**tide**, ~**time** Frühling(szeit *f*) *m*; ~*y* □ [~pi] federnd.

**sprinkle** ['spriŋkl] (be)streuen; (be)sprengen; ~*r* [~lə] Berieselungsanlage *f*; Rasensprenger *m*; ~**ing** [~liŋ] Sprühregen *m*; *a* ~ *of* ein wenig, ein paar.

**sprint** [sprint] *Sport:* 1. sprinten; spurten; 2. Sprint *m*; Kurzstreckenlauf *m*; Endspurt *m*; ~*er* ['sprintə] Sprinter *m*, Kurzstreckenläufer *m*.

**sprite** [sprait] Geist *m*, Kobold *m*.

**sprout** [spraut] 1. sprießen, wachsen (lassen); 2. ♦ Sproß *m*; (*Brussels*) ~*s pl.* Rosenkohl *m*.

**spruce**[1] □ [spruːs] schmuck, nett.

**spruce**[2] ♦ [~] *a.* ~ *fir* Fichte *f*, Rottanne *f*.

**sprung** [sprʌŋ] *pret.* (%) *u. p.p.* von *spring* 2.

**spry** [sprai] munter, flink.

**spun** [spʌn] *pret. u. p.p. von spin* 1.

**spur** [spəː] 1. Sporn *m* (*a. zo.*, ♦); *fig.* Ansporn *m*; Vorsprung *m*, Ausläufer *m s-s Berges*; *on the* ~ *of the moment* der Eingebung des Augenblicks folgend; spornstreichs; 2. (an)spornen.

**spurious** □ ['spjuəriəs] unecht, gefälscht.

**spurn** [spəːn] verschmähen, verächtlich zurückweisen.

**spurt** [spəːt] 1. alle *s-e* Kräfte zu.nehmen; *Sport:* spurten; *s. spirt*; 2. plötzliche Anstrengung, Ruck *m*; *Sport:* Spurt *m*.

**sputter** ['spʌtə] 1. Gesprudel *n*; 2. (hervor)sprudeln; spritzen.

**spy** [spai] 1. Späher(in); Spion(in); 2. (er)spähen; erblicken; spionieren; ~**glass** ['spaiglɑːs] Fernglas *n*; ~**hole** Guckloch *n*.

**squabble** ['skwɔbl] 1. Zank *m*, Kabbelei *f*; 2. (sich) zanken.

**squad** [skwɔd] Rotte *f*, Trupp *m*; ~**ron** ['skwɔdrən] ⋈ Schwadron *f*; ⚓ Staffel *f*; ♦ Geschwader *n*.

**squalid** □ ['skwɔlid] schmutzig, armselig.

**squall** [skwɔːl] 1. ♦ Bö *f*; Schrei *m*; ~*s pl.* Geschrei *n*; 2. schreien.

**squalor** ['skwɔlə] Schmutz *m*.

**squander** ['skwɔndə] verschwenden.

**square** [skwɛə] 1. □ viereckig; quadratisch; rechtwinklig; eckig; passend, stimmend; in Ordnung; direkt; quitt, gleich; ehrlich, offen; F altmodisch, spießig; ~ *measure* Flächenmaß *n*; ~ *mile* Quadratmeile *f*; 2. Quadrat *n*; Viereck *n*; *Schach*-Feld *n*; *öffentlicher Platz*; Winkelmaß *n*; F altmodischer Spießer; 3. *v/t.* viereckig machen; einrichten (*with* nach), anpassen (*dat.*); ✝ be-, ausgleichen; *v/i.* passen (*with* zu); übereinstimmen; ~**built** ['skwɛə'bilt] vierschrötig; ~ *dance* Quadrille *f*; ~**toes** *sg.* F Pedant *m*.

**squash**[1] [skwɔʃ] 1. Gedränge *n*; Fruchtsaft *m*; Platsch(en *n*) *m*; Rakettspiel *n*; 2. (zer-, zu.-)quetschen; drücken.

**squash**[2] ♦ [~] Kürbis *m*.

**squat** [skwɔt] 1. kauernd; untersetzt; 2. hocken, kauern; ~*ter* ['skwɔtə] *Am.* Schwarzsiedler *m*; *Australien:* Schafzüchter *m*.

**squawk** [skwɔːk] 1. kreischen, schreien; 2. Gekreisch *n*, Geschrei *n*.

**squeak** [skwiːk] quieken, quietschen.

**squeal** [skwiːl] quäken; gell schreien; quieken.

**squeamish** □ ['skwiːmiʃ] empfindlich; mäkelig; heikel; penibel.

**squeeze** [skwiːz] 1. (sich) drücken, (sich) quetschen; auspressen; *fig.* (be)drängen; 2. Druck *m*; Gedränge *n*; ~*r* ['skwiːzə] Presse *f*.

**squelch** F [skweltʃ] zermalmen.

**squid** *zo.* [skwid] Tintenfisch *m*.

**squint** [skwint] schielen; blinzeln.

**squire** ['skwaiə] 1. Gutsbesitzer *m*; (Land)Junker *m*; *Am.* F (Friedens-) Richter *m*; 2. *e-e Dame* begleiten.

**squirm** F [skwəːm] sich winden.

**squirrel** *zo.* ['skwirəl, *Am.* 'skwəːrəl] Eichhörnchen *n*.

**squirt** [skwəːt] 1. Spritze *f*; Strahl *m*; F Wichtigtuer *m*; 2. spritzen.

**stab** [stæb] 1. Stich *m*; 2. *v/t.* (er-) stechen; *v/i.* stechen (*at* nach).

**stability** [stə'biliti] Stabilität *f*; Standfestig-, Beständigkeit *f*; ~**ze** ['steibilaiz] stabilisieren (*a.* ⋈).

**stable**[1] □ ['steibl] stabil, fest.

**stable**[2] [~] 1. Stall *m*; 2. einstallen.

**stack** [stæk] 1. ✗ (Heu-, Stroh-, Getreide)Schober *m*; Stapel *m*; Schornstein(reihe *f*) *m*; Regal *n*; ~*s pl. Am.* Hauptmagazin *n e-r*

*Bibliothek;* F Haufen *m;* 2. aufstapeln.

**stadium** ['steidjəm] *Sport:* Stadion *n,* Sportplatz *m,* Kampfbahn *f.*

**staff** [sta:f] 1. Stab *m (a. ⚇),* Stock *m;* Stütze *f;* ♪ Notensystem *n;* Personal *n;* Belegschaft *f;* Beamten-, Lehrkörper *m;* 2. (mit Personal, Beamten *od.* Lehrern) besetzen.

**stag** *zo.* [stæg] Hirsch *m.*

**stage** [steidʒ] 1. Bühne *f,* Theater *n; fig.* Schauplatz *m;* Stufe *f,* Stadium *n;* Teilstrecke *f,* Etappe *f;* Haltestelle *f;* Gerüst *n,* Gestell *n;* 2. inszenieren; ~coach ['steidʒkout∫] Postkutsche *f;* ~craft dramatisches Talent; Theatererfahrung *f;* ~direction Bühnenanweisung *f;* ~fright Lampenfieber *n;* ~manager Regisseur *m.*

**stagger** ['stægə] 1. *v/i.* (sch)wanken, taumeln; *fig.* stutzen; *v/t.* ins Wanken bringen; staffeln; 2. Schwanken *n;* Staffelung *f.*

**stagna|nt** □ ['stægnənt] stehend (*Wasser*); stagnierend; stockend; träg; ♱ still; ~te [~neit] stocken.

**staid** □ [steid] gesetzt, ruhig.

**stain** [stein] 1. Fleck(en) *m (a. fig.);* Beize *f;* 2. fleckig machen; *fig.* beflecken; beizen, färben; ~ed glass buntes Glas; ~less □ ['steinlis] ungefleckt; *fig.* fleckenlos; rostfrei.

**stair** [stɛə] Stufe *f;* ~*s pl.* Treppe *f,* Stiege *f;* ~case ['stɛəkeis], ~way Treppe(nhaus *n) f.*

**stake** [steik] 1. Pfahl *m;* Marterpfahl *m;* (Spiel)Einsatz *m (a. fig.);* ~*s pl. Pferderennen:* Preis *m;* Rennen *n; pull up ~s Am.* F abhauen; *be at ~ auf* dem Spiel stehen; 2. (um)pfählen; aufs Spiel setzen; ~ out, ~ off abstecken.

**stale** □ [steil] alt; schal, abgestanden; verbraucht (*Luft*); fad.

**stalk** [stɔ:k] 1. Stengel *m,* Stiel *m;* Halm *m; hunt.* Pirsch *f;* 2. *v/i.* einherstolzieren; heranschleichen; *hunt.* pirschen; *v/t.* beschleichen.

**stall** [stɔ:l] 1. (Pferde)Box *f;* (Verkaufs)Stand *m,* Marktbude *f; thea.* Sperrsitz *m;* 2. *v/t.* einstallen; *Motor* abwürgen; *v/i. mot.* aussetzen.

**stallion** ['stæljən] Hengst *m.*

**stalwart** □ ['stɔ:lwət] stramm, stark.

**stamina** ['stæminə] Ausdauer *f.*

**stammer** ['stæmə] 1. stottern, stammeln; 2. Stottern *n.*

**stamp** [stæmp] 1. (Auf)Stampfen *n;* ⊕ Stampfe(r *m) f;* Stempel *m (a. fig.);* (Brief)Marke *f;* Gepräge *n;* Art *f;* 2. (auf)stampfen; prägen; stanzen; (ab)stempeln (*a. fig.*); frankieren.

**stampede** [stæm'pi:d] 1. Panik *f,* wilde Flucht; 2. *v/i.* durchgehen; *v/t.* in Panik versetzen.

**stanch** [sta:nt∫] 1. hemmen; stillen; 2. □ fest; zuverlässig; treu.

**stand** [stænd] 1. [*irr.*] *v/i. allg.* stehen; sich befinden; beharren; *mst* ~still stillstehen, stehenbleiben; bestehen (bleiben); ~ against *j-m* widerstehen; ~aside beiseite treten; ~ back zurücktreten; ~ by dabeistehen; *fig.* (fest) stehen zu; helfen; bereitstehen; ~ for kandidieren für; bedeuten; eintreten für; F sich *et.* gefallen lassen; ~ in einspringen; ~ in with sich gut stellen mit; ~ off zurücktreten (von); ~ off! weg da! ~ on (*fig.* be)stehen auf; ~ out hervorstehen; sich abheben (*against* gegen); standhalten (*dat.*); ~ over stehen *od.* liegen bleiben; ~ pat *Am.* F stur bleiben; ~ to bleiben bei; ~ up aufstehen; sich erheben; ~ up for eintreten für; ~ up to sich zur Wehr setzen gegen; standhalten (*dat.*); ~ upon (*fig.* be)stehen auf (*dat.*); ~ (hin)stellen; aushalten, (v)ertragen; über sich ergehen lassen; F spendieren; 2. Stand *m;* Standplatz *m;* Bude *f;* Standpunkt *m;* Stillstand *m;* Ständer *m;* Tribüne *f; bsd. Am.* Zeugenstand *m; make a od.* one's ~ *against* standhalten (*dat.*).

**standard** ['stændəd] 1. Standarte *f,* Fahne *f;* Standard *m,* Norm *f,* Regel *f;* Maßstab *m;* Niveau *n;* Stufe *f;* Münzfuß *m;* Währung *f;* Ständer *m,* Mast *m;* 2. maßgebend; Normal...; ~ize [~daiz] norm(ier)en.

**stand-by** ['stændbai] Beistand *m.*

**standee** [stæn'di:] Stehende(r) *m; Am.* Stehplatzinhaber *m.*

**standing** ['stændiŋ] 1. □ stehend; fest; (be)ständig; ~ orders *pl. parl.* Geschäftsordnung *f;* 2. Stellung *f,* Rang *m,* Ruf *m;* Dauer *f; of long ~* alt; ~-room Stehplatz *m.*

**stand|off** *Am.* ['stændɔːf] Unentschieden *n;* Dünkel *m;* ~offish [~d'ɔːfi∫] zurückhaltend; ~patter *Am. pol.* [stænd'pætə] sturer Konservativer; ~point ['stændpoint] Standpunkt *m;* ~still Stillstand *m;* ~up: ~ collar Stehkragen *m.*

**stank** [stæŋk] *pret. von stink* 2.

**stanza** ['stænzə] Stanze *f;* Strophe *f.*

**staple**[1] ['steipl] Haupterzeugnis *n;* Hauptgegenstand *m; attr.* Haupt...

**staple**[2] [~] Krampe *f;* Heftklammer *f.*

**star** [sta:] 1. Stern *m; thea.* Star *m;* ~*s and Stripes pl. Am.* Sternenbanner *n;* 2. mit Sternen schmücken; *thea., fig.* die Hauptrolle spielen.

**starboard** ⚓ ['sta:bɔ:d] 1. Steuerbord *n;* 2. *Ruder* steuerbord legen.

**starch** [sta:t∫] 1. (Wäsche)Stärke *f; fig.* Steifheit *f;* 2. stärken.

**stare** [stɛə] 1. Starren *n;* Staunen *n;* starrer Blick; 2. starren, staunen.

**stark** [staːk] **1.** *adj.* starr; bar, völlig (*Unsinn*); **2.** *adv.* völlig.

**starlight** ['staːlait] Sternenlicht *n.*

**starling** *orn.* ['staːliŋ] Star *m.*

**starlit** ['staːlit] sternenklar.

**star|ry** ['staːri] Stern(en)...; gestirnt; **~spangled** ['staːspæŋgld] sternenbesät; ♀ *Banner Am.* Sternenbanner *n.*

**start** [staːt] **1.** Auffahren *n*, Stutzen *n*; Ruck *m*; *Sport:* Start *m*; Aufbruch *m*; Anfang *m*; *fig.* Vorsprung *m*; get the ~ of s.o. j-m zuvorkommen; **2.** *v/i.* aufspringen, auffahren; stutzen; *Sport:* starten; abfahren; aufbrechen; *mot.* anspringen; anfangen (*on* mit; *doing* zu tun); *v/t.* in Gang bringen; *mot.* anlassen; *Sport:* starten (lassen); aufjagen; *fig.* anfangen; veranlassen (*doing* zu tun); **~er** ['staːtə] *Sport:* Starter *m*; Läufer *m*; *mot.* Anlasser *m.*

**startl|e** ['staːtl] (*er-, auf*)schrecken, **~ing** [.liŋ] bestürzend, überraschend, aufsehenerregend.

**starv|ation** [staː'veiʃən] (Ver)Hungern *n*, Hungertod *m*; *attr.* Hunger...; **~e** [staːv] verhungern (lassen); *fig.* verkümmern (lassen).

**state** [steit] **1.** Zustand *m*; Stand *m*; Staat *m*; *pol. mst* ♀ Staat *m*; *attr.* Staats...; *in* ~ feierlich; **2.** angeben; darlegen, darstellen; feststellen; melden; *Regel etc.* aufstellen; ♀ **Department** *Am. pol.* Außenministerium *n*; **~ly** ['steitli] stattlich; würdevoll; erhaben; **~ment** [.tmənt] Angabe *f*; Aussage *f*; Darstellung *f*; Feststellung *f*; Aufstellung *f*; ♦ (~ of account Konto-)Auszug *m*; **~room** Staatszimmer *n*; ♠ Einzelkabine *f*; **~side** *Am.* F **1.** *adj.* USA-..., Heimat...; **2.** *adv.:* go ~ heimkehren; **~sman** [.smən] Staatsmann *m.*

**static** ['stætik] statisch, Ruhe...

**station** ['steiʃən] **1.** Stand(ort *m*) Stelle *f*; Stellung *f*; ✕, ♦, ⚓ Station *f*; Bahnhof *m*; Rang *m*, Stand *m*; **2.** aufstellen, postieren, stationieren; **~ary** □ [.ʃnəri] stillstehend; feststehend; **~ery** [.ʃəri] Schreibwaren *f/pl.*; **~master** ⚓ Stationsvorsteher *m*; ~ **wagon** *Am. mot.* Kombiwagen *m.*

**statistics** [stə'tistiks] *pl.* Statistik *f.*

**statu|ary** ['stætjuəri] Bildhauer(-kunst *f*) *m*; **~e** [.juː] Standbild *n*, Plastik *f*, Statue *f.*

**stature** ['stætʃə] Statur *f*, Wuchs *m.*

**status** ['steitəs] Zustand *m*; Stand *m.*

**statute** ['stætjuːt] Statut *n*, Satzung *f*; (Landes)Gesetz *n.*

**staunch** [stɔːntʃ] *s.* stanch.

**stave** [steiv] **1.** Faßdaube *f*; Strophe *f*; **2.** [*irr.*] *mst* ~ in ein Loch schlagen in (*acc.*); ~ off abwehren.

**stay** [stei] **1.** ♠ Stag *n*; ⊕ Strebe *f*; Stütze *f*; Aufschub *m*; Aufenthalt *m*; **~s** *pl.* Korsett *n*; **2.** bleiben; wohnen; (sich) aufhalten; Ausdauer haben; hemmen; aufschieben; *Hunger* vorläufig stillen; stützen; **~er** ['steiə] *Sport:* Steher *m.*

**stead** [sted] Stelle *f*, Statt *f*; **~fast** □ ['stedfəst] fest, unerschütterlich; standhaft; unverwandt (*Blick*).

**steady** ['stedi] **1.** □ (be)ständig; stetig; sicher; fest; ruhig; gleichmäßig; unerschütterlich; zuverlässig; **2.** stetig *od.* sicher machen *od.* werden; (sich) festigen; stützen; (sich) beruhigen; **3.** *Am.* F feste Freundin, fester Freund.

**steal** [stiːl] **1.** [*irr.*] *v/t.* stehlen (*a. fig.*); *v/i.* sich stehlen *od.* schleichen; **2.** *Am.* Diebstahl *m.*

**stealth** [stelθ] Heimlichkeit *f*; by ~ heimlich; **~y** □ ['stelθi] verstohlen.

**steam** [stiːm] **1.** Dampf *m*; Dunst *m*; *attr.* Dampf...; **2.** *v/i.* dampfen; ~ up beschlagen (*Glas*); *v/t.* ausdünsten; dämpfen; **~er** ♠ ['stiːmə] Dampfer *m*; **~y** □ [.mi] dampfig; dampfend; dunstig.

**steel** [stiːl] **1.** Stahl *m*; **2.** stählern; Stahl...; **3.** (ver)stählen.

**steep** [stiːp] **1.** steil, jäh; F toll; **2.** einweichen; einlegen; eintauchen; tränken; *fig.* versenken.

**steeple** ['stiːpl] Kirchturm *m*; **~chase** *Sport:* Hindernisrennen *n.*

**steer¹** [stiə] junger Ochse.

**steer²** [.] steuern; **~age** ⚓ ['stiəridʒ] Steuerung *f*; Zwischendeck *n*; **~ing-wheel** [.riŋwiːl] Steuerrad *n*; *mot.* Lenkrad *n*; **~sman** ♠ [.əzmən] Rudergänger *m.*

**stem** [stem] **1.** (Baum-, Wort-)Stamm *m*; Stiel *m*; Stengel *m*; ♠ Vordersteven *m*; **2.** *Am.* (ab)stammen (*from* von); sich stemmen gegen, ankämpfen gegen.

**stench** [stentʃ] Gestank *m.*

**stencil** ['stensl] Schablone *f*; *typ.* Matrize *f*. [graph(in).]

**stenographer** [ste'nəgrəfə] Steno-]

**step¹** [step] **1.** Schritt *m*, Tritt *m*; *fig.* Strecke *f*; Fußstapfe *f*; (Treppen)Stufe *f*; Trittbrett *n*; **~s** *pl.* Trittleiter *f*; **2.** *v/i.* schreiten; treten, gehen; ~ out ausschreiten; *v/t.* ~ off, ~ out abschreiten; ~ up ankurbeln.

**step²** [.] *in Zsgn* Stief...; **~father** ['stepfɑːðə] Stiefvater *m*; **~mother** Stiefmutter *f.*

**steppe** [step] Steppe *f.*

**stepping-stone** *fig.* ['stepiŋstoun] Sprungbrett *n.*

**steril|e** ['sterail] unfruchtbar; steril; **~ity** [ste'riliti] Sterilität *f*; **~ize** ['sterilaiz] sterilisieren.

**sterling** ['stəːliŋ] vollwertig, echt; gediegen; † Sterling *m* (*Währung*).

**stern** [stəːn] **1.** ernst, finster, streng, hart; **2.** ♠ Heck *n*; **~ness**

['stəːnnis] Ernst *m*; Strenge *f*;
~post ♣ Hintersteven *m*.
stevedore ♣ ['stiːvidɔː] Stauer *m*.
stew [stjuː] 1. schmoren, dämpfen;
2. Schmorgericht *n*; F Aufregung *f*.
steward [stjuəd] Verwalter *m*; ♣,
✈ Steward *m*; (Fest)Ordner *m*;
~ess ♣, ✈ ['stjuːdis] Stewardeß *f*.
stick [stik] 1. Stock *m*; Stecken *m*;
Stab *m*; (Besen- *etc.*)Stiel *m*; Stange
*f*; F Klotz *m* (*unbeholfener Mensch*);
~s *pl.* Kleinholz *n*; the ~s *pl.* Am. F
die hinterste Provinz; 2. [*irr.*] *v/i.*
stecken (bleiben); haften; kleben
(to an *dat.*); ~ at nothing vor nichts
zurückscheuen; ~ out; ~ up hervorstehen; F standhalten; ~ to bleiben
bei; *v/t.* (ab)stecken; (an)stecken,
(an)heften; (an)kleben; F ertragen;
~ing-plaster ['stikiŋplɑːstə] Heftpflaster *n*.
sticky □ ['stiki] kleb(e)rig; zäh.
stiff □ [stif] äteif; starr; hart; fest;
mühsam; stark (*Getränk*); be bored
~ F zu Tode gelangweilt sein; keep
a ~ upper lip die Ohren steifhalten;
~en ['stifn] (sich) (ver)steifen;
~necked [~'nekt] halsstarrig.
stifle ['staifl] ersticken (a. *fig.*).
stigma ['stigmə] (Brand-, Schand-)
Mal *n*; Stigma *n*; ~tize [~ətaiz]
brandmarken.
stile [stail] Zauntritt *m*, Zaunüber-
gang *m*.
still [stil] 1. *adj.* still; 2. *adv.* noch
(immer); 3. *cj.* doch, dennoch;
4. stillen; beruhigen; 5. Destillier-
apparat *m*; ~born ['stilbɔːn] tot-
geboren; ~ life Stilleben *n*; ~ness
Stille *f*, Ruhe *f*.
stilt [stilt] Stelze *f*; ~ed ['stiltid]
gespreizt, hochtrabend, geschraubt.
stimul|ant ['stimjulənt] 1. ⚕ stimu-
lierend; 2. ⚕ Reizmittel *n*; Genuß-
mittel *n*; Anreiz *m*; ~ate [~leit]
(an)reizen; anregen; ~ation [stimju-
'leiʃən] Reizung *f*, Antrieb *m*; ~us
['stimjuləs] Antrieb *m*; Reizmittel *n*.
sting [stiŋ] 1. Stachel *m*; Stich *m*,
Biß *m*; *fig.* Schärfe *f*; Antrieb *m*;
2. [*irr.*] stechen; brennen; schmerzen; (an)treiben.
sting|iness ['stindʒinis] Geiz *m*; ~y
□ ['stindʒi] geizig; knapp, karg.
stink [stiŋk] 1. Gestank *m*; 2. [*irr.*]
*v/i.* stinken; *v/t.* verstänkern.
stint [stint] 1. Einschränkung *f*;
Arbeit *f*; 2. knausern mit; einschränken; *j-n* knapp halten.
stipend ['staipend] Gehalt *n*.
stipulat|e ['stipjuleit] *a.* ~ for aus-
bedingen, ausmachen, vereinbaren;
~ion [stipju'leiʃən] Abmachung *f*;
Klausel *f*, Bedingung *f*.
stir [stəː] 1. Regung *f*; Bewegung *f*;
Rühren *n*; Aufregung *f*; Aufsehen
*n*; 2. (sich) rühren; umrühren, bewegen; aufregen; ~ up aufrühren;
aufrütteln.

stirrup ['stirəp] Steigbügel *m*.
stitch [stitʃ] 1. Stich *m*; Masche *f*;
Seitenstechen *n*; 2. nähen; heften.
stock [stɔk] 1. (Baum)Strunk *m*;
Pfropfunterlage *f*; Griff *m*, Kolben
*m* 6-*s Gewehrs*; Stamm *m*, Herkunft *f*; Rohstoff *m*; (Fleisch-,
Gemüse)Brühe *f*; Vorrat *m*, (Waren)Lager *n*; (Wissens)Schatz *m*;
*a. live*~ Vieh(bestand *m*) *n*; ✝
Stammkapital *n*; Anleihekapital *n*; ~s
*pl.* Effekten *pl.*; Aktien *f/pl.*; Staatspapiere *n/pl.*; ~s *pl.* ♣ Stapel *m*; in
(out of) ~ (nicht) vorrätig; take ~ ✝
Inventur machen; take ~ of *fig.* sich
klarwerden über (*acc.*); 2. vorrätig;
ständig; gängig; Standard...; 3. versorgen; *Waren* führen; ✝ vorrätig
haben.
stockade [stɔ'keid] Staket *n*.
stock|-breeder ['stɔkbriːdə] Vieh-
züchter *m*; ~broker ✝ Börsen-
makler *m*; ~exchange ✝ Börse *f*;
~farmer Viehzüchter *m*; ~holder
✝ Aktionär(in).
stockinet [stɔki'net] Trikot *n*.
stocking ['stɔkiŋ] Strumpf *m*.
stock|jobber ✝ ['stɔkdʒɔbə] Börsen-
makler *m*; ~market ✝ Börse *f*;
~still unbewegt; ~taking Inventur *f*; ~y ['stɔki] stämmig.
stogie, ~y Am. ['stougi] billige
Zigarre.
stoic ['stouik] 1. stoisch; 2. Stoiker
*m*.
stoker ['stoukə] Heizer *m*.
stole [stoul] *pret. von* steal 1; ~n
['stoulən] *p.p. von* steal 1.
stolid □ ['stɔlid] schwerfällig;
gleichmütig; stur.
stomach ['stʌmək] 1. Magen *m*;
Leib *m*, Bauch *m*; *fig.* Lust *f*; 2. verdauen, vertragen; *fig.* ertragen.
stomp Am. [stɔmp] (auf)stampfen.
stone [stoun] 1. Stein *m*; (Obst-)
Kern *m*; *Gewichtseinheit von 6,35 kg*;
2. steinern; Stein...; 3. steinigen;
entsteinen; ~blind [stoun'blaind]
stockblind; ~dead mausetot;
~ware [~nwɛə] Steingut *n*.
stony ['stouni] steinig; *fig.* steinern.
stood [stud] *pret. u. p.p. von* stand 1.
stool [stuːl] Schemel *m*, ✈ Stuhlgang *m*; ~pigeon Am. ['stuːl-
pidʒin] Lockvogel *m*; Spitzel *m*.
stoop [stuːp] 1. *v/i.* sich bücken;
sich erniedrigen *od.* herablassen;
krumm gehen; *v/t.* neigen; 2. ge-
beugte Haltung; Am. Veranda *f*.
stop [stɔp] 1. *v/t.* anhalten; hindern;
aufhören; *a.* ~ up (ver)stopfen;
*Zahn* plombieren; (ver)sperren;
*Zahlung* einstellen; *Lohn* einbehal-
ten; *v/i.* stehenbleiben; aufhören;
halten; F bleiben; ~ dead, ~ short
plötzlich anhalten; ~ over halt-
machen; 2. (Ein)Halt *m*; Pause *f*;
Hemmung *f*; ⊕ Anschlag *m*; Aufhören *n*, Ende *n*; Haltestelle *f*; *mst*

*full ~ gr.* Punkt *m;* ~gap ['stɔpgæp]
Notbehelf *m;* ~page [~pidʒ] Verstopfung *f;* (Zahlungs- *etc.*)Ein-
stellung *f;* Sperrung *f;* (Lohn)Ab-
zug *m;* Aufenthalt *m;* ⊕ Hemmung
*f;* Betriebsstörung *f;* (Verkehrs-)
Stockung *f;* ~per [~pə] Stöpsel *m;*
~ping ✠ [~piŋ] Plombe *f.*

**storage** ['stɔːridʒ] Lagerung *f,*
Aufbewahrung *f;* Lagergeld *n.*

**store** [stɔː] **1.** Vorrat *m; fig.* Fülle *f;*
Lagerhaus *n; Am.* Laden *m;* ~s *pl.*
Kauf-, Warenhaus *n; in ~* vorrätig,
auf Lager; **2.** *a. ~ up* (auf)speichern;
(ein)lagern; versorgen; ~house
Lagerhaus *n; fig.* Schatzkammer *f;*
~keeper Lagerverwalter *m; Am.*
Ladenbesitzer *m.*

**stor(e)y** ['stɔːri] Stock(werk *n*) *m.*

**storeyed** ['stɔːrid] mit ... Stock-
werken, ...stöckig.

**storied** [~] *s.* storeyed.

**stork** [stɔːk] Storch *m.*

**storm** [stɔːm] **1.** Sturm *m;* Gewitter *n;* **2.** stürmen; toben; ~y ['stɔː-
mi] stürmisch.

**story** ['stɔːri] Geschichte *f;* Erzählung *f;* Märchen *n; thea.* Handlung
*f;* F Lüge *f; short ~* Kurzgeschich-
te *f.*

**stout** [staut] **1.** □ stark, kräftig;
derb; dick; tapfer; **2.** Starkbier *n.*

**stove** [stouv] **1.** Ofen *m;* Herd *m;*
**2.** *pret. u. p.p. von* stave **2.**

**stow** [stou] (ver)stauen, packen;
~away ⚓ ['stouəweɪ] blinder Passagier.

**straddle** ['strædl] (die Beine) spreizen; rittlings sitzen auf (*dat.*); *Am.*
*fig.* es mit beiden Parteien halten;
schwanken.

**straggle** ['strægl] verstreut *od.* einzeln liegen; umherstreifen; bummeln; *fig.* abschweifen; ⚘ wuchern;
~ing □ [~liŋ] weitläufig, lose.

**straight** [streit] **1.** *adj.* gerade; *fig.*
aufrichtig, ehrlich; glatt (*Haar*);
*Am.* pur, unverdünnt; *Am. pol.*
hundertprozentig; *put ~* in Ordnung bringen; **2.** *adv.* gerade(wegs);
geradeaus; direkt; sofort; *~ away*
sofort; *~ out* rundheraus; ~en
['streitn] gerade machen *od.* werden; *~ out* in Ordnung bringen;
~forward □ [streit'fɔːwəd] gerade;
ehrlich, redlich.

**strain** [strein] **1.** Abstammung *f;*
Art *f;* ⊕ Spannung *f;* (Über)An-
strengung *f;* starke Inanspruchnahme (*on gen.*); Druck *m;* ♫ Zerrung *f;* Ton *m; mst ~s pl.* ♩ Weise *f;*
Hang *m* (*of zu*); **2.** *v/t.* (an)spannen;
(über)anstrengen; überspannen; ⊕
beanspruchen; ♫ zerren; durch-
seihen; *v/i.* sich spannen; sich anstrengen; sich abmühen (*after um*);
zerren (*at an dat.*); ~er ['streinə]
Durchschlag *m;* Filter *m;* Sieb *n.*

**strait** [streit] (*in Eigennamen* ℒs *pl.*)

Meerenge *f,* Straße *f;* ~s *pl.* Not
(-lage) *f;* ~ *jacket* Zwangsjacke *f;*
~ened ['streitnd] dürftig; in Not.

**strand** [strænd] **1.** Strand *m;*
Strähne *f* (*a. fig.*); **2.** auf den Strand
setzen; *fig.* stranden (lassen).

**strange** [streindʒ] fremd (*a. fig.*);
seltsam; ~r ['streindʒə] Fremde(r)
*m.*

**strangle** ['stræŋgl] erwürgen.

**strap** [stræp] **1.** Riemen *m;* Gurt *m;*
Band *n;* **2.** an-, festschnallen; mit
Riemen peitschen.     [List *f.*)

**stratagem** ['strætidʒəm] (Kriegs-)]

**strateg|ic** [strəˈtiːdʒik] (*~ally*) stra-
tegisch; ~y ['strætidʒi] Kriegs-
kunst *f,* Strategie *f.*

**strat|um** *geol.* ['strɑːtəm], *pl.* ~a
[~tə] Schicht *f* (*a. fig.*), Lage *f.*

**straw** [strɔː] **1.** Stroh(halm *m*) *n;*
**2.** Stroh...; ~ *vote Am.* Probeab-
stimmung *f;* ~berry ['strɔːbəri]
Erdbeere *f.*

**stray** [streɪ] **1.** irregehen; sich verirren; abirren; umherschweifen;
**2.** *a. ~ed* verirrt; vereinzelt; **3.** ver-
irrtes Tier.

**streak** [striːk] **1.** Strich *m,* Streifen
*m; fig.* Ader *f,* Spur *f;* kurze
Periode; ~ *of lightning* Blitzstrahl *m;*
**2.** streifen; jagen, F flitzen.

**stream** [striːm] **1.** Bach *m;* Strom
*m;* Strömung *f;* **2.** *v/i.* strömen;
triefen; flattern; *v/t.* strömen lassen; ausströmen; ~er ['striːmə]
Wimpel *m;* (fliegendes) Band;
Lichtstrahl *m; typ.* Schlagzeile *f.*

**street** [striːt] Straße *f;* ~car *Am.*
['striːtkɑː] Straßenbahn(wagen *m*) *f.*

**strength** [streŋθ] Stärke *f,* Kraft *f;*
*on the ~ of* auf ... hin, auf Grund
(*gen.*); ~en ['streŋθən] *v/t.* stärken,
kräftigen; bestärken; *v/i.* erstarken.

**strenuous** □ ['strenjuəs] rührig,
emsig; eifrig; anstrengend.

**stress** [stres] **1.** Druck *m;* Nachdruck *m;* Betonung *f* (*a. gr.*);
*fig.* Schwergewicht *n;* Ton *m; psych.*
Stress *m;* **2.** betonen.

**stretch** [stretʃ] **1.** *v/t.* strecken;
(aus)dehnen; *mst ~ out* ausstrecken;
(an)spannen; *fig.* überspannen; *Gesetz* zu weit auslegen; *v/i.* sich (er-)
strecken; sich dehnen (lassen);
**2.** Strecken *f;* Dehnung *f;* (An-)
Spannung *f;* Übertreibung *f,*
Überschreitung *f;* Strecke *f,* Fläche
*f;* ~er ['stretʃə] Tragbahre *f;*
Streckvorrichtung *f.*

**strew** [struː] (*irr.*) (be)streuen; ~n
[~uːn] *p.p. von* strew.

**stricken** ['strikən] **1.** *p.p. von* strike
**2.**; **2.** *adj.* ge~, betroffen.

**strict** [strikt] streng; genau; *~ly*
*speaking* strenggenommen; ~ness
['striktnis] Genauigkeit *f;* Strenge *f.*

**stridden** ['stridn] *p.p. von* stride **1.**

**stride** [straid] **1.** (*irr.*) *v/t.* über-,
durchschreiten; **2.** (weiter) Schritt.

strident □ ['straidnt] kreischend.
strife [straif] Streit m, Hader m.
strike [straik] 1. Streik m; (Öl-,
Erz)Fund m; fig. Treffer m; ✕
(Luft)Angriff m auf ein Einzelziel;
Am. Baseball: Verlustpunkt m; be
on ~ streiken; 2. [irr.] v/t. treffen,
stoßen; schlagen; gegen od. auf
(acc.) schlagen od. stoßen; stoßen
od. treffen auf (acc.); Flagge etc.
streichen; Ton anschlagen; auf-
fallen (dat.); ergreifen; Handel abschließen; Streichholz, Licht anzünden; Wurzel schlagen; Pose
annehmen; Bilanz ziehen; ~ up
♪ anstimmen; Freundschaft schließen; v/i. schlagen; ⚓ auf Grund
stoßen; streiken; ~ home (richtig)
treffen; ~r ['straikə] Streikende(r)
□.
striking □ ['straikiŋ] Schlag...; auffallend; eindrucksvoll; treffend.
string [striŋ] 1. Schnur f; Bindfaden m; Band n; Am. F Bedingung
f; (Bogen)Sehne f; ♪ Faser f; ♪
Saite f; Reihe f, Kette f; ~s pl. ♪
Saiteninstrumente n/pl.; Streicher
m/pl.; pull the ~s der Drahtzieher
sein; 2. [irr.] spannen; aufreihen;
besaiten (a. fig.), bespannen; (ver-,
zu)schnüren; Bohnen abziehen;
Am. sl. ~ verkohlen; be strung up
angespannt od. erregt sein; ~band
['striŋbænd] Streichorchester n.
stringent □ ['strindʒənt] streng,
scharf; bindend, zwingend; knapp.
stringy ['striŋi] faserig; zäh.
strip [strip] 1. entkleiden (a. fig.);
(sich) ausziehen, abziehen; fig.
entblößen, berauben; ⊕ auseinandernehmen; ⚓ abtakeln; a. ~ off
ausziehen, abstreifen; 2. Streifen m.
stripe [straip] Streifen m; ✕ Tresse f.
stripling ['stripliŋ] Bürschchen n.
strive [straiv] [irr.] streben; sich
bemühen; ringen (for um); ~n
['strivn] p.p. von strive.
strode [stroud] pret. von stride 1.
stroke [strouk] 1. Schlag m (a. ♫);
Streich m; Stoß m; Strich m; ~ of
luck Glücksfall m; 2. streiche(l)n.
stroll [stroul] 1. schlendern; umherziehen; 2. Bummel m; Spaziergang
m; ~er ['stroulə] Bummler(in),
Spaziergänger(in); Am. (Falt)Sport-
wagen m.
strong □ [strɔŋ] allg. stark; kräftig;
energisch, eifrig; fest; schwer
(Speise etc.); ~box ['strɔŋbɔks]
Stahlkassette f; ~hold Festung f;
fig. Bollwerk n; ~room Stahlkammer f; ~willed eigenwillig.
strop [strɔp] 1. Streichriemen m;
2. Messer abziehen.
strove [strouv] pret. von strive.
struck [strʌk] pret. u. p.p. von
strike 2.
structure ['strʌktʃə] Bau(werk n)
m; Struktur f, Gefüge n; Gebilde n.

struggle ['strʌgl] 1. sich (ab)mühen;
kämpfen, ringen; sich sträuben;
2. Kampf m; Ringen n; Anstrengung f.
strung [strʌŋ] pret. u. p.p. von
string 2.
strut [strʌt] 1. v/i. stolzieren; v/t.
⊕ abstützen; 2. Stolzieren n; ⊕
Strebe(balken m) f; Stütze f.
stub [stʌb] 1. (Baum)Stumpf m;
Stummel m; Am. Kontrollabschnitt
m; 2. (aus)roden; sich den Fuß
stoßen.
stubble ['stʌbl] Stoppel(n pl.) f.
stubborn □ ['stʌbən] eigensinnig;
widerspenstig; stur; hartnäckig.
stuck [stʌk] pret. u. p.p. von stick 2;
~up ['stʌk'ʌp] F hochnäsig.
stud [stʌd] 1. (Wand)Pfosten m;
Ziernagel m; Knauf m; Man-
schetten-, Kragenknopf m; Gestüt n; 2. beschlagen; besetzen;
~book ['stʌdbuk] Gestütbuch n.
student ['stju:dənt] Student(in).
studied □ ['stʌdid] einstudiert; gesucht; gewollt.
studio ['stju:diou] Atelier n; Studio
n; Radio: Aufnahme-, Senderaum m.
studious □ ['stju:djəs] fleißig; be-
dacht; bemüht; geflissentlich.
study ['stʌdi] 1. Studium n; Stu-
dier-, Arbeitszimmer n; paint. etc.
Studie f; be in a brown ~ versunken
sein; 2. (ein)studieren; sich et.
genau ansehen; sich bemühen um.
stuff [stʌf] 1. Stoff m; Zeug n; fig.
Unsinn m; 2. v/t. (voll-, aus)stop-
fen; ~ed shirt Am. sl. Fatzke m; v/i.
sich vollstopfen; ~ing ['stʌfiŋ]
Füllung f; ~y □ ['stʌfi] dumpf(ig),
muffig, stickig; fig. verärgert.
stultify ['stʌltifai] lächerlich machen, blamieren; et. hinfällig machen.
stumble ['stʌmbl] 1. Stolpern n;
Fehltritt m; 2. stolpern; straucheln;
~ upon stoßen auf (acc.).
stump [stʌmp] 1. Stumpf m, Stummel m; 2. v/t. F verblüffen; Am. F
herausfordern; ~ the country als
Wahlredner im Land umherziehen;
v/i. (daher)stapfen; ~y □ ['stʌmpi]
gedrungen; plump.
stun [stʌn] betäuben (a. fig.).
stung [stʌŋ] pret. u. p.p. von sting 2.
stunk [stʌŋk] pret. u. p.p. von stink 2.
stunning □ F ['stʌniŋ] toll, famos.
stunt[1] [stʌnt] Kraft-, Kunststück
n; (Reklame)Trick m; Sensation f.
stunt[2] [⌐] im Wachstum hindern;
~ed ['stʌntid] verkümmert.
stup|efy ['stju:pifai] fig. betäuben;
verblüffen; verdummen; ~endous
□ [stju(:)'pendəs] erstaunlich; ~id
□ ['stju:pid] dumm, einfältig,
stumpfsinnig; blöd; ~idity [stju(:)-
'piditi] Dummheit f; Stumpfsinn
m; ~or ['stju(:)pə] Erstarrung f,
Betäubung f.

sturdy ['stə:di] derb, kräftig, stark; stämmig; stramm; handfest.

stutter ['stʌtə] 1. stottern; 2. Stottern n.

sty¹ [stai] Schweinestall m, Koben m.

sty², stye ♂ [⌐] Gerstenkorn n am Auge.

style [stail] 1. Stil m; Mode f; Betitelung f; 2. (be)nennen, betiteln.

stylish □ ['stailiʃ] stilvoll; elegant; ~ness [⌐niʃ] Eleganz f.

stylo F ['stailou], ~graph [⌐ləgra:f] Tintenkuli m.

suave □ [swa:v] verbindlich; mild.

sub... [sʌb] mst Unter..., unter...; Neben...; Hilfs...; fast ...

subdeb Am. F [sʌb'deb] Backfisch m, junges Mädchen.

subdivision ['sʌbdiviʒən] Unterteilung f; Unterabteilung f.

subdue [səb'dju:] unterwerfen; bezwingen; bändigen; unterdrücken, verdrängen; dämpfen.

subject ['sʌbdʒikt] 1. unterworfen; untergeben, abhängig; untertan; unterliegend (to dat.); be ~ to neigen zu; 2. adv. ~ to vorbehaltlich (gen.); 3. Untertan m, Staatsangehörige(r m) f; phls., gr. Subjekt n; a. ~ matter Thema n, Gegenstand m; 4. [səb'dʒekt] unterwerfen; fig. aussetzen; ~ion [⌐kʃən] Unterwerfung f. [chen.]

subjugate ['sʌbdʒugeit] unterjo-]

subjunctive gr. [səb'dʒʌnktiv] a. ~ mood Konjunktiv m.

sublease ['sʌb'li:s], ~let [irr. (let)] untervermieten.

sublime □ [sə'blaim] erhaben.

submachine-gun ['sʌbmə'ʃi:ngʌn] Maschinenpistole f.

submarine ['sʌbməri:n] 1. unterseeisch; 2. ♣ Unterseeboot n.

submerge [səb'mə:dʒ] untertauchen; überschwemmen.

submission [səb'miʃən] Unterwerfung f; Unterbreitung f; ~ive □ [⌐isiv] unterwürfig.

submit [səb'mit] (sich) unterwerfen; anheimstellen; unterbreiten, einreichen; fig. sich fügen od. ergeben (to in acc.).

subordinate 1. □ [sə'bɔ:dnit] untergeordnet; untergeben; ~ clause gr. Nebensatz m; 2. [⌐] Untergebene(r m) f; 3. [⌐dineit] unterordnen.

suborn gg [sʌ'bɔ:n] verleiten.

subscribe [səb'skraib] v/t. Geld stiften (to für); Summe zeichnen; ~n Namen setzen (to unter acc.); unterschreiben mit; v/i. ~ to Zeitung etc. abonnieren; ~r Meinung zustimmen, es. unterschreiben; ~r [⌐bə] (Unter)Zeichner(in); Abonnent(in); teleph. Teilnehmer(in).

subscription [səb'skripʃən] (Unter-)Zeichnung f; Abonnement n.

subsequent □ ['sʌbsikwent] folgend; später; ~ly hinterher.

subservient □ [səb'sə:vjənt] dienlich; dienstbar; unterwürfig.

subside [səb'said] sinken, sich senken; fig. sich setzen; sich legen (Wind); ~ into verfallen in (acc.); ~iary [⌐'sidjəri] 1. □ Hilfs...; Neben...; untergeordnet; 2. Tochtergesellschaft f; Filiale f; ~ize ['sʌbsidaiz] mit Geld unterstützen; subventionieren; ~y [⌐di] Beihilfe f; Subvention f.

subsist [səb'sist] bestehen; leben (on, by von); ~ence [⌐təns] Dasein n; (Lebens)Unterhalt m.

substance ['sʌbstəns] Substanz f; Wesen n; fig. Hauptsache f; Inhalt m; Wirklichkeit f; Vermögen n.

substantial □ [səb'stænʃəl] wesentlich; wirklich; kräftig; stark; solid; vermögend; namhaft (Summe).

substantiate [səb'stænʃieit] beweisen, begründen, dartun.

substantive gr. ['sʌbstəntiv] Substantiv n, Hauptwort n.

substitut|e ['sʌbstitju:t] 1. an die Stelle setzen od. treten (for von); unterschieben (for statt); 2. Stellvertreter m; Ersatz m; ~ion [sʌbsti-'tju:ʃən] Stellvertretung f; Ersatz m.

subterfuge ['sʌbtəfju:dʒ] Ausflucht f.

subterranean □ [sʌbtə'reinjən] unterirdisch.

sub-title ['sʌbtaitl] Untertitel m.

subtle □ ['sʌtl] fein(sinnig); subtil; spitzfindig; ~ty [⌐ti] Feinheit f.

subtract ♣ [səb'trækt] abziehen, subtrahieren.

subtropical ['sʌb'trɔpikəl] subtropisch.

suburb ['sʌbə:b] Vorstadt f, Vorort m; ~an [sə'bə:bən] vorstädtisch.

subvention [səb'venʃən] 1. Subvention f; 2. subventionieren.

subver|sion [səb'və:ʃən] Umsturz m; ~sive [⌐ʃiv] zerstörend (of acc.); subversiv; ~t [⌐ə:t] (um-)stürzen; untergraben.

subway ['sʌbwei] (bsd. Fußgänger-) Unterführung f; Am. Untergrundbahn f.

succeed [sək'si:d] Erfolg haben; glücken, gelingen; (nach)folgen (dat.); ~ to übernehmen; erben.

success [sək'ses] Erfolg m; ~ful □ [⌐sful] erfolgreich; ~ion [⌐eʃən] (Nach-, Erb-, Reihen)Folge f; Nachkommenschaft f; in ~ nacheinander; ~ive □ [⌐esiv] aufeinanderfolgend; ~or [⌐ə] Nachfolger(in). [fen.]

succo(u)r ['sʌkə] 1. Hilfe f; 2. hel-]

succulent □ ['sʌkjulənt] saftig.

succumb [sə'kʌm] unter~, erliegen.

such [sʌtʃ] solch(er, -e, -es); derartig; so groß; ~ a man ein solcher Mann; ~ as die, welche.

**suck** [sʌk] 1. (ein)saugen; saugen an (dat.); aussaugen; lutschen; 2. Saugen n; ~er ['sʌkə] Saugorgan n; ⚘ Wurzelsproß m; Am. Einfaltspinsel m; ~le ['sʌkl] säugen, stillen; ~ling [~liŋ] Säugling m.

**suction** ['sʌkʃən] (An)Saugen n; Sog m; attr. Saug...

**sudden** 1 ['sʌdn] plötzlich; all of a ~ ganz plötzlich.

**suds** [sʌdz] pl. Seifenlauge f; Seifenschaum m; ~y Am. ['sʌdzi] schaumig, seifig.

**sue** [sjuː] v/t. verklagen; ~ out erwirken; v/i. nachsuchen (for um); klagen.

**suède** [sweid] (feines) Wildleder.

**suet** [sjuit] Nierenfett n; Talg m.

**suffer** ['sʌfə] v/i. leiden (from an dat.); v/t. erleiden, erdulden, (zu)lassen; ~ance [~ərəns] Duldung f; ~er [~rə] Leidende(r m) f; Dulder(in); ~ing [~riŋ] Leiden n.

**suffice** [sə'fais] genügen; ~ it to say es sei nur gesagt.

**sufficien|cy** [sə'fiʃənsi] genügende Menge; Auskommen n; ~t [~nt] genügend, ausreichend.

**suffix** gr. ['sʌfiks] 1. anhängen; 2. Nachsilbe f, Suffix n.

**suffocate** ['sʌfəkeit] ersticken.

**suffrage** ['sʌfridʒ] (Wahl)Stimme f; Wahl-, Stimmrecht n.

**suffuse** [sə'fjuːz] übergießen; überziehen.

**sugar** ['ʃugə] 1. Zucker m; 2. zukkern; ~basin, Am. ~bowl Zuckerdose f; ~cane ⚘ Zuckerrohr n; ~coat überzuckern, versüßen; ~y [~əri] zuckerig; zuckersüß.

**suggest** [sə'dʒest] vorschlagen, anregen; nahelegen; vorbringen; Gedanken eingeben; andeuten; Denken lassen an (acc.); ~ion [~tʃən] Anregung f; Rat m, Vorschlag m; Suggestion f; Eingebung f; Andeutung f; ~ive [~tiv] anregend; andeutend (of acc.); gehaltvoll; zweideutig.

**suicide** ['sjuisaid] 1. Selbstmord m; Selbstmörder(in); 2. Am. Selbstmord begehen.

**suit** [sjuːt] 1. (Herren)Anzug m; (Damen)Kostüm n; Anliegen n; (Heirats)Antrag m; Karten: Farbe f; ⚖ Prozeß m; 2. v/t. j-m passen, zusagen, bekommen; j-n kleiden, j-m stehen, passen zu (Kleidungsstück etc.); ~ oneself tun, was e-m beliebt; ~ s.th. to et. anpassen (dat.); be ~ed geeignet sein (for für), passen (to zu); v/i. passen; ~able ['sjuːtəbl] passend, geeignet; entsprechend; ~case (Hand)Koffer m; ~e [swiːt] Gefolge n; (Reihen)Folge f; ♪ Suite f; a. ~ of rooms Zimmerflucht f; Garnitur f, (Zimmer)Einrichtung f; ~or ['sjuːtə] Freier m; ⚖ Kläger(in).

**sulk** [sʌlk] schmollen, bocken; ~iness ['sʌlkinis] üble Laune; ~s pl. = sulkiness; ~y ['sʌlki] 1. verdrießlich; launisch; schmollend; 2. Sport: Traberwagen m, Sulky n.

**sullen** 1 ['sʌlən] verdrossen, mürrisch.

**sully** ['sʌli] mst fig. beflecken.

**sulphur** ɐ ['sʌlfə] Schwefel m; ~ic [sʌl'fjuːrik] Schwefel...

**sultriness** ['sʌltrinis] Schwüle f.

**sultry** 1 ['sʌltri] schwül; fig. heftig, hitzig.

**sum** [sʌm] 1. Summe f; Betrag m; fig. Inbegriff m, Inhalt m; Rechenaufgabe f; do ~s rechnen; 2. mst ~ up zs.-rechnen; zs.-fassen.

**summar|ize** ['sʌməraiz] (kurz) zs.-fassen; ~y [~ri] 1. ☐ kurz (zs.-gefaßt); ⚖ Schnell...; 2. (kurze) Inhaltsangabe, Auszug m.

**summer** ['sʌmə] Sommer m; ~ resort Sommerfrische f; ~ school Ferienkurs m; ~ly [~əli], ~y [~əri] sommerlich.

**summit** ['sʌmit] Gipfel m (a. fig.).

**summon** ['sʌmən] auffordern; (be-)rufen; ⚖ vorladen; Mut etc. aufbieten; ~s Aufforderung f; ⚖ ⚖ Vorladung f.

**sumptuous** ☐ ['sʌmptjuəs] kostbar.

**sun** [sʌn] 1. Sonne f; attr. Sonnen...; 2. (sich) sonnen; ~bath ['sʌnbaːθ] Sonnenbad n; ~beam Sonnenstrahl m; ~burn Sonnenbräune f; Sonnenbrand m.

**Sunday** ['sʌndi] Sonntag m.

**sun|dial** ['sʌndaiəl] Sonnenuhr f; ~down Sonnenuntergang m.

**sundr|ies** ['sʌndriz] pl. bsd. ✦ Verschiedene(s) n; Extraausgaben f/pl.; ~y [~ri] verschiedene.

**sung** [sʌŋ] pret. u. p.p. von sing.

**sun-glasses** ['sʌnglaːsiz] pl. (a pair of ~ pl. eine) Sonnenbrille f.

**sunk** [sʌŋk] pret. u. p.p. von sink 1.

**sunken** ['sʌŋkən] 1. p.p. von sink 1; 2. adj. versunken; fig. eingefallen.

**sun|ny** ☐ ['sʌni] sonnig; ~rise Sonnenaufgang m; ~set Sonnenuntergang m; ~shade Sonnenschirm m; ~shine Sonnenschein m; ~stroke ⚕ Sonnenstich m.

**sup** [sʌp] zu Abend essen.

**super** F ['sjuːpə] erstklassig, prima, super.

**super|...** ['sjuːpə] Über..., über...; Ober..., ober...; Groß...; ~abundant 1 [sjuːpərə'bʌndənt] überreichlich; überschwenglich; ~annuate [~'rænjueit] pensionieren; ~d ausgedient; veraltet (S.).

**superb** ☐ [sjuː(ː)'pəːb] prächtig; herrlich.

**super|charger** mot. ['sjuːpətʃaːdʒə] Kompressor m; ~cilious [sjuːpə-

'siliəs] hochmütig; ~ficial □ [.~'fi-
ʃəl] oberflächlich; ~fine ['sju:pə-
fain] extrafein; ~fluity [sju:pə-
flu(:)iti] Überfluß m; ~fluous □
[sju:)'pəːfluəs] überflüssig; ~heat
⊕ [sju:pə'hi:t] überhitzen; ~hu-
man □ [.~'hjumən] übermensch-
lich; ~impose ['sju:pərim'pouz]
darauf-, darüberlegen; ~induce
[.~in'dju:s] noch hinzufügen; ~in-
tend [sju:prin'tend] die Oberauf-
sicht haben über (acc.); überwachen; ~intendent [.~dənt] 1. Leiter
m, Direktor m; (Ober)Aufseher m,
Inspektor m; 2. aufsichtführend.

superior [sju:(:)'piəriə] 1. □ ober;
höher(stehend); vorgesetzt; besser,
hochwertiger; überlegen (to dat.);
vorzüglich; 2. Höherstehende(r m)
f, bsd. Vorgesetzte(r m) f; eccl.
Obere(r) m; mst Lady ♀, Mother ♀
eccl. Oberin f; ~ity [sju:(:)piəri'ɔriti]
Überlegenheit f.

super|lative [sju:(:)'pəːlətiv] 1. □
höchst; hervorragend; 2. a. ~ degree
gr. Superlativ m; ~market Super-
markt m; ~natural □ [sju:pə'nætʃ-
rəl] übernatürlich; ~numerary
[.~'njumərəri] 1. überzählig;
2. Überzählige(r m) f; thea. Statist
(-in); ~scription [.~'skripʃən]
Über-, Aufschrift f; ~sede [.~'si:d]
ersetzen; verdrängen; absetzen;
fig. überholen; ~sonic phys. ['sju:-
pə'sonik] Überschall...; ~stition
[sju:pə'stiʃən] Aberglaube m; ~
stitious □ [.~ʃəs] abergläubisch;
~vene [.~'vi:n] noch hinzukommen; unerwartet eintreten; ~vise
['sju:pəvaiz] beaufsichtigen, überwachen; ~vision [sju:pə'viʒən]
(Ober)Aufsicht f; Beaufsichtigung
f; ~visor ['sju:pəvaizə] Aufseher m,
Inspektor m.

supper ['sʌpə] Abendessen n; the
(Lord's) ♀ das Heilige Abendmahl.

supplant [sə'plɑːnt] verdrängen.

supple ['sʌpl] geschmeidig (machen).

supplement 1. ['sʌplimənt] Ergänzung f; Nachtrag m; (Zeitungs-
etc.)Beilage f; 2. [.~ment] ergänzen;
~al □ [sʌpli'mentl], ~ary [.~təri]
Ergänzungs...; nachträglich; Nach-
trags...

suppliant ['sʌpliənt] 1. □ demütig
bittend, flehend; 2. Bittsteller(in).

supplicat|e ['sʌplikeit] demütig
bitten, anflehen; ~ion [sʌpli'keiʃən]
demütige Bitte.

supplier [sə'plaiə] Lieferant(in).

supply [sə'plai] 1. liefern; e-m Mangel abhelfen; e-e Stelle ausfüllen;
vertreten; ausstatten, versorgen;
ergänzen; 2. Lieferung f; Versor-
gung f; Zufuhr f; Vorrat m; Bedarf
m; Angebot n; (Stell)Vertretung f;
mst supplies pl. parl. Etat m.

support [sə'pɔːt] 1. Stütze f; Hilfe f;
⊕ Träger m; Unterstützung f; Lebensunterhalt m; 2. (unter)stützen;
unterhalten, sorgen für (Familie
etc.); aufrechterhalten; (v)ertra-
gen.

suppose [sə'pouz] annehmen; voraussetzen; vermuten; he is ~d to do
er soll tun; ~ we go gehen wir; wie
wär's, wenn wir gingen.

supposed □ [sə'pouzd] vermeintlich; ~ly [.~zidli] vermutlich.

supposition [sʌpə'ziʃən] Voraussetzung f; Annahme f; Vermutung f.

suppress [sə'pres] unterdrücken;
~ion [.~ʃən] Unterdrückung f.

suppurate ['sʌpjuəreit] eitern.

suprem|acy [sju'preməsi] Ober-
hoheit f; Vorherrschaft f; Überlegenheit f; Vorrang m; ~e □
[sju:(:)'pri:m] höchst; oberst;
Ober...; größt.

surcharge [səː'tʃɑːdʒ] 1. überladen;
Zuschlag od. Nachgebühr erheben
von j—m; 2. ['səːtʃɑːdʒ] Überladung
f; (Straf)Zuschlag m; Nachgebühr
f; Überdruck m auf Briefmarken.

sure □ [ʃuə] allg. sicher; to be ~!,
~ enough!, Am. ~! F sicher(lich)!;
~ly ['ʃuəli] sicherlich; ~ty ['ʃuəti]
Bürge m.

surf [səːf] Brandung f.

surface ['səːfis] 1. (Ober)Fläche f;
✕ Tragfläche f; 2. ♣ auftauchen
(U-Boot).

surf|-board ['səːfbɔːd] Wellenrei-
terbrett n; ~boat Brandungsboot
n.

surfeit ['səːfit] 1. Übersättigung f;
Ekel m; 2. (sich) überladen.

surf-riding ['səːfraidiŋ] Sport:
Wellenreiten n.

surge [səːdʒ] 1. Woge f; 2. wogen.

surg|eon ['səːdʒən] Chirurg m;
~ery [.~əri] Chirurgie f; Sprechzimmer n; ~ hours pl. Sprechstun-
de(n pl.) f.

surgical □ ['səːdʒikəl] chirurgisch.

surly □ ['səːli] mürrisch; grob.

surmise 1. ['səːmaiz] Vermutung f;
Argwohn m; 2. [səː'maiz] vermuten; argwöhnen.

surmount [səː'maunt] übersteigen;
überragen; fig. überwinden.

surname ['səːneim] Zu-, Nach-
name m.

surpass fig. [səː'pɑːs] übersteigen,
übertreffen; ~ing [.~iŋ] überragend.

surplus ['səːpləs] 1. Überschuß m,
Mehr n; 2. überschüssig; Über...

surprise [sə'praiz] 1. Überraschung
f; ✕ Überrump(e)lung f; 2. überraschen; ✕ überrumpeln.

surrender [sə'rendə] 1. Übergabe f,
Ergebung f; Kapitulation f; Aufgeben n; 2. v/t. übergeben; aufgeben; v/i. a. ~ o.s. sich ergeben.

surround [sə'raund] umgeben; ✕

umzingeln; ~ing [~diŋ] umliegend; ~ings *pl.* Umgebung *f.*

surtax ['sɔːtæks] Steuerzuschlag *m.*

survey 1. [sɔː'vei] überblicken; mustern; begutachten; *surv.* vermessen; 2. ['sɔːvei] Überblick *m* (*a. fig.*); Besichtigung *f;* Gutachten *n; surv.* Vermessung *f;* ~or [sɔ(ː)-'veiə] Land-, Feldmesser *m.*

surviv|al [sə'vaivəl] Über-, Fortleben *n;* Überbleibsel *n;* ~e [~aiv] überleben; noch leben; fortleben; am Leben bleiben; bestehen bleiben; ~or [~və] Überlebende(r *m) f.*

suscept|ible □ [sə'septəbl] ~ive [~tiv] empfänglich (*of, to* für); empfindlich (gegen); *be ~ of et.* zulassen.

suspect 1. [səs'pekt] (be)argwöhnen; in Verdacht haben, verdächtigen; vermuten, befürchten; 2. ['sʌspekt] Verdächtige(r *m) f;* 3. [~] = ~ed [səs'pektid] verdächtig.

suspend [səs'pend] (auf)hängen; aufschieben; in der Schwebe lassen; *Zahlung* einstellen; aussetzen; suspendieren, sperren; ~ed schwebend; ~er [~də] Strumpf-, Sockenhalter *m;* ~s *pl.* Am. Hosenträger *m/pl.*

suspens|e [səs'pens] Ungewißheit *f;* Unentschiedenheit *f;* Spannung *f;* ~ion [~nʃən] Aufhängung *f;* Aufschub *m;* Einstellung *f;* Suspendierung *f,* Amtsenthebung *f;* Sperre *f;* ~ion bridge Hängebrücke *f;* ~ive □ [~nsiv] aufschiebend.

suspici|on [səs'piʃən] Verdacht *m;* Argwohn *m; fig.* Spur *f;* ~ous □ [~əs] argwöhnisch; verdächtig.

sustain [səs'tein] stützen; *fig.* aufrechterhalten; aushalten; erleiden; *f²* anerkennen; ~ed anhaltend; ununterbrochen.

sustenance ['sʌstinəns] (Lebens-) Unterhalt *m;* Nahrung *f.*

svelte [svelt] schlank (*Frau*).

swab [swɔb] 1. Aufwischmop *m;* *f²* Tupfer *m;* *f²* Abstrich *m;* 2. aufwischen.

swaddl|e ['swɔdl] *Baby* wickeln; ~ing-clothes *and* ~ing *fig.* [~liŋklouðz] *pl.* Windeln *f/pl.*

swagger ['swægə] 1. stolzieren; prahlen, renommieren; 2. *F* elegant.

swale *Am.* [sweil] Mulde *f,* Niederung *f.*

swallow ['swɔlou] 1. *orn.* Schwalbe *f;* Schlund *m;* Schluck *m;* 2. (hinunter-, ver)schlucken; *fig.* Ansicht *etc.* begierig aufnehmen.

swam [swæm] *prst. von* swim 1.

swamp [swɔmp] 1. Sumpf *m;* 2. überschwemmen (*a. fig.*); versenken; ~y ['swɔmpi] sumpfig.

swan [swɔn] Schwan *m.*

swank *sl.* [swæŋk] 1. Angabe *f,*

Protzerei *f;* 2. angeben, protzen; ~y ['swæŋki] protzig, angeberisch.

swap F [swɔp] 1. Tausch *m;* 2. (ver-, aus)tauschen.

sward [swɔːd] Rasen *m.*

swarm [swɔːm] 1. Schwarm *m;* Haufe(n) *m,* Gewimmel *n;* 2. schwärmen; wimmeln (*with* von).

swarthy □ ['swɔːði] dunkelfarbig.

swash [swɔʃ] plan(t)schen.

swat [swɔt] *Fliege* klatschen.

swath *s²* [swɔːθ] Schwade(n *m) f.*

swathe [sweið] (ein)wickeln.

sway [swei] 1. Schaukeln *n;* Einfluß *m;* Herrschaft *f;* 2. schaukeln; beeinflussen; beherrschen.

swear [swεə] [*irr.*] (be)schwören; fluchen; ~ *s.o. in* j-n vereidigen.

sweat [swet] 1. Schweiß *m; by the ~ of one's brow* im Schweiße seines Angesichts; *all of a ~* F in Schweiß gebadet (*a. fig.*); 2. [*irr.*] *v/i.* schwitzen; *v/t.* (aus)schwitzen; in Schweiß bringen; *Arbeiter* ausbeuten; ~er ['swetə] Sweater *m,* Pullover *m;* Trainingsjacke *f; fig.* Ausbeuter *m;* ~y [~ti] schweißig; verschwitzt.

Swede [swiːd] Schwed|e *m,* -in *f.*

Swedish ['swiːdiʃ] 1. schwedisch; 2. Schwedisch *n.*

sweep [swiːp] 1. [*irr.*] fegen (*a. fig.*), kehren; *fig.* streifen; bestreichen (*a. ✕*); (majestätisch) (dahin)rauschen; 2. (*fig.* Dahin)Fegen *n;* Kehren *n;* Schwung *m;* Biegung *f;* Spielraum *m,* Bereich *m;* Schornsteinfeger *m; make a clean ~* reinen Tisch machen (*of* mit); ~er ['swiːpə] (Straßen)Feger *m;* Kehrmaschine *f;* ~ing [~piŋ] weitgehend; schwungvoll; ~ings *pl.* Kehricht *m,* Müll *m.*

sweet [swiːt] 1. □ süß; lieblich; freundlich; frisch; duftend; *have a ~ tooth* ein Leckermaul sein; 2. Liebling *m;* Süßigkeit *f,* Bonbon *m, n;* Nachtisch *m;* ~en ['swiːtn] (ver)süßen; ~heart Liebling *m,* Liebste(r *m) f;* ~ish [~tiʃ] süßlich; ~meat Bonbon *m, n;* kandierte Frucht; ~ness [~tnis] Süßigkeit *f;* Lieblichkeit *f;* ~ pea ♀ Gartenwicke *f.*

swell [swel] 1. [*irr.*] *v/i.* (an)schwellen; sich blähen; sich (aus)bauchen; *v/t.* (an)schwellen lassen; aufblähen; 2. F fein; *sl.* prima; 3. Anschwellen *n;* Schwellung *f;* ♣ Dünung *f;* F feiner Herr; ~ing ['sweliŋ] Geschwulst *f.*

swelter ['sweltə] vor Hitze umkommen.

swept [swept] *prst. u. p.p. von* sweep 1.

swerve [swɔːv] 1. (plötzlich) abbiegen; 2. (plötzliche) Wendung.

swift □ ['swift] schnell, eilig, flink; ~ness ['swiftnis] Schnelligkeit *f.*

swill [swil] 1. Spülicht n; Schweine-
trank m; 2. spülen; saufen.

swim [swim] 1. [irr.] (durch-)
schwimmen; schweben; my head
~s mir schwindelt; 2. Schwimmen
n; be in the ~ auf dem laufenden
sein; ~ming ['swimiŋ] 1. Schwimmen n; 2. Schwimm...; ~bath
(bsd. Hallen)Schwimmbad n; ~pool
Schwimmbecken n; ~suit Badeanzug m.

swindle ['swindl] 1. (be)schwin-
deln; 2. Schwindel m.

swine [swain] Schwein(e pl.) n.

swing [swiŋ] 1. [irr.] schwingen,
schwanken; F baumeln; (sich)
schaukeln; schwenken; sich drehen;
2. Schwingen n; Schwung m;
Schaukel f; Spielraum m; in full ~
in vollem Gange; ~door ['swiŋdɔ:]
Drehtür f.

swinish ] ['swainiʃ] schweinisch.

swipe [swaip] 1. aus vollem Arm
schlagen; 2. starker Schlag.

swirl [swə:l] 1. (herum)wirbeln,
strudeln; 2. Wirbel m, Strudel m.

Swiss [swis] 1. schweizerisch,
Schweizer...; 2. Schweizer(in); the
~ pl. die Schweizer m/pl.

switch [switʃ] 1. Gerte f; ⚡ Weiche
f; ⚡ Schalter m; falscher Zopf;
2. peitschen; ⚡ rangieren; ⚡ (um-)
schalten; fig. wechseln, überleiten;
~ on (off) ⚡ ein- (aus)schalten; ~
board ⚡ ['switʃbɔ:d] Schaltbrett n,
~tafel f.

swivel ⊕ ['swivl] Drehring m; attr.
Dreh...

swollen ['swoulən] p.p. von swell 1.

swoon [swu:n] 1. Ohnmacht f;
2. in Ohnmacht fallen.

swoop [swu:p] 1. ~ down on od. upon
(herab)stoßen auf (acc.) (Raubvogel); überfallen; 2. Stoß m.

swop F [swɔp] s. swap.

sword [sɔ:d] Schwert n, Degen
m.

swordsman ['sɔ:dzmən] Fechter m.

swore [swɔ:] pret. von swear.

sworn [swɔ:n] p.p. von swear.

swum [swʌm] p.p. von swim 1.

swung [swʌŋ] pret. u. p.p. von
swing 1.

sycamore ⚘ ['sikəmɔ:] Bergahorn
m; Am. Platane f.

sycophant ['sikəfənt] Kriecher m.

syllable ['siləbl] Silbe f.

syllabus ['siləbəs] (bsd. Vorlesungs-)
Verzeichnis n; (bsd. Lehr)Plan m.

sylvan ['silvən] waldig, Wald...

symbol ['simbəl] Symbol n, Sinnbild n; ~ic(al ]) [sim'bɔlik(əl)]
sinnbildlich; ~ism ['simbəlizəm]
Symbolik f.

symmetr|ical ] [si'metrikəl] eben-
mäßig; ~y ['simitri] Ebenmaß n.

sympath|etic [simpə'θetik] (~ally)
mitfühlend; sympathisch; ~ strike
Sympathiestreik m; ~ize ['sim-
pəθaiz] sympathisieren, mitfühlen;
~y [..θi] Sympathie f, ~itgefühl n.

symphony ♪ [ˈsimfəni] Symphonie f.

symptom ['simptəm] Symptom n.

synchron|ize ['siŋkrənaiz] v/i.
gleichzeitig sein; v/t. als gleichzeitig
zu.~stellen; Uhren auf~ea. abstimmen; Tonfilm: synchronisieren;
~ous [..nəs] gleichzeitig.

syndicate 1. [..kit] Syndikat n;
2. [..keit] zu e-m Syndikat verbinden.

synonym ['sinənim] Synonym n;
~ous [si'nɔniməs] sinnverwandt.

synop|sis [si'nɔpsis], pl. ~ses [..siz]
sz.~fassende Übersicht.

syntax gr. ['sintæks] Syntax f.

synthe|sis ['sinθisis], pl. ~ses [..siz]
Synthese f, Verbindung f; ~tic(al
]) [sin'θetik(əl)] synthetisch.

syringe ['sirindʒ] 1. Spritze f;
2. (be-, ein-, aus)spritzen.

syrup ['sirəp] Sirup m.

system ['sistim] System n; Organismus m, Körper m; Plan m, Ordnung f; ~atic [sisti'mætik] (~ally)
systematisch.

# T

tab [tæb] Streifen m; Schildchen n;
Anhänger m; Schlaufe f, Aufhänger
m; F Rechnung f, Konto n.

table ['teibl] 1. Tisch m, Tafel f;
Tisch-, Tafelrunde f; Tabelle f,
Verzeichnis n; Bibel: Gesetzestafel
f; s. ~land; at ~ bei Tisch; turn
the ~s den Spieß umdrehen (on
gegen); 2. auf den Tisch legen;
tabellarisch anordnen.

tableau ['tæblou], pl. ~x [..ouz]
lebendes Bild.

table|-cloth ['teiblklɔθ] Tischtuch
n; ~land Tafelland n, Plateau n,

Hochebene f; ~linen Tisch-
wäsche f; ~spoon Eßlöffel m.

tablet ['tæblit] Täfelchen n; (Gedenk)Tafel f; (Schreib- etc.)Block
m; Stück n Seife; Tablette f.

table-top ['teibltɔp] Tischplatte f.

taboo [tə'bu:] 1. tabu, unantastbar;
verboten; 2. Tabu n; Verbot n;
3. verbieten.

tabulate ['tæbjuleit] tabellarisch
ordnen.

tacit □ ['tæsit] stillschweigend;
~urn □ [..tə:n] schweigsam.

tack [tæk] 1. Stift m, Zwecke f;

Heftstich m; ✠ Halse f; ✠ Gang m beim Lavieren; fig. Weg m; 2. v/t. (an)heften; fig. (an)hängen; v/i. ✠ wenden; fig. lavieren.

tackle ['tækl] 1. Gerät n; ✠ Takel-Tauwerk n; ⊕ Flaschenzug m; 2. (an)packen; in Angriff nehmen; fertig werden mit; j-n angehen (for um).

tacky ['tæki] klebrig; Am. F schäbig.

tact [tækt] Takt m, Feingefühl n; ~ful □ ['tæktful] taktvoll.

tactics ['tæktiks] Taktik f.

tactless □ ['tæktlis] taktlos.

tadpole zo. ['tædpoul] Kaulquappe f.

taffeta ['tæfitə] Taft m.

taffy Am. ['tæfi] = toffee; F Schmus m, Schmeichelei f.

tag [tæg] 1. (Schnürsenkel)Stift m; Schildchen n, Etikett n; Redensart f; Zitat n; Zusatz m; loses Ende; Fangen n (Kinderspiel); 2. etiket-tieren, auszeichnen; anhängen (to, onto an acc.); ~ after herlaufen hin-ter (dat.); ~ together an-ea.-reihen.

tail [teil] 1. Schwanz m; Schweif m; hinteres Ende, Schluß m; ~s pl. Rückseite f e-r Münze; F Frack m; turn ~ davonlaufen; ~ s up in Hoch-stimmung; 2. ~ after s.o. j-m nach-laufen; ~ s.o. Am. j-n beschatten; ~ away, ~ off abflauen, sich verlieren; zögernd enden; ~-coat ['teil'kout] Frack m; ~-light mot. etc. ['teillait] Rück-, Schlußlicht n.

tailor ['teilə] 1. Schneider m; 2. schneidern; ~-made Schnei-der..., Maß...

taint [teint] 1. Flecken m, Makel m; ✿ Ansteckung f; fig. krankhafter Zug; Verderbnis f; 2. beflecken; verderben; ✿ anstecken.

take [teik] 1. [irr.] v/t. nehmen; an-ab-, auf-, ein-, fest-, hin-, weg-nehmen; (weg)bringen; Speise (zu sich) nehmen; Maßnahme, Gelegen-heit ergreifen; Eid, Gelübde, Exa-men ablegen; phot. aufnehmen; et. gut etc. aufnehmen; Beleidigung hinnehmen; fassen, ergreifen; fan-gen; fig. fesseln; sich e-e Krankheit holen; erfordern; brauchen; Zeit dauern; auffassen; halten, ansehen (for für); I ~ it that ich nehme an, daß; ~ breath verschnaufen; ~ com-fort sich trösten; ~ compassion on Mitleid empfinden mit; sich erbar-men (gen.); ~ counsel beraten; ~ a drive e-e Fahrt machen; ~ fire Feuer fangen; ~ in hand unternehmen; ~ hold of ergreifen; ~ pity on Mitleid haben mit; ~ place stattfinden; ~ a seat Platz nehmen; ~ a walk e-n Spaziergang machen; ~ my word for it verlaß dich drauf; ~ about herumführen; ~ along mitnehmen; ~ down her-unternehmen; notieren; ~ for hal-ten für; ~ from j-m wegnehmen;

abziehen von; ~ in enger machen; Zeitung halten; aufnehmen (als Gast etc.); einschließen; verstehen; erfassen; F j-n reinlegen; ~ off ab-wegnehmen; Kleid ausziehen, Hut abnehmen; ~ on an-, übernehmen; Arbeiter etc. einstellen; Fahrgäste zusteigen lassen; ~ out heraus-, ent-nehmen; Fleck entfernen; j-n aus-führen; Versicherung abschließen; ~ to pieces auseinandernehmen; ~ up aufnehmen; sich e-r S. annehmen; Raum, Zeit in Anspruch neh-men; v/i. wirken, ein-, anschlagen; gefallen, ziehen; ~ after j-m nach-schlagen; ~ off abspringen; ➤ auf-steigen, starten; ~ on F Anklang finden; ~ over die Amtsgewalt über-nehmen; ~ to liebgewinnen; fig. sich verlegen auf (acc.); Zuflucht nehmen zu; sich ergeben (dat.); ~ up F sich bessern (Wetter); ~ up with sich anfreunden mit; that won't ~ with me das verfängt bei mir nicht; 2. Fang m; Geld-Ein-nahme f; Film: Szene(naufnahme) f; ~-in F ['teik'in] Reinfall m; ~n ['teikən] p.p. von take 1; be ~ be-setzt sein; be ~ with entzückt sein von; be ~ ill krank werden; ~-off ['teiko:f] Karikatur f; Absprung m; ➤ Start m.

taking ['teikiŋ] 1. □ F anziehend, fesselnd, einnehmend; ansteckend; 2. (An-, Ab-, Auf-, Hin-, Ent-, Hin-, Weg- etc.)Nehmen n; Besitz-nahme f; ➤ Einnahme f; F Auf-regung f; ~s pl. ✝ Einnahmen f/pl.

tale [teil] Erzählung f, Geschichte f; Märchen n, Sage f; it tells its own ~ es spricht für sich selbst; ~-bearer ['teilbɛərə] Zuträger(in).

talent ['tælənt] Talent n, Begabung f, Anlage f; ~ed [~tid] talentvoll, begabt.

talk [tɔːk] 1. Gespräch n; Unter-redung f; Plauderei f; Vortrag m; Geschwätz n; 2. sprechen, reden (von et.); plaudern; ~ative □ ['tɔː-kətiv] gesprächig, geschwätzig; ~er ['tɔːkə] Schwätzer(in); Sprechen-de(r m) f.

tall [tɔːl] groß, lang, hoch; F über-trieben, unglaublich; that's a ~ order F das ist ein bißchen viel verlangt.

tallow ['tælou] ausgelassener Talg.

tally ['tæli] 1. Kerbholz n; Gegen-stück n (of zu); Kennzeichen n; 2. übereinstimmen.

talon orn. ['tælən] Kralle f, Klaue f.

tame [teim] 1. □ zahm; folgsam; harmlos; lahm, fad(e); 2. (be)zäh-men, bändigen.

Tammany Am. ['tæməni] New Yorker Demokraten-Vereinigung.

tamper ['tæmpə]: ~ with sich (un-befugt) zu schaffen machen mit;

*j-n* zu bestechen suchen; *Urkunde* fälschen.

**tan** [tæn] **1.** Lohe *f*; Lohfarbe *f*; (Sonnen)Bräune *f*; **2.** lohfarben; **3.** gerben; bräunen.

**tang** [tæŋ] Beigeschmack *m*; *scharfer* Klang; ♣ Seetang *m*.

**tangent** ['tændʒənt] *Å* Tangente *f*; *fly od.* go off at a ~ vom Gegenstand abspringen.

**tangerine** ♣ [tændʒə'riːn] Mandarine *f*.

**tangible** □ ['tændʒəbl] fühlbar, greifbar (*a. fig.*); klar.

**tangle** ['tæŋgl] **1.** Gewirr *n*; Verwicklung *f*; **2.** (sich) verwirren, verwickeln.

**tank** [tæŋk] **1.** Zisterne *f*, Wasserbehälter *m*; ⊕, ⚔ Tank *m*; **2.** tanken. (Bier)Krug *m.)*

**tankard** ['tæŋkəd] Kanne *f*, *bsd.*)

**tanner** ['tænə] Gerber *m*; ~y [~əri] Gerberei *f*.

**tantalize** ['tæntəlaiz] quälen.

**tantamount** ['tæntəmaunt] gleichbedeutend (mit).

**tantrum** F ['tæntrəm] Koller *m*.

**tap** [tæp] **1.** leichtes Klopfen; (Wasser-, Gas-, Zapf)Hahn *m*; Zapfen *m*; Schankstube *f*; F Sorte *f*; ~s *pl. Am.* ⚔ Zapfenstreich *m*; **2.** pochen, klopfen, tippen (*auf, an, gegen acc.*); an-, abzapfen; **~dance** ['tæpdɑːns] Stepptanz *m*.

**tape** [teip] schmales Band; *Sport:* Zielband *n*; *tel.* Papierstreifen *m*; Tonband *n*; *red ~* Bürokratismus *m*; **~measure** ['teipmeʒə] Bandmaß *n*.

**taper** ['teipə] **1.** dünne Wachskerze; **2.** *adj.* spitz (zulaufend); schlank; **3.** ~ off spitz zulaufen; *v/t.* zuspitzen.

**tape|recorder** ['teiprikɔːdə] Tonbandgerät *n*; **~ recording** Tonbandaufnahme *f*.

**tapestry** ['tæpistri] Gobelin *m*.

**tapeworm** ['teipwəːm] Bandwurm *m*.

**tap-room** ['tæprum] Schankstube *f*.

**tar** [tɑː] **1.** Teer *m*; **2.** teeren.

**tardy** □ ['tɑːdi] langsam; spät.

**tare** ♣ [tɛə] Tara *f*.

**target** ['tɑːgit] (Schieß)Scheibe *f*; *fig.* Ziel(scheibe *f*) *n*; Ziel(leistung *f*) *n*; Soll *n*; ~ practice Scheibenschießen *n*.

**tariff** ['tærif] (*bsd.* Zoll)Tarif *m*.

**tarnish** ['tɑːniʃ] **1.** *v/t.* ⊕ trüb *od.* blind machen; *fig.* trüben; *v/i.* trüb werden, anlaufen; **2.** Trübung *f*; Belag *m*.

**tarry**[1] *lit.* ['tæri] säumen, zögern; verweilen.

**tarry**[2] ['tɑːri] teerig.

**tart** [tɑːt] **1.** □ sauer, herb; *fig.* scharf, schroff; **2.** (Obst)Torte *f*; *sl.* Dirne *f*.

**tartan** ['tɑːtən] Tartan *m*; Schottentuch *n*; Schottenmuster *n*.

**task** [tɑːsk] **1.** Aufgabe *f*; Arbeit *f*; take to ~ zur Rede stellen; **2.** beschäftigen; in Anspruch nehmen.

**tassel** ['tæsəl] Troddel *f*, Quaste *f*.

**taste** [teist] **1.** Geschmack *m*; (Kost)Probe *f*; Lust *f* (for zu); **2.** kosten, schmecken; versuchen; genießen; **~ful** □ ['teistful] geschmackvoll; **~less** □ [~tlis] geschmacklos.

**tasty** □ F ['teisti] schmackhaft.

**ta-ta** ['tæ'tɑː] *auf* Wiedersehen!

**tatter** ['tætə] **1.** zerfetzen; **2.** ~s *pl.* Fetzen *m/pl.*

**tattle** ['tætl] **1.** schwatzen; tratschen; **2.** Geschwätz *n*; Tratsch *m*.

**tattoo** [tə'tuː] **1.** ⚔ Zapfenstreich *m*; Tätowierung *f*; **2.** *fig.* trommeln; tätowieren.

**taught** [tɔːt] *pret. u. p.p. von* teach.

**taunt** [tɔːnt] **1.** Stichelei *f*, Spott *m*; **2.** verhöhnen, verspotten.

**taut** ♣ [tɔːt] steif, straff; schmuck.

**tavern** ['tævən] Schenke *f*.

**tawdry** □ ['tɔːdri] billig; kitschig.

**tawny** ['tɔːni] lohfarben.

**tax** [tæks] **1.** Steuer *f*, Abgabe *f*; *fig.* Inanspruchnahme *f* (on, upon *gen.*); **2.** besteuern; *fig.* stark in Anspruch nehmen; *Kosten* schätzen; auf e-e harte Probe stellen; *j-n* zur Rede stellen; ~ s.o. with s.th. *j-n* e-r S. beschuldigen; **~ation** [tæk'seiʃən] Besteuerung *f*; Steuer(n *pl.*) *f*; *bsd.* ⚖ Schätzung *f*.

**taxi** F ['tæksi] **1.** ~ ~cab; **2.** mit e-m Taxi fahren; ⚔ rollen; **~cab** Taxi *n*, (Auto)Droschke *f*.

**taxpayer** ['tækspeiə] Steuerzahler *m*.

**tea** [tiː] Tee *m*; high ~, meat ~ frühes Abendbrot mit Tee.

**teach** [tiːtʃ] [*irr.*] lehren, unterrichten, *j-m et.* beibringen; **~able** □ ['tiːtʃəbl] gelehrig; lehrbar; **~er** [~ʃə] Lehrer(in); **~in** [~ʃ'in] (politische) Diskussion *als Großveranstaltung.*

**tea|-cosy** ['tiːkouzi] Teewärmer *m*; **~cup** Teetasse *f*; storm in a ~ *fig.* Sturm *m* im Wasserglas; **~kettle** Wasserkessel *m*.

**team** [tiːm] Team *n*, Arbeitsgruppe *f*; Gespann *n*; *bsd. Sport:* Mannschaft *f*; **~ster** ['tiːmstə] Gespannführer *m*; *Am.* LKW-Fahrer *m*; **~work** Zusammenarbeit *f*, Teamwork *n*; Zusammenspiel *n*.

**teapot** ['tiːpot] Teekanne *f*.

**tear**[1] [tɛə] **1.** [*irr.*] zerren, (zer)reißen; rasen, stürmen; **2.** Riß *m*.

**tear**[2] [tiə] Träne *f*.

**tearful** □ ['tiəful] tränenreich.

**tea-room** ['tiːrum] Tearoom *m*, Teestube *f*, Café *n*.

**tease** [tiːz] **1.** necken, hänseln, quälen; **2.** Necker *m*; Quälgeist *m*.

**teat** [tiːt] Zitze *f*; Brustwarze *f*; (Gummi)Sauger *m*.

technic|al □ ['teknikəl] technisch; gewerblich, Gewerbe...; fachlich, Fach...; ~ality [tekni'kæliti] technische Eigentümlichkeit od. Einzelheit; Fachausdruck m; ~ian [tek'niʃən] Techniker(in).

technique [tek'niːk] Technik f, Verfahren n.

technology [tek'nɔlədʒi] Gewerbekunde f; school of ~ Technische Hochschule.

teddy boy F ['tediboi] Halbstarke(r) m.

tedious □ ['tiːdjəs] langweilig, ermüdend; weitschweifig.

tee [tiː] Sport: Mal n, Ziel n; Golf: Abschlagmal n.

teem [tiːm] wimmeln, strotzen (with von).

teens [tiːnz] pl. Lebensjahre n/pl. von 13—19.

teeny F ['tiːni] winzig.

teeth [tiːθ] pl. von tooth; ~e [tiːð] zahnen.

teetotal(l)er [tiː'toutlə] Abstinenzler(in).

telecast ['telikɑːst] 1. Fernsehsendung f; 2. [irr. (cast)] im Fernsehen übertragen.

telecourse Am. F ['telikɔːs] Fernsehlehrgang m.

telegram ['teligræm] Telegramm n.

telegraph ['teligrɑːf] 1. Telegraph m; 2. Telegraphen...; 3. telegraphieren; ~ic [teli'græfik] (~ally) telegraphisch; telegrammäßig (Stil); ~y [ti'legrəfi] Telegraphie f.

telephon|e ['telifoun] 1. Telephon n, Fernsprecher m; 2. telephonieren; anrufen; ~e booth Telephonzelle f; ~ic [teli'fɔnik] (~ally) telephonisch; ~y [ti'lefəni] Fernsprechwesen n.

telephoto phot. [''teli'foutou] a. ~ lens Teleobjektiv n.

teleprinter ['teliprintə] Fernschreiber m.

telescope ['teliskoup] 1. opt. Fernrohr n; 2. (sich) ineinanderschieben.

teletype ['telitaip] Fernschreiber m.

televis|e ['telivaiz] im Fernsehen übertragen; ~ion [~ˌviʒn] Fernsehen n; watch ~ fernsehen; ~ion set, or [~ˌvaizə] Fernsehapparat m.

tell [tel] [irr.] v/t. zählen; sagen, erzählen; erkennen; ~ s.o. to do s.th. j-m sagen, er solle et. tun; ~ off abzählen; auswählen; F abkanzeln; v/i. erzählen (of, about von); (aus)plaudern; sich auswirken; sitzen (Hieb etc.); ~er ['telə] (Er)Zähler m; ~ing ['teliŋ] wirkungsvoll; ~tale ['telteil] 1. Klatschbase f; ⊕ Anzeiger m; 2. fig. verräterisch.

temerity [ti'meriti] Unbesonnenheit f, Verwegenheit f.

temper ['tempə] 1. mäßigen, mildern; Kalk etc. anrühren; Stahl anlassen; 2. ⊕ Härte(grad m) f;

(Gemüts)Ruhe f, Gleichmut m; Temperament n, Wesen n; Stimmung f; Wut f; lose one's ~ in Wut geraten; ~ament [~rəmənt] Temperament n; ~amental [tempərə'mentl] anlagebedingt; launisch; ~ance ['tempərəns] Mäßigkeit f; Enthaltsamkeit f; ~ate [~rit] gemäßigt; zurückhaltend; maßvoll; mäßig; ~ature [~pritʃə] Temperatur f.

tempest ['tempist] Sturm m; Gewitter n; ~uous □ [tem'pestjəs] stürmisch; ungestüm.

temple ['templ] Tempel m; anat. Schläfe f.

tempor|al □ ['tempərəl] zeitlich; weltlich; ~ary □ [~ˌri] zeitweilig; vorläufig; vorübergehend; Not..., (Aus)Hilfs..., Behelfs...; ~ize [~raiz] Zeit zu gewinnen suchen.

tempt [tempt] j-n versuchen; verleiten; verlocken; ~ation [temp'teiʃən] Versuchung f; Reiz m; ~ing □ ['temptiŋ] verführerisch.

ten [ten] 1. zehn; 2. Zehn f.

tenable ['tenəbl] haltbar (Theorie etc.); verliehen (Amt).

tenaci|ous □ [ti'neiʃəs] zäh; festhaltend (of an dat.); gut (Gedächtnis); ~ty [ti'næsiti] Zähigkeit f; Festhalten n; Verläßlichkeit f des Gedächtnisses.

tenant ['tenənt] Pächter m; Mieter m.

tend [tend] v/i. (to) gerichtet sein (auf acc.); hinstreben (zu) abzielen (auf acc.); neigen (zu) v/t. pflegen; hüten; ⊕ bedienen; ~ance ['tendəns] Pflege f; Bedienung f; ~ency [~si] Richtung f; Neigung f; Zweck m.

tender ['tendə] 1. □ zart; weich; empfindlich; heikel (Thema); zärtlich; 2. Angebot n; Kostenanschlag m; ⛴ ♦ Tender m; legal ~ gesetzliches Zahlungsmittel; 3. anbieten; Entlassung einreichen; ~foot m. F Neuling m, Anfänger m; ~loin bsd. Am. Filet n; Am. berüchtigtes Viertel; ~ness [~nis] Zartheit f; Zärtlichkeit f.

tendon anat. ['tendən] Sehne f.

tendril ♀ ['tendril] Ranke f.

tenement ['tenimənt] Wohnhaus n; (bsd. Miet)Wohnung f; ~ house Mietshaus n.

tennis ['tenis] Tennis(spiel) n; ~court Tennisplatz m.

tenor ['tenə] Fortgang m, Verlauf m; Inhalt m; ♪ Tenor m.

tens|e [tens] 1. gr. Zeit(form) f, Tempus n; 2. □ gespannt (a. fig.); straff; ~ion ['tenʃən] Spannung f.

tent [tent] 1. Zelt n; 2. zelten.

tentacle zo. ['tentəkl] Fühler m; Fangarm m e~s Polypen.

tentative □ ['tentətiv] versuchend; Versuchs...; ~ly versuchsweise.

**tenth** [tenθ] 1. zehnte(r, -s); 2. Zehntel *n*; **~ly** ['tenθli] zehntens.

**tenuous** □ ['tenjuəs] dünn; zart, fein; dürftig.

**tenure** ['tenjuə] Besitz(art *f*, -dauer *f*) *m*.

**tepid** □ ['tepid] lau(warm).

**term** [tə:m] 1. (bestimmte) Zeit, Frist *f*, Termin *m*; Zahltag *m*; Amtszeit *f*; ⚖ Sitzungsperiode *f*; Semester *n*, Quartal *n*, Trimester *n*, Tertial *n*; *Å*, *phls.* Glied *n*; (Fach-)Ausdruck *m*, Wort *n*, Bezeichnung *f*; Begriff *m*; **~s** *pl.* Bedingungen *f/pl.*; Beziehungen *f/pl.*; be on good (bad) **~s** with gut (schlecht) stehen mit; come to **~s**, make **~s** sich einigen; 2. (be)nennen; bezeichnen (als).

**termagant** ['tə:məgənt] 1. □ zanksüchtig; 2. Zankteufel *m* (*Weib*).

**termin|al** ['tə:minl] 1. □ End...; letzt; **~ly** terminweise; 2. Endstück *n*; ⚡ Pol *m*; *Am.* ⚖ Endstation *f*; **~te** [~neit] begrenzen; (be)endigen; **~tion** [tə:mi'neiʃən] Beendigung *f*; Ende *n*; *gr.* Endung *f*.

**terminus** ['tə:minəs] Endstation *f*.

**terrace** ['terəs] Terrasse *f*; Häuserreihe *f*; **~house** Reihenhaus *n*; **~d** [~st] terrassenförmig.

**terrestrial** □ [ti'restriəl] irdisch; Erd...; *bsd. zo.*, ♣ Land...

**terrible** □ ['terəbl] schrecklich.

**terri|fic** [tə'rifik] (**~ally**) fürchterlich, schrecklich; F ungeheuer, großartig; **~fy** ['terifai] *v/t.* erschrecken.

**territor|ial** [teri'tɔ:riəl] 1. □ territorial; Land...; Bezirks...; ♀ Army, ♀ Force Territorialarmee *f*; 2. ⚔ Angehörige(r) *m* der Territorialarmee; **~y** ['teritəri] Territorium *n*, (Hoheits-, Staats-)Gebiet *n*.

**terror** ['terə] Schrecken *m*, Entsetzen *n*; **~ize** [~raiz] terrorisieren.

**terse** □ [tə:s] knapp; kurz u. bündig.

**test** [test] 1. Probe *f*; Untersuchung *f*; (Eignungs-)Prüfung *f*; Test *m*; *🜍* Reagens *n*; 2. probieren, prüfen, testen.

**testament** ['testəmənt] Testament *n*.

**testicle** *anat.* ['testikl] Hode(n *m*) [*m*, *f*.

**testify** ['testifai] (be)zeugen; (als Zeuge) aussagen (on über *acc.*).

**testimon|ial** [testi'mounjəl] (Führungs-)Zeugnis *n*; Zeichen *n* der Anerkennung; **~y** ['testiməni] Zeugnis *n*; Beweis *m*.

**test-tube** *🜍* ['testtju:b] Reagenzglas *n*.

**testy** □ ['testi] reizbar, kribbelig.

**tether** ['teðə] 1. Halterstrick *m*; *fig.* Spielraum *m*; at the end of one's **~** *fig.* am Ende seiner Kraft; 2. anbinden.

**text** [tekst] Text *m*; Bibelstelle *f*;

**~book** ['tekstbuk] Leitfaden *m*, Lehrbuch *n*.

**textile** ['tekstail] 1. Textil..., Web...; 2. **~s** *pl.* Webwaren *f/pl.*, Textilien *pl.*

**texture** ['tekstʃə] Gewebe *n*; Gefüge *n*.

**than** [ðæn, ðən] als.

**thank** [θæŋk] 1. danken (*dat.*); **~** you, bei Ablehnung no, **~** you danke; 2. **~s** *pl.* Dank *m*; **~s!** vielen Dank; danke (schön); **~s to** dank (*dat.*); **~ful** □ ['θæŋkful] dankbar; **~less** □ [~klis] undankbar; **~sgiving** [~ksgiviŋ] Danksagung *f*; Dankfest *n*; 2 (Day) *bsd. Am.* (Ernte)Dankfest *n*.

**that** [ðæt, ðət] 1. *pl.* **those** [ðouz] *pron.* jene(r, -s); der, die, das; der-, die-, das(jenige); welche(r, -s); 2. *cj.* daß; damit.

**thatch** [θætʃ] 1. Dachstroh *n*; Strohdach *n*; 2. mit Stroh decken.

**thaw** [θɔ:] 1. Tauwetter *n*; (Auf-)Tauen *n*; 2. (auf)tauen.

**the** [ði:; *vor Vokalen* ði; *vor Konsonanten* ðə] 1. *art.* der, die, das; 2. *adv.* desto, um so; **~** ... **~** ... je ... desto ...

**theat|re**, *Am.* **~er** ['θiətə] Theater *n*; *fig.* (Kriegs)Schauplatz *m*; **~ric(al)** □ [θi'ætrik(əl)] Theater...; theatralisch.

**thee** [ði:] *Bibel, poet.* [ði:] dich; dir.

**theft** [θeft] Diebstahl *m*.

**their** [ðeə] ihr(e); **~s** [~z] der (die, das) ihrige *od.* ihre.

**them** [ðem, ðəm] sie (*acc. pl.*); ihnen.

**theme** [θi:m] Thema *n*; Aufgabe *f*.

**themselves** [ðem'selvz] sie (*acc. pl.*) selbst; sich selbst.

**then** [ðen] 1. *adv.* dann; damals; da; by **~** bis dahin; inzwischen; every now and **~** alle Augenblicke; there and **~** sogleich; now **~** nun denn; 2. *cj.* denn, also, folglich; 3. *adj.* damalig.

**thence** *lit.* [ðens] daher; von da.

**theolog|ian** [θiə'loudʒjən] Theologe *m*; **~y** [θi'ɔlədʒi] Theologie *f*.

**theor|etic(al)** □ [θiə'retik(əl)] theoretisch; **~ist** ['θiərist] Theoretiker *m*; **~y** [~ri] Theorie *f*.

**therap|eutic** [θerə'pju:tik] 1. (**~ally**) therapeutisch; 2. **~s** *mst. sg.* Therapeutik *f*; **~y** ['θerəpi] Therapie *f*, Heilbehandlung *f*.

**there** [ðeə] da, dort; darin; dorthin; na!; **~** is, **~** are es gibt, es ist, es sind; **~about(s)** ['ðeərəbaut(s)] da herum; so ungefähr ...; **~after** [θeər'a:ftə] danach; **~by** ['ðeə'bai] dadurch; **~fore** ['ðeəfɔ:] darum, deswegen; deshalb; daher; **~upon** ['ðeərə'pɔn] darauf(hin); **~with** [ðeə'wið] damit.

**thermal** ['θə:məl] 1. □ Thermal...; *phys.* Wärme...; 2. Aufwind *m*.

**thermo|meter** [θəˈmɔmitə] Thermometer *n*; 2s [ˈθəːməz] *a.* ~ flask, ~ bottle Thermosflasche *f*.

**these** [ðiːz] *pl. von* this.

**thes|is** [ˈθiːsis], *pl.* ~es [ˈθiːsiːz] These *f*; Dissertation *f*.

**they** [ðei] sie (*pl.*).

**thick** [θik] 1. □ *allg.* dick; dicht; trüb; legiert (*Suppe*); heiser; dumm; *pred.* F dick befreundet; ~ with dicht besetzt mit; 2. dickster Teil; *fig.* Brennpunkt *m*; in the ~ of mitten in (*dat.*); ~en [ˈθikn] (sich) verdicken; (sich) verstärken; legieren; (sich) verdichten; ~et [ˈθikit] Dickicht *n*; ~headed dumm; ~ness [ˈθiknis] Dicke *f*, Stärke *f*; Dichte *f*; ~set dicht (gepflanzt); untersetzt; ~skinned *fig.* dickfellig.

**thief** [θiːf], *pl.* **thieves** [θiːvz] Dieb(in); **thieve** [θiːv] stehlen.

**thigh** [θai] (Ober)Schenkel *m*.

**thimble** [ˈθimbl] Fingerhut *m*.

**thin** [θin] 1. □ *allg.* dünn; leicht; mager; spärlich; dürftig; schwach; fadenscheinig (*bsd. fig.*); 2. verdünnen; (sich) lichten; abnehmen.

**thine** *Bibel, poet.* [ðain] dein; der (die, das) deinige *od.* deine.

**thing** [θiŋ] Ding *n*; Sache *f*; Geschöpf *n*; ~s *pl.* Sachen *f*/*pl.*; die Dinge *n*/*pl.* (*Umstände*); the ~ F das Richtige; richtig; die Hauptsache; ~s are going better es geht jetzt besser.

**think** [θiŋk] [*irr.*] *v*/*i.* denken (of an *acc.*); nachdenken; sich besinnen; meinen, glauben; gedenken (to *inf.* zu *inf.*); *v*/*t.* (sich) et. denken; halten für; ~ much etc. of viel etc. halten von; ~ s.th. over (sich) et. überlegen, über et. nachdenken.

**third** [θəːd] 1. dritte(r, -s); 2. Drittel *n*; ~ly [ˈθəːdli] drittens; ~rate [ˈθəːdˈreit] drittklassig.

**thirst** [θəːst] 1. Durst *m*; 2. dürsten; ~y □ [ˈθəːsti] durstig; dürr (*Boden*).

**thirt|eenth** [ˈθəːˈtiːn] dreizehn; ~eenth [~θ] dreizehnte(r, -s); ~ieth [ˈθəːtiiθ] dreißigste(r, -s); ~y [ˈθəːti] dreißig.

**this** [ðis], *pl.* **these** [ðiːz] diese(r, -s); ~ morning heute morgen.

**thistle** ♀ [ˈθisl] Distel *f*.

**thong** [θɔŋ] (Leder-, Peitschen-) Riemen *m*.

**thorn** ♀ [θɔːn] Dorn *m*; ~y [ˈθɔːni] dornig, stach(e)lig; beschwerlich.

**thorough** □ [ˈθʌrə] vollkommen; vollständig; vollendet; gründlich; ~ly *a.* durchaus; ~bred Vollblüter *m*; *attr.* Vollblut...; ~fare Durchgang *m*, Durchfahrt *f*; Hauptverkehrstraße *f*; ~going gründlich; tatkräftig.

**those** [ðouz] *pl. von* that 1.

**thou** *Bibel, poet.* [ðau] du.

**though** [ðou] obgleich, obwohl,

wenn auch; zwar; aber, doch; freilich; as ~ als ob.

**thought** [θɔːt] 1. *pret. u. p.p. von* think; 2. Gedanke *m*; (Nach)Denken *n*; on second ~s nach nochmaliger Überlegung; ~ful □ [ˈθɔːtful] gedankenvoll, nachdenklich; rücksichtsvoll (of gegen); ~less □ [ˈθɔːtlis] gedankenlos; unbesonnen; rücksichtslos (of gegen).

**thousand** [ˈθauzənd] 1. tausend; 2. Tausend *n*; ~th [~ntθ] 1. tausendste(r, -s); 2. Tausendstel *n*.

**thrash** [θræʃ] (ver)dreschen, (ver)prügeln; (hin und her) schlagen; *s.* thresh; ~ing [ˈθræʃiŋ] Dresche *f*, Tracht *f* Prügel; *s.* threshing.

**thread** [θred] 1. Faden *m* (*a. fig.*); Zwirn *m*, Garn *n*; ⊕ (Schrauben-) Gewinde *n*; 2. einfädeln; sich durchwinden (durch); durchziehen; ~bare [ˈθredbɛə] fadenscheinig.

**threat** [θret] Drohung *f*; ~en [ˈθretn] (be-, an)drohen; ~ening □ [~niŋ] bedrohlich.

**three** [θriː] 1. drei; 2. Drei *f*; ~fold [ˈθriːfould] dreifach; ~pence [ˈθrepəns] Dreipence(stück *n*) *m*/*pl.*; ~score [θriːˈskɔː] sechzig.

**thresh** [θreʃ] ⚭ (aus)dreschen; *s.* thrash; ~ out *fig.* durchdreschen; ~er [ˈθreʃə] Drescher *m*; Dreschmaschine *f*; ~ing [~ʃiŋ] Dreschen *n*; ~ing-machine Dreschmaschine *f*.

**threshold** [ˈθreʃhould] Schwelle *f*.

**threw** [θruː] *pret. von* throw 1.

**thrice** [θrais] dreimal.

**thrift** [θrift] Sparsamkeit *f*, Wirtschaftlichkeit *f*; ~less □ [ˈθriftlis] verschwenderisch; ~y □ [~ti] sparsam; *poet.* gedeihend.

**thrill** [θril] 1. *v*/*t.* durchdringen, durchschauern; *fig.* packen, aufwühlen; aufregen; *v*/*i.* (er)beben; 2. Schauer *m*; Beben *n*; aufregendes Erlebnis; Sensation *f*; ~er F [ˈθrilə] Reißer *m*, Thriller *m*, Schauerroman *m*, Schauerstück *n*; ~ing [~iŋ] spannend.

**thrive** [θraiv] [*irr.*] gedeihen; *fig.* blühen; Glück haben; ~n [ˈθrivn] *p.p. von* thrive.

**throat** [θrout] Kehle *f*; Hals *m*; Gurgel *f*; Schlund *m*; clear one's ~ sich räuspern.

**throb** [θrɔb] 1. pochen, klopfen, schlagen; pulsieren; 2. Pochen *n*; Schlagen *n*; Pulsschlag *m*.

**throes** [θrouz] *pl.* Geburtswehen *f*/*pl.* [Thrombose *f*.]

**thrombosis** ⚕ [θrɔmˈbousis]

**throne** [θroun] Thron *m*.

**throng** [θrɔŋ] 1. Gedränge *n*; Menge *f*, Schar *f*; 2. sich drängen (in *dat.*); anfüllen mit.

**throstle** *orn.* [ˈθrɔsl] Drossel *f*.

**throttle** [ˈθrɔtl] 1. erdrosseln; ⊕ (ab)drosseln; 2. ⊕ Drosselklappe *f*.

**through** [θru:] 1. durch; 2. Durchgange...; durchgehend; **~out** [θru(:)'aut] 1. *prp.* überall in (*dat.*); 2. *adv.* durch u. durch, ganz und gar, durchweg.

**throve** [θrouv] *pret.* von thrive.

**throw** [θrou] 1. [*irr.*] (ab)werfen, schleudern; *Am.* F *Wettkampf etc.* betrügerisch verlieren; würfeln; ⊕ schalten; **~ off** (die Jagd) beginnen; **~ over** aufgeben; **~ up** in die Höhe werfen; erbrechen; *fig.* hinwerfen; 2. Wurf *m*; **~n** [θroun] *p.p.* von throw 1.

**thru** *Am.* [θru:] = through.

**thrum** [θrʌm] klimpern (*auf dat.*).

**thrush** *orn.* [θrʌʃ] Drossel *f*.

**thrust** [θrʌst] 1. Stoß *m*; Vorstoß *m*; ⊕ Druck *m*, Schub *m*; 2. [*irr.*] stoßen; **~ o.s. into** sich drängen in (*acc.*); **~ upon s.o.** j-m aufdrängen.

**thud** [θʌd] 1. dumpf aufschlagen, F bumsen; 2. dumpfer (Auf)Schlag, F Bums *m*.

**thug** [θʌg] Strolch *m*.

**thumb** [θʌm] 1. Daumen *m*; Tom 2 Däumling *m* im *Märchen*; 2. Buch *etc.* abgreifen; **~ a lift** per Anhalter fahren; **~tack** *Am.* ['θʌmtæk] Reißzwecke *f*.

**thump** [θʌmp] 1. F Bums *m*; F Puff *m*; 2. *v/t.* F bumsen *od.* pochen auf (*acc.*) *od.* gegen; F knuffen, puffen; *v/i.* F (auf)bumsen.

**thunder** ['θʌndə] 1. Donner *m*; 2. donnern; **~bolt** Blitz *m* (u. Donner *m*); **~clap** Donnerschlag *m*; **~ous** □ [~.ərəs] donnernd; **~storm** Gewitter *n*; **~struck** wie vom Donner gerührt.

**Thursday** ['θəːzdi] Donnerstag *m*.

**thus** [ðʌs] so; also, somit.

**thwart** [θwɔːt] 1. durchkreuzen; hintertreiben; 2. Ruderbank *f*.

**thy** *Bibel, poet.* [ðai] dein(e).

**tick¹** *zo.* [tik] Zecke *f*.

**tick²** [~] 1. Ticken *n*; (Vermerk-) Häkchen *n*; 2. *v/i.* ticken; *v/t.* anhaken; **~ off** abhaken.

**tick³** [~] Inlett *n*; Matratzenbezug *m*.

**ticket** ['tikit] 1. Fahrkarte *f*, -schein *m*; Flugkarte *f*; Eintrittskarte *f*; (Straf)Zettel *m*; (Preis- *etc.*)Schildchen *n*; *pol.* (Wahl-, Kandidaten-) Liste *f*; 2. etikettieren, *Ware* auszeichnen; **~machine** Fahrkartenautomat *m*; **~ office**, **~ window** *bsd. Am.* Fahrkartenschalter *m*.

**tickle** ['tikl] kitzeln (*a. fig.*); **~ish** □ [~liʃ] kitzlig; heikel.

**tidal** ['taidl]: **~ wave** Flutwelle *f*.

**tide** [taid] 1. Gezeit(en *pl.*) *f*; Ebbe *f* und Flut *f*; *fig.* Strom *m*, Flut *f*; *in Zssgn:* rechte Zeit; high **~** Flut *f*; low **~** Ebbe *f*; 2. **~ over** *fig.* hinwegkommen *od.* **~** j-m hinweghelfen über (*acc.*).

**tidings** ['taidiŋz] *pl. od.* sg. Neuigkeiten *f/pl.*, Nachrichten *f/pl.*

**tidy** ['taidi] 1. ordentlich, sauber, reinlich; F ganz schön, beträchtlich (*Summe*); 2. Behälter *m*; Abfallkorb *m*; 3. *a.* **~ up** zurechtmachen; ordnen; aufräumen.

**tie** [tai] 1. Band *n* (*a. fig.*); Schleife *f*; Krawatte *f*, Schlips *m*; Bindung *f*; *fig.* Fessel *f*, Verpflichtung *f*; *Sport:* Punkt-, *parl.* Stimmengleichheit *f*; *Sport:* Entscheidungsspiel *n*; *Am.* Schwelle *f*; 2. *v/t.* (ver)binden; **~ down** *fig.* binden (to an *acc.*); **~ up** zu-, an-, ver-, zu-.binden; *v/i. Sport:* punktgleich sein.

**tier** [tiə] Reihe *f*; Rang *m*.

**tie-up** ['taiʌp] (Ver)Bindung *f*; ✈ Fusion *f*; Stockung *f*; *bsd. Am.* Streik *m*.

**tiffin** ['tifin] Mittagessen *n*.

**tiger** ['taigə] *zo.* Tiger *m*; *Am.* F Beifallsgebrüll *n*.

**tight** [tait] 1. □ dicht; fest; eng; knapp (*sitzend*); straff, prall, knapp; F beschwipst; **be in a ~ place** *od.* **corner** F in der Klemme sein; 2. *adv.* fest; **hold ~** festhalten; **~en** ['taitn] *a.* **~ up** (sich) zu-.ziehen; *Gürtel* enger schnallen; **~fisted** knick(e)rig; **~ness** ['taitnis] Festigkeit *f*, Dichtigkeit *f*; Straffheit *f*; Knappheit *f*; Enge *f*; Geiz *m*; **~s** [taits] *pl.* Trikot *n*.

**tigress** ['taigris] Tigerin *f*.

**tile** [tail] 1. (Dach)Ziegel *m*; Kachel *f*; Fliese *f*; 2. mit Ziegeln *etc.* decken; kacheln; fliesen.

**till¹** [til] Laden(tisch)kasse *f*.

**till²** [~] 1. *prp.* bis (zu); 2. *cj.* bis.

**till³** ✓ [~] bestellen, bebauen; **~age** ['tilidʒ] (Land)Bestellung *f*; Ackerbau *m*; Ackerland *n*.

**tilt** [tilt] 1. Plane *f*; Neigung *f*, Kippe *f*; Stoß *m*; Lanzenbrechen *n* (*a. fig.*); 2. kippen; **~ against** anrennen gegen.

**timber** ['timbə] 1. (Bau-, Nutz-) Holz *n*; Balken *m*; Baumbestand *m*, Bäume *m/pl.*; 2. zimmern.

**time** [taim] 1. Zeit *f*; Mal *n*; Takt *m*; Tempo *n*; **~ and again** immer wieder; **at a ~** zugleich; **for the ~ being** einstweilen; **have a good ~** es gut haben; sich amüsieren; **in ~ on ~** zur rechten Zeit, rechtzeitig; 2. zeitlich festsetzen; zeitlich abpassen; die Zeitdauer messen; **~-hono(u)red** altehrwürdig; **~ly** ['taimli] (recht)zeitig; **~-piece** Uhr *f*; **~-sheet** Anwesenheitsliste *f*; **~-table** Terminkalender *m*; Fahr-, Stundenplan *m*.

**tim|id** □ ['timid], **~orous** □ ['timərəs] furchtsam; schüchtern.

**tin** [tin] 1. Zinn *n*; Weißblech *n*; (Konserven)Büchse *f*; 2. verzinnen; in Büchsen einmachen, eindosen.

**tincture** ['tiŋktʃə] 1. Farbe *f*; Tinktur *f*; *fig.* Anstrich *m*; 2. färben.

**tinfoil** ['tin'fɔil] Stanniol *n*.

tinge [tindʒ] 1. Färbung f; fig. Anflug m, Spur f; 2. färben; fig. e-n Anstrich geben (dat.).

tingle ['tiŋgl] klingen; prickeln.

tinker ['tiŋkə] basteln (at an dat.).

tinkle ['tiŋkl] klingeln (mit).

tin|-opener ['tinoupnə] Dosenöffner m; ~plate Weißblech n.

tinsel ['tinsəl] Flitter(werk n) m; Lametta n.

tin-smith ['tinsmiθ] Klempner m.

tint [tint] 1. Farbe f; (Farb)Ton m, Schattierung f; 2. färben; (ab-)tönen.

tiny ['taini] winzig, klein.

tip [tip] 1. Spitze f; Mundstück n; Trinkgeld n; Tip m, Wink m; leichter Stoß; Schuttabladeplatz m; 2. mit e-r Spitze versehen; (um-)kippen; j-m ein Trinkgeld geben; a. ~ off j-m e-n Wink geben.

tipple ['tipl] zechen, picheln.

tipsy ['tipsi] angeheitert.

tiptoe ['tiptou] 1. auf Zehenspitzen gehen; 2. on ~ auf Zehenspitzen.

tire[1] ['taiə] (Rad-, Auto)Reifen m.

tire[2] [~] ermüden, müde machen od. werden; ~d □ müde; ~less ['taiəlis] unermüdlich; ~some □ ['taisəm] ermüdend; lästig.

tiro ['taiərou] Anfänger m.

tissue ['tisju:, Am. 'tiʃu:] Gewebe n; ~paper Seidenpapier n.

tit[1] [tit] ~ teat.

tit[2] orn. [~] Meise f.

titbit ['titbit] Leckerbissen m.

titillate ['titileit] kitzeln.

title ['taitl] 1. (Buch-, Ehren)Titel m; Überschrift f; ħ Anspruch m; 2. betiteln; ~d bed. ad(e)lig.

titmouse orn. ['titmaus] Meise f.

titter ['titə] 1. kichern; 2. Kichern n.

tittle ['titl] Pünktchen n; fig. Tüttelchen n; ~tattle [~tætl] Schnickschnack m.

to [tu:, tu, tə] prp. zu (a. adv.); gegen, nach, an, in, auf; bis zu, bis an (acc.); um zu; für; ~ me etc. mir etc.; I weep ~ think of it ich weine, wenn ich daran denke; here's ~ you! auf Ihr Wohl, Prosit!

toad zo. [toud] Kröte f; ~stool ['toudstu:l] (größerer Blätter)Pilz; Giftpilz m; ~y ['toudi] 1. Speichellecker m; 2. fig. vor j-m kriechen.

toast [toust] 1. Toast m, geröstetes Brot; Trinkspruch m; 2. toasten, rösten; fig. wärmen; trinken auf (acc.).

tobacco [tə'bækou] Tabak m; ~nist [~kənist] Tabakhändler m.

toboggan [tə'bɔgən] 1. Toboggan m; Rodelschlitten m; 2. rodeln.

today [tə'dei] heute. [teln.]

toddle ['tɔdl] unsicher gehen; zot-}

toddy ['tɔdi] Art Grog m.

to-do F [tə'du:] Lärm m, Aufheben n.

toe [tou] 1. Zehe f; Spitze f; 2. mit den Zehen berühren.

toff|ee, ~y ['tɔfi] Sahnebonbon m, n, Toffee n.

together [tə'geðə] zusammen; zugleich; nacheinander.

toil [tɔil] 1. schwere Arbeit; Mühe f, F Plackerei f; 2. sich plagen.

toilet ['tɔilit] Toilette f; ~paper Toilettenpapier n; ~table Frisiertoilette f. [n.]

toils [tɔilz] pl. Schlingen f/pl., Netz}

toilsome □ ['tɔilsəm] mühsam.

token ['toukən] Zeichen n; Andenken n, Geschenk n; ~ money Notgeld n; in ~ of zum Zeichen (gen.).

told [tould] pret. u. p.p. von tell.

tolera|ble □ ['tɔlərəbl] erträglich; ~nce [~əns] Duldsamkeit f; ~nt □ [~nt] duldsam (of gegen); ~te [~reit] dulden; ertragen; ~tion [tɔlə'reiʃən] Duldung f.

toll [toul] 1. Zoll m (a. fig.); Wege-, Brücken-, Marktgeld n; fig. Tribut m; ~ of the road die Verkehrsopfer n/pl.; 2. läuten; ~bar ['toulba:], ~gate Schlagbaum m.

tomato ♀ [tə'ma:tou, Am. tə'meitou], pl. ~es Tomate f.

tomb [tu:m] Grab(mal) n.

tomboy ['tɔmbɔi] Range f.

tombstone ['tu:mstoun] Grabstein m.

tom-cat ['tɔm'kæt] Kater m.

tomfool ['tɔm'fu:l] Hansnarr m.

tomorrow [tə'mɔrou] morgen.

ton [tʌn] Tonne f (Gewichtseinheit).

tone [toun] 1. Ton m; Klang m; Laut m; out of ~ verstimmt; 2. e-n Ton geben (dat.); stimmen; paint. abtönen; ~ down (sich) abschwächen, mildern.

tongs [tɔŋz] pl. (a pair of ~ pl. eine) Zange.

tongue [tʌŋ] Zunge f; Sprache f; Landzunge f; (Schuh)Lasche f; hold one's ~ den Mund halten; ~tied ['tʌŋtaid] sprachlos; schweigsam; stumm.

tonic ['tɔnik] 1. (~ally) tonisch; ♀ stärkend; 2. ♪ Grundton m; ♀ Stärkungsmittel n, Tonikum n.

tonight [tə'nait] heute abend od. nacht.

tonnage ♦ ['tʌnidʒ] Tonnengehalt m; Lastigkeit f; Tonnengeld n.

tonsil anat. ['tɔnsl] Mandel f; ~itis ♀ [tɔnsi'laitis] Mandelentzündung f.

too [tu:] zu, allzu; auch, noch dazu.

took [tuk] pret. von take 1.

tool [tu:l] Werkzeug n, Gerät n; ~bag ['tu:lbæg], ~kit Werkzeugtasche f.

toot [tu:t] 1. blasen, tuten; 2. Tuten n.

tooth [tu:θ] pl. teeth [ti:θ] Zahn m; ~ache ['tu:θeik] Zahnschmerzen pl.; ~brush Zahnbürste f; ~less □

['tuːθlis] zahnlos; ~paste Zahnpasta f; ~pick Zahnstocher m; ~some □ ['tuːθsəm] schmackhaft.

top [top] 1. oberstes Ende; Oberteil n; Gipfel m (a. fig.); Wipfel m; Kopf m o-r Seite; mot. Am. Verdeck n; fig. Haupt n, Erste(r) m; Stiefel-Stulpe f; Kreisel m; at the ~ of one's voice aus voller Kehle; on ~ obenauf; obendrein; 2. ober(er, -e, -es); oberst; höchst; 3. oben bedecken; fig. überragen; vorangehen in (dat.); als erste(r) stehen auf o-r Liste; ~boots ['top'buːts] pl. Stulpenstiefel m/pl.

toper ['toupə] Zecher m.

tophat F ['top'hæt] Zylinderhut m.

topic ['topik] Gegenstand m, Thema n; ~al □ [~kəl] lokal; aktuell.

topmost ['topmoust] höchst, oberst.

topple ['topl] (um)kippen.

topsyturvy □ ['topsi'təːvi] auf den Kopf gestellt; das Oberste zu-unterst; drunter und drüber.

torch [toːtʃ] Fackel f; electric ~ Taschenlampe f; ~light ['toːtʃlait] Fackelschein m; ~ procession Fak-kelzug m.

tore [toː] pret. von tear¹ 1.

torment 1. ['toːment] Qual f, Marter f; 2. [toː'ment] martern, quälen.

torn [toːn] p.p. von tear¹ 1.

tornado [toː'neidou], pl. ~es Wir-belsturm m, Tornado m.

torpedo [toː'piːdou], pl. ~es 1. Tor-pedo m; 2. ♣ torpedieren (a. fig.).

torp|id □ ['toːpid] starr; apathisch; träg; ~idity [toː'piditi], ~or ['toːpə] Erstarrung f, Betäubung f.

torrent ['torənt] Sturz-, Gießbach m; (reißender) Strom; ~ial □ [toː'renʃəl] gießbachartig; strömend; fig. ungestüm.

torrid ['torid] brennend heiß.

tortoise zo. ['toːtəs] Schildkröte f.

tortuous □ ['toːtjuəs] gewunden.

torture ['toːtʃə] 1. Folter f, Marter f, Tortur f; 2. foltern, martern.

toss [tos] 1. Werfen n, Wurf m; Zurückwerfen n (Kopf); 2. a. ~ about (sich) hin und her werfen; schütteln (mst adv.) werfen; a. ~ up hochwerfen; ~ off Getränk hin-unterstürzen; Arbeit hinhauen; a. ~ up losen (for um); ~up ['tosʌp] Losen n; fig. etwas Zweifelhaftes.

tot F [tot] Knirps m (kleines Kind).

total ['toutl] 1. □ ganz, gänzlich; total; gesamt; 2. Gesamtbetrag m; 3. sich belaufen auf (acc.); sum-mieren; ~itarian [toutæli'tɛəriən] totalitär; ~ity [tou'tæliti] Gesamt-heit f.

totter ['totə] wanken, wackeln.

touch [tatʃ] 1. (sich) berühren; an-rühren, anfassen; stoßen an (acc.); betreffen; fig. rühren; erreichen; ♪ anschlagen; a bit ~ed fig. ein biß-

chen verrückt; ~ at ♣ anlegen in (dat.); ~ up auffrischen; retuschie-ren; 2. Berührung f; Gefühl(s-sinn m) n; Anflug m, Zug m; Fer-tigkeit f; ♪ Anschlag m; (Pinsel-) Strich m; ~-and-go ['tatʃən'gou] gewagte Sache; it is ~ es steht auf des Messers Schneide; ~ing [~ʃiŋ] rührend; ~stone Prüfstein m; ~y □ [~ʃi] empfindlich; heikel.

tough [taf] zäh (a. fig.); schwer; hart; grob, brutal, übel; ~en [~n] zäh machen od. werden; ~ness [~nis] Zähigkeit f.

tour [tuə] 1. (Rund)Reise f, Tour (-nee) f; conducted ~ Führung f; Gesellschaftsreise f; 2. (be)reisen; ~ist ['tuərist] Tourist(in) f; ~ agency, ~ bureau, ~ office Reisebüro n; ~ season Reisezeit f. [n.]

tournament ['tuənəmənt] Turnier

tousle ['tauzl] (zer)zausen.

tow [tou] 1. Schleppen n; take in ~ ins Schlepptau nehmen; 2. (ab-) schleppen; treideln; ziehen.

toward(s) [tə'wɔːd(z)] gegen; nach ... zu, auf ... (acc.) zu; (als Beitrag) zu.

towel ['tauəl] 1. Handtuch n; 2. ab-reiben; ~rack Handtuchhalter m.

tower ['tauə] 1. Turm m; fig. Hort m, Bollwerk n; 2. sich erheben; ~ing □ ['tauəriŋ] (turm)hoch; ra-send (Wut).

town [taun] 1. Stadt f; 2. Stadt...; städtisch; ~ clerk Stadtsyndikus m; ~ council Stadtrat m (Versamm-lung); ~ councillor Stadtrat m (Person); ~ hall Rathaus n; ~sfolk ['taunzfouk] pl. Städter pl.; ~ship ['taunʃip] Stadtgemeinde f; Stadt-gebiet n; ~sman ['taunzmən] (Mit)Bürger m; ~speople [~zpiːpl] pl. ~ townsfolk.

tox|ic(al □) ['toksik(əl)] giftig; Gift...; ~n [~in] Giftstoff m.

toy [toi] 1. Spielzeug n; Tand m; ~s pl. Spielwaren f/pl.; 2. Spiel-(zeug)...; Miniatur...; Zwerg...; 3. spielen; ~book ['toibuk] Bilder-buch n.

trace [treis] 1. Spur f (a. fig.); Strang m; 2. nachspüren (dat.); fig. verfolgen; herausfinden; (auf-) zeichnen; (durch)pausen.

tracing ['treisiŋ] Pauszeichnung f.

track [træk] 1. Spur f; Sport: Bahn f; Rennstrecke f; Pfad m; Gleis n; ~ events pl. Laufdisziplinen f/pl.; 2. nachspüren (dat.); verfolgen; ~ down, ~ out aufspüren.

tract [trækt] Fläche f, Strecke f, Gegend f; Traktat n, Abhand-lung f.

tractable □ ['træktəbl] lenk-, füg-sam.

trac|tion ['trækʃən] Ziehen n, Zug m; ~ engine Zugmaschine f; ~or ⊕ [~ktə] Trecker m, Traktor m.

trade [treid] 1. Handel *m*; Gewerbe *n*; Handwerk *n*; *Am.* Kompensationsgeschäft *n*; 2. Handel treiben; handeln; ~ on ausnutzen; ~ mark ✝ Warenzeichen *n*, Schutzmarke *f*; ~ price Händlerpreis *m*; ~r ['treidə] Händler *m*; ~sman [~dzmən] Geschäftsmann *m*; ~ union Gewerkschaft *f*; ~ wind ⚓ Passatwind *m*.

tradition [trə'diʃən] Tradition *f*, Überlieferung *f*; ~al □ [~nl] traditionell.

traffic ['træfik] 1. Verkehr *m*; Handel *m*; 2. handeln (*in* mit); ~ jam Verkehrsstauung *f*; ~ light Verkehrsampel *f*.

traged|ian [trə'dʒiːdjən] Tragiker *m*; *thea.* Tragöd|e *m*, -in *f*; ~y ['trædʒidi] Tragödie *f*.

tragic(al □) ['trædʒik(əl)] tragisch.

trail [treil] 1. *fig.* Schweif *m*; Schleppe *f*; Spur *f*; Pfad *m*; 2. *v/t.* hinter sich (her)ziehen; verfolgen; *v/i.* (sich) schleppen; ♣ kriechen; ~ blazer *Am.* Bahnbrecher *m*; ~er ['treilə] (Wohnwagen)Anhänger *m*; ♣ Kriechpflanze *f*; *Film:* Vorschau *f*.

train [trein] 1. (Eisenbahn)Zug *m*; *allg.* Zug *m*; Gefolge *n*; Reihe *f*, Folge *f*, Kette *f*; Schleppe *f* am *Kleid*; 2. erziehen; schulen; abrichten; ausbilden; trainieren; (sich) üben; ~ee [trei'niː] in der Ausbildung Begriffene(r) *m*; ~er ['treinə] Ausbilder *m*; Trainer *m*.

trait [trei] (Charakter)Zug *m*.

traitor ['treitə] Verräter *m*.

tram [træm] *s.* ~car, ~way; ~car ['træmkɑː] Straßenbahnwagen *m*.

tramp [træmp] 1. Getrampel *n*; Wanderung *f*; Tramp *m*, Landstreicher *m*; 2. trampeln, treten; (durch)wandern; ~le ['træmpl] (zer)trampeln.

tramway ['træmwei] Straßenbahn *f*.

trance [trɑːns] Trance *f*.

tranquil □ ['træŋkwil] ruhig; gelassen; ~(l)ity [træŋ'kwiliti] Ruhe *f*; Gelassenheit *f*; ~(l)ize ['træŋkwilaiz] beruhigen; ~(l)izer [~zə] Beruhigungsmittel *n*.

transact [træn'zækt] abwickeln, abmachen; ~ion [~kʃən] Verrichtung *f*; Geschäft *n*, Transaktion *f*; ~s *pl.* (Tätigkeits)Bericht(e *pl.*) *m*.

transalpine ['trænz'ælpain] transalpin(isch).

transatlantic ['trænzət'læntik] transatlantisch, Transatlantik...

transcend [træn'send] überschreiten, übertreffen; hinausgehen über (*acc.*); ~ence, ~ency [~dəns, ~si] Überlegenheit *f*; *phls.* Transzendenz *f*.

transcribe [træns'kraib] abschreiben; *Kurzschrift* übertragen.

transcript ['trænskript], ~ion

[træns'kripʃən] Abschrift *f*; Umschrift *f*.

transfer 1. [træns'fəː] *v/t.* übertragen; versetzen, verlegen; *v/i.* übertreten; *Am.* umsteigen; 2. ['trænsfə(ː)] Übertragung *f*; ✝ Transfer *m*; Versetzung *f*, Verlegung *f*; *Am.* Umsteigefahrschein *m*; ~able [træns'fəːrəbl] übertragbar.

transfigure [træns'figə] umgestalten; verklären.

transfix [træns'fiks] durchstechen; ~ed *fig.* versteinert, starr (*with* vor *dat.*).

transform [træns'fɔːm] umformen; um-, verwandeln; ~ation [trænsfə'meiʃən] Umformung *f*; Um-, Verwandlung *f*.

transfus|e [træns'fjuːz] 🙾 *Blut etc.* übertragen; *fig.* einflößen; *fig.* durchtränken; ~ion [~uːʒən] (*bsd.* 🙾 Blut)Übertragung *f*, Transfusion *f*.

transgress [træns'gres] *v/t.* überschreiten; übertreten, verletzen; *v/i.* sich vergehen; ~ion [~eʃən] Überschreitung *f*; Übertretung *f*; Vergehen *n*; ~or [~esə] Übertreter *m*.

transient ['trænziənt] 1. = *transitory*; 2. *Am.* Durchreisende(r *m*) *f*.

transit ['trænsit] Durchgang *m*; Durchgangsverkehr *m*.

transition [træn'siʒən] Übergang *m*.

transitive □ *gr.* ['trænsitiv] transitiv.

transitory □ ['trænsitəri] vorübergehend; vergänglich, flüchtig.

translat|e [træns'leit] übersetzen, übertragen; überführen; *fig.* umsetzen; ~ion [~eiʃən] Übersetzung *f*, Übertragung *f*; *fig.* Auslegung *f*; ~or [~eitə] Übersetzer(in).

translucent [trænz'luːsnt] durchscheinend; *fig.* hell.

transmigration [trænzmai'greiʃən] (Aus)Wanderung *f*; Seelenwanderung *f*.

transmission [trænz'miʃən] Übermittlung *f*; *biol.* Vererbung *f*; *phys.* Fortpflanzung *f*; *mot.* Getriebe *n*; *Radio:* Sendung *f*.

transmit [trænz'mit] übermitteln, übersenden; übertragen; senden; *biol.* vererben; *phys.* fortpflanzen; ~ter [~tə] Übermittler(in); *tel. etc.* Sender *m*.

transmute [trænz'mjuːt] um-, verwandeln.

transparent □ [træns'peərənt] durchsichtig (*a. fig.*).

transpire [træns'paiə] ausdünsten, ausschwitzen; *fig.* durchsickern.

transplant [træns'plɑːnt] um-, verpflanzen; ~ation [trænsplɑːn'teiʃən] Verpflanzung *f*.

transport 1. [træns'pɔːt] fortschaffen, befördern, transportieren; *fig.* hinreißen; 2. ['trænspɔːt] Fortschaffen n; Beförderung f; Transport m; Verkehr m; Beförderungsmittel n; Transportschiff n; Verzückung f; **be in ~** außer sich sein; **~ation** [trænspɔːˈteiʃən] Beförderung f, Transport m.

**transpose** [trænsˈpouz] versetzen, umstellen; ♪ transponieren.

**transverse** □ [ˈtrænzvəːs] quer laufend; Quer...

**trap** [træp] 1. Falle f (a. fig.); Klappe f; 2. (in e-r Falle) fangen, in die Falle locken; fig. ertappen; **~door** [ˈtræpdɔː] Falltür f; thea. Versenkung f.

**trapeze** [trəˈpiːz] Zirkus: Trapez n.

**trapper** [ˈtræpə] Trapper m, Fallensteller m, Pelzjäger m.

**trappings** fig. [ˈtræpiŋz] pl. Schmuck m, Putz m.

**traps** F [træps] pl. Siebensachen pl.

**trash** [træʃ] Abfall m; fig. Plunder m; Unsinn m, F Blech n; Kitsch m; **~y** □ [ˈtræʃi] wertlos, kitschig.

**travel** [ˈtrævl] 1. v/i. reisen; sich bewegen; wandern; v/t. bereisen; 2. das Reisen; ⊕ Lauf m; **~s** pl. Reisen f|pl.; **~(l)er** [ˈ~lə] Reisende(r) m; **~'s cheque** (Am. check) Reisescheck m.

**traverse** [ˈtrævə(ː)s] 1. Durchquerung f; 2. (über)queren; durchqueren; fig. durchkreuzen.

**travesty** [ˈtrævisti] 1. Travestie f; Karikatur f; 2. travestieren; verulken.

**trawl** [trɔːl] 1. (Grund)Schleppnetz n; 2. mit dem Schleppnetz fischen; **~er** [ˈtrɔːlə] Trawler m.

**tray** [trei] (Servier)Brett n, Tablett n; Ablage f; **pen-~** Federschale f.

**treacher|ous** □ [ˈtretʃərəs] verräterisch, treulos; (heim)tückisch; trügerisch; **~y** [ˈ~ri] Verrat m, Verräterei f, Treulosigkeit f; Tücke f.

**treacle** [ˈtriːkl] Sirup m.

**tread** [tred] 1. [irr.] treten; schreiten; 2. Tritt m, Schritt m; Lauffläche f; **~le** [ˈtredl] Pedal n; Tritt m; **~mill** Tretmühle f.

**treason** [ˈtriːzn] Verrat m; **~able** □ [ˈ~nəbl] verräterisch.

**treasure** [ˈtreʒə] 1. Schatz m, Reichtum m; **~ trove** Schatzfund m; 2. Schätze sammeln, aufhäufen; **~r** [ˈ~ərə] Schatzmeister m, Kassenwart m.

**treasury** [ˈtreʒəri] Schatzkammer f; (bsd. Staats)Schatz m; 2 Bench parl. Ministerbank f; 2 Board, Am. 2 Department Finanzministerium n.

**treat** [triːt] 1. v/t. behandeln; betrachten; **~ s.o. to s.th.** j-m et. spendieren; v/i. **~ of** handeln von; **~ with** unterhandeln mit; 2. Vergnügen n; school ~ Schulausflug m; **it is my ~** F es geht auf meine Rechnung; **~ise** [ˈtriːtiz] Abhandlung f;

**~ment** [ˈ~tmənt] Behandlung f; **2 Kur** f; follow-up **~ 2 Nachkur** f; **~y** [ˈ~ti] Vertrag m.

**treble** [ˈtrebl] 1. □ dreifach; 2. Dreifache(s) n; ♪ Diskant m, Sopran m; 3. (sich) verdreifachen.

**tree** [triː] Baum m.

**trefoil** ♀ [ˈtrefɔil] Klee m.

**trellis** [ˈtrelis] 1. ♂ Spalier n; 2. vergittern; ♂ am Spalier ziehen.

**tremble** [ˈtrembl] zittern.

**tremendous** □ [triˈmendəs] schrecklich, furchtbar; F kolossal, riesig.

**tremor** [ˈtremə] Zittern n, Beben n.

**tremulous** □ [ˈtremjuləs] zitternd, bebend.

**trench** [trentʃ] 1. (Schützen)Graben m; Furche f; 2. v/t. mit Gräben durchziehen; ♂ umgraben; **~ (up)on** eingreifen in (acc.); **~ant** □ [ˈtrentʃənt] scharf.

**trend** [trend] 1. Richtung f; fig. Lauf m; fig. Strömung f; Tendenz f; 2. sich erstrecken, laufen.

**trepidation** [trepiˈdeiʃən] Zittern n, Beben n; Bestürzung f.

**trespass** [ˈtrespəs] 1. Übertretung f; 2. unbefugt eindringen (on, upon in acc.); über Gebühr in Anspruch nehmen; **~er** ⚖ [ˈ~sə] Rechtsverletzer m; Unbefugte(r m) f.

**tress** [tres] Haarlocke f, **~-flechte** f.

**trestle** [ˈtresl] Gestell n, Bock m.

**trial** [ˈtraiəl] Versuch m; Probe f, Prüfung f (a. fig.); Plage f; ⚖ Verhandlung f, Prozeß m; **on ~** auf Probe; vor Gericht; **give s.o. a ~** es mit j-m versuchen; **~ run** Probefahrt f.

**triang|le** [ˈtraiæŋgl] Dreieck n; **~ular** □ [traiˈæŋgjulə] dreieckig.

**tribe** [traib] Stamm m; Geschlecht n; contp. Sippe f; ♀, zo. Klasse f.

**tribun|al** [traiˈbjuːnl] Richterstuhl m; Gericht(shof m) n; **~e** [ˈtribjuːn] Tribun m; Tribüne f.

**tribut|ary** [ˈtribjutəri] 1. □ zinspflichtig; fig. helfend; Neben...; 2. Nebenfluß m; **~e** [ˈ~juːt] Tribut m (a. fig.), Zins m; Anerkennung f.

**trice** [trais]: **in a ~** in Nu.

**trick** [trik] 1. Kniff m, List f, Trick m; Kunstgriff m, **~stück** n; Streich m; Eigenheit f; 2. betrügen; herausputzen; **~ery** [ˈtrikəri] Betrügerei f.

**trickle** [ˈtrikl] tröpfeln, rieseln.

**trick|ster** [ˈtrikstə] Gauner m; **~y** □ [ˈ~ki] verschlagen; F heikel; verzwickt, verwickelt, schwierig.

**tricycle** [ˈtraisikl] Dreirad n.

**trident** [ˈtraidənt] Dreizack m.

**trifl|e** [ˈtraifl] 1. Kleinigkeit f; Lappalie f; **a ~** ein bißchen, ein wenig, etwas; 2. v/i. spielen, spaßen; v/t. **~ away** verschwenden; **~ing** □ [ˈ~liŋ] geringfügig; unbedeutend.

**trig** [trig] 1. hemmen; 2. schmuck.

**trigger** ['trigə] Abzug *m am Gewehr*; *phot.* Auslöser *m*.

**trill** [tril] 1. Triller *m*; gerolltes R; 2. trillern; *bsd.* das R rollen.

**trillion** ['triljən] Trillion *f*; *Am.* Billion *f*.

**trim** [trim] 1. □ ordentlich; schmuck; gepflegt; 2. (richtiger) Zustand; Ordnung *f*; 3. zurechtmachen; (~ *up* aus)putzen, schmükken; besetzen; stutzen; beschneiden; ⚓, ✈ trimmen; ('trimiŋ] *mst* ~*s pl.* Besatz *m*, Garnierung *f*.

**Trinity** *eccl.* ['triniti] Dreieinigkeit *f*.

**trinket** ['triŋkit] wertloses Schmuckstück; ~*s pl.* F Kinkerlitzchen *pl.*

**trip** [trip] 1. Reise *f*, Fahrt *f*; Ausflug *m*, Spritztour *f*; Stolpern *n*, Fallen *n*; Fehltritt *m* (*a. fig.*); *fig.* Versehen *n*, Fehler *m*; 2. *v/i.* trippeln; stolpern; e-n Fehltritt tun (*a. fig.*); *fig.* e-n Fehler machen; *v/t.* *a.* ~ *up* j-m ein Bein stellen (*a. fig.*).

**tripartite** ['trai'pɑ:tait] dreiteilig.

**tripe** [traip] Kaldaunen *f/pl.*

**triple** □ ['tripl] dreifach; ~*ts* [~lits] *pl.* Drillinge *m/pl.*

**triplicate** 1. ['triplikit] dreifach; 2. [~keit] verdreifachen.

**tripod** ['traipɔd] Dreifuß *m*; *phot.* Stativ *n*.

**tripper** F ['tripə] Ausflügler(in).

**trite** □ [trait] abgedroschen, platt.

**triturate** ['tritjureit] zerreiben.

**triumph** ['traiəmf] 1. Triumph *m*, Sieg *m*; 2. triumphieren; ~**al** [trai'ʌmfəl] Sieges..., Triumph...; ~**ant** □ [~ənt] triumphierend.

**trivial** □ ['triviəl] bedeutungslos; unbedeutend; trivial; alltäglich.

**trod** [trɔd] *pret. von* tread 1; ~**den** ['trɔdn] *p.p. von* tread 1.

**troll** [troul] (vor sich hin)trällern.

**troll(e)y** ['trɔli] Karren *m*; Draisine *f*; Servierwagen *m*; ✶ Kontaktrolle *f* e-s Oberleitungsfahrzeugs; *Am.* Straßenbahnwagen *m*; ~ **bus** O(berleitungs)bus *m*. [Hure *f*.]

**trollop** ['trɔləp] F Schlampe *f*;]

**trombone** ♪ [trɔm'boun] Posaune *f*.

**troop** [tru:p] 1. Truppe *f*; Schar *f*; ✕ (Reiter)Zug *m*; 2. sich scharen, sich sammeln; ~ *away*, ~ *off* abziehen; ~*ing the colour(s)* ✕ Fahnenparade *f*; ~**er** ✕ ['tru:pə] Kavallerist *m*.

**trophy** ['troufi] Trophäe *f*.

**tropic** ['trɔpik] Wendekreis *m*; ~*s pl.* Tropen *pl.*; ~(**al** □) [~(ə)l] tropisch.

**trot** [trɔt] 1. Trott *m*, Trab *m*; 2. traben (lassen).

**trouble** ['trʌbl] 1. Unruhe *f*; Störung *f*; Kummer *m*, Not *f*; Mühe *f*; Plage *f*; Unannehmlichkeiten *f/pl.*; *ask od. look for* ~ sich (selbst) Schwierigkeiten machen; *das*

Schicksal herausfordern; *take (the)* ~ sich (die) Mühe machen; 2. stören, beunruhigen, belästigen; quälen, plagen; Mühe machen (*dat.*); (sich) bemühen; ~ *s.o. for* j-n bemühen um; ~**man**, ~**shooter** *Am.* F Störungssucher *m*; ~**some** □ [~ləm] beschwerlich, lästig.

**trough** [trɔf] (Futter)Trog *m*; Backtrog *m*, Mulde *f*.

**trounce** F [trauns] j-n verhauen.

**troupe** *thea.* [tru:p] Truppe *f*.

**trousers** ['trauzəz] *pl.* (*a pair of* ~ *pl.* eine) (lange) Hose; Hosen *f/pl.*

**trousseau** ['tru:sou] Aussteuer *f*.

**trout** *ichth.* [traut] Forelle(n *pl.*) *f*.

**trowel** ['trauəl] Maurerkelle *f*.

**truant** ['tru:(ə)nt] 1. müßig; 2. Schulschwänzer *m*; *fig.* Bummler *m*.

**truce** [tru:s] Waffenstillstand *m*.

**truck** [trʌk] 1. (offener) Güterwagen; Last(kraft)wagen *m*, Lkw *m*; Transportkarren *m*; Tausch(-handel) *m*; Verkehr *m*; Naturallohnsystem *n*; *Am.* Gemüse *n*; 2. (ver)tauschen; ~**farm** *Am.* ['trʌkfɑ:m] Gemüsegärtnerei *f*.

**truckle** ['trʌkl] zu Kreuze kriechen.

**truculent** □ ['trʌkjulənt] wild, roh.

**trudge** [trʌdʒ] wandern; sich (dahin)schleppen, mühsam gehen.

**true** [tru:] wahr; echt, wirklich; treu; genau; richtig; *it is* ~ gewiß, freilich, zwar; *come* ~ sich bewahrheiten; *in Erfüllung gehen*; ~ *to nature* naturgetreu.

**truism** ['tru:(:)izəm] Binsenwahrheit *f*.

**truly** ['tru:li] wirklich; wahrhaft; aufrichtig; genau; treu; *Yours* ~ Hochachtungsvoll.

**trump** [trʌmp] 1. Trumpf *m*; 2. (über)trumpfen; ~ *up* erdichten; ~**ery** ['trʌmpəri] Plunder *m*.

**trumpet** ['trʌmpit] 1. Trompete *f*; 2. trompeten; *fig.* ausposaunen.

**truncheon** ['trʌntʃən] (Polizei-)Knüppel *m*; Kommandostab *m*.

**trundle** ['trʌndl] rollen.

**trunk** [trʌŋk] (Baum)Stamm *m*; Rumpf *m*; Rüssel *m*; *großer* Koffer; ~**call** *teleph.* ['trʌŋkkɔ:l] Ferngespräch *n*; ~**exchange** *teleph.* Fernamt *n*; ~**line** ❦ Hauptlinie *f*; *teleph.* Fernleitung *f*; ~**s** [trʌŋks] *pl.* Turnhose *f*; Badehose *f*; Herrenunterhose *f*.

**trunnion** ⊕ ['trʌnjən] Zapfen *m*.

**truss** [trʌs] 1. Bündel *n*, Bund *n*; ✚ Bruchband *n*; △ Binder *m*, Gerüst *n*; 2. (zs.-)binden; △ stützen.

**trust** [trʌst] 1. Vertrauen *n*; Glaube *m*; Kredit *m*; Pfand *n*; Verwahrung *f*; ✚ Treuhand *f*; ✝ Ring *m*, Trust *m*; ~**company** Treuhandgesellschaft *f*; *in* ~ zu treuen Händen; 2. *v/t.* (ver)trauen (*dat.*); anvertrauen, übergeben (*s.o. with s.th., s.th. to s.o.* j-m et.); zuversichtlich hoffen;

*v/i.* vertrauen (*in,* to auf *acc.*); ~ee [trʌs'tiː] Sach-, Verwalter *m;* ~z Treuhänder *m;* ~ful ☐ ['trʌstful], ~ing ☐ [~tiŋ] vertrauensvoll; ~worthy [~twɔːðɪ] vertrauenswürdig; zuverlässig.

**truth** [truːθ], *pl.* ~s [truːðz] Wahrheit *f;* Wirklichkeit *f;* Wahrhaftigkeit *f;* Genauigkeit *f;* ~ful ☐ ['truːθful] wahrhaft(ig).

**try** [traɪ] 1. versuchen; probieren; prüfen; ~z verhandeln über *et.* od. gegen *j-n;* vor Gericht stellen; aburteilen; *die Augen etc.* angreifen; sich bemühen *od.* bewerben; ~ on *Kleid* anprobieren; 2. Versuch *m;* ~ing ☐ ['traiiŋ] anstrengend; kritisch.

**Tsar** [zɑː] Zar *m.*

**T-shirt** ['tiːʃɔːt] kurzärmeliges Sporthemd.

**tub** [tʌb] 1. Faß *n,* Zuber *m;* Kübel *m;* Badewanne *f;* F (Wannen)Bad *n.*

**tube** [tjuːb] Rohr *n;* (*Am. bsd.* Radio)Röhre *f;* Tube *f;* (Luft-)Schlauch *m;* Tunnel *m;* F (Londoner) Untergrundbahn *f.*

**tuber** ♦ ['tjuːbə] Knolle *f;* ~culosis [tju(ː)bɜːkjuˈləʊsɪs] Tuberkulose *f.*

**tubular** ☐ ['tjuːbjələ] röhrenförmig.

**tuck** [tʌk] 1. Falte *f;* Abnäher *m;* 2. ab~, aufnähen; packen, stecken; ~ up hochschürzen, aufkrempeln; *in e-e Decke etc.* einwickeln.

**Tuesday** ['tjuːzdɪ] Dienstag *m.*

**tuft** [tʌft] Büschel *n,* Busch *m;* (Haar)Schopf *m.*

**tug** [tʌg] 1. Zug *m,* Ruck *m;* ⚓ Schlepper *m; fig.* Anstrengung *f;* 2. ziehen, zerren; ⚓ schleppen; sich mühen.

**tuition** [tju(ː)'iʃən] Unterricht *m;* Schulgeld *n.*

**tulip** ♦ ['tjuːlɪp] Tulpe *f.*

**tumble** ['tʌmbl] 1. *v/i.* fallen, purzeln; taumeln; sich wälzen; *v/t.* werfen; zerknüllen; 2. Sturz *m;* Wirrwarr *m;* ~down baufällig; ~r [~lə] Becher *m; orn.* Tümmler *m.*

**tumid** ☐ ['tjuːmɪd] geschwollen.

**tummy** F ['tʌmɪ] Bäuchlein *n,* Magen *m.*

**tumo(u)r** ⚕ ['tjuːmə] Tumor *m.*

**tumult** ['tjuːmʌlt] Tumult *m;* ~uous ☐ [tju(ː)'mʌltjuəs] stürmisch.

**tun** [tʌn] Tonne *f,* Faß *n.*

**tuna** *ichth.* ['tuːnə] Thunfisch *m.*

**tune** [tjuːn] 1. Melodie *f,* Weise *f;* ♪ Stimmung *f* (*a. fig.*); in ~ (gut-)gestimmt; out of ~ verstimmt; 2. stimmen (*a. fig.*); ~ in *Radio:* einstellen; ~ out *Radio:* ausschalten; ~ up *die Instrumente* stimmen; *fig. Befinden etc.* heben; *mot.* die Leistung erhöhen; ~ful ☐ ['tjuːnful] melodisch; ~less ☐ [~nlɪs] unmelodisch.

**tunnel** ['tʌnl] 1. Tunnel *m;* ⚒

Stollen *m;* 2. e-n Tunnel bohren (durch).

**tunny** *ichth.* ['tʌnɪ] Thunfisch *m.*

**turbid** ['tɜːbɪd] trüb; dick.

**turb|ine** ⊕ ['tɜːbɪn] Turbine *f;* ~o-jet ['tɜːbəʊ'dʒet] Strahlturbine *f;* ~o-prop [~ou'prɒp] Propellerturbine *f.*

**turbot** *ichth.* ['tɜːbət] Steinbutt *m.*

**turbulent** ☐ ['tɜːbjulənt] unruhig; ungestüm; stürmisch, turbulent.

**tureen** [tə'riːn] Terrine *f.*

**turf** [tɜːf] 1. Rasen *m;* Torf *m;* Rennbahn *f;* Rennsport *m;* 2. mit Rasen bedecken; ~y ['tɜːfɪ] rasenbedeckt.

**turgid** ☐ ['tɜːdʒɪd] geschwollen.

**Turk** [tɜːk] Türk|e *m,* ~in *f.*

**turkey** ['tɜːkɪ] *orn.* Truthahn *m,* -henne *f,* Pute(r *m) f;* Am. *sl. thea., Film:* Pleite *f,* Versager *m.*

**Turkish** ['tɜːkɪʃ] türkisch.

**turmoil** ['tɜːmɔɪl] Aufruhr *m,* Unruhe *f;* Durcheinander *n.*

**turn** [tɜːn] 1. *v/t.* drehen; (um)wenden, umkehren; lenken; verwandeln; abbringen; abwehren; übertragen; bilden; drechseln; verrückt machen; ~ a corner um eine Ecke biegen; ~ *s.o. against j-n* aufhetzen gegen; ~ *aside* abwenden; ~ *away* abwenden; abweisen; ~ *down* umbiegen; *Gas etc.* kleinstellen; *Decke etc.* zurückschlagen; ablehnen; ~ *off* ableiten (*a. fig.*); hinauswerfen; wegjagen; ~ *off* (*on*) ab- (an)drehen, ab- (ein)schalten; ~ *out* hinauswerfen; *Fabrikat* herausbringen; *Gas etc.* ausdrehen; ~ *over* umwenden; *fig.* übertragen; ♣ umsetzen; überlegen; ~ *up* nach oben richten; hochklappen; umwenden; *Hose etc.* auf-, umschlagen; *Gas etc.* aufdrehen; *v/i.* sich (um)drehen; sich wenden; sich verwandeln; umschlagen (*Wetter etc.*); *Christ,* grau *etc.* werden; *a.* ~ *sour* sauer werden (*Milch*); ~ *about* sich umdrehen; ~ *kehrtmachen;* ~ *back* zurückkehren; ~ *in* einkehren; F zu Bett gehen; ~ *off* abbiegen; ~ *on* sich drehen um; ~ *out* ausfallen, ausgehen; sich herausstellen als; ~ *to* sich zuwenden (*dat.*), sich wenden an (*acc.*); werden zu; ~ *up* auftauchen; ~ *upon* sich wenden gegen; 2. (Um)Drehung *f;* Biegung *f;* Wendung *f;* Neigung *f;* Wechsel *m;* Gestalt *f,* Form *f;* Spaziergang *m;* Reihe(nfolge) *f;* Dienst(leistung *f) m;* F Schreck *m;* at every ~ auf Schritt und Tritt; by od. in ~s der Reihe nach, abwechselnd; it is my ~ ich bin an der Reihe; take ~s mit-ea. abwechseln; does it serve your ~? entspricht das Ihren Zwecken?; ~coat ['tɜːnkəʊt] Abtrünnige(r) *m;* ~er ['tɜːnə] Drechsler *m*; ~ery [~əri] Drechslerei *f*; Drechslerarbeit *f*.

turning ['tənin] Drechseln *n*; Wendung *f*; Biegung *f*; Straßenecke *f*; (Weg)Abzweigung *f*; Querstraße *f*; ~point *fig.* Wendepunkt *m*.

turnip ♦ ['tənip] (*bsd.* weiße) Rübe.

turn|key ['tənki:] Schließer *m*; ~out ['tən'aut] Ausstaffierung *f*; Arbeitseinstellung *f*; ↑ Gesamtproduktion *f*; ~over ['tənouvə] ↑ Umsatz *m*; Verschiebung *f*; ~pike Schlagbaum *m*; (gebührenpflichtige) Schnellstraße; ~stile Drehkreuz *n*. [pentin *n*.]

turpentine ♫ ['tə:pəntain] Terpurtitude ['tə:pitjuːd] Schändlichkeit *f*.

turret ['tʌrit] Türmchen *n*; ✕ ⚓ Panzerturm *m*; ✗ Kanzel *f*.

turtle ['tə:tl] *zo.* Schildkröte *f*; *orn. mst* ~dove Turteltaube *f*.

tusk [tʌsk] Fangzahn *m*; Stoßzahn *m*; Hauer *m*.

tussle ['tʌsl] 1. Rauferei *f*, Balgerei *f*; 2. raufen, sich balgen.

tussock ['tʌsək] Büschel *n*.

tut [tʌt] ach was!; Unsinn!

tutelage ['tjuːtilidʒ] ⚖ Vormundschaft *f*; Bevormundung *f*.

tutor ['tjuːtə] 1. (Privat-, Haus-) Lehrer *m*; *univ.* Tutor *m*; *Am. univ.* Assistent *m mit Lehrauftrag*; ⚖ Vormund *m*; 2. unterrichten; schulen, erziehen; *fig.* beherrschen; ~ial [tju(ː)'tɔːriəl] *univ.* Unterrichtsstunde *f e-s Tutors*; *attr.* Lehrer...; Tutoren...

tuxedo *Am.* [tʌk'siːdou] Smoking *m*.

TV ['tiː'viː] Fernsehen *n*; Fernsehapparat *m*; *attr.* Fernseh...

twaddle ['twɔdl] 1. Geschwätz *n*; 2. schwatzen, quatschen.

twang [twæŋ] 1. Schwirren *n*; *mst nasal* ~ näselnde Aussprache; 2. schwirren (lassen); klimpern; näseln.

tweak [twiːk] zwicken.

tweet [twiːt] zwitschern.

tweezers ['twiːzəz] *pl.* (*a pair of* ~ *pl.* eine) Pinzette.

twelfth [twelfθ] 1. zwölfte(r, -s); 2. Zwölftel *n*; 2-night ['twelfθnait] Dreikönigsabend *m*.

twelve [twelv] zwölf.

twent|ieth ['twentiiθ] 1. zwanzigste(r, -s); 2. Zwanzigstel *n*; ~y [~ti] zwanzig.

twice [twais] zweimal.

twiddle ['twidl] (sich) drehen; mit *et.* spielen.

twig [twig] Zweig *m*, Rute *f*.

twilight ['twailait] Zwielicht *n*; Dämmerung *f* (*a. fig.*).

twin [twin] 1. Zwillings...; doppelt; 2. Zwilling *m*; ~engined ✈ ['twinendʒind] zweimotorig.

twine [twain] 1. Bindfaden *m*,

Schnur *f*; Zwirn *m*; 2. zs.-drehen; verflechten; (sich) schlingen *od.* winden; umschlingen, umranken.

twinge [twindʒ] Zwicken *n*; Stich *m*; bohrender Schmerz.

twinkle ['twiŋkl] 1. funkeln, blitzen; huschen; zwinkern; 2. Funkeln *n*, Blitzen *n*; (Augen)Zwinkern *n*, Blinzeln *n*.

twirl [twəːl] 1. Wirbel *m*; 2. wirbeln.

twist [twist] 1. Drehung *f*; Windung *f*; Verdrehung *f*; Verdrehtheit *f*; Neigung *f*; (Gesichts)Verzerrung *f*; Garn *n*; Kringel *m*, Zopf *m* (*Backwaren*); 2. (sich) drehen *od.* winden; zs.-drehen; verdrehen, verziehen, verzerren.

twit *fig.* [twit] *j-n* aufziehen.

twitch [twitʃ] 1. zupfen (an *dat.*); zucken; 2. Zupfen *n*; Zuckung *f*.

twitter ['twitə] 1. zwitschern; 2. Gezwitscher *n*; *be in a* ~ zittern.

two [tu:] 1. zwei; *in* ~ entzwei; *put* ~ *and* ~ *together* sich et. zs.-reimen; 2. Zwei *f*; *in* ~*s* zu zweien; ~bit *Am.* F ['tuːbit] 25-Cent...; *fig.* unbedeutend, Klein...; ~edged ['tuːedʒd] zweischneidig; ~fold ['tuːfould] zweifach; ~pence ['tapəns] zwei Pence; ~penny ['tapni] zwei Pence wert; ~piece ['tuːpiːs] zweiteilig; ~seater *mot* ['tuːsiːtə] Zweisitzer *m*; ~storey ['tuːstɔːri], ~storied zweistöckig; ~stroke *mot.* Zweitakt...; ~way Doppel...; ~ *adapter* ✗ Doppelstecker *m*; ~ *traffic* Gegenverkehr *m*.

tycoon *Am.* F ['tai'kuːn] Industriekapitän *m*, Industriemagnat *m*.

tyke [taik] Köter *m*; Kerl *m*.

type [taip] Typ *m*; Urbild *n*; Vorbild *n*; Muster *n*; Art *f*; Sinnbild *n*; *typ.* Type *f*, Buchstabe *m*; *true to* ~ artecht; *set in* ~ setzen; ~write ['taiprait] (*irr. write*)) (mit der) Schreibmaschine schreiben; ~writer Schreibmaschine *f*; ~ ribbon Farbband *n*.

typhoid ✗ ['taifoid] 1. typhös; ~ fever — 2. (Unterleibs)Typhus *m*.

typhoon [tai'fuːn] Taifun *m*.

typhus ✗ ['taifəs] Flecktyphus *m*.

typi|cal □ ['tipikəl] typisch; richtig; bezeichnend, kennzeichnend; ~fy [~ifai] typisch sein für; versinnbildlichen; ~st ['taipist] *a.* shorthand ~ Stenotypistin *f*.

tyrann|ic(al □) [ti'rænik(əl)] tyrannisch; ~ize ['tirənaiz] tyrannisieren; ~y [~ni] Tyrannei *f*.

tyrant ['taiərənt] Tyrann(in).

tyre ['taiə] *s.* tire 1.

tyro ['taiərou] *s.* tiro.

Tyrolese [tirə'liːz] 1. Tiroler(in); 2. tirolisch, Tiroler...

Tzar [zɑː] Zar *m*.

# U

ubiquitous □ [ju(:)'bikwitəs] allgegenwärtig, überall zu finden(d).

udder ['Adə] Euter n.

ugly □ ['Agli] häßlich; schlimm.

ulcer ✶ ['Alsə] Geschwür n; (Eiter-) Beule f; ~ate ✶ [~əreit] eitern (lassen); ~ous ✶ [~rəs] geschwürig.

ulterior □ [Al'tiəriə] jenseitig; fig. weiter; tiefer liegend, versteckt.

ultimate □ ['Altimit] letzt; endlich; End...; ~ly [~tli] zu guter Letzt.

ultimat|um [Alti'meitəm], pl. a. ~a [~tə] Ultimatum n.

ultimo ✝ ['Altimou] vorigen Monats.

ultra ['Altrə] übermäßig; Ultra..., ultra...; ~fashionable ['Altrə'fæʃənəbl] hypermodern; ~modern hypermodern.

umbel ✻ ['Ambəl] Dolde f.

umbrage ['Ambridʒ] Anstoß m (Ärger); Schatten m.

umbrella [Am'brelə] Regenschirm m; fig. Schirm m, Schutz m; ✕ Abschirmung f.

umpire ['Ampaiə] 1. Schiedsrichter m; 2. Schiedsrichter sein.

un... [An] un...; Un...; ent...; nicht...

unabashed ['Anə'bæʃt] unverfroren; unerschrocken.

unabated ['Anə'beitid] unvermindert. [stande.\]

unable ['An'eibl] unfähig, außer-\]

unaccommodating ['Anə'kɔmədeitiŋ] unnachgiebig.

unaccountable □ ['Anə'kauntəbl] unerklärlich; seltsam; nicht zur Rechenschaft verpflichtet.

unaccustomed ['Anə'kAstəmd] ungewohnt; ungewöhnlich.

unacquainted ['Anə'kweintid]: ~ with unbekannt mit, ~r S unkundig.

unadvised □ ['Anəd'vaizd] unbedacht; unberaten.

unaffected □ ['Anə'fektid] unberührt; ungerührt; ungekünstelt.

unaided ['An'eidid] ohne Unterstützung; (ganz) allein; bloß (Auge).

unalter|able □ [An'ɔltərəbl] unveränderlich; ~ed ['An'ɔltəd] unverändert.

unanim|ity [ju:nə'nimiti] Einmütigkeit f; ~ous □ [ju(:)'næniməs] einmütig, einstimmig.

unanswer|able □ [An'ɑːnsərəbl] unwiderleglich; ~ed ['An'ɑːnsəd] unbeantwortet.

unapproachable □ [Anə'proutʃəbl] unzugänglich.

unapt □ [An'æpt] ungeeignet.

unashamed □ ['Anə'ʃeimd] schamlos.

unasked ['An'ɑːskt] unverlangt; ungebeten.

unassisted □ ['Anə'sistid] ohne Hilfe od. Unterstützung.

unassuming □ ['Anə'sjumiŋ] anspruchslos, bescheiden.

unattached ['Anə'tætʃt] nicht gebunden; ungebunden, ledig, frei.

unattractive □ [Anə'træktiv] wenig anziehend, reizlos; uninteressant.

unauthorized ['An'ɔ:θəraizd] unberechtigt, unbefugt.

unavail|able ['Anə'veiləbl] nicht verfügbar; ~ing [~liŋ] vergeblich.

unavoidable □ [Anə'vɔidəbl] unvermeidlich.

unaware ['Anə'wɛə] ohne Kenntnis; be ~ of st. nicht merken; ~s [~ɛəz] unversehens, unvermutet; versehentlich.

unbacked ['An'bækt] ohne Unterstützung; ungedeckt (Scheck).

unbag ['An'bæg] aus dem Sack holen od. lassen.

unbalanced ['An'bælənst] nicht im Gleichgewicht befindlich; unausgeglichen; geistesgestört.

unbearable □ [An'bɛərəbl] unerträglich.

unbeaten ['An'bi:tn] ungeschlagen; unbetreten (Weg).

unbecoming □ ['Anbi'kAmiŋ] unkleidsam; unziemlich, unschicklich.

unbeknown F ['Anbi'noun] unbekannt.

unbelie|f ['Anbi'li:f] Unglaube m; ~vable □ [Anbi'li:vəbl] unglaublich; ~ving □ ['Anbi'li:viŋ] ungläubig.

unbend ['An'bend] [irr. (bend)] (sich) entspannen; freundlich werden, auftauen; ~ing □ [~diŋ] unbiegsam; fig. unbeugsam.

unbias(s)ed □ ['An'baiəst] vorurteilsfrei, unbefangen, unbeeinflußt.

unbid(den) ['An'bid(n)] ungeheißen, unaufgefordert; ungebeten.

unbind ['An'baind] [irr. (bind)] losbinden, befreien; lösen.

unblushing □ [An'blAʃiŋ] schamlos. [boren.\]

unborn ['An'bɔn] (noch) unge-\]

unbosom [An'buzəm] offenbaren.

unbounded □ [An'baundid] unbegrenzt; schrankenlos.

unbroken □ ['An'broukən] ungebrochen; unversehrt; ununterbrochen.

unbutton ['An'bAtn] aufknöpfen.

uncalled-for [An'kɔːldfɔ:] ungerufen; unverlangt (S.); unpassend.

uncanny [An'kæni] unheimlich.

uncared-for [An'kɛədfɔ:] unbeachtet, vernachlässigt.

unceasing □ [An'siːsiŋ] unaufhörlich.

unceremonious □ ['Anseri'mounjəs] ungezwungen; formlos.

**uncertain** □ [ʌn'səːtn] unsicher; ungewiß; unbestimmt; unzuverlässig; ~ty [~nti] Unsicherheit *f*.

**unchallenged** ['ʌn'tʃælindʒd] unangefochten.

**changeable** □ [ʌn'tʃeindʒəbl] unveränderlich, unwandelbar; ~ed ['ʌn'tʃeindʒd] unverändert; ~ing ['ʌn'tʃeindʒiŋ] unveränderlich.

**uncharitable** □ [ʌn'tʃæritəbl] lieblos; unbarmherzig; unfreundlich.

**unchecked** ['ʌn'tʃekt] ungehindert.

**uncivil** □ ['ʌn'sivl] unhöflich; ~ized [~vilaizd] unzivilisiert.

**unclaimed** ['ʌn'kleimd] nicht beansprucht; unzustellbar (*bsd. Brief*).

**unclasp** ['ʌn'klɑːsp] auf-, loshaken, auf-, losschnallen; aufmachen.

**uncle** ['ʌŋkl] Onkel *m*.

**unclean** □ ['ʌn'kliːn] unrein.

**unclose** ['ʌn'klouz] (sich) öffnen.

**uncomely** ['ʌn'kʌmli] reizlos; unpassend.

**uncomfortable** □ [ʌn'kʌmfətbl] unbehaglich, ungemütlich; unangenehm.

**uncommon** □ [ʌn'kɔmən] ungewöhnlich.

**uncommunicative** □ ['ʌn'kəˈmjuː-nikətiv] wortkarg, schweigsam.

**uncomplaining** □ ['ʌnkəm'pleiniŋ] klaglos; ohne Murren; geduldig.

**uncompromising** □ [ʌn'kɔmprə-maiziŋ] kompromißlos.

**unconcern** ['ʌnkən'səːn] Unbekümmertheit *f*; Gleichgültigkeit *f*; ~ed □ [~nd] unbekümmert; unbeteiligt.

**unconditional** □ ['ʌnkən'diʃənl] unbedingt; bedingungslos.

**unconfirmed** ['ʌnkən'fəːmd] unbestätigt; *eccl.* nicht konfirmiert.

**unconnected** □ ['ʌnkə'nektid] unverbunden.

**unconquerable** □ [ʌn'kɔŋkərəbl] unüberwindlich; ~ed ['ʌn'kɔŋkəd] unbesiegt.

**unconscionable** □ [ʌn'kɔnʃnəbl] gewissenlos; F unverschämt, übermäßig.

**unconscious** □ [ʌn'kɔnʃəs] unbewußt; bewußtlos; ~ness [~snis] Bewußtlosigkeit *f*.

**unconstitutional** □ ['ʌnkɔnsti'tjuː-ʃənl] verfassungswidrig.

**uncontrollable** □ [ʌnkən'trouləbl] unkontrollierbar; unbändig; ~ed ['ʌnkən'trould] unbeaufsichtigt; *fig.* unbeherrscht.

**unconventional** □ ['ʌnkən'venʃənl] unkonventionell; ungezwungen.

**unconvinced** ['ʌnkən'vinst] nicht überzeugt; ~ing [~siŋ] nicht überzeugend.

**uncork** ['ʌn'kɔːk] entkorken.

**uncountable** ['ʌn'kauntəbl] unzählbar; ~ed [~tid] ungezählt.

**uncouple** ['ʌn'kʌpl] loskoppeln.

**uncouth** □ [ʌn'kuːθ] ungeschlacht.

**uncover** [ʌn'kʌvə] aufdecken, freilegen; entblößen.

**unct|ion** ['ʌŋkʃən] Salbung *f* (*a. fig.*); Salbe *f*; ~uous □ ['ʌŋktjuəs] fettig, ölig; *fig.* salbungsvoll.

**uncultivated** ['ʌn'kʌltiveitid], ~ured [~tʃəd] unkultiviert.

**undamaged** ['ʌn'dæmidʒd] unbeschädigt.

**undaunted** □ [ʌn'dɔːntid] unerschrocken.

**undeceive** ['ʌndi'siːv] *j-n* aufklären.

**undecided** □ ['ʌndi'saidid] unentschieden; unentschlossen.

**undefined** □ ['ʌndi'faind] unbestimmt; unbegrenzt.

**undemonstrative** □ ['ʌndi'mɔn-strətiv] zurückhaltend.

**undeniable** □ ['ʌndi'naiəbl] unleugbar; unbestreitbar.

**under** ['ʌndə] 1. *adv.* unten; darunter; 2. *prp.* unter; 3. *adj.* unter; *in Zssgn:* unter...; Unter...; mangelhaft ...; ~bid [~'bid] (*irr.* (bid)) unterbieten; ~brush [~brʌʃ] Unterholz *n*; ~carriage ✈ (Flugzeug)Fahrwerk *n*; *mot.* Fahrgestell *n*; ~clothes, ~clothing Unterkleidung *f*, Unterwäsche *f*; ~cut [~'kʌt] *Preis* unterbieten; ~dog [~dɔg] Unterlegene(r) *m*; Unterdrückte(s) *m*; ~done [~'dʌn] nicht gar; ~estimate [~'estimeit] unterschätzen; ~fed [~'fed] unterernährt; ~go [ʌndə'gou] (*irr.* (go)) erdulden; sich unterziehen (*dat.*); ~graduate [~'grædjuit] Student (-in) *m*; ~ground ['ʌndəgraund] 1. unterirdisch; Untergrund...; 2. Untergrundbahn *f*; ~growth Unterholz *n*; ~hand unter der Hand; heimlich; ~lie [ʌndə'lai] (*irr.* (lie)) zugrunde liegen (*dat.*); ~line [~'lain] unterstreichen; ~ling ['ʌndəliŋ] Untergeordnete(r) *m*; ~mine [ʌndə'main] unterminieren; *fig.* untergraben; schwächen; ~most ['ʌndəmoust] unterst; ~neath [ʌndə'niːθ] 1. *prp.* unter (-halb); 2. *adv.* unten; darunter; ~pin [~'pin] untermauern; ~plot ['ʌndəplɔt] Nebenhandlung *f*; ~privileged [~'privilidʒd] benachteiligt; ~rate [ʌndə'reit] unterschätzen; ~secretary ['ʌndə'sekrətəri] Unterstaatssekretär *m*; ~sell ✝ [~'sel] (*irr.* (sell)) *j-n* unterbieten; *Ware* verschleudern; ~signed [~saind] Unterzeichnete(r) *m*; ~sized [~'saizd] zu klein; ~staffed [ʌndə'stɑːft] unterbesetzt; ~stand [~'stænd] (*irr.* (stand)) *allg.* verstehen; sich verstehen auf (*acc.*); (als sicher) annehmen; auffassen; (sinngemäß) ergänzen; *make o.s. understood* sich verständlich machen; *an understood thing* e-e abgemachte Sache; ~standable [~dəbl] verständlich; ~standing [~diŋ]

Verstand m; Einvernehmen n; Verständigung f; Abmachung f; Voraussetzung f; **~state** ['ʌndə'steit] zu gering angeben; abschwächen; **~statement** Unterbewertung f; **Understatement** n, Untertreibung f; **~take** [ʌndə'teik] [irr. (take)] unternehmen; übernehmen; sich verpflichten; **~taker** ['ʌndəteikə] Bestattungsinstitut n; **~taking** [ʌndə'teikiŋ] Unternehmung f; Verpflichtung f; ['ʌndəteikiŋ] Leichenbestattung f; **~tone** leiser Ton; **~value** [~'vælju:] unterschätzen; **~wear** [~weə] Unterkleidung f, Unterwäsche f; **~wood** Unterholz n; **~write** [irr (write)] Versicherung abschließen; **~writer** Versicherer m.

**undeserv|ed** ['ʌndi'zə:vd] unverdient; **~ing** [~viŋ] unwürdig.

**undesigned** ['ʌndi'zaind] unbeabsichtigt, absichtslos.

**undesirable** ['ʌndi'zairəbl] 1. □ unerwünscht; 2. unerwünschte Person.

**undeviating** □ [ʌn'di:vieitiŋ] unentwegt.

**undignified** □ [ʌn'dignifaid] würdelos.

**undisciplined** [ʌn'disiplind] zuchtlos, undiszipliniert; ungeschult.

**undisguised** ['ʌndis'gaizd] unverhehlt; unverhohlen.

**undisputed** □ ['ʌndis'pju:tid] unbestritten.

**undo** ['ʌn'du:] [irr. (do)] aufmachen; (auf)lösen; ungeschehen machen; aufheben; vernichten; **~ing** [~u'u:)iŋ] Aufmachen n; Ungeschehenmachen n; Vernichtung f; Verderben n; **~ne** ['ʌn'dʌn] erledigt, vernichtet.

**undoubted** □ [ʌn'dautid] unzweifelhaft, zweifellos.

**undreamt** [ʌn'dremt]: **~of** ungeahnt.

**undress** ['ʌn'dres] 1. (sich) entkleiden od. ausziehen; 2. Hauskleid n; **~ed** unbekleidet; unangezogen; nicht zurechtgemacht.

**undue** ['ʌn'dju:] ungebührlich; übermäßig; **✝** noch nicht fällig.

**undulat|e** ['ʌndjuleit] wogen; wallen; wellig sein; **~ion** [ʌndju'leiʃən] wellenförmige Bewegung.

**undutiful** □ ['ʌn'dju:tiful] ungehorsam, pflichtvergessen.

**unearth** ['ʌn'ə:θ] ausgraben; fig. aufstöbern; **~ly** [ʌn'ə:θli] überirdisch.

**uneas|iness** [ʌn'i:zinis] Unruhe f; Unbehagen n; **~y** □ [ʌn'i:zi] unbehaglich; unruhig; unsicher.

**uneducated** ['ʌn'edjukeitid] unerzogen; ungebildet.

**unemotional** □ ['ʌni'mouʃənl] leidenschaftslos; passiv; nüchtern.

**unemploy|ed** ['ʌnim'plɔid] 1. unbeschäftigt; arbeitslos; unbenutzt; 2.: **the ~** pl. die Arbeitslosen pl.; **~ment** [~mənt] Arbeitslosigkeit f.

**unending** □ [ʌn'endiŋ] endlos.

**unendurable** □ ['ʌnin'djuərəbl] unerträglich.

**unengaged** ['ʌnin'geidʒd] frei.

**unequal** □ ['ʌn'i:kwəl] ungleich; nicht gewachsen (to dat.); **~(l)ed** [~ld] unvergleichlich, unerreicht.

**unerring** □ ['ʌn'ə:riŋ] unfehlbar.

**unessential** □ ['ʌni'senʃəl] unwesentlich, unwichtig (to für).

**uneven** □ ['ʌn'i:vən] uneben; ungleich(mäßig); ungerade (Zahl).

**uneventful** □ ['ʌni'ventful] ereignislos; ohne Zwischenfälle.

**unexampled** [ʌnig'zɑ:mpld] beispiellos.

**unexceptionable** □ [ʌnik'sepʃnəbl] untadelig; einwandfrei.

**unexpected** □ ['ʌniks'pektid] unerwartet.

**unexplained** ['ʌniks'pleind] unerklärt.

**unfading** □ [ʌn'feidiŋ] nicht welkend; unvergänglich; echt (Farbe).

**unfailing** □ [ʌn'feiliŋ] unfehlbar; nie versagend; unerschöpflich; fig. treu.

**unfair** □ ['ʌn'feə] unehrlich; unfair; ungerecht.

**unfaithful** □ ['ʌn'feiθful] un(ge)treu, treulos; nicht wortgetreu.

**unfamiliar** ['ʌnfə'miljə] unbekannt; ungewohnt.

**unfasten** ['ʌn'fɑ:sn] aufmachen; lösen; **~ed** unbefestigt, lose.

**unfathomable** □ [ʌn'fæðəməbl] unergründlich.

**unfavo(u)rable** □ ['ʌn'feivərəbl] ungünstig.

**unfeeling** □ [ʌn'fi:liŋ] gefühllos.

**unfilial** □ ['ʌn'filjəl] respektlos, pflichtvergessen (Kind).

**unfinished** ['ʌn'finiʃt] unvollendet; unfertig.

**unfit** 1. □ ['ʌn'fit] ungeeignet, unpassend; 2. [ʌn'fit] untauglich machen.

**unfix** ['ʌn'fiks] losmachen, lösen.

**unfledged** ['ʌn'fledʒd] ungefiedert; (noch) nicht flügge; fig. unreif.

**unflinching** □ ['ʌn'flintʃiŋ] fest entschlossen, unnachgiebig.

**unfold** ['ʌn'fould] (sich) entfalten od. öffnen; [ʌn'fould] klarlegen; enthüllen.

**unforced** □ [ʌn'fɔ:st] ungezwungen.

**unforeseen** ['ʌnfɔ:'si:n] unvorhergesehen.

**unforgettable** □ ['ʌnfə'getəbl] unvergeßlich.

**unforgiving** ['ʌnfə'giviŋ] unversöhnlich.

**unforgotten** ['ʌnfə'gɔtn] unvergessen.

**unfortunate** [ʌn'fɔ:tʃnit] 1. □ un-

**glücklich; 2. Unglückliche(r m) f;**
**~ly [͵tli] unglücklicherweise, leider.**

**unfounded □ ['ʌn'faundid] unbe-**
**gründet; grundlos.**

**unfriendly ['ʌn'frendli] unfreund-**
**lich; ungünstig.**

**unfurl [ʌn'fəːl] entfalten, aufrollen.**

**unfurnished ['ʌn'fəːniʃt] unmö-**
**bliert.**

**ungainly [ʌn'geinli] unbeholfen,**
**plump.**

**ungenerous □ ['ʌn'dʒenərəs] un-**
**edelmütig; nicht freigebig.**

**ungentle □ ['ʌn'dʒentl] unsanft.**

**ungodly □ [ʌn'gɔdli] gottlos.**

**ungovernable □ [ʌn'gʌvənəbl] un-**
**lenksam; zügellos, unbändig.**

**ungraceful □ ['ʌn'greisful] ungra-**
**ziös, ohne Anmut; unbeholfen.**

**ungracious □ ['ʌn'greiʃəs] ungnä-**
**dig; unfreundlich.**

**ungrateful □ [ʌn'greitful] undank-**
**bar.**

**unguarded □ ['ʌn'gɑːdid] unbe-**
**wacht; unvorsichtig; ungeschützt.**

**unguent ['ʌŋgwənt] Salbe f.**

**unhampered ['ʌn'hæmpəd] unge-**
**hindert. (schön.)**

**unhandsome □ [ʌn'hænsəm] un-**

**unhandy □ [ʌn'hændi] unhandlich;**
**ungeschickt; unbeholfen.**

**unhappy □ [ʌn'hæpi] unglücklich.**

**unharmed [ʌn'hɑːmd] unversehrt.**

**unhealthy □ [ʌn'helθi] ungesund.**

**unheard-of [ʌn'həːdɔv] unerhört.**

**unheed|ed ['ʌn'hiːdid] unbeachtet,**
**unbewacht; ~ing [͵diŋ] sorglos.**

**unhesitating □ [ʌn'heziteitiŋ] ohne**
**Zögern; unbedenklich.**

**unholy [ʌn'houli] unheilig; gottlos.**

**unhono(u)red ['ʌn'ɔnəd] ungeehrt;**
**uneingelöst (Pfand, Scheck).**

**unhook ['ʌn'huk] auf-, aushaken.**

**unhoped-for [ʌn'houptfɔː] unver-**
**hofft.**

**unhurt ['ʌn'həːt] unverletzt.**

**unicorn ['juːnikɔːn] Einhorn n.**

**unification [juːnifi'keiʃən] Vereini-**
**gung f; Vereinheitlichung f.**

**uniform ['juːnifɔːm] 1. □ gleich-**
**förmig, gleichmäßig; einheitlich;**
**2. Dienstkleidung f; Uniform f;**
**3. uniformieren; ~ity [juːni'fɔːmiti]**
**Gleichförmigkeit f, Gleichmäßig-**
**keit f.**

**unify ['juːnifai] verein(ig)en; ver-**
**einheitlichen.**

**unilateral □ ['juːni'lætərəl] ein-**
**seitig.**

**unimagina|ble □ [ʌni'mædʒinəbl]**
**undenkbar; ~tive □ ['ʌni'mædʒi-**
**nativ] einfallslos.**

**unimportant □ ['ʌnim'pɔːtənt]**
**unwichtig.**

**unimproved ['ʌnim'pruːvd] nicht**
**kultiviert, unbebaut (Land); unver-**
**bessert.**

**uninformed ['ʌnin'fɔːmd] nicht**
**unterrichtet.**

**uninhabit|able ['ʌnin'hæbitəbl] un-**
**bewohnbar; ~ed [͵tid] unbewohnt.**

**uninjured ['ʌn'indʒəd] unbeschä-**
**digt, unverletzt.**

**unintelligible □ ['ʌnin'telidʒəbl]**
**unverständlich.**

**unintentional □ ['ʌnin'tenʃənl] un-**
**absichtlich.**

**uninteresting □ ['ʌn'intristiŋ] un-**
**interessant.**

**uninterrupted □ ['ʌnintə'rʌptid]**
**ununterbrochen.**

**union ['juːnjən] Vereinigung f; Ver-**
**bindung f; Union f, Verband m;**
**Einigung f; Einigkeit f; Verein m,**
**Bund m; univ. (Debattier)Klub m;**
**Gewerkschaft f; ~ist [͵ist] Ge-**
**werkschaftler m; 2 Jack Union**
**Jack m (britische Nationalflagge); ~**
**suit Am. Hemdhose f.**

**unique □ [juː'niːk] einzigartig, ein-**
**malig.**

**unison ♪ u. fig. ['juːnizn] Einklang**
**m.**

**unit ['juːnit] Einheit f; & Einer m;**
**~e [juː'nait] (sich) vereinigen, ver-**
**binden; ~ed vereinigt, vereint; ~y**
**['juːniti] Einheit f; Einigkeit f.**

**universa|l □ [juːni'vəːsəl] allge-**
**mein; allumfassend; Universal...,**
**Welt...; ~ality [juːnivəː'sæliti] All-**
**gemeinheit f; umfassende Bildung f,**
**Vielseitigkeit f; ~e ['juːnivəːs]**
**Weltall n, Universum n; ~ity [juː-**
**ni'vəːsiti] Universität f.**

**unjust □ ['ʌn'dʒʌst] ungerecht; ~i-**
**fiable □ [ʌn'dʒʌstifaiəbl] nicht zu**
**rechtfertigen(d), unverantwortlich.**

**unkempt ['ʌn'kempt] ungepflegt.**

**unkind □ [ʌn'kaind] unfreund-**
**lich.**

**unknow|ing □ ['ʌn'nouiŋ] unwis-**
**send; unbewußt; ~n [͵oun] 1. un-**
**bekannt; unbewußt; ~ to me ohne**
**mein Wissen; 2. Unbekannte(r m,**
**~s n) f.**

**unlace ['ʌn'leis] aufschnüren.**

**unlatch ['ʌn'lætʃ] aufklinken.**

**unlawful □ ['ʌn'bːful] ungesetz-**
**lich; weitS. unrechtmäßig.**

**unlearn ['ʌn'ləːn] (irr. (learn)) ver-**
**lernen.**

**unless [ən'les] wenn nicht, außer**
**wenn; es sei denn, daß.**

**unlike ['ʌn'laik] 1. adj. □ ungleich;**
**2. prp. anders als; ~ly [ʌn'laikli]**
**unwahrscheinlich.**

**unlimited [ʌn'limitid] unbegrenzt.**

**unload ['ʌn'loud] ent-, ab-, aus-**
**laden; Ladung löschen.**

**unlock ['ʌn'bk] aufschließen; Waffe**
**entsichern; ~ed unverschlossen.**

**unlooked-for [ʌn'luktfɔː] unerwar-**
**tet.**

**unloose, ~n ['ʌn'luːs, ʌn'luːsn] lö-**
**sen, losmachen.**

**unlov|ely ['ʌn'lʌvli] reizlos, un-**
**schön; ~ing [͵viŋ] lieblos.**

**unlucky □ [ʌn'lʌki] unglücklich.**

unmake ['ʌn'meik] [irr. (make)] vernichten; rückgängig machen; umbilden; Herrscher absetzen.

unman ['ʌn'mæn] entmannen.

unmanageable □ [ʌn'mænidʒəbl] unlenksam, widerspenstig.

unmarried ['ʌn'mærid] unverheiratet, ledig.

unmask ['ʌn'maːsk] (sich) demaskieren; fig. entlarven.

unmatched ['ʌn'mætʃt] unerreicht; unvergleichlich.

unmeaning □ [ʌn'miːniŋ] nichtssagend.

unmeasured [ʌn'meʒəd] ungemessen; unermeßlich.

unmeet ['ʌn'miːt] ungeeignet.

unmentionable [ʌn'menʃnəbl] nicht zu erwähnen(d), unnennbar.

unmerited ['ʌn'merid] unverdient.

unmindful □ [ʌn'maindful] unbedacht; sorglos; ohne Rücksicht.

unmistakable □ ['ʌnmis'teikəbl] unverkennbar; unmißverständlich.

unmitigated [ʌn'mitigeitid] ungemildert; richtig; fig. Erz...

unmolested ['ʌnmou'lestid] unbelästigt.

unmounted ['ʌn'mauntid] unberitten; nicht gefaßt (Stein); unaufgezogen (Bild); unmontiert.

unmoved □ ['ʌn'muːvd] unbewegt, ungerührt.

unnamed ['ʌn'neimd] ungenannt.

unnatural □ [ʌn'nætʃrəl] unnatürlich. [nötig.)

unnecessary □ [ʌn'nesisəri] un-)

unneighbo(u)rly ['ʌn'neibəli] nicht gutnachbarlich.

unnerve ['ʌn'nəːv] entnerven.

unnoticed ['ʌn'noutist] unbemerkt.

unobjectionable □ ['ʌnəb'dʒekʃnəbl] einwandfrei.

unobserv|ant □ ['ʌnəb'zəːvənt] unachtsam; ~ed [~vd] unbemerkt.

unobtainable ['ʌnəb'teinəbl] unerreichbar.

unobtrusive □ ['ʌnəb'truːsiv] unaufdringlich, bescheiden.

unoccupied ['ʌn'okjupaid] unbesetzt; unbewohnt; unbeschäftigt.

unoffending ['ʌnə'fendiŋ] harmlos.

unofficial □ ['ʌnə'fiʃəl] nichtamtlich, inoffiziell.

unopposed ['ʌnə'pouzd] ungehindert.

unostentatious □ ['ʌnosten'teiʃəs] anspruchslos; unauffällig; schlicht.

unowned ['ʌn'ound] herrenlos.

unpack ['ʌn'pæk] auspacken.

unpaid ['ʌn'peid] unbezahlt; unbelohnt; ✝ unfrankiert.

unparalleled [ʌn'pærəleld] beispiellos, ohnegleichen.

unperceived □ ['ʌnpə'siːvd] unbemerkt.

unperturbed ['ʌnpə(ː)'təːbd] ruhig, gelassen.

unpleasant □ [ʌn'pleznt] unangenehm; unerfreulich; ~ness [~tnis] Unannehmlichkeit f.

unpolished ['ʌn'poliʃt] unpoliert; fig. ungebildet.

unpolluted ['ʌnpə'luːtid] unbefleckt.

unpopular □ ['ʌn'popjulə] unpopulär, unbeliebt; ~ity ['ʌnpopju'læriti] Unbeliebtheit f.

unpracti|cal □ ['ʌn'præktikəl] unpraktisch; ~sed, Am. ~ced [ʌn'præktist] ungeübt.

unprecedented □ [ʌn'presidəntid] beispiellos; noch nie dagewesen.

unprejudiced □ [ʌn'predʒudist] unbefangen, unvoreingenommen.

unpremeditated □ ['ʌnpri'mediteitid] unbeabsichtigt.

unprepared ['ʌnpri'pɛəd] unvorbereitet.

unpreten|ding □ ['ʌnpri'tendiŋ], ~tious □ [~ʃəs] anspruchslos.

unprincipled [ʌn'prinsəpld] ohne Grundsätze; gewissenlos.

unprivileged [ʌn'privilidʒd] sozial benachteiligt; arm.

unprofitable □ [ʌn'profitəbl] unnütz.

unproved ['ʌn'pruːvd] unerwiesen.

unprovided ['ʌnprə'vaidid] nicht versehen (with mit); ~ for unversorgt, mittellos.

unprovoked □ ['ʌnprə'voukt] ohne Grund.

unqualified □ ['ʌn'kwolifaid] ungeeignet; unberechtigt; [ʌn'kwolifaid] unbeschränkt.

unquestion|able□ [ʌn'kwestʃənəbl] unzweifelhaft, fraglos; ~ed [~nd] ungefragt; unbestritten.

unquote ['ʌn'kwout] Zitat beenden.

unravel [ʌn'rævəl] (sich) entwirren; enträtseln.

unready □ ['ʌn'redi] nicht bereit od. fertig; unlustig, zögernd.

unreal □ ['ʌn'riəl] unwirklich; ~istic ['ʌnriə'listik] (~ally) wirklichkeitsfremd, unrealistisch.

unreasonable □ [ʌn'riːznəbl] unvernünftig; grundlos; unmäßig.

unrecognizable □ ['ʌn'rekəgnaizəbl] nicht wiederzuerkennen(d).

unredeemed □ ['ʌnri'diːmd] unerlöst; uneingelöst; ungemildert.

unrefined ['ʌnri'faind] ungeläutert; fig. ungebildet. [dankenlos.)

unreflecting □['ʌnri'flektiŋ] ge-)

unregarded ['ʌnri'gɑːdid] unbeachtet; unberücksichtigt.

unrelated ['ʌnri'leitid] ohne Beziehung (to zu).

unrelenting □ ['ʌnri'lentiŋ] erbarmungslos; unerbittlich.

unreliable ['ʌnri'laiəbl] unzuverlässig.

**unrelieved**□ ['Anri'li:vd] ungelindert; ununterbrochen.

**unremitting** □ [Anri'mitin] unablässig, unaufhörlich; unermüdlich.

**unrepining** □ ['Anri'painin] klaglos; unverdrossen.

**unrequited** □ ['Anri'kwaitid] unerwidert; unbelohnt.

**unreserved** □ ['Anri'zə:vd] rückhaltlos; unbeschränkt; ohne Vorbehalt.

**unresisting** □ ['Anri'zistin] widerstandslos.

**unresponsive** ['Anris'ponsiv] unempfänglich (to für).

**unrest** ['An'rest] Unruhe *f.*

**unrestrained** □ ['Anris'treind] ungehemmt; unbeschränkt.

**unrestricted** □ ['Anris'triktid] uneingeschränkt.

**unriddle** ['An'ridl] enträtseln.

**unrighteous** □ ['An'raitʃəs] ungerecht; unredlich.

**unripe** ['An'raip] unreif.

**unrival(l)ed** [An'raivəld] unvergleichlich, unerreicht, einzigartig.

**unroll** ['An'roul] ent-, aufrollen.

**unruffled** ['An'rAfld] glatt; ruhig.

**unruly** [An'ru:li] ungebärdig.

**unsafe** □ ['An'seif] unsicher.

**unsal(e)able** ['An'seiləbl] unverkäuflich.

**unsanitary** ['An'sænitəri] unhygienisch.

**unsatisfactory** □ ['Ansætis'fæktəri] unbefriedigend; unzulänglich; **~ied** ['An'sætisfaid] unbefriedigt; **~ying** □ [~aiiŋ] = *unsatisfactory.*

**unsavo(u)ry** □ ['An'seivəri] unappetitlich (*a. fig.*), widerwärtig.

**unsay** ['An'sei] [*irr.* (*say*)] zurücknehmen, widerrufen.

**unscathed** ['An'skeiðd] unversehrt.

**unschooled** ['An'sku:ld] ungeschult; unverbildet.

**unscrew** ['An'skru:] *v/t.* ab-, los-, aufschrauben; *v/i.* sich abschrauben lassen.

**unscrupulous** □ [An'skru:pjuləs] bedenkenlos; gewissenlos; skrupellos.

**unsearchable** □ [An'sə:tʃəbl] unerforschlich; unergründlich.

**unseason|able** □ [An'si:znəbl] unzeitig; *fig.* ungelegen; **~ed** ['An'si:znd] nicht abgelagert (*Holz*); *fig.* nicht abgehärtet; ungewürzt.

**unseat** ['An'si:t] des Amtes entheben; abwerfen.

**unseemly** [An'si:mli] unziemlich.

**unseen** ['An'si:n] ungesehen; unsichtbar.

**unselfish** □ ['An'selfiʃ] selbstlos, uneigennützig; **~ness** [~nis] Selbstlosigkeit *f.*

**unsettle** ['An'setl] in Unordnung

bringen; verwirren; erschüttern; **~d** nicht festgesetzt; unbeständig; † unbezahlt; unerledigt; ohne festen Wohnsitz; unbesiedelt.

**unshaken** ['An'ʃeikən] unerschüttert; unerschütterlich.

**unshaven** ['An'ʃeivn] unrasiert.

**unship** ['An'ʃip] ausschiffen.

**unshrink|able** ['An'ʃrinkəbl] nicht einlaufend (*Stoff*); **~ing** □ [An-'ʃrinkin] unverzagt.

**unsightly** ['An'saitli] häßlich.

**unskil(l)ful** □ ['An'skilful] ungeschickt; **~led** [~ld] ungelernt.

**unsocial|able** [An'souʃəbl] ungesellig; **~al** [~əl] ungesellig; unsozial.

**unsolder** ['An'soldə] los-, ablöten.

**unsolicited** ['Ansə'lisitid] nicht gefragt (*S.*); unaufgefordert (*P.*).

**unsolv|able** ['An'solvəbl] unlösbar; **~ed** [~vd] ungelöst.

**unsophisticated** ['Ansə'fistikeitid] unverfälscht; ungekünstelt; unverdorben, unverbildet.

**unsound** □ ['An'saund] ungesund; verdorben; wurmstichig; morsch; nicht stichhaltig (*Beweis*); verkehrt.

**unsparing** □ [An'speəriŋ] freigebig; schonungslos, unbarmherzig.

**unspeakable** □ [An'spi:kəbl] unsagbar; unsäglich.

**unspent** ['An'spent] unverbraucht; unerschöpft.

**unspoil|ed, ~t** ['An'spoilt] unverdorben; unbeschädigt; nicht verzogen (*Kind*).

**unspoken** ['An'spoukən] ungesagt; **~of** unerwähnt.

**unstable** □ ['An'steibl] nicht (stand)fest; unbeständig; unstet(ig); labil.

**unsteady** □ ['An'stedi] unstet(ig), unsicher; schwankend; unbeständig; unsolid; unregelmäßig.

**unstrained** ['An'streind] unfiltriert; *fig.* ungezwungen.

**unstrap** ['An'stræp] los-, abschnallen.

**unstressed** ['An'strest] unbetont.

**unstring** ['An'striŋ] [*irr.* (*string*)] *Saite* entspannen.

**unstudied** ['An'stAdid] ungesucht, ungekünstelt, natürlich.

**unsubstantial** ['Ansəb'stænʃəl] wesenlos; gegenstandslos; inhaltlos; gehaltlos; dürftig.

**unsuccessful** □ ['Ansək'sesful] erfolglos, ohne Erfolg.

**unsuitable** □ ['An'sju:təbl] unpassend; unangemessen.

**unsurpassed** ['Ansə(:)'pɑ:st] unübertroffen.

**unsuspect|ed** ['Ansəs'pektid] unverdächtig; unvermutet; **~ing** [~tiŋ] nichts ahnend; arglos.

**unsuspicious** □ ['Ansəs'piʃəs] nicht argwöhnisch, arglos.

**unswerving** □ [ʌn'swəːviŋ] unentwegt.

**untangle** ['ʌn'tæŋgl] entwirren.

**untarnished** ['ʌn'tɑːniʃt] unbefleckt; ungetrübt.

**unteachable** ['ʌn'tiːtʃəbl] umbelehrbar (P.); unlehrbar (S.).

**untenanted** ['ʌn'tənəntid] unvermietet, unbewohnt.

**unthankful** □ ['ʌn'θæŋkful] undankbar.

**unthink|able** [ʌn'θiŋkəbl] undenkbar; **.ing** □ ['ʌn'θiŋkiŋ] gedankenlos.

**unthought** ['ʌn'θɔːt] unbedacht; **~of** unvermutet.

**unthrifty** □ ['ʌn'θrifti] verschwenderisch; nicht gedeihend.

**untidy** □ [ʌn'taidi] unordentlich.

**untie** ['ʌn'tai] aufbinden, aufknüpfen; *Knoten etc.* lösen; *j-n* losbinden.

**until** [ən'til] **1.** *prp.* bis; **2.** *cj.* bis (daß); *not ~ erst wenn od. als.*

**untimely** ['ʌn'taimli] unzeitig; vorzeitig; ungelegen. [lich.\]

**untiring** □ [ʌn'taiəriŋ] unermüd-\]

**unto** ['ʌntu] = to.

**untold** ['ʌn'tould] unerzählt; ungezählt; unermeßlich, unsäglich.

**untouched** ['ʌn'tʌtʃt] unberührt; *fig.* ungerührt; *phot.* unretuschiert.

**untried** ['ʌn'traid] unversucht; unerprobt; *ztz* noch nicht verhört.

**untrod, .den** ['ʌn'trɔd, .dn] unbetreten.

**untroubled** ['ʌn'trʌbld] ungestört.

**untrue** □ ['ʌn'truː] unwahr; untreu.

**untrustworthy** □ ['ʌn'trʌstwəːði] unzuverlässig, nicht vertrauenswürdig.

**unus|ed** ['ʌn'juːzd] ungebraucht; [.ʌst] nicht gewöhnt (*to* an *acc.*; *zu inf.*); **.ual** □ [ʌn'juːʒuəl] ungewöhnlich; ungewohnt.

**unutterable** □ [ʌn'ʌtərəbl] unaussprechlich.

**unvarnished** *fig.* ['ʌn'vɑːniʃt] ungeschminkt.

**unvarying** □ [ʌn'vɛəriiŋ] unveränderlich.

**unveil** [ʌn'veil] entschleiern, enthüllen.

**unversed** ['ʌn'vəːst] unbewandert, unerfahren (*in* in *dat.*).

**unvouched** ['ʌn'vautʃt] *a.* **~-for** unverbürgt, unbezeugt.

**unwanted** ['ʌn'wɔntid] unerwünscht.

**unwarrant|able** □ [ʌn'wɔrəntəbl] unverantwortlich; **.ed** [.tid] unberechtigt; ['ʌn'wɔrəntid] unverbürgt.

**unwary** □ [ʌn'wɛəri] unbedachtsam.

**unwelcome** [ʌn'welkəm] unwillkommen.

**unwholesome** ['ʌn'houlsəm] ungesund; schädlich.

**unwieldy** □ [ʌn'wiːldi] unhandlich; ungefüge; sperrig.

**unwilling** □ ['ʌn'wiliŋ] un-, widerwillig, abgeneigt.

**unwind** ['ʌn'waind] [*irr.* (*wind*)] auf-, loswickeln; (sich) abwickeln.

**unwise** □ ['ʌn'waiz] unklug.

**unwitting** □ [ʌn'witiŋ] unwissentlich; unbeabsichtigt.

**unworkable** ['ʌn'wəːkəbl] undurchführbar; ⊕ nicht betriebsfähig.

**unworthy** □ [ʌn'wəːði] unwürdig.

**unwrap** ['ʌn'ræp] auswickeln, auspacken, aufwickeln.

**unwrought** ['ʌn'rɔːt] unbearbeitet; roh; Roh...

**unyielding** □ [ʌn'jiːldiŋ] unnachgiebig.

**up** [ʌp] **1.** *adv.* (her-, hin)auf; aufwärts, empor; oben; auf(gestanden); aufgegangen (*Sonne*); hoch; abgelaufen, um (*Zeit*); *Am. Baseball:* am Schlag; *~ and about* wieder auf den Beinen; *be hard ... in Geldschwierigkeiten sein; ~ against a task* o-r Aufgabe gegenüber; *~ to* bis (zu); *it is ... to me to do es ist an mir, zu tun; what are you ~ to there? was macht ihr da? what's ~?* *sl.* was ist los? **2.** *prp.* hinauf; *~ the river* flußaufwärts; **3.** *adj.:* *~ train* Zug *m* nach der Stadt; **4.:** *the ~s and downs* das Auf und Ab, die Höhen und Tiefen *des Lebens;* **5.** F (sich) erheben; hochfahren; hochtreiben.

**up|-and-coming** *Am.* F ['ʌpən-'kʌmiŋ] unternehmungslustig; **.braid** [ʌp'breid] schelten; **.bringing** ['ʌpbriŋiŋ] Erziehung *f*; **~-country** ['ʌp'kʌntri] landeinwärts (gelegen); **.heaval** [ʌp'hiːvl] Umbruch *m*; **.hill** ['ʌp'hil] bergan; mühsam; **.hold** [ʌp'hould] [*irr.* (*hold*)] aufrecht(er)halten; stützen; **.holster** [.stə] *Möbel* (auf)polstern; *Zimmer* dekorieren; **.holsterer** [.ərə] Tapezierer *m*, Dekorateur *m*, Polsterer *m*; **.holstery** [.ri] Polstermöbel *n/pl.*; Möbelstoffe *m/pl.*; Tapeziererarbeit *f*.

**up|keep** ['ʌpkiːp] Instandhaltung(skosten *pl.*) *f*; Unterhalt *m*; **.land** ['ʌplənd] Hoch-, Oberland *n*; **.lift 1.** [ʌp'lift] (empor-, er)heben; **2.** ['ʌplift] Erhebung *f*; *fig.* Aufschwung *m*.

**upon** [ə'pɔn] = *on*.

**upper** ['ʌpə] ober; Ober...; **.most** oberst, höchst.

**up|raise** [ʌp'reiz] erheben; **.rear** [ʌp'riə] aufrichten; **.right 1.** □ ['ʌp'rait] aufrecht; *~ piano ♩* Klavier *n*; *fig.* ['ʌprait] rechtschaffen; **2.** Pfosten *m*; Ständer *m*; **.rising** [ʌp'raiziŋ] Erhebung *f*, Aufstand *m*.

**uproar** ['ʌprɔː] Aufruhr *m*; **.ious** □ [ʌp'rɔːriəs] tobend; tosend.

up|root [ʌp'ruːt] entwurzeln; (her-)ausreißen; ~set [ʌp'set] [irr. (set)] umwerfen; (um)stürzen; außer Fassung od. in Unordnung bringen; stören; verwirren; be ~ außer sich sein; ~shot ['ʌpʃɔt] Ausgang m; ~side ['ʌpsaid] adv.: ~ down das Oberste zuunterst; verkehrt; ~stairs ['ʌp'stɛəz] die Treppe hinauf, (nach) oben; ~start ['ʌpstɑːt] Emporkömmling m; ~state Am. ['ʌp'steit] Hinterland n o-s Staates; ~stream ['ʌp'striːm] fluß-, stromaufwärts; ~-to-date ['ʌptə'deit] modern, neuzeitlich; ~town ['ʌp'taun] im od. in den oberen Stadtteil; Am. im Wohn- od. Villenviertel; ~turn [ʌp'təːn] nach oben kehren; ~ward(s) ['ʌpwəd(z)] aufwärts (gerichtet).

uranium ⚛ [juə'reinjəm] Uran n.

urban ['əːbən] städtisch; Stadt...; ~e □ [əː'bein] höflich; gebildet.

urchin ['əːtʃin] Bengel m.

urge [əːdʒ] 1. oft ~ on j-n drängen, (an)treiben; dringen in j-n; dringen auf et.; 3 Recht geltend machen; 2. Drang m; ~ncy ['əːdʒənsi] Dringlichkeit f; Drängen n; ~nt □ [~nt] dringend; dringlich; eilig.

urin|al ['juərinl] Harnglas n; Bedürfnisanstalt f; ~ate [~neit] urinieren; ~e [~in] Urin m, Harn m.

urn [əːn] Urne f; Tee- etc. Maschine f.

us [ʌs, əs] uns; of ~ unser.

usage ['juːzidʒ] Brauch m, Gepflogenheit f; Sprachgebrauch m; Behandlung f, Verwendung f, Gebrauch m.

usance ⚕ ['juːzəns] Wechselfrist f.

use 1. [juːz] Gebrauch m; Benutzung f; Verwendung f; Gewohnheit f, Übung f; Brauch m; Nutzen m; (of) no ~ unnütz, zwecklos; have no ~ for keine Verwendung haben

für; Am. F nicht mögen; 2. [juːz] gebrauchen; benutzen, ver-, anwenden; behandeln; ~ up ver-, aufbrauchen; I ~d to do ich pflegte zu tun, früher tat ich; ~d [juːzd] ge-, verbraucht; [juːst] gewöhnt (to an acc.); gewohnt (to zu od. acc.); ~ful □ ['juːsful] brauchbar; nützlich; Nutz...; ~less □ ['juːslis] nutz-, zwecklos, unnütz.

usher ['ʌʃə] 1. Türhüter m, Pförtner m; Gerichtsdiener m; Platzanweiser m; 2. mst. ~ in (hin)einführen, anmelden; ~ette [ʌʃə'ret] Platzanweiserin f.

usual □ ['juːʒuəl] gewöhnlich; üblich; gebräuchlich.

usurer ['juːʒərə] Wucherer m.

usurp [juː'zəːp] sich et. widerrechtlich aneignen, an sich reißen; ~er [~pə] Usurpator m.

usury ['juːʒuri] Wucher(zinsen pl.) m.

utensil [juː(ː)'tensl] Gerät n; Geschirr n.

uterus anat. ['juːtərəs] Gebärmutter f.

utility [juː(ː)'tiliti] 1. Nützlichkeit f, Nutzen m; public ~ öffentlicher Versorgungsbetrieb; 2. Gebrauchs..., Einheits...

utiliz|ation [juːtilai'zeiʃən] Nutzbarmachung f; Nutzanwendung f; ~e ['juːtilaiz] sich et. zunutze machen.

utmost ['ʌtmoust] äußerst.

Utopian [juː'toupjən] 1. utopisch; 2. Utopist(in), Schwärmer(in).

utter ['ʌtə] 1. □ fig. äußerst; völlig, gänzlich; 2. äußern; Seufzer etc. ausstoßen, von sich geben; Falschgeld etc. in Umlauf setzen; ~ance ['ʌtərəns] Äußerung f, Ausdruck m; Aussprache f; ~most ['ʌtəmoust] äußerst.

uvula anat. ['juːvjulə] Zäpfchen n.

# V

vacan|cy ['veikənsi] Leere f; leerer od. freier Platz; Lücke f; offene Stelle; ~t □ [~nt] leer (a. fig.); frei (Zeit, Zimmer); offen (Stelle); unbesetzt, vakant (Amt).

vacat|e [və'keit, Am. 'veikeit] räumen; Stelle aufgeben, aus e-m Amt scheiden; ~ion [və'keiʃən, Am. vei'keiʃən] 1. (Schul)Ferien pl.; bsd. Am. Urlaub m; Räumung f; Niederlegung f o-s Amtes; 2. Am. Urlaub machen; ~ionist Am. [~nist] Ferienreisende(r m) f.

vaccin|ate ['væksineit] impfen;

~ation [væksi'neiʃən] Impfung f; ~e ['væksiːn] Impfstoff m.

vacillate ['væsileit] schwanken.

vacu|ous □ ['vækjuəs] fig. leer, geistlos; ~um phys. [~uəm] Vakuum n; ~ cleaner Staubsauger m; ~ flask, ~ bottle Thermosflasche f.

vagabond ['vægəbɔnd] 1. vagabundierend; 2. Landstreicher m.

vagary ['veigəri] wunderlicher Einfall, Laune f, Schrulle f.

vagrant ['veigrənt] 1. wandernd; fig. unstet; 2. Landstreicher m, Vagabund m; Strolch m.

vague □ [veig] unbestimmt; unklar.

**vain** □ [vein] eitel, eingebildet; leer; nichtig; vergeblich; *in ~* vergebens, umsonst; **~glorious** □ [vein'glɔːriəs] prahlerisch.

**vale** [veil] *poet. od. in Namen:* Tal *n.*

**valediction** [væli'dikʃən] Abschied(sworte *n/pl.*) *m.*

**valentine** ['væləntain] Valentinsschatz *m,* -gruß *m (am Valentinstag, 14. Februar, erwählt, gesandt.).*

**valerian** ♀ [və'liəriən] Baldrian *m.*

**valet** ['vælit] 1. (Kammer)Diener *m;* 2. Diener sein bei *j-m; j-n* bedienen.

**valetudinarian** [vælitjuːdi'nɛəriən] 1. kränklich; 2. kränklicher Mensch; Hypochonder *m.*

**valiant** □ ['væljənt] tapfer.

**valid** □ ['vælid] triftig, richtig, stichhaltig; (rechts)gültig; *be ~* gelten; **~ity** [və'liditi] Gültigkeit *f;* Triftig-, Richtigkeit *f.*

**valise** [və'liːz] Reisetasche *f;* ✕ Tornister *m.*

**valley** ['væli] Tal *n.*

**valo(u)r** ['vælə] Tapferkeit *f.*

**valuable** ['væljuəbl] 1. □ wertvoll; 2. *~s pl.* Wertsachen *f/pl.*

**valuation** [vælju'eiʃən] Abschätzung *f;* Taxwert *m.*

**value** ['væljuː] 1. Wert *m;* Währung *f;* *give* (*get*) *good ~* (*for one's money*) ♥ reell bedienen (bedient werden); 2. (ab)schätzen; *fig.* schätzen; **~less** [~julis] wertlos.

**valve** [vælv] Klappe *f;* Ventil *n;* *Radio:* Röhre *f.*

**vamoose** *Am. sl.* [və'muːs] *v/i.* abhauen; *v/t.* räumen (*verlassen*)

**vamp** F [væmp] 1. Vamp *m (verführerische Frau);* 2. neppen.

**vampire** ['væmpaiə] Vampir *m.*

**van** [væn] Möbelwagen *m;* Lieferwagen *m;* 👫 Pack-, Güterwagen *m;* ✕ Vorhut *f.*

**vane** [vein] Wetterfahne *f;* (Windmühlen-, Propeller)Flügel *m.*

**vanguard** ✕ ['vængɑːd] Vorhut *f.*

**vanilla** ♀ [və'nilə] Vanille *f.*

**vanish** ['væniʃ] (ver)schwinden.

**vanity** ['væniti] Eitelkeit *f;* Einbildung *f;* Nichtigkeit *f;* *~ bag* Kosmetiktäschchen *n.*

**vanquish** ['væŋkwiʃ] besiegen.

**vantage** ['vɑːntidʒ] *Tennis:* Vorteil *m;* *~-ground* günstige Stellung.

**vapid** □ ['væpid] schal; fad(e).

**vapor**[**ize** ['veipəraiz] verdampfen, verdunsten (*lassen*); **~ous** □ [~rəs] dunstig; nebelhaft.

**vapo(u)r** ['veipə] Dunst *m;* Dampf *m.*

**varia**[**ble** □ ['vɛəriəbl] veränderlich; **~nce** [~əns] Veränderung *f;* Uneinigkeit *f;* *be at ~* uneinig sein; (sich) widersprechen; *set at ~* entzweien; **~nt** [~ənt] 1. abweichend; 2. Variante *f;* **~tion** [vɛəri'eiʃən]

Abänderung *f;* Schwankung *f;* Abweichung *f;* ♪ Variation *f.*

**varicose** ♀ ['værikous] Krampfader(n)...; *~ vein* Krampfader *f.*

**varie**[**d** □ ['vɛərid] verschieden, verändert, mannigfaltig; **~gate** [~igeit] bunt gestalten; **~ty** [və'raiəti] Mannigfaltigkeit *f,* Vielzahl *f;* *biol.* Abart *f;* ♠ Auswahl *f;* Menge *f;* *~ show* Varietévorstellung *f;* *~ theatre* Varieté(theater) *n.*

**various** □ ['vɛəriəs] verschiedene, mehrere; mannigfaltig; verschiedenartig.           [Racker.)

**varmint** *sl.* ['vɑːmint] *kleiner*

**varnish** ['vɑːniʃ] 1. Firnis *m,* Lack *m; fig.* (äußerer) Anstrich; 2. firnissen, lackieren; *fig.* beschönigen.

**vary** ['vɛəri] (sich) (ver)ändern; wechseln (*mit at.*); abweichen.

**vase** [vɑːz] Vase *f.*

**vassal** ['væsəl] Vasall *m; attr.* Vasallen...

**vast** □ [vɑːst] ungeheuer, gewaltig, riesig, unfassend, weit.

**vat** [væt] Faß *n;* Bottich *m;* Kufe *f.*

**vaudeville** *Am.* ['voudəvil] Varieté *n.*

**vault** [vɔːlt] 1. Gewölbe *n;* Wölbung *f;* Stahlkammer *f;* Gruft *f; bsd. Sport:* Sprung *m;* *wine-~* Weinkeller *m;* 2. (über)wölben; *bsd. Sport:* springen (über *acc.*).

**vaulting-horse** ['vɔːltiŋhɔːs] *Turnen:* Pferd *n.*

**vaunt** *lit.* [vɔːnt] (sich) rühmen.

**veal** [viːl] Kalbfleisch *n; roast ~* Kalbsbraten *m.*

**veer** [viə] (sich) drehen.

**vegeta**[**ble** ['vedʒitəbl] 1. Pflanzen..., pflanzlich; 2. Pflanze *f; mst ~s pl.* Gemüse *n;* **~rian** [vedʒi'tɛəriən] 1. Vegetarier(in); 2. vegetarisch; **~te** ['vedʒiteit] vegetieren; **~tive** [~tətiv] vegetativ; wachstumsfördernd.

**vehemen**[**ce** ['viːiməns] Heftigkeit *f;* Gewalt *f;* **~t** □ [~nt] heftig; ungestüm.

**vehicle** ['viːikl] Fahrzeug *n,* Beförderungsmittel *n; fig.* Vermittler *m,* Träger *m;* Ausdrucksmittel *n.*

**veil** [veil] 1. Schleier *m;* Hülle *f;* 2. (sich) verschleiern (*a. fig.*).

**vein** [vein] Ader *f (a. fig.);* Anlage *f;* Neigung *f;* Stimmung *f.*

**velocipede** [vi'lɔsipiːd] *Am.* (Kinder)Dreirad *n; hist.* Veloziped *n.*

**velocity** [vi'lɔsiti] Geschwindigkeit *f.*

**velvet** ['velvit] 1. Samt *m; kunt.* Bast *m;* 2. Samt...; **~een** [~'tiːn] samten; **~y** [~ti] samtig.

**venal** [viːnl] käuflich, feil.

**vend** [vend] verkaufen; **~er,** **~or** ['vendə, ~dɔː] Verkäufer *m,* Händler *m.*

**veneer** [vi'niə] 1. Furnier *n;* 2. furnieren; *fig.* bemänteln.

venera|ble □ ['venərəbl] ehrwür-
dig; ~te [.reit] (ver)ehren; ~tion
[venə'reiʃən] Verehrung f.
venereal [vi'niəriəl] Geschlechts...
Venetian [vi'ni:ʃən] 1. venetianisch;
~ blind (Stab)Jalousie f; 2. Vene-
tianer(in).
vengeance ['vendʒəns] Rache f;
with a ~ F und wie, ganz gehörig.
venial □ ['vi:njəl] verzeihlich.
venison ['venzn] Wildbret n.
venom ['venəm] (bsd. Schlangen-)
Gift n; fig. Gift n; Gehässigkeit f;
~ous □ [.məs] giftig.
venous ['vi:nəs] Venen...; venös.
vent [vent] 1. Öffnung f; Luft-,
Spundloch n; Auslaß m; Schlitz
m; give ~ to s-m Zorn etc. Luft
machen; 2. fig. Luft machen (dat.).
ventilat|e ['ventileit] ventilieren,
(be-, ent-, durch)lüften; fig. erörtern; ~ion [venti'leiʃən] Ventilation f, Lüftung f; fig. Erörterung f;
~or ['ventileitə] Ventilator m.
ventral anat. ['ventrəl] Bauch...
ventriloquist [ven'triləkwist]
Bauchredner m.
ventur|e ['ventʃə] 1. Wagnis n;
Risiko n; Abenteuer n; Spekulation f; at a ~ auf gut Glück;
2. (sich) wagen; riskieren; ~esome
□ [.əsəm], ~ous □ [.ərəs] verwegen, kühn.
veracious □ [və'reiʃəs] wahrhaft.
verb gr. [və:b] Verb(um) n, Zeit-
wort n; ~al □ ['və:bəl] wörtlich;
mündlich; ~iage ['və:biidʒ] Wortschwall m; ~ose □ [və:'bous] wortreich. [reif.]
verdant □ ['və:dənt] grün; fig. un-)
verdict ['və:dikt] ᵗᵗᶻ (Urteils-)
Spruch m der Geschworenen; fig.
Urteil n; bring in od. return a ~ of
guilty auf schuldig erkennen.
verdigris ['və:digris] Grünspan m.
verdure ['və:dʒə] Grün n.
verge [və:dʒ] 1. Rand m, Grenze f;
on the ~ of am Rande (gen.); dicht
vor (dat.); 2. sich (hin)neigen;
~ (up)on grenzen an (acc.).
veri|fy ['verifai] (nach)prüfen; be-
weisen; bestätigen; ~similitude
[verisi'militju:d] Wahrscheinlichkeit f; ~table □ ['veritəbl] wahr
(-haftig).
vermicelli [və:mi'seli] Faden-
nudeln f/pl.; ~ular [və:'mikjulə]
wurmartig.
vermilion [və'miljən] 1. Zinnoberrot n; 2. zinnoberrot.
vermin ['və:min] Ungeziefer n;
hunt. Raubzeug n; fig. Gesindel n;
~ous □ [.nəs] voller Ungeziefer.
vernacular [və'nækjulə] 1. □ einheimisch; Volks...; 2. Landes-,
Muttersprache f; Jargon m.
versatile □ ['və:sətail] wendig.
verse [və:s] Vers(e pl.) m; Strophe f;
Dichtung f; ~d [və:st] bewandert.

versify ['və:sifai] v/t. in Verse bringen; v/i. Verse machen.
version ['və:ʃən] Übersetzung f;
Fassung f, Darstellung f; Lesart f.
versus bsd. gᵗᶻ [və:səs] gegen.
vertebra anat. ['və:tibrə], pl. ~e
[.ri:] Wirbel m.
vertical □ ['və:tikəl] vertikal, senkrecht.
vertig|inous □ [və:'tidʒinəs]
schwindlig; schwindeind (Höhe);
~o ['və:tigou] Schwindel(anfall) m.
verve [və:v] Schwung m, Verve f.
very ['veri] 1. adv. sehr; the ~ best
das allerbeste; 2. adj. wirklich;
eben; bloß; the ~ same ebendersel-
be; in the ~ act auf frischer Tat;
gerade dabei; the ~ thing gerade
das; the ~ thought der bloße Gedanke; the ~ stones sogar die Steine;
the veriest rascal der größte Schuft.
vesicle ['vesikl] Bläs-chen n.
vessel ['vesl] Gefäß n (a. anat., ⚕,
fig.); ⚓ Fahrzeug n, Schiff n.
vest [vest] 1. Unterhemd n; Weste f;
2. v/t. bekleiden (with mit); j-n einsetzen (in in acc.); et. übertragen
(in s.o. j-m); v/i. verliehen werden.
vestibule ['vestibju:l] Vorhof m
(a. anat.); Vorhalle f; Hausflur m;
bsd. Am. ⚓ Korridor m zwischen
zwei D-Zug-Wagen; ~ train D-Zug
m.
vestige ['vestidʒ] Spur f.
vestment ['vestmənt] Gewand n.
vestry ['vestri] eccl. Sakristei f;
Gemeindevertretung f; Gemeinde-
saal m; ~man Gemeindevertreter m.
vet F [vet] 1. Tierarzt m; Am. ✗
Veteran m; 2. co. verarzten; gründlich prüfen.
veteran ['vetərən] 1. ausgedient;
erfahren; 2. Veteran m.
veterinary ['vetərinəri] 1. tierärzt-
lich; 2. a. ~ surgeon Tierarzt m.
veto ['vi:tou] 1. pl. ~es Veto n;
2. sein Veto einlegen gegen.
vex [veks] ärgern; schikanieren;
~ation [vek'seiʃən] Verdruß m;
Ärger(nis n) m; ~atious [.ʃəs]
ärgerlich.
via [vaiə] über, via.
viaduct ['vaiədʌkt] Viadukt m,
Überführung f.
vial ['vaiəl] Phiole f, Fläschchen n.
viand ['vaiənd] mst. ~s pl. Lebensmittel n/pl.
vibrat|e [vai'breit] vibrieren; zit-
tern; ~ion [.eiʃən] Schwingung f,
Zittern n, Vibrieren n, Erschütterung f.
vicar eccl. ['vikə] Vikar m; ~age
[.əridʒ] Pfarrhaus n.
vice¹ [vais] Laster n; Fehler m;
Unart f; ⊕ Schraubstock m.
vice² prp. ['vaisi] an Stelle von.
vice³ [vais] F Stellvertreter m; attr.
Vize..., Unter...; ~roy ['vaisrɔi]
Vizekönig m.

vice versa ['vaisi'və:sə] umgekehrt.
vicinity [vi'siniti] Nachbarschaft f; Nähe f.
vicious □ ['vi∫əs] lasterhaft; bösartig; boshaft; fehlerhaft.
vicissitude [vi'sisitju:d] Wandel m, Wechsel m; ~s pl. Wechselfälle m/pl.
victim ['viktim] Opfer n; ~ize [~maiz] (hin)opfern; fig. j-n hereinlegen.
victor ['viktə] Sieger m; 2ian hist. [vik'tɔ:riən] Viktorianisch; ~ious □ [~iəs] siegreich; Sieges...; ~y ['viktəri] Sieg m.
victual ['vitl] 1. (sich) verpflegen od. verproviantieren; 2. mst ~s pl. Lebensmittel n/pl., Proviant m; ~(l)er [~lə] Lebensmittellieferant m.
video ['vidiou] Fernseh...
vie [vai] wetteifern.
Viennese [vie'ni:z] 1. Wiener(in); 2. Wiener..., wienerisch.
view [vju:] 1. Sicht f, Blick m; Besichtigung f; Aussicht f (of auf acc.); Anblick m; Ansicht f (a. fig.); Absicht f; at first ~ auf den ersten Blick; in ~ sichtbar, zu sehen; in ~ of im Hinblick auf (acc.); fig. angesichts (gen.); on ~ zu besichtigen; with a ~ to inf. od. of ger. in der Absicht zu inf.; have (keep) in ~ im Auge haben (behalten); 2. ansehen, besichtigen; fig. betrachten; ~er ['vju:ə] Betrachter(in), Zuschauer (-in); ~less ['vju:lis] ohne eigene Meinung; poet. unsichtbar; ~point Gesichts~, Standpunkt m.
vigil ['vidʒil] Nachtwache f; ~ance [~ləns] Wachsamkeit f; ~ant □ [~nt] wachsam.
vigo|rous □ ['vigərəs] kräftig; energisch; nachdrücklich; ~(u)r ['vigə] Kraft f; Vitalität f; Nachdruck m.
viking ['vaikiŋ] 1. Wiking(er) m; 2. wikingisch, Wikinger...
vile □ [vail] gemein; abscheulich.
vilify ['vilifai] verunglimpfen.
village ['vilidʒ] Dorf n; ~ green Dorfanger m, -wiese f; ~r [~dʒə] Dorfbewohner(in).
villain ['vilən] Schurke m, Schuft m, Bösewicht m; ~ous □ [~nəs] schurkisch; F scheußlich; ~y [~ni] Schurkerei f.
vim F [vim] Schwung m, Schneid m.
vindicate ['vindikeit] rechtfertigen (from gegen); verteidigen; ~ion [vindi'keiʃən] Rechtfertigung f.
vindictive □ [vin'diktiv] rachsüchtig.
vine ♀ [vain] Wein(stock) m, Rebe f; ~gar ['vinigə] (Wein)Essig m; ~growing ['vaingrouiŋ] Weinbau m; ~yard ['vinjəd] Weinberg m.
vintage ['vintidʒ] 1. Weinlese f; (Wein)Jahrgang m; 2. klassisch; erlesen; altmodisch; ~ car mot. Veteran m; ~r [~dʒə] Winzer m.

viola ♪ [vi'oulə] Bratsche f.
violat|e ['vaiəleit] verletzen; Eid etc. brechen; vergewaltigen, schänden; ~ion [vaiə'leiʃən] Verletzung f; (Eid- etc.)Bruch m; Vergewaltigung f, Schändung f.
violen|ce ['vaiələns] Gewalt(samkeit, -tätigkeit) f; Heftigkeit f; ~t □ [~nt] gewaltsam; gewalttätig; heftig.
violet ♀ ['vaiəlit] Veilchen n.
violin ♪ [vaiə'lin] Violine f, Geige f.
V.I.P., VIP ['vi:ai'pi:] F hohes Tier.
viper zo. ['vaipə] Viper f, Natter f.
virago [vi'ra:gou] Zankteufel m.
virgin ['və:dʒin] 1. Jungfrau f; 2. a. ~al □ [~nl] jungfräulich; Jungfern...; ~ity [və:'dʒiniti] Jungfräulichkeit f.
viri|le ['virail] männlich; Mannes...; ~ty [vi'riliti] Männlichkeit f.
virtu [və:'tu:]: article of ~ Kunstgegenstand m; ~al □ ['və:tjuəl] eigentlich; ~ally [~li] praktisch; ~e ['və:tju:] Tugend f; Wirksamkeit f; Vorzug m, Wert m; in od. by ~ of kraft, vermöge (gen.); make a ~ of necessity aus der Not e-e Tugend machen; ~osity [və:tju'ɔsiti] Virtuosität f; ~ous □ ['və:tjuəs] tugendhaft.
virulent □ ['virulənt] giftig; ♣ virulent; fig. bösartig.
virus ♣ ['vaiərəs] Virus n; fig. Gift m.
visa ['vi:zə] Visum n, Sichtvermerk m; ~ed [~əd] mit e-m Sichtvermerk od. Visum versehen.
viscose ♠ ['viskous] Viskose f; ~ silk Zellstoffseide f.
viscount ['vaikaunt] Vicomte m; ~ess [~tis] Vicomtesse f.
viscous □ ['viskəs] zähflüssig.
vise Am. [vais] Schraubstock m.
visé ['vi:zei] = visa.
visib|ility [vizi'biliti] Sichtbarkeit f; Sichtweite f; ~le □ ['vizəbl] sichtbar; fig. (er)sichtlich; pred. zu sehen (S.); zu sprechen (P.).
vision ['viʒən] Sehvermögen n, Sehkraft f; fig. Scherblick m; Vision f, Erscheinung f; ~ary ['viʒnəri] 1. phantastisch; 2. Geisterseher(in); Phantast(in).
visit ['vizit] 1. v/t. besuchen; besichtigen; fig. heimsuchen; et. vergelten, v/i. Besuche machen; Am. sich unterhalten, plaudern (with mit); 2. Besuch m; ~ation [vizi'teiʃən] Besuch m; Besichtigung f; fig. Heimsuchung f; ~or ['vizitə] Besucher(in), Gast m; Inspektor m.
vista ['vistə] Durchblick m; Rückod. Ausblick m.
visual □ ['vizjuəl] Seh...; Gesichts-...; ~ize [~laiz] (sich) vor Augen stellen, sich ein Bild machen von.
vital □ ['vaitl] 1. Lebens...; lebenswichtig, wesentlich; lebensgefähr-

lich; ~ parts pl. = 2. ~s pl. lebenswichtige Organe n/pl.; edle Teile m/pl.; ~ity [vai'tæliti] Lebenskraft f; Vitalität f; ~ize ['vaitəlaiz] beleben.

vitamin(e) ['vitəmin] Vitamin n.

vitiate ['viʃieit] verderben; beeinträchtigen; hinfällig (g's ungültig) machen.

vitreous □ ['vitriəs] Glas...; gläsern.

vituperate [vi'tjupəreit] schelten; schmähen, beschimpfen.

vivaci|ous □ [vi'veiʃəs] lebhaft; ~ty [vi'væsiti] Lebhaftigkeit f.

vivid □ ['vivid] lebhaft, lebendig.

vivify ['vivifai] (be)leben.

vixen ['viksn] Füchsin f; zänkisches Weib.

vocabulary [və'kæbjuləri] Wörterverzeichnis n; Wortschatz m.

vocal □ ['voukəl] stimmlich; Stimm...; gesprochen; laut; ♪ Vokal..., Gesang...; klingend; gr. stimmhaft; ~ist [.list] Sänger(in); ~ize [.laiz] (gr. stimmhaft) aussprechen; singen.

vocation [vou'keiʃən] Berufung f; Beruf m; ~al □ [.nl] beruflich; Berufs...

vociferate [vou'sifəreit] schreien.

vogue [voug] Beliebtheit f; Mode f.

voice [vɔis] 1. Stimme f; active (passive) ~ gr. Aktiv s (Passiv n); give ~ to Ausdruck geben (dat.); 2. äußern, ausdrücken; gr. stimmhaft aussprechen.

void [vɔid] 1. leer; g's ungültig; ~ of frei von; arm an (dat.); ohne; 2. Leere f; Lücke f; 3. entleeren; ungültig machen, aufheben.

volatile ['vɔlətail] ♫ flüchtig (a. fig.); flatterhaft.

volcano [vɔl'keinou] pl. ~es Vulkan m.

volition [vou'liʃən] Wollen n; Wille(nskraft f) m.

volley ['vɔli] 1. Salve f; (Geschoß etc.)Hagel m; fig. Schwall m; Tennis: Flugball m; 2. mst ~ out e-n Schwall von Worten etc. von sich geben; Salven abgeben; fig. hageln, dröhnen; ~ball Sport: Volleyball m, Flugball m.

volt ≸ [voult] Volt n; ~age ≸ ['voultidʒ] Spannung f; ~meter ≸ Volt-, Spannungsmesser m.

volub|ility [vɔlju'biliti] Redegewandtheit f; ~le □ ['vɔljubl] (rede-)gewandt.

volum|e ['vɔljum] Band m e-s Buches; Volumen n; fig. Masse f,

große Menge; (bsd. Stimm)Umfang m; ~ of sound Radio: Lautstärke f; ~inous `□ [və'ljuminəs] vielbändig; umfangreich, voluminös.

volunt|ary □ ['vɔləntəri] freiwillig; willkürlich; ~eer [vɔlən'tiə] 1. Freiwillige(r m) f; attr. Freiwilligen...; 2. v/i. freiwillig dienen; sich freiwillig melden; sich erbieten; v/t. anbieten; sich ε-s Bemerkung erlauben.

voluptu|ary [və'lʌptjuəri] Wollüstling m; ~ous □ [.uəs] wollüstig; üppig.

vomit ['vɔmit] 1. (sich) erbrechen; fig. (aus)speien, ausstoßen; 2. Erbrochene(s) n; Erbrechen n.

voraci|ous □ [və'reiʃəs] gefräßig; gierig; ~ty [və'ræsiti] Gefräßigkeit f; Gier f.

vort|ex ['vɔːteks], pl. mst ~ices ['vɔːtisiːz] Wirbel m, Strudel m (mst fig.).

vote [vout] 1. (Wahl)Stimme f; Abstimmung f; Stimmrecht n; Beschluß m, Votum n; ~ of no confidence Mißtrauensvotum n; cast a ~ (s)eine Stimme abgeben; take a ~ on s.th. über et. abstimmen; 2. v/t. stimmen für; v/i. (ab)stimmen; wählen; ~ for stimmen für; F für et. sein; et. vorschlagen; ~r ['voutə] Wähler(in).

voting ['voutiŋ] Abstimmung f; attr. Wahl...; ~ machine Stimmenzählmaschine f; ~paper Stimmzettel m; ~power Stimmrecht n.

vouch [vautʃ] verbürgen; ~ for bürgen für; ~er ['vautʃə] Beleg m, Unterlage f; Gutschein m; Zeuge m; ~safe [vautʃ'seif] gewähren; geruhen.

vow [vau] 1. Gelübde n; (Treu-)Schwur m; 2. ♀ sich geloben.

vowel gr. ['vauəl] Vokal m, Selbstlaut m.

voyage ['vɔidʒ] 1. längere (See-, Flug)Reise; 2. reisen, fahren; ~r ['vɔidʒə] (See)Reisende(r m) f.

vulgar ['vʌlgə] 1. □ gewöhnlich, gemein, vulgär, pöbelhaft; ~ tongue Volkssprache f; 2.: the ~ der Pöbel; ~ism [.rizəm] vulgärer Ausdruck; ~ity [vʌl'gæriti] Gemeinheit f; ~ize ['vʌlgəraiz] gemein machen; erniedrigen; populär machen.

vulnerable □ ['vʌlnərəbl] verwundbar; fig. angreifbar.

vulpine ['vʌlpain] Fuchs...; fuchsartig; schlau, listig.

vulture orn. ['vʌltʃə] Geier m.

vying ['vaiiŋ] wetteifernd.

# W

**wacky** *Am. sl.* ['wæki] verrückt.

**wad** [wɔd] **1.** (Watte)Bausch *m*; Polster *n*; Pfropf(en) *m*; Banknotenbündel *n*; **2.** wattieren; polstern; zs.-pressen; zustopfen; **~ding** ['wɔdiŋ] Wattierung *f*; Watte *f*.

**waddle** ['wɔdl] watscheln, wackeln.

**wade** [weid] *v/i.* waten; *fig.* sich hindurcharbeiten; *v/t.* durchwaten.

**wafer** ['weifə] Waffel *f*; Oblate *f*; *eccl.* Hostie *f*.

**waffle** ['wɔfl] **1.** Waffel *f*; **2.** F quasseln.

**waft** [wɑːft] **1.** wehen, tragen; **2.** Hauch *m*.

**wag** [wæg] **1.** wackeln (mit); wedeln (mit); **2.** Schütteln *n*; Wedeln *n*; Spaßvogel *m*.

**wage**[1] [weidʒ] *Krieg* führen.

**wage**[2] [...] *mst* **~s** *pl.* Lohn *m*; **~-earner** ['weidʒɜːnə] Lohnempfänger *m*.

**wager** ['weidʒə] **1.** Wette *f*; **2.** wetten.

**waggish** □ ['wægiʃ] schelmisch.

**waggle** F ['wægl] wackeln (mit).

**wag(g)on** ['wægən] (Roll-, Güter-) Wagen *m*; **~er** [...nə] Fuhrmann *m*.

**wagtail** *orn.* ['wægteil] Bachstelze *f*.

**waif** [weif] herrenloses Gut; Strandgut *n*; Heimatlose(r *m*) *f*.

**wail** [weil] **1.** (Weh)Klagen *n*; **2.** (weh)klagen.

**wainscot** ['weinskət] (Holz)Täfelung *f*.

**waist** [weist] Taille *f*; schmalste Stelle; ♣ Mitteldeck *n*; **~coat** ['weiskout] Weste *f*; **~line** ['weistlain] *Schneiderei:* Taille *f*.

**wait** [weit] **1.** *v/i.* warten (for auf *acc.*); *a.* **~ at** (*Am. on*) table bedienen, servieren; **~** (up)on *j-n* bedienen; *j-n* besuchen; **~** and see abwarten; *v/t.* abwarten; mit *dem Essen* warten (for auf *j-n*); **2.** Warten *n*, Aufenthalt *m*; lie in **~** for s.o. *j-m* auflauern; **~er** ['weitə] Kellner *m*; Tablett *n*.

**waiting** ['weitiŋ] Warten *n*; Dienst *m*; in **~** diensttuend; **~-room** Wartezimmer *n*; ♣ *etc.* Wartesaal *m*.

**waitress** ['weitris] Kellnerin *f*.

**waive** [weiv] verzichten auf (*acc.*), aufgeben; **~r** ♯ ['weivə] Verzicht *m*.

**wake** [weik] **1.** ♣ Kielwasser *n* (*a. fig.*); Totenwache *f*; Kirmes *f*; **2.** [*irr.*] *v/i. a.* **~ up** aufwachen; *v/t. a.* **~ up** (auf)wecken; erwecken; *fig.* wachrufen; **~ful** □ ['weikful] wachsam; schlaflos; **~n** ['weikən] *s.* wake 2.

**wale** *bsd. Am.* [weil] Strieme *f*.

**walk** [wɔːk] **1.** *v/i.* (zu Fuß) gehen; spazierengehen; wandern; Schritt gehen; **~ out** F streiken; **~ out on** *sl.*

im Stich lassen; *v/t.* führen; *Pferd* Schritt gehen lassen; begleiten; (durch)wandern; umhergehen auf *od.* in (*dat.*); **2.** (Spazier)Gang *m*; Spazierweg *m*; **~ of life** Lebensstellung *f*, Beruf *m*; **~er** ['wɔːkə] Fuß-, Spaziergänger(in).

**walkie-talkie** ⚔ ['wɔːki'tɔːki] tragbares Sprechfunkgerät.

**walking** ['wɔːkiŋ] Spazierengehen *n*, Wandern *n*; *attr.* Spazier...; Wander...; **~-papers** *pl. Am.* F Entlassung(spapiere *n/pl.*) *f*; Laufpaß *m*; **~-stick** Spazierstock *m*; **~-tour** (Fuß)Wanderung *f*.

**walk|-out** *Am.* ['wɔːkaut] Ausstand *m*; **~-over** Kinderspiel *n*, leichter Sieg.

**wall** [wɔːl] **1.** Wand *f*; Mauer *f*; **2.** mit Mauern umgeben; **~ up** zumauern.

**wallet** ['wɔlit] Ränzel *n*; Brieftasche *f*.

**wallflower** *fig.* ['wɔːlflauə] Mauerblümchen *n*.

**wallop** F ['wɔləp] *j-n* verdreschen.

**wallow** ['wɔlou] sich wälzen.

**wall|-paper** ['wɔːlpeipə] Tapete *f*; **~-socket** ≠ Steckdose *f*.

**walnut** ♠ ['wɔːlnət] Walnuß(baum *m*) *f*.

**walrus** *zo.* ['wɔːlrəs] Walroß *n*.

**waltz** [wɔːls] **1.** Walzer *m*; **2.** Walzer tanzen.

**wan** □ [wɔn] blaß, bleich, fahl.

**wand** [wɔnd] (Zauber)Stab *m*.

**wander** ['wɔndə] wandern; umherschweifen, umherwandern; *fig.* abschweifen; irregehen; phantasieren.

**wane** [wein] **1.** abnehmen (*Mond*) *fig.* schwinden; **2.** Abnehmen *n*.

**wangle** *sl.* ['wæŋgl] *v/t.* deichseln, hinkriegen; *v/i.* mogeln.

**want** [wɔnt] **1.** Mangel *m* (of an *dat.*); Bedürfnis *n*; Not *f*; **2.** *v/i.:* be **~ing** fehlen; es fehlen lassen (in an *dat.*); unzulänglich sein; **~ for** Not leiden an (*dat.*); it **~s of** es fehlt an (*dat.*); *v/t.* bedürfen (*gen.*), brauchen; nicht haben; wünschen, (haben) wollen; it **~s** s.th. es fehlt an et. (*dat.*); he **~s** energy es fehlt ihm an Energie; **~ed** gesucht; **~-ad** F ['wɔntæd] Kleinanzeige *f*; Stellenangebot *n*, -gesuch *n*.

**wanton** ['wɔntən] **1.** □ geil; üppig; mutwillig; **2.** Dirne *f*; **3.** umhertollen.

**war** [wɔː] **1.** Krieg *m*; *attr.* Kriegs...; make **~** Krieg führen (*upon gegen*); **2.** (ea. wider)streiten.

**warble** ['wɔːbl] trillern; singen.

**ward** [wɔːd] **1.** Gewahrsam *m*; Vormundschaft *f*; Mündel *n*; Schützling *m*; Gefängniszelle *f*; Abteilung *f*, Station *f*; Krankenzimmer *n*;

(Stadt)Bezirk m; ⊕ Einschnitt m
im Schlüsselbart; 2. ~ off abwehren;
~en ['wɔːdn] Aufseher m; (Luft-
schutz)Wart m; univ. Rektor m;
~er ['wɔːdə] (Gefangenen)Wärter
m; ~robe ['wɔːdroub] Garderobe f;
Kleiderschrank m; ~ trunk Schrankkoffer m.
ware [wɛə] Ware f; Geschirr n.
warehouse 1. ['wɛəhaus] (Waren-)
Lager n; Speicher m; 2. [~auz] auf
Lager bringen, einlagern.
war|fare ['wɔːfɛə] Krieg(führung f)
m; ~head ⚔ Sprengkopf m ⚡r
Rakete etc.
wariness ['wɛərinis] Vorsicht f.
warlike ['wɔːlaik] kriegerisch.
warm [wɔːm] 1. □ warm (a. fig.);
heiß; fig. hitzig; 2. F Erwärmung f;
3. v/t. a. ~ up (auf-, an-, er)wär-
men; v/i. a. ~ up warm werden, sich
erwärmen; ~th [wɔːmθ] Wärme f.
warn [wɔːn] warnen (of, against vor
dat.); verwarnen; ermahnen; ver-
ständigen; ~ing ['wɔːniŋ] (Ver-)
Warnung f; Mahnung f; Kündigung f.
warp [wɔːp] v/t. sich verziehen
(Holz); v/t. fig. verdrehen, verzerren; beeinflussen; j-n abbringen
(from von).
warrant ['wɔrənt] 1. Vollmacht f;
Rechtfertigung f; Berechtigung f;
⚖ (Vollziehungs)Befehl m; Berech-
tigungsschein m; ~ of arrest ⚖
Haftbefehl m; 2. bevollmächtigen;
j-n berechtigen; st. rechtfertigen;
verbürgen; ✝ garantieren; ~y [~ti]
Garantie f; Berechtigung f.
warrior ['wɔriə] Krieger m.
wart [wɔːt] Warze f; Auswuchs m.
wary ['wɛəri] vorsichtig, behutsam; wachsam.
was [wɔz, wəz] 1. und 3. sg. pret.
von be; pret. pass. von be; he ~ to
have come er hätte kommen sollen.
wash [wɔʃ] 1. v/t. waschen; (um-)
spülen; ~ up abwaschen, spülen;
v/i. sich waschen (lassen); waschecht sein (a. fig.); spülen, schlagen
(Wellen); 2. Waschen n; Wäsche f;
Wellenschlag m; Spülwasser n;
contp. Gewäsch n; mouth-~. Mund-
wasser n; ~able ['wɔʃəbl] wasch-
bar; ~basin Waschbecken n; ~
cloth Waschlappen m; ~er ['wɔʃə]
Wäscherin f; Waschmaschine f;
⊕ Unterlagscheibe f; ~erwoman
Waschfrau f; ~ing ['wɔʃiŋ] 1. Waschen n; Wäsche f; ~s pl. Spülicht
n; 2. Wasch...; ~ing-up Abwaschen
n; ~rag bsd. Am. Waschlappen m;
~y ['wɔʃi] wässerig.
wasp [wɔsp] Wespe f.
wastage ['weistidʒ] Abgang m, Verlust m; Vergeudung f.
waste [weist] 1. wüst, öde; unbebaut; überflüssig; Abfall...; lay ~
verwüsten; ~ paper Altpapier n;

2. Verschwendung f, Vergeudung f;
Abfall m; Einöde f, Wüste f; 3. v/t.
verwüsten; verschwenden; verzehren; v/i. verschwendet werden;
~ful □ ['weistful] verschwenderisch; ~paper-basket [weist'pei-
pəbɑːskit] Papierkorb m; ~pipe
['weistpaip] Abflußrohr n.
watch [wɔtʃ] 1. Wache f; Taschen-
uhr f; 2. v/t. wachen; ~ for warten
auf (acc.); ~ out F aufpassen; v/t.
bewachen; beobachten; achtgeben
auf (acc.); Gelegenheit abwarten;
~dog ['wɔtʃdɔg] Wachhund m; ~
ful □ [~ful] wachsam, achtsam;
~maker Uhrmacher m; ~man
(Nacht)Wächter m; ~word Losung
f.
water ['wɔːtə] 1. Wasser n; Gewässer n; drink the ~s Brunnen
trinken; 2. v/t. bewässern; (be-)
sprengen; (be)gießen; mit Wasser
versorgen; tränken; verwässern (a.
fig.); v/i. wässern (Mund); tränen
(Augen); Wasser einnehmen; ~
closet (Wasser)Klosett n; ~col-
o(u)r Aquarell(malerei f) n; ~
course Wasserlauf m; ~cress ⚘
Brunnenkresse f; ~fall Wasserfall
m; ~front Ufer n, bsd. Am. städti-
sches Hafengebiet; ~ga(u)ge ⊕
Wasserstands(an)zeiger m; Pegel m.
watering ['wɔːtəriŋ] ~can Gießkanne f; ~place Wasserloch n;
Tränke f; Bad(eort m) n; Seebad n;
~pot Gießkanne f.
water|-level ['wɔːtəlevl] Wasser-
spiegel m; Wasserstand(slinie f) m;
⊕ Wasserwaage f; ~man Fährmann m; Bootsführer m; Ruderer
m; ~proof 1. wasserdicht; 2. Regenmantel m; 3. imprägnieren;
~shed Wasserscheide f; Strom-
gebiet n; ~side 1. Fluß-, Seeufer n;
2. am Wasser (gelegen); ~tight
wasserdicht; fig. unangreifbar; ~
way Wasserstraße f; ~works of oft
sg. Wasserwerk n; ~y [~əri] wässerig.
watt ⚡ [wɔt] Watt n.
wattle ['wɔtl] 1. Flechtwerk n;
2. aus Flechtwerk herstellen.
wave [weiv] 1. Welle f; Woge f;
Winken n; 2. v/t. wellig machen,
wellen; schwingen; schwenken; ~
s.o. aside j-n beiseite winken; v/i.
wogen; wehen, flattern; winken;
~length phys. ['weivleŋθ] Wellen-
länge f.
waver ['weivə] (sch)wanken; flakkern.
wavy ['weivi] wellig; wogend.
wax¹ [wæks] 1. Wachs n; Siegellack
m; Ohrenschmalz n; 2. wachsen;
bohnen.
wax² [~] [irr.] zunehmen (Mond).
wax|en fig. ['wæksən] wächsern;
~y □ [~si] wachsartig; weich.
way [wei] 1. mst Weg m; Straße f;

Art u. Weise f; eigene Art; Strecke f; Richtung f; F Gegend f; ⚓ Fahrt f; fig. Hinsicht f; Zustand m; ⚓ Helling f; ~ in Eingang m; ~ out Ausgang m; Fig. Ausweg m; right of ~ ʐʒ Wegerecht n; bsd. mot. Vorfahrt(srecht n) f; this ~ hierher, hier entlang; by the ~ übrigens; by ~ of durch; on the ~ on one's ~ unterwegs; out of the ~ ungewöhnlich; under ~ in Fahrt; give ~ zurückgeben; mot. die Vorfahrt lassen (to dat.); nachgeben; abgelöst werden (to von); sich hingeben (to dat.); have one's ~ s-n Willen haben; lead the ~ vorangehen; 2. adv. weit; ~bill ['weibil] Frachtbrief m; ~farer ['weifɛərə] Wanderer m; ~lay ['wei'lei] (irr. (lay)) j-m auflauern; ~side 1. Wegrand m; 2. am Wege; ~ station Am. Zwischenstation f; ~ train Am. Bummelzug m; ~ward ☐ ['weiwəd] starrköpfig, eigensinnig.

we [wi, wi] wir.

weak ☐ [wiːk] schwach; schwächlich; dünn (Getränk); ~en ['wiːkən] v/t. schwächen; v/i. schwach werden; ~ling ['wiːkliŋ] Schwächling m; ~ly ['_li] schwächlich; ~minded ['wiːk'maindid] schwachsinnig; ~ness ['wiːknis] Schwäche f.

weal [wiːl] Wohl n; Strieme f.

wealth [welθ] Wohlstand m; Reichtum m; fig. Fülle f; ~y ☐ ['welθi] reich; wohlhabend.

wean [wiːn] entwöhnen; ~ s.o. from s.th. j-m et. abgewöhnen.

weapon ['wepən] Waffe f.

wear [wɛə] 1. (irr.) v/t. am Körper tragen; zur Schau tragen; a. ~ away, ~ down, ~ off, ~ out abnutzen, abtragen, verbrauchen; erschöpfen; ermüden; zermürben; v/i. sich gut etc. tragen bzw. halten; a. ~ off od. out sich abnutzen od. abtragen; fig. sich verlieren; ~ on vergehen; 2. Tragen n; (Be)Kleidung f; Abnutzung f; for hard ~ strapazierfähig; the worse for ~ abgetragen; ~ and tear Verschleiß m.

wear|iness ['wiərinis] Müdigkeit f; Ermüdung f; fig. Überdruß m; ~some ☐ ['_isəm] ermüdend; langweilig; ~y ['wiəri] 1. ☐ müde; fig. überdrüssig; ermüdend; anstrengend; 2. ermüden.

weasel zo. ['wiːzl] Wiesel n.

weather ['weðə] 1. Wetter n, Witterung f; 2. v/t. dem Wetter aussetzen; ⚓ Sturm abwettern; fig. überstehen; v/i. verwittern; ~beaten vom Wetter mitgenommen; ~bureau Wetteramt n; ~chart Wetterkarte f; ~forecast Wetterbericht m, ~vorhersage f; ~worn verwittert.

weav|e [wiːv] (irr.) weben; wirken; flechten; fig. ersinnen, erfinden;

sich schlängeln; ~er ['wiːvə] Weber m.

weazen ['wiːzn] verhutzelt.

web [web] Gewebe n; orn. Schwimmhaut f; ~bing ['webiŋ] Gurtband n.

wed [wed] heiraten; fig. verbinden (to mit); ~ding ['wediŋ] 1. Hochzeit f; 2. Hochzeits...; Braut...; Trau...; ~ring Ehe~, Trauring m.

wedge [wedʒ] 1. Keil m; 2. (ver-)keilen; a. ~ in (hin)einzwängen.

wedlock ['wedlɔk] Ehe f.

Wednesday ['wenzdi] Mittwoch m.

wee [wiː] klein, winzig; a ~ bit ein klein wenig.

weed [wiːd] 1. Unkraut n; 2. jäten; säubern (of von); ~ out ausmerzen; ~killer ['wiːdkilə] Unkrautvertilgungsmittel n; ~s pl. mst widow's ~ Witwenkleidung f; ~y ['wiːdi] voll Unkraut, verkrautet; fig. lang aufgeschossen.

week [wiːk] Woche f; this day ~ heute in od. vor e-r Woche; ~day ['wiːkdei] Wochentag m; ~end ['wiːk'end] Wochenende n; ~ly ['wiːkli] 1. wöchentlich; 2. a. ~ paper Wochenblatt n, Wochen(zeit)schrift f.

weep [wiːp] (irr.) weinen; tropfen; ~ing ['wiːpiŋ] Trauer...; ~ willow ♀ Trauerweide f.

weigh [wei] v/t. (ab)wiegen, fig. ab-, erwägen; ~ anchor ⚓ den Anker lichten; ~ed down niederbeugt; v/i. wiegen (a. fig.); ausschlaggebend sein; ~ (up)on lasten auf (dat.).

weight [weit] 1. Gewicht n (a. fig.); Last f (a. fig.); fig. Bedeutung f; Wucht f; 2. beschweren; fig. belasten; ~y ☐ ['weiti] (ge)wichtig; wuchtig.

weir [wiə] Wehr n; Fischreuse f.

weird [wiəd] Schicksals...; unheimlich; F sonderbar, seltsam.

welcome ['welkəm] 1. willkommen; you are ~ to inf. es steht Ihnen frei, zu inf.; (you are) ~! gern geschehen!, bitte sehr!; 2. Willkomm(en n) m; 3. willkommen heißen; fig. begrüßen.

weld ⊕ [weld] (zu-)schweißen.

welfare ['welfɛə] Wohlfahrt f; ~ centre Fürsorgeamt n; ~ state Wohlfahrtsstaat m; ~ work Fürsorge f, Wohlfahrtspflege f; ~ worker Fürsorger(in).

well¹ [wel] 1. Brunnen m; fig. Quelle f; ⊕ Bohrloch n; Treppen~, Aufzugs~, Licht~, Luftschacht m; 2. quellen.

well² [wel] 1. wohl; gut; ordentlich; gründlich; gesund; ~ off in guten Verhältnissen, wohlhabend; I am not ~ mir ist nicht wohl; 2. int. nun!, F na!; ~being ['wel'biːiŋ] Wohl(sein) n; ~born von guter

Herkunft; ~bred wohlerzogen; ~defined deutlich, klar umrissen; ~favo(u)red gut aussehend; ~intentioned wohlmeinend; gut gemeint; ~known, ~known bekannt; ~mannered mit guten Manieren; ~nigh ['welnai] beinahe; ~timed rechtzeitig; ~to-do ['weltə'du:] wohlhabend; ~wisher Gönner m, Freund m; ~worn abgetragen; fig. abgedroschen.

**Welsh** [welʃ] 1. walisisch; 2. Walisisch n; the ~ pl. die Waliser pl.; ~ **rabbit** überbackene Käseschnitte.

**welt** [welt] ⊕ Rahmen m, Schuhrahmen m; Einfassung f; Strieme f.

**welter** ['weltə] 1. rollen, sich wälzen; 2. Wirrwarr m, Durcheinander n.

**wench** [wentʃ] Mädchen n; Dirne f.

**went** [went] pret. von go 1.

**wept** [wept] pret. u. p.p. von weep.

**were** [wə:, wə] 1. pret. pl. u. 2. sg. von be; 2. pret. pass. von be; 3. subj. pret. von be.

**west** [west] 1. West(en m); 2. West...; westlich; westwärts; ~**erly** ['westəli], ~**ern** [.ən] westlich; ~**erner** [.nə] Am. Weststaatler(in); Abendländer(in); ~**ward(s)** [.twəd(z)] westwärts.

**wet** [wet] 1. naß, feucht; Am. den Alkoholhandel gestattend; 2. Nässe f; Feuchtigkeit f; 3. [irr.] naß machen, anfeuchten.

**wetback** Am. sl. ['wetbæk] illegaler Einwanderer aus Mexiko.

**wether** ['weðə] Hammel m.

**wet-nurse** ['wetnə:s] Amme f.

**whack** F [wæk] 1. verhauen; 2. Hieb m.

**whale** [weil] Wal m; ~**bone** ['weilboun] Fischbein n; ~**oil** Tran m; ~**r** ['weilə] Walfischfänger m.

**whaling** ['weiliŋ] Walfischfang m.

**wharf** [wɔ:f], pl. a. **wharves** [wɔ:vz] Kai m, Anlegeplatz m.

**what** [wɔt] 1. was; das, was; know ~'s Bescheid wissen; 2. was?; wie?; wieviel?; welch(er, -e, -es)?; was für ein(e)?; ~ about ...? wie steht's mit ...?; ~ for? wozu?; of it? was ist denn dabei?; ~ next? was sonst noch?; iro. was denn noch alles?; ~ a blessing! was für ein Segen!; 3. ~ with ... with ... teils durch ... teils durch ...; ~ (so)ever [wɔt(sou)'evə] was od. welcher auch (immer).

**wheat** ⊕ [wi:t] Weizen m.

**wheedle** ['wi:dl] beschwatzen; ~ s.th. out of s.o. j-m et. abschwatzen.

**wheel** [wi:l] 1. Rad n; Steuer n; bsd. Am. F Fahrrad n; Töpferscheibe f; Drehung f; ⚔ Schwenkung f; 2. rollen, fahren, schieben; sich drehen; sich umwenden; ⚔ schwenken; F radeln; ~**barrow**

['wi:lbærou] Schubkarren m; ~**chair** Rollstuhl m; ~**ed** mit Rädern; fahrbar; ...räd(e)rig.

**wheeze** [wi:z] schnaufen, keuchen.

**whelp** [welp] 1. zo. Welpe m; allg. Junge(s) n; F Balg m, n (ungezogenes Kind); 2. (Junge) werfen.

**when** [wen] 1. wann?; 2. wenn; als; während od. da doch; und da.

**whence** [wens] woher, von wo.

**when(so)ever** [wen(sou)'evə] immer od. jedesmal wenn; sooft (als).

**where** [wɛə] wo; wohin; ~**about(s)** 1. ['wɛərə'bauts] wo herum; 2. [.-'bauts] Aufenthalt m; ~**as** [.r'æz] wohingegen, während (doch); ~**at** [.'æt] wobei, worüber, worauf; ~**by** [wɛə'bai] wodurch; ~**fore** ['wɛəfɔ:] weshalb; ~**in** [wɛər'in] worin; ~**of** [.r'ɔv] wovon; ~**upon** [.rə'pɔn] worauf(hin); ~**ver** [.r'evə] wo(hin) (auch) immer; ~**withal** ['wɛəwiðɔ:l] Erforderliche(s) n; Mittel n/pl.

**whet** [wet] wetzen, schärfen; anstacheln.

**whether** ['weðə] ob; ~ or no so oder so.

**whetstone** ['wetstoun] Schleifstein m.

**whey** [wei] Molke f.

**which** [witʃ] 1. welche(r, -es)?; 2. der, die, das; was; ~**ever** [.ʃ'evə] welche(r, -es) (auch) immer.

**whiff** [wif] 1. Hauch m; Zug m beim Rauchen; Zigarillo n; 2. paffen.

**while** [wail] 1. Weile f; Zeit f; for a ~ e-e Zeitlang; worth ~ der Mühe wert; 2. mst ~ away Zeit verbringen; 3. a. whilst [wailst] während.

**whim** [wim] Schrulle f, Laune f.

**whimper** ['wimpə] wimmern.

**whim|sical** ['wimzikəl] wunderlich; ~**sy** ['wimzi] Grille f, Laune f.

**whine** [wain] winseln; wimmern.

**whinny** ['wini] wiehern.

**whip** [wip] 1. v/t. peitschen; geißeln (a. fig.); j-n verprügeln; schlagen (F a. fig.); umsäumen; werfen; reißen; ~ in parl. zs.-trommeln; ~ on Kleidungsstück überwerfen; ~ up antreiben; aufraffen; v/i. springen, flitzen; 2. Peitsche f; Geißel f.

**whippet** zo. ['wipit] Whippet m (kleiner englischer Rennhund).

**whipping** ['wipiŋ] Prügel pl.; ~**top** Kreisel m.

**whippoorwill** orn. ['wippuəwil] Ziegenmelker m.

**whirl** [wə:l] 1. wirbeln; (sich) drehen; 2. Wirbel m, Strudel m; ~**pool** ['wə:lpu:l] Strudel m; ~**wind** Wirbelwind m.

**whir(r)** [wə:] schwirren.

**whisk** [wisk] 1. Wisch m; Staubwedel m; Küche: Schneebesen m; Schwung m; 2. v/t. (ab-, weg)wischen; (ab-, weg)fegen; wirbeln (mit); schlagen; v/i. huschen, flitzen; ~er ['wiskə] Barthaar n; mst ~s pl. Backenbart m.

whisper ['wispə] 1. flüstern; 2. Geflüster n.

whistle ['wisl] 1. pfeifen; 2. Pfeife f; Pfiff m; F Kehle f; ~stop Am. ⚙ Haltepunkt m; fig. Kaff n; pol. kurzes Auftreten e-s Kandidaten im Wahlkampf.

Whit [wit] in Zsgn: Pfingst...

white [wait] 1. allg. weiß; rein; F anständig; bleich; 2. Weiß(e) n; Weiße(r m) f (Rasse); ~collar ['wait'kɔlə] geistig, Kopf..., Büro...; ~ workers pl. Angestellte pl.; ~ heat Weißglut f; ~ lie fromme Lüge; ~n ['waitn] weiß machen od. werden; bleichen; ~ness [~nis] Weiße f; Blässe f; ~wash 1. Tünche f; 2. weißen; fig. rein waschen.

whither lit. ['wiðə] wohin.

whitish ['waitif] weißlich.

Whitsun ['witsn] Pfingst...; ~tide Pfingsten pl.

whittle ['witl] schnitze(l)n; ~ away verkleinern, schwächen.

whiz(z) [wiz] zischen, sausen.

who [hu:, hu] 1. welche(r, ~s); der, die, das; 2. wer?

whodun(n)it sl. [hu:'dʌnit] Krimi (-nalroman, ~nalfilm) m.

whoever [hu(:)'evə] wer auch immer.

whole [houl] 1. □ ganz; heil, unversehrt; made out of ~ cloth Am. F frei erfunden; 2. Ganze(s) n; (up)on the ~ im ganzen; im allgemeinen; ~-hearted □ ['houl'hɑ:tid] aufrichtig; ~meal bread ['houlmi:l bred] Vollkorn-, Schrotbrot n; ~sale 1. mst ~ trade Großhandel m; 2. Großhandels...; Engros...; fig. Massen...; ~ dealer = ~saler [~lə] Großhändler m; ~some □ [~səm] gesund.

wholly adv. ['houli] ganz, gänzlich.

whom [hu:m, hum] acc. von who.

whoop [hu:p] 1. Schrei m, Geschrei n; 2. laut schreien; ~ it up Am. sl. laut feiern; ~ee Am. F ['wupi:] Freudenfest n; make ~ auf die Pauke hauen; ~ing-cough f ['hu:piŋkɔf] Keuchhusten m.

whore [hɔ:] Hure f.

whose [hu:z] gen. von who.

why [wai] 1. warum, weshalb; so? wieso?; 2. eil, ja!; (je) nun.

wick [wik] Docht m.

wicked □ ['wikid] moralisch böse, schlimm; ~ness [~dnis] Bosheit f.

wicker ['wikə] aus Weide geflochten; Weiden...; Korb...; ~ basket Weidenkorb m; ~ chair Korbstuhl m.

wicket ['wikit] Pförtchen n; Kricket: Dreistab m, Tor n; ~keeper Torhüter m.

wide [waid] a. □ u. adv. weit; ausgedehnt; weitgehend; großzügig;

breit; weitab; ~ awake völlig (od. hell)wach; aufgeweckt (schlau); 3 feet ~ 3 Fuß breit; ~n ['waidn] (sich) erweitern; ~open ['waid'oupən] weit geöffnet; Am. sl. großzügig in der Gesetzesdurchführung; ~spread weitverbreitet, ausgedehnt.

widow ['widou] Witwe f; attr. Witwen...; ~er [~ouə] Witwer m.

width [widθ] Breite f, Weite f.

wield lit. [wi:ld] handhaben.

wife [waif], pl. wives [waivz] (Ehe-) Frau f; Gattin f; Weib n; ~ly ['waifli] fraulich.

wig [wig] Perücke f.

wigging F ['wigiŋ] Schelte f.

wild [waild] 1. □ wild; toll; unbändig; abenteuerlich; planlos; run ~ wild (auf)wachsen; talk (wild) daraufloo reden; ~ for od. about (ganz) verrückt nach; 2. mst ~s pl. Wildnis f; ~cat ['waildkæt] 1. zo. Wildkatze f; Am. Schwindelunternehmen n; bsd. Am. wilde Ölbohrung; 2. wild (Streik); Schwindel...; ~erness ['wildənis] Wildnis f, Wüste f; Einöde f; ~fire: like ~ wie ein Lauffeuer.

wile [wail] List f; mst ~s pl. Tücke f.

wil(l)ful □ ['wilful] eigensinnig; vorsätzlich.

will [wil] 1. Wille m; Wunsch m; Testament n; of one's own free ~ aus freien Stücken; 2. [irr.] v/aux.: he ~ come er wird kommen; er kommt gewöhnlich; I ~ do it ich will es tun; 3. wollen; durch Willenskraft zwingen; entscheiden; g'2 vermachen.

willing □ ['wiliŋ] willig, bereit (~willig); pred. gewillt (to inf. zu); ~ness [~nis] (Bereit)Willigkeit f.

will-o'-the-wisp ['wiləðəwisp] Irrlicht n.

willow ⚘ ['wilou] Weide f.

willy-nilly ['wili'nili] wohl oder übel.

wilt [wilt] (ver)welken.

wily □ ['waili] schlau, verschmitzt.

win [win] 1. [irr.] v/t. gewinnen; erringen; erlangen; erreichen; j-n dazu bringen (to do zu tun); ~ s.o. over j-n für sich gewinnen; v/i. gewinnen; siegen; 2. Sport: Sieg m.

wince [wins] (zs.-)zucken.

winch [wintf] Winde f; Kurbel f.

wind[1] [wind, poet. a. waind] 1. Wind m; Atem m, Luft f; ♪ Blähung f; ♪ Blasinstrumente n/pl.; 2. wittern; außer Atem bringen; verschnaufen lassen.

wind[2] [waind] [irr.] v/t. winden; wickeln; Horn blasen; ~ up Uhr aufziehen; Geschäft abwickeln; ♦ liquidieren; v/i. sich winden; sich schlängeln.

wind|bag ['windbæg] Schwätzer m; ~fall Fallobst n; Glücksfall m.

**winding** ['waindiŋ] 1. Windung *f*; 2. □ sich windend; ~ *stairs pl.* Wendeltreppe *f*; ~**sheet** Leichentuch *n*.

**wind-instrument** *f* ['windinstrument] Blasinstrument *n*.

**windlass** ⊕ ['windləs] Winde *f*.

**windmill** ['winmil] Windmühle *f*.

**window** ['windou] Fenster *n*; Schaufenster *n*; ~**dressing** Schaufensterdekoration *f*; *fig.* Aufmachung *f*, Mache *f*; ~**shade** *Am.* Rouleau *n*; ~**shopping** Schaufensterbummel *m*.

**wind|pipe** ['windpaip] Luftröhre *f*; ~**screen**, *Am.* ~**shield** *mot.* Windschutzscheibe *f*; ~ **wiper** Scheibenwischer *m*.

**windy** □ ['windi] windig (*a. fig. inhaltlos*); geschwätzig.

**wine** [wain] Wein *m*; ~**press** ['wainpres] Kelter *f*.

**wing** [wiŋ] 1. Flügel *m* (*a.* ✗ *u.* ⚙); Schwinge *f*; F *co.* Arm *m*; *mot.* Kotflügel *m*; ✗ Tragfläche *f*; ✗, ✗ Geschwader *n*; ~*s pl.* Kulissen *f/pl.*; take ~ weg~ auffliegen; on the ~ im Fluge; 2. *fig.* beflügeln; fliegen.

**wink** [wiŋk] 1. Blinzeln *n*, Zwinkern *n*; not get a ~ of sleep kein Auge zutun; *s. forty*; 2. blinzeln, zwinkern (mit); ~ *at* ein Auge zudrücken bei *et.*; *j-m* zublinzeln.

**winn|er** ['winə] Gewinner(in), Sieger(in), ~**ing** ['winiŋ] 1. □ einnehmend, gewinnend; 2. ~*s pl.* Gewinn *m*.

**winsome** ['winsəm] gefällig, einnehmend.

**wint|er** ['wintə] 1. Winter *m*; 2. überwintern; ~**ry** [~tri] winterlich; *fig.* frostig.

**wipe** [waip] (ab~, auf~)wischen; reinigen; (ab)trocknen; ~ *out* wegwischen; (aus)löschen; *fig.* vernichten; tilgen.

**wire** ['waiə] 1. Draht *m*; Leitung *f*; F Telegramm *n*; *pull the ~s* der Drahtzieher sein; ~**s** Beziehungen spielen lassen; 2. (ver)drahten; telegraphieren; ~**drawn** ['waiədro:n] spitzfindig; ~**less** ['waiəlis] 1. □ drahtlos; Funk...; 2. *a.* ~ *set* Radio (-apparat *m*) *n*; *on the ~* im Rundfunk; 3. funken; ~**netting** ['waiə'netiŋ] Drahtgeflecht *n*.

**wiry** □ ['waiəri] drahtig, sehnig.

**wisdom** ['wizdəm] Weisheit *f*; Klugheit *f*; ~ *tooth* Weisheitszahn *m*.

**wise** [waiz] 1. □ weise, verständig; klug; erfahren; ~ *guy Am. sl.* Schlauberger *m*; 2. Weise *f*, Art *f*.

**wise-crack** F ['waizkræk] 1. witzige Bemerkung; 2. witzeln.

**wish** [wiʃ] 1. wünschen; wollen; ~ *for* (sich) *et.* wünschen; ~ *well* (*ill*) wohl- (übel)wollen; 2. Wunsch *m*;

~**ful** □ ['wiʃful] sehnsüchtig; ~ *thinking* Wunschdenken *n*.

**wisp** [wisp] Wisch *m*; Strähne *f*.

**wistful** □ ['wistful] sehnsüchtig.

**wit** [wit] 1. Witz *m*; *a.* ~*s pl.* Verstand *m*; witziger Kopf; *be at one's ~'s end* mit *s-r* Weisheit zu Ende sein; *keep one's ~s about one* e-n klaren Kopf behalten; 2.: *to ~* nämlich, das heißt.

**witch** [witʃ] Hexe *f*, Zauberin *f*; ~**craft** ['witʃkra:ft], ~**ery** [~əri] Hexerei *f*; ~**hunt** *pol.* Hexenjagd *f* (*Verfolgung politisch verdächtiger Personen*).

**with** [wið] mit; nebst; bei; von; durch; vor (*dat.*); ~ *it sl.* schwer auf der Höhe.

**withdraw** [wið'dro:] [*irr.* (*draw*)] *v/t.* ab~, ent~, zurückziehen; zurücknehmen; *Geld* abheben; *v/i.* sich zurückziehen; abtreten; ~**al** [~(ə)l] Zurückziehung *f*; Rückzug *m*.

**wither** ['wiðə] *v/i.* (ver)welken; verdorren; austrocknen; *v/t.* welk machen.

**with|hold** [wið'hould] [*irr.* (*hold*)] zurückhalten; *et.* vorenthalten; ~**in** [wi'ðin] 1. *adv. lit.* im Innern, drin(nen); zu Hause; 2. *prp.* in(nerhalb); ~ *doors* im Hause; ~ *call* in Rufweite; ~**out** [wi'ðaut] 1. *adv. lit.* (dr)außen; äußerlich; 2. *prp.* ohne; *lit.* außerhalb; ~**stand** [wið'stænd] [*irr.* (*stand*)] widerstehen (*dat.*).

**witness** ['witnis] 1. Zeuge *m*, ~**in** *f*; *bear ~* Zeugnis ablegen (*to* für; *of* von); *in ~ of* zum Zeugnis (*gen.*); 2. (be)zeugen; Zeuge sein von *et.*; ~**box**, *Am.* ~ *stand* Zeugenstand *m*.

**wit|ticism** ['witisizəm] Witz *m*; ~**ty** □ ['witi] witzig; geistreich.

**wives** [waivz] *pl. von wife*.

**wiz** *Am. sl.* [wiz] Genie *n*; ~**ard** ['wizəd] Zauberer *m*; Genie *n*.

**wizen(ed)** ['wizn(d)] schrump(e)lig.

**wobble** ['wobl] schwanken; wackeln.

**woe** [wou] Weh *n*, Leid *n*; ~ *is me!* wehe mir!; ~**begone** ['woubigon] jammervoll; ~**ful** □ ['wouful] jammervoll, traurig, elend.

**woke** [wouk] *pret. u. p.p. von wake* 2; ~**n** ['woukən] *p.p. von wake* 2.

**wold** [would] (hügeliges) Heideland.

**wolf** [wulf] 1. *zo. pl.* **wolves** [wulvz] Wolf *m*; 2. verschlingen; ~**ish** □ ['wulfiʃ] wölfisch; Wolfs...

**woman** ['wumən], *pl.* **women** ['wimin] 1. Frau *f*; Weib *n*; 2. weiblich; ~ *doctor* Ärztin *f*; ~ *student* Studentin *f*; ~**hood** [~nhud] die Frauen *f/pl.*; Weiblichkeit *f*; ~**ish** □ [~niʃ] weibisch; ~**kind** [~n-'kaind] Frauen(welt *f*) *f/pl.*; ~**like** [~nlaik] fraulich; ~**ly** [~li] weiblich.

**womb** [wu:m] *anat.* Gebärmutter *f*; Mutterleib *m*; *fig.* Schoß *m*.

**women** ['wimin] *pl. von* woman; ~folk(s), ~kind die Frauen *f/pl.*; F Weibervolk *n*.

**won** [wʌn] *pret. u. p.p. von* win 1.

**wonder** ['wʌndə] 1. Wunder *n*; Verwunderung *f*; 2. sich wundern; gern wissen mögen, sich fragen; ~ful [~əful] wunderbar, ~voll; ~ing □ [~əriŋ] staunend, verwundert.

**won't** [wount] = will not.

**wont** [~] 1. *pred.* gewohnt; be ~ to *inf.* pflegen zu *inf.*; 2. Gewohnheit *f*; ~ed ['wountid] gewohnt.

**woo** [wu:] werben um; locken.

**wood** [wud] Wald *m*, Gehölz *n*; Holz *n*; Faß *n*; ♪ Holzblasinstrument (-e *pl.*) *n*; touch ~! unberufen!; ~chuck *zo.* ['wudtʃʌk] Waldmurmeltier *n*; ~cut Holzschnitt *m*; ~cutter Holzfäller *m*; *Kunst* Holzschneider *m*; ~ed ['wudid] bewaldet; ~en ['wudn] hölzern (*a. fig.*); Holz...; ~man Förster *m*; Holzfäller *m*; ~pecker *orn.* ['wudpekə] Specht *m*; ~sman ['wudzmən] *s.* woodman; ~wind ♪ Holzblasinstrument *n*; *oft* ~s *pl.* ♪ Holzbläser *m/pl.*; ~work Holzwerk *n*; ~y ['wudi] waldig; holzig.

**wool** [wul] Wolle *f*; ~-gathering ['wulgæðəriŋ] Geistesabwesenheit *f*; ~(l)en ['wulin] 1. wollen; Woll...; 2. ~s *pl.* Wollsachen *f/pl.*; ~(l)y ['wuli] 1. wollig; Woll...; belegt (*Stimme*); verschwommen; 2. woollies *pl.* F Wollsachen *f/pl.*

**word** [wə:d] 1. *mst* Wort *n*; *eng.S.*: Vokabel *f*; Nachricht *f*; ✠ Losung(swort *n*) *f*; Versprechen *n*; Befehl *m*; Spruch *m*; ~s *pl.* Wörter *n/pl.*; Worte *n/pl.*; *fig.* Wortwechsel *m*; Text *m* *e-s Liedes*; have a ~ with mit *j-m* sprechen; 2. (in Worten) ausdrücken, (ab-) fassen; ~ing ['wə:diŋ] Wortlaut *m*, Fassung *f*; ~-splitting Wortklauberei *f*.

**wordy** □ ['wə:di] wortreich; Wort...

**wore** [wɔ:] *pret. von* wear 1.

**work** [wə:k] 1. Arbeit *f*; Werk *n*; *attr.* Arbeits...; ~s *pl.* ⊕ (Uhr-, Feder)Werk *n*; ✖ Befestigungen *pl.*; ~s *sg.* Werk *n*, Fabrik *f*; ~ of art Kunstwerk *n*; at ~ bei der Arbeit; be in ~ Arbeit haben; be out of ~ arbeitslos sein; set to ~ set *od.* go about one's ~ an die Arbeit gehen; ~s council Betriebsrat *m*; 2. [*a. irr.*] *v/i.* arbeiten (*a. fig.*); wirken; gäsen; sich *hindurch-* etc. arbeiten; ~ at arbeiten an (*dat.*); ~ out herauskommen (*Summe*); *v/t.* (be)arbeiten; arbeiten lassen; betreiben; *Maschine etc.* bedienen; (be)wirken; ausrechnen, *Aufgabe* lösen; ~ one's way sich durcharbeiten; ~ off abarbeiten; *Gefühl* abreagieren; ✝ abstoßen; ~ out ausarbeiten; lösen;

ausrechnen; ~ up hochbringen; aufregen; verarbeiten (*into* zu).

**work|able** □ ['wə:kəbl] bearbeitungs-, betriebsfähig; ausführbar; ~aday [~ədei] Alltags...; ~-day Werktag *m*; ~er ['wə:kə] Arbeiter (-in); ~house Armenhaus *n*; *Am.* Besserungsanstalt *f*, Arbeitshaus *n*.

**working** ['wə:kiŋ] 1. Bergwerk *n*; Steinbruch *m*; Arbeits-, Wirkungsweise *f*; 2. arbeitend; Arbeits...; Betriebs...; ~-class Arbeiter...; ~-day Werk-, Arbeitstag *m*; ~-hours *pl.* Arbeitszeit *f*.

**workman** ['wə:kmən] Arbeiter *m*; Handwerker *m*; ~like [~laik] kunstgerecht; ~ship [~ʃip] Kunstfertigkeit *f*.

**work|out** *Am.* F ['wə:kaut] *mst Sport:* (Konditions)Training *n*; Erprobung *f*; ~shop Werkstatt *f*; ~woman Arbeiterin *f*.

**world** [wə:ld] *allg.* Welt *f*; a ~ of *e-e* Unmenge (von); *bring* (come) *into the* ~ zur Welt bringen (kommen); *think the* ~ *of* alles halten von; ~ling ['wə:ldliŋ] Weltkind *n*.

**worldly** ['wə:ldli] weltlich; Welt...; ~-wise [~'waiz] weltklug.

**world|-power** *pol.* ['wə:ldpauə] Weltmacht *f*; ~-wide weltweit; weltumspannend; Welt...

**worm** [wə:m] 1. Wurm *m* (*a. fig.*); 2. *ein Geheimnis* entlocken (*out of dat.*); ~ *s. sich* schlängeln; *fig.* sich einschleichen (*into in acc.*); ~-eaten ['wə:mi:tn] wurmstichig.

**worn** [wɔ:n] *p.p. von* wear 1; ~-out ['wɔ:n'aut] abgenutzt; abgetragen; verbraucht (*a. fig.*); müde, erschöpft; abgezehrt; verhärmt.

**worry** ['wʌri] 1. (sich) beunruhigen; (sich) ärgern; sich sorgen; sich aufregen; bedrücken; *zerren*, (ab-) würgen; plagen, quälen; 2. Unruhe *f*; Sorge *f*; Ärger *m*; Qual *f*, Plage *f*; Quälgeist *m*.

**worse** [wə:s] schlechter; schlimmer; ~ luck! leider!; um so schlimmer!; *from bad to* ~ vom Regen in die Traufe; ~n ['wə:sn] (sich) verschlechtern.

**worship** ['wə:ʃip] 1. Verehrung *f*; Gottesdienst *m*; Kult *m*; 2. verehren; anbeten; den Gottesdienst besuchen; ~(p)er [~pə] Verehrer (-in); Kirchgänger(in).

**worst** [wə:st] 1. schlechtest; ärgst; schlimmst; 2. überwältigen.

**worsted** ['wustid] Kammgarn *n*.

**worth** [wə:θ] 1. wert; ~ reading lesenswert; 2. Wert *m*; Würde *f*; ~less ['wə:θlis] wertlos; unwürdig; ~while ['wə:θ'wail] der Mühe wert; ~y ['wə:ði] würdig.

**would** [wud] [*pret. von* will 2] wollte; würde, möchte; pflegte; ~-be ['wudbi] angeblich, sogenannt; möglich, potentiell; Pseudo...

**wound**[1] [wund] 1. Wunde f, Verwundung f, Verletzung f; fig. Kränkung f; 2. verwunden, verletzen (a. fig.).

**wound**[2] [waund] pret. u. p.p. von wind 2.

**wove** [wouv] pret. von weave; ~n ['wouvən] p.p. von weave.

**wow** Am. [wau] 1. int. Mensch!; toll!; 2. sl. Bombenerfolg m.

**wrangle** ['ræŋgl] 1. streiten, (sich) zanken; 2. Streit m, Zank m.

**wrap** [ræp] 1. v/t. (ein)wickeln; fig. einhüllen; be ~ped up in gehüllt sein in (acc.); ganz aufgehen in (dat.); v/i. ~ up sich einhüllen; 2. Hülle f; ~per ['ræpə] Hülle f, Umschlag m; a. postal ~ Streifband n; ~ping ['ræpiŋ] Verpackung f.

**wrath** lit. [rɔːθ] Zorn m, Grimm m.

**wreak** [riːk] Rache üben, Zorn auslassen (upon an j-m).

**wreath** [riːθ] pl. ~s [riːðz] (Blumen)Gewinde n; Kranz m; Girlande f; Ring m, Kreis m; Schneewehe f; ~e [riːð] [irr.] v/t. (um-)winden; v/i. sich ringeln.

**wreck** [rek] 1. ⏚ Wrack n; Trümmer pl.; Schiffbruch m; fig. Untergang m; 2. zum Scheitern (§§ Entgleisen) bringen; zertrümmern; vernichten; be ~ed ⏚ scheitern; Schiffbruch erleiden; ~age ['rekidʒ] Trümmer pl.; ⏚ Wrackteile n/pl.; ~ed schiffbrüchig; ruiniert; ~er ['rekə] ⏚ Bergungsschiff n, -arbeiter m; Strandräuber m; Abbrucharbeiter m; Am. mot. Abschleppwagen m; ~ing ['rekiŋ] Strandraub m; ~company Am. Abbruchfirma f; ~ service Am. mot. Abschlepp-, Hilfsdienst m.

**wren** orn. [ren] Zaunkönig m.

**wrench** [rentʃ] 1. drehen; reißen; entwinden (from s.o. j-m); verdrehen (a. fig.); verrenken; ~ open aufreißen; 2. Ruck m; Verrenkung f; fig. Schmerz m; ⊕ Schraubenschlüssel m.

**wrest** [rest] reißen; verdrehen; entreißen (from s.o. j-m); ~le ['resl] ringen (mit); ~ling ['resliŋ] Ringkampf m, Ringen n.

**wretch** [retʃ] Elende(r m) f; Kerl m.

**wretched** □ ['retʃid] elend.

**wriggle** ['rigl] sich winden od. schlängeln; ~ out of sich drücken von et.

**wright** [rait]...macher m,...bauer m.

**wring** [riŋ] [irr.] Hände ringen; (aus)wringen; pressen; Hals umdrehen; abringen (from s.o. j-m); ~ s.o.'s heart j-m zu Herzen gehen.

**wrinkle** ['riŋkl] 1. Runzel f; Falte f; Wink m; Trick m; 2. (sich) runzeln.

**wrist** [rist] Handgelenk n; ~ watch Armbanduhr f; ~band ['ristbænd] Bündchen n, (Hemd)Manschette f.

**writ** [rit] Erlaß m; (gerichtlicher) Befehl; Holy 2 Heilige Schrift.

**write** [rait] [irr.] schreiben; ~ down auf-, niederschreiben; ausarbeiten; hervorheben; ~r ['raitə] Schreiber(-in) f; Verfasser(in) f; Schriftsteller(-in).

**writhe** [raið] sich krümmen.

**writing** ['raitiŋ] Schreiben n; Aufsatz m; Werk n; Schrift f; Schriftstück n; Urkunde f; Stil m; attr. Schreib...; in ~ schriftlich; ~-case Schreibmappe f; ~-desk Schreibtisch m; ~-paper Schreibpapier n.

**written** ['ritn] 1. p.p. von write; 2. adj. schriftlich.

**wrong** [rɔŋ] 1. □ unrecht; verkehrt, falsch; be ~ unrecht haben; in Unordnung sein; falsch gehen (Uhr); go ~ schiefgehen; on the ~ side of sixty über die 60 hinaus; 2. Unrecht n; Beleidigung f; 3. unrecht tun (dat.); ungerecht behandeln; ~doer ['rɔŋ'duːə] Übeltäter(in) f; ~ful □ ['rɔŋful] ungerecht; unrechtmäßig.

**wrote** [rout] pret. von write.

**wrought** [rɔːt] pret. u. p.p. von work 2; ~ iron Schmiedeeisen n; ~-iron ['rɔːt'aiən] schmiedeeisern; ~-up erregt.

**wrung** [rʌŋ] pret. u. p.p. von wring.

**wry** □ [rai] schief, krumm, verzerrt.

# X, Y

**Xmas** ['krisməs] = Christmas.

**X-ray** ['eks'rei] 1. ~s pl. Röntgenstrahlen m/pl.; 2. Röntgen...; 3. durchleuchten, röntgen.

**xylophone** ♪ ['zailəfoun] Xylophon n.

**yacht** ⏚ [jɔt] 1. (Motor)Jacht f; Segelboot n; 2. auf e-r Jacht fahren; segeln; ~-club ['jɔtklʌb] Segel-, Jachtklub m; ~ing ['jɔtiŋ] Segelsport m; attr. Segel...

**Yankee** F ['jæŋki] Yankee m (Amerikaner, bsd. der Nordstaaten).

**yap** [jæp] kläffen; F quasseln.

**yard** [jɑːd] Yard n, englische Elle (= 0,914 m); ⏚ Rah(e) f; Hof m; (Bau-, Stapel)Platz m; Am. Garten m (um das Haus); ~-measure ['jɑːdmeʒə], **stick** Yardstock m, **maß** n.

**yarn** [jɑːn] 1. Garn n; F Seemannsgarn n; abenteuerliche Geschichte; 2. F erzählen.

**yawl** ⚓ [jɔːl] Jolle f.

**yawn** [jɔːn] 1. gähnen; 2. Gähnen n.

**ye** †, poet., co. [jiː] ihr.

**yea** †, prov. [jei] 1. ja; 2. Ja n.

**year** [jəː] Jahr n; **ly** ['jəːli] jährlich.

**yearn** [jəːn] sich sehnen, verlangen; **ing** 1. Sehnen n, Sehnsucht f; 2. □ sehnsüchtig.

**yeast** [jiːst] Hefe f; Schaum m.

**yegg(man)** Am. sl. ['jeg(mən)] Stromer m; Einbrecher m.

**yell** [jel] 1. (gellend) schreien; aufschreien; 2. (gellender) Schrei; anfeuernder Ruf.

**yelp** [jelp] 1. Gekläff n; 2. kläffen.

**yen** Am. sl. [jen] brennendes Verlangen.

**yeoman** ['joumən] freier Bauer.

**yep** Am. F [jep] ja.

**yes** [jes] 1. ja; doch; 2. Ja n.

**yesterday** ['jestədi] gestern.

**yet** [jet] 1. adv. noch; bis jetzt; schon; sogar; as ~ bis jetzt; not ~ noch nicht; 2. cj. (je)doch, dennoch, trotzdem.

**yew** ♣ [juː] Eibe f, Taxus m.

**yield** [jiːld] 1. v/t. hervorbringen, liefern; ergeben; Gewinn (ein)bringen; gewähren; übergeben; zugestehen; v/i. ♂ tragen; sich fügen; nachgeben; 2. Ertrag m; **ing** □ ['jiːldiŋ] nachgebend; fig. nachgiebig.

**yip** Am. F [jip] jaulen.

**yodel**, **le** ['joudl] 1. Jodler m; 2. jodeln.

**yoke** [jouk] 1. Joch n (a. fig.); Paar n (Ochsen); Schultertrage f; 2. an-, zu.spannen; fig. paaren (to mit).

**yolk** [jouk] (Ei)Dotter m, n, Eigelb n.

**yon** [jɔn], **der** lit. ['jɔndə] 1. jene(r, -s); jenseitig; 2. dort drüben.

**yore** [jɔː]: of ~ ehemals, ehedem.

**you** [juː, ju] ihr; du, Sie; man.

**young** [jʌŋ] 1. □ jung; von Kindern a. klein; 2. (Tier)Junge(s) n; (Tier)Junge pl.; with ~ trächtig; **ster** ['jʌŋstə] Junge m.

**your** [jɔː] euer(e); dein(e), Ihr(e); **s** [jɔːz] der (die, das) eurige, deinige, Ihrige; euer; dein; Ihr; **self** [jɔː'self], pl. **selves** [.ivz] (du, ihr, Sie) selbst; dich, euch, Sie (selbst), sich (selbst); by ~ allein.

**youth** [juːθ], pl. **s** [juːðz] Jugend f; Jüngling m; ~ hostel Jugendherberge f; **ful** □ ['juːθful] jugendlich.

**yule** lit. [juːl] Weihnacht f.

# Z

**zeal** [ziːl] Eifer m; **ot** ['zelət] Eiferer m; **ous** □ [.əs] eifrig; eifrig bedacht (for auf acc.); innig, heiß.

**zebra** zo. ['ziːbrə] Zebra n; ~ crossing Fußgängerüberweg m.

**zenith** ['zeniθ] Zenit m; fig. Höhepunkt m.

**zero** ['ziərou] Null f; Nullpunkt m.

**zest** [zest] 1. Würze f (a. fig.); Lust f, Freude f; Genuß m; 2. würzen.

**zigzag** ['zigzæg] Zickzack m.

**zinc** [ziŋk] 1. min. Zink n; 2. verzinken.

**zip** [zip] Schwirren n; F Schwung m; **fastener** ['zip.fɑːsnə], **per** ['zipə] Reißverschluß m.

**zodiac** ast. ['zoudiæk] Tierkreis m.

**zone** [zoun] Zone f; fig. Gebiet n.

**Zoo** F [zuː] Zoo m.

**zoolog|ical** □ [zouə'bdʒikəl] zoologisch; **y** [zou'ɔlədʒi] Zoologie f.

# Alphabetical List of the German Irregular Verbs

## Infinitive — Preterite — Past Participle

backen - backte (buk) - gebacken
bedingen - bedang (bedingte) - bedungen (*conditional*: bedingt)
befehlen - befahl - befohlen
beginnen - begann - begonnen
beißen - biß - gebissen
bergen - barg - geborgen
bersten - barst - geborsten
bewegen - bewog - bewogen
biegen - bog - gebogen
bieten - bot - geboten
binden - band - gebunden
bitten - bat - gebeten
blasen - blies - geblasen
bleiben - blieb - geblieben
bleichen - blich - geblichen
braten - briet - gebraten
brauchen - brauchte - gebraucht (*v/aux.* brauchen)
brechen - brach - gebrochen
brennen - brannte - gebrannt
bringen - brachte - gebracht
denken - dachte - gedacht
dreschen - drosch - gedroschen
dringen - drang - gedrungen
dürfen - durfte - gedurft (*v/aux.* dürfen)
empfehlen - empfahl - empfohlen
erlöschen - erlosch - erloschen
erschrecken - erschrak - erschrocken
essen - aß - gegessen
fahren - fuhr - gefahren
fallen - fiel - gefallen
fangen - fing - gefangen
fechten - focht - gefochten
finden - fand - gefunden
flechten - flocht - geflochten
fliegen - flog - geflogen
fliehen - floh - geflohen
fließen - floß - geflossen
fressen - fraß - gefressen
frieren - fror - gefroren
gären - gor (*esp. fig.* gärte) - gegoren (*esp. fig.* gegärt)
gebären - gebar (*esp. fig.* gärte) - geboren
geben - gab - gegeben
gedeihen - gedieh - gediehen
gehen - ging - gegangen
gelingen - gelang - gelungen
gelten - galt - gegolten
genesen - genas - genesen
genießen - genoß - genossen
geschehen - geschah - geschehen
gewinnen - gewann - gewonnen

gießen - goß - gegossen
gleichen - glich - geglichen
gleiten - glitt - geglitten
glimmen - glomm - geglommen
graben - grub - gegraben
greifen - griff - gegriffen
haben - hatte - gehabt
halten - hielt - gehalten
hängen - hing - gehangen
hauen - haute (hieb) - gehauen
heben - hob - gehoben
heißen - hieß - geheißen
helfen - half - geholfen
kennen - kannte - gekannt
klingen - klang - geklungen
kneifen - kniff - gekniffen
kommen - kam - gekommen
können - konnte - gekonnt (*v/aux.* können)
kriechen - kroch - gekrochen
laden - lud - geladen
lassen - ließ - gelassen (*v/aux.* lassen)
laufen - lief - gelaufen
leiden - litt - gelitten
leihen - lieh - geliehen
lesen - las - gelesen
liegen - lag - gelegen
lügen - log - gelogen
mahlen - mahlte - gemahlen
meiden - mied - gemieden
melken - melkte (molk) - gemolken (gemelkt)
messen - maß - gemessen
mißlingen - mißlang - mißlungen
mögen - mochte - gemocht (*v/aux.* mögen)
müssen - mußte - gemußt (*v/aux.* müssen)
nehmen - nahm - genommen
nennen - nannte - genannt
pfeifen - pfiff - gepfiffen
preisen - pries - gepriesen
quellen - quoll - gequollen
raten - riet - geraten
reiben - rieb - gerieben
reißen - riß - gerissen
reiten - ritt - geritten
rennen - rannte - gerannt
riechen - roch - gerochen
ringen - rang - gerungen
rinnen - rann - geronnen
rufen - rief - gerufen
salzen - salzte - gesalzen (gesalzt)
saufen - soff - gesoffen

saugen - sog - gesogen
schaffen - schuf - geschaffen
schallen - schallte (scholl) - ge-
schallt (*for* erschallen *a.* erschol-
len)
scheiden - schied - geschieden
scheinen - schien - geschienen
schelten - schalt - gescholten
scheren - schor - geschoren
schieben - schob - geschoben
schießen - schoß - geschossen
schinden - schund - geschunden
schlafen - schlief - geschlafen
schlagen - schlug - geschlagen
schleichen - schlich - geschlichen
schleifen - schliff - geschliffen
schließen - schloß - geschlossen
schlingen - schlang - geschlungen
schmeißen - schmiß - geschmissen
schmelzen - schmolz - geschmolzen
schneiden - schnitt - geschnitten
schrecken - schrak - † geschrocken
schreiben - schrieb - geschrieben
schreien - schrie - geschrie(e)n
schreiten - schritt - geschritten
schweigen - schwieg - geschwiegen
schwellen - schwoll - geschwollen
schwimmen - schwamm - ge-
schwommen
schwinden - schwand - geschwun-
den
schwingen - schwang - geschwun-
gen
schwören - schwor - geschworen
sehen - sah - gesehen
sein - war - gewesen
senden - sandte - gesandt
sieden - sott - gesotten
singen - sang - gesungen
sinken - sank - gesunken
sinnen - sann - gesonnen
sitzen - saß - gesessen
sollen - sollte - gesollt (*v/aux.* sollen)
spalten - spaltete - gespalten (ge-
spaltet)
speien - spie - gespie(e)n
spinnen - spann - gesponnen
sprechen - sprach - gesprochen

sprießen - sproß - gesprossen
springen - sprang - gesprungen
stechen - stach - gestochen
stecken - steckte (stak) - gesteckt
stehen - stand - gestanden
stehlen - stahl - gestohlen
steigen - stieg - gestiegen
sterben - starb - gestorben
stieben - stob - gestoben
stinken - stank - gestunken
stoßen - stieß - gestoßen
streichen - strich - gestrichen
streiten - stritt - gestritten
tragen - trug - getragen
treffen - traf - getroffen
treiben - trieb - getrieben
treten - trat - getreten
triefen - triefte (troff) - getrieft
trinken - trank - getrunken
trügen - trog - getrogen
tun - tat - getan
verderben - verdarb - verdorben
verdrießen - verdroß - verdrossen
vergessen - vergaß - vergessen
verlieren - verlor - verloren
verschließen - verschliß - ver-
schlissen
verzeihen - verzieh - verziehen
wachsen - wuchs - gewachsen
wägen - wog (↘ wägte) - gewogen
(↘ gewägt)
waschen - wusch - gewaschen
weben - wob - gewoben
weichen - wich - gewichen
weisen - wies - gewiesen
wenden - wandte - gewandt
werben - warb - geworben
werden - wurde - geworden (worden*)
werfen - warf - geworfen
wiegen - wog - gewogen
winden - wand - gewunden
wissen - wußte - gewußt
wollen - wollte - gewollt (*v/aux.*
wollen)
wringen - wrang - gewrungen
ziehen - zog - gezogen
zwingen - zwang - gezwungen

* only in connexion with the past participles of other verbs, *e.g.* er ist gesehen
worden he has been seen.

# Alphabetical List of the English Irregular Verbs

## Infinitive — Preterite — Past Participle

Irregular forms marked with asterisks (*) can be exchanged for the regular forms.

abide (*bleiben*) - abode* - abode*
arise (*sich erheben*) - arose - arisen
awake (*erwachen*) - awoke - awoke*
be (*sein*) - was - been
bear (*tragen; gebären*) - bore - getragen: borne - geboren: born
beat (*schlagen*) - beat - beat(en)
become (*werden*) - became - become
beget (*zeugen*) - begot - begotten
begin (*anfangen*) - began - begun
bend (*beugen*) - bent - bent
bereave (*berauben*) - bereft* - bereft* besought
beseech (*ersuchen*) - besought - besought
bet (*wetten*) - bet* - bet*
bid (*[ge]bieten*) - bade, bid - bid(den)
bide (*abwarten*) - bode* - bided
bind (*binden*) - bound - bound
bite (*beißen*) - bit - bitten
bleed (*bluten*) - bled - bled
blend (*mischen*) - blent* - blent*
blow (*blasen; blühen*) - blew - blown
break (*brechen*) - broke - broken
breed (*aufziehen*) - bred - bred
bring (*bringen*) - brought - brought
build (*bauen*) - built - built
burn (*brennen*) - burnt* - burnt*
burst (*bersten*) - burst - burst
buy (*kaufen*) - bought - bought
cast (*werfen*) - cast - cast
catch (*fangen*) - caught - caught
chide (*schelten*) - chid - chid(den)*
choose (*wählen*) - chose - chosen
cleave (*[sich] spalten*) cleft, clove* - cleft, cloven*
cling (*sich [an]klammern*) - clung - clung
clothe (*[an-, be]kleiden*) - clad* - clad*
come (*kommen*) - came - come
cost (*kosten*) - cost - cost
creep (*kriechen*) - crept - crept
crow (*krähen*) - crew* - crowed
cut (*schneiden*) - cut - cut
deal (*handeln*) - dealt - dealt
dig (*graben*) - dug - dug
do (*tun*) - did - done
draw (*ziehen*) - drew - drawn
dream (*träumen*) - dreamt* - dreamt*
drink (*trinken*) - drank - drunk
drive (*treiben; fahren*) - drove - driven
dwell (*wohnen*) - dwelt - dwelt

eat (*essen*) - ate, eat - eaten
fall (*fallen*) - fell - fallen
feed (*füttern*) - fed - fed
feel (*fühlen*) - felt - felt
fight (*kämpfen*) - fought - fought
find (*finden*) - found - found
flee (*fliehen*) - fled - fled
fling (*schleudern*) - flung - flung
fly (*fliegen*) - flew - flown
forbid (*verbieten*) - forbade - forbidden
forget (*vergessen*) - forgot - forgotten
forsake (*aufgeben; verlassen*) - forsook - forsaken
freeze (*[ge]frieren*) - froze - frozen
get (*bekommen*) - got - got, Am. gotten
gild (*vergolden*) - gilt* - gilt*
gird (*[um]gürten*) - girt* - girt*
give (*geben*) - gave - given
go (*gehen*) - went - gone
grave (*[ein]graben*) - graved - graven*
grind (*mahlen*) - ground - ground
grow (*wachsen*) - grew - grown
hang (*hängen*) - hung - hung
have (*haben*) - had - had
hear (*hören*) - heard - heard
heave (*heben*) - hove* - hove*
hew (*hauen, hacken*) - hewed - hewn*
hide (*verbergen*) - hid - hid(den)
hit (*treffen*) - hit - hit
hold (*halten*) - held - held
hurt (*verletzen*) - hurt - hurt
keep (*halten*) - kept - kept
kneel (*knien*) - knelt* - knelt*
knit (*stricken*) - knit* - knit*
know (*wissen*) - knew - known
lay (*legen*) - laid - laid
lead (*führen*) - led - led
lean (*[sich] [an]lehnen*) - leant* - leant*
leap (*[über]springen*) - leapt* - leapt*
learn (*lernen*) - learnt* - learnt*
leave (*verlassen*) - left - left
lend (*leihen*) - lent - lent
let (*lassen*) - let - let
lie (*liegen*) - lay - lain
light (*anzünden*) - lit* - lit*
lose (*verlieren*) - lost - lost
make (*machen*) - made - made
mean (*meinen*) - meant - meant
meet (*begegnen*) - met - met
mow (*mähen*) - mowed - mown*

pay (*zahlen*) - paid - paid
pen (*einpferchen*) - pent - pent
put (*setzen, stellen*) - put - put
read (*lesen*) - read - read
rend ([*zer*]*reißen*) - rent - rent
rid (*befreien*) - rid* - rid*
ride (*reiten*) - rode - ridden
ring (*läuten*) - rang - rung
rise (*aufstehen*) - rose - risen
rive ([*sich*] *spalten*) - rived - riven*
run (*laufen*) - ran - run
saw (*sägen*) - sawed - sawn*
say (*sagen*) - said - said
see (*sehen*) - saw - seen
seek (*suchen*) - sought - sought
sell (*verkaufen*) - sold - sold
send (*senden*) - sent - sent
set (*setzen*) - set - set
sew (*nähen*) - sewed - sewn*
shake (*schütteln*) - shook - shaken
shave ([*sich*] *rasieren*) - shaved -
  shaven*
shear (*scheren*) - sheared - shorn
shed (*ausgießen*) - shed - shed
shine (*scheinen*) - shone - shone
shoe (*beschuhen*) - shod - shod
shoot (*schießen*) - shot - shot
show (*zeigen*) - showed - shown*
shred ([*zer*]*schnitzeln, zerfetzen*) -
  shred* - shred*
shrink (*einschrumpfen*) - shrank -
  shrunk
shut (*schließen*) - shut - shut
sing (*singen*) - sang - sung
sink (*sinken*) - sank - sunk
sit (*sitzen*) - sat - sat
slay (*erschlagen*) - slew - slain
sleep (*schlafen*) - slept - slept
slide (*gleiten*) - slid - slid
sling (*schleudern*) - slung - slung
slink (*schleichen*) - slunk - slunk
slip (*schlüpfen, gleiten*) - slipt* -
  slipt*
slit (*schlitzen*) - slit - slit
smell (*riechen*) - smelt* - smelt*
smite (*schlagen*) - smote - smitten,
  smote
sow ([*aus*]*säen*) - sowed - sown*
speak (*sprechen*) - spoke - spoken
speed (*eilen*) - sped* - sped*
spell (*buchstabieren*) - spelt* - spelt*
spend (*ausgeben*) - spent - spent

spill (*verschütten*) - spilt* - spilt*
spin (*spinnen*) - spun - spun
spit ([*aus*]*spucken*) - spat - spat
split (*spalten*) - split - split
spoil (*verderben*) - spoilt* - spoilt*
spread (*verbreiten*) - spread - spread
spring (*springen*) - sprang - sprung
stand (*stehen*) - stood - stood
stave (*den Boden einschlagen*) -
  stove* - stove*
steal (*stehlen*) - stole - stolen
stick (*stecken*) - stuck - stuck
sting (*stechen*) - stung - stung
stink (*stinken*) - stank - stunk
strew ([*be*]*streuen*) - strewed -
  strewn*
stride (*über-, durchschreiten*) - strode
  - stridden
strike (*schlagen*) - struck - struck
string (*spannen*) - strung - strung
strive (*streben*) - strove - striven
swear (*schwören*) - swore - sworn
sweat (*schwitzen*) - sweat* - sweat*
sweep (*fegen*) - swept - swept
swell ([*an*]*schwellen*) - swelled -
  swollen
swim (*schwimmen*) - swam - swum
swing (*schwingen*) - swung - swung
take (*nehmen*) - took - taken
teach (*lehren*) - taught - taught
tear (*ziehen*) - tore - torn
tell (*sagen*) - told - told
think (*denken*) - thought - thought
thrive (*gedeihen*) - throve* - thriven*
throw (*werfen*) - threw - thrown
thrust (*stoßen*) - thrust - thrust
tread (*treten*) - trod - trodden
wake (*wachen*) - woke* - woke(n)*
wax (*zunehmen*) - waxed - waxen*
wear ([*Kleider*] *tragen*) - wore - worn
weave (*weben*) - wove - woven
weep (*weinen*) - wept - wept
wet (*nässen*) - wet* - wet*
win (*gewinnen*) - won - won
wind (*winden*) - wound - wound
work (*arbeiten*) - wrought* -
  wrought*
wreathe ([*um*]*winden*) - wreathed -
  wreathen*
wring ([*aus*]*wringen*) - wrung -
  wrung
write (*schreiben*) - wrote - written

# German Proper Names

Aachen ['ɑːxən] n Aachen, Aix-la-Chapelle.

Adenauer ['ɑːdənauər] first chancellor of the German Federal Republic.

Adler ['ɑːdlər] Austrian psychologist.

Adria ['ɑːdria] f Adriatic Sea.

Afrika ['ɑːfrika] n Africa.

Ägypten [ɛ'gyptən] n Egypt.

Albanien [al'bɑːnjən] n Albania.

Algerien [al'geːrjən] n Algeria.

Algier ['alʒiːr] n Algiers.

Allgäu ['algɔr] n Al(l)gäu (region of Bavaria).

Alpen ['alpən] pl. Alps pl.

Amerika [a'meːrika] n America.

Anden ['andən] pl. the Andes pl.

Antillen [an'tilən] f/pl. Antilles pl.

Antwerpen [ant'verpən] n Antwerp.

Apenninen [ape'niːnən] m/pl. the Apennines pl.

Argentinien [argen'tiːnjən] n Argentina, the Argentine.

Ärmelkanal ['ɛrmɛlkanɑːl] m English Channel.

Asien ['ɑːzjən] n Asia.

Athen [a'teːn] n Athens.

Äthiopien [ɛti'oːpjən] n Ethiopia.

Atlantik [at'lantik] m Atlantic.

Australien [au'strɑːljən] n Australia.

Bach [bax] German composer.

Baden-Württemberg ['bɑːdən-'vyrtəmbɛrk] n Land of the German Federal Republic.

Barlach ['barlax] German sculptor.

Basel ['bɑːzəl] n Bâle, Basle.

Bayern ['baiərn] n Bavaria (Land of the German Federal Republic).

Becher ['beçər] German poet.

Beckmann ['bɛkman] German painter.

Beethoven ['beːthoːfən] German composer.

Belgien ['bɛlgjən] n Belgium.

Belgrad ['bɛlgrɑːt] n Belgrade.

Berg [bɛrk] Austrian composer.

Berlin [bɛr'liːn] n Berlin.

Bermuda-Inseln [bɛr'muːda'inzəln] f/pl. Bermudas pl.

Bern [bɛrn] n Bern(e).

Bismarck ['bismark] German statesman.

Bloch [blɔx] German philosopher.

Böcklin ['bœkliːn] German painter.

Bodensee ['boːdənzeː] m Lake of Constance.

Böhm [bøːm] Austrian conductor.

Böhmen ['bøːmən] n Bohemia.

Böll [bœl] German author.

Bonn [bɔn] n capital of the German Federal Republic.

Brahms [brɑːms] German composer.

Brandt [brant] German politician.

Brasilien [brɑ'ziːljən] n Brazil.

Braunschweig ['braunʃvaik] n Brunswick.

Brecht [brɛçt] German dramatist.

Bremen ['breːmən] n Land of the German Federal Republic.

Bruckner ['bruknər] Austrian composer.

Brüssel ['brysəl] n Brussels.

Budapest ['buːdapɛst] n Budapest.

Bukarest ['buːkarɛst] n Bucharest.

Bulgarien [bul'gɑːrjən] n Bulgaria.

Calais [ka'lɛ] n: Straße von ~ Straits of Dover.

Calvin [kal'viːn] Swiss religious reformer.

Chile ['tʃiːlə] n Chile.

China ['çiːna] n China.

Christus ['kristus] m Christ.

Daimler ['daimlər] German inventor.

Dänemark ['dɛːnəmark] n Denmark.

Deutschland ['dɔytʃlant] n Germany.

Diesel ['diːzəl] German inventor.

Döblin [dø'bliːn] German author.

Dolomiten [dolo'miːtən] pl. the Dolomites pl.

Donau ['doːnau] f Danube.

Dortmund ['dɔrtmunt] n industrial city in West Germany.

Dresden ['dreːsdən] n capital of Saxony.

Dublin ['dablin] n Dublin.

Dünkirchen ['dyːnkirçən] n Dunkirk.

Dürer ['dyːrər] German painter.

Dürrenmatt ['dyrənmat] Swiss dramatist.

Düsseldorf ['dysəldɔrf] n capital of North Rhine-Westphalia.

Ebert ['eːbərt] first president of the Weimar Republic.

Egk [ɛk] German composer.

Eichendorff ['aiçəndɔrf] German poet.

Eiger ['aigər] Swiss mountain.

Einstein ['ainʃtain] German physicist.

Elbe ['ɛlbə] f German river.

Elsaß ['ɛlzas] n Alsace.

Engels ['ɛŋəls] German philosopher.

England ['æŋlənt] n England.
Essen ['esən] n industrial city in West Germany.
Europa [ɔɪ'roːpa] n Europe.

Feldberg ['fɛltbɛrk] German mountain.
Finnland ['fɪnlant] n Finland.
Florenz [flo'rɛnts] n Florence.
Fontane [fɔn'taːnə] German author.
Franken ['fraŋkən] n Franconia.
Frankfurt ['fraŋkfurt] n Frankfort.
Frankreich ['fraŋkraɪç] n France.
Freud [frɔɪt] Austrian psychologist.
Frisch [frɪʃ] Swiss author.

Garmisch ['garmiʃ] n health resort in Bavaria.
Genf [gɛnf] n Geneva; ~er See m Lake of Geneva.
Genua ['geːnua] n Genoa.
Gibraltar [gi'braltar] n Gibraltar.
Goethe ['gøːtə] German poet.
Grass [gras] German author.
Graubünden [grau'byndən] n the Grisons.
Griechenland ['griːçənlant] n Greece.
Grillparzer ['grɪlpartsər] Austrian dramatist.
Grönland ['grønlant] n Greenland.
Gropius ['groːpjus] German architect.  [Great Britain.)
Großbritannien[groːsbri'tanjən]n)
Großglockner [groːs'glɔknər] Austrian mountain.
Grünewald ['gryːnəvalt] German painter.

Haag [haːk]: Den ~ The Hague.
Habsburg hist. ['haːpsburk] n Hapsburg (German dynasty).
Hahn [haːn] German chemist.
Hamburg ['hamburk] n Land of the German Federal Republic.
Händel ['hɛndəl] Handel (German composer).
Hannover [ha'noːfər] n Hanover (capital of Lower Saxony).
Hartmann ['hartman] German composer.
Harz [haːrts] m Harz Mountains pl.
Hauptmann ['hauptman] German dramatist.
Haydn ['haːdən] Austrian composer.
Hegel ['heːgəl] German philosopher.
Heidegger ['haɪdegər] German philosopher.
Heidelberg ['haɪdəlbɛrk] n university town in West Germany.
Heine ['haɪnə] German poet.
Heinemann ['haɪnəman] president of the German Federal Republic.
Heisenberg ['haɪzənbɛrk] German physicist.
Heißenbüttel ['haɪsənbytəl] German poet.
Helgoland ['hɛlgolant] n Heligoland.

Helsinki ['hɛlziŋki] n Helsinki.
Henze ['hɛntsə] German composer.
Hesse ['hɛsə] German poet.
Hessen ['hɛsən] n Hesse (Land of the German Federal Republic).
Heuß [hɔɪs] first president of the German Federal Republic.
Hindemith ['hɪndəmit] German composer.
Hohenzollern hist. [hoːən'tsɔlərn] n German dynasty.
Hölderlin ['hœldərliːn] German poet.
Holland ['hɔlant] n Holland.

Indien ['ɪndjən] n India.
Inn [ɪn] m affluent of the Danube.
Innsbruck ['ɪnsbruk] n capital of the Tyrol.
Irak [i'raːk] m Iraq, a. Irak.
Irland ['ɪrlant] n Ireland.
Island ['iːslant] n Iceland.
Israel ['ɪsrael] n Israel.
Italien [i'taːljən] n Italy.

Japan ['jaːpan] n Japan.
Jaspers ['jaspərs] German philosopher.
Jesus ['jeːzus] m Jesus.
Jordanien [jɔr'daːnjən] n Jordan.
Jugoslawien [jugo'slaːvjən] n Yugoslavia.
Jung [juŋ] Swiss psychologist.
Jungfrau ['juŋfrau] f Swiss mountain.

Kafka ['kafka] Czech poet.
Kanada ['kanada] n Canada.
Kant [kant] German philosopher.
Karajan ['karajan] Austrian conductor.
Karlsruhe [karls'ruːə] n city in South-Western Germany.
Kärnten ['kɛrntən] n Carinthia.
Kassel ['kasəl] n Cassel.
Kästner ['kɛstnər] German author.
Kiel [kiːl] n capital of Schleswig-Holstein.
Kiesinger ['kiːziŋər] German politician.
Klee [kleː] German painter.
Kleist [klaɪst] German poet.
Klemperer ['klɛmpərər] German conductor.
Koblenz ['koːblɛnts] n Coblenz, Koblenz.
Kokoschka [ko'kɔʃka] German painter.
Köln [kœln] n Cologne.
Kolumbien [ko'lumbjən] n Columbia.
Kolumbus [ko'lumbus] m Columbus.
Königsberg ['køːnɪçsbɛrk] n capital of East Prussia.
Konstanz ['kɔnstants] n Constance.
Kopenhagen [kopən'haːgən] n Copenhagen.
Kordilleren [kɔrdil'jeːrən] f/pl. the Cordilleras pl.

**Kreml** ['krɛməl] *m the* Kremlin.

**Leibniz** ['laɪbnɪts] *German philosopher.*

**Leipzig** ['laɪptsɪç] *n* Leipsic.

**Lessing** ['lɛsɪŋ] *German poet.*

**Libanon** ['liːbanɔn] *n* Lebanon.

**Liebig** ['liːbɪç] *German chemist.*

**Lissabon** ['lɪsabɔn] *n* Lisbon.

**London** ['lɔndɔn] *n* London.

**Lothringen** ['loːtrɪŋən] *n* Lorraine.

**Lübeck** ['lyːbɛk] *n city in West Germany.*

**Luther** ['luːtər] *German religious reformer.*

**Luxemburg** ['luksəmburk] *n* Luxemb(o)urg.

**Luzern** [lu'tsɛrn] *n* Lucerne.

**Maas** [maːs] *f* Meuse.

**Madrid** [ma'drɪt] *n* Madrid.

**Mahler** ['maːlər] *Austrian composer.*

**Mailand** ['maɪlant] *n* Milan.

**Main** [maɪn] *m German river.*

**Mainz** [maɪnts] *n* Mayence (*capital of Rhineland-Palatinate*).

**Mann** [man] *name of three German authors.*

**Marokko** [ma'rɔko] *n* Morocco.

**Marx** [marks] *German philosopher.*

**Matterhorn** ['matərhɔrn] *Swiss mountain.*

**Meißen** ['maɪsən] *n* Meissen.

**Meitner** ['maɪtnər] *German female physicist.*

**Memel** ['meːməl] *f frontier river in East Prussia.*

**Menzel** ['mɛntsəl] *German painter.*

**Mexiko** ['mɛksiko] *n* Mexico.

**Mies van der Rohe** [miːsfandər'roːə] *German architect.*

**Mittelamerika** ['mɪtəl'a'meːrika] *n* Central America.

**Mitteleuropa** ['mɪtəl'ɔʏ'roːpa] *n* Central Europe.

**Mittelmeer** ['mɪtəlmeːr] *n* Mediterranean (Sea).

**Moldau** ['mɔldaʊ] *f Bohemian river.*

**Mörike** ['møːrikə] *German poet.*

**Mosel** ['moːzəl] *f* Moselle.

**Mössbauer** ['mœsbaʊər] *German physicist.*

**Moskau** ['mɔskaʊ] *n* Moscow.

**Mozart** ['moːtsart] *Austrian composer.*

**München** ['mʏnçən] *n* Munich (*capital of Bavaria*).

**Neapel** [ne'aːpəl] *n* Naples.

**Neisse** ['naɪsə] *f German river.*

**Neufundland** [nɔʏ'funtlant] *n* Newfoundland.

**Neuseeland** [nɔʏ'zeːlant] *n* New Zealand.

**Niederlande** ['niːdərlandə] *n/pl. the* Netherlands *pl.*

**Niedersachsen** ['niːdərzaksən] *n* Lower Saxony (*Land of the German Federal Republic*).

**Nietzsche** ['niːtʃə] *German philosopher.*

**Nil** [niːl] *m* Nile.

**Nordamerika** ['nɔrt?a'meːrika] *n* North America.

**Nordrhein-Westfalen** ['nɔrtraɪnvɛst'faːlən] *n* North Rhine-Westphalia (*Land of the German Federal Republic*).

**Nordsee** ['nɔrtzeː] *f German Ocean, North Sea.*

**Norwegen** ['nɔrveːgən] *n* Norway.

**Nürnberg** ['nʏrnbɛrk] *n* Nuremberg.

**Oder** ['oːdər] *f German river.*

**Orff** [ɔrf] *German composer.*

**Oslo** ['ɔslo] *n* Oslo.

**Ostasien** ['ɔst'aːzjən] *n* Eastern Asia.

**Ostende** [ɔst'ɛndə] *n* Ostend.

**Österreich** ['øːstəraɪç] *n* Austria.

**Ostsee** ['ɔstzeː] *f* Baltic.

**Palästina** [palɛ'stiːna] *n* Palestine.

**Paris** [pa'riːs] *n* Paris.

**Persien** ['pɛrzjən] *n* Persia.

**Pfalz** [pfalts] *f* Palatinate.

**Philippinen** [filɪ'piːnən] *f/pl.* Philippines *pl.*, Philippine Islands *pl.*

**Planck** [plaŋk] *German physicist.*

**Polen** ['poːlən] *n* Poland.

**Pommern** ['pɔmərn] *n* Pomerania.

**Portugal** ['pɔrtugal] *n* Portugal.

**Prag** [praːk] *n* Prague.

**Preußen** *hist.* ['prɔʏsən] *n* Prussia.

**Pyrenäen** [pyre'nɛːən] *pl.* Pyrenees *pl.*

**Regensburg** ['reːgənsburk] *n* Ratisbon.

**Reykjavik** ['raɪkjaviːk] *n* Reykjavik.

**Rhein** [raɪn] *m* Rhine.

**Rheinland-Pfalz** ['raɪnlant'pfalts] *n* Rhineland-Palatinate (*Land of the German Federal Republic*).

**Rilke** ['rɪlkə] *Austrian poet.*

**Rom** [roːm] *n* Rome.

**Röntgen** ['rœntgən] *German physicist.*

**Ruhr** [ruːr] *f German river;* **Ruhrgebiet** ['ruːrgəbiːt] *n industrial centre of West Germany.*

**Rumänien** [ru'mɛːnjən] *n* Ro(u)mania.

**Rußland** ['ruslant] *n* Russia.

**Saale** ['zaːlə] *f German river.*

**Saar** [zaːr] *f affluent of the Moselle;* **Saarbrücken** [zaːr'brʏkən] *n capital of the Saar;* **Saarland** ['zaːrlant] *n* Saar (*Land of the German Federal Republic*).

**Sachsen** ['zaksən] *n* Saxony.

**Scherchen** ['ʃɛrçən] *Swiss conductor.*

**Schiller** ['ʃɪlər] *German poet.*

**Schlesien** ['ʃleːzjən] *n* Silesia.

**Schleswig-Holstein** ['ʃleːsviç'hɔl-

[tam] n Land of the German Federal Republic.

**Schönberg** ['ʃøːnbɛrk] Austrian composer.

**Schottland** ['ʃɔtlant] n Scotland.

**Schubert** ['ʃuːbərt] Austrian composer.

**Schumann** ['ʃuːman] German composer.

**Schwaben** ['ʃvɑːbən] n Swabia.

**Schwarzwald** ['ʃvartsvalt] m Black Forest.

**Schweden** ['ʃveːdən] n Sweden.

**Schweiz** [ʃvaɪts] f: die ~ Switzerland.

**Sibirien** [zi'biːrjən] n Siberia.

**Siemens** ['ziːmɛns] German inventor.

**Sizilien** [zi'tsiːljən] n Sicily.

**Skandinavien** [skandi'nɑːvjən] n Scandinavia.

**Sofia** ['zɔfjɑ] n Sofia.

**Sowjetunion** [zɔ'vjet°unjoːn] f the Soviet Union.

**Spanien** ['ʃpɑːnjən] n Spain.

**Spitzweg** ['ʃpitsveːk] German painter.

**Spranger** ['ʃpraŋər] German philosopher.

**Steiermark** ['ʃtaɪərmark] f Styria.

**Stifter** ['ʃtiftər] Austrian author.

**Stockholm** ['ʃtɔkhɔlm] n Stockholm.

**Storm** [ʃtɔrm] German poet.

**Strauß** [ʃtraʊs] Austrian composer.

**Strauss** [ʃtraʊs] German composer.

**Stresemann** ['ʃtreːzəman] German statesman.

**Stuttgart** ['ʃtutgart] n capital of Baden-Württemberg.

**Südamerika** [zyːt°a'meːrikɑ] n South America.

**Sudan** [zu'dɑːn] m S(o)udan.

**Syrien** ['zyːrjən] n Syria.

**Themse** ['tɛmzə] f Thames.

**Thoma** ['toːmɑ] German author.

**Thüringen** ['tyːriŋən] n Thuringia.

**Tirana** [ti'rɑːnɑ] n Tirana.

**Tirol** [ti'roːl] n the Tyrol.

**Trakl** ['trɑːkəl] Austrian poet.

**Tschechoslowakei** [tʃɛçɔslova'kaɪ] f: die ~ Czechoslovakia.

**Türkei** [tyr'kaɪ] f: die ~ Turkey.

**Ungarn** ['uŋgarn] n Hungary.

**Ural** [u'rɑːl] m Ural (Mountains pl.).

**Vatikan** [vati'kɑːn] m the Vatican.

**Venedig** [ve'neːdiç] n Venice.

**Vereinigte Staaten** [vər'aɪniçtə 'ʃtɑːtən] m/pl. the United States pl.

**Vierwaldstätter See** [fiːr'valtʃtɛtər 'zeː] m Lake of Lucerne.

**Wagner** ['vɑːgnər] German composer.

**Wankel** ['vaŋkəl] German inventor.

**Warschau** ['varʃaʊ] n Warsaw.

**Weichsel** ['vaɪksəl] f Vistula.

**Weiß** [vaɪs] German dramatist.

**Weizsäcker** ['vaɪtszɛkər] German physicist.

**Werfel** ['vɛrfəl] Austrian author.

**Weser** ['veːzər] f German river.

**Westdeutschland** pol. ['vɛstdɔʏtʃlant] n West Germany.

**Wien** [viːn] n Vienna.

**Wiesbaden** ['viːsbɑːdən] n capital of Hesse.

**Zeppelin** ['tsɛpəliːn] German inventor.

**Zuckmayer** ['tsukmaɪər] German dramatist.

**Zweig** [tsvaɪg] Austrian author.

**Zürich** ['tsyːriç] n Zurich.

**Zypern** ['tsyːpərn] n Cyprus.

# German Abbreviations

**a. a. O.** *am angeführten Ort* in the place cited, *abbr.* loc. cit., l. c.

**Abb.** *Abbildung* illustration.

**Abf.** *Abfahrt* departure, *abbr.* dep.

**Abg.** *Abgeordnete* Member of Parliament, *etc.*

**Abk.** *Abkürzung* abbreviation.

**Abs.** *Absatz* paragraph; *Absender* sender.

**Abschn.** *Abschnitt* paragraph, chapter. [dept.]

**Abt.** *Abteilung* department, *abbr.*]

**a. D.** *außer Dienst* retired.

**Adr.** *Adresse* address.

**AG** *Aktiengesellschaft* joint-stock company, *Am.* (stock) corporation.

**allg.** *allgemein* general.

**a. M.** *am Main* on the Main.

**Ank.** *Ankunft* arrival.

**Anm.** *Anmerkung* note.

**a. O.** *an der Oder* on the Oder.

**a. Rh.** *am Rhein* on the Rhine.

**Art.** *Artikel* article.

**atü** *Atmosphärenüberdruck* atmospheric excess pressure.

**Aufl.** *Auflage* edition.

**b.** *bei* at; with; *with place names:* near, *abbr.* nr; care of, *abbr.* c/o.

**Bd.** *Band* volume, *abbr.* vol.; *Bde. Bände* volumes, *abbr.* vols.

**beil.** *beiliegend* enclosed.

**Bem.** *Bemerkung* note, comment, observation.

**bes.** *besonders* especially.

**betr.** *betreffend, betrifft, betreffs* concerning, respecting, regarding.

**Betr.** *Betreff, betrifft* letter: subject, re. [reference to.]

**bez.** *bezahlt* paid; *bezüglich* with]

**Bez.** *Bezirk* district.

**Bhf.** *Bahnhof* station.

**bisw.** *bisweilen* sometimes, occasionally.

**BIZ** *Bank für Internationalen Zahlungsausgleich* Bank for International Settlements.

**Bln.** *Berlin* Berlin.

**BRD** *Bundesrepublik Deutschland* Federal Republic of Germany.

**BRT** *Bruttoregistertonnen* gross register tons.

**b. w.** *bitte wenden* please turn over, *abbr.* P.T.O.

**bzw.** *beziehungsweise* respectively.

**C** *Celsius* Celsius, *abbr.* C.

**ca.** *circa, ungefähr, etwa* about, approximately, *abbr.* c.

**cbm** *Kubikmeter* cubic met|re, *Am.* -er.

**ccm** *Kubikzentimeter* cubic centimet|re, *Am.* -er, *abbr.* c.c.

**CDU** *Christlich-Demokratische Union* Christian Democratic Union.

**cm** *Zentimeter* centimet|re, *Am.* -er.

**Co.** *Kompagnon* partner; *Kompanie* Company.

**CSU** *Christlich-Soziale Union* Christian Social Union.

**d. Ä.** *der Ältere* senior, *abbr.* sen.

**DB** *Deutsche Bundesbahn* German Federal Railway.

**DDR** *Deutsche Demokratische Republik* German Democratic Republic.

**DGB** *Deutscher Gewerkschaftsbund* Federation of German Trade Unions.

**dgl.** *dergleichen, desgleichen* the like.

**d. Gr.** *der Große* the Great.

**d. h.** *das heißt* that is, *abbr.* i. e.

**d. i.** *das ist* that is, *abbr.* i. e.

**DIN, Din** *Deutsche Industrie-Norm* (-en) German Industrial Standards.

**Dipl.** *Diplom* diploma.

**d. J.** *dieses Jahres* of this year; *der jüngere* junior, *abbr.* jr, jun.

**DM** *Deutsche Mark* German Mark.

**d. M.** *dieses Monats* instant, *abbr.* inst.

**do.** *dito* ditto, *abbr.* do.

**d. O.** *der (die, das) Obige* the above-mentioned.

**dpa, DPA** *Deutsche Presse-Agentur* German Press Agency.

**Dr.** *Doktor* Doctor, *abbr.* Dr; ~ *jur. Doktor der Rechte* Doctor of Laws (LL.D.); ~ *med. Doktor der Medizin* Doctor of Medicine (M.D.); ~ *phil. Doktor der Philosophie* Doctor of Philosophy (D. phil)., Ph. D.); ~ *theol. Doktor der Theologie* Doctor of Divinity (D. D.).

**DRK** *Deutsches Rotes Kreuz* German Red Cross.

**dt(sch).** *deutsch* German.

**Dtz., Dtzd.** *Dutzend* dozen.

**d. Verf.** *der Verfasser* the author.

**ebd.** *ebenda* in the same place.

**ed.** *edidit* — *hat (es) herausgegeben.*

**eig., eigtl.** *eigentlich* properly.

**einschl.** *einschließlich* including, inclusive, *abbr.* incl.

**entspr.** *entsprechend* corresponding.

**Erl.** *Erläuterung* explanation, (explanatory) note.

**ev.** *evangelisch* Protestant.

**e. V.** *eingetragener Verein* registered association, incorporated, *abbr.* inc.

**evtl.** *eventuell* perhaps, possibly.
**EWG** *Europäische Wirtschaftsgemeinschaft* European Economic Community, *abbr.* EEC.
**exkl.** *exklusive* except(ed), not included.
**Expl.** *Exemplar* copy.

**Fa.** *Firma* firm; *letter*: Messrs.
**FDGB** *Freier Deutscher Gewerkschaftsbund* Free Federation of German Trade Unions.
**FDP** *Freie Demokratische Partei* Liberal Democratic Party.
**FD(-Zug)** *Fernschnellzug* long-distance express.
**ff.** *sehr fein* extra fine; *folgende Seiten* following pages.
**Forts.** *Fortsetzung* continuation.
**Fr.** *Frau* Mrs.
**frdl.** *freundlich* kind.
**Frl.** *Fräulein* Miss.

**g** *Gramm* gram(me).
**geb.** *geboren* born; *geborene ... née; gebunden* bound.
**Gebr.** *Gebrüder* Brothers.
**gef.** *gefällig(st)* kind(ly).
**gegr.** *gegründet* founded.
**geh.** *geheftet* stitched.
**gek.** *gekürzt* abbreviated.
**Ges.** *Gesellschaft* association, company; society. [registered.]
**ges. gesch.** *gesetzlich geschützt*
**gest.** *gestorben* deceased.
**gez.** *gezeichnet* signed, *abbr.* sgd.
**GmbH** *Gesellschaft mit beschränkter Haftung* limited liability company, *abbr.* Ltd., *Am.* closed corporation under German law.

**ha** *Hektar* hectare.
**Hbf.** *Hauptbahnhof* central *or* main station.
**Hbg.** *Hamburg* Hamburg.
**h. c.** *honoris causa* — ehrenhalber *academic title*: honorary.
**Hr., Hrn.** *Herr(n)* Mr.
**hrsg.** *herausgegeben* edited, *abbr.* ed.
**Hrsg.** *Herausgeber* editor, *abbr.* ed.

**i.** *im, in* in.
**i. A.** *im Auftrage* for, by order, under instruction.
**i. allg.** *im allgemeinen* in general, generally speaking.
**i. Durchschn.** *im Durchschnitt* on an average.
**inkl.** *inklusive, einschließlich* inclusive.
**i. J.** *im Jahre* in the year.
**Ing.** *Ingenieur* engineer.
**Inh.** *Inhaber* proprietor.
**Interpol** *Internationale Kriminalpolizei-Kommission* International Criminal Police Commission, *abbr.* ICPC.
**i. V.** *in Vertretung* by proxy, as a substitute.

**Jb.** *Jahrbuch* annual.
**jr.** *jun. junior, der jüngere* junior *abbr.* jr, jun.

**Kap.** *Kapitel* chapter.
**kath.** *katholisch* Catholic.
**Kfm.** *Kaufmann* merchant.
**kfm.** *kaufmännisch* commercial.
**Kfz.** *Kraftfahrzeug* motor vehicle.
**kg** *Kilogramm* kilogram(me).
**KG** *Kommanditgesellschaft* limited partnership.
**Kl.** *Klasse* class; *school*: form.
**km** *Kilometer* kilomet|re, *Am.* -er.
**Kripo** *Kriminalpolizei* Criminal Investigation Department, *abbr.* CID.
**Kto.** *Konto* account, *abbr.* a/c.
**kW** *Kilowatt* kilowatt, *abbr.* kw.
**kWh** *Kilowattstunde* kilowatt hour.

**l** *Liter* lit|re, *Am.* -er.
**LDP** *Liberal-Demokratische Partei* Liberal Democratic Party.
**lfd.** *laufend* current, running.
**lfde. Nr.** *laufende Nummer* consecutive number.
**Lfg., Lfrg.** *Lieferung* delivery; instalment, part.
**Lit.** *Literatur* literature.
**Lkw.** *Lastkraftwagen* lorry, truck.
**lt.** *laut* according to.

**m** *Meter* met|re, *Am.* -er.
**m. A. n.** *meiner Ansicht nach* in my opinion.
**M. d. B.** *Mitglied des Bundestages* Member of the Bundestag.
**m. E.** *meines Erachtens* in my opinion.
**MEZ** *mitteleuropäische Zeit* Central European Time.
**mg** *Milligramm* milligram(me[s]), *abbr.* mg.
**Mill.** *Million(en)* million(s).
**mm** *Millimeter* millimet|re, *Am.* -er.
**möbl.** *möbliert* furnished.
**MP** *Militärpolizei* Military Police.
**mtl.** *monatlich* monthly.
**m. W.** *meines Wissens* as far as I know.

**N** *Nord(en)* north.
**nachm.** *nachmittags* in the afternoon, *abbr.* p. m.
**n. Chr.** *nach Christus* after Christ, *abbr.* A. D.
**n. J.** *nächsten Jahres* of next year.
**n. M.** *nächsten Monats* of next month.
**No., Nr.** *Numero, Nummer* number, *abbr.* N°.
**NS** *Nachschrift* postscript, *abbr.* P. S.

**O** *Ost(en)* east.
**o. B.** *ohne Befund* ♂ without findings.
**od.** *oder* or.

**OEZ** *osteuropäische Zeit* time of the East European zone.

**OHG** *Offene Handelsgesellschaft* ordinary partnership.

**o. J.** *ohne Jahr* no date.

**p. Adr.** *per Adresse* care of, *abbr.* c/o.

**Pf** *Pfennig German coin:* pfennig.

**Pfd.** *Pfund German weight:* pound.

**PKW, Pkw.** *Personenkraftwagen* (motor) car.

**P. P.** *praemissis praemittendis* omitting titles, to whom it may concern.

**p.p., p.pa., ppa.** *per procura* per proxy, *abbr.* per pro.

**Prof.** *Professor* professor.

**PS** *Pferdestärke(n)* horse-power, *abbr.* H.P., h.p.; *postscriptum, Nachschrift* postscript, *abbr.* P.S.

**qkm** *Quadratkilometer* square kilomet|re, *Am.* -er.          [*Am.* -er.]

**qm** *Quadratmeter* square met|re,

**Reg. Bez.** *Regierungsbezirk* administrative district.

**Rel.** *Religion* religion.

**resp.** *respektive* respectively.

**S** *Süd(en)* south.

**S.** *Seite* page.

**s. siehe** see, *abbr.* v., *vid.* (= vide).

**s. a.** *siehe auch* see also.

**Sa.** *Summa, Summe* sum, total.

**s. d.** *siehe dies* see this.

**SED** *Sozialistische Einheitspartei Deutschlands* United Socialist Party of Germany.

**sen.** *senior, der Ältere* senior.

**sm** *Seemeile* nautical mile.

**s. o.** *siehe oben* see above.

**sog.** *sogenannt* o-called.

**SPD** *Sozialdemokratische Partei Deutschlands* Social Democratic Party of Germany.

**St.** *Stück* piece: *Sankt* Saint.

**St(d)., Stde.** *unde* hour, *abbr.* h.

**Str.** *traße* street, *abbr.* St.

**s. u.** *siehe unten* see below.

**s. Z.** *seinerzeit* at that time.

**t** *Tonne* ton.

**tägl.** *täglich* daily, per day.

**Tel.** *Telephon* elephone; *Telegramm* wire, cable.

**TH** *Technische Hochschule* technical university *or* college.

**u.** *und* and.

**u. a.** *und andere(s)* and others; *unter anderem* r *anderen* among other things, nter alia.

**u. ä.** *und ähnliche(s)* and the like.

**U.A.w.g.** *Um Antwort wird gebeten* an answer s requested, *répondez s'il vous plaît, abbr.* R.S.V.P.

**u. dgl. (m.)** *und dergleichen (mehr)* and the like.

**u. d. M.** *unter dem Meeresspiegel* below sea level; **ü. d. M.** *über dem Meeresspiegel* above sea level.

**UdSSR** *Union der Sozialistischen Sowjetrepubliken* Union of Soviet Socialist Republics.

**u. E.** *unseres Erachtens* in our opinion.          [(following.)]

**u. f., u. ff.** *und folgende* and the)

**UKW** *Ultrakurzwelle* ultra-short wave, very high frequency, *abbr.* VHF.

**U/min.** *Umdrehungen in der Minute* revolutions per minute, *abbr.* r.p.m.

**urspr.** *ursprünglich* original(ly).

**US(A)** *Vereinigte Staaten (von Amerika)* United States (of America).

**usw.** *und so weiter* and so on, *abbr.* etc.          [(stances permitting.)]

**u. U.** *unter Umständen* circum-)

**v. von, vom** of; from; by.

**V** *Volt* volt; *Volumen* volume.

**V.** *Vers* line, verse.

**v. Chr.** *vor Christus* before Christ, *abbr.* B. C.

**VEB** *Volkseigener Betrieb* People's Own Undertaking.

**Verf., Vf.** *Verfasser* author.

**Verl.** *Verlag* publishing firm; *Verleger* publisher.

**vgl.** *vergleiche* confer, *abbr.* cf.

**v.g.u.** *vorgelesen, genehmigt, unterschrieben* read, confirmed igned.

**v. H.** *vom Hunde* er cent.

**v. J.** *vorigen Jahre* ast year.

**v. M.** *vorigen Monats* of last month.

**vorm.** *vormittag* n the morning, *abbr.* a. m.; *ormals* formerly.

**Vors.** *Vorsitzender* hairman.

**v. T.** *vom Tausend* per thousand.

**VW** *Volkswagen* Volkswagen, People's Car.

**W** *West(en)* west; *Watt* watt(s).

**WE** *Wärmeeinheit* thermal unit.

**WEZ** *westeuropäische Zeit* Western European time (Greenwich time).

**WGB** *Weltgewerkschaftsbund* World Federa.ion of Trade Unions, *abbr.* WFTU.

**Wwe.** *Witwe* widow.

**Z.** *Zahl* number; *Zeile* line.

**z. zu, zum, zur** at; to.

**z. B.** *zum Beispiel* for instance, *abbr.* e. g.

**z. H(d).** *zu Händen* attention of, to be delivered to, care of, *abbr.* c/o.

**z. S.** ur *See* of the navy.

**z. T.** *zum Teil* partly.

**Ztg.** *Zeitung* newspaper.

**Ztr.** *Zentner* centner.

**Ztschr.** *Zeitschrift* periodical.

**zus.** *zusammen* together.

**zw.** *zwischen* between; among.

**z. Z(t).** *zur Zeit* at the time, at present, for the time being.

# American and British Proper Names

Aberdeen [æbə'diːn] *Stadt in Schottland.*

Africa ['æfrikə] Afrika *n.* [U.S.A.]

Alabama [ælə'bæmə] *Staat der*

Alaska [ə'læskə] *Staat der U.S.A.*

Albania [æl'beinjə] Albanien *n.*

Alberta [æl'bəːtə] *Provinz in Kanada.* [U.S.A.]

Alleghany ['æligeini] *Gebirge in*

Alsace ['ælsæs] Elsaß *n.*

America [ə'merikə] Amerika *n.*

Antilles [æn'tiliːz] *die Antillen.*

Appalachians [æpə'leitʃjənz] *die Appalachen (Gebirge in U.S.A.).*

Arizona [æri'zounə] *Staat der U.S.A.* [U.S.A.]

Arkansas ['ɑːkənsɔː] *Staat der*

Arlington ['ɑːliŋtən] *Nationalfriedhof bei Washington.*

Ascot ['æskət] *Stadt in England.*

Asia ['eiʃə] Asien *n.*

Athens ['æθinz] Athen *n.*

Australia [ɔː'treiljə] Australien *n.*

Austria ['ɔːtriə] Österreich *n.*

Avon ['eivən] *Fluß in England.*

Azores [ə'zɔːz] *die Azoren.*


Bacon ['beikən] *engl. Philosoph.*

Bahamas [bə'hɑːməz] *die Bahama-inseln.*

Balmoral [bæl'mɔrəl] *Königsschloß in Schottland.*

Bedford(shire) ['bedfəd(ʃiə] *Grafschaft in England.*

Belfast [bel'fɑːst] *Hauptstadt von Nordirland.*

Belgium ['beldʒəm] Belgien *n.*

Belgrade [bel'greid] Belgrad *n.*

Ben Nevis [ben'nevis] *höchster Berg in Großbritannien.*

Berkshire ['bɑːkʃiə] *Grafschaft in England.*

Bermudas [bəː'mjuːdəz] *die Bermudainseln.*

Bern(e) [bəːn] Bern *n.*

Birmingham ['bəːmiŋəm] *Industriestadt in England* [Biskaya.]

Biscay ['biskei] *Bay of ~ Golf m von*

Boston ['bɔstən] *Stadt in U.S.A.*

Bournemouth ['bɔːnməθ] *Seebad in England.*

Brighton ['braitn] *Seebad in England.* [land.]

Bristol ['bristl] *Hafenstadt in Eng-*

Britten ['britn] *engl. Komponist.*

Brooklyn ['bruklin] *Stadtteil von New York.*

Brussels ['brʌslz] Brüssel *n.*

Bucharest ['bjuːkərest] Bukarest *n.*

Buckingham(shire) ['bʌkiŋəm(ʃiə] *Grafschaft in England.*

Budapest ['bjuːdə'pest] Budapest *n.*

Bulgaria [bʌl'gɛəriə] Bulgarien *n.*

Burns [bəːnz] *schott. Dichter.*

Byron ['baiərən] *engl. Dichter.*


California [kæli'fɔːnjə] Kalifornien *n (Staat der U.S.A.).*

Cambridge ['keimbridʒ] *engl. Universitätsstadt; Stadt in U.S.A.; a. ~shire [~ʃiə] Grafschaft in England.*

Canada ['kænədə] Kanada *n.*

Canary Islands [kə'nɛəri 'ailəndz] *die Kanarischen Inseln.*

Canberra ['kænbərə] *Hauptstadt von Australien.* [England.]

Canterbury ['kæntəbəri] *Stadt in*

Capetown ['keiptaun] Kapstadt *n.*

Cardiff ['kɑːdif] *Hauptstadt von Wales.*

Carinthia [kə'rinθiə] Kärnten *n.*

Carlyle [kɑː'lail] *engl. Autor.*

Carolina [kærə'lainə]: *North ~ Nordkarolina n (Staat der U.S.A.); South ~ Südkarolina n (Staat der U.S.A.).*

Ceylon [si'lɔn] Ceylon *n.*

Chamberlain ['tʃeimbəlin, ~lein] *Name mehrerer brit. Staatsmänner.*

Cheshire ['tʃeʃə] *Grafschaft in England.*

Chicago [ʃi'kɑːgou, *Am.* ʃi'kɔːgou] *Industriestadt in U.S.A.*

China ['tʃainə] China *n.* [mann.]

Churchill ['tʃəːtʃil] *brit. Staats-*

Cleveland ['kliːvlənd] *Industrie- und Hafenstadt in U.S.A.*

Clyde [klaid] *Fluß in Schottland.*

Coleridge ['koulridʒ] *engl. Dichter.*

Colorado [kɔlə'rɑːdou] *Staat der U.S.A.*

Columbia [kə'lʌmbiə] *Fluß in U.S.A.; Bundesdistrikt der U.S.A.*

Connecticut [kə'netikət] *Staat der U.S.A.*

Constance ['kɔnstəns]: *Lake of ~ Bodensee m.*

Cooper ['kuːpə] *amer. Autor.*

Copenhagen [koupn'heigən] Kopenhagen *n.* [dilleren.]

Cordilleras [kɔːdi'ljeərəz] *die Kor-*

Cornwall ['kɔːnwəl] *Grafschaft in England.*

Coventry ['kɔvəntri] *Industriestadt in England.* [mann.]

Cromwell ['krɔmwəl] *engl. Staats-*

Cumberland ['kʌmbələnd] *Grafschaft in England.*

Cyprus ['saiprəs] Zypern *n.*

Czecho-Slovakia ['tʃekouslou'væːkiə] *die Tschechoslowakei.*

**Dakota** [də'koutə]: North ~ Norddakota n (*Staat der U.S.A.*); South ~ Süddakota n (*Staat der U.S.A.*).

**Defoe** [də'fou] *engl. Autor.*

**Delaware** ['deləwɛə] *Staat der U.S.A.*

**Denmark** ['denmɑːk] Dänemark n.

**Derby(shire)** ['dɑːbi(ʃə)] *Grafschaft in England.*

**Detroit** [də'trɔit] *Industriestadt in U.S.A.*

**Devon(shire)** ['devn(ʃiə)] *Grafschaft in England.*

**Dickens** ['dikinz] *engl. Autor.*

**Dorset(shire)** ['dɔːsit(ʃiə)] *Grafschaft in England.* [land.]

**Dover** ['douvə] *Hafenstadt in Eng-*

**Downing Street** ['dauniŋ 'striːt] *Straße in London mit der Amtswohnung des Prime Minister.*

**Dublin** ['dablin] *Hauptstadt von Irland.*

**Dunkirk** [dʌn'kəːk] Dünkirchen n.

**Durham** ['dʌrəm] *Grafschaft in England.*

**Edinburgh** ['edinbərə] Edinburg n.

**Edison** ['edisn] *amer. Erfinder.*

**Egypt** ['iːdʒipt] Ägypten n.

**Eire** ['ɛərə] *Republik Irland.*

**Eisenhower** ['aizənhauə] *Präsident der U.S.A.*

**Eliot** ['eljət] *engl. Dichter.*

**Emerson** ['eməsn] *amer. Philosoph.*

**England** ['iŋglənd] England n.

**Epsom** ['epsəm] *Stadt in England.*

**Erie** ['iəri]: Lake ~ Eriesee m.

**Essex** ['esiks] *Grafschaft in England.*

**Eton** ['iːtn] *berühmte Public School.*

**Europe** ['juərəp] Europa n.

**Falkland Islands** ['fɔːlklənd 'ailəndz] *die Falklandinseln.*

**Faulkner** ['fɔːknə] *amer. Autor.*

**Finland** ['finlənd] Finnland n.

**Florida** ['flɔridə] *Staat der U.S.A.*

**Flushing** ['flʌʃiŋ] Vlissingen n.

**France** [frɑːns] Frankreich n.

**Franklin** ['fræŋklin] *amer. Staatsmann und Physiker.*

**Galsworthy** ['gɔːlzwəːði] *engl. Autor.*

**Geneva** [dʒi'niːvə] Genf n; Lake of ~ Genfer See m.

**Georgia** ['dʒɔːdʒə] *Staat der U.S.A.*

**Germany** ['dʒəːməni] Deutschland n. [nist.]

**Gershwin** ['gəːʃwin] *amer. Kompo-*

**Gibraltar** [dʒi'brɔːltə] Gibraltar n.

**Glasgow** ['glɑːsgou] *Hafenstadt in Schottland.*

**Gloucester** ['glɔstə] *Stadt in England; a. ~shire* ['..ʃiə] *Grafschaft in England.*

**Great Britain** ['greit 'britn] Großbritannien n.

**Greece** [griːs] Griechenland n.

**Greene** [griːn] *engl. Autor.*

**Greenland** ['griːnlənd] Grönland n.

**Greenwich** ['griːnidʒ] *Vorort von London.*

**Guernsey** ['gəːnzi] *Kanalinsel.*

**Hague** [heig]: The ~ Den Haag.

**Hampshire** ['hæmpʃiə] *Grafschaft in England.*

**Harlem** ['hɑːlem] *Stadtteil von New York.*

**Harrow** ['hærou] *berühmte Public School.*

**Harvard University** ['hɑːvəd juːni'vəːsiti] *amer. Universität.*

**Harwich** ['hæridʒ] *Hafenstadt in England.*

**Hawaii** [hɑː'waiiː] *Staat der U.S.A.*

**Hebrides** ['hebridiːz] *die Hebriden.*

**Helsinki** ['helsiŋki] Helsinki n.

**Hemingway** ['hemiŋwei] *amer. Autor.*

**Hereford(shire)** ['herifəd(ʃiə)] *Grafschaft in England.*

**Hertford(shire)** ['hɑːtfəd(ʃiə)] *Grafschaft in England.*

**Hollywood** ['hɔliwud] *Filmstadt in Kalifornien, U.S.A.*

**Houston** ['juːstən] *Stadt in U.S.A.*

**Hudson** ['hʌdsn] *Fluß in U.S.A.*

**Hull** [hal] *Hafenstadt in England.*

**Hume** [hjuːm] *engl. Philosoph.*

**Hungary** ['hʌŋgəri] Ungarn n.

**Huntingdon(shire)** ['hʌntiŋdən (-ʃiə)] *Grafschaft in England.* [m.]

**Huron** ['hjuərən]: Lake ~ Huronsee]

**Huxley** ['hʌksli] *engl. Autor.*

**Iceland** ['aislənd] Island n.

**Idaho** ['aidəhou] *Staat der U.S.A.*

**Illinois** [ili'nɔi] *Staat der U.S.A.*

**India** ['indjə] Indien n.

**Indians** ['indiənz] *Staat der U.S.A.*

**Iowa** ['aiouə] *Staat der U.S.A.*

**Irak, Iraq** [i'rɑːk] Irak m.

**Iran** [i'rɑːn] Iran m.

**Ireland** ['aiələnd] Irland n.

**Irving** ['əːviŋ] *amer. Autor.*

**Italy** ['itəli] Italien n.

**Jefferson** ['dʒefəsn] *Präsident der U.S.A., Verfasser der Unabhängigkeitserklärung von 1776.*

**Johnson** ['dʒɔnsn] 1. *engl. Autor;* 2. *Präsident der U.S.A.*

**Kansas** ['kænzəs] *Staat der U.S.A.*

**Kashmir** [kæʃ'miə] Kaschmir n.

**Keats** [kiːts] *engl. Dichter.*

**Kennedy** ['kenidi] *Präsident der U.S.A.; ~ Airport Flughafen von New York.*

**Kent** [kent] *Grafschaft in England.*

**Kentucky** [ken'tʌki] *Staat der U.S.A.*

**Kipling** ['kipliŋ] *engl. Dichter.*

**Klondike** ['klɔndaik] *Fluß und Landschaft in Kanada und Alaska.*

**Kremlin** ['kremlin] *der Kreml.*

**Labrador** ['læbrədɔ:] *Halbinsel Nordamerikas.*

**Lancashire** ['læŋkəʃiə] *Grafschaft in England.*

**Lancaster** ['læŋkəstə] *Name zweier Städte in England und U.S.A.; s. Lancashire.* [*land.*]

**Leeds** [li:dz] *Industriestadt in Eng-*

**Leicester** ['lestə] *Stadt in England; a. ~shire ['~ʃiə] Grafschaft in England.*

**Lincoln** ['liŋkən] 1. *Präsident der U.S.A.; 2. a. ~shire ['~ʃiə] Grafschaft in England.*

**Lisbon** ['lizbən] *Lissabon n.*

**Liverpool** ['livəpu:l] *Hafen- und Industriestadt in England.*

**Locke** [lɔk] *engl. Philosoph.*

**London** ['lʌndən] *London n.*

**Los Angeles** [lɔs 'ændʒiliz] *Stadt in U.S.A.* [*U.S.A.*]

**Louisiana** [lu:izi'ænə] *Staat der*

**Lucerne** [lu:'sə:n]: *Lake of ~ Vierwaldstätter See m.*

**Luxemburg** ['lʌksəmbə:g] *Luxemburg n.*

**Madrid** [mə'drid] *Madrid n.*

**Maine** [mein] *Staat der U.S.A.*

**Malta** ['mɔ:ltə] *Malta n.*

**Manchester** ['mæntʃistə] *Industriestadt in England.*

**Manhattan** [mæn'hætən] *Stadtteil von New York.* [*Kanada.*]

**Manitoba** [mæni'toubə] *Provinz in]*

**Maryland** ['mɛərilənd, Am. 'merilənd] *Staat der U.S.A.*

**Massachusetts** [mæsə'tʃu:sits] *Staat der U.S.A.*

**Melbourne** ['melbən] *Stadt in Australien.*

**Miami** [mai'æmi] *Badeort in Florida, U.S.A.*

**Michigan** ['miʃigən] *Staat der U.S.A.; Lake ~ Michigansee m.*

**Middlesex** ['midlseks] *Grafschaft in England.*

**Miller** ['milə] *amer. Dramatiker.*

**Milton** ['miltən] *engl. Dichter.*

**Milwaukee** [mil'wɔ:ki:] *Stadt in U.S.A.*

**Minneapolis** [mini'æpəlis] *Stadt in U.S.A.* [*U.S.A.*]

**Minnesota** [mini'soutə] *Staat der]*

**Mississippi** [misi'sipi] *Strom und Staat der U.S.A.*

**Missouri** [mi'zuəri] *Fluß und Staat der U.S.A.*

**Monmouth(shire)** ['mɔnməθ(ʃiə)] *Grafschaft in England.*

**Monroe** [mən'rou] *Präsident der U.S.A.* [*U.S.A.*]

**Montana** [mɔn'tænə] *Staat der]*

**Montgomery** [mənt'gʌməri] *brit. Feldmarschall.*

**Montreal** [mɔntri'ɔ:l] *Stadt in Kanada.*

**Moore** [muə] *engl. Bildhauer.*

**Moscow** ['mɔskou] *Moskau n.*

**Nebraska** [ni'bræskə] *Staat der U.S.A.*

**Nelson** ['nelsn] *engl. Admiral.*

**Netherlands** ['neðələndz] *die Niederlande.*

**Nevada** [ne'va:də] *Staat der U.S.A.*

**New Brunswick** [nju: 'brʌnzwik] *Provinz in Kanada.*

**Newcastle** ['nju:ka:sl] *Hafenstadt in England.* [*von Indien.*]

**New Delhi** [nju: 'deli] *Hauptstadt]*

**New England** [nju: iŋglənd] *Neuengland n.* [*Neufundland n.*]

**Newfoundland** [nju:fənd'lænd]

**New Hampshire** [nju: 'hæmpʃiə] *Staat der U.S.A.*

**New Jersey** [nju: 'dʒə:zi] *Staat der U.S.A.*

**New Mexico** [nju: 'meksikou] *Neumexiko n. Staat der U.S.A.).*

**New Orleans** [nju: 'ɔ:liəns] *Hafenstadt in U.S.A.*

**Newton** ['nju:tn] *engl. Physiker.*

**New York** ['nju: 'jɔ:k] *Stadt und Staat der U.S.A.*

**New Zealand** [nju: 'zi:lənd] *Neuseeland n.*

**Niagara** [nai'ægərə] *Niagara m.*

**Nixon** ['niksn] *Präsident der U.S.A.*

**Norfolk** ['nɔ:fək] *Grafschaft in England.*

**Northampton** [nɔ:'θæmptən] *Stadt in England; a. ~shire ['~ʃiə] Grafschaft in ~ngland.*

**Northumberland** [nɔ:'θʌmbələnd] *Grafschaft = England.*

**Norway** [nɔ: wei] *Norwegen n.*

**Nottingham** ['nɔtiŋəm] *Stadt in England; a. ~shire ['~ʃiə] Grafschaft in England.*

**Nova Scotia** ['nouvə 'skouʃə] *Provinz in Kanada.*

**Ohio** [ou'haiou] *Staat der U.S.A.*

**O'Neill** [ou'ni:l] *amer. Dramatiker.*

**Ontario** [ɔn'tɛəriou] *Provinz in Kanada, oke ~ ntariosee m.*

**Oregon** ['ɔrigən] *Staat der U.S.A.*

**Orkney Islands** ['ɔ:kni 'ailəndz] *die Orkneyinseln.*

**Osborne** ['ɔzbɔn] *engl. Dramatiker.*

**Oslo** ['ɔzlou] *Oslo n.*

**Ostend** [ɔs'tend] *Ostende n.*

**Ottawa** ['ɔtəwə] *Hauptstadt von Kanada.*

**Oxford** ['ɔksfəd] *engl. Universitätsstadt; a. ~shire ['~ʃiə] Grafschaft in England.*

**Pakistan** [pɑːkis'tɑːn] *Pakistan n.*

**Paris** ['pæris] *Paris n.*

**Pearl Harbour** ['pə:l 'hɑ:bə] *Hafenstadt auf Hawaii.*

**Pennsylvania** [pensil'veinjə] *Pennsylvanien n (Staat der U.S.A.).*

**Philadelphia** [filə'delfjə] *Stadt in U.S.A.*

**Philippines** ['filipi:nz] *die Philippinen.*

**Pittsburg(h)** ['pitsbə:g] *Stadt in U.S.A.*

**Plymouth** ['pliməθ] *Hafenstadt in England.*

**Poe** [pou] *amer. Autor.*

**Poland** ['poulənd] Polen *n.*

**Portsmouth** ['pɔːtsməθ] *Hafenstadt in England.*

**Portugal** ['pɔːtjugəl] Portugal *n.*

**Prague** [prɑːg] Prag *n.*

**Purcell** ['pəːsl] *engl. Komponist.*

**Quebec** [kwi'bek] *Provinz und Stadt in Kanada.*

**Reykjavik** ['reikjəviːk] Reykjavik *n.*

**Rhode Island** [roud 'ailənd] *Staat der U.S.A.*

**Rocky Mountains** ['rɔki 'mauntinz] *Gebirge in U.S.A.*

**Rome** [roum] Rom *n.*

**Roosevelt** ['rouzəvelt] *Name zweier Präsidenten der U.S.A.* [*School.*]

**Rugby** ['rʌgbi] *berühmte Public*

**Rumania** [ruː'meinjə] Rumänien *n.*

**Russell** ['rʌsl] *engl. Philosoph.*

**Russia** ['rʌʃə] Rußland *n.*

**Rutland(shire)** ['rʌtlənd(ʃiə)] *Grafschaft in England.*

**San Francisco** [sænfrən'siskou] *Hafenstadt in U.S.A.*

**Saskatchewan** [səs'kætʃiwən] *Provinz von Kanada.*

**Scandinavia** [skændi'neivjə] Skandinavien *n.*

**Scotland** ['skɔtlənd] Schottland *n.*

**Shakespeare** ['ʃeikspiə] *engl. Dichter.*

**Shaw** [ʃɔː] *engl. Dramatiker.*

**Shelley** ['ʃeli] *engl. Dichter.*

**Shetland Islands** ['ʃetlənd 'ailəndz] *die Shetlandinseln.*

**Shropshire** ['ʃrɔpʃiə] *Grafschaft in England.*

**Snowdon** ['snoudn] *Berg in Wales.*

**Sofia** ['soufjə] Sofia *n.*

**Somerset(shire)** ['sʌməsit(ʃiə)] *Grafschaft in England.*

**Southhampton** [sauθ'æmptən] *Hafenstadt in England.*

**Spain** [spein] Spanien *n.*

**Stafford(shire)** ['stæfəd(ʃiə)] *Grafschaft in England.*

**Stevenson** ['stiːvnsn] *engl. Autor.*

**St. Lawrence** [snt'brəns] *der St. Lorenz-Strom.*

**St. Louis** [snt'luis] *Industriestadt in U.S.A.* [*n.*]

**Stockholm** ['stɔkhoum] Stockholm]

**Stratford** ['strætfəd]: *~on-Avon Geburtsort Shakespeares.*

**Suffolk** ['sʌfək] *Grafschaft in England.* [*rer See m.*]

**Superior** [sjuː'piəriə]: *Lake ~ Obe-*]

**Surrey** ['sʌri] *Grafschaft in England.*

**Sussex** ['sʌsiks] *Grafschaft in England.*

**Sweden** ['swiːdn] Schweden *n.*

**Swift** [swift] *engl. Autor.*

**Switzerland** ['switsələnd] *die Schweiz.* [*tralien.*]

**Sydney** ['sidni] *Hafenstadt in Aus-*]

**Tennessee** [tene'siː] *Staat der U.S.A.*

**Tennyson** ['tenisn] *engl. Dichter.*

**Texas** ['teksəs] *Staat der U.S.A.*

**Thackeray** ['θækəri] *engl. Autor.*

**Thames** [temz] Themse *f.*

**Tirana** [ti'rɑːnə] Tirana *n.* [*nada.*]

**Toronto** [tə'rɔntou] *Stads in Ka-*]

**Toynbee** ['tɔinbi] *engl. Historiker.*

**Trafalgar** [trə'fælgə] *Vorgebirge bei Gibraltar.* [*U.S.A.*]

**Truman** ['truːmən] *Präsident der*]

**Turkey** ['təːki] *die Türkei.*

**Twain** [twein] *amer. Autor.*

**Tyrol** ['tirəl] Tirol *n.*

**United States of America** [juː'naitid 'steitsəvə'merikə] *die Vereinigten Staaten von Amerika.*

**Utah** ['juːtɑː] *Staat der U.S.A.*

**Vancouver** [væn'kuːvə] *Stadt in Kanada.*

**Vermont** [vəː'mɔnt] *Staat der*]

**Vienna** [vi'enə] Wien *n.* [*U.S.A.*]

**Virginia** [və'dʒinjə] Virginien *n (Staat der U.S.A.)*; *West ~ Staat der U.S.A.*

**Wales** [weilz] Wales *n.*

**Warsaw** ['wɔːsɔː] Warschau *n.*

**Warwick(shire)** ['wɔrik(ʃiə)] *Grafschaft in England.*

**Washington** ['wɔʃiŋtən] 1. *Präsident der U.S.A.*; 2. *Staat der U.S.A.*; 3. *Bundeshauptstadt der U.S.A.*

**Wellington** ['weliŋtən] *Hauptstadt von Neuseeland.*

**Westmoreland** ['westmələnd] *Grafschaft in England.*

**White House** ['wait 'haus] *das Weiße Haus.*

**Whitman** ['witmən] *amer. Dichter.*

**Wilson** ['wilsn] 1. *Präsident der U.S.A.*; 2. *brit. Premier.*

**Wiltshire** ['wiltʃiə] *Grafschaft in England.*

**Wimbledon** ['wimbldən] *Vorort von London.* [*Kanada.*]

**Winnipeg** ['winipeg] *Stadt in*]

**Wisconsin** [wis'kɔnsin] *Staat der U.S.A.*

**Worcester** ['wustə] *Industriestadt in England*; *a. ~shire* ['~ʃiə] *Grafschaft in England.*

**Wordsworth** ['wəːdzwəːθ] *engl. Dichter.*

**Yale University** ['jeil juːni'vəːsiti] *amer. Universität.*

**York** [jɔːk] *Stadt in England*; *a. ~shire* ['~ʃiə] *Grafschaft in England.*

**Yugoslavia** ['juːgou'slɑːvjə] Jugoslawien *n.*

# American and British Abbreviations

**abbr.** *abbreviated* abgekürzt; *abbreviation* Abk., Abkürzung f.

**A.B.C.** *American Broadcasting Company* Amer. Rundfunkgesellschaft f.

**A.C.** *alternating current* Wechsel-[strom m.]

**A.E.C.** *Atomic Energy Commission* Atomenergie-Kommission f.

**AFL–CIO** *American Federation of Labor & Congress of Industrial Organizations (größter amer. Gewerkschaftsverband).*

**A.F.N.** *American Forces Network (Rundfunkanstalt der amer. Streit-*[kräfte].

**Ala.** *Alabama.*

**Alas.** *Alaska.*

**a.m.** *ante meridiem (lateinisch — before noon)* vormittags.

**A.P.** *Associated Press (amer. Nach-*richtenbüro). [Rotes Kreuz.]

**A.R.C.** *American Red Cross* Amer.

**Ariz.** *Arizona.*

**Ark.** *Arkansas.*

**arr.** *arrival* Ank., Ankunft f.

**B.A.** *Bachelor of Arts* Bakkalaureus m der Philosophie.

**B.B.C.** *British Broadcasting Corporation* Brit. Rundfunkgesellschaft f.

**B.E.A.** *British European Airways* Brit.-Europäische Luftfahrtge-[sellschaft.]

**Beds.** *Bedfordshire.*

**Benelux** *Belgium, Netherlands, Luxemburg (Zollunion).*

**Berks.** *Berkshire.*

**B.F.N.** *British Forces Network (Sender der brit. Streitkräfte in Deutschland).* [m des Rechts.]

**B.L.** *Bachelor of Law* Bakkalaureus]

**B.M.** *Bachelor of Medicine* Bakkalaureus m der Medizin.

**B.O.A.C.** *British Overseas Airways Corporation* Brit. Übersee-Luftfahrtgesellschaft f.

**B.R.** *British Railways.*

**Br(it).** *Britain* Großbritannien n; *British* britisch.

**B.S.** *Bachelor of Science* Bakkalaureus m der Naturwissenschaften.

**Bucks.** *Buckinghamshire.*

**C.** *Celsius, centigrade.*

**c.** *cent(s)* Cent m; *circa* ca., ungefähr, zirka; *cubic* Kubik...

**Cal(if).** *California.*

**Cambs.** *Cambridgeshire.*

**Can.** *Canada* Kanada n; *Canadian* kanadisch.

**cf.** *confer* vgl., vergleiche.

**Ches.** *Cheshire.*

**C.I.C.** *Counter Intelligence Corps (Spionageabwehrdienst der U.S.A.).*

**C.I.D.** *Criminal Investigation Department (brit. Kriminalpolizei).*

**Co.** *Company* Gesellschaft f; *County* Grafschaft f, Kreis m.

**c/o** *care of* p.A., per Adresse, bei.

**Col(o).** *Colorado.*

**Conn.** *Connecticut.*

**cp.** *compare* vgl., vergleiche.

**Cumb.** *Cumberland.* [ner m.]

**cwt.** *hundredweight (etwa 1)* Zent-]

**d.** *penny, pence.*

**D.C.** *direct current* Gleichstrom m; *District of Columbia (mit der amer. Hauptstadt Washington).*

**Del.** *Delaware.*

**dep.** *departure* Abf., Abfahrt f.

**Dept.** *Department* Abt., Abteilung f.

**Derby.** *Derbyshire.*

**Devon.** *Devonshire.*

**Dors.** *Dorsetshire.*

**Dur(h).** *Durham.*

**dz.** *dozen* Dutzend n od. pl.

**E.** *east* Ost(en m); *eastern* östlich; *English* englisch.

**E.C.** *East Central (London)* Mitte-Ost (Postbezirk).

**ECOSOC** *Economic and Social Council* Wirtschafts- und Sozialrat m (U.N.).

**Ed., ed.** *edition* Auflage f; *edited* hrsg., herausgegeben; *editor* Hrsg., Herausgeber m.

**E.E.C.** *European Economic Community* EWG, Europäische Wirtschaftsgemeinschaft.

**E.F.T.A.** *European Free Trade Association* EFTA, Europäische Freihandelsgemeinschaft od. -zone.

**e.g.** *exempli gratia (lateinisch — for instance)* z.B., zum Beispiel.

**Enc.** *enclosure(s)* Anlage(n pl.) f.

**Ess.** *Essex.*

**F.** *Fahrenheit.*

**f.** *fathom(s)* Faden m, Klafter f, m, n; *feminine* weiblich; *foot, pl. feet* Fuß m od. pl.; *following* folgend.

**F.A.O.** *Food and Agricultural Organization* Organisation f für Ernährung und Landwirtschaft (U.N.).

**FBI** *Federal Bureau of Investigation (Bundeskriminalamt der U.S.A.).*

**fig.** *figure(s)* Abb., Abbildung(en [pl.) f.]

**Fla.** *Florida.*

**F.O.** *Foreign Office* brit. Auswärtiges]

**fr.** *franc(s)* Frank(en pl.) m. [Amt.]

**ft.** *foot, pl. feet* Fuß m od. pl.

**g.** *gramme* g, Gramm n; **guinea** Guinee f *(21 Schilling)*.
**Ga.** *Georgia.*
**gal.** *gallon* Gallone f.
**G.A.T.T.** *General Agreement on Tariffs and Trade* Allgemeines Zoll- und Handelsabkommen.
**G.B.** *Great Britain* Großbritannien n.
**G.I.** *government issue* von der Regierung ausgegeben; Staatseigentum n; *fig. der* amer. Soldat.
**Glos.** *Gloucestershire.*
**G.P.O.** *General Post Office* Haupt- postamt n.
**gr.** *gross* brutto.
**Gt.Br.** *Great Britain* Großbritannien n.

**h.** *hour(s)* Std., Stunde(n pl.) f.
**Hants.** *Hampshire.*
**H.C.** *House of Commons* Unterhaus n.
**Heref.** *Herefordshire.*
**Herts.** *Hertfordshire.*
**hf.** *half* halb.
**H.I.** *Hawaiian Islands.*
**H.L.** *House of Lords* Oberhaus n.
**H.M.** *His (Her) Majesty* Seine (Ihre) Majestät.
**H.M.S.** *His (Her) Majesty's Service* Dienst m, *&* Dienstsache f; *His (Her) Majesty's Ship* Seiner (Ihrer) Majestät Schiff n.
**H.O.** *Home Office* brit. Innenministerium n. stärke f.
**H.P., h.p.** *horse-power* PS, Pferde-
**H.Q., Hq.** *Headquarters* Stab(squartier n) m, Hauptquartier n.
**H.R.** *House of Representatives* Repräsentantenhaus n *(der U.S.A.).*
**H.R.H.** *His (Her) Royal Highness* Seine (Ihre) Königliche Hoheit f.
**Hunts.** *Huntingdonshire.*

**Ia.** *Iowa.*
**I.C.B.M.** *Intercontinental ballistic missile* interkontinentaler ballistischer Flugkörper.
**I.D.** *Intelligence Department* Nachrichtenamt n.
**Id(a).** *Idaho.* d.h., das heißt.
**i.e.** *id est (lateinisch — that is to say)*
**Ill.** *Illinois.*
**I.M.F.** *International Monetary Fund* Weltwährungsfonds m.
**in.** *inch(es)* Zoll m od. pl. gen.
**Inc.** *incorporated (amtlich)* eingetra-
**Ind.** *Indiana.*
**I.O.C.** *International Olympic Committee* Internationales Olympisches Komitee.
**Ir.** *Ireland* Irland n; *Irish* irisch.
**I.R.C.** *International Red Cross* Internationales Rotes Kreuz.

**J.P.** *Justice of the Peace* Friedensrichter m.

**Kan(s).** *Kansas.*
**k.o.** *knock(ed) out Boxen:* k.o. (ge-) schlagen; *fig.* erledigen (erledigt).
**Ky.** *Kentucky.*

**£** *pound sterling* Pfund n Sterling.
**La.** *Louisiana.*
**Lancs.** *Lancashire.* (wicht).
**lb.** *pound(s)* Pfund n od. pl. (Ge-)
**L.C.** *letter of credit* Kreditbrief
**Leics.** *Leicestershire.* m.
**Lincs.** *Lincolnshire.*
**LP** *long-playing* Langspiel...(Platte).
**L.P.** *Labour Party (brit. Arbeiterpartei).* tung.
**Ltd.** *limited* mit beschränkter Haf-

**m.** *male* männlich; *metre* m, Meter n, m; *mile* Meile f; *minute* Min., Minute f. Philosophie.
**M.A.** *Master of Arts* Magister m der
**Mass.** *Massachusetts.*
**M.D.** *Medicinae Doctor (lateinisch — Doctor of Medicine)* Dr. med., Doktor m der Medizin.
**Md.** *Maryland.*
**Me.** *Maine.*
**mi.** *mile* Meile f.
**Mich.** *Michigan.*
**Middx.** *Middlesex.*
**Minn.** *Minnesota.*
**Miss.** *Mississippi.*
**Mo.** *Missouri.*
**M.O.** *money order* Postanweisung f.
**Mon.** *Monmouthshire.*
**Mont.** *Montana.*
**MP, M.P.** *Member of Parliament* Parlamentsabgeordnete m; *Military Police* Militärpolizei f.
**m.p.h.** *miles per hour* Stundenmei-
**Mr** *Mister* Herr m. len pl.
**Mrs** *Mistress* Frau f.
**Mt.** *Mount* Berg m.

**N.** *north* Nord(en m); *northern* nörd-
**n.** *noon* Mittag m. lich.
**NASA** *National Aeronautics and Space Administration (amer. Luftfahrt- und Raumforschungsbehörde)*.
**NATO** *North Atlantic Treaty Organization* Nordatlantikpakt-Organisation f
**N.C.** *North Carolina.*
**N.D(ak).** *North Dakota.*
**Neb(r).** *Nebraska.*
**Nev.** *Nevada.*
**N.H.** *New Hampshire.*
**N.H.S.** *National Health Service* Nationales Gesundheitsdienst (brit. Krankenversicherung).
**N.J.** *New Jersey.*
**N.M(ex).** *New Mexico.*
**Norf.** *Norfolk.*
**Northants.** *Northamptonshire.*
**Northumb.** *Northumberland.*
**Notts.** *Nottinghamshire.*
**nt.** *net* netto.
**N.Y.** *New York.* York.
**N.Y.C.** *New York City* Stadt f New

**O.** *Ohio;* order Auftrag m.
**O.A.S.** *Organization of American States* Organisation f amerikanischer Staaten.

**O.E.E.C.** *Organization of European Economic Co-operation* Organisation *f* für europäische wirtschaftliche Zusammenarbeit.

**Okla.** *Oklahoma.*

**Ore(g).** *Oregon.*

**Oxon.** *Oxfordshire.*

**Pa.** *Pennsylvania.*

**P.A.A.** *Pan-American Airways* Panamer. Luftfahrtgesellschaft *f.*

**P.C.** *police constable* Schutzmann *m.*

**p.c.** *per cent* %, Prozent *n od. pl.*

**pd.** *paid* bezahlt.

**P.E.N.** *mst* PEN Club *Poets, Playwrights, Editors, Essayists, and Novelists* Pen-Club *m, (Internationale Vereinigung von Dichtern, Dramatikern, Redakteuren, Essayisten und Romanschriftstellern).*

**Penn(a).** *Pennsylvania.*

**Ph.D.** *Philosophiae Doctor (lateinisch — Doctor of Philosophy)* Dr. phil., Doktor *m* der Philosophie.

**p.m.** *post meridiem (lateinisch — after noon)* nachmittags, abends.

**P.O.** *Post Office* Postamt *n; postal order* Postanweisung *f.*

**P.O.B.** *Post Office Box* Postschließfach *n.*

**P.S.** *Postscript* P.S., Nachschrift *f.*

**P.T.O.,** p.t.o. *please turn over* b. w., bitte wenden.

**PX** *Post Exchange (Verkaufsläden der amer. Streitkräfte).*

**R.A.F.** *Royal Air Force* Königlich-Brit. Luftwaffe *f.*

**Rd.** *Road* Straße *f.*

**ref(c).** *(in) reference (to) (in)* Bezug *m (auf);* Empfehlung *f.*

**regd.** *registered* eingetragen; *&* eingeschrieben. [tonne *f.*]

**reg. tn.** *register ton* RT, Register-)

**resp.** *respective(ly)* bzw., beziehungsweise.

**ret.** *retired* i.R., im Ruhestand.

**Rev.** *Reverend* Ehrwürden.

**R.I.** *Rhode Island.* Marine *f.*)

**R.N.** *Royal Navy* Königlich-Brit.)

**R.R.** *Railroad* Am. Eisenbahn *f.*

**Rutland.** *Rutlandshire.*

**Ry.** *Railway* Eisenbahn *f.*

**S.** *south* Süd(en *m); southern* südlich.

**s.** *second(s)* Sek., Sekunde(n *pl.) f; shilling(s)* Schilling *m od. pl.*

**$** *dollar* Dollar *m.*

**S.A.** *South Africa* Südafrika *n; South America* Südamerika *n.*

**Salop.** *Shropshire.*

**S.C.** *South Carolina; Security Council* Sicherheitsrat *m (U.N.).*

**S.D(ak).** *South Dakota.*

**SEATO** *South East Asia Treaty Organization* Südostasienpakt-Organisation *f.*

**sh.** *shilling(s)* Schilling *m od. pl.*

**Soc.** *society* Gesellschaft *f; Verein m.*

**Som.** *Somersetshire.*

**Sq.** *Square* Platz *m.*

**sq.** *square ...* Quadrat...

**Staffs.** *Staffordshire.*

**St(.)** *Saint ...* Sankt...; *Station* Bahnhof *m; Street* Straße *f.*

**Suff.** *Suffolk.*

**suppl.** *supplement* Nachtrag *m.*

**Sur.** *Surrey.*

**Suss.** *Sussex.*

**t.** *ton(s)* Tonne(n *pl.) f.*

**Tenn.** *Tennessee.*

**Tex.** *Texas.*

**T.M.O.** *telegraph money order* telegraphische Geldanweisung.

**T.O.** *Telegraph (Telephone) Office* Telegraphen- (Fernsprech)amt *n*

**T.U.** *Trade(s) Union(s)* Gewerkschaft(en *pl.) f.*

**T.U.C.** *Trade(s) Union Congress* brit. Gewerkschaftsverband *m.*

**U.K.** *United Kingdom* Vereinigtes Königreich *(England, Schottland, Wales und Nordirland).*

**U.N.** *United Nations* Vereinte Nationen *pl.*

**UNESCO** *United Nations Educational, Scientific, and Cultural Organization* Organisation *f* der Vereinten Nationen für Wissenschaft, Erziehung und Kultur.

**U.N.S.C.** *United Nations Security Council* Sicherheitsrat *m* der Vereinten Nationen.

**U.P.I.** *United Press International (amer. Nachrichtenagentur).*

**U.S.(A.)** *United States (of America)* Vereinigte Staaten *pl.* (von Ame-)

**Ut.** *Utah.* [rika.)]

**Va.** *Virginia.*

**vol(s).** *volume(s)* Band *m* (Bände)

**Vt.** *Vermont.* [pl.).)

**V.T.O.(L.)** *vertical take-off (and landing) (aircraft)* Senkrechtstart(er) *m.*

**W.** *west* West(en *m); western* west-)

**War.** *Warwickshire.* [lich.)

**Wash.** *Washington.*

**W.C.** *West Central* (London) Mitte-West *(Postbezirk).*

**W.F.T.U.** *World Federation of Trade Unions* Weltgewerkschaftsbund *m.*

**W.H.O.** *World Health Organization* Weltgesundheitsorganisation *f (U.N.).*

**W.I.** *West Indies* Westindien *n.*

**Wilts.** *Wiltshire.*

**Wis.** *Wisconsin.*

**Worcs.** *Worcestershire.*

**wt.** *weight* Gewicht *n.*

**W.Va.** *West Virginia.*

**Wyo.** *Wyoming.*

**yd.** *yard(s)* Elle(n *pl.) f.*

**Yorks.** *Yorkshire.*

# German Weights and Measures

## I. Linear Measure

**1 mm** *Millimeter* millimet|re, *Am.* -er = 0.039 inch

**1 cm** *Zentimeter* centimet|re, *Am.* -er = 10 mm = 0.394 inch

**1 m** *Meter* met|re, *Am.* -er = 100 cm = 1.094 yards = 3.281 feet

**1 km** *Kilometer* kilomet|re, *Am.* -er = 1000 m = 0.621 mile

**1 sm** *Seemeile* nautical mile = 1852 m

## II. Square Measure

**1 mm²** *Quadratmillimeter* square millimet|re, *Am.* -er = 0.002 square inch

**1 cm²** *Quadratzentimeter* square centimet|re, *Am.* -er = 100 mm² = 0.155 square inch

**1 m²** *Quadratmeter* square met|re, *Am.* -er = 10000 cm² = 1.196 square yards = 10.764 square feet

**1 a** *Ar* are = 100 m² = 119.599 square yards

**1 ha** *Hektar* hectare = 100 a = 2.471 acres

**1 km²** *Quadratkilometer* square kilomet|re, *Am.* -er = 100 ha = 247.11 acres = 0.386 square mile

## III. Cubic Measure

**1 cm³** *Kubikzentimeter* cubic centimet|re, *Am.* -er = 1000 mm³ = 0.061 cubic inch

**1 m³** *Kubikmeter* cubic met|re, *Am.* -er = 1000000 cm³ = 35.315 cubic feet = 1.308 cubic yards

**1 RT** *Registertonne* register ton = 2,832 m³ = 100 cubic feet

## IV. Measure of Capacity

**1 l** *Liter* lit|re, *Am.* -er = 1.760 pints = *U.S.* 1.057 liquid quarts *or* 0.906 dry quart

**1 hl** *Hektoliter* hectolit|re, *Am.* -er = 100 l = 2.75 bushels = *U.S.* 26.418 gallons

## V. Weight

**1 g** *Gramm* gram(me) = 15.432 grains

**1 Pfd.** *Pfund* pound (German) = 500 g = 1.102 pounds avdp.

**1 kg** *Kilogramm* kilogram(me) = 1000 g = 2.205 pounds avdp. = 2.679 pounds troy

**1 Ztr.** *Zentner* centner = 100 Pfd. = 0.984 hundredweight = 1.102 *U.S.* hundredweights

**1 dz** *Doppelzentner* = 100 kg = 1.968 hundredweights = 2.204 *U.S.* hundredweights

**1 t** *Tonne* ton = 1000 kg = 0.984 long ton = *U.S.* 1.102 short tons

# American and British Weights and Measures

## 1. Linear Measure

1 inch (in.) — 2,54 cm
1 foot (ft)
  — 12 inches — 30,48 cm
1 yard (yd)
  — 3 feet — 91,439 cm
1 perch (p.)
  — $5^1/_2$ yards — 5,029 m
1 mile (m.)
  — 1,760 yards — 1,609 km

## 2. Nautical Measure

1 fathom (f., fm)
  — 6 feet — 1,829 m
1 nautical mile
  — 6,080 feet — 1853,18 m

## 3. Square Measure

1 square inch (sq. in.)
  — 6,452 cm²
1 square foot (sq. ft)
  — 144 square inches
  — 929,029 cm²
1 square yard (sq. yd)
  — 9 square feet — 8361,26 cm²
1 square perch (sq. p.)
  — $30^1/_4$ square yards — 25,293 m²
1 rood
  — 40 square perches — 10,117 a
1 acre (a.) — 4 roods — 40,47 a
1 square mile
  — 640 acres — 258,998 ha

## 4. Cubic Measure

1 cubic inch (cu. in.)
  — 16,387 cm²
1 cubic foot (cu. ft)
  — 1,728 cubic inches — 0,028 m³
1 cubic yard (cu. yd)
  — 27 cubic feet — 0,765 m³
1 register ton (reg. ton)
  — 100 cubic feet — 2,832 m³

## 5. Measure of Capacity
### Dry and Liquid Measure

1 British or imperial gill (gl, gi.)
  — 0,142 l
1 British or imperial pint (pt)
  — 4 gills — 0,566 l
1 British or imperial quart (qt)
  — 2 pints — 1,136 l
1 British or imp. gallon (imp. gal.)
  — 4 imperial quarts — 4,546 l

### Dry Measure

1 British or imperial peck (pk)
  — 2 imperial gallons — 9,092 l
1 Brit. or imp. bushel (bu., bus.)
  — 8 imperial gallons — 36,366 l

1 Brit. or imp. quarter (qr)
  — 8 imperial bushels — 290,935 l

### Liquid Measure

1 Brit. or imp. barrel (bbl, bl)
  — 36 imperial gallons — 163,656 l

     *

1 U.S. dry pint — 0,551 l
1 U.S. dry quart
  — 2 dry pints — 1,101 l
1 U.S. dry gallon
  — 4 dry quarts — 4,405 l
1 U.S. peck
  — 2 dry gallons — 8,809 l
1 U.S. bushel
  — 8 dry gallons — 35,238 l
1 U.S. gill — 0,118 l
1 U.S. liquid pint
  — 4 gills — 0,473 l
1 U.S. liquid quart
  — 2 liquid pints — 0,946 l
1 U.S. liquid gallon
  — 8 liquid pints — 3,785 l
1 U.S. barrel
  — $31^1/_2$ liquid gallons — 119,228 l
1 U.S. barrel petroleum
  — 42 liquid gallons — 158,97 l

## 6. Avoirdupois Weight

1 grain (gr.) — 0,065 g
1 dram (dr.)
  — 27,344 grains — 1,772 g
1 ounce (oz.)
  — 16 drams — 28,35 g
1 pound (lb.)
  — 16 ounces — 453,592 g
1 quarter (qr)
  — 28 pounds — 12,701 kg
  (U.S.A. 25 pounds
  — 11,339 kg)
1 hundredweight (cwt.)
  — 112 pounds
  — 50,802 kg (U.S.A. 100 pounds
  — 45,359 kg)
1 ton (t.)
  (a. long ton) — 20 hundredweights — 1016,05 kg (U.S.A.,
  a. short ton, — 907,185 kg)
1 stone (st.) — 14 pounds — 6,35 kg

## 7. Troy Weight

1 grain — 0,065 g
1 pennyweight (dwt.)
  — 24 grains — 1,555 g
1 ounce
  — 20 pennyweights — 31,103 g
1 pound — 12 ounces — 373,242